LEIS PENAIS E PROCESSUAIS PENAIS
COMENTADAS vol. 1

O GEN | Grupo Editorial Nacional – maior plataforma editorial brasileira no segmento científico, técnico e profissional – publica conteúdos nas áreas de concursos, ciências jurídicas, humanas, exatas, da saúde e sociais aplicadas, além de prover serviços direcionados à educação continuada.

As editoras que integram o GEN, das mais respeitadas no mercado editorial, construíram catálogos inigualáveis, com obras decisivas para a formação acadêmica e o aperfeiçoamento de várias gerações de profissionais e estudantes, tendo se tornado sinônimo de qualidade e seriedade.

A missão do GEN e dos núcleos de conteúdo que o compõem é prover a melhor informação científica e distribuí-la de maneira flexível e conveniente, a preços justos, gerando benefícios e servindo a autores, docentes, livreiros, funcionários, colaboradores e acionistas.

Nosso comportamento ético incondicional e nossa responsabilidade social e ambiental são reforçados pela natureza educacional de nossa atividade e dão sustentabilidade ao crescimento contínuo e à rentabilidade do grupo.

GUILHERME DE SOUZA NUCCI

LEIS PENAIS E PROCESSUAIS PENAIS
COMENTADAS vol. 1

16ª edição revista e atualizada

- O autor deste livro e a editora empenharam seus melhores esforços para assegurar que as informações e os procedimentos apresentados no texto estejam em acordo com os padrões aceitos à época da publicação, e todos os dados foram atualizados pelo autor até a data de fechamento do livro. Entretanto, tendo em conta a evolução das ciências, as atualizações legislativas, as mudanças regulamentares governamentais e o constante fluxo de novas informações sobre os temas que constam do livro, recomendamos enfaticamente que os leitores consultem sempre outras fontes fidedignas, de modo a se certificarem de que as informações contidas no texto estão corretas e de que não houve alterações nas recomendações ou na legislação regulamentadora.

- Fechamento desta edição: *12.05.2025*

- O Autor e a editora se empenharam para citar adequadamente e dar o devido crédito a todos os detentores de direitos autorais de qualquer material utilizado neste livro, dispondo-se a possíveis acertos posteriores caso, inadvertida e involuntariamente, a identificação de algum deles tenha sido omitida.

- **Atendimento ao cliente:** (11) 5080-0751 | faleconosco@grupogen.com.br

- Direitos exclusivos para a língua portuguesa
  Copyright © 2025 by
  Editora Forense Ltda.
  Uma editora integrante do GEN | Grupo Editorial Nacional
  Travessa do Ouvidor, 11 – Térreo e 6º andar
  Rio de Janeiro – RJ – 20040-040
  www.grupogen.com.br

- Reservados todos os direitos. É proibida a duplicação ou reprodução deste volume, no todo ou em parte, em quaisquer formas ou por quaisquer meios (eletrônico, mecânico, gravação, fotocópia, distribuição pela Internet ou outros), sem permissão, por escrito, da Editora Forense Ltda.

- A Editora Forense passou a publicar esta obra a partir da 8ª edição.

- Capa: Fabricio Vale

- **CIP – BRASIL. CATALOGAÇÃO NA FONTE.
  SINDICATO NACIONAL DOS EDITORES DE LIVROS, RJ.**

    N876L
    v. 1

    Nucci, Guilherme de Souza, 1963-

    Leis penais e processuais penais comentadas / Guilherme de Souza Nucci. – 16. ed., rev. e atual. – Rio de Janeiro : Forense, 2025.

    Inclui bibliografia e índice
    ISBN 978-85-3099-742-7

    1. Direito penal – Brasil. 2. Processo penal – Brasil. I. Título.

    25-97547.0   CDU: 343.1(81)

    Meri Gleice Rodrigues de Souza – Bibliotecária – CRB-7/6439

Sobre o Autor

Livre-docente em Direito Penal, Doutor e Mestre em Direito Processual Penal pela PUC-SP. Professor Associado da PUC-SP, atuando nos cursos de Graduação e Pós-graduação (Mestrado e Doutorado). Desembargador na Seção Criminal do Tribunal de Justiça de São Paulo.

www.guilhermenucci.com.br

Tábua de Abreviaturas

AC – Apelação Criminal
ADIn – Ação Direta de Inconstitucionalidade
ADPF – Arguição de Descumprimento de Preceito Fundamental
Ag – Agravo
AgExec. – Agravo em Execução
AgRg – Agravo Regimental
AI – Agravo de Instrumento
Ajuris – *Revista da Associação dos Juízes do Rio Grande do Sul*
Ap. – Apelação
Ap. Cív. – Apelação Civil
Ap. Crim. – Apelação Criminal
BACEN – Banco Central do Brasil
BMJ – Boletim Mensal de Jurisprudência do Tribunal de Alçada Criminal de São Paulo
Bol. AASP – Boletim da Associação dos Advogados de São Paulo
Bol. IBCCrim – Boletim do Instituto Brasileiro de Ciências Criminais
Bol. TJSP – Boletim de Jurisprudência da Biblioteca do Tribunal de Justiça de São Paulo
C. – Câmara
CC – Código Civil
cit. – citado (a)
CJ – Conflito de Jurisdição
CLT – Consolidação das Leis do Trabalho
Cor. Parc. – Correição Parcial
CP – Código Penal
CPC – Código de Processo Civil
CPP – Código de Processo Penal

Crim. – Criminal
CT – Carta Testemunhável
CTN – Código Tributário Nacional
Den. – Denúncia
Des. – Desembargador
DJ – *Diário da Justiça*
DJU – *Diário da Justiça da União*
ECA – Estatuto da Criança e do Adolescente
ED – Embargos Declaratórios
EI – Embargos Infringentes
Emb. Div. – Embargos de Divergência
EV – Exceção da Verdade
Extr. – Extradição
HC – *Habeas corpus*
Inq. – Inquérito Policial
IUF – Incidente de Uniformização de Jurisprudência
j. – Julgado em
JC – Jurisprudência Catarinense
JM – Jurisprudência Mineira
JSTF-Lex – Jurisprudência do Supremo Tribunal Federal
JSTJ – Jurisprudência do Superior Tribunal de Justiça
JTJ-Lex – Julgados do Tribunal de Justiça (antiga Revista de Jurisprudência do Tribunal de Justiça de São Paulo – RJTJESP)
JUBI – Departamento Técnico de Jurisprudência e Biblioteca do Tribunal de Justiça de São Paulo (boletim)
JUTACRIM-SP – Julgados do Tribunal de Alçada Criminal de São Paulo
JUTARS – Julgados do Tribunal de Alçada do Rio Grande do Sul
LCP – Lei das Contravenções Penais
LEP – Lei de Execução Penal
LRF – Lei de Responsabilidade Fiscal
MI – Mandado de Injunção
Min. – Ministro
MS – Mandado de Segurança
m.v. – maioria de votos
ob. – obra
p. – página
PE – Pedido de Extradição
PT – Petição
QC – Queixa-crime
RA – Recurso de Agravo

RBCCrim. – Revista Brasileira de Ciências Criminais
RC – Reclamação
RDA – *Revista de Direito Administrativo*
RDP – *Revista de Direito Público*
RDTJRJ – *Revista de Direito do Tribunal de Justiça do Rio de Janeiro*
RE – Recurso Extraordinário
Rec. – Recurso Criminal
Rec. Adm. – Recurso Administrativo
rel. – Relator
REsp – Recurso Especial
Rev. – Revisão Criminal
RF – *Revista Forense*
RHC – Recurso de *Habeas Corpus*
RISTF – Regimento Interno do Supremo Tribunal Federal
RJDTACRIM – *Revista de Jurisprudência e Doutrina do Tribunal de Alçada Criminal de São Paulo*
RJTAMG – *Revista de Julgados do Tribunal de Alçada de Minas Gerais*
RJTJ – *Revista de Jurisprudência do Tribunal de Justiça* (ex.: RJTJSP, RJTJRS)
RJTJRJ – *Revista de Jurisprudência do Tribunal de Justiça do Rio de Janeiro*
RJTJRS – *Revista de Jurisprudência do Tribunal de Justiça do Rio Grande do Sul*
RJTJSP – *Revista de Jurisprudência do Tribunal de Justiça de São Paulo*
RMS – Recurso em Mandado de Segurança
RO – Recurso de Ofício
RSE – Recurso em Sentido Estrito
RSTJ – *Revista do Superior Tribunal de Justiça*
RT – *Revista dos Tribunais*
RTFR – *Revista do Tribunal Federal de Recursos*
RTJ – *Revista Trimestral de Jurisprudência* (STF)
RTJE – *Revista Trimestral de Jurisprudência dos Estados*
STF – Supremo Tribunal Federal
STJ – Superior Tribunal de Justiça
t. – Tomo
T. – Turma
TA – Tribunal de Alçada
TACRIM/RJ – Tribunal de Alçada Criminal do Rio de Janeiro
TACRIM/SP – Tribunal de Alçada Criminal de São Paulo
TAPR – Tribunal de Alçada do Paraná
TFR – Tribunal Federal de Recursos
TJ – Tribunal de Justiça
TJM – Tribunal de Justiça Militar
TJMG – Tribunal de Justiça de Minas Gerais

TJSP – Tribunal de Justiça de São Paulo
TP – Tribunal Pleno
TRF – Tribunal Regional Federal
VCP – Verificação de Cessação de Periculosidade
v.u. – votação unânime

Sumário

Abuso de Autoridade

Lei 13.869, de 5 de setembro de 2019 – Dispõe sobre os crimes de abuso de autoridade; altera a Lei n.º 7.960, de 21 de dezembro de 1989, a Lei n.º 9.296, de 24 de julho de 1996, a Lei n.º 8.069, de 13 de julho de 1990, e a Lei n.º 8.906, de 4 de julho de 1994; e revoga a Lei n.º 4.898, de 9 de dezembro de 1965, e dispositivos do Decreto-Lei n.º 2.848, de 7 de dezembro de 1940 (Código Penal) *(arts. 1.º a 45)* 1

Ação Penal Originária

Lei 8.038, de 28 de maio de 1990 – Institui normas procedimentais para os processos que especifica, perante o Superior Tribunal de Justiça e o Supremo Tribunal Federal *(arts. 1.º a 12; 19 a 25 e 30 a 44)* 55

Atribuições da Polícia Federal

Lei 10.446, de 8 de maio de 2002 – Dispõe sobre infrações penais de repercussão interestadual ou internacional que exigem repressão uniforme, para os fins do disposto no inciso I do § 1.º do art. 144 da Constituição *(arts. 1.º e 2.º)* 77

Biossegurança

Lei 11.105, de 24 de março de 2005 – Regulamenta os incisos II, IV e V do § 1.º do art. 225 da Constituição Federal, estabelece normas de segurança e mecanismos de fiscalização de atividades que envolvam organismos geneticamente modificados – OGM e seus derivados, cria o Conselho Nacional de Biossegurança – CNBS, reestrutura a Comissão Técnica Nacional de Biossegurança – CTNBio, dispõe sobre a Política Nacional de Biossegurança – PNB, revoga a Lei 8.974, de 5 de janeiro de 1995, e a Medida Provisória 2.191-9, de 23 de agosto de 2001, e os arts. 5.º, 6.º, 7.º, 8.º, 9.º, 10 e 16 da Lei 10.814, de 15 de dezembro de 2003, e dá outras providências *(arts. 24 a 29)* 85

Combustíveis

Lei 8.176, de 8 de fevereiro de 1991 – Define crimes contra a ordem econômica e cria o Sistema de Estoques de Combustíveis *(arts. 1.º a 6.º)*.................................... 95

Computador

Lei 9.609, de 19 de fevereiro de 1998 – Dispõe sobre a proteção da propriedade intelectual de programa de computador, sua comercialização no País, e dá outras providências *(arts. 12 a 16)*.................................... 103

Consumidor

Lei 8.078, de 11 de setembro de 1990 – Dispõe sobre a proteção do consumidor e dá outras providências *(arts. 61 a 80 e 119)*.................................... 111

Contravenções Penais

Decreto-lei 3.688, de 3 de outubro de 1941 – Lei das Contravenções Penais *(arts. 1.º a 72)*.................................... 133

Crimes Eleitorais

Lei 4.737, de 15 de julho de 1965 – Institui o Código Eleitoral *(arts. 283 a 364)* 205

Lei 6.091, de 15 de agosto de 1974 – Dispõe sobre o fornecimento gratuito de transporte, em dias de eleição, a eleitores residentes nas zonas rurais, e dá outras providências *(art. 11)*.................................... 266

Lei Complementar 64, de 18 de maio de 1990 – Estabelece, de acordo com o art. 14, § 9.º, da Constituição Federal, casos de inelegibilidade, prazos de cessação, e determina outras providências *(art. 25)* 271

Lei 9.504, de 30 de setembro de 1997 – Estabelece normas para as eleições *(arts. 33, 34, 35, 39, 40, 68, 72, 87 e 90)*.................................... 272

Discriminação de Gravidez

Lei 9.029, de 13 de abril de 1995 – Proíbe a exigência de atestados de gravidez e esterilização, e outras práticas discriminatórias, para efeitos admissionais ou de permanência da relação jurídica de trabalho, e dá outras providências *(arts. 1.º a 6.º)*.................................... 283

Discriminação de Portadores de HIV

Lei 12.984, de 2 de junho de 2014 – Define o crime de discriminação dos portadores do vírus da imunodeficiência humana (HIV) e doentes de aids *(arts. 1.º e 2.º)*.................................... 287

Discriminação Racial

Lei 7.716, de 5 de janeiro de 1989 – Define os crimes resultantes de preconceitos de raça ou de cor *(arts. 1.º a 22)*.. 293

Drogas

Lei 11.343, de 23 de agosto de 2006 – Institui o Sistema Nacional de Políticas Públicas sobre Drogas – SISNAD; prescreve medidas para prevenção do uso indevido, atenção e reinserção social de usuários e dependentes de drogas; estabelece normas para repressão à produção não autorizada e ao tráfico ilícito de drogas; define crimes e dá outras providências *(arts. 1.º a 75)*..................... 349

Estatuto da Pessoa Idosa

Lei 10.741, de 1.º de outubro de 2003 – Dispõe sobre o Estatuto da Pessoa Idosa e dá outras providências *(arts. 1.º a 7.º; 93 a 109 e 118)*............................. 475

Falência

Lei 11.101, de 9 de fevereiro de 2005 – Regula a recuperação judicial, a extrajudicial e a falência do empresário e da sociedade empresária *(arts. 1.ª a 4.ª; 168 a 188; 192; 200 e 201)*... 501

Genocídio

Lei 2.889, de 1.º de outubro de 1956 – Define e pune o crime de genocídio *(arts. 1.º a 7.º)*.. 537

Hediondos

Lei 8.072, de 25 de julho de 1990 – Dispõe sobre os crimes hediondos, nos termos do art. 5.º, XLIII, da Constituição Federal, e determina outras providências *(arts. 1.º a 13)*... 547

Identificação Criminal

Lei 12.037, de 1.º de outubro de 2009 – Dispõe sobre a identificação criminal do civilmente identificado, regulamentando o art. 5.º, inciso LVIII, da Constituição Federal *(arts. 1.º a 9.º)*.. 577

Interceptação Telefônica

Lei 9.296, de 24 de julho de 1996 – Regulamenta o inciso XII, parte final, do art. 5.º da Constituição Federal *(arts. 1.º a 12)*... 591

Investigação Criminal Conduzida por Delegado de Polícia

Lei 12.830, de 20 de junho de 2013 – Dispõe sobre a investigação criminal conduzida pelo delegado de polícia *(arts. 1.º a 4.º)*... 625

Lei Henry Borel

Lei 14.344, de 24 de maio de 2022 – Cria mecanismos para a prevenção e o enfrentamento da violência doméstica e familiar contra a criança e o adolescente, nos termos do § 8.º do art. 226 e do § 4.º do art. 227 da Constituição Federal e das disposições específicas previstas em tratados, convenções ou acordos internacionais de que o Brasil seja parte; altera o Decreto-Lei n.º 2.848, de 7 de dezembro de 1940 (Código Penal), e as Leis n.ºs 7.210, de 11 de julho de 1984 (Lei de Execução Penal), 8.069, de 13 de julho de 1990 (Estatuto da Criança e do Adolescente), 8.072, de 25 de julho de 1990 (Lei de Crimes Hediondos), e 13.431, de 4 de abril de 2017, que estabelece o sistema de garantia de direitos da criança e do adolescente vítima ou testemunha de violência; e dá outras providências *(arts. 1.º a 27; 33 e 34)*.......... 631

Locação de Imóveis Urbanos

Lei 8.245, de 18 de outubro de 1991 – Dispõe sobre as locações dos imóveis urbanos e os procedimentos a elas pertinentes *(arts. 43 e 44)*.................................... 655

Ordem Tributária, Econômica e Relações de Consumo

Lei 8.137, de 27 de dezembro de 1990 – Define crimes contra a ordem tributária, econômica e contra as relações de consumo, e dá outras providências *(arts. 1.º a 23)*.. 663

Pessoa com Deficiência

Lei 7.853, de 24 de outubro de 1989 – Dispõe sobre o apoio às pessoas portadoras de deficiência, sua integração social, sobre a Coordenadoria Nacional para Integração da Pessoa Portadora de Deficiência – Corde, institui a tutela jurisdicional de interesses coletivos ou difusos dessas pessoas, disciplina a atuação do Ministério Público, define crimes, e dá outras providências *(arts. 1.º e 8.º; 19 e 20)*... 715

Lei 13.146, de 6 de julho de 2015 – Institui a Lei Brasileira de Inclusão da Pessoa com Deficiência (Estatuto da Pessoa com Deficiência) *(arts. 88 a 91)*...................... 720

Propriedade Industrial

Lei 9.279, de 14 de maio de 1996 – Regula direitos e obrigações relativos à propriedade industrial *(arts. 183 a 210)*.. 727

Proteção a Vítimas e Testemunhas (Delação Premiada)

Lei 9.807, de 13 de julho de 1999 – Estabelece normas para a organização e a manutenção de programas especiais de proteção a vítimas e a testemunhas ameaçadas, institui o Programa Federal de Assistência a Vítimas e a Testemunhas Ameaçadas e dispõe sobre a proteção de acusados ou condenados que tenham voluntariamente prestado efetiva colaboração à investigação policial e ao processo criminal *(arts. 1.º a 21)*... 775

Sigilo Financeiro

Lei Complementar 105, de 10 de janeiro de 2001 – Dispõe sobre o sigilo das operações de instituições financeiras e dá outras providências *(arts. 10 a 13)*...... 793

Terrorismo

Lei 13.260, de 16 de março de 2016 – Regulamenta o disposto no inciso XLIII do art. 5.º da Constituição Federal, disciplinando o terrorismo, tratando de disposições investigatórias e processuais e reformulando o conceito de organização terrorista; e altera as Leis n.ºs 7.960, de 21 de dezembro de 1989, e 12.850, de 2 de agosto de 2013 *(arts. 1.º a 20)* 801

Transplantes

Lei 9.434, de 4 de fevereiro de 1997 – Dispõe sobre a remoção de órgãos, tecidos e partes do corpo humano para fins de transplante e tratamento e dá outras providências *(arts. 14 a 20)* 827

Violência Doméstica

Lei 11.340, de 7 de agosto de 2006 – Cria mecanismos para coibir a violência doméstica e familiar contra a mulher, nos termos do § 8.º do art. 226 da Constituição Federal, da Convenção sobre a Eliminação de Todas as Formas de Discriminação contra as Mulheres e da Convenção Interamericana para Prevenir, Punir e Erradicar a Violência contra a Mulher; dispõe sobre a criação dos Juizados de Violência Doméstica e Familiar contra a Mulher; altera o Código de Processo Penal, o Código Penal e a Lei de Execução Penal; e dá outras providências *(arts. 1.º a 41; 46)* 849

Referências Bibliográficas 895

Índice Remissivo 911

Obras do Autor 923

Abuso de Autoridade

Lei 13.869, de 5 de setembro de 2019

Dispõe sobre os crimes de abuso de autoridade; altera a Lei n.º 7.960, de 21 de dezembro de 1989, a Lei n.º 9.296, de 24 de julho de 1996, a Lei n.º 8.069, de 13 de julho de 1990, e a Lei n.º 8.906, de 4 de julho de 1994; e revoga a Lei n.º 4.898, de 9 de dezembro de 1965, e dispositivos do Decreto-Lei n.º 2.848, de 7 de dezembro de 1940 (Código Penal).

O Presidente da República:

Faço saber que o Congresso Nacional decreta e eu sanciono a seguinte Lei:[1]

Capítulo I
DISPOSIÇÕES GERAIS

Art. 1.º Esta Lei define os crimes de abuso de autoridade,[2] cometidos por agente público,[3] servidor ou não,[4] que, no exercício de suas funções ou a pretexto de exercê-las,[5] abuse do poder que lhe tenha sido atribuído.

§ 1.º As condutas descritas nesta Lei constituem crime de abuso de autoridade quando praticadas pelo agente com a finalidade específica[6] de prejudicar outrem ou beneficiar a si mesmo ou a terceiro, ou, ainda, por mero capricho ou satisfação pessoal.

§ 2.º A divergência na interpretação de lei ou na avaliação de fatos e provas não configura abuso de autoridade.[7]

1. Nova lei de abuso de autoridade: em primeiro lugar, convém deixar registrado que a lei anterior (Lei 4.898/65), editada na época da ditadura militar precisava, mesmo, ser totalmente revisada, adaptando-se aos tempos atuais. Por outro lado, vale destacar que os tipos penais da Lei 4.898/65 eram muito mais abertos e não taxativos do que a Lei 13.869/2019 apresentou. Em terceiro lugar, a nova lei frisou que não se pune o agente público quando este não tiver agido com a *finalidade específica* de prejudicar outrem ou beneficiar a si mesmo ou terceiro, ou atuar por capricho ou satisfação pessoal. Enfim, blindou, quase por completo, a autoridade. Quanto à lei anterior, coube à doutrina e à jurisprudência extrair o elemento subjetivo específico (ou dolo específico), pois o texto da Lei 4.898/65 nada mencionava a esse respeito. Em quarto lugar, pode-se apontar defeitos na atual lei, como se podia na anterior, mas as falhas desta última eram mais graves. Diante disso, não se poderia observar, pelos operadores do direito, na esfera do agente público, tantas manifestações contrárias à novel legislação de abuso de autoridade. Foram veementes apelos ao Congresso Nacional para que não fosse aprovada; depois, outros vigorosos clamores para que o Presidente da República vetasse o texto quase por completo. Realizados inúmeros vetos, o Parlamento derrubou a maior parte deles e a lei, em *vacatio legis* de 120 dias, emergiu, trazendo consigo a polêmica de que seria um instrumento para calar e manietar o trabalho de vários servidores públicos, especialmente no combate à corrupção. Ações diretas de inconstitucionalidade ingressaram no STF. Há um ponto fulcral em toda essa insatisfação, demonstrada por vários operadores do Direito, exceto a classe dos advogados e defensores públicos: o momento de edição foi inadequado. Em pleno desgaste da famosa Operação Lava Jato, por inúmeras razões, aguardava-se maior empenho do Parlamento para editar leis mais severas no tocante ao combate à corrupção. Isto não ocorreu e, em seu lugar, vem a lume a nova Lei de Abuso de Autoridade, parecendo, nitidamente, um contra-ataque do Congresso Nacional a quem conduziu a referida Lava Jato. E, em realidade, é o que se capta da leitura de seus artigos, muitos dos quais – o que pretendo apontar – constituem autênticos espelhos de condutas abusivas daquela *Operação*. Por derradeiro, nesta introdução, há que se ponderar com equilíbrio os novos tipos penais e poder-se-á constatar que nada mudou para pior. O que, na verdade, se pode concluir é que *ninguém ligava para a existência* da Lei 4.898/65; era um "fantasma jurídico". No entanto, o seu art. 3.º era um requintado prato de agressões ao princípio da taxatividade e, por via de consequência, à legalidade. Mas, ela estava adormecida, como que esquecida nos livros e cadernos de legislação. Emergindo uma *novidade*, que foi uma resposta política à classe de operadores do direito – Polícia, Ministério Público e Magistratura criminal, como focos principais – tornou-se indigesta e potencialmente perigosa ao combate à criminalidade. Pretendemos demonstrar o contrário.

2. Abuso de autoridade: *abusar* é um verbo de muitos significados, todos espelhando condutas negativas, variando desde um uso impróprio de algo, passando por se exceder nessa utilização de qualquer instrumento, atingindo as fórmulas de menosprezo ou humilhação, até alcançar a tomada de medida injusta para fazer prevalecer a situação de superioridade. Sabe-se, por certo, que ao *direito* (fazer jus a algo) se contrapõe o *abuso de direito* (usar mal o que era justo). Em suma, *abuso de direito* é ilícito. *Autoridade*, restringindo o seu conteúdo para este contexto, é o agente público com qualquer poder de mando. É sabido que o direito à liberdade é um dos mais relevantes direitos individuais, previsto no art. 5.º, *caput*, da Constituição Federal. Mas não é absoluto. Quem comete um crime *pode* ser preso, privado da sua liberdade, por ordem escrita e fundamentada de autoridade judiciária, igualmente norma constitucional (art. 5.º, LXI, CF). Assim sendo, o magistrado que cumpre a lei pode mandar prender alguém, mas não pode *abusar* desse poder, determinando a prisão de uma pessoa inimiga, somente para sua satisfação pessoal. Exercitar o poder é a arte de trabalhar nos lindes do justo e do injusto; entretanto, demanda-se esse exercício dos operadores do Direito que para isso se preparam e estudam. Em qualquer Estado Democrático de Direito, preservando-se a dignidade da pessoa humana, praticar a autoridade *exige* limites. Ultrapassá-los pode levar ao abuso, objeto de atuação da Lei 13.869/2019.

3. Agente público: a lei esmiúça, inclusive, o conceito de agente público: "todo aquele que exerce, ainda que transitoriamente ou sem remuneração, por eleição, nomeação, designação, contratação ou qualquer outra forma de investidura ou vínculo, mandato, cargo, emprego ou função em órgão ou entidade abrangidos pelo *caput* deste artigo". Enfim, toda pessoa que exercer algum tipo de poder de mando, ligado à Administração Pública, é potencial sujeito ativo do crime de abuso de autoridade. Mais claro seria impossível.

4. Servidor ou não: nem haveria a necessidade de especificar que o agente público pode ser também servidor público, concursado, por exemplo, ou exercer uma função pública temporária. O conceito de *agente público* (ver a nota anterior) é mais que suficiente.

5. Exercício das funções ou pretexto de exercê-las: a dupla previsão é salutar, visto que o abuso de autoridade se vincula à função *efetivamente exercida*, de onde emerge o *poder de mando*; porém, há quem, embora seja agente público, não esteja no exercício da sua função, mas se vale desta para praticar o ato ilegal e excessivo. Por isso, é correta a inserção de que a autoridade pode não estar em exercício, mas usando de sua posição como desculpa para cometer o abuso.

6. Elemento subjetivo do tipo específico: deve-se elogiar o cuidado legislativo em colocar, de maneira destacada, que todos os tipos penais configuradores de crime de abuso de autoridade exigem, além do dolo, a especial finalidade de "prejudicar outrem ou beneficiar a si mesmo ou a terceiro, ou, ainda, por mero capricho ou satisfação pessoal". São variadas alternativas finalísticas, embora todas sejam particularmente reprováveis, razão pela qual se o agente público prender uma pessoa *apenas* para prejudicá-la; *somente* para se beneficiar disso; *exclusivamente* por capricho (vontade arbitrária ou birrenta); *unicamente* para satisfação pessoal (regozijo), indiscutivelmente abusará do seu poder. Ora, a imensa maioria dos agentes de segurança pública, membros do Ministério Público e autoridades judiciárias atua de maneira lisa e honesta, sem nem pensar em se exceder no campo da sua autoridade. É preciso lembrar que, na Lei 4.898/65, coube à doutrina e à jurisprudência exigir, para configurar abuso de autoridade, a finalidade específica de se exceder para prejudicar outrem ou satisfazer a si mesmo. A atual Lei 13.869/2019 é muito mais garantista. O agente público está protegido pelo escudo do elemento subjetivo específico, que é muito difícil de explorar e provar.

7. Divergência de interpretação: qual outra lei fornece tamanha blindagem ao operador do Direito? Esta, ao contrário, especifica que a "divergência na interpretação de lei ou na avaliação de fatos e provas não configura abuso de autoridade". Noutros termos, duas autoridades judiciárias podem pensar em situações diametralmente opostas, como prender ou soltar, pois interpretam a lei de maneira *divergente*. Não há abuso de autoridade por parte de quem prendeu e, portanto, também não se fala em prevaricação por quem soltou. Noutra ilustração, um promotor pode denunciar, ao avaliar que o fato é típico, enquanto outro, em caso similar, pede o arquivamento, acreditando ser fato atípico. Finalmente, como terceiro exemplo, um delegado pode avaliar a prova e entender cabível a prisão em flagrante; outro colega seu, de maneira *divergente*, avaliando de modo diverso a prova, entender incabível. Não há abuso de autoridade, nem outro ilícito para a posição diferente.

Capítulo II
DOS SUJEITOS DO CRIME[8]

Art. 2.º É sujeito ativo do crime de abuso de autoridade qualquer agente público, servidor ou não, da administração direta, indireta ou fundacional[9] de qualquer dos Poderes da União, dos Estados, do Distrito Federal, dos Municípios e de Território, compreendendo, mas não se limitando a:

I – servidores públicos e militares ou pessoas a eles equiparadas;

II – membros do Poder Legislativo;

> III – membros do Poder Executivo;
> IV – membros do Poder Judiciário;
> V – membros do Ministério Público;
> VI – membros dos tribunais ou conselhos de contas.
> **Parágrafo único.** Reputa-se agente público, para os efeitos desta Lei, todo aquele que exerce, ainda que transitoriamente ou sem remuneração, por eleição, nomeação, designação, contratação ou qualquer outra forma de investidura ou vínculo, mandato, cargo, emprego ou função em órgão ou entidade abrangidos pelo *caput* deste artigo.[10]

8. Sujeitos do crime: tecnicamente, o título deveria ser *sujeitos ativos do crime*, pois não há qualquer referência ao sujeito passivo.

9. Administração direta, indireta e fundacional: a administração pública se divide em direta e indireta. A primeira envolve os serviços ligados à estrutura da Presidência da República e seus Ministérios, em nível federal; ao Governo do Estado e suas Secretarias, em nível estadual (incluindo o Governo do Distrito Federal e suas Secretarias); à Prefeitura e suas Secretarias, em patamar municipal. A segunda abrange as entidades, com personalidade jurídica própria, como as autarquias, as empresas públicas, as sociedades de economia mista e as fundações públicas (cf. Nucci, *Instituições de direito público e privado*, p. 49).

10. Norma penal explicativa: o legislador pode valer-se de normas penais para especificar o significado de certos termos, a fim de evitar (ou diminuir) controvérsias na aplicação da lei. É o que fez, por exemplo, o art. 327 do Código Penal: "Art. 327 – Considera-se funcionário público, para os efeitos penais, quem, embora transitoriamente ou sem remuneração, exerce cargo, emprego ou função pública. § 1.º – Equipara-se a funcionário público quem exerce cargo, emprego ou função em entidade paraestatal, e quem trabalha para empresa prestadora de serviço contratada ou conveniada para a execução de atividade típica da Administração Pública".

Capítulo III
DA AÇÃO PENAL

> **Art. 3.º** Os crimes previstos nesta Lei são de ação penal pública incondicionada.[11-14]
>
> § 1.º Será admitida ação privada se a ação penal pública não for intentada no prazo legal, cabendo ao Ministério Público aditar a queixa, repudiá-la e oferecer denúncia substitutiva, intervir em todos os termos do processo, fornecer elementos de prova, interpor recurso e, a todo tempo, no caso de negligência do querelante, retomar a ação como parte principal.[15]
>
> § 2.º A ação privada subsidiária será exercida no prazo de 6 (seis) meses, contado da data em que se esgotar o prazo para oferecimento da denúncia.[16]

11. Ação pública incondicionada: não seria necessário este artigo, pois a questão, de maneira geral, está envolvida pelo art. 100 do Código Penal: "A ação penal é pública, salvo quando a lei expressamente a declara privativa do ofendido. § 1.º – A ação pública é promovida pelo Ministério Público, dependendo, quando a lei o exige, de representação do ofendido ou de requisição do Ministro da Justiça". Porém, a sua existência não atrapalha o entendimento de que o Estado confere ao Ministério Público a titularidade, sem qualquer condição, da ação penal em casos de abuso de autoridade.

12. Justiça Estadual e Justiça Federal: o crime de abuso de autoridade é comum, não fazendo parte do rol das infrações penais da Justiça Especial (Militar ou Eleitoral). Sob outro prisma, também não constitui elemento contido no art. 109 da Constituição Federal (delitos da competência do juízo federal). Logo, como regra, deve ser apurado na esfera estadual. Se o investigador (ou detetive) de polícia comete um abuso, cabe à Justiça Estadual processá-lo e julgá-lo. Porém, da mesma forma, se o agente da polícia federal abusa do seu poder, parece-nos caber à Justiça Estadual processá-lo e julgá-lo. Afinal, o autor da infração penal não possui foro privilegiado (que determinaria a competência com base em prisma diverso) e atentou contra particular, em via pública, não havendo a hipótese do art. 109, IV: "infrações penais praticadas em *detrimento de bens, serviços ou interesse* da União ou de suas entidades autárquicas ou empresas públicas" (grifamos). A vítima foi uma pessoa comum e não um funcionário público federal, nem o crime se deu em ambiente controlado pela União, como ocorreria se o abuso fosse cometido em zona alfandegária de um aeroporto. É lógico que, em todo crime, sem exceção, o Estado é atingido, pois detém o poder punitivo (sujeito passivo mediato), mas isso não quer dizer que foi a União a lesada, porque um policial federal efetuou uma prisão indevida. O Estado não é sinônimo de União (fosse assim, todo delito seria julgado pela Justiça Federal). Há, no entanto, posição em contrário. Ensinam Gilberto Passos de Freitas e Vladimir Passos de Freitas que "casos há em que o agente ativo é servidor federal da administração direta ou indireta. Daí surge a questão sobre o juízo competente. Cremos que, em casos tais, competente será o juiz federal. Justifica-se tal conclusão, pois o delito atinge o Estado, como sujeito passivo mediato e, o cidadão, como sujeito passivo imediato. Vale dizer, interessa ao Estado a prática do ato delituoso, uma vez que ele atinge os seus serviços. E estes sendo afetados, incidirá a regra do inciso IV do art. 109 da Lei Maior, atraindo a competência para a Justiça Federal". Permitimo-nos discordar. Se um juiz federal abusar do poder, logicamente, seu caso será apreciado pelo Tribunal Regional Federal, mas por força da competência por prerrogativa de foro, igualmente constitucional. O mesmo ocorreria se o magistrado federal matasse alguém. Imagine-se, agora, que o agente da polícia federal furte algum bem dentro de uma loja. Será julgado pela Justiça Estadual, embora tenhamos o Estado como sujeito mediato do delito do mesmo modo, mas a vítima é uma pessoa jurídica de direito privado. Por isso, se o mesmo agente impedir alguém de ter acesso a culto religioso, por exemplo, qual interesse teria a União nesse caso? Em nosso entendimento, nenhum. Porém, se o agente federal, na carceragem da Polícia Federal, oprimir um preso, pensamos que o abuso envolve interesse da União, visto ter sido a infração penal cometida nas suas dependências, contra pessoa sob sua guarda e proteção diretas.

13. Justiça Militar: não tinha competência para julgar crimes de abuso de autoridade, cometidos por militar, levando-se em conta a anterior Lei 4.898/65. Antes da reforma introduzida pela Lei 13.491/2017, era pacífico o entendimento de que o policial militar, se cometesse abuso de autoridade, mormente contra civil, responderia na Justiça Comum (não havia ressalva quanto à legislação especial no CPM). A partir da edição da referida Lei 13.491/2017, abriu-se a competência da Justiça Militar. Eis a redação do art. 9.º do Código Penal Militar: "Art. 9.º Consideram-se crimes militares, em tempo de paz: (...) II: "os crimes previstos neste Código e os *previstos na legislação penal*, quando praticados (grifamos): (...) c) *por militar em serviço* ou atuando em razão da função, em comissão de natureza militar, ou em formatura, ainda que fora do lugar sujeito à administração militar *contra militar da reserva, ou reformado, ou civil*" (grifos nossos). Diante disso, consideram-se crime militar em tempo de paz as figuras típicas previstas no CPM e, também, em legislação penal, reputando-se, nesse ponto, a especial, que não se inclui no Código Penal comum. Portanto, o abuso de autoridade, praticado por militar em serviço, passa a ser da competência da Justiça Militar. Na jurisprudência atual: TJSC: "Apelação criminal – Imputação de prática de abuso de autoridade por policiais militares em concurso com lesão corporal – Decisão que reconhece a absorção do abuso de autoridade pela lesão corporal prevista no Código Penal Militar (art. 209), declinando a competência à Justiça Militar – Recurso do Ministério Público visando o processamento do crime de abuso de autoridade na Justiça Comum – Superveniente alteração legislativa quanto à competência fixada no Código Penal Militar (Lei n.º 13.491/2017, de 13/10/2017) – Eventual crime de abuso de autoridade é enquadrado como crime militar quando praticado por policial" (Ap. 0016233-20.2014.8.24.0008, 2.ª Turma Recursal Criminal, rel. Jeferson Isidoro Mafra, j. 28.08.2018). A Súmula 172 do STJ ("Compete à Justiça Comum processar e julgar militar por crime de abuso de autoridade, ainda que praticado em serviço") não mais deve ser aplicada.

14. Revogação do art. 322 do Código Penal pela Lei de Abuso de Autoridade: cremos estar revogado o tipo penal previsto no art. 322 do CP em face da vigência da Lei 4.898/65, que disciplinou, integralmente, os crimes de abuso de autoridade. Assim, a violência praticada no exercício da função ou a pretexto de exercê-la deve encaixar-se em uma das figuras previstas na referida lei, não havendo mais necessidade de se utilizar o art. 322. A edição de nova lei de abuso de autoridade (Lei 13.869/2019) não produz nenhuma alteração no contexto, pois o art. 322 do CP já fora revogado pela anterior Lei 4.898/65. Conferir: TJMG: "Na esteira do entendimento doutrinário majoritário, o delito tipificado no art. 322 do Código Penal foi tacitamente revogado pelo art. 3.º, *i*, da Lei n.º 4.898/1965, que regulou expressamente a matéria e englobou a conduta da violência arbitrária" (RSE 1.0707.16.006070-3/001 – MG, 1.ª Câmara Criminal, rel. Wanderley Paiva, j. 08.08.2017, v.u.); "No rumo do entendimento doutrinário majoritário, o delito tipificado no art. 322 do Código Penal foi tacitamente revogado pelo art. 3.º, 'i', da Lei n.º 4.898/1965 que regulou expressamente a matéria e englobou a conduta da violência arbitrária" (Ap. 10707120240593001, 6.ª Câmara Crim., rel. Jaubert Carneiro Jaques, j. 19.06.2016, v.u.); "Inevitável o decreto de prescrição da pretensão punitiva em relação ao crime de lesão corporal se, entre dois marcos interruptivos, há um lapso superior ao limite prescricional previsto para o caso, em face da pena abstratamente cominada para o delito. A Lei n.º 4.898/65, por se tratar de norma posterior que disciplina integralmente a punição de crimes de abuso de poder, revogou tacitamente o artigo 322 do Código Penal. Precedentes" (AC 1.0024.10.177660-7/001 – MG, 2.ª Câmara Criminal, rel. Renato Martins Jacob, j. 16.05.2016).

15. Ação penal privada subsidiária da pública: é fruto de autorização constitucional fornecida pelo art. 5.º, LIX, possibilitando que a vítima ou seu representante legal ingresse, diretamente, com ação penal, através do oferecimento de queixa, quando o Ministério Público, nos casos de ações públicas, deixe de fazê-lo no prazo legal. Essa hipótese é de uso raro no cotidiano forense. Não pelo fato de o Ministério Público nunca atrasar no oferecimento de denúncia, mas porque a vítima, dificilmente, acompanha o desenrolar do inquérito, através de seu advogado. Por outro lado, quando há interesse em oferecer queixa, porque o prazo está vencido, havendo pleito nesse sentido, solicitando a entrega do inquérito – que pode estar em poder do Ministério Público, já fora do prazo – acaba-se por provocar a atuação do órgão acusatório estatal. Logo, o ofendido tem um instrumento útil à disposição, para controlar abusos do Estado-acusação, quando houver demora excessiva para dar início à ação penal, embora não haja notícia de sua utilização frequente. É preciso registrar ser inadmissível o ingresso de ação penal privada subsidiária da pública, quando o Ministério Público requer o arquivamento do inquérito policial. Afinal, nesta hipótese, não houve desídia do órgão acusatório, mas ação pelo término da investigação por falta de provas ou por falta de amparo legal. Não há, também, possibilidade legal de propor ação privada subsidiária da pública, quando o Ministério Público requer mais diligências para o seu convencimento. Novamente, deve-se frisar que não há inação; ao contrário, o *Parquet* busca informes para saber como agir. Na jurisprudência: TRF-4: "1. Segundo o artigo 3.º da Lei n.º 13.869/2019, os crimes nela previstos são de ação penal pública incondicionada, admitindo-se a ação privada, 'se a ação penal pública não for intentada no prazo legal' (§ 1.º). 2. A Ação Penal Privada subsidiária encontra previsão constitucional (artigo 5.º, LIX, da CF), sendo admitida 'nos crimes de ação pública, se esta não for intentada no prazo legal'. No entanto, para se subsumir como autor em uma ação de competência privativa do Ministério Público (artigo 129, I, da CF), é necessário que demonstre a desídia ministerial. 3. A legitimidade privada é excepcional, sendo imperiosa a demonstração de que o *Parquet*, tendo elementos suficientes para denunciar o delito, não o fez por desídia. 4. Verificada a ilegitimidade do autor para o ajuizamento da Ação Penal, tendo em vista que não demonstrada a inércia ministerial, devendo ser rejeitada a queixa, nos termos do artigo 395, II, do CPP. 5. Queixa rejeitada" (Ação Penal 5014215-72.2022.4.04.0000, 4.ª Seção, rel. João Pedro Gebran Neto, 23.06.2022, v.u.).

16. Prazo para o ofendido ingressar com queixa: tem ele seis meses, a contar do esgotamento do prazo para o Ministério Público oferecer denúncia (art. 38, *caput*, 2.ª parte, c/c art. 46, do CPP). Tal prazo não atinge o Estado-acusação, que mantém o dever de denunciar, até que ocorra a prescrição.

Capítulo IV
DOS EFEITOS DA CONDENAÇÃO E DAS PENAS RESTRITIVAS DE DIREITOS

Seção I
Dos Efeitos da Condenação

> **Art. 4.º** São efeitos da condenação:[17]
>
> I – tornar certa a obrigação de indenizar o dano causado pelo crime,[18] devendo o juiz, a requerimento do ofendido, fixar na sentença o valor mínimo[19] para reparação dos danos causados pela infração, considerando os prejuízos[20] por ele sofridos;
>
> II – a inabilitação para o exercício de cargo, mandato ou função pública, pelo período de 1 (um) a 5 (cinco) anos;[21-22]
>
> III – a perda do cargo, do mandato ou da função pública.[23-25]
>
> **Parágrafo único.** Os efeitos previstos nos incisos II e III do *caput* deste artigo são condicionados[26] à ocorrência de reincidência em crime de abuso de autoridade[27] e não são automáticos, devendo ser declarados motivadamente na sentença.[28]

17. Efeitos da condenação: a decisão condenatória produz efeitos penais e extrapenais. São efeitos penais os que decorrem diretamente da sentença, tais como o cumprimento da pena imposta; a geração de reincidência ou maus antecedentes; o impedimento para a concessão de *sursis*; a revogação do livramento condicional etc. São efeitos extrapenais os que ultrapassam os limites do direito penal, avançando em outras áreas (civil, administrativo, processual etc.), tais como os enumerados neste art. 4.º. São efeitos secundários ou acessórios da sentença condenatória.

18. Obrigação de reparar o dano: este é o primeiro efeito extrapenal da decisão condenatória, lembrando que é genérico e automático. No entanto, na redação desta Lei, optou-se pelo sistema mais avançado que o previsto no Código Penal (art. 91, I). Neste, prevê-se a obrigação de indenizar o dano causado pelo crime, mas por intermédio da ação civil *ex delicto* (art. 63, CPP). A atualizada versão constante deste inciso I do art. 4.º da Lei 13.869/2019 indica a adoção da previsão feita no art. 387, IV, do Código de Processo Penal, após a reforma ocorrida em 2008: "o juiz, ao proferir sentença condenatória: (...) IV – fixará valor mínimo para reparação dos danos causados pela infração, considerando os prejuízos sofridos pelo ofendido", com a devida correção. O mencionado art. 387, IV, do CPP, não previa o pedido expresso formulado pelo ofendido, nos autos da ação penal, dando margem ao equívoco, à época, de se permitir ao juiz fixar a indenização de ofício. Ora, se assim fosse feito, o réu tornar-se-ia devedor de um montante sobre o qual não se manifestou, exercendo a ampla defesa e o contraditório. Defendemos, desde a edição do art. 387, IV, do CPP, a inviabilidade de o magistrado estabelecer qualquer valor por sua própria iniciativa; hoje, a jurisprudência pacificou esse entendimento. É preciso que a vítima ingresse nos autos da ação penal e requeira a indenização, dando margem à defesa do acusado não somente em relação à imputação criminal, mas também ao montante devido a título de reparação civil. Este inciso aproveitou o pacífico entendimento nos Tribunais e inseriu que o ofendido, se quiser indenização, terá que pleitear o valor que entenda cabível, permitindo ao réu contrariar o pedido.

19. Valor mínimo: a ideia de se permitir que o juízo criminal, responsável pela verificação do abuso de autoridade, também possa analisar a questão civil impeliu o legislador a estabelecer que esse montante é apenas o *mínimo devido*; assim sendo, poderia a vítima do crime levar a matéria indenizatória ao juízo civil para debater mais amplamente o tema e conseguir um valor mais elevado. É certo que o processo criminal se destina, *primordialmente*, à constatação do abuso de autoridade e, sendo procedente a demanda, condenar o réu a cumprir pena. Mas se a vítima ingressou nos autos, como assistente de acusação ou somente para pleitear a indenização, permitindo a instrução uma ampla discussão a respeito, levando o juiz criminal a fixar exatamente o que o ofendido pleiteou, não vemos razão para se falar em *valor mínimo*, porém, em *valor justo*, gerando coisa julgada também no cível.

20. Prejuízos sofridos: abrangem, em nossa visão, tanto os materiais quanto o dano moral. Por vezes, cuidando-se de abuso de autoridade, o que se constata é a humilhação sofrida pela vítima, gerando somente o dano moral. Nada impede que esse seja o objetivo indenizatório da parte ofendida.

21. Inabilitação para o exercício de cargo, mandato ou função pública, pelo período de 1 (um) a 5 (cinco) anos: este inciso II deveria ser o III; afinal, em primeiro lugar se perde o cargo, mandato ou função pública, que deu margem à prática do abuso de autoridade; depois, pode-se – ou não – aplicar o efeito subsequente de inabilitação para o exercício funcional por determinado período. Por outro lado, o que pode gerar contradição ou dúvida é o confronto com o disposto pelo art. 92, I, do Código Penal. Neste, a perda é definitiva. Na Lei 13.869/2019, junto com a referida perda, o magistrado *pode* (faculdade) impor um período de inabilitação para tornar a um cargo, mandato ou função pública. O ponto duvidoso é se, decorrido esse período, o sentenciado pode voltar novamente à mesma função, cargo ou mandato, por meio de concurso, nomeação ou eleição. Com base nesta Lei, parece-nos haver a viabilidade de tornar à vida pública decorrido o período de inabilitação. E como esse tempo foi previsto no inciso II, caso não seja aplicado pelo juiz, o réu poderia retornar ao exercício de cargo, mandato ou função pública tão logo seja possível. Embora tenha perdido *aquele* cargo, mandato ou função, nada impediria o retorno a cargo, mandato ou função similar. Quem comete abuso de autoridade, segundo pensamos, deveria ser privado da atividade pública em definitivo.

22. Período de inabilitação: desde que a lei imponha um tempo variável, em matéria penal, deve-se acompanhar o juízo de culpabilidade, no sentido de grau de censura merecido pelo réu, de acordo com o crime praticado. Portanto, menor reprovação, menor tempo de inabilitação; maior reprovação, maior tempo de inabilitação.

23. Cargo, mandato ou função pública: *cargo* é o posto criado por lei, com denominação própria, número certo e remunerado pelos cofres públicos, vinculando o servidor à administração por estatuto. O *mandato* é eletivo, representativo de um período para o qual se integra o Poder Legislativo ou o Poder Executivo. A *função pública* é a atribuição imposta pelo Estado aos seus servidores para a realização de serviços em qualquer dos Poderes, sem ocupar cargo ou mandato.

24. Particularidade referente à perda do mandato eletivo: a Constituição Federal trata do assunto no art. 15: "É vedada a cassação de direitos políticos, cuja perda ou suspensão só se dará nos casos de: (...) III – condenação criminal transitada em julgado, enquanto durarem seus efeitos" (vide, ainda, o art. 55, IV e VI, da CF, tratando da perda do mandato por condenação criminal). Ressalte-se, no entanto, que, nesse caso – condenação criminal –, cabe à Câmara dos Deputados ou ao Senado Federal, tratando-se de parlamentar federal, através de voto secreto e por maioria absoluta, mediante provocação da Mesa ou de partido político, garantida a ampla defesa, decidir pela perda do mandato (art. 55, § 2.º, CF). Na realidade, há duas posições: a) seguir o art. 15, III, CF, afirmando que o parlamentar condenado, com os direitos políticos suspensos, não pode exercer o mandato, que se supõe perdido em face da decisão judicial, sem necessidade de votação pelo Congresso; b) seguir o disposto pelo art. 55, § 2.º, CF, que é norma especial em relação ao referido art. 15, razão pela qual, mesmo diante de decisão judicial, impondo a perda do mandato, deve haver votação pela Casa Legislativa competente (Senado ou Câmara, conforme o caso). Esta última, como já expusemos, é a posição que defendemos. Atualmente, embora o STF esteja dividido, prevalece também a segunda. Conferir: STF: "O Plenário condenou senador (prefeito à época dos fatos delituosos), bem assim o presidente e o vice-presidente de comissão de licitação municipal pela prática do crime descrito no art. 90 da Lei 8.666/93 ['Art. 90. Frustrar ou fraudar, mediante ajuste, combinação ou qualquer outro expediente, o caráter competitivo do procedimento licitatório, com o intuito de obter, para si ou para outrem, vantagem decorrente da adjudicação do objeto da licitação: Pena – detenção, de 2 (dois) a 4 (quatro) anos, e multa'] à pena de 4 anos, 8 meses e 26 dias de detenção em regime inicial semiaberto. Fixou-se, por maioria, multa de R$ 201.817,05 ao detentor de cargo político, e de R$ 134.544,07 aos demais apenados, valores a serem revertidos aos cofres do município. Determinou-se – caso estejam em exercício – a perda de cargo, emprego ou função pública dos dois últimos réus. *Entendeu-se, em votação majoritária, competir ao Senado Federal deliberar sobre a eventual perda do mandato parlamentar do ex-prefeito (CF, art. 55, VI e § 2.º)*. (...)" (AP 565 – RO, Plenário, rel. Cármen Lúcia, j. 07 e 08.08.2013, m.v., *Informativo* 714; grifo nosso).

25. Perda de emprego público e aposentadoria: *emprego público* é o posto criado por lei na estrutura hierárquica da Administração Pública, com denominação e padrão de vencimentos próprios, embora seja ocupado por servidor que possui vínculo contratual, sob a regência da CLT (ex.: escrevente judiciário contratado pelo regime da CLT). Segundo nos parece, em interpretação extensiva e sistemática, deve-se envolver o ocupante de emprego público no art. 4.º, II e III, da Lei 13.869/2019. Afinal, se a condenação criminal permite a perda do cargo e da função, logicamente deve-se abranger o emprego público, cuja diferença única existente com o cargo é que o ocupante deste é submetido a regime estatutário, enquanto o ocupante de emprego público é submetido a regime contratual (CLT). A aposentadoria, que é o direito à inatividade remunerada, não é abrangida pelo disposto no art. 4.º. A condenação criminal, portanto, somente afeta o servidor ativo, ocupante efetivo de cargo, emprego, função ou mandato eletivo. Caso já tenha passado à inatividade, não mais estando em exercício, não pode ser afetado por condenação criminal, ainda que esta advenha de fato cometido quando ainda estava ativo. Se for cabível, a medida de cassação da aposentadoria deve dar-se na órbita administrativa, não sendo atribuição do juiz criminal. Nessa ótica: STJ: "(...) II – A previsão legal, no entanto, nada diz a respeito da cassação de aposentadoria do servidor civil, ou da reforma, caso se trate de servidor público militar. Por se tratar de norma penal punitiva, não se pode ampliar o rol de efeitos extrapenais contidos no dispositivo, sob pena de violação ao princípio que proíbe o emprego da interpretação analógica *in malam partem*, como consectário lógico do princípio da reserva legal, que veda a imposição de penalidade sem previsão legal prévia e expressa. Agravo regimental desprovido" (AgRg no AREsp 980.297 – RN, 5.ª T., rel. Felix Fischer, j. 20.03.2018, v.u.).

26. Condições para a perda ou inabilitação: há, ainda, quem considere esta Lei muito rigorosa, embora realmente não seja. Note-se que, para perder o cargo, mandato ou função pública, é preciso ser *reincidente específico*, ou seja, tornar a praticar crime de abuso de autoridade. Então, somente da segunda vez é que o juiz pode aplicar a perda ou a inabilitação. Lembremos que a reincidência significa a prática de novo crime, depois de transitar em julgado a sentença que, no Brasil ou no estrangeiro, o tenha condenado por delito anterior (art. 63, CP). A reincidência se torna *específica*, para os fins desta Lei, quando o sujeito torna a cometer *qualquer* crime de abuso de autoridade. Não é necessária a prática de mesmo tipo penal para se tornar reincidente específico; basta que o agente público cometa dois crimes quaisquer previstos nesta Lei, respeitado o molde do art. 63 do Código Penal.

27. Período depurador: anote-se que, para efeito de reincidência, respeita-se o disposto pelo art. 64, I, do Código Penal: "não prevalece a condenação anterior, se entre a data do cumprimento ou extinção da pena e a infração posterior tiver decorrido período de tempo superior a 5 (cinco) anos, computado o período de prova da suspensão ou do livramento condicional, se não ocorrer revogação". Assim, o agente público pode cometer o crime de abuso de autoridade, ser condenado, cumprir pena e, depois de cinco anos, tornar a praticar abuso de autoridade e, mesmo assim, não poderá perder o seu posto público. Trata-se de algo nitidamente benéfico e inadequado.

28. Efeitos não automáticos e devidamente motivados: nesse ponto, esta Lei seguiu o disposto pelo art. 92, parágrafo único, do Código Penal. Diante disso, embora condenado o réu por abuso de autoridade, qualquer que tenha sido a pena, é fundamental que o juiz da condenação expresse, claramente, a perda do cargo, mandato ou função e, também, imponha a inabilitação. Tudo isso devidamente motivado. O agente público, ao cometer abuso de autoridade, deveria ser automaticamente expurgado de seu posto. Outro ponto benigno da Lei atual.

Seção II
Das Penas Restritivas de Direitos

Art. 5.º As penas restritivas de direitos[29] substitutivas das privativas de liberdade previstas nesta Lei são:

I – prestação de serviços à comunidade ou a entidades públicas;[30]

II – suspensão do exercício do cargo, da função ou do mandato, pelo prazo de 1 (um) a 6 (seis) meses, com a perda dos vencimentos e das vantagens;[31]

III – (Vetado).

Parágrafo único. As penas restritivas de direitos podem ser aplicadas autônoma ou cumulativamente.[32]

29. Penas restritivas de direitos: são penas alternativas às privativas de liberdade, expressamente previstas em lei, tendo por fim evitar o encarceramento de determinados criminosos, autores de infrações penais consideradas mais leves, promovendo-lhes a recuperação através de restrições a certos direitos. Têm a natureza jurídica de sanções penais autônomas e substitutivas, como regra. São substitutivas porque derivam da permuta que se faz após a aplicação, na sentença condenatória, da pena privativa de liberdade. Não há tipos penais prevendo, no preceito secundário, pena restritiva de direito. Portanto, quando juiz aplicar uma pena privativa de liberdade, pode substituí-la por uma restritiva, pelo mesmo prazo da primeira. São autônomas porque subsistem por si mesmas após a substituição. O juiz das execuções penais vai, diretamente, cuidar de fazer cumprir a restrição de direito, e não mais a privativa de liberdade, salvo necessidade de conversão por fatores incertos e futuros. Nesta Lei, inova-se, permitindo que as penas restritivas de direitos sejam aplicadas cumulativamente à pena privativa de liberdade.

30. Prestação de serviços à comunidade: é a atribuição de tarefas gratuitas ao condenado junto a entidades assistenciais, hospitais, orfanatos e outros estabelecimentos similares, em programas comunitários ou estatais. Trata-se, em nosso entender, da melhor sanção penal substitutiva da pena privativa de liberdade, pois obriga o autor de crime a reparar o dano causado através do seu trabalho, reeducando-se, enquanto cumpre pena.

31. Suspensão do exercício do cargo, função ou mandato: é um modelo similar à interdição temporária de direitos, prevista no Código Penal. Tem por finalidade impedir o exercício de determinada função ou atividade por um período determinado (1 a 6 meses), como forma de punir o agente de crime relacionado à referida atividade proibida. Durante esse período, o agente público não recebe vencimentos e perde vantagens. A atual previsão foi aperfeiçoada, não caindo no erro das penas de interdição de direitos, que previam, como tempo de interdição, todo o período imposto pela pena privativa de liberdade. Então, resultava no absurdo de um funcionário público ficar privado da sua função por até quatro anos.

32. Aplicação autônoma ou cumulativa: esta Lei permite que o juiz substitua a pena privativa de liberdade por uma ou duas penas restritivas de direitos. Há possibilidade de gerar dúvida o disposto neste parágrafo. Seria viável dizer que a aplicação da restritiva de direitos seria feita de modo autônomo – somente ela, substituindo a pena privativa de liberdade – ou de maneira cumulada com a pena privativa de liberdade. Parece-nos, por uma questão de coerência com o disposto no *caput*, que as penas restritivas de direitos são sempre substitutivas da pena privativa de liberdade (nunca cumuladas com esta). Assim sendo, são *sempre substitutivas*. Mas, pode haver a aplicação de uma só ou de duas restritivas de direitos.

Capítulo V
DAS SANÇÕES DE NATUREZA CIVIL E ADMINISTRATIVA

> **Art. 6.º** As penas previstas nesta Lei serão aplicadas independentemente das sanções de natureza civil ou administrativa cabíveis.[33]
>
> **Parágrafo único.** As notícias de crimes previstos nesta Lei que descreverem falta funcional serão informadas à autoridade competente com vistas à apuração.[34]

33. Independência da sanção penal: a pena a ser aplicada pela prática de crime de abuso de autoridade não guarda qualquer correspondência com eventuais sanções advindas das órbitas civil (indenização pelo crime) ou administrativa (aplicação de sanções específicas, como suspensão ou até demissão). Guarda correspondência com o art. 9.º da anterior Lei de Abuso de Autoridade: "simultaneamente com a representação dirigida à autoridade administrativa ou independentemente dela, poderá ser promovida pela vítima do abuso, a responsabilidade civil ou penal ou ambas, da autoridade culpada".

34. Notícia do ilícito: como regra, primeiro detecta-se o ilícito na órbita administrativa para, depois, ser acionada a esfera criminal; porém, nada impede que o contrário ocorra. Diante disso, qualquer autoridade que estiver investigando ou processando alguém por abuso de autoridade *deve* informar a autoridade competente na área administrativa para as providências cabíveis. Embora se mencione que a comunicação somente será feita se o crime de abuso de autoridade constituir falta funcional, cremos ser praticamente impossível que uma conduta do servidor seja infração penal, mas não falta funcional.

> **Art. 7.º** As responsabilidades civil e administrativa são independentes da criminal,[35] não se podendo mais questionar sobre a existência ou a autoria do fato quando essas questões tenham sido decididas no juízo criminal.[36-37]

35. Responsabilidades civil e administrativa independentes da criminal: a norma repete o que se conhece, há tempos, nas esferas penal, administrativa e civil. Quando um servidor público pratica uma falta funcional, responde administrativamente. Entretanto, essa falta pode prejudicar alguém, gerando à vítima o direito à indenização na órbita civil. Finalmente, é possível que a falta constitua crime de abuso de autoridade. Cada ambiente – administrativo, civil e penal – decide o caso de maneira independente.

36. Obstáculos à atuação na esfera civil ou administrativas: o ambiente criminal é o mais solene e formal para a apuração de um ilícito, conferindo ao réu a ampla defesa e o contraditório. Ilustrando, na esfera civil, caso seja citado o réu e não contestar a ação, o juiz pode aplicar o efeito da revelia, julgando procedente a ação de indenização, sem produção de provas. No entanto, na área penal isto não ocorre. Há de ter o réu a defesa técnica competente. Por isso, é justo que, se no campo criminal, o juiz terminar a instrução, editando sentença absolutória *negando* a existência do fato ou *negando* tenha sido o réu o seu autor, não mais se discuta isso nas áreas civil e administrativa. Por outro lado, ao afirmar, no juízo criminal, a existência do fato e do seu autor, também não se deve tornar à discussão no cível ou no campo administrativo. Entretanto, é relevante apontar que, com uma solução criminal, absolvendo o acusado por falta de provas, não há o fechamento das portas do cível ou do lado administrativo. Afinal, o que não se provou no âmbito penal, pode ser provado no juízo civil ou na esfera administrativa.

37. Sentença absolutória criminal: convém, dando continuidade ao exposto na nota anterior, registrar o disposto no art. 66 do CPP: "não obstante a sentença absolutória no juízo criminal, a ação civil poderá ser proposta quando não tiver sido, categoricamente, reconhecida a inexistência material do fato". Assim sendo, a sentença absolutória penal não significa garantia de impedimento à indenização civil. Estipula o art. 386 do Código de Processo Penal várias causas aptas a gerar absolvições. Algumas delas tornam, por certo, inviável qualquer ação civil *ex delicto*, enquanto outras, não. Não produzem coisa julgada no cível, possibilitando a ação de conhecimento para apurar culpa: a) absolvição por não estar provada a existência do fato (art. 386, II, CPP); b) absolvição por não constituir infração penal o fato (art. 386, III, CPP); c) absolvição por não existir prova suficiente de ter o réu concorrido para a infração penal (art. 386, V, CPP); d) absolvição por insuficiência de provas (art. 386, VII, CPP); e) absolvição por excludentes de culpabilidade e algumas de ilicitude, estas últimas serão vistas em nota *infra* (art.

386, VI, CPP); f) decisão de arquivamento de inquérito policial ou peças de informação (art. 67, I, CPP); g) decisão de extinção da punibilidade (art. 67, II, CPP). Em todas essas situações o juiz penal não fechou questão em torno de o fato existir ou não, nem afastou, por completo, a autoria em relação a determinada pessoa, assim como não considerou lícita a conduta. Apenas se limitou a dizer que não se provou a existência do fato – o que ainda pode ser feito no cível; disse que não é o fato infração penal – mas pode ser ilícito civil; declarou que não há provas de o réu ter concorrido para a infração penal – o que se pode apresentar na esfera cível; disse haver insuficiência de provas para uma condenação, consagrando o princípio do *in dubio pro reo* – embora essas provas possam ser conseguidas e apresentadas no cível; absolveu por inexistir culpabilidade – o que não significa que o ato seja lícito; arquivou inquérito ou peças de informação – podendo ser o fato um ilícito civil; julgou extinta a punibilidade – o que simplesmente afasta a pretensão punitiva do Estado, mas não o direito à indenização da vítima. Fazem coisa julgada no cível: a) declarar o juiz penal que está provada a inexistência do fato (art. 386, I, CPP); b) considerar o juiz penal, expressamente, que o réu não foi o autor da infração penal ou, efetivamente, não concorreu para a sua prática (art. 386, IV, CPP). Reabrir-se o debate dessas questões na esfera civil, possibilitando decisões contraditórias, é justamente o que quis a lei evitar (art. 935, CC, 2.ª parte).

> **Art. 8.º** Faz coisa julgada em âmbito cível, assim como no administrativo-disciplinar, a sentença penal que reconhecer ter sido o ato praticado em estado de necessidade, em legítima defesa, em estrito cumprimento de dever legal ou no exercício regular de direito.[38-39]

38. Excludentes de ilicitude: para a configuração de um crime, exige-se o fato típico (fato amoldado ao tipo penal incriminador), ilícito (contrário ao ordenamento jurídico) e culpável (reprovável mediante certas condições). Entretanto, nos cursos de direito penal, deixa-se bem claro que o segundo requisito do crime – a ilicitude – não se cinge ao campo penal; é preciso que a conduta constitua um ilícito geral. Noutros termos, quando se configura uma excludente de ilicitude (art. 23 do Código Penal) – estado de necessidade, legítima defesa, exercício regular de direito ou estrito cumprimento do dever legal – a regra é que o fato seja lícito tanto em penal quanto em administrativo e civil. O mesmo se conclui quando o fato aparentemente é um ilícito penal, mas há uma excludente de ilicitude no campo civil (ex.: a legítima defesa da posse); torna-se lícito também em penal.

39. Regras para a indenização civil nesse contexto: dispõe o art. 188 do Código Civil que, "não constituem atos ilícitos: I – os praticados em legítima defesa ou no exercício regular de um direito reconhecido; II – a deterioração ou destruição da coisa alheia, ou a lesão a pessoa, a fim de remover perigo iminente. Parágrafo único. No caso do inciso II, o ato será legítimo somente quando as circunstâncias o tornarem absolutamente necessário, não excedendo os limites do indispensável para a remoção do perigo". Logo, a princípio, reconhecida a legítima defesa, o exercício regular de direito e o estrito cumprimento do dever legal, não cabe mais ao juiz civil debater a respeito. E mais: quanto à pessoa contra quem se valeu alguém do exercício de direito ou do estrito cumprimento do dever legal, inexiste direito à reparação do dano. Assim, exemplificando: não constitui ato ilícito penal ou civil matar ou ferir aquele que desfere agressão injusta, atual ou iminente, contra a integridade física (legítima defesa); não constitui ato ilícito penal ou civil lesionar ou constranger alguém a sair de um lugar público, onde está nitidamente perturbando a ordem (exercício regular de direito); não constitui ato ilícito penal ou civil o policial prender alguém, sob a violência que for necessária, quando está com prisão legalmente decretada (estrito cumprimento do dever legal). No caso do estado de necessidade, há maiores restrições. Tratando-se do estado de necessidade defensivo, isto é, voltar-se contra animal ou coisa que gera o perigo atual, necessário de ser afastado, não cabe indenização alguma, desde que, para a remoção do perigo não se atinja inocente. Exemplo: matar o cão que escapou na via pública e ameaça morder pessoas. O dono do animal nada pode reclamar. Tratando-se do estado de necessidade agressivo, ou seja, voltar-se contra pessoa, animal ou coisa de onde não provém o perigo atual, mas cuja lesão torna-se indispensável para salvar o agente do fato necessário, é cabível falar em indenização. Exemplo: aquele que matar um animal, que está dentro do quintal da casa do seu proprietário, porque invadiu o domicílio para fugir de um assalto, penalmente não responde, mas civilmente deve indenizar ao dono do imóvel os prejuízos causados, inclusive a morte do cão. É justamente o que preceitua o inciso II do art. 188, em combinação com os arts. 929 e 930 do Código Civil. Confira-se: "Art. 929. Se a pessoa lesada, ou o dono da coisa, no caso do inciso II do art. 188, não forem culpados do perigo, assistir-lhes-á direito à indenização do prejuízo que sofreram. Art. 930. No caso do inciso II do art. 188, se o perigo ocorrer por culpa de terceiro, contra este terá o autor do dano ação regressiva para haver a importância que tiver ressarcido ao lesado. Parágrafo único. A mesma ação competirá contra aquele em defesa de quem se causou o dano (art. 188, inciso I)". Conforme o disposto no art. 930, usando o exemplo já mencionado, o matador do cão no quintal deve indenizar o seu proprietário e, depois, querendo, voltar-se contra o assaltante que o perseguia. Outra hipótese possível é haver *aberratio ictus* (erro na execução), no contexto da legítima defesa. Se o agredido, para defender-se de determinada pessoa, terminar ferindo terceiro inocente, também fica obrigado a indenizá-lo, voltando-se, depois, em ação regressiva, contra o agressor.

Capítulo VI
DOS CRIMES E DAS PENAS

> **Art. 9.º** Decretar[40-42] medida de privação da liberdade em manifesta[43] desconformidade com as hipóteses[44] legais:[45-46]
> Pena – detenção, de 1 (um) a 4 (quatro) anos, e multa.[47]
> **Parágrafo único.** Incorre na mesma pena a autoridade judiciária[48-50] que, dentro de prazo razoável,[51] deixar de:[52-53]
> I – relaxar a prisão manifestamente ilegal;[54]
> II – substituir a prisão preventiva por medida cautelar diversa ou de conceder liberdade provisória, quando manifestamente cabível;[55-56]
> III – deferir liminar ou ordem de *habeas corpus*, quando manifestamente cabível.[57]

40. Análise do núcleo do tipo: no contexto deste artigo, *decretar* significa determinar ou ordenar – verbos que, aliás, ficariam mais adequados neste tipo –, cujo objeto é a medida de privação da liberdade – cautelar ou definitiva – em manifesta desconformidade com as hipóteses legais. Guarda correspondência com o art. 4.º, *a*, da Lei 4.898/65: "ordenar ou executar medida privativa da liberdade individual, sem as formalidades legais ou com abuso de poder". As hipóteses legais para a prisão de alguém estão estampadas na Constituição Federal ("Art. 5.º, LXI – ninguém será preso senão em flagrante delito ou por ordem escrita e fundamentada de autoridade judiciária competente, salvo nos casos de transgressão militar ou crime propriamente militar, definidos em lei") e, também, no Código de Processo Penal ("Art. 283. Ninguém poderá ser preso senão em flagrante delito ou por ordem escrita e fundamentada da autoridade judiciária competente, em decorrência de prisão cautelar ou em virtude de condenação criminal transitada em julgado"). Há, portanto, três prisões no cenário penal: a) decorrente de decisão condenatória, com trânsito em julgado (hoje, o STF não permite a prisão, para cumprimento de pena, após a condenação em 2.º grau; exige o trânsito em julgado); b) advinda de prisão temporária (Lei 7.960/89); c) originada em prisão preventiva (arts. 312 e 313, CPP). A prisão temporária tem seus requisitos: "art. 1.º Caberá prisão temporária: I – quando imprescindível para as investigações do inquérito policial; II – quando o indicado não tiver residência fixa ou não fornecer elementos necessários ao esclarecimento de sua identidade; III – quando houver fundadas razões, de acordo com qualquer prova admitida na legislação penal, de autoria ou participação do indiciado nos seguintes crimes: a) homicídio doloso (art. 121, *caput*, e seu § 2.º); b) sequestro ou cárcere privado (art. 148, *caput*, e seus §§ 1.º e 2.º); c) roubo (art. 157, *caput*, e seus §§ 1.º, 2.º e 3.º) [embora a Lei 7.960/89 não tenha sido alterada, cuidando-se de lei processual penal, pode-se utilizar a interpretação extensiva e a analogia; portanto, hoje se pode acrescer, por analogia, os §§ 2.º-A e 2.º-B]; d) extorsão (art. 158, *caput*, e seus §§ 1.º, 2.º e 3.º) [embora a Lei 7.960/89 não tenha sido alterada, cuidando-se de lei processual penal, pode-se utilizar a interpretação extensiva e a analogia; portanto, é viável acrescer o disposto pelo § 3.º, por interpretação extensiva, visto também tratar-se de extorsão agravada]; e) extorsão mediante sequestro (art. 159, *caput*, e seus §§ 1.º, 2.º e 3.º); f) estupro (art. 213, *caput*, e §§ 1.º e 2.º) [embora a Lei 7.960/89 não tenha sido alterada, cuidando-se de lei processual penal, pode-se utilizar a interpretação extensiva e a analogia; portanto, hoje o estupro tem dois parágrafos e não mais o parágrafo único]; f.1) estupro de vulnerável (art. 217-A) [embora a Lei 7.960/89 não tenha sido alterada, cuidando-se de lei processual penal, pode-se utilizar a interpretação extensiva e a analogia; portanto, hoje o estupro de vulnerável encontra guarida para a decretação de prisão temporária, pois é um crime de violência sexual análogo ao estupro do art. 213]; g) atentado violento ao pudor [o art. 214 foi revogado pela Lei 12.015/2009, mas seu conteúdo, incorporado no art. 213, de modo que nada se alterou na prática]; h) rapto violento (art. 219, e sua combinação com o art. 223, *caput*, e parágrafo único); [hoje, sequestro para fins libidinosos – art. 148, § 1.º, V, CP]; i) epidemia com resultado de morte (art. 267, § 1.º); j) envenenamento de água potável ou substância alimentícia ou medicinal qualificado pela morte (art. 270, *caput*, combinado com art. 285); l) quadrilha ou bando (art. 288), todos do Código Penal [hoje, associação criminosa], m) genocídio (arts. 1.º, 2.º e 3.º da Lei n.º 2.889, de 1.º de outubro de 1956), em qualquer de suas formas típicas; n) tráfico de drogas (art. 12 da Lei n.º 6.368, de 21 de outubro de 1976) [hoje, art. 33 da Lei 11.343/2006]; o) crimes contra o sistema financeiro (Lei n.º 7.492, de 16 de junho de 1986); p) crimes previstos na Lei de Terrorismo". A prisão preventiva abrange os artigos 312 e 313 do CPP: "art. 312. A prisão preventiva poderá ser decretada como garantia da ordem pública, da ordem econômica, por conveniência da instrução criminal, ou para assegurar a aplicação da lei penal, quando houver prova da existência do crime e indício suficiente de autoria e de perigo gerado pelo estado de liberdade do imputado. § 1.º A prisão preventiva também poderá ser decretada em caso de descumprimento de qualquer das obrigações impostas por força de outras medidas cautelares (art. 282, § 4.º). § 2.º A decisão que decretar a prisão preventiva deve ser motivada e fundamentada em receio de perigo e existência concreta de fatos novos ou contemporâneos que justifiquem a aplicação da medida adotada. Art. 313. Nos termos do art. 312 deste Código, será admitida a decretação da prisão preventiva: I – nos crimes dolosos punidos com pena privativa de liberdade máxima superior a 4 (quatro) anos; II – se tiver sido condenado por outro crime doloso, em sentença transitada em julgado, ressalvado o disposto no inciso I do *caput* do art. 64 do Decreto-Lei n.º 2.848, de 7 de dezembro de 1940 – Código Penal; III – se o crime envolver violência doméstica e familiar contra a mulher, criança, adolescente, idoso, enfermo ou pessoa com deficiência, para garantir a execução das medidas protetivas de urgência; IV – (revogado). § 1.º Também será admitida a prisão preventiva quando houver dúvida sobre a identidade civil da pessoa ou quando esta não fornecer elementos suficientes para esclarecê-la, devendo o preso ser colocado imediatamente em liberdade após a identificação, salvo se outra hipótese recomendar a manutenção da medida. § 2.º Não será admitida a decretação da prisão preventiva com a finalidade de antecipação de cumprimento de pena ou como decorrência imediata de investigação criminal ou da apresentação ou recebimento de denúncia".

41. Sujeitos ativo e passivo: o sujeito ativo é o agente público. O sujeito passivo é o Estado e, ainda, a pessoa que teve a prisão decretada de forma irregular.

42. Elemento subjetivo: é o dolo. Exige-se elemento subjetivo específico, consistente em prejudicar outrem ou beneficiar a si mesmo ou a terceiro, ou, ainda, por mero capricho ou satisfação pessoal. Não há a forma culposa.

43. Manifesta: esse elemento normativo do tipo representa a fórmula adotada pelo legislador para evidenciar que o abuso de autoridade somente será punido em último caso, quando os atos ilegais forem notórios, patentes, evidentes, flagrantes ou inegáveis. Há de se considerar ser hipótese rara.

44. Hipóteses legais: estão mencionadas na nota 40 *supra*.

45. Objetos material e jurídico: o objeto material é a pessoa presa, de maneira abusiva. O objeto jurídico principal é a dignidade da função pública e a lisura do exercício da autoridade pelo Estado. Secundariamente, é o respeito à liberdade individual.

46. Classificação: é crime próprio (somente pode ser praticado por sujeito qualificado: agente público); formal (não depende da efetiva ocorrência de prisão ilegal ou ilegalidade similar, mas da emissão do decreto de prisão); de forma livre (pode ser cometido por qualquer meio eleito pelo agente); comissivo (o verbo indica ação); instantâneo (a consumação ocorre em momento definido); unissubjetivo (pode ser cometido por uma só pessoa); unissubsistente (cometido em um único ato); não admite tentativa.

47. Benefícios penais: a pena mínima permite a aplicação da suspensão condicional do processo. Não sendo viável, cabe pena restritiva de direitos ou suspensão condicional da pena. Ainda assim, o regime de cumprimento da pena deve ser o aberto. Na pior hipótese, cuidando-se de pena de detenção, somente poderia ser aplicado o regime inicial semiaberto.

48. Sujeitos ativo e passivo: para os três incisos deste parágrafo único, o sujeito ativo é a autoridade judiciária, responsável pela análise do auto de prisão em flagrante; competente para substituir uma prisão preventiva por medida cautelar diversa ou conceder liberdade provisória; apta a deferir liminar ou ordem de *habeas corpus*. Como regra, a primeira hipótese fica a cargo do juiz de primeira instância; a segunda, pode dar-se tanto em primeira quanto em segunda instâncias; a terceira, na maioria dos casos, está na alçada de desembargador ou ministro. O sujeito passivo é o Estado; secundariamente, a pessoa cuja liberdade ou direito individual similar possa ser prejudicado pela omissão da autoridade judiciária.

49. Elemento subjetivo do tipo: é o dolo. Exige-se elemento subjetivo específico, consistente em prejudicar outrem ou beneficiar a si mesmo ou a terceiro, ou, ainda, por mero capricho ou satisfação pessoal. Não há a forma culposa.

50. Objetos material e jurídico: o objeto material é a pessoa presa ou privada de direito individual, de maneira abusiva. O objeto jurídico principal é a dignidade da função pública e a lisura do exercício da autoridade pelo Estado. Secundariamente, é o respeito à liberdade individual ou a direito individual similar.

51. Prazo razoável: poderia a lei ter fixado um período de tempo curto, como 24 ou 48 horas, para a tomada das providências descritas nos incisos I, II e III do parágrafo único deste artigo. Mas não. Valeu-se da *aberta* fórmula do que é *razoável* e, em verdade, deixou tudo como sempre foi, ou seja, o magistrado, conforme o volume de serviço da sua Vara, apreciará no menor tempo *possível* o auto de prisão em flagrante, o pedido formulado pelo advogado para revogar prisão preventiva e substituí-la por medida cautelar alternativa ou para o relator de tribunal colegiado apreciar uma liminar ou ordem de *habeas corpus*. Imagine-se, para ilustrar, com o volume imenso de trabalho, seja um Ministro de Tribunal Superior obrigado a analisar uma liminar de HC em 24 horas. Por isso, preferiu-se inserir na lei o *prazo razoável*. Dentro da normalidade, não será por excesso de prazo que a autoridade judiciária poderá responder por abuso.

52. Classificação: é crime próprio (somente pode ser praticado por sujeito qualificado: autoridade judiciária); formal (independe de qualquer resultado naturalístico, visto se tratar de decisão judicial; se o réu estiver preso ou solto, torna-se indiferente para a consumação); de forma livre (pode ser cometido por qualquer meio eleito pelo agente); omissivo (a composição dos verbos indica inação); instantâneo (a consumação ocorre em momento definido); unissubjetivo (pode ser cometido por uma só pessoa); unissubsistente (cometido em um único ato); condicionado (só se consuma quando ocorrida a condição estabelecida no tipo penal: ultrapassar prazo razoável); não admite tentativa por duas razões: é delito unissubsistente e condicionado.

53. Manifestamente: esse advérbio de modo, constante nas três figuras típicas incriminadoras dos incisos I, II e III, significa uma situação notória, flagrante, inegável, inquestionável, patente e assim por diante. Portanto, para incidir em alguma dessas figuras é preciso *realmente* querer abusar do poder. Unindo-se essa cristalinidade com o especial motivo de prejudicar alguém, torna-se basicamente impossível concretizar o crime; afinal, erros judiciários acontecem todos os dias, assim como divergências de interpretação da lei (outra válvula nítida desta lei ao proclamar que a diferença de posicionamento não configura abuso de autoridade), motivo pelo qual tudo continuará como sempre foi.

54. Análise do núcleo do tipo: *deixar de relaxar* (omitir-se e não proclamar ilícita uma situação referente ao cerceamento de liberdade de alguém), tendo por objeto uma prisão *manifestamente* ilegal. É preciso frisar que, na área jurídica, o termo *relaxamento* está associado a uma prisão considerada ilegal, razão pela qual será afrouxada ou debilitada, determinando-se a soltura da pessoa detida. Vincula-se, ainda, à prisão em flagrante. Formalizada esta pelo delegado, por meio do auto de prisão em flagrante, este auto segue ao magistrado para que avalie a sua *legalidade*. Sendo legal, o juiz não a relaxa, mas pode determinar a soltura do investigado ou acusado, por conta de liberdade provisória. Pode, também, substituir a prisão por medida cautelar alternativa. Finalmente, pode não relaxar, porque legal a prisão, convertendo-a em preventiva. Por certo, impetrado *habeas corpus*, caberá ao Tribunal verificar a legalidade da prisão em flagrante. Logo, também as autoridades judiciárias de Tribunais Superiores estão incluídas neste tipo, caso deixem de relaxar a prisão manifestamente ilegal. Se for uma câmara ou turma composta, por exemplo, por três desembargadores, que negam a ordem, em caso de prisão manifestamente ilegal, há coautoria para responder por abuso de autoridade. Sobre a análise da legalidade da prisão em flagrante, consultar o art. 302 do CPP, que trata dos requisitos intrínsecos da prisão, e o art. 304 do mesmo Código, tratando dos requisitos extrínsecos relativos à prisão.

55. Análise do núcleo do tipo: *deixar de substituir* (omitir-se na troca de uma coisa por outra) é a conduta negativa, envolvendo como objeto a medida cautelar diversa da prisão (conforme rol do art. 319 do CPP); porém, o contexto é específico para a situação de prisão preventiva decretada e *negativa* da autoridade judiciária de substituí-la por medida cautelar alternativa. Não envolve a decretação primária de medidas cautelares do art. 319 do CPP, conforme os requisitos previstos no art. 282 do mesmo Código. Noutros termos, pode ser abuso de autoridade deixar de substituir *preventiva* por medida cautelar alternativa; não se configura abuso de autoridade decretar medida cautelar, mesmo quando inexista justa causa para tanto. A segunda parte prevê: *deixar de conceder* (omitir-se no deferimento de um benefício ao preso) é a omissão, cujo objetivo é a liberdade provisória. Para este fim, consultar o art. 321 do CPP: "ausentes os requisitos que autorizam a decretação da prisão preventiva, o juiz deverá conceder liberdade provisória, impondo, se for o caso, as medidas cautelares previstas no art. 319 deste Código e observados os critérios constantes do art. 282 deste Código". Em ambas as situações, está presente o advérbio de modo: *manifestamente* (ver a nota 54 *supra*).

56. Hipótese de atipicidade: escapou ao legislador, por certo, uma situação comum, representativa da decretação da prisão preventiva e, requerida a sua revogação, advir uma decisão *indeferindo*. Mesmo que o juiz atue com a finalidade de prejudicar o acusado, inexiste previsão legal para esse eventual abuso de autoridade. Avaliando as hipóteses: a) relaxar a prisão ilegal diz respeito à prisão em flagrante e não à prisão preventiva; b) substituir a prisão preventiva por medidas cautelares não significa indeferir o pedido de revogação da preventiva; c) não conceder liberdade provisória também se vincula à prisão em flagrante; quando o magistrado decreta a preventiva, o advogado deve pedir a sua revogação e não a liberdade provisória. Finalmente, somente os membros de tribunais poderiam responder por negar liminar ou HC, quando se pede a revogação da preventiva e este pleito é negado em caso manifestamente cabível, com a vontade específica de prejudicar o preso.

57. Análise do núcleo do tipo: *deixar de deferir* (embora descrita a conduta como omissiva, ela pode ser comissiva, quando o magistrado *indefere* o pedido) é a omissão, cujo objeto é a liminar de *habeas corpus* ou o mérito dessa ação de impugnação. Retorna-se a frisar que o crime somente se consuma se houver a constatação de que a liminar ou a ordem era *manifestamente* cabível (ver a nota 56 *supra*). Esta situação envolve magistrados de qualquer instância, desde que atuem na esfera criminal. O cabimento do HC encontra-se previsto no art. 648 do CPP.

> **Art. 10.** Decretar[58-60] a condução coercitiva de testemunha ou investigado manifestamente descabida ou sem prévia intimação de comparecimento ao juízo:[61-62]
>
> Pena – detenção, de 1 (um) a 4 (quatro) anos, e multa.[63]

58. Análise do núcleo do tipo: *decretar* (determinar, ordenar) tem por objeto a *condução coercitiva* de testemunha ou investigado, com duas condições: quando *manifestamente* descabida (fora de qualquer hipótese legal) ou *sem prévia intimação* de comparecimento ao juízo. Esta última parte também significa *manifestamente incabível*, no entanto, foi importante a sua inserção no tipo penal, para evitar justificativas sofismáticas de que "é melhor conduzir coercitivamente do que prender temporária ou preventivamente alguém" (justificativa usada por vários dos que decretaram conduções coercitivas abusivas). O excesso era evidente; afinal, no tocante a testemunhas não se poderia utilizar da prisão temporária ou preventiva. Quanto ao investigado, se era preciso a prisão, que fosse decretada. Se não era, determinar a condução coercitiva constituiu abuso, nunca apurado no tocante aos agentes da *Operação Lava Jato*, que criou ou, pelo menos, fez crescer o número dessas práticas coercitivas. Este tipo penal foi uma resposta do Parlamento à referida *Operação Lava Jato*. Tenho defendido, há muito tempo, que a *condução coercitiva* de investigado, réu, vítima ou testemunha é sempre uma violência à liberdade individual, portanto, uma forma de prisão cautelar ainda que de duração efêmera. Há de se lidar com ela de modo absolutamente estrito e nos precisos termos legais. Ninguém, em sã consciência, aprovaria que a polícia batesse à sua porta e o conduzisse coercitivamente à polícia ou a juízo para ser ouvido sem que *nunca* tenha sido antes intimado para comparecer a uma audiência. A condução coercitiva é uma resposta da Justiça a quem despreza o chamamento para prestar esclarecimento ou depoimento. Antes disso, ela é completamente incabível.

59. Sujeitos ativo e passivo: o sujeito ativo, em nosso entendimento, em situação normal, é apenas a autoridade judiciária. Desde o advento da Constituição de 1988, somente o juiz pode determinar a prisão de alguém. Essa forma de condução *forçada* à delegacia ou ao fórum pode envolver o uso de força física, abrangendo o uso de algema se houver resistência. Por isso, não é cabível que o delegado possa fazê-lo. E nenhuma outra autoridade. Mas, em formato anômalo, se, por exemplo, o delegado ou o promotor *decretar* a condução coercitiva já se perfaz a primeira figura típica incriminadora: condução coercitiva decretada de maneira manifestamente descabida. O sujeito passivo, por se tratar de abuso de autoridade, é o Estado; secundariamente, a pessoa que foi conduzida indevidamente.

60. Elemento subjetivo do tipo: é o dolo. Exige-se elemento subjetivo específico, consistente em prejudicar outrem ou beneficiar a si mesmo ou a terceiro, ou, ainda, por mero capricho ou satisfação pessoal. Não há a forma culposa.

61. Objetos material e jurídico: o objeto material é a pessoa conduzida coercitivamente, de maneira abusiva. O objeto jurídico principal é a dignidade da função pública e a lisura do exercício da autoridade pelo Estado. Secundariamente, é o respeito à liberdade individual.

62. Classificação: é crime próprio (somente pode ser praticado por sujeito qualificado: autoridade judiciária, como regra); formal (independe de qualquer resultado naturalístico, visto se tratar de decisão judicial; se o sujeito for conduzido coercitivamente já se está no contexto do exaurimento do delito); de forma livre (pode ser cometido por qualquer meio eleito pelo agente); comissivo (o verbo indica ação); instantâneo (a consumação ocorre em momento definido); unissubjetivo (pode ser cometido por uma só pessoa); unissubsistente (cometido em um único ato); não admite tentativa por ser delito unissubsistente.

63. Benefícios penais: admite a aplicação da suspensão condicional do processo. A par disso, comporta penas alternativas e *sursis*, conforme o caso. É pena de detenção, de modo que, mesmo determinada a prisão, o regime tem que ser o semiaberto como inicial.

> **Art. 11.** (*Vetado*).
> **Art. 12.** Deixar[64-66] injustificadamente de comunicar prisão em flagrante à autoridade judiciária no prazo legal:[67-68]
> Pena – detenção, de 6 (seis) meses a 2 (dois) anos, e multa.[69]
> **Parágrafo único.** Incorre[70-71] na mesma pena quem:[72-73]
> I – deixa de comunicar, imediatamente, a execução de prisão temporária ou preventiva à autoridade judiciária que a decretou;[74]
> II – deixa de comunicar, imediatamente, a prisão de qualquer pessoa e o local onde se encontra à sua família ou à pessoa por ela indicada;[75]
> III – deixa de entregar ao preso, no prazo de 24 (vinte e quatro) horas, a nota de culpa, assinada pela autoridade, com o motivo da prisão e os nomes do condutor e das testemunhas;[76]

> IV – prolonga a execução de pena privativa de liberdade, de prisão temporária, de prisão preventiva, de medida de segurança ou de internação, deixando, sem motivo justo e excepcionalíssimo, de executar o alvará de soltura imediatamente após recebido ou de promover a soltura do preso quando esgotado o prazo judicial ou legal.[77]

64. Análise do núcleo do tipo: *deixar de comunicar* (omitir-se no dever de transmissão de algo) é a conduta omissiva, cujo objeto é a prisão em flagrante. Pela conformação do tipo penal, visualiza-se constituir dever da autoridade policial, que lavra o auto de prisão em flagrante, comunicar à autoridade judiciária a detenção realizada no prazo legal (24 horas, conforme art. 306, § 1.º, do CPP). Essa conduta, para se constituir crime de abuso de autoridade, exige que tenha sido a omissão *injustificada*. Abre-se a porta para uma série de situações nas quais a autoridade policial pode não fazer a comunicação, em 24 horas, porque a Comarca onde se realizou a prisão é muito distante de onde se encontra o juiz, por exemplo, dentre outras circunstâncias relevantes e *justificáveis*, demonstrativas de não ter havido o ilícito penal. Guarda relação com o antigo art. 4.º, *c*, da Lei 4.898/65.

65. Sujeitos ativo e passivo: o sujeito ativo é a autoridade policial. O sujeito passivo é o Estado; secundariamente, a pessoa presa, cujo flagrante não foi comunicado ao juiz.

66. Elemento subjetivo do tipo: é o dolo. Exige-se elemento subjetivo específico, consistente em prejudicar outrem ou beneficiar a si mesmo ou a terceiro, ou, ainda, por mero capricho ou satisfação pessoal. Não há a forma culposa.

67. Objetos material e jurídico: o objeto material é a prisão em flagrante. O objeto jurídico principal é a dignidade da função pública e a lisura do exercício da autoridade pelo Estado. Secundariamente, é o respeito à liberdade individual.

68. Classificação: é crime próprio (somente pode ser praticado por sujeito qualificado: autoridade policial); formal (independe de qualquer resultado naturalístico, visto se tratar de mera omissão); de forma livre (pode ser cometido por qualquer meio eleito pelo agente); omissivo (a composição dos verbos indica inação); instantâneo (a consumação ocorre em momento definido); unissubjetivo (pode ser cometido por uma só pessoa); unissubsistente (cometido em um único ato); não admite tentativa por ser delito unissubsistente.

69. Benefícios penais: trata-se de infração de menor potencial ofensivo, dando margem à transação. Não sendo viável, permite penas alternativas e aplicação de *sursis*. Cabe regime aberto inicial.

70. Sujeitos ativo e passivo: a configuração adotada pelo tipo penal indica, nos quatro incisos deste parágrafo único, que o sujeito ativo é a autoridade policial. O sujeito passivo é o Estado; secundariamente, a pessoa presa diretamente ligada às omissões apontadas nos incisos.

71. Elemento subjetivo do tipo: é o dolo. Exige-se elemento subjetivo específico, consistente em prejudicar outrem ou beneficiar a si mesmo ou a terceiro, ou, ainda, por mero capricho ou satisfação pessoal. Não há a forma culposa.

72. Objetos material e jurídico: o objeto material é a prisão efetivada ou a nota de culpa. O objeto jurídico principal é a dignidade da função pública e a lisura do exercício da autoridade pelo Estado. Secundariamente, é o respeito à liberdade individual, por meio das formalidades exigidas em lei.

73. Classificação: é crime próprio (somente pode ser praticado por sujeito qualificado: autoridade policial); formal (independe de qualquer resultado naturalístico, visto se tratar de mera omissão); de forma livre (pode ser cometido por qualquer meio eleito pelo agente); omissivo (a composição dos verbos indica inação); instantâneo (a consumação ocorre em momento definido); unissubjetivo (pode ser cometido por uma só pessoa); unissubsistente (cometido em um único ato); não admite tentativa por ser delito unissubsistente.

74. Análise do núcleo do tipo: *deixar de comunicar* significa a omissão de passar adiante uma informação, que, neste caso, é a concretização da prisão temporária ou preventiva à autoridade judiciária. Portanto, cabe à autoridade policial – ou quem faça as suas vezes – avisar o juiz competente acerca da detenção de alguém. Nota-se que se usa, neste caso, o termo *imediatamente*, dando ensejo ao tempo célere de comunicação. Esta previsão repete o disposto pelo art. 5.º, LXII, da Constituição Federal. Sobre esse advérbio de tempo, a doutrina e a jurisprudência têm entendido que o prazo é de até 24 horas. Guarda relação com o art. 4.º, *c*, da Lei anterior 4.898/65.

75. Análise do núcleo do tipo: *deixar de comunicar* significa a omissão de passar adiante uma informação, que, neste caso, é a concretização da prisão e do local onde a pessoa se encontra à sua família ou à pessoa por ele apontada. Portanto, cabe à autoridade policial – ou quem faça as suas vezes – avisar os familiares ou quem for indicado acerca da detenção de alguém. Nota-se que se usa, neste caso, o termo *imediatamente*, dando ensejo ao tempo célere de comunicação. Esta previsão repete o disposto pelo art. 5.º, LXII, da Constituição Federal. Sobre esse advérbio de tempo, a doutrina e a jurisprudência têm entendido que o prazo é de até 24 horas.

76. Análise do núcleo do tipo: *deixar de entregar* é a conduta principal, significando a omissão da autoridade policial de cumprir dever legal de comunicar oficialmente, por meio escrito (nota de culpa) qual é o motivo da prisão, quem a efetivou, as testemunhas do caso e a base legal. Tudo para que o preso possa apresentar ao seu defensor e à família, facilitando a sua possibilidade de defesa. Neste caso, em lugar do advérbio *imediatamente*, optou o legislador por seguir o preceituado em lei, fixando 24 horas (art. 306, § 2.º, CPP).

77. Análise do núcleo do tipo: há uma composição de verbos: *prolongar* (esticar, estender) a execução de medida privativa de liberdade juntamente com *deixar de executar* (omitir-se em fazer algo devido) o alvará de soltura. Este tipo penal envolve o prolongamento injustificado de prisão temporária, prisão preventiva e, incluindo como novidades, também a medida de segurança ou a internação, enfim, todas as privações de liberdade no campo processual penal. Nota-se que a primeira conduta ("prolongar"), embora pareça comissiva, na realidade, é omissiva, pois o preso já está com a privação da liberdade; chega o alvará de soltura e, por omissão da autoridade policial, ele não é cumprido. Utiliza-se a lei de termos fortes para indicar a situação de tempo de cumprimento do alvará de soltura e também a excepcionalidade de seu não cumprimento. Exige-se que o alvará de soltura seja cumprido *imediatamente* (parece-nos, neste caso, que não se deve permitir o tempo de 24 horas, mas, sim, algo pronto e eficaz). Sob outro prisma, a lei fala em esgotado o prazo judicial ou legal, referindo-se à prisão temporária, que possui prazo certo. Lança-se uma possibilidade de não cumprimento: hipótese justificada e *excepcionalíssima* (verdadeiramente rara), como um desastre a envolver a autoridade policial ou então um acidente abrangendo o lugar onde estão os presos. Este tipo guarda similaridade com o art. 4.º, *i*, da Lei 4.898/65 (revogada).

> **Art. 13.** Constranger[78-80] o preso ou o detento, mediante violência, grave ameaça ou redução de sua capacidade de resistência, a:[81-82]
>
> I – exibir-se ou ter seu corpo ou parte dele exibido[83] à curiosidade pública;[84]

> II – submeter-se a situação vexatória ou a constrangimento não autorizado em lei;[85]
> III – produzir prova contra si mesmo ou contra terceiro:[86-87]
> Pena – detenção, de 1 (um) a 4 (quatro) anos,[88] e multa, sem prejuízo da pena cominada à violência.[89]

78. Análise do núcleo do tipo: o verbo *constranger* espelha sempre uma conotação negativa, significando, nesta hipótese, o tolhimento da liberdade alheia ou a obrigação de fazer algo contra a vontade. Tem por objeto o preso ou detento (quem está com a liberdade cerceada, sendo desnecessária essa dupla menção sinônima: preso e detento). O constrangimento, para se transformar em crime de abuso de autoridade, demanda o uso de violência, grave ameaça (formas de violência próprias: a primeira, física; a segunda, moral) e também a utilização de algo para reduzir a capacidade de resistência da vítima (violência imprópria, que pode se configurar de variadas maneiras, como dar uma droga qualquer, impedindo a livre volição do ofendido). Feita a genérica descrição da conduta no *caput*, especifica-se cada um dos três crimes nos incisos I, II e III.

79. Sujeitos ativo e passivo: o sujeito ativo é o agente público encarregado de prender e transportar o preso (pode ser o delegado, como também o investigador ou detetive, além de o agente penitenciário, dentre outros). O sujeito passivo é o Estado; secundariamente o preso constrangido.

80. Elemento subjetivo do tipo: é o dolo. Exige-se elemento subjetivo específico, consistente em prejudicar outrem ou beneficiar a si mesmo ou a terceiro, ou, ainda, por mero capricho ou satisfação pessoal. Não há a forma culposa.

81. Objetos material e jurídico: o objeto material é o preso ou detento. O objeto jurídico principal é a dignidade da função pública e a lisura do exercício da autoridade pelo Estado. Secundariamente, é o respeito à liberdade individual e à integridade física e moral.

82. Classificação: é crime próprio (somente pode ser praticado por sujeito qualificado: agente público); formal (independe de qualquer resultado naturalístico, visto se tratar de condutas inadequadas dos agentes); de forma livre (pode ser cometido por qualquer meio eleito pelo agente); comissivo (o verbo principal indica ação); instantâneo (a consumação ocorre em momento definido); unissubjetivo (pode ser cometido por uma só pessoa); unissubsistente (cometido em um único ato) ou plurissubsistente (cometido por vários atos); admite tentativa na forma plurissubsistente.

83. Análise do desdobramento do tipo: a figura do inciso I deve ser unida ao núcleo principal, que é *constranger*. Há dois modos de gerar o constrangimento: a) de maneira ativa: constranger a se exibir à curiosidade pública (bisbilhotice de várias pessoas); b) de maneira passiva: constranger a ter seu corpo ou parte dele exibido à curiosidade pública. Na primeira modalidade, o agente público determina ao preso, sob pena de sofrer algum mal físico ou moral, que se exiba (mostrar-se, expor-se em forma de apresentação) para um grupo de pessoas (onde, fatalmente, estão os repórteres e suas câmeras). Na segunda, o exemplo da próxima nota é suficiente.

84. Exemplo de redução da sua capacidade de resistência: prender a vítima na viatura, cuja parte de trás é envidraçada e deixar que a imprensa filme e transmita o corpo espremido do preso. Trata-se de um constrangimento cometido contra o detido, cuja capacidade de resistência é inviável, tendo seu corpo exibido à curiosidade pública. Nem se fale em liberdade de imprensa, pois há limites constitucionais para ela (art. 220, § 1.º, CF); neste caso, é a imagem e a intimidade de quem está preso. A prisão retira a sua liberdade de ir e vir, mas não a sua integridade moral (art. 5.º, XLIX, CF). É preciso acabar com a exibição de presos como se fosse um *show*. Isso não promove a segurança pública, nem ajuda a sociedade sob qualquer aspecto, a não ser pelo lado do sensacionalismo e da curiosidade.

85. Análise do desdobramento do tipo: une-se a conduta de *constranger* à de *submeter* (subjugar, sujeitar alguém a algo) a situação vexatória. Nesta hipótese, pode-se até configurar o inciso I, que não deixa de ser uma situação vexatória; porém, o que o inciso II pretende é, de forma residual, captar outras formas de vexame às quais pode ser submetido o preso (como obrigar a tirar a roupa, como forma de humilhação, sem qualquer necessidade). A segunda parte não deixa de ser confusa: constranger a constrangimento (uma inútil tautologia); portanto, já é suficiente a primeira parte do inciso II para se compreender o caráter residual da humilhação ou ofensa moral.

86. Análise do desdobramento do tipo: *constranger* o preso, com emprego de violência física, grave ameaça ou outro método capaz de lhe retirar a resistência (drogá-lo, por exemplo) a *produzir prova contra si mesmo* ou *contra terceiro*. Esta é, em nosso entendimento, a forma mais grave, pois infringe direito constitucional diretamente (todo preso tem direito ao silêncio e, portanto, não precisa produzir prova contra si). Mas o tipo andou bem ao inserir a prova contra terceiro, pois, neste contexto, ingressam aqueles que prendem pessoas para, praticamente, *extorquir* uma delação, prejudicando terceiro. A delação precisa ser ato exclusivamente voluntário e espontâneo; quem assim não age, pressionando o potencial delator com várias ameaças, inclusive privando-o de sono e sossego, incide neste crime.

87. Conflito aparente de normas com a Lei da Tortura: preceitua o art. 1.º da Lei 9.455/97: "constitui crime de tortura: I – constranger alguém com emprego de violência ou grave ameaça, causando-lhe sofrimento físico ou mental: a) com o fim de obter informação, declaração ou confissão da vítima ou de terceira pessoa". São basicamente idênticos. Tratando-se de leis especiais, não vemos como aplicar o princípio da especialidade. Dessa forma, parece-nos mais razoável a punição pela lei mais nova (abuso de autoridade), pelo critério da sucessividade (lei mais recente afasta a aplicação de lei mais antiga). Pode-se aplicar o crime de tortura se o agente não for agente público. E, também, esta Lei 13.869/2019, quando a pressão for destinada a incriminar terceiro.

88. Benefícios penais: a sanção comporta a aplicação da suspensão condicional do processo, além de substituição por penas restritivas de direitos. Comporta *sursis*. Se houver a aplicação de regime penitenciário, cuidando-se de detenção, só pode iniciar no semiaberto.

89. Sistema da acumulação material: significa que, além da pena aplicada pelo crime de abuso de autoridade, qualquer ferimento causado será punido à parte. Pode haver concurso material de abuso de autoridade e lesão corporal, por exemplo.

Art. 14. (*Vetado*).

Art. 15. Constranger[90-92] a depor, sob ameaça de prisão, pessoa que, em razão de função, ministério, ofício ou profissão, deva guardar segredo ou resguardar sigilo:[93-94]

Pena – detenção, de 1 (um) a 4 (quatro) anos, e multa.[95]

Parágrafo único. Incorre na mesma pena quem prossegue[96-98] com o interrogatório:[99-100]

I – de pessoa que tenha decidido exercer o direito ao silêncio;[101] ou

II – de pessoa que tenha optado por ser assistida por advogado ou defensor público, sem a presença de seu patrono.[102]

90. Análise do núcleo do tipo: o verbo *constranger* espelha sempre uma conotação negativa, significando, nesta hipótese, o tolhimento da liberdade alheia ou a obrigação de fazer algo contra a vontade. O objeto do constrangimento é a pessoa que deve depor sobre assunto penalmente relevante, em virtude de sua função, ministério, ofício ou profissão, quando envolvam sigilo. Esse constrangimento é executado por meio de ameaça de prisão. Corresponde-se com o art. 207 do Código de Processo Penal, que prevê aqueles dispensados de depor por causa do sigilo profissional. No entanto, repetindo equívocos de outros textos legais, inclui-se ofício, que é uma atividade ligada à habilidade, mas não regulamentada em lei, de forma que não há sigilo algum (ex.: ofício de pintor, ofício de dona de casa etc.). A função mencionada somente pode ser a pública, que envolve algum interesse da Administração quanto ao sigilo. O ministério é atividade religiosa de condução de culto ou crença, como o padre, o pastor, o rabino etc. Finalmente, a profissão é uma atividade remunerada, regrada por lei, que possui um rol de deveres, dentre os quais pode se encontrar o sigilo (ex.: médico, advogado etc.). Não havia necessidade de elaborar *dupla previsão*: guardar segredo e resguardar sigilo. Porém, pode-se sustentar que o segredo é mais pessoal e direto, ocorrendo, por exemplo, quando o paciente narra intimidades suas ao médico. Este deve guardar segredo. Quanto ao sigilo, pode dar-se num processo e, por via indireta, o escrevente que lida com aquele feito, deve preservar o sigilo.

91. Sujeitos ativo e passivo: o sujeito ativo é o agente público encarregado de tomar depoimento de alguém, como regra, o juiz, o delegado, o promotor, podendo envolver o escrivão de uma delegacia e outros agentes de outros postos da Administração Pública. O sujeito passivo é o Estado; secundariamente a pessoa ameaçada para revelar segredo, podendo-se atingir até mesmo aquele prejudicado pelo segredo revelado.

92. Elemento subjetivo do tipo: é o dolo. Exige-se elemento subjetivo específico, consistente em prejudicar outrem ou beneficiar a si mesmo ou a terceiro, ou, ainda, por mero capricho ou satisfação pessoal. Não há a forma culposa.

93. Objetos material e jurídico: o objeto material é a pessoa, que deve guardar sigilo por conta de sua atividade. O objeto jurídico principal é a dignidade da função pública e a lisura do exercício da autoridade pelo Estado. Secundariamente, é o respeito ao direito ao sigilo.

94. Classificação: é crime próprio (somente pode ser praticado por sujeito qualificado: agente público); formal (independe de qualquer resultado naturalístico, consistente em realmente prejudicar alguém); de forma livre (pode ser cometido por qualquer meio eleito pelo agente); comissivo (o verbo principal indica ação); instantâneo (a consumação ocorre em momento definido); unissubjetivo (pode ser cometido por uma só pessoa); plurissubsistente (cometido por vários atos); admite tentativa.

95. Benefícios penais: a sanção comporta a aplicação da suspensão condicional do processo, além de substituição por penas restritivas de direitos. Comporta *sursis*. Se houver a aplicação de regime penitenciário, cuidando-se de detenção, só pode iniciar no semiaberto.

96. Análise do núcleo do tipo: *prosseguir* (dar continuidade, levar adiante) é a conduta principal, cujo objeto é o *interrogatório* (ato privativo entre investigado e delegado ou entre acusado e juiz, no processo penal). Por óbvio, o mero início ou prolongamento do interrogatório não pode ser crime, *desde que seja uma atuação voluntária* do interrogado. Para a composição do tipo incriminador, une-se a figura do *caput* com as dos incisos. Mas, é preciso registrar: nesta hipótese, não há necessidade de qualquer ameaça ou violência, bastando dar continuidade ao interrogatório quando o interrogando quer silenciar ou chamar seu advogado. É mais um *recado* do Legislativo a certas operações especiais, que atormentam um suspeito, mesmo que ele queira calar-se ou buscar auxílio de advogado, com o evidente intuito de levá-lo à exaustão, advindo confissão ou delação.

97. Sujeitos ativo e passivo: o sujeito ativo é o agente público, que tenha competência legal para proceder ao interrogatório de alguém investigado ou acusado, em sede processual ou administrativa. O sujeito passivo é o Estado; secundariamente a pessoa interrogada, que não mais quer falar ou prefere ser assistida por advogado.

98. Elemento subjetivo do tipo: é o dolo. Exige-se elemento subjetivo específico, consistente em prejudicar outrem ou beneficiar a si mesmo ou a terceiro, ou, ainda, por mero capricho ou satisfação pessoal. Não há a forma culposa.

99. Objetos material e jurídico: o objeto material é a pessoa interrogada, que deseja silenciar ou chamar seu advogado, mas não é atendida. O objeto jurídico principal é a dignidade da função pública e a lisura do exercício da autoridade pelo Estado. Secundariamente, é o respeito ao direito ao silêncio e à assistência de advogado para quem é interrogado.

100. Classificação: é crime próprio (somente pode ser praticado por sujeito qualificado: agente público); formal (independe de qualquer resultado naturalístico, consistente em realmente prejudicar o interrogando); de forma livre (pode ser cometido por qualquer meio eleito pelo agente); comissivo (o verbo principal indica ação); instantâneo (a consumação ocorre em momento definido); unissubjetivo (pode ser cometido por uma só pessoa); unissubsistente (praticado num só ato); não cabe tentativa.

101. Direito ao silêncio: "o preso será informado de seus direitos, entre os quais o de permanecer calado..." (art. 5.º, LXIII, CF). Onde se lê *preso*, leia-se investigado ou acusado igualmente.

102. Direito de assistência de advogado: "o preso será informado de seus direitos (...), sendo-lhe assegurada a assistência da família e de advogado" (art. 5.º, LXIII, CF). Onde se lê *preso*, leia-se igualmente investigado ou acusado.

Violência Institucional[102-A]

Art. 15-A. Submeter[102-B-102-D] a vítima de infração penal ou a testemunha de crimes violentos a procedimentos desnecessários, repetitivos ou invasivos,[102-E] que a leve a reviver, sem estrita necessidade:[102-F-102-G]

I – a situação de violência;[102-H] ou

II – outras situações potencialmente geradoras de sofrimento ou estigmatização:[102-I]

Pena – detenção, de 3 (três) meses a 1 (um) ano, e multa.[102-J]

§ 1.º Se o agente público permitir que terceiro intimide a vítima de crimes violentos, gerando indevida revitimização, aplica-se a pena aumentada de 2/3 (dois terços).[102-K]

§ 2.º Se o agente público intimidar a vítima de crimes violentos, gerando indevida revitimização, aplica-se a pena em dobro.[102-L]

102-A. Violência institucional: cuida-se de uma forma de coação, pressão ou ameaça produzida por agente público, no exercício da sua função ou a pretexto de exercê-la, excedendo-se e abusando do poder, prejudicando alguém em estado de vulnerabilidade. Esse modelo de atuação ultrapassa as regras impostas para disciplinar a colaboração que testemunha ou vítima possa dar ao Estado, ao ser chamada a prestar declarações, gerando prejuízos psicológicos ou emocionais, e, por isso, criou-se a figura delituosa no âmbito desta Lei de Abuso de Autoridade.

102-B. Análise do núcleo do tipo: *submeter* (dominar, subjugar, impor algo a alguém) é o verbo cujo objeto é a vítima de infração penal ou a testemunha de delito violento. A submissão diz respeito à realização de procedimentos inadequados para obter a cooperação da pessoa ofendida ou da testemunha no processo, como regra, criminal. Esses procedimentos podem ser *desnecessários* (prescindível, inútil), *repetitivos* (reiterado com frequência) ou *invasivos* (afrontoso, hostil, intrometido), capazes de gerar a *revitimização* de maneira inócua. Embora muito se associe à vítima de um crime, é preciso destacar que a testemunha de delito violento, portanto, mais grave que outros, também sofre o impacto emocional e psicológico de ter acompanhado o fato e, depois, ter que narrá-lo à autoridade. Eis a razão de se mencionar a *nova* vitimização, que se dá justamente diante de agente público, cuja tarefa é apurar o crime e garantir a segurança da vítima e da testemunha, em vez de lhes causar males emocionais aprofundando o trauma já experimentado. Aliás, a expressão "que a leve a reviver" é o indicativo nítido da denominada *revitimização*. Como regra, esse crime de abuso de autoridade se concentra na coleta de declaração ou depoimento, mas pode advir de outros procedimentos de coleta de prova, por exemplo, na realização de reconstituição do delito (CPP, art. 7.º: "Para verificar a possibilidade de haver a infração sido praticada de determinado modo, a autoridade policial poderá proceder à reprodução simulada dos fatos, desde que esta não contrarie a moralidade ou a ordem pública"). Ao comentar esse dispositivo, em particular no cenário da moralidade ou da ordem pública, indicamos, como ilustração, a indevida reconstituição de crimes sexuais, pois não teria sentido obrigar a vítima a simular a relação sexual violenta que sofreu para demonstrar como se desenrolou a execução de grave infração penal. Desse modo, obrigar a pessoa ofendida a tal procedimento é motivo para preencher o tipo penal do art. 15-A.

102-C. Sujeitos ativo e passivo: o sujeito ativo é o agente público. O sujeito passivo é o Estado e, ainda, a pessoa que foi submetida aos procedimentos traumáticos para a colheita de suas declarações ou outro ato de colaboração para apurar a infração penal.

102-D. Elemento subjetivo: é o dolo. Exige-se elemento subjetivo específico, consistente em prejudicar outrem ou beneficiar a si mesmo ou a terceiro, ou, ainda, por mero capricho ou satisfação pessoal. Não há a forma culposa.

102-E. Procedimentos inadequados: entre outros, há dois enfoques particularmente relevantes, disciplinados pelo ordenamento jurídico: a) Lei 13.431/2017 (fixa o sistema de garantia de direitos da criança e do adolescente vítima ou testemunha de violência): "Art. 11. O depoimento especial reger-se-á por protocolos e, sempre que possível, *será realizado uma única vez*, em sede de produção antecipada de prova judicial, garantida a ampla defesa do investigado. § 1.º O depoimento especial seguirá o rito cautelar de antecipação de prova: I – quando a criança ou o adolescente tiver menos de 7 (sete) anos; II – em caso de violência sexual. § 2.º *Não será admitida a tomada de novo depoimento* especial, salvo quando justificada a sua imprescindibilidade pela autoridade competente e houver a concordância da vítima ou da testemunha, ou de seu representante legal" (grifamos); b) CPP: "Art. 400-A. Na audiência de instrução e julgamento, e, em especial, nas que apurem crimes contra a dignidade sexual, todas as partes e demais sujeitos processuais presentes no ato deverão *zelar pela integridade física e psicológica da vítima*, sob pena de responsabilização civil, penal e administrativa, cabendo ao juiz garantir o cumprimento do disposto neste artigo, vedadas: I – a manifestação sobre circunstâncias ou elementos alheios aos fatos objeto de apuração nos autos; II – a utilização de linguagem, de informações ou de material que ofendam a *dignidade da vítima ou de testemunhas*" (grifamos). Dispõe o mesmo o art. 474-A do CPP (inquirição no procedimento do júri).

102-F. Objetos material e jurídico: o objeto material é a vítima ou testemunha. O objeto jurídico principal é a dignidade da função pública e a lisura do exercício da autoridade pelo

Estado. Secundariamente, é o respeito à dignidade pessoal de quem é convocado a colaborar para apuração de infração penal.

102-G. Classificação: é crime próprio (somente pode ser praticado por sujeito qualificado: agente público); formal (não depende da efetiva ocorrência de trauma psicológico ou emocional); de forma livre (pode ser cometido por qualquer meio eleito pelo agente); comissivo (o verbo indica ação); instantâneo (a consumação ocorre em momento definido); unissubjetivo (pode ser cometido por uma só pessoa); unissubsistente (cometido em um único ato) ou plurissubsistente (cometido por vários atos); pode admitir tentativa na forma plurissubsistente, embora de difícil comprovação.

102-H. Situações de violência: a lei não especifica, mas a maior parte dos casos em que se detecta essa forma de revitimização se dá no cenário de crimes sexuais violentos, como o estupro (art. 213, CP) e o estupro de vulnerável (art. 217-A, CP), além de hipóteses que envolvem a violência doméstica e familiar. Em grande parcela, a vítima é mulher.

102-I. Situações de sofrimento e estigmatização: embora não envolvam violência, os crimes de perseguição (art. 147-A, CP) e violência psicológica contra a mulher (art. 147-B, CP) são delitos capazes de gerar sofrimento e estigmatização.

102-J. Benefícios penais: trata-se de infração de menor potencial ofensivo, dando margem à transação. Não sendo viável, permite penas alternativas e aplicação de *sursis*. Cabe regime aberto inicial.

102-K. Permissão de intimidação de terceiro: a situação pode configurar o concurso de agente, pois o agente público, cujo dever é evitar a situação de revitimização, omite-se, *permitindo* que outrem coaja ou pressione, indevidamente, a vítima. Ilustrando, é o caso do juiz que, em audiência, admite que o advogado do réu hostilize a vítima de estupro, fazendo-a reviver o fato ou maculando a sua honra e dignidade. Em caso de condenação, a pena desse magistrado será elevada em 2/3. Este dispositivo somente se aplica à vítima de delito violento – e não à testemunha.

102-L. Intimidação direta: valendo-se do exemplo dado na nota anterior, significa que o agente público intimida diretamente a vítima, por meio de pressão psicológica, atos hostis ou perguntas invasivas à sua intimidade. Em caso de condenação, a pena do magistrado que desse modo atuou deve ser dobrada. Este dispositivo somente se aplica à vítima de delito violento – e não à testemunha.

> **Art. 16.** Deixar[103-105] de identificar-se ou identificar-se falsamente ao preso por ocasião de sua captura ou quando deva fazê-lo durante sua detenção ou prisão:[106-107]
>
> Pena – detenção, de 6 (seis) meses a 2 (dois) anos, e multa.[108]
>
> **Parágrafo único.** Incorre na mesma pena quem, como responsável por interrogatório em sede de procedimento investigatório de infração penal, deixa de identificar-se ao preso ou atribui a si mesmo falsa identidade, cargo ou função.[109]

103. Análise do núcleo do tipo: *deixar de identificar-se* (omitir o seu reconhecimento como agente público) é a primeira conduta omissiva, associada a outra conduta de cunho comissivo, que é *identificar-se falsamente* (fornecer dados inverídicos para evitar o seu reconhecimento). O objeto dessas condutas é o preso, quando for capturado ou durante sua detenção ou prisão. O art. 5.º, LXIV, da CF, garante o direito do preso de obter a identificação dos responsáveis por sua prisão ou por seu interrogatório policial.

104. Sujeitos ativo e passivo: o sujeito ativo é o agente público que realiza uma prisão. O sujeito passivo é o Estado; secundariamente a pessoa presa, que não sabe quem é o agente público que o prendeu.

105. Elemento subjetivo do tipo: é o dolo. Exige-se elemento subjetivo específico, consistente em prejudicar outrem ou beneficiar a si mesmo ou a terceiro, ou, ainda, por mero capricho ou satisfação pessoal. Não há a forma culposa.

106. Objetos material e jurídico: o objeto material é a pessoa presa ou interrogada, necessitada da identificação de quem a prendeu ou interrogou. O objeto jurídico principal é a dignidade da função pública e a lisura do exercício da autoridade pelo Estado. Secundariamente, é o respeito ao direito de identificação de quem prende e quem interroga.

107. Classificação: é crime próprio (somente pode ser praticado por sujeito qualificado: agente público); formal (independe de qualquer resultado naturalístico, consistente em realmente prejudicar o preso ou interrogando); de forma livre (pode ser cometido por qualquer meio eleito pelo agente); omissivo (no formato *deixar de se identificar*) ou comissivo (no formato *identificar-se falsamente*); instantâneo (a consumação ocorre em momento definido); unissubjetivo (pode ser cometido por uma só pessoa); unissubsistente (praticado num só ato); não cabe tentativa.

108. Benefícios penais: trata-se de infração de menor potencial ofensivo, que admite transação. Não sendo possível, há ainda vários outros benefícios, como o *sursis* e a substituição por penas alternativas. A pena é de detenção, de modo que, mesmo impondo regime carcerário, precisaria ser o semiaberto inicial.

109. Adaptações: espelha-se na análise do *caput*. O sujeito ativo é o responsável pelo interrogatório, em investigação, não se identificando ou valendo-se de falsa identidade. No mais, utiliza-se o conjunto já delineado para a figura do *caput*. O art. 5.º, LXIV, da CF, determina a identificação de quem interroga em sede policial.

> **Art. 17.** (*Vetado*).
>
> **Art. 18.** Submeter[110-112] o preso a interrogatório policial durante o período de repouso noturno, salvo se capturado em flagrante delito ou se ele, devidamente assistido, consentir em prestar declarações:[113-114]
>
> Pena – detenção, de 6 (seis) meses a 2 (dois) anos, e multa.[115]

110. Análise do núcleo do tipo: *submeter* (subjugar, sujeitar alguém a algo) é o verbo principal, que tem por objeto o preso, quando em interrogatório. Desse modo, a subjugação se volta a obrigar o detido a ser interrogado durante o período de repouso noturno, impedindo-o de dormir, de forma a desnortear o seu raciocínio, permitindo eventual confissão. Excepciona-se quem foi preso em flagrante durante a noite e será ouvido nesse período, além de permitir o interrogatório noturno quando assistido por advogado, ao mesmo tempo que o interrogando aquiesce ao ato. Encontra paralelo no art. 4.º, *b*, da Lei anterior 4.898/65.

111. Sujeitos ativo e passivo: o sujeito ativo é o agente público, encarregado de fazer o interrogatório do preso na fase policial. Como regra, é o delegado. O sujeito passivo é o Estado; secundariamente a pessoa presa, a ser interrogada em momento impróprio.

112. Elemento subjetivo do tipo: é o dolo. Exige-se elemento subjetivo específico, consistente em prejudicar outrem ou beneficiar a si mesmo ou a terceiro, ou, ainda, por mero capricho ou satisfação pessoal. Não há a forma culposa.

113. Objetos material e jurídico: o objeto material é a pessoa interrogada. O objeto jurídico principal é a dignidade da função pública e a lisura do exercício da autoridade pelo Estado. Secundariamente, é o respeito ao direito de ser interrogado sem qualquer pressão.

114. Classificação: é crime próprio (somente pode ser praticado por sujeito qualificado: agente público); formal (independe de qualquer resultado naturalístico, consistente em realmente prejudicar o interrogando); de forma livre (pode ser cometido por qualquer meio eleito pelo agente); comissivo (o verbo indica ação); instantâneo (a consumação ocorre em momento definido); unissubjetivo (pode ser cometido por uma só pessoa); unissubsistente (praticado num só ato); não cabe tentativa.

115. Benefícios penais: trata-se de infração de menor potencial ofensivo, que admite transação. Não sendo possível, há ainda vários outros benefícios, como o *sursis* e a substituição por penas alternativas. A pena é de detenção, de modo que, mesmo impondo regime carcerário, precisaria ser o semiaberto inicial.

> **Art. 19.** Impedir ou retardar,[116-118] injustificadamente,[119] o envio de pleito de preso à autoridade judiciária competente para a apreciação da legalidade de sua prisão ou das circunstâncias de sua custódia:[120-121]
>
> Pena – detenção, de 1 (um) a 4 (quatro) anos, e multa.[122]
>
> **Parágrafo único.** Incorre na mesma pena o magistrado que, ciente do impedimento ou da demora, deixa[123-125] de tomar as providências tendentes a saná-lo ou, não sendo competente para decidir sobre a prisão, deixa de enviar o pedido à autoridade judiciária que o seja.[126-127]

116. Análise do núcleo do tipo: *impedir* (obstruir, proibir) e *retardar* (atrasar, protelar) são os verbos principais, cujo objeto é o envio de pleito do preso à autoridade judiciária; é preciso que o juiz seja competente para apreciar a legalidade da sua prisão ou da sua custódia; é também preciso que esse pedido seja materializado sob o formato escrito (direito de petição). Num primeiro momento, se o preso quiser remeter carta ao Presidente do Tribunal, que não é autoridade judiciária para conhecer do pedido, não seria crime, caso fosse impedido por agente penitenciário. Ocorre que, no parágrafo único, existe a possibilidade de a autoridade incompetente enviar o pleito a quem seja competente e, se não o fizer, responde por abuso de autoridade. Portanto, não pode o diretor do presídio ou qualquer agente público cercear o direito de petição ao Judiciário, a pretexto de ser incompetente o destinatário. O tipo penal menciona duas situações, como objeto de análise: a) legalidade da prisão; b) circunstâncias da custódia. Na realidade, prisão, detenção, custódia e outros termos são sinônimos: está o sujeito detido pelo Estado. Assim, sendo a primeira expressão, liga-se à viabilidade legal da prisão, ou seja, preenche os requisitos previstos em lei (ex.: tratando-se de preventiva, o art. 312 do CPP; cuidando-se de flagrante, o art. 302, CPP). Certamente, se o preso não for apresentado para a audiência de custódia, pode enviar o seu pleito ao juiz que seria responsável por conduzir a referida audiência. De qualquer modo, o agente penitenciário não pode impedir ou retardar qualquer pedido que o preso queira fazer à autoridade judiciária que bem entender. Atualmente, o requerimento será feito por escrito; talvez, no futuro, haja uma comunicação mais ágil entre presídio e fórum, por meio eletrônico. Constitui, ademais, direito do preso a representação e petição a qualquer autoridade, em defesa de direito (art. 41, XIV, Lei de Execução Penal). Entretanto, impedir a remessa de carta a outra autoridade que não seja a judiciária não configura abuso de autoridade, mas desvio funcional.

117. Sujeitos ativo e passivo: o sujeito ativo é o agente público, em particular o que lida diretamente com o preso (agente penitenciário, carcereiro etc.). O sujeito passivo é o Estado; secundariamente a pessoa presa, impedida de enviar o seu requerimento à autoridade judiciária.

118. Elemento subjetivo do tipo: é o dolo. Exige-se elemento subjetivo específico, consistente em prejudicar outrem ou beneficiar a si mesmo ou a terceiro, ou, ainda, por mero capricho ou satisfação pessoal. Não há a forma culposa.

119. Injustificadamente: o advérbio reforça eventual abuso de autoridade, demonstrando, em sentido contrário, que a negativa de enviar o pleito pode dar-se de maneira justificada (por exemplo, durante uma rebelião).

120. Objetos material e jurídico: o objeto material é o pedido do preso à autoridade judiciária, que precisa ser materializado por escrito. O objeto jurídico principal é a dignidade da função pública e a lisura do exercício da autoridade pelo Estado. Secundariamente, é o respeito ao direito do preso.

121. Classificação: é crime próprio (somente pode ser praticado por sujeito qualificado: agente público); formal (independe de qualquer resultado naturalístico, consistente em realmente prejudicar o preso); de forma livre (pode ser cometido por qualquer meio eleito pelo agente); comissivo (os verbos indicam ações); instantâneo (a consumação ocorre em momento definido); unissubjetivo (pode ser cometido por uma só pessoa); unissubsistente (praticado num só ato) ou plurissubsistente (praticado em mais de um ato); cabe tentativa na forma plurissubsistente.

122. Benefícios penais: a sanção comporta a aplicação da suspensão condicional do processo, além de substituição por penas restritivas de direitos. Comporta *sursis*. Se houver a aplicação de regime penitenciário, cuidando-se de detenção, só pode iniciar no semiaberto.

123. Análise do núcleo do tipo: *deixar de tomar* (não fazer algo), cujo objeto é a providência necessária para, sabendo do interesse do preso em se comunicar com o juízo, sanar a demora ou a falta. Nesse caso, pode oficiar ao presídio para requisitar a carta do preso ao diretor. Entretanto, a sua omissão pode caracterizar o delito de abuso de autoridade. Sob outro aspecto, a correspondência chega às mãos do magistrado, mas ele não é competente para decidir a respeito (pode ser qualquer magistrado de qualquer juízo ou tribunal); impõe a lei o dever de enviar o requerimento do preso à autoridade judiciária competente. Isso ocorre, com certa frequência, inclusive com o ajuizamento de *habeas corpus*. O preso erra o destinatário, chegando a mandar até para o Presidente do STF. Este, por sua vez, remete o HC para o juízo apropriado, conforme a narrativa feita pelo preso. Por vezes, nem é caso de *habeas corpus*, tornando-se um pedido de progressão de regime, a ser conhecido e decidido pelo juiz das execuções penais da localidade onde está o preso. Em suma, o juiz competente toma ciência do impedimento ou da demora e nada faz, omitindo-se; o juiz recebe o pleito, mas, por ser incompetente, deixa de enviar a quem o seja.

124. Sujeitos ativo e passivo: o sujeito ativo é a autoridade judiciária, competente ou não, para conhecer o pedido, conforme a figura típica. O sujeito passivo é o Estado; secundariamente, o preso subscritor do pleito.

125. Elemento subjetivo do tipo: é o dolo. Exige-se elemento subjetivo específico, consistente em prejudicar outrem ou beneficiar a si mesmo ou a terceiro, ou, ainda, por mero capricho ou satisfação pessoal. Não há a forma culposa.

126. Objetos material e jurídico: o objeto material é o pedido do preso à autoridade judiciária, que precisa ser materializado por escrito. O objeto jurídico principal é a dignidade da função pública e a lisura do exercício da autoridade pelo Estado. Secundariamente, é o respeito ao direito do preso.

127. Classificação: é crime próprio (somente pode ser praticado por sujeito qualificado: autoridade judiciária); formal (independe de qualquer resultado naturalístico, consistente em realmente prejudicar o preso); de forma livre (pode ser cometido por qualquer meio eleito pelo agente); omissivo (os verbos indicam inações); instantâneo (a consumação ocorre em momento definido); unissubjetivo (pode ser cometido por uma só pessoa); unissubsistente (praticado num só ato); não cabe tentativa.

> **Art. 20.** Impedir,[128-130] sem justa causa,[131] a entrevista pessoal e reservada do preso com seu advogado:[132-134]
>
> Pena – detenção, de 6 (seis) meses a 2 (dois) anos, e multa.[135]
>
> **Parágrafo único.** Incorre na mesma pena quem impede[136-138] o preso, o réu solto ou o investigado de entrevistar-se pessoal e reservadamente com seu advogado ou defensor, por prazo razoável, antes de audiência judicial, e de sentar-se ao seu lado e com ele comunicar-se durante a audiência, salvo no curso de interrogatório ou no caso de audiência realizada por videoconferência.[139-140]

128. Análise do núcleo do tipo: *impedir* (obstruir, proibir) é a conduta nuclear, cujo objeto é a entrevista pessoal (direta, face a face) e reservada (garantido o sigilo entre os interlocutores) do preso com seu advogado (constituído, dativo ou defensor público). Essa conduta, transformada em crime de abuso de autoridade, é direito do preso, estabelecido pelo art. 41, IX, da Lei de Execução Penal. Na lei anterior (Lei 4.898/65), configuraria o crime previsto no art. 3.º, *j*, sob o ponto de vista da infringência do direito do advogado de se entrevistar com seu cliente.

129. Sujeitos ativo e passivo: o sujeito ativo é o agente público, encarregado da segurança do presídio (qualquer estabelecimento onde se mantenham detentos), bem como da autorização para entrada de visitantes. O sujeito passivo é o Estado; secundariamente, embora o tipo penal enfoque somente o preso, também é vítima do abuso o advogado, cuja prerrogativa é afetada. Vide a nota 134 *infra* sobre o conflito aparente de normas.

130. Elemento subjetivo do tipo: é o dolo. Exige-se elemento subjetivo específico, consistente em prejudicar outrem ou beneficiar a si mesmo ou a terceiro, ou, ainda, por mero capricho ou satisfação pessoal. Não há a forma culposa.

131. Sem justa causa: nem precisaria constar esse excludente no tipo penal, pois seria, de toda forma, considerada na análise do caso. Noutros termos, se não houvesse menção no tipo, o impedimento da entrevista do preso com seu advogado *por causa justa* poderia configurar a excludente de ilicitude do estrito cumprimento do dever legal (ex.: o diretor proíbe a entrevista porque há um motim dos presos). Porém, fazendo parte do tipo incriminador, se existir justa causa o fato se torna atípico.

132. Objetos material e jurídico: o objeto material é a entrevista entre preso e advogado. O objeto jurídico principal é a dignidade da função pública e a lisura do exercício da autoridade pelo Estado. Secundariamente, é o respeito ao direito do preso e da prerrogativa do advogado.

133. Classificação: é crime próprio (somente pode ser praticado por sujeito qualificado: agente público); formal (independe de qualquer resultado naturalístico, consistente em realmente prejudicar o preso); de forma livre (pode ser cometido por qualquer meio eleito pelo agente);

comissivo (o verbo indica ação); instantâneo (a consumação ocorre em momento definido); unissubjetivo (pode ser cometido por uma só pessoa); unissubsistente (praticado num só ato) ou plurissubsistente (praticado em vários atos); não cabe tentativa na forma unissubsistente.

134. Conflito aparente de normas: esse tipo penal conflita com o previsto no art. 7.º-B da Lei 8.906/94 (violar prerrogativas do advogado, dentre as quais está o direito de se avistar reservadamente com o seu cliente). O art. 20, *caput*, da Lei 13.869/2019, focaliza o lado do preso, privado da entrevista privada com seu advogado; o art. 7.º-B é mais genérico, pois enfoca o direito do advogado de entrevistar-se com qualquer cliente. Pensamos, nesta situação, deva ser aplicado o princípio de especialidade, enfocando, primordialmente, o direito do preso de ter a sua audiência com o defensor. Não se pode punir o agente público que impediu a entrevista, em concurso formal, com base no art. 20 e, também, no art. 7.º-B do Estatuto da Advocacia, pois seria *bis in idem*. A essência de ambos os tipos é punir o abuso de autoridade, o que deve ser feito uma só vez.

135. Benefícios penais: trata-se de infração de menor potencial ofensivo, que admite transação. Não sendo possível, há ainda vários outros benefícios, como o *sursis* e a substituição por penas alternativas. A pena é de detenção, de modo que, mesmo impondo regime carcerário, precisaria ser o semiaberto inicial.

136. Análise do núcleo do tipo: *impedir* (obstruir, proibir) é a conduta nuclear, cujo objeto é a entrevista pessoal (direta, face a face) e reservada (garantido o sigilo entre os interlocutores) do preso, do réu solto ou do investigado com seu advogado (constituído, dativo ou defensor público). A diferença entre o disposto no parágrafo único e o *caput* é que no parágrafo estão tutelados os direitos não somente do preso, mas também do réu solto e do investigado, todos podendo entrevistar-se com seu advogado antes da audiência em juízo. Em primeiro plano, tutela-se o direito do investigado (neste caso, por se falar em audiência judicial, somente se pode indicar a audiência de custódia), réu solto ou preso de conversar com o defensor *por prazo razoável* (embora não especificado, há de se tomar por base o bom senso: uns 30 minutos serão suficientes, pois também é dever do advogado procurar seu cliente dias antes da audiência). A segunda parte do tipo incriminador se volta ao impedimento de se sentar o acusado ao lado de seu defensor, durante a audiência judicial, e com ele comunicar-se a qualquer tempo. Por óbvio, não se configura este último delito quando o interrogatório ou a audiência seja realizada por meio de videoconferência.

137. Sujeitos ativo e passivo: o sujeito ativo é, como regra, a autoridade judiciária, que detém o poder de polícia nas audiências; logo, é o juiz que autoriza ou não a entrevista prévia à audiência entre preso e defensor (quanto ao réu solto nem há cabimento de se falar nisso, pois ele tem plena liberdade de conversar com seu advogado quando bem quiser). O mesmo se diga quanto à condução da audiência, incluindo onde as partes se sentam e se podem conversar durante o ato judicial. O sujeito passivo é o Estado; secundariamente, o investigado, réu solto ou preso. Nesta hipótese, o direito atingido é mesmo o do acusado – e não ingressa no contexto da prerrogativa do advogado.

138. Elemento subjetivo do tipo: é o dolo. Exige-se elemento subjetivo específico, consistente em prejudicar outrem ou beneficiar a si mesmo ou a terceiro, ou, ainda, por mero capricho ou satisfação pessoal. Não há a forma culposa.

139. Objetos material e jurídico: o objeto material é a entrevista entre réu (preso ou solto), bem como investigado e advogado, na primeira parte; na segunda, é o contato entre réu ou investigado e seu advogado durante a audiência. O objeto jurídico principal é a dignidade da função pública e a lisura do exercício da autoridade pelo Estado. Secundariamente, é o respeito ao direito do investigado ou réu (preso ou solto) à ampla defesa.

140. Classificação: é crime próprio (somente pode ser praticado por sujeito qualificado: autoridade judiciária); formal (independe de qualquer resultado naturalístico, consistente em realmente prejudicar o acusado); de forma livre (pode ser cometido por qualquer meio eleito pelo agente); comissivo (o verbo indica ação); instantâneo (a consumação ocorre em momento definido); unissubjetivo (pode ser cometido por uma só pessoa); unissubsistente (praticado num só ato) ou plurissubsistente (praticado em vários atos); não cabe tentativa na forma unissubsistente.

> **Art. 21.** Manter[141-143] presos de ambos os sexos na mesma cela ou espaço de confinamento:[144-145]
>
> Pena – detenção, de 1 (um) a 4 (quatro) anos, e multa.[146]
>
> **Parágrafo único.** Incorre na mesma pena quem mantém,[147-149] na mesma cela, criança ou adolescente na companhia de maior de idade ou em ambiente inadequado, observado[150] o disposto na Lei n.º 8.069, de 13 de julho de 1990 (Estatuto da Criança e do Adolescente).[151-152]

141. Análise do núcleo do tipo: *manter* (conservar, prover) é o verbo do tipo, cujo objeto é o preso, na mesma cela ou outro espaço de confinamento. Acrescenta-se a isso a junção de ambos os sexos no mesmo local. Enfim, colocar, habitualmente, presos de *ambos os sexos* (entendidos como masculino e feminino) no mesmo lugar de prisão é abuso de autoridade. A simples colocação, temporária, no mesmo local não configura o delito, pois o verbo *manter* indica habitualidade. Há, certamente, a omissão legislativa – e não deveria ter acontecido – de onde prender pessoas autodeclaradas da população LGBTQIAPN+. Na ausência de previsão legal, deve-se seguir o disposto pela Resolução 348/2020 do Conselho Nacional de Justiça. Em síntese, a questão referente ao lugar onde inserir o preso deve ser decidida, motivadamente, pelo magistrado, respeitando-se, na medida do possível, a vontade da pessoa detida. Embora o crime seja específico, é preciso lembrar que o agente público, ao determinar o local onde o preso é inserido, tem o dever de garantir a sua incolumidade física (é garante, nos termos do art. 13, § 2.º, *a*, CP). Portanto, se a mulher presa em lugar onde há presos do sexo masculino for estuprada, é viável processar por estupro quem a colocou ali e não garantiu a sua segurança. Acreditamos que o crime mais grave (estupro) absorve o mais leve (abuso de autoridade).

142. Sujeitos ativo e passivo: o sujeito ativo é o agente público, que detém o poder de decidir onde alocar presos. O sujeito é o Estado; secundariamente, todo preso que for mantido em cela mista.

143. Elemento subjetivo do tipo: é o dolo. Exige-se elemento subjetivo específico, consistente em prejudicar outrem ou beneficiar a si mesmo ou a terceiro, ou, ainda, por mero capricho ou satisfação pessoal. Não há a forma culposa.

144. Objetos material e jurídico: o objeto material é o preso em cela mista. O objeto jurídico é a dignidade da função pública e a lisura do exercício da autoridade pelo Estado. Secundariamente, é o respeito à dignidade do preso.

145. Classificação: é crime próprio (somente pode ser praticado por sujeito qualificado: agente público responsável pelo encarceramento); formal (independe de qualquer resultado naturalístico, consistente em realmente prejudicar o acusado); de forma livre (pode ser cometido por qualquer meio eleito pelo agente); habitual (é preciso assegurar várias condutas para demonstrar a habitualidade, logo, o crime); comissivo (o verbo indica ação); unissubjetivo (pode ser cometido por uma só pessoa); plurissubsistente (praticado em vários atos); não cabe tentativa por se tratar de delito habitual.

146. Benefícios penais: a sanção comporta a aplicação da suspensão condicional do processo, além de substituição por penas restritivas de direitos. Comporta *sursis*. Se houver a aplicação de regime penitenciário, cuidando-se de detenção, só pode iniciar no semiaberto.

147. Análise do núcleo do tipo: *manter* (conservar, prover) é o verbo do tipo, cujo objeto é a criança ou adolescente inserido na mesma cela, onde se encontra uma pessoa maior de 18 anos ou em ambiente inadequado. Trata-se de uma norma penal em branco, cujo complemento deve ser buscado na Lei 8.069/90 (Estatuto da Criança e do Adolescente). Em primeiro lugar, não deveria ter sido usado o verbo *manter*, de cunho habitual; bastava um verbo como *inserir*, *colocar* etc. Há de se alertar que a criança não pode, jamais, ser mantida em cela. Não lhe cabe a internação, como medida socioeducativa. Quanto ao adolescente, pode ser internado, mas dentro de específicas regras (ver a nota 150 *infra*).

148. Sujeitos ativo e passivo: o sujeito ativo é o agente público, com poder de determinar onde prender menores de 18 anos. O sujeito passivo é o Estado; secundariamente a criança ou adolescente inserido em lugar inadequado.

149. Elemento subjetivo do tipo: é o dolo. Exige-se elemento subjetivo específico, consistente em prejudicar outrem ou beneficiar a si mesmo ou a terceiro, ou, ainda, por mero capricho ou satisfação pessoal. Não há a forma culposa.

150. Sobre as regras do Estatuto da Criança e do Adolescente: Sobre as regras de internação de adolescente, visto que criança (menor de 12 anos) não pode ser internada, são as seguintes: "Art. 121. A internação constitui medida privativa da liberdade, sujeita aos princípios de brevidade, excepcionalidade e respeito à condição peculiar de pessoa em desenvolvimento. § 1.º Será permitida a realização de atividades externas, a critério da equipe técnica da entidade, salvo expressa determinação judicial em contrário. § 2.º A medida não comporta prazo determinado, devendo sua manutenção ser reavaliada, mediante decisão fundamentada, no máximo a cada seis meses. § 3.º Em nenhuma hipótese o período máximo de internação excederá a três anos. § 4.º Atingido o limite estabelecido no parágrafo anterior, o adolescente deverá ser liberado, colocado em regime de semiliberdade ou de liberdade assistida. § 5.º A liberação será compulsória aos vinte e um anos de idade. § 6.º Em qualquer hipótese a desinternação será precedida de autorização judicial, ouvido o Ministério Público. § 7.º A determinação judicial mencionada no § 1.º poderá ser revista a qualquer tempo pela autoridade judiciária. Art. 122. A medida de internação só poderá ser aplicada quando: I – tratar-se de ato infracional cometido mediante grave ameaça ou violência a pessoa; II – por reiteração no cometimento de outras infrações graves; III – por descumprimento reiterado e injustificável da medida anteriormente imposta. § 1.º O prazo de internação na hipótese do inciso III deste artigo não poderá ser superior a 3 (três) meses, devendo ser decretada judicialmente após o devido processo legal. § 2.º Em nenhuma hipótese será aplicada a internação, havendo outra medida adequada. Art. 123. A internação deverá ser cumprida em entidade exclusiva para adolescentes, em local distinto daquele destinado ao abrigo, obedecida rigorosa separação por critérios de idade, compleição física e gravidade da infração. Parágrafo único. Durante o período de internação, inclusive provisória, serão obrigatórias atividades pedagógicas".

151. Objetos material e jurídico: o objeto material é a criança ou adolescente inserido em cela onde há adulto. O objeto jurídico é a dignidade da função pública e a lisura do exercício da autoridade pelo Estado. Secundariamente, é o respeito à dignidade da criança e do adolescente.

152. Classificação: é crime próprio (somente pode ser praticado por sujeito qualificado: agente público responsável pelo encarceramento); formal (independe de qualquer resultado naturalístico, consistente em realmente prejudicar o menor de 18 anos); de forma livre (pode ser cometido por qualquer meio eleito pelo agente); habitual (é preciso assegurar várias condutas para demonstrar a habitualidade, logo, o crime); comissivo (o verbo indica ação); unissubjetivo (pode ser cometido por uma só pessoa); plurissubsistente (praticado em vários atos); não cabe tentativa por se tratar de delito habitual.

> **Art. 22.** Invadir ou adentrar,[153-155] clandestina ou astuciosamente, ou à revelia da vontade do ocupante, imóvel alheio ou suas dependências, ou nele permanecer nas mesmas condições, sem determinação judicial ou fora das condições estabelecidas em lei:[156-157]
>
> Pena – detenção, de 1 (um) a 4 (quatro) anos, e multa.[158]
>
> § 1.º Incorre na mesma pena, na forma prevista no *caput* deste artigo, quem:
>
> I – coage[159-161] alguém, mediante violência ou grave ameaça, a franquear-lhe o acesso a imóvel ou suas dependências;[162-163]
>
> II – (*Vetado*);
>
> III – cumpre[164-166] mandado de busca e apreensão domiciliar após as 21h (vinte e uma horas) ou antes das 5h (cinco horas).[167-168]
>
> § 2.º Não haverá crime se o ingresso for para prestar socorro, ou quando houver fundados indícios que indiquem a necessidade do ingresso em razão de situação de flagrante delito ou de desastre.[169]

153. Análise do núcleo do tipo: *invadir* (penetrar em um lugar sem autorização) e *adentrar* (entrar em algum local) são os verbos do tipo, que, à primeira vista, são díspares. O primeiro é valorado negativamente; o segundo tem um sentido neutro. De todo modo, o objeto das condutas é o imóvel alheio ou suas dependências (como o quintal). Na segunda parte, o verbo é *permanecer* (persistir, continuar do mesmo modo), cujo objeto é o imóvel ou suas dependências, sem determinação judicial ou fora dos parâmetros legais. Trata-se da invasão de domicílio no cenário do abuso de autoridade. Por isso, foi revogado o art. 150, § 2.º, do Código Penal. Além disso, substitui o anterior tipo penal do art. 3.º, *b*, da Lei 4.898/65. Acima disso, encontra-se o direito individual à inviolabilidade de domicílio na Constituição Federal (art. 5.º, XI, CF). Os modos de executar o crime dependem das formas *clandestinamente* (escondido, ilegal) ou *astuciosamente* (ardiloso, enganador), ambas denotadoras do dolo de invasão. Há também a terceira modalidade: *à revelia da vontade do ocupante*, leia-se, sem obter o consentimento do morador. Quando o tipo menciona a permanência no imóvel *sem determinação judicial* ou *fora das condições legais* reflete as regras de invasão de domicílio alheio; leia-se, com mandado de busca (com ou sem apreensão conjugada) pode-se invadir e ali permanecer por ordem judicial.

154. Sujeitos ativo e passivo: o sujeito ativo é o agente público, que invade o domicílio alheio sem ordem judicial, podendo ser policial ou outro servidor público. O sujeito passivo é o Estado; secundariamente, é o morador legítimo do domicílio invadido.

155. Elemento subjetivo do tipo: é o dolo. Exige-se elemento subjetivo específico, consistente em prejudicar outrem ou beneficiar a si mesmo ou a terceiro, ou, ainda, por mero capricho ou satisfação pessoal. Não há a forma culposa.

156. Objetos material e jurídico: o objeto material é o imóvel alheio ou suas dependências. O objeto jurídico é a dignidade da função pública e a lisura do exercício da autoridade pelo Estado. Secundariamente, é o respeito à inviolabilidade do domicílio.

157. Classificação: é crime próprio (somente pode ser praticado por sujeito qualificado: agente público responsável pela invasão); formal (independe de qualquer resultado naturalístico, consistente em realmente prejudicar o morador); de forma livre (pode ser cometido por qualquer meio eleito pelo agente); instantâneo (consuma-se em momento determinado no tempo); comissivo (os verbos indicam ações); unissubjetivo (pode ser cometido por uma só pessoa); plurissubsistente (praticado em vários atos); cabe tentativa.

158. Benefícios penais: a sanção comporta a aplicação da suspensão condicional do processo, além de substituição por penas restritivas de direitos. Comporta *sursis*. Se houver a aplicação de regime penitenciário, cuidando-se de detenção, só pode iniciar no semiaberto.

159. Análise do núcleo do tipo: *coagir* (constranger, forçar) é a conduta principal cujo objeto é o morador de certo domicílio, para que este permita o acesso ao imóvel ou suas dependências. O modo de execução da coação é mediante violência física ou grave ameaça (violência moral). Cuida-se de um autêntico constrangimento ilegal, associado à invasão de domicílio.

160. Sujeitos ativo e passivo: o sujeito ativo é o agente público, cujo objetivo é a invasão do domicílio. O sujeito passivo é o Estado; secundariamente, a pessoa coagida a franquear o acesso ao imóvel ou suas dependências.

161. Elemento subjetivo do tipo: é o dolo. Exige-se elemento subjetivo específico, consistente em prejudicar outrem ou beneficiar a si mesmo ou a terceiro, ou, ainda, por mero capricho ou satisfação pessoal. Não há a forma culposa.

162. Objetos material e jurídico: o objeto material é o morador do imóvel. O objeto jurídico é a dignidade da função pública e a lisura do exercício da autoridade pelo Estado. Secundariamente, é o respeito à liberdade individual e à inviolabilidade do domicílio.

163. Classificação: é crime próprio (somente pode ser praticado por sujeito qualificado: agente público responsável pela invasão); formal (independe de qualquer resultado naturalístico, consistente em realmente prejudicar o morador); de forma livre (pode ser cometido por qualquer meio eleito pelo agente); instantâneo (consuma-se em momento determinado no tempo); comissivo (os verbos indicam ações); unissubjetivo (pode ser cometido por uma só pessoa); plurissubsistente (praticado em vários atos); cabe tentativa.

164. Análise do núcleo do tipo: *cumprir* (observar a execução de algo de certo modo) é o verbo nuclear cujo objeto é o mandado de busca e apreensão domiciliar. Estipula-se um período para que o crime de abuso de autoridade possa concretizar-se: entre 21 horas e 5 horas. É interessante observar que, na lei processual comum, é vedada a invasão em domicílio em período noturno, sem estabelecer as horas. Por isso, tem prevalecido o critério da noite e do dia. Quando anoitece, cessa a possibilidade de mandado de busca e apreensão em domicílio; quando amanhece (luz do sol), abre-se a oportunidade de cumprimento do mandado. No entanto, nesse tipo penal, optou-se por horários rígidos. Na jurisprudência: STJ: "4. Todavia, o art. 22, III, da Lei n. 13.869/2019 não definiu os conceitos de 'dia' e de 'noite' para fins de cumprimento do mandado de busca e apreensão domiciliar. O que ocorreu foi apenas a criminalização de uma conduta que representa violação tão significativa da proteção constitucional do domicílio a ponto de justificar a incidência excepcional do direito penal contra aqueles que a praticarem. É dizer, o fato de que o cumprimento de mandado de busca domiciliar entre 21h e 5h foi criminalizado não significa que a realização da diligência em qualquer outro horário seja plenamente lícita e válida para todos os fins" (AgRg no RHC 168.319 – SP, 6.ª T., rel. Laurita Vaz, 05.12.2023, v.u.); "A busca realizada na residência do investigado, segundo o magistrado singular, ocorreu à luz do dia, isto é, em conformidade com o preceituado no art. 245 do Código de Processo Penal. Embora a Corte *a quo* tenha registrado que a diligência teve início às 6h da manhã, o impetrante sustenta que teria ocorrido antes desse horário, por volta de 5h50. Seja como for, é certo que não se verificou abuso, tendo o acórdão inclusive chamado a atenção para a luz solar nas imagens obtidas no sistema de câmeras do local. 3. O termo 'dia', presente no art. 5.º, inciso XI, da CF/88, nunca foi objeto de consenso na doutrina, havendo quem trabalhe com o critério físico (entre a aurora e o crepúsculo), outros que prefiram o critério cronológico (entre 6h e 18h), além daqueles que acolhem um critério misto (entre 6h e 18h, desde que haja luminosidade). Por fim, registre-se que a Lei n. 13.869/2019, que dispõe sobre os crimes de abuso de autoridade, em seu art. 22, inciso III, estipulou o período entre as 5h e as 21h para cumprimento de mandado de busca e apreensão domiciliar. 4. Embora não se pretenda afastar a importância de um critério para tanto, é necessário registrar a necessidade de adoção de uma visão mais parcimoniosa e temperada acerca do tema, notadamente no caso dos autos, em que se discute uma suposta diferença de apenas 10 minutos no horário de início das diligências, ponto ainda controvertido nos autos" (AgRg nos EDcl no HC 685.379 – SP, 5.ª T., rel. Ribeiro Dantas, 07.06.2022, v.u.).

165. Sujeitos ativo e passivo: o sujeito ativo é o agente público, cumpridor do mandado de busca e apreensão domiciliar fora do horário. O sujeito passivo é o Estado; secundariamente, o morador legítimo do domicílio invadido.

166. Elemento subjetivo do tipo: é o dolo. Exige-se elemento subjetivo específico, consistente em prejudicar outrem ou beneficiar a si mesmo ou a terceiro, ou, ainda, por mero capricho ou satisfação pessoal. Não há a forma culposa.

167. Objetos material e jurídico: o objeto material é o morador do imóvel. O objeto jurídico é a dignidade da função pública e a lisura do exercício da autoridade pelo Estado. Secundariamente, é o respeito à liberdade individual e à inviolabilidade do domicílio.

168. Classificação: é crime próprio (somente pode ser praticado por sujeito qualificado: agente público responsável pela invasão); formal (independe de qualquer resultado naturalístico, consistente em realmente prejudicar o morador); de forma livre (pode ser cometido por qualquer meio eleito pelo agente); instantâneo (consuma-se em momento determinado no tempo); comissivo (o verbo indica ação); unissubjetivo (pode ser cometido por uma só pessoa); plurissubsistente (praticado em vários atos); cabe tentativa.

169. Excludente de ilicitude: não haveria necessidade deste § 2.º, pois a Constituição Federal prevê, como atos legítimos, essas situações (art. 5.º, XI, CF). Permite-se a entrada em domicílio alheio a qualquer hora do dia ou da noite, mesmo sem mandado judicial, se o objetivo for *prestar socorro*; quando se encontrarem *fundados indícios da necessidade do ingresso por força de flagrante* delito ou, ainda, quando se verificar *desastre*.

Art. 23. Inovar[170-172] artificiosamente, no curso de diligência, de investigação ou de processo, o estado de lugar, de coisa ou de pessoa, com o fim de eximir-se de responsabilidade ou de responsabilizar criminalmente alguém ou agravar-lhe a responsabilidade:[173]

Pena – detenção, de 1 (um) a 4 (quatro) anos, e multa.[174]

Parágrafo único. Incorre na mesma pena quem pratica[175-177] a conduta com o intuito de:[178-179]

I – eximir-se de responsabilidade civil ou administrativa por excesso praticado no curso de diligência;[180]

II – omitir dados ou informações ou divulgar dados ou informações incompletos para desviar o curso da investigação, da diligência ou do processo.[181]

170. Análise do núcleo do tipo: *inovar* (renovar, restaurar) é o verbo nuclear, apontando como objeto o estado de lugar, de coisa ou de pessoa. Trata-se de um crime correlato ao de fraude processual (art. 347, CP). Associam-se, como requisitos para perfazer o tipo penal, a inovação *artificiosa* (engenhosa) e também a finalidade de se eximir de responsabilidade ou de responsabilizar criminalmente alguém ou até agravar-lhe a responsabilidade. Pode-se discutir o cenário da ampla defesa, ou seja, alguém inova o lugar do crime para se ver livre da acusação.

171. Sujeitos ativo e passivo: o sujeito ativo é o agente público de variados postos, pois envolve uma mera diligência, mas também investigação e processo. O sujeito passivo é o Estado; secundariamente, a pessoa responsabilizada pela inovação fraudulenta.

172. Elemento subjetivo do tipo: é o dolo. Exige-se elemento subjetivo específico, consistente em prejudicar outrem ou beneficiar a si mesmo ou a terceiro, ou, ainda, por mero capricho ou satisfação pessoal. Não há a forma culposa.

173. Objetos material e jurídico: o objeto material é o lugar, a coisa ou a pessoa. O objeto jurídico é a dignidade da função pública e a lisura do exercício da autoridade pelo Estado. Secundariamente, é administração da justiça.

174. Benefícios penais: a sanção comporta a aplicação da suspensão condicional do processo, além de substituição por penas restritivas de direitos. Comporta *sursis*. Se houver a aplicação de regime penitenciário, cuidando-se de detenção, só pode iniciar no semiaberto.

175. Análise do núcleo do tipo: repete-se a fórmula já explicada do *caput*: inovar artificiosamente determinado lugar, coisa ou pessoa com finalidade diversa, consistente em *eximir-se* (escusar-se de algo, colocar-se a salvo), tendo por objeto a responsabilidade civil ou administrativa por excesso na diligência. Neste inciso I, busca o agente fraudar a cena de um crime para não ser processado posteriormente na área civil (danos materiais ou morais) ou administrativa (demissão ou exoneração). Na segunda parte, a referida inovação procura esconder dados ou informes, além de divulgar dados ou informes incompletos para burlar a investigação, diligência ou processo.

176. Sujeitos ativo e passivo: o sujeito ativo é o agente público, voltado a despistar sua responsabilidade em determinado crime. O sujeito passivo é o Estado; secundariamente, pode ser a pessoa responsabilizada pela fraude.

177. Elemento subjetivo do tipo: é o dolo. Exige-se elemento subjetivo específico, consistente em prejudicar outrem ou beneficiar a si mesmo ou a terceiro, ou, ainda, por mero capricho ou satisfação pessoal. Não há a forma culposa.

178. Objetos material e jurídico: o objeto material é o excesso cometido nas diligências ou quanto aos dados e informes para desviar o curso da persecução penal. O objeto jurídico é a dignidade da função pública e a lisura do exercício da autoridade pelo Estado. Secundariamente, é o respeito à administração da justiça.

179. Classificação: é crime próprio (somente pode ser praticado por sujeito qualificado: agente público); formal (independe de qualquer resultado naturalístico, consistente em realmente prejudicar o morador); de forma livre (pode ser cometido por qualquer meio eleito pelo agente); instantâneo (consuma-se em momento determinado no tempo); comissivo (o verbo indica ação) ou omissivo (o verbo indica inação); unissubjetivo (pode ser cometido por uma só pessoa); plurissubsistente (praticado em vários atos); cabe tentativa.

180. Análise do tipo decorrente: inova o estado de lugar, coisa ou pessoa, buscando não auferir responsabilidade, nesta hipótese, civil ou administrativa, como já comentado.

181. Análise do tipo decorrente: inova o estado de lugar, coisa ou pessoa, procurando ocultar informes ou divulgar dados incompletos para desviar o curso de investigação, diligência ou processo. A proposta é modificar o lugar, a coisa ou a pessoa para não demonstrar as provas daí passíveis de avaliação.

> **Art. 24.** Constranger,[182-184] sob violência ou grave ameaça, funcionário ou empregado de instituição hospitalar pública ou privada a admitir para tratamento pessoa cujo óbito já tenha ocorrido, com o fim de alterar local ou momento de crime, prejudicando sua apuração:[185-186]
>
> Pena – detenção, de 1 (um) a 4 (quatro) anos,[187] e multa, além da pena correspondente à violência.[188]

182. Análise do núcleo do tipo: o verbo *constranger* espelha sempre uma conotação negativa, significando, nesta hipótese, tolher a liberdade ou obrigar alguém a alguma coisa. Nessa situação é a admissão de pessoa para tratamento cujo óbito já tenha ocorrido. A meta é alterar local ou momento de crime para prejudicar a apuração.

183. Sujeitos ativo e passivo: o sujeito ativo é o agente público. O sujeito passivo é o Estado.

184. Elemento subjetivo do tipo: é o dolo. Exige-se elemento subjetivo específico, consistente em prejudicar outrem ou beneficiar a si mesmo ou a terceiro, ou, ainda, por mero capricho ou satisfação pessoal. Não há a forma culposa.

185. Objetos material e jurídico: o objeto material é o funcionário ou empregado de instituição hospitalar. O objeto jurídico é a dignidade da função pública e a lisura do exercício da autoridade pelo Estado. Secundariamente, é o respeito à administração da justiça.

186. Classificação: é crime próprio (somente pode ser praticado por sujeito qualificado: agente público); formal (independe de qualquer resultado naturalístico, consistente em realmente prejudicar alguém); de forma livre (pode ser cometido por qualquer meio eleito pelo agente); instantâneo (consuma-se em momento determinado no tempo); comissivo (o verbo indica ação); unissubjetivo (pode ser cometido por uma só pessoa); plurissubsistente (praticado em vários atos); cabe tentativa.

187. Benefícios penais: a sanção comporta a aplicação da suspensão condicional do processo, além de substituição por penas restritivas de direitos. Comporta *sursis*. Se houver a aplicação de regime penitenciário, cuidando-se de detenção, só pode iniciar no semiaberto.

188. Sistema da acumulação material: significa que, além da pena aplicada pelo crime de abuso de autoridade, qualquer ferimento causado será punido à parte. Pode haver concurso material de abuso de autoridade e lesão corporal, por exemplo.

> **Art. 25.** Proceder[189-191] à obtenção de prova, em procedimento de investigação ou fiscalização, por meio manifestamente ilícito:[192-193]
>
> Pena – detenção, de 1 (um) a 4 (quatro) anos, e multa.[194]
>
> **Parágrafo único.** Incorre na mesma pena quem faz[195-197] uso de prova, em desfavor do investigado ou fiscalizado, com prévio conhecimento de sua ilicitude.[198-199]

189. Análise do núcleo do tipo: *proceder* (realizar, fazer) é a conduta, cujo objeto é a obtenção de prova ilícita. Nota-se que se prevê como crime a *criação* de um delito consistente em auferir prova ilícita para esse propósito. Há uma conotação ética para tanto. Sem dúvida, o que faltava no ordenamento jurídico brasileiro.

190. Sujeitos ativo e passivo: o sujeito ativo é o agente público. O sujeito passivo é o Estado; secundariamente, a pessoa prejudicada pela internação.

191. Elemento subjetivo do tipo: é o dolo. Exige-se elemento subjetivo específico, consistente em prejudicar outrem ou beneficiar a si mesmo ou a terceiro, ou, ainda, por mero capricho ou satisfação pessoal. Não há a forma culposa.

192. Objetos material e jurídico: o objeto material é a prova obtida ilicitamente. O objeto jurídico é a dignidade da função pública e a lisura do exercício da autoridade pelo Estado. Secundariamente, é a vedação à obtenção de provas ilícitas.

193. Classificação: é crime próprio (somente pode ser praticado por sujeito qualificado: agente público); formal (independe de qualquer resultado naturalístico, consistente em realmente prejudicar alguém); de forma livre (pode ser cometido por qualquer meio eleito pelo agente); instantâneo (consuma-se em momento determinado no tempo); comissivo (o verbo indica ação); unissubjetivo (pode ser cometido por uma só pessoa); plurissubsistente (praticado em vários atos); cabe tentativa.

194. Benefícios penais: a sanção comporta a aplicação da suspensão condicional do processo, além de substituição por penas restritivas de direitos. Comporta *sursis*. Se houver a aplicação de regime penitenciário, cuidando-se de detenção, só pode iniciar no semiaberto.

195. Análise do núcleo do tipo: *fazer uso* (utilizar para qualquer fim) é a conduta nuclear cujo objeto é a prova ilícita, em desfavor de pessoa investigada ou fiscalizada. O termo "fiscalizada" é inédito, pois não se encaixa, propriamente, no processo penal. Quem é investigado, sim, pode se enquadrar no seio do inquérito policial. Mas não há a figura do "fiscalizado" em matéria penal. De todo modo, quem consegue prova ilícita e a utiliza para prejudicar alguém, responde pelo crime. Há de se ressaltar que esse é mais um tipo penal destinado a obstar as atividades ilícitas de certas operações criminais, sob o pretexto de combater o mal. Este estado lamentável de coisas nunca pode ser combatido com outros males.

196. Sujeitos ativo e passivo: o sujeito ativo é o agente público que se vale de prova ilícita. O sujeito passivo é o Estado; secundariamente, a pessoa prejudicada pela prova ilícita.

197. Elemento subjetivo do tipo: é o dolo. Exige-se elemento subjetivo específico, consistente em prejudicar outrem ou beneficiar a si mesmo ou a terceiro, ou, ainda, por mero capricho ou satisfação pessoal. Não há a forma culposa.

198. Objetos material e jurídico: o objeto material é o uso de prova ilícita. O objeto jurídico é a dignidade da função pública e a lisura do exercício da autoridade pelo Estado. Secundariamente, é o respeito à licitude das provas.

199. Classificação: é crime próprio (somente pode ser praticado por sujeito qualificado: agente público); formal (independe de qualquer resultado naturalístico, consistente em realmente prejudicar alguém); de forma livre (pode ser cometido por qualquer meio eleito pelo agente); instantâneo (consuma-se em momento determinado no tempo); comissivo (o verbo indica ação); unissubjetivo (pode ser cometido por uma só pessoa); plurissubsistente (praticado em vários atos); cabe tentativa.

Art. 26. (*Vetado*).
Art. 27. Requisitar instauração ou instaurar[200-202] procedimento investigatório de infração penal ou administrativa, em desfavor de alguém, à falta de qualquer indício da prática de crime, de ilícito funcional ou de infração administrativa:[203-204]
Pena – detenção, de 6 (seis) meses a 2 (dois) anos, e multa.[205]
Parágrafo único. Não há crime quando se tratar de sindicância ou investigação preliminar sumária, devidamente justificada.[206]

200. Análise do núcleo do tipo: *requisitar* (em termos estritamente jurídicos, significa exigir a realização de algo, por força de lei) é o primeiro verbo, tendo por objeto a instauração (abertura formal de algo) de procedimento investigatório (é a designação correta do inquérito policial, assim como serve aos casos administrativos, como a sindicância) de infração penal ou administrativa. A segunda conduta envolve quem tem diretamente o poder de instaurar (abrir formalmente algo) o procedimento investigatório a respeito de infração penal ou administrativa. A utilização do termo *procedimento investigatório*, sem detalhar qual seja, favorece a abrangência, incluindo o *procedimento investigatório criminal* (PIC) do Ministério Público. Ilustrando, o juiz pode requisitar a instauração de inquérito ao delegado; o Promotor de Justiça pode instaurar o procedimento investigatório criminal, a tramitar na própria Promotoria. Outro interessante ponto a ser analisado diz respeito ao *direcionamento* da investigação tão logo ela se inicie: o tipo menciona *em desfavor de alguém*. Portanto, quando se tem certeza de um crime (materialidade ou prova da sua existência), mas há dúvidas quanto à autoria, torna-se mais seguro instaurar a investigação para apurar determinado fato e quem seja o seu autor – sem apontar diretamente a alguém. Por outro lado, concedendo maior segurança à autoridade encarregada da investigação, para se verificar abuso é indispensável *nomear o investigado*, associando-se à *falta de qualquer indício da prática de crime*, de *ilícito funcional* ou *infração administrativa*. Noutros termos, concretiza-se abuso de autoridade quando esta instaura um procedimento investigatório *contra* Fulano, sabendo inexistir a prática de qualquer ilícito. Ainda, havendo indícios da prática do ilícito, pode-se inaugurar investigação (a lei é taxativa: não haver nenhum indício). A redação trava tanto a configuração de crime de abuso de autoridade que nem se consegue imaginar como se possa, na prática, investigar o *nada*, instaurar procedimento investigatório *sem nenhum indício de ilícito*.

201. Sujeitos ativo e passivo: o sujeito ativo pode ser qualquer autoridade que tenha o poder de requisitar investigação ou o poder de instaurá-la. O sujeito passivo é o Estado; secundariamente, a pessoa em desfavor de quem foi instaurada ou requisitada a instauração de procedimento investigatório.

202. Elemento subjetivo do tipo: é o dolo. Exige-se elemento subjetivo específico, consistente em prejudicar outrem ou beneficiar a si mesmo ou a terceiro, ou, ainda, por mero capricho ou satisfação pessoal. Não há a forma culposa.

203. Objetos material e jurídico: o objeto material é o procedimento investigatório requisitado ou instaurado. O objeto jurídico é a dignidade da função pública e a lisura do exercício da autoridade pelo Estado. Secundariamente, é o respeito à dignidade da pessoa humana.

204. Classificação: é crime próprio (somente pode ser praticado por sujeito qualificado: agente público); formal (independe de qualquer resultado naturalístico, consistente em realmente prejudicar alguém); de forma vinculada (só pode ser cometido pelo meio legal apto a promover a requisição ou a instauração do procedimento); instantâneo (consuma-se em momento determinado no tempo); comissivo (os verbos indicam ações); unissubjetivo (pode ser cometido por uma só pessoa); plurissubsistente (praticado em vários atos); cabe tentativa, mas de difícil configuração.

205. Benefícios penais: trata-se de infração de menor potencial ofensivo, que admite transação. Não sendo possível, há ainda vários outros benefícios, como o *sursis* e a substituição por penas alternativas. A pena é de detenção, de modo que, mesmo impondo regime carcerário, precisaria ser o semiaberto inicial.

206. Ressalva inócua: o *caput* já preenche todas as possibilidades de configurar abuso e prevê todo o cenário para não configurar abuso. Desnecessário mencionar que não há crime quando se tratar de sindicância – que seria uma investigação prévia ao processo administrativo – ou mesmo quando se tratar de investigação preliminar sumária, ambas devidamente justificadas. Em primeiro lugar, porque há quem determine a instauração de sindicância *em desfavor de alguém*; ora, mesmo sendo sindicância, a autoridade nomeou uma pessoa e é preciso ter indício suficiente para isso, do contrário, não é justificada e configura crime de abuso de autoridade. O mesmo se diga, com maior razão, da tal *investigação preliminar sumária*, que é completamente dispensável. Seria o *inquérito para instaurar inquérito*, por exemplo. Cabe à autoridade investigar; é a sua função legal. Basta instaurar inquérito para apurar um fato considerado criminoso, sem nomear ninguém e jamais poderá ser acusada de abuso. O ponto fulcral deste art. 27 é evitar envolver o nome de alguém em qualquer espécie de investigação formal, sem nenhum indício de ter ocorrido crime ou de quem seja o seu autor. Investigar fatos, sem dar nomes, nunca poderá ser abuso de autoridade. E quando o nome surgir, para ser indiciado, por exemplo, é porque existem indícios, logo, também não haverá abuso de autoridade.

> **Art. 28.** Divulgar[207-209] gravação ou trecho de gravação sem relação com a prova que se pretenda produzir, expondo a intimidade ou a vida privada ou ferindo a honra ou a imagem do investigado ou acusado:[210-211]
> Pena – detenção, de 1 (um) a 4 (quatro) anos, e multa.[212]

207. Análise do núcleo do tipo: *divulgar* (tornar pública, propagar, espalhar) é o verbo principal, a ser composto com *expor* (colocar em evidência, revelar). Trata-se de abuso de autoridade divulgar *gravação ou trecho de gravação* (entende-se a cautela do legislador: tornar pública toda a gravação captada ou apenas uma parte dela, tanto faz). A lei, neste ponto também, é uma resposta a certas operações investigatórias que não souberam guardar o devido sigilo, espalhando para a mídia ou redes sociais, logo, ao público em geral, gravações realizadas, com ou sem autorização judicial. Enfim, este artigo considera crime de abuso de autoridade divulgar qualquer gravação, *sem relação com a prova que se pretenda produzir* (são trechos particulares, envolvendo outros assuntos, que nada têm a ver com o objeto da investigação criminal ou do processo). Assim fazendo, pode-se atingir dois resultados: a) expor a intimidade ou a vida privada alheia; b) ferir a honra ou a imagem do investigado ou acusado. Assemelha-se ao antigo art. 4.º, *h*, da Lei 4.898/65. Esses dois resultados podem ser cumulados ou alternados; isso é indiferente para a consumação do delito. Esse delito aplica-se, também, a jornalistas, nos precisos termos do art. 220, § 1.º, da Constituição Federal (a mídia não pode ferir a intimidade ou a vida privada de alguém).

208. Sujeitos ativo e passivo: o sujeito ativo é o agente público. O sujeito passivo é o Estado; secundariamente, a pessoa cuja intimidade ou vida privada foi exposta ou o investigado/acusado cuja honra ou imagem foi ferida.

209. Elemento subjetivo do tipo: é o dolo. Exige-se elemento subjetivo específico, consistente em prejudicar outrem ou beneficiar a si mesmo ou a terceiro, ou, ainda, por mero capricho ou satisfação pessoal. Não há a forma culposa.

210. Objetos material e jurídico: o objeto material é a gravação ou trecho de gravação divulgado. O objeto jurídico é a dignidade da função pública e a lisura do exercício da autoridade pelo Estado. Secundariamente, é o respeito à intimidade, à vida privada, à honra e à imagem da pessoa cuja gravação prejudicou.

211. Classificação: é crime próprio (somente pode ser praticado por sujeito qualificado: agente público); formal (independe de qualquer resultado naturalístico, consistente em realmente prejudicar alguém); de forma livre (pode ser cometido por qualquer meio eleito pelo agente); instantâneo (consuma-se em momento determinado no tempo); comissivo (os verbos indicam ações); unissubjetivo (pode ser cometido por uma só pessoa); plurissubsistente (praticado em vários atos); cabe tentativa, mas de difícil configuração.

212. Benefícios penais: a sanção comporta a aplicação da suspensão condicional do processo, além de substituição por penas restritivas de direitos. Admite *sursis*. Se houver a aplicação de regime penitenciário, cuidando-se de detenção, só pode iniciar no semiaberto.

> **Art. 29.** Prestar[213-215] informação falsa sobre procedimento judicial, policial, fiscal ou administrativo com o fim de prejudicar interesse de investigado:[216-217]
> Pena – detenção, de 6 (seis) meses a 2 (dois) anos, e multa.[218]
> **Parágrafo único.** (*Vetado*).

213. Análise do núcleo do tipo: *prestar* (dar, comunicar) é o verbo principal, cujo objeto é a *informação falsa* (é uma notícia ou conjunto de conhecimentos sobre algo ou alguém; no caso deste tipo, a notícia é uma inverdade, mentira, não autêntica). Eis que surge no ordenamento penal o crime das *Fake News*, tão em voga atualmente, em especial pelas redes sociais, ao menos vinculado aos agentes públicos. Não se especifica onde a comunicação da falsidade pode ser realizada, logo, parece-nos correto entender que ela deve se tornar pública (como a injúria), chegando ao conhecimento do investigado ou acusado. De todo modo a informação falsa deve relacionar-se a um procedimento (termo em sentido lato, que abrange tanto o procedimento investigatório quanto o processo) judicial (em curso pelo Poder Judiciário de qualquer instância), policial (inquérito), fiscal (tributário) ou administrativo (tanto envolve os órgãos da administração pública quanto o procedimento investigatório criminal do Ministério Público). O tipo penal foi criado com dupla garantia acerca da finalidade específica. No *caput*, consta que a prestação de informe falso deve ser *com o fim de prejudicar interesse de investigado*, além de todas as finalidades específicas, válidas para todos os delitos desta Lei, previstas no art. 1.º, § 1.º.

214. Sujeitos ativo e passivo: o sujeito ativo é o agente público. O passivo é o Estado; secundariamente, o investigado prejudicado pela informação falsa divulgada.

215. Elemento subjetivo do tipo: é o dolo. Exige-se elemento subjetivo específico, consistente em prejudicar outrem ou beneficiar a si mesmo ou a terceiro, ou, ainda, por mero capricho ou satisfação pessoal. Neste caso, há ainda mais uma finalidade específica colocada no *caput* de forma desnecessária. Não há a forma culposa.

216. Objetos material e jurídico: o objeto material é a informação falsa. O objeto jurídico é a dignidade da função pública e a lisura do exercício da autoridade pelo Estado. Secundariamente, é o respeito à dignidade da pessoa humana.

217. Classificação: é crime próprio (somente pode ser praticado por sujeito qualificado: agente público); formal (independe de qualquer resultado naturalístico, consistente em realmente prejudicar alguém); de forma livre (pode ser cometido por qualquer meio eleito pelo agente); instantâneo (consuma-se em momento determinado no tempo); comissivo (o verbo indica ação); unissubjetivo (pode ser cometido por uma só pessoa); unissubsistente (praticado num só ato) ou plurissubsistente (praticado em vários atos), conforme o meio escolhido pelo agente; cabe tentativa, na forma plurissubsistente.

218. Benefícios penais: trata-se de infração de menor potencial ofensivo, que admite transação. Não sendo possível, há ainda vários outros benefícios, como o *sursis* e a substituição por penas alternativas. A pena é de detenção, de modo que, mesmo impondo regime carcerário, precisaria ser o semiaberto inicial.

> **Art. 30.** Dar início ou proceder[219-221] à persecução penal, civil ou administrativa sem justa causa fundamentada ou contra quem sabe inocente:[222-223]
> Pena – detenção, de 1 (um) a 4 (quatro) anos, e multa.[224]

219. Análise do núcleo do tipo: *dar início* (começar, principiar) e *proceder* (dar seguimento, prosseguir) são as condutas alternativas (o agente pode realizar somente uma ou as duas, mas responde por um só crime) ligadas à persecução (vulgarmente, significa *perseguição*; porém, o termo tem conotação jurídica, querendo dizer *atividade estatal procedimental ou processual*). Pode-se, a título de exemplo, nomear a *persecução penal* como um termo genérico, valendo tanto para o inquérito quanto para o processo judicial. O tipo penal faz referência a três tipos de persecução: penal, civil e administrativa. Trata-se de uma espécie de *denunciação caluniosa* (art. 339, CP) cometida por agente público. Este, sem justa causa fundamentada (faltando indícios suficientes de autoria ou de materialidade ou sem fundamentação) ou contra quem sabe inocente (sem indícios de materialidade ou autoria ou com indícios forjados), dá início à persecução penal (instaura inquérito – o delegado; oferece denúncia – o promotor; recebe denúncia – o juiz) ou prossegue em persecução penal que ele mesmo iniciou ou instaurada por terceiro. O mesmo pode ocorrer na esfera civil, com o inquérito civil público ou a ação civil pública. E ainda na esfera administrativa, com os variados tipos de procedimentos e processos de verificação de ilícitos.

220. Sujeitos ativo e passivo: o sujeito ativo é o agente público. O sujeito passivo é o Estado; secundariamente, a pessoa investigada ou processada.

221. Elemento subjetivo do tipo: é o dolo, que, neste caso é somente o direito (o agente sabe que o investigado ou processado é inocente). Exige-se, ainda, elemento subjetivo específico, consistente em prejudicar outrem ou beneficiar a si mesmo ou a terceiro, ou, ainda, por mero capricho ou satisfação pessoal. Não há a forma culposa.

222. Objetos material e jurídico: o objeto material é a persecução penal, civil ou administrativa. O objeto jurídico é a dignidade da função pública e a lisura do exercício da autoridade pelo Estado. Secundariamente, é a administração da justiça, mas também o respeito à honra e à imagem do perseguido.

223. Classificação: é crime próprio (somente pode ser praticado por sujeito qualificado: agente público); formal (independe de qualquer resultado naturalístico, consistente em realmente prejudicar alguém); de forma vinculada (só pode ser cometido pelas formalidades legais previstas para o início ou prosseguimento de persecução penal, civil ou administrativa); instantâneo (consuma-se em momento determinado no tempo); comissivo (os verbos indicam ações); unissubjetivo (pode ser cometido por uma só pessoa); plurissubsistente (praticado em vários atos); cabe tentativa, embora de difícil configuração.

224. Benefícios penais: a sanção comporta a aplicação da suspensão condicional do processo, além de substituição por penas restritivas de direitos. Admite *sursis*. Se houver a aplicação de regime penitenciário, cuidando-se de detenção, só pode iniciar no semiaberto.

> **Art. 31.** Estender[225-227] injustificadamente a investigação, procrastinando-a em prejuízo do investigado ou fiscalizado:[228-229]
> Pena – detenção, de 6 (seis) meses a 2 (dois) anos, e multa.[230]
> **Parágrafo único.** Incorre na mesma pena quem, inexistindo prazo para execução ou conclusão de procedimento, o estende de forma imotivada, procrastinando-o em prejuízo do investigado ou do fiscalizado.[231]

225. Análise do núcleo do tipo: *estender* (esticar, prolongar) é o verbo principal, cujo objeto é a investigação, portanto se está na esfera extrajudicial. Há de se associar o prolongamento da investigação à procrastinação injusta, prejudicando o investigado ou fiscalizado. A ligação dos verbos *esticar* e *procrastinar* significa prolongar algo para demorar demais. Há casos em que se verifica a demora do agente público para concluir a investigação, seja de que matéria de ilícito for, somente para manter o investigado em espera, por motivos escusos, como lhe impedir a eleição ou a nomeação para um cargo ou mesmo para auferir uma promoção. É abuso de autoridade, quando isto é feito de maneira dolosa e, como há no tipo, *injustificadamente* (sem nenhuma justa causa). Não se aplica este crime a quem conduz investigação de modo atrapalhado, caracterizando culpa, nem mesmo nos casos de excesso de serviço. Este tipo penal deveria igualmente mencionar o processo, que também pode ser retardado por motivos escusos. Em confronto com o parágrafo único, quer-se crer que, na figura do *caput*, há um prazo para findar a investigação, que foi ultrapassado sem justo motivo. Isso porque, no parágrafo único, menciona-se a falta de prazo para a conclusão do procedimento.

226. Sujeitos ativo e passivo: o sujeito ativo é o agente público encarregado de comandar a investigação. O sujeito passivo é o Estado; secundariamente, o investigado ou fiscalizado prejudicado pela procrastinação.

227. Elemento subjetivo do tipo: é o dolo. Exige-se elemento subjetivo específico, consistente em prejudicar outrem ou beneficiar a si mesmo ou a terceiro, ou, ainda, por mero capricho ou satisfação pessoal. Não há a forma culposa.

228. Objetos material e jurídico: o objeto material é a investigação. O objeto jurídico é a dignidade da função pública e a lisura do exercício da autoridade pelo Estado. Secundariamente, é a dignidade da pessoa humana, no tocante ao prejudicado.

229. Classificação: é crime próprio (somente pode ser praticado por sujeito qualificado: agente público); formal (independe de qualquer resultado naturalístico, consistente em realmente prejudicar alguém); de forma livre (pode ser cometido por qualquer meio eleito pelo agente); instantâneo (consuma-se em momento determinado no tempo); comissivo (os verbos indicam ações); unissubjetivo (pode ser cometido por uma só pessoa); plurissubsistente (praticado em vários atos); cabe tentativa, embora de difícil configuração.

230. Benefícios penais: trata-se de infração de menor potencial ofensivo, que admite transação. Não sendo possível, há ainda vários outros benefícios, como o *sursis* e a substituição por penas alternativas. A pena é de detenção, de modo que, mesmo impondo regime carcerário, precisaria ser o semiaberto inicial.

231. Ausência de prazo para concluir a investigação: como mencionamos em nota *supra*, em face do disposto neste parágrafo, a respeito de não haver prazo para a execução ou conclusão do procedimento, quer-se crer que, na figura do *caput*, há prazo, mas ele é ultrapassado para procrastinar a finalização de propósito. Por outro lado, neste parágrafo, inexistindo prazo, há de se verificar com mais profundidade se, realmente, há indevida demora para a finalização do procedimento. Porém, há os freios de aplicação do tipo penal deste parágrafo: agir *de forma imotivada* e, assim fazer, *para prejudicar o investigado ou fiscalizado*. Além das cautelas expostas no art. 1.º, § 1.º, desta Lei.

> **Art. 32.** Negar[232-234] ao interessado, seu defensor ou advogado acesso aos autos de investigação preliminar, ao termo circunstanciado, ao inquérito ou a qualquer outro procedimento investigatório de infração penal, civil ou administrativa, assim como impedir a obtenção de cópias, ressalvado o acesso a peças relativas a diligências em curso, ou que indiquem a realização de diligências futuras, cujo sigilo seja imprescindível:[235-236]
>
> Pena – detenção, de 6 (seis) meses a 2 (dois) anos, e multa.[237]

232. Análise do núcleo do tipo: *negar* (recusar-se a algo; repudiar, vedar) é o verbo principal, cujo objeto é o acesso aos autos de investigação preliminar (pode ser policial ou administrativo), ao termo circunstanciado (peça lavrada em caso de flagrante de infração de menor potencial ofensivo), ao inquérito (civil ou penal) ou outro procedimento investigatório (como o procedimento investigatório criminal do Ministério Público) de natureza penal, civil ou administrativa. A negativa é dirigida ao interessado na investigação, termo, inquérito outro procedimento ou ao seu defensor (advogado constituído, dativo ou defensor público). A segunda forma é *impedir* (obstar, não permitir), cujo objeto é a obtenção de cópias dessas peças. O tipo foi bem elaborado, pois previu, inclusive, que ficam ressalvadas as peças relativas a diligências em curso – o que é não somente óbvio, mas impossível de se conseguir – ou também àquelas que indiquem a realização de diligências futuras, cujo sigilo seja fundamental. Exemplo: não se pode dar cópias de interceptação telefônica em andamento ou cópias de mandado de busca e apreensão a ser executado. Equivale ao antigo art. 3.º, *j*, da Lei 4.898/65.

233. Sujeitos ativo e passivo: o sujeito ativo é o agente público encarregado dos procedimentos narrados no *caput*. O sujeito passivo é o Estado; secundariamente, o interessado no acesso e seu advogado.

234. Elemento subjetivo do tipo: é o dolo. Exige-se elemento subjetivo específico, consistente em prejudicar outrem ou beneficiar a si mesmo ou a terceiro, ou, ainda, por mero capricho ou satisfação pessoal. Não há a forma culposa.

235. Objetos material e jurídico: o objeto material é a investigação. O objeto jurídico é a dignidade da função pública e a lisura do exercício da autoridade pelo Estado. Secundariamente, é a dignidade da pessoa humana, no tocante ao prejudicado.

236. Classificação: é crime próprio (somente pode ser praticado por sujeito qualificado: agente público); formal (independe de qualquer resultado naturalístico, consistente em realmente prejudicar alguém); de forma livre (pode ser cometido por qualquer meio eleito pelo agente); instantâneo (consuma-se em momento determinado no tempo); comissivo (os verbos indicam ações); unissubjetivo (pode ser cometido por uma só pessoa); plurissubsistente (praticado em vários atos); cabe tentativa, embora de difícil configuração.

237. Benefícios penais: trata-se de infração de menor potencial ofensivo, que admite transação. Não sendo possível, há ainda vários outros benefícios, como o *sursis* e a substituição por penas alternativas. A pena é de detenção, de modo que, mesmo impondo regime carcerário, precisaria ser o semiaberto inicial.

> **Art. 33.** Exigir[238-240] informação ou cumprimento de obrigação, inclusive o dever de fazer ou de não fazer, sem expresso amparo legal:[241-242]
> Pena – detenção, de 6 (seis) meses a 2 (dois) anos, e multa.[243]
> **Parágrafo único.** Incorre na mesma pena quem se utiliza de cargo ou função pública ou invoca a condição de agente público para se eximir de obrigação legal ou para obter vantagem ou privilégio indevido.[244]

238. Análise do núcleo do tipo: *exigir* (reclamar direito legítimo, impor alguma coisa) é um verbo de forte conteúdo, cujo objeto é a informação (notícia acerca de algo) ou o cumprimento de obrigação (executar uma tarefa por meio de vínculo jurídico estabelecido), incluindo o dever (regra imposta por lei, neste caso) de fazer ou não fazer alguma coisa. Essa exigência é desguarnecida de tutela jurídica, porque o próprio tipo diz: *sem expresso amparo legal*. O tipo é muito aberto e vago. Por isso, fere a taxatividade. Quer-se crer que a autoridade demanda de qualquer outra pessoa (servidor ou não) uma informação, sem respaldo legal. Pode significar, ainda, que a autoridade exija o cumprimento de obrigação (ou de fazer ou não fazer alguma coisa), igualmente, sem previsão legal. Infelizmente, o tipo aberto não contribui para a constituição de tipos penais incriminadores.

239. Sujeitos ativo e passivo: o sujeito ativo é o agente público. O sujeito passivo é o Estado; secundariamente, qualquer pessoa prejudicada pela informação indevida ou execução de ato ilícito.

240. Elemento subjetivo do tipo: é o dolo. Exige-se elemento subjetivo específico, consistente em prejudicar outrem ou beneficiar a si mesmo ou a terceiro, ou, ainda, por mero capricho ou satisfação pessoal. Não há a forma culposa.

241. Objetos material e jurídico: o objeto material é a informação ou o cumprimento de obrigação. O objeto jurídico é a dignidade da função pública e a lisura do exercício da autoridade pelo Estado.

242. Classificação: é crime próprio (somente pode ser praticado por sujeito qualificado: agente público); formal (independe de qualquer resultado naturalístico, consistente em realmente prejudicar alguém); de forma livre (pode ser cometido por qualquer meio eleito pelo agente); instantâneo (consuma-se em momento determinado no tempo); comissivo (os verbos indicam ações); unissubjetivo (pode ser cometido por uma só pessoa); plurissubsistente (praticado em vários atos); cabe tentativa, embora de difícil configuração.

243. Benefícios penais: trata-se de infração de menor potencial ofensivo, que admite transação. Não sendo possível, há ainda vários outros benefícios, como o *sursis* e a substituição por penas alternativas. A pena é de detenção, de modo que, mesmo impondo regime carcerário, precisaria ser o semiaberto inicial.

244. Tráfico de influência do agente público: este é o objetivo deste parágrafo. Reaproveitar o art. 322 do Código Penal, cujo sujeito ativo é o particular, na esfera das autoridades. Compõe-se das seguintes formas: a) valer-se de cargo ou função pública para se eximir de obrigação legal (ex.: deixar de pagar um imposto de importação); b) afirmar em seu favor a condição de agente público para se eximir de uma obrigação (o mesmo exemplo *retro* é válido); c) valer-se de cargo ou função ou chamar a seu favor a condição de agente público para auferir vantagem ou privilégio *indevido* (não ser preso em flagrante; não ser obrigado a pagar uma taxa etc.).

> **Art. 34.** (*Vetado*).
> **Art. 35.** (*Vetado*).
> **Art. 36.** Decretar,[245-247] em processo judicial, a indisponibilidade de ativos financeiros em quantia que extrapole exacerbadamente o valor estimado para a satisfação da dívida da parte e, ante a demonstração, pela parte, da excessividade da medida, deixar de corrigi-la:[248-249]
> Pena – detenção, de 1 (um) a 4 (quatro) anos, e multa.[250]

245. Análise do núcleo do tipo: *decretar* (dar ordem, determinar) é o verbo principal, cujo objeto é a indisponibilidade de ativos financeiros em montante que ultrapasse *exacerbadamente* (de modo exagerado) o valor estimado para satisfazer a dívida da parte. A segunda conduta é tomar conhecimento de que houve indisponibilidade exagerada de bens e nada fazer para corrigir isso. Lembrar que isso só pode dar-se durante o processo judicial (não vale, pois, a fase investigatória). De toda forma, o excesso é o objetivo desse tipo penal. Para *congelar* bens de um investigado ou réu, é preciso cautela. Se uma eventual dívida é de 100 mil reais, por que decretar a indisponibilidade de um milhão de reais? Pode ser um erro ou algo advindo da imprudência: isso não é crime. Contudo, quando o agente público, geralmente a autoridade judiciária, faz de propósito para deixar o investigado/réu sem qualquer recurso, emerge o abuso de autoridade. Na jurisprudência: TRF-4: "1. A penhora de ativos financeiros é expressamente admitida pela lei processual e não foi revogada pela Lei n.º 13.869/2019, pelo que o deferimento de bloqueio de ativos financeiros não caracteriza hipótese de cometimento do crime do art. 36 da Lei n.º 13.869/2019 (Abuso de Autoridade). 2. Possibilidade de bloqueio de ativos financeiros da parte executada via SISBAJUD, abrangendo-se a integralidade do débito exequendo" (AI 5001550-58.2021.4.04.0000, 1.ª T., rel. Francisco Donizete Gomes, 30.04.2021, v.u.). TJGO: "1. O tipo penal previsto no art. 36 da Lei n.º 13.869/19 refere-se à situação na qual o magistrado, provocado pela parte acerca do excesso de indisponibilidade de ativos financeiros, deixa de corrigi-la. 2. A penhora *online*, por meio do sistema Bacenjud, é o mecanismo previsto na legislação processual civil, que considera a possibilidade de excesso, indicando, inclusive, o formato para correção (artigo 854 do CPC/15). 3. Em atenção aos Princípios da Cooperação e da Efetividade da jurisdição, nos termos da Súmula n.º 44/TJGO, os sistemas Bacenjud, Infojud e Renajud devem ser utilizados, a pedido da parte, para localização do endereço da parte ou de bens suficientes ao cumprimento da responsabilidade patrimonial. 4. O simples deferimento de constrição pelo sistema Bacenjud não se qualifica como o tipo previsto no art. 36 da Lei n.º 13.868/19 para qual exige-se a configuração de dolo específico, impondo-se a reforma da decisão vergastada para viabilizar a penhora *online*" (Rec. 5232664-91.2020.8.09.0000, 6.ª Câmara Cível, rel. Jairo Ferreira Junior, 29.01.2021, v.u.).

246. Sujeitos ativo e passivo: o sujeito ativo é o agente público; neste caso, a autoridade judiciária. O sujeito passivo é o Estado; secundariamente, a pessoa cujos bens se tornaram indisponíveis.

247. Elemento subjetivo do tipo: é o dolo. Exige-se elemento subjetivo específico, consistente em prejudicar outrem ou beneficiar a si mesmo ou a terceiro, ou, ainda, por mero capricho ou satisfação pessoal. Não há a forma culposa.

248. Objetos material e jurídico: o objeto material é a indisponibilidade de bens. O objeto jurídico é a dignidade da função pública e a lisura do exercício da autoridade pelo Estado. Secundariamente, o direito ao patrimônio.

249. Classificação: é crime próprio (somente pode ser praticado por sujeito qualificado: agente público); formal (independe de qualquer resultado naturalístico, consistente em realmente prejudicar alguém); de forma livre (pode ser cometido por qualquer meio eleito pelo agente); instantâneo (consuma-se em momento determinado no tempo); comissivo (na primeira conduta) e omissivo (na segunda conduta); unissubjetivo (pode ser cometido por uma só pessoa); plurissubsistente (praticado em vários atos); cabe tentativa, embora de difícil configuração.

250. Benefícios penais: a sanção comporta a aplicação da suspensão condicional do processo, além de substituição por penas restritivas de direitos. Admite *sursis*. Se houver a aplicação de regime penitenciário, cuidando-se de detenção, só poderá iniciar no semiaberto.

> **Art. 37.** Demorar[251-253] demasiada e injustificadamente no exame de processo de que tenha requerido vista em órgão colegiado, com o intuito de procrastinar seu andamento ou retardar o julgamento:[254-255]
> Pena – detenção, de 6 (seis) meses a 2 (dois) anos, e multa.[256]

251. Análise do núcleo do tipo: *demorar* (atrasar, permanecer com algo por longo tempo) é o verbo principal, tendo por objeto o processo do qual pediu vista. Trata-se de tipo penal voltado ao magistrado integrante de um colegiado de qualquer grau. Mas, os vários entraves colocados no tipo incriminador praticamente eliminam qualquer punição. Para configurar abuso de autoridade é fundamental que o magistrado requeira vista de um processo em julgamento e demore de modo *demasiado* (exagerado) e injustificado (sem qualquer justa causa) para devolver à mesa do colegiado. Não bastasse, é preciso que a vista tenha sido pedida para procrastinar (atrasar) o andamento processual ou retardar o julgamento. Enfim, o tipo é, na prática, inócuo.

252. Sujeitos ativo e passivo: o sujeito ativo é a autoridade judiciária. O sujeito passivo é o Estado; secundariamente, a parte prejudicada pela demora no término do processo.

253. Elemento subjetivo do tipo: é o dolo. Exige-se elemento subjetivo específico, consistente em prejudicar outrem ou beneficiar a si mesmo ou a terceiro, ou, ainda, por mero capricho ou satisfação pessoal. Não há a forma culposa.

254. Objetos material e jurídico: o objeto material é a vista em processo em julgamento. O objeto jurídico é a dignidade da função pública e a lisura do exercício da autoridade pelo Estado. Secundariamente, o direito individual a um julgamento célere.

255. Classificação: é crime próprio (somente pode ser praticado por sujeito qualificado: autoridade judiciária); formal (independe de qualquer resultado naturalístico, consistente em realmente prejudicar alguém); de forma vinculada (só pode ser cometido pela forma regimental de pedido de vista); instantâneo (consuma-se em momento determinado no tempo); comissivo (há ação na conduta); unissubjetivo (pode ser cometido por uma só pessoa); plurissubsistente (praticado em vários atos); cabe tentativa, embora de difícil configuração.

256. Benefícios penais: trata-se de infração de menor potencial ofensivo, que admite transação. Não sendo possível, há ainda vários outros benefícios, como o *sursis* e a substituição por penas alternativas. A pena é de detenção, de modo que, mesmo impondo regime carcerário, precisaria ser o semiaberto inicial.

> **Art. 38.** Antecipar[257-259] o responsável pelas investigações, por meio de comunicação, inclusive rede social, atribuição de culpa, antes de concluídas as apurações e formalizada a acusação:[260-261]
> Pena – detenção, de 6 (seis) meses a 2 (dois) anos, e multa.[262]

257. Análise do núcleo do tipo: *antecipar* (adiantar-se, comunicar-se com antecedência) é o verbo, cujo objeto é a atribuição de culpa a alguém. O contexto dessa antecipação aponta para a prática pelo responsável pela investigação, além de indicar qualquer meio de comunicação, inclusive rede social. Além disso, a referida atribuição de culpa acontece *antes* de terminadas as apurações e devidamente formalizadas as acusações. Este é outro tipo incriminador criado em resposta a operações especiais, em que não se soube manter os seus condutores de boca fechada, preservando o sigilo; ao contrário, houve exposição pública da culpa de pessoa não julgada, quando, aliás, nem mesmo processo havia. Por isso, adiantar a culpa de alguém, sem nem mesmo ter terminada a apuração ou formalizada a acusação, é abuso de autoridade.

258. Sujeitos ativo e passivo: o sujeito ativo é o agente público. O sujeito passivo é o Estado; secundariamente, trata-se da pessoa que foi exposta como culpada antes da finalização da investigação e da formal denúncia.

259. Elemento subjetivo do tipo: é o dolo. Exige-se elemento subjetivo específico, consistente em prejudicar outrem ou beneficiar a si mesmo ou a terceiro, ou, ainda, por mero capricho ou satisfação pessoal. Não há a forma culposa.

260. Objetos material e jurídico: o objeto material é a atribuição de culpa. O objeto jurídico é a dignidade da função pública e a lisura do exercício da autoridade pelo Estado. Secundariamente, o direito à presunção de inocência.

261. Classificação: é crime próprio (somente pode ser praticado por sujeito qualificado: agente público, podendo ser o delegado ou o membro do MP); formal (independe de qualquer resultado naturalístico, consistente em realmente prejudicar alguém); de forma livre (pode ser cometido por qualquer meio, inclusive pela apresentação em palco para uma plateia de jornalistas); instantâneo (consuma-se em momento determinado no tempo); comissivo (há ação na conduta); unissubjetivo (pode ser cometido por uma só pessoa); plurissubsistente (praticado em vários atos); cabe tentativa, embora de difícil configuração.

262. Benefícios penais: trata-se de infração de menor potencial ofensivo, que admite transação. Não sendo possível, há ainda vários outros benefícios, como o *sursis* e a substituição por penas alternativas. A pena é de detenção, de modo que, mesmo impondo regime carcerário, precisaria ser o semiaberto inicial.

Capítulo VII
DO PROCEDIMENTO

> **Art. 39.** Aplicam-se ao processo e ao julgamento dos delitos previstos nesta Lei, no que couber, as disposições do Decreto-Lei n.º 3.689, de 3 de outubro de 1941 (Código de Processo Penal), e da Lei n.º 9.099, de 26 de setembro de 1995.[263]

263. Procedimento: deve-se seguir o procedimento estabelecido pelo Código de Processo Penal, ou, sendo o caso de infração de menor potencial ofensivo, pela Lei 9.099/95.

Capítulo VIII
DISPOSIÇÕES FINAIS

> **Art. 40.** O art. 2.º da Lei n.º 7.960, de 21 de dezembro de 1989, passa a vigorar com a seguinte redação:[264]
>
> "Art. 2.º ....
>
> ....
>
> § 4.º-A. O mandado de prisão conterá necessariamente o período de duração da prisão temporária estabelecido no *caput* deste artigo, bem como o dia em que o preso deverá ser libertado.
>
> ....
>
> § 7.º Decorrido o prazo contido no mandado de prisão, a autoridade responsável pela custódia deverá, independentemente de nova ordem da autoridade judicial, pôr imediatamente o preso em liberdade, salvo se já tiver sido comunicada da prorrogação da prisão temporária ou da decretação da prisão preventiva.
>
> § 8.º Inclui-se o dia do cumprimento do mandado de prisão no cômputo do prazo de prisão temporária" (NR)

264. Comentários: serão desenvolvidos na Lei da Prisão Temporária.

> **Art. 41.** O art. 10 da Lei n.º 9.296, de 24 de julho de 1996, passa a vigorar com a seguinte redação:[265]
>
> "Art. 10. Constitui crime realizar interceptação de comunicações telefônicas, de informática ou telemática, promover escuta ambiental ou quebrar segredo da Justiça, sem autorização judicial ou com objetivos não autorizados em lei:
>
> Pena – reclusão, de 2 (dois) a 4 (quatro) anos, e multa.
>
> **Parágrafo único**. Incorre na mesma pena a autoridade judicial que determina a execução de conduta prevista no *caput* deste artigo com objetivo não autorizado em lei." (NR)

265. Comentários: serão feitos na Lei da Interceptação Telefônica.

> **Art. 42.** A Lei n.º 8.069, de 13 de julho de 1990 (Estatuto da Criança e do Adolescente), passa a vigorar acrescida do seguinte art. 227-A:[266]
>
> "Art. 227-A. Os efeitos da condenação prevista no inciso I do *caput* do art. 92 do Decreto-Lei n.º 2.848, de 7 de dezembro de 1940 (Código Penal), para os crimes previstos nesta Lei, praticados por servidores públicos com abuso de autoridade, são condicionados à ocorrência de reincidência.
>
> **Parágrafo único**. A perda do cargo, do mandato ou da função, nesse caso, independerá da pena aplicada na reincidência."

266. Comentários: serão feitos no Estatuto da Criança e do Adolescente.

> **Art. 43.** A Lei n.º 8.906, de 4 de julho de 1994, passa a vigorar acrescida do seguinte art. 7.º-B:[267]
>
> "Art. 7.º-B Constitui crime violar direito ou prerrogativa[268-270] de advogado previstos nos incisos II[271], III,[272] IV[273] e V[274] do *caput* do art. 7.º desta Lei:[275-276]
>
> Pena – detenção, de 3 (três) meses a 1 (um) ano, e multa".

267. Estatuto da Advocacia: comentaremos nesta lei as modificações, por acharmos mais pertinente ao tema do abuso de autoridade.

268. Análise do núcleo do tipo: *violar* (transgredir, desrespeitar) é o verbo nuclear cujo objeto é o direito ou a prerrogativa do advogado, nos termos descritos nos incisos II, III, IV e V do *caput* do art. 7.º da Lei 8.906/94 (Estatuto da Advocacia).

269. Sujeitos ativo e passivo: o sujeito ativo é a autoridade judiciária, que pode determinar onde o advogado será inserido. A menos que outro agente público, sem consultar o juiz, inclua o advogado em local inadequado, tornando-se autoridade coatora. O sujeito passivo é o Estado; secundariamente, o advogado violado em suas prerrogativas.

270. Elemento subjetivo do tipo: é o dolo. Exige-se elemento subjetivo específico, consistente em prejudicar outrem ou beneficiar a si mesmo ou a terceiro, ou, ainda, por mero capricho ou satisfação pessoal. Não há a forma culposa.

271. Primeira conduta típica: a primeira conduta criminosa de abuso de autoridade é violar o escritório ou local de trabalho do advogado, bem como de seus instrumentos de trabalho, de sua correspondência escrita, eletrônica, telefônica e telemática, desde que relativas ao exercício da advocacia. Essa violação pode dar-se por meio de mandado de busca e apreensão, por interceptação telefônica ou mecanismos similares. É fundamental frisar que o escritório do advogado não é um esconderijo inexpugnável. Por exemplo, o causídico não pode guardar ali o entorpecente de seu cliente, algo que prova a materialidade de crime de tráfico de drogas. Mas, por óbvio, pode arquivar depoimentos de pessoas relativos a processos dos quais cuida, como advogado. Esses não devem ser violados. Enfim, cada caso é um caso.

272. Segunda conduta típica: impedir a comunicação do defensor com seus clientes, de maneira pessoal e reservada, mesmo sem procuração, quando eles estiverem presos ou recolhidos a estabelecimentos civis ou militares, mesmo considerados incomunicáveis. Em primeiro lugar, a incomunicabilidade está afastada desde o advento da CF de 1988. Por outro lado, já há um tipo para incriminar quem não permite o acesso do advogado ao seu cliente. Torna-se, assim, um tipo redobrado.

273. Terceira conduta típica: focaliza-se o impedimento de ter a presença de um representante da OAB, quando o advogado for preso em flagrante, *por motivo ligado ao exercício da advocacia* (isso é muito relevante, pois o crime se liga à profissão), para a lavratura do auto de prisão em flagrante. Advogados envolvidos com o crime podem ser presos sem maiores formalidades. No entanto, advogados presos por causa do exercício profissional clamam o representante da OAB na formalização do auto de prisão em flagrante (ex.: coação no curso do processo – art. 344, CP).

274. Quarta conduta típica: envolve o lugar onde o advogado será colocado se for preso em flagrante ou por conta de prisão preventiva. Aponta-se a sala de Estado Maior, que hoje tem sido admitida a sala em quartel da Polícia Militar, com instalações e comodidades condignas. Não havendo a referida sala de Estado Maior, o advogado será destinado a prisão domiciliar. Portanto, cometeria abuso de autoridade o juiz que retirasse essas possibilidades do advogado.

275. Objetos material e jurídico: o objeto material pode ser o escritório do advogado, a comunicação entre advogado e cliente, a presença de representante da OAB ou local indevido. O objeto jurídico é a dignidade da função pública e a lisura do exercício da autoridade pelo Estado. Secundariamente, o direito às prerrogativas do advogado.

276. Classificação: é crime próprio (somente pode ser praticado por sujeito qualificado: agente público); formal (independe de qualquer resultado naturalístico, consistente em realmente prejudicar alguém); de forma livre (pode ser cometido por qualquer meio eleito pelo agente); instantâneo (consuma-se em momento determinado no tempo); comissivo (os verbos evidenciam ações); unissubjetivo (pode ser cometido por uma só pessoa); plurissubsistente (praticado em vários atos); cabe tentativa, embora de difícil configuração.

> **Art. 44.** Revogam-se a Lei n.º 4.898, de 9 de dezembro de 1965, e o § 2.º do art. 150 e o art. 350, ambos do Decreto-Lei n.º 2.848, de 7 de dezembro de 1940 (Código Penal).
>
> **Art. 45.** Esta Lei entra em vigor após decorridos 120 (cento e vinte) dias de sua publicação oficial.
>
> Brasília, 5 de setembro de 2019; 198.º da Independência e 131.º da República.
>
> JAIR MESSIAS BOLSONARO
> *Sérgio Moro*
> *Wagner de Campos Rosário*
> *Jorge Antonio de Oliveira Francisco*
> *André Luiz de Almeida Mendonça*
>
> (*DOU* 05.09.2019 – Ed. Extra-A; ret. em 18.09.2019)

Ação Penal Originária

Lei 8.038, de 28 de maio de 1990

Institui normas procedimentais para os processos que especifica, perante o Superior Tribunal de Justiça e o Supremo Tribunal Federal.

O Presidente da República:

Faço saber que o Congresso Nacional decreta e eu sanciono a seguinte Lei:

TÍTULO I
PROCESSOS DE COMPETÊNCIA ORIGINÁRIA[1]

Capítulo I
AÇÃO PENAL ORIGINÁRIA[2]

Art. 1.º Nos crimes de ação penal pública,[3] o Ministério Público terá o prazo de quinze dias[4] para oferecer denúncia ou pedir arquivamento do inquérito ou das peças informativas.[5]

§ 1.º Diligências complementares poderão ser deferidas pelo relator, com interrupção do prazo deste artigo.[6]

§ 2.º Se o indiciado estiver preso:[7]

a) o prazo para oferecimento da denúncia será de cinco dias;

b) as diligências complementares não interromperão o prazo, salvo se o relator, ao deferi-las, determinar o relaxamento da prisão.

§ 3.º Não sendo o caso de arquivamento e tendo o investigado confessado formal e circunstanciadamente a prática de infração penal sem violência ou grave ameaça e com pena mínima inferior a 4 (quatro) anos, o Ministério Público poderá propor acordo de não persecução penal, desde que necessário e suficiente para a reprovação e prevenção do crime, nos termos do art. 28-A do Decreto-Lei n.º 3.689, de 3 de outubro de 1941 (Código de Processo Penal).[8-10]

1. Alcance dos comentários: vamos nos limitar aos comentários relativos à ação penal originária. No mais, apontaremos o que está em vigor e o que não mais vigora nesta Lei.

2. Ação penal originária: assim se denomina a ação penal movida diretamente em Tribunais – e não em juízo de primeira instância – pois se trata de acusado com foro privilegiado (ex.: o desembargador será criminalmente processado no Superior Tribunal de Justiça).

3. Ação penal pública: trata-se da ação movida pelo Ministério Público. Pode dividir-se em ação penal pública incondicionada (não depende de nenhuma condição para a atuação do *Parquet*) ou condicionada à representação da vítima ou à requisição do Ministro da Justiça. No caso da ação penal originária, cuida-se de ação pública incondicionada. Em tese, se o membro do MP não mover a ação no prazo assinalado (15 dias para acusado solto; 5 dias, para preso), pode-se aplicar o disposto no art. 29 do Código de Processo Penal, legitimando a ação da vítima, que poderá apresentar a ação penal privada subsidiária da pública.

4. Prazo para oferecimento de denúncia: estabelece-se um prazo para a denúncia ser ofertada, mas não se fixa um período para a investigação criminal. Portanto, os referidos 15 dias passam a ser computados a partir do momento em que os autos do inquérito ou outras peças de informação chegam ao conhecimento do Ministério Público de forma acabada ou definitiva. Pode-se dizer que se trata de um prazo impróprio, ou seja, ultrapassados os 15 dias, inexiste sanção processual. O máximo que poderia ocorrer, caso o MP fique inerte, seria a legitimação da vítima para apresentar a ação privada subsidiária da pública.

5. Alternativas para o MP: recebido os autos do inquérito ou outra investigação, o *Parquet* pode pedir o arquivamento, por falta de justa causa para a ação penal (ausência de provas de materialidade e/ou autoria); pode pleitear a extinção da punibilidade (se alguma causa prevista no art. 107 do Código Penal estiver presente, como, por exemplo, a prescrição); pode denunciar e, finalmente, pode pleitear a realização de outras diligências, para completar a investigação, nos termos do § 1.º deste artigo.

6. Relator supervisiona a investigação: no âmbito colegiado não se aplica a figura do juiz das garantias, pois a atuação do relator, fiscalizando o inquérito, não lhe retira a imparcialidade para julgar, visto que o mérito da causa será apreciado por um colegiado, que não tomou conhecimento da fase investigatória, como dirigente ou órgão fiscalizador. O relator será apontado por força da distribuição, ou seja, um processo aleatório de divisão de processos nas cortes brasileiras.

7. Acusado preso: de maneira rigorosa, a lei impõe que o prazo para o oferecimento de denúncia seja de 5 dias. Quanto ao prazo para a investigação, quer-se crer deva o Regimento Interno do Tribunal responsável pela ação penal originária impor o período máximo. Se não impuser, deve-se seguir o preceituado pelo CPP, ou seja, 10 dias para presos, bem como 30 dias para soltos, podendo ser prorrogado sempre que precisar (art. 10 do CPP). É importante observar o disposto na alínea *b* do § 2.º do art. 1.º da Lei 8.038/90. Se forem necessárias novas diligências, ultrapassando o prazo de 5 dias, o relator somente permitirá que isto ocorra, caso *relaxe* a prisão do investigado. O termo *relaxamento* utilizado não é correto. *Relaxa-se* a prisão ilegal. Portanto, se o relator permitir que novas diligências sejam feitas, além do prazo de 5 dias, deve revogar a prisão preventiva vigente até então. Se houve prisão em flagrante, é caso de concessão de liberdade provisória.

8. Acordo de não persecução penal: a Lei 13.964/2019 introduziu o § 3.º, também incluído no Código de Processo Penal, prevendo a viabilidade de realização do acordo de não persecução penal, quando, inexistindo a hipótese de arquivamento e tendo o investigado confessado formalmente, de modo detalhado, a prática de infração penal *sem violência ou grave ameaça* *à pessoa* e com *pena mínima inferior a 4 anos*. Assim, nesta hipótese, o MP propõe um acordo para não apresentar denúncia, desde que entenda necessário e suficiente para a reprovação e prevenção do crime, seguindo o disposto pelo art. 28-A do CPP. Em primeiro lugar, cremos ter sido prevista condição *inconstitucional* para a realização do acordo de não persecução penal, consistente na obrigação de o investigado confessar formal e detalhadamente a prática da infração penal. Isto porque há o direito ao silêncio e de não produzir prova contra si mesmo. Pode-se dizer que se trata de mero acordo, logo, não implica processo-crime. Entretanto, pode significar exatamente isso no futuro. Se o acordo não for cumprido, por qualquer razão, será rescindido e o MP oferecerá denúncia (art. 28-A, § 10, CPP). Note-se que vai ingressar com a ação penal tendo em mãos a confissão ampla do acusado; logo, ele foi instado a produzir prova contra si mesmo e vai arcar com um fardo não previsto na legislação constitucional para enfrentar a ação penal. Parece-nos que esse acordo pode ser realizado sem a confissão formal e circunstanciada do investigado, pois isso iguala as partes, caso haja, no futuro, uma demanda criminal.

9. Condições e formalidades do acordo: regulam-se pelo disposto no art. 28-A do Código de Processo Penal. Em primeira análise, parece-nos que a redação do *caput* do mencionado art. 28-A traz um ponto contraditório. Prevê-se o cumprimento de condições ajustadas cumulativa (adição de todas) *e* alternativamente (ou uma ou outra). Ora, as condições cominadas nos incisos I a V são cumulativamente aplicadas *ou* alternativas? As duas coisas são inconciliáveis. Pode o *Parquet* firmar o acordo aplicando todas as condições cumulativamente, ao mesmo tempo que o faz de modo alternativo? Significa uma contradição impossível de ser resolvida. Portanto, em lugar do *e*, o que se pode inserir, para dar sentido, é a partícula *ou*. Assim, o acordo pode trazer todas as cláusulas cumulativamente *ou* pode ser celebrado contando com umas ou outras. As condições são as seguintes: a) reparação do dano ou restituição da coisa ao ofendido, salvo na impossibilidade de fazê-lo; b) renúncia voluntária a bens e direitos indicados pelo MP como instrumento, produto ou proveito do delito; c) prestação de serviços à comunidade ou a entidades públicas por período correspondente à pena mínima prevista para o crime, com diminuição de um a dois terços, em lugar a ser indicado pelo juiz das execuções penais (art. 46, Código Penal); d) pagamento de prestação pecuniária, nos termos do art. 45 do Código Penal, destinada a entidade pública ou de interesse social, indicada pelo juiz das execuções penais, com função primordial de proteção de bens jurídicos iguais ou similares aos "aparentemente" lesados pelo delito; e) cumprimento, por período certo, de outra condição indicada pelo Ministério Público, desde que seja compatível com o crime imputado. É de se questionar dois pontos: 1.º) ao prever a destinação da prestação pecuniária a entidades que tutelem bens jurídicos iguais ou similares aos "aparentemente" lesados pelo delito, vemos uma contradição. A mesma lei que "exige" a confissão completa do investigado (logo, já se sabe que houve lesão a bem jurídico, senão crime não existiria), agora menciona uma hipótese de lesão de bens jurídicos ("aparentemente"); 2.º) nunca deu certo a ideia de uma condição aberta a ser "escolhida" pela autoridade celebrante do acordo ou quando impõe em sentença. Basta se registrar a quase completa inutilidade do art. 79 do Código Penal ("A sentença poderá especificar outras condições a que fica subordinada a suspensão, desde que adequadas ao fato e à situação pessoal do condenado"), permitindo que o juiz fixe uma condição qualquer que ele julgue compatível com a suspensão condicional da pena. Ao longo das décadas de vigência da Parte Geral do Código Penal (desde 1984), constatou-se o volume de condições absurdas fixadas em primeiro grau e cassadas pelos Tribunais. Hoje, não se vê mais a utilização do art. 79 pelo juiz. Criou-se, então, outra fonte de potenciais abusos, permitindo que o membro do MP *invente* condição que ele ache justa. Esperamos que o investigado não aceite, mas este é o problema de quem quer livrar-se da acusação: ter que se submeter a excessos de variadas ordens. Se ele acatar, esperamos que o juiz vete e não homologue o acordo.

10. Outros dados referentes ao acordo de não persecução penal: facilitando a consulta pelo leitor, enumeramos os outros elementos do art. 28-A: "§ 1.º Para aferição da pena mínima cominada ao delito a que se refere o *caput* deste artigo, serão consideradas as causas de aumento e diminuição aplicáveis ao caso concreto. § 2.º O disposto no *caput* deste artigo não se aplica nas seguintes hipóteses: I – se for cabível transação penal de competência dos Juizados Especiais Criminais, nos termos da lei; II – se o investigado for reincidente ou se houver elementos probatórios que indiquem conduta criminal habitual, reiterada ou profissional, exceto se insignificantes as infrações penais pretéritas; III – ter sido o agente beneficiado nos 5 (cinco) anos anteriores ao cometimento da infração, em acordo de não persecução penal, transação penal ou suspensão condicional do processo; e IV – nos crimes praticados no âmbito de violência doméstica ou familiar, ou praticados contra a mulher por razões da condição de sexo feminino, em favor do agressor. § 3.º O acordo de não persecução penal será formalizado por escrito e será firmado pelo membro do Ministério Público, pelo investigado e por seu defensor. § 4.º Para a homologação do acordo de não persecução penal, será realizada audiência na qual o juiz deverá verificar a sua voluntariedade, por meio da oitiva do investigado na presença do seu defensor, e sua legalidade. § 5.º Se o juiz considerar inadequadas, insuficientes ou abusivas as condições dispostas no acordo de não persecução penal, devolverá os autos ao Ministério Público para que seja reformulada a proposta de acordo, com concordância do investigado e seu defensor. § 6.º Homologado judicialmente o acordo de não persecução penal, o juiz devolverá os autos ao Ministério Público para que inicie sua execução perante o juízo de execução penal. § 7.º O juiz poderá recusar homologação à proposta que não atender aos requisitos legais ou quando não for realizada a adequação a que se refere o § 5.º deste artigo. § 8.º Recusada a homologação, o juiz devolverá os autos ao Ministério Público para a análise da necessidade de complementação das investigações ou o oferecimento da denúncia. § 9.º A vítima será intimada da homologação do acordo de não persecução penal e de seu descumprimento. § 10. Descumpridas quaisquer das condições estipuladas no acordo de não persecução penal, o Ministério Público deverá comunicar ao juízo, para fins de sua rescisão e posterior oferecimento de denúncia. § 11. O descumprimento do acordo de não persecução penal pelo investigado também poderá ser utilizado pelo Ministério Público como justificativa para o eventual não oferecimento de suspensão condicional do processo. § 12. A celebração e o cumprimento do acordo de não persecução penal não constarão de certidão de antecedentes criminais, exceto para os fins previstos no inciso III do § 2.º deste artigo. § 13. Cumprido integralmente o acordo de não persecução penal, o juízo competente decretará a extinção de punibilidade. § 14. No caso de recusa, por parte do Ministério Público, em propor o acordo de não persecução penal, o investigado poderá requerer a remessa dos autos a órgão superior, na forma do art. 28 deste Código".

> **Art. 2.º** O relator, escolhido na forma regimental, será o juiz da instrução, que se realizará segundo o disposto neste capítulo, no Código de Processo Penal, no que for aplicável, e no Regimento Interno do Tribunal.[11]
>
> **Parágrafo único.** O relator terá as atribuições que a legislação processual confere aos juízes singulares.[12]

11. Escolha do relator: na verdade, este artigo deveria ser o primeiro, para evidenciar como se escolhe o relator (desembargador ou ministro) de um colegiado (respeita-se o regimento do tribunal em questão), mas esse *juiz da instrução* será o *fiscal da investigação*, logo, como todo magistrado de primeiro grau, acumulará as funções. O procedimento, como regra, é estabelecido pelo Regimento Interno da Corte onde se processa o feito, pois mais aperfeiçoado às necessidades daquele tribunal. De todo modo, vale-se também do Código de Processo Penal.

12. Atribuições do relator: a par das previstas no Regimento Interno ao qual pertence, subsidiariamente, ingressam as normas do CPP.

> **Art. 3.º** Compete ao relator:[13]
> I – determinar o arquivamento do inquérito ou de peças informativas, quando o requerer o Ministério Público, ou submeter o requerimento à decisão competente do Tribunal;
> II – decretar a extinção da punibilidade, nos casos previstos em lei.
> III – convocar desembargadores de Turmas Criminais dos Tribunais de Justiça ou dos Tribunais Regionais Federais, bem como juízes de varas criminais da Justiça dos Estados e da Justiça Federal, pelo prazo de 6 (seis) meses, prorrogável por igual período, até o máximo de 2 (dois) anos, para a realização do interrogatório e de outros atos da instrução, na sede do tribunal ou no local onde se deva produzir o ato.

13. Decisões monocráticas do relator: autorizadas expressamente, nesta Lei, pode o relator determinar o arquivamento do inquérito e de outras peças de investigação, conforme requerido pelo Ministério Público (vide art. 1.º, *caput*, desta Lei), ou, não concordando, submeter ao colegiado. Porém, essa decisão da Corte não poderá obrigar o MP a denunciar, pois o *Parquet* é o único titular da ação penal. No entanto, pode-se ter a hipótese de um membro do MP pedir o arquivamento e não ter sido amparado pelo Procurador-Geral de Justiça ou pelo Procurador-Geral da República. Se isto ocorrer, pode o colegiado determinar a remessa dos autos para a apreciação da chefia da instituição. No entanto, se a manifestação decorrer do Procurador-Geral ou de algum membro da instituição que aja em seu nome, nada há a fazer a não ser arquivar o inquérito. Temos defendido, no entanto, que, levando o caso ao colegiado, em situações teratológicas, pode-se manter o inquérito em aberto, oficiando-se ao Conselho Nacional do Ministério Público para apurar eventual caso de falta funcional. A outra possibilidade de decisão monocrática dá-se no cenário das causas de extinção da punibilidade, cujo rol exemplificativo é encontrado no art. 107 do Código Penal. Em caso de dúvida ou questão controversa, nada impede que o relator encaminhe o caso à decisão do colegiado. A terceira atribuição do relator é a convocação de desembargadores ou juízes (estaduais ou federais) para auxiliá-lo a conduzir a instrução, ouvindo testemunhas, interrogando acusados e realizando outros atos em nome do relator. Há muitos casos que extravasam as fronteiras do tribunal, atingindo outras cidades e até Estados diferentes; por isso, a utilização de magistrados convocados é útil e necessária.

> **Art. 4.º** Apresentada a denúncia ou a queixa ao Tribunal, far-se-á a notificação do acusado para oferecer resposta no prazo de quinze dias.[14]
> § 1.º Com a notificação, serão entregues ao acusado cópia da denúncia ou da queixa, do despacho do relator e dos documentos por este indicados.
> § 2.º Se desconhecido o paradeiro do acusado, ou se este criar dificuldades para que o oficial cumpra a diligência, proceder-se-á a sua notificação por edital, contendo o teor resumido da acusação, para que compareça ao Tribunal, em cinco dias, onde terá vista dos autos pelo prazo de quinze dias, a fim de apresentar a resposta prevista neste artigo.[15]

14. Prazo de resposta: embora o art. 2.º desta Lei mencione a utilização do CPP (cujo prazo de defesa é de apenas dez dias), ressalva-se o disposto em especial nesta Lei e nos Regimentos dos Tribunais. Portanto, é perfeitamente válida a fixação de quinze dias para a defesa do acusado. No entanto, o termo *notificação* deveria ser substituído pela *intimação*, reduzindo-se a apenas dois os atos processuais de ciência: *citação* e *intimação*. É o que nos parece mais atualizado. De todo modo, essa intimação ("notificação") dá ensejo a uma defesa preliminar (antes do recebimento da denúncia ou queixa).

15. Cientificação por edital: esta Lei cria um método próprio para lidar com o réu que não é localizado para a "notificação", seja porque está em lugar incerto e desconhecido, seja porque coloca obstáculos para a sua localização: intima-se ("notifica-se") por edital, com o teor resumido da acusação, não para que responda aos termos da ação proposta, mas para que compareça ao Tribunal, em cinco dias, findo o prazo do edital, a fim de ter vista dos autos (por si ou seu advogado), obtendo então os quinze dias para a sua resposta. Nesta lei, quando não se encontra o acusado, *por qualquer motivo*, prevê-se a intimação ("notificação") por edital, mas não se cogita da intimação por hora certa (valendo-se de analogia com o CPP). Há todo um cuidado de prever como intimar ("notificar") o réu para a defesa preliminar, mas não se repetem todas essas disposições quando, mais tarde, tratar-se-á de citação (a parte mais importante do processo penal para trazer o acusado a responder à imputação).

> **Art. 5.º** Se, com a resposta, forem apresentados novos documentos, será intimada a parte contrária para sobre eles se manifestar, no prazo de cinco dias.[16]
>
> **Parágrafo único.** Na ação penal de iniciativa privada, será ouvido, em igual prazo, o Ministério Público.[17]

16. Preservação do contraditório: é válido registrar que esta Lei, embora antiga, busca garantir o contraditório, algo que o CPP, após a reforma de 2008, não fez. Se houver resposta do acusado, com a apresentação de novos documentos, deve-se intimar a parte contrária (MP ou vítima-autora da ação) para se manifestar em cinco dias. Na lei processual penal, o órgão acusatório não tem vista da peça de defesa ofertada pelo réu, com ou sem documentos.

17. *Custos legis*: nas ações penais privadas, movidas pelo ofendido, o MP deve ser, sempre, ouvido como fiscal da lei. É o que prevê este artigo, dando seguimento ao consagrado na doutrina e na jurisprudência.

> **Art. 6.º** A seguir, o relator pedirá dia para que o Tribunal delibere sobre o recebimento, a rejeição da denúncia ou da queixa, ou a improcedência da acusação, se a decisão não depender de outras provas.[18]
>
> § 1.º No julgamento de que trata este artigo, será facultada sustentação oral pelo prazo de quinze minutos, primeiro à acusação, depois à defesa.
>
> § 2.º Encerrados os debates, o Tribunal passará a deliberar, determinando o Presidente as pessoas que poderão permanecer no recinto, observado o disposto no inciso II do art. 12 desta lei.

18. Decisão colegiada: cuidando-se de ação penal originária, movida diretamente junto ao Tribunal competente, alcançando-se a relevante decisão de recebimento ou rejeição da denúncia ou queixa, desloca-se a competência do relator (órgão monocrático) ao colegiado.

Além do recebimento ou não da peça acusatória, se todas as provas estiverem presentes a essa altura (por exemplo, provas exclusivamente documentais), o Tribunal pode julgar desde logo o mérito, considerando improcedente a ação penal. A procedência não pode ser acolhida nesta fase, pois há de se permitir ao réu a dilação probatória (ampla defesa).

> **Art. 7.º** Recebida a denúncia ou a queixa, o relator designará dia e hora para o interrogatório, mandando citar o acusado ou querelado e intimar o órgão do Ministério Público, bem como o querelante ou o assistente, se for o caso.[19]

19. Momento do interrogatório: segundo o disposto nesta Lei especial, recebida a peça acusatória, o réu será citado, agora sim, para tomar ciência de que responde a uma ação penal. Intima-se o órgão acusatório. Ambas as partes serão cientificadas, segundo os termos desta Lei, da data do interrogatório, o primeiro ato do processo. Entretanto, o STF, em julgamento no Plenário, decidiu que, homenageando a ampla defesa, o acusado deve ser o último a se manifestar no processo, pouco importando o que preceitua qualquer lei, mesmo especial. Desse modo, quer-se crer que, seguindo esse julgado, o réu será apenas citado para se defender, ofertando a defesa prévia, onde poderá apresentar as suas testemunhas, mas o seu interrogatório ocorrerá ao final.

> **Art. 8.º** O prazo para defesa prévia será de cinco dias, contado do interrogatório ou da intimação do defensor dativo.[20]

20. Defesa prévia: a anterior manifestação do acusado (defesa preliminar) destinava-se a convencer o Judiciário a rejeitar a peça acusatória. Se, no entanto, houve o recebimento da denúncia ou queixa, havendo a citação, resta ao réu o prazo de cinco dias para ofertar a sua defesa prévia, quando apresentará as provas que pretende produzir.

> **Art. 9.º** A instrução obedecerá, no que couber, ao procedimento comum do Código de Processo Penal.[21]
> § 1.º O relator poderá delegar a realização do interrogatório ou de outro ato da instrução ao juiz ou membro de tribunal com competência territorial no local de cumprimento da carta de ordem.[22]
> § 2.º Por expressa determinação do relator, as intimações poderão ser feitas por carta registrada com aviso de recebimento.[23]

21. Procedimento comum: segue-se o disposto no art. 394, § 1.º, I, do CPP, que aponta para os artigos 396 e seguintes do mesmo Código. Inclui-se, ainda, o § 4.º, do mesmo art. 394, indicando o disposto nos arts. 395 a 398 do CPP.

22. Carta de ordem: em posição similar à carta precatória (pedido de colaboração entre juízes do mesmo grau de jurisdição), surge a denominada *carta de ordem*, quando um membro do Judiciário de instância superior faz um "pedido" ao juízo de instância inferior. Seria como se desse uma "ordem" para que as diligências ali previstas fossem cumpridas. Porém, a terminologia "carta de ordem" é ultrapassada, visto que se trata de um ato processual e não de um ato administrativo. Por isso, deveria chamar-se simplesmente *carta precatória*. De qualquer forma, deve o juízo inferior cumprir os termos da *carta de ordem*. Na jurisprudência:

STJ: "2. A possibilidade de delegação do interrogatório do réu tem previsão no art. 9.º, § 1.º, da Lei 8.038/90, conferindo maior celeridade processual. 3. O papel do Juiz no interrogatório não é de protagonista. Trata-se de meio de autodefesa. 4. Não há comprovação de prejuízo na delegação do ato, o qual será gravado, degravado e enviado ao STJ. 5. Possibilita-se, ainda, na hipótese de outros esclarecimentos, se juntados novos elementos ou por outro motivo razoável, a realização de novo interrogatório" (AgRg na APn 970 – DF, Corte Especial, rel. Maria Isabel Gallotti, 12.12.2023, v.u.).

23. Intimação por carta: diversamente do CPP, que ainda se vale do oficial de justiça, esta Lei prevê a viabilidade de intimar, por exemplo, testemunhas por carta com aviso de recebimento. Pensamos que, se a testemunha assinar o termo de recebimento, e não comparecer, poderá ser conduzida coercitivamente em próxima audiência. Mas se ela não assinou o recebimento, não se pode determinar a sua condução coercitiva. Portanto, a intimação por carta tem suas vantagens e desvantagens. A vantagem é facilitar o seu emprego, sem se valer de oficial de justiça. A desvantagem é protelar a instrução, caso o recebedor da carta não seja exatamente a testemunha a ser ouvida.

> **Art. 10.** Concluída a inquirição de testemunhas, serão intimadas a acusação e a defesa, para requerimento de diligências no prazo de cinco dias.[24]

24. Finda a inquirição de testemunhas: demonstra-se neste artigo que a prova quase única do processo penal é a testemunhal. Raramente, a instrução criminal se vale mais de periciais e documentos do que de testemunhas. De qualquer modo, terminada a inquirição das testemunhas, passa-se ao interrogatório do réu (ou réus), como mencionamos deva ser feito na nota 19 *supra*.

> **Art. 11.** Realizadas as diligências, ou não sendo estas requeridas nem determinadas pelo relator, serão intimadas a acusação e a defesa para, sucessivamente, apresentarem, no prazo de quinze dias, alegações escritas.[25]
> § 1.º Será comum o prazo do acusador e do assistente, bem como o dos corréus.[26]
> § 2.º Na ação penal de iniciativa privada, o Ministério Público terá vista, por igual prazo, após as alegações das partes.[27]
> § 3.º O relator poderá, após as alegações escritas, determinar de ofício a realização de provas reputadas imprescindíveis para o julgamento da causa.[28]

25. Alegações finais: deverão ser oferecidas, pelas partes, no prazo de quinze dias, conforme estabelece esta Lei especial. Isto se dará após a realização de novas diligências se tiverem sido requeridas por qualquer das partes.

26. Prazo comum: este é um ponto muito debatido em processo em geral. Afinal, se forem muitos acusados, é impossível proporcionar um prazo comum de quinze dias, porque todos os defensores podem querer examinar minuciosamente os autos e isto não seria viável em *prazo comum*. Portanto, ao menos no que concerne aos réus, é curial que o relator proporcione um prazo para cada acusado.

27. Prazo do fiscal da lei: note-se que até mesmo o MP, quando atua como *custos legis*, terá um prazo integral de quinze dias. Logo, não é equilibrado exigir-se o mesmo de vários acusados.

28. Busca da verdade real: apreciem ou não os processualistas, este dispositivo demonstra que o relator pode, depois de todos se manifestarem nos autos, providenciar diligências para o seu esclarecimento, em busca da verdade o mais próximo possível da realidade. Nem se menciona que, produzidas provas, as partes terão ciência e oportunidade de manifestação. Porém, parece-nos importante que o relator viabilize a ciência e a alegação de quem quiser.

> **Art. 12.** Finda a instrução, o Tribunal procederá ao julgamento, na forma determinada pelo regimento interno, observando-se o seguinte:[29]
>
> I – a acusação e a defesa terão, sucessivamente, nessa ordem, prazo de uma hora para sustentação oral, assegurado ao assistente um quarto do tempo da acusação;
>
> II – encerrados os debates, o Tribunal passará a proferir o julgamento, podendo o Presidente limitar a presença no recinto às partes e seus advogados, ou somente a estes, se o interesse público exigir.

29. Julgamento colegiado: será a apreciação do mérito da causa. Proporciona-se às partes um tempo mais que razoável para a sustentação oral (uma hora). Por outro lado, cuidando-se de caso em segredo de justiça, pode-se trabalhar a portas fechadas, longe das vistas do público, mas sempre presentes as partes envolvidas.

Capítulo II
RECLAMAÇÃO

> *Artigos 13 a 18 da redação original da Lei 8.038/90 foram revogados pela Lei 13.105/2015 (CPC vigente). Portanto, a reclamação passa a ser regulada pelo Código de Processo Civil. Reproduziremos os artigos do CPC para facilitar a consulta direta do leitor.
>
> "Art. 988. Caberá reclamação da parte interessada ou do Ministério Público para:
>
> I – preservar a competência do tribunal;
>
> II – garantir a autoridade das decisões do tribunal;
>
> III – garantir a observância de enunciado de súmula vinculante e de decisão do Supremo Tribunal Federal em controle concentrado de constitucionalidade;
>
> IV – garantir a observância de acórdão proferido em julgamento de incidente de resolução de demandas repetitivas ou de incidente de assunção de competência;
>
> § 1.º A reclamação pode ser proposta perante qualquer tribunal, e seu julgamento compete ao órgão jurisdicional cuja competência se busca preservar ou cuja autoridade se pretenda garantir.
>
> § 2.º A reclamação deverá ser instruída com prova documental e dirigida ao presidente do tribunal.
>
> § 3.º Assim que recebida, a reclamação será autuada e distribuída ao relator do processo principal, sempre que possível.

§ 4.º As hipóteses dos incisos III e IV compreendem a aplicação indevida da tese jurídica e sua não aplicação aos casos que a ela correspondam.

§ 5.º É inadmissível a reclamação:

I – proposta após o trânsito em julgado da decisão reclamada;

II – proposta para garantir a observância de acórdão de recurso extraordinário com repercussão geral reconhecida ou de acórdão proferido em julgamento de recursos extraordinário ou especial repetitivos, quando não esgotadas as instâncias ordinárias.

§ 6.º A inadmissibilidade ou o julgamento do recurso interposto contra a decisão proferida pelo órgão reclamado não prejudica a reclamação.

Art. 989. Ao despachar a reclamação, o relator:

I – requisitará informações da autoridade a quem for imputada a prática do ato impugnado, que as prestará no prazo de 10 (dez) dias;

II – se necessário, ordenará a suspensão do processo ou do ato impugnado para evitar dano irreparável;

III – determinará a citação do beneficiário da decisão impugnada, que terá prazo de 15 (quinze) dias para apresentar a sua contestação.

Art. 990. Qualquer interessado poderá impugnar o pedido do reclamante.

Art. 991. Na reclamação que não houver formulado, o Ministério Público terá vista do processo por 5 (cinco) dias, após o decurso do prazo para informações e para o oferecimento da contestação pelo beneficiário do ato impugnado.

Art. 992. Julgando procedente a reclamação, o tribunal cassará a decisão exorbitante de seu julgado ou determinará medida adequada à solução da controvérsia.

Art. 993. O presidente do tribunal determinará o imediato cumprimento da decisão, lavrando-se o acórdão posteriormente."

Capítulo III
INTERVENÇÃO FEDERAL

Art. 19. A requisição de intervenção federal prevista nos incisos II e IV do art. 36 da Constituição Federal será promovida:

I – de ofício, ou mediante pedido de Presidente de Tribunal de Justiça do Estado, ou de Presidente de Tribunal Federal, quando se tratar de prover a execução de ordem ou decisão judicial, com ressalva, conforme a matéria, da competência do Supremo Tribunal Federal ou do Tribunal Superior Eleitoral;

II – de ofício, ou mediante pedido da parte interessada, quando se tratar de prover a execução de ordem ou decisão do Superior Tribunal de Justiça;

III – mediante representação do Procurador-Geral da República, quando se tratar de prover a execução de lei federal.

Art. 20. O Presidente, ao receber o pedido:

I – tomará as providências que lhe parecerem adequadas para remover, administrativamente, a causa do pedido;

II – mandará arquivá-lo, se for manifestamente infundado, cabendo do seu despacho agravo regimental.

Art. 21. Realizada a gestão prevista no inciso I do artigo anterior, solicitadas informações à autoridade estadual e ouvido o Procurador-Geral, o pedido será distribuído a um relator.

Parágrafo único. Tendo em vista o interesse público, poderá ser permitida a presença no recinto às partes e seus advogados, ou somente a estes.

Art. 22. Julgado procedente o pedido, o Presidente do Superior Tribunal de Justiça comunicará, imediatamente, a decisão aos órgãos do poder público interessados e requisitará a intervenção ao Presidente da República.

Capítulo IV
HABEAS CORPUS

Art. 23. Aplicam-se ao *Habeas Corpus* perante o Superior Tribunal de Justiça as normas do Livro III, Título II, Capítulo X do Código de Processo Penal.

Capítulo V
OUTROS PROCEDIMENTOS

Art. 24. Na ação rescisória, nos conflitos de competência, de jurisdição e de atribuições, na revisão criminal e no mandado de segurança, será aplicada a legislação processual em vigor.

Parágrafo único. No mandado de injunção e no *habeas data*, serão observadas, no que couber, as normas do mandado de segurança, enquanto não editada legislação específica.

Art. 25. Salvo quando a causa tiver por fundamento matéria constitucional, compete ao Presidente do Superior Tribunal de Justiça, a requerimento do Procurador-Geral da República ou da pessoa jurídica de direito público interessada, e para evitar grave lesão à ordem, à saúde, à segurança e à economia pública, suspender, em despacho fundamentado, a execução de liminar ou de decisão concessiva de mandado de segurança, proferida, em única ou última instância, pelos Tribunais Regionais Federais ou pelos Tribunais dos Estados e do Distrito Federal.

§ 1.º O Presidente pode ouvir o impetrante, em cinco dias, e o Procurador-Geral quando não for o requerente, em igual prazo.

§ 2.º Do despacho que conceder a suspensão caberá agravo regimental.

§ 3.º A suspensão de segurança vigorará enquanto pender o recurso, ficando sem efeito, se a decisão concessiva for mantida pelo Superior Tribunal de Justiça ou transitar em julgado.

TÍTULO II
RECURSOS

Capítulo I
RECURSO EXTRAORDINÁRIO E RECURSO ESPECIAL

> *Os artigos 26 a 29 da redação original da Lei 8.038/90 foram expressamente revogados pelo advento da Lei 13.105/2015 (CPC vigente). Aplicam-se, portanto, as regras estabelecidas pelo Código de Processo Civil, até porque o Código de Processo Penal não regula integralmente a matéria. Reproduziremos os artigos do CPC para facilitar a consulta direta do leitor.
>
> "Subseção I
>
> Disposições Gerais
>
> Art. 1.029. O recurso extraordinário e o recurso especial, nos casos previstos na Constituição Federal, serão interpostos perante o presidente ou o vice-presidente do tribunal recorrido, em petições distintas que conterão:
>
> I – a exposição do fato e do direito;
>
> II – a demonstração do cabimento do recurso interposto;
>
> III – as razões do pedido de reforma ou de invalidação da decisão recorrida.
>
> § 1.º Quando o recurso fundar-se em dissídio jurisprudencial, o recorrente fará a prova da divergência com a certidão, cópia ou citação do repositório de jurisprudência, oficial ou credenciado, inclusive em mídia eletrônica, em que houver sido publicado o acórdão divergente, ou ainda com a reprodução de julgado disponível na rede mundial de computadores, com indicação da respectiva fonte, devendo-se, em qualquer caso, mencionar as circunstâncias que identifiquem ou assemelhem os casos confrontados.
>
> § 2.º (*Revogado*).
>
> § 3.º O Supremo Tribunal Federal ou o Superior Tribunal de Justiça poderá desconsiderar vício formal de recurso tempestivo ou determinar sua correção, desde que não o repute grave.
>
> § 4.º Quando, por ocasião do processamento do incidente de resolução de demandas repetitivas, o presidente do Supremo Tribunal Federal ou do Superior Tribunal de Justiça receber requerimento de suspensão de processos em que se discuta questão federal constitucional ou infraconstitucional, poderá, considerando razões de segurança jurídica ou de excepcional interesse social, estender a suspensão a todo o território nacional, até ulterior decisão do recurso extraordinário ou do recurso especial a ser interposto.
>
> § 5.º O pedido de concessão de efeito suspensivo a recurso extraordinário ou a recurso especial poderá ser formulado por requerimento dirigido:
>
> I – ao tribunal superior respectivo, no período compreendido entre a publicação da decisão de admissão do recurso e sua distribuição, ficando o relator designado para seu exame prevento para julgá-lo;
>
> II – ao relator, se já distribuído o recurso;
>
> III – ao presidente ou ao vice-presidente do tribunal recorrido, no período compreendido entre a interposição do recurso e a publicação da decisão de

admissão do recurso, assim como no caso de o recurso ter sido sobrestado, nos termos do art. 1.037.

Art. 1.030. Recebida a petição do recurso pela secretaria do tribunal, o recorrido será intimado para apresentar contrarrazões no prazo de 15 (quinze) dias, findo o qual os autos serão conclusos ao presidente ou ao vice-presidente do tribunal recorrido, que deverá:

I – negar seguimento:

a) a recurso extraordinário que discuta questão constitucional à qual o Supremo Tribunal Federal não tenha reconhecido a existência de repercussão geral ou a recurso extraordinário interposto contra acórdão que esteja em conformidade com entendimento do Supremo Tribunal Federal exarado no regime de repercussão geral;

b) a recurso extraordinário ou a recurso especial interposto contra acórdão que esteja em conformidade com entendimento do Supremo Tribunal Federal ou do Superior Tribunal de Justiça, respectivamente, exarado no regime de julgamento de recursos repetitivos;

II – encaminhar o processo ao órgão julgador para realização do juízo de retratação, se o acórdão recorrido divergir do entendimento do Supremo Tribunal Federal ou do Superior Tribunal de Justiça exarado, conforme o caso, nos regimes de repercussão geral ou de recursos repetitivos;

III – sobrestar o recurso que versar sobre controvérsia de caráter repetitivo ainda não decidida pelo Supremo Tribunal Federal ou pelo Superior Tribunal de Justiça, conforme se trate de matéria constitucional ou infraconstitucional;

IV – selecionar o recurso como representativo de controvérsia constitucional ou infraconstitucional, nos termos do § 6.º do art. 1.036;

V – realizar o juízo de admissibilidade e, se positivo, remeter o feito ao Supremo Tribunal Federal ou ao Superior Tribunal de Justiça, desde que:

a) o recurso ainda não tenha sido submetido ao regime de repercussão geral ou de julgamento de recursos repetitivos;

b) o recurso tenha sido selecionado como representativo da controvérsia; ou

c) o tribunal recorrido tenha refutado o juízo de retratação.

§ 1.º Da decisão de inadmissibilidade proferida com fundamento no inciso V caberá agravo ao tribunal superior, nos termos do art. 1.042.

§ 2.º Da decisão proferida com fundamento nos incisos I e III caberá agravo interno, nos termos do art. 1.021.

Art. 1.031. Na hipótese de interposição conjunta de recurso extraordinário e recurso especial, os autos serão remetidos ao Superior Tribunal de Justiça.

§ 1.º Concluído o julgamento do recurso especial, os autos serão remetidos ao Supremo Tribunal Federal para apreciação do recurso extraordinário, se este não estiver prejudicado.

§ 2.º Se o relator do recurso especial considerar prejudicial o recurso extraordinário, em decisão irrecorrível, sobrestará o julgamento e remeterá os autos ao Supremo Tribunal Federal.

§ 3.º Na hipótese do § 2.º, se o relator do recurso extraordinário, em decisão irrecorrível, rejeitar a prejudicialidade, devolverá os autos ao Superior Tribunal de Justiça para o julgamento do recurso especial.

Art. 1.032. Se o relator, no Superior Tribunal de Justiça, entender que o recurso especial versa sobre questão constitucional, deverá conceder prazo de 15 (quinze) dias para que o recorrente demonstre a existência de repercussão geral e se manifeste sobre a questão constitucional.

Parágrafo único. Cumprida a diligência de que trata o *caput*, o relator remeterá o recurso ao Supremo Tribunal Federal, que, em juízo de admissibilidade, poderá devolvê-lo ao Superior Tribunal de Justiça.

Art. 1.033. Se o Supremo Tribunal Federal considerar como reflexa a ofensa à Constituição afirmada no recurso extraordinário, por pressupor a revisão da interpretação de lei federal ou de tratado, remetê-lo-á ao Superior Tribunal de Justiça para julgamento como recurso especial.

Art. 1.034. Admitido o recurso extraordinário ou o recurso especial, o Supremo Tribunal Federal ou o Superior Tribunal de Justiça julgará o processo, aplicando o direito.

Parágrafo único. Admitido o recurso extraordinário ou o recurso especial por um fundamento, devolve-se ao tribunal superior o conhecimento dos demais fundamentos para a solução do capítulo impugnado.

Art. 1.035. O Supremo Tribunal Federal, em decisão irrecorrível, não conhecerá do recurso extraordinário quando a questão constitucional nele versada não tiver repercussão geral, nos termos deste artigo.

§ 1.º Para efeito de repercussão geral, será considerada a existência ou não de questões relevantes do ponto de vista econômico, político, social ou jurídico que ultrapassem os interesses subjetivos do processo.

§ 2.º O recorrente deverá demonstrar a existência de repercussão geral para apreciação exclusiva pelo Supremo Tribunal Federal.

§ 3.º Haverá repercussão geral sempre que o recurso impugnar acórdão que:

I – contrarie súmula ou jurisprudência dominante do Supremo Tribunal Federal;

II – (*Revogado*);

III – tenha reconhecido a inconstitucionalidade de tratado ou de lei federal, nos termos do art. 97 da Constituição Federal.

§ 4.º O relator poderá admitir, na análise da repercussão geral, a manifestação de terceiros, subscrita por procurador habilitado, nos termos do Regimento Interno do Supremo Tribunal Federal.

§ 5.º Reconhecida a repercussão geral, o relator no Supremo Tribunal Federal determinará a suspensão do processamento de todos os processos pendentes, individuais ou coletivos, que versem sobre a questão e tramitem no território nacional.

§ 6.º O interessado pode requerer, ao presidente ou ao vice-presidente do tribunal de origem, que exclua da decisão de sobrestamento e inadmita o recurso extraordinário que tenha sido interposto intempestivamente, tendo o recorrente o prazo de 5 (cinco) dias para manifestar-se sobre esse requerimento.

§ 7.º Da decisão que indeferir o requerimento referido no § 6.º ou que aplicar entendimento firmado em regime de repercussão geral ou em julgamento de recursos repetitivos caberá agravo interno.

§ 8.º Negada a repercussão geral, o presidente ou o vice-presidente do tribunal de origem negará seguimento aos recursos extraordinários sobrestados na origem que versem sobre matéria idêntica.

§ 9.º O recurso que tiver a repercussão geral reconhecida deverá ser julgado no prazo de 1 (um) ano e terá preferência sobre os demais feitos, ressalvados os que envolvam réu preso e os pedidos de *habeas corpus*.

§ 10. (*Revogado*).

§ 11. A súmula da decisão sobre a repercussão geral constará de ata, que será publicada no diário oficial e valerá como acórdão.

Subseção II
Do Julgamento dos Recursos Extraordinário e Especial Repetitivos

Art. 1.036. Sempre que houver multiplicidade de recursos extraordinários ou especiais com fundamento em idêntica questão de direito, haverá afetação para julgamento de acordo com as disposições desta Subseção, observado o disposto no Regimento Interno do Supremo Tribunal Federal e no do Superior Tribunal de Justiça.

§ 1.º O presidente ou o vice-presidente de tribunal de justiça ou de tribunal regional federal selecionará 2 (dois) ou mais recursos representativos da controvérsia, que serão encaminhados ao Supremo Tribunal Federal ou ao Superior Tribunal de Justiça para fins de afetação, determinando a suspensão do trâmite de todos os processos pendentes, individuais ou coletivos, que tramitem no Estado ou na região, conforme o caso.

§ 2.º O interessado pode requerer, ao presidente ou ao vice-presidente, que exclua da decisão de sobrestamento e inadmita o recurso especial ou o recurso extraordinário que tenha sido interposto intempestivamente, tendo o recorrente o prazo de 5 (cinco) dias para manifestar-se sobre esse requerimento.

§ 3.º Da decisão que indeferir o requerimento referido no § 2.º caberá apenas agravo interno.

§ 4.º A escolha feita pelo presidente ou vice-presidente do tribunal de justiça ou do tribunal regional federal não vinculará o relator no tribunal superior, que poderá selecionar outros recursos representativos da controvérsia.

§ 5.º O relator em tribunal superior também poderá selecionar 2 (dois) ou mais recursos representativos da controvérsia para julgamento da questão de direito independentemente da iniciativa do presidente ou do vice-presidente do tribunal de origem.

§ 6.º Somente podem ser selecionados recursos admissíveis que contenham abrangente argumentação e discussão a respeito da questão a ser decidida.

Art. 1.037. Selecionados os recursos, o relator, no tribunal superior, constatando a presença do pressuposto do *caput* do art. 1.036, proferirá decisão de afetação, na qual:

I – identificará com precisão a questão a ser submetida a julgamento;

II – determinará a suspensão do processamento de todos os processos pendentes, individuais ou coletivos, que versem sobre a questão e tramitem no território nacional;

III – poderá requisitar aos presidentes ou aos vice-presidentes dos tribunais de justiça ou dos tribunais regionais federais a remessa de um recurso representativo da controvérsia.

§ 1.º Se, após receber os recursos selecionados pelo presidente ou pelo vice-presidente de tribunal de justiça ou de tribunal regional federal, não se proceder à afetação, o relator, no tribunal superior, comunicará o fato ao presidente ou ao vice-presidente que os houver enviado, para que seja revogada a decisão de suspensão referida no art. 1.036, § 1.º.

§ 2.º (*Revogado*).

§ 3.º Havendo mais de uma afetação, será prevento o relator que primeiro tiver proferido a decisão a que se refere o inciso I do *caput*.

§ 4.º Os recursos afetados deverão ser julgados no prazo de 1 (um) ano e terão preferência sobre os demais feitos, ressalvados os que envolvam réu preso e os pedidos de *habeas corpus*.

§ 5.º (*Revogado*).

§ 6.º Ocorrendo a hipótese do § 5.º, é permitido a outro relator do respectivo tribunal superior afetar 2 (dois) ou mais recursos representativos da controvérsia na forma do art. 1.036.

§ 7.º Quando os recursos requisitados na forma do inciso III do *caput* contiverem outras questões além daquela que é objeto da afetação, caberá ao tribunal decidir esta em primeiro lugar e depois as demais, em acórdão específico para cada processo.

§ 8.º As partes deverão ser intimadas da decisão de suspensão de seu processo, a ser proferida pelo respectivo juiz ou relator quando informado da decisão a que se refere o inciso II do *caput*.

§ 9.º Demonstrando distinção entre a questão a ser decidida no processo e aquela a ser julgada no recurso especial ou extraordinário afetado, a parte poderá requerer o prosseguimento do seu processo.

§ 10. O requerimento a que se refere o § 9.º será dirigido:

I – ao juiz, se o processo sobrestado estiver em primeiro grau;

II – ao relator, se o processo sobrestado estiver no tribunal de origem;

III – ao relator do acórdão recorrido, se for sobrestado recurso especial ou recurso extraordinário no tribunal de origem;

IV – ao relator, no tribunal superior, de recurso especial ou de recurso extraordinário cujo processamento houver sido sobrestado.

§ 11. A outra parte deverá ser ouvida sobre o requerimento a que se refere o § 9.º, no prazo de 5 (cinco) dias.

§ 12. Reconhecida a distinção no caso:

I – dos incisos I, II e IV do § 10, o próprio juiz ou relator dará prosseguimento ao processo;

II – do inciso III do § 10, o relator comunicará a decisão ao presidente ou ao vice-presidente que houver determinado o sobrestamento, para que o recurso especial ou o recurso extraordinário seja encaminhado ao respectivo tribunal superior, na forma do art. 1.030, parágrafo único.

§ 13. Da decisão que resolver o requerimento a que se refere o § 9.º caberá:

I – agravo de instrumento, se o processo estiver em primeiro grau;

II – agravo interno, se a decisão for de relator.

Art. 1.038. O relator poderá:

I – solicitar ou admitir manifestação de pessoas, órgãos ou entidades com interesse na controvérsia, considerando a relevância da matéria e consoante dispuser o regimento interno;

II – fixar data para, em audiência pública, ouvir depoimentos de pessoas com experiência e conhecimento na matéria, com a finalidade de instruir o procedimento;

III – requisitar informações aos tribunais inferiores a respeito da controvérsia e, cumprida a diligência, intimará o Ministério Público para manifestar-se.

§ 1.º No caso do inciso III, os prazos respectivos são de 15 (quinze) dias, e os atos serão praticados, sempre que possível, por meio eletrônico.

§ 2.º Transcorrido o prazo para o Ministério Público e remetida cópia do relatório aos demais ministros, haverá inclusão em pauta, devendo ocorrer o julgamento com preferência sobre os demais feitos, ressalvados os que envolvam réu preso e os pedidos de *habeas corpus*.

§ 3.º O conteúdo do acórdão abrangerá a análise dos fundamentos relevantes da tese jurídica discutida.

Art. 1.039. Decididos os recursos afetados, os órgãos colegiados declararão prejudicados os demais recursos versando sobre idêntica controvérsia ou os decidirão aplicando a tese firmada.

Parágrafo único. Negada a existência de repercussão geral no recurso extraordinário afetado, serão considerados automaticamente inadmitidos os recursos extraordinários cujo processamento tenha sido sobrestado.

Art. 1.040. Publicado o acórdão paradigma:

I – o presidente ou o vice-presidente do tribunal de origem negará seguimento aos recursos especiais ou extraordinários sobrestados na origem, se o acórdão recorrido coincidir com a orientação do tribunal superior;

II – o órgão que proferiu o acórdão recorrido, na origem, reexaminará o processo de competência originária, a remessa necessária ou o recurso anteriormente julgado, se o acórdão recorrido contrariar a orientação do tribunal superior;

III – os processos suspensos em primeiro e segundo graus de jurisdição retomarão o curso para julgamento e aplicação da tese firmada pelo tribunal superior;

IV – se os recursos versarem sobre questão relativa a prestação de serviço público objeto de concessão, permissão ou autorização, o resultado do julgamento será comunicado ao órgão, ao ente ou à agência reguladora competente para fiscalização da efetiva aplicação, por parte dos entes sujeitos a regulação, da tese adotada.

§ 1.º A parte poderá desistir da ação em curso no primeiro grau de jurisdição, antes de proferida a sentença, se a questão nela discutida for idêntica à resolvida pelo recurso representativo da controvérsia.

§ 2.º Se a desistência ocorrer antes de oferecida contestação, a parte ficará isenta do pagamento de custas e de honorários de sucumbência.

§ 3.º A desistência apresentada nos termos do § 1.º independe de consentimento do réu, ainda que apresentada contestação.

Art. 1.041. Mantido o acórdão divergente pelo tribunal de origem, o recurso especial ou extraordinário será remetido ao respectivo tribunal superior, na forma do art. 1.036, § 1.º.

§ 1.º Realizado o juízo de retratação, com alteração do acórdão divergente, o tribunal de origem, se for o caso, decidirá as demais questões ainda não decididas cujo enfrentamento se tornou necessário em decorrência da alteração.

§ 2.º Quando ocorrer a hipótese do inciso II do *caput* do art. 1.040 e o recurso versar sobre outras questões, caberá ao presidente ou ao vice-presidente do tribunal recorrido, depois do reexame pelo órgão de origem e independentemente de ratificação do recurso, sendo positivo o juízo de admissibilidade, determinar a remessa do recurso ao tribunal superior para julgamento das demais questões.

Seção III
Do Agravo em Recurso Especial e em Recurso Extraordinário

Art. 1.042. Cabe agravo contra decisão do presidente ou do vice-presidente do tribunal recorrido que inadmitir recurso extraordinário ou recurso especial, salvo quando fundada na aplicação de entendimento firmado em regime de repercussão geral ou em julgamento de recursos repetitivos.

I – (*Revogado*);

II – (*Revogado*);

III – (*Revogado*).

§ 1.º (*Revogado*).

I – (*Revogado*);

II – (*Revogado*);

a) (*Revogada*);

b) (*Revogada*).

§ 2.º A petição de agravo será dirigida ao presidente ou ao vice-presidente do tribunal de origem e independe do pagamento de custas e despesas postais, aplicando-se a ela o regime de repercussão geral e de recursos repetitivos, inclusive quanto à possibilidade de sobrestamento e do juízo de retratação.

§ 3.º O agravado será intimado, de imediato, para oferecer resposta no prazo de 15 (quinze) dias.

§ 4.º Após o prazo de resposta, não havendo retratação, o agravo será remetido ao tribunal superior competente.

§ 5.º O agravo poderá ser julgado, conforme o caso, conjuntamente com o recurso especial ou extraordinário, assegurada, neste caso, sustentação oral, observando-se, ainda, o disposto no regimento interno do tribunal respectivo.

§ 6.º Na hipótese de interposição conjunta de recursos extraordinário e especial, o agravante deverá interpor um agravo para cada recurso não admitido.

§ 7.º Havendo apenas um agravo, o recurso será remetido ao tribunal competente, e, havendo interposição conjunta, os autos serão remetidos ao Superior Tribunal de Justiça.

§ 8.º Concluído o julgamento do agravo pelo Superior Tribunal de Justiça e, se for o caso, do recurso especial, independentemente de pedido, os autos serão remetidos ao Supremo Tribunal Federal para apreciação do agravo a ele dirigido, salvo se estiver prejudicado."

Capítulo II
RECURSO ORDINÁRIO EM *HABEAS CORPUS*

Art. 30. O recurso ordinário para o Superior Tribunal de Justiça, das decisões denegatórias de *Habeas Corpus*, proferidas pelos Tribunais Regionais Federais ou pelos Tribunais dos Estados e do Distrito Federal, será interposto no prazo de cinco dias, com as razões do pedido de reforma.

Art. 31. Distribuído o recurso, a Secretaria, imediatamente, fará os autos com vista ao Ministério Público, pelo prazo de dois dias.

Parágrafo único. Conclusos os autos ao relator, este submeterá o feito a julgamento independentemente de pauta.

Art. 32. Será aplicado, no que couber, ao processo e julgamento do recurso, o disposto com relação ao pedido originário de *Habeas Corpus*.

Capítulo III
RECURSO ORDINÁRIO EM MANDADO DE SEGURANÇA

Art. 33. O recurso ordinário para o Superior Tribunal de Justiça, das decisões denegatórias de mandado de segurança, proferidas em única instância pelos Tribunais Regionais Federais ou pelos Tribunais de Estados e do Distrito Federal, será interposto no prazo de quinze dias, com as razões do pedido de reforma.

Art. 34. Serão aplicadas, quanto aos requisitos de admissibilidade e ao procedimento no Tribunal recorrido, as regras do Código de Processo Civil relativas à apelação.

Art. 35. Distribuído o recurso, a Secretaria, imediatamente, fará os autos com vista ao Ministério Público, pelo prazo de cinco dias.

Parágrafo único. Conclusos os autos ao relator, este pedirá dia para julgamento.

Capítulo IV
APELAÇÃO CÍVEL E AGRAVO DE INSTRUMENTO

Art. 36. Nas causas em que forem partes, de um lado, Estado estrangeiro ou organismo internacional e, de outro, município ou pessoa domiciliada ou residente no País, caberá:

I – apelação da sentença;

II – agravo de instrumento, das decisões interlocutórias.

Art. 37. Os recursos mencionados no artigo anterior serão interpostos para o Superior Tribunal de Justiça, aplicando-se-lhes, quanto aos requisitos de admissibilidade e ao procedimento, o disposto no Código de Processo Civil.

TÍTULO III
DISPOSIÇÕES GERAIS

Art. 38. (*Revogado*).

Art. 39. Da decisão do Presidente do Tribunal, de Seção, de Turma ou de Relator que causar gravame à parte, caberá agravo para o órgão especial, Seção ou Turma, conforme o caso, no prazo de cinco dias.

Art. 40. Haverá revisão, no Superior Tribunal de Justiça, nos seguintes processos:

I – ação rescisória;

II – ação penal originária;

III – revisão criminal.

Art. 41. Em caso de vaga ou afastamento de Ministro do Superior Tribunal de Justiça, por prazo superior a trinta dias, poderá ser convocado Juiz de Tribunal Regional Federal ou Desembargador, para substituição, pelo voto da maioria absoluta dos seus membros.

Art. 41-A. A decisão de Turma, no Supremo Tribunal Federal e no Superior Tribunal de Justiça, será tomada pelo voto da maioria absoluta de seus membros.

Parágrafo único. Em todos os julgamentos em matéria penal ou processual penal em órgãos colegiados, havendo empate, prevalecerá a decisão mais favorável ao indivíduo imputado, proclamando-se de imediato esse resultado, ainda que, nas hipóteses de vaga aberta a ser preenchida, de impedimento, de suspeição ou de ausência, tenha sido o julgamento tomado sem a totalidade dos integrantes do colegiado.

Art. 41-B. As despesas do porte de remessa e retorno dos autos serão recolhidas mediante documento de arrecadação, de conformidade com instruções e tabela expedidas pelo Supremo Tribunal Federal e pelo Superior Tribunal de Justiça.

Parágrafo único. A secretaria do tribunal local zelará pelo recolhimento das despesas postais.

Art. 42. Os arts. 496, 497, 498, inciso II do art. 500, e 508 da Lei n.º 5.869, de 11 de janeiro de 1973 – Código de Processo Civil, passam a vigorar com a seguinte redação:

"Art. 496. São cabíveis os seguintes recursos:

I – apelação;

II – agravo de instrumento;

III – embargos infringentes;

IV – embargos de declaração;

V – recurso ordinário;

VI – recurso especial;

VII – recurso extraordinário.

Art. 497. O recurso extraordinário e o recurso especial não impedem a execução da sentença; a interposição do agravo de instrumento não obsta o andamento do processo, ressalvado o disposto no art. 558 desta lei.

Art. 498. Quando o dispositivo do acórdão contiver julgamento por maioria de votos e julgamento unânime e forem interpostos simultaneamente embargos infringentes e recurso extraordinário ou recurso especial, ficarão estes sobrestados até o julgamento daquele.

(...)

Art. 500. (...)

II – será admissível na apelação, nos embargos infringentes, no recurso extraordinário e no recurso especial;

(...)

Art. 508. Na apelação e nos embargos infringentes, o prazo para interpor e para responder é de quinze dias."

Art. 43. Esta lei entra em vigor na data de sua publicação.

Art. 44. Revogam-se as disposições em contrário, especialmente os arts. 541 a 546 do Código de Processo Civil e a Lei n.º 3.396, de 2 de junho de 1958.

Brasília, 28 de maio de 1990; 169.º da Independência e 102.º da República.

FERNANDO COLLOR
Bernardo Cabral

(*DOU* 29.05.1990)

Atribuições da Polícia Federal

Lei 10.446, de 8 de maio de 2002

Dispõe sobre infrações penais de repercussão interestadual ou internacional que exigem repressão uniforme, para os fins do disposto no inciso I do § 1.º do art. 144 da Constituição.[1]

O Presidente da República:

Faço saber que o Congresso Nacional decreta e eu sanciono a seguinte Lei:

Art. 1.º Na forma do inciso I do § 1.º do art. 144 da Constituição, quando houver repercussão interestadual ou internacional[2] que exija repressão uniforme,[3] poderá o Departamento de Polícia Federal do Ministério da Justiça, sem prejuízo da responsabilidade dos órgãos de segurança pública arrolados no art. 144 da Constituição Federal,[4] em especial das Polícias Militares e Civis dos Estados,[5] proceder à investigação,[6] dentre outras, das seguintes infrações penais:

I – sequestro, cárcere privado e extorsão mediante sequestro (arts. 148 e 159 do Código Penal), se o agente foi impelido por motivação política[7] ou quando praticado em razão da função pública exercida pela vítima;[8]

II – formação de cartel (incisos I, a, II, III e VII do art. 4.º da Lei 8.137, de 27 de dezembro de 1990);[9] e

III – relativas à violação a direitos humanos, que a República Federativa do Brasil se comprometeu a reprimir em decorrência de tratados internacionais de que seja parte;[10]

IV – furto, roubo ou receptação de cargas, inclusive dos produtos controlados a que se refere o Decreto 24.602, de 6 de julho de 1934, especialmente pólvoras, explosivos e artigos pirotécnicos, transportadas em operação interestadual ou internacional, quando houver indícios da atuação de quadrilha ou bando em mais de (1) um Estado da Federação;[11]

V – falsificação, corrupção, adulteração ou alteração de produto destinado a fins terapêuticos ou medicinais e venda, inclusive pela internet, depósito ou distribuição do produto falsificado, corrompido, adulterado ou alterado

Art. 1.º

> (art. 273 do Decreto-lei n.º 2.848, de 7 de dezembro de 1940 – Código Penal); (Incluído pela Lei n.º 12.894, de 2013)[11-A]
>
> VI – furto, roubo ou dano contra instituições financeiras, incluindo agências bancárias ou caixas eletrônicos, quando houver indícios da atuação de associação criminosa em mais de um Estado da Federação.[11-B]
>
> VII – quaisquer crimes praticados por meio da rede mundial de computadores que difundam conteúdo misógino, definidos como aqueles que propagam o ódio ou a aversão às mulheres;[11-C]
>
> VIII – furto, roubo ou dano contra empresas de serviços de segurança privada especializadas em transporte de valores.[11-D]
>
> **Parágrafo único.** Atendidos os pressupostos do *caput*, o Departamento de Polícia Federal procederá à apuração de outros casos, desde que tal providência seja autorizada ou determinada pelo Ministro de Estado da Justiça.[12]

1. Fundamento constitucional: preceitua o art. 144, § 1.º, I, da Constituição Federal, cuidando da atribuição da Polícia Federal, destinar-se ela a "apurar infrações penais contra a ordem política e social ou em detrimento de bens, serviços e interesses da União ou de suas entidades autárquicas e empresas públicas, assim como outras infrações cuja prática tenha repercussão interestadual ou internacional e exija repressão uniforme, *segundo se dispuser em lei*" (grifamos). Este é o objetivo da Lei 10.446/2002, ou seja, disciplinar quais são as infrações penais que demandam repressão uniforme em cenário de repercussão abrangente.

2. Repercussão interestadual ou internacional: significa que o crime – exclui-se a contravenção penal – pode atingir, de forma direta ou indireta, pessoas físicas e/ou jurídicas de mais de um Estado-membro (interestadual), bem como pode alcançar mais de um Estado estrangeiro, além do Brasil (internacional). Para avaliar o grau de influência gerado pelo delito, torna-se conveniente associar o desenvolvimento dos atos executórios e a consumação da infração penal, que precisam espalhar-se por mais de um local, à comoção provocada em sociedade. Nesta junção de fatores pode-se extrair a autêntica *repercussão* interestadual ou internacional do crime, merecendo a consequente *repressão uniforme* e harmônica, sem conflitos de atribuições entre organismos policiais. Não nos parece crível a intervenção da Polícia Federal em um simples furto, somente porque o veículo foi retirado de um Estado e entregue, em outro Estado, a um receptador qualquer. Se assim fosse, todos os furtos qualificados, com base no art. 155, § 5.º, do Código Penal, chamariam a atuação da Polícia Federal, o que não ocorre. Aliás, até mesmo o inciso IV do art. 1.º da Lei 10.446/2002 permite chegar a tal conclusão. Por outro lado, quando a execução de um delito grave ultrapassa as fronteiras de um Estado, causando clamor público, evitando-se, inclusive, o confronto entre as polícias estaduais e o desencontro de informações preciosas sobre o delito, torna-se indispensável a interferência do órgão policial federal, que é unitário, abrangendo todo o território brasileiro. Exemplo disso seria o sequestro de uma autoridade do Estado do Rio de Janeiro, inserida em cativeiro no Estado do Paraná. Quem melhor poderia investigar o caso seria, sem dúvida, a Polícia Federal. Na jurisprudência: STJ: "2. O acórdão embargado, ao desprover o recurso da defesa, analisou, suficientemente, o mérito da demanda, enfrentando as questões indicadas neste recurso. Conclui-se que as atribuições da Polícia Federal não se vinculam necessariamente ao âmbito de competência da Justiça Comum Federal, malgrado haja evidente intersecção quanto aos crimes eminentemente federais. 3. O plexo de atribuições da Polícia Federal, delineadas no rol *numerus clausus* da Lei 10.446/2002, caso dotadas de interestadualidade, abrangem, pois, infrações de competência penal residual da Justiça Comum Estadual. Nessas hipóteses, como é o caso, há concorrência de atribuições investigatórias entre Polícia Federal e a Polícia Civil, portanto, não há falar em avocação das atribuições da Polícia Judiciária da União. Ademais, a situação em tela enquadra-se nas hipóteses do art. 1.º, *caput*, da Lei 10.446/2002, sendo despicienda a autorização do Ministro de Estado da Justiça, sendo tal consentimento necessário apenas nos casos que não se enquadrem no *caput* e respectivos incisos do dispositivo legal em comento. 4. Embargos de declaração rejeitados". (EDcl no RHC 57.487 – RS, 5.ª T., rel. Ribeiro Dantas, j. 27.09.2016, v.u.).

3. Repressão uniforme: significa a atuação estatal contra o crime, realizada de modo harmônico e coerente, sem disputas e conflitos, obtendo-se e concentrando-se as informações possíveis para o mais rápido e efetivo deslinde do caso. Tal medida é muito difícil de se concretizar caso a Polícia Civil de um Estado entre em disputa com a de outro Estado brasileiro, bem como se rivalizarem as Polícias Civil e Militar, ou mesmo quando a Polícia Civil disputar espaço com a Federal. Portanto, nos casos enumerados nos incisos I a IV deste artigo, cabe à Polícia Federal a atribuição precípua e a coordenação da investigação, contando, naturalmente, com a colaboração dos demais organismos policiais estaduais.

4. Órgãos de segurança pública: além da Polícia Federal, existem os seguintes: a) Polícia Rodoviária Federal; b) Polícia Ferroviária Federal; c) Polícia Civil, d) Polícia Militar; e) Corpo de Bombeiros Militares; f) polícias penais federal, estaduais e distrital (art. 144, I a VI, CF).

5. Destaque às Polícias Civil e Militar: embora sem necessidade de enunciar o óbvio, até pelo fato de já ter sido antes mencionado que a Polícia Federal atuará, *sem prejuízo da responsabilidade dos órgãos de segurança pública arrolados no art. 144 da Constituição Federal*, fez-se questão de enaltecer a coparticipação das Polícias Militares e Civis dos Estados no campo das investigações criminais. É importante destacar, no entanto, que a centralização dos dados, nas situações enumeradas nos incisos do art. 1.º desta Lei (bem como na hipótese tratada no parágrafo único), cabe à Polícia Federal.

6. Competência: a atuação da Polícia Federal, autorizada pelo art. 144, § 1.º, I, da Constituição Federal, especificada pela edição da Lei 10.446/2002, não transfere da Justiça Estadual para a Federal, automaticamente, a competência para processar e julgar o crime, ainda que o inquérito tenha sido formado pelo órgão policial federal. Deve-se cumprir o disposto no art. 109 da Constituição Federal, verificando-se a competência atribuída aos juízes federais. O ideal é o seguinte: a) se o delito for, naturalmente, da competência federal (ex.: um sequestro considerado crime político, conforme art. 109, IV, primeira parte, CF), atua a Polícia Federal, com ou sem a cooperação das Polícias Estaduais, remetendo o inquérito para o Ministério Público Federal, seguindo, após, se for o caso, a denúncia para a Justiça Federal; b) se o crime for de competência estadual, mas com abrangência expandida a vários Estados (ex.: furto e receptação de cargas decorrente da atividade interestadual de uma quadrilha), deve atuar a Polícia Federal, coordenando a investigação, a fim de garantir a *repressão uniforme*, mas, findo o inquérito, será ele remetido à Justiça Estadual, respeitadas as regras gerais de competência fixadas pelo Código de Processo Penal; c) se houver conexão entre crime da competência federal e outro da competência estadual, apurados ambos pela Polícia Federal (ex.: uma formação de cartel interestadual, de competência federal, associada a um sequestro de delegado estadual, que investigava, inicialmente, o caso, sem saber da amplitude do esquema montado, de competência estadual), concluído o inquérito, será remetido à Justiça Federal, cuja força atrativa afasta a competência da Justiça Estadual. Em conclusão, não há prejuízo algum na atuação da Polícia Federal, inclusive conduzindo o inquérito, com a posterior remessa dos autos à Justiça Estadual, quando for o caso, afinal, tanto esta como a Justiça Federal são órgãos da Justiça comum. Por isso, a repressão uniforme, sugerida pelo texto constitucional, não tem o condão de gerar regra de competência para o Judiciário, mas única e tão somente proporcionar melhor atuação para os organismos de segurança pública. Na jurisprudência: STJ: "1. Na espécie, a investigação, levada a efeito pela Polícia Federal, refere-se a supostas infrações atribuídas ao recorrente e seus sócios, investigados por lavagem de dinheiro e crimes contra a ordem tributária, entre outros, com vítimas nos Estados da Região Sul, em princípio. 2. As atribuições da Polícia Federal não se vinculam necessariamente ao âmbito de competência da Justiça Comum Federal, malgrado a evidente intersecção quanto aos crimes eminentemente federais. Contudo, o plexo de atribuições da Polícia Federal, delineadas no rol *numerus clausus* da Lei 10.446/2002, caso dotadas de interestadualidade, abrangem, pois, infrações de competência penal residual da Justiça Comum Estadual. Nessas hipóteses, há concorrência de atribuições investigatórias entre Polícia Federal e a Polícia Civil, portanto, não há falar em avocação das atribuições da Polícia Judiciária da União. 3. Outrossim, em fundamentação autônoma, dado que o inquérito policial é dispensável ao oferecimento da denúncia, podendo o *dominus litis* valer-se de elementos informativos de outros instrumentos de investigação preliminar, inclusive da própria *delatio criminis* simples e a inqualificada ou, eventualmente, da *delatio criminis* postulatória, quaisquer nulidades observadas no curso das investigações preliminares não possuem o condão de macular a ação penal dele decorrente. 4. A conclusão também é corolário da norma do art. 155 do Código de Processo Penal, segundo o qual os elementos de informação produzidos nos procedimentos de investigação preliminar não podem, de per si, fundar eventual condenação, salvo as provas não repetíveis, cautelares e antecipadas. Por conseguinte, ante a necessidade da produção probatória em instrução processual, diante do magistrado, respeitados contraditório e ampla defesa, não causam qualquer prejuízo ao réu, já no polo passivo do processo penal, as pretéritas nulidades na fase pré-processual, sendo plenamente aplicável a regra *pas de nullité sans grief*, consagrada no art. 563 do CPP. 5. Recurso ordinário em *habeas corpus* desprovido" (RHC 57.487 – RS, 5.ª T., rel. Ribeiro Dantas, j. 07.06.2016, v.u.).

7. Crime cometido por motivação política: não há nenhum crime político, atualmente, voltado a esses delitos (sequestro, cárcere privado e extorsão mediante sequestro). São todos delitos comuns previstos no Código Penal (arts. 148 e 159). Entretanto, para facilitar na investigação, visto que esse tipo de crime com privação da liberdade envolvida pode ser camuflado e a vítima, em cativeiro, ser deslocada por vários locais, o apoio da polícia federal pode ser essencial. Ademais, acrescente-se o fator motivacional, que, sendo político, resvala no perfil de criminoso pretendendo causar efeitos em universo maior do que o bem jurídico tutelado (liberdade e patrimônio). De qualquer maneira, cabe à justiça estadual julgar o delito.

8. Função pública exercida pela vítima: se o crime de sequestro, cárcere privado e extorsão mediante sequestro forem cometidos contra pessoa que exerce função pública, em razão disso – com ciência do agente, naturalmente –, embora considerado crime comum, de competência da Justiça Estadual, como regra, pode haver a atuação da Polícia Federal, coordenando os trabalhos de investigação. Entretanto, respeitado o disposto na Súmula 147 do STJ, caso o ofendido seja funcionário público federal, passa-se a competência para a Justiça Federal. Aliás, parece-nos cabível acrescentar os casos de vítimas parentes ou cônjuges da pessoa que exerce função pública (ex.: o sequestro do filho de um delegado federal ou de um juiz de direito).

9. Formação de cartel: cuida-se de crime contra a ordem econômica a busca de domínio sobre o mercado, mediante o ajuste de empresários, abusando do poder econômico e eliminando a concorrência. As figuras típicas elencadas no art. 4.º da Lei 8.137/90 contêm as descrições dessas espécies de delitos. Quando a prática da infração penal atingir mais de um Estado brasileiro (repercussão interestadual), exigindo a repressão uniforme, bem como demonstrando o nítido interesse da União, cabe à Polícia Federal investigar e à Justiça Federal processar e julgar o caso. Porém, se a atividade se restringir a um único Estado da Federação ou a Municípios de um Estado, não se aplica nem o disposto na Lei 10.446/2002, (art. 1.º, II), nem mesmo a competência é da Justiça Federal, mas da Justiça Estadual.

10. Violação de direitos humanos: dispõe o art. 109, V-A, caber à Justiça Federal julgar os delitos relativos a direitos humanos a que se refere o § 5.º deste artigo. Este, por sua vez, disciplina que: "Nas hipóteses de grave violação de direitos humanos, o Procurador-Geral da República, com a finalidade de assegurar o cumprimento de obrigações decorrentes de tratados internacionais de direitos humanos dos quais o Brasil seja parte, poderá suscitar, perante o Superior Tribunal de Justiça, em qualquer fase do inquérito ou processo, incidente de deslocamento de competência para a Justiça Federal". Sobre o tema, tivemos oportunidade de registrar, na nota 6 ao art. 69, do nosso *Código de Processo Penal comentado*, o seguinte: "A nova hipótese, estabelecida pela Emenda 45/2004 (Reforma do Judiciário), deve ser analisada com cuidado e critério, afinal, qualquer homicídio realizado no Brasil é uma questão a envolver direito humano fundamental, pois houve lesão ao bem jurídico *vida*, protegido pelo art. 5.º, *caput*, da Constituição. E outros delitos ingressariam no mesmo perfil. Portanto, o deslocamento de um crime para a Justiça Federal somente deve dar-se quando realmente houver *grave* violação de direitos humanos, de caráter coletivo (como, por exemplo, um massacre produzido por policiais contra vários indivíduos) causando repercussão internacional. Tal medida teria a finalidade de assegurar o desligamento do caso das questões locais, mais próprias da Justiça Estadual, levando-o para a esfera federal, buscando, inclusive, elevar a questão à órbita de interesse nacional e não somente regional. Nessa ótica, conferir: STJ: 'Todo homicídio doloso, independentemente da condição pessoal da vítima e/ou da repercussão do fato no cenário nacional ou internacional, representa grave violação ao maior e mais importante de todos os direitos do ser humano, que é o direito à vida, previsto no art. 4.º, n. 1, da Convenção Americana sobre Direitos Humanos, que o Brasil ratificou pelo Decreto 678, de 06.11.1992, razão por que não há falar em inépcia da peça inaugural. Dada a amplitude e a magnitude da expressão 'direitos humanos', é verossímil que o constituinte derivado tenha optado por não definir o rol dos crimes que passariam para a competência da Justiça Federal, sob pena de restringir os casos de incidência do dispositivo (CF, art. 109, § 5.º), afastando-se de sua finalidade precípua, que é assegurar o cumprimento de obrigações decorrentes de tratados internacionais firmados pelo Brasil sobre a matéria, examinando-se cada situação de fato, suas circunstâncias e peculiaridades detidamente, motivo pelo qual não há falar em norma de eficácia limitada. Ademais, não é próprio de texto constitucional tais definições. (...) O deslocamento de competência – em que a existência de crime praticado com grave violação aos direitos humanos é pressuposto de admissibilidade do pedido – deve atender ao princípio da proporcionalidade (adequação, necessidade e proporcionalidade em sentido estrito), compreendido na demonstração concreta de risco de descumprimento de obrigações decorrentes de tratados internacionais firmados pelo Brasil, resultante de inércia, negligência, falta de vontade política ou de condições reais do Estado-membro, por suas instituições, em proceder à devida persecução penal' (Incidente de deslocamento de competência n. 1-PA, 3.ª S., rel. Arnaldo Esteves Lima, j. 08.06.2005, v.u.)". Por isso, a atuação da Polícia Federal, nesse cenário, deve respeitar os mesmos paradigmas, isto é, havendo grave delito, atingido direito humano fundamental, com repercussão interestadual ou internacional, a merecer repressão uniforme, a investigação é da alçada policial federal. Quanto ao julgamento, dependerá da providência descrita no art. 109, § 5.º, da CF, com autorização do STJ, passando-se o caso da esfera da Justiça Estadual para a órbita da Justiça Federal.

11. Crimes patrimoniais ligados a associação ou organização criminosa: furto, roubo e receptação de cargas são delitos comuns, cuja competência para investigar deve ser, como regra, da Polícia Civil Estadual, bem como o julgamento, da competência da Justiça Estadual.

Entretanto, se forem cometidos em larga escala, provocando a repercussão interestadual ou internacional, necessitando-se de repressão uniforme, envolvendo associação ou organização criminosa de mais de um Estado da Federação, cria-se o cenário ideal para o ingresso, na investigação, da Polícia Federal. A competência para o julgamento, no entanto, continua afeita à Justiça Estadual, salvo, obviamente, quando preenchidas alguma das hipóteses descritas no art. 109 da CF. Ver julgados citados na nota 6 *supra*. Além disso, a Lei 14.967/2024 acrescentou a este inciso a subtração de produtos perigosos, como pólvoras, explosivos e artigos pirotécnicos, em decorrência do crescimento de furtos de caixas e bancos eletrônicos por grupos de criminosos, que explodem o local e levam o dinheiro. Geralmente, esses delitos ocorrem em cidades pequenas, no interior dos Estados, com pouco policiamento, causando temor à população e dificuldade de repressão.

11-A. Falsificação, corrupção, adulteração ou alteração de produto destinado a fins terapêuticos ou medicinais e venda, inclusive pela internet, depósito ou distribuição do produto falsificado, corrompido, adulterado ou alterado (art. 273, CP): trata-se de delito hediondo (art. 1.º, VII-B, Lei 8.079/90), cujo bem jurídico tutelado é a saúde pública. A competência para apurá-lo, como regra, é da Justiça Estadual, pois inexiste interesse da União, autarquias ou empresas públicas federais, não preenchendo qualquer outra hipótese do art. 109 da Constituição Federal. Entretanto, com a ampliação do alcance da internet (rede mundial de computadores), esse crime espalhou-se, possibilitando-se o comércio ilegal de produtos terapêuticos ou medicinais de forma rápida e eficiente. Ilustrando, compra-se e vende-se remédio, sem autorização legal, pela internet, com entrega domiciliar. Por certo, cuida-se de um delito grave, em face das consequências potenciais à saúde pública. Por isso, adicionou-se o inciso V a este artigo, permitindo a intervenção da Polícia Federal, cuja ramificação cobre todo o território brasileiro, diversamente do que ocorre com a limitada ação da Polícia Civil. Ainda que seja apurado o delito pela Polícia Federal, não preenchendo qualquer hipótese do art. 109 da CF, deve a ação penal ser proposta na esfera estadual.

11-B. Outros delitos patrimoniais vinculados à atuação de associação criminosa em mais de um Estado: demonstrou-se a preocupação de associações criminosas (art. 288, CP) atuando em mais de um Estado da Federação no cenário do furto, roubo ou receptação de cargas (inciso IV deste artigo). Diante disso, busca-se a atuação da Polícia Federal. Outros crimes patrimoniais tomaram vulto nos últimos tempos, igualmente ligados a associações criminosas com atividades em mais de um Estado da Federação. São os furtos, roubos ou danos, geralmente por emprego de explosivos, contra instituições financeiras, abrangendo agências bancários e caixas eletrônicos. Estes, por exemplo, são danificados de variados modos, usando-se até mesmo tratores para derrubá-los ou arrancá-los das paredes. De toda forma, como observamos em item anterior, cuida-se de crime patrimonial comum, de alçada da Justiça Estadual. Nada impede – e até recomenda – a atuação da Polícia Federal para detectar e descobrir a atividade criminosa abrangente, envolvendo várias cidades e Estados brasileiros, mormente quando praticados pela mesma associação criminosa. Embora a lei faça referência apenas à associação criminosa, com muito mais razão se houver ligação com organização criminosa, cabe a intervenção investigatória da Polícia Federal.

11-C. Internet e misoginia: denomina-se *misoginia* o ódio ou a aversão às mulheres, que se espelha de variadas formas por quem o nutre, geralmente homens. Reflete-se, diretamente, no cenário da violência doméstica, cujos números sempre crescentes de homicídios e agressões físicas e morais contra mulheres exigem providência enérgicas por parte do Poder Público. Associando-se a *força* da rede mundial de computadores para transmitir ideias e conceitos misóginos, incentivando mais aversão às mulheres, ao contexto dos crimes, em particular, o feminicídio, é fundamental uma atuação policial em nível nacional. Por tal razão, cabe a atuação da Polícia Federal nesse campo, buscando coibir os *sites* propagadores de ódio ou repugnância às mulheres.

11-D. Segurança privada: a Lei 14.967/2024 criou o Estatuto da Segurança Privada e da Segurança das Instituições Financeiras, com o propósito de dispor sobre os serviços de segurança privada, cada vez mais utilizados por empresas no Brasil, bem como pelo serviço público, quando terceiriza a segurança de prédios públicos e das suas atividades. Nessa esteira, acrescentou-se este inciso para permitir a investigação da Polícia Federal em casos de furto, roubo e dano cometidos contra empresas privadas especializadas em transporte de valores. Assim, ao lado da previsão feita no inciso IV, busca-se interromper a atuação de grupos criminosos voltados à subtração de bens durante o trajeto de transporte de um local a outro, o que se dá no tocante aos assaltos a carros-fortes.

12. Norma aberta: conferiu-se poder ao Ministro de Estado da Justiça para determinar à Polícia Federal o ingresso nas investigações de qualquer outro caso, não descrito nos incisos I a IV, desde que julgue conveniente e estejam preenchidos os requisitos cumulativos do *caput*: repercussão interestadual ou internacional + necessidade de repressão uniforme. Não se tratando de norma penal, nem tampouco de norma cuidando de competência, mas tão somente da possibilidade para a atuação da Polícia Federal, desvendando crimes, em conjunto com as demais polícias, embora coordenando a atividade, não vemos inconveniente na abertura concedida pelo parágrafo único do art. 1.º desta Lei. Nenhum arranhão ao Estado Democrático de Direito pode haver se as Polícias trabalharem em conjunto para investigar e apurar um crime grave de repercussão nacional ou internacional. Na jurisprudência: STJ: "Todavia, o crime de falsidade documental não está contemplado nos incisos do art. 1.º da Lei n. 10.446/2002, que regulamenta o art. 144, § 1.º, da CF. Nesse contexto, em que ausente previsão legal expressa, a atuação da Polícia Federal depende de autorização do Ministro da Justiça, conforme parágrafo único do art. 1.º da Lei n. 10.446/2002, o que não ocorreu no caso em análise" (CC 171.171 – PR, 3.ª Seção, rel. Joel Ilan Paciornik, 09.12.2020, v.u.).

> **Art. 2.º** Esta Lei entra em vigor na data de sua publicação.
>
> Brasília, 8 de maio de 2002; 181.º da Independência e 114.º da República.
>
> Fernando Henrique Cardoso
>
> (*DOU* 09.05.2002)

Biossegurança

Lei 11.105, de 24 de março de 2005

Regulamenta os incisos II, IV e V do § 1.º do art. 225 da Constituição Federal, estabelece normas de segurança e mecanismos de fiscalização de atividades que envolvam organismos geneticamente modificados – OGM e seus derivados, cria o Conselho Nacional de Biossegurança – CNBS, reestrutura a Comissão Técnica Nacional de Biossegurança – CTNBio, dispõe sobre a Política Nacional de Biossegurança – PNB, revoga a Lei 8.974, de 5 de janeiro de 1995, e a Medida Provisória 2.191-9, de 23 de agosto de 2001, e os arts. 5.º, 6.º, 7.º, 8.º, 9.º, 10 e 16 da Lei 10.814, de 15 de dezembro de 2003, e dá outras providências.

O Presidente da República:

Faço saber que o Congresso Nacional decreta e eu sanciono a seguinte Lei:

(...)

Capítulo VIII
DOS CRIMES E DAS PENAS[1-2]

Art. 24. Utilizar[3-5] embrião humano em desacordo com o que dispõe[6] o art. 5.º[7] desta Lei[8-10]

Pena – detenção, de 1 (um) a 3 (três) anos, e multa.[11]

1. Fundamento constitucional: dispõe o art. 225, § 1.º, II, da Constituição Federal incumbir ao Poder Público "preservar a diversidade e a integridade do patrimônio genético do País e fiscalizar as entidades dedicadas à pesquisa e manipulação de material genético". O inciso IV, do mesmo parágrafo, preceitua, como incumbência do Estado "exigir, na forma da lei, para instalação de obra ou atividade potencialmente causadora de significativa degradação do meio ambiente, estudo prévio de impacto ambiental, a que se dará publicidade". E, ainda, o inciso V, na sequência, prevê como meta do Poder Público "controlar a produção, a comercialização e o emprego de técnicas, métodos e substâncias que comportem risco para a vida, a qualidade de vida e o meio ambiente". A vida moderna torna indispensável o aprimoramento tecnológico em todas as áreas, com o fito de fazer frente às permanentes e cada vez maiores necessidades humanas. O crescimento da população, em todos os países, além da finita possibilidade de rendimento dos recursos da natureza para saciar as exigências alimentares, habitacionais, terapêuticas, dentre outras, impulsionam as pesquisas nas áreas da biossegurança e da biotecnologia. Os transgênicos, organismos geneticamente modificados, já são utilizados em vários setores, mormente na área da agricultura, sem que a comunidade científica detenha o conhecimento necessário acerca dos potenciais males à saúde. Demanda-se maior produtividade agrícola, o que se pode buscar por meio dos transgênicos, mas, ao mesmo tempo, não se consegue definir quais as consequências para o futuro, caso a sua utilização se dê em larga escala. O cuidado do Poder Público, em relação à produção da engenharia genética, é exigível e, desde 1988, constitucionalmente imposto. Aliás, sem a pretensão de impedir o progresso, evitando-se o marasmo científico, deve o Estado fiscalizar, com eficiência, o setor de pesquisa e manipulação do material genético. Por certo, no Brasil, ainda há carência de profissionais preparados para a efetiva operacionalização dos organismos geneticamente modificados, embora a edição da Lei 11.105/2005 se volte para o futuro, prevendo-se a disseminação desses estudos e pesquisas com o passar dos anos. Insere-se nesse contexto, igualmente, o Direito Penal, como *ultima ratio*, prevendo as figuras criminosas para aqueles que se furtarem às regras estabelecidas pelo Estado no campo da engenharia genética em geral.

2. A meta da Lei 11.105/2005: vale destacar o disposto no art. 1.º, *caput*, da Lei 11.105/2005, vez que constitui o horizonte legal para regulamentar os incisos II, IV e V do § 1.º do art. 225 da Constituição Federal: "Esta Lei estabelece normas de segurança e mecanismos de fiscalização sobre a construção, o cultivo, a produção, a manipulação, o transporte, a transferência, a importação, a exportação, o armazenamento, a pesquisa, a comercialização, o consumo, a liberação no meio ambiente e o descarte de organismos geneticamente modificados – OGM e seus derivados, tendo como diretrizes o estímulo ao avanço científico na área de biossegurança e biotecnologia, a proteção à vida e à saúde humanas, animal e vegetal, e a observância do princípio da precaução para a proteção do meio ambiente".

3. Análise do núcleo do tipo: *utilizar* (fazer uso de algo, empregar buscando utilidade) é a conduta nuclear, que se associa a embrião humano (organismo que se forma após a fecundação, abrangendo, basicamente, o período da segunda à oitava semana de desenvolvimento). A figura delitiva somente se configura quando o uso do embrião ocorre em cenário diverso do previsto pelo art. 5.º da Lei 11.105/2005. Logo, é preciso considerar, desde logo, ser viável a manipulação e utilização do embrião humano, quando respeitadas as condições legalmente impostas. De outra parte, exclui-se do contexto da engenharia genética o feto (fase do desenvolvimento orgânico, pós-fecundação, a partir da oitava semana), ou seja, é vedado qualquer tipo de utilização do feto para pesquisas ou outro fim. Assim agindo, está-se diante de diversa modalidade de crime (ex.: pode cuidar-se de aborto ou tentativa de aborto, conforme o caso). Naturalmente, quando se trata de feto, deduz-se que o desenvolvimento ocorra em gestação, no útero materno, pois não há dados concretos de que tal fase possa dar-se *in vitro*. Desse modo, a lei não abrangeu o feto, protegido que se encontra pelos arts. 124 a 126 do Código Penal.

4. Sujeitos ativo e passivo: o sujeito ativo pode ser qualquer pessoa. É certo que, como regra, o interesse para a manipulação de embriões humanos circunscreve-se a pesquisadores da área da engenharia genética, mas o tipo penal não exige qualquer qualificação especial do agente. O sujeito passivo é a sociedade.

5. **Elemento subjetivo do tipo:** é o dolo. Não se exige elemento subjetivo específico, nem se pune a forma culposa.

6. **Tipo remetido:** cuida-se de particularizada forma de tipo remetido, ou seja, a figura típica que, para ser integralmente compreendida, demanda a consulta a outros artigos do mesmo texto de lei. É o que se dá, somente para exemplificar, com o art. 304 do Código Penal, que faz remissão aos artigos 297 a 302 do mesmo Código. Não se trata de norma penal em branco, uma vez que o complemento do art. 24 encontra-se no art. 5.º da mesma Lei 11.105/2005. Quando se cuida de norma penal em branco, o seu complemento advém de diversa fonte legislativa, tal como se dá, ilustrando, com a Lei de Drogas e a relação das substâncias entorpecentes ilícitas formulada por portaria da Agência Nacional de Vigilância Sanitária.

7. **Regras para a manipulação de embrião humano:** dispõe o art. 5.º ser "permitida, para fins de pesquisa e terapia, a utilização de células-tronco embrionárias obtidas de embriões humanos produzidos por fertilização *in vitro* e não utilizados no respectivo procedimento, atendidas as seguintes condições: I – sejam embriões inviáveis; ou II – sejam embriões congelados há 3 (três) anos ou mais, na data da publicação desta Lei, ou que, já congelados na data da publicação desta Lei, depois de completarem 3 (três) anos, contados a partir da data de congelamento. § 1.º Em qualquer caso, é necessário o consentimento dos genitores. § 2.º Instituições de pesquisa e serviços de saúde que realizem pesquisa ou terapia com células--tronco embrionárias humanas deverão submeter seus projetos à apreciação e aprovação dos respectivos comitês de ética em pesquisa. § 3.º É vedada a comercialização do material biológico a que se refere este artigo e sua prática implica o crime tipificado no art. 15 da Lei 9.434, de 4 de fevereiro de 1997". O referido art. 15 prevê: "Comprar ou vender tecidos, órgãos ou partes do corpo humano: Pena – reclusão, de 3 (três) a 8 (oito) anos, e multa, de 200 (duzentos) a 360 (trezentos e sessenta) dias-multa. Parágrafo único. Incorre na mesma pena quem promove, intermedeia, facilita ou aufere qualquer vantagem com a transação". Vale destacar que a Lei 11.105/2005 possui falhas nesse cenário. Afinal, autorizou o uso de embriões viáveis já congelados, na época de edição da lei, bem como o dos embriões considerados inviáveis, obtidos em qualquer data. Quedou silente em relação aos embriões viáveis, obtidos *após* a vigência da Lei 11.105/2005. Nada mencionando, conclui-se ser vedada a manipulação desse grupo de embriões, ao mesmo tempo em que não se prevê nenhuma proibição para a fertilização *in vitro* de vários embriões por casal. Como ocorre em muitas situações de elaboração de textos legais, o Legislativo, no Brasil, volta-se a corrigir erros do passado, mas não se preocupa em solucionar eventos futuros, que certamente terminarão por acontecer. A lacuna, com o tempo, haverá de ser sanada.

8. **Objetos material e jurídico:** o objeto material é o embrião humano. O objeto jurídico é a preservação do patrimônio genético, bem como a proteção à vida e à saúde humana.

9. **Classificação:** é crime comum (pode ser cometido por qualquer pessoa); instantâneo (a consumação se dá em momento determinado); comissivo (o verbo implica ação); material (exige-se resultado naturalístico, consistente na efetiva manipulação do embrião humano). Anote-se que a utilização de embrião humano fora das hipóteses do art. 5.º atenta contra a vida humana e, sobretudo, contra os interesses estatais na preservação do patrimônio genético. Por isso, não se cuida de crime meramente formal, vez que, ao manipular o embrião, elimina-se a *potencial* vida; de dano (demanda-se a efetiva lesão ao bem tutelado, no caso a vida do embrião); unissubjetivo (pode ser praticado por uma só pessoa); plurissubsistente (configura-se por vários atos); de forma livre (a lei não estabelece a maneira de cometê-lo); admite tentativa.

10. **Constitucionalidade do art. 5.º:** a utilização de células-tronco embrionárias obtidas de embriões humanos, ainda que produzidos por fertilização *in vitro*, é tema polêmico e

de difícil solução. Protege-se, por certo, a vida humana; tal resguardo é, justamente, uma das principais finalidades da tipificação criminal do art. 24. O art. 5.º menciona o uso de embriões inviáveis ou congelados há três anos. De todo modo, a extensão dessa possibilidade de pesquisa, envolvendo embriões humanos, pode ser interpretada como risco à vida humana. Porém, o Supremo Tribunal Federal, apreciando pedido de declaração de inconstitucionalidade do art. 5.º da Lei 11.105/2005, julgou, por maioria de votos (6 x 5), improcedente a demanda (ADIn 3.510-DF, rel. Ayres Britto, 29.05.2008). Os eminentes Ministros do STF declararam seus votos, onde constam, sem dúvida, preciosas lições de Direito. Tomamos trechos do voto do relator, que terminou vencedor, por maioria, para ilustrar a delicada questão da utilização de células-tronco embrionárias: "O embrião viável (viável para reprodução humana, lógico), desde que obtido por manipulação humana e depois aprisionado *in vitro*, *empaca* nos primeiros degraus do que seria sua evolução genética. Isto por se achar impossibilitado de experimentar as metamorfoses de hominização que adviriam de sua eventual nidação. Nidação, como sabido, que já é a fase de implantação do zigoto no endométrio ou parede do útero, na perspectiva de sua mutação em feto. Dando-se que, no materno e criativo aconchego do útero, *o processo reprodutivo é da espécie evolutiva ou de progressivo fazimento de uma nova pessoa humana*; ao passo que, lá, na gélida solidão do confinamento *in vitro*, o que se tem é um quadro geneticamente contido do embrião, ou, pior ainda, um processo que tende a ser estacionário-degenerativo, se considerada uma das possibilidades biológicas com que a própria lei trabalhou: o risco da gradativa perda da capacidade reprodutiva e quiçá da totipotência o embrião que ultrapassa um certo período de congelamento (congelamento que se faz entre três e cinco dias da fecundação). (...) Afirme-se, pois, *e de uma vez por todas*, que a Lei de Biossegurança não veicula autorização para extirpar do corpo feminino esse ou aquele embrião. Eliminar ou desentranhar esse ou aquele zigoto a caminho do endométrio, ou nele já fixado. *Não é isso*. O que autoriza a lei é um procedimento *externa corporis*: pinçar de embrião ou embriões humanos, obtidos artificialmente e acondicionados *in vitro*, células que, presumivelmente dotadas de potência máxima para se diferenciar em outras células e até produzir cópias idênticas a si mesmas (fenômeno de 'autorreplicação'), poderiam experimentar com o tempo o risco de uma mutação redutora dessa capacidade ímpar. Com o que transitariam do não aproveitamento reprodutivo para a sua relativa descaracterização como tecido totipotente e daí para o descarte puro e simples como dejeto clínico ou hospitalar. Dejeto tanto mais numericamente incontrolável quanto inexistentes os referidos bancos de dados sobre as atividades de reprodução humana assistida e seus produtos finais. (...) Uma segunda pergunta ainda me parece imprescindível para a formatação do equacionamento jurídico-constitucional da presente ação. Formula-a nos seguintes termos: se é legítimo o apelo do casal a processos de assistida procriação humana *in vitro*, fica ele obrigado ao aproveitamento reprodutivo de todos os óvulos eventualmente fecundados? Mais claramente falando: *o recurso a processos de fertilização artificial implica o dever da tentativa de nidação no corpo da mulher produtora dos óvulos afinal fecundados? Todos eles? Mesmo que sejam 5, 6, 10?* Pergunta que se impõe, já se vê, pela consideração de que os procedimentos de procriação assistida não têm como deixar de experimentar todos os óvulos eventualmente produzidos pela doadora e delas retirados no curso de um mesmo período mensal, após indução por injeções de hormônios. Coleta e experimento que se impõem para evitar novas práticas invasivas (incômodas, custosas, arriscadas) do corpo da mulher em curto espaço de tempo. Minha resposta, no ponto, é rotundamente negativa. Não existe esse dever do casal, seja porque não imposto por nenhuma lei brasileira ('ninguém será obrigado a fazer ou deixar de fazer alguma coisa senão em virtude de lei', reza o inciso II do art. 5.º da Constituição Federal), seja porque incompatível com o próprio instituto do 'planejamento familiar' na citada perspectiva da 'paternidade responsável'. (...) É assim ao influxo desse olhar pós-positivista sobre o Direito brasileiro, olhar conciliatório do nosso Ordenamento com os imperativos de ética humanista e justiça material, que chego à fase de definitiva prolação do meu voto. Fazendo-o, acresço às três sínteses anteriores estes dois outros fundamentos constitucionais do direito à saúde e à livre expressão da atividade científica para julgar, como de fato julgo, totalmente improcedente a presente ação direta de inconstitucionalidade. Não sem antes pedir todas as vênias deste mundo aos que pensam diferentemente, seja por convicção jurídica, ética, ou filosófica, seja por artigo de fé".

11. Benefícios penais: é viável a suspensão condicional do processo (art. 89, Lei 9.099/95) e, em caso de condenação, a substituição da pena privativa de liberdade por restritiva de direitos (art. 44, CP). Embora o objeto material do delito seja o embrião humano, não se pode considerar presente o fator impeditivo (art. 44, I, CP), uma vez que inexiste violência ou grave ameaça à *pessoa*. É possível, também, conforme a situação concreta, a concessão da suspensão condicional da pena (art. 77, CP).

> **Art. 25.** Praticar[12-14] engenharia genética em célula germinal humana, zigoto humano ou embrião humano:[15-16]
> Pena – reclusão, de 1 (um) a 4 (quatro) anos, e multa.[17]

12. Análise do núcleo do tipo: *praticar* (exercer profissionalmente) é o verbo nuclear, cujo objeto é a engenharia genética (atividade de produção e manipulação de moléculas de ADN, ácido ribonucleico, ou ARN, material genético que contém informes determinantes das características hereditárias transmissíveis à descendência, conforme art. 3.º, II e IV, desta Lei), voltada a célula germinal humana ("célula-mãe responsável pela formação de gametas presentes nas glândulas sexuais femininas e masculinas e suas descendentes diretas em qualquer grau de ploidia", art. 3.º, VII, desta Lei), zigoto humano (célula-ovo, resultante da fecundação do óvulo pelo espermatozoide) e embrião humano (organismo que se forma após a fecundação, abrangendo, basicamente, o período da segunda à oitava semana de desenvolvimento). A tipificação criminal advém da proibição feita pelo art. 6.º, III, da Lei 11.105/2005, vale dizer, não se autoriza a engenharia genética em célula germinal humana, zigoto humano e embrião humano. Quem o fizer, infringindo a proibição, responderá pelo delito previsto no art. 25.

13. Sujeitos ativo e passivo: o sujeito ativo pode ser qualquer pessoa. A previsão da conduta *praticar* (atuar no campo profissional) e o seu objeto de nítida especialização (engenharia genética) podem induzir, num primeiro momento, à busca por um sujeito ativo qualificado, vale dizer, um profissional da área da engenharia genética. Poder-se-ia dizer que outra pessoa, sem qualificação, jamais conseguiria manipular geneticamente células germinais, zigotos e embriões. Entretanto, impossível não é que o agente, sem atuar profissionalmente (imagine--se um estudioso desvinculado de atividade profissional, que o faça por razões particulares), detenha conhecimento suficiente para colocar em prática a engenharia genética. Não se pode sustentar que, necessariamente, o sujeito ativo precisa deter formação específica, aprovada por órgãos governamentais, para que responda pela figura do art. 25. Diversamente, para ilustrar, o art. 355 do Código Penal, tratando do patrocínio infiel, estabelece ser criminosa a seguinte conduta: "trair, *na qualidade de advogado ou procurador*, o dever profissional..." (grifamos). Ou, ainda, o art. 269 do Código Penal: "deixar o *médico* de denunciar à autoridade pública doença cuja notificação é compulsória" (grifamos). Portanto, de um modo ou de outro, não vislumbramos qualidade especial (legal ou fática) para o agente do crime previsto pelo art. 25 desta Lei. O sujeito passivo é a sociedade.

14. Elemento subjetivo do tipo: é o dolo. Não se exige elemento subjetivo específico, nem se pune a forma culposa.

15. Objetos material e jurídico: o objeto material é a célula germinal humana, o zigoto humano ou o embrião humano. O objeto jurídico é a preservação do patrimônio genético, bem como a proteção à vida e à saúde humanas.

16. Classificação: é crime comum (pode ser cometido por qualquer pessoa); instantâneo (a consumação se dá em momento determinado); comissivo (o verbo implica ação); material (exige-se resultado naturalístico, consistente na efetiva manipulação da célula germinal, do zigoto ou do embrião humano). Anote-se que a utilização de qualquer desses objetos atenta contra a vida humana e, sobretudo, contra os interesses estatais na preservação do patrimônio genético. Por isso, não se cuida de crime meramente formal, vez que, ao manipular e inviabilizar a célula germinal, o zigoto ou o embrião, elimina-se a potencial vida; de dano (demanda-se a efetiva lesão ao bem tutelado, no caso a potencialidade de vida da célula germinal, do zigoto ou do embrião); unissubjetivo (pode ser praticado por uma só pessoa); plurissubsistente (configura-se por vários atos); de forma livre (a lei não estabelece a maneira de cometê-lo); admite tentativa.

17. Benefícios penais: é viável a suspensão condicional do processo (art. 89, Lei 9.099/95) e, em caso de condenação, a substituição da pena privativa de liberdade por restritiva de direitos (art. 44, CP). É possível, também, conforme a situação concreta, a concessão da suspensão condicional da pena (art. 77, CP).

> **Art. 26.** Realizar[18-20] clonagem humana:[21-22]
> Pena – reclusão, de 2 (dois) a 5 (cinco) anos, e multa.[23]

18. Análise do núcleo do tipo: *realizar* (efetuar algo, tornar real) é o verbo único previsto na figura típica, cujo objeto é a clonagem ("processo de reprodução assexuada, produzida artificialmente, baseada em um único patrimônio genético, com ou sem utilização de técnicas de engenharia genética", art. 3.º, VIII, desta Lei) humana (ocorrida em relação a seres humanos). A previsão de crime, formulada pelo art. 26, insere-se na meta da Lei 11.105/2005, que é vedar a prática da clonagem humana (art. 6.º, IV).

19. Sujeitos ativo e passivo: o sujeito ativo pode ser qualquer pessoa. Para a realização da clonagem humana, sem dúvida, é preciso deter conhecimentos específicos. Entretanto, o tipo penal não demonstra a necessidade de se demandar, efetivamente, uma qualidade de fato ou de direito do sujeito ativo. Qualquer um que consiga praticar a reprodução assexuada, denominada clonagem, pode cometer o crime. O sujeito passivo é a sociedade.

20. Elemento subjetivo do tipo: é o dolo. Não se exige elemento subjetivo específico, nem se pune a forma culposa.

21. Objetos material e jurídico: o objeto material é o processo de reprodução assexuada, denominado clonagem. O objeto jurídico é a preservação do patrimônio genético, bem como a proteção à vida e à saúde humanas.

22. Classificação: é crime comum (pode ser cometido por qualquer pessoa); instantâneo (a consumação se dá em momento determinado); comissivo (o verbo implica ação); formal (não se exige resultado naturalístico, consistente na efetiva perda da vida ou da saúde humana, nem se demanda dano efetivo ao patrimônio genético); de perigo (demanda-se a potencial lesão ao bem tutelado); unissubjetivo (pode ser praticado por uma só pessoa); plurissubsistente (configura-se por vários atos); de forma livre (a lei não estabelece a maneira de cometê-lo); admite tentativa.

23. Benefícios penais: são inviáveis a transação e a suspensão condicional do processo. Conforme a pena aplicada, torna-se possível a substituição da pena privativa de liberdade por restritiva de direitos (art. 44, CP). É viável também, conforme o caso, a concessão da suspensão condicional da pena (art. 77, CP).

> **Art. 27.** Liberar ou descartar[24-26] OGM no meio ambiente, em desacordo com as normas estabelecidas pela CTNBio e pelos órgãos e entidades de registro e fiscalização:[27-28]
>
> Pena – reclusão, de 1 (um) a 4 (quatro) anos, e multa.[29]
>
> § 1.º (Vetado).
>
> § 2.º Agrava-se a pena:[30]
>
> I – de 1/6 (um sexto) a 1/3 (um terço), se resultar dano à propriedade alheia;
>
> II – de 1/3 (um terço) até a metade, se resultar dano ao meio ambiente;
>
> III – da metade até 2/3 (dois terços), se resultar lesão corporal de natureza grave em outrem;
>
> IV – de 2/3 (dois terços) até o dobro, se resultar a morte de outrem.

24. Análise do núcleo do tipo: *liberar* (livrar-se de algo, libertar) e *descartar* (jogar fora após o uso) são os verbos da conduta típica, que tem por objeto o organismo geneticamente modificado (OGM). Busca-se preservar o meio ambiente, controlando o material que pode ser descartado e o que merece ser destruído, após o uso. De todo modo, cuida-se o art. 27 de autêntica norma penal em branco, pois o complemento da figura típica será encontrado nas regras fixadas pela Comissão Técnica Nacional de Biossegurança (CTNBio) e por outros órgãos e entidades de registro e fiscalização do patrimônio genético. Esses órgãos e entidades ligam-se ao Ministério da Saúde, ao Ministério da Agricultura, Pecuária e Abastecimento e ao Ministério do Meio Ambiente. Observe-se, nesse sentido, a preocupação do legislador ao vedar a "liberação no meio ambiente de OGM ou seus derivados, no âmbito de atividades de pesquisa, sem a decisão técnica favorável da CTNBio e, nos casos de liberação comercial, sem o parecer técnico favorável da CTNBio, ou sem o licenciamento do órgão ou entidade ambiental responsável, quando a CTNBio considerar a atividade como potencialmente causadora de degradação ambiental, ou sem a aprovação do Conselho Nacional de Biossegurança – CNBS, quando o processo tenha sido por ele avocado, na forma desta Lei e de sua regulamentação" (art. 6.º, VI, Lei 11.105/2005).

25. Sujeitos ativo e passivo: o sujeito ativo pode ser qualquer pessoa. O sujeito passivo é a sociedade.

26. Elemento subjetivo do tipo: é o dolo. Não se exige elemento subjetivo específico, nem se pune a forma culposa.

27. Objetos material e jurídico: o objeto material é o organismo geneticamente modificado (OGM). O objeto jurídico é a proteção ao meio ambiente.

28. Classificação: é crime comum (pode ser cometido por qualquer pessoa); instantâneo (a consumação se dá em momento determinado); comissivo (os verbos implicam ações); formal (não se exige resultado naturalístico, consistente no efetivo dano ao meio ambiente); de perigo (demanda-se a potencial lesão ao bem tutelado); unissubjetivo (pode ser praticado por uma só pessoa); plurissubsistente (configura-se por vários atos); de forma livre (a lei não estabelece a maneira de cometê-lo); admite tentativa.

29. Benefícios penais: é viável a suspensão condicional do processo (art. 89, Lei 9.099/95) e, em caso de condenação, a substituição da pena privativa de liberdade por restritiva de direitos (art. 44, CP). É possível, também, conforme a situação concreta, a concessão da suspensão condicional da pena (art. 77, CP).

30. Formas qualificadas pelo resultado: embora o legislador tenha utilizado o termo "agrava-se", não se cuidam de agravantes as situações descritas nos incisos I a IV do § 2.º do art. 27. Atuam, em verdade, como causas de aumento de pena, a serem aplicadas no terceiro estágio da fixação da pena, conforme previsto no art. 68, *caput*, do Código Penal. Além disso, convém registrar que a natureza jurídica dessas circunstâncias é de resultado qualificador, ou seja, elas serão aplicadas *como se fossem causas de aumento de pena*, mas, na realidade, são resultados qualificadores da figura descrita no *caput*. As causas de aumento de pena são meras circunstâncias do delito, exercendo influência durante o cometimento da infração penal. Os resultados qualificadores formam-se após a prática da conduta principal e do primeiro resultado; são consequências e desdobramentos da conduta principal. No caso presente, a importância para a verificação da natureza jurídica dessas situações de elevação da pena cinge-se ao fato de que, quanto à conduta principal (liberar ou descartar OGM no meio ambiente), atua o agente com dolo de perigo (se o fizer com dolo de dano, o crime é outro, previsto na Lei 9.605/98). Portanto, no tocante ao resultado qualificador, somente pode atuar com culpa. Outra forma seria incoerente. Ilustrando: se o agente descartar OGM no meio ambiente, com dolo de perigo, o resultado *morte de alguém* somente pode dar-se em virtude de culpa; não há sentido algum em descartar o OGM, com dolo de perigo, mas desejar a morte de alguém, com dolo de dano. Tal situação, se ocorrer, configura homicídio doloso e o descarte do OGM foi somente um instrumento para atingir a morte da vítima. Em suma, a figura do *caput* do art. 27 deve ser praticada com dolo de perigo e as consequências previstas nos incisos I a IV devem advir da culpa do agente. Ilustrando, é o mesmo cenário do art. 258 do Código Penal.

> **Art. 28.** Utilizar, comercializar, registrar, patentear e licenciar[31-33] tecnologias genéticas de restrição do uso:[34-35]
> Pena – reclusão, de 2 (dois) a 5 (cinco) anos, e multa.[36]

31. Análise do núcleo do tipo: *utilizar* (fazer uso de algo), *comercializar* (negociar, inserir no comércio), *registrar* (lançar em livro ou outra base material apta a receber a inscrição), *patentear* (fazer o registro de privilégio de invenção) e *licenciar* (permitir, autorizar) são as condutas mistas alternativas, cujo objeto é a tecnologia genética de restrição do uso ("qualquer processo de intervenção humana para geração ou multiplicação de plantas geneticamente modificadas para produzir estruturas reprodutivas estéreis, bem como qualquer forma de manipulação genética que vise à ativação ou desativação de genes relacionados à fertilidade das plantas por indutores químicos externos", art. 6.º, parágrafo único, desta Lei). Ilustrando a razão e a meta da criminalização dessas condutas: pode-se imaginar a criação de transgênicos capazes de promover excelente semeadura, plantio e colheita, mas que, porventura, produzam sementes estéreis, o que terminaria por redundar em monopólio da agricultura. O homem do campo, sempre que precisasse, deveria comprar sementes novas (estéreis) da empresa criadora do OGM, sem que tivesse a possibilidade de semear novamente a terra, após a colheita.

32. Sujeitos ativo e passivo: o sujeito ativo pode ser qualquer pessoa, nas modalidades "utilizar" e "comercializar", mas deve ser sujeito ativo qualificado, ou seja, pessoa apta, juridicamente, a promover o registro, conceder a licença e registrar a patente de tecnologias em geral, no caso presente, as genéticas, nas modalidades "registrar", "patentear" e "licenciar". O sujeito passivo é a sociedade, mas também o Estado, que detém o interesse direto no controle dessas tecnologias genéticas.

33. Elemento subjetivo do tipo: é o dolo. Não se exige elemento subjetivo específico, nem se pune a forma culposa.

34. Objetos material e jurídico: o objeto material é a tecnologia genética de restrição de uso. O objeto jurídico é a preservação do patrimônio genético e do meio ambiente. Secundariamente, pode-se mencionar, ainda, a proteção aos interesses econômicos da sociedade.

35. Classificação: é crime comum (pode ser cometido por qualquer pessoa), nas formas "utilizar" e "comercializar" e próprio (somente pode ser cometido por sujeito qualificado), nas modalidades "registrar", "patentear" e "licenciar"; instantâneo (a consumação se dá em momento determinado); comissivo (os verbos implicam ações); formal (não se exige resultado naturalístico, consistente no efetivo dano ao patrimônio genético ou ao meio ambiente, bem como à economia); de perigo (demanda-se a potencial lesão ao bem tutelado); unissubjetivo (pode ser praticado por uma só pessoa); plurissubsistente (configura-se por vários atos); de forma livre (a lei não estabelece a maneira de cometê-lo); admite tentativa.

36. Benefícios penais: são inviáveis a transação e a suspensão condicional do processo. Conforme a pena aplicada, torna-se possível a substituição da pena privativa de liberdade por restritiva de direitos (art. 44, CP). É viável, também, conforme o caso, a concessão da suspensão condicional da pena (art. 77, CP).

> **Art. 29.** Produzir, armazenar, transportar, comercializar, importar ou exportar[37-39] OGM ou seus derivados, sem autorização ou em desacordo com as normas estabelecidas pela CTNBio e pelos órgãos e entidades de registro e fiscalização:[40-41]
> Pena – reclusão, de 1 (um) a 2 (dois) anos, e multa.[42]

37. Análise do núcleo do tipo: *produzir* (dar origem a algo, criar), *armazenar* (manter algo em depósito), *transportar* (levar algo de um lugar a outro), *comercializar* (negociar, colocar em comércio), *importar* (trazer algo para dentro do país) e *exportar* (remeter algo para fora do país) são as condutas mistas alternativas, cujo objeto é o organismo geneticamente modificado (OGM) ou seus derivados. Cuida-se de norma penal em branco, pois dependente de complemento, consistente nas regras estabelecidas pela Comissão Técnica Nacional de Biossegurança (CTNBio) e pelos órgãos e entidades de registro e fiscalização. Busca-se evitar a ausência de controle estatal em relação à criação e distribuição em geral dos organismos geneticamente modificados.

38. Sujeitos ativo e passivo: o sujeito ativo pode ser qualquer pessoa. O sujeito passivo é a sociedade, mas também o Estado. Este tem interesse direto no controle e fiscalização das atividades ligadas a OGM, conforme determina a Lei 11.105/2005.

39. Elemento subjetivo do tipo: é o dolo. Não se exige elemento subjetivo específico, nem se pune a forma culposa.

40. Objetos material e jurídico: o objeto material é o organismo geneticamente modificado (OGM). O objeto jurídico é a preservação do patrimônio genético e do meio ambiente.

41. Classificação: é crime comum (pode ser cometido por qualquer pessoa); instantâneo (a consumação se dá em momento determinado), porém permanente nas formas "armazenar" e "transportar"; comissivo (os verbos implicam ações); formal (não se exige resultado naturalístico, consistente no efetivo dano ao patrimônio genético ou ao meio ambiente); de perigo (demanda-se a potencial lesão ao bem tutelado); unissubjetivo (pode ser praticado por uma só pessoa); plurissubsistente (configura-se por vários atos); de forma livre (a lei não estabelece a maneira de cometê-lo); admite tentativa.

42. Benefícios penais: são viáveis a transação penal e a suspensão condicional do processo (art. 89, Lei 9.099/95) e, em caso de condenação, a substituição da pena privativa de liberdade por restritiva de direitos (art. 44, CP). É possível, também, a concessão da suspensão condicional da pena (art. 77, CP).

> (...)
> Brasília, 24 de março de 2005; 184.º da Independência e 117.º da República.
> Luiz Inácio Lula da Silva
> (DOU 28.03.2005)

Combustíveis

Lei 8.176, de 8 de fevereiro de 1991

Define crimes contra a ordem econômica e cria o Sistema de Estoques de Combustíveis.

O Presidente da República, faço saber que o Congresso Nacional decreta e eu sanciono a seguinte lei:

> **Art. 1.º** Constitui crime contra a ordem econômica: [1-1-A]

1. Fundamento constitucional: art. 177, CF: "Constituem monopólio da União: I – a pesquisa e a lavra das jazidas de petróleo e gás natural e outros hidrocarbonetos fluidos; II – a refinação do petróleo nacional ou estrangeiro; III – a importação e exportação dos produtos e derivados básicos resultantes das atividades previstas nos incisos anteriores; IV – o transporte marítimo do petróleo bruto de origem nacional ou de derivados básicos de petróleo produzidos no País, bem assim o transporte, por meio de conduto, de petróleo bruto, seus derivados e gás natural de qualquer origem; V – a pesquisa, a lavra, o enriquecimento, o reprocessamento, a industrialização e o comércio de minérios e minerais nucleares e seus derivados, com exceção dos radioisótopos cuja produção, comercialização e utilização poderão ser autorizadas sob regime de permissão, conforme as alíneas *b* e *c* do inciso XXIII do *caput* do art. 21 desta Constituição Federal. § 1.º A União poderá contratar com empresas estatais ou privadas a realização das atividades previstas nos incisos I a IV deste artigo observadas as condições estabelecidas em lei. § 2.º A lei a que se refere o § 1.º disporá sobre: I – a garantia do fornecimento dos derivados de petróleo em todo o território nacional; II – as condições de contratação; III – a estrutura e atribuições do órgão regulador do monopólio da União; § 3.º A lei disporá sobre o transporte e a utilização de materiais radioativos no território nacional. § 4.º A lei que instituir contribuição de intervenção no domínio econômico relativa às atividades de importação ou comercialização de petróleo e seus derivados, gás natural e seus derivados e álcool combustível deverá atender aos seguintes requisitos: I – a alíquota da contribuição poderá ser: a) diferenciada por produto ou uso; b) reduzida e restabelecida por ato do Poder Executivo, não se lhe aplicando o disposto no art. 150, III, *b*; II – os recursos arrecadados serão destinados: a) ao pagamento de subsídios a preços ou transporte de álcool combustível, gás natural e seus derivados e derivados de petróleo; b) ao financiamento de projetos ambientais relacionados com a indústria do petróleo e do gás; c) ao financiamento de programas de infraestrutura de transportes".

1-A. Monopólio da União: nas palavras de Tercio Sampaio Ferraz Junior, a respeito do art. 177 da Constituição Federal, "o artigo institui o monopólio da União sobre petróleo, gás natural e minerais nucleares. O dispositivo merece interpretação restritiva. A restrição põe em xeque a ampliação da intervenção econômica do Estado mediante monopólio (...). Ou seja, ressalvadas as áreas constantes do art. 177, a atuação do Estado mediante monopólio não pode ser estendida, donde a ressalva do art. 173 (...). Monopólio de Estado é, pois, em princípio, regime de exploração econômica fora do ambiente de mercado livre. Ocorre em setores de relevância *para* o mercado, mas são retirados do espaço do mercado livre (livre iniciativa, livre concorrência). Em termos de atividade estatal, exige exclusividade. *Exclusividade* significaria proibição de qualquer exercício de atividade econômica designada (no caso de gás e petróleo, *pesquisa e lavra, refinação, importação e exportação, transporte marítimo ou por condutos*). Nesse ponto, porém, a Constituição foi alterada. Até o final da década de 1990, a Petrobras exercia, de forma exclusiva, o monopólio detido pela União para a exploração, produção, refino, transporte, importação e exportação do petróleo no Brasil. A Emenda Constitucional 9/1995 estabeleceu novo marco regulatório, com a flexibilização do exercício do monopólio do petróleo e do gás natural, trazendo-o para o regime de livre concorrência. Monopólio, como setor econômico reservado, não é alterado. Altera-se o regime jurídico de atuação. Após a alteração da CF, na nova redação do art. 177, em especial o § 1.º, bem como com o advento da Lei do Petróleo, a União Federal passou a poder *contratar* com empresas estatais ou privadas para a realização dessas atividades objeto do seu monopólio, afastando, com isso, seu exercício exclusivo pela Petrobrás" (*Constituição Federal comentada*, p. 1374-1375).

> I – adquirir, distribuir e revender[2-4] derivados de petróleo, gás natural e suas frações recuperáveis, álcool etílico, hidratado carburante e demais combustíveis líquidos carburantes, em desacordo com as normas estabelecidas na forma da lei;[5-6-A]

2. Análise do núcleo do tipo: *adquirir* (tornar-se proprietário de algo); *distribuir* (dividir algo, entregando a vários locais ou pessoas); *revender* (tornar a vender algo que foi comprado com esse intuito) são as condutas alternativas, vale dizer, a prática de uma delas ou mais de uma, no mesmo contexto, configuram um só delito. Os objetos das referidas condutas são: a) os *derivados de petróleo* (define-se *petróleo* como "todo e qualquer hidrocarboneto líquido em seu estado natural, a exemplo do óleo cru e condensado" – art. 6.º, I, Lei 9.478/97. São seus derivados: "produtos decorrentes da transformação do petróleo" – art. 6.º, III, Lei 9.478/97). Ilustrando: gasolina, querosene, óleo diesel, óleos lubrificantes etc.; b) *o gás natural* ("todo hidrocarboneto que permaneça em estado gasoso nas condições atmosféricas normais, extraído diretamente a partir de reservatórios petrolíferos ou gaseíferos, incluindo gases úmidos, secos, residuais e gases raros" – art. 6.º, II, Lei 9.478/97) e suas *frações recuperáveis*, representando todo produto advindo da sua destilação, quando feita de maneira parcelada; c) o *álcool etílico* é o etanol, utilizado para combustível ("substância líquida, incolor e volátil que se obtém a partir da fermentação de açúcares ou de substâncias orgânicas (fórmula: C2 H5OH)", *Dicionário Aurélio*), acrescido dos termos *hidratado* (composto com água) e *carburante* significa o produto voltado a servir de combustível para veículos; d) *outros combustíveis líquidos carburantes* são os utilizados para combustível, como a gasolina, movendo motores. Essas condutas devem associar-se ao *complemento de norma penal em branco*: "em desacordo com as normas estabelecidas na forma da lei". Portanto, adquirir gasolina, por si só, não é crime, mas fazê-lo fora do preceituado em lei, sim. Vale observar que, na ótica legal, *distribuição* é "atividade de comercialização por atacado com a rede varejista ou com grandes consumidores de combustíveis, lubrificantes, asfaltos e gás liquefeito envasado, exercida por empresas especializadas, na forma das leis e regulamentos aplicáveis" (art. 6.º, XX, Lei 9.478/97); *revenda* é atividade de venda a varejo de combustíveis, lubrificantes e gás liquefeito envasado, exercida por postos de serviços ou revendedores, na forma das leis e regulamentos aplicáveis. Como complemento da norma em branco, além de leis, há vários decretos e regulamentos. Consulte-se, como exemplo, a Lei 9.847/99. Na jurisprudência: STJ: "1. Esta Corte superior entende que 'o texto do inciso I do artigo 1.º da Lei n. 8.176/1991 revela uma norma penal em branco, que exige complementação por meio de ato regulador, devendo a inicial acusatória expressamente mencionar o ato regulatório extrapenal destinado à concreta tipificação do ato praticado, sob pena de inépcia formal da denúncia' (HC n. 350.973/SP, relator Ministro Nefi Cordeiro, Sexta Turma, julg. 9/8/2016, *DJe* 19/8/2016). 2. *In casu*, o Ministério Público apontou, na denúncia, que a norma desobedecida seria a Resolução n. 57/2011 da Agência Nacional do Petróleo, destacando que 'o tanque 18 fornecia Etanol Anidro Comum com condutividade elétrica a 25ºC no valor de 795 us/m, uma vez que o correto é de no máximo 389 us/m. Além disso, o tanque 16 armazenava Etanol Hidratado Comum com impurezas, uma vez que a legislação vigente exige que o produto esteja com aspecto límpido, tudo conforme a resolução da ANP 57/2011'. 3. Contudo, em consulta ao sítio da Agência Nacional do Petróleo (https://atosoficiais.com.br/anp), constata-se que a Resolução n. 57/2011 da ANP trata de 'especificações das gasolinas de uso automotivo e as obrigações quanto ao controle da qualidade a serem atendidas pelos diversos agentes econômicos que comercializam o produto em todo o território nacional' (art. 1.º da Resolução ANP n.º 57, de 20/10/2011, *DOU* 21 de outubro de 2011). 4. Verifica-se, assim, a ocorrência de inépcia formal da denúncia, uma vez que a resolução indicada não se relaciona com os fatos narrados na inicial acusatória, ficando, portanto, desatendido o art. 41 do Código de Processo Penal. 5. Recurso provido para declarar a nulidade da denúncia, sem prejuízo de oferecimento de outra com o atendimento dos requisitos legais" (RHC 140.875 – RJ, 6.ª T., rel. Antonio Saldanha Palheiro, 14.02.2023, v.u.); "1. Constitui crime contra a ordem econômica (art. 1.º, I, da Lei n. 8.176/1991) adquirir, distribuir e revender derivados de petróleo e combustíveis líquidos carburantes, em desacordo com as normas estabelecidas na forma da lei. 2. O recorrido comercializava gasolina, álcool e diesel em desacordo com o art. 11, §§ 2.º e 3.º, da Portaria n. 116/2000, da Agência Nacional do Petróleo, porquanto utilizada indevidamente a logomarca da BR Petrobras para vender combustíveis de diversas origens. 3. A conduta amolda-se ao crime previsto no art. 1.º da Lei n. 8.176/1991, complementado pela Portaria n. 116/2000 da Agência Nacional de Petróleo, expressa ao assinalar que o revendedor varejista que optasse por exibir marca comercial deveria adquirir e vender somente combustível fornecido pelo distribuidor respectivo, complemento legal não observado pelo ora recorrente" (REsp 1.582.693 – PR, 6.ª T., rel. Rogerio Schietti Cruz, j. 28.11.2017, v.u.).

3. Sujeitos ativo e passivo: o sujeito ativo pode ser qualquer pessoal; o passivo é a União, que detém o monopólio da administração e distribuição de petróleo, gás, álcool e demais líquidos carburantes. Podem ser considerados sujeitos passivos secundários as pessoas autorizadas a lidar com esses combustíveis, por exemplo, a Petrobras.

4. Elemento subjetivo: é o dolo. Não há elemento subjetivo específico e não se pune a forma culposa.

5. Objetos material e jurídico: o objeto material pode ser petróleo, gás natural e suas frações recuperáveis, álcool etílico, hidratado carburantes e outros combustíveis líquidos carburantes, previstos em lei. O objeto jurídico apontado no *caput* do art. 1.º, em nossa visão, é um equívoco. Não se trata da *ordem econômica*. Cuida-se, isto sim, de interesse patrimonial da União, como, aliás, está previsto, corretamente, no art. 2.º. O objeto jurídico é o patrimônio da União. Justamente por isso, ela figura como sujeito passivo. Se fosse o bem jurídico tutelado a ordem econômica, considerando-se que esta não pertence à União, seria ilógico incluí-la como sujeito passivo. Fosse o objeto jurídico a ordem econômica e o sujeito passivo seria a sociedade. É evidente que "a ordem econômica, fundada na valorização do trabalho humano e na livre-iniciativa, tem por fim assegurar a todos existência digna, conforme os ditames da justiça social..." (trecho do *caput* do art. 170 da Constituição Federal). Esses valores, associados aos que estão previstos nos incisos do citado art. 170, pertencem à sociedade, e não ao Estado. E também não cabe a nenhuma pessoa física ou jurídica em particular. Quando se fala em arrecadação de tributo, o dinheiro segue para o tesouro, motivo pelo qual o interessado na sua coleta é, realmente, a União, o Estado-membro, o Município, o Distrito Federal ou alguma autarquia, a quem se destina a verba. O sujeito passivo dos delitos contra a ordem tributária, portanto, é o Estado. No entanto, em todos os delitos contra a *ordem econômica*, o bem tutelado, que é a regularidade da economia nacional, interessa a toda a coletividade. Portanto, o sujeito passivo não é o Estado, mas a sociedade.

6. Classificação: é crime comum (pode ser praticado por qualquer pessoa); formal (independe da ocorrência de efetivo prejuízo para a União); de forma livre (pode ser cometido por qualquer meio); comissivo (os verbos indicam ações); instantâneo (a consumação ocorre em momento definido); unissubjetivo (pode ser cometido por uma só pessoa); plurissubsistente (cometido por mais de um ato). Admite tentativa.

6-A. Princípio da insignificância: não cabe nos delitos previstos nesta Lei em face da relevância dos bens jurídicos tutelados. Na jurisprudência: STJ: "6. O princípio da insignificância deixou de ser reconhecido pela Corte de origem em razão do entendimento de que a conduta da agravante se revestiu de potencialidade lesiva para afetar a saúde pública, o meio ambiente e os veículos automotores, o que afastaria a insignificância penal. Por certo, não se pode considerar como insignificante a conduta que ofende a ordem econômica e pode causar danos à saúde pública e ao meio ambiente. 7. Esta Quinta Turma reconhece que o princípio da insignificância não tem aplicabilidade em casos de reiteração da conduta delitiva, salvo excepcionalmente, quando demonstrado ser tal medida recomendável diante das circunstâncias concretas, o que não ocorreu" (AgRg no HC 704.601 – RJ, 5.ª T., rel. Ribeiro Dantas, 17.10.2022, v.u.).

> II – usar gás liquefeito de petróleo[7-9] em motores de qualquer espécie, saunas, caldeiras e aquecimento de piscinas, ou para fins automotivos, em desacordo com as normas estabelecidas na forma da lei.[10-11]
> Pena: detenção de um a cinco anos.[12]

7. Análise do núcleo do tipo: *usar* (servir-se de algo, empregar, utilizar) é o verbo principal, cujo objeto é o *gás liquefeito de petróleo* (gás de botijão para uso domiciliar ou empresarial). O uso dessa espécie de gás se volta aos motores, saunas (banho a vapor ou sala aquecida com alta temperatura), caldeiras (grande recipiente aquecido para produzir calor, geralmente usado em empresas ou edifícios) e aquecimento de piscina (aparelho trocador de calor, neste caso, movido a gás) ou a fins automotivos (carros movidos a gás). É interessante observar que o uso do gás liquefeito de petróleo é comum a todos esses fins, enumerados no inciso II. No entanto, torna-se crime se não forem observadas as normas fixadas em lei. Há, na realidade, uma série de regras disciplinando o tema, muitas das quais advêm da Associação Brasileira de Normas Técnicas. A maior parte se volta à segurança do usuário, pois o botijão pode explodir, colocando em risco a integridade física de várias pessoas. Exemplo: é proibido ter botijão de gás em apartamento de prédio. Não somente isso, mas também cabe à União (ou pessoas jurídicas por ela indicadas) regular o mercado para não faltar o gás para suas finalidades principais, entre as quais gerar calor para alimentação. Se houver uma crise de abastecimento, não há cabimento usar o gás para aquecer uma piscina, enquanto famílias não dispõem do produto para cozinhar. Como complemento da norma em branco, além de leis, há vários decretos e regulamentos. Consulte-se, como exemplo, a Lei 9.847/99.

8. Sujeitos ativo e passivo: o sujeito ativo pode ser qualquer pessoa; o sujeito passivo é a União, interessada em regular o mercado de abastecimento de gás.

9. Elemento subjetivo: é o dolo. Não há elemento subjetivo específico, nem se pune a forma culposa.

10. Objetos material e jurídico: o objeto material é o gás liquefeito de petróleo; o objeto jurídico é o interesse patrimonial e fiscalizatório da União. Consultar a nota 5 *supra*, pois não há cabimento determinar como bem jurídico tutelado a *ordem econômica*.

11. Classificação: é crime comum (pode ser praticado por qualquer pessoa); formal (independe da ocorrência de efetivo prejuízo para a União); de forma livre (pode ser cometido por qualquer meio); comissivo (os verbos indicam ações); instantâneo (a consumação ocorre em momento definido); unissubjetivo (pode ser cometido por uma só pessoa); plurissubsistente (cometido por mais de um ato). Admite tentativa.

12. Benefícios penais: admite-se suspensão condicional do processo, pois a pena mínima não ultrapassa um ano. Em caso de condenação até quatro anos, há viabilidade para a substituição por penas restritivas de direito.

> **Art. 2.º** Constitui crime contra o patrimônio, na modalidade de usurpação, produzir[13-15] bens ou explorar matéria-prima pertencentes à União, sem autorização legal ou em desacordo com as obrigações impostas pelo título autorizativo.[16-17]
> Pena – detenção, de um a cinco anos e multa.[18]

13. Análise do núcleo do tipo: *produzir* (criar, fabricar, gerar) é o primeiro verbo do tipo cujo objeto é o bem (qualquer coisa de valor econômico) pertencente à União (seria uma forma de concorrer com a União, sem estar autorizado a tanto). O segundo verbo é *explorar* (no caso desta norma, significa auferir lucro), voltando-se a matéria-prima (substância que serve à fabricação ou produção de alguma coisa) pertencente à União. A forma de construção do tipo é errônea, inserindo a expressão "constitui crime contra o patrimônio, na modalidade usurpação". Poderia apenas, se quisesse o legislador, titular o crime como *usurpação*. No mais, basta a descrição da conduta. De todo modo, aponta-se, logo no *caput*, o bem jurídico tutelado: o patrimônio da União. Em suma, tratando-se de lei voltada aos combustíveis, a produção e a exploração de bem (gasolina, diesel, querosene etc.) e matéria-prima (petróleo, gás natural etc.) dependem de autorização legal e nos precisos termos da autorização. Caso contrário, considera-se crime. Na jurisprudência: STF: "3. Quanto ao crime previsto no art. 2.º da Lei 8.176/91, a denúncia preenche os requisitos do art. 41 do Código de Processo Penal, individualiza a conduta do denunciado no contexto fático da fase pré-processual, expõe de forma pormenorizada todos os elementos indispensáveis à demonstração de existência, em tese, do crime de usurpação de bem público pertencente à União. 4. Para a aptidão da denúncia por crimes praticados por intermédio de sociedades empresárias, basta a indicação de ser a pessoa física e sócia responsável pela condução da empresa, fato não infirmado, de plano, pelo ato constitutivo da pessoa jurídica. Precedentes" (Inq. 3644, 2.ª T., rel. Cármen Lúcia, j. 09.09.2014, v.u.). STJ: "3. O crime de usurpação mineral, previsto no art. 2.º da Lei n. 8.176/1991, se caracteriza como espécie de delito perpetrado contra o patrimônio público, cujo foco central está no prejuízo resultante da indevida ou irregular extração mineral. Os recursos minerais são bens da União, conforme art. 20, IX, da CF, ainda que estejam inseridos em área particular ou pertencente a outro ente federativo. Como consectário da natureza desses bens, no que tange ao seu domínio, é competência da Justiça Federal processar e julgar as condutas tipificadas no art. 2.º da Lei n. 8.176/1991. 4. O Tribunal de origem decidiu contrariamente à jurisprudência do STJ, ao entender ser atípica a conduta do réu porque a extração do ouro ocorreu em terras particulares ou em áreas pertencentes ao município. Todavia, o fato de o minério estar localizado em propriedade particular ou em zona rural municipal não afasta a dominialidade federal do bem. Dessa forma, não há falar em atipicidade da conduta, porquanto subsiste o interesse direto e específico da União no caso em exame, em que se imputa ao acusado o delito previsto no art. 2.º da Lei n. 8.176/1991" (AgRg no AREsp 1.789.629, 6.ª T., rel. Rogerio Schietti Cruz, 28.11.2023, v.u.).

14. Sujeitos ativo e passivo: o sujeito ativo pode ser qualquer pessoa; o sujeito passivo é a União. Não se trata de crime próprio, nem mesmo em relação a quem possui título autorizativo, pois isto faz parte do complemento da norma. Noutros termos, qualquer pessoa pode produzir e explorar *se autorizado pela União, nos termos do título autorizativo*. Então, não se cria uma pessoa *especial* para cometer o delito. Do contrário, todas as normas em branco poderiam ser classificadas como de autoria própria, pois dependeria sempre o sujeito ativo das regras do complemento, o que não se afeiçoa, em nossa visão, à mais adequada classificação. Aliás, a parte final é inócua e poderia nem constar do tipo ("em desacordo com o título autorizativo"). Estar em desacordo com o título significa, em última análise, estar desrespeitando a lei.

15. Elemento subjetivo: é o dolo. Não há elemento subjetivo específico, nem se pune a forma culposa.

16. Objetos material e jurídico: o objeto material pode ser o bem ou a matéria-prima pertencente à União; o objeto jurídico é o patrimônio da União.

17. Classificação: é crime comum (pode ser praticado por qualquer pessoa); material (cuidando-se de usurpação, que lida com patrimônio, torna-se necessário evidenciar qualquer dano à União); de forma livre (pode ser cometido por qualquer meio); comissivo (os verbos indicam ações); instantâneo (a consumação ocorre em momento definido); unissubjetivo (pode ser cometido por uma só pessoa); plurissubsistente (cometido por mais de um ato). Admite tentativa.

18. Benefícios penais: admite-se suspensão condicional do processo, pois a pena mínima não ultrapassa um ano. Em caso de condenação até quatro anos, há viabilidade para a substituição por penas restritivas de direito.

> § 1.º Incorre na mesma pena aquele que, sem autorização legal, adquirir, transportar, industrializar, tiver consigo, consumir ou comercializar[19-21] produtos ou matéria-prima, obtidos na forma prevista no *caput* deste artigo.[22-23]

19. Análise do núcleo do tipo: *adquirir* (tornar-se proprietário de algo), *transportar* (conduzir algo de um lugar a outro), *industrializar* (atuar no sentido de transformar matéria-prima em produto ou bem para consumo); *ter consigo* (trazer junto ao corpo ou manter em determinado local), *consumir* (gastar, acabar com algo por completo) e *comercializar* (promover a compra, venda ou troca de algo por certo preço) são as condutas alternativas (a prática de uma única ou mais de uma, no mesmo contexto, configura um crime), cujo objeto é o produto (resultado de fabricação ou industrialização) ou matéria-prima (substância que serve à fabricação ou produção de alguma coisa) tomadas da União, sem autorização legal. Na jurisprudência: STJ: "4. O art. 2.º, *caput* e § 1.º, da Lei n. 8.176/1991, ao dispor que configura crime a exploração de matéria-prima pertencente à União, sem autorização legal ou em desacordo com as obrigações estabelecidas pelo título autorizativo, e que incorre na mesma pena aquele que, sem autorização legal, adquire, transporta, industrializa, tem consigo, consome e comercializa os recursos minerais extraídos irregularmente, não faz distinção entre qual modalidade de outorga administrativa deve ser exigida para a configuração do delito. 5. Havendo, na denúncia, a indicação de elementos probatórios mínimos acerca da prática de conduta prevista no art. 2.º, § 1.º, da Lei n. 8.176/1991, em razão da exploração e do transporte de produto mineral pelo recorrente (argila), sem licença ambiental ou qualquer espécie de autorização por parte do Departamento Nacional de Produção Mineral, não se verifica a manifesta atipicidade da conduta, não havendo ilegalidade no acórdão recorrido, que determinou o prosseguimento da ação penal" (REsp 2.000.169 – PB, 6.ª T., rel. Jesuíno Rissato, 06.06.2023, v.u.).

20. Sujeitos ativo ou passivo: o sujeito ativo pode ser qualquer pessoa; o sujeito passivo é a União. Não se trata de crime próprio, nem mesmo em relação a quem possui título autorizativo, pois isto faz parte do complemento da norma. Noutros termos, qualquer pessoa pode praticar os verbos do tipo *se autorizado pela União, nos termos do título autorizativo*. Então, não se cria uma pessoa *especial* para cometer o delito. Do contrário, todas as normas em branco poderiam ser classificadas como de autoria própria, pois dependeria sempre o sujeito ativo das regras do complemento, o que não se afeiçoa, em nossa visão, à mais adequada classificação. Aliás, a parte final do *caput é inócua e poderia nem constar do tipo ("em desacordo com o título autorizativo"). Estar em desacordo com o título significa, em última análise, estar desrespeitando a lei.*

21. Elemento subjetivo: *é o dolo. Não há elemento subjetivo específico, nem se pune a forma culposa.*

22. Objetos material e jurídico: *o objeto material pode ser o produto ou a matéria-prima pertencente à União; o objeto jurídico é o patrimônio da União.*

23. Classificação: *é crime comum (pode ser praticado por qualquer pessoa); formal (embora delito patrimonial, há condutas reflexas ou indiretas, vale dizer, que podem – ou não – afetar o patrimônio da União, por exemplo, transportar); de forma livre (pode ser cometido por qualquer meio); comissivo (os verbos indicam ações); instantâneo (a consumação ocorre em momento definido), mas permanente (a consumação se arrasta no tempo) nas formas transportar e ter consigo; unissubjetivo (pode ser cometido por uma só pessoa); plurissubsistente (cometido por mais de um ato). Admite tentativa.*

> § 2.º No crime definido neste artigo, a pena de multa será fixada entre dez e trezentos e sessenta dias-multa, conforme seja necessário e suficiente para a reprovação e a prevenção do crime.[24]

24. Valor da multa e finalidades da pena: em um parágrafo, o legislador estabeleceu o *quantum* da pena pecuniária, baseado no mesmo critério adotado pelo Código Penal. Portanto, deve-se estabelecer uma multa de, no mínimo, 10 dias-multa e, no máximo, 360 dias-multa. A quantidade de dias-multa acompanha a *culpabilidade* do agente, ou seja, o grau de reprovação merecido. O valor do dia-multa será de 14 a 200 bônus do tesouro nacional. Deve-se compor esse *quantum* baseado na capacidade econômica do réu. É preciso notar a utilização das finalidades da pena: reprovar e prevenir o crime, dando mostras de um sistema retributivo-preventivo, como, ademais, consta do art. 59 do Código Penal.

> § 3.º O dia-multa será fixado pelo juiz em valor não inferior a quatorze nem superior a duzentos Bônus do Tesouro Nacional (BTN).

> **Art. 3.º** (*Vetado*).[25]

25. Considerações sobre o veto: o art. 3.º mencionava que o delito previsto no art. 1.º teria a duração de seis meses, criando, pois, uma norma penal incriminadora temporária, nos termos do art. 3.º do Código Penal. Entretanto, o Presidente da República argumentou ser mais adequada aos interesses do Estado a mantença do caráter indeterminado do delito, pois o Sistema Nacional de Abastecimento de Combustíveis poderia até sofrer algum reflexo da Guerra do Golfo Pérsico. Enfim, vetou-se a temporariedade da norma incriminadora.

> **Art. 4.º** Fica instituído o Sistema Nacional de Estoques de Combustíveis.
>
> § 1.º O Poder Executivo encaminhará ao Congresso Nacional, dentro de cada exercício financeiro, o Plano Anual de Estoques Estratégicos de Combustíveis para o exercício seguinte, do qual constarão as fontes de recursos financeiros necessários a sua manutenção.
>
> § 2.º O Poder Executivo estabelecerá, no prazo de sessenta dias as normas que regulamentarão o Sistema Nacional de Estoques de Combustíveis e o Plano Anual de Estoques Estratégicos de Combustíveis.
>
> **Art. 5.º** Esta lei entra em vigor cinco dias após a sua publicação.
>
> **Art. 6.º** Revogam-se as disposições em contrário, em especial o art. 18 da Lei n.º 8.137, de 27 de dezembro de 1990, restaurando-se a numeração dos artigos do Decreto-lei n.º 2.848, de 7 de dezembro de 1940 Código Penal Brasileiro, alterado por aquele dispositivo.
>
> Brasília, 8 de fevereiro de 1991; 170.º da Independência e 103.º da República.
>
> FERNANDO COLLOR
> *Jarbas Passarinho*
> *Zélia M. Cardoso de Mello*
> *Ozires Silva*
>
> (*DOU* 13.02.1991)

Computador

Lei 9.609, de 19 de fevereiro de 1998

Dispõe sobre a proteção da propriedade intelectual de programa de computador, sua comercialização no País, e dá outras providências.

O Presidente da República:

Faço saber que o Congresso Nacional decreta e eu sanciono a seguinte Lei:

(...)

Capítulo V
DAS INFRAÇÕES E DAS PENALIDADES

Art. 12. Violar[1-3] direitos de autor[4] de programa[5] de computador:[6-7]

Pena – detenção, de 6 (seis) meses a 2 (dois) anos ou multa.[8]

§ 1.º Se a violação consistir na reprodução, por qualquer meio, de programa de computador, no todo ou em parte, para fins de comércio, sem autorização[9] expressa do autor ou de quem o represente:[10]

Pena – reclusão, de 1 (um) a 4 (quatro) anos e multa.

§ 2.º Na mesma pena do parágrafo anterior incorre quem vende,[11-13] expõe à venda, introduz no País, adquire, oculta ou tem em depósito, para fins de comércio, original ou cópia de programa de computador, produzido com violação de direito autoral.[14-15-A]

§ 3.º Nos crimes previstos neste artigo, somente se procede mediante queixa,[16] salvo:[17]

I – quando praticados em prejuízo de entidade de direito público, autarquia, empresa pública, sociedade de economia mista ou fundação instituída pelo poder público;

II – quando, em decorrência de ato delituoso, resultar sonegação fiscal, perda de arrecadação tributária ou prática de quaisquer dos crimes contra a ordem tributária ou contra as relações de consumo.

> § 4.º No caso do inciso II do parágrafo anterior, a exigibilidade do tributo, ou contribuição social e qualquer acessório, processar-se-á independentemente de representação.[18]

1. Análise do núcleo do tipo: *violar* significa transgredir ou infringir. O objeto da conduta são os direitos de autor de programa de computador (ver conceitos nas próximas notas). Na jurisprudência: STF: "A Lei 9.609/1998 é norma específica, que tipifica a conduta de comercialização de mídias com programas de computador reproduzidos sem autorização do autor" (HC 136.233, 2.ª T., rel. Ricardo Lewandowski, j. 26.10.2016). TJSP: "Apelação criminal. Violação de direito autoral. Exposição à venda de jogo de computador contrafeito com violação de direito autoral. Materialidade e autoria induvidosas. Princípios da adequação social e insignificância. Falta de amparo legal. Conceito de programa de computador. Conduta que se amolda àquela do art. 12 da Lei 9.609/98. Desclassificação. Necessidade. Remessa à origem para eventual suspensão do processo. Parcial provimento" (Ap. 0052693-27.2011.8.26.0405 – SP, 10.ª Câmara de Direito Criminal, rel. Rachid Vaz de Almeida, j. 03.03.2016, v.u.); "Constitucionalidade do tipo penal. Inocorrência de afronta ao princípio da proporcionalidade em relação ao preceito secundário do artigo 12 da Lei n.º 9.609/98 (Lei de Propriedade Intelectual de Programa de Computador)" (Ap. 0017574-71.2013.8.26.0037 – SP, 16.ª Câmara de Direito Criminal, rel. Otávio de Almeida Toledo, j. 15.03.2016, v.u.); "Violação de direito de direito autoral. Jogo eletrônico (*videogame*) que não se enquadra na hipótese do CP, art. 184, § 2.º, mas, sim, na Lei n.º 9.609/98, que dispõe sobre a proteção da propriedade intelectual de programa de computador, sua comercialização no país, e dá outras providências (art. 12, § 2.º), cuja *persecutio criminis* se dá por ação penal privada (§ 3.º). Ilegitimidade ativa. Inteligência do CPP, art. 564, II. Ausência de queixa-crime. Decadência. Extinção da punibilidade. Não demonstração de prejuízo a entidade de direito público, autarquia, empresa pública, sociedade de economia mista ou fundação instituída pelo Poder Público ou ocorrência de sonegação fiscal, perda de arrecadação tributária ou prática de quaisquer dos crimes contra a ordem tributária ou contra as relações de consumo a torná-la incondicionada. Constrangimento ilegal caracterizado. Trancamento da ação penal. Ordem concedida" (HC 2222130-10.2016.8.26.0000 – SP, 7.ª Câmara de Direito Criminal, rel. Eduardo Abdalla, j. 02.02.2017, v.u.).

2. Sujeitos ativo e passivo: o sujeito ativo pode ser qualquer pessoa. O sujeito passivo é qualificado, só podendo ser o autor de programa de computador, bem como seus herdeiros e sucessores, até o limite fixado em lei, ou seja, 50 anos (art. 2.º, § 2.º, desta Lei).

3. Elemento subjetivo: é o dolo. Não há elemento subjetivo específico, nem se pune a forma culposa.

4. Norma penal em branco: *direito de autor* é um ramo do Direito Privado, que busca regular as relações jurídicas originárias da criação e da utilização econômica de obras intelectuais em geral, incluindo as científicas (nota 1-A ao art. 184 do nosso *Código Penal comentado*). Para a sua correta interpretação, depende de uma análise mais detalhada, encontrada no direito extrapenal. Cuida-se de norma penal em branco, necessitando o intérprete conhecer quais são os direitos do autor, consultando as Leis 9.609/98 e 9.610/98. Na jurisprudência: STJ: "O art. 12 da Lei n. 9.609/98 diz respeito à violação de direitos de autor de programa de computador, bem jurídico diverso daquele tutelado no art. 184, § 2.º, do CP. Não se admite a combinação de leis para que a conduta da recorrente seja tipificada no art. 184, § 2.º, do CPB e a pena aplicada seja aquela prevista no art. 12 da Lei n. 9.609/98. Precedentes. Agravo regimental desprovido" (AgRg no REsp 1509904 – SP, 5.ª T., rel. Joel Ilan Paciornik, j. 28.06.2016, v.u.). TJSP: "Violação de direito autoral – Artigo 184, § 2.º, do Código Penal – Conduta de expor à venda, com intuito de lucro, DVDs reproduzidos sem autorização do titular do direito autoral – Pretensão à absolvição por insuficiência de provas para condenação – Inadmissibilidade – Materialidade e autoria comprovadas – Atipicidade da conduta sob o fundamento de aplicação da Teoria da adequação social e do Princípio da insignificância – Impossibilidade – Inconstitucionalidade não verificada – Desclassificação da imputação inicial para a rubrica do crime previsto no artigo 12 da Lei n.º 9.609/98 (violação de direitos de autor de programa de computador) – Impossibilidade – Conduta que se subsume perfeitamente ao tipo penal previsto no art. 184, § 2.º, do CP – Condenação mantida – Dosimetria escorreita – Reprimendas fixadas no mínimo legal – Recurso não provido" (Apelação Criminal 0000034-29.2016.8.26.0126, 15.ª Câmara de Direito Criminal, rel. Cláudio Marques, j. 11.04.2019, v.u.).

5. Programa de computador: conforme dispõe o art. 1.º desta Lei, "é a expressão de um conjunto organizado de instruções em linguagem natural ou codificada, contida em suporte físico de qualquer natureza, de emprego necessário em máquinas automáticas de tratamento da informação, dispositivos, instrumentos ou equipamentos periféricos, baseados em técnica digital ou análoga, para fazê-los funcionar de modo e para fins determinados". O *software* (sistema computacional, que envolve instruções, programas e comandos, para a utilização do *hardware*), utilizado para mover as atividades da máquina, representa um programa de computador, como ocorre com os sistemas operacionais (ex.: Windows XP da empresa Microsoft; Mac OS da empresa Apple).

6. Objetos material e jurídico: o objeto material é o programa de computador. O objeto jurídico é a propriedade intelectual.

7. Classificação: é crime comum (pode ser praticado por qualquer pessoa); formal (não depende da ocorrência de efetivo prejuízo para qualquer pessoa); de forma livre (pode ser cometido por qualquer meio eleito pelo agente); comissivo (o verbo indica ação); instantâneo (a consumação ocorre em momento definido); excepcionalmente, pode adquirir a forma permanente (a consumação se arrasta no tempo), desde que a utilização indevida do programa seja contínua; unissubjetivo (pode ser cometido por uma só pessoa); plurissubsistente (cometido por mais de um ato); admite tentativa.

8. Crime de menor potencial ofensivo: cabem os benefícios previstos na Lei 9.099/95 (transação, lavratura do termo circunstanciado em lugar do auto de prisão em flagrante etc.).

9. Elemento normativo do tipo: a autorização expressa do autor para a utilização do programa desfigura completamente a conduta criminosa, transformando-a em lícita. Logo, foi introduzido elemento relativo à antijuridicidade no tipo. Uma vez presente a referida autorização, o fato torna-se atípico.

10. Figura qualificada: quando a violação do direito autoral, em relação a programa de computador, ocorre por intermédio da reprodução do referido programa, total ou parcialmente, com a finalidade de comércio (obtenção de lucro), a pena é aumentada para reclusão, de um a quatro anos, e multa. Deixa de ser infração de menor potencial ofensivo, embora ainda permita a aplicação da suspensão condicional do processo (pena mínima igual a um ano) e também a substituição da pena privativa de liberdade por restritiva de direitos (art. 44, CP), em caso de condenação. Na jurisprudência: TJRS: "A acusação consiste na violação de direitos de autor e os que lhe são conexos, constando que o denunciado manteve, por diversos anos, uma empresa de locação de videogames e jogos, reproduzindo, sem autorização dos titulares do direito autoral ou de quem os representem, inúmeras obras em CDs e DVDs, as quais eram colocadas à disposição dos clientes do estabelecimento comercial. Contudo, a violação dos direitos de autor em programa de computador é protegida pela Lei n.º 9.609/98 – Lei de *Software* – que dispõe sobre a proteção da propriedade intelectual de programa de computador, sua comercialização no País, e dá outras providências, tipificando a conduta do acusado no art. 12, § 1.º. Assim, está equivocado o tipo penal, uma vez que a conduta de reprodução de jogos de *videogame* não originais está prevista em lei especial" (AC 70068370584 – RS, 4.ª Câmara Criminal, rel. Mauro Evely Vieira de Borba, j. 31.03.2016, v.u.).

11. Análise do núcleo do tipo: *vender* (alienar por determinado preço), *expor à venda* (mostrar ou exibir a terceiros para que seja realizada a alienação por certo preço), *introduzir* (fazer ingressar) no País, *adquirir* (obter de forma gratuita ou onerosa), *ocultar* (esconder) e *ter em depósito* (possuir armazenado) são as condutas. O objeto é o programa de computador, em formato original ou em cópia, *produzido em violação de direito autoral* (leia-se: sem autorização do autor ou em desacordo com o disposto nesta Lei). Lembremos que há algumas situações em que a própria lei afasta o caráter criminoso da conduta. São as hipóteses contidas nos incisos do art. 6.º. Para exemplificar: não é infração ao direito do titular do programa de computador: "I – a reprodução, em um só exemplar, de cópia legitimamente adquirida, desde que se destine à cópia de salvaguarda ou armazenamento eletrônico, hipótese em que o exemplar original servirá de salvaguarda". Na jurisprudência: TJRS: "A comercialização irregular de jogos de computador é protegida pela Lei n.º 9.609/98 – Lei de *Software* – que dispõe sobre a proteção da propriedade intelectual de programa de computador, sua comercialização no país, e dá outras providências, tipificando a conduta do art. 12, § 2.º, não se tratando do fato e tipo penal descritos na denúncia. Ainda, ausente perícia técnica apta a indicar que o conteúdo dos CDs era inautêntico, deve ser mantida a sentença. Recurso desprovido. Por maioria" (AC 70068632116 – RS, 4.ª Câmara Criminal, rel. Julio Cesar Finger, j. 14.04.2016, m.v.). TJSC: "'Reconhecidas constitucionalmente a existência e a possibilidade de amparo da propriedade imaterial, é natural que a legislação ordinária lhe confira a devida proteção. Os bens imateriais são impalpáveis, pois fazem parte do produto da atividade intelectual do ser humano, mas nem por isso deixam de ter considerável valor econômico' (Guilherme de Souza Nucci, 2014). Havendo efetiva lesão ao bem jurídico tutelado pela norma, representada pelo prejuízo econômico e moral suportado individualmente pelos autores dos programas de computador, bem como pelas demais pessoas e setores relacionados à reprodução e difusão das criações, não se pode negar subsunção ao tipo penal. (...) Em face da desclassificação operada para o delito previsto no art. 12, § 2.º, da Lei n. 9.609/98, impõe-se o sobrestamento dos efeitos da condenação e a remessa dos autos ao Ministério Público, para que analise a possibilidade de proposta de suspensão condicional do processo" (Ap. 0004506-82.2011.8.24.0036 – SC, 3.ª Câmara Criminal, rel. Moacyr de Moraes Lima Filho, j. 28.06.2016, v.u.).

12. Sujeitos ativo e passivo: o sujeito ativo pode ser qualquer pessoa. O sujeito passivo é o titular do programa de computador, bem como seus herdeiros e sucessores, respeitado o prazo de 50 anos, previsto nesta Lei.

13. Elemento subjetivo: é o dolo. Há elemento subjetivo específico, consistente na finalidade de comércio. Não se pune a forma culposa.

14. Objetos material e jurídico: o objeto material é o programa de computador. O objeto jurídico é a propriedade intelectual.

15. Classificação: é crime comum (pode ser praticado por qualquer pessoa); formal (não depende da ocorrência de efetivo prejuízo para qualquer pessoa, nem mesmo se demanda a realização de ato de comércio); de forma livre (pode ser cometido por qualquer meio eleito pelo agente); comissivo (os verbos indicam ações, como regra); instantâneo (a consumação ocorre em momento definido), nas formas *vender*, *introduzir*, *adquirir*, mas permanente (a consumação se arrasta no tempo), nas modalidades *expor à venda*, *ocultar* e *ter em depósito*; unissubjetivo (pode ser cometido por uma só pessoa); plurissubsistente (cometido por mais de um ato); admite tentativa.

15-A. Concurso de crimes: é perfeitamente possível haver a violação de direito autoral (art. 184, CP) em concurso com o delito previsto nesta lei especial, que cuida, exclusivamente, do programa de computador. Ilustrando, o agente pode violar direito de autor, no contexto de filmes, reproduzindo, indevidamente, o conteúdo em DVD, para revenda, ao mesmo tempo que transgride o direito de autor caso copie um *software* e o distribua, com lucro, sem autorização. Não há absorção de um crime pelo outro, visto serem bens jurídicos diversos. Na jurisprudência: TJSP: "Violação de direito autoral. Apelo defensivo que espera a absolvição invocando o 'princípio da adequação social'. Inaplicabilidade. Caráter criminoso da conduta observado. Súmula 502 do STJ. Alegada *abolitio criminis* decorrente da supressão da palavra 'videofonogramas' da norma penal incriminadora. Impossibilidade. Criações que continuam protegidas, enquadrando-se na expressão 'obra intelectual'. Condenação mantida. Recurso defensivo improvido. *Apelo ministerial buscando a condenação também pelo crime do art. 12, §§ 2.º e 3.º, inciso II, da Lei 9.609 de 1998. Ausência de bis in idem. Violação concomitante do bem jurídico tutelado por ambos os dispositivos. Condenação necessária.* Apelo ministerial provido" (Apelação Criminal 0005675-50.2014.8.26.0196, 16.ª Câmara, rel. Otávio de Almeida Toledo, j. 12.11.2018, v.u., grifamos).

16. Ação privada: a regra, para os delitos descritos nesta Lei, é a ação de iniciativa do ofendido. Entretanto, deve-se ressaltar que, no contexto dos crimes contra a propriedade intelectual em geral (art. 184, CP), passou-se a considerar de ação pública incondicionada os casos que envolvessem o intuito de lucro. Se assim fosse aplicado nesta Lei, as condutas previstas no art. 12, §§ 1.º e 2.º, deveriam ser de ação pública incondicionada. Porém, a alteração introduzida no Código Penal não abrange esta Lei, que é especial. Mantém-se, pois, a ação privada. Na jurisprudência: STJ: "Art. 12, § 2.º, da Lei 9.609/98. Ação Privada. Ausência de Propositura de Medida de Busca e Apreensão. Existência de Perícia Privada. (...) 1. O prazo decadencial de 6 meses para propositura da queixa-crime conta-se a partir da ciência da autoria, nos termos dos arts. 38 do CPP e 103 do CP. 2. Em se tratando de crime contra a propriedade imaterial, sem medida de busca e apreensão porque já conhecida a autoria e materialidade delitiva por meio de perícia privada, tem-se, nesse momento, o termo inicial do lapso temporal. 3. Não proposta a ação privada dentro do prazo decadencial de 6 meses a contar do conhecimento da autoria do delito, opera-se a decadência. 4. Recurso especial improvido" (REsp 1.779.215 – SP, 6.ª T., rel. Nefi Cordeiro, 12.11.2019, v.u.). TJSP: "Violação de direitos de autor de programa de computador – art. 12 da Lei 9.609/98. Pretensão de reconhecimento da decadência. Ocorrência. Crimes contra a propriedade imaterial que possuem rito próprio, sendo o prazo decadencial de 30 dias a contar da homologação do laudo. Inteligência do art. 529 do CPP. Prazo superado. (...) Isso porque, analisando-se os autos tem-se que o presente HC decorre de uma queixa-crime que imputa ao ora paciente a prática do art. 12 da Lei 9.609/98, que tipifica a conduta de 'violar direitos de autor de programa de computador'. Trata-se, portanto, de um crime contra a propriedade imaterial, cuja materialidade, por deixar vestígio, exige elaboração de laudo pericial (art. 525 do CPP), e para o qual o artigo 529 do Código do Processo Penal prevê prazo decadencial de 30 dias a contar da homologação do referido laudo, *in verbis*: 'Nos crimes de ação privativa do ofendido, não será admitida queixa com fundamento em apreensão e em perícia, se decorrido o prazo de 30 dias, após a homologação do laudo'. Ordem concedida para reconhecer a decadência e julgar extinta a punibilidade do paciente" (HC 0105863-82.2024.8.26.9061, Turma Recursal Criminal, rel. Flavio Fenoglio Guimarães, 05.06.2024, v.u.).

17. Exceções: constituem casos de ação pública incondicionada os descritos nos incisos I e II do § 3.º, envolvendo o interesse de entidade de direito público, autarquia, empresa pública, sociedade de economia mista ou fundação instituída pelo poder público, bem como quando, do ato delituoso de violação do direito do titular do programa de computador, gerar-se sonegação fiscal de qualquer forma ou delito contra as relações de consumo. Cuida-se de disposição correta, uma vez que envolve interesse público na apuração do delito. Lembremos que a utilização não autorizada de um programa de computador reproduzido para qualquer fim não somente afeta o direito do autor, mas também o do Estado, que deixa de arrecadar o imposto sobre a circulação desse bem, além do tributo referente à renda que o próprio autor deixou de auferir. Conferir: TJRJ: "Recurso em sentido estrito. Acusado que tinha em depósito, para fins de comércio, cópias de programa de computador, em violação a direito autoral. Delito tipificado no artigo 12, § 2.º, da Lei n.º 9.609/98. Rejeição da denúncia por ilegitimidade ativa *ad causam* do Ministério Público, por entender o juízo *a quo* que o crime em questão é de ação penal privada. Recurso a que se dá provimento. Legitimidade do Ministério Público para a persecução penal do delito, na forma do § 3.º, inciso II, do artigo 12 da Lei n.º 9.609/98. Precedentes deste tribunal" (RSE 0145276-06.2013.8.19.0001 – RJ, 2.ª Câmara Criminal, rel. Flavio Marcelo de Azevedo Horta Fernandes, j. 29.03.2016, v.u.).

18. Condição objetiva de punibilidade: atualmente, o Supremo Tribunal Federal vem entendendo que, para o ajuizamento de ação penal, por crime contra a ordem tributária, deve haver prévio esgotamento da via administrativa, quando se chegar à conclusão de que, realmente, houve sonegação. Ver a Súmula Vinculante 24: "Não se tipifica crime material contra a ordem tributária, previsto no art. 1.º, incisos I a IV, da Lei 8.137/1990, antes do lançamento definitivo do tributo". Nesse sentido: TJSP: "A ação penal prevista no artigo 12, § 2.º, da Lei n.º 9.609/98 é de iniciativa privada, comportando exceções que estão previstas no § 3.º, incisos I e II, da aludida Lei. Desta forma, quando o crime é praticado contra entidade de direito público, autarquia, empresa pública, sociedade de economia mista ou fundação instituída pelo poder público ou quando, em decorrência de ato delituoso, resultar sonegação fiscal, perda de arrecadação tributária ou prática de quaisquer dos crimes contra a ordem tributária ou contra as relações de consumo. Guilherme de Souza Nucci destaca, ao comentar sobre o inciso II, do § 3.º, do artigo 12, da Lei n.º 9.609/1998, que '...atualmente o Supremo Tribunal Federal vem entendendo que, para o ajuizamento da ação penal, por crime contra a ordem tributária, deve haver prévio esgotamento da via administrativa, quando se chegar a conclusão que, realmente, houve sonegação...' (*in Leis Penais e Processuais Penais Comentadas*, 5. ed. rev. atual. e ampl. São Paulo: Editora Revista dos Tribunais, 2010, p. 135). Declaro, pois, nulo o processo a partir da denúncia, exclusivamente em relação ao crime previsto no artigo 12, § 2.º, da Lei n.º 9.609/1998, em face de ser a ação penal de iniciativa privada sendo que, ante a ausência de apresentação de queixa-crime no prazo legal, declaro extinta a punibilidade do acusado em face da ocorrência da decadência" (Ap. 0001095-95.2013.8.26.0071 – SP, 3.ª Câmara Criminal Extraordinária, rel. Silmar Fernandes, j. 13.11.2015, v.u.).

> **Art. 13.** A ação penal e as diligências preliminares de busca e apreensão, nos casos de violação de direito de autor de programa de computador, serão precedidas de vistoria,[19] podendo[20] o juiz ordenar a apreensão das cópias produzidas ou comercializadas com violação de direito de autor, suas versões e derivações, em poder do infrator ou de quem as esteja expondo, mantendo em depósito, reproduzindo ou comercializando.

19. Vistoria: é um termo utilizado para a inspeção judicial. Não nos parece deva o magistrado, necessariamente, deslocar-se ao local onde se pretende proceder à busca e apreensão do material objeto de reprodução ou utilização não autorizada. Pensamos ser facultativa essa vistoria. O mais relevante é que a diligência, realizada por oficial de justiça, acompanhado, se for o caso de perito e da polícia, seja autorizada por mandado judicial de busca e apreensão, nos termos do art. 240 e seguintes do CPP.

20. Faculdade ou obrigação: cremos que, provada a utilização indevida, deve o juiz determinar a apreensão das cópias produzidas ou comercializadas com violação do direito autoral, além de suas versões e derivações, em poder do criminoso ou de outra pessoa. Somente não ordenará a apreensão se restar dúvida razoável a respeito da impropriedade do uso. Por isso, o ideal é determinar a realização da diligência de busca e apreensão nos moldes previstos no art. 527 do CPP. Se peritos acompanharem o oficial de justiça dificilmente haverá erro quanto à apreensão de qualquer material.

> **Art. 14.** Independentemente da ação penal,[21] o prejudicado poderá intentar ação para proibir ao infrator a prática do ato incriminado, com cominação de pena pecuniária para o caso de transgressão do preceito.
>
> § 1.º A ação de abstenção de prática de ato poderá ser cumulada com a de perdas e danos pelos prejuízos decorrentes da infração.
>
> § 2.º Independentemente de ação cautelar preparatória, o juiz poderá conceder medida liminar proibindo ao infrator a prática do ato incriminado, nos termos deste artigo.
>
> § 3.º Nos procedimentos cíveis, as medidas cautelares de busca e apreensão observarão o disposto no artigo anterior.
>
> § 4.º Na hipótese de serem apresentadas, em juízo, para a defesa dos interesses de qualquer das partes, informações que se caracterizem como confidenciais, deverá o juiz determinar que o processo prossiga em segredo de justiça, vedado o uso de tais informações também à outra parte para outras finalidades.
>
> § 5.º Será responsabilizado por perdas e danos aquele que requerer e promover as medidas previstas neste e nos arts. 12 e 13, agindo de má-fé ou por espírito de emulação, capricho ou erro grosseiro, nos termos dos arts. 16, 17 e 18 do Código de Processo Civil.

21. Medidas de ordem civil: nos parágrafos do art. 14 estão previstas as medidas cautelares e indenizatórias que o prejudicado pode mover para resguardar seus interesses, independentemente das que já foram tomadas em sede penal. Na jurisprudência: TJPR: "1. Consoante dispõe a Lei n.º 9.609/98, a mera probabilidade do uso indevido de programas de computador autoriza a providência cautelar dos direitos do possível lesado. 2. Precedentes do STJ" (AI 1306464-5 – PR, 7.ª Câmara Cível, rel. Victor Martim Batschke, j. 26.05.2015, v.u.).

Capítulo VI
Disposições finais

> **Art. 15.** Esta Lei entra em vigor na data de sua publicação.
>
> **Art. 16.** Fica revogada a Lei 7.646, de 18 de dezembro de 1987.
>
> Brasília, 19 de fevereiro de 1998; 177.º da Independência e 110.º da República.
>
> Fernando Henrique Cardoso
>
> (*DOU* 20.02.1998; ret. 25.02.1998)

Consumidor

Lei 8.078, de 11 de setembro de 1990

Dispõe sobre a proteção do consumidor[1] e dá outras providências.

O Presidente da República:

Faço saber que o Congresso Nacional decreta e eu sanciono a seguinte Lei:

(...)

TÍTULO II
DAS INFRAÇÕES PENAIS[2]

Art. 61. Constituem crimes contra as relações de consumo previstas neste Código,[3] sem prejuízo do disposto no Código Penal e leis especiais, as condutas tipificadas nos artigos seguintes.[4]

Art. 62. (*Vetado*).

1. Fundamento constitucional: a proteção ao consumidor é garantia humana fundamental, nos termos do art. 5.º, XXXII, da Constituição Federal: "o Estado promoverá, na forma da lei, a defesa do consumidor". Inclui-se, ainda, dentre as atividades estatais de controle da ordem econômica, conforme se prevê no art. 170 da mesma Constituição: "A ordem econômica, fundada na valorização do trabalho humano e na livre-iniciativa, tem por fim assegurar a todos existência digna, conforme os ditames da justiça social, observados os seguintes princípios: (...) V – defesa do consumidor".

2. Direito Penal do Consumidor: da mesma forma que há o Direito Penal Tributário, o Direito Penal Ambiental, entre outras subdivisões específicas no contexto das infrações penais, deve-se mencionar o Direito Penal do Consumidor, que, nas palavras de Antônio Herman V. Benjamin "é o ramo do Direito Penal Econômico que, ao sancionar certas condutas praticadas no mercado, visa garantir o respeito aos direitos e deveres decorrentes do regramento civil e administrativo que orienta as relações entre fornecedores e consumidores. Seu objetivo principal, pois, é sancionar, como alavanca instrumental, certas condutas desconformes (não todas) que ocorrem no relacionamento entre o consumidor e o fornecedor" (*Comentários ao Código de Defesa do Consumidor*, p. 894). Lembremos que, no âmbito das relações de consumo, concentram-se importantes aspectos do Direito Penal Econômico, pois há nítida interligação entre os crimes contra a ordem econômica e a proteção à economia popular e à relação de consumo. Se um empresário busca dominar o mercado, eliminando a concorrência, certamente não o fará simplesmente por capricho, havendo a finalidade de lucro desmedido, o que, por óbvio, reflete na economia popular e, particularmente, no conjunto dos consumidores. Dessa forma, inúmeras condutas, consideradas delitos contra a ordem econômica, terminam produzindo efeitos diretos ou indiretos no bolso do consumidor, acarretando-lhe prejuízos incalculáveis, até por que é a parte mais fraca na relação *fornecedor-consumidor*. A criminalização de determinadas condutas, valendo-se do Direito Penal da intervenção mínima (*ultima ratio*), deve ser incentivada quando outra possibilidade de composição do conflito e de cessação da atividade ilícita, no cenário das relações de consumo, vê-se frustrada. Antes mesmo da Constituição Federal de 1988 e do Código de Defesa do Consumidor, René Ariel Dotti alertava que o "consumidor brasileiro é um ser carente de proteção contra as mais variadas formas de abuso, desde a qualidade da alimentação, dos medicamentos e de outros produtos de primeira necessidade, até os serviços e as coisas supérfluas. Uma vítima ambulante e multi-'reincidente' [sic]" (O Direito Penal econômico e a proteção ao consumidor, p. 152-153).

3. Diferença entre as infrações penais desta Lei e as previstas na Lei 8.137/90: esta última, no art. 7.º, prevê condutas mais graves, tanto que a pena aplicável é maior (detenção, de dois a cinco anos, ou multa), não sendo considerados tais crimes como sendo de menor potencial ofensivo (ver a nota 92 ao art. 4.º da Lei 8.137/90). Por outro lado, os tipos penais da Lei 8.137/90 acabam tutelando, de forma mais abrangente, o contexto das relações de consumo, envolvendo outras pessoas, como o intermediário, e não somente o consumidor final (cf. Antônio Herman V. Benjamin, *Código de Defesa do Consumidor*, p. 898). Mas, como já ressaltado na nota 112 ao art. 7.º da Lei 8.137/90, houve despreocupação legislativa com a edição sistematizada de duas leis, cuidando do mesmo assunto, provocando, inclusive, a revogação tácita de alguns tipos penais da Lei 8.078/90, o que não poderia ocorrer, pois, entre ambas, passaram-se somente alguns meses.

4. Inutilidade do dispositivo: especifica-se que os tipos penais incriminadores, com referência às relações de consumo, estão previstos nesta Lei, sem prejuízo do que, eventualmente, vier disposto no Código Penal e em outras leis especiais. É óbvio! Em homenagem ao critério da sucessividade, todas as normas incriminadoras, quanto às relações de consumo, editadas após a Lei 8.078/90, têm preferência para a aplicação. E, se porventura houver lei especial em relação ao Código de Defesa do Consumidor, é ela a aplicável. Em suma, o art. 61 é integralmente estéril.

> **Art. 63.** Omitir[5-7] dizeres ou sinais ostensivos sobre a nocividade ou periculosidade[8] de produtos, nas embalagens, nos invólucros, recipientes ou publicidade:[9-11]
>
> Pena – detenção de 6 (seis) meses a 2 (dois) anos ou multa.[12]
>
> § 1.º Incorrerá nas mesmas penas quem deixar[13-15] de alertar, mediante recomendações escritas ostensivas, sobre a periculosidade do serviço a ser prestado.[16-17]
>
> § 2.º Se o crime é culposo:[18]
>
> Pena – detenção de 1 (um) a 6 (seis) meses ou multa.[19]

5. Análise do núcleo do tipo: *omitir* (deixar de dizer, não mencionar) dizeres (enunciados, comunicados) ou sinais (representações gráficas de algo) ostensivos (aparentes, visíveis) a respeito da nocividade (prejudicialidade, lesividade) ou periculosidade (potencialidade de causar dano) de produtos (coisas comerciáveis; segundo o disposto no art. 3.º, § 1.º, da Lei 8.078/90: "é qualquer bem, móvel ou imóvel, material ou imaterial") nas embalagens, invólucros e recipientes (são termos correlatos, embora, neste contexto, a embalagem possa significar o rótulo ou o material que envolve o invólucro, lugar onde se armazena algo ou o recipiente, objeto capaz de receber líquido). Como sustentamos na nota 9 deste artigo, entendemos que a omissão de dizeres e sinais acerca de nocividade ou periculosidade de produtos desrespeita as prescrições legais, melhor se encaixando no art. 7.º, II, da Lei 8.137/90, mais recente e mais rigoroso. Afinal, é na embalagem que se apõe avisos em geral. Por outro lado, remanesce o delito do art. 63 em relação à publicidade (publicação de anúncios sobre o produto nos meios de comunicação em geral). Deve ela conter os dizeres ou sinais relativos à nocividade ou periculosidade das mercadorias oferecidas ao consumidor.

6. Sujeitos ativo e passivo: o sujeito ativo é o empresário fabricante ou fornecedor de produtos para comércio. Podemos nos valer, ainda, para melhor compreensão, do disposto no art. 3.º, *caput*, desta Lei: "é toda pessoa física ou jurídica, pública ou privada, nacional ou estrangeira, bem como os entes despersonalizados, que desenvolvem atividades de produção, montagem, criação, construção, transformação, importação, exportação, distribuição ou comercialização de produtos ou prestação de serviços". O sujeito passivo é o consumidor potencial ou efetivo. Valemo-nos do conceito exposto no art. 2.º desta Lei: "é toda pessoa física ou jurídica que adquire ou utiliza produto ou serviço como destinatário final. Parágrafo único. Equipara-se a consumidor a coletividade de pessoas, ainda que indetermináveis, que haja intervindo nas relações de consumo".

7. Elemento subjetivo: é o dolo. Não há elemento subjetivo específico. Pune-se a forma culposa.

8. Elementos normativos do tipo: *nocividade* e *periculosidade* são termos que dependem de valoração. Parece-nos que o juiz tem a possibilidade de fazê-lo em casos mais simples e evidentes, cuja prejudicialidade ou potencialidade lesiva é clara, por meio de regras comuns de experiência (ex.: venda de substâncias venenosas, para matar ratos ou insetos). Entretanto, caso o produto contenha uma substância qualquer de duvidosa nocividade ou periculosidade, cremos fundamental a realização de exame pericial.

9. Derrogação do art. 63: o art. 7.º, II, da Lei 8.137/90 dispõe que é crime contra as relações de consumo "vender ou expor à venda mercadoria cuja embalagem, tipo, especificação, peso ou composição esteja *em desacordo com as prescrições legais*, ou que não corresponda à respectiva *classificação oficial*" (grifamos). A pena é de detenção, de dois a cinco anos, ou multa. O art. 63 da Lei 8.078/90 prevê, em outras palavras, a mesma situação, vale dizer, não pode o fornecedor de bens deixar de inserir dizeres ou sinais a respeito da nocividade ou periculosidade de produtos, nas embalagens, nos invólucros, recipientes ou publicidade. Ora, quem não faz expressa menção na embalagem acerca da periculosidade do produto – obviamente, mercadoria vendida ou exposta à venda, pois, do contrário, se estiver fora do comércio, não afeta consumidor algum – está incidindo na figura do referido inciso II do art. 7.º. Este tipo é norma penal em branco. A embalagem da mercadoria colocada à venda deve respeitar as prescrições legais. Estas exigem que constem dizeres sobre a nocividade ou periculosidade de produtos (basta checar, como exemplo, o disposto no art. 8.º da Lei 8.078/90). Do exposto, se na embalagem da mercadoria não há aviso da nocividade ou periculosidade do produto, há desconformidade com o estipulado em lei. Configura-se o crime do art. 7.º, II, da Lei 8.137/90 (mais recente) e não o do art. 63 da Lei 8.078/90. Remanesce a figura do art. 63 para a omissão dos dizeres e sinais na publicidade feita em relação a tais mercadorias (o que não é envolvido pela Lei 8.137/90), bem como o que vem disposto nos §§ 1.º (refere-se a serviços) e 2.º (institui a forma culposa).

10. Objetos material e jurídico: o objeto material é o informe (por meio de escrito ou sinal) sobre a nocividade ou periculosidade. O objeto jurídico é a proteção da relação de consumo.

11. Classificação: é crime próprio (somente pode ser praticado pelo empresário fornecedor de bens e serviços); mera conduta (independe da ocorrência de qualquer efetivo prejuízo para o consumidor); de forma livre (pode ser cometido por qualquer meio eleito pelo agente); omissivo (deixar de fazer algo); instantâneo (a consumação ocorre em momento definido, geralmente quando o produto é distribuído e fica ao alcance do consumidor, ou quando a propaganda é efetivada); unissubjetivo (pode ser cometido por uma só pessoa); unissubsistente (cometido num único ato). Não admite tentativa.

12. Crime de menor potencial ofensivo: admite transação e os demais benefícios da Lei 9.099/95.

13. Análise do núcleo do tipo: *deixar de alertar* (não efetuar o aviso cabível de atenção) a respeito da periculosidade (potencialidade de causar dano) de um serviço ("é qualquer atividade fornecida no mercado de consumo, mediante remuneração, inclusive as de natureza bancária, financeira, de crédito e securitária, salvo as decorrentes das relações de caráter trabalhista", segundo o art. 3.º, § 2.º, desta Lei) a ser prestado (situação futura). O mecanismo imposto é a *recomendação escrita ostensiva* (informe estampado em base material que comporte escrita – representação de palavras ou ideias por sinais – feita de maneira visível e aparente). Logicamente, a determinação para a recomendação ser realizada dessa forma tem a finalidade de constituir, desde logo, prova do alerta passado ao consumidor. Evita-se, com isso, o *diz que diz*. Se ocorrer algum problema durante a execução do serviço potencialmente perigoso, poderia dizer o consumidor não ter sido convenientemente avisado, enquanto o prestador do serviço diria tê-lo feito. Havendo comunicação por escrito, acolhendo-se o recibo do consumidor, resolve-se o eventual confronto. Entretanto, o bom senso deve imperar nesse cenário. Se o alerta foi efetivado verbalmente e o consumidor confirma que o recebeu, torna-se inviável considerar típica a conduta do fornecedor. Por outro lado, determina a lei que o aviso seja dado *antes* do serviço ser prestado. Ora, se a execução da atividade se der sem o alerta, mas por esquecimento, por exemplo, justificável pela urgência, não há que se falar em crime. No mais, é também preciso considerar que esse delito somente ganhará importância se e quando o consumidor reclamar. Se o serviço não for feito em larga escala, de modo que as autoridades dele tomem ciência, não haveria como punir o fornecedor, por absoluta ignorância acerca de sua conduta.

14. Sujeitos ativo e passivo: o sujeito ativo é o empresário fornecedor de serviço. O sujeito passivo é o consumidor.

15. Elemento subjetivo: é o dolo. Não há elemento subjetivo específico. Pune-se a forma culposa.

16. Objetos material e jurídico: o objeto material é a recomendação escrita ostensiva. O objeto jurídico é a proteção à relação de consumo.

17. Classificação: é crime próprio (somente pode ser praticado pelo empresário fornecedor de serviços); mera conduta (independe da ocorrência de qualquer efetivo prejuízo para o consumidor); de forma livre (pode ser cometido por qualquer meio eleito pelo agente); omissivo (deixar de fazer algo); instantâneo (a consumação ocorre em momento definido, geralmente quando o serviço é prestado, sem o aviso prévio quanto à periculosidade);

unissubjetivo (pode ser cometido por uma só pessoa); unissubsistente (cometido num único ato). Não admite tentativa.

18. Forma culposa: a culpa se caracteriza pelo comportamento voluntário, sem observância do dever de cuidado objetivo, causando resultado ilícito, involuntariamente, não desejado, mas previsível, que podia ter sido evitado. Para maiores detalhes, consultar as notas 68 e 70 ao art. 18 do nosso *Código Penal comentado*. Caracteriza-se pela imprudência (comportamento realizado com precipitação ou insensatez, na forma ativa), pela negligência (inação que se consolida em face do descuido ou da desatenção do agente) e pela imperícia (cuida-se da imprudência ou negligência no campo técnico, demonstrativa de falta de conhecimento suficiente do agente para o exercício de atividade especializada).

19. Crime de menor potencial ofensivo: admite transação e os demais benefícios da Lei 9.099/95.

> **Art. 64.** Deixar[20-22] de comunicar à autoridade competente e aos consumidores a nocividade ou periculosidade de produtos cujo conhecimento seja posterior à sua colocação no mercado:[23-24]
>
> Pena – detenção de 6 (seis) meses a 2 (dois) anos e multa.[25]
>
> **Parágrafo único.** Incorrerá nas mesmas penas quem deixar de retirar[26-28] do mercado, imediatamente quando determinado pela autoridade competente, os produtos nocivos ou perigosos, na forma deste artigo.[29-31]

20. Análise do núcleo do tipo: *deixar de comunicar* (não tornar público, não dar ciência) a nocividade (prejudicialidade) ou periculosidade (potencialidade de causar dano) de produtos já inseridos no mercado, consequentemente, vendidos ou expostos à venda. O informe deve ser dirigido à autoridade competente (normalmente, a sanitária, mas, conforme o produto, pode envolver outras igualmente) e os consumidores em geral (inclusive, os que não adquiriram o produto). Logo, o método para atingir as autoridades pode ser a correspondência, mas o consumidor precisa ser buscado por intermédio dos meios de comunicação em geral (rádio, TV, jornais, revistas etc.). O dever de agir advém de expressa previsão formulada nesta Lei (art. 10, §§ 1.º e 2.º). Note-se, ainda, que o conhecimento da situação de nocividade ou periculosidade deve ser *posterior* à inserção no mercado. Caso ocorra *antes*, torna-se fundamental o alerta na embalagem, sob pena de responder o fornecedor pelo delito do art. 7.º, II, da Lei 8.137/90 ou, conforme a situação, como incurso no art. 63 desta Lei.

21. Sujeitos ativo e passivo: o sujeito ativo é o empresário fornecedor de bens. O sujeito passivo é o consumidor potencial ou efetivo.

22. Elemento subjetivo: é o dolo. Inexiste o elemento subjetivo específico. Não se pune a forma culposa.

23. Objetos material e jurídico: o objeto material é o comunicado sobre a nocividade ou periculosidade de um produto. O objeto jurídico é a proteção às relações de consumo.

24. Classificação: é crime próprio (somente pode ser praticado pelo empresário fornecedor de bens); mera conduta (independe da ocorrência de qualquer efetivo prejuízo para o consumidor); de forma livre (pode ser cometido por qualquer meio eleito pelo agente); omissivo (deixar de fazer algo); instantâneo (a consumação ocorre em momento definido, geralmente quando o produto, já distribuído, fica ao alcance do consumidor); unissubjetivo (pode ser cometido por uma só pessoa); unissubsistente (cometido num único ato). Não admite tentativa.

25. Crime de menor potencial ofensivo: admite transação e os demais benefícios da Lei 9.099/95.

26. Análise do núcleo do tipo: *deixar de retirar* (não recolher) do mercado os produtos nocivos ou perigosos detectados como tais após a sua distribuição. Note-se que esta figura complementa a anterior, prevista no *caput*, mas não se trata de tipo alternativo. É cumulativo, vale dizer, se o fornecedor não avisar a autoridade e os consumidores sobre a nocividade ou periculosidade de um produto já distribuído *e* também deixar de retirá-lo do alcance do consumidor em geral comete dois delitos em concurso material. Se isto ocorrer, não há mais condições de aplicar a Lei 9.099/95, para efeito de transação, pois o somatório das penas máximas atinge o montante de quatro anos. Em tese, ainda seria viável a suspensão condicional do processo, pois a soma das penas mínimas não ultrapassa um ano. Para a consumação do crime, entretanto, é preciso a conjunção de dois fatores: determinação da autoridade competente (sanitária, agente do PROCON, juiz, dentre outras, conforme o caso) + imediatidade (relação de proximidade entre a ordem recebida e a medida de recolhimento tomada). Na definição de Antônio Herman V. Benjamin, cuida-se, neste caso, de um *recall* (retirada do mercado) por determinação oficial, como poderia ocorrer o chamado *recall* voluntário (a empresa age por sua conta), sem ordem do Poder Público, o que não é objeto de criminalização (cf. *Código de Defesa do Consumidor*, p. 913).

27. Sujeitos ativo e passivo: o sujeito ativo é o empresário fornecedor de bens. O sujeito passivo é o consumidor potencial ou efetivo.

28. Elemento subjetivo: é o dolo. Não há elemento subjetivo específico, nem se pune a forma culposa.

29. Objetos material e jurídico: o objeto material é o produto nocivo ou perigoso. O objeto jurídico é a proteção das relações de consumo.

30. Classificação: é crime próprio (somente pode ser praticado pelo empresário fornecedor de bens); mera conduta (independe da ocorrência de qualquer efetivo prejuízo para o consumidor); de forma livre (pode ser cometido por qualquer meio eleito pelo agente); omissivo (deixar de fazer algo); instantâneo (a consumação ocorre em momento definido, quando, recebida a ordem de retirada, não é rapidamente cumprida); unissubjetivo (pode ser cometido por uma só pessoa); unissubsistente (cometido num único ato). Não admite tentativa.

31. Avaliação do elemento normativo do tipo imediatamente: cuida-se, por certo, de termo de valoração subjetiva do juiz, valendo o bom senso e as regras de experiência. Pode ser que uma grande empresa tenha condições de, algumas horas depois de recebida a determinação da autoridade competente, retirar tudo do mercado. Outra, de menor porte, levará alguns dias ou semanas. O importante é iniciar a ação (sob pena de se configurar a atitude omissiva) *logo depois* de ser cientificado pela autoridade. Na oportuna lição de Manoel Pedro Pimentel, "o significado da palavra imediatamente – querendo dizer logo após – permite uma exigência rigorosa de tempo mínimo, ou um elastério tolerante de um tempo mais longo. Seria preferível que o legislador usasse uma palavra com sentido mais apropriado, como, p. ex., *logo que fosse determinado*, ou então, simplesmente omitisse o advérbio, dizendo apenas *quando determinado pela autoridade competente*" (*Aspectos penais do Código de Defesa do Consumidor*, p. 252).

Art. 65. Executar[32-33] serviço de alto grau de periculosidade,[34] contrariando determinação de autoridade competente:[35-36]

Pena – detenção de 6 (seis) meses a 2 (dois) anos e multa.[37]

> § 1.º As penas deste artigo são aplicáveis sem prejuízo das correspondentes à lesão corporal e à morte.[38]
>
> § 2.º A prática do disposto no inciso XIV do art. 39 desta Lei também caracteriza o crime previsto no *caput* deste artigo.[38-A]

32. Análise do núcleo do tipo: *executar* (concretizar, realizar) serviço (qualquer atividade fornecida no mercado de consumo) de alto grau de periculosidade (elevada probabilidade de ocorrência de dano) quando *contrariar* (não ser condizendo com algo) determinação de autoridade competente. Cuida-se de norma penal em branco, pois é preciso conhecer qual o conteúdo da ordem dada pela autoridade competente, no sentido de ser evitada a materialização de serviço de algo risco. Essa determinação pode ser genérica e válida por tempo indeterminado (expedida por portaria, decreto etc.), como pode ser específica a certo fornecedor, por tempo determinado (advinda de processo judicial ou acordo administrativo).

33. Sujeitos ativo e passivo: o sujeito ativo é o empresário fornecedor do serviço. O sujeito passivo é o consumidor potencial ou efetivo. Secundariamente, nesta hipótese, deve-se incluir a administração pública, em razão do desrespeito à determinação dada.

34. Elementos normativos do tipo: embora comportem variadas formas de análise, a expressão *alto grau de periculosidade* não deve ser objeto de análise, como regra, no processo criminal. Idealmente, se o fornecedor discordar da determinação dada pela autoridade, porque entende que esta exagerou na consideração de determinado serviço como de elevado risco de dano, precisa combater tal ordem na esfera própria, porém extrapenal, no campo judicial ou administrativo. O que não pode é desrespeitar a determinação e pretender demonstrar, no juízo penal, a impropriedade da conduta do órgão administrativo responsável pela ordem. Lembremos que o objeto jurídico é dúplice, envolvendo não somente as relações de consumo, mas também o prestígio da administração pública. Convém mencionar o alerta feito por parcela considerável da doutrina nacional. Manoel Pedro Pimentel diz ser a redação desse tipo "altamente censurável". (...) Em primeiro lugar, a expressão 'de alto grau de periculosidade' é despicienda e inconveniente. Despicienda, porque, se a execução do serviço contraria a determinação da autoridade competente, presume-se que a autoridade julgou inconveniente ou perigosa tal execução, e a ordem de não realizar o serviço, tem uma razão de ser e não poderia ser desobedecida. A alusão ao alto grau de periculosidade é inconveniente, porque decorre de uma presunção. Por outro lado, constando do texto legal, permite discussão em torno do que vem a ser um alto grau de periculosidade" (*Aspectos penais do Código de Defesa do Consumidor*, p. 252). Alberto Zacharias Toron, por seu turno, preleciona: "Pelo teor do preceito não se sabe se o referido 'alto grau de periculosidade' está ligado à proteção da pessoa que executa o serviço, à do transeunte que passa pela via, ou à do futuro adquirente do serviço ou produto entregue. A determinação do que se resguarda é importante, pois se ata ao bem jurídico tutelado, isto é, à preservação da incolumidade do trabalhador ou do cidadão que atravessa a rua ou, por fim, garantir a qualidade de determinado produto ou serviço. A norma é muito vaga, até porque não dá nenhum contorno, e tampouco faz remissão ao que entende por *alto grau de periculosidade*. De qualquer modo, por se inserir num Código do Consumidor, é de se convir que tutela bem o serviço destinado ao consumo" (*Aspectos penais da proteção ao consumidor*, p. 293). Por isso, voltamos a insistir, o ideal é a realização de prova pericial para solver essa vagueza do tipo, fora da esfera criminal. Entretanto, em homenagem à ampla defesa, se, porventura, arriscar-se alguém a desrespeitar a ordem dada e for processado, na órbita penal, como incurso no tipo penal do art. 65 desta Lei, é natural que se possa permitir a produção de prova, preferencialmente pericial, para demonstrar a inexistência de "alto grau de periculosidade" no serviço e, consequentemente, a atipicidade da conduta.

35. Objetos material e jurídico: o objeto material é o serviço. O objeto jurídico é misto: a proteção às relações de consumo e o prestígio da administração pública.

36. Classificação: é crime próprio (somente pode ser praticado pelo empresário fornecedor do serviço proibido); formal (independe da ocorrência de qualquer prejuízo para o consumidor ou no efetivo desprestígio da autoridade); de forma livre (pode ser cometido por qualquer meio eleito pelo agente); comissivo (o verbo implica ação); instantâneo (a consumação ocorre em momento definido, geralmente quando o serviço é iniciado); de perigo abstrato (presume-se a potencialidade lesiva da conduta do agente); unissubjetivo (pode ser cometido por uma só pessoa); plurissubsistente (cometido em mais de um ato). Admite tentativa, embora de difícil configuração.

37. Crime de menor potencial ofensivo: admite transação e os demais benefícios da Lei 9.099/95.

38. Concurso de crimes e adoção expressa do sistema da acumulação material: o delito em questão é, basicamente, de perigo, mas, por se tratar de serviço considerado de alto risco de causar dano, por qualquer infortúnio, pode advir lesão e morte a uma ou mais pessoas. Impõe o legislador o sistema da acumulação material, impedindo a absorção do delito de perigo pelo de dano, como normalmente ocorre. Exige-se a aplicação da pena, em virtude do concurso de delitos (o previsto no art. 65 desta Lei + lesão corporal e/ou homicídio, nas formas dolosa ou culposa, conforme a situação concreta), somadas. Observe-se que não se trata de *crime qualificado pelo resultado*, mas, sim, de concurso de delitos. O delito qualificado pelo resultado possui pena autônoma. A forma da redação do parágrafo único seria a seguinte: "se do fato advier lesão corporal ou morte: pena (...)". Não é o caso, logo, cuida-se de mera determinação para o somatório das penas.

38-A. Introdução de nova figura típica incriminadora: a Lei 13.425/2017 estabelece as "diretrizes gerais sobre medidas de prevenção e combate a incêndio e a desastres em estabelecimentos, edificações e áreas de reunião de público". Observa-se a preocupação do legislador em razão de tragédias ocorridas em vários lugares do território nacional, por exemplo, o incêndio acontecido em local de diversão pública, vitimando inúmeras pessoas, por falta de mecanismos preventivos e emergenciais. Além disso, pode-se introduzir, igualmente, o exemplo concreto de certos estabelecimentos comerciais que, a pretexto de realizar uma enorme liquidação em determinado dia, libera a entrada de muita gente, ao mesmo tempo, havendo uma superlotação perigosa, que gera lesões corporais, até mesmo graves, em consumidores.

> **Art. 66.** Fazer[39-41] afirmação falsa ou enganosa, ou omitir informação relevante sobre a natureza, característica, qualidade, quantidade, segurança, desempenho, durabilidade, preço ou garantia de produtos ou serviços:[42-44]
> Pena – detenção de 3 (três) meses a 1 (um) ano e multa.[45]
> § 1.º Incorrerá nas mesmas penas quem patrocinar a oferta.[46]
> § 2.º Se o crime é culposo:[47]
> Pena – detenção de 1 (um) a 6 (seis) meses ou multa.[48]

39. Análise do núcleo do tipo: *fazer afirmação* (declarar, atestar) falsa (não autêntica, irreal) ou enganosa (ilusória, artificiosa) sobre a natureza (essência de algo), característica (acessório ou particularidade de algo), qualidade (virtude, elemento positivo), quantidade (volume em relação a algo), segurança (condição daquilo em que se pode confiar), desempenho (modo de atingir o objetivo para o qual existe), durabilidade (condição daquilo que tende a existir por bastante tempo), preço (valor de mercado de algo) ou garantia (obrigação de fazer boa alguma coisa ou escorreito um serviço) de produtos (bens comerciáveis) ou serviços (atividades colocadas à disposição no mercado de consumo). A conduta principal, que é declarar algo falso ou enganoso, se volta a bem ou serviço, em todos os seus aspectos. Na realidade, a busca pelo esgotamento de todas as circunstâncias que envolvem o bem ou o serviço é exagerada. Por isso, cremos aplicável a lei mais recente e mais grave, referente ao art. 7.º, VII, da Lei 8.137/90, consistente em induzir o consumidor ou usuário em erro, declarando algo irreal ou ilusório quanto à natureza ou qualidade de bem ou serviço, valendo-se de qualquer meio. Seria impróprio pensar em aplicar o art. 66, por exemplo, se a afirmação falsa concernir à segurança ou durabilidade do produto, mas o art. 7.º, VII, caso a declaração irreal diga respeito à qualidade do produto. Ora, as virtudes que o produto apresenta (qualidade) envolvem diversos aspectos, inclusive segurança, durabilidade, garantia, característica etc. O mesmo se diga quanto à natureza do produto, que abrange até mesmo quantidade e preço. Em suma, a verborragia usada para a construção do tipo do art. 66 da Lei 8.078/90 não é suficiente para garantir a sua aplicação, em detrimento do novo tipo, previsto no art. 7.º, VII, da Lei 8.137/90, com pena mais grave. Poderíamos argumentar que o art. 66 seria um crime de perigo abstrato, enquanto o art. 7.º, VII, envolveria dano, pois haveria "indução do consumidor em erro". Não é real. Induzir é dar a ideia, incentivar. Erro é a falsa percepção da realidade. Logo, basta fazer a afirmação falsa, enaltecendo virtudes quaisquer que o produto não possui e há, naturalmente, a indução a erro, que não se exige seja efetivamente atingido. A segunda parte diz respeito a *omitir informação relevante* (deixar de fornecer dado importante) sobre a natureza, característica, qualidade, quantidade, segurança, desempenho, durabilidade, preço ou garantia do produto ou serviço. Se o produto for vendido ou exposto à venda – o que é natural ocorrer nas relações de consumo –, devem tais informes ser expostos na embalagem, conforme as prescrições legais. Assim sendo, constitui o crime do art. 7.º, II, da Lei 8.137/90. Eventualmente, se alguma determinação legal permitir que um ou outro desses vários elementos não precise constar na embalagem, residualmente sobra a aplicação do art. 66, o que é raro. Este também é o tipo aplicável quando a omissão disser respeito a serviço, já que nada se menciona a esse respeito no mencionado art. 7.º, II, da Lei 8.137/90.

40. Sujeitos ativo e passivo: o sujeito ativo é o empresário fabricante ou fornecedor de bens e serviços. O sujeito passivo é o consumidor potencial ou efetivo.

41. Elemento subjetivo: é o dolo. Não há elemento subjetivo específico. Pune-se a forma culposa.

42. Derrogação do art. 66: o art. 7.º, II, da Lei 8.137/90 dispõe que é crime contra as relações de consumo "vender ou expor à venda mercadoria cuja embalagem, tipo, especificação, peso ou composição esteja *em desacordo com as prescrições legais*, ou que não corresponda à respectiva *classificação oficial*" (grifamos). A pena é de detenção, de dois a cinco anos, ou multa. O art. 66 da Lei 8.078/90 estabelece ser crime "fazer afirmação falsa ou enganosa, ou omitir informação relevante sobre a natureza, característica, qualidade, quantidade, segurança, desempenho, durabilidade, preço ou garantia de produtos ou serviços". Se essas afirmações falsas ou enganosas, ou omissões relevantes, sobre algum produto forem feitas ou deveriam ter sido feitas na embalagem da mercadoria, configura-se o crime do art. 7.º, II, da Lei 8.137/90 (mais recente), pois a referida embalagem está em desacordo com as *prescrições legais*. Por outro lado, se a afirmação falsa ou enganosa tiver potencial para iludir o consumidor, aplica-se o disposto no art. 7.º, VII, da Lei 8.137/90. Restaria a aplicação do art. 66 quanto ao disposto no § 2.º (cuida da modalidade culposa), bem como se houver a omissão de informação relevante em relação a serviço, o que não é abrangido pelo art. 7.º, II, da Lei 8.137/90. Eventualmente, como já dissemos em nota anterior, pode ocorrer alguma conduta residual, podendo ser encaixada no art. 66, mas é raro. Até mesmo o § 1.º pode ser afastado, pois quem patrocina a oferta enganosa é partícipe do crime previsto no suprarreferido art. 7.º, VII.

43. Objetos material e jurídico: o objeto material é a afirmação falsa ou enganosa ou a informação relevante sobre produtos ou serviços. O objeto jurídico é a proteção às relações de consumo.

44. Classificação: é crime próprio (somente pode ser praticado pelo empresário fabricante ou fornecedor de bens e serviços); formal (independe da ocorrência de qualquer efetivo prejuízo para o consumidor); de forma livre (pode ser cometido por qualquer meio eleito pelo agente); comissivo (o verbo indica ação) na forma *fazer afirmação* e omissivo (deixar de fazer algo), na modalidade *omitir informação*; instantâneo (a consumação ocorre em momento definido, geralmente quando a afirmação falsa ou enganosa é feita, por qualquer meio, ou quando, omitida a informação relevante, o produto fica ao alcance do consumidor, ou quando a propaganda é efetivada); unissubjetivo (pode ser cometido por uma só pessoa); unissubsistente (cometido num único ato) ou plurissubsistente (cometido em vários atos). Admite tentativa na forma plurissubsistente.

45. Crime de menor potencial ofensivo: admite transação e os demais benefícios da Lei 9.099/95.

46. Participação ou tipo autônomo: o patrocinador (aquele que dá suporte e custeio) da oferta (oferecimento de algo ao mercado) pode agir como autêntico partícipe, mas também pode responder por delito autônomo. Se alguém oferece suporte financeiro prévio, para que um determinado fornecedor omita informação relevante a respeito de um serviço, oferecido, por qualquer meio de comunicação, ao público, é óbvio que se torna partícipe da conduta, pois está incentivando a prática do crime. Sem o referido patrocínio poderia não existir a infração penal. Por outro lado, caso o patrocinador, ciente de que a omissão da informação relevante sobre determinado serviço já foi divulgada, chegando ao consumidor e, ainda assim, concorda em suportar financeiramente a continuidade da propaganda, torna-se autor do delito previsto no art. 66, § 1.º. Não há participação em crime já consumado, mas, certamente, pode ocorrer antes ou durante a sua prática. O referido § 1.º teria a função de tipo autônomo quando a atuação do patrocinador surja após a consumação do delito por parte do fabricante ou fornecedor do bem ou serviço. Há outra vantagem para a existência desse parágrafo. Quando se tratar da aplicação do art. 7.º, II ou VII, o patrocinador, cuja figura não é prevista na Lei 8.137/90, pode ingressar no delito como partícipe – se atuar antes ou durante a prática. Porém, caso atue *após* a omissão de informação relevante em embalagem de um produto, por exemplo, não ingressa no contexto do art. 7.º, II, da Lei 8.137/90, mas responde pelo art. 66, § 1.º, desta Lei.

47. Forma culposa: ver a nota 18 ao art. 63.

48. Crime de menor potencial ofensivo: admite transação e os demais benefícios da Lei 9.099/95.

> **Art. 67.** Fazer ou promover[49-51] publicidade que sabe[52] ou deveria saber ser enganosa ou abusiva:[53-55]
> Pena – detenção de 3 (três) meses a 1 (um) ano e multa.[56]
> **Parágrafo único.** (*Vetado*).

49. Análise do núcleo do tipo: *fazer* (realizar, efetivar) ou *promover* (trabalhar em favor de algo) publicidade (propaganda acerca de algo, por qualquer meio de comunicação) enganosa (ilusória) ou abusiva (excessiva, invadindo a seara da conduta lesiva aos bons costumes). O tipo penal deixou de mencionar, em nosso entendimento, de maneira equivocada, o objeto da publicidade, mas, por se tratar de uma lei de proteção ao consumidor, pode-se deduzir ser bem ou serviço. Resta a este artigo um campo residual, pois, como mencionamos na nota 53 infra, se o objeto da propaganda for a indução de consumidor em erro, quanto a bens e serviços, aplica-se o art. 7.º, VII, da Lei 8.137/90. Na jurisprudência: TJPR: "Propaganda enganosa ou abusiva. Art. 67, da Lei n.º 8.078/1990 (CDC). Sentença condenatória. Recurso da defesa. Pedido de absolvição por atipicidade da conduta. Não acolhimento. Réu que se utilizou da logomarca e sinal característicos da empresa Petrobras para venda de combustível. Ausência de contrato de exclusividade. Depoimentos de funcionários da empresa no sentido de que, por vezes, era utilizado veículo próprio para transporte de combustível. Informação no site da agência nacional de petróleo de que o posto de combustível em questão era de 'bandeira branca'. Ausência de comprovação de que o combustível vendido fosse da empresa Petrobras. Conjunto probatório suficiente. Autoria e materialidade devidamente comprovadas. Sentença mantida por seus próprios fundamentos. Recurso conhecido e não provido" (REC. 0001225-80.2021.8.16.0072, 6.ª T. Recursal dos Juizados Especiais, rel. Haroldo Demarchi Mendes, 08.04.2024, m.v.).

50. Sujeitos ativo e passivo: o sujeito ativo pode ser o empresário fabricante ou fornecedor do bem ou serviço, mas também toda pessoa responsável pela publicidade enganosa ou abusiva. Aliás, neste caso, pode ocorrer a estranha situação do fornecedor do bem ficar alheio ao crime cometido pelo empresário da divulgação. Uma peça publicitária qualquer pode ser veiculada sem a aprovação direta do fabricante ou fornecedor do bem ou serviço. Ou o contrário, como aponta Manoel Pedro Pimentel: "Não será possível excluir, entretanto, e em certos casos, a hipótese de ser a agência de publicidade levada a engano pelo anunciante, e, agindo de boa-fé, fazer a publicidade" (*Aspectos penais do Código de Defesa do Consumidor*, p. 253). A solução será a detalhada análise do elemento subjetivo (dolo). O sujeito passivo é o consumidor potencial ou efetivo.

51. Elemento subjetivo: é o dolo. Não há elemento subjetivo específico, nem se pune a forma culposa.

52. Saber ou dever saber: é apenas uma forma de se confirmar, no tipo penal, a possibilidade de coexistência tanto do dolo direto (sabe) como do dolo eventual (deve saber). Assim, aquele que faz ou promove a publicidade enganosa ou abusiva pode ter clara noção disso ou pode assumir o risco de estar divulgando algo ilícito.

53. Derrogação do art. 67: se a publicidade enganosa ou abusiva disser respeito à indução de consumidor a erro, quanto a bem ou serviço, aplica-se o art. 7.º, VII, da Lei 8.137/90.

54. Objetos material e jurídico: o objeto material é a publicidade, em seus variados formatos. O objeto jurídico é a proteção às relações de consumo.

55. Classificação: é crime próprio (somente pode ser praticado pelo empresário fornecedor de bens e serviços ou pelo responsável pela realização ou promoção da publicidade); mera conduta (independe da ocorrência de qualquer efetivo prejuízo para o consumidor); de forma livre (pode ser cometido por qualquer meio eleito pelo agente); comissivo (os verbos indicam ações); instantâneo (a consumação ocorre em momento definido, quando a propaganda é divulgada), mas pode adquirir contorno permanente (a consumação se arrasta no tempo) na modalidade *promover*, que pode implicar manter a veiculação da propaganda enganosa; unissubjetivo (pode ser cometido por uma só pessoa); unissubsistente (cometido num único ato) ou plurissubsistente (cometido por vários atos), dependendo da forma eleita pelo agente. Admite tentativa na forma plurissubsistente.

56. Crime de menor potencial ofensivo: admite transação e os demais benefícios da Lei 9.099/95.

> **Art. 68.** Fazer ou promover[57-59] publicidade que sabe[60] ou deveria saber ser capaz de induzir o consumidor a se comportar de forma prejudicial ou perigosa[61] a sua saúde ou segurança:[62-64]
> Pena – detenção de 6 (seis) meses a 2 (dois) anos e multa.[65]
> **Parágrafo único.** (*Vetado*).

57. Análise do núcleo do tipo: *fazer* (realizar, efetivar) ou *promover* (trabalhar em favor de algo) publicidade (propaganda acerca de algo, por qualquer meio de comunicação), induzindo (incitando de qualquer modo) o consumidor a se comportar (proceder em determinado padrão) de forma prejudicial (danosa) ou perigosa (potencialmente danosa) à sua saúde (estado físico e mental sadios) ou à sua segurança (estado de confiabilidade). Não se envolve, nesse caso, a venda ou oferta de bens e serviços, pois implicaria a utilização do art. 7.º, VII, da Lei 8.137/90. Dentro de padrões éticos e moralmente aceitos pela sociedade, atualmente, aquele que produz propaganda, logicamente ligada a bens e serviços, mas não diretamente, de forma a provocar uma alteração comportamental no consumidor incidirá nesta figura típica do art. 68. Ex.: produzir publicidade vinculando o uso de cigarro ao sucesso profissional ou esportivo. Embora o cigarro seja um produto de venda lícita, a publicidade realizada com o intuito de levar o consumidor a mudar de hábito, passando a fumar, expondo sua saúde a risco, é criminosa.

58. Sujeitos ativo e passivo: o sujeito ativo pode ser o fabricante ou fornecedor de bem ou serviço potencialmente perigoso à saúde ou segurança do consumidor, embora lícito (ex.: cigarro, bebida alcoólica etc.), bem como o responsável pela propaganda. O sujeito passivo é o consumidor potencial ou efetivo.

59. Elemento subjetivo: é o dolo. Não há elemento subjetivo específico, nem se pune a forma culposa.

60. Saber ou dever saber: é apenas uma forma de se confirmar, no tipo penal, a possibilidade de coexistência tanto do dolo direto (sabe) como do dolo eventual (deve saber). Assim, aquele que faz ou promove a publicidade capaz de prejudicar a saúde ou a segurança do consumidor pode ter clara noção disso ou pode assumir o risco de estar divulgando algo de modo ilícito.

61. Forma prejudicial ou perigosa à saúde ou segurança: invade-se, nesse campo, o contexto da valoração dos elementos do tipo, envolvendo, sem sombra de dúvida, costumes e regras de experiência. Fazer publicidade de cigarro, associando o seu consumo ao sucesso nos esportes, por exemplo, é propaganda capaz de gerar comportamento perigoso à saúde do consumidor. No entanto, observa-se, atualmente, vários anúncios de cerveja, associados a várias atividades do dia a dia, o que incentiva o seu consumo, sem que as autoridades tomem qualquer providência a respeito. No máximo, surge, ao final da propaganda, a advertência que o álcool deve ser consumido com moderação. Nota-se, nesse cenário, o princípio da adequação social, vale dizer, não se tem conseguido associar tais anúncios a uma forma de publicidade que induz o consumidor a adotar um comportamento prejudicial ou perigoso à sua saúde ou segurança. Torna-se, pois, tarefa árdua a interpretação fiel do que se pretende na figura criminosa do art. 68.

62. Derrogação do art. 68: se a publicidade enganosa ou abusiva disser respeito à indução de consumidor a erro, quanto a bem ou serviço, perigoso ou não, aplica-se o art. 7.º, VII, da Lei 8.137/90. Restaria o art. 68 para formas de publicidade, que envolvam apenas comportamentos prejudiciais à saúde ou segurança do consumidor, sem envolver bens e serviços.

63. Objetos material e jurídico: o objeto material é a peça publicitária. O objeto jurídico é a proteção das relações de consumo, com ênfase para a integridade física e mental do consumidor.

64. Classificação: é crime próprio (somente pode ser praticado pelo empresário fornecedor de bens e serviços, bem como pela pessoa responsável pela realização ou promoção da publicidade); formal (independe da ocorrência de qualquer efetivo prejuízo para o consumidor, embora possa ocorrer); de forma livre (pode ser cometido por qualquer meio eleito pelo agente); comissivo (os verbos indicam ações); instantâneo (a consumação ocorre em momento definido, quando a propaganda é divulgada), mas pode adquirir contorno permanente (a consumação se arrasta no tempo) na modalidade *promover*, que pode implicar manter a veiculação da propaganda por longo período; unissubjetivo (pode ser cometido por uma só pessoa); unissubsistente (cometido num único ato) ou plurissubsistente (cometido em vários atos). Admite tentativa na forma plurissubsistente.

65. Crime de menor potencial ofensivo: admite transação e os demais benefícios da Lei 9.099/95.

> **Art. 69.** Deixar de organizar[66-68] dados fáticos, técnicos e científicos que dão base à publicidade:[69-70]
> Pena – detenção de 1 (um) a 6 (seis) meses ou multa.[71]

66. Análise do núcleo do tipo: *deixar de organizar* (omitir-se quanto ao estabelecimento das bases de algo). A conduta tem por objeto os dados fáticos (elementos relativos a acontecimentos reais), técnicos (elementos relativos a determinada arte, ofício ou profissão) e científicos (elementos relativos ao conjunto de conhecimentos teorizados, universais e conhecidos), que dão base (suporte) à publicidade. O tipo penal pretende impor lisura no procedimento do propagandista, que deve deter dados confiáveis em relação àquilo que anuncia. Pensamos, no entanto, ser exagerada essa figura típica, ofensiva ao princípio da intervenção mínima. Poder-se-ia punir o publicitário leviano com multas administrativas, mas não haveria necessidade da interferência penal.

67. Sujeitos ativo e passivo: o sujeito ativo pode ser tanto o empresário fornecedor do bem ou serviço como o responsável pela publicidade, desde que tenha participado da colheita dos dados para promover o anúncio. O sujeito passivo é o consumidor potencial ou efetivo.

68. Elemento subjetivo: é o dolo. Não há elemento subjetivo específico, nem se pune a forma culposa.

69. Objetos material e jurídico: o objeto material pode ser o dado fático, técnico ou científico (ou todos eles). O objeto jurídico é a proteção às relações de consumo.

70. Classificação: é crime próprio (somente pode ser praticado pelo empresário fornecedor de bens e serviços, bem como pelo encarregado da publicidade); mera conduta (independe da ocorrência de qualquer efetivo prejuízo para o consumidor); de forma livre (pode ser cometido por qualquer meio eleito pelo agente); omissivo (deixar de fazer algo); instantâneo (a consumação ocorre em momento definido, geralmente quando a propaganda é divulgada, sem a base de dados); unissubjetivo (pode ser cometido por uma só pessoa); unissubsistente (cometido num único ato). Não admite tentativa.

71. Crime de menor potencial ofensivo: admite transação e os demais benefícios da Lei 9.099/95.

> **Art. 70.** Empregar,[72-74] na reparação de produtos, peças ou componentes de reposição usados, sem autorização do consumidor:[75-76]
> Pena – detenção de 3 (três) meses a 1 (um) ano e multa.[77]

72. Análise do núcleo do tipo: *empregar* (utilizar), na reparação (conserto) de produtos (bens comerciáveis), peças (porções de um todo, partes de um mecanismo) ou componentes de reposição (elementos quaisquer que entram na constituição ou construção de algo, com a finalidade de substituição do que está quebrado ou sem utilidade) usados (algo que já teve serventia, apresenta-se gasto e não é novo). A conduta somente é considerada delituosa se o consumidor não ficar ciente disso e não fornecer autorização. Parece-nos outro tipo penal exagerado. Poderia a situação ser resolvida fora do âmbito penal, em homenagem à intervenção mínima. Registre-se a advertência de Manoel Pedro Pimentel: "Imagine-se a hipótese de uma avaria mecânica em um veículo na estrada, em lugar ermo, onde a assistência mecânica só possa ser dada por um prestador de serviços que ali seja encontrado. O proprietário do veículo confia o reparo ao mecânico e ausenta-se do local, durante o trabalho de reparação. O mecânico, não dispondo de peça ou de componente de reposição novos, utiliza-se de produto já usado e procede ao conserto, sem autorização do proprietário. Diante do texto da lei, o crime está cometido, mesmo que o mecânico informe ao proprietário que se utilizou de peça ou componente já usado, por não dispor de outros novos. Se o consumidor concordar, a autorização se dará *a posteriori*, hipótese em que desaparecerá a incriminação. Mas, se o consumidor não concordar, poderá formular acusação contra o prestador de serviços, que se verá em extrema dificuldade para defender-se, porque somente poderá invocar a *não exigibilidade de outra conduta*, que, sendo excludente de culpabilidade, apenas poderá vir a ser reconhecida no final do processo, ao qual deverá responder o mecânico, circunstância que nos parece extremamente injusta, mas que está admitida pela formulação do tipo penal" (*Aspectos penais do Código de Defesa do Consumidor*, p. 254).

73. Sujeitos ativo e passivo: o sujeito ativo é o empresário fornecedor de peças e componentes usados. O sujeito passivo é o consumidor lesado. Nesse caso, não concordamos com a inclusão de todo e qualquer consumidor potencial, pois o fato é isolado e atinge determinada pessoa, física ou jurídica. Aliás, é por isso que a intervenção do direito penal é excessiva.

74. Elemento subjetivo: é o dolo. Não há elemento subjetivo específico, nem se pune a forma culposa.

75. Objetos material e jurídico: o objeto material é o produto reparado com peças e componentes usados. O objeto jurídico é a proteção às relações de consumo.

76. Classificação: é crime próprio (somente pode ser praticado pelo empresário fornecedor de peças ou componentes de reparação); material (depende da ocorrência de qualquer prejuízo para o consumidor, que tenha pago preço de peça nova por algo usado). Há quem sustente ser formal, de perigo abstrato, pois a peça usada pode até ser melhor do que a nova (cf. Antônio Herman V. Benjamin, *Código de Defesa do Consumidor*, p. 948). Assim não pensamos. Para que o crime se aperfeiçoe o mínimo de lógica que se espera é a cobrança de peça usada como se nova fosse, por isso o prejuízo. Se o comerciante instala peça usada e cobra como tal, o consumidor nenhum prejuízo sofre, logo, não é crime de mero perigo abstrato; de forma livre (pode ser cometido por qualquer meio eleito pelo agente); comissivo (o verbo implica ação); instantâneo (a consumação ocorre em momento definido, quando a peça usada é utilizada em lugar da nova); unissubjetivo (pode ser cometido por uma só pessoa); plurissubsistente (cometido por vários atos). Admite tentativa.

77. Crime de menor potencial ofensivo: admite transação e os demais benefícios da Lei 9.099/95.

> **Art. 71.** Utilizar,[78-80] na cobrança de dívidas, de ameaça, coação, constrangimento físico ou moral, afirmações falsas, incorretas ou enganosas ou de qualquer outro procedimento que exponha o consumidor, injustificadamente, a ridículo ou interfira com seu trabalho, descanso ou lazer.[81-82]
> Pena – detenção de 3 (três) meses a 1 (um) ano e multa.[83-84]

78. Análise do núcleo do tipo: *utilizar* (fazer uso de algo) de ameaça (intimidação, prenúncio de algo desagradável), coação (constrangimento de qualquer espécie), constrangimento físico (é a repetição do termo *coação*, já utilizado, no sentido de gestos intimidativos corporais) ou moral (igualmente, é a repetição da *coação*, agora no sentido psicológico), afirmações falsas (mentiras), incorretas (verdades parcialmente contadas) ou enganosas (ilusórias) ou qualquer outro procedimento semelhante. Todas essas atitudes se voltam à cobrança de dívidas, expondo o consumidor a ridículo (situação vexatória) ou que possa interferir (intervir, meter-se na regularidade de algo) com seu trabalho, descanso ou lazer. O tipo penal tentou ser construído com extremo zelo para abranger todo e qualquer procedimento do credor, que possa, para exigir o pagamento da dívida, colocar o devedor em posição vergonhosa ou perturbadora. Repetiu-se, no entanto, bem como abriu espaço para a interpretação analógica e chegou ao ponto de incidir em complexidade indevida. Concordamos com a crítica de Manoel Pedro Pimentel no sentido de que deveria constar as expressões "ameaça ilegal" e "coação injusta", pois a mera utilização da cobrança judicial da dívida poderia dar ensejo, em tese, à configuração do tipo, o que seria absurdo (Aspectos penais do Código de Defesa do Consumidor, p. 254). Na jurisprudência: TJSP: "Crime contra a relação de consumo (artigo 71, da Lei n.º 8.078/90) – suscitada preliminar de prescrição da pretensão punitiva – rejeição – inocorrência – mérito – absolvição – falta de provas ou atipicidade da conduta – inocorrência – materialidade e autoria demonstradas – comprovadas as ameaças, coação e constrangimento moral na cobrança de supostas dívidas contra consumidora em local de trabalho – Pena e Regime Inicial Aberto Adequadamente Estabelecidos – Substitutiva revogada – pena inferior a 6 meses não admite determinação de prestação de serviços à comunidade – inteligência do art. 46 do CP – recurso parcialmente provido" (Apelação Criminal 0009424-14.2011.8.26.0606, 2.ª Câmara de Direito Criminal, rel. Amaro Thomé, j. 15.07.2019).

79. Sujeitos ativo e passivo: é o credor, empresário de bens e serviços. Não pode ser, evidentemente, qualquer credor, como, por exemplo, o de dívida particular, pois nada tem a se relacionar com direito do consumidor. O sujeito passivo é o consumidor efetivo (devedor), em primeiro plano, mas também o consumidor potencial, pois a cobrança feita na forma vexatória ou constrangedora pode dissipar-se a outros devedores.

80. Elemento subjetivo: é o dolo. Não há elemento subjetivo específico, nem se pune a forma culposa.

81. Objetos material e jurídico: o objeto material é o consumidor-devedor. O objeto jurídico é a proteção nas relações de consumo.

82. Classificação: é crime próprio (somente pode ser praticado pelo empresário fornecedor de bens e serviços, credor de dívidas de consumidores); formal (independe da ocorrência de qualquer efetivo prejuízo para o consumidor, embora possa prejudicá-lo de algum modo); de forma livre (pode ser cometido por qualquer meio eleito pelo agente); comissivo (o verbo indica ação); instantâneo (a consumação ocorre em momento definido); unissubjetivo (pode ser cometido por uma só pessoa); unissubsistente (cometido num único ato) ou plurissubsistente (cometido em mais de um ato), conforme o meio eleito pelo agente. Admite tentativa na forma plurissubsistente.

83. Crime de menor potencial ofensivo: admite transação e os demais benefícios da Lei 9.099/95.

84. Concurso de crimes: é viável. Se o credor utilizar meio constrangedor para a cobrança da dívida, consistindo, por exemplo, na privação da liberdade de determinado consumidor, pode haver concurso entre o delito previsto no art. 71 e o cárcere privado (art. 148, CP). E assim também pode ocorrer com outros delitos, como ameaça (art. 147, CP), constrangimento ilegal (art. 146, CP) etc.

> **Art. 72.** Impedir ou dificultar[85-87] o acesso do consumidor às informações que sobre ele constem em cadastros, banco de dados, fichas e registros:[88-89]
> Pena – detenção de 6 (seis) meses a 1 (um) ano ou multa.[90]

85. Análise do núcleo do tipo: *impedir* (impossibilitar, obstar) ou *dificultar* (tornar custoso) o acesso (ingresso) do consumidor às informações (dados) que sobre ele existirem em cadastros (registros públicos congregando inúmeros informes), banco de dados (compilação organizada e inter-relacionada de informes, guardados em um meio físico, com o objetivo de servir de fonte de consulta para finalidades variadas), fichas (registros de informes realizados em peças isoladas) e registros (consignações por escrito em geral). O objetivo é punir o acúmulo de dados sobre o consumidor, mormente os negativos, sem que este tenha ciência do que está armazenado e pode ser usado contra sua pessoa.

86. Sujeitos ativo e passivo: o sujeito ativo é o organizador do conjunto de dados do consumidor, que tem poder para impedir o acesso do interessado. O sujeito passivo é o consumidor potencial ou efetivo.

87. Elemento subjetivo: é o dolo. Não há elemento subjetivo específico, nem se pune a forma culposa.

88. Objetos material e jurídico: o objeto material é o consumidor. O objeto jurídico é a proteção às relações de consumo.

89. Classificação: é crime próprio (somente pode ser praticado pelo detentor dos dados do consumidor); mera conduta (independe da ocorrência de qualquer efetivo prejuízo para o consumidor); de forma livre (pode ser cometido por qualquer meio eleito pelo agente); comissivo (os verbos indicam ações); instantâneo (a consumação ocorre em momento definido); unissubjetivo (pode ser cometido por uma só pessoa); unissubsistente (cometido num único ato) ou plurissubsistente (cometido em vários atos). Admite tentativa na forma plurissubsistente.

90. Crime de menor potencial ofensivo: admite transação e os demais benefícios da Lei 9.099/95.

> **Art. 73.** Deixar[91-93] de corrigir imediatamente[94] informação sobre consumidor constante de cadastro, banco de dados, fichas ou registros que sabe ou deveria saber ser inexata:[95-96]
> Pena – detenção de 1 (um) a 6 (seis) meses ou multa.[97]

91. Análise do núcleo do tipo: *deixar de corrigir* (não retificar) a informação (dado, elemento de conhecimento) inexata (não correspondente à realidade), relativa a consumidor, quando constante em cadastro, banco de dados, fichas ou registros (ver as notas do artigo anterior). Pode prejudicar-se, a qualquer momento, o consumidor, se o dado, registrado, por exemplo, em um banco de dados, for divulgado no instante em que pleiteia a concessão de um empréstimo para adquirir algum bem. O referido empréstimo pode ser recusado, embora nada mais seja devido. A situação é constrangedora, sem dúvida, mas não deveria ter-se configurado em tipo penal incriminador, por ferir o princípio da intervenção mínima. É mais do que viável a punição de quem não regulariza o banco de dados do consumidor com medidas de ordem administrativa, além de poder incidir o direito civil, com o pleito de indenização por danos materiais e morais.

92. Sujeitos ativo e passivo: o sujeito ativo é o detentor do controle sobre os informes acerca do consumidor. O sujeito passivo é o consumidor potencial e efetivo.

93. Elemento subjetivo: é o dolo. Não há elemento subjetivo específico, nem se pune a forma culposa.

94. Elemento normativo do tipo: de nítida e importante valoração encontra-se o termo *imediatamente*. Constatada a irregularidade do informe a respeito de um consumidor (ex.: já pagou a dívida, mas não houve baixa no registro de inadimplente), o que poderia significar a não correção *imediata* do dado inexato? Pensamos que, neste contexto, devem incidir as regras de experiência e o bom senso, sem qualquer fórmula fixa. Por vezes, em algumas horas ou minutos, após a ciência da inexatidão, o registro é corrigido. Noutras, leva-se muitas horas, quiçá dias, pela dificuldade apresentada pelo próprio sistema de armazenamento de dados. Tudo deve ser interpretado conforme o caso concreto.

95. Objetos material e jurídico: o objeto material é o cadastro, o banco de dados, as fichas ou os registros contendo dados do consumidor.

96. Classificação: é crime próprio (somente pode ser praticado por quem detém controle sobre os registros a respeito do consumidor); formal (independe da ocorrência de qualquer efetivo prejuízo para o consumidor, mas pode haver lesão se algum benefício lhe for indevidamente negado); de forma livre (pode ser cometido por qualquer meio eleito pelo agente); omissivo (deixar de fazer algo); instantâneo (a consumação ocorre em momento definido, geralmente quando se sabe da inexatidão, sem a tomada de qualquer providência); unissubjetivo (pode ser cometido por uma só pessoa); unissubsistente (cometido num único ato). Não admite tentativa.

97. Crime de menor potencial ofensivo: admite transação e os demais benefícios da Lei 9.099/95.

> **Art. 74.** Deixar de entregar[98-100] ao consumidor o termo de garantia adequadamente preenchido e com especificação clara de seu conteúdo:[101-102]
> Pena – detenção de 1 (um) a 6 (seis) meses ou multa.[103]

98. Análise do núcleo do tipo: *deixar de entregar* (não passar às mãos de alguém) ao consumidor o termo de garantia (documento em que se assegura a obrigação de substituição ou reparo da mercadoria vendida), adequadamente (apropriadamente, ou seja, nos termos legais e usuais) preenchido (totalmente ocupado nos campos disponíveis) e com especificação clara do seu conteúdo (termos explícitos e detalhados do referido termo). É outro tipo penal que foge ao contexto do princípio da intervenção mínima. Essa conduta pode ser punida, se for o caso, na esfera administrativa, sem nenhum trauma e nenhum prejuízo evidente para a sociedade. Aliás, envolve muito mais o particular do que o interesse coletivo.

99. Sujeitos ativo e passivo: o sujeito ativo é o empresário fornecedor de bens ou serviços. O sujeito passivo é o consumidor potencial ou efetivo.

100. Elemento subjetivo: é o dolo. Não há elemento subjetivo específico, nem se pune a forma culposa.

101. Objetos material e jurídico: o objeto material é o termo de garantia. O objeto jurídico é a proteção às relações de consumo.

102. Classificação: é crime próprio (somente pode ser praticado pelo empresário fornecedor de bens e serviços, obrigado a conceder garantia do que vende ou realiza); mera conduta (independe da ocorrência de qualquer efetivo prejuízo para o consumidor); de forma livre (pode ser cometido por qualquer meio eleito pelo agente); omissivo (deixar de fazer algo); instantâneo (a consumação ocorre em momento definido, geralmente quando o produto é vendido ou o serviço é prestado, sem a apresentação da garantia); unissubjetivo (pode ser cometido por uma só pessoa); unissubsistente (cometido num único ato). Não admite tentativa.

103. Crime de menor potencial ofensivo: admite transação e os demais benefícios da Lei 9.099/95.

> **Art. 75.** Quem, de qualquer forma, concorrer para os crimes referidos neste Código incide nas penas a esses cominadas na medida de sua culpabilidade, bem como o diretor, administrador ou gerente da pessoa jurídica que promover, permitir ou por qualquer modo aprovar o fornecimento, oferta, exposição à venda ou manutenção em depósito de produtos ou a oferta e prestação de serviços nas condições por ele proibidas.[104]

104. Norma inútil: "quem, de qualquer modo, concorre para crime, incide nas penas a este cominadas, na medida de sua culpabilidade" (art. 29, *caput*, CP). O disposto no art. 75 desta Lei nada mais faz do que reproduzir o que já existe, acrescentando, artificialmente, pessoas que seriam consideradas partícipes, se apurado o dolo, nos crimes contra as relações de consumo.

> **Art. 76.** São circunstâncias agravantes[105] dos crimes tipificados neste Código:
> I – serem cometidos em época de grave crise econômica ou por ocasião de calamidade;[106]
> II – ocasionarem grave dano individual ou coletivo;[107]
> III – dissimular-se a natureza ilícita do procedimento;[108]
> IV – quando cometidos:
> *a)* por servidor público, ou por pessoa cuja condição econômico-social seja manifestamente superior à da vítima;[109]

> *b)* em detrimento de operário ou rurícola; de menor de dezoito ou maior de sessenta anos ou de pessoas portadoras de deficiência mental, interditadas ou não;[110]
>
> V – serem praticados em operações que envolvam alimentos, medicamentos ou quaisquer outros produtos ou serviços essenciais.[111]

105. Agravantes: são circunstâncias legais (estabelecidas pelo legislador), que recomendam ao juiz o aumento da pena, sem fazer parte, no entanto, do tipo penal incriminador. Mais detalhes podem ser encontrados na nota 28 ao art. 61 do nosso *Código Penal comentado*.

106. Circunstância coletiva especial: quando houver época de grave crise econômica (ex.: escalada inflacionária galopante ou recessão absoluta), bem como existir qualquer tipo de calamidade (ex.: destruição de uma região do país, em face de inundação ou outra catástrofe), é natural que o delito cometido contra o consumidor torne-se mais grave, pois está a pessoa a depender dos bens e serviços oferecidos de forma mais restritiva. Havendo abuso, ocorre a agravação da conduta.

107. Grave dano individual ou coletivo: quanto ao dano disseminado a toda a coletividade não há o que se objetar. Deve haver maior punição. Entretanto, não vemos nenhum sentido na aplicação de agravante quando crime contra as relações de consumo atingir mais severamente um único consumidor. Tal situação, se e quando existente, deve circunscrever-se à aplicação da pena-base (art. 59, CP).

108. Dissimulação: *dissimular* significa fingir ou simular. Imagina-se que o agente se valha de artifícios mais elaborados para iludir a vigilância natural do consumidor. Há paralelo nas agravantes genéricas do Código Penal (art. 61, II, *c*).

109. Servidor público ou pessoa financeiramente aquinhoada: o servidor público encaixa-se na hipótese sempre genérica do abuso de poder, merecedor de mais elevada punição. Acrescenta, como novidade, esta Lei, a agravante da condição econômico-financeira superior do agente, certamente voltando-se aos empresários em geral.

110. Vítima específica: o operário (trabalhador manual ou mecânico de indústrias) ou rurícola (lavrador, pessoa que vive da atividade no campo), a pessoa menor de 18 anos (presumidamente imatura), o maior de 60 (pessoa idosa) ou as pessoas com deficiência mental (total ou relativamente incapazes) merecem maior proteção. O operário e o rurícola pela baixa condição econômica, podendo ser vítima em potencial de propaganda enganosa do empresário rico e calculista. As demais vítimas (menores de 18, maiores de 60 e pessoas com deficiência mental) podem ser facilmente enganadas por falta de condições de entender a extensão e as implicações do negócio realizado.

111. Produtos essenciais: quando os delitos contra as relações de consumo atingem bens ou serviços essenciais à sobrevivência do ser humano, é natural que as condutas criminosas sejam consideradas mais graves. Volta-se o inciso V às operações envolvendo alimentos, medicamentos e outros produtos fundamentais semelhantes para a mantença do ser humano.

> **Art. 77.** A pena pecuniária prevista nesta Seção será fixada em dias-multa, correspondente ao mínimo e ao máximo de dias de duração da pena privativa da liberdade cominada ao crime.[112] Na individualização desta multa, o juiz observará o disposto no art. 60, § 1.º do Código Penal.[113]

112. Regra especial estranha: prevê o art. 77 que a pena de multa deve variar, em dias--multa, conforme o mínimo e o máximo dos dias de duração da pena privativa de liberdade, fugindo, totalmente, do disposto no Código Penal. Exemplifica-se: uma pena de seis meses a um ano possibilitaria a fixação de multa entre 180 dias-multa e 360 dias-multa.

113. Cálculo do dia-multa: não é estipulado pela Lei 8.078/90. Logo, deve-se seguir o disposto no Código Penal, variando de 1/30 a 5 vezes o valor do salário mínimo. Porém, houve a cautela de se prever a regra excepcional do art. 60, § 1.º, do Código Penal: "a multa pode ser aumentada até o triplo, se o juiz considerar que, em virtude da situação econômica do réu, é ineficaz, embora aplicada no máximo".

> **Art. 78.** Além das penas privativas de liberdade e de multa, podem ser impostas, cumulativa ou alternadamente,[114] observado o disposto nos arts. 44 a 47, do Código Penal:
>
> I – a interdição temporária de direitos;
>
> II – a publicação em órgãos de comunicação de grande circulação ou audiência, às expensas do condenado, de notícia sobre os fatos e a condenação;[115]
>
> III – a prestação de serviços à comunidade.

114. Imposição cumulativa ou alternativa: como regra, as penas restritivas de direitos são substitutivas das penas privativas de liberdade. O art. 78 desta Lei abre a possibilidade de fixação das penas privativas de liberdade *cumulativamente* às restritivas de direitos. Logo, poderia o magistrado, em tese, condenar alguém a dois anos de reclusão, em regime aberto, associado a dois anos de prestação de serviços à comunidade, o que foge à regra das demais infrações comuns.

115. Pena diferenciada: a publicação da sentença condenatória em órgãos de comunicação de grande circulação ou de boa audiência, patrocinada pelo condenado, sobre fatos relativos à condenação, é algo inédito. Cuida-se de pena restritiva de direito não existente em outro campo penal, mas que tem pertinência com o cenário das relações de consumo, por abrangerem um número indeterminado de pessoas.

> **Art. 79.** O valor da fiança, nas infrações de que trata este Código, será fixado pelo juiz, ou pela autoridade que presidir o inquérito, entre cem e duzentas mil vezes o valor do Bônus do Tesouro Nacional – BTN, ou índice equivalente que venha substituí-lo.[116]
>
> **Parágrafo único.** Se assim recomendar a situação econômica do indiciado ou réu, a fiança poderá ser:
>
> *a)* reduzida até a metade de seu valor mínimo;
>
> *b)* aumentada pelo juiz até vinte vezes.

116. Atualização: o valor da fiança, fixado em BTN, hoje extinta, pode ser atualizado pelos índices econômicos que se seguiram.

> **Art. 80.** No processo penal atinente aos crimes previstos neste Código, bem como a outros crimes e contravenções que envolvam relações de consu-

mo, poderão intervir, como assistentes do Ministério Público, os legitimados indicados no art. 82, III e IV, aos quais também é facultado propor ação penal subsidiária, se a denúncia não for oferecida no prazo legal.[117]

117. Ampla possibilidade de atuação da vítima ou de órgãos que a defendam: cuida-se de situação que vimos defendendo há muito tempo. Ver a nota 3 ao art. 268 do nosso *Código de Processo Penal comentado*.

(...)
Art. 119. Revogam-se as disposições em contrário.

Brasília, em 11 de setembro de 1990; 169.º da Independência e 102.º da República.

Fernando Collor

(*DOU* 12.09.1990, ret. 10.01.2007)

Contravenções Penais

Decreto-lei 3.688, de 3 de outubro de 1941

Lei das Contravenções Penais.

O Presidente da República, usando das atribuições que lhe confere o art. 180 da Constituição Federal [referência à CF de 1937], decreta:

LEI DAS CONTRAVENÇÕES PENAIS[1-3]

Parte Geral
Aplicação das regras gerais do Código Penal

> **Art. 1.º** Aplicam-se às contravenções as regras gerais[4] do Código Penal, sempre que a presente Lei não disponha de modo diverso.[5]

1. Conceito: a infração penal divide-se em *crime* e *contravenção penal*. Dispõe o art. 1.º da Lei de Introdução ao Código Penal e à Lei das Contravenções Penais o seguinte: "considera-se crime a infração penal a que a lei comina pena de reclusão ou de detenção, quer isoladamente, quer alternativa ou cumulativamente com a pena de multa; contravenção, a infração penal a que a lei comina, isoladamente, pena de prisão simples ou de multa, ou ambas, alternativa ou cumulativamente". Na essência, não há diferença alguma entre *crime* e *contravenção penal*. Analiticamente, ambas constituem um fato típico, antijurídico e culpável. A separação tem finalidade prática, no campo da aplicação de benefícios penais, para a identificação do procedimento correto a ser adotado, no contexto da liberdade provisória, entre outros fatores. No entanto, após a edição da Lei 9.099/95, considerando infração de menor potencial ofensivo a contravenção penal, mas também todos os crimes cuja pena máxima não ultrapassasse dois anos (art. 61, com a modificação da Lei 11.313/2006), cumulada ou não com multa, as diferenças práticas diminuíram ainda mais. Pode-se aplicar, por exemplo, transação penal tanto para a contravenção quanto para o crime. Em caso de flagrante, o importante é identificar se a infração é de menor potencial ofensivo, pouco interessando se contravenção ou crime. E, se assim for, não se lavra o auto de prisão em flagrante, mas apenas um termo circunstanciado, como regra, liberando-se a pessoa detida. Em suma, se, ontologicamente, já não se podia falar em diversidade entre *crime* e *contravenção penal*, no presente, nem mesmo as diferenças práticas têm surtido efeito.

2. Infração de menor potencial ofensivo: aplica-se às contravenções penais a Lei 9.099/95, possibilitando a transação penal, a adoção de um procedimento sumaríssimo para a apuração da culpa, bem como não se lavra auto de prisão em flagrante, caso o autor da contravenção se comprometa a comparecer à audiência, perante o juiz, quando intimado.

3. Princípio penal da intervenção mínima e contravenção penal: o princípio da intervenção mínima ou da subsidiariedade significa que o Direito Penal, no âmbito de um Estado Democrático de Direito, deve intervir minimamente na vida privada do cidadão, vale dizer, os conflitos sociais existentes, na sua grande maioria, precisam ser solucionados por outros ramos do ordenamento jurídico (civil, trabalhista, tributário, administrativo etc.). A norma penal incriminadora, impositiva de sanção, deve ser a *ultima ratio*, ou seja, a última hipótese que o Estado utiliza para punir o infrator da lei. Logo, o caminho ideal é a busca da descriminalização, deixando de considerar infração penal uma série de situações ainda hoje tipificadas como tal. Exemplo maior do que ora defendemos é a Lei das Contravenções Penais. Seus tipos penais são, na maioria absoluta, ultrapassados, vetustos e antidemocráticos. Promovem formas veladas de discriminação social e incentivam a cizânia dentre pessoas, que buscam resolver seus problemas cotidianos e superficiais, no campo penal. Pensamos que não haveria nenhum prejuízo caso houvesse a simples revogação da Lei das Contravenções Penais, transferindo para o âmbito administrativo determinados ilícitos e sua punição, sem que se utilize da Justiça Criminal para compor eventuais conflitos de interesses, como, por exemplo, uma ínfima contrariedade entre vizinhos porque um deles está com um aparelho sonoro ligado acima do permitido (art. 42, III, LCP). Ao longo dos comentários, pretendemos demonstrar a inadequação desta lei, bem como os tipos penais que se tornaram, em face da nova Constituição Federal de 1988, inaplicáveis, pois inconstitucionais. Entretanto, os tribunais entendem ter a Lei das Contravenções Penais sido recepcionada pela CF de 1988: STJ: 1. O Supremo Tribunal Federal, a quem incumbe a guarda da Carta Magna, jamais declarou a inconstitucionalidade ou a não recepção da Lei de Contravenções Penais – seja em sua íntegra, seja no tocante ao artigo 65 do referido diploma legal – pela ordem constitucional vigente. Precedente. 2. Por sua vez, a jurisprudência deste Sodalício é firme no sentido de que a Lei de Contravenções Penais foi recepcionada pela Lei Fundamental, nela estando previstas infrações de menor potencial ofensivo, não havendo que se falar, assim, na atipicidade da conduta assestada ao agravante" (AgRg no HC 435.290 – PR, 5.ª T., rel. Jorge Mussi, j. 15.03.2018); "1. Segundo já decidido pela Sexta Turma, não há inconstitucionalidade na Lei de Contravenções Penais, que foi recepcionada pela atual Constituição Federal" (HC 402.334 – RJ, 6.ª T., rel. Maria Thereza de Assis Moura, j. 21.09.2017).

4. Direito Penal Fundamental: as normas previstas na Parte Geral do Código Penal formam o conjunto denominado *Direito Penal Fundamental*, ou seja, aquelas que podem ser aplicadas não somente aos delitos previstos na Parte Especial, mas a toda legislação penal especial. É o correto. Não seria razoável supor que as excludentes de ilicitude, por exemplo (legítima defesa, estado de necessidade, estrito cumprimento do dever legal e exercício regular de direito), fossem exclusivas dos crimes previstos na Parte Especial do Código Penal. Se assim fosse, matar em legítima defesa não constituiria crime, porém, dirigir um barco, sem habilitação, em águas públicas, em estado de necessidade, deveria ser, uma vez que a Lei das Contravenções Penais nada menciona sobre esta excludente de antijuridicidade.

5. Princípio da especialidade: significa que lei especial afasta a aplicação de lei geral. Por razões variadas, o legislador, ao editar um conjunto de normas penais especiais, pode considerar inviável a aplicação de determinado preceito da Parte Geral do Código Penal. Assim ocorrendo, prevalece o disposto na legislação específica. Exemplo: o art. 4.º da Lei das Contravenções Penais fixa a não punibilidade da tentativa, contrariando, pois, o previsto no art. 14, parágrafo único, do Código Penal. O fundamento é simples. Constituindo a contravenção penal uma *infração penal menor*, não teria sentido, diante da inexpressividade, a sua punição na forma tentada.

Territorialidade

> **Art. 2.º** A lei brasileira só é aplicável à contravenção praticada no território nacional.[6]

6. Territorialidade: é a aplicação da lei brasileira a infrações penais ocorridas em território nacional. É a regra geral, conforme disposto no art. 5.º, *caput*, do Código Penal. Entretanto, em determinados casos, prevê-se o interesse do Brasil em punir autores de crimes cometidos fora do território nacional. Ingressa, nesse contexto, a extraterritorialidade, que é a aplicação da lei brasileira a delito cometido no exterior. Exemplo: um tráfico ilícito de entorpecentes, praticado fora do Brasil, permite que seu autor seja punido pela Justiça pátria, desde que preenchidas as condições especificadas no art. 7.º, § 2.º, do Código Penal. No entanto, não há interesse em punir o agente de contravenção penal, quando esta for cometida fora do território brasileiro. As exceções criadas para os delitos (art. 7.º, CP) não se estendem às infrações menores, vale dizer, as contravenções penais.

Voluntariedade. Dolo e culpa

> **Art. 3.º** Para a existência da contravenção, basta a ação ou omissão voluntária.[7] Deve-se, todavia, ter em conta o dolo ou a culpa, se a lei faz depender, de um ou de outra, qualquer efeito jurídico.[8]

7. Inaplicabilidade do dispositivo: por se tratar de uma infração penal de menor importância, várias medidas para simplificar a punição do autor de contravenção penal – ou mesmo para evitá-la – foram tomadas pelo legislador. Uma delas é a prevista neste artigo 3.º. Para existir, a contravenção só depende de uma ação ou omissão voluntária. Despreza-se o princípio penal da culpabilidade, como regra. Apenas em caráter excepcional, quando o tipo penal o exigir, busca-se dolo ou culpa. Essa postura não se liga, em hipótese alguma, à adoção do causalismo ou do finalismo, nem de qualquer outra posição em relação ao conceito de crime e do seu elemento subjetivo. Cuida-se de opção de política criminal, tomada no início dos anos 40, em pleno Estado Novo, sem apego, portanto, aos princípios de um Estado Democrático de Direito. Atualmente, o princípio da culpabilidade – não há crime se não houver dolo ou culpa – é a regra geral e apenas em situações excepcionais pode-se utilizar a denominada responsabilidade penal objetiva (como ocorre nos casos de embriaguez voluntária ou culposa, art. 28, II, CP). Defendemos na nota de abertura aos comentários a esta Lei a sua inoportuna continuidade no sistema legislativo brasileiro, por ser ofensiva ao princípio penal da intervenção mínima. Voltamos a reafirmar a sua inadequação, agora pelo fato de ferir o princípio penal da culpabilidade na maior parte dos seus tipos penais incriminadores. A questão liga-se, portanto,

Art. 3.º

à aceitação que se pode dar à aplicação de uma lei, dispensando-se dolo e culpa na maior parte dos casos. A conduta humana, para ser considerada penalmente relevante, há de ser voluntária e consciente. Do contrário, nem se leva em consideração. Se encontrarmos voluntariedade e consciência, podemos dar início ao processo de tipificação. Para os causalistas, existindo vontade e consciência, torna-se possível considerar um fato como típico. A análise do dolo e da culpa será feita na culpabilidade. Para os finalistas, no entanto, além da vontade e da consciência, analisa-se a finalidade do agente, logo, avalia-se, desde o início, se houve dolo ou culpa. Estes estão contidos no juízo de tipicidade. Maiores detalhes podem ser encontrados na nota 1 ao Título II da Parte Geral do nosso *Código Penal comentado*. Portanto, é irrelevante ser causalista ou finalista. Devemos ou não aquiescer com o disposto no art. 3.º da Lei das Contravenções Penais, abstraindo o dolo e a culpa da conduta para considerá-la uma contravenção penal? Pensamos que não mais é momento para tanto. Rumando à consolidação do Estado Democrático de Direito, somente se deve punir alguém, quando tenha ficado provado o dolo (a vontade de praticar o tipo penal) ou a culpa (a atuação imprudente, negligente ou imperita). Sem que isso ocorra, bastando a voluntariedade (movimentar o corpo humano regido pela vontade), teremos uma punição criminal, abstraindo a intenção do agente de, efetivamente, descumprir o comando normativo contido no tipo incriminador. Comparando, poderíamos dizer que "A" mata "B" se, voluntariamente (regido por sua vontade), ao dirigir seu veículo, atropela a vítima, que atravessa a via pública. Praticou o crime de homicídio? Depende da apuração do dolo (vontade de *matar* "B") ou da culpa (atuação *desatenciosa*, que levou à *morte de* "B"). Não há crime sem dolo e sem culpa. O mesmo deve dar-se com a contravenção penal. A gritaria realizada pelo vizinho, perturbando o sossego alheio, não pode ser, singelamente, voluntária. É fundamental que tenha sido promovida com a intenção de desassossegar terceiros (dolo). No caso citado (art. 42, I, LCP), nem se discute a forma culposa, pois não descrita, de modo algum, no tipo penal. Sabemos, pois, que o dolo é presumido, mas a culpa há de estar expressa, ainda que por frases como "agir sem cautela". Em suma, não se pode transigir no campo das contravenções penais, renunciando ao princípio penal da culpabilidade, sob pena de partirmos para a consagração do Direito Penal antidemocrático. As contravenções mereciam ser eliminadas do cenário penal pela pouca importância que possuem nos conflitos sociais em geral. Por isso, o mínimo que se deve fazer é optar por uma aplicação justa dos princípios penais mais relevantes, exigindo-se para a configuração de qualquer contravenção, a existência de dolo ou culpa, conforme o caso, jamais a mera voluntariedade. Deixemos claro que, em nosso *Código Penal comentado* defendemos a existência de responsabilidade penal objetiva (vide a nota 17 ao art. 28) na situação de embriaguez voluntária ou culposa, vale dizer, pune-se o embriagado que comete um crime, ainda que ele, no momento da ação ou da omissão, por falta de consciência, não tenha agido com dolo ou culpa. Porém, argumentamos que tal conclusão é uma excepcionalidade, tendo em vista que o agente ingressa em estado de inconsciência por ato voluntário, cometendo fatos graves ou gravíssimos, em virtude da influência do álcool, não podendo deixar de ser punido por isso. Não é o caso das contravenções penais, onde inexiste o cenário da droga, invalidando a capacidade de discernimento, nem tampouco há a presença da gravidade da lesão ao bem jurídico tutelado. Na jurisprudência: TJPR: "Embora criticado pela doutrina, o art. 3.º do Decreto-lei n.º 3.688/41 estabelece que 'para a existência da contravenção basta a ação ou omissão voluntária'. Citado dispositivo ressalva as hipóteses em que a lei exige a demonstração do dolo ou da culpa para a produção de algum efeito jurídico. E não é esse o caso dos autos, já que o art. 65 da Lei de Contravenções Penais tipifica a conduta de 'molestar alguém ou perturbar-lhe a tranquilidade, por acinte ou por motivo reprovável'. De qualquer sorte, está demonstrado, na hipótese, que a intenção do acusado era a de perturbar ('aborrecer, incomodar, importunar') a vítima por acinte ('intencionalmente, com o propósito de desgostar ou contrariar') (...)" (AC 1.488.246-1 – PR, 3.ª Câmara Criminal, rel. Rogério Kanayama, j. 05.05.2016, v.u.).

8. Dolo ou culpa: conforme sustentamos na nota anterior, para a existência de uma contravenção penal – como ocorre no contexto dos crimes – há necessidade de se provar a configuração do dolo ou da culpa. No cenário das contravenções, quando o tipo for omisso, busca-se o dolo; do contrário, de algum modo, o legislador apontará para ato leviano do agente, configurador da culpa (ex.: art. 31, onde se lê "não guardar com a *devida cautela* animal perigoso". Se não há cautela, há desatenção, logo, imprudência ou negligência).

Tentativa

> **Art. 4.º** Não é punível a tentativa de contravenção.[9]

9. Irrelevância da tentativa: por razão de política criminal, como já expusemos anteriormente, o legislador, embora tenha feito a opção por tipificar várias condutas como infrações penais leves (contravenções penais), preferiu dar-lhes um tratamento mais brando. Por isso, estipulou várias regras práticas que diferem a contravenção do crime. Entre elas, não se pune a tentativa de contravenção penal, que, no campo fático, é perfeitamente possível de ocorrer, por ser considerada de menor importância. O crime, quando se desenvolve na forma tentada, é punido com a pena do consumado, reduzida de um a dois terços (art. 14, parágrafo único, CP), o que produz uma sanção, por vezes, mínima. Exemplo: uma tentativa de lesão corporal simples pode acarretar a punição de um mês de detenção. Ora, as contravenções penais já possuem penas no mais baixo grau (multa ou prisão simples de alguns dias ou meses), motivo pelo qual não haveria mesmo sentido em se punir uma singela tentativa. Aliás, somos da opinião que nem mesmo as contravenções consumadas deveriam ser, nos dias de hoje, objeto de atenção do Direito Penal.

Penas principais

> **Art. 5.º** As penas principais são:[10]
> I – prisão simples;[11]
> II – multa.[12]

10. Regras de aplicação da pena: são as mesmas para o crime. Segue-se o disposto no art. 1.º desta Lei, devendo-se empregar as normas da Parte Geral do Código Penal. Logo, para a concretização da pena, o juiz utiliza três fases: primária (eleição do *quantum* da pena); secundária (opção pelo regime: na contravenção seria um sistema peculiar, conforme exposto na nota 13 infra); terciária (substituição por benefícios penais: pena restritiva de direitos ou multa). Na fase primária, vale-se o magistrado do sistema trifásico: a) pena base: resultado da análise das circunstâncias judiciais (art. 59, CP); b) aplicação das agravantes e atenuantes (arts. 61 a 66, CP); c) inserção das causas de aumento e diminuição. Lembremos, no entanto, que as contravenções penais, como já mencionado na nota 2 *supra*, constituem infrações penais de menor potencial ofensivo, motivo pelo qual comportam a aplicação de transação penal, logo, é viável a composição antes mesmo de ser necessário aplicar uma pena, após o trâmite processual.

11. Prisão simples: é a denominação da pena privativa de liberdade cabível à contravenção penal. Somos defensores da simples unificação de todas as penas privativas de liberdade, sob o título "pena de *prisão*", abolindo-se a vetusta e inútil terminologia calcada em três espécies: reclusão, detenção (ambas reservadas para o crime) e prisão simples (destinada à contravenção penal). Enquanto tal medida não é alcançada, toda vez que se encontrar em um tipo penal incriminador a pena de *prisão simples* cominada, estamos diante de uma contravenção penal. No mais, prisão é prisão, constituindo cerceamento de liberdade, conforme o regime eleito pelo magistrado. Entretanto, estabelece o art. 6.º desta Lei que a prisão simples deve ser cumprida *sem rigor penitenciário*, em estabelecimento especial, ou em local separado nos presídios comuns que possuem os regimes semiaberto ou aberto. Teceremos outros comentários nas notas do art. 6.º.

12. Multa: é a pena pecuniária, cuja fixação e regras são as mesmas utilizadas para o crime, logo, devemos utilizar o disposto na Parte Geral do Código Penal (arts. 49 a 52, 58 e 60, CP). A pena de multa varia de um mínimo de 10 dias-multa até o máximo de 360 dias-multa, calculado cada dia-multa em quantidades variáveis de 1/30 do salário mínimo a 5 salários mínimos. Remetemos o leitor às notas aos artigos supramencionados realizados em nosso *Código Penal comentado*.

Prisão simples

> **Art. 6.º** A pena de prisão simples deve ser cumprida, sem rigor penitenciário, em estabelecimento especial[13] ou seção especial de prisão comum, em regime semiaberto ou aberto.
>
> § 1.º O condenado à pena de prisão simples fica sempre separado dos condenados à pena de reclusão ou de detenção.[14]
>
> § 2.º O trabalho é facultativo, se a pena aplicada não excede a 15 (quinze) dias.[15]

13. Estabelecimento especial: cuidou-se de um *sonho* do legislador a existência, no Brasil, de vários estabelecimentos adequados à espécie de pena estabelecida: reclusão, detenção e prisão simples. Nunca o Poder Executivo, em qualquer nível, sob vários pretextos, investiu efetivamente em estabelecimentos penitenciários. Por isso, a denominada "falência" da pena de prisão não passa de uma decorrência do descaso das autoridades públicas em cuidar, com o devido respeito à lei, do assunto. Antes de anunciarmos a *morte* de um instituto, parece-nos fundamental que ele realmente *exista*. Quem nasce *morto*, não viveu, logo, por uma simples questão lógica, não pode *morrer*. Em suma, para falir é preciso, algum dia, ter sido eficiente e compatível com os preceitos legais. Onde estão os estabelecimentos especiais para acolher, sem rigor penitenciário, os contraventores? Não há. Do mesmo modo que a almejada separação entre reclusos e detentos nunca se viabilizou na prática. Falemos, no entanto, do ideal previsto no art. 6.º em comento. A prisão simples deveria ser cumprida em um estabelecimento próprio, destinado exclusivamente a contraventores, sem *rigor penitenciário*, o que significaria abster-se de aplicar as regras do regime fechado. Entretanto, é óbvio que, se a prisão simples não deixa de ser uma pena privativa de liberdade, torna-se fundamental que exista controle, fiscalização do Estado e restrição do direito de ir e vir. Seria esse estabelecimento especial uma espécie de colônia penal de contraventores – ou, no mínimo, uma Casa do Albergado de contraventores. Não existindo, os condenados por contravenção podem ser colocados em *seção especial* (significa, na prática, separados dos sentenciados por crimes) de prisões comuns, em regime semiaberto (colônia penal) ou aberto (Casa do Albergado). Ora, na maioria das cidades brasileiras, não há nem mesmo Casa do Albergado, institucionalizando-se a chamada *prisão albergue domiciliar*, vale dizer, o sentenciado fica recolhido, durante o período noturno e nos finais de semana, em sua própria casa, sem qualquer fiscalização efetiva, o que é sinônimo de impunidade. Se tal situação consolidou-se na esfera dos condenados por crimes, imagine-se o contexto dos sentenciados por contravenção... Por outro lado, constituindo a contravenção penal uma infração de menor potencial ofensivo, sujeita à transação penal, torna-se quase impossível imaginarmos alguém condenado por contravenção penal e inserido em uma colônia penal (regime semiaberto), por exemplo, pois não mereceu o benefício da referida transação, com aplicação de simples multa ou de restrição de direito. O disposto no art. 6.º tende a ser, portanto, praticamente uma pictórica referência para o operador do direito.

14. Separação de condenados: em tese, é uma medida salutar e mereceria aplauso, embora, como já frisado, na prática, nunca tenha dado resultado efetivo. Os estabelecimentos penais não chegaram ao padrão idealizado por lei em nenhum tipo de regime (fechado, semiaberto ou aberto), salvo raras exceções. Logo, o estabelecimento especial para contraventores também faz parte da ficção jurídica. Se assim é, quando recolhido a presídio comum, não pode o contraventor ter contato com os criminosos. Se – e somente se – for possível a condenação de um autor de contravenção penal a pena de prisão simples, constituindo hipótese legal inviável a substituição por qualquer outra medida penal alternativa (multa ou restrição de direito, bem como *sursis*) deve ele ser inserido em presídio comum, isolado dos reclusos e detentos.

15. Trabalho facultativo: a regra, no Brasil, quanto ao trabalho do preso possui dois enfoques: a) o trabalho forçado é vedado (art. 5.º, XLVII, *c*, CF); b) o trabalho é dever do preso, logo, obrigatório (art. 39, V, Lei 7.210/84; art. 34, §§ 1.º a 3.º, art. 35, §§ 1.º e 2.º, art. 36, § 1.º, CP). Lembremos a diferença entre trabalho *forçado* e *obrigatório*. O primeiro, quando existente, acarreta ao preso recalcitrante em aceitar a labuta, sanções variadas, como, por exemplo, proibição de visitas ou inserção em solitária. O segundo, se não realizado pelo condenado, provocará o registro, em seu prontuário, do cometimento de falta grave (art. 50, VI, Lei 7.210/84), o que impedirá benefícios penais, como a progressão de regime, a obtenção de livramento condicional, entre outros. No caso de contravenção penal, o trabalho somente é obrigatório se a pena for superior a quinze dias. Imagina-se que o curtíssimo espaço de tempo passado no cárcere não justifica todo o empenho estatal de inserir o condenado em qualquer atividade laboral.

Reincidência

> **Art. 7.º** Verifica-se a reincidência[16-17] quando o agente pratica uma contravenção depois de passar em julgado a sentença que o tenha condenado, no Brasil ou no estrangeiro, por qualquer crime, ou, no Brasil, por motivo de contravenção.[18]

16. Reincidência: é o cometimento de uma contravenção penal depois de já ter sido o agente condenado, no Brasil ou no exterior, por crime, ou, ainda, no Brasil, por contravenção. Note-se que a condenação no estrangeiro por contravenção nada gera no território nacional, o que se justifica pelo fato de não termos nem mesmo interesse em punir alguém que tenha cometido contravenção no exterior e, após, venha fixar seu domicílio no Brasil. As situações de extraterritorialidade (art. 7.º, CP) somente envolvem o cometimento de crimes.

17. Espécies de reincidência: cuidamos de duas: a) *real*, quando o agente comete nova contravenção depois de já ter efetivamente cumprido pena por crime ou contravenção anterior, conforme o caso; b) *ficta*, quando o agente comete nova contravenção depois de já ter sido condenado, com trânsito em julgado, por crime ou contravenção, conforme o caso, mas sem ter efetivamente cumprido pena.

18. Primariedade e reincidência: há, para efeito de aplicação da lei penal, somente duas situações: a) *reincidência*, conforme definido na nota 16 *supra*, significando que o agente comete nova contravenção depois de já ter sido condenado por crime, no Brasil ou no exterior, ou por contravenção, no Brasil; b) *primariedade*, querendo dizer que o agente nunca foi condenado antes, quando comete a contravenção, mas também quando já foi condenado, embora tenha *caducado* a anterior punição, nos termos do art. 64, I, do Código Penal (decurso de cinco anos entre a data do cumprimento ou extinção da pena e a infração posterior, incluindo-se nesse período o gozo de *sursis* e livramento condicional, não revogados). Em nosso entendimento, vimos sustentando a inexistência da denominação *tecnicamente primário* (aquele que já sofreu condenação anterior, não mais capaz de gerar reincidência). Em verdade, o que se chama de *tecnicamente primário* é um sujeito primário, com maus antecedentes.

Erro de direito

> **Art. 8.º** No caso de ignorância ou errada compreensão da lei, quando escusáveis, a pena pode deixar de ser aplicada.[19]

19. Ignorância da lei e erro de proibição: sob a rubrica genérica de *erro de direito*, inseriu-se na Lei das Contravenções Penais uma hipótese de perdão judicial para o caso de *ignorância* ou *errada compreensão* da lei. É verdade que tal dispositivo advém da época em que o erro de proibição não era considerado, para o cenário dos crimes, como excludente de culpabilidade, o que ocorre atualmente (art. 21, CP), desde que escusável. Portanto, deve-se empreender especial exegese para o art. 8.º. Em primeiro lugar, vale diferenciar a *ignorância ou desconhecimento da lei* do *erro quanto à ilicitude da conduta*. A primeira situação significa simplesmente não conhecer a lei escrita, conforme publicada no Diário Oficial, para aplicabilidade a toda a sociedade. Logicamente, a ninguém é dado não cumprir a lei, sob o pretexto de não a conhecer. Fosse assim, não haveria punição alguma, a não ser para bacharéis em Direito. Presume-se que, publicada a norma escrita, seja ela do conhecimento geral e precisa ser respeitada. Logo, em caráter excepcional, cuidando-se de leis muito antigas ou de rara aplicação, é possível que as pessoas, de fato, ignorem a sua existência. De acordo com o Código Penal, quando tal situação ocorrer, o juiz pode aplicar uma atenuante (art. 65, II, CP). A outra situação – erro quanto ao ilícito – embora pareça idêntica, tem suas peculiaridades. O conhecimento do conteúdo da norma, isto é, se determinada conduta é permitida (lícita) ou proibida (ilícita) origina-se não singelamente da publicação da lei escrita, mas, fundamentalmente, da vivência do ser humano, das regras de experiência, da natural informação que corre em sociedade. O direito posto (leis escritas) espalha-se na comunidade ao qual se destina pela *informação* (comunicação ou notícia dada de pessoa a pessoa). Portanto, conhece-se o *certo* e o *errado* no dia a dia. Na escola, no trabalho, no lazer, enfim, em todos os lugares por onde passamos temos acesso à informação, captando o conteúdo das normas, discernindo entre o permitido e o proibido, motivo pelo qual a lei vale para todos, independentemente da formação jurídica que alguns possuem. Atualmente, a lei penal estabelece a possibilidade de alegação do erro de proibição, isto é, ignorar o conteúdo da norma – e não simplesmente a existência da lei escrita – constituindo razão para a absolvição, por ausência de culpabilidade, quando escusável (consultar as notas 92, 92-A e 93 ao art. 21 do nosso *Código Penal comentado*). O art. 8.º da Lei das Contravenções Penais está, portanto, *derrogado*. No que concerne à *ignorância ou desconhecimento da lei* continua vigorando, pois mais benéfico que o disposto no Código Penal (neste, esta situação pode ser apenas uma atenuante), representando ao réu a chance de ter extinta a sua punibilidade (perdão judicial). Entretanto, quando o erro disser respeito à ilicitude (denominada, no art. 8.º, de *errada compreensão da lei*), parece-nos viável ocorrer a absolvição – e não simplesmente a aplicação do perdão judicial – pois está-se diante de exclusão da culpabilidade. No contexto de uma interpretação lógico-sistemática, parece-nos que, constituindo possibilidade de absolvição para os crimes, é natural que possamos aplicar, por analogia *in bonam partem*, às contravenções penais. Poderíamos argumentar que o art. 1.º desta Lei determina a aplicação das normas gerais do Código Penal somente quando a lei especial não dispuser em sentido contrário. Não tem aplicação a este caso a referida regra da especialidade, pois a própria redação do art. 8.º é imprecisa. A *errada compreensão da lei* equivale à lei escrita ou ao seu conteúdo? Se fosse acolhida a primeira parte (equivale à lei escrita), então o art. 8.º não conflita com o Código Penal, ao contrário, pode-se absolver o réu por erro de proibição (art. 21, CP) ou conceder-lhe perdão judicial (art. 8.º, LCP), dependendo do caso concreto. Se adotada a segunda parte (equivale ao conteúdo da norma), padeceria o sistema penal de um conflito inaceitável: escusa-se o erro de proibição, absolvendo o réu, quando no cenário dos crimes (infrações mais graves), mas não se faz o mesmo, aplicando somente o perdão judicial (extinção da punibilidade), quando no contexto de contravenções penais (infrações mais leves). Do exposto, em resumo: a) tratando-se de *desconhecimento da lei*, desde que escusável, aplica-se o perdão judicial; b) cuidando-se de *erro de proibição*, quando escusável, absolve-se, por ausência de culpabilidade.

Conversão da multa em prisão simples

> **Art. 9.º** A multa converte-se em prisão simples, de acordo com o que dispõe o Código Penal sobre a conversão de multa em detenção.[20]
>
> **Parágrafo único.** Se a multa é a única pena cominada, a conversão em prisão simples se faz entre os limites de 15 (quinze) dias e 3 (três) meses.

20. Dispositivo revogado: houve expressa remissão do art. 9.º ao disposto no Código Penal quanto à conversão da multa em detenção. O art. 51, que cuidava do tema, teve a redação alterada pela Lei 9.268/96, abolindo-se a possibilidade de conversão da multa em prisão. Logo, em caso de contravenção penal, ainda que o agente seja solvente e não pague a multa devida, jamais ocorrerá a conversão em prisão simples.

Limites das penas

> **Art. 10.** A duração da pena de prisão simples não pode, em caso algum, ser superior a 5 (cinco) anos, nem a importância das multas ultrapassar cinquenta contos de réis.[21]

Suspensão condicional da pena de prisão simples

> **Art. 11.** Desde que reunidas as condições legais, o juiz pode suspender, por tempo não inferior a 1 (um) ano nem superior a 3 (três),[22] a execução da pena de prisão simples, bem como conceder livramento condicional.[23]

21. Limite de penas: este dispositivo, parcialmente revogado, guarda sintonia com o disposto no art. 75, *caput*, do Código Penal ("o tempo de cumprimento das penas privativas de liberdade não pode ser superior a 40 (quarenta) anos"). No caso de penas privativas de liberdade, por mais que o agente cometa delitos em concurso material, impondo-se a soma das penas, não cumprirá mais que quarenta anos. Portanto, em caso de contravenção penal, mesmo que sejam inúmeras as penas, o agente não cumprirá mais que cinco anos. Não há limitação, no Código Penal, para a fixação de multas. Não se deve confundir o limite para a aplicação de multa para *um único* crime, com o limite para o pagamento de inúmeras multas. No caso de multa, o máximo pode atingir 360 dias-multa, calculado cada dia em 5 salários mínimos e, se for preciso, triplica-se esse valor (art. 49, *caput* e § 1.º; art. 60, § 1.º, CP). Desde que o agente cometa vários crimes sujeitos à pena pecuniária, esta pode somar-se sempre, atingindo qualquer montante. Em caso de contravenções penais, não mais existindo a moeda prevista no art. 10 (contos de réis), deixa de ser aplicável qualquer limite para a cumulação de multas.

22. Suspensão condicional da pena: como já exposto em notas anteriores, atualmente é quase impossível aplicar uma pena de prisão simples, não a converter em multa ou pena restritiva de direitos, partindo-se para a concessão de *sursis*. Seria preciso vencer vários obstáculos: a contravenção penal, por ser infração de menor potencial ofensivo, sujeita-se à transação penal, logo, nem processo há, buscando a condenação; se houver acusação e processo, na sentença condenatória, é viável substituir a pena privativa de liberdade por outras, como acima exposto. Pois bem, imaginemos que um réu reincidente, já beneficiado anteriormente pela transação, cometa várias contravenções penais, em concurso material, atingindo a pena de dois anos de prisão simples. Partindo da premissa que o julgador considere indevida a substituição por pena restritiva de direitos, pode aplicar, então, a suspensão condicional da pena. Esta, segundo dispõe o art. 11, precisa respeitar as *condições legais*. Quais? Ora, as que estão previstas no Código Penal, conforme previsto no art. 1.º da Lei das Contravenções Penais. A Parte Geral do Código Penal deve reger a aplicação do *sursis* e do livramento condicional, salvo quando a lei especial dispuser em sentido contrário. Somente existe um preceito em oposição ao Código Penal: o prazo de suspensão condicional da pena deve ser de um a três anos. Nada mais. Por isso, melhor refletindo sobre o tema, pensamos que *todas* as demais condições legais estabelecidas na Parte Geral do Código Penal devem ser utilizadas, *inclusive* as condições previstas no art. 78 deste Código. Há quem sustente ser o *sursis* da Lei das Contravenções Penais incondicionado. No início, pareceu-nos, de fato, que poderia ser, já que a lei especial, ao mencionar a suspensão condicional da pena, dispôs somente a respeito do período (um a três anos), sem referência às condições. Porém, façamos uma releitura atenta do dispositivo. Diz: "desde que reunidas as condições legais", o *sursis* será concedido pelo mínimo de um ano e, no máximo, por três anos de período de prova. Assim, onde estaria a vedação para a aplicação do art. 78 do Código Penal? Inexiste. Ao contrário, dispõe o art. 11 que, respeitadas as "condições legais" (do Código Penal, pois na Lei das Contravenções Penais nada se prevê sobre o tema), o *sursis* será concedido ao condenado. Pensamos que as regras previstas nos arts. 77 a 82 do Código Penal são aplicáveis, exceto uma: o período de prova é menor, variando de um a três anos. Entender de modo contrário, isto é, que o *sursis* da Lei das Contravenções Penais é incondicionado, porque esta lei nada mencionou acerca disso, significa, por questão de lógica, sustentar que o *sursis* aplicável às contravenções penais é irrevogável, pois a lei especial também não cuidou desse assunto. Não é essa a orientação doutrinária e muito menos a jurisprudencial. Na jurisprudência: TJMG: "Não havendo justificativa hábil para fixar por 2 (dois) anos o *sursis*, possível a suspensão condicional da pena de prisão simples, nos termos do art. 11 do Decreto-lei 3.688/41, pelo prazo de 1 (um) ano. Aplicado o *sursis* penal, decorre dele a aplicação automática de medidas que estão dispostas no art. 78 do CP. É impossível a suspensão dos direitos políticos do condenado, independentemente da espécie da pena aplicada, por ausência de regulamentação do art. 15, III, da CF/88. Sem regulamentação, a aplicação dessa modalidade de pena acessória poderá ferir o princípio da proporcionalidade e razoabilidade da pena, e haverá casos em que representará pena mais grave que a pena principal aplicada. O direito penal rege-se pela legalidade estrita não cabendo aplicação de pena não regulamentada em lei. Embargos acolhidos para sanar a obscuridade e omissão" (ED 1.0408.13.003739-8/002 – MG, 4.ª Câmara Criminal, rel. Doorgal Andrada, j. 06.07.2016).

23. Livramento condicional: é um instituto de política criminal, voltado à redução do tempo de prisão, concedendo-se a antecipação da liberdade ao condenado, desde que preencha as condições legais. Estamos diante de outra ilusória discussão jurídica, desmentida pela prática cotidiana. Quantos condenados por contravenções penais, no Brasil, atualmente, estão em gozo de livramento condicional? Nem nos atrevemos a responder, pois o resultado pode ser *zero*. Há vários fatores para isso. Em primeiro plano, lembremos, novamente, ser a contravenção penal uma infração de menor potencial ofensivo. Logo, sujeita à transação penal, nem processo-crime haverá para que o autor cumpra sua *pena*. Se não for possível a referida transação, há possibilidade de aplicação de multa substitutiva, penas restritivas de direitos e até mesmo do *sursis*. Para nos valermos do livramento condicional seria necessária uma condenação igual ou superior a dois anos, conforme dispõe o art. 83 do Código Penal, que inserisse o sentenciado no regime semiaberto, por exemplo. A partir daí, cumprido o prazo legal (um terço, para primários; metade, para reincidentes), seria ele colocado em liberdade condicional. Atualmente, no entanto, podemos tratar do instituto como autêntica ficção jurídica, pois o regime aberto (atingido facilmente pela progressão de regimes) é muito mais favorável ao condenado que o livramento condicional. Afinal, na maior parte das Comarcas, não há Casa do Albergado (onde, legalmente, se cumpre o regime aberto), razão pela qual o sentenciado é inserido em *prisão albergue domiciliar*. Não há motivo para trocar este regime extremamente favorável (sem qualquer fiscalização estatal) pelo livramento condicional. Em suma, praticamente inexiste o instituto para as contravenções penais. Se, porventura, restar algum condenado que dele necessite, aplicamos as regras da Parte Geral do Código Penal (arts. 83 a 90).

Penas acessórias[24]

> **Art. 12.** As penas acessórias são a publicação da sentença[25] e as seguintes interdições de direitos:
>
> I – a incapacidade temporária para profissão ou atividade, cujo exercício dependa de habilitação especial, licença ou autorização do poder público;[26]
>
> II – a suspensão dos direitos políticos.[27]
>
> Parágrafo único. Incorrem:
>
> *a)* na interdição sob n. I, por 1 (um) mês a 2 (dois) anos, o condenado por motivo de contravenção cometida com abuso de profissão ou atividade ou com infração de dever a ela inerente;
>
> *b)* na interdição sob n. II, o condenado à pena privativa de liberdade, enquanto dure a execução da pena ou a aplicação da medida de segurança detentiva.

24. Penas acessórias e sua polêmica revogação: sustenta grande parte da doutrina estar revogado o art. 12 da Lei das Contravenções Penais, baseado no fato de ter a Lei 7.209/84, que instituiu a nova Parte Geral do Código Penal, acabado com a terminologia *penas acessórias*. Parece-nos precipitada tal solução. Em primeiro lugar, devemos lembrar do disposto no art. 1.º desta Lei. Aplica-se a Parte Geral do Código Penal quando a Lei das Contravenções Penais não dispuser em sentido diverso, o que é confirmado pelo art. 12 do Código Penal. O Decreto-lei

3.688/41, em momento algum, foi modificado para extinguir as chamadas penas acessórias. Em segundo lugar, devemos lembrar que as denominadas *penas acessórias* transformaram-se, majoritariamente, nos atuais *efeitos da condenação* (arts. 91 e 92, CP). Logo, houve alteração na denominação, mas não no efeito concreto. Por isso, não vemos óbice algum na aplicação das consequências previstas no art. 12 da Lei das Contravenções Penais, simples efeitos da condenação, que somente mantêm a nomenclatura antiga: *penas acessórias*.

25. Publicação da sentença: conforme o tipo de contravenção penal e o seu alcance na comunidade, pode o juiz determinar, como efeito da condenação, a publicação da sentença em jornal de boa circulação na Comarca. Aliás, é de idêntico teor o disposto no art. 78 da Lei 8.078/90 (Código de Defesa do Consumidor), que não é acoimado de *pena acessória*, nem de inconstitucional.

26. Incapacidade temporária para profissão ou atividade: a incapacitação para o exercício profissional deve guardar sintonia com a contravenção penal ligada à atividade laboral do agente, conforme previsto no parágrafo único. Por outro lado, não sendo pena autônoma (restritiva de direitos, como previsto no art. 47, I e II, CP), pode o magistrado condenar o réu pela prática da contravenção penal e impor, como efeito da condenação (ou pena acessória) a incapacidade para o exercício profissional ou atividade específica pelo período de um mês a dois anos. Exemplo: condenado como incurso no art. 26 da LCP (violação de lugar ou objeto), a dois meses de prisão simples, pode ficar, de um mês a dois anos, impossibilitado de exercer a profissão ou ofício.

27. Suspensão dos direitos políticos: em consonância ao estipulado no art. 15, III, da Constituição Federal, enquanto perdurarem os efeitos da condenação criminal (seja por crime ou por contravenção), estão os direitos políticos do condenado suspensos.

Medidas de segurança

> **Art. 13.** Aplicam-se, por motivo de contravenção, as medidas de segurança estabelecidas no Código Penal,[28] à exceção do exílio local.[29]

28. Medida de segurança: é espécie de sanção penal que, figurando ao lado da pena, deve ser aplicada aos inimputáveis (doentes mentais e retardados), que tenham cometido um fato criminoso (fato típico e antijurídico), embora não se aperfeiçoe em crime, por ausência de culpabilidade. A medida de segurança, diversamente da pena, não tem finalidade retributiva nem reeducativa. Seu objetivo é preventivo e curativo. Deve-se seguir, pois, as normas da Parte Geral do Código Penal (arts. 96 a 99).

29. Exílio local: inexiste qualquer disciplina legal atual acerca desse instituto. Logo, é inaplicável.

Presunção de periculosidade[30]

> **Art. 14.** Presumem-se perigosos, além dos indivíduos a que se referem os ns. I e II do art. 78 do Código Penal:
> I – o condenado por motivo de contravenção cometida em estado de embriaguez pelo álcool ou substância de efeitos análogos, quando habitual a embriaguez;

II – o condenado por vadiagem ou mendicância;
III – (Revogado pela Lei 6.416/1977);
IV – (Revogado pela Lei 6.416/1977).

30. **Presunção de periculosidade:** não há mais no sistema jurídico-penal brasileiro. Em primeiro lugar, pelo fato de não ter aplicação prática. Em segundo lugar, pelo motivo de defendermos a exclusão de qualquer punição para determinados tipos penais, porque ofensivos à Constituição Federal, como vadiagem. O tipo penal da mendicância foi revogado. Em terceiro lugar, porque somente se fala em pessoa *perigosa* para efeito de aplicação de medida de segurança, vale dizer, trata-se de um enfermo mental.

Internação em colônia agrícola ou em instituto de trabalho, de reeducação ou de ensino profissional[31]

Art. 15. São internados em colônia agrícola ou em instituto de trabalho, de reeducação ou de ensino profissional, pelo prazo mínimo de 1 (um) ano:
I – o condenado por vadiagem (art. 59);
II – o condenado por mendicância (art. 60 e seu parágrafo); [revogado pela Lei 11.983/2009]
III – (Revogado pela Lei 6.416/1977).

31. **Duplo binário:** não mais subsiste o sistema do duplo binário, ou seja, a condenação de alguém a pena + medida de segurança. O Código Penal, para os crimes (infrações mais graves), não cuida mais desse tema. Por outro lado, temos defendido a exclusão de punição a qualquer pessoa acusada de vadiagem. Mendicância não mais constitui infração penal (ver as notas aos artigos 59 e 60 desta Lei).

Internação em manicômio judiciário ou em casa de custódia e tratamento

Art. 16. O prazo mínimo de duração da internação em manicômio judiciário ou em casa de custódia e tratamento é de 6 (seis) meses.[32]
Parágrafo único. O juiz, entretanto, pode, ao invés de decretar a internação, submeter o indivíduo a liberdade vigiada.[33]

32. **Prazo mínimo da medida de segurança:** está em pleno vigor o disposto no art. 16 da Lei das Contravenções Penais. A medida de segurança continua a existir tanto no Código Penal (arts. 96 a 99) como na Lei das Contravenções Penais (art. 13). Em razão de norma especial, que é justamente o art. 16 desta Lei, o prazo mínimo da medida de segurança, em decorrência da prática de fato considerado contravenção penal, é de seis meses. Se o agente cometer fato considerado crime, o prazo mínimo será de um a três anos (art. 97, § 1.º, CP). O prazo máximo, tanto no caso de crime como no de contravenção, é indeterminado, dependendo do resultado do exame de cessação da periculosidade. Para a desinternação ou liberação, consultar a nota 16 ao art. 97 do nosso *Código Penal comentado*.

33. Opção judicial: se o agente cometer fato criminoso, deve o juiz optar entre a internação (quando o delito for apenado com reclusão) e entre esta e o tratamento ambulatorial (quando o crime for apenado com detenção). Em matéria de contravenção penal, parece-nos válida a opção entre internar o agente ou submetê-lo à liberdade vigiada, conforme previsto no art. 178 da Lei 7.210/84.

Ação penal

> **Art. 17.** A ação penal é pública, devendo a autoridade proceder de ofício.[34]

34. Ação pública incondicionada: segundo o disposto no art. 17 desta Lei, todos os casos de contravenção penal são de ação pública incondicionada, ou seja, o Ministério Público pode ingressar com ação penal (e o delegado pode instaurar inquérito), sem depender da concordância da vítima ou de quem quer que seja. O dispositivo é, nitidamente, vetusto. Caminha-se, atualmente, na legislação penal, para a ação pública condicionada ou para a ação privada, quando se trata de interesse eminentemente individual ou restrito. Há inúmeras contravenções penais que deveriam depender de provocação do interessado, sob pena de não se conseguir nem mesmo a apuração do ocorrido (ex.: art. 42, LCP. Como analisar a perturbação do sossego alheio sem provocação do ofendido?). Aliás, na prática, pouco importa ser a contravenção de ação pública incondicionada, pois, antes de tudo, trata-se de infração de menor potencial ofensivo (Lei 9.099/95), que permite transação. Na jurisprudência: STJ: "1. A natureza da ação penal para a contravenção de vias de fato é pública incondicionada, pois o art. 17 da LCP (Decreto-lei n. 3.688/1941) remanesce em vigor. Precedentes. 2. Agravo regimental a que se nega provimento" (AgRg no AREsp 972.372 – ES, 6.ª T., rel. Antonio Saldanha Palheiro, j. 07.02.2017, v.u.); "1. Nas contravenções penais de vias de fato, praticadas no âmbito das relações domésticas e familiares, a ação penal é pública incondicionada, nos termos do art. 17 da Lei de Contravenções Penais, que não foi alterado pela Lei n. 9.099/1995, nem pela Lei n. 11.340/2006. Precedentes. 2. Agravo regimental desprovido" (AgRg no AREsp 1.036.763 – SP, 6.ª T., rel. Antonio Saldanha Palheiro, j. 06.04.2017, *DJe* 20.04.2017). TJPR: "'A Lei de Contravenções Penais (Decreto-lei n.º 3.688/41) continua em pleno vigor e nela há expressa previsão legal de que a ação penal é pública incondicionada, conforme Recurso em Sentido Estrito n.º 1.410.686-22 disciplina o seu artigo 17' (STJ, RHC 47.253/MS, Rel. Ministra Maria Thereza de Assis Moura, Sexta Turma, julg. 04.12.2014, *DJe* 17.12.2014)" (RSE 1.410.686-2 – PR, 2.ª Câmara Criminal, rel. Luís Carlos Xavier, 02.06.2016, v.u.).

Parte Especial

Capítulo I
DAS CONTRAVENÇÕES REFERENTES À PESSOA

Fabrico, comércio, ou detenção de armas ou munição[35]

> **Art. 18.** Fabricar, importar, exportar, ter em depósito ou vender,[36-38] sem permissão da autoridade,[39] arma[40] ou munição:[41-42]
> Pena – prisão simples, de 3 (três) meses a 1 (um) ano, ou multa, ou ambas cumulativamente, se o fato não constitui crime contra a ordem política ou social.[43]

35. Revogação e inaplicabilidade do tipo penal: em primeiro lugar, deve-se ressaltar que, em relação às armas de fogo e respectiva munição, o art. 18 da Lei das Contravenções Penais já fora afetado pela edição da Lei 9.437/97 (art. 10) e, agora, completamente absorvido pelos arts. 17 e 18 da Lei 10.826/2003. Em segundo lugar, para parcela considerável da doutrina brasileira, ele subsiste para o campo das denominadas *armas brancas* (as que não são armas de fogo) próprias (destinadas ao ataque e à defesa, como um punhal ou uma espada) e impróprias (destinadas a outras funções, mas que podem servir para ataque e defesa, como facas de cozinha, martelo, machado etc.). Não vemos possibilidade de aplicação para o art. 18, pois não há lei disciplinando a concessão de autorização da autoridade para a fabricação, importação, exportação, depósito ou venda de uma faca de cozinha, por exemplo. Por outro lado, se o passatempo de alguém consistir em fabricar espadas ou lanças, conseguiria ele autorização da Polícia Federal (ou Estadual) para tanto? Se não há esse tipo de previsão, inviável é o tipo penal. Argumenta-se que há previsão constitucional para que a União conceda autorização e fiscalize a produção e o comércio de material bélico (art. 21, VI, CF). Entretanto, *material bélico* é o armamento destinado à guerra. Não estamos na época medieval, quando se lutava com espadas, lanças e flechas, motivo pelo qual não se pode denominar esse tipo de *arma* como material *bélico*. Entretanto, se, porventura, lei houver (dentro da infinidade de normas que o sistema legislativo brasileiro insiste em consagrar) – ou for editada – disciplinando o uso de alguma arma branca (ex.: proíbe-se a fabricação, sem autorização legal, de *bestas* – armas antigas, com a forma de arco e corda, mas com cabo para empunhadura – por algum motivo), tornar-se-ia aplicável o art. 18 da Lei das Contravenções Penais. Melhor seria, como já expusemos, simplesmente revogar, por inteiro, o Decreto-lei 3.688/41, cuja utilidade, no cenário penal, é pífia. Promoveremos, entretanto, os comentários ao tipo na hipótese de surgir aplicação para algum caso concreto.

36. Análise do núcleo do tipo: *fabricar* (construir, manufaturar), *importar* (trazer para o território nacional), *exportar* (promover a saída do território nacional), *ter em depósito* (guardar em recinto próprio à armazenagem) e *vender* (alienar por determinado valor ou preço). Os objetos das condutas são as armas (vide nota 40 abaixo) e munições (denominação dada aos projéteis e outros instrumentos para o funcionamento da arma de fogo).

37. Sujeitos ativo e passivo: o sujeito ativo pode ser qualquer pessoa. O sujeito passivo é a coletividade.

38. Elemento subjetivo: é o dolo. Não há elemento subjetivo específico, nem se pune a forma culposa.

39. Elemento normativo do tipo: a expressão *sem permissão da autoridade* constitui, na realidade, elemento ligado à ilicitude. Porém, por ter sido inserido no tipo, havendo licença, o fato seria atípico.

40. Arma: é o instrumento utilizado para ataque ou defesa. Constituindo *arma de fogo* (revólver, pistola, espingarda etc.), rege-se o tema pela Lei 10.826/2003. Tratando-se de *arma branca* (instrumento, por exclusão, que não é ativado por carga explosiva, com emissão de gases), podemos dividi-la em *própria* (destinada para o ataque e defesa, como uma lança) e *imprópria* (usada, indevidamente, para ataque ou defesa, como uma chave de fenda).

41. Objetos material e jurídico: o objeto material é a arma branca (excluídas as armas de fogo e munições, abrangidas por lei diversa). O objeto jurídico é a segurança pública e, via de consequência, a integridade física das pessoas.

42. Classificação: é infração comum (pode ser praticada por qualquer pessoa); mera conduta (não há necessidade da ocorrência de efetivo prejuízo para a sociedade ou para alguém);

de forma livre (pode ser cometida por qualquer meio eleito pelo agente); de perigo abstrato (possui probabilidade, presumida em lei, de causar dano); comissiva (os verbos indicam ações); instantânea (a consumação ocorre em momento definido), nas modalidades *fabricar, importar, exportar* e *vender*, porém permanente (a consumação se arrasta no tempo) na forma *ter em depósito*; unissubjetiva (pode ser cometido por uma só pessoa); plurissubsistente (cometido por mais de um ato); não admite tentativa, conforme previsto no art. 4.º desta Lei.

43. **Crime contra a segurança nacional:** a Lei 7.170/83 foi revogada e não há nenhum tipo penal substituto. Portanto, é inaplicável o princípio da subsidiariedade em relação a crimes "contra a ordem política ou social".

Porte de arma[44]

> **Art. 19.** Trazer consigo[45-47] arma[48] fora de casa[49] ou de dependência[50] desta, sem licença[51] da autoridade:[52-53]
>
> Pena – prisão simples de 15 (quinze) dias a 6 (seis) meses, ou multa, ou ambas cumulativamente.
>
> § 1.º A pena é aumentada de 1/3 (um terço) até 1/2 (metade), se o agente já foi condenado, em sentença irrecorrível, por violência contra a pessoa.[54]
>
> § 2.º Incorre na pena de prisão simples, de 15 (quinze) dias a 3 (três) meses, ou multa, quem, possuindo arma ou munição:[55]
>
> a) deixa de fazer comunicação ou entrega à autoridade, quando a lei o determina;
>
> b) permite que alienado, menor de 18 (dezoito) anos, ou pessoa inexperiente no manejo de arma a tenha consigo;
>
> c) omite as cautelas necessárias para impedir que dela se apodere facilmente alienado, menor de 18 (dezoito) anos ou pessoa inexperiente em manejá-la.

44. **Sobre a constitucionalidade do dispositivo:** cuidando-se de armas de fogo, o art. 19 está completamente afastado desde a edição da Lei 9.437/97, agora confirmada a sua revogação pela Lei 10.826/2003 (Estatuto do Desarmamento). No mais, ao tratarmos das denominadas *armas brancas* (por exclusão, as que não são de fogo), sejam próprias (destinadas ao ataque ou à defesa, como punhais, lanças, espadas etc.), sejam impróprias (destinadas a outros fins, como machados, martelos, serrotes etc., mas usadas para ataque ou defesa, eventualmente), entendemos que o art. 19 é inaplicável. Não há *lei* regulamentando o *porte* de *arma branca* de que tipo for. Logo, é impossível conseguir *licença* da autoridade para carregar consigo uma espada. Segundo o disposto no art. 5.º, II, da Constituição Federal, ninguém é obrigado a fazer ou deixar de fazer alguma coisa senão em virtude de lei. Há outro ponto importante. Cuida-se de *tipo penal incriminador*, razão pela qual não pode ficar ao critério do operador do direito aplicá-lo ou não, a seu talante. Primamos pela legalidade (não há crime – ou contravenção – sem prévia *definição* legal) e não encontramos *lei* alguma que disponha sobre o tema. Não desconhecemos que há argumentos sustentando a vigência do Decreto Estadual 6.911/35, que proíbe o porte de "armas brancas destinadas usualmente à ação ofensiva, como punhais ou canivetes-punhais, ou facões em forma de punhal; e, também, as bengalas ou guarda-chuvas ou quaisquer outros objetos contendo punhal, espada, estilete ou espingarda", além de "facas cuja lâmina tenha mais de 10 centímetros de comprimento e navalhas de qualquer dimensão..." (art. 5.º). Entendemos, no entanto, que o referido decreto, de lavra do interventor federal no

Estado de São Paulo, Armando de Salles Oliveira, não foi recepcionado pelas Constituições posteriores (de 1937 até 1988). Não pode um decreto disciplinar matéria penal, que é, nos termos do atual texto constitucional, assunto privativo da União (art. 22, I, CF). Além do mais, cuida-se de um decreto estadual, não tendo qualquer abrangência para o restante do País. É natural que qualquer brasileiro possa carregar consigo uma faca, cuja lâmina tenha mais de 10 centímetros, por exemplo, pois não há nenhuma relevância o decreto estadual de São Paulo nesse contexto. Parece-nos, pois, que não se pode privar um cidadão de *trazer consigo*, onde bem entenda, em outra ilustração, uma faca de caça (mais vulnerante que um punhal) ou um simples martelo, pretendendo puni-lo por *contravenção penal* e dando margem a uma infinita e discutível argumentação de que tal medida seria instrumento de contenção da violência. Pior: a aplicação da contravenção penal de porte de arma branca ficaria dependente da análise da *vontade* do agente: se carrega a faca de caça para caçar, não há infração penal; se a porta para o fim de, eventualmente, agredir alguém, cuida-se de contravenção. O tipo penal do art. 19 da Lei das Contravenções Penais sempre teve como meta primordial impedir o porte ilegal de arma de fogo. Quando, para este tipo de arma, deixou de existir, devemos ter extrema cautela ao defender a sua vigência para outros instrumentos, não regulados por lei para qualquer fim (desde a fabricação até o porte). Não se trata, igualmente, de norma penal em branco, pois não há relação de armas válida para preencher o tipo. Ainda que se argumente que já houve proibição de porte de punhal, por exemplo, pode-se, claramente, notar que uma foice (material de trabalho de muito agricultor) pode ser mais vulnerante que o referido punhal e, decididamente, não é *arma destinada à ofensividade*. Não podemos concordar com a falta de taxatividade deste tipo, deixando ao alvedrio do agente policial, ao deparar-se com um cidadão caminhando pela rua com uma foice atrelada à cinta, prendê-lo ou não, conforme a sua *interpretação*. Estaria esse sujeito indo ao trabalho, com o instrumento que utiliza para exercê-lo, ou pretenderia agredir terceiros? Essa pergunta não pode ser respondida ao sabor das vontades e segundo a experiência pessoal de cada um. Lembre-se de outro fato: em sã consciência, ninguém ingressa em um restaurante, por exemplo, para tomar refeição, carregando uma foice na cinta. Volte-se o foco a um jovem que pretende entrar em uma danceteria levando consigo um *soco-inglês* (instrumento de metal que pode ser inserido entre os dedos, tornando eventual soco mais forte e lesivo). Não é necessário fazer o direito penal atuar (porte ilegal de arma), mas apenas impedir seu ingresso, pois o objeto é inadequado ao local. O bom senso prevalece e não se utiliza o Direito Penal para conflitos dessa natureza. Entretanto, o STF considerou constitucional e vigente o art. 19, para efeito de aplicação no tocante às armas brancas (faca, espada, lança etc.). Conferir: "4. A autorização da autoridade competente, conforme redação original do art. 19 da Lei de Contravenções Penais, apenas era exigida para o porte de arma de fogo, considerando que até o advento da Lei 9.437/1998, o dispositivo legal em referência tipificava o porte ilegal de armas brancas e de fogo, conjuntamente, exigindo-se a licença administrativa apenas para o porte destas. 5. Permanece típica a conduta de portar arma branca fora de casa ou de dependência desta, de forma ostensiva ou em locais públicos, como contravenção prevista no art. 19 do Decreto-lei n. 3.688/1941, devendo o Magistrado analisar a intenção do agente ao portar o instrumento, aferir o grau de potencialidade lesiva ou de efetiva lesão ao bem jurídico protegido pela norma penal, para, então, concluir acerca da tipicidade da conduta supostamente criminosa, tendo em conta as circunstâncias específicas do caso concreto. 6. Inexiste a apontada violação ao art. 22, I, da Constituição Federal, se a condenação não está fundamentada no Decreto estadual de n.º 6.911/1935, do Estado de São Paulo, mas, sim, na lesividade do instrumento e no potencial risco à incolumidade física de terceiros. (...) 8. Fixo a seguinte tese para o Tema 857 da Repercussão Geral: 'O art. 19 da Lei de Contravenções penais permanece válido e é aplicável ao porte de arma branca, cuja potencialidade lesiva deve ser aferida com base nas circunstâncias do caso concreto, tendo em conta, inclusive, o elemento subjetivo do agente'" (Rec. Extraordinário 901.623 – SP, Plenário, rel. Edson Fachin, red. para o acórdão Alexandre de Moraes, Sessão Virtual de 03.05.2024 a 10.05.2024, m.v.).

45. Análise do núcleo do tipo: *trazer consigo* significa carregar junto ao corpo ou próximo a ele. O objeto é a arma branca, pois a arma de fogo está excluída do contexto deste tipo, como já mencionado na nota anterior. Lembremos que o *transporte* (carregar de um lugar a outro) não representa, necessariamente, a conduta típica do art. 19. Quem mover uma arma de um local a outro, guardada numa mala, inserida no porta-malas do veículo, evidentemente, não *traz consigo* arma. Entretanto, pode-se *transportar* uma arma, *trazendo-a consigo* (carregando junto ao corpo), o que constituiria, em tese, a contravenção penal. Logo, depende da facilidade de acesso do agente à arma.

46. Sujeitos ativo e passivo: o sujeito ativo pode ser qualquer pessoa. O sujeito passivo é a coletividade.

47. Elemento subjetivo: é o dolo. Não há elemento subjetivo específico, nem se pune a forma culposa.

48. Arma: consultar a nota 40 ao art. 18.

49. Casa: é o local destinado à habitação, moradia ou residência. O disposto no art. 150, § 4.º, do Código Penal, que fornece a compreensão do termo *casa*, pode servir de auxílio para a interpretação do art. 19 desta Lei. Lembremos que um *trailer* pode ser considerado *casa*, desde que sirva à moradia de alguém.

50. Dependência da casa: é o anexo da casa. Exemplo: o quintal, a garagem.

51. Elemento normativo do tipo: a expressão *sem licença da autoridade* constitui, na realidade, elemento ligado à ilicitude. Porém, por ter sido inserido no tipo, havendo permissão, o fato seria atípico.

52. Objetos material e jurídico: o objeto material é a arma branca (excluídas as armas de fogo e munições, abrangidas por lei diversa). O objeto jurídico é a segurança pública e, via de consequência, a integridade física das pessoas.

53. Classificação: é infração comum (pode ser praticada por qualquer pessoa); mera conduta (não se exige a ocorrência de efetivo prejuízo para a sociedade ou para qualquer pessoa); de forma livre (pode ser cometida por qualquer meio eleito pelo agente); de perigo abstrato (possui probabilidade, presumida em lei, de causar dano); comissiva (o verbo indica ação); permanente (a consumação se arrasta no tempo); unissubjetiva (pode ser cometida por uma só pessoa); plurissubsistente (cometida por mais de um ato); não admite tentativa, em razão do disposto no art. 4.º desta Lei.

54. Causa de aumento de pena: determina-se a elevação da pena de um terço até metade, se o agente já foi anteriormente condenado, com trânsito em julgado, por infração penal constituída de violência à pessoa. Não se especifica, no caso, a reincidência. Logo, pode ser também aplicado o § 1.º àquele que possui antecedente criminal, sem ser reincidente.

55. Figura privilegiada: a pena abstrata máxima cai para três meses, nas hipóteses descritas no § 2.º. Porém, nota-se que o referido parágrafo foi idealizado para as armas de fogo e munições em geral. Excluídas estas do contexto das contravenções penais, não vemos sentido algum em punir uma pessoa que permita a manipulação de uma faca de cozinha por menor de 18 anos, nem tampouco deixe de comunicar à autoridade que acabou de adquirir um machado ou que permita a uma pessoa inexperiente que segure, em suas mãos, uma espada.

Anúncio de meio abortivo[56]

> **Art. 20.** Anunciar[57-59] processo, substância ou objeto destinado a provocar aborto[60-63]
> Pena – multa.

56. Inaplicabilidade do tipo: se alguém anunciar qualquer mecanismo (processo, substância ou objeto) destinado a provocar aborto está, em última análise, incitando a prática de crime. Logo, deve ser punido com base no art. 286 do Código Penal e não por mera contravenção penal. É evidente que o anúncio há de ser público, pois se for sigiloso ou com critérios científicos, em comunidade reservada, não configura a contravenção do art. 20, nem tampouco o delito do art. 286. O anúncio é uma forma de comunicação pública, cuja finalidade é estimular alguém a fazer algo (ex.: comprar um produto). Por isso, parece-nos que anunciar produto abortivo pode gerar, perfeitamente, a incitação ao crime. No mais, se for um anúncio sem maior repercussão e feito, por exemplo, por um médico aos seus alunos, não configura a contravenção. Note-se, pois, a sua inaplicabilidade. Teceremos comentários ao tipo, para quem encontrar ambiente para a sua utilização, o que não cremos.

57. Análise do núcleo do tipo: *anunciar* significa divulgar produtos ou serviços, tornar público algo. O objeto da conduta é o processo (sucessão de atos), a substância (parte de algo, que possui propriedades específicas) ou o objeto (coisa material) voltados à prática do aborto. Lembremos que o anúncio deve ser forma de comunicação *pública*, voltado a um número indeterminado de pessoas. Não há sentido algum em se considerar, para efeito de tipificação, informes científicos ou acadêmicos, trabalhos ou teses, bem como o informe prestado por alguém a um amigo, em particular. Conforme a hipótese, aliás, aquele que divulga meio abortivo à gestante que pretende praticá-lo pode ser partícipe do delito. É mais um motivo para não se poder aceitar a aplicabilidade da contravenção prevista no art. 20.

58. Sujeitos ativo e passivo: o sujeito passivo é qualquer pessoa. O sujeito passivo é o feto, ou, se entendermos que a meta é vedar a divulgação de meio causador de crime, é a sociedade.

59. Elemento subjetivo: é o dolo. Não há elemento subjetivo específico, nem se pune a forma culposa.

60. Aborto: é a interrupção prematura da gravidez, causando a morte do feto ou embrião.

61. Objetos material e jurídico: o objeto material é o processo, a substância ou o objeto destinado a provocar aborto. O objeto jurídico é a vida do feto. Secundariamente, o interesse da sociedade em garantir a paz pública, evitando-se a divulgação de meio criminoso.

62. Classificação: é infração comum (pode ser praticada por qualquer pessoa); mera conduta (não exige a ocorrência de efetivo prejuízo para algum feto ou para a sociedade); de forma livre (pode ser cometida por qualquer meio eleito pelo agente); comissiva (o verbo indica ação); de perigo abstrato (a probabilidade de ocorrência de dano está presumida no tipo penal); instantânea (a consumação ocorre em momento definido) ou permanente (a consumação se prolonga no tempo), dependendo do método eleito pelo agente; unissubjetiva (pode ser cometida por uma só pessoa); unissubsistente (praticada em um único ato, como, por exemplo, verbalmente) ou plurissubsistente (cometida por mais de um ato); não admite tentativa, em razão do disposto no art. 4.º desta Lei.

63. Confronto com o Código de Defesa do Consumidor: são tipos autônomos. O art. 68 da Lei 8.078/90 preceitua: "Fazer ou promover publicidade que sabe ou deveria saber ser capaz de induzir o consumidor a se comportar de forma prejudicial ou perigosa a sua saúde ou segurança: Pena – detenção de 6 (seis) meses a 2 (dois) anos e multa". O art. 20 da Lei das Contravenções Penais não é voltado unicamente ao consumidor (aquele que gasta seu dinheiro com alguma coisa), mas a qualquer pessoa. A substância, o processo e o objeto podem ser, por vezes, conseguidos sem que exista comércio (compra e venda). Por outro lado, o bem jurídico tutelado na Lei 8.078/90 é diverso. Finalize-se, argumentando que o "comportamento prejudicial ou perigoso à saúde ou segurança" é algo diverso de promover produto que *mata* embriões ou fetos, logo, não diz respeito, necessariamente, a perigo ao próprio consumidor.

Vias de fato

> **Art. 21.** Praticar[64-66] vias de fato contra alguém:[67-68]
> Pena – prisão simples, de 15 (quinze) dias a 3 (três) meses, ou multa, se o fato não constitui crime.[69-70]
> § 1.º Aumenta-se a pena de 1/3 (um terço) até a metade se a vítima é maior de 60 (sessenta) anos.[71]
> § 2.º Se a contravenção é praticada contra a mulher por razões da condição do sexo feminino, nos termos do § 1.º do art. 121-A do Decreto-Lei 2.848, de 7 de dezembro de 1940 (Código Penal), aplica-se a pena em triplo.71-A (Código Penal), aplica-se a pena em triplo.[71-A]

64. Análise do núcleo do tipo: *praticar* (realizar, executar) *vias de fato* (violência física). O objeto da conduta é o ser humano. O tipo penal padece de vício quanto à taxatividade, pois não especifica em que consiste, exatamente, esse formato de *violência*. Aliás, a doutrina termina definindo – o que seria trabalho do legislador – essa contravenção penal por exclusão, isto é, constitui *vias de fato* toda agressão física contra a pessoa, desde que não constitua lesão corporal. Por todos, confira-se a lição de Marcello Jardim Linhares: "conceituam-se as vias de fato como a briga ou a luta quando delas não resulta crime; como a violência empregada contra a pessoa, de que não decorre ofensa à sua integridade física. Em síntese, vias de fato são a prática de perigo menor, atos de provocação exercitados materialmente sobre a pessoa, ou contra a pessoa. Assim, empurrá-la sem razão, sacudi-la, rasgar-lhe a roupa, agredi-la a tapas, a socos ou a pontapés, arrebatar-lhe qualquer objeto das mãos ou arrancar-lhe alguma peça do vestuário, puxar-lhe os cabelos, molestando-a" (*Contravenções penais*, v. 1, p. 164). Não podemos aquiescer na mantença dessa infração penal, tal como delineada. O princípio da intervenção mínima é maltratado, mas, acima disso, não se respeita o princípio da taxatividade, pois falta definição segura da infração penal. Inexiste sentido em se buscar a atuação da Justiça Criminal para resolver um conflito entre duas pessoas, quando uma puxa o cabelo da outra ou quando um sujeito rasga a roupa do outro. Parece-nos válida a prática de vias de fato como instrumento para atingir a honra de alguém (um tapa desafiador no rosto, por exemplo). Para tanto, já há a figura típica no Código Penal (art. 140, § 2.º, CP). Essa contravenção penal ganhou destaque nos tribunais por conta da violência doméstica e familiar, tendo em vista a elevada incidência de agressões variadas nesse cenário, desde as ofensas verbais, passando pelas vias de fato e lesões corporais, até atingir o patamar lamentável do feminicídio. Por isso, tem-se entendido que a punição da mais branda das agressões físicas – vias de fato – pode ser eficiente para impedir a continuidade e progressão desse tipo de violência. Nessa linha, a jurisprudência tem assegurado maior rigor a qualquer infração penal contra a mulher, por exemplo, impedindo a aplicação de penas alternativas, quando aplicada pena privativa de liberdade, por menor que seja.

64-A. Princípio da insignificância: como exposto na nota anterior, a rigorosa política criminal no contexto das agressões contra mulheres torna inaceitável o acolhimento da atipicidade material, admitindo a bagatela. Na jurisprudência: STF: "Agravo regimental em *habeas corpus*. Penal. Vias de fato cometida no âmbito familiar contra a mulher. Artigo 21 do Decreto-lei n.º 3.688/41. Reconhecimento do princípio da insignificância. Impossibilidade. Reprovabilidade da conduta evidente. Precedentes. Agravo regimental não provido. 1. Mostra-se incabível a aplicação do princípio da insignificância 'ante a excepcional vulnerabilidade da mulher no âmbito das relações domésticas' (RE n.º 807.781/SP, Relator Ministro Luiz Fux, *DJe* de 09.10.2015), a ensejar juízo de maior reprovabilidade da conduta praticada pelo agravante, que pôs em risco a integridade física da vítima. 2. Agravo regimental a que se nega provimento" (HC 141.594 AgR, 2.ª T., rel. Dias Toffoli, 09.06.2017). STJ: "1. A jurisprudência desta Corte não admite a aplicação do princípio da bagatela imprópria em casos de violência doméstica e familiar contra mulher, dado o bem jurídico tutelado. Precedentes. Súmula n. 83 do STJ. 1.1. Assim, a pena cominada deve ser aplicada, independentemente de eventual arrependimento do autor, pouca gravidade da consequência da conduta e vontade da vítima" (AgRg no AgRg no AREsp 1.798.337 – SE, 5.ª T., rel. Joel Ilan Paciornik, 04.05.2021, v.u.). TJMG: "Não se aplica o princípio da insignificância ou da intervenção mínima aos crimes ou contravenções penais em razão da violência a eles inerentes, sobretudo quando praticados no âmbito das relações domésticas e familiares. A relevância e a ofensividade da conduta mostram-se mais graves nesses casos e demandam uma resposta estatal mais efetiva, a fim de se evitar que casos de violência doméstica se repitam ou possam evoluir a situações mais gravosas" (Ap. Criminal 0026045-90.2021.8.13.0382, 9.ª Câmara Criminal, rel. Kárin Emmerich, 24.04.2024, v.u.).

65. Sujeitos ativo e passivo: podem ser quaisquer pessoas.

66. Elemento subjetivo: é o dolo. Não há elemento subjetivo específico, nem se pune a forma culposa.

67. Objetos material e jurídico: o objeto material é a pessoa que sofre a agressão. O objeto jurídico é a incolumidade do ser humano.

68. Classificação: é infração comum (pode ser praticada por qualquer pessoa); material (depende da ocorrência de algum prejuízo visível para a pessoa, embora não constitua lesão corporal); de forma livre (pode ser cometida por qualquer meio eleito pelo agente); comissiva (o verbo indica ação); instantânea (a consumação ocorre em momento definido); unissubjetiva (pode ser cometida por uma só pessoa); unissubsistente (praticada em um único ato) ou plurissubsistente (cometida por mais de um ato); não admite tentativa em face do disposto no art. 4.º desta Lei.

69. Infração subsidiária: o tipo penal demonstra que somente se dá relevo à contravenção penal descrita no art. 21 desta Lei, caso outra infração mais grave não se configure (ex.: lesão corporal, perigo de vida, tentativa de homicídio etc.). Sobre a constitucionalidade: TJES: "Não há que se falar em inconstitucionalidade do art. 21 da Lei de Contravenções Penais, isso porque o dispositivo legal busca reprimir agressão física contra pessoa que não constitua crime, salvo se o agente estiver amparado por uma causa excludente de ilicitude, devendo ser sopesado que, em atendimento ao princípio da proporcionalidade, a punição cominada à contravenção penal é menor do que a prevista para o delito de lesão corporal" (Ap. 0013305-34.2014.8.08.0011 – ES, 1.ª Câmara Criminal, rel. Ney Batista Coutinho, 13.07.2016, v.u.).

70. Ação penal: deve ser pública condicionada. Embora o art. 17 desta Lei estabeleça que todas as contravenções proporcionam ação pública incondicionada, não há sentido algum em se manter esse dispositivo. Ocorre que, a partir de 1995, com a edição da Lei 9.099, a lesão corporal simples e a lesão corporal culposa dependem da representação da vítima para que o órgão acusatório possa atuar (ação pública condicionada). Ora, se o *mais* (lesão corporal) demanda a autorização do ofendido, é óbvio que o *menos* (vias de fato) também deve exigir representação. Todavia, o STF considerou a ação penal, em caso de lesão corporal contra a mulher, em qualquer situação, pública incondicionada. Por extensão, tem-se tratado de igual modo a contravenção de vias de fato.

71. Causa de aumento de pena: se a agressão for dirigida a alguém com mais de 60 anos, a pena será aumentada (na terceira fase da aplicação) em um terço. Cuida-se de norma introduzida pelo Estatuto da Pessoa Idosa (Lei 10.741/2003). Não havia necessidade. Bastaria que o magistrado levasse em conta a agravante de delito praticado contra maior de 60 anos (art. 61, II, *h*, CP). Entretanto, como o legislador transformou o fator *idade da vítima* como causa de aumento de pena, não pode o juiz levar em conta a mesma circunstância como agravante. Seria o indevido *bis in idem*.

71-A. Causa de aumento de pena: aumenta-se, na terceira fase, ao triplo a sanção penal, caso a contravenção seja praticada contra a mulher, desde que esta se encontre em situação de violência doméstica e familiar ou quando menosprezada e discriminada. A elevação não é expressiva, na prática, pois a pena mínima passa para 45 dias e a máxima, para 9 meses. O efeito é pedagógico, conforme a política criminal da atualidade, visando à maior punição do agressor da mulher, expondo à sociedade essa preocupação. Quanto à multa, há vedação de pena pecuniária a ser aplicada em caso de violência doméstica e familiar contra a mulher (art. 17 da Lei 11.340/2006).

Internação irregular em estabelecimento psiquiátrico[72]

> **Art. 22.** Receber[73-75] em estabelecimento psiquiátrico, e nele internar, sem as formalidades legais,[76] pessoa apresentada como doente mental:[77-78]
> Pena – multa.
> § 1.º Aplica-se a mesma pena a quem deixa de comunicar à autoridade competente, no prazo legal, internação que tenha admitido, por motivo de urgência, sem as formalidades legais.[79]
> § 2.º Incorre na pena de prisão simples, de 15 (quinze) dias a 3 (três) meses, ou multa, aquele que, sem observar as prescrições legais, deixa retirar-se ou despede de estabelecimento psiquiátrico pessoa nele internada.[80]

72. Desnecessidade da contravenção: não há dúvida de que a internação de uma pessoa sadia em casa de saúde ou hospital é conduta grave e merece punição, pois representa típica situação de sequestro ou cárcere privado. Porém, para isso, existe o tipo do art. 148, § 1.º, II, do Código Penal. Por outro lado, internar, para tratamento, uma pessoa que padeça de doença mental é meta a ser buscada por familiares, amigos e, também, pelo Estado. Logo, não pode ser considerada conduta criminosa. Não se encaixa no referido artigo do Código Penal. Restam as infrações previstas nos artigos 22 e 23 da Lei das Contravenções Penais. Estas, em tese, configuram-se quando a internação do doente mental – se a pessoa não estiver enferma caracteriza-se o crime de sequestro ou cárcere privado – foi realizada ou desfeita, sem observância das formalidades legais. Portanto, chega-se à conclusão de ser necessária a internação, mas o ponto crucial seria a inobservância de algum preceito secundário (ex.: interna-se o portador de transtorno mental, desprovido do seu consentimento e sem a solicitação escrita de um médico inscrito no Conselho Regional de Medicina do Estado onde se situa o estabelecimento). Se tal se der, em nosso entendimento, inexistiria razão para configurar uma infração penal. Bastaria a punição, na órbita administrativa, da casa de saúde ou do hospital e não se utilizaria o Direito Penal para sanar irregularidades menores, pois tal medida fere o princípio da intervenção mínima, incompatível com o Estado Democrático de Direito.

73. Análise do núcleo do tipo: *receber* (aceitar, admitir, acolher) em estabelecimento psiquiátrico (clínica ou hospital especializado em cuidar de doentes mentais), e nele *internar* (abrigar em hospital) pessoa apresentada como doente mental. É lógico que o legislador, ao dispor da expressão "pessoa *apresentada* como doente mental" não foi feliz na redação do tipo, pois parece sinalizar para o fato de que a vítima da infração não estaria, efetivamente, enferma. Teria sido apenas uma simulação de doença mental, justificadora da internação. Mas, se assim fosse, como já mencionamos na nota anterior, não haveria necessidade da contravenção, pois existe o crime de privação da liberdade, mediante internação (art. 148, § 1.º, II, CP). Logo, parte-se do princípio de ser o internado autêntico doente mental.

74. Sujeitos ativo e passivo: o sujeito ativo pode ser qualquer pessoa, embora, na maior parte das vezes, seja o administrador do estabelecimento psiquiátrico ou o médico do hospital psiquiátrico. O sujeito passivo é a pessoa enferma. Se for internada pessoa sadia, cuida-se de crime contra a liberdade individual. Em contrário: Damásio de Jesus (*Lei das contravenções penais anotada*, p. 77), admitindo a infração penal inclusive quando a internação disser respeito a pessoa sã.

75. Elemento subjetivo: é o dolo. Não há elemento subjetivo específico, nem se pune a forma culposa.

76. Norma penal em branco: para a exata compreensão do alcance deste tipo penal, torna-se fundamental conhecer quais são as formalidades legais (advindas de fonte extrapenal) para a internação de qualquer pessoa. Em vigor, atualmente, encontra-se a Lei 10.216/2001. Dispõe que a internação de pessoa com transtorno mental somente pode ser realizada em último caso, quando os recursos extra-hospitalares se mostrarem insuficientes. Por outro lado, é vedada a internação de qualquer doente mental em instituição com característica asilar, ou seja, sem os recursos necessários (assistência social, psicológica, ocupacional, lazer etc.). As internações podem ser: a) voluntária, quando o próprio usuário a procura; b) involuntária, quando não há consentimento do usuário, mas existe pedido de terceiro (normalmente, familiar); c) compulsória, quando há determinação judicial. Toda internação voluntária ou involuntária dar-se-á por solicitação escrita do paciente ou por determinação médica. Este profissional deve ser registrado no Conselho Regional de Medicina do Estado onde se localize o estabelecimento. Por outro lado, a internação involuntária será sempre comunicada ao Ministério Público, em setenta e duas horas, para acompanhamento. Conferir, ainda, o disposto na Portaria n. 2.391/2002 do Ministério da Saúde, cuidando do mesmo tema e dando instruções para a rede pública de saúde, a respeito do método para a formalização das internações (art. 5.º, parágrafo único).

77. Objetos material e jurídico: o objeto material é a pessoa internada. O objeto jurídico é a liberdade de ir e vir do enfermo, que merece controle estatal.

78. Classificação: é infração comum (pode ser praticada por qualquer pessoa); mera conduta (não exige a ocorrência de efetivo prejuízo para alguém); de forma livre (pode ser cometida por qualquer meio eleito pelo agente); comissiva (os verbos indicam ações); permanente (a consumação se arrasta no tempo, enquanto estiver o sujeito internado sem a regularização da situação); unissubjetiva (pode ser cometida por uma só pessoa); plurissubsistente (cometida por mais de um ato); não admite tentativa nos termos do art. 4.º desta Lei.

79. Forma omissiva: o disposto neste parágrafo cuida da modalidade omissiva da infração penal. Neste caso, a internação foi feita *sem respeito às formalidades legais*, mas por razão de urgência. Logo, seria preciso que a comunicação à autoridade competente se desse do mesmo modo. Atualmente, há o prazo de 72 horas para comunicar ao Ministério Público Estadual (art. 8.º, § 1.º, Lei 10.216/2001). Pouco interessa se foi urgente ou não a internação.

80. Forma qualificada: a pena deixa de ser multa, passando a privação de liberdade (embora exista a alternatividade com a multa), caso o agente, que, de algum modo, administra o estabelecimento psiquiátrico, permita que o internado deixe o local, *sem observar as prescrições legais*. Insistimos em ressaltar que, em face do princípio da intervenção mínima, não seria problema da esfera penal. Afinal, se o internado é doente mental, deve ser tratado. Caso alguma *formalidade* não tenha sido observada, o ideal é a análise da questão no âmbito extrapenal. Logo, desinternar quem é doente mental, sem observar as prescrições legais, deveria constituir mera infração administrativa. Somente para exemplificar, a desinternação se dá sem o respeito à forma legal se o Ministério Público não for comunicado, igualmente, da alta e se não houver solicitação escrita do familiar ou do responsável legal do paciente.

Indevida custódia de doente mental[81]

> **Art. 23.** Receber e ter sob custódia[82-84] doente mental, fora do caso previsto no artigo anterior, sem autorização de quem de direito:[85-86]
> Pena – prisão simples, de 15 (quinze) dias a 3 (três) meses, ou multa.

81. Desnecessidade da contravenção: consultar a nota 72 ao art. 22. Do mesmo modo já exposto, parece-nos que a indevida custódia de doente mental, somente porque não contou com a autorização de quem de direito, deveria ser transferida para apreciação na esfera extrapenal, com a aplicação, por exemplo, de multa ao estabelecimento, não tendo relevo para a constituição de contravenção penal.

82. Análise do núcleo do tipo: *receber* (acolher, admitir) e *ter sob custódia* (conservar algo ou alguém sob guarda ou vigilância). O objeto das condutas é o doente mental. Este tipo, além de ofender o princípio da intervenção mínima, é supérfluo em face do disposto no art. 22. Se um doente mental for internado *sem as formalidades legais* configura-se a infração descrita no referido art. 22. Exemplo: uma dessas formalidades é justamente contar a internação involuntária com a autorização de quem de direito (juiz ou familiar, neste último caso associado à solicitação médica). Logo, qualquer pessoa que receba ou interne enfermo mental *sem autorização de quem de direito*, está agindo contrariamente às formalidades previstas em lei. Logo, configura-se, insista-se, a infração do art. 22 e não do art. 23. A contradição legislativa é nítida. Aliás, comentando o art. 23, Sérgio de Oliveira Médici e Damásio Evangelista de Jesus mencionam que este tipo é subsidiário em relação ao do art. 22 (*Contravenções penais*, p. 90; *Lei das contravenções penais anotada*, p. 79, respectivamente). Ora, como pode o tipo subsidiário (secundário) ter pena maior do que o principal? É o caso, pois o art. 22 prevê somente multa, enquanto o art. 23 comina pena de prisão, de 15 dias a 3 meses, ou multa. Dessa forma, não vemos subsidiariedade, mas inaplicabilidade. Por outro lado, Marcello Jardim Linhares defende o caráter *residual* (e não secundário) do art. 23, sustentando que a custódia do doente mental se dá em lugar diverso dos estabelecimentos psiquiátricos a que se refere o art. 22 (*Contravenções penais*, v. 1, p. 174). Se assim for, parece-nos que se cuida do crime de cárcere privado (ainda que na forma simples, prevista no art. 148, *caput*, CP), uma vez que *não há* autorização legal para a custódia de doente mental em outro lugar que não seja estabelecimento psiquiátrico apropriado. Nesse sentido, é clara a disposição estabelecida no art. 4.º, § 3.º, da Lei 10.216/2001. Em suma: a) internar um doente mental em qualquer lugar não preparado e autorizado para a recepção constitui cárcere privado e não a contravenção penal do art. 23. Lembremos que a configuração do delito previsto no art. 148 do Código Penal não exige violência física ou moral, bastando a privação da liberdade, por qualquer forma; b) internar o doente mental em qualquer estabelecimento autorizado a recebê-lo, mas *sem autorização de quem de direito* (familiar + médico ou juiz) também não constitui a contravenção do art. 23, pois está-se desrespeitando as *formalidades legais*, logo, é a contravenção do art. 22.

83. Sujeitos ativo e passivo: o sujeito ativo pode ser qualquer pessoa. O sujeito passivo é o doente mental.

84. Elemento subjetivo: é o dolo. Não há elemento subjetivo específico, nem se pune a forma culposa. Defendemos a inaplicabilidade deste tipo. Porém, para quem sustentar o caráter residual da contravenção do art. 23 em relação ao art. 22, o *mínimo* a demandar é o dolo e não a simples voluntariedade da conduta.

85. Objetos material e jurídico: o objeto material é o doente mental. O objeto jurídico é a liberdade de ir e vir.

86. Classificação: é infração comum (pode ser praticada por qualquer pessoa); mera conduta (não exige a ocorrência de efetivo prejuízo para alguém); de forma livre (pode ser cometida por qualquer meio eleito pelo agente); comissiva (os verbos indicam ações); instantânea (a consumação ocorre em momento definido), na modalidade *receber*, porém permanente (a consumação se arrasta no tempo) na forma *ter sob custódia*; unissubjetiva (pode ser cometida por uma só pessoa); plurissubsistente (cometida por mais de um ato); não admite tentativa, em face do disposto no art. 4.º desta Lei.

Capítulo II
DAS CONTRAVENÇÕES REFERENTES AO PATRIMÔNIO

Instrumento de emprego usual na prática de furto[87]

> **Art. 24.** Fabricar, ceder ou vender[88-90] gazua ou instrumento empregado usualmente na prática de crime[91] de furto:[92-93]
> Pena – prisão simples, de 6 (seis) meses a 2 (dois) anos, e multa.

87. Inconstitucionalidade ou aplicabilidade restrita do tipo: cuida-se de outra infração penal completamente dissociada da nova ordem constitucional gerada em 1988. Em primeiro lugar, não se pode tipificar uma conduta vaga, como, por exemplo, "fabricar instrumento empregado usualmente para a prática de furto". Não quer dizer, concretamente, nada. Fabricantes de pés-de-cabra ou chaves de fenda, objetos que podem ser utilizados para o cometimento de furto (e outros delitos igualmente) seriam processados? Por outro lado, o termo *usualmente* perdeu inteiramente o significado, pois a vida moderna tem evidenciado que furtos são cometidos das mais variadas maneiras, de modo que não há um instrumento específico para isso. *Gazua* é uma chave falsa. Das duas uma: ou o fabricante a cria para auxiliar na prática de um furto ou o chaveiro a possui para abrir portas cuja chave foi perdida pelo proprietário. Seria a contravenção a punição da preparação do delito de furto ou constituiria uma situação lícita, se a intenção do agente não é dar sua contribuição para o cometimento de crimes patrimoniais. Vale dizer, pois, que a constituição dessa espécie de infração penal fica ao alvedrio da autoridade ou, pior, da busca da intenção do agente, que nem mesmo no tipo ficou expressa. Ademais, a própria Lei das Contravenções Penais é contraditória, pois menciona, no art. 3.º, que basta a ação ou omissão voluntária, independentemente de dolo ou culpa. Neste tipo penal, a única maneira de se conseguir punir a preparação do crime de furto seria a existência não somente do dolo, mas do elemento subjetivo específico, consistente na *vontade de auxiliar alguém, embora indeterminado, a cometer furto*. Aliás, se o agente construtor da gazua estiver associado ao autor do furto, torna-se partícipe deste e não pode ser punido duas vezes, ou seja, por furto e pela contravenção do art. 24. Além de ferir a taxatividade, a contravenção penal em comento afeta a presunção de inocência. Não é ônus do réu provar o seu estado natural de *inocente*. Trata-se de meta da acusação demonstrar a sua culpa. Assim, quem for surpreendido fabricando uma gazua deverá provar que não o faz para auxiliar um futuro autor de furto? Se assim for, inverte-se o ônus da prova e fere-se preceito constitucional. Do contrário, deve-se instaurar inquérito para apurar o porquê da construção da referida gazua. Porém, contravenções penais são infrações de menor potencial ofensivo, comportando *termo circunstanciado e transação penal*. Dispensa-se inquérito. Como comprovar a especial intenção do agente sem elementos investigatórios substanciosos? Em suma, o que pretendemos evidenciar é o desajuste da figura típica diante dos direitos e garantias humanas fundamentais. Melhor seria, se a intenção é punir a preparação do crime de furto, construir outro tipo, deixando bem clara essa situação, inclusive com o indispensável *elemento subjetivo do tipo específico*. Comentaremos, no entanto, os elementos da contravenção penal do art. 24, embora acreditemos que sua aplicabilidade é restrita, sob pena de se tornar abusiva.

88. Análise do núcleo do tipo: *fabricar* (construir, criar), *ceder* (transferir a outrem) ou *vender* (alienar por determinado preço) são as condutas típicas. O objeto é a *gazua* (chave falsa) ou outro instrumento empregado *usualmente* (com frequência ou habitualidade) para a prática do crime de furto (art. 155, CP). Como já expusemos na nota anterior, a chave falsa pode ser utilizada tanto por um ladrão quanto por um chaveiro. Logo, o critério para a constituição desta contravenção penal deve concentrar-se na *vontade* do agente. Outro *instrumento* usado *com regularidade* para o cometimento de furto é expressão exageradamente vaga. Novamente, a única forma de se apurar a contravenção concentra-se na *vontade específica* do autor.

89. Sujeitos ativo e passivo: o sujeito ativo pode ser qualquer pessoa. O sujeito passivo é a sociedade.

90. Elemento subjetivo: é o dolo. Exige-se elemento subjetivo específico, consistente na meta de prestar auxílio, embora de forma indeterminada, a quem pretenda utilizar a gazua ou outro instrumento para a prática do delito de furto. O dolo seria a vontade de, *v.g.*, fabricar gazua. O elemento específico consiste na específica vontade de que esta gazua seja usada, futuramente, para um furto. Sem essa conjugação (dolo + elemento específico), o tipo torna-se inaplicável, pois não se está punindo conduta lesiva alguma, ou seja, inexiste objeto jurídico tutelado que possa ter sido ferido. Por outro lado, quando se exigir do construtor da gazua a prova de sua boa-fé, inverte-se o ônus da prova, favorecendo-se o Estado-acusação e, com isso, lesiona-se o princípio constitucional da presunção de inocência. Não existe a forma culposa. Em contrário, sustentando existir somente dolo: Damásio de Jesus (*Lei das contravenções penais anotada*, p. 82). Outra visão é adotada por Sérgio de Oliveira Médici: "para evitar-se injustiças, cada caso deve ser apreciado não só de forma objetiva, mas também subjetiva, levando-se em consideração a profissão do agente, seus antecedentes etc." (*Contravenções penais*, p. 95). Em nosso entendimento, para evitar injustiça, a única forma é verificar, detidamente, a vontade específica do agente e não sua vida pregressa ou outras formas de comportamento social.

91. Crime de furto: a interpretação deve ser restritiva, pois, do contrário, perde-se completamente a finalidade da contravenção penal. Damásio de Jesus sustenta que "a norma pretende referir-se a instrumento empregado usualmente na prática de *subtração patrimonial*, seja furto, seja roubo" (*Lei das contravenções penais anotada*, p. 82). Não nos parece viável esse entendimento. O art. 24 da LCP tem objetivo certo: buscar punir a preparação do crime de furto, que, inclusive, possui a forma qualificada quando praticado com emprego de chave falsa (art. 155, § 4.º, III, CP). Não tem nenhum sentido incluir o roubo ou qualquer outro crime patrimonial. Gazuas servem para o cometimento de roubo? Se este é concretizado pelo emprego de violência ou grave ameaça é natural supor que chaves falsas são irrelevantes para o art. 157 do Código Penal. Outros instrumentos usualmente empregados na prática de roubo – se este pudesse ser incluído no tipo do art. 24 – seriam infindáveis, abrangendo desde arma de fogo, passando por armas brancas de toda espécie, até mesmo a força física de autor mais forte que a vítima. A abrangência seria tamanha que o princípio da legalidade estaria completamente afastado.

92. Objetos material e jurídico: o objeto material é a gazua ou outro instrumento destinado usualmente à prática de furto. O objeto jurídico é a segurança pública. Embora o título dado a este capítulo seja "das contravenções referentes ao *patrimônio*", o objeto jurídico tutelado é a segurança da coletividade, no aspecto patrimonial, mas não o patrimônio individual de alguém. Tanto assim que, cometida a contravenção penal do art. 24, quem seria considerada como vítima? Se for a coletividade (crime vago), observa-se que o objeto jurídico não é o patrimônio (este sempre pertence a alguém), mas a segurança pública (esta, sim, de interesse geral).

93. Classificação: é infração comum (pode ser cometida por qualquer pessoa); formal (não depende da ocorrência de resultado naturalístico, consistente na efetiva prática do furto, embora este possa acontecer); de forma livre (pode ser cometida por qualquer meio eleito pelo agente); comissiva (os verbos implicam ações); instantânea (a consumação se dá em momento determinado); de perigo concreto (deve ser provada a probabilidade de o instrumento ser utilizado para a prática de furto); unissubjetiva (pode ser cometida por uma só pessoa); plurissubsistente (praticada em vários atos); não admite tentativa por força do disposto no art. 4.º.

Posse não justificada de instrumento de emprego usual na prática de furto[94]

> **Art. 25.** Ter alguém em seu poder,[95-97] depois de condenado por crime de furto ou roubo, ou enquanto sujeito à liberdade vigiada[98] ou quando conhecido como vadio ou mendigo, gazuas, chaves falsas ou alteradas ou instrumentos empregados usualmente na prática de crime de furto, desde que não prove destinação legítima:[99-100]
>
> Pena – prisão simples, de 2 (dois) meses a 1 (um) ano, e multa.

94. Inconstitucionalidade da contravenção: defendíamos, desde os primeiros comentários à Lei das Contravenções Penais, que esta infração penal não tinha possibilidade de ser aplicada, sob pena de violação dos princípios da intervenção mínima, da culpabilidade e da presunção de inocência, além, naturalmente, dos princípios da igualdade e da dignidade da pessoa humana. Punia-se, de acordo com o art. 25, quem tivesse em seu poder um pé-de--cabra, por exemplo, desde que fosse vadio, mendigo ou ostentasse condenação anterior por furto ou roubo. E, pior, exigia-se a prova da inocência do próprio autor da pretensa infração. Ninguém é obrigado a fazer prova contra si mesmo e, logicamente, se o estado natural do ser humano é de inocência, não há obrigação alguma em se provar a qualquer autoridade essa situação. Portanto, uma pessoa, surpreendida com uma gazua no bolso, não haveria de demonstrar ao agente policial a sua *destinação legítima*. Por outro lado, não se podia considerar coerente uma contravenção penal que pretendia punir determinada pessoa unicamente pelo fato de ela ter cometido um roubo (usando uma faca, por exemplo), e depois ser surpreendida carregando consigo um alicate e uma chave de fenda (objetos totalmente diversos do utilizado para o roubo), sem dar explicação plausível. Se assim fosse feito, não se poderia sustentar a vivência em um Estado Democrático de Direito. A contravenção do art. 25 era discriminatória, pois fazia apologia do direito penal do autor e não consagrava o direito penal do fato, ou seja, punia-se alguém, na essência, pelo que ele era (vadio, mendigo, condenado) e não pelo que efetivamente teria feito. Faremos os comentários devidos apenas para esmiuçar o tipo, consolidando esse entendimento. O STF, julgando o Recurso Extraordinário 583.523-RS, tendo por relator o Ministro Gilmar Mendes, por unanimidade, reconheceu a violação dos princípios constitucionais da dignidade da pessoa humana e da isonomia, previstos nos arts. 1.º, inciso III; e 5.º, *caput* e inciso I, da CF, ante a não recepção do art. 25 do Decreto-Lei 3.688/41 (Lei das Contravenções Penais) pela Constituição Federal de 1988, e, em consequência, absolveu o recorrente, nos termos do art. 386, inciso III, do Código de Processo Penal: "Recurso extraordinário. Constitucional. Direito Penal. Contravenção penal. 2. Posse não justificada de instrumento de emprego usual na prática de furto (artigo 25 do Decreto-lei n. 3.688/1941). Réu condenado em definitivo por diversos crimes de furto. Alegação de que o tipo não teria sido recepcionado pela Constituição Federal de 1988. Arguição de ofensa aos princípios da isonomia e da presunção de inocência. 3. Aplicação da sistemática da repercussão geral – tema 113, por maioria de votos em 24.10.2008, rel. Ministro Cezar Peluso. 4. Ocorrência da prescrição intercorrente da pretensão punitiva antes da redistribuição do processo a esta relatoria. Superação da prescrição para exame da recepção do tipo contravencional pela Constituição Federal antes do reconhecimento da extinção da punibilidade, por ser mais benéfico ao recorrente. 5. Possibilidade do exercício de fiscalização da constitucionalidade das leis em matéria penal. Infração penal de perigo abstrato à luz do princípio da proporcionalidade. 6. Reconhecimento de violação aos princípios da dignidade da pessoa humana e da isonomia, previstos nos artigos 1.º, inciso III; e 5.º, *caput* e inciso I, da Constituição Federal. Não recepção do artigo 25 do Decreto-lei 3.688/41 pela Constituição Federal de 1988. 7. Recurso extraordinário conhecido e provido para absolver o recorrente nos termos do artigo 386, inciso III, do Código de Processo Penal" (RE 583.523 – RS, Plenário, rel. Gilmar Mendes, 03.10.2013, v.u.). Finalmente, não mais se pode aplicar o disposto neste art. 25 da Lei de Contravenções Penais.

95 a 100. Notas excluídas em decorrência da inconstitucionalidade do art. 25, conforme exposto na nota anterior.

Violação de lugar ou objeto[101]

> **Art. 26.** Abrir,[102-104] alguém, no exercício de profissão de serralheiro ou ofício análogo, a pedido ou por incumbência de pessoa de cuja legitimidade não se tenha certificado previamente, fechadura ou qualquer outro aparelho destinado à defesa de lugar ou objeto:[105-106]
> Pena – prisão simples, de 15 (quinze) dias a 3 (três) meses, ou multa.

101. Inconstitucionalidade ou aplicação restrita da contravenção: levando-se em conta o princípio da intervenção mínima, não há sentido em se punir o serralheiro, o chaveiro ou outra pessoa que abra uma porta, de maneira leviana, sem perceber que o autor da ordem não tinha legitimidade para tanto. Lembremos que a conduta punível refere-se, apenas, à abertura de fechadura ou outro aparelho destinado à defesa do lugar ou objeto, mas não exige nenhum prejuízo, nem mesmo finalidade específica de cometimento de delito patrimonial por parte de quem deu o comando de abertura. Assim sendo, estar-se-ia punindo algo inofensivo, o que seria inconstitucional. No mais, se a abertura propicia um crime patrimonial e o serralheiro ou outro profissional assumiu o risco (dolo eventual) de tal ocorrência, pode ser punido como partícipe do delito contra o patrimônio. A contravenção seria inútil, então. Em tese, poderia o profissional abrir, levianamente, uma porta, permitindo a ocorrência de crime patrimonial, configurando a contravenção, pois não há participação culposa em furto, delito doloso por essência. Logo, a aplicação seria restrita. Em homenagem à intervenção mínima, essa contravenção não deve ser levada em conta. Entendendo-se que há utilidade para sua existência, a aplicabilidade é restrita.

102. Análise do núcleo do tipo: *abrir* (descerrar, destrancar) é a conduta. O objeto é a *fechadura* (peça apropriada para fechar portas e janelas) ou outro aparelho destinado à defesa do lugar ou do objeto (como, por exemplo, um cadeado).

103. Sujeitos ativo e passivo: o sujeito ativo é somente o serralheiro ou pessoa que exerça ofício (atividade que depende de habilidade, mas não está sujeita ao controle estatal) análogo (semelhante ao de serralheiro, como, por exemplo, o chaveiro). O sujeito passivo é a sociedade.

104. Elemento subjetivo: é a culpa. A expressão "de cuja legitimidade não se tenha certificado previamente" está a indicar negligência. O dolo é inapropriado, pois justificaria aderência à conduta criminosa de quem deu a ordem, seja para violar domicílio alheio, seja para cometer qualquer outro delito (como furto, roubo etc.).

105. Objetos material e jurídico: o objeto material é a fechadura ou outro aparelho destinado à defesa do lugar ou objeto. O objeto jurídico é a segurança pública. Visa-se não somente proteger o patrimônio de determinada pessoa, mas a segurança da sociedade, impedindo-se que domicílios sejam violados indevidamente para qualquer fim.

106. Classificação: é infração própria (só pode ser cometida por pessoa qualificada); formal (não depende da ocorrência de resultado naturalístico, consistente na efetiva prática de crime ou outro dano, embora possa acontecer); de forma livre (pode ser cometido por qualquer meio eleito pelo agente); comissiva (o verbo implica ação); instantânea (a consumação se dá em momento determinado); de perigo concreto (deve ser provada a probabilidade da abertura indevida gerar algum tipo de dano); unissubjetiva (pode ser cometida por uma só pessoa); plurissubsistente (praticada em vários atos); não admite tentativa por força do disposto no art. 4.º.

Exploração da credulidade pública

> **Art. 27.** *(Revogado pela Lei 9.521/1997.)*

Capítulo III
DAS CONTRAVENÇÕES REFERENTES À INCOLUMIDADE PÚBLICA

Disparo de arma de fogo[107]

> **Art. 28.** Disparar arma de fogo em lugar habitado ou em suas adjacências, em via pública ou em direção a ela:
> Pena – prisão simples, de 1 (um) a 6 (seis) meses, ou multa.
> **Parágrafo único.**[108] Incorre na pena de prisão simples, de 15 (quinze) dias a 2 (dois) meses, ou multa, quem, em lugar habitado ou em suas adjacências, em via pública ou em direção a ela, sem licença da autoridade, causa[109-111] deflagração perigosa, queima fogos de artifício ou solta balão aceso.[112-116]

107. Revogação da figura prevista no *caput*: a contravenção já estava revogada pelo art. 10, § 1.º, III, da Lei 9.437/97, confirmando-se, agora, a mesma infração, como crime, pelo art. 15 da Lei 10.826/2003.

108. Derrogação do parágrafo único: subsiste a contravenção apenas no tocante à queima de fogos. Em relação à soltura de balão, aplica-se o disposto no art. 42 da Lei 9.605/98. Quanto à deflagração, que significa explosão ou combustão, deve-se aplicar o disposto no art. 251, § 1.º, do Código Penal. Logo, resta somente a queima de fogos de artifício.

109. Análise do núcleo do tipo: *causar* (dar origem a algo, produzir) é a conduta. O objeto é a queima (colocar fogo) de fogos de artifício (peças pirotécnicas específicas para comemorações e festejos, produzindo efeitos visuais e sonoros chamativos). Exige-se que o fato seja praticado em lugar habitado ou próximo a ele, em via pública ou na sua direção, o que caracteriza uma nítida infração de perigo à sociedade em geral, sem vítima definida.

110. Sujeitos ativo e passivo: o sujeito ativo pode ser qualquer pessoa. O sujeito passivo é a sociedade.

111. Elemento subjetivo: é o dolo. Não existe elemento subjetivo específico, nem se pune a forma culposa.

112. Objetos material e jurídico: o objeto material é o fogo de artifício. O objeto jurídico é a incolumidade pública.

113. Classificação: é infração comum (pode ser cometida por qualquer pessoa); mera conduta (não se exige a ocorrência de resultado naturalístico, consistente em efetivo dano para qualquer pessoa); de forma livre (pode ser cometido por qualquer meio eleito pelo agente); comissiva (o verbo implica ação); instantânea (a consumação se dá em momento determinado); de perigo concreto (deve ser provada a probabilidade de atingir alguém, causando dano); unissubjetiva (pode ser cometida por uma só pessoa); plurissubsistente (praticada em vários atos); não admite tentativa por força do disposto no art. 4.º.

114. Possibilidade de absorção: se da queima de fogos de artifício advier incêndio, o crime (art. 250, CP) absorve a contravenção do art. 28, parágrafo único. O mesmo se diga se houver lesão à integridade física de alguém: a contravenção resta absorvida pelo crime de dano.

115. Norma penal em branco: a licença da autoridade para a queima de fogos é regulada em legislação à parte. Para tanto, consultar o Decreto-lei 4.238/42. Por outro lado, quando houver uma queima de fogos em festa pública, devidamente fiscalizada pelas autoridades, por exemplo, logo, autorizada, a contravenção não se configura, ainda que possa haver dano a terceiros.

116. Confronto com o Estatuto da Criança e do Adolescente: envolvendo a venda ou o fornecimento de fogos de artifício a criança ou adolescente, torna-se aplicável o art. 244 da Lei 8.069/90, absorvendo, pois, a contravenção do art. 28, parágrafo único.

Desabamento de construção[117]

Art. 29. Provocar[118-120] o desabamento de construção ou, por erro no projeto ou na execução, dar-lhe causa:[121-122]

Pena – multa, se o fato não constitui crime contra a incolumidade pública.[123]

117. Inconstitucionalidade ou inaplicabilidade: levando-se em conta o princípio da intervenção mínima, que carrega, ínsito, o princípio da ofensividade, nota-se que este tipo penal não tem qualquer possibilidade de aplicação. Ocorrendo um desabamento, espera-se que exista, a justificar a aplicação de sanção penal, perigo concreto, isto é, a possibilidade efetiva de causar dano a alguém. Entretanto, se tal se der, utiliza-se o crime previsto no art. 256 do Código Penal. Por outro lado, defender a aplicação da contravenção do art. 29 aos casos de *mero* desabamento, ou seja, sem que absolutamente ninguém corra o risco de sofrer lesão, alegando tratar-se de perigo abstrato, em nosso entendimento, é inconstitucional. Interfere o Direito Penal em matéria pueril para os seus propósitos punitivos. Não se pode concordar, nesta hipótese, com o denominado perigo *abstrato*, pois injustificável nas situações concretas da vida. Temos posição fixada no sentido de admitir a possibilidade de construção de tipos penais de perigo abstrato pelo legislador, quando se percebe não ter havido abuso, mas, ao contrário, a presunção do perigo decorre dos fatos do cotidiano, inspiradores da criação da norma proibitiva. Exemplo disso é a vedação do porte de arma de fogo, sem autorização da autoridade competente. É crime de perigo abstrato, mas plenamente justificável. O controle de armas de fogo pelo Estado é fundamental para impedir a proliferação descontrolada do tráfico e, consequentemente, da utilização desses instrumentos para o cometimento dos mais variados delitos, muitos dos quais particularmente graves, como homicídios, latrocínios, roubos etc. O perigo é presumido: não se pode andar armado, sem controle estatal. Estender a figura do perigo abstrato a casos outros, sem amparo em regras concretas de experiência, é abusivo. Se um desabamento for provocado em lugar ermo, sem colocar em risco nenhuma pessoa, qual o sentido punitivo da norma do art. 29? Quando muito, poder-se-ia falar em aplicação de multa de caráter administrativo. Portar uma arma ilegal, sem registro e sem autorização, em qualquer situação, por outro lado, demonstra o descontrole do Estado no tocante à contenção do comércio de armas de fogo e, não importando onde esteja o agente, perigo há. Enfim, a única possibilidade do art. 29 da Lei das Contravenções Penais não conflitar com o disposto no art. 256 do Código Penal é admiti-la como *mero* fato, sem geração de perigo concreto, o que não nos afigura razoável. Logo, inexistente bem jurídico a ser protegido, inconstitucional será a sua aplicação. Promoveremos os comentários ao tipo penal, respeitada a posição dos que sustentam a existência de perigo abstrato.

118. Análise do núcleo do tipo: *provocar* (gerar, produzir) ou *dar causa* (ser a fonte de algo). As condutas voltam-se ao desabamento de construção (queda, em ruínas). Há duas possibilidades: a) gerar diretamente o desabamento (dolo); b) dar causa ao desabamento por erro no projeto ou na execução (culpa).

119. Sujeitos ativo e passivo: o sujeito ativo pode ser qualquer pessoa. O sujeito passivo é a sociedade.

120. Elemento subjetivo: pode ser o dolo, na forma *provocar* o desabamento, como também a culpa no formato *por erro no projeto ou na execução* dar-lhe causa. Não há elemento subjetivo específico.

121. Objetos material e jurídico: o objeto material é a construção. O objeto jurídico é a incolumidade pública.

122. Classificação: é infração comum (pode ser praticada por qualquer pessoa); mera conduta (não exige a ocorrência de efetivo prejuízo para a sociedade ou para qualquer pessoa); de forma livre (pode ser cometida por qualquer meio eleito pelo agente); comissiva (os verbos indicam ações); instantânea (a consumação ocorre em momento definido); unissubjetiva (pode ser cometida por uma só pessoa); unissubsistente (cometida por meio de um único ato, o que seria raro) ou plurissubsistente (cometida por mais de um ato); não admite tentativa, conforme disposição do art. 4.º desta Lei.

123. Subsidiariedade explícita: o tipo penal se autoproclama subsidiário. Logo, faz referência ao delito previsto no art. 256 do Código Penal. Como exposto em nota anterior, somente o crime nos parece viável; a contravenção, se aplicada, gera abuso na aplicação do Direito Penal.

Perigo de desabamento[124]

> **Art. 30.** Omitir[125-127] alguém a providência reclamada pelo estado ruinoso de construção que lhe pertence ou cuja conservação lhe incumbe:[128-129]
> Pena – multa.

124. Desnecessidade da contravenção: parece-nos que a omissão em tomar providência para reparar o estado ruinoso de uma construção pode ser, com eficiência, objeto de acompanhamento e, se for o caso, de sanção na esfera administrativa. Aliás, tal medida já se dá com muito mais eficácia pela fiscalização dos órgãos municipais. Logo, em homenagem à subsidiariedade do Direito Penal, também esta é infração penal desnecessária.

125. Análise do núcleo do tipo: *omitir* (deixar de fazer algo) é a conduta típica, que tem por objeto a providência (remédio ou serviço) reclamada (necessária, exigida) pelo estado ruinoso (situação daquilo que está para desabar) de construção. Demanda a contravenção que a referida edificação pertença ao agente que se omite ou, ao menos, seja da sua responsabilidade conservá-la em bom estado (ex.: caseiro ou zelador). A expectativa é evitar o desabamento, desde que o estado deteriorado de uma construção seja reparado a tempo. Esta infração não possui paralelo no Código Penal, logo, é viável que se produza, desde que se busque uma situação de perigo concreto (efetiva possibilidade de haver desabamento e, assim ocorrendo, causar lesão a pessoas). Pelos mesmos motivos expostos na nota 117 ao art. 29, não podemos aceitar a simples ocorrência de omissão de providência, sem a correspondente possibilidade de gerar a probabilidade de dano a terceiros. Seria abusivo punir alguém que omita reparos em edificação de sua propriedade somente pelo perigo abstrato, vale dizer, porque o legislador supôs que construções precisam ser sempre reparadas, ainda que ninguém corra risco de se ferir.

126. Sujeitos ativo e passivo: o sujeito ativo só pode ser o proprietário da construção ou a pessoa que tenha a incumbência de cuidar da edificação. O sujeito passivo é a sociedade.

127. Elemento subjetivo: é o dolo. Não há elemento subjetivo específico, nem se pune a forma culposa.

128. Objetos material e jurídico: o objeto material é a construção em estado ruinoso. O objeto jurídico é a incolumidade pública.

129. Classificação: é infração própria (somente pode ser praticada pelas pessoas indicadas no tipo); mera conduta (não exige a ocorrência de efetivo prejuízo para a sociedade ou para qualquer pessoa); de forma livre (pode ser cometida por qualquer meio eleito pelo agente); omissiva (o verbo indica o não fazer); instantânea (a consumação se dá em momento determinado); unissubjetiva (pode ser cometida por uma só pessoa); unissubsistente (cometida por um ato); não admite tentativa porque é delito unissubsistente, mas também pelo disposto no art. 4.º desta Lei.

Omissão de cautela na guarda ou condução de animais[130]

> **Art. 31.** Deixar[131-133] em liberdade, confiar à guarda de pessoa inexperiente,[134] ou não guardar com a devida cautela animal perigoso:[135-138]
>
> Pena – prisão simples, de 10 (dez) dias, a 2 (dois) meses, ou multa.
>
> **Parágrafo único.** Incorre na mesma pena quem:
>
> *a)* na via pública, abandona[139-141] animal de tiro, carga ou corrida, ou o confia a pessoa inexperiente;[142-144]
>
> *b)* excita ou irrita[145-147] animal, expondo a perigo a segurança alheia;[148-149]
>
> *c)* conduz[150-152] animal, na via pública, pondo em perigo a segurança alheia.[153-154]

130. Desnecessidade da contravenção: a omissão de cautela na guarda ou condução de animais deve ser, sem dúvida, fiscalizada pelo Estado, mas não é cenário para a atuação do Direito Penal. Existem normas administrativas para tanto. Como exemplo, no Estado de São Paulo, há lei para a condução de determinadas raças de cães, na via pública, com o emprego de focinheira. A sanção para quem infringir a norma de cautela é a aplicação de multa. Desnecessária, pois, a intervenção penal.

131. Análise do núcleo do tipo: *deixar* em liberdade (permitir que fique solto, sem obstáculo), *confiar à guarda* (entregar a outrem para efeito de vigilância) de pessoa inexperiente (ingênua, sem experiência) e não *guardar* (vigiar, tomar conta de algo), com a devida cautela (atenção indispensável), são as condutas que têm por objeto o *animal perigoso* (ser vivo irracional que, por sua natureza, gera risco ou probabilidade de causar mal a algo ou alguém). A meta é punir o proprietário ou a pessoa que tem sob seu cuidado um animal que, em virtude de sua tendência característica, coloca em risco a integridade física de terceiros. Pode-se indicar tanto um cão feroz quanto um animal silvestre (como uma onça, embora domesticado), cujo comportamento é imprevisível. A expressão *animal perigoso* é elemento normativo do tipo, exigindo valoração de ordem cultural, valendo as regras de experiência de cada operador do Direito. Entretanto, não se pode abusar dessa interpretação, apontando como *perigoso*, por exemplo, um cavalo manso ou uma vaca leiteira, simplesmente pelo fato de que ambos transitam pela via pública. Ora, não são seres de elevado risco à sociedade. Qualquer um pode controlá-los, retirando-os do lugar inadequado, o que não ocorre com o cão feroz. Este, uma vez indevidamente solto, somente pode ser controlado por seu dono ou tratador. Animais mansos, que se encontrem soltos, podem gerar o perigo de haver um acidente qualquer, mas isso não os transforma em *animais perigosos*. Se assim fosse, qualquer animal poderia ser considerado perigoso, dependendo do cenário em que se encontrasse. Um singelo coelhinho branco pode ser perigoso se caminhar por um campo minado. Essa não é a finalidade do tipo penal. Se a meta fosse punir o ser humano que não cuidar de qualquer animal, gerando, pois, perigo de causar dano a terceiros, seria preciso definir a situação (ou situações) em que se considera arriscada a liberdade do bicho. Essa seria a taxatividade da definição legal de um crime ou de uma contravenção. Não há sentido em qualificar o animal como *perigoso* em função de um cenário, mas, ao contrário, cuida-se de sua natureza. Ilustrando, sob outro prisma: um doente mental pode ser considerado *perigoso*, pois a enfermidade que o acomete faz com que ele tenha, com frequência, reações violentas contra pessoas. Um indivíduo mentalmente são, por outro lado, não é, por natureza, perigoso, mas pode tornar-se agressivo a qualquer momento, em razão de um contexto, de uma situação concreta. Um cão da raça labrador é tipicamente manso. Se for treinado, indevidamente, para atacar pessoas, pode tornar-se incontrolável, logo, perigoso. Passa a fazer parte da sua *natureza* morder desconhecidos. No mais, um cão da mesma raça, manso por tendência, sem qualquer treinamento artificioso, solto na rua não irá causar perigo a ninguém. Entretanto, pode atravessar a via pública e gerar um acidente de trânsito. Seu proprietário não pode ser processado com base na contravenção do art. 31 por não guardar com a devida cautela *animal perigoso*. Se assim ocorresse, o tipo penal perderia sua objetividade, ingressando na esfera da lesão irreparável ao princípio da legalidade. É evidente que a análise do animal – se perigoso ou não – há de ser feita no caso concreto, mas fundado na sua tendência característica e não em situações anormais nas quais se possa envolver. Na jurisprudência: TJSC: "Ausência de cautela com animal perigoso (cão da raça rottweiler). Aplicação do princípio da insignificância. Impossibilidade. Crime de perigo abstrato. Exposição do bem jurídico tutelado a risco (...) 'O delito de omissão de cautela na guarda de animal perigoso é daqueles de perigo abstrato, em que basta estar caracterizada a conduta inserta no dispositivo para configurar-se o delito, não necessitando de um resultado concreto a ensejar a punição estatal. Assim, para estar caracterizada a contravenção, basta que o dono do animal não tome as cautelas devidas para manter o animal bem guardado, evitando, inclusive, que este saia na rua sem as condições de segurança necessárias' (TJ-RS – APR: 71008848681 RS, Relator: Luis Gustavo Zanella Piccinin, Data de Julgamento: 21/10/2019, Turma Recursal Criminal, Data de Publicação: 31/10/2019)" (APR 50007039520228240011, 1.ª T. Recursal, rel. Luis Francisco Delpizzo Miranda, 09.02.2023, v.u.).

132. Sujeitos ativo e passivo: o sujeito ativo pode ser qualquer pessoa, embora, como regra, seja o proprietário do animal. O sujeito passivo é a sociedade. Secundariamente, as pessoas que correrem o risco de lesão.

133. Elemento subjetivo: é o dolo. Não há elemento subjetivo específico, nem se pune a forma culposa.

134. Pessoa inexperiente: pode ser qualquer um, desde que, no caso concreto, também por condições pessoais, não consiga tomar conta de um animal perigoso. Ensina Marcello Jardim Linhares que "por *pessoa inexperiente* se entende aquela que, por falta de melhor desenvoltura, ou por deficiência de idade, ou por completo desconhecimento dos costumes do animal, não estiver em condições de dispensar a ele as devidas cautelas" (*Contravenções penais*, v. 1, p. 267). Nota-se, pois, que somente o caso concreto poderá determinar se alguém é experiente ou inexperiente para guardar determinado animal considerado de elevado risco à sociedade.

135. Perigo concreto: exige-se prova da potencialidade lesiva do animal. Ainda que este seja considerado, pela sua natureza, de elevado risco à segurança alheia, é fundamental que se prove, concretamente, a probabilidade de dano a alguém. Nessa ótica, igualmente, está a doutrina de Marcello Jardim Linhares: "é condição indispensável a existência de um perigo potencial que possa nascer do fato da liberdade do animal perigoso. Se inexistir esse perigo, não haverá a contravenção" (*Contravenções penais*, v. 1, p. 268). Há posição em sentido contrário, sustentando que se trata de perigo abstrato.

136. Objetos material e jurídico: o objeto material é o animal perigoso. O objeto jurídico é a incolumidade pública.

137. Classificação: é infração comum (pode ser praticada por qualquer pessoa); mera conduta (não exige a ocorrência de efetivo prejuízo para a sociedade ou para qualquer pessoa); de forma livre (pode ser cometida por qualquer meio eleito pelo agente); comissiva na forma *confiar* (o verbo indica ação), mas omissiva (indica abstenção) na modalidade *não guardar*; quanto à conduta *deixar em liberdade*, poder ser comissiva (o agente solta o animal) ou omissiva (o agente o vê solto, deixando-o nesse estado); instantânea (a consumação ocorre em momento definido), nas modalidades *confiar* e *não guardar*, mas adquire o caráter permanente (a consumação se arrasta no tempo) na forma *deixar em liberdade*; unissubjetiva (pode ser cometida por uma só pessoa); unissubsistente (praticada em um único ato) ou plurissubsistente (cometida por mais de um ato), conforme o caso concreto; não admite tentativa, em face do disposto no art. 4.º desta Lei.

138. Confronto com crime de lesão: se o animal perigoso ferir ou matar terceiro, a contravenção está absorvida pelo delito de dano. Não há sentido em se punir a probabilidade de dano (infração de perigo) se o resultado lesivo se consolidou. No mesmo prisma, Paulo Lúcio Nogueira (*Contravenções penais controvertidas*, p. 97).

139. Análise do núcleo do tipo: *abandonar* (largar, deixar ao desamparo) e *confiar* (entregar em confiança) a pessoa inexperiente (ingênua ou sem preparo para determinada atividade) são as condutas voltadas ao animal de tiro (aqueles que puxam veículos), carga (aqueles que transportam algo no lombo) ou corrida (aqueles que podem ser selados, ainda que não sejam destinados à competição). Neste contexto, o animal não precisa ser perigoso, pois é a situação em que foi inserido que produz o risco de dano à sociedade. Assim, largar um cavalo, sem vigilância, na via pública ou confiar um touro a uma criança, para que seja conduzido em local público, configura a infração penal.

140. Sujeitos ativo e passivo: o sujeito ativo pode ser qualquer pessoa, porém, como regra, é o dono do animal. O sujeito passivo é a sociedade. Secundariamente, a pessoa que sofre a probabilidade de dano.

141. Elemento subjetivo: é o dolo. Não há elemento subjetivo específico, nem se pune a forma culposa.

142. Perigo concreto: parece-nos que, também neste caso, exige-se prova da probabilidade de dano. Ex.: um animal de carga zanzando em lugar ermo, embora via pública, recuperado a tempo pelo dono, não permite a concretização da contravenção penal.

143. Objetos material e jurídico: o objeto material é o animal de tiro, carga ou corrida. O objeto jurídico é a incolumidade pública.

144. Classificação: é infração comum (pode ser praticada por qualquer pessoa); mera conduta (não exige a ocorrência de efetivo prejuízo para a sociedade ou para qualquer pessoa); de forma livre (pode ser cometida por qualquer meio eleito pelo agente); comissiva (praticada por meio de ação) ou omissiva (cometida por intermédio de uma abstenção), dependendo do caso concreto (o dono pode ver o animal na via pública e nada fazer ou pode inseri-lo na via pública para que caminhe livremente); instantânea (a consumação ocorre em momento definido), se o agente coloca o animal nas mãos de pessoa inexperiente, embora possa assumir o caráter permanente (a consumação se arrasta no tempo), caso o abandono se prolongue; unissubjetiva (pode ser cometida por uma só pessoa); unissubsistente (praticada em um único ato) ou plurissubsistente (cometida por mais de um ato), conforme o caso concreto; não admite tentativa, em face do disposto no art. 4.º desta Lei.

145. Análise do núcleo do tipo: *excitar* (instigar, avivar) ou *irritar* (encolerizar, importunar, perturbar) animal (qualquer ser vivo irracional, perigoso ou não). Neste caso, o tipo penal, corretamente, deixou bem claro que deve haver perigo concreto (expondo a perigo a segurança alheia). Logo, ainda que alguém perturbe um cão feroz, que está preso, não há a contravenção, pois ninguém corre o risco de se ferir. Porém, se o agente excita um leão de circo, que está em plena apresentação, deixando o animal perturbado, pode caracterizar-se a infração penal, pois vários expectadores, inclusive o domador, passam a correr o risco de ataque.

146. Sujeitos ativo e passivo: o sujeito ativo pode ser qualquer pessoa. O sujeito passivo é a sociedade. Secundariamente, a pessoa que sofre a probabilidade de lesão.

147. Elemento subjetivo: é o dolo. Não há elemento subjetivo específico, nem se pune a forma culposa. Se o animal se irritar sozinho, por algum gesto impensado de pessoa que por seu lado passe, é natural que a contravenção está descartada.

148. Objetos material e jurídico: o objeto material é o animal. O objeto jurídico é a incolumidade pública.

149. Classificação: é infração comum (pode ser praticada por qualquer pessoa); mera conduta (não exige a ocorrência de efetivo prejuízo para a sociedade ou para qualquer pessoa); de forma livre (pode ser cometida por qualquer meio eleito pelo agente); comissiva (os verbos indicam ações); instantânea (a consumação ocorre em momento definido); unissubjetiva (pode ser cometida por uma só pessoa); plurissubsistente (cometida por mais de um ato); não admite tentativa, em face do disposto no art. 4.º desta Lei.

150. Análise do núcleo do tipo: *conduzir* (guiar, comandar) animal (qualquer ser vivo irracional sujeito à condução realizada por alguém) na via pública (local de acesso público). Como regra, a contravenção se configura em se tratando de *animais* de grande porte, passíveis de montaria (como cavalos) ou de direcionamento agrupado (como ocorre com rebanhos em geral). Porém, é possível tratar-se de outros tipos de animais, até mesmo de um cão feroz, que, embora preso à guia, está sendo levado pelo dono de maneira leviana, aproximando-o de pessoas e fazendo com que rosne ou tente morder quem passa ao seu lado. O animal não está solto, mas sendo conduzido de forma a gerar perigo de dano. O tipo é claro: exige-se perigo concreto, vale dizer, há necessidade de se provar o risco de lesão a terceiro.

151. Sujeitos ativo e passivo: o sujeito ativo é o condutor do animal. O sujeito passivo é a sociedade. Secundariamente, a pessoa que sofre a probabilidade de lesão.

152. Elemento subjetivo: é o dolo. Não há elemento subjetivo específico, nem se pune a forma culposa.

153. Objetos material e jurídico: o objeto material é o animal conduzido por alguém. O objeto jurídico é a incolumidade pública.

154. Classificação: é infração própria (só pode ser praticada pelo condutor do animal); mera conduta (não exige a ocorrência de efetivo prejuízo para a sociedade ou para qualquer pessoa); de forma livre (pode ser cometida por qualquer meio eleito pelo agente); comissiva (o verbo indica ação); instantânea (a consumação ocorre em momento definido); unissubjetiva (pode ser cometida por uma só pessoa); plurissubsistente (cometida por mais de um ato); não admite tentativa, em face do disposto no art. 4.º desta Lei.

Falta de habilitação para dirigir veículo[155]

Art. 32. Dirigir,[156-158] sem a devida[159] habilitação, veículo na via pública, ou embarcação a motor em águas públicas:[160-163]
Pena – multa.

155. Derrogação do art. 32: dispôs o art. 309 do Código de Trânsito Brasileiro (Lei 9.503/97) o seguinte: "Dirigir veículo automotor, em via pública, sem a devida Permissão para Dirigir ou Habilitação ou, ainda, se cassado o direito de dirigir, gerando perigo de dano: Penas – detenção, de 6 (seis) meses a 1 (um) ano, ou multa". Portanto, disciplinou, integralmente, a matéria referente ao delito de direção de veículo sem habilitação, acrescentando, com clareza, tratar-se, agora, de infração penal de perigo concreto. Nesse sentido, a Súmula 720 do STF: "O art. 309 do Código de Trânsito Brasileiro, que reclama decorra do fato perigo de dano, derrogou o art. 32 da Lei das Contravenções Penais no tocante à direção sem habilitação, em vias terrestres". Remanesce apenas a figura relativa à direção de embarcação a motor em águas públicas.

156. Análise do núcleo do tipo: *dirigir* (conduzir, operando mecanismos), sem a devida habilitação (licença do órgão competente), embarcação (meio de transporte destinado a navegar sobre a água) a motor (movido por máquina) em águas públicas (rios, lagos e mares de livre acesso da população). Atualmente, todo condutor de embarcação – recreativa, esportiva, comercial, a motor ou não – depende de habilitação, embora a contravenção penal do art. 32 somente cuide da parte relativa às embarcações a motor. A Lei 9.537/97 cuida da segurança do tráfego aquaviário em águas sob jurisdição nacional. A forma de adquirir a habilitação é regulamentada por portaria própria da Diretoria de Portos e Costas.

157. Sujeitos ativo e passivo: o sujeito ativo é qualquer pessoa. O sujeito passivo é a sociedade. Secundariamente, as pessoas sujeitas diretamente ao risco de sofrer lesão.

158. Elemento subjetivo: é o dolo. Não há elemento subjetivo específico, nem se pune a forma culposa.

159. Norma penal em branco: exige o complemento para sua exata compreensão, ou seja, é preciso consultar a legislação própria para tomar conhecimento de qual o procedimento adequado para conseguir a habilitação necessária.

160. Objetos material e jurídico: o objeto material é a embarcação a motor. O objeto jurídico é a incolumidade pública.

161. Classificação: é infração comum (pode ser praticada por qualquer pessoa); mera conduta (não exige a ocorrência de efetivo prejuízo para a sociedade ou para qualquer pessoa); de forma livre (pode ser cometida por qualquer meio eleito pelo agente); comissiva (o verbo indica ação); instantânea (a consumação ocorre em momento definido); unissubjetiva (pode ser cometida por uma só pessoa); plurissubsistente (cometida por mais de um ato); não admite tentativa, em face do disposto no art. 4.º desta Lei.

162. Concurso com crime de dano: inviável. A infração prevista no art. 32 é de perigo, visando justamente evitar a ocorrência de dano. Se este ocorrer – com lesões ou morte para qualquer pessoa – absorve a contravenção. Não há motivo para dupla punição. O argumento de serem bens jurídicos diversos não é convincente. No art. 32 da LCP tutela-se a incolumidade pública; havendo lesão ou morte, a incolumidade da pessoa humana foi atingida, de modo que o "mal maior" ocorreu. O mesmo se dá quando um homicídio é cometido com o emprego de arma de fogo não registrada: pune-se somente o delito de dano, que é o crime contra a vida, absorvida a infração relativa ao perigo.

163. Perigo abstrato: nesta contravenção, inexiste qualquer referência à ocorrência de perigo à segurança alheia. Por outro lado, regras de experiência determinam que a pessoa não habilitada, que se aventura a dirigir embarcação a motor, em águas públicas, tem grande possibilidade de atingir alguém, ferindo ou matando. Não se trata, pois, de um tipo de perigo abstrato, construído arbitrariamente pelo legislador. Equivale ao porte ilegal de arma ou de entorpecentes, igualmente de perigo abstrato, pelo grave risco ínsito à própria conduta. Por outro lado, é natural que a contravenção não se configure se o condutor da embarcação é habilitado, mas não porta consigo o documento (constitui mera infração administrativa, sujeita a multa). E, cuidando-se de perigo abstrato, pouco importa se dirige bem ou mal: o cerne do ilícito é não conduzir embarcação a motor sem estar devidamente autorizado. Por derradeiro, dirigir com habilitação vencida equivale a não estar habilitado, sendo suficiente para tipificar o ilícito penal.

Direção não licenciada de aeronave

> **Art. 33.** Dirigir[164-166] aeronave sem estar devidamente[167] licenciado:[168-171]
> Pena – prisão simples, de 15 (quinze) dias a 3 (três) meses, e multa.

164. Análise do núcleo do tipo: *dirigir* (conduzir, operando mecanismos) aeronave ("aparelho manobrável em voo, que possa sustentar-se e circular no espaço aéreo, mediante reações aerodinâmicas, apto a transportar pessoas ou coisas"), art. 106, *caput*, Lei 7.565/86) sem a devida licença (autorização do órgão competente).

165. Sujeitos ativo e passivo: o sujeito ativo é qualquer pessoa. O sujeito passivo é a sociedade.

166. Elemento subjetivo: é o dolo. Não há elemento subjetivo específico, nem se pune a forma culposa.

167. Norma penal em branco: exige o complemento para sua exata compreensão, ou seja, é preciso consultar a legislação própria para tomar conhecimento de qual o procedimento adequado para conseguir a habilitação necessária. Regem o assunto o Código Brasileiro de Aeronáutica (Lei 7.565/86) e regulamentos específicos.

168. Objetos material e jurídico: o objeto material é a aeronave. O objeto jurídico é a incolumidade pública.

169. Classificação: é infração comum (pode ser praticada por qualquer pessoa); mera conduta (não exige a ocorrência de efetivo prejuízo para a sociedade ou para qualquer pessoa); de forma livre (pode ser cometida por qualquer meio eleito pelo agente); comissiva (o verbo indica ação); instantânea (a consumação ocorre em momento definido); unissubjetiva (pode ser cometida por uma só pessoa); plurissubsistente (cometida por mais de um ato); não admite tentativa, em face do disposto no art. 4.º desta Lei.

170. Concurso com crime de dano: inviabilidade. Ver a nota 162 ao art. 32.

171. Perigo abstrato: ver a nota 163 ao art. 32, pois os argumentos são os mesmos.

Direção perigosa de veículo na via pública

> **Art. 34.** Dirigir[172-174] veículos na via pública, ou embarcações em águas públicas,[175] pondo em perigo a segurança alheia:[176-181-A]
> Pena – prisão simples, de 15 (quinze) dias a 3 (três) meses, ou multa.

172. Análise do núcleo do tipo: houve revogação parcial desta contravenção pelo art. 311 do Código de Trânsito Brasileiro, no tocante aos veículos na via pública. Resta a sua viabilidade de aplicação quanto às embarcações em águas públicas. O tipo envolve *dirigir* (conduzir, operando mecanismos) embarcações (construções aptas a navegar sobre a água, a motor ou não) em águas públicas (lugares de livre acesso da população). Exige, claramente, a ocorrência de perigo a segurança alheia, vale dizer, perigo concreto, dependente de prova da probabilidade de causar lesão a alguém.

173. Sujeitos ativo e passivo: o sujeito ativo é qualquer pessoa. Lembre-se de que, no caso desta contravenção, não se exige habilitação ou licença para conduzir a embarcação. O sujeito passivo é a sociedade. Secundariamente, as pessoas envolvidas pela situação de risco de dano.

174. Elemento subjetivo: é o dolo. Não há elemento subjetivo específico, nem se pune a forma culposa.

175. Águas públicas: é o local de livre acesso de pessoas, logo, deve estar fora de propriedade estritamente particular. Onde quer que seja permitido o percurso de pessoas, sem restrição, abrangendo mar, rio, lago etc. Quem conduzir embarcação (ex.: jet ski, lancha, barco a motor) perigosamente nesses lugares pode atingir uma ou mais pessoas.

176. Objetos material e jurídico: o objeto material é a embarcação. O objeto jurídico é a incolumidade pública.

177. Classificação: é infração comum (pode ser praticada por qualquer pessoa); formal (não exige a ocorrência de efetivo prejuízo para a sociedade ou para qualquer pessoa); de forma livre (pode ser cometida por qualquer meio eleito pelo agente); comissiva (o verbo indica ação); instantânea (a consumação ocorre em momento definido); unissubjetiva (pode ser cometida por uma só pessoa); plurissubsistente (cometida por mais de um ato); não admite tentativa, em face do disposto no art. 4.º desta Lei.

178. Confronto com o Código de Trânsito Brasileiro: a substituição dessa contravenção penal quanto aos veículos automotores decorre de variadas formas de *direção perigosa* regidas, agora, pela Lei 9.503/97. São os casos seguintes: art. 306. ("Conduzir veículo automotor com capacidade psicomotora alterada em razão da influência de álcool ou de outra substância psicoativa que determine dependência: Penas – detenção, de seis meses a três anos, multa e suspensão ou proibição de se obter a permissão ou a habilitação para dirigir veículo automotor. § 1.º As condutas previstas no *caput* serão constatadas por: I – concentração igual ou superior a 6 decigramas de álcool por litro de sangue ou igual ou superior a 0,3 miligrama de álcool por litro de ar alveolar; ou II – sinais que indiquem, na forma disciplinada pelo Contran, alteração da capacidade psicomotora. § 2.º A verificação do disposto neste artigo poderá ser obtida mediante teste de alcoolemia, exame clínico, perícia, vídeo, prova testemunhal ou outros meios de prova em direito admitidos, observado o direito à contraprova. § 3.º O Contran disporá sobre a equivalência entre os distintos testes de alcoolemia para efeito de caracterização do crime tipificado neste artigo. § 4.º Poderá ser empregado qualquer aparelho homologado pelo Instituto Nacional de Metrologia, Qualidade e Tecnologia – INMETRO – para se determinar o previsto no *caput*"); art. 308 ("Participar, na direção de veículo automotor, em via pública, de corrida, disputa ou competição automobilística ou ainda de exibição ou demonstração de perícia em manobra de veículo automotor, não autorizada pela autoridade competente, gerando situação de risco à incolumidade pública ou privada: Penas – detenção, de 6 (seis) meses a 2 (dois) anos, multa e suspensão ou proibição de se obter a permissão ou a habilitação para dirigir veículo automotor"); art. 311 ("Trafegar em velocidade incompatível com a segurança nas proximidades de escolas, hospitais, estações de embarque e desembarque de passageiros, logradouros estreitos, ou onde haja grande movimentação ou concentração de pessoas, gerando perigo de dano: Penas – detenção, de 6 (seis) meses a 1 (um) ano, ou multa"). Na jurisprudência: STJ: "2. Nos termos da jurisprudência desta Corte, o art. 34 da Lei de Contravenções Penais foi derrogado pelo disposto no art. 311 do Código de Trânsito Brasileiro, 'tendo em vista que Código de Trânsito Brasileiro regulou inteiramente a matéria referente à condução de veículo automotor nas vias terrestres do território nacional, não mais havendo espaço para aplicação de qualquer outra sanção penal além das previstas no aludido Código' (REsp n.º 1.633.335/SP, Relator Ministro Sebastião Reis Júnior, Sexta Turma, *DJ* de 28/11/2016)" (HC 581.283 – SP, 5.ª T., rel. Ribeiro Dantas, j. 09.06.2020, v.u.).

179. Concurso com crime de dano: inviabilidade. Como já expusemos em notas anteriores, a direção perigosa tem por finalidade evitar a ocorrência de qualquer lesão à integridade física de pessoa. Se esta ocorrer (lesão ou morte), é natural que o delito de dano absorva a contravenção penal.

180. Confronto da direção perigosa com direção sem habilitação: se alguém dirigir embarcação a motor, em águas públicas, sem licença, de maneira perigosa, cremos que deva prevalecer a contravenção do art. 34, afinal, é a mais grave (basta confrontar as penas). Não há sentido em se punir o agente duas vezes pelo mesmo fato, que é o perigo gerado à sociedade.

181. Confronto com o crime previsto no art. 132 do Código Penal: o crime, infração mais grave, deve prevalecer sobre a contravenção. Logo, se alguém, valendo-se embarcação, colocar pessoa determinada em perigo, aplica-se o art. 132 do Código Penal (perigo para a vida ou a saúde de outrem).

181-A. Confronto com o art. 39 da Lei 11.343/2006: o delito do art. 39 substitui o art. 34 da Lei das Contravenções Penais, na parte relativa às embarcações, quando houver consumo de drogas pelo condutor.

Abuso na prática da aviação

> **Art. 35.** Entregar-se,[182-184] na prática da aviação, a acrobacias ou a voos baixos, fora da zona em que a lei o permite, ou fazer descer a aeronave fora dos lugares destinados a esse fim:[185-188]
>
> Pena – prisão simples, de 15 (quinze) dias a 3 (três) meses, ou multa.

182. Análise do núcleo do tipo: *entregar-se* (dedicar-se a algo), na prática da aviação (direção de aeronave) a acrobacias (manobras bruscas ou anormais) ou a voos baixos (abaixo da linha permitida) ou *fazer descer* (aterrissar) a aeronave (ver o conceito na nota 164 ao art. 33) em lugar diverso do autorizado. Cuida-se de norma penal em branco. É fundamental o conhecimento das regras de aeronáutica para saber qual é a zona permitida para o tráfego aéreo, bem como os locais permitidos para se promover a aterrissagem. É óbvio que, em estado de necessidade, exclui-se a possibilidade de punição, ainda que o piloto faça o pouso em lugar inadequado.

183. Sujeitos ativo e passivo: o sujeito ativo é qualquer pessoa. O sujeito passivo é a sociedade.

184. Elemento subjetivo: é o dolo. Não há elemento subjetivo específico, nem se pune a forma culposa.

185. Objetos material e jurídico: o objeto material é a aeronave. O objeto jurídico é a incolumidade pública.

186. Classificação: é infração comum (pode ser praticada por qualquer pessoa); mera conduta (não exige a ocorrência de efetivo prejuízo para a sociedade ou para qualquer pessoa); de forma livre (pode ser cometida por qualquer meio eleito pelo agente); comissiva (o verbo indica ação); instantânea (a consumação ocorre em momento definido); unissubjetiva (pode ser cometida por uma só pessoa); plurissubsistente (cometida por mais de um ato); não admite tentativa, em face do disposto no art. 4.º desta Lei.

187. Confronto com o art. 33 desta Lei: se alguém, não licenciado, dirigir aeronave e, além disso, entregar-se, no trajeto, a acrobacias ou voos baixos, bem como pousar em lugar inadequado, deve ser punido apenas pela contravenção do art. 33, que é mais grave. O fato é praticamente o mesmo e o bem tutelado (incolumidade pública) também. A pena para a infração do art. 35 é alternativa, enquanto a penalidade para o art. 33 é cumulativa, logo, mais severa.

188. Concurso com delito de dano: inviabilidade. Se houver dano, a contravenção do art. 35 resta absorvida. Consultar, ainda, as notas 162 e 179 aos arts. 32 e 34.

Sinais de perigo[189]

> **Art. 36.** Deixar[190-192] de colocar na via pública sinal ou obstáculo, determinado em lei ou pela autoridade e destinado a evitar perigo a transeuntes:[193-194]
> Pena – prisão simples de 10 (dez) dias a 2 (dois) meses, ou multa.
> **Parágrafo único.** Incorre na mesma pena quem:
> *a)* apaga[195-197] sinal luminoso, destrói ou remove sinal de outra natureza ou obstáculo destinado a evitar perigo a transeuntes;[198-199]
> *b)* remove[200-202] qualquer outro sinal de serviço público.[203-204]

189. Desnecessidade da contravenção: parece-nos excessiva a preocupação do legislador em transferir para o campo penal as situações descritas no art. 36, que poderiam ser resolvidas no campo administrativo, com a aplicação de multas por condutas irregulares no tocante aos sinais de perigo. Seria a consagração do princípio da intervenção mínima. Se houvesse qualquer atitude mais grave, no sentido de, efetivamente, colocar em perigo a sociedade, existem os crimes previstos no Código Penal (exemplos: arts. 257, 260, 261, 262, 265, 266).

190. Análise do núcleo do tipo: *deixar de colocar* (abster-se de pôr algo em algum lugar) é a conduta, que tem por objetos o sinal (algo que serve de advertência) ou o obstáculo (barreira que serve de impedimento) destinados a *evitar* (impedir) perigo (probabilidade de dano) a transeuntes (pessoas que caminham pela via pública). Cuida-se de norma penal em branco, pois há que se conhecer a legislação extrapenal, fixadora das regras para a sinalização de situações perigosas ou para a aposição de barreiras no mesmo caso. Exemplo: conforme dispõe o art. 46 do Código de Trânsito Brasileiro, "sempre que for necessária a imobilização temporária de um veículo no leito viário, em situação de emergência, deverá ser providenciada a imediata sinalização de advertência, na forma estabelecida pelo CONTRAN". Assim, os agentes dos órgãos de trânsito e os donos dos veículos imobilizados na via pública ficam obrigados a sinalizar esse lugar.

191. Sujeitos ativo e passivo: o sujeito ativo é a pessoa que tem a obrigação legal de inserir o sinal ou obstáculo. O sujeito passivo é a sociedade. Secundariamente, o transeunte prejudicado pela ausência do sinal ou obstáculo.

192. Elemento subjetivo: é o dolo. Não há elemento subjetivo específico, nem se pune a forma culposa.

193. Objetos material e jurídico: o objeto material é o sinal ou o obstáculo. O objeto jurídico é a incolumidade pública.

194. Classificação: é infração própria (somente pode ser praticada pela pessoa indicada em lei); mera conduta (não exige a ocorrência de efetivo prejuízo para a sociedade ou para qualquer pessoa); de forma vinculada (só pode ser cometida pelo meio descrito em lei, ou seja, da maneira como o sinal ou obstáculo deva ser inserido); omissiva (o verbo indica inação); instantânea (a consumação ocorre em momento definido); unissubjetiva (pode ser cometida por uma só pessoa); unissubsistente (cometida em um só ato); não admite tentativa, em face do disposto no art. 4.º desta Lei.

195. Análise do núcleo do tipo: *apagar* (fazer desaparecer) sinal luminoso (objeto de advertência que emite ou reflete luz); *destruir* (extinguir, arruinar) ou *remover* (mudar de um lugar a outro) sinal de outra natureza (objeto de advertência não luminoso) ou obstáculo (barreira) destinados a evitar perigo (probabilidade de dano) a transeuntes (passantes). Na realidade, enquanto no *caput* a pessoa obrigada por lei omite-se, deixando de colocar o sinal ou o obstáculo, neste caso qualquer um pode fazer desaparecer o referido sinal ou obstáculo. O perigo surge do mesmo modo.

196. Sujeitos ativo e passivo: o sujeito ativo é qualquer pessoa. O sujeito passivo é a sociedade. Secundariamente, o transeunte prejudicado pela falta de sinalização ou obstáculo.

197. Elemento subjetivo: é o dolo. Não há elemento subjetivo específico, nem se pune a forma culposa.

198. Objetos material e jurídico: o objeto material é o sinal luminoso ou de outra natureza, bem como o obstáculo. O objeto jurídico é a incolumidade pública.

199. Classificação: é infração comum (pode ser praticada por qualquer pessoa); mera conduta (não exige a ocorrência de efetivo prejuízo para a sociedade ou para qualquer pessoa); de forma livre (pode ser cometida por qualquer meio eleito pelo agente); comissiva (os verbos indicam ações); instantânea (a consumação ocorre em momento definido); unissubjetiva (pode ser cometida por uma só pessoa); plurissubsistente (cometida por mais de um ato); não admite tentativa, em face do disposto no art. 4.º desta Lei.

200. Análise do núcleo do tipo: *remover* (mudar de um lugar para outro) é a conduta que tem por objeto qualquer sinal de serviço público (objetos que servem de advertência, como, por exemplo, placas de trânsito, demonstrativas de velocidade máxima ou da obrigação de parar em um cruzamento). Trata-se de um modelo de conduta residual. Não inserida na alínea anterior (sinal destinado a evitar perigo para passantes), resta o disposto nesta alínea, referindo-se a qualquer aviso.

201. Sujeitos ativo e passivo: o sujeito ativo pode ser qualquer pessoa. O sujeito passivo é a sociedade.

202. Elemento subjetivo: é o dolo. Não há elemento subjetivo específico, nem se pune a forma culposa.

203. Objetos material e jurídico: o objeto material é qualquer sinal de serviço público. O objeto jurídico é a incolumidade pública.

204. Classificação: é infração comum (pode ser praticada por qualquer pessoa); mera conduta (não exige a ocorrência de efetivo prejuízo para a sociedade ou para qualquer pessoa); de forma livre (pode ser cometida por qualquer meio eleito pelo agente); comissiva (o verbo indica ação); instantânea (a consumação ocorre em momento definido); unissubjetiva (pode ser cometida por uma só pessoa); plurissubsistente (cometida por mais de um ato); não admite tentativa, em face do disposto no art. 4.º desta Lei.

Arremesso ou colocação perigosa[205]

Art. 37. Arremessar ou derramar[206-208] em via pública, ou em lugar de uso comum, ou de uso alheio, coisa que possa ofender, sujar ou molestar alguém:[209-212]

Pena – multa.

Parágrafo único. Na mesma pena incorre aquele que, sem as devidas cautelas, coloca ou deixa[213-215] suspensa coisa que, caindo em via pública ou em lugar de uso comum ou de uso alheio, possa ofender, sujar ou molestar alguém.[216-217]

205. Inconstitucionalidade ou aplicação restrita da contravenção: é preciso cautela na consideração da contravenção descrita no art. 37. Ofende, de maneira inaceitável, o princípio da intervenção mínima determinadas condutas previstas no tipo, como, por exemplo, "derramar coisa que possa sujar alguém". Não é matéria a ser cuidada pelo Direito Penal. Logo, nesse prisma, segundo nos parece, o art. 37 é inaplicável. Por outro lado, "arremessar, na direção da via pública, coisa que possa ofender alguém" é conduta perigosa, pois pode provocar lesão corporal, assemelhando-se ao delito previsto no art. 264 do Código Penal, também de perigo (arremesso de projétil). Nessa ótica, o art. 37 pode ser aplicado, mas de forma restritiva.

206. Análise do núcleo do tipo: *arremessar* (atirar com força para longe) ou *derramar* (deixar correr um líquido para fora) coisa (qualquer objeto), que possa *ofender* (lesar, para o fim de aplicação razoável deste tipo), *sujar* (emporcalhar, manchar) ou *molestar* (incomodar, desagradar) alguém (pessoa humana), em via pública (local de livre acesso da população), em lugar de uso comum (local de acesso de várias pessoas, como o pátio de um condomínio) ou de uso alheio (local acessível a pessoa diversa de quem pratica a conduta, como o quintal do vizinho). Exige-se, para a conformação da contravenção penal a ocorrência de perigo concreto, sob pena de se tornar abusiva a figura típica, lesando o princípio da intervenção mínima e, consequentemente, inexistir bem jurídico ferido. Quem derrama água da janela do seu prédio na rua, embora possa molestar (desgostar, causar prejuízo) a alguém, que se molha, não é matéria a ser cuidada pela polícia, sob pena de banalização do Direito Penal. Porém, arremessar uma ferramenta pesada pela janela do mesmo prédio na via pública, por onde passam vários transeuntes, constitui conduta perigosa, permitindo a aplicação da contravenção. Cremos que a avaliação deve ser feita no caso concreto, abstendo-se de inserir no tipo da contravenção condutas desagradáveis, porém, evidentemente, pífias no contexto penal. Na jurisprudência: TJBA: "1. Narra a denúncia que no dia 1.º de agosto de 2013, por volta das 08h30m, na Fazenda Bebedouro, município de Biritinga-BA, o ora apelante arremessou pedras contra a casa de Maria José de Jesus, sua ex-companheira. 2. A materialidade delitiva restou sobejamente demonstrada através do Inquérito Policial n.º 33/2013 (fls. 05/22). Do mesmo modo, a autoria encontra indícios suficientes na prova dos autos, incluindo o depoimento da vítima e da testemunha Rosileide de Jesus. 3. A vítima e a testemunha Rosileide de Jesus foram categóricas em afirmar que o apelante arremessou pedras no telhado da residência da primeira. Assim, não há que se falar em insuficiência probatória, pois além da vítima, houve testemunha ocular do ato (...)" (Ap. 0000742-57.2014.8.05.0248 – BA, 1.ª Câmara Criminal, rel. Luiz Fernando Lima, j. 06.12.2016, v.u.).

207. Sujeitos ativo e passivo: o sujeito ativo pode ser qualquer pessoa. O sujeito passivo é a sociedade. Secundariamente, a pessoa que sofre a probabilidade de lesão.

208. Elemento subjetivo: é o dolo. Não há elemento subjetivo específico, nem se pune a forma culposa.

209. Objetos material e jurídico: o objeto material é qualquer coisa que possa ofender, sujar ou molestar pessoa humana. O objeto jurídico é a incolumidade pública.

210. Classificação: é infração comum (pode ser praticada por qualquer pessoa); mera conduta (não exige a ocorrência de efetivo prejuízo para a sociedade ou para qualquer pessoa); de forma livre (pode ser cometida por qualquer meio eleito pelo agente); comissiva (os verbos indicam ações); instantânea (a consumação ocorre em momento definido); unissubjetiva (pode ser cometida por uma só pessoa); plurissubsistente (cometida por mais de um ato); não admite tentativa, em face do disposto no art. 4.º desta Lei.

211. Concurso com crime de dano: inviabilidade. Se a conduta do agente provocar dano efetivo a alguém, cuida-se de delito de dano (lesão corporal, homicídio etc.), mas a contravenção resta absorvida.

212. Confronto com o crime do art. 264 do Código Penal: prevalece este, em caso de arremesso de projétil contra veículo em movimento, destinado ao transporte público, restando prejudicada a contravenção.

213. Análise do núcleo do tipo: *colocar* (pôr em algum lugar) ou *deixar suspenso* (pendurar) são as condutas, cujo objeto é coisa (qualquer objeto) que possa ofender, sujar ou molestar alguém (ver os conceitos na nota 206 em relação ao *caput*). Do mesmo modo, é preciso cautela na aplicação desta contravenção. Exemplos: a) colocar no peitoril da janela do apartamento algumas flores (sem o vaso), que, caindo na via pública, possa incomodar ou sujar alguém é conduta penalmente irrelevante; b) pendurar um vaso pesado na mesma janela, que, caindo, quase atinge transeunte, pode configurar a contravenção penal. A avaliação do caso concreto é fundamental para não ocorrer a banalização do Direito Penal.

214. Sujeitos ativo e passivo: o sujeito ativo pode ser qualquer pessoa. O sujeito passivo é a sociedade. Secundariamente, as pessoas que possam sofrer a probabilidade de lesão pela coisa que cai.

215. Elemento subjetivo: é a culpa, pois o tipo menciona a expressão "sem as devidas cautelas", evidenciando imprudência ou negligência.

216. Objetos material e jurídico: o objeto material é a coisa suspensa, que cai na via pública, lugar de uso comum ou uso alheio, com potencialidade lesiva. O objetivo jurídico é a incolumidade pública.

217. Classificação: é infração comum (pode ser praticada por qualquer pessoa); mera conduta (não exige a ocorrência de efetivo prejuízo para a sociedade ou para qualquer pessoa); de forma livre (pode ser cometida por qualquer meio eleito pelo agente); comissiva (os verbos indicam ações); instantânea (a consumação ocorre em momento definido); unissubjetiva (pode ser cometida por uma só pessoa); plurissubsistente (cometida por mais de um ato); não admite tentativa, em face do disposto no art. 4.º desta Lei.

Emissão de fumaça, vapor ou gás[218]

> **Art. 38.** Provocar,[219-221] abusivamente, emissão de fumaça, vapor ou gás que possa ofender ou molestar alguém:[222-223]
> Pena – multa.

218. Inconstitucionalidade do tipo: esta contravenção, em nosso entendimento, ofende, frontalmente, o princípio da intervenção mínima. Inexiste qualquer ofensividade, passível de apreciação na esfera penal, de quem provoca emissão de fumaça, vapor ou gás que possa incomodar terceiros. Se considerado ilícito, o correto é a sanção administrativa, com aplicação de multa (aliás, o que já ocorre, por exemplo, no contexto do trânsito, conforme art. 231, III, da Lei 9.503/97). Valer-se da Justiça Criminal para solver um conflito dessa natureza é nítido exagero. Aliás, quando a situação for realmente perigosa, como, por exemplo, com a emissão de gás tóxico, há a figura criminosa no Código Penal (art. 252). Além disso, qualquer forma de poluição ambiental encontra amparo, para punição, no art. 54 da Lei 9.605/98. Por isso, cremos que esta contravenção é inaplicável.

219. Análise do núcleo do tipo: *provocar* (dar causa a algo) a emissão (soltar, lançar para fora de algum lugar) de fumaça (espécie de fluido advindo da queima ou combustão de algo), vapor (espécie de fluido normalmente advindo da alta temperatura da água ou outro líquido) ou gás (fluido compressível) que possa *ofender* (lesar) ou *molestar* (incomodar) alguém (pessoa humana). Se não se trata de gás tóxico (passível de gerar envenenamento), parece-nos inadmissível aplicar a contravenção penal. Para quem sustente a sua viabilidade, o mínimo a exigir é a prova do perigo (perigo concreto), vale dizer, de probabilidade de dano à integridade física ou à saúde de alguém.

220. Sujeitos ativo e passivo: o sujeito ativo pode ser qualquer pessoa. O sujeito passivo é a sociedade. Secundariamente, a pessoa que sofre a probabilidade de intoxicação.

221. Elemento subjetivo: é o dolo. Não há elemento subjetivo específico, nem se pune a forma culposa. Nota-se, claramente, a indispensabilidade do dolo pela inserção do elemento normativo do tipo "abusivamente" (de forma excessiva ou com mau uso).

222. Objetos material e jurídico: o objeto material é a fumaça, o vapor ou o gás. O objeto jurídico é a incolumidade pública.

223. Classificação: é infração comum (pode ser praticada por qualquer pessoa); mera conduta (não exige a ocorrência de efetivo prejuízo para a sociedade ou para qualquer pessoa); de forma livre (pode ser cometida por qualquer meio eleito pelo agente); comissiva (os verbos indicam ações); instantânea (a consumação ocorre em momento definido); unissubjetiva (pode ser cometida por uma só pessoa); plurissubsistente (cometida por mais de um ato); não admite tentativa, em face do disposto no art. 4.º desta Lei.

Capítulo IV
DAS CONTRAVENÇÕES REFERENTES À PAZ PÚBLICA

Associação secreta

> **Art. 39.** *(Revogado pela Lei 14.197/2021).*

224 a 231. Comentários excluídos em razão da revogação do art. 39.

Provocação de tumulto. Conduta inconveniente[232]

> **Art. 40.** Provocar[233-235] tumulto ou portar-se de modo inconveniente ou desrespeitoso, em solenidade ou ato oficial, em assembleia ou espetáculo público, se o fato não constitui[236] infração penal mais grave:[237-238]
> Pena – prisão simples, de 15 (quinze) dias a 6 (seis) meses, ou multa.

232. Desnecessidade da contravenção: a simples provocação de tumulto ou a adoção de conduta inconveniente não precisa ser considerada conduta penalmente relevante. Basta a aplicação de uma multa – como tem sido aplicado em legislações estrangeiras – invocando-se o direito de retirar, ainda que à força, o causador do tumulto do local. Entretanto, levar o caso à esfera criminal fere o princípio da intervenção mínima, podendo, inclusive, representar o cerceamento de um direito constitucional, como a liberdade de manifestação do pensamento (art. 5.º, IV, CF) ou da liberdade de expressão (art. 5.º, IX, CF). Se o agente desenvolver conduta mais grave (note-se que a própria contravenção se intitula subsidiária), como agredindo a honra ou a integridade física de alguém, toma-se medida de caráter penal. Sem tal prisma, não nos parece seja razoável a punição por algo pífio. Aliás, solenidades, atos oficiais, assembleias e espetáculos públicos possuem, como regra, segurança particular, apta a retirar do recinto aquele que não souber manter comportamento adequado.

233. Análise do núcleo do tipo: *provocar* (dar causa) tumulto (desordem, agitação) ou *portar-se* (comportar-se, agir de certa maneira) de modo inconveniente (inoportuno) ou desrespeitoso (sem a merecida reverência) são as condutas. Enumera o tipo penal os locais onde tais manifestações ou atitudes são inadmissíveis: solenidade (festividade pomposa) ou ato oficial (cerimônia organizada pelo Estado); assembleia (reunião de pessoas com determinado fim, podendo ser de qualquer ordem, como, por exemplo, um encontro de condôminos); espetáculo público (exibição teatral, cinematográfica ou similar em local aberto à população).

234. Sujeitos ativo e passivo: o sujeito ativo pode ser qualquer pessoa. O sujeito passivo é a sociedade.

235. Elemento subjetivo: é o dolo. Não há elemento subjetivo específico, nem se pune a forma culposa.

236. Subsidiariedade explícita: o tipo contravencional somente será utilizado se do tumulto ou do comportamento inadequado não resultar crime (ex.: contra a honra ou integridade física).

237. Objetos material e jurídico: o objeto material é a solenidade ou ato oficial, a assembleia ou o espetáculo público. O objeto jurídico é a paz pública, cujo titular é a sociedade e não o Estado.

238. Classificação: é infração comum (pode ser praticada por qualquer pessoa); mera conduta (não exige a ocorrência de efetivo prejuízo para a sociedade ou para qualquer pessoa); de forma livre (pode ser cometida por qualquer meio eleito pelo agente); comissiva (os verbos indicam ações); instantânea (a consumação se dá em momento determinado); unissubjetiva (pode ser cometida por uma só pessoa); plurissubsistente (cometida por mais de um ato); não admite tentativa, em face do disposto no art. 4.º desta Lei.

Falso alarma[239]

Art. 41. Provocar[240-242] alarma, anunciando desastre ou perigo inexistente, ou praticar qualquer ato capaz de produzir pânico ou tumulto:[243-245]
Pena – prisão simples, de 15 (quinze) dias a 6 (seis) meses, ou multa.

239. Desnecessidade da contravenção: parece-nos suficiente, para punir tal conduta, que o Estado se valha de sanção administrativa, como a aplicação de multa. É o que consta, por exemplo, em avisos de indevido acionamento de alarme de incêndio ou de parada de transporte público, não somente no Brasil, mas em diversos outros países. A transferência do caso para a esfera penal é ofensivo ao princípio da intervenção mínima.

240. Análise do núcleo do tipo: *provocar* (dar causa) alarme (no sentido deste tipo penal, cuida-se de alvoroço ou tumulto). Para tanto, exige-se que o agente *anuncie* (divulgue, noticie) desastre (acidente ou ocorrência calamitosa) ou perigo (probabilidade de dano) inexistente (não autêntico, irreal). Outra forma de tumultuar é *praticar* (realizar) qualquer ato (conduta) capaz de produzir (causar) pânico (medo) ou tumulto (confusão generalizada). Exemplo: alguém sai gritando em uma escola que o prédio está em chamas.

241. Sujeitos ativo e passivo: o sujeito ativo pode ser qualquer pessoa. O sujeito passivo é a sociedade.

242. Elemento subjetivo: é o dolo. Não há elemento subjetivo específico, nem se pune a forma culposa.

243. Objetos material e jurídico: o objeto material é o tumulto gerado. O objeto jurídico é a segurança pública, cujo titular é a sociedade e não o Estado.

244. Classificação: é infração comum (pode ser praticada por qualquer pessoa); mera conduta (não exige a ocorrência de efetivo prejuízo para a sociedade ou para qualquer pessoa); de forma livre (pode ser cometida por qualquer meio eleito pelo agente); comissiva (os verbos indicam ações); instantânea (a consumação se dá em momento determinado); unissubjetiva (pode ser cometida por uma só pessoa); plurissubsistente (cometida por mais de um ato), como regra; não admite tentativa, em face do disposto no art. 4.º desta Lei.

245. Confronto com a Lei de Imprensa: a divulgação de notícias falsas ou fatos verdadeiros truncados, pelos meios de comunicação, pode dar margem a tumulto generalizado. Configurava-se, neste caso, o crime previsto no art. 16, I, da Lei 5.250/67. Entretanto, por decisão do STF (ADPF 130-7), a Lei 5.250/67 foi considerada não recebida pela CF/88. Logo, resta a aplicação da contravenção penal do art. 41.

Perturbação do trabalho ou do sossego alheios[246]

> **Art. 42.** Perturbar[247-249] alguém, o trabalho ou o sossego alheios:[250-251]
>
> I – com gritaria ou algazarra;
>
> II – exercendo profissão incômoda ou ruidosa, em desacordo com as prescrições legais;
>
> III – abusando de instrumentos sonoros ou sinais acústicos;
>
> IV – provocando ou não procurando impedir barulho produzido por animal de que tem guarda:
>
> Pena – prisão simples, de 15 (quinze) dias a 3 (três) meses, ou multa.

246. Desnecessidade da contravenção: cuida-se de excelente exemplo do excesso de tipos penais incriminadores que o sistema legislativo brasileiro insiste em cultuar. Não se privilegia o princípio da intervenção mínima ou da subsidiariedade, ou ainda a fragmentariedade, do Direito Penal. Como se pode pensar em punição na órbita criminal de alguém que, promovendo uma algazarra com amigos, por exemplo, perturbe o sossego da vizinhança? Não se está, evidentemente, incentivando que tal situação se dê, nem tampouco se pode defender ser tal gesto lícito ou admissível, porém, a punição na esfera administrativa (ou mesmo civil) é mais que suficiente. A Prefeitura Municipal tem condições de manter um corpo de fiscalização para controlar o abuso na utilização de aparelhos sonoros ou na produção de ruídos, de forma a assegurar a tranquilidade social. Em São Paulo, por exemplo, desenvolveu-se o PSIU (programa silêncio urbano), que apura denúncias de excesso de barulho em diversos locais, especialmente os públicos, multando os infratores em quantias superiores às estabelecidas por um magistrado penal. Logo, é muito mais eficiente chamar a fiscalização municipal que a polícia. Os valores da multa municipal variam de R$ 12.000,00 a R$ 36.000,00 (disponível em: <https://capital.sp.gov.br/web/subprefeituras/w/zeladoria/psiu/8831>. Acesso em: 12.02.2025).

Embora o foco desse programa não se concentre em residências particulares, nada impede que a lei assim estabeleça. De qualquer forma, os montantes de multa administrativa são mais elevados que os fixados pela justiça criminal, além de não desperdiçar o tempo precioso dos órgãos de segurança pública com infrações de menor potencial ofensivo. O Supremo Tribunal Federal, em uma de suas Turmas, já se reuniu para debater a ocorrência da contravenção descrita neste artigo, chegando à conclusão de não ter havido a infração penal, pois a barulheira não atingira a coletividade. Cuidava-se de uma briga de vizinhos (HC 85.032 – RJ, 2.ª T., rel. Gilmar Mendes, 17.05.2005, v.u.). Com a devida vênia, não nos parece matéria nem para a Justiça Criminal e muito menos para a Suprema Corte ter interesse em analisar.

247. Análise do núcleo do tipo: *perturbar* (abalar, atrapalhar) o trabalho (atividade profissional qualquer) ou o sossego (tranquilidade, paz ou descanso) de pessoas. O tipo está mal redigido, pois não há necessidade alguma de conter o termo *alguém*, dando a impressão que se trata da pessoa ofendida, como se a leitura fosse "perturbar determinada pessoa ou o trabalho ou o sossego de terceiros". Na verdade, cuidando-se de delito contra a *paz pública* e merecendo interpretação restritiva a defasada contravenção penal do art. 42, a palavra *alguém* (ser humano) é tomada como o autor da infração, o que é óbvio, logo, desnecessária a sua inserção. Por outro lado, o tipo possui construção vinculada, demonstrando nos incisos como se dá essa perturbação: com gritaria (sucessão de gritos) ou algazarra (grande barulho); com o exercício de profissão incômoda (desagradável a terceiros) ou ruidosa (barulhenta), em desacordo com as prescrições legais (norma em branco, dependente do conhecimento da legislação local a respeito do silêncio que se deve manter); com abuso (excesso, exagero) de instrumentos sonoros (aqueles que emitem sons, como guitarra ou corneta) ou sinais acústicos (ruídos produzidos por aparelhos de som, como televisores); com barulho produzido por animal de que tem a guarda, provocando (dando causa) ou não impedindo (não obstando) a propagação sonora incômoda. Note-se, ainda, que o incômodo proposital a uma pessoa pode configurar a contravenção prevista no art. 65 desta Lei. Na jurisprudência: STF: "2. *In casu*, o paciente foi denunciado como incurso no art. 42, inc. I, do Decreto-lei n.º 3.688/41 (LCP), e, alfim, condenado a 3 (três) meses de prisão simples, porquanto, no afã de agredir determinada servidora de um posto de saúde, adentrou o recinto e, com gritaria e algazarra, perturbou a todos que ali se encontravam, por isso que não há como prosperar a tese da atipicidade por inadequação do fato à norma, ancorada na afirmação de que apenas uma pessoa foi perturbada, e não a coletividade, como exige o tipo penal. 3. Destarte, independentemente do reexame de fatos e provas, vedado em sede de *habeas corpus*, ressai óbvio que o paciente, ao adentrar órgão público, perseguindo, aos gritos, determinada funcionária, perturbou a todos que ali se encontravam, resultando daí a adequação do fato à norma incriminadora. 4. Como o presente *writ* foi impetrado anteriormente à mudança de entendimento firmada no âmbito desta Turma, no sentido de inadmiti-lo como substitutivo do recurso ordinário, o caso é de denegação da ordem, e não de extinção do processo. 5. Ordem denegada" (HC 108.455, 1.ª T., rel. Luiz Fux, j. 10.09.2013, v.u.). TJMG: "2. Tendo sido suficientemente demonstrado que o acusado, abusando de instrumentos sonoros ou sinais acústicos, perturbou o sossego alheio, impõe-se sua condenação pela contravenção penal prevista no inciso III do artigo 42" (Apelação Criminal 1.0570.13.002696-8/001, 7.ª Câmara, rel. Paulo Calmon Nogueira da Gama, 17.10.2018). TJRJ: "Contravenção de perturbação ao sossego alheio. Caracterização da contravenção penal de perturbação ao sossego alheio prescinde da existência de um número expressivo de vítimas para retratar a coletividade. Circunstâncias que demonstram, estreme de dúvidas, que a perturbação decorrente do som ligado em alto volume atingiu a coletividade. Precedente do Supremo Tribunal Federal. (...)" (Apelação 0003033-19.2014.8.19.0061, 1.ª Câmara Criminal, rel. Antonio Jayme Boente, j. 02.05.2017).

248. Sujeitos ativo e passivo: o sujeito ativo pode ser qualquer pessoa. O sujeito passivo é a sociedade. Conferir: TJRS: "Para tipificar a contravenção do art. 42 da Lei das Contravenções Penais, deve a perturbação do sossego atingir uma multiplicidade de indivíduos. Na espécie, não há prova segura de que o réu tenha perturbado o sossego da coletividade, tampouco que estava com o som em volume elevado, pois só conta dos autos o relato dos policiais militares responsáveis pela abordagem, os quais não são suficientes para amparar um decreto condenatório" (Rec. 71006004022 – RS, Turma Recursal Criminal, rel. Luis Gustavo Zanella Piccinin, 04.07.2016, v.u.).

249. Elemento subjetivo: é o dolo. Não há elemento subjetivo específico, nem se pune a forma culposa.

250. Objetos material e jurídico: o objeto material é o trabalho ou o sossego de terceiros. O objeto jurídico é a paz pública.

251. Classificação: é infração comum (pode ser praticada por qualquer pessoa); material (exige-se, para sua configuração, a ocorrência de efetivo incômodo para o trabalho ou sossego de terceiros); de forma vinculada (somente pode ser cometida pelos meios indicados nos incisos I a IV do art. 42); comissiva (os verbos indicam ações), mas, excepcionalmente, na modalidade omissiva, quando o agente não impede o barulho produzido por animal; instantânea (a consumação se dá em momento determinado); unissubjetiva (pode ser cometida por uma só pessoa); plurissubsistente (cometida por mais de um ato), como regra; não admite tentativa, em face do disposto no art. 4.º desta Lei.

Capítulo V
DAS CONTRAVENÇÕES REFERENTES À FÉ PÚBLICA

Recusa de moeda de curso legal

> **Art. 43.** Recusar-se[252-254] a receber pelo seu valor, moeda de curso legal do País:[255-256]
>
> Pena – multa.

252. Análise do núcleo do tipo: *recusar-se* (negar-se, opor-se) a receber (aceitar) moeda (unidade de valor ou dinheiro que serve para transações) de curso legal do País (oficialmente adotada) pelo seu valor (quantia nela estampada). Visa-se, com isso, a proteção da moeda nacional, não se admitindo que comerciantes e pessoas em geral selecionem com qual *dinheiro* pretendem realizar negócios, enfraquecendo a política econômica do governo.

253. Sujeitos ativo e passivo: o sujeito ativo pode ser qualquer pessoa. O sujeito passivo é o Estado.

254. Elemento subjetivo: é o dolo. Não há elemento subjetivo específico, nem se pune a forma culposa.

255. Objetos material e jurídico: o objeto material é a moeda em curso legal do País. O objeto jurídico é a proteção da moeda nacional.

256. Classificação: é infração comum (pode ser praticada por qualquer pessoa); mera conduta (não exige a ocorrência de efetivo prejuízo para o Estado ou para qualquer pessoa); de forma livre (pode ser cometida por qualquer meio eleito pelo agente); comissiva (os verbos indicam ações); instantânea (a consumação se dá em momento determinado); unissubjetiva (pode ser cometida por uma só pessoa); unissubsistente (cometida por um só ato) ou plurissubsistente (cometida por mais de um ato), conforme o caso; não admite tentativa, em face do disposto no art. 4.º desta Lei.

Imitação de moeda para propaganda

> **Art. 44.** Usar,[257-259] como propaganda, de impresso ou objeto que pessoa inexperiente ou rústica possa confundir com moeda:[260-261]
> Pena – multa.

257. Análise do núcleo do tipo: *usar* (empregar, servir-se de algo) impresso (papel que contém algo estampado) ou objeto (qualquer coisa ou peça), como propaganda (difusão de mensagem, anúncio), que possa ser confundido com a moeda (unidade de valor ou dinheiro que serve para transações) em curso legal. A contravenção penal tem por fim evitar que pessoa inexperiente (ingênua, sem preparo) ou rústica (de pouca cultura ou conhecimento) não consiga distinguir entre a autêntica moeda e o papel impresso como propaganda de algo. Com isso, não somente a credibilidade da moeda corre risco, mas a pessoa pode ser lesada no contexto patrimonial.

258. Sujeitos ativo e passivo: o sujeito ativo pode ser qualquer pessoa. O sujeito passivo é o Estado. Secundariamente, a pessoa inexperiente ou rústica que possa ser lesada.

259. Elemento subjetivo: é o dolo. Não há elemento subjetivo específico, nem se pune a forma culposa.

260. Objetos material e jurídico: o objeto material é o impresso ou objeto parecido com moeda. O objetivo jurídico é a fé pública, no aspecto de proteção à moeda nacional.

261. Classificação: é infração comum (pode ser praticada por qualquer pessoa); mera conduta (não exige a ocorrência de efetivo prejuízo para o Estado ou para qualquer pessoa); de forma livre (pode ser cometida por qualquer meio eleito pelo agente); comissiva (o verbo indica ação); instantânea (a consumação se dá em momento determinado); unissubjetiva (pode ser cometida por uma só pessoa); plurissubsistente (cometida por mais de um ato); não admite tentativa, em face do disposto no art. 4.º desta Lei.

Simulação da qualidade de funcionário

> **Art. 45.** Fingir-se[262-264] funcionário público:[265-267]
> Pena – prisão simples, de 1 (um) a 3 (três) meses, ou multa.

262. Análise do núcleo do tipo: *fingir-se* (simular algo) funcionário público (aquele que exerce, embora transitoriamente ou sem remuneração, cargo, emprego ou função pública). A meta da contravenção penal é impedir que pessoas aparentem ser servidor público, quando, na verdade, não são. O prejuízo volta-se à fé pública. Se uma pessoa simula ser policial, embora não obtenha vantagem direta com tal atitude, é possível que, no futuro, alguém, acreditando nessa condição, busque sua ajuda, não encontrando o amparo desejado. Na jurisprudência: TJSP: "Violação de domicílio, extorsão, falsa identidade e contravenção de fingir-se funcionário público. (...) Paciente que teria entrado e permanecido em casa de vizinhos estrangeiros em situação irregular, passando-se por policial civil e, mediante grave ameaça de deportá-los, teria constrangido duas vítimas, sob ameaça de porte de estar armado, a entregarem-lhe a quantia de R$ 2.000,00 (dois mil reais). Elementos concretos indicativos de que a soltura do paciente colocará em risco a integridade física e psíquica das vítimas, em detrimento da ordem pública e instrução criminal, ainda mais que ofendidos e paciente moram próximos e o paciente teria insistido na falsa identificação também em solo policial" (2350201-83.2023.8.26.0000, 15.ª Câmara de Direito Criminal, rel. Gilda Alves Barbosa Diodatti, 11.03.2024, v.u.).

263. Sujeitos ativo e passivo: o sujeito ativo pode ser qualquer pessoa. O sujeito passivo é o Estado.

264. Elemento subjetivo: é o dolo. Não há elemento subjetivo específico, nem se pune a forma culposa.

265. Objetos material e jurídico: o objeto material é o cargo, emprego ou função pública. O objeto jurídico é fé pública.

266. Classificação: é infração comum (pode ser praticada por qualquer pessoa); mera conduta (não exige a ocorrência de efetivo prejuízo para o Estado ou para qualquer pessoa); de forma livre (pode ser cometida por qualquer meio eleito pelo agente); comissiva (o verbo indica ação); instantânea (a consumação se dá em momento determinado); unissubjetiva (pode ser cometida por uma só pessoa); plurissubsistente (cometida por mais de um ato); não admite tentativa, em face do disposto no art. 4.º desta Lei.

267. Confronto com outros crimes: se alguém entra no exercício de função pública ou continua a exercê-la, desrespeitando as formalidades legais, constitui o crime previsto no art. 324 do Código Penal, que absorve a contravenção do art. 45. O mesmo se dá em relação ao disposto no art. 328 do Código Penal, que cuida da usurpação da função pública. Alguém atua como funcionário público sem apresentar, legalmente, tal condição. O crime absorve a contravenção.

Uso ilegítimo de uniforme ou distintivo

> **Art. 46.** Usar,[268-270] publicamente, de uniforme, ou distintivo de função pública que não exercer; usar, indevidamente, de sinal, distintivo ou denominação cujo emprego seja regulado por lei.[271-272]
> Pena – multa, se o fato não constitui infração penal mais grave.[273]

268. Análise do núcleo do tipo: *usar* (trajar, servir-se de algo) uniforme (farda ou vestuário-modelo oficial) ou distintivo (insígnia) de função pública que não exerça é uma das condutas típicas. Neste caso, exige-se que a utilização se faça em público. Em eventos particulares (ex.: festa a fantasia) não se configura a infração. A outra é *usar* (ostentar, valer-se de algo) sinal (símbolo ou representação gráfica), distintivo (insígnia) ou denominação (nome) de emprego (lugar onde se exerce trabalho) regulado por lei. Demanda-se que a utilização ocorra *indevidamente*, vale dizer, sem autorização para tanto. Busca-se proteger a fé pública, para que pessoas não acreditem que estão diante de servidor público, quando, na verdade, há um embuste. Na jurisprudência: TJDFT: "A simples falta de indicação do órgão público a que se vincula o pretenso distintivo não constitui elementar do delito previsto no art. 46 da Lei de Contravenções Penais. (...) Os autos demonstram que o autor do fato mostrou um distintivo, se identificando como policial, embora não o seja, e determinou à vítima, menor, que entrasse no seu veículo, no que não foi atendido" (APJ 20150310190840 – DFT, 1.ª Turma Recursal, rel. Aiston Henrique de Sousa, j. 16.02.2017, v.u.). TJRJ: "I – Uso ilegítimo de uniforme da Polícia Militar e da Marinha do Brasil. Tipo previsto no artigo 46 do Decreto-lei n.º 3.688/41, que traz como elementar o uso, em público, do uniforme ou distintivo. Fato sequer narrado concretamente na exordial acusatória. Vestimentas encontradas na casa e no veículo do apelante. Absolvição que se impõe" (Ap. 0027047-20.2014.8.19.0206 – RJ, 2.ª Câmara Criminal, rel. Rosa Helena Penna Macedo Guita, j. 19.07.2016, v.u.).

269. Sujeitos ativo e passivo: o sujeito ativo pode ser qualquer pessoa. O sujeito passivo é o Estado.

270. Elemento subjetivo: é o dolo. Não há elemento subjetivo específico, nem se pune a forma culposa. Entendemos que o *animus jocandi* (vontade de efetuar uma brincadeira) exclui o dolo, consequentemente, a contravenção.

271. Objetos material e jurídico: o objeto material é o uniforme, distintivo, sinal ou denominação de emprego regulado por lei. O objeto jurídico é a fé pública.

272. Classificação: é infração comum (pode ser praticada por qualquer pessoa); mera conduta (não exige a ocorrência de efetivo prejuízo para o Estado ou para qualquer pessoa); de forma livre (pode ser cometida por qualquer meio eleito pelo agente); comissiva (os verbos indicam ações); instantânea (a consumação se dá em momento determinado); unissubjetiva (pode ser cometida por uma só pessoa); plurissubsistente (cometida por mais de um ato); não admite tentativa, em face do disposto no art. 4.º desta Lei.

273. Infração subsidiária: pode o fato constituir delito mais grave, como a usurpação de função pública (art. 328 do Código Penal). Assim ocorrendo, prevalece a infração penal principal, restando prejudicada a contravenção penal.

Capítulo VI
DAS CONTRAVENÇÕES RELATIVAS À ORGANIZAÇÃO DO TRABALHO

Exercício ilegal de profissão ou atividade

> **Art. 47.** Exercer[274-276] profissão ou atividade econômica ou anunciar que a exerce, sem preencher as condições a que por lei está subordinado o seu exercício:[277-279]
> Pena – prisão simples, de 15 (quinze) dias a 3 (três) meses, ou multa.

274. Análise do núcleo do tipo: *exercer* (desempenhar habitualmente) profissão (atividade especializada, regulamentada pelo Estado) ou atividade econômica (qualquer meio de vida que proporcione renda) ou *anunciar* (divulgar) que a exerce, sem preencher as condições legais. Cuida-se de norma penal em branco, devendo-se conhecer quais são os requisitos estabelecidos em lei para o exercício de profissão ou outra atividade remunerada. Busca-se coibir o abuso de certas pessoas, ludibriando inocentes que acreditam estar diante de profissionais habilitados, quando, na realidade, trata-se de uma simulação de atividade laborativa especializada. O tipo penal é mal redigido e não guarda coerência. A primeira conduta (exercer) exige habitualidade (somente se pune o conjunto dos atos praticados pelo agente, demonstrativos de um estilo de vida inadequado), mas a segunda configura crime instantâneo, bastando anunciar o exercício de atividade. Na jurisprudência: STJ: "A conduta do agente que exerce atividades de corretagem de imóveis após o cancelamento de sua inscrição no CRECI, por inadimplência das anuidades devidas, se amolda à contravenção penal prevista no art. 47 do Decreto-lei 3.688/1941, haja vista que permaneceu clandestinamente na profissão regulamentada, exercendo-a sem o preenchimento de condição legal a que está subordinado o seu exercício, qual seja, inscrição perante o órgão de fiscalização profissional" (CC 104924 – MG, rel. Jorge Mussi, j. 24.03.2010, v.u.). TRF-1: "A intermediação de transações imobiliárias, sem o devido registro no CRECI, ou o anúncio/divulgação desse serviço sem a menção do número de inscrição CRECI, configura-se contravenção penal prevista no artigo 47 da Lei 3.688/41 – Lei das Contravenções Penais" (Apelação 0026345-06.2008.4.01.3800, 7.ª T., rel. Ângela Catão, j. 08.05.2018).

275. Sujeitos ativo e passivo: o sujeito ativo pode ser qualquer pessoa. O sujeito passivo é o Estado.

276. Elemento subjetivo: é o dolo. Não há elemento subjetivo específico, nem se pune a forma culposa.

277. Objetos material e jurídico: o objeto material é a profissão ou atividade exercida ou anunciada. O objeto jurídico é a proteção à organização do trabalho pelo Estado.

278. Classificação: é infração comum (pode ser praticada por qualquer pessoa); mera conduta (não exige a ocorrência de efetivo prejuízo para o Estado ou para qualquer pessoa); de forma livre (pode ser cometida por qualquer meio eleito pelo agente); comissiva (os verbos indicam ações); instantânea (a consumação se dá em momento determinado) na modalidade *anunciar*, mas habitual na forma *exercer*; unissubjetiva (pode ser cometida por uma só pessoa); plurissubsistente (cometida por mais de um ato); não admite tentativa, em face do disposto no art. 4.º desta Lei.

279. Confronto com o art. 282 do Código Penal: quando o exercício ilegal de profissão se referir à medicina, odontologia ou farmácia, cuida-se de crime, pois em jogo está interesse maior, que é a saúde pública. Para as demais profissões, aplica-se a contravenção do art. 47.

Exercício ilegal do comércio de coisas antigas e obras de arte

> **Art. 48.** Exercer,[280-282] sem observância das prescrições legais, comércio de antiguidades, de obras de arte, ou de manuscritos e livros antigos ou raros:[283-284]
> Pena – prisão simples, de 1 (um) a 6 (seis) meses, ou multa.

280. Análise do núcleo do tipo: *exercer* (desempenhar com habitualidade) o comércio (compra e venda) de antiguidades (objetos antigos e raros), obras de arte (trabalhos produzidos com extremo bom gosto e qualidade) ou manuscritos (documentos escritos a mão) e livros antigos ou raros, sem obedecer às prescrições estabelecidas em lei. Esse é o conteúdo da contravenção, cuja finalidade é controlar o comércio desse material precioso à História Nacional, bem como para evitar engodos aos compradores em geral. Cuida-se de norma penal em branco. Deve-se buscar conhecer o conteúdo das normas disciplinadoras do comércio desses objetos para que se possa aplicar, corretamente, a contravenção. Exemplo desse controle da atividade pode ser encontrado no Decreto-lei 25/37: "art. 26. Os negociantes de antiguidades, de obras de arte de qualquer natureza, de manuscritos e livros antigos ou raros são obrigados a um registro especial no Serviço do Patrimônio Histórico e Artístico Nacional, cumprindo-lhes, outrossim, apresentar semestralmente ao mesmo relações completas das coisas históricas e artísticas que possuírem"; "art. 27. Sempre que os agentes de leilões tiverem de vender objetos de natureza idênticas à dos mencionados no artigo anterior, deverão apresentar a respectiva relação ao órgão competente do Serviço do Patrimônio Histórico e Artístico Nacional, sob pena de incidirem na multa de 50% (cinquenta por cento) sobre o valor dos objetos vendidos"; "art.

28. Nenhum objeto de natureza idêntica à dos referidos no art. 26 desta Lei poderá ser posto à venda pelos comerciantes ou agentes de leilões, sem que tenha sido previamente autenticado pelo Serviço do Patrimônio Histórico e Artístico Nacional, ou por perito em que o mesmo se louvar, sob pena de multa de 50% (cinquenta por cento) sobre o valor atribuído ao objeto. Parágrafo único. A autenticação do mencionado objeto será feita mediante o pagamento de uma taxa de peritagem de 5% (cinco por cento) sobre o valor da coisa, se este for inferior ou equivalente a um conto de réis, e de mais cinco mil réis por conto de réis ou fração que exceder".

281. Sujeitos ativo e passivo: o sujeito ativo pode ser qualquer pessoa. O sujeito passivo é o Estado.

282. Elemento subjetivo: é o dolo. Não há elemento subjetivo específico, nem se pune a forma culposa.

283. Objetos material e jurídico: o objeto material pode ser antiguidade, obra de arte, manuscrito ou livro antigo ou raro. O objeto jurídico é a organização do trabalho pelo Estado nesse contexto.

284. Classificação: é infração comum (pode ser praticada por qualquer pessoa); mera conduta (não exige a ocorrência de efetivo prejuízo para o Estado ou para qualquer pessoa); de forma livre (pode ser cometida por qualquer meio eleito pelo agente); comissiva (o verbo indica ação); habitual (somente são punidos os reiterados atos de comércio, constitutivos de um estilo de vida inadequado); unissubjetiva (pode ser cometida por uma só pessoa); plurissubsistente (cometida por mais de um ato); não admite tentativa, em face do disposto no art. 4.º desta Lei.

Matrícula ou escrituração de indústria e profissão

Art. 49. Infringir[285-287] determinação legal relativa à matrícula ou à escrituração de indústria, de comércio, ou de outra atividade:[288-289]
Pena – multa.

285. Análise do núcleo do tipo: *infringir* (violar, transgredir) determinação legal (comando normativo) em relação à matrícula (inscrição em registros oficiais) ou à escrituração (mantença de livros e registros de atividades) de indústria (atividade de produção de mercadoria), de comércio (atividade de compra e venda de produtos) ou outra atividade. Cuida-se de norma penal em branco. É preciso tomar conhecimento de quais industriais e comerciantes precisam de matrícula e escrituração para atuar. Busca-se tutelar a organização do trabalho e a fiscalização dessas atividades pelo Estado.

286. Sujeitos ativo e passivo: o sujeito ativo é a pessoa encarregada, por determinação legal, a proceder à matrícula ou à escrituração. O sujeito passivo é o Estado.

287. Elemento subjetivo: é o dolo. Não há elemento subjetivo específico, nem se pune a forma culposa.

288. Objetos material e jurídico: o objeto material pode ser a matrícula ou a escrituração. O objeto jurídico é a organização do trabalho.

289. Classificação: é infração própria (só pode ser praticada por pessoa qualificada); mera conduta (não exige a ocorrência de efetivo prejuízo para o Estado ou para qualquer pessoa); de forma vinculada (só pode ser cometida pelos mecanismos fixados em lei para a matrícula ou escrituração); comissiva (o verbo indica ação); instantânea (a consumação se dá em momento determinado); unissubjetiva (pode ser cometida por uma só pessoa); plurissubsistente (cometida por mais de um ato); não admite tentativa, em face do disposto no art. 4.º desta Lei.

Capítulo VII
DAS CONTRAVENÇÕES RELATIVAS À POLÍCIA DE COSTUMES

Jogo de azar[290]

> **Art. 50.** Estabelecer ou explorar[291-293] jogo de azar em lugar público ou acessível ao público, mediante o pagamento de entrada ou sem ele:[294-299]
>
> Pena – prisão simples, de 3 (três) meses a 1 (um) ano, e multa, estendendo-se os efeitos da condenação à perda dos móveis e objetos de decoração do local.[300]
>
> § 1.º A pena é aumentada de 1/3 (um terço), se existe entre os empregados ou participa do jogo pessoa menor de 18 (dezoito) anos.[301]
>
> § 2.º Incorre na pena de multa, de R$ 2.000,00 (dois mil reais) a R$ 200.000,00 (duzentos mil reais), quem é encontrado a participar do jogo, ainda que pela internet ou por qualquer outro meio de comunicação, como ponteiro ou apostador.[302]
>
> § 3.º Consideram-se jogos de azar:[303]
>
> *a)* o jogo em que o ganho e a perda dependam exclusiva ou principalmente da sorte;
>
> *b)* as apostas sobre corrida de cavalos fora de hipódromo ou de local onde sejam autorizadas;[304]
>
> *c)* as apostas sobre qualquer outra competição esportiva.
>
> § 4.º Equiparam-se, para os efeitos penais, a lugar acessível ao público:[305]
>
> *a)* a casa particular em que se realizam jogos de azar, quando deles habitualmente participam pessoas que não sejam da família de quem a ocupa;[306]
>
> *b)* o hotel ou casa de habitação coletiva, a cujos hóspedes e moradores se proporciona jogos de azar;[307]
>
> *c)* a sede ou dependência de sociedade ou associação, em que se realiza jogo de azar;[308]
>
> *d)* o estabelecimento destinado à exploração de jogo de azar, ainda que se dissimule esse destino.[309]

290. Desnecessidade da contravenção: não há mais sentido em se manter vigente a contravenção do art. 50 desta Lei por variadas razões. Em primeiro plano, invocando o princípio da intervenção mínima, não há fundamento para o Estado interferir, valendo-se do Direito Penal, na vida privada do cidadão que deseja aventurar-se em jogos de azar. O correto seria regularizar e legalizar os jogos, afinal, inúmeros são aqueles patrocinados pelo próprio Estado, como loterias em geral. Em segundo lugar, havendo a previsão da contravenção e inexistindo, ao mesmo tempo, punição efetiva a todos aqueles que exploram esse tipo de jogo – e são vários – não há eficiência para o Direito Penal, que somente se desmoraliza, gerando o malfadado sentimento de impunidade. Parece-nos, pois, dispensável esta infração penal, que se realiza, muitas vezes, na via pública, à luz do dia, na frente de fóruns e delegacias de polícia, sem qualquer providência eficaz do Estado.

291. Análise do núcleo do tipo: *estabelecer* (criar, instituir) ou *explorar* (tirar proveito ou lucro) são as condutas, cujo objeto é o denominado *jogo de azar* (atividade regrada para o fim de garantir ganhos ou perdas, embora calcada no elemento *sorte*). No caso do *caput*, exige-se que o jogo se faça em lugar público (local de livre acesso da população) ou acessível ao público (embora seja lugar de propriedade privada, está aberto ao acesso de quem quiser), com o pagamento de entrada ou de forma gratuita. Na jurisprudência: TJSP: "Apelação Criminal – Jogo de azar (art. 50, 'caput', da Lei das Contravenções Penais) – Recurso defensivo visando à absolvição do sentenciado por insuficiência probatória ou, ainda, por suposta atipicidade da conduta – Alegação de que o fato de as máquinas caça-níquel apreendidas no estabelecimento do réu estarem desligadas e sem dinheiro em seu interior torna a conduta atípica – Autoria, dolo e materialidade bem demonstrados – Sentenciado que confessou a imputação em juízo – Contravenção penal do art. 50 do Decreto-lei n.º 3.688/41 que se aperfeiçoa com a mera exposição do jogo de azar ao público – Recurso desprovido" (Apelação Criminal 0009533-53.2015.8.26.0229, 7.ª Câmara de Direito Criminal, rel. Otavio Rocha, 31.12.2020, v.u.); "Apelação. Violação de direito autoral e exploração de jogo de azar. Recurso defensivo. Possibilidade de absolvição quanto à contravenção penal prevista no artigo 50 do Decreto-lei n. 3.688/1941. Ausência de comprovação de que o local onde foram encontradas as máquinas caça-níqueis era acessível ao público. Manutenção da condenação pelo crime de violação de direito autoral. Materialidade e autoria comprovadas. Apreensão de mídias piratas que eram expostas à venda no estabelecimento comercial do acusado. Constatação da contrafação em laudo regular. Adequação social. Tolerância social que não tem o condão de revogar tipo penal. Dosimetria da pena e regime para o seu cumprimento que não comportam reparos. Substituição da pena privativa de liberdade por duas restritivas de direitos mantida nos termos da r. sentença. Recurso parcialmente provido" (Apelação 0000694-60.2013.8.26.0471, 16.ª Câmara, rel. Leme Garcia, 27.06.2017).

292. Sujeitos ativo e passivo: o sujeito ativo pode ser qualquer pessoa. O sujeito passivo é a sociedade. Não é o Estado, pois este não é o titular do bem jurídico: *bons costumes*. Além disso, não se está protegendo qualquer interesse tributário ou de arrecadação, que seria pertinente à atividade estatal.

293. Elemento subjetivo: é o dolo. Não há elemento subjetivo específico, nem se pune a forma culposa.

294. Objetos material e jurídico: o objeto material é o jogo de azar. O objeto jurídico são os bons costumes. A ideia, ainda prevalente, é manter as pessoas afastadas desse tipo de jogo, que não depende de habilidade para ganhar (por exemplo, os jogos esportivos), mas de mera sorte. Essa situação pode levar à perda patrimonial, ao vício e aos desmandos de toda ordem. Porém, como já expusemos, seria preciso que o Estado desse o exemplo: ou proíbe todo e qualquer jogo de azar e fiscaliza com eficiência ou regulariza e controla o acesso às salas de jogos. Por ora, não faz nem uma coisa nem outra.

295. Classificação: é infração comum (pode ser praticada por qualquer pessoa); mera conduta (não exige a ocorrência de efetivo prejuízo para a sociedade ou para qualquer pessoa); de forma livre (pode ser cometida por qualquer meio eleito pelo agente); comissiva (os verbos indicam ações); instantânea (a consumação se dá em momento determinado), na forma *estabelecer*, mas permanente (a consumação se arrasta no tempo) no formato *explorar*; unissubjetiva (pode ser cometida por uma só pessoa); plurissubsistente (cometida por mais de um ato); não admite tentativa, em face do disposto no art. 4.º desta Lei.

296. Aplicação do princípio da adequação social: inúmeros jogos de azar contam, atualmente, com a aceitação consensual da sociedade, motivo pelo qual não podem ser considerados ofensivos aos *bons costumes*. Passam a constituir fatos atípicos. Exemplos: a) jogos de azar, como bingos, patrocinados por entidades de caridade, com o único intuito de arrecadar fundos para a mantença de instituições filantrópicas de amparo a pessoas carentes (crianças, idosos, doentes etc.), que o Estado não dá conta de sustentar; b) os denominados *bolões*, que são apostas feitas em relação a competições esportivas (como jogos de futebol), por particulares, de ampla aceitação e realizadas em inúmeras empresas e até mesmo em repartições públicas (seria a figura do art. 50, § 3.º, c, desta Lei).

297. Princípio da insignificância: há também de ser aplicado, no contexto da contravenção, esse princípio, pois existem apostas ou jogos de azar envolvendo um número ínfimo de jogadores, realizado esporadicamente, cuidando de pouco dinheiro, ainda que em local público ou acessível ao público. Não há sentido algum em se punir essa conduta. É a *contravenção de bagatela*. Exemplo disso são os jogos variados realizados em botequins por amigos como forma de lazer.

298. Bingo: havia autorização para o estabelecimento e exploração de bingos para o sustento de atividades esportivas, como o futebol (a denominada Lei Pelé – Lei 9.615/98). Porém, não mais subsiste essa licença estatal, revogados que foram os artigos 59 a 81 da Lei 9.615/98, conforme disposto pelo art. 2.º da Lei 9.981/2000. Assim, expiradas as autorizações para as casas de bingo, não mais serão renovadas. Na jurisprudência: TRF-3: "1. Trata-se de ação civil pública ajuizada com o fito de proibir a exploração das atividades de jogos de bingo, videobingo e caça-níqueis. 2. A ação civil pública é o instrumento posto à disposição do Ministério Público e de outros legitimados visando à tutela de interesses difusos e coletivos, tais como o direito dos consumidores atraídos pelos maquinários das casas de jogos de bingo, matéria afeta à ordem administrativa e jurídico-penal, em que prevalece o interesse público. 3. A jurisprudência é pacífica no sentido de que a exploração de jogos de azar, tais como bingo, videobingo e caça-níqueis, revela prática contravencional, portanto ilícita. Precedentes. 4. A exploração de casas de bingo era permitida pela Lei n. 9.615/1998 (Lei Pelé) em todo o território nacional, no entanto não houve a revogação do artigo 50 do Decreto-lei n. 3.688/1941, que considera como contravenção penal, até os dias de hoje, a conduta de explorar os denominados 'jogos de azar', mas tão somente a exclusão de sua ilicitude, por meio da indicação de requisitos expressos para a concessão da autorização, mediante controle do Poder Público. 5. Posteriormente, os artigos 59 a 81 da Lei n. 9.615/1998 – que regulamentavam o bingo desportivo – foram revogados pela Lei 9.981/2000 (Lei Maguito), a partir de 31.12.2001, respeitando-se, porém, as autorizações que estivessem em vigor até a data da sua expiração (art. 2.º). 6. Vê-se, assim, nos termos das normas até então vigentes, que não há qualquer direito à exploração das atividades de bingo, desde 31.12.2001, de modo que as rés, ignorando a proibição legal e as consequências negativas para a sociedade, exerceram tais atividades ilicitamente. 7. É cabível a destruição das máquinas de videobingo apreendidas nestes autos. 8. Apelação desprovida" (Apelação 0005257-83.2006.4.03.6108, 3.ª T., rel. Nelton dos Santos, 21.11.2018).

299. Bingo eletrônico: é considerado, igualmente, jogo de azar.

300. Efeito da condenação: condenado o explorador do jogo de azar, perde ele todos os móveis e objetos de decoração utilizados no lugar onde se dava a atividade contravencional. Seria o equivalente à perda dos instrumentos utilizados para a prática do crime, previsto no art. 91, II, *a*, do Código Penal. Entretanto, no caso da contravenção, o legislador foi além, pois determinou a perda de móveis e objetos de decoração que, pela sua própria natureza, são de uso lícito. No caso do efeito da condenação criminal (art. 91, II, *a*, CP), somente se perde aquilo que constitua *fato ilícito*.

301. Causa de aumento de pena: a proteção ao menor de 18 anos, ainda considerado incapacitado para o integral entendimento acerca dos seus atos, é salutar. Durante a época do amadurecimento, não é de se admitir que crianças e adolescentes participem de jogos de azar.

302. Figura privilegiada: dispensa-se a pena de prisão, impondo-se somente multa, àqueles que tomam parte no jogo como apostadores ou ponteiros (os que marcam as apostas feitas). Seria uma participação de menor importância, motivo pelo qual a aplicação de pena reduzida. Mesmo assim, a Lei 13.155/2015 alterou a redação deste dispositivo para fixar quantias definidas de multa, fugindo ao critério do dia-multa. Estipulou-se uma variação de R$ 2.000,00 a R$ 200.000,00, que, em época de inflação, poderá ter seus valores corroídos. Por enquanto, deve o julgador estabelecer o montante adequado e compatível à capacidade econômico-financeira do apostador ou ponteiro. Sob outro ponto de vista, o avanço tecnológico traz a viabilidade de jogos de azar praticados pela internet (ou outros meios eletrônicos). Diante disso, busca-se envolver também esses apostadores no tipo penal do jogo de azar. O ponto essencial será descobrir e amealhar provas seguras da participação dos apostadores pela rede mundial de computadores, algo que depende de equipamento sofisticado para a polícia judiciária.

303. Norma penal explicativa: enumera o § 3.º quais são as situações consideradas como *jogos de azar*, de modo a não pender dúvida sobre a expressão utilizada no *caput*.

304. Norma penal em branco: embora faça parte da explicação do que vem a ser *jogo de azar*, há uma parte em branco, vale dizer, para a completa inteligência da lei é preciso consultar a Lei 7.291/84, que disciplina a ocorrência de corridas de cavalo.

305. Norma penal explicativa: outro ponto da norma que busca esclarecer as expressões utilizadas no *caput* é o disposto no § 4.º deste artigo, indicando o que pode ser considerado *lugar acessível ao público*.

306. Possibilidade de aplicação do princípio da insignificância: como exposto na nota 297 *supra*, é perfeitamente possível que se aplique a este contexto o princípio de que o Direito Penal não se ocupa de bagatelas, devendo a lesão ao bem jurídico tutelado ser efetiva e razoável. Portanto, ainda que, costumeiramente, pessoas se reúnam em casa de família para a prática de jogos de azar (carteado em geral, por exemplo), abrangendo parentes e amigos, com apostas reduzidas e mero caráter de lazer, não há sentido algum em considerar tal situação fato típico. Não fosse assim, seria preciso inaugurar o primeiro *presídio-estádio* do mundo, pois não haveria lugar para tantos infratores condenados por bobagens.

307. Princípio da insignificância: como exposto na nota anterior, é viável aplicar, também neste contexto, a denominada *contravenção de bagatela* se o jogo de azar é praticado, por exemplo, em uma gincana, organizada por um hotel para entreter hóspedes, durante uma semana específica do ano. Não se trata de um *hotel-cassino*, mas de um lugar onde se proporciona diversão, logo, inexiste finalidade lucrativa ou de exploração do jogo de azar.

308. Princípio da insignificância ou da adequação social: dependendo da situação, pode-se aplicar um ou outro dos princípios utilizados como excludentes de tipicidade. Se a sociedade ou associação constituir um clube de lazer que, vez ou outra, entretém seus membros com jogos de azar, envolvendo apostas ínfimas, não se pode dizer tratar-se de fato penalmente relevante. Caso a associação seja beneficente e, para garantir sua sobrevivência, promova algum tipo de jogo de azar (normalmente, cuida-se do bingo), aplica-se a adequação social.

309. Cassino clandestino: esta seria a única hipótese em que o Estado deveria atuar com maior rigor, pois são estabelecimentos destinados exclusivamente à exploração do jogo de azar, sem autorização legal, dissimulando sua finalidade.

Loteria não autorizada[310]

> **Art. 51.** Promover ou fazer extrair loteria, sem autorização legal:
> Pena – prisão simples, 6 (seis) meses a 2 (dois) anos, e multa, estendendo-se os efeitos da condenação à perda dos móveis existentes no local.

> § 1.º Incorre na mesma pena quem guarda, vende ou expõe à venda, tem sob sua guarda, para o fim de venda, introduz ou tenta introduzir na circulação bilhete de loteria não autorizada.
>
> § 2.º Considera-se loteria toda ocupação que, mediante a distribuição de bilhete, listas, cupões, vales, sinais, símbolos ou meios análogos, faz depender de sorteio a obtenção de prêmio em dinheiro ou bens de outra natureza.
>
> § 3.º Não se compreendem na definição do parágrafo anterior os sorteios autorizados na legislação especial.

310. Revogação: o dispositivo está revogado e substituído pelo art. 45 do Decreto-lei 6.259/44.

Loteria estrangeira[311]

> **Art. 52.** Introduzir, no País, para o fim de comércio, bilhete de loteria, rifa ou tômbola estrangeiras:
>
> Pena – prisão simples, de 4 (quatro) meses a 1 (um) ano, e multa.
>
> **Parágrafo único.** Incorre na mesma pena quem vende, expõe a venda, tem sob sua guarda, para o fim de venda, introduz ou tenta introduzir na circulação, bilhete de loteria estrangeira.

311. Revogação: o dispositivo está revogado e substituído pelos arts. 46 e 50 do Decreto-lei 6.259/44.

Loteria estadual[312]

> **Art. 53.** Introduzir, para o fim de comércio, bilhete de loteria estadual em território onde não possa legalmente circular:
>
> Pena – prisão simples, de 2 (dois) a 6 (seis) meses, e multa.
>
> **Parágrafo único.** Incorre na mesma pena quem vende, expõe à venda, tem sob sua guarda, para o fim de venda, introduz ou tenta introduzir na circulação, bilhete de loteria estadual, em território onde não possa legalmente circular.

312. Revogação: o dispositivo está revogado e substituído pelos arts. 46, 48 e 50 do Decreto-lei 6.259/44.

Exibição ou guarda de lista de sorteio[313]

> **Art. 54.** Exibir ou ter sob sua guarda lista de sorteio de loteria estrangeira:
>
> Pena – prisão simples, de 1 (um) a 3 (três) meses, e multa.
>
> **Parágrafo único.** Incorre na mesma pena quem exibe ou tem sob sua guarda lista de sorteio de loteria estadual, em território onde esta não possa legalmente circular.

313. Revogação: dispositivo revogado e substituído pelo art. 49 do Decreto-lei 6.259/44.

Impressão de bilhetes, listas ou anúncios[314]

> **Art. 55.** Imprimir ou executar qualquer serviço de feitura de bilhetes, lista de sorteio, avisos ou cartazes relativos a loteria, em lugar onde ela não possa legalmente circular:
> Pena – prisão simples, de 1 (um) a 6 (seis) meses, e multa.

314. Revogação: dispositivo revogado e substituído pelo art. 51 do Decreto-lei 6.259/44.

Distribuição ou transporte de listas ou avisos[315]

> **Art. 56.** Distribuir ou transportar cartazes, listas de sorteio ou avisos de loteria, onde ela não possa legalmente circular:
> Pena – prisão simples, de 1 (um) a 3 (três) meses, e multa.

315. Revogação: dispositivo revogado e substituído pelo art. 52 do Decreto-lei 6.259/44.

Publicidade de sorteio[316]

> **Art. 57.** Divulgar, por meio de jornal ou outro impresso, de rádio, cinema, ou qualquer outra forma, ainda que disfarçadamente, anúncio, aviso ou resultado de extração de loteria, onde a circulação dos seus bilhetes não seja legal:
> Pena – multa.

316. Revogação: dispositivo revogado e substituído pelos arts. 55, 56 e 57 do Decreto-lei 6.259/44.

Jogo do bicho[317]

> **Art. 58.** Explorar ou realizar a loteria denominada jogo do bicho, ou praticar qualquer ato relativo à sua realização ou exploração:
> Pena – prisão simples, de 4 (quatro) meses a 1 (um) ano, e multa.
> **Parágrafo único.** Incorre na pena de multa aquele que participa da loteria, visando à obtenção de prêmio, para si ou para terceiro.

317. Revogação: dispositivo revogado e substituído pelo art. 58 do Decreto-lei 6.259/44.

Vadiagem[318]

> **Art. 59.** Entregar-se[319-321] alguém habitualmente à ociosidade, sendo válido para o trabalho, sem ter renda que lhe assegure meios bastantes de subsistência, ou prover a própria subsistência mediante ocupação ilícita:[322-323]
> Pena – prisão simples, de 15 (quinze) dias a 3 (três) meses.
> **Parágrafo único.** A aquisição superveniente de renda, que assegure ao condenado meios bastantes de subsistência, extingue a pena.[324]

318. Inconstitucionalidade do dispositivo: não somente pela aplicação do princípio da intervenção mínima, mas, sobretudo, pelo caráter discriminatório da contravenção penal do art. 59, sustentamos a sua inconstitucionalidade. Ser vadio ou ocioso é parte da liberdade de expressão de qualquer ser humano, constituindo, identicamente, manifestação da sua personalidade, quadro pertencente à sua intimidade. O Estado não tem que se imiscuir nessa esfera, sob pena de encarnar o totalitarismo e não a promessa de ser um Estado Democrático de Direito, como consta no art. 1.º, *caput*, da Constituição Federal. Além do mais, o tipo penal consagra a desigualdade social, a pretexto de defender os *bons costumes* (é o título do Capítulo VI). Se alguém se entrega à ociosidade, *tendo renda para prover a subsistência*, é lícito. Ser ocioso, sem possuir tal renda, é infração penal. Por acaso, os seres humanos bem-nascidos, ricos de origem, dedicando-se ao ócio a vida toda, por terem renda proveniente de herança (vulgarmente, os *filhinhos de papai*) dão mostras de ter *bons costumes*? Parece-nos óbvio que não. Por outro lado, os nascidos pobres, sem recursos econômicos, que vivam da caridade alheia, entregando-se ao ócio, tornam-se contraventores. Estes ofenderiam os *bons costumes*; aqueles, não. Se todos são iguais perante a lei, não há de ser a conta bancária como fator de diferenciação entre pessoas. Ociosidade é característica da personalidade, abrangendo ricos e pobres. Não se deve punir nem um nem outro, sob o pretexto de que todo ser humano *deve* trabalhar. Pode-se sustentar não ser moralmente aceitável viver em estado de ociosidade, porém, a partir disso, constituir infração penal há um verdadeiro abismo. Há quem sustente ser o *vadio* um criminoso em potencial. O argumento é simplista: se não tem renda e não trabalha, certamente vai tomar o que pertence aos outros para garantir a subsistência. Confira-se: "Vivendo em ambiente nocivo do baixo mundo, o vadio para subsistir recorre a toda gama de atividades perversas ou imorais, sendo capaz das mais repugnantes formas de aproveitamento em prejuízo das mulheres com as quais convive, ou de sua própria família; manifestando acentuada tendência a delinquir, substitui as ocupações lícitas pelas especulações fraudulentas, comete pequenos furtos e reiteradas chantagens, revelando natural e persistente intolerância a toda disciplina social e moral" (Marcello Jardim Linhares, *Contravenções penais*, v. 2, p. 505). O Direito Penal não pode jamais trabalhar com presunções, mormente as preconceituosas, sob pena de falência da ideia de liberdade individual e de igualdade. Não basta a pobreza e o desnivelamento socioeconômico existente em nosso País? Precisamos seguir adiante, criminalizando as condutas daqueles que vivam sem trabalho ou peçam esmolas? Não há sentido nem lógica nessa postura. Por tal razão, do mesmo modo, considerávamos inconstitucional o art. 60 desta Lei, hoje revogado pela Lei 11.983/2009. *Mendigar* (pedir esmola) já é situação, por si só degradante e humilhante. Se alguém a isso se submete deveria obter do Estado amparo e orientação e jamais punição. Não importa o motivo determinante da mendicância, se por ociosidade ou cupidez, nem a forma, pois constitui parte da liberdade de ser e de se expressar de alguém. Por acaso aquele que mendigue por prazer agiria dentro do contexto dos *bons costumes*? Certamente que a sua atitude seria igualmente reprovável, ao menos no campo moral. Porém, essa conduta não se encaixava no art. 60: mendigar por prazer não era infração penal. Em suma, à luz da Constituição Federal de 1988, não se pode aplicar a contravenção do art. 59 nem se podia a prevista no art. 60. Embora negando que o tipo penal do art. 59 fira o princípio da isonomia, Sérgio Mazina Martins também considera inconstitucional a referida contravenção penal: "A questão crucial é: pode uma norma penal fazer do trabalho uma *obrigação* na acepção jurídica da palavra? Aqui está, por antinomia lógica, a inadequação do art. 59 da LCP com o texto da Constituição Federal. Realmente, consagra a Constituição Federal que todos têm *direito* ao trabalho (art. 5.º, XIII e, sobretudo, artigo 6.º, quarta figura). Diante disso, pode-se dizer que, para o texto constitucional, o trabalho é um direito e, portanto, do ponto de vista da lógica jurídica, não pode ser concomitantemente uma *obrigação*: poderá sê-lo do ponto de vista residualmente moral ou, ainda, do ponto de vista contratual, porém jamais uma *obrigação* abstrata como o seriam, por exemplo, as obrigações do respeito à vida ou do respeito à propriedade alheia. Ora, se alguém tem o *direito* de fazer alguma coisa, evidentemente não se pode lhe impor o *dever* de fazer essa mesma coisa. Direito é uma faculdade de seu titular, que pode ou não ser exercida de acordo com a conveniência exclusiva de seu livre arbítrio. Em outras palavras, o que dispõe o texto constitucional é que podemos ou não trabalhar, opção esta que, antes de mais nada, traduz exatamente um exercício de nossa liberdade" (Vadiagem – conceito, p. 246). Comentaremos ambos os dispositivos em respeito às posições em contrário e ilustrando a época histórica em que ainda vivíamos sob a constante intervenção estatal na nossa vida privada.

319. Análise do núcleo do tipo: *entregar-se* (dedicar-se) à ociosidade (preguiça, inatividade, moleza) com habitualidade (frequência, demonstrativa de um estilo de vida). Além disso, o tipo exige que o agente seja *válido para o trabalho* (capaz, apto a desenvolver qualquer atividade laborativa) e *não tenha renda* (dinheiro, remuneração) suficiente para lhe garantir a subsistência (sustento, sobrevivência). A segunda forma é *prover* (abastecer, preencher) a subsistência (sustento) mediante ocupação ilícita (atividade ou serviço contrário à lei). No primeiro aspecto, como já expusemos na nota anterior, parece-nos nitidamente inconstitucional, por afrontar vários princípios: intervenção mínima, liberdade de expressão, igualdade etc. No segundo prisma, cremos inaplicável a contravenção. Se a ocupação é ilícita, possivelmente, estamos diante de atitude criminosa (ex.: prover a subsistência mediante a prática de furtos). Pune-se por furto e não pela vadiagem (aliás, quem subtrai coisa alheia móvel com regularidade nem mesmo ocioso pode ser considerado, pois não se entrega à moleza). Não sendo assim, de que ilícito se fala? Qual atividade é legalmente proibida, mas não é infração penal? Mencionando o tipo penal o termo *ilícito*, não se pode transportar o cenário para o campo moral. Note-se, por exemplo, que a prostituição pode ser considerada atividade imoral, mas não há lei alguma proibindo-a e considerando-a ocupação *ilícita*. Não se pode, pois, prender prostitutas(os) sob o argumento de serem vadias(os). Nesse sentido, até mesmo os autores que sustentam a viabilidade de aplicação da contravenção de vadiagem: "embora constitua meio de subsistência imoral, a prostituição não é meio ilícito e por isso não se condena a meretriz por vadiagem" (Marcello Jardim Linhares, *Contravenções penais*, v. 2, p. 505). Aliás, se assim fosse feito, caminhar-se-ia na contramão do que buscam fazer os países considerados avançados em matéria de proteção aos direitos humanos. A prostituição está legalizada em vários países do mundo, permitindo, inclusive, os benefícios da Previdência Social (ex.: Alemanha, Holanda, Austrália). Por outro lado, se conferirmos ao termo *ilícito* uma interpretação extensiva, abrangendo todas as condutas contrárias à moral e aos bons costumes, ingressaríamos em outra lesão imperdoável: o princípio da taxatividade. Não pode ficar ao alvedrio do operador do Direito, segundo sua formação moral e seus valores pessoais, prender ou não prender, processar ou não, quem bem entenda.

320. Sujeitos ativo e passivo: o sujeito ativo pode ser qualquer pessoa, desde que válida para o trabalho e pobre (quem tem renda está excluído do contexto), na primeira parte do tipo, bem como qualquer pessoa, sem pré-requisitos, na segunda. O sujeito passivo é a sociedade. O Estado não é o titular do bem jurídico pretensamente tutelado, ou seja, os bons costumes.

321. Elemento subjetivo: é o dolo. Não há elemento subjetivo específico, nem se pune a forma culposa.

322. Objetos material e jurídico: o objeto material são os *bons costumes*. O objeto jurídico é o mesmo.

323. Classificação: é infração própria, na primeira figura (o sujeito precisa ser válido para o trabalho e não ter renda suficiente) e comum na segunda parte (pode ser praticada por qualquer pessoa); mera conduta (não exige a ocorrência de efetivo prejuízo para a sociedade ou para qualquer pessoa); de forma livre (pode ser cometida por qualquer meio eleito pelo agente); comissiva (os verbos indicam ações); habitual (pune-se o conjunto de atos, formando um estilo de vida inadequado); unissubjetiva (pode ser cometida por uma só pessoa); plurissubsistente (cometida por mais de um ato); não admite tentativa, em face do disposto no art. 4.º desta Lei e também por ser infração habitual.

324. Causa de extinção da punibilidade: reitera-se o preconceito social. Se o vadio adquirir renda para prover à própria subsistência, embora continue cultuando o ócio, permite que o juiz julgue extinta a punibilidade. Parece-nos que tal causa se aplica em qualquer fase: pré-processual, processual ou em execução penal.

Mendicância[325]

> **Art. 60.** Mendigar,[326-328] por ociosidade ou cupidez:[329-330]
> Pena – prisão simples, de 15 (quinze) dias a 3 (três) meses.
> **Parágrafo único.** Aumenta-se a pena de 1/6 (um sexto) a 1/3 (um terço), se a contravenção é praticada:
> *a)* de modo vexatório,[331] ameaçador[332] ou fraudulento;[333]
> *b)* mediante simulação de moléstia ou deformidade;[334]
> *c)* em companhia de alienado ou de menor de 18 (dezoito) anos.[335]

325. Inconstitucionalidade do dispositivo e revogação: considerávamos inconstitucional o disposto pelo art. 60, conforme expusemos na nota 318 *supra*. Hoje, o referido art. 60 foi revogado pela Lei 11.983/2009.

326 a 335. Notas excluídas em decorrência da revogação.

Importunação ofensiva ao pudor[336]

> **Art. 61.** Importunar alguém, em lugar público ou acessível ao público, de modo ofensivo ao pudor:
> Pena – multa.

336. Revogação: a Lei 13.718/2018 revogou essa contravenção penal, pois, em seu lugar, criou o tipo incriminador constante do art. 215-A do Código Penal, com a finalidade de tornar mais grave a importunação sexual de alguém. *In verbis*: "Art. 215-A. Praticar contra alguém e sem a sua anuência ato libidinoso com o objetivo de satisfazer a própria lascívia ou a de terceiro: Pena – reclusão, de 1 (um) a 5 (cinco) anos, se o ato não constitui crime mais grave". Por tal razão, eliminamos as notas 337 a 341.

Embriaguez[342]

> **Art. 62.** Apresentar-se[343-345] publicamente em estado de embriaguez, de modo que cause escândalo ou ponha em perigo[346] a segurança própria ou alheia:[347-348]
> Pena – prisão simples, de 15 (quinze) dias a 3 (três) meses, ou multa.

> **Parágrafo único.** Se habitual a embriaguez, o contraventor é internado em casa de custódia e tratamento.[349]

342. Desnecessidade da contravenção: não é compatível com o princípio da intervenção mínima a pretensão de punir a pessoa que se embriaga e, nesse estado, o que não é muito estranho, pois está com a consciência afetada, cause escândalo. Bastaria retirar o sujeito do local, seja público ou privado, levando-o a lugar seguro ou entregando-o a quem possa encaminhá-lo à sua casa. Conforme a situação, cuidando-se de evento público e havendo qualquer recalcitrância do embriagado, pode-se retirá-lo à força, aplicando-se uma multa. Por outro lado, pretender punir aquele que se embriaga porque coloca em risco a própria segurança é o ápice do intervencionismo do Estado. Se não se pune a autolesão, nem a tentativa de suicídio, por que haveríamos de punir o ébrio que atravessa, por exemplo, uma rua movimentada, sem as cautelas devidas, correndo o risco de ser atropelado? A contradição é evidente. Aliás, na essência, a intenção legislativa é clara: somente se pune a embriaguez escandalosa ou perigosa quando ocorrer *em público*. É a vetusta *polícia de costumes*, assumida no título do Capítulo VII desta Lei. Logo, é uma questão de *bons costumes*. Embebedar-se em evento particular, por acaso, é moralmente aceitável? Se for, não é ofensivo aos *bons costumes*, logo, pouco importaria *onde* a embriaguez ocorresse. Caso não seja, o tipo penal é defeituoso, pois olvidou a ebriedade em local privado. Em suma, o que se pretende evidenciar é o Estado policiesco da época da edição da Lei das Contravenções Penais, contrário ao Estado Democrático de Direito, prometido pela Constituição de 1988 (art. 1.º). Se o álcool é droga lícita, vendida em qualquer supermercado, possibilitando o abuso na sua ingestão, logo, a embriaguez, deve-se solucionar o eventual problema causado pelo bêbado de qualquer forma ou por qualquer mecanismo, desde que distante do contexto penal. A menos, é lógico, que, em estado de embriaguez, cometa o agente crime grave. Para isso, no entanto, já se prevê no Código Penal uma responsabilidade penal objetiva (art. 28, II). Consultar as notas 17 e 18 ao art. 28 do nosso *Código Penal comentado*.

343. Análise do núcleo do tipo: *apresentar-se* (mostrar-se, exibir-se), publicamente (em local público ou acessível ao público), em estado de embriaguez (intoxicado pelo uso excessivo de álcool), causando escândalo (alvoroço ou escarcéu). Outra forma é a exibição pública, embriagado, pondo em perigo a segurança própria ou alheia. Cuida-se, nesta última forma, de um *eufemismo* jurídico. Quer-se proteger o bêbado ou a sociedade, ou ambos? Se assim for, pouco interessaria se o lugar é público ou privado. Por outro lado, fugindo à regra, o Direito Penal passa a se preocupar com a segurança do próprio agente? Não vemos lógica em punir o ébrio que, em público, coloca em risco sua própria segurança, mas não se pune, criminalmente, o suicida, que, em público, atenta contra a própria vida. O correto é extinguir a contravenção do art. 62.

344. Sujeitos ativo e passivo: o sujeito ativo pode ser qualquer pessoa. O sujeito passivo é a sociedade e o próprio sujeito ativo. Cuida-se de uma exceção no Direito Penal, punindo-se aquele que coloca em risco sua própria pessoa.

345. Elemento subjetivo: é o dolo. Não há elemento subjetivo específico, nem se pune a forma culposa.

346. Perigo concreto: a primeira parte do tipo penal não exige perigo algum, bastando o bêbado provocar escândalo em público. No entanto, na segunda parte, demanda-se a exposição de perigo da segurança própria ou alheia. Nesse caso, não basta a situação de ebriedade, tornando-se indispensável demonstrar a probabilidade de dano.

347. Objetos material e jurídico: o objeto material é o álcool. O objeto jurídico é constituído tanto dos bons costumes, quanto da integridade física de terceiros e do próprio agente da contravenção.

348. Classificação: é infração comum (pode ser praticada por qualquer pessoa); mera conduta (não exige a ocorrência de efetivo prejuízo para qualquer pessoa); de forma livre (pode ser cometida por qualquer meio eleito pelo agente); comissiva (o verbo indica ação); instantânea (consuma-se em momento determinado no tempo); unissubjetiva (pode ser cometida por uma só pessoa); plurissubsistente (cometida por mais de um ato); não admite tentativa, em face do disposto no art. 4.º desta Lei.

349. Inaplicabilidade do dispositivo: em primeiro lugar, deve-se salientar a impropriedade do termo *habitual*. Quem se embriaga com frequência (habitualmente) não é doente mental e não deve ser internado em lugar algum. Portanto, se o foco do dispositivo era referir-se ao viciado, seria preciso deixar claro que se trata do alcoólatra. Nesse caso, pode ou não ser problema penal. Será da alçada criminal, valendo a aplicação de medida de segurança (art. 26, CP), se, no estado de ebriedade, cometer algum fato delituoso. Não concerne ao campo penal, no entanto, se, considerado alcoólatra, nada faz de prejudicial a terceiro, mas somente consome a si mesmo. Deve ser internado por familiares ou amigos – ou mesmo por atuação do Ministério Público – mas por intervenção judicial extrapenal. Enfim, o parágrafo único do art. 62 não tem aplicação prática atualmente.

Bebidas alcoólicas[350]

> **Art. 63.** Servir[351-353] bebidas alcoólicas:[354-355]
> I – (*Revogado pela Lei 13.106/2015*);[355-A]
> II – a quem se acha em estado de embriaguez;
> III – a pessoa que o agente sabe sofrer das faculdades mentais;
> IV – a pessoa que o agente sabe estar judicialmente proibida de frequentar lugares onde se consome bebida de tal natureza:
> Pena – prisão simples, de 2 (dois) meses a 1 (um) ano, ou multa.

350. Desnecessidade e descrédito da contravenção: se existe algo a corroer as entranhas do Direito Penal eficiente e socialmente assimilado é a impunidade. Logo, não há qualquer sentido em se manter a contravenção do art. 63. Bares, restaurantes e uma infinidade de estabelecimentos públicos similares servem, todos os dias, doses e mais doses de bebidas alcoólicas a quem já está embriagado, por exemplo. O importante, nessas situações, é ter dinheiro para pagar a bebida; o restante é supérfluo. Se fecharmos os olhos à realidade, estamos, na verdade, consagrando o direito penal *teatral*, aquele que simula punir infratores, enquanto estes fingem respeitar a norma estabelecida pelo Estado. Não se quer, com isso, defender a atitude daqueles que contribuem para a embriaguez alheia, mas simplesmente deixar claro que não se trata de um tema da alçada penal. A multa, a interdição do estabelecimento, a cassação da licença, enfim, medidas de ordem administrativa são muito mais eficientes do que entregar à polícia e ao Judiciário o controle da dosagem alcoólica da população.

351. Análise do núcleo do tipo: *servir* (pôr à disposição, oferecer) bebidas alcoólicas a quem se acha embriagado (intoxicado pelo uso excessivo de álcool), a pessoa que sofre das faculdades mentais (alienados mentais em geral) e àqueles que estão judicialmente proibidos de frequentar lugares onde se consome álcool. Este último caso seria ilustrativo da *fictícia* pena de "proibição de frequentar determinados lugares" (art. 47, IV, CP), estabelecendo-se, por exemplo, a *terrível* pena de *proibição de frequentar botequins*. Logo, o dono do boteco, conhecendo esse fato, ao servir a bebida, termina respondendo penalmente pelo fato. Seria eficaz espalhar fotos de condenados criminalmente a não frequentar botequins a todos os donos desses estabelecimentos para que fizessem as vezes da Justiça e fiscalizassem o cumprimento da pena? Não se trata de contravenção a merecer subsistência. Se o dono de um estabelecimento qualquer embebedar quem é menor, alienado mental, está embriagado ou não pode ali estar, deve sofrer sanção na órbita administrativa. Não se trata, na essência, de problema penal.

352. Sujeitos ativo e passivo: o sujeito ativo deve ser proprietário de estabelecimento público, onde se serve bebida alcoólica. Cuida-se de norma penal, cujo bem jurídico tutelado são os bons costumes, esforçando-se o legislador para, neste Capítulo, deixar claro ser o local *público* o palco das condutas puníveis. Ora, é mais que razoável supor aplicar-se o art. 63 a quem sirva, como atividade comercial, bebida alcoólica a terceiros, em *lugar público*. Vê-se algum sentido em *invadir* a polícia uma festa particular para prender o dono da casa que insiste com relação aos seus convidados para tomarem a *saideira*, embora já estejam embriagados? É lógico que, cuidando-se de *polícia dos costumes*, somente teria sentido concentrar o foco da aplicabilidade da contravenção com relação aos proprietários de lugares públicos, como bares, botequins, restaurantes etc. Do contrário, a invasão da intimidade das pessoas pelo Estado seria nitidamente inconstitucional. O sujeito passivo é a sociedade e também, o embriagado, o alienado mental e aquele que não pode frequentar lugares onde se serve bebida alcoólica. Na jurisprudência: TJMG: "O sujeito ativo da contravenção penal prevista no art. 63, I, do Dec.-lei 3.688/41 deve ser proprietário de estabelecimento público, pois a infração penal em questão visa tutelar o bem jurídico dos bons costumes, de forma que o palco das condutas puníveis é o local público, sob pena de invasão da intimidade pessoal pelo Estado" (AC 1.0377.13.001989-8/001 – MG, 1.ª Câmara Criminal, rel. Flávio Leite, j. 05.07.2016).

353. Elemento subjetivo: é o dolo. Não há elemento subjetivo específico, nem se pune a forma culposa.

354. Objetos material e jurídico: o objeto material é o embriagado, o alienado mental e a pessoa proibida de frequentar lugares onde se serve bebida alcoólica. O objeto jurídico são os bons costumes.

355. Classificação: é infração própria (só pode ser praticada por pessoa que administre estabelecimento adequado para servir bebida alcoólica); mera conduta (não exige a ocorrência de efetivo prejuízo para qualquer pessoa); de forma livre (pode ser cometida por qualquer meio eleito pelo agente); comissiva (o verbo indica ação); instantânea (consuma-se em momento determinado no tempo); unissubjetiva (pode ser cometida por uma só pessoa); unissubsistente (cometida em um único ato) ou plurissubsistente (cometida por mais de um ato), conforme o caso; não admite tentativa, em face do disposto no art. 4.º desta Lei.

355-A. Razão da revogação: a Lei 13.106/2015 incluiu, por inteiro, este dispositivo no art. 243 do Estatuto da Criança e do Adolescente, com severas penalidades (detenção, de 2 a 4 anos, e multa), eliminando, por completo, do campo das contravenções penais, passando ao cenário do crime a conduta de servir bebida alcoólica ao menor de 18 anos.

Crueldade contra animais[356-357]

Art. 64. Tratar animal com crueldade ou submetê-lo a trabalho excessivo:
Pena – prisão simples, de 10 (dez) dias a 1 (um) mês, ou multa.

> § 1.º Na mesma pena incorre aquele que, embora para fins didáticos ou científicos, realiza, em lugar público ou exposto ao público, experiência dolorosa ou cruel em animal vivo.
>
> § 2.º Aplica-se a pena com aumento de metade, se o animal é submetido a trabalho excessivo ou tratado com crueldade, em exibição ou espetáculo público.

356. Sobre a contravenção: há muito, segundo pensamos, seria possível evitar criminalizar condutas relativas a maus-tratos contra animais, bastando providenciar multas elevadas e outras restrições no campo administrativo. No entanto, temos observado o fenômeno inverso: o Legislativo tem tipificado e aumentado penas nesse cenário. Se esta é a voz da sociedade, há de se respeitar.

357. Revogação tácita da contravenção pelo art. 32 da Lei 9.605/98: defendíamos a coexistência de ambos os tipos penais – art. 32, Lei 9.605/98, e 64, Lei das Contravenções Penais, porque o referido art. 32 seria reservado aos animais silvestres, sendo estes, domésticos ou domesticados, nativos ou exóticos. Porém, a jurisprudência pacífica dos tribunais pátrios fez outra leitura: animais silvestres, domésticos, domesticados, nativos ou exóticos, como objetos independentes. Logo, o art. 32 da Lei dos Crimes contra o Meio Ambiente terminou por acolher, igualmente, os animais domésticos (cães, gatos, cavalos etc.). Se isto não nos convencia, havemos de acatar o entendimento legislativo, pois a edição da Lei 14.064/2020, ao cuidar de punição mais rigorosa para cães e gatos (domésticos), inseriu o § 1.º-A ao art. 32 da Lei 9.605/98. Enfim, somos levados a assumir que o art. 32 cuida dos maus-tratos de todos os animais. Deixamos de comentar, então, o revogado art. 64 desta Lei.

Perturbação da tranquilidade

> **Art. 65.** (*Revogado pela Lei 14.132/2021*).[358]

358. Consultar o art. 147-A do Código Penal.

Capítulo VIII
DAS CONTRAVENÇÕES REFERENTES À ADMINISTRAÇÃO PÚBLICA

Omissão de comunicação de crime[359]

> **Art. 66.** Deixar[360-362] de comunicar à autoridade competente:[363-364]
>
> I – crime de ação pública, de que teve conhecimento no exercício de função pública, desde que a ação penal não dependa de representação;
>
> II – crime de ação pública, de que teve conhecimento no exercício da medicina ou de outra profissão sanitária, desde que a ação penal não dependa de representação e a comunicação não exponha o cliente a procedimento criminal:[365]
>
> Pena – multa.

Art. 67

359. Desnecessidade da contravenção: cremos ser perfeitamente viável caracterizar como falta funcional, sujeita às punições administrativas cabíveis, inclusive, se for o caso, com a demissão a bem do serviço público, aquele que deixar de comunicar a quem de direito delito de que teve conhecimento em razão do cargo ou função exercida. A existência da contravenção, pouco utilizada, demonstra o inútil deslocamento da irregular atuação do funcionário para a esfera penal.

360. Análise do núcleo do tipo: *deixar de comunicar* (omitir um informe) à autoridade competente (funcionário ou agente do Estado incumbido, legalmente, de buscar a punição do criminoso, como, por exemplo, o delegado ou o promotor de justiça) crime de ação pública (ação promovida pelo Ministério Público) de que teve ciência no exercício da função pública (inciso I) ou profissão de médico ou sanitarista (inciso II). Exige-se que o delito de ação pública não dependa de representação da vítima (ação pública condicionada), pois, se assim fosse, a comunicação seria inútil. Na verdade, quando o crime é de ação pública condicionada à representação do ofendido torna-se fundamental que este queira mover a máquina estatal para punir o agente do crime. Logo, a comunicação lhe cabe. Nem se menciona, por óbvio, o crime de ação privada, pois a exclusividade para a ação penal é da vítima. A comunicação seria, pois, ineficiente.

361. Sujeitos ativo e passivo: o sujeito ativo é funcionário público ou profissional da medicina ou da área sanitária. O sujeito passivo é o Estado.

362. Elemento subjetivo: é o dolo. Não há elemento subjetivo específico, nem se pune a forma culposa.

363. Objetos material e jurídico: o objeto material é o crime de ação pública ocultado. O objeto jurídico é o regular funcionamento da administração pública. Logo, o titular é o Estado e não a sociedade.

364. Classificação: é infração própria (só pode ser praticada por pessoa qualificada); mera conduta (não exige a ocorrência de efetivo prejuízo para o Estado ou para a sociedade); de forma livre (pode ser cometida por qualquer meio eleito pelo agente); omissiva (os verbos indicam inações); instantânea (consuma-se em momento determinado no tempo); unissubjetiva (pode ser cometida por uma só pessoa); unissubsistente (cometida por um ato); não admite tentativa, em face do disposto no art. 4.º desta Lei, além de ser crime omissivo.

365. Exposição do cliente a procedimento criminal: é preciso considerar o sigilo médico, outro valor consagrado em lei. Não é viável, portanto, que um criminoso, comparecendo ao médico psiquiatra, narrando fatos delituosos que tenha praticado, obrigue o profissional da medicina a denunciá-lo. Inexiste sentido para isso. Lembremos, inclusive, que são proibidas de depor as pessoas que, em razão da profissão, devam guardar segredo do que souberem (art. 207, CPP). Por isso, o médico não está obrigado a comunicar crime cometido por seu paciente.

Inumação ou exumação de cadáver[366]

> **Art. 67.** Inumar ou exumar[367-369] cadáver,[370] com infração das disposições legais:[371-373]
> Pena – prisão simples, de 1 (um) mês a 1 (um) ano, ou multa.

366. Desnecessidade da contravenção: não vemos relevância em punir, criminalmente, aquele que enterra ou desenterra um cadáver, sem respeitar as formalidades legais. É evidente que, se o intuito é ocultar o corpo, há o delito próprio para isso (art. 211, CP). Por outro lado, se a intenção é violar ou profanar sepultura, identicamente, existe o crime (art. 210, CP). No mais, restaria a contravenção do art. 67 para a inumação ou exumação sem respeito às formalidades legais. Seguindo-se a trilha da intervenção mínima, pode-se punir o administrador do cemitério com sanções administrativas.

367. Análise do núcleo do tipo: *inumar* (enterrar) ou *exumar* (desenterrar) cadáver (corpo humano sem vida). A conduta se torna penalmente relevante, em matéria de contravenção penal, se não forem respeitadas as formalidades legais.

368. Sujeitos ativo e passivo: o sujeito ativo pode ser qualquer pessoa, embora, na maior parte das vezes, relacione-se ao administrador do cemitério ou seus empregados. O sujeito passivo é o Estado.

369. Elemento subjetivo: é o dolo. Não há elemento subjetivo específico, nem se pune a forma culposa.

370. Feto: não é considerado *cadáver*. Na lição de Marcello Jardim Linhares: "a questão de saber se aí também se inclui o simples feto, sem o desenvolvimento completo, não deixa de atormentar os intérpretes, mas a opinião dominante, especialmente na Alemanha, é a de que ao feto não se adapta o conceito de cadáver, pois que não representa o indivíduo autônomo e completo, mas apenas uma parte do organismo materno (Crusen, Merkel, Kohler, Fadda e Bensa)" (*Contravenções penais*, v. 2, p. 612).

371. Objetos material e jurídico: o objeto material é o cadáver. O objeto jurídico é a administração pública.

372. Classificação: é infração comum (pode ser praticada por qualquer pessoa); mera conduta (não exige a ocorrência de efetivo prejuízo para o Estado); de forma livre (pode ser cometida por qualquer meio eleito pelo agente); comissiva (os verbos indicam ações); instantânea (consuma-se em momento determinado no tempo); unissubjetiva (pode ser cometida por uma só pessoa); plurissubsistente (praticada em vários atos); não admite tentativa, em face do disposto no art. 4.º desta Lei.

373. Norma penal em branco: é preciso conhecer, em legislação extrapenal, todas as regras para a realização da inumação e da exumação de um corpo, para que se possa aplicar o disposto nesta contravenção. Por exemplo, como preceitua o art. 77, *caput*, da Lei 6.015/73: "Nenhum sepultamento será feito sem certidão do oficial de registro do lugar do falecimento, extraída após a lavratura do assento de óbito, em vista do atestado de médico, se houver no lugar, ou, em caso contrário, de duas pessoas qualificadas que tiverem presenciado ou verificado a morte". Existem outras normas estaduais e municipais – e até mesmo provimentos de Tribunal Estadual – disciplinando as formalidades pertinentes aos sepultamentos e exumações, que também devem ser seguidos.

Recusa de dados sobre a própria identidade ou qualificação[374]

> **Art. 68.** Recusar[375-377] à autoridade, quando por esta justificadamente solicitados ou exigidos, dados ou indicações concernentes à própria identidade, estado, profissão, domicílio e residência:[378-379]
>
> Pena – multa.
>
> **Parágrafo único.** Incorre na pena de prisão simples, de 1 (um) a 6 (seis) meses, e multa, se o fato não constitui infração penal mais grave, quem, nas mesmas circunstâncias, faz declarações inverídicas a respeito de sua identidade pessoal, estado, profissão, domicílio e residência.[380]

374. Desnecessidade da contravenção: quem recusa dados sobre sua própria identidade ou qualificação, agindo com patente má-fé, poderia ser enquadrado em outro tipo penal, como, por exemplo, no delito de desobediência (art. 330, CP). Fora desse contexto, não vemos razão para a existência da contravenção, em função da intervenção mínima que o Direito Penal deve exercer sobre a vida privada de cada um.

375. Análise do núcleo do tipo: *recusar* (negar-se a alguma coisa) à autoridade (funcionário público investido de determinado poder) dados relativos à própria qualificação (elementos individualizadores, como estado civil, profissão, domicílio etc.). A conduta típica volta-se ao poder estatal de exigir do cidadão identificação, vale dizer, saber de quem se trata, para qualquer finalidade (servir como testemunha ou mostrar-se procurado pela polícia). Pensamos que, adotada a exigência de dolo ou culpa, para todas as contravenções, não mais subsiste a prevista no art. 68. Afinal, *desobedecer* a ordem legal do funcionário público para que apresente identificação constitui crime (art. 330, CP) e não mera contravenção penal.

376. Sujeitos ativo e passivo: o sujeito ativo pode ser qualquer pessoa. O sujeito passivo é o Estado.

377. Elemento subjetivo: é o dolo. Não há elemento subjetivo específico, nem se pune a forma culposa.

378. Objetos material e jurídico: o objeto material é a qualificação individual. O objeto jurídico é a administração pública.

379. Classificação: é infração comum (pode ser praticada por qualquer pessoa); mera conduta (não exige a ocorrência de efetivo prejuízo para o Estado); de forma livre (pode ser cometida por qualquer meio eleito pelo agente); omissiva (o verbo indica inação); instantânea (consuma-se em momento determinado no tempo); unissubjetiva (pode ser cometida por uma só pessoa); unissubsistente (praticada em um ato); não admite tentativa, em face do disposto no art. 4.º desta Lei, bem como por ser omissiva.

380. Forma qualificada: a pena passa a ser de prisão, associada à multa, caso as declarações feitas pelo agente sejam inverídicas. Se a infração dissesse respeito unicamente à desobediência, como defendemos, abolindo-se a contravenção, quando o sujeito apresentasse dados *falsos* deveria ser processado pelos crimes de falsidade ideológica, uso de documento falso ou falsa identidade, conforme o caso.

Proibição de atividade remunerada a estrangeiro

> **Art. 69.** (*Revogado pela Lei 6.815/1980.*)

Violação do privilégio postal da União[381]

> **Art. 70.** Praticar qualquer ato que importe violação do monopólio postal da União:
> Pena – Prisão simples, de 3 (três) meses, a 1 (um) ano, ou multa, ou ambas cumulativamente.

381. Revogação: aplica-se o art. 42 da Lei 6.538/78.

DISPOSIÇÕES FINAIS

Art. 71. Ressalvada a legislação especial sobre florestas, caça e pesca, revogam-se as disposições em contrário.

Art. 72. Esta Lei entrará em vigor no dia 1.º de janeiro de 1942.

Rio de Janeiro, 3 de outubro de 1941; 120.º da Independência e 53.º da República.

Getulio Vargas

(*DOU* 13.10.1941)

Crimes Eleitorais

Lei 4.737, de 15 de julho de 1965

Institui o Código Eleitoral.

O Presidente da República:

Faço saber que sanciono a seguinte Lei, aprovada pelo Congresso Nacional, nos termos do art. 4.º, *caput*, do Ato Institucional, de 9 de abril de 1964.

(...)

TÍTULO IV
DISPOSIÇÕES PENAIS[1-2]

Capítulo I
DISPOSIÇÕES PRELIMINARES

Art. 283. Para os efeitos penais são considerados membros e funcionários da Justiça Eleitoral:[3]

I – os magistrados que, mesmo não exercendo funções eleitorais, estejam presidindo Juntas Apuradoras ou se encontrem no exercício de outra função por designação de Tribunal Eleitoral;

II – Os cidadãos que temporariamente integram órgãos da Justiça Eleitoral;

III – Os cidadãos que hajam sido nomeados para as mesas receptoras ou Juntas Apuradoras;

IV – Os funcionários requisitados pela Justiça Eleitoral.

§ 1.º Considera-se funcionário público, para os efeitos penais, além dos indicados no presente artigo, quem, embora transitoriamente ou sem remuneração, exerce cargo, emprego ou função pública.

§ 2.º Equipara-se a funcionário público quem exerce cargo, emprego ou função em entidade paraestatal ou em sociedade de economia mista.

1. Conceitos fundamentais: o Estado Democrático de Direito tem como um dos fundamentos o pluralismo político (art. 1.º, V, CF), que se desdobra, na prática, no exercício do poder emanado do povo, exercido por meio de representantes eleitos ou diretamente (art. 1.º, parágrafo único, CF). Os direitos políticos são regulados pela Constituição Federal e pela Lei 4.737/65. Preceitua o art. 14 da CF que a "soberania popular será exercida pelo sufrágio universal e pelo voto direto e secreto, com valor igual para todos, e, nos termos da lei, mediante: I – plebiscito; II – referendo; III – iniciativa popular. § 1.º O alistamento eleitoral e o voto são: I – obrigatórios para os maiores de dezoito anos; II – facultativos para: a) os analfabetos; b) os maiores de setenta anos; c) os maiores de dezesseis e menores de dezoito anos. § 2.º Não podem alistar-se como eleitores os estrangeiros e, durante o período do serviço militar obrigatório, os conscritos. (...)".

2. Bem jurídico: os crimes eleitorais têm por finalidade tutelar relevante bem jurídico, consistente na regularidade do sufrágio universal, pelo voto direto e secreto, em igualdade de condições para todos. Em jogo, encontra-se, inclusive, a soberania popular. Há, por óbvio, bens secundários, tutelados incidentalmente, como a honra, a administração da justiça eleitoral, dentre outros.

3. Servidor eleitoral: para fins penais, estabelecem-se critérios amplos para abranger todos os servidores públicos que podem responder pelos crimes funcionais tratados nesta Lei. O mesmo se faz no Código Penal, com a previsão inserta no art. 327.

> **Art. 284.** Sempre que este Código não indicar o grau mínimo, entende-se que será ele de quinze dias para a pena de detenção e de um ano para a de reclusão.[4]

4. Pena mínima: a regra dos tipos incriminadores é cominar as penas mínima e máxima para que o julgador individualize as penas. Optou-se, nesta Lei, pela fixação abstrata e genérica do mínimo, em artigo à parte, valendo para todos os tipos incriminadores.

> **Art. 285.** Quando a lei determina a agravação ou atenuação da pena sem mencionar o "quantum", deve o juiz fixá-lo entre um quinto e um terço, guardados os limites da pena cominada ao crime.
>
> **Art. 286.** A pena de multa consiste no pagamento ao Tesouro Nacional, de uma soma de dinheiro, que é fixada em dias-multa. Seu montante é, no mínimo, 1 (um) dia-multa e, no máximo, 300 (trezentos) dias-multa.[5]
>
> § 1.º O montante do dia-multa é fixado segundo o prudente arbítrio do juiz, devendo este ter em conta as condições pessoais e econômicas do condenado, mas não pode ser inferior ao salário-mínimo diário da região, nem superior ao valor de um salário mínimo mensal.
>
> § 2.º A multa pode ser aumentada até o triplo, embora não possa exceder o máximo genérico *caput*, se o juiz considerar que, em virtude da situação econômica do condenado, é ineficaz a cominada, ainda que no máximo, ao crime de que se trate.
>
> **Art. 287.** Aplicam-se aos fatos incriminados nesta lei as regras gerais do Código Penal.
>
> **Art. 288.** Nos crimes eleitorais cometidos por meio da imprensa, do rádio ou da televisão, aplicam-se exclusivamente as normas deste Código e as remissões a outra lei nele contempladas.

5. Critério para a pena de multa: nos termos do Código Penal, a pena de multa também é fixada em dias-multa. Porém, em valores diferenciados: no Código Penal, o mínimo é de 10 dias-multa; nesta Lei, 1 dia-multa; o máximo é de 360 dias-multa no Código Penal; nesta Lei, 300 dias-multa. Quanto aos valores do dia-multa, no Código Penal, varia de 1/30 do salário até cinco vezes o salário; nesta Lei, varia de 1/30 do salário mínimo a um salário. Em ambas as leis, pode-se triplicar o seu valor.

Capítulo II
DOS CRIMES ELEITORAIS[6]

Art. 289. Inscrever-se[7-9] fraudulentamente eleitor:[10-11-A]
Pena – Reclusão até cinco anos e pagamento de cinco a 15 dias-multa.[12]

6. Crimes políticos: são os delitos que lesam ou expõem a perigo de lesão a integridade territorial, a soberania nacional, o regime representativo e democrático, a Federação e o Estado Democrático de Direito. Na essência, os crimes eleitorais não devem ser considerados políticos, tendo em vista que nem todos afetam, diretamente, os interesses fundamentais do Estado, no tocante à sua constituição e organização democrática, como, por exemplo, calúnia, difamação e injúria. Porém, alguns deles, sem dúvida, atentam contra o regime representativo e democrático, *v.g.*, impedimento do exercício do sufrágio. Diante disso, os delitos eleitorais podem ser considerados de natureza eventualmente política. Em ótica similar, Antonio Carlos da Ponte ensina que "os crimes eleitorais puros ou específicos, cujos bens ou interesses são protegidos apenas pela legislação eleitoral, são crimes políticos, pois atingem não só a imagem, mas, por vezes, a própria existência do Estado Democrático de Direito. Já os crimes eleitorais acidentais, cujos bens ou interesses são protegidos na legislação penal comum e na legislação eleitoral, são crimes comuns, de natureza especial, não políticos" (*Crimes eleitorais*, p. 41).

7. Análise do núcleo do tipo: *inscrever* significa assentar o registro de algo; é justamente o que a Justiça Eleitoral necessita para ter o banco de dados indispensáveis de todos os eleitores, legalmente habilitados a votar, afinal, nos termos da Constituição Federal, o voto é obrigatório para os maiores de dezoito anos (art. 14, § 1.º, I). Além disso, há outras faixas facultativas de eleitores: analfabetos, maiores de setenta anos, maiores de dezesseis e menores de dezoito anos (art. 14, § 1.º, II). O objeto da conduta reflexiva *inscrever-se* é a anotação no cadastro da Justiça Eleitoral, tendo por agente o eleitor. O tipo penal espelha norma penal em branco, pois as regras de alistamento são estabelecidas em lei especial, de modo que, para o cometimento do crime, é preciso preenchê-las, conhecendo-as. O complemento do tipo penal do art. 289 é encontrado tanto nesta Lei quanto na Lei 7.444/85. Sob outro aspecto, o termo *fraudulentamente* é essencial à compreensão do tipo incriminador, cuidando-se de elemento normativo, dependente de valoração jurídica. A *fraude* significa logro, engano, artifício, ardil. Portanto, o eleitor se inscreve na Justiça Eleitoral, desrespeitando as regras previstas em lei. Há vários modos de se praticar o delito, inclusive promovendo a inscrição dupla, em local irregular ou sem os requisitos previstos na legislação adequada. Na jurisprudência: TRE-GO: "1. A leitura do art. 289 do Código Eleitoral evidencia que o crime de inscrição fraudulenta de eleitor não demanda nenhuma finalidade eleitoral específica para sua configuração, de modo que, para subsunção da conduta ao tipo penal, basta a vontade consciente do agente para realizar, mediante expediente ardil, transferência ou inscrição eleitoral (dolo genérico). 2. *In casu*, restou evidente que a imputada dolosamente fez uso de documento público falso (cédula de identidade falsa) para efetuar alistamento eleitoral e, com isso, obter um novo título eleitoral em nome de outrem, com a intenção deliberada de fraudar e enganar os serviços da Justiça Eleitoral. 3. Impõe-se a manutenção da condenação da Recorrente. Quanto à dosimetria, todas as circunstâncias foram devidamente analisadas pelo juízo de piso, resultando na aplicação de ambas as penas no mínimo legal, razão pela qual não há reparos a serem feitos no *decisum*. 4. Recurso conhecido e desprovido" (Rec. Crim. Eleit. 06001151420206090033, rel. Ana Cláudia Veloso Magalhães, 22.06.2023, v.u.).

8. Sujeitos ativo e passivo: o sujeito ativo é o potencial eleitor, logo, não pode ser qualquer pessoa. O sujeito passivo é o Estado.

9. Elemento subjetivo do tipo: é o dolo. Em edições anteriores, sustentávamos haver a existência de elemento subjetivo do tipo específico, consistente no ânimo de fraude; porém, refletindo melhor, concluo ser dispensável porque o termo fraudulentamente, que precisa ser envolvido pelo dolo, já consta do tipo. Assim, é suficiente o dolo – ou o dolo genérico. Não há a forma culposa. Na jurisprudência: TSE: "4. A leitura do art. 289 do Código Eleitoral evidencia que o crime de inscrição fraudulenta de eleitor não demanda nenhuma finalidade eleitoral específica para sua configuração, de modo que, para subsunção da conduta ao tipo penal, basta a vontade consciente do agente para realizar, mediante expediente ardil, transferência ou inscrição eleitoral (dolo genérico), tal como reconhecido no acórdão recorrido" (Agravo de Instrumento 3.158, rel. Tarcisio Vieira de Carvalho Neto, 03.10.2019, v.u.).

10. Objetos material e jurídico: o objeto material é o cadastro de eleitores; o objeto jurídico é a regularidade do processo eleitoral, que consagra o sufrágio universal e a democracia pluripartidária.

11. Classificação: trata-se de crime próprio (somente pode ser cometido pelo eleitor), mais precisamente de *mão própria* (apenas pode ser praticado direta e pessoalmente pelo agente); formal (concretiza-se com a prática da conduta, sem exigir resultado naturalístico, consistente no efetivo prejuízo para o sufrágio); de forma livre (pode ser cometido de qualquer modo pelo autor); comissivo (o verbo implica ação); instantâneo (a consumação se dá em momento determinado, não se prolongando no tempo); unissubjetivo (pode ser cometido por uma só pessoa); plurissubsistente (cometido em vários atos); admite tentativa.

11-A. Crime de mão própria: conferir jurisprudência a respeito: TSE: "1. O crime do artigo 289 do Código Eleitoral é qualificado como crime de mão própria, na medida em que somente pode ser praticado pelo eleitor. Assim sendo, não admite a coautoria, mas é possível a participação. Precedente do TSE. 2. A indução à prática da inscrição fraudulenta perfectibiliza o tipo do artigo 290 do Código Eleitoral. Se, porém, há prestação de auxílio material à conduta delitiva, está caracterizada a participação no delito do artigo 289 do Código Eleitoral. 3. Recurso especial desprovido" (Recurso Especial Eleitoral 571.991, rel. Maria Thereza de Assis Moura, j. 03.03.2015).

12. Benefícios penais: a pena mínima é de um ano (art. 284); a máxima indica não se tratar de infração de menor potencial ofensivo. Em caso de condenação, pode-se conceder penas alternativas, se a pena não ultrapassar quatro anos. É viável a suspensão condicional do processo.

Art. 290. Induzir[13-15] alguém a se inscrever eleitor com infração de qualquer dispositivo deste Código.[16-17]

Pena – Reclusão até 2 anos e pagamento de 15 a 30 dias-multa.[18]

13. Análise do núcleo do tipo: *induzir* significa dar a ideia de algo a alguém; o objeto da conduta é a inscrição do eleitor de maneira irregular. Aliás, onde se lê *induzir*, leia-se, também, *instigar* (incentivar ideia já concebida) e *auxiliar* (dar apoio), em interpretação extensiva. Não se menciona, no tipo penal, a fraude como meio para a concretização do delito, razão pela qual a inscrição pode se perfazer, em tese, de qualquer modo indevido. Entretanto, a figura prevista no art. 289 é principal, indicativa da inscrição fraudulenta, enquanto o tipo do art. 290 é acessório, espelhando a participação. Por isso, seria estranho aceitar que o indutor (instigador ou auxiliador) pudesse responder pelo apoio dado a qualquer inscrição irregular se *somente* é crime a inscrição fraudulenta. Desse modo, parece-nos coerente supor que a *participação* em inscrição irregular apenas se configure no contexto da fraude. O art. 290 constitui exceção pluralística à teoria monista, vale dizer, quem executa a inscrição fraudulenta comete o crime do art. 289; quem induz (instiga ou auxilia) responde pelo tipo do art. 290. Trata-se de norma penal em branco, dependendo do conhecimento de legislação específica, estipulando regras para a inscrição. Na jurisprudência: TSE: "O Tribunal foi peremptório na conclusão de que o recorrente, então réu, forneceu endereço para que os eleitores pudessem requerer transferência de domicílio eleitoral e providenciou um veículo para a realização do seu transporte" (Agravo em Recurso Especial Eleitoral 060061604, rel. Sergio Silveira Banhos, 11.05.2022, v.u.); "1. O elemento nuclear do tipo do art. 290 do Código Eleitoral é o verbo 'induzir', que significa fazer nascer a ideia criminosa, *in casu*, de se inscrever fraudulentamente. Conforme já decidido por este Tribunal Superior: 'A conduta daquele que reforça uma ideia preexistente ou que viabiliza meios para que a inscrição fraudulenta ocorra não se insere no art. 290 do Código Eleitoral' (REsp n.º 1987-60/AL, rel. Min. Luiz Fux, *DJe* de 16.3.2017). 2. No caso em comento, contudo, a ação dos agravados consistiu em facilitar a inscrição eleitoral fraudulenta, uma vez que a eleitora já tinha a intenção de fazer seu recadastramento biométrico, mas lhe faltavam meios para comprovar o domicílio eleitoral. 3. O fato de a eleitora residir no próprio município e a impropriedade absoluta do meio de que se valeram os agravados para lograr o recadastramento revelaram, *in casu*, a impossibilidade de se fraudar o cadastro eleitoral. 4. Não havendo potencialidade lesiva ao bem jurídico tutelado, a conduta é atípica, por ausência de tipicidade material. Aplicação do princípio da ofensividade. 5. Alterar a conclusão do Tribunal Regional de que não ocorreu lesão aos bens jurídicos tutelados pelos arts. 290 e 349 do Código Eleitoral e de que o documento falso utilizado não era apto a ludibriar os destinatários demandaria a revisão do contexto fático-probatório, o que é vedado nesta instância superior, a teor da Súmula n.º 24/TSE. 6. Agravo regimental desprovido" (Recurso Especial Eleitoral 324, rel. Tarcisio Vieira de Carvalho Neto, 02.08.2018); "1. A conduta daquele que reforça uma ideia preexistente ou que viabiliza meios para que a inscrição fraudulenta ocorra não se insere no art. 290 do Código Eleitoral. 2. O tipo do art. 290 do Código Eleitoral pressupõe o induzimento do eleitor, ou seja, o fato de o agente, valendo-se da boa-fé, levá-lo à inscrição. Havendo concurso de vontades, não se pode concluir sentido do induzimento (REsp n.º 198/SP, Rel. Min. Marco Aurélio, *DJe* de 31.5.2013) (...)" (AgRg em Recurso Especial 0001987-60.2010.6.02.0033 – DF, rel. Luiz Fux, 14.02.2017, v.u.).

14. Sujeitos ativo e passivo: o sujeito ativo pode ser qualquer pessoa. O sujeito passivo é o Estado.

15. Elemento subjetivo do tipo: é o dolo. Não há elemento subjetivo específico previsto expressamente no tipo; porém, admitindo-se a acessoriedade desta figura à prevista no art. 289, demanda-se a finalidade específica de fraude. Não há a forma culposa.

16. Objetos material e jurídico: o objeto material é a inscrição fraudulenta de eleitor; o objeto jurídico é a regularidade do processo eleitoral, que consagra o sufrágio universal e a democracia pluripartidária.

17. Classificação: trata-se de crime comum (pode ser cometido por qualquer pessoa); formal (concretiza-se com a prática da conduta, sem exigir resultado naturalístico, consistente no efetivo prejuízo para o sufrágio); de forma livre (pode ser cometido de qualquer modo pelo autor); comissivo (o verbo implica ação); unissubjetivo (pode ser cometido por uma só pessoa); plurissubsistente (cometido em vários atos); condicionado à ocorrência da inscrição, de modo que não admite tentativa. A singela indução (dar a ideia a alguém) é inofensiva, sem qualquer potencialidade lesiva ao bem jurídico tutelado; ademais, comprovar que houve indução, sem a inscrição, é extremamente vago, comprometendo a segurança jurídica exigida para a prova da infração penal.

18. Benefícios penais: a pena mínima é de um ano (art. 284); a máxima, de dois anos. É infração de menor potencial ofensivo, admitindo transação.

> **Art. 291.** Efetuar[19-21] o juiz, fraudulentamente, a inscrição de alistando.[22-23]
> Pena – Reclusão até 5 anos e pagamento de cinco a quinze dias-multa.[24]

19. Análise do núcleo do tipo: *efetuar* (realizar; executar) é a conduta principal, que se desdobra na inscrição de alistando-eleitor. É a terceira figura típica, relacionada ao mesmo contexto – inscrição fraudulenta de eleitor. A do art. 289 refere-se ao eleitor, que se alista. A do art. 290, ao partícipe. A do 291, ao juiz eleitoral. Trata-se de outra exceção pluralista à teoria monista.

20. Sujeitos ativo e passivo: o sujeito ativo é somente o juiz eleitoral. O sujeito passivo é o Estado.

21. Elemento subjetivo do tipo: é o dolo. Exige-se o elemento subjetivo específico, consistente no ânimo de fraude. Inexiste a forma culposa.

22. Objetos material e jurídico: o objeto material é a inscrição de alistando; o objeto jurídico é a regularidade do processo eleitoral, que consagra o sufrágio universal e a democracia pluripartidária. Secundariamente, é a dignidade da função pública.

23. Classificação: trata-se de crime próprio (somente pode ser cometido por sujeito qualificado); formal (concretiza-se com a prática da conduta, sem exigir resultado naturalístico, consistente no efetivo prejuízo para o sufrágio); de forma vinculada (a inscrição é procedimento previsto em lei); comissivo (o verbo implica ação); instantâneo (consuma-se em momento determinado no tempo); unissubjetivo (pode ser cometido por uma só pessoa); plurissubsistente (cometido em vários atos); admite tentativa.

24. Benefícios penais: a pena mínima é de um ano; a máxima atinge cinco anos, de modo que não se trata de infração de menor potencial ofensivo. Se a pena fixada não ultrapassar quatro anos, pode-se aplicar pena alternativa. É viável aplicar a suspensão condicional do processo.

> **Art. 292.** Negar ou retardar[25-27] a autoridade judiciária, sem fundamento legal, a inscrição requerida:[28-29]
> Pena – Pagamento de 30 a 60 dias-multa.[30]

25. Análise do núcleo do tipo: *negar* (não admitir, recusar) e *retardar* (atrasar, tornar mais lento) são condutas típicas alternativas, praticadas pelo magistrado competente, tendo por objeto a inscrição de eleitor. Insere-se o elemento normativo do tipo, consistente em *sem fundamento legal*. A expressão diz respeito à ilicitude, pois, certamente, se o juiz negar ou retardar, respeitadas as regras legais, está no estrito cumprimento do dever legal. Porém, inserindo tal expressão, referente à ilicitude, no tipo, a prática judicial cometida dentro da lei é fato atípico. A concretização do delito é de difícil comprovação, pois inexiste prazo expresso para o juiz eleitoral deferir ou indeferir a inscrição, o mesmo se podendo dizer em relação ao retardamento. Por isso, a infração é também de rara configuração.

26. Sujeitos ativo e passivo: o sujeito ativo é a autoridade judiciária. O sujeito passivo é o Estado.

27. Elemento subjetivo do tipo: é o dolo. Não se exige elemento subjetivo específico. Inexiste a forma culposa.

28. Objetos material e jurídico: o objeto material é a inscrição do eleitor. O objeto jurídico é a regularidade do processo eleitoral, que consagra o sufrágio universal e a democracia pluripartidária. Secundariamente, a dignidade da função pública.

29. Classificação: trata-se de crime próprio (somente pode ser cometido por sujeito qualificado); formal (concretiza-se com a prática da conduta, sem exigir resultado naturalístico, consistente no efetivo prejuízo para o sufrágio); de forma livre (pode ser cometido por qualquer meio); comissivo (os verbos implicam ações); instantâneo (consuma-se em momento determinado no tempo); unissubjetivo (pode ser cometido por uma só pessoa); unissubsistente (cometido num único ato) ou plurissubsistente (cometido em vários atos), conforme o caso; admite tentativa na forma plurissubsistente. Noutra visão, Suzana de Camargo Gomes afirma ser inviável a tentativa, pois a conduta do juiz seria cometida num só ato (*Crimes eleitorais*, p. 108).

30. Benefícios penais: é infração penal de menor potencial ofensivo, admitindo transação.

> **Art. 293.** Perturbar ou impedir[31-33] de qualquer forma o alistamento.[34-35]
> Pena – Detenção de 15 dias a seis meses ou pagamento de 30 a 60 dias-multa.[36]

31. Análise do núcleo do tipo: *perturbar* (causar embaraço, atrapalhar) e *impedir* (interromper, colocar obstáculo) são condutas alternativas, cujo objeto é o alistamento de eleitor. Estabelece-se amplitude para a execução por meio da fórmula genérica: *de qualquer forma*. Quanto ao verbo *impedir*, torna-se compreensível tal cenário, mas no tocante a *perturbar*, a largueza da expressão fere a taxatividade e a proporcionalidade, abrangendo condutas de ofensividade mínima. Por isso, nessa parte, inconstitucional. Há quem sustente a inconstitucionalidade integral do art. 293: Luiz Carlos dos Santos Gonçalves, *Crimes eleitorais...*, p. 37.

32. Sujeitos ativo e passivo: o sujeito ativo pode ser qualquer pessoa. O sujeito passivo é o Estado.

33. Elemento subjetivo do tipo: é o dolo. Inexiste elemento subjetivo específico. Não há a forma culposa.

34. Objetos material e jurídico: o objeto material é o alistamento de eleitor. O objeto jurídico é a regularidade do processo eleitoral, que consagra o sufrágio universal e a democracia pluripartidária.

35. Classificação: trata-se de crime comum (pode ser cometido por qualquer pessoa); formal (concretiza-se com a prática da conduta, sem exigir resultado naturalístico, consistente no efetivo prejuízo para o sufrágio); de forma livre (pode ser cometido por qualquer meio);

comissivo (os verbos implicam ações); instantâneo (consuma-se em momento determinado no tempo); unissubjetivo (pode ser cometido por uma só pessoa); plurissubsistente (cometido em vários atos); admite tentativa.

36. Benefícios penais: trata-se de infração de menor potencial ofensivo, admitindo transação.

> **Art. 294.** (*Revogado pela Lei 8.686/1994.*)
> **Art. 295.** Reter[37-39] título eleitoral contra a vontade do eleitor:[40-41]
> Pena – Detenção até dois meses ou pagamento de 30 a 60 dias-multa.[42]

37. Análise do núcleo do tipo: *reter* (guardar em poder; deter; segurar; conservar) é a conduta típica cujo objeto é o título eleitoral. Como regra, é inadmissível a tomada de documento de identificação pessoal de qualquer pessoa. Por isso, o mesmo se dá no tocante ao título de eleitor. Entretanto, a redação do tipo é equívoca. O correto seria estabelecer, como figura incriminadora, a retenção de título *indevidamente*, pouco interessando a *vontade do eleitor*. O crime previsto no art. 91, parágrafo único, da Lei 9.504/97 ("A retenção de título eleitoral ou do comprovante de alistamento eleitoral constitui crime, punível com detenção, de um a três meses, com a alternativa de prestação de serviços à comunidade por igual período, e multa no valor de cinco mil a dez mil UFIR"), tutela, integralmente, a situação descrita neste artigo. Portanto, pelo critério da sucessividade, em nosso entendimento, deve-se aplicar a lei mais recente. Pouco importam as eventuais diferenças de redação entre a lei anterior e a mais nova. Cabe ao legislador, quando tutela o mesmo bem jurídico, reescrever o tipo, dando o alcance que entender cabível. No mesmo sentido, Luiz Carlos dos Santos Gonçalves, *Crimes eleitorais...*, p. 38. Há quem sustente estar em vigor o art. 295, apesar do art. 91, parágrafo único (cf. Suzana de Camargo Gomes, *Crimes eleitorais*, p. 112). Por isso, comentamos o disposto no referido art. 295.

38. Sujeitos ativo e passivo: o sujeito ativo pode ser qualquer pessoa; o sujeito passivo é o Estado. Secundariamente, o eleitor, que teve o título retido.

39. Elemento subjetivo do tipo: é o dolo. Não há elemento subjetivo específico. Inexiste a forma culposa.

40. Objetos material e jurídico: o objeto material é o título eleitoral. O objeto jurídico é a regularidade do processo eleitoral, que consagra o sufrágio universal e a democracia pluripartidária.

41. Classificação: trata-se de crime comum (pode ser cometido por qualquer pessoa); formal (concretiza-se com a prática da conduta, sem exigir resultado naturalístico, consistente no efetivo prejuízo para o sufrágio); de forma livre (pode ser cometido por qualquer meio); comissivo (o verbo implica ação); permanente (o resultado se prolonga no tempo); unissubjetivo (pode ser cometido por uma só pessoa); unissubsistente (cometido num único ato) ou plurissubsistente (cometido em vários atos); admite tentativa na forma plurissubsistente.

42. Benefícios penais: trata-se de infração de menor potencial ofensivo, passível de transação.

> **Art. 296.** Promover[43-45] desordem que prejudique os trabalhos eleitorais:[46-47]
> Pena – Detenção até dois meses e pagamento de 60 a 90 dias-multa.[48]

43. Análise do núcleo do tipo: *promover* significa gerar ou provocar algo, cujo objeto é a desordem (confusão, tumulto) durante os trabalhos eleitorais, considerando-se toda a fase de votação e apuração. O tipo penal fere o princípio da taxatividade e, consequentemente, a legalidade, pois não descreve, em detalhes, qual seria a conduta punível. A *desordem*, por si só, nada significa de concreto, impedindo o destinatário da norma de saber exatamente quais condutas são, ou não, criminosas. Além disso, lesa a intervenção mínima, visto não apresentar ofensividade suficiente no cenário eleitoral. No mesmo prisma, Luiz Carlos dos Santos Gonçalves, *Crimes eleitorais...*, p. 39. Em sentido contrário, Suzana de Camargo Gomes exemplifica, confirmando a constitucionalidade do tipo penal: "imaginemos a hipótese de alguém que, na fila de votação, comece a impacientar-se em razão da demora em ser chamado a votar. Esse ato somente poderá configurar o delito em tela, se a ação do agente for de tal sorte que cause transtornos ao desenvolvimento dos trabalhos eleitorais. Entretanto, o dano, proveniente da conduta, não precisa ser daqueles que redunde na completa inviabilização dos trabalhos eleitorais, mas deve ter o condão de atrapalhar, de retardar, de conturbar o seu desenvolvimento" (*Crimes eleitorais*, p. 251). Essa ilustração não nos soa convincente, pois qualquer perturbação desse nível pode ser resolvida com uma singela multa, retirando-se o sujeito do local, mesmo que seja com o emprego de força.

44. Sujeitos ativo e passivo: o sujeito ativo pode ser qualquer pessoa. O sujeito passivo é o Estado.

45. Elemento subjetivo do tipo: é o dolo. Há o elemento subjetivo específico, consistente em prejudicar o trabalho eleitoral. Inexiste a forma culposa.

46. Objetos material e jurídico: o objeto material é a desordem. O objeto jurídico é a regularidade do processo eleitoral, que consagra o sufrágio universal e a democracia pluripartidária.

47. Classificação: trata-se de crime comum (pode ser cometido por qualquer pessoa); formal (concretiza-se com a prática da conduta, sem exigir resultado naturalístico, consistente no efetivo prejuízo para o sufrágio); de forma livre (pode ser cometido por qualquer meio); comissivo (o verbo implica ação); instantâneo (o resultado se dá em momento determinado no tempo); unissubjetivo (pode ser cometido por uma só pessoa); plurissubsistente (cometido em vários atos); admite tentativa.

48. Benefícios penais: é infração de menor potencial ofensivo, admitindo transação.

> **Art. 297.** Impedir ou embaraçar[49-51] o exercício do sufrágio:[52-53]
> Pena – Detenção até seis meses e pagamento de 60 a 100 dias-multa.[54]

49. Análise do núcleo do tipo: *impedir* (obstar, interromper) e *embaraçar* (colocar obstáculo, perturbar) são as condutas alternativas, cujo objeto é o exercício do sufrágio (ato de votar). Este crime pode ganhar conotação de crime político, pois o impedimento ao sufrágio, em grandes proporções, por certo, coloca em risco a democracia, como base do Estado de Direito. Luiz Carlos dos Santos Gonçalves sustenta a inconstitucionalidade deste tipo, por ser muito aberto (*Crimes eleitorais...*, p. 41). De fato, o tipo penal não é um primor de taxatividade, mas o bem jurídico em relevo merece a consideração desta figura. Afinal, interromper o exercício do sufrágio é muito grave. Por outro lado, a parte referente a *embaraçar* deve ser analisada com cautela, sob pena de ferir a intervenção mínima; logo, somente em situações evidentes de embaraço pode-se acolher a criminalização da conduta. Na jurisprudência: TSE: "3. É possível o funcionamento do comércio no dia do pleito, conforme precedentes desta Corte, desde que cumpridas as normas de convenção coletiva de trabalho, as leis trabalhistas e os códigos de posturas municipais, bem como sejam propiciadas condições para que os empregados exerçam o direito de sufrágio, sob pena de se ter configurado o crime do art. 297 do Código Eleitoral. 4. Consulta respondida afirmativamente" (Consulta 060036620, rel. Jorge Mussi, j. 29.08.2019, public. 27.04.2020, v.u.).

50. Sujeitos ativo e passivo: o sujeito ativo pode ser qualquer pessoa. O sujeito passivo é o Estado.

51. Elemento subjetivo do tipo: é o dolo. Não há elemento subjetivo específico. Inexiste a forma culposa.

52. Objetos material e jurídico: o objeto material é o sufrágio. O objeto jurídico é a regularidade do processo eleitoral, que consagra o sufrágio universal e a democracia pluripartidária.

53. Classificação: trata-se de crime comum (pode ser cometido por qualquer pessoa); formal (concretiza-se com a prática da conduta, sem exigir resultado naturalístico, consistente no efetivo prejuízo para o sufrágio); de forma livre (pode ser cometido por qualquer meio); comissivo (os verbos implicam ações); instantâneo (o resultado se dá em momento determinado no tempo); unissubjetivo (pode ser cometido por uma só pessoa); plurissubsistente (cometido em vários atos); admite tentativa.

54. Benefícios penais: a pena mínima é de quinze dias. Trata-se de infração de menor potencial ofensivo, admitindo transação.

> **Art. 298.** Prender ou deter[55-57] eleitor, membro de mesa receptora, fiscal, delegado de partido ou candidato, com violação do disposto no art. 236:[58-59]
> Pena – Reclusão até quatro anos.[60]

55. Análise do núcleo do tipo: *prender* (inserir no cárcere) e *deter* (reter, colocar em custódia) são as condutas alternativas, cujo objeto é o eleitor, membro de mesa receptora, fiscal, delegado de partido ou candidato. Na prática, inexiste diferença entre *prender* e *deter*, embora se possa dizer que a detenção configura custódia mais curta, sem a inserção em cadeia, mas segurando alguém durante certo período para qualquer finalidade. Trata-se de tipo penal remissivo, cuja compreensão exata depende do conhecimento do conteúdo do art. 236 desta Lei. *In verbis*: "Art. 236. Nenhuma autoridade poderá, desde 5 (cinco) dias antes e até 48 (quarenta e oito) horas depois do encerramento da eleição, prender ou deter qualquer eleitor, salvo em flagrante delito ou em virtude de sentença criminal condenatória por crime inafiançável, ou, ainda, por desrespeito a salvo-conduto. § 1.º Os membros das mesas receptoras e os fiscais de partido, durante o exercício de suas funções, não poderão ser detidos ou presos, salvo o caso de flagrante delito; da mesma garantia gozarão os candidatos desde 15 (quinze) dias antes da eleição. § 2.º Ocorrendo qualquer prisão o preso será imediatamente conduzido à presença do juiz competente que, se verificar a ilegalidade da detenção, a relaxará e promoverá a responsabilidade do coator". Optou-se pela vedação da prisão em época de eleição para prestigiar o sufrágio, acima de qualquer outro bem jurídico, como a segurança pública. Não nos parece legítima tal escolha legislativa, pois não será a prisão de um eleitor que poderá colocar em risco a democracia. Ademais, há vários investigados e réus que oferecem perigo real à sociedade, cuja detenção é fundamental à sociedade. Entendemos completamente defasada e desnecessária tal proibição, feita pelo art. 236. Há quem sustente a sua não recepção pela Constituição de 1988 (cf. Luiz Carlos dos Santos Gonçalves, *Crimes eleitorais e processo penal eleitoral*, p. 43), porém, não nos parece seja assim. A Constituição estabelece que ninguém será preso senão em flagrante delito ou por ordem escrita e fundamentada da autoridade judiciária competente (art. 5.º, LXI, CF). Salvo a hipótese do flagrante delito, autorizada pelo referido art. 236, a ordem escrita e fundamentada da autoridade judiciária competente *depende de expressa previsão legal*. O Código Eleitoral (Lei 4.737/65), embora defasado, é lei especial e deve prevalecer em relação às normas gerais de processo penal. Sob outro aspecto, o argumento de que a referida Lei 4.737/65 foi editada em pleno regime militar, logo, não se coaduna à nova Constituição Federal, é somente político, mas não técnico. Aliás, justamente por ter sido produzida na época do totalitarismo, é incompreensível supor que tenha havido tanta preocupação em não prender eleitores. Essa vedação, em tese, seria mais compatível com a democracia e não com época de fechamento político. De todo modo, optou-se pela prevalência do bem jurídico relativo ao sufrágio universal em detrimento da segurança pública. Cremos recepcionado o disposto pelo art. 298 pela atual Constituição, embora deva ser revogado tanto este quanto o art. 236.

56. Sujeitos ativo e passivo: o sujeito ativo é somente a autoridade, conforme dispõe o art. 236. O sujeito passivo é o Estado. Secundariamente, o eleitor, membro de mesa, fiscal, delegado ou candidato.

57. Elemento subjetivo do tipo: é o dolo. Não há elemento subjetivo específico. Inexiste a forma culposa.

58. Objetos material e jurídico: o objeto material é a pessoa presa ou detida. O objeto jurídico é a regularidade do processo eleitoral, que consagra o sufrágio universal e a democracia pluripartidária.

59. Classificação: trata-se de crime próprio (somente pode ser cometido por sujeito qualificado); formal (concretiza-se com a prática da conduta, sem exigir resultado naturalístico, consistente no efetivo prejuízo para o sufrágio); de forma livre (pode ser cometido por qualquer meio); comissivo (os verbos implicam ações); instantâneo (o resultado não se prolonga no tempo, pois a simples prisão já ofende o bem jurídico); unissubjetivo (pode ser cometido por uma só pessoa); plurissubsistente (cometido em vários atos); admite tentativa.

60. Benefícios penais: a pena mínima é de um ano; a prisão envolve violência, de modo que não comporta pena alternativa, mas, em seu lugar, cabe suspensão condicional da pena, para montantes não superiores a dois anos.

> **Art. 299.** Dar, oferecer, prometer, solicitar ou receber,[61-63] para si ou para outrem, dinheiro, dádiva, ou qualquer outra vantagem, para obter ou dar voto e para conseguir ou prometer abstenção, ainda que a oferta não seja aceita:[64-65]
> Pena – reclusão até quatro anos e pagamento de cinco a quinze dias-multa.[66-66-A]

61. Análise do núcleo do tipo: *dar* (entregar, conceder), *oferecer* (apresentar algo para que seja aceito), *prometer* (comprometer-se a fazer algo), *solicitar* (pedir, rogar) e *receber* (tomar algo, aceitar) são condutas alternativas, cujo objeto é dinheiro, dádiva ou outra vantagem, neste caso, de qualquer natureza. O objetivo é a obtenção ou dação do voto ou a sua abstenção. Trata-se de modalidade de corrupção (ativa e passiva reunidas na mesma figura típica), prevista em lei especial. Segundo nos parece, dinheiro é algo específico, enquanto dádiva e vantagem são genéricos, motivo pelo qual é preciso especificá-los. Não há como se aceitar o crime de corrupção eleitoral, mediante promessas vagas e imprecisas. O agente deve dar, oferecer ou prometer algo certo e provável, como conceder uma licença de negócio ou construção. Diga-se o mesmo das condutas *solicitar* e *receber*, havendo de se constituir em algo plausível e provável, como um cargo ou função pública. Na jurisprudência: TSE: "3. A configuração do crime de corrupção eleitoral requer os seguintes elementos: (a) prática de quaisquer dos núcleos do art. 299 do Código Eleitoral; (b) dolo específico de obter o voto do eleitor; (c) prova robusta da prática criminosa. Precedentes. 4. No caso, extrai-se da moldura fática do aresto regional que, faltando poucos dias para as Eleições 2014, em meio a aglomeração, policiais federais apreenderam em poder do agravante 'santinhos' de candidato ao cargo de deputado estadual, anotações contendo nomes de eleitores e referência a quantias de dinheiro e benesses, além de notas fiscais de materiais de construção. Esse relevante e sólido elemento de prova não foi sequer impugnado nas razões do recurso especial" (Recurso Especial Eleitoral 1790, Benedito Gonçalves, 11.04.2022, v.u.); "6. O acórdão regional está em conformidade com a jurisprudência desta Corte Superior, na linha de que, para a configuração do crime do art. 299 do CE, não é necessário haver pedido expresso de voto, mas apenas a prova da finalidade de obter ou dar voto ou de conseguir ou prometer abstenção do voto, o que pode ser aferido pela análise das peculiaridades do caso concreto. Nessa linha: AgR-AI n.º 77-58/SE, rel. Min. Nancy Andrighi, julgado em 6.3.2012, *DJe* de 9.4.2012. Incide na espécie o Enunciado n.º 30 da Súmula do TSE" (Agravo em Recurso Especial Eleitoral 30992, rel. Mauro Campbell Marques, 02.08.2022, v.u.); "6. Quanto à entrega de cesta básica à eleitora, o TRE/SP destacou excertos das declarações prestadas em juízo, dos quais se extrai que os agravantes enviaram a benesse por intermédio do coordenador de campanha e, em seguida, foram à sua residência pedir apoio nas urnas. 7. As declarações das pessoas corrompidas e do coordenador de campanha são coesas entre si e não deixam dúvida de que os agravantes ofertaram e prometeram vantagens aos eleitores identificados na denúncia com intuito de obter-lhes o voto, evidenciando a prática do crime descrito no art. 299 do Código Eleitoral. 8. Não prospera a alegação de crime impossível. Nas instâncias ordinárias, os agravantes não pleitearam que se produzissem provas de que os eleitores não votavam em Monte Mor/SP. Ademais, a dinâmica dos fatos evidencia que a candidata e seu marido tinham conhecimento de que os eleitores estavam aptos a votar naquele pleito, tanto que direcionaram a eles a vantagem indevida em troca de seus votos" (Recurso Especial Eleitoral 2632, rel. Luis Felipe Salomão, 15.09.2021, v.u.).

62. Sujeitos ativo e passivo: o sujeito ativo pode ser qualquer pessoa. O sujeito passivo é o Estado.

62-A. Foro privilegiado: é preciso verificar se o autor do delito é agente político com foro por prerrogativa de função; se assim for, não cabe à autoridade policial instaurar e conduzir a investigação, mas ao TRE ou TSE, conforme o caso. Na jurisprudência: TSE: "No presente caso está evidenciada a excepcionalidade apta ao trancamento da ação penal, já que a presença de autoridade com prerrogativa de foro no polo passivo, deputado estadual, demanda o exercício do poder-dever de supervisão judicial das investigações no foro competente para a apreciação e o julgamento da ação penal. A mencionada supervisão judicial do inquérito deve ser observada durante toda a tramitação das investigações, desde sua abertura até o eventual oferecimento da denúncia pelo Ministério Público, não sendo permitida, por essa razão, a abertura de inquérito de ofício pela autoridade policial, tal como realizado no caso concreto. Por não ter havido supervisão judicial sobre a instauração do inquérito, verifica-se a ocorrência de nulidade absoluta, portanto, inconvalidável, a qual retira a validade de todos os atos subsequentes a sua instauração. Ordem de *habeas corpus* concedida para trancar a ação penal, sem prejuízo do art. 358, parágrafo único, do CE" (HC 57.378, Acórdão de 23.09.2014, rel. Luciana Christina Guimarães Lóssio, *DJe* 28.10.2014, t. 203, p. 70-71).

62-B. Inépcia da denúncia: para garantir a ampla defesa e o devido contraditório, é fundamental que a peça acusatória apresente os eleitores beneficiados pela corrupção. Conferir: TSE: "1. 'Na acusação da prática de corrupção eleitoral (Código Eleitoral, art. 299), a peça acusatória deve indicar qual ou quais eleitores teriam sido beneficiados ou aliciados, sem o que o direito de defesa fica comprometido' (RHC n.º 45224, Rel. Min. Laurita Vaz, Rel. designado Min. Henrique Neves, *DJe* de 25.4.2013). 2. *In casu*, ausente a adequada identificação do corruptor eleitoral passivo, fato esse que impede a aferição da qualidade de eleitores, como impõe o dispositivo contido no art. 299 do Código Eleitoral, devem ser reconhecidas a inépcia da denúncia e a ausência de justa causa para submissão do paciente à ação penal. 3. Recurso conhecido e provido para concessão do pedido de *habeas corpus* negado na origem" (Recurso em HC 13.316, Acórdão de 17.12.2013, rel. Luciana Christina Guimarães Lóssio, *DJe* 18.02.2014, t. 34, p. 95-96).

63. Elemento subjetivo do tipo: é o dolo. Há duplo elemento subjetivo específico, no tocante aos verbos *solicitar* e *receber*: *para si* ou *para outrem* e *para obter* ou *dar voto* e *para conseguir* ou *prometer abstenção*. Quanto aos verbos *dar*, *oferecer* e *prometer*: *para obter* ou *dar voto* e *para conseguir* ou *prometer abstenção*. Não há a forma culposa. Na jurisprudência: TSE: "1. Para a configuração do crime de corrupção eleitoral, além de ser necessária a ocorrência de dolo específico, qual seja, obter ou dar voto, conseguir ou prometer abstenção, é necessário que a conduta seja direcionada a eleitores identificados ou identificáveis, e que o corruptor eleitoral passivo seja pessoa apta a votar. Precedentes. 2. Não há falar em corrupção eleitoral mediante o oferecimento de serviços odontológicos à população em geral e sem que a denúncia houvesse individualizado os eleitores supostamente aliciados" (Agravo Regimental em Agravo de Instrumento 749.719, Acórdão de 11.12.2014, rel. Maria Thereza Rocha de Assis Moura, rel. designado José Antônio Dias Toffoli, *DJe* 23.02.2015, t. 35, p. 54).

64. Objetos material e jurídico: o objeto material é dinheiro, dádiva ou outra vantagem. O objeto jurídico é a regularidade do processo eleitoral, que consagra o sufrágio universal e a democracia pluripartidária.

65. Classificação: trata-se de crime comum (pode ser cometido por qualquer pessoa); formal (concretiza-se com a prática da conduta, sem exigir resultado naturalístico, consistente no efetivo prejuízo para o sufrágio); aliás, nem mesmo há necessidade de ser aceita a oferta; de forma livre (pode ser cometido por qualquer meio); comissivo (os verbos implicam ações); instantâneo (o resultado não se prolonga no tempo); unissubjetivo (pode ser cometido por uma só pessoa); plurissubsistente (cometido em vários atos); admite tentativa.

66. Benefícios penais: a pena mínima é de um ano; cabe pena alternativa em caso de condenação. É viável, ainda, a suspensão condicional do processo.

66-A. Concurso formal imperfeito: TSE: "O crime de corrupção eleitoral (Cód. Eleitoral, art. 299), na modalidade 'prometer' ou 'oferecer', é formal e se consuma no momento em que é feita a promessa ou oferta, independentemente de ela ser aceita ou não. A oferta de dinheiro em troca do voto, realizada em ação única, a mais de uma pessoa, caracteriza o tipo do art. 299 em relação a cada um dos eleitores identificados. Há concurso formal impróprio, ou imperfeito, quando o candidato, em conduta única, promete bem ou vantagem em troca do voto de dois ou mais eleitores determinados, agindo com desígnios autônomos (Cód. Penal, art. 70, segunda parte)" (Recurso Especial Eleitoral 1.226.697, Acórdão de 03.09.2014, rel. Henrique Neves da Silva, *DJe* 30.09.2014, t. 183, p. 487-488).

Art. 300. Valer-se[67-69] o servidor público da sua autoridade para coagir alguém a votar ou não votar em determinado candidato ou partido:[70-71]

Pena – detenção até seis meses e pagamento de 60 a 100 dias-multa.[72]

Parágrafo único. Se o agente é membro ou funcionário da Justiça Eleitoral e comete o crime prevalecendo-se do cargo a pena é agravada.[73]

67. Análise do núcleo do tipo: *valer-se* (dar proveito ou aproveitar) da autoridade do cargo ou função é a conduta principal associada a *coagir* (constranger moralmente, nesta hipótese) qualquer pessoa a votar ou não votar em candidato ou partido. Havendo violência física, aplica-se o art. 301. Trata-se de um abuso de autoridade na seara eleitoral.

68. Sujeitos ativo e passivo: o sujeito ativo é o servidor público. O sujeito passivo é o Estado; secundariamente, o eleitor constrangido.

69. Elemento subjetivo do tipo: é o dolo. Há elemento subjetivo específico, consistente em *votar ou não votar em determinado candidato ou partido*. Não há a forma culposa.

70. Objetos material e jurídico: o objeto material é o eleitor. O objeto jurídico é a regularidade do processo eleitoral, que consagra o sufrágio universal e a democracia pluripartidária.

71. Classificação: trata-se de crime próprio (somente pode ser cometido por sujeito qualificado); formal (concretiza-se com a prática da conduta, sem exigir resultado naturalístico, consistente no efetivo prejuízo para o sufrágio); de forma livre (pode ser cometido por qualquer meio); comissivo (os verbos implicam ações); instantâneo (o resultado não se prolonga no tempo); unissubjetivo (pode ser cometido por uma só pessoa); plurissubsistente (cometido em vários atos); admite tentativa.

72. Benefícios penais: a pena mínima é de quinze dias; trata-se de infração de menor potencial ofensivo, admitindo transação.

73. Agravante: cuida-se de causa legal de agravação da pena, específica deste tipo penal, voltada à qualidade do servidor público, que, no caso, é membro ou funcionário da Justiça Eleitoral. De fato, o assédio de pessoa ligada à Justiça Eleitoral é muito mais grave do que a coação exercida por outro servidor público, afinal, o objetivo é justamente impedir o voto livre. Diversamente do disposto pelo Código Penal, que não prevê um *quantum* para as agravantes, o art. 285 estabelece o montante variável de um quinto a um terço da pena.

> **Art. 301.** Usar[74-76] de violência ou grave ameaça para coagir alguém a votar, ou não votar, em determinado candidato ou partido, ainda que os fins visados não sejam conseguidos:[77-78]
> Pena – reclusão até quatro anos e pagamento de cinco a quinze dias-multa.[79]

74. Análise do núcleo do tipo: *usar* (fazer uso de algo) de violência ou grave ameaça para coagir (constranger) o eleitor a votar ou não votar em certo candidato ou partido. O tipo penal do art. 300 é voltado ao agente servidor público e o constrangimento é moral; o do art. 301, a qualquer pessoa, além de se utilizar violência ou grave ameaça. O constrangimento exercido para impedir o livre exercício do voto é delito grave, que realmente é capaz de atingir, com efetividade, o bem jurídico tutelado. Na jurisprudência: TRE-SE: "Havendo, no feito, provas suficientes de que o, à época, candidato ao cargo de vice-prefeito, convidou quatro policiais militares para intimidar eleitores do candidato opositor, devem ser infligidas a todos as sanções previstas no art. 301, do Código Eleitoral (coação para fins eleitorais). 3 O bem jurídico tutelado pelo tipo penal previsto no art. 301, do Código Eleitoral, recai precipuamente na fé pública, a qual se apresenta gravemente vilipendiada nas hipóteses em que o indivíduo age com a intenção de intimidar eleitores, ferindo diretamente o regime democrático em face da ofensa à liberdade de voto. Doutrina e Jurisprudência. Materialidade da coação para fins eleitorais reconhecida" (RC 00023038520106250016, rel. Leonardo Souza Santana Almeida, 21.05.2020, v.u.).

74-A. Estreito limite do *habeas corpus*: não se pode – nem se deve – discutir o mérito da causa nos limites do *habeas corpus*, em particular os dados relativos à autoria ou à materialidade. Conferir: TSE: "Na presente hipótese, a denúncia atribui à impetrante a prática do crime previsto no art. 301 do Código Eleitoral em razão de ter instigado a outra denunciada a usar de grave ameaça para obter votos nas Eleições 2008. A análise das questões postas na impetração, de que a prova testemunhal produzida pelo Ministério Público não comprovaria sua participação no mencionado ilícito, demanda regular dilação probatória, o que deve ser realizado no processo de conhecimento, com o respeito ao princípio do contraditório, e não na via estreita do *habeas corpus*" (Recurso em HC 1.260, Acórdão de 14.02.2013, rel. José Antônio Dias Toffoli, *DJe* 25.03.2013, t. 57, p. 76).

75. Sujeitos ativo e passivo: o sujeito ativo pode ser qualquer pessoa. O sujeito passivo é o Estado; secundariamente, a pessoa constrangida.

76. Elemento subjetivo do tipo: é o dolo. Há elemento subjetivo específico, consistente em *votar ou não votar em determinado candidato ou partido*. Não há a forma culposa.

77. Objetos material e jurídico: o objeto material é o eleitor. O objeto jurídico é a regularidade do processo eleitoral, que consagra o sufrágio universal e a democracia pluripartidária.

78. Classificação: trata-se de crime comum (pode ser cometido por qualquer pessoa); formal (concretiza-se com a prática da conduta, sem exigir resultado naturalístico, consistente no efetivo prejuízo para o sufrágio); de forma livre (pode ser cometido por qualquer meio); comissivo (os verbos implicam ações); instantâneo (o resultado não se prolonga no tempo); unissubjetivo (pode ser cometido por uma só pessoa); plurissubsistente (cometido em vários atos); admite tentativa.

79. Benefícios penais: a pena mínima é de um ano; cabe suspensão condicional do processo; em caso de condenação, não é aplicável a substituição por penas alternativas; eventualmente, cabe *sursis*, se o montante não ultrapassar dois anos.

> **Art. 302.** Promover,[80-82] no dia da eleição, com o fim de impedir, embaraçar ou fraudar o exercício do voto a concentração de eleitores, sob qualquer forma, inclusive o fornecimento gratuito de alimento e transporte coletivo:[83-84]
>
> Pena – reclusão de quatro (4) a seis (6) anos e pagamento de 200 a 300 dias-multa.[85]

80. Análise do núcleo do tipo: *promover* (dar causa a algo) é a conduta, cujo objeto é a concentração de eleitores, sob variadas formas, dentre as quais o fornecimento gratuito de alimento e de transporte coletivo. Nota-se que a finalidade dessa concentração é impedir, embaraçar ou fraudar o exercício do voto. Trata-se de uma forma de corrupção, buscando a *compra de votos*. A conduta criminosa somente se configura *no dia da eleição*. Na jurisprudência: TRE-RN: "Verifica-se dos autos ter restado bem evidenciado o transporte de eleitor realizado em veículo não cadastrado pela Justiça Eleitoral. Os relatos, contudo, não constituem prova segura e conclusiva quanto à intenção do réu (dolo específico) porque são imprecisos e contraditórios em aspectos relevantes. Os tipos penais dos arts. 11, III, da Lei n.º 6.091/74 e 302 do Código Eleitoral não se configuram porque: i) inexistiu prova da finalidade específica exigida, que é a de impedir, embaraçar ou fraudar o exercício do voto; ii) não se provou, indubitavelmente, o aliciamento dos eleitores que foram transportados. Inexistindo dolo específico, incorre o ilícito sub judice, e ausente o antijurídico, absolve-se o acusado. Dessa forma, além do que já mencionado e invocando ainda o princípio do favor rei (in dubio pro reo), a interpretação, em caso de dúvida, deve ser feita em favor do acusado. Provimento do recurso" (RC 000009326, rel. Claudio Manoel de Amorim Santos, 21.10.2021, m.v.).

81. Sujeitos ativo e passivo: o sujeito ativo pode ser qualquer pessoa. O sujeito passivo é o Estado.

82. Elemento subjetivo do tipo: é o dolo. Há elemento subjetivo específico, consistente em *impedir, embaraçar ou fraudar o exercício do voto*. Não há a forma culposa.

83. Objetos material e jurídico: o objeto material é a concentração de eleitores. O objeto jurídico é a regularidade do processo eleitoral, que consagra o sufrágio universal e a democracia pluripartidária.

84. Classificação: trata-se de crime comum (pode ser cometido por qualquer pessoa); formal (concretiza-se com a prática da conduta, sem exigir resultado naturalístico, consistente no efetivo prejuízo para o sufrágio); de forma livre (pode ser cometido por qualquer meio); comissivo (os verbos implicam ações); instantâneo (o resultado não se prolonga no tempo); unissubjetivo (pode ser cometido por uma só pessoa); plurissubsistente (cometido em vários atos); admite tentativa.

85. Benefícios penais: a pena mínima é de quatro anos, razão pela qual admite a substituição por pena restritiva de direitos. Acima disso, aplica-se regime semiaberto ou fechado, conforme o caso.

> **Art. 303.** Majorar[86-88] os preços de utilidades e serviços necessários à realização de eleições, tais como transporte e alimentação de eleitores, impressão, publicidade e divulgação de matéria eleitoral.[89-90]
>
> Pena – pagamento de 250 a 300 dias-multa.[91]

86. Análise do núcleo do tipo: *majorar* (aumentar, elevar) é a conduta criminosa, cujo objeto é o preço de utilidade e serviço necessário à realização de eleições. O tipo apresenta interpretação analógica, pois fornece exemplos (transporte e alimentação de eleitores, impressão, publicidade e divulgação de matéria eleitoral), que podem ser estendidos. Debate-se se este tipo seria constitucional, uma vez que pretenderia regular preços, num mercado capitalista, constitucionalmente protegido, o que seria inadequado. Porém, assim não nos parece, tendo em vista que não se cuida de simplesmente *tutelar* os preços em geral, mas garantir o livre exercício do sufrágio, de forma a não haver qualquer coerção advinda do poder econômico. Por isso, exigindo-se finalidade especial do agente, ao majorar preços de *serviços necessários à realização de eleições*, torna-se aplicável a figura criminosa. Nas palavras de Suzana de Camargo Gomes, "o crime tipificado no art. 303 do Código Eleitoral tem sua incidência em grande escala no dia das eleições, especialmente no que concerne ao fornecimento de alimentos e transporte, o que precisa ser coibido, dado que o ato de votar não pode representar um ônus financeiro exacerbado ao eleitor" (*Crimes eleitorais*, p. 219).

87. Sujeitos ativo e passivo: o sujeito ativo pode ser qualquer pessoa. O sujeito passivo é o Estado.

88. Elemento subjetivo do tipo: é o dolo. Há elemento subjetivo específico, consistente em prejudicar a livre realização das eleições. Não há a forma culposa.

89. Objetos material e jurídico: o objeto material é o preço de utilidades e serviços necessários à realização de eleições. O objeto jurídico é a regularidade do processo eleitoral, que consagra o sufrágio universal e a democracia pluripartidária.

90. Classificação: trata-se de crime comum (pode ser cometido por qualquer pessoa); formal (concretiza-se com a prática da conduta, sem exigir resultado naturalístico, consistente no efetivo prejuízo para o sufrágio); de forma livre (pode ser cometido por qualquer meio); comissivo (o verbo implica ação); instantâneo (o resultado não se prolonga no tempo); unissubjetivo (pode ser cometido por uma só pessoa); plurissubsistente (cometido em vários atos); admite tentativa.

91. Benefícios penais: trata-se de infração de menor potencial ofensivo, admitindo transação.

> **Art. 304.** Ocultar, sonegar açambarcar ou recusar[92-94] no dia da eleição o fornecimento, normalmente a todos, de utilidades, alimentação e meios de transporte, ou conceder exclusividade dos mesmos a determinado partido ou candidato:[95-96]
> Pena – pagamento de 250 a 300 dias-multa.[97]

92. Análise do núcleo do tipo: *ocultar* (esconder), *sonegar* (esconder algo mediante fraude), *açambarcar* (monopolizar) e *recusar* (rejeitar) são condutas alternativas, cujo objeto é o fornecimento de utilidades, alimentação e meios de transporte; a segunda parte envolve *conceder* (dar, permitir) exclusividade dos serviços suprarreferidos a determinado partido ou candidato. Trata-se de tipo misto alternativo-cumulativo. Na primeira parte, há alternatividade; entre a primeira e a segunda, cumulatividade. Ilustrando, o agente pode praticar ocultação do fornecimento de alimentação de uns e conceder exclusividade disso a outros; cometerá dois crimes.

93. Sujeitos ativo e passivo: o sujeito ativo pode ser qualquer pessoa. O sujeito passivo é o Estado.

94. Elemento subjetivo do tipo: é o dolo. Há elemento subjetivo específico, consistente em prejudicar a igualdade dos participantes da eleição. Não há a forma culposa.

95. Objetos material e jurídico: o objeto material é o fornecimento de utilidades, alimentação e meios de transporte; o objeto jurídico é a regularidade do processo eleitoral, que consagra o sufrágio universal e a democracia pluripartidária.

96. Classificação: trata-se de crime comum (pode ser cometido por qualquer pessoa); formal (concretiza-se com a prática da conduta, sem exigir resultado naturalístico, consistente no efetivo prejuízo para o sufrágio); de forma livre (pode ser cometido por qualquer meio); comissivo (os verbos implicam ações); instantâneo (o resultado não se prolonga no tempo), nas formas *açambarcar*, *recusar* e *conceder*, ou permanente (o resultado se arrasta no tempo), nas formas *ocultar* e *sonegar*; unissubjetivo (pode ser cometido por uma só pessoa); plurissubsistente (cometido em vários atos); admite tentativa.

97. Benefícios penais: trata-se de infração penal de menor potencial ofensivo, admitindo transação.

> **Art. 305.** Intervir[98-100] autoridade estranha à mesa receptora, salvo o juiz eleitoral, no seu funcionamento sob qualquer pretexto:[101-102]
> Pena – detenção até seis meses e pagamento de 60 a 90 dias-multa.[103]

98. Análise do núcleo do tipo: *intervir* (ingerir-se em algo, imiscuir-se) é a conduta referente à autoridade estranha aos trabalhos eleitorais da mesa receptora, exceto o juiz eleitoral competente, responsável pela zona onde se localiza a seção. Busca-se preservar o regular funcionamento da recepção dos votos.

99. Sujeitos ativo e passivo: o sujeito ativo é a autoridade pública de qualquer nível. O sujeito passivo é o Estado.

100. Elemento subjetivo do tipo: é o dolo. Não há elemento subjetivo específico, pois o tipo indica que o agente pode atuar *sob qualquer pretexto*. Inexiste a forma culposa.

101. Objetos material e jurídico: o objeto material é a mesa receptora. O objeto jurídico é a regularidade do processo eleitoral, que consagra o sufrágio universal e a democracia pluripartidária.

102. Classificação: trata-se de crime próprio (somente pode ser cometido por sujeito qualificado); formal (concretiza-se com a prática da conduta, sem exigir resultado naturalístico, consistente no efetivo prejuízo para o sufrágio); de forma livre (pode ser cometido por qualquer meio); comissivo (o verbo implica ação); instantâneo (o resultado não se prolonga no tempo); unissubjetivo (pode ser cometido por uma só pessoa); plurissubsistente (cometido em vários atos); admite tentativa.

103. Benefícios penais: a pena mínima é de quinze dias; o crime é de menor potencial ofensivo, admitindo transação.

> **Art. 306.** Não observar[104-106] a ordem em que os eleitores devem ser chamados a votar:[107-108]
> Pena – pagamento de 15 a 30 dias-multa.[109]

104. Análise do núcleo do tipo: *não observar* (descumprir, desrespeitar) é a conduta do servidor da Justiça Eleitoral, encarregado de chamar os eleitores para votar, já que aguardam a sua vez por ordem de chegada. Na realidade, o tipo penal fere a intervenção mínima, espelhando nítida inconstitucionalidade. Não há cabimento em se punir o servidor, criminalmente, por desrespeitar a fila de votação. Correta não é tal conduta, mas pode ser resolvida mediante punição disciplinar. Considerando, igualmente, inconstitucional: Luiz Carlos dos Santos Gonçalves, *Crimes eleitorais...*, p. 59. Em contrário, admitindo a sua constitucionalidade: Suzana de Camargo Gomes, *Crimes eleitorais*, p. 223-224; Rui Stoco, *Legislação eleitoral interpretada*, p. 985.

105. Sujeitos ativo e passivo: o sujeito ativo é a pessoa designada para compor a mesa de votação, direcionando os trabalhos. O sujeito passivo é o Estado.

106. Elemento subjetivo do tipo: é o dolo. Inexiste elemento subjetivo específico. Não há a forma culposa.

107. Objetos material e jurídico: o objeto material é a ordem de votação. O objeto jurídico é a regularidade do processo eleitoral, que consagra o sufrágio universal e a democracia pluripartidária.

108. Classificação: trata-se de crime próprio (somente pode ser cometido por sujeito qualificado); mera conduta (concretiza-se com a simples prática da conduta, sem haver qualquer resultado naturalístico); de forma livre (pode ser cometido por qualquer meio); comissivo (a forma verbal implica ação, embora esteja na forma negativa); instantâneo (o resultado não se prolonga no tempo); unissubjetivo (pode ser cometido por uma só pessoa); plurissubsistente (cometido em vários atos); admite tentativa, embora de rara configuração.

109. Benefícios penais: é infração de menor potencial ofensivo, admitindo transação.

> **Art. 307.** Fornecer[110-112] ao eleitor cédula oficial já assinalada ou por qualquer forma marcada:[113-114]
> Pena – reclusão até cinco anos e pagamento de 5 a 15 dias-multa.[115]

110. Análise do núcleo do tipo: *fornecer* (prover, produzir) é a conduta nuclear, cujo objeto é a cédula oficial. O delito se caracteriza pelo fato de a cédula já estar assinalada ou marcada, *antes do momento correto*, que é o instante de entregá-la ao eleitor. O agente é somente a pessoa convocada pela Justiça Eleitoral para direcionar os trabalhos de recepção dos votos. A figura típica entra em ocaso, pois a votação eletrônica substitui, cada vez mais, a realizada por cédula de papel. Por outro lado, se não houver a intenção de fraude, torna-se desproporcional a punição, afetando o princípio constitucional da intervenção mínima.

111. Sujeitos ativo e passivo: o sujeito ativo é o servidor convocado pela Justiça Eleitoral. O sujeito passivo é o Estado.

112. Elemento subjetivo do tipo: é o dolo. Entendemos haver elemento subjetivo específico implícito, consistente em ânimo de fraude. Não há forma culposa.

113. Objetos material e jurídico: o objeto material é a cédula oficial. O objeto jurídico é a regularidade do processo eleitoral, que consagra o sufrágio universal e a democracia pluripartidária.

114. Classificação: trata-se de crime próprio (somente pode ser cometido por sujeito qualificado); formal (concretiza-se com a simples prática da conduta, sem haver necessidade de resultado naturalístico, consistente no efetivo prejuízo para o sufrágio); de forma livre (pode ser cometido por qualquer meio); comissivo (a forma verbal implica ação); instantâneo (o resultado não se prolonga no tempo); unissubjetivo (pode ser cometido por uma só pessoa); plurissubsistente (cometido em vários atos); admite tentativa, embora de rara configuração.

115. Benefícios penais: a pena mínima é de um ano; fixada pena até quatro anos, pode-se conceder pena alternativa.

> **Art. 308.** Rubricar e fornecer[116-118] a cédula oficial em outra oportunidade que não a de entrega da mesma ao eleitor.[119-120]
> Pena – reclusão até cinco anos e pagamento de 60 a 90 dias-multa.[121]

116. Análise do núcleo do tipo: *rubricar* (assinar) e *fornecer* (prover, produzir) são condutas sequenciais e compostas, realizadas pelo agente-mesário, em momento inadequado, descompassado da entrega ao eleitor no ato da votação. Difere do tipo anterior (art. 307) porque naquele ocorre somente o fornecimento da cédula oficial, assinada por outra pessoa, ou marcada por outro meio; o art. 308 prevê a conduta de quem assina e entrega a cédula oficial, fora da oportunidade correta, que é a entrega ao eleitor. Como já mencionado nos comentários ao tipo anterior, sem a intenção de fraudar a eleição, a punição pode tornar-se desproporcional.

117. Sujeitos ativo e passivo: o sujeito ativo é o servidor encarregado de rubricar e entregar as cédulas ao eleitor. O sujeito passivo é o Estado.

118. Elemento subjetivo do tipo: é o dolo. Há elemento subjetivo específico implícito, consistente em ânimo de fraude. Inexiste a forma culposa.

119. Objetos material e jurídico: o objeto material é a cédula oficial. O objeto jurídico é a regularidade do processo eleitoral, que consagra o sufrágio universal e a democracia pluripartidária.

120. Classificação: trata-se de crime próprio (somente pode ser cometido por sujeito qualificado); formal (concretiza-se com a simples prática da conduta, sem haver necessidade de resultado naturalístico, consistente no efetivo prejuízo para o sufrágio); de forma livre (pode ser cometido por qualquer meio); comissivo (a forma verbal implica ação); instantâneo (o resultado não se prolonga no tempo); unissubjetivo (pode ser cometido por uma só pessoa); plurissubsistente (cometido em vários atos); admite tentativa.

121. Benefícios penais: a pena mínima é de um ano; se a pena fixada atingir até quatro anos, cabe a aplicação de pena alternativa.

> **Art. 309.** Votar ou tentar votar[122-124] mais de uma vez, ou em lugar de outrem:[125-126]
> Pena – reclusão até três anos.[127]

122. Análise do núcleo do tipo: *votar* (aprovar algo por meio do voto; participar do sufrágio) e *tentar votar* (iniciar a participação no sufrágio, sem atingir a conclusão) são as condutas alternativas cujo objeto é o exercício do sufrágio. O cerne do crime é a votação em duplicidade ou fraudulenta.

123. Sujeitos ativo e passivo: o sujeito ativo é o eleitor; passivo é o Estado.

124. Elemento subjetivo do tipo: é o dolo. Não há elemento subjetivo específico. Inexiste a forma culposa.

125. Objetos material e jurídico: o objeto material é o voto. O objeto jurídico é a regularidade do processo eleitoral, que consagra o sufrágio universal e a democracia pluripartidária.

126. Classificação: trata-se de crime próprio (somente pode ser cometido por sujeito qualificado); formal (concretiza-se com a simples prática da conduta, sem haver necessidade de resultado naturalístico, consistente no efetivo prejuízo para o sufrágio); de forma livre (pode ser cometido por qualquer meio); comissivo (a forma verbal implica ação); instantâneo (o resultado não se prolonga no tempo); unissubjetivo (pode ser cometido por uma só pessoa); unissubsistente (cometido num só ato), na forma do atentado, e plurissubsistente (cometido em vários atos), no tocante a *votar*; admite tentativa no modo plurissubsistente.

127. Benefícios penais: a pena mínima é de um ano; se houver condenação, pode-se conceder pena alternativa.

> **Art. 310.** Praticar, ou permitir[128-130] membro da mesa receptora que seja praticada, qualquer irregularidade que determine a anulação de votação, salvo no caso do art. 311:[131-132]
> Pena – detenção até seis meses ou pagamento de 90 a 120 dias-multa.[133]

128. Análise do núcleo do tipo: praticar (realizar; atuar para fazer algo) e permitir (deixar; dar autorização a alguma coisa) são os verbos destinados à efetivação de irregularidade, que permita a anulação da votação. Os agentes são os mesários, que podem realizar alguma conduta apta a gerar irregularidade geradora de nulidade do sufrágio. Essa conduta, segundo o tipo penal, pode ser ativa (praticar) ou omissiva (permitir que se pratique). Por cautela, embora não fosse necessário, inseriu-se a exceção, apontando para o disposto pelo art. 311 deste Código (votar em seção na qual não está escrito o eleitor, mas há previsão legal para isso). Não seria necessário o destaque, visto que se constituiria exercício regular de direito, afastando a ili*citude, quando alguém votasse em seção diversa da sua (em hipótese legalmente admitida)*.

129. Sujeitos ativo e passivo: o sujeito ativo é o mesário; passivo é o Estado.

130. Elemento subjetivo do tipo: é o dolo. Não há elemento subjetivo específico. Inexiste a forma culposa.

131. Objetos material e jurídico: o objeto material é a irregularidade realizada. O objeto jurídico é a regularidade do processo eleitoral, que consagra o sufrágio universal e a democracia pluripartidária.

132. Classificação: trata-se de crime próprio (somente pode ser cometido por sujeito qualificado); formal (concretiza-se com a simples prática da conduta, sem haver necessidade de resultado naturalístico, consistente no efetivo prejuízo para o sufrágio); de forma livre (pode ser cometido por qualquer meio); comissivo ou omissivo (a forma verbal implica ação ou omissão, conforme o caso); instantâneo (o resultado não se prolonga no tempo); unissubjetivo (pode ser cometido por uma só pessoa); plurissubsistente (cometido em vários atos); admite tentativa.

133. Benefícios penais: trata-se de infração de menor potencial ofensivo, pois o máximo da pena é de seis meses, cabendo transação.

> **Art. 311.** Votar[134-136] em seção eleitoral em que não está inscrito, salvo nos casos expressamente previstos, e permitir, o presidente da mesa receptora, que o voto seja admitido:[137-138]
>
> Pena – detenção até um mês ou pagamento de 5 a 15 dias-multa para o eleitor e de 20 a 30 dias-multa para o presidente da mesa.[139]

134. Análise do núcleo do tipo: *votar* (aprovar algo por meio do voto; participar do sufrágio) é a primeira conduta, cujo objeto é a seção eleitoral incabível. Essa conduta é praticada pelo eleitor, mas deve estar associada à segunda, consistente em *permitir* (admitir) o presidente da mesa receptora o voto indevido. São condutas típicas interligadas obrigatoriamente: votar em seção indevida + admissão do voto pelo presidente. Excepciona-se o disposto no tipo incriminador quando a própria lei eleitoral permitir o voto em seção distinta (como o voto em trânsito).

135. Sujeitos ativo e passivo: o sujeito ativo pode ser o eleitor ou o presidente da mesa receptora. O sujeito passivo é o Estado.

136. Elemento subjetivo do tipo: é o dolo. Não há elemento subjetivo específico. Inexiste a forma culposa.

137. Objetos material e jurídico: o objeto material é o voto irregular. O objeto jurídico é a regularidade do processo eleitoral, que consagra o sufrágio universal e a democracia pluripartidária.

138. Classificação: trata-se de crime próprio (somente pode ser cometido por sujeito qualificado); formal (concretiza-se com a prática da conduta, independentemente de qualquer resultado naturalístico, consistente em efetivo prejuízo ao sufrágio); de forma livre (pode ser cometido por qualquer meio); comissivo (a forma verbal implica ação), na modalidade *votar*, mas omissivo (indica o deixar de fazer), na forma *permitir que seja admitido*;

instantâneo (o resultado não se prolonga no tempo); unissubjetivo (pode ser cometido por uma só pessoa); unissubsistente (cometido num só ato), na forma omissiva, e plurissubsistente (cometido em vários atos), no tocante à forma comissiva; admite tentativa no modo plurissubsistente.

139. Benefícios penais: a pena mínima para o eleitor é de quinze dias; a infração é de menor potencial ofensivo, admitindo transação.

> **Art. 312.** Violar ou tentar violar[140-142] o sigilo do voto:[143-144]
> Pena – detenção até dois anos.[145]

140. Análise do núcleo do tipo: *violar* (devassar, divulgar sem autorização) é o verbo principal, acompanhado da figura tentada (iniciar a violação sem chegar ao resultado), tendo por objeto o sigilo do voto, constitucionalmente assegurado, nos termos do art. 14, *caput*, da CF. Tal conduta pode ser cometida tanto no cenário do voto eletrônico quanto no sufrágio por meio de papel. Exemplo disso pode ser a filmagem ou fotografia do momento da votação para posterior divulgação.

141. Sujeitos ativo e passivo: o sujeito ativo pode ser qualquer pessoa. O sujeito passivo é o Estado.

142. Elemento subjetivo do tipo: é o dolo. Não há elemento subjetivo específico. Inexiste a forma culposa.

143. Objetos material e jurídico: o objeto material é o sigilo do voto. O objeto jurídico é a regularidade do processo eleitoral, que consagra o sufrágio universal e a democracia pluripartidária.

144. Classificação: trata-se de crime comum (pode ser cometido por qualquer pessoa); formal (concretiza-se com a prática da conduta, independentemente de qualquer resultado naturalístico, consistente em efetivo prejuízo ao sufrágio); de forma livre (pode ser cometido por qualquer meio); comissivo (a forma verbal implica ação); instantâneo (o resultado não se prolonga no tempo); unissubjetivo (pode ser cometido por uma só pessoa); unissubsistente (cometido num só ato), na forma de atentado, e plurissubsistente (cometido em vários atos), no tocante à forma *violar*; admite tentativa no modo plurissubsistente.

145. Benefícios penais: a pena mínima é de quinze dias; o crime é de menor potencial ofensivo, admitindo transação.

> **Art. 313.** Deixar[146-148] o juiz e os membros da Junta de expedir o boletim de apuração imediatamente após a apuração de cada urna e antes de passar à subsequente, sob qualquer pretexto e ainda que dispensada a expedição pelos fiscais, delegados ou candidatos presentes:[149-150]
> Pena – pagamento de 90 a 120 dias-multa.[151]
> **Parágrafo único.** Nas seções eleitorais em que a contagem for procedida pela mesa receptora incorrerão na mesma pena o presidente e os mesários que não expedirem imediatamente o respectivo boletim.

146. Análise do núcleo do tipo: *deixar de expedir* (não publicar ou divulgar) é a conduta omissiva, cujo objeto é o boletim de apuração (mapa contendo a inscrição dos votos apurados para acompanhamento geral). O objetivo é evitar a fraude, pois a divulgação dos resultados impede a sua manipulação; assim, somente se apura nova urna, quando tais números forem conhecidos. Por outro lado, o processo eleitoral eletrônico ainda exige a expedição do boletim. Com o tempo, provavelmente, tal divulgação será feita automaticamente, tornando este tipo inútil. Há quem sustente estar o art. 313 desta Lei revogado pelo art. 87 da Lei 9.504/97 (cf. Luiz Carlos dos Santos Gonçalves, *Crimes eleitorais...*, p. 67). Assim não pensamos. O referido art. 87, no § 2.º preceitua: "Ao final da transcrição dos resultados apurados no boletim, o Presidente da Junta Eleitoral é obrigado a entregar cópia deste aos partidos e coligações concorrentes ao pleito cujos representantes o requeiram até uma hora após sua expedição". É muito mais limitado que o art. 313 e prevê conduta exclusiva do Presidente da Junta, além de mencionar somente a entrega de cópia do boletim a quem requerer. O tipo penal ora em comento abrange não somente o juiz, mas todos os membros da Junta, além de demandar a expedição *obrigatória* do boletim para conhecimento geral, independentemente de requerimento de partidos ou coligações. Há um interesse público no conhecimento dos resultados, que precisa ser respeitado, sob pena de figurar o delito do art. 313.

147. Sujeitos ativo e passivo: o sujeito ativo é o juiz e os membros da Junta. O sujeito passivo é o Estado.

148. Elemento subjetivo do tipo: é o dolo. Não há elemento subjetivo específico. Inexiste a forma culposa.

149. Objetos material e jurídico: o objeto material é o boletim de apuração. O objeto jurídico é a regularidade do processo eleitoral, que consagra o sufrágio universal e a democracia pluripartidária.

150. Classificação: trata-se de crime próprio (somente pode ser cometido por sujeito qualificado); formal (concretiza-se com a prática da conduta, independentemente de qualquer resultado naturalístico, consistente em efetivo prejuízo ao sufrágio); de forma livre (pode ser cometido por qualquer meio); omissivo (a forma verbal implica inação); instantâneo (o resultado não se prolonga no tempo); unissubjetivo (pode ser cometido por uma só pessoa); unissubsistente (cometido num só ato); não admite tentativa.

151. Benefícios penais: trata-se de infração de menor potencial ofensivo, admitindo transação.

> **Art. 314.** Deixar[152-154] o juiz e os membros da Junta de recolher as cédulas apuradas na respectiva urna, fechá-la e lacrá-la, assim que terminar a apuração de cada seção e antes de passar à subsequente, sob qualquer pretexto e ainda que dispensada a providencia pelos fiscais, delegados ou candidatos presentes:[155-156]
>
> Pena – detenção até dois meses ou pagamento de 90 a 120 dias-multa.[157]
>
> **Parágrafo único.** Nas seções eleitorais em que a contagem dos votos for procedida pela mesa receptora incorrerão na mesma pena o presidente e os mesários que não fecharem e lacrarem a urna após a contagem.

152. Análise do núcleo do tipo: *deixar de recolher* (não coletar ou arrecadar) é a conduta omissiva cujo objeto é o conjunto de cédulas apuradas. Devem o juiz e os membros da Junta coletar todas as cédulas apuradas, inserindo-as na urna e lacrando-a, para que tais votos não sejam novamente contados, evitando-se fraude.

153. Sujeitos ativo e passivo: o sujeito ativo é o juiz ou o membro da Junta. O sujeito passivo é o Estado.

154. Elemento subjetivo do tipo: é o dolo. Não há elemento subjetivo específico. Inexiste a forma culposa.

155. Objetos material e jurídico: o objeto material é o conjunto das cédulas apuradas. O objeto jurídico é a regularidade do processo eleitoral, que consagra o sufrágio universal e a democracia pluripartidária.

156. Classificação: trata-se de crime próprio (somente pode ser cometido por sujeito qualificado); formal (concretiza-se com a prática da conduta, independentemente de qualquer resultado naturalístico, consistente em efetivo prejuízo ao sufrágio); de forma livre (pode ser cometido por qualquer meio); omissivo (a forma verbal implica inação); instantâneo (o resultado não se prolonga no tempo); unissubjetivo (pode ser cometido por uma só pessoa); unissubsistente (cometido num só ato); não admite tentativa.

157. Benefícios penais: a pena mínima é de quinze dias; trata-se de infração de menor potencial ofensivo, admitindo transação.

> **Art. 315.** Alterar[158-160] nos mapas ou nos boletins de apuração a votação obtida por qualquer candidato ou lançar nesses documentos votação que não corresponda às cédulas apuradas:[161-162]
> Pena – reclusão até cinco anos e pagamento de 5 a 15 dias-multa.[163]

158. Análise do núcleo do tipo: *alterar* (modificar) é a conduta típica, cujo objeto é o mapa ou o boletim de apuração; *lançar* (anotar) tem por objeto os números da votação recebida pelo candidato ou partido. As condutas são alternativas, podendo-se praticar uma delas ou ambas, concretizando-se um só delito. Trata-se de uma das modalidades de fraude eleitoral das mais graves. No caso de urna eletrônica, é aplicável o art. 72 da Lei 9.504/97.

159. Sujeitos ativo e passivo: o sujeito ativo pode ser qualquer pessoa, embora, normalmente, seja praticado por integrante da mesa de apuração. O sujeito passivo é o Estado.

160. Elemento subjetivo do tipo: é o dolo. Não há elemento subjetivo específico. Inexiste a forma culposa.

161. Objetos material e jurídico: o objeto material é o mapa ou boletim de apuração, bem como os números da votação. O jurídico é a regularidade do processo eleitoral, que consagra o sufrágio universal e a democracia pluripartidária.

162. Classificação: trata-se de crime comum (pode ser cometido por qualquer sujeito); formal (concretiza-se com a prática da conduta, independentemente de qualquer resultado naturalístico, consistente em efetivo prejuízo ao sufrágio); de forma livre (pode ser cometido por qualquer meio); comissivo (a forma verbal implica ação); instantâneo (o resultado não se prolonga no tempo); unissubjetivo (pode ser cometido por uma só pessoa); plurissubsistente (cometido em vários atos); admite tentativa.

163. Benefícios penais: a pena mínima é de um ano; cabe suspensão condicional do processo; em caso de condenação, quando a pena não superar quatro anos, cabe substituição por restritivas de direitos.

> **Art. 316.** Não receber ou não mencionar[164-166] nas atas da eleição ou da apuração os protestos devidamente formulados ou deixar de remetê-los à instância superior:[167-168]
> Pena – reclusão até cinco anos e pagamento de 5 a 15 dias-multa.[169]

164. Análise do núcleo do tipo: as três condutas típicas são omissivas: deixar de receber (aceitar), deixar de mencionar (citar, anotar) e deixar de remeter (enviar), tendo por objeto os protestos formulados pelos interessados. Cabe aos membros da recepção ou apuração de votos inserir nas atas da eleição ou da apuração os protestos feitos pelos partidos, candidatos ou outro interessado. Uma vez recebidos, devem ser encaminhados à superior instância. Bloquear o protesto, de alguma forma, é grave, pois compromete a lisura das eleições, afinal, o que não está inserido em ata considera-se não ocorrido. As condutas omissivas são alternativas, significando que a prática de uma ou mais de uma significa o cometimento de um único delito.

165. Sujeitos ativo e passivo: o sujeito ativo é o membro da Justiça Eleitoral encarregado de receber tais protestos (juiz, membro da Junta, integrante da mesa etc.). O sujeito passivo é o Estado.

166. Elemento subjetivo do tipo: é o dolo. Não há elemento subjetivo específico. Inexiste a forma culposa.

167. Objetos material e jurídico: o objeto material é o protesto. O objeto jurídico é a regularidade do processo eleitoral, que consagra o sufrágio universal e a democracia pluripartidária.

168. Classificação: trata-se de crime próprio (somente pode ser cometido por sujeito qualificado); formal (concretiza-se com a prática da conduta, independentemente de qualquer resultado naturalístico, consistente em efetivo prejuízo ao sufrágio); de forma livre (pode ser cometido por qualquer meio); omissivo (a forma verbal implica inação); instantâneo (o resultado não se prolonga no tempo); unissubjetivo (pode ser cometido por uma só pessoa); unissubsistente (cometido num só ato); não admite tentativa.

169. Benefícios penais: a pena mínima é de um ano; cabe suspensão condicional do processo; fixada a pena no patamar máximo de quatro anos, cabe pena alternativa.

> **Art. 317.** Violar ou tentar violar[170-172] o sigilo da urna ou dos invólucros.[173-174]
> Pena – reclusão de três a cinco anos.[175]

170. Análise do núcleo do tipo: *violar* (devassar, transgredir) – e a forma tentada – é a conduta típica, cujo objeto é o sigilo da urna ou de seus invólucros. Por óbvio, garantido o referido sigilo, assegura-se o segredo do voto, constitucionalmente tutelado (art. 14, *caput*, CF). Vale destacar que se trata de tipo penal a equiparar a figura consumada à tentada. Difere da figura típica do art. 312, pois neste último caso viola-se o sigilo *do voto*, enquanto na figura do art. 316 transgride-se a urna. Logo, mais grave.

171. Sujeitos ativo e passivo: o sujeito ativo pode ser qualquer pessoa. O sujeito passivo é o Estado.

172. Elemento subjetivo do tipo: é o dolo. Não há elemento subjetivo específico. Inexiste a forma culposa.

173. Objetos material e jurídico: o objeto material é o sigilo da urna ou seus invólucros. O objeto jurídico é a regularidade do processo eleitoral, que consagra o sufrágio universal e a democracia pluripartidária.

174. Classificação: trata-se de crime comum (pode ser cometido por qualquer pessoa); formal (concretiza-se com a prática da conduta, independentemente de qualquer resultado naturalístico, consistente em efetivo prejuízo ao sufrágio); de forma livre (pode ser cometido por qualquer meio); comissivo (a forma verbal implica ação); instantâneo (o resultado não se prolonga no tempo); unissubjetivo (pode ser cometido por uma só pessoa); plurissubsistente (cometido em atos); admite tentativa.

175. Benefícios penais: a pena mínima é de um ano; cabe suspensão condicional do processo; em caso de condenação a pena não superior a quatro anos, pode-se aplicar pena alternativa.

> **Art. 318.** Efetuar[176-178] a mesa receptora a contagem dos votos da urna quando qualquer eleitor houver votado sob impugnação (art. 190):[179-180]
> Pena – detenção até um mês ou pagamento de 30 a 60 dias-multa.[181]

176. Análise do núcleo do tipo: *efetuar* (realizar) é a conduta, que tem por objeto a contagem dos votos da urna, quando desenvolvida pela mesa receptora sob impugnação de eleitor. Preceitua o art. 190: "Não será efetuada a contagem dos votos pela mesa se esta não se julgar suficientemente garantida, ou se qualquer eleitor houver votado sob impugnação, devendo a mesa, em um ou outro caso, proceder na forma determinada para as demais, das zonas em que a contagem não foi autorizada".

177. Sujeitos ativo e passivo: o sujeito ativo é o integrante da mesa receptora. O sujeito passivo é o Estado.

178. Elemento subjetivo do tipo: é o dolo. Não há elemento subjetivo específico. Inexiste a forma culposa.

179. Objetos material e jurídico: o objeto material é a contagem dos votos da urna. O objeto jurídico é a regularidade do processo eleitoral, que consagra o sufrágio universal e a democracia pluripartidária.

180. Classificação: trata-se de crime próprio (somente pode ser cometido por sujeito qualificado); formal (concretiza-se com a prática da conduta, independentemente de qualquer resultado naturalístico, consistente em efetivo prejuízo ao sufrágio); de forma livre (pode ser cometido por qualquer meio); comissivo (a forma verbal implica ação); instantâneo (o resultado não se prolonga no tempo); unissubjetivo (pode ser cometido por uma só pessoa); plurissubsistente (cometido em atos); admite tentativa.

181. Benefícios penais: trata-se de infração de menor potencial ofensivo, admitindo transação.

> **Art. 319.** Subscrever[182-184] o eleitor mais de uma ficha de registro de um ou mais partidos:[185-186]
> Pena – detenção até 1 mês ou pagamento de 10 a 30 dias-multa.[187]

182. Análise do núcleo do tipo: *subscrever* (assinar) é a conduta típica cujo objeto é a ficha de registro de partidos políticos. Pune-se a subscrição feita a mais de um partido, proporcionando a sua criação, bem como a assinatura aposta mais de uma vez ao mesmo partido. O tipo penal fere o princípio constitucional da intervenção mínima, razão pela qual reputamos inconstitucional. Deve ser conduta punível apenas no âmbito administrativo.

183. Sujeitos ativo e passivo: o sujeito ativo é o eleitor. O sujeito passivo, o Estado.

184. Elemento subjetivo do tipo: é o dolo. Não há elemento subjetivo específico. Inexiste a forma culposa.

185. Objetos material e jurídico: o objeto material é a ficha de registro partidário. O objeto jurídico é a regularidade do processo eleitoral, que consagra o sufrágio universal e a democracia pluripartidária.

186. Classificação: trata-se de crime próprio (somente pode ser cometido por sujeito qualificado); formal (concretiza-se com a prática da conduta, independentemente de qualquer resultado naturalístico, consistente em efetivo prejuízo ao sufrágio); de forma livre (pode ser cometido por qualquer meio); comissivo (a forma verbal implica ação); instantâneo (o resultado não se prolonga no tempo); unissubjetivo (pode ser cometido por uma só pessoa); plurissubsistente (cometido em atos); admite tentativa.

187. Benefícios penais: a pena mínima é de quinze dias; trata-se de infração de menor potencial ofensivo, admitindo transação.

> **Art. 320.** Inscrever-se[188-190] o eleitor, simultaneamente, em dois ou mais partidos:[191-192]
> Pena – pagamento de 10 a 20 dias-multa.[193]

188. Análise do núcleo do tipo: *inscrever* (efetuar a inscrição em algo) é a conduta típica cujo objeto é a filiação partidária. Pune-se quem se filia, ao mesmo tempo, em dois ou mais partidos. Mais uma vez, trata-se de tipo penal lesivo ao princípio da intervenção mínima, visto inexistir ofensividade capaz de acionar o instrumento penal. Inconstitucional, portanto. Deveria ser sancionado somente na esfera administrativa.

189. Sujeitos ativo e passivo: o sujeito ativo é o eleitor. O sujeito passivo, o Estado.

190. Elemento subjetivo do tipo: é o dolo. Não há elemento subjetivo específico. Inexiste a forma culposa.

191. Objetos material e jurídico: o objeto material é a ficha de inscrição partidária. O objeto jurídico é a regularidade do processo eleitoral, que consagra o sufrágio universal e a democracia pluripartidária.

192. Classificação: trata-se de crime próprio (somente pode ser cometido por sujeito qualificado); formal (concretiza-se com a prática da conduta, independentemente de qualquer resultado naturalístico, consistente em efetivo prejuízo ao sufrágio); de forma livre (pode ser cometido por qualquer meio); comissivo (a forma verbal implica ação); instantâneo (o resultado não se prolonga no tempo); unissubjetivo (pode ser cometido por uma só pessoa); plurissubsistente (cometido em atos); admite tentativa.

193. Benefícios penais: trata-se de infração de menor potencial ofensivo, que admite transação.

> **Art. 321.** Colher[194-196] a assinatura do eleitor em mais de uma ficha de registro de partido:[197-198]
> Pena – detenção até dois meses ou pagamento de 20 a 40 dias-multa.[199]

194. Análise do núcleo do tipo: *colher* (obter, coletar) é a conduta típica cujo objeto é a assinatura do eleitor em ficha de registro de partido. Pune-se quem subscreve mais de uma ficha para a criação de partido político. O tipo penal do art. 321 constitui uma exceção pluralista à teoria monista: incrimina-se quem assina a ficha no art. 319 e, em tipo à parte, quem recolhe tal assinatura neste artigo. A figura de quem colhe a assinatura é danosa, pois atinge inúmeros eleitores; entretanto, para quem assina, a conduta é de ofensividade ínfima.

195. Sujeitos ativo e passivo: o sujeito ativo pode ser qualquer pessoa. O sujeito passivo é o Estado.

196. Elemento subjetivo do tipo: é o dolo. Não há elemento subjetivo específico. Inexiste a forma culposa.

197. Objetos material e jurídico: o objeto material é a ficha de registro partidário. O objeto jurídico é a regularidade do processo eleitoral, que consagra o sufrágio universal e a democracia pluripartidária.

198. Classificação: trata-se de crime comum (pode ser cometido por qualquer pessoa); formal (concretiza-se com a prática da conduta, independentemente de qualquer resultado naturalístico, consistente em efetivo prejuízo ao sufrágio); de forma livre (pode ser cometido por qualquer meio); comissivo (a forma verbal implica ação); instantâneo (o resultado não se prolonga no tempo); unissubjetivo (pode ser cometido por uma só pessoa); plurissubsistente (cometido em atos); admite tentativa.

199. Benefícios penais: a pena mínima é de quinze dias; trata-se de infração de menor potencial ofensivo, admitindo transação.

Art. 322. (*Revogado pela Lei 9.504/1997.*)

Art. 323. Divulgar,[200-202] na propaganda eleitoral ou durante período de campanha eleitoral, fatos que sabe inverídicos, em relação a partidos ou candidatos e capazes de exercer influência perante o eleitorado:[203-204]

Pena – detenção de dois meses a um ano, ou pagamento de 120 a 150 dias-multa.[205]

Parágrafo único. (*Revogado pela Lei 14.192/2021.*)

§ 1.º Nas mesmas penas incorre quem produz, oferece ou vende vídeo com conteúdo inverídico acerca de partidos ou candidatos.[206]

§ 2.º Aumenta-se a pena de 1/3 (um terço) até metade se o crime:[206-A]

I – é cometido por meio da imprensa, rádio ou televisão, ou por meio da internet ou de rede social, ou é transmitido em tempo real;

II – envolve menosprezo ou discriminação à condição de mulher ou à sua cor, raça ou etnia.

---

200. Análise do núcleo do tipo: *divulgar* (tornar público, difundir) é a conduta típica, cujo objeto são os fatos inverídicos relacionados a partidos ou candidatos, aptos a gerar influência no eleitorado. A difusão deve ser feita na propaganda eleitoral (ou fora dela, mas em período de campanha eleitoral), exigindo-se do agente o dolo direto (sabe serem os fatos inverídicos). Além disso, os fatos devem ser relevantes o suficiente para impressionar negativamente o eleitor. É uma modalidade de disseminação de *fake news*, enfocada no cenário eleitoral.

201. Sujeitos ativo e passivo: o sujeito ativo pode ser qualquer pessoa. O sujeito passivo é o Estado, mas secundariamente, o partido ou candidato prejudicado.

202. Elemento subjetivo do tipo: é o dolo. Não há elemento subjetivo específico. Inexista a forma culposa.

203. Objetos material e jurídico: o objeto material é o fato divulgado. O objeto jurídico é a regularidade do processo eleitoral, que consagra o sufrágio universal e a democracia pluripartidária.

204. Classificação: trata-se de crime comum (pode ser cometido por qualquer pessoa); formal (concretiza-se com a prática da conduta, independentemente de qualquer resultado naturalístico, consistente em efetivo prejuízo ao sufrágio); de forma livre (pode ser cometido por qualquer meio); comissivo (a forma verbal implica ação); instantâneo (o resultado não se prolonga no tempo); unissubjetivo (pode ser cometido por uma só pessoa); unissubsistente (praticado num único ato), se feito na forma oral, mas plurissubsistente (cometido em atos), noutro formato; admite tentativa na modalidade plurissubsistente.

205. Benefícios penais: trata-se de infração de menor potencial ofensivo, admitindo transação. Em caso de condenação, admite-se a substituição da pena privativa de liberdade por restritivas de direitos ou multa, conforme o caso.

206. Vídeo inverídico: estabelece-se a mesma punição ao agente que produz (realiza, constrói), oferece (oferta, coloca à disposição) ou vende (aliena mediante certo preço) um vídeo cujo conteúdo não corresponde à realidade, referindo-se aos partidos ou aos candidatos. Nessa figura, de maneira diversa do preceituado pelo *caput*, não se insere a exigência do dolo direto (*que sabe* inverídicos), podendo, em tese, admitir tanto o dolo direito quanto o eventual. Esse delito envolve qualquer pessoa que cria o vídeo, não necessariamente de propaganda eleitoral, para entregar em mãos de quem o divulgue, envolvendo partido político ou candidato. Por isso, além da produção, o autor pode oferecer gratuitamente o referido vídeo com conteúdo falso ou mesmo vendê-lo para ser usado por outra pessoa. Busca-se atingir até mesmo o publicitário especializado em campanha eleitoral, quando o faz por meio da criação de vídeos distorcidos da realidade, como forma de combater as *fake news*.

206-A. Causa de aumento da pena: prevê-se a elevação da pena, na terceira fase de individualização, quando o agente comete o delito por intermédio de mecanismo apto a espalhar com maior facilidade a inverdade ou envolver discriminação contra a mulher. A primeira hipótese diz respeito à divulgação pela imprensa (falada ou escrita), por programas de rádio ou televisão e, mais comum atualmente, valendo-se da rede mundial de computadores, seja por meio de rede social (como Facebook e similares), seja por meio de outros *sites*, permitindo-se a inserção de conteúdo gravado ou produzido em tempo real (ao vivo). Tem-se acompanhado a crescente utilização da Internet para o incremento de notícias capazes de influenciar as eleições, em particular mediante o uso de *fake news*, contaminando a lisura do pleito e prejudicando candidatos ou partidos. De outro lado, a divulgação de inverdades se torna mais grave ao envolver o *menosprezo* (desdém ou depreciação) ou *discriminação* (segregação ou diferenciação negativa) da mulher (por ser do gênero feminino) ou se apegando a elementos ligados a sua cor, raça ou etnia (esses três fatores são de análise mais complexa, embora o mais difícil se refira à raça, visto que, atualmente, se conclui inexistirem diferenças de raça; todos somos da raça humana, restando a cor de pele ou etnia). Atos mais ostensivos contra a mulher em sua atividade política estão previstos no art. 326-B. O aumento varia de 1/3 até a metade, conforme a gravidade concreta da conduta, apurada diante dos fatos apresentados a julgamento.

> **Art. 324.** Caluniar[207-209] alguém, na propaganda eleitoral, ou visando fins de propaganda, imputando-lhe falsamente fato definido como crime:[210-211]
> Pena – detenção de seis meses a dois anos, e pagamento de 10 a 40 dias-multa.[212]

> § 1.º Nas mesmas penas incorre quem, sabendo falsa a imputação, a propala ou divulga.[213]
>
> § 2.º A prova da verdade do fato imputado exclui o crime,[214] mas não é admitida:
>
> I – se, constituindo o fato imputado crime de ação privada, o ofendido, não foi condenado por sentença irrecorrível;[215]
>
> II – se o fato é imputado ao Presidente da República ou chefe de governo estrangeiro;[216]
>
> III – se do crime imputado, embora de ação pública, o ofendido foi absolvido por sentença irrecorrível.[217]

207. Análise do núcleo do tipo: *caluniar* significa fazer acusação falsa, tirando a credibilidade de alguém perante a sociedade; no caso deste tipo penal, o eleitorado. A redação, que segue a mesma linha do Código Penal, é repetitiva, pois *caluniar é imputar falsamente algo*. Deixa-se claro, no entanto, consistir tal imputação em fato definido como crime. Afeta-se a honra objetiva da vítima. Esta modalidade de calúnia insere-se no contexto da propaganda eleitoral, de forma a prejudicar a lisura do sufrágio. Na jurisprudência: TSE: "1. A conformação do tipo penal da calúnia eleitoral exige a imputação a alguém de fato determinado que seja definido como crime. Alegações genéricas, ainda que atinjam a honra do destinatário, não são aptas para caracterizar o delito. Precedentes do Supremo Tribunal Federal e deste Tribunal Superior Eleitoral. 2. A partir da prova produzida, não ficou comprovada a prática do crime de calúnia eleitoral, pois o discurso tido como ofensivo contém apenas afirmações genéricas, sem individualização de todos os elementos configuradores do delito de corrupção eleitoral. 3. O reenquadramento jurídico dos fatos é possível em sede de recurso especial eleitoral, sendo vedado somente o reexame de fatos e provas que não estejam devidamente delineados na moldura fática do acórdão regional. Precedentes do TSE. 4. A moldura fática encontra-se devidamente anotada no acórdão recorrido, devendo ser também considerados os trechos dos depoimentos transcritos no voto vencido, conforme prescreve o art. 941, § 3.º, do Código de Processo Civil. Agravo regimental a que se nega provimento" (Agravo Regimental em Recurso Especial Eleitoral 0000224-84.2014.6.02.0000, rel. Admar Gonzaga, 21.02.2019, v.u.).

208. Sujeitos ativo e passivo: o sujeito ativo pode ser qualquer pessoa. O sujeito passivo é o Estado; secundariamente, a pessoa prejudicada.

209. Elemento subjetivo do tipo: é o dolo. Há elemento subjetivo específico, consistente no *animus difamandi*. Além disso, visa-se à propaganda eleitoral. Inexiste a forma culposa.

210. Objetos material e jurídico: o objeto material é a reputação da pessoa. O objeto jurídico é a regularidade do processo eleitoral, que consagra o sufrágio universal e a democracia pluripartidária. Além disso, a honra.

211. Classificação: trata-se de crime comum (pode ser cometido por qualquer pessoa); formal (concretiza-se com a prática da conduta, independentemente de qualquer resultado naturalístico, consistente em efetivo prejuízo ao sufrágio); de forma livre (pode ser cometido por qualquer meio); comissivo (a forma verbal implica ação); instantâneo (o resultado não se prolonga no tempo); unissubjetivo (pode ser cometido por uma só pessoa); unissubsistente (praticado num único ato), se feito na forma oral, mas plurissubsistente (cometido em atos), noutro formato; admite tentativa na modalidade plurissubsistente.

212. Benefícios penais: trata-se de infração de menor potencial ofensivo, admitindo transação.

213. Análise do segundo núcleo: *propalar* (espalhar, dar publicidade) e *divulgar* (tornar público) são as condutas acessórias do tipo principal. Tão importante quanto promover a calúnia, que afeta a reputação, é difundi-la, motivo pelo qual se pune igualmente essa conduta. Checar: TSE: "Os fatos narrados não se adéquam às condutas descritas no art. 324, § 1.º, do Código Eleitoral, pois as afirmações não foram direcionadas a nenhuma pessoa nem a fato específico, assim como não se extrai da manifestação intenção clara de ofensa à honra das supostas vítimas" (Recurso em HC 392.317, Acórdão de 06.11.2014, rel. Henrique Neves da Silva, *DJe* 19.11.2014, t. 218, p. 20-21).

214. Exceção da verdade: é a defesa apresentada pelo acusado, em incidente processual, merecendo solução antes da imputação principal. Tratando-se a calúnia de imputação falsa de *fato delituoso*, pode o autor da referida alegação demonstrar a verdade do que falou; afinal, tratando-se de atribuição da prática de crime é interesse público apurá-lo.

215. Vedação à exceção da verdade em caso de ação privada: não pode o acusado ingressar com a exceção da verdade, pretendendo demonstrar a veracidade do que falou, quando o fato imputado à vítima constitua crime de ação privada e não houve condenação definitiva sobre o assunto. Note-se a situação: "A" atribui a "B" ter injuriado "C". Este último nada faz a respeito, ou seja, não processa "B", ocorrendo a decadência. Não pode "A", sendo processado por "B", pretender provar a verdade do alegado, pois estaria substituindo-se a "C", único legitimado a processar "B". A única hipótese de "A" levantar a exceção da verdade seria no caso de "C" ter acionado "B", conseguindo a sua condenação definitiva.

216. Vedação à exceção da verdade em razão da pessoa: não se admite a exceção da verdade quando a calúnia envolver o Presidente da República ou chefe de governo estrangeiro. Seria demais admitir que alguém, num singelo processo, pudesse envolver a figura do chefe do Executivo da nação, imputando-lhe e provando a prática de um delito. Sabe-se da complexidade constitucional para o processo criminal contra o Presidente da República – dependente de autorização da Câmara Federal e sujeito à competência originária do Supremo Tribunal Federal (crimes comuns) ou do Senado Federal (crimes de responsabilidade), conforme disposto no art. 86, *caput*, da Constituição –, de forma que não é concebível resolver-se a esse respeito numa ação penal comum. No tocante ao chefe de governo estrangeiro, a exceção da verdade contra ele oferecida seria totalmente inócua, pois estaria imune à nossa jurisdição, podendo causar um sério incidente diplomático.

217. Vedação à exceção da verdade em função da coisa julgada: não pode haver exceção da verdade quando o assunto já foi debatido e julgado, em definitivo, pelo Poder Judiciário. Imagine-se que Fulano imputa a Beltrano a prática de um homicídio, mas Beltrano já foi julgado e absolvido por sentença com trânsito em julgado. Não se pode admitir que Fulano, acusado de calúnia, prove a verdade do que alegou, uma vez que estaria afrontando a coisa julgada.

> **Art. 325.** Difamar[218-220] alguém, na propaganda eleitoral, ou visando a fins de propaganda, imputando-lhe fato ofensivo à sua reputação:[221-222]
>
> Pena – detenção de três meses a um ano, e pagamento de 5 a 30 dias-multa.[223]
>
> **Parágrafo único.** A exceção da verdade somente se admite se ofendido é funcionário público e a ofensa é relativa ao exercício de suas funções.[224]

218. Análise do núcleo do tipo: *difamar* (desacreditar, detrair) significa imputar fato negativo à reputação de alguém. A redação do tipo penal, portanto, é repetitiva, pois menciona *difamar, imputando fato ofensivo*. Tal fato pode ser verdadeiro ou falso, desde que causador de dano à imagem. O crime contra a honra está inserido no cenário dos crimes eleitorais, pois afeta o sufrágio, desequilibrando a relação entre os candidatos e partidos. Conferir: STF: "Injúria e difamação (arts. 325 e 326 do Código Eleitoral). Atipicidade da conduta. Arquivamento. 1. A atipicidade da conduta, a extinção da punibilidade ou a evidente ausência de justa causa autorizam o arquivamento de *notitia criminis* pelo Colegiado. 2. Não se tipifica crime eleitoral contra a honra quando expressões tidas por ofensivas se situam nos limites das críticas toleráveis no jogo político (Inq 2431, Rel. Min. Cezar Peluso). 3. Petição arquivada" (Pet 4.979, 1.ª T., rel. Roberto Barroso, 23.06.2015, v.u.). TSE: "A falta de descrição clara de um fato preciso, determinado e concreto que, no plano objetivo, revele-se infame e desonrado, afasta também o aperfeiçoamento do crime de difamação, motivo pelo qual não merece acolhimento o pedido subsidiário suscitado pelo agravante. Precedentes do STF e do STJ. 5. Merece ser desprovido o agravo interno, tendo em vista a inexistência de argumentos hábeis para modificar a decisão agravada. 6. Agravo regimental a que se nega provimento" (Recurso Especial Eleitoral 54.168, Acórdão, rel. Napoleão Nunes Maia Filho, 02.08.2018).

219. Sujeitos ativo e passivo: o sujeito ativo pode ser qualquer pessoa. O passivo é o Estado; secundariamente, a pessoa prejudicada.

220. Elemento subjetivo do tipo: é o dolo. Há elemento subjetivo específico, consistente no *animus diffamandi*. Além disso, a finalidade de propaganda. Conferir: TSE: "1. Em virtude do elemento normativo 'visando a fins de propaganda', constante do art. 325 do Código Eleitoral, o crime de difamação pode ocorrer em contexto que não seja ato tipicamente de propaganda eleitoral. 2. Demonstrados indícios de autoria e materialidade, a configurar, em tese, o crime previsto no art. 325, combinado com o art. 327, III, do Código Eleitoral, a denúncia deve ser recebida" (Recurso Especial Eleitoral 36.671, Acórdão de 27.05.2010, rel. Arnaldo Versiani Leite Soares, *DJe* 03.08.2010, p. 259-260). Não existe a forma culposa.

221. Objetos material e jurídico: o objeto material é a reputação de alguém. O objeto jurídico é a regularidade do processo eleitoral, que consagra o sufrágio universal e a democracia pluripartidária. Além disso, a honra.

222. Classificação: trata-se de crime comum (pode ser cometido por qualquer pessoa); formal (concretiza-se com a prática da conduta, independentemente de qualquer resultado naturalístico, consistente em efetivo prejuízo ao sufrágio); de forma livre (pode ser cometido por qualquer meio); comissivo (a forma verbal implica ação); instantâneo (o resultado não se prolonga no tempo); unissubjetivo (pode ser cometido por uma só pessoa); unissubsistente (praticado num único ato), se feito na forma oral, mas plurissubsistente (cometido em atos), noutro formato; admite tentativa na modalidade plurissubsistente.

223. Benefícios penais: trata-se de infração de menor potencial ofensivo, admitindo transação.

224. Exceção da verdade: é a defesa indireta, formulada em incidente processual, consistente em demonstrar a verdade dos fatos alegados. Neste caso, no entanto, há uma particularidade: não se aceita a prova da verdade como regra geral, pois é indiferente que o fato infamante seja verdadeiro ou falso. Ao tratar do funcionário público, dizendo respeito às suas funções, ao contrário, é interesse do Estado apurar a veracidade do que está sendo alegado. Trata-se de finalidade maior da Administração punir funcionários de má conduta. Assim, caso alguém diga que determinado funcionário retardou seu serviço, em certa repartição, porque foi cuidar de interesses particulares, admite-se prova da verdade, embora não seja crime. É um fato de interesse do Estado apurar e, se for o caso, punir.

> **Art. 326.** Injuriar[225-227] alguém, na propaganda eleitoral, ou visando a fins de propaganda, ofendendo-lhe a dignidade ou o decoro:[228-229]
>
> Pena – detenção até seis meses, ou pagamento de 30 a 60 dias-multa.[230]
>
> § 1.º O juiz pode deixar de aplicar a pena:[231]
>
> I – se o ofendido, de forma reprovável, provocou diretamente a injúria;[232]
>
> II – no caso de retorsão imediata, que consista em outra injúria.[233]
>
> § 2.º Se a injúria consiste em violência ou vias de fato, que, por sua natureza ou meio empregado, se considerem aviltantes:[234]
>
> Pena – detenção de três meses a um ano e pagamento de 5 a 20 dias-multa, além das penas correspondentes à violência prevista no Código Penal.[235]

225. Análise do núcleo do tipo: *injuriar* significa ofender ou insultar, tendo por objeto a pessoa, no cenário da propaganda eleitoral, afetando não somente a autoestima do ofendido como também a igualdade entre candidatos e partidos para o sufrágio. O tipo penal possui redação repetitiva, pois a injúria representa, por si só, uma ofensa à dignidade e ao decoro. Na jurisprudência: STF: "1. À luz do Código Eleitoral, é atípica a conduta de proferir ofensas irrogadas fora da ambiência político-eleitoral. 2. Para a configuração de delito contra a honra na seara eleitoral, faz-se necessário que a conduta seja praticada em propaganda eleitoral ou para fins de propaganda eleitoral, máxime se considerado o caráter de *ultima ratio* do direito penal. 3. Denúncia rejeitada" (Inq. 3.925, 1.ª T., rel. Marco Aurélio, rel. p/ acórdão Edson Fachin, j. 27.10.2015, m.v.). TSE: "O objetivo do art. 326 do CE é coibir a manifestação ofensiva à honra subjetiva dos jurisdicionados, para a qual basta que a conduta tenha sido levada a efeito na propaganda eleitoral ou com repercussão nessa seara, ou seja, apura-se a conotação eleitoral da manifestação, o que se verifica no caso. 3. Reformar a conclusão regional, para fins de afastar a existência de conotação eleitoral nas manifestações no *blog* e a ocorrência de crime de injúria na propaganda eleitoral por meio da conduta descrita na inicial, demandaria o reexame de provas, o que não se admite em recurso especial, nos termos da Súmula n.º 279/STF. 4. Decisão agravada mantida pelos próprios fundamentos. Agravo regimental desprovido" (Recurso Especial Eleitoral 40.224, Acórdão, rel. Gilmar Mendes, 23.11.2016).

226. Sujeitos ativo e passivo: o sujeito ativo pode ser qualquer pessoa. O sujeito passivo é o Estado e a pessoa ofendida.

227. Elemento subjetivo do tipo: é o dolo. Exige-se elemento subjetivo do tipo, consistente no *animus injuriandi*, além da finalidade de afetar a propaganda eleitoral. Não existe a forma culposa. Na jurisprudência: STJ: "1. Os crimes de difamação e injúria prescritos, respectivamente, nos arts. 325 e 326 do Código Eleitoral, exigem finalidade eleitoral para que restem configurados. Ou seja, esse tipo de delito 'somente se concretiza quando eventual ofensa ao decoro ou à dignidade ocorrer em propaganda eleitoral ou com fins de propaganda' (CC 134.005/PR, Rel. Ministro Rogério Schietti Cruz, Terceira Seção, *DJe* 16/6/2014)" (CC 123.057 – BA, 3.ª S., rel. Ribeiro Dantas, j. 11.05.2016, v.u.).

228. Objetos material e jurídico: o objeto material é a autoestima da pessoa ofendida. O objeto jurídico é a regularidade do processo eleitoral, que consagra o sufrágio universal e a democracia pluripartidária. Além disso, a honra.

229. Classificação: trata-se de crime comum (pode ser cometido por qualquer pessoa); formal (concretiza-se com a prática da conduta, independentemente de qualquer resultado naturalístico, consistente em efetivo prejuízo ao sufrágio); de forma livre (pode ser cometido por qualquer meio); comissivo (a forma verbal implica ação); instantâneo (o resultado não se prolonga no tempo); unissubjetivo (pode ser cometido por uma só pessoa); unissubsistente (praticado num único ato), se feito na forma oral, mas plurissubsistente (cometido em atos), noutro formato; admite tentativa na modalidade plurissubsistente.

230. Benefícios penais: a pena mínima é de quinze dias; a infração é de menor potencial ofensivo, admitindo transação.

231. Perdão judicial: trata-se de uma causa de extinção da punibilidade, quando o Estado, diante de circunstâncias especiais, crê não ser cabível punir o agente. A decisão que concede o perdão é declaratória de extinção da punibilidade, não representando qualquer ônus, primário ou secundário, para o réu.

232. Provocação reprovável: configura-se uma hipótese semelhante à violenta emoção, seguida de injusta provocação do ofendido. Aquele que provoca outra pessoa, indevidamente, até lhe tirar o seu natural equilíbrio, pode ser vítima de uma injúria. Embora não seja correto, nem lícito, admitir que o provocado ofenda o agente provocador, é causa de extinção da punibilidade. Não haveria razão moral para o Estado punir quem injuriou a pessoa que o provocou.

233. Retorsão imediata: é uma modalidade anômala de "legítima defesa". A pessoa ofendida devolve a ofensa. Embora não seja lícita a conduta, pois a legítima defesa destina-se, exclusivamente, a fazer cessar a agressão injusta que, no caso da injúria, já ocorreu, é preciso ressaltar que o ofendido tem em mente devolver a ofensa para livrar-se da pecha a ele dirigida. A devolução do ultraje acaba, internamente, compensando quem a produz. Por isso, o Estado acaba perdoando o agressor.

234. Forma qualificada: a violência implica ofensa à integridade corporal de outrem, enquanto a via de fato representa uma forma de violência que não chega a lesionar a integridade física ou a saúde de uma pessoa. Um tapa pode produzir um corte no lábio da vítima, configurando violência, mas pode também não deixar ferimento, representando a via de fato. É possível que o agente produza um insulto dessa forma, o que, aliás, é igualmente infamante. Neste caso, se tiver havido violência, há concurso da injúria com o delito de lesões corporais. Circunscrevendo-se, unicamente, às vias de fato, fica a contravenção absorvida pela injúria chamada *real*.

235. Benefícios penais: trata-se de infração de menor potencial ofensivo, admitindo transação.

Art. 326-A. Dar causa[236-240] à instauração de investigação policial,[241] de processo judicial,[242] de investigação administrativa,[243] de inquérito civil[244] ou ação de improbidade administrativa,[245-246] atribuindo a alguém[247] a prática de crime ou ato infracional[248] de que o sabe inocente,[249] com finalidade eleitoral:[250-251]

Pena – reclusão, de 2 (dois) a 8 (oito) anos, e multa.

§ 1.º A pena é aumentada de sexta parte,[252] se o agente se serve do anonimato[253] ou de nome suposto.[254]

§ 2.º A pena é diminuída de metade, se a imputação é de prática de contravenção.[255]

§ 3.º Incorrerá nas mesmas penas deste artigo quem, comprovadamente ciente da inocência do denunciado e com finalidade eleitoral, divulga ou propala, por qualquer meio ou forma, o ato ou fato que lhe foi falsamente atribuído.[256-260]

236. Crime complexo: trata-se de crime complexo em sentido amplo, constituído, como regra, da calúnia e da conduta lícita de levar ao conhecimento da autoridade pública – delegado, juiz ou promotor – a prática de um crime e sua autoria. Portanto, se o agente imputa falsamente a alguém a prática de fato definido como crime, comete o delito de calúnia. Se transmite à autoridade o conhecimento de um fato criminoso e do seu autor, pratica uma conduta permitida expressamente pelo Código de Processo Penal (art. 5.º, § 3.º). Entretanto, a junção das duas situações (calúnia + comunicação à autoridade) faz nascer o delito de denunciação caluniosa, de ação pública incondicionada, porque está em jogo o interesse do Estado na administração da justiça.

237. Análise do núcleo do tipo: *dar causa* significa dar motivo ou fazer nascer algo. No caso deste tipo penal, o objeto é investigação policial ou processo judicial. Ressalte-se que o agente pode agir diretamente ou por interposta pessoa, além de poder fazê-lo por qualquer meio escolhido, independentemente da formalização do ato. Assim, aquele que informa à autoridade policial, verbalmente, a existência de um crime e de seu autor, sabendo que o faz falsamente, está fornecendo instrumentos para a investigação. Acrescente-se, ainda, que o aumento da gravidade do crime originariamente praticado por alguém pode constituir denunciação caluniosa. Exemplificando, se o agente sabe que Fulano praticou um furto, mas narra à autoridade policial, sabendo-o inocente, ter havido um roubo, preenche-se o tipo do art. 339. É o pensamento exposto por Hungria (*Comentários ao Código Penal*, v. IX, p. 462). É preciso levar em consideração, igualmente, os excessos havidos em investigação ou processo judicial já instaurado. Se, lançada a denunciação caluniosa no meio da instrução, dando ensejo a uma particular investigação, seja por incidente procedimental ou no bojo do feito principal, constrangendo quem foi injustamente acusado, também há de se considerar o crime do art. 339. A denunciação caluniosa pode ocorrer em qualquer cenário: cível ou criminal. O ponto crítico deste delito é macular a honra (tanto que muitos autores o consideram um delito contra a honra, na sua essência) de alguém perante a autoridade administrativa ou judiciária. Diante disso, *dar causa* a instauração de investigação policial não quer dizer unicamente inaugurar o inquérito formalmente. Se, durante o seu andamento, o agente lança uma segunda acusação, esta sim caluniosa, é absolutamente natural que seja obrigação da autoridade policial investigá-la. Está inaugurando uma segunda linha investigatória, com os constrangimentos ao investigado, por conta da falsa acusação. O mesmo raciocínio deve ser usado para o processo judicial, que, por conta de uma denunciação caluniosa, altera completamente o seu rumo, dando ensejo à produção de provas à parte, a fim de captar a essência daquela acusação falsa. Se for verdadeira, o fato é atípico e o incômodo gerado ao investigado é inócuo, devendo ainda haver apuração criminal. Entretanto, se for falso, o fato é típico, pois *gerou* uma investigação *interna* no processo cível ou criminal, podendo ter sérias consequências para o acusado falsamente no deslinde da causa. Não fosse assim, ficaria muito fácil aos acusadores ofensivos da honra alheia lançar calúnias em processos – dos quais não fazem parte e não se beneficiam da imunidade judiciária do art. 142 do CP – para provocar retrocessos processuais, prejuízos investigatórios nítidos, mudanças de linhas investigatórias e até mesmo um resultado processual diverso do que seria proferido se não houvesse aquela denunciação caluniosa.

238. Sujeitos ativo e passivo: o sujeito ativo pode ser qualquer pessoa. Os sujeitos passivos são, principalmente, o Estado e, em segundo lugar, a pessoa prejudicada pela falsa denunciação.

239. Autoridade que age de ofício: pode ser sujeito ativo do crime de denunciação caluniosa. Não se exige que somente um particular provoque a ação da autoridade para a instauração de investigação administrativa ou policial, inquérito civil ou ação civil ou penal, uma vez que, para assegurar o escorreito funcionamento da máquina administrativa, pode haver procedimento de ofício. Assim, o delegado que, sabendo inocente alguém, instaura contra ele inquérito policial; o promotor que, com igual ideia, determina a instauração de inquérito civil, bem como o juiz que, tendo notícia de que determinada pessoa é inocente, ainda assim requisita a instauração de inquérito, podem responder por denunciação caluniosa.

240. Elemento subjetivo do tipo: é o dolo; entretanto, somente na sua forma direta, tendo em vista que o tipo penal exige o nítido conhecimento do agente acerca da inocência do imputado. Logo, torna-se impossível que ele assuma o risco de dar causa a uma investigação ou processo contra alguém inocente (dolo eventual). Acrescenta-se, ainda, o fim específico: "com finalidade eleitoral". Não existe, obviamente, a forma culposa.

241. Investigação policial: a *investigação policial*, referida no tipo penal, necessita ser o inquérito policial – que é procedimento administrativo de persecução penal do Estado, destinado à formação da convicção do órgão acusatório, instruindo a peça inaugural da ação penal –, não se podendo considerar os meros atos investigatórios isolados, conduzidos pela autoridade policial ou seus agentes, proporcionados pelo simples registro de uma ocorrência. Seria demais atribuir o delito de denunciação caluniosa a quem não conseguiu efetivamente o seu intento, vale dizer, a sua narrativa foi tão infundada que a autoridade policial, nos primeiros passos da investigação, prescindindo do inquérito, chegou à conclusão de se tratar de algo inadequado ou impossível. A administração da justiça não chegou a ser afetada, configurando, no mínimo, hipótese de aplicação do princípio da insignificância. Aliás, acrescente-se também a expressa menção feita no tipo penal de que é preciso "dar causa a instauração de investigação policial (...) contra alguém". Ora, a autoridade policial somente volta a investigação *contra* alguém quando não somente instaura o inquérito, mas sobretudo indicia o suspeito. Esse é o motivo pelo qual defendemos que a simples instauração de investigação, sem o inquérito, é irrelevante penal. Instaurando-se o inquérito, mas sem indiciamento, estar-se-á na esfera da tentativa. Enfim, havendo o indiciamento, consuma-se a infração penal. Em contrário, crendo suficiente a existência de qualquer ato investigatório, mesmo sem a formal instauração de inquérito policial, para a configuração do delito: Hungria (*Comentários ao Código Penal*, v. IX, p. 461), Rui Stoco (*Código Penal e sua interpretação jurisprudencial*, p. 4.112), Jorge Assaf Maluly (*Denunciação caluniosa*, p. 93). Em posição intermediária, defendendo que é preciso instaurar o inquérito, mas sem necessidade do indiciamento para a consumação: Fortes Barbosa (*Denunciação caluniosa*, p. 108-109). Em posição diferenciada: TJRJ: "Com efeito, da análise abstrata do tipo penal definido no artigo 339 do Código Penal, a mera instauração de inquérito policial, por meio da lavratura do registro de ocorrência é suficiente, por si só, em caso de saber ser falso o fato imputado, para configurar o crime de denunciação caluniosa, não sendo necessário o oferecimento da denúncia. O tipo penal mencionado é claro ao dizer 'dar causa à instauração de investigação policial', que é o mesmo que dar causa à instauração de inquérito. Assim, o fato imputado à paciente pode, em tese, configurar o crime do artigo 339 do Código Penal, motivo pelo qual, à míngua de outros elementos, não é possível reconhecer a ausência de justa causa" (HC 0068683-02.2014.8.19.0000 – RJ, 8.ª Câmara Criminal, rel. Marcus Quaresma Ferraz, j. 28.01.2015, v.u.).

242. Processo judicial: costumava-se defender que o processo referido neste artigo deveria ser o criminal, uma vez que a imputação à vítima seria de crime de que se sabe inocente. Assim, instaura-se processo-crime para apurar o delito porventura cometido pelo ofendido, quando, então, descobre-se não ser ele culpado, concretizando a denunciação caluniosa. Ocorre que, atualmente, após a edição da Lei 10.028/2000, que acrescentou ao tipo penal a possibilidade de se dar causa, indevidamente, à instauração de inquérito civil – procedimento preparador da ação civil pública, por excelência –, bem como ampliando-se o alcance do crime para envolver meras investigações administrativas e ações de improbidade administrativa, é preciso reconsiderar essa postura. Imagine-se que alguém, sabendo ser outra pessoa inocente, imputa-lhe crime, que termina redundando no ajuizamento de ação civil pública, para exigir a reparação do dano na esfera cível (ainda que nada ocorra no contexto criminal). Parece-nos que, se o singelo inquérito civil provoca a realização deste tipo penal, com muito mais justiça está configurada a denunciação caluniosa, no caso de ajuizamento de ação civil pública contra indivíduo sabidamente inocente. Logo, o conceito deve ser ampliado, para envolver não somente as ações penais – sempre de interesse público –, mas também as ações civis públicas. De todo modo, a consumação somente ocorre quando houver o recebimento da denúncia ou queixa (processo-crime) ou da petição inicial (ação civil pública). A apresentação da denúncia ou queixa e da petição inicial, no distribuidor, sem o recebimento, situa-se na esfera da tentativa.

243. Investigação administrativa: antes da Lei 10.028/2000, não se admitia outro procedimento administrativo de apuração de crime, para dar azo à concretização da denunciação caluniosa, que não fosse o inquérito policial. Ocorre que, atualmente, a lei é clara ao permitir a configuração deste delito também quando alguém, sabendo ser outrem inocente, dá margem a qualquer tipo de investigação administrativa, por conta da imputação de crime. Abrangem-se, então, sindicâncias e processos administrativos de toda ordem, desde que a autoridade administrativa tenha agido por conta de denúncia falsa promovida pelo agente. Note-se, ainda, que a denunciação caluniosa somente tem efeito no caso de a investigação administrativa ter por base a imputação de *crime*, algo que não foi alterado pela nova lei. Assim, caso haja uma representação contra um delegado, por exemplo, na Corregedoria da Polícia Civil, imputando-lhe abuso de autoridade, de que o sabe inocente, ainda que não haja inquérito, a investigação desencadeada pela autoridade competente já é suficiente para gerar a denunciação caluniosa. A simples representação, solicitando a investigação administrativa, está na órbita da tentativa. Para haver consumação, é indispensável que seja instaurado o processo administrativo ou a sindicância, por portaria.

244. Inquérito civil: como bem define Motauri Ciocchetti de Souza, trata-se de "um procedimento administrativo de natureza inquisitiva, presidido pelo Ministério Público e que tem por finalidade a coleta de subsídios para a eventual propositura de ação civil pública pela Instituição" (*Ação civil pública e inquérito civil*, p. 85). Logo, após a inclusão do inquérito civil no contexto da denunciação caluniosa, pela Lei 10.028/2000, além do inquérito policial e de todas as outras investigações administrativas possíveis, deixou clara o legislador a intenção de coibir a conduta daquele que provoca a movimentação oficial do Ministério Público, no sentido de apurar ilícitos penais, que deem margem à propositura de ação civil pública ou de improbidade administrativa contra o imputado. Além do mais, por vezes, do inquérito civil, parte o Ministério Público também para a ação penal, sem necessidade de inquérito policial, uma vez que, nesse contexto, tem competência para colher provas. Assim, embora tenha iniciado o inquérito civil para apurar ilícito civil – também considerado penal –, termina colaborando para o ajuizamento do processo criminal. Caso duas ações sejam indevidamente propostas contra a vítima da denunciação caluniosa, nem por isso haverá mais de um delito, pois o tipo penal do art. 339 é alternativo: uma ou mais investigações e/ou processos configuram um só crime. A consumação ocorrerá quando o inquérito civil deixar claro que está investigando pessoa determinada, justamente aquela que o agente sabe inocente.

245. Ação de improbidade administrativa: rege o contexto dos atos de improbidade administrativa a Lei 8.429/92, estabelecendo condutas merecedoras de apuração na esfera administrativa, mas que podem gerar ações civis e penais contra o seu autor. Estabelece o art. 14, *caput*, da mencionada lei, que qualquer pessoa pode representar à autoridade administrativa competente, a fim de se instaurar investigação para apurar a prática de ato de improbidade. Realizada a investigação, não somente sanções de ordem administrativa podem ser aplicadas, mas, sobretudo, através do Ministério Público (art. 17), cabe o ajuizamento de ação de improbidade administrativa, de natureza cível, para reaver ao erário o valor pertinente aos danos causados, bem como pode ser proposta ação penal, quando o ato tem reflexo na alçada criminal. Exige-se, no entanto, que a ação de improbidade administrativa, que tenha sido proposta indevidamente, porque lastreada em imputação falsa contra alguém, fundamente-se em ato considerado igualmente *crime* ou *contravenção penal*. O término da ação de improbidade administrativa deve ser aguardado, pois, em caso de vitória do autor, ainda que não configurado o crime – para que medidas sejam tomadas na esfera penal –, não há denunciação caluniosa. Exemplo: imagine-se que alguém impute a um funcionário a prática de peculato-desvio, ou seja, ter ele utilizado bem móvel público, de que tem posse em razão do cargo, em proveito próprio. Além da figura delituosa prevista no art. 312 do Código Penal, poderá responder por improbidade administrativa. Assim, embora possa ser absolvido na esfera criminal – ou nenhuma medida tenha sido tomada nessa área – por ter-se configurado a hipótese do peculato de uso (não se encontrou a intenção de usufruir com ânimo definitivo do que pertence à administração), cabe a condenação por ato de improbidade administrativa. Por isso, não teria havido denunciação caluniosa. A consumação somente ocorre quando o magistrado receber a inicial, determinando a citação do réu. O procedimento prévio, em que há a notificação para uma primeira resposta, pode configurar a tentativa.

246. Término da investigação ou ação: torna-se imprescindível, para que se julgue corretamente o crime de denunciação caluniosa, o aguardo da finalização da investigação instaurada para apurar a infração penal imputada, bem como a ação civil ou penal, cuja finalidade é a mesma, sob pena de injustiças flagrantes. Recomenda Hungria que, "conforme pacífica doutrina e jurisprudência, a decisão final no processo contra o denunciante deve aguardar o prévio reconhecimento judicial da inocência do denunciado, quando instaurado processo contra este. Trata-se de uma medida de ordem prática, e não propriamente de uma condição de existência do crime" (*Comentários ao Código Penal*, v. IX, p. 465-466). Em igual sentido: Paulo José da Costa Júnior, *Direito penal – Curso completo*, p. 734.

247. Pessoa determinada: o elemento do tipo *alguém* indica, nitidamente, tratar-se de pessoa certa, não se podendo cometer o delito ao indicar para a autoridade policial apenas a materialidade do crime e as várias possibilidades de suspeitos. E vamos além: somente se torna oficial a investigação policial *contra alguém* havendo inquérito e formal indiciamento. Antes disso, pode existir investigação, mas não se dirige contra uma pessoa determinada. Por outro lado, não há crime quando o agente noticia a ocorrência de um fato criminoso, solicitando providências da autoridade, mas sem indicar nomes. Caso se verifique não ter ocorrido a infração penal, poderá se configurar o crime do art. 340, mas não a denunciação caluniosa, que demanda imputado certo.

248. Crime e ato infracional: o crime é a infração penal prevista no Código Penal, sujeito a pena de reclusão e detenção. Não há previsão para contravenção penal. Menciona-se, entretanto, ato infracional, que só comporta *tradução* para o ato previsto no Estatuto da Criança e do Adolescente. Aliás, algo estranho, pois o que acontece com o sujeito menor de 18 anos encontra-se sob sigilo.

249. Inocência do imputado: além de o agente ter esse conhecimento, exigem a doutrina e a jurisprudência majoritárias, com razão, que o imputado seja realmente prejudicado pela ação do autor, isto é, seja injustamente investigado ou processado, para, ao final, ocorrer o arquivamento ou a absolvição por falta de qualquer fundamento para vinculá-lo à autoria. Porém, se a punibilidade estiver extinta (pela prescrição, anistia, abolição da figura delitiva, dentre outros fatores) ou se ele tiver agido sob o manto de alguma excludente de ilicitude ou de culpabilidade, enfim, se o inquérito for arquivado ou houver absolvição, por tais motivos, não há crime de denunciação caluniosa. Tal se dá porque havia possibilidade concreta de ação da autoridade policial ou judiciária, justamente pela existência de fato típico (havendo autor sujeito à investigação ou processo), embora não seja ilícito, culpável ou punível. Nesse rumo está a lição de Hungria (*Comentários ao Código Penal*, v. IX, p. 462).

250. Objetos material e jurídico: o objeto material é a investigação policial, o processo judicial, a investigação administrativa, o inquérito civil ou a ação de improbidade administrativa indevidamente instaurados. O objeto jurídico é o interesse na escorreita administração da justiça eleitoral.

251. Classificação: trata-se de crime comum (aquele que pode ser cometido por qualquer pessoa); formal (delito que não exige, para sua consumação, resultado naturalístico, consistente no efetivo prejuízo para a administração da justiça); de forma livre (pode ser cometido por qualquer meio eleito pelo agente); comissivo ("dar causa" implica ação) e, excepcionalmente, omissivo impróprio ou comissivo por omissão (quando o agente tem o dever jurídico de evitar o resultado, nos termos do art. 13, § 2.º, CP); instantâneo (cuja consumação não se prolonga no tempo, dando-se em momento determinado); unissubjetivo (aquele que pode ser cometido por um único sujeito); plurissubsistente (delito cuja ação é composta por vários atos, permitindo-se o seu fracionamento); admite tentativa, embora de difícil configuração.

252. Causa de aumento de pena: determina o tipo penal o aumento obrigatório de um sexto na pena quando o agente se servir de anonimato ou de nome suposto, o que dificulta, sobremaneira, a identificação do autor da denúncia falsa.

253. Anonimato: é a posição assumida por alguém que escreve ou transmite uma mensagem sem se identificar.

254. Nome suposto: é a posição de quem escreve algo ou transmite uma mensagem adotando um nome fictício, isto é, sem se identificar.

255. Causa de diminuição da pena: como dissemos, a denunciação caluniosa pode abranger a imputação falsa de crime ou de ato infracional. Porém, pode também envolver contravenção penal – embora não descrita exatamente no *caput* (o que nos parece um erro legislativo). Entretanto, tendo em vista o desvalor da conduta, isto é, a menor potencialidade lesiva que propicia à vítima da denunciação caluniosa responder por uma contravenção penal do que por um crime, diminui-se a pena da metade quando o agente imputa a alguém a prática de contravenção.

256. Crime consequencial: cometida a denunciação caluniosa do *caput*, descreve-se neste parágrafo uma figura típica, que é consequência possível da primeira. Abrange os verbos *divulgar* (tornar conhecido um fato para outrem) e *propalar* (espalhar, dar publicidade), que são as condutas alternativas punidas, cujo objeto é justamente o ato (conduta) ou fato (resultado da conduta) falsamente (não verdadeiro) atribuído à vítima da denunciação caluniosa prevista no *caput*. Tem-se entendido que propalar é mais amplo que divulgar, embora ambas as condutas deem conhecimento da falsidade a quem deles não tinha ciência. Para a prática do crime, adota-se a forma livre: por qualquer meio ou forma, o que, hoje, envolve a rede mundial de computadores (as redes sociais e outros meios de transmissão de mensagens). Mas, pelo menos, o tipo penal incriminador deste parágrafo é mais restritivo do que a divulgação ou propalação da calúnia, conforme previsto no art. 138, § 1.º, do Código Penal, visto demandar *comprovadamente a ciência da inocência do denunciado* (dolo direto), associado à finalidade específica, que é eleitoral.

257. Sujeitos ativo e passivo: o sujeito ativo pode ser qualquer pessoa. O sujeito passivo é o Estado, primeiramente; em segundo lugar, a pessoa prejudicada pela falsa denunciação, que foi divulgada ou propalada.

258. Elemento subjetivo do tipo: é o dolo; entretanto, somente na sua forma direta, tendo em vista que o tipo penal exige o comprovado conhecimento do agente acerca da inocência do imputado. Logo, torna-se impossível que ele assuma o risco de espalhar notícia falsa. Há o elemento subjetivo do tipo específico, consistente na *finalidade eleitoral*. Não existe a forma culposa.

259. Objetos material e jurídico: o objeto material é o ato ou fato falsamente atribuído à vítima da denunciação caluniosa. O objeto jurídico é o interesse na escorreita administração da justiça eleitoral.

260. Classificação: trata-se de crime comum (aquele que pode ser cometido por qualquer pessoa); formal (delito que não exige, para sua consumação, resultado naturalístico, consistente no efetivo prejuízo para a administração da justiça eleitoral); de forma livre (pode ser cometido por qualquer meio eleito pelo agente); comissivo (os verbos implicam ação); instantâneo (cuja consumação não se prolonga no tempo, dando-se em momento determinado); unissubjetivo (aquele que pode ser cometido por um único sujeito); unissubsistente (cometido num único ato, como a simples comunicação oral) ou plurissubsistente (delito cuja ação é composta por vários atos, permitindo-se o seu fracionamento, como a divulgação por meio escrito ou similar); admite tentativa, embora de difícil configuração, no formato plurissubsistente.

Art. 326-B. Assediar,[260-A-260-C] constranger, humilhar, perseguir ou ameaçar, por qualquer meio, candidata a cargo eletivo ou detentora de mandato eletivo, utilizando-se de menosprezo ou discriminação à condição de mulher ou à sua cor, raça ou etnia, com a finalidade de impedir ou de dificultar a sua campanha eleitoral ou o desempenho de seu mandato eletivo.[260-D-260-E]

Pena – reclusão, de 1 (um) a 4 (quatro) anos, e multa.[260-F]

Parágrafo único. Aumenta-se a pena em 1/3 (um terço), se o crime é cometido contra mulher:[260-G]

I – gestante;

II – maior de 60 (sessenta) anos;

III – com deficiência.

260-A. Análise do núcleo do tipo: *assediar* (acossar, cercar alguém com insistência), *constranger* (coagir física ou moralmente), *humilhar* (rebaixar, aviltar), *perseguir* (aborrecer, ir ao encalço de alguém) ou *ameaçar* (prometer a prática de mal injusto e grave) são as condutas alternativas, cujo objeto é mulher candidata a cargo eletivo ou detentora de mandato eletivo. A prática de uma ou mais dessas condutas contra a mesma vítima, em idêntico contexto, gera a prática de um único crime. Cuida-se de um *assédio político* à mulher, muitas vezes discriminada pela sua condição feminina, no machista universo da política brasileira. O agente deve valer-se, para tanto, do *menosprezo* (desdém, depreciação) ou da *discriminação* (segregação) à condição de mulher (simplesmente por ser do gênero feminino) ou à cor, à raça ou à etnia da mulher. Como já explicitado anteriormente, o termo *raça*, atualmente, não serve de elemento preciso para definir uma pessoa, pois a raça humana é única, motivo pelo qual o *racismo* implica conduta de segregar pessoas de grupo vulnerável e minoritário. O enfoque é mais útil no tocante à cor da pele (branca, negra, amarela, parda) e à etnia (característica cultural, linguística, religiosa e fatores similares que compõem um grupo de pessoas). O precípuo fim do agente é conturbar a carreira política da mulher, durante a campanha eleitoral ou depois de eleita.

260-B. Sujeitos ativo e passivo: o sujeito ativo pode ser qualquer pessoa. O sujeito passivo é o Estado, primeiro interessado em manter a lisura do sufrágio em todos os prismas, mas também a mulher, quando exerce seus direitos políticos de se candidatar a mandato eletivo e bem desempenhá-lo.

260-C. Elemento subjetivo do tipo: é o dolo, não se punindo a forma culposa. Há o elemento subjetivo específico, consistente em impedir ou dificultar a campanha eleitoral ou o desempenho do mandato eletivo da mulher.

260-D. Objetos material e jurídico: o objeto material é a mulher, em sua atividade política; o objeto jurídico é a regularidade do processo eleitoral, que consagra o sufrágio universal e a democracia pluripartidária, além do exercício individual do direito político.

260-E. Classificação: trata-se de crime comum (pode ser cometido por qualquer pessoa); formal (concretiza-se com a prática da conduta, independentemente de qualquer resultado naturalístico, consistente em efetivo prejuízo ao direito político); de forma livre (pode ser cometido por qualquer meio); comissivo (a forma verbal implica ação); instantâneo (o resultado não se prolonga no tempo) nas modalidades *constranger*, *humilhar* e *ameaçar*, podendo configurar o desenho habitual (o conjunto de atitudes constitui o delito) nas formas *assediar* e *perseguir*; unissubjetivo (pode ser cometido por uma só pessoa); unissubsistente (praticado num único ato) ou plurissubsistente (cometido em atos); admite tentativa na modalidade instantânea e plurissubsistente.

260-F. Benefícios penais: admite suspensão condicional do processo ou acordo de não persecução penal. Em caso de condenação, pode-se substituir a pena privativa de liberdade por restritivas de direito com regime inicial aberto.

260-G. Causas de aumento: eleva-se a pena, na terceira fase de individualização, em quantidade de 1/3, de acordo com atributo ou estado da vítima. Tem sido uma tendência geral, no cenário penal, deslocar maior punição para quem comete crime contra gestante, maior de 60 anos e pessoa com deficiência, pois são consideradas vítimas mais vulneráveis.

Art. 327. As penas cominadas nos arts. 324, 325 e 326, aumentam-se de 1/3 (um terço) até metade,[260-H] se qualquer dos crimes é cometido:

I – contra o Presidente da República ou chefe de governo estrangeiro;[261]

II – contra funcionário público, em razão de suas funções;[262]

III – na presença de várias pessoas, ou por meio que facilite a divulgação da ofensa;[263]

IV – com menosprezo ou discriminação à condição de mulher ou à sua cor, raça ou etnia;[263-A]

V – por meio da internet ou de rede social ou com transmissão em tempo real.[263-B]

Art. 328. *(Revogado pela Lei 9.504/1997.)*

Art. 329. *(Revogado pela Lei 9.504/1997.)*

Art. 330. Nos casos dos arts. 328 e 329 se o agente repara o dano antes da sentença final, o juiz pode reduzir a pena.

260-H. Causa de aumento de pena: a elevação, a ser aplicada na terceira fase da individualização, varia de 1/3 até a metade, conforme a gravidade concreta da conduta, apurada diante dos fatos apresentados a julgamento.

261. Honra do Presidente da República ou de chefe de governo estrangeiro: torna-se especialmente grave a agressão à honra, objetiva ou subjetiva, do representante maior de uma nação, seja ela brasileira (Presidente da República), seja estrangeira. A mácula à reputação dessas pessoas, em razão do alto cargo por elas ocupado, pode ter repercussão maior que qualquer outro indivíduo, mesmo porque tende a ofender, em muitos casos, a própria coletividade por elas representada. Nem mesmo é permitida a exceção da verdade, nesse contexto, quando há calúnia (art. 138, § 3.º, II, CP).

262. Honra de funcionário público: trata-se de uma causa de aumento que leva em consideração o interesse maior da Administração. Do mesmo modo que se permite a exceção da verdade tanto no contexto da calúnia quanto no da difamação, a fim de saber se o funcionário público praticou crime ou qualquer outro fato desabonador, pune-se, com maior rigor, quem o ofenda, no *exercício das suas funções*, levianamente. Na jurisprudência: TSE: "Reconhecido que as ofensas foram proferidas contra prefeito e vereador e possuem relação com o exercício dos cargos, deve incidir a causa de aumento de pena prevista no art. 327, inciso II, do Código Eleitoral" (Agravo Regimental em Agravo de Instrumento 0000129-10.2016.6.16.0157, rel. Edson Fachin, j. 06.08.2019).

263. Facilitação da divulgação da agressão à honra: pune-se com maior rigor o agente que se valha de meio de fácil propagação da calúnia, da difamação ou da injúria. Ao ofender alguém na presença de várias pessoas – pelo menos duas a mais que a vítima –, por exemplo, no meio de uma solenidade ou de uma festa, faz-se que o dano à imagem seja potencialmente maior. Por outro lado, é possível que o instrumento utilizado, ainda que não se esteja diante de muitos destinatários, facilite, igualmente, a propagação do agravo (ex.: colocação da ofensa em *outdoor* situado em via pública). É possível inserir nesse dispositivo a divulgação por canais de comunicação, como rádio e televisão.

263-A. Discriminação feminina: o agente deve valer-se do *menosprezo* (desdém, depreciação) ou da *discriminação* (segregação) à condição de mulher (simplesmente por ser do gênero feminino) ou à cor, à raça ou à etnia da mulher. Como já explicitado anteriormente, o termo *raça*, atualmente, não serve de elemento preciso para definir uma pessoa, pois a raça humana é única, motivo pelo qual o *racismo* implica conduta de segregar pessoas de grupo vulnerável e minoritário. O enfoque é mais útil no tocante à cor da pele (branca, negra, amarela, parda) e à etnia (característica cultural, linguística, religiosa e fatores similares que compõem um grupo de pessoas).

263-B. Meio de disseminação: torna-se meio muito utilizado para a prática de crimes contra a honra, não somente na esfera eleitoral, o emprego da rede mundial de computadores, cujo acesso é cada vez mais fácil e alcança um número indeterminado de pessoas, em sites ou redes sociais. Pode ser realizado, ainda, por rede social (como Facebook ou WhatsApp), cuja conexão se dá por conexão 4G ou 5G de aparelhos celulares. Admite-se o mecanismo de propagação por vídeo ou áudio gravado e reproduzido depois ou em tempo real (ao vivo). A ofensa à honra se torna indiscutivelmente mais grave pelo alcance gerado em comunicação de alta e célere difusão.

> **Art. 331.** Inutilizar, alterar ou perturbar[264-266] meio de propaganda devidamente empregado:[267-268]
> Pena – detenção até seis meses ou pagamento de 90 a 120 dias-multa.[269]

264. Análise do núcleo do tipo: *inutilizar* (tornar inútil), *alterar* (modificar algo) e *perturbar* (atrapalhar) são condutas alternativas, cujo objeto é o meio de propaganda, em qualquer nível (eleitoral ou não). Quando lícita, não deve ser, de qualquer maneira, interrompida. Afinal, os candidatos e partidos têm o direito de se expressar, transmitindo suas ideias e projetos aos eleitores. O meio de expressão é amplo, abrangendo qualquer aspecto (televisão, rádio, cartaz, folhetos etc.).

265. Sujeitos ativo e passivo: o sujeito ativo pode ser qualquer pessoa. O sujeito passivo é o Estado; secundariamente, o candidato ou partido prejudicado.

266. Elemento subjetivo do tipo: é o dolo. Não há elemento subjetivo específico. Inexiste a forma culposa.

267. Objetos material e jurídico: o objeto material é o meio de propaganda. O objeto jurídico é a regularidade do processo eleitoral, que consagra o sufrágio universal e a democracia.

268. Classificação: trata-se de crime comum (pode ser cometido por qualquer pessoa); formal (concretiza-se com a prática da conduta, independentemente de qualquer resultado naturalístico, consistente em efetivo prejuízo ao sufrágio); de forma livre (pode ser cometido por qualquer meio); comissivo (a forma verbal implica ação); instantâneo (o resultado não se prolonga no tempo); unissubjetivo (pode ser cometido por uma só pessoa); plurissubsistente (cometido em atos); admite tentativa.

269. Benefícios penais: a pena mínima é de quinze dias; trata-se de infração de menor potencial ofensivo, admitindo transação.

> **Art. 332.** Impedir[270-272] o exercício de propaganda:[273-274]
> Pena – detenção até seis meses e pagamento de 30 a 60 dias-multa.[275]

270. Análise do núcleo do tipo: *impedir* (obstar, interromper) é a conduta típica, cujo objeto é o exercício da propaganda eleitoral.

271. Sujeitos ativo e passivo: o sujeito ativo pode ser qualquer pessoa. O sujeito passivo é o Estado. Secundariamente, o candidato ou partido prejudicado.

272. Elemento subjetivo do tipo: é o dolo. Não há elemento subjetivo específico. Inexiste a forma culposa.

273. Objetos material e jurídico: o objeto material é a propaganda. O objeto jurídico é a regularidade do processo eleitoral, que consagra o sufrágio universal e a democracia.

274. Classificação: trata-se de crime comum (pode ser cometido por qualquer pessoa); formal (concretiza-se com a prática da conduta, independentemente de qualquer resultado naturalístico, consistente em efetivo prejuízo ao sufrágio); de forma livre (pode ser cometido por qualquer meio); comissivo (a forma verbal implica ação); instantâneo (o resultado não se prolonga no tempo); unissubjetivo (pode ser cometido por uma só pessoa); plurissubsistente (cometido em atos); admite tentativa.

275. Benefícios penais: a pena mínima é de quinze dias; a infração é de menor potencial ofensivo, admitindo transação.

> **Art. 333.** (*Revogado pela Lei 9.504/1997.*)
> **Art. 334.** Utilizar[276-278] organização comercial de vendas, distribuição de mercadorias, prêmios e sorteios para propaganda ou aliciamento de eleitores:[279-280]
> Pena – detenção de seis meses a um ano e cassação do registro se o responsável for candidato.[281]

276. Análise do núcleo do tipo: *utilizar* (fazer uso de algo) é o verbo cujos objetos são as vendas, distribuição de mercadorias, prêmios e sorteios. Pune-se quem pretende desequilibrar o sufrágio *comprando* eleitores com dádivas indevidas. O tipo penal visa à punição de quem se vale de *organização comercial* para essas atividades. O objetivo pode ser a simples propaganda (difusão de mensagem eleitoral) ou o aliciamento (sedução) de eleitores.

277. Sujeitos ativo e passivo: o sujeito ativo pode ser qualquer pessoa. O sujeito passivo é o Estado.

278. Elemento subjetivo do tipo: é o dolo. Há elemento subjetivo específico, consistente na *propaganda ou aliciamento de eleitores*. Inexiste a forma culposa.

279. Objetos material e jurídico: o objeto material é a organização de vendas, distribuição de mercadorias, prêmios e sorteios. O objeto jurídico é a regularidade do processo eleitoral, que consagra o sufrágio universal e a democracia.

280. Classificação: trata-se de crime comum (pode ser cometido por qualquer pessoa); formal (concretiza-se com a prática da conduta, independentemente de qualquer resultado naturalístico, consistente em efetivo prejuízo ao sufrágio); de forma livre (pode ser cometido por qualquer meio); comissivo (a forma verbal implica ação); instantâneo (o resultado não se prolonga no tempo); unissubjetivo (pode ser cometido por uma só pessoa); plurissubsistente (cometido em atos); admite tentativa.

281. Benefícios penais: trata-se de infração de menor potencial ofensivo, admitindo transação.

> **Art. 335.** Fazer[282-284] propaganda, qualquer que seja a sua forma, em língua estrangeira:[285-286]
> Pena – detenção de três a seis meses e pagamento de 30 a 60 dias-multa.[287]
> **Parágrafo único.** Além da pena cominada, a infração ao presente artigo importa na apreensão e perda do material utilizado na propaganda.

282. Análise do núcleo do tipo: *fazer* (elaborar, realizar) é a conduta típica cujo objeto é a propaganda em língua estrangeira. O tipo penal fere o princípio da intervenção mínima, pois não apresenta ofensividade alguma. No máximo, representaria uma infração eleitoral. No mesmo sentido, Luiz Carlos dos Santos Gonçalves leciona que "esse artigo não foi recepcionado pela Constituição Federal de 1988. Malgrado a adoção do português como idioma oficial do Brasil (art. 13, CF), a criminalização do emprego de língua estrangeira, ainda que na propaganda eleitoral, destoa de qualquer parâmetro de razoabilidade. Na realidade, trata-se de um eco da superada estratégia de 'segurança nacional', menos preocupada com a defesa da soberania do país e muito mais com aqueles que, na época do regime militar, lutavam pela volta da democracia" (*Crimes eleitorais*..., p. 93).

283. Sujeitos ativo e passivo: o sujeito ativo pode ser qualquer pessoa. O sujeito passivo é o Estado.

284. Elemento subjetivo do tipo: é o dolo. Não há elemento subjetivo específico. Inexiste a forma culposa.

285. Objetos material e jurídico: o objeto material é a propaganda eleitoral. O objeto jurídico é a regularidade do processo eleitoral, que consagra o sufrágio universal e a democracia.

286. Classificação: trata-se de crime comum (pode ser cometido por qualquer pessoa); formal (concretiza-se com a prática da conduta, independentemente de qualquer resultado naturalístico, consistente em efetivo prejuízo ao sufrágio); de forma livre (pode ser cometido por qualquer meio); comissivo (a forma verbal implica ação); instantâneo (o resultado não se prolonga no tempo); unissubjetivo (pode ser cometido por uma só pessoa); plurissubsistente (cometido em atos); admite tentativa.

287. Benefícios penais: trata-se de infração de menor potencial ofensivo, admitindo transação.

> **Art. 336.** Na sentença que julgar ação penal pela infração de qualquer dos arts. 322, 323, 324, 325, 326, 328, 329, 331, 332, 333, 334 e 335, deve o juiz verificar, de acordo com o seu livre convencionamento, se diretório local do partido, por qualquer dos seus membros, concorreu para a prática de delito, ou dela se beneficiou conscientemente.[288]
>
> **Parágrafo único.** Nesse caso, imporá o juiz ao diretório responsável pena de suspensão de sua atividade eleitoral por prazo de 6 a 12 meses, agravada até o dobro nas reincidências.

288. Infração eleitoral: inserida no contexto dos crimes eleitorais, o art. 336 é norma de caráter administrativo-eleitoral. Detectando-se a participação do diretório partidário, na prática dos crimes ali enumerados, quando cometidos por algum de seus membros, sofrerá, pelo juiz, a suspensão da atividade eleitoral.

> **Art. 337.** Participar,[289-291] o estrangeiro ou brasileiro que não estiver no gozo dos seus direitos políticos, de atividades partidárias inclusive comícios e atos de propaganda em recintos fechados ou abertos:[292-293]
>
> Pena – detenção até seis meses e pagamento de 90 a 120 dias-multa.[294]
>
> **Parágrafo único.** Na mesma pena incorrerá o responsável pelas emissoras de rádio ou televisão que autorizar transmissões de que participem os mencionados neste artigo, bem como o diretor de jornal que lhes divulgar os pronunciamentos.[295]

289. Análise do núcleo do tipo: *participar* (tomar parte em algo) é a conduta típica, cujo objeto é a atividade partidária de qualquer espécie. Exemplifica o artigo com comícios e propaganda em recinto fechado ou aberto. Proíbe-se a atuação de estrangeiro ou brasileiro sem o gozo dos direitos políticos. Entretanto, parece-nos ferir a intervenção mínima, possuindo a infração lesividade de baixo grau. Logo, é inconstitucional.

290. Sujeitos ativo e passivo: o sujeito ativo é somente o estrangeiro ou brasileiro sem direitos políticos. O sujeito passivo, o Estado.

291. Elemento subjetivo do tipo: é o dolo. Não há elemento subjetivo específico. Inexiste a forma culposa.

292. Objetos material e jurídico: o objeto material é a atividade partidária. O objeto jurídico é a regularidade do processo eleitoral, que consagra o sufrágio universal e a democracia pluripartidária.

293. Classificação: trata-se de crime próprio (somente pode ser cometido por sujeito qualificado), aliás, nessa hipótese, de mão própria (só pode ser cometido diretamente pelo agente); formal (concretiza-se com a prática da conduta, independentemente de qualquer resultado naturalístico, consistente em efetivo prejuízo ao sufrágio); de forma livre (pode ser cometido por qualquer meio); comissivo (a forma verbal implica ação); instantâneo (o resultado não se prolonga no tempo); unissubjetivo (pode ser cometido por uma só pessoa); plurissubsistente (cometido em atos); admite tentativa.

294. Benefícios penais: a pena mínima é de quinze dias; trata-se de infração de menor potencial ofensivo, admitindo transação.

295. Responsabilidade subjetiva: a previsão de responsabilização criminal de responsáveis por emissoras de rádio, televisão ou jornal, quando divulgarem os pronunciamentos dos estrangeiros e brasileiros sem direitos políticos, deve ser *subjetiva*, vale dizer, dolosa. Devem ter nítida ciência a respeito da situação do estrangeiro e do brasileiro desprovido dos direitos políticos.

> **Art. 338.** Não assegurar[296-298] o funcionário postal a prioridade prevista no art. 239:[299-300]
>
> Pena – Pagamento de 30 a 60 dias-multa.[301]

296. Análise do núcleo do tipo: a conduta omissiva de deixar de tornar eficiente a prioridade postal, a ser praticada pelo funcionário do correio, não tem sentido algum como figura criminosa. Ofende o princípio da intervenção mínima. Logo, não recepcionado pela CF de 1988. Preceitua o art. 239 do Código Eleitoral: "Aos partidos políticos é assegurada a prioridade postal durante os 60 (sessenta) dias anteriores à realização das eleições, para remessa de material de propaganda de seus candidatos registrados". Aliás, além disso, ofende a taxatividade, pois não descreve, com os detalhes devidos, qual é exatamente a conduta delituosa.

297. Sujeitos ativo e passivo: o sujeito ativo é o funcionário postal. O sujeito passivo é o Estado.

298. Elemento subjetivo do tipo: é o dolo. Não há elemento subjetivo específico. Inexiste a forma culposa.

299. Objetos material e jurídico: o objeto material é a remessa de material de propaganda. O objeto jurídico é a regularidade do processo eleitoral, que consagra o sufrágio universal e a democracia pluripartidária.

300. Classificação: trata-se de crime próprio (somente pode ser cometido por sujeito qualificado); formal (concretiza-se com a prática da conduta, independentemente de qualquer resultado naturalístico, consistente em efetivo prejuízo ao sufrágio); de forma livre (pode ser cometido por qualquer meio); omissivo (a forma verbal implica inação); instantâneo (o resultado não se prolonga no tempo); unissubjetivo (pode ser cometido por uma só pessoa); unissubsistente (cometido em um só ato); não admite tentativa.

301. Benefícios penais: trata-se de infração de menor potencial ofensivo, admitindo transação.

> **Art. 339.** Destruir, suprimir ou ocultar[302-304] urna contendo votos, ou documentos relativos à eleição:[305-306]
>
> Pena – reclusão de dois a seis anos e pagamento de 5 a 15 dias-multa.[307]
>
> **Parágrafo único.** Se o agente é membro ou funcionário da Justiça Eleitoral e comete o crime prevalecendo-se do cargo, a pena é agravada.[308]

302. Análise do núcleo do tipo: *destruir* (aniquilar, dar cabo de algo), *suprimir* (fazer desaparecer) e *ocultar* (esconder) são condutas alternativas, cujo objeto é a urna, com votos, ou documentos eleitorais. Se o foco do agente for a urna eletrônico, aplica-se a figura do art. 72 da Lei 9.504/97.

303. Sujeitos ativo e passivo: o sujeito ativo pode ser qualquer pessoa. O sujeito passivo é o Estado.

304. Elemento subjetivo do tipo: é o dolo. Não há elemento subjetivo específico. Inexiste a forma culposa.

305. Objetos material e jurídico: o objeto material é a urna ou documentos eleitorais. O objeto jurídico é a regularidade do processo eleitoral, que consagra o sufrágio universal e a democracia pluripartidária.

306. Classificação: trata-se de crime comum (pode ser cometido por qualquer pessoa); material (concretiza-se com a prática da conduta, que leve a resultado naturalístico); de forma livre (pode ser cometido por qualquer meio); comissivo (a forma verbal implica ação); instantâneo (o resultado não se prolonga no tempo); unissubjetivo (pode ser cometido por uma só pessoa); plurissubsistente (cometido em atos); admite tentativa.

307. Benefícios penais: se a pena fixada não ultrapassar quatro anos, cabe pena alternativa; não sendo o caso, pode-se aplicar regime aberto ou semiaberto, conforme o montante da pena.

308. Agravante: eleva-se a pena de um quinto a um terço, caso o agente seja membro ou funcionário da Justiça Eleitoral, em razão da maior facilidade para a prática do delito, além de conspurcar a imagem da administração pública.

> **Art. 340.** Fabricar, mandar fabricar, adquirir, fornecer, ainda que gratuitamente, subtrair ou guardar[309-311] urnas, objetos, mapas, cédulas ou papéis de uso exclusivo da Justiça Eleitoral:[312-313]
>
> Pena – reclusão até três anos e pagamento de 3 a 15 dias-multa.[314]
>
> **Parágrafo único.** Se o agente é membro ou funcionário da Justiça Eleitoral e comete o crime prevalecendo-se do cargo, a pena é agravada.[315]

309. Análise do núcleo do tipo: *fabricar* (construir), *mandar* (exigir que se faça algo) fabricar; *adquirir* (comprar), *fornecer* (abastecer, dar), *subtrair* (retirar de algum lugar) e *guardar* (conservar em algum lugar) são condutas alternativas cujo objeto é a urna, objeto, mapa, cédula ou papel da Justiça Eleitoral. Quer-se evitar o cometimento de infrações penais eleitorais mais graves, punindo-se atos preparatórios.

310. Sujeitos ativo e passivo: o sujeito ativo pode ser qualquer pessoa. O sujeito passivo é o Estado.

311. Elemento subjetivo do tipo: é o dolo. Não há elemento subjetivo específico. Inexiste a forma culposa.

312. Objetos material e jurídico: o objeto material é a urna, objeto, mapa, cédula ou papel eleitoral. O objeto jurídico é a regularidade do processo eleitoral, que consagra o sufrágio universal e a democracia pluripartidária.

313. Classificação: trata-se de crime comum (pode ser cometido por qualquer pessoa); material (concretiza-se com a prática da conduta, que leve a resultado naturalístico); de forma livre (pode ser cometido por qualquer meio); comissivo (a forma verbal implica ação); instantâneo (o resultado não se prolonga no tempo); unissubjetivo (pode ser cometido por uma só pessoa); plurissubsistente (cometido em atos); admite tentativa.

314. Benefícios penais: a pena mínima é de um ano; cabe suspensão condicional do processo; em caso de condenação, admite-se a aplicação de penas alternativas.

315. Agravante: eleva-se a pena de um quinto a um terço, quando o agente é servidor da Justiça Eleitoral, pelo mais fácil acesso ao material e pelo desprestígio à administração pública.

> **Art. 341.** Retardar[316-318] a publicação ou não publicar, o diretor ou qualquer outro funcionário de órgão oficial federal, estadual, ou municipal, as decisões, citações ou intimações da Justiça Eleitoral:[319-320]
> Pena – detenção até um mês ou pagamento de 30 a 60 dias-multa.[321]

316. Análise do núcleo do tipo: *retardar* (atrasar) é conduta ativa ou passiva, dependendo do *modus operandi* do agente; *não publicar* (deixar de tornar público) é omissivo. O objeto de ambas, que são alternativas, é a decisão, citação ou intimação da Justiça Eleitoral. O tipo fere o princípio da intervenção mínima, apresentando lesividade ínfima. Cremos inconstitucional. Deveria ser singela infração administrativa.

317. Sujeitos ativo e passivo: o sujeito ativo é o diretor ou outro funcionário federal, estadual ou municipal, encarregado da publicação. O sujeito passivo é o Estado.

318. Elemento subjetivo do tipo: é o dolo. Não há elemento subjetivo específico. Inexiste a forma culposa.

319. Objetos material e jurídico: o objeto material é a decisão, citação ou intimação da Justiça Eleitoral. O objeto jurídico é a regularidade do processo eleitoral, que consagra o sufrágio universal e a democracia pluripartidária. Secundariamente, a administração da Justiça Eleitoral.

320. Classificação: trata-se de crime próprio (somente pode ser cometido por sujeito qualificado); formal (concretiza-se com a prática da conduta, independentemente de qualquer resultado naturalístico); de forma livre (pode ser cometido por qualquer meio); omissivo (a forma verbal implica inação); eventualmente comissivo, na modalidade *retardar*; instantâneo (o resultado não se prolonga no tempo); unissubjetivo (pode ser cometido por uma só pessoa); unissubsistente (praticado num só ato), quando omissivo, ou plurissubsistente (cometido em atos); admite tentativa na forma plurissubsistente.

321. Benefícios penais: a pena mínima é de quinze dias; a infração é de menor potencial ofensivo, admitindo transação.

> **Art. 342.** Não apresentar[322-324] o órgão do Ministério Público, no prazo legal, denúncia ou deixar de promover a execução de sentença condenatória:[325-326]
> Pena – detenção até dois meses ou pagamento de 60 a 90 dias-multa.[327]

322. Análise do núcleo do tipo: *não apresentar* é conduta omissiva, que, no caso, significa deixar de oferecer denúncia, no prazo estipulado em lei, quando houver provas para tanto. O mesmo se dá caso não haja a promoção de execução de sentença. Há que se considerar a inconstitucionalidade deste tipo incriminador, por ferir a intervenção mínima; além disso, torna-se desigual e desproporcional frente a tantos outros casos de não oferecimento de peça acusatória, em delitos muito mais graves, por parte do órgão do Ministério Público. A conduta deve ser punida, quando for o caso, somente na esfera administrativo-funcional.

323. Sujeitos ativo e passivo: o sujeito ativo é o membro do Ministério Público. O sujeito passivo é o Estado.

324. Elemento subjetivo do tipo: é o dolo. Não há elemento subjetivo específico. Inexiste a forma culposa.

325. Objetos material e jurídico: o objeto material é a denúncia. O objeto jurídico é a administração da Justiça Eleitoral.

326. Classificação: trata-se de crime próprio (somente pode ser cometido por sujeito qualificado) e, nesta hipótese, de mão própria (só pode ser cometido diretamente pelo agente); formal (concretiza-se com a prática da conduta, independentemente de qualquer resultado naturalístico); de forma livre (pode ser cometido por qualquer meio); omissivo (a forma verbal implica inação); instantâneo (o resultado não se prolonga no tempo); unissubjetivo (pode ser cometido por uma só pessoa); unissubsistente (praticado num só ato); não admite tentativa.

327. Benefícios penais: a pena mínima é de quinze dias; trata-se de infração de menor potencial ofensivo, admitindo transação.

> **Art. 343.** Não cumprir[328-330] o juiz o disposto no § 3.º do art. 357:[331-332]
> Pena – detenção até dois meses ou pagamento de 60 a 90 dias-multa.[333]

328. Análise do núcleo do tipo: a conduta omissiva (deixar de cumprir) é dirigida ao juiz eleitoral, para que controle a atuação do Ministério Público no tocante ao oferecimento da denúncia, sob pena de ser criminalmente processado. Trata-se de um tipo remissivo, remetendo ao art. 357, § 3.º: "Se o órgão do Ministério Público não oferecer a denúncia no prazo legal representará contra ele a autoridade judiciária, sem prejuízo da apuração da responsabilidade penal". A figura típica incriminadora é nitidamente ofensiva ao princípio da intervenção mínima, lesando, ainda, a proporcionalidade e a igualdade das partes. Não há razão alguma para controlar a atuação da autoridade judiciária mediante a ameaça de punição criminal, inclusive pelo fato de não se fazer previsão similar em nenhuma outra esfera. Portanto, cremos inconstitucional este tipo penal.

329. Sujeitos ativo e passivo: o sujeito ativo é o juiz eleitoral. O sujeito passivo é o Estado.

330. Elemento subjetivo do tipo: é o dolo. Não há elemento subjetivo específico. Inexiste a forma culposa.

331. Objetos material e jurídico: o objeto material é a representação contra o órgão do Ministério Público. O objeto jurídico é a administração da Justiça Eleitoral.

332. Classificação: trata-se de crime próprio (somente pode ser cometido por sujeito qualificado) e, nesta hipótese, de mão própria (só pode ser cometido diretamente pelo agente); formal (concretiza-se com a prática da conduta, independentemente de qualquer resultado naturalístico); de forma livre (pode ser cometido por qualquer meio); omissivo (a forma verbal implica inação); instantâneo (o resultado não se prolonga no tempo); unissubjetivo (pode ser cometido por uma só pessoa); unissubsistente (praticado num só ato); não admite tentativa.

333. Benefícios penais: a pena mínima é de quinze dias; trata-se de infração de menor potencial ofensivo, admitindo transação.

> **Art. 344.** Recusar ou abandonar[334-336] o serviço eleitoral sem justa causa:[337-338]
> Pena – detenção até dois meses ou pagamento de 90 a 120 dias-multa.[339]

334. Análise do núcleo do tipo: *recusar* (não aceitar) e *abandonar* (largar, afastar-se de algo) são as condutas alternativas cujo objeto é o serviço eleitoral. Insere-se, ainda, elemento ligado à ilicitude: *sem justa causa*. Portanto, se houver algum fundamento legal para não tomar parte nos trabalhos eleitorais, para os quais foi convocado, o fato é atípico.

335. Sujeitos ativo e passivo: o sujeito ativo é a pessoa convocada pela Justiça Eleitoral. O sujeito passivo é o Estado.

336. Elemento subjetivo do tipo: é o dolo. Não há elemento subjetivo específico. Inexiste a forma culposa.

337. Objetos material e jurídico: o objeto material é o serviço eleitoral. O objeto jurídico é a administração da Justiça Eleitoral.

338. Classificação: trata-se de crime próprio (somente pode ser cometido por sujeito qualificado) e, nesta hipótese, de mão própria (só pode ser cometido diretamente pelo agente); formal (concretiza-se com a prática da conduta, independentemente de qualquer resultado naturalístico); de forma livre (pode ser cometido por qualquer meio); comissivo (a forma verbal implica ação); instantâneo (o resultado não se prolonga no tempo); unissubjetivo (pode ser cometido por uma só pessoa); unissubsistente (praticado num só ato) ou plurissubsistente (cometido em vários atos), conforme o caso; admite tentativa, na forma plurissubsistente.

339. Benefícios penais: a pena mínima é de quinze dias; trata-se de infração de menor potencial ofensivo, admitindo transação.

> **Art. 345.** Não cumprir[340-342] a autoridade judiciária, ou qualquer funcionário dos órgãos da Justiça Eleitoral, nos prazos legais, os deveres impostos por este Código, se a infração não estiver sujeita a outra penalidade:[343-344]
> Pena – pagamento de trinta a noventa dias-multa.[345]

340. Análise do núcleo do tipo: a conduta omissiva (deixar de cumprir) destina-se à autoridade judiciária ou a outro funcionário da Justiça Eleitoral, em relação aos deveres impostos pelo Código Eleitoral. Omitir-se em cumpri-los redunda em crime, *se outra punição inexistir*. Portanto, trata-se de delito condicionado. O tipo se mostra lesivo à intervenção mínima, de modo que inconstitucional. Inexiste qualquer razão para aventar uma figura criminosa subsidiária, se outra punição deixar de ser prevista. O Direito Penal é a *ultima ratio*, somente tendo sentido quando outras opções legislativas falham; entretanto, torna-se incabível utilizá-lo como simples *ameaça* para o não cumprimento de deveres no campo administrativo.

341. Sujeitos ativo e passivo: o sujeito ativo é o juiz ou outro funcionário da Justiça Eleitoral. O sujeito passivo é o Estado.

342. Elemento subjetivo do tipo: é o dolo. Não há elemento subjetivo específico. Inexiste a forma culposa.

343. Objetos material e jurídico: o objeto material é o dever imposto pela lei eleitoral. O objeto jurídico é a administração da Justiça Eleitoral.

344. Classificação: trata-se de crime próprio (somente pode ser cometido por sujeito qualificado) e, nesta hipótese, de mão própria (só pode ser cometido diretamente pelo agente);

formal (concretiza-se com a prática da conduta, independentemente de qualquer resultado naturalístico); de forma livre (pode ser cometido por qualquer meio); omissivo (a forma verbal implica inação); instantâneo (o resultado não se prolonga no tempo); unissubjetivo (pode ser cometido por uma só pessoa); unissubsistente (praticado num só ato); não admite tentativa.

345. Benefícios penais: trata-se de infração de menor potencial ofensivo, admitindo transação.

> **Art. 346.** Violar[346-348] o disposto no art. 377:[349-350]
> Pena – detenção até seis meses e pagamento de 30 a 60 dias-multa.[351]
> **Parágrafo único.** Incorrerão na pena, além da autoridade responsável, os servidores que prestarem serviços e os candidatos, membros ou diretores de partido que derem causa à infração.[352]

346. Análise do núcleo do tipo: *violar* (infringir) é a conduta típica cujo objeto é a vedação de uso de serviço ou prédio de repartição federal, estadual, municipal, autarquia, fundação estatal, sociedade de economia mista ou outra entidade mantida ou subvencionada pelo poder público, ou por este contratada. O tipo é remetido, fazendo referência a outra norma para a exata percepção. No entanto, fere a taxatividade, pois aberto em demasia. Além disso, fere a intervenção mínima, vez que há sanções administrativas suficientes para isso. Logo, é inconstitucional.

347. Sujeitos ativo e passivo: o sujeito ativo é o servidor responsável pelo serviço ou prédio. O sujeito passivo é o Estado.

348. Elemento subjetivo do tipo: é o dolo. Não há elemento subjetivo específico. Inexiste a forma culposa.

349. Objetos material e jurídico: o objeto material é o serviço ou prédio de repartição pública e similar. O objeto jurídico é a regularidade do processo eleitoral, que consagra o sufrágio universal e a democracia pluripartidária.

350. Classificação: trata-se de crime próprio (só pode ser cometido por sujeito qualificado); formal (concretiza-se com a mera prática da conduta, sem necessidade de resultado naturalístico); de forma livre (pode ser cometido por qualquer meio); comissivo (a forma verbal implica ação); instantâneo (o resultado não se prolonga no tempo); unissubjetivo (pode ser cometido por uma só pessoa); plurissubsistente (cometido em atos); admite tentativa.

351. Benefícios penais: a pena mínima é de quinze dias; trata-se de infração de menor potencial ofensivo, admitindo transação.

352. Extensão da responsabilidade penal: não haveria necessidade da norma, pois todos os que colaboram com a violação são, naturalmente, partícipes, nos termos do art. 29 do Código Penal. Entretanto, deixa-se bem claro que, além do responsável pelo serviço ou prédio, os outros servidores, candidatos, membros e diretores do partido também respondem.

> **Art. 347.** Recusar[353-355] alguém cumprimento ou obediência a diligências, ordens ou instruções da Justiça Eleitoral ou opor embaraços à sua execução:[356-357]
> Pena – detenção de três meses a um ano e pagamento de 10 a 20 dias-multa.[358]

353. Análise do núcleo do tipo: *recusar* (não aceitar) é a conduta típica voltada ao cumprimento ou obediência a diligências, ordens ou instruções da Justiça Eleitoral ou, de algum modo, estorvar a execução de tais mandamentos. É o crime de desobediência, inserido no cenário da Justiça Eleitoral. Por isso, nos mesmos termos do art. 330 do Código Penal, somente se pune o não cumprimento de ordem de qualquer espécie, no âmbito criminal, se não houver outra sanção para a mesma hipótese. Conferir: STF: "Desobediência eleitoral (art. 347 da Lei 4.737/65). Ordem judicial de abstenção de ingresso em prédios públicos com o intuito de realizar 'atos inerentes à campanha eleitoral'. Prova que demonstra o ingresso coletivo de apoiadores da coligação 'Lagarto em Boas Mãos' em prédio público, com o intuito de fiscalizar o trabalho de servidores públicos, mas sem realizar propaganda eleitoral. Ausência de violação à ordem judicial. Atipicidade da conduta. 4. Acusação julgada improcedente, na forma do art. 6.º da Lei 8.038/90, combinado com art. 386, III, do CPP" (Inq. 3.909, 2.ª T., rel. Gilmar Mendes, j. 17.05.2016, v.u.); "Para configuração do crime de desobediência eleitoral, previsto no art. 347 do Código Eleitoral, é imprescindível que a ordem tida por descumprida seja direta e individualizada ao agente. Precedentes. 3. A ausência do elemento subjetivo do tipo, isto é, da vontade livre e consciente do agente de recusar cumprimento a ordens da Justiça eleitoral, ou opor embaraços à sua execução, caracteriza atipicidade da conduta. Precedentes. 4. Acolhida manifestação do Ministério Público para absolver sumariamente o acusado, a teor do art. 397, III, do Código de Processo Penal" (AP 904 QO, 2.ª T., rel. Teori Zavascki, j. 14.04.2015, v.u.). TSE: "1. A jurisprudência é firme no sentido de que, para a caracterização do crime de desobediência eleitoral, 'exige-se o descumprimento de ordem judicial direta e individualizada'" (RHC n.º 1547-11, rel. Min. Laurita Vaz, *DJE* de 11.10.2013). Além disso, para a configuração deste crime, é preciso que a intimação, para realizar algo, seja feita pessoalmente, de modo a não gerar dúvidas. Conferir: TSE: "1. Nos termos do artigo 347 do Código Eleitoral, constitui crime de desobediência eleitoral 'recusar alguém cumprimento ou obediência a diligências, ordens ou instruções da Justiça Eleitoral ou opor embaraços à sua execução'. 2. É firme a orientação desta Corte de que, para configuração do ilícito penal, exige-se o descumprimento de ordem judicial direta e individualizada, o que não ficou evidenciado na espécie. Precedentes. 3. Recurso parcialmente provido para anular o Termo Circunstanciado e determinar o trancamento do procedimento e de eventual ação penal" (RHC 547112010622000 – RO, rel. Laurita Vaz, j. 03.09.2013, v.u.). Não se deve confundir a ordem judicial com o descumprimento lastreado em motivos pessoais, fundados em interpretação da cláusula constitucional da liberdade de expressão ou de informação. Na realidade, o intimado, se acreditar não ser viável cumprir a ordem, deve ingressar nos autos onde ela foi proferida, buscando obter do magistrado a reconsideração. Se tal não for feito, o simples descumprimento é suficiente para configurar o delito. Conferir: TSE: "1. A recusa em cumprir ordem da Justiça Eleitoral configura, em tese, crime de desobediência eleitoral, prevista no art. 347 do CE. No caso dos autos, a empresa Google Brasil Internet Ltda., representada pelo seu Diretor-Geral (paciente), recusou-se reiteradamente a cumprir determinação judicial de retirada de vídeo da internet cujo conteúdo representa propaganda eleitoral irregular. 2. Não cabe, em *habeas corpus*, perquirir questões atinentes à liberdade de expressão ou de informação, pois se referem ao mérito da representação por propaganda eleitoral irregular. 3. O paciente, na condição de Diretor do Google Brasil Internet Ltda., é a pessoa a quem incumbe legalmente o cumprimento da ordem de retirada da internet do vídeo objeto de representação por propaganda eleitoral irregular. O paciente não pode se esquivar da responsabilidade pelos atos praticados por seus procuradores, pois agiram em seu nome, munidos de documento hábil para essa finalidade. 4. Não há falar em ausência de ordem judicial endereçada ao paciente de forma direta e individualizada, pois o acórdão do TRE/PB é explícito em apontar o paciente, nominalmente, como destinatário. 5. A conduta do paciente reveste-se de tipicidade penal, pois não há lei que preveja especificamente sanção pecuniária para a hipótese e a ordem judicial consignou que o seu descumprimento seria punido à luz do direito penal. 6. Ordem denegada" (HC 1211-48.2012.6.00.0000 – PB, rel. Nancy Andrighi, j. 21.03.2013, v.u.).

353-A. Desobediência do Google: TSE: "1. A recusa em cumprir ordem da Justiça Eleitoral configura, em tese, crime de desobediência eleitoral, prevista no art. 347 do CE. No caso dos autos, a empresa Google Brasil Internet Ltda., representada pelo seu Diretor Geral (paciente), recusou-se reiteradamente a cumprir determinação judicial de retirada de vídeo da internet cujo conteúdo representa propaganda eleitoral irregular. 2. Não cabe, em *habeas corpus*, perquirir questões atinentes à liberdade de expressão ou de informação, pois se referem ao mérito da representação por propaganda eleitoral irregular. 3. O paciente, na condição de Diretor do Google Brasil Internet Ltda., é a pessoa a quem incumbe legalmente o cumprimento da ordem de retirada da internet do vídeo objeto de representação por propaganda eleitoral irregular. O paciente não pode se esquivar da responsabilidade pelos atos praticados por seus procuradores, pois agiram em seu nome, munidos de documento hábil para essa finalidade. 4. Não há falar em ausência de ordem judicial endereçada ao paciente de forma direta e individualizada, pois o acórdão do TRE/PB é explícito em apontar o paciente, nominalmente, como destinatário. 5. A conduta do paciente reveste-se de tipicidade penal, pois não há lei que preveja especificamente sanção pecuniária para a hipótese e a ordem judicial consignou que o seu descumprimento seria punido à luz do direito penal. 6. Ordem denegada" (HC 121.148, Acórdão de 21.03.2013, rel. Fátima Nancy Andrighi, *DJe* 03.05.2013, t. 82).

354. Sujeitos ativo e passivo: o sujeito ativo pode ser qualquer pessoa. O sujeito passivo é o Estado.

355. Elemento subjetivo do tipo: é o dolo. Não há elemento subjetivo específico. Inexiste a forma culposa. Conferir: TSE: "Na espécie, os recorrentes, reitor e vice-reitor da Universidade Federal dos Vales do Jequitinhonha e do Mucuri, foram denunciados pela suposta prática do crime de desobediência eleitoral (art. 347 do Código Eleitoral), por terem denegado pedido de requisição de servidora feito pela Justiça Eleitoral. Entretanto, a denegação do pedido baseou-se em pareceres emitidos pelos órgãos de assessoramento da reitoria e por órgãos de cúpula da Administração Pública Federal, circunstância que afasta a ocorrência de dolo, elemento subjetivo do tipo do art. 347 do Código Eleitoral" (Recurso em HC 15.665, Acórdão de 22.04.2014, rel. João Otávio de Noronha, *DJe* 28.05.2014, t. 98, p. 76-77).

356. Objetos material e jurídico: o objeto material é a diligência, ordem ou instrução da Justiça Eleitoral. O objeto jurídico é a administração da Justiça Eleitoral.

357. Classificação: trata-se de crime comum (pode ser cometido por qualquer pessoa); formal (concretiza-se com a mera prática da conduta, sem necessidade de resultado naturalístico); de forma livre (pode ser cometido por qualquer meio); comissivo (a forma verbal implica ação) ou omissivo (a recusa pode representar um não fazer); instantâneo (o resultado não se prolonga no tempo); unissubjetivo (pode ser cometido por uma só pessoa); unissubsistente (cometido num só ato, quando omissivo) ou plurissubsistente (cometido em atos); admite tentativa na forma plurissubsistente.

358. Benefícios penais: trata-se de infração de menor potencial ofensivo, admitindo transação.

Art. 348. Falsificar,[359-361] no todo ou em parte, documento público, ou alterar documento público verdadeiro, para fins eleitorais:[362-363]

Pena – reclusão de dois a seis anos e pagamento de 15 a 30 dias-multa.[364]

> § 1.º Se o agente é funcionário público e comete o crime prevalecendo-se do cargo, a pena é agravada.³⁶⁵
>
> § 2.º Para os efeitos penais, equipara-se a documento público o emanado de entidade paraestatal inclusive Fundação do Estado.³⁶⁶

359. Análise do núcleo do tipo: *falsificar* significa reproduzir, imitando, ou contrafazer; *alterar* quer dizer modificar ou adulterar. O objeto das condutas mistas alternativas é o documento público (escrito revestido de formalidade, destinado a comprovar um fato, quando emanado de funcionário público, com competência para tanto). Equivale ao crime de falsificação de documento público, previsto no art. 297 do Código Penal, embora cometido no cenário eleitoral. A falsificação constrói um documento como se verdadeiro fosse; a alteração modifica um documento verdadeiro.

360. Sujeitos ativo e passivo: o sujeito ativo pode ser qualquer pessoa. O sujeito passivo é o Estado.

361. Elemento subjetivo do tipo: é o dolo. Há elemento subjetivo específico, consistente em *para fins eleitorais*. Inexiste a forma culposa.

362. Objetos material e jurídico: o objeto material é o documento público, verdadeiro ou não. O objeto jurídico é a fé pública.

363. Classificação: trata-se de crime comum (pode ser cometido por qualquer pessoa); formal (concretiza-se com a mera prática da conduta, sem necessidade de resultado naturalístico); de forma livre (pode ser cometido por qualquer meio); comissivo (a forma verbal implica ação); instantâneo (o resultado não se prolonga no tempo); unissubjetivo (pode ser cometido por uma só pessoa); plurissubsistente (cometido em atos); admite tentativa.

364. Benefícios penais: em caso de condenação, se a pena não ultrapassar quatro anos, pode-se substituir por restritivas de direitos.

365. Agravante: torna-se mais grave a pena, quando o agente é funcionário público e usa seu cargo para o cometimento do delito; a elevação situa-se entre um quinto e um terço.

366. Documento público por equiparação: o documento público autêntico emana de funcionário público; por isso, estabelece-se esta norma, com a finalidade de equipará-lo aos provenientes de entidade paraestatal e fundação estatal.

> **Art. 349.** Falsificar,³⁶⁷⁻³⁶⁹ no todo ou em parte, documento particular ou alterar documento particular verdadeiro, para fins eleitorais:³⁷⁰⁻³⁷¹
> Pena – reclusão até cinco anos e pagamento de 3 a 10 dias-multa.³⁷²

367. Análise do núcleo do tipo: *falsificar* (reproduzir, imitando) e *alterar* (modificar) são as condutas mistas alternativas, cujo objeto é o documento particular. Na realidade, a falsificação se volta à construção de um documento particular, enquanto a alteração se destina a um documento particular verdadeiro. Na jurisprudência: TSE: "Não ofende a fé pública, no âmbito eleitoral, a distribuição de panfletos ou de material similar contendo informações verdadeiras acerca de andamento de processo relativo a candidato e opiniões pessoais relacionadas aos fatos. Recurso ordinário provido" (Recurso em HC 392.317, Acórdão de 06.11.2014, rel. Henrique Neves da Silva, *DJe* 19.11.2014, t. 218, p. 20-21).

367-A. Sobre a fotocópia: TSE: "1. Segundo a jurisprudência do e. TSE a cópia reprográfica inautêntica, apta a iludir, macula a fé pública, bem jurídico protegido contra a falsificação documental. Logo, a sua utilização traduz fato relevante do ponto de vista penal, sendo típica a conduta. 2. Em que pese ao uso de fotocópia não autenticada possa afastar a potencialidade de dano à fé pública desqualificando a conduta típica (TSE: REspe n.º 28.129/SE, Rel. Min. Fernando Gonçalves, DJe de 3.11.2009) é preciso verificar, para tanto, se a falsificação é apta a iludir. 3. A adulteração da fotocópia apresentada, embora passível de aferição, ostenta a potencialidade lesiva exigida pelo tipo previsto no art. 349 do Código Eleitoral (HC 143.076-RJ, Rel. Min. Celso Limongi, DJe 26.4.2010). 4. Embora se trate de documento público (conta de luz) aquele cuja cópia teria sido falsificada (art. 297, § 2.º, do Código Penal), havendo apenas recurso da defesa não pode ser determinada a *mutatio libelli* para incidência do art. 348 do Código Eleitoral, sob pena de violação do princípio da *reformatio in pejus* (HC 59.682-BA, Rel. Min. Arnaldo Esteves, DJe 3.8.2009). 5. Dissídio jurisprudencial não configurado na medida em que o v. acórdão regional entendeu que a conduta do recorrente – falsificação de cópia de conta de luz e sua posterior apresentação à Justiça Eleitoral visando à transferência de domicílio eleitoral – subsume-se ao ilícito eleitoral previsto no art. 349 do Código Eleitoral. 6. Recurso especial desprovido" (Recurso Especial Eleitoral 34.511, Acórdão de 25.11.2010, rel. Aldir Guimarães Passarinho Junior, DJe 11.02.2011, t. 030, p. 72).

368. Sujeitos ativo e passivo: o sujeito ativo pode ser qualquer pessoa. O sujeito passivo é o Estado.

369. Elemento subjetivo do tipo: é o dolo. Há elemento subjetivo específico, consistente em *para fins eleitorais*. Inexiste a forma culposa.

370. Objetos material e jurídico: o objeto material é o documento particular. O objeto jurídico é a fé pública.

371. Classificação: trata-se de crime comum (pode ser cometido por qualquer pessoa); formal (concretiza-se com a mera prática da conduta, sem necessidade de resultado naturalístico); de forma livre (pode ser cometido por qualquer meio); comissivo (a forma verbal implica ação); instantâneo (o resultado não se prolonga no tempo); unissubjetivo (pode ser cometido por uma só pessoa); plurissubsistente (cometido em atos); admite tentativa.

372. Benefícios penais: a pena mínima é de um ano; cabe suspensão condicional do processo; em caso de condenação, se a pena não ultrapassar quatro, cabe substituição por pena alternativa.

> **Art. 350.** Omitir,[373-375] em documento público ou particular, declaração que dele devia constar, ou nele inserir ou fazer inserir declaração falsa ou diversa da que devia ser escrita, para fins eleitorais:[376-377]
>
> Pena – reclusão até cinco anos e pagamento de 5 a 15 dias-multa, se o documento é público, e reclusão até três anos e pagamento de 3 a 10 dias-multa se o documento é particular.[378]
>
> **Parágrafo único.** Se o agente da falsidade documental é funcionário público e comete o crime prevalecendo-se do cargo ou se a falsificação ou alteração é de assentamentos de registro civil, a pena é agravada.[379]

373. Análise do núcleo do tipo: *omitir* (deixar de fazer algo; não mencionar) e *inserir* ou *fazer inserir* (introduzir) são condutas alternativas cujo objeto é documento público (emanado de funcionário público) ou particular (escrito destinado a comprovar um fato, não proveniente de servidor público). É a falsidade ideológica (art. 299, CP) no cenário eleitoral. Nesta hipótese, o documento é constituído de maneira autêntica, mas com conteúdo falso.

Na jurisprudência: STF: "I – Diante da reinterpretação constitucional do alcance do disposto no art. 102, I, *b*, da Constituição, é de competência da Justiça eleitoral o trâmite de inquérito e processo criminal relativo ao delito de falsidade ideológica eleitoral (art. 350 do Código Eleitoral). II – Reafirmação da jurisprudência pelo Pleno do Supremo Tribunal Federal no sentido da competência da Justiça eleitoral para processar e julgar crimes comuns que sejam conexos com crimes eleitorais. III – Verificado o empate no julgamento do presente agravo, impõe-se a concessão da ordem de *habeas corpus*, nos termos do arts. 150, § 3.º, e 193, ambos do Regimento Interno do STF. IV – Remessa dos autos ao Tribunal Regional Eleitoral do Estado do Rio de Janeiro, para que distribua os autos ao juízo eleitoral competente para o processamento do feito" (Inq. 4.451 AgR, 2.ª T., rel. Cármen Lúcia, rel. para acórdão Ricardo Lewandowski, j. 03.03.2020, m.v.); "1. A mera desaprovação das contas pela Corte Eleitoral não tipifica, por si só, o crime do art. 350 do Código Eleitoral. 2. O tipo penal em questão exige a alteração da verdade sobre fato juridicamente relevante e o dolo de omitir, em documento público ou particular, declaração que dele deveria constar ou de nele inserir ou fazer inserir declaração falsa ou diversa da que deveria ser escrita, para fins eleitorais. 3. A pretensão de instauração de inquérito se lastreia na mera presunção de que determinadas despesas teriam sido omitidas na prestação de contas. 4. O parlamentar se limitou a submeter aos órgãos de controle eleitoral a documentação de que dispunha, tal como entregue pelos emitentes, sem modificar sua substância. 5. Ausentes elementos que indiquem a alteração da verdade sobre fato juridicamente relevante imputável ao parlamentar, inexiste base empírica idônea mínima para a instauração de inquérito. 6. Agravo regimental não provido" (Pet 7.354 AgR, 2.ª T., rel. Dias Toffoli, j. 06.03.2018); "I – Diante da reinterpretação constitucional do alcance do disposto no art. 102, I, *b*, da Constituição, é de competência da Justiça Eleitoral o trâmite de inquérito e processo criminal relativo ao delito de falsidade ideológica eleitoral (art. 350 do Código Eleitoral). II – Não há falar em conexão entre o mencionado delito e o exercício do mandato do parlamentar federal. III – Determinação de remessa dos autos ao Tribunal Regional Eleitoral do Estado do Rio Grande do Norte, para que distribua os autos ao juízo eleitoral competente para o processamento do feito. IV – Agravo regimental a que se nega provimento" (Inq. 4.399 AgR, 2.ª T., rel. Ricardo Lewandowski, j. 07.12.2018, v.u.).

374. Sujeitos ativo e passivo: o sujeito ativo pode ser qualquer pessoa. O sujeito passivo é o Estado.

375. Elemento subjetivo do tipo: é o dolo. Há elemento subjetivo específico consistente em *para fins eleitorais*. Inexiste a forma culposa. Na jurisprudência: TSE: "1. Na espécie, o acórdão regional encontra-se divorciado da jurisprudência desta Corte Superior, segundo a qual a inserção de declaração falsa em documento, com o objetivo de instruir ação em desfavor de candidato, configura o crime de falsidade ideológica para fins eleitorais, independentemente da procedência ou não dos pedidos e de eventual prejuízo para as eleições. 2. No caso dos autos, o dolo específico quanto ao crime de falsidade ideológica eleitoral encontra-se presente, pois, para a sua verificação, exige-se apenas a vontade livre e consciente de inserir ou fazer inserir declaração falsa, em documento público ou particular verdadeiro, de fato juridicamente relevante para fins eleitorais. 3. A prevalência de entendimento contrário demandaria o reexame de fatos e provas, procedimento vedado em sede de recurso especial eleitoral, a teor da Súmula 7/STJ. 4. Agravos regimentais desprovidos" (AgR-REsp 1.778, Acórdão de 30.09.2015, rel. João Otávio de Noronha, *DJe* 27.10.2015, p. 57-58).

376. Objetos material e jurídico: o objeto material é o documento público ou particular. O objeto jurídico é a fé pública.

377. Classificação: trata-se de crime comum (pode ser cometido por qualquer pessoa); formal (concretiza-se com a mera prática da conduta, sem necessidade de resultado naturalístico); de forma livre (pode ser cometido por qualquer meio); comissivo (a forma verbal implica ação) nas formas *inserir* ou *fazer inserir*, e omissivo (a forma verbal demonstra inação), na forma *omitir*; instantâneo (o resultado não se prolonga no tempo); unissubjetivo (pode ser cometido por uma só pessoa); unissubsistente (cometido num só ato), na forma omissiva, e plurissubsistente (cometido em atos), na comissiva; admite tentativa, quando plurissubsistente.

378. Benefícios penais: a pena mínima é de um ano; cabe suspensão condicional do processo; em caso de condenação, se a pena não ultrapassar quatro anos, pode-se aplicar pena alternativa.

379. Agravante: sendo o agente funcionário público (art. 283), prevê-se maior rigor na valoração da sua conduta, aumentando de um quinto a um terço da pena. Deve ficar evidenciado que ele se valeu do cargo para chegar ao resultado típico. Por vezes, pode-se pensar que, se o documento é público, significa ter sido elaborado por funcionário público, razão pela qual seria indevido este aumento, porque cuida de autor funcionário público, prevalecendo-se do seu cargo. É apenas aparente a hipótese de *bis in idem*. O delito do art. 350 é comum, qualquer pessoa pode cometê-lo, funcionário ou não. Assim, caso um funcionário proporcione a inserção de dados falsos em documento particular, sua pena é menor. Mas o funcionário pode fazer o mesmo em relação à elaboração de um documento por outro funcionário público, motivo pelo qual sua pena é maior. Ainda que o próprio funcionário, elaborando o documento público, insira dados incorretos, a pena é aumentada, uma vez que o que se protege, com pena mais grave, é o objeto, isto é, ser público o documento; a causa de aumento gira em torno da qualidade do autor do delito, que é funcionário público. Outra vez, não há *bis in idem*. Se a falsificação se voltar a documento público, consistente em assentamento de registro civil (escrituração correspondente ao registro civil das pessoas naturais e ao registro civil das pessoas jurídicas; art. 1.º, § 1.º, I e II, da Lei 6.015/73), diante da segurança que tal tipo de escrito precisa proporcionar, a pena também deve ser elevada.

> **Art. 351.** Equipara-se a documento (348, 349 e 350) para os efeitos penais, a fotografia, o filme cinematográfico, o disco fonográfico ou fita de ditafone a que se incorpore declaração ou imagem destinada à prova de fato juridicamente relevante.[380]

380. Documento por equiparação: na realidade, documento é toda base material disposta a receber e registrar dados significativamente relevantes para demonstrar um fato ou uma manifestação de vontade. Por isso, o disposto no art. 351 nem seria necessário, mas, por cautela, assim agiu o legislador, de modo a impedir que se fixasse o entendimento de que documento seria somente a base estruturada em papel, nos termos do art. 232 do CPP.

> **Art. 352.** Reconhecer,[381-383] como verdadeira, no exercício da função pública, firma ou letra que o não seja, para fins eleitorais:[384-385]
> Pena – reclusão até cinco anos e pagamento de 5 a 15 dias-multa se o documento é público, e reclusão até três anos e pagamento de 3 a 10 dias-multa se o documento é particular.[386]

381. Análise do núcleo do tipo: *reconhecer* (admitir como certo) é a conduta típica, cujo objeto é a firma ou letra de alguém. Conjuga-se com a expressão *como verdadeira*, demonstrando, pois, ser falso o reconhecimento. Há a figura geral, prevista no art. 300 do Código

Penal, que poderia ser aproveitada no cenário eleitoral. Entretanto, criou-se a figura específica, como forma de preservar a existência do tipo incriminador em lei especial.

382. Sujeitos ativo e passivo: o sujeito ativo é o funcionário com fé pública apto a reconhecer firma ou letra. O sujeito passivo é o Estado.

383. Elemento subjetivo do tipo: é o dolo. Há elemento subjetivo específico, consistente em *para fins eleitorais*. Inexiste a forma culposa.

384. Objetos material e jurídico: o objeto material é a firma ou letra. O objeto jurídico é a fé pública.

385. Classificação: trata-se de crime próprio (só pode ser cometido por sujeito qualificado); formal (concretiza-se com a mera prática da conduta, sem necessidade de resultado naturalístico); de forma livre (pode ser cometido por qualquer meio); comissivo (a forma verbal implica ação); instantâneo (o resultado não se prolonga no tempo); unissubjetivo (pode ser cometido por uma só pessoa); plurissubsistente (cometido em atos); admite tentativa.

386. Benefícios penais: a pena mínima é de um ano; cabe suspensão condicional do processo; em caso de condenação, se a pena não ultrapassar quatro anos, pode-se aplicar pena alternativa.

> **Art. 353.** Fazer uso[387-389] de qualquer dos documentos falsificados ou alterados, a que se referem os arts. 348 a 352:[390-391]
> Pena – a cominada à falsificação ou à alteração.[392]

387. Análise do núcleo do tipo: *fazer uso* (empregar, utilizar) é a conduta típica cujo objeto é o papel falsificado ou alterado, nos termos dos arts. 348 a 352. Trata-se de tipo remetido; para a exata compreensão, deve-se compreender e conhecer os demais tipos.

388. Sujeito ativo e passivo: o sujeito ativo pode ser qualquer pessoa. O sujeito passivo é o Estado.

389. Elemento subjetivo do tipo: é o dolo. Não há elemento subjetivo específico. Inexiste a forma culposa.

390. Objetos material e jurídico: o objeto material é o documento falsificado ou alterado. O objeto jurídico é a fé pública.

391. Classificação: trata-se de crime comum (pode ser cometido por qualquer pessoa); formal (concretiza-se com a mera prática da conduta, sem necessidade de resultado naturalístico); de forma livre (pode ser cometido por qualquer meio); comissivo (a forma verbal implica ação) nas formas *inserir* ou *fazer inserir*, e omissivo (a forma verbal demonstra inação), na forma *omitir*; instantâneo (o resultado não se prolonga no tempo); unissubjetivo (pode ser cometido por uma só pessoa); unissubsistente (cometido num só ato), na forma omissiva, e plurissubsistente (cometido em atos), na comissiva; admite tentativa, quando plurissubsistente.

392. Pena remetida: o tipo penal é também remetido no tocante à sanção penal, devendo-se consultar os arts. 348 a 352 para conhecer a pena cabível.

> **Art. 354.** Obter,[393-395] para uso próprio ou de outrem, documento público ou particular, material ou ideologicamente falso para fins eleitorais:[396-397]
> Pena – a cominada à falsificação ou à alteração.[398]

393. Análise do núcleo do tipo: *obter* (conseguir) é a conduta típica cujo objeto é o documento falsificado ou alterado, material ou ideologicamente falso. O tipo penal é inédito, sem correspondência no Código Penal. Na realidade, parece-nos inadequado, pois o tipo antecedente é suficiente. Afinal, *fazer uso* do documento é a conduta correta; inviável o tipo penal baseado na obtenção de documentos falsos *para fins de uso próprio ou de outrem*. Quer-se punir a conduta preparatória do uso de documento falso, soando-nos lesivo à intervenção mínima.

394. Sujeitos ativo e passivo: o sujeito ativo pode ser qualquer pessoa. O sujeito passivo é o Estado.

395. Elemento subjetivo do tipo: é o dolo. Há elemento subjetivo específico, consistente em *para uso próprio ou de outrem* e *para fins eleitorais*. Inexiste a forma culposa.

396. Objetos material e jurídico: o objeto material é o documento público ou particular falso. O objeto jurídico é a fé pública.

397. Classificação: trata-se de crime comum (pode ser cometido por qualquer pessoa); formal (concretiza-se com a mera prática da conduta, sem necessidade de resultado naturalístico); de forma livre (pode ser cometido por qualquer meio); comissivo (a forma verbal implica ação); instantâneo (o resultado não se prolonga no tempo); unissubjetivo (pode ser cometido por uma só pessoa); unissubsistente (cometido num só ato) ou plurissubsistente (cometido em atos), conforme o caso; admite tentativa, quando plurissubsistente.

398. Pena remetida: o tipo penal é também remetido no tocante à sanção penal, devendo-se consultar os arts. 348 a 352 para conhecer a pena cabível.

> **Art. 354-A.** Apropriar-se[398-A-398-C] o candidato, o administrador financeiro da campanha, ou quem de fato exerça essa função, de bens, recursos ou valores destinados ao financiamento eleitoral, em proveito próprio ou alheio:[398-D-398-E]
> Pena – reclusão, de dois a seis anos, e multa.

398-A. Análise do núcleo do tipo: apropriar-se significa apossar-se ou tomar como sua coisa pertencente a outrem. O objeto da conduta pode ser qualquer montante que possua um conteúdo econômico importante, tais como bens (móveis ou imóveis), recursos (posses, riqueza) ou valores (objetos quantificáveis em pecúnia). O cerne desta figura típica tem por objetivo evitar que arrecadações para uma campanha se tornem objeto de enriquecimento individual ou grupal, alheio à eleição.

398-B. Sujeitos ativo e passivo: o sujeito ativo é o candidato oficial ou o administrador financeiro (tesoureiro) da campanha. O sujeito passivo é o Estado.

398-C. Elemento subjetivo do tipo: é o dolo. Embora o verbo apropriar-se já contenha o intuito de tomar para si coisa alheia, inseriu-se, no tipo, o elemento subjetivo específico em proveito próprio ou alheio. Não há a forma culposa.

398-D. Objetos material e jurídico: o objeto material é o bem, recurso ou valor arrecadado em campanha eleitoral. O objeto jurídico é a administração da Justiça Eleitoral.

398-E. Classificação: trata-se de crime próprio (somente pode ser cometido pelo candidato ou pelo administrador financeiro da campanha); material (concretiza-se com o resultado naturalístico, consistente em efetivo ganho); de forma livre (pode ser cometido por qualquer meio); comissivo ou omissivo (a forma verbal pode implicar ação ou omissão); instantâneo (o resultado não se prolonga no tempo); unissubjetivo (pode ser cometido por uma só pessoa); unissubsistente (cometido num só ato) ou plurissubsistente (cometido em atos), conforme o caso; admite tentativa, quando plurissubsistente.

Capítulo III
DO PROCESSO DAS INFRAÇÕES

> **Art. 355.** As infrações penais definidas neste Código são de ação pública.[399]

399. Ação pública incondicionada: à falta de expressa menção em sentido contrário, a ação pública é incondicionada, podendo o Ministério Público agir sem qualquer provocação. Aliás, é seu dever, havendo, inclusive, figura típica incriminando a autoridade que deixa de atuar.

> **Art. 356.** Todo cidadão que tiver conhecimento de infração penal deste Código deverá comunicá-la ao juiz eleitoral da zona onde a mesma se verificou.[400]
>
> § 1.º Quando a comunicação for verbal, mandará a autoridade judicial reduzi-la a termo, assinado pelo apresentante e por duas testemunhas, e a remeterá ao órgão do Ministério Público local, que procederá na forma deste Código.
>
> § 2.º Se o Ministério Público julgar necessários maiores esclarecimentos e documentos complementares ou outros elementos de convicção, deverá requisitá-los diretamente de quaisquer autoridades ou funcionários que possam fornecê-los.

400. Delatio criminis: estabelece a norma a obrigatoriedade de comunicação da infração penal eleitoral ao juiz da região onde se deu; entretanto, não há sanção para a omissão no tocante à mencionada comunicação. Sob outro aspecto, a lei é antiga e indica o juiz eleitoral para receber tal relato, quando, em verdade, deveria ser comunicado ao Ministério Público ou à polícia.

> **Art. 357.** Verificada a infração penal, o Ministério Público oferecerá a denúncia dentro do prazo de 10 (dez) dias.[401]
>
> § 1.º Se o órgão do Ministério Público, ao invés de apresentar a denúncia, requerer o arquivamento da comunicação, o juiz, no caso de considerar improcedentes as razões invocadas, fará remessa da comunicação ao Procurador Regional, e este oferecerá a denúncia, designará outro Promotor para oferecê-la, ou insistirá no pedido de arquivamento, ao qual só então estará o juiz obrigado a atender.[402]
>
> § 2.º A denúncia conterá a exposição do fato criminoso com todas as suas circunstâncias, a qualificação do acusado ou esclarecimentos pelos quais se possa identificá-lo, a classificação do crime e, quando necessário, o rol das testemunhas.[403]
>
> § 3.º Se o órgão do Ministério Público não oferecer a denúncia no prazo legal representará contra ele a autoridade judiciária, sem prejuízo da apuração da responsabilidade penal.[404]
>
> § 4.º Ocorrendo a hipótese prevista no parágrafo anterior o juiz solicitará ao Procurador Regional a designação de outro promotor, que, no mesmo prazo, oferecerá a denúncia.
>
> § 5.º Qualquer eleitor poderá provocar a representação contra o órgão do Ministério Público se o juiz, no prazo de 10 (dez) dias, não agir de ofício.

401. Prazo para a denúncia: estabelece-se o prazo de dez dias, para indiciado solto ou preso, fixando-se até mesmo a figura criminosa do art. 342 desta Lei para a omissão do órgão do Ministério Público que não o faça.

402. Controle da obrigatoriedade da ação penal: nos mesmos moldes do art. 28 do Código de Processo Penal, cabe ao juiz controlar a obrigatória atuação do membro do Ministério Público, desde que existam provas suficientes para oferecer denúncia. Por isso, requerendo o arquivamento – e com ele não concordando a autoridade judiciária – remete-se a comunicação da ocorrência ao Procurador Regional. Este poderá insistir no arquivamento, ao qual será o Judiciário obrigado a atender. Dando razão ao magistrado, designará outro promotor para fazê-lo.

403. Conteúdo da peça acusatória: deve apresentar uma imputação clara e detalhada para possibilitar a ampla defesa do réu. Assim, deve conter a exposição do fato criminoso (tipo básico, na figura do *caput* do artigo), com todas as circunstâncias (tipo derivado, contidos nos parágrafos dos artigos, representando qualificadoras e causas de aumento), a qualificação do réu (dados individualizadores para complementar a sua identificação criminal), a classificação do crime (artigo de lei onde está incurso o acusado) e, finalmente, o rol de testemunhas (se houver).

404. Controle jurisdicional da acusação: em particular visão, no cenário dos crimes eleitorais, fixa-se a regra de controle da atuação do membro do Ministério Público de maneira rígida. Se não houver denúncia no prazo legal, *deve* o juiz representar contra o promotor, sob pena de responder criminalmente pela omissão (art. 343 desta Lei).

> **Art. 358.** A denúncia, será rejeitada quando:[405]
> I – o fato narrado evidentemente não constituir crime;
> II – já estiver extinta a punibilidade, pela prescrição ou outra causa;
> III – for manifesta a ilegitimidade da parte ou faltar condição exigida pela lei para o exercício da ação penal.
> **Parágrafo único.** Nos casos do número III, a rejeição da denúncia não obstará ao exercício da ação penal, desde que promovida por parte legítima ou satisfeita a condição.

405. Condições da ação penal: a atual redação do art. 358 desta Lei corresponde à antiga redação do art. 43 do Código de Processo Penal, hoje revogado e substituído pelo art. 395 do mesmo Código. O atual art. 395 menciona, claramente, as condições da ação para a aceitabilidade da demanda. O antigo art. 43 expressava as condições da ação de maneira exemplificativa, tal como ainda vigora no art. 358 desta Lei. No inciso I, prevê-se a possibilidade jurídica do pedido, afinal, quando o fato evidentemente não constituir crime, torna-se inviável o pedido. No inciso II, extinta a punibilidade, perde-se o interesse de agir. No inciso III, vislumbra-se a discussão acerca da legitimidade de parte.

> **Art. 359.** Recebida a denúncia, o juiz designará dia e hora para o depoimento pessoal do acusado, ordenando a citação deste e a notificação do Ministério Público.[406]
> **Parágrafo único.** O réu ou seu defensor terá o prazo de 10 (dez) dias para oferecer alegações escritas e arrolar testemunhas.

406. Procedimento para citação e interrogatório: recebida a peça acusatória, cita-se o réu para interrogatório, como anteriormente era realizado no procedimento comum, previsto no Código de Processo Penal. Portanto, em primeiro lugar, pratica-se a autodefesa;

após, a defesa técnica oferece resposta escrita. Na atual estrutura do processo penal comum, o réu é citado para apresentar defesa escrita e somente é interrogado ao final da instrução. Na jurisprudência: TSE: "4. O art. 400 do CPP, com a redação dada pela Lei n.º 11.719/2008, o qual estabelece que o interrogatório do acusado é a última etapa da instrução criminal, por ser norma mais benéfica à defesa, deve prevalecer sobre o disposto no art. 359 do CE, que previa tal ato após o recebimento da denúncia. Inexistência de nulidade processual, por ausência de prejuízo (art. 563 do CPP). Precedentes do STF e do TSE" (Agravo Regimental em Agravo de Instrumento 0000134-20.2012.6.06.0070, rel. Og Fernandes, j. 27.06.2019, v.u.).

> **Art. 360.** Ouvidas as testemunhas da acusação e da defesa e praticadas as diligências requeridas pelo Ministério Público e deferidas ou ordenadas pelo juiz, abrir-se-á o prazo de 5 (cinco) dias a cada uma das partes – acusação e defesa – para alegações finais.
>
> **Art. 361.** Decorrido esse prazo, e conclusos os autos ao juiz dentro de quarenta e oito horas, terá o mesmo 10 (dez) dias para proferir a sentença.
>
> **Art. 362.** Das decisões finais de condenação ou absolvição cabe recurso para o Tribunal Regional, a ser interposto no prazo de 10 (dez) dias.
>
> **Art. 363.** Se a decisão do Tribunal Regional for condenatória, baixarão imediatamente os autos à instância inferior para a execução da sentença, que será feita no prazo de 5 (cinco) dias, contados da data da vista ao Ministério Público.
>
> **Parágrafo único.** Se o órgão do Ministério Público deixar de promover a execução da sentença serão aplicadas as normas constantes dos §§ 3.º, 4.º e 5.º do art. 357.
>
> **Art. 364.** No processo e julgamento dos crimes eleitorais e dos comuns que lhes forem conexos, assim como nos recursos e na execução, que lhes digam respeito, aplicar-se-á, como lei subsidiária ou supletiva, o Código de Processo Penal.
>
> (...)

Lei 6.091, de 15 de agosto de 1974

Dispõe sobre o fornecimento gratuito de transporte, em dias de eleição, a eleitores residentes nas zonas rurais, e dá outras providências.

O Presidente da República

Faço saber que o Congresso Nacional decreta e eu sanciono a seguinte Lei

> (...)
>
> **Art. 11.** Constitui crime eleitoral:[407]
>
> I – descumprir,[408-410] o responsável por órgão, repartição ou unidade do serviço público, o dever imposto no art. 3.º, ou prestar informação inexata que vise a elidir, total ou parcialmente, a contribuição de que ele trata:[411-412]
>
> Pena – detenção de quinze dias a seis meses e pagamento de 60 a 100 dias-multa;[413]

407. Transporte de eleitores: a preocupação com o transporte de eleitores para a votação é razoável, com o fim de não se empregar a máquina estatal em favor de algum candidato ou partido, embora não nos pareça cabível tornar qualquer infração, nesse cenário, crime. Ofende o princípio da intervenção mínima, por certo, afirmando inconstitucionalidade. Tal infração eleitoral pode ser punida na órbita administrativa.

408. Análise do núcleo do tipo: *descumprir* (desatender) é a conduta típica cujo objeto é o dever de comunicar à Justiça Eleitoral, no prazo de 50 dias antes da data do pleito, quais os dados (número, espécie e lotação) dos veículos e embarcações, que podem ser utilizados para transporte de eleitores e outros serviços. A segunda parte é *prestar* (comunicar) informação inexata quanto a tais veículos e embarcações, com o objetivo de não contribuir, total ou parcialmente. Não se vislumbra qualquer ofensividade razoável ao sufrágio ou à democracia pluripartidária, a ponto de se criminalizar uma omissão de dados de veículos ou embarcações, ou mesmo qualquer informe inexato nesse campo. Na jurisprudência: TSE: "A conformação da conduta ao tipo penal do transporte irregular de eleitores exige não apenas a presença do elemento 'fornecimento de transporte a eleitores', mas, também, da finalidade de aliciar eleitores, conspurcando o livre exercício do voto. Precedente do Supremo Tribunal Federal. 2. Para a comprovação do dolo não basta conjecturar acerca do benefício auferido. É necessário apontar elementos concretos que evidenciem a atuação com a finalidade de aliciar eleitores. 3. A partir da prova produzida, não ficou comprovado que, no curso do transporte de eleitores, se é que tenha ocorrido, tenha havido aliciamento; que o seu traslado tenha sido vinculado à obtenção de votos em favor de determinada candidatura; ou mesmo, que tenham eles sido expostos a material de propaganda eleitoral capaz de causar alguma influência nas suas vontades. 4. Ante a ausência de comprovação da finalidade espúria no transporte de eleitores, impõe-se a absolvição dos réus. 5. O reenquadramento jurídico dos fatos é possível em sede de recurso especial eleitoral, sendo vedado somente o reexame de fatos e provas que não estejam devidamente delineados na moldura fática do acórdão regional. Precedentes do TSE. 6. A moldura fática encontra-se devidamente anotada no acórdão recorrido, devendo ser também considerados os trechos dos depoimentos transcritos no voto vencido, conforme prescreve o art. 941, § 3.º, do Código de Processo Civil. Agravo regimental a que se nega provimento" (AgReg em Recurso Especial Eleitoral 133 – RJ, rel. Admar Gonzaga, j. 12.09.2017, v.u.).

409. Sujeitos ativo e passivo: o sujeito ativo é o responsável por órgão, repartição ou unidade do serviço público. O sujeito passivo é o Estado.

410. Elemento subjetivo do tipo: é o dolo. Não há elemento subjetivo específico. Inexiste a forma culposa.

411. Objetos material e jurídico: o objeto material é o ofício de informação de dados de veículos e embarcações. O objeto jurídico é a regularidade do sufrágio, igualdade e democracia pluripartidária.

412. Classificação: trata-se de crime próprio (só pode ser cometido por sujeito qualificado); formal (concretiza-se com a mera prática da conduta, sem necessidade de resultado naturalístico); de forma livre (pode ser cometido por qualquer meio); comissivo (a forma verbal implica ação), na forma *prestar*, e omissivo (a forma implica inação), na modalidade *descumprir*; instantâneo (o resultado não se prolonga no tempo); unissubjetivo (pode ser cometido por uma só pessoa); unissubsistente (praticado num só ato), na forma *descumprir*, e plurissubsistente (cometido em atos), na forma *prestar*; admite tentativa na modalidade plurissubsistente.

413. Benefícios penais: trata-se de infração de menor potencial ofensivo, admitindo transação.

> II – desatender[414-416] à requisição de que trata o art. 2.º;[417-418]
> Pena – pagamento de 200 a 300 dias-multa, além da apreensão do veículo para o fim previsto;[419]

414. Análise do núcleo do tipo: *desatender* é a conduta omissiva, cujo objeto é a requisição de veículo e embarcação particular. O tipo penal equivale ao crime de desobediência, embora específico e voltado ao serviço eleitoral.

415. Sujeitos ativo e passivo: o sujeito ativo pode ser qualquer pessoa. O sujeito passivo é o Estado.

416. Elemento subjetivo do tipo: é o dolo. Há elemento específico, consistente em desafiar a autoridade estatal. Inexiste a forma culposa.

417. Objetos material e jurídico: o objeto material é a requisição de veículo ou embarcação. O objeto jurídico é a regularidade do sufrágio, igualdade e democracia pluripartidária.

418. Classificação: trata-se de crime comum (pode ser cometido por qualquer pessoa); formal (concretiza-se com a mera prática da conduta, sem necessidade de resultado naturalístico); de forma livre (pode ser cometido por qualquer meio); omissivo (a forma verbal implica inação); instantâneo (o resultado não se prolonga no tempo); unissubjetivo (pode ser cometido por uma só pessoa); unissubsistente (praticado num só ato); não admite tentativa.

419. Benefícios penais: trata-se de infração de menor potencial ofensivo, admitindo transação. A apreensão do veículo ou embarcação não é efeito da condenação, mas somente uma medida cautelar prevista em lugar inadequado.

> III – descumprir[420-422] a proibição dos arts. 5.º, 8.º e 10.º;[423-424]
> Pena – reclusão de quatro a seis anos e pagamento de 200 a 300 dias-multa (art. 302 do Código Eleitoral);[425]

420. Análise do núcleo do tipo: descumprir (não atender) é a conduta omissiva, que, conjugada à proibição de adotar certas condutas, torna em comissivo o delito, vale dizer, para que se concretize, é preciso fazer o proibido. São condutas vedadas: a) "art. 5.º Nenhum veículo ou embarcação poderá fazer transporte de eleitores desde o dia anterior até o posterior à eleição, salvo: I – a serviço da Justiça Eleitoral; II – coletivos de linhas regulares e não fretados; III – de uso individual do proprietário, para o exercício do próprio voto e dos membros da sua família; IV – o serviço normal, sem finalidade eleitoral, de veículos de aluguel não atingidos pela requisição de que trata o art. 2.º"; b) "art. 8.º Somente a Justiça Eleitoral poderá, quando imprescindível, em face da absoluta carência de recursos de eleitores da zona rural, fornecer--lhes refeições, correndo, nesta hipótese, as despesas por conta do Fundo Partidário"; c) "art. 10. É vedado aos candidatos ou órgãos partidários, ou a qualquer pessoa, o fornecimento de transporte ou refeições aos eleitores da zona urbana". Diferença existente entre esse delito e a corrupção do art. 299 do Código Eleitoral: TSE: "2. Nos termos dos arts. 5.º, 10 e 11, III, da Lei 6.091/74, constitui crime transportar eleitores desde o dia anterior até o posterior ao pleito. 3. A Corte Regional, ao manter a condenação do Recorrente, ressaltou que, no dia das Eleições 2018, transportou três eleitoras até o local de votação e, durante o trajeto, procedeu à entrega de material de campanha de candidatos. 4. Contexto fático do acórdão recorrido, ainda, que registra a existência, no veículo, de significativa quantidade de material de propaganda política e que o Recorrente foi preso em flagrante ao acompanhar uma das eleitoras até a porta da respectiva seção. 5. Circunstâncias descritas que se revelam suficientes para comprovar o elemento subjetivo específico exigido pelo tipo penal, consistente na finalidade de cooptação do voto do eleitor" (REspEl 060056626, rel. Alexandre de Moraes, 17.02.2022, m.v.); "2. A adequação típica da conduta ao crime do art. 11, III, c/c os arts. 5.º e 10 da Lei n.º 6.091/1974, exige, além do dolo genérico de realizar o verbo núcleo do tipo – transportar eleitores –, o elemento subjetivo especial do injusto, um especial fim do agir que consiste na finalidade de cooptar o voto do eleitor, violando-se o livre exercício do sufrágio. Precedente. 3. Esse especial fim de agir pode ser inferido do contexto em que ocorre a conduta, por meio de raciocínio dedutivo, realizado segundo a previsão do art. 239 do CPP. Precedentes. 4. De acordo com a jurisprudência do TSE, as circunstâncias de o transporte ter sido fornecido com o intuito de viabilizar o voto, de ter sido realizado pedido expresso de apoio ao candidato de preferência do transportador e da presença, em abundância, no veículo, de material de campanha – todos presentes, na espécie – autorizam a conclusão pela existência do especial fim de agir exigido pelo crime em questão. 5. As conclusões do aresto regional que, no caso concreto, apesar da presença desses indícios, não reconheceu a presença de elementos suficientes para a verificação do especial fim de agir, se encontram em desarmonia com a jurisprudência desta Corte" (Recurso Especial Eleitoral 9326, rel. Mauro Campbell Marques, 26.08.2022, v.u.).

421. Sujeitos ativo e passivo: o sujeito ativo pode ser qualquer pessoa. O sujeito passivo é o Estado.

422. Elemento subjetivo do tipo: é o dolo. Não há elemento subjetivo específico. Inexiste a forma culposa.

423. Objetos material e jurídico: o objeto material é a vedação legal. O objeto jurídico é a regularidade do sufrágio, igualdade e democracia pluripartidária.

424. Classificação: trata-se de crime comum (pode ser cometido por qualquer pessoa); formal (concretiza-se com a mera prática da conduta, sem necessidade de resultado naturalístico); de forma livre (pode ser cometido por qualquer meio); comissivo (a forma verbal implica ação); instantâneo (o resultado não se prolonga no tempo); unissubjetivo (pode ser cometido por uma só pessoa); plurissubsistente (praticado em atos); admite tentativa.

425. Benefícios penais: a pena é consideravelmente elevada, em face da particular gravidade do delito. Aplicada a pena mínima, cabe substituição por restritiva de direitos.

> IV – obstar,[426-428] por qualquer forma, a prestação dos serviços previstos nos arts. 4.º e 8.º desta Lei, atribuídos à Justiça Eleitoral;[429-430]
> Pena – reclusão de 2 (dois) a 4 (quatro) anos;[431]

426. Análise do núcleo do tipo: obstar (colocar obstáculo) é a conduta típica cujo objeto é a prestação de serviços da Justiça Eleitoral, conforme arts. 4.º e 8.º desta Lei: "art. 4.º Quinze dias antes do pleito, a Justiça Eleitoral divulgará, pelo órgão competente, o quadro geral de percursos e horários programados para o transporte de eleitores, dele fornecendo cópias aos partidos políticos. § 1.º O transporte de eleitores somente será feito dentro dos limites territoriais do respectivo município e quando das zonas rurais para as mesas receptoras distar pelo menos dois quilômetros. (...)"; "art. 8.º Somente a Justiça Eleitoral poderá, quando imprescindível, em face da absoluta carência de recursos de eleitores da zona rural, fornecer-lhes refeições, correndo, nesta hipótese, as despesas por conta do Fundo Partidário". Na visão de Luiz Carlos dos Santos Gonçalves, este tipo penal é lesivo ao princípio da taxatividade, pois não se especifica como se desenvolve a conduta obstar (*Crimes eleitorais...*, p. 146). De fato, o referido tipo não prima pelo detalhismo, mas cremos razoável captar o seu sentido. A aposição de qualquer entrave aos relevantes serviços da Justiça Eleitoral deve ser coibida criminalmente, pois o bem jurídico é particularmente importante.

427. Sujeitos ativo e passivo: o sujeito ativo pode ser qualquer pessoa. O sujeito passivo é o Estado.

428. Elemento subjetivo do tipo: é o dolo. Não há elemento subjetivo específico. Inexiste a forma culposa.

429. Objetos material e jurídico: o objeto material é o serviço da Justiça Eleitoral. O objeto jurídico é a regularidade do sufrágio, igualdade e democracia pluripartidária.

430. Classificação: trata-se de crime comum (pode ser cometido por qualquer pessoa); formal (concretiza-se com a mera prática da conduta, sem necessidade de resultado naturalístico); de forma livre (pode ser cometido por qualquer meio); comissivo (a forma verbal implica ação); instantâneo (o resultado não se prolonga no tempo); unissubjetivo (pode ser cometido por uma só pessoa); plurissubsistente (praticado em atos); admite tentativa.

431. Benefícios penais: cabe substituição da pena, quando não ultrapassar quatro anos, por restrição de direitos.

> V – utilizar[432-434] em campanha eleitoral, no decurso dos 90 (noventa) dias que antecedem o pleito, veículos e embarcações pertencentes à União, Estados, Territórios, Municípios e respectivas autarquias e sociedades de economia mista:[435-436]
>
> Pena – cancelamento do registro do candidato ou de seu diploma, se já houver sido proclamado eleito.[437]
>
> **Parágrafo único.** O responsável, pela guarda do veículo ou da embarcação, será punido com a pena de detenção, de 15 (quinze) dias a 6 (seis) meses, e pagamento de 60 (sessenta) a 100 (cem) dias-multa.[438]

432. Análise do núcleo do tipo: utilizar (fazer uso de algo) é a conduta típica cujo objeto é o veículo ou embarcação estatal, em campanha eleitoral, desde que 90 dias antes do pleito. Quer-se evitar o uso da máquina governamental em sufrágio, prejudicando a igualdade dos partidos políticos.

433. Sujeitos ativo e passivo: o sujeito ativo é o candidato, o que se deduz pela pena cominada. O sujeito passivo é o Estado.

434. Elemento subjetivo do tipo: é o dolo. Não há elemento subjetivo específico. Inexiste a forma culposa.

435. Objetos material e jurídico: o objeto material é o veículo ou embarcação estatal. O objeto jurídico é a regularidade do sufrágio, igualdade e democracia pluripartidária.

436. Classificação: trata-se de crime próprio (só pode ser cometido por sujeito qualificado); formal (concretiza-se com a mera prática da conduta, sem necessidade de resultado naturalístico); de forma livre (pode ser cometido por qualquer meio); comissivo (a forma verbal implica ação); instantâneo (o resultado não se prolonga no tempo); unissubjetivo (pode ser cometido por uma só pessoa); plurissubsistente (praticado em atos); admite tentativa.

437. Benefícios penais: a pena é anômala, pois destoa de parâmetros autenticamente penais e constitucionais. Por isso, embora haja a previsão da conduta como crime, a pena não foi recepcionada pela Constituição Federal. As únicas sanções penais previstas são: a) privação ou restrição da liberdade; b) perda de bens; c) multa; d) prestação social alternativa; e) suspensão ou interdição de direitos (art. 5.º, XLVI, CF). Logo, é inaplicável.

438. Extensão da responsabilidade penal: em exceção pluralista à teoria monista, buscando-se cominar pena diferenciada ao guarda do veículo ou embarcação estatal, inseriu-se o disposto no parágrafo único.

Lei Complementar 64, de 18 de maio de 1990

Estabelece, de acordo com o art. 14, § 9.º, da Constituição Federal, casos de inelegibilidade, prazos de cessação, e determina outras providências.

O Presidente da República:

Faço saber que o Congresso Nacional decreta e eu sanciono a seguinte lei:

> (...)
> **Art. 25.** Constitui crime eleitoral a arguição de inelegibilidade, ou a impugnação de registro[439-441] de candidato feito por interferência do poder econômico, desvio ou abuso do poder de autoridade, deduzida de forma temerária ou de manifesta má-fé:[442-443]
>
> Pena – detenção de 6 (seis) meses a 2 (dois) anos,[444] e multa de 20 (vinte) a 50 (cinquenta) vezes o valor do Bônus do Tesouro Nacional (BTN) e, no caso de sua extinção, de título público que o substitua.

439. Análise do núcleo do tipo: arguir (impugnar, acusar) a inelegibilidade (impossibilidade legal de se candidatar) ou impugnar (contestar, opor-se a algo) o registro de candidato são as condutas alternativas, que somente tem relevo penal, quando realizadas sob influência do poder econômico, desvio ou abuso de autoridade. Associa-se a tal interferência a forma temerária (imprudente, desatenciosa) ou de manifesta (evidente) má-fé. Compreende-se o intuito do legislador, ao buscar idoneidade nas denúncias realizadas contra candidatos, coibindo-se as impugnações infundadas, para satisfazer interesses escusos, que somente comprometem a lisura do processo eleitoral. Porém, a redação do artigo que prevê a figura típica é confusa. Impugnar uma candidatura, valendo-se de desvio de poder já representa, por si só, uma conduta nefasta, logo, de má-fé. Por isso, torna-se incompreensível, ao mesmo tempo, exigir-se, noutro foco, o abuso de poder, exercido de maneira temerária (arriscado ou precipitado). São situações que se excluem: ou há abuso ou imprudência. Por outro lado, a inserção em tipo penal doloso de menção a figura peculiar à culpa (temerário) também é inviável. Portanto, deve-se compor a arguição de inelegibilidade e a impugnação de candidatura, feita de maneira abusiva, seja por influência do poder econômico ou desvio de autoridade, com clara intenção vil (dolo direto). A falta de técnica, em nosso entendimento, deve abstrair a figura temerária, incompatível com delito doloso. Há quem sustente tratar-se de dolo eventual, mas, como mencionamos, se há desvio ou abuso de autoridade, torna-se ilógico falar em assunção de risco. A formalização da arguição ou impugnação, por petição, dirigida à autoridade competente é suficiente para caracterizar o delito, pouco importando o seu resultado. Entretanto, caso a peça oferecida seja manifestamente improcedente, contendo erro grosseiro ou acusação absurda, visualizamos hipótese de crime impossível (art. 17, CP), pela absoluta ineficácia do meio ou impropriedade do objeto.

440. Sujeitos ativo e passivo: o sujeito ativo pode ser qualquer pessoa. O sujeito passivo é o Estado; secundariamente, o candidato atingido pela atuação do agente.

441. Elemento subjetivo do tipo: é o dolo, em sua forma direta, pelo uso da expressão manifesta má-fé. Não há elemento subjetivo específico. Inexista a forma culposa.

442. Objetos material e jurídico: o objeto material é a candidatura de alguém. O objeto jurídico é a regularidade do sufrágio, igualdade e democracia pluripartidária. Insere-se, também, a administração da justiça eleitoral.

443. Classificação: trata-se de crime comum (pode ser cometido por qualquer pessoa); formal (concretiza-se com a mera prática da conduta, sem necessidade de resultado naturalístico); de forma livre (pode ser cometido por qualquer meio); comissivo (a forma verbal implica ação); instantâneo (o resultado não se prolonga no tempo); unissubjetivo (pode ser cometido por uma só pessoa); plurissubsistente (praticado em atos); admite tentativa, embora de rara configuração.

444. Benefícios penais: trata-se de infração de menor potencial ofensivo, comportando transação. Em caso de condenação, é viável aplicar pena alternativa.

Lei 9.504, de 30 de setembro de 1997

Estabelece normas para as eleições.

O Vice-Presidente da República no exercício do cargo de Presidente da República

Faço saber que o Congresso Nacional decreta e eu sanciono a seguinte Lei:

> (...)
> **Art. 33.** (...)
> § 4.º A divulgação[445-447] de pesquisa fraudulenta constitui crime,[448-449] punível com detenção de seis meses a um ano e multa no valor de cinquenta mil a cem mil UFIR.[450]

445. Análise do núcleo do tipo: a constituição do tipo é malfeita, querendo dizer: divulgar (tornar público) pesquisa eleitoral fraudulenta (com logro, ardil ou falsidade voltada ao engano). Ainda assim, deveria o legislador ter estabelecido, em detalhes, a conduta típica, seguindo-se fielmente o princípio da taxatividade. Na jurisprudência: TSE: "2. A Corte de origem, diante da análise das provas coligidas aos autos digitais, afastou a multa aplicada aos recorrentes quanto ao compartilhamento da pesquisa irregular por meio do WhatsApp, mas manteve, contudo, a condenação pela mensagem veiculada em página do Facebook, ao fundamento de que o conteúdo divulgado nas redes sociais dos representados não corresponde ao teor da pesquisa por eles indicada, cuidando-se, portanto, de divulgação de pesquisa eleitoral irregular, com potencialidade para induzir o eleitor ao erro, ainda que não seja possível saber quem foi o autor dos dados divulgados. 3. Mesmo que os recorrentes não tenham sido os autores da pesquisa, podem ser responsabilizados, na medida em que comprovado o fato de terem propagado o conteúdo ilícito. Precedentes" (Agravo em Recurso Especial Eleitoral 060138407, rel. Mauro Campbell Marques, 23.08.2022, v.u.); "1. A enquete amplamente divulgada como tal, sem alusão a caráter científico ou metodológico, não pode ser equiparada à divulgação de pesquisa eleitoral sem registro. 2. Tendo o acórdão recorrido assentado a regularidade da divulgação da enquete e afastado a natureza fraudulenta das informações, não cabe à instância especial realizar nova análise das provas dos autos, nos termos das Súmulas nos 24/TSE e 7/STJ. 3. Recurso especial eleitoral desprovido" (Recurso Especial Eleitoral 79.324, rel. Gilmar Mendes, 23.05.2017).

446. Sujeitos ativo e passivo: o sujeito ativo pode ser qualquer pessoa. O sujeito passivo é o Estado.

447. Elemento subjetivo do tipo: é o dolo. Não há elemento subjetivo específico. Inexiste a forma culposa.

448. Objetos material e jurídico: o objeto material é a pesquisa eleitoral. O objeto jurídico é a regularidade do sufrágio, igualdade e democracia pluripartidária.

449. Classificação: trata-se de crime comum (pode ser cometido por qualquer pessoa); formal (concretiza-se com a prática da conduta, independentemente de qualquer resultado naturalístico, consistente em efetivo prejuízo ao sufrágio); de forma livre (pode ser cometido por qualquer meio); comissivo (a forma verbal implica ação); instantâneo (o resultado não se prolonga no tempo); unissubjetivo (pode ser cometido por uma só pessoa); plurissubsistente (cometido em atos); admite tentativa.

450. Benefícios penais: trata-se de infração de menor potencial ofensivo, admitindo transação.

> **Art. 34. (...)**
> § 1.º Mediante requerimento à Justiça Eleitoral, os partidos poderão ter acesso ao sistema interno de controle, verificação e fiscalização da coleta de dados das entidades que divulgaram pesquisas de opinião relativas às eleições, incluídos os referentes à identificação dos entrevistadores e, por meio de escolha livre e aleatória de planilhas individuais, mapas ou equivalentes, confrontar e conferir os dados publicados, preservada a identidade dos respondentes.
> § 2.º O não cumprimento do disposto neste artigo ou qualquer ato que vise a retardar, impedir ou dificultar[451-453] a ação fiscalizadora dos partidos constitui crime,[454-455] punível com detenção, de seis meses a um ano, com a alternativa de prestação de serviços à comunidade pelo mesmo prazo, e multa no valor de dez mil a vinte mil UFIR.[456]
> § 3.º A comprovação de irregularidade[457-459] nos dados publicados[460-461] sujeita os responsáveis às penas mencionadas no parágrafo anterior, sem prejuízo da obrigatoriedade da veiculação dos dados corretos no mesmo espaço, local, horário, página, caracteres e outros elementos de destaque, de acordo com o veículo usado.

451. Análise do núcleo do tipo: retardar (atrasar), impedir (interromper) ou dificultar (tornar mais custoso) são condutas alternativas, cujo objeto é a ação fiscalizadora de partidos políticos no tocante a pesquisas de opinião pertinentes às eleições.

452. Sujeitos ativo e passivo: o sujeito ativo pode ser qualquer pessoa. O sujeito passivo é o Estado. Secundariamente, os partidos prejudicados.

453. Elemento subjetivo do tipo: é o dolo. Não há elemento subjetivo específico. Inexiste a forma culposa.

454. Objeto material e jurídico: o objeto material é a ação fiscalizadora dos partidos. O objeto jurídico é a regularidade do sufrágio, igualdade e democracia pluripartidária.

455. Classificação: trata-se de crime comum (pode ser cometido por qualquer pessoa); formal (concretiza-se com a prática da conduta, independentemente de qualquer resultado naturalístico, consistente em efetivo prejuízo ao sufrágio); de forma livre (pode ser cometido por qualquer meio); comissivo (a forma verbal implica ação); instantâneo (o resultado não se prolonga no tempo); unissubjetivo (pode ser cometido por uma só pessoa); plurissubsistente (cometido em atos); admite tentativa.

456. Benefícios penais: a infração é de menor potencial ofensivo, admitindo transação.

457. Análise do núcleo do tipo: trata-se de tipo inconstitucional, por ferir o princípio da taxatividade. Inexiste qualquer descrição detalhada a respeito da conduta criminosa. Menciona-se, apenas, a comprovação de irregularidade nos dados publicados, não se sabendo que tipo de irregularidade, nem tampouco como desenvolvê-la, em quais circunstâncias, nem mesmo por quem. Aceitando-se a constitucionalidade, verificamos os demais elementos do delito.

458. Sujeitos ativo e passivo: o sujeito ativo pode ser qualquer pessoa. O sujeito passivo é o Estado. Secundariamente, o partido prejudicado.

459. Elemento subjetivo do tipo: é o dolo. Não há elemento subjetivo específico. Inexiste a forma culposa.

460. Objetos material e jurídico: o objeto material é o dado referente à pesquisa eleitoral irregular. O objeto jurídico é a regularidade do sufrágio, igualdade e democracia pluripartidária.

461. Classificação: trata-se de crime comum (pode ser cometido por qualquer pessoa); formal (concretiza-se com a prática da conduta, independentemente de qualquer resultado naturalístico, consistente em efetivo prejuízo ao sufrágio); de forma livre (pode ser cometido por qualquer meio); comissivo (a forma verbal implica ação); instantâneo (o resultado não se prolonga no tempo); unissubjetivo (pode ser cometido por uma só pessoa); plurissubsistente (cometido em atos); admite tentativa.

> **Art. 35.** Pelos crimes definidos nos arts. 33, § 4.º e 34, §§ 2.º e 3.º, podem ser responsabilizados penalmente os representantes legais da empresa ou entidade de pesquisa e do órgão veiculador.[462]

462. Extensão da responsabilidade penal: o disposto neste artigo estende a responsabilidade penal aos representantes legais da empresa ou entidade de pesquisa e do órgão veiculador. Entretanto, a norma é desnecessária, pois o preceituado no art. 29 do Código Penal é mais que suficiente para isso. Se o dispositivo tem a finalidade de consagrar a responsabilidade penal objetiva, impelindo a criminalização de tais representantes, a norma é inconstitucional, em função do princípio da culpabilidade (não há crime sem dolo e sem culpa).

> (...)
> **Art. 39.** (...)
> § 5.º Constituem crimes, no dia da eleição, puníveis com detenção, de seis meses a um ano, com a alternativa de prestação de serviços à comunidade pelo mesmo período, e multa no valor de cinco mil a quinze mil UFIR:
> I – o uso[463-465] de alto-falantes e amplificadores de som ou a promoção de comício ou carreata;[466-467]

463. Análise do núcleo do tipo: usar (utilizar) alto-falante e amplificador de som (instrumentos que permitem a manifestação oral em grandes proporções) ou, como conduta alternativa, promover (realizar) comício (reunião pública para promover um candidato ou uma ideia) ou carreata (desfile de carros com promoção de candidato ou partido). Tais vedações somente ocorrem no dia da eleição.

464. Sujeitos ativo e passivo: o sujeito ativo pode ser qualquer pessoa. O sujeito passivo é o Estado. Secundariamente, o candidato ou partido prejudicado.

465. Elemento subjetivo do tipo: é o dolo. Não há elemento subjetivo específico. Inexiste a forma culposa.

466. Objetos material e jurídico: o objeto material é o alto-falante, amplificador, comício ou carreata. O objeto jurídico é a regularidade do sufrágio, igualdade e democracia pluripartidária.

467. Classificação: trata-se de crime comum (pode ser cometido por qualquer pessoa); formal (concretiza-se com a prática da conduta, independentemente de qualquer resultado naturalístico, consistente em efetivo prejuízo ao sufrágio); de forma livre (pode ser cometido por qualquer meio); comissivo (a forma verbal implica ação); instantâneo (o resultado não se prolonga no tempo); unissubjetivo (pode ser cometido por uma só pessoa); plurissubsistente (cometido em atos); admite tentativa.

> II – a arregimentação[468-470] de eleitor ou a propaganda de boca de urna;[471-472]

468. Análise do núcleo do tipo: arregimentar (reunir, associar) eleitores ou fazer propaganda (realizar a propagação de ideias) de boca de urna (próxima à urna eleitoral). Embora não exista, no tipo penal, qualquer cenário ou finalidade do agente, por certo, o objetivo da arregimentação e/ou da propaganda de boca de urna é cabalar votos, de maneira desregrada e desequilibrada, contrária aos interesses de uma eleição escorreita. Na jurisprudência: TSE: "3. As elementares 'arregimentação de eleitor' e 'propaganda de boca de urna' conferem ao art. 39, § 5.º, II, da Lei n.º 9.504/1997 feições abertas que devem ser completadas com dados do contexto fático, de modo a possibilitar a aferição, em cada caso, da relevância penal das condutas praticadas. 4. Ausente argumentação apta a afastar os fundamentos da decisão questionada – uma vez que, nas razões recursais repetem-se as alegações de inexistência de autoria e materialidade, que foram devidamente afastadas –, é de se manter a decisão agravada. 5. Negado provimento ao agravo interno" (Recurso em *Habeas Corpus* 060035853, rel. Mauro Campbell Marques, j. 20.11.2020, v.u.).

469. Sujeitos ativo e passivo: o sujeito ativo pode ser qualquer pessoa. O sujeito passivo é o Estado; secundariamente, o candidato ou partido prejudicado.

470. Elemento subjetivo do tipo: é o dolo. Não há elemento subjetivo específico. Inexiste a forma culposa.

471. Objetos material e jurídico: o objeto material é o eleitor ou a boca de urna. O objeto jurídico é a regularidade do sufrágio, igualdade e democracia pluripartidária.

472. Classificação: trata-se de crime comum (pode ser cometido por qualquer pessoa); formal (concretiza-se com a prática da conduta, independentemente de qualquer resultado naturalístico, consistente em efetivo prejuízo ao sufrágio); de forma livre (pode ser cometido por qualquer meio); comissivo (a forma verbal implica ação); instantâneo (o resultado não se prolonga no tempo); unissubjetivo (pode ser cometido por uma só pessoa); plurissubsistente (cometido em atos); admite tentativa.

Art. 39

> III – a divulgação[473-475] de qualquer espécie de propaganda de partidos políticos ou de seus candidatos.[476-477]

473. Análise do núcleo do tipo: divulgar (tornar público) é a conduta típica voltada à propaganda de partidos políticos ou candidatos. Fazer propaganda eleitoral, em época eleitoral, é comum e legítimo, mas não no dia da eleição, visando-se a assegurar o máximo de imparcialidade para o sufrágio. Na jurisprudência: TSE: "1. A teor do art. 39, § 5.º, III, da Lei 9.504/97, constitui crime o ato de divulgar, na data do pleito, qualquer espécie de propaganda de partidos políticos ou de seus candidatos, punível com detenção de seis meses a um ano e multa de cinco a 15 mil UFIRs. 2. Os elementos de prova delineados na moldura fática do aresto do TRE/PE permitem constatar grande quantidade de material da candidatura do agravante (ao cargo de deputado estadual nas Eleições 2014) na residência de seu genitor, além de mesas e cadeiras com santinhos e adesivos espalhados, circunstâncias que, aliadas ao trânsito livre e intenso de eleitores no local no decorrer do dia da eleição (várias delas, inclusive, portando referida propaganda), denotam a prática do ilícito. 3. O acolhimento da alegação de que as pessoas presentes seriam meros cabos eleitorais demandaria reexame de fatos e provas, providência inviável em sede extraordinária, nos termos da Súmula 24/TSE. 4. Agravo regimental desprovido" (Recurso Especial Eleitoral 2.944, Acórdão, rel. Jorge Mussi, j. 04.09.2018); "1. A divulgação de propaganda criminosa dentro da cabine de votação e ao lado da urna eletrônica não pode ser considerada insignificante, pois viola a liberdade de escolha do eleitor no momento sigiloso de confirmação do voto. 2. Inaplicável o princípio da insignificância ao crime previsto no art. 39, § 5.º, inciso III, da Lei n.º 9.504/1997, porque o bem jurídico tutelado é a liberdade de exercício do voto. Precedentes. 3. Recurso especial eleitoral provido para restaurar a condenação imposta em sentença" (Recurso Especial Eleitoral 6.672, Acórdão, rel. Gilmar Mendes, j. 21.02.2017); "1. Para a adequada configuração do tipo penal incriminador do art. 39, § 5.º, III, da Lei 9.504/97, necessário estar presente a elementar objetiva descrita no *caput* do dispositivo, qual seja: 'no dia da eleição'. 2. Realizada a conduta em outra data que não no dia do pleito, não haverá o crime, já que é atípica a 'conduta de afixar cartazes e faixas contendo propaganda eleitoral em residência particular, em data anterior ao dia das eleições' (REsp 1559-03/SP, Relator designado Teori Zavascki, *DJe* de 16.11.2012). 3. Ainda que não exista conclusão de inquérito policial ou apresentação de denúncia, não se pode permitir a continuação da persecução penal que vise à apuração de fato atípico. 4. Se a investigação policial busca apurar eventual conduta de não retirar propaganda eleitoral existente ou colocar propaganda eleitoral nas últimas horas de sábado véspera da eleição, deverá ser promovido o trancamento do inquérito policial. 5. Ordem concedida" (*Habeas Corpus* 060093004 – SP, rel. Luciana Lóssio, j. 14.02.2017, v.u.).

474. Sujeitos ativo e passivo: o sujeito ativo pode ser qualquer pessoa. O sujeito passivo é o Estado; secundariamente, partidos e candidatos.

475. Elemento subjetivo do tipo: é o dolo. Não há elemento subjetivo específico. Inexiste a forma culposa.

476. Objetos material e jurídico: o objeto material é a propaganda política. O objeto jurídico é a regularidade do sufrágio, igualdade e democracia pluripartidária.

477. Classificação: trata-se de crime comum (pode ser cometido por qualquer pessoa); formal (concretiza-se com a prática da conduta, independentemente de qualquer resultado naturalístico, consistente em efetivo prejuízo ao sufrágio); de forma livre (pode ser cometido por qualquer meio); comissivo (a forma verbal implica ação); instantâneo (o resultado não se prolonga no tempo); unissubjetivo (pode ser cometido por uma só pessoa); plurissubsistente (cometido em atos); admite tentativa.

Art. 40

> **Art. 40.** O uso,[478-480] na propaganda eleitoral, de símbolos, frases ou imagens, associadas ou semelhantes às empregadas por órgão de governo, empresa pública ou sociedade de economia mista[481-482] constitui crime, punível com detenção, de seis meses a um ano, com a alternativa de prestação de serviços à comunidade pelo mesmo período, e multa no valor de dez mil a vinte mil UFIR.[483]

478. Análise do núcleo do tipo: usar (fazer uso, utilizar) é a conduta típica, a se desenvolver durante a propaganda eleitoral, cujo objeto é o símbolo, frase ou imagem ligada, de algum modo, às utilizadas por órgão governamental, empresa pública ou sociedade de economia mista. Busca-se evitar qualquer uso da máquina do Governo para apoiar partido ou candidato, desequilibrando a igualdade no sufrágio. Na jurisprudência: TSE: "1. Na origem, o TRE de Pernambuco negou provimento ao recurso lá interposto, mantendo a sentença que, em Ação Penal, condenou o ora recorrente e também F. A. de O. a 6 meses de detenção – pena substituída por prestação de serviço pelo mesmo período – e ao pagamento de multa no valor de 10 mil UFIRs, em virtude de terem praticado a conduta descrita no art. 40 da Lei 9.504/97, quando concorreram aos cargos de Prefeito e de Vice-Prefeito, respectivamente, nas eleições de 2012. Entendeu a Corte Regional que a utilização do brasão e da bandeira do Município, acompanhados da expressão Prefeitura do Ipojuca, em 20.000 panfletos da campanha eleitoral para o cargo de Prefeito, fez pressupor a existência de vínculo entre os candidatos e o órgão governamental, configurando, assim, o crime previsto no mencionado artigo de lei. 2. A conduta em questão – a qual está perfeitamente delineada no acórdão recorrido e não demanda incursão nos fatos e provas dos autos para ser revista – merece outra valoração jurídica. 3. Este Tribunal, ao responder à Consulta 1.271, de relatoria do eminente Ministro Caputo Bastos – *DJ* de 8.8.2006, asseverou que os símbolos nacionais, estaduais e municipais (nos quais se incluem a bandeira e o brasão) não vinculam o candidato à Administração – ação que o Legislador quis evitar e punir ao editar o art. 40 da Lei das Eleições –, pois não estão ligados a ela, e sim ao povo, sendo, portanto, lícito o seu uso em propagandas eleitorais. 4. É certo, porém, que a condenação adveio não só pelo uso do brasão e da bandeira municipal nos panfletos de campanha, mas também porque, junto a eles, constava a expressão Prefeitura do Ipojuca. No entanto, Prefeitura é, por definição, a sede do Poder Executivo do Município, um prédio público que também pertence ao povo, tais como os símbolos. Por essa lógica, ambos podem ser utilizados na propaganda eleitoral. Vale repisar, também, que o recorrente concorria ao cargo de Prefeito, e a Prefeitura do Ipojuca é, de certa forma, o objetivo do cidadão que se candidata ao cargo de Chefe do Poder Executivo daquela localidade, de modo que a presença desse termo nas propagandas de campanha para o referido cargo não pode ser vista como um delito. 5. Ademais, de acordo com o art. 40 da Lei 9.504/97, constitui crime o uso, na propaganda eleitoral, de símbolos, frases ou imagens, associadas ou semelhantes às empregadas por órgão de governo, empresa pública ou sociedade de economia mista. É entendimento da doutrina e deste Tribunal que a disposição da norma visa a coibir os abusos decorrentes da associação de certa candidatura a determinado órgão de governo – no sentido de Administração –, porque o eleitor associaria o candidato às ações estatais, o que levaria à quebra da igualdade que deve haver entre os partícipes do pleito (José Jairo Gomes. *Crimes Eleitorais e Processo Penal Eleitoral*. São Paulo: Atlas, 2016, p. 243, e REsp 21.290/SP, Rel. Min. Fernando Neves, *DJ* de 19.9.2003). 6. Na espécie, o termo Prefeitura do Ipojuca, utilizado nos panfletos de campanha, não se assemelha nem está associado a qualquer frase ou expressão empregada por órgão de governo para identificar uma Administração. A Prefeitura de Ipojuca é uma estrutura do Governo Municipal e, embora, por óbvio, esta expressão esteja presente nos documentos oficiais, nas publicidades institucionais etc., não pode ser confundida com a marca de determinada gestão, de forma a vincular o candidato aos feitos que esta realizou. 7. Ainda que assim não fosse – que se pudesse afirmar a presença de um ilícito, o que não ocorre –, entende-se que a melhor solução para a demanda ocorreria no campo cível-eleitoral. Isso porque apenas os interesses mais relevantes, bens especialmente importantes para a vida social, são merecedores da tutela penal, não sendo razoável entender que a conduta concernente em apor, na propaganda de campanha do candidato a Prefeito do Município de Ipojuca/PE, a expressão Prefeitura do Ipojuca seria suficiente para caracterizar crime eleitoral, considerando as graves consequências que essa condenação implica, como, por exemplo, a inelegibilidade prevista no art. 1.º, inciso I, alínea *e*, item 4, da LC 64/90. 8. Por fim, importa registrar que, se o legislador fez a opção política de criminalizar a conduta descrita no art. 40 da Lei das Eleições, pode brevemente reconsiderar essa decisão. O Relatório Final da Comissão de Juristas para a Elaboração de Anteprojeto de Código Penal – base para o Projeto de Lei que tramita no Senado sob o número 236, de 2012 – sugere, entre outros, a revogação do referido artigo de lei, invocando, para isso, critérios que refletem a aplicação do princípio da intervenção mínima do Estado no Direito Penal, o mesmo princípio citado como um dos fundamentos para afastar a condenação tão severa e desproporcional à conduta aqui praticada. 9. Por essas razões, dá-se provimento ao Recurso Especial para reformar o acórdão do TRE de Pernambuco e julgar improcedente a Ação Penal, absolvendo Romero Antônio Raposo Sales do crime eleitoral que lhe foi imputado" (Recurso Especial Eleitoral 3.893, Acórdão, rel. Napoleão Nunes Maia Filho, j. 21.08.2018).

479. Sujeitos ativo e passivo: o sujeito ativo pode ser qualquer pessoa, embora, na maior parte das vezes, seja cometido por candidato ou pessoa ligada a partido político. O sujeito passivo é o Estado; secundariamente, o candidato e o partido prejudicado.

480. Elemento subjetivo do tipo: é o dolo. Não há elemento subjetivo específico. Inexiste a forma culposa.

481. Objetos material e jurídico: o objeto material é o símbolo, frase ou imagem ligada a órgão governamental, empresas públicas e sociedades de economia mista. O objeto jurídico é a regularidade do sufrágio, igualdade e democracia pluripartidária.

482. Classificação: trata-se de crime comum (pode ser cometido por qualquer pessoa); formal (concretiza-se com a prática da conduta, independentemente de qualquer resultado naturalístico, consistente em efetivo prejuízo ao sufrágio); de forma livre (pode ser cometido por qualquer meio); comissivo (a forma verbal implica ação); instantâneo (o resultado não se prolonga no tempo); unissubjetivo (pode ser cometido por uma só pessoa); plurissubsistente (cometido em atos); admite tentativa.

483. Benefícios penais: trata-se de infração de menor potencial ofensivo, admitindo transação.

> (...)
>
> **Art. 68.** O boletim de urna, segundo modelo aprovado pelo Tribunal Superior Eleitoral, conterá os nomes e os números dos candidatos nela votados.
>
> § 1.º O Presidente da Mesa Receptora é obrigado a entregar cópia do boletim de urna aos partidos e coligações concorrentes ao pleito cujos representantes o requeiram até uma hora após a expedição.
>
> § 2.º O descumprimento do disposto no parágrafo anterior[484-486] constitui crime,[487-488] punível com detenção, de um a três meses, com a alternativa de prestação de serviço à comunidade pelo mesmo período, e multa no valor de um mil a cinco mil UFIR.[489]

484. Análise do núcleo do tipo: a redação é incorreta e imprecisa, porém, espelha a seguinte conduta: deixar de entregar cópia do boletim de urna aos partidos e coligações, que concorrem ao pleito, havendo requerimento de representantes, até uma hora depois da expedição.

485. Sujeitos ativo e passivo: o sujeito ativo é o Presidente da Mesa Receptora de votos. O sujeito passivo é o Estado; secundariamente, os partidos e coligações prejudicados.

486. Elemento subjetivo do tipo: é o dolo. Não há elemento subjetivo específico. Inexiste a forma culposa.

487. Objetos material e jurídico: o objeto material é a cópia do boletim de urna. O objeto jurídico é a regularidade do sufrágio, igualdade e democracia pluripartidária.

488. Classificação: trata-se de crime próprio (só pode ser cometido por sujeito qualificado); formal (concretiza-se com a prática da conduta, independentemente de qualquer resultado naturalístico, consistente em efetivo prejuízo ao sufrágio); de forma livre (pode ser cometido por qualquer meio); omissivo (a forma verbal implica inação); instantâneo (o resultado não se prolonga no tempo); unissubjetivo (pode ser cometido por uma só pessoa); unissubsistente (cometido num só ato); não admite tentativa.

489. Benefícios penais: trata-se de infração de menor potencial ofensivo, admitindo transação.

> (...)
> **Art. 72.** Constituem crimes, puníveis com reclusão, de cinco a dez anos:[490]
> I – obter[491-493] acesso a sistema de tratamento automático de dados usado pelo serviço eleitoral, a fim de alterar a apuração ou a contagem de votos;[494-495]

490. Benefícios penais: a pena é elevada; a pena mínima somente permite o início no regime semiaberto; não cabe pena alternativa, nem *sursis*.

491. Análise do núcleo do tipo: obter (conseguir) é a conduta típica, cujo objeto é o acesso a sistema de tratamento automático de dados utilizado pelo serviço eleitoral. O principal é a finalidade do agente, consistente em modificar o resultado da apuração ou da contagem de votos. Por óbvio, veda-se o acesso não autorizado.

492. Sujeitos ativo e passivo: o sujeito ativo pode ser qualquer pessoa. O sujeito passivo é o Estado; secundariamente, o candidato ou partido prejudicado.

493. Elemento subjetivo do tipo: é o dolo. O elemento subjetivo específico é a finalidade de alterar a apuração ou a contagem de votos. Inexiste a forma culposa.

494. Objetos material e jurídico: o objeto material é o sistema de tratamento automático de dados. O objeto jurídico é a regularidade do sufrágio, igualdade e democracia pluripartidária.

495. Classificação: trata-se de crime comum (pode ser cometido por qualquer pessoa); formal (concretiza-se com a prática da conduta, independentemente de qualquer resultado naturalístico, consistente em efetivo prejuízo ao sufrágio); de forma livre (pode ser cometido por qualquer meio); comissivo (a forma verbal implica ação); instantâneo (o resultado não se prolonga no tempo); unissubjetivo (pode ser cometido por uma só pessoa); plurissubsistente (cometido em atos); admite tentativa.

> II – desenvolver ou introduzir[496-498] comando, instrução, ou programa de computador capaz de destruir, apagar, eliminar, alterar, gravar ou transmitir dado, instrução ou programa ou provocar qualquer outro resultado diverso do esperado em sistema de tratamento automático de dados usados pelo serviço eleitoral;[499-500]

496. Análise do núcleo do tipo: desenvolver (aprimorar algo, fazendo crescer) e introduzir (fazer entrar) são as condutas alternativas, cujo objeto é o comando, a instrução ou o programa de computador (software) apto a destruir (aniquilar), apagar (fazer desaparecer), eliminar (suprimir), alterar (modificar), gravar (memorizar em algo) ou transmitir (enviar de um lugar a outro) dado, instrução ou programa, ou provocar (gerar, produzir) resultado diverso do esperado em sistema de tratamento automático de dados utilizados pelo serviço eleitoral. É a manipulação dos dados eleitorais, por meio de computador.

497. Sujeitos ativo e passivo: o sujeito ativo pode ser qualquer pessoa. O sujeito passivo é o Estado; secundariamente, o candidato ou partido prejudicado.

498. Elemento subjetivo do tipo: é o dolo. O elemento subjetivo específico é a destruição, apagamento, eliminação, alteração, gravação ou transmissão de dado, instrução ou programa ou provocar resultado diverso do esperado. Inexiste a forma culposa.

499. Objetos material e jurídico: o objeto material é comando, instrução ou programa de computador. O objeto jurídico é a regularidade do sufrágio, igualdade e democracia pluripartidária.

500. Classificação: trata-se de crime comum (pode ser cometido por qualquer pessoa); formal (concretiza-se com a prática da conduta, independentemente de qualquer resultado naturalístico, consistente em efetivo prejuízo ao sufrágio); de forma livre (pode ser cometido por qualquer meio); comissivo (a forma verbal implica ação); instantâneo (o resultado não se prolonga no tempo); unissubjetivo (pode ser cometido por uma só pessoa); plurissubsistente (cometido em atos); admite tentativa.

> III – causar,[501-503] propositadamente, dano físico ao equipamento usado na votação ou na totalização de votos ou a suas partes.[504-505]

501. Análise do núcleo do tipo: causar (desencadear, produzir) é a conduta típica cujo objeto é o dano físico (destruição) ao equipamento usado na votação ou na totalização de votos ou a suas partes. Busca-se punir quem dá causa à destruição de urna eletrônica ou outro aparelho para contagem de votos. Inseriu-se o elemento normativo propositadamente como forma de deixar bem claro ser o delito doloso. Na jurisprudência: TSE: "O dano decorrente do crime previsto no art. 72, inciso III, da Lei n.º 9.504/1997 não pode ser considerado irrelevante, em razão do prejuízo ao patrimônio público e da violação aos símbolos e serviços essenciais da Justiça Eleitoral. Agravo de instrumento desprovido" (Agravo de Instrumento 13.146, Acórdão, rel. Gilmar Mendes, j. 11.05.2017).

502. Sujeitos ativo e passivo: o sujeito ativo pode ser qualquer pessoa. O sujeito passivo é o Estado; secundariamente, o candidato ou partido prejudicado.

503. Elemento subjetivo do tipo: é o dolo. Não há elemento subjetivo específico. Inexiste a forma culposa.

504. Objetos material e jurídico: o objeto material é o equipamento usado na votação ou totalização dos votos. O objeto jurídico é a regularidade do sufrágio, igualdade e democracia pluripartidária.

505. Classificação: trata-se de crime comum (pode ser cometido por qualquer pessoa); material (concretiza-se com o resultado naturalístico, consistente em efetivo prejuízo ao equipamento); de forma livre (pode ser cometido por qualquer meio); comissivo (a forma verbal implica ação); instantâneo (o resultado não se prolonga no tempo); unissubjetivo (pode ser cometido por uma só pessoa); plurissubsistente (cometido em atos); admite tentativa.

> (...)
>
> **Art. 87.** Na apuração, será garantido aos fiscais e delegados dos partidos e coligações o direito de observar diretamente, a distância não superior a um metro da mesa, a abertura da urna, a abertura e a contagem das cédulas e o preenchimento do boletim.
>
> § 1.º O não atendimento ao disposto no *caput* enseja a impugnação do resultado da urna, desde que apresentada antes da divulgação do boletim.
>
> § 2.º Ao final da transcrição dos resultados apurados no boletim, o Presidente da Junta Eleitoral é obrigado a entregar cópia deste aos partidos e coligações concorrentes ao pleito cujos representantes o requeiram até uma hora após sua expedição.
>
> § 3.º Para os fins do disposto no parágrafo anterior, cada partido ou coligação poderá credenciar até três fiscais perante a Junta Eleitoral, funcionando um de cada vez.
>
> § 4.º O descumprimento de qualquer das disposições deste artigo[506-508] constitui crime,[509-510] punível com detenção de um a três meses, com a alternativa de prestação de serviços à comunidade pelo mesmo período e multa, no valor de um mil a cinco mil UFIR.[511]
>
> § 5.º O rascunho ou qualquer outro tipo de anotação fora dos boletins de urna, usados no momento da apuração dos votos, não poderão servir de prova posterior perante a Junta apuradora ou totalizadora.
>
> § 6.º O boletim mencionado no § 2.º deverá conter o nome e o número dos candidatos nas primeiras colunas, que precederão aquelas onde serão designados os votos e o partido ou coligação.

506. Análise do núcleo do tipo: descumprir (inadimplir) é a conduta típica cujos objetos podem ser: a) o direito dos fiscais e delegados de partidos e coligações de observar a abertura da urna, abertura e contagem das cédulas e o preenchimento do boletim, a um metro de distância; b) o dever do Presidente da Junta Eleitoral de entregar cópia do boletim de apuração aos partidos e coligações concorrentes ao pleito, desde que haja requerimento até uma hora após sua expedição.

507. Sujeitos ativo e passivo: o sujeito ativo é o Presidente da Junta Eleitoral. O sujeito passivo é o Estado; secundariamente, o candidato ou partido prejudicado.

508. Elemento subjetivo do tipo: é o dolo. Não há elemento subjetivo específico. Inexiste a forma culposa.

509. Objetos material e jurídico: o objeto material é o direito de acompanhar a abertura da urna, contagem dos votos e preenchimento do boletim, bem como a entregar de cópia do boletim. O objeto jurídico é a regularidade do sufrágio, igualdade e democracia pluripartidária.

510. Classificação: trata-se de crime próprio (só pode ser cometido por sujeito qualificado); formal (concretiza-se com a prática da conduta, independente de qualquer resultado naturalístico, consistente em efetivo prejuízo ao sufrágio); de forma livre (pode ser cometido por qualquer meio); comissivo (a forma verbal implica ação) ou omissivo (a forma indica inação), conforme o caso concreto; instantâneo (o resultado não se prolonga no tempo); unissubjetivo (pode ser cometido por uma só pessoa); plurissubsistente (cometido em atos), quando comissivo, unissubsistente (praticado num só ato), quando omissivo; admite tentativa, quando plurissubsistente.

511. Benefícios penais: trata-se de infração de menor potencial ofensivo, admitindo transação.

> **Art. 90.** Aos crimes definidos nesta Lei, aplica-se o disposto nos arts. 287 e 355 a 364 da Lei 4.737, de 15 de julho de 1965 – Código Eleitoral.
>
> § 1.º Para os efeitos desta Lei, respondem penalmente pelos partidos e coligações os seus representantes legais.
>
> § 2.º Nos casos de reincidência, as penas pecuniárias previstas nesta Lei aplicam-se em dobro.
>
> (...)

Discriminação de Gravidez

Lei 9.029, de 13 de abril de 1995

Proíbe a exigência de atestados de gravidez e esterilização, e outras práticas discriminatórias, para efeitos admissionais ou de permanência da relação jurídica de trabalho, e dá outras providências.

O Presidente da República:

Faço saber que o Congresso Nacional decreta e eu sanciono a seguinte Lei:

Art. 1.º É proibida a adoção de qualquer prática discriminatória e limitativa para efeito de acesso à relação de trabalho, ou de sua manutenção, por motivo de sexo, origem, raça, cor, estado civil, situação familiar, deficiência, reabilitação profissional, idade, entre outros, ressalvadas, nesse caso, as hipóteses de proteção à criança e ao adolescente previstas no inciso XXXIII do art. 7.º da Constituição Federal.

Art. 2.º Constituem crime[1] as seguintes práticas discriminatórias:[2]

I – a exigência[3-5] de teste, exame, perícia, laudo, atestado, declaração ou qualquer outro procedimento relativo à esterilização ou a estado de gravidez;[6-7]

II – a adoção[8-9] de quaisquer medidas, de iniciativa do empregador, que configurem:[10-11]

a) indução ou instigamento à esterilização genética;

b) promoção do controle de natalidade, assim não considerado[12] o oferecimento de serviços e de aconselhamento ou planejamento familiar, realizados através de instituições públicas ou privadas, submetidas às normas do Sistema Único de Saúde – SUS.

Pena: detenção de 1 (um) a 2 (dois) anos e multa.[13]

Parágrafo único. São sujeitos ativos dos crimes a que se refere este artigo:[14]

I – a pessoa física empregadora;

> II – o representante legal do empregador, como definido na legislação trabalhista;
> III – o dirigente, direto ou por delegação, de órgãos públicos e entidades das Administrações Públicas direta, indireta e fundacional de qualquer dos Poderes da União, dos Estados, do Distrito Federal e dos Municípios.

1. Redação imprecisa: não há necessidade de se inserir, nos tipos penais incriminadores, a expressão "constituem crimes", bastando descrever as condutas e estipular as penas.

2. Práticas discriminatórias: são as condutas que tem por finalidade diferenciar pessoas, separando-as em grupos alijados de determinados benefícios. O Estado Democrático de Direito, promessa e compromisso constitucional brasileiro (art. 1.º, *caput*, CF), é incompatível com qualquer tipo de discriminação, em busca da consagração da *dignidade da pessoa humana* (art. 1.º, III, CF) e dos *valores sociais do trabalho e da livre iniciativa* (art. 1.º, IV, CF). Além disso, como objetivo fundamental da República Federativa do Brasil, elegeu-se a *promoção do bem de todos, sem preconceitos de origem, raça, sexo, cor, idade e quaisquer outras formas de discriminação* (art. 3.º, IV, CF). Nesta última cláusula aberta, podemos e devemos inserir todas as espécies de preconceitos estabelecidos por convenções sociais incompatíveis tanto com o Estado *Democrático* de Direito como com a *dignidade da pessoa humana*. Eis a razão da presente Lei. O acesso livre ao trabalho é inerente a qualquer forma democrática de organização estatal, além de constituir direito social (art. 6.º, CF). Aliás, dentre os direitos constitucionais do trabalhador, especificamente da mulher, encontra-se a *licença-maternidade*, sem prejuízo do emprego e do salário, com a duração de 120 dias (art. 7.º, XVIII, CF). Em suma, de nada adiantaria garantir o emprego da gestante se ela puder ser excluída, de algum modo, logo no início, isto é, na busca por um trabalho lícito. E mais, não é possível acreditar-se num sistema democrático, que, indiretamente, possa afastar do mercado de trabalho as mulheres que possam ser, potencialmente, gestantes, demandando-se, por exemplo, comprovação de esterilização para que possam conseguir um emprego, tudo a permitir que o patrão, no futuro, não seja obrigado a arcar com o pagamento de salário e a mantença da relação de trabalho durante a licença-maternidade. Conferir: TJRJ: "Agravo Inominado. Art. 557 do CPC. Apelação provida por r. decisão monocrática do relator. Mandado de segurança. Concurso público para admissão de Oficiais na área de Saúde da Polícia Militar do Estado do Rio de Janeiro. Agravada concorrendo ao cargo de fonoaudióloga. Aprovação nos testes intelectuais e físicos. Fase subsequente consubstanciada na apresentação de exames de saúde. Inaptidão para permanecer no certame, fundada na descoberta do estado de gravidez da candidata. Edital prevendo a exclusão da participante do concurso. Impetração do presente *mandamus*. R. julgado *a quo* indeferindo a liminar postulada. Interposição de recurso instrumental. Concessão de efeito suspensivo. V. Aresto dando provimento do Agravo de Instrumental para conceder o pedido *in limine*. Candidata participando das demais fases do Certame, logrando êxito na sua aprovação, sendo nomeada e empossada, estando no pleno exercício das suas funções. Situação consolidada. Teoria do fato consumado. R. sentença de improcedência do pedido, com a denegação da ordem que mereceu ser reformada. Cláusula editalícia. Caráter discriminatório. Exegese da Lei Federal n.º 9.029/95 e da Lei Estadual n.º 6.059/11. Inabilitação da candidata que não se pautou em critérios de razoabilidade, autorizando a análise da legalidade do ato administrativo pelo Poder Judiciário. Precedentes deste E. Tribunal de Justiça, inclusive deste Órgão Julgador Fracionário, conforme transcritos na fundamentação. Manifesta procedência do recurso que autoriza a aplicação do § 1.º-A do art. 557 do CPC. Negado provimento" (APL 03802214020108190001 – RJ, 4.ª Câmara Cível, rel. Reinaldo Pinto Alberto Filho, *DJ* 12.12.2012).

3. Análise do núcleo do tipo: *exigir* (demandar, ordenar) é a conduta, cujo objeto é o teste (verificação sem cunho científico), exame (observação médica), perícia (verificação por especialista), laudo (peça escrita elaborada por perito), atestado (documento que contém uma afirmação solene), declaração (manifestação solene e juridicamente válida) ou outro procedimento (método de verificação) relativo à esterilização (processo que torna uma pessoa incapaz de gerar filhos) ou ao estado de gravidez (estado da mulher, que carrega no útero um embrião ou feto). Em suma, volta-se a conduta típica a qualquer tipo de determinação para que a pessoa, candidata a um emprego, demonstre ser estéril ou que se encontre livre de prenhez.

4. Sujeitos ativo e passivo: o sujeito ativo está descrito no parágrafo único do art. 2.º desta Lei. O sujeito passivo pode ser o homem (no caso de esterilização, pois pode ser, no futuro, beneficiário da licença-paternidade) e a mulher (esta envolve tanto a esterilização como a gravidez, que, posteriormente, pode demandar a licença-maternidade). Secundariamente, é a sociedade, interessada, naturalmente, na oposição a qualquer forma de discriminação.

5. Elemento subjetivo: é o dolo. Não há elemento subjetivo específico, nem se pune a forma culposa.

6. Objetos material e jurídico: o objeto material pode ser o teste, exame, perícia, laudo, atestado, declaração ou outro procedimento relativo à comprovação da esterilização ou do estado de gravidez. O objetivo jurídico é o combate à discriminação.

7. Classificação: é crime próprio (somente pode ser praticado por sujeito qualificado, conforme dispõe o art. 2.º, parágrafo único, desta Lei); formal (não depende da ocorrência de efetivo prejuízo para a sociedade ou para qualquer pessoa); de forma livre (pode ser cometido por qualquer meio eleito pelo agente); comissivo (o verbo indica ação); instantâneo (a consumação ocorre em momento definido); unissubjetivo (pode ser cometido por uma só pessoa); unissubsistente (cometido em um só ato) ou plurissubsistente (cometido por mais de um ato, como, por exemplo, se a exigência se fizer por escrito); admite tentativa na forma plurissubsistente.

8. Análise do núcleo do tipo: *adotar* (seguir, assumir) medidas que configurem *indução* (dar a ideia) ou *instigação* (fomentar ideia já existente) à esterilização genética (incapacitação de gerar filhos em virtude de alteração do corpo humano). Igualmente, pode-se *adotar* medidas que configurem a *promoção* (impulso, avanço) do controle de natalidade (domínio em relação à percentagem de nascimentos). O crime se configura, tanto quanto na figura do inciso I, caso o empregador fomente a esterilização ou busque controlar a natalidade de seus funcionários.

9. Sujeitos ativo e passivo: o sujeito ativo está descrito no art. 2.º, parágrafo único. O sujeito passivo é a pessoa induzida ou instigada a esterilizar-se, bem como aquela que for compelida a não gerar filhos, fora do contexto de orientação estatal para o controle da natalidade. Em segundo plano, encontra-se a sociedade, desinteressada de qualquer procedimento discriminatório.

10. Objetos material e jurídico: o objeto material pode ser a pessoa que se esterilize ou que venha a evitar filhos. O objeto jurídico é o combate à discriminação.

11. Classificação: é crime próprio (somente pode ser praticado pelos agentes indicados em lei); formal (não depende da ocorrência de efetivo prejuízo para a sociedade ou para qualquer pessoa); de forma livre (pode ser cometido por qualquer meio eleito pelo agente); comissivo (as condutas indicam ações); instantâneo (a consumação ocorre em momento definido); unissubjetivo (pode ser cometido por uma só pessoa); plurissubsistente (cometido por mais de um ato), como regra; admite tentativa.

12. Elemento normativo: ligado à ilicitude, inseriu-se no tipo a desconsideração do controle de natalidade, caso a proposta tenha origem em programas de planejamento familiar, organizados por entidades públicas ou privadas, devidamente controladas pelo Estado, por intermédio do Sistema Único de Saúde – SUS. Assim, conscientizar as pessoas a não gerar filhos além da capacidade econômica para criá-los e sustentá-los com o devido amparo, desde que respeitadas as normas estabelecidas por organismos estatais, elimina a tipicidade. Se o empregador assim agir, não comete infração penal.

13. Infração de menor potencial ofensivo: admite os benefícios da Lei 9.099/95, tal como a transação e outros.

14. Sujeitos ativos: pode ser o empregador individual, que é a pessoa física (ex.: o patrão, que contrata a empregada doméstica, exigindo prova de que ela não está grávida ou de que se esterilizou), bem como o representante legal da pessoa jurídica que atua do mesmo modo (não se admitindo a responsabilidade penal da pessoa jurídica, torna-se fundamental identificar qual foi o funcionário a fazer tal exigência). Pode ser, também, o dirigente dos órgãos públicos da Administração, que tem poderes para a contratação de empregados ou que pode estabelecer normas para concursos, com o fito de prover cargos ou funções públicas.

> **Art. 3.º** Sem prejuízo do prescrito no art. 2.º desta Lei e nos dispositivos legais que tipificam os crimes resultantes de preconceito de etnia, raça, cor ou deficiência, as infrações ao disposto nesta Lei são passíveis das seguintes cominações:
>
> I – multa administrativa de 10 (dez) vezes o valor do maior salário pago pelo empregador, elevado em 50% (cinquenta por cento) em caso de reincidência;
>
> II – proibição de obter empréstimo ou financiamento junto a instituições financeiras oficiais.
>
> **Art. 4.º** O rompimento da relação de trabalho por ato discriminatório, nos moldes desta Lei, além do direito à reparação pelo dano moral, faculta ao empregado optar entre:
>
> I – a reintegração com ressarcimento integral de todo o período de afastamento, mediante pagamento das remunerações devidas, corrigidas monetariamente e acrescidas de juros legais;
>
> II – a percepção, em dobro, da remuneração do período de afastamento, corrigida monetariamente e acrescida dos juros legais.
>
> **Art. 5.º** Esta Lei entra em vigor na data de sua publicação.
>
> **Art. 6.º** Revogam-se as disposições em contrário.
>
> Brasília, 13 de abril de 1995; 174.º da Independência e 107.º da República.
>
> Fernando Henrique Cardoso
>
> (*DOU* 17.04.1995)

Discriminação de Portadores de HIV

Lei 12.984, de 2 de junho de 2014

Define o crime de discriminação dos portadores do vírus da imunodeficiência humana (HIV) e doentes de aids.[1]

A Presidenta da República Faço saber que o Congresso Nacional decreta e eu sanciono a seguinte Lei:

> **Art. 1.º** Constitui crime[2] punível com reclusão, de 1 (um) a 4 (quatro) anos, e multa,[3] as seguintes condutas discriminatórias contra o portador do HIV e o doente de aids,[4] em razão da sua condição de portador ou de doente:

1. Aids e tutela penal: houve época, em meados dos anos 80, quando a ciência conseguiu isolar o vírus HIV, gerador da síndrome de imunodeficiência adquirida, que significaria tratar do tema como *homicídio* ou *tentativa de homicídio* no tocante a quem transmitisse o referido vírus a outrem. Além disso, não se tinha exato conhecimento da amplitude da enfermidade, motivo pelo qual não se imaginou o recrudescimento da discriminação contra os portadores do vírus HIV. Atualmente, já não se considera a aids uma enfermidade fatal, mas crônica. Quem a transmite não é um homicida, mas aquele que lesiona a saúde de outrem. Enfim, muita coisa mudou, razão pela qual a lei contra a discriminação tardou demais a existir. Aliás, do mesmo modo que se prolonga em demasia a lei penal contra a homofobia.

2. Fórmula imperfeita: os tipos penais incriminadores não precisam trazer, na sua descrição, a expressão *constitui crime*; bastam a descrição da conduta e a cominação de uma pena.

3. Benefícios penais: cabe a suspensão condicional do processo porque a pena mínima é de um ano. Em caso de condenação, não se tratando de crime violento contra a pessoa, cabe a substituição da pena privativa de liberdade por restritiva de direitos.

4. Portador e enfermo: a lei cuidou corretamente de diferençar as duas potenciais vítimas: o portador do vírus da aids não é necessariamente um doente, pois nenhum sintoma o acomete; o enfermo de aids é aquele em que a doença já se manifestou, baixando a resistência e dando ensejo às enfermidades oportunistas.

> I – recusar, procrastinar, cancelar ou segregar[5-7] a inscrição ou impedir que permaneça como aluno em creche ou estabelecimento de ensino de qualquer curso ou grau, público ou privado;[8-9]

5. Análise do núcleo do tipo: *recusar* (não aceitar algo, refutar), *procrastinar* (adiar, postergar), *cancelar* (invalidar, tornar sem efeito) ou segregar (apartar, separar, marginalizar) são as condutas alternativas (a prática de uma ou mais de uma delas, no mesmo contexto, gera somente um delito), cujo objeto é a inscrição (matrícula) de aluno em creche (estabelecimento destinado a dar assistência aos pais, cuidando de seus filhos durante o dia, período no qual trabalham) ou *estabelecimento de ensino de qualquer curso ou grau, público o privado* (abriu-se o conceito, envolvendo escolas e faculdades). Por outro lado, o tipo prevê, ainda, o verbo *impedir* (obstar, não permitir), voltando à permanência (continuidade do estado de quem já está cursando) do aluno. Esta primeira figura, portanto, volta-se à luta contra a discriminação no contexto dos estabelecimentos de ensino ou correlatos.

6. Sujeitos ativo e passivo: o sujeito ativo deve ser empregado ou dirigente de creche ou estabelecimento de ensino. O sujeito passivo é o portador do vírus HIV ou enfermo de aids.

7. Elemento subjetivo: é o dolo. Há o elemento subjetivo específico implícito, uma vez que se trata de *discriminação*, consistente na vontade de segregar, separar, mostrar-se superior a outro ser humano, em todos os delitos previstos nesta Lei. Não há a forma culposa.

8. Objetos material e jurídico: o objeto material é o portador do HIV e o doente de aids. O objeto jurídico é a igualdade de todos perante a lei e, igualmente, a dignidade humana.

9. Classificação: é crime próprio (somente pode ser praticado pelo encarregado, legalmente, de permitir ou negar o acesso à creche ou estabelecimento de ensino); formal (independe da ocorrência de qualquer efetivo prejuízo para a pessoa discriminada, embora seja possível que aconteça); de forma livre (pode ser cometido por qualquer meio eleito pelo agente); comissivo (os verbos indicam ações); instantâneo (a consumação ocorre em momento definido); unissubjetivo (pode ser cometido por uma só pessoa); unissubsistente (cometido num único ato) ou plurissubsistente (cometido por mais de um ato), conforme o meio eleito pelo agente. Admite tentativa na forma plurissubsistente.

> II – negar[10-12] emprego ou trabalho;[13-14]

10. Análise do núcleo do tipo: *negar* (não admitir, recusar) é o verbo do tipo, cujo objeto é o *emprego* (posto existente em empresa pública ou privada) ou *trabalho* (qualquer atividade laborativa, mesmo que inexista posto específico).

11. Sujeitos ativo e passivo: o sujeito ativo pode ser qualquer pessoa. O sujeito passivo é o portador do vírus HIV ou enfermo de aids.

12. Elemento subjetivo: é o dolo. Há o elemento subjetivo específico implícito, uma vez que se trata de *discriminação*, consistente na vontade de segregar, separar, mostrar-se superior a outro ser humano, em todos os delitos previstos nesta Lei. Não existe a forma culposa.

13. Objetos material e jurídico: o objeto material é o portador do HIV e o doente de aids. O objeto jurídico é a igualdade de todos perante a lei e, igualmente, a dignidade humana.

14. Classificação: é crime comum (pode ser praticado por qualquer pessoa); formal (independe da ocorrência de qualquer efetivo prejuízo para a pessoa discriminada, embora seja possível que aconteça); de forma livre (pode ser cometido por qualquer meio eleito pelo agente); comissivo (o verbo indica ação); instantâneo (a consumação ocorre em momento definido); unissubjetivo (pode ser cometido por uma só pessoa); unissubsistente (cometido num único ato) ou plurissubsistente (cometido por mais de um ato), conforme o meio eleito pelo agente. Admite tentativa na forma plurissubsistente.

> III – exonerar ou demitir[15-17] de seu cargo ou emprego;[18-19]

15. Análise do núcleo do tipo: *exonerar* (desobrigar-se de um cargo; reservado para postos públicos) e *demitir* (dispensar, cortar, abandonar para postos privados ou públicos) são os verbos alternativos, cujo objeto é o cargo (posto público previsto legalmente na estrutura da administração) ou emprego (lugar, ocupação, colocação, que pode ser privado ou público). Como regra, exonera-se de um cargo; demite-se de um emprego.

16. Sujeitos ativo e passivo: o sujeito ativo deve ser o empregador. O sujeito passivo é o portador do vírus HIV ou enfermo de aids.

17. Elemento subjetivo: é o dolo. Há o elemento subjetivo específico implícito, uma vez que se trata de *discriminação*, consistente na vontade de segregar, separar, mostrar-se superior a outro ser humano, em todos os delitos previstos nesta Lei. Não existe a forma culposa.

18. Objetos material e jurídico: o objeto material é o portador do HIV e o doente de aids. O objeto jurídico é a igualdade de todos perante a lei e, igualmente, a dignidade humana.

19. Classificação: é crime próprio (só pode ser praticado por quem é empregador); formal (independe da ocorrência de qualquer efetivo prejuízo para a pessoa discriminada, embora seja possível que aconteça); de forma livre (pode ser cometido por qualquer meio eleito pelo agente); comissivo (os verbos indicam ação); instantâneo (a consumação ocorre em momento definido); unissubjetivo (pode ser cometido por uma só pessoa); unissubsistente (cometido num único ato) ou plurissubsistente (cometido por mais de um ato), conforme o meio eleito pelo agente. Admite tentativa na forma plurissubsistente.

> IV – segregar[20-22] no ambiente de trabalho ou escolar;[23-24]

20. Análise do núcleo do tipo: *segregar* (separar, discriminar, apartar) é o verbo desta figura típica que mais caracteriza o preconceito e a discriminação. Não tem objeto, em verdade, pois está implícito: é o portador do vírus ou enfermo de aids. Menciona-se, apenas, o local, que é o ambiente de trabalho ou escolar (tanto o local de atividade laboral quanto o lugar em que a vítima estude). É uma forma de *apartheid* laboral ou escolar.

21. Sujeitos ativo e passivo: o sujeito ativo pode ser qualquer pessoa. O sujeito passivo é o portador do vírus HIV ou enfermo de aids.

22. Elemento subjetivo: é o dolo. Há o elemento subjetivo específico implícito, uma vez que se trata de *discriminação*, consistente na vontade de segregar, separar, mostrar-se superior a outro ser humano, em todos os delitos previstos nesta Lei. Não existe a forma culposa.

23. Objetos material e jurídico: o objeto material é o portador do HIV e o doente de aids. O objeto jurídico é a igualdade de todos perante a lei e, igualmente, a dignidade humana.

24. Classificação: é crime comum (pode ser praticado por qualquer pessoa); formal (independe da ocorrência de qualquer efetivo prejuízo para a pessoa discriminada, embora seja possível que aconteça); de forma livre (pode ser cometido por qualquer meio eleito pelo agente); comissivo (os verbos indicam ação); instantâneo (a consumação ocorre em momento definido); unissubjetivo (pode ser cometido por uma só pessoa); unissubsistente (cometido num único ato) ou plurissubsistente (cometido por mais de um ato), conforme o meio eleito pelo agente. Admite tentativa na forma plurissubsistente.

> V – divulgar[25-27] a condição do portador do HIV ou de doente de aids, com intuito de ofender-lhe a dignidade;[28-29]

25. Análise do núcleo do tipo: *divulgar* (espalhar, propagar, tornar conhecido) é o verbo que tem por objeto a condição da vítima (portador do vírus ou enfermo da aids). Note-se que há um elemento nítido de ofensa à honra: "intuito de ofender-lhe a dignidade". A dignidade, nesse contexto, representa a autoestima ou o amor-próprio, mas não apenas esses elementos, pois se está cuidando de vítima particularmente vulnerável e passível de discriminação. Essa é a razão de existir uma lei especial para tratar do tema; além do mais, a pena desse delito é muito superior à da injúria (art. 140, CP). Na jurisprudência: TJMG: "A Lei n. 12.984/2014 criou o crime de discriminação das pessoas portadoras de HIV ou doentes de aids. Na espécie, o acusado praticou a conduta prevista no inciso V do art. 1.º da citada Lei. Esse dispositivo legal pune a conduta do agente que divulga a condição do portador do HIV ou de doente de AIDS, com intuito de ofender a dignidade da vítima. No caso vertente, as provas dos autos demonstraram que o acusado praticou condutas discriminatórias contra a vítima, que é portadora do HIV, consistente em divulgar sua condição, com o claro intuito de ofender a dignidade da ex-companheira" (Ap. Criminal 0009282-12.2021.8.13.0512, 9.ª Câmara Criminal Especializada, rel. Kárin Emmerich, 06.03.2024, v.u.). TJSP: "Afinal, os elementos de convicção destacados não deixam nenhuma dúvida de que, na ocasião mencionada na denúncia, o réu efetivamente divulgou a terceiros a condição da vítima de portadora do vírus HIV e doente de aids. É inequívoco, ademais, que o acusado agiu com o intuito de ofender a dignidade da ofendida, uma vez que, consoante se descortinou, ele já era conhecedor da existência da doença, e passou a divulga-la após a separação do casal, já que não se resignava com o término do relacionamento. De qualquer modo, não beneficia o réu a alegação de que a sua conduta foi motivada por magoar, uma vez que foi traído pela vítima, e suspeitava que ela lhe tivesse transmitido o vírus HIV. Ainda que isso fosse verdade, o acusado não teria o direito de expor a condição da ofendida, da qual deveria apenas se afastar, se assim o desejasse, buscando a solução de eventuais pendencias pelas vias legais. Por fim, é irrelevante que a divulgação da doença tenha sido feita a pessoas com as quais o casal mantinha convivência, pois ficou positivado que, até ser revelada pelo réu, a condição da ofendida não era por elas conhecida. Assim, a conduta do acusado é apta a configurar o crime tipificado pelo artigo 1.º, inciso V, da Lei n.º 12.984/2014. Ao contrário do que a Defesa sustenta em suas razões recursais, a responsabilidade penal do réu está bem demonstrada, e a sua condenação era mesmo de rigor" (Apelação Criminal 1500815-45.2019.8.26.0037, 11.ª Câmara de Direito Criminal, rel. Xavier de Souza, 21.08.2022, v.u.).

26. Sujeitos ativo e passivo: o sujeito ativo pode ser qualquer pessoa. O sujeito passivo é o portador do vírus HIV ou o enfermo de aids.

27. Elemento subjetivo: é o dolo. Há o elemento subjetivo específico explícito, consistente em "ofender a dignidade" da vítima. Não existe a forma culposa.

28. Objetos material e jurídico: o objeto material é o portador do HIV e o doente de aids. O objeto jurídico é a igualdade de todos perante a lei e, igualmente, a dignidade humana.

29. Classificação: é crime comum (pode ser praticado por qualquer pessoa); formal (independe da ocorrência de qualquer efetivo prejuízo para a pessoa discriminada, embora seja possível que aconteça); de forma livre (pode ser cometido por qualquer meio eleito pelo agente); comissivo (o verbo indica ação); instantâneo (a consumação ocorre em momento definido); unissubjetivo (pode ser cometido por uma só pessoa); unissubsistente (cometido num único ato) ou plurissubsistente (cometido por mais de um ato), conforme o meio eleito pelo agente. Admite tentativa na forma plurissubsistente.

> VI – recusar ou retardar[30-32] atendimento de saúde.[33-34]

30. Análise do núcleo do tipo: *recusar* (não aceitar, não atender) e *retardar* (atrasar, tornar mais lento) são os verbos do tipo cujo objeto é o *atendimento à saúde* (prestação de serviço para fornecer assistência ao bem-estar de alguém). As condutas são alternativas, significando que a prática de uma ou das duas implica um único crime, desde que no mesmo cenário.

31. Sujeitos ativo e passivo: o sujeito ativo pode ser qualquer pessoa; não necessariamente um médico ou enfermeiro. O sujeito passivo é o portador do vírus HIV ou o enfermo de aids.

32. Elemento subjetivo: é o dolo. Há o elemento subjetivo específico implícito, consistente em segregar e afastar a vítima de seu direito ao tratamento de saúde. Não existe a forma culposa.

33. Objetos material e jurídico: o objeto material é o portador do HIV e o doente de aids. O objeto jurídico é a igualdade de todos perante a lei e, igualmente, a dignidade humana.

34. Classificação: é crime comum (pode ser praticado por qualquer pessoa), embora se possa apontar, como regra, pessoa capacitada em medicina ou enfermagem; formal (independe da ocorrência de qualquer efetivo prejuízo para a pessoa discriminada, embora seja possível que aconteça); de forma livre (pode ser cometido por qualquer meio eleito pelo agente); comissivo (os verbos indicam uma ação); embora pareça, não se trata de ato omissivo; instantâneo (a consumação ocorre em momento definido); unissubjetivo (pode ser cometido por uma só pessoa); unissubsistente (cometido num único ato) ou plurissubsistente (cometido por mais de um ato), conforme o meio eleito pelo agente. Admite tentativa na forma plurissubsistente.

> **Art. 2.º** Esta Lei entra em vigor na data de sua publicação.
> Brasília, 2 de junho de 2014; 193.º da Independência e 126.º da República.
> DILMA ROUSSEFF
> *José Eduardo Cardozo*
> *Arthur Chioro*
> *Ideli Salvatti*
>
> (*DOU* 03.06.2014)

Discriminação Racial

Lei 7.716, de 5 de janeiro de 1989

Define os crimes resultantes de preconceitos de raça ou de cor.[1-5]

O Presidente da República:

Faço saber que o Congresso Nacional decreta e eu sanciono a seguinte Lei:

> **Art. 1.º** Serão punidos, na forma desta Lei, os crimes resultantes de discriminação[6-6-A] ou preconceito[7] de raça,[8-9-E] cor,[10] etnia,[11] religião[12] ou procedência nacional.[13-15]
>
> **Art. 2.º** *(Vetado).*

1. Título insuficiente aos propósitos desta Lei: menciona-se, logo no princípio, que se "Define os crimes resultantes de preconceito de raça ou de cor". Ora, não se cuida apenas dos delitos decorrentes de *preconceito* (prejulgamento) de raça ou cor; afinal, o alvo é combater a discriminação, que significa estabelecer diferença entre seres e coisas, com prejudicialidade para a parte inferiorizada. A discriminação racial, atualmente, é um modelo de segregacionismo, cultivado por aqueles que se consideram superiores a outros seres humanos, geralmente mais vulneráveis ou socialmente minoritários. A terminologia possui forte carga negativa, inclusive emocional. Discrimina-se o ser humano considerado indesejado em determinado ambiente, por alguma razão. Em alguns casos, sustenta-se haver um motivo de ordem ética para tanto ou até mesmo moral (ex.: pode-se excluir do pessoal convívio social alguém que tenha sido criminalmente condenado – motivo ético? –, ou mesmo a prostituta, pelos seus pretensos maus hábitos – razão de ordem moral?). Pode-se, é verdade, discriminar animais e coisas, mas não seria objeto de tutela penal tal procedimento. Quanto aos seres humanos, a discriminação provoca consequências nefastas, por vezes, extremamente dolorosas, implicando, inclusive, como a História já demonstrou, a perda de milhares de vidas. Por outro lado, qualquer forma discriminatória, em relação ao ser humano, deveria ser coibida com veemência, pelo ordenamento jurídico, em todos os níveis, pois pode gerar lesões tanto físicas quanto morais, provocando um sentimento incalculável de revolta e de injustiça. Cremos que, nesse cenário, o Direito Penal deve estar sempre presente. A discriminação do ser humano, em qualquer circunstância, é grave o suficiente para justificar e legitimar a intervenção desse ramo jurídico, o mais contundente em matéria de punição. O título desta lei deveria ser mais amplo, no contexto dos direitos e das garantias humanas fundamentais; afinal, a Constituição Federal, assegura a dignidade da pessoa humana (art. 1.º, III), bem como estabelece como objetivo fundamental da República Federativa do Brasil, entre outros, "promover o bem de todos, sem preconceitos de origem, raça, sexo, cor, idade e quaisquer outras formas de discriminação" (art. 3.º, IV). Portanto, não se poderia intitular a Lei 7.716/89 como aquela que "define os crimes resultantes de preconceitos de raça ou de cor". E as inúmeras outras maneiras de externar e fazer valer a discriminação? Valeria, então, titulá-la como sendo a lei que "Define os crimes resultantes de preconceitos de qualquer espécie" ou que "Define os crimes resultantes das variadas formas de discriminação". Em suma, de maneira mais abrangente.

2. Fundamento constitucional: além do preceituado (já constando na nota anterior) nos arts. 1.º, III, e 3.º, IV, da CF, outros dispositivos constitucionais são relevantes e merecem especial atenção. O art. 4.º, II e VIII, estabelece que a República Federativa do Brasil se rege nas suas relações internacionais, entre outros, pelos princípios da *prevalência dos direitos humanos* e do *repúdio ao terrorismo e ao racismo*. Na sequência, o art. 5.º, caput, preceitua que *todos são iguais perante a lei, sem distinção de qualquer natureza*. O inciso I ratifica a igualdade de homens e mulheres em direitos e obrigações. O inciso III repudia qualquer tratamento desumano ou degradante. O inciso VI garante ser inviolável a *liberdade de consciência e de crença, sendo assegurado o livre exercício dos cultos religiosos e garantida, na forma da lei, a proteção aos locais de culto e suas liturgias*. O inciso VIII afirma que *ninguém será privado de direitos por motivo de crença religiosa ou de convicção filosófica ou política*. O inciso X assegura serem *invioláveis a intimidade, a vida privada, a honra e a imagem das pessoas*. O inciso XIII determina ser *livre o exercício de qualquer trabalho, ofício ou profissão, atendidas as qualificações profissionais que a lei estabelecer*. Firma-se, no inciso XXXV, que *a lei não excluirá da apreciação do Poder Judiciário lesão ou ameaça a direito*. No inciso XLI, preceitua-se que a *lei punirá qualquer discriminação atentatória dos direitos e das liberdades fundamentais*. No inciso XLII, determina-se que *a prática do racismo constitui crime inafiançável e imprescritível, sujeito à pena de reclusão, nos termos da lei*. Ora, com tantas previsões e determinações garantistas, buscando efetivar, por todos os lados, a igualdade de todos perante a lei, sem *qualquer* forma de discriminação, era preciso ter a Lei 7.716/89 maior amplitude e avanço para a punição de atos flagrantes de discriminação. Optou-se, na maioria dos casos, pela tipificação de atitudes *expressas* de segregação, como impedir a entrada de alguém em estabelecimento comercial, por motivo racial. As injúrias raciais, assim como as piadas racistas, típicas formas de discriminação, somente ingressaram nesta Lei em 2023, portanto, 34 anos depois da sua primeira edição.

2-A. Convenção Interamericana contra o Racismo, a Discriminação Racial e Formas Correlatas de Intolerância: aprovada na Guatemala, na 43.ª Sessão Ordinária da Assembleia Geral da Organização dos Estados Americanos, em 5 de junho de 2013, terminou aprovada pelo Congresso Nacional, nos termos do art. 5.º, § 3.º, da Constituição Federal, conforme o Decreto Legislativo 1/2021, possuindo status de norma constitucional no cenário dos direitos humanos fundamentais.

3. Imprescritibilidade: o art. 5.º, XLII, da CF determina que *a prática do racismo constitui crime inafiançável e imprescritível, sujeito à pena de reclusão, nos termos da lei*. Muito embora estejamos defendendo a gravidade do delito de racismo e sua devida punição, da forma mais ampla possível, não podemos concordar com o preceito retromencionado. Por que ser imprescritível? Por acaso, assim sendo, o racismo será extirpado do Brasil? Não é o instrumento adequado para isso. Aliás, fosse, na ótica do legislador, verdadeiramente sério esse crime, não teria penas atingindo, em média, o máximo de cinco anos de reclusão. A maior parte das condenações não terá nem mesmo como impor a pena privativa de liberdade em regime fechado, o que somente evidencia a sua pouca importância aos olhos da lei. Em verdade, as penas privativas de liberdade conduzem à substituição por penas alternativas, à suspensão condicional da pena, à suspensão condicional do processo, à proposta de não persecução penal e aos regimes aberto e semiaberto. Ora, se a extorsão mediante sequestro seguida de morte (reclusão, de 24 a 30 anos), começando em regime fechado, por exemplo, prescreve, não há sentido em se punir alguém, autor de crime previsto na Lei 7.716/89 (com penas de um, dois, três, quatro ou cinco anos de reclusão), depois de decorridos vinte, trinta, quarenta ou cinquenta anos da data do crime. Na mesma ótica, Sérgio Salomão Shecaira preleciona que "a imprescritibilidade é um verdadeiro insulto à moderna concepção de justiça e incompatível com o princípio de respeito à dignidade dos seres humanos insculpidos na Constituição Federal. Ademais, fere os princípios da proporcionalidade e da humanização das penas" (*Racismo*, p. 413). Embora tenhamos sustentado que a imprescritibilidade não deveria ser adotada, uma vez que consta do texto constitucional, a referida imprescritibilidade não faz qualquer diferença, de modo que não cabe ao aplicador do direito operar a diversidade. Noutros termos, o crime é imprescritível tanto no campo da pretensão punitiva quanto no cenário da pretensão executória. Na jurisprudência: STJ: "1. Por imposição constitucional, os crimes de racismo são imprescritíveis. 2. Assim, uma vez que o paciente foi condenado por incursão no art. 20, § 2.º, da Lei n. 7.716/1989, não há que se falar em prescrição da pretensão punitiva. Precedentes do STJ e do STF. 3. Agravo regimental não provido" (AgRg no HC 460.673 – SP, 6.ª T., rel. Rogerio Schietti Cruz, j. 25.06.2019, v.u.). TRF-1: "1. A decisão recorrida que, a pedido do MPF, decretou a extinção da punibilidade do acusado, quanto ao delito descrito no art. 20, *caput*, c/c o § 2.º da Lei 7.716/89, já transitou em julgado, pelo que a sua revisão deve ser perseguida pelos meios próprios e legais. 2. A Constituição diz que 'a prática do racismo constitui crime inafiançável, e imprescritível, sujeito à pena de reclusão, nos termos da lei' (art. 5.º, XLII), mas não diz que a pretensão executória da pena em concreto é imprescritível, e isso precisaria ficar expresso, dada a excepcionalidade da imprescritibilidade. 3. O crime de racismo pode ser objeto de persecução penal a todo tempo e, se importar condenação, ela terá eficácia, pois não há prescrição da pena em abstrato. O que prescreve, na visão da decisão recorrida, é a pena em concreto, que, como todas as penas, deve ser executada em tempo hábil. 4. A mais disso – e se assim não fosse –, passariam a se confrontar dois princípios constitucionais de igual nobreza: o da imprescritibilidade do crime de racismo, e o da proteção à coisa julgada (art. 5.º, XXXVI, 'a'), pelo que deveria (e deve) prevalecer o segundo, obviamente mais favorável aos acusados. 5. Agravo regimental não provido" (Ag. na Ap. 0009312-90.2014.4.01.3800, rel. Olindo Menezes, j. 25.03.2019, v.u.).

4. Lembrete essencial: dispõe o art. 5.º, XLII, da CF (embora já citado na nota anterior) que *a prática do racismo constitui crime inafiançável e imprescritível, sujeito à pena de reclusão, nos termos da lei*. Por isso, qualquer lei que diga respeito a *racismo* (ver o conceito na nota 9 *infra*) deve, necessariamente, prever *crimes*, sem a possibilidade de concessão de liberdade provisória *com fiança*, *imprescritíveis* e, muito importante, sujeitos à pena de *reclusão*. Não há, pois, qualquer possibilidade, por força de mandamento constitucional, de se tolerarem leis penais voltadas à punição de atos de discriminação racial com figuras típicas de contravenção penal ou com delitos apenados, tão somente, com detenção. Seriam inconstitucionais. Essa é a razão pela qual sustentamos a inaplicabilidade da Lei 7.437/85, desde a promulgação da Constituição Federal de 1988, que nem foi recepcionada, pois são contravenções com prisão simples.

5. Insuscetibilidade de concessão de liberdade provisória com fiança: a ilusão da inafiançabilidade de um delito, no Brasil, é algo a ser, sempre, ressaltado. Toda vez que uma norma estabelece cuidar-se de crime inafiançável, refere-se à impossibilidade legal de o delegado ou juiz conceder liberdade provisória, *com fiança*, isto é, mediante o pagamento ou depósito de certo valor, para aguardar em liberdade o transcurso do processo. Olvida-se, no mais das vezes, que cabe a liberdade provisória, *sem fiança* (mais benéfica, inclusive), para *qualquer delito*, quando não estiverem presentes os requisitos da prisão preventiva. Logo, é totalmente inócua a proibição de fiança nesse caso.

6. Discriminação: é o ato de diferençar e separar pessoas, animais e coisas. Para os fins desta Lei, apenas nos interessa a discriminação em relação ao ser humano. Insistimos que o termo envolve, há séculos, no Brasil, um pesado fardo negativo. Não há nada de positivo em discriminar pessoas. Como diz Sérgio Salomão Shecaira, "discriminar, em termos semânticos, por sua vez, é tratar de modo preferencial, geralmente com prejuízo para uma das partes" (*Racismo*, p. 407). O que se faz, muitas vezes, para privilegiar alguns grupos desfavorecidos, como atribuir reserva de vagas, por cotas, para estudantes pobres ou negros, deve ser considerado uma *ação afirmativa* ("programas e medidas especiais adotados pelo Estado e pela iniciativa privada para a correção das desigualdades raciais e para a promoção da igualdade de oportunidades", art. 1.º, parágrafo único, VI, da Lei 12.288/2010), mas não um ato de discriminação. Sobre o tema, consultar Christiano Jorge Santos (*Crimes de preconceito e discriminação*, p. 44-45). Sobre as práticas discriminatórias no âmbito dos aparelhos estatais de polícia (civil e militar), com reflexos na atividade da Justiça, consultar Hédio Silva Jr., "Direito penal em preto e branco", p. 327-338.

6-A. Discriminação racial: cuida-se de definição recente, inserida expressamente na Lei 12.288, de 20 de julho de 2010 (Estatuto da Igualdade Racial), merecendo expressa citação para a reflexão do operador do Direito: "toda distinção, exclusão, restrição ou preferência baseada em raça, cor, descendência ou origem nacional ou étnica que tenha por objeto anular ou restringir o reconhecimento, gozo ou exercício, em igualdade de condições, de direitos humanos e liberdades fundamentais nos campos político, econômico, social, cultural ou em qualquer outro campo da vida pública ou privada". A Convenção Interamericana contra o Racismo, a Discriminação Racial ou Formas Correlatas de Intolerância define *discriminação racial* como "qualquer distinção, exclusão, restrição ou preferência, em qualquer área da vida pública ou privada, cujo propósito ou efeito seja anular ou restringir o reconhecimento, gozo ou exercício, em condições de igualdade, de um ou mais direitos humanos e liberdades fundamentais consagrados nos instrumentos internacionais aplicáveis aos Estados Partes. A discriminação racial pode basear-se em raça, cor, ascendência ou origem nacional ou étnica". É importante conceituar, ainda, a *discriminação racial indireta* como "aquela que ocorre, em qualquer esfera da vida pública ou privada, quando um dispositivo, prática ou critério, aparentemente neutro, tem a capacidade de acarretar uma desvantagem particular para pessoas pertencentes a um grupo específico, com base nas razões estabelecidas no art. 1.1, ou as coloca em desvantagem, a menos que esse dispositivo, prática ou critério tenha um objetivo ou justificativa razoável e legítima à luz do Direito Internacional dos Direitos Humanos". Na sequência, define-se a *discriminação múltipla ou agravada*, significando "qualquer preferência, distinção, exclusão ou restrição baseada, de modo concomitante, em dois ou mais critérios dispostos no art. 1.1, ou outros reconhecidos em instrumentos internacionais, cujo objetivo ou resultado seja anular ou restringir o reconhecimento, gozo ou exercício, em condições de igualdade, de um ou mais direitos humanos e liberdades fundamentais consagrados nos instrumentos internacionais aplicáveis aos Estados Partes, em qualquer área da vida pública ou privada".

7. Preconceito: é a opinião formada, a respeito de algo ou alguém, sem cautela, de maneira açodada, portanto, sem maiores detalhes ou dados em torno do objeto da análise, levando a julgamentos precipitados, invariavelmente injustos, provocadores de aversão a determinadas pessoas ou situações. Nas palavras de Sérgio Salomão Shecaira, "preconceito é o conceito ou a opinião que se tem antes de ter os conhecimentos adequados. Preconceito é, pois, sempre uma atitude negativa, desfavorável para com grupos baseados em crenças estereotipadas" (*Racismo*, p. 407).

8. Raça: em sentido simplista, consultando-se um dicionário, trata-se de um "conjunto de indivíduos cujos caracteres somáticos, tais como a cor da pele, a conformação do crânio e do rosto, o tipo de cabelo etc., são semelhantes e se transmitem por hereditariedade, embora variem de indivíduo para indivíduo" (Verbete do *Dicionário Aurélio*). Essa explicação é completamente desatualizada. O avanço científico foi suficiente para, atualmente, suportar a conclusão de se poder *negar* a existência de *raças*, pois, intrinsecamente, há somente uma raça: a humana. Todo o resto referente às diferenças fenotípicas dizem respeito a aspectos exteriores do indivíduo: cor da pele, tipo de cabelo, altura, entre outros detalhes. Por certo, é inequívoco que o ser humano é capaz (infelizmente) de discriminar outra pessoa somente porque a cor da sua pele é diferente. É apenas um lado da discriminação, visto ser possível encontrar atitudes racistas (segregacionistas) voltadas a diversos alvos, como orientação sexual, religião, procedência nacional ou internacional, etnia, além de contornos ainda mais frugais, como grupos aos quais pertence (*punks, hippies, grunges,* roqueiros, pagodeiros, funkeiros etc.). Existem, ainda, formas de discriminação voltadas às condições econômicas (aporofobia), físicas (gordofobia, deficiência) e mentais (deficiência). Em suma, alguns seres humanos são capazes de segregar outros que consideram inferiores, por alguma razão, configurando *discriminação racial*. Sobre a análise do termo *raça*, deve-se indicar o julgamento empreendido pelo STF, em 2003, no famoso caso Ellwanger: "Publicação de livros: antissemitismo. Racismo. Crime imprescritível. Conceituação. Abrangência constitucional. Liberdade de expressão. Limites. Ordem denegada. 1. Escrever, editar, divulgar e comerciar livros 'fazendo apologia de ideias preconceituosas e discriminatórias' contra a comunidade judaica (Lei 7.716/89, art. 20, na redação dada pela Lei 8.081/90) constitui crime de racismo sujeito às cláusulas de inafiançabilidade e imprescritibilidade (CF, art. 5.º, XLII). 2. Aplicação do princípio da prescritibilidade geral dos crimes: se os judeus não são uma raça, segue-se que contra eles não pode haver discriminação capaz de ensejar a exceção constitucional de imprescritibilidade. Inconsistência da premissa. 3. *Raça humana. Subdivisão. Inexistência. Com a definição e o mapeamento do genoma humano, cientificamente não existem distinções entre os homens, seja pela segmentação da pele, formato dos olhos, altura, pelos ou por quaisquer outras características físicas, visto que todos se qualificam como espécie humana. Não há diferenças biológicas entre os seres humanos. Na essência são todos iguais.* 4. Raça e racismo. *A divisão dos seres humanos em raças resulta de um processo de conteúdo meramente político-social. Desse pressuposto origina-se o racismo que, por sua vez, gera a discriminação e o preconceito segregacionista.* 5. Fundamento do núcleo do pensamento do nacional-socialismo de que os judeus e os arianos formam raças distintas. Os primeiros seriam raça inferior, nefasta e infecta, características suficientes para justificar a segregação e o extermínio: inconciliabilidade com os padrões éticos e morais definidos na Carta Política do Brasil e do mundo contemporâneo, sob os quais se ergue e se harmoniza o estado democrático. *Estigmas que por si só evidenciam crime de racismo.* Concepção atentatória dos princípios nos quais se erige e se organiza a sociedade humana, baseada na respeitabilidade e dignidade do ser humano e de sua pacífica convivência no meio social. Condutas e evocações aéticas e imorais que implicam repulsiva ação estatal por se revestirem de densa intolerabilidade, de sorte a afrontar o ordenamento infraconstitucional e constitucional do País. 6. Adesão do Brasil a tratados e acordos multilaterais, que energicamente repudiam quaisquer discriminações raciais, aí compreendidas as distinções entre os homens por restrições ou preferências oriundas de raça, cor, credo, descendência ou origem nacional ou étnica, inspiradas na pretensa superioridade de um povo sobre outro, de que são exemplos a xenofobia, 'negrofobia', 'islamafobia' e o antissemitismo. 7. A Constituição Federal de 1988 impôs aos agentes de delitos dessa natureza, pela gravidade e repulsividade da ofensa, a cláusula de imprescritibilidade, para que fique, *ad perpetuam rei memoriam*, verberado o repúdio e a abjeção da sociedade nacional à sua prática. 8. Racismo. Abrangência. Compatibilização dos conceitos etimológicos, etnológicos, sociológicos, antropológicos ou biológicos, de modo a construir a definição jurídico-constitucional do termo. *Interpretação teleológica e sistêmica da Constituição Federal, conjugando fatores e circunstâncias históricas, políticas e sociais que regeram sua formação e aplicação, a fim de obter-se o real sentido e alcance da norma.* 9. Direito comparado. A exemplo do Brasil as legislações de países organizados sob a égide do estado moderno de direito democrático igualmente adotam em seu ordenamento legal punições para delitos que estimulem e propaguem segregação racial. Manifestações da Suprema Corte Norte-Americana, da Câmara dos Lordes da Inglaterra e da Corte de Apelação da Califórnia nos Estados Unidos que consagraram entendimento que aplicam sanções àqueles que transgridem *as regras de boa convivência social com grupos humanos que simbolizem a prática de racismo.* 10. A edição e publicação de obras escritas veiculando ideias antissemitas, que buscam resgatar e dar credibilidade à concepção racial definida pelo regime nazista, negadoras e subversoras de fatos históricos incontroversos como o holocausto, consubstanciadas na pretensa inferioridade e desqualificação do povo judeu, equivalem à incitação ao discrímen com acentuado conteúdo racista, reforçadas pelas consequências históricas dos atos em que se baseiam. 11. Explícita conduta do agente responsável pelo agravo revelador de manifesto dolo, baseada na equivocada premissa de que os judeus não só são uma raça, mas, mais do que isso, um segmento racial atávico e geneticamente menor e pernicioso. 12. Discriminação que, no caso, se evidencia como deliberada e dirigida especificamente aos judeus, que configura ato ilícito de prática de racismo, com as consequências gravosas que o acompanham. 13. Liberdade de expressão. Garantia constitucional que não se tem como absoluta. Limites morais e jurídicos. O direito à livre expressão não pode abrigar, em sua abrangência, manifestações de conteúdo imoral que implicam ilicitude penal. 14. As liberdades públicas não são incondicionais, por isso devem ser exercidas de maneira harmônica, observados os limites definidos na própria Constituição Federal (CF, art. 5.º, § 2.º, primeira parte). O preceito fundamental de liberdade de expressão não consagra o 'direito à incitação ao racismo', dado que um direito individual não pode constituir-se em salvaguarda de condutas ilícitas, como sucede com os delitos contra a honra. *Prevalência dos princípios da dignidade da pessoa humana e da igualdade jurídica.* 15. 'Existe um nexo estreito entre a imprescritibilidade, este tempo jurídico que se escoa sem encontrar termo, e a memória, apelo do passado à disposição dos vivos, triunfo da lembrança sobre o esquecimento'. No estado de direito democrático devem ser intransigentemente respeitados os princípios que garantem a prevalência dos direitos humanos. Jamais podem se apagar da memória dos povos que se pretendam justos os atos repulsivos do passado que permitiram e incentivaram o ódio entre iguais por motivos raciais de torpeza inominável. 16. A ausência de prescrição nos crimes de racismo justifica-se como alerta grave para as gerações de hoje e de amanhã, para que se impeça a reinstauração de velhos e ultrapassados conceitos que a consciência jurídica e histórica não mais admite. Ordem denegada" (HC-QO 82.424 – RS, rel. Moreira Alves, rel. para o acórdão Maurício Corrêa, j. 17.09.2003, *DJ* 19.03.2004, p. 17, m.v., grifos nossos). Do voto vencedor: "Será que todos os constituintes votaram a disposição tão só com esse desiderato? Ou haveria elastério maior para incluir, como no caso, discriminações tidas como de racismo contra outros segmentos da sociedade brasileira? Embora haja muito ainda para ser desvendado, algumas conclusões são irrefutáveis, e uma delas é a de que a genética baniu de vez o conceito tradicional de raça. Negros, brancos e amarelos diferem tanto entre si quanto dentro de suas próprias etnias. Conforme afirmou o geneticista Craig Venter 'há diferenças biológicas ínfimas entre nós. Essencialmente somos todos gêmeos'. Os cientistas confirmaram, assim, que não existe base genética para aquilo que as pessoas descrevem como raça, e que apenas algumas poucas diferenças distinguem uma pessoa de outra. Estima-se que apenas 0,1% (zero vírgula um por cento) do genoma seja responsável pela individualidade de cada ser humano. A empresa Celera Genomics, uma das participantes do projeto, usou em seus experimentos, para chegar a esse resultado, o DNA de cinco voluntários – três mulheres e dois homens, de etnias diferentes: negra, chinesa, hispânica e branca. Com efeito, a divisão dos seres humanos em raças decorre de um processo político-social originado da intolerância dos homens. Disso resultou o preconceito racial. Não existindo base científica para a divisão do homem em raças, torna-se ainda mais odiosa qualquer ação discriminatória da espécie. Como evidenciado cientificamente, todos os homens que habitam o planeta, sejam eles pobres, ricos, brancos, negros, amarelos, judeus ou muçulmanos, fazem parte de uma única raça, que é a espécie humana, ou a raça humana. Isso ratifica não apenas a igualdade dos seres humanos, realçada nas normas internacionais sobre direitos humanos, mas também os fundamentos do Pentateuco ou Torá acerca da origem comum do homem. Concebida e posta em prática a distinção, o povo judeu passou mesmo a ser considerado uma *sub-raça*, parte da composição teórica do nazismo em contraposição à supremacia da *raça ariana*, que deveria prevalecer sobre outras, particularmente sobre os judeus, para a limpeza da terra, objetivo final esse que quase se consuma com o genocídio perpetrado. Tal calamidade acabou superando, em milhões de vítimas, outra página triste da história da humanidade, a inquisição, que no seu período áureo teve como alvo maior também os judeus, cujo resultado atingiu a casa de muitos milhares de mortos, além de outras vítimas que foram condenadas com penas diversas, após torturas cruéis e desumanas, e ao confisco de seus bens, como registram estudos e estatísticas posteriormente realizados, para dizer de seus efeitos apenas na Espanha e em Portugal. Ressai claro que as discriminações consumadas contra o povo judeu pelo nazismo adquiriram inegável índole racial, assim concebida pelos próprios defensores do antissemitismo. Se em outros tempos se admitia a conversão do judaísmo ao catolicismo, para se evitar ou minimizar as discriminações, com ênfase na Alemanha de Hitler, a segregação passou a ter motivo fundamentalmente diverso, tendo como causa a ancestralidade e a pretensa 'infecção da raça judia'. Do que se pode apreender até aqui, as condutas imputadas ao paciente caracterizam prática do racismo, seja porque o conceito de raça não pode resumir-se a semelhança de raça de características físicas, devendo ser adotada em suas mais diversas formas, especialmente como definição de comportamento social, seja porque, como é notório, a doutrina nazista defendida e incentivada pelas publicações, não só reputa os judeus uma raça, como baseia todo o seu segregacionismo nessa convicção. Outras manifestações da doutrina constitucional brasileira afastam a pretensa limitação do racismo ao conceito biológico tradicional de raça. Uadi Lamêgo Bulos define-o como '*todo e qualquer tratamento discriminador da condição humana em que o agente dilacera a autoestima e patrimônio moral de uma pessoa ou de um grupo de pessoas, tomando como critérios raça ou cor da pele, sexo, condição econômica, origem etc.*'. Com efeito, limitar o racismo a simples discriminação de raças, considerado apenas o sentido léxico ou comum do termo, implica a própria negação do princípio da igualdade, abrindo-se a possibilidade de discussão sobre a limitação de direitos a determinada parcela da sociedade, o que põe em xeque a própria natureza e prevalência dos direitos humanos. Condicionar a discriminação como crime imprescritível apenas aos negros e não aos judeus é aceitar como desiguais aqueles que na essência são iguais perante tal garantia. Parece-me, *data venia*, uma conclusão inaceitável" (acórdão citado). Do voto vencido, proferido pelo Ministro Moreira Alves: "Diz Fred E. Foldvaruy ('Zionism and race'): 'Os judeus não são, portanto, uma raça. Os judeus são membros de uma religião, o judaísmo. Houve uma época em que a nação hebraica era um grupo étnico, mas desde tempos antigos a dispersão dos judeus pelo mundo e os casamentos entre diferentes nacionalidades e as conversões fizeram a origem hebraica menos um vínculo genético e mais um vínculo espiritual. Há também uma cultura ligada à religião e a suas leis relativas à alimentação, ao 'Sabbath', e a vários rituais juntamente com práticas culturais encontradas em vários lugares que são 'judaicos' por coincidência. Mas não há raça judaica. A melhor definição de judeus que eu encontrei é esta do Dr. Mordecai M. Kaplan: 'Nós judeus somos um povo com uma desenvolvida civilização religiosa'. Sim, nós somos mais do que um grupo religioso. Nós judeus somos uma comunidade com religião ao seu núcleo essencial. Nós também temos línguas como o 'Yiddish'. Nós temos alimentos, como o peixe 'gefilte'. Nós temos danças, como a 'hora'. Nem o 'Yiddish', nem o peixe 'gefilte', nem a 'hora' têm natureza religiosa. Todavia são elementos da civilização judaica. Em resumo, nós judeus somos parte de uma entidade religiosa, mas muito mais do que isso" (Acórdão citado, p. 868-870). Em outro trecho: "Uma vez que a Carta Magna não conceituava o racismo, pareceu-me que se deveria restringi-lo à ideia de raça como comumente estendida – ou seja, a branca, negra, a amarela e a vermelha –, até para não se tornar inteiramente aberto o tipo penal discriminatório a ele relativo e qualificável, com base no texto constitucional, como imprescritível. Conceito esse que leva em consideração as diferentes características físicas que podem ser transmitidas hereditariamente que não apenas a cor. E conceito que afasta a objeção de que, sendo a raça fundada apenas na cor, a Constituição, ao distinguir a raça da cor, teria adotado outro entendimento do que fosse raça. Com efeito, raça e cor se distinguem, porquanto esta se aplica, em virtude da miscigenação racial, aos pardos, mulatos, cafuzos, mamelucos, que não são raças qualquer o sentido que se dê a raça" (acórdão citado, p. 898-899). Comentando o referido acórdão do Plenário do STF, Ryanna Pala Veras diz: "O Ministro Moreira Alves adotou como válida a tradicional separação das raças em três: caucasiana, negroide e mongoloide e concluiu que os judeus não integravam qualquer dessas mencionadas raças, mas difundiam-se entre elas. Por isso, não poderia ser visto como raça – mas como povo. Não estaria abrangido pelo crime de racismo. Ora, tal interpretação não pode se impor ao caso. É quase consensual entre biólogos e geneticistas, pelos recentes avanços científicos no campo da genética, que não se pode mais falar em 'raças', no sentido atribuído à expressão pelo Ministro Moreira Alves, entre seres humanos. Não há conceito científico de raça que possa ser aplicado – pois ele precisamente não existe (há muito mais semelhanças genéticas entre os diversos povos do que a mera aparência física sugere), e a tripartição apresentada pelo ministro Moreira Alves é obsoleta e inútil e por isso já foi abandonada pela ciência" (O racismo à luz do STF, p. 94). Portanto, *raça* é termo infeliz e ambíguo, pois quer dizer tanto um conjunto de pessoas com os mesmos caracteres somáticos como também um grupo de indivíduos de mesma origem étnica, linguística ou social. *Raça*, enfim, pode representar um grupo de pessoas que comunga de ideais ou comportamentos comuns, ajuntando--se para defendê-los, sem que, necessariamente, constituam um homogêneo conjunto de pessoas fisicamente parecidas. Aliás, assim pensando, homossexuais discriminados podem serem, para os fins de aplicação desta Lei, considerados como grupo racial. Registre-se o disposto em decisão de órgão trabalhista: TRT-2.ª R: "Há prova robusta de que o autor sofreu humilhações e constrangimentos homofóbicos, atentatórios ao artigo 3.º, IV, da Constituição Federal. Da omissão das reclamadas, quando era imperativo o exercício do poder diretivo, resulta sua responsabilidade pela contaminação do ambiente de trabalho pelo vírus da aversão à liberdade de orientação sexual e à identidade de gênero, atualmente equiparada aos demais preconceitos já contemplados na Lei n.º 7.716/89, que define o crime de racismo (do qual a homofobia é um subproduto)." (RO 01010-2008-078-02-00-9, 4.ª T., rel. Wilma Nogueira de Araujo Vaz da Silva, j. 13.04.2010). Em contrário, entende Christiano Jorge Santos que, em face de as leis, ao menos as que preveem punições no campo penal, não utilizarem a expressão *orientação sexual*, não há como operar a tipificação em qualquer infração penal (*Crimes de preconceito e discriminação*, p. 73-75). Ora, se o STF considerou *racismo* as atitudes contra judeus, sempre nos pareceu viável estender esse entendimento a outros grupos minoritários perfeitamente identificados em sociedade, por exemplo, os LGBTQIAP+. A fobia de um ser humano com relação a outro pode caracterizar um formato de expressão do racismo. Nem se fale em utilização de analogia *in malam partem*. Não se está buscando, em um processo de equiparação por semelhança, considerar o judeu ou o homossexual alguém *parecido* com o integrante de determinada *raça*. Ao contrário, está-se *negando* existir um conceito de *raça*, válido para definir qualquer agrupamento humano, de forma que *racismo* ou, se for preferível, a discriminação ou o preconceito de *raça* é somente uma manifestação de pensamento segregacionista, voltado a dividir os seres humanos, conforme qualquer critério leviano e arbitrariamente eleito, em castas, privilegiando umas em detrimento de outras. Vamos além. Impedir a entrada, por exemplo, em um estabelecimento comercial, de pessoa pobre, é pura discriminação. Embora *pobreza* não seja, no critério simplista do termo, uma *raça*, é um mecanismo extremamente simples de diferençar seres humanos (aporofobia). Verifique-se a edição da Lei 14.489/2022 (chamada Lei Padre Júlio Lancellotti), introduzindo norma no Estatuto da Cidade (Lei 10.257/2001), com a finalidade de vedar o emprego de "técnicas construtivas hostis em espaços livres de uso público" (art. 2.º, XX), significando a proibição da inserção de grades, cacos de vidro, relevos, pontas, bem como outros materiais agressivos à presença de pessoas em situação de rua de qualquer idade. Fosse a sociedade consensualmente igualitária, não seria necessária a criação de lei para evitar mecanismos de afastamento de pessoas pobres de certas regiões das cidades. Logo, a mentalidade *racista* é a verve segregatória de quem se acha superior. Ser judeu (adepto do judaísmo, que é religião), para o fim de considerar atos antissemitas como manifestações de *racismo*, logo crime imprescritível, foi interpretação constitucionalmente válida. Então, ser ateu, homossexual, pobre, entre outros fatores, também pode ser elemento de valoração razoável para evidenciar a busca de um grupo hegemônico qualquer para extirpar da convivência social indivíduos indesejáveis. Não se pode considerar *racismo* atacar judeus, unicamente por conta de lamentáveis fatos históricos, como o holocausto, mas, sobretudo, porque todos são seres humanos e *raça* é conceito enigmático e ambíguo, merecedor, pois, de uma interpretação segundo os preceitos da igualdade, apregoada pela Constituição Federal, em função do Estado Democrático de Direito.

9. Racismo: é a concepção ou manifestação voltada à ideia da existência de divisão entre seres humanos, constituindo alguns indivíduos superiores, por qualquer pretensa virtude ou qualidade, aleatoriamente eleita, a outros, cultivando-se um objetivo segregacionista, apartando-se a sociedade em camadas e estratos, merecedores de vivência distinta. *Racista* pode ser o sujeito integrante da maioria de determinado grupo contra qualquer indivíduo componente da minoria existente nessa comunidade. Se o *racismo*, como acabamos de expor, é, basicamente, uma mentalidade segregacionista, ele é capaz de percorrer todos os lados dos agrupamentos humanos. Há muito tempo, os tribunais vêm, aos poucos, reconhecendo a amplitude do racismo na sociedade brasileira. Nos termos da Convenção Interamericana contra o Racismo, a Discriminação Racial e Formas Correlatas de Intolerância, aprovada pelo Brasil (Decreto Legislativo 1/2021), *racismo* "consiste em qualquer teoria, doutrina, ideologia ou conjunto de ideias que enunciam um vínculo causal entre as características fenotípicas ou genotípicas de indivíduos ou grupos e seus traços intelectuais, culturais e de personalidade, inclusive o falso conceito de superioridade racial. O racismo ocasiona desigualdades raciais e a noção de que as relações discriminatórias entre grupos são moral e cientificamente justificadas. Toda teoria, doutrina, ideologia e conjunto de ideias racistas descritas neste Artigo são cientificamente falsas, moralmente censuráveis, socialmente injustas e contrárias aos princípios fundamentais do Direito Internacional e, portanto, perturbam gravemente a paz e a segurança internacional, sendo, dessa maneira, condenadas pelos Estados Partes".

9-A. Injúria racial é racismo: havíamos sustentado, nos comentários ao art. 140, § 3.º, do Código Penal (onde se encontrava a injúria racial até o advento da Lei 14.532/2023, que a deslocou para o art. 2.º-A desta Lei), que a injúria racial nunca foi um simples delito contra a honra, mas autêntica discriminação racial. Lembre-se do conteúdo do art. 5.º, XLII, da Constituição Federal: "a prática do racismo constitui crime inafiançável e imprescritível, sujeito à pena de reclusão, nos termos da lei". Aponta-se que *praticar* o *racismo* significa promover não somente atitudes odiosas de segregação de grupos considerados minoritários ou incômodos mas também injúrias de todos os naipes. Afinal, o objetivo de *exclusão* de um ambiente dominante daquela pessoa reputada *indesejável* se materializa de variadas formas, e uma das mais comuns – e sempre disfarçadas por meio de *ofensas à honra* e até pelas *piadas afrontosas* – é a denominada *injúria racial*. Logo, manifestação pura de racismo. Nessa esteira, cuida-se de crime imprescritível, inafiançável e sujeito à pena de reclusão, nos termos do art. 5.º, XLII, da CF. Lembremos o seguinte: o racismo é uma forma de pensamento que teoriza a respeito da existência de seres humanos divididos em "raças", em face de suas características somáticas, bem como conforme sua ascendência comum. A partir dessa separação, apregoa a superioridade de uns sobre outros, em atitude autenticamente preconceituosa e discriminatória. Vários estragos o racismo já causou à humanidade em diversos lugares, muitas vezes levando ao extermínio de milhares de seres humanos, a pretexto de serem inferiores, motivo pelo qual não mereceriam viver (o nazismo eliminou tanto judeus quanto homossexuais, ciganos, pessoas com deficiências físicas ou mentais igualmente). Da mesma forma que esta Lei 7.716/89 estabelece várias figuras típicas de crimes resultantes de preconceitos de raça ou de cor, não quer dizer, em nossa visão, que promova um rol exaustivo. Por isso, com o advento da Lei 9.459/97, introduzindo a denominada injúria racial no art. 140, § 3.º, do Código Penal, criou-se mais um delito no cenário do racismo. Em decisão a respeito, o Superior Tribunal de Justiça adotou, expressamente, a posição que defendemos nesta nota: "De acordo com o magistério de Guilherme de Souza Nucci, com o advento da Lei 9.459/97, introduzindo a denominada injúria racial, criou-se mais um delito no cenário do racismo, portanto, imprescritível, inafiançável e sujeito à pena de reclusão" (EDcl no AgRg 686.965 – DF, 6.ª T., rel. Ericson Maranho, desembargador convocado do TJSP, j. 13.10.2015, v.u.). O julgamento foi por votação unânime, participando os Ministros Ericson Maranho (relator), Maria Thereza de Assis Moura, Sebastião Reis Júnior (Presidente) e Néfi Cordeiro. É relevante registrar que o STF ratificou essa decisão tomada pelo STJ, entendendo que injúria racial é racismo. *In verbis*: "O recurso extraordinário pede a reforma de acórdão proferido pelo Superior Tribunal de Justiça que estendeu ao crime de injúria racial (art. 140, § 3.º, do Código Penal), pelo qual foi o recorrente condenado, a imprescritibilidade de que cuida o art. 5.º, XLII, da Constituição Federal. (...) Foram interpostos recursos especial e extraordinário pelo ora recorrente, pelo Ministério Público e pela assistência de acusação. O recurso especial manejado pela assistência de acusação, o ofendido, foi provido monocraticamente no Superior Tribunal de Justiça para reconhecer a imprescritibilidade do crime de injúria racial, estendendo a este delito a imprescritibilidade de que cuida o art. 5.º, XLII, da Constituição Federal. Esta decisão foi mantida pela Sexta Turma do Superior Tribunal de Justiça em sede de agravo regimental. Os demais recursos foram inadmitidos. Desta decisão, proferida pela Sexta Turma do Superior Tribunal de Justiça, foi interposto o presente recurso extraordinário, inadmitido na origem ao fundamento de versar matéria infraconstitucional, porque a discussão 'de eventual ofensa ao inciso XLII do art. 5.º da Constituição da República (...) demandaria o exame de legislação infraconstitucional atinente à espécie, em especial o Código Penal, a Lei 7.716/89 e 9.459/97'. (...) Os fatos foram detida e profundamente apreciados nas instâncias ordinárias, e a decisão que ora se ataca os levou em conta para encontrar a fundamentada solução que deu ao caso. Deste modo, não seria possível rediscutir a matéria sem revolver os fatos para que se chegasse à conclusão diversa da encontrada pelo Superior Tribunal de Justiça. Por outro lado, como salientado pelo bem lançado Parecer da Procuradoria-Geral da República (evento 38), cumpre prestigiar o que decidido pelo Tribunal a quo, notadamente considerada a alentada análise da legislação infraconstitucional realizada naquela Alta Corte que reconheceu não ser taxativo o rol dos crimes previstos na Lei n. 7.716/89, encontrando-se presentes o preconceito e a intolerância da conduta tipificada como injúria racial. (...) Diante do exposto, com base no art. 21, § 1.º, do RI/STF, nego seguimento ao recurso" (Min. Roberto Barroso). Houve agravo interno e a Primeira Turma negou-lhe provimento, mantendo a decisão anterior (Ag. Reg. no Rec. Extraordinário com Agravo 983.531, 1.ª Turma, rel. Roberto Barroso, sessão virtual de 11 a 18.08.2017). Certificou-se o trânsito em julgado em 05.06.2018. Em decisão proferida pelo Plenário do Supremo Tribunal Federal, confirmou-se a tese de que o delito de injúria racial constitui racismo; logo, é imprescritível. Do voto do relator, Ministro Edson Fachin: "A Constituição de 1988 rompeu o silêncio da razão e estabeleceu como um dos objetivos fundamentais da República Federativa do Brasil a promoção do bem de todos, sem preconceitos de origem, raça, sexo, cor, idade e quaisquer outras formas de discriminação (art. 3.º, IV), além de enunciar como princípio norteador do ente soberano em suas relações internacionais o repúdio ao terrorismo e ao racismo (art. 4.º, VIII). O texto constitucional trouxe ainda mandamento de incriminação de condutas racistas, como inafiançáveis e imprescritíveis. (...) Neste propósito, celebram-se os 50 (cinquenta) anos de promulgação da Convenção Internacional Sobre a Eliminação de Todas as Formas de Discriminação Racial. Sua ratificação expressou condenação e compromisso a adotar políticas de eliminação, em todas as suas formas, da discriminação racial. No ano seguinte à Constituição de 1988 foi aprovada a Lei n.º 7.716/89, que definiu os crimes resultantes de preconceito de raça ou de cor. Completando a legislação infraconstitucional para o combate ao racismo, a Lei n.º 9.459/97, alterou o Código Penal para acrescentar ao art. 140, o § 3.º, e tipificar a injúria racial. A Lei n.º 12.288/10, institui o Estatuto da Igualdade Racial, celebrado pela sua primeira década de existência e execução de algumas políticas públicas para eliminação de desigualdades de *status* econômico, social e jurídico, baseadas na raça. A instituição de ações afirmativas para acesso ao ensino superior e ao serviço público (Lei 12.990/14), foram conquistas deste período recente. (...) A estrutura racializada que observamos é alimentada por fatores (inter-relacionados), que promovem a subordinação: aqueles *de ordem ideológica que constroem a inferioridade a partir das manifestações de desprezo, de ódio ou qualquer outra forma de violência*; e aqueles de ordem material, que bloqueiam acessos aos mais diversos bens, como, por exemplo, a educação, saúde e empregos. Quanto aos primeiros, não por outra razão, há um mandado constitucional de criminalização: o art. 5.º, XLII, da Constituição Federal, prevê que a sua prática, nos termos da lei, constitui crime inafiançável, imprescritível e sujeito à pena de reclusão. (...) O conceito de racismo não se confunde com o de preconceito, nem com o de discriminação (embora estejam relacionados). Aquele consiste em processo *sistemático* de discriminação que elege a raça como critério distintivo para estabelecer desvantagens valorativas e materiais. O preconceito racial é juízo baseado em estereótipos acerca de indivíduos que pertencem a um determinado grupo racializado, e que pode ou não resultar em práticas discriminatórias (ALMEIDA, Silvio. *O que é racismo estrutural?* Femininos plurais. Belo Horizonte: Letramento, 2018. p. 25). A discriminação racial, por sua vez, é a atribuição de tratamento diferenciado a membros de grupos racialmente identificados. Portanto, a discriminação tem como requisito fundamental o poder, ou seja, a possibilidade de efetivo uso da força, sem o qual não é possível atribuir vantagens ou desvantagens por conta da raça (ALMEIDA, Silvio. *O que é racismo estrutural?* Femininos plurais. Belo Horizonte: Letramento, 2018. p. 25). (...) Homens e mulheres não são negros apenas pela cor da pele, mas pela atribuição de sentidos que apagam as riquezas de suas ancestralidades e os qualificam a partir de valores negativos, até mesmo desumanizantes (a exemplo do comum xingamento que utiliza a expressão 'macaco'), que ditam a maneira de como estes sujeitos se apresentam no mundo e de como lhe são atribuídas desvantagens. Assim, são considerados desprovidos de habilidades e competências para ocupar espaços de poder e ao mesmo tempo tidos como natos em periculosidade não apenas para determinar o ato de alguém atravessar para o outro lado rua quando caminha ao encontro de um homem negro, mas até mesmo possibilitar o automático reconhecimento de autoria de crimes. Estereótipos de mulheres negras não passam de excelentes realizadoras dos afazeres domésticos ou vocacionadas à dança, à sensualização e à satisfação da lascívia, raramente tidas como pretensas companheiras para trocas de afetos e constituição de projeto familiar. Aliás, são as mulheres negras as maiores vítimas de violências domésticas. A atribuição de sentidos raciais se inicia logo cedo, quando enxergamos algumas crianças como príncipes e as outras como moleques, e segue ao longo de toda a existência destes sujeitos, que em determinados percursos passam até mesmo pela condição de não sujeito. (...) Nesta esteira, eis a questão central do presente *habeas corpus*: o crime de injúria racial é ou não uma forma de discriminação racial que se materializa de forma sistemática e assim configura o racismo e, como consequência, sujeita-se ou não à extinção da punibilidade pela prescrição? A resposta é inequívoca, porquanto a impetração não merece prosperar. Quando o sujeito ativo dirige ofensas ou insultos à vítima, ofendendo-lhe, conforme a lição de Guilherme de Souza Nucci (*Código Penal Comentado*, 13. ed., Editora Revista dos Tribunais, São Paulo, 2013, p. 723), deve, para que tal conduta se amolde à descrição típica do art. 140 do CP, macular-lhe a honra subjetiva, '*arranhando o conceito que a vítima faz de si mesma*'. Ao examinar os objetos material e jurídico do crime, o autor afirma que eles são coincidentes: ambos consistem na '*honra e [na] imagem da pessoa, que sofrem com a conduta criminosa*'. No § 3.º do art. 140 do CP, introduzido pela Lei 9.459/1997, prevê-se a forma qualificada do delito, punida com reclusão de 1 (um) a 3 (três) anos e multa, para as situações em que à conduta ofensiva ou insultuosa se agreguem elementos atinentes, entre outros, à raça, cor, etnia, religião ou origem. Desse modo, a prática do crime de injúria racial traz em seu bojo o emprego de elementos associados ao que se define como raça, cor, etnia, religião ou origem para se ofender ou insultar alguém. Em outras palavras, a conduta do agente pressupõe que a alusão a determinadas diferenças se presta ao ataque à honra ou à imagem alheia, à violação de direitos que, situados, em uma perspectiva civilista, no âmbito dos direitos da personalidade, decorrem diretamente do valor fundante de toda a ordem constitucional: a dignidade da pessoa humana. A injúria racial consuma os objetivos concretos da circulação de estereótipos e estigmas raciais ao alcançar destinatário específico, o indivíduo racializado, o que não seria possível sem seu pertencimento a um grupo social também demarcado pela raça. Aqui se afasta o argumento de que o racismo se dirige contra grupo social enquanto que a injúria afeta o indivíduo singularmente. A distinção é uma operação impossível, apenas se concebe um sujeito como vítima da injúria racial se ele se amoldar aos estereótipos e estigmas forjados contra o grupo ao qual pertence. Ademais, já assentei aqui que o ponto de partida para o deslinde do objeto do presente *habeas corpus* é a compreensão acerca do significado de discriminação racial e da sua forma de materialização. Inegável que a injúria racial impõe, baseado na raça, tratamento diferenciado quanto ao igual respeito à dignidade dos indivíduos. O reconhecimento como conduta criminosa nada mais significa que a sua prática tornaria a discriminação sistemática, portanto, uma forma de realizar o racismo. Tal agir significa, portanto, a exteriorização de uma concepção odiosa e antagônica a um dos mais fundamentais compromissos civilizatórios assumidos em diversos níveis normativos e institucionais por este país: a de que é possível subjugar, diminuir, menosprezar alguém em razão de seu fenótipo, de sua descendência, de sua etnia. Trata-se de componente indissociável da conduta criminosa em exame, o que permite enquadrá-la tanto no conceito de discriminação racial previsto no diploma internacional quanto na definição de racismo já empregada pelo Supremo Tribunal Federal no voto condutor do julgamento do HC 82.424. A atribuição de valor negativo ao indivíduo, em razão de sua raça, cria as condições ideológicas e culturais para a instituição e manutenção da subordinação, tão necessária para o bloqueio de acessos que edificam o racismo estrutural. Também ampliam o fardo desse manifesto atraso civilizatório e tornam ainda mais difícil a já hercúlea tarefa de cicatrizar as feridas abertas pela escravidão para que se construa um país de fato à altura do projeto constitucional nesse aspecto. Mostra-se insubsistente, desse modo, a alegação de que há uma distinção ontológica entre as condutas previstas na Lei 7.716/1989 e aquela constante do art. 140, § 3.º, do CP. Em ambos os casos, há o emprego de elementos discriminatórios baseados naquilo que sociopoliticamente constitui raça (não genético ou biologicamente), para a violação, o ataque, a supressão de direitos fundamentais do ofendido. Sendo assim, excluir o crime de injúria racial do âmbito do mandado constitucional de criminalização por meras considerações formalistas desprovidas de substância, por uma leitura geográfica apartada da busca da compreensão do sentido e do alcance do mandado constitucional de criminalização é restringir-lhe indevidamente a aplicabilidade, negando-lhe vigência. (...) Vários dos crimes previstos na mencionada lei extravagante são, até mesmo, apenados com sanção privativa de liberdade idêntica à do Código Penal. A diferença, desse modo, é meramente topológica, logo, insuficiente para sustentar a equivocada conclusão de que injúria racial não configura racismo. Conforme sustenta Guilherme de Souza Nucci (*op. cit.*, p. 726), o rol daquele diploma não é exaustivo, devendo-se considerar a conduta prevista no art. 140, § 3.º, do CP '*mais um delito no cenário do racismo, portanto, imprescritível, inafiançável e sujeito à pena de reclusão*'. Observe-se, nesse contexto, que o crime em análise, por ser sujeito à pena de reclusão, não destoa do tratamento dado pela Constituição ao que ali se prevê como crime de racismo. Acrescento ainda que o legislador, na esteira de aproximar os tipos penais de racismo e injúria, inclusive no que se refere ao prazo para o exercício da pretensão punitiva estatal, aprovou a Lei n.º 12.033/09, que alterou a redação do parágrafo único do art. 145 do Código Penal, para tornar pública condicionada, antes privada, a ação penal para o processar e julgar os crimes de injúria racial. Assim, o crime de injúria racial, porquanto espécie do gênero racismo, é imprescritível. Por conseguinte, não há como se reconhecer a extinção da punibilidade que pleiteia a impetração" (HC 154.248-DF, Plenário, rel. Edson Fachin, 28.10.2021, m.v. [8 × 1]).

9-B. A criminalização da homofobia pelo STF: o Plenário do Pretório Excelso decidiu que a segregação de homossexuais (LGBTQIAP+) é crime de racismo, como já havíamos sustentado desde a primeira edição desta obra. Não houve aplicação de analogia *in malam partem* nem interpretação extensiva. Em verdade, o STF interpretou o termo racismo, de acordo com a evolução da medicina, da antropologia e da tecnologia. Nos mesmos moldes realizados há cerca de 16 anos, no caso Ellwanger, citado na nota 8 *supra*. Nesse caso, considerou-se racismo a agressão verbal e discriminatória contra judeus. Ocorre que o judaísmo é religião – e não raça. Quando o fato se deu, não havia ainda a inclusão do termo religião no *caput* do art. 1.º desta Lei. Portanto, o STF simplesmente considerou que racismo significa segregação, discriminação, porque quem segrega se julga superior ao segregado. Não há que se falar mais em raças: somos todos da raça humana, o que provou a ciência por meio do exame de DNA. Foi o tempo em que se falava em raça caucasiana, negroide ou mongoloide, em virtude de certas características aparentes. A verificação científica colocou tudo isso por terra. Se o DNA demonstra que somos praticamente iguais, inexiste racismo pelo fator raça, que derreteu na linha do tempo. Diante disso, se o racismo configura uma forma evidente de segregação, esta pode subsistir para minorias identificadas plenamente em sociedade e vitimadas por atos agressivos de pessoas que se consideram superiores. Eis o contexto da decisão correta do STF, em nosso entendimento. Tivemos a honra de constar no voto do relator Celso de Mello, porque já havia anos que defendíamos essa posição. Eis o conteúdo: "Decisão: O Tribunal, por unanimidade, conheceu parcialmente da ação direta de inconstitucionalidade por omissão. Por maioria e nessa extensão, julgou-a procedente, com eficácia geral e efeito vinculante, para: a) reconhecer o estado de mora inconstitucional do Congresso Nacional na implementação da prestação legislativa destinada a cumprir o mandado de incriminação a que se referem os incisos XLI e XLII do art. 5.º da Constituição, para efeito de proteção penal aos integrantes do grupo LGBT; b) declarar, em consequência, a existência de omissão normativa inconstitucional do Poder Legislativo da União; c) cientificar o Congresso Nacional, para os fins e efeitos a que se refere o art. 103, § 2.º, da Constituição c/c o art. 12-H, *caput*, da Lei n.º 9.868/99; d) dar interpretação conforme à Constituição, em face dos mandados constitucionais de incriminação inscritos nos incisos XLI e XLII do art. 5.º da Carta Política, para enquadrar a homofobia e a transfobia, qualquer que seja a forma de sua manifestação, nos diversos tipos penais definidos na Lei n.º 7.716/89, até que sobrevenha legislação autônoma, editada pelo Congresso Nacional, seja por considerar-se, nos termos deste voto, que as práticas homotransfóbicas qualificam-se como espécies do gênero racismo, na dimensão de racismo social consagrada pelo Supremo Tribunal Federal no julgamento plenário do HC 82.424/RS (caso Ellwanger), na medida em que tais condutas importam em atos de segregação que inferiorizam membros integrantes do grupo LGBT, em razão de sua orientação sexual ou de sua identidade de gênero, seja, ainda, porque tais comportamentos de homotransfobia ajustam-se ao conceito de atos de discriminação e de ofensa a direitos e liberdades fundamentais daqueles que compõem o grupo vulnerável em questão; e e) declarar que os efeitos da interpretação conforme a que se refere a alínea 'd' somente se aplicarão a partir da data em que se concluir o presente julgamento, nos termos do voto do Relator, vencidos os Ministros Ricardo Lewandowski e Dias Toffoli (Presidente), que julgavam parcialmente procedente a ação, e o Ministro Marco Aurélio, que a julgava improcedente. Em seguida, por maioria, fixou-se a seguinte tese: 1. Até que sobrevenha lei emanada do Congresso Nacional destinada a implementar os mandados de criminalização definidos nos incisos XLI e XLII do art. 5.º da Constituição da República, as condutas homofóbicas e transfóbicas, reais ou supostas, que envolvem aversão odiosa à orientação sexual ou à identidade de gênero de alguém, por traduzirem expressões de racismo, compreendido este em sua dimensão social, ajustam-se, por identidade de razão e mediante adequação típica, aos preceitos primários de incriminação definidos na Lei n.º 7.716, de 08/01/1989, constituindo, também, na hipótese de homicídio doloso, circunstância que o qualifica, por configurar motivo torpe (Código Penal, art. 121, § 2.º, I, 'in fine'); 2. A repressão penal à prática da homotransfobia não alcança nem restringe ou limita o exercício da liberdade religiosa, qualquer que seja a denominação confessional professada, a cujos fiéis e ministros (sacerdotes, pastores, rabinos, mulás ou clérigos muçulmanos e líderes ou celebrantes das religiões afro-brasileiras, entre outros) é assegurado o direito de pregar e de divulgar, livremente, pela palavra, pela imagem ou por qualquer outro meio, o seu pensamento e de externar suas convicções de acordo com o que se contiver em seus livros e códigos sagrados, bem assim o de ensinar segundo sua orientação doutrinária e/ou teológica, podendo buscar e conquistar prosélitos e praticar os atos de culto e respectiva liturgia, independentemente do espaço, público ou privado, de sua atuação individual ou coletiva, desde que tais manifestações não configurem discurso de ódio, assim entendidas aquelas exteriorizações que incitem a discriminação, a hostilidade ou a violência contra pessoas em razão de sua orientação sexual ou de sua identidade de gênero; 3. O conceito de racismo, compreendido em sua dimensão social, projeta-se para além de aspectos estritamente biológicos ou fenotípicos, pois resulta, enquanto manifestação de poder, de uma construção de índole histórico-cultural motivada pelo objetivo de justificar a desigualdade e destinada ao controle ideológico, à dominação política, à subjugação social e à negação da alteridade, da dignidade e da humanidade daqueles que, por integrarem grupo vulnerável (LGBTI+) e por não pertencerem ao estamento que detém posição de hegemonia em uma dada estrutura social, são considerados estranhos e diferentes, degradados à condição de marginais do ordenamento jurídico, expostos, em consequência de odiosa inferiorização e de perversa estigmatização, a uma injusta e lesiva situação de exclusão do sistema geral de proteção do direito, vencido o Ministro Marco Aurélio, que não subscreveu a tese proposta. Não participaram, justificadamente, da fixação da tese, os Ministros Roberto Barroso e Alexandre de Moraes. Plenário, 13.06.2019" (disponível em: <http://portal.stf.jus.br/processos/detalhe.asp?incidente=4515053>. Acesso em: 10.10.2019). Ainda: Ação direta de inconstitucionalidade por omissão 26 – Distrito Federal, Plenário, rel. Celso de Mello, 13.06.2019, m.v. É preciso ler todo o texto, antes de se formar qualquer opinião preconceituosa e distorcida da realidade, em especial distante da fundamentação utilizada pelo STF.

9-C. Intolerância: há de se alcançar o marco histórico para tipificar criminalmente a intolerância, como forma de combater os supremacistas, que se julgam acima de outros seres humanos, de qualquer modo. Nos termos da Convenção Interamericana contra o Racismo, a Discriminação Racial e Formas Correlatas de Intolerância, aprovada pelo Brasil (Decreto Legislativo 1/2021), *intolerância* "é um ato ou conjunto de atos ou manifestações que denotam desrespeito, rejeição ou desprezo à dignidade, características, convicções ou opiniões de pessoas por serem diferentes ou contrárias. Pode manifestar-se como a marginalização e a exclusão de grupos em condições de vulnerabilidade da participação em qualquer esfera da vida pública ou privada ou como violência contra esses grupos". Para nós, cuida-se de racismo e deve ser punido no âmbito desta Lei, como já indicou o STF no caso da homofobia. Parcela considerável da intolerância, atualmente, volta-se à aporofobia (aversão a pessoas pobres).

9-D. Racismo reverso: como regra, a ideia de existir uma discriminação produzida por minorias contra pessoas integrantes da classe dominante é ilógica e materialmente irrelevante. Se uma empresa promove uma campanha pela contratação de empregados negros não se pode acoimá-la de racista pelo fato de não escolher, nesse processo, pessoas brancas, afinal, o que se busca reparar é o racismo estrutural, historicamente comprovado, existente há muito tempo, oprimindo a minoria negra, seja pelo aspecto econômico, seja pela detenção do poder político. Abrir a contratação de funcionários negros equivale à política de cotas raciais para reparar erros do passado e não se trata de *discriminar* pessoas brancas. Em nosso entendimento, não existe, para fins jurídicos, como regra, o denominado *racismo reverso*. Ilustrando, houve empresa que publicou anúncio para a contratação de *trainees*, voltado exclusivamente para pessoas pretas, gerando revolta em algumas pessoas, sob o pretexto de ocorrer discriminação racial. No entanto, trata-se de uma *ação afirmativa*, no mesmo espírito das cotas raciais em universidades e concursos públicos (disponível em: <https://www.uol.com.br/ecoa/ultimas--noticias/2021/09/21/magalu-repete-trainee-so-para-negros-programa-foi-de-utilidade-publica.htm>. Acesso em: 31.01.2023). No mesmo sentido, chegamos a constatar o fato de certa empresa ter contratado, para uma de suas lojas, todos os funcionários da comunidade LGBT+, cuidando-se também de *ação afirmativa*, e não de discriminação racial. Sob outro prisma, quem assim atua poderia responder, em tese, pelo delito previsto no art. 4.º, § 2.º, desta Lei ("Ficará sujeito às penas de multa e de prestação de serviços à comunidade, incluindo atividades de promoção da igualdade racial, quem, em anúncios ou qualquer outra forma de recrutamento de trabalhadores, exigir aspectos de aparência próprios de raça ou etnia para emprego cujas atividades não justifiquem essas exigências"). No entanto, é fundamental analisar o cenário onde se dá esse anúncio e exatamente em que termos. Como foi mencionado linhas anteriores, a promoção de *ações afirmativas*, visando ao combate à discriminação racial, opera em sentido oposto, de modo que o delito não se concretiza. Para a aplicação correta da norma penal ao caso concreto, é indispensável a análise dos fatos, e nada impede que, em algum momento, por exemplo, exija determinada empresa a contratação apenas de empregados orientais, que já constituem maioria ou a quase totalidade dos funcionários, *discriminando* outros, podendo configurar o crime. Ademais, vários concursos públicos e universidades estão abrindo edital ou processo de escolha, reservando vagas para minorias raciais, o que demonstra a idoneidade do procedimento. Sobre o tema, consultar as Leis 12.711/2012 e 12.990/2014.

9-E. Racismo por parte de integrante de minoria: cuida-se de um racismo *beligerante*, de quem se encontra em conflito interior e não consegue aceitar a própria condição, razão pela qual descarrega a sua frustração em seus pares, sem se dar conta da sua própria situação. Torna-se mais relevante achincalhar os seus iguais em vez de proteger os interesses comuns. Há casos conhecidos de pessoas negras, em posição de destaque, criticando com veemência os pretos, afirmando que há uma falsa vitimização, além de espargir duras ofensas. Parece-nos a configuração de prática racista, passível de tipificação nos arts. 2.º-A e 20 desta Lei, conforme o caso. Se medidas não são tomadas contra isso, pode ser fruto do temor de despertar justamente o efeito inverso, caso as condutas terminem não punidas na Justiça. Se pessoas brancas, ao exporem mensagens racistas, podem acabar impunes, parece lógico o receio de buscar a punição dessa pessoa negra – racista – se não houver resultado efetivo. O discurso de ódio, propagando a discriminação, mesmo sob o prisma do menosprezo e do desdém ao grupo minoritário, não deixa de ser uma manifestação racista, pouco importando quem a produza. Estudos existem a demonstrar que ser preto, ter um filho preto ou ser casado com uma pessoa preta, por exemplo, não torna o indivíduo imune no tocante a seus atos racistas contra pretos. Se o racismo é segregacionismo, qualquer pessoa pode incentivá-lo. Aliás, a negativa de assumir a própria luta contra o domínio de uma classe que se acha superior faz que certas pessoas, ao ocuparem um cargo, função ou posto de prestígio e poder, possam atuar exatamente como o grupo dominante, agindo em detrimento de indivíduos com características similares somente para afirmar a sua dominância e negar o seu outro lado, que expressa inferioridade na sua tosca mentalidade. Quando um policial negro oprime, abusando da sua autoridade, um preto pobre está prestando duplo desserviço – afora o aspecto criminoso –, pois atinge a luta contra o racismo e, igualmente, lesiona a imagem dos agentes públicos. Essas atitudes violentas e injustificadas servem de *munição* para racistas apontarem o dedo na direção dos ativistas dos direitos humanos contra a discriminação, afirmando que os próprios *minoritários* reconhecem que o seu grupo é composto de pessoas *desqualificadas*. A par de problemas psicológicos, merecedores de tratamento, essa atitude gera uma onda lamentável contra tudo o que se defende no cenário do racismo. Como ilustração, basta ver o caso do assassinato de Tyre Nichols, em Memphis, nos EUA, em janeiro de 2023, praticado por cinco policiais pretos, que o espancaram sem qualquer fundamento, demonstrando um ódio injustificado (disponível em: <https://g1.globo.com/mundo/noticia/2023/01/28/da-abordagem-a-morte-veja-linha-do-tempo-do-caso-tyre-nichols.ghtml>. Acesso em: 29.01.2023).

10. Cor: trata-se da coloração das pessoas, dos animais e das coisas; uma impressão produzida na visão do ser humano pela luz ou pela aparência de algo, conforme a reflexão ou a absorção da luz. Tratando-se de seres humanos, embora não seja o mais indicado critério para diferenciar uma pessoa de outra, na prática, isso se faz. A pele possui coloração diferenciada, levando algumas pessoas a usar esse critério como forma de discriminação, ingressando-se em denominações como branco, preto, amarelo, vermelho, embora nada se apresente de maneira absoluta. O ser humano não tem pele literalmente branca ou preta nem amarela ou vermelha, mas tons similares. Por isso, em outros países, utilizam-se outros termos, em lugar de cor, como *caucasiano* ou *afrodescendente*. De qualquer maneira, essas denominações não afastam a discriminação indevida, realizada pelo tom da pele de alguém ou por sua origem. Como alguns racistas se baseiam nisso, continua a ser útil para os fins de aplicação desta Lei.

11. Etnia: é o grupo de pessoas que apresenta homogeneidade cultural, religiosa e linguística. Em nossa visão, cuida-se, no campo jurídico, de expressão de menor alcance, pois frágil em um país como o Brasil, miscigenado e formado por diversas correntes imigratórias. Há maior dificuldade em se identificar um agrupamento étnico. Costuma-se apontar como exemplo os ciganos.

12. Religião: é a crença em uma existência sobrenatural ou em uma força divina, que rege o Universo e as relações humanas em geral, de um ponto de vista metafísico, com manifestações por meio de rituais ou cultos. Ex.: religião católica. Na Constituição Federal: "é inviolável a liberdade de consciência e de crença, sendo assegurado o livre exercício dos cultos religiosos e garantida, na forma da lei, a proteção aos locais de culto e a suas liturgias" (art. 5.º, VI). Na jurisprudência: STF: "2. O direito à liberdade religiosa é, em grande medida, o direito à existência de uma multiplicidade de crenças/descrenças religiosas, que se vinculam e se harmonizam – para a sobrevivência de toda a multiplicidade de fés protegida constitucionalmente – na chamada tolerância religiosa. 3. Há que se distinguir entre o discurso religioso (que é centrado na própria crença e nas razões da crença) e o discurso sobre a crença alheia, especialmente quando se faça com intuito de atingi-la, rebaixá-la ou desmerecê-la (ou a seus seguidores). Um é tipicamente a representação do direito à liberdade de crença religiosa; outro, em sentido diametralmente oposto, é o ataque ao mesmo direito. 4. Como apontado pelo Superior Tribunal de Justiça no julgado recorrido, a conduta do paciente não consiste apenas na 'defesa da própria religião, culto, crença ou ideologia, mas, sim, de um ataque ao culto alheio, que põe em risco a liberdade religiosa daqueles que professam fé diferente [d]a do paciente'. 5. Recurso ordinário não provido" (RHC 146303, 2.ª T., rel. Edson Fachin, j. 06.03.2018, v.u.). STJ: "Impende acrescer que as instâncias ordinárias firmaram convicção de que os atos atribuídos ao ora agravante não tratam apenas de defesa da própria religião, culto, crença ou ideologia, mas sim de um ataque ao culto alheio, que põe em risco a liberdade religiosa daqueles que professam fé diversa. O *decisum* proferido pelo Tribunal de Justiça do Estado do Rio de Janeiro está em perfeita harmonia com a jurisprudência do Supremo Tribunal Federal – STF, fixada no julgamento do HC n. 82.424/RS (Caso Ellwanger), ao reconhecer que a incitação à discriminação religiosa – no precedente do Supremo Tribunal Federal em relação ao povo judeu – configura o crime previsto no art. 20 da Lei n. 7.716/89 (HC 82.424, Relator p/ Acórdão Min. Maurício Corrêa, Tribunal Pleno, *DJ* de 19/03/2004). Agravo regimental desprovido" (AgRg no HC 424.402 – RJ, 5.ª T., rel. Joel Ilan Paciornik, j. 04.10.2018, v.u.).

13. Procedência nacional: cuida-se de expressão ambígua, pois tem a viabilidade de se interpretar como a origem em uma nação diversa do Brasil, mas também de uma região brasileira. Parece-nos perfeitamente aceitável, em termos de embate ao racismo, considerar tanto quem venha de uma região do Brasil como aquele que provém de outro país. Ilustrando, torna-se possível a discriminação à pessoa que venha de certa região do território nacional e passe a morar (ou visitar) em outra (ex.: paulista vai morar no Rio de Janeiro; nordestino vai residir em Minas Gerais), assim como ao indivíduo que tenha origem em outro país e venha a residir em território brasileiro (ex.: angolano ou argentino que venha a morar no Brasil). É a *xenofobia* (aversão e hostilidade contra estrangeiros ou qualquer pessoa que não faça parte do local onde o xenófobo habita), como expressão do racismo. Note-se, como ilustração, a agressão a pessoas refugiadas ou imigrantes que venham a residir no Brasil. Ademais, em outros países, dá-se o mesmo fenômeno, com hostilidade a imigrantes – legais ou ilegais.

14. Outras fontes: é possível que leis diversas estabeleçam critérios para proteger determinadas pessoas da discriminação e do preconceito, podendo-se utilizá-las, inclusive, para servir de base à aplicação desta Lei 7.716/89, conforme o caso. Ilustrando, as pessoas com deficiência física ou mental estão tuteladas pelas Leis 7.853/89 (apoio à pessoa com deficiência) e 13.146/2015 (Estatuto da Pessoa com Deficiência). Embora se pudesse compor todas as leis em um só corpo normativo, atualmente, há de se buscar figuras típicas incriminadoras em ambas (remete-se o leitor aos comentários feitos em capítulos próprios).

15. Competência: depende do caso concreto e da abrangência da prática do racismo. Não ultrapassando o âmbito estadual ou municipal, cuida-se da justiça estadual. Se atingir o cenário internacional, mesmo que pela rede mundial de computadores, além de envolver tratado assinado pelo Brasil, pode-se deslocar a competência para a justiça federal. Na jurisprudência: STJ: "Discriminação e preconceito contra o povo judeu. Convenção internacional acerca do tema. Ratificada pelo Brasil. Disseminação. Praticada por meio da rede social 'facebook'. Sítio virtual de amplo acesso. Conteúdo racista acessível no exterior. Potencial transnacionalidade configurada. Competência da justiça federal. (...) 6. Na singularidade do caso concreto diligências apontam que as postagens de cunho racista e discriminatório contra o povo judeu partiram de usuário localizado em Curitiba. Nos termos do art. 70 do Código de Processo Penal – CPP, 'a competência será, de regra, determinada pelo lugar em que se consumar a infração, ou, no caso de tentativa, pelo lugar em que for praticado o último ato de execução'. (...) 8. Conflito conhecido para declarar a competência da Justiça Federal atuante em Curitiba – SJ/PR, a quem couber a distribuição do feito" (CC 0021665-54.2019.3.00.0000 – PR, 3.ª T., rel. Joel Ilan Paciornik, j. 13.05.2020, v.u.).

> **Art. 2.º-A.** Injuriar alguém,[15-A-15-C] ofendendo-lhe a dignidade ou o decoro, em razão de raça, cor, etnia ou procedência nacional.[15-D-15-E]
> Pena – reclusão, de 2 (dois) a 5 (cinco) anos, e multa.[15-F]
> **Parágrafo único.** A pena é aumentada de metade se o crime for cometido mediante concurso de 2 (duas) ou mais pessoas.[15-G]

15-A. Análise do núcleo do tipo: injuriar significa ofender ou insultar (vulgarmente, xingar). Essa ofensa deve voltar-se contra *alguém* (ser humano, não sendo viável um insulto criminoso a pessoa jurídica) e somente o xingamento leviano é insuficiente, pois é imprescindível a ligação ao racismo. É fundamental que essa afronta atinja a *dignidade* (respeitabilidade ou amor-próprio) ou o *decoro* (correção moral ou compostura) da pessoa, sendo capaz de magoá-la. Lembre-se que o insulto afeta o que se denomina por *honra subjetiva*, ferindo o conceito que a vítima faz de si mesma. Entretanto, o art. 2.º-A, introduzido pela Lei 14.532/2023, nesta Lei, tem o firme propósito de consagrar o entendimento de que a *injúria racial* é uma *prática de racismo*, como, aliás, vem sendo reconhecido pelo Superior Tribunal de Justiça, desde 2015, entendimento ratificado pela 1.ª Turma do Supremo Tribunal Federal, em 2017, para finalizar consagrado pelo Plenário do Pretório Excelso, em 2021 (consultar a nota 9-A ao art. 1.º desta Lei). Apontam-se os elementos indicativos do racismo, consistentes em se valer o agente da *raça, cor, etnia ou procedência nacional* da vítima (sobre esses termos, consultar as notas 8, 10, 11 e 13 ao art. 1.º desta Lei). Algumas vozes poderão dizer que a novel lei deixou de inserir, expressamente, no art. 2.º-A, como fator de prática racista, a injúria promovida contra adeptos de certa religião ou contra pessoas de determinada orientação sexual. Portanto, a *injúria racial*, agora, não mais prevê, como tal, ofensas a judeus e homossexuais, por exemplo. De nossa parte, o foco é diverso. Pode-se indicar que a Lei 14.532/2023 deixou passar a oportunidade de conceituar, de maneira mais clara e atualizada, os termos *raça* e *racismo*. Não o fazendo, continua a prevalecer o entendimento do STF de que a nefasta *prática racista*, como injúria racial, é uma exposição de ofensa voltada a excluir indivíduos de determinado grupo social, considerado mais frágil e minoritário, em certo ambiente social. Além disso, como o Pretório Excelso conferiu uma interpretação evolutiva aos mencionados termos *raça* e *racismo*, abrangendo elementos de religião e orientação sexual, essas potenciais vítimas estão protegidas em todo o cenário da Lei 7.716/89, e não somente no que concerne à denominada injúria racial. As únicas alterações – positivas – são o aumento da pena e a consideração de se tratar de ação pública incondicionada para apurar os delitos tipificados neste artigo. Revela-se precisa a interpretação de que qualquer injúria referente a raça (no sentido amplo), cor, etnia ou procedência nacional não pode circunscrever-se, jamais, ao art. 140 do Código Penal, diante da gravidade acentuada produzida, consolidando o *racismo estrutural*, que deve ser evitado. De outro lado, ofensas concernentes a religião, idade avançada e deficiência física ou mental *podem* ser capituladas como injúria qualificada (art. 140, § 3.º, CP) ou no art. 2.º-A desta Lei, a depender do contexto concreto (quando o objetivo da injúria é a segregação da vítima, é tipificada no art. 2.º-A desta Lei). Por derradeiro, somente para argumentar, vale destacar a dificuldade de construir leis penais no Brasil, pois muitas delas sofrem emendas e correções, permitindo contradições internas e da norma com outras do ordenamento jurídico. Ao omitir o termo *religião* deste art. 2.º-A, permite-se o seu confronto com os arts. 1.º e 20 desta Lei, em que o referido termo está presente. Ademais, a preocupação legislativa quanto à discriminação racial concentrada em fatores religiosos é tão evidente que os §§ 2.º-A e 2.º-B do art. 20 conferem particular proteção a esse aspecto.

15-B. Sujeitos ativo e passivo: podem ser qualquer pessoa. É viável, como sujeito ativo, um integrante de minoria discriminada produzindo injúria racial contra outro (consultar a nota 9-E *supra*). No polo passivo, é fundamental que se trate de indivíduo determinado, pois a ofensa dirigida a um grupo indeterminado de pessoas pode caracterizar o crime do art. 20 desta Lei. É válido observar que, ao tratar-se de injúria ofensiva à honra subjetiva (autoestima), torna-se essencial analisar com mais critério quem é a vítima, pois crianças podem não compreender a injúria, de forma que se configuraria um crime impossível. No entanto, os fatos mostram que crianças podem perfeitamente captar, com maior exatidão, a injúria racial, quando se veem discriminadas por xingamentos. Por óbvio, não se está apontando para injúrias contra crianças de 2 anos de idade, por exemplo; no entanto, quando a faixa etária eleva-se, o grau de entendimento primeiramente absorve as formas de segregação para, depois, visualizar ofensa à honra. Então, é fundamental analisar com critério quem é a vítima para se delinear a configuração – ou não – desse delito racial.

15-C. Elemento subjetivo: pune-se o crime quando o agente age dolosamente. Não há a forma culposa. Exige-se o elemento subjetivo específico (dolo específico), que é a vontade de discriminar a pessoa, numa autêntica manifestação *racista ou segregatória*. No delito de injúria, capitulado no art. 140 do Código Penal, assim como em outros crimes contra a honra, demanda-se outro elemento subjetivo específico, consistente na vontade de magoar, humilhar e prejudicar a vítima no tocante à sua reputação ou ao seu amor-próprio. Por isso, tem sido posição dominante, na doutrina e na jurisprudência, a exclusão do crime quando há a intenção de brincar ou fazer uma piada (*animus jocandi*), valendo-se de características da vítima. No entanto, esse cenário alterou-se de forma radical, pois a Lei 14.532/2023 incluiu, no art. 20-A, como causa de aumento, o fato de se cometer qualquer delito desta Lei enfocando "descontração, diversão ou recreação". Há uma sensível diferença, pois, no cenário da injúria, atinge-se a honra da vítima, ao passo que, no contexto do racismo, a meta é segregar, excluir, afetar a igualdade de todos, que deve existir num Estado Democrático de Direito. Comentamos, especificamente, o disposto pelo art. 20-A, para o qual remetemos o leitor. Nesse tópico, deve-se contextualizar, com nitidez, que qualquer ânimo piadista *não afasta a injúria racial*, aliás, ao contrário, eleva a pena do agente.

15-D. Objetos material e jurídico: nos crimes contra a honra, o objeto material é o interesse tutelado pela norma (dignidade ou decoro), contra o qual se volta a conduta delituosa; porém, nesta Lei, atinge-se diretamente a pessoa injuriada, pois o fim é a segregação, de modo que a vítima é o objeto material. O objeto jurídico é a igualdade dos seres humanos perante a lei e, secundariamente, a honra.

15-E. Classificação: trata-se de crime comum (aquele que não demanda sujeito ativo qualificado ou especial); formal (delito que pode ter resultado naturalístico, embora não seja indispensável); de forma livre (podendo ser cometido por qualquer meio eleito pelo agente, inclusive de maneiras indiretas ou reflexas); comissivo ("injuriar" implica ação); instantâneo (cujo resultado se dá de maneira instantânea, não se prolongando no tempo), como regra, podendo adquirir a forma permanente se houver uma postagem na Internet, por exemplo; unissubjetivo (que pode ser praticado por um só agente); unissubsistente ou plurissubsistente (pode ser praticado por um ou mais atos integrando a conduta de injuriar); admite tentativa, se for plurissubsistente, por exemplo, se a injúria for feita por escrito e descoberta antes de chegar à vítima.

15-F. Benefícios penais: a opção pela cominação de reclusão, de 2 a 5 anos (e multa), parece ter por alvo evitar a aplicação da Lei 9.099/95, pois a pena máxima afasta a *infração de menor potencial ofensivo*, bem como a pena mínima não permite a *suspensão condicional do processo*. Além disso, segue o mesmo perfil de outros delitos racistas previstos nesta Lei. Há viabilidade de aplicação do acordo de não persecução penal (art. 28-A do CPP), bem como, em caso de condenação, permitir a substituição da pena privativa de liberdade, que não ultrapasse 4 anos, por restritivas de direitos, e, conforme o caso, é possível a suspensão condicional da pena.

15-G. Causa de aumento de pena: o concurso de duas ou mais pessoas, no cenário da injúria racial, cuja finalidade é segregar e excluir alguém de determinado círculo social ou grupal, consolida-se de maneira mais intensa quando logra a aderência de vários agentes, impulsionando, ainda mais, a virulência do discurso ofensivo. Por isso, justifica-se a elevação da pena. Pode-se argumentar com o fato de ter sido imposto um aumento excessivo (metade). Além disso, seria viável indicar o fato de que o juiz teria como mensurar a circunstância a fim de impor uma pena-base, com alicerce no art. 59 do Código Penal, mais severa (se não houvesse esta causa de aumento de metade). Em contraposição, é cabível afirmar a adoção da política criminal de *tolerância zero* no cenário do racismo e, por isso, a elevação mais aguda da sanção penal, imposta em lei, em quantidade fixa. De outra parte, aponta-se a denominada *política da pena mínima*, levando magistrados a se aterem à mínima pena sem avaliação de todas as circunstâncias do crime. Isso é outro fator determinante para demandar a atuação legislativa, no sentido de obrigar uma elevação de metade da sanção, na terceira fase da individualização da pena.

> **Art. 3.º** Impedir ou obstar[16-18] o acesso de alguém, devidamente habilitado, a qualquer cargo[19] da Administração Direta ou Indireta, bem como das concessionárias de serviços públicos:[20-22]
>
> Pena – reclusão de 2 (dois) a 5 (cinco) anos.[23]
>
> **Parágrafo único.** Incorre na mesma pena quem, por motivo de discriminação de raça, cor, etnia, religião ou procedência nacional, obstar a promoção funcional.[23-A-23-E]

16. Análise do núcleo do tipo: impedir (interromper, estorvar) ou obstar (causar embaraço) são as condutas que têm por objeto o acesso (ingresso, passagem) de alguém, quando devidamente habilitado (legalmente apto), a qualquer cargo (posto ou lugar em uma estrutura) da Administração Direta (pessoas jurídicas de direito público, formadoras da estrutura estatal básica, como a União, o Estado, o Município e o Distrito Federal) ou Indireta (pessoas jurídicas de direito público, criadas por lei, para auxiliar na administração dos negócios estatais, tal como a autarquia ou a fundação), bem como das concessionárias de serviços públicos (pessoas jurídicas de direito privado, que executam, por qualquer forma de contratação, serviços peculiares ao Estado, como a distribuição e a manutenção de energia elétrica ou gás). O primeiro verbo tem o sentido de bloqueio total; o segundo, de embaraço, ou seja, de um bloqueio parcial. O tipo é misto alternativo. Praticar uma ou as duas condutas implica o cometimento de uma só infração penal, desde que no mesmo cenário com relação à mesma pessoa.

17. Sujeitos ativo e passivo: o sujeito ativo é a pessoa que detém poder suficiente para impedir ou obstar esse acesso. Exemplificando, pode ser o examinador de uma banca de concurso ou o encarregado da contratação, quando o concurso é dispensável. Contudo, não é qualquer um. O sujeito passivo é a pessoa discriminada.

18. Elemento subjetivo: é o dolo. Exige-se o elemento subjetivo específico, que é a vontade de discriminar a pessoa, numa autêntica manifestação *racista* (ver o conceito na nota 9 *supra*). Não existe a forma culposa.

19. Interpretação extensiva: além do cargo, nada impede que se inclua, atendendo-se às finalidades desta Lei, a função e o emprego público. Sobre a possibilidade de utilização dessa modalidade de interpretação, consultar as notas 9 ao art. 1.º e 5-A ao art. 92 do nosso *Código Penal comentado*.

20. Objetos material e jurídico: o objeto material é a pessoa discriminada. O objeto jurídico é a preservação da igualdade dos seres humanos perante a lei. Como menciona o art. 2 da Convenção Interamericana contra o Racismo, a Discriminação Racial e Formas Correlatas de Intolerância, "todo ser humano é igual perante a lei e tem direito à igual proteção contra o racismo, a discriminação racial e formas correlatas de intolerância, em qualquer esfera da vida pública ou privada".

21. Classificação: é crime próprio (somente pode ser praticado pelo encarregado, legalmente, de permitir ou negar o acesso ao cargo); formal (independe da ocorrência de qualquer efetivo prejuízo para a pessoa discriminada, embora seja possível que aconteça); de forma livre (pode ser cometido por qualquer meio eleito pelo agente); comissivo (os verbos indicam ações); instantâneo (a consumação ocorre em momento definido); unissubjetivo (pode ser cometido por uma só pessoa); unissubsistente (cometido num único ato) ou plurissubsistente (cometido por mais de um ato), conforme o meio eleito pelo agente. Admite tentativa na forma plurissubsistente.

22. Conflito aparente de normas: em confronto com os arts. 8.º ("Obstar o acesso de alguém a qualquer cargo público civil ou militar, por preconceito de raça, de cor, de sexo ou de estado civil. Pena – perda do cargo, depois de apurada a responsabilidade em inquérito regular, para o funcionário dirigente da repartição de que dependa a inscrição no concurso de habilitação dos candidatos") e 9.º ("Negar emprego ou trabalho a alguém em autarquia, sociedade de economia mista, empresa concessionária de serviço público ou empresa privada, por preconceito de raça, de cor, de sexo ou de estado civil. Pena – prisão simples, de 3 (três) meses a 1 (um) ano, e multa de 1 (uma) a 3 (três) vezes o maior valor de referência (MVR), no caso de empresa privada; perda do cargo para o responsável pela recusa, no caso de autarquia, sociedade de economia mista e empresa concessionária de serviço público") da Lei 7.437/85, deve prevalecer a lei mais recente (critério da sucessividade), ou seja, a Lei 7.716/89, pois ambas são especiais. Entretanto, utiliza-se a Lei 7.437/85, especificamente, no tocante a preconceito resultante de sexo ou estado civil. Logicamente, apenas é cabível cuidar do conflito aparente de normas para quem entender constitucional a referida Lei 7.437/85 (*vide* a nota 4 *supra*).

23. Benefícios penais: não se aplica a Lei 9.099/95 (transação ou suspensão condicional do processo). Eventualmente, em caso de condenação, fixada a pena no mínimo legal, o juiz pode conceder a suspensão condicional da pena (*sursis*). Quando a pena não ultrapassar quatro anos, poderá haver a incidência do *sursis* específico para maiores de 70 anos ou pessoas gravemente enfermas (art. 77, § 2.º, CP), bem como a substituição por pena restritiva de direitos (arts. 43 e 44, CP). Se nada disso for possível, não ultrapassando quatro anos, caberá regime aberto. Em outras palavras, pena *efetiva* de prisão somente ocorreria em situações muito raras.

23-A. Análise do núcleo do tipo: *obstar* significa causar qualquer embaraço ou oposição, tendo por objeto a *promoção funcional* (elevação a um cargo ou posto de categoria superior na estrutura de trabalho). Enquanto a figura do *caput* tem por finalidade punir o agente que colocar obstáculo ao acesso de alguém a qualquer cargo da Administração Direta ou Indireta e concessionárias de serviços públicos, o parágrafo único cria o tipo adequado para atingir aquele que embaraça a ascensão na carreira. A primeira parte do referido parágrafo único é desnecessária, pois todas as figuras típicas, previstas nesta Lei, tem como padrão, previsto no art. 1.º, a discriminação de raça, cor, etnia, religião ou procedência nacional.

23-B. Sujeitos ativo e passivo: o sujeito ativo é qualificado, somente constituído pela pessoa que detém o poder de promover o funcionário à categoria superior na relação de trabalho. Naturalmente, aquele que induzir, instigar ou auxiliar o agente direto a obstar a promoção pode responder como partícipe. O sujeito passivo é a pessoa discriminada, que não foi promovida.

23-C. Elemento subjetivo: é o dolo. Demanda-se o elemento subjetivo específico, consistente na vontade de discriminar a vítima, em autêntica manifestação racista (ver o conceito na nota 9 *supra*). Não existe a forma culposa.

23-D. Objetos material e jurídico: o objeto material é a pessoa discriminada. O objeto jurídico é a preservação da igualdade dos seres humanos perante a lei.

23-E. Classificação: é crime próprio (somente pode ser praticado pelo encarregado, legalmente, de possibilitar a promoção); formal (independe da ocorrência de qualquer efetivo prejuízo para a pessoa discriminada, embora seja possível que aconteça); de forma livre (pode ser cometido por qualquer meio eleito pelo agente); comissivo (o verbo indica ação); instantâneo (a consumação ocorre em momento definido); unissubjetivo (pode ser cometido por uma só pessoa); unissubsistente (cometido num único ato) ou plurissubsistente (cometido por mais de um ato), conforme o meio eleito pelo agente. Admite tentativa na forma plurissubsistente.

Art. 4.º Negar ou obstar[24-27] emprego[28] em empresa privada:[29-31]

Pena – reclusão de 2 (dois) a 5 (cinco) anos.[32]

§ 1.º Incorre na mesma pena quem, por motivo de discriminação de raça ou de cor ou práticas resultantes do preconceito de descendência ou origem nacional ou étnica:[32-A]

I – deixar de conceder os equipamentos necessários ao empregado em igualdade de condições com os demais trabalhadores;[32-B-32-F]

II – impedir a ascensão funcional do empregado ou obstar outra forma de benefício profissional;[32-G-32-K]

III – proporcionar ao empregado tratamento diferenciado no ambiente de trabalho, especialmente quanto ao salário.[32-L-32-P]

> § 2.º Ficará sujeito às penas de multa e de prestação de serviços à comunidade, incluindo atividades de promoção da igualdade racial, quem, em anúncios ou qualquer outra forma de recrutamento de trabalhadores, exigir aspectos de aparência próprios de raça ou etnia para emprego cujas atividades não justifiquem essas exigências.[32-Q-32-X]
> Pena – reclusão, de 2 (dois) a 5 (cinco) anos.

24. Análise do núcleo do tipo: *negar* (recusar) ou *obstar* (dificultar ou causar embaraço) emprego (colocação ou lugar em empresa, exercendo-se um trabalho, com o fim de receber salário ou outra forma de remuneração) em empresa privada (empreendimento econômico, fora do contexto público). Na realidade, se a discriminação tiver por fim evitar que alguém ocupe posto em entidade, órgão ou empresa pública, aplicar-se-á o disposto no art. 3.º. Se o posto disser respeito à empresa particular, subsumir-se-á no art. 4.º. O tipo é misto alternativo. Praticar uma ou as duas condutas implica o cometimento de uma só infração penal, desde que no mesmo cenário com relação à mesma pessoa.

25. Sujeitos ativo e passivo: o sujeito ativo é o proprietário da empresa ou a pessoa responsável pela contratação de pessoal. O sujeito passivo é a pessoa discriminada.

26. Nota particular quanto ao sujeito ativo: o proprietário, presidente, diretor, gerente ou outra pessoa com função de mando em uma empresa ou qualquer outro tipo de estabelecimento pode ser responsabilizado criminalmente ou não pela discriminação cometida. A responsabilidade penal é pessoal e individualizada, não valendo, portanto, inserir, automaticamente, como coautor ou partícipe do delito deste artigo, ou de qualquer outro previsto nesta Lei, o dono de um estabelecimento comercial, quando a atitude discriminatória partiu de empregado, sem o seu conhecimento. Não pode, por exemplo, o dono da empresa privada, que não está selecionando novos funcionários, responder pelos atos do gerente de pessoal, por exemplo, quando este entender por bem negar emprego a uma pessoa, em virtude de sua condição pessoal (raça, cor, religião etc.). Por outro lado, é natural que o proprietário possa ser o autor direto da ordem de discriminação, quando, então, responderá pelo delito. Seu funcionário, ao cumprir a referida ordem, pode escusar-se pela obediência hierárquica (empresa pública) ou pela inexigibilidade de conduta diversa (em qualquer outra situação). Entretanto, se ambos – patrão e empregado – concordam com a discriminação praticada, são, obviamente, concorrentes do crime (art. 29, CP). Assim, quem, diretamente, obsta o acesso ao emprego ou a qualquer outro lugar público é o executor (autor); quem, como dono da empresa ou do estabelecimento, aquiesce com a conduta, pois dera ordem prévia para tanto, responde como mandante (partícipe). Aliás, dá-se o mesmo se o proprietário toma conhecimento dos atos de discriminação de seus funcionários e, podendo evitá-los, cala-se, admitindo-os como válidos. É partícipe. Na esfera civil, de modo diverso, eventual ação de indenização por danos morais pode ser movida diretamente contra a empresa ou contra o dono do estabelecimento, que é responsável, objetivamente, pelos atos ilícitos de seus prepostos.

27. Elemento subjetivo: é o dolo. Exige-se o elemento subjetivo específico, que é a vontade de discriminar a pessoa, numa autêntica manifestação *racista* (ver o conceito na nota 9 *supra*). Não existe a forma culposa.

28. Emprego: como já definimos na nota 24 anterior, é qualquer lugar em empresa privada, exercendo-se trabalho, com o fim de perceber remuneração. Logo, segundo nos parece, emprego envolve, necessariamente, trabalho, pouco importando a sua natureza, vale dizer, se é trabalho temporário ou de longa duração, na forma profissional ou em nível de estágio. Em posição contrária, sustentando que a não utilização do termo *trabalho* limitou o alcance do tipo penal, conferir em Christiano Jorge dos Santos (*Crimes de preconceito e discriminação*, p. 97).

29. Objetos material e jurídico: o objeto material é a pessoa discriminada. O objeto jurídico é a preservação da igualdade dos seres humanos perante a lei. Como menciona o art. 2 da Convenção Interamericana contra o Racismo, a Discriminação Racial e Formas Correlatas de Intolerância, "todo ser humano é igual perante a lei e tem direito à igual proteção contra o racismo, a discriminação racial e formas correlatas de intolerância, em qualquer esfera da vida pública ou privada".

30. Classificação: é crime próprio (somente pode ser praticado pelo encarregado pela área de contratação de pessoa da empresa privada); formal (independe da ocorrência de qualquer efetivo prejuízo para a pessoa discriminada, embora seja possível que aconteça); de forma livre (pode ser cometido por qualquer meio eleito pelo agente); comissivo (os verbos indicam ações); instantâneo (a consumação ocorre em momento definido); unissubjetivo (pode ser cometido por uma só pessoa); unissubsistente (cometido num único ato) ou plurissubsistente (cometido por mais de um ato), conforme o meio eleito pelo agente. Admite tentativa na forma plurissubsistente.

31. Conflito aparente de normas: ver a nota 22 ao art. 3.º.

32. Benefícios penais: não se aplica a Lei 9.099/95 (transação ou suspensão condicional do processo). Eventualmente, em caso de condenação, fixada a pena no mínimo legal, o juiz pode conceder a suspensão condicional da pena (*sursis*). Quando a pena não ultrapassar quatro anos, poderá haver a incidência do *sursis* específico para maiores de 70 anos ou pessoas gravemente enfermas (art. 77, § 2.º, CP), bem como a substituição por pena restritiva de direitos (arts. 43 e 44, CP). Se nada disso for possível, não ultrapassando quatro anos, caberá regime aberto. Em outras palavras, pena *efetiva* de prisão somente ocorreria em situações muito raras.

32-A. Motivação em confronto com o disposto pelo art. 1.º: a descrição formulada no *caput* do § 1.º é desnecessária, pois todas as figuras típicas, previstas nesta Lei, têm como padrão, conforme previsto no art. 1.º, a discriminação de raça, cor, etnia, religião ou procedência nacional. Entretanto, por razão inexplicável, o legislador inovou neste parágrafo, introduzindo a expressão *práticas resultantes do preconceito de descendência*, algo inexistente no art. 1.º desta Lei. Não fez o mesmo ao modificar o art. 3.º, inserindo o parágrafo único. E tal inovação não tem validade para a figura prevista no *caput* do art. 4.º. São as ilogicidades permanentes do legislador brasileiro. O preconceito de descendência liga-se à ideia preconcebida, geralmente negativa, em relação a pessoa originária de determinada família. Quer-se crer seja concentrada a preocupação legislativa no tocante aos descendentes de famílias, cuja raça, cor ou etnia possa gerar discriminação. No entanto, a fórmula é aberta, de certa maneira perigosa para os limites impostos pela taxatividade, podendo-se, até mesmo, arguir o preconceito contra a descendência rica ou nobre de alguém, por exemplo. Seria situação alheia ao desiderato da Lei 7.716/89, mas possível, em virtude da nova redação adotada pelo § 1.º do art. 4.º.

32-B. Análise do núcleo do tipo: *deixar de conceder* é conduta omissiva, que significa não entregar para uso alguma coisa. No caso, o objeto é o equipamento necessário ao desenvolvimento de determinada função (ex.: capacete, colete, bota etc.). Não se trata somente de equipamento *de segurança*, mas todo e qualquer aparato útil para o desenvolvimento de certa atividade. Deve-se, entretanto, observar que a conduta omissiva, visada pelo tipo incriminador, refere-se à discriminação – e não à proteção em si – do trabalhador. Isso porque, caso o empregador deixe de fornecer equipamento necessário a todos os seus empregados, não se configura o crime previsto nesta Lei. Logo, o que ele não pode fazer, sob pena de configuração do delito, é selecionar quem receberá e quem não obterá o equipamento, levando em consideração critérios racistas. O preceito foi criado pelo Estatuto da Igualdade Racial, cuja finalidade é a garantia dos direitos da população negra (art. 1.º, Lei 12.288/2010), mas, no contexto das novas figuras típicas da Lei 7.716/89, pode-se punir qualquer espécie de discriminação. Assim, o empregador negro que deixar de fornecer equipamento ao empregado branco, em razão de critérios de raça ou cor, cometerá o delito previsto no art. 4.º, § 1.º, I, desta Lei.

32-C. Sujeitos ativo e passivo: o sujeito ativo é qualificado, somente constituído pela pessoa encarregada do fornecimento dos equipamentos indispensáveis ao exercício da função em determinada empresa. Naturalmente, aquele que induzir, instigar ou auxiliar o agente direto a não conceder o equipamento pode responder como partícipe. O sujeito passivo é a pessoa discriminada, não contemplada pelo equipamento.

32-D. Elemento subjetivo: é o dolo. Demanda-se o elemento subjetivo específico, consistente na vontade de discriminar a vítima, em autêntica manifestação racista (ver o conceito na nota 9 *supra*). Não existe a forma culposa.

32-E. Objetos material e jurídico: o objeto material é a pessoa discriminada. O objeto jurídico é a preservação da igualdade dos seres humanos perante a lei. Como menciona o art. 2 da Convenção Interamericana contra o Racismo, a Discriminação Racial e Formas Correlatas de Intolerância, "todo ser humano é igual perante a lei e tem direito à igual proteção contra o racismo, a discriminação racial e formas correlatas de intolerância, em qualquer esfera da vida pública ou privada".

32-F. Classificação: é crime próprio (somente pode ser praticado pelo encarregado de fornecer o equipamento); formal (independe da ocorrência de qualquer efetivo prejuízo para a pessoa discriminada, embora seja possível que aconteça); de forma livre (pode ser cometido por qualquer meio eleito pelo agente); omissivo (o verbo indica o não fazer); instantâneo (a consumação ocorre em momento definido); unissubjetivo (pode ser cometido por uma só pessoa); unissubsistente (cometido num único ato). Não admite tentativa.

32-G. Análise do núcleo do tipo: *impedir* significa não permitir, interromper, colocar obstáculo, tendo por objeto a ascensão funcional (elevação a um cargo ou posto de categoria superior na estrutura de trabalho) do empregado. *Obstar* quer dizer causar embaraço ou oposição, cujo objeto é uma forma qualquer de benefício profissional (ex.: fazer hora extra, exercer função com adicional remunerado etc.). As duas formas compõem o tipo misto alternativo, ou seja, a prática de um ou de ambas as condutas, no mesmo contexto, contra a mesma vítima, implica o cometimento de crime único.

32-H. Sujeitos ativo e passivo: o sujeito ativo é qualificado, somente constituído pela pessoa que detém o poder de promover o empregado à categoria superior na relação de trabalho ou pelo encarregado de conceder qualquer forma de benefício profissional. Naturalmente, aquele que induzir, instigar ou auxiliar o agente direto a obstar a promoção pode responder como partícipe. O sujeito passivo é a pessoa discriminada, que não foi promovida ou não obteve o benefício.

32-I. Elemento subjetivo: é o dolo. Demanda-se o elemento subjetivo específico, consistente na vontade de discriminar a vítima, em autêntica manifestação racista (ver o conceito na nota 9 *supra*). Não existe a forma culposa.

32-J. Objetos material e jurídico: o objeto material é a pessoa discriminada. O objeto jurídico é a preservação da igualdade dos seres humanos perante a lei. Como menciona o art. 2 da Convenção Interamericana contra o Racismo, a Discriminação Racial e Formas Correlatas de Intolerância, "todo ser humano é igual perante a lei e tem direito à igual proteção contra o racismo, a discriminação racial e formas correlatas de intolerância, em qualquer esfera da vida pública ou privada".

32-K. Classificação: é crime próprio (somente pode ser praticado pelo encarregado, legalmente, de possibilitar a promoção ou conceder o benefício); formal (independe da ocorrência de qualquer efetivo prejuízo para a pessoa discriminada, embora seja possível que aconteça); de forma livre (pode ser cometido por qualquer meio eleito pelo agente); comissivo (os verbos indicam ações); instantâneo (a consumação ocorre em momento definido); unissubjetivo (pode ser cometido por uma só pessoa); unissubsistente (cometido num único ato) ou plurissubsistente (cometido por mais de um ato), conforme o meio eleito pelo agente. Admite tentativa na forma plurissubsistente.

32-L. Análise do núcleo do tipo: *proporcionar* quer dizer dar ou prestar algo a alguém. No caso presente, diz respeito a *tratamento diferenciado* (maneira de lidar com alguém, fazendo-o de modo específico e diverso dos demais) em relação ao empregado. O trato deve realizar-se em ambiente de trabalho, e, por óbvio, somente se leva em consideração a postura negativa do empregador no tocante ao empregado. Destaca-se, no tipo penal, o fator *salário* (remuneração pelo serviço prestado), visando-se coibir a diferenciação nos vencimentos, quando pessoas exercem a mesma atividade, mas são remuneradas em valores desiguais. O móvel para a punição deve concentrar-se em critérios racistas para a eleição de tratamento diferenciado negativo em relação a algum empregado.

32-M. Sujeitos ativo e passivo: o sujeito ativo é qualificado, somente constituído pela pessoa que detém o poder de coordenação no ambiente de trabalho. Naturalmente, aquele que induzir, instigar ou auxiliar o agente direto a prestar tratamento diferenciado pode responder como partícipe. O sujeito passivo é a pessoa discriminada, inserida em trato diverso dos demais empregados.

32-N. Elemento subjetivo: é o dolo. Demanda-se o elemento subjetivo específico, consistente na vontade de discriminar a vítima, em autêntica manifestação racista (ver o conceito na nota 9 *supra*). Não existe a forma culposa.

32-O. Objetos material e jurídico: o objeto material é a pessoa discriminada. O objeto jurídico é a preservação da igualdade dos seres humanos perante a lei. Como menciona o art. 2 da Convenção Interamericana contra o Racismo, a Discriminação Racial e Formas Correlatas de Intolerância, "todo ser humano é igual perante a lei e tem direito à igual proteção contra o racismo, a discriminação racial e formas correlatas de intolerância, em qualquer esfera da vida pública ou privada".

32-P. Classificação: é crime próprio (somente pode ser praticado pelo coordenador no ambiente de trabalho); formal (independe da ocorrência de qualquer efetivo prejuízo para a pessoa discriminada, embora seja possível que aconteça); de forma livre (pode ser cometido por qualquer meio eleito pelo agente); comissivo (o verbo indica ação); instantâneo (a consumação ocorre em momento definido) ou permanente (a consumação se protrai no tempo), a depender da forma eleita pelo agente; unissubjetivo (pode ser cometido por uma só pessoa); plurissubsistente (cometido por mais de um ato). Admite tentativa, embora de difícil configuração.

32-Q. Análise do núcleo do tipo: *exigir* significa demandar ou requerer algo com veemência, cujo objeto são os *aspectos de aparência* (fatores ligados à exteriorização do corpo humano, particularmente a face) próprios de raça ou etnia (adequados a um estereótipo vinculado a dados de cor de pele, cabelo, olhos, conformação craniana e tipo de cabelo). A meta da exigência volta-se à captação de potenciais empregados, cujas atividades não demandem nenhuma vinculação a qualquer estereótipo corporal (ex.: quem contratar um garçom não pode exigir seja ele branco, negro, oriental etc.; porém, contratando um ator, para representar uma figura histórica, pode-se demandar seja a pessoa branca, negra, oriental etc., dependendo do papel). A maneira de se fazer a exigência concentra-se em *anúncios* (mensagem ou notícia levada ao conhecimento público) ou outra forma de *recrutamento* (maneira de angariar adeptos). Em suma, a discriminação toma forma em chamamentos de candidatos a vagas em empresas, fazendo depender a contratação de fatores ligados à aparência de cada um. Desse modo, quando desnecessária essa diferenciação, nota-se a ideia racista de selecionar pessoas por estereótipos de beleza ou simpatia. O crime é de difícil comprovação, pois a simples exigência de "boa aparência", em anúncios de captação de trabalhadores, não espelha, automaticamente, critérios de natureza racista. Logo, a prova da infração somente surgirá com maior força, a partir do momento em que se der o exaurimento do crime, vale dizer, em razão da exigência, alguém é, efetivamente, preterido por conta de aspecto calcado em raça ou etnia.

32-R. Sujeitos ativo e passivo: o sujeito ativo é qualificado, somente constituído pela pessoa encarregada de recrutar trabalhadores. Naturalmente, aquele que induzir, instigar ou auxiliar o agente direto a inserir exigências racistas na captação de empregados pode responder como partícipe. O sujeito passivo é a pessoa discriminada, não contratada em face da aparência, advinda de critérios racistas.

32-S. Elemento subjetivo: é o dolo. Demanda-se o elemento subjetivo específico, consistente na vontade de discriminar a vítima, em autêntica manifestação racista (ver o conceito na nota 9 *supra*). Não existe a forma culposa.

32-T. Objetos material e jurídico: o objeto material é a pessoa discriminada. O objeto jurídico é a preservação da igualdade dos seres humanos perante a lei. Como menciona o art. 2 da Convenção Interamericana contra o Racismo, a Discriminação Racial e Formas Correlatas de Intolerância, "todo ser humano é igual perante a lei e tem direito à igual proteção contra o racismo, a discriminação racial e formas correlatas de intolerância, em qualquer esfera da vida pública ou privada".

32-U. Classificação: é crime próprio (somente pode ser praticado pelo encarregado de recrutamento de trabalhadores); formal (independe da ocorrência de qualquer efetivo prejuízo para a pessoa discriminada, embora seja possível que aconteça); de forma livre (pode ser cometido por qualquer meio eleito pelo agente); comissivo (o verbo indica ação); instantâneo (a consumação ocorre em momento definido); unissubjetivo (pode ser cometido por uma só pessoa); plurissubsistente (cometido em vários atos). Admite tentativa.

32-V. Penas específicas: considerou-se o autor da infração penal prevista no § 2.º merecedor de sanção penal mais branda, vedando-se, portanto, a privação da liberdade. Estipula-se a pena pecuniária (multa), associada à prestação de serviços à comunidade, indicando-se, inclusive, a proposta ideal: atividades de promoção da igualdade racial. Entretanto, o legislador olvidou algo simples: qual a duração da pena de prestação de serviços à comunidade? Deve-se resolver a questão, valendo-se dos elementos extraídos da Parte Geral do Código Penal. A pena de multa possui cálculo próprio, advindo do art. 49 (10 a 360 dias-multa, calculado cada dia de um trigésimo do salário mínimo até cinco vezes esse salário). A pena de prestação de serviços à comunidade é pena restritiva de direitos, cuja natureza jurídica consiste em ser pena substitutiva da privativa de liberdade (art. 44, *caput*, CP). Levando-se em consideração a pena prevista para a infração penal descrita no *caput* do art. 4.º, tem-se o montante de reclusão de dois a cinco anos. Cabe, então, ao juiz fixar a pena privativa de liberdade, valendo-se do critério trifásico descrito no art. 68 do Código Penal, para, na sequência, cumprir o disposto neste § 2.º, ou seja, atribuir somente prestação de serviços à comunidade. Ilustrando, caso seja fixada a pena de 2 anos e 8 meses de reclusão, substitui-se o montante por prestação de serviços à comunidade, preferencialmente em atividades de promoção da igualdade racial.

32-X. Sobre a configuração de *racismo reverso*: consultar a nota 9-D *supra*.

Art. 5.º

> **Art. 5.º** Recusar ou impedir[33-36] acesso a estabelecimento comercial, negando-se a servir, atender ou receber cliente ou comprador:[37-39]
> Pena – reclusão de 1 (um) a 3 (três) anos.[40]

33. Análise do núcleo do tipo: *recusar* (não aceitar, opor-se a algo) ou *impedir* (interromper, estorvar) o acesso (ingresso, passagem) a estabelecimento comercial (lugar onde se exercem atividades de comércio, como compra e venda de bens ou prestação de serviços) de cliente (pessoa que se vale dos serviços prestados, mediante remuneração) ou comprador (pessoa que adquire algo pagando certo preço). As formas da recusa (oposição) ou impedimento (interrupção) são: a) negar-se a servir (não admitir prestar o serviço); b) negar-se a atender (não admitir dar atenção a cliente ou comprador); c) negar-se a receber (não admitir a permanência no estabelecimento). O tipo é misto alternativo. Praticar uma ou as duas condutas implica o cometimento de uma só infração penal, desde que no mesmo cenário com relação à mesma pessoa.

34. Sujeitos ativo e passivo: o sujeito ativo é o comerciante ou prestador de serviços, não importando se é o proprietário, diretor, gerente ou empregado do estabelecimento. O sujeito passivo é a pessoa discriminada (cliente ou comprador em potencial). Lembremos que o crime pode configurar-se, ainda que o indivíduo discriminado não tenha o perfil de cliente ou comprador daquele tipo de estabelecimento. O que se pune é o preconceito, resultante em atitude segregacionista, pouco interessando a eventual alegação do comerciante de que somente se recusou a atender o eventual cliente ou comprador porque achou que ele não teria condições econômicas de pagar pelo serviço. Cabe-lhe atender e fornecer o valor do objeto, assim que indagado a respeito, sem haver a recusa ou o impedimento, fundado em racismo.

35. Nota particular quanto ao sujeito ativo: ver a nota 26 ao art. 4.º.

36. Elemento subjetivo: é o dolo. Exige-se o elemento subjetivo específico, que é a vontade de discriminar a pessoa, numa autêntica manifestação *racista* (ver o conceito na nota 9 *supra*). Não existe a forma culposa.

37. Objetos material e jurídico: o objeto material é a pessoa discriminada. O objeto jurídico é a preservação da igualdade dos seres humanos perante a lei. Como menciona o art. 2 da Convenção Interamericana contra o Racismo, a Discriminação Racial e Formas Correlatas de Intolerância, "todo ser humano é igual perante a lei e tem direito à igual proteção contra o racismo, a discriminação racial e formas correlatas de intolerância, em qualquer esfera da vida pública ou privada".

38. Classificação: é crime próprio (somente pode ser praticado pelo comerciante ou prestador de serviços); formal (independe da ocorrência de qualquer efetivo prejuízo para a pessoa discriminada, embora seja possível que aconteça); de forma livre (pode ser cometido por qualquer meio eleito pelo agente); comissivo (os verbos indicam ações); instantâneo (a consumação ocorre em momento definido); unissubjetivo (pode ser cometido por uma só pessoa); unissubsistente (cometido num único ato) ou plurissubsistente (cometido por mais de um ato), conforme o meio eleito pelo agente. Admite tentativa na forma plurissubsistente.

39. Conflito aparente de normas: em confronto com os arts. 4.º ["Recusar a venda de mercadoria em *lojas de qualquer gênero* ou o atendimento de clientes em restaurantes, bares, confeitarias ou locais semelhantes, abertos ao público, por preconceito de raça, de cor, de sexo ou de estado civil. Pena – Prisão simples, de 15 (quinze) dias a 3 (três) meses, e multa de 1 (uma) a 3 (três) vezes o maior valor de referência (MVR)", com grifos nossos] e 6.º ["Recusar a entrada de alguém em qualquer tipo de estabelecimento comercial ou de prestação de serviço, por preconceito de raça, de cor, de sexo ou de estado civil. Pena – prisão simples, de 15 (quinze) dias a 3 (três) meses, e multa de 1 (uma) a 3 (três) vezes o maior valor de referência (MVR)"] da Lei 7.437/85, deve prevalecer a lei mais recente (critério da sucessividade), ou seja, a Lei 7.716/89, pois ambas são especiais. Entretanto, utiliza-se a Lei 7.437/85, especificamente, no tocante a preconceito resultante de sexo ou estado civil. Logicamente, apenas é cabível cuidar do conflito aparente de normas para quem entender constitucional a referida Lei 7.437/85 (*vide* a nota 4 *supra*). Por outro lado, se houver favorecimento a cliente, consistente em manifestação de preferência, em razão de outros critérios de discriminação (ex.: poder aquisitivo maior), aplicar-se-á o disposto no art. 7.º, I, da Lei 8.137/90.

40. Benefícios penais: cabe a aplicação de suspensão condicional do processo, prevista no art. 89 da Lei 9.099/95, pois a pena mínima não ultrapassa um ano. Em caso de condenação, pode-se valer o juiz da substituição da pena privativa de liberdade por pena restritiva de direitos (arts. 43 e 44, CP), bem como pode conceder o benefício do *sursis* (art. 77, CP). Não sendo viável, é cabível o regime aberto (art. 33, § 2.º, *c*, CP).

> **Art. 6.º** Recusar, negar ou impedir[41-44] a inscrição ou ingresso de aluno em estabelecimento de ensino público ou privado de qualquer grau:[45-47]
> Pena – reclusão de 3 (três) a 5 (cinco) anos.[48]
> **Parágrafo único.** Se o crime for praticado contra menor de 18 (dezoito) anos a pena é agravada de 1/3 (um terço).[49]

41. Análise do núcleo do tipo: *recusar* (não aceitar, opor-se a algo), *negar* (embora termo equivalente a *recusar*, pode-se entender, nesse caso, como proibir) ou *impedir* (interromper, estorvar) a inscrição (apresentação por escrito do interesse em atingir algum posto, cargo, trabalho etc.; apresentação como candidato a algo) ou o ingresso (entrada) de aluno (pessoa a ser instruída) em estabelecimento de ensino (lugar onde aulas são ministradas, acerca de qualquer tema) público (mantido pelo Estado, direta ou indiretamente) ou privado (mantido por particular) de qualquer grau (nível de ensino variável). O tipo é misto alternativo, podendo-se praticar uma ou mais condutas e incidir em apenas um crime. Entretanto, as condutas são excludentes, na prática. Quem recusa está negando. Quem impede está recusando. Quem nega está impedindo, e assim por diante.

42. Sujeitos ativo e passivo: o sujeito ativo é o responsável pelo estabelecimento de ensino, podendo ser desde o dirigente até o funcionário encarregado de receber a inscrição ou proceder à admissão do aluno. O sujeito passivo é a pessoa discriminada.

43. Nota particular quanto ao sujeito ativo: ver a nota 26 ao art. 4.º.

44. Elemento subjetivo: é o dolo. Exige-se o elemento subjetivo específico, que é a vontade de discriminar a pessoa, numa autêntica manifestação *racista* (ver o conceito na nota 9 *supra*). Não existe a forma culposa.

45. Objetos material e jurídico: o objeto material é a pessoa discriminada. O objeto jurídico é a preservação da igualdade dos seres humanos perante a lei. Como menciona o art. 2 da Convenção Interamericana contra o Racismo, a Discriminação Racial e Formas Correlatas de Intolerância, "todo ser humano é igual perante a lei e tem direito à igual proteção contra o racismo, a discriminação racial e formas correlatas de intolerância, em qualquer esfera da vida pública ou privada".

46. Classificação: é crime próprio (somente pode ser praticado pelo dirigente do estabelecimento ou funcionário encarregado da inscrição ou admissão); formal (independe da ocorrência de qualquer efetivo prejuízo para a pessoa discriminada, embora seja possível que aconteça); de forma livre (pode ser cometido por qualquer meio eleito pelo agente); comissivo (os verbos indicam ações); instantâneo (a consumação ocorre em momento definido); unissubjetivo (pode ser cometido por uma só pessoa); unissubsistente (cometido num único ato) ou plurissubsistente (cometido por mais de um ato), conforme o meio eleito pelo agente. Admite tentativa na forma plurissubsistente.

47. Conflito aparente de normas: em confronto com o art. 7.º da Lei 7.437/85 ("Recusar a inscrição de aluno em estabelecimento de ensino de qualquer curso ou grau, por preconceito de raça, de cor, de sexo, ou de estado civil. Pena – prisão simples, de 3 (três) meses a 1 (um) ano, e multa de 1 (uma) a 3 (três) vezes o maior valor de referência (MVR). Parágrafo único. Se se tratar de estabelecimento oficial de ensino, a pena será a perda do cargo para o agente, desde que apurada em inquérito regular"), deve prevalecer a lei mais recente (critério da sucessividade), ou seja, a Lei 7.716/89, pois ambas são especiais. Entretanto, utiliza-se a Lei 7.437/85, especificamente, no tocante a preconceito resultante de sexo ou estado civil. Logicamente, apenas é cabível cuidar do conflito aparente de normas para quem entender constitucional a referida Lei 7.437/85 (*vide* a nota 4 *supra*).

48. Benefícios penais: não se aplica a Lei 9.099/95 (transação ou suspensão condicional do processo). Eventualmente, em caso de condenação, fixada a pena no mínimo legal, o juiz poderá conceder a suspensão condicional da pena (*sursis*) somente quando a pena não ultrapassar quatro anos e houver a incidência do *sursis* específico para maiores de 70 anos ou pessoas gravemente enfermas (art. 77, § 2.º, CP), cabendo, inclusive, a substituição por pena restritiva de direitos (arts. 43 e 44, CP), igualmente se não for ultrapassado o teto de quatro anos. Se nada disso for possível, não ultrapassando quatro anos, repita-se, caberá regime aberto. Em outras palavras, pena *efetiva* de prisão (regimes fechado ou semiaberto) somente ocorreria em situações muito raras.

49. Causa de aumento de pena: cuidando-se de menor de 18 anos, pressupõe-se que o impedimento à educação, justamente por motivo de discriminação, torna o crime, de fato, mais grave. A pessoa, em fase de amadurecimento e formação da personalidade, sofre duas vezes: fica privada de acesso a um estabelecimento de ensino e sofre a traumatizante situação de segregação.

> **Art. 7.º** Impedir o acesso ou recusar[50-53] hospedagem em hotel, pensão, estalagem ou qualquer estabelecimento similar:[54-56]
> Pena – reclusão de 3 (três) a 5 (cinco) anos.[57]

50. Análise do núcleo do tipo: *impedir* (interromper, estorvar) o acesso (ingresso, passagem) ou *recusar* (não aceitar, opor-se a algo) hospedagem (ato de receber alguém como hóspede, fornecendo alojamento, o que é típico de estabelecimentos específicos para tanto) em hotel (local onde se alugam quartos por períodos predeterminados, normalmente estabelecidos pelo mínimo de um dia), pensão (lugar similar a hotel, mas de caráter familiar, onde se alugam quartos por períodos indeterminados, como regra), estalagem (local mais simples, onde também são recebidos hóspedes, por períodos curtos, geralmente para pouso noturno). Após a descrição de locais apropriados para a hospedagem de pessoas, o tipo penal vale-se da interpretação analógica, permitindo a sua ampliação com a expressão *ou qualquer estabelecimento similar* (ex.: pode haver uma casa comum de família – e não uma pensão – que, eventualmente, aluga um quarto para quem necessite, por determinado período, mediante remuneração; pode-se, ainda, lembrar do albergue para estudantes em viagens).

51. Sujeitos ativo e passivo: o sujeito ativo é o proprietário ou responsável por hotel, pensão, estalagem ou estabelecimento similar. O sujeito passivo é a pessoa discriminada.

52. Nota particular quanto ao sujeito ativo: ver a nota 26 ao art. 4.º.

53. Elemento subjetivo: é o dolo. Exige-se o elemento subjetivo específico, que é a vontade de discriminar a pessoa, numa autêntica manifestação *racista* (ver o conceito na nota 9 *supra*). Não existe a forma culposa.

54. Objetos material e jurídico: o objeto material é a pessoa discriminada. O objeto jurídico é a preservação da igualdade dos seres humanos perante a lei. Como menciona o art. 2 da Convenção Interamericana contra o Racismo, a Discriminação Racial e Formas Correlatas de Intolerância, "todo ser humano é igual perante a lei e tem direito à igual proteção contra o racismo, a discriminação racial e formas correlatas de intolerância, em qualquer esfera da vida pública ou privada".

55. Classificação: é crime próprio (somente pode ser praticado pelo proprietário ou responsável pelo estabelecimento de hospedagem); formal (independe da ocorrência de qualquer efetivo prejuízo para a pessoa discriminada, embora seja possível que aconteça); de forma livre (pode ser cometido por qualquer meio eleito pelo agente); comissivo (os verbos indicam ações); instantâneo (a consumação ocorre em momento definido); unissubjetivo (pode ser cometido por uma só pessoa); unissubsistente (cometido num único ato) ou plurissubsistente (cometido por mais de um ato), conforme o meio eleito pelo agente. Admite tentativa na forma plurissubsistente.

56. Conflito aparente de normas: em confronto com o art. 3.º ["Recusar hospedagem em hotel, pensão, estalagem ou estabelecimento de mesma finalidade, por preconceito de raça, de cor, de sexo ou de estado civil. Pena – prisão simples, de 3 (três) meses a 1 (um) ano, e multa de 3 (três) a 10 (dez) vezes o maior valor de referência (MVR)"] da Lei 7.437/85, deve prevalecer a lei mais recente (critério da sucessividade), ou seja, a Lei 7.716/89, pois ambas são especiais. Entretanto, utiliza-se a Lei 7.437/85, especificamente, no tocante a preconceito resultante de sexo ou estado civil. Logicamente, apenas é cabível cuidar do conflito aparente de normas para quem entender constitucional a referida Lei 7.437/85 (*vide* a nota 4 *supra*).

57. Benefícios penais: ver a nota 48 ao art. 6.º.

> **Art. 8.º** Impedir o acesso ou recusar[58-61] atendimento em restaurantes, bares, confeitarias, ou locais semelhantes abertos ao público:[62-64]
> Pena – reclusão de 1 (um) a 3 (três) anos.[65]

58. Análise do núcleo do tipo: *impedir* (interromper, estorvar, colocar obstáculo) o acesso (entrada ou passagem) ou *recusar* (não aceitar; opor-se a algo) atendimento (dar atenção; prestar serviço). As condutas envolvem restaurantes (estabelecimentos comerciais onde refeições são servidas, mediante remuneração), bares (estabelecimentos comerciais onde bebidas em geral, bem como alguns alimentos, são servidas, mediante remuneração), confeitarias (estabelecimentos comerciais onde são servidos salgados, doces e alimentos de degustação, mediante remuneração). Usa-se, novamente, o legislador da interpretação analógica: *ou locais semelhantes abertos ao público* (ex.: pode ser uma cafeteria ou uma sorveteria). Na jurisprudência: TJMG: "Impedir o acesso a casa de shows em razão de raça ou cor. (...) Demonstradas a autoria e a materialidade pelo conjunto probatório e comprovado que a conduta do agente se amolda perfeitamente ao crime previsto no artigo 8.º da Lei 7.716/89, é impossível a absolvição. O fato de não terem sido proferidas injúrias raciais ou dito comentários sobre a cor da pele do ofendido é irrelevante para a configuração do delito do artigo 8.º da Lei 7.716/89, cuja conduta incriminada é a de impedir o acesso a bares ou congêneres devido à discriminação ou preconceito racial" (Ap. Criminal 10024170721872001, 1.ª Câmara Criminal, rel. Edison Feital Leite, 04.05.2021, m.v.). TJRS: "Os insultos, ainda que existentes, não fazem a essência do bem jurídico tutelado, mas é seu meio de manifestação discriminatória. A incriminação visa combater a discriminação, manifestada, na hipótese, pelas palavras do agente como meio, mas, principalmente, pela recusa de vender ao cliente, em face de sua tez, produtos de seu estabelecimento. Recurso improvido, por maioria. (...) No dia 18 de abril de 2003, aproximadamente às 12h45min, na Rua Vinte e Quatro de Maio, n.º 484, Bairro Vila Rosa, nesta Cidade, A. A. K. recusou atendimento, em razão de discriminação e preconceito de raça e cor, em seu mercado aberto ao público à vítima L. G. A., que pretendia comprar uma caixa de fósforos, dizendo-lhe que não iria vender a este 'negro, filho da puta', devendo procurar outro lugar para comprar, e chamando-lhe de 'crioulo vagabundo'. Na ocasião, o denunciado estava em seu estabelecimento comercial, quando nele ingressou a referida vítima, que manifestou desejo de comprar uma caixa de fósforos, sendo que aquele informou-lhe que não lhe venderia, em razão de ser negro, devendo procurar outro lugar para comprar, tendo proferido os impropérios supramencionados" (Apelação 70017531229, 5.ª Câmara Criminal, rel. Aramis Nassif, 13.06.2007).

59. Sujeitos ativo e passivo: o sujeito ativo é somente o proprietário ou responsável pelo atendimento em restaurantes, bares, confeitarias e locais similares. O sujeito passivo é a pessoa discriminada.

60. Nota particular quanto ao sujeito ativo: ver a nota 26 ao art. 4.º.

61. Elemento subjetivo: é o dolo. Exige-se o elemento subjetivo específico, que é a vontade de discriminar a pessoa, numa autêntica manifestação *racista* (ver o conceito na nota 9 *supra*). Não existe a forma culposa.

62. Objetos material e jurídico: o objeto material é a pessoa discriminada. O objeto jurídico é a preservação da igualdade dos seres humanos perante a lei. Como menciona o art. 2 da Convenção Interamericana contra o Racismo, a Discriminação Racial e Formas Correlatas de Intolerância, "todo ser humano é igual perante a lei e tem direito à igual proteção contra o racismo, a discriminação racial e formas correlatas de intolerância, em qualquer esfera da vida pública ou privada".

63. Classificação: é crime próprio (somente pode ser praticado pelo proprietário ou responsável por restaurante, bar, confeitaria ou lugar similar); formal (independe da ocorrência de qualquer efetivo prejuízo para a pessoa discriminada, embora seja possível que aconteça); de forma livre (pode ser cometido por qualquer meio eleito pelo agente); comissivo (os verbos indicam ações); instantâneo (a consumação ocorre em momento definido); unissubjetivo (pode ser cometido por uma só pessoa); unissubsistente (cometido num único ato) ou plurissubsistente (cometido por mais de um ato), conforme o meio eleito pelo agente. Admite tentativa na forma plurissubsistente.

64. Conflito aparente de normas: em confronto com o art. 4.º ["Recusar a venda de mercadoria em lojas de qualquer gênero ou o atendimento de clientes em *restaurantes, bares, confeitarias ou locais semelhantes*, abertos ao público, por preconceito de raça, de cor, de sexo ou de estado civil. Pena - Prisão simples, de 15 (quinze) dias a 3 (três) meses, e multa de 1 (uma) a 3 (três) vezes o maior valor de referência (MVR)", com grifos nossos] da Lei 7.437/85, deve prevalecer a lei mais recente (critério da sucessividade), ou seja, a Lei 7.716/89, pois ambas são especiais. Entretanto, utiliza-se a Lei 7.437/85, especificamente, no tocante a preconceito resultante de sexo ou estado civil. Logicamente, apenas é cabível cuidar do conflito aparente de normas para quem entender constitucional a referida Lei 7.437/85 (*vide* a nota 4 *supra*).

65. Benefícios penais: ver a nota 40 ao art. 5.º.

> **Art. 9.º** Impedir o acesso ou recusar[66-69] atendimento em estabelecimentos esportivos, casas de diversões, ou clubes sociais abertos ao público:[70-72]
> Pena – reclusão de 1 (um) a 3 (três) anos.[73]

66. Análise do núcleo do tipo: *impedir* (interromper, estorvar, colocar obstáculo) o acesso (entrada ou passagem) ou *recusar* (não aceitar; opor-se a algo) atendimento (dar atenção; prestar serviço) são as condutas que se voltam a estabelecimentos esportivos (lugares onde são praticados esportes em geral), casas de diversão (locais destinados a lazer diurno ou noturno, de variadas formas, como a exibição de espetáculos ou de películas cinematográficas) ou clubes sociais (lugares de convivência para variadas atividades em comum ou isoladas). Impõe-se a condição de que tais lugares sejam *abertos ao público* (de livre acesso de qualquer pessoa, conforme regras preestabelecidas, por exemplo, pagando o ingresso). Não se encaixa no perfil deste artigo o lugar *privativo*, como clubes sociais, cuja frequência somente pode ser feita por sócios previamente selecionados (ex.: somente ingressa quem for indicado por outro sócio). Devemos ressaltar, no entanto, que a referida seleção pode ter em conta múltiplos critérios, mas jamais fundados em razões racistas. Se assim for, aplicar-se-á o disposto no art. 9.º desta Lei. Nesse sentido: STJ: "A recusa de admissão no quadro associativo de clube social, em razão de preconceito de raça ou de cor, caracteriza o tipo inserto no art. 9.º da Lei 7.716/89, enquanto modo da conduta impedir, que lhe integra o núcleo. A faculdade, estatutariamente atribuída à diretoria, de recusar propostas de admissão em clubes sociais, sem declinação dos motivos, não lhe atribui a natureza especial de fechado, de maneira a subtraí-lo da incidência da lei" (RHC 12.809 – MG, 6.ª T., rel. Hamilton Carvalhido, j. 22.03.2005, v.u.); TJRJ: "Restando demonstrado que a intenção da acusada foi efetivamente impedir o acesso das vítimas à casa noturna, por preconceito em razão da cor, impõe-se a condenação da mesma como incursa no tipo do art. 9.º da Lei 7.716/89, não havendo que se falar em absolvição ou desclassificação para o tipo previsto no artigo 140 do CP. O sujeito ativo do crime em tela pode ser qualquer pessoa que, direta ou indiretamente, impeça o acesso de qualquer pessoa, sem motivo justo, em casas de diversão abertas ao público, com motivação relacionada a preconceito ou discriminação, não se tratando de crime de mão própria, ao contrário do que alega a defesa" (Ap. 0454535-20.2011.8.19.0001, 4.ª Câmara Criminal, rel. Antonio Eduardo Ferreira Duarte, j. 16.12.2013).

67. Sujeitos ativo e passivo: o sujeito ativo é o proprietário ou preposto seu, desde que seja a pessoa responsável pelo controle do ingresso e atendimento em estabelecimentos esportivos, casas de diversão e clubes sociais. O sujeito passivo é a pessoa prejudicada.

68. Nota particular quanto ao sujeito ativo: ver a nota 26 ao art. 4.º.

69. Elemento subjetivo: é o dolo. Exige-se o elemento subjetivo específico, que é a vontade de discriminar a pessoa, numa autêntica manifestação *racista* (ver o conceito na nota 9 *supra*). Não existe a forma culposa.

70. Objetos material e jurídico: o objeto material é a pessoa discriminada. O objeto jurídico é a preservação da igualdade dos seres humanos perante a lei. Como menciona o art. 2 da Convenção Interamericana contra o Racismo, a Discriminação Racial e Formas Correlatas de Intolerância, "todo ser humano é igual perante a lei e tem direito à igual proteção contra o racismo, a discriminação racial e formas correlatas de intolerância, em qualquer esfera da vida pública ou privada".

71. Classificação: é crime próprio (somente pode ser praticado pelo proprietário ou responsável por estabelecimento esportivo, casa de diversão ou clube social); formal (independe da ocorrência de qualquer efetivo prejuízo para a pessoa discriminada, embora seja possível que aconteça); de forma livre (pode ser cometido por qualquer meio eleito pelo agente); comissivo (os verbos indicam ações); instantâneo (a consumação ocorre em momento definido); unissubjetivo (pode ser cometido por uma só pessoa); unissubsistente (cometido num único ato) ou plurissubsistente (cometido por mais de um ato), conforme o meio eleito pelo agente. Admite tentativa na forma plurissubsistente.

72. Conflito aparente de normas: em confronto com o art. 5.º ["Recusar a entrada de alguém em estabelecimento público, de diversões ou de esporte, por preconceito de raça, de cor, de sexo ou de estado civil. Pena – prisão simples, de 15 (quinze) dias a 3 (três) meses, e multa de 1 (uma) a 3 (três) vezes o maior valor de referência (MVR)"] da Lei 7.437/85, deve prevalecer a lei mais recente (critério da sucessividade), ou seja, a Lei 7.716/89, pois ambas são especiais. Entretanto, utiliza-se a Lei 7.437/85, especificamente, no tocante a preconceito resultante de sexo ou estado civil. Logicamente, somente é cabível cuidar do conflito aparente de normas para quem entender constitucional a referida Lei 7.437/1985 (*vide* a nota 4 *supra*).

73. Benefícios penais: ver a nota 40 ao art. 5.º.

> **Art. 10.** Impedir o acesso ou recusar[74-77] atendimento em salões de cabeleireiros, barbearias, termas ou casas de massagem ou estabelecimentos com as mesmas finalidades:[78-79]
> Pena – reclusão de 1 (um) a 3 (três) anos.[80]

74. Análise do núcleo do tipo: *impedir* (interromper, estorvar, colocar obstáculo) o acesso (entrada ou passagem) ou *recusar* (não aceitar; opor-se a algo) atendimento (dar atenção; prestar serviço) são as condutas que têm por objeto os seguintes estabelecimentos: salões de cabeleireiros (local onde, profissionalmente, se cuida do trato e corte de cabelos), barbearias (lugar onde se cuida, profissionalmente, do trato de cabelos masculinos, bem como barba e bigode; na realidade, atualmente, padronizou-se a nomenclatura, deixando de existir a tradicional *barbearia*, para dar lugar ao *cabeleireiro*, para homens e mulheres), termas (lugares públicos para banhos, hoje, as saunas) ou casas de massagem (locais onde se faz massoterapia; evidentemente, pode haver a conotação pejorativa, considerando-se o lugar onde há o exercício da prostituição, o que não deve ser levado em conta, obviamente, para a aplicação do disposto nesta Lei). Após, vale-se o legislador da fórmula genérica de interpretação analógica: *ou estabelecimentos com as mesmas finalidades* (ex.: spas, que são locais apropriados para unir serviços de hotelaria com amplas possibilidades de tratamentos de beleza e cuidados com o corpo).

75. Sujeitos ativo e passivo: o sujeito ativo é o proprietário ou encarregado da recepção e do atendimento em cabeleireiros, barbearias, termas, casas de massagens e outros lugares semelhantes. O sujeito passivo é a pessoa discriminada.

76. Nota particular quanto ao sujeito ativo: ver a nota 26 ao art. 4.º.

77. Elemento subjetivo: é o dolo. Exige-se o elemento subjetivo específico, que é a vontade de discriminar a pessoa, numa autêntica manifestação *racista* (ver o conceito na nota 9 *supra*). Não existe a forma culposa.

78. Objetos material e jurídico: o objeto material é a pessoa discriminada. O objeto jurídico é a preservação da igualdade dos seres humanos perante a lei. Como menciona o art. 2 da Convenção Interamericana contra o Racismo, a Discriminação Racial e Formas Correlatas de Intolerância, "todo ser humano é igual perante a lei e tem direito à igual proteção contra o racismo, a discriminação racial e formas correlatas de intolerância, em qualquer esfera da vida pública ou privada".

79. Classificação: é crime próprio (somente pode ser praticado pelo proprietário ou responsável por salão de cabeleireiro, barbearia, terma, casa de massagem e similar); formal (independe da ocorrência de qualquer efetivo prejuízo para a pessoa discriminada, embora seja possível que aconteça); de forma livre (pode ser cometido por qualquer meio eleito pelo agente); comissivo (os verbos indicam ações); instantâneo (a consumação ocorre em momento definido); unissubjetivo (pode ser cometido por uma só pessoa); unissubsistente (cometido num único ato) ou plurissubsistente (cometido por mais de um ato), conforme o meio eleito pelo agente. Admite tentativa na forma plurissubsistente.

80. Benefícios penais: ver a nota 40 ao art. 5.º.

> **Art. 11.** Impedir[81-84] o acesso às entradas sociais em edifícios públicos ou residenciais e elevadores ou escada de acesso aos mesmos:[85-86]
> Pena – reclusão de 1 (um) a 3 (três) anos.[87]

81. Análise do núcleo do tipo: *impedir* (interromper, estorvar, colocar obstáculo) o acesso (entrada ou passagem) às entradas sociais (via de entrada nobre, onde se veda a passagem de entregadores e serviçais) em edifícios públicos (prédios destinados a entidades estatais) ou residenciais (prédios destinados à morada) e elevadores ou escada de acesso a eles. A mera exigência de ingresso em prédios em geral pela porta de serviço, em relação às pessoas que estão promovendo entregas e realizando obras ou trabalhos específicos a moradores e demais ocupantes do edifício, não configura o crime. É fundamental que haja o intuito de discriminação racial. No mesmo prisma, Célia Maria Ramos Tejo, *Dos crimes de preconceito de raça ou de cor*, p. 70. Na jurisprudência: STJ: "Não se extrai dos autos que o acontecimento narrado tenha ganhado os contornos ofensivos que lhe emprestaram as autoras. De acordo com as próprias autoras, Geane, na condição de funcionária de apartamento residencial, teria sido alertada pelo zelador de que a passagem de serviço não mais poderia se realizar pelo *hall* social, conforme decidido em Assembleia, por medida de segurança. Constrangida e inconformada, teria se recusado a obedecer a recomendação, causando tumulto que chamou a atenção da ré, que registrou os acontecimentos no livro de registros. Chamados os proprietários do imóvel onde as autoras trabalham, acenaram com a ilegalidade da medida, exigindo que as funcionárias pudessem circular livremente pelo hall social do edifício. Não se verifica em momento algum que a requerida tenha agido embutida de sentimento de repulsa social. O que a requerida fez constar do livro de ocorrências do Condomínio fls. 20 e ss. a funcionária Geane, às 9h do dia 8.9.04 teria 'desacatado' o zelador, Sr. Cícero, enquanto este a orientava que o *hall* social não é passagem de funcionários – o que não se contradiz comparada à versão apresentada pelas autoras, inclusive de que Geane teria se exaltado, no momento da abordagem. Em circular (fl. 184) restou amplamente justificada, senão a medida tomada pelos moradores, a abordagem feita pelo zelador, a fim de orientar moradores e funcionários sobre os procedimentos de acesso: 'Está começando uma construção de um prédio atrás do nosso edifício e assim a área, diante da exposição das portas de entrada para o elevador de serviço vai ficar exposta, e assim também estas portas vão ser controladas pelos seguranças, através de dispositivos de controles, colocados tanto nestas portas como na sala dos seguranças. Todas estas orientações foram dadas ao zelador, no dia 08/06/04 às 08:00 horas da manhã, para já iniciarmos o treinamento de todos os funcionários'. É possível considerar que a abordagem do zelador possa ter desagradado a autora Geane, todavia, tal incômodo é incapaz de gerar o profundo sofrimento pelo qual alega ter passado. O incidente sequer ganhado (sic) grandes proporções, nos termos narrados na própria inicial" (AgRg REsp 457.238, 4.ª T., rel. Maria Isabel Gallotti, j. 25.02.2014).

82. Sujeitos ativo e passivo: o sujeito ativo é a pessoa que tem o encargo de disciplinar a entrada em prédios públicos ou privados (ex.: o síndico, no edifício residencial; o encarregado da segurança, em prédio público). O sujeito passivo é a pessoa discriminada.

83. Nota particular quanto ao sujeito ativo: ver a nota 26 ao art. 4.º.

84. Elemento subjetivo: é o dolo. Exige-se o elemento subjetivo específico, que é a vontade de discriminar a pessoa, numa autêntica manifestação *racista* (ver o conceito na nota 9 *supra*). Não existe a forma culposa.

85. Objetos material e jurídico: o objeto material é a pessoa discriminada. O objeto jurídico é a preservação da igualdade dos seres humanos perante a lei. Como menciona o art. 2 da Convenção Interamericana contra o Racismo, a Discriminação Racial e Formas Correlatas de Intolerância, "todo ser humano é igual perante a lei e tem direito à igual proteção contra o racismo, a discriminação racial e formas correlatas de intolerância, em qualquer esfera da vida pública ou privada".

86. Classificação: é crime próprio (somente pode ser praticado pelo responsável pela disciplina do ingresso nos prédios); formal (independe da ocorrência de qualquer efetivo prejuízo para a pessoa discriminada, embora seja possível que aconteça); de forma livre (pode ser cometido por qualquer meio eleito pelo agente); comissivo (o verbo indica ação); instantâneo (a consumação ocorre em momento definido); unissubjetivo (pode ser cometido por uma só pessoa); unissubsistente (cometido num único ato) ou plurissubsistente (cometido por mais de um ato), conforme o meio eleito pelo agente. Admite tentativa na forma plurissubsistente.

87. Benefícios penais: ver a nota 40 ao art. 5.º.

> **Art. 12.** Impedir[88-91] o acesso ou uso de transportes públicos, como aviões, navios, barcas, barcos, ônibus, trens, metrô ou qualquer outro meio de transporte concedido:[92-93]
>
> Pena – reclusão de 1 (um) a 3 (três) anos.[94]

88. Análise do núcleo do tipo: *impedir* (interromper, estorvar, colocar obstáculo) o acesso (entrada ou passagem) ou uso (utilidade, aplicação) de transportes públicos (veículos destinados ao povo). O tipo penal, após citar o gênero, enumera os variados tipos de transportes: aviões, navios, barcas e barcos (a diferença consiste em ser a primeira uma embarcação de maior capacidade de transporte de pessoas e cargas), ônibus, trens e metrô. Insiste-se, novamente, na interpretação analógica, inserindo a expressão: *ou qualquer outro meio de transporte concedido* (ex.: táxi). Nesse caso, há uma dupla menção genérica, ao referir-se o tipo aos *transportes públicos* e, depois, novamente, a *outro meio de transporte concedido*.

89. Sujeitos ativo e passivo: o sujeito ativo é a pessoa encarregada de controlar o acesso aos transportes públicos (ex.: um funcionário do balcão do *check-in* de uma companhia aérea ou o cobrador do ônibus). Pode ser, logicamente, o dirigente da empresa de transporte, que dê ordem no sentido de se controlar o acesso. O sujeito passivo é a pessoa discriminada.

90. Nota particular quanto ao sujeito ativo: ver a nota 26 ao art. 4.º.

91. Elemento subjetivo: é o dolo. Exige-se o elemento subjetivo específico, que é a vontade de discriminar a pessoa, numa autêntica manifestação *racista* (ver o conceito na nota 9 *supra*). Não existe a forma culposa.

92. Objetos material e jurídico: o objeto material é a pessoa discriminada. O objeto jurídico é a preservação da igualdade dos seres humanos perante a lei. Como menciona o art. 2

da Convenção Interamericana contra o Racismo, a Discriminação Racial e Formas Correlatas de Intolerância, "todo ser humano é igual perante a lei e tem direito à igual proteção contra o racismo, a discriminação racial e formas correlatas de intolerância, em qualquer esfera da vida pública ou privada".

93. Classificação: é crime próprio (somente pode ser praticado pelo responsável pelo acesso a qualquer transporte público); formal (independe da ocorrência de qualquer efetivo prejuízo para a pessoa discriminada, embora seja possível que aconteça); de forma livre (pode ser cometido por qualquer meio eleito pelo agente); comissivo (o verbo indica ação); instantâneo (a consumação ocorre em momento definido); unissubjetivo (pode ser cometido por uma só pessoa); unissubsistente (cometido num único ato) ou plurissubsistente (cometido por mais de um ato), conforme o meio eleito pelo agente. Admite tentativa na forma plurissubsistente.

94. Benefícios penais: ver a nota 40 ao art. 5.º.

> **Art. 13.** Impedir ou obstar[95-97] o acesso de alguém ao serviço em qualquer ramo das Forças Armadas:[98-99]
> Pena – reclusão de 2 (dois) a 4 (quatro) anos.[100]

95. Análise do núcleo do tipo: *impedir* (interromper, estorvar, colocar obstáculo) ou *obstar* (causar embaraço) o acesso (entrada ou passagem) de alguém ao serviço (qualquer atividade remunerada ou não) em qualquer ramo das Forças Armadas (Exército, Marinha e Aeronáutica, consideradas instituições nacionais permanentes e regulares, conforme o art. 142, CF). Ao conceito de *Forças Armadas*, acrescenta Leon Szklarowsky as polícias militares e os corpos de bombeiros, como forças auxiliares e reserva do Exército (*Crimes de racismo...*, p. 473).

96. Sujeitos ativo e passivo: o sujeito ativo é a pessoa que tem a incumbência de admitir o ingresso de alguém ao serviço militar. Pode ser tanto um funcionário subalterno, encarregado da seleção, como um alto dirigente do Exército, da Marinha ou da Aeronáutica, que tenha dado a ordem. Ou ambos, se estiverem de acordo com a proposta de discriminação. O sujeito passivo é a pessoa discriminada.

97. Elemento subjetivo: é o dolo. Exige-se o elemento subjetivo específico, que é a vontade de discriminar a pessoa, numa autêntica manifestação *racista* (ver o conceito na nota 9 *supra*). Não existe a forma culposa.

98. Objetos material e jurídico: o objeto material é a pessoa discriminada. O objeto jurídico é a preservação da igualdade dos seres humanos perante a lei. Como menciona o art. 2 da Convenção Interamericana contra o Racismo, a Discriminação Racial e Formas Correlatas de Intolerância, "todo ser humano é igual perante a lei e tem direito à igual proteção contra o racismo, a discriminação racial e formas correlatas de intolerância, em qualquer esfera da vida pública ou privada".

99. Classificação: é crime próprio (somente pode ser praticado pelo responsável pelo acesso a qualquer serviço nas Forças Armadas); formal (independe da ocorrência de qualquer efetivo prejuízo para a pessoa discriminada, embora seja possível que aconteça); de forma livre (pode ser cometido por qualquer meio eleito pelo agente); comissivo (os verbos indicam ações); instantâneo (a consumação ocorre em momento definido); unissubjetivo (pode ser cometido por uma só pessoa); unissubsistente (cometido num único ato) ou plurissubsistente (cometido por mais de um ato), conforme o meio eleito pelo agente. Admite tentativa na forma plurissubsistente.

100. Benefícios penais: não se aplica a Lei 9.099/95 (transação ou suspensão condicional do processo). Eventualmente, em caso de condenação, fixada a pena no mínimo legal, o juiz pode conceder a suspensão condicional da pena (*sursis*). Se a pena for superior a dois anos, poderá haver a incidência do *sursis* específico para maiores de 70 anos ou pessoas gravemente enfermas (art. 77, § 2.º, CP), bem como a substituição por pena restritiva de direitos (arts. 43 e 44, CP). Se nada disso for possível, caberá regime aberto. Em outras palavras, pena *efetiva* de prisão (regimes fechado ou semiaberto) somente ocorreria em situações muito raras.

> **Art. 14.** Impedir ou obstar,[101-103] por qualquer meio ou forma, o casamento ou convivência familiar e social:[104-105]
> Pena – reclusão de 2 (dois) a 4 (quatro) anos.[106]

101. Análise do núcleo do tipo: *impedir* (interromper, estorvar, colocar obstáculo) ou *obstar* (causar embaraço) o casamento (união solene entre pessoas de sexos diferentes, celebrada de acordo com os preceitos da lei civil), a convivência familiar (união estável entre pessoas de sexos diferentes, sem a celebração oficial, embora com a formação de núcleo familiar) ou a convivência social (manter uma vivência em comum ou íntima entre quaisquer pessoas). O tipo penal estabelece que o impedimento ou o obstáculo pode dar-se de *qualquer forma* ou por *qualquer meio*, o que permite o cometimento por qualquer pessoa.

102. Sujeitos ativo e passivo: o sujeito ativo pode ser qualquer pessoa. O sujeito passivo é a pessoa discriminada.

103. Elemento subjetivo: é o dolo. Exige-se o elemento subjetivo específico, que é a vontade de discriminar a pessoa, numa autêntica manifestação *racista* (ver o conceito na nota 9 *supra*). Não existe a forma culposa.

104. Objetos material e jurídico: o objeto material é a pessoa discriminada. O objeto jurídico é a preservação da igualdade dos seres humanos perante a lei. Como menciona o art. 2 da Convenção Interamericana contra o Racismo, a Discriminação Racial e Formas Correlatas de Intolerância, "todo ser humano é igual perante a lei e tem direito à igual proteção contra o racismo, a discriminação racial e formas correlatas de intolerância, em qualquer esfera da vida pública ou privada".

105. Classificação: é crime comum (pode ser praticado por qualquer pessoa); formal (independe da ocorrência de qualquer efetivo prejuízo para a pessoa discriminada, embora seja possível que aconteça); de forma livre (pode ser cometido por qualquer meio eleito pelo agente); comissivo (os verbos indicam ações); instantâneo (a consumação ocorre em momento definido); unissubjetivo (pode ser cometido por uma só pessoa); unissubsistente (cometido num único ato) ou plurissubsistente (cometido por mais de um ato), conforme o meio eleito pelo agente. Admite tentativa na forma plurissubsistente.

106. Benefícios penais: ver a nota 100 ao art. 13.

> **Art. 15.** *(Vetado).*[106-A]

106-A. Veto incabível: preceituava o art. 15: "Discriminar alguém por razões econômicas, sociais, políticas ou religiosas, em de trabalho, em público, ou em reuniões sociais". A fundamentação do veto foi a seguinte: "Impertinente ao projeto que trata do preconceito de cor. Além disso não define os termos utilizados como razões econômicas, sociais e políticas.

A generalidade não é aconselhável". Na realidade, o referido art. 15 era muito avançado para o pensamento reinante naquela época (1989), pois, atualmente, constata-se a discriminação de pobres (razões econômicas), pessoas LGBT+ (razões sociais), judeus (razões religiosas), enfim, uma gama considerável de indivíduos segregados de certos lugares por conta desses fatores. Note-se, inclusive, que a razão do veto foi equivocada ao se referir que esta Lei cuida do *preconceito de cor*, quando era e é muito mais abrangente.

> **Art. 16.** Constitui efeito da condenação a perda do cargo ou função pública, para o servidor público, e a suspensão do funcionamento do estabelecimento particular por prazo não superior a 3 (três) meses.[107]
>
> **Art. 17.** *(Vetado).*

107. Efeito não automático da condenação: sempre que houver condenação, com base em crime previsto nesta Lei, *deveria* o juiz impor, quando o sujeito ativo for funcionário público, a perda do cargo ou da função pública (incluímos, por uma questão lógica, já que situação intermediária entre as duas, o emprego público), bem como *deveria* impor a suspensão do funcionamento do estabelecimento particular por período de até três meses. Checar o disposto no art. 18.

> **Art. 18.** Os efeitos de que tratam os arts. 16 e 17 desta Lei não são automáticos, devendo ser motivadamente declarados na sentença.[108]
>
> **Art. 19.** *(Vetado).*

108. Motivação do efeito da condenação: quando houver condenação, por crime previsto nesta Lei, impondo o juiz a perda do cargo ou função, bem como a suspensão do funcionamento de estabelecimento particular, deverá *motivar* a decisão, o que não destoa do previsto, em geral, para todas as decisões do Poder Judiciário (art. 93, IX, CF).

> **Art. 20.** Praticar, induzir ou incitar[109-112] a discriminação ou preconceito de raça, cor, etnia, religião ou procedência nacional:[113-114]
>
> Pena – reclusão, de 1 (um) a 3 (três) anos, e multa.[115]
>
> § 1.º Fabricar, comercializar, distribuir ou veicular[116-118] símbolos, emblemas, ornamentos, distintivos ou propaganda que utilizem a cruz suástica ou gamada, para fins de divulgação do nazismo:[119-120]
>
> Pena – reclusão, de 2 (dois) a 5 (cinco) anos, e multa.[121]
>
> § 2.º Se qualquer dos crimes previstos neste artigo for cometido por intermédio dos meios de comunicação social, de publicação em redes sociais, da rede mundial de computadores ou de publicação de qualquer natureza:[122]
>
> Pena – reclusão, de 2 (dois) a 5 (cinco) anos, e multa.
>
> § 2.º-A. Se qualquer dos crimes previstos neste artigo for cometido no contexto de atividades esportivas, religiosas, artísticas ou culturais destinadas ao público:[122-A]
>
> Pena – reclusão, de 2 (dois) a 5 (cinco) anos, e proibição de frequência, por 3 (três) anos, a locais destinados a práticas esportivas, artísticas ou culturais destinadas ao público, conforme o caso.

§ 2.º-B. Sem prejuízo da pena correspondente à violência, incorre nas mesmas penas previstas no *caput* deste artigo quem obstar, impedir ou empregar violência contra quaisquer manifestações ou práticas religiosas.[122-B-122-F]

§ 3.º No caso do § 2.º deste artigo, o juiz poderá determinar, ouvido o Ministério Público ou a pedido deste, ainda antes do inquérito policial, sob pena de desobediência:[123]

I – o recolhimento imediato ou a busca e apreensão dos exemplares do material respectivo;

II – a cessação das respectivas transmissões radiofônicas, televisivas, eletrônicas ou da publicação por qualquer meio.

III – a interdição das respectivas mensagens ou páginas de informação na rede mundial de computadores.[123-A]

§ 4.º Na hipótese do § 2.º, constitui efeito da condenação, após o trânsito em julgado da decisão, a destruição do material apreendido.[124]

109. Análise do núcleo do tipo: *praticar* (realizar, executar), *induzir* (dar a ideia) ou *incitar* (instigar, estimular) a discriminação (ver a nota 6 ao art. 1.º) ou o preconceito (ver a nota 7 ao art. 1.º) de raça, cor, etnia, religião ou procedência nacional (ver a nota 8 ao art. 1.º). O Supremo Tribunal Federal, em decisão tomada em plenário, considerou a homofobia uma segregação equivalente ao crime de racismo (ver nota 9-B ao art. 1.º desta Lei). O tipo penal foi construído de maneira aberta demais. Parece-nos ofensivo ao princípio penal da taxatividade. Note-se que *praticar* discriminação ou preconceito de raça, cor, etnia, religião ou procedência nacional, na essência, representa, basicamente, todos os tipos previstos nesta Lei. Logo, a previsão feita no art. 20 (praticar discriminação ou preconceito) não quer dizer nada de concreto e pode dizer respeito a absolutamente tudo. Se for utilizado o tipo penal, de maneira residual, vale dizer, para condutas que não se enquadrarem em nenhum dos outros tipos incriminadores desta Lei, a legalidade será arranhada (não há crime sem prévia *definição* legal). Sob outro aspecto, ao mencionar os verbos *induzir* ou *incitar*, temos, na realidade, modalidades de participação moral em crimes de discriminação racial. Por isso, do modo como é colocada a descrição típica, no art. 20, lesiona-se a taxatividade no Direito Penal. Ilustrando para contraste: quem induz alguém a impedir o acesso ao serviço militar (art. 13) seria partícipe desse delito. Logo, quando se poderia punir o sujeito pelo disposto no art. 20 e quando se poderia inserir o agente como partícipe em outro delito, previsto nesta Lei? Essa dúvida, em nosso entendimento, precisa enfocar o destinatário da conduta. Quando disser respeito a uma pessoa, preferir-se-á aplicar o tipo específico; quando se voltar a uma generalidade de pessoas, optar-se-á pelo art. 20. Em verdade, a situação alcançada pelo Brasil no tocante ao denominado *racismo estrutural* torna mais propícia a utilização do disposto neste artigo do que, simplesmente, afastá-lo por ferir a legalidade e deixar o campo aberto para a atuação dos racistas. Os tribunais têm usado o art. 20, e não há notícia de nenhuma declaração de inconstitucionalidade. A inserção da injúria racial no art. 2.º-A desta Lei deve ser analisada, em confronto com o art. 20, também em relação ao sujeito passivo. Quando voltada a determinada pessoa, será injúria racial. Quando a ofensa se voltar a uma comunidade minoritária, enfocar-se-á o art. 20. Registre-se a decisão tomada pelo Superior Tribunal de Justiça indicando a prática do art. 20, em lugar de injúria racial, mas poderia ser exatamente o contrário, o que demonstra a intimidade dos tipos penais. Em junho de 1998, um comissário de bordo americano, em aeronave americana, disse a um passageiro brasileiro: "amanhã vou acordar orgulhoso, rico e sendo um poderoso americano e você vai acordar como safado, depravado, repulsivo, canalha e miserável brasileiro". Foi processado e condenado com base no referido art. 20 desta Lei, mas o que ele proferiu foram ofensas – não impediu o embarque nem o desembarque, nem mesmo restringiu a liberdade do passageiro. Contudo, as injúrias foram tão humilhantes que, por certo, caracterizam a prática racista. Disse o relator no seu voto: "não transparece ser mera ofensa à honra subjetiva da vítima (ataque verbal exclusivo contra a pessoa do ofendido) tendo em vista o contexto em que proferidas as palavras, bem como a insistência em marcar a diferença entre ofensores e ofendido, ressaltando a pretensa superioridade daqueles por serem americanos. Repare que o primeiro denunciado, com a contribuição moral do segundo denunciado, que o teria incitado, mencionou cinco adjetivos para qualificar os atributos do povo americano (v.g., jovem, bonito, orgulhoso, rico e poderoso) e, em seguida, outros cinco adjetivos para depreciar o povo brasileiro (v.g., safado, depravado, repulsivo, canalha e miserável). Esse é o perfil do racista: considerar-se superior e inferiorizar o semelhante" (RHC 19.166 – RJ, 5.ª T., rel. Felix Fischer, j. 24.10.2006, m.v.). Ainda na jurisprudência: STJ: "1. 'O discurso discriminatório criminoso somente se materializa após ultrapassadas três etapas indispensáveis. Uma de caráter cognitivo, em que atestada a desigualdade entre grupos e/ou indivíduos; outra de viés valorativo, em que se assenta suposta relação de superioridade entre eles e, por fim; uma terceira, em que o agente, a partir das fases anteriores, supõe legítima a dominação, exploração, escravização, eliminação, supressão ou redução de direitos fundamentais do diferente que compreende inferior' (Recurso Ordinário em *Habeas Corpus* n. 134.682, julgado pela Primeira Turma do Supremo Tribunal Federal, da Relatoria do Eminente Ministro Edson Fachin, publicado em 29 de agosto de 2017). 2. Como visto, a caracterização do delito de preconceito ou intolerância religiosa depende da coexistência de três requisitos: a) conhecimento da existência da desigualdade entre os grupos religiosos; b) a superioridade do grupo a que pertence o agente; c) supor como legítima a dominação, exploração, escravização, eliminação, supressão ou redução dos direitos fundamentais do praticante da outra religião que é objeto de crítica. 3. Na denúncia apresentada pelo Ministério Público do Estado do Paraná pode-se considerar a presença do primeiro requisito, todavia, não resta tipificado o crime pela ausência dos dois últimos, haja vista que a crítica feita em rede social pelo recorrente não preconiza a eliminação ou mesmo a supressão de direitos fundamentais dos praticantes das religiões de matriz africana, nem transmite o senso de superioridade. 4. O recorrente somente mostrou a sua indignação com o fato de que a Universidade Estadual de Londrina proibiu a realização de missa em sua capela, ao argumento de que o Estado seria laico, ao mesmo tempo em que na Semana da Pátria, a Direção das escolas públicas, ao invés de divulgar a contribuição dos africanos na construção da identidade cultural da nação brasileira preferiu apresentar uma peça de cunho religioso acerca do mito de Yorubá que envolve a perspectiva africana acerca da criação do mundo. 5. Recurso ordinário em habeas corpus provido para absolver o paciente da imputação que lhe foi feita na Ação Penal n. 0079928-78.2016.8.16.0014, com fundamento do art. 386, III, do Código de Processo Penal - CPP, por 'não constituir o fato infração penal'" (RHC 117.539 – PR, 5.ª T., rel. Joel Ilan Paciornik, 17.11.2020, v.u.). TJPR: "Por fim, vale ressaltar que o dolo de externar preconceito – à míngua da possibilidade de acesso à consciência do agente – é constatado a partir dos elementos externos alusivos à conduta. Afinal, a expressão da vontade do agente não deriva unicamente de sua intenção, mas do que se pode socialmente compreender e interpretar a partir da ação que ele realiza em determinado contexto: 'há uma intencionalidade externa, objetiva, uma prática social constituinte do significado'. Nesse sentido, o Réu – que admitiu o emprego de expressões indignas, mas negou intenção de humilhação ou ofensa – lançou mão de opiniões e juízos de valor intoleráveis que, ainda que assacados em um contexto de atritos anteriores, menosprezaram a fé alheia'" (Ap. Criminal 0006869552019816000131, 4.ª Câmara Criminal, rel. Domingos Thadeu Ribeiro da Fonseca, 12.12.2022, v.u.). TJDFT: "2. Incorre no crime de racismo, previsto no artigo 20 da Lei 7.716/89, quem profere palavras de cunho discriminatório contra pessoas oriundas da região Nordeste do Brasil, ainda que não tenha sido direcionada a pessoa específica. 3. Não há se falar em atipicidade da conduta ao proferir discurso de ódio, o qual não pode ser acobertado pelo direito à liberdade de expressão, com o fim de proteger a dignidade da pessoa humana" (Ap. 0724185-91.2020.8.07.0001, 3.ª T. Crim., rel. Sebastião Coelho, 28.04.2022, v.u.). Consultar, também, a nota 122 *infra*.

110. Confronto com a injúria racial (art. 2.º-A desta Lei): embora tenhamos criticado a construção do tipo penal do art. 20 desta Lei, que não teria respeitado, fielmente, o princípio da taxatividade, evidenciando quais seriam as condutas discriminatórias, é preciso considerar que esse delito situa a vítima em posição mais delicada do que ocorre com a injúria racial. Na essência, são idênticas posturas racistas; logo, crimes de racismo. Inexiste diferença entre injuriar uma pessoa, por conta da cor da sua pele, ou distribuir um panfleto, criticando pessoas que possuem essa cor de pele. Ontologicamente, quem o faz é um racista e precisa ser criminalmente punido. As inúmeras ocorrências ao longo dos anos, no Brasil e mundo afora, demonstram que o racismo é uma praga a ser enfrentada pelo direito penal; nenhum outro ramo do ordenamento jurídico terá a menor chance de efetivar esse combate à altura da gravidade que a lesão causada merece. Como mencionamos na nota anterior, se a ofensa é dirigida diretamente à vítima e fica em ambiente restrito, pode-se inferir tenha havido injúria racial. No entanto, ofender a pessoa em público, como num mercado de compras, num transporte público ou em qualquer lugar de acesso a vários indivíduos, ensejando a ampliação da discriminação de modo que atinja várias pessoas, termina por provocar a incidência do art. 20. Enfim, a diferença concentra-se nos limites da ofensa proferida. Exemplo contundente disso foi dado por tenente-coronel da PM-SP, negro, que sofreu agressão racista durante uma conferência em torno do tema em fevereiro de 2021. Ministrava uma palestra a pedido do Instituto de Relações Internacionais da USP, explicando o programa da Polícia Militar de estruturação de métodos para amenizar o racismo estrutural dentro e fora da instituição, quando alguém colocou uma animação na tela e escreveu "macaco". Uma injúria racial ou a nítida prática da discriminação do art. 20? Por certo, ambos, visto que não se desgrudam, embora a opção possa ser tipificada no art. 20, uma vez que teve um alcance muito extenso. A narrativa da vítima é emocionalmente intensa, sob o título "A dor que não quero para minhas filhas" (Revista *Veja*, 24 de fevereiro de 2021, p. 57). Como ele declarou: "só quem tem a pele preta sabe e, por isso, para quem está fora da pele, parece vitimismo. (...) Eu me recompus rápido, talvez por ser treinado e estar calejado. Mas doeu tanto para todos de nossa cor e para aqueles que estão ao nosso lado" (idem). Registre-se, exatamente, o ponto de vista declinado *supra*: a ofensa atinge aquela pessoa e todos os que têm a mesma cor e estão ao lado. Consultar também a nota 9-A *supra*. Para deixar bem claro, citamos, novamente, o caso concreto julgado pelo STJ: "I – O crime do art. 20, da Lei n.º 7.716/89, na modalidade de praticar ou incitar a discriminação ou preconceito de procedência nacional, não se confunde com o crime de injúria preconceituosa (art. 140, § 3.º, do CP). Este tutela a honra subjetiva da pessoa. Aquele, por sua vez, é um sentimento em relação a toda uma coletividade em razão de sua origem (nacionalidade). II – No caso em tela, a intenção dos réus, em princípio, não era precisamente depreciar o passageiro (a vítima), mas salientar sua humilhante condição em virtude de ser brasileiro, *i.e.*, a ideia foi exaltar a superioridade do povo americano em contraposição à posição inferior do povo brasileiro, atentando-se, dessa maneira, contra a coletividade brasileira. Assim, suas condutas, em tese, subsumem-se ao tipo legal do art. 20, da Lei n.º 7.716/86. III – A peça acusatória deve vir acompanhada com o mínimo embasamento probatório apto a demonstrar, ainda que de modo indiciário, a efetiva realização do ilícito penal por parte dos denunciados. Se não houver um lastro probatório mínimo a respaldar a denúncia, de modo a tornar esta plausível, não haverá justa causa a autorizar a instauração da *persecutio criminis* (Precedentes da Corte Especial e da Turma). *In casu* há o mínimo de elementos (*v.g.*, prova testemunhal) que indicam possível participação dos recorrentes no delito a eles imputado. *Writ* denegado. (...) Narra a denúncia que em voo de

Nova York para o Rio de Janeiro, da companhia American Airlines, o brasileiro Nelson Márcio Nirenberg desentendeu-se com os dois recorrentes, comissários de bordo. Posteriormente, em razão de novo desentendimento, o recorrente Shaw teria proferido as seguintes palavras contra a vítima, o sr. Nelson: 'Amanhã vou acordar orgulhoso, rico e sendo um poderoso americano, e você vai acordar como safado, depravado, repulsivo, canalha e miserável brasileiro' (fl. 16). Já o recorrente Mathew teria concorrido para o ato, incitando-o. Por esses fatos, foram denunciados pelo delito tipificado no art. 20, da Lei n.º 7716/89 ('*Praticar*, induzir ou *incitar a discriminação ou preconceito de* raça, cor, etnia, religião ou *procedência nacional*' – grifei), crime de ação penal pública incondicionada. Os recorrentes, por sua vez, alegam se tratar, na verdade, de crime contra a honra, mais especificamente, crime de injúria preconceituosa (art. 140, § 3.º, do CP), delito, este, de ação penal privada, uma vez que a ofensa seria dirigida especificamente ao ofendido. Por esta razão, não teria o Ministério Público legitimidade ativa para a propositura da ação penal. Não obstante, tenho que a conduta dos recorrentes, em princípio, não se limitou a uma injúria preconceituosa dirigida especificamente à vítima, então passageiro. Como bem ressaltou a Procuradoria Regional da República da 2.ª Região, 'a *análise contextualizada* das palavras ofensivas do primeiro paciente deixam claro que o *dolo manifesto* era o *de remarcar a diferença e a pretensa superioridade advindas da nacionalidade dos pacientes*. Reduzir a conduta a uma injúria qualificada é condescender com algo grave e inadmissível' (fl. 52, grifei). (...) No caso vertente, como dito alhures, a intenção dos agentes, nos limites do *writ*, não transparece ser mera ofensa à honra subjetiva da vítima (ataque verbal exclusivo contra a pessoa do ofendido), tendo em vista o contexto em que proferidas as palavras, bem como a insistência em marcar a diferença entre ofensores e ofendido, ressaltando a pretensa superioridade daqueles por serem americanos. Repare que o primeiro denunciado, com a contribuição moral do segundo denunciado, que o teria incitado, mencionou cinco adjetivos para qualificar os atributos do povo americano (*v.g.*, jovem, bonito, orgulhoso, rico e poderoso) e, em seguida, outros cinco adjetivos para depreciar o povo brasileiro (*v.g.*, safado, depravado, repulsivo, canalha e miserável). Em outras palavras, o intento manifesto, em tese, não era precisamente depreciar o passageiro, mas salientar sua humilhante condição em virtude de ser brasileiro, *i.e.*, a ideia foi exaltar a superioridade do povo americano em contraposição à posição inferior do povo brasileiro. Esta, ao que tudo indica, foi a real intenção" (RHC 19.166 – RJ, 5.ª T., rel. Felix Fischer, j. 24.10.2006).

111. Sujeitos ativo e passivo: o sujeito ativo pode ser qualquer pessoa. O sujeito passivo é a sociedade. Parecia-nos ser a pessoa discriminada, mas, nesse tipo penal, o enfoque é genérico, buscando-se punir quem prega a discriminação racial, de modo que o objeto jurídico é de interesse de todos. Secundariamente, a pessoa discriminada, quando existir.

112. Elemento subjetivo: é o dolo. Exige-se o elemento subjetivo específico, que é a vontade de discriminar pessoas, numa autêntica manifestação *racista* (ver o conceito na nota 9 *supra*). Não existe a forma culposa. Na jurisprudência: STJ: "Para a verificação da configuração ou não do crime em questão não há necessidade de incursão na matéria fático-probatória colacionada aos autos, exigindo-se tão somente examinar se a conduta denunciada enquadra-se no tipo penal em comento ou não. Súmula 7 deste STJ que não se aplica na espécie. 2. Na esteira da intenção protecionista da Constituição de 1988, o que a lei penal busca reprimir é a defesa e difusão de ideias preconceituosas e segregacionistas que afrontem a dignidade daqueles pertencentes a toda uma raça, cor, etnia, religião ou procedência nacional. 3. Para que o Direito Penal atue eficazmente na coibição às mais diversas formas de discriminação e preconceito, importante que os operadores do Direito não se deixem influenciar apenas pelo discurso politicamente correto que a questão da discriminação racial hoje envolve, tampouco pelo nem sempre legítimo clamor social por igualdade. 4. Mostra-se de suma importância que, na busca pela efetividade do direito legalmente protegido, o julgador trate do tema do preconceito racial despido de qualquer preconcepção ou de estigmas há muito arraigados em nossa sociedade, marcada por sua diversidade étnica e pluralidade social, de forma a não banalizar a violação de fundamento tão caro à humanidade e elencado por nossos constituintes como um dos pilares da República Federativa do Brasil: o da dignidade da pessoa humana (art. 1.º, III, da CF/88). 5. Para a aplicação justa e equânime do tipo penal previsto no art. 20 da Lei 7.716/89, tem-se como imprescindível a presença do dolo específico na conduta do agente, que consiste na vontade livre e consciente de praticar, induzir ou incitar o preconceito ou discriminação racial" (REsp 911.183 – SC, 5.ª T., rel. Felix Fischer, j. 04.12.2008, v.u.). TRF-4: "1. O preenchimento do tipo penal previsto no artigo 20 da Lei 7.716/89, conforme doutrina e assentada jurisprudência, exige a presença do elemento subjetivo (vulgarmente chamado de 'dolo específico') consubstanciado na intenção de promover preconceito ou discriminação contra um grupo de pessoas distinguíveis por um dos critérios listados em seu *caput* (raça, cor, etnia, religião, procedência nacional). Ausente esse requisito, a conduta é formalmente atípica. 2. O Poder Judiciário deve analisar com prudência a nova realidade dos meios de manifestações de opinião, notadamente o espargimento e a intensificação dos debates ensejados pela internet, de modo a evitar um indevido engrandecimento da intervenção do Direito Penal sobre uma ordem de fatos que cada vez mais se repetirão: acaloradas emissões de opiniões, comentários de 'mau gosto' e mesmo piadas no bojo de discussões de cunho político, econômico ou social. 3. Havendo dúvida sobre o dolo, deve ser contemplado o princípio do *in dubio pro reo* no caso, reformando-se a sentença condenatória" (Ap. 5000830-02.2015.4.04.7017, 7.ª T., rel. Cláudia Cristina Cristofani, j. 04.08.2020, v.u.); "2. O dolo exigido para a configuração do crime do art. 20, § 2.º, da Lei n.º 7.716/89 é aquele em que o agente, com vontade consciente, pratica, induz ou incita o preconceito ou discriminação racial, sabendo que seu comportamento – baseado em uma conduta discriminatória, motivada pelo próprio preconceito, com ideias de superioridade de um determinado grupo/raça sobre outro, sendo o elemento subjetivo específico – restringe, limita, exclui, dificulta, separa, cria preferências, priva alguém de direitos ou concorre perigosamente para essa privação. 3. Não ficou suficientemente comprovado o dolo dos réus em induzirem ou incitarem a discriminação ou preconceito contra a etnia indígena. Subsiste dúvida a respeito, pois não ficou elucidado se os comentários dos acusados caracterizaram discriminação contra a etnia indígena ou apenas indignação que superou o limite da razoabilidade, relativamente à ação de ocupação da área escolar local. 4. A teor do que dispõe o art. 156 do CPP, incumbe à acusação produzir prova robusta e apta a demonstrar, com certeza, a ocorrência da empreitada criminosa. 5. Dada a fragilidade dos elementos de prova quanto ao elemento subjetivo do tipo, a manutenção da absolvição dos réus, forte no que preceitua o artigo 386, III e VII, do Código de Processo Penal, é medida que se impõe" (Ap. 5004393-84.2018.4.04.7118, 7.ª T., rel. Nivaldo Brunoni, j. 10.11.2020, v.u.).

113. Objetos material e jurídico: o objeto material é a discriminação ou o preconceito fomentado, objeto das condutas delituosas. O objeto jurídico é a preservação da igualdade dos seres humanos perante a lei. Como menciona o art. 2 da Convenção Interamericana contra o Racismo, a Discriminação Racial e Formas Correlatas de Intolerância, "todo ser humano é igual perante a lei e tem direito à igual proteção contra o racismo, a discriminação racial e formas correlatas de intolerância, em qualquer esfera da vida pública ou privada".

114. Classificação: é crime comum (pode ser praticado por qualquer pessoa); formal (independe da ocorrência de qualquer efetivo prejuízo para a pessoa discriminada, embora seja possível que aconteça); de forma livre (pode ser cometido por qualquer meio eleito pelo agente); comissivo (os verbos indicam ações); instantâneo (a consumação ocorre em momento definido). Pode adquirir a forma permanente, quando se dá na forma do § 2.º (divulgação por meios de comunicação), podendo a consumação arrastar-se no tempo, caso o incitamento à discriminação seja postado na Internet e ali permanecer; unissubjetivo (pode ser cometido por uma só pessoa); unissubsistente (cometido num único ato) ou plurissubsistente (cometido por mais de um ato), conforme o meio eleito pelo agente. Admite tentativa na forma plurissubsistente.

115. Benefícios penais: ver a nota 40 ao art. 5.º.

116. Análise do núcleo do tipo: *fabricar* (construir, manufaturar), *comercializar* (negociar), *distribuir* (entregar a uns e outros) ou *veicular* (transmitir, difundir) símbolos (sinal ou elemento gráfico que representa algo), emblemas (figura simbólica de uma associação qualquer), ornamentos (elemento de embelezamento de algo), distintivos (sinal distintivo de algum posto) ou propaganda (divulgação de ideias ou princípios), que utilizem (façam uso) a cruz suástica ou gamada (símbolo do nazismo) para divulgação do nazismo (movimento de extrema direita, que pregava a supremacia da raça ariana, comandado, por vários anos, por Adolf Hitler). Nesse campo, a legislação brasileira é mais restritiva no tocante à apologia ao nazismo do que em outros países, onde se vê predominar uma absoluta liberdade de expressão nesse cenário. Parece-nos acertada a lei do Brasil, porque é intolerável que qualquer pessoa divulgue o nazismo, de forma a cultuar, de maneira indireta, mas contundente, que todo o morticínio produzido nos campos de concentração possa ser, de alguma forma, chancelado. É inequivocamente um modelo de incitamento ou indução à discriminação racial, visto terem morrido judeus, homossexuais, pessoas com deficiência, ciganos etc. Na jurisprudência: TJRJ: "Autoria e materialidade devidamente comprovadas através dos depoimentos das testemunhas e do material apreendido, entre eles um taco de *baseball* e três facas, além de material de propaganda nazista. As fotos acostadas aos autos demonstram de forma irrefutável que os apelantes encontravam-se associados para fins de incitação ao ódio, à discriminação e ao preconceito racial. Desprovimento do recurso" (Ap. 0022305-16.2013.8.19.0002 – RJ, 1.ª Câmara Criminal, rel. Antonio Jayme Boente, j. 26.01.2016, v.u.).

116-A. Negativa ao holocausto: independentemente da análise do termo *holocausto* – se é o mais indicado ou não para apontar a matança de judeus e outras pessoas em campos de concentração durante a 2.ª Guerra Mundial –, é fato que se encontra bem conhecido pela sociedade. Portanto, a *negativa* de existência do holocausto é uma conduta típica ou atípica? Parece-nos ser típica, configurando crime do art. 20, *caput*, desta Lei. Poderia até mesmo ser inserido no § 1.º, pois essa negação é um modo de discriminar os judeus e enaltecer o nazismo. Em primeiro lugar, é preciso lembrar que o caso Ellwanger (ver a nota 8 ao art. 1.º *supra*) tratou da negativa do holocausto, como uma das formas de divulgar e pregar o antissemitismo. Quem *nega* o holocausto não tem boas intenções ou pretende somente debater, cientificamente, um fato histórico. Cuida-se de atitude vinculada estreitamente ao racismo, pois praticada quase sempre por pessoas antissemitas. O foco da negativa do holocausto não é um ato ingênuo de quem pretende avaliar um simples evento histórico, visto ligar-se umbilicalmente à ideia de que os judeus seriam *mentirosos*, afirmando ter havido um verdadeiro genocídio, quando seria uma falácia. Se assim fosse, os judeus não mereceriam a consideração da sociedade, visto mentirem despudoradamente apenas para infamar o nazismo e suas conquistas. Trata-se de uma forma indireta ou reflexa de difundir a discriminação, permitindo que pessoas formem falsa ideia sobre os judeus e, com isso, passem a cultivar ódio por quem mentiu e continua mentindo nesse quadro. Por certo, há posições que defendem a tipificação expressa da negativa do holocausto para valer como delito de discriminação, previsto nesta Lei. No entanto, essas vozes se esquecem das inúmeras formas possíveis de se utilizar para a prática de determinados delitos, não havendo necessidade de descrever tudo, pormenorizadamente, em lei. Prezamos o princípio da legalidade, associado à taxatividade, mas o excesso não traz nenhum benefício e somente torna impunes os racistas, que merecem a sanção devida. Aliás, justamente por isso, o STF já considerou a injúria racial como prática racista (antes do advento do art. 2.º-A desta Lei) e incluiu, no rol das pessoas discriminadas, os homossexuais (ainda não tutelados expressamente nesta Lei). Negar o holocausto é ofensivo e tem por fim difundir, de modo reflexo, o nazismo; afinal, refutando o holocausto, esse grupo político de extrema direita não teria praticado as horrendas condutas que efetivamente empreendeu, sendo "vítimas de calúnia". Negar o holocausto é o mesmo que se dirigir a alguém dizendo que nega a sua condição de ser humano, situação passível de gerar injúria, seja comum (art. 140, CP), seja racial (art. 2.º-A desta Lei). É válido mencionar que nem mesmo os nazistas julgados em Nuremberg e em outros tribunais posteriores negaram a matança de judeus e outras pessoas; alegaram em defesa que cumpriam ordens e, por isso, cuidavam-se de *atos de Estado*. Alguns nazistas, ao justificarem tais ordens, terminaram por admitir que se tratava de uma "obediência cega" ou "obediência cadavérica" (Hannah Arendt, *Eichmann em Jerusalém: um relato sobre a banalidade do mal,* p. 152). Noutros termos, sabiam perfeitamente que estavam praticando crimes, mas a obediência hierárquica transcendeu qualquer expectativa de rejeição. Mesmo no direito brasileiro, a alegação da excludente de culpabilidade referente à obediência hierárquica demanda uma ordem não manifestamente ilegal (art. 22, CP). Se for nitidamente ilegal, não exclui o crime e, eventualmente, pode ser usada como atenuante (art. 65, III, *c*, CP). Sobre a negativa do holocausto, seria o mesmo que desacreditar todo o empenho para a punição dos nazistas, significando a sua colocação como vítimas de uma campanha caluniosa desenvolvida por várias autoridades, em especial por parte dos judeus. Isso representa a divulgação e o enaltecimento do nazismo, por via transversa. Ao abrir o discurso de acusação contra Adolf Eichmann no Tribunal de Jerusalém, na década de 1960, o promotor disse ali não estar sozinho, mas acompanhado de 6 milhões de promotores, que não podiam se levantar, apontando o dedo para o réu. O sangue dessas pessoas clamava por justiça (Hanna Arendt, ob. cit., p. 283). Imagine-se negar o holocausto e, com isso, difundir que Eichmann foi sordidamente assassinado na forca, pois nada fez de errado, e o Estado israelense é o culpado por tal *injustiça*. De nada adianta produzir uma obra inteira, comentando as atrocidades do nazismo, tidas como verdadeiras, para, ao final, concluir que a *negativa do holocausto* não passa de conduta atípica, merecedora de criminalização específica. Ora, o que se conquista ao *negar* algo extremamente relevante e sensível à própria natureza humana senão o desprezo de quem defende o contrário? Portanto, praticar, induzir ou incitar a discriminação vincula-se a diversos modos de agir, por meio de afirmações diretas, bem como por indiretas e articulações argumentativas reflexas, algumas delas intencionalmente criadas com o fito de *ludibriar* a vigilância da lei. Guardadas as devidas proporções, quando um comissário de bordo americano disse a um passageiro brasileiro que, no dia seguinte ao entrevero, iria acordar "orgulhoso, rico e sendo um poderoso americano" enquanto o outro iria acordar como "safado, depravado, repulsivo, canalha e miserável brasileiro", o STJ captou o crime do art. 20 (e não meras injúrias), pois o objetivo era depreciar o povo brasileiro. Em suma, o tipo previsto no *caput* do art. 20 é suficiente para absorver a negativa ao holocausto.

117. Sujeitos ativo e passivo: o sujeito ativo pode ser qualquer pessoa. O sujeito passivo é a sociedade. Secundariamente, quem se sente discriminado.

118. Elemento subjetivo: é o dolo. Exige-se o elemento subjetivo específico, que é a vontade de produzir alguma forma de discriminação de pessoa, em autêntica manifestação *racista* (ver o conceito na nota 9 *supra*). Não existe a forma culposa.

119. Objetos material e jurídico: o objeto material pode ser o símbolo, o emblema, o ornamento, o distintivo ou a propaganda que use a cruz suástica ou gamada. O objeto jurídico é a proteção à igualdade dos seres humanos perante a lei. Como menciona o art. 2 da Convenção Interamericana contra o Racismo, a Discriminação Racial e Formas Correlatas de Intolerância, "todo ser humano é igual perante a lei e tem direito à igual proteção contra o racismo, a discriminação racial e formas correlatas de intolerância, em qualquer esfera da vida pública ou privada".

120. Classificação: é crime comum (pode ser praticado por qualquer pessoa); mera conduta (independe da ocorrência de qualquer efetivo prejuízo para a sociedade); de forma livre (pode ser cometido por qualquer meio eleito pelo agente); comissivo (os verbos indicam ações); instantâneo (a consumação ocorre em momento definido). Eventualmente, pode adquirir o caráter permanente, quando postado na Internet e enquanto ali estiver; unissubjetivo (pode ser cometido por uma só pessoa); unissubsistente (cometido num único ato) ou plurissubsistente (cometido por mais de um ato), conforme o meio eleito pelo agente. Admite tentativa na forma plurissubsistente.

121. Benefícios penais: ver a nota 32 ao art. 4.º.

122. Qualificadora referente ao meio de divulgação: a alteração produzida pela Lei 14.532/2023 tem a finalidade de adequar o conteúdo deste parágrafo a dois aspectos: aplica-se a qualificadora (reclusão, de dois a cinco anos, e multa) não somente à figura prevista no *caput* mas também a outras incorporadas neste art. 20, como as constantes do § 1.º e do § 2.º-B; outro ponto refere-se a incluir, expressamente, a prática do delito por meio de redes sociais da Internet (ausente na redação anterior). Entretanto, algumas observações são necessárias. Em primeiro lugar, torna-se inviável aplicar a qualificadora estipulada neste parágrafo, por crime cometido pela Internet, à figura do § 1.º, que possui a mesma pena (reclusão, de dois a cinco anos, e multa). Todavia, isso não significa deva o juiz desprezar a circunstância de ter sido cometido o delito do § 1.º, pela rede mundial de computadores, por exemplo, veicular a cruz suástica do nazismo em publicações em redes sociais. Deve-se utilizar a faixa prevista pelo § 1.º, mas reservar a especial circunstância do § 2.º para ser aplicada como circunstância judicial (art. 59, CP), incidindo sobre a pena-base. Em segundo lugar, a parte final da antiga redação ("publicação de qualquer natureza") já poderia abranger as manifestações em redes sociais da Internet, embora a atual redação deixe isso bem claro. Por derradeiro, a prática de condutas racistas, quando veiculada por meios de comunicação de massa, torna-se muito mais grave, pois, além de ferir o bem jurídico tutelado, pode servir como incentivo para outras pessoas aderirem a esse nefasto comportamento, tornando-se razoável a qualificadora. A competência da Justiça Federal delineia-se quando o crime é cometido pela rede mundial de computadores, visto ultrapassar as fronteiras nacionais, além de ser o Brasil signatário de convenção internacional para reprimir a discriminação racial. Na jurisprudência: TRF-3: "Publicação em rede social. Conteúdo de antissemitismo. Dados históricos distorcidos. Comunidade neonazista. (...) 3. O dolo consiste na vontade livre e consciente de praticar quaisquer das condutas descritas no tipo penal, no caso do art. 20 da Lei 7.716/89, 'praticar, induzir ou incitar a discriminação ou preconceito de raça, cor, etnia, religião ou procedência nacional'. O dolo específico, no caso, se consubstancia na intenção de promover preconceito ou discriminação contra um grupo de pessoas distinguíveis pelos critérios de raça, cor, etnia, religião ou procedência nacional. 3.1. A alegação no sentido da falta de demonstração do dolo específico na conduta do embargante, que afirmou que suas declarações foram feitas em um contexto de crítica às políticas de cotas, não encontra respaldo no conjunto probatório. Pelo próprio ambiente em que inseridas (especificamente destinado a promover discurso de ódio contra afrodescendentes e judeus) não é razoável admitir-se que seriam apenas críticas sociais a determinada ação afirmativa, despidas de qualquer caráter discriminatório, já que a utilização da falsa associação dos judeus à imagem de escravagistas revela a intenção deliberada de gerar a sua segregação social. 4. Da simples leitura da publicação é possível identificar-se a incitação de insurgência contra grupos de pessoas, quais sejam, os judeus. Identifica-se clara referência ao citado grupo nas expressões

'Judaico-americanismo negro', 'grupos de judeus', 'cães de guarda do sionismo', entre outras, bem como a intenção do réu de inferiorização e desqualificação do povo judeu retratando-os como escravagistas tanto em séculos passados quanto atualmente, o que revela a incitação à discriminação, com acentuado conteúdo racista, reforçada pelo contexto em que se inseriu. 5. Conforme já se reconheceu na jurisprudência dos Tribunais Superiores, comete o crime de racismo, quem emprega palavras pejorativas, contra determina pessoa, com a clara intenção de menosprezar ou diferenciar determinada coletividade, agrupamento ou raça. 6. Portanto, a conduta do embargante, ao vincular mensagem preconceituosa e discriminatória, em ambiente voltado especificamente para este fim, ultrapassou os limites do direito à liberdade de expressão e evidencia a presença do elemento subjetivo do tipo, configurando o crime de racismo. A detida análise dos autos revela que a postagem se deu de forma deliberada e, ainda que travestida de crítica às ações afirmativas, reflete a intenção de propagar mensagens discriminatórias contra o povo judeu, violando princípios fundamentais de dignidade e igualdade" (ElfNu 50012297920194036124, 4.ª Seção, rel. José Marcos Lunardelli, 21.06.2024, v.u.). TJAC: "As condutas homofóbicas e transfóbicas, que envolvem aversão odiosa à orientação sexual ou à identidade de gênero, por traduzirem expressões de racismo, compreendido em sua dimensão social, ajustam-se, mediante adequação típica, aos preceitos primários de incriminação definidos na Lei n.º 7.716/89. Precedentes do STJ. *In casu*, suficientemente comprovada a autoria e materialidade delitiva do crime tipificado no art. 20, § 2.º, da Lei n.º 7.716/89, pelo fato de o apelante haver se pronunciado em rede social (Facebook), hostilizando à vítima em razão de sua orientação sexual (transgênero), razão pela qual descabe cogitar em desclassificação da conduta para a tipificada no art. 140 do Código Penal (injúria)" (Ap. Criminal 0007866-28.2018.8.01.0001, Câm. Criminal, rel. Francisco Djalma, 05.12.2023, v.u.).

122-A. Qualificadora concernente a contexto particular de acesso público: as atividades apontadas no § 2.º-A são consideradas especiais, por dois aspectos: o primeiro deles diz respeito ao conteúdo nitidamente elevado e positivo em matéria de formação moral e intelectual das pessoas, além de serem saudáveis, motivo pelo qual a prática de discriminação racial nesses cenários é muito mais perniciosa; o segundo liga-se à quantidade de pessoas habituadas a frequentar essas atividades, de modo que o crime de racismo se torna mais visível e deletério. Por conta disso, qualifica-se o crime, impondo-se pena de reclusão, de 2 a 5 anos e multa, além de proibição para frequentar esses locais específicos durante 3 anos. Excetua-se a atividade religiosa, possivelmente para não enfrentar alegação de inconstitucionalidade da medida, pois a Constituição Federal a garante, como direito individual, no art. 5.º, VI: "é inviolável a liberdade de consciência e de crença, sendo *assegurado o livre exercício* dos cultos religiosos e garantida, na forma da lei, a proteção aos locais de culto e a suas liturgias" (grifamos). Remanesce a sempre presente dúvida no tocante à forma de controle estatal das sanções pertinentes à proibição de frequentar lugares, situação que desemboca em ineficácia da medida, por ausência de instrumentos de controle. Há que se ponderar, no entanto, alguma eficiência, embora relativa, quando se tratar de um clube esportivo, onde se ingressa apenas pela exibição de uma carteira de sócio; nessa hipótese, o condenado poderá ter suprimida a sua frequência por *até* 3 anos (embora possa frequentar outro clube, desconhecido do juízo). Não nos parece seja compulsória a fixação de 3 anos *integrais*, que constitui um longo período, inclusive porque, ao final, estabelece-se a justa medida ("conforme o caso"). Pode-se interpretar esta última parte como impor ou não a proibição de frequência por 3 anos, conforme o caso; mas isso seria muito radical: aplica-se 3 anos ou nada. A individualização da pena, constitucionalmente prevista, indica a mensuração de qualquer sanção penal, evitando-se a padronização em valor único para todos os condenados. Outro ponto a destacar concerne à aplicação da pena com todas as suas circunstâncias, significando que incitar a discriminação racial em atividade esportiva, por exemplo, gera uma pena de reclusão, de 2 a 5 anos. Contudo, na atividade esportiva, pode-se distribuir propaganda nazista, tipificando a figura do § 1.º do art. 20, cuja faixa de cominação da pena é, também, de reclusão, de 2 a 5 anos (e multa). Deve-se utilizar o critério de, havendo duas ou mais qualificadoras, uma delas servir para definir a faixa de aplicação da pena, enquanto a(s) outra(s) pode(m) funcionar como agravante(s) ou circunstância(s) judicial(is) negativa(s). Em tese, poderia haver a incidência de três qualificadoras: nessa atividade esportiva, o agente distribui a cruz suástica, fazendo propaganda do nazismo, e transmite a sua conduta para redes sociais em tempo real: aplicam-se os §§ 1.º, 2.º e 2.º-A desta Lei. A pena deve ser estabelecida entre 2 e 5 anos, com multa (divulgação do nazismo, § 1.º) e proibição eventual de frequentar lugares (§ 2.º-A), usando-se as outras duas circunstâncias remanescentes (estar em atividade esportiva do § 2.º-A e divulgar pela Internet do § 2.º) no cômputo da pena-base (circunstâncias judiciais), conforme o art. 59 do Código Penal.

122-B. Racismo coativo contra exercício religioso: a preocupação legislativa quanto à preservação dos cultos e das manifestações de todos os tipos de cunho religioso, em decorrência do racismo, leva à inserção do tipo previsto neste parágrafo. *Obstar* (dificultar, atravancar), *impedir* (bloquear, inibir) e *empregar violência* (agressão física contra pessoas ou coisas) são as condutas alternativas (praticar uma ou as três, no mesmo contexto, gera um só delito), cujo objeto é a *manifestação religiosa* (ato de expressar um pensamento ou uma fé, que pode ser feito de variadas maneiras, por exemplo, em procissão, passeata ou peregrinação em torno de uma crença) ou a *prática religiosa* (culto, missa ou celebração de uma crença). Aliás, criou-se um tipo cumulativo, pois se pune também o resultado advindo da violência empregada, como lesão corporal ou dano. Encontrando-se na Lei de Discriminação Racial, por certo, o seu objetivo é englobar atitudes racistas de discriminação religiosa, o que demonstra, mais uma vez, que o fator "religião" está presente nesse cenário. Não se encontrando no quadro atribuído ao racismo, deve-se utilizar o delito previsto no Código Penal: "Ultraje a culto e impedimento ou perturbação de ato a ele relativo. Art. 208 – Escarnecer de alguém publicamente, por motivo de crença ou função religiosa; impedir ou perturbar cerimônia ou prática de culto religioso; vilipendiar publicamente ato ou objeto de culto religioso: Pena – detenção, de um mês a um ano, ou multa. Parágrafo único – Se há emprego de violência, a pena é aumentada de um terço, sem prejuízo da correspondente à violência".

122-C. Sujeitos ativo e passivo: o sujeito ativo pode ser qualquer pessoa. O sujeito passivo é a sociedade, pois o intuito é proteger a religião, em geral, de manifestações racistas. Secundariamente, a pessoa que sofre a violência ou quem tem objeto seu danificado.

122-D. Elemento subjetivo: é o dolo. Não há a forma culposa. Exige-se o elemento subjetivo do tipo específico, consistente na vontade de discriminar pessoas, como manifestação racista. Encontrando-se o tipo nesta Lei e confrontando com a forma prevista no Código Penal, torna-se fundamental demandar o intuito especial de macular culto ou crença por ranço racista.

122-E. Objetos material e jurídico: o objeto material é a manifestação ou prática religiosa. O objeto jurídico é complexo, envolvendo a preservação da igualdade entre as pessoas, mas também tutelar o direito de culto e crença.

122-F. Classificação: trata-se de crime comum (aquele que não demanda sujeito ativo qualificado ou especial); formal (não exige o efetivo prejuízo aos bens jurídicos tutelados: igualdade e liberdade de crença e culto); de forma livre (podendo ser cometido por qualquer meio eleito pelo agente); comissivo (os verbos implicam ações); instantâneo (cujo resultado se dá de maneira instantânea, não se prolongando no tempo); unissubjetivo (que pode ser praticado por um só agente); unissubsistente (um único ato integra a conduta) ou plurissubsistente (em regra, vários atos integram a conduta), conforme o caso concreto; admite tentativa na forma plurissubsistente.

123. Medidas cautelares: se ocorre a divulgação, por qualquer meio, de prática discriminatória, autoriza-se o juiz, ouvido o MP, ou a requerimento deste, antes ou durante o inquérito policial, o recolhimento do material ou a busca e apreensão desse mesmo material. A diferença entre *recolhimento* e *busca e apreensão* é o lugar onde se encontra o objeto a ser retirado de circulação. Quando se fala em *recolhimento*, quer-se dizer que o material está em lugar acessível à polícia, sem necessidade de mandado judicial para a apreensão. Por outro lado, se o material se encontra em lugar inviolável, é fundamental a expedição do mandado judicial para a apreensão. Há, ainda, a viabilidade de se determinar a imediata cessação da transmissão por rádio ou televisão de divulgação de material de conteúdo racista.

123-A. Internet: em tempos atuais, grande volume de informações é distribuído e acessado pela rede mundial de computadores, razão pela qual houve a cautela de inserir, entre as medidas cautelares viáveis, para a cessação da divulgação racista, a interdição de *sites* ou outras formas de disseminação de mensagens indevidas, tais como as realizadas em redes sociais (Facebook, Orkut, Twitter). O delito cometido por meio da rede mundial de computadores tem sido inserido na competência da Justiça Federal, pois ultrapassa, em alcance, as fronteiras nacionais. Ademais, o Brasil é signatário de convenção internacional para o combate ao racismo. Na jurisprudência: STF: "Matéria criminal. Divulgação e publicação de música com suposto conteúdo de preconceito racial por meio da rede mundial de computadores. Competência da Justiça Federal. Artigo 109, inciso V, da Constituição Federal. Transnacionalidade do delito. Ocorrência. 1. Nos crimes cometidos mediante divulgação ou publicação de dados proibidos por meio da rede mundial de computadores, o requisito da transnacionalidade do delito infere-se da própria potencialidade de abrangência de sítios virtuais de amplo acesso. 2. Embargos de declaração acolhidos, com efeitos infringentes" (RE 626510 AgR-ED, 2.ª T., rel. Dias Toffoli, j. 28.08.2018, v.u.). STJ: "1. A Justiça Federal é competente, conforme disposição do inciso V do art. 109 da Constituição da República, quando se tratar de infrações previstas em tratados ou convenções internacionais, como é caso do racismo, previsto na Convenção Internacional sobre a Eliminação de todas as Formas de Discriminação Racial, da qual o Brasil é signatário (CC 132.984/MG, Rel. Ministro Gurgel de Faria, Rel. p/ Acórdão Ministro Moura Ribeiro, Terceira Seção, julgado em 28/05/2014, *DJe* 02/02/2015). 2. Isso, não obstante, o mero fato de o delito de racismo ter sido praticado pela internet não atrai, automaticamente, a competência da Justiça Federal, sendo necessário demonstrar a internacionalidade da conduta e/ou de seus resultados, assim como a intenção de atingir coletividade. Precedente: AgRg nos EDcl no CC 120.559/DF, Rel. Ministro Jorge Mussi, Terceira Seção, julgado em 11/12/2013, *DJe* 19/12/2013. 3. Situação em que os comentários racistas e ofensivos foram dirigidos a pessoa nacional determinada. 4. Conflito conhecido, para declarar a competência do Juízo de Direito da 2.ª Vara Criminal da Comarca de Porto Velho/RO, o suscitado" (CC 145938 – RO, 3.ª S., rel. Reynaldo Soares da Fonseca, j. 27.04.2016, v.u.).

124. Efeito da condenação: o material apreendido, em virtude de divulgação pelos meios de comunicação (ex.: fitas de programas de TV) ou instrumentos de propaganda (ex.: folhetos de divulgação), deve ser destruído, por qualquer meio determinado pelo juiz.

> **Art. 20-A.** Os crimes previstos nesta Lei terão as penas aumentadas de 1/3 (um terço) até a metade, quando ocorrerem em contexto ou com intuito de descontração, diversão ou recreação.[125]

125. Causa de aumento de pena referente à zombaria: a inserção do art. 20-A pode gerar surpresa em alguns, configurar excesso para outros e despertar satisfação pelo dever cumprido para terceiros. Em primeiro lugar, vale destacar que os crimes previstos nesta Lei exigem o dolo, associado ao elemento subjetivo específico, consistente na vontade de discriminar a pessoa, em autêntica manifestação racista. Por conta disso, quando a injúria racial era prevista no art. 140, § 3.º, do Código Penal, muitas vozes se erguiam para apontar que as ofensas proferidas contra a pessoa ofendida não passavam de um contexto calcado no ânimo voltado *apenas* a macular o seu amor-próprio; logo, um típico delito contra a honra. E não paravam nesse ponto. Argumentavam que, assim sendo, o *animus jocandi* (a intenção de fazer uma simples piada) não poderia nem mesmo configurar a injúria. Em suma, ilustrando, xingar a pessoa negra de *macaco* seria uma *brincadeira*, sem maiores consequências, o que, sem dúvida, facilitou o cenário negativista de muitos racistas, refutando o próprio racismo estrutural, imanente a sociedades como a brasileira. Desde aquela época, defendíamos que a injúria racial tinha forte conotação racista, pois os insultos proferidos tinham por alvo a segregação social, explícita ou implicitamente; as tais anedotas racistas eram o instrumento hábil a humilhar a vítima, fazendo que esta se retirasse de um ambiente ou deixasse de ocupar um espaço merecido em qualquer lugar de destaque. O STF, como exposto na nota 9-A *supra*, consagrou esse entendimento, que agora migrou para esta lei, figurando no art. 2.º-A. Pode-se, com perfeição, contextualizar o propósito legislativo ao inserir essa causa de aumento, buscando ultrapassar o quadro de uma norma penal explicativa para adentrar o campo do estabelecimento da punição, merecedora de agravamento por conta da camuflagem utilizada pelo agente, sob o pretexto de estar somente se *divertindo* (momento de entretenimento, passatempo) em ambiente *descontraído* (informal, relaxado) ou *recreativo* (bem-humorado, jocoso). Esse manto protetor, formado pelo ânimo cômico ou brincalhão, deu guarida a um vasto discurso permeado de racismo escrachado, valendo-se, sempre, de quem é mais vulnerável na sociedade. Não faz muito tempo, um humorista nacionalmente conhecido declarou não sentir saudade dos tempos em que piadas eram construídas em torno de minorias discriminadas (*gays*, mulheres e pobres), podendo-se acrescentar, infelizmente, as inúmeras piadas com negros (disponível em: <https://www1.folha.uol.com.br/colunas/monicabergamo/2023/01/nao-tenho-nostalgia--do-tempo-em-que-era-aceitavel-fazer-piada-com-gay-mulher-e-pobre-diz-adnet.shtml>. Acesso em: 15.01.2023). Certo ou errado, é fato existirem várias pessoas a afirmar que a *onda do politicamente correto* exagera, *tira a graça* de muitas reuniões e torna tudo *mais enfadonho*. Por certo, divertir-se à custa de outras pessoas pode ser algo aceitável para quem faz a piada, mas não é assim absorvido por quem é o alvo da brincadeira. No difícil cenário do racismo entranhado na estrutura social, as formas de combatê-lo com um mínimo de eficácia hão de passar pela correção da terminologia utilizada para discriminar, sub-repticiamente, os mais vulneráveis, visto ser comprovado o seu efeito segregacionista. Embora possa ser um tema repetidamente abordado, nunca é demais relembrar a época em que havia o bordão de que o *brasileiro gosta de levar vantagem em tudo* ou acerca do *jeitinho brasileiro* de ser ou agir, enfocando atitudes antiéticas, imorais ou corruptas. Cremos ter evoluído em muitos pontos desse quadro desolador, preservando-se cada vez mais o discurso ético em todos os setores da sociedade, desprezando-se as condutas desonestas – crimes ou não. O embate ao racismo, entendido em seu contexto mais amplo de segregacionismo, necessita ser enfrentado por todos os meios cabíveis, inclusive pelo emprego da lei penal como *ultima ratio* (última opção legislativa), pois outros mecanismos não apresentaram eficiência ao longo dos anos. Em suma, o art. 20-A poderia ter sido constituído como uma norma penal explicativa, mencionando apenas que a configuração dos crimes previstos nesta Lei não será afetada quando ocorrerem em contexto ou com o propósito de descontração, diversão ou recreação, expurgando-se do racismo o *animus jocandi*. O Legislativo foi mais ousado e deixou claro que a jocosidade não apenas elimina o delito como também o agrava, de forma obrigatória e com um *quantum* previamente estabelecido, devendo o juiz, na terceira fase de aplicação da pena, elevar a sanção de

1/3 até a metade. Cuida-se de um formato severo, mas inequivocamente educativo. Note-se ter a norma apontado dois contextos diversos que podem interligar-se: qualquer delito previsto nesta Lei pode acontecer *em contexto* (conjuntura, situação, cena) informal ou alegre, como ocorre em reunião de amigos ou familiares, em festa ou outro evento, bem como *com o intuito* (finalidade, meta, propósito) de provocar diversão, lazer ou entretenimento. No primeiro caso, cuida-se do ambiente onde se encontra o agente, ao concretizar a conduta racista que, sendo recreativo ou similar, pode parecer *inocente*, *ingênuo* ou *leviano*, situação que envolve, muitas vezes, a injúria racial. O outro foco é a sobreposição de mais um elemento subjetivo específico, associado à intenção de discriminar alguém, consistente em produzir um momento de diversão; novamente, é a desculpa apresentada pelas *piadas racistas*, quando materializadas em lugar onde está a vítima, vexando-a e levando-a a um profundo desconforto e sentimento de inferioridade. Pode-se indagar se surge a *criminalização da piada*, mas o enfoque não é este. O ideal é a reeducação de todos para evitar as anedotas zombando de minorias, impedindo o mau hábito de narrá-las em ambiente público, produzindo mal-estar em alguém. Como anota Djamila Ribeiro, quem escuta uma piada racista, ao rir ou silenciar, em vez de repreender quem a fez, torna-se cúmplice da violência (*Pequeno manual antirracista*, p. 38). No entanto, os crimes desta Lei dirigem-se à discriminação de vítima determinada ou de induzimento (prática ou incitamento) à discriminação em público. Portanto, ilustrando, se quatro amigos contam piadas racistas entre si, não havendo nenhum atingido, pode consistir em extremo mau gosto, mas não se trata de crime. Idêntica situação pode acontecer em reuniões familiares, em ambiente descontraído, sem que qualquer vítima da discriminação ali se encontre, com anedotas de conteúdo racista. A prática segregacionista é o alvo dos delitos desta Lei e não será o cenário informal ou o propósito jocoso que irá retirar a ilicitude; ao contrário, tornará mais grave o delito. O aumento deve ser mensurado pelo magistrado levando em consideração a situação concreta, sem se poder definir com precisão o critério para o estabelecimento do aumento mínimo de um terço ou o máximo de metade. É preciso ponderar onde o crime se deu, quem era a vítima e como isso a afetou, qual o nível da jocosidade gerada e o seu alcance entre outras pessoas, enfim, o grau de segregação efetivamente produzido. Na jurisprudência: TJDF: "3. A alegação de que as palavras foram proferidas em tom de brincadeira não afasta o dolo do tipo penal, mormente se o réu sequer conhecia pessoalmente a vítima e ela se sentiu bastante ofendida. Ademais, tais atitudes tornam ainda mais reprovável a conduta, dada a tentativa de camuflar o intuito de ofender e, com base nesta perspectiva, o legislador tratou de incluir, por meio da Lei n.º 14.532/2023, uma causa de aumento específica para quando as palavras racistas ou injuriosas forem proferidas justamente em contexto ou no intuito de descontração, diversão ou recreação, conforme artigo 20-A da Lei 7.716/89" (Ap. 0705384-07.2023.8.07.0007, 2.ª T. Criminal, rel. Silvanio Barbosa dos Santos, 02.05.2024, v.u.).

> **Art. 20-B.** Os crimes previstos nos arts. 2.º-A e 20 desta Lei terão as penas aumentadas de 1/3 (um terço) até a metade, quando praticados por funcionário público, conforme definição prevista no Decreto-Lei n. 2.848, de 7 de dezembro de 1940 (Código Penal), no exercício de suas funções ou a pretexto de exercê-las.[126]

126. Causa de aumento relacionada ao sujeito ativo: não há dúvida de que certos crimes, quando cometidos por funcionário público, tornam-se muito mais graves, tendo em vista a natureza da sua ocupação, voltada a prestar serviço à sociedade. Portanto, quando o servidor público, *no exercício de suas funções* (em atividade) ou *a pretexto de exercê-las* (fora da atividade, mas como se estivesse atuando – ex.: pode se encontrar em férias), comete injúria racial (art. 2.º-A) ou prática, induzimento ou incitamento à discriminação (art. 20), materializa a infração penal em operação oposta à que seria esperada. A definição do agente encontra-se no art. 327 do Código Penal: "considera-se funcionário público, para os efeitos penais, quem, embora transitoriamente ou sem remuneração, exerce cargo, emprego ou função pública. § 1.º Equipara-se a funcionário público quem exerce cargo, emprego ou função em entidade paraestatal, e quem trabalha para empresa prestadora de serviço contratada ou conveniada para a execução de atividade típica da Administração Pública". Andou bem o legislador ao indicar os delitos dos arts. 2.º-A e 20, tendo em vista que a maioria dos outros crimes são próprios, vale dizer, praticados apenas por sujeito ativo específico, que não se mescla com o funcionário público, como regra. Há, entretanto, alguns, como os estabelecidos nos arts. 3.º e 13, que podem envolver diretamente o servidor público, de modo que a causa de aumento não poderia ser aplicada, para evitar o indevido *bis in idem* (dupla punição pelo mesmo fato). Por outro lado, o delito do art. 14 se volta a um contexto muito específico (familiar ou doméstico). O grau de aumento – se mínimo, médio ou máximo –, como já expusemos em nota anterior, depende das circunstâncias do caso concreto, possibilitando ao julgador aquilatar exatamente qual foi a atuação do funcionário e, por conta disso, qual o prejuízo por ele gerado no cenário da discriminação racial. Em especial, deve o juiz analisar o nível de comprometimento da imagem do Estado, conspurcada pela atividade criminosa de seu servidor.

> **Art. 20-C.** Na interpretação desta Lei, o juiz deve considerar como discriminatória qualquer atitude ou tratamento dado à pessoa ou a grupos minoritários que cause constrangimento, humilhação, vergonha, medo ou exposição indevida, e que usualmente não se dispensaria a outros grupos em razão da cor, etnia, religião ou procedência.[127]

127. Parâmetro de interpretação: tem se tornado cada vez mais comum a inserção, em leis penais, de regras específicas condutoras do modo pelo qual deve o Judiciário – e outros operadores do direito – interpretar o conteúdo da novel lei. Provoca-se um mecanismo indutor de avaliação contornada pelo desenho imaginado pelo Poder Legislativo na tutela de relevantes bens jurídicos. Significa que, em caso de dúvida, deve-se utilizar o parâmetro apontado expressamente na lei. Registre-se o disciplinado pelo art. 4.º da Lei 11.340/2006 ("Na interpretação desta Lei, serão considerados os fins sociais a que ela se destina e, especialmente, as condições peculiares das mulheres em situação de violência doméstica e familiar") e pelo art. 3.º da Lei 13.431/2017 ("Na aplicação e interpretação desta Lei, serão considerados os fins sociais a que ela se destina e, especialmente, as condições peculiares da criança e do adolescente como pessoas em desenvolvimento, às quais o Estado, a família e a sociedade devem assegurar a fruição dos direitos fundamentais com absoluta prioridade"); a primeira é a denominada Lei Maria da Penha, voltada ao embate contra a violência doméstica e familiar contra a mulher, e a segunda estabelece o sistema de garantia de direitos da criança e do adolescente, quando vítima ou testemunha de violência. Portanto, o art. 20-C ingressa nesse cenário, apontando como conduta *discriminatória* (segregacionista) a atitude ou o tratamento conferido a uma pessoa ou a um grupo minoritário, causando-lhe *constrangimento* (embaraço, vexame), *humilhação* (rebaixamento, sentimento de inferioridade), *vergonha* (desonra, afronta moral), *medo* (intensa ansiedade ou inquietação) ou *exposição indevida* (exibição de alguém à contemplação de outrem sem justa causa). O objetivo é certeiro, conclamando, em particular, para a análise da injúria racial, que, como sempre defendemos, é um modo de segregar pessoas pela força da ofensa moral, atingindo a autoestima e a compostura da vítima. Além dos sentimentos passíveis de envolver a pessoa ofendida, a norma aponta para um critério *comparativo*, que nos parece bem-vindo: o agente atua de maneira *diversa* da que seria destinada a outro grupo social. Essa regra praticamente invoca o preceito de que não se deve fazer a outra pessoa aquilo que não seria feito consigo mesmo ou seus entes queridos; não deve o integrante de um grupo majoritário discriminar quem pertença a um minoritário. A falha deste artigo, em nossa visão, foi a menção apenas da cor, da etnia, da religião ou da procedência. Omitiu-se o principal: raça. É imprescindível captar o contexto integral desta Lei para não incidir em interpretação ilógica. A Lei 7.716/89, com todas as suas alterações, tutela toda e qualquer discriminação racial (atitude segregacionista). Esse é o foco principal. Atrelam-se a ele as referências não padronizadas de outros termos. Note-se, no título explicativo, que a lei "Define os crimes resultantes de preconceito de raça ou de cor" e é sabido constituir uma proposta deficiente, visto que o mais relevante é a *discriminação*, e não o preconceito; podem ser termos similares, mas não são idênticos, pois *discriminar* é uma conduta separatista e o preconceito é um juízo de valor preconcebido, motivado por aversão infundada por alguma coisa. No art. 1.º, menciona-se a punição aos delitos resultados da discriminação ou preconceito de *raça* (termo principal, embora com conteúdo sujeito a uma interpretação evolutiva), cor, etnia, religião ou procedência nacional. No entanto, logo depois, no art. 2.º-A, a injúria discriminatória ou preconceituosa menciona raça, cor, etnia ou procedência nacional, olvidando religião, que ficou constando somente na injúria qualificada (art. 140, § 3.º, CP). Além disso, no art. 20, cuidando de discriminação ou preconceito, retorna-se ao art. 1.º, mencionando-se todos os termos. Em conclusão, a norma interpretativa se volta à avaliação de *todos* os crimes de discriminação *racial*, que abrange todas as demais formas de segregar pessoas pela cor da pele, pela etnia, por conta da religião adotada ou da sua procedência nacional.

> **Art. 20-D.** Em todos os atos processuais, cíveis e criminais, a vítima dos crimes de racismo deverá estar acompanhada de advogado ou defensor público.[128]

128. Tutela jurídica ao hipossuficiente: no Brasil de tantos contrastes, este artigo se volta a um contexto muito particular, consistente em dupla meta: a) proteger a vítima da discriminação racial que, em inúmeros casos, é pessoa pobre, carente de recursos para se insurgir contra isso, ingressando em juízo cível para pleitear uma indenização por dano moral (ou até mesmo material, conforme a hipótese) ou constituir um advogado para atuar como assistente de acusação na esfera criminal; b) incentivar o combate ao racismo de maneira ampla, exigindo a atuação de um advogado constituído (para quem pode arcar com os custos), dativo (nomeado pelo juiz para hipossuficientes) ou defensor público (onde houver o operador concursado para tutelar o hipossuficiente) no polo *ativo* das demandas, como forma de coibir as atitudes discriminatórias na sociedade brasileira. Não deixa de ser uma proposta arrojada, passível de despertar oposição, em particular daqueles que não visualizam – ou não desejam fazê-lo – o racismo implícito na estrutura social, afirmando ter havido a criação de um descompasso entre os delitos desta Lei e vários outros, considerados mais graves (pela quantidade da pena), não se demandando um polo ativo no cível e na órbita criminal praticamente oportunizado pelo Estado. No entanto, parece-nos uma certa ilogicidade sistêmica, visto que os crimes de racismo não são considerados hediondos nem mesmo a estes equiparados. E, desde a edição da Lei 8.072/90, nunca ingressaram nesse cenário. Apesar disso, a prática racista é delito inafiançável (como os hediondos e equiparados) e, mais contundente, imprescritível (os hediondos e equiparados prescrevem). Por outro lado, os crimes racistas podem ser anistiados ou indultados (coletiva ou individualmente), situação vedada aos hediondos e equiparados. Caminhando no processo comparativo, equivalem os delitos de racismo à ação de grupos armados, civis ou militares, contra a ordem constitucional e o Estado Democrático, como os graves delitos de abolição violenta do Estado Democrático de Direito (art. 359-L, CP) e golpe de Estado (art. 359-M, CP). São preceitos constitucionais que estabelecem essas diferenças (art. 5.º, XLII, XLIII e XLIV, CF). O que impulsiona a prescrição possível de um estupro de vulnerável (art. 217-A, CP, com pena de reclusão, de 8 a 15 anos, na forma simples) e a imprescritibilidade da injúria racial (art. 2.º-A desta Lei, com pena de reclusão, de 2 a 5 anos, e multa)? A resposta lastreia-se na política criminal adotada pelo Brasil, nos trabalhos constituintes de 1987 e 1988, cuja baliza se formou em aspectos voltados à demonstração do interesse em cultivar uma sociedade efetivamente igualitária, vinculada ao combate à discriminação racial, além de preservar o Estado Democrático de Direito. Sob outra visão, pode-se estranhar, mas já tem sido mais comum encontrar dois defensores públicos atuando nos polos ativo e passivo do processo criminal, pois a vítima pobre tem direito ao patrocínio de um advogado; não tendo como arcar, socorre-se da defensoria pública, que ingressa como assistente de acusação. O réu pobre, igualmente, vale-se do prestimoso trabalho da mesma instituição. Resta a questão pertinente ao não cumprimento do preceituado pelo art. 20-D desta Lei: se gera nulidade absoluta ou relativa. Ao menos na seara criminal, deve-se acompanhar a jurisprudência pacífica do Supremo Tribunal Federal, no sentido de que, atualmente, qualquer nulidade (falha processual) depende da demonstração de prejuízo para ser reconhecida, refazendo-se a instrução. Portanto, se o crime de racismo for apurado sem a efetiva participação do assistente de acusação, torna-se essencial demonstrar que essa violação legal acarretou notório prejuízo ao ofendido ou à sociedade (o propósito é atender ao embate racista); parece-nos difícil que tal situação deficitária ocorra, pois, no polo ativo, encontra-se o Ministério Público, que, na maioria dos casos, atua com maestria na defesa dos interesses da sociedade, na esfera criminal. Reconhecendo-se o intuito legislativo de garantia da proteção da igualdade social, há outro interesse em jogo, extremamente caro e indeclinável, que é o do acusado. Se houver absolvição, com trânsito em julgado, mesmo que se demonstre a absoluta deficiência do órgão acusatório, que atuou sem o acompanhamento do assistente de acusação, nos termos deste art. 20-D, não se poderá reconhecer a nulidade. Os valores concentrados na ampla defesa e no evitamento do erro judiciário, em prol do réu, são maiores e devem prevalecer. A par disso, resta saber como será fiscalizada a atuação efetiva do assistente de acusação, patrocinando a vítima nos crimes de racismo. Em princípio, não interessa ao acusado alegar essa falha, a fim de conduzir ao atrelamento de mais um acusador no seu processo. Ao Ministério Público, atuando como parte no processo penal, pode não despertar interesse sobrestar o feito para exigir a composição de um assistente de acusação. Resta ao juiz cumprir a lei, mas pode ser que ocorra a sua omissão, inclusive pelo fato de, na sua Comarca, ser difícil encontrar a atuação de advogado dativo e inexistir órgão da defensoria pública. Em síntese, é possível que o art. 20-D não seja efetivamente aplicado, sendo mais uma norma, entre outras, meramente programática ou a serviço, apenas, de vítimas possuidoras de recursos, que podem contratar advogado e exigir o cumprimento da lei em juízo.

> **Art. 21.** Esta Lei entra em vigor na data de sua publicação.
> **Art. 22.** Revogam-se as disposições em contrário.
> Brasília, 5 de janeiro de 1989; 168.º da Independência e 101.º da República.
>
> José Sarney
>
> (*DOU* 06.01.1989)

Drogas

Lei 11.343, de 23 de agosto de 2006

Institui o Sistema Nacional de Políticas Públicas sobre Drogas – SISNAD; prescreve medidas para prevenção do uso indevido, atenção e reinserção social de usuários e dependentes de drogas; estabelece normas para repressão à produção não autorizada e ao tráfico ilícito de drogas; define crimes e dá outras providências.

O Presidente da República:

Faço saber que o Congresso Nacional decreta e eu sanciono a seguinte Lei:

TÍTULO I
DISPOSIÇÕES PRELIMINARES[1]

Art. 1.º Esta Lei institui o Sistema Nacional de Políticas Públicas sobre Drogas – SISNAD;[1-A] prescreve medidas para prevenção do uso indevido, atenção e reinserção social de usuários e dependentes de drogas; estabelece normas para repressão à produção não autorizada e ao tráfico ilícito de drogas e define crimes.

Parágrafo único. Para fins desta Lei, consideram-se como drogas as substâncias ou os produtos capazes de causar dependência, assim especificados em lei ou relacionados em listas atualizadas periodicamente pelo Poder Executivo da União.[2]

1. Fundamento constitucional: dispensa-se particular enfoque ao âmbito das drogas ilícitas, em primeiro plano, considerando o tráfico ilícito como crime inafiançável e insuscetível de graça ou anistia (art. 5.º, XLIII – a lei considerará crimes inafiançáveis e insuscetíveis de graça ou anistia a prática da tortura, o tráfico ilícito de entorpecentes e drogas afins, o terrorismo e os definidos como crimes hediondos, por eles respondendo os mandantes, os executores e os que, podendo evitá-los, se omitirem). Admite-se a extradição do brasileiro naturalizado, quando envolvido no tráfico ilícito de drogas (art. 5.º, LI – nenhum brasileiro será extraditado, salvo o naturalizado, em caso de crime comum, praticado antes da naturalização, ou de comprovado envolvimento em tráfico ilícito de entorpecentes e drogas afins, na forma da lei). Constitui uma das funções atribuídas à Polícia Federal o combate ao tráfico ilícito de drogas (art. 144, § 1.º. A polícia federal, instituída por lei como órgão permanente, organizado e mantido pela União e estruturado em carreira, destina-se a: (...) II – prevenir e reprimir o tráfico ilícito de entorpecentes e drogas afins, o contrabando e o descaminho, sem prejuízo da ação fazendária e de outros órgãos públicos nas respectivas áreas de competência). No contexto da família, da criança, do adolescente e do idoso, de acordo com o art. 227, constitui "dever da família, da sociedade e do Estado assegurar à criança, ao adolescente e ao jovem, com absoluta prioridade, o direito à vida, à saúde, à alimentação, à educação, ao lazer, à profissionalização, à cultura, à dignidade, ao respeito, à liberdade e à convivência familiar e comunitária, além de colocá-los a salvo de toda forma de negligência, discriminação, exploração, violência, crueldade e opressão. (...) § 3.º O direito a proteção especial abrangerá os seguintes aspectos: (...) VII – programas de prevenção e atendimento especializado à criança, ao adolescente e ao jovem dependente de entorpecentes e drogas afins". Finalmente, disciplina-se a expropriação e o confisco dos bens advindos do tráfico ilícito de drogas (art. 243. As glebas de qualquer região do País onde forem localizadas culturas ilegais de plantas psicotrópicas serão imediatamente expropriadas e especificamente destinadas ao assentamento de colonos, para o cultivo de produtos alimentícios e medicamentosos, sem qualquer indenização ao proprietário e sem prejuízo de outras sanções previstas em lei. Parágrafo único. Todo e qualquer bem de valor econômico apreendido em decorrência do tráfico ilícito de entorpecentes e drogas afins será confiscado e reverterá em benefício de instituições e pessoal especializados no tratamento e recuperação de viciados e no aparelhamento e custeio de atividades de fiscalização, controle, prevenção e repressão do crime de tráfico dessas substâncias).

1-A. SISNAD: é a atual denominação do *Sistema Nacional Antidrogas*, que era previsto no art. 3.º da Lei 6.368/76 e regulamentado pelo Decreto 3.696/2000 (ambos já revogados). Esse sistema é composto pelos órgãos e entidades da Administração Pública que exercem as atividades de repressão ao uso, tráfico e produção ilegal de entorpecentes, bem como atuem na prevenção do uso indevido de drogas, que causem dependência física ou psíquica, além da atividade de tratamento, recuperação e reinserção social de pessoas dependentes. Atualmente, passa a ser designado como *Sistema Nacional de Políticas Públicas sobre Drogas*. Seus objetivos e princípios gerais estão previstos, basicamente, nos arts. 3.º, 4.º e 5.º desta Lei em comento.

2. Norma penal em branco: continua a Lei de Drogas a ser uma norma penal em branco. Há órgão governamental próprio, vinculado ao Ministério da Saúde, encarregado do controle das drogas em geral, no Brasil, que é a Agência Nacional de Vigilância Sanitária (ANVISA), editando a relação das substâncias entorpecentes proibidas. Consultar, ainda, o art. 66 desta Lei, que menciona, expressamente, a vigência, por ora, da Portaria SVS/MS n. 344, de 12 de maio de 1998. Conferir: STJ: "(...) 2. O art. 33, *caput*, da Lei n. 11.343/2006 apresenta-se como norma penal em branco, porque define o crime de tráfico a partir da prática de dezoito condutas relacionadas a drogas, sem, no entanto, trazer a definição desse elemento do tipo. 3. A definição do que sejam 'drogas', capaz de caracterizar os delitos previstos na Lei n. 11.343/2006, advém da Portaria n. 344/1998, da Secretaria de Vigilância Sanitária do Ministério da Saúde. 4. Os exames realizados por peritos do Setor Técnico-Científico do Departamento de Polícia Federal concluíram que, no material apreendido e analisado, foi identificada a presença de metanfetamina, substância, já na data em que praticada a conduta, integrante da Lista A3 da Portaria n. 344, de 12/5/1998, da Secretaria de Vigilância Sanitária do Ministério da Saúde, que traz o rol de substâncias psicotrópicas. 5. Eventuais avanços científicos que tenham ocorrido depois da prolação da sentença, a ponto de desdobrar uma substância proscrita em outras duas – inclusive dando novos nomes a essas duas 'novas substâncias' –, não têm o condão de afastar a tipicidade da conduta imputada ao recorrente, porquanto, na data dos fatos, a substância por ele comercializada, à luz da tecnologia até então existente naquele momento, estava prevista como substância psicotrópica na Portaria n. 344, de 12/5/1998, da Secretaria de Vigilância Sanitária do Ministério da Saúde. 6. Recurso especial parcialmente conhecido e, nessa extensão, não provido" (REsp 1.359.607 – MG, 6.ª T., rel. Rogerio Schietti Cruz, j. 01.06.2017, *DJe* 09.06.2017, v.u.); "A simples verificação de que as substâncias prescritas pelo paciente encontram-se elencadas na Portaria 344/98 da Secretaria de Vigilância Sanitária do Ministério da Saúde (SVS/MS) na lista C1, que trata das substâncias sujeitas a controle especial, é suficiente para a sua caracterização como droga, sendo prescindível a realização de exame pericial para a constatação de que tais substâncias, efetivamente, causam dependência. O exame pericial será necessário para que outros dados (v.g.: natureza e quantidade da substância apreendida, potencialidade tóxica etc.), que não a possibilidade de causar dependência, sejam aferidos, porquanto esse último ponto já é respondido a partir da previsão da substância nas listas mencionadas" (HC 139.667 – RJ, 5.ª T., rel. Felix Fischer, j. 17.12.2009, v.u.).

> **Art. 2.º** Ficam proibidas, em todo o território nacional, as drogas, bem como o plantio, a cultura, a colheita e a exploração[3] de vegetais e substratos dos quais possam ser extraídas ou produzidas drogas,[4] ressalvada a hipótese de autorização legal ou regulamentar, bem como o que estabelece a Convenção de Viena, das Nações Unidas, sobre Substâncias Psicotrópicas, de 1971, a respeito de plantas de uso estritamente ritualístico-religioso.[5]
>
> **Parágrafo único.** Pode a União autorizar o plantio, a cultura e a colheita dos vegetais referidos no *caput* deste artigo, exclusivamente para fins medicinais ou científicos, em local e prazo predeterminados, mediante fiscalização, respeitadas as ressalvas supramencionadas.

3. Condutas vedadas, como regra: *plantar* (é a semeadura, ou seja, espalhar sementes para que germinem), *cultivar* (trabalhar a terra para fazer nascer e garantir o desenvolvimento de uma planta), *colher* (coletar folhas, flores, frutos de uma planta) e *explorar* (pesquisar e desenvolver o cultivo). Os objetos são os vegetais e substratos, quando alterados do original, dos quais possam ser retirados produtos, substâncias e drogas ilícitas em geral. Há uma relação desses entorpecentes elaborada por órgão competente do Ministério da Saúde.

4. Confisco da propriedade: dispõe o art. 243 da Constituição Federal que: "As glebas de qualquer região do País onde forem localizadas culturas ilegais de plantas psicotrópicas serão imediatamente expropriadas e especificamente destinadas ao assentamento de colonos, para o cultivo de produtos alimentícios e medicamentosos, sem qualquer indenização ao proprietário e sem prejuízo de outras sanções previstas em lei. Parágrafo único. Todo e qualquer bem de valor econômico apreendido em decorrência do tráfico ilícito de entorpecentes e drogas afins será confiscado e reverterá em benefício de instituições e pessoal especializados no tratamento e recuperação de viciados e no aparelhamento e custeio de atividades de fiscalização, controle, prevenção e repressão do crime de tráfico dessas substâncias". No mesmo prisma, consultar a Lei 8.257/91.

5. Ressalva quanto a plantas de uso ritualístico-religioso: dispõe o art. 32.4 da Convenção de Viena sobre Substâncias Psicotrópicas, ratificado pelo Decreto 79.388/77, o seguinte: "O Estado em cujo território cresçam plantas silvestres que contenham substâncias psicotrópicas dentre as incluídas na Lista I, e que são tradicionalmente utilizadas por pequenos grupos, nitidamente caracterizados, em rituais mágicos ou religiosos, poderão, no momento da assinatura, ratificação ou adesão, formular reservas em relação a tais plantas, com respeito às disposições do art. 7.º, exceto quanto às disposições relativas ao comércio internacional".

TÍTULO II
DO SISTEMA NACIONAL DE POLÍTICAS PÚBLICAS SOBRE DROGAS

Art. 3.º O SISNAD tem a finalidade de articular, integrar, organizar e coordenar as atividades relacionadas com:

I – a prevenção do uso indevido, a atenção e a reinserção social de usuários e dependentes de drogas;

II – a repressão da produção não autorizada e do tráfico ilícito de drogas.

§ 1.º Entende-se por Sisnad o conjunto ordenado de princípios, regras, critérios e recursos materiais e humanos que envolvem as políticas, planos, programas, ações e projetos sobre drogas, incluindo-se nele, por adesão, os Sistemas de Políticas Públicas sobre Drogas dos Estados, Distrito Federal e Municípios.

§ 2.º O Sisnad atuará em articulação com o Sistema Único de Saúde – SUS, e com o Sistema Único de Assistência Social – SUAS.

Capítulo I
DOS PRINCÍPIOS E DOS OBJETIVOS DO SISTEMA NACIONAL DE POLÍTICAS PÚBLICAS SOBRE DROGAS

Art. 4.º São princípios do SISNAD:

I – o respeito aos direitos fundamentais da pessoa humana, especialmente quanto à sua autonomia e à sua liberdade;

II – o respeito à diversidade e às especificidades populacionais existentes;

III – a promoção dos valores éticos, culturais e de cidadania do povo brasileiro, reconhecendo-os como fatores de proteção para o uso indevido de drogas e outros comportamentos correlacionados;

IV – a promoção de consensos nacionais, de ampla participação social, para o estabelecimento dos fundamentos e estratégias do SISNAD;

V – a promoção da responsabilidade compartilhada entre Estado e Sociedade, reconhecendo a importância da participação social nas atividades do SISNAD;

VI – o reconhecimento da intersetorialidade dos fatores correlacionados com o uso indevido de drogas, com a sua produção não autorizada e o seu tráfico ilícito;

VII – a integração das estratégias nacionais e internacionais de prevenção do uso indevido, atenção e reinserção social de usuários e dependentes de drogas e de repressão à sua produção não autorizada e ao seu tráfico ilícito;

VIII – a articulação com os órgãos do Ministério Público e dos Poderes Legislativo e Judiciário visando à cooperação mútua nas atividades do SISNAD;

IX – a adoção de abordagem multidisciplinar que reconheça a interdependência e a natureza complementar das atividades de prevenção do uso indevido, atenção e reinserção social de usuários e dependentes de drogas, repressão da produção não autorizada e do tráfico ilícito de drogas;

X – a observância do equilíbrio entre as atividades de prevenção do uso indevido, atenção e reinserção social de usuários e dependentes de drogas e de repressão à sua produção não autorizada e ao seu tráfico ilícito, visando a garantir a estabilidade e o bem-estar social;

XI – a observância às orientações e normas emanadas do Conselho Nacional Antidrogas – CONAD.

Art. 5.º O SISNAD tem os seguintes objetivos:

I – contribuir para a inclusão social do cidadão, visando a torná-lo menos vulnerável a assumir comportamentos de risco para o uso indevido de drogas, seu tráfico ilícito e outros comportamentos correlacionados;

II – promover a construção e a socialização do conhecimento sobre drogas no país;

III – promover a integração entre as políticas de prevenção do uso indevido, atenção e reinserção social de usuários e dependentes de drogas e de repressão à sua produção não autorizada e ao tráfico ilícito e as políticas públicas setoriais dos órgãos do Poder Executivo da União, Distrito Federal, Estados e Municípios;

IV – assegurar as condições para a coordenação, a integração e a articulação das atividades de que trata o art. 3.º desta Lei.

Capítulo II
DO SISTEMA NACIONAL DE POLÍTICAS PÚBLICAS SOBRE DROGAS

Seção I
Da Composição do Sistema Nacional de Políticas Públicas sobre Drogas

Art. 6.º (*Vetado*).

Art. 7.º A organização do SISNAD assegura a orientação central e a execução descentralizada das atividades realizadas em seu âmbito, nas esferas federal, distrital, estadual e municipal e se constitui matéria definida no regulamento desta Lei.

Art. 7.º-A. (*Vetado*).

Art. 8.º (*Vetado*).

Seção II
Das Competências

Art. 8.º-A. Compete à União:

I – formular e coordenar a execução da Política Nacional sobre Drogas;

II – elaborar o Plano Nacional de Políticas sobre Drogas, em parceria com Estados, Distrito Federal, Municípios e a sociedade;

III – coordenar o Sisnad;

IV – estabelecer diretrizes sobre a organização e funcionamento do Sisnad e suas normas de referência;

V – elaborar objetivos, ações estratégicas, metas, prioridades, indicadores e definir formas de financiamento e gestão das políticas sobre drogas;

VI – (*Vetado*);

VII – (*Vetado*);

VIII – promover a integração das políticas sobre drogas com os Estados, o Distrito Federal e os Municípios;

IX – financiar, com Estados, Distrito Federal e Municípios, a execução das políticas sobre drogas, observadas as obrigações dos integrantes do Sisnad;

X – estabelecer formas de colaboração com Estados, Distrito Federal e Municípios para a execução das políticas sobre drogas;

XI – garantir publicidade de dados e informações sobre repasses de recursos para financiamento das políticas sobre drogas;

XII – sistematizar e divulgar os dados estatísticos nacionais de prevenção, tratamento, acolhimento, reinserção social e econômica e repressão ao tráfico ilícito de drogas;

XIII – adotar medidas de enfretamento aos crimes transfronteiriços; e

XIV – estabelecer uma política nacional de controle de fronteiras, visando a coibir o ingresso de drogas no País.

Art. 8.º-B. (*Vetado*).

Art. 8.º-C. (*Vetado*).

CAPÍTULO II-A
DA FORMULAÇÃO DAS POLÍTICAS SOBRE DROGAS

Seção I
Do Plano Nacional de Políticas sobre Drogas

Art. 8.º-D. São objetivos do Plano Nacional de Políticas sobre Drogas, dentre outros:

I – promover a interdisciplinaridade e integração dos programas, ações, atividades e projetos dos órgãos e entidades públicas e privadas nas áreas de saúde, educação, trabalho, assistência social, previdência social, habitação, cultura, desporto e lazer, visando à prevenção do uso de drogas, atenção e reinserção social dos usuários ou dependentes de drogas;

II – viabilizar a ampla participação social na formulação, implementação e avaliação das políticas sobre drogas;

III – priorizar programas, ações, atividades e projetos articulados com os estabelecimentos de ensino, com a sociedade e com a família para a prevenção do uso de drogas;

IV – ampliar as alternativas de inserção social e econômica do usuário ou dependente de drogas, promovendo programas que priorizem a melhoria de sua escolarização e a qualificação profissional;

V – promover o acesso do usuário ou dependente de drogas a todos os serviços públicos;

VI – estabelecer diretrizes para garantir a efetividade dos programas, ações e projetos das políticas sobre drogas;

VII – fomentar a criação de serviço de atendimento telefônico com orientações e informações para apoio aos usuários ou dependentes de drogas;

VIII – articular programas, ações e projetos de incentivo ao emprego, renda e capacitação para o trabalho, com objetivo de promover a inserção profissional da pessoa que haja cumprido o plano individual de atendimento nas fases de tratamento ou acolhimento;

IX – promover formas coletivas de organização para o trabalho, redes de economia solidária e o cooperativismo, como forma de promover autonomia ao usuário ou dependente de drogas egresso de tratamento ou acolhimento, observando-se as especificidades regionais;

X – propor a formulação de políticas públicas que conduzam à efetivação das diretrizes e princípios previstos no art. 22;

XI – articular as instâncias de saúde, assistência social e de justiça no enfrentamento ao abuso de drogas; e

XII – promover estudos e avaliação dos resultados das políticas sobre drogas.

§ 1.º O plano de que trata o *caput* terá duração de 5 (cinco) anos a contar de sua aprovação.

§ 2.º O poder público deverá dar a mais ampla divulgação ao conteúdo do Plano Nacional de Políticas sobre Drogas.

Seção II
Dos Conselhos de Políticas sobre Drogas

Art. 8.º-E. Os conselhos de políticas sobre drogas, constituídos por Estados, Distrito Federal e Municípios, terão os seguintes objetivos:

I – auxiliar na elaboração de políticas sobre drogas;

II – colaborar com os órgãos governamentais no planejamento e na execução das políticas sobre drogas, visando à efetividade das políticas sobre drogas;

III – propor a celebração de instrumentos de cooperação, visando à elaboração de programas, ações, atividades e projetos voltados à prevenção, tratamento, acolhimento, reinserção social e econômica e repressão ao tráfico ilícito de drogas;

IV – promover a realização de estudos, com o objetivo de subsidiar o planejamento das políticas sobre drogas;

V – propor políticas públicas que permitam a integração e a participação do usuário ou dependente de drogas no processo social, econômico, político e cultural no respectivo ente federado; e

VI – desenvolver outras atividades relacionadas às políticas sobre drogas em consonância com o Sisnad e com os respectivos planos.

Seção III
Dos Membros dos Conselhos de Políticas sobre Drogas

Art. 8.º-F. (*Vetado*).

Capítulo III
(***Vetado.***)

Art. 9.º (*Vetado*).
Art. 10. (*Vetado*).
Art. 11. (*Vetado*).
Art. 12. (*Vetado*).
Art. 13. (*Vetado*).
Art. 14. (*Vetado*).

Capítulo IV
DO ACOMPANHAMENTO E DA AVALIAÇÃO DAS POLÍTICAS SOBRE DROGAS

Art. 15. (*Vetado*).

Art. 16. As instituições com atuação nas áreas da atenção à saúde e da assistência social que atendam usuários ou dependentes de drogas devem comunicar ao órgão competente do respectivo sistema municipal de saúde os casos atendidos e os óbitos ocorridos, preservando a identidade das pessoas, conforme orientações emanadas da União.

Art. 17. Os dados estatísticos nacionais de repressão ao tráfico ilícito de drogas integrarão sistema de informações do Poder Executivo.[6]

6. Estatística: significa uma organização sistêmica de dados sobre qualquer objeto, permitindo extrair conclusões a respeito de determinado cenário, bem como extrair predições para o que se deve fazer em relação a certo problema. As tendências evidenciadas pela estatística tendem a se repetir, de modo que é possível afirmar ser uma avaliação matemática confiável sobre o que se pode esperar, no futuro, acerca de posturas e reações sociais em geral. Por isso, não se combate, a contento, a criminalidade sem a coleta de dados em relação ao número de delitos, modos de atuação do delinquente, áreas mais sujeitas às infrações penais, dentre outros fatores. Essa é a razão pela qual se exige que as autoridades sanitárias, judiciárias, policiais e alfandegárias organizem e mantenham estatísticas, registros e demais informes das respectivas atividades relacionadas com a prevenção, a fiscalização, o controle e a repressão ao tráfico ilícito de entorpecentes em geral. Aliás, a mesma meta é exigida no art. 809 do Código de Processo Penal.

TÍTULO III
DAS ATIVIDADES DE PREVENÇÃO DO USO INDEVIDO, ATENÇÃO E REINSERÇÃO SOCIAL DE USUÁRIOS E DEPENDENTES DE DROGAS

Capítulo I
DA PREVENÇÃO

Seção I
Das Diretrizes

Art. 18. Constituem atividades de prevenção do uso indevido de drogas, para efeito desta Lei, aquelas direcionadas para a redução dos fatores de vulnerabilidade e risco e para a promoção e o fortalecimento dos fatores de proteção.

Art. 19. As atividades de prevenção do uso indevido de drogas devem observar os seguintes princípios e diretrizes:

I – o reconhecimento do uso indevido de drogas como fator de interferência na qualidade de vida do indivíduo e na sua relação com a comunidade à qual pertence;

II – a adoção de conceitos objetivos e de fundamentação científica como forma de orientar as ações dos serviços públicos comunitários e privados e de evitar preconceitos e estigmatização das pessoas e dos serviços que as atendam;

III – o fortalecimento da autonomia e da responsabilidade individual em relação ao uso indevido de drogas;

IV – o compartilhamento de responsabilidades e a colaboração mútua com as instituições do setor privado e com os diversos segmentos sociais, incluindo usuários e dependentes de drogas e respectivos familiares, por meio do estabelecimento de parcerias;

V – a adoção de estratégias preventivas diferenciadas e adequadas às especificidades socioculturais das diversas populações, bem como das diferentes drogas utilizadas;

VI – o reconhecimento do "não uso", do "retardamento do uso" e da redução de riscos como resultados desejáveis das atividades de natureza preventiva, quando da definição dos objetivos a serem alcançados;

VII – o tratamento especial dirigido às parcelas mais vulneráveis da população, levando em consideração as suas necessidades específicas;

VIII – a articulação entre os serviços e organizações que atuam em atividades de prevenção do uso indevido de drogas e a rede de atenção a usuários e dependentes de drogas e respectivos familiares;

IX – o investimento em alternativas esportivas, culturais, artísticas, profissionais, entre outras, como forma de inclusão social e de melhoria da qualidade de vida;

X – o estabelecimento de políticas de formação continuada na área da prevenção do uso indevido de drogas para profissionais de educação nos 3 (três) níveis de ensino;

XI – a implantação de projetos pedagógicos de prevenção do uso indevido de drogas, nas instituições de ensino público e privado, alinhados às Diretrizes Curriculares Nacionais e aos conhecimentos relacionados a drogas;

XII – a observância das orientações e normas emanadas do CONAD;

XIII – o alinhamento às diretrizes dos órgãos de controle social de políticas setoriais específicas.

Parágrafo único. As atividades de prevenção do uso indevido de drogas dirigidas à criança e ao adolescente deverão estar em consonância com as diretrizes emanadas pelo Conselho Nacional dos Direitos da Criança e do Adolescente – CONANDA.

Seção II
Da Semana Nacional de Políticas Sobre Drogas

Art. 19-A. Fica instituída a Semana Nacional de Políticas sobre Drogas, comemorada anualmente, na quarta semana de junho.

§ 1.º No período de que trata o *caput*, serão intensificadas as ações de:

I – difusão de informações sobre os problemas decorrentes do uso de drogas;

II – promoção de eventos para o debate público sobre as políticas sobre drogas;

III – difusão de boas práticas de prevenção, tratamento, acolhimento e reinserção social e econômica de usuários de drogas;

IV – divulgação de iniciativas, ações e campanhas de prevenção do uso indevido de drogas;

V – mobilização da comunidade para a participação nas ações de prevenção e enfrentamento às drogas;

VI – mobilização dos sistemas de ensino previstos na Lei n.º 9.394, de 20 de dezembro de 1996 – Lei de Diretrizes e Bases da Educação Nacional, na realização de atividades de prevenção ao uso de drogas.

Capítulo II
DAS ATIVIDADES DE PREVENÇÃO, TRATAMENTO, ACOLHIMENTO E DE REINSERÇÃO SOCIAL E ECONÔMICA DE USUÁRIOS OU DEPENDENTES DE DROGAS

Seção I
Disposições Gerais

Art. 20. Constituem atividades de atenção ao usuário e dependente de drogas e respectivos familiares, para efeito desta Lei, aquelas que visem à melhoria da qualidade de vida e à redução dos riscos e dos danos associados ao uso de drogas.

Art. 21. Constituem atividades de reinserção social do usuário ou do dependente de drogas e respectivos familiares, para efeito desta Lei, aquelas direcionadas para sua integração ou reintegração em redes sociais.

Art. 22. As atividades de atenção e as de reinserção social do usuário e do dependente de drogas e respectivos familiares devem observar os seguintes princípios e diretrizes:

I – respeito ao usuário e ao dependente de drogas, independentemente de quaisquer condições, observados os direitos fundamentais da pessoa humana, os princípios e diretrizes do Sistema Único de Saúde e da Política Nacional de Assistência Social;

II – a adoção de estratégias diferenciadas de atenção e reinserção social do usuário e do dependente de drogas e respectivos familiares que considerem as suas peculiaridades socioculturais;

III – definição de projeto terapêutico individualizado, orientado para a inclusão social e para a redução de riscos e de danos sociais e à saúde;

IV – atenção ao usuário ou dependente de drogas e aos respectivos familiares, sempre que possível, de forma multidisciplinar e por equipes multiprofissionais;

V – observância das orientações e normas emanadas do CONAD;

VI – o alinhamento às diretrizes dos órgãos de controle social de políticas setoriais específicas.

VII – estímulo à capacitação técnica e profissional;

VIII – efetivação de políticas de reinserção social voltadas à educação continuada e ao trabalho;

IX – observância do plano individual de atendimento na forma do art. 23-B desta Lei;

X – orientação adequada ao usuário ou dependente de drogas quanto às consequências lesivas do uso de drogas, ainda que ocasional.

Seção II
Da Educação na Reinserção Social e Econômica

Art. 22-A. As pessoas atendidas por órgãos integrantes do Sisnad terão atendimento nos programas de educação profissional e tecnológica, educação de jovens e adultos e alfabetização.

Seção III
Do Trabalho na Reinserção Social e Econômica

Art. 22-B. (*Vetado*).

Seção IV
Do Tratamento do Usuário ou Dependente de Drogas

Art. 23. As redes dos serviços de saúde da União, dos Estados, do Distrito Federal, dos Municípios desenvolverão programas de atenção ao usuário e ao dependente de drogas, respeitadas as diretrizes do Ministério da Saúde e os princípios explicitados no art. 22 desta Lei, obrigatória a previsão orçamentária adequada.

Art. 23-A. O tratamento do usuário ou dependente de drogas deverá ser ordenado em uma rede de atenção à saúde, com prioridade para as modalidades de tratamento ambulatorial, incluindo excepcionalmente formas de internação em unidades de saúde e hospitais gerais nos termos de normas dispostas pela União e articuladas com os serviços de assistência social e em etapas que permitam:

I – articular a atenção com ações preventivas que atinjam toda a população;

II – orientar-se por protocolos técnicos predefinidos, baseados em evidências científicas, oferecendo atendimento individualizado ao usuário ou dependente de drogas com abordagem preventiva e, sempre que indicado, ambulatorial;

III – preparar para a reinserção social e econômica, respeitando as habilidades e projetos individuais por meio de programas que articulem educação, capacitação para o trabalho, esporte, cultura e acompanhamento individualizado; e

IV – acompanhar os resultados pelo SUS, Suas e Sisnad, de forma articulada.

§ 1.º Caberá à União dispor sobre os protocolos técnicos de tratamento, em âmbito nacional.

§ 2.º A internação de dependentes de drogas somente será realizada em unidades de saúde ou hospitais gerais, dotados de equipes multidisciplinares e deverá ser obrigatoriamente autorizada por médico devidamente registrado no Conselho Regional de Medicina – CRM do Estado onde se localize o estabelecimento no qual se dará a internação.

§ 3.º São considerados 2 (dois) tipos de internação:

I – internação voluntária: aquela que se dá com o consentimento do dependente de drogas;

II – internação involuntária: aquela que se dá, sem o consentimento do dependente, a pedido de familiar ou do responsável legal ou, na absoluta falta deste, de servidor público da área de saúde, da assistência social ou dos órgãos públicos integrantes do Sisnad, com exceção de servidores da área de segurança pública, que constate a existência de motivos que justifiquem a medida.

§ 4.º A internação voluntária:

I – deverá ser precedida de declaração escrita da pessoa solicitante de que optou por este regime de tratamento;

II – seu término dar-se-á por determinação do médico responsável ou por solicitação escrita da pessoa que deseja interromper o tratamento.

§ 5.º A internação involuntária:

I – deve ser realizada após a formalização da decisão por médico responsável;

II – será indicada depois da avaliação sobre o tipo de droga utilizada, o padrão de uso e na hipótese comprovada da impossibilidade de utilização de outras alternativas terapêuticas previstas na rede de atenção à saúde;

III – perdurará apenas pelo tempo necessário à desintoxicação, no prazo máximo de 90 (noventa) dias, tendo seu término determinado pelo médico responsável;

IV – a família ou o representante legal poderá, a qualquer tempo, requerer ao médico a interrupção do tratamento.

§ 6.º A internação, em qualquer de suas modalidades, só será indicada quando os recursos extra-hospitalares se mostrarem insuficientes.

§ 7.º Todas as internações e altas de que trata esta Lei deverão ser informadas, em, no máximo, de 72 (setenta e duas) horas, ao Ministério Público, à Defensoria Pública e a outros órgãos de fiscalização, por meio de sistema informatizado único, na forma do regulamento desta Lei.

§ 8.º É garantido o sigilo das informações disponíveis no sistema referido no § 7.º e o acesso será permitido apenas às pessoas autorizadas a conhecê-las, sob pena de responsabilidade.

§ 9.º É vedada a realização de qualquer modalidade de internação nas comunidades terapêuticas acolhedoras.

§ 10. O planejamento e a execução do projeto terapêutico individual deverão observar, no que couber, o previsto na Lei n.º 10.216, de 6 de abril de 2001, que dispõe sobre a proteção e os direitos das pessoas portadoras de transtornos mentais e redireciona o modelo assistencial em saúde mental.

Seção V
Do Plano Individual de Atendimento

Art. 23-B. O atendimento ao usuário ou dependente de drogas na rede de atenção à saúde dependerá de:

I – avaliação prévia por equipe técnica multidisciplinar e multissetorial; e

II – elaboração de um Plano Individual de Atendimento – PIA.

§ 1.º A avaliação prévia da equipe técnica subsidiará a elaboração e execução do projeto terapêutico individual a ser adotado, levantando no mínimo:

I – o tipo de droga e o padrão de seu uso; e

II – o risco à saúde física e mental do usuário ou dependente de drogas ou das pessoas com as quais convive.

§ 2.º (Vetado).

§ 3.º O PIA deverá contemplar a participação dos familiares ou responsáveis, os quais têm o dever de contribuir com o processo, sendo esses, no caso de crianças e adolescentes, passíveis de responsabilização civil, administrativa e criminal, nos termos da Lei n.º 8.069, de 13 de julho de 1990 – Estatuto da Criança e do Adolescente.

§ 4.º O PIA será inicialmente elaborado sob a responsabilidade da equipe técnica do primeiro projeto terapêutico que atender o usuário ou dependente de drogas e será atualizado ao longo das diversas fases do atendimento.

§ 5.º Constarão do plano individual, no mínimo:

I – os resultados da avaliação multidisciplinar;

II – os objetivos declarados pelo atendido;

III – a previsão de suas atividades de integração social ou capacitação profissional;

IV – atividades de integração e apoio à família;

V – formas de participação da família para efetivo cumprimento do plano individual;

VI – designação do projeto terapêutico mais adequado para o cumprimento do previsto no plano; e

VII – as medidas específicas de atenção à saúde do atendido.

§ 6.º O PIA será elaborado no prazo de até 30 (trinta) dias da data do ingresso no atendimento.

§ 7.º As informações produzidas na avaliação e as registradas no plano individual de atendimento são consideradas sigilosas.

Art. 24. A União, os Estados, o Distrito Federal e os Municípios poderão conceder benefícios às instituições privadas que desenvolverem programas de reinserção no mercado de trabalho, do usuário e do dependente de drogas encaminhados por órgão oficial.

Art. 25. As instituições da sociedade civil, sem fins lucrativos, com atuação nas áreas da atenção à saúde e da assistência social, que atendam usuários ou dependentes de drogas poderão receber recursos do FUNAD, condicionados à sua disponibilidade orçamentária e financeira.

Art. 26. O usuário e o dependente de drogas que, em razão da prática de infração penal, estiverem cumprindo pena privativa de liberdade ou submetidos a medida de segurança, têm garantidos os serviços de atenção à sua saúde, definidos pelo respectivo sistema penitenciário.[6-A]

6-A. Medida preventiva: o usuário de drogas, ainda que não dependente, pode estar preso, em virtude de condenação decorrente de qualquer crime (homicídio, roubo, estupro etc.). Quanto ao dependente, possivelmente, encontra-se submetido a medida de segurança, também em decorrência da prática de algum fato criminoso. A meta do previsto no art. 26 é garantir a ambos o atendimento à sua saúde, como forma de evitar maiores males. Dentre estes, a dissipação da droga no interior dos presídios, além de buscar evitar que o atual usuário se transforme em dependente. Por outro lado, é igualmente viável que o usuário, passando à condição de dependente, possa ter a sua pena convertida em medida de segurança, nos termos do art. 183 da Lei de Execução Penal. A diferença entre usuário e dependente deve ser compreendida considerando-se o primeiro como aquele que consome a droga eventualmente, podendo até fazê-lo com habitualidade, mas que dela não é dependente. O segundo, por seu turno, é viciado contumaz, no sentido de necessitar do entorpecente, por conta de compulsão determinada pelo seu organismo. O dependente químico perde o controle de sua vontade e precisa da droga de maneira obstinada, padecendo de transtorno mental e comportamental (CID 19).

Seção VI
Do Acolhimento em Comunidade Terapêutica Acolhedora

Art. 26-A. O acolhimento do usuário ou dependente de drogas na comunidade terapêutica acolhedora caracteriza-se por:

I – oferta de projetos terapêuticos ao usuário ou dependente de drogas que visam à abstinência;

II – adesão e permanência voluntária, formalizadas por escrito, entendida como uma etapa transitória para a reinserção social e econômica do usuário ou dependente de drogas;

III – ambiente residencial, propício à formação de vínculos, com a convivência entre os pares, atividades práticas de valor educativo e a promoção do desenvolvimento pessoal, vocacionada para acolhimento ao usuário ou dependente de drogas em vulnerabilidade social;

IV – avaliação médica prévia;

V – elaboração de plano individual de atendimento na forma do art. 23-B desta Lei; e

VI – vedação de isolamento físico do usuário ou dependente de drogas.

§ 1.º Não são elegíveis para o acolhimento as pessoas com comprometimentos biológicos e psicológicos de natureza grave que mereçam atenção médico-hospitalar contínua ou de emergência, caso em que deverão ser encaminhadas à rede de saúde.

§§ 2.º a 5.º (Vetados).

Capítulo III
DOS CRIMES E DAS PENAS

Art. 27. As penas[7-7-A] previstas neste Capítulo poderão ser aplicadas isolada ou cumulativamente,[8] bem como substituídas a qualquer tempo,[9] ouvidos o Ministério Público e o defensor.

7. **Critérios gerais para a condenação do usuário de drogas:** como primeiro ponto a destacar, não cabe mais, em hipótese alguma, a sua condenação a pena privativa de liberdade. Parece-nos, como regra geral, medida salutar, pois o usuário habitual ou eventual da droga, por si mesmo, não representa à sociedade um real perigo, muito embora se possa dizer que ele, ao comprar e fazer uso de entorpecentes, estimula o tráfico, o que não deixa de ser verdadeiro. Porém, o caminho está na reeducação, valorizando a saúde, bem como no encaminhamento a variados cursos de orientação sobre a nocividade da droga. Em primeiro lugar, priorizam-se o amparo e a orientação. Entretanto, a política criminal do Estado, nesse cenário, desde 2006, afastou, por completo, a possibilidade de aplicação da pena privativa de liberdade aos consumidores de entorpecentes, não voltados ao tráfico. Assim sendo, mesmo que recalcitrante, condenado mais de uma vez pelo porte de entorpecente para uso próprio, está sujeito a sanções diversas da prisão, consistindo em advertência (ou admoestação verbal), prestação de serviços comunitários, comparecimento a programas educativos e, no máximo, multa. Após vários anos de vigência desta lei, a jurisprudência vem consolidando o entendimento de que a condenação com base no art. 28 não gera efeitos em outras condenações diversas desse delito (posse ou porte para consumo pessoal); assim sendo, o usuário tem um tratamento específico, em matéria penal, que o torna imune à pena mais grave de privação da liberdade. Em suma, mesmo reiterando várias vezes a prática dessa infração penal, recebe, no máximo, pena pecuniária. A despeito desse tratamento ameno, o STF proferiu decisão no RE 635.659 – SP descriminalizando a posse ou porte de maconha para consumo pessoal, conforme será analisado em tópico próprio.

7-A. **Do caráter criminoso da conduta prevista no art. 28:** após a edição da Lei 11.343/2006, passou-se ao debate a respeito de ter havido, ou não, a descriminalização do delito de posse ou porte de drogas ilícitas para consumo pessoal. Embora haja opinião nesse sentido, a maior parte da doutrina entende ter continuado a ser crime essa conduta. Da mesma forma, pronunciou-se o STF, primeiramente em 2007 (RE 430.105-QO-RJ, 1.ª T., rel. Sepúlveda Pertence, 13.02.2007), reiterando o entendimento em decisões posteriores, até chegar ao julgamento do RE 635.659 – SP, de 26.06.2024, quando se consolidou a posição de ser crime o disposto pelo art. 28 da Lei 11.343/2006, tanto que foi descriminalizada apenas a parte relativa à maconha. É a nossa posição desde a edição da Lei de Drogas. São argumentos em prol da descriminalização do art. 28: a) crime deve gerar a possibilidade de aplicação de pena e esta não pode escapar totalmente da privação da liberdade. Se tal situação ocorrer, há descriminalização; b) a Lei de Introdução ao Código Penal, no art. 1.º, estabelece ser *crime* a infração penal à que a lei estabeleça pena de reclusão ou detenção, isolada, alternativa ou cumulativamente com multa; contravenção é a infração penal apenada com prisão simples ou multa (ou ambas, alternativa ou cumulativamente); c) seria o mais indicado caminho para não estigmatizar o usuário de drogas ilícitas, uma vítima do tráfico e, possivelmente, da própria sociedade. Discordamos dessas assertivas pelos seguintes motivos: a) a evolução do Direito Penal já chegou a um patamar em que se verificou, o que é atestado pela quase totalidade da doutrina, nacional e estrangeira, a crise da pena privativa de liberdade como método exclusivo de coerção estatal para o combate à criminalidade. Afinal, existem as infrações de menor potencial ofensivo e muitas outras, que geram penas mais brandas, acompanhando tendência mundial; pode significar *punição*, pois há o cerceamento de direitos, mas sem o ingresso no cárcere. As penas restritivas de direitos e a multa inserem-se nesse cenário. O que houve, no caso do art. 28, foi fruto desse pensamento. Retirar o usuário de drogas do contexto da prisão pode contribuir para a sua ressocialização; b) a Lei 11.343/2006 deixou clara a opção pela criminalização, bastando a mera leitura do título do capítulo III: "Dos Crimes e das Penas". O crime, por si só, é uma ficção jurídica, afinal, uma conduta qualquer se torna criminosa sempre que o legislador criar um tipo penal. Assim como deixa de sê-lo, quando bem quiser o Poder Legislativo. Portanto, admite-se a criação de novas modalidades de penas, diversas da privativa de liberdade. Aliás, a própria Constituição Federal é bem clara ao dispor, no art. 5.º, XLVI, o seguinte: "a lei regulará a individualização da pena e adotará, *entre outras*, as seguintes: a) privação ou restrição da liberdade; b) perda de bens; c) multa; d) prestação social alternativa; e) suspensão ou interdição de direitos" (grifamos). Esse rol não é cumulativo, mas alternativo. Para um determinado crime, pode o legislador eleger, exclusivamente, pena privativa de liberdade, como o fez para o homicídio. Para outro, pode optar pela alternatividade no próprio tipo penal (privação da liberdade ou multa, como ocorreu com a ameaça). Em outro foco, tem a possibilidade de criar um sistema substitutivo: primeiramente, fixa o juiz a pena privativa de liberdade; havendo o preenchimento das condições legais e merecimento por parte do réu, substitui tal penalidade por restritiva de direitos (art. 44, CP). Há, ainda, autorização constitucional para idealização de *outras penas*, além das previstas nessa lista do inciso XLVI do art. 5.º. Cremos ser o caso da *advertência*, hoje uma realidade criada pelo art. 28 da Lei 11.343/2006; b) invocar a Lei de Introdução ao Código Penal e à Lei das Contravenções Penais (Decreto-lei 3.914/41) significa *engessar* o Direito Penal, paralisando-o no tempo. Na década de 1940, com o fim de separar o crime da contravenção penal, espécies de infrações penais com finalidades diversas, inclusive e especialmente para a aplicação da lei processual penal (se cabe ou não fiança, quem pode fixá-la; se cabe ou não e em que condições a prisão em flagrante etc.), fixou-se o preceituado no art. 1.º Ao crime: detenção ou reclusão; à contravenção penal: prisão simples. Em ambos os casos, com ou sem multa. Criando-se um tipo penal incriminador inédito, por vezes fora do contexto do Código Penal, consegue-se pela simples leitura da pena cominada (reclusão, detenção ou prisão simples) identificar se crime ou contravenção penal. Um fim didático, por excelência. Nada mais que isso. O Decreto-lei 3.914/41 não é imutável e leis posteriores já o alteraram significativamente. Como exemplo, surge a Lei 9.099/95, com as infrações de menor potencial ofensivo, cujo foco é a pena abstrata e não a sua espécie (reclusão, detenção ou prisão simples). Para efeitos variados, inclusive processuais, não há mais sentido prático em se distinguir um delito de uma contravenção penal. Para qualquer infração de menor potencial ofensivo não cabe, como regra, a lavratura da prisão em flagrante, mas o registro da ocorrência por singelo termo circunstanciado. Novos tempos trazem novas regras e as antigas vão perdendo eficiência e até mesmo a própria vigência; c) o efeito estigmatizante gerado pela condenação criminal é relativo. Oculta-se de terceiros os registros feitos em folhas de antecedentes de sentenciados, além do que, no caso do art. 28 desta lei, nem mesmo há a consequência da reincidência para delitos diversos; d) a pena de multa (art. 49 e seguintes do Código Penal) não mais pode ser convertida em pena privativa de liberdade; isso não significa que a sua aplicação isolada provoque qualquer efeito na natureza jurídica da condenação, ou seja, a pena de multa pode advir da prática de um crime. Noutros termos, a apenação a multa não descaracteriza a infração penal. Na jurisprudência: STF: "A Lei 11.343/2006, no que se refere ao usuário, optou por abrandar as penas e impor medidas de caráter educativo, tendo em vista os objetivos visados, quais sejam: a prevenção do uso indevido de drogas, a atenção e reinserção social de usuários e dependentes de drogas. VI – Nesse contexto, mesmo que se trate de porte de quantidade ínfima de droga, convém que se reconheça a tipicidade material do delito para o fim de reeducar o usuário e evitar o incremento do uso indevido de substância entorpecente" (HC 102.940 – ES, 1.ª T., rel. Ricardo Lewandowski, j. 15.02.2011, v.u.). STJ: "A condenação definitiva anterior pela prática da conduta prevista no art. 28, *caput*, da Lei de Drogas é circunstância apta a autorizar a majoração da pena, pela incidência da agravante da reincidência, e para impedir a aplicação do redutor do art. 33, § 4.º, da referida Lei, uma vez que, segundo entendimento firmado nesta Corte, não houve a descriminalização do porte de substâncias entorpecentes para uso próprio, com a entrada em vigor da Lei n. 11.343/2006, mas apenas a despenalização" (HC 339.592 – SP, 5.ª T, rel. Ribeiro Dantas, j. 07.04.2016, v.u.).

8. Aplicação isolada ou cumulativa: o consumidor de drogas pode receber, isoladamente, advertência sobre os efeitos da droga, prestação de serviços à comunidade ou medida educativa de comparecimento a programa ou curso educativo. A opção do julgador, por uma delas, deve basear-se na culpabilidade (grau de reprovação social merecido) e, por consequência, nos demais critérios previstos no art. 59 do Código Penal. Por outro lado, com fundamento nos mesmos elementos (art. 59, CP), pode o magistrado optar pela aplicação cumulativa de duas das medidas previstas nos incisos I a III do art. 28, *caput*, ou mesmo das três penalidades em conjunto.

9. Substituição das penas a qualquer tempo: a pena é fixada, por óbvio, na sentença condenatória. Nesta decisão, o julgador deve eleger uma das penalidades dos incisos I, II ou III do art. 28, *caput*, ou fixá-las de modo cumulativo. Transitando em julgado, segue-se à fase executória. Nesta, conforme o caso, pode-se substituir a pena estabelecida por outra, quiçá mais severa ou eficiente. Entretanto, as possibilidades do juiz são limitadas. Se foi fixada somente a pena de advertência, nada há a substituir, pois se cumpre a medida em uma audiência. Caso estabeleça a pena de comparecimento a programa ou curso educativo, pode-se até substituí-la por prestação de serviços à comunidade. Ou esta pode ser transformada naquela. Ouvem-se as partes – Ministério Público e Defensoria – previamente. Para a admoestação verbal e/ou multa, previstas no § 6.º do art. 28, como meios de coerção às restritivas de direitos, não se fala em substituição, logo, as partes devem ser ouvidas como decorrência natural do princípio constitucional do contraditório e, no caso do condenado, da ampla defesa.

> **Art. 28.** Quem adquirir,[10-12] guardar, tiver em depósito, transportar ou trouxer consigo, para consumo pessoal, drogas[13] sem autorização[14] ou em desacordo com determinação legal ou regulamentar será submetido às seguintes penas:[15-19]
>
> I – advertência sobre os efeitos das drogas;[20]
>
> II – prestação de serviços à comunidade;[21]
>
> III – medida educativa de comparecimento a programa ou curso educativo.[22]
>
> § 1.º Às mesmas medidas submete-se quem, para seu consumo pessoal, semeia,[23-25] cultiva ou colhe plantas destinadas à preparação de pequena quantidade de substância ou produto capaz de causar dependência física ou psíquica.[26-27]
>
> § 2.º Para determinar se a droga destinava-se a consumo pessoal, o juiz atenderá à natureza e à quantidade da substância apreendida, ao local e às condições em que se desenvolveu a ação, às circunstâncias sociais e pessoais, bem como à conduta e aos antecedentes do agente.[28-28-A]
>
> § 3.º As penas previstas nos incisos II e III do *caput* deste artigo serão aplicadas pelo prazo máximo de 5 (cinco) meses.[29]
>
> § 4.º Em caso de reincidência, as penas previstas nos incisos II e III do *caput* deste artigo serão aplicadas pelo prazo máximo de 10 (dez) meses.[30-30-A]
>
> § 5.º A prestação de serviços à comunidade será cumprida em programas comunitários, entidades educacionais ou assistenciais, hospitais, estabelecimentos congêneres, públicos ou privados sem fins lucrativos, que se ocupem, preferencialmente, da prevenção do consumo ou da recuperação de usuários e dependentes de drogas.[31]
>
> § 6.º Para garantia do cumprimento das medidas educativas a que se refere o *caput*, nos incisos I, II e III,[32] a que injustificadamente se recuse[33] o agente, poderá o juiz submetê-lo, sucessivamente[34] a:
>
> I – admoestação verbal;[35]
>
> II – multa.[36]
>
> § 7.º O juiz determinará ao Poder Público que coloque à disposição do infrator, gratuitamente, estabelecimento de saúde, preferencialmente ambulatorial, para tratamento especializado.[37]

10. Análise do núcleo do tipo: *adquirir* (comprar, obter mediante certo preço), *guardar* (tomar conta de algo, proteger), *ter em depósito* (manter em reservatório ou armazém), *transportar* (levar de um lugar a outro) ou *trazer consigo* (transportar junto ao corpo) são as condutas, cujo objeto é a droga (substância entorpecente ou que determine dependência física ou psíquica). Difere este crime do previsto no art. 33, justamente em face da finalidade específica do agente (consumo pessoal). Não se trata de infração de *menor* potencial ofensivo, mas de *ínfimo* potencial ofensivo. Além da possibilidade de transação (art. 48, § 5.º), não se imporá prisão em flagrante (art. 48, § 2.º) e, ao final, poderá ser aplicada simples advertência. Denominamos de *ínfimo* potencial ofensivo o crime previsto no art. 28 desta Lei, tendo em vista que, mesmo não sendo possível a transação, ainda que reincidente o agente, com maus antecedentes ou péssima conduta social, *jamais* será aplicada pena privativa de liberdade. O máximo a que se chega, havendo processo e, buscando-se uma condenação, é atingir as três penas principais (advertência, prestação de serviços à comunidade e/ou frequência a curso ou programa educativo), com as medidas assecuratórias de cumprimento: admoestação e, se nada mais adiantar, multa. Lembre-se de que o *uso* do entorpecente não consta no tipo, logo, não é incriminado. Se alguém for surpreendido *usando* a droga (ex.: cocaína injetada na veia), sem possibilidade de se encontrar a substância entorpecente em seu poder, não poderá ser punido. Na jurisprudência: TJSP: "Condutas de trazer consigo 6 porções de maconha e guardar, em casa, para fornecimento a consumo de terceiros, 1 tijolo da mesma substância. Prisão em flagrante. Ação julgada procedente. Condenação fundada na palavra dos policiais militares responsáveis pela apreensão do entorpecente em poder do acusado e no interior de barraco supostamente indicado pelo próprio preso. Confissão parcial para admitir a posse de pequena porção de 'skank' para consumo pessoal. Negativa da posse das porções de maconha e da utilização do barraco como moradia. Prisão efetuada quando saía de mercado após adquirir uma garrafa de *whisky* para consumir com amigos. Versão defensiva confirmada pela esposa do réu e pela testemunha que o acompanhava. Inconsistência dos depoimentos dos policiais, que não presenciaram qualquer ato de mercancia. *Dúvida sobre a posse indireta do tijolo de maconha*. Desclassificação para a figura do artigo 28 da Lei 11.343/06. Pena de prestação de serviços comunitários por 3 meses. Apelo defensivo provido para esse fim" (Apelação Criminal 1521822-05.2019.8.26.0228, 16.ª Câmara de Direito Criminal, rel. Otávio de Almeida Toledo, j. 07.12.2020, v.u., grifamos).

11. Sujeitos ativo e passivo: o sujeito ativo pode ser qualquer pessoa. O sujeito passivo é a sociedade. Não se pune o porte da droga, para uso próprio, em função da proteção à saúde do agente (a autolesão não é punida, como regra, pelo ordenamento jurídico-penal), mas em razão do mal potencial que pode gerar à coletividade.

12. Elemento subjetivo: é o dolo. Há elemento subjetivo específico, consistente em adquirir, guardar, ter em depósito, transportar ou trazer consigo *para consumo próprio*. Não se pune a forma culposa. Na jurisprudência: TJGO: "1. Quando o conjunto probatório não demonstra, de forma clara, que a droga apreendida se destinava à comercialização, e não provada a venda da droga por parte do agente, que declarou ser usuário, em face do princípio *in dubio pro reo*, impõe-se a desclassificação do crime de tráfico para o de uso próprio, devendo ser aplicado o artigo 28 da Lei 11.343/06, com remessa dos autos ao Juizado Especial Criminal competente. (...)" (Ap. Crim. 201494248085 – GO, 1.ª Câmara Criminal, rel. Eudelcio Machado Fagundes, 18.07.2017, v.u.).

13. Norma penal em branco: significa ser o tipo penal dependente de um complemento a lhe dar sentido e condições para aplicação. O termo *drogas* não constitui elemento normativo do tipo, sujeito a uma interpretação valorativa do juiz. Na realidade, representa um *branco* a ser complementado por norma específica, originária de órgão governamental próprio, vinculado ao Ministério da Saúde, encarregado do controle das drogas, em geral, no Brasil, que, por ora, é a Agência Nacional de Vigilância Sanitária (ANVISA). Aliás, o art. 66 deixa isso claro, para o qual remetemos o leitor.

14. Elementos normativos: a expressão *sem autorização ou em desacordo com determinação legal ou regulamentar* constitui fator vinculado à ilicitude, porém inserido no tipo incriminador torna-se elemento deste e, uma vez que não seja preenchido, transforma o fato em atípico. Portanto, adquirir, guardar, ter em depósito, transportar e trazer consigo drogas, para consumo pessoal, devidamente autorizado, é fato atípico. Pensamos que essa situação é excepcional, sob pena de se gerar contradição patente. Não é viável, por ora, autorizar alguém a manter cocaína em casa, para uso próprio. Porém, cuidando-se de um doente, em estado muito grave, pode ser possível a manutenção de morfina, para consumo pessoal, como meio de amenizar a dor provocada por alguma enfermidade. Seria, pois, fato atípico.

15. Brandura da punição: procura-se estar em sintonia com o preceituado na Convenção de Viena sobre substâncias psicotrópicas, de 21 de fevereiro de 1971, aprovada pelo Decreto 79.388/77 e, anteriormente, pelo Decreto Legislativo 90/72. Dispõe o art. 22, b: "Não obstante a alínea precedente [que recomenda para delitos graves a sanção adequada, particularmente prisão ou outra pena privativa de liberdade], quando dependentes de substâncias psicotrópicas houverem cometido tais delitos, as partes poderão tomar providências para que, como uma alternativa à condenação ou pena ou como complemento à pena, tais dependentes sejam submetidos a medidas de tratamento, pós-tratamento, educação, reabilitação e reintegração social, em conformidade com o parágrafo 1 do art. 20". Porém, o texto da Convenção contemplou com tratamentos alternativos o dependente (viciado), mas não o usuário ocasional, nem tampouco o habitual. O legislador brasileiro optou por um caminho mais liberal, sem a descriminalização, mantendo como delito a posse e porte para uso próprio, despindo-o de qualquer pena privativa de liberdade. Constata-se, na prática, a dificuldade de distinção entre traficante e usuário, razão pela qual muitos consumidores, dependentes ou não, têm sido presos e processados por tráfico, gerando uma injusta punição. É preciso aperfeiçoar a legislação, prevendo critérios mais objetivos para essa distinção. Além disso, considerando-se ainda uma infração penal a posse ou porte de droga ilícita para consumo pessoal, parece-nos fundamental que a pena estabelecida seja realmente eficiente e devidamente cumprida, como iremos avaliar em nota específica.

16. Objetos material e jurídico: o objeto material é a droga. O objeto jurídico é a saúde pública.

17. Classificação: comum (pode ser cometido por qualquer pessoa); formal (não exige resultado naturalístico para a consumação, consistente na efetiva lesão à saúde de alguém); de forma livre (pode ser cometido por qualquer meio eleito pelo agente); comissivo (os verbos indicam ações); instantâneo (a consumação se dá em momento determinado), na forma *adquirir*, mas permanente (a consumação se arrasta no tempo) nas modalidades *guardar, ter em depósito, transportar* e *trazer consigo*; de perigo abstrato (não depende de efetiva lesão ao bem jurídico tutelado); unissubjetivo (pode ser cometido por um só agente); plurissubsistente (cometido por intermédio de vários atos); admite tentativa, embora de difícil configuração.

18. Crime de bagatela: possibilidade, em nosso entendimento. Houve época em que sustentávamos não ser necessária a aplicação do princípio da insignificância, no contexto do art. 28 desta Lei, pois não haveria a fixação de pena privativa de liberdade, em qualquer hipótese. Portanto, ainda que diminuta a quantidade da droga, haveria, ao menos, uma advertência, evitando, no futuro, males maiores. Entretanto, o princípio da intervenção mínima não estaria sendo, fielmente, aplicado. Em função da dignidade da pessoa humana, não é cabível qualquer punição, na órbita penal, implicando sanção, por mínima que seja, se o bem jurídico tutelado não for realmente lesado. A quantidade ínfima de entorpecente não proporciona nem sequer a tipificação da infração prevista no art. 28. Logo, alteramos a nossa anterior posição e passamos a admitir o princípio da insignificância para o portador de írrita quantidade de droga. Na jurisprudência, nesse sentido: TJSP: "Porte de drogas para consumo próprio. Pleito almejando a absolvição ante o reconhecimento da insignificância. Possibilidade. Apelante surpreendido com 1,25g de maconha para uso próprio. Conduta irrelevante que pode ser abarcada pela bagatela" (Apelação Criminal 0007349-29.2007.8.26.0028, 16.ª Câmara de Direito Criminal, rel. Guilherme de Souza Nucci, *DJ* 03.12.2013). *Em contrário, formando maioria*: STF: "1. A aplicação do princípio da insignificância, de modo a tornar a conduta atípica, exige sejam preenchidos requisitos estabelecidos na legislação infraconstitucional, posto controvérsia de natureza infraconstitucional, não revela repercussão geral apta a tornar o apelo extremo admissível, consoante decidido pelo Plenário do STF, na análise do AI n.º 747.522-RG, Relator Min. Cezar Peluso, *DJe* de 25.09.2009. 2. A aplicação do princípio da insignificância exige que a conduta seja minimamente ofensiva, que o grau de reprovabilidade seja ínfimo, que a lesão jurídica seja inexpressiva e, ainda, que esteja presente a ausência de periculosidade do agente. *In casu*, não há elementos suficientes a fim de se apreciar o preenchimento de todos os pressupostos hábeis à aplicação do aludido princípio, a fim de trancar a ação penal. 3. *In casu*, o acórdão recorrido assentou: 'penal e processual penal. Posse de substância entorpecente para consumo próprio. Crime tipificado no artigo 28 da Lei 11.343/06. Pequena quantidade. Nula a decisão de rejeição da denúncia. Descabimento a invocação do princípio da insignificância. Risco potencial do delito para a sociedade. Usuário que alimenta o comércio da droga e permite a continuidade da atividade do narcotráfico. Autoria e materialidade sobejamente comprovadas. Recurso provido. Sentença nula. 1. Submete-se às penas do artigo 28 da Lei 11.343/06 quem, por vontade livre e consciente, guarda ou traz consigo, para uso pessoal, drogas sem autorização ou em desacordo com determinação legal ou regulamentar. 2. Não há falar em atipicidade do delito, por haver pouca quantidade da substância entorpecente, já que o crime descrito no artigo 28 da Lei 11.343/06 é de perigo abstrato para a saúde pública – por ser capaz de gerar dependência físico-química –, de maneira que o legislador entendeu por bem manter a tipicidade da conduta, ainda que sem aplicação de penas restritivas de liberdade. 3. 'Numa sociedade que criminaliza psicoativos e associa experiências de alucinógenos à marginalidade, o consumo de drogas provoca uma séria questão ética: quem consome é tão responsável por crimes quanto quem vende. Ao cheirar uma carreira de cocaína, o nariz do cafungador está cheirando automaticamente uma carreira de mortes, consciente da trajetória do pó. Para chegar ao nariz, a droga passou antes pelas mãos de criminosos. Foi regada a sangue'. (...) É proposital [no filme 'o dono da noite', de Paul Schrader] a repetição ritualística de cenas que mostram a rotina do entregador, encerrado numa limusine preta e fúnebre. Nesse contexto, a droga não cumpre mais a função social das antigas culturas. Ela é apenas um veículo de alienação e autodestruição' (Filho, Antônio Gonçalves. A palavra náufraga – ensaios sobre cinema. São Paulo: Cosac SC Naify, 2001. p. 259-60 – não grifado no original). 4. Precedente: 'Acórdão 560684, 20100110754213APJ, relator José Guilherme de Souza, 2.ª Turma Recursal dos Juizados Especiais do Distrito Federal, julgado em 17.01.2012, *DJ* 25.01.2012 p. 173'. Recurso provido para anular a sentença com vistas ao prosseguimento do processo. 4. Agravo regimental desprovido" (ARE 728.688 AgR, 1.ª T., rel. Luiz Fux, j. 17.09.2013, *DJe*-197 Divulg. 04.10.2013, Public. 07.10.2013); "A Lei 11.343/2006, no que se refere ao usuário, optou por abrandar as penas e impor medidas de caráter educativo, tendo em vista os objetivos visados, quais sejam: a prevenção do uso indevido de drogas, a atenção e reinserção social de usuários e dependentes de drogas. VI – Nesse contexto, mesmo que se trate de porte de quantidade ínfima de droga, convém que se reconheça a tipicidade material do delito para o fim de reeducar o usuário e evitar o incremento do uso indevido de substância entorpecente" (HC 102.940 – ES, 1.ª T., rel. Ricardo Lewandowski, j. 15.02.2011, v.u.). STJ: "1. Independentemente da quantidade de drogas apreendidas, não se aplica o princípio da insignificância aos delitos de porte de substância entorpecente para consumo próprio e de tráfico de drogas, sob pena de se ter a própria revogação, *contra legem*, da norma penal incriminadora. Precedentes. 2. O objeto jurídico tutelado pela norma do artigo 28 da Lei 11.343/2006 é a saúde pública, e não apenas a do usuário, visto que sua conduta atinge não somente a sua esfera pessoal, mas toda a coletividade, diante da potencialidade ofensiva do delito de porte de entorpecentes. 3. Para a caracterização do delito descrito no artigo 28 da Lei 11.343/2006, não se faz necessária a ocorrência de efetiva lesão ao bem jurídico protegido, bastando a realização da conduta proibida para que se presuma o perigo ao bem tutelado. Isso porque, ao adquirir droga para seu consumo, o usuário realimenta o comércio nefasto, pondo em risco a saúde pública e sendo fator decisivo na difusão dos tóxicos. 4. A reduzida quantidade de drogas integra a própria essência do crime de porte de substância entorpecente para consumo próprio, visto que, do contrário, poder-se-ia estar diante da hipótese do delito de tráfico de drogas, previsto no artigo 33 da Lei 11.343/2006. 5. Recurso em *habeas corpus* não provido" (RHC 37.094 – MG, 6.ª T., rel. Rogerio Schietti Cruz, j. 04.11.2014, *DJe* 17.11.2014).

18-A. Crime militar e bagatela: eis um dos temas mais polêmicos no contexto das drogas. Defendíamos não fosse aplicável o princípio da insignificância, no contexto militar, em face da especial legislação que rege a corporação. O Código Penal Militar, igualmente lei especial, não teria sido afetado pela Lei de Drogas. Entretanto, melhor refletindo, tendo por base a Constituição Federal, cujo baluarte do Estado Democrático de Direito é o princípio da dignidade da pessoa humana, não se deve estabelecer esse nível de desigualdade no contexto penal. Se ao civil torna-se aplicável, embora por exceção, o princípio da insignificância, parece-nos viável, também em sede militar, considerar a intervenção mínima. Não se descura da disciplina necessária no âmbito militar, mas seja ela aplicada, juntamente com a sanção indispensável, no contexto administrativo, porém, não no cenário penal. Mas, nesta situação, há de se cuidar de quantidades realmente ínfimas. Algo que possa ser incluído no cenário de uso absolutamente pessoal e individual, sem qualquer indício de tráfico. E que possa ser atestado como de mínima potencialidade lesiva para efeito de retirar a capacidade de discernimento do militar. Reconhecemos, entretanto, que a maioria da jurisprudência não acolhe esse princípio no cenário militar. Nos julgados: STM: "Consoante a jurisprudência do STM, a alegação de esquecimento da substância entorpecente não tem o condão de afastar a aplicação do art. 290 do CPM. As alegações de a quantidade de substância apreendida ser mínima e possuir potencial lesivo baixo não afastam a tipicidade da conduta. O uso e o porte de substância entorpecente revelam perigo à Unidade Militar, aos seus integrantes e ao bom andamento dos trabalhos na caserna. A gravidade do fato exacerba-se quando se sabe que os militares têm acesso às armas de fogo e que suas atividades demandam nível de responsabilidade incompatível com o uso de entorpecentes que lhes alterem os sentidos. O desvalor da conduta, com graves reflexos no ambiente castrense, impede o reconhecimento da atipicidade material, não havendo que se falar em aplicação dos princípios da insignificância, da fragmentariedade, da intervenção mínima ou da proporcionalidade. Apelo parcialmente provido, tão somente para reduzir a pena imposta ao Apelante para 1 (um) ano de reclusão. Decisão Majoritária" (Apelação 7000052-83.2020.7.00.0000, rel. Lúcio Mário de Barros Góes, j. 10.06.2020, m.v.).

18-B. Competência: trata-se de infração de menor potencial ofensivo, logo, cabe ao Juizado Especial Criminal. Não cabe nem mesmo invocar qualquer regra de conexão para levá-la ao juízo comum, pois a matéria tem força constitucional, indicando-se o juízo específico para julgá-la. Na jurisprudência: STJ: "1. O crime de uso de entorpecente para consumo próprio, previsto no art. 28 da Lei 11.343/2006, é de menor potencial ofensivo, o que determina a competência do Juizado Especial estadual, já que ele não está previsto em tratado internacional e o art. 70 da Lei n. 11.343/2006 não o inclui dentre os que devem ser julgados pela Justiça Federal. 2. Ao qualificar uma conduta como 'porte de drogas para consumo pessoal', o magistrado deve orientar-se pelos parâmetros objetivos e subjetivos definidos no § 2.º do art. 28 da Lei 11.343/2006, que determina o exame da quantidade e natureza da droga, seu destino, o local e condições em que se desenvolveu a ação, assim como as circunstâncias sociais e pessoais, além da conduta e dos antecedentes do agente. 3. A mera potencialidade de refinamento de matéria-prima da droga não induz, necessariamente, à conclusão de que a intenção daquele que a porta é refiná-la, com vistas à sua comercialização, máxime quando desacompanhada de indícios de que o portador possua apetrechos e/ou conhecimentos que lhe permitam fazê-lo, tampouco indícios de conexão com outro(s) traficante(s) ou mesmo de atividades suspeitas que sinalizem a obtenção de renda sem fonte lícita. 4. Situação em que o réu foi surpreendido, no dia 16.08.2014, durante fiscalização de rotina da Receita Federal em Posto de Estrada, próximo à fronteira Brasil/Bolívia, trazendo consigo 185 (cento e oitenta e cinco) gramas de cocaína, na forma de pasta-base, adquirida na Bolívia. 5. A pequena quantidade de entorpecente apreendida em poder do réu, somada à sua confissão de dependência química e à existência de um único antecedente penal ocorrido há mais de 10 (dez) anos relacionado ao tráfico, sem nenhuma evidência recente de relacionamento com traficantes, ou mesmo de atividades suspeitas que indiquem a obtenção de renda sem fonte lícita, demonstram estar correto o Juízo suscitado (da Justiça Federal) quando afirmou não existirem, nos autos, elementos aptos a sustentar a tipificação do art. 33 c/c 40, I e III, da Lei 11.343/2006, merecendo a conduta descrita na denúncia ser desclassificada e reenquadrada no tipo penal do art. 28 da Lei 11.343/2006. 6. Conflito conhecido, para declarar competente para o julgamento da ação penal o Juízo de Direito do Juizado Especial Cível e Criminal de Corumbá/MS, o suscitante" (CC 144.910 – MS, 3.ª S., rel. Reynaldo Soares da Fonseca, j. 13.04.2016, v.u.).

18-C. Descriminalização da posse de droga para consumo pessoal: o Supremo Tribunal Federal finalizou o julgamento do Recurso Extraordinário 635.659 – SP (Plenário, rel. Gilmar Mendes, 26.06.2024, m.v.), decidindo pela inconstitucionalidade do art. 28 desta lei, exclusivamente no tocante à maconha. Portanto, houve descriminalização da posse ou porte de *cannabis* para o fim de uso próprio, mantendo-se o art. 28, como delito, para todas as demais substâncias entorpecentes ilícitas. Além disso, o STF manteve a posse ou porte de maconha como conduta ilícita, passível de sofrer as sanções de advertência ou medida de comparecimento a programa educativo (art. 28, I e III), de natureza extrapenal. Assim sendo, a polícia pode – e deve – apreender a maconha encontrada com o usuário e notificá-lo a comparecer ao Juizado Especial Criminal para que o juiz aplique uma das sanções mencionadas. À falta de lei específica para esse novo entendimento, manteve-se o magistrado do JECRIM para estabelecer a sanção extrapenal, assim como se utilizará do art. 28, incisos I e III, para tanto. Estabeleceu, ainda, a quantidade de 40 gramas de maconha como critério objetivo para diferenciar traficante e usuário. Quem for encontrado com até 40 gramas de *cannabis* é presumido consumidor; com mais de 40 gramas, presume-se ser traficante. No entanto, é uma presunção relativa, que admite prova em contrário, significando a viabilidade de se constatar o tráfico para quem estiver com 10 gramas, por exemplo, desde que haja prova de comércio; pode, ainda, ser usuário, mesmo com 80 gramas, bastando a demonstração de haver tráfico. É inadmissível a prisão em flagrante e a lavratura de termo circunstanciado para o consumidor de maconha, motivo pelo qual, caso se detecte o tráfico, torna-se imprescindível que a autoridade policial, determinando a prisão em flagrante, explicite no auto lavrado os fundamentos que levaram a essa conclusão. Da mesma forma, na audiência de custódia, o juiz deve expor, claramente, as razões que o levarem a manter a prisão em flagrante por tráfico, quando se tratar de possuidor de maconha, especialmente se a quantidade for inferior a 40 gramas.

19. Detração imprópria: o acusado por tráfico ilícito de drogas, que tenha ficado preso cautelarmente durante a instrução, experimentando a decisão judicial de desclassificação para o crime previsto no art. 28 (consumo pessoal), *nada* deve cumprir em relação à pena aplicável. Explica-se: o consumidor jamais será condenado a pena privativa de liberdade; se o agente, inicialmente, é acusado por tráfico ilícito de entorpecentes, sendo preso cautelarmente, quando houver a desclassificação, de nada adianta impor penas restritivas de direito ou multa; afinal, ele já esteve preso em regime fechado, o que significa penalidade muito mais grave. Aplica-se, então, a detração *imprópria* (porque não autêntica: não se desconta a prisão cautelar de pena privativa de liberdade), debitando-se a prisão provisória da pena alternativa, zerando-a, por óbvio. Conferir: TJSP: "Apelação. Tráfico de entorpecentes. Sentença condenatória. Pleito ministerial de inaplicabilidade do art. 33, § 4.º, da Lei de Drogas e fixação da pena acima do mínimo previsto no art. 33, 'caput', da Lei 11.343/2006, além do afastamento da substituição da pena de liberdade por restritiva de direitos. Recurso improvido. Pleito defensivo de absolvição por insuficiência probatória e, subsidiariamente, a imposição de regime inicial aberto. Acusado preso em flagrante por trazer consigo 16 pinos de cocaína. Autoria quanto ao comércio de drogas não evidenciado. De rigor, a desclassificação para o delito constante do artigo 28 da Lei de Drogas. *Ilógica aplicação de qualquer pena. Detração imprópria. Extinção da punibilidade.* Recurso parcialmente provido. Expedição de alvará de soltura clausulado" (Ap. 3004916-85.2013.8.26.0223 – SP, 16.ª Câmara de Direito Criminal, rel. Guilherme de Souza Nucci, j. 10.05.2016, v.u., grifamos). TJDFT: "A decisão que decreta extinção da punibilidade pela prática do crime art. 28 da Lei Antidrogas, por considerar cumprida a pena que seria eventualmente imposta, em vista do tempo de prisão provisória naquele processo, configura a detração penal. De maneira que o mesmo período não pode ser utilizado para detração em feito diverso" (RAG 20160020055912 – DFT, 2.ª Turma Criminal, rel. Souza e Avila, j. 02.06.2016, v.u.).

20. Advertência: o juiz deve designar audiência específica para tanto, nos moldes da audiência admonitória de concessão de *sursis*, para que, formalmente, o réu seja advertido (avisado, censurado levemente) sobre os efeitos negativos da droga em relação à saúde. Parece-nos fundamental que a advertência, cuja natureza jurídica é de pena, seja reduzida a termo e assinada pelo magistrado, pelo réu, seu defensor e pelo representante do Ministério Público. Aliás, constituindo *pena*, pode gerar, no futuro, reincidência, caso seja novamente encontrado com droga para consumo pessoal, não podendo mais, sob pena de consagração da impunidade, o magistrado aplicar outra advertência, mas partir para medidas mais eficientes, como a restrição a direitos. Sobre a diferença entre advertência e admoestação, consultar a nota 35 *infra*.

21. Prestação de serviços à comunidade: respeitam-se as regras gerais estabelecidas no Código Penal (art. 46), observadas as peculiaridades trazidas por esta Lei. Ilustrando: a) a prestação de serviços à comunidade, no Código Penal, somente pode ser aplicada em substituição à pena privativa de liberdade, quando esta atingir montante superior a seis meses; no caso da Lei 11.343/2006, constitui pena totalmente independente, com prazo próprio, variando de um dia a cinco meses (o art. 28, § 3.º, desta Lei fixou o máximo; o mínimo advém da impossibilidade de haver pena em horas, conforme art. 11 do CP); b) as tarefas gratuitas, no Código Penal, destinam-se a entidades assistenciais, hospitais, escolas, orfanatos e outros estabelecimentos congêneres, em programas comunitários ou estatais; na Lei 11.343/2006, a prestação de serviços à comunidade deve voltar-se, preferencialmente, a programas comunitários, entidades educacionais ou assistenciais, hospitais, estabelecimentos congêneres, públicos ou privados, sem fins lucrativos, que se destinem, fundamentalmente, à prevenção ao consumo e à recuperação do usuário e dependente de drogas; c) no Código Penal, o descumprimento da prestação de serviços à comunidade implica a sua conversão em pena privativa de liberdade, pelo remanescente do tempo não cumprido, respeitado o mínimo de trinta dias; a Lei 11.343/2006, a prestação de serviços à comunidade, quando não cumprida, sujeitará o sentenciado à admoestação verbal e/ou à aplicação de uma multa; d) a prestação de serviços à comunidade, no Código Penal, em relação à prescrição, tem o mesmo prazo da pena privativa de liberdade que substituiu; na Lei 11.343/2006, as penas prescrevem em dois anos. No mais, parece-nos que se pode aplicar o disposto no Código Penal, vale dizer, o condenado a cumprirá à razão de uma hora-tarefa por dia de condenação, num total de sete horas por semana, ajustando-se a maneira de executá-la de acordo com a conveniência do trabalho regular do condenado (art. 46, § 3.º, CP). Não poderá haver antecipação, afinal, esta somente é permitida, quando a pena atinge patamar superior a um ano (art. 46, § 4.º, CP), o que não é o caso da Lei 11.343/2006.

22. Comparecimento a programa ou curso educativo: cuida-se de pena inédita, não constante do Código Penal, mas também sem ter sido detalhadamente regulada pela Lei 11.343/2006, o que é um equívoco. Não se menciona a forma da obrigação de comparecimento a programa ou curso educativo. Por isso, a única maneira de se evitar lesão ao princípio da legalidade, porém buscando-se *salvar* a pena criada, parece-nos que se deva fazer uma analogia com a prestação de serviços à comunidade. Desse modo, o juiz fixaria a obrigação de comparecimento a programa ou curso educativo pelo prazo mínimo de um dia (o que deve ser evitado, pois inócuo) até o máximo de cinco meses. A periodicidade do comparecimento deve guardar correspondência com a estrutura estabelecida pelo curso (duas vezes por semana, durante duas horas, por exemplo). Em caso de reincidência, é ajustável a aplicação dessa medida até o prazo de dez meses, como disposto no art. 28, § 4.º.

23. Análise do núcleo do tipo: *semear* (espalhar sementes para que germinem), *cultivar* (propiciar condições para o desenvolvimento da planta) e *colher* (recolher o que a planta produz) são as condutas mistas alternativas, cujo objeto é a semente ou planta voltada à preparação de substância entorpecente ou apta a causar dependência física ou psíquica. Este tipo, inserido no contexto do art. 28, aplicando-se ao usuário de drogas, supre falha constante da anterior Lei 6.368/76. Havia controvérsia, na doutrina e na jurisprudência, a respeito do destino a ser dado ao consumidor de drogas, que semeasse, cultivasse ou fizesse colheita de plantas, delas extraindo pequenas porções de substância entorpecente, para o seu consumo pessoal. As opiniões variavam desde a punição por tráfico, passando pela aplicação do antigo art. 16 da Lei 6.368/76 (porte para uso, por analogia) até atingir a atipicidade. Dois requisitos são fixados para a aplicação desta figura típica: a) haver o intuito de uso próprio; b) ser pequena a quantidade de droga produzida.

24. Sujeitos ativo e passivo: o sujeito ativo pode ser qualquer pessoa. O sujeito passivo é a sociedade.

25. Elemento subjetivo: é o dolo. Há o elemento subjetivo do tipo específico, consistente em serem as condutas destinadas ao *consumo pessoal* do agente. Não existe a forma culposa. Em caso de dúvida, acerca do objetivo do agente – se consumo ou mercancia – deve-se decidir em favor do réu.

26. Objetos material e jurídico: o objeto material é a semente ou planta. O objeto jurídico é a saúde pública.

27. Classificação: comum (pode ser cometido por qualquer pessoa); formal (não exige resultado naturalístico para a consumação, consistente na efetiva lesão à saúde de alguém); de forma livre (pode ser cometido por qualquer meio eleito pelo agente); comissivo (os verbos indicam ações); instantâneo (a consumação se dá em momento determinado), nas formas *semear* e *colher*, mas permanente (a consumação se arrasta no tempo) na modalidade *cultivar*; de perigo abstrato (não depende de efetiva lesão ao bem jurídico tutelado); unissubjetivo (pode ser cometido por um só agente); plurissubsistente (cometido por intermédio de vários atos); admite tentativa.

28. Critérios para a apuração do consumo pessoal: para distinguir o crime de tráfico ilícito de entorpecentes da posse ou porte para uso, constitui tarefa árdua do magistrado para um julgamento justo. Entretanto, essa verificação poderia ser facilitada, caso se realize a indispensável reforma desse dispositivo, inserindo mais critérios objetivos e reduzindo a avaliação excessivamente subjetiva. Quanto à natureza e quantidade da droga apreendida, torna-se fundamental o detalhamento técnico, por meio de lei ou, pelo menos, em portaria da ANVISA, para que se indique o grau de periculosidade à saúde de cada substância entorpecente proibida, assim como as quantidades para cada espécie, em termos de risco para causar dependência e até mesmo gerar *overdose*. Atualmente, os juízos e tribunais *opinam*, sem um padrão científico, acerca dos males de certa droga, assim como narram, de maneiras divergentes, o que se pode considerar pouca ou abusiva quantidade. Disso decorre a existência de condenações completamente diferentes para situações de fato similares, incluindo, nesse contexto, a viabilidade de uma pessoa ser considerada usuária, encaminhada ao JECRIM, enquanto outra pode ser reputada traficante, sofrendo pena privativa de liberdade. Quanto ao local e condições de desenvolvimento da ação delituosa, é mais complexa a definição, motivo pelo qual se tem levado em conta a área da apreensão da droga – zona de tráfico ou *boca de fumo* – além do modo pelo qual o policial percebeu tratar-se de alguém comercializando entorpecente ou somente utilizando-o. Neste tópico, a avaliação subjetiva começa a ser feita pelo agente da autoridade, passa pelo delegado e pelo promotor, até chegar ao juiz. A Lei 11.343/2006 trouxe uma inovação: "circunstâncias sociais e pessoais" do agente. Não se trata de requisito positivo, pois dá ensejo à aplicação de subjetivismo excessivo. Os fatores envolvendo a situação social ou pessoal do possuidor da droga tem levado a deduções indevidas, até certo ponto preconceituosas, tal como supor que um indivíduo pobre, encontrado em favela, com algumas pedras de crack e um pouco de dinheiro é considerado traficante; a mesma pessoa, de nível socioeconômico superior, em bairro nobre, com dinheiro e pedras de crack, pode ser apontada como consumidor. É preciso redobrada cautela para que meras suposições não sejam utilizadas para avaliar a situação. A referência à conduta e aos antecedentes do agente precisa ser dividida. A parcela correspondente à conduta do possuidor do entorpecente representa uma repetição incabível, uma vez que já se faz menção à *condição em que se desenvolveu a ação*, tratando-se da *conduta criminosa*. No entanto, se esse termo – conduta – refere-se à conduta social, parece-nos, ainda assim, equivocado, pois esse elemento é usado para a aplicação da pena (art. 42 desta lei) e não deve ser analisado para a tipificação do fato. Por derradeiro, quanto aos antecedentes, exige-se precaução para não lançar uma *presunção de tráfico* para quem já tenha condenação anterior por esse delito; afinal, um indivíduo, mesmo condenado com base no art. 33 desta lei, pode ter cumprido a sua pena e se tornado usuário da droga, incidindo o art. 28. Por outro lado, não é qualquer antecedente que serve à distinção entre tráfico e consumo, pois quem tiver anterior condenação por furto (crime patrimonial) não pode ser considerado traficante, caso encontrado portando entorpecente, visto inexistir relação entre dois delitos cujo objeto jurídico é totalmente diverso. É fundamental aprimorar o conteúdo deste parágrafo para inserir mais fatores objetivos e detalhados, cortando-se os puramente subjetivos. Registre-se que qualquer critério diferenciador pode ser objeto de crítica e não será perfeito, mas é preciso alterar este dispositivo de qualquer modo. A atual redação não tem sido bem aplicada na prática, merecendo revisão, com a inclusão de mais dados de cunho objetivo. Na jurisprudência: STF: "2. A pequena quantidade de droga apreendida (4,68 g de crack) e as circunstâncias e condições em que se desenvolveu a ação indicam, sem precisar examinar a fundo a matéria fática, que a solução adequada ao caso é a desclassificação da conduta para aquela prevista no art. 28 da Lei 11.343/2006. 3. Agravo Regimental provido, para desclassificar a conduta de tráfico de drogas (art. 33, *caput*, da Lei 11.343/2006) para posse de droga para consumo pessoal (art. 28, *caput*, da Lei 11.343/2006) e, por consequência, declarar extinta a punibilidade do agente, tendo em vista o cumprimento de medida mais severa do que a pena aplicável" (HC 231.041 AgR, 1.ª T., rel. Cristiano Zanin, 27.11.2023). STJ: "1. A Sexta Turma desta Corte Superior de Justiça já decidiu que a Lei n. 11.343/2006 não determina parâmetros seguros de diferenciação entre as figuras do usuário e a do pequeno, médio ou grande traficante, questão essa, aliás, que já era problemática na lei anterior (Lei n. 6.368/1976) (AgRg no HC n. 866.780/PE, Ministro Rogerio Schietti Cruz, Sexta Turma, *DJe* 20/3/2024). 2. No caso em apreço, observa-se a ausência de fundamentação a sustentar a condenação pelo delito de tráfico de drogas, porquanto baseada apenas na prisão do réu em ponto de tráfico de drogas da facção 'os manos' e na diversidade de material entorpecente apreendido, embora em quantidade ínfima" (AgRg no HC 845.777 – RS, 6.ª T., rel. Sebastião Reis Júnior, 17.06.2024, v.u.); "2. No caso, não constam dos autos os mínimos elementos capazes de embasar a condenação por tráfico de drogas, haja vista que a quantidade de substância entorpecente apreendida com o acusado não foi excessivamente elevada, bem como que não há provas concretas sobre a traficância, na medida em que 'os policiais não presenciaram o acusado realizando qualquer ato de comercialização da substância e também não conversaram com usuários que tivessem dito que ele praticava tal delito. Ainda, não há notícia de investigação prévia a respeito', tal como bem salientou o Juiz sentenciante. Também não foi encontrado nenhum apetrecho ligado à narcotraficância, tal como balança de precisão ou material para embalar drogas. 3. Especificamente no caso dos autos, a conclusão pela desclassificação da conduta imputada ao réu para o delito descrito no art. 28 da Lei n. 11.343/2006 não demanda o revolvimento de matéria fático-probatória, procedimento, de fato, vedado na via estreita do *habeas corpus*, de cognição sumária. O caso em análise, diversamente, requer apenas a revaloração de fatos incontroversos e das provas que já foram devidamente colhidas ao longo de toda a instrução probatória. Depende, ademais, da definição, meramente jurídica, acerca da interpretação a ser dada sobre os fundamentos apontados pela instância de origem para condenar o réu pela prática do crime de tráfico de drogas, vis-à-vis os elementos (subjetivos e objetivos) do tipo penal respectivo" (AgRg no HC 894.197 – MS, 6.ª T., rel. Rogerio Schietti Cruz, 27.05.2024, v.u.).

28-A. Maconha medicinal: tem crescido o número de pessoas com enfermidades graves que se valem da maconha para fins terapêuticos, embora ainda remanesça a carência de legislação autorizando esse uso. Mesmo levando-se em conta que a maconha *para consumo pessoal* foi descriminalizada, permanece como conduta ilícita. O objetivo ideal é a regularização desse uso, por meio de lei específica. Enquanto isso não se dá, parece-nos viável acolher a sua licitude medicinal com a tese do estado de necessidade; outro fundamento jurídico é a inexigibilidade de conduta diversa (excludente de culpabilidade). No estado de necessidade, vislumbra-se uma análise mais complexa, pois o quadro precisa enfocar dois bens jurídicos em conflito (saúde pública × vida e integridade à saúde da pessoa enferma), desde que, para salvar um deles de perigo atual (ou amenizar o sofrimento), seja indispensável que o outro perecesse, levando em conta que o sacrifício seja inevitável e razoável (art. 24, CP). Seria uma hipótese plausível, havendo prova de que a pessoa, a se valer da maconha, precisa da droga para evitar a morte, um grave dano à saúde ou o sofrimento intenso, sem colocar em risco a saúde pública. Poder-se-ia invadir um tema controverso, uma vez que não se aceita a alegação de estado de necessidade, por exemplo, para quem afirma traficar pequenas quantidades de drogas para garantir a sobrevivência; afinal, o que está em jogo é a saúde pública, quando se dissemina entorpecente. No entanto, a inexigibilidade de conduta diversa é outra tese, pois o cultivo da maconha, para fins medicinais, quando não há remédio de fácil acesso para aliviar as dores do paciente, é uma postura compreensível, no universo da culpabilidade, não se podendo exigir um comportamento exemplar, conforme o direito, se o próprio Estado não fornece os meios para amenizar a dor de quem sofre. É o sustentáculo para o consumo pessoal de maconha medicinal. Reitere-se o seguinte: embora o uso de maconha não mais seja crime, o objetivo é utilizar as teses supramencionadas para afastar a ilicitude e impedir a apreensão do entorpecente e aplicação de sanção extrapenal. Na jurisprudência: TJSP: "Reexame necessário. *Habeas corpus* concedido pelo d. juízo *a quo*. Expedição de salvo conduto para que o paciente realize o cultivo domiciliar de *Cannabis* para fins medicinais. Paciente portador de Esclerose

Lateral Amiotrófica. Necessidade de uso do óleo de *Cannabis* devidamente comprovada pelo laudo médico juntado aos autos. Existência de autorização da ANVISA para importação de remédio a base de Canabidiol de alto custo e que impede o seu acesso pelo paciente. Omissão da ANVISA em regulamentar o plantio domiciliar de cannabis para fins medicinais verificada. Excludente de culpabilidade da inexigibilidade de conduta diversa reconhecida. Recurso improvido" (Remessa Necessária Criminal 1000388-07.2021.8.26.0047, 16.ª C., rel. Leme Garcia, 19.10.2021, v.u.).

29. Penas restritivas de direitos independentes: fugindo à regra das penas restritivas de direitos do Código Penal, que são, sempre, substitutivas das penas privativas de liberdade (ex.: fixando-se uma pena em oito meses de detenção, substitui-se a privativa de liberdade por oito meses de prestação de serviços à comunidade), nesta Lei, prevê-se a completa autonomia das penas de prestação de serviços à comunidade e obrigação de frequência a programa ou curso educativo. Estas, como já mencionamos em nota anterior, devem ter o prazo de um dia a cinco meses.

30. Reincidência: nos termos adotados em nossa obra *Drogas* (publicação de 2024), visualizamos a questão da reincidência, quando envolve condenação pelo art. 28, da seguinte forma: a) trata-se de infração de menor potencial ofensivo e deve seguir para o Juizado Especial Criminal. Nos termos do art. 76, § 4.º, da Lei 9.099/95, a transação realizada por conta do consumo de substância entorpecente não gera reincidência caso o agente pratique crime de outra espécie. Somente se leva em conta a referida transação para que o mesmo benefício não seja novamente concedido dentro do prazo de cinco anos. Com base nesse argumento, quem vier a cometer um tráfico de drogas, na sequência, pode obter o benefício do redutor do art. 33, § 4.º, desta lei; b) há de se considerar o princípio da proporcionalidade, pois o delito previsto no art. 28 é uma infração de ínfimo potencial ofensivo, com penas brandas, sem a hipótese de pena privativa de liberdade, razão pela qual não guardaria a devida harmonia se a condenação pelo consumo causasse impedimentos a futuros benefícios; c) a política criminal utilizada pelo Estado para cuidar da penalização pelo consumo de droga ilegal, que é branda, associada à descriminalização do uso de maconha pelo STF, gera um critério lógico de que a reincidência precisa ficar circunscrita ao próprio art. 28, apenas para mensurar a pena a ser aplicada nesta situação. Na jurisprudência: STJ: "4. A existência de condenação anterior pela prática do crime previsto no art. 28 da Lei de Drogas não gera nem maus antecedentes nem reincidência" (AgRg no REsp 2.101.730 – MG, 6.ª T., rel. Rogerio Schietti Cruz, 29.04.2024, v.u.).

30-A. Acordo de não persecução penal para o art. 28: não cabe. O art. 28 é infração de menor potencial ofensivo. Portanto, lavra-se termo circunstanciado e encaminha-se o agente ao JECRIM para transação. Realizada esta e aplicada a pena, não há possibilidade de gerar reincidência, nos termos do art. 76, § 4.º, da Lei 9.099/95. E, quanto à transação, ela é obstáculo expresso ao acordo de não persecução penal, conforme art. 28-A, § 2.º, I, do Código de Processo Penal. Imagine-se que o sujeito pratica nova infração, com pena mínima inferior a quatro anos, dentro dos cinco anos seguintes à transação. Se for infração de menor potencial ofensivo, não pode obter nova transação (art. 76, § 4.º, parte final, Lei 9.099/95). E, também, não cabe o acordo de não persecução penal (art. 28-A, § 2.º, III, CPP). Sob outro prisma, passados os cinco anos da última transação, o agente comete novamente o crime do art. 28. Tem direito à transação no JECRIM. Em suma, não há espaço para a aplicação do acordo de não persecução penal.

31. Particularidade da prestação de serviços à comunidade: basicamente, configura-se da mesma forma que a previsão feita no Código Penal (art. 46, § 2.º), porém com a peculiaridade de se inserir o condenado em entidades assistenciais ou educacionais, em geral, voltadas à prevenção do consumo ou da recuperação de usuários e dependentes de drogas, o que é positivo. Afinal, a natureza do crime acompanha, em última análise, a essência da pena.

32. Inclusão indevida do inciso I: a pena de advertência sobre os efeitos da droga, em primeiro lugar, é de difícil recusa do agente quanto ao seu cumprimento, uma vez que cabe ao juiz adverti-lo em uma audiência. Assim ocorrendo, está concluída. Imagine-se, no entanto, que o condenado deixe de comparecer, sem justo motivo, à audiência designada. Não nos parece viável, para não dizer simplesmente ser inútil, como medida para garantir o seu cumprimento, pretender admoestá-lo verbalmente. Se já não quis ouvir a advertência, é óbvio que nenhum efeito surtirá a referida admoestação. Cremos que, no caso de advertência, se o réu não comparecer à audiência – ou se, comparecendo, recusar-se a ouvir as ponderações do magistrado, por qualquer razão – o mais indicado seria valer-se do disposto no art. 27, substituindo-se essa pena por outra, mais efetiva, como a prestação de serviços à comunidade. E se esta ainda não for eficiente, parte-se para a admoestação verbal (no fundo, uma repetição da anterior advertência) e, na sequência, para a aplicação de multa.

33. Recusa injustificada: eventualmente, o condenado pode rejeitar a aplicação de advertência, prestação de serviços à comunidade ou frequência obrigatória a curso ou programa, desde que apresente justificativa válida. São situações viáveis, como ilustração, para a recusa justificada: a) a advertência, feita pelo juiz, é ríspida e grosseira, humilhando o sentenciado. Dessa forma, pode retirar-se da audiência, lavrando-se o protesto no termo, por meio do seu advogado; b) a prestação de serviços à comunidade deve ser cumprida em lugar onde o condenado exerce as suas atividades profissionais normais, o que lhe representaria uma forma de humilhação; c) a frequência a cursos ou programas pode referir-se a uma situação improvisada, totalmente alheia ao tema de tóxicos. Em suma, o importante é oferecer motivos plausíveis para que o juiz substitua a pena por outra. Não é demais lembrar que, em face da opção legislativa de afastar a prisão do cenário dos usuários e dependentes, é evidente não ser possível buscar atingir esse objetivo por formas indiretas, tal como a tipificação da recusa como se fosse crime de desobediência. Seria contornar a nova política criminal adotada ferindo a legalidade.

34. Sucessividade: o descumprimento das medidas decorrentes dos incisos I a III, a que se refere o *caput* do art. 28, dará ensejo, em primeiro lugar, a uma audiência em que o juiz admoestará verbalmente o condenado a cumprir o que lhe foi fixado, ao menos em relação à prestação de serviços à comunidade e à frequência a curso. Sendo verbal, nem mesmo será reduzida a termo, tornando-se solene e formal. Por outro lado, somente dada essa chance ao condenado – e ainda assim insistindo em não cumprir o que lhe cabia fazer – passará o magistrado ao estabelecimento da pena de multa, nos valores sugeridos pelo art. 29. Não é possível promover, concomitantemente, a admoestação e a fixação da multa para compelir o sentenciado a cumprir as obrigações dos incisos II e/ou III do art. 28, *caput*. Fosse viável e não teria sentido prever, com clareza, o termo *sucessivamente*. Parece-nos lógico que não é o caso de designar audiência para admoestar e, em seguida, no mesmo momento, estipular uma multa. Para que tal se desse, bastaria suprimir o elemento *sucessivamente*, autorizando o magistrado a admoestar e fixar multa ao mesmo tempo.

35. Admoestação verbal: é a censura branda feita oralmente, sem necessidade de se reduzir o que foi falado a termo. Deve o magistrado utilizar de cautela para não ferir a suscetibilidade do réu, embora deva ser enfático o suficiente para registrar a seriedade do cumprimento da pena. A audiência destinada à admoestação será registrada em termo próprio, mas não se torna indispensável detalhar o que o juiz disse ao condenado, afinal, cuida-se de exortação *verbal*. A diferença fundamental entre a pena de *advertência* e a *admoestação verbal* é, na essência, a finalidade. No primeiro caso, o juiz se concentra a alertar o acusado a respeito dos *efeitos das drogas*, não somente em relação à sua própria pessoa, mas sobretudo em relação à saúde pública e ao incentivo ao tráfico ilícito de entorpecentes. No segundo, cuida o magistrado de avisar, com firmeza, o agente de que ele não vem cumprindo, corretamente, a pena aplicada. Estará, então, sujeito à sanção pecuniária, caso assim continue a agir.

36. Multa: a fixação do seu valor obedece a regra específica, prevista no art. 29 desta Lei, para o qual remetemos o leitor. Lembremos, no entanto, que ao usuário de drogas afastou-se, por completo, a pena privativa de liberdade e, também, a pena de multa, como penalidade autônoma. A pena pecuniária, segundo o disposto no § 6.º, II, do art. 28 tem a finalidade exclusiva de servir de elemento de coerção ao usuário, para que cumpra as medidas fixadas nos incisos I a III do mesmo artigo.

37. Norma extrapenal: embora inserida nesta Lei, cuida-se de medida a ser tomada por juiz criminal, mas não como efeito da condenação, nem tampouco como pena. Cuida-se de medida benéfica a quem usa drogas, para que se submeta a um tratamento especializado, afastando-se, com isso, eventual reincidência. Não sendo pena ou efeito da condenação, se o sentenciado não se valer da medida tomada pelo juiz, nenhuma consequência negativa lhe pode ocorrer.

> **Art. 29.** Na imposição da medida educativa a que se refere o inciso II do § 6.º do art. 28, o juiz, atendendo à reprovabilidade da conduta, fixará o número de dias-multa, em quantidade nunca inferior a 40 (quarenta) nem superior a 100 (cem),[38] atribuindo depois a cada um, segundo a capacidade econômica do agente,[39] o valor de um trinta avos até 3 (três) vezes o valor do maior salário mínimo.
>
> **Parágrafo único.** Os valores decorrentes da imposição da multa a que se refere o § 6.º do art. 28 serão creditados à conta do Fundo Nacional Antidrogas.[40]

38. Pena pecuniária: o legislador, ao usuário de drogas, preferiu estabelecer medidas de caráter puramente educativo ou recuperador, como se observa nos incisos I a III do art. 28. Entretanto, se o condenado não cumprir a prestação de serviços à comunidade ou deixar de comparecer a programa ou curso educativo, o máximo que o juiz poderá fazer é *admoestá-lo* (censurar) verbalmente e, *sucessivamente* (após a primeira medida), fixar uma multa de 40 a 100 dias-multa. Cada dia-multa terá o valor de 1/30 do salário mínimo a 3 vezes o salário mínimo.

39. Capacidade econômica do agente: conforme regra geral do Código Penal (art. 60, *caput*), o valor do dia-multa deve obedecer à capacidade econômica do agente. Réus mais abonados receberão valores mais elevados; acusados pobres devem obter montantes mais baixos. Relembremos que o número de dias-multa tem outro prisma: o da culpabilidade (grau de reprovação social merecido pelo agente, conforme o fato praticado).

40. Fundo específico: diversamente das multas estabelecidas pelo Código Penal e em outras leis, as penas pecuniárias recolhidas em razão de delitos previstos nesta Lei devem seguir ao Fundo Nacional Antidrogas. Nos demais casos, as multas compõem o acervo do Fundo Penitenciário (art. 49, *caput*, CP).

> **Art. 30.** Prescrevem em 2 (dois) anos[41] a imposição e a execução das penas, observado, no tocante à interrupção do prazo, o disposto nos arts. 107 e seguintes do Código Penal.[42-42-A]

41. Prazo prescricional específico: para os delitos voltados ao usuário ou dependente, utiliza-se o prazo único de dois anos para o cálculo da prescrição, envolvendo tanto a pretensão punitiva (para a imposição da pena), quanto a pretensão executória (para a execução da pena).

42. Interrupção do prazo prescricional: não tem sentido mencionar, como foi feito, que, no tocante à interrupção da prescrição, deve-se observar o disposto nos arts. 107 e seguintes do Código Penal. Ora, há inúmeros artigos completamente estranhos ao tema nesse contexto. Aliás, o próprio art. 107, retromencionado, não tem nenhum relacionamento com interrupção de prescrição, trazendo apenas um rol de situações aptas a gerar a extinção da punibilidade. Deve-se supor ter havido erro de redação e o correto seria apontar o art. 117 do Código Penal, que traz a relação das causas interruptivas da prescrição.

42-A. Suspensão do prazo prescricional: se o prazo prescricional é específico para este caso, fixando-se sempre em dois anos, é correta a previsão na Lei Especial. Porém, se as causas de interrupção são as gerais do Código Penal, não há a menor razão para mencioná-las novamente no texto da Lei 11.343/2006. Aplica-se, obviamente, o disposto no art. 12 do Código Penal ("As regras gerais deste Código aplicam-se aos fatos incriminados por lei especial, se esta não dispuser de modo diverso"). Note-se, pois, que a menção à interrupção da prescrição *não veio acompanhada* dos casos de suspensão da prescrição, previstos tanto no art. 116 do Código Penal como em outras fontes legislativas. Quer isto dizer que não há suspensão da prescrição? Naturalmente que não. Significa seguir as regras gerais no que toca à suspensão do prazo prescricional.

TÍTULO IV
DA REPRESSÃO À PRODUÇÃO NÃO AUTORIZADA E AO TRÁFICO ILÍCITO DE DROGAS

Capítulo I
DISPOSIÇÕES GERAIS

> **Art. 31.** É indispensável a licença prévia da autoridade competente para produzir, extrair, fabricar, transformar, preparar, possuir, manter em depósito, importar, exportar, reexportar, remeter, transportar, expor, oferecer, vender, comprar, trocar, ceder ou adquirir, para qualquer fim, drogas ou matéria-prima destinada à sua preparação, observadas as demais exigências legais.[43]

43. Controle estatal das drogas: a Lei 11.343/2006 constitui norma penal em branco, significando que a existência de um rol de substâncias entorpecentes ou que causem dependência física ou psíquica é fundamental, embora não deva ser feito por lei, pois difícil de ser alterada. Por isso, cabe a órgão ligado ao Ministério da Saúde, por resolução ou portaria, fixar a relação das drogas controladas pelo Estado, dentre estas as que são efetivamente proibidas. Às vezes, é possível que se autorize a produção, extração, fabricação e outras atividades, relativas a substâncias entorpecentes, para fins científicos ou medicinais, desde que haja expressa e prévia licença da autoridade competente. Na jurisprudência: STJ: "1. O art. 33, *caput*, da Lei n. 11.343/2006 apresenta-se como norma penal em branco, porque define o crime de tráfico a partir da prática de dezoito condutas relacionadas a drogas, sem, no entanto, trazer a definição desse elemento do tipo. 2. A definição do que sejam 'drogas', capazes de caracterizar os delitos previstos na Lei n. 11.343/2006, advém da Portaria n. 344/1998, da Secretaria de Vigilância Sanitária do Ministério da Saúde" (REsp 1.444.537 – RS, 6.ª T., rel. Rogerio Schietti Cruz, j. 12.04.2016, v.u.).

> **Art. 32.** As plantações ilícitas serão imediatamente destruídas pelo delegado de polícia na forma do art. 50-A, que recolherá quantidade suficiente para exame pericial, de tudo lavrando auto de levantamento das condições encontradas, com a delimitação do local, asseguradas as medidas necessárias para a preservação da prova.[44]
>
> § 1.º *(Revogado pela Lei 12.961, de 4 de abril de 2014).*
>
> § 2.º *(Revogado pela Lei 12.961, de 4 de abril de 2014).*
>
> § 3.º Em caso de ser utilizada a queimada para destruir a plantação, observar-se-á, além das cautelas necessárias à proteção ao meio ambiente, o disposto no Decreto 2.661, de 8 de julho de 1998,[45] no que couber, dispensada a autorização prévia do órgão próprio do Sistema Nacional do Meio Ambiente – SISNAMA.
>
> § 4.º As glebas cultivadas com plantações ilícitas serão expropriadas, conforme o disposto no art. 243 da Constituição Federal, de acordo com a legislação em vigor.[45-A]

44. Destruição das drogas, plantas e equipamento para sua produção: a meta de confiscar os entorpecentes ilícitos, com amparo em documentos internacionais, como ocorre no art. 22.3 da Convenção de Viena sobre substâncias psicotrópicas: "Qualquer substância psicotrópica, ou outra substância, ou qualquer equipamento utilizado ou destinado a ser utilizado na prática de qualquer dos delitos mencionados nos parágrafos 1 e 2, será sujeito à apreensão e confisco". A modificação do *caput* do art. 32 pela Lei 12.961/2014 teve por fim garantir a rápida incineração das drogas apreendidas, fazendo remissão ao art. 50-A, cuja previsão de destruição deve ocorrer no prazo máximo de 30 dias, contado da data da apreensão.

45. Regulamentação da queima de plantações e florestas: é realizada pelo Código Florestal (Lei 12.651/2012), nos arts. 38 a 40.

45-A. Expropriação e bem de família: concordamos com a posição de Rogério Sanches Cunha (*Nova lei de drogas comentada*, p. 160), ao mencionar que "é legítima a expropriação de bem considerado de família pertencente ao traficante, compatível com as exceções previstas no art. 3.º da Lei 8.009/90, não ferindo o princípio do direito à moradia consagrado no art. 6.º da CF. Aliás, merece ser lembrado nenhuma liberdade pública é absoluta, jamais podendo servir de manto protetor para a prática de infrações penais". Preceitua o art. 1.º da Lei 8.009/90: "O imóvel residencial próprio do casal, ou da entidade familiar, é impenhorável e não responderá por qualquer tipo de dívida civil, comercial, fiscal, previdenciária ou de outra natureza, contraída pelos cônjuges ou pelos pais ou filhos que sejam seus proprietários e nele residam, salvo nas hipóteses previstas nesta Lei. Parágrafo único. A impenhorabilidade compreende o imóvel sobre o qual se assentam a construção, as plantações, as benfeitorias de qualquer natureza e todos os equipamentos, inclusive os de uso profissional, ou móveis que guarnecem a casa, desde que quitados". Como uma das exceções, prevê o art. 3.º, VI, da mesma Lei, a hipótese de o imóvel "ter sido adquirido com produto de crime ou para execução de sentença penal condenatória a ressarcimento, indenização ou perdimento de bens". Não haveria, realmente, nenhum sentido em se proteger, como *bem de família*, o imóvel usado para a prática do grave crime de tráfico ilícito de drogas.

Capítulo II
DOS CRIMES[46]

Art. 33. Importar,[47-49] exportar, remeter, preparar, produzir, fabricar, adquirir, vender, expor à venda, oferecer, ter em depósito, transportar, trazer consigo, guardar, prescrever, ministrar, entregar a consumo ou fornecer drogas,[50] ainda que gratuitamente, sem autorização[51] ou em desacordo com determinação legal ou regulamentar:[52-57-M]

Pena – reclusão de 5 (cinco) a 15 (quinze) anos e pagamento de 500 (quinhentos) a 1.500 (mil e quinhentos) dias-multa.[58-58-B]

§ 1.º Nas mesmas penas incorre quem:[59]

I – importa,[60-62] exporta, remete, produz, fabrica, adquire, vende, expõe à venda, oferece, fornece, tem em depósito, transporta, traz consigo ou guarda, ainda que gratuitamente, sem autorização[63] ou em desacordo com determinação legal ou regulamentar, matéria-prima, insumo ou produto químico destinado à preparação de drogas;[64-65]

II – semeia,[66-68] cultiva ou faz a colheita, sem autorização[69] ou em desacordo com determinação legal ou regulamentar, de plantas que se constituam em matéria-prima para a preparação de drogas;[70-71]

III – utiliza[72-74] local ou bem de qualquer natureza de que tem a propriedade, posse, administração, guarda ou vigilância, ou consente que outrem dele se utilize, ainda que gratuitamente, sem autorização[75] ou em desacordo com determinação legal ou regulamentar, para o tráfico ilícito de drogas.[76-78]

IV – vende ou entrega drogas ou matéria-prima, insumo ou produto químico destinado à preparação de drogas, sem autorização ou em desacordo com a determinação legal ou regulamentar, a agente policial disfarçado, quando presentes elementos probatórios razoáveis de conduta criminal preexistente.[78-A]

§ 2.º Induzir,[79-81] instigar ou auxiliar alguém ao uso indevido de droga:[82-83]

Pena – detenção, de 1 (um) a 3 (três) anos, e multa de 100 (cem) a 300 (trezentos) dias-multa.[84-84-A]

§ 3.º Oferecer[85-87] droga, eventualmente e sem objetivo de lucro, a pessoa de seu relacionamento, para juntos a consumirem:[88-89]

Pena – detenção, de 6 (seis) meses a 1 (um) ano, e pagamento de 700 (setecentos) a 1.500 (mil e quinhentos) dias-multa, sem prejuízo das penas previstas no art. 28.[90]

§ 4.º Nos delitos definidos no *caput* e no § 1.º deste artigo, as penas poderão ser reduzidas de um sexto a dois terços,[90-A] vedada a conversão em penas restritivas de direitos,[90-B-90-C] desde que o agente seja primário, de bons antecedentes, não se dedique às atividades criminosas nem integre organização criminosa.[91-91-L]

46. Crime de perigo abstrato: o tráfico ilícito de entorpecentes, assim como o porte ilegal de arma de fogo (somente para mencionar um exemplo ilustrativo e comparativo) é um crime de perigo (há uma probabilidade de dano ao bem jurídico tutelado) abstrato (independe de prova dessa probabilidade de dano, pois presumida pelo legislador na construção do tipo). Não vemos, com a devida vênia, nenhum obstáculo de natureza técnica ou mesmo atentatória a princípios constitucionais garantistas, como parcela da doutrina sustenta. Alguns mencionam que a presunção absoluta (*juris et de jure*) não permite ao acusado fazer prova em sentido contrário, vale dizer, que seu comportamento seria inofensivo ao bem jurídico protegido. Assim ocorrendo, haveria ofensa a vários princípios penais, dentre os quais o da responsabilidade pessoal, o da culpabilidade e o da presunção de inocência. Nada disso ocorrerá se o legislador agir dentro dos parâmetros democráticos que dele se espera para a construção de tipos penais de perigo abstrato, baseado em regras de experiência sólidas e estruturadas, apontando para a necessidade de se proibir determinada conduta, pois a sua prática envolve o potencial perecimento de bens considerados indispensáveis à vida em sociedade. Não se deve idealizar e criar, por lei, um tipo penal de perigo abstrato por mero arbítrio ou capricho do legislador. Se assim for feito, é natural que se torna inconstitucional por ferir o princípio penal da intervenção mínima, que contém o princípio da ofensividade, constituindo faceta do direito penal máximo, de conteúdo antidemocrático para o Estado de Direito apregoado pela Constituição Federal, privilegiando a dignidade da pessoa humana como meta a ser atingida por todos os ramos do ordenamento jurídico. Portanto, se construído um tipo penal de perigo abstrato com razoabilidade, nada há de atentatório ao princípio da responsabilidade pessoal (a pena não passará da pessoa do delinquente), pois será apenado somente o traficante e nenhuma outra pessoa que não seja diretamente responsável como coautor ou partícipe. Nada existe de violação ao princípio da culpabilidade (não há crime sem dolo ou culpa), pois o traficante age, evidentemente, com dolo de perigo (vontade de colocar em risco o bem jurídico tutelado – a saúde pública – ainda que não o lese efetivamente). Inexiste ofensa ao princípio da presunção de inocência, pois o traficante, para receber a pena merecida, submeter-se-á ao devido processo legal, com ampla defesa e contraditório. É lógico e evidente não poder ele fazer prova de que seu comportamento é inofensivo ao importar, por exemplo, uma grande quantidade de cocaína, colocando-a em depósito para, depois, vender. Essa defesa não lhe cabe, como também não é da alçada do Poder Judiciário avaliar a conveniência ou inconveniência da *liberação* do comércio de drogas. Para isso, existe o Poder Legislativo, que, captando os anseios da sociedade, proíbe e autoriza condutas, conforme edita leis. Não se permite que determinados entorpecentes circulem em sociedade porque seus danos, ao longo do tempo, já foram comprovados, não somente por médicos, cientistas, especialistas da área de saúde pública em geral, como, também, por fatos passados. A saúde pública, bem jurídico imaterial, mas que significa a possibilidade de várias pessoas, em número indefinido, adoecerem e, por fim, morrerem, é atingida quando há tráfico ilícito de drogas. Não se trata, no entanto, de delito material, aquele que produz, necessariamente, para sua consumação, resultado naturalístico. É crime de atividade, na modalidade *formal*, isto é, pune-se apenas a conduta de vender substância entorpecente, por exemplo. Mas, a partir disso, *pode* ocorrer dano efetivo à saúde pública (exaurimento do delito), com a perda efetiva da saúde de inúmeras pessoas ou até com a morte de viciados. Há quem sustente ser o delito de tráfico ilícito de drogas um crime de dano, porque o interesse jurídico tutelado pela norma – a saúde pública – é ferido pela conduta do agente. Ora, se assim for, está-se, na verdade, defendendo a teoria do resultado jurídico (não há crime sem resultado) e não a do resultado naturalístico (há crimes com resultado modificativo do mundo naturalístico e outros em que se pune somente a atividade do agente, podendo ou não haver modificação do mundo exterior). Optando-se pela teoria do resultado jurídico, não há sentido em se dividir os crimes em delitos materiais, formais e de mera conduta. E todos os crimes produziriam resultado, pois *todas* as infrações penais ofendem um bem jurídico tutelado, seja ele material ou imaterial. Em nosso entendimento, cuida-se de contradição sustentar, ao mesmo tempo, a teoria do resultado naturalístico (dividindo os crimes em materiais, formais e de mera conduta) e a tese de ser o crime de tráfico ilícito de entorpecente um crime de resultado jurídico, vale dizer, lesivo ao *interesse*, que é imaterial, tutelado pela norma (a saúde pública). Para que o tráfico constitua crime de mera atividade significa a adoção da teoria do resultado naturalístico. Nesse prisma, *não há* resultado modificativo do mundo exterior necessário quando alguém importa maconha ou quando alguém traz consigo pedras de *crack*. Em conclusão, o crime de tráfico ilícito de entorpecentes é infração penal de perigo, representando a *probabilidade* de dano à saúde das pessoas, mas não se exige a produção de tal resultado naturalístico para a sua consumação. É de perigo abstrato, pois não se permite ao infrator a prova de que seu comportamento *pode* ser inofensivo, pois regras de experiência já demonstraram não ser conveniente à sociedade a circulação de determinados tipos de drogas, pois geradoras de maiores problemas do que vantagens a quem delas faz uso. Devemos lutar para a extinção das infrações penais irrelevantes, aquelas que o tempo demonstra não serem do gosto da sociedade e que caem no esquecimento. Devemos combater tipos penais ofensivos à intervenção mínima do Direito Penal nos conflitos sociais, pois são representativos de um Estado totalitário. Devemos, enfim, sustentar a inconstitucionalidade de tipos penais de perigo abstrato arbitrários e frutos da intolerância do legislador em relação à liberdade de expressão e da intimidade dos cidadãos, tal como a vontade de punir a ociosidade (infração do art. 59 da Lei das Contravenções Penais). No mais, deve-se concordar com o legislador, quando acerta na construção de tipos penais de perigo abstrato, cujas condutas são realmente arriscadas à integridade das pessoas que vivem em sociedade. É o caso do tráfico ilícito de entorpecentes.

47. Análise do núcleo do tipo: *importar* (trazer para dentro do Brasil), *exportar* (levar para fora do Brasil), *remeter* (enviar a algum lugar), *preparar* (obter algo por meio da composição de elementos), *produzir* (dar origem a algo antes inexistente), *fabricar* (produzir em maior escala, valendo-se de equipamentos e máquinas próprias), *adquirir* (comprar, obter mediante certo preço), *vender* (alienar por determinado preço), *expor à venda* (apresentar, colocar à mostra para alienação), *oferecer* (ofertar como presente), *ter em depósito* (manter em reservatório ou armazém), *transportar* (levar de um lugar a outro), *trazer consigo* (transportar junto ao corpo), *guardar* (tomar conta de algo, proteger), *prescrever* (receitar, indicar), *ministrar* (aplicar, administrar), *entregar a consumo* (confiar a alguém para gastar) ou *fornecer* (abastecer) são as dezoito condutas, cujo objeto é a *droga*, que não deixa de ser *substância* (matéria, que possui propriedades específicas) *entorpecente* (algo tóxico que provoca alterações psíquicas e analgésicas) ou que *determine* (provoque necessariamente) *dependência* (sujeição) *física* (estado mórbido provocador de alteração do organismo) *ou psíquica* (estado mórbido provocador de alteração mental, gerando sensação de bem-estar). Todas as condutas passam a ter, em conjunto, o complemento *ainda que gratuitamente* (sem cobrança de qualquer preço ou valor). Logo, é indiferente haver ou não lucro, ou mesmo o intuito de lucro. Lembre-se, ainda, que o tipo é misto alternativo, ou seja, o agente pode praticar uma ou mais condutas, respondendo por um só delito (ex.: se importar, tiver em depósito e depois vender determinada droga comete um crime de tráfico ilícito de entorpecentes previsto no art. 33). Eventualmente, pode-se acolher o concurso de crimes, se entre uma determinada conduta e outra transcorrer período excessivamente extenso. Caso o agente venda drogas provenientes de um carregamento, recém-importado, em janeiro de um determinado ano, e torne a fazê-lo no mês de setembro desse mesmo ano, mas relativamente a entorpecentes originários de outro carregamento, parece-nos haver dois delitos em concurso material. Dá-se o mesmo quando o traficante varia na espécie de substância entorpecente comercializada: importa e vende cocaína; depois, adquire e exporta maconha. São dois delitos diversos. Na jurisprudência: STJ: "2. O delito previsto no art. 33, *caput*, da Lei de Drogas, 'Importar, exportar, remeter, preparar, produzir, fabricar, adquirir, vender, expor à venda, oferecer, ter em depósito, transportar, trazer consigo, guardar, prescrever, ministrar, entregar a consumo ou fornecer drogas, ainda que gratuitamente, sem autorização ou em desacordo com determinação legal ou regulamentar', é crime de ação múltipla (ou de conteúdo variado). Assim, caso o agente, dentro de um mesmo contexto fático e sucessivo, pratique mais de uma ação típica, responderá por crime único, em razão do princípio da alternatividade (HC 409.705/PB, Rel. Ministro Rogerio Schietti Cruz, Sexta Turma, julgado em 4/8/2020, *DJe* 14/8/2020)" (AgRg no AREsp 1.738.871 – PR, 5.ª T., rel. Joel Ilan Paciornik, 24.11.2020, v.u.).

47-A. Revista pessoal: tendo em vista a natureza *permanente* de várias condutas referentes ao tráfico ilícito de drogas, por exemplo, *trazer consigo*, é viável a prisão em flagrante, mesmo sem mandado judicial. Para a realização dessa espécie de prisão, torna-se imprescindível à polícia realizar a revista pessoal em pessoas suspeitas de carregar drogas ilegais. O Código de Processo Penal autoriza a referida revista, desde que haja *fundada suspeita* de estar o averiguado portando entorpecentes (art. 240, § 2.º, CPP). Registre-se que a suspeita (desconfiança, presunção) deve ser fundada (calcada em elementos concretos e não em meros palpites), como, exemplificando, visualizar o agente vendendo algo e recebendo um valor; carregando um volume no bolso e, assim que avista a polícia, sai em fuga, dentre outras similares.

47-B. A questão relativa ao crime permanente e à invasão de domicílio: a classificação dos delitos indica as formas *instantâneo* (crime que, ao consumar-se, apresenta um momento certo na linha do tempo) e *permanente* (crime cuja consumação provoca um resultado que se arrasta na linha do tempo). Os delitos previstos, como regra, na Lei de Drogas, compõem-se de formatos *permanentes*. Isso significa que quem tem substância entorpecente ilícita em seu poder dentro de casa está praticando um crime; logo, em situação de flagrante delito. Tal situação autoriza, em princípio, a invasão do local, a qualquer hora, pela polícia, efetuando a apreensão do material ilícito e a detenção do morador, mesmo sem mandado judicial, conforme autorização advinda da própria Constituição Federal (art. 5.º, XI). No entanto, os Tribunais Superiores vêm restringindo o ingresso forçado na residência de alguém, especialmente no período noturno, pela polícia, sob o pretexto de ali haver drogas ilícitas. É fundamental existirem provas, mesmo indiciárias, a apontar a existência de drogas no domicílio (ex.: o depoimento de uma testemunha, que teria visto os entorpecentes ilícitos no local). Noutros termos, há que se conciliar os direitos em questão. O domicílio é asilo inviolável, como regra, somente podendo nele ingressar a polícia com o consentimento do morador ou possuindo mandado judicial. Durante o período noturno, somente com o consentimento do morador, mesmo havendo mandado do juiz. E, como a posse de drogas ilícitas configura crime permanente (consumação arrastada no tempo), ocorreria flagrante delito, autorizando o ingresso forçado por agentes policiais (conforme texto constitucional). Entretanto, torna-se essencial promover o equilíbrio dos valores em jogo (inviolabilidade de domicílio e segurança pública), pois as drogas podem ser simplesmente "plantadas" no local para justificar uma invasão indevida. Então, torna-se preciso que a polícia, se invadir a residência, demonstre os elementos mínimos de prova para constar que ali havia, realmente, drogas. E, quando houver o consentimento do morador, há decisão do Superior Tribunal de Justiça, exigindo prova escrita ou filmada da autorização do morador (ver a próxima nota). Tudo para que o trabalho policial possa ser o mais escorreito possível no enfrentamento à criminalidade. Na jurisprudência: STF: "4. Sobre a alegada afronta ao princípio da inviolabilidade de domicílio pelos policiais que atuaram na prisão em flagrante dos acusados, decidiram os órgãos julgadores antecedentes, em harmonia com a jurisprudência do Supremo Tribunal Federal, que 'a Constituição dispensa o mandado judicial para ingresso forçado em residência em caso de flagrante delito' (Tema 280 da repercussão geral). Portanto, sendo o crime de tráfico permanente, a busca domiciliar no imóvel não configura contrariedade ao inc. XI do art. 5.º da Constituição da República. Como ressaltado pelo Ministro Alexandre de Moraes no julgamento do Recurso Extraordinário com Agravo n. 1.430.436, 'o entendimento adotado pelo STF impõe que os agentes estatais devem nortear suas ações, em tais casos, motivadamente e com base em elementos probatórios mínimos que indiquem a ocorrência de situação flagrante. A justa causa, portanto, não exige a certeza da ocorrência de delito, mas, sim, fundadas razões a respeito' (*DJe* 6.6.2023)" (HC 240.503 AgR, 1.ª T., rel. Cármen Lúcia, 05.06.2024, v.u.); "Recurso extraordinário representativo da controvérsia. Repercussão geral. 2. Inviolabilidade de domicílio – art. 5.º, XI, da CF. Busca e apreensão domiciliar sem mandado judicial em caso de crime permanente. Possibilidade. A Constituição dispensa o mandado judicial para ingresso forçado em residência em caso de flagrante delito. No crime permanente, a situação de flagrância se protrai no tempo. 3. Período noturno. A cláusula que limita o ingresso ao período do dia é aplicável apenas aos casos em que a busca é determinada por ordem judicial. Nos demais casos – flagrante delito, desastre ou para prestar socorro – a Constituição não faz exigência quanto ao período do dia. 4. Controle judicial *a posteriori*. Necessidade de preservação da inviolabilidade domiciliar. Interpretação da Constituição. Proteção contra ingerências arbitrárias no domicílio. Muito embora o flagrante delito legitime o ingresso forçado em casa sem determinação judicial, a medida deve ser controlada judicialmente. A inexistência de controle judicial, ainda que posterior à execução da medida, esvaziaria o núcleo fundamental da garantia contra a inviolabilidade da casa (art. 5, XI, da CF) e deixaria de proteger contra ingerências arbitrárias no domicílio (Pacto de São José da Costa Rica, artigo 11, 2, e Pacto Internacional sobre Direitos Civis e Políticos, artigo 17, 1). O controle judicial *a posteriori* decorre tanto da interpretação da Constituição, quanto da aplicação da proteção consagrada em tratados internacionais sobre direitos humanos incorporados ao ordenamento jurídico. Normas internacionais de caráter judicial que se incorporam à cláusula do devido processo legal. 5. Justa causa. A entrada forçada em domicílio, sem uma justificativa prévia conforme o direito, é arbitrária. Não será a constatação de situação de flagrância, posterior ao ingresso, que justificará a medida. Os agentes estatais devem demonstrar que havia elementos mínimos a caracterizar fundadas razões (justa causa) para a medida. 6. Fixada a interpretação de que a entrada forçada em domicílio sem mandado judicial só é lícita, mesmo em período noturno, quando amparada em fundadas razões, devidamente justificadas *a posteriori*, que indiquem que dentro da casa ocorre situação de flagrante delito, sob pena de responsabilidade disciplinar, civil e penal do agente ou da autoridade e de nulidade dos atos praticados. 7. Caso concreto. Existência de fundadas razões para suspeitar de flagrante de tráfico de drogas. Negativa de provimento ao recurso" (RE 603.616 – RO, Plenário, rel. Gilmar Mendes, 05.11.2015, m.v., acórdão mantido pela importância, que inaugurou essa posição no STF). STJ: "2. Não se ignora que o Plenário do Supremo Tribunal Federal, no julgamento do RE n. 603.616, apreciando o tema 280 da repercussão geral, fixou a tese de que 'a entrada forçada em domicílio sem mandado judicial só é lícita, mesmo em período noturno, quando amparada em fundadas razões, devidamente justificadas *a posteriori*, que indiquem que dentro da casa ocorre situação de flagrante delito, sob pena de responsabilidade disciplinar, civil e penal do agente ou da autoridade e de nulidade dos atos praticados'. 3. No caso, consta que os policiais, realizando patrulha em região conhecida como ponto de traficância, avistaram a agravante e corré, sendo que esta, ao perceber a viatura, empreendeu fuga até residência próxima, dispensando pelo caminho e no banheiro da casa 14 pedras de *crack*. O corréu, por sua vez, ao ser abordado, também foi flagrado com 7 pedras da mesma droga. Somente então foi examinado o domicílio, onde os policiais encontraram arma de fogo municiada e não registrada, R$ 2.493,10 em dinheiro, além de drogas e petrechos típicos do tráfico. 4. Verifica-se, portanto, que a abordagem policial não foi arbitrária, mas decorreu de coleta progressiva de elementos que levaram, de forma válida, à conclusão segura de ocorrência de crime permanente no local. 5. O patrulhamento ostensivo se realizava em área com devida demanda, por ser local conhecido como ponto de tráfico. A ação somente se afunilou sobre a agravante e corré após os policiais terem percebido a ação delitiva, uma vez que notaram que ela, além de ter fugido, portava entorpecentes, os quais arremessou em via pública. A prisão da agravante ocorreu no domicílio de sua genitora, para onde correu, lá dispensando outras pedras de *crack* no banheiro. Ao serem abordados, os dois apontaram casa na vizinhança, onde disseram morar e supostamente admitiram lá guardar mais drogas, objetos recebidos como pagamento pelas drogas e a arma de fogo. Consta do auto de prisão, ainda, que eles franquearam acesso aos policiais. 6. A controvérsia sobre a autorização ou não para a realização da incursão no domicílio não encontra espaço para deslinde na presente via, por demandar exame aprofundado de provas. De todo modo, o contexto que antecedeu a abordagem policial deu suporte suficiente para validar a diligência. 7. Com efeito, realizada a abordagem, foram apreendidos elevada quantidade e grande variedade de drogas de reprovável natureza – 53, 6g de *crack*, 1.997, 3g de cocaína e 295,4g de maconha –, uma pistola calibre .45, grande quantia em dinheiro, em notas fracionadas, e petrechos típicos da traficância. Além disso, consta que certos bens encontrados na residência – quatro aparelhos celulares, dois televisores, um *notebook*, um monitor e receptor de imagens – teriam sido recebidos como pagamento por drogas vendidas" (AgRg no HC 746.275 – SP, 5.ª T., rel. Reynaldo Soares da Fonseca, 21.06.2022, v.u.). Discordávamos desse posicionamento mais restritivo, mas é realmente indispensável que as pessoas mais pobres, em especial, sejam protegidas, quanto ao seu direito constitucional de inviolabilidade domiciliar. Trata-se do equilíbrio ideal entre os valores em jogo. O crime de posse indevida de drogas ilícitas é permanente e, em princípio, autoriza a invasão da residência para efetuar a prisão em flagrante. No entanto, é preciso que a polícia demonstre quais foram os elementos probatórios mínimos para que pudesse chegar à conclusão de ali haver, de fato, drogas (ou armas ilegais). Do contrário, fica quase impossível controlar a entrada compulsória em residências, pois é viável alegar ter havido uma "denúncia anônima" ou mesmo que o morador "permitiu", quando nada disso aconteceu. Então, para um aprimorado trabalho policial, em caso de dúvida, o indicado é conseguir o mandado judicial (há plantão judiciário 24 horas) e invadir o local quando amanhecer. Se houver certeza, por provas evidentes, pode-se invadir durante a noite para efetuar a apreensão e a prisão em flagrante.

47-C. A problemática do consentimento do morador e as medidas de cautela dos agentes policiais: na linha desenvolvida na nota anterior, sabe-se que o domicílio é asilo inviolável do indivíduo e nele somente se pode ingressar com consentimento do morador, com as seguintes exceções: flagrante delito; desastre; para prestar socorro (durante o período noturno); com mandado judicial (durante o dia), nos termos do art. 5.º, XI, CF. Por óbvio, o dono da casa pode receber quem quiser, a qualquer hora do dia ou da noite, mas, do contrário, para ter a sua residência invadida à força, torna-se indispensável haver uma das exceções supramencionadas. No campo criminal, interessa-nos analisar as duas alternativas pertinentes: a) qualquer um – especialmente, a polícia – pode ingressar compulsoriamente em domicílio alheio para efetuar uma prisão em flagrante delito, pois há urgência na situação; seria absurdo imaginar que alguém pudesse permanecer em cativeiro, sequestrado pelas mãos de um agressor, sem que outra pessoa pudesse salvá-lo, sendo agente policial ou não. Sob outro aspecto, construiu-se na doutrina e na jurisprudência a classificação referente aos delitos cuja consumação se arrasta no tempo, os crimes permanentes. Tendo em vista a continuidade da lesão ao bem jurídico protegido, o flagrante delito perpetua-se na linha temporal. É o caso de quem possui em casa drogas ilícitas; b) havendo fundada suspeita de que, em certa residência, existem provas suficientes da prática de um delito, o juiz pode expedir um mandado de busca e apreensão, gerando a licitude do ingresso forçado na casa por agentes policiais. Afora essas hipóteses, se o morador autorizar, a qualquer momento, a polícia pode ingressar em seu domicílio; afinal, por vezes, o próprio residente no local pode precisar do auxílio policial, porque desconfia que o local foi invadido por um agressor. Entretanto, quando a pessoa residente em certo local pratica ali um crime, dificilmente, concordaria que a polícia ingressasse e, com isso, visse o que está acontecendo, efetuando a sua prisão. A tendência natural das pessoas é a autoproteção, justamente por isso ninguém é obrigado a produzir prova contra si mesmo, nem confessar a prática de um delito. Por esse motivo, muitos casos de apreensão de droga ilegal em algumas residências apresentam um cenário estranho; quando indagados pela autoridade policial ou pelo juiz acerca das razões que levaram os agentes policiais a ingressar em determinado domicílio, à falta de justificativa plausível, a resposta se concentra na *autorização* dada pelo próprio morador. Essa situação tem sido detectada justamente quando o flagrante delito não está claro, nem há alguma prova anterior à invasão, apontando para a posse de droga ilícita no local. Portanto, sem ter um mandado judicial, nem um flagrante claro e ausente prova pré-constituída a indicar a existência de crime permanente, utiliza-se, como desculpa, o consentimento dado pelo morador. Mesmo quando este negue, depois, a autorização, tem-se a sua palavra contra a dos policiais invasores. Enfim, o contexto é complexo para uma avaliação segura. Por isso, o Superior Tribunal de Justiça proferiu decisão anulando provas colhidas após a invasão, colocando em dúvida o consentimento do habitante do lugar. Aproveitando o ensejo, apresentou indicações de que eventual autorização de entrada no imóvel precisa se dar por escrito e, melhor ainda, filmada pelo policial. Não haveria dúvida alguma nesse sentido e a prova colhida, bem como a eventual prisão realizada seria validada sem qualquer questionamento a respeito. Na ponderação entre valores relevantes, o STJ estabeleceu limites para a atuação policial. Aliás, anteriormente, o STF fixou, como tese, para a viabilidade de invasão de domicílio, mesmo em caso de flagrante de crime permanente, a necessidade de se encontrar prova suficiente para que isto se dê sem mandado judicial. Enfim, temos defendido, há muito, que o mais seguro a fazer, pelos agentes da segurança pública, é buscar o mandado judicial, resguardando-se de qualquer alegação de invasão ilegal. O ideal, ainda, seria a regulamentação desses limites por lei, proporcionando maior estabilidade aos julgamentos do Poder Judiciário como um todo. Na jurisprudência: STJ: "1. O art. 5.º, XI, da Constituição Federal consagrou o direito fundamental à inviolabilidade do domicílio, ao dispor que 'a casa é asilo inviolável do indivíduo, ninguém nela podendo penetrar sem consentimento do morador, salvo em caso de flagrante delito ou desastre, ou para prestar socorro, ou, durante o dia, por determinação judicial'. 1.1 A inviolabilidade de sua morada é uma das expressões do direito à intimidade do indivíduo, o qual, sozinho ou na companhia de seu grupo familiar, espera ter o seu espaço íntimo preservado contra devassas indiscriminadas e arbitrárias, perpetradas sem os cuidados e os limites que a excepcionalidade da ressalva a tal franquia constitucional exige. 1.2. O direito à inviolabilidade de domicílio, dada a sua magnitude e seu relevo, é salvaguardado em diversos catálogos constitucionais de direitos e garantias fundamentais. Célebre, a propósito, a exortação de Conde Chatham, ao dizer que: 'O homem mais pobre pode em sua cabana desafiar todas as forças da Coroa. Pode ser frágil, seu telhado pode tremer, o vento pode soprar por ele, a tempestade pode entrar, a chuva pode entrar, mas o Rei da Inglaterra não pode entrar!' ('The poorest man may in his cottage bid defiance to all the forces of the Crown. It may be frail, its roof may shake, the wind may blow through it, the storm may enter, the rain may enter, but the King of England cannot enter!' William Pitt, Earl of Chatham. Speech, March 1763, in Lord Brougham, *Historical Sketches of Statesmen in the Time of George III*, First Series (1845), v. 1). 2. O ingresso regular em domicílio alheio, na linha de inúmeros precedentes dos Tribunais Superiores, depende, para sua validade e regularidade, da existência de fundadas razões (justa causa) que sinalizem para a possibilidade de mitigação do direito fundamental em questão. É dizer, apenas quando o contexto fático anterior à invasão permitir a conclusão acerca da ocorrência de crime no interior da residência – cuja urgência em sua cessação demande ação imediata – é que se mostra possível sacrificar o direito à inviolabilidade do domicílio. 2.1. Somente o flagrante delito que traduza verdadeira urgência legitima o ingresso em domicílio alheio, como se infere da própria Lei de Drogas (L. 11.343/2006, art. 53, II) e da Lei 12.850/2013 (art. 8.º), que autorizam o retardamento da atuação policial na investigação dos crimes de tráfico de entorpecentes, a denotar que nem sempre o caráter permanente do crime impõe sua interrupção imediata a fim de proteger bem jurídico e evitar danos; é dizer, mesmo diante de situação de flagrância delitiva, a maior segurança e a melhor instrumentalização da investigação – e, no que interessa a este caso, a proteção do direito à inviolabilidade do domicílio – justificam o retardo da cessação da prática delitiva. 2.2. A autorização judicial para a busca domiciliar, mediante mandado, é o caminho mais acertado a tomar, de sorte a se evitarem situações que possam, a depender das circunstâncias, comprometer a licitude da prova e, por sua vez, ensejar possível responsabilização administrativa, civil e penal do agente da segurança pública autor da ilegalidade, além, é claro, da anulação – amiúde irreversível – de todo o processo, em prejuízo da sociedade. 3. O Supremo Tribunal Federal definiu, em repercussão geral (Tema 280), a tese de que: 'A entrada forçada em domicílio sem mandado judicial só é lícita, mesmo em período noturno, quando amparada em fundadas razões, devidamente justificadas *a posteriori*' (RE 603.616/RO, Rel. Ministro Gilmar Mendes, *DJe* 8/10/2010). Em conclusão a seu voto, o relator salientou que a interpretação jurisprudencial sobre o tema precisa evoluir, de sorte a trazer mais segurança tanto para os indivíduos sujeitos a tal medida invasiva quanto para os policiais, que deixariam de assumir o risco de cometer crime de invasão de domicílio ou de abuso de autoridade, principalmente quando a diligência não tiver alcançado o resultado esperado. 4. As circunstâncias que antecederem a violação do domicílio devem evidenciar, de modo satisfatório e objetivo, as fundadas razões que justifiquem tal diligência e a eventual prisão em flagrante do suspeito, as quais, portanto, não podem derivar de simples desconfiança policial, apoiada, *v.g.*, em mera atitude "suspeita", ou na fuga do indivíduo em direção a sua casa diante de uma ronda ostensiva, comportamento que pode ser atribuído a vários motivos, não, necessariamente, o de estar o abordado portando ou comercializando substância entorpecente. 5. Se, por um lado, práticas ilícitas graves autorizam eventualmente o sacrifício de direitos fundamentais, por outro, a coletividade, sobretudo a integrada por segmentos das camadas sociais mais precárias economicamente, excluídas do usufruto pleno de sua cidadania, também precisa sentir-se segura e ver preservados seus mínimos direitos e garantias constitucionais, em especial o de não ter a residência invadida e devassada, a qualquer hora do dia ou da noite, por agentes do Estado, sem as cautelas devidas e sob a única justificativa, não amparada em elementos concretos de convicção, de que o local supostamente seria, por exemplo, um ponto de tráfico de drogas, ou de que o suspeito do tráfico ali se homiziou. 5.1. Em um país marcado por alta desigualdade social e racial, o policiamento ostensivo tende a se concentrar em grupos marginalizados e considerados potenciais criminosos ou usuais suspeitos, assim definidos por fatores subjetivos, como idade, cor da pele, gênero, classe social, local da residência, vestimentas etc. 5.2. Sob essa perspectiva, a ausência de justificativas e de elementos seguros a legitimar a ação dos agentes públicos – diante da discricionariedade policial na identificação de suspeitos de práticas criminosas – pode fragilizar e tornar írrito o direito à intimidade e à inviolabilidade domiciliar, a qual protege não apenas o suspeito, mas todos os moradores do local. 5.3. Tal compreensão não se traduz, obviamente, em cercear a necessária ação das forças de segurança pública no combate ao tráfico de entorpecentes, muito menos em transformar o domicílio em salvaguarda de criminosos ou em espaço de criminalidade. Há de se convir, no entanto, que só justifica o ingresso policial no domicílio alheio a situação de ocorrência de um crime cuja urgência na sua cessação desautorize o aguardo do momento adequado para, mediante mandado judicial – meio ordinário e seguro para o afastamento do direito à inviolabilidade da morada – legitimar a entrada em residência ou local de abrigo. 6. Já no que toca ao consentimento do morador para o ingresso em sua residência – uma das hipóteses autorizadas pela Constituição da República para o afastamento da inviolabilidade do domicílio – outros países trilharam caminho judicial mais assertivo, ainda que, como aqui, não haja normatização detalhada nas respectivas Constituições e leis, geralmente limitadas a anunciar o direito à inviolabilidade da intimidade domiciliar e as possíveis autorizações para o ingresso alheio. 6.1. Nos Estados Unidos, por exemplo, a par da necessidade do exame da causa provável para a entrada de policiais em domicílio de suspeitos de crimes, não pode haver dúvidas sobre a voluntariedade da autorização do morador (*in dubio libertas*). O consentimento 'deve ser inequívoco, específico e conscientemente dado, não contaminado por qualquer truculência ou coerção' ('consent, to be valid, *must be unequivocal, specific and intelligently given, uncontaminated by any duress or coercion*) (United States v. McCaleb, 552 F2d 717, 721 (6th Cir 1977), citando Simmons v Bomar, 349 F2d 365, 366 (6th Cir 1965). Além disso, ao Estado cabe o ônus de provar que o consentimento foi, de fato, livre e voluntariamente dado, isento de qualquer forma, direta ou indireta, de coação, o que é aferível pelo teste da totalidade das circunstâncias (*totality of circumstances*). 6.2. No direito espanhol, por sua vez, o Tribunal Supremo destaca, entre outros, os seguintes requisitos para o consentimento do morador: a) deve ser prestado por pessoa capaz, maior de idade e no exercício de seus direitos; b) deve ser consciente e livre; c) deve ser documentado; d) deve ser expresso, não servindo o silêncio como consentimento tácito. 6.3. Outrossim, a documentação comprobatória do assentimento do morador é exigida, na França, de modo expresso e mediante declaração escrita à mão do morador, conforme norma positivada no art. 76 do Código de Processo Penal; nos EUA, também é usual a necessidade de assinatura de um formulário pela pessoa que consentiu com o ingresso em seu domicílio (North Carolina v. Butler (1979) 441 U.S. 369, 373; People v. Ramirez (1997) 59 Cal. App. 4th 1548, 1558; U.S. v. Castillo (9a Cir. 1989) 866 F. 2d 1071, 1082), declaração que, todavia, será desconsiderada se as circunstâncias indicarem ter sido obtida de forma coercitiva ou houver dúvidas sobre a voluntariedade do consentimento (Haley v. Ohio (1947) 332 U.S. 596, 601; People v. Andersen (1980) 101 Cal.App.3d 563, 579). 6.4. Se para simplesmente algemar uma pessoa, já presa – ostentando, portanto, alguma verossimilhança do fato delituoso que deu origem a sua detenção –, exige-se a indicação, por escrito, da justificativa para o uso de tal medida acautelatória, seria então, no tocante ao ingresso domiciliar, 'necessário que nós estabeleçamos, desde logo, como fizemos na Súmula 11, alguma formalidade para que essa razão excepcional seja justificada por escrito, sob pena das sanções cabíveis' (voto do Min. Ricardo Lewandowski, no RE n. 603.616/TO). 6.5. Tal providência, aliás, já é determinada pelo art. 245, § 7.º, do Código de Processo Penal – analogicamente aplicável para busca e apreensão também sem mandado judicial – ao dispor que, '[f]inda a diligência, os executores lavrarão auto circunstanciado, assinando-o com duas testemunhas presenciais, sem prejuízo do disposto no § 4.º'. 7. São frequentes e notórias as notícias de abusos cometidos em operações e diligências policiais, quer em abordagens individuais, quer em intervenções realizadas em comunidades dos grandes centros urbanos. É, portanto, ingenuidade, academicismo e desconexão com a realidade conferir, em tais situações, valor absoluto ao depoimento daqueles que são, precisamente, os apontados responsáveis pelos atos abusivos. E, em um país conhecido por suas práticas autoritárias – não apenas históricas, mas atuais –, a aceitação desse comportamento compromete a necessária aquisição de uma cultura democrática de respeito aos direitos fundamentais de todos, independentemente de posição social, condição financeira, profissão, local da moradia, cor da pele ou raça. 7.1. Ante a ausência de normatização que oriente e regule o ingresso em domicílio alheio, nas hipóteses excepcionais previstas no Texto Maior, há de se aceitar com muita reserva a usual afirmação – como ocorreu no caso ora em julgamento – de que o morador anuiu livremente ao ingresso dos policiais para a busca domiciliar, máxime quando a diligência não é acompanhada de documentação que a imunize contra suspeitas e dúvidas sobre sua legalidade. 7.2. Por isso, avulta de importância que, além da documentação escrita da diligência policial (relatório circunstanciado), seja ela totalmente registrada em vídeo e áudio, de maneira a não deixar dúvidas quanto à legalidade da ação estatal como um todo e, particularmente, quanto ao livre consentimento do morador para o ingresso domiciliar. Semelhante providência resultará na diminuição da criminalidade em geral – pela maior eficácia probatória, bem como pela intimidação a abusos, de um lado, e falsas acusações contra policiais, por outro – e permitirá avaliar se houve, efetivamente, justa causa para o ingresso e, quando indicado ter havido consentimento do morador, se foi ele livremente prestado. 8. Ao Poder Judiciário, ante a lacuna da lei para melhor regulamentação do tema, cabe responder, na moldura do Direito, às situações que, trazidas por provocação do interessado, se mostrem violadoras de direitos fundamentais do indivíduo. E, especialmente, ao Superior Tribunal de Justiça compete, na sua função judicante, buscar a melhor interpretação possível da lei federal, de sorte a não apenas responder ao pedido da parte, mas também formar precedentes que orientem o julgamento de casos futuros similares. 8.1. As decisões do Poder Judiciário – mormente dos Tribunais incumbidos de interpretar, em última instância, as leis federais e a Constituição – servem para dar resposta ao pedido no caso concreto e também para 'enriquecer o estoque das regras jurídicas' (Melvin Eisenberg. *The nature of the common law*. Cambridge: Harvard University Press, 1998. p. 4) e assegurar, no plano concreto, a realização dos valores, princípios e objetivos definidos na Constituição de cada país. Para tanto, não podem, em nome da maior eficiência punitiva, tolerar práticas que se divorciam do modelo civilizatório que deve orientar a construção de uma sociedade mais igualitária, fraterna, pluralista e sem preconceitos. 8.2. Como assentado em conhecido debate na Suprema Corte dos EUA sobre a admissibilidade das provas ilícitas (Weeks v. United States, 232 U.S. 383,1914), se os tribunais permitem o uso de provas obtidas em buscas ilegais, tal procedimento representa uma afirmação judicial de manifesta negligência, se não um aberto desafio, às proibições da Constituição, direcionadas à proteção das pessoas contra esse tipo de ação não autorizada ('such proceeding would be to affirm by judicial decision a manifest neglect, if not an open defiance, of the prohibitions of the Constitution, intended for the protection of the people against such unauthorized action'). 8.3. A situação versada neste e em inúmeros outros processos que aportam a esta Corte Superior diz respeito à própria noção de civilidade e ao significado concreto do que se entende por Estado Democrático de Direito, que não pode coonestar, para sua legítima existência, práticas abusivas contra parcelas da população que, por sua topografia e *status* social e econômico, costumam ficar mais suscetíveis ao braço ostensivo e armado das forças de segurança. 9. Na espécie, não havia elementos objetivos, seguros e racionais que justificassem a invasão de domicílio do suspeito, porquanto a simples avaliação subjetiva dos policiais era insuficiente para conduzir a diligência de ingresso na residência, visto que não foi encontrado nenhum entorpecente na busca realizada em via pública. 10. A seu turno, as regras de experiência e o senso comum, somados às peculiaridades do caso concreto, não conferem verossimilhança à afirmação dos agentes castrenses de que o paciente teria autorizado, livre e voluntariamente, o ingresso em seu próprio domicílio, franqueando àqueles a apreensão de drogas e, consequentemente, a formação de prova incriminatória em seu desfavor. 11. Assim, como decorrência da proibição das provas ilícitas por derivação (art. 5.º, LVI, da Constituição da República), é nula a prova derivada de conduta ilícita – no caso, a apreensão, após invasão desautorizada da residência do paciente, de 109 g de maconha –, pois evidente o nexo causal entre uma e outra conduta, ou seja, entre a invasão de domicílio (permeada de ilicitude) e a apreensão de drogas. 12. *Habeas Corpus* concedido, com a anulação da prova decorrente do ingresso desautorizado no domicílio e consequente absolvição do paciente, dando-se ciência do inteiro teor do acordão aos Presidentes dos Tribunais de Justiça dos Estados e aos Presidentes dos Tribunais Regionais Federais, bem como às Defensorias Públicas dos Estados e da União, ao Procurador-Geral da República e aos Procuradores-Gerais dos Estados, aos Conselhos Nacionais da Justiça e do Ministério Público, à Ordem dos Advogados do Brasil, ao Conselho

Nacional de Direitos Humanos, ao Ministro da Justiça e Segurança Pública e aos Governadores dos Estados e do Distrito Federal, encarecendo a estes últimos que deem conhecimento do teor do julgado a todos os órgãos e agentes da segurança pública federal, estadual e distrital. 13. Estabelece-se o prazo de um ano para permitir o aparelhamento das polícias, treinamento e demais providências necessárias para a adaptação às diretrizes da presente decisão, de modo a, sem prejuízo do exame singular de casos futuros, evitar situações de ilicitude que possam, entre outros efeitos, implicar responsabilidade administrativa, civil e/ou penal do agente estatal" (HC 598.051 – SP, 6.ª T., rel. Rogerio Schietti Cruz, 02.03.2021, v.u., grifamos).

48. Sujeitos ativo e passivo: o sujeito ativo pode ser qualquer pessoa. Há quem sustente ser próprio o delito na modalidade *prescrever*. Assim não nos parece. *Prescrever* significa indicar como remédio, receitar. Porém, além do médico ou dentista, outras pessoas, como o curandeiro (art. 284, CP), podem fazer o mesmo. Estariam "prescrevendo" a substância entorpecente, praticando tráfico ilícito de entorpecente, e não são médicos, dentistas ou outro profissional da área da saúde. O sujeito passivo é a sociedade.

48-A. Confissão do traficante como atenuante: temos defendido que a confissão, para valer como atenuante, precisa ser voluntária e espontânea, fruto do arrependimento, visando à colaboração com a Justiça. Portanto, a confissão qualificada (invoca-se a prática de um fato não para esclarecer a verdade, mas para se beneficiar disso) não serve para a aplicação da atenuante. Assim, quando o traficante assume a posse da droga com ele encontrada, alegando ser usuário, busca a desclassificação do art. 33 para o art. 28. Não deve ser aplicada a atenuante, como regra. Este é o conteúdo da Súmula 630 do STJ: "a incidência da atenuante da confissão espontânea no crime de tráfico ilícito de entorpecentes exige o reconhecimento da traficância pelo acusado, não bastando a mera admissão da posse ou propriedade para uso próprio". Em caráter excepcional, mesmo usando o argumento de estar com a droga por ser usuário, ainda que não seja, caso a confissão da detenção de entorpecente se tornar fundamenta para o convencimento do juiz de ter havido tráfico, cremos viável a utilização como atenuante. Cuida-se do conteúdo da Súmula 545, STJ. É possível harmonizar a aplicação das duas, a depender do caso concreto.

49. Elemento subjetivo: é o dolo. Não há elemento subjetivo específico do tipo, de modo expresso, nem se pune a forma culposa. Em nosso entendimento, deve-se acolher a finalidade específica implícita para o tráfico, consistente na intenção de comercializar drogas ilícitas ou distribuí-las a terceiros a título gratuito. Inexiste razão para se tipificar uma conduta de tráfico de drogas (a própria expressão – tráfico – significa comércio), sem a exigência de que o órgão acusatório demonstre a conduta – trazer consigo – e, também, o fim específico de destinar o entorpecente para consumo de terceiros.

50. Norma penal em branco: significa ser o tipo penal dependente de um complemento a lhe dar sentido e condições para aplicação. O termo *drogas* não constitui elemento normativo do tipo, sujeito a uma interpretação valorativa do juiz. Na realidade, representa um *branco* a ser complementado por norma específica, originária de órgão governamental próprio, vinculado ao Ministério da Saúde, encarregado do controle das drogas, em geral, no Brasil, que, por ora, é a Agência Nacional de Vigilância Sanitária (ANVISA). Aliás, o art. 66 deixa isso claro, para o qual remetemos o leitor.

51. Elementos normativos: a expressão *sem autorização ou em desacordo com determinação legal ou regulamentar* constitui fator vinculado à ilicitude, porém inserido no tipo incriminador torna-se elemento deste e, uma vez que não seja preenchido, transforma o fato em atípico. Portanto, importar, exportar, remeter, preparar, produzir (etc.) drogas, devidamente autorizado, é fato atípico.

52. Objetos material e jurídico: o objeto material é a droga. O objeto jurídico é a saúde pública.

53. Classificação: comum (pode ser cometido por qualquer pessoa); formal (não exige resultado naturalístico para a consumação, consistente na efetiva lesão à saúde de alguém); de forma livre (pode ser cometido por qualquer meio eleito pelo agente); comissivo (os verbos indicam ações); instantâneo (a consumação se dá em momento determinado) nas formas *importar, exportar, remeter, preparar, produzir, fabricar, adquirir, vender, oferecer, fornecer, prescrever, ministrar* e *entregar*, ou permanente (a consumação se arrasta no tempo) nas formas *expor à venda, ter em depósito, transportar, trazer consigo, guardar*; de perigo abstrato (não depende de efetiva lesão ao bem jurídico tutelado); unissubjetivo (pode ser cometido por um só agente); unissubsistente (praticado em um único ato) ou plurissubsistente (cometido por intermédio de vários atos); admite tentativa na forma plurissubsistente, embora de difícil configuração. A tentativa de tráfico ilícito de entorpecentes é rara em face das dezoito condutas típicas previstas no tipo do art. 33. Quem traz consigo a droga já consumou a infração, logo, é muito difícil pensar em tentativa de venda, afinal, para vender é preciso ter consigo. Por outro lado, não é impossível. A tentativa de adquirir substância entorpecente é viável, até pelo fato de que quem pretende comprar não traz consigo a droga.

54. Amplitude excessiva do tipo penal: o crime de tráfico ilícito de entorpecentes, considerado equiparado a hediondo, com tratamento rigoroso da legislação específica, não foi corretamente descrito na revogada Lei 6.368/76, gerando distorções graves e provocando, muitas vezes, condenações injustas. A atual Lei 11.343/2006 manteve, praticamente, a mesma redação do tipo penal, perpetuando a polêmica. *Tráfico* significa tanto comércio quanto tráfego ou fluxo de coisas e mercadorias, valendo dizer que, em tese, o comerciante de drogas, que visa ao lucro, mas também o simples passador, podem ser denominados de *traficantes*, pois fazem a substância entorpecente circular de mão em mão. Certamente, ambos devem ser punidos, pois suas condutas geram perigo à saúde pública. No entanto, o erro legislativo foi a equiparação, em matéria de rigor punitivo, do negociante de entorpecente, que enriquece ilicitamente, com o passador de substância entorpecente proibida, sem qualquer intuito de lucro. Houve uma tentativa de amenizar a punição daquele que oferece droga a outrem, desde que seja pessoa de seu relacionamento, em caráter eventual, sem objetivo de lucro, para juntos a consumirem (art. 33, § 3.º, desta Lei), mas a timidez da alteração é evidente (ver a nota ao referido parágrafo). Outra distorção que havia na Lei 6.368/76, mantida na atual Lei 11.343/2006, é a inversão do ônus da prova existente no tocante às condutas *adquirir, guardar, ter em depósito, transportar* e *trazer consigo* substância entorpecente sem autorização legal ou regulamentar (ou em desacordo com tal autorização), afinal, se o portador não conseguir demonstrar que é para o consumo pessoal (antigo art. 16 da Lei 6.368/76; atual art. 28 desta Lei) termina, muitas vezes, indevidamente punido pelo crime de tráfico (antigo art. 12 da Lei 6.368/76; atual art. 33). É o que se constata na prática. Conferir: TJPI: "Para a configuração do tráfico ilícito de entorpecente, em se tratando de crime de ação múltipla, basta a simples posse da droga, não se fazendo necessário qualquer elemento subjetivo adicional. *Para a caracterização do delito previsto no art. 28 da Lei de Drogas exige-se a presença do especial fim de agir de o agente trazer consigo a droga para consumo pessoal*, o que não restou configurado na hipótese" (AC 201400010051596 – PI, 2.ª Câmara Especializada Criminal, rel. Joaquim Dias de Santana Filho, j. 11.05.2016, v.u.). TJRO: "Para desclassificar a infração de tráfico para o crime previsto no art. 28 da Lei 11.343/2006 deve estar comprovado que o entorpecente se destinava única e exclusivamente ao consumo pessoal, ônus que incumbe ao apelante. Os depoimentos de testemunhas policiais, em regra, possuem plena eficácia probatória, sendo tal presunção afastada apenas na presença de motivos concretos que coloquem em dúvida a veracidade de suas declarações" (Ap. 0014688-08.2015.8.22.0501 – RO, 2.ª Câmara Criminal, rel. Miguel Monico Neto, j. 27.07.2016, v.u.). TJRR: "Para caracterizar o crime de tráfico de drogas não é necessária a efetiva prática de atos de mercancia, bastando que o agente traga consigo a substância entorpecente, cuja destinação comercial se pode aferir pela quantidade e forma de acondicionamento. A simples alegação de que o réu possuía a droga para seu exclusivo uso, por si só, não constitui motivo para a desclassificação do tráfico porque nada impede que o usuário, ou dependente, seja também traficante" (AC 0045.12.000831-8 – RR, Câmara Criminal, rel. Mauro Campello, j. 05.07.2016, v.u.). O correto seria evidenciar em ambos os tipos *finalidades específicas* de maneira expressa. O traficante é o agente que importa, exporta, remete, prepara, traz consigo etc. a droga *com o intuito de lucro* (ou de distribuir para terceiros) enquanto usuário é o agente que adquire, guarda ou traz consigo o entorpecente *para consumo pessoal*. Em suma, o tráfico ilícito de entorpecente deveria ser bipartido – com e sem intuito de lucro, mas sempre com algum fim específico –, gerando o natural aprimoramento da descrição das condutas do usuário de drogas.

55. Desclassificação para a figura típica do art. 28 (antigo art. 16 da Lei 6.368/76): as cinco condutas previstas no art. 28 (adquirir, guardar, ter em depósito, transportar e trazer consigo) também fazem parte do art. 33 (antigo art. 12 da Lei 6.368/76). Entretanto, neste último caso, cuida-se de tráfico ilícito de entorpecentes, crime equiparado a hediondo, gerando pena de reclusão, de 5 a 15 anos, e multa elevada, enquanto o outro não constitui delito equiparado a hediondo, sem a possibilidade de aplicação de pena privativa de liberdade, somente porque a finalidade do agente é o *consumo pessoal*. Em face disso, muitos traficantes buscam, como meio de defesa, a desclassificação da infração penal da figura do art. 33 (antigo art. 12 da Lei 6.368/76) para o tipo do art. 28 (antigo art. 16 da Lei 6.368/76). Por outro lado, inúmeros usuários acabam, injustamente, autuados com base no art. 33 (antigo art. 12 da Lei 6.368/76), quando merecem a desclassificação para o art. 28 (antigo art. 16 da Lei 6.368/76). Essa situação não comporta resolução teórica única, pois depende do caso concreto e das provas produzidas em cada processo. Porém, tem sido referencial para a jurisprudência brasileira a quantidade da droga apreendida, os antecedentes criminais do agente, quando voltados ao tráfico, bem como a busca do caráter de mercancia. Quem traz consigo grande quantidade, já foi condenado anteriormente por tráfico e está em busca de comercialização do entorpecente é, com imensa probabilidade, traficante (art. 33). No entanto, aquele que possui pequena quantidade, nunca foi antes condenado por delito relativo a tóxicos, bem como não está comercializando a droga é, provavelmente, um usuário (art. 28).

56. Hediondez do delito: o crime de tráfico ilícito de entorpecentes não deixa de ser, na essência, um delito hediondo (repugnante, sórdido). Ocorre que, na Constituição Federal, ao redigir o art. 5.º, XLIII, o legislador constituinte pretendeu atingir um tratamento mais rigoroso a certas infrações penais, consideradas muito graves. Assim, proibindo a liberdade provisória com fiança, bem como a graça e a anistia, já tinha em mente determinados crimes, que enumerou: tortura, tráfico ilícito de entorpecentes e drogas afins e terrorismo. Os demais, que não podiam ser elencados no texto constitucional, por demandar um estudo mais aprofundado, foram indicados da seguinte forma: "e os definidos como crimes hediondos". Dessa forma, os três crimes que pareceram, desde logo, muito graves ao constituinte foram destacados no próprio texto do art. 5.º, XLIII, deixando-se ao legislador ordinário a tarefa de definir *outros* delitos igualmente repugnantes e gravíssimos, tachados de hediondos. Portanto, parece-nos solução simplista dizer que o tráfico ilícito de entorpecentes não é hediondo, mas *apenas* a ele equiparado. Tecnicamente, essa é a solução a ser adotada. Porém, ontologicamente, voltando-

-se ao tratamento mais rigoroso destinado aos crimes mais graves, o tráfico ilícito de drogas não difere dos outros delitos hediondos, como o homicídio qualificado ou o latrocínio. Em suma, particularmente repulsivos são todos os delitos elencados como hediondos, bem como os seus coirmãos, denominados de *equiparados*.

56-A. Figuras de tráfico ilícito de drogas equiparadas a hediondos: são as previstas nos arts. 33, *caput* e § 1.º, 34, 36 e 37. Segundo entendíamos, a causa de diminuição prevista no art. 33, § 4.º, da Lei 11.343/2006 apenas abrandaria a punição do traficante, mas o delito pelo agente cometido continuaria a ser equiparado a hediondo, pois a conduta é tipificada no art. 33, *caput*, e no § 1.º, que assim são considerados. Entretanto, o STF firmou posição de que a figura privilegiada do art. 33, § 4.º, não deve ser considerada hedionda ou equiparada. Após a edição da Lei 13.964/2019, o art. 112, § 5.º, da LEP, deixou claro esse entendimento: "não se considera hediondo ou equiparado, para os fins deste artigo, o crime de tráfico de drogas previsto no § 4.º do art. 33 da Lei 11.343, de 23 de agosto de 2006". Outros a escapar à denominação de equiparados a hediondos são os tipos do art. 33, §§ 2.º e 3.º, porque figuras privilegiadas, que não podem ser equiparadas ao *caput*.

57. Princípio da insignificância: no contexto do tráfico ilícito de entorpecentes não nos parece aceitável. Aquele que preenche os tipos penais dos arts. 33 ou 34, ainda que seja pequena a quantidade de droga apreendida, não pode valer-se do denominado *crime de bagatela*, uma vez que o bem jurídico tutelado é a saúde pública e o traficante raramente se contenta em materializar o crime uma só vez. Sem a punição devida, uma vez detectada a infração penal, a reiteração é quase certa, além do que as quantidades de entorpecentes tendem a crescer cada vez mais. Por outro lado, é possível que o agente tenha sido surpreendido com pouca quantia por mera eventualidade. Em suma, constituindo crime de perigo abstrato e estando em jogo a saúde pública, não vale a excludente de tipicidade. Na jurisprudência: STJ: "Outrossim, prevalece na Quinta Turma deste Superior Tribunal de Justiça a diretriz no sentido de que não se aplica o princípio da insignificância aos delitos de tráfico de drogas e de uso de substância entorpecente, por se tratar de crimes de perigo abstrato ou presumido, sendo irrelevante para esse específico fim a quantidade de sementes da droga apreendida. Precedentes" (AgRg no REsp 1.733.645 – SP, 5.ª T., rel. Reynaldo Soares da Fonseca, *DJe* 15.06.2018).

57-A. Competência para o julgamento: como regra, é da Justiça Estadual. Tratando-se, no entanto, de tráfico internacional (crime à distância), que possui base em mais de um país, envolvendo o Brasil, passa a ser da Justiça Federal (consulte-se o art. 70 desta Lei). Portanto, nos termos do art. 109, V, da Constituição Federal, se o delito de tráfico, que é previsto em Convenção internacional para sua repressão, iniciar-se no exterior e finalizar no Brasil ou começar em território nacional findando no estrangeiro, a alçada é federal. Embora seja atribuição constitucional da Polícia Federal a prevenção e a repressão ao delito de tráfico ilícito de entorpecentes e drogas afins (art. 144, § 1.º, II, CF), pois é interesse nacional que essa espécie de crime seja combatida de maneira uniforme em todo o Brasil, caso seja lavrado um auto de prisão em flagrante por um delegado federal, mas sem ocorrer a hipótese de crime internacional, cabe à Justiça Estadual do lugar da lavratura do referido auto, a apuração e julgamento do caso. Dá-se o mesmo em casos de conexão. Se o agente pratica um delito da competência da Justiça Federal (por exemplo, contrabando) em conexão com tráfico ilícito de entorpecentes ocorrido dentro do território nacional (pertinente para o julgamento, em tese, é a Justiça Estadual), cabe à Justiça Federal o julgamento de ambos.

57-B. Traficante usuário: o delito de tráfico (art. 33) absorve o crime de posse ou porte para consumo pessoal (art. 28). A única maneira de se absolver o traficante seria a constatação de ter cometido o delito em estado de inimputabilidade, o que poderia ocorrer se constatado ser ele dependente. Aplicar-se-ia, então, medida de segurança.

57-C. Confronto com o art. 243 do Estatuto da Criança e do Adolescente: prevalece o art. 33 da Lei 11.343/2006 (antigo art. 12 da Lei 6.368/76). O art. 243 prevê a venda, o fornecimento, ainda que gratuito, a aplicação e a entrega a criança ou adolescente de *produtos* cujos componentes possam causar dependência física ou psíquica, mas não necessariamente substância entorpecente, prevista na relação de drogas proibidas no Brasil, como cigarros e bebidas alcoólicas. Por isso, entendemos que o art. 33 é especial em relação ao art. 243, devendo sobre este prevalecer, até pelo fato de possuir pena mais grave e representar crime equiparado a hediondo. Quem vende substância entorpecente a criança ou adolescente é traficante, incurso no art. 33.

57-D. Confronto com os arts. 290 e 291 do Código Penal Militar: como os referidos artigos cuidam de *substância entorpecente* tal como faz o art. 33 desta Lei (embora se refira ao termo *drogas*), preenchidas as condutas descritas naqueles tipos penais, deve prevalecer a lei militar, por ser considerada especial em relação aos crimes cometidos por civis. Entretanto, há determinadas condutas que o Código Penal Militar deixou de prever, como *importar* ou *exportar*. Cremos, pois, que o militar que importar, por exemplo, substância entorpecente, sem autorização legal, deve responder como incurso no art. 33 da Lei 11.343/2006. Somente se aplica o disposto na legislação especial militar quando as condutas forem idênticas àquelas situadas na Lei 11.343/2006.

57-E. Delito cometido por índio: não há necessidade de laudo específico (antropológico) para determinar o seu grau de integração à sociedade, mormente quando o réu, embora dessa etnia, apresenta-se, perante o juiz, plenamente capacitado a responder às perguntas feitas no interrogatório e se mostra bem ciente do que se passa. Por outro lado, se o exame pericial se tornar necessário, é fundamental que se verifique o grau de imputabilidade, pois o índio que se mantenha totalmente afastado da zona urbana pode apresentar-se em posição semelhante ao semi-imputável. Na jurisprudência: STF: "1. Índio condenado pelos crimes de tráfico de entorpecentes, associação para o tráfico e porte ilegal de arma de fogo. É dispensável o exame antropológico destinado a aferir o grau de integração do paciente na sociedade se o Juiz afirma sua imputabilidade plena com fundamento na avaliação do grau de escolaridade, da fluência na língua portuguesa e do nível de liderança exercida na quadrilha [atual associação criminosa], entre outros elementos de convicção. Precedente. 2. Atenuação da pena (art. 56 do Estatuto do Índio). Pretensão atendida na sentença. Prejudicialidade. 3. Regime de semiliberdade previsto no parágrafo único do art. 56 da Lei 6.001/73. Direito conferido pela simples condição de se tratar de indígena. Ordem concedida, em parte" (HC 85.198 – MA, 1.ª T., rel. Eros Grau, j. 17.11.2005, *DJ* 09.12.2005, v.u. – embora antigo, é raro).

57-F. Denúncia genérica: temos sustentado a viabilidade de apresentação, pelo órgão acusatório, de denúncia genérica, em casos de concursos de pessoas, quando se torne impossível determinar, na peça inicial, a atuação individualizada de cada um dos corréus. É preciso, no entanto, haver prova pré-constituída (justa causa para a ação penal) de que *todos* estão efetivamente envolvidos no crime. No mais, aceita-se, sob pena de geração de impunidade, a denúncia feita de maneira genérica. O tráfico ilícito de entorpecentes é um dos delitos que comporta esse tipo de peça acusatória, uma vez que se torna quase inatingível ao órgão da acusação saber o que cada um faz na produção e distribuição de drogas, mormente quando organizados em associação criminosa.

57-G. Depoimento de policiais: para a comprovação da prática do crime de tráfico ilícito de entorpecentes (e de outros tipos penais previstos nesta Lei), chegou-se a exigir, no passado, prova testemunhal considerada *isenta*, vale dizer, distinta dos quadros da polícia, pois esta, através dos seus agentes, seria a responsável pela prisão ou investigação, logo, teria interesse em mantê-la, justificando seus atos e pretendendo a condenação do réu. Não mais vige esse pensamento, como majoritário, nos tribunais brasileiros. Preceitua o art. 202 do CPP que "toda pessoa poderá ser testemunha", logo, é indiscutível que os policiais, sejam eles os autores da prisão do réu ou não, podem testemunhar, sob o compromisso de dizer a verdade e sujeitos às penas do crime de falso testemunho. Ressaltamos, entretanto, que é preciso cautela, em determinadas peculiares situações, para a aceitação incondicional desses depoimentos. Parece-nos cauteloso que o magistrado, visualizando, em processos de apuração de crime de tráfico ilícito de entorpecentes, um rol de testemunhas de acusação formado somente por policiais, indague dos mesmos a razão pela qual não se obteve nenhuma outra pessoa, como testemunha, estranha aos quadros da polícia. Essa verificação é essencial, pois uma apreensão de drogas feita à vista de inúmeras pessoas, em local público, por exemplo, pode perfeitamente contar com o testemunho de pessoas que não sejam policiais. Por outro lado, uma apreensão ocorrida em lugar ermo, durante a madrugada, realmente, pode apresentar apenas os depoimentos de agentes policiais. Tudo depende, pois, do caso concreto. Porém, voltamos a insistir que qualquer policial pode servir como testemunha. A valoração do seu depoimento, entretanto, se confiável ou não, fica, como de praxe, ao critério prudente do julgador. Consultar a nota 9 ao art. 202 em nosso *Código de Processo Penal comentado*. Na jurisprudência: STJ: "Segundo entendimento reiterado do Superior Tribunal de Justiça, os depoimentos dos policiais responsáveis pela prisão em flagrante são meios idôneos e suficientes para a formação do édito condenatório, quando em harmonia com as demais provas dos autos, e colhidos sob o crivo do contraditório e da ampla defesa, como ocorreu na hipótese" (HC 461.377 – PR, 5.ª T., rel. Ribeiro Dantas, j. 13.11.2018, *DJe* 22.11.2018).

57-H. Estado de necessidade: não é motivo para a prática de tráfico ilícito de entorpecentes, pois os bens jurídicos são desproporcionais. Aquele que alega estar em dificuldade financeira para cometer os delitos previstos nos arts. 33 e 34 desta Lei termina por colocar em risco a saúde pública, de interesse da sociedade. Logo, em face da desproporcionalidade entre os bens jurídicos em jogo, não se pode acolher essa tese. Do mesmo modo, a situação de pobreza não é justificativa para o cometimento de crimes. Ademais, na maior parte dos casos, quando se alega essa excludente, pouca prova é apresentada, tornando inviável ao juiz apreciar a situação.

57-I. Crime impossível: a previsão formulada pelo art. 17 do Código Penal é de difícil aplicação no contexto do tráfico ilícito de drogas. Dispõe o mencionado artigo que "não se pune a tentativa quando, por ineficácia absoluta do meio ou por absoluta impropriedade do objeto, é impossível consumar-se o crime". Considera-se, assim, o flagrante preparado (como regra, por policiais) uma situação apta a concretizar o crime impossível (Súmula 145 do STF). Ilustrando: se um policial se passa por usuário e, dirigindo-se a outro usuário, pede para comprar parte da droga que este utiliza, ao *tentar vender* não pode haver válida prisão em flagrante. Trata-se de delito impossível. Afinal, não era traficante, mas, insista-se, usuário. Somente resolveu *vender*, pois foi induzido por terceiro, com o fito exclusivo de lhe causar a prisão em flagrante. No entanto, não é essa a situação cotidiana. O autêntico traficante possui droga ilícita em depósito ou traz consigo para a finalidade de vender. Nesse caso, se o policial solicitar o entorpecente e houver a *tentativa de venda*, não se trata de flagrante preparado, logo, crime impossível. A prisão é legitimamente efetuada, levando-se em conta os demais verbos constantes do art. 33 da Lei de Drogas, como "ter em depósito", "trazer consigo", "guardar" etc. Aliás, vale acrescentar a atual redação do art. 33, § 1.º, IV, que prevê: "vende ou entrega drogas ou matéria-prima, insumo ou produto químico destinado à preparação de drogas, sem autorização ou em desacordo com a determinação legal ou regulamentar, a *agente policial disfarçado*, quando presentes elementos probatórios razoáveis de conduta criminal preexistente". Pretendeu-se afastar a alegação de crime impossível por parte de quem tenta vender droga a policial, mas é traficante. No entanto, não pode haver tergiversação nesse quadro, significando que o policial não pode *transformar* um usuário em traficante; esse dispositivo veio, pela Lei 13.964/2019, buscar o enfoque do agente policial disfarçado atrás de autênticos traficantes. Então, se o policial induz o viciado a pegar droga em outro lugar somente para a venda proposta ou apenas carrega o entorpecente para seu consumo, embora seja *convencido* pelo agente disfarçado a vender, não há sentido de se validar o crime de tráfico. Prevalece o crime impossível.

57-J. Pureza da droga: é desnecessário que o exame pericial aponte o grau de pureza da droga, mas somente que se trata de *droga ilícita*. Na jurisprudência: STF: "1. Desnecessária a aferição do grau de pureza da droga para realização da dosimetria da pena. A Lei n. 11.343/2006 dispõe como preponderantes, na fixação da pena, a natureza e a quantidade de entorpecentes, independente da pureza e do potencial lesivo da substância. Precedente. 2. Para acolher a alegação da impetrante de imprescindibilidade da perícia complementar na substância entorpecente apreendida, seria necessário o reexame dos fatos e das provas dos autos, ao que não se presta o *habeas corpus*. 3. Ordem denegada" (HC 132.909 – SP, 2.ª T., rel. Cármen Lúcia, j. 15.03.2016, v.u.). STJ: "'A aferição do grau de pureza é dispensável para a identificação da natureza e da quantidade da substância transportada, sendo notório que a cocaína, pelo seu alto custo, é misturada a outros produtos para aumentar o lucro dos traficantes, vários deles igualmente nocivos para a saúde pública' (RHC 54.302/SP, Rel. Rogerio Schietti Cruz, Sexta Turma, DJe 12.03.2015)" (RHC 53.433 – SP, 5.ª T., rel. Ribeiro Dantas, j. 09.03.2017, DJe 17.03.2017).

57-K. Regime inicial de cumprimento da pena: dispõe o art. 2.º, § 1.º, o seguinte: "a pena por crime previsto neste artigo será cumprida inicialmente em regime fechado"; porém, em junho de 2012, o Supremo Tribunal Federal proclamou a inconstitucionalidade desse parágrafo, prestigiando o princípio da individualização da pena, constante do art. 5.º, XLVI, da Constituição Federal. Entendemos correta essa decisão, pois a individualização executória da pena faz parte do princípio mencionado. Durante o cumprimento da pena, a progressão de regime (fechado ao semiaberto; semiaberto ao aberto) valoriza o bom comportamento e a ressocialização do sentenciado, motivo pelo qual é importante cultivar o sistema progressivo. No entanto, para a escolha do regime inicial de cumprimento, do mesmo modo, o Código Penal indicou a utilização do art. 59 (art. 33, § 3.º), favorecendo a compreensão de que os elementos individualizadores de cada condenado precisam ser avaliados. A imposição de regime inicial fechado *obrigatório* é uma forma de padronização da pena, o que lesiona a individualização. Na jurisprudência: "*Habeas corpus*. Penal. Tráfico de entorpecentes. Crime praticado durante a vigência da Lei 11.464/07. Pena inferior a 8 anos de reclusão. Obrigatoriedade de imposição do regime inicial fechado. Declaração incidental de inconstitucionalidade do § 1.º do art. 2.º da Lei 8.072/90. Ofensa à garantia constitucional da individualização da pena (inciso XLVI do art. 5.º da CF/88). Fundamentação necessária (CP, art. 33, § 3.º, c/c o art. 59). Possibilidade de fixação, no caso em exame, do regime semiaberto para o início de cumprimento da pena privativa de liberdade. Ordem concedida" (HC 111.840 – ES, rel. Dias Toffoli, Plenário, j. 27.06.2012, m.v.). Diante disso, as penas fixadas ao traficante podem ser cumpridas em qualquer regime inicial, desde que devidamente fundamentado pelo juiz, com base no art. 59 do Código Penal. Na mesma ótica: STF: "O Plenário desta Corte, no julgamento do HC 111.840/ES, Rel. Min. Dias Toffoli, declarou a inconstitucionalidade do § 1.º do art. 2.º da Lei 8.072/1990 (redação dada pela Lei 11.464/2007), que determinava o cumprimento de pena dos crimes hediondos, de tortura, de tráfico ilícito de entorpecentes e de terrorismo no regime inicial fechado. (...) determinar ao juízo das execuções que proceda a nova individualização da pena, respeitadas as diretrizes firmadas pelo Plenário desta Corte, ou seja, considerando a natureza e a quantidade do entorpecente apreendido em poder do paciente em apenas uma das fases da individualização da reprimenda, bem como a quantidade de pena fixada na sentença, sob pena de *reformatio in pejus*; e (ii) fixar o regime de cumprimento da pena de forma fundamentada, afastando a regra do § 1.º do art. 2.º da Lei 8.072/1990, declarado inconstitucional pelo Plenário desta Corte" (HC 119.357 – PR, 2.ª T., rel. Ricardo Lewandowski, *DJ* 11.03.2014, v.u.). STJ: "1. Nos termos do art. 33, §§ 1.º, 2.º e 3.º, do Código Penal, para a fixação do regime inicial de cumprimento de pena, o julgador deverá observar a quantidade da reprimenda aplicada, a eventual existência de circunstâncias judiciais desfavoráveis e, em se tratando dos crimes previstos na Lei n. 11.343/2006, como no caso, deverá levar em conta o estabelecido no art. 42 da Lei n. 11.343/2006. 2. Na espécie, a pena-base foi elevada acima do mínimo legal ante a razoável quantidade/natureza da droga apreendida – 4,115 kg (quatro quilos, cento e quinze gramas) de cocaína –, circunstância que autoriza a conclusão de que a conduta reveste-se de maior grau de reprovabilidade, a justificar a fixação de regime prisional imediatamente mais gravoso do que aquele que a quantidade de pena (inferior a 8 anos, *in casu*) atrairia. Precedentes" (AgRg no REsp 1.401.348 – SP, 6.ª T., rel. Antonio Saldanha Palheiro, j. 27.08.2019, *DJe* 06.09.2019, v.u.).

57-L. Progressão de regime: dentre as inúmeras restrições impostas pela Lei 8.072/90 ao crime de tráfico ilícito de entorpecentes, encontrava-se a inviabilidade de progressão de regime. Deveria ser imposto o *regime fechado integral*. Entretanto, o Supremo Tribunal Federal, em 23 de fevereiro de 2006, em julgamento realizado pelo Plenário, considerou inconstitucional o disposto no art. 2.º, § 1.º, da Lei dos Crimes Hediondos, na parte referente ao cumprimento da pena em regime *integralmente* fechado, pois ofensivo ao princípio da individualização executória da pena (HC 82.959 – SP, rel. Marco Aurélio, m.v.). O cerne dessa decisão concentrou-se na inconstitucionalidade da proibição à progressão. A questão está superada pelo advento da Lei 11.464/2007, que passou a admitir, expressamente, a fixação do regime *inicial* fechado para tais delitos (art. 2.º, § 1.º). Cabe, assim, a progressão. Havendo merecimento, conforme a formação de convencimento do magistrado, podem os condenados por tráfico ilícito de drogas seguir para regimes mais brandos (semiaberto e aberto).

57-M. Traficante mulher gestante ou com filho menor de 12 anos: segundo decisão do STF, deve ser recolhida em prisão domiciliar; porém, em casos excepcionais, comporta a prisão fechada. A decisão do STJ bem espelha o caráter de excepcionalidade no caso concreto: STJ: "1. O regime jurídico da prisão domiciliar, especialmente no que pertine à proteção da integridade física e emocional da gestante e dos filhos menores de 12 anos, e as inovações trazidas pela Lei n. 13.769/2018 decorrem, indiscutivelmente, do resgate constitucional do princípio da fraternidade (Constituição Federal: preâmbulo e art. 3.º). 2. Aliás, em uma guinada jurisprudencial, o Supremo Tribunal Federal passou a admitir até mesmo o *Habeas Corpus* coletivo (Lei 13.300/2016) e concedeu comando geral para fins de cumprimento do art. 318, IV e V, do Código de Processo Penal, em sua redação atual. No ponto, a orientação da Suprema Corte, no *Habeas Corpus* n. 143.641/SP, da relatoria do Ministro Ricardo Lewandowski, julgado em 20/2/2018, é no sentido de substituição da prisão preventiva pela domiciliar de todas as mulheres presas gestantes, puérperas ou mães de crianças e deficientes, nos termos do art. 2.º do ECA e da Convenção sobre Direitos das Pessoas com Deficiências (Decreto Legislativo n. 186/2008 e Lei n. 13.146/2015), salvo as seguintes situações: crimes praticados por elas mediante violência ou grave ameaça, contra seus descendentes ou, ainda, em situações excepcionalíssimas, as quais deverão ser devidamente fundamentadas pelos juízes que denegarem o benefício. 3. A hipótese dos autos é excepcional e não permite a concessão de prisão domiciliar: recorrente estrangeira (colombiana), com filhos menores de 12 (doze) anos em seu país de origem (Colômbia), presa em flagrante no Brasil, com destino a Paris (tráfico internacional de drogas) e pleiteia o deferimento/cumprimento de prisão domiciliar fora do

Brasil. Inviabilidade. 4. A prisão domiciliar deve ser cumprida no território nacional para viabilizar o prosseguimento da ação penal e a aplicação da lei (limite territorial da jurisdição brasileira). A imposição concomitante de medida cautelar não legitima a saída de recorrente estrangeira, sem vínculo no Brasil, para cumprir prisão domiciliar no seu país de origem. 5. Recurso conhecido e não provido" (RHC 114.345 – SP, 5.ª T., Rel. Reynaldo Soares da Fonseca, j. 13.08.2019, *DJe* 30.08.2019, v.u.). Em outro sentido: STJ: "1. O afastamento da prisão domiciliar para mulher gestante ou mãe de menor de 12 anos exige fundamentação idônea e casuística, independentemente de comprovação de indispensabilidade da sua presença para prestar cuidados ao filho, sob pena de infringência ao art. 318, inciso V, do Código de Processo Penal, inserido pelo Marco Legal da Primeira Infância (Lei n. 13.257/2016). 2. Não bastasse a compreensão já sedimentada no âmbito desta Casa, o Supremo Tribunal Federal, no julgamento do HC n. 143.641/SP, concedeu *habeas corpus* coletivo 'para determinar a substituição da prisão preventiva pela domiciliar – sem prejuízo da aplicação concomitante das medidas alternativas previstas no art. 319 do CPP – de todas as mulheres presas, gestantes, puérperas, ou mães de crianças e deficientes sob sua guarda, nos termos do art. 2.º do ECA e da Convenção de Direitos das Pessoas com Deficiências (Decreto Legislativo 186/2008 e Lei 13.146/2015), relacionadas nesse processo pelo DEPEN e outras autoridades estaduais, enquanto perdurar tal condição, excetuados os casos de crimes praticados por elas mediante violência ou grave ameaça, contra seus descendentes ou, ainda, em situações excepcionalíssimas, as quais deverão ser devidamente fundamentadas pelos juízes que denegarem o benefício (...)' (STF, HC n. 143.641/SP, relator Ministro Ricardo Lewandowski, Segunda Turma, julgado em 20/2/2018, *DJe* de 21/2/2018). 3. No caso vertente, malgrado o Tribunal estadual tenha mencionado que o presente caso enquadrar-se-ia na exceção à determinação do Pretório Excelso para substituição da prisão preventiva – de mulheres presas, gestantes, puérperas ou mães de crianças e de pessoas com deficiência – por prisão domiciliar, em razão da gravidade concreta da conduta, pois a paciente 'teria sido flagrada em poder de armas, munições, automóvel produto de crime, além de variedade e quantidade de substâncias entorpecentes', e também por entender que 'não há demonstração nos autos de que o infante esteja desamparado ou em situação de penúria' – e-STJ fl. 102, não vislumbro a existência de situação excepcionalíssima, nos moldes do que foi decidido pelo Supremo Tribunal Federal, a ensejar o afastamento do entendimento firmado por ocasião do julgamento do HC n. 143.641/SP. 4. Ordem concedida, confirmando-se a liminar, para substituir a prisão preventiva da paciente por prisão domiciliar, sem prejuízo da aplicação de outras medidas cautelares previstas no art. 319 do Código de Processo Penal, caso entenda necessário o Juízo local" (HC 501.122 – SP, 6.ª T., rel. Antonio Saldanha Palheiro, j. 27.08.2019, *DJe* 04.09.2019, v.u.).

58. Benefícios penais: a pena mínima é de cinco anos e a multa tem patamares elevados (mínimo e máximo). O regime pode ser estabelecido, livremente, pelo magistrado. Na jurisprudência: STF: "O Plenário do Supremo Tribunal Federal, no julgamento do HC 111.840, da relatoria do Ministro Dias Toffoli, declarou inconstitucional a 'obrigatoriedade da fixação do regime fechado para início do cumprimento de pena decorrente da condenação por crime hediondo ou equiparado', enunciada no § 1.º do art. 2.º da Lei 8.072/1990 (redação da Lei 11.464/2007). Possibilidade de imediata fixação do regime prisional semiaberto (art. 33, § 2.º, *b*, do Código Penal), tendo em vista que a pena privativa de liberdade a ser cumprida pelos recorrentes é inferior a oito anos e as instâncias de origem consideraram plenamente favoráveis as circunstâncias judiciais do art. 59 do Código Penal. Precedentes: HC 118.880, rel. Min. Luís Roberto Barroso; HC 122.571, rel. Min. Luiz Fux; HC 121.449, rel. Min. Dias Toffoli; HC 115.151, rel. Min.ª Rosa Weber" (ARE 778.332 AgR-ED, 1.ª T., rel. Roberto Barroso, 04.11.2014, *DJe*-228 divulg. 19.11.2014, public. 20.11.2014).

58-A. *Bis in idem* na aplicação da pena: é preciso ter cuidado para não considerar a natureza ou a quantidade da droga como fator para elevar a pena-base (1.ª fase da individualização da pena) e, depois, valer-se do mesmo critério para mensurar o grau de diminuição da pena, quando houver aplicabilidade para o redutor, previsto no § 4.º. Por isso, em lugar da utilização desses fatores no cômputo da pena-base, é preferível levá-los em consideração para o *quantum* de diminuição da pena. Afinal, as circunstâncias judiciais são residuais (usadas na pena-base) e somente são utilizadas quando os mesmos elementos deixaram de ser usados como circunstâncias legais, seja como agravantes/atenuantes, seja como causas de aumento/diminuição.

58-B. Crítica aos valores da pena pecuniária: considerando-se o valor mínimo, estabelecido em aproximadamente 16 salários mínimos, torna-se inatingível, para efeito de pagamento, por parte da maioria dos traficantes condenados, no Brasil; são pequenos traficantes, como regra, pessoas pobres, que vivem do tráfico ou servem aos grandes comerciantes de drogas. A multa fica pendente, sem quitação, por vários anos, até prescrever. Por conta disso, há jurisprudência formada no STF e no STJ permitindo extinguir a punibilidade, sem pagamento, quando o condenado provar a hipossuficiência. Por outro lado, há de se refletir sobre as condições financeiras do condenado por tráfico. Como regra, muitos enriquecem justamente por causa desse crime. Seus bens de origem ilícita serão confiscados pelo Estado (art. 91, II, b, CP), razão pela qual não lhes sobra praticamente nada de lícito para custear multas tão elevadas. Decerto, não se pode imaginar que o Estado pretenda o pagamento da pena pecuniária com o proveito auferido pelo crime. Assim sendo, novamente se vislumbra a ausência de quitação da multa pela maior parte dos sentenciados por tráfico ilícito de drogas.

59. Figura autônoma de tráfico ilícito de entorpecentes: há quem sustente ser esse tipo penal (antigo art. 12, § 1.º, da Lei 6.368/76) uma forma subsidiária, de modo que somente seria aplicável se não fosse possível punir o agente por qualquer das figuras previstas no *caput* (cf. Damásio Evangelista de Jesus, *Leis antitóxicos anotada*, p. 53). Assim não pensamos. Sempre que o legislador deseja aproveitar a mesma pena, prevista para a figura descrita no *caput* de um tipo penal incriminador, vale-se da fórmula "nas mesmas penas incorre quem...", inserida em um ou mais parágrafos. Como exemplo, podemos citar o art. 177 do Código Penal. O *caput* prevê uma figura criminosa, enquanto o § 1.º, em seus incisos, dispõe sobre várias outras distintas. Portanto, o agente que importa determinada substância entorpecente (cocaína) e, também, importa matéria-prima destinada à preparação de outra substância entorpecente (metanfetamina) comete dois crimes (em concurso material ou formal ou mesmo em crime continuado, conforme a situação concreta). Pode-se dar a hipótese de dois crimes, com a mesma droga, desde que exista um intervalo entre ambas. Se num determinado ano ocorre a importação de cocaína; noutro ano, importa-se matéria-prima para produzir cocaína. São dois delitos, em concurso material. No entanto, quem tem em depósito cocaína, em imóvel de sua propriedade, não pode responder por dois delitos (*caput* e § 1.º, III, desta lei), pois evidente o mesmo cenário e a coincidência de condutas. Cuida-se de delito único. Nem todas as condutas constantes do *caput* estão previstas, direta ou indiretamente, também, no § 1.º, embora isso possa ocorrer, como mencionado no exemplo dado (ter em depósito em imóvel de sua propriedade uma quantidade de droga ilícita). Por isso, não se visualiza uma *subsidiariedade* constante que possa abranger todo o § 1.º. Quando as condutas forem distintas no campo fático, de modo a serem perfeitamente individualizadas em separado, não há razão para a consideração de ser um único delito. Aliás, até mesmo as condutas alternativas do caput podem dar ensejo à constituição de dois delitos, bastando que entre elas exista um período de tempo razoável a separar integralmente a constituição de cada crime.

60. Análise do núcleo do tipo: os verbos já foram analisados na nota 47 *supra*, para a qual remetemos o leitor. O objeto, neste caso, diversamente de *droga* é a matéria-prima (substância bruta da qual se extrai qualquer produto), insumo (elemento participante do processo de formação de determinado produto) ou produto químico (substância química qualquer, pura ou composta, utilizada em laboratório) voltada à preparação (composição de elementos) de drogas. Exemplo de matéria-prima: acetona. Consultar, ainda, o disposto na Lei 10.357/2001, que estabelece normas de controle e fiscalização sobre produtos químicos que permitam a preparação ilícita de substâncias entorpecentes, psicotrópicas ou que determinem dependência física ou psíquica. Na jurisprudência: STJ: "II – Para a configuração do crime previsto no artigo 33, § 1.º, I, da Lei 11.343/2006 é suficiente o transporte, em desconformidade com as disposições legais ou regulamentares, de matéria-prima ou substância que possa ser usada para a produção de entorpecentes. III – O objeto material do delito é a 'matéria-prima, insumo ou produto químico destinado à preparação de drogas', tratando-se de norma penal em branco, complementada pela Lei n. 10.357/01, pelo Decreto n. 4.262/02 e pela Portaria do Ministério da Justiça – 1.274/03, que especifica os produtos químicos sujeitos a controle e fiscalização. IV – A expressão 'matéria-prima', para efeito do previsto no inc. I, do § 1.º, do art. 33, da Lei 11.343/06, abrange não só as substâncias destinadas à preparação de drogas como, igualmente, aquelas que, eventualmente, se prestam a esse objetivo. Precedentes. V – *In casu*, o paciente foi preso em flagrante por transportar 6 kg (seis quilos) de barrilha leve, em cuja composição encontra-se a substância química carbonato de cálcio, sendo 'apta a ser usada no processo de maceração das folhas da coca, para posterior extração do alcaloide cocaína, além de poder ser utilizada, também, no processo de formação da pasta-base de cocaína' (fl. 24), segundo foi atestado por laudo pericial. VI – Referida substância química, embora não relacionada na lista de entorpecentes de uso proscrito no Brasil, encontra-se relacionada na lista IV, do Anexo I, da Portaria n. 1.274/03 do Ministério da Justiça, que relaciona os produtos químicos sujeitos a controle de fiscalização pelo Departamento de Polícia Federal, sendo apta a configurar a materialidade do crime previsto no artigo 33, § 1.º, I, da Lei 11.343/2006. *Habeas corpus* não conhecido" (HC 399.177 – AM, 5.ª T., rel. Felix Fischer, j. 06.03.2018, *DJe* 13.03.2018, v.u.).

61. Sujeitos ativo e passivo: o sujeito ativo pode ser qualquer pessoa. O sujeito passivo é a sociedade.

62. Elemento subjetivo: é o dolo. Não há elemento subjetivo específico, nem se pune a forma culposa. Concordamos com Vicente Greco Filho ao afirmar que a expressão *destinada à preparação de drogas* poderia fornecer a impressão de se tratar de elemento subjetivo do tipo específico. Entretanto, a destinação, nesse caso, é da matéria-prima (insumo ou produto químico) e não do agente (*Tóxicos*, p. 101).

63. Elementos normativos: a expressão *sem autorização ou em desacordo com determinação legal ou regulamentar* constitui fator vinculado à ilicitude, porém inserido no tipo incriminador torna-se elemento deste e, uma vez que não seja preenchido, transforma o fato em atípico. Portanto, importar, exportar, remeter, preparar, produzir (etc.) matéria-prima, insumo ou produto químico devidamente autorizado é fato atípico.

64. Objetos material e jurídico: o objeto material é a matéria-prima, insumo ou produto químico. O objeto jurídico é a saúde pública.

65. Classificação: comum (pode ser cometido por qualquer pessoa); formal (não exige resultado naturalístico para a consumação, consistente na efetiva lesão à saúde de alguém); de forma livre (pode ser cometido por qualquer meio eleito pelo agente); comissivo (os verbos indicam ações); instantâneo (a consumação se dá em momento determinado) nas formas *importar, exportar, remeter, produzir, fabricar, adquirir, vender* e *fornecer*, ou permanente (a consumação se arrasta no tempo) nas formas *ter em depósito, transportar, trazer consigo, guardar*; de perigo abstrato (não depende de efetiva lesão ao bem jurídico tutelado); unissubjetivo (pode ser cometido por um só agente); unissubsistente (praticado em um único ato) ou plurissubsistente (cometido por intermédio de vários atos); admite tentativa na forma plurissubsistente, embora de difícil configuração.

66. Análise do núcleo do tipo: *semear* (espalhar sementes para que germinem), *cultivar* (propiciar condições para o desenvolvimento da planta) e *fazer a colheita* (recolher o que a planta produz). O objeto é a planta que se constitua em matéria-prima destinada à preparação de drogas. Esta também é uma figura autônoma. Ilustrando, se o agente praticar o disposto no *caput*, no inciso I e no inciso II do art. 33 tem a possibilidade de praticar três delitos autônomos, restando a verificação se é concurso material, formal ou crime continuado, conforme o caso. Em especial, pode se tratar de um traficante de várias atividades diversificadas, envolvendo drogas distintas e fabricação de outras. Parece-nos inexistir qualquer razão para apontar crime único, pois o bem jurídico (saúde pública) é colocado em perigo de maneira muito mais efetiva do que o traficante que lida com uma única substância entorpecente em contexto singular.

67. Sujeitos ativo e passivo: o sujeito ativo pode ser qualquer pessoa. O sujeito passivo é a sociedade.

68. Elemento subjetivo: é o dolo. Não há elemento subjetivo específico, nem se pune a forma culposa. A mesma observação feita na nota 62 ao inciso I, quanto ao elemento subjetivo, vale para este caso. A expressão *para a preparação* não é elemento subjetivo do tipo específico, pois não se vincula à vontade do agente, mas ao destino da planta.

69. Elementos normativos: a expressão *sem autorização ou em desacordo com determinação legal ou regulamentar* constitui fator vinculado à ilicitude, porém inserido no tipo incriminador torna-se elemento deste e, uma vez que não seja preenchido, transforma o fato em atípico. Portanto, semear, cultivar ou fazer colheita de plantas, que sejam matéria-prima para a preparação de drogas, devidamente autorizado, é fato atípico.

70. Objetos material e jurídico: o objeto material é a semente ou a planta. O objeto jurídico é a saúde pública.

71. Classificação: comum (pode ser cometido por qualquer pessoa); formal (não exige resultado naturalístico para a consumação, consistente na efetiva lesão à saúde de alguém); de forma livre (pode ser cometido por qualquer meio eleito pelo agente); comissivo (os verbos indicam ações); instantâneo (a consumação se dá em momento determinado) nas formas *semear* e *fazer a colheita*, ou permanente (a consumação se arrasta no tempo) na forma *cultivar*; de perigo abstrato (não depende de efetiva lesão ao bem jurídico tutelado); unissubjetivo (pode ser cometido por um só agente); unissubsistente (praticado em um único ato) ou plurissubsistente (cometido por intermédio de vários atos); admite tentativa na forma plurissubsistente, embora de difícil configuração.

72. Análise do núcleo do tipo: *utilizar* (aproveitar, valer-se de algo) é a primeira conduta. O objeto é o local ou bem de qualquer natureza de quem tem a propriedade (ter o uso, gozo e disposição de algo), posse (tirar proveito sem ser proprietário), administração (gerência ou controle), guarda (manter sob tutela) ou vigilância (tomar conta ou cuidar). A segunda conduta diz respeito a *consentir* (autorizar, permitir) que outra pessoa utilize o local ou bem, aproveitando-o, ainda que gratuitamente (sem contraprestação), para o tráfico ilícito de drogas (outras figuras do art. 33). Entendemos que essa conduta configura, como qualquer outra, nítido delito de *tráfico ilícito de entorpecentes*, como figura equiparada a hediondo, pois quem assim age seria, não houvesse o tipo específico, no mínimo, partícipe do tráfico alheio. Entretanto, a conduta deste inciso pode confundir-se com a do *caput*, devendo considerar-se delito único (ex.: ter em depósito cocaína em imóvel de sua propriedade forma um só cenário).

73. Sujeitos ativo e passivo: o sujeito ativo é o proprietário, posseiro, administrador, guarda ou vigilante de determinada área territorial ou bem. O sujeito passivo é a sociedade.

74. Elemento subjetivo: é o dolo. Há elemento subjetivo específico, consistente em ser *para o tráfico ilícito de drogas*. Nessa hipótese, torna-se relevante a finalidade do agente, quanto à destinação do bem, justamente para se caracterizar o tráfico. Afinal, o local ou bem, por si só, não é proibido. Não se pune a forma culposa.

75. Elementos normativos: a expressão *sem autorização ou em desacordo com determinação legal ou regulamentar* constitui fator vinculado à ilicitude, porém inserido no tipo incriminador tornar-se-ia elemento deste e, uma vez que não fosse preenchido, transformaria o fato em atípico. Entretanto, nesta hipótese, há uma evidente contradição. Ao mesmo tempo em que se prevê ser a utilização de local ou bem destinado ao tráfico *ilícito* de entorpecente, estipula-se a possibilidade de haver *autorização ou determinação legal*. Ora, não pode haver autorização – legal ou regulamentar – para o tráfico ilícito de drogas. Portanto, contraditórias são as duas previsões feitas no inciso III do § 1.º do art. 33. Lembremos que, na figura anterior (art. 12, § 2.º, II, da Lei 6.368/76), não havia, o que era correto, a expressão *sem autorização ou em desacordo com determinação legal ou regulamentar*.

76. Objetos material e jurídico: o objeto material é a área territorial ou o bem utilizado para o tráfico ilícito de drogas. O objeto jurídico é a saúde pública.

77. Classificação: próprio (só pode ser cometido por sujeito qualificado, como o proprietário, posseiro, administrador, guarda ou vigilante de local ou bem); formal (não exige resultado naturalístico para a consumação, consistente na efetiva lesão à saúde de alguém); de forma livre (pode ser cometido por qualquer meio eleito pelo agente); comissivo (o verbo indica ação), na forma *utilizar*, porém omissivo (o verbo indica abstenção) na modalidade *consentir*; instantâneo (a consumação se dá em momento determinado) ou permanente (a consumação se arrasta no tempo), conforme o método utilizado pelo agente; de perigo abstrato (não depende de efetiva lesão ao bem jurídico tutelado); unissubjetivo (pode ser cometido por um só agente); unissubsistente (praticado em um único ato) ou plurissubsistente (cometido por intermédio de vários atos), conforme a situação; admite tentativa na forma plurissubsistente, embora de difícil configuração.

78. Confisco da propriedade: dispõe o art. 243 da Constituição Federal que: "As glebas de qualquer região do País onde forem localizadas culturas ilegais de plantas psicotrópicas serão imediatamente expropriadas e especificamente destinadas ao assentamento de colonos, para o cultivo de produtos alimentícios e medicamentosos, sem qualquer indenização ao proprietário e sem prejuízo de outras sanções previstas em lei. Parágrafo único. Todo e qualquer bem de valor econômico apreendido em decorrência do tráfico ilícito de entorpecentes e drogas afins será confiscado e reverterá em benefício de instituições e pessoal especializados no tratamento e recuperação de viciados e no aparelhamento e custeio de atividades de fiscalização, controle, prevenção e repressão do crime de tráfico dessas substâncias". No mesmo prisma, consultar a Lei 8.257/91.

78-A. Objetivo de eliminação do crime impossível: no § 1.º do art. 33 desta Lei, acrescentou-se o inciso IV, nos seguintes termos: "vende ou entrega drogas ou matéria-prima, insumo ou produto químico destinado à preparação de drogas, sem autorização ou em desacordo com a determinação legal ou regulamentar, a *agente policial disfarçado*, quando presentes elementos probatórios razoáveis de conduta criminal preexistente" (grifo nosso). Busca-se contornar a figura do crime impossível (art. 17, CP), evitando-se que o delito, quando quem recebe a droga, matéria-prima, insumo ou produto químico é o policial disfarçado, seja considerado apenas uma tentativa inidônea. Em primeiro lugar, no contexto das drogas ilícitas, levando-se em conta os inúmeros verbos existentes no art. 33, *caput*, quando um policial se passava por viciado, adquirindo a substância entorpecente, dava voz de prisão ao sujeito não pela venda em si (ou tentativa de venda), mas por ele *trazer consigo* ou *manter guardada* droga, matéria-prima, insumo ou produto químico. Com a modificação legal, torna-se viável a prisão pela venda ou entrega ao policial disfarçado, não configurando crime impossível – algo que o legislador pode excepcionar por lei – permitindo, inclusive, a consideração de ter ocorrido delito consumado (a menos que a venda não chegue a se efetivar; quanto a esta conduta, seria uma tentativa). Vale lembrar que o Código Penal (em que se prevê o crime impossível) é lei geral, de modo que a Lei de Drogas, sendo especial, deve prevalecer. Nesse cenário, portanto, quem vender ou tentar vender a policial disfarçado um montante de droga ilícita deve responder por crime de tráfico ilícito de entorpecentes. A disciplina do crime impossível (art. 17, CP) constitui política criminal do Estado, podendo mudar por força de lei. A opção do novel inciso IV foi justamente essa: afastar a alegação de crime impossível – que, no crime do art. 33, pela variedade ampla de condutas típicas, era difícil ocorrer. Porém, vale registrar que, com relação ao art. 33 desta Lei, nunca houve problema de se efetivar a prisão do *vendedor ao policial disfarçado*, pois a própria lei nova exige "prova razoável de conduta criminal preexistente", no caso, seria o *trazer consigo*. Enfim, na prática, não há nenhuma mudança significativa. Porém, focalizando-se aquela hipótese de crime impossível viável neste contexto: o policial disfarçado chega a um viciado (não traficante) e pede para comprar drogas, oferecendo um bom valor; o viciado vai buscar em algum lugar, voltando com a droga para "vender" ao policial, que lhe dá voz de prisão por "trazer consigo". Mas o viciado não trazia nada consigo; foi buscar algo ilícito porque instigado pelo policial, logo, é crime impossível. Continua a ser a mesma coisa porque a mudança na lei exige prova de conduta criminosa antecedente. Em suma, uma reforma que se dará em nível teórico, sem repercussão prática.

79. Análise do núcleo do tipo: *induzir* (dar a ideia), *instigar* (fomentar ideia já existente) ou *auxiliar* (prestar qualquer tipo de ajuda). O objeto das condutas alternativas é a pessoa humana que usa, indevidamente, droga. Na realidade, essa figura pode significar tanto uma conduta peculiar a um traficante, quanto a um usuário de drogas. Logo, pode ser tão danosa quanto o tráfico ilícito de entorpecentes, como pode ser mais branda, espelhando autêntico uso. O agente que incentiva o uso de entorpecente para viciar alguém e, depois, conseguir vender a droga armazenada deveria ser punido com base nas penas previstas no art. 33. Porém, aquele que é usuário e, por amizade ou qualquer outro fim, excetuado o comércio, instiga o colega a usar o entorpecente pode ser enquadrado, com justiça, em figura típica mais amena. Entretanto, a Lei 11.343/2006, ao criar a figura privilegiada do § 2.º do art. 33, prevendo penas de detenção, de um a três anos, e multa, acabou por facilitar a atividade do traficante que alicia terceiros para o uso de drogas, mas corrigiu o defeito anterior, que era punir, com muito rigor, o mesmo incentivo dado por usuário da droga. O ideal seria alcançar o meio-termo, o que ainda não aconteceu. Não se trata de crime equiparado a hediondo, em face da exclusão das vedações de benefícios encontradas no art. 44 da Lei 11.343/2006.

80. Sujeitos ativo e passivo: o sujeito ativo pode ser qualquer pessoa. O sujeito passivo é a sociedade. Secundariamente, a pessoa que usar o entorpecente.

81. Elemento subjetivo: é o dolo. Não há elemento subjetivo específico, nem se pune a forma culposa.

82. Objetos material e jurídico: o objeto material é a pessoa que usa a droga. O objeto jurídico é a saúde pública.

83. Classificação: comum (pode ser cometido por qualquer pessoa); formal (não exige resultado naturalístico para a consumação, consistente na efetiva lesão à saúde de alguém); de forma livre (pode ser cometido por qualquer meio eleito pelo agente); comissivo (os verbos indicam ações); instantâneo (a consumação se dá em momento determinado); de perigo abstrato (não depende de efetiva lesão ao bem jurídico tutelado); unissubjetivo (pode ser cometido por um só agente); unissubsistente (praticado em um único ato) ou plurissubsistente (cometido por intermédio de vários atos); admite tentativa na forma plurissubsistente, embora de difícil configuração.

84. Benefícios penais: cabe a aplicação da suspensão condicional do processo (art. 89, Lei 9.099/95). Se tal não se der, em caso de condenação, pode-se converter a pena privativa de liberdade em restritiva de direitos, desde que preenchidos os requisitos do art. 44 do Código Penal. Conforme a situação, é possível a concessão de suspensão condicional da pena, nos termos do art. 77 do Código Penal.

84-A. Marchas, passeatas e manifestações em prol da liberação do uso de drogas: trata-se de faceta da liberdade de expressão, constitucionalmente assegurada. Não pode ser considera conduta criminosa, nem em face da incitação ao crime (art. 286, CP), nem apologia de crime (art. 287, CP). Igualmente, não tem sentido algum usar-se o tipo penal previsto no art. 33, § 2.º, desta Lei. Inexiste dolo para afetar a paz pública, nos dois primeiros casos, nem dolo para afetar a saúde pública neste último. Por outro lado, para configurar tais delitos exige-se o objetivo de incentivar o uso ilegal da droga. Ora, quando se sai em marcha pela liberação das drogas, inexiste pessoa específica como destinatária da atividade; ao contrário, o movimento se volta à sociedade e aos políticos, para sensibilizá-los quanto a uma posição ideológica a respeito dos entorpecentes. Em lugar de induzir ou instigar à prática de crime, quer-se a descriminalização de certa conduta. Por isso, as manifestações em prol da liberação das drogas não se encaixam nos tipos penais de apologia, incitamento ou indução a qualquer delito. Bem ao contrário, pretende-se a edição de lei para evitar o cometimento de infração penal, caso seja usado o entorpecente. Há grande diferença entre incentivar a prática de crime e manifestar-se pela descriminalização de uma conduta típica. Nesse sentido: STF: "A utilização do § 2.º do art. 33 da Lei 11.343/2006 como fundamento para a proibição judicial de eventos públicos de defesa da legalização ou da descriminalização do uso de entorpecentes ofende o direito fundamental de reunião, expressamente outorgado pelo inciso XVI do art. 5.º da Carta Magna. Regular exercício das liberdades constitucionais de manifestação de pensamento e expressão, em sentido lato, além do direito de acesso à informação (incisos IV, IX e XIV do art. 5.º da Constituição Republicana, respectivamente)" (ADI 4.274 – DF, Tribunal Pleno, rel. Ayres Britto, j. 23.11.2011, v.u.).

85. Análise do núcleo do tipo: *oferecer* (ofertar como presente) é a conduta, cujo objeto é droga. Outros requisitos são estabelecidos neste tipo novo: a) agir em caráter eventual (sem continuidade ou frequência); b) atuar sem objetivo de lucro (não é viável alcançar qualquer tipo de vantagem ou benefício); c) atingir pessoa do relacionamento do agente (alguém conhecido antes da oferta de droga); d) ter a finalidade de consumir a droga em conjunto. O tipo penal tem por finalidade abrandar a punição daquele que fornece substância entorpecente a um amigo, em qualquer lugar onde pretendam utilizar a droga em conjunto. Fazendo-o em caráter eventual e sem fim de lucro aplica-se a figura privilegiada. Evita-se, assim, a condenação por crime de tráfico ilícito de drogas, cuja pena mínima passa a ser de cinco anos de reclusão. Entretanto, este tipo é insuficiente, pois muito restritivo. A exigência concomitante de quatro requisitos é extremada. Se um indivíduo oferece droga, em uma festa, por exemplo, a alguém que acabou de conhecer, mesmo que não haja finalidade de lucro e seja uma atitude isolada, não se aplica o disposto no § 3.º do art. 33. Por outro lado, se oferecer droga a um amigo, desde que tal situação ocorra com frequência, também não se beneficia da figura privilegiada. Seria punido com base no art. 33 (tráfico ilícito de entorpecentes). Em suma, o tipo penal privilegiado foi insuficiente. Não se trata de crime equiparado a hediondo, em face da exclusão das vedações de benefícios encontrada no art. 44 da Lei 11.343/2006.

86. Sujeitos ativo e passivo: o sujeito ativo pode ser qualquer pessoa. O sujeito passivo é a sociedade. Secundariamente, a pessoa que consome a droga oferecida.

87. Elemento subjetivo: é o dolo. Há elemento subjetivo específico do tipo, consistente em consumo conjunto. Não se pune a forma culposa.

88. Objetos material e jurídico: o objeto material é a pessoa a quem se oferta a droga. O objeto jurídico é a saúde pública.

89. Classificação: comum (pode ser cometido por qualquer pessoa); formal (não exige resultado naturalístico para a consumação, consistente na efetiva lesão à saúde de alguém); de forma livre (pode ser cometido por qualquer meio eleito pelo agente); comissivo (o verbo indica ação); instantâneo (a consumação se dá em momento determinado); de perigo abstrato (não depende de efetiva lesão ao bem jurídico tutelado); unissubjetivo (pode ser cometido por um só agente); unissubsistente (praticado em um único ato) ou plurissubsistente (cometido por intermédio de vários atos); admite tentativa na forma plurissubsistente, embora de difícil configuração.

90. Benefícios penais: trata-se de infração de menor potencial ofensivo, sendo viável a aplicação dos benefícios da Lei 9.099/95, dentre os quais a transação. Não sendo cabível, pode-se substituir a pena privativa de liberdade por restritiva de direitos, respeitados os requisitos do art. 44 do Código Penal. Conforme o caso, pode-se conceder a suspensão condicional da pena, de acordo com o disposto no art. 77 do Código Penal. A multa estipulada, no entanto, é exorbitante, totalmente dissociada do panorama do brasileiro comum, que não tem renda para arcar com tal montante. Aliás, outra incoerência é prever esse montante de multa a um delito, cujo tipo penal expressamente menciona *não haver objetivo de lucro*. Por outro lado, no § 2.º do art. 33, que possui pena privativa de liberdade em maior montante, além de poder ser praticado com o intuito de lucro (ex.: o traficante induz alguém a consumir para, no futuro, possuir novo comprador), previu-se pena de multa de apenas 100 dias-multa, ou seja, um sétimo do mínimo fixado neste § 3.º. A contradição soa-nos evidente.

90-A. Quantidade de drogas como fator para o *quantum* da diminuição: em princípio, a quantidade de drogas, mesmo volumosa, no campo abstrato, não impede a aplicação do redutor, impondo-se a diminuição da pena. Não se pode deduzir, de forma automática, que, por haver quantidade expressiva, o acusado está necessariamente envolvido com o crime organizado ou se dedique a atividades criminosas, razão pela qual impediria o redutor. Entretanto, analisando casos concretos e verificando-se uma quantia excessiva, pode-se chegar à conclusão de que um traficante iniciante não teria a menor condição de deter esse volume de substância entorpecente sem estar conectado com alguma organização criminosa ou, no mínimo, atrelado a atividades criminosas. Enfim, cada caso é um caso. No entanto, já tarda a reforma legislativa para apontar, em termos mais objetivos, no campo das drogas ilícitas, o que deve ser considerado *grande quantidade* e *pequena porção*, para vários fins: desde a aplicação do redutor até a visualização da diferença entre tráfico e porte para consumo. Na jurisprudência: STF: "1. Justifica-se a aplicação, no grau mínimo (1/6), da causa de diminuição de pena descrita no art. 33, § 4.º, da Lei n.º 11.343/06, diante da gravidade concreta da infração, evidenciada pela colaboração do paciente, flagrado na posse de 1.996,3 g de cocaína, na iminência de embarcar em voo para a África do Sul, com traficância organizada em grande escala. Inviabilidade, outrossim, da utilização do *habeas corpus* para se revolver o contexto fático-probatório e glosar os elementos de prova em que se amparou a instância ordinária. Precedentes" (HC 122.299, 1.ª T., rel. Dias Toffoli, j. 19.08.2014, *DJe*-195, Divulg. 06.10.2014,

Public. 07.10.2014). STJ: "2. No caso, muito embora a quantidade de 33,3g de massa líquida de cocaína (70,57g de massa bruta) não ter sido considerada expressiva, a ponto de afastar a causa especial de diminuição de pena, também não pode ser considerada ínfima diante de sua natureza. 3. O legislador prefixou patamares variáveis (1/6 a 2/3) a serem observados pelo órgão julgador ao diminuir a reprimenda, de modo que a quantidade e a natureza das drogas apreendidas podem, em respeito ao princípio da individualização da pena, serem sopesados no momento da aplicação do referido *quantum*, sendo adequado, ao caso dos autos, a aplicação da fração de 1/2 (metade)" (AgRg no HC 511.996 – SP, 6.ª T., rel. Laurita Vaz, j. 15.08.2019, DJe 03.09.2019, v.u.).

90-B. Expressão sem eficácia: após declaração de inconstitucionalidade proferida pelo STF, a Resolução 5/2012 do Senado Federal suspendeu a vigência da expressão "vedada a conversão em penas restritivas de direitos". Ver a nota 168 ao art. 44.

90-C. Regimes alternativos ao fechado: torna-se viável a concessão do regime aberto para o condenado por tráfico ilícito de drogas, desde que beneficiário do redutor, mantendo-se sua pena em nível igual ou abaixo a quatro anos. Do mesmo modo, para penas superiores a quatro, até oito anos, pode-se conceder o semiaberto. Como qualquer outro agente criminoso, a escolha do regime obedece a critérios previstos pelo art. 59 do Código Penal e art. 42 desta Lei. Além disso, é preciso registrar o advento da Súmula Vinculante 59 do STF: "É impositiva a fixação do regime aberto e a substituição da pena privativa de liberdade por restritiva de direitos quando reconhecida a figura do tráfico privilegiado (art. 33, § 4.º, da Lei 11.343/06) e ausentes vetores negativos na primeira fase da dosimetria (art. 59 do CP), observados os requisitos do art. 33, § 2.º, alínea *c*, e do art. 44, ambos do Código Penal". Na jurisprudência: STJ: "1. Nos termos do art. 33, §§ 1.º, 2.º e 3.º, do Código Penal, para a fixação do regime inicial de cumprimento de pena, o julgador deverá observar a quantidade da reprimenda aplicada, a eventual existência de circunstâncias judiciais desfavoráveis e, em se tratando dos crimes previstos na Lei n. 11.343/2006, como no caso, deverá levar em conta a quantidade e a natureza da substância entorpecente apreendida (art. 42 da Lei n. 11.343/2006). 2. Na espécie, não houve fundamentação idônea para indeferir a conversão da pena privativa de liberdade por restritiva de direitos, tendo a Corte local fundamentado a negativa com base na gravidade em abstrato e na hediondez do delito de tráfico. No entanto, a Lei n. 13.964/2019, ao incluir o § 5.º no art. 112 da Lei de Execução Penal, consignou que 'não se considera hediondo ou equiparado, para os fins deste artigo, o crime de tráfico de drogas previsto no § 4.º do art. 33 da Lei 11.343, de 23 de agosto de 2006'. 3. Dessarte, considerando a pena definitivamente aplicada – 1 ano e 8 meses de reclusão –, e tendo a minorante sido concedida na fração máxima, deve ser mantido o regime inicialmente aberto para cumprimento da reprimenda, bem como a substituição da pena privativa de liberdade por medidas restritivas de direitos, pois preenchidos os requisitos do art. 44 do Código Penal. 4. Agravo regimental desprovido" (AgRg no HC 596.887 – SP, 6.ª T., rel. Antonio Saldanha Palheiro, j. 13.10.2020, v.u.).

91. Requisitos para a causa de diminuição de pena e critérios para a substituição por penas alternativas: cuida-se de norma relevante, visando à redução da punição do *traficante de primeira viagem*. Portanto, aquele que cometer o delito previsto no art. 33, *caput* ou § 1.º, se for primário (indivíduo que não é reincidente, vale dizer, não cometeu outro delito, após ter sido definitivamente condenado anteriormente por crime anterior, no prazo de cinco anos, conforme arts. 63 e 64 do Código Penal) e tiver bons antecedentes (não ostenta condenações definitivas anteriores), não se dedicando às atividades criminosas, nem integrando organização criminosa, pode valer-se de pena mais branda. Estranha é a previsão a respeito de *não se dedicar às atividades criminosas*, pois não diz nada concreto. Na norma do § 4.º, para que se possa aplicar a diminuição da pena, afastou-se a possibilidade de ser reincidente ou ter maus antecedentes. Portanto, não se compreende exatamente o que significa a previsão de *não se dedicar às atividades criminosas*. Se o sujeito é reincidente ou tem maus antecedentes pode-se supor que se dedique à atividade criminosa. No mais, sendo primário, com bons antecedentes, como regra, não há cabimento em se imaginar a dedicação a tal tipo de atividade ilícita. Mas, em casos especiais, nota-se pela quantidade de droga apreendida ou farta variedade, possa o traficante, embora primário e sem antecedentes, estar ligado a atividades criminosas, pois seria impossível que ele tivesse acesso àquela quantidade e diversidade de entorpecentes senão no universo delinquente. A parte final, entretanto, é razoável: não integrar organização criminosa. Pode o agente ser primário e ter bons antecedentes, mas já tomar parte em associação criminosa. A quantidade de drogas não constitui requisito legal para avaliar a concessão, ou não, do benefício de redução da pena. Na verdade, conforme exposto no item 91-B infra, trata-se de critério para dosar a diminuição. Excepcionalmente, a grande quantidade de entorpecentes pode afastar a redução da pena, porque se conclui estar o acusado ligado ao crime organizado, embora não se deva presumir nada, mas calcar a decisão na prova dos autos. Fora disso, a quantidade serve de parâmetro para o grau da diminuição. De qualquer forma, os Tribunais Superiores firmaram a posição de que se torna possível, além de fixar o regime aberto, substituir a pena privativa de liberdade por restritivas de direitos. Na jurisprudência: STF: "1. A jurisprudência do Supremo Tribunal Federal chancela o afastamento da causa de diminuição (art. 33, § 4.º, da Lei 11.343/2006) quando presentes fatos indicadores da dedicação do agente a atividades criminosas, como, por exemplo, a) a conduta social, b) o concurso eventual de pessoas, e c) a quantidade de droga (cf. HC 109.168, Rel. Min. Cármen Lúcia, Primeira Turma, *DJe* de 14/2/2012)" (HC 192.146 AgR, 1.ª T., rel. Alexandre de Moraes, j. 23.11.2020, v.u.); "2. Tráfico de drogas (art. 33, *caput*, da Lei 11.343/2006). 3. Aplicação do redutor do § 4.º do art. 33 da Lei de Drogas. 4. Impossibilidade. Reincidência. A minorante em questão tem como requisitos, entre outros, a primariedade e bons antecedentes, hipóteses que não ocorrem na espécie" (HC 170.450 AgR, 2.ª T., rel. Gilmar Mendes, j. 28.06.2019, v.u.). "1. O *bis in idem* ocorre quando o Juiz considera a quantidade e a qualidade da droga no cálculo da pena-base e da fração correspondente à causa de diminuição de pena do § 4.º do artigo 33 da Lei n. 11.343/2006. 2. *In casu*, a pena-base para o crime de tráfico de entorpecentes (85,64 (oitenta e cinco gramas e sessenta e quatro centigramas de maconha)) restou fixada no mínimo legal de 5 (cinco) anos à míngua de circunstâncias judiciais desfavoráveis, por isso que improcede a alegação de ocorrência de *bis in idem*, fundada no sopesamento da quantidade e qualidade da droga nas 1.ª e 3.ª fases da dosimetria, quando é certo que tais circunstâncias, previstas no artigo 42 da Lei n. 11.343/2006, restaram aferidas apenas no cálculo da fração minorante do § 4.º do artigo 33 da Lei de Drogas, licitamente fixada em 2/6. 3. A pena mínima de 5 (cinco) anos, cominada para o crime de tráfico de entorpecentes, ao fim reduzida para 3 (três) anos e 4 (quatro) meses de reclusão, à conta da minorante do § 4.º da Lei de Drogas, aplicada na fração de 2/6, confere ao réu, não reincidente, o direito à substituição por restritiva de direitos, com fundamento no art. 44 do Código Penal, posto que o Supremo Tribunal Federal declarou, incidentalmente, a inconstitucionalidade dos óbices à concessão do referido benefício, previstos no § 4.º do art. 33 e no art. 44, ambos da Lei n. 11.343/06 (HC 97.256). 4. De igual modo, esta Corte também declarou inconstitucional o art. 2.º, § 1.º, da Lei n. 8.082/90, dispositivo legal que impunha o regime inicial fechado de cumprimento da pena para o condenado por tráfico de entorpecentes, independentemente de seu *quantum* (cf. HC n. 111.840/ES, rel. Min. Dias Toffoli, *DJe* de 17.12.2013), por isso que a pena de 3 (três) anos e 4 (quatro) meses deve ser cumprida no regime aberto, em conformidade com o art. 33, § 2.º, alínea 'c', do Código Penal. 5. O acórdão proferido em agravo regimental em *habeas corpus* é impugnável, em tese, pela via do recurso extraordinário, a implicar o não conhecimento do *writ*, circunstância que não impede a análise das razões da impetração no afã de verificar a possibilidade de concessão de *habeas corpus* de ofício à luz do art. 654, § 2.º, do CPP. 6. RHC não conhecido; ordem de *habeas corpus* concedida, de ofício, com fundamento no art. 654, § 2.º, do Código de Processo Penal, para determinar ao juízo processante ou, se for o caso, ao juízo da execução penal, a transferência do paciente para o regime aberto, bem como para que verifique a possibilidade de substituição da pena privativa de liberdade por restritiva de direitos" (RHC 123.080, 1.ª T., rel. Luiz Fux, j. 21.10.2014, *DJe*-223, Divulg. 12.11.2014, Public. 13.11.2014). STJ: "1. Para a aplicação da minorante prevista no art. 33, § 4.º, da Lei n. 11.343/2006, é exigido, além da primariedade e dos bons antecedentes do acusado, que este não integre organização criminosa nem se dedique a atividades delituosas. Isso porque a razão de ser dessa causa especial de diminuição de pena é justamente punir com menor rigor o pequeno traficante ou o que pratica ato não habitual do crime de tráfico de drogas. 2. O fato de a acusada haver confessado que estava traficando drogas há, aproximadamente, 15 dias, em razão de dificuldades financeiras, não autoriza, por si só, concluir que ela seria dedicada a atividades criminosas; primeiro, porque o período de duas semanas não é tão extenso a ponto de, isoladamente, levar à conclusão de que alguém se dedica, com certa frequência e anterioridade, ao tráfico de drogas; segundo, porque não há menção a nenhum outro elemento concreto dos autos a evidenciar eventual propensão da paciente à prática do narcotráfico, tampouco apreensão de apetrechos destinados à traficância habitual, tais como balança de precisão ou anotações relativas à contabilidade do tráfico de drogas. 3. Ao contrário do que afirmou a Corte de origem, a quantidade de drogas apreendidas em poder da paciente não se mostra elevada a ponto de concluir que ela integra organização criminosa e/ou se dedica a atividades delituosas, notadamente quando verificado que, ao tempo do delito, era tecnicamente primária e possuidora de bons antecedentes e que, no contexto da prisão em flagrante (que ocorreu dentro de sua residência), não foram apreendidos outros apetrechos destinados à traficância rotineira e habitual. 4. Porque ausente fundamento suficiente o bastante para justificar o afastamento da causa especial de diminuição prevista no § 4.º do art. 33 da Lei n. 11.343/2006, deve a ordem ser concedida nesse ponto, a fim de aplicar, em favor da acusada, o referido benefício. 5. Como consectário da redução efetivada na pena da acusada, deve ser feito o ajuste no regime inicial do seu cumprimento. Uma vez que ela foi condenada a reprimenda inferior a 4 anos de reclusão, era tecnicamente primária ao tempo do delito, possuidora de bons antecedentes, foi beneficiada com a minorante prevista no § 4.º do art. 33 da Lei n. 11.343/2006 e, apreendida com pequena quantidade de drogas, mostra-se devida a fixação do regime inicial aberto, nos termos do art. 33, § 2.º, 'c', e § 3.º, do Código Penal. Da mesma forma, a favorabilidade das circunstâncias mencionadas evidencia que a substituição da pena se mostra medida socialmente recomendável, de acordo com o art. 44, III, do Código Penal, de maneira que deve a ordem ser concedida também para determinar a substituição da reprimenda privativa de liberdade por duas restritivas de direitos, a serem escolhidas pelo Juízo das Execuções Criminais, à luz das peculiaridades do caso concreto. 6. Ordem concedida, para: a) aplicar em 2/3 a causa especial de diminuição prevista no § 4.º do art. 33 da Lei n. 11.343/2006 e, por conseguinte, reduzir a reprimenda da paciente para 1 ano, 11 meses e 9 dias de reclusão e pagamento de 195 dias-multa; b) fixar o regime aberto; c) determinar a substituição da reprimenda privativa de liberdade por duas restritivas de direitos, a serem escolhidas pelo Juízo das Execuções Criminais (Processo n. 1500929-96.2019.8.26.0129)" (HC 616.045 – SP, 6.ª T., rel. Rogerio Schietti Cruz, 15.12.2020, v.u.).

91-A. Reincidência para elevar a pena e impedir o benefício: não há *bis in idem*, pois são campos diversos, usando-se a mesma circunstância pessoal. Há vários pontos da aplicação da pena em que se repetem as circunstâncias do crime, sob ângulos diversos e para finalidades diferentes. Quando se menciona a reincidência, como agravante, levando à elevação da pena, pode-se voltar a tratar do mesmo tema em matéria de benefícios penais, tais como a concessão de *sursis* ou a substituição da pena privativa de liberdade por restritivas de direitos. Na individualização da pena, há três estágios. No primeiro, quando se fixa o *quantum* da pena, há três fases. Portanto, a mesma circunstância não pode incidir duas ou mais vezes para elevar o montante da pena; nada impede que se possa utilizá-la para impedir algum benefício, de que espécie for. Não fosse assim, seria *bis in idem* levar em conta, por exemplo, a personalidade do acusado para fixar a pena-base e, depois, analisá-la para efeito de escolha do regime de cumprimento da pena. Mas não há dupla incidência, pois são campos diversos de aplicação da circunstância, que pode, inclusive, ser interpretada de variadas formas. Por isso, a reincidência é elemento para o aumento da pena, mas também serve de fator para ponderar a não concessão do *tráfico privilegiado*. O mesmo ocorre no caso do furto. O agente reincidente tem a pena elevada e não pode gozar do *furto privilegiado*. Na jurisprudência: STF: "Não caracteriza *bis in idem* a consideração da reincidência para fins de majoração da pena-base e como fundamento para a negativa de concessão da benesse prevista no art. 33, § 4.º, da Lei Antidrogas" (HC 107.274 – MS, 1.ª T., rel. Ricardo Lewandowski, j. 12.04.2011, v.u.).

91-B. Figura equiparada a crime hediondo: como já sustentamos na nota 56-A *supra*, entendíamos que o fato de haver sido prevista uma causa de diminuição de pena para o traficante primário, de bons antecedentes, sem outras ligações criminosas, não afastaria a tipificação da sua conduta como incursas no art. 33, *caput* e § 1.º, que são consideradas similares a infrações penais hediondas, como se pode observar pelas proibições enumeradas no art. 44 da Lei 11.343/2006. Por isso, o tráfico ilícito de drogas seria sempre considerado equiparado a hediondo, ainda que comportasse, por opção legislativa, pena mais branda, quando os requisitos do § 4.º estivessem presentes. Entretanto, o STF firmou posição de que a figura privilegiada não pode ser considerada hedionda. A partir disso, vários outros tribunais modificaram o entendimento para seguir essa tendência. Considerou-se o princípio da proporcionalidade e, além disso, parece-nos convincente a ideia de que o redutor pode ser tão elevado, a ponto de levar o agente à pena de 1 ano e 8 meses, que chega a *formar* uma autêntica figura privilegiada. Desse modo, tal como as infrações dos §§ 2.º e 3.º do art. 33, a previsão formulada no § 4.º também merece idêntico tratamento, não devendo ser reputada infração equipara a hediondo. Na jurisprudência: STJ: "III – A Terceira Seção desta Corte Superior, ao julgar a Petição n. 11.796/DF, adotou o posicionamento da excelsa Suprema Corte e firmou a tese segundo a qual 'o tráfico ilícito de drogas na sua forma privilegiada (art. 33, § 4.º, da Lei n. 11.343/2006) não é crime equiparado a hediondo, com o consequente cancelamento do enunciado 512 da Súmula deste Superior Tribunal de Justiça'" (HC 477.280 – SP, 5.ª T., rel. Felix Fischer, j. 19.02.2019, v.u.). Após a edição da Lei 13.964/2019, o art. 112, § 5.º, deixou claro esse entendimento: "não se considera hediondo ou equiparado, para os fins deste artigo, o crime de tráfico de drogas previsto no § 4.º do art. 33 da Lei n.º 11.343, de 23 de agosto de 2006".

91-C. Critérios para o *quantum* de diminuição da pena: o legislador não estipulou quais seriam, apenas mencionando dever o magistrado reduzir a pena de um sexto a dois terços. Parecia-nos razoável seguir os fatores gerais de aplicação da pena (art. 59, CP; art. 42, desta lei), mas, para operar a redução da pena, o ideal é concentrar-se em elemento objetivo, justamente para não gerar diferenças significativas entre condenados. Optamos, portanto, pela quantidade de droga: quanto maior, menor a redução; quanto menor, maior a redução. Mesmo assim, têm-se diversidades de entendimento entre magistrados, algo impossível de se evitar; ao menos, trata-se de um requisito mais sólido para mensurar e comparar os graus utilizados para a diminuição da pena. Registre-se que a opção pelo critério quantitativo de droga apreendida, não deve o juiz utilizar a quantia – se elevada – para inserir aumento na pena-base, pois constituiria indevido *bis in idem*. Toda causa de diminuição, quando existente, é mais relevante do que a genérica circunstância judicial do art. 59 do Código Penal, motivo pelo qual deve ser utilizada para medir a diminuição, em lugar de se tomar a circunstância para incluir no cálculo da pena-base. É preciso destacar o caráter residual das circunstâncias judiciais, válidas para a pena-base; toda circunstância que sirva como qualificadora/privilégio, causa de aumento/diminuição ou agravante/atenuante prevalece sobre a circunstância judicial. Então, se o magistrado vai utilizar o redutor (causa de diminuição), deve reservar a quantidade da droga para essa finalidade, deixando de considerá-lo para a primeira fase (pena-base). Entretanto, se o juiz elevar a pena-base por conta de excessiva quantia de entorpecente apreendido, sabendo que não irá aplicar o redutor, pode levar em consideração essa quantidade para extrair outra conclusão, a de que o agente está ligado a atividades criminosas – o que provoca o afastamento do redutor. Note-se inexistir *bis in idem*, pois, assim como a reincidência, que pode servir para aumentar a pena e negar o redutor, a quantidade exorbitante interfere na mensuração da pena e, para outro objetivo, serve como evidência de atividade criminosa, impedindo a diminuição do § 4.º. Entretanto, há juízo ou tribunal disposto a levar em conta os elementos do art. 59 do Código Penal (e art. 42, desta lei) para mensurar a diminuição da pena. Não se pode criticar essa posição, pois o legislador não indicou qual o fator adequado para tanto. A única cautela é a não utilização do mesmo fator para elevar a pena-base e, depois, provocar uma diminuição menor na terceira fase da individualização da pena. Na jurisprudência: STF: "As circunstâncias relativas à natureza e à quantidade de drogas apreendidas em poder de um réu condenado por tráfico de entorpecentes, apenas podem ser utilizadas, na primeira ou na terceira fase da dosimetria da pena, sempre de forma não cumulativa. Precedentes: HC 112.776/MS e HC 109.193/MS, ambos de relatoria do Min. Teori Zavascki, Pleno, julgamento realizado em 19/12/2013. 2. O magistrado sentenciante, de acordo com seu poder de discricionariedade, deve definir em que momento da dosimetria da pena a circunstância referente à quantidade e à natureza da droga há de ser utilizada, vedada a forma cumulativa sob pena de ocorrência de *bis in idem*" (STF, HC 120.604 – PR, 1.ª T., rel. Luiz Fux, *DJ* 25.02.2014, v.u.); "Não agiu bem o magistrado de primeiro grau, uma vez que fixou a pena-base acima do mínimo legal, com preponderância na natureza e na quantidade da droga apreendida, e, em seguida, aplicou a fração de 1/6 (um sexto) na redução prevista no art. 33, § 4.º, da Lei 11.343/2006, utilizando-se dos mesmos fundamentos, em flagrante *bis in idem*" (STF, HC 119.357 – PR, 2.ª T., rel. Ricardo Lewandowski, *DJ* 11.03.2014, v.u.). STJ: "1. A jurisprudência firmou o entendimento de que, como o legislador não estabeleceu especificamente os parâmetros para a escolha da fração de redução de pena prevista no § 4.º do art. 33 da Lei n. 11.343/2006, devem ser consideradas, para orientar o cálculo da minorante, as circunstâncias judiciais previstas no art. 59 do Código Penal e, especialmente, o disposto no art. 42 da Lei de Drogas. 2. Não há ilegalidade a ser sanada no ponto em que foi aplicada a diminuição da pena no mínimo legal, na terceira etapa da dosimetria, pois a instância ordinária destacou, para tanto, a quantidade e a natureza da droga apreendida (486,60g de cocaína), elementos que não foram valorados para a exasperação da pena-base" (HC 309.574 – SC, 6.ª T., rel. Rogerio Schietti Cruz, j. 10.02.2015, *DJe* 23.02.2015).

91-D. Aplicação retroativa de lei penal benéfica e a hipótese de combinação de leis penais: não há dúvida de que o disposto no § 4.º do art. 33 é norma penal benéfica, merecendo, conforme o caso, aplicação retroativa, inclusive no tocante a processos já findos, com trânsito em julgado. Porém, deve-se enfrentar uma questão prévia, que é a combinação de leis penais. Para quem aceitar essa posição, não há problema algum. Toma-se a pena anteriormente aplicada, com base na Lei 6.368/76, que não tinha esse benefício, fazendo incidir a nova causa de diminuição, quando preenchidos os requisitos da novel lei (primariedade, bons antecedentes, não envolvimento em atividades criminosas, nem integração com organização criminosa). Imaginemos a pena de 3 anos, por tráfico (antigo art. 12, Lei 6.368/76). Sobre ela incidiria a diminuição de um sexto a dois terços. O condenado (ou réu) somente teria a ganhar. Entretanto, há a corrente que não aceita a combinação de leis penais, pois o magistrado estaria, na prática, *legislando*. Afinal, não há uma lei com pena mínima de 3 anos para o tráfico + causa de diminuição de pena ao primário, de bons antecedentes etc. É a posição que adotamos em nosso *Código Penal comentado* (conferir a nota 22 ao art. 2.º). Para isso, pensamos ser aplicável ou a Lei 6.368/76 ou a Lei 11.343/2006. Não se pode *misturá-las*. Cremos, ainda, como já sustentamos, ser plenamente possível, *no caso concreto*, sem divagações teóricas, eleger a melhor lei ao acusado ou sentenciado. Exemplificando: o primeiro passo a dar será o magistrado, conforme a culpabilidade do agente (vide a nota 91-B *supra*), decidir qual seria a diminuição merecida. Imagine-se que chegou à conclusão de que metade é o ideal. Ora, aplicada essa diminuição sobre a pena mínima de 5 anos, prevista no *caput*, do atual art. 33, teremos 2 anos e 6 meses de reclusão. Tinha o réu recebido a pena mínima de 3 anos, prevista no antigo art. 12 da Lei 6.368/76. Assim sendo, é benéfica a aplicação, por inteiro, da nova Lei 11.343/2006. Porém, se o juiz chegar à conclusão de que a diminuição deve ser fixada no patamar mínimo (um sexto), não há razão para aplicar a nova Lei, já que a subtração desse montante da pena mínima de 5 anos resultaria em 4 anos e 2 meses de reclusão. Se o réu tinha sido condenado a 3 anos, com base na anterior Lei 6.368/76, melhor manter essa pena. Não se aplica a Lei 11.343/2006. Em suma, evitando-se a combinação de leis penais, mas escolhendo qual a melhor Lei, caso a caso, é possível optar entre uma ou outra. Adotando a posição que sustentamos: Súmula 501 do STJ: "É cabível a aplicação retroativa da Lei n. 11.343/2006, desde que o resultado da incidência das suas disposições, na íntegra, seja mais favorável ao réu do que o advindo da aplicação da Lei n. 6.368/1976, sendo vedada a combinação de leis". Na jurisprudência: STF: "Nos termos do parecer do Ministério Público Federal, é 'inadmissível a conjugação da pena-base prevista na Lei 6.368/1976 e a causa de diminuição contida na Lei 11.343/2006, visto que, agindo deste modo, o juiz atuaria como legislador positivo, criando uma terceira lei, o que é vedado pelo nosso ordenamento jurídico.'" (HC 97.977 – MG, 1.ª T., rel. Dias Toffoli, 20.04.2010, v.u.). STJ: "(...) 'É cabível a aplicação retroativa da Lei 11.343/2006, desde que o resultado da incidência das suas disposições, na íntegra, seja mais favorável ao réu do que o advindo da aplicação da Lei 6.368/76, sendo vedada a combinação de leis', conforme o enunciado da Súmula n. 501 do STJ. O Tribunal de origem procedeu a uma operação mental sobre a eventual pena a ser aplicada em conformidade com a aplicação integral da Lei n. 11.343/2006 e concluiu, diante das peculiaridades do caso, que sua incidência na integralidade seria mais gravosa ao acusado. Ou seja, a Corte estadual já analisou, no caso concreto, qual seria a situação mais vantajosa ao condenado, havendo concluído que seria a aplicação integral da Lei n. 6.368/1976. 5. Agravo regimental não provido" (AgRg no REsp 1.102.300 – SP, 6.ª T., rel. Rogerio Schietti Cruz, 14.06.2016, v.u.).

91-E. Aplicação da lei benéfica e processo em grau de recurso: pensamos ser adequado e viável que tal se dê, afinal, hoje se faz a execução provisória da pena, caso, obviamente, esteja o réu preso. Podemos aplicar, provisoriamente, o benefício, nos moldes supraexpostos na nota 91-D. Cabe ao juiz da execução penal assim agir, enquanto o processo pende de julgamento no tribunal. Advindo o acórdão, conforme a solução, faz-se a adaptação, novamente, em relação à melhor lei a ser aplicada ao condenado, no caso concreto.

91-F. Utilização de *habeas corpus*: pela sua estreita via, onde não se admite a dilação probatória, pode tornar-se inviável analisar o merecimento do réu para o recebimento da causa de diminuição do § 4.º. Afinal, além dos requisitos objetivos, relativos à primariedade e aos bons antecedentes, torna-se preciso verificar eventual envolvimento com organização criminosa. Esta última situação depende de provas, dificilmente existentes em *habeas corpus*. Entretanto, é possível que haja provas suficientes nos autos a respeito do cabimento do redutor, embora negado por instância inferior; desse modo, pode o tribunal conceder ordem de *habeas corpus* para aplicação do benefício.

91-G. Cabimento de *sursis*, graça, indulto e anistia: sobre esses benefícios, consultar as notas ao art. 44.

91-H. A função de transportador da droga ("mula"): embora existam julgados afirmando que o transportador de grandes quantidades de entorpecentes é sempre integrado a uma organização criminosa, assim não entendemos, pois depende de cada caso concreto. O sujeito, denominado "mula", pode pertencer a uma organização criminosa, que pratica o tráfico ilícito de drogas; porém, pode também transportar pequenas quantidades, como partícipe, do tráfico de entorpecentes cometido por um único traficante. Não apenas isso. As situações reais mostram que há pessoas contratadas por traficantes para realizar transportes de drogas – por vezes, em grandes quantidades – sem saber exatamente o que estão levando. Essa perspectiva não serve para isentar de responsabilidade o transportador, que atua, no mínimo, com dolo eventual, assumindo o risco de carregar coisa ilícita, para receber certa quantia. Vê-se, diariamente, mundo afora, os transportadores barrados em diversos aeroportos e outras zonas de fronteira levando droga oculta em bagagem, veículo, bolsa e vários outros lugares; alguns podem integrar o grupo criminoso de traficantes, enquanto outros podem ser meros carregadores de drogas. Devem responder por tráfico ilícito de entorpecentes, mas não há necessariamente a ligação entre a quantidade de drogas e a conexão com organização criminosa. Tudo depende dos fatos e, por óbvio, das provas produzidas. Desse modo, torna-se possível a aplicação do redutor, desde que preenchidos os requisitos de primariedade e bons antecedentes. Na jurisprudência: STJ: "1. Não obstante a condição de 'mula' do tráfico de drogas, por si só, não represente justificativa idônea para afastar a referida causa de diminuição, a conjuntura fática analisada pelo Tribunal de origem revela a presença de outros elementos concretos que efetivamente demonstram a dedicação do ora agravante à atividade criminosa e, por consequência, obstam o reconhecimento do tráfico privilegiado" (AgRg no AREsp 2.361.621 – SP, 5.ª T., rel. Joel Ilan Paciornik, 04.06.2024, v.u.).

91-I. Condenação com base no art. 35 desta Lei: por uma questão de lógica, impede a aplicação do redutor previsto no art. 33, § 4.º, pois comprova a vinculação do agente ao crime organizado ou a atividades criminosas. Na jurisprudência: STJ: "Configurado o crime de associação para o tráfico, fica vedada a aplicação da minorante do art. 33, § 4.º, da Lei de Drogas, por expressa determinação legal" (HC 349.837 – SP, 5.ª T., rel. Ribeiro Dantas, j. 03.05.2016, v.u.).

91-J. Processos em andamento e inquéritos instaurados: em decorrência clara do princípio constitucional da presunção de inocência, há muito se defende no campo doutrinário que processos criminais em andamento e inquéritos arquivados jamais poderiam produzir efeitos negativos na esfera penal. Entretanto, embora não me pareçam elementos adequados para concluir culpa ou qualquer outro efeito negativo, alguns julgados entendem que podem ser considerados fatores para negar o benefício do art. 33, § 4.º. Era a posição adotada pelo STJ, que, no entanto, se alterou para a tese que reputamos a mais correta: "1. A aplicação da causa de diminuição de pena prevista no art. 33, § 4.º, da Lei n. 11.343/06 constitui direito subjetivo do Acusado, caso presentes os requisitos legais, não sendo possível obstar sua aplicação com base em considerações subjetivas do juiz. É vedado ao magistrado instituir outros requisitos além daqueles expressamente previstos em lei para a sua incidência, bem como deixar de aplicá-la se presentes os requisitos legais. 2. A tarefa do juiz, ao analisar a aplicação da referida redução da pena, consiste em verificar a presença dos requisitos legais, quais sejam: primariedade, bons antecedentes, ausência de dedicação a atividades criminosas e de integração a organização criminosa. A presente discussão consiste em examinar se, na análise destes requisitos, podem ser considerados inquéritos e ações penais ainda em curso. 3. Diversamente das decisões cautelares, que se satisfazem com a afirmação de simples indícios, os comandos legais referentes à aplicação da pena exigem a afirmação peremptória de fatos, e não a mera expectativa ou suspeita de sua existência. Por isso, a jurisprudência do Superior Tribunal de Justiça tem rechaçado o emprego de inquéritos e ações penais em curso na formulação da dosimetria da pena, tendo em vista a indefinição que os caracteriza. 4. Por expressa previsão inserta no art. 5.º, inciso LVII, da Constituição Federal, a afirmação peremptória de que um fato criminoso ocorreu e é imputável a determinado autor, para fins técnico-penais, somente é possível quando houver o trânsito em julgado da sentença penal condenatória. Até que se alcance este marco processual, escolhido de maneira soberana e inequívoca pelo Constituinte originário, a culpa penal, ou seja, a responsabilidade penal do indivíduo, permanece em estado de litígio, não oferecendo a segurança necessária para ser empregada como elemento na dosimetria da pena. 5. Todos os requisitos da minorante do art. 33, § 4.º, da Lei n. 11.343/06 demandam uma afirmação peremptória acerca de fatos, não se prestando a existência de inquéritos e ações penais em curso a subsidiar validamente a análise de nenhum deles. 6. Para análise do requisito da primariedade, é necessário examinar a existência de prévia condenação penal com trânsito em julgado anterior ao fato, conforme a dicção do art. 63 do Código Penal. Já a análise do requisito dos bons antecedentes, embora também exija condenação penal com trânsito em julgado, abrange a situação dos indivíduos tecnicamente primários. Quanto à dedicação a atividades criminosas ou o pertencimento a organização criminosa, a existência de inquéritos e ações penais em curso indica apenas que há investigação ou acusação pendente de análise definitiva e cujo resultado é incerto, não sendo possível presumir que essa suspeita ou acusação ainda em discussão irá se confirmar, motivo pelo qual não pode obstar a aplicação da minorante. 7. Não se pode ignorar que a utilização ilegítima de inquéritos e processos sem resultado definitivo resulta em provimento de difícil reversão. No caso de posterior arquivamento, absolvição, deferimento de institutos despenalizadores, anulação, no âmbito dos referidos feitos, a Defesa teria que percorrer as instâncias do Judiciário ajuizando meios de impugnação autônomos para buscar a incidência do redutor, uma correção com sensível impacto na pena final e cujo tempo necessário à sua efetivação causaria prejuízos sobretudo àqueles mais vulneráveis. 8. A interpretação ora conferida ao art. 33, § 4.º, da Lei n. 11.343/06 não confunde os conceitos de antecedentes, reincidência e dedicação a atividades criminosas. Ao contrário das duas primeiras, que exigem a existência de condenação penal definitiva, a última pode ser comprovada pelo Estado-acusador por qualquer elemento de prova idôneo, tais como escutas telefônicas, relatórios de monitoramento de atividades criminosas, documentos que comprovem contatos delitivos duradouros ou qualquer outra prova demonstrativa da dedicação habitual ao crime. O que não se pode é inferir a dedicação ao crime a partir de simples registros de inquéritos e ações penais cujo deslinde é incerto. 9. Não há falar em ofensa aos princípios da individualização da pena ou da igualdade material, pois o texto constitucional, ao ordenar que ninguém pode ser considerado culpado antes do trânsito em julgado da sentença penal condenatória, vedou que a existência de acusação pendente de análise definitiva fosse utilizada como critério de diferenciação para fins penalógicos. 10. Não se deve confundir a vedação à proteção insuficiente com uma complacência diante da atuação insuficiente dos órgãos de persecução penal. É certo que não podem ser criados obstáculos injustificáveis à atuação do Estado na defesa dos bens jurídicos cuja proteção lhe é confiada, todavia isso não legitima a dispensa do cumprimento dos ônus processuais pelos órgãos de persecução penal, não autoriza a atuação fora da legalidade e não ampara a vulneração de garantias fundamentais. Se o Estado-acusador não foi capaz de produzir provas concretas contra o Réu acerca de sua dedicação a atividades criminosas, não pode ele pretender que, ao final, esta gravosa circunstância seja presumida a partir de registros de acusações *sub judice*. 11. É igualmente equivocada a tentativa de se invocar uma 'análise de contexto' para afastar o vício epistemológico existente na adoção de conclusões definitivas sobre fatos a partir da existência de processos sem resultado definitivo. Se outros elementos dos autos são capazes de demonstrar a dedicação a atividades criminosas, não há que se recorrer a inquéritos e ações penais em curso, portanto este argumento seria inadequado. Porém, se surge a necessidade de se invocar inquéritos e ações penais em curso na tentativa de demonstrar a dedicação criminosa, é porque os demais elementos de prova são insuficientes, sendo necessário formular a ilação de que o Acusado 'não é tão inocente assim', o que não se admite em nosso ordenamento jurídico. Em síntese, a ilicitude do fundamento, que decorre do raciocínio presuntivo contra o Réu que ele encerra, não se altera em face de outros elementos dos autos. 12. Para os fins do art. 927, inciso III, c.c. o art. 1.039 e seguintes, do Código de Processo Civil, resolve-se a controvérsia repetitiva com a afirmação da tese: '*É vedada a utilização de inquéritos e/ou ações penais em curso para impedir a aplicação do art. 33, § 4.º, da Lei n. 11.343/06'.* A fim de manter íntegra e coerente a jurisprudência desta Corte, nos termos do art. 926, c.c. o art. 927, § 4.º, do Código de Processo Civil/2015, fica expressamente superada a anterior orientação jurisprudencial da Terceira Seção deste Tribunal que havia sido consolidada no ERESP n. 1.431.091/SP (*DJe* 01/02/2017)" (REsp 1.977.027-PR, 3.ª Seção, rel. Laurita Vaz, 10.08.2022, v.u., grifamos).

91-K. Atos infracionais e sua repercussão no cenário da redução da pena: consideram-se atos infracionais as condutas praticadas por menores de 18 anos, portanto inimputáveis, que guardem referência com as figuras típicas incriminadoras previstas para os imputáveis. Não constituem crimes e não podem produzir nenhum efeito no contexto penal. Mesmo assim, há julgados apontando tais atos, mormente quando concernentes ao tráfico ilícito de drogas, como precedentes suficientes para negar o redutor do § 4.º do art. 33 desta Lei. Parece-nos incabível essa conclusão, até porque, como visto na nota anterior, nem mesmo processos em andamento e inquéritos arquivados, para o imputável, podem impedir esse benefício. Além disso, torna-se essencial a análise e interpretação lógico-sistemática do art. 228 da Constituição Federal ("São penalmente inimputáveis os menores de dezoito anos, sujeitos às normas da legislação especial"). Essa inimputabilidade gera integral irresponsabilidade *penal*, inserindo-se o jovem, menor de 18 anos, no cenário dos *atos infracionais*, com a finalidade de lhe serem aplicadas as medidas socioeducativas adequadas. A natureza jurídica da referida medida difere da pena, possuindo um caráter eminentemente reeducativo, devendo o adolescente ingressar na maioridade penal *zerado* em sua vida pregressa, razão pela qual inexiste sentido para se atribuir a ele *antecedentes* – com o nome que se queira dar – para o fim de ter *efetiva repercussão* no universo penal. Se um ato infracional equivalente ao tráfico de drogas for computado para *negar* um benefício penal – como o redutor deste parágrafo –, a única dedução é que produz efeitos penais. Para ter *efeito*, é indispensável reconhecer como *penal* a sua *causa*. Então, a causa – ato infracional – gera o efeito – impede a aplicação do redutor, servindo para a lógica conclusão de que a sua inimputabilidade penal foi parcial e terminou relativizada pelo Judiciário. Ademais, vários julgados reconhecem que os atos infracionais não são *antecedentes criminais*, nem produzem *reincidência*, logo, está-se diante de um jovem primário, sem antecedentes; a negativa do redutor deve lastrear-se em relação a participar de atividades *criminosas* ou integrar organização *criminosa*. Pois bem. Se a pessoa tem menos de 18 anos e não comete *crime*, mas ato infracional, por certo, não se dedica a atividades delituosas. Se cometer tráfico ilícito de drogas antes da maioridade penal, pode até dedicar-se a atividades *infracionais*, mas isso é um problema a ser resolvido na esfera da Infância e Juventude – legislação especial – fora do âmbito penal. A abertura concedida à consideração de atos infracionais para negar o redutor é imprudente, pois nada impediria que fosse usado o mesmo quadro para a não concessão de *sursis*, por exemplo. Nem se diga que são *coisas diversas*, pois a porta foi aberta e o art. 77, II, do Código Penal permite a análise da *conduta social* do acusado. Se o ato infracional pretérito impede uma causa de diminuição da pena, pode perfeitamente servir de base para obstar a suspensão condicional da pena, sem que se reconheça reincidência ou maus antecedentes. Observe-se a comparação: a) para negar o redutor, diz-se que o réu possui registro de ato infracional (ou mais de um) de tráfico de drogas, logo, dedica-se a atividades *criminosas* (qual crime se é ato infracional?); b) para negar o *sursis*, em tese, pode-se afirmar que o acusado não possui boa conduta social, atestada pelo registro de ato infracional. Aliás, mais lógico alegar indevida conduta social do que praticante de atividades criminosas. Em suma, se causa estranheza a negativa de suspensão condicional da pena por conta de ato infracional, igualmente, deve gerar idêntica rejeição para negar uma causa de diminuição da pena. Todos os requisitos para avaliar o redutor devem circunscrever-se ao universo do direito penal; não podem ser conectados à legislação especial, como o Estatuto da Criança e do Adolescente, a menos que se absorva o risco de relativizar mandamento constitucional de inimputabilidade ao menor de 18 anos.

91-L. Elevada quantidade de drogas apreendidas e suas consequências: sem haver *bis in idem*, pois usada essa circunstância para efeitos totalmente diversos, é viável elevar a pena-base, nos termos do art. 42 desta Lei e, por outro lado, negar o benefício do redutor do § 4.º, tendo em vista demonstrar o envolvimento em atividades criminosas, afinal, somente quem é ligado a essas atuações ilícitas pode acumular tanta droga ilícita. Essa compatibilização – aumento da pena-base e fundamento de negativa do redutor – pode *aparentar* uma dupla valoração do mesmo fato para efeito negativo. Entretanto, a legislação penal trabalha com uma só circunstância – por exemplo: personalidade ou conduta social do agente – para enfoques diversos: avaliar não somente a medida da pena-base, mas, também, para analisar qual o regime inicial de cumprimento da pena e se pode ser concedido do benefício do *sursis*. A personalidade pode apresentar contornos negativos diretamente conectados à prática do delito e, por isso, justificar a elevação da pena-base, mas pode ser irrelevante para determinar o modo pelo qual o réu começará o cumprimento, razão pela qual o julgador pode aplicar-lhe o regime aberto; na mesma linha, pode não ter repercussão na concessão do *sursis*. Entretanto, pode representar autorização para elevar a pena-base e aplicação de regime mais rigoroso, negando-se o *sursis*. Essa é a visão a ser empregada neste cenário. A elevada quantidade de drogas, conforme o art. 42 desta Lei, permite aumento da pena-base; havendo o conhecimento, devidamente provado nos autos, de que não se trata o réu de mero transportador de drogas, mas traficante produtor de entorpecente, a excessiva quantidade de entorpecente demonstra não se tratar de jejuno no assunto, logo, é uma pessoa dedicada a atividades criminosas. Na jurisprudência: STJ: "2. As instâncias ordinárias apontaram fundamentos suficientes a justificar a não incidência da minorante, não se atendo, tão somente, à referida quantidade de entorpecente apreendido (1.330 g de maconha e 26,3 g de cocaína). 3. Embora a natureza e a quantidade de drogas apreendidas hajam sido sopesadas na primeira fase da dosimetria, para fins de exasperação da pena-base, certo é que há diversos outros elementos concretos que, efetivamente, justificam a impossibilidade de reconhecimento da minorante em questão, por ausência de preenchimento do requisito de 'não se dedicar a atividades criminosas', de maneira que não há falar em *bis in idem* na dosimetria da pena (AgRg no REsp n. 1.582.644/MG, Ministro Rogerio Schietti Cruz, Sexta Turma, DJe 6/6/2018). 4. Não há *bis in idem* quando, embora tenha sido valorada a quantidade da droga na primeira e na terceira etapa do cálculo da pena, há outros elementos dos autos que, por si sós, evidenciam a habitualidade delitiva do agente. Precedentes (HC n. 401.661/RS, Ministro Ribeiro Dantas, Quinta Turma, DJe 18/8/2017). 5. Agravo regimental improvido" (AgRg no REsp 1.879.829 – TO, 6.ª T., rel. Sebastião Reis Júnior, j. 15.12.2020, v.u.); "4. Embora a quantidade de entorpecentes apreendidos já tenha sido utilizada na primeira fase da dosimetria penal para exasperar a pena-base, nada impede que tal circunstância seja novamente considerada na terceira etapa para aferir a traficância habitual e, consequentemente, obstar o redutor previsto no art. 33, § 4.º, da Lei n. 11.343/2006" (AgRg no HC 508.335 – SP, 5.ª T., rel. Jorge Mussi, j. 27.08.2019, DJe 05.09.2019, v.u.).

> **Art. 34.** Fabricar,[92-94] adquirir, utilizar, transportar, oferecer, vender, distribuir, entregar a qualquer título, possuir, guardar ou fornecer, ainda que gratuitamente, maquinário, aparelho, instrumento ou qualquer objeto destinado à fabricação, preparação, produção ou transformação de drogas, sem autorização[95] ou em desacordo com determinação legal ou regulamentar:[96-99]
>
> Pena – reclusão, de 3 (três) a 10 (dez) anos, e pagamento de 1.200 (mil e duzentos) a 2.000 (dois mil) dias-multa.[100]

92. Análise do núcleo do tipo: *fabricar* (produzir em grande escala, valendo-se de equipamentos e máquinas próprias), *adquirir* (comprar, obter mediante certo preço), *utilizar* (fazer uso de algo), *transportar* (levar de um lugar a outro), *oferecer* (ofertar como presente), *vender* (alienar por determinado preço), *distribuir* (entregar a diferentes partes), *entregar a qualquer título* (passar algo à posse de outrem, sem qualquer restrição), *possuir* (ter algo em seu poder para usufruir), *guardar* (tomar conta de algo, proteger) ou *fornecer* (abastecer) são as condutas, cujo objeto pode ser maquinário (conjunto de peças de uma máquina), aparelho (mecanismo inserido em uma máquina), instrumento (objeto mecânico para alcançar fim semelhante ao de uma máquina) ou objeto (qualquer peça que serve a um fim) destinado à fabricação (produção em larga escala), preparação (obtenção de algo através da composição de elementos), produção (manufaturar ou fazer surgir em menor escala) ou transformação (alteração da composição original) de drogas. Qualquer figura tipificada neste artigo configura tráfico ilícito de entorpecentes, vale dizer, delito equiparado a hediondo, afinal, não há nada que preceitue em sentido contrário. Se, por exemplo, o fornecimento gratuito de drogas (art. 33) é tráfico, logicamente, o mesmo fornecimento de maquinismo e outros utensílios utilizados para obter drogas é, também, crime equiparado a hediondo. Por outro lado, nem todo material comumente utilizado para o tráfico (como balança), quando encontrado, destina-se à composição do crime previsto neste artigo. Porém, somente o caso concreto poderá determinar qual é a mais adequada tipificação. Há posição em sentido contrário, não admitindo a consideração de ser esse tipo um delito equiparado a hediondo, como se a Constituição Federal e a Lei dos Crimes Hediondos o tivessem excluído expressamente. Em verdade, menciona-se como equiparado a hediondo o tráfico ilícito de drogas. Permite-se interpretar o que efetivamente significa esse crime e a sua amplitude, razão pela qual pode ser muito mais perigoso à saúde pública quem fabrica, utiliza e comercializa maquinário e outros objetos propícios para a preparação da droga que o próprio distribuidor desse entorpecente. Tudo depende da situação fática. Pode-se argumentar que a pena mais branda que a cominada ao art. 33 indicaria essa diversidade de modulação, porém, a severidade da sanção penal para cada situação não nos parece seja o mais indicado para visualizar uma conduta como típica de tráfico ilícito de drogas e outra não. Cabe à política criminal definir abstratamente as penas e ao Judiciário implementá-las concretamente, de modo que o autor do delito do art. 34 pode terminar apenado mais severamente do que o agente do art. 33. Ademais, tudo parece depender do número de delitos encontrados e tipificados nos arts. 33 e 34; se há muito mais infrações do art. 33 do que do art. 34, tal situação justificaria a diversidade das penas em abstrato. Observe-se que o art. 44 coloca no mesmo contexto, para fins de restrição de benefícios, os arts. 33, *caput* e § 1.º, 34 a 37 deste Lei. Na jurisprudência: STJ: "2. O pretendido afastamento do caráter hediondo do delito previsto no art. 34 da Lei n. 11.343/2006 é questão que demanda debate mais amplo, o que não se coaduna com a via estreita do *habeas corpus*. Em princípio, a conduta descrita no referido dispositivo se enquadra no delito de tráfico ilícito de entorpecentes, não havendo manifesta ilegalidade na sua consideração como crime de natureza hedionda" (AgRg no HC 484.272 – SP, 6.ª T., rel. Sebastião Reis Júnior, 07.02.2019, v.u.).

93. Sujeitos ativo e passivo: o sujeito ativo pode ser qualquer pessoa. O sujeito passivo é a sociedade.

94. Elemento subjetivo: é o dolo. Não há elemento subjetivo específico, nem se pune a forma culposa.

95. Elementos normativos: a expressão *sem autorização ou em desacordo com determinação legal ou regulamentar* constitui fator vinculado à ilicitude, porém inserido no tipo incriminador torna-se elemento deste e, uma vez que não seja preenchido, transforma o fato em atípico. Portanto, fabricar, adquirir, utilizar, transportar (etc.) maquinário, aparelho, instrumento ou outro objeto destinado à fabricação, preparação, produção ou transformação de drogas, devidamente autorizado, é fato atípico.

96. Objetos material e jurídico: o objeto material pode ser maquinário, aparelho, instrumento ou outro objeto descrito no tipo. O objeto jurídico é a saúde pública.

97. Classificação: comum (pode ser cometido por qualquer sujeito); formal (não exige resultado naturalístico para a consumação, consistente na efetiva lesão à saúde de alguém); de forma livre (pode ser cometido por qualquer meio eleito pelo agente); comissivo (os verbos indicam ações); instantâneo (a consumação se dá em momento determinado) nas formas *fabricar, adquirir, vender, oferecer, distribuir, entregar* e *fornecer,* mas permanente (a consumação se arrasta no tempo) nas modalidades *transportar, possuir* e *guardar.* Quanto ao verbo *utilizar,* pode ser instantâneo ou permanente, conforme o método usado pelo agente; de perigo abstrato (não depende de efetiva lesão ao bem jurídico tutelado); unissubjetivo (pode ser cometido por um só agente); unissubsistente (praticado em um único ato) ou plurissubsistente (cometido por intermédio de vários atos), conforme a situação; admite tentativa na forma plurissubsistente.

98. Figura autônoma e delito equiparado a hediondo: não se trata de tipo subsidiário ao art. 33, na essência, de modo que, aplicado este, desapareceria, automaticamente, o crime do art. 34. São figuras distintas e, igualmente, importantes. Se o agente, por exemplo, importar maconha e vender maquinário para fabricar cocaína, deve responder por dois delitos. Não há nenhum fundamento, em nosso entendimento, nem sequer de política criminal, para sempre haver a absorção do delito do art. 34 pelo crime previsto no art. 33. O crime do art. 34 não está contido no art. 33, de forma que se afasta a subsidiariedade. No exemplo antes mencionado (importar maconha e vender maquinário para fabricar cocaína), visualiza-se o cometimento de duas condutas distintas, cuidando de drogas diferentes, razão pela qual o concurso material seria o adequado. No entanto, pode haver um só fato, envolvendo as condutas dos arts. 33 e 34, como fabricar cocaína e distribuí-la na sequência, podendo-se utilizar o critério da absorção, como medida de política criminal. Seria a mesma situação de quem furta e depois destrói o bem: deve ser punido pelo furto, considerando-se o dano como fato posterior não punível. O mais grave, no mesmo contexto, absorve o sequencial de menor intensidade. Aliás, quem importa maconha e, noutro cenário, vende cocaína pode incidir *duas vezes* no art. 33, em concurso material ou crime continuado, sem que haja *bis in idem.* Portanto, a correta análise do fato típico (se apenas incurso o agente no art. 33 ou se nos arts. 33 e 34) depende do caso concreto. Na jurisprudência: STJ: "2. O crime descrito no 34 da Lei n. 11.343/2006 busca coibir a produção de entorpecentes, enquanto a norma incriminadora do tráfico de estupefacientes possui como objetivo obstar a disseminação dos materiais tóxicos. Sendo assim, nos termos da orientação jurisprudencial desta Casa, necessário avaliar, para fins de incidência do princípio da consunção, a concreta lesividade dos instrumentos destinados à fabricação, preparação ou transformação dos entorpecentes. Precedentes. 3. Na espécie, os condenados, além de terem em depósito certa quantidade de entorpecentes para fins de mercancia, armazenavam, em significativa escala, maquinários e utensílios – balanças, tachos e substâncias para mistura, com peso total, conforme auto de apreensão, de dezenove quilogramas – que não se destinavam somente à preparação dos estupefacientes encontrados no momento da prisão dos réus, compondo, para além disso, laboratório que funcionava de forma autônoma, proporcionando a preparação de número muito maior de substâncias estupefacientes. Desse modo, inviável a incidência do princípio da consunção, porquanto evidenciada a independência entre as condutas, ou seja, a fabricação ou transformação dos materiais tóxicos não operou como meio necessário para o crime de tráfico de entorpecentes" (HC 349.524 – SP, 6.ª T., rel. Antonio Saldanha Palheiro, j. 18.05.2017, *DJe* 30.05.2017, v.u.).

99. Destinação específica ou genérica: posicionamo-nos pela destinação genérica dos utensílios válidos para sustentar a fabricação, preparação, produção ou transformação de drogas proibidas, vale dizer, não é preciso que o aparelho, por exemplo, sirva, unicamente, para esse fim, podendo ser utilizado para outras situações. Nesse sentido, confira-se a lição de Vicente Greco Filho: "Não existem aparelhos de destinação exclusivamente a essa finalidade. Qualquer instrumento ordinariamente usado em laboratório químico pode vir a ser utilizado na produção de tóxicos: um bico de Bunsen, uma estufa, pipetas, destiladores etc. Estes mesmos instrumentos poderiam ser, e comumente o são, empregados em atividades inocentes. O mesmo ocorre com instrumentos ou objetos caseiros também passíveis de serem transformados em preparadores de drogas ilícitas. Para a caracterização do delito, portanto, a fim de que não se incrimine injustamente se houver destinação inocente, há necessidade de que, no caso concreto, fique demonstrado que determinados aparelhos, maquinismos, instrumentos ou objetos estejam *efetivamente* destinados à preparação, produção ou transformação de substância proibida" (*Tóxicos,* p. 107-108). Em contrário, Damásio (*Lei antitóxicos anotada,* p. 74).

100. Benefícios penais: a pena de três a dez anos de reclusão comporta, conforme o montante fixado, o regime inicial aberto (até 4 anos), bem como é possível a substituição por penas restritivas de direitos. A multa, segundo cremos, é excessiva. Considerando-se o nível de renda do brasileiro médio, não é preciso dizer que a pena é incompatível com a nossa realidade. A menos que o Estado espere o pagamento feito pelo traficante com a verba arrecadada em função do crime, o que seria absurdo. Logo, uma multa mínima no padrão supramencionado será, praticamente, inexequível para a maioria dos condenados.

> **Art. 35.** Associarem-se[101-103] duas ou mais pessoas para o fim de praticar, reiteradamente ou não,[104] qualquer dos crimes previstos nos arts. 33, *caput* e § 1.º, e 34 desta Lei:[105-107]
>
> Pena – reclusão, de 3 (três) a 10 (dez) anos, e pagamento de 700 (setecentos) a 1.200 (mil e duzentos) dias-multa.[108-108-A]
>
> **Parágrafo único.** Nas mesmas penas do *caput* deste artigo incorre quem se associa para a prática reiterada do crime definido no art. 36 desta Lei.[109]

101. Análise do núcleo do tipo: *associarem-se* (reunirem-se, juntarem-se) duas ou mais pessoas com a finalidade de praticar (realizar, cometer) os crimes previstos nos arts. 33, *caput,* e § 1.º, e 34 da Lei 11.343/2006 (típicas formas de tráfico ilícito de drogas). É a associação criminosa específica do tráfico ilícito de entorpecentes. Em nosso entendimento pretérito, cuidava-se de delito equiparado a hediondo, como os arts. 33 e 34, pois a associação criminosa teria justamente essa finalidade, vale dizer, o tráfico. Porém, alteramos a nossa posição, tendo em vista o critério adotado pela Lei dos Crimes Hediondos, que, embora não seja o ideal, aponta com taxatividade quais são os crimes hediondos e as figuras a eles equiparadas. No art. 2.º, *caput*, consta apenas *tráfico ilícito de entorpecentes e drogas afins*. Isso significa a necessidade de se buscar uma interpretação do que seria o delito de tráfico, razão pela qual há de se buscar um formato que lide com a droga em si, seja para a distribuição de qualquer forma (art. 33), seja para a sua produção (art. 34). A associação para praticar o tráfico (arts. 33 e 34) não é o próprio delito, mas uma infração penal contra a paz pública, principalmente. A sua finalidade é associativa e inexiste, inclusive, a prova da materialidade, formada pela apreensão de drogas e a produção de laudo toxicológico. A alteração do bem jurídico tutelado é significativa para determinar a sua natureza jurídica. O ideal seria o Judiciário indicar quais delitos seriam hediondos (ou equiparados), desde que a lei fornecesse uma definição do que vem a ser *hediondez*. Enquanto isso não ocorre, há de se ater à lista apresentada na Lei 8.072/90. Cremos ser indispensável, para a configuração, do crime previsto no art. 35 uma associação de caráter estável e permanente, voltado ao tráfico de drogas. Não se deve confundir o mero concurso de agentes, para a prática dos delitos previstos nos arts. 33 e 34 desta Lei, como uma associação criminosa. No processo, havendo a imputação desse crime, torna-se essencial a demonstração da durabilidade da aliança efetivada pelos agentes e o ânimo de que se perpetue. Na jurisprudência: STJ: "1. Ausentes elementos concretos que demonstrem a existência de vínculo associativo estável e permanente, deve a recorrente ser absolvida em relação ao delito de associação ao tráfico" (REsp 1.730.338 – SP, 6.ª T., rel. Rogerio Schietti Cruz, j. 21.08.2018, DJe 03.09.2018); "2. Para a configuração do delito de associação para o tráfico de drogas é necessário o dolo de se associar com estabilidade e permanência, sendo que a reunião de duas ou mais pessoas sem o *animus* associativo não se subsume ao tipo do art. 35 da Lei n. 11.343/2006. Trata-se, portanto, de delito de concurso necessário. 3. Hipótese em que a Corte de origem não apresentou elementos concretos que demonstrem efetivamente o vínculo associativo estável e permanente entre o paciente e outros integrantes da facção criminosa da qual seria integrante. Não houve sequer a indicação de quem seriam as demais pessoas com ele associadas. Na falta da comprovação de dois requisitos legais para a configuração do delito de associação para o tráfico de entorpecentes, pluralidade de agentes e vínculo subjetivo no cometimento dos delitos, a absolvição do paciente é medida que se impõe" (HC 430.593 – RJ, 5.ª T., rel. Ribeiro Dantas, j. 04.09.2018, DJe 14.09.2018).

101-A. Desnecessidade de laudo toxicológico: o crime de associação é formal, voltando-se contra o bem jurídico primário consubstanciado na paz pública. Logo, torna-se desnecessário apreender a droga ou examiná-la. A materialidade (prova de existência da infração penal) pode dar-se por qualquer outro meio lícito, afinal, busca-se demonstrar que determinadas pessoas estão associadas, em aliança estável, para o fim de cometer tráfico de drogas, situação que se prova por diversos meios (ex.: interceptação telefônica, judicialmente autorizada, demonstrando as conversas entre todos, explicativas do comércio de entorpecentes frequente).

102. Sujeitos ativo e passivo: o sujeito ativo pode ser qualquer pessoa. O sujeito passivo é a sociedade. Para compor o número mínimo (duas pessoas), pode-se computar o concurso de menores de 18 anos; estes, embora não imputáveis penalmente, podem servir de alicerce para o cometimento de delitos, razão pela qual podem compor o número mínimo de uma associação criminosa de qualquer estilo. Essa modulação é viável a depender da idade dos envolvidos. Se um adulto se vale de crianças para levar e trazer drogas, não se pode deduzir a formação de uma associação criminosa, pois os infantes nem compreendem o que fazem no tocante ao alcance da ilicitude e das consequências. São meros instrumentos nas mãos do traficante. Todavia, quando um maior de 18 se une a um jovem de 17, com a finalidade de desenvolver o tráfico de drogas, por óbvio, pode-se concluir pela formação de associação, desde que se demonstre a estabilidade. Ambos têm noção do que fazem, inclusive no tocante à ilicitude, embora, por política criminal, o agente, com 17, fique sujeito às medidas previstas em legislação especial; há o fato *associação criminosa*, gerando o crime, para o de 18, bem como o ato infracional, para o menor de 18. Na jurisprudência: STJ: "O art. 35 da Lei n.º 11.343/2006 não exige que todos os envolvidos sejam maiores, razão pela qual para a configuração do referido crime não é necessário que todos sejam imputáveis. Muito embora o menor não pratique crime, e sim ato infracional, o seu comparsa que já tenha atingido a maioridade penal e, portanto, imputável, responde pelo delito em testilha, sendo irrelevante a absolvição dos demais corréus imputáveis" (HC 348.529 – SP, 6.ª T., rel. Maria Thereza de Assis Moura, 19.04.2016, v.u.).

103. Elemento subjetivo: é o dolo. Exige-se elemento subjetivo do tipo específico, consistente no ânimo de associação, de caráter duradouro e estável. Do contrário, seria um mero concurso de agentes para a prática do crime de tráfico. Para a configuração do delito do art. 35, é fundamental que os sujeitos se reúnam com o propósito de manter uma meta comum. Não existe a forma culposa.

104. Forma de execução: a advertência feita no tipo penal (reiteradamente ou não) quer apenas significar que não há necessidade de haver habitualidade comprovada, ou seja, não se demanda o cometimento reiterado das figuras típicas descritas nos arts. 33 e 34, bastando a associação *com o fim* de cometê-los. Aliás, seria até mesmo desnecessária a inserção dos termos *reiteradamente ou não*.

105. Objetos material e jurídico: o objeto material confunde-se com o jurídico: a paz pública. Secundariamente, neste caso, está presente a proteção à saúde pública.

106. Classificação: comum (pode ser cometido por qualquer pessoa); formal (não exige resultado naturalístico para a consumação, consistente na efetiva lesão à saúde de alguém, nem mesmo se exige a efetiva prática dos crimes dos arts. 33 e 34); de forma livre (pode ser cometido por qualquer meio eleito pelo agente); comissivo (o verbo indica ação); permanente (a consumação se arrasta no tempo); de perigo abstrato (não depende de efetiva lesão ao bem jurídico tutelado); plurissubjetivo (só pode ser cometido por mais de um agente); plurissubsistente (cometido por intermédio de vários atos); não admite tentativa, tendo em vista a exigência de estabilidade e permanência.

107. Concurso de crimes: viabilidade. Se o agente cometer o delito previsto no art. 33 ou no art. 34 desta Lei, deve responder por este crime em concurso material com a figura típica do art. 35, que é autônoma. Logicamente, deve-se buscar o ânimo de associação, duradoura e permanente. Assim ocorrendo, nada impede o concurso.

108. Benefícios penais: a pena de três a dez anos de reclusão permite a aplicação de regime aberto, quando até quatro anos, além de comportar a conversão em restritiva de direitos, pois não se trata de crime violento. A multa, segundo cremos, é excessiva. Gira em torno de milhares de reais. Considerando-se o nível de renda do brasileiro médio, não é preciso dizer que a pena é incompatível com a nossa realidade. A menos que o Estado espere o pagamento feito pelo traficante com a verba arrecadada em função do crime, o que seria absurdo. Logo, uma multa mínima no padrão supramencionado será, praticamente, inexequível para a maioria dos condenados.

108-A. Prisão cautelar: embora não se trate de crime hediondo ou equiparado, a associação para o tráfico pode comportar a decretação de prisão preventiva, desde que preenchidos os requisitos do art. 312 do CPP. Aliás, com particular razão, quando a acusação se forma em torno do tráfico de drogas *e, também,* da associação criminosa para o tráfico. Por certo, a figura delitiva torna-se mais grave e pode preencher o fator correspondente à garantia da ordem pública. Na jurisprudência: STF: "1. É imperiosa a necessidade de se garantir a ordem pública, evidenciada sobretudo diante de fatos concretos aos quais se atribuiu gravidade e que revestem a conduta de remarcada reprovabilidade. Com efeito, sobressai dos autos que a paciente integra elaborada associação criminosa destinada à prática de tráfico de drogas na comarca de Campos Gerais, exercendo função, juntamente com seu esposo, consistente no fornecimento de drogas na cidade de Alfenas, chegando a comercializar mais de 100 kg de drogas toda semana. Menciona-se que o casal se valia de um lava-jato para dar aparência de legalidade ao dinheiro adquirido com a venda dos entorpecentes. 2. Na linha de precedentes desta Corte, esses fatores evidenciam a periculosidade social do agente e a imprescindibilidade da sua segregação cautelar. 3. A jurisprudência do Supremo Tribunal é no sentido de que a razoável duração do processo deve ser aferida à luz da complexidade da causa, da atuação das partes e do Estado-Juiz. Inexistência de constrangimento ilegal apto a justificar o relaxamento da prisão" (HC 187.383 AgR, 1.ª T., rel. Alexandre de Moraes, 24.08.2020, v.u.).

109. Parágrafo único: tendo em vista que o *caput* indica, claramente, a associação para o fim de cometer os delitos dos arts. 33, *caput* e § 1.º, e 34, o mesmo agrupamento para financiar o tráfico, previsto no art. 36, não formaria figura típica. Sabe-se que o financiador do tráfico é partícipe desta atividade, mas a Lei 11.343/2006 preferiu lhe conferir pena mais severa e, por isso, destacou-o em tipo específico (exceção pluralista à teoria monista). Então, para abranger, necessariamente, a associação para o financiamento do tráfico, inseriu-se a previsão do parágrafo único. No entanto, pode-se incluir mais um elemento consistente no termo *reiterada*, sem a forma negativada *ou não*, que consta do *caput*. É possível defender que a associação para o financiamento do tráfico, além de demonstrar a sua estabilidade, precisa evidenciar que o intuito é de custeio habitual dessa atividade e não ocasional.

> **Art. 36.** Financiar ou custear[110-112] a prática de qualquer dos crimes previstos nos arts. 33, *caput* e § 1.º, e 34 desta Lei:[113-114]
>
> Pena – reclusão, de 8 (oito) a 20 (vinte) anos, e pagamento de 1.500 (mil e quinhentos) a 4.000 (quatro mil) dias-multa.[115]

110. Análise do núcleo do tipo: *financiar* (bancar, pagar todas as despesas) ou *custear* (termo correlato, portanto, dispensável, significa, igualmente, pagar as despesas, pouco importando quais sejam) são as condutas mistas alternativas, cujo objeto é a prática de crimes de tráfico ilícito de drogas. Esse tipo surge com a Lei 11.343/2006 e não havia na anterior Lei 6.368/76. Portanto, quem financiasse ou custeasse o tráfico ilícito de drogas era responsabilizado como partícipe. O tipo específico do art. 36 permite a cominação de pena mais rigorosa para essa conduta. Cuida-se de uma exceção pluralística à teoria monista. Por isso, trata-se de crime equiparado a hediondo, com as mesmas restrições existentes para os sentenciados com base nos arts. 33 e 34. Não se trata de autofinanciamento, vale dizer, o traficante sustentar a sua própria produção; cuida-se de um terceiro agente, limitando-se a financiar o agente do tráfico. Aliás, o traficante que pratique a conduta prevista no art. 33 e, ainda, financie a atividade, incidirá na causa de aumento do art. 40, VII, desta Lei. Na jurisprudência: STJ: "2. Nos termos da jurisprudência desta Corte Superior, a figura delitiva prevista no art. 36 da Lei de Drogas só se aplica ao agente que não se envolve nas condutas de traficância, nem é autor ou partícipe, emergindo da moldura fática delineada pelas instâncias ordinárias a prática do delito previsto no art. 33, *caput*, c/c art. 40, VII, ambos daquele diploma legal, embora não aplicada a causa de aumento. Precedente. 3. A posição de liderança exercida por agente pertencente ao núcleo de organização criminosa, assim como a grande quantidade de droga apreendida – 5.260g de cocaína –, justificam a exasperação da pena basilar com esteio na culpabilidade e nas circunstâncias do crime, respectivamente. Precedentes" (AgInt no HC 425.868 – AC, 6.ª T., rel. Nefi Cordeiro, j. 28.05.2019, v.u.).

110-A. Indispensabilidade da materialidade dos delitos previstos nos arts. 33 e 34: a prova de existência da infração penal, no tocante às figuras típicas dos arts. 33 e 34, desta Lei, parece-nos fundamental. Não há a menor segurança em se punir o financiador da prática do tráfico ilícito de entorpecentes, sem que exista prova alguma de ter havido ou estar ocorrendo tal espécie de crime. Deve-se observar, inclusive, o rigor da pena de reclusão, de 8 a 20 anos, exigindo certeza quanto ao financiamento do delito de tráfico de drogas. Como exposto na nota anterior, ausente o art. 36, o financiador responderia como partícipe do tráfico, o que demandaria a comprovação da materialidade deste para que a participação pudesse ser punida. São delitos vinculados pela própria remissão feita no tipo penal, indicando os arts. 33, *caput* e § 1.º, e 34 desta Lei. Ignorar o tráfico para punir o seu custeio de maneira completamente autônoma seria o mesmo que se faz com o delito de associação para o tráfico; porém, essa comparação inexiste, tendo em vista que a associação tem por objeto jurídico a paz pública e o financiamento, a saúde pública. Em suma, não se requer a punição do traficante para que seja sancionado o financiador; exige-se a prova de existência do tráfico para que o autor do delito do art. 36 possa ser condenado.

111. Sujeitos ativo e passivo: o sujeito ativo pode ser qualquer pessoa. O sujeito passivo é a sociedade.

112. Elemento subjetivo: é o dolo. Não há elemento subjetivo específico do tipo, nem se pune a forma culposa.

113. Objetos material e jurídico: o objeto material é o delito de tráfico ilícito de drogas (arts. 33 e 34 desta Lei). O objeto jurídico é a saúde pública.

114. Classificação: comum (pode ser cometido por qualquer pessoa); formal (não exige resultado naturalístico para a consumação, consistente na efetiva lesão à saúde de alguém, nem mesmo se exige a efetiva prática dos crimes dos arts. 33 e 34); de forma livre (pode ser cometido por qualquer meio eleito pelo agente); comissivo (os verbos indicam ações); instantâneo (a consumação se dá em momento determinado) ou permanente (a consumação se arrasta no tempo), dependendo da forma de execução e da duração do financiamento. Há quem sustente se tratar de crime habitual, pelo fato de existir menção à prática *reiterada* do crime do art. 36, feita no art. 35, parágrafo único, bem como pelo fato de já existir a causa de aumento do art. 40, VII, para os casos de financiamento ou custeio ocasional (cf. Rogério Sanches Cunha, *Nova lei de drogas comentada*, p. 175). Assim não pensamos. Quem financia ou custeia uma atividade qualquer pode fazê-lo, conforme o caso concreto, de uma só vez. Entregar nas mãos de um *candidato* a traficante uma enorme soma de dinheiro para ele iniciar o *negócio ilícito*, o que, de fato, ocorre, é exatamente o preenchimento da figura do art. 36. O agente *pagou todas as despesas* necessárias para a atividade prosperar. Por outro lado, a expressão *prática reiterada*, constante do art. 35, parágrafo único, diz respeito unicamente à associação criminosa formada para cometimento do delito do art. 36. Como se exige estabilidade para tal delito (art. 35), nada mais lógico do que incluir a *reiteração* para a prova da associação duradoura. Igualmente: Andrey Borges de Mendonça e Paulo Roberto Galvão de Carvalho (*Leis de drogas comentada*, p. 116); de perigo abstrato (não depende de efetiva lesão ao bem jurídico tutelado); unissubjetivo (pode ser cometido por um só agente); plurissubsistente (cometido por intermédio de vários atos); admite tentativa.

115. Benefícios penais: a pena mínima de oito anos permite a fixação dos regimes iniciais fechado ou semiaberto, conforme o caso. É sanção penal severa, afastando-se qualquer benefício imediato.

> **Art. 37.** Colaborar,[116-118] como informante, com grupo, organização ou associação[119] destinados à prática de qualquer dos crimes previstos nos arts. 33, *caput* e § 1.º, e 34 desta Lei:[120-121]
> Pena – reclusão, de 2 (dois) a 6 (seis) anos, e pagamento de 300 (trezentos) a 700 (setecentos) dias-multa.[122]

116. Análise do núcleo do tipo: *colaborar* (cooperar, prestar auxílio) é a conduta, cujo objeto é a prática de crime de tráfico ilícito de drogas, por grupo, organização ou associação. O tipo menciona o método: agindo como informante (pessoa que presta informes, vale dizer, passa dados a terceiro acerca de alguma coisa ou de alguém). É fundamental que a informação tenha algum relevo para a concretização dos delitos previstos nos arts. 33 e 34, pois, do contrário, não há qualquer interesse penal (insignificância ou bagatela). O tipo penal do art. 37 tem, pois, a meta de amenizar a punição do informante. Se ele fosse condenado como partícipe, sua pena mínima seria de cinco anos de reclusão e pagamento de 500 dias-multa (art. 33, *caput*, desta Lei) ou três anos de reclusão e pagamento de 1.200 dias-multa (art. 34 desta Lei). No caso presente, sua pena será de dois a seis anos de reclusão, com pena pecuniária mínima de 300 dias-multa. Cuida-se de outra exceção pluralística à teoria monista do concurso de pessoas (ver a nota 2 ao Título IV da Parte Geral do nosso *Código Penal comentado*). O "olheiro", que fica em lugar estratégico para avisar o traficante da chegada da polícia também deve ser enquadrado como "informante", afinal, ele informa a chegada de agentes de segurança. Na jurisprudência: STJ: "(...) 3. A Lei n. 11.343/2006, ao estabelecer uma tipificação própria para quem colabora como informante, afastou a possibilidade de concurso entre o 'colaborador como informante' e o 'traficante'. Considerando que o concurso de pessoas exige: i) a pluralidade de participantes e de condutas, ii) a relevância causal de cada conduta, iii) o vínculo subjetivo entre os participantes e, ressalto, iv) a identidade de infração penal, sendo que a tipificação própria da conduta do colaborador afasta a aplicação da norma de extensão (art. 29 do CP) cumulada com os arts. 33, *caput* e § 1.º, ou 34 da Lei de Drogas. 4. Na espécie, a conduta do recorrente pode ser enquadrada tanto na figura do art. 37 quanto do art. 33 da Lei n. 11.343/2006, c/c o art. 29 do Código Penal. No entanto, a elementar 'colaborar como informante' afasta a incidência dos tipos mais gerais, descritos nos arts. 33, *caput* e § 1.º, e 34 do mesmo diploma. 5. Pleito absolutório afastado, visto que não se trata de aplicação do art. 384 do Código de Processo Penal, procedimento este vedado em sede recursal, mas de *emendatio libelli*, figura do art. 383 do Código de Processo Penal, em que se atribui nova capitulação jurídica aos fatos descritos. Súmula 453/STF afastada. 6. Considerando que a pena do delito do art. 37 da Lei de Drogas varia entre 2 e 6 anos de reclusão, mantida a exasperação da pena-base operada na instância local em 1/5, mantida também a compensação entre confissão espontânea e reincidência, ausentes causas de aumento ou diminuição, fica a reprimenda definitiva em 2 anos, 4 meses e 24 dias. 7. Recurso especial parcialmente provido a fim de desclassificar a conduta para o delito do art. 37 da Lei n. 11.343/2006, redimensionando a pena imposta ao recorrente para 2 anos, 4 meses e 24 dias de reclusão, mantidos os demais termos da condenação" (REsp 1.698.621 – MG, 6.ª T., rel. Sebastião Reis Júnior, 28.03.2019, v.u.).

116-A. Possibilidade de decretação da prisão cautelar: como qualquer outro delito, mormente doloso e punido com reclusão, a figura do art. 37 (informante de grupo criminoso) comporta, ao agente, a decretação da prisão preventiva. Se os requisitos do art. 312 do CPP estiverem presentes, nada impede a custódia cautelar.

117. Sujeitos ativo e passivo: o sujeito ativo pode ser qualquer pessoa. O sujeito passivo é a sociedade.

118. Elemento subjetivo: é o dolo. Não há elemento subjetivo específico do tipo, nem se pune a forma culposa.

119. Grupo, organização e associação: são três termos que significam, na essência, o mesmo. O grupo, a organização e a associação constituem reuniões de pessoas, de modo que nos parece ilógico prevê-los todos no tipo incriminador, como se tivessem significados totalmente diversos. Porém, o crime não se configura se a pretensa colaboração for destinada a um agrupamento indeterminado de pessoas, significando um enfoque genérico ou difuso de apoio ou informe. Noutros termos, não é preciso identificar, com precisão, o agrupamento de traficantes, nem mesmo auferir a sua condenação pelo delito de tráfico de drogas. Mas, para se ter um mínimo de suporte a atestar a materialidade, parece-nos essencial localizar a existência efetiva de um grupo, organização ou associação de pessoas determinadas, que praticam qualquer dos delitos previstos nos arts. 33, *caput*, § 1.º, e 34 desta Lei. Exemplo: se uma pessoa é presa por soltar foguetes perto de uma favela, onde se suspeita haver traficantes, não pode ser *automaticamente* enquadrada como colaborador e informante, a menos que se saiba qual grupo ele está avisando da chegada da polícia, demonstrando algum elo com o referido agrupamento.

120. Objetos material e jurídico: o objeto material é a prática do crime de tráfico ilícito de drogas. O objeto jurídico é a saúde pública.

121. Classificação: comum (pode ser cometido por qualquer pessoa); formal (não exige resultado naturalístico para a consumação, consistente na efetiva lesão à saúde de alguém, nem mesmo se exige a efetiva prática dos crimes dos arts. 33 e 34); de forma livre (pode ser cometido por qualquer meio eleito pelo agente); comissivo (o verbo indica ação); instantâneo (a consumação se dá em momento determinado); de perigo abstrato (não depende de efetiva lesão ao bem jurídico tutelado); unissubjetivo (pode ser cometido por um só agente); unissubsistente (cometido em um só ato) ou plurissubsistente (cometido por intermédio de vários atos), conforme o método eleito pelo agente; admite tentativa na forma plurissubsistente.

122. Benefícios penais: o delito comporta regime aberto, se primário e sem antecedentes o agente, bem como a aplicação de penas alternativas. No entanto, mesmo se tratando de crime com pena menor, conforme o caso, pode ser imposto regime fechado ou semiaberto para início do cumprimento da pena.

Art. 38. Prescrever ou ministrar,[123-125] culposamente,[126] drogas, sem que delas necessite o paciente,[127] ou fazê-lo em doses excessivas ou em desacordo com determinação legal ou regulamentar:[128-129]

Pena – detenção, de 6 (seis) meses a 2 (dois) anos, e pagamento de 50 (cinquenta) a 200 (duzentos) dias-multa.[130]

Parágrafo único. O juiz comunicará a condenação ao Conselho Federal da categoria profissional a que pertença o agente.[131]

---

123. Análise do núcleo do tipo: *prescrever* (receitar) ou *ministrar* (aplicar) são as condutas que têm por objeto droga. A figura típica diverge das condutas previstas no art. 33, pois envolve culpa e não dolo. A prescrição ou aplicação deve ser realizada em dose (quantidade fixa de determinada substância) excessiva (exagerada, fora da medida necessária) ou em desacordo com determinação legal ou regulamentar. Aliás, é justamente a dose desmedida que permitirá caracterizar a imprudência, negligência ou imperícia do agente. O antigo art. 15 da Lei 6.368/76 descrevia quais seriam os autores: médico, dentista, farmacêutico ou profissional de enfermagem. Este novo tipo penal do art. 38 abre a possibilidade de ser qualquer profissional da saúde. Logicamente, ainda assim, o mais comum serão os sujeitos já apontados (médico, dentista, farmacêutico ou profissional da enfermagem).

124. Sujeitos ativo e passivo: o sujeito ativo pode ser qualquer profissional da saúde, que possa prescrever ou ministrar medicamentos. O sujeito passivo é a sociedade. Secundariamente, a pessoa que sofreu a dose excessiva.

125. Elemento subjetivo: é a culpa, nas formas de imprudência, negligência ou imperícia.

126. Elemento normativo do tipo: a *culpa* é um comportamento descuidado, que infringe o dever de cuidado objetivo, provocando um resultado involuntário, mas previsível, que deveria ter sido evitado. Caracteriza-se, segundo o disposto no art. 18, II, do Código Penal, pela imprudência, negligência ou imperícia (ver as notas 72 a 74 ao art. 18 do nosso *Código Penal comentado*).

127. Paciente: é a pessoa enferma, sujeita a tratamento por profissional de saúde especializado.

128. Objetos material e jurídico: o objeto material é a droga prescrita ou ministrada. O objeto jurídico é a saúde pública.

129. Classificação: próprio (só pode ser cometido por pessoa qualificada); formal (não exige resultado naturalístico para a consumação, consistente na efetiva lesão à saúde de alguém); de forma livre (pode ser cometido por qualquer meio eleito pelo agente); comissivo (os verbos indicam ações); instantâneo (a consumação se dá em momento determinado); de perigo abstrato (não depende de efetiva lesão ao bem jurídico tutelado); unissubjetivo (pode ser cometido por um só agente); unissubsistente (cometido em um único ato) ou plurissubsistente (cometido por intermédio de vários atos); não admite tentativa, por se tratar de crime culposo.

130. Benefícios penais: é infração de menor potencial ofensivo, aplicável o disposto na Lei 9.099/95, como, por exemplo, a transação. Se esta não se viabilizar, havendo condenação, é cabível a substituição da pena privativa de liberdade por restritiva de direitos (art. 44, CP), bem como a concessão de suspensão condicional da pena (art. 77, CP).

131. Comunicação ao órgão profissional: o disposto no parágrafo único é um dos indicativos de que o agente do crime é um profissional da saúde, que cuida de um paciente e possui órgão de classe controlador do exercício profissional. Por isso, para as eventuais medidas administrativas cabíveis, deve o juiz comunicar a ocorrência. Pensamos que essa comunicação deve ser feita tão logo seja recebida a denúncia, não havendo necessidade de condenação, com trânsito em julgado. Afinal, a medida não é um efeito da condenação, nem implicará prejuízo necessário ao profissional, porém dará ciência do acontecimento a quem incumbe fiscalizar a atividade laborativa.

> **Art. 39.** Conduzir[132-134] embarcação ou aeronave após o consumo de drogas,[135] expondo a dano potencial a incolumidade de outrem:[136-138]
>
> Pena – detenção, de 6 (seis) meses a 3 (três) anos,[139] além da apreensão do veículo, cassação da habilitação respectiva ou proibição de obtê-la, pelo mesmo prazo da pena privativa de liberdade aplicada,[140] e pagamento de 200 (duzentos) a 400 (quatrocentos) dias-multa.[141]
>
> **Parágrafo único.** As penas de prisão e multa, aplicadas cumulativamente com as demais, serão de 4 (quatro) a 6 (seis) anos e de 400 (quatrocentos) a 600 (seiscentos) dias-multa, se o veículo referido no *caput* deste artigo for de transporte coletivo de passageiros.[142]

132. Análise do núcleo do tipo: *conduzir* (guiar, dirigir) é a conduta, cujo objeto é a embarcação (qualquer construção apta a navegar sobre a água, como barcos, botes, navios, *jet-ski* etc.) ou aeronave (todo aparelho manobrável em voo, que se possa sustentar e circular no espaço aéreo mediante reações aerodinâmicas, apto a transportar coisas e pessoas, conforme dispõe o art. 106 do Código Brasileiro de Aeronáutica, tais como avião, helicóptero etc.). Esse tipo advém do coirmão, previsto no art. 306 do Código de Trânsito Brasileiro, com a redação determinada pela Lei 12.760/2012. Neste, entretanto, cuida-se somente de veículos automotores, na via pública. Criou-se a figura do art. 39 desta Lei, envolvendo embarcação ou aeronave. É preciso considerar que este delito somente pode ocorrer em área pública, expondo a perigo concreto (dano potencial) a incolumidade de terceiros. Convém deixar claro que não é imprescindível, para a caracterização do crime, a individualização de vítimas, vale dizer, é dispensável a identificação de quem, efetivamente, correu o risco de ser atingido, sofrendo lesão, em virtude do comportamento do agente. Basta que existam provas suficientes, como, por exemplo, testemunhal, dando conta de que o autor conduzia o aparelho de modo a colocar em perigo pessoas em geral.

133. Sujeitos ativo e passivo: o sujeito ativo pode ser qualquer pessoa. O sujeito passivo é a sociedade. Secundariamente, as pessoas que sofrem, de modo direto, a probabilidade de dano.

134. Elemento subjetivo: é o dolo de perigo. Não existe a forma culposa, nem se exige elemento subjetivo específico.

135. Consumo de drogas: basta haver a ingestão de substância entorpecente, capaz de perturbar os sentidos de quem delas faz uso, para ser suficiente a configuração deste tipo penal. É dispensável o estado de completa intoxicação, retirando do condutor qualquer possibilidade de autodeterminação. A prova pode ser feita por exame clínico ou pericial, bem como por prova testemunhal, assim como se faz com a ingestão de álcool para fim de condução de veículo automotor (art. 306, Código de Trânsito Brasileiro).

136. Objetos material e jurídico: o objeto material é a embarcação ou aeronave conduzida sob a influência de droga. Os objetos jurídicos são a segurança dos meios de transporte e a saúde pública.

137. Classificação: é crime comum (pode ser praticado por qualquer pessoa); formal (não exige resultado naturalístico, consistente na existência de lesão efetiva a alguém); de forma livre (pode ser cometido de qualquer forma); comissivo (demanda-se uma ação); instantâneo (o resultado não se prolonga no tempo); de perigo concreto (não se exige prejuízo efetivo ao bem tutelado, mas é essencial a prova da probabilidade de ocorrência do dano); unissubjetivo (pode ser cometido por uma só pessoa); plurissubsistente (demanda vários atos); admite tentativa, embora seja de difícil configuração. Acreditávamos que a tentativa era inaceitável, pois o delito exige perigo concreto. Entretanto, é possível que o agente atue no sentido de colocar em risco a segurança viária, sendo impedido, a tempo, por terceiros.

138. Confronto com o art. 34 da Lei das Contravenções Penais: o delito do art. 39 provocou a revogação parcial do referido art. 34 ("Dirigir veículos na via pública, ou embarcações em águas públicas, pondo em perigo a segurança alheia"), na parte relativa às embarcações, quando houver consumo de drogas pelo condutor. Cuidando-se de ingestão de álcool, se for embarcação, continua aplicável o referido art. 34.

139. Benefícios penais: é viável a aplicação da suspensão condicional do processo (art. 89, Lei 9.099/95). Se não for possível, havendo condenação, pode-se substituir a pena privativa de liberdade pela restritiva de direitos (art. 44, CP), bem como aplicar-se *sursis* (art. 77, CP), conforme o caso concreto.

140. Medida cumulativa: a apreensão do veículo (embarcação ou aeronave), se pertencer ao agente, deve ser determinada juntamente com a cassação da sua habilitação (se possuir) ou com a proibição de obtê-la, pelo mesmo prazo da pena privativa de liberdade estabelecida (com ou sem substituição por pena restritiva de direitos).

141. Pena pecuniária: deve, igualmente, ser aplicada em cumulação com a pena privativa de liberdade, a apreensão do veículo e a cassação ou proibição de habilitação.

142. Exagero punitivo: a pena mínima passa a ser de quatro anos de reclusão e a máxima, de seis, caso o veículo seja destinado ao transporte coletivo de passageiros. Lembremos, no entanto, que o crime continua sendo de perigo – e não de dano – motivo pelo qual a elevação da punição parece demasiada, embora se possa visualizar o maior perigo a que se expõe o transporte público, visto envolver muitos passageiros. Nessa hipótese, não cabe suspensão condicional do processo e, somente se a pena for fixada no mínimo legal, preenchidos os demais requisitos do art. 44 do Código Penal, poder-se-ia falar em substituição por pena restritiva de direitos. Excepcionalmente, caberia *sursis* (art. 77, § 2.º, CP).

> **Art. 40.** As penas previstas nos arts. 33 a 37 desta Lei são aumentadas de um sexto a dois terços, se:[143]
>
> I – a natureza, a procedência da substância ou do produto apreendido e as circunstâncias do fato evidenciarem a transnacionalidade do delito;[144-145]
>
> II – o agente praticar o crime prevalecendo-se de função pública ou no desempenho de missão de educação, poder familiar, guarda ou vigilância;[146]
>
> III – a infração tiver sido cometida nas dependências ou imediações de estabelecimentos prisionais, de ensino ou hospitalares, de sedes de entidades estudantis, sociais, culturais, recreativas, esportivas, ou beneficentes, de locais de trabalho coletivo, de recintos onde se realizem espetáculos ou diversões de qualquer natureza, de serviços de tratamento de dependentes de drogas ou de reinserção social, de unidades militares ou policiais ou em transportes públicos;[147-148]
>
> IV – o crime tiver sido praticado com violência, grave ameaça, emprego de arma de fogo, ou qualquer processo de intimidação difusa ou coletiva;[149]
>
> V – caracterizado o tráfico entre Estados da Federação ou entre estes e o Distrito Federal;[150]
>
> VI – sua prática envolver ou visar a atingir criança ou adolescente[151-152] ou a quem tenha, por qualquer motivo, diminuída ou suprimida a capacidade de entendimento e determinação;[153]
>
> VII – o agente financiar ou custear a prática do crime.[154]

143. Causas de aumento de pena: devem ser aplicadas na terceira fase da fixação da pena privativa de liberdade. A primeira escolha do juiz – pena-base – fundamenta-se no art. 59 do Código Penal (circunstâncias judiciais). Após, insere-se, quando possível, agravantes e atenuantes (arts. 61 a 66, CP). Em seguida, passa-se à aplicação das causas de aumento e diminuição da pena, no caso as previstas neste artigo. Se houver mais de uma, incidindo ao mesmo fato, pode o magistrado aplicar todas as que encontrar ou somente uma delas, a teor do disposto no art. 68, parágrafo único, do Código Penal. A Lei 11.343/2006 indica o âmbito de incidência das causas de aumento: arts. 33 a 37.

144. Tráfico internacional de entorpecentes: quando se tratar de delito à distância, aquele que começa no Brasil e termina no exterior, ou reciprocamente, não somente é crime da competência da Justiça Federal (art. 109, V, CF), como também comporta a elevação da pena de um sexto a dois terços. De fato, parece-nos mais grave a conduta daquele que mantém vínculos com o exterior para disseminar a droga por vários lugares do mundo, motivo pelo qual é justificado o aumento. Entretanto, não há necessidade de lucro, pois o tipo penal não exige. É óbvio que, como regra, existe *comércio* no tráfico internacional de entorpecentes, logo, lucro, porém não é este indispensável. Na jurisprudência: STF: "Compete à Justiça Federal o julgamento dos crimes de tráfico internacional de drogas. Entretanto, nem o simples fato de alguns corréus serem estrangeiros, nem a eventual origem externa da droga, são motivos suficientes para o deslocamento da competência para a Justiça Federal" (HC 103.945 – SP, 1.ª T., rel. Dias Toffoli, j. 26.04.2011, v.u.). STJ: "3. 'Ainda que o art. 33 da Lei n. 11.343/2006 preveja as condutas de 'importar' e 'exportar', não há *bis in idem* na aplicação da causa de aumento de pena pela transnacionalidade (art. 40, I, da Lei n. 11.343/2006), porquanto o simples fato de o agente 'trazer consigo' a droga já conduz à configuração da tipicidade formal do crime de tráfico' (REsp n. 1.392.330/SP, rel. Min. Rogerio Schietti Cruz, Sexta Turma, julgado em 13/9/2016, *DJe* 20/9/2016)" (AgRg no REsp 1.243.663 – SP, 6.ª T., rel. Antonio Saldanha Palheiro, j. 15.08.2019, *DJe* 27.08.2019, v.u.).

145. Inexistência de *bis in idem*: ao mesmo tempo em que se afasta a aplicação do redutor, em face do envolvimento do acusado com organização criminosa internacional, pode-se aplicar a causa de aumento nesse sentido. Não se configura o *bis in idem*, do mesmo modo que se pode afastar o redutor pela reincidência e, também, aumentar a pena por causa disso. Na jurisprudência: STF: "1. Causa de diminuição do § 4.º do art. 33 da Lei n. 11.343/2006 afastada porque, com base no conjunto probatório dos autos, assentou ter o Paciente envolvimento com organização criminosa internacional. Premissa que para ser afastada demandaria o reexame de fatos e de provas, ao que não se presta o *habeas corpus*. 2. Inexistência de *bis in idem* na aplicação da causa de aumento pela transnacionalidade do delito prevista no art. 40, inc. I, da Lei n. 11.343/2006. Precedentes. 3. Regime prisional inicial fechado estabelecido por não guardar o Paciente vínculo com o distrito da culpa e pela quantidade e natureza do entorpecente apreendido. Fundamentação idônea. 4. Pena definitiva fixada em 5 anos e 10 meses de reclusão e 583 dias-multa. Não atendimento do disposto no art. 44, inc. I, do Código Penal. Impossibilidade de substituição da pena privativa de liberdade por restritiva de direitos. 5. Ordem denegada" (HC 124.108, 2.ª T., rel. Cármen Lúcia, 04.11.2014, *DJe*-223, Divulg. 12.11.2014, Public. 13.11.2014).

146. Função pública ou missão de educação, poder familiar, guarda e vigilância: o agente que possua *função pública* (todo aquele que presta serviços para a administração, embora não possua cargo ou emprego), relacionada à repressão à criminalidade (ex.: agente policial), merece, de fato, pena mais elevada, pois trai a confiança que lhe foi depositada pelo Estado. Em lugar de proteger a sociedade, termina por delinquir, praticando tráfico ilícito de entorpecentes. Outras pessoas que tenham a missão de educação, detenham poder familiar, sejam guardas ou vigilantes, embora sem função pública, podem sofrer a causa de aumento (ex.: pai se vale do filho para levar drogas a alguém; vigia de escola, encarregado da segurança local, participa do tráfico). São atividades de relevo, que pressupõem proteção e orientação, de modo que a prática de tráfico de drogas nesse cenário, por certo, rompe essa importante incumbência, indicando sanção mais severa.

147. Elevação da pena conforme o lugar do cometimento: deve-se avaliar se a preparação, execução ou consumação deu-se nas dependências (interior de algum lugar) ou nas imediações (proximidade) de estabelecimento de ensino (escolas em geral) ou hospitalar (lugares onde se tratam doentes), de sede de entidades estudantis (diretórios acadêmicos em geral), sociais (clubes, associações de lazer etc.), culturais (lugares onde se promove atividade intelectual), recreativas (locais onde se difunde e promove o lazer), esportivas (lugares de exercício de esportes) ou beneficentes (lugares de promoção de atividades caritativas), de locais de trabalho coletivo (lugares onde há vários indivíduos exercendo atividade, remuneradas ou não) ou de recintos de realização de espetáculos (representações artísticas em geral, tais como teatro, cinema etc.) ou diversões (atividades de entretenimento, como, por exemplo, parques com brinquedos para utilização dos frequentadores). Além disso, torna-se particularmente mais grave cometer o delito em lugares onde se presta serviço de tratamento de dependentes de drogas ou de reinserção social (locais que precisam retirar o viciado do contato com o entorpecente), de unidades militares (quartéis das Forças Armadas ou da Polícia Militar) ou policiais (delegacias de polícia), bem como em transportes públicos (ônibus, metrô, táxi etc.). Quanto maior for a aglomeração de pessoas, mais fácil, ágil e disseminado torna-se a mercancia da droga, razão pela qual se justifica a causa de aumento de pena. Inexiste razão para exigir a prova de que o comércio de drogas se realizou com algum frequentador desses locais. Parece-nos razoável exigir algum nexo causal entre o local e a prática do delito, não podendo ser simplesmente casual, como, por exemplo, o traficante residir em área próxima a uma escola, mas não ter nenhum liame entre o cometimento do delito e o colégio. No entanto, os tribunais têm agido com maior rigor, permitindo a ligação entre a causa de aumento e o tráfico apenas pelo fato de que *objetivamente* se pode constatar a proximidade entre os locais enumerados no inciso III do art. 40 e a prática do crime. Na jurisprudência: STF: "1. A aplicação da causa de aumento de pena prevista no artigo 40, inciso III, da Lei 11.343/06, tem como objetivo punir com mais rigor a comercialização de drogas em determinados locais onde se verifique uma maior aglomeração de pessoas, de modo a facilitar a disseminação da mercancia, tais como escolas, hospitais, teatros, unidades de tratamento de dependentes, entre outros. 2. A aplicação da majorante do inciso III exige a comercialização da droga no próprio transporte público, sendo insuficiente a mera utilização do transporte para o carregamento do entorpecente. Precedentes: HC 119.782, Primeira Turma, Relatora a Ministra Rosa Weber, *DJe* de 03.02.14 e HC 109.538, Primeira Turma, Redatora para o acórdão a Ministra Rosa Weber, *DJe* de 26.10.12. 3. *In casu*, a Corte Estadual, em sede de apelação, afirmou que 'no caso em apreço, verifica-se que a recorrida não se utilizou do transporte coletivo para disseminar entorpecentes, mas tão somente para levar a droga escondida em suas partes íntimas até o destino final. Ou seja, não tinha a intenção de difundir, usar e/ou comercializar a referida droga, aproveitando-se do fato de estar no interior do veículo público'" (HC 118.676 – MS, 1.ª T., rel. Luiz Fux, *DJ* 11.03.2014, v.u.). STJ: "2. O Superior Tribunal de Justiça tem posicionamento consolidado no sentido de que, para a incidência da majorante prevista no artigo 40, III, da Lei n. 11.343/2006, é suficiente que o crime tenha ocorrido nas imediações dos locais especialmente protegidos, sendo, pois, desnecessária comprovação da efetiva mercancia aos frequentadores dessas localidades" (HC 450.926 – RJ, 5.ª T., rel. Ribeiro Dantas, j. 07.08.2018, *DJe* 15.08.2018).

148. Estabelecimentos prisionais: são os lugares onde se cumprem penas privativas de liberdade (regime fechado, semiaberto ou aberto). Comungamos do entendimento que sustenta ser possível a incidência da causa de aumento de pena em qualquer caso previsto na Lei 11.343/2006, quando cometido no interior de estabelecimento penitenciário, pouco importando se o agente é preso ou pessoa estranha ao presídio, não sendo também relevante tratar-se de cadeia pública (este local não deixa de ser um estabelecimento penal). O tipo penal não faz tal diferença, pois é particularmente grave que se realize tanto o tráfico de entorpecentes, quanto o uso de drogas, em locais de cumprimento de penas privativas de liberdade, onde se almeja a ressocialização e reeducação dos condenados. Na jurisprudência: STF: "A aplicação da causa de aumento prevista no art. 40, inciso III, da Lei n.º 11.343/06 se justifica quando constatada a comercialização de drogas nas imediações de estabelecimentos prisionais, sendo irrelevante se o agente infrator visa ou não os frequentadores daquele local. Precedentes. 3. Ordem denegada" (HC 138.944 – SC, 2.ª T., rel. Dias Toffoli, j. 21.03.2017, v.u.).

149. Intimidação difusa ou coletiva: *difuso* significa algo divulgado, disseminado; *coletivo* quer dizer algo que atinge ou envolve várias pessoas. Ambas as adjetivações estão coligadas a *processos de intimidação* (mecanismos para causar medo ou pavor). Esse é o gênero. As exemplificações são feitas anteriormente, demonstrando como o delito pode ser cometido: a) com violência; b) grave ameaça; c) emprego de arma de fogo. Não nos parece ajustar-se facilmente essa causa de aumento aos delitos previstos nos arts. 33 a 37 que, por natureza, não são violentos, nem possuem formas típicas prontas a abrigar ameaça ou emprego de arma. É certo que traficantes de drogas podem ser violentos e agir dessa maneira, especialmente para evidenciar poder e disputar espaço com outros delinquentes. Ocorre que, havendo a distribuição de drogas em uma região, por exemplo, em que, concomitantemente, apreendem-se com os infratores armas ilegais, deve incidir o Estatuto do Desarmamento, pois há figuras típicas específicas. E difícil seria supor que traficantes carregassem consigo armas legalizadas, com porte expedido pela Polícia Federal. Se, porventura, na disputa por um ponto de venda de drogas, traficantes trocam tiros, empregando violência e causando lesões, devem responder por homicídio, tentativa de homicídio ou lesões corporais, mas jamais por tráfico com pena aumentada em virtude da circunstância prevista neste inciso III. Caso ameacem pessoas da comunidade, igualmente, há tipos penais incriminadores para envolver tais condutas. Em suma, a circunstância inserida no inciso IV do art. 40 desta Lei é, no mais das vezes, residual. Caso os traficantes usem armas de fogo para intimidar as pessoas ao seu redor e os rivais, sem que se delimite, com clareza, um crime violento (ex.: tentativa de homicídio) ou inexista apreensão de arma ilegal (ingressa o crime da Lei de Armas), pode-se aplicar a causa de aumento. O importante é evitar o *bis in idem*: punir o agente pelo tráfico com esta causa de aumento e o delito no qual foi utilizada a arma de fogo. Poderia o legislador ter previsto no inciso IV o sistema da acumulação material, fazendo expressa ressalva, dentro do princípio da legalidade, de que a causa de aumento seria aplicável, independentemente da pena correspondente à violência, grave ameaça ou emprego de arma de fogo (exemplos disso podem ser encontrados no Código Penal, *v.g.*, o art. 353). Os tribunais têm utilizado a causa de aumento em vez do concurso de crimes (tráfico e porte de arma ilegal), argumentando ser crime-fim (tráfico com emprego de arma de fogo) e crime-meio (absorvido pelo fim estaria o porte de arma ilícita). Argumentamos com o concurso porque os bens jurídicos são diversos – saúde pública (tráfico) e paz pública (arma) –, além do que a apreensão da arma indica, nitidamente, que ela pode transferir-se a outras pessoas, o que gera um perigo maior à sociedade. Note-se, exemplificando com a pena mínima: a) tráfico de drogas (5 anos) com aumento de 1/6 pelo emprego de arma de fogo totaliza 5 anos e 10 meses; b) tráfico de drogas (5 anos) em concurso com porte de arma de uso restrito ou ilegal, que é a mais comum hipótese, totaliza 8 anos. Assim, quando a arma de fogo não for apreendida, aplica-se a causa de aumento. Na jurisprudência: STJ: "6. *In casu*, da análise perfunctória dos elementos, é possível aplicar a causa especial capitulada no inciso IV do artigo 40 da Lei n. 11.343/2006, em substituição à condenação pelo crime do artigo 16, *caput*, da Lei n. 10.826/2003, visto que os objetos apreendidos, no contexto descrito na denúncia, demonstram que foram utilizados para viabilizar a prática do narcotráfico, existindo, portanto, flagrante ilegalidade a justificar a concessão da ordem de ofício. (...) Segundo o entendimento do Superior Tribunal de Justiça, a absorção do crime de porte ou posse ilegal de arma pelo delito de tráfico de drogas, em detrimento do concurso material, deve ocorrer quando o uso da arma está ligado diretamente ao comércio ilícito de entorpecentes, ou seja, para assegurar o sucesso da mercancia ilícita. Nesse caso, trata-se de crime meio para se atingir o crime fim que é o tráfico de drogas, exige-se o nexo finalístico entre as condutas de portar ou possuir arma de fogo e aquelas relativas ao tráfico (HC n. 181.400/RJ, Quinta Turma, Ministro Marco Aurélio Bellizze, *DJe* 29/6/2012) – (HC n. 395.762/RJ, Ministro Felix Fischer, Quinta

Turma, *DJe* 21/11/2017)" (AgRg no REsp 1.808.590 – MG, 6.ª T., rel. Sebastião Reis Júnior, j. 20.08.2019, *DJe* 04.09.2019, v.u.).

150. Tráfico interestadual de entorpecentes: o comércio ilegal de drogas envolvendo mais de um país, além do Brasil, faz surgir o tráfico internacional de entorpecentes (inciso I deste artigo). Porém, inseriu o legislador mais uma causa de aumento, em nosso entendimento, correta. Quando o tráfico atingir mais de uma região do País, promovendo, portanto, uma distribuição espalhada e não concentrada da droga, de fato, cuida-se de circunstância mais grave, a merecer maior censura, consequentemente, aumento de pena. Sobre o tema: Súmula 587 do STJ: "Para a incidência da majorante prevista no art. 40, V, da Lei 11.343/2006, é desnecessária a efetiva transposição de fronteiras entre estados da Federação, sendo suficiente a demonstração inequívoca da intenção de realizar o tráfico interestadual". A gradação – de um sexto a dois terços – deve cingir-se ao grau de interestadualidade do crime: quanto maior o número de Estados-membros abrangidos pela atividade do agente, maior deve ser o aumento. Se envolver apenas dois Estados, por exemplo, o aumento de um sexto é suficiente. Lembremos, no entanto, que essa circunstância permite a atuação da Polícia Federal, nos termos do art. 144, § 1.º, II, da Constituição Federal, bem como do art. 1.º, parágrafo único, da Lei 10.446/2002. A competência para processar e julgar o criminoso continua a ser da Justiça Estadual. Na jurisprudência: STF: "3. A jurisprudência desta Corte firmou-se no sentido de que 'para a configuração do tráfico interestadual de drogas (art. 40, V, da Lei 11.343/2006), não se exige a efetiva transposição da fronteira, bastando a comprovação inequívoca de que a droga adquirida num estado teria como destino outro estado da Federação' (HC 115.893/MT, rel. Min. Ricardo Lewandowski, Segunda Turma, *DJe* de 04.06.2013)" (HC 194.322 – MS, 2.ª T., rel. Edson Fachin, 08.06.2021, v.u.). STJ: "4. No caso, apesar de a distância percorrida pelo paciente transportando cocaína entre a origem (São Paulo) e o local da apreensão (Itajaí-SC) não ser tão longa, pouco mais de 600 km, houve a transposição de duas divisas estaduais, entre os Estados de Santa Catarina/Paraná e Paraná/São Paulo, o que justifica um aumento acima do mínimo de 1/6. Destaca-se, ainda, que na mesma data da apreensão houve o transporte da maconha pelo corréu Valdir para o mesmo local (galpão em Itajaí), onde foram apreendidos os entorpecentes que estavam sendo divididos e seriam distribuídos por outros corréus, os quais usavam de dois veículos para continuar o transporte da cocaína encontrada com o paciente (fl. 16). Tais particularidades, em especial a logística e estrutura utilizada pelos agentes, além de a cidade de Itajaí ser dotada de infraestrutura portuária, impõem uma maior reprovabilidade da conduta. Assim, razoável a aplicação da fração intermediária de 1/2" (HC 504.837 – SC, 5.ª T., rel. Joel Ilan Paciornik, 27.10.2020, v.u.).

151. Envolvimento de criança ou adolescente: nos termos do Estatuto da Criança e do Adolescente (art. 2.º da Lei 8.069/90), considera-se criança a pessoa até doze anos de idade incompletos, e adolescente, a pessoa entre doze e dezoito anos. A capacidade de resistência de crianças e adolescentes, em virtude de seu amadurecimento incompleto, é menor, razão pela qual podem ser envolvidos por traficantes, não somente para consumir drogas como também para distribuí-las. De qualquer forma, para a aplicação desta causa de aumento, torna-se fundamental considerar a não configuração do crime de corrupção de menores (art. 244-B, Lei 8.069/90). Afinal, se esta figura típica estiver presente, haverá concurso material com o delito de tráfico ilícito de drogas, em qualquer de suas formas (arts. 33 a 37), sem a incidência da causa de aumento do inciso V. Parece-nos que o cometimento do delito pelo menor, juntamente com o maior, levando-o a praticar ato infracional, gera a corrupção de menor, com figura própria e concurso de delitos. Entretanto, se a criança ou o adolescente for a destinatária da droga ou tiver presenciado o tráfico de algum modo, insere-se a referida causa de aumento. Note-se a previsão feita pela redação do tipo derivado: *envolver* (trazer o menor para cenário das drogas, permitindo que observe ou acompanhe, sem a prática) ou *visar* (ter o menor como meta para o uso de drogas). Entretanto, vários julgados optam por aplicar a causa de aumento, havendo qualquer participação do menor de 18 anos, igualmente aplicando a teoria da absorção. Considerar-se crime-fim o tráfico com menor e crime-meio a corrupção de menor produzida. Na jurisprudência: STJ: "Para ensejar a aplicação de causa de aumento de pena prevista no art. 40, VI, da Lei n. 11.343/2006 ou a condenação pela prática do crime previsto no art. 244-B da Lei n. 8.069/1990, a qualificação do menor, constante do boletim de ocorrência, deve trazer dados indicativos de consulta a documento hábil – como o número do documento de identidade, do CPF ou de outro registro formal, tal como a certidão de nascimento" (REsp 1.619.265 – MG, 3.ª Seção, rel. Rogerio Schietti Cruz); "2. É assente na jurisprudência desta Corte que a comprovação da menoridade do suposto envolvido pode se dar por outros meios idôneos, como documentos oficiais dotados de fé pública, não se restringindo à certidão de nascimento e/ou à carteira de identidade. 3. Nessa linha, 'o auto de apreensão em flagrante de ato infracional e o boletim de ocorrência são documentos dotados de fé pública e aptos a comprovar a menoridade do adolescente envolvido no crime praticado pelo ora agravante' (AgRg no REsp 1.740.510/MG, Rel. Ministro Joel Ilan Paciornik, Quinta Turma, julgado em 20/9/2018, *DJe* 3/10/2018). 4. Na espécie, a comprovação da menoridade do envolvido se deu por meio do auto de apreensão em flagrante de auto infracional (AAFAI) e de boletim de ocorrência, dos quais se extrai a qualificação de F. R. C., inclusive com a informação da sua data de nascimento, gozando tais documentos de presunção de veracidade, uma vez emanados de autoridade pública" (AgRg no REsp 1.820.611 – MG, 5.ª T., rel. Reynaldo Soares da Fonseca, 15.08.2019, *DJe* 30.08.2019, v.u.).

152. Confronto com o art. 243 do Estatuto da Criança e do Adolescente: a venda, o fornecimento, o ato de ministrar e a entrega a criança ou adolescente de produtos que possam causar dependência física ou psíquica faz nascer o delito do art. 243 da Lei 8.069/90. Porém, tais produtos não podem dizer respeito a drogas proscritas no Brasil. Se assim for, aplica-se o disposto na Lei 11.343/2006, em razão da sua especialidade. Associada à causa de aumento do art. 40, inciso V. A infração penal prevista no referido Estatuto da Criança e do Adolescente, de caráter nitidamente subsidiário (se o fato não constitui crime mais grave), deve ser usada, por exemplo, para quem fornece, ao menor, bebida alcoólica, cigarro ou outro tipo de produto fora do contexto das drogas ilícitas.

153. Diminuição ou supressão da capacidade de entendimento e determinação: todas as demais pessoas, que não forem menores de dezoito anos, quando se presume essa situação, podem apresentar distúrbios ou estados de perturbação, momentâneos ou duradouros, que não lhes permita ter o discernimento necessário para evitar o uso de drogas, bem como o envolvimento com traficantes. Incluem-se, nesse cenário, as pessoas com deficiência mental ou portadoras de enfermidades mentais variadas, bem como as viciadas – em álcool ou drogas em geral –, além das que estiverem embriagadas.

154. Financiamento ou custeio do crime: aplicação limitada da causa de aumento. Há um tipo especialmente criado (art. 36) para punir o financiador dos delitos previstos nos arts. 33 e 34 desta Lei. Portanto, evitando-se *bis in idem*, só haverá sentido em aplicar a causa de aumento do inciso VI, caso o financiamento ou custeio seja feito pelo próprio traficante. Se alguém financiar o tráfico de terceiro, responde pelo art. 36.

> **Art. 41.** O indiciado ou acusado que colaborar[155] voluntariamente com a investigação policial e o processo criminal na identificação dos demais coautores ou partícipes do crime e na recuperação total ou parcial do produto do crime, no caso de condenação,[156] terá pena reduzida de um terço a dois terços.[157]

155. Delação premiada: sobre o conceito de delação premiada, bem como seus prós e contras, consultar a nota 23 ao art. 13 da Lei 9.807/99 desta obra. A previsão formulada no art. 41 da Lei 11.343/2006 possui redação muito superior à anterior hipótese de delação premiada, feita no art. 32, §§ 2.º e 3.º, da Lei 10.409/2002, ora revogada. São requisitos para a sua concessão, que implica somente redução da pena, mas não perdão judicial: a) haver um inquérito, com indiciamento, e/ou um processo contra o autor da delação; b) prestação de colaboração *voluntária* (livre de qualquer coação física ou moral), mas sem necessidade de se buscar espontaneidade (arrependimento sincero ou desejo íntimo de contribuir com a Justiça). Em outras palavras, a delação pode ter por fundamento, exclusivamente, o intuito de obter o benefício previsto neste artigo, ainda que o agente não esteja arrependido do que fez, valendo, inclusive, quando houver o aconselhamento do defensor para que assim aja; c) concurso de pessoas em qualquer dos delitos previstos na Lei 11.343/2006. Não é viável falar--se em delação premiada, com base no art. 41 desta Lei, se o coautor ou partícipe do delito de tráfico ilícito de entorpecentes presta depoimento, narrando as condutas e permitindo a identificação de seus comparsas em crimes outros, não ligados a tóxicos. Se assim ocorrer, deve-se buscar, quando possível, o permissivo legal em outras leis para a obtenção de algum benefício. Portanto, é preciso que o indiciado ou réu delate seus companheiros do crime ao qual responde, com base na Lei 11.343/2006; d) recuperação total ou parcial do produto do crime. Este é a droga e não o lucro ou vantagem que a sua inserção no mercado acarreta. Menciona a norma do art. 41 o *produto* do delito e não o proveito. Logo, é a substância entorpecente, que necessita ser recuperada, total ou parcialmente. Não deixa de ser uma previsão positiva, pois confere maior credibilidade ao delator, afinal, ele indica os comparsas, mas também onde pode ser encontrada a droga. Os requisitos são, obviamente, cumulativos. Na jurisprudência: STJ: "2. No caso, as instâncias ordinárias deixaram de aplicar a causa especial de diminuição de pena prevista no art. 41 da Lei n. 11.343/2006 por entender que, na espécie, o recorrente tão somente indicou o local em que estavam escondidas as demais porções de drogas, não contribuindo decisivamente para qualquer identificação de eventual comparsaria, forma de distribuição, associação criminosa ou organização criminosa, enfim, não trouxe contribuição mínima para eventual desarticulação da cadeia de tráfico, não preenchendo, nesse cenário, os requisitos do redutor. Dessarte, a ausência de atendimento dos requisitos previstos em lei justifica a vedação da benesse, de acordo com o disposto no texto legal e com a jurisprudência desta Corte Superior. Precedentes" (AgRg no HC 869.370 – SP, 5.ª T., rel. Reynaldo Soares da Fonseca, 30.11.2023, v.u.).

156. Exigência de condenação: a lei estabelece a necessidade de condenação, pois é na sentença que será concedida a redução da pena de um a dois terços. Portanto, não é cabível qualquer *redução em tese*, vale dizer, antes da condenação, para qualquer fim, inclusive para eventual aplicação de benefícios, como os previstos na Lei 9.099/95 (exemplo: no caso do art. 39, *caput*, tomando-se a pena máxima e reduzindo-se de um terço, haveria a possibilidade de considerar a infração como de menor potencial ofensivo).

157. Causa de diminuição de pena: o juiz deve utilizar o benefício da delação premiada como causa de diminuição da pena, a ser aplicada, portanto, na terceira fase da fixação da pena, nos termos do art. 68, *caput*, do Código Penal. O grau de redução – de um terço a dois terços – deve variar, conforme o nível de colaboração do delator. Cremos que o magistrado deve ponderar o seguinte: a) se, além de voluntária, a delação for também espontânea (fruto do arrependimento sincero); b) se todos os coautores e partícipes delatados foram encontrados e processados; c) se a recuperação do produto do crime foi total ou parcial. Em suma, se houve delação voluntária e espontânea, todos os concorrentes foram detectados e processados pelo Estado, além de ter sido encontrado todo o produto do crime, parece-nos aplicável a diminuição de dois terços. Menos que isso, deve o julgador mensurar a diminuição para menos, até atingir, quando for o caso, apenas um terço. Não nos parece cabível lidar com personalidade, antecedentes, primariedade e outros fatores de ordem pessoal para que tal diminuição se dê, pois são elementos totalmente alheios à descrição feita na norma do art. 42 desta Lei.

> **Art. 42.** O juiz, na fixação das penas,[157-A] considerará, com preponderância[158] sobre o previsto no art. 59 do Código Penal, a natureza e a quantidade da substância ou do produto,[158-A] a personalidade[159] e a conduta social[160-160-A] do agente.

157-A. Individualização da pena: além de se constituir princípio constitucional (art. 5.º, XLVI, primeira parte, CF), cuida-se de mandamento legal. Deve o magistrado fixar a pena justa ao réu em julgamento, não significando valer-se, por comodidade, sem motivação, da pena mínima, e tampouco partindo para o máximo (ou elevações infundadas) sem a devida explicação, calcada em elementos probatórios constantes dos autos. Na jurisprudência: STF: "É pacífico o entendimento do Supremo Tribunal Federal de que a natureza e a quantidade da droga constituem motivação idônea para a exasperação da pena-base, nos termos do art. 59 do Código Penal e do art. 42 da Lei n.º 11.343/06. Precedentes" (HC 131.887 – SC, 2.ª T., rel. Dias Toffoli, j. 02.02.2016, v.u.). STJ: "2. Tratando-se de condenado por delitos previstos na Lei de Drogas, o art. 42 da referida norma estabelece a preponderância dos vetores referentes a quantidade e a natureza da droga, assim como a personalidade e a conduta social do agente sobre as demais elencadas no art. 59 do Código Penal. 3. A fixação da pena-base não precisa seguir um critério matemático rígido, de modo que não há direito subjetivo do réu à adoção de alguma fração específica para cada circunstância judicial" (AgRg no AREsp 2.395.722 – SP, 5.ª T., rel. Ribeiro Dantas, 05.09.2023, v.u.).

158. Circunstâncias preponderantes: entendendo ser cabível eleger algumas circunstâncias do crime como preponderantes, o legislador mencionou que, acima do disposto no art. 59 do Código Penal, deve o magistrado levar em conta a natureza e a quantidade da substância ou do produto, a personalidade e a conduta social do agente. Em primeiro lugar, relembre-se que personalidade e conduta social são elementos integrantes do referido art. 59 do Código Penal, razão pela qual não podem preponderar sobre si mesmos. Esforçando-se na tarefa de interpretação, deve-se entender que, *dos elementos do art. 59 do Código Penal*, destacam-se, como preponderantes, a personalidade e a conduta social do agente. Ilustrando, são ambos mais importantes que os antecedentes, os motivos, as consequências do crime etc. Por outro lado, não é demais ressaltar que a natureza e a quantidade da substância ou do produto (a droga produzida de algum modo, bem como qualquer insumo utilizado para tanto) fazem parte das *circunstâncias* e das *consequências* do crime, elementos também constantes do art. 59 do Código Penal. Então, continuando a meta de buscar o propósito legislativo, parece-nos que se quis evidenciar serem tais circunstâncias específicas mais importantes que outras, eventualmente existentes, quando se tratar de delito previsto na Lei 11.343/2006.

158-A. Natureza e quantidade: a Lei de Drogas baseia-se, principalmente, na punição de crimes de perigo abstrato (ver a nota 46 ao art. 33), o que justifica destacar, como elementos preponderantes na individualização da pena, dentre outros, a natureza e a quantidade da substância ou do produto. É natural supor que, quanto maior for a quantidade de drogas ilícitas em circulação, maior será o perigo em relação à saúde pública. Ademais, quanto mais forte for a droga ilícita, igualmente, mais grave será a consequência em virtude da sua utilização. Esses fatores, portanto, podem e devem ser levados em conta pelo magistrado. Contudo, tem sido matéria polêmica no Judiciário, constatando-se decisões de conteúdo variado, que espelham muito mais a *opinião pessoal* do julgador em lugar de uma avaliação técnica a respeito da real nocividade do entorpecente. Há decisões considerando excessiva a quantidade que outro juízo reputa comum ou até mesmo pouca; outras apontam certas drogas como extremamente prejudiciais à saúde, enquanto alguns julgados, em oposição, afirmam a sua baixa nocividade e até mesmo o seu uso positivo. Enfim, cremos já ter passado da hora de se obter parâmetros objetivos para mensurar a quantidade de droga e dados técnicos para avaliar a sua natureza em relação aos males à saúde do usuário. Essa moldura deve advir de lei ou, pelo menos, de portaria ou resolução da ANVISA, afinal, se a caracterização da droga como *ilícita* provém da Agência Nacional de Vigilância Sanitária, parece-nos adequado que se possa estabelecer critérios para quantidade e natureza de cada droga em sua relação com o prejuízo à saúde individual e perigo à saúde pública. Na jurisprudência: STJ: "2. Quanto à fixação da pena-base acima do mínimo legal, cumpre registrar que a dosimetria da pena está inserida no âmbito de discricionariedade do julgador, estando ela atrelada às particularidades fáticas do caso concreto e subjetivas do agente, elementos que somente podem ser revistos por esta Corte em situações excepcionais, quando malferida alguma regra de direito. 3. *In casu*, as instâncias ordinárias fundamentaram expressamente a majoração da pena-base, considerando a grande quantidade da droga apreendida – 12 quilos de cocaína e 8 quilos de maconha –, nos termos do art. 42 da Lei n. 11.343/2006. Daí, não se mostra desproporcional ou desarrazoada, porquanto fundamentada a fração em elementos concretos e dentro do critério da discricionariedade vinculada do julgador" (AgRg no AREsp 1.713.466 – AM, 5.ª T., rel. Ribeiro Dantas, j. 15.12.2020, v.u.). Embora se possa considerar a quantidade de drogas para elevar a pena-base, jamais pode haver *bis in idem*, ou seja, aumentar a pena na primeira fase e, depois, usar a quantidade da droga para mensurar o grau de diminuição da pena, no caso do art. 33, § 4.º.

159. Personalidade: é o conjunto de caracteres exclusivos de uma pessoa, parte herdada, parte adquirida. Exemplos de fatores positivos de personalidade: bondade, amabilidade, maturidade, responsabilidade, coragem, honestidade, solidariedade etc. Exemplos de fatores negativos de personalidade: maldade, agressividade, irresponsabilidade, covardia, frieza, intolerância etc. O juiz deve detectar, pelas provas colhidas ao longo da instrução, com destaque para o interrogatório do réu, quando se dispuser a prestar esclarecimentos, qual o saldo do conjunto de tais fatores. Se positivo, a pena deve tender ao mínimo. Se negativo, deve elevar-se rumo ao máximo. Registre-se, entretanto, que a personalidade a ser levada em conta na fixação da pena precisa vincular-se à *culpabilidade pelo fato* e não à *culpabilidade do autor*. Quer isto dizer, particularmente para a majoração da pena, dever a personalidade negativa concentrar-se na produção do crime relacionado aos tóxicos. Exemplo: se o agente é irresponsável e ocioso, motivo pelo qual resolveu traficar drogas, sua pena-base deve ser elevada acima do mínimo. Quando o fator negativo da personalidade não disser respeito ao crime, é incabível a sua consideração para a majoração da pena-base. Exemplo: se o autor do tráfico é pessoa impaciente ou intolerante, tal medida no modo de ser não se relaciona com o tráfico ilícito de drogas, devendo ser ignorada pelo julgador. Mais dados sobre o tema *personalidade* podem ser encontrados na nota 8 ao art. 59 do nosso *Código Penal comentado*, bem como no item 7.1.2.3 do Capítulo 7 da nossa obra *Individualização da pena*.

160. Conduta social: é o papel do réu na comunidade, inserido no contexto da família, do trabalho, do estabelecimento de ensino, da vizinhança etc. Não tem o mesmo significado que os antecedentes, pois estes, conforme disposto no art. 59 do Código Penal, estão separados da conduta social, querendo dizer, apenas, os registros criminais anteriores do acusado. Reportamo-nos à nota anterior, que cuidou da personalidade, promovendo os mesmos alertas em relação à *culpabilidade pelo fato* e à *culpabilidade do autor*. Deve a conduta social resultar das provas colhidas durante a instrução e constantes dos autos, sem qualquer presunção por parte do juiz. Por isso, parece-nos fundamental haver especial atenção para a produção de provas, voltando-se tanto o magistrado quanto as partes à verificação da conduta social do réu, indagando das testemunhas, se viável, não somente dados acerca do fato principal, mas também quanto ao papel do acusado no ambiente em que vive.

160-A. Atos infracionais: as condutas praticadas pelo réu quando era menor de 18 anos, caracterizadas como *atos infracionais* e sancionadas com *medidas socioeducativas*, em nossa visão, não devem ser consideradas *para qualquer finalidade* no processo de fixação da pena. Em primeiro lugar, cabe destacar o conteúdo do art. 228 da Constituição Federal: "São penalmente inimputáveis os menores de dezoito anos, sujeitos às normas da legislação especial". A sujeição ao Estatuto da Criança e do Adolescente afasta, integralmente, a incidência de qualquer elemento presente na Lei Penal. Qualquer conduta considerada *ato infracional* tem finalidade específica de aprimoramento da criança ou adolescente, não podendo simbolizar o prematuro início de trajetória *criminosa* para que, depois de completados os 18 anos, possa ser utilizado o quadro obtido anteriormente para agravar a sanção penal do acusado ou ser instrumento de vedação de algum benefício (ex.: redutor do art. 33, § 4.º, desta Lei, com o argumento de significar aderência a atividades *criminosas*). Caso se faça uso de atos infracionais no campo penal, *para qualquer finalidade*, contorna-se o texto constitucional, bem com o art. 27 do Código Penal, extraindo-se precipitadas e inadequadas conclusões acerca da vida pregressa do réu na sua fase de amadurecimento como adolescente. Portanto, nada disso serve de lastro para avaliar a personalidade ou a conduta social.

> **Art. 43.** Na fixação da multa a que se referem os arts. 33 a 39 desta Lei, o juiz, atendendo ao que dispõe o art. 42 desta Lei, determinará o número de dias-multa, atribuindo a cada um, segundo as condições econômicas dos acusados, valor não inferior a um trinta avos nem superior a 5 (cinco) vezes o maior salário mínimo.[161]
>
> **Parágrafo único.** As multas, que em caso de concurso de crimes serão impostas sempre cumulativamente,[162] podem ser aumentadas até o décuplo se, em virtude da situação econômica do acusado, considerá-las o juiz ineficazes, ainda que aplicadas no máximo.[163]

161. Critérios para a fixação da pena de multa: estabelecidos de forma mais clara que a prevista nos arts. 49 e 60 do Código Penal, a redação do art. 43 desta Lei merece aplauso. Os critérios expõem, nitidamente, a adoção de duas fases para a concretização da pena pecuniária. Valendo-se do método *bifásico*, em primeiro lugar, atento à culpabilidade (grau de censura do fato e seu autor), fornecido pelos elementos do art. 59 do Código Penal (antecedentes, conduta social, personalidade, motivos, circunstâncias, consequências do crime, comportamento da vítima), com destaque para a personalidade, conduta social e natureza e quantidade da substância ou do produto (art. 42 desta Lei), o juiz fixa o *número* de dias-multa (entre o mínimo e o máximo constantes do preceito secundário do tipo penal incriminador). Em seguida, levando em conta as condições econômicas do acusado, deve estabelecer o *valor* do dia-multa, variando de um trigésimo a cinco vezes o salário mínimo. Os valores previstos para as multas, nesta Lei, entretanto, são muito elevados, como já mencionado em notas anteriores, não condizentes com a realidade nacional, composta, majoritariamente, por réus pobres. Pode significar, pois, fator de impunidade. Aplicada a multa, não tendo condições de pagar, o Estado nada poderá fazer para cobrar com eficiência.

162. Aplicação cumulativa em concurso de crimes: neste campo, repete-se o disposto no art. 72 do Código Penal, gerando controvérsia. Cuidando-se de concurso material de crimes, nem haveria necessidade do disposto na primeira parte do art. 43, parágrafo único, pois as penas são naturalmente somadas (art. 69, CP). Se considerarmos o crime continuado, há duas posições: a) havendo a exclusão legal, somente as penas privativas de liberdade seriam unificadas, mas as pecuniárias, somadas; b) tratando-se de delito único, por ficção jurídica, não há que se falar em *concurso de crimes*. Por isso, tanto as penas privativas de liberdade como as pecuniárias devem ser unificadas. Preferimos esta última posição. Não há cabimento algum em se defender a existência de *crime continuado* (vários delitos são transformados em um, aplicando-se uma só pena, embora aumentada) e, ao mesmo tempo, buscar-se tratá-lo como integrante do *concurso de crimes*. Resta, pois, aplicável o disposto no art. 43, parágrafo único, primeira parte, ao concurso formal. Neste caso, o juiz, havendo mais de um resultado, produzido por uma só conduta, elege a pena do crime mais grave – ou qualquer delas, se iguais – aplicando um aumento de um sexto até a metade. No caso da multa, no entanto, deve somá-las.

163. Aumento da pena pecuniária até o décuplo: parece-nos de rara viabilidade chegar-se à aplicação do disposto na última parte do parágrafo único do art. 43 desta Lei. Os montantes de multa estabelecidos por esta Lei são excessivos e destinados a traficantes de drogas, pessoas que vivem de atividade ilícita, razão pela qual não dispõem de patrimônio lícito para quitar a pena pecuniária. Lembre-se que todo importe produzido pelo comércio de entorpecentes está sujeito ao confisco pelo Estado. Em síntese, multiplicar por dez o que já é elevado continua a perfazer um quadro inóspito para a quitação, a menos que se almeje o pagamento por meio do patrimônio oculto – e ilícito – do traficante. Aliás, como regra, as pessoas ricas, com patrimônio legalmente produzido, são clientes dos traficantes, portanto, se forem flagradas, podem responder com base no art. 28 desta Lei, podendo nem mesmo experimentar a fixação de pena pecuniária. Nem se diga que há muitos traficantes que se tornam "empresários", administrando negócios "lícitos", razão pela qual poderiam arcar com esses montantes elevados de multas. Esses casos vinculam-se a pessoas que praticam outro crime, denominado *lavagem de capitais*, motivo pelo qual se tornam ricos negociantes, *aparentemente* honestos. Seu capital, entretanto, é tão contaminado quanto o dinheiro arrecadado no varejo pelo traficante comum.

> **Art. 44.** Os crimes previstos nos arts. 33, *caput* e § 1.º, e 34 a 37 desta Lei são inafiançáveis[164] e insuscetíveis de *sursis*,[165] graça, indulto, anistia[166] e liberdade provisória,[167-167-A] vedada a conversão de suas penas em restritivas de direitos.[168]
>
> **Parágrafo único.** Nos crimes previstos no *caput* deste artigo, dar-se-á o livramento condicional após o cumprimento de 2/3 (dois terços) da pena, vedada sua concessão ao reincidente específico.[169]

164. Inafiançabilidade: é a impossibilidade legal de se estabelecer o benefício da liberdade provisória, com fixação de fiança (garantia real em dinheiro ou outro valor, entregue ao Estado, para assegurar o comparecimento do acusado em juízo, quando chamado, sob pena de perda do montante). Ocorre que, tal exclusão, quando isolada, é completamente inútil, em face do disposto no art. 310, III, do Código de Processo Penal. O legislador brasileiro ainda não se deu conta de que o magistrado pode conceder para qualquer crime a liberdade provisória *sem* fiança, desde que não estejam presentes os requisitos para a decretação da prisão preventiva. Logo, é ineficiente estabelecer a vedação para a concessão de fiança. Compreende-se que o equívoco mencionado teve início na elaboração da Constituição Federal de 1988, que veda a fiança aos delitos equiparados a hediondo (caso do tráfico), conforme art. 5.º, XLIII. Ao contrário, pensamos que o ideal deveria ser, sempre, possibilitar a liberdade provisória, *com fiança*, até para delitos mais graves, pois algum custo, pelo menos, traria para o indiciado ou réu. Da maneira como consta atualmente em lei, viabiliza-se a fiança somente a crimes menos graves, havendo a possibilidade de se conceder liberdade provisória, *sem fiança*, a traficantes.

165. Vedação ao *sursis*: esta é uma inovação introduzida nesta Lei, pois nem as anteriores, tratando de drogas ilícitas (6.368/76 e 10.409/2002), nem a Lei dos Crimes Hediondos (8.072/90) estipularam essa proibição. No entanto, o STF já proclamou a inconstitucionalidade da vedação à conversão das penas privativas de liberdade, oriundas desta Lei, em restritivas de direitos e também a inconstitucionalidade da proibição de liberdade provisória. Assim sendo, soa-nos desproporcional manter a vedação ao *sursis*, considerado mais severo do que a pena restritiva de direito. Diante disso, parece-nos possível estabelecer o *sursis*, quando o caso concreto permitir, seguindo-se o disposto no art. 77 e seguintes do Código Penal.

166. Proibição à concessão de graça, indulto e anistia: *graça* é o indulto individual, consistente na clemência concedida pelo Presidente da República, por decreto, em razão de política criminal, a determinado condenado. *Indulto* é o perdão coletivo, concedido pelo Presidente da República, por decreto, valendo-se de política criminal, a sentenciados indeterminados, quando preencherem determinadas condições. *Anistia* é o perdão, por meio do esquecimento de fatos, concedido pelo Congresso Nacional, por lei, fundado em critérios de política criminal. A Lei 8.072/90 já havia estabelecido a impossibilidade de concessão desses benefícios ao crime de tráfico ilícito de entorpecentes (art. 2.º, I). Sobre a constitucionalidade dessa vedação, consultar a nota 28 ao art. 2.º, I, da Lei dos Crimes Hediondos. Na jurisprudência: STF: "I – O Decreto Presidencial 9.246/2017 não veda expressamente a concessão de indulto às pessoas condenadas pelo crime de associação para o tráfico ilícito de drogas, previsto no art. 35 da Lei 11.343/2006. Tal impedimento decorre da vedação prevista no art. 44 da própria Lei de Drogas, antes mencionada, cuja constitucionalidade se presume e à qual o Chefe do Poder Executivo Nacional está submetido. II – A decisão ora questionada amolda-se à orientação desta Suprema Corte sobre a matéria, sendo certo que não se pode dar ao Decreto Presidencial sob exame interpretação que permita a concessão de indulto a crime para o qual o próprio legislador infraconstitucional vedou expressamente. III – Agravo regimental a que se nega provimento" (HC 191.462 AgR, 2.ª T., rel. Ricardo Lewandowski, 04.11.2020, v.u.). STJ: "1. O art. 44 da Lei n. 11.343/2006 estatui que 'os crimes previstos nos arts. 33, *caput* e § 1.º, e 34 a 37 da Lei são inafiançáveis e insuscetíveis de *sursis*, graça, indulto, anistia e liberdade provisória, vedada a conversão de suas penas em restritivas de direitos'. 2. Embora a vedação à concessão do indulto ao crime de associação para o tráfico de drogas (art. 35 da Lei n. 11.343/2006) não conste, de fato, no Decreto Presidencial n. 9.246/2017, está expressamente delineada no art. 44, *caput*, da Lei n. 11.343/2006. 3. Não é possível a concessão de indulto ou comutação da pena ao condenado pelo delito de associação para o tráfico de drogas, pois há vedação legal contida no art. 44, *caput*, da Lei n. 11.343/2006. Precedentes" (AgRg no HC 464.605 – RJ, 5.ª T., rel. Ribeiro Dantas, j. 02.04.2019, v.u.); "2. Este Tribunal pacificou entendimento no sentido da impossibilidade de concessão de indulto de pena nas condenações pelo delito de associação para o tráfico de drogas, em decorrência do disposto no art. 44 da Lei n. 11.343/2006. 3. A competência privativa do Presidente da República para a concessão do indulto (art. 84, XII, da Constituição Federal – CF/88) está adstrita aos preceitos legais, não podendo abranger hipóteses expressamente vedadas pela legislação em vigor (AgRg no HC 601.379/SC, Rel. Ministro Joel Ilan Paciornik, Quinta Turma, julgado em 01/09/2020, *DJe* 09/09/2020)" (AgRg no HC 611.017 – SP, 5.ª T., rel. Reynaldo Soares da Fonseca, j. 06.10.2020, v.u.).

167. Vedação à liberdade provisória: seguindo o mesmo parâmetro da Lei 8.072/90 (art. 2.º, II, na sua anterior redação), proibiu-se a concessão de liberdade provisória, com ou sem fiança, aos autores dos crimes de tráfico ilícito de drogas (arts. 33, *caput*, e § 1.º, e 34 a 37 desta Lei). Com a edição da Lei 11.464/2007, que alterou o art. 2.º, II, da Lei dos Crimes Hediondos, permanece a proibição, apenas, da concessão de liberdade provisória, com fiança, aos autores de delitos hediondos e equiparados (dentre eles, o tráfico ilícito de drogas). Porém, liberou-se o magistrado para a concessão da liberdade provisória, sem fiança. Continuou, no sistema processual penal brasileiro, a antiga contradição: a libertação de alguém, sem o pagamento de qualquer quantia, é viável a qualquer delito, inclusive os graves; entretanto, autores de crimes menos importantes, podem ser colocados em liberdade, mediante o pagamento de fiança. Essa distinção precisa terminar. Ademais, não há sentido algum para a proibição, em abstrato e padronizada, da liberdade provisória. Afinal, todo o sistema processual penal, no tocante à prisão cautelar, atualmente, gravita em torno da necessariedade e indispensabilidade da segregação do acusado, exigindo-se os requisitos da prisão preventiva para tanto. As últimas reformas do Código de Processo Penal (Leis 11.689/2008, 11.719/2008, 12.403/2011 e 13.964/2019) deixaram bem clara essa posição. Além disso, cuida-se de privilegiar o princípio constitucional da presunção de inocência, não se permitindo a prisão cautelar a bel-prazer, sem necessidade, calcando-se em preceito legal simplista e generalizante. Não se pode fundar a proibição de liberdade provisória em elementos abstratos, tal como a singela tipificação em crime de tráfico de drogas; é indispensável haver mais que isso, demonstrando-se a real exigência da segregação antes de formada a culpa. Essa tem sido a tendência adotada pelo STF, inclusive ao julgar inconstitucional a vedação feita pelo art. 21, em relação à concessão de liberdade provisória, no contexto das armas de fogo (ver a nota 112 ao art. 21 da Lei 10.826/2003). Posteriormente, decidiu o STF no mesmo prisma em relação ao tráfico ilícito de drogas: "O Plenário, por maioria, deferiu parcialmente *habeas corpus* – afetado pela 2.ª Turma – impetrado em favor de condenado pela prática do crime descrito no art. 33, *caput*, c/c o art. 40, III, ambos da Lei 11.343/2006, e determinou que sejam apreciados os requisitos previstos no art. 312 do CPP para que, se for o caso, seja mantida a segregação cautelar do paciente. Incidentalmente, também por votação majoritária, declarou a inconstitucionalidade da expressão 'e liberdade provisória', constante do art. 44, *caput*, da Lei 11.343/2006 ('Os crimes previstos nos arts. 33, *caput* e § 1.º, e 34 a 37 desta Lei são inafiançáveis e insuscetíveis de *sursis*, graça, indulto, anistia e liberdade provisória, vedada a conversão de suas penas em restritivas de direitos'). A defesa sustentava, além da inconstitucionalidade da vedação abstrata da concessão de liberdade provisória, o excesso de prazo para o encerramento da instrução criminal no juízo de origem. Discorreu-se que ambas as Turmas do STF teriam consolidado, inicialmente, entendimento no sentido de que não seria cabível liberdade provisória aos crimes de tráfico de entorpecentes, em face da expressa previsão legal. Entretanto, ressaltou-se que a 2.ª Turma viria afastando a incidência da proibição em abstrato. Reconheceu-se a inafiançabilidade destes crimes, derivada da Constituição (art. 5.º, XLIII). Asseverou-se, porém, que essa vedação conflitaria com outros princípios também revestidos de dignidade constitucional, como a presunção de inocência e o devido processo legal. Demonstrou-se que esse empecilho apriorístico de concessão de liberdade provisória seria incompatível com estes postulados. Ocorre que a disposição do art. 44 da Lei 11.343/2006 retiraria do juiz competente a oportunidade de, no caso concreto, analisar os pressupostos de necessidade da custódia cautelar, a incorrer em antecipação de pena. Frisou-se que a inafiançabilidade do delito de tráfico de entorpecentes, estabelecida constitucionalmente, não significaria óbice à liberdade provisória, considerado o conflito do inciso XLIII com o LXVI ('ninguém será levado à prisão ou nela mantido, quando a lei admitir a liberdade provisória, com ou sem fiança'), ambos do art. 5.º da CF. Concluiu-se que a segregação cautelar – mesmo no tráfico ilícito de entorpecentes – deveria ser analisada assim como ocorreria nas demais constrições cautelares, relativas a outros delitos dispostos no ordenamento. Impenderia, portanto, a apreciação dos motivos da decisão que denegara a liberdade provisória ao paciente do presente *writ*, no intuito de se verificar a presença dos requisitos do art. 312 do CPP. Salientou-se que a idoneidade de decreto de prisão processual exigiria a especificação, de modo fundamentado, dos elementos autorizadores da medida (CF, art. 93, IX). Verificou-se que, na espécie, o juízo de origem, ao indeferir o pedido de liberdade provisória formulado pela defesa, não indicara elementos concretos e individualizados, aptos a justificar a necessidade da constrição do paciente, mas somente aludira à indiscriminada vedação legal. Entretanto, no que concerne ao alegado excesso de prazo na formação da culpa, reputou-se que a tese estaria prejudicada, pois prolatada sentença condenatória confirmada em sede de apelação, na qual se determinara a continuidade da medida acauteladora, para a garantia da ordem pública. O Min. Dias Toffoli acresceu que a inafiançabilidade não constituiria causa impeditiva da liberdade provisória. Afirmou que a fiança, conforme estabelecido no art. 322 do CPP, em certas hipóteses, poderia ser fixada pela autoridade policial, em razão de requisitos objetivos fixados em lei. Quanto à liberdade provisória, caberia ao magistrado aferir sua pertinência, sob o ângulo da subjetividade do agente, nos termos do art. 310 do CPP e do art. 5.º, LXVI, da CF. Sublinhou que a vedação constante do art. 5.º, XLIII, da CF diria respeito apenas à fiança, e não à liberdade provisória. O Min. Ricardo Lewandowski lembrou que, no julgamento da ADI 3.112/DF (*DJe* 26.10.2007), a Corte assinalara a vedação constitucional da prisão *ex lege*, bem assim que os princípios da presunção de inocência e da obrigatoriedade de fundamentação de ordem prisional por parte da autoridade competente mereceriam ponderação maior se comparados à regra da inafiançabilidade. O Min. Ayres Britto, Presidente, consignou que, em direito penal, deveria ser observada a personalização. Evidenciou a existência de regime constitucional da prisão (art. 5.º, LXII, LXV e LXVI) e registrou que a privação da liberdade seria excepcional. Vencidos os Ministros Luiz Fux, Joaquim Barbosa e Marco Aurélio, que entendiam constitucional, em sua integralidade, o disposto no art. 44 da Lei 11.343/2006. O Min. Luiz Fux denegava a ordem. Explicitava que a Constituição, ao declarar inafiançável o tráfico, não dera margem de conformação para o legislador. O Min. Joaquim Barbosa, a seu turno, concedia o *writ* por entender deficiente a motivação da mantença da prisão processual. Por sua vez, o Min. Marco Aurélio também concedia a ordem, mas por verificar excesso de prazo na formação da culpa, visto que o paciente estaria preso desde agosto de 2009. Ao fim, o Plenário, por maioria, autorizou os Ministros a decidirem, monocraticamente, os *habeas corpus* quando o único fundamento da impetração for o art. 44 da Lei 11.343/2006. Vencido, no ponto, o Min. Marco Aurélio" (HC 104.339 – SP, Pleno, rel. Gilmar Mendes, 10.05.2012, *Informativo* 665, m.v.). STJ: "2. É certo que a gravidade abstrata do delito de tráfico de entorpecentes não serve de fundamento para a negativa do benefício da liberdade provisória, tendo em vista a declaração de inconstitucionalidade de parte do art. 44 da Lei n.º 11.343/2006 pelo Supremo Tribunal Federal. 3. Caso em que o decreto que impôs a prisão preventiva ao paciente não apresentou motivação concreta, apta a justificar a segregação cautelar, tendo-se valido da possível existência de processo em desfavor do paciente em outro Estado da Federação – circunstância que não se confirmou nos autos – e à inexistência de endereço certo ou profissão definida – elementos que não são suficientes para gerar a presunção de fuga. 4. Condições subjetivas favoráveis ao paciente, conquanto não sejam garantidoras de eventual direito à soltura, merecem ser devidamente valoradas, quando não for demonstrada a real indispensabilidade da medida constritiva, máxime diante das peculiaridades do caso concreto, em que o paciente foi flagrado em posse de 18 invólucros de maconha (60,3g) e 20 de cocaína (11,7g). Precedentes" (HC 525.244 – SP, 5.ª T., rel. Reynaldo Soares da Fonseca, 20.08.2019, *DJe* 02.09.2019, v.u.).

167-A. Medidas cautelares alternativas: novas medidas foram inseridas na lei processual penal, de modo a evitar a prisão provisória, embora mantendo formas alternativas de vigilância e restrição à liberdade do acusado. Por isso, como mencionado na nota anterior, não sendo vedada a concessão de liberdade provisória, sem fiança, aos casos de tráfico de drogas, desde que inexistam os requisitos da prisão preventiva, torna-se viável a aplicação das medidas alternativas do art. 319 do Código de Processo Penal.

168. Possibilidade da conversão em pena alternativa: o art. 44 desta Lei, em princípio, veda esse benefício, mas o Supremo Tribunal Federal considerou inconstitucional a vedação generalizada a todos os casos previstos nos arts. 33, *caput*, § 1.º, 34 a 37. Conferir: STF: "Ordem parcialmente concedida tão somente para remover o óbice da parte final do art. 44 da Lei 11.343/2006, assim como da expressão análoga 'vedada a conversão em penas restritivas de direitos', constante do § 4.º do art. 33 do mesmo diploma legal. Declaração incidental de inconstitucionalidade, com efeito *ex nunc*, da proibição de substituição da pena privativa de liberdade pela pena restritiva de direitos; determinando-se ao Juízo da execução penal que faça a avaliação das condições objetivas e subjetivas da convolação em causa, na concreta situação do paciente" (HC 97.256 – RS, Pleno, rel. Ayres Britto, j. 26.08.2010, m.v.). Em face disso, o Senado Federal editou a Resolução n. 5/2012, seguindo a declaração de inconstitucionalidade do STF, para suspender a eficácia dos dispositivos da Lei de Drogas, que vedavam a substituição da pena privativa de liberdade por restritiva de direitos. Está, pois, *autorizada* a concessão do benefício, não significando seja uma obrigação do juiz. Cada caso deve ser analisado individualmente, checando-se as condições pessoais do réu. Aliás, o simples fato de ele receber a redução de pena prevista pelo art. 33, § 4.º, da Lei de Drogas, não acarreta, por consequência, a aplicação automática de penas alternativas. Segundo nos parece, após a decisão do STF, os juízes e tribunais devem analisar, sempre, quando o montante da pena permitir, a viabilidade, ou não, de deferimento da pena restritiva de direitos em lugar da privativa de liberdade. Ademais, conforme o grau da redução, é inaplicável o benefício, *v.g.* a diminuição de um sexto (5 anos menos 1/6 = 4 anos e 2 meses). De outra parte, como critério de política criminal, cremos admissível a substituição quando a redução for a mais abrangente (2/3), resultando na pena mínima de 1 ano e 8 meses de reclusão. Demonstra-se a mínima reprovabilidade da conduta do agente, configurando-se razoável a aplicação de penas alternativas.

169. Livramento condicional: o disposto no parágrafo único do art. 44 desta Lei praticamente repete o disposto no art. 83, V, do Código Penal, com a redação que lhe foi dada pela Lei 8.072/90, mas também inclui outros delitos, não considerados hediondos ou equiparados, como os previstos nos arts. 35, 36 e 37. Registre-se não abranger os §§ 2.º a 4.º do art. 33. Este último (§ 4.º) é o mais comum (tráfico *privilegiado*) e não gera impedimento para obter o livramento. Sob outro aspecto, vale ressaltar que o reincidente específico, em crimes de tráfico ilícito de drogas, não pode receber o livramento condicional. Fora disso, o prazo é de 2/3 do cumprimento da pena. Deve-se registrar, no entanto, a quase inutilidade do livramento condicional na atualidade. Afinal, admitida a progressão de regime a todos os delitos, o sentenciado, após um determinado período, conforme previsão feita pelo art. 112 da Lei de Execução Penal, pode passar do fechado ao semiaberto e deste ao aberto. Logo, após dois terços da pena (prazo do livramento), o sentenciado já pode estar até mesmo no regime aberto. Este, por seu turno, na maior parte das cidades brasileiras (como ocorre na Capital do Estado de São Paulo), é cumprido em prisão albergue domiciliar, ou seja, em casa. Não há interesse do condenado em pleitear o livramento condicional nessas circunstâncias. Na jurisprudência: STJ: "1. Em razão do princípio da especialidade, no que se refere à concessão do livramento condicional, deve ser observada a regra estabelecida pelos arts. 83, V, do Código Penal, e 44, parágrafo único, da Lei n. 11.343/2006, ou seja, deve-se exigir o cumprimento de 2/3 (dois terços) da pena, vedada a sua concessão ao reincidente específico" (AgRg no HC 827.856 – PE, 6.ª T., rel. Antonio Saldanha Palheiro, 28.08.2023, v.u.).

> **Art. 45.** É isento de pena[170] o agente que, em razão da dependência,[171] ou sob o efeito, proveniente de caso fortuito ou força maior,[172] de droga, era, ao tempo da ação ou da omissão, qualquer que tenha sido a infração penal praticada, inteiramente incapaz de entender o caráter ilícito do fato ou de determinar-se de acordo com esse entendimento.[173]
>
> **Parágrafo único.** Quando absolver o agente, reconhecendo, por força pericial, que este apresentava, à época do fato previsto neste artigo, as condições referidas no *caput* deste artigo, poderá determinar o juiz, na sentença, o seu encaminhamento para tratamento médico adequado.[174]

170. Causa de exclusão da culpabilidade: vincula-se à imputabilidade penal, que significa a capacidade do agente de, sendo mentalmente são e amadurecido em relação à personalidade, tenha condições de promover um juízo de censura sobre seus próprios atos, conseguindo distinguir os que são lícitos daqueles que são considerados ilícitos. Assim ocorrendo, terá possibilidade de optar entre o caminho do certo (lícito) ou do errado (ilícito). Escolhendo este último e praticando um fato típico e antijurídico sofrerá o juízo de culpabilidade, consistente na reprovação social sobre sua conduta, possibilitando, pois, a perfeita constituição do crime, analiticamente falando. Se o agente for doente ou pessoa com deficiência mental, ou tiver menos de dezoito anos, é considerado inimputável, não sendo capaz de entender o caráter ilícito do que venha a praticar, logo, não é culpável, nem comete crime. Fica sujeito, quando a situação for de doença ou retardamento mental, à aplicação de medida de segurança, sanção penal diversa da pena, pois implica prevenção e cura, não possuindo qualquer caráter retributivo. Entendemos, no entanto, que o art. 45 seria desnecessário, diante dos arts. 26, 27 e 28 do Código Penal. Quem é viciado ou dependente químico em qualquer substância entorpecente (incluindo-se, nesse contexto, o álcool), para o atual conceito médico, possui transtorno mental ou comportamental (CID F19). Portanto, o disposto no art. 26 seria suficiente tanto para quem padece de uma enfermidade mental, como, por exemplo, a esquizofrenia, como também para aqueles que são dependentes de drogas em geral. Por outro lado, quem é menor de dezoito anos não responde pelos delitos previstos nesta Lei e nem por isso reproduziu-se o disposto no art. 27 do Código Penal na Lei 11.343/2006. Finalmente, aquele que utilizar substância entorpecente proibida (como, por exemplo, cocaína) voluntária ou culposamente, incide nas regras do art. 28, II, do Código Penal, vale dizer, responde normalmente pelo que fizer. Se o agente ingerir substância entorpecente proibida em virtude de caso fortuito ou força maior seria perfeitamente aplicável o disposto no art. 28, § 1.º, do Código Penal, constituindo causa de exclusão da culpabilidade. Em suma, esse artigo reproduz, na essência, os arts. 26 e 28, § 1.º, do Código Penal. Na jurisprudência: STJ: "1. A exculpante e a minorante previstas nos artigos 45 e 46 da Lei nº 11.343/06 se aplicam apenas aos crimes tipificados na própria Lei de Drogas dada a especialidade da norma. 2. No Código Penal há perfeita disciplina legal acerca da imputabilidade penal, sendo aplicáveis seus dispositivos aos crimes em geral" (REsp 1.691.675 – MG, 6.ª T., rel. Maria Thereza de Assis Moura, j. 03.05.2018, *DJe* 15.05.2018, v.u.).

171. Em razão de dependência: é a situação do viciado ou dependente, equiparado ao doente mental para efeito de gerar a inimputabilidade, que afasta o juízo de culpabilidade, permitindo a aplicação de medida de segurança em lugar de pena.

172. Caso fortuito ou força maior: o legislador incluiu ambas as expressões para apontar sutis diferenças entre elas. *Caso fortuito* seria a ingestão da droga, proveniente do engano, do logro, do erro (ex.: o sujeito toma uma determinada bebida, que contém certo tipo de droga não aparente, enganado por terceiro, ficando completamente incapacitado para entender o que faz). *Força maior* seria a ingestão da substância entorpecente por atuação física superior, externa à vontade do agente (ex.: injeta-se cocaína em alguém, que se encontra amarrado ou seguro por outras pessoas mais fortes, fazendo com que perca a capacidade de entendimento). Constituem situações acidentais e não planejadas por quem usa a droga. Nesses casos, como já explicitado, exclui-se a culpabilidade (figura equiparada ao art. 28, § 1.º, do Código Penal).

173. Critério biopsicológico: repete o art. 45, quando menciona a *dependência*, o mesmo critério adotado pelo art. 26 do Código Penal. É fundamental que o agente, estando drogado à época do fato, perca a capacidade de *entender* o ilícito (inteligência) *ou* de *comportar-se* de acordo com o entendimento do ilícito (vontade). Há uma associação entre a análise do perito (o médico deve examinar o agente atestando a sua incapacidade em virtude do estado em que se encontra no momento do exame ou, se possível, à época do fato) e a avaliação judicial (o juiz analisa se o agente tinha condições psicológicas de, em virtude do estado descrito pelo médico, captar o ilícito e comportar-se de acordo com tal entendimento). Nessa reunião de avaliações, busca-se evitar o predomínio do médico sobre o juiz ou deste sobre aquele. Em suma, o médico atesta o efeito da droga sobre o agente e o juiz avalia esse efeito sob o prisma da afetação da sua inteligência ou vontade *no momento* da prática do fato criminoso. Afirmar a inimputabilidade não é tarefa fácil, dependendo da conjunção de inúmeros fatores, inclusive do depoimento de testemunhas.

174. Texto ambíguo do parágrafo único: menciona que o juiz absolverá o agente *por força pericial*. A terminologia é inadequada, uma vez que o magistrado se vale do laudo pericial para formar o seu convencimento, mas não absolve o agente por *força* (obrigação, imposição, determinação) da perícia. Afirmar o contrário é desconhecer o critério biopsicológico vigente no Brasil em matéria de apuração da inimputabilidade penal. Em outras palavras, o magistrado não se submete, como um autômato, à *força* do perito, mas serve-se deste expert para auxiliá-lo em temática especializada. Não bastasse, a expressão *à época do fato previsto neste artigo* é incompreensível, pois o fato delituoso não é previsto neste artigo, mas em vários outros, onde estão os tipos penais incriminadores. Além disso, se pretendia fazer mera referência ao *caput*, o que é óbvio, pois se cuida de um parágrafo único, já teria atingido seu objetivo com a outra expressão, que vem a seguir: *as condições referidas no caput deste artigo*. Na sequência, afirma que o juiz *poderá* encaminhar o réu a tratamento médico adequado. Parece-nos muito relevante o encaminhamento a tratamento médico para a desintoxicação, razão pela qual a aplicação de uma medida de segurança soa-nos indispensável. Não se cuida de uma dependência apurada sem o cometimento de um fato tipificado como crime; está-se no quadro da prática de ilícito e é fundamental uma resposta do Estado-juiz. Por outro lado, se for absolvido em função do efeito da droga ingerida por caso fortuito ou força maior *não poderá* ser encaminhado a tratamento algum, nos mesmos moldes que ocorre com o embriagado por acidente (art. 28, § 1.º, CP). Afinal, nada há a tratar, pois não é dependente. No mais, respeita-se o disposto no capítulo das medidas de segurança do Código Penal (art. 96 e seguintes).

Art. 46. As penas podem ser reduzidas[175] de 1/3 (um terço) a 2/3 (dois terços) se, por força das circunstâncias previstas no art. 45 desta Lei, o agente não possuía, ao tempo da ação ou da omissão, a plena capacidade de entender o caráter ilícito do fato ou de determinar-se de acordo com esse entendimento.[176]

175. Causa de diminuição da pena: nos mesmos moldes do previsto no art. 26, parágrafo único, e no art. 28, § 2.º, do Código Penal, cuida-se, nesta hipótese, da semi-imputabilidade, um fator de redução da capacidade do agente de compreender inteiramente o que fez, realizando um juízo correto de censura sobre seus próprios atos. Assim, não se trata de excludente de culpabilidade, pois o agente não pode ser considerado inimputável – totalmente incapaz de entender o ilícito ou de se comportar de acordo com tal entendimento – mas, tão somente, semi-imputável, aquele que tem noção do que faz de errado, embora perturbado pela ação da droga. Merece, sem dúvida, uma redução na pena, pois não estava no seu juízo perfeito. Entretanto, é fundamental que a semi-imputabilidade nasça da ingestão do entorpecente por caso fortuito ou força maior ou, ainda, se o agente enfrenta situação de quase dependência da droga – o que seria equivalente à perturbação da saúde mental, prevista no art. 26, parágrafo único, do Código Penal. Vale-se o juiz, para a avaliação do seu estado, igualmente, do critério biopsicológico. Na jurisprudência: STJ: "O art. 45 da Lei n.º 11.343/2006, que repete exatamente o mesmo critério previsto no art. 26 do Código Penal, estabelece como exculpante 'para qualquer que tenha sido a infração penal praticada' o fato de o agente ser, ao tempo da ação ou da omissão, inteiramente incapaz de entender o caráter ilícito do ato ou de se determinar de acordo com esse entendimento em razão de dependência de droga ou por efeito proveniente de caso fortuito ou força maior. Desse modo, o redutor da pena previsto no art. 46 da Lei de Drogas, que trata da semi-imputabilidade, também se aplica a toda e qualquer infração pelo princípio lógico do *a maiori, ad minus* (...) No caso, o Juiz sentenciante reduziu a pena em 1/3, tendo em vista ser o réu semi-imputável, em especial porque, de acordo com o laudo pericial o paciente apresenta 'discurso e pensamento lógicos e coerentes, cognição preservada, orientação e memória íntegras, juízo crítico presente' (fl. 155). Assim, devidamente fundamentada a incidência do percentual mínimo de redução, não há constrangimento ilegal nesse ponto" (AgRg no HC 670.010 – SP, 6.ª T., rel. Rogerio Schietti Cruz, 15.05.2023, v.u.).

176. Substituição por medida de segurança: esta Lei não prevê, com clareza, a imposição de medida de segurança, nos termos feitos pelo Código Penal. Menciona-se a possibilidade de encaminhamento a tratamento médico adequado, fazendo o parágrafo único referência ao *caput* do art. 45. No entanto, quem for absolvido por ingestão fortuita de droga e cometer um ilícito deve ser absolvido sem lhe ser imposta qualquer obrigação. Quanto ao dependente químico, deve-se completar com o Código Penal. Sendo viciado em droga e praticando um ilícito da esfera penal, necessita da medida de segurança de encaminhamento a tratamento. Se utilizar droga e ficar perturbado, cometendo o ilícito, terá a pena reduzida, desde que por caso fortuito ou força maior.

> **Art. 47.** Na sentença condenatória, o juiz, com base em avaliação que ateste a necessidade de encaminhamento do agente para tratamento, realizada por profissional de saúde com competência específica na forma da lei, determinará que a tal se proceda, observado o disposto no art. 26 desta Lei.[177]

177. Aplicação ao dependente ou usuário: tratando-se de decisão condenatória, em primeiro plano, desponta a situação mencionada no art. 46 (por conta de dependência, não possuía plena capacidade de entendimento). No entanto, com a referência ao art. 26 desta Lei, parece-nos fundamental incluir qualquer situação de uso ou vício, envolvendo qualquer condenado. Portanto, para que não se dissemine o uso de entorpecentes no interior dos presídios e para que o próprio usuário ou dependente se livre da droga, deve-se garantir os serviços específicos de atenção à sua saúde.

Capítulo III
DO PROCEDIMENTO PENAL

Art. 48. O procedimento relativo aos processos por crimes definidos neste Título rege-se pelo disposto neste Capítulo, aplicando-se, subsidiariamente, as disposições do Código de Processo Penal e da Lei de Execução Penal.[178]

§ 1.º O agente de qualquer das condutas previstas no art. 28 desta Lei, salvo se houver concurso com os crimes previstos nos arts. 33 a 37 desta Lei,[179] será processado e julgado na forma dos arts. 60 e seguintes da Lei 9.099, de 26 de setembro de 1995, que dispõe sobre os Juizados Especiais Criminais.[180]

§ 2.º Tratando-se da conduta prevista no art. 28 desta Lei, não se imporá prisão em flagrante, devendo o autor do fato ser imediatamente encaminhado ao juízo competente ou, na falta deste, assumir o compromisso de a ele comparecer, lavrando-se termo circunstanciado e providenciando-se as requisições dos exames e perícias necessários.[181-181-A]

§ 3.º Se ausente a autoridade judicial, as providências previstas no § 2.º deste artigo serão tomadas de imediato pela autoridade policial, no local em que se encontrar, vedada a detenção do agente.[182]

§ 4.º Concluídos os procedimentos de que trata o § 2.º deste artigo, o agente será submetido a exame de corpo de delito, se o requerer ou se a autoridade de polícia judiciária entender conveniente, e em seguida liberado.[183]

§ 5.º Para os fins do disposto no art. 76 da Lei 9.099, de 1995, que dispõe sobre os Juizados Especiais Criminais, o Ministério Público poderá propor a aplicação imediata de pena prevista no art. 28 desta Lei, a ser especificada na proposta.[184]

178. Regra geral: *lei especial deve ser aplicada em lugar de lei geral*, razão pela qual o disposto nesta Lei de Drogas prevalece em face do conteúdo do Código de Processo Penal. Todavia, inexistindo norma específica, deve o operador do direito valer-se não somente do CPP, mas também da Lei de Execução Penal.

179. Concurso entre tráfico e porte para consumo: como regra, o traficante usuário responde somente pelo delito do art. 33 (ou 34), que deve absorver o previsto no art. 28. Entretanto, o que se quis evidenciar com a ressalva inserida no art. 48, § 1.º, é a inviabilidade de se considerar o crime do art. 28 como de ínfimo potencial ofensivo quando conectado com o tráfico, em todas as suas formas (arts. 33 a 37). Nesse caso, mesmo que não seja juridicamente possível a absorção, por qualquer razão, remanesce o delito do art. 28 sem os benefícios da Lei 9.099/95. Porém, as penas continuam mínimas (advertência, prestação de serviços à comunidade e/ou frequência a curso ou programa educativo).

180. Procedimento preliminar e sumariíssimo: determinando-se a aplicação do disposto no art. 60 e seguintes da Lei 9.099/95 estão abrangidas todas as fases, desde a pré-processual até o procedimento a ser usado em juízo, caso não seja aplicável a transação.

181. Vedação à prisão do consumidor de drogas: essa é a orientação seguida pela Lei 11.343/2006. O consumidor de drogas, dependente, usuário ocasional ou habitual, nunca será preso por conta disso. Recebe advertência; pode prestar serviços à comunidade ou frequentar cursos e, no máximo, ver-se obrigado a pagar uma multa, que não é tão elevada quanto as previstas para o traficante. Por isso, nessa linha, *não há prisão em flagrante*. Encontrado com droga, deve ser levado à presença da autoridade policial, pois a esta caberá avaliar, em primeiro lugar, se é consumo pessoal ou tráfico. Entendendo tratar-se de consumo, deve ser lavrado termo circunstanciado, direcionando o usuário ao Juizado Especial Criminal, onde poderá, transacionando, receber advertência ou ser obrigado a cumprir prestação de serviços à comunidade ou frequentar cursos e programas educativos. Inexistindo JECRIM disponível na localidade ou no momento da detenção do agente, lavra-se termo circunstanciado e são providenciados os demais exames e perícias. O autor da infração, segundo a lei, deve assumir o compromisso de comparecer ao JECRIM, quando chamado. Porém, havendo recusa a fazê-lo, a autoridade policial nada pode fazer. Diversamente, no art. 69, parágrafo único, da Lei 9.099/95, prevê-se a possibilidade de lavratura de flagrante, caso tal compromisso seja desprezado.

181-A. Porte de maconha para consumo pessoal: como esclarecido na nota 18-C ao art. 28 *supra*, o STF promoveu a descriminalização dessa situação, vedando a lavratura de prisão em flagrante ou formalização de termo circunstanciado a quem for encontrado pela polícia carregando maconha com a finalidade de uso. Entretanto, isso não representou a liberação ou regularização dessa droga para consumo pessoal; cuidou-se apenas de retirar essa conduta do cenário penal. A partir disso, deve a polícia, deparando-se com usuário de maconha, apreender a droga e cientificá-lo de sua obrigação de comparecer ao JECRIM para as medidas cabíveis. A forma do procedimento e mais detalhes deverão ser disciplinados pelo Conselho Nacional de Justiça, até que advenha lei a respeito.

182. Cautelas redobradas para evitar a prisão: se o juiz não estiver no JECRIM, a autoridade policial providencia a lavratura do termo circunstanciado, *de imediato*, mas o criminoso não será detido, a pretexto de se aguardar o retorno do magistrado. Embora a lei mencione que está vedada a detenção do agente, é óbvio que esta ocorrerá, pois, encontrado com drogas, precisa ser conduzido ao distrito policial pelos agentes da polícia ostensiva (PM) ou por outros policiais (civis ou federais) até que sua situação se defina. Não se pode partir do pressuposto que todo portador de substância entorpecente irá, de bom grado, ao JECRIM ou ao distrito policial, afinal, muitos deles podem ser, na verdade, traficantes de drogas. Se tal hipótese for constatada de fato, lavra-se auto de prisão em flagrante, vedada a liberdade provisória, com fiança, do agente do crime (arts. 33 a 37 desta Lei). A tipificação passa a ser ponto fundamental para o posicionamento da polícia diante do infrator, não se podendo exigir perfeição. *Trazer consigo droga ilícita* tanto pode ser conduta inserida no art. 28 quanto no art. 33 e as medidas são extremadas: um, jamais será submetido à prisão, não haverá flagrante e tem tudo a seu favor para sair livre; o outro, preso, não faz jus à liberdade provisória com fiança, devendo ser condenado a, no mínimo, cinco anos de reclusão, sem qualquer benefício, com multa elevada. Os antigos arts. 12 (tráfico) e 16 (porte para uso) da Lei 6.368/76 conferiam maior flexibilidade ao trabalho policial. Prendia-se o agente, lavrava-se o auto de prisão em flagrante e, depois, sendo tráfico, recolhia-se o delinquente ao cárcere; constituindo porte para uso, a autoridade policial poderia fixar o valor da fiança e, uma vez paga, seria o agente libertado. Agora, pretendendo-se evitar, a todo custo, o encarceramento do consumidor, pode-se gerar receio aos agentes policiais para atuar na repressão ao tráfico. Se o usuário está praticamente imune à prisão, um erro da polícia nesse cenário poderia levar o agente policial a responder, em tese, por abuso de autoridade. Assim sendo, vê-se, na prática, a preferência policial pela autuação de inúmeros casos como tráfico, evitando-se o questionamento acerca de ser o agente um mero usuário. Posteriormente, entrega-se ao Ministério Público, para efeito de denúncia, bem como ao juiz, a exata definição da situação, se tráfico ou porte para uso. Na jurisprudência: STF: "Ação direta de inconstitucionalidade. § 3.º do art. 48 da Lei n. 11.343/2006. Processamento do crime previsto no art. 28 da Lei n. 11.343/2006. Atribuição à autoridade judicial de lavratura de termo circunstanciado e requisição dos exames e perícias necessários. Constitucionalidade. Inexistência de ato de investigação. Inocorrência de atribuição de função de polícia judiciária ao poder judiciário. Ação direta julgada improcedente" (ADI 3.807 – DF, Plenário, rel. Cármen Lúcia, j. 29.06.2020, m.v.).

183. Exame de corpo de delito: estipula a lei a realização de exame de corpo de delito, a pedido do portador da droga ou da autoridade policial, sem que se esclareça, especificamente, essa finalidade. Afinal, não ocorre prisão, nem detenção do agente. Ele é liberado para comparecimento posterior ao JECRIM.

184. Transação limitada: o § 5.º deixa claro que a proposta do Ministério Público deve cingir-se às penas previstas no art. 28 da Lei 11.343/2006, não podendo optar por outras penalidades não previstas na lei especial.

> **Art. 49.** Tratando-se de condutas tipificadas nos arts. 33, *caput* e § 1.º, e 34 a 37 desta Lei, o juiz, sempre que as circunstâncias o recomendem, empregará os instrumentos protetivos de colaboradores e testemunhas previstos na Lei 9.807, de 13 de julho de 1999.[185]

185. Aplicação da proteção: existe lei específica para cuidar da proteção às testemunhas, à vítima e ao delator (Lei 9.807/99), razão pela qual o artigo em referência seria dispensável.

Seção I
Da Investigação

> **Art. 50.** Ocorrendo prisão em flagrante,[186] a autoridade de polícia judiciária[187] fará, imediatamente,[188] comunicação ao juiz competente, remetendo-lhe cópia do auto lavrado, do qual será dada vista ao órgão do Ministério Público, em 24 (vinte e quatro) horas.[189-189-A]
>
> § 1.º Para efeito da lavratura do auto de prisão em flagrante e estabelecimento da materialidade do delito,[190] é suficiente o laudo de constatação[191] da natureza e quantidade da droga, firmado por perito oficial ou, na falta deste, por pessoa idônea.[192]
>
> § 2.º O perito que subscrever o laudo a que se refere o § 1.º deste artigo não ficará impedido de participar da elaboração do laudo definitivo.[193]
>
> § 3.º Recebida cópia do auto de prisão em flagrante, o juiz, no prazo de 10 (dez) dias, certificará a regularidade formal do laudo de constatação e determinará a destruição das drogas apreendidas, guardando-se amostra necessária à realização do laudo definitivo.[193-A]
>
> § 4.º A destruição das drogas será executada pelo delegado de polícia competente no prazo de 15 (quinze) dias na presença do Ministério Público e da autoridade sanitária.[193-B]
>
> § 5.º O local será vistoriado antes e depois de efetivada a destruição das drogas referida no § 3.º, sendo lavrado auto circunstanciado pelo delegado de polícia, certificando-se neste a destruição total delas.[193-C]

186. Flagrante: é a qualidade daquilo que é manifesto, irrefutável, evidente. No caso de prisão, por autorização constitucional expressa (art. 5.º, LXI), independentemente de ordem judicial, pode-se prender o agente que esteja cometendo o delito de maneira evidente (em flagrante). Qualquer pessoa do povo *pode* dar *voz de prisão em flagrante* (é o denominado flagrante facultativo) e os agentes policiais *devem* determinar a prisão, quando se depararem com o crime em plena execução (é o chamado flagrante obrigatório). Sobre as situações que geram flagrância, consultar o art. 302 do Código de Processo Penal. Outro ponto fundamental, no caso de delitos envolvendo drogas proibidas, é o seu caráter permanente (a consumação se arrasta no tempo), autorizando a prisão em flagrante em qualquer momento, durante o dia ou em período noturno, independentemente de mandado judicial. Assim, ilustrando, quem tem em depósito substância entorpecente não autorizada, mesmo que no seu domicílio, pode ter sua casa invadida pela polícia, recebendo *voz de prisão em flagrante*, em qualquer hora do dia ou da noite.

187. Polícia judiciária: acrescentou-se o termo *judiciária* à designação da *autoridade policial*, possivelmente, para evitar que outras autoridades policiais (parte da doutrina e da jurisprudência têm considerado como tais os integrantes da polícia militar para efeito, por exemplo, de lavratura do termo circunstanciado – sobre o tema, consultar a nota feita ao art. 69 da Lei 9.099/95, no v. 2 desta obra) possam presidir a lavratura do auto de prisão em flagrante. Torna-se claro, portanto, que essa é uma atribuição exclusiva da autoridade de polícia judiciária, aliás, expressão que designa a polícia encarregada da investigação de infrações penais, descobrindo-se autoria e materialidade, bem como da produção do inquérito policial, trabalhando sob supervisão do Ministério Público e do juiz, tanto no âmbito estadual como no federal. Há previsão para essa terminologia no Código de Processo Penal (art. 4.º) e na Constituição Federal (art. 144, § 1.º, IV, e § 4.º).

188. Comunicação imediata e audiência de custódia: este dispositivo foi construído antes da existência da audiência de custódia (presença do magistrado, membro do Ministério Público e defensor). Portanto, atualmente, os autos da prisão em flagrante serão encaminhados ao juiz, assim como será providenciada a apresentação do preso. Deve ser realizada a audiência de custódia em até 24 horas, contado o prazo da efetivação da prisão. A nota de culpa deve ser encaminhada ao preso também em 24 horas.

189. Fiscalização do Ministério Público: será avaliada a prisão em flagrante na audiência de custódia. Nessa situação, pode o promotor pleitear a mantença da prisão em flagrante, convertendo-a em preventiva, tendo em vista a sua legalidade, bem como pode requerer o seu relaxamento, com a soltura do preso, constatada a sua ilegalidade. Pode, também, requerer a substituição da prisão por medidas cautelares alternativas (art. 319, CPP). É importante destacar que, sem o requerimento da conversão do flagrante em preventiva, no entendimento atual, o juiz não pode fazê-lo de ofício. Se isso ocorrer, gera constrangimento ilegal, sanável pela interposição de *habeas corpus*.

189-A. Prazo para o juiz: na audiência de custódia, deve decidir sobre a mantença do auto de prisão em flagrante, convertendo-a em preventiva, ou determinar o relaxamento da prisão, se ilegal. Poderá, ainda, conceder liberdade provisória, sem fiança ou medidas cautelares alternativas (art. 319, CPP). A conversão em prisão preventiva só pode se dar caso exista pedido do Ministério Público.

190. Materialidade do crime: o crime relacionado às drogas ilícitas depende de prova pericial, pois é infração penal que deixa vestígio (art. 158, CPP). Logo, a materialidade precisa ser formada pelo laudo toxicológico, quando peritos examinam o produto apreendido, necessariamente, atestando tratar-se de substância entorpecente e indicando qual é a espécie.

191. Laudo de constatação: é o exame pericial preliminar, realizado mais rapidamente, somente para justificar o recebimento da denúncia ou queixa. O laudo é provisório e pode ser, futuramente, contrariado pelo exame definitivo. É autêntica condição de procedibilidade. Se a peça acusatória for recebida sem o laudo de constatação, há falta de justa causa para a ação penal, possibilitando o seu trancamento, pela interposição de *habeas corpus*. Se o réu estiver preso, deverá ser colocado em liberdade. Porém, eventuais irregularidades detectadas nesse laudo ou no tocante a outra prova colhida durante a investigação não têm aptidão para gerar a nulidade do processo. Ademais, a juntada do laudo definitivo é capaz de suprir eventual falha. Apreciação especial quanto ao laudo provisório: STJ: "1. A Terceira Seção desta Corte, competente pela uniformização da interpretação da legislação federal relativa à matéria penal, no julgamento dos Embargos de Divergência no Recurso Especial 1.544.057/RJ admitiu, excepcionalmente, que a materialidade do delito de tráfico de drogas possa ser demonstrada por laudo de constatação provisório, desde que acompanhado por outras provas robustas (Rel. Ministro Reynaldo Soares da Fonseca, julgado em 26/10/2016, *DJe* 09/11/2016)" (AgInt no REsp 1.710.211 – PR, 6.ª T., rel. Maria Thereza de Assis Moura, j. 21.08.2018, *DJe* 03.09.2018).

192. Diversidade do Código de Processo Penal e das leis anteriores: o art. 159 do CPP determina que os exames periciais sejam formulados por um perito oficial. Na falta deste, o juiz pode nomear pessoas idôneas, *portadoras de diploma de curso superior*, de preferência com habilitação técnica relacionada à natureza do delito. Para a constatação provisória da natureza do produto entorpecente não há necessidade de tantas formalidades. Basta um perito, considerado pessoa idônea. Espera-se, obviamente, que o laudo de constatação seja firmado por alguém com conhecimento mínimo nessa área, pois, do contrário, de nada valeria essa formação prévia da materialidade do delito.

193. Perícia: esta, como regra, conforme já mencionamos, deve ser realizada por um perito oficial (art. 159, CPP). Por isso, tratando-se de laudo definitivo, a lei estabelece não haver impedimento para a participação do perito que elaborou o laudo de constatação, evitando-se eventuais futuras alegações de parcialidade. Cuida-se de contornar o problema da escassez de pessoal habilitado para a elaboração desses exames técnicos. Logo, o perito que atestou, preliminarmente, a existência de droga ilícita, pode participar da elaboração do laudo definitivo. Na jurisprudência: STJ: "Depreende-se da leitura acima que, havendo a apreensão de entorpecente, devem ser elaborados dois laudos: o primeiro, denominado de laudo de constatação, deve indicar se o material apreendido é, efetivamente, substância ou produto capaz de causar dependência, assim especificado em lei ou relacionado em listas atualizadas periodicamente pelo Poder Executivo da União, devendo apontar, ainda, a quantidade apreendida. Trata-se, portanto, de um exame provisório, apto, ainda que sem maior aprofundamento, a comprovar a materialidade do delito e, como tal, autorizar a prisão do agente ou a instauração do respectivo inquérito policial, caso não verificado o estado de flagrância. É firmado por um perito oficial ou, em sua falta, por pessoa idônea. A lei também indica a existência do laudo definitivo, que é realizado de forma científica e minuciosa e, como o próprio nome indica, deve trazer a certeza quanto à materialidade do delito, definindo se o material analisado efetivamente se cuida de substância ilícita, a fim de embasar um juízo definitivo acerca do delito. Esse laudo, a teor do art. 159 do Código de Processo Penal, deve ser elaborado por perito oficial, portador de diploma de curso superior, ou, na sua falta, por 2 (duas) pessoas idôneas, portadoras de diploma de curso superior preferencialmente na área específica, dentre as que tiverem habilitação técnica relacionada com a natureza do exame, nos termos do § 1.º do referido dispositivo. Lembrando que nada impede que o mesmo perito elabore o laudo de constatação e, em seguida, o laudo definitivo. Diante disso, a Terceira Seção desta Corte Superior, no julgamento do EREsp n. 1.544.057/RJ, pacificou o entendimento de que o laudo toxicológico definitivo, em regra, é imprescindível à comprovação da materialidade dos delitos envolvendo entorpecentes. Ausente o referido exame, é forçosa a absolvição do acusado, ressalvada, no entanto, em situações excepcionais, a possibilidade de aferição da materialidade do delito por laudo de constatação provisório, desde que este tenha sido elaborado por perito oficial e permita grau de certeza idêntico ao do laudo definitivo. (...) Pelas razões acima elencadas, em situações excepcionais, admite a jurisprudência do Superior Tribunal de Justiça que a materialidade do crime de tráfico de drogas seja comprovada pelo próprio laudo de constatação provisório. Trata-se de situação singular, em que a constatação permite grau de certeza correspondente ao laudo definitivo, pois elaborado por perito oficial, em procedimento e com conclusões equivalentes e seguras atestando a presença de substância ilícita no material analisado. Desse modo, se a materialidade delitiva do crime de tráfico pode, excepcionalmente, ser comprovada por laudo de constatação provisório, não há de ser diferente a compreensão nos casos em que o exame toxicológico definitivo não possui assinatura válida do perito. Ou seja, pelas razões elencadas acima, reputa-se que esses casos – em que não consta a assinatura do perito oficial que elaborou o laudo toxicológico definitivo – também se enquadram nas excepcionalidades mencionadas pelo EREsp n. 1.544.057/RJ" (REsp 2.048.422 – MG, 3.ª Seção, rel. Sebastião Reis Júnior, 22.11.2023, v.u.).

193-A. Destruição imediata: deve haver celeridade para a incineração das drogas apreendidas; quanto mais tempo o entorpecente for guardado, maior o risco de ser subtraído e retornar ao mercado consumidor. Diante disso, havendo prisão em flagrante, quando se faz a apreensão de imediato da droga, o delegado determina a elaboração do laudo de constatação (avaliação pericial prévia e cautelar, com o fito de atestar que o produto apreendido é mesmo substância entorpecente). Encaminha-se o auto de prisão em flagrante ao juiz, para controle da legalidade, quando, então, verificada a regularidade formal (preenchimento dos requisitos legais para a sua validade como prova preliminar da materialidade) do laudo de constatação, em 10 dias, deve a autoridade judiciária determinar a destruição das drogas. Chegando ao conhecimento do delegado a ordem judicial, deve a autoridade policial providenciar a incineração de tudo em 15 dias, reservando-se quantidade suficiente para a feitura do laudo definitivo. Em suma, prendendo-se o traficante em flagrante, apreende-se a droga; parte dela segue para a realização do laudo de constatação; outra parte fica armazenada para efetivar o laudo definitivo; o restante deve ser encaminhado para destruição.

193-B. Prazo para incineração: o prazo estabelecido pela lei é de 15 dias, contando com a presença de membro do Ministério Público e da autoridade sanitária. Esse prazo é impróprio, pois, uma vez não cumprido, não acarreta sanção direta. No máximo, pode representar uma falta funcional. Para a destruição, o delegado cientifica o Ministério Público, que deve designar um membro para acompanhar o ato; o mesmo se dá no tocante à autoridade sanitária. Noutros termos, é indispensável a presença de, pelo menos, três autoridades para a tarefa: policial, MP e sanitária.

193-C. Vistoria do local de destruição: a introdução deste parágrafo no art. 50 impõe a vistoria do lugar onde a droga foi incinerada, embora não mencione quem deva fazer tal averiguação. Sob outro aspecto, determina-se a lavratura de *auto circunstanciado* pelo delegado de polícia, em que será certificada a destruição completa das drogas. Portanto, a consequência lógica disso é que a vistoria do local deve ser feita pelas mesmas autoridades que presenciaram a atividade, devendo o auto ser lavrado pela autoridade policial e assinado por todos.

> **Art. 50-A.** A destruição das drogas apreendidas sem a ocorrência de prisão em flagrante será feita por incineração, no prazo máximo de 30 (trinta) dias contados da data da apreensão, guardando-se amostra necessária à realização do laudo definitivo.[193-D]

193-D. Destruição das drogas sem flagrante: no caso de prisão em flagrante, a droga apreendida deve ser destruída no prazo de até 25 dias (10 dias para o juiz determinar a incineração + 15 dias para a sua efetivação pelo delegado). Não havendo flagrante, durante o curso da investigação, ocorrendo a apreensão, deve o delegado providenciar a destruição em até 30 dias. Nesse caso, independe de autorização judicial, pois esta imposição decorre de lei. Contudo, reserva-se, sempre, quantidade necessária para a elaboração do laudo definitivo.

> **Art. 51.** O inquérito policial será concluído no prazo de 30 (trinta) dias, se o indiciado estiver preso, e de 90 (noventa) dias, quando solto.[194]
>
> **Parágrafo único.** Os prazos a que se refere este artigo podem ser duplicados pelo juiz, ouvido o Ministério Público, mediante pedido justificado da autoridade de polícia judiciária.[195]

194. Prazos de conclusão do inquérito: adota-se, nesta Lei, prazos mais harmônicos com a realidade brasileira. Se o indiciado estiver solto, passa a ser de noventa dias o prazo para a conclusão da investigação policial. Caso esteja preso, amplia-se para trinta dias esse período. Não vemos óbice nisso, inclusive pelo fato de, cuidando-se o tráfico ilícito de drogas de delito equiparado a hediondo, se fosse decretada a prisão temporária, poderia atingir trinta dias, prorrogáveis por outros trinta.

195. Duplicação dos prazos: como já comentamos, a dilação implementada está em sintonia com a realidade das delegacias, sobrecarregadas de trabalho, inclusive pelo aumento da criminalidade. Portanto, em caso de investigação complexa, envolvendo muitos indiciados, é viável dobrar-se o prazo de trinta para sessenta dias (preso) e de noventa para cento e oitenta dias (solto). É lógico que o prazo realmente relevante é o pertinente ao indiciado preso. Neste caso, se for ultrapassado, implica constrangimento ilegal, devendo-se soltar o detido. Quando o indiciado estiver solto, ainda que os 180 dias sejam atingidos, nada impede a prorrogação. Determina o art. 51, parágrafo único, haver necessidade de um pedido *justificado* da autoridade policial judiciária, vale dizer, fundamentado, expondo, efetivamente, quais as razões concretas da demora na conclusão da investigação. Não se pode prorrogar a prisão cautelar automaticamente, mediante pedidos singelos e formais, sem explicação compatível.

> **Art. 52.** Findos os prazos a que se refere o art. 51 desta Lei, a autoridade de polícia judiciária, remetendo os autos do inquérito ao juízo:
>
> I – relatará[196] sumariamente as circunstâncias do fato, justificando as razões que a levaram à classificação do delito, indicando a quantidade e natureza da substância ou do produto apreendido, o local e as condições em que se desenvolveu a ação criminosa, as circunstâncias da prisão, a conduta, a qualificação e os antecedentes do agente;[197] ou
>
> II – requererá sua devolução para a realização de diligências necessárias.[198]
>
> **Parágrafo único.** A remessa dos autos far-se-á sem prejuízo de diligências complementares:[199]
>
> I – necessárias ou úteis à plena elucidação do fato, cujo resultado deverá ser encaminhado ao juízo competente até 3 (três) dias antes da audiência de instrução e julgamento;
>
> II – necessárias ou úteis à indicação dos bens, direitos e valores de que seja titular o agente, ou que figurem em seu nome, cujo resultado deverá ser encaminhado ao juízo competente até 3 (três) dias antes da audiência de instrução e julgamento.[200]

196. Relatório da autoridade policial: torna-se fundamental, para os fins desta Lei, especialmente no campo da lavratura do auto de prisão em flagrante e do indiciamento, dever, a autoridade policial, *expor* claramente, embora de modo resumido, os motivos que a levaram a considerar o indiciado como traficante e não como usuário. Afinal, exemplificando, *trazer consigo droga ilícita* tanto pode encaixar-se no art. 33 como no art. 28 desta Lei. Se o agente do crime for autuado como traficante, deixa de receber vários benefícios (liberdade garantida, lavratura de termo circunstanciado, transação etc.). A importância assume destaque no quadro da maconha, pois o STF descriminalizou o porte dessa droga para consumo pessoal; desse modo, se o possuidor de maconha for considerado usuário, não pode ser detido ou preso, nem mesmo se lavra termo circunstanciado. Por outro lado, caso se entenda tratar-se de traficante de maconha, sofre as consequências da prisão em flagrante e as demais de um delito equiparado a hediondo.

197. Ausência do relato circunstanciado: em nosso entendimento, constitui mera irregularidade, suscetível de apreciação na esfera administrativa, pois o delegado não cumpriu dever que lhe foi imposto por lei. Entretanto, não se macula o inquérito, nem se prejudica a prisão cautelar do indiciado, uma vez que a peça da autoridade policial não vincula o entendimento nem do membro do Ministério Público, nem do magistrado.

198. Devolução dos autos do inquérito para mais diligências: se o indiciado estiver solto, nenhum problema há. Expostas as razões pelas quais as investigações devem prosseguir, ouvindo-se o MP, autoriza o juiz o retorno. Porém, cuidando-se de indiciado preso, não é possível ultrapassar os prazos fixados no art. 51 (30 ou, se prorrogado, 60 dias), sob o risco de se configurar constrangimento ilegal. O mais indicado, tratando-se de preso, é remeter os autos e promover outras diligências complementares em autos apartados, valendo-se do disposto no parágrafo único deste artigo.

199. Autos complementares: é o meio adequado para que, concluído o inquérito dentro do prazo legal, outras diligências importantes para a causa possam realizar-se sem gerar constrangimento ao indiciado ou réu, especialmente o preso. Assim, a autoridade policial, relatando o inquérito, remete os autos à Justiça, que os encaminha ao Ministério Público. Enquanto isso, pode a autoridade policial, de ofício ou por requisição do promotor ou do juiz, continuar a investigação, colhendo outras provas.

200. Sequestro e confisco: essas diligências complementares podem ter por finalidade apurar todos os bens, direitos e valores pertencentes ao indiciado que, muito provavelmente, os conquistou por conta da prática do delito de tráfico ilícito de entorpecentes. Para tanto, cabe ao Ministério Público, durante a instrução, requerer o sequestro dos bens em geral, buscando torná-los indisponíveis. Posteriormente, advindo a condenação, serão eles confiscados pelo Estado.

> **Art. 53.** Em qualquer fase da persecução criminal relativa aos crimes previstos nesta Lei, são permitidos, além dos previstos em lei,[201] mediante autorização judicial e ouvido o Ministério Público,[202] os seguintes procedimentos investigatórios:
>
> I – a infiltração por agentes de polícia, em tarefas de investigação, constituída pelos órgãos especializados pertinentes;
>
> II – a não atuação policial sobre os portadores de drogas, seus precursores químicos ou outros produtos utilizados em sua produção, que se encontrem no território brasileiro, com a finalidade de identificar e responsabilizar maior número de integrantes de operações de tráfico e distribuição, sem prejuízo da ação penal cabível.[203]

> **Parágrafo único.** Na hipótese do inciso II deste artigo, a autorização será concedida desde que sejam conhecidos o itinerário provável[204] e a identificação dos agentes do delito ou de colaboradores.[205]

201. Remissão à Lei 12.850/2013: consultar, nesta obra, no volume 2, os comentários à Lei da Organização Criminosa.

202. Iniciativa da infiltração: pela redação constante do *caput* do art. 53, nota-se caber à autoridade policial representar pela infiltração de seus agentes em grupos criminosos, pois ouve-se o Ministério Público e colhe-se a autorização do juiz. Nesse sentido, parece-nos óbvia a exclusão do representante do Ministério Público para requerer a referida infiltração, aliás, assunto tipicamente policial. Pelo magistrado, de ofício, seria completamente fora de propósito qualquer determinação para a infiltração de policiais em associações de delinquentes, pois não conduz a investigação, nem a ele se destina o inquérito policial.

203. Ação controlada: é o retardamento da intervenção policial, dando *voz de prisão* e lavrando-se o auto de prisão em flagrante, como já fora previsto no art. 2.º, II, da Lei 9.034/95, com a meta de atingir o *peixe graúdo*, sem que se dissemine a prisão dos meros carregadores de drogas ilícitas, atuando por ordem dos verdadeiros comandantes da operação, traficantes realmente perigosos. Aliás, justamente por isso, a lei menciona a ação retardada em relação aos *portadores* de produtos, substâncias ou drogas ilícitas (vulgarmente chamados de *mulas*). O sucesso da operação pode ser aferido pela efetiva prisão de traficantes de atuação nacional ou internacional. Do contrário, não havendo comunicação eficiente entre as polícias (federal, estadual e internacional), a não atuação dos agentes estatais pode levar à impunidade de muitos *carregadores* de drogas ilícitas, sem qualquer utilidade à segurança pública, pois também não se localizam os principais traficantes. Nesse sentido, o parágrafo único deste artigo exige autorização judicial para tanto, com os requisitos nele fixados.

204. Itinerário provável: é preciso conhecer o caminho a ser percorrido pelo portador do produto, substância ou droga ilícita, com elevada probabilidade de acerto. Do contrário, autorizar o trânsito de pessoas carregando drogas ilícitas sem se ter noção de onde veio e para onde vai é altamente arriscado, fator que pode gerar indevida impunidade.

205. Identificação dos agentes ou colaboradores: o conhecimento de quem são os comparsas do portador também é cautela necessária, embora não se deva exigir uma noção completa do agrupamento. Afinal, está-se investigando e buscando atingir o *peixe graúdo*, o que pode levar algum tempo. Logo, o importante é ter ciência de alguns agentes e/ou colaboradores, de forma a permitir à condução ao líder (ou líderes dos criminosos).

Seção II

Da Instrução Criminal

> **Art. 54.** Recebidos em juízo os autos do inquérito policial, de Comissão Parlamentar de Inquérito ou peças de informação,[206] dar-se-á vista ao Ministério Público para, no prazo de 10 (dez) dias,[207] adotar uma das seguintes providências:
>
> I – requerer o arquivamento;[208]
>
> II – requisitar as diligências que entender necessárias;[209]
>
> III – oferecer denúncia, arrolar até 5 (cinco) testemunhas e requerer as demais provas que entender pertinentes.[210]

206. Inquérito policial e outras peças investigatórias: o disposto no *caput* do art. 54 desta Lei apenas confirma não ser o inquérito policial a única base para conferir justa causa ao ajuizamento da ação penal, sustentando a denúncia ou queixa. Entretanto, a inserção desses dados (autos formados por Comissão Parlamentar de Inquérito ou outras peças de informação) é até mesmo desnecessária, pois se trata de preceito geral, válido para qualquer tipo de crime e ação penal.

207. Prazo único: sem mencionar tratar-se de indiciado preso ou solto, possui o órgão acusatório o prazo de dez dias para se manifestar. Se o prazo for ultrapassado, consequência efetiva somente existirá em situação de indiciado preso, constituindo constrangimento ilegal, dando margem à sua soltura. Porém, quando o indiciado estiver solto, nenhum prejuízo advirá se a denúncia for oferecida após o decêndio.

208. Requerimento de arquivamento: segue-se o disposto pelo Código de Processo Penal. Quando o Ministério Público recebe inquérito policial concluído (ou outras peças de informação), pode promover o arquivamento. Segundo dispõe o art. 28 do CPP, com a redação dada pela Lei 13.964/2019 e a interpretação feita pelo STF, o membro do MP de primeiro grau apresenta as razões pelas quais entende que a investigação deve ser arquivada. Se o magistrado concordar, determina o arquivamento. Se discordar, remete a investigação à apreciação do órgão superior do Ministério Público (na esfera estadual, o Procurador-Geral de Justiça; na federal, as câmaras apropriadas compostas por membros do Ministério Público Federal de 2.º grau). Se o Procurador Geral concordar com o promotor e insistir no arquivamento, deve o magistrado atendê-lo. Caso discorde do promotor, designará outro membro do Ministério Público para ofertar a denúncia e acompanhar o caso.

209. Requisição de diligências: sendo o titular da ação penal, a fim de formar o seu convencimento sobre a infração penal e seu autor (*opinio delicti*), pode o membro do Ministério Público requerer ao juiz que o inquérito retorne à delegacia de origem para novas diligências. Se preferir, pode manter consigo os autos do inquérito e requisitar diretamente à autoridade policial a realização de qualquer diligência pertinente.

210. Número de testemunhas: fixa-se o número máximo de testemunhas a serem arroladas pelo Ministério Público na denúncia, ou seja, cinco. Como regra, o rol de testemunhas segue incorporado na peça acusatória; outras diligências necessárias podem ser requeridas à parte.

Art. 55. Oferecida a denúncia, o juiz ordenará a notificação do acusado para oferecer defesa prévia, por escrito, no prazo de 10 (dez) dias.[210-A-211-A]

§ 1.º Na resposta, consistente em defesa preliminar e exceções, o acusado poderá arguir preliminares e invocar todas as razões de defesa, oferecer documentos e justificações, especificar as provas que pretende produzir e, até o número de 5 (cinco), arrolar testemunhas;[212]

§ 2.º As exceções serão processadas em apartado, nos termos dos arts. 95 a 113 do Decreto-lei 3.689, de 3 de outubro de 1941 – Código de Processo Penal.

§ 3.º Se a resposta não for apresentada no prazo, o juiz nomeará defensor para oferecê-la em 10 (dez) dias, concedendo-lhe vista dos autos no ato de nomeação.[213]

§ 4.º Apresentada a defesa, o juiz decidirá em 5 (cinco) dias.

§ 5.º Se entender imprescindível, o juiz, no prazo máximo de 10 (dez) dias, determinará a apresentação do preso, realização de diligências, exames e perícias.[214-214-A]

Art. 55

210-A. A reforma do processo penal trazida pela Lei 11.719/2008 (procedimento, defesa preliminar e momento do interrogatório): a modificação do procedimento comum, sob os ritos ordinário, sumário e sumaríssimo, ocorrida no Código de Processo Penal, em nossa visão, não deveria afetar o procedimento especial descrito na Lei de Drogas em nenhum aspecto. Afinal, lei especial afasta a aplicação de lei geral. É o ponto de vista que sustentamos em nosso *Código de Processo Penal comentado*. Por tal motivo, mantemos os nossos comentários ao procedimento previsto na Lei 11.343/2006 (art. 48 e seguintes), que consideramos o correto. Entretanto, convém destacar os principais pontos de discórdia, que levarão os tribunais pátrios a decidir sobre o tema: a) o art. 394, § 2.º, do CPP prevê a aplicação do procedimento comum a todos os processos, "salvo disposições em contrário deste Código ou de lei especial". Tal dispositivo ratifica o entendimento de que lei especial afasta a aplicação de lei de caráter geral; b) o art. 394, § 4.º, do CPP, em desarmonia com o referido § 2.º, estabelece que "as disposições dos arts. 395 a 398 deste Código aplicam-se a todos os procedimentos penais de primeiro grau, *ainda que não regulados neste Código*" (grifamos). Parece sinalizar para a aplicação dos arts. 395 a 398 do CPP inclusive aos procedimentos especiais, o que é equivocado; c) a previsão feita no art. 396, *caput*, do CPP, é incompatível com o procedimento da Lei de Drogas, afinal, seguindo-se o disposto no Código de Processo Penal, recebida a denúncia ou queixa, ordena-se a citação do réu para responder à acusação, por escrito, em dez dias. Após, pode-se absolvê-lo sumariamente. Não sendo o caso, prossegue-se com a instrução. No art. 55, *caput*, desta Lei de Drogas, o juiz, *antes* de receber a peça acusatória, deve ouvir o denunciado. Somente após, rejeitada a defesa preliminar, recebe a denúncia ou queixa, prosseguindo-se na instrução. Em virtude da contradição, parece-nos correta a aplicação da lei especial, até porque é mais benéfica ao acusado; d) outro ponto de dúvida diz respeito ao momento do interrogatório. Segundo o disposto no art. 57, *caput*, desta Lei de Drogas, será o primeiro momento da instrução. Caso seja seguido o previsto no art. 400, *caput*, do CPP, o interrogatório será realizado ao término da instrução. A lei especial deveria afastar a aplicação da lei geral, logo, o correto seria seguir o previsto no art. 57, *caput*, desta Lei. Nesse sentido, em primeira análise: STF: "2. A alteração promovida pela Lei n. 11.719/2008 não alcança os crimes descritos na Lei 11.343/2006, em razão da existência de rito próprio normatizado neste diploma legislativo. 3. A jurisprudência desta Corte é pacífica no sentido de que as novas disposições do Código de Processo Penal sobre o interrogatório não se aplicam a casos regidos pela Lei das Drogas. Precedentes: ARE 823822 AgR, Relator Min. Gilmar Mendes, Segunda Turma, julgado em 12/08/2014; HC 122229, Relator Min. Ricardo Lewandowski, Segunda Turma, julgado em 13/05/2014. 4. *In casu*, a realização de interrogatório no início da instrução processual não enseja constrangimento ilegal a ser sanado na via do *habeas corpus*, notadamente quando ainda pendente de análise impetração na instância *a quo*. 4. Agravo regimental a que se nega provimento" (HC 125094-AgR, 1.ª T., rel. Luiz Fux, j. 10.02.2015, processo eletrônico DJe-041 divulg. 03.03.2015 public. 04.03.2015). Todavia, o STF, julgando um *habeas corpus* em Plenário, houve por bem proferir decisão em sentido diverso, fixando orientação sobre o tema: STF: "A Lei n.º 11.719/08 adequou o sistema acusatório democrático, integrando-o de forma mais harmoniosa aos preceitos constitucionais da Carta de República de 1988, assegurando-se maior efetividade a seus princípios, notadamente, os do contraditório e da ampla defesa (art. 5.º, inciso LV). 5. Por ser mais benéfica (*lex mitior*) e harmoniosa com a Constituição Federal, há de preponderar, no processo penal militar (Decreto-lei n.º 1.002/69), a regra do art. 400 do Código de Processo Penal. De modo a não comprometer o princípio da segurança jurídica (CF, art. 5.º, XXXVI) nos feitos já sentenciados, essa orientação deve ser aplicada somente aos processos penais militares cuja instrução não se tenha encerrado, o que não é o caso dos autos, já que há sentença condenatória proferida em desfavor dos pacientes desde 29/7/14. Ordem denegada, com a *fixação da seguinte orientação: a norma inscrita no* *art. 400 do Código de Processo Penal comum aplica-se, a partir da publicação da ata do presente julgamento, aos processos penais militares, aos processos penais eleitorais e a todos os procedimentos penais regidos por legislação especial incidindo somente naquelas ações penais cuja instrução não se tenha encerrado*" (HC 127.900, Pleno, rel. Dias Toffoli, j. 03.03.2016, m. v., grifamos). STJ: "1. Por ocasião do julgamento do HC n. 127.900/AM, ocorrido em 3/3/2016 (DJe 3/8/2016), o Pleno do Supremo Tribunal Federal firmou o entendimento de que o rito processual para o interrogatório, previsto no art. 400 do Código de Processo Penal, deve ser aplicado a todos os procedimentos regidos por leis especiais. Isso porque a Lei n. 11.719/2008 (que deu nova redação ao referido art. 400) prepondera sobre as disposições em sentido contrário previstas em legislação especial, por se tratar de lei posterior mais benéfica ao acusado (*lex mitior*). 2. De modo a não comprometer o princípio da segurança jurídica dos feitos já sentenciados (CR, art. 5.º, XXXVI), houve modulação dos efeitos da decisão: a Corte Suprema estabeleceu que essa nova orientação somente deve ser aplicada aos processos cuja instrução ainda não se haja encerrado. 3. Se nem a doutrina nem a jurisprudência ignoram a importância de que se reveste o interrogatório judicial – cuja natureza jurídica permite qualificá-lo como ato essencialmente de defesa –, não é necessária para o reconhecimento da nulidade processual, nos casos em que o interrogatório do réu tenha sido realizado no início da instrução, a comprovação de efetivo prejuízo à defesa, se do processo resultou condenação. Precedente. 4. O interrogatório é, em verdade, o momento ótimo do acusado, o seu 'dia na Corte' (*day in Court*), a única oportunidade, ao longo de todo o processo, em que ele tem voz ativa e livre para, se assim o desejar, dar sua versão dos fatos, rebater os argumentos, as narrativas e as provas do órgão acusador, apresentar álibis, indicar provas, justificar atitudes, dizer, enfim, tudo o que lhe pareça importante para a sua defesa, além, é claro, de responder às perguntas que quiser responder, de modo livre, desimpedido e voluntário. 5. Não há como se imputar à defesa do acusado o ônus de comprovar eventual prejuízo em decorrência de uma ilegalidade, para a qual não deu causa e em processo que já lhe ensejou sentença condenatória. Isso porque não há, num processo penal, prejuízo maior do que uma condenação resultante de um procedimento que não respeitou as diretrizes legais e tampouco observou determinadas garantias constitucionais do réu (no caso, a do contraditório e a da ampla defesa). 6. Uma vez fixada a compreensão pela desnecessidade de a defesa ter de demonstrar eventual prejuízo decorrente da inversão da ordem do interrogatório do réu, em processo do qual resultou a condenação, também não se mostra imprescindível, para o reconhecimento da nulidade, que a defesa tenha alegado o vício processual já na própria audiência de instrução. 7. Porque reconhecida a nulidade do interrogatório do recorrente, com a determinação de que o Juízo de primeiro grau proceda à nova realização do ato, fica prejudicada a análise das demais matérias suscitadas neste recurso (reconhecimento da minorante prevista no § 4.º do art. 33 da Lei de Drogas, fixação do regime aberto e substituição da reprimenda privativa de liberdade por restritivas de direitos). 8. Recurso especial provido, para anular o interrogatório do recorrente e determinar que o Juízo de primeiro grau proceda à nova realização do ato (Processo n. 0000079-90.2016.8.26.0592, da Vara Criminal da Comarca de Tupã – SP)" (REsp 1.825.622 – SP, 6.ª T., rel. Rogerio Schietti Cruz, j. 20.10.2020, v.u.).

211. Fase preliminar: nos moldes instituídos pela revogada Lei 10.409/2002, mantém-se a fase de defesa preliminar do denunciado. Notificado, ele tem dez dias para apresentar sua defesa prévia. Nessa peça, oferece todas as alegações que julgar razoáveis para demonstrar a ausência de materialidade ou para evidenciar não ser ele autor, coautor ou partícipe, em suma, para convencer o magistrado a não receber a denúncia.

211-A. Decretação da prisão preventiva: tem-se observado que, em grande parte dos casos, a apuração do crime de tráfico ilícito de drogas leva à prisão em flagrante do agente, pois se trata de crime permanente, cuja consumação arrasta-se no tempo, facilitando a ação policial. Entretanto, é fundamental que o magistrado, nos termos do art. 310 do CPP, ao avaliar o auto de prisão em flagrante, na audiência de custódia, verifique se é mesmo caso de decretação da custódia cautelar. Não há prisão preventiva *automática*, devendo ser verificados os requisitos previstos no art. 312 do CPP. Acrescente-se, nesse cenário, a Súmula 679 do STJ: "Em razão da Lei n. 13.964/2019, não é mais possível ao juiz, de ofício, decretar ou converter prisão em flagrante em prisão preventiva". Na jurisprudência: STJ: "1. A validade da segregação cautelar está condicionada à observância, em decisão devidamente fundamentada, aos requisitos insertos no art. 312 do Código de Processo Penal, revelando-se indispensável a demonstração de em que consiste o *periculum libertatis*. 2. No caso, a prisão preventiva está justificada, pois a decisão que a impôs fez referência à gravidade concreta da conduta imputada ao recorrente, flagrado mantendo em depósito, na companhia de corréu, elevada quantidade e variedade de substância entorpecente, a saber, 2,203 kg (dois quilogramas e duzentos e três gramas) de maconha e 20 comprimidos de *ecstasy*. Dessarte, evidenciada a sua periculosidade e a necessidade da segregação como forma de acautelar a ordem pública. (Precedentes). 3. Condições subjetivas favoráveis do agente, por si sós, não impedem a prisão cautelar, caso se verifiquem presentes os requisitos legais para a decretação da segregação provisória. 4. Os fundamentos adotados para a imposição da prisão preventiva indicam, no caso, que as medidas alternativas seriam insuficientes para acautelar a ordem pública e evitar a prática de novos crimes. 5. Recurso ordinário desprovido" (RHC 106.865 – PB, 6.ª T., rel. Antonio Saldanha Palheiro, 27.08.2019, *DJe* 06.09.2019, v.u.).

212. Resposta do denunciado: é a possibilidade de alegar tudo o que interesse para convencer o juiz a não receber a denúncia. O termo "exceção" diz respeito a qualquer maneira de opor defesa ao processo, como, por exemplo, exceção de coisa julgada ou de litispendência. Preliminares são questões referentes ao processo, buscando evidenciar falhas e, portanto, a existência de nulidades, merecedoras de reparos. Contudo, antes mesmo de receber a peça acusatória, é raro haver falha processual, lembrando-se que não se declara nulidade de qualquer ato de investigação. Nesse caso, havendo erro, basta o refazimento, sem necessidade de anular. A parte mais importante refere-se à possibilidade de especificar provas e arrolar até cinco testemunhas.

213. Defesa preliminar obrigatória: se o advogado constituído pelo denunciado não oferecer a peça preliminar de defesa, ou o imputado não tiver condições de contratar algum, o juiz nomeia um defensor dativo, que a oferecerá em outros dez dias. Nas Comarcas em que houver atuação da Defensoria Pública, oficia-se à instituição para que indique um causídico.

214. Instrução precoce: seguindo os passos da antecessora, esta Lei manteve, no § 5.º do art. 55, o que já era previsto no art. 38, § 5.º, da revogada Lei 10.409/2002. Chega-se à arriscada posição de permitir ao juiz que promova diligências, no prazo de dez dias. É preciso cautela para que o magistrado não assuma a posição de protagonista na colheita de provas, quando nenhuma das partes tenha requerido. Além disso, pode-se estender em demasia o período antecedente ao ajuizamento da ação, que somente se dá com o recebimento da peça acusatória, o que é contraproducente.

214-A. Razoabilidade da prisão cautelar: não nos parece tenha tido o legislador a preocupação de resguardar um prazo razoável para a duração da prisão cautelar do indiciado e, posteriormente, acusado por tráfico ilícito de entorpecentes. Afinal, se ele for preso em flagrante, tem-se, em linhas gerais, ilustrando, o seguinte percurso: 30 dias para a conclusão do inquérito (art. 50, *caput*) ou 60, se houver autorização judicial (art. 50, *caput*); 10 dias para o Ministério Público oferecer denúncia (art. 54, *caput*); notifica-se o denunciado para, em 10 dias, oferecer *defesa prévia* (art. 55, *caput*); se a resposta não for apresentada, o juiz nomeia um defensor dativo, que terá 10 dias para tanto (art. 55, § 3.º); o juiz tem 5 dias para apreciar a defesa prévia (art. 55, § 4.º); caso haja viabilidade, produz-se provas em outros 10 dias (art. 55, § 5.º). Até o momento, a denúncia ainda não foi recebida e o indiciado pode estar cautelarmente preso por prazo variável de 65 a 105 dias. Porém, segundo se alega, toda essa complexidade para o recebimento da peça acusatória teria sido idealizada para a *proteção* do indiciado. Se estiver solto, a conclusão é correta. Porém, preso, trata-se de excessivo tempo para nem se saber se haverá ajuizamento da ação penal. Por outro lado, recebida a denúncia, o texto legal demonstra o aceleramento da instrução: a audiência, em situação normal, dentro de 30 dias (art. 56, § 2.º). Nesta, produz-se, sob o crivo do contraditório, toda a prova de uma só vez, passando-se aos debates orais e à prolação da sentença.

> **Art. 56.** Recebida a denúncia, o juiz designará dia e hora para a audiência de instrução e julgamento, ordenará a citação pessoal do acusado, a intimação do Ministério Público, do assistente, se for o caso, e requisitará os laudos periciais.[215]
>
> § 1.º Tratando-se de condutas tipificadas como infração do disposto nos arts. 33, *caput* e § 1.º, e 34 a 37 desta Lei, o juiz, ao receber a denúncia, poderá decretar o afastamento cautelar do denunciado de suas atividades, se for funcionário público, comunicando ao órgão respectivo.[216]
>
> § 2.º A audiência a que se refere o *caput* deste artigo será realizada dentro dos 30 (trinta) dias seguintes ao recebimento da denúncia, salvo se determinada a realização de avaliação para atestar dependência de drogas, quando se realizará em 90 (noventa) dias.[217]

215. Recebimento da denúncia e citação do acusado: o recebimento da denúncia deve ser fundamentado, pois, do contrário, terá sido em vão todo o trabalho da defesa, expondo inúmeros argumentos na peça preliminar. A ausência de motivação, em nosso entendimento, gera nulidade relativa, uma vez que não há expressa determinação legal para que ocorra. Designará o juiz data para a audiência de instrução e julgamento e determinará a citação do réu. Na data marcada, todas as testemunhas serão ouvidas e, ao final, o réu será interrogado (consultar a nota 210-A *supra*). Após, ocorrerão os debates entre as partes. Haverá, inclusive, se possível, a prolação da sentença.

216. Medida cautelar de afastamento da atividade pública: cuida-se de norma inovadora, mas positiva. Tratando-se de servidor público, acusado por tráfico ilícito de entorpecentes, é razoável que o magistrado possa determinar o seu afastamento do posto onde exerce a atividade de interesse público. Dependerá, naturalmente, do caso concreto, razão pela qual a decisão precisa ser devidamente fundamentada. Logo, não se trata de afastamento automático.

217. Prazo para a realização de audiência: estipulou-se em trinta dias, sendo cabível a extensão para noventa dias, se houver a realização de avaliação para atestar a dependência de drogas. Em primeiro lugar, o prazo de trinta dias pode ser viável ou não, conforme a pauta da Vara. A alegação de dependência deve ser feita na defesa preliminar.

> **Art. 57.** Na audiência de instrução e julgamento, após o interrogatório do acusado[217-A] e a inquirição das testemunhas, será dada a palavra, sucessivamente, ao representante do Ministério Público e ao defensor do acusado, para sustentação oral,[218] pelo prazo de 20 (vinte) minutos para cada um, prorrogável por mais 10 (dez), a critério do juiz.

> **Parágrafo único.** Após proceder ao interrogatório, o juiz indagará das partes se restou algum fato para ser esclarecido, formulando as perguntas correspondentes se o entender pertinente e relevante.

217-A. Interrogatório ao final da instrução: o entendimento do STF postergou o interrogatório do acusado para o término da colheita da prova (consultar a nota 210-A). Mas, quando isso não for seguido, é preciso provar o prejuízo. Na jurisprudência: STF: "Interrogatório realizado no início da instrução criminal. Nulidade do processo. Inocorrência. Efetivo prejuízo não demonstrado. 1. Na audiência de instrução e julgamento, a defesa, em momento algum, questionou a ordem da colheita das inquirições, tampouco requereu a reinquirição após o término da instrução processual. Nessas circunstâncias, não pode a defesa, agora, valer-se de suposto prejuízo decorrente de sua omissão. 2. Sem a demonstração de efetivo prejuízo causado à parte não se reconhece nulidade no processo penal (*pas de nullité sans grief*). Precedentes. 3. *Habeas corpus* indeferido" (HC 151.231, 1.ª T., rel. Marco Aurélio, rel. p/ acórdão Alexandre de Moraes, j. 11.06.2019, m.v.).

218. Sustentação oral: o ideal é que os debates, realizados pelas partes, sejam feitos oralmente, privilegiando o princípio processual da oralidade, que confere rapidez e objetividade à análise dos fatos e das provas pelas partes diante do juiz.

> **Art. 58.** Encerrados os debates, proferirá o juiz sentença de imediato, ou o fará em 10 (dez) dias, ordenando que os autos para isso lhe sejam conclusos.[219]
> § 1.º (*Revogado pela Lei 12.961, de 4 de abril de 2014*).
> § 2.º (*Revogado pela Lei 12.961, de 4 de abril de 2014*)

219. Juntada do laudo toxicológico: como regra, o laudo definitivo deve ser juntado aos autos até o final da instrução, possibilitando que as partes sobre ele se manifestem. A sua ausência provoca carência na formação da materialidade, pois o crime deixa vestígios (art. 158, CPP). O ideal é que o magistrado converta o julgamento em diligência para cobrar o referido laudo toxicológico. Não deve julgar sem a sua apresentação. Há precedente, no entanto, permitindo a juntada do laudo após a prolação da sentença e o seu uso pelo tribunal para condenar o réu: STJ: "2. No julgamento do EREsp n. 1.544.057/RJ, a Terceira Seção desta Corte pacificou o entendimento de que o laudo toxicológico definitivo, de regra, é imprescindível à comprovação da materialidade dos delitos envolvendo entorpecentes. Sem o referido exame, é forçosa a absolvição do acusado, admitindo-se, no entanto, em situações excepcionais, que a materialidade do crime de drogas seja atestada por laudo de constatação provisório. 3. Na espécie, foi elaborado exame prévio de material entorpecente por perito criminal que atestou que a substância submetida ao exame de constatação, de acordo com suas colaborações, exalando odor *sui generis* e em consistência de pedra sintética, possui fortes indícios de trata-se da substância entorpecente popularmente conhecida como *crack*" (HC 461.194 – TO, 5.ª T., rel. Reynaldo Soares da Fonseca, j. 20.09.2018, *DJe* 01.10.2018).

> **Art. 59.** Nos crimes previstos nos arts. 33, *caput* e § 1.º, e 34 a 37 desta Lei, o réu não poderá apelar sem recolher-se à prisão, salvo se for primário e de bons antecedentes, assim reconhecido na sentença condenatória.[220]

220. Apelo em liberdade: o condenado por tráfico ilícito de entorpecentes, muitas vezes com penas elevadas, pode recorrer em liberdade, caso tenha ficado solto durante toda a instrução. Se estava preso, porque presentes os requisitos da prisão preventiva (art. 312, CPP), como regra, continuará preso para recorrer. Entretanto, não mais prevalece o disposto neste artigo: o fato de ser reincidente ou ter maus antecedentes não impõe necessariamente a prisão provisória. Atualmente, toda prisão cautelar – exceto a prisão temporária – deve lastrear-se no mencionado art. 312 do Código de Processo Penal.

Capítulo IV
DA APREENSÃO, ARRECADAÇÃO E DESTINAÇÃO DE BENS DO ACUSADO

> **Art. 60.** O juiz, a requerimento do Ministério Público ou do assistente de acusação, ou mediante representação da autoridade de polícia judiciária,[221] poderá decretar, no curso do inquérito ou da ação penal, a apreensão e outras medidas assecuratórias[222] nos casos em que haja suspeita de que os bens, direitos ou valores sejam produto do crime ou constituam proveito dos crimes previstos nesta Lei, procedendo-se na forma dos arts. 125 e seguintes do Decreto-Lei n.º 3.689, de 3 de outubro de 1941 – Código de Processo Penal.[223]
>
> § 1.º *(Revogado pela Lei 13.840/2019.)*[224]
>
> § 2.º *(Revogado pela Lei 13.840/2019.)*[225]
>
> § 3.º Na hipótese do art. 366 do Decreto-Lei n.º 3.689, de 3 de outubro de 1941 – Código de Processo Penal, o juiz poderá determinar a prática de atos necessários à conservação dos bens, direitos ou valores.[226]
>
> § 4.º A ordem de apreensão ou sequestro de bens, direitos ou valores poderá ser suspensa pelo juiz, ouvido o Ministério Público, quando a sua execução imediata puder comprometer as investigações.[227]
>
> § 5.º Decretadas quaisquer das medidas previstas no *caput* deste artigo, o juiz facultará ao acusado que, no prazo de 5 (cinco) dias, apresente provas, ou requeira a produção delas, acerca da origem lícita do bem ou do valor objeto da decisão, exceto no caso de veículo apreendido em transporte de droga ilícita.[227-A]
>
> § 6.º Provada a origem lícita do bem ou do valor, o juiz decidirá por sua liberação, exceto no caso de veículo apreendido em transporte de droga ilícita, cuja destinação observará o disposto nos arts. 61 e 62 desta Lei, ressalvado o direito de terceiro de boa-fé.

221. Alteração do artigo 60, *caput*, pela Lei 13.840/2019: retira-se a possibilidade de o juiz atuar de ofício (algo que remanesce no CPP). Inclui-se, como parte legitimada a solicitar as medidas assecuratórias, o assistente de acusação. Finalmente, se houver representação da autoridade policial, antes de o magistrado decidir, não é mais obrigatória a oitiva do MP.

222. Apreensão e outras medidas assecuratórias: *apreende-se* o produto do crime, quando visível, como a droga ilícita encontrada em poder do agente. Nesse caso, a polícia não necessita de mandado judicial, bastando lavrar o auto de apreensão. Entretanto, há o proveito do crime, que significa a vantagem obtida pelo delinquente, mascarada de licitude. O traficante pode adquirir, por exemplo, imóveis e veículos com o dinheiro arrecadado em virtude da venda de drogas. Não pode a polícia judiciária simplesmente *apreender* tais bens, uma vez que é, constitucionalmente, assegurado o direito de propriedade. Ingressa, no cenário, o Judiciário, que pode, como dispõe a lei, sequestrar os proveitos da infração penal. Portanto, não se trata de singela *apreensão*, mas de ordem judicial fundamentada, tornando indisponível o bem, até que se decida o seu destino. Afinal, a Constituição Federal também prevê o confisco de bens de origem ilícita, cabendo ao Judiciário essa tarefa. Na jurisprudência: TJPI: "expressamente determina a perda de todos os bens que sejam apreendidos em decorrência da prática do crime de tráfico de drogas. II. A decisão atacada não se mostra teratológica ou manifestamente ilegal, já que a apreensão dos bens se deu por conta de consideráveis indícios de estarem sendo usados por agentes que auferem recursos por meio do tráfico de drogas, em suas diversas modalidades típicas. III. A decisão atacada, proferida por autoridade competente, contém fundamentação fática e legal adequada ao caso, nos termos do artigo 60 da Lei 11.343/06. IV. A controvérsia cinge-se à reavaliação de prova constituída nos autos da ação penal, o que se mostra inadequada pela via estreita do mandado de segurança, sendo este meio inapropriado para reivindicar a restituição de bens apreendidos, salvo em casos excepcionais, quando a decisão judicial for teratológica ou houver ilegalidade ou abuso de poder, o que não se verifica no presente caso. V. Ordem denegada" (MS 201600010041514 – PI, Tribunal Pleno, rel. Eulália Maria Pinheiro, j. 23.06.2016).

223. Suficiência da descrição: criticávamos a antiga redação do *caput* do art. 60, porque estabelecia apenas os artigos 125 a 144 do CPP, olvidando outras medidas importantes, para garantir a indenização à vítima, o pagamento da multa e as custas, como o arresto de bens móveis e imóveis, bem como a especialização de hipoteca legal, no caso dos imóveis. A Lei 13.840/2019 corrigiu essa distorção e inseriu que se procederá na forma do art. 125 *e seguintes* do CPP.

224. Procedimento específico para medidas não especificadas: apontávamos como contraditório e insuficiente o § 1.º do art. 60. O melhor seria simplesmente deixar a defesa do interessado se dar nos termos do Código de Processo Penal. A Lei 13.840/2019 seguiu essa ótica e revogou o mencionado parágrafo.

225. Revogação do § 2.º: se o § 1.º, que estabelecia um procedimento especial para o interessado contrariar a decisão do juiz, foi revogado pela Lei 13.840/2019, naturalmente, este parágrafo seguiu o mesmo destino, pois cuidava da liberação do bem se fosse provada a sua origem lícita.

226. Comparecimento pessoal: exigia-se o comparecimento pessoal do interessado para reaver os seus bens considerados *lícitos*, o que nos parecia inexplicável, e criticávamos a finalidade desta norma. O disposto neste § 3.º é o correto. Apenas quando citado por edital, o juiz tomaria providências para conservar os bens. Infelizmente, essa norma de comparecimento pessoal apenas trocou o seu lugar, passando, agora, ao art. 63-A.

227. Ação controlada: na esteira do estipulado no art. 53, II, desta Lei, permitindo que a prisão seja postergada, quando válida para incrementar as investigações, também o adiamento da efetivação da medida assecuratória pode ser feito, com o mesmo objetivo.

227-A. Regra específica para veículos: incluem-se este e o próximo parágrafo para reservar a aplicação especial em relação aos veículos apreendidos, conforme previsto no art. 61.

> **Art. 60-A.** Se as medidas assecuratórias de que trata o art. 60 desta Lei recaírem sobre moeda estrangeira, títulos, valores mobiliários ou cheques emitidos como ordem de pagamento, será determinada, imediatamente, a sua conversão em moeda nacional.[227-B]

> § 1.º A moeda estrangeira apreendida em espécie deve ser encaminhada a instituição financeira, ou equiparada, para alienação na forma prevista pelo Conselho Monetário Nacional.
>
> § 2.º Na hipótese de impossibilidade da alienação a que se refere o § 1.º deste artigo, a moeda estrangeira será custodiada pela instituição financeira até decisão sobre o seu destino.
>
> § 3.º Após a decisão sobre o destino da moeda estrangeira a que se refere o § 2.º deste artigo, caso seja verificada a inexistência de valor de mercado, seus espécimes poderão ser destruídos ou doados à representação diplomática do país de origem.
>
> § 4.º Os valores relativos às apreensões feitas antes da data de entrada em vigor da Medida Provisória n.º 885, de 17 de junho de 2019, e que estejam custodiados nas dependências do Banco Central do Brasil devem ser transferidos à Caixa Econômica Federal, no prazo de 360 (trezentos e sessenta) dias, para que se proceda à alienação ou custódia, de acordo com o previsto nesta Lei.

227-B. Medida de política econômica: sempre que as medidas assecuratórias envolverem a apreensão ou indisponibilidade de moeda estrangeira, títulos, valores mobiliários ou cheques emitidos como ordem de pagamento (estes últimos são os que não viraram "promessa de pagamento", com a aposição da conhecida frase: "bom para o dia...") haverá a transformação em moeda nacional. Cuidando-se de lei de drogas, o mais viável de ocorrer é a apreensão de moeda estrangeira, especialmente as que realmente têm valor de mercado (dólar, euro e similares). Tanto é verdade que o legislador nos outros parágrafos cogita de se apreender moedas estrangeiras *sem valor* de mercado (como a moeda argentina ou paraguaia, a título de exemplo, pois nem o real é aceito na maioria dos países estrangeiros) dando um fim a elas (destruição ou doação à representação diplomática do país de origem).

> **Art. 61.** A apreensão de veículos, embarcações, aeronaves e quaisquer outros meios de transporte e dos maquinários, utensílios, instrumentos e objetos de qualquer natureza utilizados para a prática, habitual ou não, dos crimes definidos nesta Lei será imediatamente comunicada pela autoridade de polícia judiciária responsável pela investigação ao juízo competente.[228]
>
> § 1.º O juiz, no prazo de 30 (trinta) dias contado da comunicação de que trata o *caput*, determinará a alienação dos bens apreendidos, excetuadas as armas, que serão recolhidas na forma da legislação específica.
>
> § 2.º A alienação será realizada em autos apartados, dos quais constará a exposição sucinta do nexo de instrumentalidade entre o delito e os bens apreendidos, a descrição e especificação dos objetos, as informações sobre quem os tiver sob custódia e o local em que se encontrem.
>
> § 3.º O juiz determinará a avaliação dos bens apreendidos, que será realizada por oficial de justiça, no prazo de 5 (cinco) dias a contar da autuação, ou, caso sejam necessários conhecimentos especializados, por avaliador nomeado pelo juiz, em prazo não superior a 10 (dez) dias.
>
> § 4.º Feita a avaliação, o juiz intimará o órgão gestor do Funad, o Ministério Público e o interessado para se manifestarem no prazo de 5 (cinco) dias e, dirimidas eventuais divergências, homologará o valor atribuído aos bens.
>
> § 5.º (*Vetado*).
>
> § 6.º (*Revogado pela Lei 13.886/2019*).

§ 7.º *(Revogado pela Lei 13.886/2019).*

§ 8.º *(Revogado pela Lei 13.886/2019).*

§ 9.º O Ministério Público deve fiscalizar o cumprimento da regra estipulada no § 1.º deste artigo.

§ 10. Aplica-se a todos os tipos de bens confiscados a regra estabelecida no § 1.º deste artigo.

§ 11. Os bens móveis e imóveis devem ser vendidos por meio de hasta pública, preferencialmente por meio eletrônico, assegurada a venda pelo maior lance, por preço não inferior a 50% (cinquenta por cento) do valor da avaliação judicial.

§ 12. O juiz ordenará às secretarias de Fazenda e aos órgãos de registro e controle que efetuem as averbações necessárias, tão logo tenha conhecimento da apreensão.

§ 13. Na alienação de veículos, embarcações ou aeronaves, a autoridade de trânsito ou o órgão congênere competente para o registro, bem como as secretarias de fazenda, devem proceder à regularização dos bens no prazo de 30 (trinta) dias, ficando o arrematante isento do pagamento de multas, encargos e tributos anteriores, sem prejuízo de execução fiscal em relação ao antigo proprietário.

§ 14. Eventuais multas, encargos ou tributos pendentes de pagamento não podem ser cobrados do arrematante ou do órgão público alienante como condição para regularização dos bens.

§ 15. Na hipótese de que trata o § 13 deste artigo, a autoridade de trânsito ou o órgão congênere competente para o registro poderá emitir novos identificadores dos bens.

228. Celeridade na disposição de bens: confirma-se a política criminal referente a imprimir celeridade na alienação de bens de qualquer espécie advindos de apreensões e sequestros com referência ao tráfico ilícito de drogas. O que mais se toma dos criminosos são veículos, embarcações, aeronaves e outros meios de transporte, além de máquinas, utensílios, instrumentos e outros objetos usados para a prática dos delitos descritos nesta Lei. Portanto, feita a apreensão, cuidará o juiz de rapidamente dar um destino a tudo isso, para que não se perca em qualquer pátio de delegacia, inviabilizando, no futuro, a alienação e a captação de recursos para a União. É o conteúdo do *caput* e dos parágrafos deste artigo.

Art. 62. Comprovado o interesse público na utilização de quaisquer dos bens de que trata o art. 61, os órgãos de polícia judiciária, militar e rodoviária poderão deles fazer uso, sob sua responsabilidade e com o objetivo de sua conservação, mediante autorização judicial, ouvido o Ministério Público e garantida a prévia avaliação dos respectivos bens.[229]

§ 1.º *(Revogado pela Lei 13.886/2019).*

§ 1.º-A. O juízo deve cientificar o órgão gestor do Funad para que, em 10 (dez) dias, avalie a existência do interesse público mencionado no *caput* deste artigo e indique o órgão que deve receber o bem.

§ 1.º-B. Têm prioridade, para os fins do § 1.º-A deste artigo, os órgãos de segurança pública que participaram das ações de investigação ou repressão ao crime que deu causa à medida.

§ 2.º A autorização judicial de uso de bens deverá conter a descrição do bem e a respectiva avaliação e indicar o órgão responsável por sua utilização.

§ 3.º O órgão responsável pela utilização do bem deverá enviar ao juiz periodicamente, ou a qualquer momento quando por este solicitado, informações sobre seu estado de conservação.

§ 4.º Quando a autorização judicial recair sobre veículos, embarcações ou aeronaves, o juiz ordenará à autoridade ou ao órgão de registro e controle a expedição de certificado provisório de registro e licenciamento em favor do órgão ao qual tenha deferido o uso ou custódia, ficando este livre do pagamento de multas, encargos e tributos anteriores à decisão de utilização do bem até o trânsito em julgado da decisão que decretar o seu perdimento em favor da União.

§ 5.º Na hipótese de levantamento, se houver indicação de que os bens utilizados na forma deste artigo sofreram depreciação superior àquela esperada em razão do transcurso do tempo e do uso, poderá o interessado requerer nova avaliação judicial.

§ 6.º Constatada a depreciação de que trata o § 5.º, o ente federado ou a entidade que utilizou o bem indenizará o detentor ou proprietário dos bens.

§ 7.º (*Revogado pela Lei 13.840/2019*).

§ 8.º (*Revogado pela Lei 13.840/2019*).

§ 9.º (*Revogado pela Lei 13.840/2019*).

§ 10. (*Revogado pela Lei 13.840/2019*).

§ 11. (*Revogado pela Lei 13.840/2019*).

229. Utilização em carga: veículos, embarcações, aeronaves e outros meios de transporte, principalmente, podem ser úteis aos órgãos policiais para utilização justamente no combate ao tráfico. Exemplo disso seria o uso de uma aeronave, apreendida em mãos de traficante, para o policiamento de fronteiras. Os bens apreendidos de traficantes não ficarão para uso e gozo destes, nem de seus descendentes ou sucessores. O confisco e destino à União são certos. No entanto, podem-se alienar os bens que estejam sujeitos à deterioração, de imediato, mas também é viável a utilização daqueles que podem servir justamente ao combate ao tráfico ilícito de drogas.

Art. 62-A. O depósito, em dinheiro, de valores referentes ao produto da alienação ou a numerários apreendidos ou que tenham sido convertidos deve ser efetuado na Caixa Econômica Federal, por meio de documento de arrecadação destinado a essa finalidade.[230]

§ 1.º Os depósitos a que se refere o *caput* deste artigo devem ser transferidos, pela Caixa Econômica Federal, para a conta única do Tesouro Nacional, independentemente de qualquer formalidade, no prazo de 24 (vinte e quatro) horas, contado do momento da realização do depósito, onde ficarão à disposição do Funad.

§ 2.º (*Revogado pela Lei 14.973/2024*).

§ 3.º Na hipótese de decretação do seu perdimento em favor da União, o valor do depósito será transformado em pagamento definitivo, respeitados os direitos de eventuais lesados e de terceiros de boa-fé.

§ 4.º Os valores devolvidos pela Caixa Econômica Federal, por decisão judicial, devem ser efetuados como anulação de receita do Funad no exercício em que ocorrer a devolução.

§ 5.º A Caixa Econômica Federal deve manter o controle dos valores depositados ou devolvidos.

230. Normas de caráter administrativo: delimita este artigo onde será feito o depósito dos valores referentes à alienação ou a numerários apreendidos ou convertidos. Depois, especifica qual será o destino do que foi depositado.

Art. 63. Ao proferir a sentença, o juiz decidirá sobre:

I – o perdimento do produto, bem, direito ou valor apreendido ou objeto de medidas assecuratórias; e[231]

II – o levantamento dos valores depositados em conta remunerada e a liberação dos bens utilizados nos termos do art. 62.

§ 1.º Os bens, direitos ou valores apreendidos em decorrência dos crimes tipificados nesta Lei ou objeto de medidas assecuratórias, após decretado seu perdimento em favor da União, serão revertidos diretamente ao Funad.

§ 2.º O juiz remeterá ao órgão gestor do Funad relação dos bens, direitos e valores declarados perdidos, indicando o local em que se encontram e a entidade ou o órgão em cujo poder estejam, para os fins de sua destinação nos termos da legislação vigente.

§ 3.º *(Revogado pela Lei 13.886/2019)*.

§ 4.º Transitada em julgado a sentença condenatória, o juiz do processo, de ofício ou a requerimento do Ministério Público, remeterá à SENAD relação dos bens, direitos e valores declarados perdidos em favor da União, indicando, quanto aos bens, o local em que se encontram e a entidade ou o órgão em cujo poder estejam, para os fins de sua destinação nos termos da legislação vigente.

§ 4.º-A. Antes de encaminhar os bens ao órgão gestor do Funad, o juiz deve:

I – ordenar às secretarias de Fazenda e aos órgãos de registro e controle que efetuem as averbações necessárias, caso não tenham sido realizadas quando da apreensão; e

II – determinar, no caso de imóveis, o registro de propriedade em favor da União no cartório de registro de imóveis competente, nos termos do *caput* e do parágrafo único do art. 243 da Constituição Federal, afastada a responsabilidade de terceiros prevista no inciso VI do *caput* do art. 134 da Lei n.º 5.172, de 25 de outubro de 1966 (Código Tributário Nacional), bem como determinar à Secretaria de Coordenação e Governança do Patrimônio da União a incorporação e entrega do imóvel, tornando-o livre e desembaraçado de quaisquer ônus para sua destinação.

§ 5.º *(Vetado)*.

§ 6.º Na hipótese do inciso II do *caput*, decorridos 360 (trezentos e sessenta) dias do trânsito em julgado e do conhecimento da sentença pelo interessado, os bens apreendidos, os que tenham sido objeto de medidas assecuratórias ou os valores depositados que não forem reclamados serão revertidos ao Funad.

231. Confisco automático: o art. 63, inciso I, foge, de certo modo, à regra do art. 91 do Código Penal. Quando algo é apreendido ou sequestrado, por ser instrumento ou produto de crime, proferida sentença condenatória, automaticamente, considera-se confiscado o bem (ou conjunto de bens). O disposto no art. 63, I, desta Lei, dá a entender que o magistrado deve *decidir* explicitamente sobre o perdimento dos bens. Se não o fizer, retornaria às mãos do acusado ou condenado. Pensamos que a melhor interpretação é a seguinte: a) se as coisas apreendidas forem instrumentos de utilização ilícita ou produtos do crime, estão automaticamente confiscadas, independentemente da manifestação judicial na sentença condenatória; b) se as coisas não forem de uso ilícito, é preciso aguardar pronunciamento do juiz, determinando – ou não – o seu confisco ou sequestro para pagamento das custas ou outro fim; c) se a sentença for absolutória, pode o juiz liberar tudo o que foi apreendido; porém, se houver algo ilícito, deve o juiz manter a apreensão, dando ao bem o destino cabível. Ex.: a cocaína apreendida será incinerada, ainda que o réu seja absolvido.

> **Art. 63-A.** Nenhum pedido de restituição será conhecido sem o comparecimento pessoal do acusado, podendo o juiz determinar a prática de atos necessários à conservação de bens, direitos ou valores.[232]

232. Comparecimento pessoal para restituição: continua a norma vazia de conteúdo, sem qualquer fundamento efetivo para exigir o comparecimento pessoal do réu a fim de receber de volta seus bens, se considerados lícitos.

> **Art. 63-B.** O juiz determinará a liberação total ou parcial dos bens, direitos e objeto de medidas assecuratórias quando comprovada a licitude de sua origem, mantendo-se a constrição dos bens, direitos e valores necessários e suficientes à reparação dos danos e ao pagamento de prestações pecuniárias, multas e custas decorrentes da infração penal.[233]

233. Limite da liberação: nem seria necessário, mas se fez constar em lei que a liberação dos bens em geral do acusado, comprovando-se a sua licitude, deve reservar o suficiente para a reparação de danos à vítima (se houver) e ao pagamento de outras quantias, como prestações pecuniárias, multas e custas.

> **Art. 63-C.** Compete à Senad, do Ministério da Justiça e Segurança Pública, proceder à destinação dos bens apreendidos e não leiloados em caráter cautelar, cujo perdimento seja decretado em favor da União, por meio das seguintes modalidades:[233-A]
> I – alienação, mediante:
> *a)* licitação;
> *b)* doação com encargo a entidades ou órgãos públicos, bem como a comunidades terapêuticas acolhedoras que contribuam para o alcance das finalidades do Funad; ou
> *c)* venda direta, observado o disposto no inciso II do *caput* do art. 24 da Lei n.º 8.666, de 21 de junho de 1993;
> II – incorporação ao patrimônio de órgão da administração pública, observadas as finalidades do Funad;

> III – destruição; ou
>
> IV – inutilização.
>
> § 1.º A alienação por meio de licitação deve ser realizada na modalidade leilão, para bens móveis e imóveis, independentemente do valor de avaliação, isolado ou global, de bem ou de lotes, assegurada a venda pelo maior lance, por preço não inferior a 50% (cinquenta por cento) do valor da avaliação.
>
> § 2.º O edital do leilão a que se refere o § 1.º deste artigo será amplamente divulgado em jornais de grande circulação e em sítios eletrônicos oficiais, principalmente no Município em que será realizado, dispensada a publicação em diário oficial.
>
> § 3.º Nas alienações realizadas por meio de sistema eletrônico da administração pública, a publicidade dada pelo sistema substituirá a publicação em diário oficial e em jornais de grande circulação.
>
> § 4.º Na alienação de imóveis, o arrematante fica livre do pagamento de encargos e tributos anteriores, sem prejuízo de execução fiscal em relação ao antigo proprietário.
>
> § 5.º Na alienação de veículos, embarcações ou aeronaves deverão ser observadas as disposições dos §§ 13 e 15 do art. 61 desta Lei.
>
> § 6.º Aplica-se às alienações de que trata este artigo a proibição relativa à cobrança de multas, encargos ou tributos prevista no § 14 do art. 61 desta Lei.
>
> § 7.º A Senad, do Ministério da Justiça e Segurança Pública, pode celebrar convênios ou instrumentos congêneres com órgãos e entidades da União, dos Estados, do Distrito Federal ou dos Municípios, bem como com comunidades terapêuticas acolhedoras, a fim de dar imediato cumprimento ao estabelecido neste artigo.
>
> § 8.º Observados os procedimentos licitatórios previstos em lei, fica autorizada a contratação da iniciativa privada para a execução das ações de avaliação, de administração e de alienação dos bens a que se refere esta Lei.

233-A. Normas de caráter administrativo: informam os órgãos do Poder Executivo que devem lidar com o restante de bens, não leiloados ou dispostos cautelarmente. Poderá haver alienação mediante licitação, doação ou venda direta; pode ocorrer a incorporação ao patrimônio de órgão administrativo, destruição ou inutilização.

> **Art. 63-D.** Compete ao Ministério da Justiça e Segurança Pública regulamentar os procedimentos relativos à administração, à preservação e à destinação dos recursos provenientes de delitos e atos ilícitos e estabelecer os valores abaixo dos quais se deve proceder à sua destruição ou inutilização.[233-B]

233-B. Norma de caráter administrativo: atribui competência ao Ministério da Justiça e Segurança Pública para regulamentar procedimentos relativos à destinação dos valores advindos de crimes em geral.

> **Art. 63-E.** O produto da alienação dos bens apreendidos ou confiscados será revertido integralmente ao Funad, nos termos do parágrafo único do art. 243 da Constituição Federal, vedada a sub-rogação sobre o valor da

arrematação para saldar eventuais multas, encargos ou tributos pendentes de pagamento.²³³⁻ᶜ

Parágrafo único. O disposto no *caput* deste artigo não prejudica o ajuizamento de execução fiscal em relação aos antigos devedores.

233-C. Norma de conteúdo administrativo: regula a destinação do produto da alienação dos bens apreendidos ou confiscados.

Art. 63-F. Na hipótese de condenação por infrações às quais esta Lei comine pena máxima superior a 6 (seis) anos de reclusão, poderá ser decretada a perda, como produto ou proveito do crime, dos bens correspondentes à diferença entre o valor do patrimônio do condenado e aquele compatível com o seu rendimento lícito.²³³⁻ᴰ

§ 1.º A decretação da perda prevista no *caput* deste artigo fica condicionada à existência de elementos probatórios que indiquem conduta criminosa habitual, reiterada ou profissional do condenado ou sua vinculação a organização criminosa.

§ 2.º Para efeito da perda prevista no *caput* deste artigo, entende-se por patrimônio do condenado todos os bens:

I – de sua titularidade, ou sobre os quais tenha domínio e benefício direto ou indireto, na data da infração penal, ou recebidos posteriormente; e

II – transferidos a terceiros a título gratuito ou mediante contraprestação irrisória, a partir do início da atividade criminal.

§ 3.º O condenado poderá demonstrar a inexistência da incompatibilidade ou a procedência lícita do patrimônio.

233-D. Enriquecimento ilícito: introduziu-se o mesmo método no Código Penal (art. 91-A). Assim, em infrações penais com penas elevadas, levando-se em conta o máximo abstrato superior a seis anos, pode-se, como efeito da condenação, decretar a perda dos bens correspondentes à diferença entre o valor do patrimônio do condenado e aquele montante que seria compatível com o seu rendimento lícito. Anotem-se alguns detalhes: a) esse patrimônio, amealhado sem justa causa, torna-se ilícito por força de lei; b) equipara-se aquela diferença patrimonial sem causa ao produto ou proveito do crime. Ilustrando, o traficante não ganha nada lícito, como regra; logo, o que amealha é sempre ilícito; a diferença entre o montante dos bens ilícitos e o que eventualmente for considerado como patrimônio lícito será confiscado. Não nos parece exista qualquer vício de inconstitucionalidade, pois ingressa em lei o enriquecimento sem causa, quando se apura, com condenação, um crime.

Art. 64. A União, por intermédio da SENAD, poderá firmar convênio com os Estados, com o Distrito Federal e com organismos orientados para a prevenção do uso indevido de drogas, a atenção e a reinserção social de usuários ou dependentes e a atuação na repressão à produção não autorizada e ao tráfico ilícito de drogas, com vistas na liberação de equipamentos e de recursos por ela arrecadados, para a implantação e execução de programas relacionados à questão das drogas.

TÍTULO V
DA COOPERAÇÃO INTERNACIONAL

Art. 65. De conformidade com os princípios da não intervenção em assuntos internos, da igualdade jurídica e do respeito à integridade territorial dos Estados e às leis e aos regulamentos nacionais em vigor, e observado o espírito das Convenções das Nações Unidas e outros instrumentos jurídicos internacionais relacionados à questão das drogas, de que o Brasil é parte, o governo brasileiro prestará, quando solicitado, cooperação a outros países e organismos internacionais e, quando necessário, deles solicitará a colaboração, nas áreas de:

I – intercâmbio de informações sobre legislações, experiências, projetos e programas voltados para atividades de prevenção do uso indevido, de atenção e de reinserção social de usuários e dependentes de drogas;

II – intercâmbio de inteligência policial sobre produção e tráfico de drogas e delitos conexos, em especial o tráfico de armas, a lavagem de dinheiro e o desvio de precursores químicos;

III – intercâmbio de informações policiais e judiciais sobre produtores e traficantes de drogas e seus precursores químicos.

TÍTULO V-A
DO FINANCIAMENTO DAS POLÍTICAS SOBRE DROGAS

Art. 65-A. (*Vetado*).

TÍTULO VI
DISPOSIÇÕES FINAIS E TRANSITÓRIAS

Art. 66. Para fins do disposto no parágrafo único do art. 1.º desta Lei, até que seja atualizada a terminologia da lista mencionada no preceito, denominam-se drogas substâncias entorpecentes, psicotrópicas, precursoras e outras sob controle especial, da Portaria SVS/MS 344, de 12 de maio de 1998.[234]

234. Relação de plantas e drogas proibidas: a referida Portaria SVS/MS 344/98 traz, na lista E, a relação das plantas que podem dar origem a substâncias entorpecentes e/ou psicotrópicas: a) *cannabis sativum*; b) *claviceps paspali*; c) *datura suaveolans*; d) *erytroxylum coca*; e) *lophophora williamsii (cacto peyote)*; f) papaver Somniferum; g) *prestonia amazônica (haemadictyon amazonicum)*; h) *salvia Divinorum*. São controlados, igualmente, os sais e isômeros das substâncias obtidas a partir das mencionadas plantas. Constituem substâncias de uso proscrito no Brasil, previstas na Lista F: a) *metilfentanila*; b) *acetil-alfa-metilfentanila*; c) *alfa-metilfentanila*; d) *alfametiltiofentanil*; e) *beta-hidroxi-3-metilfentanila*; f) *beta-hidroxifentanila*; g) *cocaína*; h) *desomorfina*; i) *ecgonina*; j) *heroína*; l) *metilfenilpropionato de piperidina*; m) *para-fluorofentanila*; n) *pepap*; o) *tiofentanila*; p) *metillaminorex*; q) *benzofetamina*; r) *catinona*; s) *cloreto de etila*; t) *dietilaminoetilindol*; u) *lisergida*; v) *dimetoximetilfenetilamina*; x) *dimetilheptiltetrahidrotrimetrildibenzo*; z) *dimetilaminoetilindol*; aa) *bromodimetoximetilfe-*

netilaminabrolanfetamina; bb) *etildimetoxifenetilamina*; cc) *eticiclidina*; dd) *etriptamina*; ee) *metilendioxifenetilaminatenamfetamina*; ff) *dimetilmetilendioxifenetilamina*; gg) *mecloqualona*; hh) *mescalina*; ii) *metaqualona*; jj) *meticatinona*; ll) *parahexila*; mm) *metoximetilfenetilamina*; nn) *psilocibina*; oo) *psilocina*; pp) *roliciclidina*; qq) *dimetoxidimetilfenetilamina*; rr) *tenociclidina*; ss) *tetraidrocanabinol*; tt) *trimetoximetilfenetilamina*; uu) *zipeprol*. Além dessas, proíbem-se *estricnina e etretinato*. São controlados, igualmente, os sais e isômeros das substâncias citadas.

> **Art. 67.** A liberação dos recursos previstos na Lei 7.560, de 19 de dezembro de 1986,[235] em favor de Estados e do Distrito Federal, dependerá de sua adesão e respeito às diretrizes básicas contidas nos convênios firmados e do fornecimento de dados necessários à atualização do sistema previsto no art. 17 desta Lei, pelas respectivas polícias judiciárias.

235. Fundo de prevenção, recuperação e combate às drogas: conforme o momento, o Estado cria um fundo específico para recolher valores e destinar aos fins de enfrentamento, de variadas formas, ao problema gerado pelas drogas ilícitas. Atualmente, trata-se do Fundo Nacional Antidrogas (Funad).

> **Art. 67-A.** Os gestores e entidades que recebam recursos públicos para execução das políticas sobre drogas deverão garantir o acesso às suas instalações, à documentação e a todos os elementos necessários à efetiva fiscalização pelos órgãos competentes.[235-A]

235-A. Norma de conteúdo administrativo: estabelece regra para a fiscalização das entidades que receberam recursos públicos para executar a política de drogas implantada pelo Executivo.

> **Art. 68.** A União, os Estados, o Distrito Federal e os Municípios poderão criar estímulos fiscais e outros, destinados às pessoas físicas e jurídicas que colaborem na prevenção do uso indevido de drogas, atenção e reinserção social de usuários e dependentes e na repressão da produção não autorizada e do tráfico ilícito de drogas.[236]

236. Estímulos fiscais: os incentivos em matéria tributária podem constituir importante fator para agregar pessoas físicas e jurídicas, não vinculadas aos órgãos governamentais, visando à colaboração para a prevenção da produção, do tráfico e do uso de produtos e substâncias entorpecentes ilícitas em geral. Os estímulos fiscais devem ser instituídos por lei, porém já existe permissivo legal, no contexto do combate ao tráfico, para a sua criação, seja na forma de isenção ("exclusão, por lei, de parcela da hipótese de incidência, ou suporte fático da norma de tributação, sendo objeto da isenção a parcela que a lei retira dos fatos que realizam a hipótese de incidência da regra de tributação", cf. Hugo de Brito Machado, *Curso de direito tributário*, p. 193-194), seja em outra modalidade, como a autorização para a realização de dedução de determinado investimento no imposto de renda a pagar à União. Como explica Paulo de Barros Carvalho, a isenção pode fomentar as grandes iniciativas de interesse público (*Curso de direito tributário*, p. 489), o que, naturalmente, permite a edição de lei para estimular a iniciativa privada a cooperar com o Estado na prevenção, no tratamento, no controle ou mesmo na repressão ao tráfico ilícito de entorpecentes.

Art. 69. No caso de falência ou liquidação extrajudicial de empresas ou estabelecimentos hospitalares, de pesquisa, de ensino, ou congêneres, assim como nos serviços de saúde que produzirem, venderem, adquirirem, consumirem, prescreverem ou fornecerem drogas ou de qualquer outro em que existam essas substâncias ou produtos, incumbe ao juízo perante o qual tramite o feito:[237]

I – determinar, imediatamente à ciência da falência ou liquidação, sejam lacradas suas instalações;

II – ordenar à autoridade sanitária competente a urgente adoção das medidas necessárias ao recebimento e guarda, em depósito, das drogas arrecadadas;

III – dar ciência ao órgão do Ministério Público, para acompanhar o feito.

§ 1.º Da licitação para alienação de substâncias ou produtos não proscritos referidos no inciso II do *caput* deste artigo, só podem participar pessoas jurídicas regularmente habilitadas na área de saúde ou de pesquisa científica que comprovem a destinação lícita a ser dada ao produto a ser arrematado.[238]

§ 2.º Ressalvada a hipótese de que trata o § 3.º deste artigo, o produto não arrematado será, ato contínuo à hasta pública, destruído pela autoridade sanitária, na presença dos Conselhos Estaduais sobre Drogas e do Ministério Público.

§ 3.º Figurando entre o praceado e não arrematadas especialidades farmacêuticas em condições de emprego terapêutico, ficarão elas depositadas sob a guarda do Ministério da Saúde, que as destinará à rede pública de saúde.

237. Medidas cautelares: havendo falência ou liquidação extrajudicial de empresas ou estabelecimentos que possuam, comercializem ou lidem de alguma forma com substâncias entorpecentes e afins, nada mais lógico do que tomar medidas de natureza urgente e cautelar para evitar que tais produtos terminem em mãos erradas. Por isso, corretas são as providências previstas nos incisos deste artigo.

238. Norma útil: se for realizada licitação para a alienação de *drogas*, especialmente as ilícitas, não se poderia imaginar a validade de participação no certame de qualquer pessoa jurídica (como, *v.g.*, uma revendedora de veículos automotores ou uma empresa de decoração de ambientes), a não ser, por óbvio, aquelas que possuam regular habilitação na área da saúde (para as drogas lícitas) ou da pesquisa científica (para as lícitas e, eventualmente, as ilícitas), comprovando a destinação do produto, sob fiscalização estatal. Por isso, não vemos relevância prática nesta norma.

Art. 70. O processo e o julgamento dos crimes previstos nos arts. 33 a 37 desta Lei, se caracterizado ilícito transnacional, são da competência da Justiça Federal.[239]

Parágrafo único. Os crimes praticados nos Municípios que não sejam sede de vara federal serão processados e julgados na vara federal da circunscrição respectiva.

239. Competência federal: a norma é inócua, pois é a Constituição Federal que fixa a competência da Justiça Federal. Portanto, nos termos do art. 109, V, da CF, cabe aos juízes federais processar e julgar "os crimes previstos em tratado ou convenção internacional, quando, iniciada a execução no País, o resultado tenha ou devesse ter ocorrido no estrangeiro, ou reciprocamente". Na jurisprudência: STJ: "3. De acordo com o art. 70 da Lei 11.343/2006, os delitos previstos nos seus arts. 33 a 37 são da competência da Justiça Federal, quando caracterizada a transnacionalidade do ilícito. *In casu*, contudo, não há nos autos elementos suficientes para demonstrar que os investigados participem de tráfico internacional de drogas. 4. A conduta relativa à dissimulação de recursos do narcotráfico por meio do envio, de forma irregular e sem autorização legal, de valores para o exterior (Bolívia e Líbano), ao que parece, reúne os elementos caracterizadores do art. 22 da Lei n. 7.492/1986, o que atrai a competência da Justiça Federal, nos termos no art. 26 da Lei n. 7.492/1986. 5. Conflito de competência conhecido para declarar a competência do Juízo Federal da 1.ª Vara de Corumbá da Seção Judiciária de Mato Grosso do Sul" (CC 164.361 – MT, 3.ª S., rel. Antonio Saldanha Palheiro, j. 28.08.2019, v.u.); "1. Compete à Justiça Federal o julgamento dos crimes previstos nos artigos 33 a 37 da Lei n.º 11.343/2006, desde que caracterizado ilícito transnacional, a teor do art. 70 do mesmo diploma legal. 2. No caso, as evidências até o momento coletadas na investigação e na instrução criminal não revelaram a existência de tráfico internacional de drogas, devendo a ação penal ser mantida na Justiça Estadual. 3. Mera suposição de que a droga (maconha) viria do Paraguai, não é suficiente para deslocar a competência para a Justiça Federal. Por outro lado, não se descarta, é bem verdade, a possibilidade de surgimento de novas provas, ao longo da instrução criminal, que evidenciem a transnacionalidade do tráfico de drogas, o que poderá deslocar a competência para a Justiça Federal. 4. Recurso ordinário em *habeas corpus* improvido" (RHC 99.550 – MS, 5.ª T., rel. Reynaldo Soares da Fonseca, j. 07.08.2018, *DJe* 15.08.2018).

> **Art. 71.** (*Vetado*).
>
> **Art. 72.** Encerrado o processo criminal ou arquivado o inquérito policial, o juiz, de ofício, mediante representação da autoridade de polícia judiciária, ou a requerimento do Ministério Público, determinará a destruição das amostras guardadas para contraprova, certificando nos autos.[239-A]

239-A. Destruição de amostras: a nova redação dada a este artigo pela Lei 12.961/2014 guarda sintonia com as outras alterações realizadas. Tendo em vista que, atualmente, as drogas devem ser destruídas ainda durante a investigação, reservando-se somente amostras para a realização do laudo definitivo, ao final do processo, resta apenas a incineração das referidas amostras, afinal, a maior quantidade já foi aniquilada. Por outro lado, inclui-se também o arquivamento de inquérito, demonstrando que, mesmo não havendo ação penal, as drogas devem ser incineradas, pois produtos ilícitos.

> **Art. 73.** A União poderá celebrar convênios com os Estados e com o Distrito Federal visando à prevenção e repressão do tráfico ilícito e do uso indevido de drogas, e com os Municípios, com o objetivo de prevenir o uso indevido delas e de possibilitar a atenção e reinserção social de usuários e dependentes de drogas.[240]

240. Convênios: nas palavras de Maria Sylvia Zanella Di Pietro "o convênio não constitui modalidade de contrato, embora seja um dos instrumentos de que o Poder Público se utiliza para associar-se com outras entidades públicas ou com entidades privadas. Define-se o convênio como forma de ajuste entre o Poder Público e entidades públicas ou privadas para a realização de objetivos de interesse comum, mediante mútua colaboração. O convênio tem em comum com o contrato o fato de ser um acordo de vontades" (*Direito administrativo*, p. 284). O art. 4.º da revogada Lei 10.409/2002 previa a possibilidade de realização de convênio não somente com os Estados, mas também com o Distrito Federal, com os Municípios e com entidades públicas e privadas.

> **Art. 74.** Esta Lei entra em vigor 45 (quarenta e cinco) dias após a sua publicação.[241]

241. Vigência da nova lei e aplicação retroativa imediata: assim que entrar em vigor, mormente no contexto dos crimes cometidos por usuários, deve haver a sua aplicação a todos os casos de réus já condenados (ou ainda processados). A competência para aplicar a lei penal benéfica é do juiz da execução penal (Súmula 611 do STF).

> **Art. 75.** Revogam-se a Lei 6.368, de 21 de outubro de 1976, e a Lei 10.409, de 11 de janeiro de 2002.
> Brasília, 23 de agosto de 2006; 185.º da Independência e 118.º da República.
> Luiz Inácio Lula da Silva
>
> (*DOU* 24.08.2006)

Estatuto da Pessoa Idosa

Lei 10.741, de 1.º de outubro de 2003

Dispõe sobre o Estatuto da Pessoa Idosa e dá outras providências.

O Presidente da República:

Faço saber que o Congresso Nacional decreta e eu sanciono a seguinte Lei:

TÍTULO I
DISPOSIÇÕES PRELIMINARES

> **Art. 1.º** É instituído o Estatuto da Pessoa Idosa, destinado a regular os direitos assegurados às pessoas com idade igual ou superior a 60 (sessenta) anos.[1-2-A]

1. Fundamento constitucional: preceitua o art. 230 da Constituição Federal que "a família, a sociedade e o Estado têm o dever de amparar as pessoas idosas, assegurando sua participação na comunidade, defendendo sua dignidade e bem-estar e garantindo-lhes o direito à vida. § 1.º Os programas de amparo aos idosos serão executados preferencialmente em seus lares. § 2.º Aos maiores de sessenta e cinco anos é garantida a gratuidade dos transportes coletivos urbanos". O Estatuto da Pessoa Idosa elegeu a idade de 60 anos para caracterizar a pessoa *idosa*, embora tenha sido assegurada a gratuidade dos transportes coletivos urbanos *somente* aos maiores de 65 anos, na Constituição Federal, o que é uma nítida contradição. Por outro lado, nem sempre a pessoa com mais de 60 anos, no mundo moderno de hoje, deve ser considerada hipossuficiente, como se prevê, na Lei 10.741/2003, para os diversos fins de amparo e proteção. Foi uma opção legislativa, afinal, anteriormente, quando o Código Penal se referia ao *velho*, interpretava-se como sendo aquele que atingira 70 anos (idade, aliás, utilizada como parâmetro para aposentadoria compulsória do funcionário público e para o fim de cálculo atenuado da prescrição, conforme art. 115 do Código Penal, bem como para a finalidade de se conceder atenuante ao criminoso, de acordo com o art. 65, I, também do Código Penal).

Temos, atualmente, três estágios de idades: a) 60 anos, para ser uma pessoa considerada idosa; b) 65 anos, para que tenha o benefício do transporte coletivo público gratuito; c) 70 anos, para o fim de cálculo da prescrição, de concessão de atenuante e em relação à possibilidade de concessão de *sursis* para condenações a até quatro anos (*sursis* etário).

2. **Crítica à inclusão do termo igual:** a regra é a utilização da expressão "maior de" para definir uma idade qualquer em função da aplicação de determinados direitos ou para a exigência de certas obrigações. Exemplo disso se encontra no Código Penal: "São circunstâncias que sempre atenuam a pena: I – ser o agente menor de 21 (vinte e um), na data do fato, ou *maior de* 70 (setenta) anos na data da sentença" (art. 65, I, com grifo nosso). Igualmente se pode conferir no art. 115 do Código Penal a expressão "maior de 70 (setenta) anos". Logo, bastaria dizer "maior de 60 anos" para todos os fins previstos nesta Lei. Aliás, quem completa a idade de 60 anos, passa a ser maior de 60. Cada minuto e hora do dia do aniversário (e todo dia após essa data) de quem completa a referida idade, demonstra o transcurso do tempo, razão pela qual a maioridade é apenas confirmada. Soa, pois, redundante dizer "igual ou superior a 60 anos". Seria o mesmo que mencionar, para efeito da aplicação da atenuante, a expressão "igual ou superior a 70 anos". Em suma, quando citarmos a pessoa idosa, cremos válido enunciar somente "maior de 60".

2-A. **Efeitos penais limitados:** a idade de 60 anos, indicando a fase da velhice, destina-se apenas a esta Lei. Não produz efeitos em normas penais que possuem disciplina própria. Na jurisprudência: STF: "II – A idade de 60 anos, prevista no art. 1.º do Estatuto do Idoso, somente serve de parâmetro para os direitos e obrigações estabelecidos pela Lei 10.741/2003. Desse modo, não há que falar em revogação tácita do art. 115 do Código Penal, que estabelece a redução dos prazos de prescrição quando o criminoso possui mais de 70 anos de idade na data da sentença condenatória" (HC 149.253 AgR, 2.ª T., rel. Ricardo Lewandowski, j. 24.08.2018, v.u.). STJ: "5. A atenuante prevista na segunda parte do inciso I do art. 65 do Código Penal somente pode ser aplicada quando o réu tiver mais de 70 anos na data da sentença" (HC 466.605 – SP, 5.ª T., rel. Joel Ilan Paciornik, j. 12.03.2019, v.u.).

> **Art. 2.º** A pessoa idosa goza de todos os direitos fundamentais inerentes à pessoa humana, sem prejuízo da proteção integral de que trata esta Lei, assegurando-se-lhe, por lei ou por outros meios, todas as oportunidades e facilidades, para preservação de sua saúde física e mental e seu aperfeiçoamento moral, intelectual, espiritual e social, em condições de liberdade e dignidade.[3]

3. **Carência de recursos do Estado:** da mesma forma como se prevê no Estatuto da Criança e do Adolescente inúmeros direitos que o Estado não tem a menor condição de suportar, financeiramente, não fugiu à regra o Estatuto da Pessoa Idosa. O maior de 60 anos, no Brasil, segundo o disposto nesta Lei, tem todos os direitos essenciais preservados: saúde física e mental, aperfeiçoamento moral (algo que foge, na prática, ao controle estatal), intelectual, espiritual (outro ponto que refoge a qualquer controle do Estado) e social, em condições de liberdade e dignidade. Temos fundadas dúvidas se é correto inserir no texto legal um prisma ideal de vida – quase celestial – para a proteção de qualquer agrupamento de seres humanos. A frustração, quando os direitos não são respeitados, por razões de carência evidentes, mormente na órbita material, torna-se ainda maior.

> **Art. 3.º** É obrigação da família, da comunidade, da sociedade e do Poder Público assegurar à pessoa idosa, com absoluta prioridade, a efetivação do direito à vida, à saúde, à alimentação, à educação, à cultura, ao esporte, ao lazer, ao trabalho, à cidadania, à liberdade, à dignidade, ao respeito e à convivência familiar e comunitária.

§ 1.º A garantia de prioridade compreende:

I – atendimento preferencial imediato e individualizado junto aos órgãos públicos e privados prestadores de serviços à população;

II – preferência na formulação e na execução de políticas sociais públicas específicas;

III – destinação privilegiada de recursos públicos nas áreas relacionadas com a proteção à pessoa idosa;

IV – viabilização de formas alternativas de participação, ocupação e convívio da pessoa idosa com as demais gerações;

V – priorização do atendimento da pessoa idosa por sua própria família, em detrimento do atendimento asilar, exceto dos que não a possuam ou careçam de condições de manutenção da própria sobrevivência;

VI – capacitação e reciclagem dos recursos humanos nas áreas de geriatria e gerontologia e na prestação de serviços às pessoas idosas;

VII – estabelecimento de mecanismos que favoreçam a divulgação de informações de caráter educativo sobre os aspectos biopsicossociais de envelhecimento;

VIII – garantia de acesso à rede de serviços de saúde e de assistência social locais;

IX – prioridade no recebimento da restituição do Imposto de Renda.

§ 2.º Entre as pessoas idosas, é assegurada prioridade especial aos maiores de 80 anos, atendendo-se suas necessidades sempre preferencialmente em relação às demais pessoa idosas.

Art. 4.º Nenhuma pessoa idosa será objeto de qualquer tipo de negligência, discriminação, violência, crueldade ou opressão, e todo atentado aos seus direitos, por ação ou omissão, será punido na forma da lei.

§ 1.º É dever de todos prevenir a ameaça ou violação aos direitos da pessoa idosa.

§ 2.º As obrigações previstas nesta Lei não excluem da prevenção outras decorrentes dos princípios por ela adotados.

Art. 5.º A inobservância das normas de prevenção importará em responsabilidade à pessoa física ou jurídica nos termos da lei.

Art. 6.º Todo cidadão tem o dever de comunicar à autoridade competente qualquer forma de violação a esta Lei que tenha testemunhado ou de que tenha conhecimento.

Art. 7.º Os Conselhos Nacional, Estaduais, do Distrito Federal e Municipais da Pessoa Idosa, previstos na Lei 8.842, de 4 de janeiro de 1994, zelarão pelo cumprimento dos direitos da pessoa idosa, definidos nesta Lei.

(...)

TÍTULO VI
DOS CRIMES

Capítulo I
DISPOSIÇÕES GERAIS

Art. 93. Aplicam-se subsidiariamente, no que couber, as disposições da Lei 7.347, de 24 de julho de 1985.[4]

4. Previsão específica: não vemos necessidade alguma no preceituado no art. 93 desta Lei. Há um delito, especificado no art. 10 da Lei 7.347/85 (Lei da Ação Civil Pública), que não conflita com nenhum dispositivo do Estatuto da Pessoa Idosa. Logo, inexiste razão para a "aplicação subsidiária" do que está contido na referida Lei 7.347/85. Preceitua o art. 10 da Lei da Ação Civil Pública: "Constitui crime, punido com pena de reclusão de 1 (um) a 3 (três) anos, mais multa de 10 (dez) a 1.000 (mil) Obrigações do Tesouro Nacional – OTN, a recusa, o retardamento ou a omissão de dados técnicos indispensáveis à propositura da ação civil, quando requisitados pelo Ministério Público". Portanto, quando o membro do Ministério Público, ao presidir o inquérito civil, necessitando de elementos, requisitar dados dos órgãos governamentais, das empresas privadas ou públicas e demais entes da administração pública, deve ser imediatamente atendido. Se isso não ocorrer, havendo conduta dolosa, na recusa, retardamento ou omissão dos dados técnicos exigidos legalmente pelo Ministério Público, configura-se um delito específico de desobediência, com pena bem superior à prevista no art. 330 do Código Penal. No entanto, se o art. 93 inexistisse, somente para ilustrar, não perderia efeito o art. 10 da Lei 7.347/85. Aventar um conflito aparente de normas entre o referido art. 10 e o disposto no art. 100, IV, da Lei 10.741/2003, não tem sentido, pois este se refere à ordem judicial, proferida em ação civil pública, enquanto aquele diz respeito à requisição do MP, durante o inquérito civil.

> **Art. 94.** Aos crimes previstos nesta Lei, cuja pena máxima privativa de liberdade não ultrapasse 4 (quatro) anos, aplica-se o procedimento previsto na Lei 9.099, de 26 de setembro de 1995, e, subsidiariamente, no que couber, as disposições do Código Penal e do Código de Processo Penal.[5]

5. Adoção do procedimento previsto na Lei 9.099/95 para crimes contra pessoas idosas: expusemos na nota 1-A ao Capítulo I, Título II, Livro II, do nosso *Código de Processo Penal comentado*, a nossa posição sobre o assunto. Reproduziremos o essencial. Preceitua o art. 94 da Lei 10.741/2003 (Estatuto da Pessoa Idosa) que "aos crimes previstos nesta Lei, cuja pena máxima privativa de liberdade não ultrapasse 4 (quatro) anos, aplica-se o procedimento previsto na Lei 9.099/95, de 26 de setembro de 1995, e, subsidiariamente, no que couber, as disposições do Código Penal e do Código de Processo Penal". Há duas interpretações possíveis para esse dispositivo: a) aos crimes previstos no Estatuto da Pessoa Idosa pode-se aplicar, integralmente, o disposto na Lei 9.099/95, ou seja, cabe transação penal e suspensão condicional do processo, bem como, na impossibilidade destes benefícios, apenas o procedimento célere lá previsto; b) aos crimes previstos no Estatuto da Pessoa Idosa aplica-se o procedimento célere da Lei 9.099/95, mas não a transação ou a suspensão condicional do processo. Esses benefícios seriam válidos somente se as infrações não ultrapassassem os limites legais (dois anos de pena máxima para a transação; um ano de pena mínima para a suspensão condicional do processo). Adotar a primeira interpretação seria exterminar a principal meta da Lei 10.741/2003, que é a consagração da maior proteção à pessoa idosa. Assim, ao invés disso, estar-se-ia permitindo a transação a infrações cujas penas atingissem até quatro anos de reclusão, o que fere o propósito de definição de infração de *menor* potencial ofensivo. E, se assim fosse, logo surgiriam as interpretações tendentes a considerar, genericamente, por uma questão de isonomia, todas as infrações punidas com pena de até quatro anos como de menor potencial ofensivo, o que representaria absurdo maior. Cremos, no entanto, que a intenção do legislador não foi essa. Pretendeu ele, para dar maior e mais efetiva proteção à pessoa idosa, que o procedimento célere da Lei 9.099/95 fosse utilizado para toda infração cuja vítima fosse idosa, desde que a infração tenha pena máxima não superior a quatro anos. Ainda assim, segundo cremos, pode haver inconstitucionalidade. O procedimento célere da referida Lei é reservado às infrações de *menor potencial ofensivo*, o que, definitivamente, não é o caso dos crimes cuja pena máxima atinge *quatro anos*. Se assim não acontece, o que levaria um crime comum a ser apurado por meio de um procedimento encurtado e especial é a maior proteção à pessoa idosa. Porém, não se pode subtrair a garantia constitucional da ampla defesa, implementando procedimento célere para crime comum, que possa, de algum modo, prejudicar o réu. Em nosso prisma, é inaplicável, de toda forma, o art. 94 da Lei 10.741/2003. Entretanto, o STF, apreciando a questão, decidiu pela segunda corrente, ou seja, dando interpretação conforme a Constituição ao art. 94 da referida lei, no sentido de se aplicar apenas o procedimento previsto na Lei 9.099/95 e não outros benefícios ali previstos (ADI 3.096, Pleno, rel. Cármen Lúcia, 16.06.2010, m.v.). Ainda: TJPR: "Interpretação art. 94 da Lei n.º 10.741/2003 (Estatuto Idoso) – aplicação, tão somente, do rito sumaríssimo previsto na Lei n.º 9.099/95 e não suas medidas despenalizadoras" (Ap. Criminal 00468855820138160014, 3.ª Câmara Criminal, rel. José Cichocki Neto, 24.05.2018, v.u.).

Capítulo II
DOS CRIMES EM ESPÉCIE

> **Art. 95.** Os crimes definidos nesta Lei são de ação penal pública incondicionada, não se lhes aplicando os arts. 181 e 182 do Código Penal.[6]

6. Importância do dispositivo: concentra-se na exclusão da imunidade, tanto a absoluta (art. 181, CP), quanto a relativa (art. 182, CP). Significa, portanto, que qualquer delito praticado contra pessoa idosa, de caráter patrimonial ou não, com ou sem violência ou grave ameaça, a ação é pública incondicionada. Entretanto, o art. 183, III, do Código Penal, já prevê exatamente a mesma situação. Logo, não há utilidade para o disposto no art. 95 desta Lei. Na jurisprudência: TJMG: "Incide nas sanções do art. 155, § 4.º, II, do Código Penal o filho que, consciente da circunstância subjetiva do abuso de confiança, subtrai do próprio pai, homem com mais de 80 anos de idade, vultosa quantia em dinheiro para supostamente quitar dívida de aquisição de entorpecente. Deve-se frisar, outrossim, a teor do disposto no artigo 95 (e seguintes) da Lei n.º 10.741/2003 (Estatuto do Idoso), aos crimes patrimoniais previstos nos artigos 155 a 180 do Código Penal não se aplica a isenção de pena do artigo 181 do Estatuto Repressivo" (APR 10439100172279001 – MG, 4.ª Câmara Criminal, rel. Eduardo Brum, *DJ* 14.05.2014).

> **Art. 96.** Discriminar[7-9] pessoa idosa, impedindo ou dificultando seu acesso a operações bancárias, aos meios de transporte, ao direito de contratar ou por qualquer outro meio ou instrumento necessário ao exercício da cidadania, por motivo de idade:[10-11]
>
> Pena – reclusão de 6 (seis) meses a 1 (um) ano e multa.[12]
>
> § 1.º Na mesma pena incorre quem desdenhar, humilhar, menosprezar ou discriminar[13-15] pessoa idosa, por qualquer motivo.[16-17]
>
> § 2.º A pena será aumentada de 1/3 (um terço) se a vítima se encontrar sob os cuidados ou responsabilidade do agente.[18]
>
> § 3.º Não constitui crime a negativa de crédito motivada por superendividamento da pessoa idosa.[18-A]

7. Análise do núcleo do tipo: *discriminar* (diferençar, distinguir) pessoa idosa (maior de 60 anos), *impedindo* (interrompendo) ou *dificultando* (colocando algum tipo de obstáculo) seu acesso (ingresso ou permanência) a operações bancárias (medidas necessárias à conclusão de uma transação efetivada em banco), aos meios de transporte (veículos que levam pessoas de um lugar a outro), ao direito de contratar (faculdade legal de celebrar algum pacto ou avença) ou ao exercício da cidadania (desempenho de qualquer faculdade ligada ao *status* de indivíduo no gozo dos direitos políticos e civis). O tipo penal é tautológico, pois estipula ser crime a discriminação de *pessoa idosa*, ao mesmo tempo que diz que tal diferenciação se dá por *motivo de idade*. No mais, vale-se de fórmula questionável de interpretação analógica. Exige exemplos de discriminação (impedir ou dificultar acesso a operações bancárias, aos meios de transporte, ao direito de contratar – que já é vago) até terminar com a fórmula genérica: "qualquer outro meio ou instrumento necessário ao exercício da cidadania". A abertura demasiada pode dar ensejo a interpretações abusivas. O tipo refere-se à discriminação de pessoa idosa e cita exemplos: nas operações bancárias, nos meios de transporte e no direito de contratar (sem especificar qual tipo de contrato). Não bastasse, insere-se no tipo penal incriminador, em flagrante violação à taxatividade, a fórmula *qualquer meio ou instrumento necessário ao exercício da cidadania*. Ora, o cidadão pode gozar de todo direito que não lhe tenha sido vedado. Dessa forma, o tipo poderia ser construído de maneira aberta, mas não buscando a interpretação analógica entre situações nitidamente distintas: operação bancária, meio de transporte e direito de contratar. Em nosso entendimento, a redação do art. 96 é insuficiente.

8. Sujeitos ativo e passivo: o sujeito ativo pode ser qualquer pessoa. O sujeito passivo é a pessoa maior de sessenta anos.

9. Elemento subjetivo: é o dolo. Há o elemento subjetivo específico implícito, consistente na vontade de rebaixar a pessoa idosa, causando-lhe a nítida sensação de não prestar para nada. Não se pune a forma culposa.

10. Objetos material e jurídico: o objeto material é a pessoa idosa. O objeto jurídico é a proteção à pessoa idosa.

11. Classificação: é crime comum (pode ser praticado por qualquer pessoa); formal (independe da ocorrência de qualquer efetivo prejuízo para a pessoa idosa, embora possa acontecer); de forma livre (pode ser cometido por qualquer meio eleito pelo agente); comissivo (os verbos indicam ações); instantâneo (a consumação ocorre em momento definido); unissubjetivo (pode ser cometido por uma só pessoa); plurissubsistente (cometido em vários atos). Admite tentativa.

12. Benefício penal: é infração de menor potencial ofensivo. São aplicáveis os benefícios da Lei 9.099/95.

13. Análise do núcleo do tipo: *desdenhar* (escarnecer, menoscabar), *humilhar* (vexar, rebaixar), *menosprezar* (manifestar pouco apreço, depreciar) ou *discriminar* (diferençar, distinguir) a pessoa idosa (maior de 60 anos), por qualquer motivo. O tipo penal é aberto em excesso, ferindo o princípio da taxatividade; deveria ser mais preciso e determinado, em lugar de colocar quatro condutas similares e terminar ampliando em demasia a motivação. Na jurisprudência: TJDFT: "2. Comete o crime tipificado no art. 96, § 1.º, do Estatuto do Idoso, aquele que desdenhar ou menosprezar por qualquer motivo pessoa idosa, tendo como elemento subjetivo do tipo a vontade consciente de discriminar ou humilhar idoso, o que não restou comprovado nos autos" (Recurso Crime 0008908-66.2017.8.07.0006, 3.ª T. Recursal Criminal, rel. Jesuíno Rissato, j. 13.06.2018, v.u.). TJGO: "Se as possíveis promessas do acusado de causar mal injusto e grave à ofendida, as eventuais discriminações e as pretensas injúrias não foram, em princípio, praticadas contra a mulher por razões da condição de sexo feminino, não tendo por objetivo e como efeito intimidar, punir, humilhar, ou manter a mulher nos papéis estereotipados ligados ao seu sexo, ou recusar-lhe a dignidade humana, a autonomia sexual, a integridade física, mental e moral, ou abalar a sua segurança pessoal, o seu amor-próprio ou a sua personalidade, ou diminuir as suas capacidades físicas ou intelectuais, mas estão muito mais inseridas no contexto em que se caracterizam os fundamentos de validade e legitimidade da tutela integral do idoso, como instrumento para realização da sua dignidade como pessoa humana, as quais levaram à edição do Estatuto do Idoso (Lei 10.741/03), nega-se provimento ao recurso em sentido estrito que visa a reformar a decisão judicial que declarou a incompetência do Juizado de Violência Doméstica e Familiar Contra a Mulher e remeteu os autos ao Juizado Especial Criminal" (RESE 0253436-28.2017.8.09.0175, 1.ª Câmara Criminal, rel. Itaney Francisco Campos, j. 23.04.2019, v.u.).

14. **Sujeitos ativo e passivo:** o sujeito ativo pode ser qualquer pessoa. O sujeito passivo é a pessoa com mais de sessenta anos.

15. **Elemento subjetivo:** é o dolo. Há o elemento subjetivo específico implícito, consistente na vontade de rebaixar a pessoa idosa, causando-lhe a nítida sensação de não prestar para nada. Não se pune a forma culposa.

16. **Objetos material e jurídico:** o objeto material é a pessoa maior de sessenta anos. O objeto jurídico é a proteção à pessoa idosa.

17. **Classificação:** é crime comum (pode ser praticado por qualquer pessoa); formal (independe da ocorrência de qualquer efetivo prejuízo para a pessoa idosa, embora possa acontecer); de forma livre (pode ser cometido por qualquer meio eleito pelo agente); comissivo (os verbos indicam ações); instantâneo (a consumação ocorre em momento definido); unissubjetivo (pode ser cometido por uma só pessoa); plurissubsistente (cometido em vários atos). Admite tentativa.

18. **Causa de aumento de pena:** eleva-se a pena, obrigatoriamente, em um terço, quando a pessoa idosa se encontrar na esfera de proteção do agente. Mostra-se este mais ousado, disposto a abusar de quem está sob sua responsabilidade para efeito de ser protegido e não agredido.

18-A. **Exclusão de crime:** criou-se uma excludente de ilicitude para evitar que a negativa de crédito pudesse representar um impedimento à operação bancária ou ao direito de contratar, embora faça emergirem alguns pontos: a) em primeiro lugar, o crime somente se concretizaria se a negativa de crédito se desse exclusivamente *por conta da idade*, em formato de discriminação. Não nos parece que a pessoa idosa possa ter dívidas e, mesmo assim, ter o crédito regular; b) ao estabelecer essa excludente, atinge-se uma situação estranha, porque somente não constituiria delito se a negativa se desse por causa de *superendividamento*. Portanto, qualquer negativa de crédito a uma pessoa idosa (apenas) *endividada*, mesmo com protesto de títulos, tem direito a renovar o crédito, senão a negativa caracterizaria discriminação. Ao incluir essa excludente e, pior, ao mencionar um superendividamento, chega-se a uma avaliação incabível: antes da inclusão deste parágrafo, a mera negativa de crédito poderia configurar discriminação, o que não é razoável; depois da inclusão, poder-se-ia concluir que a negativa que não fosse por um endividamento excessivo geraria esse delito, o que, igualmente, não é lógico.

> **Art. 97.** Deixar de prestar[19-21] assistência à pessoa idosa, quando possível fazê-lo sem risco pessoal, em situação de iminente perigo,[22] ou recusar,[23] retardar ou dificultar sua assistência à saúde, sem justa causa, ou não pedir, nesses casos, o socorro de autoridade pública:[24-25]
>
> Pena – detenção de 6 (seis) meses a 1 (um) ano e multa.[26]
>
> **Parágrafo único.** A pena é aumentada de metade, se da omissão resulta lesão corporal de natureza grave, e triplicada, se resulta a morte.[27]

19. Análise do núcleo do tipo: *deixar de prestar* (desviar-se de dispensar ou conceder) assistência (proteção, amparo e até, mesmo, socorro médico) à pessoa idosa (pessoa maior de 60 anos). A primeira conduta possui três condições: a) quando for possível fazê-lo, demandando-se uma viabilidade física de quem pode prestar o socorro, mas também habilidade ou preparo técnico, além de se voltar os olhos à vítima, que pode já ter morrido, equivalendo a uma hipótese de crime impossível (art. 17, CP); b) sem haver risco pessoal (individual) para o prestador do socorro, pois seria uma típica situação de estado de necessidade, ou seja, entre a integridade ou vida de quem pode dar assistência e a integridade ou vida de quem merece receber, surgindo situação de potencial dano para o primeiro, não há que se exigir atitude heroica; c) situação de iminente perigo, vale dizer, situação que expõe a pessoa idosa a uma elevada probabilidade de sofrer um dano (ver a crítica à expressão *iminente perigo* na nota 22 infra). *Recusar* (negar), *retardar* (atrasar, protelar) ou *dificultar* (tornar custoso) a assistência (proteção, amparo e até, mesmo, socorro médico) à saúde (disposição física ou mental) da pessoa idosa (pessoa maior de 60 anos). A segunda conduta, que é mista alternativa (pode ser praticada uma ou mais de uma e constitui delito único, no mesmo contexto), implica uma condição: *sem justa causa* (não existir motivo razoável, dentro das regras de experiência, para tanto). *Não pedir* (deixar de solicitar) o socorro (préstimo, amparo, apoio) de autoridade pública. Neste caso, pode ser qualquer servidor público, desde que habilitado na área da prestação do socorro. Não é possível pedir auxílio efetivo a um vereador, cuja profissão é engenheiro, para atender uma pessoa idosa, vítima de infarto. Porém, o policial militar, no mesmo caso, ainda que não tenha formação médica, tem preparo para primeiros socorros e pode acionar outros órgãos do Estado para que o auxílio se torne efetivo. No conjunto, a terceira conduta (não pedir socorro de autoridade) vale para todas as demais. Portanto, quem não preste diretamente socorro à pessoa idosa porque pode sofrer dano ou tenha motivo justo para não o fazer pode chamar ajuda de terceiro. É tipo correlato ao art. 135 do Código Penal. Na jurisprudência: TJSP: "Pelas narrativas das testemunhas ficou evidente que o apelante, filho da vítima, o qual tinha o dever legal de cuidado com a genitora, deixava-a sozinha, em situação de eminente perigo, não deixava os profissionais de saúde terem acesso a vítima, impedindo que ela continuasse os tratamentos necessários. Além disso, não a levava para consultas para realização de exames pré-operatórios e impedia a cuidadora Jucimara de fornecer informações sobre a situação da vítima. Impossibilitava, inclusive, Amanda, sua irmã, de comparecer ao local para prestar auxílio à mãe, que estava muito debilitada. Ele ainda, deixou de fornecer alimentação e suplementação necessária, mantendo a vítima em condições precárias e desumanas, em local sujo e sem cuidados básicos de higiene. Agravando seu quadro de saúde e resultando em sua morte. Incorrendo, assim, na prática dos delitos imputados" (Ap. Criminal 1506745-25.2021.8.26.0344, 11.ª Câmara de Direito Criminal, rel. Tetsuzo Namba, 03.06.2024, v.u.).

20. Sujeitos ativo e passivo: o sujeito ativo pode ser qualquer pessoa. O sujeito passivo é a pessoa maior de 60 anos.

21. Elemento subjetivo: é o dolo de perigo. Não há elemento subjetivo específico do tipo, nem se pune a forma culposa.

22. Iminente perigo: como já expusemos na nota 61 ao art. 135 do nosso *Código Penal comentado*, o legislador foi infeliz – e repete a dose agora – na utilização da expressão *perigo iminente*. Esta é uma situação improvável e nebulosa, de difícil comprovação, confundindo-se, muitas vezes, com a mera presunção de haver a probabilidade de dano. Portanto, é imperioso que o necessitado de ajuda esteja em perigo *atual* (presente), vale dizer, em situação de sofrer algum dano em potencial. Vale, neste tipo penal, uma interpretação restritiva.

23. Recusa da vítima: analisamos na nota 19 *supra* a *recusa* do sujeito ativo, porém é possível ocorrer a negativa da pessoa idosa em receber socorro. Embora a pessoa tenha atingido a idade de 60 anos, não se torna incapaz automaticamente, de modo que qualquer um possa decidir o que ela deve ou não fazer. Por isso, é fundamental respeitar o desejo de *qualquer* pessoa, inclusive a pessoa idosa, quando mentalmente capaz, para deixar-se socorrer. Somente em situação de estado de necessidade, estando em jogo valor superior à liberdade individual (como a vida, por exemplo), interfere-se, contra a vontade do sujeito passivo, promovendo o auxílio a qualquer custo.

24. **Objetos material e jurídico:** o objeto material é a pessoa idosa que necessita de socorro. O objeto jurídico é a proteção da saúde e da integridade física da pessoa humana, embora com particular enfoque para o maior de 60 anos.

25. **Classificação:** comum (pode ser cometido por qualquer pessoa); formal (não exige resultado naturalístico para a consumação, consistente em efetivo dano à pessoa idosa); de forma livre (pode ser cometido por qualquer meio eleito pelo agente); omissivo (os verbos indicam abstenções); instantâneo (a consumação se dá em momento determinado); de perigo concreto (depende da prova da probabilidade de lesão à pessoa idosa); unissubjetivo (pode ser cometido por um só agente); unissubsistente (cometido por um só ato); não admite tentativa.

26. **Benefícios penais:** é infração de menor potencial ofensivo, permitindo transação e os demais benefícios da Lei 9.099/95. Se houver o resultado lesão corporal grave, continua a ser infração de menor potencial ofensivo. Se acontecer a morte, deixa de sê-lo.

27. **Figuras preterdolosas:** somente pode haver dolo de perigo na primeira parte (deixar, de algum modo, de prestar socorro, com o fito de permitir que a pessoa idosa corra riscos), mas a segunda parte (lesão grave) ou (morte) há de ser por culpa. Do contrário, haveria lesão dolosa consumada ou homicídio doloso consumado, conforme a situação concreta.

> **Art. 98.** Abandonar[28-30] a pessoa idosa em hospitais, casas de saúde, entidades de longa permanência, ou congêneres, ou não prover suas necessidades básicas, quando obrigado por lei[31] ou mandado:[32-33]
> Pena – detenção de 6 (seis) meses a 3 (três) anos e multa.[34]

28. **Análise do núcleo do tipo:** *abandonar* (desamparar, desistir de algo ou alguém). O objeto da conduta é a pessoa idosa (pessoa maior de 60 anos). O lugar em que este é deixado pode ser hospital, casa de saúde, entidades de longa permanência (asilo) ou congêneres (qualquer mistura entre os locais anteriormente enumerados, como uma casa de saúde, funcionando como asilo). *Não prover* (abastecer, destinar recursos) as necessidades básicas (bens materiais fundamentais à sobrevivência), quando houver obrigação estabelecida em lei ou mandado judicial. Há, pois, duas condutas, que configuram um tipo misto alternativo (a prática de uma ou das duas implica a concretização de um só delito, desde que com relação à mesma vítima). Nota-se, ainda, a preocupação em configurar o *abandono* (verbo do tipo que traz forte carga valorativa, já implicando a intenção de desistir de vez de algo ou alguém) *material* (ato de sustentar, mediante remuneração em dinheiro ou outro valor), até pelo fato de a segunda figura mencionar o *provimento* (abastecimento) das necessidades básicas. Não se pode falar em *abandono* ou *provimento* de afeto ou amor, pois seria uma invasão legal – nunca antes realizada – no íntimo do ser humano, envolvendo mais o *desejo* – querer passivo – do que propriamente a *vontade* – querer ativo. Há quem sustente ser o abandono afetivo uma forma, por vezes, mais grave do que o material. Pode ser uma realidade triste no mundo dos seres humanos, dependente, inclusive, da análise da cultura local. Não é o costume, felizmente, no Brasil esse tipo de *abandono*. Porém, a partir do instante em que a lei passar a exigir a *doação*

espontânea de amor a alguém, ingressaremos no mundo metafísico, deslegitimador do Direito Penal da intervenção mínima, buscando-se impor sentimentos e atitudes fraternas, que são frutos do âmago de cada um. Registre-se que o dever de solidariedade no caso da omissão de socorro decorre de uma forma desvinculada de *amor* ou *desamor*. Exige-se que, podendo, "A" preste socorro a "B", ainda que este seja seu inimigo. Pode fazê-lo com o sentimento que quiser, mas o importante é o auxílio material chegar a tempo, viabilizando que "B" sofra a menor lesão possível. Nada mais que isso. Do contrário, se fosse exigido o dever de *amar o semelhante*, apenas para argumentar, bastaria haver o enlace matrimonial e o Estado poderia determinar que houvesse amor entre os cônjuges, impedindo qualquer tentativa de desenlace, sob pena da criminalização do ato. Guardadas as devidas proporções, o mesmo se dá no contexto da proteção à pessoa idosa. Sob o ponto de vista moral, as famílias devem zelar pelas suas pessoas idosas de todas as maneiras possíveis, inclusive com expressão de amor e afeto. Sob o ponto de vista jurídico, exige-se que os parentes e todos aqueles que, legal ou judicialmente, estejam obrigados a tanto (como o curador) mantenham as pessoas idosas, provendo suas necessidades básicas, na medida justa da sua condição social. Logo, o que se busca punir, com relação à primeira conduta (abandonar), é a omissão de pessoas (especialmente, familiares) em retirar de hospitais, casas de saúde, entidades em geral as pessoas idosas que recebem alta e podem retornar aos seus lares. O abandono, muitas vezes, promove a superlotação de hospitais e casas de saúde públicas, impedindo o acesso aos mais necessitados, em face de serem as pessoas idosas saudáveis deixadas nesses lugares, à própria sorte, sem ter para onde ir. Note-se que tal situação pode até mesmo ocorrer em relação a um hospital, casa de saúde ou asilo particular, que cobra pela estada da pessoa idosa. A família, no mesmo prisma, não pode abandonar a pessoa idosa nesses locais, pois acabará gerando um problema social grave. Será ela expulsa, por falta de pagamento, ou mantida até que o Estado tome providência para transferi-la para outro lugar? Em suma, o abandono, passível de comprovação, é o material, objeto do tipo penal do art. 98. No mais, se fosse o abandono afetivo ou sentimental, poder-se-ia incentivar ainda maior cizânia entre familiares, pois um parente iria visitar a pessoa idosa apenas para evitar uma acusação criminal. Que tipo de visita seria essa? Saudável, por certo, não haveria de se dar. Sentimentos positivos não se impõem legalmente. O art. 98 do Estatuto da Pessoa Idosa é similar ao abandono material (art. 244, CP). Na jurisprudência: TJRJ: "1) Acorde a prova dos autos, após sofrer um AVC, a vítima outorgou procuração ao filho para que, em seu nome, recebesse o dinheiro de sua pensão e administrasse a residência; porém, a partir de então suas condições de vida ostensivamente pioraram, passando a contar com a ajuda da irmã e de vizinhos e a receber cartas de cobrança de empréstimos bancários; o réu não visitava a mãe regularmente, não lhe prestava assistência material, com a aquisição de alimentos e medicamentos, tendo, porém, iniciado no terreno a obra de um 'puxadinho', onde pretendia residir. 2) Ao ser interrogado, o réu admitiu haver tomado os empréstimos, justificando, porém, tê-los contraído para fazer frente às despesas com a mãe e não para o custeio da obra da casa que começou a construir. Malgrado, não conseguiu explicar como o montante elevado, considerado o padrão de vida humilde da família, não se refletiu em nenhuma real melhora para vítima, mas sim no pioramento de sua situação. Nesse contexto, formou-se prova segura a respaldar a tese acusatória, ficando evidente que o réu, aproveitando-se da qualidade de procurador, contratou empréstimos no nome da mãe idosa e desviou em proveito próprio os benefícios de sua pensão, deixando-a em precárias condições de subsistência. Desprovimento do recurso" (Ap. 0013943-17.2013.8.19.0037 – RJ, 3.ª Câmara Criminal, rel. Suimei Meira Cavalieri, j. 25.07.2017, v.u.).

29. Sujeitos ativo e passivo: o sujeito ativo é a pessoa obrigada por lei ou mandado judicial a amparar a pessoa idosa. O sujeito passivo é a pessoa maior de 60 anos abandonada.

30. Elemento subjetivo: é o dolo. Não há elemento subjetivo específico, nem se pune a forma culposa. Lembremos que o verbo *abandonar* já possui carga valorativa de per si, não havendo necessidade de um complemento em nível subjetivo.

31. Norma penal em branco: é preciso checar a legislação extrapenal para conhecer quem está obrigado a zelar pela pessoa idosa. Como fonte para isso, pode-se verificar, no Código Civil (art. 1694 e seguintes), aqueles que têm o dever de prestar alimentos.

32. Objetos material e jurídico: o objeto material é a pessoa idosa abandonada. O objeto jurídico é a proteção à pessoa idosa.

33. Classificação: próprio (só pode ser cometido por pessoa juridicamente qualificada, que possua o dever de amparo à pessoa idosa); formal (não exige resultado naturalístico para a consumação, consistente em efetivo dano à pessoa idosa); de forma livre (pode ser cometido por qualquer meio eleito pelo agente); omissivo (os verbos indicam abstenções); instantâneo (a consumação se dá em momento determinado); de perigo concreto (depende da prova da probabilidade de lesão à pessoa idosa); unissubjetivo (pode ser cometido por um só agente); unissubsistente (cometido por um só ato); não admite tentativa.

34. Benefícios penais: não é infração de menor potencial ofensivo (o máximo da pena abstrata é superior a dois anos), mas cabe a suspensão condicional do processo (art. 89, Lei 9.099/95). Se condenado o agente, cabe, também, conforme a pena aplicada, a substituição por pena restritiva de direitos, bem como a fixação da suspensão condicional da pena.

> **Art. 99.** Expor[35-37] a perigo a integridade e a saúde, física ou psíquica, da pessoa idosa, submetendo-o a condições desumanas ou degradantes[38] ou privando-o de alimentos e cuidados indispensáveis,[39] quando obrigado a fazê-lo,[40] ou sujeitando-o a trabalho[41] excessivo ou inadequado:[42-43]
>
> Pena – detenção de 2 (dois) meses a 1 (um) ano e multa.[44]
>
> § 1.º Se do fato resulta lesão corporal de natureza grave:[45]
>
> Pena – reclusão de 1 (um) a 4 (quatro) anos.
>
> § 2.º Se resulta a morte:
>
> Pena – reclusão de 4 (quatro) a 12 (doze) anos.

35. Análise do núcleo do tipo: *expor* associado a *perigo* significa colocar alguém em risco de sofrer dano. No caso, o objeto da exposição é a pessoa idosa, em particular enfoque para a sua integridade e para a saúde, física ou psíquica. É um tipo correlato ao previsto no art. 136 do Código Penal, embora voltado à pessoa maior de 60 anos. Nota-se até que as penas são idênticas. A despeito de existir um verbo considerado principal no preceito descritivo (expor), o tipo é misto alternativo, ou seja, o agente pode praticar uma única conduta (expor a perigo a saúde da vítima, privando-a de alimentação) ou várias (privar da alimentação, privar dos cuidados indispensáveis, sujeitá-la a trabalho excessivo, sujeitá-la a trabalho inadequado etc.), porque o delito será único, desde que no mesmo cenário, contra mesma vítima. É evidente que, havendo mais de uma conduta, o juiz pode levar tal situação em conta para a fixação da pena. Por outro lado, é preciso destacar que tudo gira em torno da finalidade especial do agente, como se evidencia na nota 37 *infra*, tratando do elemento subjetivo do tipo específico. Na jurisprudência: STJ: "Tanto a conclusão do magistrado primevo como a da Câmara Criminal do Tribunal de Justiça do Estado da Paraíba foram no sentido de que não ficou cabalmente demonstrado nos autos que a ré, de forma dolosa, tenha exposto, de qualquer modo, a perigo, a integridade e a saúde, física ou psíquica, de seu companheiro, submetendo-o a condições desumanas ou degradantes ou privando-o de alimentos e cuidados indispensáveis" (AgRg no REsp 1.902.952 – PB, 5.ª T., rel. Ribeiro Dantas, 23.03.2021, v.u.); "2. O Tribunal *a quo*, ao manter o regime semiaberto e a negativa de substituição para os acusados, utilizou de fundamentação idônea, não podendo ser considerada genérica ou ilegal, visto que baseada nas circunstâncias fáticas da prática delitiva, consistente no fato do delito ter sido praticado contra a própria genitora, de idade avançada, que veio a falecer no curso do processo, demonstrando a especificidade da situação e a gravidade concreta do delito, que desborda das comumente verificadas para o crime do art. 99 do Estatuto do Idoso (expor a perigo a integridade e a saúde, física ou psíquica, do idoso, submetendo-o a condições desumanas ou degradantes ou privando-o de alimentos e cuidados indispensáveis, quando obrigado a fazê-lo, ou sujeitando-o a trabalho excessivo ou inadequado), suficientes, portanto, para justificar a escolha de regime prisional mais severo que o legalmente indicado pelo quantum da pena, ainda que não tenham sido valoradas circunstâncias judiciais negativas, bem como o afastamento da substituição da pena" (AgRg no REsp 1.747.466 – SP, 5.ª T., rel. Reynaldo Soares da Fonseca, 02.10.2018, v.u.). TJDFT: "1. Configura o delito do artigo 99 da Lei 10.741/2003 o fornecimento de calmantes para a vítima sem o seu conhecimento e sem prescrição médica" (Apelação 0026480-84.2016.8.07.0001, 3.ª T. Rec., rel. Sebastião Coelho, j. 13.08.2020, v.u.).

36. Sujeitos ativo e passivo: o sujeito ativo pode ser qualquer pessoa, no tocante à submissão a condições desumanas ou degradantes. Neste caso, diversamente do que ocorre quanto ao delito de maus tratos do Código Penal (art. 136), o agente não precisa ser responsável pelo sujeito passivo, mantido sob sua autoridade, proteção ou vigilância, embora seja, faticamente, a situação ideal. É difícil imaginar uma ocorrência que tenha por sujeito ativo alguém totalmente desvinculado da pessoa idosa, embora não seja impossível. Entretanto, o sujeito ativo somente pode ser a pessoa legalmente obrigada a prestar alimentos e cuidados, na segunda forma do tipo penal. Na terceira parte (sujeitar a trabalho excessivo ou inadequado) torna a ser qualquer pessoa. O sujeito passivo é a pessoa idosa (maior de 60 anos).

37. Elemento subjetivo: é o dolo. Cremos existir o elemento subjetivo específico implícito, consistente na vontade de maltratar a pessoa idosa. Por vezes, exemplificando, "A" pode submeter "B" a condições degradantes por falta de noção exata do que faz (insuficiência cultural) ou por ausência de poder aquisitivo. Dá-se o mesmo no contexto da privação de alimentos e cuidados indispensáveis. Em suma, não basta o dolo, é fundamental buscar-se a *vontade de maltratar*. Não se pune a forma culposa. Em outro prisma, na jurisprudência: TJSC: "3. Para a configuração do crime previsto no art. 99, *caput*, da Lei 10.741/03 exige-se apenas o dolo genérico de perigo, que se revela devidamente comprovado se uma analista em serviço social e um fiscal sanitário discorrem sobre as condições precárias da instituição de longa permanência para idosos administrada pelos acusados, que não contava com número mínimo de pessoal qualificado para o trato com os internos; com controle de validade de alimentos e medicamentos; com assistência regular à saúde dos idosos; com opções adequadas de lazer; com alimentação apropriada às comorbidades dos ofendidos; e com higiene exigida pela Vigilância Sanitária, que não concedeu alvará de funcionamento ao estabelecimento" (Apelação 0900794-09.2018.8.24.0038, 2.ª Câmara Criminal, rel. Sérgio Rizelo, j. 17.11.2020, v.u.).

38. Elementos normativos do tipo: *condição* (estado ou situação) desumana (cruel) ou degradante (aviltante, humilhante) são termos de valoração cultural, dependentes, pois, de uma criteriosa análise do operador do direito. Nada que se possa conceituar com facilidade e de maneira consensual.

39. Privação de alimentos e cuidados indispensáveis: são elementos que intermedeiam o lado normativo (de valoração) e o lado descritivo (pura realidade fática) do tipo penal.

Privar (tolher o acesso a algo) de alimentos (substância que nutrem o ser humano) e *cuidados indispensáveis* (atenção absolutamente necessária) são termos mais fáceis de se verificar na prática, porém, não deixam de comportar certa dose de valoração.

40. Norma penal em branco: é preciso checar a legislação extrapenal para conhecer quem está obrigado a zelar pela pessoa idosa. Como uma das fontes para isso, pode-se verificar, no Código Civil (art. 1694 e seguintes), aqueles que têm o dever de prestar alimentos.

41. Elementos normativos do tipo: *trabalho* (qualquer serviço ou atividade, remunerada ou não) excessivo (abusivo) ou inadequado (não apropriado) são termos sujeitos à valoração, conforme o caso concreto. Torna-se impossível definir de modo claro e preciso o que se entende, por exemplo, por trabalho excessivo, a não ser analisando a situação fática.

42. Objetos material e jurídico: o objeto material é a pessoa idosa. O objeto jurídico é a proteção à vida e à saúde do ser humano, com particular enfoque para a pessoa idosa.

43. Classificação: comum (pode ser cometido por qualquer pessoa) nas modalidades *submissão a condições desumanas e degradantes*, bem como *sujeição a trabalho excessivo ou inadequado*, mas próprio (somente pode ser cometido por sujeito qualificado), nas formas *privação de alimentos e cuidados indispensáveis*; formal (não exige resultado naturalístico para a consumação, consistente em efetivo dano à pessoa idosa); de forma vinculada (o tipo estabelece os parâmetros para a exposição a perigo quanto à integridade ou à saúde da pessoa idosa); comissivo (cometido por ação) ou omissivo (cometido por abstenção), dependendo a forma eleita pelo agente; instantâneo (a consumação se dá em momento determinado), porém de efeitos permanentes (o resultado do delito fica visível após a concretização); de perigo concreto (depende da prova da probabilidade de lesão à pessoa idosa); unissubjetivo (pode ser cometido por um só agente); unissubsistente (cometido por um só ato) ou plurissubsistente (cometido em vários atos); admite tentativa no formato plurissubsistente.

44. Benefícios penais: é infração de menor potencial ofensivo, permitindo transação e os demais benefícios da Lei 9.099/95. Se houver o resultado lesão corporal grave, deixa de ser infração de menor potencial ofensivo, mas admite a aplicação da suspensão condicional do processo (art. 89, Lei 9.099/95). Se acontecer a morte, as penas são aplicadas segundo os critérios do Código Penal, podendo, conforme o caso, haver privação da liberdade.

45. Figuras preterdolosas: tanto no § 1.º, quanto no § 2.º, somente pode haver dolo de perigo na primeira parte (submissão da pessoa idosa a maus-tratos), mas a segunda parte (lesão grave) ou (morte) há de ser por culpa. Do contrário, haveria lesão dolosa consumada ou homicídio doloso consumado, conforme a situação concreta. Na jurisprudência: TJRS: "Exposição de idoso a perigo, majorado pelo resultado morte. Materialidade e autoria do delito comprovadas, tendo o réu submetido as vítimas, seus genitores, a condições desumanas e degradantes, expondo a perigo a saúde deles, bem como privando-os de alimentos e cuidados indispensáveis, quando obrigado a fazê-lo, eis que era o filho responsável por gerir seus rendimentos e cuidados, o que resultou no falecimento de sua mãe por desnutrição crônica e pneumonia. Condenação mantida (...)" (Ap. Crim. 70057903734 – RS, 5.ª Câmara Criminal, rel. José Ricardo Coutinho Silva, j. 10.05.2017, v.u.).

Art. 100. Constitui crime[46] punível com reclusão de 6 (seis) meses a 1 (um) ano e multa:[47]

I – obstar[48-50] o acesso de alguém a qualquer cargo[51] público por motivo de idade;[52-53]

II – negar[54-56] a alguém, por motivo de idade, emprego ou trabalho;[57-58]

III – recusar, retardar ou dificultar[59-61] atendimento ou deixar de prestar assistência à saúde, sem justa causa,[62] a pessoa idosa;[63-64]

IV – deixar de cumprir, retardar ou frustrar,[65-67] sem justo motivo,[68] a execução de ordem judicial expedida na ação civil a que alude esta Lei;[69-71]

V – recusar, retardar ou omitir[72-74] dados técnicos indispensáveis à propositura da ação civil objeto desta Lei, quando requisitados pelo Ministério Público.[75-76]

46. Forma inadequada: a construção do tipo penal é imprópria, iniciando-se com a expressão "constitui crime" para, depois, no mesmo preceito indicar a pena aplicável, e, por fim, nos incisos, estabelecer as condutas puníveis.

47. Benefício penal: é infração de menor potencial ofensivo. São aplicáveis os benefícios da Lei 9.099/95.

48. Análise do núcleo do tipo: *obstar* (colocar algum tipo de obstáculo ou impedimento) o acesso (ingresso ou passagem) de alguém a qualquer cargo público (posto na estrutura da Administração, criado por lei) por *motivo de idade* (o entrave se baseia no número de anos vividos e não em outro critério qualquer). Embora não se especifique no tipo penal (mal construído, a bem da verdade) qual é a idade, valendo-se de interpretação lógico-sistemática, deve-se adotar a idade de 60 anos, afinal, cuida-se do Estatuto da Pessoa Idosa (proteção a essa faixa etária). Cuida-se, na realidade, de uma forma de discriminação do ser humano, focada no elemento *idade*.

49. Sujeitos ativo e passivo: o sujeito ativo é somente a pessoa que detém poder para impor regras impeditivas a esse acesso. O sujeito passivo é a pessoa idosa.

50. Elemento subjetivo: é o dolo. Exige-se o elemento subjetivo do tipo específico: *por motivo de idade*. Há concursos públicos que fixam, como teto, determinada idade. Entretanto, inexiste a finalidade específica de *discriminar* pessoas *exclusivamente* por esse fator. Há diversos outros elementos que contam para o estabelecimento de uma idade-limite, como, por exemplo, o vigor físico para se tornar um policial militar. Não há a forma culposa.

51. Interpretação extensiva: entendemos viável ampliar o sentido de *cargo público* para envolver, igualmente, a *função pública* e o *emprego público*, em face dos parâmetros e das finalidades desta Lei. Consultar, ainda, as notas 9 ao art. 1.º (sobre a possibilidade de se utilizar a interpretação extensiva em Direito Penal) e 5-A ao art. 92 (sobre a extensão do efeito da condenação ao *emprego público*) do nosso *Código Penal comentado*.

52. Objetos material e jurídico: o objeto material é a pessoa idosa a quem se negou acesso ao cargo público. O objeto jurídico é a proteção à pessoa idosa.

53. Classificação: próprio (só pode ser cometido por pessoa qualificada); mera conduta (não há resultado naturalístico necessário para a consumação); de forma livre (pode ser cometido por qualquer meio eleito pelo agente); comissivo (o verbo indica ação); instantâneo (a consumação se dá em momento determinado); unissubjetivo (pode ser cometido por um só agente); plurissubsistente (cometido por mais de um ato); admite tentativa.

54. Análise do núcleo do tipo: *negar* (recusar) a alguém, por motivo de idade (vide comentários ao inciso anterior), emprego ou trabalho (termos correlatos, significativos de atividade remunerada mediante contraprestação de serviço). Tratando-se de Estatuto da Pessoa Idosa, somente se pode entender que o motivo da idade funda-se na pessoa que possui mais de 60 anos. Cuida-se, na realidade, de uma forma de discriminação do ser humano, focada no elemento *idade*.

55. Sujeitos ativo e passivo: o sujeito ativo é a pessoa que tem poder para impedir o acesso a determinado emprego ou trabalho. O sujeito passivo é a pessoa idosa.

56. Elemento subjetivo: é o dolo. Exige-se o elemento subjetivo do tipo específico: *por motivo de idade*. Há empresas que fixam, como teto, para a admissão de empregados, uma determinada idade. Entretanto, inexiste a finalidade específica de *discriminar* pessoas *exclusivamente* por esse fator. Há diversos outros elementos que contam para o estabelecimento de uma idade-limite, como, por exemplo, o vigor físico para se tornar um segurança particular. Não há a forma culposa.

57. Objetos material e jurídico: o objeto material é a pessoa idosa a quem se negou emprego ou trabalho. O objeto jurídico é a proteção à pessoa idosa.

58. Classificação: próprio (só pode ser cometido por pessoa qualificada); mera conduta (não há resultado naturalístico necessário para a consumação); de forma livre (pode ser cometido por qualquer meio eleito pelo agente); comissivo (o verbo indica ação); instantâneo (a consumação se dá em momento determinado); unissubjetivo (pode ser cometido por um só agente); unissubsistente (cometido em um único ato) ou plurissubsistente (cometido por mais de um ato), conforme o meio eleito pelo agente; admite tentativa na forma plurissubsistente.

59. Análise do núcleo do tipo: *recusar* (não prestar, opor-se a algo), *retardar* (atrasar) ou *dificultar* (tornar custoso ou árduo) são as condutas, que têm por objeto o atendimento (auxílio, atenção) à saúde de pessoa idosa. O tipo é misto alternativo (praticar uma ou mais condutas implica o cometimento de um só delito, desde que no mesmo cenário). *Deixar de prestar* (não conceder) assistência (ajuda, socorro) à saúde de pessoa idosa é a segunda conduta.

60. Sujeitos ativo e passivo: o sujeito ativo pode ser qualquer pessoa. Não é necessário que seja o agente ligado a serviços de saúde. Qualquer um pode prestar assistência à saúde de pessoa idosa, quando, por exemplo, já exista remédio prescrito por médico, embora haja má vontade em ministrá-lo. O sujeito passivo é a pessoa idosa.

61. Elemento subjetivo: é o dolo. Não há elemento subjetivo específico, nem se pune a forma culposa.

62. Elementos normativos do tipo: *sem justa causa* formata a ilicitude da conduta, comportando interpretação e valoração, conforme o caso concreto. Não se calca a expressão somente na lei, mas pode também ter substrato em regras de convívio e em costumes.

63. Objetos material e jurídico: o objeto material é a pessoa idosa. O objeto jurídico é a proteção à pessoa idosa.

64. Classificação: comum (pode ser cometido por qualquer pessoa); formal (não há resultado naturalístico necessário para a consumação, embora possa ocorrer algum prejuízo à saúde da pessoa idosa); de forma livre (pode ser cometido por qualquer meio eleito pelo agente); comissivo (os verbos indicam ações) nas formas *recusar, retardar* e *dificultar*, mas omissivo (o verbo indica abstenção) na modalidade *deixar de prestar*; instantâneo (a consumação se dá em momento determinado); unissubjetivo (pode ser cometido por um só agente); unissubsistente (cometido em um único ato) ou plurissubsistente (cometido por mais de um ato), conforme o meio eleito pelo agente; admite tentativa na forma plurissubsistente.

65. Análise do núcleo do tipo: *deixar de cumprir* (desatender), *retardar* (atrasar, procrastinar) ou *frustrar* (tornar inútil) a execução (materialização) de ordem judicial (comando expedido por autoridade judiciária) em ação civil a que faz referência o Estatuto da Pessoa Idosa (checar os arts. 80 e seguintes).

66. Sujeitos ativo e passivo: o sujeito ativo somente pode ser a pessoa sujeita à ordem judicial. O sujeito passivo é a pessoa idosa. Secundariamente, o Estado, pois se ofende a administração da justiça.

67. Elemento subjetivo: é o dolo. Não há elemento subjetivo específico, nem se pune a forma culposa.

68. Elementos normativos do tipo: *sem justo motivo* formata a ilicitude da conduta, comportando interpretação e valoração, conforme o caso concreto. Não se calca a expressão somente na lei, mas pode também ter substrato em regras de convívio e em costumes.

69. Objetos material e jurídico: o objeto material é a ordem judicial, que confere algum benefício à pessoa idosa. O objeto jurídico é a proteção à pessoa idosa. Secundariamente, a administração da justiça.

70. Classificação: próprio (só pode ser cometido por pessoa qualificada); formal (não há resultado naturalístico necessário para a consumação, embora possa ocorrer algum prejuízo à pessoa idosa); de forma livre (pode ser cometido por qualquer meio eleito pelo agente); comissivo (os verbos indicam ações) nas formas *retardar* e *frustrar*, mas omissivo (o verbo indica abstenção) na modalidade *deixar de cumprir*; instantâneo (a consumação se dá em momento determinado); unissubjetivo (pode ser cometido por um só agente); unissubsistente (cometido em um único ato) ou plurissubsistente (cometido por mais de um ato), conforme o meio eleito pelo agente; admite tentativa na forma plurissubsistente.

71. Competência para as ações civis de proteção à pessoa idosa: preceitua o art. 80 da Lei 10.741/2003 que "as ações previstas neste Capítulo [proteção judicial dos interesses difusos, coletivos e individuais indisponíveis ou homogêneos] serão propostas no foro do domicílio do idoso, cujo juízo terá competência absoluta para processar a causa, ressalvadas as competências da Justiça Federal e a competência originária dos Tribunais Superiores".

72. Análise do núcleo do tipo: *recusar* (não prestar, opor-se a algo), *retardar* (atrasar, procrastinar) ou *omitir* (não mencionar, no contexto deste tipo) são as condutas, cujos objetos são dados técnicos (informes especializados em algum assunto ou matéria) indispensáveis à propositura de ação civil, objeto desta lei, quando requisitados (exigidos, na forma da lei) pelo Ministério Público. É um delito de desobediência específico, quando os dados técnicos não fornecidos disserem respeito a qualquer assunto relativo à proteção de direito da pessoa idosa.

73. Sujeitos ativo e passivo: o sujeito ativo é a pessoa a quem foi dirigida a requisição do Ministério Público. O sujeito passivo é a pessoa idosa. Secundariamente, o Estado, pois se ofende a administração da justiça.

74. Elemento subjetivo: é o dolo. Cremos deve estar presente o elemento subjetivo específico implícito consistente na *vontade de desobedecer*. Nem sempre a recusa, o retardo e a omissão, em si mesmos, representam o intuito de frustrar direito da pessoa idosa ou implicam menosprezar exigência legal. Esse elemento especial torna-se particularmente importante, já que não se inseriu no tipo nenhuma expressão indicativa da ilicitude, como "sem justa causa" ou "sem justo motivo", como se fez em incisos anteriores. Não se pune a forma culposa.

75. Objetos material e jurídico: o objeto material é o dado técnico exigido. O objeto jurídico é a proteção à pessoa idosa. Secundariamente, a administração da justiça.

76. Classificação: próprio (só pode ser cometido por pessoa qualificada); formal (não há resultado naturalístico necessário para a consumação, embora possa ocorrer algum prejuízo à pessoa idosa); de forma livre (pode ser cometido por qualquer meio eleito pelo agente); comissivo (os verbos indicam ações) nas formas *retardar* e *recusar*, mas omissivo (o verbo indica abstenção) na modalidade *omitir*; instantâneo (a consumação se dá em momento determinado); unissubjetivo (pode ser cometido por um só agente); unissubsistente (cometido em um único ato) ou plurissubsistente (cometido por mais de um ato), conforme o meio eleito pelo agente; admite tentativa na forma plurissubsistente.

> **Art. 101.** Deixar de cumprir, retardar ou frustrar,[77-79] sem justo motivo,[80] a execução de ordem judicial expedida nas ações em que for parte ou interveniente a pessoa idosa:[81-82]
> Pena – detenção de 6 (seis) meses a 1 (um) ano e multa.[83]

77. Análise do núcleo do tipo: *deixar de cumprir* (desatender), *retardar* (atrasar, procrastinar) ou *frustrar* (tornar inútil) a execução (materialização) de ordem judicial (comando expedido por autoridade judiciária) em ação em que for parte (ativa ou passiva) ou interveniente a pessoa idosa. É tipo penal similar ao previsto no art. 100, IV, desta Lei, embora neste caso diga respeito à ação civil, proposta pelo Ministério Público ou outra entidade, enquanto o art. 101 cuida de ação diretamente ajuizada por pessoa idosa ou contra esta, mas que demande solução rápida, em prol dos direitos previstos na Lei 10.741/2003. Na jurisprudência: TJSP: "Narram os autos que, na data dos fatos, o réu encontrava-se no interior do imóvel de seu genitor, o qual teria acionado a GCM para auxiliá-lo a retornar ao local para pegar alguns de seus pertences, pois há alguns dias seu filho, réu/recorrido, estaria habitando a residência, o que o impedia de nela adentrar. Isso porque a vítima, pessoa idosa, temia pela sua integridade física, dado que fora agredido pelo filho em outras ocasiões, e contava com medida protetiva em face daquele, que estava impedido de aproximar-se e de manter contato com o pai, conforme decisão exarada nos autos supra citados. Insta consignar que o réu tinha plena ciência da medida concedida ao pai, vez que fora devidamente intimado de seus termos. Diante, pois, do descumprimento às medidas impostas, o réu foi denunciado por infração ao artigo 101 da Lei n.º 10.741/03, que assim dispõe: (...) O MM. Juiz sentenciante julgou improcedente a ação, por entender que a conduta perpetrada é atípica, vez que referido artigo diz respeito a 'ações', e a medida descumprida não foi expedida em processo, 'que consubstancia o direito de ação exercido', dado que exarada em sede de pedido de medidas protetivas de urgência. Acrescentou o magistrado sentenciante, ainda, que na data dos fatos não houve agressão ou qualquer tipo de violência contra a vítima, 'de tal forma que o ato em questão não teve o fito de desobedecer-se ordem judicial e perpetrar-se cenário de aparente violência ou ameaça a idoso' (fls. 102), o que retiraria a lesividade da conduta. Pois bem. Respeitado o entendimento do magistrado sentenciante, é o caso de se dar provimento ao recurso ministerial. Restou comprovado que havia ordem judicial determinando que o réu não se aproximasse da vítima, com a devida intimação do primeiro, sendo certo que aquele estava, na data dos fatos, no interior da residência do genitor, tornando evidente o descumprimento da medida que teve contra si determinada. Não se vislumbra atipicidade na conduta, vez que a ordem judicial que restou descumprida fora expedida em ação judicial, ainda que em incidente de medida cautelar. O termo 'ação' é reconhecido pelo próprio STF como o 'instrumento formal pelo qual formula-se uma pretensão perante o Poder Judiciário. O direito à ação refere-se à possibilidade de pedir a tutela jurisdicional para que o Estado satisfaça a uma pretensão regularmente deduzida (...)'. Logo, *lato sensu*, o pedido de medidas protetivas não deixa de ser uma 'ação'. Note-se que o tipo penal em questão não faz menção ao tipo de ação, ou ao rito (ordinário, sumário ou sumaríssimo) cujo descumprimento daria ensejo à penalização do agente, não havendo razão para se restringir o alcance da norma quando a própria lei não o faz" (Ap. Criminal 00074930420228260278, 3.ª T. Recursal Cível e Criminal, rel. Fernando Augusto Andrade Conceição, 17.08.2023, v.u.).

Art. 102

78. Sujeitos ativo e passivo: o sujeito ativo somente pode ser a pessoa sujeita à ordem judicial. O sujeito passivo é a pessoa idosa. Secundariamente, o Estado, pois se ofende a administração da justiça.

79. Elemento subjetivo: é o dolo. Cremos deve estar presente o elemento subjetivo específico implícito consistente na *vontade de desobedecer*. Nem sempre a recusa, o retardo e a omissão, em si mesmos, representam o intuito de frustrar direito da pessoa idosa ou implicam menosprezar exigência legal. Não se pune a forma culposa.

80. Elementos normativos do tipo: *sem justo motivo* formata a ilicitude da conduta, comportando interpretação e valoração, conforme o caso concreto. Não se calca a expressão somente na lei, mas pode também ter substrato em regras de convívio e em costumes.

81. Objetos material e jurídico: o objeto material é a ordem judicial, que confere algum benefício à pessoa idosa. O objeto jurídico é a proteção à pessoa idosa. Secundariamente, a administração da justiça.

82. Classificação: próprio (só pode ser cometido por pessoa qualificada); formal (não há resultado naturalístico necessário para a consumação, embora possa ocorrer algum prejuízo à pessoa idosa); de forma livre (pode ser cometido por qualquer meio eleito pelo agente); comissivo (os verbos indicam ações) nas formas *retardar* e *frustrar*, mas omissivo (o verbo indica abstenção) na modalidade *deixar de cumprir*; instantâneo (a consumação se dá em momento determinado); unissubjetivo (pode ser cometido por um só agente); unissubsistente (cometido em um único ato) ou plurissubsistente (cometido por mais de um ato), conforme o meio eleito pelo agente; admite tentativa na forma plurissubsistente.

83. Benefício penal: é infração de menor potencial ofensivo. São aplicáveis os benefícios da Lei 9.099/95.

> **Art. 102.** Apropriar-se de ou desviar bens,[84-87] proventos, pensão ou qualquer outro rendimento da pessoa idosa, dando-lhes aplicação diversa da de sua finalidade:[88-89]
>
> Pena – reclusão de 1 (um) a 4 (quatro) anos e multa.[90]

84. Análise do núcleo do tipo: *apropriar-se* (apossar-se, tomar coisa alheia como se fosse sua) ou *desviar* (destinar a fim diverso do legalmente previsto) bens (objetos ou coisas de utilidade, com valoração econômica), proventos (remuneração ou salário referente ao desempenho de alguma atividade ou profissão), pensão (renda paga periodicamente) ou outro rendimento (lucro, vantagem) pertencente à pessoa idosa. A parte final do tipo parece-nos desnecessária: "dando-lhes aplicação diversa da de sua finalidade". Ora, *apropriar-se* é justamente tomar da pessoa idosa qualquer coisa sua, para destino diverso da finalidade original. O mesmo se diga da conduta *desviar bens*. Esse tipo constitui, na realidade, a *apropriação indébita da pessoa idosa*. Em suma, o agente toma valores monetários para usar em proveito próprio e não em benefício da própria pessoa idosa. Na jurisprudência: STJ: "Denúncia que narra circunstância elementar do tipo do delito de apropriação indébita prevista no art. 102 da Lei n. 10.741/2003 (Estatuto do Idoso), qual seja, crime contra idoso (a vítima contava com 71 anos de idade à época dos fatos) – norma especial em relação ao Código Penal –, revelando-se manifestamente inadequado, portanto, o enquadramento da conduta descrita na denúncia como sendo o do art. 168, § 1.º, III, do Código Penal. 6. Elemento constitutivo do tipo penal – idade da vítima – posta na própria denúncia, sendo desnecessário qualquer revolvimento fático-probatório para sua subsunção (...)" (RHC 72016 – PR, 6.ª T., rel. Sebastião Reis Júnior, 16.02.2017, v.u.). TJMG:

"Devidamente demonstrada a prática do crime de apropriação de provento de idoso quando da contratação de seguro de vida sem qualquer real vinculação ao idoso, impõe-se a confirmação da condenação por crime único, independente de quantas parcelas mensais foram quitadas, afastando-se, portanto, a continuidade delitiva. É incabível a isenção de custas, sendo possível apenas a suspensão da exigibilidade do pagamento, cujo pleito deve ser formulado perante o Juízo da Execução" (Ap. 5000620-25.2021.8.13.0689, 8.ª C. Crim., rel. Henrique Abi-Ackel Torres, 11.08.2022, v.u.). TJCE: "*In casu*, a 'vantagem ilícita obtida em prejuízo alheio' estaria consubstanciada em contrair empréstimo consignado junto ao Banco Cruzeiro do Sul, após utilizar de ardil para ludibriar as vítimas idosas alegando que colheria suas informações pessoais e documentos relativos a dados bancários para conseguir benefício previdenciário àquelas. 5. Ademais, quanto ao delito de apropriação indevida contra idoso restou concretizado, na medida em que este tipo dita: 'Apropriar-se de ou desviar bens, proventos, pensão ou qualquer outro rendimento da pessoa idosa, dando-lhes aplicação diversa da de sua finalidade'. Nesse sentido, o crime de apropriação de proventos, pensão, ou qualquer outro rendimento do idoso se consuma quando, segundo Guilherme de Souza Nucci, '... o agente toma valores monetários para usar em proveito próprio e não em benefício do próprio idoso' (*Leis Penais e Processuais Penais*, vol. I, Editora Gen Forense, 8.ª edição, pág. 469). Verifico que foi o que ocorreu, tendo e vista que o apelante se apropriou de valores das vítimas idosas" (Ap. Criminal 0005179-81.2013.8.06.0141, 3.ª Câmara Criminal, rel. Maria Regina Oliveira, 28.11.2023, v.u.).

85. Sujeitos ativo e passivo: o sujeito ativo somente pode ser quem tem a posse do bem ou outro valor da pessoa idosa. Embora o tipo penal não faça referência, como está previsto no art. 168 do Código Penal, à expressão *de que tem a posse ou a detenção*, parece-nos óbvia a sua inclusão. Não fosse assim e estaríamos diante de autêntico furto ou mesmo estelionato. Apropria-se de algo que se tem e não de alguma coisa fora do alcance. No caso de *desvio*, é possível ser qualquer pessoa. O sujeito passivo é a pessoa idosa.

86. Elemento subjetivo: é o dolo. No caso da figura *apropriar-se*, não há necessidade de elemento subjetivo específico, pois a vontade de se apossar de bem, valor, provento, pensão etc., pertencente à pessoa idosa, está ínsita no verbo. Cuidando-se da conduta *desviar bens*, inseriu-se o elemento específico, embora pleonástico, que é "dando-lhes aplicação diversa da de sua finalidade". Não há a forma culposa.

87. Confronto com o art. 168 do Código Penal: havendo apropriação de coisa alheia móvel de pessoa maior de 60 anos segue-se o disposto no art. 102 desta Lei especial e não mais o preceituado no art. 168 do Código Penal, embora a pena seja a mesma. Uma crítica merece ser feita, no entanto. As figuras de aumento de um terço, previstas no § 1.º do art. 168, não mais podem ser utilizadas para o crime contra a pessoa idosa. Assim, ilustrando, caso um advogado se aproprie do dinheiro do cliente com mais de 60 anos, a pena será fixada entre 1 e 4 anos de reclusão e multa, mas sem o aumento de crime praticado em razão de ofício, emprego ou profissão, pois é forma não prevista no Estatuto da Pessoa Idosa. No mais, há uma vantagem. A alteração deu-se no tocante à maior extensão da figura típica da apropriação criada pelo Estatuto da Pessoa Idosa, que não menciona somente coisa móvel, mas fala genericamente de bens, proventos, pensão ou qualquer outro rendimento e não exige que estejam eles na posse ou detenção do autor do crime. É natural que, no tocante ao verbo *apropriar-se* (tomar posse de algo que pertence a outra pessoa), como regra, o objeto do delito esteja na posse ou detenção de quem o retira da esfera de disponibilidade da pessoa idosa. Excepcionalmente, pode o agente apossar-se daquilo que não detinha antes, quase equiparando a figura da *apropriação* ao furto. Por outro lado, na modalidade *desviar* (alterar o destino, afastar ou desencaminhar), a figura da lei especial possibilita a configuração do crime ainda que o agente não retenha para si o valor retirado da esfera de disponibilidade da pessoa idosa, podendo, por exemplo, encaminhar a terceiro.

88. Objetos material e jurídico: o objeto material pode ser bem, proventos, pensão ou outro rendimento da pessoa idosa. O objeto jurídico é a proteção à pessoa idosa, com enfoque ao seu patrimônio.

89. Classificação: próprio (só pode ser cometido por pessoa qualificada), na forma *apropriar-se*, mas comum (pode ser praticado por qualquer um) na modalidade *desviar*; material (exige-se resultado naturalístico necessário para a consumação, com algum prejuízo à pessoa idosa); de forma livre (pode ser cometido por qualquer meio eleito pelo agente); comissivo (quando o verbo indica ação) na forma *desviar* e comissivo (demanda ação) ou omissivo (implica abstenção) na modalidade *apropriar-se* (pode haver os dois mecanismos); instantâneo (a consumação se dá em momento determinado), podendo admitir, conforme o caso concreto, a forma permanente; unissubjetivo (pode ser cometido por um só agente); unissubsistente (cometido em um único ato) ou plurissubsistente (cometido por mais de um ato), conforme o meio eleito pelo agente; admite tentativa na forma plurissubsistente.

90. Benefícios penais: admite a suspensão condicional do processo (pena mínima de um ano), prevista no art. 89 da Lei 9.099/95. Não sendo possível, em caso de condenação, pode-se aplicar pena alternativa (restritiva de direitos, arts. 43 e 44, CP) ou suspensão condicional da pena, conforme o caso (art. 77, CP).

> **Art. 103.** Negar[91-93] o acolhimento ou a permanência da pessoa idosa, como abrigado, por recusa deste em outorgar procuração à entidade de atendimento:[94-95]
>
> Pena – detenção de 6 (seis) meses a 1 (um) ano e multa.[96]

91. Análise do núcleo do tipo: *negar* (opor-se a algo) o acolhimento (recepção, abrigo) ou a permanência (estada) da pessoa idosa, como abrigada (no sentido deste texto, significa internado ou residente, dependendo da situação concreta). As condutas têm origem na recusa (oposição) da pessoa idosa em outorgar (conferir oficialmente) procuração (mandato para que alguém aja em seu nome) à entidade de atendimento. O tipo parece estranho, mas diz respeito aos locais próprios ao acolhimento de pessoas idosas, embora sob a condição de receber procuração destas para administrar seus bens ou receber seus proventos ou pensão. Representa, na realidade, uma garantia forçada de adimplemento do custeio da estada.

92. Sujeitos ativo e passivo: o sujeito ativo é somente o administrador da entidade de atendimento (ou o responsável pelo acolhimento). O sujeito passivo é a pessoa idosa.

93. Elemento subjetivo: é o dolo. Não há elemento subjetivo específico, nem se pune a forma culposa.

94. Objetos material e jurídico: o objeto material é a pessoa idosa. O objeto jurídico é a proteção à pessoa idosa, com enfoque particular ao seu patrimônio.

95. Classificação: próprio (só pode ser cometido por pessoa qualificada); formal (não se exige resultado naturalístico necessário para a consumação, com algum prejuízo à pessoa idosa); de forma livre (pode ser cometido por qualquer meio eleito pelo agente); comissivo (o verbo indica ação); instantâneo (a consumação se dá em momento determinado); unissubjetivo (pode ser cometido por um só agente); plurissubsistente (cometido por mais de um ato); admite tentativa.

96. Benefício penal: é infração de menor potencial ofensivo. São aplicáveis os benefícios da Lei 9.099/95.

> **Art. 104.** Reter[97-99] o cartão magnético de conta bancária relativa a benefícios, proventos ou pensão da pessoa idosa, bem como qualquer outro documento com objetivo de assegurar recebimento ou ressarcimento de dívida:[100-101]
> Pena – detenção de 6 (seis) meses a 2 (dois) anos e multa.[102]

97. Análise do núcleo do tipo: *reter* (guardar em seu poder o que pertence a outrem) é a conduta, cujo objeto pode ser o cartão magnético (documento emitido por determinada instituição, contendo tarja magnética, na qual se armazena informação passível de ser processada eletronicamente, com o fim de liberar dinheiro e processar outras transações) de conta bancária (registro de depósitos e retiradas de um banco) relativa a benefícios (quaisquer ganhos), proventos (remuneração ou salário referente ao desempenho de alguma atividade ou profissão) ou pensão (renda paga periodicamente) da pessoa idosa, além de qualquer outro documento (base material disposta a armazenar informe relevante). Ver nota 84 *supra*. Na jurisprudência: TJPB: "Aqui a conduta é de meramente reter o cartão magnético, mas com a intenção de ter acesso ao valor destinado ao idoso por meio da respectiva conta bancária" (Ap. Criminal 0829078-43.2022.8.15.0001, Câmara Criminal, rel. Márcio Murilo da Cunha Ramos, 10.08.2023, v.u.).

98. Sujeitos ativo e passivo: o sujeito ativo é o credor de dívida da pessoa idosa. O sujeito passivo é a pessoa idosa.

99. Elemento subjetivo: é o dolo. Há elemento subjetivo específico, consistente no objetivo de *assegurar o recebimento ou ressarcimento de dívida*. Não se pune a forma culposa.

100. Objetos material e jurídico: o objeto material é o cartão magnético ou outro documento. O objeto jurídico é a proteção da pessoa idosa, com enfoque ao seu patrimônio.

101. Classificação: próprio (só pode ser cometido por pessoa qualificada); formal (não se exige resultado naturalístico necessário para a consumação, com algum prejuízo à pessoa idosa); de forma livre (pode ser cometido por qualquer meio eleito pelo agente); comissivo (o verbo indica ação), como regra, porém, conforme a situação fática concreta, pode dar-se na forma omissiva (deixar de devolver o cartão magnético que lhe foi confiando, com o fito de assegurar o recebimento de dívida); instantâneo (a consumação se dá em momento determinado); unissubjetivo (pode ser cometido por um só agente); unissubsistente (cometido num único ato) ou plurissubsistente (cometido por mais de um ato), conforme o meio eleito pelo agente; admite tentativa na forma plurissubsistente.

102. Benefício penal: é infração de menor potencial ofensivo. São aplicáveis os benefícios da Lei 9.099/95.

> **Art. 105.** Exibir ou veicular,[103-105] por qualquer meio de comunicação, informações ou imagens depreciativas ou injuriosas[106] à pessoa idosa:[107-108]
> Pena – detenção de 1 (um) a 3 (três) anos e multa.[109]

103. Análise do núcleo do tipo: *exibir* (apresentar, expor) ou *veicular* (transmitir, propagar) são as condutas, cujos objetos podem ser informações (dados) ou imagens (representação gráfica ou fotográfica de algo ou alguém) de pessoa idosa. Exige-se, como instrumento, *qualquer meio de comunicação* (rádio, tv, jornal, revista, folhetos etc.). Sobre a qualidade dos informes e imagens, ver a nota 106 *infra*.

104. Sujeitos ativo e passivo: o sujeito ativo pode ser qualquer pessoa. O sujeito passivo é a pessoa idosa.

105. Elemento subjetivo: é o dolo. Exige-se o elemento subjetivo específico implícito, consistente na vontade de *menosprezar, diminuir, atingir o amor próprio* da pessoa idosa. Exemplo que afasta o crime: o *animus jocandi* (vontade de fazer piada ou brincadeira). Aliás, não fosse assim e vários humoristas seriam processados com base nesta Lei. Não há a forma culposa.

106. Elementos normativos do tipo: *depreciativo* (algo que envolve menosprezo ou desdém) e *injurioso* (ofensivo à autoestima) são elementos dependentes de valoração cultural, conforme a época, o momento e a região onde são divulgadas as informações ou imagens.

107. Objetos material e jurídico: o objeto material é o informe ou a imagem divulgada. O objeto jurídico é a proteção à pessoa idosa, enfocando a sua honra (objetiva e subjetiva).

108. Classificação: comum (pode ser cometido por qualquer pessoa); formal (não se exige resultado naturalístico necessário para a consumação, com algum prejuízo à pessoa idosa); de forma livre (pode ser cometido por qualquer meio eleito pelo agente); comissivo (os verbos indicam ações); instantâneo (a consumação se dá em momento determinado), mas, em caráter excepcional, pode adquirir o caráter permanente (a consumação se arrasta no tempo), desde que a exibição ou divulgação seja contínua; unissubjetivo (pode ser cometido por um só agente); unissubsistente (cometido num único ato) ou plurissubsistente (cometido por mais de um ato), conforme o meio eleito pelo agente; admite tentativa na forma plurissubsistente.

109. Benefícios penais: não se trata de infração de menor potencial ofensivo, mas admite (por conta da pena mínima abstrata, fixada em um ano de detenção) a suspensão condicional do processo (art. 89 da Lei 9.099/95). Se não for possível, em caso de condenação, é viável a substituição da pena privativa de liberdade por restritiva de direitos, bem como a aplicação da suspensão condicional da pena (*sursis*).

Art. 106. Induzir[110-112] pessoa idosa sem discernimento[113] de seus atos a outorgar procuração para fins de administração de bens ou deles dispor livremente:[114-115]

Pena – reclusão de 2 (dois) a 4 (quatro) anos.[116]

---

110. Análise do núcleo do tipo: *induzir* (dar a ideia, incentivar) a pessoa idosa (maior de 60 anos), sem discernimento de seus atos (sem condições de proferir um julgamento ou avaliação sensata das suas atitudes) a outorgar (conceder oficialmente, nos termos legais) procuração (mandato) para administração (gestão ou gerência) de bens, além de poder deles dispor livremente. Significa iludir uma pessoa incapaz, atingido seu patrimônio. Na jurisprudência: TJDFT: "1. A conduta de induzir pessoa idosa, sem discernimento, a outorgar procuração para fins de administração de bens ou deles dispor livremente, é fato que se amolda ao tipo penal previsto no artigo 106 da Lei 10.741/03, independentemente de ter havido prejuízo patrimonial à vítima. 2. Comprovadas a autoria e materialidade delitiva, acrescido do dolo para a prática delitiva, a condenação é medida que se impõe" (Ap. 0028773-71.2014.8.07.0009, 1.ª T. Crim., rel. J. J. Costa Carvalho, 18.03.2021, v.u.). TRF-4: "1. Sendo imputada à acusada dois crimes, em tese, um de competência da justiça estadual (art. 106 da Lei 10.741/2003) e outro de competência da justiça federal (estelionato praticado contra a CEF), reunidos em razão da conexão, prevalece a competência federal, a teor da Súmula 122 do STJ. (...) 3. Pratica o crime do art. 106 do Estatuto do Idoso quem induz, por meio de persuasão, pessoa idosa, que não tenha plena capacidade para compreender seus atos, a fim de obter a outorga de procuração para administrar seus bens ou deles dispor livremente. 4. Provada a falta de discernimento da idosa em outorgar procuração para dispor livremente de seus bens, impõe-se a reforma da sentença, a fim de condenar a ré pela prática do crime do art. 106 da Lei 10.741/2003" (Ap. 5000143-78.2017.4.04.7009, 8.ª T., rel. Nivaldo Brunoni, 27.01.2021, v.u.).

111. Sujeitos ativo e passivo: o sujeito ativo pode ser qualquer pessoa. O sujeito passivo é a pessoa idosa. Não se incluir o interdito, que já possui curador para administrar seus bens.

112. Elemento subjetivo: é o dolo. Há elemento subjetivo específico, consistente no fim de *administrar os bens ou deles dispor livremente*. Não existe a forma culposa.

113. Elementos normativos do tipo: a expressão *sem discernimento* constitui objeto de valoração cultural, dependendo do caso concreto, da região, do grau de cultura do sujeito ativo e também do passivo, enfim, de elementos variados a analisar em cada situação fática.

114. Objetos material e jurídico: o objeto material é a procuração. O objeto jurídico é a proteção à pessoa idosa, com enfoque particular ao seu patrimônio.

115. Classificação: comum (pode ser cometido por qualquer pessoa); formal (não se exige resultado naturalístico necessário para a consumação, com algum prejuízo efetivo à pessoa idosa); de forma livre (pode ser cometido por qualquer meio eleito pelo agente); comissivo (o verbo indica ação); instantâneo (a consumação se dá em momento determinado, com a outorga da procuração); unissubjetivo (pode ser cometido por um só agente); unissubsistente (cometido num único ato) ou plurissubsistente (cometido por mais de um ato), conforme o meio eleito pelo agente; admite tentativa na forma plurissubsistente.

116. Benefícios penais: não é infração de menor potencial ofensivo. Portanto, em caso de condenação, se a pena for fixada no mínimo legal, pode-se conceder a suspensão condicional da pena. Se o delito for praticado por maior de 70 anos ou pessoa gravemente enferma, a pena de até quatro anos comporta *sursis*. Cabe, no entanto, a substituição da pena privativa de liberdade por restritiva de direitos (arts. 43 e 44, CP).

> **Art. 107.** Coagir,[117-119] de qualquer modo, a pessoa idosa a doar, contratar, testar ou outorgar procuração:[120-121]
> Pena – reclusão de 2 (dois) a 5 (cinco) anos.[122]

117. Análise do núcleo do tipo: *coagir* (constranger, forçar), de qualquer modo (física ou moralmente), a pessoa idosa a *doar* (transmitir gratuitamente seus bens), *contratar* (celebrar algum tipo de avença), *testar* (deixar bens em testamento para alguém) ou *outorgar* (conceder oficialmente) *procuração* (mandato). É um constrangimento ilegal (art. 146, CP), voltado especificamente à pessoa idosa. Conferir: TJSC: "Venda em domicílio de esteira vibratória. Consumidora que adquire o produto, mediante ardil do vendedor (art. 107 do Estatuto do Idoso), autorizando o desconto direto em seu benefício previdenciário. Método de venda agressivo, visando ludibriar pessoa idosa e de saúde frágil. Ofensa ao art. 39, inciso IV do diploma consumerista. Engodo caracterizado. Insurgência da compradora. Existência de dano moral que desborda o mero aborrecimento. Conduta antijurídica causadora de dano extrapatrimonial, consubstanciado na angústia causada pela diminuição dos parcos proventos de aposentadoria, responsáveis pela sua subsistência. Recurso conhecido e provido" (AC 20120077280/SC, 6.ª Câmara de Direito Civil, rel. Ronei Danielli, *DJ* 14.08.2013).

118. Sujeitos ativo e passivo: o sujeito ativo pode ser qualquer pessoa. O sujeito passivo é a pessoa idosa.

119. Elemento subjetivo: é o dolo. Há o elemento subjetivo específico, consistente na meta de *administrar bens ou deles dispor livremente*. Não se pune da forma culposa.

120. Objetos material e jurídico: o objeto material é a doação, contrato, testamento ou procuração. O objeto jurídico é a proteção à pessoa idosa, com enfoque para seu patrimônio.

121. Classificação: comum (pode ser cometido por qualquer pessoa); formal (não se exige resultado naturalístico necessário para a consumação, com algum prejuízo efetivo à pessoa idosa); de forma livre (pode ser cometido por qualquer meio eleito pelo agente); comissivo (o verbo indica ação); instantâneo (a consumação se dá em momento determinado, com a prática da coação); unissubjetivo (pode ser cometido por um só agente); plurissubsistente (cometido por mais de um ato), como regra; admite tentativa.

122. Benefícios penais: não é infração de menor potencial ofensivo. Portanto, em caso de condenação, se a pena for fixada no mínimo legal, pode-se conceder a suspensão condicional da pena. Se o delito for praticado por maior de 70 anos ou pessoa gravemente enferma, a pena de até quatro anos comporta *sursis*. Cabe, no entanto, a substituição da pena privativa de liberdade por restritiva de direitos (arts. 43 e 44, CP), se a pena não ultrapassar o limite de quatro anos.

> **Art. 108.** Lavrar[123-125] ato notarial que envolva pessoa idosa sem discernimento[126] de seus atos, sem a devida[127] representação legal:[128-129]
>
> Pena – reclusão de 2 (dois) a 4 (quatro) anos.[130]

123. Análise do núcleo do tipo: *lavrar* (ato formal de concretizar uma escritura ou outro documento) ato notarial (procedimento conduzido por tabelião), envolvendo pessoa idosa, sem discernimento (vide nota 126 infra), sem a devida representação legal (vide a nota 127 *infra*).

124. Sujeitos ativo e passivo: o sujeito ativo é o notário ou preposto seu. O sujeito passivo é a pessoa idosa. Secundariamente, o Estado, que tem interesse na regularidade dos atos notariais.

125. Elemento subjetivo: é o dolo. Não há elemento subjetivo específico, nem se pune a forma culposa.

126. Elementos normativos do tipo: a expressão *sem discernimento* constitui objeto de valoração cultural, dependendo do caso concreto, da região, do grau de cultura do sujeito ativo e também do passivo, enfim, de elementos variados a analisar em cada situação fática.

127. Norma penal em branco: deve-se consultar a legislação extrapenal, que define os casos de representação legal de alguém sem discernimento (ex.: o interdito é representado pelo curador nomeado pelo juiz).

128. Objetos material e jurídico: o objeto material é o ato notarial. O objeto jurídico é a proteção à pessoa idosa. Secundariamente, tutela-se a fé pública, típica dos atos do notário.

129. Classificação: próprio (só pode ser cometido pelo notário ou preposto seu); formal (não se exige resultado naturalístico necessário para a consumação, com algum prejuízo efetivo à pessoa idosa); de forma vinculada (somente pode ser cometido pelos meios formais de lavratura de um ato notarial); comissivo (o verbo indica ação); instantâneo (a consumação se dá em momento determinado, com a lavratura do ato); unissubjetivo (pode ser cometido por um só agente); plurissubsistente (cometido por mais de um ato), como regra; admite tentativa.

130. Benefícios penais: não é infração de menor potencial ofensivo. Portanto, em caso de condenação, se a pena for fixada no mínimo legal, pode-se conceder a suspensão condicional da pena. Se o delito for praticado por maior de 70 anos ou pessoa gravemente enferma, a pena de até quatro anos comporta *sursis*. Cabe, no entanto, a substituição da pena privativa de liberdade por restritiva de direitos (arts. 43 e 44, CP).

TÍTULO VII
DISPOSIÇÕES FINAIS E TRANSITÓRIAS

> **Art. 109.** Impedir ou embaraçar[131-133] ato do representante do Ministério Público ou de qualquer outro agente fiscalizador:[134-135]
> Pena – reclusão de 6 (seis) meses a 1 (um) ano e multa.[136]

131. Análise do núcleo do tipo: *impedir* (interromper) ou *embaraçar* (estorvar, perturbar) são as condutas, que têm por objeto o ato do representante do Ministério Público (atividade peculiar à instituição) ou de outro agente fiscalizador. Não há razão alguma para fazer constar este tipo penal no título referente às disposições finais e transitórias. Deveria fazer parte do rol dos crimes do título anterior.

132. Sujeitos ativo e passivo: o sujeito ativo pode ser qualquer pessoa. O sujeito passivo é a pessoa idosa. Secundariamente, o Estado, que tem interesse na fiscalização dos preceitos protetores à pessoa idosa, estabelecidos nesta Lei. Não há que se colocar como sujeitos passivos os membros do Ministério Público ou outros fiscais, pois eles não defendem interesses próprios. O titular do bem jurídico protegido é a pessoa idosa. O MP e outros órgãos apenas buscam o melhor para as pessoas com mais de 60 anos, mas não atuam em nome próprio e com interesse pessoal.

133. Elemento subjetivo: é o dolo. Há o elemento subjetivo do tipo específico, consistente na vontade de *prejudicar* a atuação do Estado. Cuida-se de um tipo penal semelhante à desobediência, que demanda algo mais do que a simples inobservância do ato de fiscalização. Não se pune a forma culposa.

134. Objetos material e jurídico: o objeto material é o ato de fiscalização do órgão competente. O objeto jurídico é a proteção à pessoa idosa. Secundariamente, a administração da justiça.

135. Classificação: comum (pode ser cometido por qualquer um); formal (não se exige resultado naturalístico necessário para a consumação, com algum prejuízo efetivo à pessoa idosa); de forma livre (pode ser cometido por qualquer meio eleito pelo agente); comissivo (os verbos indicam ações); instantâneo (a consumação se dá em momento determinado); unissubjetivo (pode ser cometido por um só agente); plurissubsistente (cometido por mais de um ato), como regra; admite tentativa.

136. Benefício penal: é infração de menor potencial ofensivo. São aplicáveis os benefícios da Lei 9.099/95.

> (...)
> **Art. 118.** Esta Lei entra em vigor decorridos 90 (noventa) dias da sua publicação, ressalvado o disposto no *caput* do art. 36, que vigorará a partir de 1.º de janeiro de 2004.
> Brasília, 1.º de outubro de 2003; 182.º da Independência e 115.º da República.
> Luiz Inácio Lula da Silva
> (*DOU* 03.10.2003)

Falência

Lei 11.101, de 9 de fevereiro de 2005

Regula a recuperação judicial, a extrajudicial e a falência do empresário e da sociedade empresária.

O Presidente da República:

Faço saber que o Congresso Nacional decreta e eu sanciono a seguinte Lei:

Capítulo I
DISPOSIÇÕES PRELIMINARES

Art. 1.º Esta Lei disciplina a recuperação judicial, a recuperação extrajudicial e a falência do empresário e da sociedade empresária, doravante referidos simplesmente como devedor.

Art. 2.º Esta Lei não se aplica a:

I – empresa pública e sociedade de economia mista;

II – instituição financeira pública ou privada, cooperativa de crédito, consórcio, entidade de previdência complementar, sociedade operadora de plano de assistência à saúde, sociedade seguradora, sociedade de capitalização e outras entidades legalmente equiparadas às anteriores.

Art. 3.º É competente para homologar o plano de recuperação extrajudicial, deferir a recuperação judicial ou decretar a falência o juízo do local do principal estabelecimento do devedor ou da filial de empresa que tenha sede fora do Brasil.

Art. 4.º *(Vetado).*

(...)

Capítulo VII
DISPOSIÇÕES PENAIS

Seção I
Dos crimes em espécie[1]

Fraude a credores

Art. 168. Praticar,[2-4] antes ou depois da sentença que decretar a falência,[5] conceder a recuperação judicial[6] ou homologar a recuperação extrajudicial,[7] ato fraudulento de que resulte ou possa resultar prejuízo[8] aos credores,[9] com o fim de obter ou assegurar vantagem indevida[10] para si ou para outrem:[11-13]

Pena – reclusão, de 3 (três) a 6 (seis) anos, e multa.[14]

Aumento da pena

§ 1.º A pena aumenta-se de 1/6 (um sexto) a 1/3 (um terço), se o agente:[15-16]

I – elabora escrituração contábil ou balanço com dados inexatos;[17]

II – omite, na escrituração contábil ou no balanço, lançamento que deles deveria constar, ou altera escrituração ou balanço verdadeiros;[18]

III – destrói, apaga ou corrompe dados contábeis ou negociais armazenados em computador ou sistema informatizado;[19]

IV – simula a composição do capital social;[20]

V – destrói, oculta ou inutiliza, total ou parcialmente, os documentos de escrituração contábil obrigatórios.[21]

Contabilidade paralela e distribuição de lucros ou dividendos a sócios e acionistas até a aprovação do plano de recuperação judicial

§ 2.º A pena é aumentada de 1/3 (um terço) até metade se o devedor manteve ou movimentou recursos ou valores paralelamente à contabilidade exigida pela legislação,[22] inclusive na hipótese de violação do disposto no art. 6.º-A desta Lei.[22-A]

Concurso de pessoas

§ 3.º Nas mesmas penas incidem os contadores, técnicos contábeis, auditores e outros profissionais que, de qualquer modo, concorrerem para as condutas criminosas descritas neste artigo, na medida de sua culpabilidade.[23]

Redução ou substituição da pena[24]

§ 4.º Tratando-se de falência de microempresa ou de empresa de pequeno porte,[25] e não se constatando prática habitual[26] de condutas fraudulentas por parte do falido, poderá o juiz reduzir a pena de reclusão de 1/3 (um terço) a

> 2/3 (dois terços) ou substituí-la pelas penas restritivas de direitos, pelas de perda de bens e valores ou pelas de prestação de serviços à comunidade ou a entidades públicas.[27]

1. Conflito de normas penais: a anterior lei (Dec.-lei 7.661/45) e a atual (Lei 11.101/2005), regendo os crimes falimentares em geral, conflitam. Há figuras típicas similares em ambas, mas com previsão de penas e benefícios diferenciados. Em uma delas, pode haver uma pena menor, porém com menores oportunidades de benefícios; noutra, a pena pode ser maior, mas, igualmente, os benefícios são mais positivos ao acusado. Qual lei deve prevalecer, levando-se em conta o disposto no art. 5.º, XL, da Constituição Federal, bem como no art. 2.º, parágrafo único, do Código Penal? A meta é que seja aplicada, pelo juiz, a lei penal mais favorável. Quando o conflito instaurado for, em teoria, insuperável, vale dizer, é possível não se saber, ao certo, qual é a lei mais favorável, justamente porque uma tem benefícios que a outra cortou e as penalidades são variáveis, deve-se decidir, em primeiro lugar, qual corrente seguir: é viável a combinação de leis penais? (ver a nota 22 ao art. 2.º do nosso *Código Penal comentado*.) Partilhamos do entendimento daqueles que defendem ser incabível ao magistrado combinar leis penais, pois estaria atuando como autêntico legislador. Se o juiz retirar a pena aplicável de uma lei anterior e eventuais benefícios da lei mais recente, teria criado uma *terceira lei*, em verdade, inexistente, pois o legislador não a idealizou como tal. Por isso, defendemos que o magistrado opte, sempre, pela lei que considera a mais favorável *concretamente* ao réu. Não deve fazer a análise em abstrato, pois o erro pode acontecer. A verificação precisa dar-se caso a caso. Exemplificando: a escrituração atrasada ou lacunosa em livros obrigatórios (art. 186, VI, Dec.-lei 7.661/45) pode ser considerada absorvida pelo novo tipo penal previsto na Lei 11.101/2005, art. 178: "Deixar de elaborar, escriturar ou autenticar (...) os documentos de escrituração contábil obrigatórios". Note-se, pois, o conflito: a) o art. 186, VI, do Dec.-lei 7.661/45 previa pena de detenção, de seis meses a três anos, sem multa, mas com possibilidade de se aplicar perdão judicial ao empresário de pouca instrução e comércio exíguo (art. 186, parágrafo único); b) o art. 178 da Lei 11.101/2005, por seu turno, prevê pena de detenção, de um a dois anos, com multa, sem o benefício do perdão judicial. Qual seria a lei mais favorável? A pena prevista pelo art. 178 permite a consideração de ser a omissão dos documentos contábeis obrigatórios uma infração de menor potencial ofensivo, sujeita, pois, à transação (art. 61, Lei 9.099/95). No entanto, se a transação não se der, por qualquer motivo, a pena mínima é mais elevada que a prevista no anterior art. 186, VI, além de exigir a aplicação de multa. E mais: para o comerciante sem instrução e de negócio exíguo, há o perdão judicial, ainda mais benéfico que a transação. Voltamos à questão anteriormente posta: qual lei é a mais favorável, considerando-se a posição de que não se pode combiná-las? Somente o caso concreto poderá ditar o rumo a seguir. Se o comerciante tiver pouca instrução e seu negócio for pequeno, melhor aplicar o disposto no Dec.-lei 7.661/45 (art. 186, parágrafo único), ou seja, o perdão judicial. Extinta sua punibilidade, nem mesmo sujeito à transação deve ficar. Não se tratando desse tipo de empresário, torna-se viável aplicar o art. 178 da Lei 11.101/2005, pois permite a transação penal. Entretanto, se o réu já tiver se beneficiado dela (transação) nos últimos cinco anos, não mais será possível valer-se do instituto (art. 76, § 2.º, II, Lei 9.099/95). Nesse caso, voltamos a aplicar o art. 186, VI, do Dec.-lei 7.661/45, pois a pena mínima é menor (seis meses) e não há multa. Em suma, somente o caso concreto ditará ao magistrado qual rumo seguir. Na jurisprudência: STJ: "1. Tratando-se de imputação anterior à entrada em vigor da Lei n. 11.101/2005, prevalecem as disposições do Decreto-lei n. 7.661/1945, não sendo possível, outrossim, falar-se em combinação de leis. Nesse contexto, tem-se que o art. 199 do referido decreto-lei dispõe que a prescrição extintiva da punibilidade de crime falimentar se opera em dois anos, iniciando-se o prazo prescricional da data em que transitar em julgado a sentença que encerrar a falência, que deve ocorrer dois anos após o dia da declaração da falência (art. 132, § 1.º, do DL 7.661/1945). Contudo, não se podem descurar das causas interruptivas da prescrição previstas no Código Penal, conforme estabelece a Súmula 592/STF. 2. Não sendo o recorrente encontrado para ser citado pessoalmente, foi citado por edital, tendo o Magistrado determinado ainda a suspensão do processo e do prazo prescricional em 1.º/3/2002, nos termos do art. 366 do CPP. Entretanto, a suspensão não pode se dar por prazo indefinido, porquanto não se admitem hipóteses de imprescritibilidade não previstas na Constituição Federal. Dessarte, o Superior Tribunal de Justiça editou o Enunciado sumular n. 415, dispondo que 'o período de suspensão do prazo prescricional é regulado pelo máximo da pena cominada'. Implementado o prazo máximo de suspensão do prazo prescricional, verifica-se que este voltou a correr, implementando-se a prescrição, encontrando-se, portanto, extinta a punibilidade do recorrente. 3. Recurso em *habeas corpus* provido, para reconhecer a extinção da punibilidade do recorrente pelos crimes falimentares que lhe foram imputados e, por consequência, cassar o decreto de prisão preventiva" (RHC 38.984 – RJ, 5.ª T., rel. Reynaldo Soares da Fonseca, 14.06.2016, v.u.).

2. Análise do núcleo do tipo: praticar (realizar, tornar concreto, materializar) é o verbo nuclear, cujo complemento é ato fraudulento (ação praticada de má-fé, normalmente visando enganar alguém). Deve-se analisar a conduta criminosa no cenário da falência, recuperação judicial ou extrajudicial. Esses três casos são considerados, em nosso ponto de vista, corretamente, condições objetivas de punibilidade (art. 180 desta Lei). Portanto, o empresário que aja com má-fé, delineando vários atos fraudulentos, porém não leve a empresa à falência, à recuperação judicial ou extrajudicial, pode responder por outros delitos, mas não pela figura do art. 168 desta Lei. A prática do ato fraudulento somente se torna relevante penal, no contexto da Lei 11.101/2005, se houver a falência, recuperação judicial ou extrajudicial. Justamente por isso, elas são condições objetivas de punibilidade. Mesmo assim, torna-se fundamental buscar o nexo causal entre o ato fraudulento e a provocação da falência, recuperação judicial ou extrajudicial. Não se pode tomar qualquer fraude, praticada pelo empresário, durante toda a sua atividade, muitas vezes anos antes de haver a derrocada econômica da empresa para se lhe imputar a prática de crime falimentar. Por outro lado, o tipo penal também dispõe sobre a possibilidade de se praticar ato fraudulento após a decretação da falência, concessão da recuperação judicial ou homologação da recuperação extrajudicial. Nessa hipótese, não se está cuidando de condição objetiva de punibilidade, mas de mera fraude cometida contra os credores, durante o processo de falência ou recuperação. Ver, ainda, a nota específica ao art. 180 desta Lei. Na jurisprudência: STJ: "1. O princípio da unicidade estabelece que, havendo o concurso de diversas condutas voltadas ao cometimento de fraudes aos credores da empresa em processo de falência, considera-se a prática de apenas um único tipo penal, para o qual deve ser aplicada a pena do mais grave deles (HC n. 94.632/MG, Ministro Og Fernandes, Sexta Turma, *DJe* 20/3/2013). 2. Tratando-se de crime único, vê-se que o último fato descrito na denúncia ocorreu em 11 de dezembro de 2007 e, portanto, somente nessa data a fraude foi definitivamente realizada. Consumando-se em 2007, aplicável a Lei n. 11.101/2005, cujos prazos prescricionais são regidos pelo art. 182 da referida lei e pelas disposições do Código Penal. Delito que não se encontra prescrito. 3. Uma vez que o tipo penal do art. 168 da Lei n. 11.101/2005 tutela a conduta que possa causar prejuízo, desnecessária a demonstração de efetivo prejuízo, pois o crime é classificado como de perigo. Sendo assim, não é necessário demonstrar que a criação de uma outra empresa, no mesmo ramo comercial que a falida, efetivamente acarretou prejuízo aos credores. 4. Ademais, verifica-se que a Corte *a quo* afirma que o prejuízo sofrido pelos credores ficou comprovado com a demonstração de liquidação de débitos da Fazenda Pública Estadual e Federal. Sendo assim, para rever o posicionamento, seria necessário o reexame fático-probatório dos autos, o que não é possível em razão do disposto na Súmula 7/STJ. 5. O fato de o pleito referente à venda de ponto comercial pertencente à falida (2.º fato) ser mero exaurimento da acusação relacionada ao 1.º fato não foi debatido pelo Tribunal de origem sob o enfoque trazido no recurso especial. O tema também não foi tratado nos embargos de declaração, motivo pelo qual o tema carece de prequestionamento, nos termos da Súmula 211/STJ. 6. Para que se possa examinar a pretensão ventilada pelo ora recorrente para entender que o imóvel em questão não pertencia à falida, seria indispensável compulsar os autos, a fim de verificar se todas as provas neles constantes sustentariam a conclusão almejada. E esse revolvimento do material probante não é permitido em sede de recurso especial, a teor da Súmula 7/STJ. 7. O pedido de reconhecimento de que a locação de imóvel é mero exaurimento da acusação relacionada ao 1.º fato não merece ser conhecido, uma vez que, com relação a ele, a defesa não indicou o dispositivo de lei federal tido por violado. Óbice previsto na Súmula 284/STF. 8. O pleito de reconhecimento de que a venda de ponto comercial seria mero exaurimento do 1.º fato não foi debatido pelo Tribunal de origem sob o enfoque trazido no recurso especial. Súmula 211/STJ. 9. Para configuração do crime de erro de indução na modalidade prestar informações falsas não é necessário que as informações sejam prestadas apenas quando reclamadas, elas podem ser apresentadas pelo réu, no processo de falência, de forma voluntária. 10. Após promoverem o exame do arcabouço fático-probatório dos autos, as instâncias ordinárias concluíram que o réu tinha acesso aos livros contábeis. Para desconstituir a conclusão das instâncias ordinárias, na forma pretendida pela ora agravante, implica necessariamente a incursão no conjunto probatório dos autos, revelando-se inadequada a análise da pretensão recursal em função do óbice da Súmula 7/STJ. 11. Recurso especial parcialmente conhecido e, nessa extensão, parcialmente provido apenas para reconhecer a existência de crime único entre os fatos n. 1, 2, 3 e 4 descritos na denúncia, devendo os autos retornar ao Tribunal de origem para que proceda à nova dosimetria da pena" (REsp 1.617.129 – RS, 6.ª T., rel. Sebastião Reis Júnior, 07.11.2017, *DJe* 21.11.2017). TJRJ: "Condenação pelo delito do art. 168, *caput*, da Lei n.º 11.101/05. Autoria e materialidade comprovadas pelas provas colacionadas aos autos, mais especificamente pela juntada aos autos da cópia da ação falimentar, bem como pelos contratos sociais da empresa falida e da nova empresa constituída, as quais possuem o mesmo objetivo social e sede localizada no mesmo endereço. Empresa S. Comércio e Distribuição de Abrasivos Ltda. que foi constituída após pedido de falência protocolado judicialmente em desfavor da empresa Comercial A. Ltda. Empresa S. Comércio e Distribuição de Abrasivos Ltda. que tem como sócio genitor do sócio da empresa falida" (Apelação 0005137-72.2011.8.19.0001, 1.ª Câmara Criminal, rel. Ana Paula Abreu Filgueiras, 07.11.2023, v.u.). TJRS: "Restou suficientemente comprovado que o acusado, na condição e sócio e administrador da empresa recuperanda, praticou ato fraudulento que ocasionou prejuízo aos credores e a recuperação judicial, tanto que culminou na decretação de falência. II – Também comprovado o elemento subjetivo do delito, consistente no especial fim de agir, isto é, o dolo específico de fraudar credores. Acusado que recebeu valor milionário, proveniente de ação indenizatória, quantia que serviria para cumprimento do plano de recuperação da empresa. No entanto, quitou ínfima parcela dos créditos e, ao restante do expressivo valor, deu destinação diversa, em proveito próprio, causando prejuízo aos credores" (Apelação Criminal 50127375820188210001, 4.ª Câmara Criminal, rel. Rogerio Gesta Leal, 01.09.2022).

3. Sujeitos ativo e passivo: o sujeito ativo somente pode ser o empresário devedor. O sujeito passivo é o credor lesado ou em vias de ser prejudicado. Secundariamente, pode ser o Estado, quando se tratar de fraude cometida após a intervenção judicial, decretando-se a falência, por exemplo.

4. Elemento subjetivo do tipo: é o dolo. Não se pune a forma culposa. Exige-se, entretanto, o elemento subjetivo específico dúplice consistente em *ter a finalidade* de obter (conseguir, alcançar) ou assegurar (manter o já obtido) vantagem indevida *para si ou para outrem*. Na jurisprudência: TJRS: "Para a configuração do delito previsto no art. 168, da Lei n.º 11.101/05, exige-se o dolo, ou seja, 'o elemento subjetivo específico dúplice consistente em ter a finalidade de obter (conseguir, alcançar) ou assegurar (manter o já obtido) vantagem para si ou para outrem', não havendo qualquer indício de que o acusado agiu de forma fraudulenta antes de requerer a falência da empresa. II – A mera suposição de que o réu na condição de administrador da empresa, conforme se verificou nos autos, dissolveu e liquidou bens da empresa com o fim de causar prejuízo aos credores e dispor dos bens da sociedade para si, não é suficiente para o juízo condenatório, especialmente quando a prova constante nos autos vai ao encontro à versão do réu. Recurso desprovido" (Apelação Crime 70074043563, 4.ª Câmara Criminal, rel. Rogerio Gesta Leal, 31.08.2017).

5. Falência: são motivos determinantes para a decretação da falência, nos termos do art. 94 desta Lei: "I – sem relevante razão de direito, não paga, no vencimento, obrigação líquida materializada em título ou títulos executivos protestados cuja soma ultrapasse o equivalente a 40 (quarenta) salários-mínimos na data do pedido de falência; II – executado por qualquer quantia líquida, não paga, não deposita e não nomeia à penhora bens suficientes dentro do prazo legal; III – pratica qualquer dos seguintes atos, exceto se fizer parte de plano de recuperação judicial: a) procede à liquidação precipitada de seus ativos ou lança mão de meio ruinoso ou fraudulento para realizar pagamentos; b) realiza ou, por atos inequívocos, tenta realizar, com o objetivo de retardar pagamentos ou fraudar credores, negócio simulado ou alienação de parte ou da totalidade de seu ativo a terceiro, credor ou não; c) transfere estabelecimento a terceiro, credor ou não, sem o consentimento de todos os credores e sem ficar com bens suficientes para solver seu passivo; d) simula a transferência de seu principal estabelecimento com o objetivo de burlar a legislação ou a fiscalização ou para prejudicar credor; e) dá ou reforça garantia a credor por dívida contraída anteriormente sem ficar com bens livres e desembaraçados suficientes para saldar seu passivo; f) ausenta-se sem deixar representante habilitado e com recursos suficientes para pagar os credores, abandona estabelecimento ou tenta ocultar-se de seu domicílio, do local de sua sede ou de seu principal estabelecimento; g) deixa de cumprir, no prazo estabelecido, obrigação assumida no plano de recuperação judicial. § 1.º Credores podem reunir-se em litisconsórcio a fim de perfazer o limite mínimo para o pedido de falência com base no inciso I do *caput* deste artigo. § 2.º Ainda que líquidos, não legitimam o pedido de falência os créditos que nela não se possam reclamar. § 3.º Na hipótese do inciso I do *caput* deste artigo, o pedido de falência será instruído com os títulos executivos na forma do parágrafo único do art. 9.º desta Lei, acompanhados, em qualquer caso, dos respectivos instrumentos de protesto para fim falimentar nos termos da legislação específica. § 4.º Na hipótese do inciso II do *caput* deste artigo, o pedido de falência será instruído com certidão expedida pelo juízo em que se processa a execução. § 5.º Na hipótese do inciso III do *caput* deste artigo, o pedido de falência descreverá os fatos que a caracterizam, juntando-se as provas que houver e especificando-se as que serão produzidas".

6. Recuperação judicial: preceitua o art. 47 desta Lei o seguinte: "A recuperação judicial tem por objetivo viabilizar a superação da situação de crise econômico-financeira do devedor, a fim de permitir a manutenção da fonte produtora, do emprego dos trabalhadores e dos interesses dos credores, promovendo, assim, a preservação da empresa, sua função social e o estímulo à atividade econômica". No art. 48, encontramos: "Poderá requerer recuperação judicial o devedor que, no momento do pedido, exerça regularmente suas atividades há mais de 2 (dois) anos e que atenda aos seguintes requisitos, cumulativamente: I – não ser falido e, se o foi, estejam declaradas extintas, por sentença transitada em julgado, as responsabilidades daí decorrentes; II – não ter, há menos de 5 (cinco) anos, obtido concessão de recuperação judicial; III – não ter, há menos de 5 (cinco) anos, obtido concessão de recuperação judicial com base no plano especial de que trata a Seção V deste Capítulo; IV – não ter sido condenado ou não ter, como administrador ou sócio-controlador, pessoa condenada por qualquer dos crimes previstos nesta Lei. § 1.º A recuperação judicial também poderá ser requerida pelo cônjuge sobrevivente, herdeiros do devedor, inventariante ou sócio remanescente. § 2.º No caso de exercício de atividade rural por pessoa jurídica, admite-se a comprovação do prazo estabelecido no *caput* deste artigo por meio da Escrituração Contábil Fiscal (ECF), ou por meio de obrigação legal de registros contábeis que venha a substituir a ECF, entregue tempestivamente. § 3.º Para a comprovação do prazo estabelecido no *caput* deste artigo, o cálculo do período de exercício de atividade rural por pessoa física é feito com base no Livro Caixa Digital do Produtor Rural (LCDPR), ou por meio de obrigação legal de registros contábeis que venha a substituir o LCDPR, e pela Declaração do Imposto sobre a Renda da Pessoa Física (DIRPF) e balanço patrimonial, todos entregues tempestivamente. § 4.º Para efeito do disposto no § 3.º deste artigo, no que diz respeito ao período em que não for exigível a entrega do LCDPR, admitir-se-á a entrega do livro-caixa utilizado para a elaboração da DIRPF. § 5.º Para os fins de atendimento ao disposto nos §§ 2.º e 3.º deste artigo, as informações contábeis relativas a receitas, a bens, a despesas, a custos e a dívidas deverão estar organizadas de acordo com a legislação e com o padrão contábil da legislação correlata vigente, bem como guardar obediência ao regime de competência e de elaboração de balanço patrimonial por contador habilitado". Evita-se, com isso, a falência do devedor, beneficiando-se não somente os credores, mas também trabalhadores e o próprio empresário em dificuldade financeira.

7. Recuperação extrajudicial: conforme disposto no art. 161 da Lei 11.101/2005, "o devedor que preencher os requisitos do art. 48 desta Lei poderá propor e negociar com credores plano de recuperação extrajudicial. § 1.º Estão sujeitos à recuperação extrajudicial todos os créditos existentes na data do pedido, exceto os créditos de natureza tributária e aqueles previstos no § 3.º do art. 49 e no inciso II do *caput* do art. 86 desta Lei, e a sujeição dos créditos de natureza trabalhista e por acidentes de trabalho exige negociação coletiva com o sindicato da respectiva categoria profissional. § 2.º O plano não poderá contemplar o pagamento antecipado de dívidas nem tratamento desfavorável aos credores que a ele não estejam sujeitos. § 3.º O devedor não poderá requerer a homologação de plano extrajudicial, se estiver pendente pedido de recuperação judicial ou se houver obtido recuperação judicial ou homologação de outro plano de recuperação extrajudicial há menos de 2 (dois) anos. § 4.º O pedido de homologação do plano de recuperação extrajudicial não acarretará suspensão de direitos, ações ou execuções, nem a impossibilidade do pedido de decretação de falência pelos credores não sujeitos ao plano de recuperação extrajudicial. § 5.º Após a distribuição do pedido de homologação, os credores não poderão desistir da adesão ao plano, salvo com a anuência expressa dos demais signatários. § 6.º A sentença de homologação do plano de recuperação extrajudicial constituirá título executivo judicial, nos termos do art. 584, inciso III do *caput* da Lei n.º 5.869, de 11 de janeiro de 1973 – Código de Processo Civil".

8. Potencialidade lesiva: não é qualquer ato fraudulento que serve à constituição da figura criminosa descrita no art. 168 desta Lei. É preciso que seja *potencialmente* danoso aos credores, no mínimo. É óbvio que, cuidando-se de ato efetivamente lesivo, já se ultrapassou a condição mínima. Por isso, o tipo penal menciona "de que resulte ou possa resultar prejuízo aos credores".

9. Interpretação extensiva: onde se lê *credores*, é viável entender também *credor*. O tipo foi redigido da maneira mais comum, isto é, normalmente, nesses casos há vários credores, o que não impede o fato de haver o crime se existir apenas um. Não há sentido algum é se deixar impune o empresário devedor de um credor contra o qual praticou ato fraudulento, capaz de gerar a falência da empresa, diante do vultoso montante em dinheiro desviado. Em contrário, encontra-se a lição de Guilherme Alfredo de Moraes Nostre: "O uso da palavra no plural acaba por ensejar a necessidade de comprovação da existência de mais de um credor para a perfeita subsunção da conduta concreta ao tipo penal, não obstante, aparentemente, a intenção do legislador fosse configurar apenas a existência de débito, sendo o credor indeterminado, sentido que seria obtido também com o uso da palavra no singular, o que não causaria referida perplexidade" (*Comentários à lei de recuperação de empresas e falência*, p. 538-539). Ora, em nosso ponto de vista, é para isso que existe a interpretação extensiva, retirando-se de certos termos o real alcance da norma. O ato fraudulento do devedor, passível de provocar falência, por exemplo, causando prejuízo a um credor ou a vários é conduta criminosa igualmente punível.

10. Vantagem indevida: há de ter alguma expressão econômica, visto tratar-se de crime de fundo patrimonial.

11. Objetos material e jurídico: o objeto material é qualquer ato fraudulento potencialmente lesivo. O objeto jurídico é, primordialmente, o patrimônio dos credores, no âmbito das relações comerciais. Secundariamente, a administração da justiça, conforme a figura típica cometida.

12. Classificação: é crime próprio (só pode ser cometido por pessoa qualificada, conforme indicação feita no tipo); formal (independe da ocorrência de resultado naturalístico, consistente em efetivo prejuízo aos credores). Entretanto, havendo prejuízo, atinge-se o exaurimento; de forma livre (pode ser cometido por qualquer modo eleito pelo agente); comissivo (o verbo implica ação); instantâneo (a consumação se dá em momento determinado); de dano (quando resulta prejuízo) ou de perigo concreto (deve-se provar a probabilidade de dano efetivo ao credor); unissubjetivo (pode ser cometido por uma só pessoa); plurissubsistente (praticado em mais de um ato); não admite tentativa na forma condicionada, vale dizer, quando o ato fraudulento precede a decretação da falência, concessão de recuperação judicial ou homologação da recuperação extrajudicial; admite tentativa apenas nas formas posteriores à falência, recuperação judicial ou extrajudicial.

13. Confronto com o art. 177, § 1.º, do Código Penal: este cuida dos atos de integrantes de sociedades por ações, que podem distorcer dados da empresa, porém não ocorre a falência, nem a recuperação judicial ou extrajudicial. Afeta-se o patrimônio, prejudica-se, por vezes, acionistas, embora não se atinja, como já mencionado, a falência, a recuperação judicial ou extrajudicial. Logo, ambos os tipos podem coexistir.

14. Benefícios penais: as penas cominadas em abstrato são elevadas, não permitindo muitas possibilidades de benefícios. Condenado a até quatro anos, poderia haver a substituição por pena restritiva de direitos, por não se tratar de delito violento. Acima disto, adentrar-se-ia, na melhor das hipóteses, no regime carcerário semiaberto. Ressalve-se, no entanto, o disposto no § 4.º, que não estabelece patamar para a eventual substituição da pena privativa de liberdade pela restritiva de direitos.

15. Causas de aumento de pena: a serem lançadas na terceira fase de aplicação da pena, ou seja, após ter o magistrado fixado a pena-base, com base no art. 59 do Código Penal, utilizando todas as agravantes e atenuantes (arts. 61 a 66 do Código Penal). A opção entre o aumento de um sexto ou superior a isto, alcançando o máximo de um terço depende, em nosso entendimento, da gravidade da causa de aumento encontrada e não somente do número de situações. Portanto, se houver apenas uma, mas for considerada extremamente grave, pode o juiz fixar um terço de aumento. O mesmo se diria se várias se perfizerem, afinal, são cincos incisos, previstos no § 1.º.

16. Circunstâncias do crime do art. 168, *caput*: não se trata as figuras descritas nos incisos I a V do § 1.º de delitos autônomos, com outro elemento subjetivo e outros sujeitos ativos ou passivos. Como em vários outros delitos (ex.: roubo, art. 157, § 2.º, CP), o ato fraudulento, praticado pelo devedor, neste cenário, ganha formatos diversificados. Se incidirem essas modalidades de fraude, a pena será maior, sem se abster de conjugar a causa de aumento com o tipo penal básico descrito no *caput*. Na legislação anterior, o disposto no § 1.º, I, do art. 168 tinha equivalência com a figura típica autônoma do art. 188, VI. Agora, tal não mais se dá. Preferiu o legislador inserir a elaboração de contabilidade ou balanço inexato como circunstância do delito previsto no art. 168. O mesmo ocorre com as outras causas de aumento de pena.

17. Elaboração de escrituração contábil ou balanço com dados inexatos: não se exige falsidade material. Na verdade, nesta hipótese, encaixa-se melhor a figura na falsidade ideológica, vale dizer, a escrituração contábil (registros da contabilidade) ou o balanço (resumo das receitas e despesas) pode ser, materialmente, perfeito, sem qualquer tipo de rasura, mas, na essência, não representa a realidade da *saúde* financeira da empresa. Por isso, a causa de aumento menciona apenas a expressão "dados inexatos" (não correspondentes ao real). É uma forma de *ato fraudulento* mais grave e específico, motivo pelo qual há a elevação da pena. Na jurisprudência: TJRS: "A prova documental e a testemunhal evidenciam que o réu praticou atos com a intenção de fraudar os credores da empresa em processo falimentar ao desviar bens imóveis de sua propriedade para empresa, cujas cotas sociais transferiu ao filho, visando claramente vantagem indevida" (Apelação Crime 70078495751, 4.ª Câmara Criminal, rel. Rogerio Gesta Leal, j. 01.11.2018).

18. Omissão, na escrituração contábil ou no balanço, de lançamento que deles deveria constar ou alteração do que era verdadeiro: a fraude, neste caso, dá-se por conduta omissiva do devedor, que deixa de inserir dado importante no registro de contabilidade ou no resumo das receitas e despesas, de modo que não se tem ideia da autêntica situação financeira da empresa. Por outro lado, a última figura – alterar escrituração ou balanço verdadeiro – assemelha-se à prevista no inciso I. Se a alteração se der durante a elaboração da escrituração ou balanço, não deixa de estar ocorrendo a inserção de dados inexatos. Porém, difere da conduta anterior se houver falsidade material, ou seja, o agente modifica o que já está lançado, substituindo por dados não autênticos.

19. Destruição, apagamento ou corrompimento de dados contábeis ou negociais armazenados em computador ou sistema informatizado: o agente pode optar por concretizar a fraude eliminando, por variadas maneiras, os registros contábeis ou dos negócios realizados, inseridos em computador individual ou sistema informatizado (computadores ligados em rede, por exemplo). É ato fraudulento potencialmente lesivo aos credores, como prevê o *caput*. Entretanto, mais grave e específico, merecedor de causa de aumento de pena.

20. Simulação da composição do capital social: é a fraude consistente em disfarçar a composição do capital (recursos, bens, valores, enfim, capacidade econômica) da empresa. Assim fazendo, é possível conseguir contratos de elevada monta, por exemplo, sem que a outra parte tenha noção de que está pactuando com empresário de poucos recursos.

21. Destruição, ocultação ou inutilização de documentos de escrituração obrigatórios: a eliminação pode ser total ou parcial, representando o ato fraudulento a máscara que se impõe sobre a movimentação dos negócios e caixa da empresa. A importância dos livros obrigatórios vem estampada, por exemplo, no preceituado pelos arts. 104, 105 e 110 desta Lei. Conforme dispõe o art. 1.184 do Código Civil, ainda a título de ilustração, tratando de um dos livros obrigatórios: "No Diário serão lançadas, com individuação, clareza e caracterização do documento respectivo, dia a dia, por escrita direta ou reprodução, todas as operações relativas ao exercício da empresa. § 1.º Admite-se a escrituração resumida do Diário, com totais que não excedam o período de trinta dias, relativamente a contas cujas operações sejam numerosas ou realizadas fora da sede do estabelecimento, desde que utilizados livros auxiliares regularmente autenticados, para registro individualizado, e conservados os documentos que permitam a sua perfeita verificação. § 2.º Serão lançados no Diário o balanço patrimonial e o de resultado econômico, devendo ambos ser assinados por técnico em Ciências Contábeis legalmente habilitado e pelo empresário ou sociedade empresária". Na jurisprudência: TJRJ: "Ao rejeitar a denúncia pelo crime do art. 168, § 1.º, inciso V, da Lei n.º 11.101/2005, magistrado ressaltou que, 'nestes autos, não vislumbra o Juízo lastro probatório mínimo que dê ensejo ao acolhimento da pretensão deduzida em desfavor do indiciado neste ponto, precipuamente porque não há mínimo indício no feito de que o denunciado teria atuado concretamente como quem 'destrói, oculta ou inutiliza, total ou parcialmente, os documentos de escrituração contábil obrigatórios' – aliás, sequer a denúncia narra adequadamente tal imputação, sendo por isto, além de carecedora de justa causa, inepta'. De fato, apesar de o Ministério Público afirmar no presente recurso 'que a imputação descrita na denúncia encontra respaldo nos elementos probatórios colhidos na fase de inquisição', o certo é que as peças que instruem estes autos não contêm qualquer indício de que o recorrido 'praticou atos fraudulentos de desvio dos bens integrantes do ativo da sociedade Chiptck Informática Ltda.', como afirmado na denúncia. Não se extrai dos autos nenhum suporte probatório mínimo da prática de ato fraudulento de desvio de bens da empresa falida. Nada! Aliás, o *Parquet* não arrolou os bens que integravam, ou que deveriam integrar, o ativo da empresa falida nem aqueles que supostamente teriam sido desviados fraudulentamente pelo recorrido. Ou seja: não se sabe quais eram os bens que integravam o ativo da empresa; não se sabe quais desses bens foram desviados pelo recorrido; não se sabe como esses bens foram desviados nem quando ocorreu o suposto desvio. E mais. Em relação à majorante do inciso V, art. 168, § 1.º, da Lei n.º 11.101/05, a inicial é de um vazio abissal, pois, além da ausência de indícios da sua ocorrência, o Promotor de Justiça sequer descreveu a conduta atribuída ao recorrido, flexionando algum dos núcleos verbais encontrados na mencionada causa de aumento (destruir, ocultar ou inutilizar), sendo completamente omissa. Dessa forma, demonstrado que os requisitos previstos no art. 41 do Código de Processo Penal não foram minimamente atendidos, nem há qualquer elemento probatório apto a dar supedâneo à imputação pelo crime do art. 168, § 1.º, inciso V, da Lei n.º 11.101/05, foi correta a decisão que rejeitou parcialmente a denúncia com fulcro no art. 395, incisos I e III, do Código de Processo Penal. Recurso conhecido e improvido" (RSE 0478776-19.2015.8.19.0001 – RJ, 8.ª Câmara Criminal, rel. Gilmar Augusto Teixeira, j. 27.04.2016, v.u.).

22. Contabilidade paralela: é o nome que se dá ao vulgarmente conhecido *caixa-dois*, que inúmeras empresas mantêm, seja para fugir da voracidade do fisco, seja para contornar problemas econômicos imediatos. Ocorre que essa prática pode gerar, além de crimes tributários ou financeiros, um falso modelo de empresa, iludindo credores e, com isso, provocando a falta de pagamento de dívidas, a quebra da empresa e o enriquecimento ilícito do empresário. Cuida-se de outra causa de aumento, passível de ser aplicada em cumulação com as previstas no § 1.º, a depender do caso concreto. A simples mantença de *caixa-dois*, ato fraudulento por essência, é potencialmente capaz de perfazer a conduta prevista no *caput* do art. 168. Logo, cabe o aumento de um terço até a metade. No entanto, se o empresário, além disso, destrói documentação importante, em outro ato fraudulento, de modo a dificultar ainda mais a apuração do montante real do capital da empresa falida ou em recuperação, pode dar ensejo ao aumento previsto no § 1.º. Somente não se fará a aplicação cumulativa quando o *caixa-dois* representar, por si só, uma conduta que englobe outra, prevista no referido § 1.º. Exemplificando: se o empresário tem contabilidade paralela, é natural que sua escrituração contábil oficial contenha dados inexatos (§ 1.º, I), não se aplicando dois aumentos. Porém, se, além de possuir contabilidade paralela (§ 2.º), simula a composição de um capital social muito superior ao real, abrangendo, inclusive, o que mantém em *caixa-dois*, pode e deve receber dois aumentos. Aliás, outro argumento a ser considerado é o disposto no art. 68, parágrafo único, do Código Penal: "No concurso de causas de aumento ou de diminuição previstas na parte especial, pode o juiz limitar-se a um só aumento ou a uma só diminuição, prevalecendo, todavia, a causa que mais aumente ou diminua". É faculdade do magistrado ponderar se lança os dois aumentos ou apenas o mais grave. Lembremos que são causas de aumento e não qualificadoras. Quando o crime contém duas ou mais situações diversas de qualificação, previstas em parágrafos distintos, não é possível acolher ambas, prevalecendo a que estipula a faixa abstrata de fixação da pena mais elevada (ex.: art. 155, §§ 4.º e 5.º, CP, aplicando-se somente o § 5.º). Porém, da mesma forma que agravantes podem ser cumulativamente aplicadas, as causas de aumentos permitem o mesmo raciocínio. Em contrário, Roberto Delmanto, Roberto Delmanto Júnior e Fábio M. de Almeida Delmanto (*Leis penais especiais comentadas*, p. 694), sustentando haver *bis in idem* se forem aplicados os aumentos tanto do § 2.º quanto do § 1.º do art. 168.

22-A. Distribuição de lucros ou dividendos a sócios e acionistas até a aprovação do plano de recuperação judicial: a Lei 14.112/2020 acrescentou esta nova causa de aumento de pena no § 2.º deste artigo, caso o empresário-devedor distribua lucros e dividendos aos sócios e acionistas, *antes* de ser aprovado o plano de recuperação judicial e, portanto, possa ser decidido pelo magistrado como isso será realizado, nos termos do art. 6.º-A desta Lei.

23. Concurso de pessoas: o disposto no § 3.º do art. 168 é norma inútil. Existe a regra geral prevista no art. 29 do Código Penal ("quem, de qualquer modo, concorre para o crime incide nas penas a este cominadas, na medida de sua culpabilidade"), aplicável em todos os casos de leis especiais. Portanto, tanto faz se o coautor ou partícipe é contador, auditor ou outro profissional da empresa. Se praticarem as figuras típicas descritas no art. 168 é natural que respondam pelo delito em concurso de pessoas.

24. Causas de diminuição da pena ou aplicação de penas alternativas: estabelece-se a possibilidade de o julgador aplicar uma diminuição de um a dois terços, como também de substituir a pena privativa de liberdade aplicada por restritiva de direitos. Ao disciplinar o tema, incidiu a lei em repetições inúteis. Mencionando ser possível a substituição por penas restritivas de direitos, automaticamente, incluiu todas as possíveis: prestação de serviços à comunidade, limitação de fim de semana, interdição de direitos, prestação pecuniária e perda de bens e valores (art. 43, CP). Logo, não havia necessidade alguma de especificar, como fez, a perda de bens e valores e a prestação de serviços à comunidade ou a entidades públicas. Registremos que o magistrado deve optar entre *reduzir* a pena privativa de liberdade *ou substituir* a referida pena por outra, restritiva de direitos. Não cabe a redução acompanhada de substituição. Os únicos requisitos impostos, diversamente do que constou do art. 44 do Código Penal são os seguintes: a) tratar-se de falência de microempresa ou de empresa de pequeno porte; b) constatar-se a prática eventual de condutas fraudulentas.

25. Microempresa e empresa de pequeno porte: dispõe o art. 3.º da Lei Complementar 123/2006 (Estatuto Nacional da Microempresa e da Empresa de Pequeno Porte): "Para os efeitos desta Lei Complementar, consideram-se microempresas ou empresas de pequeno porte a sociedade empresária, a sociedade simples e o empresário a que se refere o art. 966 da Lei 10.406, de 10 de janeiro de 2002, devidamente registrados no Registro de Empresas Mercantis ou no Registro Civil de Pessoas Jurídicas, conforme o caso, desde que: I – no caso da microempresa, aufira, em cada ano-calendário, receita bruta igual ou inferior a R$ 360.000,00 (trezentos e sessenta mil reais); e II – no caso de empresa de pequeno porte, aufira, em cada ano-calendário, receita bruta superior a R$ 360.000,00 (trezentos e sessenta mil reais) e igual ou inferior a R$ 4.800.000,00 (quatro milhões e oitocentos mil reais). § 1.º Considera-se receita bruta, para fins do disposto no *caput*, o produto da venda de bens e serviços nas operações de conta própria, o preço dos serviços prestados, o resultado nas operações em conta alheia e as demais receitas da atividade ou objeto principal das microempresas ou das empresas de pequeno porte, não incluídas as vendas canceladas e os descontos incondicionais concedidos. § 2.º No caso de início de atividade no próprio ano-calendário, o limite a que se refere o *caput* deste artigo será proporcional ao número de meses em que a microempresa ou a empresa de pequeno porte houver exercido atividade, inclusive as frações de meses (...)".

26. Prática habitual de condutas fraudulentas: não se quer sinalizar nenhum tipo de delito habitual. O termo tem o significado de "reiteração". Portanto, se o microempresário ou empresário de pequeno porte, com certa frequência, praticou atos fraudulentos, que o levaram, por exemplo, à falência, não tem direito à redução ou substituição da pena. Cuida-se de um elemento normativo do tipo (habitual), dependente de valoração do juiz, conforme cada caso concreto.

27. Modificação do critério de punição no tocante ao falido: preceituava o art. 186, parágrafo único, do Dec.-lei 7.661/45 o seguinte: "Fica isento de pena, nos casos dos ns. VI [inexistência de livros obrigatórios ou sua escrituração atrasada, lacunosa, defeituosa ou confusa] e VII [falta de apresentação do balanço, dentro de 60 dias após a data fixada para o seu encerramento, à rubrica do juiz sob cuja jurisdição estiver o seu estabelecimento principal] deste artigo, o devedor que, a critério do juiz da falência, tiver instrução insuficiente e explorar comércio exíguo". Não mais subsiste tal hipótese.

Violação de sigilo empresarial

> **Art. 169.** Violar, explorar ou divulgar,[28-30] sem justa causa,[31] sigilo empresarial ou dados confidenciais sobre operações ou serviços, contribuindo para a condução do devedor a estado de inviabilidade econômica ou financeira:[32-33]
> Pena – reclusão, de 2 (dois) a 4 (quatro) anos, e multa.[34]

28. Análise do núcleo do tipo: *violar* (revelar, devassar), *explorar* (tirar proveito, especular) e *divulgar* (tornar público, propalar) são as condutas alternativas, cujo objeto é o sigilo empresarial (são os segredos inerentes à atividade empresarial) ou os dados confidenciais sobre operações ou serviços (são os informes e registros de operações financeiras e obrigações assumidas relativas à atividade empresarial). O tipo penal possui um paralelo natural com o direito à intimidade que todo indivíduo possui, para que seus dados bancários, fiscais, conversas telefônicas, correspondências etc. sejam respeitados não somente pelo Estado, mas também por terceiros, estranhos a essas informações. Não basta, entretanto, a mera divulgação dos dados sigilosos ou secretos, pois se exige, no próprio tipo, um resultado naturalístico, consistente na condução do devedor a um estado de inviabilidade econômica ou financeira. Portanto, aquele que viola um segredo obtido na empresa, acerca de sua capacidade econômica ou capital social, provocando a cessação de benefícios, como a percepção de empréstimos por instituições bancárias, ou mesmo a falta de parceiros para celebrar contratos e outras alianças, pode inviabilizar a atividade empresarial. É o que se pretende punir. Note-se, ademais, que a figura criminosa exige um empresário devedor, afinal, é este que corre o risco de ver seu negócio ruir, caso a informação sigilosa chegue ao mercado. Porém, não se deve olvidar a indispensável existência do preenchimento da condição objetiva de punibilidade: falência, recuperação judicial ou extrajudicial (art. 180, Lei 11.101/2005), não bastando, pois, o estado de inviabilidade econômico-financeiro.

29. Sujeitos ativo e passivo: o sujeito ativo pode ser qualquer pessoa. O sujeito passivo é o empresário devedor. Secundariamente, os credores e o Estado, tudo a depender do contexto.

30. Elemento subjetivo do tipo: é o dolo. Não se pune a forma culposa, nem se exige elemento subjetivo específico.

31. Elementos normativos do tipo: a expressão *sem justa causa* concerne, basicamente, ao campo do ilícito, mas foi trazida pelo legislador para o interior do tipo penal. Portanto, a divulgação, violação ou exploração dentro do exercício regular de direito ou do estrito cumprimento do dever legal, como formas mais comuns, mas ainda em eventual estado de necessidade ou, mais dificultosa ainda, em legítima defesa, afastam a tipicidade.

32. Objetos material e jurídico: o objeto material é o segredo mantido pela atividade empresarial ou o dado confidencial sobre operação ou serviços da empresa. O objeto jurídico é a regularidade do desenvolvimento da atividade empresarial, resguardando-se, também, o patrimônio, tanto do devedor quanto do credor.

33. Classificação: é crime comum (pode ser cometido por qualquer pessoa); material (depende da ocorrência de resultado naturalístico, consistente em efetivo estado de inviabilidade econômica ou financeira, redundando em falência ou recuperação); de forma livre (pode ser cometido por qualquer meio); comissivo (os verbos implicam ações); instantâneo (a consumação se dá em momento determinado); de dano (leva o empresário devedor à inviabilidade econômica ou financeira); unissubjetivo (pode ser cometido por uma só pessoa); unissubsistente (praticado em um ato) ou plurissubsistente (praticado em vários atos), dependendo da forma de execução eleita pelo agente; não admite tentativa, pois é delito condicionado ao advento da falência ou recuperação judicial ou extrajudicial.

34. Benefícios penais: cabe a substituição da pena privativa de liberdade por restritiva de direitos (art. 44, CP), bem como a suspensão condicional da pena, conforme o montante aplicado pelo juiz (art. 77, CP).

Divulgação de informações falsas

> **Art. 170.** Divulgar ou propalar,[35-37] por qualquer meio, informação falsa sobre devedor em recuperação judicial, com o fim de levá-lo à falência ou de obter vantagem:[38-39]
> Pena – reclusão, de 2 (dois) a 4 (quatro) anos, e multa.[40]

35. Análise do núcleo do tipo: *divulgar* (espalhar, tornar público) e *propalar* (tem igual significado ao verbo anterior) são as condutas alternativas, até pelo fato de serem sinônimas, cujo objeto é a informação falsa (dado acerca de alguém, sem autenticidade ou correspondência com a realidade). No caso deste tipo, vincula-se o informe irreal ao devedor em recuperação judicial, buscando-se a sua falência ou alguma vantagem. A conduta do agente diz respeito à divulgação do dado falso *com o fim de levar o devedor* à falência. Esta, no entanto, não precisa, efetivamente, ocorrer. Aliás, é mais uma evidência de que a sentença de quebra, como condição objetiva de punibilidade (art. 180 desta Lei), não necessita ocorrer em todos os casos. Por outro lado, se a informação divulgada, ainda que falsa, seja tola, incapaz de gerar o resultado *falência*, torna-se crime impossível (meio totalmente ineficaz, art. 17, CP). Na jurisprudência: STJ: "2. A materialidade do delito não é certa. Tem-se apenas matéria jornalística afirmando que 'atribui-se ao SINDICOM a autoria dos dossiês contra Manguinhos que seriam baseados em informações fiscais sigilosas e distorcidas'. Ou seja, não se sabe se existem mencionados dossiês, não se sabe quem os produziu e não se sabe o que consta neles. Nesse contexto, tem-se prematura instauração de inquérito policial para apurar divulgação de informação falsa que nem sequer se sabe se foi divulgada nem se é falsa. O que se tem é uma informação jornalística e nada mais. 3. Ainda que se supere a dificuldade em se aferir a efetiva materialidade delitiva, não há como imputar aos recorrentes a conduta do art. 170 da Lei n. 11.101/2005. Com efeito, se não houve sequer acesso aos mencionados dossiês com informações falsas, torna-se, por certo, temerário imputar sua autoria a quem quer que seja. Inexiste demonstração mínima, ainda que de maneira sutil, da ligação entre a conduta dos recorrentes e o fato delitivo, o qual, repita-se, nem tem a materialidade configurada. 4. A investigação limitou-se a vincular os recorrentes ao suposto crime em virtude de sua posição ocupada no SINDICOM. Como é de conhecimento, não apenas o processo penal, mas igualmente o inquérito policial, devem ser embasados em indícios mínimos de que foi cometido um crime e de que a pessoa investigada pode ter contribuído para o fato típico. Necessário, portanto, que existam elementos mínimos que preservem o direito do acusado ou do investigado de conhecer o conteúdo da imputação contra si. A mera atribuição de uma qualidade não é forma adequada para se conferir determinada prática delitiva a quem quer que seja. 5. Não é possível vislumbrar a materialidade nem o nexo causal que alcance eventual autoria dos recorrentes, a revelar a ausência de justa causa na manutenção do inquérito policial que ora se pretende o trancamento. Note-se que o trancamento não impede que, diante da obtenção de outras provas, sejam realizadas novas pesquisas, nos termos do art. 18 do CPP e do enunciado n. 524/STF. 6. Recurso em *habeas corpus* provido, para trancar o inquérito policial n. 0096474-35.2017.8.19.0001, por ausência de justa causa, sem prejuízo de seu desarquivamento, nos termos do art. 18 do CPP" (RHC 95.304 – RJ, 5.ª T., rel. Reynaldo Soares da Fonseca, j. 17.04.2018, v.u.).

36. Sujeitos ativo e passivo: o sujeito ativo pode ser qualquer pessoa. O sujeito passivo é o devedor em recuperação judicial, capaz de ser levado à falência. Em segundo plano, os credores e o Estado.

37. Elemento subjetivo do tipo: é o dolo. Não se pune a forma culposa. Exige-se elemento subjetivo específico, consistente em levar o devedor à falência ou em obter qualquer tipo de vantagem. Porém, insistimos em ressaltar que deve ocorrer a falência para o delito se aperfeiçoar, mesmo que a intenção específica do agente seja outra.

38. Objetos material e jurídico: o objeto material é a informação falsa divulgada. O objeto jurídico é a proteção ao patrimônio dos credores, bem como a administração da justiça, pois o devedor está em recuperação judicial.

39. Classificação: é crime comum (pode ser cometido por qualquer pessoa); formal (independe da ocorrência de resultado naturalístico, consistente em atingir o agente o seu objetivo, por exemplo, de obter vantagem. Certamente, se a finalidade for a de levar o devedor à falência, ocorrendo esta, atinge-se o exaurimento); de forma livre (pode ser cometido por qualquer meio); comissivo (os verbos implicam ações); instantâneo (a consumação se dá em momento determinado); de perigo concreto (deve haver probabilidade, demonstrada nos autos, de que a divulgação seria capaz de provocar a falência); unissubjetivo (pode ser cometido por uma só pessoa); unissubsistente (praticado em um ato) ou plurissubsistente (praticado em vários atos), dependendo da forma de execução eleita pelo agente; admite tentativa.

40. Benefícios penais: cabe a substituição da pena privativa de liberdade por restritiva de direitos (art. 44, CP), bem como a suspensão condicional da pena, conforme o montante aplicado pelo juiz (art. 77, CP).

Indução a erro

> **Art. 171.** Sonegar ou omitir[41-43] informações ou prestar informações falsas no processo de falência, de recuperação judicial ou de recuperação extrajudicial, com o fim de induzir a erro o juiz, o Ministério Público, os credores, a assembleia geral de credores, o Comitê ou o administrador judicial:[44-45]
> Pena – reclusão, de 2 (dois) a 4 (quatro) anos, e multa.[46]

41. Análise do núcleo do tipo: *sonegar* (ocultar com astúcia, encobrir) ou *omitir* (deixar de fornecer) são as duas primeiras condutas alternativas, cujo objeto é a informação (notícia ou dado relativo a algo) a ser prestada no processo de falência, de recuperação judicial ou de recuperação extrajudicial. Naturalmente, há de ser relevante esse informe. Dados fúteis são inoperantes para ferir a administração da justiça. A outra conduta é *prestar* (transmitir) informação falsa (dado não autêntico), igualmente, no processo. Da mesma forma, demanda-se que o informe irreal seja relevante, capaz de influenciar no resultado do feito. Conforme o momento em que a conduta é praticada, leva-se em consideração ou não o disposto no art. 180 desta Lei. Se o agente atua antes da decretação da falência, concessão da recuperação judicial ou homologação da recuperação extrajudicial, é natural que exista a condição estabelecida no mencionado art. 180. Porém, se já existe sentença de falência ou decisão relativa à recuperação judicial ou extrajudicial, não mais se torna condição objetiva de punibilidade, pois o pressuposto se deu *antes* da conduta do agente. Na jurisprudência: STJ: "2. A denúncia descreve que o recorrente, na condição de advogado da empresa em processo falimentar, teria prestado falsas informações, visando induzir a erro o juiz e o Ministério Público. 3. As informações prestadas pelo recorrente na condição de advogado basearam-se em declarações dadas pelo seu cliente e confirmadas pelo escritório de contabilidade responsável pela empresa em processo de falência, de modo que não se pode atribuir diretamente a ele a responsabilidade pelas informações contidas na petição. Por isso, a caracterização do crime imputado não está presente. 4. Recurso ordinário em *habeas corpus* provido para trancar, em relação ao recorrente, a Ação Penal n. 0001936-95.2017.8.16.0017" (RHC 103.625 – PR, 5.ª T., rel. Reynaldo Soares da Fonseca, 07.05.2019, v.u.). TJRS: "Da mesma forma, o acusado induziu o juízo em erro ao declarar no processo falimentar não possuir patrimônio e contas bancárias, restando comprovado possuir imóveis e contas bancárias ativas, bem como disse integrar o quadro social de outra empresa, quando já havia transferido suas cotas sociais" (Apelação Crime 70078495751, 4.ª Câmara Criminal, rel. Rogerio Gesta Leal, 01.11.2018).

42. Sujeitos ativo e passivo: o sujeito ativo pode ser qualquer pessoa. O sujeito passivo é o Estado. Secundariamente, os prejudicados pela omissão ou prestação de informe falso, tanto o credor como o devedor.

43. Elemento subjetivo do tipo: é o dolo. Não se pune a forma culposa. Exige-se o elemento subjetivo específico, consistente em "induzir a erro o juiz, o Ministério Público, os credores, a assembleia geral de credores, o Comitê ou o administrador judicial".

44. Objetos material e jurídico: o objeto material é a informação relevante não transmitida ou o informe falso. O objeto jurídico é a administração da justiça. Secundariamente, o patrimônio das pessoas envolvidas (credores e devedor).

45. Classificação: é crime comum (pode ser cometido por qualquer pessoa); formal (independe da ocorrência de resultado naturalístico, consistente em atingir o agente o seu objetivo, que é levar alguma autoridade a erro); de forma livre (pode ser cometido por qualquer meio); omissivo, nas modalidades *sonegar* e *omitir*, porém comissivo, na forma *prestar*;

instantâneo (a consumação se dá em momento determinado); de perigo concreto (é preciso demonstrar a potencialidade lesiva da omissão ou da transmissão falsa); unissubjetivo (pode ser cometido por uma só pessoa); unissubsistente (praticado em um ato) ou plurissubsistente (praticado em vários atos), dependendo da forma de execução eleita pelo agente; não admite tentativa, pois é delito condicionado ao advento da falência, da recuperação judicial ou extrajudicial, quando cometido antes da decisão judicial; no entanto, admite tentativa quando praticado após a falência ou recuperação.

46. Benefícios penais: cabe a substituição da pena privativa de liberdade por restritiva de direitos (art. 44, CP), bem como a suspensão condicional da pena, conforme o montante aplicado pelo juiz (art. 77, CP).

Favorecimento de credores

> **Art. 172.** Praticar,[47-49] antes ou depois da sentença que decretar a falência, conceder a recuperação judicial ou homologar plano de recuperação extrajudicial, ato de disposição ou oneração patrimonial ou gerador de obrigação, destinado a favorecer um ou mais credores em prejuízo dos demais:[50-51]
>
> Pena – reclusão, de 2 (dois) a 5 (cinco) anos, e multa.[52]
>
> **Parágrafo único.** Nas mesmas penas incorre o credor que, em conluio, possa beneficiar-se de ato previsto no *caput* deste artigo.[53]

47. Análise do núcleo do tipo: praticar (realizar, executar) é o verbo nuclear, cujo objeto é ato de disposição (são as alienações a título gratuito ou oneroso), oneração patrimonial (gravar com ônus ou tributos o patrimônio, como uma hipoteca, por exemplo) ou gerador de obrigação (criador de encargos ou deveres, como a realização de um empréstimo, por exemplo), porém com intuito discriminatório, como será visto no elemento subjetivo específico. Há, ainda, um espaço temporal, no qual se pode realizar tal conduta típica: antes ou depois da falência ou da recuperação judicial ou extrajudicial. Cuidando-se de ato realizado antes da falência ou recuperação judicial ou extrajudicial, a conduta depende da condição objetiva de punibilidade (art. 180, desta Lei). Se o ato for realizado depois, trata-se somente da complementação da conduta já prevista no tipo penal incriminador.

48. Sujeitos ativo e passivo: o sujeito ativo é o empresário devedor. O sujeito passivo é o credor. Secundariamente, é o Estado, especialmente quando a falência ou recuperação for decretada e houver o logro.

49. Elemento subjetivo do tipo: é o dolo. Não há punição para a forma culposa. Existe o elemento subjetivo do tipo específico, consistente em "favorecer um ou mais credores em prejuízo dos demais".

50. Objetos material e jurídico: o objeto material é o ato de disposição ou oneração patrimonial ou gerador de obrigação. O objeto jurídico é a proteção ao patrimônio dos credores. Secundariamente, a lisura do processo falimentar ou de recuperação judicial ou extrajudicial, conduzido pelo Estado.

51. Classificação: é crime próprio (só pode ser cometido pelo devedor); formal (independe da ocorrência de resultado naturalístico, consistente em efetivo prejuízo aos demais credores); de forma vinculada (só pode ser cometidos pelos mecanismos descritos no tipo); comissivo (o verbo implica ação); instantâneo (a consumação se dá em momento determinado); de perigo concreto (é preciso demonstrar a potencialidade lesiva da prática do ato em detrimento aos demais credores); unissubjetivo (pode ser cometido por uma só pessoa); plurissubsistente (praticado em vários atos); não admite tentativa, caso o ato seja cometido *antes* da falência ou de recuperação judicial ou extrajudicial, pois é delito condicionado ao advento da falência, da recuperação judicial ou extrajudicial; no entanto, admite tentativa quando cometido após a falência ou recuperação.

52. Benefícios penais: cabe a substituição da pena privativa de liberdade por restritiva de direitos (art. 44, CP), quando a pena não ultrapassar quatro anos, bem como a suspensão condicional da pena, conforme o montante aplicado pelo juiz (art. 77, CP), não ultrapassando os dois anos, como regra.

53. Participação do credor: a inserção do parágrafo único é inútil. Se o credor for beneficiado, conscientemente, pela fraude cometida pelo devedor, naturalmente, é partícipe do crime (art. 29, CP), independentemente do disposto neste parágrafo. Porém, se for beneficiado, sem ter ciência disso, não pode responder pelo delito. Afinal, veda-se, como regra, a responsabilidade penal objetiva.

Desvio, ocultação ou apropriação de bens

> **Art. 173.** Apropriar-se, desviar ou ocultar[54-56] bens pertencentes ao devedor sob recuperação judicial ou à massa falida, inclusive por meio da aquisição por interposta pessoa:[57-59]
>
> Pena – reclusão, de 2 (dois) a 4 (quatro) anos, e multa.[60]

54. Análise do núcleo do tipo: apropriar-se (apossar-se, tomar para si coisa que pertence a outrem), desviar (dar rumo diverso ao devido, alterar o destino) e ocultar (esconder, encobrir) são as condutas alternativas, cujo objeto é o patrimônio (bens em geral) pertencentes ao devedor, que se encontra em recuperação judicial, ou que cabe à massa falida, quando já houve decretação da quebra. Essas maneiras de deslocamento dos bens dos destinatários legítimos – credores – para outros pontos abrange, inclusive, a venda simulada. A parte final do tipo penal demonstra que se pode promover aquisição por interposta pessoa. Na verdade, um "laranja" simula o negócio, toma o bem para si, alega, por vezes, boa-fé, mas quem fica sem o patrimônio para honrar as dívidas existentes é aquele que se encontra em recuperação judicial ou já é considerado falido. Aliás, nunca é demais lembrar a regra prevista no art. 29 do Código Penal: "quem, de qualquer modo, concorre para o crime, incide nas penas a este cominadas, na medida da sua culpabilidade". Com isso, o mencionado "laranja" pode, se agir com dolo, responder como partícipe. Entretanto, se o adquirente atuar com dolo direto e se tratar de massa falida, encaixa-se a sua conduta na figura do art. 174. Aplica-se, ainda, no cenário do art. 173 desta Lei, o princípio da especialidade, ou seja, não se pune o autor da infração penal pela apropriação indébita genérica (art. 168, CP), mas pela figura específica voltada aos casos de recuperação judicial e falência. Na jurisprudência: STJ: "1. O trancamento da ação penal por *habeas corpus* é medida excepcional, admissível quando comprovada a atipicidade da conduta; a incidência de causas de extinção da punibilidade; ou, a falta de provas de materialidade e indícios de autoria. 2. O tipo penal do art. 173 da Lei n. 11.101/2005 tem por núcleo a conduta do agente que se apropria dos bens do devedor em recuperação judicial ou da massa falida; desvia, oculta os mesmos bens, cujo objeto jurídico tutelado é a proteção do patrimônio dos credores. 3. Nos crimes falimentares, as normas penais incriminadoras apresentam descrição incompleta do injusto penal, devendo-se recorrer às normas do Direito civil e comercial para sua integração. 4. Nos termos do § 1.º do art. 1.245 do Código Civil, enquanto o título translativo não for registrado, o alienante continua a ser havido como dono do imóvel. 5. Em regra, os imóveis que não integram o acervo patrimonial da sociedade empresária, não se sujeitam ao plano de reorganização da sociedade empresária, o que afasta a elementar típica do art. 173 da Lei n. 11.101/2005, consistente no desvio, ocultação ou apropriação de 'bens de pertencentes' ao devedor sob recuperação judicial. 6. A juntada da relação dos bens particulares dos sócios controladores e dos administradores da empresa devedora é requisito da petição inicial, nos termos do inc. VI, do art. 51, da Lei n. 11.101/2005, o que não significa que esses bens ficam sujeitos à recuperação judicial. 7. Mesmo que os imóveis estejam registrados em nome do sócio-administrador, considerando a limitação da responsabilidade pessoal dos sócios, em regra, esses bens não responderão pelas dívidas da empresa. 8. Ainda que regida pelo princípio da autonomia, conforme disposto no artigo 2.º, II, e § 1.º, da Lei n.º. 9.613/98, a imputação de prática do crime de lavagem de capitais deve apresentar indícios mínimos de conduta penalmente relevante antecedente, da qual provenientes os valores, em tese, ocultados ou dissimulados pelos agentes, ausentes no caso. 9. Recurso provido para determinar o trancamento da ação penal por atipicidade das condutas" (RHC 159.591 – GO, 5.ª T., rel. João Otávio de Noronha, 27.09.2022, v.u.). TJSP: "Crime falimentar. Artigo 173 da Lei n. 11.101/05. Desvio e apropriação da quantia de R$ 10.000,00 (dez mil reais), referente ao pagamento da primeira parcela do acordo judicial para a venda do ativo florestal pertencente à massa falida da empresa 'Nobrecel S/A Celulose e Papel'. Materialidade e autoria demonstradas. Extratos bancários que demonstram o depósito do cheque na conta da apelante, e a realização de diversos saques e transferências. Gastos pessoais. Devolução do montante apenas após a ciência de procedimento investigatório. Dolo configurado. Penas bem dosadas. Diminuição pelo arrependimento posterior. Substituição por restritiva de direitos e imposição do regime aberto. Apelo desprovido" (Apelação Criminal 1006126-82.2017.8.26.0445, 16.ª Câmara, rel. Otávio de Almeida Toledo, 09.09.2020, v.u.).

55. Sujeitos ativo e passivo: o sujeito ativo, no caso de *apropriação*, somente pode ser a pessoa que tem, em confiança, o bem. Nas figuras de desvio e ocultação, qualquer pessoa. O sujeito passivo é o credor. Secundariamente, o Estado, pois as atitudes do devedor desafiam a integridade e a lisura do procedimento de recuperação judicial ou de falência.

56. Elemento subjetivo: é o dolo. Embora não exista elemento subjetivo do tipo específico, devemos lembrar que o verbo *apropriar-se* carrega, ínsito ao seu significado, a vontade específica de se apossar de coisa alheia. Não se pune a forma culposa. Na jurisprudência, acerca do *dolo específico*: TJRS: "Evidenciado o dolo específico do agente de apossar-se de bem pertencente à massa falida, dispondo-o como se seu fosse. Cometimento do delito previsto no art. 173 da Lei 11.101/2005. Apelo provido. Unânime" (Ap. 70058124579, 4.ª Câm. Criminal, rel. Aristides Pedroso de Albuquerque Neto, j. 15.05.2014).

57. Objetos material e jurídico: o objeto material é o bem desviado, ocultado ou sujeito ao apossamento por terceiro. O objeto jurídico é a proteção ao patrimônio dos credores. Secundariamente, a lisura do processo falimentar ou de recuperação judicial, conduzido pelo Estado.

58. Classificação: é crime próprio (só pode ser cometido pelo possuidor do bem) quanto à modalidade *apropriar-se*, mas comum (pode ser praticado por qualquer pessoa), em relação às outras duas condutas; material (depende da ocorrência de resultado naturalístico, consistente em efetivo prejuízo aos demais credores); de forma livre (pode ser cometido por qualquer mecanismo eleito pelo agente); comissivo (os verbos implicam ações); instantâneo (a consumação se dá em momento determinado), nos casos de apropriação e desvio, mas permanente (a consumação se prolonga no tempo), ao tratar-se de ocultação; de dano (há lesão ao patrimônio); unissubjetivo (pode ser cometido por uma só pessoa); plurissubsistente (praticado em vários atos); admite tentativa.

59. Inaplicabilidade do disposto no art. 180: nem todas as figuras típicas previstas na Lei 11.101/2005 comportam a sentença de quebra e a concessiva de recuperação judicial ou extrajudicial como condições objetivas de punibilidade. Para que tal se dê, torna-se fundamental que a conduta típica, realizada pelo agente, ocorra *antes* do advento das mencionadas decisões. Se o tipo penal prevê, como é o caso do art. 173, condutas passíveis de ocorrência *após* a falência já ter sido decretada ou a recuperação judicial, concedida, não é possível cuidar-se de condição objetiva de punibilidade. Na realidade, a existência dos termos *recuperação judicial* e *massa falida*, no tipo, está a demonstrar que o desvio de bens, apropriação ou ocultação *antes* da recuperação ou falência é conduta atípica. Possivelmente, conforme o caso concreto, pode-se encaixar a situação no art. 168 desta Lei.

60. Benefícios penais: cabe a substituição da pena privativa de liberdade por restritiva de direitos (art. 44, CP), bem como a suspensão condicional da pena, conforme o montante aplicado pelo juiz (art. 77, CP).

Aquisição, recebimento ou uso ilegal de bens

> **Art. 174.** Adquirir, receber, usar,[61-63] ilicitamente,[64] bem que sabe pertencer à massa falida ou influir para que terceiro, de boa-fé, o adquira, receba ou use:[65-67]
>
> Pena – reclusão, de 2 (dois) a 4 (quatro) anos, e multa.[68]

61. Análise do núcleo do tipo: *adquirir* (obter, comprar), *receber* (aceitar em pagamento ou simplesmente aceitar) e *usar* (servir-se de algo) são as primeiras condutas alternativas, cujo objeto é o bem *que sabe* pertencer à massa falida. A segunda parte deste tipo, com cumulação de condutas, é *influir* (sugerir, animar, incutir) para que terceiro de boa-fé faça o mesmo, ou seja, adquira, receba ou use. O agente pode praticar dois crimes, em concurso material, caso adquira bem da massa falida e ainda influencie outra pessoa a fazer o mesmo. Na jurisprudência: TJSC: "Narrativa do acusado em consonância com o depoimento de terceiro com quem negociava bens pertencentes à massa falida, bem como declaração da administradora judicial a confirmar o negócio ilícito. Além disso, terceiro interessado que declara saber da existência de pendências judiciais, mas desconhecer se tratar de processo de falência. Conduta de influir para que terceiro de boa-fé adquira e use bem do patrimônio resguardado devidamente demonstrada. Além disso, erro de proibição não demonstrado. Apelante que declarou, em juízo, ciência da impossibilidade de negociação dos bens da massa, embora tenha agido em desconformidade. Manutenção da condenação que se impõe" (Apelação Criminal 0000945-28.2016.8.24.0019, 3.ª Câmara Criminal, rel. Leopoldo Augusto Brüggemann, 30.11.2021, v.u.).

62. Sujeitos ativo e passivo: o sujeito ativo pode ser qualquer pessoa. O sujeito passivo é o credor. Secundariamente, o Estado. Na segunda parte do tipo, deve-se incluir, também, o terceiro de boa-fé, eventualmente atingido e lesado.

63. Elemento subjetivo: é o dolo direto ("que sabe pertencer à massa falida"). Logo, se o agente atuar com dolo eventual, assumindo riscos, não pode ser punido com base neste tipo penal. Eventualmente, poderá ser partícipe do crime previsto no art. 173. Não há elemento subjetivo específico, nem se pune a forma culposa.

64. Elemento normativo do tipo: inseriu-se elemento referente à ilicitude no cenário do tipo penal. Essa postura legislativa, no fundo, é desnecessária, pois é óbvio que, havendo a atuação do adquirente do bem pertencente à massa falida, por exemplo, no exercício regular de direito, embora pudesse ser típica, seria lícita a conduta. No entanto, no contexto do art.

174, essa mesma situação gerará fato atípico, pois o termo *ilicitamente* foi situado na tipicidade. Exemplo de alienação legal, logo, atípica, para os fins previstos no art. 174 desta Lei: art. 111: "O juiz poderá autorizar os credores, de forma individual ou coletiva, em razão dos custos e no interesse da massa falida, a adquirir ou adjudicar, de imediato, os bens arrecadados, pelo valor da avaliação, atendida a regra de classificação e preferência entre eles, ouvido o Comitê".

65. Objetos material e jurídico: o objeto material é o bem pertencente à massa falida. O objeto jurídico é a proteção ao patrimônio dos credores. Secundariamente, a lisura do procedimento falimentar, conduzido pelo Estado, bem como, o patrimônio de terceiros de boa-fé.

66. Classificação: é crime comum (pode ser cometido por qualquer pessoa); material (depende da ocorrência de resultado naturalístico, consistente em efetivo prejuízo aos demais credores, ao Estado ou a terceiro de boa-fé); de forma livre (pode ser cometido por qualquer mecanismo eleito pelo agente); comissivo (os verbos implicam ações); instantâneo (a consumação se dá em momento determinado), nos casos de *adquirir*, *receber* e *influir*, mas permanente (a consumação se prolonga no tempo), ao tratar-se da figura *usar*, ao menos na primeira parte. Na segunda, basta a influência; depois disso, quanto tempo o terceiro de boa-fé vai usar o bem não tem mais importância; de dano (há lesão ao patrimônio); unissubjetivo (pode ser cometido por uma só pessoa); plurissubsistente (praticado em vários atos); admite tentativa nas duas partes do tipo. Já defendemos, quando comentamos o tipo penal do art. 180 do Código Penal (receptação) o mesmo. É perfeitamente possível a *influenciação* desenvolver-se em vários atos, aliás, é bem natural que assim se dê. Dificilmente, alguém consegue *convencer* terceiros a fazer alguma coisa num único ato. Seria pessoa extremamente poderosa em argumento único ou chegaria a beirar o surreal. Aliás, o mero palpite não perfaz o suficiente para tipificar a conduta. Portanto, o processo de convencimento, desenvolvido em vários atos, pode ser interrompido por circunstâncias alheias à vontade do agente, formando-se a figura tentada. Contrariamente, mas sem expor o motivo, não admitindo a tentativa na segunda figura: Antônio Sérgio Altieri de Moraes Pitombo (*Comentários à lei de recuperação de empresas e falência*, p. 549) e Roberto Delmanto, Roberto Delmanto Junior e Fábio M. de Almeida Delmanto (*Leis penais especiais comentadas*, p. 705).

67. Inaplicabilidade do disposto no art. 180: como já mencionamos em nota anterior, nem todas as figuras típicas previstas na Lei 11.101/2005 comportam a sentença de quebra e a concessiva de recuperação judicial ou extrajudicial como condições objetivas de punibilidade. Para que tal se dê, torna-se fundamental que a conduta típica, realizada pelo agente, ocorra *antes* do advento das mencionadas decisões. Se o tipo penal prevê, como é o caso do art. 174, condutas passíveis de ocorrência *após* a falência já ter sido decretada (fala-se em "massa falida"), não é possível cuidar-se de condição objetiva de punibilidade. Por isso, a aquisição, o recebimento e o uso ilegal de bens, que possam ocorrer *antes* da falência é conduta atípica. Possivelmente, conforme o caso concreto, pode-se encaixar a situação no art. 168 desta Lei.

68. Benefícios penais: cabe a substituição da pena privativa de liberdade por restritiva de direitos (art. 44, CP), bem como a suspensão condicional da pena, conforme o montante aplicado pelo juiz (art. 77, CP).

Habilitação ilegal de crédito

Art. 175. Apresentar,[69-71] em falência, recuperação judicial ou recuperação extrajudicial, relação de créditos, habilitação de créditos ou reclamação falsas, ou juntar a elas título falso ou simulado:[72-75]

Pena – reclusão, de 2 (dois) a 4 (quatro) anos, e multa.[76]

69. Análise do núcleo do tipo: *apresentar* (submeter à apreciação de alguém, mostrar, entregar) é a primeira conduta, cujo complemento é relação de créditos (listagem dos credores do devedor, oferecida pelo administrador judicial, conforme verificação que fez nos livros da empresa, nos termos do art. 7.º desta Lei), habilitação de créditos (é a postulação de algum credor, preterido na listagem elaborada pelo administrador judicial, que, exibindo os documentos previstos no art. 9.º desta Lei, busca ingressar no processo para pleitear o que lhe é devido) ou reclamação (é o oferecimento de impugnação ou protesto pela inclusão de crédito em desacordo com o que é efetivamente devido) falsas (não autênticas, forjadas). A relação de créditos é, pois, atribuição do administrador judicial. A habilitação ou reclamação, de qualquer credor. A segunda possibilidade é *juntar* (anexar, reunir, acrescentar) a elas título falso (não autêntico) ou simulado (disfarçado como se autêntico fosse). Na realidade, os termos *falso* e *simulado* são correlatos. Há quem pretenda distingui-los. Em nosso ponto de vista é tarefa inócua. A simulação é um disfarce para apresentar o falso como se autêntico fosse, o que, obviamente, não deixa de ser algo falso. Portanto, o título simulado é, para os fins legais, não autêntico, logo, falso. Pouco importa se a falsidade é material ou ideológica, pois o tipo incriminador do art. 175 não faz diferença alguma. Lembremos, entretanto, que, para a comprovação do crédito, exige-se documento hábil (art. 9.º, III, desta Lei). Muitas vezes, o documento é um título de crédito. Mas, nem sempre. A menção feita, neste tipo penal, vale-se do termo *título* como sinônimo de *documento*, quando anexado à relação de credores, habilitação de créditos ou reclamação. Lembremos ser o tipo alternativo, vale dizer, se o credor apresenta habilitação de crédito falsa, por exemplo, acompanhada igualmente por título falso, responde por um só delito. Na jurisprudência: TJRS: "2. A partir das provas colhidas nos autos, ficou comprovado que os réus apresentaram, em processo de recuperação judicial, habilitação de crédito falsa, oriunda de lide simulada. Circunstâncias do caso que evidenciam o agir doloso dos acusados e, inclusive, o notável grau de complexidade da conduta. Condenação mantida" (Apelação Criminal 70085086866, 4.ª Câmara Criminal, rel. Julio Cesar Finger, 10.11.2021, v.u.).

70. Sujeitos ativo e passivo: o sujeito ativo pode ser qualquer pessoa, passando-se por credor, nos casos de habilitação de crédito e reclamação, bem como o administrador judicial, cuidando-se de relação de créditos. O sujeito passivo é o autêntico credor. Secundariamente, o Estado, que tem interesse no processo legítimo e sem falcatruas.

71. Elemento subjetivo: é o dolo. Não há elemento subjetivo específico, nem se pune a forma culposa.

72. Objetos material e jurídico: o objeto material é a relação de credores, a habilitação de créditos ou a reclamação, bem como o título falso a elas anexado. O objeto jurídico é a proteção ao patrimônio dos credores. Secundariamente, a lisura do procedimento falimentar, conduzido pelo Estado.

73. Classificação: é crime comum (pode ser cometido por qualquer pessoa), no que toca à apresentação de habilitação ou reclamação falsas, mas próprio (demanda a qualidade de administrador judicial), em relação à apresentação da relação de credores; formal (independe da ocorrência de resultado naturalístico, consistente em efetivo prejuízo aos demais credores ou ao Estado); de forma livre (pode ser cometido por qualquer mecanismo eleito pelo agente); comissivo (os verbos implicam ações); instantâneo (a consumação se dá em momento determinado); de perigo abstrato (há potencialidade presumida de lesão ao patrimônio alheio); unissubjetivo (pode ser cometido por uma só pessoa); plurissubsistente (praticado em vários atos). Note-se que a conduta *apresentar* não é, simplesmente, lançar uma petição qualquer no protocolo do fórum, pois se exige um trâmite até, efetivamente, chegar ao juiz e ser por este considerada uma relação, habilitação ou reclamação. Por isso, há possibilidade fática de haver interrupção do *iter criminis*, durante o seu desenvolvimento; admite, então, tentativa, embora de difícil configuração.

74. Confronto com o art. 14 da Lei 7.492/86: já expusemos na nota 138 ao referido artigo, nesta obra, dever prevalecer o art. 14 em relação ao disposto no art. 175 da Lei 11.101/2005, por ser específico em relação a este. Afinal, o mencionado art. 14 diz respeito, exclusivamente, às instituições financeiras.

75. Inaplicabilidade do disposto no art. 180: como já mencionamos em nota anterior, nem todas as figuras típicas previstas na Lei 11.101/2005 comportam a sentença de quebra e a concessiva de recuperação judicial ou extrajudicial como condições objetivas de punibilidade. Para que tal se dê, torna-se fundamental que a conduta típica, realizada pelo agente, ocorra *antes* do advento das mencionadas decisões. Se o tipo penal prevê, como é o caso do art. 175, condutas passíveis de ocorrência *após* a falência já ter sido decretada ou concedida a recuperação judicial ou extrajudicial, não é possível cuidar-se de condição objetiva de punibilidade. Por isso, a apresentação de relação, habilitação ou reclamação falsa ou juntada de título falso não demanda condição alguma para a punição do agente. Sem a falência ou recuperação judicial ou extrajudicial inexiste o crime descrito neste artigo.

76. Benefícios penais: cabe a substituição da pena privativa de liberdade por restritiva de direitos (art. 44, CP), bem como a suspensão condicional da pena, conforme o montante aplicado pelo juiz (art. 77, CP).

Exercício ilegal de atividade

> **Art. 176.** Exercer[77-79] atividade para a qual foi inabilitado ou incapacitado por decisão judicial, nos termos desta Lei:[80-82]
>
> Pena – reclusão, de 1 (um) a 4 (quatro) anos, e multa.[83]

77. Análise do núcleo do tipo: exercer (desempenhar alguma atividade com frequência) é a conduta nuclear, cujo complemento é a atividade para a qual foi inabilitado ou incapacitado, por decisão judicial (é a decretação da falência, conforme art. 99, Lei 11.101/2005). O tipo faz remissão a outras normas, previstas, igualmente, nesta Lei, justamente as que dizem respeito à inabilitação ou incapacitação do falido. É consequência da falência a inabilitação (falta de autorização para o exercício de um direito regulamentado pelo Estado), nos termos do art. 102 desta Lei ("O falido fica inabilitado para exercer qualquer atividade empresarial a partir da decretação da falência e até a sentença que extingue suas obrigações, respeitado o disposto no § 1.º do art. 181 desta Lei. Parágrafo único. Findo o período de inabilitação, o falido poderá requerer ao juiz da falência que proceda à respectiva anotação em seu registro"). Por outro lado, também como consequência da falência, torna-se incapacitado (inabilitado, porém, no que se refere aos seus próprios bens), a gerir seu patrimônio, nos termos do art. 103, *caput*, desta Lei ("Desde a decretação da falência ou do sequestro, o devedor perde o direito de administrar os seus bens ou deles dispor"). Lembrar, ainda, dos efeitos da condenação criminal, conforme preceitua o art. 181 da Lei 11.101/2005.

78. Sujeitos ativo e passivo: o sujeito ativo é o falido ou condenado, inabilitado ou incapacitado a exercer determinada atividade. O sujeito passivo é o Estado. Secundariamente, os credores que venham a ser prejudicados pelo indevido exercício da atividade ou da gestão de patrimônio pessoal.

79. Elemento subjetivo: é o dolo. Não há elemento subjetivo específico, nem se pune a forma culposa. Dizem Roberto Delmanto, Roberto Delmanto Júnior e Fábio M. A. Delmanto ser indispensável a intimação pessoal para a ciência da inabilitação ou incapacitação e, por isso, somente se pode agir com dolo direto (*Leis penais especiais comentadas*, p. 707).

Concordamos ser cautelosa a exigência de intimação pessoal para a ciência da inabilitação ou incapacitação, porém, não vemos a razão de se excluir o dolo eventual. Parece-nos viável que o falido, por exemplo, exercendo atividade que lhe parece válida, não empresarial, vislumbre a possibilidade de, junto a esta, concretizar-se alguma atividade para a qual está proibido de atuar, assumindo o risco de produzi-la. Eis aí o dolo eventual.

80. **Objetos material e jurídico:** o objeto material é a atividade vedada. O objeto jurídico é a administração da justiça e a proteção ao patrimônio dos credores.

81. **Classificação:** é crime próprio (pode ser cometido somente por pessoa inabilitada ou incapacitada). No entanto, não é de mão-própria, pois o falido pode valer-se de interposta pessoa para exercer atividade empresarial e estará, do mesmo modo, incidindo no tipo incriminador do art. 176. Aquele que colaborar com o falido, ciente disso, responderá como partícipe. Se terceiro, juntamente com o falido, exercer atividade empresarial, em sociedade, por exemplo, é coautor (art. 30, CP). Afinal, a circunstância pessoal de inabilitado ou incapacitado é elementar do tipo e transmite-se a quem não a possuir. É o mesmo princípio orientador que permite considerar a enfermeira coautora de infanticídio, caso auxilie a mãe em estado puerperal a matar o filho recém-nascido. Diversamente, o crime autenticamente de mão-própria, como o falso testemunho, não admite a sua realização por interposta pessoa (a testemunha não pode depor juntamente com outra, em coro, nem pode mandar outrem depor em seu lugar). A atividade empresarial e a gestão de bens podem, perfeitamente, comportar o exercício em conjunto; formal (independe da ocorrência de resultado naturalístico, consistente em efetivo prejuízo aos demais credores ou ao Estado); de forma livre (pode ser cometido por qualquer mecanismo eleito pelo agente); comissivo (o verbo implica ação); habitual (pune-se apenas o conjunto de atos praticados pelo agente, de modo a incidir na figura proibida). Por isso, um ou outro ato de comércio, realizado pelo falido, não permite a concretização do art. 176; de perigo abstrato (há potencialidade presumida de lesão ao patrimônio alheio); unissubjetivo (pode ser cometido por uma só pessoa); plurissubsistente (praticado em vários atos); não admite tentativa, por ser delito habitual.

82. **Inaplicabilidade do disposto no art. 180:** como já mencionamos em nota anterior, nem todas as figuras típicas previstas na Lei 11.101/2005 comportam a sentença de quebra e a concessiva de recuperação judicial ou extrajudicial como condições objetivas de punibilidade. Para que tal se dê, torna-se fundamental que a conduta típica, realizada pelo agente, ocorra *antes* do advento das mencionadas decisões. Se o tipo penal prevê, como é o caso do art. 176, conduta passível de ocorrência *após* a falência já ter sido decretada, não é possível cuidar-se de condição objetiva de punibilidade. Por isso, o exercício de atividade empresarial, sem a decisão de quebra antecedente, é conduta atípica para os fins do art. 176.

83. **Benefícios penais:** em decorrência da pena mínima (um ano), admite-se a concessão da suspensão condicional do processo (art. 89, Lei 9.099/95). Se tal não se der, a condenação pode permitir a substituição da pena privativa de liberdade por restritiva de direitos (art. 44, CP), ou, dependendo do caso concreto, da aplicação da suspensão condicional da pena (art. 77, CP).

Violação de impedimento

Art. 177. Adquirir[84-86] o juiz, o representante do Ministério Público, o administrador judicial, o gestor judicial, o perito, o avaliador, o escrivão, o oficial de justiça ou o leiloeiro, por si ou por interposta pessoa,[87] bens de massa falida ou de devedor em recuperação judicial, ou, em relação a estes, entrar em alguma especulação de lucro, quando tenham atuado nos respectivos processos:[88-90]

Pena – reclusão, de 2 (dois) a 4 (quatro) anos, e multa.[91]

84. Análise do núcleo do tipo: *adquirir* (obter, tornar-se proprietário ou possuidor, a título gratuito ou oneroso) e *entrar* (estar incluído, tomar parte) são as condutas alternativas, com complementos diversos, embora os sujeitos ativos sejam os mesmos para ambas. Por uma óbvia questão de lisura e mantença da confiabilidade dos profissionais que atuaram em processos de falência ou recuperação judicial, não se pode permitir que obtenham, por qualquer meio, bens pertencentes à massa falida ou ao devedor em pleno processo de recuperação. Muito menos, deve-se tolerar que ingressem em qualquer *especulação de lucro* (negócios produtores de ganho ou vantagem). Por mais idôneos que possam tentar ser, jamais se poderá vencer a barreira ética e da moralidade nesse caso existente. Portanto, o tipo penal do art. 177 busca vedar que juízes, representantes do Ministério Público, administradores judiciais, gestores judiciais, peritos, avaliadores, escrivães, oficiais de justiça ou leiloeiros, direta (por si) ou indiretamente (por interposta pessoa) obtenham bens do falido ou do devedor, a qualquer título, bem como se envolvam em alguma operação lucrativa, de que espécie for (ex.: alugar um imóvel pertencente ao devedor) relacionada aos processos nos quais atuam ou tenham atuado. As condutas são alternativas: adquirir ou entrar em especulação de lucro. A prática de uma ou de ambas implica, no mesmo cenário, a concretização de um só crime. Olvidou-se a recuperação extrajudicial, embora devesse ter constado igualmente na figura incriminadora.

85. Sujeitos ativo e passivo: o sujeito ativo somente pode ser o juiz, o representante do Ministério Público, o administrador judicial, o gestor judicial, o perito, o avaliador, o escrivão (por interpretação extensiva lógica e necessária, permitimo-nos acrescentar qualquer servidor da justiça, como o escrevente e o auxiliar judiciário), o oficial de justiça ou o leiloeiro, vinculados a processos de falência ou recuperação judicial. O sujeito passivo é o Estado. Secundariamente, os credores, pois estes podem sofrer prejuízos, caso haja perdas para a massa falida ou para o devedor nessas transações com profissionais ligados à Justiça.

86. Elemento subjetivo: é o dolo. Não há elemento subjetivo específico, nem se pune a forma culposa. Discordamos, novamente, de Roberto Delmanto, Roberto Delmanto Júnior e Fábio M. A. Delmanto ao mencionarem que o tipo "exige" dolo direto, "não sendo factível o dolo eventual" (*Leis penais especiais comentadas*, p. 709). Não vislumbramos nenhum obstáculo à existência do crime com dolo eventual. Exemplo: o juiz do processo de falência, ao ingressar em determinado negócio, vislumbra a possibilidade de, conectado a este, existirem bens do falido envolvidos e, ainda assim, dá prosseguimento ao seu intuito de obtenção de lucro. Pode, perfeitamente, concretizar o tipo do art. 177 com dolo eventual, assumindo o risco do negócio efetivado ser vinculado ao do falido.

87. Interposta pessoa: esta e qualquer outra que auxiliar os agentes principais à realização do tipo penal do art. 177, cientes do que fazem (dolo), respondem como coautores ou partícipes, conforme o caso concreto (art. 29, CP).

88. Objetos material e jurídico: o objeto material é o bem da massa falida ou de devedor em recuperação judicial ou qualquer outro negócio, que propicie lucro, vinculado à massa falida ou ao devedor em recuperação judicial. O objeto jurídico é a lisura e a moralidade da justiça. Secundariamente, protege-se o patrimônio dos credores.

89. Classificação: é crime próprio (pode ser cometido somente pelas pessoas indicadas no tipo); formal (independe da ocorrência de resultado naturalístico, consistente em efetivo prejuízo aos demais credores ou à credibilidade do Estado); de forma livre (pode ser cometido por qualquer mecanismo eleito pelo agente); comissivo (os verbos implicam ações); instantâneo (consuma-se em momento determinado); de perigo abstrato (há potencialidade presumida de lesão ao patrimônio alheio ou à imagem do Estado em matéria de moralidade administrativa); unissubjetivo (pode ser cometido por uma só pessoa); plurissubsistente (praticado em vários atos), afinal, adquirir-se um bem e especular-se são condutas nitidamente formadas por inúmeros atos; admite tentativa.

90. Inaplicabilidade do disposto no art. 180: como já mencionamos em nota anterior, nem todas as figuras típicas previstas na Lei 11.101/2005 comportam a sentença de quebra e a concessiva de recuperação judicial como condições objetivas de punibilidade. Para que tal se dê, torna-se fundamental que a conduta típica, realizada pelo agente, ocorra *antes* do advento das mencionadas decisões. Se o tipo penal prevê, como é o caso do art. 177, conduta passível de ocorrência *após* a falência já ter sido decretada (fala-se em *massa falida*) ou ter havido a concessão da recuperação judicial (menciona-se o *devedor em recuperação judicial*), não é possível cuidar-se de condição objetiva de punibilidade. Por isso, a prática das condutas referidas no tipo, sem a decisão de quebra ou concessão de recuperação antecedente, é conduta atípica para os fins do art. 177. Pode significar outro crime e até mesmo pura infração funcional, a ser punida na órbita administrativa, bem como improbidade administrativa, a depender do caso concreto.

91. Benefícios penais: cabe a substituição da pena privativa de liberdade por restritiva de direitos (art. 44, CP), bem como a suspensão condicional da pena, conforme o montante aplicado pelo juiz (art. 77, CP).

Omissão dos documentos contábeis obrigatórios

> **Art. 178.** Deixar de elaborar,[92-94] escriturar ou autenticar, antes ou depois da sentença que decretar a falência, conceder a recuperação judicial ou homologar o plano de recuperação extrajudicial, os documentos de escrituração contábil obrigatórios:[95-97]
>
> Pena – detenção, de 1 (um) a 2 (dois) anos, e multa, se o fato não constitui crime mais grave.[98-99]

92. Análise do núcleo do tipo: deixar de elaborar (não realizar algo; omitir-se no cumprimento de uma tarefa), escriturar (registrar com regularidade) ou autenticar (reconhecer como verdadeiro, conforme disposto em lei) são as condutas alternativas, cujo objeto constitui-se dos documentos de escrituração contábil obrigatórios. Cuida-se de norma penal em branco. As variadas leis, regendo as atividades empresariais em geral, possuem, para cada tipo de comerciante ou empresário, um rol de livros necessários para, em suma, registrar as atividades realizadas no dia a dia, justamente para servir de prova da lisura dos negócios efetivados e para propiciar a fiscalização eficiente dos agentes do Estado e, também, quando o caso, dos credores e financiadores do empreendimento. A autenticação também é norma, por exemplo, dentre outras, imposta pelo Código Civil (art. 1.181, *caput*): "Salvo disposição especial de lei, os livros obrigatórios e, se for o caso, as fichas, antes de postos em uso, devem ser autenticados no Registro Público de Empresas Mercantis". Na jurisprudência: TJMG: "1. A responsabilidade do sócio que deixa de escriturar os livros obrigatórios e, assim, de apresentá-los ao juízo falimentar, não é elidida, mesmo que os aludidos livros estejam na posse de contabilidade por ele contratada" (Apelação Criminal 1.0024.18.093288-1/001, 1.ª Câmara Criminal, rel. Kárin Emmerich, 15.06.2021, v.u.).

93. Sujeitos ativo e passivo: o sujeito ativo é somente o empresário, comerciante ou quem tenha, por lei, a obrigação de promover a regularidade dos livros contábeis obrigatórios. Se depois da falência, pode ser o administrador judicial. O sujeito passivo são os credores e o Estado, todos interessados em averiguar o andamento da atividade empresarial.

94. Elemento subjetivo: é o dolo. Não há elemento subjetivo específico, nem se pune a forma culposa.

95. Objetos material e jurídico: o objeto material é o documento de escrituração contábil obrigatório. O objeto jurídico é a proteção aos credores e também à atividade fiscalizadora do Estado, mantendo-se a correção da atividade empresarial em geral.

96. Classificação: é crime próprio (pode ser cometido somente pela pessoa obrigada a manter em ordem os livros obrigatórios); formal (independe da ocorrência de resultado naturalístico, consistente em efetivo prejuízo aos credores ou à fiscalização do Estado); de forma livre (pode ser cometido por qualquer mecanismo eleito pelo agente); omissivo (o verbo principal implica inação); instantâneo (consuma-se em momento determinado); de perigo abstrato (há potencialidade presumida de lesão ao patrimônio alheio ou à fiscalização do Estado); unissubjetivo (pode ser cometido por uma só pessoa); unissubsistente (praticado em um ato, por ser delito omissivo próprio); não admite tentativa.

97. Eventual aplicação do art. 180: como já mencionamos em nota anterior, nem todas as figuras típicas previstas na Lei 11.101/2005 comportam a sentença de quebra e a concessiva de recuperação judicial ou extrajudicial como condições objetivas de punibilidade. Para que tal se dê, torna-se fundamental que a conduta típica, realizada pelo agente, ocorra *antes* do advento das mencionadas decisões. Se o tipo penal prevê, como é o caso do art. 178, ambas as formas, ou seja, a omissão *antes* e a omissão *depois* da quebra ou da concessão da recuperação, temos a incidência do art. 180 na primeira situação. Portanto, deixar de anotar em livro obrigatório determinada transação comercial *antes* da quebra, por exemplo, exige a condição objetiva de punibilidade, ou seja, a decretação da falência para que se torne *vivo* o tipo penal incriminador, viabilizando-se a punição do agente. Porém, se a omissão nas anotações acontece *após* a quebra, a sentença de falência é somente elemento do tipo penal.

98. Benefícios penais: cuida-se de infração de menor potencial ofensivo, comportando transação (art. 61, Lei 9.099/95). Além disso, em face da pena mínima, admite a suspensão condicional do processo (art. 89, Lei 9.099/95). Se nada disso for viável, pela situação concreta do agente do crime, aventa-se a possibilidade de substituição da pena privativa de liberdade por restritiva de direitos (art. 44, CP) e também a aplicação da suspensão condicional da pena (art. 77, CP).

99. Subsidiariedade explícita: o tipo penal se autointitula *tipo de reserva*, vale dizer, somente se utiliza o disposto no art. 178, caso não se encontre outro delito, previsto nesta Lei, mais grave. Exemplo: se não se anota determinado negócio para acobertar o envolvimento do juiz da falência, que adquiriu bem da massa falida, deve-se usar o disposto no art. 177, deixando-se de lado o mencionado art. 178.

Seção II
Disposições comuns

Art. 179. Na falência, na recuperação judicial e na recuperação extrajudicial de sociedades, os seus sócios, diretores, gerentes, administradores e conselheiros, de fato ou de direito, bem como o administrador judicial, equiparam-se ao devedor ou falido para todos os efeitos penais decorrentes desta Lei, na medida de sua culpabilidade.[100-100-A]

100. Norma explicativa: não vemos utilidade no preceituado no art. 179 desta Lei por duas razões principais: a) a responsabilidade penal, advinda da Lei 11.101/2005, é pessoal e não envolve a pessoa jurídica; b) há o disposto no art. 29, *caput*, do Código Penal, como norma genérica, em relação ao concurso de pessoas ("quem, de qualquer modo, concorre para o crime incide nas penas a ele cominadas, na medida da sua culpabilidade"). Portanto, todos os tipos penais incriminadores desta Lei dizem respeito a pessoas físicas. O juiz pode decretar a falência da empresa "X", mas é considerado "falido" o empresário, que a possui. É evidente que, para gerir uma empresa, há, na maioria das vezes, vários sócios, diretores, gerentes etc. São essas pessoas físicas as responsáveis pelos atos criminosos porventura existentes. Se o sócio "A" pratica ato fraudulento, obtendo vantagem indevida para si, sem a ciência do sócio "B", levando a empresa à falência, será ele ("A") o único a responder pelo crime previsto no art. 168 desta Lei. Se o gerente "C" é o responsável pela escrituração de um certo livro obrigatório, não o fazendo deliberadamente, será ele a incidir na figura do art. 178. A norma em comento, então, nada mais fez do que deixar bem clara essa situação. Mas não inovou no sistema jurídico-penal.

100-A. Crime único: continua a prevalecer a tese de crime único, como regra, aplicando-se somente a pena do mais grave deles, quando o falido incidir em vários tipos incriminadores desta Lei. Isso porque todas as condutas anteriores à decretação da falência podem ser consideradas em conjunto para determinar o estado falimentar. Diante disso, seria excesso punitivo valer-se o Estado do concurso de crimes. Na jurisprudência: TJDF: "Há unidade delitiva na hipótese de multiplicidade de atos que caracterizem crimes falimentares, aplicando-se ao agente somente a pena do delito mais grave" (Ap. 0028816-29.2010.807.0015, 3.ª T. Rec., rel. Humberto Adjuto Ulhôa, j. 17.05.2012).

> **Art. 180.** A sentença que decreta a falência, concede a recuperação judicial ou concede a recuperação extrajudicial de que trata o art. 163 desta Lei é condição objetiva de punibilidade das infrações penais descritas nesta Lei.[101]

101. Condição objetiva de punibilidade: é a condição exterior à conduta delituosa, não abrangida pelo elemento subjetivo do agente, que, como regra, está fora do tipo penal, tornando-se requisito para a punição efetivar-se. Ela não necessita ser coberta pelo dolo do autor da infração penal. Por isso, a generalização empregada no art. 180 desta Lei não corresponde à realidade dos seus tipos penais (arts. 168 a 178). Pode ser, em algumas situações. Não o é, noutras. Tomemos ilustrações: a) se o empresário pratica atos fraudulentos, em prejuízo de credores, obtendo vantagem indevida para si, antes da falência, não pode ser processado pelo crime descrito no art. 168. Deve-se aguardar a condição objetiva de punibilidade, consistente no advento da sentença de quebra, para que o fato se torne penalmente relevante; b) entretanto, ainda no contexto do art. 168, se o empresário falido, portanto, com sentença de quebra existente, pratica ato fraudulento, em detrimento de credores, beneficiando-se, comete automaticamente o crime, sem necessidade de nenhuma condição objetiva de punibilidade. Nesse caso, a existência de falência foi somente um pressuposto para o seu ato criminoso, mas não funciona como condição objetiva para punição. Aliás, se o empresário assim age, é natural que o dolo deva envolver o seu estado de falido, outra razão pela qual não se pode considerar a decisão de quebra como condição objetiva de punibilidade. Na primeira situação, ao cometer atos fraudulentos em seu benefício, o empresário não necessita nem mesmo imaginar que tal conduta poderá levar sua empresa à falência. Por isso, a decisão de quebra está fora do seu dolo e funciona, agora sim, como condição objetiva para a punição. Na jurisprudência: TJSC: "*Habeas corpus*. Fraude a credores (art. 168, *caput*, da Lei. 11.101/2005). Trancamento da ação penal pelo não preenchimento de condição objetiva de punibilidade. Revogação da sentença que decretou a falência. Regramento insculpido no art. 180 da Lei 11.101/2005. Constrangimento ilegal evidenciado. Ordem concedida para trancar a ação penal. Extensão dos efeitos aos corréus na forma do artigo 580 do Código de Processo Penal" (HC 2013.062255-2, 1.ª Câmara Criminal, rel. José Everaldo Silva, j. 30.09.2013).

> **Art. 181.** São efeitos da condenação por crime previsto nesta Lei:[102]
>
> I – a inabilitação para o exercício de atividade empresarial;[103]
>
> II – o impedimento para o exercício de cargo ou função em conselho de administração, diretoria ou gerência das sociedades sujeitas a esta Lei;[104]
>
> III – a impossibilidade de gerir empresa por mandato ou por gestão de negócio.[105]
>
> § 1.º Os efeitos de que trata este artigo não são automáticos,[106] devendo ser motivadamente declarados na sentença, e perdurarão até 5 (cinco) anos após a extinção da punibilidade,[107] podendo, contudo, cessar antes pela reabilitação penal.[108]
>
> § 2.º Transitada em julgado a sentença penal condenatória, será notificado o Registro Público de Empresas para que tome as medidas necessárias para impedir novo registro em nome dos inabilitados.[109]

102. Efeitos penais e extrapenais: toda sentença condenatória criminal acarreta efeitos de ordem penal e no âmbito extrapenal. No cenário penal, há os efeitos principais e os secundários. O efeito principal é o cumprimento da pena (privativa de liberdade, restritiva de direitos ou pagamento de multa). Os secundários são variados, podendo influir desde a revogação de uma suspensão condicional da pena (art. 81, I, CP), até mesmo no prazo de obtenção de livramento condicional (art. 83, II, CP), dentre outros. Quanto aos efeitos extrapenais, há os genéricos, que são automáticos, não precisando nem mesmo ser explicitados na sentença, como os previstos no art. 91, I e II, do Código Penal, bem como existem os específicos. Dentre estes, há os enumerados no art. 92 do Código Penal e os previstos em leis especiais, que não são aplicados automaticamente. Precisam ser fixados com clareza pelo julgador e devidamente motivados. É exatamente o caso do art. 181 da Lei 11.101/2005, que estabelece os efeitos extrapenais para os condenados por crimes falimentares.

103. Inabilitação para o exercício de atividade empresarial: torna-se o condenado impedido de atuar em empresas, seja como sócio-proprietário, seja como empregado, desde que detenha qualquer posição de mando, coordenação ou tenha qualquer responsabilidade que possa, no futuro, influenciar para a *saúde financeira* da empresa. Ora, é evidente não se tratar somente do empresário dono do negócio. Se o art. 179 equipara, para todos os efeitos desta Lei, os sócios, diretores, gerentes, administradores e conselheiros, de fato ou de direito, logicamente, não pode o falido ser contratado por outro empresário como, ilustrando, gerente de seu estabelecimento, mormente se tiver atividades relevantes, como as ligadas à escrituração de livros obrigatórios. Aliás, não fosse assim e nada seria mais fácil que se servir de *laranjas* ou *testas de ferro*. Constitui-se uma outra empresa e o falido se emprega (na realidade, é o dono), como se fosse um mero funcionário. Se falido é e, como efeito da condenação, o juiz impôs a inabilitação para o exercício de atividade empresarial, deve estar longe de qualquer tipo de atividade nesse ramo, exceto se for contratado para servir de vendedor em uma empresa, por exemplo. Tal atividade não tem o caráter de *empresarial*.

104. Impedimento para o exercício de cargo ou função em conselho de administração, diretoria ou gerência das sociedades sujeitas a esta Lei: cuida-se de um complemento do inciso anterior, deixando bem claro que o juiz pode impor o dever de se afastar *de empresas*, em geral, mesmo que seja somente como conselheiro, bem como em diretoria ou gerência, o que já consideramos, na essência, abrangidos pelo inciso I.

105. Impossibilidade de gerir empresa por mandato ou por gestão de negócio: mais uma vez, complementando o inciso I, almeja-se afastar, por um tempo, de toda e qualquer maneira, o falido condenado da atividade empresarial, ainda que a queira exercer por interposta pessoa ou sob a fachada de outra atividade.

106. Efeitos não automáticos, porém cumulativos: embora o juiz deva impor, expressamente, na sentença, tais efeitos, justificando e motivando sua decisão, pode haver cumulação. Aliás, deve, em nosso entendimento, impor, na maioria das vezes, evitando-se qualquer dúvida ou falsa interpretação, todos os efeitos cumulados.

107. Período de vigência: os efeitos da condenação duram por *até* cinco anos. O juiz pode impor prazo menor que esse, desde que entenda de pouca gravidade o delito cometido.

108. Reabilitação: havia, no art. 197 do Dec.-lei 7.661/45, um período de reabilitação diverso do previsto no Código Penal. A partir do advento da Lei 11.101/2005, passa-se a utilizar, novamente, o Código Penal. Por isso, a reabilitação pode ser requerida pelo condenado após dois anos do dia em que for extinta a sua punibilidade – por qualquer motivo – computando-se o período do *sursis* e do livramento condicional (art. 94, CP). Segue-se o procedimento previsto no art. 743 e seguintes do Código de Processo Penal.

109. Cautela para garantir a eficiência dos efeitos secundários: impõe-se a comunicação ao Registro Público de Empresas, a fim de que o falido, condenado, não se torne a inscrever como empresário, a despeito da determinação proibitiva do juiz.

> **Art. 182.** A prescrição dos crimes previstos nesta Lei reger-se-á pelas disposições do Decreto-lei 2.848, de 7 de dezembro de 1940 – Código Penal, começando a correr do dia da decretação da falência, da concessão da recuperação judicial ou da homologação do plano de recuperação extrajudicial.[110-111]
>
> **Parágrafo único.** A decretação da falência do devedor interrompe a prescrição cuja contagem tenha iniciado com a concessão da recuperação judicial ou com a homologação do plano de recuperação extrajudicial.[112]

110. Regra geral da prescrição: retorna-se ao Código Penal, pois, anteriormente, havia regramento próprio no art. 199 do Dec.-lei 7.661/45. Portanto, a partir do advento da sentença de falência ou da concessão da recuperação judicial ou da homologação do plano de recuperação extrajudicial (termos iniciais), começa-se a computar a prescrição, nos termos e prazos do art. 109 do CP. Naturalmente, a conduta criminosa deve dar-se antes das referidas decisões, já que elas são, para esses casos, o aperfeiçoamento faltante (condição objetiva de punibilidade). Por isso, é correto supor que possam constituir o termo inicial para a prescrição. Porém, quando a conduta criminosa se concretizar após o advento da sentença de falência ou decisão de concessão de recuperação judicial ou extrajudicial, torna-se absurdo supor que a prescrição já começara, isto é, antes de o agente atuar já se computava prescrição contra o Estado. Nessas situações, a prescrição deve ter, como regra geral, o disposto no art. 111, I e II, do Código Penal (começa a prescrição da data em que o crime se consumar ou em que se der a cessação da atividade criminosa em caso de tentativa).

111. Lei penal prejudicial: o novo regime prescricional instituído pela Lei 11.101/2005, remetendo ao Código Penal, é mais gravoso. Por isso, só se pode aplicá-lo aos crimes falimentares cometidos após o início de vigência da referida nova Lei. Nessa ótica: TJMG,

HC 1.0000.06.440222-5/000, 2.ª C., rel. Beatriz Pinheiro Caíres, 10.08.2006, v.u.; TJSC, Ap. 2005.023557-4, Tangará, 2.ª C., rel. Maurílio Moreira Leite, 23.08.2005, v.u.

112. Interrupção do prazo prescricional: para os casos em que ele teve início com a concessão de recuperação judicial ou extrajudicial, advindo a falência, interrompe-se o prazo, vale dizer, *zera-se*, começando novamente o prazo por inteiro.

Seção III
Do procedimento penal

> **Art. 183.** Compete ao juiz criminal da jurisdição onde tenha sido decretada a falência, concedida a recuperação judicial ou homologado o plano de recuperação extrajudicial, conhecer da ação penal pelos crimes previstos nesta Lei.[113]

113. Juízo competente: o correto e ideal é, sem dúvida, o juízo criminal ser o competente para processar e julgar os delitos ligados a falências, recuperações judiciais e extrajudiciais. Ele tem melhor técnica e instrução penal especializada suficientes para analisar os elementos do tipo penal (objetivo e subjetivo), aplicando e individualizando, corretamente, a pena. Não se compreende, pois, a insistência, ao menos no Estado de São Paulo, de manter o juízo cível, onde se decreta a falência (ou se concede a recuperação), como competente para apreciar os feitos criminais, conforme disposto na Lei Estadual 3.947/83. O STF já considerou válida essa disposição, valendo-se do argumento de que cabe ao Estado-membro a fixação das suas próprias e peculiares normas de organização judiciária (ver a nota 12 ao art. 504 do nosso *Código de Processo Penal comentado*). Aliás, o art. 74, *caput*, do CPP também é claro ao dispor que "a competência pela natureza da infração será regulada pelas leis de organização judiciária (...)". Após a edição da Lei 11.101/2005, a despeito do preceituado pelo art. 183, continua a valer essa competência *cível* para apreciar matéria criminal, sob o argumento de que se trata do *juízo universal da falência*. Atualmente, em face de especialização dos magistrados, torna-se altamente improvável que o juiz da Vara Cível consiga acompanhar as mudanças e alterações no campo penal, que não lhe diz respeito no dia a dia, para proferir sentenças justas e afinadas no cenário dos crimes falimentares. Entretanto, deve-se fazer uma ressalva, no tocante à peculiaridade de se autorizar, nesta Lei, muito embora o disposto no art. 183, que o juízo cível possa *decretar* a *prisão preventiva* do falido ou de seus administradores, quando fundado em provas do cometimento de delitos previstos na Lei 11.101/2005 (art. 99, VII). Ora, se cabe ao magistrado criminal o processamento e julgamento dos crimes falimentares, somente a este também seria possível apreciar eventual necessidade da prisão preventiva. Isso não deixa de evidenciar a contradição existente na própria referida Lei 11.101/2005. Mantendo, no entanto, a competência cível, conferir: TJSP: "Muito embora o artigo 183 da Lei n.º 11.101.05 estabeleça que a competência para conhecimento das ações penais que apuram crimes falimentares seja do Juízo criminal, é certo que este E. Tribunal de Justiça, por força do artigo 15 da Lei Estadual n.º 3.947/83, sedimentou o entendimento de que a competência para julgamento é do Juízo falimentar" (Apelação Criminal 1003288-35.2018.8.26.0445, 8.ª Câmara de Direito Criminal, rel. Luis Augusto de Sampaio Arruda, 31.01.2022, v.u.). Em contrário, sustentando ser competente apenas e tão somente o juiz criminal, confira-se a lição de Antônio Sérgio Altieri de Moraes Pitombo: "Seria um absurdo deixar que o acusado de prestar informações falsas no processo de falência, com o fim de induzir a erro o juiz (art. 171, da Lei 11.101/2005), viesse a ser julgado pelo mesmo juiz que se sentiu enganado. Ora, desde as discussões nos tempos da elaboração da Subemenda à emenda global do substitutivo ao Projeto de Lei 4.376, na Associação dos

Advogados de São Paulo, pretendia-se garantir a imparcialidade do magistrado, com vistas à proteção do interesse público (art. 8.º, 1, do Dec. 678/92). A boa razão determinava que o juiz natural para os crimes falimentares deveria ser outro, especializado em matéria criminal, como forma de garantir o tratamento paritário aos sujeitos do processo penal, não apenas em função dos tipos protetores da administração da Justiça. (...) Em verdade, a decisão política de reconhecer o juiz natural na jurisdição penal só deve ser tomada no âmbito da União, que, privativamente, legisla em matéria sobre direito processual (art. 22, I, da CF). Prevalece, por conseguinte, este artigo da Lei 11.101/2005 às normas estaduais de organização judiciária (art. 24, § 4.º, da CF)" (*Comentários à lei de recuperação de empresas e falência*, p. 560-561). Igualmente, considerando aplicável o art. 183 desta Lei, que é federal, mais recente e especial, em detrimento da Lei de Organização Judiciária do Estado de São Paulo: Roberto Delmanto, Roberto Delmanto Junior e Fábio M. A. Delmanto (*Leis penais especiais comentadas*, p. 722). Segundo nos parece, não se trata de debater *qual lei é hierarquicamente superior*, mas *qual órgão legislativo* pode estabelecer regras de competência e divisão de tarefas entre juízes. Nesse ponto, portanto, embora insistamos na inadequação do caminho eleito, parece-nos poder o Estado fixar a competência das suas Varas, conforme critérios peculiares à sua região. O art. 125 da Constituição Federal é claro: "Os Estados organizarão sua Justiça, observados os princípios estabelecidos nesta Constituição. § 1.º A competência dos tribunais será definida na Constituição do Estado, sendo a lei de organização judiciária de iniciativa do Tribunal de Justiça". Em suma, a Constituição Federal autorizou o Estado-membro a *organizar* sua Justiça, vale dizer, qual juízo deve julgar qual matéria. Não há na Carta Magna, como ocorre com o Tribunal do Júri, regra de competência expressa em relação ao juízo cabível para apreciar casos de crimes falimentares. Por isso, a lei estadual paulista continua a prevalecer sobre o disposto no art. 183 da Lei 11.101/2005 – embora não devesse, como já explicitamos anteriormente.

> **Art. 184.** Os crimes previstos nesta Lei são de ação penal pública incondicionada.[114]
>
> **Parágrafo único.** Decorrido o prazo a que se refere o art. 187, § 1.º, sem que o representante do Ministério Público ofereça denúncia, qualquer credor habilitado ou o administrador judicial poderá oferecer ação penal privada subsidiária da pública, observado o prazo decadencial de 6 (seis) meses.[115]

114. Ação pública incondicionada: significa, portanto, que o Ministério Público é o titular da ação penal, no tocante à ocorrência de qualquer das figuras típicas dos arts. 168 a 178 desta Lei. Não haveria nem mesmo necessidade de constar essa norma, pois em todos os casos, inclusive quanto aos delitos previstos no Código Penal, quando nada se excepciona, a ação é pública incondicionada. Porém, se o legislador quiser transformá-la em pública condicionada, insere no tipo ou em norma específica que somente se procede mediante representação. Se a ação for privada, insere-se que somente se procede mediante queixa. Por isso, o art. 184, *caput*, desta Lei é desnecessário.

115. Ação penal privada subsidiária da pública: aplica-se o disposto no art. 29 do Código de Processo Penal, com a diferença de que não se trata de ação proposta, necessariamente, pela vítima do crime cometido, uma vez que a legitimação, no caso da Lei 11.101/2005, recai sobre o administrador judicial e em relação a qualquer credor habilitado. Logo, não pode ser qualquer pessoa que se *julgue* credora do falido ou devedor, mas as que forem reconhecidas pelo administrador judicial como tal (art. 7.º, § 2.º, desta Lei) ou, posteriormente, reconhecidas pelo juiz (art. 10 desta Lei). O prazo decadencial para ajuizamento da ação penal privada subsidiária da pública é de seis meses, contados da data em que finda o prazo do Ministério

Art. 185

Público para o oferecimento de denúncia (5 dias para réu preso e 15 dias, para solto, conforme art. 46, *caput*, do Código de Processo Penal). Ver a ressalva feita no art. 187, § 1.º, desta Lei, pois o prazo para oferecimento da denúncia pode aumentar, caso haja opção por aguardar o relato do administrador judicial.

> **Art. 185.** Recebida a denúncia ou a queixa,[116] observar-se-á o rito previsto nos arts. 531 a 540 do Decreto-lei 3.689, de 3 de outubro de 1941 – Código de Processo Penal.[117-118]

116. Recebimento sem motivação: na lei anterior (art. 109, § 2.º, Dec.-lei 7.661/45), mencionava-se o recebimento da denúncia ou queixa em "despacho fundamentado". Surgiu, então, a Súmula 564 do STF ("A ausência de fundamentação do despacho de recebimento de denúncia por crime falimentar enseja nulidade processual, salvo se já houver sentença condenatória"). Embora não se tratasse de "despacho", mas de autêntica decisão interlocutória simples, o recebimento, em suma, devia ser motivado. Não mais se prevê tal situação, caindo, pois, o cenário dos delitos falimentares na *vala comum*. Muito embora a Constituição Federal determine que todas as decisões do Judiciário sejam fundamentadas (art. 93, IX), sabe-se não haver essa previsão no CPP. Por isso, na prática, para não se anular todos os processos em trâmite e já findos, quando da promulgação da CF de 1988, entenderam os tribunais que o recebimento da denúncia se dava por "fundamentação tácita", já que a peça acusatória vem sempre acompanhada de provas pré-constituídas, normalmente o inquérito policial. Certamente, foi um paliativo para evitar o *caos jurídico*. Aguardava-se, pois, a mudança do Código de Processo Penal para que *todos* os recebimentos de denúncias ou queixas fossem, obrigatoriamente, fundamentados. A reforma trazida pela Lei 11.719/2008 não solucionou esse ponto, uma vez que o art. 396, *caput*, continua a prever o recebimento da denúncia ou queixa sem qualquer motivação. Por enquanto, somente nos casos em que se exige defesa preliminar, vale dizer, apresentação de defesa do denunciado *antes* do recebimento, deve o magistrado apresentar motivação, caso entenda por bem acolher a peça da acusação. Em contrário, entendendo vigente a Súmula 564 do STF: "Embora a nova lei de falências não tenha admitido expressamente a necessidade de motivação do despacho que recebe a peça acusatória, plenamente em vigor a Súmula 564 do STF que determina a nulidade do feito ante a ausência de fundamentação do aludido recebimento. No caso dos autos, o magistrado apenas limitou-se a recebê-la porque 'presentes os pressupostos legais necessários'. Configurada a ausência de motivação" (TJRS, HC 70014875900, 7.ª Câmara, rel. Nereu José Giacomolli, j. 18.05.2006, v.u.). Com a devida vênia, se a nova lei não exige expressamente a fundamentação, não pode estar em vigor a Súmula 564 do STF, que dizia respeito à antiga legislação falimentar. Por outro lado, se *todos* os recebimentos de denúncia ou queixa devem ser fundamentados, nos moldes da Constituição Federal, espera-se que a referida Câmara anule, sem exceção, todos os processos criminais do Estado do Rio Grande do Sul, que lhe caiam em mãos, cuja peça acusatória foi aceita pelo magistrado sem motivação, como, em verdade, sempre se fez.

117. Procedimento: seguia-se o rito previsto para os crimes apenados com detenção, o que se afigurava incompreensível, pois os delitos descritos na Lei 11.101/2005 são quase todos (exceto o crime do art. 178) apenados com reclusão. A alteração implementada pela Lei 11.719/2008 prevê o procedimento comum, pelo rito ordinário, para os delitos cuja sanção máxima cominada seja igual ou superior a quatro anos de pena privativa de liberdade (art. 394, § 1.º, I, CPP). É o caso da maioria dos crimes falimentares. Por outro lado, prevê-se, ainda, o procedimento comum, pelo rito sumário, aos delitos cuja sanção máxima cominada seja inferior a quatro anos de pena privativa de liberdade (art. 394, § 1.º, II, CPP). É o caso do crime previsto no art. 178. O procedimento comum está previsto no art. 396 e seguintes do Código de Processo Penal.

118. Rito: recebida a denúncia ou queixa, o juiz determina a citação do acusado para responder aos termos da acusação, por escrito, no prazo de dez dias (art. 396, *caput*, CPP). Após o oferecimento da defesa prévia, conforme o caso, pode ocorrer a absolvição sumária, se preenchida qualquer das hipóteses previstas no art. 397 do CPP. Não sendo viável, o magistrado designa audiência de instrução e julgamento (art. 399, *caput*, CPP). Toda a prova oral será colhida nesse ato, interrogando-se o réu ao final e passando-se aos debates e julgamento (arts. 400 a 403, CPP).

> **Art. 186.** No relatório previsto na alínea *e* do inciso III do *caput* do art. 22 desta Lei,[119] o administrador judicial apresentará ao juiz da falência exposição circunstanciada,[120] considerando as causas da falência, o procedimento do devedor, antes e depois da sentença, e outras informações detalhadas a respeito da conduta do devedor e de outros responsáveis, se houver, por atos que possam constituir crime relacionado com a recuperação judicial ou com a falência, ou outro delito conexo a estes.
>
> **Parágrafo único.** A exposição circunstanciada será instruída com laudo do contador[121] encarregado do exame da escrituração do devedor.

119. Remissão aos deveres do administrador judicial: dispõe o art. 22 da Lei 11.101/2005: "Ao administrador judicial compete, sob a fiscalização do juiz e do Comitê, além de outros deveres que esta Lei lhe impõe: (...) III – na falência: (...) *e*) apresentar, no prazo de 40 (quarenta) dias, contado da assinatura do termo de compromisso, prorrogável por igual período, relatório sobre as causas e circunstâncias que conduziram à situação de falência, no qual apontará a responsabilidade civil e penal dos envolvidos, observado o disposto no art. 186 desta Lei".

120. Exposição circunstanciada: sem dúvida, a atuação do administrador judicial, verificando todas as causas que possam ter levado à falência, bem como aqueles que, potencialmente, cometeram delitos descritos na Lei 11.101/2005, muito contribuirá para a formação do convencimento do órgão acusatório, nos termos do disposto no art. 187 da mesma Lei. O Ministério Público, conforme o relato feito e os documentos apresentados pelo administrador judicial pode nem mesmo necessitar de inquérito policial para ofertar denúncia contra o falido e outras pessoas. Por isso, no art. 187, *caput*, consta a expressão "promoverá imediatamente a competente ação penal".

121. Laudo do contador: é uma das peças necessárias à exposição do administrador judicial, porém outros documentos podem ser colhidos e apresentados. Acrescente-se, ainda, a possibilidade da realização de qualquer outra perícia para a formação da materialidade do crime falimentar. Se o administrador judicial assim não agir, cabe ao Ministério Público requisitar a instauração de inquérito policial, quando, então, suprir-se-á a carência do exame de corpo de delito.

> **Art. 187.** Intimado da sentença que decreta a falência ou concede a recuperação judicial, o Ministério Público, verificando a ocorrência de qualquer crime previsto nesta Lei, promoverá imediatamente a competente ação penal ou, se entender necessário, requisitará a abertura de inquérito policial.[122]

> § 1.º O prazo para oferecimento da denúncia regula-se pelo art. 46 do Decreto-lei 3.689, de 3 de outubro de 1941 – Código de Processo Penal,[123] salvo se o Ministério Público, estando o réu solto ou afiançado, decidir aguardar a apresentação da exposição circunstanciada de que trata o art. 186 desta Lei, devendo, em seguida, oferecer a denúncia em 15 (quinze) dias.
>
> § 2.º Em qualquer fase processual, surgindo indícios da prática dos crimes previstos nesta Lei, o juiz da falência ou da recuperação judicial ou da recuperação extrajudicial cientificará o Ministério Público.[124]

122. Atuação do Ministério Público: qualquer denúncia deve ser instruída com provas pré-constituídas, legalmente colhidas. Portanto, na ausência de inquérito policial, o órgão acusatório pode valer-se de provas documentais e outros elementos. Pensamos, no entanto, que, no caso presente, cientificado da falência ou da recuperação judicial, o membro do Ministério Público deve sempre aguardar o relatório do administrador judicial, pois dificilmente terá, em outra fonte, elementos para a propositura *imediata* de ação penal. Por outro lado, como o referido relatório tem um prazo de 40 dias para ser apresentado, pode o órgão acusatório, desde logo, requisitar a abertura de inquérito policial. Entretanto, insistimos, soa-nos cautelosa a espera pela exposição circunstanciada, em caso de falência, do administrador judicial (art. 186 desta Lei). Aliás, faculdade prevista no § 1.º deste art. 187.

123. Prazo para o oferecimento de denúncia: como já mencionamos em nota anterior é de 5 dias para réu preso e de 15 dias para acusado solto. Cuidando-se de pessoa em liberdade (a norma foi tautológica ao dizer "solto ou afiançado", pois o afiançado está solto), pode o Ministério Público – em nosso entendimento, por cautela, deve fazê-lo – aguardar a apresentação da exposição circunstanciada do administrador judicial. Se assim fizer, seu prazo de 15 dias passa a ser computado a partir dos 40 dias que o administrador tem para oferecer seu relato. E somente ao final desses 55 dias, passaria a contar o prazo para o oferecimento de queixa (art. 184, parágrafo único, desta Lei).

124. Dever de atuação do magistrado: nenhuma novidade trouxe este parágrafo, que se limitou a repetir o disposto no art. 40 do Código de Processo Penal. Há, inclusive, figura típica de contravenção penal para quem não o fizer (art. 66, I, Dec.-lei 3.688/41), embora não houvesse necessidade. Bastaria configurar infração funcional.

> **Art. 188.** Aplicam-se subsidiariamente as disposições do Código de Processo Penal, no que não forem incompatíveis com esta Lei.[125]

125. Aplicação subsidiária do CPP: outra norma desnecessária, pois é regra geral, em todos os procedimentos previstos em leis especiais que assim seja.

Capítulo VIII
DISPOSIÇÕES FINAIS E TRANSITÓRIAS

> (...)
>
> **Art. 192.** Esta Lei não se aplica aos processos de falência ou de concordata ajuizados anteriormente ao início de sua vigência, que serão concluídos nos termos do Decreto-lei 7.661, de 21 de junho de 1945.[126]
>
> (...)

126. Aplicabilidade da nova Lei: após a aprovação da Lei 11.101/2005, estão revogados os arts. 503 a 512 do Código de Processo Penal. Passam os crimes falimentares a ser regulados pelo procedimento específico da referida Lei 11.101/2005, portanto, transferem-se para o contexto da legislação especial, nos moldes da Lei de Imprensa, Lei de Drogas, Lei de Abuso de Autoridade, dentre outras. A Lei 11.101/2005, na verdade, não estabelece nenhum procedimento muito diverso do Código de Processo Penal. Logo, os crimes falimentares passam a ser investigados pela polícia, se necessário, com o inquérito para colher provas, contando, após, com o recebimento da denúncia, sem necessidade de fundamentação, seguindo-se o procedimento sumário (cf. art. 185, Lei 11.101/2005). Entretanto, em face do disposto no art. 192, *caput*, continua valendo o procedimento do Código de Processo Penal aos delitos falimentares ocorridos, igualmente, antes da vigência da nova legislação, até pelo fato de ser esta mais rigorosa, razão pela qual não pode prejudicar o réu (leis penais somente retroagem para beneficiar o acusado, conforme prevê o art. 5.º, XL, CF). Para os delitos disciplinados nos arts. 186 a 190 do Dec.-lei 7.661/45 (anterior Lei de Falências), nos casos previstos no mencionado art. 192, *caput*, continua aplicável o procedimento previsto nos arts. 503 a 512 do CPP. Quando as infrações penais falimentares disserem respeito exclusivamente às falências posteriores a 9 de junho de 2005 (início da vigência da Lei 11.101/2005), não será mais aplicado o disposto nos arts. 503 a 512 do CPP.

> **Art. 200.** Ressalvado o disposto no art. 192 desta Lei, ficam revogados o Decreto-lei 7.661, de 21 de junho de 1945, e os arts. 503 a 512 do Decreto-lei 3.689, de 3 de outubro de 1941 – Código de Processo Penal.
>
> **Art. 201.** Esta Lei entra em vigor 120 (cento e vinte) dias após sua publicação.
>
> Brasília, 9 de fevereiro de 2005; 184.º da Independência e 117.º da República.
>
> Luiz Inácio Lula da Silva
>
> (*DOU* 09.02.2005, Edição Extra)

Genocídio

Lei 2.889, de 1.º de outubro de 1956

Define e pune o crime de genocídio.[1-5]

O Presidente da República:

Faço saber que o Congresso Nacional decreta e eu sanciono a seguinte Lei:

> **Art. 1.º** Quem, com a intenção[6] de destruir, no todo ou em parte, grupo nacional, étnico, racial ou religioso, como tal:
>
> *a)* matar[7-9] membros do grupo;[10-12]
>
> *b)* causar[13-15] lesão grave à integridade física ou mental de membros do grupo;[16-18]
>
> *c)* submeter[19-21] intencionalmente[22] o grupo a condições de existência capazes de ocasionar-lhe a destruição física total ou parcial;[23-25]
>
> *d)* adotar[26-28] medidas destinadas a impedir os nascimentos no seio do grupo;[29-31]
>
> *e)* efetuar[32-34] a transferência forçada de crianças do grupo para outro grupo.[35-37]
>
> Será punido:
>
> com as penas do art. 121, § 2.º, do Código Penal, no caso da letra *a*;
>
> com as penas do art. 129, § 2.º, no caso da letra *b*;
>
> com as penas do art. 270, no caso da letra *c*;
>
> com as penas do art. 125, no caso da letra *d*;
>
> com as penas do art. 148, no caso da letra *e*.

1. Conceito de genocídio: trata-se de crime contra a humanidade e, igualmente, hediondo (art. 1.º, parágrafo único, Lei 8.072/90, nas formas consumada e tentada). O delito é descrito no art. 1.º da Lei 2.889/56, demonstrando haver várias condutas possíveis (desde matar pessoas até buscar impedir o nascimento de alguém), porém o maior fundamento da infração penal concentra-se na intenção do agente, que é eliminar, ainda que parcialmente, um grupo nacional, étnico, racial ou religioso. Na verdade, outros agrupamentos, nos tempos atuais, precisariam contar com idêntica punição, como os relativos à orientação sexual ou à posição filosófica. Seguindo o princípio da justiça universal ou da universalidade, o Brasil tem interesse punitivo em relação a genocídio que tenha sido praticado no exterior, de modo incondicionado, quando o agente for brasileiro ou domiciliado no país (art. 7.º, I, *d*, CP). Observe-se que, no Estatuto de Roma, aprovado pelo Decreto 4.388/2002, a definição é a mesma da nossa lei: "Artigo 6.º Crime de Genocídio: 'Para os efeitos do presente Estatuto, entende-se por "genocídio", qualquer um dos atos que a seguir se enumeram, praticado com intenção de destruir, no todo ou em parte, um grupo nacional, étnico, racial ou religioso, enquanto tal: a) Homicídio de membros do grupo; b) Ofensas graves à integridade física ou mental de membros do grupo; c) Sujeição intencional do grupo a condições de vida com vista a provocar a sua destruição física, total ou parcial; d) Imposição de medidas destinadas a impedir nascimentos no seio do grupo; e) Transferência, à força, de crianças do grupo para outro grupo.'"

2. Competência para o julgamento: a eleição do foro competente para o julgamento do genocídio deve dar-se conforme a figura típica e, consequentemente, de acordo com o bem jurídico diretamente afetado pelo agente. Afinal, embora crime contra a humanidade, há figuras típicas que variam entre homicídio, lesão corporal grave, maus-tratos, esterilização forçada, aborto e sequestro ou cárcere privado. Portanto, vislumbramos as seguintes hipóteses: a) quando se tratar de crime doloso contra a vida (alíneas *a* e *d* – no caso de aborto – do art. 1.º desta Lei), o juízo constitucionalmente competente é o Tribunal do Júri, nos termos do art. 5.º, XXXVIII, *d*, da Constituição Federal. O bem jurídico afetado diretamente é a vida humana, lastreado na intenção específica de destruição de um grupo. No caso, com uma vítima ou várias, é competente a Justiça Estadual. Quanto à Justiça Federal e posição adotada pelo STF, vide nota abaixo; b) nas situações de lesão corporal grave (alínea *b*), submissão a maus-tratos (alínea *c*), esterilização ilegal (alínea *d*) e transferência forçada para outro grupo (alínea *e*), cuida-se do juízo singular estadual. O bem jurídico diretamente lesado é a integridade física ou a liberdade de ir e vir. Não se pode vislumbrar o Tribunal do Júri como o único competente para todas as hipóteses de genocídio somente baseado na específica intenção de *destruição, total ou parcial, de grupo nacional, étnico, racial ou religioso*, sugerindo que todas as formas são *crimes dolosos contra a vida*, pois, se assim fosse, o latrocínio (roubo seguido de morte), previsto no art. 157, § 3.º, do Código Penal, especialmente quando cometido com dolo na conduta antecedente (roubo) e dolo na conduta consequente (morte), deveria, igualmente, ser julgado pelo Júri, o que não acontece. Tecnicamente, o latrocínio é um delito contra a propriedade, do qual emerge, por desvios ocorridos durante a execução, a morte da vítima ou de outra pessoa. Por isso, o genocídio, constituindo figura mista, tanto que as penas são cominadas por referências aos tipos do Código Penal, conforme o bem jurídico exposto, segue o mesmo rumo.

3. Competência da Justiça Federal ou Estadual, conforme o caso: o crime de genocídio é um delito contra a humanidade, que afeta, sem dúvida e com grande relevo, os direitos humanos fundamentais, até pelo fato de envolver a proteção ao bem jurídico maior, que é a vida humana, juntamente com outros valores essenciais, como liberdade de culto e crença, liberdade de expressão, igualdade e, como não poderia deixar de ser, a dignidade da pessoa humana. Entretanto, o deslocamento da competência da Justiça Estadual para a Federal somente pode ocorrer nos termos previstos no art. 109, V-A, conjugado com o § 5.º do mesmo artigo, da Constituição Federal. Assim, cuidando-se do delito previsto na Lei em comento, havendo um massacre baseado em intuito genocida, conforme o caso e a peculiar situação do Estado-membro, onde o delito ocorreu, pode autorizar o Procurador-Geral da República, por intermédio do incidente de deslocamento de competência (art. 109, § 5.º, CF), a representar junto ao Superior Tribunal de Justiça pela remessa do feito à Justiça Federal. E, cuidando-se de homicídio ou aborto, o julgamento deveria caber, sempre, em nosso entendimento, a um Tribunal do Júri Federal. Muito embora o *bem jurídico tutelado* seja de natureza complexa (pode envolver a proteção da vida humana, a liberdade individual, a integridade física, dentre outros), não existe um único bem protegido. Note-se que aquele que "matar membros do grupo", com a intenção de "destruir, no todo ou em parte" um agrupamento "racial", está, em verdade, atentando contra a vida humana, porém, com finalidade específica. Parece-nos inviável sustentar que, nessa hipótese, surge um bem *acima* da vida humana, somente porque a motivação é especial. Por tal razão, voltando-se o agente contra a vida de membros de um grupo, com as finalidades previstas no art. 1.º, *caput*, desta Lei, pensamos seja competência do Tribunal do Júri. Por outro lado, havendo a morte, por exemplo, de apenas duas pessoas, com a intenção de destruição de um grupo étnico qualquer, embora possa constituir genocídio, sem haver situação peculiar, deve ser crime a ser julgado pela Justiça Estadual. No caso, por ser delito doloso contra a vida, o Tribunal do Júri Estadual. Outro ponto que ficará a cargo da Justiça Federal será a prática de genocídio contra comunidade indígena, buscando-se seguir o disposto no art. 109, XI, da Constituição Federal. Logicamente, não se trata de lesão a um único índio, mas a vários deles, com a intenção de eliminar uma tribo. Não sendo caso de homicídio ou aborto, o juiz singular federal é competente para apreciar o caso (ex.: lesão corporal grave cometida contra inúmeros índios). O Supremo Tribunal Federal, entretanto, reconheceu que o crime de genocídio é da competência da Justiça Federal (juiz singular), mormente por envolver uma comunidade indígena, e somente se deslocaria o caso ao Tribunal do Júri se houvesse conexão com delitos dolosos contra a vida, separadamente cometidos, com o que não concordamos. Conferir: "O Tribunal negou provimento a recurso extraordinário, remetido pela 1.ª Turma ao Plenário, em que se discutia a competência para processar e julgar os crimes cometidos por garimpeiros contra índios ianomâmis, no chamado massacre de Haximu – v. *Informativo* 402. Pretendia-se, na espécie, sob alegação de ofensa ao disposto no art. 5.º, XXXVIII, *d*, da CF ("*é reconhecida a instituição do júri, com a organização que lhe der a lei, assegurados: (...) d) a competência para o julgamento dos crimes dolosos contra a vida.*"), a reforma de acórdão do STJ que, dando provimento a recurso especial do Ministério Público Federal, entendera ser o juízo singular competente para processar e julgar os recorrentes, condenados pela prática do crime de genocídio (Lei 2.889/56, art. 1.º, *a*, *b* e *c*) em concurso material com os crimes de lavra garimpeira, dano qualificado, ocultação de cadáver, contrabando e associação criminosa. No caso, o processo tramitara perante juízo monocrático federal e resultara em decreto condenatório, contra o qual fora interposto, exclusivamente pela defesa, recurso de apelação, provido para anular a sentença e determinar a adoção do procedimento do Tribunal do Júri, ao fundamento de que o genocídio praticado contra índio, com conexão com outros delitos, seria crime doloso contra a vida. Inicialmente, asseverou-se que o objeto jurídico tutelado imediatamente pelos crimes dolosos contra a vida difere-se do bem protegido pelo crime de genocídio, o qual consiste na existência de um grupo nacional, étnico, racial ou religioso. Assim, não obstante a lesão à vida, à integridade física, à liberdade de locomoção etc. serem meios de ataque a esse objeto jurídico, o direito positivo pátrio protege, de modo direto, bem jurídico supranacional ou coletivo. Logo, no genocídio, não se está diante de crime contra a vida e, por conseguinte, não é o Tribunal do Júri o órgão competente para o seu julgamento, mas sim o juízo singular. Desse modo, não se negou, no caso, ser a Justiça Federal competente para a causa. Ademais, considerou-se incensurável o entendimento conferido pelas instâncias inferiores quanto ao fato de os diversos homicídios praticados pelos recorrentes reputarem-se uma unidade delitiva, com a consequente condenação por um só crime de genocídio. Esclareceu-se, no ponto, que para a legislação pátria, a pena será única para quem pratica as diversas modalidades de execução do crime de genocídio, mediante repetições homogêneas ou não, haja vista serem consideradas como um só ataque ao bem jurídico coletivo. Ressaltou-se, ainda, que apesar da cominação diferenciada de penas (Lei 2.889/56, art. 1.º), a hipótese é de tipo misto alternativo, no qual, cada uma das modalidades, incluídos seus resultados materiais, só significa distinto grau de desvalor da ação criminosa. Em seguida, entendeu-se que a questão recursal não se esgotaria no reconhecimento da prática do genocídio, devendo ser analisada a relação entre este e cada um dos 12 homicídios praticados. Nesse sentido, salientou-se que o genocídio corporifica crime autônomo contra bem jurídico coletivo, diverso dos ataques individuais que compõem as modalidades de sua execução. Caso contrário, ao crime mais grave, aplicar-se-ia pena mais branda, como ocorrera no caso. No ponto, afastou-se a possibilidade de aparente conflito de normas. Considerou-se que os critérios da especialidade (o tipo penal do genocídio não corresponderia à soma de um crime de homicídio acrescido de um elemento especial); da subsidiariedade (não haveria identidade de bem jurídico entre os crimes de genocídio e de homicídio) e da consunção (o desvalor do homicídio não estaria absorvido pelo desvalor da conduta do crime de genocídio) não solucionariam a questão, existindo, pois, entre os diversos crimes de homicídio continuidade delitiva, já que presentes os requisitos da identidade de crimes, bem como de condições de tempo, lugar e maneira de execução, cuja pena deve atender ao disposto no art. 71, parágrafo único, do CP. Ademais, asseverou-se que entre este crime continuado e o de genocídio há concurso formal (CP, art. 70, parágrafo único), uma vez que no contexto dessa relação, cada homicídio e o genocídio resultam de desígnios autônomos. Por conseguinte, ocorrendo concurso entre os crimes dolosos contra a vida (homicídios) e o crime de genocídio, a competência para julgá-los todos será, por conexão, do Tribunal do Júri (CF, art. 5.º, XXXVIII e CP, art. 78, I). Entretanto, tendo em conta que, na espécie, os recorrentes não foram condenados pelos delitos de homicídio, mas apenas pelo genocídio, e que o recurso é exclusivo da defesa, reconheceu-se incidente o princípio que veda a *reformatio in pejus*. Os Ministros Carlos Britto, Marco Aurélio e Sepúlveda Pertence ressalvaram seu entendimento no tocante à adoção da tese de autonomia entre os crimes genocídio e homicídio quando este for meio de execução daquele" (RE 351.487 – RR, Pleno, rel. Cezar Peluso, j. 03.08.2006, m.v., *Informativo* 434, embora antigo, cuida-se de julgado raro).

4. **Quantidade de vítimas:** conforme exposto na nota 7 à alínea *a* do art. 1.º, utilizando o exemplo do homicídio, tanto faz voltar-se o agente contra uma só pessoa quanto com relação a dezenas de integrantes do grupo, desde que a sua intenção seja a eliminação do conjunto de indivíduos de mesma nacionalidade, etnia, raça ou religião. O cerne do crime de genocídio, em suma, é a junção da agressão ao bem jurídico *vida*, *integridade*, ou *liberdade* do ser humano *associado* à vontade de extermínio de um grupo.

5. **Aplicação das penalidades:** o sentido do crime de genocídio é punir o agente desejoso de eliminação de pessoas porque elas pertencem a certa nacionalidade, etnia, raça ou religião, dando nítida mostra de discriminação. Por outro lado, é natural supor que, ilustrando com o homicídio, a morte de uma pessoa, com a finalidade especial supracitada, é suficiente para a aplicação da pena de *um* genocídio, fundada no homicídio qualificado (reclusão, de 12 a 30 anos). Entretanto, caso este venha a matar cinquenta pessoas, com o mesmo intuito, não deve receber a mesma pena (reclusão, de 12 a 30 anos), como se tivesse cometido um único genocídio, mas, ao contrário, torna-se indispensável a aplicação do concurso de crimes (material, formal ou continuado, conforme o caso).

6. **Finalidade específica do agente:** o foco principal do tipo penal é a intenção do autor, que é *destruir* (aniquilar, fazer desaparecer, eliminar), total ou parcialmente, grupo (associação de determinadas pessoas) nacional (pertencente a uma nação ou pátria), étnico

(agregado à mesma língua, história, origem e cultura), racial (relativo a caracteres corporais, tais como a cor da pele, tipo de cabelo, configuração do rosto, entre outros fatores, muitos dos quais advém da hereditariedade) ou religioso (manifestação de uma crença, fundada em doutrina e ritual próprios).

7. Análise do núcleo do tipo: *matar* (eliminar a vida) membros do grupo (pessoas humanas pertencentes à mesma nacionalidade, etnia, raça ou religião). A redação do tipo penal dá a impressão de somente se configurar o crime de genocídio se houver a morte de membros do grupo (mais de um) – e não somente de um integrante do agrupamento nacional, étnico, racial ou religioso. Não nos parece a melhor interpretação. Constitui genocídio matar *uma pessoa* com intenção de destruir um grupo qualquer ou matar *cem pessoas* do mesmo grupo. Por vezes, por uma questão estratégica, pode o agente (ou os agentes) entender conveniente matar um por um dos componentes do agrupamento escolhido ou todos ao mesmo tempo. Assim sendo, o fato de haver uma morte por vez pode dar a entender tratar-se de um crime comum (homicídio), quando, na verdade, cuida-se de autêntico delito especial (genocídio), pois a meta é o extermínio de um agrupamento. Logo, o tipo penal não pode abranger apenas a morte de várias pessoas. Ao mencionar as formas *membros* (alíneas *a* e *b*), *grupo* (alínea *c*), *nascimentos no seio do grupo* (alínea *d*) e *crianças do grupo* (alínea *e*) do art. 1.º prevê-se a possibilidade de agredir um ou mais integrantes de determinada nacionalidade, etnia, raça ou religião.

8. Sujeitos ativo e passivo: o sujeito ativo é qualquer pessoa. O sujeito passivo é pessoa vinculada a determinado grupo nacional, étnico, racial ou religioso. Secundariamente, é a humanidade.

9. Elemento subjetivo: é o dolo. Há elemento subjetivo específico do tipo, consistente em destruir, total ou parcialmente, grupo nacional, étnico, racial ou religioso. Não se pune a forma culposa.

10. Objetos material e jurídico: o objeto material é a pessoa humana. O objeto jurídico é a vida.

11. Classificação: comum (pode ser cometido por qualquer pessoa); material (exige resultado naturalístico para a consumação, consistente na morte de alguém); de forma livre (pode ser cometido por qualquer meio eleito pelo agente); comissivo (o verbo indica ação); instantâneo (a consumação se dá em momento determinado); de dano (depende de efetiva lesão ao bem jurídico tutelado); unissubjetivo (pode ser cometido por um só agente); plurissubsistente (cometido por intermédio de vários atos); admite tentativa.

12. Pena: reclusão, de 12 a 30 anos.

13. Análise do núcleo do tipo: *causar* (provocar, gerar) lesão grave (são as lesões descritas no art. 129, §§ 1.º e 2.º, do Código Penal: ofender a integridade corporal ou a saúde de outrem, resultando: a) incapacidade para os ocupações habituais, por mais de 30 dias; b) perigo de vida; c) debilidade permanente de membro, sentido ou função; d) aceleração de parto; e) incapacidade permanente para o trabalho; f) enfermidade incurável; g) perda ou inutilização de membro, sentido ou função; h) deformidade permanente; i) aborto. Na realidade, considera-se *genocídio*, em nítida interpretação extensiva (falar em genocídio, em sentido estrito, seria apenas exterminar pessoas pertencentes a determinado grupo), feita pelo próprio legislador, respeitado, pois, o princípio da legalidade, a lesão corporal grave, cuja possibilidade de provocar ofensa fatal a alguém é elevada. Por outro lado, há uma falha legislativa, consistente em não incluir a *lesão corporal seguida de morte*. Não se pode incluir a figura típica do art. 129, § 3.º, do Código Penal, pois seria ofensa ao princípio da legalidade (não há crime sem prévia definição legal).

14. Sujeitos ativo e passivo: o sujeito ativo pode ser qualquer pessoa. O sujeito passivo é pessoa vinculada a determinado grupo nacional, étnico, racial ou religioso. Secundariamente, é a humanidade.

15. Elemento subjetivo: é o dolo. Há elemento subjetivo específico do tipo, consistente em destruir, total ou parcialmente, grupo nacional, étnico, racial ou religioso. Não se pune a forma culposa.

16. Objetos material e jurídico: o objeto material é a pessoa humana. O objeto jurídico é a integridade física.

17. Classificação: comum (pode ser cometido por qualquer pessoa); material (exige resultado naturalístico para a consumação, consistente na lesão corporal de alguém); de forma livre (pode ser cometido por qualquer meio eleito pelo agente); comissivo (o verbo indica ação); instantâneo (a consumação se dá em momento determinado); de dano (depende de efetiva lesão ao bem jurídico tutelado); unissubjetivo (pode ser cometido por um só agente); plurissubsistente (cometido por intermédio de vários atos); admite tentativa.

18. Pena: reclusão, de 2 a 8 anos. Na realidade, o tipo penal prevê o cometimento de lesão *grave* à integridade física ou mental de pessoas. Esse tipo de lesão, no Código Penal, abrange tanto as condutas previstas no § 1.º quanto no § 2.º do art. 129. Poder-se-ia argumentar que o tipo previsto no art. 1.º, letra *b*, desta Lei faria referência somente às lesões gravíssimas (art. 129, § 2.º, CP), em virtude da pena escolhida no próprio art. 1.º Entretanto, tendo em vista que a Lei do Genocídio, em nosso entendimento, foi mal redigida, terminou por inserir como crime de genocídio o cometimento de lesão grave a membros de determinado grupo, abrangendo tanto as lesões do § 1.º quanto do § 2.º, embora tenha escolhido as penas previstas no art. 129, § 2.º, do Código Penal. Cremos que não há contradição insuperável. Qualquer lesão grave cometida contra pessoa humana (art. 129, §§ 1.º e 2.º, CP) justifica a punição por genocídio, com as penas do art. 129, § 2.º, do Código Penal, tendo em consideração o desiderato do agente, que é particularmente grave, consistente no extermínio de qualquer grupo nacional, étnico, racial ou religioso.

19. Análise do núcleo do tipo: *submeter* (sujeitar, subjugar) o grupo de pessoas, conforme descrição feita no *caput*, a condições de existência (modos de viver) capazes (aptas) de ocasionar-lhe (provocar, gerar) a destruição (eliminação) física (corporal) total ou parcial. Neste caso, prevê-se, na essência, um crime de perigo concreto, idôneo a gerar o dano, que é a destruição dos integrantes do grupo em virtude de nacionalidade, etnia, raça ou religião. É razoável considerar atitude genocida a inserção de pessoas em condições subumanas de subsistência, com o intuito de atingir, em breve tempo, o dano, isto é, a eliminação do grupo. Provando-se a probabilidade de lesão efetiva (perigo concreto), concretiza-se a conduta genocida. Ex.: a colocação de agrupamentos humanos em campos de concentração, ainda que não se proceda à sua eliminação direta, por qualquer meio, pode levar ao extermínio pela falência da saúde de cada um.

20. Sujeitos ativo e passivo: o sujeito ativo pode ser qualquer pessoa. O sujeito passivo é pessoa vinculada a determinado grupo nacional, étnico, racial ou religioso. Secundariamente, é a humanidade.

21. Elemento subjetivo: é o dolo. Há elemento subjetivo específico do tipo, consistente em destruir, total ou parcialmente, grupo nacional, étnico, racial ou religioso. Não se pune a forma culposa.

22. Ratificação do dolo: o termo *intencionalmente* é desnecessário, afinal, submeter o grupo a determinadas condições de vida aptas a causar-lhe a destruição, total ou parcial já configura nítido dolo – e, mais, associado a elemento específico. Entretanto, a função do elemento normativo do tipo *intencionalmente* (deliberadamente) é, apenas, ratificar a exigência do dolo.

23. Objetos material e jurídico: o objeto material é a pessoa humana. O objeto jurídico é a vida.

24. Classificação: comum (pode ser cometido por qualquer pessoa); formal (não exige resultado naturalístico para a consumação, consistente na efetiva lesão corporal ou morte de alguém); de forma livre (pode ser cometido por qualquer meio eleito pelo agente); comissivo (o verbo indica ação); instantâneo (a consumação se dá em momento determinado) ou permanente (a consumação se arrasta no tempo), conforme o meio eleito pelo agente; de perigo concreto (não depende de efetiva lesão ao bem jurídico tutelado, mas é preciso a prova da probabilidade de dano); unissubjetivo (pode ser cometido por um só agente); plurissubsistente (cometido por intermédio de vários atos); admite tentativa.

25. Pena: reclusão, de 10 a 15 anos. A pena utilizada é a mesma do envenenamento de água potável ou substância alimentícia ou medicinal. Nota-se ser excessiva, uma vez que *matar* pessoas provoca a pena mínima de 12 anos, logo, submeter um grupo a perigo de destruição física não poderia ter pena mínima praticamente idêntica, ou seja, 10 anos. Fere-se, com isso, o princípio penal da proporcionalidade.

26. Análise do núcleo do tipo: *adotar* (pôr em prática, aplicar) medidas (providências) voltadas a impedir (obstar) os nascimentos no seio do grupo. Este tipo penal busca métodos capazes de evitar o nascimento de pessoas ligadas a determinada nacionalidade, etnia, raça ou religião, agindo *antes* da concepção, por meio de mecanismos de esterilização, ou *durante* a gravidez, por intermédio de abortos provocados. Cuidando-se de esterilização, embora exista uma figura típica própria (art. 17, Lei 9.263/96), com referência ao induzimento ou instigação, se a conduta do agente se voltar a uma coletividade, deve ser aplicado o disposto na alínea *d* do art. 1.º desta Lei, conforme dispõe o art. 17, parágrafo único, da Lei 9.263/96. Nos casos de aborto, no entanto, inexiste dúvida, aplicando-se a Lei do Genocídio.

27. Sujeitos ativo e passivo: o sujeito ativo pode ser qualquer pessoa. O sujeito passivo é pessoa vinculada a determinado grupo nacional, étnico, racial ou religioso, tratando-se de esterilização. Pode ser tanto a pessoa vinculada a determinado grupo, conforme já exposto, quanto o embrião ou feto, em caso de aborto. Secundariamente, é a humanidade.

28. Elemento subjetivo: é o dolo. Há elemento subjetivo específico do tipo, consistente em destruir, total ou parcialmente, grupo nacional, étnico, racial ou religioso. Não se pune a forma culposa.

29. Objetos material e jurídico: o objeto material é a pessoa humana (incluindo-se o embrião ou feto, em caso de aborto, a partir do momento denominado *nidação*). O objeto jurídico é a vida.

30. Classificação: comum (pode ser cometido por qualquer pessoa); formal (não exige resultado naturalístico para a consumação, consistente no efetivo impedimento do nascimento); de forma livre (pode ser cometido por qualquer meio eleito pelo agente); comissivo (os verbos indicam ações); instantâneo (a consumação se dá em momento determinado); de perigo concreto (não depende de efetiva lesão ao bem jurídico tutelado, mas é preciso a prova da probabilidade de dano); unissubjetivo (pode ser cometido por um só agente); plurissubsistente (cometido por intermédio de vários atos); admite tentativa.

31. Pena: reclusão, de 3 a 10 anos.

32. Análise do núcleo do tipo: *efetuar* (realizar, executar) a transferência (deslocamento físico de um lugar a outro) forçada (obrigatória, compulsória) de crianças (pessoas menores de

12 anos) do grupo (relativo à intenção de destruição por nacionalidade, etnia, raça ou religião) para outro (qualquer agrupamento diverso do original). Ex.: transfere-se uma criança judia para viver dentre católicos.

33. Sujeitos ativo e passivo: o sujeito ativo pode ser qualquer pessoa. O sujeito passivo é pessoa menor de 12 anos vinculada a determinado grupo nacional, étnico, racial ou religioso. Não se deve dar outra interpretação ao termo *criança*, guardando-se sintonia com o disposto no Estatuto da Criança e do Adolescente. Afinal, a partir dos 12 anos completos, cuida-se de adolescente (ver a nota 47 ao art. 61 do nosso *Código Penal comentado*). Secundariamente, é a humanidade.

34. Elemento subjetivo: é o dolo. Há elemento subjetivo específico do tipo, consistente em destruir, por desagregação, total ou parcialmente, grupo nacional, étnico, racial ou religioso. Não se pune a forma culposa.

35. Objetos material e jurídico: o objeto material é a pessoa humana, menor de 18 anos. O objeto jurídico é a liberdade de ir e vir.

36. Classificação: comum (pode ser cometido por qualquer pessoa); formal (não exige resultado naturalístico para a consumação, consistente na efetiva privação da liberdade ou da destruição do grupo); de forma livre (pode ser cometido por qualquer meio eleito pelo agente); comissivo (o verbo indica ação); instantâneo (a consumação se dá em momento determinado); de perigo concreto (não depende de efetiva lesão ao bem jurídico tutelado, mas é preciso a prova da probabilidade de dano); unissubjetivo (pode ser cometido por um só agente); plurissubsistente (cometido por intermédio de vários atos); admite tentativa.

37. Pena: reclusão, de 2 a 5 anos. Cuida-se de figura equivalente ao art. 148, § 1.º, IV, do Código Penal.

> **Art. 2.º** Associarem-se[38-40] mais de três pessoas para prática dos crimes mencionados no artigo anterior:[41-42]
> Pena – metade da cominada aos crimes ali previstos.[43]

38. Análise do núcleo do tipo: *associarem-se* (agregarem-se em sociedade) mais de três pessoas para praticar os delitos mencionados no art. 1.º desta Lei. É a figura especializada de *associação criminosa*. Quando se tratar de associação de, pelo menos, quatro pessoas para a prática de crimes em geral, aplica-se o art. 288 do Código Penal (pena: reclusão, de 1 a 3 anos). Porém, se a associação disser respeito à prática de genocídio, optou o legislador por criar um tipo específico.

39. Sujeitos ativo e passivo: o sujeito ativo pode ser qualquer pessoa. O sujeito passivo é a humanidade.

40. Elemento subjetivo: é o dolo. Há elemento subjetivo específico do tipo *duplo*, consistente em destruir, total ou parcialmente, grupo nacional, étnico, racial ou religioso, bem como em manter uma associação para o cometimento de crimes. Não se pune a forma culposa.

41. Objetos material e jurídico: o objeto material é a paz pública. O objeto jurídico é o mesmo.

42. Classificação: comum (pode ser cometido por qualquer pessoa); formal (não exige resultado naturalístico para a consumação, consistente no efetivo cometimento de genocídio); de forma livre (pode ser cometido por qualquer meio eleito pelo agente); comissivo (o verbo indica ação); permanente (a consumação se arrasta no tempo); de perigo abstrato (não depende de efetiva lesão ao bem jurídico tutelado e o perigo é presumido pela prática da conduta típica);

plurissubjetivo (só pode ser cometido por mais de três agentes); plurissubsistente (cometido por intermédio de vários atos); não admite tentativa, em razão de se exigir a durabilidade e permanência da associação para a consumação do delito.

43. Disparidade das penas: não tem sentido prever-se, como pena, para a associação criminosa, formada para a prática de delito de genocídio, uma referência aos crimes de dano na forma consumada. Se alguém se associa para matar alguém, a pena é de reclusão, de 6 a 15 anos. Porém, se a associação criminosa se volta à prática de aborto, a pena é de reclusão, de 1 ano e 6 meses a 5 anos. O ideal seria a previsão de uma pena específica para este tipo de delito, como foi feito em relação ao art. 288 do Código Penal.

> **Art. 3.º** Incitar,[44-46] direta e publicamente, alguém a cometer qualquer dos crimes de que trata o art. 1.º:[47-48]
>
> Pena – metade das penas ali cominadas.[49]
>
> § 1.º A pena pelo crime de incitação será a mesma de crime incitado, se este se consumar.[50]
>
> § 2.º A pena será aumentada de 1/3 (um terço), quando a incitação for cometida pela imprensa.[51]

44. Análise do núcleo do tipo: *incitar* (instigar, estimular), direta (sem intermediário) e publicamente (à vista do público em geral), uma pessoa a cometer (praticar, executar) qualquer dos crimes previstos no art. 1.º. Este artigo guarda sintonia com a *incitação ao crime*, do art. 286 do Código Penal. A única diferença é que a incitação, neste caso, é para a prática do delito de genocídio. Naquele (art. 286), para o cometimento de qualquer delito.

45. Sujeitos ativo e passivo: o sujeito ativo pode ser qualquer pessoa. O sujeito passivo é a humanidade. Secundariamente, a pessoa ofendida pela prática do crime.

46. Elemento subjetivo: é o dolo. Há elemento subjetivo específico consistente na vontade de destruir, total ou parcialmente, grupo nacional, étnico, racial ou religioso. Não se pune a forma culposa.

47. Objetos material e jurídico: o objeto material é a paz pública. O objeto jurídico é o mesmo.

48. Classificação: comum (pode ser cometido por qualquer pessoa); formal (não exige resultado naturalístico para a consumação, consistente no efetivo cometimento de genocídio); de forma livre (pode ser cometido por qualquer meio eleito pelo agente); comissivo (o verbo indica ação); instantâneo (a consumação se dá em momento determinado no tempo); de perigo abstrato (não depende de efetiva lesão ao bem jurídico tutelado e o perigo é presumido pela prática da conduta típica); unissubjetivo (pode ser cometido por um só agente); unissubsistente (praticado em um único ato) ou plurissubsistente (cometido por intermédio de vários atos), conforme o meio eleito pelo agente; admite tentativa, na forma plurissubsistente.

49. Disparidade das penas: não tem sentido prever-se, como pena, para a incitação ao crime de genocídio, uma referência aos crimes de dano na forma consumada. Se alguém incitar outrem a matar uma pessoa a pena é de reclusão, de 6 a 15 anos. Porém, se a incitação se voltar à prática de aborto, a pena é de reclusão, de 1 ano e 6 meses a 5 anos. O ideal seria a previsão de uma pena específica para este tipo de delito, como foi feito em relação ao art. 286 do Código Penal.

50. Participação com previsão especial: quem instiga alguém a cometer um delito, segundo a regra geral (art. 29, CP), responde pelas penas ao crime cominadas. Entretanto, quando ocorre uma incitação genérica, sem que ocorra o genocídio, o agente responde pelo delito do art. 3.º, *caput*, desta Lei. Mas, se houver a incitação e o delito de genocídio se consumar, a pena deve ser a mesma deste último. Cuida-se de previsão correta, pois o instigador é um autêntico partícipe, aplicando-se, como já explicitado, o art. 29 do Código Penal.

51. Incitação pela imprensa: a instigação à prática de crime, quando feita pela imprensa, atinge muita gente, de modo que deve ser mais severamente apenada.

> **Art. 4.º** A pena será agravada de 1/3 (um terço), no caso dos arts. 1.º, 2.º e 3.º, quando cometido o crime por governante ou funcionário público.[52-53]

52. Causa de aumento pela qualidade do agente: se o agente for *governante* (chefe do Poder Executivo, em qualquer nível) ou funcionário público, aplica-se elevação da pena em face da particular gravidade da conduta do autor do crime, que, em lugar de prevenir essa forma de discriminação, termina por incentivá-la.

53. Causa de aumento especial: se a vítima for índio, cabe a aplicação do art. 59 da Lei 6.001/73: "No caso de crime contra a pessoa, o patrimônio ou os costumes, em que o ofendido seja índio não integrado ou comunidade indígena, a pena será agravada de um terço".

> **Art. 5.º** Será punida com 2/3 (dois terços) das respectivas penas a tentativa dos crimes definidos nesta Lei.[54]

54. Tentativa diferenciada: o crime tentado, no Código Penal (art. 14, parágrafo único), prevê a redução da pena de um a dois terços. Há uma faixa para o julgador escolher. Deve ele levar em conta o percurso no *iter criminis*, ou seja, quanto mais próximo à consumação, menor diminuição; quanto mais distante, maior a diminuição. No caso presente, em face da gravidade do delito, qualquer modalidade de tentativa, terá a redução de apenas um terço da pena do delito consumado.

> **Art. 6.º** Os crimes de que trata esta Lei não serão considerados crimes políticos para efeitos de extradição.[55]
>
> **Art. 7.º** Revogam-se as disposições em contrário.

55. Crimes políticos: não comportam extradição, nos termos do art. 5.º, LII, da Constituição. Entretanto, esta Lei estipula que o genocídio não pode ser considerado como delito político. Portanto, se for o caso, pode ser extraditado o autor do crime, sem que possa alegar, em seu benefício, o cometimento de crime político. A previsão do art. 6.º é correta, pois genocídio não tem qualquer relação com infração penal política.

> Rio de Janeiro, em 1.º de outubro de 1956; 135.º da Independência e 68.º da República.
>
> Juscelino Kubitschek
>
> (*DOU* 02.10.1956)

Hediondos

Lei 8.072, de 25 de julho de 1990[1]

Dispõe sobre os crimes hediondos, nos termos do art. 5.º, XLIII, da Constituição Federal, e determina outras providências.

O Presidente da República:

Faço saber que o Congresso Nacional decreta e eu sanciono a seguinte Lei:

> **Art. 1.º** São considerados hediondos[2] os seguintes crimes, todos tipificados no Dec.-lei 2.848, de 7 de dezembro de 1940 – Código Penal, consumados ou tentados:
>
> I – homicídio (art. 121), quando praticado em atividade típica de grupo de extermínio[3], ainda que cometido por 1 (um) só agente, e homicídio qualificado (art. 121, § 2.º, incisos I, II, III, IV, V, VII, VIII e IX);[4-5]
>
> I-A – lesão corporal dolosa de natureza gravíssima (art. 129, § 2º) e lesão corporal seguida de morte (art. 129, § 3º), quando praticadas contra:
>
> *a)* autoridade ou agente descrito nos arts. 142 e 144 da Constituição Federal, integrantes do sistema prisional e da Força Nacional de Segurança Pública, no exercício da função ou em decorrência dela, ou contra seu cônjuge, companheiro ou parente consanguíneo até o terceiro grau, em razão dessa condição;[5-A]
>
> *b)* membro do Poder Judiciário, do Ministério Público, da Defensoria Pública ou da Advocacia Pública, de que tratam os arts. 131 e 132 da Constituição Federal, ou oficial de justiça, no exercício da função ou em decorrência dela, ou contra seu cônjuge, companheiro ou parente, inclusive por afinidade, até o terceiro grau, em razão dessa condição;[5-B]
>
> I-B – feminicídio (art. 121-A);[5-C]
>
> II – roubo:[6]
>
> *a)* circunstanciado pela restrição de liberdade da vítima (art. 157, § 2.º, inciso V);
>
> *b)* circunstanciado pelo emprego de arma de fogo (art. 157, § 2.º-A, inciso I) ou pelo emprego de arma de fogo de uso proibido ou restrito (art. 157, § 2.º-B);

c) qualificado pelo resultado lesão corporal grave ou morte (art. 157, § 3.º);[7]

III – extorsão qualificada pela restrição da liberdade da vítima, ocorrência de lesão corporal ou morte (art. 158, § 3.º);[8-8-A]

IV – extorsão mediante sequestro e na forma qualificada (art. 159, *caput* e §§ 1.º, 2.º e 3.º);[9-10]

V – estupro (art. 213, *caput* e §§ 1.º e 2.º);[11-14]

VI – estupro de vulnerável (art. 217-A, *caput* e §§ 1.º, 2.º, 3.º e 4.º);[15]

VII – epidemia com resultado morte (art. 267, § 1.º);[16-17]

VII-A – *(Vetado)*;

VII-B – falsificação, corrupção, adulteração ou alteração de produto destinado a fins terapêuticos ou medicinais (art. 273, *caput* e § 1.º, § 1.º-A e § 1.º-B, com a redação dada pela Lei 9.677, de 2 de julho de 1998);[18-19]

VIII – favorecimento da prostituição ou de outra forma de exploração sexual de criança ou adolescente ou de vulnerável (art. 218-B, *caput*, e §§ 1.º e 2.º);[19-A]

IX – furto qualificado pelo emprego de explosivo ou de artefato análogo que cause perigo comum (art. 155, § 4.º-A);[19-B]

X – induzimento, instigação ou auxílio a suicídio ou a automutilação realizados por meio da rede de computadores, de rede social ou transmitidos em tempo real (art. 122, *caput* e § 4.º);[19-C]

XI – sequestro e cárcere privado cometido contra menor de 18 (dezoito) anos (art. 148, § 1.º, inciso IV);[19-D]

XII – tráfico de pessoas cometido contra criança ou adolescente (art. 149-A, *caput*, incisos I a V, e § 1.º, inciso II).[19-E]

Parágrafo único. Consideram-se também hediondos, tentados ou consumados:

I – o crime de genocídio, previsto nos arts. 1.º, 2.º e 3.º da Lei 2.889, de 1.º de outubro de 1956;[20-21]

II – o crime de posse ou porte ilegal de arma de fogo de uso proibido, previsto no art. 16 da Lei 10.826, de 22 de dezembro de 2003;[21-A]

III – o crime de comércio ilegal de armas de fogo, previsto no art. 17 da Lei 10.826, de 22 de dezembro de 2003;[21-B]

IV – o crime de tráfico internacional de arma de fogo, acessório ou munição, previsto no art. 18 da Lei 10.826, de 22 de dezembro de 2003;[21-C]

V – o crime de organização criminosa, quando direcionado à prática de crime hediondo ou equiparado;[21-D]

VI – os crimes previstos no Decreto-Lei 1.001, de 21 de outubro de 1969 (Código Penal Militar), que apresentem identidade com os crimes previstos no art. 1.º desta Lei;[21-E]

VII – os crimes previstos no § 1.º do art. 240 e no art. 241-B da Lei 8.069, de 13 de julho de 1990 (Estatuto da Criança e do Adolescente).[21-F]

1. Fundamento constitucional: o art. 5.º, XLIII, da Constituição Federal dispõe que "a lei considerará crimes inafiançáveis e insuscetíveis de graça ou anistia a prática da tortura, o tráfico ilícito de entorpecentes e drogas afins, o terrorismo e os definidos como crimes hediondos, por eles respondendo os mandantes, os executores e os que, podendo evitá-los, se omitirem". Esse dispositivo constitucional pode ser avaliado sob dois prismas: extensivo e restritivo. Na ótica extensiva, vislumbra-se que o constituinte, ao inserir no título dos direitos e garantias fundamentais, uma expressa recomendação para que a lei considere determinados tipos de delitos mais graves, tratando-os com maior rigor, teve a preocupação de salvaguardar com evidente zelo certos bens jurídicos, como a vida, a saúde pública, a dignidade humana e sexual, entre outros. Assim raciocinando, deve-se buscar dar às vedações estipuladas acerca de "inafiançabilidade" e de "insuscetibilidade de perdão do Estado", uma interpretação extensiva, chegando à conclusão de que o acusado por crime hediondo não deve permanecer, como regra, em liberdade, nem pode ter sua pena perdoada ou comutada de qualquer modo. A partir desse entendimento, é natural supor que as leis, cuidando da tortura, do terrorismo, do tráfico ilícito de entorpecentes e dos delitos hediondos devem ser rígidas, podendo trazer outras vedações compatíveis com o espírito constitucional nessa visão apresentada. Logo, a Lei 8.072/90 teria nascido com o objetivo de elevar penas, impedir benefícios e impor maior aspereza no trato com essa espécie de delinquência. Entretanto, se utilizarmos uma ótica restritiva, veremos a completa inutilidade do dispositivo constitucional. Vale dizer, se a interpretação dada for literal, sem captar a intenção legislativa de aumentar o rigorismo no contexto desses delitos, não haveria necessidade de fazer constar, no texto da Constituição, que é vedada a concessão de fiança. Ora, sabemos todos que a fiança é instituto praticamente morto no Brasil há décadas. A maioria dos julgados contempla os presos em flagrante com a liberdade provisória, *sem fiança*, até pelo fato de se prever a impossibilidade de concessão da fiança aos delitos cuja pena mínima ultrapasse dois anos. Porém, sendo possível conceder a um homicídio simples (com pena mínima de seis anos de reclusão) liberdade provisória sem fiança, qual seria a razão de se estabelecer a obrigatoriedade do pagamento da fiança para soltar uma pessoa presa por furto simples (pena mínima de um ano de reclusão)? Pois bem. Além disso, proibir constitucionalmente a graça e a anistia, mas autorizar o indulto seria "chover no molhado". Comparemos. Quantos pedidos de graça são atendidos por ano e quantos presos são beneficiados por indulto? A desproporção é gigantesca em favor do indulto. Quantas leis concederam anistia para delitos graves e comuns (não políticos)? Nos últimos anos, nenhuma. A última parte do dispositivo, afirmando que são penalmente responsáveis os mandantes, os executores e os que, podendo evitá-los, se omitirem é mera e inútil repetição das normas existentes no Código Penal. Em suma, parece-nos que o constituinte tinha, por certo, uma preocupação particular com os delitos de tortura, tráfico ilícito de entorpecentes, terrorismo e outros a serem definidos como hediondos (repugnantes), exigindo maior severidade do legislador ordinário, ao elaborar lei especial para tanto. Com isso, quer-nos parecer que autores dessas espécies de crimes merecem atenção especial do Judiciário. Se não podem sair do cárcere pagando fiança, seria natural supor que outro tipo de liberdade provisória também é inadequado, embora, com a edição da Lei 11.464/2007, não mais haja empecilho à liberdade provisória, sem fiança. Se o perdão estatal está vedado (graça e anistia), também o indulto, que nada mais é do que uma graça coletiva (ou, se preferirmos, a graça seria o indulto individual) também é proibido. Vemos no art. 5.º, XLIII, da CF, uma recomendação de maior severidade ao legislador na elaboração de leis que cuidem dessas infrações penais. Logo, a Lei 8.072/90 tem seus pontos positivos. Porém, as leis não são criadas, como regra, no Brasil, com amplo estudo prévio e discussão em sociedade e nos meios acadêmicos, resultando, pois, em textos sem lógica e assistemáticos. Muito rigorosos, por vezes. Frágeis e liberais em excesso, por outro. Não pretendemos debater, ideologicamente, o conteúdo da Lei dos Crimes Hediondos, mas apenas interpretar seus dispositivos à luz do art. 5.º, XLIII, na ótica extensiva e não restritiva, visto que esta transformaria a norma constitucional em comando supérfluo e sem valor. Pretendemos apontar, igualmente, os erros e os pontos negativos da Lei 8.072/90. Queremos crer que ela necessita de uma reforma, mas não merece ser simplesmente revogada e esquecida.

2. Critérios para a classificação como crime hediondo: em princípio, poderíamos cuidar dos seguintes: a) enumerativo; b) judicial subjetivo; c) legislativo definidor. O primeiro critério, usado pela Lei 8.072/90, simplesmente enumera os delitos que o legislador considerou hediondos – mais graves que outros, portanto – sem explicar ou fundamentar as razões que o levaram a tomar tal medida. O ponto positivo desse modelo é a segurança na aplicação da lei, isto é, somente são hediondos os delitos ali constantes. Outros, por pior que pareçam, estão excluídos. O ponto negativo consiste na nebulosa avaliação legislativa, sem que haja parâmetros para descobrir o que teria levado o Parlamento a considerar, por exemplo, como hediondo o *envenenamento de água potável* (art. 270, CP), na primeira edição da lei em 1990, deixando de fora desse quadro o homicídio qualificado (art. 121, § 2.º, CP). O aspecto negativo, em nosso entendimento, prevalece, pois o Parlamento pode agir (como já o fez) ao sabor das notícias e da mídia, elevando à categoria de crime hediondo um tipo penal qualquer, somente porque contou com um caso rumoroso, captador da atenção nacional (ex.: falsificação de remédios, art. 273, CP, hoje constante do rol dos delitos hediondos, após escândalos amplamente divulgados nesse sentido em determinada época). O segundo critério consiste em atribuir-se ao magistrado a possibilidade de emoldurar um crime como hediondo, levando em consideração o caso concreto. Assim ocorrendo, poderia o juiz tachar de hediondo um roubo, no qual a violência exercida contra a vítima foi exagerada, demonstrativa da perversidade do autor e da crueldade do ato. Por outro lado, deixaria de considerar hediondo o homicídio qualificado pelo recurso que dificultou a defesa da vítima, por entender que o autor é primário, sem antecedentes, além de ter mantido com o ofendido longo período anterior de divergências. Enfim, o caso concreto ditaria o rumo a ser tomado pelo julgador. Essa sistemática tem o ponto positivo de não engessar a avaliação do caso concreto, permitindo maior flexibilidade na classificação de cada crime como hediondo. O ponto negativo consiste na insegurança dos critérios subjetivos de cada magistrado para considerar um crime como hediondo, invadindo a seara dos seus valores pessoais, muitas vezes repletos de preconceitos, desvios e falta de bom senso. Cremos que o ponto negativo prevalece sobre o positivo. A terceira forma seria contar com a definição do legislador do que vem a ser crime hediondo. A partir daí, os operadores do direito buscariam enquadrar os tipos penais e os casos concretos nesse conceito previamente elaborado. O ponto positivo é evitar a singela enumeração de crimes, sem qualquer fundamento. O ponto negativo consiste, ainda, na insegurança, pois sabemos todos que definições são, também, fontes inesgotáveis de dúvidas e acabaríamos relegando à jurisprudência a interpretação do que é e do que não é hediondo. Pensamos que a união dos critérios poderia ser viável. O legislador deve enumerar vários delitos (especialmente os que implicam violência ou grave ameaça contra a pessoa), fornecer um conceito de hediondez e permitir que o juiz, no caso concreto, no tocante a esses delitos constantes em lei, possa promover a justa adequação, tachando-os de hediondos ou não. Teríamos uma parte de responsabilidade do legislador, fornecendo uma lista de crimes sujeitos à qualificação de hediondo – mas não necessariamente. Receberíamos um conceito do que seria *hediondez*, mas para aplicação limitada àqueles tipos penais constantes do rol dos crimes possivelmente hediondos, bem como permitiríamos ao Judiciário maior flexibilidade na classificação dos delitos para que recebam tratamento mais severo. Exemplo da nossa sugestão: o homicídio, por estar na lista, conforme a definição de hediondez, igualmente constante em lei, *poderia* ser considerado, pelo juiz, hediondo, caso as circunstâncias concretas assim recomendassem, atendendo-se não somente aos aspectos pessoais do agente, mas também à forma de cometimento do delito e as consequências produzidas. Na jurisprudência: STJ: "6. A Lei n. 8.072/90 adotou o chamado sistema legal ou enumerativo, segundo o qual o próprio texto normativo, de forma exaustiva (*numerus clausus*), define quais são os crimes considerados hediondos. 7. Em razão do critério adotado pela lei, não compete ao magistrado, ao apreciar o caso concreto, afastar a rotulagem atribuída a um delito incluído no rol do art. 1.º da Lei n.

8.072/90, nem categorizar como hediondo uma infração que não conste naquela lista. Admitir que o magistrado exerça juízo acerca da hediondez do crime significa autorizar a usurpação de funções que são próprias do legislador ordinário, quebrando a unidade lógica do sistema jurídico" (HC 389.105 – DF, 5.ª T., rel. Reynaldo Soares da Fonseca, 13.08.2019, v.u.).

3. Homicídio simples: em nosso entendimento, exposto há muito tempo, desde a publicação do nosso *Roteiro prático do júri*, reiterado em nossos *Código Penal comentado* e *Manual de direito penal*, não pode ser considerado hediondo. A imprecisão legislativa na redação deste inciso, classificando o homicídio simples como hediondo, desde que "praticado em atividade típica de grupo de extermínio" demonstra completa falta de lógica e de desconhecimento dos casos concretos que ilustram essa situação. Não cremos que a expressão "atividade típica de grupo de extermínio" seja complexa e impossível de ser corretamente decifrada. Ao contrário, basta consultar a jurisprudência pátria, muito antes dessa citação ter sido feita em lei, para obter farto material. Pretende-se que seja considerado hediondo o crime praticado por "justiceiro" ou "vigilante", isto é, o sujeito (ou o bando) que resolve "fazer justiça pelas próprias mãos" e mata pessoas, consideradas, aos olhos do agente, criminosas. Por outro lado, também atua como "justiceiro" o mercenário, que mata por dinheiro, exterminando pessoas, a pedido de outras. Não se trata de genocídio, pois não há um fim de eliminar todo um grupo social ou religioso, mas apenas determinada(s) pessoa(s). Esse tipo de homicídio sempre foi considerado qualificado pela torpeza (inciso I do § 2.º do art. 121). Logo, é inútil pretender inserir uma atividade torpe na figura simples do homicídio, pois cuida-se de contradição evidente. Seria o mesmo que dizer ser um homicídio ao mesmo tempo *simples*, mas cometido por *meio cruel*. Ora, se este foi o meio, logo, é qualificado (inciso III do § 2.º, do art. 121). Em suma, se o matador agiu como "exterminador", porque recebeu pagamento ou promessa de pagamento ou porque pretendia "limpar" um bairro ou uma área da cidade de "marginais", estamos diante de homicídio qualificado pela torpeza. Porém, se buscou eliminar uma associação criminosa que vendia drogas e viciava vários alunos de um determinado colégio, embora possa até figurar sua atitude como típica de *extermínio*, o fim buscado é diverso, podendo consistir em motivo de relevante valor social ou moral. E, se assim for considerado, é homicídio privilegiado, portanto, não será hediondo. Inexiste, pois, homicídio simples em atividade típica de grupo de extermínio para efeito de aplicação desta Lei. Manifestando idêntica surpresa, confira-se a lição de Antonio Lopes Monteiro: "É por isso que não entendemos a finalidade desta inclusão. Delegados, Promotores e Juízes vão sempre, em circunstâncias como estas, indiciar, denunciar e pronunciar por homicídio qualificado, evitando questões preliminares de inconstitucionalidade do dispositivo" (*Crimes hediondos*, p. 24).

4. Homicídio qualificado: configura-se a forma qualificada do homicídio se alguma das hipóteses previstas nos incisos I a IX do § 2.º do art. 121 estiver presente (ou mais de uma). Entretanto, não nos parece correta a qualificação de hediondez feita automaticamente, vale dizer, a todos os casos que preencherem as hipóteses do mencionado § 2.º. Há imensa diferença entre o homicídio cometido por meio cruel, com requinte de perversidade, contra vítima indefesa, hediondo por certo, e outro, praticado por um sujeito embriagado, num botequim, após discussão banal com outro indivíduo igualmente alcoolizado, ainda que se possa sustentar ter ocorrido por motivo fútil. No primeiro caso, o tratamento mais rigoroso da lei parece-nos justificável; no segundo, não. Por isso, conforme já expusemos o ideal seria a conjugação da indicação legislativa com a avaliação judicial para deduzir a hediondez de um delito. Na prática, entretanto, prevalece a literalidade da lei.

5. Homicídio privilegiado-qualificado: temos sustentado (ver a nota 20-A ao art. 121 do nosso *Código Penal comentado*) ser inviável a classificação de hediondez envolver um homicídio privilegiado, ainda que também possua circunstância qualificadora. Há dois motivos fundamentais para afastar essa possibilidade. O primeiro diz respeito à tipicidade. O § 1.º do art. 121 (circunstâncias de diminuição de pena) não foi mencionado no art. 1.º, I, desta Lei. Fala-se somente de homicídio simples, "quando praticado em atividade típica de grupo de extermínio" (o que já sustentamos ser impossível em nota *supra*), bem como nas hipóteses de homicídio qualificado (§ 2.º, I a IX). O segundo refere-se à natureza das circunstâncias previstas no § 1.º, que são todas pertinentes à motivação do agente (motivo de relevante valor social ou moral e sob domínio de violenta emoção logo após injusta provocação da vítima). Por isso, quando se configura o homicídio privilegiado-qualificado, exige-se que a qualificadora, a harmonizar-se com uma dessas três motivações do § 1.º, tenha caráter objetivo – jamais subjetivo. Não há homicídio cometido por motivo de relevante valor moral e, ao mesmo tempo, por motivo fútil. Essa hipótese é ilógica. Mas pode existir o motivo de relevante valor moral com recurso que dificultou a defesa da vítima (esta qualificadora é objetiva, pois se refere ao método de execução). Assim sendo, parece-nos indiscutível que há um predomínio do motivo sobre o método. Não seria crível que o relevante valor moral, móvel para o cometimento do delito, fosse caracterizado como hediondo, leia-se, repugnante. Ou é de relevante valor ou é repugnante. Nesse sentido, está também a lição de Alberto Silva Franco (*Crimes hediondos*, p. 376). Na jurisprudência: TJES: "2. A Lei n.º 13.964/19 modificou os incisos previstos no rol do artigo 1.º da Lei de Crimes Hediondos, mas não incluiu qualquer hipótese de crime de homicídio privilegiado, nem mesmo como ressalva à sua coexistência com qualificadora, o que reforça o entendimento de que a figura do privilégio retira a natureza hedionda do delito de homicídio, seja ele simples ou qualificado. 3. Por incompatibilidade axiológica e por falta de previsão legal, o homicídio qualificado-privilegiado não integra o rol dos denominados crimes hediondos. 4. A tese esposada pela d. defesa encontra respaldo na jurisprudência dos Tribunais Superiores e dos tribunais pátrios, que têm reiterado seu entendimento no sentido de não considerar hediondo o homicídio privilegiado-qualificado. Precedentes STJ, TJSP, TJRS. 5. Recurso provido" (EP 00038197520218080012, 2.ª Câmara Criminal, rel. Sérgio Bizzotto Pessoa de Mendonça, 18.08.2021, v.u.).

5-A. Lesão contra autoridade ou agente estatal: o homicídio contra esses servidores já se encontra previsto no inciso anterior, visto que inserido no art. 121, § 2º, VII, *a*, do Código Penal; restava a lesão corporal, que ingressa por meio da introdução do inciso I-A. Porém, transformam-se em delitos hediondos somente as modalidades de lesão gravíssima e de lesão seguida de morte. As vítimas em potencial estão destacadas: a) art. 142, CF: são os integrantes das Forças Armadas ("As Forças Armadas, constituídas pela Marinha, pelo Exército e pela Aeronáutica, são instituições nacionais permanentes e regulares, organizadas com base na hierarquia e na disciplina, sob a autoridade suprema do Presidente da República, e destinam-se à defesa da Pátria, à garantia dos poderes constitucionais e, por iniciativa de qualquer destes, da lei e da ordem"). Em tese, não haveria necessidade dessa previsão, pois Exército, Marinha e Aeronáutica só são acionados em casos excepcionais, especialmente de guerra externa, ingressando-se, então, no contexto do Código Penal Militar, que nada tem a ver com a Lei dos Crimes Hediondos. No entanto, sabe-se que, no Brasil, integrantes das Forças Armadas são eventualmente convocados à atividade de segurança pública, como já ocorreu no Rio de Janeiro. Assim sendo, podem seus soldados ser vítimas de marginais, que, ferindo-os, cometem delito hediondo; b) art. 144, CF: são os integrantes das polícias ("A segurança pública, dever do Estado, direito e responsabilidade de todos, é exercida para a preservação da ordem pública e da incolumidade das pessoas e do patrimônio, através dos seguintes órgãos: I – polícia federal; II – polícia rodoviária federal; III – polícia ferroviária federal; IV – polícias civis; V – polícias militares e corpos de bombeiros militares; VI – polícias penais federal, estaduais e distrital"). Nesta hipótese, há muito o Estado ensaiava considerar mais graves os crimes cometidos contra agentes estatais, em particular, os que lidam com a segurança pública. Embora não tenha sido a previsão ideal, pois a Lei dos Crimes Hediondos conta, atualmente, com poucos institutos mais rígidos que o delito comum, foi a solução encontrada – mais simples – para o momento; c) integrantes do sistema prisional (carcereiros, agentes de segurança etc.), componentes de uma categoria de servidores sempre exposta a agressões, pois lidam diretamente com os presos provisórios e condenados; d) integrantes da Força Nacional de Segurança Pública. Naturalmente, o crime há de estar ligado ao exercício da sua função ou por causa dela, pois não teria sentido conferir um conteúdo mais grave à infração penal cometida em situações particulares, desprovidas de utilidade pública. Exemplo: se ocorrer um crime passional, cuja vítima é um delegado, não se aplica ao agente o previsto nesta Lei. Abrange-se, ainda, o cônjuge, companheiro ou parente do servidor, pois a criminalidade pode voltar-se contra os entes queridos ao funcionário ligados.

5-B. Lesão contra autoridades judiciárias e outros servidores públicos ligados à área de Justiça: o homicídio contra essas autoridades encontra-se previsto no inciso I, porque está incluído no art. 121, § 2º, VII, *b*, do Código Penal. Ingressam como delitos hediondos a lesão corporal gravíssima e a lesão seguida de morte voltadas a membros do Judiciário e do Ministério Público, além dos integrantes da advocacia pública da União e dos Estados. Estende-se a lesões praticadas contra cônjuge (companheiro) e parentes. A gravidade emerge da situação quando ligada ao exercício funcional ou em decorrência dessa atividade. Observe-se a concentração da maior tutela no tocante a crimes violentos contra a pessoa, justamente os idealizados pelo crime organizado contra autoridades que atuam para desmantelá-lo.

5-C. Feminicídio: a Lei 14.994/2024 retirou o feminicídio do rol das qualificadoras do homicídio, criando o tipo autônomo do art. 121-A, buscando elevar as penas abstratamente cominadas, que passaram a ser de reclusão, de 20 a 40 anos, bem como lhe dando destaque no rol dos delitos contra a vida. Portanto, continuou a ser crime hediondo.

6. Roubo: trata-se da figura típica retratada no art. 157 do Código Penal, consistente na subtração de coisa alheia móvel de terceiro, mediante o emprego de violência ou grave ameaça ou outra forma de diminuir a capacidade de resistência da vítima. Porém, não é o roubo simples considerado hediondo, mas o circunstanciado como causa de aumento (duas hipóteses) e qualificado pelo resultado (duas hipóteses). Em primeiro lugar, passa a ser considerado hediondo o roubo circunstanciado pela restrição de liberdade da vítima (art. 157, § 2.º, V, CP). Desde que essa figura surgiu em 1996, houve quatro interpretações: a) o agente segura a vítima por brevíssimo tempo, o suficiente para tomar-lhe o bem almejado (ex.: disposto a tomar o veículo da vítima, o agente ingressa no automóvel unicamente para, alguns quarteirões depois, colocá-la para fora). Trata-se de roubo, mas não se aplica a causa de aumento do § 2.º, V; *b)* o agente segura a vítima por tempo superior ao necessário ou valendo-se de forma anormal para garantir a subtração planejada (ex.: subjugando a vítima, o agente, pretendendo levar-lhe o veículo, manda que entre no porta-malas, rodando algum tempo pela cidade, até permitir que seja libertada ou o carro seja abandonado). É aplicável a causa de aumento do inciso V do § 2.º; *c)* o agente pretende segurar a vítima consigo para percorrer bancos 24 horas e fazer saques. Nesta hipótese, utiliza-se o tipo penal do art. 158, § 3.º (sequestro relâmpago); *d)* o agente, além de pretender subtrair o veículo, tem a nítida finalidade de privar a liberdade do ofendido, para sustentar qualquer outro objetivo, como passar em caixa eletrônico para fazer saque. Trata-se de concurso material entre roubo (veículo) e extorsão, conforme art. 158, § 3.º, CP (saques em caixas eletrônicos). Das quatro situações supramencionadas, são hediondas as previstas nas alíneas *b* a *d*. A segunda hipótese de roubo hediondo aponta para a prática da subtração, valendo-se o agente do emprego de arma de fogo de uso permitido, conforme o caso (art. 157, § 2.º-A, I, CP) ou pelo uso de arma de fogo de uso proibido ou restrito (art. 157, § 2.º-B). São duas hipóteses de causas de aumento. A terceira situação a gerar hediondez ao roubo é o conjunto dos resultados qualificadores: lesão corporal grave ou morte (art. 157,

§ 3.º, CP). Segundo entendemos, pelo número de roubos cometidos, de maneira cada vez mais arrojada, contra vítimas indefesas, muitas das quais saem feridas, já era preciso ter-se tornado hediondo há muito tempo. Não é um roubo simples que toma a capa de hediondez, mas os circunstanciados e qualificados. Justamente os que traumatizam a vítima e podem chegar a matá-la, porque há o emprego de arma de fogo. Muito mais adequado este delito do que epidemia com resultado morte, que nunca existiu no campo concreto. Ou a falsificação, corrupção, adulteração ou alteração de produto destinado a fins terapêuticos ou medicinais, que experimentou uma "bolha" nos anos 1990 e terminou.

7. Latrocínio: trata-se do roubo seguido de morte (art. 157, § 3.º, II). Cuida-se, em nosso entendimento, de roubo praticado com violência física (excluída a violência moral, que é a grave ameaça), resultando do emprego da violência a morte de pessoa presente ao evento (ver a nota 32 ao art. 157 do nosso *Código Penal comentado*). Pensamos – e já sustentamos tal postura (conforme nota 31 ao art. 157 do nosso *Código Penal comentado*) – ser a morte resultante tanto de dolo (direto ou eventual) quanto de culpa. O tipo penal do art. 157, § 3.º, constitui um crime qualificado pelo resultado, motivo pelo qual não afasta a possibilidade de o agente querer roubar e querer matar a vítima resistente; querer roubar e, usando de violência exagerada, assumir o risco de matá-la; querer roubar e, exagerando na violência por imprudência, matar o ofendido. Não se trata de delito preterdoloso, aquele que somente pode ser cometido com dolo na conduta antecedente (roubo, no caso) e culpa na consequente (morte). Quando o legislador deseja, constrói a figura preterdolosa de maneira clara, bastando checar o tipo do art. 129, § 3.º, cuja parte final exclui qualquer possibilidade de haver dolo, restando somente culpa. Ademais, o art. 19 do Código Penal, ao cuidar dos crimes agravados pelo resultado (como o latrocínio) estipula que o resultado deve ocorrer, ao menos, com culpa. Isso significa que também pode dar-se com dolo. Por isso, a única maneira de termos um homicídio qualificado acompanhado de furto seria o agente desejar a morte da vítima, em primeiro plano, aproveitando-se dela para, então, subtrair-lhe os bens. No latrocínio, a vontade primária é *roubar*. Advém o desejo de matar, o risco de fazê-lo ou a violência desatenta, durante a execução do tipo penal contra o patrimônio (art. 157). Lembremos que o roubo produzido com violência, acarretando lesão corporal grave a alguém, embora crime qualificado pelo resultado, não se classifica como hediondo. Tal situação, em nosso entendimento, é um erro, que mereceria ser reparado. O roubo com resultado qualificador *lesão corporal grave* merece ser considerado hediondo. A figura tentada também é considerada hedionda: STJ: "1. Nos termos do art. 1.º, inciso II, da Lei n.º 8.072/90, o crime de latrocínio, consumado ou tentado, é considerado hediondo. Precedentes. 2. Recurso desprovido" (RHC 35.003 – RJ, 5.ª T., rel. Laurita Vaz, j. 26.02.2013). TJRS: "E o crime de latrocínio, tanto na forma consumada como tentada, consoante normas contidas no *caput* e no inciso II do artigo 1.º da Lei n.º 8.072/1990, é considerado crime hediondo. Assim, não merece acolhida o pleito recursal de afastamento do caráter hediondo do crime pelo qual restou condenado nos autos do processo n.º 027/2.11.0018711-9, sob pena de violação da coisa julgada. Agravo improvido" (Ag 70068713486 – RS, 8.ª Câmara Criminal, rel. Dálvio Leite Dias Teixeira, j. 20.04.2016, v.u.).

8. Extorsão qualificada pela restrição da liberdade da vítima, ocorrência de lesão corporal ou morte (art. 158, § 3.º): o sequestro de pessoa, com a finalidade de obtenção de vantagem, como condição ou preço do resgate, em grande parte das vezes, é, de fato, repugnante, passível de ser classificado como hediondo, o que foi feito pelo advento da Lei 13.964/2019. O trauma gerado para a vítima da extorsão mediante sequestro, especialmente quando há emprego de violência, tortura, longa duração, entre outros fatores cruéis, é sólido e dificilmente superado com o passar do tempo. Para os familiares e amigos do sequestrado há igual tensão e restam consequências difíceis de superar. Em suma, não nos parece seja um delito cuja gravidade tenha sido criada pela mídia, como sustentam alguns, motivo pelo qual a exasperação abstrata das penas é, de certa forma, justificável. Há ainda desproporcionalidades contra as quais se deve buscar a reforma. Ilustrando, a pena da extorsão qualificada pela restrição da liberdade da vítima é de reclusão, de 6 a 12 anos, e multa, quase atingindo a pena do homicídio (reclusão, de 6 a 20 anos), o que nos parece indevido; porém, o ponto mais visível nesse caso é a pena desatualizada do homicídio, pois vários tipos penais incriminadores mais recentes já o superaram, tutelando bens jurídicos inferiores à vida humana. Por outro lado, a extorsão mediante sequestro com resultado morte aponta para a pena mínima de reclusão de 24 anos; o roubo seguido de morte indica a pena mínima de reclusão de 20 anos. Logo, como se mencionou a pena do homicídio merece revisão legislativa.

8-A. Extorsão com resultado lesão grave ou morte: as últimas alterações legislativas, particularmente a promovida pela Lei 13.964/2019, retirou da lista dos delitos hediondos a extorsão, prevista no *caput*, com resultado morte (§ 2.º do art. 158, CP). Em seu lugar, inseriu a extorsão qualificada pela restrição à liberdade da vítima e sua combinação com resultado lesão grave ou morte (§ 3.º do art. 158, CP). Basta uma simples leitura para se deduzir o equívoco legislativo: no inciso III do art. 1.º da Lei 8.072/90 *substituiu-se* o art. 158, § 2.º pelo art. 158, § 3.º. Não cabe promover qualquer espécie de interpretação para *corrigir* essa falha ilógica, pois o critério utilizado pela Lei dos Crimes Hediondos é enunciativo e taxativo: somente é hediondo o que consta expressamente da lista do art. 1.º e seu parágrafo único. Foi o que houve com a introdução da figura do *sequestro-relâmpago* (art. 158, § 3.º, CP) pela Lei 11.923/2009, que não a incluiu no rol do art. 1.º da Lei 8.072/90, embora devesse. Atualmente, vê-se, lamentavelmente, o caminho inverso. A Lei 13.964/2019, em lugar de *inserir*, em nosso entendimento, o art. 158, § 3.º, *mantendo* o art. 158, § 2.º, preferiu substituir este por aquele. Portanto, a extorsão qualificada pela morte (§ 2.º do art. 158 do Código Penal) deixou de ser delito hediondo. Cuidando-se de alteração penal benéfica, torna-se retroativa, envolvendo todos os fatos anteriormente considerados hediondos, mesmo os casos já julgados, aplicando-se o art. 2.º do Código Penal (e art. 5.º, XL, da Constituição Federal).

9. Extorsão mediante sequestro: privar a liberdade de uma pessoa, colocando-a em cativeiro, para exigir resgate da família é um dos piores e mais graves crimes previstos na legislação penal. Tem todos os elementos para ser considerado hediondo.

10. Falha legislativa: por ocasião da alteração das penas do crime de extorsão mediante sequestro, delito com finalidade eminentemente patrimonial, olvidou o legislador a multa, que, como regra, é estabelecida na forma cumulativa para todos os crimes contra o patrimônio.

11. Estupro: embora seja, evidentemente, delito grave, a cominação da pena para o mínimo de seis anos, equiparando-o à pena mínima do homicídio simples, em nosso entendimento, fere o princípio constitucional da proporcionalidade. Há de ser feita uma reforma para readequação das sanções penais: ou se reduz a pena mínima do estupro (algo pouco provável, pois a Lei 12.015/2009 não o fez), ou se eleva a do homicídio simples. Aliás, outras infrações penais também contam com penas desproporcionais à lesão ao bem jurídico tutelado, merecedoras de alteração (ver a nota 18 infra, ao inciso VII-B). Por outro lado, a Lei 14.069/2020 criou o Cadastro Nacional de Pessoas Condenadas por Estupro, dentro da ideia de que vários estupradores possuem transtornos parafílicos, levando-os a reincidir no cometimento desses crimes. Por isso, a relevância do cadastro para fiscalizar o condenado com maior rigor. *In verbis*: "Art. 1.º Fica criado, no âmbito da União, o Cadastro Nacional de Pessoas Condenadas por Crime de Estupro, o qual conterá, no mínimo, as seguintes informações sobre as pessoas condenadas por esse crime: I – características físicas e dados de identificação datiloscópica; II – identificação do perfil genético; III – fotos; IV – local de moradia e atividade laboral desenvolvida, nos últimos 3 (três) anos, em caso de concessão de livramento condicional. Art.

2.º Instrumento de cooperação celebrado entre a União e os entes federados definirá: I – o acesso às informações constantes da base de dados do Cadastro de que trata esta Lei; II – as responsabilidades pelo processo de atualização e de validação dos dados inseridos na base de dados do Cadastro de que trata esta Lei. Art. 2.º-A. É determinada a criação do Cadastro Nacional de Pedófilos e Predadores Sexuais, sistema desenvolvido a partir dos dados constantes do Cadastro Nacional de Pessoas Condenadas por Crime de Estupro, que permitirá a consulta pública do nome completo e do número de inscrição no Cadastro de Pessoas Físicas (CPF) das pessoas condenadas por esse crime".

12. Hediondez dos crimes de estupro e atentado violento ao pudor nas hipóteses do art. 224 do Código Penal, antes da modificação introduzida pela Lei 12.015/2009: o art. 224 do Código Penal estabelecia hipóteses de *violência presumida*, mencionando: "presume-se a violência, se a vítima: a) não é maior de 14 (catorze) anos; b) é alienada ou débil mental, e o agente conhecia esta circunstância; c) não pode, por qualquer outra causa, oferecer resistência". Portanto, cuidava-se de uma norma de suporte à tipificação de delitos sexuais considerados violentos. Em outras palavras, a lei inseriu no tipo penal do estupro (art. 213, CP) e do atentado violento ao pudor (art. 214, CP), ambos anteriormente vigentes, o constrangimento da vítima à prática do ato sexual mediante *violência* ou grave ameaça. Sabe-se, no entanto, que a violência constante do tipo penal incriminador diz respeito à real, isto é, coação física. Por outro lado, estabeleceu-se no art. 224, norma de apoio, uma extensão do conceito de *violência*, presumindo-se tenha havido coação da vítima nos casos em que esta não pode exercer, validamente, o seu consentimento para a prática do ato sexual. Assim, as pessoas imaturas, mentalmente débeis ou em condições precárias de resistência (ex.: alcoolizadas ou drogadas) estavam sujeitas à submissão ao ato sexual praticamente coagidas, pois sua concordância seria nulificada pelo estado em que se encontravam. Seriam o estupro e o atentado violento ao pudor crimes hediondos quando praticados com violência presumida? Parecia-nos que sim. O art. 1.º, V e VI, da Lei 8.072/90, os enumerava como hediondos e, para a tipificação, pouco importava que a violência tivesse sido real (valia-se apenas do art. 213 ou do art. 214) ou presumida (usava-se a combinação do art. 213 e 214 com o art. 224, todos do Código Penal). Por que os referidos incisos V e VI do art. 1.º não inseriram a combinação com o art. 224, mas somente a associação com o art. 223, *caput* e parágrafo único? Pelo fato de não ser o art. 224 norma autônoma, nem tampouco fixadora de qualquer qualificadora ou resultado qualificador; cuidava-se de dispositivo explicativo, demonstrando que há outras formas de violência, sujeitas à mesma consideração penal, além da real. Não era um tipo penal incriminador *novo*, trazendo resultado *diverso* do pretendido, nem impunha outra *quantidade* de pena. Apenas – e tão somente – esclarecia que a violência poderia ser presumida pelo estado precário de entendimento em que se encontrava a vítima. Que diferença poderia haver se o agente constrangesse uma mulher de 18 anos, mediante violência real, à conjunção carnal ou mantivesse, "consensualmente", com uma menina de cinco anos, idêntica conjunção carnal? A primeira vítima (com 18 anos) não resistiu ao constrangimento em face da violência física; a segunda, não o fez, em razão da total falta de maturidade para compreender o que se passava. Na jurisprudência: STJ: "1. No julgamento do REsp n.º 1.110.520/DF, a Terceira Seção desta Corte Superior pacificou o entendimento de que os crimes de estupro e atentado violento ao pudor praticados anteriormente à Lei n.º 12.015/2009, ainda que mediante violência presumida, configuram crimes hediondos. 2. Firmou-se a jurisprudência desta Corte no sentido de que os delitos de estupro e de atentado violento ao pudor, nas suas formas simples e qualificada, estão incluídos no rol de crimes hediondos desde a edição da Lei n. 8.072/1990, não se exigindo a ocorrência de morte ou lesão corporal grave da vítima para que seja caracterizada a hediondez (AgRg no REsp 1187176/RS, Rel. Ministro Sebastião Reis Júnior, Sexta Turma, *DJe* 19/03/2012). 3. Agravo regimental improvido" (AgRg no REsp 1627093 – MG, 6.ª T., rel. Nefi Cordeiro, j. 26.09.2017, v.u.).

13. Estupro e atentado violento ao pudor na forma simples, antes da reforma introduzida pela Lei 12.015/2009: constituíam crimes hediondos. Havia discussão doutrinária acerca disso, pois alguns defendiam que a referência feita nos incisos V e VI do art. 1.º da Lei 8.072/90 teria enumerado apenas o art. 213 c.c. art. 223, *caput* e parágrafo único, bem como o art. 214 c.c. art. 223, *caput* e parágrafo único. Não era a nossa visão. O legislador, realmente, não promoveu a redação adequada, livre de qualquer dúvida. Deveria ter feito, como no inciso IV, uma referência clara: "Extorsão mediante sequestro *e* na forma qualificada", para, depois, indicar o artigo e seus parágrafos. Portanto, o ideal seria mencionar: estupro e sua forma qualificada pelo resultado (o mesmo ocorrendo com o atentado violento ao pudor). Não agiu assim, mas sempre nos pareceu que indicou seu desiderato de qualquer forma. Considerou hediondo o estupro. Ao apontar os artigos, referiu-se ao art. 213 *e* sua combinação com o art. 223, *caput e* parágrafo único, vale dizer, são hediondos o estupro na forma simples, o estupro seguido de lesão corporal grave e o estupro seguido de morte. Não nos parece que um delito que teve a pena mínima dobrada de três para seis anos, em razão da Lei 8.072/90, na forma simples, fosse ficar alheio à classificação como hediondo. Quisesse fazê-lo (como é o caso do roubo seguido de morte, em que constou diretamente o termo *latrocínio*) e teria escrito: "Estupro seguido de lesão corporal grave ou morte". Na verdade, indicou como hediondo o *estupro*. Após, evidenciou as formas: simples e qualificadas. Esclarece Alberto Silva Franco: "A jurisprudência do Supremo Tribunal Federal não tem sido uniforme no que tange à caracterização, como crimes hediondos, dos tipos básicos do atentado violento ao pudor e do estupro. (...) A jurisprudência dominante ora pendia para o etiquetamento dos tipos fundamentais dos arts. 213 e 214 do Código Penal, ora repelia essa rotulagem. Nos últimos tempos, pouco antes da renovação ocorrida entre os integrantes do Supremo Tribunal Federal, a jurisprudência em relação ao tema tendia a uma estratificação no sentido de que os tipos básicos deveriam ser havidos como hediondos. Com a nova composição do Supremo Tribunal Federal, a questão voltou à tona e está sendo objeto de consideração no julgamento, ainda, pendente, do *habeas corpus* 82.959-7". O autor sustenta a tese de que as formas simples dos dois delitos (estupro e atentando violento ao pudor), em face da redação defeituosa da Lei 8.072/90, não devem ser considerados hediondos (*Crimes hediondos*, p. 318). Com a devida vênia, o HC 82.959-7 já foi julgado e, em 23 de fevereiro de 2006, o STF, por maioria de votos, concluiu *apenas* que cabe progressão de regime nos casos de delitos hediondos, mas não abordou se as formas simples do estupro e do atentado violento ao pudor são hediondas ou não. Logo, continua a prevalecer o entendimento anterior do Supremo Tribunal Federal no sentido de ambos os delitos, na forma simples, serem considerados hediondos (HC 81.288, rel. Carlos Velloso, 17.12.2001, *DJ* 25.04.2003). Conferir: STJ: "1. No julgamento do REsp n.º 1.110.520/DF, a Terceira Seção desta Corte Superior pacificou o entendimento de que os crimes de estupro e atentado violento ao pudor praticados anteriormente à Lei n.º 12.015/2009, ainda que mediante violência presumida, configuram crimes hediondos. 2. Firmou-se a jurisprudência desta Corte no sentido de que os delitos de estupro e de atentado violento ao pudor, nas suas formas simples e qualificada, estão incluídos no rol de crimes hediondos desde a edição da Lei n. 8.072/1990, não se exigindo a ocorrência de morte ou lesão corporal grave da vítima para que seja caracterizada a hediondez (AgRg no REsp 1187176-RS, Rel. Ministro Sebastião Reis Júnior, Sexta Turma, *DJe* 19/03/2012). 3. Agravo regimental improvido" (AgRg no REsp 1627093 – MG, 6.ª T., rel. Nefi Cordeiro, j. 26.09.2017, v.u.).

14. Alteração inserida pela Lei 12.015/2009: a nova redação dos incisos V e VI superou o debate doutrinário e jurisprudencial em relação à consideração do estupro como crime hediondo na forma simples e, também, na modalidade de *violência presumida*. Em primeiro lugar, unificou-se, na figura do estupro (art. 213), o atentado violento ao pudor. Em segundo, deixou-se bem claro ser o estupro na forma simples (*caput*) hediondo, assim como suas formas qualificadas pelo resultado (§§ 1.º e 2.º). Em terceiro, transformou-se em tipo penal autônomo o estupro de vulnerável, como se verá na próxima nota.

15. Estupro de vulnerável: não mais se necessita debater acerca da violência presumida nos crimes sexuais. Há figura típica autônoma, cuidando do assunto. O art. 217-A descreve o estupro de vulnerável, que nada mais é do que a junção do estupro e do atentado violento ao pudor em figura única, sem menção à violência. Expressa-se constituir crime ter relação sexual com menor de 14 anos, enfermo ou pessoa com deficiência mental ou pessoa incapaz de resistir. Naturalmente, a violência continua presumida, mas passou a constituir tipo penal autônomo, sem qualquer referência a tal forma de coação. Pressupõe-se falta de capacidade para consentir no ato sexual das pessoas elencadas no art. 217-A, delito classificado como hediondo, tanto na forma simples, como nas qualificadas pelo resultado. Sobre o tema, a Súmula 593 do STJ: "O crime de estupro de vulnerável se configura com a conjunção carnal ou prática de ato libidinoso com menor de 14 anos, sendo irrelevante eventual consentimento da vítima para a prática do ato, sua experiência sexual anterior ou existência de relacionamento amoroso com o agente". Buscando tornar explícita a vulnerabilidade absoluta, a Lei 13.718/2018 inseriu o § 5.º ao art. 217-A: "as penas previstas no *caput* e nos §§ 1.º, 3.º e 4.º deste artigo aplicam-se independentemente do consentimento da vítima ou do fato de ela ter mantido relações sexuais anteriormente ao crime".

16. Epidemia com resultado morte: cuida-se de delito hediondo apenas a figura qualificada pelo resultado (art. 267, § 1.º, CP), deixando o legislador, inadvertidamente, de inserir o tipo na forma simples – por óbvio, grave de igual modo. Apesar de evitar a inserção da figura básica (art. 267, *caput*) como crime hediondo, a Lei 8.072/90 cuidou de elevar-lhe a pena mínima de cinco para dez anos, o que se afigura incongruente e, em nosso entendimento, constituiu outra forma de arranhar o princípio constitucional da individualização da pena, pois diminui, consideravelmente, o campo de atuação do magistrado ao fixar a pena justa, no caso concreto.

17. Crime preterdoloso: esta é uma espécie de crime qualificado pelo resultado que somente pode realizar-se com dolo de perigo na conduta antecedente (causar epidemia, que constitui delito contra a saúde pública) e culpa no resultado consequente (se do fato resultar morte). Todo crime de perigo (doloso), que possua resultado qualificador, exige, por uma questão lógica, que este último seja atingido em decorrência da culpa do agente. Não haveria sentido em dizer que o agente causou epidemia, colocando em risco a saúde pública (perigo), mas, ao mesmo tempo, desejava matar "x" número de pessoas (dano). Se assim fosse, deveria ser punido por homicídio qualificado (matar alguém, valendo-se de meio gerador de perigo comum), em concurso formal, material ou crime continuado, conforme o número de vítimas e dependendo da situação fática.

18. Falsificação, corrupção, adulteração ou alteração de produto destinado a fins terapêuticos ou medicinais: esta é uma das hipóteses em que se criam normas por meio do direito penal de *emergência*, com alicerce em *crime de mídia*. Em razão de uma série de denúncias de falsificação de remédios (em especial, de pílula anticoncepcional), pela imprensa, durante determinado período, instituiu-se a figura do art. 273 do Código Penal como crime hediondo, fazendo a pena saltar do patamar de um a três anos de reclusão para a desproporcional quantificação de dez a quinze anos de reclusão, mantida a multa. Parece-nos, em primeiro lugar, que esse é um dos casos de atentado ao princípio constitucional da proporcionalidade. Não há sentido em se punir um crime de perigo, embora grave, com pena superior a muitos delitos de dano (como homicídio simples, estupro, roubo, extorsão mediante sequestro etc.). Por outro lado, arranha-se, ainda, o princípio constitucional da individualização da pena, prevendo-se um estreito caminho para o magistrado fixar a pena justa – entre dez e quinze anos – quando o certo seria uma variação bem mais ampla, mormente cuidando-se de delito contendo variadas formas de realização, algumas nitidamente mais graves que outras. Sob determinados aspectos, segundo nos parece, o crime, *em função da pena prevista*, torna-se teratológico. A falsificação de cosmético (art. 273, § 1.º-A, CP) também estaria sujeita a dez anos de reclusão (pena mínima), o que não tem o menor sentido. Pensamos que deve ser punida essa conduta, mas não com a penalidade no patamar atual. Por isso, cremos que a lesão ao princípio da proporcionalidade é grave, tornando o tipo penal do art. 273, na parte sancionatória, inconstitucional. Apontamos como solução a utilização da analogia *in bonam partem*, aplicando-se a pena do tráfico de drogas (art. 33, Lei 11.343/2006). Afinal, se a droga ilícita aponta uma faixa de pena de reclusão de 5 a 15 anos, torna-se razoável aplicar a pena desse delito para as drogas que, embora lícitas, foram, de algum modo, modificadas ou alteradas. O Superior Tribunal de Justiça, analisando esse preceito sancionador, em função do princípio da proporcionalidade, declarou a inconstitucionalidade da pena do art. 273, § 1.º-B, V, deste Código. *In verbis*: "Arguição de Inconstitucionalidade. Preceito secundário do art. 273, § 1.º-B, V, do CP. Crime de ter em depósito, para venda, produto destinado a fins terapêuticos ou medicinais de procedência ignorada. Ofensa ao princípio da proporcionalidade. 1. A intervenção estatal por meio do Direito Penal deve ser sempre guiada pelo princípio da proporcionalidade, incumbindo também ao legislador o dever de observar esse princípio como proibição de excesso e como proibição de proteção insuficiente. 2. É viável a fiscalização judicial da constitucionalidade dessa atividade legislativa, examinando, como diz o Ministro Gilmar Mendes, se o legislador considerou suficientemente os fatos e prognoses e se utilizou de sua margem de ação de forma adequada para a proteção suficiente dos bens jurídicos fundamentais. 3. Em atenção ao princípio constitucional da proporcionalidade e razoabilidade das leis restritivas de direitos (CF, art. 5.º, LIV), é imprescindível a atuação do Judiciário para corrigir o exagero e ajustar a pena cominada à conduta inscrita no art. 273, § 1.º-B, do Código Penal. 4. O crime de ter em depósito, para venda, produto destinado a fins terapêuticos ou medicinais de procedência ignorada é de perigo abstrato e independe da prova da ocorrência de efetivo risco para quem quer que seja. E a indispensabilidade do dano concreto à saúde do pretenso usuário do produto evidencia ainda mais a falta de harmonia entre o delito e a pena abstratamente cominada (de 10 a 15 anos de reclusão) se comparado, por exemplo, com o crime de tráfico ilícito de drogas – notoriamente mais grave e cujo bem jurídico também é a saúde pública. 5. A ausência de relevância penal da conduta, a desproporção da pena em ponderação com o dano ou perigo de dano à saúde pública decorrente da ação e a inexistência de consequência calamitosa do agir convergem para que se conclua pela falta de razoabilidade da pena prevista na lei. A restrição da liberdade individual não pode ser excessiva, mas compatível e proporcional à ofensa causada pelo comportamento humano criminoso. 6. Arguição acolhida para declarar inconstitucional o preceito secundário da norma" (AI no HC 239.363 – PR, Corte Especial, rel. Sebastião Reis Júnior, 26.02.2015, m.v.). Em voto vencedor, o Ministro Luis Felipe Salomão entendeu viável aplicar a posição que sustentamos nesta nota: "Guilherme de Souza Nucci sugere, como solução, uma interpretação conforme a Constituição no sentido de aplicar, nos casos em que não há enormes danos, o preceito secundário da lei de entorpecentes. (...) Tal solução parece a mais adequada, pois não se pode negar que a conduta tipificada merece repreminda penal, mesmo quando não existir a possibilidade de causar enormes danos à sociedade. Entretanto, nesse caso, o Poder Judiciário, por mandamento constitucional, deve aplicar penalidade compatível com a conduta, em atenção aos princípios da lesividade e da proporcionalidade". Após essa decisão, na jurisprudência: STF: "3. *In casu*, o recorrente foi condenado à pena de 05 (cinco) anos de reclusão, em regime inicial semiaberto, pela prática do crime previsto no art. 273, §§ 1.º, 1.º-A e 1.º-B, I, V e VI, do Código Penal, sendo-lhe aplicado preceito secundário do delito de tráfico ilícito de entorpecentes, com fulcro no princípio da proporcionalidade. O Tribunal de origem negou incidência da causa de diminuição prevista no art. 33, § 4.º, da Lei 11.343/2006 em razão da habitualidade delitiva" (HC 168.769 AgR, 1.ª T., rel. Luiz Fux, 24.06.2019, maioria). STJ: "3. A Corte Especial do Superior Tribunal de Justiça, no julgamento da Arguição de Inconstitucionalidade no *Habeas Corpus* 239.363/PR, reconheceu a inconstitucionalidade do preceito secundário da norma descrita no art. 273, § 1.º-B, do Código Penal, possibilitando a aplicação de outro dispositivo bastante a tornar proporcional a reprimenda diante do caso concreto. Precedentes" (AgRg no AREsp 1.665.750-SC, 6.ª T., rel. Antonio Saldanha Palheiro, 12.08.2020, v.u.). Entretanto, em 2021, o Plenário do Supremo Tribunal Federal, por maioria, apreciando o Tema 1.003 de repercussão geral, fixou o entendimento de que a sanção penal do art. 273, § 1.º-B, I, do Código Penal é desproporcional e estabeleceu a seguinte tese: "É inconstitucional a aplicação do preceito secundário do art. 273 do Código Penal, com redação dada pela Lei n.º 9.677/98 (reclusão, de 10 a 15 anos, e multa), à hipótese prevista no seu § 1.º-B, I, que versa sobre a importação de medicamento sem registro no órgão de vigilância sanitária. Para esta situação específica, fica repristinado o preceito secundário do art. 273, na redação originária (reclusão, de 1 a 3 anos, e multa)", vencidos os Ministros Marco Aurélio, Ricardo Lewandowski e Edson Fachin (RE 979.962, 24.03.2021). Embora nos pareça mais adequado utilizar a analogia *in bonam partem*, aplicando a pena do tráfico ilícito de drogas, visto que o instituto da repristinação deve ser realizado por meio da edição de lei, deve prevalecer a posição do Pretório Excelso. Retorna-se a pena à faixa de reclusão de um a três anos, e multa. Entretanto, remanesce a dúvida em relação às demais figuras do art. 273, pois o STF abordou, especificamente, o disposto pelo § 1.º-B, I, desse dispositivo. Parece-nos que o fundamento relativo à desproporcionalidade da sanção penal cominada (reclusão, de dez a quinze anos, e multa) envolve todas as condutas previstas no referido art. 273, que é crime de perigo abstrato, não comportando uma penalidade tão severa, equivalente a um homicídio qualificado.

18-A. Investigação criminal: este delito afeta a saúde pública e, como regra, deve ser apurado pela Polícia Civil, pois é competência da Justiça Estadual julgar o seu autor. Entretanto, a Lei 12.894/2013 incluiu o inciso V ao art. 1.º da Lei 10.466/2002, permitindo que a Polícia Federal também atue para apurar e reprimir esse delito, especialmente quando cometido pela internet. O fato de ser investigado pela Polícia Federal não o leva à competência da Justiça Federal. A esta Justiça somente seguem os feitos que preencherem alguma das hipóteses do art. 109 da Constituição Federal.

19. Concretização da figura típica: consultar as notas 68 a 82 ao art. 273 do nosso *Código Penal comentado*.

19-A. Favorecimento da prostituição ou de outra forma de exploração sexual de criança ou adolescente ou de vulnerável: a Constituição Federal é bem clara ao preceituar que "a lei punirá severamente o abuso, a violência e a exploração sexual da criança e do adolescente" (art. 227, § 4.º). Por isso, uma das novidades surgidas com o advento da Lei 12.015/2009, foi a criação da figura típica do art. 218-B do Código Penal, buscando punir o agente que submeta, induza ou atraia à prostituição ou outra forma de exploração sexual alguém menor de 18 anos (crianças e adolescentes) ou que, por doença mental ou desenvolvimento mental incompleto, não possui o discernimento suficiente para a prática do ato, bem como o sujeito que a facilita, impede ou dificulta o seu abandono. A pena é de quatro a dez anos de reclusão. Há figuras correlatas, previstas nos §§ 1.º e 2.º, procurando punir o cliente do menor prostituído nas condições supramencionadas, além de se buscar o proprietário, gerente ou responsável pelo estabelecimento onde se dão as práticas sexuais. A par de alguns defeitos da redação desse tipo penal, que expomos em nosso livro *Crimes contra a dignidade sexual* e, também, no *Código Penal comentado*, transformá-lo em hediondo vem de encontro à máxima proteção destinada às crianças e adolescentes.

19-B. Furto qualificado pelo emprego de explosivo ou de artefato análogo que cause perigo comum: incluir o furto qualificado pelo emprego de explosivo parece-nos correto, pois esse é um delito que ganhou vulto no Brasil e invadiu inúmeras cidades pequenas, gerando temor generalizado e perigo comum. Explodir um banco para obter dinheiro, com associações criminosas portando armas de pesado calibre, é um crime muito grave pelas consequências à sociedade local.

19-C. Apoio a suicídio ou automutilação pela Internet, rede social ou transmitido em tempo real: a Lei 13.968/2019 incluiu, no tipo penal do art. 122 do Código Penal, a automutilação, justamente por conta do jogo "baleia azul", por meio do qual se convencia os jogadores a se automutilar, ocorrendo por meio da rede mundial de computadores. As maiores vítimas eram adolescentes, que terminavam se ferindo gravemente, o que os levava à morte. A sua inclusão como delito hediondo mostra que a infração penal se avolumou justamente pela facilidade de acesso às potenciais vítimas por intermédio da Internet, redes sociais e aplicativos de comunicação instantânea.

19-D. Sequestro e cárcere privado contra menor de 18 anos: a Lei 14.811/2024, buscando proteger de modo mais eficaz a criança e o adolescente, trouxe várias regras em torno da Política Nacional de Prevenção e Combate ao Abuso e Exploração Sexual da Criança e do Adolescente. Para tanto, elegeu-se como hediondo esse crime contra a liberdade individual, tendo por vítima a criança ou adolescente.

19-E. Tráfico de pessoas contra criança ou adolescente: como mencionado na nota anterior, buscando maior tutela ao menor de 18 anos, inseriu-se como hediondo essa modalidade de tráfico de pessoas.

20. Genocídio: cuida-se de delito contra a humanidade, envolvendo objeto jurídico de interesse supranacional, que é a preservação da pessoa humana, qualquer que seja a sua nacionalidade, etnia, raça ou credo. Tanto assim que o Brasil se obrigou a punir o genocídio, quando cometido por brasileiro ou por pessoa domiciliada no país, ainda que cometido fora do território nacional (art. 7.º, I, *d*, CP). Conforme previsão feita no art. 1.º da Lei 2.889/56, as condutas típicas são as seguintes: "Quem, com a intenção de destruir, no todo ou em parte, grupo nacional, étnico, racial ou religioso, como tal: a) matar membros do grupo; b) causar lesão grave à integridade física ou mental de membros do grupo; c) submeter intencionalmente o grupo a condições de existência capazes de ocasionar-lhe a destruição física total ou parcial; d) adotar medidas destinadas a impedir os nascimentos no seio do grupo; e) efetuar a transferência forçada de crianças do grupo para outro grupo. Será punido: com as penas do art. 121, § 2.º, do Código Penal, no caso da letra *a*; com as penas do art. 129, § 2.º, no caso da letra *b*; com as penas do art. 270, no caso da letra *c*; com as penas do art. 125, no caso da letra *d*; com as penas do art. 148, no caso da letra *e*." Com relação às penas cominadas, cuida-se de tipo remissivo, ou seja, aquele que remete a outra figura típica para que se conheça a sanção cabível. Não se pode negar o caráter hediondo dessa espécie de crime, embora as penas cominadas sejam, em muitas hipóteses, pífias. O legislador foi tão *atencioso* na elevação das penas de vários delitos considerados hediondos (ex.: dobrou a pena mínima do estupro; decuplicou a pena mínima do crime de falsificação, corrupção, adulteração ou alteração de produto destinado a fins terapêuticos ou medicinais), mas não se lembrou de fazer o mesmo em relação ao grave crime de genocídio. Matar várias pessoas de determinada etnia, por exemplo, tem pena equivalente a um único homicídio qualificado, ou seja, o mínimo de doze anos. Lesionar vários indivíduos que pertençam à mesma religião prevê pena mínima de dois anos. Não é racional, tornando-se criticável, conforme vários autores já o fizeram (por todos, conferir os precisos comentários de João José Leal, citado por Alberto Silva Franco, *Crimes hediondos*, p. 424-425).

21. Figuras secundárias: consideradas igualmente genocídio, existem outras figuras, previstas nos arts. 2.º e 3.º da Lei 2.889/56: "Associarem-se mais de 3 (três) pessoas para prática dos crimes mencionados no artigo anterior: Pena – metade da cominada aos crimes ali previstos" (art. 2.º); "Incitar, direta e publicamente, alguém a cometer qualquer dos crimes de que trata o art. 1.º: Pena – metade das penas ali cominadas. § 1.º A pena pelo crime de incitação será a mesma de crime incitado, se este se consumar. § 2.º A pena será aumentada de um terço, quando a incitação for cometida pela imprensa" (art. 3.º). Em relação ao crime previsto no art. 2.º da Lei 2.889/56 é preciso fazer um registro: o art. 8.º da Lei 8.072/90 prevê a pena de três a seis anos de reclusão para toda forma de associação para a prática de crime hediondo. Ora, se o art. 2.º (associação para o cometimento de genocídio) é considerado hediondo, logo, a sua pena deve ser de três a seis anos de reclusão, a partir da edição da Lei 8.072/90.

21-A. Posse ou porte ilegal de arma de fogo de uso proibido: a figura típica do art. 16 da Lei 10.826/2003 (Estatuto do Desarmamento) somente é hedionda no tocante ao § 2.º, que cuida das armas de uso proibido, após a redação dada pelo Lei 13.964/2019. São proibidas as armas mencionadas nos tratados internacionais subscritos pelo Brasil (armas de uso exclusivo das Forças Armadas para fins militares, como regra) e as armas de fogo dissimuladas, com aparência de objetos inofensivos. Trata-se de crime de perigo abstrato, cuja tutela é a segurança pública.

21-B. Comércio ilegal de armas de fogo: previsto no art. 17 da Lei 10.826, de 22 de dezembro de 2003, significa maior punição a quem comercializa as armas de fogo de maneira ilícita. O tipo penal do art. 17 é o seguinte: "adquirir, alugar, receber, transportar, conduzir, ocultar, ter em depósito, desmontar, montar, remontar, adulterar, vender, expor à venda, ou de qualquer forma utilizar, em proveito próprio ou alheio, no exercício de atividade comercial ou industrial, arma de fogo, acessório ou munição, sem autorização ou em desacordo com determinação legal ou regulamentar: Pena – reclusão, de 6 (seis) a 12 (doze) anos, e multa". Embora seja muito propício incluir esse comércio espúrio entre os delitos hediondos, é preciso atenção ao princípio da proporcionalidade. A pena desse delito, considerando a mínima, equivale ao homicídio, o que é irregular. Um crime de perigo não deve ter pena superior ao delito de dano a este vinculado de alguma forma, afinal, muitas vítimas de homicídio estão no cenário das armas de fogo.

21-C. Tráfico internacional de arma de fogo, acessório ou munição: previsto no art. 18 da Lei 10.826, de 22 de dezembro de 2003. É grave o delito, merecendo a consideração de hediondo. O tipo penal diz o seguinte: "importar, exportar, favorecer a entrada ou saída do território nacional, a qualquer título, de arma de fogo, acessório ou munição, sem autorização da autoridade competente: Pena – reclusão, de 8 (oito) a 16 (dezesseis) anos, e multa". Vê-se no parágrafo único: "incorre na mesma pena quem vende ou entrega arma de fogo, acessório ou munição, em operação de importação, sem autorização da autoridade competente, a agente policial disfarçado, quando presentes elementos probatórios razoáveis de conduta criminal preexistente". Cremos ser preciso acertar o equilíbrio do sistema de penas, dentro da proporcionalidade. A pena deste delito de perigo chega a ser, na prática, superior ao crime de homicídio.

21-D. Crime de organização criminosa, quando direcionado à prática de crime hediondo ou equiparado: na Lei 12.850/2013, encontra-se o conceito de organização criminosa: "considera-se organização criminosa a associação de 4 (quatro) ou mais pessoas estruturalmente ordenada e caracterizada pela divisão de tarefas, ainda que informalmente, com objetivo de obter, direta ou indiretamente, vantagem de qualquer natureza, mediante a prática de infrações penais cujas penas máximas sejam superiores a 4 (quatro) anos, ou que sejam de caráter transnacional". Ingressa, como hediondo, este delito, quando a organização se volta para o cometimento de infrações penais igualmente hediondas.

21-E. Crimes militares: a reforma do Código Penal Militar, trazida pela Lei 14.688/2023, modificando vários dispositivos, introduziu este inciso para incluir como crimes *equiparados a hediondos* todos os delitos militares que guardem *identidade*, vale dizer, sejam os mesmos tipos apontados no art. 1.º da Lei 8.072/90. Exemplificando, o homicídio qualificado (art. 121, incisos I a IX, do § 2.º) do Código Penal tem correspondência com o homicídio qualificado (art. 205, § 2.º, incisos I a VII, exceto o V) do Código Penal Militar. Passa, então, a ser equiparada a hediondo essa infração penal militar. Todavia, vale lembrar que a identidade não acontece com a figura qualificada do homicídio (inciso V do § 2.º do art. 205) do Estatuto Militar no tocante ao homicídio cometido pelo agente, quando se prevalece da situação de serviço.

21-F. Cena de sexo explícito e pornografia infantojuvenil: seguindo a Política Nacional de Prevenção e Combate ao Abuso e Exploração Sexual da Criança e do Adolescente, a Lei 14.811/2024 introduziu as figuras típicas referentes à facilitação de produção de cenas de sexo explícito ou pornográficas e manipulação de fotos, filmes ou outros registros desse tipo de cena como equiparados a hediondos.

> **Art. 2.º** Os crimes hediondos, a prática da tortura,[22] o tráfico ilícito de entorpecentes e drogas afins[23] e o terrorismo[24] são insuscetíveis de:[25]
>
> I – anistia,[26] graça[27] e indulto;[28-28-A]
>
> II – fiança.[29-30]
>
> § 1.º A pena por crime previsto neste artigo será cumprida inicialmente em regime fechado.[31-32]
>
> § 2.º (*Revogado pela Lei 13.964/2019*).[32-A]
>
> § 3.º Em caso de sentença condenatória, o juiz decidirá fundamentadamente se o réu poderá apelar em liberdade.[33-33-A]
>
> § 4.º A prisão temporária, sobre a qual dispõe a Lei 7.960, de 21 de dezembro de 1989, nos crimes previstos neste artigo, terá o prazo de 30 (trinta) dias, prorrogável por igual período em caso de extrema e comprovada necessidade.[34]

22. Tortura: dispõe o art. 1.º da Lei 9.455/97 que "Constitui crime de tortura: I – constranger alguém com emprego de violência ou grave ameaça, causando-lhe sofrimento físico ou mental: a) com o fim de obter informação, declaração ou confissão da vítima ou de terceira pessoa; b) para provocar ação ou omissão de natureza criminosa; c) em razão de discriminação racial ou religiosa; II – submeter alguém, sob sua guarda, poder ou autoridade, com emprego de violência ou grave ameaça, a intenso sofrimento físico ou mental, como forma de aplicar castigo pessoal ou medida de caráter preventivo. Pena – reclusão, de dois a oito anos. § 1.º Na mesma pena incorre quem submete pessoa presa ou sujeita a medida de segurança a sofrimento físico ou mental, por intermédio da prática de ato não previsto em lei ou não resultante de medida legal. § 2.º Aquele que se omite em face dessas condutas, quando tinha o dever de evitá-las ou apurá-las, incorre na pena de detenção de um a quatro anos. § 3.º Se resulta lesão corporal de natureza grave ou gravíssima, a pena é de reclusão de quatro a dez anos; se resulta morte, a reclusão é de oito a dezesseis anos. § 4.º Aumenta-se a pena de um sexto até um terço: I – se o crime é cometido por agente público; II – se o crime é cometido contra criança, gestante, portador de deficiência, adolescente ou maior de 60 (sessenta) anos; III – se o crime é cometido mediante sequestro". Remetemos o leitor aos comentários feitos à Lei da Tortura.

23. Tráfico ilícito de entorpecentes e drogas afins: cuida-se de crime previsto na Lei 11.343/2006, nos arts. 33, 34, 36 e 37. Remetemos o leitor aos comentários à Lei de Drogas.

Art. 2.º

24. Terrorismo: as figuras típicas incriminadoras, relativas ao terrorismo, estão inseridas na Lei 13.260/2016, nos seguintes termos: "Art. 2.º O terrorismo consiste na prática por um ou mais indivíduos dos atos previstos neste artigo, por razões de xenofobia, discriminação ou preconceito de raça, cor, etnia e religião, quando cometidos com a finalidade de provocar terror social ou generalizado, expondo a perigo pessoa, patrimônio, a paz pública ou a incolumidade pública. § 1.º São atos de terrorismo: I – usar ou ameaçar usar, transportar, guardar, portar ou trazer consigo explosivos, gases tóxicos, venenos, conteúdos biológicos, químicos, nucleares ou outros meios capazes de causar danos ou promover destruição em massa; (...) IV – sabotar o funcionamento ou apoderar-se, com violência, grave ameaça a pessoa ou servindo-se de mecanismos cibernéticos, do controle total ou parcial, ainda que de modo temporário, de meio de comunicação ou de transporte, de portos, aeroportos, estações ferroviárias ou rodoviárias, hospitais, casas de saúde, escolas, estádios esportivos, instalações públicas ou locais onde funcionem serviços públicos essenciais, instalações de geração ou transmissão de energia, instalações militares, instalações de exploração, refino e processamento de petróleo e gás e instituições bancárias e sua rede de atendimento; V – atentar contra a vida ou a integridade física de pessoa: Pena – reclusão, de doze a trinta anos, além das sanções correspondentes à ameaça ou à violência. § 2.º O disposto neste artigo não se aplica à conduta individual ou coletiva de pessoas em manifestações políticas, movimentos sociais, sindicais, religiosos, de classe ou de categoria profissional, direcionados por propósitos sociais ou reivindicatórios, visando a contestar, criticar, protestar ou apoiar, com o objetivo de defender direitos, garantias e liberdades constitucionais, sem prejuízo da tipificação penal contida em lei. Art. 3.º Promover, constituir, integrar ou prestar auxílio, pessoalmente ou por interposta pessoa, a organização terrorista: Pena – reclusão, de cinco a oito anos, e multa. (...) Art. 5.º Realizar atos preparatórios de terrorismo com o propósito inequívoco de consumar tal delito: Pena – a correspondente ao delito consumado, diminuída de um quarto até a metade. § 1.º Incorre nas mesmas penas o agente que, com o propósito de praticar atos de terrorismo: I – recrutar, organizar, transportar ou municiar indivíduos que viajem para país distinto daquele de sua residência ou nacionalidade; ou II – fornecer ou receber treinamento em país distinto daquele de sua residência ou nacionalidade. § 2.º Nas hipóteses do § 1.º, quando a conduta não envolver treinamento ou viagem para país distinto daquele de sua residência ou nacionalidade, a pena será a correspondente ao delito consumado, diminuída de metade a dois terços. Art. 6.º Receber, prover, oferecer, obter, guardar, manter em depósito, solicitar, investir, de qualquer modo, direta ou indiretamente, recursos, ativos, bens, direitos, valores ou serviços de qualquer natureza, para o planejamento, a preparação ou a execução dos crimes previstos nesta Lei: Pena – reclusão, de quinze a trinta anos. Parágrafo único. Incorre na mesma pena quem oferecer ou receber, obtiver, guardar, mantiver em depósito, solicitar, investir ou de qualquer modo contribuir para a obtenção de ativo, bem ou recurso financeiro, com a finalidade de financiar, total ou parcialmente, pessoa, grupo de pessoas, associação, entidade, organização criminosa que tenha como atividade principal ou secundária, mesmo em caráter eventual, a prática dos crimes previstos nesta Lei".

25. Figuras equiparadas aos delitos hediondos: a tortura, o tráfico ilícito de entorpecentes e o terrorismo somente não são considerados *hediondos* – embora sejam igualmente graves e repugnantes – porque o constituinte, ao elaborar o art. 5.º, XLIII, CF, optou por mencioná-los expressamente como delitos insuscetíveis de fiança, graça e anistia, abrindo ao legislador ordinário a possibilidade de fixar uma lista de crimes hediondos, que teriam o mesmo tratamento. Assim, essas três modalidades de infrações penais são, na essência, tão ou mais hediondas que os crimes descritos no rol do art. 1.º da Lei 8.072/90. O cenário dessa equiparação é constitucional, de modo que nada tem a ver com preceitos de lei ordinária, com ou sem alteração. Na jurisprudência: STF: "1. Nos termos do art. 5.º, XLIII, da Constituição da

República, a lei considerará crimes inafiançáveis e insuscetíveis de graça ou anistia a prática da tortura, o tráfico ilícito de entorpecentes e drogas afins, o terrorismo e os definidos como crimes hediondos, por eles respondendo os mandantes, os executores e os que, podendo evitá-los, se omitirem. 2. Como se verifica do próprio texto constitucional, o tráfico de drogas, a tortura e o terrorismo não são crimes hediondos, porém a eles se aplicam as regras previstas em lei (Alexandre de Moraes, *Constituição do Brasil Interpretada e Legislação Constitucional*, 9.ª ed., 2013, Atlas, p. 264, item 5.70). São, portanto, infrações penais equiparadas aos delitos hediondos e, por consequência, terão o mesmo tratamento a eles destinado. 3. Inexistência de constrangimento ilegal a ser sanado. 4. Agravo Regimental a que se nega provimento" (RHC 218462 AgR, 1.ª T., rel. Alexandre de Moraes, 26.09.2022, v.u.); "1. O entendimento da Corte de origem, nos moldes do assinalado na decisão agravada, não diverge da jurisprudência firmada neste Supremo Tribunal Federal, no sentido de que a própria Constituição da República de 1988, em seu art. 5.º, XLIII, equiparou o tráfico ilícito de entorpecentes aos crimes hediondos, junto a outros delitos extremamente graves, como a tortura e o terrorismo, atribuindo-lhes um tratamento mais rigoroso, com consequências diferenciadas e mais gravosas àqueles que praticarem tais condutas. Precedentes" (ARE 1390299 AgR, 1.ª T., rel. Rosa Weber, 14.09.2022, v.u.); "I – Com efeito, em caso análogo ao presente, o Ministro Alexandre de Moraes, ao julgar o HC 214.741/SP, assentou '(...) que 'a revogação do § 2.º do art. 2.º da Lei 8.072/90 pela Lei 13.964/2019 não tem o condão de retirar do tráfico de drogas sua caracterização como delito equiparado a hediondo, pois a classificação da narcotraficância como infração penal equiparada a hedionda decorre da previsão constitucional estabelecida no art. 5.º, XLIII, da Constituição Federal'. No mesmo sentido: HC 215.832/SP, Rel. Min. Nunes Marques; HC 216.646/PR, Rel. Min. Nunes Marques; HC 215.831/SP, Rel. Min. Dias Toffoli; HC 216.838/SP, Rel. Min. Rosa Weber; entre outros. II – Agravo ao qual se nega provimento" (HC 215771 AgR, 2.ª T., rel. Ricardo Lewandowski, 22.08.2022, v.u.). STJ: "2. A mera revogação do § 2.º do art. 2.º da Lei n. 8.072/1990 não teve o condão de retirar do tráfico de drogas o seu caráter de delito equiparado à hediondo, conclusão reforçada pelo disposto no § 5.º do art. 112 da Lei de Execução Penal – com redação definida pela Lei n. 13.964/2019, consagrando o entendimento pacificado dos tribunais superiores acerca da questão –, que dispõe que '[n]ão se considera hediondo ou equiparado, para os fins deste artigo, o crime de tráfico de drogas previsto no § 4.º do art. 33 da Lei n.º 11.343, de 23 de agosto de 2006'" (AgRg no HC 745.958 – PR, 6.ª T., rel. Antonio Saldanha Palheiro, 02.08.2022, v.u.).

26. Anistia: é a declaração pelo Poder Público de que determinados fatos se tornam impuníveis por razões de utilidade social. A anistia é o *perdão* estatal concedido pelo Poder Legislativo, por intermédio da edição de lei federal. O ideal é que se destinasse, exclusivamente, aos crimes políticos, mas, atualmente, pode ser concedida a qualquer delito, tanto que houve a cautela do constituinte (art. 5.º, XLIII, CF) ao vedar a anistia a crimes comuns (tráfico ilícito de entorpecentes, tortura etc.). Conforme previsto no art. 107, II, do Código Penal, constitui causa de extinção da punibilidade. Entretanto, sua natureza jurídica é de exclusão da tipicidade, pois a lei passa a considerar o *fato* praticado como *inexistente*, influindo, pois, no juízo de tipicidade. Consultar a nota 12 ao art. 107 do nosso *Código Penal comentado*.

27. Graça: é o perdão estatal concedido pelo Presidente da República, por decreto, a determinado condenado, em tese, respeitadas razões de utilidade social. Na prática, entretanto, há muitos beneficiários de graça que nada fizeram de especial para receber a benesse. Cuida-se, apenas e tão somente, de uma forma de indulto, por isso é considerado o *indulto individual*. Tanto é verdade que, dentre as atribuições do Presidente da República, previstas no art. 84, XII, da CF, está a possibilidade de *conceder indulto*, não se mencionando a *graça*. Não há necessidade, pois cuida-se do mesmo instituto. Se o perdão é voltado a uma pessoa específica chama-se *graça*; se abrange um número indeterminado de pessoas, *indulto*. A consequência, uma vez concedido o perdão, é a extinção da punibilidade (art. 107, II, CP). Consultar a nota 13 do nosso *Código Penal comentado*.

28. Indulto: é a clemência estatal, concedida pelo Presidente da República, por decreto, a um número indeterminado de condenados, levando-se em conta requisitos objetivos ou subjetivos, conforme o caso. É a outra face da moeda *perdão estatal* de atribuição do Poder Executivo. Como expusemos na nota anterior, não diverge da graça. Ambas constituem o mesmo instituto jurídico. Deixamos claro que o art. 84, XII, da Constituição, ao referir-se à competência do Presidente da República menciona somente o *indulto*, que é o perdão, podendo realizar-se de forma individual (graça) ou coletiva (indulto coletivo). Há quem sustente ser esta vedação ao indulto, estabelecida no art. 2.º, I, da Lei 8.072/90, inconstitucional. O argumento é, basicamente, o seguinte: se a Constituição Federal não vedou expressamente a concessão de indulto aos crimes hediondos e equiparados (art. 5.º, XLIII), não pode a lei ordinária fazê-lo. Assim não pensamos. Em primeiro lugar, como já mencionado, *graça* e *indulto* não diferem, na essência: são formas de clemência, concedidas pelo Poder Executivo, a condenados criminalmente. Logo, ao proibir a *graça*, por um lapso, deixou o constituinte de se referir ao indulto, mas cabe, neste caso, a aplicação de interpretação extensiva. Onde se lê *graça*, leia-se igualmente *indulto*. O contrário seria, também, possível, aliás, como se faz com o art. 84, XII, da CF. Onde se lê *indulto*, leia-se igualmente *graça*. E o Presidente da República, desde 1988, já concedeu inúmeras *graças*, sem que se alegasse ter ele agido de maneira indevida ou em desatenção à Constituição Federal. Sob outro prisma, embora a Constituição conceda ao Presidente a competência para conceder indulto, pensamos ser viável a regulamentação da aplicação dessa forma de perdão em lei federal. A forma republicana de organização dos Poderes permitiria que o Legislativo disciplinasse o instituto do indulto, desde que não suprima essa competência do Executivo. De toda forma, preferimos sustentar que tanto o indulto quanto a graça são, na essência, o mesmo instituto. Proibida a aplicação de um aos crimes hediondos e equiparados, automaticamente está vedada a aplicação do outro. A consequência da concessão do indulto é a extinção da punibilidade (art. 107, II, CP). Em sentido contrário, sustentando a possibilidade de aplicação do indulto aos condenados por crimes hediondos e assemelhados, encontra-se a posição de Alberto Silva Franco (*Crimes hediondos*, p. 170-171). Sobre o indulto e a comutação (indulto parcial), consultar as notas 14 a 18 ao art. 107, II do nosso *Código Penal comentado*. Na prática, nos últimos anos, todos os decretos presidenciais, concessivos de indulto coletivo, preveem a exclusão dos crimes hediondos e equiparados. Na jurisprudência: STF: "I – No julgamento da ADI 2.795-MC, de relatoria do Ministro Maurício Corrêa, o Plenário deste Supremo Tribunal assentou revelar-se "(...) inconstitucional a possibilidade de que o indulto seja concedido aos condenados por crimes hediondos, de tortura, terrorismo ou tráfico ilícito de entorpecentes e drogas afins, independentemente do lapso temporal da condenação". II – Agravo a que se nega provimento" (RHC 176.673 AgR, 2.ª T., rel. Ricardo Lewandowski, j. 14.02.2020, v.u.). STJ: "A comutação da pena é assemelhada ao indulto. Por isso, expressamente vedada para aqueles que cometerem crimes hediondos, por força de previsão constitucional (art. 5.º, XLIII). Paciente que cumpre pena pela prática de latrocínio (art. 157, § 3.º, *in fine*, do Código Penal) não pode ser beneficiado com a sua comutação porque previsto como hediondo, nos termos do artigo 1.º, da Lei n.º 8.072/90" (HC 238.480 – SP, 5.ª T., rel. Moura Ribeiro, j. 11.02.2014). TJSP: "Agravo em execução – Comutação de penas – Decretos Presidenciais n.ºs 8.380/14 e 8.615/15 – Sentenciado que cumpre penas em razão de condenações pela prática de um crime hediondo (latrocínio tentado) e outro equiparado a hediondo (tráfico de drogas), além de outro crime comum – Sentenciado que não se enquadra nos parâmetros objetivo-temporais estabelecidos no mencionado decreto para comutação das penas relativas aos crimes não susceptíveis de comutação. Recurso desprovido" (Agravo de Execução Penal 9002338-42.2017.8.26.0050, 7.ª

Câmara Criminal, rel. Otavio Rocha, j. 06.06.2018, v.u.); "Agravo em execução – Decreto n.º 8.172/2013 e 8.380/2014 – Comutação indeferida por falta de preenchimento de 2/3 da pena do crime hediondo e 1/3 dos crimes comuns – Latrocínio tentado – Alegação de que, não havendo resultado morte, o delito não é hediondo – Impossibilidade – Latrocínio tentado é considerado como crime hediondo – Entendimento do STJ e STF, inclusive – Recurso não provido" (Agravo de Execução Penal 7002394-46.2017.8.26.0071, 3.ª Câmara de Direito Criminal, rel. Ruy Alberto Leme Cavalheiro, j. 27.02.2018, v.u.). TJGO: "Se na execução penal relativa ao reeducando consta condenação pela prática do ilícito penal de homicídio qualificado (art. 121, § 2.º, CP), delito considerado hediondo pela Lei 8.072/90, nega-se provimento ao agravo que almeja a concessão do indulto de que trata o Decreto Presidencial 8.940/16, quanto mais se o agravante não cumpriu a integralidade da sanção infligida ao delito impeditivo, caso em que a benesse não é cabível nem mesmo em relação ao crime não impeditivo. Agravo improvido" (AgExecPe 109960-46.2017.8.09.0040/GO, 1.ª Câmara Criminal, rel. Itaney Francisco Campos, j. 12.09.2017, v.u.). É preciso destacar que o STF, seguido pelo STJ, decidiu não se considerar delito equiparado a hediondo a forma privilegiada do tráfico ilícito de drogas, previsto no art. 33, § 4.º, da Lei de Drogas. Na jurisprudência: TJDFT: "A Lei 8.072/90 – ao regulamentar o artigo 5.º, inciso XLIII, da Constituição da República de 1988, e levando em consideração a equiparação do delito de tráfico de drogas aos crimes de natureza hedionda –, ao proibir a concessão do indulto, o fez de maneira absoluta e irrestrita, não tendo estabelecido qualquer exceção, nem mesmo quando for aplicada, em favor do condenado, a causa de diminuição de pena elencada no § 4.º do artigo 33 da Lei 11.343/2006, com a consequente aplicação do benefício da substituição da sanção corporal. Porém, diante do cancelamento do Enunciado 512 da Súmula do STJ ('A aplicação da causa de diminuição de pena prevista no art. 33, § 4.º, da Lei n. 11.343/2006 não afasta a hediondez do crime de tráfico de drogas'), bem como do novel posicionamento do STF (sufragado no HC 118.533, julgado pelo Plenário em 23.6.2016), que afastou o estorvo da hediondez ao § 4.º do art. 33 da LAD, ressalvo o ponto de vista pessoal acerca do tema, e dou parcial provimento ao recurso de agravo em execução, a fim de que o Juízo *a quo* reexamine a matéria, à luz do preenchimento, ou não, dos demais requisitos para a concessão da benesse ao agravante, afastado o óbice contido no artigo 9.º, inciso II, do Decreto 8.380/2014" (RAG 20170020116652 – DFT, 1.ª Turma Criminal, rel. Romão C. Oliveira, j. 22.06.2017).

28-A. Indulto humanitário: Cremos que, nesta hipótese, deve-se suplantar a proibição desta lei, abrigando-se o princípio da dignidade da pessoa humana como parâmetro. Portanto, se o Presidente da República conceder esse perdão (total ou parcial) a quem está gravemente enfermo, deve o Judiciário aceitar. Pode-se dizer o mesmo em relação a qualquer outra medida benéfica concedida ao condenado. Na jurisprudência: STJ: "2. Trata-se, no caso, de condenação por crime hediondo – homicídio qualificado –, o qual, por expressa vedação constitucional (art. 5.º, inciso XLIII, da Constituição Federal), não pode ser objeto de indulto (até mesmo o humanitário). 3. É certo que a competência para conceder indulto é privativa do Presidente da República, nos termos do art. 84, inciso XII, da Constituição da República. Contudo, esta elevada atribuição está submetida à observância dos ditames legais e constitucionais, de forma que não pode o decreto concessivo incidir sobre hipóteses vedadas pela Carta Magna. Precedentes desta Corte Superior e do Supremo Tribunal Federal. 4. Cumpre anotar que, em razão da gravidade do estado de saúde do Apenado, e tendo em vista a precariedade do sistema prisional, o Juízo das Execuções deferiu a prisão domiciliar mediante monitoração eletrônica. 5. Agravo desprovido" (AgRg no HC 538.858 – PE, 6.ª T., rel. Laurita Vaz, j. 19.05.2020, v.u.).

29. Fiança: é uma garantia real, consistente no pagamento em dinheiro ou na entrega de valores ao Estado, para assegurar o direito de permanecer em liberdade, durante a tramitação do processo criminal. A liberdade provisória, a quem for preso em flagrante, regula-se por lei, conforme determinado pelo art. 5.º, LXVI, da Constituição Federal. Pode a liberdade provisória ser concedida *com* ou *sem* fiança. Logo, parece-nos inútil proibir a fiança, que não passa de uma forma de liberdade provisória. Logo, pode-se conceder a liberdade provisória sem fiança. Por outro lado, a crise da fiança, no Brasil, é reconhecida pela quase totalidade da doutrina. Afinal, proíbe-se fiança para o delito grave, liberando-a para o menos ofensivo. Os valores da fiança foram revistos pela Lei 12.403/2011, tornando-se mais expressivos (art. 325, CPP). Espera-se que, no futuro, corrija-se a distorção apontada, permitindo-se fiança para qualquer delito, quando preenchidos os requisitos legais.

30. Possibilidade legal de liberdade provisória, sem fiança: com a edição da Lei 11.464/2007, suprimiu-se a proibição à concessão de liberdade provisória, sem fiança. Passa a ser, pois, autorizado o seu deferimento pelo magistrado, naturalmente, se não estiverem presentes os requisitos para a prisão preventiva. Continua sem sentido o sistema processual penal brasileiro. Crimes mais leves são afiançáveis. Os mais graves, não. Porém, quanto a estes, o juiz pode colocar em liberdade, sem o pagamento de quantia alguma. Em nosso entendimento, o correto seria, justamente, garantir a possibilidade de fixação de fiança para todo e qualquer crime, com valores mais elevados para delitos mais graves.

31. Regime inicial de cumprimento da pena: dispunha o art. 2.º, § 1.º, o seguinte: "a pena por crime previsto neste artigo será cumprida inicialmente em regime fechado"; porém, em junho de 2012, o Supremo Tribunal Federal proclamou a inconstitucionalidade desse parágrafo, prestigiando o princípio da individualização da pena, constante do art. 5.º, XLVI, da Constituição Federal, nos seguintes termos: "*Habeas corpus.* Penal. Tráfico de entorpecentes. Crime praticado durante a vigência da Lei 11.464/07. Pena inferior a 8 anos de reclusão. Obrigatoriedade de imposição do regime inicial fechado. Declaração incidental de inconstitucionalidade do § 1.º do art. 2.º da Lei 8.072/90. Ofensa à garantia constitucional da individualização da pena (inciso XLVI do art. 5.º da CF/88). Fundamentação necessária (CP, art. 33, § 3.º, c/c o art. 59). Possibilidade de fixação, no caso em exame, do regime semiaberto para o início de cumprimento da pena privativa de liberdade. Ordem concedida" (HC 111.840 – ES, rel. Dias Toffoli, Pleno, j. 27.06.2012, m.v.). Diante disso, a referida decisão repercute no âmbito de todos os delitos hediondos e equiparados. As penas fixadas ao condenado podem ser cumpridas em qualquer regime inicial, desde que devidamente fundamentado pelo juiz, com base no art. 59 do Código Penal. Atualmente, quanto aos crimes hediondos, em caso de condenação, deve o julgador fundamentar a escolha do regime; por certo, pode impor o regime inicial fechado, mas deve demonstrar os motivos pelos quais chegou a essa solução. Na jurisprudência: STF: "4. *In casu*, (a) o recorrente afirma que, 'condenado à pena de 07 (sete) anos, tem, por direito, (...) iniciar sua custódia no regime semiaberto, com progressão ao aberto, após cumpridos 1/6 de sua detenção'. (b) Em sede de informações, a autoridade reclamada aduziu que 'diversamente do que alega a defesa do reeducando, o magistrado sentenciante não fixou o regime fechado com fundamento no § 1.º do art. 2.º da Lei 8.072/90, declarado inconstitucional pelo STF, mas sim pela existência de circunstância judicial preponderante desfavorável, qual seja, a quantidade de drogas, *in casu*, 68,5 kg de maconha, de modo que não existe violação à Súmula Vinculante 26'; (c) Constata-se que o entendimento adotado no ato reclamado não se constitui em ofensa à tese firmada no enunciado 26 da Súmula Vinculante do Supremo Tribunal Federal o qual estabelece, *in verbis*: 'Para efeito de progressão de regime no cumprimento de pena por crime hediondo, ou equiparado, o juízo da execução observará a inconstitucionalidade do art. 2.º da Lei 8.072, de 25 de julho de 1990, sem prejuízo de avaliar se o condenado preenche, ou não, os requisitos objetivos e subjetivos do benefício, podendo determinar, para tal fim, de modo fundamentado, a realização de exame criminológico'; (d)

Consectariamente, não há dissonância entre o ato reclamado e a jurisprudência do Supremo Tribunal Federal, porquanto a fixação do regime inicial fechado não está fundamentada no § 1.º, do art. 2.º, da Lei 8.072/1990, mas sim na quantidade do entorpecente apreendido" (Rcl 32.962 AgR, 1.ª T., rel. Luiz Fux, j. 29.04.2019, v.u.); STJ: "1. O Plenário do Supremo Tribunal Federal, ao julgar o HC n. 111.840/ES em 27/6/2012, por maioria de votos, declarou, incidentalmente, a inconstitucionalidade do art. 2.º, § 1.º, da Lei n. 8.072/1990, com a redação que lhe conferiu a Lei n. 11.464/2007, afastando, assim, a obrigatoriedade de imposição do regime inicial fechado para os condenados pela prática de crimes hediondos e equiparados. 2. O regime inicialmente fechado, mais severo do que aquele que a reprimenda comporta, foi aplicado sem motivação idônea, com fulcro, tão somente, na hediondez do delito e em fundamentação demasiadamente genérica, incapaz e ensejar juízo de reprovação mais severo, o que vai de encontro ao disposto no art. 93, IX, da Constituição Federal, bem como afronta os enunciados das Súmulas n. 718 e 719/STF e 440/STJ. 3. Na hipótese, fixada a pena-base no mínimo legal, porquanto ausentes circunstâncias judiciais desfavoráveis, atestada a primariedade do réu e estabelecido quantum de pena de 6 anos, nos termos do art. 33, § 2.º, 'b', do Código Penal, o regime inicial para desconto da sanção deve ser o semiaberto" (AgRg no HC 855.047 – SP, 6.ª T., rel. Antonio Saldanha Palheiro, 26.02.2024, v.u.); "2. O Supremo Tribunal Federal declarou incidentalmente a inconstitucionalidade do art. 2.º, § 1.º, da Lei n. 8.072/1990, com redação dada pela Lei n. 11.464/2007, afirmando que 'se a Constituição Federal menciona que a lei regulará a individualização da pena, é natural que ela exista. Do mesmo modo, os critérios para a fixação do regime prisional inicial devem-se harmonizar com as garantias constitucionais, sendo necessário exigir-se sempre a fundamentação do regime imposto, ainda que se trate de crime hediondo ou equiparado' (HC 111.840/ES, Rel. Ministro Dias Toffoli, *DJe* de 17/12/2013). Nesse diapasão, deve-se utilizar, para a fixação do regime inicial de cumprimento de pena, a norma do art. 33, c/c o art. 59, ambos do Código Penal. 3. Apesar de a pena-base ter sido imposta no piso legal, o estabelecimento de regime mais severo do que o indicado pelo *quantum* da reprimenda baseou-se na gravidade concreta do delito, evidenciada pelo seu *modus operandi*, já que o agravante, que já vinha rondando a casa da vítima, idosa de 77 anos e portadora de Alzheimer, aproveitando-se do fato desta residir sozinha, entrou em sua casa e tentou manter com ela relações sexuais, sendo impedido pela chegada de seu filho, o que exige resposta estatal superior, dada a maior reprovabilidade da conduta, em atendimento ao princípio da individualização da pena. 4. Malgrado não se possa falar em carência de fundamento válido para o estabelecimento de regime prisional mais severo, considerando que a pena-base do agravante restou fixada no mínimo legal e consolidada em 4 anos de reclusão, compete reconhecer que não se mostra razoável a imposição do regime prisional fechado para o desconto da reprimenda, notadamente diante da primariedade do réu, sendo adequado, na hipótese, o regime semiaberto. 5. Agravo regimental não provido" (AgRg no HC 572.240 – SP, 5.ª T., rel. Ribeiro Dantas, j. 16.06.2020, v.u.).

32. Substituição por penas restritivas de direitos: aos crimes hediondos e equiparados, sustentávamos que, como regra, não caberia a substituição da pena privativa de liberdade aplicada por restritiva de direitos, nos termos do art. 44 do Código Penal, em razão do montante ser, na maioria das vezes, superior a quatro anos ou por se tratar de delito cometido com violência ou grave ameaça à pessoa. Porém, no caso de tráfico ilícito de entorpecentes, era viável a aplicação de pena não superior a quatro anos e, por óbvio, não se trata de crime violento. Logo, em tese, caberia a substituição. Somente não seria possível se falhassem os requisitos subjetivos (art. 44, III, CP). Entretanto, com a edição da Lei 11.343/2006, tornou-se, expressamente, vedada a substituição de penas privativas de liberdade aos condenados por tráfico ilícito de drogas (arts. 33, *caput* e § 1.º, e 34 a 37).

32-A. Transferência para o art. 112 da Lei de Execução Penal: os prazos para a progressão de regimes agora foram previstos no art. 112 da LEP, com a redação dada pela Lei 13.964/2019. Consultar a Lei de Execução Penal.

33. Apelo em liberdade e princípio constitucional da presunção da inocência: sabe-se que o réu somente pode ser considerado culpado após o trânsito em julgado da sentença penal condenatória (art. 5.º, LVII, CF). No entanto, é postulado praticamente pacífico nos tribunais pátrios não se ter tornado inviável a prisão cautelar, uma necessidade do processo penal, que não se liga ao conceito de *culpado* ou *inocente*. Por isso, estando presentes os requisitos previstos no art. 312 do Código de Processo Penal (garantia da ordem pública e da ordem econômica, conveniência da instrução criminal e garantia de aplicação da lei penal), pode o magistrado decretar a prisão cautelar, aguardando o réu no cárcere o término do seu julgamento. São hipóteses excepcionais, mas que não podem ser dispensadas. Imagine-se o acusado pela prática de homicídio qualificado, que já possua outras condenações com trânsito em julgado pelo mesmo delito e ainda esteja ameaçando as testemunhas do processo. É natural que tenha a sua prisão preventiva decretada e, ainda que possa ser considerado inocente, até o trânsito em julgado da decisão condenatória, ficará sob custódia estatal. No caso de condenação por delitos hediondos e equiparados, em função da gravidade objetiva dessas infrações penais, eleitas pelo legislador, conforme indicação constitucional de tratamento mais rigoroso (vide a nota 1 *supra*), é preciso que o juiz, querendo manter o acusado em liberdade – se assim aguardou toda a instrução – fundamente sua decisão. Em outras palavras, não está vedada a possibilidade de permanecer em liberdade o condenado por crime hediondo (por exemplo, vinte anos de reclusão por latrocínio), embora o magistrado *deva* esclarecer os motivos que o levam a tomar tal medida. Muitas vezes, elevadas penas, aplicadas em casos graves (como os crimes hediondos e equiparados), justificam a prisão cautelar, para a garantia da ordem pública. Enfim, cada caso é um caso, devendo merecer do julgador análise individualizada.

33-A. Prisão cautelar e excesso de prazo: nos termos declinados na nota anterior, quando se trata de crime hediondo, pela própria natureza jurídica, está-se cuidando de delito grave. Entretanto, nem por isso a prisão preventiva pode ser decretada automaticamente. É preciso fundamentação e preenchimento dos requisitos legais (art. 312, CPP). Por outro lado, como qualquer prisão provisória, aplicada durante a instrução processual, impõe-se o célere trâmite da instrução. Diante disso, verificando-se excesso de prazo, rompendo os princípios da razoabilidade e da proporcionalidade, configura-se constrangimento ilegal, sanável pela via do *habeas corpus*. Na jurisprudência: STF: "Nada pode justificar a permanência de uma pessoa na prisão, sem culpa formada, quando configurado excesso irrazoável no tempo de sua segregação cautelar (*RTJ* 137/287 – *RTJ* 157/633 – *RTJ* 180/262-264 – *RTJ* 187/933-934), considerada a excepcionalidade de que se reveste, em nosso sistema jurídico, a prisão meramente processual do indiciado ou do réu, mesmo que se trate de crime hediondo ou de delito a este equiparado. O excesso de prazo, quando exclusivamente imputável ao aparelho judiciário – não derivando, portanto, de qualquer fato procrastinatório causalmente atribuível ao réu –, traduz situação anômala que compromete a efetividade do processo, pois, além de tornar evidente o desprezo estatal pela liberdade do cidadão, frustra um direito básico que assiste a qualquer pessoa: o direito à resolução do litígio sem dilações indevidas (CF, art. 5.º, LXXVIII) e com todas as garantias reconhecidas pelo ordenamento constitucional, inclusive a de não sofrer o arbítrio da coerção estatal representado pela privação cautelar da liberdade por tempo irrazoável ou superior àquele estabelecido em lei. A duração prolongada, abusiva e irrazoável da prisão cautelar de alguém ofende, de modo frontal, o postulado da dignidade da pessoa humana, que representa – considerada a centralidade desse princípio essencial (CF, art. 1.º, III) – significativo vetor interpretativo, verdadeiro valor-fonte que conforma e inspira todo o ordenamento constitucional vigente em nosso país e que traduz, de modo expressivo, um dos fundamentos em que se assenta, entre nós, a ordem republicana e democrática consagrada pelo sistema de direito constitucional positivo. Constituição Federal (art. 5.º, incisos LIV e LXXVIII). EC 45/2004. Convenção Americana sobre Direitos Humanos (Art. 7.º, ns. 5 e 6). Pacto Internacional de Direitos Civis e Políticos (art. 9.º, n. 3). Doutrina. Jurisprudência" (HC 142.177, 2.ª T., rel. Celso de Mello, j. 06.06.2017, v.u.).

34. Elevação do prazo da prisão temporária: esta é uma norma a ser aplicada com cautela pelo magistrado. A prisão temporária (ver comentários à Lei 7.960/89 no volume 2 desta coleção) nasceu para servir de instrumento útil e célere de decretação de prisões cautelares para auxiliar o trabalho policial, evitando-se a malfadada anterior *prisão para averiguação*. Defendemos que deva existir a prisão temporária, pois, no mínimo, há um controle jurisdicional sobre a segregação de suspeitos e indiciados em geral, quando autores de crimes considerados graves. Porém, elevar o prazo da prisão temporária de cinco (prorrogáveis por outros cinco), o que era inicialmente previsto na Lei 7.960/89, para trinta (prorrogáveis por outros trinta) é medida a ser tomada em caso de extrema necessidade e não pode ser banalizada em hipótese nenhuma. Cremos, inclusive, que o magistrado pode dosar a prisão temporária em situações de delitos hediondos e equiparados, podendo decretar *até* trinta dias (prorrogáveis por outro período de *até* trinta dias), mas não necessariamente "trinta + trinta". Na jurisprudência: TJCE: "1. Paciente preso temporariamente, pelo prazo de trinta dias, com base no art. 1.º, I e III, alíneas *f* e *n*, da Lei n.º 7.960/89, c/c art. 2.º, § 4.º, da Lei 8.072/90, pela suposta prática do delito de homicídio, alegando ausência de fundamentação idônea para a prisão temporária. 2. Em análise percuciente aos autos, extrai-se que o magistrado de piso fundamentou a prisão temporária levando-se em conta a imprescindibilidade da prisão do paciente para efetiva elucidação dos fatos, considerando os depoimentos prestados pelas testemunhas perante a autoridade policial a demonstrar indícios de que o mesmo participou do referido delito, havendo, desta forma, necessidade de aprofundar as investigações, com novas buscas e apreensões na residência do acusado a fim de colher mais elementos de convicção. Logo, ocorrendo situação concreta que ponha em risco o êxito dessa atividade investigatória, o Estado deve intervir cautelarmente, restringindo a liberdade do paciente. 3. Desta forma, a liberdade do acusado pode interferir nas investigações ante a possibilidade de esconder objetos relacionados ao crime; desta forma, a prisão está fundada em elementos fáticos dos autos, que apontam o paciente como possível suspeito do delito sob investigação, encontrando-se a decisão que decretou a prisão cautelar pelo prazo de trinta dias devidamente fundamentada, não havendo o constrangimento ilegal arguido. 4. Ordem conhecida e denegada" (HC 0626768-76.2017.8.06.0000 – CE, 1.ª Câmara Criminal, rel. Mario Parente Teófilo Neto, 26.09.2017, v.u.).

> **Art. 3.º** A União manterá estabelecimentos penais, de segurança máxima, destinados ao cumprimento de penas impostas a condenados de alta periculosidade, cuja permanência em presídios estaduais ponha em risco a ordem ou a incolumidade pública.[35-35-A]
>
> **Art. 4.º** *(Vetado).*

35. Presídios federais de segurança máxima: a norma é cogente, impondo à União o dever de manter (construir e sustentar) estabelecimentos penais de segurança máxima para abrigar criminosos condenados, de alta periculosidade, sob sua responsabilidade, distante de centros urbanos e da responsabilidade dos Estados. Existem apenas alguns, mas não em número suficiente. A Lei dos Crimes Hediondos entrou em vigor em 1990 e até hoje não se tem vagas em número satisfatório para dar conta da demanda. Se o Governo não cumpre a lei, como exigir dos jurisdicionados um comportamento exemplar? Não bastasse, com a edição da Lei 10.792/2003, que instituiu, dentre outros, o RDD (Regime Disciplinar Diferenciado), tornou-se à carga: "A União Federal poderá construir estabelecimento penal em local distante da condenação para recolher os condenados, quando a medida se justifique no interesse da segurança pública ou do próprio condenado" (art. 86, § 1.º, Lei 7.210/84). O que temos assistido, ao longo dos anos, é justamente o descaso.

35-A. Inserção do preso em presídio federal: cuida-se de decisão do Estado, conforme o grau de periculosidade apresentado pelo sentenciado e a necessidade de segurança pública. Não é direito do preso recusar-se a ingressar em estabelecimento penitenciário federal, distante ou não do local de seu domicílio original.

> **Art. 5.º** Ao art. 83 do Código Penal é acrescido o seguinte inciso:[36]
> "Art. 83. (...)
> "(...)
> "V – cumprido mais de 2/3 (dois terços) da pena, nos casos de condenação por crime hediondo, prática da tortura, tráfico ilícito de entorpecentes e drogas afins, e terrorismo, se o apenado não for reincidente específico em crimes dessa natureza."

36. Alteração do Código Penal: fixa-se um prazo maior para o recebimento de livramento condicional. Os condenados por crimes hediondos e equiparados devem cumprir dois terços da pena para obter o benefício. Se forem considerados *reincidentes específicos*, não podem nem mesmo obter livramento condicional. Pensamos que reincidente específico é aquele que torna a cometer crime hediondo ou equiparado após já ter sido condenado, anteriormente, com trânsito em julgado, por outro delito hediondo ou equiparado. Maiores detalhes, consultar a nota 13 ao art. 83 do nosso *Código Penal comentado*. Na jurisprudência: STJ: "II – Por expressa disposição legal, no caso concreto, tendo sido a reincidência na execução reconhecida em razão da prática de homicídio qualificado, tráfico de drogas e associação para o tráfico, a vedação do livramento condicional ao reincidente específico em crimes hediondos e equiparados se aplica ('Art. 83 – O juiz poderá conceder livramento condicional ao condenado a pena privativa de liberdade igual ou superior a 2 (dois) anos, desde que: (...) V – cumpridos mais de dois terços da pena, nos casos de condenação por crime hediondo, prática de tortura, tráfico ilícito de entorpecentes e drogas afins, tráfico de pessoas e terrorismo, se o apenado não for reincidente específico em crimes dessa natureza')" (HC 693.831 – SP, 5.ª T., rel. Jesuíno Rissato, 19.10.2021, v.u.); "1. O art. 83, inc. V, do Código Penal, dispõe que é vedada a concessão de livramento condicional ao reincidente específico por crime hediondo, tráfico ilícito de entorpecentes e drogas afins e terrorismo. 2. Na hipótese, a condição de reincidente específico em duas condenações anteriores, uma por tráfico de drogas e outra por tentativa de homicídio qualificado, obsta a concessão de livramento condicional ao paciente, consoante a regra delineada no art. 83, V, do Código Penal e no art. 44, parágrafo único, da Lei n. 11.343/06. 3. Agravo Regimental desprovido" (AgRg no HC 549.723 – SP, 5.ª T., rel. Joel Ilan Paciornik, j. 06.02.2020, v.u.). TJSP: "Livramento condicional. Reincidência específica. Vedação legal que se impõe a condenados pela prática de delitos hediondos ou a eles equiparados. Inteligência do artigo 83, V, da LEP, assim como do art. 44, parágrafo único, da Lei de Drogas. Indeferimento mantido. Agravo não provido" (Agravo de

Execução Penal 0006250-55.2020.8.26.0032, 16.ª Câmara Criminal, rel. Otávio de Almeida Toledo, j. 03.02.2021, v.u.); "Livramento condicional – Indeferimento – Requisito objetivo não preenchido na espécie, eis que não cumpridos 2/3 das penas impostas, referentes ao crime hediondo, e ½ das penas impostas, referente ao crime comum – Decisão que não comporta alteração – Réu reincidente – Obediência ao disposto no art. 83, II e V do CP – Agravo improvido" (Agravo de Execução Penal 0010783-65.2020.8.26.0482, 16.ª Câmara Criminal, rel. Newton Neves, j. 02.02.2021, v.u.); "Decisão que considerou o agravante como reincidente específico. Livramento condicional. Sentenciado que ostenta uma condenação por tráfico privilegiado e outra condenação superveniente pela prática do crime previsto no artigo 33, *caput*, da Lei n. 11.343/06. Decisão em dissonância com o entendimento dos Tribunais Superiores. Hediondez do tráfico privilegiado afastada pelo Egrégio Supremo Tribunal Federal no julgamento do *habeas corpus* n. 118.533/MS. Revisão e cancelamento da Súmula n. 512 pelo Egrégio Superior Tribunal de Justiça. Inaplicabilidade da vedação do artigo 83, inciso V, do Código Penal no presente caso. Reincidência específica em crime equiparado a hediondo afastada. Necessidade de retificação do cálculo de pena a fim de constar a possibilidade de concessão de livramento condicional. (...) Recurso provido" (Agravo de Execução Penal 0006687-62.2020.8.26.0496, 16.ª Câmara, rel. Leme Garcia, j. 26.11.2020, v.u.).

Art. 6.º Os arts. 157, § 3.º; 159, *caput* e seus §§ 1.º, 2.º e 3.º; 213; 214; 223, *caput* e seu parágrafo único; 267, *caput*, e 270, *caput*, todos do Código Penal, passam a vigorar com a seguinte redação:[37]

"Art. 157. (...)

"(...)

"§ 3.º Se da violência resulta lesão corporal grave, a pena é de reclusão, de 5 (cinco) a 15 (quinze) anos, além da multa; se resulta morte, a reclusão é de 20 (vinte) a 30 (trinta) anos, sem prejuízo da multa.

"(...)

"Art. 159. (...)

"Pena – reclusão, de 8 (oito) a 15 (quinze) anos.

"§ 1.º (...)

"Pena – reclusão, de 12 (doze) a 20 (vinte) anos.

"§ 2.º (...)

"Pena – reclusão, de 16 (dezesseis) a 24 (vinte e quatro) anos.

"§ 3.º (...)

"Pena – reclusão, de 24 (vinte e quatro) a 30 (trinta) anos.

"(...)

"Art. 213. (...)

"Pena – reclusão, de 6 (seis) a 10 (dez) anos."

"Art. 214. (...)

"Pena – reclusão, de 6 (seis) a 10 (dez) anos." [*Revogado pela Lei 12.015/2009*]

"(...)

"Art. 223. (...)

"Pena – reclusão, de 8 (oito) a 12 (doze) anos.

"Parágrafo único. (...)

"Pena – reclusão, de 12 (doze) a 25 (vinte e cinco) anos.

Art. 7.º

> "(...) [Revogado pela Lei 12.015/2009]
> "Art. 267. (...)
> "Pena – reclusão, de 10 (dez) a 15 (quinze) anos.
> "(...)
> "Art. 270. (...)
> "Pena – reclusão, de 10 (dez) a 15 (quinze) anos.
> "(...)"

37. Elevação de pena: o art. 6.º trouxe o aumento das penas abstratas aos tipos penais ali enumerados.

> **Art. 7.º** Ao art. 159 do Código Penal fica acrescido o seguinte parágrafo:[38]
> "Art. 159. (...)
> "(...)
> "§ 4.º Se o crime é cometido por quadrilha ou bando [atual associação criminosa], o coautor que denunciá-lo à autoridade, facilitando a libertação do sequestrado, terá sua pena reduzida de 1 (um) a 2/3 (dois terços)."

38. Delação premiada: o parágrafo acrescentado proporcionou a redução da pena de um a dois terços se o crime de extorsão mediante sequestro for cometido em concurso e um dos concorrentes o denunciar à autoridade, facilitando a libertação da vítima. Ver as notas 62 a 65 ao art. 159 do nosso *Código Penal comentado*.

> **Art. 8.º** Será de 3 (três) a 6 (seis) anos de reclusão a pena prevista no art. 288 do Código Penal, quando se tratar de crimes hediondos, prática de tortura, tráfico ilícito de entorpecentes e drogas afins ou terrorismo.[39-40]
> **Parágrafo único.** O participante e o associado que denunciar à autoridade o bando ou quadrilha, possibilitando seu desmantelamento, terá a pena reduzida de 1 (um) a 2/3 (dois terços).[41]

39. Quadrilha ou bando: o disposto neste artigo não tem mais aplicação, pois, a partir da edição da Lei 12.850/2013, modificou-se o art. 288 do Código Penal, criando-se a figura da *associação criminosa* em lugar da anterior *quadrilha ou bando*. A lei mais recente (Lei 12.850/2013) afasta a aplicação da mais antiga (art. 8.º da Lei dos Crimes Hediondos).

40. Conflito de normas em relação à Lei de Drogas: não há mais. A modificação introduzida pela Lei 11.343/2006 (art. 35) resolveu a anterior desarmonia entre o artigo art. 14 da Lei 6.368/76 e o disposto neste artigo. A pena de reclusão passa a ser, sem mais dúvida, de três a dez anos e multa.

41. Delação premiada: quando a associação criminosa tiver por finalidade a prática de delitos hediondos e equiparados (exceto no tocante aos casos que possuem previsão específica de delação), pode-se reduzir a pena de um a dois terços caso o coautor denunciar à autoridade policial ou judicial o crime, permitindo o desmantelamento do grupo.

> **Art. 9.º** As penas fixadas no art. 6.º para os crimes capitulados nos arts. 157, § 3.º, 158, § 2.º, 159, *caput* e seus §§ 1.º, 2.º e 3.º, 213, *caput*, e sua combinação com o art. 223, *caput* e parágrafo único, 214 e sua combinação com o art. 223, *caput* e parágrafo único, todos do Código Penal, são acrescidas de metade, respeitado o limite superior de 30 (trinta) anos de reclusão, estando a vítima em qualquer das hipóteses referidas no art. 224 também do Código Penal.[42-44]

42. Ofensa ao princípio constitucional da individualização da pena: como já havíamos mencionado na nota 9 ao art. 1.º, inciso IV, a Lei 8.072/90 era inconstitucional na parte em que determinava o aumento de metade da pena, quando se tratasse de vítima menor de 14 anos, alienada ou débil mental ou impossibilitada de oferecer resistência (art. 224, CP), havendo resultado morte, nos crimes de roubo e extorsão mediante sequestro. Tal se dava porque a pena mínima de ambos os casos (20 anos, para o latrocínio; 24 anos para a extorsão mediante sequestro com morte) o mínimo e o máximo confundiam-se, não havendo chance para o juiz individualizar a pena. Na situação do latrocínio, de 20 anos (pena mínima), atingia-se o patamar de 30 anos; no caso da extorsão mediante sequestro, de 24 anos (pena mínima) seria atingido o nível de 36 anos. Porém, o próprio art. 9.º estabelece que deve ser respeitado o limite de 30 anos. Ora, assim sendo, mínimo e máximo fluem idênticos, o que seria, nitidamente, inconstitucional. Para a correção, seria preciso suprimir o limite de 30 anos previsto no referido art. 9.º, por exemplo. Teríamos, para ilustrar: extorsão mediante sequestro com resultado morte de vítima menor de 14 anos = pena de 36 a 45 anos; roubo com resultado morte de vítima menor de 14 anos = pena de 30 a 45 anos. Outra opção, naturalmente, seria simplesmente suprimir o aumento previsto no art. 9.º, deixando ao magistrado a atribuição para elevar a pena, dentro do mínimo e do máximo previstos nos tipos penais, conforme seu justo critério. Essa situação foi corrigida, pois a Lei 12.015/2009 revogou o art. 224 do Código Penal; logo, não há mais referência para a elevação prevista no art. 9.º desta Lei.

43. Extorsão mediante sequestro e a possibilidade de ocorrência de *bis in idem*: estipula o art. 159, § 1.º, que a pena será de doze a vinte anos (em lugar de oito a quinze anos, prevista no *caput*), se o sequestrado for menor de 18 anos. Por outro lado, o art. 9.º desta Lei determina o aumento de metade da pena se a vítima estiver em qualquer das hipóteses do art. 224. Este artigo foi revogado pela Lei 12.015/2009, perdendo o interesse a questão.

44. Aumento de pena nos crimes sexuais e violência presumida: preceitua o art. 9.º da Lei 8.072/90 haver um aumento de metade da pena para quem cometer determinados crimes hediondos contra as pessoas enumeradas no art. 224 do Código Penal. O art. 224 servia de referência para o legislador indicar quando a reprovação ao ato deveria ser mais seriamente considerada, agravando-se a pena. Assim, quem estuprasse menor de 14 anos tinha a pena aumentada da metade. Surgiu, então, o posicionamento daqueles que viram nessa disposição do art. 9.º um *bis in idem*, quando houvesse a hipótese do art. 224, ou seja, se a idade da vítima fosse levada em conta para tipificar o crime de estupro (violência presumida), não poderia novamente ser levada em consideração para aumentar a pena. Em nosso entendimento, houve somente a utilização de um mecanismo remissivo para tratar de causa de aumento de pena. O fato de a pessoa não poder *consentir* validamente, permitindo a tipificação do delito de estupro ou atentado violento ao pudor, à época vigentes de forma autônoma, não eliminava outra consequência distinta, que era o crime sexual ter-se consumado contra vítima menor de 14 anos. Assim, soava-nos perfeitamente possível a consideração da idade tanto para tipificar o delito sexual violento (arts. 213 e

214, CP), como para aumentar a pena. Essa era a linha que vinha prevalecendo no STF. A questão, entretanto, perdeu o interesse, pois o art. 224 do Código Penal foi revogado pela Lei 12.015/2009. Não mais existe o padrão de situações para a aplicação do aumento de metade da pena, previsto no art. 9.º desta Lei. Trata-se de norma penal benéfica, que deve ser aplicada retroativamente. Portanto, quem foi condenado, anteriormente, com o mencionado aumento de metade, pode pedir a revisão do julgado, na Vara de Execução Penal, visando-se a retirada da elevação da pena. Na jurisprudência: STF: "1. A causa de aumento prevista no art. 9.º da Lei de Crimes Hediondos faz referência ao art. 224 do Código Penal, que foi revogado pela Lei 12.015/2009. Suprimida a regra de referência, resulta inaplicável a majoração da pena. Logo, em decorrência do princípio da retroatividade da lei penal mais benigna, é a hipótese de se decotar da reprimenda o aumento fruto da incidência do art. 9.º da Lei 8.072/90. 2. *Habeas Corpus* concedido, de ofício" (HC 100.181, Pleno, rel. Alexandre de Moraes, 15.08.2019, m.v.).

> **Art. 10.** O art. 35 da Lei 6.368, de 21 de outubro de 1976, passa a vigorar acrescido de parágrafo único, com a seguinte redação:[45]
>
> "Art. 35. (...)
>
> "Parágrafo único. Os prazos procedimentais deste Capítulo serão contados em dobro quando se tratar dos crimes previstos nos arts. 12, 13 e 14."
>
> **Art. 11.** *(Vetado).*
>
> **Art. 12.** Esta Lei entra em vigor na data de sua publicação.
>
> **Art. 13.** Revogam-se as disposições em contrário.

45. Nova Lei de Drogas: não mais tem utilidade o previsto neste dispositivo. Há novos prazos para o inquérito e para a instrução, estabelecidos na Lei 11.343/2006, à qual remetemos o leitor.

> Brasília, em 25 de julho de 1990; 169.º da Independência e 102.º da República.
>
> Fernando Collor
>
> (*DOU* 26.07.1990)

Identificação Criminal

Lei 12.037, de 1.º de outubro de 2009[1-2]

Dispõe sobre a identificação criminal do civilmente identificado, regulamentando o art. 5.º, inciso LVIII, da Constituição Federal.

O Vice-Presidente da República, no exercício do cargo de Presidente da República:

Faço saber que o Congresso Nacional decreta e eu sanciono a seguinte Lei:

1. Fundamento constitucional: a Constituição Federal de 1988 foi a primeira a inserir, como direito individual, a inviabilidade de se proceder à identificação criminal, quando já houver a identificação civil, remetendo, entretanto, à lei ordinária a disciplina das exceções. *In verbis*: "o civilmente identificado não será submetido a identificação criminal, salvo nas hipóteses previstas em lei" (art. 5.º, LVIII). Sem dúvida, a correta identificação criminal da pessoa a quem se imputa a prática de uma infração penal é indispensável, de modo a individualizar a conduta, a ponto de se ter certeza de punir, quando necessário, o autor do crime – e não pessoa diversa, inocente, gerando o temido erro judiciário. Afinal, também foi preocupação do constituinte o eventual equívoco do Estado-juiz, fazendo-se prever, no art. 5.º, LXXV, que "o Estado indenizará o condenado por erro judiciário, assim como o que ficar preso além do tempo fixado na sentença". Ocorre que, por razões históricas tortuosas, chegou-se a incluir, em texto constitucional, matéria típica de lei ordinária. A disciplina da identificação civil ou criminal deveria ter trato legal, mas não com status de direito humano fundamental, o que, na essência, não é e nunca será. Cuida-se de direito individual fundamental meramente formal, ou seja, somente assim deve ser considerado por ter sido inserido no art. 5.º da Constituição Federal.

2. Fundamento histórico: o Brasil vivenciou um regime militar, de limitada democracia, de 1964 a 1985, ano em que foi eleito, pelo colégio eleitoral, o primeiro presidente civil, após duas décadas de exceção. O Presidente Tancredo Neves não chegou a tomar posse, pois adoeceu e faleceu. Em seu lugar, assumiu o Presidente José Sarney, que ocupava o cargo de vice-presidente. De todo modo, a promessa de se realizar, no Brasil, uma Assembleia Nacional Constituinte, com o intuito de reformar integralmente a Constituição, manteve-se. Embora não tenha sido uma Assembleia autônoma, no ano de 1986, foram eleitos parlamentares--constituintes, que tiveram a responsabilidade de rever a Constituição. Durante quase dois anos (87-88), desenvolveram-se os trabalhos de revisão e reconstrução da Magna Carta. Entretanto, finalizada a ditadura militar, não foram poucos os casos de investigação e apuração de crimes cometidos durante aquela fase. Desse modo, simbólico foi o particular caso, envolvendo um general de projeção nacional, durante a época da ditadura, que terminou indiciado pela polícia civil do Rio de Janeiro. Para acompanhar tal ato, vulgarmente conhecido por "tocar piano" (os dedos, sujos de tinta, eram colocados um a um sobre uma planilha, semelhante ao teclado de um piano, para colher a impressão digital dos dez dedos das mãos), convidou-se a imprensa e houve filmagem e fotos suficientes para transformar algo natural (identificação criminal) em cena teatral. Não há dúvida que um indiciamento é algo grave e, se realizado em público, constrange aquele que está sendo investigado. As cenas de indiciamentos "públicos" chegaram ao Congresso Nacional, que, então, cuidou de introduzir, dentre os direitos individuais, a proibição de identificação criminal para quem já fosse civilmente identificado. A partir da edição da Constituição Federal, em outubro de 1988, bastaria apresentar o RG para o formal indiciamento. As exceções deveriam ser previstas em lei, que, no entanto, levou doze anos para ser editada. O advento da Lei 10.054/2000 regulou o âmbito das identificações criminais, a despeito de já existir a civil. De todo modo, os prejuízos adviram nesse período de lacuna, visto que várias autoridades policiais, temendo acusações de abuso de autoridade, passaram a aceitar o oferecimento do RG para identificar criminalmente os indiciados. Nem é preciso salientar o volume de erros judiciários daí advindos, pois os documentos de identidade civis eram falsificados e fartamente distribuídos ao mundo criminoso. Pessoas inocentes foram processadas em lugar de outras, além de muitas terem sido presas, simplesmente porque o verdadeiro criminoso utilizou o RG de outrem. Não nos esqueçamos que, naquela época, o processo criminal, quando havia citação por edital, corria à revelia do acusado, podendo chegar à condenação, com trânsito em julgado, sem que se tivesse visto, uma única vez, a fisionomia real do réu (somente com a edição da Lei 9.271/96, passou-se a suspender o processo, quando houvesse citação por edital). Processava-se um "documento", mas não uma pessoa. Mandados de prisão foram expedidos para encarcerar "Fulano de Tal", quando, em verdade, o autor do crime era "Beltrano", que se valeu dos documentos de "Fulano". Em minha judicatura, por quase uma década, em Vara da Fazenda Pública da Capital do Estado de S. Paulo, tive a oportunidade de processar e julgar vários casos de *erros judiciários*, envolvendo inocentes, levados ao cárcere, em lugar dos verdadeiros culpados, pela falha na identificação criminal. As ações de indenização foram movidas pelos prejudicados contra o Estado, que, por sua defensoria, alegava o cumprimento da norma constitucional, ou seja, os delegados não empreendiam a identificação criminal, porque o indiciado oferecia uma identificação civil e, pior, *não havia lei alguma disciplinando a exceção*. Esse foi o desfavor prestado pelo Legislativo, ao vedar a identificação criminal, desde que se oferecesse a civil, delegando à lei a disciplina da exceção, lei essa que somente foi editada doze anos depois. Testemunhos à parte, somos levados a sustentar que a norma prevista no art. 5.º, LVIII, da CF, é desnecessária e casuística. A lei ordinária sempre foi mais que suficiente para tutelar tais situações. No tocante às cenas teatrais de fotos e vídeos realizados em delegacias de polícia, bastaria o bom senso e a disciplina interna da própria Polícia Civil para vedar tal procedimento. No mais, a identificação criminal é fundamental para o Estado Democrático de Direito, possibilitando que se processe e condene quem seja verdadeiramente culpado, evitando-se o calvário do inocente, que, por azar, teve os seus documentos clonados ou falsificados por criminosos. Em suma, há o art. 5.º, LVIII, da Constituição Federal, restando-nos cumpri-lo. Para isso, adveio a Lei 10.054/2000, agora, em bom tempo, substituída pela Lei 12.037/2009. Na jurisprudência: TJRS: "O caso dos autos cuida de evidente erro quanto à identificação do agente que praticou roubo em Erechim no dia 29 de dezembro de 2011, e que a toda evidência não é a mesma pessoa que o ora requerente. Ao que parece, o autor do roubo utilizou-se de documentos falsificados para se identificar perante as autoridades policiais e prisionais do Estado do Rio Grande do Sul, que fatalmente deixaram de realizar a devida identificação criminal do preso (pessoalmente reconhecido pelas vítimas do roubo como sendo aquele que praticou o delito), apesar da evidente discrepância entre sua fisionomia e as imagens da pessoa cujos dados foram por ele fornecidos (discrepância essa que foi percebida e certificada ainda durante o Inquérito Policial pelo Escrivão de Polícia). De qualquer modo, passados já mais de sete anos desde a soltura do real agente criminoso, obter agora sua identidade, com o fito de corrigir do erro de pessoa constante da sentença condenatória e do mandado de prisão, parece tarefa de difícil consecução. *O que não se pode admitir, todavia, é que se mantenha a condenação de pessoa inocente (o ora requerente) por delito cometido por outro indivíduo que usou fraudulentamente de seus dados pessoais, e cuja verdadeira identidade, por omissão das próprias autoridades policiais e prisionais, agora se desconhece.* Isso posto, a única solução possível ao caso, é desconstituir a sentença condenatória proferida nos autos da ação penal n.º 013/2.12.0000393-0 (CNJ n.º 0013693-60.2017.8.21.0013), ratificando a decisão liminar que já havia suspendido seus efeitos e determinado a expedição de contramandado de prisão. Por fim, no que toca ao pedido subsequente de *indenização por erro judiciário*, não restou demonstrado nos autos que o equívoco na identificação do autor do crime seja atribuível ao Poder Judiciário, sobretudo porque não era dever do Judiciário proceder à identificação criminal do acusado, nos termos do que dispõe a Lei n.º 12.037/2009. Ainda assim, a improcedência de tal pedido específico não impede o requerente de buscar a reparação civil que porventura entenda cabível em ação própria na seara cível. Por fim, vai acolhido o pedido de expedição de ofício ao Ministério Público para requisitar a apuração de eventual crime contra a fé pública envolvendo os documentos de identidade do requerente. Revisão criminal julgada procedente" (Revisão Criminal 70084947746, 4.º Grupo de Câmaras Criminais, rel. Glaucia Dipp Dreher, 26.11.2021, v.u., grifamos).

> **Art. 1.º** O civilmente identificado não será submetido a identificação criminal, salvo nos casos previstos nesta Lei.[3]

3. Aprimoramento da lei reguladora da exceção constitucional: a anterior Lei 10.054/2000 disciplinou o assunto, mas o fez de maneira incompleta e, por vezes, equivocada, como, por exemplo, ter elencado um rol de crimes a demandar a identificação criminal obrigatória ("estiver indiciado ou acusado pela prática de homicídio doloso, crimes contra o patrimônio praticados mediante violência ou grave ameaça, crime de receptação qualificada, crimes contra a liberdade sexual ou crime de falsificação de documento público"). Ora, não há nenhum nexo causal razoável entre cometer um homicídio doloso, por exemplo, e ser obrigatoriamente submetido a identificação criminal. A natureza do delito não impõe qualquer falha na referida identificação, desde que o autor apresente documento civil válido e legítimo. Por isso, abandonou-se na atual Lei 12.037/2009 qualquer lista de delitos, que comportem identificação criminal.

> **Art. 2.º** A identificação civil é atestada por qualquer dos seguintes documentos:
> I – carteira de identidade;
> II – carteira de trabalho;
> III – carteira profissional;

IV – passaporte;

V – carteira de identificação funcional;

VI – outro documento público que permita a identificação do indiciado.

Parágrafo único. Para as finalidades desta Lei, equiparam-se aos documentos de identificação civis os documentos de identificação militares.

Art. 3.º Embora apresentado documento de identificação, poderá ocorrer identificação criminal[4-4-A] quando:[5-10]

I – o documento apresentar rasura ou tiver indício de falsificação;[11]

II – o documento apresentado for insuficiente para identificar cabalmente o indiciado;[12]

III – o indiciado portar documentos de identidade distintos, com informações conflitantes entre si;[13]

IV – a identificação criminal for essencial às investigações policiais, segundo despacho da autoridade judiciária competente, que decidirá de ofício ou mediante representação da autoridade policial, do Ministério Público ou da defesa;[14]

V – constar de registros policiais o uso de outros nomes ou diferentes qualificações;[15]

VI – o estado de conservação ou a distância temporal ou da localidade da expedição do documento apresentado impossibilite a completa identificação dos caracteres essenciais.[16]

Parágrafo único. As cópias dos documentos apresentados deverão ser juntadas aos autos do inquérito, ou outra forma de investigação, ainda que consideradas insuficientes para identificar o indiciado.[17]

4. Identificação criminal: *identificar* significa determinar a identidade de algo ou alguém. No âmbito jurídico, quer dizer apontar a individualidade e exclusividade de uma pessoa humana, não havendo espaço para a duplicidade. A identificação pode ser feita para fins civis e criminais. A órbita civil é residual, vale dizer, não se enquadrando na criminal, individualiza-se a pessoa para todos os demais fins (relação empregatícia, realização de atos civis e empresariais, recebimento de créditos e quitação de débitos, relação familiar e graus de parentesco etc.). No campo criminal, individualiza-se a pessoa para apontar o autor, certo e determinado, sem qualquer duplicidade, da infração penal. Almeja-se a segurança jurídica de não cometer erro judiciário, processando, condenando e punindo o inocente, no lugar do culpado. Há vários elementos e instrumentos para se realizar uma identificação, envolvendo caracteres humanos, tais como cor dos olhos, do cabelo, da pele, bem como altura, sexo, idade, dentre outros. Esses atributos, entretanto, permitem duplicidade, pois não são exclusivos. Por isso, a forma mais antiga – e ainda eficiente – de tornar segura a identificação concentra-se na dactiloscopia (utilização das impressões digitais). Além disso, com a evolução tecnológica, outros poderão ser eleitos como os mais adequados critérios exclusivos da pessoa humana, tal como a leitura de íris. De todo modo, por ora, faz-se a colheita das impressões digitais, associadas à fotografia.

4-A. Prisão preventiva para identificação do suspeito: cuida-se de instituto introduzido pela Lei 12.403/2011, por meio do § 1.º do art. 313 do CPP. *In verbis*: "Também será admitida a prisão preventiva quando houver dúvida sobre a identidade civil da pessoa ou quando esta não fornecer elementos suficientes para esclarecê-la, devendo o preso ser colocado imediatamente em liberdade após a identificação, salvo se outra hipótese recomendar a manutenção da medida". Trata-se de situação de extrema importância no processo penal, justamente para que não se processe um inocente em lugar do verdadeiro culpado, por falha na identificação. Não se deve, por óbvio, abusar do período de prisão preventiva, quando decretada para buscar elementos identificadores. Na jurisprudência: TJRS: "Além da Lei n.º 12.037/09 facultar à autoridade a identificação criminal do preso até o final do procedimento investigatório, o Código de Processo Penal possibilita a decretação da prisão preventiva quando houver dúvida sobre a sua identidade civil, o que visa não só garantia da aplicação da lei penal, como também a garantia da ordem pública. No entanto, a medida preventiva deve perdurar por tempo razoável à identificação dos agentes. Nessa esteira, o art. 10 do Código de Processo Penal determina que o inquérito deverá terminar no prazo de 10 dias se o indiciado estiver preso preventivamente. Passados mais de 40 dias da prisão, não veio aos autos qualquer informação do juízo de origem acerca das medidas adotadas para apurar a identidade civil dos pacientes, mesmo depois de pedido expresso deste juízo na análise da liminar, restando configurado o constrangimento ilegal dos pacientes. Ordem concedida" (HC 70069244598 – RS, 4.ª Câmara Criminal, rel. Mauro Evely Vieira de Borba, 02.06.2016, v.u.).

5. Indiciamento: não se confunde com identificação criminal, mas constitui um procedimento mais amplo, privativo da área criminal. Trata-se do instrumento oficial, ao dispor do Estado-investigação, para apontar o autor de determinada infração penal. Esse apontamento será registrado na folha de antecedentes, para o fim de avaliação da Justiça Criminal. O indiciado não é réu, pois ainda não foi contra ele ajuizada ação penal. Não é, tampouco, culpado ou condenado, pois contra ele não há sentença condenatória, com trânsito em julgado. Cuida-se da pessoa sobre a qual incidem as suspeitas de autoria, durante a fase investigatória.

6. Qualificação: trata-se da colheita dos dados pessoais do indiciado ou do réu, envolvendo dados da sua vida privada e profissional. Naturalmente, a qualificação envolve a identificação criminal, mas também com ela não se confunde. Enquanto a identificação criminal tem por finalidade tornar a pessoa humana exclusiva, a qualificação visa à obtenção dos vários dados componentes da vida de determinada pessoa, tais como estado civil, profissão, endereço residencial e comercial, vida pregressa, se já foi processado criminalmente etc. Noutros termos, a qualificação de pessoas pode ser igual (ex.: casado, médico, residente na Rua A, com consultório na Rua F, sem antecedentes criminais), mas a identificação criminal será diferente (cada qual com suas impressões digitais e fotos, além de diversos números no Registro Geral – RG).

7. Direito de defesa, silêncio e proteção contra a autoincriminação: o suspeito, indiciado ou acusado tem direito ao silêncio, podendo calar-se, quando lhe for dirigida qualquer imputação criminal, sem que se possa extrair qualquer consequência negativa dessa opção. Faz parte do seu direito de defesa e da proteção constitucional contra a autoacusação, ínsita ao princípio da presunção de inocência. Porém, tratando-se de identificação criminal, não possui o acusado o direito de se omitir ou de se recusar a colaborar com o Estado para individualizá-lo. Não se trata a identificação criminal de uma aceitação de culpa, mas de um procedimento para tornar exclusiva determinada pessoa, direito do Estado, evitando-se, com isso, o nefasto erro judiciário. Não se confunda, ainda, a identificação criminal com o reconhecimento de pessoa. Neste caso, terceiros poderão apontar o indiciado ou réu como autor do crime. Naquela situação, nada disso tem relevo, pois se busca, apenas, identificar a pessoa que está sob investigação ou respondendo a processo-crime. A recusa do indiciado ou réu à identificação criminal pode levá-lo a cometer ao delito de desobediência. Diga-se o mesmo no tocante à qualificação, que tem ares de individualização, não implicando culpa ou inocência.

8. Falsa identidade: o crime previsto no art. 307 do Código Penal destina-se, justamente, a punir quem assume identidade diversa da sua, procurando obter vantagem e causar dano a outrem. A única hipótese em que se admite, em nosso entendimento, a assunção de falsa identidade diz respeito ao momento da prisão, porém o objetivo do agente não é prejudicar terceiro, mas fugir à detenção, o que é direito seu (não há crime para a fuga do cárcere, salvo com violência ou grave ameaça a pessoa). Mais detalhes estão expostos em nossos comentários ao art. 307 no *Código Penal comentado*.

9. Identificação criminal facultativa: cuida-se de ato indispensável, como forma de assegurar a garantia de que se investiga ou processa criminalmente a pessoa certa, vale dizer, quem praticou a infração penal. Diante disso, *é possível* promover a identificação na seara penal, quando o suspeito ou indiciado possua identificação civil, a depender do preenchimento dos requisitos enumerados pelo art. 3.º. Na hipótese do inciso IV, que não aponta um elemento concreto para isso, torna-se fundamental a motivação do ato. Nunca é demais ressaltar que, apesar de facultativa a identificação criminal, caso não seja realizada, por erro, negligência e até mesmo por dolo, a autoridade policial poderá ser responsabilizada por isso, se gerar erro judiciário. A realização de identificação forçada, sem justo motivo, pode conduzir, igualmente, à responsabilidade do Estado e da autoridade que a efetivou. Na jurisprudência: TJMS: "A questão a ser elucidada refere-se ao sujeito autor do crime, ou seja, a identidade da pessoa sobre quem deve recair a atuação da persecução criminal, razão pela qual se faz necessária a individualização do autor do delito, através de identificação criminal, cuja finalidade é prestar segurança ao Estado para auxiliar em medidas de investigação criminal. Deve ser ressaltado que tal procedimento encontra-se excepcionado pela Lei n. 12.037/2009, na medida em que o documento pessoal ostentado pelo réu não se mostra suficiente para identificar cabalmente o autor do crime, pois não se presta como fonte segura para comprovar de forma hábil a identificação civil do acusado, além de haver, notícias sobre a existência de mais de uma carteira de identidade com o mesmo número de RG, mas com qualificações diversas, gerando a presunção de utilização de documentos falsos. Contra o parecer. Ordem denegada. De ofício, determinada a identificação criminal do paciente" (HC 1402313-46.2017.8.12.0000 – MS, 1.ª Câmara Criminal, rel. Maria Isabel de Matos Rocha, 25.04.2017, v.u.). TJSP: "Responsabilidade civil. Indenização por danos morais decorrentes de erro da autoridade policial na identificação de indiciado que se apresentou como sendo o autor. Inobservância das regras de identificação constantes na Lei 12.037/2009 pelos agentes da ré. Nexo causal comprovado. Danos morais presentes e bem fixados. Sentença de procedência mantida. Recursos desprovidos. Modificação das taxas de juros e atualização monetária incidentes sobre o débito de natureza não tributária, conforme entendimento adotado pelo STF, até que solução seja dada à Repercussão Geral de n.º 810, atrelada ao RE 870947" (Ap. 0009870-95.2009.8.26.0053 – SP, 13.ª Câmara de Direito Público, rel. Ferraz de Arruda, 14.10.2015, v.u.).

10. Motivação do ato: não há exigência legal para tanto. Entretanto, parece-nos cauteloso que a autoridade o faça, até pelo fato de ser *facultativo* o processo de identificação criminal. Resguardando-se de futura e eventual alegação de abuso de autoridade, a inserção de motivos, nos autos cabíveis, onde se dá a identificação, pode excluir qualquer ranço de autoritarismo nessa tarefa.

11. Documento rasurado ou falsificado: *rasurar* significa riscar ou rabiscar algo, de modo a tornar inviável a sua legítima leitura. *Falsificar* quer dizer adulterar algo, com o objetivo de fazê-lo passar por autêntico; trata-se da reprodução do verdadeiro, em processo de imitação. A falsificação pode ser material, construindo-se um novo documento ou alterando o verdadeiro, como ideológica, provocando-se a alteração de conteúdo. Ilustrando, uma carteira de habilitação será, materialmente, falsa, quando todo o documento for constituído por pessoa que não tem competência para isso. Será, ideologicamente, falsa, quando o documento for emitido pelo órgão de trânsito competente, mas contendo dados irreais, como, por exemplo, a idade do condutor. No caso desta Lei, autoriza-se a identificação criminal em qualquer situação: rasura, falsidade material e falsidade ideológica. Em verdade, torna-se mais fácil apontar um documento falsificado materialmente do que o falsificado em relação ao conteúdo; essa missão é a atribuição passada à autoridade, de modo que a identificação criminal é facultativa.

12. Documento insuficiente: a abertura dada pela lei para a constatação da identificação civil (carteira de identidade, carteira de trabalho, carteira profissional, passaporte, carteira de identificação funcional, outro documento público que permita a identificação do indiciado) pode levar à incompletude para a segurança necessária exigida pela identificação criminal. Portanto, eventual insuficiência (exemplo: faltam dados de filiação ou data de nascimento) não pode colocar em risco a identidade do indiciado ou réu, motivo pelo qual se deve realizar a colheita dactiloscópica e a fotografia.

13. Documentos conflitantes: trata-se de indício suficiente para a identificação criminal a existência de dados conflitantes entre documentos relativos ao indiciado ou réu. Não se trata, apenas, de portar dois documentos de identidade diferentes (ex.: dois RGs), pois isso é a mais exata indicação de fraude, mas documentos diversos com dados igualmente diferenciados (ex.: um RG e uma carteira de habilitação, cada qual contendo data de nascimento diversa).

14. Identificação criminal fundamental: é a hipótese mais aberta de todas, envolvendo elemento de *necessariedade* não descrito em lei. Essa situação, justamente por ser deveras ampla, provoca a atuação da autoridade judiciária competente (aquela que estiver vinculada à fiscalização da investigação policial), que deverá decidir, por sua conta (de ofício) ou por provocação da autoridade policial, do Ministério Público ou da defesa, a linha a seguir. Imagine-se a hipótese de pessoa que apresenta os documentos civis em ordem, mas possui um irmão gêmeo idêntico. Indícios podem dar conta de um irmão fazer-se passar pelo outro, em certas situações, embora os dados sejam praticamente os mesmos, inclusive a foto. Resta o bom senso da colheita da impressão digital, que servirá para dirimir a dúvida. Note-se o cuidado da lei ao permitir o pedido de identificação criminal formulado pela própria defesa do indiciado ou réu, com o fito de evitar o erro judiciário. TJRS: "A identificação criminal realizada através de exame de compatibilidade de DNA em que utilizado perfil genético coletado *com expressa anuência do réu* se encontra em sintonia com a legislação de regência. Ilicitude da prova colhida não configurada. (...) Os substratos reunidos demonstram a existência material e a autoria do delito sexual descrito na exordial acusatória. Consistentes declarações da vítima, referendadas por exame de compatibilidade de DNA, são subsídios que se sobrepõem à tese de insuficiência probatória sustentada pela defesa. Manutenção do decreto condenatório" (Apelação Criminal 70081677668, 8.ª Câmara Criminal, rel. Naele Ochoa Piazzeta, 29.09.2021, v.u., grifamos).

15. Registros policiais: os indiciamentos são anotados em folha de antecedentes e, muitas vezes, os dados de determinada pessoa começam a se cumular, contendo variados apelidos, nomes de família, nomes dos pais, dentre outros, embora relativos ao mesmo indivíduo. Há os conhecidos *aliases*, ou seja, vários nomes usados pela mesma pessoa ao se identificar perante órgãos públicos. Quem possuir, em sua f. a., tais anotações, contendo variados nomes, realmente, precisa ser criminalmente identificado, pois a chance de haver erro incrementa-se em demasia.

16. Estado do documento: há, basicamente, três situações neste inciso: a) o documento se encontra em péssimo estado de conservação; b) o documento foi emitido há muitos anos; c) o documento foi emitido em distante localidade. A primeira situação não é incomum, pois muitos trabalhadores carregam a carteira profissional no bolso traseiro da calça e, com o passar do tempo, o documento se torna um aglomerado de folhas amassadas e quase ilegíveis. A segunda hipótese envolve aquele que carrega consigo a mesma identidade emitida quando tinha seus dezoito anos; passados trinta anos, por óbvio, a foto não se presta mais à identificação e a dúvida pode surgir quanto à sua identidade. A terceira situa-se no contexto de localidade muito distante do local onde ocorre o indiciamento, impossibilitando qualquer ação policial para a consulta ao banco de dados ou à certeza de autenticidade do documento apresentado.

17. Verificação de eventual abuso: tratando-se de identificação criminal facultativa, torna-se fundamental juntar-se, aos autos do inquérito ou investigação similar, o documento apresentado pelo indiciado ou suspeito, a fim de se apurar eventual abuso de autoridade. Logicamente, apontado o documento – e, por tal razão, entendemos cautelosa a motivação para a identificação – a análise da indispensabilidade do procedimento tornar-se-á mais fácil.

> **Art. 4.º** Quando houver necessidade de identificação criminal, a autoridade encarregada tomará as providências necessárias para evitar o constrangimento do identificado.[18]

18. Preservação da dignidade da pessoa: esse é o dispositivo-chave para evitar todo e qualquer problema, eventualmente gerado pela identificação criminal. Esta não é um procedimento crítico e inadequado, em si mesma. Torna-se desagradável e periclitante, quando mal utilizado. Basta assegurar um espaço e um momento de privacidade para que as impressões digitais e a foto sejam colhidas e está-se diante do respeito à cidadania, com a devida segurança jurídica. Aliás, a singela existência deste artigo em lei dispensaria a inserção do inciso LVIII no art. 5.º da Constituição Federal.

> **Art. 5.º** A identificação criminal incluirá o processo datiloscópico e o fotográfico, que serão juntados aos autos da comunicação da prisão em flagrante, ou do inquérito policial ou outra forma de investigação.[19]
> **Parágrafo único.** Na hipótese do inciso IV do art. 3.º, a identificação criminal poderá incluir a coleta de material biológico[19-A] para a obtenção do perfil genético.[19-B]

19. Processos de identificação: atualmente, dispõem-se, no Brasil, da identificação dactiloscópica e da fotografia, como métodos eficientes de identificação humana. No futuro, outros instrumentos poderão ser criados, associando-se a estes. A juntada das impressões digitais colhidas e da fotografia aos autos do inquérito é a garantia de que se está processando pessoa certa e determinada. De qualquer forma, havendo necessidade, o suspeito precisa comparecer à delegacia pessoalmente. Na jurisprudência: TJGO: "Para a realização da identificação criminal nos termos do art. 5.º da Lei n.º 12.037/2009, necessária a presença do agente. *Habeas corpus* parcialmente conhecido e, nessa extensão, denegado. Parecer acolhido" (HC 147882-81.2016.8.09.0000 – GO, 2.ª Câmara Criminal, rel. Jairo Ferreira Junior, j. 19.05.2016, v.u.). TJSC: "Sabe-se que a identificação criminal é procedimento realizado na fase policial, que visa uma perfeita individualização do indiciado através da colheita de dados físicos, tais como impressão datiloscópica, fotográfica e, em algumas hipóteses, a coleta de material genético, consoante dispõe o art. 5.º da Lei n. 12.037/09" (Ap. Crim. 0030836-53.2014.8.24.0023 – SC, 2.ª Câmara Criminal, rel. Getúlio Corrêa, j. 30.05.2017, v.u.).

19-A. Procedimentos identificatórios: a identificação civil, atestada nos termos do art. 2.º desta Lei, pelos documentos descritos nos incisos I a VI, em tese, é suficiente para garantir a correta identificação criminal. Porém, o art. 3.º criou exceções à regra, permitindo que se faça, concomitantemente, a identificação criminal do indiciado. Dentre tais exceções, a mais ampla é justamente o inciso IV, prevendo ser a identificação criminal "essencial às investigações policiais, segundo despacho da autoridade judiciária competente, que decidirá de ofício ou mediante representação da autoridade policial, do Ministério Público ou da defesa". Em qualquer caso, válido para toda infração penal investigada, pode-se colher o material biológico, para futuro confronto e exame de DNA, desde que haja a devida fundamentação. Insere-se elemento de maior segurança no contexto da identificação humana, buscando-se evitar o erro judiciário, especialmente no caso de se processar uma pessoa em lugar de outra. Na jurisprudência: STJ: "IV – Em situação semelhante, esta Quinta Turma decidiu que '(...) Não se revela teratológica a decisão do Relator do *habeas corpus* impetrado na Corte de origem que indeferiu liminar, salientando que a diligência impugnada (coleta de material genético – DNA – dos ora recorrentes para complementação de perícia já iniciada) encontra respaldo na Lei 12.037/2009 (arts. 3.º, IV, e 5.º, parágrafo único), que não restringe a possibilidade de coleta de material biológico à fase inquisitorial, entendimento esse respaldado em precedentes desta Corte (HC 407.627/MG, Rel. Min. Felix Fischer, *DJe* de 27/04/2018 e RHC 69.127/DF, Rel. Ministro Felix Fischer, Quinta Turma, julgado em 27/09/2016, *DJe* 26/10/2016)' (AgRg no HC n. 681.855/SP, Quinta Turma, Rel. Min. Reynaldo Soares da Fonseca, *DJe* de 16/8/2021)" (AgRg no HC 726.210 – SC, 5.ª T., rel. Jesuíno Rissato, 15.03.2022, v.u.).

19-B. O procedimento de coleta de material biológico: a exceção aberta pelo art. 3.º, IV, desta Lei não pode ser generalizada, sob pena de configurar constrangimento ilegal ao indivíduo identificado por meio de material genético, confrontando, ainda, o princípio da igualdade (ou todos fazem ou não fazem, salvo exceções). Além disso, a Lei de Execução Penal, no art. 9.º-A, estabelece a obrigatoriedade de colheita de material para a identificação do perfil genético, sob pena de se configurar falta grave, para condenados por certas infrações, descritas no *caput* do mencionado artigo. Nessa hipótese, temos sustentado a constitucionalidade, visto que se promove o perfil genético de quem está condenado e não para formar prova contra ele. Quanto à colheita de material biológico, durante uma investigação criminal, não sendo especificamente para dirimir dúvida quanto à identidade do suspeito, mas para buscar elemento de prova acerca da autoria do delito analisado, parece-nos ferir o direito constitucional de não produzir prova contra si mesmo. Desse modo, apontada pela autoridade policial ou pelo Ministério Público, bem como determinada pelo juiz, para captar dados de elucidação da autoria, cremos possa o indiciado recusar-se ao procedimento. Sob outro aspecto, caso requerida pela defesa, quer-se crer seja indispensável para *excluir a autoria* do crime e, por isso, o suspeito ou indiciado pode colaborar. A diferença entre a coleta de material biológico e as outras formas de identificação (fotografia ou impressão dactiloscópica) é a generalização do procedimento. As pessoas precisam da identificação civil e, por essa razão, deixam-se fotografar e permitem a coleta da impressão digital *antes* do cometimento de um delito; o objetivo é bem claro e se liga a ter um documento que o identifique, em sociedade, para diversas finalidades (celebrar contratos, participar de um concurso público, ter habilitação para dirigir veículo, viajar para o exterior, requerer financiamento etc.). Na sequência desse raciocínio, quando envolvido em investigação criminal, para se identificar, o suspeito mostra o documento necessário (RG, CNH, identidade funcional etc.); se esse documento não parecer crível, promove-se outra coleta, tirando-se fotografia e colhendo-se a impressão digital. Quanto à formação do perfil genético, fosse ele indicado para todas as pessoas, na órbita extrapenal, seria mais um método de identificação geral, sem o objetivo de apontar a autoria da prática de um crime. Não sendo o caso, imagine-se que, no local de um delito, colham-se elementos como fios de cabelo, saliva, sêmen, entre outros, cuja análise somente será viável quando contrastada com o perfil genético de alguém. Há duas situações distintas: a) confronta-se com o perfil cadastrado no sistema, por meio de material colhido de condenado por outra infração penal: é válida a sua utilização, porque o investigado não foi obrigado a fornecer material biológico para se incriminar, afinal, seu perfil já estava formado; b) busca-se coletar material do indiciado – ainda inexistente – com a finalidade de confrontar com o elemento colhido no local do crime: não é legítima a sua captação, pois se está utilizando do suspeito para formar prova contra ele mesmo. Na jurisprudência: STJ: "1 – Se, como no caso concreto, não demonstrada a menor nesga de dúvida acerca da identidade do réu, ora recorrente, que inclusive teria confessado os delitos, não há razão para deferir, a pedido da autoridade policial, identificação criminal com colheita de material genético. 2 – Ilegalidade demonstrada, ainda mais porque o silogismo da decisão em xeque não condiz com as características do caso concreto, pois ainda não há condenação com trânsito em julgado e a identificação criminal, ao invés de se ater aos fatos em apuração e a possível dúvida quanto à pessoa do recorrente, faz referência a outros crimes que ainda carecem de apuração, notadamente no tocante à autoria, o que denota premissa totalmente equivocada para a conclusão consignada. 3 – Recurso ordinário provido para impedir que seja colhido material genético do recorrente e, se já tiver sido realizado, que seja destruído, fazendo-se o respectivo laudo" (RHC 76.344 – PR, 6.ª T., rel. Maria Thereza de Assis Moura, 08.11.2016, v.u.).

> **Art. 5.º-A.** Os dados relacionados à coleta do perfil genético deverão ser armazenados em banco de dados de perfis genéticos, gerenciado por unidade oficial de perícia criminal.[19-C]
>
> § 1.º As informações genéticas contidas nos bancos de dados de perfis genéticos não poderão revelar traços somáticos ou comportamentais das pessoas, exceto determinação genética de gênero, consoante as normas constitucionais e internacionais sobre direitos humanos, genoma humano e dados genéticos.[19-D]
>
> § 2.º Os dados constantes dos bancos de dados de perfis genéticos terão caráter sigiloso, respondendo civil, penal e administrativamente aquele que permitir ou promover sua utilização para fins diversos dos previstos nesta Lei ou em decisão judicial.[19-E]
>
> § 3.º As informações obtidas a partir da coincidência de perfis genéticos deverão ser consignadas em laudo pericial firmado por perito oficial devidamente habilitado.[19-F]

19-C. Banco de dados de perfis genéticos: desde cedo, somos civilmente identificados (carteira de identidade), onde se colhe fotografia e impressão datiloscópica. Ninguém contra isso se insurge, reputando invasivo e, portanto, inconstitucional. Depois, ao longo da vida, outras identificações são necessárias, como a exigida pelo passaporte, que, hoje, contém um chip armazenando todas as informações pessoais, a serem conhecidas pelos agentes alfandegários. Há a carteira de trabalho e outras carteiras profissionais e de identificação funcional. Por isso, desde que a Constituição Federal de 1988, em seu art. 5.º, LVIII, previu que o "civilmente identificado não será submetido a identificação criminal, salvo nas hipóteses previstas em lei", manifestamo-nos contrariamente (ver a nota 2 *supra*). Inexiste qualquer sentido para se evitar a identificação criminal, que deveria ser praxe, desde que não se transforme em palco de humilhação pública. Quanto mais precisa a identificação, menor o índice de erro judiciário envolvendo a troca de uma pessoa por outra. Por isso, acrescendo-se ao campo da identificação criminal, que já conta a impressão datiloscópica e a fotografia, a coleta de material biológico, aperfeiçoa-se o sistema, permitindo-se maior segurança, se o propósito for exclusivamente permitir a identificação duvidosa de uma pessoa. Segundo cremos, esse modelo deveria ser implantado no cenário da identificação civil, como regra, para todos os brasileiros. Nada seria mais seguro e garantido. Noutros países, tem-se evoluído para formas modernas de identificação pessoal, como a leitura da íris e até mesmo a *leitura facial*, apta a abrir, como autêntico código ou senha, de um celular a um aplicativo de estabelecimento bancário. Enfim, enquanto não se consegue um modelo genérico para todas as identificações, deve-se acolher a prevista nesta Lei, no campo criminal, embora de diminuta aplicação pelo seu caráter excepcional. O Decreto 7.950/2013 instituiu o Banco Nacional de Perfis Genéticos e a Rede Integrada de Bancos de Perfis Genéticos. Na jurisprudência: TJMG: "Não é inconstitucional o 5.º-A da Lei 12.037/2009. Na verdade, o dispositivo visa a busca da verdade real – que é outro princípio do processo penal – aumentando o rol de identificação da Lei 12.654/12, evitando erros judiciários e criando um banco de dados, de caráter absolutamente sigiloso, para armazenamento das infrações sobre a identidade genética dos já condenados, sem atingir o princípio da presunção de inocência" (Arg Inconstitucionalidade 1.0144.13.001808-4/005, Órgão Especial, rel. Wander Marotta, 09.02.2018, public. 23.02.2018).

19-D. Informações genéticas: devem permitir a identificação humana, individualizando a pessoa, sem outros dados desnecessários, evitando-se a formação de um banco de dados voltados a colher elementos diversos. Sabe-se que a personalidade possui dados de herança genética, que influenciam no comportamento humano. Por tal razão, veda-se o foco do banco de dados de perfil genético no prisma comportamental, eliminando-se a possibilidade de uso dessas características para apurar o modo de ser e agir do sujeito identificado. Seria arriscada aventura a revelação de traços somáticos e comportamentais, pois não representam dados para a identificação, além de viabilizar análises inconclusivas a respeito de temperamento, caráter e personalidade. Além disso, poderia propiciar a pretensa formação de um estereótipo de delinquência, nos moldes lombrosianos, algo invasivo e infundado.

19-E. Caráter sigiloso: o banco de dados de perfis genéticos, por óbvio, deve ser sigiloso, a ser utilizado somente para fins de identificação criminal. Prevê-se responsabilidade civil, penal e administrativa aos violadores desse sigilo. Em matéria penal, aplica-se o disposto no art. 325 do Código Penal (violação de sigilo funcional).

19-F. Laudo pericial: se a formação do perfil genético tem por alvo identificar, com nitidez, *quem é quem*, permitindo-se a identificação clara de indivíduos diferentes, o ideal é que se faça por meio de perito especializado. Por isso, o ideal é se valer de perito oficial, integrante da administração pública.

> **Art. 6.º** É vedado mencionar a identificação criminal do indiciado em atestados de antecedentes ou em informações não destinadas ao juízo criminal, antes do trânsito em julgado da sentença condenatória.[20]

20. Sigilo da identificação criminal: os atestados de antecedentes são utilizados para apontar os eventuais *antecedentes* criminais existentes e não a identificação criminal, situações que não se confundem. Portanto, o que este dispositivo parece intentar é evitar que conste em qualquer atestado de antecedentes ou outro atestado similar já ter sido o indivíduo identificado criminalmente, portanto, ter sido indiciado como *suspeito* pela prática de uma infração penal. Consultar, ainda, a nota 21 *infra*.

> **Art. 7.º** No caso de não oferecimento da denúncia, ou sua rejeição, ou absolvição, é facultado ao indiciado ou ao réu, após o arquivamento definitivo do inquérito, ou trânsito em julgado da sentença, requerer a retirada da identificação fotográfica do inquérito ou processo, desde que apresente provas de sua identificação civil.[21]

21. Desentranhamento da identificação criminal: esta disposição não se encontra em harmonia com o contexto geral da segurança jurídica exigível. Afinal, se houve identificação criminal quer-se crer não ter havido suficiente identificação civil anterior. Portanto, a mantença dos dados colhidos (impressão dactiloscópica ou foto ou ambos) na peça processual arquivada não nos parece dano potencial. Aliás, a previsão feita no art. 7.º desta Lei somente pode referir-se a um Estado incapacitado de guardar sigilo em relação aos documentos oficiais. Se houve inquérito, processo e, ao final, absolvição, por vezes, anos após, qual motivo levaria o indiciado/réu a pretender retirar sua foto dos autos? O temor de vazamento. Se os autos ficassem bem abrigados ou até fossem destruídos, nada disso seria necessário. Porém, trata-se de um padrão estatal diferenciado: previne-se a ilegalidade (divulgação da foto do indiciado/réu), cortando-se o *mal pela raiz*, ou seja, extrai-se a foto. Parece-nos que a cultura a ser criada não é essa, mas, sim, a do respeito ao sigilo e aos documentos oficiais do Estado. De qualquer modo, a retirada da fotografia não se relaciona com o apagamento de todos os registros existentes em seu prontuário, mesmo absolvições ou inquéritos arquivados; afinal, são fatos pertinentes à vida da pessoa e não devem ser divulgados, mas, igualmente, não é cabível eliminar por completo os registros realizados, como se nunca tivessem existido. Na jurisprudência: STJ: "5. O Superior Tribunal de Justiça já enfatizou, em sucessivas decisões, que as anotações referentes a inquéritos e ações penais, em que houve absolvição ou extinção da punibilidade, conquanto não possam ser mencionadas na folha de antecedentes criminais, nem mesmo em certidão extraída dos livros em juízo, não podem ser excluídas do banco de dados do Instituto de Identificação, porque tais registros comprovam fatos e situações jurídicas e, por essa razão, não devem ser apagados ou excluídos, observando-se que essas informações estão protegidas pelo sigilo" (AgRg no REsp 1.751.708 – SP, 6.ª T., rel. Sebastião Reis Júnior, j. 05.02.2019, v.u.).

> **Art. 7.º-A.** A exclusão dos perfis genéticos dos bancos de dados ocorrerá:[21-A]
> I – no caso de absolvição do acusado; ou
> II – no caso de condenação do acusado, mediante requerimento, após decorridos 20 (vinte) anos do cumprimento da pena.

21-A. Exclusão dos dados: conforme havíamos sugerido, o ideal seria a identificação civil ser aperfeiçoada, contendo não somente a impressão datiloscópica e a fotografia, mas também o material biológico. Enquanto isso não se der, a identificação criminal acaba sofrendo uma estigmatização, como um fardo pendente em relação ao indiciado ou acusado. Por tal motivo, estabelece-se a exclusão quando da absolvição do réu ou, em caso de condenação, mediante requerimento do interessado, decorridos 20 anos do cumprimento da pena. Retirou-se a viabilidade de exclusão do perfil genético do banco de dados em caso de prescrição, com o advento da Lei 13.964/2019. Segundo nos parece, uma vez realizado o registro, deveria permanecer em definitivo, sempre coberto pelo sigilo.

Art. 7.º-B. A identificação do perfil genético será armazenada em banco de dados sigiloso, conforme regulamento a ser expedido pelo Poder Executivo.[21-B]

21-B. Regulamento: delega-se a ato do Poder Executivo regulamentar o funcionamento do banco de dados, impondo-se, pelo menos, um requisito fundamental: o sigilo.

Art. 7.º-C. Fica autorizada a criação, no Ministério da Justiça e Segurança Pública, do Banco Nacional Multibiométrico e de Impressões Digitais.[21-C]

§ 1.º A formação, a gestão e o acesso ao Banco Nacional Multibiométrico e de Impressões Digitais serão regulamentados em ato do Poder Executivo federal.

§ 2.º O Banco Nacional Multibiométrico e de Impressões Digitais tem como objetivo armazenar dados de registros biométricos, de impressões digitais e, quando possível, de íris, face e voz, para subsidiar investigações criminais federais, estaduais ou distritais.

§ 3.º O Banco Nacional Multibiométrico e de Impressões Digitais será integrado pelos registros biométricos, de impressões digitais, de íris, face e voz colhidos em investigações criminais ou por ocasião da identificação criminal.

§ 4.º Poderão ser colhidos os registros biométricos, de impressões digitais, de íris, face e voz dos presos provisórios ou definitivos quando não tiverem sido extraídos por ocasião da identificação criminal.

§ 5.º Poderão integrar o Banco Nacional Multibiométrico e de Impressões Digitais, ou com ele interoperar, os dados de registros constantes em quaisquer bancos de dados geridos por órgãos dos Poderes Executivo, Legislativo e Judiciário das esferas federal, estadual e distrital, inclusive pelo Tribunal Superior Eleitoral e pelos Institutos de Identificação Civil.

§ 6.º No caso de bancos de dados de identificação de natureza civil, administrativa ou eleitoral, a integração ou o compartilhamento dos registros do Banco Nacional Multibiométrico e de Impressões Digitais será limitado às impressões digitais e às informações necessárias para identificação do seu titular.

§ 7.º A integração ou a interoperação dos dados de registros multibiométricos constantes de outros bancos de dados com o Banco Nacional Multibiométrico e de Impressões Digitais ocorrerá por meio de acordo ou convênio com a unidade gestora.

§ 8.º Os dados constantes do Banco Nacional Multibiométrico e de Impressões Digitais terão caráter sigiloso, e aquele que permitir ou promover sua utilização para fins diversos dos previstos nesta Lei ou em decisão judicial responderá civil, penal e administrativamente.

§ 9.º As informações obtidas a partir da coincidência de registros biométricos relacionados a crimes deverão ser consignadas em laudo pericial firmado por perito oficial habilitado.

§ 10. É vedada a comercialização, total ou parcial, da base de dados do Banco Nacional Multibiométrico e de Impressões Digitais.

§ 11. A autoridade policial e o Ministério Público poderão requerer ao juiz competente, no caso de inquérito ou ação penal instaurados, o acesso ao Banco Nacional Multibiométrico e de Impressões Digitais.

21-C. Banco Nacional Multibiométrico e de Impressões Digitais: trata-se de norma de conteúdo administrativo, criando o referido banco e seu funcionamento.

> **Art. 8.º** Esta Lei entra em vigor na data de sua publicação.
> **Art. 9.º** Revoga-se a Lei 10.054, de 7 de dezembro de 2000.
>
> Brasília, 1.º de outubro de 2009; 188.º da Independência e 121.º da República.
> José Alencar Gomes da Silva
>
> (*DOU* 02.10.2009)

Interceptação Telefônica

Lei 9.296, de 24 de julho de 1996

Regulamenta o inciso XII, parte final, do art. 5.º da Constituição Federal.

O Presidente da República:

Faço saber que o Congresso Nacional decreta e eu sanciono a seguinte Lei:

> **Art. 1.º** A interceptação[1-4] de comunicações telefônicas, de qualquer natureza, para a prova em investigação criminal e em instrução processual penal, observará o disposto nesta Lei e dependerá de ordem do juiz competente[4-A-4-C] da ação principal, sob segredo de justiça.[5-5-B]
>
> **Parágrafo único.** O disposto nesta Lei aplica-se à interceptação do fluxo de comunicações em sistemas de informática e telemática.[6]

1. Fundamento constitucional: estabelece o art. 5.º, XII, da Constituição Federal, que: "é inviolável o sigilo da correspondência e das comunicações telegráficas, de dados e das comunicações telefônicas, salvo, no último caso, por ordem judicial, nas hipóteses e na forma que a lei estabelecer para fins de investigação criminal ou instrução processual penal". A primeira relevante questão que se põe é a extensão de invasão de intimidade autorizada pelo ordenamento jurídico à luz do disposto no referido art. 5.º, XII, em confronto com a legislação ordinária. Temos defendido que não há direito ou garantia fundamental de caráter absoluto. Por esse motivo e, também, pelo fato de não poder existir norma constitucional a proteger o delinquente, não vemos nenhuma razão para interpretar, restritivamente, o conteúdo do mencionado inciso XII. Parece-nos, pois, estar autorizada, desde que por ordem judicial, para fins de investigação e processo criminal, toda e qualquer interceptação, desde que prevista em lei. A correspondência, por exemplo, dirigida a acusado de crime, quando apreendida regularmente (art. 240, § 1.º, *f*, do CPP) pode ser aberta pelo juiz e exposta como meio de prova. Do mesmo modo, com base na Lei 9.296/96, as comunicações telefônicas (mais relevantes) e as demais (comunicações telegráficas e de dados) podem ser interceptadas por ordem judicial, para fins criminais. Há, por certo, quem sustente o contrário, unicamente pelo fato de ter constado, segundo muitos juristas, de maneira equívoca, a expressão "no último caso", no mencionado inciso XII. Assim, somente as comunicações telefônicas comportariam interceptação, na forma da lei. As demais seriam absolutamente preservadas. É interessante observar que, se assim realmente fosse, os presos não teriam suas correspondências devassadas pelos agentes penitenciários, a fim de garantir a segurança do presídio em que se encontram. Outro ponto relevante a observar, ainda com referência aos presos, é o seguinte: fosse *sagrado* o direito à livre correspondência, pois o art. 5.º, XII, da CF, assim teria garantido, não haveria necessidade da invasão de "telefones celulares" nos presídios, pois qualquer plano de fuga ou rebelião poderia ser tratado por correspondência, afinal, esta seria indevassável de modo absoluto. Em suma, nenhum direito é absoluto, motivo pelo qual sustentamos a viabilidade da interceptação de correspondência, seguindo-se o disposto no Código de Processo Penal, bem como a *interceptação telefônica* e de dados em geral, abrangendo os sistemas de informática e telemática (art. 1.º, parágrafo único, da Lei 9.296/96). Em contrário, está a posição de Vicente Greco Filho: "a conclusão é a de que a Constituição autoriza, nos casos nela previstos, somente a interceptação de comunicações telefônicas e não a de dados e muito menos as telegráficas (aliás, seria absurdo pensar na interceptação destas, considerando-se serem os interlocutores entidades públicas e análogas à correspondência). Daí decorre que, em nosso entendimento, é inconstitucional o parágrafo único do art. 1.º da lei comentada, porque não poderia estender a possibilidade de interceptação do fluxo de comunicações em sistemas de informática e telemática" (Interceptação telefônica, p. 17-18). Sobre a inviolabilidade de correspondência, consultar a nota 21 ao art. 240 do nosso *Código de Processo Penal comentado*. Na jurisprudência: STF: "1. A interceptação telefônica, prevista no art. 5.º, XII, da Constituição da República e regulamentada pela Lei n. 9.296/1996 (Lei de Interceptação Telefônica), quando autorizada, 'deverá ser expedida pelo juiz competente, em decisão devidamente fundamentada que demonstre sua conveniência e indispensabilidade' (HC 130.596 AgR, ministro Alexandre de Moraes), sob pena de nulidade do ato jurisdicional. 2. A violabilidade das comunicações telefônicas só poderá ocorrer excepcionalmente, desde que (i) estejam presentes indícios razoáveis da autoria ou da participação do investigado em infração penal; (ii) inexista outro meio para obtenção de prova; e (iii) configure o fato em apuração crime punido com reclusão" (HC 212702 AgR, 2.ª T., rel. Nunes Marques, 16.05.2022, v.u.).

2. Interceptação: em sentido estrito, *interceptar* algo significaria interromper, cortar ou impedir. Logo, interceptação de comunicações telefônicas fornece a impressão equívoca de constituir a interrupção da conversa mantida entre duas ou mais pessoas. Na realidade, o que se quer dizer com o referido termo, em sentido amplo, é imiscuir-se ou intrometer-se em comunicação alheia. Portanto, interceptação tem o significado de interferência, com o fito de colheita de informes. A interceptação pode dar-se das seguintes formas: a) interceptação telefônica, informática ou telemática (as duas últimas representam a comunicação estabelecida por meios ligados a computador, como os viabilizados pela Internet): alguém invade, por aparelhos próprios, a conversação mantida, via telefone ou computador, entre duas ou mais pessoas, captando dados, que podem ser gravados ou simplesmente ouvidos; b) interceptação ambiental (captação ambiental): alguém capta a conversa mantida entre duas ou mais pessoas, fora do telefone ou computador, em qualquer recinto, privado ou público. A primeira delas foi regulada por esta lei desde a sua edição, em 1996, podendo configurar crime, se não for observada a forma legal para ser realizada. A segunda não encontrava previsão legal, portanto, delito não era. Poder-se-ia discutir se constituía um meio de prova – caso fosse gravada para fim de utilização em processo – lícito ou ilícito. Sustentávamos que a captação ambiental devia ser inserida em três diferentes cenários: a) captação de conversa alheia mantida em lugar público: não nos parecia ser prova ilícita, pois, se os interlocutores desejassem privacidade e a certeza de que não seriam importunados ou ouvidos, deveriam recolher-se a lugar privado. Atualmente, depende das circunstâncias; b) captação de conversa mantida em lugar privado (ex.: em um domicílio): sempre nos pareceu constituir invasão de privacidade, pois não estaria autorizado, judicialmente, o ingresso em casa alheia, cuja inviolabilidade é constitucionalmente assegurada (art. 5.º, XI, CF), motivo pelo qual a colheita de dados resultante de conversação mantida dentro do domicílio alheio seria prova ilícita. Ressalva: se o interceptador tivesse um mandado de busca para realizar-se em determinado domicílio, poderia captar e gravar (se quisesse) a conversa alheia nesse lugar mantida; c) captação de conversa mantida em lugar público, porém em caráter sigiloso, expressamente admitido pelos interlocutores: sempre entendemos constituir invasão de privacidade, pois o interceptador não pode imiscuir-se em segredo de terceiros, sem permissão legal. Porém, a partir da edição da Lei 13.869/2019 (nova Lei de Abuso de Autoridade), mudando a redação do art. 10 desta Lei, incluiu-se a escuta ambiental, sem autorização judicial, como crime. Logo em seguida, a Lei 13.964/2019 (dois meses depois) inseriu o art. 8.º-A, mencionando que qualquer captação ambiental depende de autorização judicial, inclusive a que se realizar em local público, embora voltada à investigação ou ao processo criminal. Em suma, a interceptação realizada por terceiro em conversa alheia, seja por meio telefônico, seja por captação ambiental, hoje, pode ser crime, caso inexista autorização judicial, com ressalvas (verificar os comentários aos arts. 8.º-A, 10 e 10-A). Consultar, ainda, a Resolução 59/2008 do Conselho Nacional de Justiça (alterada pelas Resoluções 84/2009 e 217/2016), disciplinando o procedimento para a interceptação telefônica. Na jurisprudência: STF: "1. Nos termos do inciso XII do artigo 5.º da Constituição Federal, a interceptação telefônica dependerá de ordem judicial (cláusula de reserva jurisdicional), que, de acordo com o art. 1.º da Lei n.º 9.296/96, deverá ser expedida pelo juiz competente para a ação principal, em decisão devidamente fundamentada que demonstre sua conveniência e indispensabilidade (Pleno, Inq. 2.424, Rel. Min. Cezar Peluso; 1.ª T., HC 94.028, Rel. Min. Carmen Lucia; 1.ª T., HC 103.418/PE, Rel. Min. Dias Toffoli; 2.ª T., HC 96.056/PE Rel. Min. Gilmar Mendes). 2. A decisão que autorizou a realização das interceptações telefônicas apresenta justificativa idônea acerca da necessidade da medida e está fundamentada na representação policial e no parecer ministerial, que explicaram claramente a imprescindibilidade da diligência. 3. Não há que se falar em violação ao disposto no art. 5.º da Lei 9.296/1996 em caso de sucessivas prorrogações da interceptação telefônica, desde que demonstrada a necessidade de renovar a medida e respeitado o limite de 15 dias entre cada uma delas, como ocorreu na espécie. Precedente. 4. A referência às razões inicialmente legitimadoras da interceptação e ao contexto fático delineado pela parte requerente não torna a decisão deficiente, pois devidamente indicada e pormenorizada a imprescindibilidade da medida" (HC 239.787 AgR, 1.ª T., rel. Alexandre Moraes, 13.05.2024, v.u.).

3. Outras formas de captação de conversas: ao lado da interceptação telefônica, de informática ou telemática – conduzida por terceiro para colher dados de conversação alheia –, há a *escuta ou captação ambiental* e a *escuta ou gravação clandestina*, esta última efetivada ou permitida por um dos interlocutores, sem a ciência do outro. Como mencionado em nota anterior, promover a escuta ambiental significa ouvir, podendo gravar, conversa alheia mantida em lugares públicos ou privados; a captação ambiental é mais abrangente, pois permite tanto a oitiva quanto o registro das imagens de conversa ou conduta alheia. A denominada *escuta* ou *gravação clandestina* implica autorização por um dos participantes da conversa, a ser realizada por terceiro ou pelo próprio integrante da conversação. É clandestina, porque um (ou mais) interlocutor(es) não sabe(m) que está(ão) sendo ouvido(s) ou gravado(s) por estranho à conversa. Ilustrando, A e B conversam por telefone; B, sem que A saiba, permite a C que ouça a conversa, colocando-a no viva-voz ou autoriza que C grave essa conversa. Outra possibilidade é o próprio B gravar a conversa mantida com A, sem este saber. As condutas mencionadas não constituem crime ou ilícito, pois a conversa pertence a A e a B, de modo que qualquer deles pode registrá-la ou permitir que outrem o faça. Atualmente, há empresas que fazem isso, inclusive alertando o interlocutor que a conversa será gravada. Aliás, se uma conversa é mantida em certa praça e um dos interlocutores autoriza a sua *escuta ambiental*, gravando-se ou não, do mesmo modo, não se pode considerá-la ilícita. Vale ressaltar que o art. 10-A, § 1.º, desta Lei, prevê não haver crime se a captação ambiental for realizada por um dos interlocutores. Fora desse cenário, deve-se respeitar a tutela da inviolabilidade de segredos, conforme os arts. 153 e 154 do Código Penal. Na jurisprudência: STJ: "1. A gravação realizada por um dos interlocutores sem o conhecimento do outro, não protegida por um sigilo legal (QO no Inq. n. 2116, Supremo Tribunal Federal) é prova válida. Trata-se de hipótese pacífica na jurisprudência do Supremo Tribunal Federal e do Superior Tribunal de Justiça, pois se considera que os interlocutores podem, em depoimento pessoal ou em testemunho, revelar o teor dos diálogos" (AgRg no RHC 150.343 – GO, 6.ª T., rel. Rogerio Schietti Cruz, 15.08.2023, m.v).

3-A. Violação de conversas armazenadas em telefone celular e em computador: essa situação não se encaixa diretamente nesta Lei, até porque, quando foi editada, nem mesmo existiam a comunicação telefônica e a transmissão de dados por celular de maneira tão ampla como atualmente. No entanto, é hoje uma realidade que as pessoas se comunicam não somente pelo aparelho celular, em conversas, mas por programas de mensagens, como o WhatsApp, Telegram, Hangouts e outros. Além disso, há comunicação por meio de *e-mails* e de redes sociais. Rege grande parte desse cenário a Lei 12.965/2014 (marco civil da internet). Nesses termos: "Art. 7.º O acesso à internet é essencial ao exercício da cidadania, e ao usuário são assegurados os seguintes direitos: I – inviolabilidade da intimidade e da vida privada, sua proteção e indenização pelo dano material ou moral decorrente de sua violação; II – inviolabilidade e sigilo do fluxo de suas comunicações pela internet, salvo por ordem judicial, na forma da lei; III – inviolabilidade e sigilo de suas comunicações privadas armazenadas, salvo por ordem judicial (...)". Eventuais mensagens armazenadas em celular, fora do mecanismo de transmissão da internet, terminam ingressando no setor das comunicações telefônicas (3G, 4G ou 5G), razão pela qual é correto exigir a quebra do sigilo pela via judicial. Defendíamos que, havendo prisão em flagrante, os policiais poderiam vasculhar tudo: o local onde o indivíduo detido se encontrava e, também, proceder a uma revista pessoal, buscando localizar tudo o que fosse pertinente para produzir prova da materialidade do crime (drogas, armas etc.) e indícios suficientes de autoria. No entanto, após a regulação específica, realizada pela Lei 12.965/2014, além de se observar o relevo do sigilo das comunicações *armazenadas*, torna-se relevante preservar o segredo do material guardado em celulares e computadores, somente podendo haver acesso com ordem judicial. Diante disso, no flagrante, podem os agentes da segurança pública recolher todos os objetos (como celulares e computadores) para, depois, obtendo autorização judicial, analisar o conteúdo. Na jurisprudência: STJ: "2. A quebra de sigilo de conteúdo de comunicação privada armazenada em conta de *e-mail* depende de prévia autorização judicial, mediante decisão devidamente fundamentada, a qual, porém, diferentemente do que acontece com as interceptações telefônicas e com o fluxo de comunicações pela internet, independe dos requisitos estabelecidos no art. 2.º, da Lei n. 9.296/1996, em face da incidência, específica e posterior, do previsto no art. 7.º, III, da Lei n. 12.965/2014 – Marco Civil da Internet, do poder geral de cautela e da teoria dos poderes implícitos. 3. O art. 7.º, III, da Lei 12.965/2014, se encontra em completa harmonia com os incisos X e XII do art. 5.º da Constituição Federal, sendo legítima a sua opção de prever requisitos diferentes e mais flexíveis para a quebra do sigilo de dados privados já armazenados quando comparados com as exigências para a interceptação telefônica e de fluxo das comunicações pela internet" (EDcl no AgRg no RMS 63.492 – AC, 5.ª T., rel. Ribeiro Dantas, 17.11.2020, v.u.).

4. Captação direta: é possível que duas pessoas mantenham uma conversa, por telefone ou num recinto qualquer, enquanto uma delas grava o que se passa. Cuida-se de uma gravação clandestina, pois um dos interlocutores não sabe que está sendo registrada a conversação, conforme exposto em item anterior. Crime não há. Resta saber se a referida gravação pode ser usada como prova. Podemos analisar sob os seguintes ângulos: a) a conversa não tem o caráter sigiloso, logo, pode ser registrada por um dos interlocutores, ainda que o outro desconheça. No futuro, havendo necessidade, pode ser usada como prova lícita em qualquer processo; b) a conversa tem o caráter sigiloso, expressamente imposto por uma das partes, que é advogado, razão pela qual não pode haver a gravação *lícita* do diálogo. Se, posteriormente, buscar-se a utilização em qualquer processo, constitui prova ilegítima; c) a conversa tem caráter sigiloso, mas fornece elementos para comprovar a inocência de algum réu ou de um dos interlocutores. Pode ser usada, uma vez que se cuida de estado de necessidade ou legítima defesa, situação que torna lícita a captação.

4-A. Sobre a competência do juiz: deve-se dirigir o pedido ao magistrado, que, pelas normas de organização judiciária, for competente para fiscalizar o andamento do inquérito policial, determinando as medidas jurisdicionais urgentes. Nada impede a alteração da competência, percebendo-se haver outros fatos a apurar, em juízos diversos. Feita a interceptação, por ordem judicial de determinado magistrado, pode-se enviar o material a outros juízes, posteriormente. Na jurisprudência: STF: "3. O uso da fundamentação *per relationem* não se confunde com ausência ou deficiência de fundamentação da decisão judicial, sendo admitida pela jurisprudência majoritária desta Suprema Corte (HC 130.860-AgR, rel. Min. Alexandre de Moraes, 1.ª Turma, *DJe* 26.10.2017). 4. Decisões que analisam os diálogos captados e o contexto em que travadas as conversas interceptadas, apontando a suspeita de vinculação do paciente com as ações supostamente criminosas e justificando a adoção de medidas não ostensivas de apuração, são suficientes para cumprir com o dever de fundamentação que exsurge do artigo 93, inciso IX, da Constituição Federal (HC 120.203-AgR, rel. Min. Roberto Barroso, 1.ª Turma, *DJe* de 3.3.2015)" (RHC 151.402 AgR, 1.ª T., rel. Rosa Weber, 22.03.2019, m.v.). Entretanto, quando se questionar a legalidade ou validade da prova (interceptação), cabe a cada juiz do feito decidir a respeito. Torna-se, assim, autoridade competente para figurar como coatora, em caso de ajuizamento de *habeas corpus*. As regras são interpretadas de modo extensivo, sem extremado rigorismo.

4-B. Processo criminal: segundo nos parece, a lei é clara ao estabelecer a utilização da escuta telefônica apenas nos processos penais, abrangendo a fase investigatória. Não cabe interceptação para fins extrapenais. Em nosso entendimento, a interceptação, para casos administrativos, somente poderia ocorrer se a falta administrativa correspondesse, fielmente, a um tipo penal incriminador, sendo este também investigado.

4-C. Foro privilegiado: se, durante a interceptação, notar-se a presença de alguma autoridade com prerrogativa de foro, não se deve suspender de pronto a captação. É fundamental prosseguir para ter mais provas contundentes contra a autoridade privilegiada. Somente quando se atingir esse nível, envia-se o processo ao foro superior competente. Na jurisprudência: STJ: "1. A jurisprudência desta Corte Superior de Justiça e do Supremo Tribunal Federal preconiza que menções a pessoas com prerrogativa de foro durante a interceptação telefônica não é suficiente, por si só, a ensejar o envio imediato do inquérito/processo ao Tribunal competente. Antes da remessa dos autos, deve ser aferido, pelo Juízo de origem, se há indicativos concretos da participação do indivíduo com prerrogativa de foro especial na empreitada criminosa investigada, o que, no caso, foi constatado em tempo razoável pela Magistrada *a quo* que, então, reconheceu sua incompetência e determinou, imediatamente, a remessa integral dos autos à Suprema Corte. 2. A questão acerca da validade das interceptações telefônicas realizadas entre o período de 06/03/2014 e 28/05/2014, já foi objeto de análise pela Suprema Corte nos autos do Inquérito n.º 3.867/DF, de Relatoria da Ministra Cármen Lúcia, que, em decisão proferida em 10/09/2014, entendeu válidos todos os atos anteriormente praticados na origem" (RHC 80.518 – SP, 6.ª T., rel. Laurita Vaz, 27.08.2019, *DJe* 10.09.2019, v.u.).

5. Segredo de justiça e liberdade de imprensa: a interceptação telefônica deve ser realizada e juntada, posteriormente, a gravação (ou a sua transcrição) aos autos do inquérito ou do processo, sob *segredo de justiça*, o que equivale a dizer que somente as partes têm acesso aos dados colhidos (juiz, membro do Ministério Público e advogado do indiciado ou acusado). Cumpre-se, fielmente, o disposto no art. 5.º, LX, da Constituição Federal ("a lei só poderá restringir a publicidade dos atos processuais quando a defesa da intimidade ou o interesse social o exigirem"), bem como o previsto no art. 93, IX, da Constituição ("todos os julgamentos dos órgãos do Poder Judiciário serão públicos, e fundamentadas todas as decisões, sob pena de nulidade, podendo a lei limitar a presença, em determinados atos, às próprias partes e a seus advogados, ou somente a estes, em casos nos quais a preservação do direito à intimidade do interessado no sigilo não prejudique o interesse público à informação"). Esta última parte, introduzida pela Emenda Constitucional 45/2004, parece permitir um acesso incontrolável da imprensa aos dados sigilosos coletados em processos, sob o argumento de interesse público à informação. Não se trata da melhor interpretação. É realidade que a imprensa tem a função de informar, ao público, o que interessa à nação brasileira, promovendo denúncias e narrando o desenvolvimento de investigações e processos. Porém, não pode exagerar, visto inexistir direito absoluto. Todos os direitos e garantias fundamentais coexistem e devem ser vistos em harmonia. Portanto, juízes que decretam o sigilo por mero preconceito ou por razões fúteis, muitas vezes invocadas pelas partes no processo, sem maior sustentação jurídica, não podem ser aceitos. Caberá, segundo pensamos, ao Ministério Público interpor o recurso cabível – correição parcial, por exemplo – ou mesmo propor ação própria (mandado de segurança) para garantir a publicidade dos atos processuais e do acesso aos autos por quem quer que seja, especialmente pela imprensa. Por isso, os meios de comunicação podem ter acesso aos atos processuais de audiência (note-se que o referido art. 93, IX, refere-se a *julgamentos públicos* e não a dados contidos nos autos do processo) e divulgar a informação encontrada, como regra. Mas quando o sigilo for corretamente decretado, por envolver interesse público relevante (ex.: a investigação complexa de uma associação criminosa que atua organizadamente), o direito à informação deve sucumbir, aguardando a melhor hora para a divulgação, sob pena de se promover a perda total da colheita eficiente da prova. Por outro lado, a intimidade das pessoas também é direito fundamental (art. 5.º, X, CF). Quando alguns fatos forem preciosamente ligados à personalidade e à dignidade da pessoa humana, não devem ser divulgados pela imprensa, sob o pretexto de haver liberdade de informação. O interesse público à referida informação deve ceder espaço a interesses maiores, como, por exemplo, em situações de crimes sexuais envolvendo menores. Qual é o interesse público em conhecer detalhes da relação sexual mantida entre um adulto e uma criança? Nenhum, a não ser saciar uma curiosidade mórbida e o prejuízo para essa vítima, em formação de sua personalidade, é evidente e irreparável, se lançado o caso em rede de televisão ou em jornal, com detalhes do que aconteceu, identificando-se os envolvidos. Diga-se o mesmo em relação ao suspeito, que, se for absolvido posteriormente, após a divulgação de sua pretensa conduta criminosa contra criança ou adolescente, jamais terá resgatada a sua reputação de modo absoluto. Por isso, temos sustentado que a liberdade de imprensa é salutar, devendo estar presente na maior parte dos casos, seja acompanhando audiências e julgamentos, seja colhendo dados contidos nos autos, mas encontra barreiras no interesse público – valor superior ao direito à informação –, concentrado em determinadas situações de apuração do crime e punição dos culpados, bem como no direito à intimidade do suspeito e da vítima. Em suma, a interceptação telefônica somente pode ser realizada, com autorização judicial, em *segredo de justiça*, vale dizer, sem a divulgação concomitante a quem quer que seja, por força de lei, reconhecendo-se o valor da preservação das comunicações alheias. Colhido o dado (gravação, por exemplo), juntado aos autos do inquérito ou do processo, permanece o sigilo, salvo se o direito à informação impuser o contrário, como mencionado anteriormente. Esta lei, impondo o sigilo, não pode contrariar texto constitucional, que preserva a liberdade de imprensa para informar a sociedade, quando envolve o interesse público. O direito à intimidade não pode ser violado, quando se restringe, de fato, à vida privada da pessoa cuja comunicação foi interceptada e inexiste interesse público na divulgação; porém, em casos de crimes contra a administração pública, por exemplo, perde-se o alicerce da intimidade, valorando-se a liberdade de imprensa para transmitir o caso. Diante disso, enquanto se desenvolve a interceptação, é evidente a indispensabilidade do sigilo, até porque, se a escuta for conhecida, perder-se-á o efeito de captar prova. Após a sua realização, cremos depender do juiz do feito manter o sigilo – por interesse público na formação da prova – ou não, permitindo o acesso da imprensa. Se o segredo de justiça for mantido, não cabe a divulgação da conversa telefônica por qualquer meio de comunicação. Caso seja violado esse segredo, incide o jornalista no crime previsto no art. 10 desta Lei. Pode responder por danos, na órbita civil, a empresa de comunicação. Por outro lado, a gravação telefônica, advinda de interceptação clandestinamente realizada, constitui crime, previsto no mencionado art. 10. A sua divulgação pela imprensa precisa ser averiguada: a) se o jornalista participou do ato ou instigou à sua realização, previamente, deve ser considerado partícipe do delito; b) se teve acesso à gravação ilegal após a sua realização, está, na verdade, divulgando a ocorrência de um crime, não havendo figura típica com relação à sua atuação. No mais, quanto às captações ambientais em geral, deve a imprensa respeitar as leis vigentes, sem poder invocar a liberdade de informação desmedida. Invadir um domicílio, por exemplo, para captar conversas, é conduta criminosa. O jornalista que assim agir, deve ser punido com base na invasão de domicílio ou divulgação de segredo, conforme a situação fática. No mais, se a captação ou interceptação ambiental ocorrer em lugar público, colhida por particular, passada a gravação à imprensa, que a divulga, não há crime por parte do jornalista, que está apenas informando o que lhe chegou às mãos. Eventualmente, a parte prejudicada poderá demandar na esfera civil algum tipo de indenização. Em conclusão: a) dados colhidos em segredo de justiça e juntados aos autos de inquérito ou processo, que tramite igualmente em sigilo, decretado pelo juiz, não podem ser divulgados pela imprensa, sob pena de ocorrer a incidência da figura penal do art. 10 desta Lei; b) dados colhidos em segredo, mas que sejam juntados a inquérito ou processo, tramitando sem sigilo decretado pelo juiz, constituem provas como quaisquer outras e podem ser divulgadas pela imprensa; c) interceptações telefônicas criminosas, divulgadas pela imprensa, não constituem crime para o jornalista, mas para quem as realizou; d) interceptações e captações ambientais, em geral, caso desrespeitada a regra do art. 8.º-A e incidindo o art. 10-A, constituem delito para quem as produziu, mas não ao jornalista que as divulga, salvo se este incentivou a sua realização, antes da ocorrência, quando, então, se torna partícipe.

5-A. Interceptação como prova ilícita: basta que não sejam respeitados os requisitos previstos nesta Lei, salientando-se que a principal fonte de ilicitude advém de interceptações realizadas *sem ordem judicial*, para a investigação criminal. Devem ser consideradas ilícitas e imprestáveis para a formação do conjunto probatório.

5-B. *Smartphone:* sustentávamos a viabilidade de, em caso de prisão em flagrante, a autoridade policial poder acessar o conteúdo do celular, analisando fotos, vídeos ou mensagens. Essa conduta faria parte da *revista pessoal*. Entretanto, é preciso considerar que todo esse material teve origem em comunicações telefônicas, informáticas ou telemáticas, que são protegidas à parte pela norma constitucional. Parece-nos mais indicado que o aparelho seja apreendido e, a partir disso, busque-se autorização judicial para amplo acesso ao seu conteúdo. Na jurisprudência: STJ: "1. A proteção aos dados privativos constantes de dispositivos eletrônicos como *smartphones* e *tablets* encontra guarida constitucional, importando a necessidade de prévia e expressa autorização judicial motivada para sua mitigação. 2. No caso, ocorrida a prisão em flagrante, os agentes policiais realizaram, sem autorização judicial, devassa nos dados dos celulares apreendidos, dando origem à investigação posterior sobre os contatos neles armazenados. 3. 'Em verdade, deveria a autoridade policial, após a apreensão do telefone, ter requerido judicialmente a quebra do sigilo dos dados nele armazenados, de modo a proteger tanto o direito individual à intimidade quanto o direito difuso à segurança pública' (RHC n. 67.379/RN, relator Ministro Ribeiro Dantas, Quinta Turma, julgado em 20/10/2016, *DJe* de 9/11/2016). 4. O reconhecimento da ilicitude de prova torna imprestáveis todas as que dela são derivadas, exceto se de produção independente ou de descoberta inevitável, conforme entendimento doutrinário, jurisprudencial e legal de aplicação da teoria dos frutos da árvore envenenada. 5. Ordem concedida para anular as provas obtidas por devassa ilegal dos aparelhos telefônicos e as delas derivadas" (HC 445.088 – SC, 6.ª T., rel. Antonio Saldanha Palheiro, 03.09.2019, *DJe* 10.09.2019, v.u.).

6. Comunicação em sistemas de informática e telemática: entendemos válida a disposição feita no parágrafo único do art. 1.º desta Lei. Como já sustentamos na nota 1 acima, não há direito absoluto, motivo pelo qual a comunicação estabelecida por meios ligados à informática (computador) e à telemática (misto de computador com meios de comunicação), não deixa de ser uma forma atualizada e moderna de comunicação telefônica. Qualquer modernidade inserida nesse contexto de comunicação de pessoas, como sempre se fez no tocante ao telefone, deve ser considerada válida. O avanço tecnológico não pode simplesmente travar a aplicação da lei. Diante disso, como exemplo, a comunicação realizada, atualmente, por mensagens variadas, dentre elas o *WhatsApp*, cabe na captação autorizada judicialmente. Por isso, havendo a finalidade de apuração de crime, pensamos ser válida a interceptação de comunicação efetuada por esses meios (ex.: conversação captada através de modem ou em determinados *sites* próprios para isso). Nessa ótica, Luiz Flávio Gomes diz: "entendemos que o parágrafo único em questão é absolutamente legítimo, inquestionavelmente constitucional. Estão regidas pela Lei 9.296/96 tanto as comunicações telefônicas como as comunicações telemáticas (independentes da telefonia), seja no que pertine à possibilidade de restrição (interceptação mediante autorização judicial fundamentada e proporcionada – art. 1.º, parágrafo único), seja no que concerne ao aspecto de 'garantia', de proteção da intimidade e do sigilo dessas comunicações (art. 10), configurando crime qualquer incursão abusiva na intimidade alheia. Pensar de modo diferente significa tratar o comunicador brasileiro como sujeito com menos direitos que os comunicadores dos países europeus, que disciplinaram escorreitamente o assunto (v. CPP português, arts. 187 a 190; CPP italiano, art. 266 etc.)" (*Interceptação telefônica*, p. 176). Em contrário, crendo ser inviolável a conversa ou o documento transmitido por fax ou modem, que, na realidade, já nem são utilizados para comunicação: Luiz Francisco Torquato Avolio, *Provas ilícitas...*, p. 167. No mesmo prisma, como já exposto na nota 1, sustentando a inconstitucionalidade do parágrafo único do art. 1.º, está a lição de Vicente Greco Filho.

> **Art. 2.º** Não será admitida[7] a interceptação de comunicações telefônicas quando ocorrer qualquer das seguintes hipóteses:
>
> I – não houver indícios razoáveis da autoria ou participação em infração penal;[8-8-A]
>
> II – a prova puder ser feita por outros meios disponíveis;[9-9-A]

> III – o fato investigado constituir infração penal punida, no máximo, com pena de detenção.[10]
>
> **Parágrafo único.** Em qualquer hipótese deve ser descrita com clareza a situação objeto da investigação, inclusive com a indicação e qualificação dos investigados, salvo impossibilidade manifesta, devidamente justificada.[11]

7. **Crítica à forma negativa:** explica Vicente Greco Filho ter sido lamentável a redação do artigo na forma negativa, pois "sempre dificulta a intelecção da vontade da lei e mais lamentável ainda porque pode dar a entender que a interceptação seja a regra, ao passo que, na verdade, a regra é o sigilo e aquela, a exceção" (*Interceptação telefônica*, p. 21). Apesar disso, pode-se captar o intuito do legislador. Somente se admite a interceptação telefônica nos seguintes casos: a) devem existir indícios suficientes de autoria; b) não é possível colher a prova por outro meio; c) o crime em investigação deve ser apenado com reclusão.

8. **Indícios razoáveis de autoria ou participação:** a redação é confusa e inadequada. Em primeiro lugar, pela tradição do direito brasileiro, fala-se sempre em "indícios *suficientes* de autoria" (prisão preventiva, sequestro de bens, pronúncia etc.) e não em indícios *razoáveis*. Logo, devemos interpretar o termo *razoáveis* como sendo *suficientes*. Por outro lado, jamais se especifica, como se fosse terminologia penal, autoria e participação separadamente. Quando se menciona "indícios suficientes de *autoria*", na lei processual penal, é mais do que evidente tratar-se de qualquer tipo de concorrente para o delito, seja o autor, seja o partícipe. Em conclusão: para a interceptação telefônica é fundamental haver elementos suficientes, demonstrando que determinada pessoa é agente da infração penal. Por isso, não se admite começar uma investigação criminal com a interceptação telefônica. Esta é somente um dos instrumentos utilizados, após a colheita suficiente de outras provas. Porém, se durante a interceptação, legalmente determinada, descobre-se a prática de outros delitos, não é possível o Estado, cuidando-se de crimes de ação pública incondicionada, fingir que nada houve. Cremos ser viável a apuração, valendo-se dos dados colhidos. Quanto à investigação de crimes conexos, ainda que apenados com detenção, ver a nota 10 *infra*. Na jurisprudência: STJ: "2. O deferimento da quebra do sigilo de dados telefônicos e de interceptação telefônica foi precedido de adequado procedimento prévio de investigação das informações e notícias de prática de delitos pelo paciente e outros investigados, o que torna legítima a prova colhida por meio da medida. 3. Foram atendidos os requisitos da Lei n. 9.296/1996, dada a indicação dos indícios de existência de conduta tendente à obstrução da justiça, associação criminosa e crimes contra a Administração Pública, conforme apurado na investigação criminal em andamento, com destaque para a impossibilidade da realização de provas por outros meios disponíveis" (HC 443.331 – SP, 6.ª T., rel. Sebastião Reis Júnior, 18.09.2018, *DJe* 02.10.2018).

8-A. **Prova encontrada por acaso:** é o que se denomina *serendipidade*. Durante uma busca autorizada pela Justiça, torna-se possível encontrar outras provas, não procuradas inicialmente. Essas provas têm sido aceitas como lícitas, o que nos soa correto, tendo em vista a licitude da procura feita por agentes policiais em um domicílio, não se podendo ignorar fatos relacionados a infrações penais de ação pública incondicionada. Cuidando-se de crimes de ação privada ou pública condicionada à representação, cremos deva haver provocação da vítima para que a apreensão, não enfocada no mandado inicialmente, possa ser realizada. Na jurisprudência: STF: "2. Os elementos de prova colhidos de forma fortuita em interceptação telefônica válida são legítimos à luz da teoria da serendipidade. Precedentes: HC 129.678, Primeira Turma, relator p/ acórdão, Min. Alexandre de Moraes, *DJe* de 18/8/2017; HC 106.152, Primeira Turma, rel. Min. Rosa Weber, *DJe* de 24/5/2016. (...) 4. O artigo 93, IX, da CF, resta observado diante da fundamentação clara e suficiente, embora sucinta, realizada pelo Tribunal de origem sobre a necessidade de se permitir a excepcional quebra do sigilo telefônico. 5. Na hipótese *sub examine*, a partir de interceptações telefônicas destinadas a apurar possível comercialização de celas na cadeia pública de Foz do Iguaçu/PR, houve o encontro fortuito de indícios de participação do paciente em crimes tipificados no artigo 317 do Código Penal, o que ensejou a ampliação da quebra de sigilo telefônico, a fim de incluir o ora agravante" (HC 167.550 AgR, 1.ª T., rel. Luiz Fux, 23.08.2019, v.u.).

9. Outros meios disponíveis: constituindo, a interceptação telefônica, um meio de invasão da privacidade, não deve ser adotada como regra, mas como exceção. Por isso, há duas hipóteses a considerar: a) se for bastante colher outras provas diversas da interceptação telefônica, formando a materialidade da infração penal e apontando a autoria, não há necessidade desse tipo de violação de intimidade alheia; b) ainda que não existam outras provas, não será a interceptação telefônica a primeira a ser realizada, pois o seu caráter é subsidiário e não principal. Na jurisprudência: STF: "3. Nos termos da consolidada jurisprudência desta Corte, inexiste ilegalidade no deferimento da medida de interceptação telefônica quando precedida de diligências investigativas voltadas à apuração dos fatos imputados" (HC 191.951 AgR, 2.ª T., rel. Edson Fachin, 09.10.2021, v.u.). STJ: "1. A interceptação telefônica somente se mostra regular quando deferida por decisão judicial devidamente fundamentada, que demonstre a imprescindibilidade da medida para fins de investigação criminal ou instrução processual penal, desde que haja indícios suficientes de autoria ou participação em infração penal punida com reclusão, e que a prova não possa ser obtida por outros meios. 2. Hipótese em que o afastamento do sigilo telefônico se deu em absoluta conformidade com a legislação de regência, tendo a decisão indicado de forma concreta e detalhada as diligências policiais previamente adotadas (que ensejou, inclusive, prisões em flagrante de suspeitos), bem como a imprescindibilidade da medida para o bom êxito de complexa investigação policial, que tinha por objeto a prática de crimes de tráfico de drogas e associação para o tráfico de drogas praticados por grande número de investigados. 3. A interceptação telefônica, requerida pela autoridade policial em estágio avançado das investigações, se revelou necessária, no caso concreto, como forma de permitir a correta identificação dos numerosos integrantes do grupo criminoso, uma vez que as diligências realizadas até aquele momento esbarraram nas dificuldades inerentes à natureza dos crimes em apuração, praticados no contexto de complexa e estruturada associação criminosa. (...)" (AgRg no RHC 191.584 – PR, 5.ª T., rel. Ribeiro Dantas, 27.05.2024, v.u.).

9-A. Denúncia anônima: como regra, essa forma de transmissão da ocorrência de um crime e/ou sua autoria não deve ser suficiente para embasar um pedido de quebra de sigilo telefônico. Em verdade, a comunicação anônima permite viabilizar o início da investigação e até mesmo a abertura do inquérito, sem gerar, automaticamente, um indiciamento. Quanto à decretação de medidas constritivas à liberdade, como prisão cautelar ou quebra de sigilo, incluindo a interceptação telefônica, é preciso excluir essa possibilidade quando sustentada por mera denúncia anônima. Essa narração de crime ou de seu autor, por vezes passada por contato telefônico (disque-denúncia), pode ser útil para o poder público tomar conhecimento de um fato e, com isso, iniciar a investigação, atingindo provas efetivas (testemunhas, documentos, perícias etc.) para, então, tomar providências no sentido de buscar medidas cautelares. Na jurisprudência: STF: "3. Conforme consolidada jurisprudência desta Corte, a denúncia anônima é fundamento idôneo a deflagrar a persecução penal, desde que seja seguida de diligências prévias aptas a averiguar os fatos nela noticiados. 4. Agravo regimental desprovido" (HC 152.182 AgR, 2.ª T., rel. Edson Fachin, 31.08.2020, v.u.). STJ: "2. É cediço que a intimidade e a privacidade das pessoas não constituem direitos absolutos, podendo sofrer restrições, quando presentes os requisitos exigidos pela Constituição (art. 5.º, XII) e pela Lei n. 9.296/1996. 3. Na hipótese dos autos, a interceptação telefônica, iniciada a partir de denúncia anônima, foi autorizada por decisão judicial, por haver veementes indícios de iminente prática de crimes contra a vida de agentes públicos, constituindo-se ainda, dada à urgência na apuração dos fatos – aliados ao perfil e à condição do menor delatado, que estava internado na Fundação Casa –, como único meio eficaz, capaz de se chegar à apuração e elucidação dos graves fatos. Excepcionalidade fática que justifica a medida adotada. 4. Ademais, havendo considerações, pelo Tribunal a quo, acerca do conteúdo da denúncia anônima, que, segundo o Colegiado, não se mostrou genérica, ao contrário, pormenorizada e dotada de credibilidade, inviável, na seara especial, a inversão de tais conclusões, a teor do entendimento consolidado na Súmula 7/STJ. 5. Agravo regimental improvido" (AgRg no REsp 1.672.729 – SP, 6.ª T., rel. Sebastião Reis Júnior, 09.10.2018, *DJe* 31.10.2018).

10. Crimes punidos com reclusão: essa foi uma limitação ilógica. Não se permite a interceptação telefônica quando o crime for apenado com detenção. A doutrina brasileira, em várias situações, critica tal cerceamento, inclusive apontando um dos delitos em que a utilização do telefone é bastante comum, sendo apenado com detenção, que é a ameaça. A jurisprudência, no entanto, tem procurado amenizar tal postura legal, afirmando que as infrações penais apenadas com detenção comportam interceptação, desde que sejam conexas aos crimes cuja pena seja de reclusão. Ver, ainda, a nota 46 ao art. 157 do nosso *Código de Processo Penal comentado*.

11. Invasão de privacidade motivada: determina a lei, corretamente, que a autorização para a interceptação telefônica seja conferida com especificidade no tocante ao objeto da investigação, a fim de se evitar a escuta de conversa alheia completamente dissociada do crime em apuração. Ressalva, no entanto, no tocante à indicação e qualificação dos investigados – mas não com relação à infração penal – a viabilidade de se autorizar a interceptação, quando impossível obter tais dados. O não cumprimento da determinação legal, especificando-se o objetivo e o objeto da interceptação, pode levar à consideração de ser prova ilícita.

> **Art. 3.º** A interceptação das comunicações telefônicas poderá ser determinada pelo juiz, de ofício[12] ou a requerimento:[13-16]
> I – da autoridade policial, na investigação criminal;[16-A]
> II – do representante do Ministério Público, na investigação criminal e na instrução processual penal.

12. Poder instrutório do juiz: em decorrência do princípio processual penal da busca da verdade real, havendo dúvida em alguma questão relevante e de maneira excepcional, pode o magistrado determinar a realização de uma intercepção. Todavia, não deve ser a regra, visto caber aos interessados esse requerimento, como regra.

13. Requerimento e representação: o Ministério Público, que é o titular da ação penal, *requer*, como parte interessada, a realização de interceptação telefônica, porém a autoridade policial, que parte não é, deve *representar* pela interceptação, ou seja, expõe ao juiz os fatos e sugere a providência.

13-A. Deferimento e indeferimento pelo juiz: o deferimento pode levar o indiciado ou acusado à impetração de *habeas corpus*, pois inexiste recurso específico previsto na legislação processual penal. O indeferimento pode dar ensejo à interposição de correição parcial pelo Ministério Público, baseado na imprescindibilidade da captação de elementos de prova e na perda de material se houver demora na providência, o que poderia configurar a inversão tumultuária do feito.

14. Requerimento formulado pela defesa: nada impede que o advogado do réu (ou de um dos corréus) requeira, ao magistrado, a interceptação telefônica. A lei mencionou apenas a autoridade policial e o representante do Ministério Público, focalizando o lado da formação da prova *contra* determinado suspeito. Entretanto, em homenagem à ampla defesa, princípio constitucional inafastável, deve-se admitir que o defensor também tenha idêntica oportunidade de requerer a diligência. A interceptação, *v.g.*, pode dar-se em relação a conversas mantidas, por telefone, por corréu delator, que aponta o acusado, cujo defensor solicitou a realização da prova, como comparsa, para que a verdade real seja apurada. Por outro lado, demonstrando ao juiz, por outros meios de prova (ex.: referências feitas por testemunhas), pode o defensor pretender a interceptação telefônica de terceiro (não corréu), que pode contribuir para provar a inocência do acusado.

15. Assistente de acusação: pensamos poder, igualmente, pleitear diretamente ao juiz a realização da prova (art. 271, CPP: "Ao assistente será permitido propor meios de prova..."). Vicente Greco Filho sugere que a diligência seja solicitada à autoridade policial ou ao promotor de justiça, para que estes dirijam o pleito ao juiz (*Interceptação telefônica*, p. 48). Mantemos o que antes expusemos, pois é *direito* do assistente de acusação propor ao magistrado meios de prova, não devendo haver *filtro* algum entre ele e o condutor da instrução criminal (o juiz, na fase do processo) ou o fiscalizador da investigação policial (igualmente o magistrado, na fase do inquérito).

16. Querelante: sendo ele o titular do polo ativo da demanda, atuando em ação privada exclusiva ou subsidiária da pública, logicamente equipara-se ao Ministério Público e legitima-se a fazer o requerimento de interceptação diretamente ao juiz.

16-A. Senhas genéricas: houve época em que o Judiciário, para *facilitar* o trabalho policial, conferiu senhas genéricas, sem controle específico, caso a caso, para autoridades policiais acessarem comunicações telefônicas de suspeitos. Muitas autoridades, por sua vez, transmitiam aos seus investigadores (detetives), formando uma cadeia incontrolável de acesso à privacidade da comunicação de terceiros. Enfim, disseminou-se a interceptação de dados ou sigilo telefônico sem controle judicial. Essa prática era ilegal e terminou cassada. Se, hoje, houver, deve ser igualmente cessada, pois criminosa.

Art. 4.º O pedido de interceptação de comunicação telefônica conterá a demonstração de que a sua realização é necessária à apuração de infração penal, com indicação dos meios a serem empregados.[17]

§ 1.º Excepcionalmente, o juiz poderá admitir que o pedido seja formulado verbalmente, desde que estejam presentes os pressupostos que autorizem a interceptação, caso em que a concessão será condicionada à sua redução a termo.[18]

§ 2.º O juiz, no prazo máximo de vinte e quatro horas, decidirá sobre o pedido.[19]

---

17. Complementação do art. 2.º: é natural que o pleito pela interceptação telefônica descreva com minúcia a imprescindibilidade para a realização dessa diligência, afinal, o art. 2.º, II, desta Lei, estipula que a interceptação somente será realizada se não houver outros meios disponíveis para a apuração do crime. Além disso, somente se autoriza a interceptação se houver indícios suficientes de autoria (art. 2.º, I, desta Lei). Essa necessariedade depende de uma avaliação realizada em termos *concretos*, e não em fatores abstratos, supostos ou presumidos, até porque a interceptação é exceção, e não regra. A parte final do *caput* deste artigo diz respeito aos mecanismos idealizados para, rompendo o sigilo das comunicações, atingir elementos eficientes de prova da infração penal; afinal, seria por demais supérfluo que a autoridade policial ou o MP tivesse que indicar quais os aparelhos a serem utilizados para a escuta. Trata-se de um *plano de ação*, e não simplesmente de *como* se dará a interceptação na prática. Esse plano de ação deve apontar *quem* terá a comunicação vigiada, *quem* seria o autor da infração penal, em *qual* telefone (fixo ou móvel) ou computador (endereço eletrônico) será realizada, *qual* a infração penal buscada, entre outros detalhes, para esclarecimento do juízo. Na jurisprudência: STF: "A decisão do juízo processante autorizando o procedimento em questão foi devidamente fundamentada, indicando com clareza a situação objeto da investigação e a necessidade da medida, mormente se levada em conta a notícia de que um dos investigados, de dentro da unidade prisional, utilizava terminal telefônico para se comunicar com os integrantes da organização criminosa e fomentar o tráfico de drogas, atendendo, portanto, a exigência prevista na lei de regência (art. 4.º da Lei n.º 9.296/96) (...)" (HC 128.650 – PE, 2.ª T., rel. Dias Toffoli, 04.10.2016, v.u.).

18. Dispositivo de questionável eficiência: o requerimento do Ministério Público ou a representação da autoridade policial poderá se constituir verbalmente, desde que presentes os requisitos legais e, por óbvio, em casos de urgência, com o fito de acelerar a sua concessão. Entretanto, o § 1.º estabelece que a concessão pelo magistrado fica *condicionada* à sua redução a termo, vale dizer, o que foi verbalizado precisa ser colocado por escrito, como se fosse um depoimento, assinado pela parte interessada. Por isso, apresentar o pleito por ofício ou petição pode ser muito mais célere do que se apresentar diante do juiz e fazer um pedido, que deverá ser colocado no papel, devidamente assinado. Rápido seria o procedimento se o pedido fosse feito verbalmente, concedido e, depois, colocado por escrito ou reduzido a termo. Não é o caso, pois se condiciona a autorização judicial à prévia redução a termo.

19. Prazo especial para a decisão judicial: estipula o art. 800, II, do Código de Processo Penal, ter o magistrado o prazo de cinco dias para proferir decisão interlocutória simples, justamente o caráter da autorização para a interceptação telefônica. Entretanto, a lei especial estabelece prazo mais exíguo – 24 horas – para que a decisão seja tomada, o que demonstra ser a prova, como regra, urgente. No entanto, há uma contradição evidente neste artigo, como comentado no item anterior: *verbalizar* o pleito, mas reduzir a termo *antes* da decisão. O que era para ser uma solução rápida, com um pedido verbal e decisão imediata, passa pelo caminho burocrático da redução a termo (colocar por escrito e assinar). Ora, parece ser mais fácil que a autoridade policial ou o MP leve diretamente ao juiz um ofício, contendo a demanda de interceptação, permitindo a decisão judicial logo após recebê-lo. Afinal, em situações emergenciais – por exemplo, descobrir onde se encontra a vítima em cativeiro, no caso de sequestro – nem mesmo o prazo fixado de 24 horas para a decisão se afigura razoável. Deve imperar o bom senso, devendo o interessado dirigir-se ao juízo para despachar diretamente o pleito, merecendo imediata análise em casos de emergência ou, no prazo de 24 horas, em outras situações.

> **Art. 5.º** A decisão será fundamentada,[20] sob pena de nulidade, indicando também a forma de execução da diligência,[21] que não poderá exceder o prazo de quinze dias, renovável por igual tempo uma vez comprovada a indispensabilidade do meio de prova.[22-23-A]

20. Fundamentação da decisão judicial: todas as decisões do Poder Judiciário serão fundamentadas (art. 93, IX, CF). Leis editadas após a Constituição Federal de 1988, como é o caso da Lei 9.296/96, parecem ignorar esse preceito, fazendo inserir no seu texto que a decisão será *fundamentada*. É o maior e preocupante sinal de que a Carta Magna é menos observada do que a lei ordinária por muitos operadores do Direito. Um ponto essencial no tocante à motivação dada pelo juiz concentra-se na sua manifestação expressa em relação à diligência pleiteada, devendo evitar o deferimento, com base nas razões expostas no requerimento (ou representação), sem maior análise. Na jurisprudência: STF: "2. Cumprimento do dever de fundamentação previsto no artigo 93, IX, da CF, pela decisão que, embora sucinta, apresenta fundamentos essenciais à decretação da interceptação telefônica. Decisão que atende os pressupostos dos arts. 2.º e 5.º, da Lei 9.296/96. Precedentes. 3. Interceptação deferida em contexto investigativo de crimes contra a administração pública e lavagem de capitais, precedida de outras diligências. Alegação de que baseada a interceptação exclusivamente em denúncia anônima não confirmada" (HC 171.828 AgR, 1.ª T., rel. Rosa Weber, j. 24.08.2020, v.u.). STJ: "1. Consoante imposição do art. 93, IX, primeira parte, da Constituição da República de 1988, 'todos os julgamentos dos órgãos do Poder Judiciário serão públicos, e fundamentadas todas as decisões, sob pena de nulidade', exigência que funciona como garantia da atuação imparcial e *secundum legis* (sentido lato) do órgão julgador. Presta-se a motivação das decisões jurisdicionais a servir de controle, da sociedade e das partes, sobre a atividade intelectual do julgador, para que verifiquem se este, ao decidir, considerou todos os argumentos e as provas produzidas pelas partes e se bem aplicou o direito ao caso concreto. 2. A decisão que autorizou a interceptação telefônica carece de motivação idônea, porquanto não fez referência concreta aos argumentos mencionados na representação ministerial, tampouco demonstrou, ainda que sucintamente, o porquê da imprescindibilidade da medida invasiva da intimidade. 3. Também as decisões que autorizaram a prorrogação da medida não foram concretamente motivadas, haja vista que, mais uma vez, o Juiz de primeiro grau se limitou a autorizar a inclusão de outros terminais a prorrogação das diligências já em vigor e a exclusão de outras linhas telefônicas, nos moldes requeridos pelo *Parquet*, sem registrar, sequer, os nomes dos representados adicionados e daqueles em relação aos quais haveria continuidade das diligências, nem sequer dizer as razões pelas quais autorizava as medidas. (...). 7. Recurso provido para reconhecer a ilicitude das provas obtidas por meio das interceptações telefônicas, bem como de todas as que delas decorreram, de modo que deve o Juiz de Direito desentranhar as provas que tenham sido contaminadas pela nulidade. Extensão de efeitos aos coacusados, nos termos do voto" (RHC 119.342 – SP, 6.ª T., rel. Rogerio Schietti Cruz, 20.09.2022, v.u.).

21. Corolário do art. 4.º, *caput*: se o pleito deve ser minucioso, indicando a necessariedade da diligência e os meios a serem empregados, é natural que a decisão judicial também contenha elementos precisos do que será realizado, incluindo o objetivo e os números telefônicos interceptados. Se possível, o que é desejável, o nome dos envolvidos, a fim de restringir abusos estatais, consistentes na captação de conversas estranhas à meta da investigação ou processo criminal. Ao mencionar a *forma de execução da diligência*, a decisão autorizadora deve apontar os alvos da escuta, o que seria o equivalente a um *mandado específico* (a quem se dirige, por quanto tempo, em quais setores, se abrange terceiros, enfim, como será efetivada a escuta).

22. Prazo de duração da interceptação: embora o art. 5.º estabeleça o prazo máximo de quinze dias, prorrogável por igual tempo, constituindo autêntica ilogicidade na colheita da prova, uma vez que nunca se sabe, ao certo, quanto tempo pode levar uma interceptação, até que produza os efeitos almejados, a jurisprudência praticamente sepultou essa limitação. Intercepta-se a comunicação telefônica enquanto for útil à colheita da prova. Compreende-se a cautela legislativa da época (1996), pois se estava formalizando a escuta, após a edição da Constituição de 1988, pretendendo conferir-lhe um caráter nitidamente excepcional – logo, de curta duração. No entanto, as situações concretas evidenciam a indispensabilidade de uma interceptação com maior prazo, o que se nota no contexto da apuração de delitos de organização criminosa. Por óbvio, segundo nos parece, deve-se renovar o pedido a cada 15 dias e não se pode autorizar uma interceptação sem controle e de caráter permanente, fugindo-se da excepcionalidade dessa diligência. Sobre o tema, consultar também a nota 42 ao art. 157 do nosso *Código de Processo Penal comentado*. No mesmo prisma, Luiz Francisco Torquato Avolio, *Provas ilícitas...*, p. 31. Vicente Greco Filho, buscando o mesmo objetivo, mas com interpretação diversa propõe: "A lei não limita o número de prorrogações possíveis, devendo entender-se, então, que serão tantas quantas necessárias à investigação, mesmo porque 30 dias pode ser prazo muito exíguo" (*Interceptação telefônica*, p. 51, citando, ainda, vários outros autores que apoiam a tese da prorrogação tantas vezes quantas forem necessárias, como Ada Pellegrini Grinover, Antonio Scarance Fernandes, Paulo Rangel, Luiz Flávio Gomes e Raúl Cervini, Carlos Frederico Coelho Nogueira. Em contrário, menciona as posições de Sérgio Marcos de Moraes Pitombo e Eduardo Luiz Santos Cabette. Na jurisprudência: STF: "3. Não há que se falar em violação ao disposto no art. 5.º da Lei 9.296/1996 em caso de sucessivas prorrogações da interceptação telefônica, desde que demonstrada a necessidade de renovar a medida e respeitado o limite de 15 dias entre cada uma delas, como ocorreu na espécie. Precedente. 4. A referência às razões inicialmente legitimadoras da interceptação e ao contexto fático delineado pela parte requerente não torna a decisão deficiente, pois devidamente indicada e pormenorizada a imprescindibilidade da medida" (HC 239.787 AgR, 1.ª T., rel. Alexandre Moraes, 13.05.2024, v.u.); "IV – Consoante a iterativa jurisprudência deste Supremo Tribunal Federal, o decreto da interceptação telefônica pode ser sucessivamente renovável, sempre que o magistrado, com base no quadro fático, entender que essa medida permanece útil à investigação. Precedentes" (HC 231.787 AgR, 1.ª T. rel. Cristiano Zanin, 02.10.2023, v.u.). STJ: "1. A jurisprudência deste Superior Tribunal de Justiça é firme no sentido de que, 'as sucessivas prorrogações das interceptações telefônicas não se traduzem motivo suficiente, por si só, para invalidar o procedimento realizado, posto que podem as renovações ser justificadas, a depender das características concretas da ação, por exemplo, pela complexidade do crime, ou mesmo pelo grande número de envolvidos, demonstrando-se, assim, a imprescindibilidade da medida para a continuidade da investigação e elucidação do caso, hipótese dos autos' (AgRg no AREsp 1.604.544/SP, Rel. Ministro Sebastião Reis Júnior, Sexta Turma, julgado em 1.º/9/2020, *DJe* 9/9/2020)" (AgRg no AREsp 1.742.524 – SP, 5.ª T., rel. Ribeiro Dantas, 09.12.2020, v.u.).

23. Prorrogação fundamentada: lembre-se que a prorrogação será determinada pelo juiz competente, mediante decisão devidamente motivada. Do contrário, configura-se quebra das formalidades indispensáveis à validade da prova, gerando ilicitude. A motivação para a prorrogação pode ser a mesma da quebra inicial do sigilo. Além disso, os tribunais têm aceitado que as prorrogações se submetam ao critério da *necessidade*, e não ao número de prorrogações, o que nos parece coerente com o princípio da razoabilidade. Na jurisprudência: STF: "1. Nos termos do art. 5.º, XII, da Constituição Federal, a interceptação telefônica dependerá de ordem judicial (cláusula de reserva jurisdicional), que, de acordo com o art. 1.º da Lei n.º 9.296/1996, deverá ser expedida pelo juiz competente, em decisão devidamente fundamentada que demonstre sua conveniência e indispensabilidade. 2. Há possibilidade de sucessivas renovações dentro do prazo legal, sempre precedidas de novas e fundamentadas decisões judiciais, que apontem a presença dos requisitos legais e a manutenção da indispensabilidade desse meio de prova, inclusive com a referência à permanência das razões inicialmente legitimadoras da interceptação (Ag. Reg. no *Habeas Corpus* 130.860, Primeira Turma, Rel. Min. Alexandre de Moraes, j. 16/10/2017; *Habeas Corpus* 139.370, Primeira Turma, Rel. Min. Marco Aurélio; Red. p/Acórdão, Min. Roberto Barroso, j. 06/03/2018). 3. Os relatórios de inteligência foram apresentados como documentos oficiais no pedido de interceptação e sua veracidade foi atestada pelo Ministério Público, de modo que não cabe falar em nulidade, sobretudo se considerado que não houve qualquer alegação sobre eventual manipulação ou inconsistências" (HC 130596 AgR, 1.ª T., rel. Alexandre de Moraes, j. 17.08.2018, *DJe*-179, divulg. 29.08.2018, public. 30.08.2018); "Inexiste excesso de prazo ou ilegalidade nas prorrogações da interceptação telefônica, além do lapso temporal previsto na lei de regência, pois, além de justificadas as subsequentes prorrogações, o magistério jurisprudencial da Corte legitimou a possibilidade de se prorrogar o prazo de autorização para essa medida por períodos sucessivos quando a intensidade e a complexidade das condutas delitivas investigadas assim o demandarem, sendo igualmente dispensável prévia instauração de inquérito para tanto (RHC n.º 118.055/PR, Primeira Turma, de minha relatoria, *DJe* de 3/11/11)" (RHC 132.115, 2.ª T., rel. Dias Toffoli, j. 06.02.2018, *DJe*-223, divulg. 18.10.2018, public. 19.10.2018).

23-A. Prevenção: o juiz, que, durante a fase de investigação policial, determinar a interceptação telefônica, torna-se prevento para o conhecimento de eventual futura ação penal, nos termos do art. 75, parágrafo único, c. c. art. 83, do Código de Processo Penal.

> **Art. 6.º** Deferido o pedido, a autoridade policial conduzirá os procedimentos de interceptação, dando ciência ao Ministério Público, que poderá acompanhar a sua realização.[24-24-A]
>
> § 1.º No caso de a diligência possibilitar a gravação[25] da comunicação interceptada, será determinada a sua transcrição.[26-26-C]
>
> § 2.º Cumprida a diligência, a autoridade policial encaminhará o resultado da interceptação ao juiz, acompanhado de auto circunstanciado, que deverá conter o resumo das operações realizadas.[27]
>
> § 3.º Recebidos esses elementos, o juiz determinará a providência do art. 8.º, ciente o Ministério Público.[28]

24. Acompanhamento pelo Ministério Público: trata-se de preceito natural, afinal, o Ministério Público, como titular da ação penal, além de ser o fiscal da atuação policial, exercendo o controle externo da polícia judiciária (art. 129, VII, CF), pode acompanhar *qualquer* diligência efetivada pela autoridade policial.

24-A. Autoridade da interceptação: sob o estreito princípio da legalidade, deve conduzir a interceptação e gravação a polícia civil, que é a polícia judiciária. Não vemos cabimento em se "delegar" essa tarefa a terceiros, incluindo a polícia militar, cuja função é a atividade ostensiva, e não investigatória, nos termos constitucionais. Igualmente, não teria sentido a condução da interceptação e gravação pelo Ministério Público diretamente. A lei é clara no tocante ao *acompanhamento* da realização. Entretanto, nos últimos anos, tem havido a substituição da polícia civil por diversos outros órgãos, situação admitida pela jurisprudência, encontrando-se a escuta promovida por integrantes do Ministério Público (seus funcionários ou pessoal terceirizado para tanto), da polícia militar ou de servidores da secretaria da segurança ou da justiça. Em certas ocasiões, a falta de quadros e aparelhagem termina por impedir a efetivação da diligência pela polícia judiciária – estadual ou federal –, transmitindo-se a tarefa a quem possui disponibilidade, funcionários e aparelhos compatíveis. Há de se compreender esse fenômeno, sob pena de inviabilizar relevante meio de prova, que é a interceptação das comunicações. Além disso, os Tribunais Superiores firmaram entendimento de que eventual nulidade, seja absoluta, seja relativa, deve indicar o prejuízo efetivo sofrido pelo interessado, o que raramente é visível somente porque órgão estranho à polícia civil operou a interceptação. Na jurisprudência: STJ: "1. O art. 6.º da Lei n. 9.296/1996, não restringe à polícia civil a atribuição (exclusiva) para a execução da medida restritiva de interceptação telefônica, ordenada judicialmente. 2. Nessa linha de intelecção, esta Corte Superior possui pacífico entendimento jurisprudencial no sentido de que: Não se apresenta ilegítima a cooperação da Secretaria de Segurança Pública em investigações, por meio da denominada Subsecretaria de Inteligência, dotada dos devidos recursos tecnológicos para empreender as diligências necessárias. A constitucional definição da atribuição de polícia judiciária às polícias civil e federal não torna nula a colheita de indícios probatórios por outras fontes de investigação criminal (HC n. 343.737/SC, Ministro Néfi Cordeiro, Sexta Turma, *DJe* 29/8/2016)" (AgRg no HC 739.866 – RJ, 5.ª T., rel. Reynaldo Soares da Fonseca, j. 04.10.2022, v.u.); "3. A interpretação do art. 6.º da Lei n. 9.296/1996 não pode ser demasiadamente estrita, sob pena de degenerar em ineficácia. Assim, a condução dos trabalhos de interceptação telefônica por órgão da Secretaria de Segurança Pública, no qual se encontram alocados policiais, civis e militares, não implica ilegitimidade na execução da medida constritiva (HC 571.18/RJ, rel. Min. Maria Thereza de Assis Moura, Sexta Turma, julgado em 1.º/10/2009, *DJe* 19/10/2009). Veja-se ainda: RHC n. 53.432/RJ, rel. Min. Jorge Mussi, Quinta Turma, julgado em 16/12/2014, *DJe* 3/2/2015" (RHC 80.773 – MS, 5.ª T., rel. Reynaldo Soares da Fonseca, 26.03.2019, *DJe* 16.04.2019, v.u.).

25. Faculdade da gravação: é cabível a interceptação das comunicações sem haver a gravação, embora esta seja fundamental para conferir maior credibilidade à prova produzida. O resultado da não gravação é o uso da interceptação para descobrir outras provas ou mesmo para ouvir, depois, como testemunhas, os operadores da escuta. A força da interceptação é a sua gravação, permitindo ao Judiciário colher diretamente das palavras captadas a avaliação de sua importância para o julgamento da causa.

26. Transcrição (degravação): a lei está invertida nos seus propósitos, mas há de se compreender ter sido editada há mais de duas décadas. Atualmente, inúmeros atos processuais, como audiências e julgamentos em tribunais, são gravados, e nem mesmo transcritos, pois as partes se valem desse material apenas vendo e ouvindo por meios eletrônicos. Como expusemos na nota anterior, a gravação deveria sempre ocorrer – ao menos para valer como prova documental – e a transcrição, facultativa. Por outro lado, transcrever inúmeras horas de captação de conversa é um trabalho hercúleo e, conforme o caso, inviável. Pode ocorrer de serem desinteressantes à apuração do crime vários trechos, consistindo em perda de tempo operacionalizar a sua transcrição. Parece-nos essencial transcrever os fragmentos relevantes para a prova e para o convencimento do juiz, em especial aqueles citados pelas partes em suas alegações. Sob outro prisma, o mais importante é permitir o acesso a todas as gravações pelo órgão acusatório e pela defesa do investigado ou acusado, que terão a oportunidade de, querendo, providenciar a cópia em formato escrito de algum episódio que entenda relevante, para ofertar em juízo. Assim fazendo, a parte contrária poderá acessar o material gravado para conferir a autenticidade do que foi transcrito ou encontrar outro trecho que lhe parece conveniente para registrar em papel. Deve-se ressalvar a necessidade de perícia, caso seja apontada uma alteração substancial no produto da gravação. Na jurisprudência: STF: "2. É pacífico o entendimento desta Corte no sentido de que 'prescinde a transcrição integral do conteúdo das conversas captadas por meio de interceptação telefônica, judicialmente autorizada por procedimento legal, sendo bastante que dos autos constem excertos suficientes a embasar o oferecimento da denúncia e, por conseguinte, a sentença condenatória. Na mesma linha, não há que se falar em nulidade, uma vez que o material colhido, resultante das interceptações telefônicas, ficou disponível, sem restrições, para consulta da defesa' (ARE 1.127.868-AgR, Rel. Min. Luiz Fux)" (ARE 1290074 AgR-segundo, 1.ª T., rel. Roberto Barroso, 16.05.2022, v.u.); "2. Tendo a defesa acesso à totalidade das gravações, é dispensável a transcrição integral dos diálogos captados por interceptação telefônica quando não indicada a relevância para o esclarecimento dos fatos. Não demonstrados, concretamente, os reflexos negativos do ato coator para a ampla defesa e o contraditório, incide o princípio pas de nullité sans grief. Precedentes. 3. Agravo regimental a que se nega provimento" (HC 173.478 AgR, 1.ª T., rel. Alexandre de Moraes, 30.08.2019, m.v.); "3. Suposta violação à Súmula Vinculante 14. Não ocorrência. 4. Autoridade reclamada permitiu acesso a todos os arquivos (em sua integralidade) relacionados à interceptação telefônica suscitada pela defesa. 5. Ausência de argumentos capazes de infirmar a decisão agravada. 6. Agravo regimental a que se nega provimento" (Rcl 29.119 AgR, 2.ª T., rel. Gilmar Mendes, 23.08.2019, v.u.); "(d) Em *obiter dicta*, impende consignar a jurisprudência firme desta Corte, no sentido de que 'É desnecessária a juntada do conteúdo integral das degravações das escutas telefônicas realizadas nos autos do inquérito no qual são investigados os ora Pacientes, pois bastam que se tenham degravados os excertos necessários ao embasamento da denúncia oferecida, não configurando, essa restrição, ofensa ao princípio do devido processo legal' (HC 91.207-MC, Tribunal Pleno, Rel. Min. Marco Aurélio, Red. p/ o Acórdão Min. Cármen Lúcia, j. 11/06/2007, *DJe* 21/9/2007)" (Rcl 23383 AgR, 1.ª T., rel. Luiz Fux, 05.11.2019, v.u.). STJ: "7. Nos termos da jurisprudência consolidada desta Corte, é desnecessária a degravação integral dos diálogos interceptados, mormente se disponibilizado o seu acesso à defesa" (AgRg nos EDcl no AgRg no RHC 108.957 – GO, 5.ª T., rel. Ribeiro Dantas, 03.11.2020, v.u.).

26-A. Transcrição ou verificação realizada por peritos: como regra, é desnecessária, afinal, não há imposição legal nesse sentido. Pode a autoridade valer-se de servidores públicos para tanto. Entretanto, se houver questionamento quanto à veracidade do conteúdo, torna-se imperiosa a perícia. Esse questionamento, entretanto, precisa ser feito em bases sólidas, expondo reais contradições, com fundamento em outras provas. Tanto a acusação quanto a defesa podem colocar o material captado em dúvida, mas jamais dentro de pura argumentação; evidências outras em sentido oposto à interceptação telefônica merecem ser ofertadas. Na jurisprudência: STJ: "1. Nos termos da orientação desta Corte Superior, é despicienda a realização de perícia a fim de comprovar a fidedignidade das gravações, que são presumidamente autênticas, possuindo fé pública os agentes policiais envolvidos na operação. Tal entendimento independe da forma de transmissão das interceptações, se oriunda de gravações de áudio ou captação de mensagens de texto. Precedentes" (AgRg no RHC 129.003 – MT, 5.ª T., rel. Ribeiro Dantas, 13.10.2020, v.u.).

26-B. Juntada da base material dos dados colhidos: não é indispensável que se junte, aos autos, a mídia utilizada para gravar as conversas interceptadas (CD-ROM, DVD etc.). Logicamente, torna-se fundamental garantir o acesso desse material às partes, em especial à defesa. No mais, pode-se arquivar a base em cartório, até quando seja necessário, resguardando-se o sigilo. Na jurisprudência: STJ: "3. A jurisprudência do Superior Tribunal de Justiça está fixada no sentido de que, conquanto seja dispensável a transcrição integral dos diálogos interceptados, deve ser assegurado à Defesa o acesso à mídia que contém a gravação da integralidade daqueles. (...) O provimento judicial que autoriza a interceptação telefônica deve conter todos os requisitos legais necessários ao deferimento da medida extrema, especialmente no que diz respeito à justa causa para a providência e ao fato de ser imprescindível a quebra do sigilo por não existir outro meio apto à obtenção da prova almejada. (...) Na hipótese dos autos, a partir da leitura do que expressamente consta dos acórdãos proferidos pelo Tribunal de Justiça do Estado de São Paulo, deixou de ser franqueada à Defesa o acesso às mídias que registram o conteúdo total dos diálogos interceptados. Igualmente, não foi acostada aos autos a íntegra da decisão que autorizou a quebra do sigilo telefônico, impedindo que se pudesse, em tese, questionar a legalidade e adequação dos motivos que conduziram ao deferimento da medida extrema. (...) A juntada aos autos tão somente da representação formulada pela autoridade policial e dos ofícios encaminhados pelo Juízo deferindo a produção da prova não é suficiente para assegurar o exercício pleno do contraditório e da ampla defesa. Para que isso seja viabilizado, é imprescindível que o Acusado tenha acesso aos pedidos de quebra formulados pela autoridade policial ou pelo Ministério Público, bem assim das decisões judiciais que determinaram as medidas. (...) Embora não seja necessária a transcrição integral dos diálogos, é necessário, também sob pena de afronta aos princípios da ampla defesa e do contraditório, que seja possibilitado ao Réu acesso aos meios digitais em que se encontra registrada a integralidade das conversas interceptadas (REsp n. 1.800.516/SP, Ministra Laurita Vaz, Sexta Turma, *DJe* de 25/6/2021)" (REsp 1.796.236 – RS, 6.ª T., rel. Sebastião Reis Júnior, julgado em 27.09.2022, v.u.).

26-C. Caixa postal ou outras mensagens de telefonia celular: embora não se caracterizem como *escuta telefônica*, tais elementos fazem parte do direito à intimidade e/ou privacidade de cada indivíduo, motivo pelo qual somente o juiz pode romper, autorizando sejam conhecidos. Noutro sentido: TJPR: "a) 'Existência de mensagens na caixa de entrada do aparelho de celular do réu que corroboraram as demais provas da autoria do delito a ele imputado, não havendo se falar em nulidade de tais elementos probatórios, pois a hipótese não caracteriza interceptação telefônica, sendo despicienda a prévia autorização judicial' (STJ, HC 210.746/SP, Rel. Ministro Gilson Dipp, Quinta Turma, julgado em 26/06/2012)" (AC 1451504-1 – PR, 3.ª Câmara Criminal, rel. Rogério Kanayama, j. 12.05.2016, v.u.).

26-D. Perícia para identificação dos autores dos diálogos: embora essa Lei não preveja nada nesse sentido, não se pode descartar a viabilidade do encaminhamento à perícia específica, se qualquer das partes assim requerer, para o fim de identificar os autores das falas captadas. Afinal, a interceptação e a gravação de conversas somente podem produzir o efeito de prova, caso inexista controvérsia a respeito de quem está falando e o que está dizendo. Dúvidas nesse aspecto não podem remanescer, sob pena de invalidar, na prática, o meio de prova referente à interceptação. Em especial, tratando-se de pedido da defesa, envolto que está pela garantia constitucional da ampla defesa, deve-se providenciar. Porém, o pleito deve ser fundamentado e convincente, cabendo ao juiz apreciá-lo para deferir, ou não, a perícia de identificação de vozes e conteúdo. Na jurisprudência: STJ: "Além de não ser indispensável a realização de perícia para a identificação das vozes captadas por meio das interceptações telefônicas, constato ter o Magistrado de primeiro grau confrontado os elementos obtidos por meio da referida medida com as demais provas colhidas judicialmente, submetidas, portanto, ao contraditório e à ampla defesa. Não há, então, que falar em nulidade das provas colhidas mediante escutas telefônicas, tampouco das que delas decorreram, porquanto obtidas em estrita consonância com os ditames da Lei n. 9.296/1996. 3. Ordem denegada" (HC 265.430 – SP, 6.ª T., rel. Rogerio Schietti Cruz, 07.03.2017, v.u.).

27. Auto circunstanciado: é o registro formal das diligências efetuadas, de maneira abrangente, embora possa ser elaborado em formato resumido, afinal, as operações podem ser estendidas por muitos dias ou até meses. Esse auto não deve ser utilizado como prova, pois foi produzido sem o crivo do contraditório e da ampla defesa. Cuida-se, tão somente, da formalização dos atos policiais de interceptação, servindo para dar uma satisfação ao magistrado que autorizou a diligência. Seria o equivalente ao relatório da autoridade policial ao findar um inquérito. O efetivo resultado da interceptação é o mais importante, devendo ser constituído, na maior parte das vezes, das gravações das conversas. Este será o material a ser usado como meio de prova.

28. Transcurso em apenso sigiloso: o material colhido será encartado em autos apartados dos principais, seja o inquérito ou o processo. Ver as notas ao art. 8.º.

> **Art. 7.º** Para os procedimentos de interceptação de que trata esta Lei, a autoridade policial poderá requisitar serviços e técnicos especializados às concessionárias de serviço público.[29]

29. Auxílio e suporte técnico: sem dúvida que, autorizada a interceptação telefônica pelo magistrado, a polícia, na maioria dos casos, necessitará do apoio das companhias de telefonia fixa ou móvel para que a diligência tenha sucesso. Note-se, pois, que o termo utilizado pelo art. 7.º – requisitar (exigir que se cumpra a lei) – está correto. Não sendo atendida, a autoridade policial pode determinar a instauração de inquérito por desobediência.

> **Art. 8.º** A interceptação de comunicação telefônica, de qualquer natureza, ocorrerá em autos apartados, apensados aos autos do inquérito policial ou do processo criminal, preservando-se o sigilo das diligências, gravações e transcrições respectivas.[30-32-D]
>
> **Parágrafo único.** A apensação[33-33-A] somente poderá ser realizada imediatamente antes do relatório da autoridade, quando se tratar de inquérito policial (Código de Processo Penal, art. 10, § 1.º)[34] ou na conclusão do processo ao juiz para o despacho decorrente do disposto nos artigos 407, 502 ou 538 do Código de Processo Penal.[35]

30. Sigilo da interceptação e do seu resultado: determina o art. 8.º, *caput*, desta Lei que a diligência (a realização da interceptação), a gravação realizada (registrada em fita, CD, DVD ou outro material similar) e a transcrição ou degravação (inserção em papel do conteúdo da gravação) sejam mantidas em sigilo. Por isso, em tese, estaria assegurada a produção dessa espécie de prova em segredo de justiça, independentemente do pronunciamento judicial a respeito. No entanto, após a Emenda 45/2004, que alterou a redação do art. 93, IX, da Constituição, introduziu-se a possibilidade de não ser vedada a divulgação de dados processuais (processo instaurado), pela imprensa, em função do interesse público à informação. Embora se mencione, no texto constitucional, o contexto dos *julgamentos* e da *presença* em determinados *atos*, é natural que se está consagrando o princípio geral da publicidade do processo. Aliás, quem toma conhecimento de atos e julgamentos também tem ciência da prova que neles se debate, podendo, então, promover a divulgação. Em face disso, deve-se focalizar o aspecto de que a lei ordinária não pode contrariar a Constituição Federal, por óbvio. Logo, é preciso interpretar essa nova disposição à luz dos demais princípios constitucionais e processuais penais. Sobre a liberdade de imprensa e o sigilo processual, consultar a nota 5 *supra*.

31. Utilização da interceptação telefônica contra terceiro: parece-nos viável. Conforme já expusemos na nota 44 ao art. 157 do Capítulo I, Título VII, Livro I, do nosso *Código de Processo Penal comentado*, é possível que, durante uma interceptação telefônica, captando-se a conversa entre "A" e "B", com autorização judicial, surja prova do cometimento de crime por "C", terceira pessoa. É a denominada serendipidade. Pensamos ser lícito utilizar a gravação realizada para investigar o agente criminoso que surgiu de onde menos se esperava. Mais uma vez, é fundamental destacar que o Estado, por seus órgãos investigatórios, violou a intimidade de duas pessoas, com respaldo constitucional e legal, motivo pelo qual a prova se consolidou lícita. Descoberto um outro crime, ainda que não haja conexão entre este e a infração que se está investigando, é preciso apurá-lo, mormente se de ação pública incondicionada.

32. Prova emprestada para a esfera extrapenal: cremos ser legalmente possível. Abordamos essa questão na nota 43 ao art. 157 do Capítulo I, Título VII, Livro I, do nosso *Código* *de Processo Penal comentado*, mencionando que, se a interceptação telefônica se realizou com autorização judicial, *para fins de investigação ou processo criminal*, violou-se a intimidade dos interlocutores de maneira lícita. Por isso, tornando-se de conhecimento de terceiros o teor da conversa e podendo produzir efeito concreto na órbita penal, é natural que possa haver o empréstimo da prova para fins civis ou administrativos. Aliás, não teria sentido admitir-se a prova no âmbito criminal, daí advindo uma sentença condenatória, que é pública, aplicando-se qualquer sanção e, como efeito da condenação, por exemplo, a perda de cargo, função ou mandato (art. 92, I, CP), mas não se poder utilizar a referida gravação de conversa para pleitear uma indenização civil ou no contexto da ação de improbidade administrativa. Se o funcionário, no exemplo dado, pode perder o cargo em virtude de sentença criminal, fundada em interceptação telefônica, é consequência lógica que possa ser a mesma prova usada para garantir que devolva aos cofres públicos o que deles retirou. Assim, a utilização da prova, no juízo civil, é viável. Confira-se o posicionamento de Antonio Scarance Fernandes: "Mais discutível é o uso da prova emprestada em processo cível, pois a Constituição não permite a interceptação para se obter prova fora do âmbito criminal. O transplante da prova representaria forma de se contornar a vedação constitucional quanto à interceptação para fins não criminais. Há, contudo, razoável entendimento no sentido de que a prova poderia ser aceita porque a intimidade, valor constitucionalmente protegido pela vedação das interceptações telefônicas, já teria sido violada de forma lícita. Não haveria razão, então, para se impedir a produção da prova, sob o argumento de que, por via oblíqua, seria desrespeitado o texto constitucional" (*Processo penal constitucional*, p. 110-111). Na jurisprudência: STF: "Constitucional e administrativo. Agravo interno no recurso ordinário em mandado de segurança. Procedimento administrativo disciplinar. Interceptação telefônica. Prova emprestada do processo penal. Possibilidade. Inexistência de nulidade comprovada. Alegação genérica. Necessidade de reexame do conjunto fático-probatório. Impossibilidade. Jurisprudência consolidada. Recurso de agravo a que se nega provimento" (RMS 34786 ED-AgR, 1.ª T., rel. Alexandre de Moraes, 29.06.2018, DJe-164, divulg. 13.08.2018, public. 14.08.2018). Com relação às outras formas de captação de conversas (interceptação ambiental, escuta telefônica, gravação clandestina), pode-se *emprestar* a prova à esfera cível ou administrativa, desde que respeitadas as condições já expostas nas notas 2 e 3 ao art. 1.º. Em contrário, está a posição de Vicente Greco Filho: "Poderia a prova obtida com a interceptação legalmente realizada para fins de investigação criminal servir em processo civil como prova emprestada? Cremos que não, porque, no caso, os parâmetros constitucionais são limitativos. A finalidade da interceptação, investigação criminal e instrução processual penal, é, também, a finalidade da prova, e somente nessa sede pode ser utilizada" (*Interceptação telefônica*, p. 39).

32-A. Prova suficiente para a formação da materialidade de crime: como regra, a interceptação telefônica tem por objetivo apontar os autores de infração penal já conhecida, vale dizer, sabe-se da existência do crime, buscando-se, então, a prova da autoria. Por vezes, o resultado da interceptação serve de prova da própria materialidade da infração penal, como ocorre, por exemplo, quanto ao crime de associação para o tráfico ilícito de drogas.

32-B. Respeito às formalidades: a interceptação é uma medida excepcional e não regular. Portanto, quando autorizada pelo juiz, após outras provas terem sido produzidas, convém respeitar fielmente o estabelecido em lei para a sua captação, concretização e juntada aos autos, sob pena de nulidade.

32-C. Prova derivada ou teoria do encontro fortuito: como mencionado na nota 31 *supra*, a prova captada por meio de interceptação telefônica que leve a outro crime (e outros autores) pode ser utilizada, desde que a referida interceptação tenha sido legalmente deferida, vale dizer, por meio do Poder Judiciário. O meio lícito leva a resultados lícitos, não se podendo falar em fruto de árvore envenenada. No entanto, se a interceptação for ilegalmente produzida, haverá dois ângulos a analisar: a) a prova se destina a inocentar alguém, podendo ser utilizada, tendo em vista que evitar um erro judiciário é valor muito maior do que assegurar privacidade alheia; b) a prova não pode ser utilizada em âmbito criminal, embora seja possível atingir o critério da *prova independente*, vale dizer, o conteúdo da escuta ilícita termina sendo descoberto por fonte independente; desse modo, pode-se validar o material encontrado (ver art. 157, §§ 1.º e 2.º, CPP). Na jurisprudência: STJ: "Noutro vértice, consoante orientação jurisprudencial deste Sodalício, o denominado encontro fortuito de provas (serendipidade) é fato legítimo, refletido, no caso concreto, na descoberta, em interceptação telefônica judicialmente autorizada, do envolvimento de pessoas diferentes daquelas inicialmente investigadas, não gerando irregularidade a macular o decreto de custódia cautelar ou o inquérito policial. Precedentes" (RHC 77.003 – SP, 5.ª T., rel. Joel Ilan Paciornik, j. 23.10.2018, *DJe* 09.11.2018).

32-D. Abrangência da captação: ao deferir a interceptação telefônica, o juiz enfoca determinado investigado. Entretanto, se este indivíduo mantém conversas com pessoas detentoras de foro privilegiado ou que faça parte do rol de sigilo profissional, nada impede o uso da captação. Não se pode acoimar de ilegal a conversa do suspeito, cujas comunicações telefônicas são devassadas, licitamente, com terceiros, sejam eles quem forem. Depois de colhidas as referidas conversas, havendo crime por parte de autoridade com foro especial (por exemplo), encaminha-se o material ao juízo competente. No entanto, não se anula a captação. Na jurisprudência: STJ: "'2. A simples menção do nome de autoridades, em conversas captadas mediante interceptação telefônica, não tem o condão de firmar a competência por prerrogativa de foro', sendo indispensável aferir se há indícios efetivos de participação de autoridades em condutas criminosas. Precedentes. 'A captação fortuita de diálogos mantidos por autoridade com prerrogativa de foro não impõe, por si só, a remessa imediata dos autos ao Tribunal competente para processar e julgar a referida autoridade, sem que antes se avalie a idoneidade e a suficiência dos dados colhidos para se firmar o convencimento acerca do possível envolvimento do detentor de prerrogativa de foro com a prática de crime' (HC 307.152-GO, Rel. Min. Sebastião Reis Júnior, Rel. para acórdão Min. Rogerio Schietti Cruz, julgado em 19/11/2015, *DJe* 15/12/2015 – Informativo n. 575/STJ)" (HC 422.642 – SP, 5.ª T., rel. Reynaldo Soares da Fonseca, 25.09.2018, *DJe* 02.10.2018).

33. Apensação: significa o ato de juntar algo em anexo a outra coisa. No caso de autos, há os principais e os referentes aos apensos – procedimentos incidentes e secundários. Determina a lei que a interceptação telefônica constitua um procedimento, em princípio, desligado do principal, logo, precisa ser instruído à parte, em apenso próprio. Depois de concluído, haverá o momento processual exato para ser anexado aos autos principais.

33-A. Apensação em feito diverso como prova emprestada: possibilidade. Nada impede a utilização da prova legalmente colhida em investigação criminal diversa, na mesma medida em que se tolera o empréstimo da interceptação para a esfera extrapenal (nota 32 *supra*).

34. Juntada antes do relatório da autoridade policial: a última peça da investigação policial é justamente o relatório do delegado que presidiu o inquérito (ver a nota 61 ao art. 10 do nosso *Código de Processo Penal comentado*), motivo pelo qual, antes dele, se junta o apenso relativo à interceptação telefônica.

35. Juntada antes da sentença: no caso do processo, determina a lei que a juntada do apenso onde se encontra o material coletado, em decorrência da interceptação telefônica, seja feita após as alegações finais das partes e antes de o juiz dar a sua decisão. O art. 407 se referia ao procedimento especial do júri; o art. 502, ao procedimento comum; o art. 538, ao procedimento sumário. Foram alterados pela reforma processual penal, trazida pelas Leis 11.689/2008 e 11.719/2008. Quanto ao júri, passa a tratar-se do art. 411, § 9.º, do CPP. Em relação aos ritos ordinário e sumário do procedimento comum, referem-se aos artigos 403, *caput*, e 534 do CPP. Na realidade, é mais do que evidente deverem as partes utilizar o apenso para elaborar suas alegações finais, mesmo quando feitas em debates orais. Do contrário, haveria cerceamento à acusação e à defesa, violando-se o contraditório e a ampla defesa. Portanto, na atual sistemática, os autos principais, juntamente com o apenso, deverão estar à disposição das partes e do juízo na audiência única de instrução e julgamento. Espera-se, naturalmente, seja feita a juntada com as cautelas devidas para não haver a violação do sigilo com envelopamento e lacre.

> **Art. 8.º-A.** Para investigação ou instrução criminal, poderá ser autorizada pelo juiz,[35-A] a requerimento da autoridade policial[35-B] ou do Ministério Público, a captação ambiental de sinais eletromagnéticos, ópticos ou acústicos,[35-C-35-C1] quando:
>
> I – a prova não puder ser feita por outros meios disponíveis e igualmente eficazes; e[35-D]
>
> II – houver elementos probatórios razoáveis de autoria e participação em infrações criminais cujas penas máximas sejam superiores a 4 (quatro) anos ou em infrações penais conexas.
>
> § 1.º O requerimento deverá descrever circunstanciadamente o local e a forma de instalação do dispositivo de captação ambiental.[35-E]
>
> § 2.º A instalação do dispositivo de captação ambiental poderá ser realizada, quando necessária, por meio de operação policial disfarçada ou no período noturno, exceto na casa, nos termos do inciso XI do *caput* do art. 5.º da Constituição Federal.[35-E1]
>
> § 3.º A captação ambiental não poderá exceder o prazo de 15 (quinze) dias, renovável por decisão judicial por iguais períodos, se comprovada a indispensabilidade do meio de prova e quando presente atividade criminal permanente, habitual ou continuada.[35-F]
>
> § 4.º A captação ambiental feita por um dos interlocutores sem o prévio conhecimento da autoridade policial ou do Ministério Público poderá ser utilizada, em matéria de defesa, quando demonstrada a integridade da gravação.[35-F1]
>
> § 5.º Aplicam-se subsidiariamente à captação ambiental as regras previstas na legislação específica para a interceptação telefônica e telemática.[35-G]

35-A. Autorização judicial: a Lei 13.964/2019, seguindo a mesma linha traçada em alterações ocorridas em outras leis, inclusive no CPP, retira do magistrado a determinação da prova de ofício, ou seja, sem provocação de terceiro. Resta a incoerência, nesta Lei, pois a interceptação telefônica (a edição ocorreu em 1996) pode ser determinada de ofício pelo juiz (art. 3.º, *caput*, desta Lei).

35-B. Requerimento e representação: neste artigo repete-se o equívoco já lançado no art. 3.º *supra*, apontado na nota 13. Portanto, reiteramos a mesma crítica. O Ministério Público, que é o titular da ação penal, *requer*, como parte interessada, a realização de interceptação telefônica, porém, a autoridade policial, que parte não é, deve representar pela interceptação, ou seja, expõe ao juiz os fatos e sugere a providência.

35-C. Captação ambiental: significa captar (no sentido deste texto legal, fazer com que um sinal chegue a um receptor, registrando-o) conversas (com ou sem imagens) mantidas entre duas ou mais pessoas, fora de aparelhos telefônicos ou computadores em geral, em qualquer recinto, público ou privado. Portanto, a captação ambiental, feita por intermédio de aparelhos próprios a tanto, pode alcançar apenas imagens, somente conversas ou imagens com som mantidas à distância em qualquer lugar. Antes do advento da Lei 13.869/2019 (Lei de Abuso de Autoridade, que modificou o art. 10 desta Lei, incluindo a escuta ambiental), bem como pela edição da Lei 13.964/2019, introduzindo o art. 8.º-A, defendíamos que a captação ambiental, quando realizada em local público, de livre acesso, não dependia de autorização judicial, pois qualquer pessoa poderia ouvir a conversa, mesmo sigilosa, entre duas pessoas, servindo depois como testemunha, sem necessidade de aparelhos para isso. Portanto, quando estivessem os interlocutores em local público ou acessível ao público, valendo-se de aparelho eletrônico ou outro meio, poderia haver a captação ambiental. No entanto, se a conversa se desse em ambiente privado, como um domicílio, a invasão provocada pela captação dos sinais referentes a conversas ou imagens representaria o mesmo que uma invasão ilegal de domicílio, dependente, pois, de autorização judicial prévia. Nesta última hipótese – registre-se – cuida-se da captação feita por estranho, de fora do domicílio, invadindo a privacidade da residência. Porém, o art. 8.º-A não faz qualquer distinção em relação à espécie de captação ambiental, razão pela qual se deve entender que, agora, qualquer interceptação de conversa, com ou sem o recolhimento de imagem, ocorrida em ambiente público ou privado, deverá ter autorização prévia do juiz, para servir de prova *em investigação ou processo criminal*, sob pena de se caracterizar, como regra, prova ilícita (vide arts. 10 e 10-A desta Lei).

35-C1. Amplitude da captação ambiental: quando a captação ambiental de imagens ou conversas (ou ambas) é feita por terceiros, estranhos à conversa ou à cena protagonizada por duas ou mais pessoas, há de se ter em vista algumas considerações. A primeira delas diz respeito a quem prepara o aparelho para captação de imagens (com ou sem som), a sua finalidade e onde se produz a consecução do registro. Desse modo, há as seguintes hipóteses: a) instalar câmera em sua própria residência para monitorar o que ali acontece constitui exercício regular de direito e não se pode acoimar de ilícita a captação ambiental. Exemplificando, trata-se da situação de pais que instalam monitoramento do quarto do bebê e registram espancamento da criança pela babá. Parece-nos constituir prova licitamente produzida, mesmo que utilizada em investigação ou processo criminal, pois a atividade se deu *no domicílio* de quem instalou o aparelho e a finalidade é fiscalizar a movimentação no local. Monitorar a propriedade é um direito de quem é seu titular; b) instalar câmera em muro do imóvel não somente para focalizar a área interna mas também a voltada para a via pública, por vezes contando com placas de advertência de que aquele espaço está sendo gravado, funciona como um *ofendículo digital*, desestimulando a atuação criminosa de invasão da propriedade (como se pretende com uma cerca eletrificada ou pontas de lanças em grades ou muros) ou evitando a prática de delito naquela área sob vigilância contínua. Caso registre a cena delituosa (um roubo acontecido na calçada pública), tal situação ocorreu por acaso e quem a praticou sabia que poderia ser gravado, de forma que o resultado da captação pode ser utilizado como meio de prova criminal. Aliás, essa filmagem não foi realizada por agentes policiais de maneira sub-reptícia, com a finalidade de produzir prova no âmbito penal; c) instalar câmera de segurança para monitorar espaço público ou aberto ao público constitui exercício regular de direito, pois essa providência é tomada por agentes do poder público, não necessariamente da área da segurança pública, cuja finalidade é fiscalizar a região monitorada e não há o propósito exclusivo de formar prova para uma investigação ou processo criminal (grava-se continuamente uma zona de pedágio para flagrar um motorista que por ali passa e não paga a tarifa, por exemplo). No mesmo cenário, pode-se incluir o monitoramento feito em *shopping centers*, supermercados, salas de teatro ou cinema, átrios ou corredores de hospitais, lojas, estabelecimentos de diversão pública etc. O responsável pela segurança da área privada, mas de acesso público, tem a finalidade de controlar o ambiente, para ter noção do que ali ocorre, podendo, eventualmente, produzir material para uma investigação ou processo criminal. A aparelhagem eletrônica de monitoramento de pessoas, coisas ou animais é um reflexo do avanço tecnológico atual e usada em diversos lugares públicos e privados. Não se tolera, por óbvio, a captação ambiental de lugar privado, feita por estranhos a esse local, ou a filmagem de espaços de acesso ao público, mas em pontos onde a intimidade deve ser preservada (como um banheiro de loja ou a sala de um consultório destinada a exames dos pacientes). O objetivo desta Lei, ao regular a captação ambiental, é evitar a formação de prova criminal, previamente programada (como se faz com o procedimento de interceptação telefônica), em especial por agentes da segurança pública, *sem autorização judicial*. Entretanto, se o particular resolve captar imagens, com ou sem som, de encontros de terceiros, especificamente escolhidos para essa filmagem, está invadindo a privacidade, mesmo em lugar público, não podendo o material servir de prova em processo criminal. Note-se a exceção expressamente inserida no § 4.º deste artigo: "A captação ambiental feita por um dos interlocutores sem o prévio conhecimento da autoridade policial ou do Ministério Público poderá ser utilizada, em matéria de defesa, quando demonstrada a integridade da gravação". O enfoque é a captação clandestina valendo como meio de prova de defesa, em nome do maior valor atinente ao evitamento do erro judiciário, em detrimento da intimidade, embora se possa considerar supérfluo o dispositivo, uma vez que a conversa de duas pessoas *pertence* a ambas e cada uma pode usar como bem quiser. A parte controversa se refere à captação ambiental feita por uma pessoa para registrar um ato ilícito de outrem, sem autorização judicial. Ilustrando, a funcionária grava, com seu celular, o médico, dentro da sala de seu consultório, abusando sexualmente da paciente. Nem se poderia levantar a tese da legítima defesa de terceiro se a captação ambiental for camuflada e não houver nenhuma atuação de quem está gravando para impedir o andamento do crime. Afinal, a simples captação da imagem não se trata de defesa a agressão. Seria a produção de uma prova ilícita para fins criminais, conforme o texto desta Lei, tendo em vista que a gravação foi feita em lugar privado, violando a intimidade alheia, ainda que fosse para detectar a prática de um crime. Do mesmo modo, se um particular capta a conversa de duas pessoas, que estão sentadas em uma praça pública, emergindo dessa conversação a prova de um delito: a prova é ilícita, pois inexiste autorização judicial e não se trata de um monitoramento contínuo de certa área feita por quem de direito. A conduta foi violadora da intimidade alheia, sem haver hipótese legal legitimando-a para formar prova criminal, em especial a partir da inserção dos arts. 8.º-A e 10-A nesta Lei.

35-D. Requisitos para a captação ambiental: o disposto nos incisos I e II do art. 8.º-A não diferem muito do já preceituado pelo art. 2.º, I a III, desta Lei, para a interceptação telefônica. É preciso que esta não seja a *primeira* prova colhida, pois isto significaria autorizar os agentes de segurança pública a bisbilhotar a vida privada alheia para colher subsídios de eventual cometimento de crime. Não é essa a meta da interceptação telefônica nem da captação ambiental, pois o direito à intimidade e à privacidade é constitucionalmente assegurado como direito individual fundamental. Diante disso, essa prova deve ser encarada como *consequencial*, dependente, pois, de outras, previamente realizadas para que se possa colher "elementos probatórios razoáveis de autoria e participação em infrações criminais". Além disso, enquanto a interceptação não será realizada para crimes apenados com detenção, na captação ambiental impõem-se, como objeto, os delitos cujas penas máximas cominadas sejam superiores a quatro anos (ou em infrações penais conexas). Ex.: pode-se usar o instrumento em crime de roubo (pena máxima de dez anos), mas não em furto simples (pena máxima de quatro anos). Outro ponto é o seu caráter residual, valendo dizer que a sua utilização depende de impossibilidade de produção de prova por outro meio, igualmente disponível e eficaz. Superadas ambas as questões, o juiz pode autorizar a captação ambiental.

35-E. Formalidades do requerimento: na esteira da interceptação telefônica, o § 1.º do art. 8.º-A estabelece que a peça onde conste o pleito de captação ambiental deve "descrever circunstanciadamente o local e a forma de instalação do dispositivo de captação ambiental". O requerimento para a interceptação telefônica, em nosso entendimento, é mais rigoroso: descrição clara do objeto da investigação, com indicação e qualificação dos investigados, como regra, tudo justificado (art. 2.º, parágrafo único, desta Lei) + demonstração da necessidade para apurar a infração, com indicação dos meios a serem utilizado (art. 4.º, *caput*, desta Lei). De qualquer forma, é preciso um requerimento do MP (ou representação da autoridade policial) detalhado, pois se vai invadir a privacidade de alguém, devendo-se fazer com fundamento concreto e não baseado em meras conjecturas.

35-E1. Instalação do dispositivo de captação ambiental: a Lei 13.964/2019 introduziu o § 2.º ao art. 8.º-A, mas foi vetado, sob os seguintes argumentos: "a propositura legislativa gera insegurança jurídica, haja vista que, ao mesmo tempo em que admite a instalação de dispositivo de captação ambiental, esvazia o dispositivo ao retirar do seu alcance a 'casa', nos termos do inciso XI do art. 5.º da Lei Maior. Segundo a doutrina e a jurisprudência do Supremo Tribunal Federal, o conceito de 'casa' deve ser entendido como qualquer compartimento habitado, até mesmo um aposento que não seja aberto ao público, utilizado para moradia, profissão ou atividades, nos termos do art. 150, § 4.º, do Código Penal (*v.g.* HC 82788, Relator: Min. Celso de Mello, Segunda Turma, julgado em 12/04/2005)". O veto foi mal inspirado, pois não se veda a captação em casa. Veda-se a captação no período noturno, no interior de domicílio, nos termos do art. 5.º, XI, da Constituição Federal. O referido veto foi afastado pelo Parlamento, de maneira correta. Assim sendo, o conteúdo deste parágrafo está em vigor, embora nos pareça vazio de eficiência pelos seguintes motivos: a) a autorização para se empreender a diligência por meio de *operação policial disfarçada* soa óbvia, tendo em vista que a captação (ou a interceptação de comunicações), para ter um resultado útil, *precisa* ser realizada de modo *camuflado*. Dessa forma, pouco importa se o policial, *autorizado pelo juiz*, coloca uma câmera disfarçada no botão do seu paletó ou farda ou se instala um aparelho capaz de registrar imagens ou conversas à distância; b) a outra autorização diz respeito a se captar no ambiente público ou aberto ao público no período noturno; entretanto, inexiste vedação para diligências dessa ordem à noite, pois uma interceptação telefônica, *v.g.*, pode dar-se durante as 24 horas do dia. Por outro lado, ao excepcionar a casa, no período noturno, a menção seria desnecessária, bastando cumprir o disposto no art. 5.º, XI, da Constituição Federal (aliás, a lei cita, de maneira peculiar, o "inciso XI do *caput* do art. 5.º": ou bem seria uma referência ao *caput* ou ao inciso do art. 5.º, e não ao inciso do *caput*). Contudo, o excesso não prejudica, a fim de evitar que se levante o argumento de que a captação ambiental é feita de fora do domicílio, voltada a uma conversa lá dentro realizada, razão pela qual ninguém *penetra* fisicamente na casa. Naturalmente, se a captação registra o que se passa dentro do domicílio, está *invadindo-o* e não pode ser operacionalizada à noite, mesmo com autorização judicial. Recorde-se a amplitude de *casa*, no art. 150, § 4.º, do Código Penal: "A expressão 'casa' compreende: I – qualquer compartimento habitado; II – aposento ocupado de habitação coletiva; III – compartimento não aberto ao público, onde alguém exerce profissão ou atividade".

35-F. Prazo de duração: neste ponto, a introdução do art. 8.º-A, cuidando da captação ambiental, foi mais elástico do que se fez antes para o prazo da interceptação telefônica (art. 5.º desta Lei), mas seguiu a jurisprudência dominante, inclusive nos Tribunais Superiores. Prevê-se o prazo inicial de 15 dias, mas renovável por decisão judicial tantos períodos quantos forem necessários e enquanto se comprovar a atividade criminal permanente (cuja consumação se arrasta no tempo), habitual (reiterada em vários dias, semanas, meses) ou continuada (várias infrações em continuidade delitiva). Em suma, é a atividade criminosa de longa duração. Embora o referido art. 5.º tenha sido mais contido na renovação do prazo de 15 dias da interceptação telefônica, na prática, ela tem sido reiterada, tantas vezes quantas forem necessárias.

35-F1. Captação ambiental como matéria de defesa: a inserção do § 4.º ao art. 8.º-A foi vetada, mas essa rejeição do Executivo foi derrubada pelo Legislativo. Eis as razões do veto: "a propositura legislativa, ao limitar o uso da prova obtida mediante a captação ambiental apenas pela defesa, contraria o interesse público uma vez que uma prova não deve ser considerada lícita ou ilícita unicamente em razão da parte que beneficiará, sob pena de ofensa ao princípio da lealdade, da boa-fé objetiva e da cooperação entre os sujeitos processuais, além de se representar um retrocesso legislativo no combate ao crime. Ademais, o dispositivo vai de encontro à jurisprudência do Supremo Tribunal Federal, que admite utilização como prova da infração criminal a captação ambiental feita por um dos interlocutores, sem o prévio conhecimento da autoridade policial ou do Ministério Público, quando demonstrada a integridade da gravação (*v.g.* Inq-QO 2116, Relator: Min. Marco Aurélio, Relator p/ Acórdão: Min. Ayres Britto, publicado em 29/02/2012, Tribunal Pleno)". O veto não tinha sustentação jurídica, conforme o entendimento majoritário da doutrina e da jurisprudência, pois a produção da prova ilícita, em prol da defesa, conta com a simpatia de vários operadores do direito pelo fato de que os valores em jogo precisam ser bem ponderados. Não tem sentido algum sustentar a lisura da produção da prova, vedando-se a ilícita para todos os fins, mesmo que o resultado disso fosse a condenação de uma pessoa inocente. O erro judiciário não deve ser admitido em nenhuma hipótese, ao menos no Estado Democrático de Direito. No entanto, há outro argumento, também demonstrativo da fragilidade do veto: a conversa entre duas pessoas pertence a ambas e, por isso, pode ser gravada clandestinamente por uma delas e valer como prova em qualquer área, inclusive criminal, para qualquer finalidade. Outro ponto peculiar deste dispositivo concerne à frase "sem o prévio conhecimento da autoridade policial ou do Ministério Público poderá ser utilizada", que não possui *nenhum sentido jurídico-penal*, porque nem o delegado nem o promotor autorizam escuta ou captação ambiental, de modo que é totalmente irrelevante a gravação feita sem o seu conhecimento. O que se quer apontar, na verdade, é a captação feita *sem autorização judicial*, o que poderia gerar prova ilícita, mas, como apontamos linhas anteriores, não tem esse alcance. A par disso, o particular que capta a sua própria conversa (é um dos interlocutores), para utilizá-la em juízo, deve manter a sua integridade, algo que é simplesmente uma decorrência lógica de *toda e qualquer prova*, vale dizer, provas adulteradas são ilícitas. Torna-se outra referência que não precisaria constar neste dispositivo, pois se trata de um princípio geral das provas.

35-G. Aplicação subsidiária: não deixa de ser útil a previsão feita no § 5.º deste artigo. Afinal, tudo o que não constar expressamente no art. 8.º-A poderá ser suprido por outros dispositivos. O exemplo já foi dado na nota 35-E, prevendo um requerimento mais rico de informações para a concessão da interceptação telefônica. Pode-se utilizar os mesmos dados para o campo da captação ambiental. Entretanto, não é demais salientar a estranheza de se estar incluindo uma norma nova na Lei da Interceptação e mencionar que se pode utilizar o subsídio *da mesma Lei* para suprir eventuais lacunas. Parece-nos mais adequado que o Legislativo, ao alterar uma lei, pudesse tomar conhecimento de seus termos e, com isso, prever tudo o que é necessário para compor a modificação introduzida.

Art. 9.º A gravação que não interessar à prova será inutilizada por decisão judicial, durante o inquérito, a instrução processual ou após esta, em virtude de requerimento do Ministério Público ou da parte interessada.[36]

Parágrafo único. O incidente de inutilização será assistido pelo Ministério Público, sendo facultada a presença do acusado ou de seu representante legal.[37-38]

36. Inutilização da prova desinteressante: é evidente que uma interceptação, durante muito tempo, pode colher diversos dados de todos os tipos em relação aos interlocutores. Aliás, pode coletar informes completamente estranhos ao crime investigado, envolvendo pessoas que nada têm a se relacionar com a infração penal, bem como situações pertinentes à vida íntima do suspeito e, também, de terceiros. Em nome do direito à privacidade e à intimidade, devem ser informes sujeitos à inutilização, para que não sejam repassados a outras pessoas, gerando violação inadmissível. Guarda-se, pois, todo o material relativo à investigação ou processo criminal, mas promove-se a destruição do que não foi e não será usado. Preceitua a lei que o incidente de inutilização deverá ser requerido pelo Ministério Público ou pela parte interessada. Esta, embora indefinida, poderá ser tanto o acusado (ou indiciado) como um terceiro, cujo nome figure na gravação. Por outro lado, não se referiu a norma à atuação do juiz de ofício, o que nos parece não possa ser descartado, afinal, é ele quem deve decidir, em última análise, se o material colhido será ou não inutilizado. Logicamente, se assim pretender agir, deve ouvir, *antes*, o Ministério Público e a defesa (esta última, se houver, pois, durante a investigação policial não há necessidade do acompanhamento do advogado). Na jurisprudência: STJ: "3. A Lei n. 9.296/1996 prevê a destruição das gravações que não interessam ao processo. O art. 9.º preleciona não ser obrigatória nem exigida pela norma a presença do acusado ou de seu representante legal. Do que se pode extrair dos autos, não há como afirmar que o procedimento não foi realizado em conformidade com o regramento legal ou que a determinação de exclusão de parte do material produzido tem o condão de anular outras provas anexadas aos autos" (AgRg no HC 750.873 – SP, 5.ª T., rel. Reynaldo Soares da Fonseca, 13.09.2022, v.u.).

37. Incidente de inutilização: denomina a lei de *incidente* (situação acessória e secundária a uma outra, considerada a principal) o procedimento para a destruição da gravação (ou partes dela) impertinente. Ora, se a interceptação já corre em apenso, vale dizer, constitui um incidente, a inutilização do material desinteressante à prova dará ensejo a um *incidente de incidente*, formando outro apenso aos autos. Impõe-se o acompanhamento obrigatório do Ministério Público, mas faculta-se a presença do acusado (ou indiciado, pode-se acrescentar), que pode ser representado por alguém, inclusive pelo seu advogado. Não há menção a quem deve concretizar a medida de inutilização, nem o mecanismo a ser usado, logo, há liberdade do juiz para decidir a respeito.

38. Recurso cabível: em tese, seria a apelação, com fundamento no art. 593, II, do CPP (decisão com força de definitiva). Porém, a urgência ditada pelo caso e a irreversibilidade da situação (destruição de material gravado) não recomendam à parte o uso do recurso de apelação, pois seria esta recebida somente no efeito devolutivo. Logo, parece-nos cabível o mandado de segurança, que permite o juízo cautelar relativo à concessão de liminar, suspendendo, de pronto, a execução da medida, bem como é julgado em breve tempo. Além disso, há a vantagem de poder ser usado o mandado de segurança tanto pelas partes envolvidas no processo (ou investigação), como pelo terceiro estranho ao crime, mas interessado na manutenção do material colhido.

Art. 10. Constitui crime realizar[39-42] interceptação de comunicações telefônicas, de informática ou telemática, promover escuta ambiental ou quebrar segredo da Justiça, sem autorização judicial ou com objetivos não autorizados em lei.[43-45]

Pena – reclusão, de 2 (dois) a 4 (quatro) anos, e multa.[46]

Parágrafo único. Incorre na mesma pena a autoridade judicial que determina a execução de conduta prevista no *caput* deste artigo com objetivo não autorizado em lei.[46-A]

39. Análise do núcleo do tipo: há três condutas criminosas: a) *realizar* (efetuar, concretizar) *interceptação* (intromissão em comunicação alheia, com o fito de colheita de informes, registrados ou não). Os objetos da interceptação são a comunicação telefônica (conversação mantida por telefone), comunicação telemática (conversação mantida pelo computador, fazendo uso de outros meios, formando um conjunto, como ocorre com o *modem*) e comunicação de informática (conversação mantida por meio de computador, como ocorre em *sites* específicos para a comunicação, desvinculando-se o mecanismo de transmissão de dados da linha telefônica e valendo-se da Internet); b) *promover* (executar, gerar) escuta ambiental (captação de conversas realizadas em ambiente privado ou público, por meio de aparelhos eletrônicos, a distância). Em princípio, trata-se de conduta similar à captação ambiental, hoje prevista como delito no art. 10-A, sendo a escuta uma gravação de sons, enquanto a captação pode envolver imagens, som ou ambos. A razão de haver dupla previsão da mesma situação é que a Lei de Abuso de Autoridade (Lei 13.869/2019) houve por bem gerar o tipo penal incriminador da escuta ambiental, lado a lado com a anterior previsão da interceptação telefônica. Depois, com a edição da Lei 13.964/2019, criou-se o tipo penal específico de captação ambiental não autorizada judicialmente. Surge um conflito aparente de normas. Havendo escuta ou captação ambiental de sons, qual artigo aplicar? Nota-se que o art. 10 não prevê finalidade específica para a escuta ambiental, ao passo que a captação ambiental exige a finalidade de produzir prova para investigação ou instrução criminal. A pena é a mesma. Elege-se o tipo mais indicado conforme o elemento subjetivo específico do agente; c) *quebrar* (violar, romper) é a segunda conduta, cujo objeto é o *segredo da Justiça* (situação sigilosa concernente à Justiça, entendido o termo no sentido amplo, ou seja, investigação ou processo). Todas as partes ligam-se à inexistência de *autorização judicial* ou a *propósitos não permitidos por lei*. Torna-se, pois, atípica a conduta daquele que realiza a interceptação telefônica em decorrência de ordem da autoridade judiciária competente e a concretiza com o objetivo de investigar um crime ou instruir um processo penal. Lembremos que, com relação à parte final do artigo (objetivos não autorizados em lei), uma interceptação pode ser efetivada com ordem judicial, mas para fins civis, por exemplo. Constitui crime do mesmo modo, devendo por ele responder tanto quem a realizou efetivamente (autor), como o magistrado incompetente, que a autorizou, pois está ligado à área cível (ingressa como partícipe).

40. Impropriedade da construção do tipo: não haveria necessidade de se construir a figura típica, abrindo-se com a expressão "constitui crime". Bastaria – e seria o ideal – dizer: "realizar interceptação de comunicações telefônicas...", colocando-se, no preceito secundário, a pena: "reclusão, de dois a quatro anos, e multa".

41. Sujeitos ativo e passivo: o sujeito ativo pode ser qualquer pessoa. Na maioria das situações, o autor é agente policial ou alguém conectado à polícia, bem como a outras autoridades com legitimidade investigatória (hoje, por exemplo, o membro do Ministério Público e quem o auxilia) com o fito de descobrir crimes e punir seus autores. Todavia, o tipo penal não se volta especificamente a um fim, como faz o seguinte (art. 10-A), que menciona a meta de investigar criminalmente, produzindo prova; ao contrário, tutela o direito inviolável à comunicação telefônica e telemática (art. 5.º, XII, CF), de modo que insere uma cláusula aberta ao final: "com objetivos não autorizados em lei", bem diferente de atuar "sem autorização judicial". Explica-se: quem precisa de autorização do Judiciário – e somente essa pessoa pode conseguir – é quem tem legitimidade para investigar crimes, o que foge ao âmbito de ação do particular, mesmo de um detetive particular; no entanto, pessoa estranha aos quadros públicos de investigação pode cometer o crime de interceptação ou escuta ambiental, pois age com qualquer objetivo *não autorizado em lei*. Os sujeitos passivos são as pessoas cuja conversação foi interceptada ilegalmente ou cujo conteúdo foi, indevidamente, divulgado.

42. Elemento subjetivo: é o dolo. Não há elemento subjetivo específico, nem se pune a forma culposa.

43. Objetos material e jurídico: o objeto material é a comunicação telefônica, de informática ou telemática alheia. O objeto jurídico é a inviolabilidade da comunicação telefônica, informática ou telemática, fruto do direito à intimidade.

44. Classificação: é crime comum (pode ser praticado por qualquer pessoa). Há posição em contrário, sustentando que, na forma "quebrar segredo da Justiça", cuida-se de crime próprio, somente podendo ser cometido pelo funcionário público (Vicente Greco Filho, *Interceptação telefônica*, p. 67). Assim, não pensamos. Qualquer pessoa pode invadir um ofício judicial, por exemplo, coletar o apenso onde se encontram os dados coletados pela interceptação telefônica (guardados em envelope lacrado) e deles tomar conhecimento, divulgando-os a terceiro; formal (não depende da ocorrência de efetivo prejuízo para qualquer pessoa); de forma livre (pode ser cometido por qualquer meio eleito pelo agente); comissivo (os verbos indicam ações); instantâneo (a consumação ocorre em momento definido), na modalidade *quebrar segredo* e permanente (a consumação se protrai no tempo), na forma *realizar interceptação*; unissubjetivo (pode ser cometido por uma só pessoa); plurissubsistente (cometido por mais de um ato), como regra, mas suporta a modalidade unissubsistente (cometido em um único ato), quando se tratar de *quebra de sigilo*; admite tentativa na forma plurissubsistente.

45. Confronto com o art. 151, § 1.º, II, última parte, do Código Penal: coexistem os tipos penais do art. 10 da Lei 9.296/96 e o referido art. 151, § 1.º, II, do CP. Aquele cuida dos agentes da interceptação ou dos que violaram o segredo da justiça. Este trata dos terceiros que tomaram ciência da conversa de outros, mantida ao telefone, narrando-a a outras pessoas. Vale dizer, o art. 10 destina-se ao interceptador ou a quem viola, diretamente, o sigilo imposto pela Justiça. O art. 151, § 1.º, II, do CP, envolve os demais agentes divulgadores do que deveria ser mantido em segredo. Para maiores detalhes, ver a nota 102 ao art. 151 do nosso *Código Penal comentado*.

46. Pena e benefícios: as penalidades mínima e máxima para este delito autorizam vários benefícios penais, evitando-se a prisão. Se aplicada a pena no mínimo legal, pode-se aplicar o *sursis* (art. 77, CP). Além disso, tanto no mínimo, como no máximo, cabe a substituição da pena privativa de liberdade por penas restritivas de direitos (art. 44, CP). Não bastasse, ainda que se aplique pena privativa de liberdade, o regime possivelmente indicado seria o aberto (art. 33, § 2.º, *c*, CP).

46-A. Exceção pluralística à teoria monista: o magistrado que autorizasse a interceptação telefônica, a escuta ambiental ou a quebra do segredo de justiça, nos termos do *caput*, com objetivos não autorizados em lei (para fins cíveis, para fins político-partidários, para fins eleitorais etc.) já seria partícipe do agente que efetivamente realizou a interceptação, a escuta ou quebrou o sigilo, pois seria quem autorizou indevidamente. Porém, o legislador entendeu por bem deixar bem nítida a conduta, como autor (não mais como partícipe), do magistrado que determina a execução de qualquer das condutas do caput com objetivo não autorizado em lei (exemplos já dados). Cuidando-se da mesma pena, essa distinção tem mais finalidade pedagógica, evidenciando e ressaltando o crime cometido pela autoridade judiciária como autora. Existem outras exceções, no cenário penal, como, por exemplo, a divisão entre corrupção ativa e corrupção passiva.

Art. 10-A. Realizar[47-49] captação ambiental de sinais eletromagnéticos, ópticos ou acústicos para investigação ou instrução criminal sem autorização judicial, quando esta for exigida:[50-51]

Pena – reclusão, de 2 (dois) a 4 (quatro) anos, e multa.[52]

> § 1.º Não há crime se a captação é realizada por um dos interlocutores.[53]
> § 2.º A pena será aplicada em dobro ao funcionário público que descumprir determinação de sigilo das investigações que envolvam a captação ambiental ou revelar o conteúdo das gravações enquanto mantido o sigilo judicial.[54]

47. Análise do núcleo do tipo: *realizar* (colocar algo em prática, empreender, efetuar) é o verbo único, cujo objeto é a captação ambiental de sinais eletromagnéticos, ópticos ou acústicos (apanhar no ambiente, registrando, as ondas significativas de imagens e sons). Consultar também a nota 35-C ao art. 8.º-A *supra*. O destino da captação ambiental é bem claro: investigação ou instrução criminal, portanto, nada na área extrapenal. Cremos viável a prova emprestada (ver a nota 32 ao art. 8.º, desta Lei). Por óbvio, o crime somente se aperfeiçoa se a captação ambiental se concretizar *sem* autorização judicial, quando esta for exigida. Essa autorização se faz necessária, nos termos do art. 8.º-A, *caput*, desta Lei, para valer como prova em investigação ou instrução criminal. O tipo penal incriminador se volta a punir quem pretende registrar imagens e/ou sons de conversas alheias, ocorridas em ambiente público, aberto ao público ou privado, com o propósito de gerar prova em feito criminal, violando a privacidade alheia, sem existir a devida autorização judicial. A contrario sensu, passa-se a considerar prova ilícita toda captação ambiental, feita por qualquer pessoa, pois esta Lei começa a regular essa forma de registro de cenas íntimas de outras pessoas, permitindo *somente* a quem faz a captação, com aval *judicial*, para *fins criminais*. É mais uma evidência de que o tipo incriminador não se volta a punir indivíduos que instalam câmeras para a proteção de seus domicílios, incluindo a área ao redor, que pode ser via pública, tampouco dentro de residências. Basta a captação para configurar-se o delito; a divulgação é mero exaurimento. Sobre o conflito aparente de normas (captação ambiental, prevista neste tipo, em confronto com a escuta ambiental, prevista no art. 10, ver a nota 39 *supra*). De todo modo, convém reiterar que a *escuta ambiental* abrange os sons (conversas, por exemplo), enquanto a *captação ambiental* é mais ampla, envolvendo imagens e sons (vídeos com reprodução visual de pessoas, podendo conter o som da voz).

47-A. Sobre a captação ambiental feita por particulares: consultar a nota 35-C1 *supra*.

47-B. Captação ambiental por meio de câmeras portáteis da polícia: não se trata de crime e o conteúdo registrado pode ser utilizado como prova lícita. O diferencial dessa forma de gravação de cenas em locais públicos ou privados (neste último caso, quando a polícia estiver legalmente em seu interior) é a publicidade da conduta e o objetivo maior e específico, que é fiscalizar a atividade policial, no interesse da própria comunidade. A invasão de privacidade desenha-se quando o agente policial produz gravações (escuta ou captação ambiental) sub-repticiamente, a fim de iludir a pessoa enfocada, com o firme propósito de produzir prova para uso em feitos criminais. Nessa hipótese, estaria o policial invadindo a intimidade e a privacidade de pessoa que nem mesmo desconfia estar sob vigilância, não se coadunando com a lisura investigatória delineada pela lei. Como já mencionamos, se a gravação ambiental fosse feita pela polícia em lugar público, não nos pareceria conduta ilícita ou dependente de autorização judicial; porém, com o advento do art. 8.º-A, ficou nítida a intenção de coibir esse método investigativo, buscando consagrar a intimidade de terceiros, *mesmo em locais públicos ou acessíveis ao público*, havendo também a criação de tipo incriminador para sancionar a conduta ilícita (art. 10-A desta Lei). Portanto, quando a polícia militar coloca câmeras em uniformes de seus integrantes, promovendo um registro contínuo da atividade policial – e não destinado a determinado indivíduo –, a finalidade é assegurar a escorreita conduta dos agentes, situação visível, pública e notória. Se for constatado o abuso de autoridade, o registro servirá de prova para a punição dos próprios policiais. A lógica empregada nesse mecanismo impõe a natural viabilidade de se registrarem cenas de crimes praticados por outras pessoas, durante o patrulhamento da polícia ostensiva; não há nada camuflado, de forma que, muitas vezes, está o policial, ao agir em um chamado, permitindo a gravação de um flagrante delito, como, aliás, várias câmeras instaladas em lugares públicos são aptas a fazer. Não há delito, tampouco prova ilícita em nosso entendimento.

48. Sujeitos ativo e passivo: o sujeito ativo pode ser qualquer pessoa, embora, como regra, seja o agente estatal encarregado de investigar e punir crimes. Raramente o particular terá interesse em violar a privacidade alheia, captando imagens e sons, para gerar prova criminal. O sujeito passivo é a pessoa cuja conduta ou conversa foi captada indevidamente.

49. Elemento subjetivo: é o dolo. Há elemento subjetivo do tipo específico, consistente em formar elemento probatório para investigação ou instrução criminal. Não se pune a forma culposa. É importante destacar que a finalidade especial se volta a promover a captação *para* constituir prova destinada a uma investigação criminal ou processo-crime, de modo que todos os particulares habituados a inserir câmeras de gravação contínua voltadas para a via pública, por exemplo, não se encaixam nesse tipo penal. A mesma situação se aplica a quem produz a captação dentro de sua propriedade, podendo atingir atividade de terceiros. O enfoque dessas formas de captação ambiental concentra-se no propósito de *evitar a prática de crimes* e outros ilícitos – em grande parte – por meio do desestímulo, já que o indivíduo, com ânimo de invadir uma propriedade ou veículo, bem como cometer outros delitos, pode se inibir por conta da câmera de vigilância. Eis a razão pela qual a filmagem produzida de um roubo na via pública, por câmera previamente instalada em qualquer prédio da rua, pode servir de prova em investigação ou processo criminal. Há uma diferença entre seguir um suspeito para filmar e registrar a sua atividade criminosa, sem autorização judicial, que pode configurar esse delito, e ter câmeras para captação ambiental de qualquer evento ocorrido em via de circulação pública ou dentro de propriedade privada. A captação ambiental de imagens e sons de conversas alheias para o fim de instruir processo extrapenal não constitui crime, mas gera prova ilícita.

50. Objetos material e jurídico: o objeto material é a conversa ou a imagem captada em ambiente público ou privado. O objeto jurídico é a tutela da intimidade e da privacidade dos indivíduos.

51. Classificação: é crime comum (pode ser praticado por qualquer pessoa); formal (não depende da ocorrência de efetivo prejuízo para qualquer pessoa); de forma livre (pode ser cometido por qualquer meio eleito pelo agente); comissivo (o verbo indica ação); permanente (a consumação se protrai no tempo, enquanto ocorrer a captação ilegal); unissubjetivo (pode ser cometido por uma só pessoa); plurissubsistente (cometido por mais de um ato); admite tentativa.

52. Benefícios penais: não se trata de infração de menor potencial ofensivo, mas se admite o acordo de não persecução penal. Em caso de condenação, conforme a pena (até dois anos, por exemplo), comporta *sursis, mas também a substituição por penas restritivas de direitos.*

53. Excludente de crime: embora pareça uma ilicitude, na realidade, espelha um fato atípico, pois os interlocutores são os titulares da conversa e quem a gravar clandestinamente pode fazê-lo, não gerando qualquer ilícito. Afinal, o interlocutor não *capta* ou *intercepta* conversa *alheia*. Assim tem sido o entendimento desde que se cuidou do regramento da interceptação das comunicações. Na jurisprudência: STJ: "3. A gravação ambiental, realizada por um dos interlocutores, é lícita, tendo como condição apenas causa legal de sigilo ou reserva de conversação (ut, AgRg nos EDcl no REsp 1843519/MA, Rel. Ministro Joel Ilan Paciornik, Quinta Turma, DJe 07/06/2021)" (AgRg no AREsp 1.921.112 – PR, 5.ª T., rel. Reynaldo Soares da Fonseca, j. 26.10.2021, v.u.).

54. Causa de aumento de pena ou tipo penal autônomo: a confecção de tipos penais nunca foi um primor no cenário do direito penal brasileiro, contendo falhas de inúmeros matizes, apontadas pela doutrina e solucionadas pela jurisprudência para permitir a aplicação efetiva da lei. O conteúdo do § 2.º do art. 10-A é um bom exemplo, comportando duas visões distintas: a) constitui uma causa de aumento de pena, a ser inserida na terceira fase da individualização da pena e, assim sendo, refere-se ao funcionário público que realizou a captação ambiental, da forma prevista no *caput*, para, além disso, romper o sigilo imposto na investigação ou na instrução do processo, revelando o conteúdo das gravações produzidas. Embora a conduta do *caput* possa ser desenvolvida por qualquer pessoa, caso tenha sido feita pelo servidor público, comportaria um exaurimento, vale dizer, além da indevida captação, ocorre a divulgação do conteúdo, infringindo o segredo de justiça (*descumprir a determinação de sigilo* tem o mesmo substrato de *revelar o conteúdo das gravações*). Essa posterior conduta geraria um aumento na pena fixada (aplicação em dobro); b) configura um tipo autônomo, sendo passível de aplicação independente da figura do *caput* e, conforme a situação, poderia até mesmo gerar concurso de crimes. Para tanto, basta analisar a redação do § 2.º como um tipo de referência, que descreve uma conduta ilícita, valendo-se da pena do *caput* como modelo, embora dobrando-a, razão pela qual a faixa abstrata seria de *reclusão, de 4 a 8 anos, e multa*. Há tipos penais construídos a partir da referência a uma pena abstrata anteriormente estabelecida, como regra no *caput* do artigo, descrevendo-se, na sequência, a conduta. Para ilustrar, confira-se o tipo da *violação de correspondência* (CP: "Art. 151. Devassar indevidamente o conteúdo de correspondência fechada, dirigida a outrem: Pena - detenção, de um a seis meses, ou multa") seguida do tipo da *sonegação ou destruição de correspondência* (§ 1.º Na mesma pena incorre: I – quem se apossa indevidamente de correspondência alheia, embora não fechada e, no todo ou em parte, a sonega ou destrói"). Utilizando um tipo desta Lei, observe-se a estrutura do art. 10 ("Constitui crime realizar interceptação de comunicações telefônicas, de informática ou telemática, promover escuta ambiental ou quebrar segredo da Justiça, sem autorização judicial ou com objetivos não autorizados em lei: Pena – reclusão, de 2 (dois) a 4 (quatro) anos, e multa"), seguida da inclusão de outra conduta ("Parágrafo único. Incorre na mesma pena a autoridade judicial que determina a execução de conduta prevista no *caput* deste artigo com objetivo não autorizado em lei"). Não adotado o segundo entendimento, inexistiria punição para o servidor público que *não produziu* a captação ambiental, mas tem acesso aos autos sigilosos da investigação ou da instrução em juízo e divulga o conteúdo das gravações. Afinal, sendo considerado o exaurimento da conduta do *caput*, a sua ação reveladora de segredo de justiça, isoladamente considerada, não seria infração penal. Essa visão afrontaria o enfoque majoritário dos dispositivos desta Lei, cuja meta é punir quem intercepta comunicações, promove escuta ambiental ou quebra segredo de justiça (art. 10), lesando a inviolabilidade das comunicações (art. 5.º, XII, CF) e prejudicando a inviolabilidade da intimidade, da vida privada, da honra e da imagem das pessoas (art. 5.º, X, CF). Estar-se-ia construindo um cenário contraditório, pois a divulgação de conteúdo de interceptação e escuta ambiental, quebrando segredo de justiça, configuraria crime, por si só, mas a mesma conduta, desenvolvida por funcionário público, ligada ao conteúdo de gravação de captação ambiental, por si só, não constituiria delito, pois seria necessária a realização da conduta de *realizar captação ambiental* antes disso. Esse paradoxo merece ser resolvido por meio da aplicação de princípios penais fundamentais, envolvendo, basicamente, a legalidade estrita, acompanhada da taxatividade, bem como da proporcionalidade. Em primeiro plano, vale destacar que a captação ambiental, no tocante à parte referente à escuta, possui dupla tipificação, por defeito legislativo, visto que a escuta ambiental foi incluída por uma lei no art. 10 e outra, na sequência, inseriu a captação ambiental no art. 10-A. Então, deve-se resolver o conflito aparente de normas pelo princípio da especialidade, focalizando o elemento subjetivo específico, que está presente no art. 10-A (a finalidade de gerar prova em investigação ou instrução criminal), mas não se encontra expressamente no art. 10. Por outro lado, a forma constitutiva do § 2.º, conforme padrão comparativo com outros tipos, indica uma causa de aumento, podendo-se concluir tratar-se de um exaurimento, no tocante ao funcionário público que realizou a captação indevida e ainda a divulga, lesando o bem jurídico tutelado mais de uma vez. Ademais, se for considerado um tipo autônomo, a penalidade atingirá um montante desproporcional: reclusão de 4 a 8 anos. Ora, a quebra de segredo de justiça de interceptação ou escuta ambiental (art. 10 desta Lei) possui a penalidade de reclusão de 2 a 4 anos, além de ser um tipo misto alternativo, vale dizer, realizar a interceptação e quebrar o segredo de justiça constitui crime único, cuja pena não pode ultrapassar os 4 anos de reclusão. Se o § 2.º do art. 10-A for um tipo independente, em tese, será possível aplicar a pena de reclusão de 2 a 4 anos a quem realiza a captação indevida, sendo funcionário público, *acrescida* da pena de reclusão de 4 a 8 anos caso quebre o sigilo. Portanto, considerando que a dúvida tem sido interpretada em favor do réu, mas em especial por se tratar de lesão à taxatividade e à proporcionalidade, cremos mais acertada a posição de que o mencionado § 2.º é uma causa de aumento, voltada apenas ao servidor que realizou a captação e, depois, a divulgou, violando o sigilo. Eventualmente, cuidando-se de captação ambiental, contendo apenas imagens (não configura a escuta), produzida por "A", mas divulgada por "B", servidor público que viola segredo de justiça, poderia trazer punição ao "A", com base na figura do *caput*, sendo impunível a conduta de "B", caso inexista qualquer vínculo com "A".

> **Art. 11.** Esta lei entra em vigor na data de sua publicação.
> **Art. 12.** Revogam-se as disposições em contrário.
> Brasília, 24 de julho de 1996; 175.º da Independência e 108.º da República.
> Fernando Henrique Cardoso
>
> (*DOU* 25.07.1996)

Investigação Criminal Conduzida por Delegado de Polícia

Lei 12.830, de 20 de junho de 2013

Dispõe sobre a investigação criminal conduzida pelo delegado de polícia.[1]

A Presidenta da República:

Faço saber que o Congresso Nacional decreta e eu sanciono a seguinte Lei:

1. Objetivo e utilidade da lei: verifica-se, pelo conteúdo desta Lei, ter sido o seu objetivo o fortalecimento da atividade do delegado de polícia, mas de pouca utilidade. São quatro artigos, sendo o principal o 2.º, com seus seis parágrafos. Do contexto geral, extraem-se apenas dois pontos interessantes, mas, mesmo assim, de relativa utilidade: a "inamovibilidade" da autoridade policial e o indiciamento fundamentado.

> **Art. 1.º** Esta Lei dispõe sobre a investigação criminal conduzida pelo delegado de polícia.[2]

2. Investigação criminal: a expressão *investigação criminal* é mais abrangente do que *inquérito policial*; este é uma das espécies daquela. Por certo, conforme o disposto pelo Código de Processo Penal, a principal investigação criminal (busca e colheita de provas com o fim de descobrir a materialidade e a autoria do crime) é o inquérito policial (procedimento de natureza administrativa, conduzido pelo delegado de polícia, para a coleta de provas, com o objetivo de permitir a formação do convencimento do Ministério Público, no tocante ao oferecimento de denúncia). Em suma, ao delegado de polícia cabe a presidência do inquérito policial – e não de toda investigação criminal possível de ser instaurada no sistema jurídico brasileiro. Aliás, o art. 4.º, parágrafo único, do CPP deixa isso bem claro: "a competência definida neste artigo não excluirá a de autoridades administrativas, a quem por lei seja cometida a mesma função". Portanto, a única conclusão plausível para o disposto no art. 1.º é a seguinte: esta lei dispõe sobre a investigação criminal conduzida pelo delegado de polícia, ou seja, o inquérito policial.

Art. 2.º

> **Art. 2.º** As funções de polícia judiciária e a apuração de infrações penais exercidas pelo delegado de polícia são de natureza jurídica, essenciais e exclusivas de Estado.[3]

3. Natureza da função da polícia judiciária e da apuração da infração penal: preceitua esta Lei serem ambas de natureza jurídica. Há uma completa inadequação (agora sim, jurídica) deste dispositivo. É tido e sabido pela doutrina, de maneira praticamente unânime, que a natureza do inquérito policial é administrativa. A polícia judiciária não faz parte do Poder Judiciário e nem mesmo ingressa no Capítulo Constitucional "Das Funções Essenciais à Justiça". O trato da polícia, ostensiva ou investigatória, insere-se no Título "Da Defesa do Estado e das Instituições Democráticas", no Capítulo III, referindo-se à "Segurança Pública". Portanto, a partir do texto constitucional, confere-se a integral dissociação da polícia judiciária com o Poder Judiciário. Nesse prisma, então, a natureza da função policial ou dos seus atos investigatórios nada tem de "jurídica". Porém, se o termo foi utilizado apenas para especificar o caráter da investigação criminal, como fase pré-processual, a fim de se atingir o fundamento indispensável para a propositura da ação penal, pretendendo alcançar um sentido vulgar, tudo o que servir, de alguma forma, à persecução penal pode ter uma base jurídica. Enfim, não se espera que um texto legal seja tão impreciso ou evasivo e, particularmente, adverso da estrutura de órgãos de Estado estabelecida pela Constituição Federal. Por outro lado, resta analisar também os termos essenciais e exclusivos, que demonstram a relevância da polícia judiciária, no panorama da persecução penal. Sem dúvida, o inquérito policial, presidido pelo delegado, é essencial e, tendo em vista haver a necessidade de concurso público para o provimento do cargo de delegado de polícia, por certo, é exclusivo. Este artigo não inova em absolutamente nada.

> **§ 1.º** Ao delegado de polícia, na qualidade de autoridade policial, cabe a condução da investigação criminal por meio de inquérito policial ou outro procedimento previsto em lei, que tem como objetivo a apuração das circunstâncias, da materialidade e da autoria das infrações penais.[4]

4. Funções da autoridade policial: este parágrafo não contém nenhuma inovação. Preceitua algo amplamente conhecido, por lei, pela doutrina e por qualquer julgado. Eis o conteúdo: o delegado de polícia é a autoridade policial que conduz a investigação criminal, por meio do inquérito policial para apurar a materialidade e a autoria de infrações penais. Nem se pode considerar ineditismo a expressão "ou outro procedimento previsto em lei", tendo em vista que o delegado pode conduzir investigações internas, na Corregedoria da Polícia, por exemplo.

> **§ 2.º** Durante a investigação criminal, cabe ao delegado de polícia a requisição de perícia, informações, documentos e dados que interessem à apuração dos fatos.[5]

5. Requisição de provas: se o delegado de polícia é o presidente do inquérito, procedimento legal para a colheita de provas, é natural – e sempre foi realizado desse modo – tenha o poder de exigir (requisitar), por força de lei, a realização de perícias, a coleta de informações, a busca de documentos e de dados interessantes para apurar os fatos relativos à infração penal.

Não consta que, antes do advento da Lei 12.830/2013, a autoridade policial tenha deixado de atuar, colhendo provas durante o inquérito, por omissão legislativa. Mais uma vez, o disposto neste parágrafo é inócuo.

> § 3.º (Vetado).
> § 4.º O inquérito policial ou outro procedimento previsto em lei em curso somente poderá ser avocado ou redistribuído por superior hierárquico, mediante despacho fundamentado, por motivo de interesse público ou nas hipóteses de inobservância dos procedimentos previstos em regulamento da corporação que prejudique a eficácia da investigação.[6]

6. Delegado natural: uma das garantias individuais mais importantes, previstas na Constituição Federal, é o juiz natural (previamente designado em lei, antes do cometimento do crime, para julgar o delinquente); com isso, assegura-se o juiz imparcial, que, escolhido aleatoriamente para julgar o caso, não tem nenhum interesse na causa. Debate-se, igualmente, a existência e a legitimidade do princípio do promotor natural, para que uma acusação imparcial possa ser produzida. Pela edição desta Lei, busca-se encontrar a similitude necessária no tocante à autoridade policial. Diante disso, assegura-se, neste dispositivo, a fixação de atribuição, que não é a ideal, mas pode ajudar a resolver alguns problemas. As duas formas de retirada do inquérito das mãos da autoridade policial encarregada são: a) avocação: quando uma autoridade superior requisita os autos para sua própria condução (ex.: o delegado-geral chama a si a investigação conduzida por um delegado de polícia); b) redistribuição: quando se retira os autos do inquérito de um delegado, passando-os a outro. Tais modificações de presidência da investigação podem ser feitas pela chefia da polícia, desde que por *despacho fundamentado*. Tal fundamentação precisa concentrar-se em razões de interesse público (da sociedade e não de uma pessoa ou um grupo de pessoas) ou se houver a inobservância de qualquer procedimento previsto em regulamento da corporação (normas policiais internas), que possa prejudicar a investigação. A solução apresentada por esta Lei é meramente paliativa, pois não impede a retirada dos autos de determinada autoridade policial; a única fórmula positiva é a exigência de *fundamentação*, o que antes inexistia. No entanto, permitir que ocorra a *avocação* ou a *redistribuição* por conta de inobservância de regulamento policial é um exagero. O delegado pode cumprir a lei, com absoluto rigor, mas contrariando simples regulamento, cujo teor é imponderável, advindo de órgão policial, pode ter o inquérito subtraído de sua presidência. Eis o motivo pelo qual houve uma solução parcial. Uma das providências essenciais para garantir a idoneidade da avocação ou da redistribuição – fator não incluído nesta Lei – é a publicidade do ato. Deve ele ser fundamentado, mas se ficar em sigilo, longe das vistas do público, de nada adiantará, para efeito de lisura da alteração da presidência da investigação. Portanto, há de se exigir *publicidade* ao ato, passível de questionamento junto ao Poder Judiciário, se tal abertura não for tomada, por quem se sentir prejudicado.

> § 5.º A remoção do delegado de polícia dar-se-á somente por ato fundamentado.[7]

7. Inamovibilidade relativa: este § 5.º promove a inamovibilidade do delegado de polícia de seu posto de trabalho, o que, muitas vezes, poderia ocorrer para coibir certas investigações incômodas para pessoas inescrupulosas, ligadas ao poder político ou econômico. Assim sendo, em vez de retirar os autos do inquérito da presidência de determinada autoridade policial, ela é removida para outra delegacia. Entretanto, a única exigência para que a remoção se dê envolve um *ato fundamentado*, emitido pelo superior hierárquico, encarregado da referida remoção. Dois pontos merecem destaque, demonstrando o caráter relativo da inamovibilidade: a) o ato administrativo de remoção é promovido por uma só pessoa – e não por um colegiado, como ocorre com juízes, promotores e defensores públicos; b) o ato de remoção pode ser, como outros atos administrativos, emitido em sigilo, razão pela qual se torna difícil apurar a correta fundamentação. Portanto, essa garantia é relativa. O ideal seria que a remoção ficasse a cargo de um colegiado da Polícia; além disso, é imperiosa a publicação desse despacho para que haja o controle de legalidade, avaliando-se se houve fundamentação idônea.

> § 6.º O indiciamento, privativo do delegado de polícia, dar-se-á por ato fundamentado, mediante análise técnico-jurídica do fato, que deverá indicar a autoria, materialidade e suas circunstâncias.[8-8-A]

8. Indiciamento fundamentado: indiciar significa apontar determinado suspeito formalmente como o autor do crime investigado. A atividade é privativa da autoridade policial, pois é o resultado do seu convencimento. Assim fazendo, proporciona-se ao indiciado a oportunidade de ser interrogado, fornecendo a versão que tiver acerca dos fatos (se desejar falar), além de se colher a sua qualificação e eventual identificação, quando necessário. Embora a doutrina e a jurisprudência já recomendem, há tempos, que o delegado somente indicie o suspeito quando houver justa causa – provas suficientes para tanto – a edição desta Lei permite exigir a fundamentação para o ato. É uma das poucas novidades úteis. Na jurisprudência: STJ: "III – O ato de indiciamento é ato administrativo com efeitos processuais em que o Delegado de Polícia, com base nos elementos de informação reunidos no curso do inquérito policial, indica formalmente o indiciado como provável autor de infração penal em investigação. Por resultar, em maior ou menor medida, em restrição do *status libertatis* do cidadão jurisdicionado, o ato de indiciamento precisa ser devidamente fundamentado em elementos de informação que evidenciem a materialidade e a autoria delitiva, conforme dispõe o art. 2.º, § 6.º, da Lei n. 12.830/13 e, particularmente no âmbito da Polícia Federal, o item 90, inciso I, da Instrução Normativa n. 11/2001" (AgRg no HC 603.357 – MS, Corte Especial, rel. Felix Fischer, 23.03.2021, v.u.).

8-A. Sobre a fundamentação: não é preciso que se iguale à decisão judicial de recebimento da denúncia ou de condenação, mas se exige um mínimo de plausibilidade. Conferir: TRF-1: "1. Após o advento da Lei 12.830/2013 o ato do Delegado de Polícia que determina o indiciamento dos investigados deve ser fundamentado. 2. A fundamentação exigida para o ato de indiciamento não é a mesma que se exige para o recebimento da denúncia. Indícios mínimos de autoria e de materialidade revelam-se suficientes para fundamentá-lo. 3. A capitulação do crime fixada no ato de indiciamento é provisória, e não constitui nulidade a errônea indicação de tipo penal. 4. Não existe contraditório no inquérito policial, não havendo direito subjetivo à defesa na fase de investigação pré-processual. Descabe falar em nulidade do indiciamento por ausência de possibilidade de contestação dos fatos pelo investigado. 5. Ordem de habeas corpus denegada" (HC 303779520144010000, 3.ª T., rel. Ney Bello, 01.07.2014, v.u.).

> **Art. 3.º** O cargo de delegado de polícia é privativo de bacharel em Direito, devendo-lhe ser dispensado o mesmo tratamento protocolar que recebem os magistrados, os membros da Defensoria Pública e do Ministério Público e os advogados.[9]

9. **Cargo privativo:** houve época em que determinadas pessoas da comunidade, mesmo leigas, se tornavam delegados locais, já que inexistia delegado concursado. Atualmente, como deixa claro este texto legal, o cargo de delegado de polícia é privativo do bacharel em Direito, que o assumirá por meio de concurso público.

> **Art. 4.º** Esta Lei entra em vigor na data de sua publicação.
>
> Brasília, 20 de junho de 2013; 192.º da Independência e 125.º da República.
>
> Dilma Rousseff
>
> José Eduardo Cardozo
>
> Miriam Belchior
>
> Luís Inácio Lucena Adams
>
> (*DOU* 21.06.2013)

Lei Henry Borel

Lei 14.344, de 24 de maio de 2022

Cria mecanismos para a prevenção e o enfrentamento da violência doméstica e familiar contra a criança e o adolescente, nos termos do § 8.º do art. 226 e do § 4.º do art. 227 da Constituição Federal e das disposições específicas previstas em tratados, convenções ou acordos internacionais de que o Brasil seja parte; altera o Decreto-Lei n.º 2.848, de 7 de dezembro de 1940 (Código Penal), e as Leis n.ºs 7.210, de 11 de julho de 1984 (Lei de Execução Penal), 8.069, de 13 de julho de 1990 (Estatuto da Criança e do Adolescente), 8.072, de 25 de julho de 1990 (Lei de Crimes Hediondos), e 13.431, de 4 de abril de 2017, que estabelece o sistema de garantia de direitos da criança e do adolescente vítima ou testemunha de violência; e dá outras providências.

O Presidente da República:

Faço saber que o Congresso Nacional decreta e eu sanciono a seguinte Lei:

> **Art. 1.º** Esta Lei cria mecanismos para a prevenção e o enfrentamento da violência doméstica e familiar contra a criança e o adolescente, nos termos do § 8.º do art. 226 e do § 4.º do art. 227 da Constituição Federal e das disposições específicas previstas em tratados, convenções e acordos internacionais ratificados pela República Federativa do Brasil, e altera o Decreto-Lei n.º 2.848, de 7 de dezembro de 1940 (Código Penal), e as Leis n.ºs 7.210, de 11 de julho de 1984 (Lei de Execução Penal), 8.069, de 13 de julho de 1990, (Estatuto da Criança e do Adolescente), 8.072, de 25 de julho de 1990 (Lei de Crimes Hediondos), e 13.431, de 4 de abril de 2017, que estabelece o sistema de garantia de direitos da criança e do adolescente vítima ou testemunha de violência.

Capítulo I
DA VIOLÊNCIA DOMÉSTICA E FAMILIAR CONTRA A CRIANÇA E O ADOLESCENTE

Art. 2.º Configura violência doméstica e familiar contra a criança e o adolescente qualquer ação ou omissão que lhe cause morte, lesão, sofrimento físico, sexual, psicológico ou dano patrimonial:

I – no âmbito do domicílio ou da residência da criança e do adolescente, compreendida como o espaço de convívio permanente de pessoas, com ou sem vínculo familiar, inclusive as esporadicamente agregadas;

II – no âmbito da família, compreendida como a comunidade formada por indivíduos que compõem a família natural, ampliada ou substituta, por laços naturais, por afinidade ou por vontade expressa;

III – em qualquer relação doméstica e familiar na qual o agressor conviva ou tenha convivido com a vítima, independentemente de coabitação.

Parágrafo único. Para a caracterização da violência prevista no *caput* deste artigo, deverão ser observadas as definições estabelecidas na Lei n.º 13.431, de 4 de abril de 2017.

Art. 3.º A violência doméstica e familiar contra a criança e o adolescente constitui uma das formas de violação dos direitos humanos.

Art. 4.º As estatísticas sobre a violência doméstica e familiar contra a criança e o adolescente serão incluídas nas bases de dados dos órgãos oficiais do Sistema de Garantia dos Direitos da Criança e do Adolescente, do Sistema Único de Saúde, do Sistema Único de Assistência Social e do Sistema de Justiça e Segurança, de forma integrada, a fim de subsidiar o sistema nacional de dados e informações relativo às crianças e aos adolescentes.

§ 1.º Por meio da descentralização político-administrativa que prevê o Sistema de Garantia dos Direitos da Criança e do Adolescente, os entes federados poderão remeter suas informações para a base de dados do Ministério da Justiça e Segurança Pública e do Ministério da Mulher, da Família e dos Direitos Humanos.

§ 2.º Os serviços deverão compartilhar entre si, de forma integrada, as informações coletadas das vítimas, dos membros da família e de outros sujeitos de sua rede afetiva, por meio de relatórios, em conformidade com o fluxo estabelecido, preservado o sigilo das informações.

§ 3.º O compartilhamento completo do registro de informações será realizado por meio de encaminhamento ao serviço, ao programa ou ao equipamento do sistema de garantia de direitos da criança e do adolescente vítima ou testemunha de violência, que acolherá, em seguida, a criança ou o adolescente vítima ou testemunha de violência.

§ 4.º O compartilhamento de informações de que trata o § 3.º deste artigo deverá zelar pelo sigilo dos dados pessoais da criança e do adolescente vítima ou testemunha de violência.

§ 5.º Será adotado modelo de registro de informações para compartilhamento do sistema de garantia de direitos da criança e do adolescente vítima ou testemunha de violência, que conterá, no mínimo:

I – os dados pessoais da criança ou do adolescente;

II – a descrição do atendimento;

III – o relato espontâneo da criança ou do adolescente, quando houver;

IV – os encaminhamentos efetuados.

Art. 5.º O Sistema de Garantia dos Direitos da Criança e do Adolescente intervirá nas situações de violência contra a criança e o adolescente com a finalidade de:

I – mapear as ocorrências das formas de violência e suas particularidades no território nacional;

II – prevenir os atos de violência contra a criança e o adolescente;

III – fazer cessar a violência quando esta ocorrer;

IV – prevenir a reiteração da violência já ocorrida;

V – promover o atendimento da criança e do adolescente para minimizar as sequelas da violência sofrida;

VI – promover a reparação integral dos direitos da criança e do adolescente;

VII – promover a parentalidade positiva e o direito ao brincar como estratégias de prevenção à violência doméstica contra a criança e o adolescente.

Capítulo II
DA ASSISTÊNCIA À CRIANÇA E AO ADOLESCENTE EM SITUAÇÃO DE VIOLÊNCIA DOMÉSTICA E FAMILIAR

Art. 6.º A assistência à criança e ao adolescente em situação de violência doméstica e familiar será prestada de forma articulada e conforme os princípios e as diretrizes previstos nas Leis n.ºs 8.069, de 13 de julho de 1990 (Estatuto da Criança e do Adolescente), e 8.742, de 7 de dezembro de 1993, no Sistema Único de Saúde, no Sistema Único de Segurança Pública, entre outras normas e políticas públicas de proteção, e emergencialmente, quando for o caso.

Art. 7.º A União, o Distrito Federal, os Estados e os Municípios poderão criar e promover, para a criança e o adolescente em situação de violência doméstica e familiar, no limite das respectivas competências e de acordo com o art. 88 da Lei n.º 8.069, de 13 de julho de 1990 (Estatuto da Criança e do Adolescente):

I – centros de atendimento integral e multidisciplinar;

II – espaços para acolhimento familiar e institucional e programas de apadrinhamento;

III – delegacias, núcleos de defensoria pública, serviços de saúde e centros de perícia médico-legal especializados;

IV – programas e campanhas de enfrentamento da violência doméstica e familiar;

V – centros de educação e de reabilitação para os agressores.

Art. 8.º O Sistema de Garantia dos Direitos da Criança e do Adolescente, juntamente com os sistemas de justiça, de saúde, de segurança pública e de assistência social, os Conselhos Tutelares e a comunidade escolar, poderão, na esfera de sua competência, adotar ações articuladas e efetivas direcionadas à identificação da agressão, à agilidade no atendimento da criança e do adolescente vítima de violência doméstica e familiar e à responsabilização do agressor.

Art. 9.º Os Estados e o Distrito Federal, na formulação de suas políticas e planos de atendimento à criança e ao adolescente em situação de violência doméstica e familiar, darão prioridade, no âmbito da Polícia Civil, à criação de Delegacias Especializadas de Proteção à Criança e ao Adolescente.

Art. 10

> **Art. 10.** A União, os Estados, o Distrito Federal e os Municípios poderão estabelecer dotações orçamentárias específicas, em cada exercício financeiro, para a implementação das medidas estabelecidas nesta Lei.

Capítulo III
DO ATENDIMENTO PELA AUTORIDADE POLICIAL

> **Art. 11.** Na hipótese de ocorrência de ação ou omissão que implique a ameaça ou a prática de violência doméstica e familiar contra a criança e o adolescente, a autoridade policial que tomar conhecimento da ocorrência adotará, de imediato, as providências legais cabíveis.[1]
> **Parágrafo único.** Aplica-se o disposto no *caput* deste artigo ao descumprimento de medida protetiva de urgência deferida.

1. Atuação da autoridade policial: no quadro do ordenamento jurídico, cuida-se da atividade do delegado de polícia (os crimes contra crianças e adolescentes, como regra, são da competência da justiça estadual), cabendo-lhe tomar todas as providências ao seu alcance para assegurar a proteção ao menor ameaçado ou lesado, entre as quais as enumeradas pelo art. 13 desta Lei e pelo art. 21 da Lei 13.431/2017. Observe-se o disposto no parágrafo único deste artigo, que diz respeito ao delito previsto no art. 25 (descumprimento de medida protetiva de urgência), cabendo à autoridade policial, havendo hipótese de flagrante, lavrar o auto, sem poder fixar fiança, devendo encaminhá-lo ao juízo.

> **Art. 12.** O depoimento da criança e do adolescente vítima ou testemunha de violência doméstica e familiar será colhido nos termos da Lei n.º 13.431, de 4 de abril de 2017, observadas as disposições da Lei n.º 8.069, de 13 de julho de 1990 (Estatuto da Criança e do Adolescente).[2]

2. Depoimento especial: essa forma de colheita da declaração da vítima – criança ou adolescente –, prevista na Lei 13.431/2017, tem por finalidade resguardar a pessoa ofendida de uma *vitimização secundária*, além da sofrida pela conduta criminosa, gerando-lhe trauma psicológico em decorrência das perguntas feitas pela autoridade policial ou judiciária, em ambiente hostil e incômodo. Portanto, em primeiro plano, tratando-se de vítima menor de 7 anos ou em caso de ter sofrido violência sexual, deve-se ouvi-la uma só vez, por meio da produção antecipada de prova (medida cautelar a ser realizada em juízo), nos termos do art. 11 da mencionada Lei 13.431/2017. Em outras hipóteses, a autoridade policial pode colher o depoimento especial, com as cautelas dos arts. 12 e 14, lembrando, ainda, que será viável essa forma de oitiva se, na Comarca, não for possível concretizar a produção antecipada de prova em juízo com a celeridade aguardada para o caso (mesmo se a vítima for menor de 7 anos ou sofrer violência sexual).

> **Art. 13.** No atendimento à criança e ao adolescente em situação de violência doméstica e familiar, a autoridade policial deverá, entre outras providências:[3]
> I – encaminhar a vítima ao Sistema Único de Saúde e ao Instituto Médico-Legal imediatamente;

II – encaminhar a vítima, os familiares e as testemunhas, caso sejam crianças ou adolescentes, ao Conselho Tutelar para os encaminhamentos necessários, inclusive para a adoção das medidas protetivas adequadas;

III – garantir proteção policial, quando necessário, comunicados de imediato o Ministério Público e o Poder Judiciário;

IV – fornecer transporte para a vítima e, quando necessário, para seu responsável ou acompanhante, para serviço de acolhimento existente ou local seguro, quando houver risco à vida.

3. Medidas protetivas: as providências da autoridade policial, apontadas neste artigo, para proteger a criança ou o adolescente, são similares às indicadas no art. 21 da Lei 13.431/2017 (evitar o contato da vítima com o agressor, representar ao juiz pelo afastamento cautelar do investigado do lar comum e/ou pela decretação da prisão preventiva, buscar a inclusão da vítima em programa estatal de proteção, representar pela produção antecipada de prova). Associando-se todas as medidas protetivas elencadas nesta Lei, na Lei 13.431/2017, no Estatuto da Criança e do Adolescente (Lei 8.069/90) e na Lei Maria da Penha (Lei 11.340/2006), constrói-se um cenário amplo e suficiente para tutelar os direitos e as garantias da criança e do adolescente.

Art. 14. Verificada a ocorrência de ação ou omissão que implique a ameaça ou a prática de violência doméstica e familiar, com a existência de risco atual ou iminente à vida ou à integridade física da criança e do adolescente, ou de seus familiares, o agressor será imediatamente afastado do lar, do domicílio ou do local de convivência com a vítima:[4]

I – pela autoridade judicial;

II – pelo delegado de polícia, quando o Município não for sede de comarca;

III – pelo policial, quando o Município não for sede de comarca e não houver delegado disponível no momento da denúncia.

§ 1.º O Conselho Tutelar poderá representar às autoridades referidas nos incisos I, II e III do *caput* deste artigo para requerer o afastamento do agressor do lar, do domicílio ou do local de convivência com a vítima.[5]

§ 2.º Nas hipóteses previstas nos incisos II e III do *caput* deste artigo, o juiz será comunicado no prazo máximo de 24 (vinte e quatro) horas e decidirá, em igual prazo, sobre a manutenção ou a revogação da medida aplicada, bem como dará ciência ao Ministério Público concomitantemente.[6]

§ 3.º Nos casos de risco à integridade física da vítima ou à efetividade da medida protetiva de urgência, não será concedida liberdade provisória ao preso.[7]

4. Grau de risco: o objetivo dessa norma é consagrar a proteção necessária à criança ou ao adolescente em decorrência de *ação* ou *omissão* geradora de risco, não importando a prática necessária de um delito. Nesse contexto, pode emergir o crime previsto no art. 26 desta Lei, quando a pessoa responsável pela segurança do infante ou jovem deixa de comunicar à autoridade as formas de violência e tratamento incorreto. Prevê-se o afastamento imediato do agressor do lar ou lugar similar, evitando-se o prosseguimento do contato com a potencial vítima. Como se trata de emergência, esse afastamento não é definitivo, tampouco precisa do aval judicial *de pronto*. Por isso, legitima-se a fazê-lo o delegado de polícia e o policial (civil ou militar), tudo para evitar a concretização de dano irreparável, embora haja a cautela de apontar a atividade suplementar do delegado ou do policial, desde que o Município não seja sede de Comarca (portanto, não há juiz) ou o Município não tenha juiz nem delegado no momento. Na realidade, em toda Comarca, deve haver plantão judicial (24 horas) e, na cidade onde não houver, o importante é afastar o agressor e, depois, consolidar o ato por meio de ordem judicial. Naturalmente, se for possível acessar de imediato o magistrado, a ordem de afastamento ganhará o revestimento jurisdicional. Neste artigo, pode-se deduzir que o juiz tem a possibilidade de agir de ofício, afastando o agressor do local onde se encontra a criança ou o adolescente, afinal podem, igualmente, fazê-lo o delegado e o policial. Contudo, no art. 16 desta Lei, impõe-se que o magistrado só atue se provocado pelo Ministério Público, pela autoridade policial, pelo Conselho Tutelar ou pela pessoa que atue em favor do menor.

5. Atuação do Conselho Tutelar: há de se respeitarem as peculiaridades do Brasil, mas chega a ser interessante encontrar o município que possua o Conselho Tutelar organizado, mas não possua juiz ou delegado, de modo que esse Conselho deverá *representar* ao policial (denominado de *autoridade*, quando, em verdade, é um agente da autoridade). O caminho ideal seria o Conselho simplesmente chamar a viatura policial e indicar o que se passa em certo domicílio, devendo-se afastar o agressor daquele local. Todavia, se a questão nem mesmo se afigura visível a esse ponto, a representação do mencionado Conselho deve voltar-se, preferencialmente, ao juiz que cuida daquele Município (certamente é abrigado em alguma Comarca). Não sendo possível, ao menos, que possa oficiar ao delegado da região. Entretanto, *oficiar* a um policial civil ou militar chega a ser uma burocracia desnecessária.

6. Atuação jurisdicional: como mencionamos em notas anteriores, a decisão de afastamento somente aufere o caráter definitivo, no sentido de consolidada, quando passa por decisão do juiz. Desse modo, o afastamento determinado por delegado ou policial precisa ser chancelado pelo magistrado, em 24 horas.

7. Vedação à liberdade provisória: a máxima cautela precisa ser adotada na análise deste dispositivo, pois, todas as vezes em que o legislador inseriu em normas diversas a proibição de concessão de liberdade provisória, o STF reputou inconstitucional. De fato, a vedação pura e simples não tem sentido – afinal, nem mesmo se sabe qual a imputação feita ao agressor, que pode ser de uma lesão simples, com pena de detenção, de 3 meses a 1 ano, não tendo razão a prisão provisória. Pode-se deduzir, então, que eventual prisão cautelar, advinda do flagrante convertido em preventiva, terá o objetivo de assegurar o cumprimento da medida protetiva de urgência e, logo após, a liberdade provisória será concedida em crimes que a comportem. Além disso, pode-se aplicar medidas cautelares alternativas (art. 20 desta lei; art. 319, CPP).

Capítulo IV
DOS PROCEDIMENTOS

Seção I
Das Medidas Protetivas de Urgência

> **Art. 15.** Recebido o expediente com o pedido em favor de criança e de adolescente em situação de violência doméstica e familiar, caberá ao juiz, no prazo de 24 (vinte e quatro) horas:[8]
>
> I – conhecer do expediente e do pedido e decidir sobre as medidas protetivas de urgência;
>
> II – determinar o encaminhamento do responsável pela criança ou pelo adolescente ao órgão de assistência judiciária, quando for o caso;

> III – comunicar ao Ministério Público para que adote as providências cabíveis;
> IV – determinar a apreensão imediata de arma de fogo sob a posse do agressor.

8. Prazo impróprio: estipula-se até 24 horas para o magistrado, recebendo expediente de interesse de criança ou adolescente em perigo, decidir a respeito, tomando todas as medidas cabíveis e previstas nesta Lei. Cuida-se, no entanto, de prazo *impróprio* que, se ultrapassado, não gera nenhuma sanção penal nem produz qualquer nulidade no feito. Naturalmente, a demora injustificada pode acarretar sanção disciplinar por violação de dever funcional.

> **Art. 16.** As medidas protetivas de urgência poderão ser concedidas pelo juiz, a requerimento do Ministério Público, da autoridade policial, do Conselho Tutelar ou a pedido da pessoa que atue em favor da criança e do adolescente.[9]
>
> § 1.º As medidas protetivas de urgência poderão ser concedidas de imediato, independentemente de audiência das partes e de manifestação do Ministério Público, o qual deverá ser prontamente comunicado.[10]
>
> § 2.º As medidas protetivas de urgência serão aplicadas isolada ou cumulativamente e poderão ser substituídas a qualquer tempo por outras de maior eficácia, sempre que os direitos reconhecidos nesta Lei forem ameaçados ou violados.[11]
>
> § 3.º Poderá o juiz, a requerimento do Ministério Público ou do Conselho Tutelar, ou a pedido da vítima ou de quem esteja atuando em seu favor, conceder novas medidas protetivas de urgência ou rever aquelas já concedidas, se entender necessário à proteção da vítima, de seus familiares e de seu patrimônio, ouvido o Ministério Público.[12]

9. Provocação ao juízo: pela leitura deste dispositivo, nota-se que o magistrado somente pode atuar se provocado pelo Ministério Público, pela autoridade policial, pelo Conselho Tutelar ou pela pessoa que atua em favor do infante ou jovem. No entanto, no art. 14 desta Lei, firma-se a viabilidade de decretar o afastamento do agressor de pronto pela autoridade judicial, sem qualquer provocação, afinal podem também fazê-lo o delegado e o policial. Ora o juiz age de ofício, ora depende de requerimento de terceiro. Pode-se argumentar que o afastamento é medida de emergência, legitimando o juiz a determiná-la, e as demais medidas protetivas dependem de requerimento, o que representa a solução mais equilibrada.

10. Contraditório postergado: é comum, em medidas cautelares, inclusive de natureza civil, possa ser determinada uma ação urgente sem haver o prévio conhecimento das partes envolvidas, diferindo-se os argumentos em favor ou contra para depois de consumada a medida. Evita-se, com isso, o esvaziamento da ação cautelar caso demore demais para se efetivar.

11. Critérios de fixação e alteração das medidas protetivas: pode-se aplicar um conjunto de medidas ou apenas uma delas (*vide* art. 20 desta Lei), além de elas poderem ser substituídas por outras, consideradas mais eficientes, seguindo-se a mesma lógica estabelecida pelo Código de Processo Penal. Entretanto, deve-se associar este dispositivo ao seguinte (§ 3.º), de forma que a modificação depende de requerimento da parte interessada e não deve o magistrado atuar de ofício. No entanto, se o fizer, em benefício da criança ou do adolescente, conforme os propósitos desta Lei, dificilmente seria possível imaginar a revogação da medida por conta disso, por tribunal superior. Por certo, tudo depende do contexto e o ideal é que o magistrado atue em consonância ao interesse da parte envolvida no caso.

12. Requerimento do interessado: ver a nota anterior.

> **Art. 17.** Em qualquer fase do inquérito policial ou da instrução criminal, caberá a prisão preventiva do agressor, decretada pelo juiz, a requerimento do Ministério Público ou mediante representação da autoridade policial.[13]
>
> **Parágrafo único.** O juiz poderá revogar a prisão preventiva se, no curso do processo, verificar a falta de motivo para que subsista, bem como decretá-la novamente, se sobrevierem razões que a justifiquem.[14]

13. Prisão preventiva: este dispositivo nada mais faz do que repetir as normas do Código de Processo Penal, embora não tenha exposto um ponto fundamental: a decretação da prisão cautelar é medida excepcional e precisa respeitar os elementos do art. 312 do CPP ou, pelo menos, o constante do art. 313, III, do CPP (existência de prisão cautelar apenas para *efetivar medidas protetivas*). Quando se tratar de crime grave, como homicídio ou tentativa de homicídio contra criança ou adolescente, poder-se-á decretar a preventiva, conforme estejam presentes os critérios do art. 312 do CPP, mas, quando se cuidar de delito de menor sanção, como uma lesão corporal simples, a decretação da preventiva deverá ser analisada com a máxima cautela, para não ferir a proporcionalidade. Ilustrando, não tem sentido uma pessoa acusada de um crime cuja pena gira em torno de alguns meses de detenção ficar presa preventivamente por um período extenso, que possa ultrapassar até mesmo o máximo previsto em abstrato para o crime imputado ao agressor. Essa situação tem ocorrido, por exemplo, em crimes de ameaça cometidos contra mulher, em cenário de violência doméstica, quando a prisão preventiva chega a ultrapassar a pena máxima cominada do delito (seis meses), nos termos do art. 147 do Código Penal, configurando um quadro teratológico.

14. Revogação e reiteração da preventiva: segue-se o disposto, de maneira mais clara e abrangente, pelo art. 316 do CPP: "O juiz poderá, de ofício ou a pedido das partes, revogar a prisão preventiva se, no correr da investigação ou do processo, verificar a falta de motivo para que ela subsista, bem como novamente decretá-la, se sobrevierem razões que a justifiquem. Parágrafo único. Decretada a prisão preventiva, deverá o órgão emissor da decisão revisar a necessidade de sua manutenção a cada 90 (noventa) dias, mediante decisão fundamentada, de ofício, sob pena de tornar a prisão ilegal". Em situação de violência contra a criança ou o adolescente, depende do caso, pois pode ocorrer um delito grave ou uma infração cuja pena cominada é de curta duração; desse modo, tratando-se de crime grave (ex.: estupro), a prisão pode perdurar durante o trâmite processual, mas, cuidando-se de infrações de menor ofensividade (ex.: ameaça, lesão simples, abandono material), é preciso controlar a duração da preventiva para que atenda à implementação das medidas protetivas à vítima e, depois, colocar o acusado em liberdade, mesmo sob a obrigação de respeitar medidas cautelares diversas. Para revogar a preventiva, pode o magistrado agir de ofício; para decretá-la novamente, depende de pedido de algum legítimo interessado. Outro ponto relevante é que o juiz seja obrigado a reavaliar a prisão cautelar a cada 90 dias, sempre com o cuidado de, tratando-se de infração menor, realizar esse controle em período mais curto.

> **Art. 18.** O responsável legal pela criança ou pelo adolescente vítima ou testemunha de violência doméstica e familiar, desde que não seja o autor das agressões, deverá ser notificado dos atos processuais relativos ao agressor,

> especialmente dos pertinentes ao ingresso e à saída da prisão, sem prejuízo da intimação do advogado constituído ou do defensor público.[15]

15. Comunicação de atos processuais: segue-se a linha adotada desde a reforma processual de 2008, quando se previu, no art. 201, § 2.º, do CPP, a comunicação à vítima de atos do processo, em especial o ingresso e a saída do acusado da prisão, além de data de audiência, sentença e acórdão, tudo para a pessoa ofendida ficar informada e poder tomar as medidas que entender cabíveis para a sua proteção.

> **Art. 19.** O juiz competente providenciará o registro da medida protetiva de urgência.[16]
> **Parágrafo único.** As medidas protetivas de urgência serão, após sua concessão, imediatamente registradas em banco de dados mantido e regulamentado pelo Conselho Nacional de Justiça, garantido o acesso instantâneo do Ministério Público, da Defensoria Pública, dos órgãos de segurança pública e de assistência social e dos integrantes do Sistema de Garantia dos Direitos da Criança e do Adolescente, com vistas à fiscalização e à efetividade das medidas protetivas.

16. Registro das medidas protetivas: deve-se registrar as medidas em banco de dados do Conselho Nacional de Justiça para a mais eficaz fiscalização de todos os órgãos interessados, mas também é importante promover a comunicação a determinados entes, como a Polícia Federal (Sinarm), em relação à suspensão da posse ou do porte de arma ou a qualquer outra forma de restrição; informar a escola onde estuda a criança no sentido da vedação de contato com o agressor, entre outras providências similares.

Seção II
Das Medidas Protetivas de Urgência que Obrigam o Agressor

> **Art. 20.** Constatada a prática de violência doméstica e familiar contra a criança e o adolescente nos termos desta Lei, o juiz poderá determinar ao agressor, de imediato, em conjunto ou separadamente, a aplicação das seguintes medidas protetivas de urgência, entre outras:[17]
>
> I – a suspensão da posse ou a restrição do porte de armas, com comunicação ao órgão competente, nos termos da Lei n.º 10.826, de 22 de dezembro de 2003;[18]
>
> II – o afastamento do lar, do domicílio ou do local de convivência com a vítima;
>
> III – a proibição de aproximação da vítima, de seus familiares, das testemunhas e de noticiantes ou denunciantes, com a fixação do limite mínimo de distância entre estes e o agressor;
>
> IV – a vedação de contato com a vítima, com seus familiares, com testemunhas e com noticiantes ou denunciantes, por qualquer meio de comunicação;
>
> V – a proibição de frequentação de determinados lugares a fim de preservar a integridade física e psicológica da criança ou do adolescente, respeitadas as disposições da Lei n.º 8.069, de 13 de julho de 1990 (Estatuto da Criança e do Adolescente);

> VI – a restrição ou a suspensão de visitas à criança ou ao adolescente;
>
> VII – a prestação de alimentos provisionais ou provisórios;
>
> VIII – o comparecimento a programas de recuperação e reeducação;
>
> IX – o acompanhamento psicossocial, por meio de atendimento individual e/ou em grupo de apoio.
>
> § 1.º As medidas referidas neste artigo não impedem a aplicação de outras previstas na legislação em vigor, sempre que a segurança da vítima ou as circunstâncias o exigirem, e todas as medidas devem ser comunicadas ao Ministério Público.[19]
>
> § 2.º Na hipótese de aplicação da medida prevista no inciso I do *caput* deste artigo, encontrando-se o agressor nas condições referidas no art. 6.º da Lei n.º 10.826, de 22 de dezembro de 2003, o juiz comunicará ao respectivo órgão, corporação ou instituição as medidas protetivas de urgência concedidas e determinará a restrição do porte de armas, e o superior imediato do agressor ficará responsável pelo cumprimento da determinação judicial, sob pena de incorrer nos crimes de prevaricação ou de desobediência, conforme o caso.
>
> § 3.º Para garantir a efetividade das medidas protetivas de urgência, poderá o juiz requisitar, a qualquer momento, auxílio da força policial.

17. Medidas protetivas obrigatórias ao agressor: é indiscutível serem todas elas relevantes para garantir a segurança do jovem ou infante, quando vítima de agressão, mas o importante é conseguir atingir a sua plena eficácia. Temos observado, no cenário da Lei Maria da Penha, que as medidas protetivas de urgência, semelhantes às previstas neste artigo, são infringidas e o máximo que se consegue é processar o infrator com base no art. 24-A daquela lei, com pena de detenção, de 3 meses a 2 anos. Pouco se pode fazer, pois nem mesmo a prisão preventiva suporta um delito com pífia penalidade de alguns meses de detenção, de modo que o juiz precisa evitar essa providência e, com isso, esvazia-se a eficiência de muitas medidas protetivas. Mesmo em caso de condenação, os benefícios penais não mantêm o agressor preso, o qual retorna, em várias situações, a infernizar a vítima. Esse quadro pode se repetir no âmbito de aplicação desta Lei.

18. Posse ou porte de arma: essa medida é particularmente relevante para os agentes da segurança pública, que utilizam armas no seu dia a dia e podem exercer maior poder de intimidação em relação às vítimas, situação mais frequente no cenário da violência doméstica contra a mulher (consultar o § 2.º deste art. 20). No entanto, com a proliferação da posse e do porte de arma de fogo, ocorrida nos últimos anos, é possível impor essa medida a várias pessoas que obtiveram armas e as usam para intimidar pessoas dentro do ambiente doméstico.

19. Outras medidas: pode-se utilizar as medidas protetivas previstas no art. 319 do Código de Processo Penal.

Seção III
Das Medidas Protetivas de Urgência à Vítima

> **Art. 21.** Poderá o juiz, quando necessário, sem prejuízo de outras medidas, determinar:[20]
>
> I – a proibição do contato, por qualquer meio, entre a criança ou o adolescente vítima ou testemunha de violência e o agressor;

II – o afastamento do agressor da residência ou do local de convivência ou de coabitação;

III – a prisão preventiva do agressor, quando houver suficientes indícios de ameaça à criança ou ao adolescente vítima ou testemunha de violência;

IV – a inclusão da vítima e de sua família natural, ampliada ou substituta nos atendimentos a que têm direito nos órgãos de assistência social;

V – a inclusão da criança ou do adolescente, de familiar ou de noticiante ou denunciante em programa de proteção a vítimas ou a testemunhas;

VI – no caso da impossibilidade de afastamento do lar do agressor ou de prisão, a remessa do caso para o juízo competente, a fim de avaliar a necessidade de acolhimento familiar, institucional ou colação em família substituta;

VII – a realização da matrícula da criança ou do adolescente em instituição de educação mais próxima de seu domicílio ou do local de trabalho de seu responsável legal, ou sua transferência para instituição congênere, independentemente da existência de vaga.

§ 1.º A autoridade policial poderá requisitar e o Conselho Tutelar requerer ao Ministério Público a propositura de ação cautelar de antecipação de produção de prova nas causas que envolvam violência contra a criança e o adolescente, observadas as disposições da Lei n.º 13.431, de 4 de abril de 2017.[21]

§ 2.º O juiz poderá determinar a adoção de outras medidas cautelares previstas na legislação em vigor, sempre que as circunstâncias o exigirem, com vistas à manutenção da integridade ou da segurança da criança ou do adolescente, de seus familiares e de noticiante ou denunciante.

20. Medidas protetivas concernentes à vítima: as medidas previstas pelo art. 21, na maior parte, configuram o contraponto àquelas dispostas pelo art. 20, vale dizer, proíbe-se o agressor de se aproximar da vítima (art. 20, III), e isso repercute no cenário da pessoa ofendida (art. 21, I). Algumas medidas são exclusivas para o agressor (ex.: suspensão de posse ou porte de arma de fogo) e outras são voltadas apenas à vítima (ex.: sua inclusão e de sua família natural, ampliada ou substituta nos atendimentos dos órgãos de assistência social).

21. Produção antecipada de provas: conferir os nossos comentários à Lei 13.431/2017, em especial aos arts. 11 e 21, IV.

Capítulo V
DO MINISTÉRIO PÚBLICO

Art. 22. Caberá ao Ministério Público, sem prejuízo de outras atribuições, nos casos de violência doméstica e familiar contra a criança e o adolescente, quando necessário:[22]

I – registrar em seu sistema de dados os casos de violência doméstica e familiar contra a criança e o adolescente;

II – requisitar força policial e serviços públicos de saúde, de educação, de assistência social e de segurança, entre outros;

III – fiscalizar os estabelecimentos públicos e particulares de atendimento à criança e ao adolescente em situação de violência doméstica e familiar e adotar, de imediato, as medidas administrativas ou judiciais cabíveis no tocante a quaisquer irregularidades constatadas.

22. Atribuições do Ministério Público: há várias providências que o promotor de justiça pode tomar para buscar a proteção efetiva da criança ou do adolescente agredido, como requerer ao juiz a implementação de todas as medidas protetivas previstas nesta Lei e na Lei 13.431/2017, mas uma delas é particularmente importante, consistente em fiscalizar os abrigos onde se encontram os infantes ou jovens vitimizados. Essa diligência não se deve somente a assegurar as boas condições do local para dar assistência ao abrigado; é fundamental avaliar a viabilidade de mover ação de destituição do poder familiar para providenciar a colocação do menor em família substituta, encaminhando, em alguns casos, à adoção. Por vezes, a criança é vítima de tortura pelos genitores, anos a fio, sendo abrigada e ali termina passando outros longos anos, sem que se regularize a sua situação afetiva em especial. O ambiente ideal para uma criança ou um adolescente é no seio familiar, mesmo que seja por meio da adoção; não há sentido em manter o vínculo com os pais naturais (ou somente com um deles) indefinidamente, em prejuízo do infante ou jovem.

Capítulo VI
DA PROTEÇÃO AO NOTICIANTE OU DENUNCIANTE DE VIOLÊNCIA DOMÉSTICA E FAMILIAR[23]

23. Noticiante e denunciante: para o fim de cumprimento desta Lei, não haveria necessidade de se operar essa distinção, pois quem leva ao conhecimento da autoridade ou do órgão competente uma informação acerca de violência física ou psicológica ou qualquer tratamento abusivo é uma pessoa que, vulgarmente, está noticiando, informando ou denunciado algo. Não se verifica qualquer conceito jurídico nesse prisma, pois irrelevante. O importante é simplesmente narrar a quem de direito o que sabe a respeito para proteger a criança ou o adolescente.

> **Art. 23.** Qualquer pessoa que tenha conhecimento ou presencie ação ou omissão, praticada em local público ou privado, que constitua violência doméstica e familiar contra a criança e o adolescente tem o dever de comunicar o fato imediatamente ao serviço de recebimento e monitoramento de denúncias, ao Disque 100 da Ouvidoria Nacional de Direitos Humanos do Ministério da Mulher, da Família e dos Direitos Humanos, ao Conselho Tutelar ou à autoridade policial, os quais, por sua vez, tomarão as providências cabíveis.[24]

24. Dever de comunicação: cuida-se do genérico dever de informar às autoridades ou aos órgãos de proteção infantojuvenil qualquer violência física ou psicológica contra a criança ou o adolescente. Na realidade, funciona mais como uma *autorização* para que seja feita a comunicação. Essa previsão tem sido formulada em diversas outras leis, para hipóteses diversas da criança ou do adolescente, além de constar até mesmo na Constituição Federal (art. 5.º, XLIII), referente aos delitos hediondos, o que não é suficiente para transformar toda a sociedade em *garante* da segurança alheia, vale dizer, quem não comunicar eventual situação de violência não deve responder por conta de sua omissão. É fundamental ingressar, de maneira específica, no cenário do art. 13, § 2.º, do Código Penal, afinal, cada vez mais tem sido estabelecido o *dever geral* de qualquer um comunicar ou evitar crimes, sendo totalmente ilógico transformar todos os brasileiros em *garantes* da segurança pública, passíveis de responder criminalmente por omissão (conferir as notas ao art. 26 desta Lei).

Art. 24. O poder público garantirá meios e estabelecerá medidas e ações para a proteção e a compensação da pessoa que noticiar informações ou denunciar a prática de violência, de tratamento cruel ou degradante ou de formas violentas de educação, correção ou disciplina contra a criança e o adolescente.[25]

§ 1.º A União, os Estados, o Distrito Federal e os Municípios poderão estabelecer programas de proteção e compensação das vítimas, das testemunhas e dos noticiantes ou denunciantes das condutas previstas no *caput* deste artigo.

§ 2.º O noticiante ou denunciante poderá requerer que a revelação das informações de que tenha conhecimento seja feita perante a autoridade policial, o Conselho Tutelar, o Ministério Público ou o juiz, caso em que a autoridade competente solicitará sua presença, designando data e hora para audiência especial com esse fim.[26]

§ 3.º O noticiante ou denunciante poderá condicionar a revelação de informações de que tenha conhecimento à execução das medidas de proteção necessárias para assegurar sua integridade física e psicológica, e caberá à autoridade competente requerer e deferir a adoção das medidas necessárias.[27]

§ 4.º Ninguém será submetido a retaliação, a represália, a discriminação ou a punição pelo fato ou sob o fundamento de ter reportado ou denunciado as condutas descritas no *caput* deste artigo.[28]

§ 5.º O noticiante ou denunciante que, na iminência de revelar as informações de que tenha conhecimento, ou após tê-lo feito, ou que, no curso de investigação, de procedimento ou de processo instaurado a partir de revelação realizada, seja coagido ou exposto a grave ameaça, poderá requerer a execução das medidas de proteção previstas na Lei n.º 9.807, de 13 de julho de 1999, que lhe sejam aplicáveis.[29]

§ 6.º O Ministério Público manifestar-se-á sobre a necessidade e a utilidade das medidas de proteção formuladas pelo noticiante ou denunciante e requererá ao juiz competente o deferimento das que entender apropriadas.

§ 7.º Para a adoção das medidas de proteção, considerar-se-á, entre outros aspectos, a gravidade da coação ou da ameaça à integridade física ou psicológica, a dificuldade de preveni-las ou de reprimi-las pelos meios convencionais e a sua importância para a produção de provas.

§ 8.º Em caso de urgência e levando em consideração a procedência, a gravidade e a iminência da coação ou ameaça, o juiz competente, de ofício ou a requerimento do Ministério Público, determinará que o noticiante ou denunciante seja colocado provisoriamente sob a proteção de órgão de segurança pública, até que o conselho deliberativo decida sobre sua inclusão no programa de proteção.

§ 9.º Quando entender necessário, o juiz competente, de ofício, a requerimento do Ministério Público, da autoridade policial, do Conselho Tutelar ou por solicitação do órgão deliberativo concederá as medidas cautelares direta ou indiretamente relacionadas à eficácia da proteção.

25. Proteção e compensação: garantir proteção, quando for preciso, parece uma medida razoável, mas assegurar *compensação* para o noticiante ou denunciante pode ser mais arriscado, visto ser mecanismo apto a fomentar o *denuncismo*, invadindo-se a intimidade de famílias, que devem ser respeitadas e não se pode presumir sejam ambientes agressivos e hostis. É justamente o contrário, ou seja, a maioria das famílias zela pelos seus integrantes mutuamente. É realidade que a Lei 13.608/2018 (Dique-Denúncia) estabelece, no art. 4.º, parágrafo único, a viabilidade de se instituírem recompensas em pecúnia para informações úteis a prevenção, repressão ou apuração de crimes ou ilícitos administrativos. Entretanto, há uma considerável diferença entre *noticiar* a autoria de um crime de homicídio, por exemplo, e de uma eventual ação agressiva contra criança, afinal, nesta última hipótese, o leque de opções referente à violência física ou moral é extenso, podendo dar ensejo a comunicações de atos comuns de educação infantojuvenil apenas para receber a recompensa. O mínimo que se espera é a exigência de que essa informação seja realmente *útil* para desvendar uma situação de violência no cenário de proteção à criança ou ao adolescente.

26. Notícia ou denúncia direta a autoridade: naturalmente, nem precisaria constar de lei, pois qualquer pessoa pode noticiar a ocorrência de um crime, como consta no CPP. No entanto, como é possível que a violência ou forma de educação infantojuvenil abusiva não constitua necessariamente um delito, pode-se conceber a hipótese de que o informante deseje transmitir, formalmente, essa notícia, devidamente reduzida a termo. Não deixa de ser uma situação peculiar, afinal esta Lei procura, por todos os meios, assegurar o sigilo do noticiante e conferir-lhe proteção, de modo que seria hipótese mais rara o seu desejo de revelar os fatos em audiência.

27. Medidas de proteção ao noticiante ou denunciante: verifica-se uma preocupação peculiar do legislador para assegurar a proteção à pessoa que informe a ocorrência de qualquer espécie de violência contra a criança ou adolescente, embora seja razoável levantar a questão de que os autores dessas agressões, em sua maioria, são pessoas comuns, e não membros de organização criminosa, a ponto de levantar tantos pontos de *periculosidade*, que possam colocar o noticiante ou denunciante em risco quanto a sua vida ou integridade física. Por outro lado, considerando-se que a pessoa informante seja a mulher, ao tomar conhecimento do fato no recôndito do lar, cometido pelo companheiro, pode-se levar em conta a cautela retratada neste parágrafo. Afinal, o agressor da criança pode ser, também, ofensor da própria mulher. Há que se ponderar o caso concreto para detectar a pertinência de aplicação do disposto neste parágrafo.

28. Imunidade relativa do informante: a previsão de proteção a quem noticia ou denuncia os fatos descritos no *caput* deste artigo é salutar, embora mereça algumas considerações. Em primeiro lugar, ao mencionar *retaliação* (desforra, vingança), *represália* (sinônimo do anterior, podendo-se acrescer *dar o troco*), *discriminação* (ato de segregar) ou *punição* (castigo, pena), há três quadros: a) se a vingança (ou ato similar) promovida pelo agressor denunciado ou por seus familiares (ou amigos) constituir crime, nem é preciso mencionar tal previsão nesta Lei, pois deverá ser apurado e punido o seu autor; b) se houver uma desforra lícita (por exemplo, cortar relações com o noticiante), o Estado não tem nada a ver com isso; c) tratando-se do termo *punição*, por uma questão de lógica, não pode envolver uma imunidade substantiva contra a prática de crime pelo informante, por exemplo, a denunciação caluniosa (art. 339, CP), pois é um delito grave contra a administração da justiça. Não pode, ainda, constituir um manto de impunidade na esfera civil (ação por danos morais), pois toda lesão pode ser levada ao conhecimento do Judiciário. O objetivo desta Lei é proteger o menor e não incentivar práticas ilícitas. Portanto, a *punição* há de ser entendida no contexto da *desforra*, por exemplo, fazer que o noticiante seja demitido da empresa onde trabalha.

29. Proteção ao informante: nos termos do art. 7.º da Lei 9.807/99, os programas de proteção podem incluir as seguintes medidas: "I – segurança na residência, incluindo o controle de telecomunicações; II – escolha e segurança nos deslocamentos da residência, inclusive para fins de trabalho ou para a prestação de depoimentos; III – transferência de residência ou acomodação provisória em local compatível com a proteção; IV – preservação da identidade, imagem e dados pessoais; V – ajuda financeira mensal para prover as despesas necessárias à subsistência individual ou familiar, no caso de a pessoa protegida estar impossibilitada de desenvolver trabalho regular ou de inexistência de qualquer fonte de renda; VI – suspensão temporária das atividades funcionais, sem prejuízo dos respectivos vencimentos ou vantagens, quando servidor público ou militar; VII – apoio e assistência social, médica e psicológica; VIII – sigilo em relação aos atos praticados em virtude da proteção concedida; IX – apoio do órgão executor do programa para o cumprimento de obrigações civis e administrativas que exijam o comparecimento pessoal". São medidas importantes, mas há dois enfoques cruciais nesse campo: a) a estrutura das instituições brasileiras não está à altura para, materialmente, suportar todo esse instrumental de proteção, pois, nem mesmo para autoridades ameaçadas no exercício de suas funções, o amparo é amplo e eficiente; b) é preciso alguém realmente corajoso para noticiar uma violência ou tratamento abusivo contra criança ou adolescente e provocar o caos em sua própria vida, com a aplicação das medidas relatadas, como mudar de residência, andar com escolta e até mesmo alterar o seu nome (art. 9.º, *caput*, da Lei 9.807/99). Ademais, sob a perspectiva desta Lei de tutela do menor, está-se imaginando que o agressor (a imensa maioria é membro da família próxima) é um integrante de organização criminosa para haver tantas medidas de proteção dispostas ao informante. No cotidiano, observa-se que os casos de violência, por mais graves que sejam, são encontrados em famílias comuns e o agressor é um indivíduo como outro qualquer – e não um tipo *mafioso*, cuja finalidade será exterminar o noticiante.

Capítulo VII
DOS CRIMES

Art. 25. Descumprir[30-33] decisão judicial que defere medida protetiva de urgência prevista nesta Lei:[34-35]

Pena – detenção, de 3 (três) meses a 2 (dois) anos.[36]

§ 1.º A configuração do crime independe da competência civil ou criminal do juiz que deferiu a medida.[37]

§ 2.º Na hipótese de prisão em flagrante, apenas a autoridade judicial poderá conceder fiança.[38]

§ 3.º O disposto neste artigo não exclui a aplicação de outras sanções cabíveis.[39-40]

30. Análise do núcleo do tipo: *descumprir* significa transgredir uma regra ou norma; guarda similitude com *desobedecer*, embora essa conduta firme mais o intento do agente de desrespeito e rebeldia. De toda forma, a conduta desse tipo incriminador se volta à decisão judicial, de qualquer fase (investigação ou processo), que defere medidas protetivas de urgência *previstas nesta lei*. Cuida-se, em verdade, de um crime de desobediência específico. Não se trata de norma penal em branco, pois o complemento é encontrado no texto da mesma lei que fixa o tipo incriminador. Confiram-se as medidas protetivas de urgência, previstas no art. 20: "I – a suspensão da posse ou a restrição do porte de armas, com comunicação ao órgão competente, nos termos da Lei n. 10.826, de 22 de dezembro de 2003; II – o afastamento do lar, do domicílio ou do local de convivência com a vítima; III – a proibição de aproximação da vítima, de seus familiares, das testemunhas e de noticiantes ou denunciantes, com a fixação do limite mínimo de distância entre estes e o agressor; IV – a vedação de contato com a vítima, com seus familiares, com testemunhas e com noticiantes ou denunciantes, por qualquer meio de comunicação; V – a proibição de frequentação de determinados lugares a fim de preservar a integridade física e psicológica da criança ou do adolescente, respeitadas as disposições da Lei n. 8.069, de 13 de julho de 1990 (Estatuto da Criança e do Adolescente); VI – a restrição ou a suspensão de visitas à criança ou ao adolescente; VII – a prestação de alimentos provisionais ou provisórios; VIII – o comparecimento a programas de recuperação e reeducação; IX – o acompanhamento psicossocial, por meio de atendimento individual e/ou em grupo de apoio". É possível a aplicação de outras medidas cautelares, como alguma das previstas no art. 319 do CPP, conforme dispõe o § 1.º do art. 20: "As medidas referidas neste artigo não impedem a aplicação de outras previstas na legislação em vigor, sempre que a segurança da vítima ou as circunstâncias o exigirem, e todas as medidas devem ser comunicadas ao Ministério Público". Quanto ao não pagamento de pensão alimentícia provisional ou provisória, o crime se aperfeiçoa quando a intimação é feita para o pagamento de determinado *quantum*, mas isso não é realizado. O crime somente poderá reiterar-se quando o cálculo for diverso e abranger outro período não quitado, a fim de evitar o *bis in idem*. Cremos que a mesma situação deve ser visualizada no tocante às demais medidas protetivas. Se há uma vedação de contato com a vítima, uma vez infringida a medida, configura-se o crime do art. 25. É preciso que o agente *novamente* se aproxime da pessoa protegida para que reitere a conduta delituosa. E assim também quanto às demais medidas, sempre exigindo um novo contexto fático para que o crime possa ser outra vez cometido. Na jurisprudência: TJDF: "2. Na vigência de decisão que deferiu medidas protetivas em favor de menor com fundamento na Lei n. 13.431/2017, é irrelevante eventual consentimento da genitora para ingresso do réu na residência, na medida em que o sujeito passivo deste crime não é somente a vítima, mas o próprio Estado, pelo descumprimento da ordem judicial emanada. 3. Comprovado que o réu descumpriu decisão que deferiu medidas protetivas em favor de menor (seu filho), proibindo aproximação em distância inferior a 100 metros, acertada a condenação pelo crime do art. 25, *caput*, da Lei n. 14.344/2022 (Lei Henry Borel)" (Ap. Criminal 0702528-28.2023.8.07.0021, 1.ª T. Criminal, rel. Simone Lucindo, 15.02.2024, v.u.). TJMG: "A Lei n. 14.344/2022, também conhecida como Lei Henry Borel, em seu art. 25, introduziu no ordenamento jurídico nacional o crime de descumprimento de medida protetiva de urgência concedida a criança ou adolescente em situação de violência doméstica e familiar. Assim como o art. 24 da Lei n. 11.340/2006, há dois bens jurídicos tutelados. O primário, que é a administração da justiça, a fim de garantir o caráter cogente das determinações judiciais, o secundário, consistente na incolumidade da criança ou do adolescente. Na espécie, a acusada, mesmo ciente da proibição de se aproximar de seus filhos, que estavam sob a guarda provisória de sua irmã, foi até a residência dela, onde estavam as crianças" (Ap. Criminal 0002039-90.2023.8.13.0271, 9.ª Câmara Criminal, rel. Kárin Emmerich, 06.03.2024, v.u.).

31. Consideração sobre a essência do delito: levando-se em consideração aspectos estritamente legais, sem uma interpretação sistemática, seria viável afirmar que esse delito é uma infração de menor potencial ofensivo, sujeito às regras da Lei 9.099/95. Em primeiro lugar, a pena é de detenção, de 3 meses a 2 anos, encaixando-se no perfil do art. 61 da referida Lei 9.099/95. Em segundo, a vedação à aplicação da lei dos juizados especiais criminais não foi realizada nesta Lei. Entretanto, ao interpretar de maneira lógico-sistemática, pode-se atingir a conclusão de que esse crime não é de menor potencial ofensivo, sendo inaplicável a Lei 9.099/95, pelos seguintes motivos: a) esta Lei prevê a inserção dos §§ 1.º e 2.º ao art. 226 do Estatuto da Criança e do Adolescente, nos seguintes termos, respectivamente: "Aos crimes cometidos contra a criança e o adolescente, independentemente da pena prevista, não se aplica a Lei n. 9.099, de 26 de setembro de 1995" e "Nos casos de violência doméstica e familiar contra a criança e o adolescente, é vedada a aplicação de penas de cesta básica ou de outras de prestação pecuniária, bem como a substituição de pena que implique o pagamento isolado de multa". Portanto, embora tenha ingressado no cenário da Lei 8.069/90, possui direta conexão com esta Lei, protetiva aos direitos da criança e do adolescente, podendo-se estender essa vedação ao crime do art. 25 (descumprimento de medida protetiva); b) o tipo do art. 25 é fiel cópia do art. 24-A da Lei 11.340/2006 (Maria da Penha), em relação ao qual os tribunais têm entendido ser inviável aplicar medidas despenalizadoras porque se cuida da tutela da mulher agredida, ainda que de modo indireto; logo, a esse tipo penal estende-se a proibição de qualquer benefício referente a transação, suspensão condicional do processo ou aplicação de penas restritivas de direitos ou pecuniárias; c) o disposto pelo § 2.º deste artigo encontra-se em desarmonia com a consideração de ser o delito de menor potencial ofensivo, pois impede até mesmo a fixação de fiança pela autoridade policial. Cuida-se de acentuar o cabimento de prisão em flagrante – algo inadmissível, como regra, para a infração de menor potencial ofensivo. Ademais, mesmo o acordo de não persecução penal estaria inviabilizado, nos termos do art. 28-A, § 2.º, IV, do CPP (crimes cometidos no âmbito de violência doméstica ou familiar), na maioria dos casos. Em suma, é preciso admitir que a política criminal no tocante à proteção de crianças e adolescentes, no geral, tornou-se mais rigorosa com o agressor, da mesma forma que ocorreu no cenário da Lei Maria da Penha, que cuida da violência doméstica ou familiar contra a mulher. Portanto, para manter a coerência, torna-se indispensável evitar medidas de abrandamento da punição, como transação, suspensão condicional do processo e acordo de não persecução penal. Em caso de condenação, contorna-se, igualmente, a substituição da pena privativa de liberdade por restritivas de direitos ou pecuniária.

32. Sujeitos ativo e passivo: o sujeito ativo é a pessoa indicada pela decisão judicial, sujeita às restrições impostas; o sujeito passivo é o Estado; secundariamente, a criança ou o adolescente protegido pela medida de urgência.

33. Elemento subjetivo: é o dolo. Não há elemento subjetivo específico, nem se pune a forma culposa.

34. Objetos material e jurídico: o objeto material é a medida protetiva de urgência aplicada pelo juiz. O objeto jurídico é a administração da justiça, embora, secundariamente, inclua a tutela à criança ou ao adolescente.

35. Classificação: o crime é próprio (somente pode ser praticado pela pessoa indicada na decisão judicial); aliás, de mão própria (só pode ser cometido diretamente pelo sujeito impedido de realizar alguma conduta ou forçado a prestar algo); formal (não depende de resultado naturalístico para a consumação, bastando o descumprimento da medida); de forma livre (pode ser cometido de qualquer maneira pelo agente); como regra, comissivo (praticado por meio de ação), mas admite também a omissão (prestação de alimentos); instantâneo (a consumação se dá em momento determinado na linha do tempo); unissubjetivo (pode ser praticado por uma só pessoa); plurissubsistente (cometido em vários atos), como regra, mas admite a forma unissubsistente, como na forma omissiva. Admite tentativa quando plurissubsistente.

36. Benefícios penais: consultar a nota 31 *supra*, referente à análise da essência do crime. Levando-se em conta a política criminal de proteção infantojuvenil, o processo terá seguimento normal e, havendo condenação, à pena privativa de liberdade somente se poderá aplicar o *sursis* (art. 77, CP) e a fixação do regime aberto (art. 33, § 2.º, CP).

37. Origem da decisão judicial: cuidando-se de desrespeito a decisão judicial, proferida no cenário da violência contra a criança ou adolescente, fez bem o legislador ao deixar claro que o delito se configura independentemente da origem da referida decisão. Afinal, as medidas cautelares podem ser aplicadas tanto pelo juízo civil quanto pelo criminal, conforme o caso.

38. Fiança judicial: este dispositivo tem por finalidade estreitar o âmbito de concessão da fiança, alterando a regra geral, prevista no Código de Processo Penal ("Art. 322. A autoridade policial somente poderá conceder fiança nos casos de infração cuja pena privativa de liberdade máxima não seja superior a 4 (quatro) anos. Parágrafo único. Nos demais casos, a fiança será requerida ao juiz, que decidirá em 48 (quarenta e oito) horas"). Torna-se preciso pleitear o benefício em juízo, quando, então, a autoridade judicial tem o poder de aplicar medidas cautelares para prevenir outras agressões, incluindo a fiança. Além disso, como já expusemos na nota 31 *supra* (essência do crime), espelha-se a viabilidade de haver prisão em flagrante, situação incompatível com uma infração de menor potencial ofensivo, independentemente da pena cominada.

39. Amplitude do âmbito da sanção: andou corretamente o legislador ao prever, neste dispositivo, a viabilidade de se processar criminalmente o transgressor das medidas protetivas de urgência, podendo-se aplicar as sanções cabíveis, mesmo quando estiverem previstas em outras normas, mas forem compatíveis com o objetivo desta Lei.

40. Prisão preventiva: cuida-se de medida possível, nos termos do art. 313, III, do CPP: "se o crime envolver violência doméstica e familiar contra a mulher, criança, adolescente, idoso, enfermo ou pessoa com deficiência, para garantir a execução das medidas protetivas de urgência". No entanto, é preciso cautela, pois a duração da prisão cautelar necessita da dose certa e ajustada ao *cumprimento* das *medidas protetivas* de urgência, não podendo se tornar uma forma de aplicação de pena antecipada ou, pior, um período superior à pena fixada. É preciso registrar que esse delito tem pena cominada de detenção de 3 meses a 2 anos, motivo pelo qual o juiz deve controlar o prazo com rigor. O objetivo da prisão provisória é assegurar a efetividade da medida protetiva, como o afastamento do agressor da residência onde se encontra o infante ou jovem.

> **Art. 26.** Deixar de comunicar[41-45] à autoridade pública a prática de violência, de tratamento cruel ou degradante ou de formas violentas de educação, correção ou disciplina[46] contra criança ou adolescente ou o abandono de incapaz:[47-48]
>
> Pena – detenção, de 6 (seis) meses a 3 (três) anos.[49]
>
> § 1.º A pena é aumentada de metade, se da omissão resulta lesão corporal de natureza grave, e triplicada, se resulta morte.[50]
>
> § 2.º Aplica-se a pena em dobro se o crime é praticado por ascendente, parente consanguíneo até terceiro grau, responsável legal, tutor, guardião, padrasto ou madrasta da vítima.[51]

41. Análise do núcleo do tipo: *deixar de comunicar* significa omitir-se em transmitir alguma informação e, nessa figura típica, volta-se a uma falta, desídia ou ausência de quem deveria promover a ciência de fato relevante a uma autoridade estatal, apta a tomar providências para apurar o ocorrido, atuando para proteger a vítima e investigar o suspeito, processando-o se for o caso. Esse fato relevante envolve o cometimento de uma infração penal, consistente na prática de violência (agressão física: vias de fato ou lesão corporal), tratamento cruel ou degradante (vexame, constrangimento, humilhação abusivos ou excessivos) ou, em cláusula aberta, a ser composta de interpretação analógica, seguindo-se os modelos anteriormente apresentados, outras formas *violentas* (nessa ótica, física ou moral) voltadas à educação, à correção ou à disciplina de criança ou adolescente; além dessas, o outro delito apontado diz respeito ao *abandono de incapaz* (deixar a pessoa vulnerável, sem a devida assistência material). Embora o tipo não aponte exatamente os crimes em relação aos quais não há a devida comunicação, trata-se de figuras existentes no ordenamento jurídico-penal, como vias de fato (art. 21, Lei das Contravenções Penais) e lesão corporal (art. 129, CP), submissão de criança ou adolescente a vexame ou constrangimento (art. 232, Lei 8.069/90), maus-tratos (art. 136, CP) e abandono de incapaz (art. 133, CP). Enfocando o termo *autoridade pública*, por certo, cuida-se de quem não somente detém o poder-dever de agir em prol da proteção ao infante ou jovem mas também pode investigar criminalmente o caso e julgar o processo; portanto, como regra, o delegado de polícia, o membro do Ministério Público e o juiz.

42. Sujeitos ativo e passivo: o sujeito ativo é quem tem o dever de cuidar e proteger a criança ou o adolescente; o sujeito passivo é a criança ou o adolescente agredida física ou moralmente.

43. Natureza da omissão penalmente relevante: em análise perfunctória, poder-se-ia aquilatar a criação de um crime omissivo de alcance geral, como o delito previsto no art. 135 do Código Penal ("Deixar de prestar assistência, quando possível fazê-lo sem risco pessoal, à criança abandonada ou extraviada, ou à pessoa inválida ou ferida, ao desamparo ou em grave e iminente perigo; ou não pedir, nesses casos, o socorro da autoridade pública: Pena – detenção, de um a seis meses, ou multa. Parágrafo único. A pena é aumentada de metade, se da omissão resulta lesão corporal de natureza grave, e triplicada, se resulta a morte"), que pode ser cometido por qualquer pessoa. Entretanto, assim não nos parece. A infração penal de omissão de socorro volta-se a uma situação de perigo concreto, cuja finalidade é proteger a vida ou a saúde da pessoa humana, *podendo o agente evitar o resultado danoso*, ao promover o socorro adequado. Por isso, um delito omissivo próprio. No mais, quando se ingressa no contexto do crime omissivo *impróprio*, desenha-se um cenário relativo ao *dever-poder agir para evitar o resultado*, advindo de lei (art. 13, § 2.º, CP). A Parte Geral do Código Penal, aplicável a todas as leis especiais, bem define esse dever-poder de não permitir a ocorrência do resultado danoso nas alíneas *a* a *c* do § 2.º: "a) tenha por lei obrigação de cuidado, proteção ou vigilância; b) de outra forma, assumiu a responsabilidade de impedir o resultado; c) com seu comportamento anterior, criou o risco da ocorrência do resultado". Esse é o contorno dentro do qual se insere o sujeito ativo do crime descrito no art. 26 da Lei 14.344/2022. Não se pode ampliar em demasia o dever de evitar o resultado, pois iria de encontro a importantes princípios penais, como a intervenção mínima e a culpabilidade. Há vários argumentos para sedimentar o entendimento de que a omissão desse delito se cinge a quem realmente deve proteger o infante ou jovem. Em primeiro lugar, considerando-se, para argumentar, um dever geral de *denuncismo* – obrigatório, sob pena de se tornar partícipe – poderia ser encontrado no art. 5.º, XLIII, da Constituição Federal: "a lei considerará crimes inafiançáveis e insuscetíveis de graça ou anistia a prática da tortura, o tráfico ilícito de entorpecentes e drogas afins, o terrorismo e os definidos como crimes hediondos, por eles respondendo os mandantes, os executores e *os que, podendo evitá-los, se omitirem*" (grifamos). Note-se a generalização: todas as pessoas que, de maneira ampla, poderiam evitar o cometimento desses delitos deveriam ser penalmente responsabilizadas. O comando de *agir para impedir o resultado* teria substrato constitucional e seria indeclinável, mas, se assim fosse interpretado, representaria uma hipótese de responsabilidade objetiva espargida pela sociedade. A pessoa que soubesse do tráfico ilícito de drogas teria o *dever constitucional* de evitar a continuidade dessa atividade (crime permanente em muitas situações), sob pena de ser penalmente responsável. Ora, a comunicação à autoridade policial poderia fazer cessar o tráfico, em princípio. É uma forma de *evitar a perpetuação do crime*. Quem soubesse de um estupro cometido por um agente serial teria o dever de levar o fato ao conhecimento da autoridade para impedir a prática de outros, sob pena de responder como partícipe de um delito hediondo. E assim sucessivamente. Sem o quilate específico do art. 13, § 2.º, do Código Penal, estar-se-ia idealizando uma absurda *caça às bruxas*, não somente procurando os criminosos hediondos, mas também os cidadãos honestos que não querem se intrometer em delito alheio. A sociedade brasileira se transformaria automaticamente em *garante* de todas as infrações que, em tese, poderiam ser evitadas. Naturalmente, essa visão nunca foi aplicada no Brasil, desde a edição da Constituição de 1988. Na sequência, leis especiais foram criadas enfocando a omissão penalmente relevante, como o art. 1.º, § 2.º, da Lei da Tortura (Lei 9.455/97): "Aquele que se omite em face dessas condutas, quando *tinha o dever de evitá-las ou apurá-las*, incorre na pena de detenção de um a quatro anos" (grifamos). Quem tinha esse dever? É preciso socorrer-se do art. 13, § 2.º, do Código Penal. Outro relevante argumento se concentra no art. 18 do Estatuto da Criança e do Adolescente: "É *dever de todos* velar pela dignidade da criança e do adolescente, *pondo-os a salvo* de qualquer tratamento desumano, violento, aterrorizante, vexatório ou constrangedor" (grifamos). Fosse um dever jurídico-penal estabelecido a toda a sociedade indiscriminadamente, desde 1990, haveria um imenso contingente de *garantes*, em relação aos quais a omissão em impedir (inclusive comunicando à autoridade pública) a prática de crimes contra a criança ou adolescente já deveria estar indiciada, processada e punida. Essa referência foi feita para se contrapor ao disposto pelo art. 23 desta Lei 14.344/2022: "Qualquer pessoa que tenha conhecimento ou presencie ação ou omissão, praticada em local público ou privado, que constitua violência doméstica e familiar contra a criança e o adolescente *tem o dever de comunicar* o fato imediatamente ao serviço de recebimento e monitoramento de denúncias, ao Disque 100 da Ouvidoria Nacional de Direitos Humanos do Ministério da Mulher, da Família e dos Direitos Humanos, ao Conselho Tutelar ou à autoridade policial, os quais, por sua vez, tomarão as providências cabíveis" (grifo nosso). Não se pode basear nesse preceito genérico para supor a criação de um dever de evitar o resultado (garante) mais amplo do que o previsto pelo art. 13, § 2.º, do Código Penal. Afinal, não há diferença substancial entre o art. 18 do ECA e o art. 23 desta Lei. Ademais, o noticiante ou denunciante pode valer-se do disque-denúncia e ficar anônimo, o que significa o *cumprimento de um dever* à sorrelfa, sendo verdadeira ou não a sua *notícia* do delito. Se o poder público atua, por meio de diversos órgãos, para avaliar *denúncias anônimas*, não é possível responsabilizar, por exemplo, o vizinho da casa onde alguém possa agredir uma criança, sem que tenha havido imediatamente a transmissão desse *suposto fato* (a autenticidade é uma situação complexa, merecedora de apuração) à autoridade. Ademais, caso esse vizinho seja interpelado a respeito de sua eventual *omissão* ao não comunicar a quem de direito a suposta agressão, pode ele responder que o fez, por meio do disque-denúncia, regido por lei, garantido o seu anonimato. Relembre-se o conteúdo principal da Lei 13.608/2018 (disque-denúncia): "Art. 2.º Os Estados são autorizados a estabelecer serviço de *recepção de denúncias por telefone*, preferencialmente gratuito, que também poderá ser mantido por entidade privada sem fins lucrativos, por meio de convênio. Art. 3.º O informante que se identificar terá assegurado, pelo órgão que receber a denúncia, o *sigilo dos seus dados*. Art. 4.º A União, os Estados, o Distrito Federal e os Municípios, no âmbito de suas competências, poderão estabelecer *formas de recompensa pelo oferecimento de informações* que sejam úteis para a prevenção, a repressão ou a *apuração de crimes* ou ilícitos administrativos. (...) Art. 4.º-B. O informante terá *direito à preservação de sua identidade*, a qual apenas será revelada em caso de *relevante interesse público ou interesse concreto* para a apuração dos fatos. Parágrafo único. A revelação da identidade somente será efetivada mediante comunicação prévia ao informante e *com sua concordância formal*. Art. 4.º-C. Além das medidas de proteção previstas na Lei n. 9.807, de 13 de julho de 1999, será assegurada ao informante *proteção contra ações ou omissões praticadas em retaliação* ao exercício do direito de relatar, tais como demissão arbitrária, alteração injustificada de funções ou atribuições, imposição de sanções, de prejuízos remuneratórios ou materiais de qualquer espécie, retirada de benefícios, diretos ou indiretos, ou negativa de fornecimento de referências profissionais positivas" (grifamos). Desde 2018, devidamente regulado em lei, o *anônimo informante* pode comunicar o que bem quiser, mas isso não o transforma em garantidor do impedimento do resultado criminoso. Reitera-se, na denominada *Lei Henry Borel*, o conteúdo de diversas outras normas, não se podendo considerá-la uma novidade em matéria jurídica e muito menos no campo penal. Outro ponto muito sensível nessa questão se refere à prova testemunhal do fato delituoso. Se todas as pessoas, indiscriminadamente, ao não comunicarem o fato à autoridade, fossem coautoras ou partícipes do crime do art. 26, o universo das testemunhas para a prova do delito contra a criança ou o adolescente se reduziria de modo considerável, afinal não há como exigir que alguém se apresente como testemunha do fato se pode ser indiciada e processada por não o ter denunciado quando tomou conhecimento. A menos que o poder público almeje produzir prova somente com o depoimento de quem denunciou e prefere se expor, valendo-se de todas as garantias ofertadas por esta Lei. Do contrário, buscando captar outras testemunhas, é possível que as vias se fechem, sob o impacto do temor de serem consideradas omitentes quanto à comunicação do suposto delito. O art. 26 deve ser operacionalizado como *tipo de reserva*; não provada a participação no delito principal, o agente, que seja legalmente garante, responde pelo subsidiário. No Estado Democrático de Direito, inexiste o *denuncismo* como política de Estado e muito menos para criminalizar a pretensa omissão de pessoas estranhas ao contexto da prática de um crime somente porque deixaram de *noticiar* o que supostamente sabem ou julgam saber a qualquer autoridade. Nem mesmo se pode incriminar quem pode evitar o cometimento de um delito, quiçá hediondo, mas não o faz porque não quer se imiscuir nisso, se não tem o expresso *dever de impedir o resultado*, nos termos do art. 13, § 2.º, do Código Penal. Esse é o quadro no qual se insere o art. 26 da Lei 14.344/2022.

44. Distinção entre autor e partícipe no crime contra a criança e o adolescente: por certo, não se trata de tarefa fácil essa diferença, embora nos pareça ser essencial para conferir equilíbrio no tocante ao universo punitivo. O autor e o partícipe ingressam no cenário da responsabilidade penal pela mesma porta, embora o primeiro *garante* (autor) consubstancie quadros objetivo e subjetivo mais acentuados, pois o dolo se volta a manter alguma vantagem para que não seja descortinado o crime, com franca e visível inação; noutros termos, há uma aderência à conduta delituosa de outrem, desprezando-se a proteção à vítima. Ilustrando, há mãe que deliberadamente menospreza os reclamos de uma filha, vítima de estupro praticado por seu companheiro, porque tem interesse na mantença do vínculo com o agressor. É partícipe de estupro, o qual é um crime de dano. Pode haver a genitora que desconfia da conduta do companheiro em relação à sua filha e não compactuaria com isso, caso tivesse certeza, embora opte por correr o risco de não denunciar a situação perigosa porque lhe é conveniente de algum modo. A sua omissão é inspirada por um dolo de perigo. O tipo do art. 26 funciona como o denominado *tipo de reserva*. Havendo a certeza da violação sexual, optando por estar ao lado do agressor, a pessoa garantidora assume a sua posição de partícipe do delito de dano. Não havendo essa certeza, mas, como mãe, existindo o dever de tutelar a segurança da filha, escolhendo o caminho da omissão, deve responder pelo art. 26.

45. Elemento subjetivo: é o dolo de perigo, inexistindo a forma culposa. Não há elemento subjetivo específico.

46. Política educacional: a vida humana é um quadro que espelha contínua evolução, significando a concretização das alterações pelas quais todos mudamos ao longo de nossa presença no mundo; pode-se visualizar a evolução como um progresso, passando-se de um estágio inferior a uma fase superior, embora seja viável analisar o processo evolutivo como uma modificação de comportamento de modo que se migra de um estágio a outro, independentemente de ser uma escalada para patamar mais elevado. Ademais, nesse contexto, até mesmo para destacar o que é inferior e o que pode ser considerado superior, enfrentam-se debates e polêmicas. Sem pretender ingressar nessa área, torna-se indiscutível que o processo de educação, voltado a crianças e adolescentes, alterou-se com o passar do tempo e se, antes, muitos eram *educados* à base da *cinta* ou da *chinelada*, bem como das *broncas* humilhantes e contundentes, atualmente, aponta-se outro caminho aos pais, aos professores e aos educadores de modo geral. Independentemente de se acolher ou criticar, a política estatal referente à educação infantojuvenil mudou e se pode captá-la pela leitura dos arts. 18-A e 18-B do Estatuto da Criança e do Adolescente, inseridos pela Lei 13.010/2014 (denominada de *Lei da Palmada*): "Art. 18-A. A criança e o adolescente têm o direito de ser educados e cuidados sem o uso de castigo físico ou de tratamento cruel ou degradante, como formas de correção, disciplina, educação ou qualquer outro pretexto, pelos pais, pelos integrantes da família ampliada, pelos responsáveis, pelos agentes públicos executores de medidas socioeducativas ou por qualquer pessoa encarregada de cuidar deles, tratá-los, educá-los ou protegê-los. Parágrafo único. Para os fins desta Lei, considera-se: I – castigo físico: ação de natureza disciplinar ou punitiva aplicada com o uso da força física sobre a criança ou o adolescente que resulte em: a) sofrimento físico; ou b) lesão; II – tratamento cruel ou degradante: conduta ou forma cruel de tratamento em relação à criança ou ao adolescente que: a) humilhe; ou b) ameace gravemente; ou c) ridicularize. Art. 18-B. Os pais, os integrantes da família ampliada, os responsáveis, os agentes públicos executores de medidas socioeducativas ou qualquer pessoa encarregada de cuidar de crianças e de adolescentes, tratá-los, educá-los ou protegê-los que utilizarem castigo físico ou tratamento cruel ou degradante como formas de correção, disciplina, educação ou qualquer outro pretexto estarão sujeitos, sem prejuízo de outras sanções cabíveis, às seguintes medidas, que serão aplicadas de acordo com a gravidade do caso: I – encaminhamento a programa oficial ou comunitário de proteção à família; II – encaminhamento a tratamento psicológico ou psiquiátrico; III – encaminhamento a cursos ou programas de orientação; IV – obrigação de encaminhar a criança a tratamento especializado; V – advertência; VI – garantia de tratamento de saúde especializado à vítima. Parágrafo único. As medidas previstas neste artigo serão aplicadas pelo Conselho Tutelar, sem prejuízo de outras providências legais". A educação infantojuvenil é necessária, embora se deva evitar qualquer formato agressivo no campo físico e moral com o fito de aplacar a ideia legítima de que quem apanha fisicamente tende a agredir no futuro, quem é humilhado tende a constranger mais adiante, enfim, a construção de um ser humano mais sensível e ligado a valores avessos à violência de qualquer naipe passa pelo seu processo educacional. Não é distante da tese empregada no contexto do cumprimento de penas, evitando-se os arredores da civilidade para preservar a dignidade humana como método racional de reconstituição ou ressocialização de valores de quem errou. Portanto, guardados os excessos, que nunca são positivos, a lei apregoa a maior asserção do diálogo e de eventuais castigos desvinculados de violência físico-moral.

47. Objetos material e jurídico: o objeto material é a prática de infrações contra a criança ou o adolescente. O objeto jurídico é a proteção às integridades física e moral da criança e do adolescente. A ausência de comunicação à autoridade pode parecer um interesse do Estado, mas o foco é a formação infantojuvenil.

48. Classificação: é crime próprio (só pode ser cometido pela pessoa qualificada, indicada no art. 13, § 2.º, do CP); formal (independe da ocorrência de resultado naturalístico); de forma livre (pode ser cometido por qualquer meio eleito pelo agente); omissivo (os verbos implicam inação); instantâneo (a consumação se dá em momento determinado); de perigo; unissubjetivo (pode ser cometido por uma só pessoa); unissubsistente (praticado em um só ato); não admite tentativa.

49. Benefícios penais: construído para não ser infração de menor potencial ofensivo, e, por isso, cominou-se a pena máxima de três anos de detenção, é inaplicável a transação. Por outro lado, em aplicação estrita da legalidade, comportaria suspensão condicional do processo, com base na pena mínima inferior a um ano (art. 89, Lei 9.099/95) e também o acordo de não persecução penal (art. 28-A, CPP). No entanto, pode-se empreender uma interpretação lógico-sistemática para o fim de concluir que esse delito compõe o quadro dos que protegem interesses infantojuvenis; logo, não cabe nenhuma medida despenalizadora da Lei 9.099/95, tampouco o acordo do art. 28-A do CPP (neste último, veda-se o ANPP quando o delito for cometido em contexto de violência doméstica ou familiar, nos termos do § 2.º, IV). Conferir a nota 31 ao art. 25, cuidando da análise da essência do delito. Em caso de aplicação da pena, seria viável a substituição por pena restritiva de direitos (crime não violento). No entanto, considerando-se que a infração penal decorre de violência doméstica ou familiar, pode-se aplicar a Súmula 588 do STJ ("A prática de crime ou contravenção penal contra a mulher com violência ou grave ameaça no ambiente doméstico impossibilita a substituição da pena privativa de liberdade por restritiva de direitos"); afinal, seria um quadro semelhante. Desse modo, como benefício, cabe a fixação do regime aberto ou a concessão de *sursis* (art. 77, CP).

50. Figura preterdolosa: cuidando-se de crime de perigo, é possível haver um resultado mais grave, o que torna a punição mais grave. Admite-se, portanto, o dolo de perigo quanto à conduta primária (deixar de comunicar), mas apenas culpa no tocante ao resultado danoso (lesão grave ou morte). É incompatível o dolo de perigo na conduta antecedente com o dolo de dano na consequente. Se houver a previsão de um resultado danoso, como a morte da vítima, o dolo de perigo se desconstituirá para o agente ingressar no cenário do dolo eventual e responder por homicídio.

51. Causa de aumento de pena: deve-se aplicar essa elevação da sanção (dobro) na terceira fase de individualização da pena. Pode-se argumentar que o crime seria comum, tipificando-se a omissão de qualquer pessoa que tomasse conhecimento da agressão e não comunicasse à autoridade, justamente porque, quando se trata de parente ou indivíduo com autoridade sobre a vítima, a pena é elevada. Por certo, o ascendente, parente até terceiro grau, responsável legal (tutor, guardião, curador etc.), padrasto ou madrasta são merecedores de pena mais severa porque infringiram deveres básicos de cuidado e proteção, porém há garantes que podem responder pela figura do *caput* sem incidência na etapa de aumento de pena, como a pessoa que, com seu comportamento anterior, gerou o risco do resultado. Pode-se, ainda, ilustrar com a babá contratada pela mãe divorciada, para cuidar da criança, que toma conhecimento de maus-tratos cometidos pelo pai, em época de visita, e nada faz para comunicar a ocorrência.

Capítulo VIII
DISPOSIÇÕES FINAIS

Art. 27. Fica instituído, em todo o território nacional, o dia 3 de maio de cada ano como Dia Nacional de Combate à Violência Doméstica e Familiar contra a Criança e o Adolescente, em homenagem ao menino Henry Borel.

(...)

Art. 33. Aos procedimentos regulados nesta Lei aplicam-se subsidiariamente, no que couber, as disposições das Leis n.ºs 8.069, de 13 de julho de 1990 (Estatuto da Criança e do Adolescente), 11.340, de 7 de agosto de 2006 (Lei Maria da Penha), e 13.431, de 4 de abril de 2017.

Art. 34. Esta Lei entra em vigor após decorridos 45 (quarenta e cinco) dias de sua publicação oficial.

Brasília, 24 de maio de 2022; 201.º da Independência e 134.º da República.

Jair Messias Bolsonaro

(*DOU* 25.05.2022)

Locação de Imóveis Urbanos

Lei 8.245, de 18 de outubro de 1991

Dispõe sobre as locações dos imóveis urbanos e os procedimentos a elas pertinentes.

O Presidente da República:

Faço saber que o Congresso Nacional decreta e eu sanciono a seguinte Lei:

(...)

Seção VIII
Das Penalidades Criminais e Civis[1]

Art. 43. Constitui[2] contravenção penal, punível com prisão simples[3] de cinco dias a seis meses ou multa[4] de três a doze meses do valor do último aluguel atualizado, revertida[5] em favor do locatário:

I – exigir,[6-8] por motivo de locação ou sublocação, quantia ou valor além do aluguel e encargos permitidos;[9-10]

1. Penalidades criminais e civis: há várias figuras típicas incriminadoras nos arts. 43 e 44 e somente uma penalidade civil, que se concentra no art. 44, parágrafo único. Esta é uma daquelas leis inadequadas para o cenário do Direito Penal Mínimo, pois criminaliza condutas de ínfima lesividade, contrariando o princípio da intervenção mínima. Os tipos penais estabelecidos poderiam ser eliminados – pois não utilizados na prática – e a lei não perderia a sua eficiência, que se dá na parte cível. Houve época, no Brasil, em que os imóveis destinados à locação eram escassos e vigorava a denominada *denúncia cheia*, vale dizer, o locador somente poderia pedir o imóvel de volta para seu uso ou de parente seu, dentre outras causas. Assim sendo, quem decidia alugar acabava temeroso de obter um valor irrisório do aluguel, com o tempo, em face da inflação, sem poder trocar de inquilino. As construções novas destinavam-

-se, em grande parte, ao abastecimento do mercado de quem pretendia ser proprietário. Outro aspecto era a dificuldade de obtenção de empréstimo do sistema financeiro da habitação, para adquirir a casa própria. Por isso, vivia-se num período de constante hostilidade entre locador e locatário. Essa Lei instituiu a denúncia vazia, sem exigir, para a retomada do imóvel, uma justificativa do locador. Os financiamentos da casa própria aumentaram consideravelmente, bem como o número de imóveis construídos. Diante disso, o locatário passou a contar com inúmeras opções no mercado, sem mais ser considerado a parte fraca, a ser protegida pela lei, inclusive penal. Os tempos mudaram, mas a lei travou, olvidando a desnecessidade da criminalização de certas condutas.

2. Modelo típico inadequado: embora se trate de lei civil, com dois artigos penais, o modo de construção do tipo penal é inadequado. Em leis penais, basta descrever a conduta criminalizada e, abaixo, especificar a pena. Tratando-se de prisão simples, entende-se ser contravenção penal; cuidando-se de reclusão ou detenção, aponta-se para o crime. Nesse modelo, preferiu o legislador aclamar tratar-se de contravenção, indicar a pena e depois a conduta, fazendo o mesmo no tocante ao crime do art. 44.

3. Prisão simples: a prisão simples é a pena privativa de liberdade destinada à contravenção penal, que é a infração penal menos ofensiva que o crime. A pena de prisão simples praticamente inexiste, depois do advento da Lei 9.099/95, que classificou como infração de menor potencial ofensivo todos os delitos cuja pena máxima não ultrapasse os dois anos e as contravenções penais. Por isso, como regra, terminam tais infrações em transações, sem haver julgamento e muito menos pena privativa de liberdade. Aliás, todas as infrações penais dessa Lei são de menor potencial ofensivo. Eventualmente, em caso de reincidência, pode-se aventar a aplicação da prisão simples, que deve ser cumprida no regime semiaberto ou aberto, em lugar separado dos reclusos e detentos (autores de crimes).

4. Natureza jurídica da multa: é sanção penal e não deve ser confundida com qualquer outra penalidade civil desta Lei ou indenização civil arbitrada.

5. Beneficiário da multa e despenalização: eis um ponto da legislação penal que foge à regra geral. Em primeiro lugar, a multa não é estabelecida em dias-multa (critério do Código Penal), mas em valores de alugueres atualizados. Em segundo, transitada em julgado a decisão criminal, esses valores destinam-se ao locatário – e não ao Estado, como no caso do Código Penal. No entanto, trata-se de condenação criminal, cabendo ao Ministério Público (art. 164 e seguintes da Lei de Execução Penal) promover a execução; obtendo o montante, entrega ao locatário. Se o *Parquet* não atuar, por certo, a sua omissão pode dar ensejo à execução promovida pelo beneficiário da multa, que é o locatário. Mas na esfera criminal e não cível, pois se trata de condenação à pena de multa. Em outro sentido: TJSP: "Não é conferida à inquilina ação para o fim de receber a multa prevista no art. 43 da Lei n.º 8.245/91, porque o exercício processual da pretensão punitiva cabe ao Ministério Público, titular nos delitos de ação penal pública incondicionada. Recurso desprovido, com observação" (Apelação 1000777-56.2014.8.26.0590, 35.ª Câmara de Direito Privado, rel. Gilberto Leme, j. 23.02.2015, data de publicação: 04.03.2015). Há de se ressaltar dois aspectos no tocante ao julgado: a) se a ação é exclusiva do Ministério Público porque é pena, não cabe à Seção Privada do Tribunal de Justiça julgar; há incompetência absoluta em razão da matéria; deveria a Câmara ter declinado de sua competência e não o fez; b) é sabido que a inércia do MP para agir legitima a vítima a ingressar com a ação; ora, se, no caso presente, a multa reverte em favor da inquilina, com maior razão, deve ela poder cobrar no âmbito criminal.

6. Análise do núcleo do tipo: *exigir* significa demandar algo com veemência; o objeto da conduta cinge-se a valores economicamente mensuráveis, que extravasam o valor do aluguel ou dos encargos (condomínio, IPTU, como exemplos). Ilustrando, seria o mesmo que cobrar uma quantia para pesquisar os *antecedentes* do candidato à locação, independentemente das certidões que este possa ficar obrigado a apresentar. Geralmente, quem cuida disso, atualmente, é a imobiliária ou similar; nem por isso, deixa de haver a viabilidade de constituição da figura típica.

7. Sujeitos ativo e passivo: pode ser qualquer pessoa (locador, administrador de seus bens, corretor, funcionário de imobiliária etc.); o sujeito passivo é o locatário.

8. Elemento subjetivo: é o dolo. Há elemento subjetivo específico, consistente em auferir o valor em decorrência da locação ou sublocação. Inexiste a forma culposa. Embora se trate de contravenção penal, não mais se aceita a simples voluntariedade da conduta para perfazer a infração penal, nos termos ultrapassados do art. 3.º da Lei das Contravenções Penais.

9. Objetos material e jurídico: o objeto material é a quantia ou valor cobrado além do permitido; o objeto jurídico é a tutela da relação isonômica entre locador e locatário. Traçando um paralelo, o objeto jurídico dos crimes contra as relações de consumo tem o mesmo objetivo: tutelar essas relações para preservar a parte mais fraca, que é o consumidor.

10. Classificação: é crime comum (pode ser praticado por qualquer pessoa); formal (independe da ocorrência de qualquer efetivo prejuízo para o locatário, embora possa acontecer); de forma livre (pode ser cometido por qualquer meio eleito pelo agente); comissivo (o verbo indica ação); instantâneo (a consumação ocorre em momento definido); unissubjetivo (pode ser cometido por uma só pessoa); unissubsistente (praticado num só ato) ou plurissubsistente (cometido em vários atos), conforme o modo de execução escolhido. Admite tentativa somente na modalidade plurissubsistente.

> II – exigir,[11-13] por motivo de locação ou sublocação, mais de uma modalidade de garantia num mesmo contrato de locação;[14-15]

11. Análise do núcleo do tipo: *exigir* significa demandar algo com veemência; o objeto dessa conduta é a pluralidade de garantias para a mesma locação (ex.: exigir que o locatário apresente fiador e também deposite o valor relativo a três alugueres). Note-se o claro intuito protetor da figura do locatário, considerado a parte fraca da relação.

12. Sujeitos ativo e passivo: pode ser qualquer pessoa (locador, administrador de seus bens, corretor, funcionário de imobiliária etc.); o sujeito passivo é o locatário.

13. Elemento subjetivo: é o dolo. Há elemento subjetivo específico, consistente em auferir a pluralidade de garantia em decorrência de uma locação ou sublocação. Inexiste a forma culposa. Embora se trate de contravenção penal, não mais se aceita a simples voluntariedade da conduta para perfazer a infração penal, nos termos ultrapassados do art. 3.º da Lei das Contravenções Penais.

14. Objetos material e jurídico: o objeto material é a pluralidade de garantia do mesmo contrato de locação; o objeto jurídico é a tutela da relação isonômica entre locador e locatário. Traçando um paralelo, o objeto jurídico dos crimes contra as relações de consumo tem o mesmo objetivo: tutelar essas relações para preservar a parte mais fraca, que é o consumidor.

15. Classificação: é crime comum (pode ser praticado por qualquer pessoa); formal (independe da ocorrência de qualquer efetivo prejuízo para o locatário, embora possa acontecer); de forma livre (pode ser cometido por qualquer meio eleito pelo agente); comissivo (o verbo indica ação); instantâneo (a consumação ocorre em momento definido); unissubjetivo (pode ser cometido por uma só pessoa); unissubsistente (praticado num só ato) ou plurissubsistente (cometido em vários atos), conforme o modo de execução escolhido. Admite tentativa somente na modalidade plurissubsistente.

> III – cobrar[16-18] antecipadamente o aluguel, salvo a hipótese do art. 42 e da locação para temporada.[19-20]

16. Análise do núcleo do tipo: *cobrar* é um verbo que já contém a exigência de certa quantia; seria o mesmo que substituí-lo por *exigir o pagamento*; no caso presente, tem por objeto o aluguel, relativo a um contrato de locação. Há o elemento normativo do tipo: *antecipadamente*, demonstrativo do elemento temporal na composição do tipo. Cobrar o aluguel vencido é direito do locador, porém, cobrá-lo *antes do vencimento* constitui o ilícito. A figura típica estabelece duas exceções, que constituem, então, fatos atípicos: a) cobrar antecipadamente o aluguel, quando o locatário não oferece nenhuma garantia (como fiador, depósito, fiança bancária etc.); b) obter antecipadamente o aluguel de imóvel para temporada (casas ou apartamentos de veraneio, utilizados para lazer – e não para moradia). Nos termos do art. 48, "considera-se locação para temporada aquela destinada à residência temporária do locatário, para prática de lazer, realização de cursos, tratamento de saúde, feitura de obras em seu imóvel, e outros fatos que decorrem tão somente de determinado tempo, e contratada por prazo não superior a noventa dias, esteja ou não mobiliado o imóvel. Parágrafo único. No caso de a locação envolver imóvel mobiliado, constará do contrato, obrigatoriamente, a descrição dos móveis e utensílios que o guarnecem, bem como o estado em que se encontram".

17. Sujeitos ativo e passivo: pode ser qualquer pessoa (locador, administrador de seus bens, corretor, funcionário de imobiliária etc.); o sujeito passivo é o locatário.

18. Elemento subjetivo: é o dolo. Inexiste a forma culposa. Embora se trate de contravenção penal, não mais se aceita a simples voluntariedade da conduta para perfazer a infração penal, nos termos ultrapassados do art. 3.º da Lei das Contravenções Penais.

19. Objetos material e jurídico: o objeto material é o valor do aluguel, pago antes do vencimento; o objeto jurídico é a tutela da relação isonômica entre locador e locatário. Traçando um paralelo, o objeto jurídico dos crimes contra as relações de consumo tem o mesmo objetivo: tutelar essas relações para preservar a parte mais fraca, que é o consumidor.

20. Classificação: é crime comum (pode ser praticado por qualquer pessoa); formal (independe da ocorrência de qualquer efetivo prejuízo para o locatário, embora possa acontecer); de forma livre (pode ser cometido por qualquer meio eleito pelo agente); comissivo (o verbo indica ação); instantâneo (a consumação ocorre em momento definido); unissubjetivo (pode ser cometido por uma só pessoa); plurissubsistente (cometido em vários atos). Admite tentativa.

> **Art. 44.** Constitui[21] crime de ação pública,[22] punível com detenção[23] de três meses a um ano, que poderá ser substituída pela prestação[24] de serviços à comunidade:
>
> I – recusar-se[25-27] o locador ou sublocador, nas habitações coletivas multifamiliares, a fornecer recibo discriminado do aluguel e encargos;[28-29]

21. Modelo típico inadequado: conforme já comentamos em nota anterior, embora se trate de lei civil, com somente dois artigos penais, o modo de construção do tipo penal é inadequado. Em leis penais, basta descrever a conduta criminalizada e, abaixo, especificar a pena. Tratando-se de detenção, entende-se ser delito. Nesse modelo, preferiu o legislador aclamar tratar-se de crime, indicando primeiro a pena e depois a conduta.

22. Ação pública: não havia necessidade de especificar tratar-se de ação pública, no caso incondicionada, cuja legitimidade ativa pertence ao Ministério Público. A regra geral, em penal e processo penal, é a seguinte: quando nada se menciona, no tipo penal, a ação é pública incondicionada. Se o legislador desejar, deve escrever, claramente, tratar-se de ação pública, na qual se procede mediante representação (pública condicionada), ou ação privada, na qual somente se procede mediante queixa.

23. Detenção: trata-se da pena privativa de liberdade destinada a crimes, cuja potencialidade ofensiva é diminuta; não a ponto de se constituir contravenção penal, mas o suficiente para configurar delito. Em tese, deve ser cumprida separadamente dos reclusos e em regime semiaberto ou aberto. No caso desta Lei, todas as infrações são de menor potencial ofensivo, razão pela qual terminam em transações, sem aplicação de prisão.

24. Prestação de serviços à comunidade: cuida-se da denominada pena alternativa, consistente em prestar serviços gratuitos a entidades assistenciais, hospitais, escolas, orfanatos e outros estabelecimentos congêneres, em programas comunitários e estatais. Essa pena pode ser aplicada em transação realizada no JECRIM (Juizado Especial Criminal).

25. Análise do núcleo do tipo: *recusar-se* significa opor-se a algo, agir em contrariedade ao que era devido; o objeto é o recibo a que tem direito o locatário, porque fez o pagamento do aluguel. No entanto, o tipo se limita às habitações coletivas cheias de famílias, pois, sem o recibo discriminado, é muito fácil cobrar o locatário mais de uma vez.

26. Sujeitos ativo e passivo: o sujeito ativo é o locador ou o sublocador, podendo-se imaginar, também, o procurador do locador, encarregado de cobrar o aluguel. De todo modo, não é para qualquer pessoa. O sujeito passivo é o locatário, destinatário do recibo.

27. Elemento subjetivo: é o dolo. Inexiste a forma culposa, nem elemento subjetivo específico.

28. Objetos material e jurídico: o objeto material é o recibo devido; o objeto jurídico é a tutela da relação isonômica entre locador e locatário. Traçando um paralelo, o objeto jurídico dos crimes contra as relações de consumo tem o mesmo objetivo: tutelar essas relações para preservar a parte mais fraca, que é o consumidor.

29. Classificação: é crime próprio (só pode ser praticado por pessoa qualificada); formal (independe da ocorrência de qualquer efetivo prejuízo para o locatário, embora possa acontecer); de forma livre (pode ser cometido por qualquer meio eleito pelo agente); omissivo (o verbo indica inação); instantâneo (a consumação ocorre em momento definido); unissubjetivo (pode ser cometido por uma só pessoa); unissubsistente (cometido num só ato). Não admite tentativa.

> II – deixar[30-32] o retomante, dentro de cento e oitenta dias após a entrega do imóvel, no caso do inciso III do art. 47, de usá-lo para o fim declarado ou, usando-o, não o fizer pelo prazo mínimo de um ano;[33-34]

30. Análise do núcleo do tipo: no cenário da *denúncia cheia*, vale dizer, a retomada do imóvel com justificativa, é preciso que o locador use o imóvel da forma como declarou. Se pediu para uso próprio, deve utilizá-lo para isso. Eis o conteúdo do art. 47, III: "se for pedido para uso próprio, de seu cônjuge ou companheiro, ou para uso residencial de ascendente ou descendente que não disponha, assim como seu cônjuge ou companheiro, de imóvel residencial próprio". A conduta é omissiva: *deixar de fazer*. O objeto da omissão é a destinação do imóvel recuperado do inquilino. Há o prazo de 180 dias para o início do uso e a configuração do delito, bem como se quer a utilização por, pelo menos, um ano. Portanto, o crime depende de figuras temporais para se concretizar. É uma figura completamente estranha à ideia de direito penal mínimo. Trata-se de um problema nitidamente civil e deveria tal problema ser resolvido nessa órbita. A segunda parte do tipo envolve o verbo *usar* (utilizar para qualquer fim) e o objeto é o imóvel retomado, fora do contexto declarado para afastar o inquilino. Na jurisprudência: STJ: "1. Ocorrendo a destinação diversa da alegada, para o imóvel retomado para uso próprio, nos termos do art. 52, inciso II, da Lei de Locações, tem o Locatário direito à indenização prevista no § 3.º do mencionado artigo. 2. É inviável a cumulação da indenização do § 3.º do art. 52 da Lei n.º 8.245/91 com a multa do art. 44, parágrafo único, da mesma lei, quando o Locador, a despeito de negar a renovação do contrato locatício com fundamento no uso próprio do imóvel, lhe dá destinação diversa, na medida em que esse caso não se subsume a nenhuma das hipóteses previstas nos incisos do referido art. 44. 3. Recurso especial desprovido" (REsp 969.995 – PR, 5.ª T, rel. Laurita Vaz, j. 26.08.2010, *DJe* 13.09.2010).

31. Sujeitos ativo e passivo: o sujeito ativo é somente o retomante do imóvel; o sujeito passivo é o locatário.

32. Elemento subjetivo: é o dolo. Inexiste a forma culposa, nem elemento subjetivo específico.

33. Objetos material e jurídico: o objeto material é o imóvel retomado; o objeto jurídico é a tutela da relação isonômica entre locador e locatário. Traçando um paralelo, o objeto jurídico dos crimes contra as relações de consumo tem o mesmo objetivo: tutelar essas relações para preservar a parte mais fraca, que é o consumidor.

34. Classificação: é crime próprio (só pode ser praticado por pessoa qualificada, no caso o retomante do imóvel); formal (independe da ocorrência de qualquer efetivo prejuízo para o locatário, embora possa acontecer); de forma livre (pode ser cometido por qualquer meio eleito pelo agente); omissivo (os verbos, mesclados aos prazos, indicam abstenções); instantâneo (a consumação ocorre em momento definido); unissubjetivo (pode ser cometido por uma só pessoa); unissubsistente (cometido num só ato). Não admite tentativa. O crime é omissivo – não usar o imóvel ou usar por menos tempo (condição).

> III – não iniciar[35-37] o proprietário, promissário comprador ou promissário cessionário, nos casos do inciso IV do art. 9.º, inciso IV do art. 47, inciso I do art. 52 e inciso II do art. 53, a demolição ou a reparação do imóvel, dentro de sessenta dias contados de sua entrega;[38-39]

35. Análise do núcleo do tipo: *não iniciar* significa deixar de começar alguma coisa; cuida-se de uma omissão; o objeto é a demolição ou a reforma do imóvel. Na essência, o locatário entregou o imóvel para que o locador dele cuidasse, seja para demolir ou para reparar o bem. Nada disso sendo feito, no prazo de 60 dias, configura-se o crime. Dispõe o art. 9.º, IV: "a locação também poderá ser desfeita: (...) IV – para a realização de reparações urgentes determinadas pelo Poder Público, que não possam ser normalmente executadas com a permanência do locatário no imóvel ou, podendo, ele se recuse a consenti-las". Fixa-se o art. 47, IV, o seguinte: "quando ajustada verbalmente ou por escrito e como prazo inferior a trinta meses, findo o prazo estabelecido, a locação prorroga – se automaticamente, por prazo indeterminado, somente podendo ser retomado o imóvel: (...) IV – se for pedido para demolição e edificação licenciada ou para a realização de obras aprovadas pelo Poder Público, que aumentem a área construída, em, no mínimo, vinte por cento ou, se o imóvel for destinado a exploração de hotel ou pensão, em cinquenta por cento". Estabelece o art. 52: "O locador não estará obrigado a renovar o contrato se: (...) II – o imóvel vier a ser utilizado por ele próprio ou para transferência de fundo de comércio existente há mais de um ano, sendo detentor da maioria do capital o locador, seu cônjuge, ascendente ou descendente". Vê-se no art. 53, II: "Nas locações de imóveis utilizados por hospitais, unidades sanitárias oficiais, asilos, estabelecimentos de saúde e de ensino autorizados e fiscalizados pelo Poder Público, bem como por entidades religiosas devidamente registradas, o contrato somente poderá ser rescindido: (...) II – se o proprietário, promissário comprador ou promissário cessionário, em caráter irrevogável e imitido na posse, com título registrado, que haja quitado o preço da promessa ou que, não o tendo feito, seja autorizado pelo proprietário, pedir o imóvel para demolição, edificação, licenciada ou reforma que venha a resultar em aumento mínimo de cinquenta por cento da área útil".

36. Sujeitos ativo e passivo: o sujeito ativo pode ser o proprietário, promissário comprador ou promissário cessionário. O sujeito passivo é o locatário.

37. Elemento subjetivo: é o dolo. Inexiste a forma culposa, nem elemento subjetivo específico.

38. Objetos material e jurídico: o objeto material é o imóvel retomado; o objeto jurídico é a tutela da relação isonômica entre locador e locatário. Traçando um paralelo, o objeto jurídico dos crimes contra as relações de consumo tem o mesmo objetivo: tutelar essas relações para preservar a parte mais fraca, que é o consumidor.

39. Classificação: é crime próprio (só pode ser praticado por pessoa qualificada, no caso o retomante do imóvel); formal (independe da ocorrência de qualquer efetivo prejuízo para o locatário, embora possa acontecer); de forma livre (pode ser cometido por qualquer meio eleito pelo agente); omissivo (o verbo, tal como posto, mesclado ao prazo, indica abstenção); instantâneo (a consumação ocorre em momento definido); unissubjetivo (pode ser cometido por uma só pessoa); unissubsistente (cometido num só ato). Não admite tentativa. O crime é omissivo (não usar o imóvel) e sob condição temporal.

> IV – executar[40-42] o despejo com inobservância do disposto no § 2.º do art. 65.[43-44]

40. Análise do núcleo do tipo: *executar* significa promover uma ação; o objeto é o despejo realizado até o trigésimo dia seguinte ao do falecimento do cônjuge, ascendente, descendente ou irmão de qualquer pessoa habitante do imóvel retomado (art. 65, § 2.º, desta Lei). Trata-se de um tipo penal em franca desarmonia ao princípio da intervenção mínima. Poderia, perfeitamente, ser resolvida a questão na esfera cível com alguma multa ou até mesmo fixando-se danos morais.

41. Sujeitos ativo e passivo: o sujeito ativo é, como regra, o locador. Entretanto, o tipo menciona *quem* executa o despejo, podendo ser o advogado do locador, a provocar a ação, bem como todos os que o fizerem, como partícipes. O sujeito passivo é o locatário em luto.

42. Elemento subjetivo: é o dolo. Inexiste a forma culposa, nem há elemento subjetivo específico.

43. Objetos material e jurídico: o objeto material é o imóvel retomado na fase do luto; o objeto jurídico é a tutela da relação isonômica entre locador e locatário. Traçando um paralelo, o objeto jurídico dos crimes contra as relações de consumo tem o mesmo objetivo: tutelar essas relações para preservar a parte mais fraca, que é o consumidor.

44. Classificação: é crime próprio (só pode ser praticado por pessoa qualificada, no caso o retomante do imóvel ou seus prepostos/procuradores); formal (independe da ocorrência de qualquer efetivo prejuízo para o locatário, embora possa acontecer); de forma livre (pode ser cometido por qualquer meio eleito pelo agente); comissivo (o verbo indica ação); instantâneo (a consumação ocorre em momento definido); unissubjetivo (pode ser cometido por uma só pessoa); plurissubsistente (cometido em atos). Admite tentativa.

> **Parágrafo único.** Ocorrendo qualquer das hipóteses previstas neste artigo, poderá o prejudicado reclamar, em processo próprio, multa equivalente a um mínimo de doze e um máximo de vinte e quatro meses do valor do último aluguel atualizado ou do que esteja sendo cobrado do novo locatário, se realugado o imóvel.[45]

45. Penalidade civil: a parte civil diz respeito justamente ao único âmbito legítimo desta Lei para punir infrações cometidas contra o locatário. Não há motivo para transpor-se a barreira do ilícito civil para o ilícito penal. No entanto, nesse caso, além da punição pelo crime, é viável que o locatário tenha a possibilidade de conseguir indenização pelos desgastes ilegais suportados. Na jurisprudência: TJRS: "1. Ao locatário que teve retomado o imóvel para uso próprio do locador, mas sem ocupação deste no prazo de 180 dias, é devida multa, nos termos do parágrafo único do art. 44 da Lei 8.245/91, sobretudo porque não houve demonstração cabal de força maior que tenha justificado a não ocupação do imóvel retomado no prazo legalmente estipulado. 2. Não é devida multa contratual fundada no mesmo fato gerador que deu causa à condenação de pagamento de multa legal, sob pena de *bis in idem*. 3. A contratação de advogado para atuação judicial na defesa de interesses das partes não pode constituir-se em dano material passível de indenização, pois inerente ao exercício regular dos direitos constitucionais de contraditório, ampla defesa e acesso à Justiça, segundo jurisprudência consolidada do STJ" (Ap. 70078521093, 16.ª Câmara Criminal, rel. Deborah Coleto Assumpção de Moraes, j. 27.09.2018).

> (...)
> Brasília, 18 de outubro de 1991; 170.º da Independência e 103.º da República.
>
> Fernando Collor
>
> (*DOU* 21.10.1991)

Ordem Tributária, Econômica e Relações de Consumo

Lei 8.137, de 27 de dezembro de 1990

Define crimes contra a ordem tributária, econômica e contra as relações de consumo, e dá outras providências.

O Presidente da República:

Faço saber que o Congresso Nacional decreta e eu sanciono a seguinte Lei:

Capítulo I
DOS CRIMES CONTRA A ORDEM TRIBUTÁRIA[1-3]

Seção I
Dos Crimes Praticados por Particulares[4-10-A]

Art. 1.º Constitui crime[11] contra a ordem tributária suprimir ou reduzir[12] tributo,[13] ou contribuição social[14] e qualquer acessório,[15-15-B] mediante as seguintes condutas:[16-18]

I – omitir[19] informação, ou prestar declaração falsa às autoridades fazendárias;[20-22]

II – fraudar[23] a fiscalização tributária, inserindo elementos inexatos,[24] ou omitindo operação de qualquer natureza, em documento ou livro exigido pela lei fiscal;[25-27]

III – falsificar ou alterar[28-29] nota fiscal, fatura, duplicata, nota de venda, ou qualquer outro documento relativo à operação tributável;[30-31]

IV – elaborar, distribuir, fornecer, emitir ou utilizar[32] documento[33] que saiba[34] ou deva saber falso ou inexato;[35-36]

V – negar ou deixar[37] de fornecer, quando obrigatório,[38] nota fiscal ou documento equivalente, relativa à venda de mercadoria ou prestação de serviço, efetivamente realizada, ou fornecê-la em desacordo com a legislação.[39-40]

Art. 1.º

> Pena – reclusão, de 2 (dois) a 5 (cinco) anos, e multa.[41]
> **Parágrafo único.** A falta de atendimento da exigência da autoridade, no prazo de 10 (dez) dias, que poderá ser convertido em horas em razão da maior ou menor complexidade da matéria ou da dificuldade quanto ao atendimento da exigência, caracteriza a infração prevista no inciso V.[42]

1. Fundamento constitucional: estabelece o art. 145, da Constituição Federal que "a União, os Estados, o Distrito Federal e os Municípios poderão instituir os seguintes tributos: I – impostos; II – taxas, em razão do exercício do poder de polícia ou pela utilização, efetiva ou potencial, de serviços públicos específicos e divisíveis, prestados ao contribuinte ou postos a sua disposição; III – contribuição de melhoria, decorrente de obras públicas. § 1.º Sempre que possível, os impostos terão caráter pessoal e serão graduados segundo a capacidade econômica do contribuinte, facultado à administração tributária, especialmente para conferir efetividade a esses objetivos, identificar, respeitados os direitos individuais e nos termos da lei, o patrimônio, os rendimentos e as atividades econômicas do contribuinte. § 2.º As taxas não poderão ter base de cálculo própria de impostos". O Estado precisa manter serviços, promover o bem-estar social e cumprir o idealizado pelo art. 3.º da Constituição Federal, que é a constituição de uma sociedade livre, justa e solidária, com garantia ao desenvolvimento nacional, a erradicação da pobreza e a marginalização, bem como buscando a redução das desigualdades sociais e regionais, além de promover o bem de todos, sem preconceitos de origem, raça, sexo, cor, idade e quaisquer outras formas de discriminação. Sabe-se que uma das fortes tendências à discriminação se concentra na capacidade econômica de cada indivíduo, não se conquistando um autêntico *status* de cidadania, gozando o ser humano dos direitos civis e políticos de maneira efetiva, sem a inclusão no mercado de trabalho e não alcançando bens de primeira necessidade, enfim, sem gerar algum tipo de riqueza, por menor que seja. Mendigos, andarilhos sem casa e emprego, pessoas colocadas à margem do mercado de consumo, em suma, *subcidadãos* não têm condições de desfrutar dos mesmos direitos assegurados a quem possui renda própria e, com isso, adquire condições de fazer valer os demais direitos humanos fundamentais. Ilustrando, a invasão a uma tenda, armada embaixo de um viaduto, pode ser realizada, na prática, por agentes do Estado ou por qualquer outra pessoa de maneira informal, sem mandado judicial, não conseguindo o morador impor a sua vontade de manter *inviolável* o seu precário domicílio. Por outro lado, ingressar em uma casa, protegida por muros, em bairro nobre, é atividade complexa, demandando ordem do juiz competente, que somente será fornecida após a prova da materialidade de um crime, com indícios suficientes de autoria e a demonstração da necessidade da diligência. O direito fundamental da inviolabilidade de domicílio ganha, nesse caso, contornos *verdadeiramente* constitucionais. Do exposto, percebe-se que a erradicação da pobreza e da marginalização, com redução das desigualdades sociais e regionais é obra primordial do Estado, que, para tanto, necessita de recursos. Não pode obtê-los simplesmente atuando como se fosse empresário em busca do lucro, necessitando da contribuição geral dos cidadãos produtores de riqueza. Tributam-se empresas e pessoas físicas para auferir recursos, cuja finalidade é a inclusão social daqueles que estão economicamente marginalizados. Os tributos em geral, se bem empregados, promovem justiça social, garantindo o mínimo de bem-estar a todos os brasileiros. Sem haver exagero, é natural. Para haver a equilibrada tributação, existem regras constitucionalmente impostas, bem como leis que, no todo, compõem o quadro do Direito Tributário. Como ensina Hugo de Brito Machado, de um modo geral, a finalidade do Direito Tributário é "promover o equilíbrio nas relações entre os que têm e os que não têm poder. Ou entre os que têm mais e os que têm menos poder. Sabido que o Estado é a maior expressão de poder que se conhece, fácil é concluir-se que o Direito

Tributário tem por finalidade limitar o poder de tributar e proteger o cidadão contra os abusos desse poder" (*Curso de direito tributário*, p. 52). A esfera penal, que deve atuar como a *ultima ratio* (última opção), é criminalizar condutas graves, que levem à supressão ou diminuição da arrecadação tributária, colocando em sério risco a atividade estatal de distribuição (ou redistribuição) de riquezas, buscando a meta de constituir uma sociedade livre, justa e solidária. A banalização do Direito Penal Tributário, tornando crime qualquer tipo de infração, que seria meramente tributária, faz nascer o sentimento de injustiça em quem, por meio de trabalho duro, produz riqueza, vê-se *tributado* excessivamente e não consegue visualizar nenhum tipo de atividade estatal positiva. Ao contrário, somente assiste, passivo, ao locupletamento da classe política dirigente. O Direito Penal Tributário, portanto, precisa ser usado com cautela, somente como última hipótese, em relação a condutas infracionais realmente graves, mas jamais deveria servir, como hoje ocorre, como instrumento de pressão para a cobrança de impostos, taxas, contribuições etc. Nesse enfoque, pretende-se analisar as figuras típicas lançadas pela Lei 8.137/90. Sobre a tutela penal nesse campo: STF: "A tutela alusiva aos crimes versados na Lei n.º 8.137/1990, a incidir sobre atos praticados pelo contribuinte visando a supressão de tributos, consistentes em fraudes, omissões dolosas e prestação de informações falsas, surge penalmente relevante, não havendo relação com prisão civil por dívida" (HC 163.497, 1.ª T., rel. Marco Aurélio, 17.03.2020, v.u.).

2. Competência: os crimes contra a ordem tributária, envolvendo a atividade de arrecadação de tributos da União, dos Estados, dos Municípios e de determinadas autarquias, devem ser julgados pela Justiça Federal ou Estadual, conforme o ente beneficiário do tributo objeto da conduta delituosa. Exemplificando: a sonegação de imposto de renda será julgada pela Justiça Federal, pois envolve interesse de arrecadação da União. Entretanto, a sonegação de ICMS será apreciada pela Justiça Estadual, pois o interesse é do Estado-membro. O mesmo ocorre se a supressão disser respeito ao IPTU, de interesse do Município, ou seja, cabe à Justiça Estadual.

2-A. Compartilhamento de dados fiscais sigilosos: embora constitua direito fundamental do indivíduo ter os seus dados relativos à sua intimidade (bancário, fiscal, telefônico, dentre outros) devidamente preservados e tutelados pelo Estado, o STF entendeu que o compartilhamento entre órgãos do poder público pode ser realizado, sem prévia autorização judicial. Diante disso, continuaria a depender de avaliação judicial o pedido de delegado ou membro do Ministério Público, quando desprendido de interligação com a Receita Federal ou outros órgãos de inteligência financeira. Na jurisprudência: STF: "Repercussão geral. Tema 990. Constitucional. Processual Penal. Compartilhamento dos Relatórios de inteligência financeira da UIF e da íntegra do procedimento fiscalizatório da Receita Federal do Brasil com os órgãos de persecução penal para fins criminais. Desnecessidade de prévia autorização judicial. Constitucionalidade reconhecida. Recurso ao qual se dá provimento para restabelecer a sentença condenatória de 1.º grau. Revogada a liminar de suspensão nacional (art. 1.035, § 5.º, do CPC). Fixação das seguintes teses: 1. É constitucional o compartilhamento dos relatórios de inteligência financeira da UIF e da íntegra do procedimento fiscalizatório da Receita Federal do Brasil – em que se define o lançamento do tributo – com os órgãos de persecução penal para fins criminais sem prévia autorização judicial, devendo ser resguardado o sigilo das informações em procedimentos formalmente instaurados e sujeitos a posterior controle jurisdicional; 2. O compartilhamento pela UIF e pela RFB referido no item anterior deve ser feito unicamente por meio de comunicações formais, com garantia de sigilo, certificação do destinatário e estabelecimento de instrumentos efetivos de apuração e correção de eventuais desvios" (RE 1.055.941, Plenário, rel. Dias Toffoli, j. 04.12.2019). STJ "1. É válido o compartilhamento dos relatórios de inteligência financeira da UIF e da íntegra do procedimento fiscalizatório da Receita Federal do Brasil (RFB), que define o lançamento do tributo, com os órgãos de persecução penal para fins criminais, sem a obrigatoriedade de prévia autorização judicial, devendo ser resguardado o sigilo das informações em procedimentos formalmente instaurados e sujeitos a posterior controle jurisdicional. Precedente do STF. Repercussão Geral (tema 990)" (AgRg no REsp 1.836.170 – SP, 5.ª T., rel. Ribeiro Dantas, 18.08.2020, v.u.).

3. Revogação de lei anterior: por regular integralmente a matéria, está revogada, tacitamente, a Lei 4.729/65. Em igual prisma: Antonio Cláudio Mariz de Oliveira, *Reflexões sobre os crimes econômicos*, p. 99); André Nabarrete Neto, *Extinção da punibilidade nos crimes contra a ordem tributária*, p. 175.

4. Concurso de agentes: é natural que, em relação a todas as figuras típicas previstas nos artigos desta Lei, admita-se a aplicação do art. 29 do Código Penal. Portanto, tornam-se coautores do delito contra a ordem tributária aqueles que, sendo contribuintes de determinado tributo, unem esforços para não o pagar, total ou parcialmente (ex.: um casal presta declaração falsa à Receita Federal, omitindo dados sobre a renda da família, conseguindo reduzir a carga tributária). São coautores, pois ambos são contribuintes. Entretanto, é possível a participação, vale dizer, aquele que, não sendo contribuinte, incentiva, de algum modo (indução, instigação ou auxílio), para que ocorra a supressão ou redução do tributo. Por outro lado, é preciso considerar que muitos empregados, conhecedores do *caixa dois* mantido pelos seus patrões, aceitam receber *por fora*, parcela de seus vencimentos, tornando-se, se houver dolo naturalmente, partícipes da sonegação alheia. Exemplificando: um médico contratado por determinado hospital, recebe o salário de X, oficialmente. Sobre esse valor, a empresa recolhe os tributos devidos. Entretanto, inoficiosamente, ele percebe a quantia Y. Esse montante não entra no cálculo global da renda do hospital, diminuindo sua carga tributária. Há delito por parte do dono do hospital e também em relação ao médico, partícipe da supressão ou redução do tributo, atingida pelo seu empregador. Note-se, ademais, que o recolhimento à parte, sobre a quantia Y, em carnê-leão, mensalmente, pelo médico, por exemplo, pode eliminar o *seu* delito tributário de não recolhimento do imposto devido, mas não o afasta da participação no crime do empregador. E mais, seria preciso verificar, no caso concreto, se o recolhimento feito pelo hospital, para a seguridade social, com relação ao salário X do médico contratado, está aquém do efetivamente devido ao INSS, uma vez que a contribuição social previdenciária não está incidindo sobre X + Y, mas tão somente sobre X.

5. Denúncia genérica: os crimes contra a ordem tributária, cometidos em concurso de agentes, pode admitir a denominada *denúncia genérica*, ou seja, a peça acusatória, por absoluta impossibilidade, indica apenas os coautores e eventuais partícipes do delito, porém sem precisar, detalhadamente, a conduta de cada um deles. Sabe-se que "A", "B" e "C", com o apoio de "D" e "E", promoveram uma fraude na fiscalização tributária, inserindo elementos inexatos em livros exigidos pela legislação fiscal, conseguindo, com isso, a supressão do recolhimento de vários tributos. Entretanto, embora esteja bem clara a colaboração de todos eles, não se consegue saber, exatamente, quem fez o que, durante o *iter criminis* (fase executória). Por isso, têm os tribunais admitido a apresentação de denúncia *genérica*. Se assim não ocorresse, haveria impunidade generalizada. O Ministério Público e as autoridades fazendárias não possuem o dom da vidência, de forma que, sem a colaboração dos autores do delito (e estes não possuem o dever de se autoincriminar), possam apontar o que cada um dos coautores e partícipes fez para chegar ao resultado criminoso. Sabe-se, no entanto, que todos atuaram para a concretização do delito, o que é suficiente para a condenação. Sobre a denúncia genérica, consultar a nota 96 ao art. 41 do nosso *Código de Processo Penal comentado*. Não aceitando a denúncia genérica, apresenta Hugo de Brito Machado a seguinte experiência pessoal: "Como contabilista, há mais de 30 anos, fui solicitado a fazer uma auditoria numa filial situada em outro Estado, de empresa cuja diretoria tomara conhecimento de ocorrência, nessa filial, de vendas com subfaturamento. O gerente da filial, a quem me apresentei informando que iria proceder a uma auditoria com o objetivo de evitar multas fiscais, na mesma noite de minha chegada ofereceu-me um jantar. Depois de algumas doses de uísque, terminou por me dizer que sabia o verdadeiro objetivo de minha visita, que eu estava ali para verificar se ele estava roubando. E disse que realmente estava, pois o salário que recebia era muito baixo. Eu não precisaria ter nenhum trabalho. Entretanto, se os donos da empresa agissem contra ele, iria à Receita Federal denunciar a empresa, dizendo que todos os seus atos haviam sido praticados por ordem da diretoria. Tive de usar a diplomacia para convencê-lo a pedir demissão, garantindo-lhe que tudo seria esquecido". E narrando outros casos, o autor conclui: "Não merece prosperar o argumento segundo o qual a denúncia genérica justifica-se pela impossibilidade de determinação, desde logo, da participação individual de cada um dos denunciados no cometimento criminoso. Na verdade, a instrução criminal existe para que se faça, em seu curso, a prova das imputações. Não para ensejar novas imputações. Admitir a denúncia contra alguém apenas com a referência de que o denunciado é sócio, ou diretor, ou acionista de determinada empresa, para que no curso da instrução se esclareça em que consistiu sua participação pessoal no cometimento ilícito, é admitir o início da ação penal sem imputação de fato ilícito, para que somente depois, no curso da instrução, se faça a imputação, o que é um verdadeiro despautério, em face das garantias constitucionais albergadas não apenas pelo nosso, mas por todos os países civilizados" (*Estudos de direito penal tributário*, p. 83-85). É evidente que empregados mal-intencionados podem tentar prejudicar seus honestos patrões no âmbito de uma empresa, como o caso supracitado. Porém, quando se defende a possibilidade de apresentação de denúncia genérica, está-se advogando a ideia de haver prova suficiente da colaboração de várias pessoas da empresa na prática do delito tributário, mas sem que se saiba, exatamente, o que cada um fez. Tal situação é, completamente, diversa de se incriminar o sócio ou acionista de modo gratuito. Na jurisprudência: STF: "Tratando-se de crimes societários, não é inepta a denúncia em razão da mera ausência de indicação individualizada da conduta de cada indiciado" (HC 85.579-2 – MA, 2.ª T., rel. Gilmar Mendes, j. 24.05.2005, v.u.). STJ: "1. Os fatos descritos na denúncia são atividades inerentes aos sócios-responsáveis, cabendo a eles a prestação de informação sobre a renda auferida ao fisco e o ônus de efetuar o recolhimento do tributo devido. 2. Nesse contexto, tratando-se de crime societário, é dispensável a descrição minuciosa e individualizada da conduta de cada acusado, bastando, para tanto, que a exordial narre a conduta delituosa de forma a possibilitar o exercício da ampla defesa. 3. Precedentes do Superior Tribunal de Justiça" (RHC 19.686 – SP, 5.ª T., rel. Laurita Vaz, j. 28.06.2007. v.u.).

6. Início da ação penal por crime contra a ordem tributária: o art. 83, *caput*, da Lei 9.430/96 estabeleceu que "a representação fiscal para fins penais relativa aos crimes contra a ordem tributária previstos nos arts. 1.º e 2.º da Lei 8.137, de 27 de dezembro de 1990, e aos crimes contra a Previdência Social, previstos nos arts. 168-A e 337-A do Decreto-lei 2.848, de 7 de dezembro de 1940 (Código Penal), será encaminhada ao Ministério Público depois de proferida a decisão final, na esfera administrativa, sobre a exigência fiscal do crédito tributário correspondente" [agora, com a edição da Lei 12.350/2010, conta com a seguinte redação: "A representação fiscal para fins penais relativa aos crimes contra a ordem tributária previstos nos arts. 1.º e 2.º da Lei 8.137, de 27 de dezembro de 1990, e aos crimes contra a Previdência Social, previstos nos arts. 168-A e 337-A do Decreto-Lei n. 2.848, de 7 de dezembro de 1940 (Código Penal), será encaminhada ao Ministério Público depois de proferida a decisão final, na esfera administrativa, sobre a exigência fiscal do crédito tributário correspondente"]. Questionou o Procurador-Geral da República, por ação direta de inconstitucionalidade, se o referido dispositivo havia criado uma condição de procedibilidade para a atuação do órgão acusatório, o que atentaria contra a liberdade de formação do convencimento do Ministério Público (*opinio delicti*) para a apresentação de denúncia por crime contra a ordem tributária. A ação foi julgada improcedente, pois o STF entendeu que a mencionada norma se destina aos agentes fazendários e não se liga à atuação do Ministério Público. Este, possuindo elementos comprobatórios do lançamento do débito tributário, logo, provas concretas de que houve crime contra a ordem tributária, pode ingressar com a ação penal, independentemente de ter recebido a representação fiscal dos órgãos competentes do Poder Executivo. Esta é a ementa: "Ação direta de inconstitucionalidade. Lei 9.430, de 27.12.1996, art. 83. Arguição de inconstitucionalidade da norma impugnada por ofensa ao art. 129, I, da Constituição, ao condicionar a *notitia criminis* contra a ordem tributária 'a decisão final, na esfera administrativa, sobre a exigência fiscal do crédito tributário', do que resultaria limitar o exercício da função institucional do Ministério Público para promover a ação penal pública pela prática de crimes contra a ordem tributária. Lei 8.137/90, arts. 1.º e 2.º. Dispondo o art. 83, da Lei 9.430/96, sobre a representação fiscal, há de ser compreendido nos limites da competência do Poder Executivo, o que significa dizer, no caso, rege atos da administração fazendária, prevendo o momento em que as autoridades competentes dessa área da Administração Federal deverão encaminhar ao Ministério Público Federal os expedientes contendo *notitia criminis*, acerca de delitos contra a ordem tributária, previstos nos arts. 1.º e 2.º, da Lei 8.137/90. Não cabe entender que a norma do art. 83, da Lei 9.430/96, coarcte a ação do Ministério Público Federal, tal como prevista no art. 129, I, da Constituição, no que concerne à propositura da ação penal, pois, tomando o MPF, pelos mais diversificados meios de sua ação, conhecimento de atos criminosos na ordem tributária, não fica impedido de agir, desde logo, utilizando-se, para isso, dos meios de prova a que tiver acesso. O art. 83, da Lei 9.430/96, não define condição de procedibilidade para a instauração da ação penal pública, pelo Ministério Público. Relevância dos fundamentos do pedido não caracterizada, o que é bastante ao indeferimento da cautelar. Medida cautelar indeferida. Mérito – Ação direta de inconstitucionalidade. 2. Art. 83 da Lei 9.430, de 27.12.1996. 3. Arguição de violação ao art. 129, I da Constituição. *Notitia criminis* condicionada 'à decisão final, na esfera administrativa, sobre a exigência fiscal do crédito tributário'. 4. A norma impugnada tem como destinatários os agentes fiscais, em nada afetando a atuação do Ministério Público. É obrigatória, para a autoridade fiscal, a remessa da *notitia criminis* ao Ministério Público. 5. Decisão que não afeta orientação fixada no HC 81.611. Crime de resultado. Antes de constituído definitivamente o crédito tributário não há justa causa para a ação penal. O Ministério Público pode, entretanto, oferecer denúncia independentemente da comunicação, dita 'representação tributária', se, por outros meios, tem conhecimento do lançamento definitivo. 6. Não configurada qualquer limitação à atuação do Ministério Público para propositura da ação penal pública pela prática de crimes contra a ordem tributária. 7. Improcedência da ação" (ADIN 1.571 – DF, Pleno, rel. Gilmar Mendes, j. 10.12.2003, *DJ* 30.04.2004, m.v.). Em nosso entendimento, houve acerto nessa decisão, pois o que a lei buscou alcançar é a certeza de ter havido supressão ou redução indevida – ou qualquer outro ato fraudulento – no campo dos delitos contra a ordem tributária, antes que agentes fazendários oficiassem ao Ministério Público para a tomada das medidas cabíveis. Afinal, não teria mesmo sentido a instauração de inquérito policial, com eventual indiciamento dos prováveis sonegadores, podendo até mesmo haver ajuizamento de ação penal, para, durante a investigação ou processo criminal, concluir-se, na esfera administrativa, inexistir qualquer débito tributário. Por isso, já alertava Paulo José da Costa Júnior que "não se apresenta o crime tributário sem que seja reconhecida a existência do débito tributário. Assim, parte da doutrina tem sustentado, com acerto, que o art. 83 da Lei 9.430/96 reconheceu como condição objetiva de punibilidade nos crimes tributários a declaração de exigibilidade do crédito tributário, por decisão final na esfera administrativa. Exigível o crédito, deverá a autoridade fiscal encaminhar ao Ministério Público a representação para fins penais, desde que haja elementos para tanto" (*Infrações tributárias e delitos fiscais*, p. 113). Aliás, quando a parte administrativa está concluída, contendo todos os informes indispensáveis, pode-se até prescindir do inquérito policial, podendo o Ministério Público ingressar com a ação penal, com justa causa, imediatamente, tudo a depender do caso concreto. Em suma, o art. 83 da Lei 9.430/96 não significou a criação de nova condição de procedibilidade para o Ministério Público atuar, mas abriu espaço para a demonstração da importância da investigação administrativa acerca da eventual supressão ou redução do tributo, antes que medidas açodadas possam ser tomadas na órbita criminal. Na esteira desse entendimento, o STF considerou que é fundamental haver o lançamento do crédito tributário para que se consolide o crime previsto no art. 1.º da Lei 8.137/90, que é material. Eis a ementa: STF: "1. Segundo o entendimento da Corte, 'a consumação do crime tipificado no art. 1.º da Lei 8.137/90 somente se verifica com a constituição do crédito fiscal, começando a correr, a partir daí, a prescrição' (HC n.º 85.051/MG, Segunda Turma, Relator o Ministro Carlos Velloso, *DJ* de 1.º/7/05). Esse entendimento encontra-se cristalizado no enunciado Súmula Vinculante n.º 24 da Corte. 2. É ilógico permitir que a prescrição seguisse seu curso normal no período de duração do processo administrativo necessário à consolidação do crédito tributário. Se assim o fosse, o recurso administrativo, por iniciativa do contribuinte, serviria mais como uma estratégia de defesa para alcançar a prescrição com o decurso do tempo do que a sua real finalidade, que é, segundo o Ministro Sepúlveda Pertence, propiciar a qualquer cidadão questionar, perante o Fisco, a exatidão do lançamento provisório de determinado tributo (HC n.º 81.611/DF, Tribunal Pleno, *DJ* de 13/5/05). 3. Agravo regimental ao qual se nega provimento" (HC 126.072 AgR – RS, 2.ª T., rel. Dias Toffoli, 02.02.2016, v.u). Parece-nos correta a postura do Supremo Tribunal Federal, buscando evitar ações penais por crimes contra a ordem tributária, ao menos no tocante ao art. 1.º da Lei 8.137/90 (o julgamento proferido no Pleno, referente ao HC 81.611, supramencionado, não fez referência ao art. 2.º da mesma Lei), que possam ser levianamente propostas. A constituição definitiva do crédito tributário é o fator que demonstra ter, realmente, havido supressão ou redução do tributo, elementos previstos no *caput* do art. 1.º. Estaria nesse fator concentrada a nova condição objetiva de punibilidade. Considerando o lançamento como indispensável, emerge o referido art. 1.º como um crime condicionado, vale dizer, sem o advento da condição de finalização da apuração do débito tributário não se aperfeiçoa o tipo penal, logo, não se pode considerá-lo consumado. Por isso, evita-se o curso da prescrição. Esta somente tem início, nos termos do art. 111, I, do Código Penal, com a consumação do crime. Quando ao crime previsto no art. 2.º da Lei 8.137/90, não se exige condição objetiva de punibilidade, pois o delito é formal, aperfeiçoando-se com a atividade do agente, sem qualquer resultado naturalístico. Entretanto, devemos ressaltar que, havendo investigação fazendária quanto às condutas previstas no mencionado art. 2.º, parece-nos dever o Ministério Público, embora possa promover, juntamente com a polícia, investigação paralela, agir com idêntica cautela para propor a ação penal. Não teria sentido a Receita Federal, por exemplo, findar um procedimento administrativo, concluindo que determinado contribuinte prestou declaração autêntica, tendo havido, um erro qualquer no processamento dos dados, ao mesmo tempo em que a mesma pessoa é denunciada, na esfera criminal, como incursa no art. 2.º, I, da Lei 8.137/90, por ter feito declaração falsa. A contradição não contribui para a segurança e a justa causa da ação penal. Checar a Súmula Vinculante 24 do STF: "Não se tipifica crime material contra a ordem tributária, previsto no art. 1.º, incisos I a IV, da Lei 8.137/90, antes do lançamento definitivo do tributo". No mesmo sentido: STF: "1. No que se refere ao marco inicial da prescrição da pretensão punitiva estatal em matéria de crimes tributários, é mister considerar o teor da Súmula Vinculante 24: 'Não se tipifica crime material contra a ordem tributária, previsto no art. 1.º, incisos I a IV, da Lei n. 8.137/90, antes do lançamento definitivo do tributo'. Esse entendimento abarca fatos anteriores à edição do referido enunciado sumular, que não implicou inovação legislativa, mas, tão somente, consolidação de entendimento jurisprudencial de há muito adotado por esta Suprema Corte. Precedentes. Ausente o transcurso do respectivo lapso entre os marcos interruptivos. 2. Agravo Regimental a que se nega provimento" (HC 169.925 AgR, 1.ª T., rel. Alexandre de Moraes, j. 24.06.2019, v.u.); "A consumação do delito tipificado no art. 1.º da Lei 8.137/1990 somente se verifica com a constituição definitiva do crédito tributário. Precedentes" (ARE 1.009.844 AgR – SP, 2.ª T., rel. Edson Fachin, j. 11.09.2017, v.u.). Além disso, houve modificação na redação do art. 83, conforme expusemos no início desta nota, sepultando a controvérsia.

7. Regularidade do processo administrativo prévio: se o devedor do tributo não tiver oportunidade de exercer o direito à ampla defesa no procedimento administrativo de apuração do débito, deve-se considerar inconsistente o lançamento, logo, inviável o preenchimento da condição para a configuração do delito previsto no art. 1.º.

8. Erro de tipo e de proibição: a avalanche de leis, regulamentos, resoluções e regras de natureza tributária, no Brasil, parece ter o fim exclusivo de criar um entulho imenso de normas, somente compreensível por determinados especialistas em contornar a injusta e pesada carga tributária, imposta pelo irresponsável Estado arrecadador – o vulgarmente conhecido *leão* da Receita Federal, Estadual ou Municipal. Outra explicação para essa situação escandalosa (basta checar o disposto na Constituição, nas leis e nos regulamentos em matéria tributária) é a clara noção do Estado glutão de que o brasileiro, ao menos os incluídos no mercado e que possuem renda, passa grande parte do seu tempo buscando fórmulas para sonegar e reduzir a pesada carga de tributos, equivalendo a dizer que o contribuinte tenta "fazer justiça com as próprias mãos". Por isso, mais e mais tributos e regras de arrecadação, com novas alíquotas, inéditos fatos geradores, controversas bases de cálculo, dentre outros fatores, são idealizados todos os dias e lançados no mundo jurídico pelo legislador inconsequente. Parece viger a seguinte regra: como muitos (ou todos?) sonegam, a carga tributária precisa ser a maior possível para compensar as perdas. Até que o Estado descubra as alternativas criadas pelos *especialistas* da área, para evitar a *sangria* abusiva dos ganhos das empresas e pessoas físicas, produtoras de riqueza, contornando-as com a edição de novas leis e, se necessário, com emendas à Constituição, fomenta e *fermenta* o bolo da arrecadação, na expectativa de que o *mais* supra a *burla*. Não são poucos os casos em que o Supremo Tribunal Federal declara inconstitucional um tributo e o legislador, cumprindo meta do Poder Executivo, *conserta* o erro, edita nova lei ou emenda à Constituição Federal e torna a cobrar o mesmo tributo, sob outra roupagem. Em face disso, devemos destacar, com ênfase, que erros de tipo e de proibição são comuns no cenário do Direito Penal Tributário. É preciso que o magistrado seja sensível a essa realidade e não espere do brasileiro trabalhador, honesto e esforçado – por si mesmo ou por intermédio da atividade empresarial – a tarefa hercúlea de conhecer *todas* as regras tributárias, recolhendo, como se fosse um relógio suíço marcando as horas, com extremada precisão, todos os tributos devidos. O erro de tipo (desconhecimento ou falsa percepção de elementos constantes nos tipos penais incriminadores em matéria tributária) exclui o dolo e o erro de proibição (crer que determinada conduta – deixar de arrecadar determinado tributo – é lícita), a culpabilidade. Ambas as situações conduzem à absolvição. Devem essas escusas penais (arts. 20 e 21 do Código Penal) ser ponderadas com zelo e atenção pelo Poder Judiciário, quando invocados pelo contribuinte comum. Ou desprezados, sem dúvida, quando alegados pelo sonegador contumaz e reincidente específico.

9. Inexigibilidade de conduta diversa: há duas formas específicas dessa excludente de culpabilidade, previstas expressamente na lei penal (art. 22, CP), que são a coação moral irresistível e a obediência hierárquica. Porém, devemos considerar a genérica situação de impossibilidade de se seguir os regramentos impostos pelo Direito, por ferir o princípio da razoabilidade, afastando o juízo de reprovação social incidente sobre o fato típico e antijurídico. Um empresário, por exemplo, pode deixar de recolher determinado tributo (ou mais de um), por estar em péssima situação financeira, buscando salvar seu negócio. Ainda que saiba ser ilícita a sua atitude, não vê outra saída, até para não ser *engolido* pela concorrência. Provada a situação desesperadora e excepcional, parece-nos viável a sua absolvição, com base na tese da inexigibilidade de conduta diversa. Recolher o tributo e quebrar ou suprimi-lo, salvando a empresa e o emprego de vários funcionários? É uma decisão difícil, que não pode ser, sistematicamente, ignorada pelo Judiciário, como se não fizesse parte da realidade humana e do ordenamento jurídico. Admitindo a possibilidade de alegar a tese: STF: "Os delitos de sonegação fiscal, nos quais a supressão ou redução de tributos dá-se mediante a utilização de comportamentos ardilosos ou fraudulentos, mostram-se incompatíveis com a observância da causa supralegal de exclusão de culpabilidade relativa à inexigibilidade de conduta diversa" (HC 163.497, 1.ª T., rel. Marco Aurélio, j. 17.03.2020, v.u.).

10. Extinção da punibilidade: em matéria de crime contra a ordem tributária, verifica-se que, na essência, o Estado não quer a punição do infrator, mas almeja receber o valor do tributo, mantendo o padrão satisfatório da arrecadação. Várias vezes, leis são editadas com o propósito de beneficiar aquele que sonegou tributo, total ou parcialmente, bem como quando buscou fazê-lo, mas não conseguiu. Exemplos podem ser mencionados: a) o *art. 34 da Lei 9.249/95* dispõe: "Extingue-se a punibilidade dos crimes definidos na Lei 8.137, de 27 de dezembro de 1990, e na Lei 4.729, de 14 de julho de 1965, quando o agente promover o pagamento do tributo ou contribuição social, inclusive acessórios, antes do recebimento da denúncia". Este dispositivo deve continuar a ser aplicado, pois se refere tanto a pessoas físicas quanto a jurídicas. Outros existem, no entanto, que privilegiam somente o parcelamento de débitos de pessoas jurídicas. Mas, por uma questão de lógica, se a pessoa física fizer acordo com a Receita Federal – ou com outra autoridade fazendária – para o parcelamento de débito fiscal, até que se cumpra totalmente o avençado, parece-nos inviável o oferecimento de denúncia. Lembremos, inclusive, da atual posição do STF, considerando o crime previsto no art. 1.º da Lei 8.137/90 condicionado (ver a nota 6). Logo, somente se pode considerá-lo consumado quando houver o lançamento feito pelo fisco; se este órgão fez acordo com o devedor, certamente deve aguardar o cumprimento para que se possa, então, apurar eventual existência de débito; b) o *art. 15 da Lei 9.964/2000* preceitua: "É suspensa a pretensão punitiva do Estado, referente aos crimes previstos nos arts. 1.º e 2.º da Lei 8.137, de 27 de dezembro de 1990, e no art. 95 da Lei 8.212, de 24 de julho de 1991, durante o período em que a pessoa jurídica relacionada com o agente dos aludidos crimes estiver incluída no Refis, desde que a inclusão no referido Programa tenha ocorrido antes do recebimento da denúncia criminal. § 1.º A prescrição criminal não corre durante o período de suspensão da pretensão punitiva. § 2.º O disposto neste artigo aplica-se, também: I – a programas de recuperação fiscal instituídos pelos Estados, pelo Distrito Federal e pelos Municípios, que adotem, no que couber, normas estabelecidas nesta Lei; II – aos parcelamentos referidos nos arts. 12 e 13. § 3.º Extingue-se a punibilidade dos crimes referidos neste artigo quando a pessoa jurídica relacionada com o agente efetuar o pagamento integral dos débitos oriundos de tributos e contribuições sociais, inclusive acessórios, que tiverem sido objeto de concessão de parcelamento antes do recebimento da denúncia criminal"; c) o *art. 9.º da Lei 10.684/2003* dispõe que: "É suspensa a pretensão punitiva do Estado, referente aos crimes previstos nos arts. 1.º e 2.º da Lei 8.137, de 27 de dezembro de 1990, e nos arts. 168-A e 337-A do Decreto-Lei 2.848, de 7 de dezembro de 1940 – Código Penal, durante o período em que a pessoa jurídica relacionada com o agente dos aludidos crimes estiver incluída no regime de parcelamento. § 1.º A prescrição criminal não corre durante o período de suspensão da pretensão punitiva. § 2.º Extingue-se a punibilidade dos crimes referidos neste artigo quando a pessoa jurídica relacionada com o agente efetuar o pagamento integral dos débitos oriundos de tributos e contribuições sociais, inclusive acessórios". Determinando o trancamento da ação penal, em face da aplicação do disposto no art. 9.º da Lei 10.684/2003: STF: HC 89.794/SP, 2.ª T., rel. Gilmar Mendes, 19.06.2007, v.u. Refletindo-se sobre o tema, é preciso considerar que o tratamento dado pelo Estado ao criminoso, no cenário da ordem tributária, é diverso daquele empregado – com maior rigor, certamente – aos outros delitos, que envolvam, de algum modo, patrimônio. Aquele que "subtrai" dinheiro pertencente ao fisco, pagando, mesmo após a consumação do crime, tem a sua punibilidade extinta; outro qualquer que subtraia coisa alheia móvel (furto, art. 155, CP), ainda que devolva integralmente o que retirou da vítima, antes do oferecimento da denúncia, no máximo será beneficiado com a redução da pena (art. 16, CP), mas não com a extinção da punibilidade. Cremos ser preciso padronizar o tratamento, equilibrando as situações. É indiscutível ser mais interessante ao Estado receber o que lhe é devido em lugar de processar criminalmente o sonegador, muitas vezes por anos e anos, sem nada conseguir, por qualquer razão (ex.: prescrição), mas a mesma situação pode ser do interesse da vítima de um furto, estelionato, apropriação indébita, dentre outros delitos. Seria preferível receber de volta o que perdeu em lugar de assistir o Ministério Público processar o agente criminalmente, às vezes, sem sucesso em obter a condenação. O Estado Democrático de Direito, que apregoa a igualdade de todos perante a lei, parece ser muito mais cioso a respeito de seus valores do que em relação aos interesses particulares do cidadão brasileiro, em especial quando se contrasta o cofre público com o cofre particular.

10-A. Depósito judicial na esfera civil não gera efeito penal: o pagamento do tributo, como visto na nota anterior, tem aptidão para causar a extinção da punibilidade. Não se dá o mesmo quando o devedor, processado no âmbito criminal, deposita em juízo para discutir a natureza do débito. A questão é objetiva: a extinção da punibilidade pelo pagamento é hipótese excepcional, motivo pelo qual deve ocorrer *efetiva quitação* para se beneficiar do instituto. Se não o fizer, preferindo discutir no juízo civil, certamente, pode fazê-lo, mas isso não acarreta o afastamento automático da demanda criminal. Se há ou não dolo, o simples fato de depositar em juízo civil não o afasta. Em verdade, inexistindo pagamento, lançado o débito, pode (e deve) o Ministério Público agir na órbita criminal. E neste feito discutir-se-á se houve ou não dolo de fraude, permitindo a configuração do tipo penal. Ademais, havendo o lançamento, começa a contar a prescrição. Por isso, o ajuizamento da ação penal deve ocorrer, embora se possa suspender o seu curso (questão prejudicial) até se encerrar o debate no cível. Havendo a suspensão do processo, suspende-se também a prescrição. Logo, o Estado não fica inerte, nem o devedor deixa de ter a sua dívida analisada.

11. Forma indevida de redação do tipo penal: não tem sentido promover a descrição de condutas típicas incriminadoras iniciando-se com a expressão "constitui crime contra a ordem tributária". É natural que assim seja, pois se está cuidando de *crimes contra a ordem tributária*, basta ver o título do capítulo. Seria suficiente descrever uma a uma das condutas. O equívoco é equivalente, apenas como ilustração, à seguinte descrição: "constitui crime contra a vida matar alguém" (art. 121, CP). Entretanto, há uma vantagem nessa redação: o complemento. Ao mencionar "constitui crime contra a ordem tributária *suprimir ou reduzir* tributo, ou contribuição social e qualquer acessório, mediante as seguintes condutas..." (grifamos), o texto legal firmou a posição de que tais delitos somente se concretizam caso haja resultado naturalístico (supressão ou redução efetiva do tributo), motivo pelo qual todos eles são materiais.

12. Suprimir e reduzir: presentes em todas as condutas previstas nos incisos do art. 1.º significam que os tributos não são recolhidos no todo (suprimidos) ou em parte (reduzidos).

13. Tributo: "é toda prestação pecuniária compulsória, em moeda ou cujo valor nela se possa exprimir, que não constitua sanção de ato ilícito, instituída em lei e cobrada mediante atividade administrativa plenamente vinculada" (art. 3.º do Código Tributário Nacional). Abrangem os impostos (art. 16, CTN), as taxas (art. 77, CTN) e as contribuições de melhorias – tributos arrecadados de proprietários de imóveis valorizados por obras públicas – (art. 81, CTN). A maioria dos tributaristas pátrios inclui, ainda, nessa categoria os empréstimos compulsórios (art. 15, CTN) (cf. Paulo de Barros Carvalho, *Curso de direito tributário*, p. 32-33; Hugo de Brito Machado, *Curso de direito tributário*, p. 66).

14. Contribuição social: é um tributo, logo, a sua inserção no art. 1.º desta Lei foi inútil. Como ensina Paulo de Barros Carvalho, "as contribuições sociais são tributos que, como tais, podem assumir a feição de impostos ou de taxas" (*Curso de direito tributário*, p. 44). Ver, ainda, os arts. 149, 149-A e 195 da Constituição Federal, cuidando de contribuições sociais, embora, no caso do art. 195, as contribuições sociais digam respeito à seguridade social, objeto de tutela penal nos arts. 168-A e 337-A do Código Penal.

15. Acessório: nos termos do art. 113 do Código Tributário Nacional, "a obrigação tributária é principal ou acessória. § 1.º A obrigação principal surge com a ocorrência do fato gerador, tem por objeto o pagamento de tributo ou penalidade pecuniária e extingue-se juntamente com o crédito dela decorrente. § 2.º A obrigação acessória decorrente da legislação tributária e tem por objeto as prestações, positivas ou negativas, nela previstas no interesse da arrecadação ou da fiscalização dos tributos. § 3.º A obrigação acessória, pelo simples fato da sua inobservância, converte-se em obrigação principal relativamente a penalidade pecuniária." Exemplificando obrigação acessória, diz Luiz Alberto Gurgel de Faria: "a emissão de notas fiscais; tolerar exames da escrituração contábil pela fiscalização, como também a vistoria em mercadorias (o que é muito rotineiro nos postos de fiscalização instalados em rodovias) e bagagens (nas alfândegas); apresentar declaração de renda; não transportar mercadorias desacompanhadas da documentação legal etc." (*in* Vladimir Passos de Freitas (coord.), *Código Tributário Nacional comentado*, p. 545). Portanto, não havendo o cumprimento da obrigação acessória, converte-se ela em principal, como ocorre, para ilustração, com o contribuinte que deixa de apresentar, no prazo legal, a sua declaração de imposto de renda, acarretando-lhe a imposição de uma multa. Esta será exigida nos mesmos termos e condições que os tributos em geral.

15-A. Princípio da insignificância na esfera federal: embora o valor de R$ 20.000,00 seja elevado para os padrões brasileiros, há decisões de órgãos administrativos da esfera federal considerando ser este o patamar a ser ultrapassado para que haja interesse no ajuizamento de ação fiscal contra o devedor. Por isso, o STF e o STJ têm decidido em favor do reconhecimento do princípio da insignificância, nos delitos tributários, quando o valor desviado ou omitido não ultrapasse os R$ 20.000,00. Entretanto, é preciso cautela se o montante da dívida superar esse valor, mas houver parcelamento autorizado do débito. Se o devedor cessar o pagamento, quando faltar menos de R$ 20.000,00 para quitá-la, deve-se considerar, para efeito da aplicação da insignificância, o total que foi objeto de parcelamento – e não apenas o que deixou de ser pago. Na jurisprudência: STJ: "1. Considerando os princípios da segurança jurídica, da proteção da confiança e da isonomia, deve ser revisto o entendimento firmado, pelo julgamento, sob o rito dos repetitivos, do REsp n. 1.112.748/TO – Tema 157, de forma a adequá-lo ao entendimento externado pela Suprema Corte, o qual tem considerado o parâmetro fixado nas Portarias n. 75 e 130/MF – R$ 20.000,00 (vinte mil reais) para aplicação do princípio da insignificância aos crimes tributários federais e de descaminho. 2. Assim, a tese fixada passa a ser a seguinte: incide o princípio da insignificância aos crimes tributários federais e de descaminho quando o débito tributário verificado não ultrapassar o limite de R$ 20.000,00 (vinte mil reais), a teor do disposto no art. 20 da Lei n. 10.522/2002, com as atualizações efetivadas pelas Portarias n. 75 e 130, ambas do Ministério da Fazenda" (REsp 1.688.878 – SP, 3.ª S., rel. Sebastião Reis

Júnior, 28.02.2018, v.u.); "1. O montante apurado no caso em apreço ultrapassa o limite de R$ 20.000,00, não havendo, por isso, possibilidade de se aplicar o princípio da insignificância. 2. Ressalta-se que o saldo remanescente do parcelamento tributário inadimplido não pode ser o valor levado em consideração para se aferir a lesividade do crime tributário (aplicação do princípio da insignificância). Nesse sentido: REsp 1.768.474/PR, decisão monocrática do em. Min. Rogério Schietti, publicada em 1.º/10/2019. No Supremo Tribunal Federal, tem-se o seguinte precedente: HC 122.145/SP, decisão monocrática do em. Min. Roberto Barroso, publicada em 25/11/2014. 3. Agravo regimental não provido" (AgRg no HC 361.798 – SP, 5.ª T., rel. Ribeiro Dantas, 06.02.2020, v.u.).

15-B. Princípio da insignificância na esfera estadual: como mencionado na nota anterior, o montante de R$ 20.000,00 é elevado para o padrão de renda do brasileiro; porém, na esfera federal, foi esse o patamar estabelecido para ser ultrapassado, dando ensejo à cobrança judicial da dívida. Não se pode estendê-lo automaticamente para a esfera estadual, pois depende de cada unidade da federação a consideração do valor mínimo para cobrança. Pode-se, eventualmente, considerar cada caso concreto, no cenário da insignificância, sem a padronização por analogia à esfera federal. Na jurisprudência: "5. A pertinência do princípio da insignificância deve ser avaliada considerando-se todos os aspectos relevantes da conduta imputada. 6. 'O limite previsto pela legislação federal para aplicação do princípio da insignificância nos crimes tributários não é aplicável quando se tratar de tributos estaduais' (RHC 152.069/SC, Rel. Min. Luiz Fux, decisão monocrática, *DJe* 09.02.2018). 7. Agravo regimental conhecido e não provido" (HC 183.959 AgR, 1.ª T., rel. Rosa Weber, j. 15.12.2020).

16. Sujeitos ativo e passivo: o sujeito ativo é o contribuinte, na forma da legislação tributária (há o contribuinte direto e o substituto tributário). O sujeito passivo é o Estado (União, Estado, Distrito Federal, Municípios ou outros entes beneficiários da arrecadação, como as autarquias). Na jurisprudência: TRF-2: "Não se pode presumir que o sócio, apenas por integrar o contrato social, tenha anuído dolosamente para a prática do crime contra a ordem tributária, sob pena de incorrer em responsabilidade penal objetiva, que é vedada por nosso ordenamento jurídico. Princípio *in dubio pro reo*. Manutenção da absolvição. Art. 386, VII, do Código de Processo Penal" (Ap. 0808002-39.2009.4.02.5101, 2.ª T. Esp., rel. Simone Schreiber, j. 22.11.2020, v.u.).

17. Elemento subjetivo: para todas as figuras do art. 1.º, exige-se dolo. No sentido de bastar o dolo genérico: STJ: "3. Para o delito de sonegação fiscal, é suficiente o dolo genérico" (AgRg nos EDcl no REsp 2.033.453 – PA, 5.ª T., rel. Joel Ilan Paciornik, 13.05.2024, v.u.). No entanto, parece-nos fundamental verificar a existência do elemento subjetivo do tipo específico (dolo específico), consistente na efetiva vontade de fraudar o fisco, deixando *permanentemente* de recolher o tributo ou *manter* a sua carga tributária aquém da legalmente exigida. Esta é a única forma, em nosso entendimento, de evitar que o Direito Penal seja transformado em apêndice inadequado do Direito Tributário comum, buscando servir de instrumento do Estado para a *cobrança* de tributos. Ameaça-se com penas os devedores de tributos em geral para que, evitando-se promover a desgastante ação de execução fiscal, consiga-se o recolhimento das quantias devidas. Crime é o ilícito mais grave existente no ordenamento jurídico, destacando-se do ilícito civil, trabalhista, processual, administrativo, dentre outros, mas, sobretudo, do ilícito tributário. Um contribuinte pode estar em dificuldade financeira e deixar de recolher determinado tributo na data legalmente fixada. É evidente que sabe o que está fazendo, agindo, pois com dolo. Porém, não tem a finalidade específica de *jamais* recolher o devido. Pretende, assim que viável, pagar o atrasado, o que elimina, por completo, o crime, restando a infração tributária pura e simples. Alguém pode conhecer o *caixa dois* de uma empresa, mas, por necessidade de obter ou manter-se no emprego, calar-se, o que pode torná-lo conivente, mas não um autêntico partícipe do crime contra a ordem tributária. Se, no entanto, auxiliar seu patrão a aperfeiçoar o sistema de declaração falsa de renda, é natural existir não apenas dolo, mas a específica vontade de fraudar o fisco, deixando de recolher o tributo devido. Na mesma ótica, há a posição adotada por vários penalistas, dentre os quais, pode-se destacar o magistério de Paulo José da Costa Júnior, defendendo a presença do denominado *dolo específico*, ao menos no tocante às figuras típicas do art. 1.º da Lei 8.137/90 (*Infrações tributárias e delitos fiscais*, p, 121, 123, 124, 129, 130). Igualmente, ensina Hugo de Brito Machado que "o crime do art. 1.º da Lei 8.137/90 não se configura sem a fraude, e esta, na verdade, somente se configura pelas incorreções ou inexatidões atinentes aos fatos, sendo irrelevantes quaisquer incorreções ou inexatidões inerentes ao significado jurídico destes" (*Estudos de direito penal tributário*, p. 54). Não há a forma culposa. Destaquemos que muitos contribuintes, por erro no cálculo ou na avaliação do fato gerador, por imprudência, negligência ou imperícia, terminam recolhendo tributo a menor ou deixando de fazê-lo. Cuida-se de mera infração tributária, mas não de crime.

18. Tentativa: não é admissível em nenhuma hipótese prevista no art. 1.º. Embora se trate de um crime material, dependente de um resultado naturalístico, consistente na efetiva supressão (total falta de recolhimento) ou redução (recolhimento parcial) de tributo, o que possibilitaria a visualização do *iter criminis* em vários atos. O Supremo Tribunal Federal (vide a nota 6 à Seção I do Capítulo I) considerou que se trata de delito condicionado. Antes do advento da condição objetiva de punibilidade (lançamento realizado pelo Fisco), não se aperfeiçoa o crime, bem como não corre prescrição, pois ainda não está consumado. Logo, tendo em vista que inexiste tentativa em crime condicionado, por absoluta insensatez (ou a condição está presente e o crime consuma-se ou inexiste a condição e estamos diante de um tipo penal *sem vida*), há de se afastar essa situação quanto aos crimes contra a ordem tributária do art. 1.º.

19. Análise do núcleo do tipo: *omitir* (deixar de fazer algo) informação (dado relevante acerca de alguma coisa) é a primeira conduta. *Prestar* (dar, comunicar) declaração (manifestação ou exposição de algo relevante) falsa (não autêntica, sem correspondência com a realidade), a segunda. Destinatárias das condutas típicas são as autoridades fazendárias (funcionários da Fazenda Pública, nacional, estadual ou municipal, encarregadas da arrecadação dos tributos, ou seja, o *Fisco*). Na jurisprudência: STF: "Agravo regimental em *habeas corpus*. 2. Crime contra a ordem tributária (omitir informação das autoridades fazendárias). 3. Imposto de Renda da Pessoa Física. Rendimentos oriundos de atividade ilícita não declarados. 4. Inocorrência de afronta ao princípio da garantia contra a autoincriminação. 5. Obrigação de declarar os recursos. 6. Jurisprudência da Corte. 7. Ausência de constrangimento ilegal. 8. Negativa de provimento ao agravo regimental" (HC 158.976 AgR, 2.ª T., rel. Gilmar Mendes, j. 22.02.2019, v.u.). STJ: "1. A questão suscitada no recurso especial é de índole estritamente jurídica e cinge-se a estabelecer se a omissão na entrega da Declaração de Débitos e Créditos Tributários – DCTF – consubstancia conduta apta a firmar a tipicidade do crime do art. 1.º, I, da Lei n. 8.137/1990. 2. A conduta omissiva de não prestar declaração ao Fisco com o fim de obter a redução ou supressão de tributo, quando atinge o resultado almejado, consubstancia crime de sonegação fiscal, na modalidade do inciso I do art. 1.º da Lei n. 8.137/1990. 3. A constituição do crédito tributário, por vezes, depende de uma obrigação acessória do contribuinte, como a declaração do fato gerador da obrigação tributária (lançamento por declaração). Se o contribuinte não realiza tal ato com vistas a não pagar o tributo devido ou a reduzir o seu valor, comete o mesmo crime daquele que presta informação incompleta. 4. A circunstância de o Fisco dispor de outros meios para constituir o crédito tributário, ante a omissão do contribuinte em declarar o fato gerador, não afasta a tipicidade da conduta; o arbitramento efetivado é uma medida adotada pela Receita Federal para reparar a evasão decorrente da omissão e uma evidência de que a conduta omissiva foi apta a gerar a supressão ou, ao menos, a redução do tributo na apuração. 5. No caso concreto, resta evidenciada a tipicidade material da conduta dos recorridos ao deixarem de prestar as declarações referentes ao faturamento da empresa à Receita Federal, no período compreendido entre novembro/1998 e dezembro/1999, ocasionando a supressão dos tributos PIS e Cofins no período respectivo. 6. Recurso especial provido a fim de cassar o acórdão *a quo*, determinando-se que o Tribunal de origem prossiga no julgamento dos apelos interpostos, afastada a tese de atipicidade, nos termos do voto" (REsp 1.637.117 – SP, 6.ª T., rel. Sebastião Reis Júnior, 07.03.2017, v.u.).

20. Objetos material e jurídico: o objeto material é a informação ou a declaração falsa. Não é o tributo, pois a conduta do agente se volta em relação à omissão *de informação* e à prestação *de declaração falsa*. Com tais atitudes é que consegue atingir o bem jurídico tutelado, que é a arrecadação tributária estatal.

21. Classificação: é crime próprio (somente pode ser praticado pela pessoa física, indicada em lei como contribuinte); material (depende da ocorrência de efetivo prejuízo para o Estado, consistente na supressão ou redução do tributo); de forma livre (pode ser cometido por qualquer meio eleito pelo agente); omissivo (deixar de fazer algo) na forma *omitir informação*, porém comissivo (o verbo indica ação) na modalidade *prestar declaração falsa*; instantâneo (a consumação ocorre em momento definido, vale dizer, quando houver a supressão ou redução do tributo); unissubjetivo (pode ser cometido por uma só pessoa); plurissubsistente (cometido por mais de um ato, embora possa envolver o fazer e o não fazer). Lembremos que a simples omissão ainda não é suficiente para a consumação. O delito envolve omissão de informação associada à supressão ou redução de imposto. Por isso, há vários atos.

22. Diferença da figura prevista no art. 2.º, inciso I, desta Lei: no caso do inciso I do art. 1.º, a omissão de informação ou a prestação de declaração falsa ao fisco leva à efetiva supressão ou redução do tributo, constituindo, pois, crime material, logo, mais grave (a pena é de reclusão, de dois a cinco anos, e multa). Neste caso, não admite qualquer benefício previsto na Lei 9.099/95, vale dizer, nem transação, nem suspensão condicional do processo. Em caso de condenação, o réu pode receber, conforme a pena aplicada, suspensão condicional da pena (*sursis*), pena alternativa ou regime aberto, de modo que há condições de se evitar o encarceramento. Na figura prevista no art. 2.º, I, a declaração falsa ou omissão de dados relativos a rendas, bens ou fatos, tem a *finalidade* de não recolher, total ou parcialmente, o tributo. Cuida-se de crime formal, ou seja, inexiste resultado naturalístico. Descoberto o crime, antes de haver a supressão ou redução do tributo, aplica-se o disposto no art. 2.º, I, da Lei 8.137/90. Porém, descoberto o delito após a supressão ou redução, é aplicável o art. 1.º, I, da mesma Lei. Por isso, a infração do art. 2.º, I, é de menor potencial ofensivo (pena de detenção, de seis meses a dois anos e multa), cabendo os benefícios da Lei 9.099/95, como, por exemplo, a aplicação de transação.

23. Análise do núcleo do tipo: *fraudar* significa enganar, lograr. O objeto da conduta é a fiscalização tributária, exercida, obviamente, pelos agentes do Estado. O método para a concretização da manobra ardilosa pode ser a inserção (introdução, inclusão) de elementos inexatos (dados não correspondentes à realidade) ou a omissão (falta de menção) de operação de qualquer natureza (execução de transação comercial de um modo geral) em documento (base material para o registro de dado) ou livro exigido pela lei fiscal. O resultado da fraude é a supressão ou redução do tributo. É evidente que o registro de uma operação comercial, no livro-caixa da empresa, por exemplo, abaixo do valor real da transação, provoca engano na fiscalização do agente fazendário, possibilitando o recolhimento a menor (ou o não recolhimento) de tributos em geral. Na jurisprudência: STJ: "1. A condenação se encontra devidamente fundamentada nas provas colhidas nos autos, tendo em vista que o Agravante, um dos responsáveis pelo gerenciamento da cervejaria, sabia que a utilização dos créditos de IPI em operações isentas não era questão pacificada na jurisprudência, em especial do STF. É tanto que a empresa contratada para a assessoria jurídico-tributária aconselhou o ajuizamento de ação individual para a obtenção do benefício fiscal, conforme relatório encaminhando em 2002 aos administradores. 2. *In casu*, comprovou-se que a conduta fraudulenta do Réu de compensar tributos de modo irregular, sem amparo em decisão administrativa ou judicial que lhe permitisse assim operar, ao atingir o resultado almejado, consubstancia crime de sonegação fiscal, na modalidade do inciso II do art. 1.º da Lei n. 8.137/1990, prescindindo-se de dolo específico, tão somente genérico" (AgRg no AREsp 2.091.673 – SP, 6.ª T., rel. Teodoro Silva Santos, 12.03.2024, v.u.).

24. Elementos inexatos: sobre essa expressão, diz Hugo Brito Machado que a "inexatidão, sabem todos, pode ser quanto ao *fato*, como pode ser quanto ao *significado jurídico* deste. Assim, uma interpretação na qual se leve em conta apenas o elemento literal ou linguístico não resolve a questão do alcance da norma incriminadora em tela. Tanto poderia indicar um alcance restrito, tendo-se como consumado o crime apenas nos casos em que a inexatidão fosse pertinente ao fato, como poderia indicar um alcance amplo, tendo-se como consumado o crime sempre que a interpretação da lei tributária, adotada pelo contribuinte, implicando não pagamento ou pagamento menor de tributo, fosse afinal considerada incorreta pela autoridade competente, vale dizer, pelo tribunal de última instância. Em face do elemento contextual tem-se de considerar que o dispositivo em que se encarta a expressão *elementos inexatos* começa com o verbo *fraudar*, que indica deva ser aquela expressão tomada em sentido restrito, tendo-se como inexato o fraudulento, vale dizer, aquilo que não corresponde à verdade fática, ou material. Por outro lado, todo o sistema jurídico há de ser considerado. Não se pode pretender que uma norma tenha, na definição de um tipo penal, anulado as garantias albergadas por outras normas do sistema, inclusive pelas situadas no altiplano constitucional" (*Estudos de direito penal tributário*, p. 62). Na jurisprudência, demonstrando que a dúvida elimina a fraude: TJBA: "1. Apelados que foram absolvidos, sumariamente, por entender o sentenciante que não houve indícios de violação ao art. 1.º, I e II, da Lei n.º 8.137/90 (Constitui crime contra a ordem tributária suprimir ou reduzir tributo, ou contribuição social e qualquer acessório, mediante as seguintes condutas: I – omitir informação, ou prestar declaração falsa às autoridades fazendárias; II – fraudar a fiscalização tributária, inserindo elementos inexatos, ou omitindo operação de qualquer natureza, em documento ou livro exigido pela lei fiscal). 2. A absolvição sumária levada a termo pelo Magistrado de Piso se deu após o mesmo asseverar que, apesar de a denúncia enquadrar os fatos na suposta violação ao art. 1.º, incisos I e II, da Lei n.º 8.137/90, em continuidade delitiva (art. 71, CP), a mesma não descreveria, com precisão, 'quais atos dos acusados consistiram na omissão de informações à autoridade fazendária, na prestação de declaração falsa ao Fisco, nem quais foram as inserções de elementos inexatos em livros e documentos fiscais, apesar de dizer que ocorreram, constando – genericamente – no item 5 (requerimentos) da peça incoativa'. 3. Quanto ao particular, entendo que agiu bem o Julgador de Piso, não se podendo confundir, como feito pelo Ministério Público, os conceitos de inadimplência fiscal e sonegação fiscal, evidenciando esta o fim deliberado de suprimir ou reduzir tributo ou contribuição social, mediante artifício fraudulento, constituindo o ilícito penal tipificado no art. 1.º da Lei n.º 8.137/90. 4. A inadimplência fiscal, por sua vez, consubstancia mero atraso ou descumprimento da obrigação de recolher tributo que já foi regularmente declarado pelo contribuinte e configura apenas ilícito administrativo passível de execução fiscal e inscrição na dívida ativa, como ocorrido na hipótese vertente. 5. Veja-se que as partes (apelados e representantes do Fisco estadual) divergiram quanto a alíquota a ser aplicada na compra de produtos quimioterápicos oriundos de São Paulo, valendo-se os auditores da aplicação do Convênio ICMS 76/94, do qual o Estado paulista não é signatário. 6. Assim, não poderia o Estado exigir aplicação de alíquota ou a formulação de cálculos com base em elementos constantes em norma não aplicável ao caso concreto, sendo esta divergência passível de solução na seara administrativa, como vem sendo feito, não havendo implicações no campo penal, como pretendido. 7. Recurso improvido" (Ap. 0552882-05.2016.8.05.0001 – BA, 1.ª Câmara Criminal, rel. Luiz Fernando Lima, 05.07.2017, v.u.).

25. Objetos material e jurídico: o objeto material pode ser o documento ou livro exigido pela lei fiscal. O objeto jurídico é a arrecadação tributária estatal.

26. Classificação: é crime próprio (somente pode ser praticado pela pessoa física, indicada em lei como contribuinte); material (depende da ocorrência de efetivo prejuízo para o Estado, consistente na supressão ou redução do tributo); de forma livre (pode ser cometido por qualquer meio eleito pelo agente); omissivo (deixar de fazer algo) na forma *omitir operação*, porém comissivo (o verbo indica ação) na modalidade *inserir elementos inexatos*; instantâneo (a consumação ocorre em momento definido, vale dizer, quando houver a supressão ou redução do tributo); unissubjetivo (pode ser cometido por uma só pessoa); plurissubsistente (cometido por mais de um ato, embora possa envolver o fazer e o não fazer). Lembremos que a simples omissão ainda não é suficiente para a consumação. O delito envolve omissão de operação associada à supressão ou redução de imposto. Por isso, há vários atos.

27. Norma penal em branco: deve-se consultar a legislação fiscal para conhecer quais são os documentos e livros exigidos e que necessitarão ser mantidos com regularidade pelo contribuinte.

28. Análise do núcleo do tipo: *falsificar* (reproduzir algo, imitando a forma real) ou *alterar* (modificar) nota fiscal (documento que espelha a venda e compra de mercadoria), fatura (documento emitido pelo vendedor, que acompanha e descreve as mercadorias objetos de transação comercial), duplicata (título de crédito sacado em correspondência à fatura, com o fim de circular, retratando compra e venda mercantil), nota de venda (documento emitido por comerciante, especificando quantidade qualidade de produtos negociados, bem como a procedência) ou outro documento relativo à operação tributável (negócio realizado e sujeito ao recolhimento de tributo; ex.: triplicata, que é título emitido em substituição à duplicata extraviada). É natural que, emitindo nota fiscal com cifra inferior ao valor da mercadoria, o comerciante recolhe menor imposto sobre a compra e venda. Exemplo disso: vende-se um produto por 100 e insere-se na nota fiscal o valor de 50, recolhendo-se o ICMS sobre 50 e não sobre o montante real. Lembremos que o tipo é misto alternativo, ou seja, tanto faz falsificar ou alterar o documento como falsificar e alterar documentos, relativos à mesma operação mercantil, pois o crime é único. Logicamente, se as condutas se distanciam no tempo e se referem a negócios diferentes, pode dar-se concurso de crimes, normalmente na forma do crime continuado. Na jurisprudência: TJSP: "Autoria e materialidade bem demonstradas. Comprovação da emissão de notas fiscais com declaração falsa de estabelecimento de destino a fim de suprimir ou reduzir tributo. Alegação de ausência de dolo refutada pelo conjunto probatório. Pretensão de desclassificação da conduta para aquela prevista no art. 2.º da Lei n. 8.137/90. Impossibilidade. Efetiva supressão ou redução do tributo que implica configuração do crime previsto no art. 1.º" (Ap. 0008447-08.2010.8.26.0428 – SP, 16.ª Câmara de Direito Criminal, rel. Leme Garcia, j. 03.10.2017, v.u.).

29. Alteração de tributo: há a aplicação deste inciso quando o comerciante, buscando o recolhimento a menor de tributo, modifica os dados relativos à operação realizada, com o fim de se submeter o imposto que possui menor alíquota. Exemplo: determinada venda de produto é realizada por 200, incidindo ICMS, cuja alíquota é maior que a do ISS. O comerciante, então, emite nota fiscal, colocando como valor da mercadoria 100 e como montante relativo a serviço prestado (ou a prestar) os outros 100. Muito embora a nota contenha o valor total do bem (200), é certo ter havido redução da tributação. Não é incomum que lojas vendam aparelhos eletrônicos e lancem na nota, como preço do bem, certo montante e como *serviço de instalação* outro montante, praticamente igual ou até superior ao valor do produto, com a nítida finalidade de recolher menor quantia de impostos.

30. Objetos material e jurídico: o objeto material pode ser a nota fiscal, a fatura, a duplicata, a nota de venda ou outro documento concernente à operação tributável. O objeto jurídico é a arrecadação do Estado.

31. Classificação: é crime próprio (somente pode ser praticado pela pessoa física, indicada em lei como contribuinte). No caso de venda e compra realizada por uma empresa, responsável pelo correto lançamento do valor na nota fiscal, por exemplo, é a pessoa física (proprietário do estabelecimento, gerente, funcionário, caixa etc.), que será criminalmente responsabilizado, ainda que o lucro pela supressão ou redução do tributo seja auferido pela pessoa jurídica; material (depende da ocorrência de efetivo prejuízo para o Estado, consistente na supressão ou redução do tributo); de forma livre (pode ser cometido por qualquer meio eleito pelo agente); comissivo (os verbos indicam ações); instantâneo (a consumação ocorre em momento definido, vale dizer, quando houver a supressão ou redução do tributo); unissubjetivo (pode ser cometido por uma só pessoa); plurissubsistente (cometido por mais de um ato).

32. Análise do núcleo do tipo: *elaborar* (compor, formar), *distribuir* (espalhar a terceiros), *fornecer* (entregar a alguém), *emitir* (colocar em circulação) e *utilizar* (fazer uso, valer-se de algo). As condutas têm por objeto *documento* (qualquer base material destinada a registrar fato relevante para a prova de alguma coisa) falso (não autêntico) ou inexato (parcialmente correspondente à realidade). A conduta se insere no contexto tributário, motivo pelo qual o conteúdo do documento deve dizer respeito a algo que isente ou proporcione a alguém supressão ou redução de tributo. Exemplo disso seria a elaboração de documento contendo a declaração não autêntica de que alguém utiliza certo imóvel como sede de um templo de qualquer culto religioso, para evitar o pagamento do IPTU (imunidade). Registremos que se trata de um tipo misto alternativo, podendo o agente realizar uma única conduta ou todas elas, consumando-se um único crime. Somente haverá concurso se as condutas se derem em tempo e lugar diversos, cuidando de diferentes tributos. Na jurisprudência: TJSP: "Artigo 1.º, incisos II e IV, da Lei n.º 8.137/90. Réu que, em duas oportunidades, valeu-se da mesma nota fiscal falsa, a fim de obter crédito indevido de ICMS, objetivando a redução e supressão de tributo. Autoria e materialidade do delito demonstradas, bem como o dolo do acusado. Condenação devida (...)" (Ap. Crim. 0027701-92.2010.8.26.0451 – SP, 10.ª Câmara de Direito Criminal, rel. Nelson Fonseca Junior, 28.09.2017, v.u.).

33. Documento: para um conceito mais detalhado, consultar a nota 1 ao Capítulo IX, do Título VII, do Livro I do nosso *Código de Processo Penal comentado*. Entretanto, desde logo antecipamos que *documento* já não é mais, no Século XXI, apenas o papel, que assume a forma escrita. Migramos, cada vez mais, para o registro de fatos e ideias em outras bases materiais, abandonando, aos poucos, o papel. Vale como documento, ilustrando, tanto o CD, o DVD como o próprio disco rígido de armazenamento de dados de um computador.

34. Dolo direto e eventual: está consolidada na doutrina e na jurisprudência a tendência de que as expressões *saiba* e *deva saber* dizem respeito, respectivamente, a dolo direto e eventual. Alguns tipos penais incriminadores prescindem dessa menção ("saiba ou deva saber"), pois mais exatos e inteligíveis. Nota-se, entretanto, que certas condutas podem parecer dúbias no momento da interpretação judicial – se típicas ou atípicas –, razão pela qual, evitando-se qualquer *absolvição infundada*, insere-se no texto normativo o conhecimento *direto* da situação de falsidade ou inexatidão, bem como o *indireto* da mesma ocorrência. Não poderá o sonegador alegar que se valeu de documento falso, para suprimir o recolhimento de tributo, porque simplesmente assumiu o risco de que ele *poderia* ser não autêntico. No caso deste inciso, pouco interessa se o agente se valeu de documento falso ou inexato porque tinha a certeza disso ou porque assumiu o risco de que essa era a situação.

35. Objetos material e jurídico: o objeto material é o documento falso ou inexato. O objeto jurídico é a arrecadação do Estado.

36. Classificação: é crime próprio (somente pode ser praticado pela pessoa física, indicada em lei como contribuinte); material (depende da ocorrência de efetivo prejuízo para o Estado, consistente na supressão ou redução do tributo); de forma livre (pode ser cometido por qualquer meio eleito pelo agente); comissivo (os verbos indicam ações); instantâneo (a consumação ocorre em momento definido, vale dizer, quando ocorrer a supressão ou redução do tributo); unissubjetivo (pode ser cometido por uma só pessoa); plurissubsistente (cometido por mais de um ato). Na modalidade *emitir*, há a impressão de se concretizar o crime em um único ato, mas devemos lembrar que a simples emissão não é suficiente. Ela precisa estar associada à supressão ou redução do tributo. Por isso, é sempre plurissubsistente.

37. Análise do núcleo do tipo: *negar* (recusar) ou *deixar de fornecer* (não dar) são as condutas, que envolvem nota fiscal (documento que espelha a venda e compra de mercadoria) ou documento (base material que registra dado relevante) equivalente (pode ser recibo, fatura, duplicata etc.), relacionado à venda de mercadoria ou prestação de serviço. A segunda parte do tipo diz respeito a *fornecer* (dar, entregar), tendo por objeto a nota ou o documento em desacordo com a legislação. Na realidade, o tipo penal é muito próximo da previsão feita no inciso III, pois fornecer nota fiscal alterada, ou seja, diversa da realidade da operação mercantil efetivada equivale a fornecê-la em desacordo com a legislação. Entendamos, no entanto, que o inciso V traz hipótese residual, ao menos no tocante ao fornecimento irregular, isto é, o que não se encaixar no inciso III, pode subsumir-se no inciso V. Este tipo penal envolve, também, ofensa indireta ao consumidor, que, pagando o preço e recebendo determinado produto, tem direito a obter a nota fiscal, que é exigida, em inúmeros casos, como prova da venda e compra para a concessão da garantia dada pelo fabricante contra defeitos ocorridos em relação à coisa adquirida. Destaquemos que se trata de tipo misto alternativo. O agente pode negar, deixar de fornecer ou efetuar o fornecimento em desacordo com a legislação, respondendo por um só delito. É bem verdade que, raramente, as hipóteses se darão, na prática, de modo cumulativo. Ou o comerciante nega (porque houve pedido do comprador) ou deixa de fornecer (o comprador não fez o pedido) ou fornece em desacordo com a legislação (pedido ou não pelo comprador, a nota é fornecida de maneira irregular). E mais, configura o crime a conduta do comerciante que indaga do comprador "se deseja nota fiscal". Ora, é seu dever emiti-la e não obter a concordância do consumidor para que possa fazê-lo. Na jurisprudência: STJ: "1. Nos termos da jurisprudência desta Corte, o crime descrito no art. 1.º, inciso V, da Lei n. 8.137/1990 ostenta natureza formal, ao contrário das condutas elencadas nos incisos I e IV do referido dispositivo, e a sua consumação prescinde da constituição definitiva do crédito tributário. Por consectário, o prévio exaurimento da via administrativa não configura condição objetiva de punibilidade (RHC n. 31.062/DF, Rel. Ministro Ribeiro Dantas, Quinta Turma, julgado em 2/8/2016, *DJe* 12/8/2016). 2. Agravo regimental não provido" (AgRg no AREsp 1.616.971 – MG, 5.ª T., rel. Reynaldo Soares da Fonseca, 03.03.2020, v.u.); "1. A teor da jurisprudência deste Superior Tribunal, é prescindível prévio exaurimento de processo fiscal para o desencadeamento da persecução penal relacionada ao crime do art. 1.º, V, da Lei n. 8.137/1990. Precedentes. 2. Não é possível elastecer o comando da Súmula Vinculante n. 24 do STF a condutas que refogem aos tipos dos incisos I a IV da Lei n. 8.137/1990, não apenas em razão da literalidade do enunciado, mas, sobretudo, em respeito aos precedentes do Supremo Tribunal Federal relativos ao cerne da questão. 3. Recurso especial não provido" (REsp 1.377.513 – DF, 6.ª T., rel. Rogerio Schietti Cruz, j. 14.02.2017, v.u.).

38. Norma penal em branco: as expressões "quando obrigatório" e "em desacordo com a legislação" constituem demonstrativos de se tratar de norma penal em branco, a demandar um complemento, constante em legislação extrapenal, estabelecendo como e quando a nota deve ser emitida, bem como em que termos.

39. Objetos material e jurídico: o objeto material pode ser a nota fiscal ou o documento equivalente. O objeto jurídico é a arrecadação tributária estatal. Cremos que, nesta hipótese, figura como sujeito secundário o consumidor, que, privado da nota, não consegue valer-se dos benefícios da garantia do produto, fornecida pelo fabricante.

40. Classificação: é crime próprio (somente pode ser praticado pela pessoa física, indicada em lei como contribuinte, constituindo, nesse caso, na maior parte das vezes, no preposto da pessoa jurídica, que exerce o comércio); formal (independe da ocorrência de efetivo prejuízo para o Estado, consistente na supressão ou redução do tributo). Alteramos o nosso entendimento, porque, de fato, essa conduta difere das demais constantes deste tipo penal; afinal, é dever do comerciante emitir a nota fiscal, de modo que a sua negativa, omissão ou fornecimento indevido serve para configurar o delito, até porque envolve direito do consumidor ter a nota correta em mãos; de forma livre (pode ser cometido por qualquer meio eleito pelo agente); omissivo (deixar de fazer algo) na forma *deixar de fornecer,* porém comissivo (os verbos indicam ações) nas modalidades *negar* e *fornecer em desacordo com a legislação*; instantâneo (a consumação ocorre em momento definido, quando o tributo é suprimido ou recolhido a menor); unissubjetivo (pode ser cometido por uma só pessoa); plurissubsistente (cometido por mais de um ato, embora possa envolver o fazer e o não fazer). Lembremos que a simples omissão ainda não é suficiente para a consumação. O delito envolve omissão de operação associada à supressão ou redução de imposto. Por isso, há vários atos.

41. Benefícios penais: a faixa de aplicação da pena admite as seguintes possibilidades, conforme o caso concreto: a) suspensão condicional da pena (*sursis*); b) pena alternativa (restritiva de direitos substituindo a privativa de liberdade); c) regime aberto.

42. Tipo incriminador potencialmente inconstitucional: não há nenhuma relação entre o atendimento a alguma exigência formulada pela autoridade fazendária, na sua atividade fiscalizadora, e a conduta típica prevista no inciso V (negar ou não fornecer nota fiscal ou fornecer em desacordo com a legislação), o que, por si só, ofende o princípio da taxatividade. Não se sabe ao certo o que almeja a lei penal ao equiparar *qualquer exigência* da autoridade a um tipo de redação completamente distinta. Não bastasse, o referido tipo do parágrafo único chega ao ponto de estabelecer o prazo de dez dias para atendimento da tal exigência – que não se sabe qual é – mas podendo ser reduzida para horas, em função da *maior ou menor complexidade da matéria ou da dificuldade de atendimento*. Não há segurança quanto à espécie de exigência, razão pela qual não se encontra a conduta ilícita devidamente descrita em lei. Comentando esse parágrafo, ensina Paulo José da Costa Júnior que "o dispositivo mostra-se por demasia impróprio, contrariando todas as técnicas de redação legislativa. Além do mais, foi redigido de forma bastante obscura, o que impõe uma análise atenta e cautelosa" (*Infrações tributárias e delitos fiscais*, p. 130). Na jurisprudência: STJ: "1. A intimação do contribuinte, considerada válida para fins de constatação do ilícito previsto no art. 1.º, V, parágrafo único, da Lei n. 8.137/1990, foi estabelecida, no caso dos autos, na Lei Estadual n. 3.965/1981 (Código Tributário Estadual) e no Decreto Estadual n. 7.629/1990, os quais preveem, inclusive, a possibilidade daquela ocorrer em face de preposto, por via postal ou eletrônica" (AgRg no AREsp 2.512.501 – BA, 6.ª T., rel. Rogerio Schietti Cruz, 23.04.2024, v.u.).

> **Art. 2.º** Constitui crime[43] da mesma natureza:[44]
>
> I – fazer[45-46] declaração falsa ou omitir declaração sobre rendas, bens ou fatos, ou empregar outra fraude, para eximir-se, total ou parcialmente, de pagamento de tributo;[47-48]
>
> II – deixar de recolher,[49-50] no prazo legal, valor de tributo ou de contribuição social, descontado ou cobrado, na qualidade de sujeito passivo de obrigação e que deveria recolher aos cofres públicos;[51-54]
>
> III – exigir, pagar ou receber,[55-56] para si ou para o contribuinte beneficiário, qualquer percentagem sobre a parcela dedutível ou deduzida de imposto ou de contribuição como incentivo fiscal;[57-58]
>
> IV – deixar de aplicar,[59-60] ou aplicar em desacordo com o estatuído,[61] incentivo fiscal ou parcelas de imposto liberadas por órgão ou entidade de desenvolvimento;[62-63]
>
> V – utilizar ou divulgar[64-65] programa de processamento de dados que permita ao sujeito passivo da obrigação tributária possuir informação contábil diversa daquela que é, por lei, fornecida à Fazenda Pública.[66-67]
>
> Pena – detenção, de 6 (seis) meses a 2 (dois) anos, e multa.[68]

43. Forma indevida de redação do tipo penal: consultar a nota 11 ao art. 1.º.

44. Elemento subjetivo: é o dolo. Pensamos estar presente em todas as figuras o elemento subjetivo do tipo específico, que é o fim de fraudar o fisco, deixando de recolher o tributo ou recolhendo-o a menor, de maneira definitiva. Não pode ser uma situação passageira ou um simples vencimento de parcela não recolhida, ainda que o contribuinte saiba que, assim agindo, está agindo dolosamente. Falta-lhe, no entanto, a especial finalidade, que é burlar, de modo permanente, a arrecadação do Estado. Tal situação ocorre, inclusive quando o beneficiário de determinado incentivo fiscal desviar o seu correto destino, devendo-se exigir, além do dolo, a específica vontade de locupletar-se do montante de maneira permanente. Quando se enfoca o delito previsto no inciso V, do mesmo modo é fundamental que o programa de processamento de dados tenha a finalidade específica de lesar o fisco. No inciso I, o elemento subjetivo específico é claro: "para eximir-se total ou parcialmente de pagamento de tributo". Nos demais, encontra-se implícito. Quanto ao art. 2.º, sustenta Paulo José da Costa Júnior bastar o dolo genérico (*Infrações tributárias e delitos fiscais*, p. 135, 137, 139, 140, 142). Não há a forma culposa. Quanto à figura típica do inciso II, conforme julgamento do STF, demanda-se dolo específico: STJ: "1. Ao julgar o RHC n. 163.334, o Pleno do Supremo Tribunal Federal fixou a tese jurídica de que '[o] contribuinte que deixa de recolher, de forma contumaz e com dolo de apropriação, o ICMS cobrado do adquirente da mercadoria ou serviço incide no tipo penal do art. 2.º, II, da Lei n.º 8.137/1990' (Rel. Ministro Roberto Barroso, Tribunal Pleno, julgado em 18/12/2019, DJe 13/11/2020). 2. A conclusão do Tribunal estadual encontra-se em desacordo com o entendimento fixado pela Corte Suprema, que a partir do julgamento do *leading case* supracitado passou a exigir a demonstração do dolo de apropriação (específico) para a consumação do crime previsto no art. 2.º, inciso II, da Lei n. 8.137/1990, não bastando, como assentado no acórdão impugnado, o mero dolo genérico" (AgRg no HC 819.432 – SC, 6.ª T., rel. Laurita Vaz, 13.06.2023, v.u.).

45. Análise do núcleo do tipo: *fazer* (realizar, materializar) declaração (manifestação ou exposição de algo relevante) falsa (não autêntica, sem correspondência com a realidade) é a primeira conduta. *Omitir* (deixar de fazer) declaração sobre rendas (importância recebida, representativa da remuneração de um trabalho ou de um capital aplicado), bens (coisas móveis ou imóveis que possuem valor de mercado) ou fatos (nesse tipo, significa algum acontecimento relevante representativo de fato gerador de tributo) é a segunda conduta. Residualmente, como se todas as situações antes descritas fossem autênticas fraudes, estipula-se: *empregar* (aplicar, valer-se de algo) outra fraude (ardil, logro). Em conjunto, vistas todas as condutas, o objetivo do agente, para qualquer delas, é desobrigar-se do pagamento, integral ou parcial, de tributo legalmente devido.

46. Sujeitos ativo e passivo: o sujeito ativo é o contribuinte ou o substituto tributário. O sujeito passivo é o Estado (União, Estado, Distrito Federal, Municípios ou outros entes beneficiários da arrecadação, como as autarquias).

47. Objetos material e jurídico: o objeto material é a declaração sobre rendas, bens ou fatos (total ou parcialmente falsa), deixando aberta a possibilidade de, por meio de outro tipo de fraude, atingir-se coisa diversa. O objeto jurídico é a arrecadação tributária estatal.

48. Classificação: é crime próprio (somente pode ser praticado pela pessoa física, indicada em lei como contribuinte); formal (não depende da ocorrência de efetivo prejuízo para o Estado, consistente na supressão ou redução do tributo; se tal se der, transfere-se a conduta do agente para o art. 1.º, inciso I); de forma livre (pode ser cometido por qualquer meio eleito pelo agente); omissivo (deixar de fazer algo) na forma *omitir declaração*, porém comissivo (o verbo indica ação) na modalidade *fazer declaração falsa*; instantâneo (a consumação ocorre em momento definido); unissubjetivo (pode ser cometido por uma só pessoa); plurissubsistente (cometido por mais de um ato). Em primeiro lugar, devemos lembrar que a elaboração de uma declaração falsa ou omissa em alguns pontos envolve vários atos. Em segundo lugar, torna-se relevante considerar que a mera entrega da declaração no posto fiscal ou a remessa pela Internet não é suficiente para gerar a consumação. A qualquer momento, pode o agente, segundo dispõe a lei, apresentar declaração retificadora, inclusive por ter havido engano na anterior. Pensamos, portanto, que a consumação somente se efetiva quando a declaração é processada pelo fisco da forma como enviada (falsa ou com dados omitidos), gerando, pois, desobrigação quanto ao recolhimento de tributos, total ou parcialmente. A tentativa, nesse caso, embora não seja, teoricamente, inviável, pois se trata de crime plurissubsistente, é muito rara, já que existe a possibilidade de retificação – um autêntico arrependimento eficaz.

49. Análise do núcleo do tipo: *deixar de recolher* (não pagar), no prazo estipulado em lei, determinado valor de tributo (ou contribuição social, que, como já dissemos anteriormente, também é tributo), aos cofres públicos (ao fisco). A particularidade deste tipo penal é justamente o prévio desconto ou a cobrança de terceiro do mencionado valor, *apropriando-se* do que não lhe pertence. Ex.: o comerciante (sujeito passivo da obrigação, por imposição legal) cobra do comprador o ICMS referente à mercadoria vendida, mas não repassa a quantia ao tesouro. Ou, ainda, o empregador desconta parcela do imposto de renda do salário de seu funcionário e não a repassa aos cofres da União. Na jurisprudência: STF: "O contribuinte que deixa de recolher, de forma contumaz e com dolo de apropriação, o ICMS cobrado do adquirente da mercadoria ou serviço incide no tipo penal do art. 2.º, II, da Lei n.º 8.137/1990" (RHC 163.334 – SC, Tribunal Pleno, rel. Roberto Barroso, 18.12.2019, m.v.). STJ: "II – No crime do art. 2.º, II, da Lei n. 8.137/90, é indiferente se o ICMS é próprio (e não por substituição), pois, em nenhuma das duas hipóteses, há ônus financeiro para o contribuinte de direito, sendo, em ambos os casos, típica a conduta. III – O reiterado e prolongado inadimplemento da obrigação tributária atesta a existência de dolo de apropriação. Caso em que o recorrente foi condenado pela prática conduta por 10 (dez) vezes em continuidade delitiva" (AgRg no REsp 1.943.102 – SC, 5.ª T., rel. Messod Azulay Neto, 02.04.2024, v.u.); "1. No julgamento do HC 399.109/SC, pacificou-se a jurisprudência desta Corte Superior no sentido de que a ausência de recolhimento do ICMS em operações próprias configura o delito previsto no art. 2.º, II, da

Lei 8.137/1990, não sendo necessária a comprovação do dolo específico. Contudo, o Plenário do Supremo Tribunal Federal, no julgamento do RHC n. 163.334/SC, em 18/12/2019, passou a exigir para a incidência do tipo a demonstração da contumácia delitiva e o dolo de apropriação" (AgRg no REsp 2.017.855 – SC, 5.ª T., rel. João Batista Moreira, 21.11.2023, v.u.).

50. Sujeitos ativo e passivo: o sujeito ativo é o substituto tributário. O sujeito passivo é o Estado (União, Estados, Municípios, Distrito Federal e autarquias).

51. Objetos material e jurídico: o objeto material é o tributo descontado ou cobrado e não repassado. O objeto jurídico é a arrecadação tributária estatal.

52. Classificação: é crime próprio (somente pode ser praticado pela pessoa física, indicada em lei como substituto tributário); material (depende da ocorrência de efetivo prejuízo para o Estado, consistente na falta de recolhimento do tributo); de forma livre (pode ser cometido por qualquer meio eleito pelo agente); omissivo (deixar de fazer algo que era devido), muito embora exista conduta comissiva prévia (descontar ou cobrar o tributo de alguém); instantâneo (a consumação ocorre em momento definido). Conferir: STJ: "2. O art. 2.º, II, da Lei n. 8.137/1990 não é crime permanente. Com efeito, sua consumação é instantânea, e se dá com a omissão dos valores na Declaração de Imposto Retido na Fonte e o seu consequente não recolhimento. Como é cediço, o crime permanente não se confunde com o crime instantâneo de efeitos permanentes. A omissão ocorreu em momento determinado, irradiando seus efeitos, o que não revela conduta permanente, mas apenas efeitos permanentes" (HC 374318 – SP, 5.ª T., rel. Reynaldo Soares da Fonseca, j. 16.02.2017, v.u.); unissubjetivo (pode ser cometido por uma só pessoa); unissubsistente (cometido em um ato, por ser crime omissivo). Não admite tentativa.

53. Confronto com o art. 168-A do Código Penal: com relação à contribuição previdenciária, após a edição do art. 168-A, feita pela Lei 9.983/2000, ao entrar em vigor, passou a regular a denominada apropriação indébita previdenciária. Portanto, o empresário que descontar de seu funcionário a quantia devida ao INSS, apropriando-se dela, sem repassá-la, no prazo legal, à autarquia federal, responde pelo delito do art. 168-A. No mais, quando se tratar de outras contribuições sociais (arts. 149 e 149-A, CF), porventura criadas, continua em vigor o disposto no inciso II do art. 2.º da Lei 8.137/90. Roberto Delmanto, Roberto Delmanto Jr. e Fábio Delmanto argumentam que o inciso II teria sido derrogado em relação a qualquer contribuição social e, nessa esteira, afirmam que a pena mais favorável é a do inciso II do art. 2.º desta Lei, que merece ser aplicada à conduta tipificada no art. 168-A do Código Penal (*Leis penais especiais comentadas*, p. 275). Não podemos concordar com ambas as conclusões. Em primeiro lugar, o art. 168-A do Código Penal cuida somente das contribuições previdenciárias e não de todas as contribuições sociais, motivo pelo qual o inciso II continua a ter valor para as demais, que não forem destinadas à previdência social. Em segundo lugar, não se admite, em virtude de qualquer princípio que se possa invocar, a combinação de leis penais, pois estaria o juiz legislando. Seria inadmissível punir alguém como incurso no art. 168-A do Código Penal, valendo-se, para tanto, da pena disposta no art. 2.º, II, da Lei 8.137/90. Já se buscou essa interpretação antes, no contexto da receptação qualificada, pretendendo que as condutas previstas no § 1.º do art. 180 do Código Penal fossem apenadas com a sanção prevista no *caput* do mesmo artigo, igualmente invocando-se o princípio da proporcionalidade. Os tribunais afastaram, majoritariamente, essa possibilidade. Logo, se o art. 168-A trouxe particular rigor para o contexto das contribuições previdenciárias, com pena de reclusão, de dois a cinco anos, e multa, teve suas razões para tanto e, certamente, afastou a aplicação do inciso II do art. 2.º da Lei 8.137/2000. Por outro lado, não vislumbramos lesão ao princípio da proporcionalidade. Ao contrário, o que se fez foi dar vazão ao princípio constitucional da isonomia: tratar desigualmente os desiguais. O rombo da previdência social e a sonegação nessa área sempre foi muito superior que nos demais setores de arrecadação tributária, constituindo um quadro caótico, a ser prontamente remediado. Logo, as penas são mais severas. Ademais, existem várias facilidades para se evitar a punição nesses casos, bastando checar o disposto nos §§ 2.º e 3.º do art. 168-A. Além disso, costuma-se debater o tema referente à combinação de leis penais em um único contexto: quando uma nova lei é editada para substituir outra e não sabe o juiz qual das duas é a mais benéfica ao réu para aplicação, segundo o disposto no art. 2.º, parágrafo único, do Código Penal. É uma situação passageira, pois o fato foi praticado sob a égide da Lei 1 e, surgindo a Lei 2, há aspectos positivos e negativos em ambas. Nesse contexto, há quem sustente dever o magistrado compor as Leis 1 e 2, para aplicação àquele determinado réu. Não aquiescemos com tal postura (checar a nota 22 ao art. 2.º do nosso *Código Penal comentado*), mas reconhecemos que há posições aceitando a mencionada combinação de leis penais. No caso do confronto entre o art. 2.º, II, da Lei 8.137/90 e o art. 168-A do Código Penal, os autores suprarreferidos sustentam que este último artigo do Código Penal derrogou o inciso II do art. 2.º desta Lei, na parte referente à contribuição social, mas, apesar disso, deve continuar a ser usada a pena prevista no tipo considerado abolido, nesse cenário, do ordenamento jurídico, o que nos afigura uma posição mais arrojada ainda do que a simples combinação de leis. Toda vez que uma apropriação indébita previdenciária for praticada nos dias de hoje, o juiz deveria *ressuscitar* a pena do derrogado inciso II do art. 2.º para aplicação, o que nos afigura inviável. Por outro lado, podem os autores defender que haveria simples utilização da pena do inciso II do art. 2.º, ainda existente para tributos em geral, ao contexto das contribuições previdenciárias apenas em homenagem à proporcionalidade, já que contribuições também são tributos. Ainda assim, como já sustentamos acima, pode o legislador fixar penalidades mais graves para situações anormais. Tal medida foi adotada – embora conte, igualmente, com a antipatia de alguns – no contexto dos delitos de trânsito. A pena do homicídio culposo, na direção de veículo automotor é de detenção, de dois a quatro anos e suspensão do direito de dirigir (art. 302, Lei 9.503/97), enquanto o homicídio culposo comum, previsto no art. 121, § 3.º, do Código Penal, possui pena de detenção, de um a três anos. Ora, comparemos, estatisticamente, o número de homicídio culposos ocorridos no trânsito com os demais. É muito superior o número de mortes nos acidentes de trânsito do que em qualquer outra situação. Por isso, sem ferir a proporcionalidade, foi mais severo o legislador quanto à pena fixada no art. 302 do Código de Trânsito Brasileiro. Por derradeiro, se um tipo penal ofender o princípio constitucional da proporcionalidade, não deve ser aplicado por inteiro. Constitucional ou inconstitucional pode ser um tipo penal, mas não a fim de propiciar que o operador do Direito possa atuar como legislador, criando normas inexistentes, tomando partes de uma lei e pedaços de outra para atingir a *lei ideal*, justamente aquela que não proveio do Poder Legislativo, legítimo representante do povo para fazer nascer lei penal (princípio da legalidade).

54. Inaplicabilidade ao IPVA: não se trata de imposto que possui substituto tributário, ou seja, alguém a descontar o referido imposto com a obrigação de recolher o seu valor ao fisco. Logo, quem não paga o imposto sobre a propriedade de veículo automotor comete infração tributária, mas não penal.

55. Análise do núcleo do tipo: *exigir* (demandar, reclamar algo para si), *pagar* (entregar determinado valor a alguém) e *receber* (aceitar algum valor em pagamento). O objeto das condutas é a percentagem (parte de algo) sobre a parcela dedutível ou deduzida de imposto ou contribuição como incentivo fiscal (é a redução da carga tributária, total ou parcialmente, como estímulo à iniciativa privada para investir dinheiro em programas sociais estatais). Esse incentivo é para ser bem utilizado, razão pela qual se determinada parcela do tributo, que deveria ter sido recolhida ao tesouro, mas não foi, justamente em face da redução tributária, vai parar em mãos alheias, com fins desvirtuados, deve haver punição. Quando se fala em exigência, qualquer pessoa encarregada de promover a dedução do tributo pode ordenar que seja essa parcela encaminhada a si mesma ou ao próprio contribuinte dela beneficiário, para vantagem própria e não para investimento em programa estatal. Quando ao verbo *pagar*, é natural que se refira ao contribuinte, vale dizer, encaminhar o valor ao contribuinte e não a si mesmo. Assim, quem operou a dedução, ou vai empreendê-la, encaminha o montante ao beneficiário. O verbo *receber* diz respeito ao sujeito que concretiza ou vai concretizar a dedução, dirigindo-a a si mesmo, sem qualquer aplicação em programa estatal. Há uma autêntica tergiversação do incentivo fiscal, estabelecido por lei para apoiar alguma causa nobre, levando a parcela do tributo para a utilização de qualquer um, inclusive do próprio contribuinte beneficiário da referida dedução.

56. Sujeitos ativo e passivo: o sujeito ativo pode ser qualquer pessoa que atue como intermediário no repasse da parcela dedutível ou deduzida de tributo, na modalidade *exigir*. Pode ser tanto o encarregado de operar a dedução como o contribuinte-beneficiário, dependendo do caso, nas figuras *pagar* ou *receber*. O sujeito passivo é o Estado (União, Estados, Municípios, Distrito Federal e autarquias).

57. Objetos material e jurídico: o objeto material é a percentagem sobre parcela dedutível ou deduzida de tributo como incentivo fiscal. O objeto jurídico é a arrecadação tributária estatal. No caso presente, o Estado perde parcela do tributo, que não ingressa nos seus cofres, nem segue para o programa idealizador do incentivo concedido.

58. Classificação: é crime próprio (somente pode ser praticado pela pessoa física, indicada em lei como contribuinte-beneficiário ou como intermediário na promoção da dedução); formal (independe do resultado naturalístico, que é não aplicar o tributo no destino certo), na forma *exigir*; material (depende da ocorrência de efetivo prejuízo para o Estado, consistente no desvio do valor referente ao incentivo fiscal), nas formas *pagar* ou *receber*; de forma livre (pode ser cometido por qualquer meio eleito pelo agente); comissivo (os verbos indicam ações); instantâneo (a consumação ocorre em momento definido); unissubjetivo (pode ser cometido por uma só pessoa); unissubsistente (cometido num único ato) ou plurissubsistente (cometido por mais de um ato, embora possa envolver o fazer e o não fazer), conforme o método eleito pelo agente. Admite tentativa na forma plurissubsistente.

59. Análise do núcleo do tipo: *deixar de aplicar* (não empregar ou investir em algo) ou *aplicar* (investir, empregar) o incentivo fiscal (é a redução da carga tributária, total ou parcialmente, como estímulo à iniciativa privada para investir dinheiro em programas sociais estatais) ou parcelas de imposto liberadas por órgão ou entidade (são termos correlatos, significando um ente estatal da administração direta ou indireta) de desenvolvimento. A liberação de parcelas de determinado imposto equivale a incentivo fiscal, logo, nem haveria necessidade de se inserir ambas as expressões. Por outro lado, concordamos com a lição de Roberto dos Santos Ferreira ao apontar a péssima redação do tipo – o que não é inédito em matéria de leis penais no Brasil – ao dizer que "o dispositivo se destaca pela absoluta imprecisão e falta de técnica. Apresenta dois núcleos verbais, um aparentemente omissivo, outro comissivo que, no contexto, expressam a mesma ideia: aplicação de recursos em finalidade diversa da estabelecida. Desta feita, a construção do tipo, nesse primeiro aspecto, é lastimável, pois deixar de aplicar ou aplicar em desacordo com o estatuído, apresentam o mesmo sentido" (*Crimes contra a ordem tributária*, p. 66). Qualquer atitude tomada pelo agente, embolsando a quantia auferida em razão de incentivo fiscal ou dando-lhe destinação diversa da prevista em lei, ainda que com o melhor propósito possível, possibilita a concretização do crime.

60. Sujeitos ativo e passivo: o sujeito ativo é o beneficiário do incentivo fiscal ou da parcela de imposto liberada por órgão ou entidade de desenvolvimento. O sujeito passivo é o Estado. Será a União, algum dos Estados ou Municípios, o Distrito Federal ou alguma autarquia, dependendo de qual tributo foi retirada a parcela pertinente ao incentivo fiscal, desviado pelo sujeito ativo.

61. Norma penal em branco: é fundamental consultar a legislação tributária específica para conhecer quais são os incentivos fiscais e, assim ocorrendo, como, quando e onde eles devem ser aplicados. Exemplo de incentivo fiscal pode ser encontrado na denominada Lei Rouanet, voltada ao incentivo à cultura no Brasil (Lei 8.313/91). O art. 13, § 2.º, I, da Lei 9.249/95 (legislação relativa ao imposto de renda) estabelece a possibilidade de dedução, para efeito de apuração do lucro real e da base de cálculo da contribuição social sobre o lucro líquido das empresas, das doações realizadas de acordo com a referida Lei Rouanet. Esta legislação, por sua vez, fixa no art. 9.º que "são considerados projetos culturais e artísticos, para fins de aplicação de recursos do FICART, além de outros que venham a ser declarados pelo Ministério da Cultura: I – a produção comercial de instrumentos musicais, bem como de discos, fitas, vídeos, filmes e outras formas de reprodução fonovideográficas; II – a produção comercial de espetáculos teatrais, de dança, música, canto, circo e demais atividades congêneres; III – a edição comercial de obras relativas às ciências, às letras e às artes, bem como de obras de referência e outras de cunho cultural; IV – construção, restauração, reparação ou equipamento de salas e outros ambientes destinados a atividades com objetivos culturais, de propriedade de entidades com fins lucrativos; V – outras atividades comerciais ou industriais, de interesse cultural, assim consideradas pelo Ministério da Cultura". No art. 18, fixa que "com o objetivo de incentivar as atividades culturais, a União facultará às pessoas físicas ou jurídicas a opção pela aplicação de parcelas do Imposto sobre a Renda, a título de doações ou patrocínios, tanto no apoio direto a projetos culturais apresentados por pessoas físicas ou por pessoas jurídicas de natureza cultural, como através de contribuições ao FNC, nos termos do art. 5.º, inciso II, desta Lei, desde que os projetos atendam aos critérios estabelecidos no art. 1.º desta Lei. § 1.º Os contribuintes poderão deduzir do imposto de renda devido as quantias efetivamente despendidas nos projetos elencados no § 3.º, previamente aprovados pelo Ministério da Cultura, nos limites e nas condições estabelecidos na legislação do imposto de renda vigente, na forma de: a) doações; e b) patrocínios. § 2.º As pessoas jurídicas tributadas com base no lucro real não poderão deduzir o valor da doação ou do patrocínio referido no parágrafo anterior como despesa operacional. § 3.º As doações e os patrocínios na produção cultural, a que se refere o § 1.º, atenderão exclusivamente aos seguintes segmentos: a) artes cênicas; b) livros de valor artístico, literário ou humanístico; c) música erudita ou instrumental; d) exposições de artes visuais; e) doações de acervos para bibliotecas públicas, museus, arquivos públicos e cinematecas, bem como treinamento de pessoal e aquisição de equipamentos para a manutenção desses acervos; f) produção de obras cinematográficas e videofonográficas de curta e média metragem e preservação e difusão do acervo audiovisual; e g) preservação do patrimônio cultural material e imaterial; h) construção e manutenção de salas de cinema e teatro, que poderão funcionar também como centros culturais comunitários, em Municípios com menos de 100.000 (cem mil) habitantes".

62. Objetos material e jurídico: o objeto material é a quantia recebida a título de incentivo fiscal ou a parcela de imposto liberada pelo ente competente. O objeto jurídico é a arrecadação tributária estatal. Nesse caso, o Estado perde parcela do tributo, que não ingressa nos seus cofres, nem segue para o programa idealizador do incentivo concedido.

63. Classificação: é crime próprio (somente pode ser praticado pela pessoa física beneficiária do incentivo fiscal, ainda que atue na direção da pessoa jurídica, a quem se destinou a quantia); material (depende do resultado naturalístico, que é não aplicar o tributo no destino certo, frustrando a arrecadação do Estado, tal como idealizada em lei). Em contrário, sustentando tratar-se de delito formal: Delmanto (*Leis penais especiais comentadas*, p. 283), sustentando que "não se exige a ocorrência de efetivo resultado naturalístico (prejuízo à política fiscal)". Ora, toda vez que um tributo deixa de ser recolhido pelo fisco há prejuízo naturalístico ao tesouro. Tanto que os mesmos autores defendem, na modalidade *receber* do inciso anterior, cuidar-se de crime material (p. 281). O simples fato de receber o contribuinte ou o intermediário percentual da parcela deduzida de imposto, como incentivo fiscal, pode não afetar, na mesma visão antes alegada, a "política fiscal" do Estado. Por isso, sempre que a arrecadação é frustrada, gera-se resultado naturalístico, consistindo em crime material; de forma livre (pode ser cometido por qualquer meio eleito pelo agente); omissivo (o verbo indica inação) na forma *deixar de aplicar*, porém comissivo (o verbo indica ação) na modalidade *aplicar em desacordo com o estatuído*. Ambas as condutas, no entanto, como deixamos claro em nota *supra*, são idênticas e inutilmente repetitivas; instantâneo (a consumação ocorre em momento definido); unissubjetivo (pode ser cometido por uma só pessoa); unissubsistente (cometido num único ato, deixando, por exemplo, escoar o prazo para a aplicação) ou plurissubsistente (cometido por mais de um ato, aplicando a verba em programa totalmente diverso do almejado pelo Estado), conforme o método eleito pelo agente. Admite tentativa na forma plurissubsistente, embora de difícil configuração.

64. Análise do núcleo do tipo: *utilizar* (fazer uso ou tirar proveito de algo) ou *divulgar* (difundir) são as condutas que têm como objeto um programa de processamento de dados (é o denominado *software*, que possibilita o funcionamento do computador – *hardware* –, embora, no caso presente, o sistema informatizado se volte ao armazenamento e gerenciamento de elementos de informação). Logicamente, a simples utilização ou divulgação de um programa de *software* não seria suficiente para se tornar crime qualquer conduta. O fato mais relevante é a destinação do referido programa, que se volta à formação de dados contábeis irreais, proporcionando, em sistema paralelo, o *caixa dois* de uma empresa. Nota-se, pois, que o programa é constituído para *burlar* a fiscalização da autoridade fazendária, produzindo informe contábil diverso do que é encaminhado ao fisco. Quem usa tal programa comete este delito contra a ordem tributária, pois poderá haver recolhimento a menor de tributo, do mesmo modo que é criminalizada a propagação do *software* a terceiros, para que obtenham o mesmo resultado. Com razão Paulo José da Costa Júnior ao mencionar que o "uso de contabilidade paralela, que agasalha o chamado caixa dois, poderá configurar o meio fraudulento previsto no art. 1.º. O presente inciso, portanto, configura norma subsidiária, socorrendo-se dela o magistrado penal se outra espécie mais grave, como aquela contida no art. 1.º, não puder ser aplicada" (*Infrações tributárias e delitos fiscais*, p. 141). Cuida-se de subsidiariedade implícita. Se o programa for detectado, sem haver supressão ou redução de tributo, configura-se o tipo penal de reserva, previsto no inciso V do art. 2.º desta Lei. Porém, se o agente se vale do programa e atinge a supressão ou redução da carga tributária, configura-se o tipo penal do art. 1.º, I ou II, conforme o caso.

65. Sujeitos ativo e passivo: o sujeito ativo é o contribuinte. O sujeito passivo é o Estado (União, Estados, Municípios, Distrito Federal ou autarquia).

66. Objetos material e jurídico: o objeto material é o programa de processamento de dados mencionado no inciso V. O objeto jurídico é a arrecadação tributária do Estado.

67. Classificação: é crime comum (pode ser praticado tanto pelo sujeito passivo da obrigação tributária como por qualquer pessoa que crie ou operacionalize o programa e/ou o divulgue a terceiros). Como defendemos: Paulo José da Costa Júnior (*Infrações tributárias e delitos fiscais*, p. 141). Em contrário, sustentando que na forma *utilizar* é somente o sujeito passivo da obrigação tributária, a posição de Delmanto (*Leis penais especiais comentadas*, p. 284). Lembremos que *software* voltado à formação do *caixa dois* da empresa pode ser usado pelo contador ou outro funcionário, e não necessariamente pelo contribuinte, configurando-se o delito do mesmo modo, ainda que o sujeito passivo da obrigação tributária não experimente redução da carga tributária; formal (independe do resultado naturalístico, que é frustrar a arrecadação do Estado); de forma livre (pode ser cometido por qualquer meio eleito pelo agente); comissivo (os verbos indicam ações); instantâneo (a consumação ocorre em momento definido); unissubjetivo (pode ser cometido por uma só pessoa); unissubsistente (cometido num único ato) ou plurissubsistente (cometido por mais de um ato), conforme o método eleito pelo agente. Admite tentativa na forma plurissubsistente, embora de difícil configuração.

68. Infração de menor potencial ofensivo: cabem transação e suspensão condicional do processo (consultar os comentários à Lei 9.099/95). Não sendo viável, dificilmente haverá aplicação efetiva de pena privativa de liberdade. Caberia a suspensão condicional da pena (*sursis*) e a substituição da prisão por pena alternativa (restritiva de direitos).

Seção II
Dos Crimes Praticados por Funcionários Públicos

> **Art. 3.º** Constitui crime funcional contra a ordem tributária,[69] além dos previstos no Decreto-lei 2.848, de 7 de dezembro de 1940 – Código Penal (Título XI, Capítulo I):[70]
>
> I – extraviar[71-72] livro oficial, processo fiscal ou qualquer documento, de que tenha a guarda em razão da função; sonegá-lo, ou inutilizá-lo, total ou parcialmente, acarretando pagamento indevido ou inexato[73-74] de tributo ou contribuição social;[75-76]
>
> II – exigir, solicitar ou receber,[77-79] para si ou para outrem, direta ou indiretamente, ainda que fora da função ou antes de iniciar seu exercício, mas em razão dela, vantagem indevida; ou aceitar promessa de tal vantagem, para deixar de lançar ou cobrar tributo ou contribuição social, ou cobrá-los parcialmente.[80-81]
>
> Pena – reclusão, de 3 (três) a 8 (oito) anos, e multa.[82]
>
> III – patrocinar,[83-84] direta ou indiretamente, interesse privado perante a administração fazendária, valendo-se da qualidade de funcionário público.[85-86]
>
> Pena – reclusão, de 1 (um) a 4 (quatro) anos, e multa.[87]

69. Forma indevida de redação do tipo penal: consultar a nota 11 ao art. 1.º.

70. Crimes funcionais específicos: deixa clara a lei que as figuras típicas previstas no art. 3.º desta Lei não esgotam o universo dos crimes praticados por funcionários públicos contra a Administração ou contra particular, valendo a utilização do disposto no Código Penal, quando for o caso (arts. 312 a 327). Deve-se extrair o conceito de funcionário público, para a aplicação do art. 3.º da Lei 8.137/90 e do art. 327 do Código Penal.

71. Análise do núcleo do tipo: *extraviar* (fazer desaparecer ou encaminhar a lugar diverso do devido), *sonegar* (ocultar, esconder) e *inutilizar* (tornar inútil, destruir). O objeto das condutas pode ser o livro oficial (livro criado por força de lei para registrar anotações de interesse da Administração), processo fiscal (*procedimento* seria a melhor expressão, constituindo-se do conjunto de peças relativas à verificação de eventual débito tributário, concessão de isenção ou outro objetivo de natureza fiscal) ou outro documento (qualquer base material disposta a registrar fatos relevantes) relativo à mantença de dados tributários de contribuintes em geral. Note-se que o tipo penal exige que o referido livro, processo ou documento esteja sob guarda do agente do delito, em virtude da função por ele exercida. Conforme já comentamos na nota 48 ao art. 314 do nosso *Código Penal comentado* (figura similar a este delito), a materialização do crime se dá tanto quando o agente extravia, sonega ou inutiliza *integralmente* o objeto material (*totalmente*, como referido no tipo), bem como quando o faz em relação a *uma parte* (*parcialmente* é a menção feita no tipo). Lembremos, ainda, alguns pontos: a) o tipo prevê conduta mista alternativa. O agente pode extraviar, sonegar e inutilizar um processo fiscal (ou partes dele) e responde por um só delito; b) o crime do art. 3.º, I, desta Lei, prevalece sobre a figura do art. 314 do Código Penal não somente porque é aplicável o princípio da especialidade (lei especial afasta a aplicação de lei geral), mas também porque o art. 314 é, expressamente, subsidiário (no preceito secundário, dispõe-se: "se o fato não constitui crime mais grave"). Ora, o art. 3.º, I, desta Lei, é mais grave, pois prevê multa cumulativa, o que não há no referido art. 314.

72. Sujeitos ativo e passivo: o sujeito ativo é o funcionário público, que, em razão da função exercida, tenha a guarda dos objetos previstos no tipo. O sujeito passivo é o Estado (União, Estados, Municípios, Distrito Federal e autarquias). Secundariamente, o contribuinte prejudicado.

73. Exigência de resultado naturalístico: outro ponto a merecer destaque é a expressa menção, no tipo penal, da ocorrência de resultado naturalístico, ou seja, não basta o extravio, sonegação ou inutilização do livro, processo ou outro documento, pois se torna essencial haver o pagamento indevido ou inexato de tributo ou contribuição social. Aliás, se tal não se der, deve ser aplicado o tipo de reserva, que é o previsto no art. 314 do Código Penal.

74. Interpretação extensiva: em primeiro lugar, devemos salientar que esse tipo penal constitui um crime do funcionário público *contra a ordem tributária*; logo, não é uma figura típica de proteção ao contribuinte, e sim, fundamentalmente, ao Estado. Pode, indiretamente, atingir o contribuinte, provocando pagamento inexato ou indevido (a maior, em favor do Estado). No entanto, se o extravio, a sonegação ou a inutilização causar recolhimento inexato ou indevido (a menor, em detrimento do Estado), é mais do que óbvio que o bem jurídico realmente objeto da tutela penal foi atingido (arrecadação estatal). À vista disso, ressaltando novamente que se trata de delito *contra* a ordem tributária, pensamos que, se, em razão de extravio, sonegação ou inutilização do livro, processo ou documento, o contribuinte *não efetuar* recolhimento algum, por uma questão de lógica, aplica-se este dispositivo, e não o previsto no art. 314 do Código Penal, que, como já mencionamos, é nitidamente subsidiário. A ausência de pagamento do tributo é muito mais grave do que o recolhimento inexato ou indevido. Logo, para dar senso à norma, onde se lê *pagamento indevido ou inexato*, leia-se também *acarretando ausência de pagamento de tributo ou contribuição social*. Não se pode punir a conduta menos grave, ignorando a existência da mais grave. Sobre a utilização da interpretação extensiva, que consideramos válida em Direito Penal, conforme o caso, consultar a nota 9 ao art. 1.º do nosso *Código Penal comentado*.

75. Objetos material e jurídico: o objeto material pode ser o livro oficial, o processo fiscal ou outro documento em poder do funcionário da área fazendária. O objeto jurídico é misto: a arrecadação tributária do Estado e a administração pública, no enfoque moral, uma vez que funcionário público atuou de maneira irregular.

76. Classificação: é crime próprio (somente pode ser praticado pelo funcionário público que tem a guarda dos objetos descritos no tipo); material (depende da ocorrência de efetivo prejuízo para o Estado ou para o contribuinte, consistente no recolhimento inexato ou indevido do tributo ou na ausência de pagamento); de forma livre (pode ser cometido por qualquer meio eleito pelo agente); comissivo (os verbos indicam ações); instantâneo (a consumação ocorre em momento definido), nas formas *extraviar* e *inutilizar*, porém permanente (a consumação se arrasta no tempo), na modalidade *sonegar*; unissubjetivo (pode ser cometido por uma só pessoa); unissubsistente (cometido em um só ato) ou plurissubsistente (cometido por mais de um ato), conforme o método eleito pelo agente. Admite-se a tentativa na forma plurissubsistente.

77. Análise do núcleo do tipo: *exigir* (ordenar, demandar), *solicitar* (pedir, rogar) e *receber* (obter ou acolher algo) são as condutas, cujo objeto é vantagem indevida (qualquer ganho, lucro, privilégio ou benefício ilícito, ainda que ofensivo somente aos bons costumes). A exigência, a solicitação ou o recebimento ocorre de forma direta (sem intermediário) ou indireta (com a intermediação de terceiro), mas sempre em decorrência da função (esteja o funcionário no seu exercício ou não, embora use-a para a prática criminosa). A segunda forma delituosa é constituída por *aceitar* (consentir em receber) promessa (oferta futura) de vantagem indevida. Todas se convergem para a mesma finalidade: deixar de lançar ou cobrar tributo ou contribuição social ou cobrá-los parcialmente (a menor, em detrimento do Estado). É um misto de concussão (art. 316, CP) com corrupção passiva (art. 317, CP), embora no contexto da área fazendária. Aplica-se o disposto no inciso II do art. 3.º desta Lei, em homenagem ao critério da especialidade. Na jurisprudência: STJ: "2. A denúncia em comento faz a devida qualificação do acusado, descreve de forma objetiva e suficiente as condutas delituosas por ele perpetradas, que, em tese, configuram crimes dos artigos 3.º, inciso II, da Lei n. 8.137/90, por 3 vezes, e art. 288, *caput*, do Código Penal – CP e art. 1.º, inciso V, da lei n. 9.613/98, por 2 vezes, todos na forma dos arts. 29 e 69 do CP – posto, em associação criminosa, na qualidade de responsável pela fiscalização tributária do recolhimento do ICMS, incidente sobre a importação de cobre, extorquiu os representantes da empresa P. F. E. S/A, exigindo vantagem financeira ilícita causando prejuízo ao fisco na ordem de R$ 20.000.000,00 (vinte milhões), bem como dissimulou os referidos valores de origem criminosa correspondente à propina (lavagem de dinheiro). Descreve, ainda, de modo suficiente as circunstâncias do cometimento do delito, demonstrando indícios suficientes de autoria, prova da materialidade e a existência de nexo causal. Não há falar em imputações genéricas" (AgRg no HC 535.010 – SP, 5.ª T., rel. Joel Ilan Paciornik, 19.11.2019, v.u.).

78. Confronto com o excesso de exação: *exação* é a cobrança pontual de tributos. Quando o funcionário demanda tributo do contribuinte, sabendo ou devendo saber ser indevido, bem como quando emprega na cobrança meio vexatório ou gravoso ilegal, incide nas penas do art. 316, § 1.º, do Código Penal. Se desviar o tributo recebido em proveito próprio ou alheio, deixando de recolhê-lo aos cofres públicos, cabe a figura do art. 316, § 2.º. Note-se, portanto, que o servidor está cobrando tributo indevido *para o Estado* ou, para cobrá-lo, de algum modo, humilha o contribuinte. Por outro lado, pode receber exatamente o tributo devido, mas embolsá-lo. Em suma, não exige, recebe, solicita ou aceita promessa de vantagem indevida qualquer, justamente para não cobrar o tributo ou cobrá-lo parcialmente (esta situação configura o inciso II do art. 3.º desta Lei).

79. Sujeitos ativo e passivo: o sujeito ativo é o funcionário público. O sujeito passivo é o Estado (União, Estados, Municípios, Distrito Federal ou autarquia). Não vemos como sujeito passivo secundário o contribuinte, pois este se beneficia da conduta, pagando menor tributação ou nada recolhendo ao Estado.

80. Objetos material e jurídico: o objeto material é a vantagem indevida. O objeto jurídico é misto: a arrecadação tributária estatal e a moralidade da administração pública.

81. Classificação: é crime próprio (somente pode ser praticado pelo funcionário público); formal (não depende da ocorrência de efetivo prejuízo para o Estado, consistente na ausência de recolhimento de tributo ou de cobrança a menor); de forma livre (pode ser cometido por qualquer meio eleito pelo agente); comissivo (os verbos indicam ações); instantâneo (a consumação ocorre em momento definido; unissubjetivo (pode ser cometido por uma só pessoa); unissubsistente (cometido em um só ato) ou plurissubsistente (cometido por mais de um ato), conforme o método eleito pelo agente. Admite-se a tentativa na forma plurissubsistente.

82. Analogia *in bonam partem*: pensamos estar totalmente descartada essa possibilidade, ainda que, de uma forma ou de outra, o tributo seja pago corretamente após a consumação do delito, havendo a extinção da punibilidade do contribuinte, seja qual for a lei benéfica aplicável. O funcionário deve ser condenado pelo crime funcional, pois está em jogo não somente a arrecadação tributária estatal, mas a *moralidade* da administração pública, bem jurídico tutelado, com o qual não se pode transigir, sem que haja expressa previsão legal. Em contrário, confira-se a posição de Delmanto (*Leis penais especiais comentadas*, p. 288).

83. Análise do núcleo do tipo: *patrocinar* significa proteger, beneficiar ou defender. O objeto da conduta é o interesse privado (qualquer ganho ou meta do particular, lícito ou ilícito, justo ou injusto) em confronto com o interesse da administração fazendária. O funcionário, valendo-se do seu cargo ou função, interfere na atividade de arrecadação de tributos, para, de algum modo, privilegiar o contribuinte. Pode fazê-lo de modo direto (sem intermediário) ou indireto (usando terceira pessoa). Note-se que o tipo não exige prejuízo para a arrecadação, pois o forte do delito é a imoralidade da conduta, que termina por diferenciar as pessoas contribuintes diante do fisco. A figura similar, prevista no art. 321 do Código Penal, é a advocacia administrativa. Na área fazendária da administração, aplica-se, em homenagem ao critério da especialidade, o disposto no art. 3.º, III, desta Lei.

84. Sujeitos ativo e passivo: o sujeito ativo é o funcionário público. O sujeito passivo é o Estado (União, Estados, Municípios, Distrito Federal e autarquias).

85. Objetos material e jurídico: o objeto material é o interesse privado. O objeto jurídico é a moralidade da administração pública.

86. Classificação: é crime próprio (somente pode ser praticado pelo funcionário público); formal (não depende da ocorrência de efetivo prejuízo para o Estado, consistente na ausência de recolhimento de tributo ou de cobrança a menor); de forma livre (pode ser cometido por qualquer meio eleito pelo agente); comissivo (o verbo indica ação); instantâneo (a consumação ocorre em momento definido); unissubjetivo (pode ser cometido por uma só pessoa); unissubsistente (cometido em um só ato) ou plurissubsistente (cometido por mais de um ato), conforme o método eleito pelo agente. Admite-se a tentativa na forma plurissubsistente.

87. Pena desproporcional: comparando-se a figura do art. 3.º, III, desta Lei, com o art. 321 do Código Penal, que são praticamente idênticas, observa-se o extremado rigor estabelecido no tipo penal especial. Enquanto a advocacia administrativa em geral prevê a pena de detenção de um a três meses, ou multa (infração de menor potencial ofensivo), ainda quando o interesse privado for ilegítimo (detenção, de três meses a um ano, e multa), o tipo da Lei 8.137/90 comina pena de reclusão, de um a quatro anos, e multa. O único benefício da Lei 9.099/95 seria a suspensão condicional do processo. Por acaso, a moralidade da administração fazendária é superior à exigida dos demais órgãos públicos? Não vemos sentido algum nisso. Ressaltemos que, para a consumação do delito, não se exige qualquer supressão ou redução de tributos, o que evidencia, ainda mais, a disparidade existente e inexplicável. Em idêntica crítica, Delmanto (*Leis penais especiais comentadas*, p. 293-294). Cremos que se pode sustentar até mesmo a inconstitucionalidade deste artigo, levando-se em conta o princípio penal da proporcionalidade.

Capítulo II
DOS CRIMES CONTRA A ECONOMIA[88] E AS RELAÇÕES DE CONSUMO[89]

> **Art. 4.º** Constitui crime[90] contra a ordem econômica:[91-92]
>
> I – abusar[93-96] do poder econômico,[97] dominando o mercado ou eliminando, total ou parcialmente, a concorrência[98] mediante qualquer forma de ajuste ou acordo de empresas;[99-101]
>
> a) (revogada);
> b) (revogada);
> c) (revogada);
> d) (revogada);
> e) (revogada);
> f) (revogada);
>
> II – formar[102-105] acordo, convênio, ajuste ou aliança entre ofertantes, visando:[106-107]
>
> a) à fixação artificial de preços ou quantidades vendidas ou produzidas;[108]
>
> b) ao controle regionalizado do mercado por empresa ou grupo de empresas;[109]
>
> c) ao controle, em detrimento da concorrência, de rede de distribuição ou de fornecedores.[110]
>
> Pena – reclusão, de 2 (dois) a 5 (cinco) anos e multa.
>
> III – (revogado);
> IV – (revogado);
> V – (revogado);
> VI – (revogado);
> VII – (revogado).

88. Fundamento constitucional: preceitua o art. 170 da Constituição Federal que "a ordem econômica, fundada na valorização do trabalho humano e na livre-iniciativa, tem por fim assegurar a todos existência digna, conforme os ditames da justiça social, observados os seguintes princípios: I – soberania nacional; II – propriedade privada; III – função social da propriedade; IV – livre concorrência; V – defesa do consumidor; VI – defesa do meio ambiente, inclusive mediante tratamento diferenciado conforme o impacto ambiental dos produtos e serviços e de seus processos de elaboração e prestação; VII – redução das desigualdades regionais e sociais; VIII – busca do pleno emprego; IX – tratamento favorecido para as empresas de pequeno porte constituídas sob as leis brasileiras e que tenham sua sede e administração no País. Parágrafo único. É assegurado a todos o livre exercício de qualquer atividade econômica, independentemente de autorização de órgãos públicos, salvo nos casos previstos em lei".

89. Fundamento constitucional: a proteção ao consumidor é garantia humana fundamental, nos termos do art. 5.º, XXXII, da Constituição Federal: "o Estado promoverá, na forma da lei, a defesa do consumidor". Inclui-se, ainda, dentre as atividades estatais de controle da ordem econômica, conforme prevê o art. 170, V, da mesma Constituição ("A ordem econômica, fundada na valorização do trabalho humano e na livre-iniciativa, tem por fim assegurar a todos existência digna, conforme os ditames da justiça social, observados os seguintes princípios: (...) defesa do consumidor").

90. Forma indevida de redação do tipo penal: consultar a nota 11 ao art. 1.º.

91. Intervenção mínima ou figuração: qual é o caminho a ser seguido pelo Direito Penal, ao menos no contexto dos crimes contra a ordem econômica? Adiantamos a nossa posição: intervenção mínima. Há muitas vantagens. Os delitos contra a ordem econômica não envolvem a pessoa jurídica, por inexistência de previsão legal expressa. Se e quando for viável, pune-se a pessoa física. As provas, para quem se esconde atrás da pessoa jurídica, a fim de dominar mercados e conturbar a ordem econômica, são muito difíceis, quase impossíveis. Dizíamos na edição anterior, quando a pena de multa era alternativa, o seguinte: "ainda que determinado empresário seja identificado e punido, recebe uma pena instigante: reclusão, de dois a cinco anos *ou* multa (não é uma pena privativa de liberdade elevada demais para ser, simplesmente, substituída por multa, a critério judicial?), no caso do art. 4.º". Essa incongruência, finalmente, foi sanada pela edição da Lei 12.529/2011, que tornou a multa cumulativa, no art. 4.º. Outro ponto a considerar. Não é segredo que vige, no Brasil, a política da pena mínima, razão pela qual empresários bem-sucedidos, primários, de *ótimos* antecedentes, com conduta social *exemplar*, geralmente, terminam apenados com dois anos de reclusão (mínimo legal). Cabe, não somente pena alternativa, como a suspensão condicional da pena (*sursis*). A pena privativa de liberdade somente seria aplicada por uma fatalidade do destino (quem sabe o azar de haver concurso material de crimes, cujo somatório das penas atinja patamares muito elevados). A prisão parece ter sido idealizada para o pobre, pois um crime contra a ordem econômica – imagine-se a abrangência do estrago por ele causado em vários setores da sociedade – tem pena menor que o furto qualificado. Para ilustrar, o ladrão de aparelho de som, que estoura o vidro do carro, está sujeito a uma pena de reclusão, de dois a oito anos e multa. O valor do aparelho de som do carro representa alguns reais. O valor envolvido no abuso do poder econômico, dominando o empresário o mercado e eliminando a concorrência pode significar milhões de reais. Não há proporcionalidade alguma. Se o crime contra a ordem econômica é considerado menos grave que um singelo furto qualificado, não seria o caso de repensar a pena a ele cominada? Mencionávamos, ainda, o seguinte: "já não seria o momento ideal de se aplicar o princípio penal da intervenção mínima e excluir, do cenário do Direito Penal, as figuras dos arts. 4.º, 5.º e 6.º da Lei 8.137/90?". Nossa posição foi ouvida, em parte ao menos, pois a Lei 12.529/2011 revogou parcela considerável do art. 4.º, bem como os artigos 5.º e 6.º desta Lei. Passemos a outro enfoque. Se tivessem sido mantidos os referidos tipos penais, estaríamos diante de um Direito Penal fantoche ou figurante, a serviço da mera *imagem* de rigor punitivo, na verdade, inexistente. Condutas são consideradas criminosas, mas a esfera administrativa é *extremamente* mais eficiente e poderosa, quando quer e pode, na apuração e punição da infração contra a ordem econômica. O Direito Penal, que não pode punir a pessoa jurídica, ficando circunscrito à pessoa física, quase sempre oculta, faz o papel de coadjuvante de um cenário dominado pelo Poder Executivo. O Judiciário é colocado à margem da criminalidade do *colarinho branco*. Cada vez mais e com veemência. A Lei 12.529/2011 considera o Conselho Administrativo de Defesa Econômica – CADE – Autarquia Federal, dispondo sobre a prevenção e a repressão às infrações contra a ordem econômica, chega a ponto de estabelecer, no art. 4.º, ser o CADE um "órgão judicante" (judicante = quem exerce as funções de juiz), com "jurisdição" (poder de aplicar a lei ao caso concreto, que, no cenário jurídico, é função, praticamente exclusiva, do Poder Judiciário) em todo o território nacional, vinculado ao Ministério da Justiça (Poder Executivo). A mesma lei considera infração *administrativa* contra a ordem econômica todas as condutas antes previstas nos arts. 4.º, 5.º e 6.º da Lei 8.137/90 e mais algumas. Assim fazendo, torna-se draconiana ("constituem infração da ordem econômica, *independentemente de culpa*, os atos sob qualquer forma manifestados, que tenham por objeto ou possam produzir os seguintes efeitos, *ainda que não sejam alcançados...*", conforme art. 36), pretendendo a punição, com ou sem culpa, com ou sem resultado efetivo, das mesmas condutas que a lei penal luta, ingenuamente, para punir, apenas e tão somente, quando houver dolo e se atingirem a lesão ao bem jurídico tutelado. Vamos além. Poder-se-ia dizer que o Direito Penal, com todo o seu *rigor*, ficaria reservado aos agentes criminosos descobertos, processados e punidos, de maneira superior e exemplar: um *bode expiatório* para consolidar o caráter intimidativo da pena. *Ad argumentandum*, apenas, pois assim não ocorre. As penas administrativas são muito mais severas. Somente para ilustrar, uma multa é capaz de atingir o patamar de dois bilhões de reais (art. 37, II, Lei 12.529/2011), algo impensável na seara penal. Não bastasse, pode o juiz criminal optar pela pena de dois, três ou quatro anos de reclusão e substituí-la por penas restritivas de direitos. Imaginemos: condena-se o infrator à ordem econômica à proibição de frequentar lugares, associada à prestação pecuniária, convertida em pagamentos de alguns salários mínimos a um orfanato. Chega-se ao descrédito do Direito Penal figurante ou fantoche do que realmente interessa, isto é, engordar os cofres públicos do Poder Executivo. Não bastasse tal situação desproporcional, há que se considerar a criação de *transações* efetivadas, diretamente, entre o Poder Executivo e o criminoso, longe das vistas do Judiciário, que implicam extinção da punibilidade. Vide o estabelecimento da "delação premiada" na órbita administrativa (art. 86, Lei 12.529/2011). Dizíamos na edição anterior: "das duas uma: ou descriminalizamos os delitos contra a ordem econômica e deixamos a efetiva e eficaz punição – com as transações correspondentes – ao Poder Executivo ou elevamos as penas dos delitos previstos nos arts. 4.º, 5.º e 6.º da Lei 8.137/90 (quem sabe transformando-os em hediondos?), de maneira a não ser confortável cometer o delito, pois, descoberta a infração penal, haverá punição grave e efetiva". A Lei 12.529/2011 fez a sua opção pela consolidação da esfera administrativa punitiva, abandonando o cenário penal, pois seguiu a nossa orientação e descriminalizou quase todas as condutas previstas nesse campo (revogou-se parte do art. 4.º e, integralmente, os arts. 5.º e 6.º). No Brasil de hoje, a resposta foi dada: pune-se com cadeia o furto qualificado e crimes equivalentes; pode-se fazer acordo de *leniência* com o criminoso do colarinho branco, extinguindo-se a sua punibilidade. Ou, no máximo, pune-se o agente no cenário patrimonial, fixando-lhe multas. *Dois pesos e duas medidas, que permanecem.*

92. Competência: a apuração dos crimes contra a ordem econômica pode caber à Justiça Federal ou Estadual, conforme o caso concreto. O art. 109, VI, da Constituição Federal preceitua ser da competência do juiz federal: "os crimes contra organização do trabalho e, nos casos determinados por lei, contra o sistema financeiro e a ordem econômico-financeira". Ora, quanto aos delitos contra o sistema financeiro, há expressa previsão legal: "A ação penal, nos crimes previstos nesta Lei, será promovida pelo Ministério Público Federal, perante a Justiça Federal" (art. 26, *caput*, da Lei 7.492/86). O mesmo não ocorre em relação aos delitos contra a ordem econômica, vale dizer, a lei não fixou, expressamente, a competência da Justiça Federal. Parece-nos, pois, depender do caso concreto. Se a conduta delituosa se concentrar em um Município ou Estado-membro, cabe a apuração e punição do responsável pela Justiça Estadual. Caso a atividade do empresário se espalhe por mais de um Estado-membro, passa a ser interesse da União preservar a regularidade da economia, que, certamente, envolverá todo o país. O delito deve ser julgado pela Justiça Federal. Na jurisprudência: STJ: "1. Nos termos do art. 109, VI, da CF, os crimes contra o sistema financeiro e a ordem econômico-financeira são da competência da Justiça Federal apenas nos casos determinados em lei. Contudo, a Lei n. 8.137/1990, que trata dos crimes contra a ordem econômica, não contém dispositivo legal expresso que fixe a competência da Justiça Federal, motivo pelo qual, em regra, nesses casos, a competência será da Justiça estadual. 2. *In casu*, embora os crimes apurados no inquérito policial (concorrência desleal e abuso de poder econômico) digam respeito à coletividade e à proteção à ordem econômica, por não ter sido demonstrada a ocorrência de efetivo prejuízo a patrimônio, interesses ou serviços da União ou de suas entidades autárquicas ou empresas públicas, bem como por não ter sido demonstrado o mínimo de suspeita de que o eventual ilícito tenha propensão para prejudicar o setor econômico de vários Estados-membros ou o fornecimento de serviços essenciais, afasta-se a competência da Justiça Federal para processar e julgar o feito. 3. Compete à Justiça Federal decidir sobre a existência de interesse jurídico que justifique a presença, no processo, da União, suas autarquias ou empresas públicas (Súmula 150/STJ). 4. Conflito conhecido para declarar a competência do juízo de direito da 2.ª vara criminal de Barueri – SP" (CC 148.159 – SP, 3.ª Seção, rel. Antonio Saldanha Palheiro, 26.06.2019).

93. Análise do núcleo do tipo: *abusar* (exceder-se, usar algo em excesso) do *poder econômico* (força ou o vigor em relação à capacidade produtiva, de geração de lucro ou de distribuição de bens de consumo) é o cerne da conduta. Note-se, primeiramente, que deter *poder econômico* é algo inerente às atividades produtivas em geral de um país regido pelo sistema capitalista, como é o caso do Brasil. Aliás, ao lado dessa forma de *poder*, outras existem, como o *poder político*, o *poder judicial*, entre outros. O exercício da força em si, em relação a qualquer matéria, não é crime. Porém, o abuso não merece ser considerado lícito. Em exemplo paralelo, pode-se mencionar que o juiz de direito, considerado autoridade, tem o poder de determinar a prisão de alguém. No entanto, se exagerar, passando do limite permitido em lei, incide no delito de abuso de autoridade. Nessa ótica, devemos compreender o significado de *abuso do poder econômico*. O objeto desse excesso é o domínio (exercer forte influência) do mercado (é o comércio, ou seja, a atividade de troca, compra e venda de produtos em geral) ou a eliminação (supressão), total (integral, completa) ou parcial (incompleta) da concorrência (competição, rivalidade). Se um empresário, abusando do seu poder econômico, eliminar do mercado outras empresas, não havendo competição, é certo que a *ordem* econômica será abalada, prejudicando a sociedade. Sem concorrência, por exemplo, não há possibilidade de se discutir o preço de um produto. Ocorreria a fixação de qualquer valor, ainda que *abusivo* e quem dele necessita seria obrigado a suportar o desmando. O sistema capitalista tem que ser regulado, controlado pelo Estado, motivo pelo qual o domínio do mercado ou a eliminação da concorrência são inadmissíveis, compondo *abuso do poder econômico*, logo, crime. Os métodos para atingir esses objetivos vêm expostos nas alíneas *a* a *f*.

94. Diferença entre domínio do mercado e eliminação da concorrência: na prática, o abuso do poder econômico pode dar-se de forma isolada ou conjugada. Um rico empresário pode dominar o mercado, impondo preços e outras condições para a circulação de bens, sem eliminar a concorrência, que, no entanto, exerce as atividades de *mãos atadas*. Por outro lado, o abuso do poder econômico pode voltar-se à eliminação dos concorrentes. Se assim for feito, segundo nos parece, o domínio do mercado ocorrerá de maneira natural. Eliminar a competição e não dominar o mercado seria um contrassenso.

95. Sujeitos ativo e passivo: o sujeito ativo é o empresário. O sujeito passivo é a sociedade. Não se pode incluir como sujeito passivo principal nem o Estado, nem o consumidor ou outro empresário. É mais do que evidente que "a ordem econômica, fundada na valorização do trabalho humano e na livre-iniciativa, tem por fim assegurar a todos existência digna, conforme os ditames da justiça social..." (trecho do *caput* do art. 170 da Constituição Federal). Esses valores, associados aos que estão previstos nos incisos do citado art. 170, pertencem à sociedade e não ao Estado. Quando se fala em arrecadação de tributo, o dinheiro segue para o tesouro, motivo pelo qual o interessado na sua coleta é, realmente, a União, o Estado-membro, o Município, o Distrito Federal ou alguma autarquia, a quem se destina a verba. O sujeito passivo dos delitos contra a ordem tributária, portanto, é o Estado. No entanto, em todos os delitos contra a *ordem econômica*, o bem tutelado, que é a regularidade da economia nacional, interessa a toda a coletividade. Portanto, o sujeito passivo não é o Estado, mas a sociedade. Aliás, ratificando o que estamos expondo, consultar a nota 98 *infra*, cuidando do termo *concorrência*. Secundariamente, pode-se acrescentar o consumidor e os empresários em geral, eventualmente prejudicados pelo abuso do poder econômico.

96. Elemento subjetivo: é o dolo. Não há elemento subjetivo específico, nem se pune a forma culposa. Registremos que o verbo *abusar* já possui forte carga valorativa, representativa de excesso, desmando ou injusto, sendo desnecessário qualquer objetivo especial do agente.

97. Abuso do poder econômico: sobre esse elemento normativo do tipo, convém mencionar o disposto na Cartilha (documento público distribuído pelo próprio órgão) do CADE (Conselho Administrativo de Defesa Econômica), em relação à importância no seu controle: "O abuso do poder econômico ocorre toda a vez que uma empresa se aproveita de sua condição de superioridade econômica para prejudicar a concorrência, inibir o funcionamento do mercado ou ainda, aumentar arbitrariamente seus lucros. Em outras palavras, poderíamos dizer que o agente abusivo faz mau uso ou o uso ilegítimo do poder que detém no mercado. Este abuso não se dá a partir de práticas específicas, mas sim, quando o detentor de substancial parcela do mercado age em desconformidade com os seus fins, desvirtuando, ultrapassando as fronteiras da razoabilidade. Por prejudicar a ordem econômica e os consumidores, o abuso não encontra qualquer amparo legal, até porque é ato praticado com exercício irregular do direito de livre-iniciativa e de propriedade".

98. Concorrência: sobre esse elemento normativo do tipo, convém mencionar o disposto na Cartilha (documento público distribuído pelo próprio órgão) do CADE (Conselho Administrativo de Defesa Econômica), em relação à importância na sua mantença: "É essencial a presença da concorrência no contexto de uma economia de mercado, posto que a mesma possibilita um aumento na variedade e na qualidade de produtos, e ainda corrobora para a diminuição dos preços dos mesmos. É a concorrência, o fator determinante para que os preços exprimam a relação de equilíbrio entre a oferta e a procura. Para que se obtenha os benefícios derivados da concorrência, é necessário que as empresas invistam em tecnologia, bem como realizem um estudo de mercado com o intuito de conhecer e atender as expectativas e desejos dos consumidores. Poderíamos dizer que a concorrência é um instrumento existente em benefício dos cidadãos, vez que são estes os consumidores finais dos produtos e que experimentam as melhorias decorrentes das circunstâncias concorrenciais. Além de conferir benefícios aos consumidores, a disputa entre as empresas ocasionada pelo ambiente concorrencial propicia que a economia brasileira entre com uma melhor estrutura no mercado externo".

99. Objetos material e jurídico: o objeto material pode ser o mercado ou a concorrência. O objeto jurídico é a regularidade da economia.

100. Classificação: é crime próprio (somente pode ser praticado pela pessoa física que detenha poder econômico, logo, é o empresário em geral); material (depende da ocorrência de efetivo prejuízo para a sociedade, consistente na afetação da economia, com a instauração do domínio do mercado ou da eliminação da concorrência); de forma livre (pode ser cometido por qualquer meio); comissivo (os verbos indicam ações); instantâneo (a consumação ocorre em momento definido), porém de *efeitos permanentes* (a durabilidade do resultado alcançado continua visível, após a consumação do domínio do mercado ou da eliminação da concorrência); unissubjetivo (pode ser cometido por uma só pessoa); plurissubsistente (cometido por mais de um ato). Admite tentativa.

101. Ajuste ou acordo de empresas: *ajuste* e *acordo* são termos correlatos, significando pacto, composição ou concordância de propósitos. Pode-se dominar o mercado, por exemplo, formando um cartel, que é o ajuste de empresas, independentemente de contrato, para atuar da mesma maneira, impondo os mesmos preços e, por consequência, controlar a oferta e a procura de bens e produtos em circulação. Aliás, através do ajuste de empresas também se atinge a eliminação da concorrência, pois empresas, financeiramente mais fracas, perdem mercado e são obrigadas a encerrar suas atividades.

102. Inutilidade do inciso II: seguindo a tendência legislativa brasileira de se autorrepetir em várias normas, sob o pretexto de *deixar tudo muito claro*, mas implicando, na realidade, confusão para a tipificação de infrações penais, insere-se o inciso II no art. 4.º, quando o inciso I já seria mais que suficiente para abarcar as condutas ora previstas. Aliás, quando é para constituir um tipo penal incriminador bem detalhado, respeitando-se o princípio da taxatividade, há carência legislativa. Entretanto, não poucas vezes, surgem normas que significam, unicamente, dizer, com outras palavras, a mesma coisa. Formar acordo entre empresas para controlar o mercado ou prejudicar a concorrência é justamente o abuso do poder econômico.

103. Análise do núcleo do tipo: *formar* (constituir) acordo (pacto), convênio (pacto, igualmente, porém, pode-se interpretar que se dá na forma escrita), ajuste (não deixa de ser um pacto, termo correlato a acordo) ou aliança (outro termo sinônimo a pacto), em suma, unir esforços entre ofertantes (empresários que inserem no mercado bens e serviços em geral) com três finalidades, conforme expostas nas alíneas *a* a *c*. Na essência, como já mencionamos na nota anterior, tem o fito de abuso do poder econômico para dominar o mercado ou eliminar, total ou parcialmente, a concorrência. Na jurisprudência: STJ: "2. O crime contra a ordem econômica disposto no art. 4.º, II, da Lei n. 8.137/90 é formal, ou seja, consuma-se com a simples formação de um acordo visando à dominação do mercado ou à eliminação da concorrência através da prática de uma das condutas descritas em suas alíneas" (AREsp 1.800.334 – SP, 5.ª T., rel. Ilan Paciornik, 09.11.2021, v.u.).

104. Sujeitos ativo e passivo: o sujeito ativo é somente o empresário fornecedor de bens ou serviços. O sujeito passivo é a sociedade. Ver os comentários feitos na nota 96 ao inciso I.

105. Elemento subjetivo: é o dolo. Há elementos subjetivos específicos, consistentes em fixar artificialmente preços, controlar o mercado ou prejudicar a concorrência. Não se pune a forma culposa.

106. Objetos material e jurídico: o objeto material é o acordo, na forma escrita ou verbal. O objeto jurídico é a regularidade da economia.

107. Classificação: é crime próprio (somente pode ser praticado pela pessoa física, atuante em empresa, que ofereça bens e serviços); formal (não depende da ocorrência de efetivo prejuízo para a sociedade, consistente na afetação da economia, com a instauração do domínio do mercado ou da eliminação da concorrência); de forma vinculada (só pode ser cometido pelos meios eleitos pelo tipo penal, conforme expostos nas alíneas *a* a *c*); comissivo (os verbos indicam ações); instantâneo (a consumação ocorre em momento definido); unissubjetivo (pode ser cometido por uma só pessoa); plurissubsistente (cometido por mais de um ato). Admite tentativa.

108. Fixação artificial de preços e quantidades: o cerne do pacto formado entre empresas ofertantes diz respeito ao estabelecimento fingido de preços (valor, que se expressa em dinheiro, suficiente para comprar um bem ou adquirir um serviço) ou de quantidades (número de unidades) vendidas ou produzidas. O objeto da aliança é elevar ou baixar os preços, de maneira irreal, bem como passar ao mercado a falsa imagem de que há grande (ou pequeno) estoque de determinada mercadoria disponível. Conforme a estratégia, os concorrentes podem sentir inaptidão para a competição, pois o preço é muito alto ou muito baixo, bem como o estoque é elevado ou ínfimo. Em suma, manipula-se a oferta de bens e serviços para iludir a concorrência e os consumidores em geral, conquistando justamente o domínio da situação. Por isso, é conduta já prevista no inciso I.

109. Controle regionalizado do mercado: o pacto estabelecido entre empresas fornecedoras de bens e serviços pode objetivar a divisão do mercado em setores, cada empresa dominando uma parte. Por isso, menciona-se a regionalização do mercado. Pouco importa a redação da alínea, uma vez que, assim agindo, ocorre o abuso do poder econômico, com o fito de domínio do mercado, através do ajuste entre empresas, o que já foi previsto no inciso I.

110. Controle de rede de distribuição ou fornecimento: o pacto dos ofertantes pode ter a finalidade de controlar (manter o domínio) uma rede de distribuição ou de fornecimento de bens ou serviços. Ora, ao mencionar que tal situação se dá *em detrimento da concorrência*, voltamos ao inciso I. Cuida-se de abuso do poder econômico com o fito de eliminar, total ou parcialmente, a concorrência, por meio do ajuste de empresas. Nada inédito, em nosso entendimento.

Art. 5.º (*Revogado pela Lei 12.529/2011*).

Art. 6.º (*Revogado pela Lei 12.529/2011*).

Art. 7.º Constitui crime contra as relações de consumo:[111-112]

I – favorecer[113-116] ou preferir, sem justa causa, comprador ou freguês, ressalvados os sistemas de entrega ao consumo por intermédio de distribuidores ou revendedores;[117-118]

II – vender ou expor à venda[119-121] mercadoria cuja embalagem, tipo, especificação, peso ou composição esteja em desacordo com as prescrições legais, ou que não corresponda à respectiva classificação oficial;[122-123]

III – misturar[124-126] gêneros e mercadorias de espécies diferentes, para vendê-los ou expô-los à venda como puros; misturar gêneros e mercadorias de qualidades desiguais para vendê-los ou expô-los à venda por preço estabelecido para os de mais alto custo;[127-128]

IV – fraudar[129-131] preços por meio de:[132-133]

a) alteração, sem modificação essencial ou de qualidade de elementos tais como denominação, sinal externo, marca, embalagem, especificação técnica, descrição, volume, peso, pintura ou acabamento de bem ou serviço;[134]

b) divisão em partes de bem ou serviço, habitualmente oferecido à venda em conjunto;[135]

c) junção de bens ou serviços, comumente oferecidos à venda em separado;[136]

d) aviso de inclusão de insumo não empregado na produção do bem ou na prestação dos serviços;[137]

V – elevar[138-140] o valor cobrado nas vendas a prazo de bens ou serviços, mediante a exigência de comissão ou de taxa de juros ilegais;[141-142]

VI – sonegar[143-145] insumos ou bens, recusando-se a vendê-los a quem pretenda comprá-los nas condições publicamente ofertadas, ou retê-los para o fim de especulação;[146-147]

VII – induzir[148-151] o consumidor ou usuário a erro, por via de indicação ou afirmação falsa ou enganosa sobre a natureza, qualidade de bem ou serviço, utilizando-se de qualquer meio, inclusive a veiculação ou divulgação publicitária;[152-153]

VIII – destruir, inutilizar ou danificar[154-156] matéria-prima ou mercadoria, com o fim de provocar alta de preço, em proveito próprio ou de terceiros;[157-158]

IX – vender, ter em depósito para vender ou expor à venda ou, de qualquer forma, entregar[159-162] matéria-prima ou mercadoria, em condições[163-164] impróprias ao consumo.[165-167]

Pena – detenção, de 2 (dois) a 5 (cinco) anos, ou multa.[168]

Parágrafo único. Nas hipóteses dos incisos II, III e IX pune-se a modalidade culposa,[169] reduzindo-se a pena e a detenção de 1/3 (um terço)[170] ou a de multa à quinta parte.

111. Competência: como regra, é da Justiça Estadual. Eventualmente, cuidando-se de causa em que a União, entidade autárquica ou empresa pública federal forem interessadas como autoras, rés, assistentes ou oponentes, pode ser o delito apreciado pela Justiça Federal (art. 109, I, CF).

112. Confronto com outras leis de proteção ao consumidor: o legislador, no Brasil, edita normas penais, como há muito se apregoa, de maneira assistemática, coexistindo vários tipos penais, na busca da proteção do mesmo bem jurídico. Não nos causa espanto, portanto, que, para a proteção das relações de consumo, existam tipos incriminadores previstos tanto na Lei 8.137/90 como, igualmente, na Lei 8.078/90, todos voltados à tutela dos direitos do consumidor, evidentemente a parte mais fraca nas relações comerciais em geral. Há quem sustente ter o conteúdo do art. 7.º desta Lei um enfoque voltado às relações de consumo mais abrangentes, entrelaçando-se com a proteção à ordem econômica em geral, enquanto o disposto nos arts. 63 a 74 da Lei 8.078/90 diria respeito, especificamente, à proteção do consumidor individual, sem preocupação na regulação do mercado como um todo. Em parte, a afirmação é correta, porém, não se pode desconsiderar que a edição de uma lei após outra, cuidando do mesmo tema, sem preocupação sistêmica (tanto que há a revogação de dispositivos da Lei 8.078/90 pela Lei 8.137/90), é fruto da desorganização legislativa. Outro aspecto a considerar é a natural interligação existente entre as relações do mercado econômico com as relações de consumo e, em última análise, com a própria economia popular. Portanto, se o tipo penal do art. 7.º desta Lei possui penalidades mais graves que os tipos penais previstos na Lei 8.078/90, a conclusão que se extrai é simples: foram consideradas condutas mais graves e perniciosas à sociedade.

113. Análise do núcleo do tipo: *favorecer* (privilegiar, dar maior proteção) ou *preferir* (optar por algo ou alguém) são as condutas, cujo objeto é o comprador (pessoa que adquire um bem mediante o pagamento de certo preço) ou freguês (comprador habitual), em detrimento de outros, por óbvio. O tipo penal, que provocou a revogação do art. 2.º, II, da Lei 1.521/51, busca igualar os consumidores de produtos, exigindo dos empresários fornecedores de bens e serviços que não promovam qualquer modo de discriminação, por qualquer motivo injustificado (note-se no tipo o elemento normativo: *sem justa causa*). Portanto, se há poucos produtos à venda, deve-se respeitar, por exemplo, a ordem de chegada do comprador e não o seu poder aquisitivo ou seu cargo, função ou profissão. O favorecimento irregular, por mecanismos não autorizados em lei, constitui crime contra as relações de consumo. Note-se que nada há de especial nisso, em relação à ordem econômica, que pouco seria afetada. Ressalva-se, naturalmente, o sistema de entrega de produtos por meio de distribuidores e revendedores, por uma questão mais do que lógica. São os empresários de intermediação, responsáveis pela compra de um determinado bem do fornecedor ou fabricante para o repasse, com lucro, ao consumidor final. É natural que tenham eles (distribuidores e revendedores) a preferência na aquisição dos bens. Não há discriminação, mas somente a concretização natural do modo pelo qual a mercadoria é revendida.

114. Tratamento VIP: não nos parece seja uma forma de discriminação por si só. No exemplo que demos na nota anterior, entre dois compradores do mesmo produto, exposto em uma prateleira de supermercado, não poderia o empresário optar pela venda do mesmo ao consumidor X, por ser ele considerado mais importante do que o outro. Estão no mesmo lugar, disputando o mesmíssimo bem, devendo prevalecer o costume geral da preferência de quem chegou em primeiro lugar. Não é esse, no entanto, o *modus operandi* do que hoje se convencionou chamar de tratamento VIP (do inglês, *very important person*, ou pessoa muito importante). Qualquer hotel, restaurante, casa de shows, estabelecimento comercial de prestação de serviços, *shopping* etc. cria essa diferenciação entre consumidores como forma estratégica de chamar a atenção e, com isso, atrair determinado tipo de clientela (o termo *freguesia* é ultrapassado e anacrônico, talvez usado, ainda, em algumas quitandas, feiras e padarias). Se um *shopping* coloca à disposição dos clientes amplo estacionamento, mas reserva uma área, com manobrista, denominada VIP, cobrando um valor muito superior pelo serviço prestado, é mais do que óbvio estar agindo dentro das regras naturais de atração do consumidor de maior poder aquisitivo. Inexiste crime. Por isso, não concordamos com o exemplo dado por Roberto Delmanto, Roberto Delmanto Jr. e Fabio Delmanto ao dizerem que o empresário da casa noturna que permite a alguns clientes (denominados *vips*) o fácil acesso, enquanto outros aguardam na fila a entrada no local, praticaria crime, já que a conduta seria *absolutamente injustificável* (*Leis penais especiais comentadas*, p. 332). Há justa causa para isso. Casas noturnas, sem clientela VIP, conforme o caso, são obrigadas a fechar as portas, pois é, especificamente, essa parte dos seus clientes que atrai tantos outros anônimos. Há quem frequente determinado lugar somente para poder *ver e ser visto* ao lado de pessoas famosas. Estas, naturalmente, contribuem para a casa noturna ter clientes, merecem tratamento diferenciado. Qual artista vai aguardar na fila a entrada em uma danceteria qualquer? Somente se estiver em franca decadência e, ainda assim, precisará de muita coragem para enfrentar o risco de ser visto, aguardando do lado de fora, ofuscando sua imagem, já desgastada. Há estabelecimentos que abrem áreas VIPs, frequentadas por determinados clientes, mas não por todos. Há razão justificável para tanto. Sem a referida área, certa parte da clientela mais sofisticada não irá nem visitar o local. Não fosse o tratamento diferenciado e inexistiram tribunas especiais ou camarotes para autoridades em teatros, estádios de futebol, casas de shows, casas de ópera etc. Por vezes, esse denominado tratamento VIP tem um alto custo e participa da lei da oferta e da procura, típicas regras de mercado: quem pode, paga. Por outras, torna-se a única maneira de se conseguir levar ao local uma alta autoridade ou um artista famoso, que não conseguiria ficar em paz, ao lado de fãs ou curiosos, se fosse colocado em lugar de livre acesso. Em sociedades capitalistas, como é o caso do Brasil e tantas outras, é impossível evitar esse procedimento nas relações de consumo. Não nos parece tenha sido essa a meta do art. 7.º, I, da Lei 8.137/90. O que se busca punir é, em igualdade de condições, o empresário de bens e serviços favorecer, sem qualquer motivo justificável, nem mesmo pelos costumes e pela tradição, um consumidor em detrimento de outro. Assim agindo, pratica o crime ora em comento.

115. Sujeitos ativo e passivo: o sujeito ativo é o empresário fornecedor de bens e serviços. O sujeito passivo é o consumidor. O Estado não pode ser considerado sujeito passivo, pois não é o titular do bem jurídico tutelado, que é a proteção às relações de consumo. Ora, o relacionamento entre empresário e comprador não diz respeito ao Estado. Se dissesse, ele (Estado) seria também sujeito passivo do crime de furto e de todos os delitos previstos no Código Penal. Logicamente, o Estado é o sujeito passivo *constante* em todas as infrações penais, justamente por ter a exclusividade, o monopólio do poder punitivo. Entretanto, quando se busca o sujeito passivo dos crimes envolvendo as relações de consumo, está-se falando do sujeito passivo *eventual*, que é a pessoa diretamente lesada pela conduta. Neste cenário, é o consumidor, pessoa física ou jurídica.

116. Elemento subjetivo: é o dolo. Deve-se buscar o elemento subjetivo específico implícito, consistente no intuito de menosprezar um consumidor em favor de outro. Por vezes, o favorecimento ou a preferência se materializa, por regras do estabelecimento, mas não com a especial vontade de discriminar clientes. Não há a forma culposa.

117. Objetos material e jurídico: o objeto material é o comprador ou freguês. O objeto jurídico é a proteção às relações de consumo.

118. Classificação: é crime próprio (somente pode ser praticado pelo empresário fornecedor de bens e serviços); mera conduta (não depende da ocorrência de nenhum resultado naturalístico, consistente em lesar a economia popular ou afetar o patrimônio do consumidor); de forma livre (pode ser cometido por qualquer meio eleito pelo agente); comissivo (os verbos indicam ações); instantâneo (a consumação ocorre em momento definido); unissubjetivo (pode ser cometido por uma só pessoa); unissubsistente (cometido por um ato) ou plurissubsistente (cometido em vários atos), conforme o meio eleito pelo agente. Admite tentativa na forma plurissubsistente.

119. Análise do núcleo do tipo: *vender* (alienar algo por certo preço) ou *expor à venda* (apresentar determinado produto para que seja alienado por certo preço) são as condutas, que têm por objeto a mercadoria (bem comerciável) cuja embalagem (invólucro ou recipiente), tipo (espécie particular de mercadoria), especificação (descrição de suas características), peso (medida da massa de um corpo) ou composição (agrupamento de elementos de uma coisa) não se enquadre nas regras legais. Há bens cuja fabricação, em vários aspectos, é regulamentada por lei. Desrespeitada essa prescrição, a consequência será algum tipo de perigo ao consumidor que a adquire ou pretende comprá-la, o que serve para constituir o crime. Revoga-se o disposto no art. 2.º, III, da Lei 1.521/51. Na jurisprudência: TJSC: "1. Não é inepta a denúncia que, em caso dos crimes previstos no art. 7.º, incs. II e IX, da Lei 8.137/90, atribui ao diretor de estabelecimento comercial a responsabilidade por expor à venda produtos impróprios para consumo e cujas embalagens estejam em desacordo com prescrições legais. 2. É prescindível a realização de exame pericial para comprovação da materialidade de crime contra as relações de consumo consistente em expor à venda mercadoria imprópria para consumo em razão de estar em desacordo com as normas regulamentares de fabricação, distribuição e apresentação. Ordem denegada" (HCC 4011753-47.2017.8.24.0000 – SC, 2.ª Câmara Criminal, rel. Sérgio Rizelo, j. 18.07.2017, v.u.). Em outro sentido: TJMG: "Para configuração do crime previsto no art. 7.º, inciso IX, da Lei n.º 8.137/90, o laudo pericial é de suma importância, a fim de se apurar se a mercadoria ou a matéria-prima exposta à venda estava, de fato, em condições impróprias ao consumo. E se tal prova não foi realizada a materialidade delitiva não restou devidamente comprovada, sendo imperiosa, portanto, a absolvição" (AC 1.0879.10.001313-2/001 – MG, 4.ª Câmara Criminal, rel. Herbert Carneiro, j. 29.06.2016).

120. Sujeitos ativo e passivo: o sujeito ativo é o empresário fornecedor de bens. O sujeito passivo é o consumidor. Ver a nota 115 ao inciso anterior.

121. Elemento subjetivo: é o dolo. Não há elemento subjetivo específico. Pune-se a forma culposa (art. 7.º, parágrafo único).

122. Objetos material e jurídico: o objeto material é a mercadoria que se apresente em desacordo com as prescrições legais ou não corresponda à classificação oficial. O objeto jurídico é a proteção às relações de consumo.

123. Classificação: é crime próprio (somente pode ser praticado pelo empresário fornecedor de bens); mera conduta (não depende da ocorrência de nenhum resultado naturalístico, consistente em lesar a economia popular ou afetar o patrimônio do consumidor); de forma livre (pode ser cometido por qualquer meio eleito pelo agente); comissivo (os verbos indicam ações); instantâneo (a consumação ocorre em momento definido), na modalidade *vender*, mas permanente (a consumação se arrasta no tempo) na forma *expor à venda*; crime de perigo abstrato (há potencialidade de dano para o consumidor, presumida no tipo); unissubjetivo (pode ser cometido por uma só pessoa); unissubsistente (cometido por um ato) ou plurissubsistente (cometido em vários atos), conforme o meio eleito pelo agente. Admite tentativa na forma plurissubsistente.

124. Análise do núcleo do tipo: *misturar* (entremear, juntar várias coisas) gêneros (é o termo utilizado para mercadorias que consistem em produtos alimentícios) e mercadorias (bens comerciáveis) de espécies diferentes para *vender* (alienar por certo preço) ou *expor à venda* (apresentar para alienação por certo preço) como se fossem puros (livres de qualquer mistura). Normalmente, produtos puros são mais caros e procurados, pois demandam maior consumo da matéria-prima utilizada para a sua composição. Quando se vale o empresário, fornecedor da mercadoria, do subterfúgio de misturar algo, apresentando-a como se fosse substância pura, é natural que esteja enganando o consumidor, que não compraria o produto se soubesse da mistura realizada. Este tipo penal (inciso III) difere do anterior (inciso II), porque não se discute a informação constante na embalagem (pode ser que nem haja um invólucro específico), mas o fato de ter sido realizada a mistura, embora vendida a mercadoria como pura. Registre-se que, nem sempre, a mistura é prejudicial à saúde ou mesmo foge ao gosto do consumidor, porém, o mais importante é a venda de uma espécie de mercadoria diversa da que é, na ótica do comprador, adquirida. Ex.: vender uma garrafa de uísque, alegando tratar-se de *puro malte*, quando, na verdade, é a substância formada por uma mistura de grãos. Outra conduta criminosa possível é a mistura realizada com substâncias de qualidades desiguais, vendendo a mercadoria (ou expondo-a à venda) pelo preço fixado para a que possui maior custo. Esta figura chega a ser mais grave que a anterior, pois não se trata somente de pureza do produto, mas de custo. Substâncias de qualidades desiguais possuem valores diferenciados, mas o comerciante efetua a alienação pelo mais alto custo, como se a mercadoria não contivesse elementos de qualidade inferior, logo, deveria custar menos. Houve revogação do disposto no art. 2.º, V, da Lei 1.521/51.

125. Sujeitos ativo e passivo: o sujeito ativo é o empresário fornecedor dos bens. O sujeito passivo é o consumidor.

126. Elemento subjetivo: é o dolo. Há elemento subjetivo específico, consistente em se destinar a mistura realizada *para* a venda ou exposição à venda. Pune-se a forma culposa (art. 7.º, parágrafo único).

127. Objetos material e jurídico: o objeto material é a mercadoria, que contém a mistura. O objeto jurídico é a proteção das relações de consumo.

128. Classificação: é crime próprio (somente pode ser praticado pelo empresário fornecedor de bens); formal (não depende da ocorrência de nenhum resultado naturalístico, consistente em lesar a economia popular ou afetar o patrimônio do consumidor); de forma livre (pode ser cometido por qualquer meio eleito pelo agente); comissivo (os verbos indicam ações); instantâneo (a consumação ocorre em momento definido); crime de perigo abstrato (há potencialidade de dano para o consumidor, presumida no tipo); unissubjetivo (pode ser cometido por uma só pessoa); unissubsistente (cometido por um ato) ou plurissubsistente (cometido em vários atos), conforme o meio eleito pelo agente. Admite tentativa na forma plurissubsistente.

129. Análise do núcleo do tipo: *fraudar* (lesar alguém por meio de abuso de confiança ou emprego de má-fé). O objeto da conduta é o preço (valor, que se expressa em dinheiro, suficiente para comprar um bem ou obter um serviço). O tipo é misto alternativo, bem como de forma vinculada. A conduta do empresário, fornecedor do bem ou serviço, tem por fim estabelecer preços despropositados ao produto ou serviço efetivamente prestado. Em suma, cobra acima do que vale, logrando o consumidor. Estabelece-se a forma como a fraude se dá, por intermédio das condutas previstas nas alíneas *a* a *d*. Entretanto, a prática de uma ou mais das condutas estipuladas nas referidas alíneas provoca a concretização de um único delito.

130. Sujeitos ativo e passivo: o sujeito ativo é o empresário fornecedor do bem ou serviço. O sujeito passivo é o consumidor.

131. Elemento subjetivo: é o dolo. Não há elemento subjetivo específico, nem se pune a forma culposa.

132. Objetos material e jurídico: o objeto material é o preço. O objeto jurídico é a proteção às relações de consumo.

133. Classificação: é crime próprio (somente pode ser praticado pelo empresário fornecedor de bens e serviços); formal (não depende da ocorrência de nenhum resultado naturalístico, consistente em lesar, efetivamente, a economia popular ou afetar o patrimônio do consumidor); de forma vinculada (só pode ser cometido pelos meios indicados nas alíneas *a* a *d* do inciso IV); comissivo (os verbos indicam ações); instantâneo (a consumação ocorre em momento definido); crime de perigo abstrato (há potencialidade de dano para o consumidor, presumida no tipo); unissubjetivo (pode ser cometido por uma só pessoa); unissubsistente (cometido por um ato) ou plurissubsistente (cometido em vários atos), conforme o meio eleito pelo agente. Admite tentativa na forma plurissubsistente.

134. Alteração aparente de bem ou serviço: a prática envolve a maquiagem de produto. Modificam-se os dados componentes de determinada mercadoria, inserindo termos chamativos ("nova fórmula ainda mais eficiente", "super ação", "contém a inédita substância X" etc.), quando, na essência, absolutamente nada mudou. Difere esta conduta da prevista no inciso II, pois, neste caso, o preço não é alterado, inexistindo fraude. É figura diversa, também, do inciso III, pois, nesta hipótese, houve mistura efetiva de substâncias. Este tipo penal (art. 7.º, IV, *a*) não alterou o disposto em nenhum tipo da Lei 8.078/90, pois no Código de Defesa do Consumidor cuida-se de valorizar a realidade dos informes prestados ao consumidor, pouco dizendo respeito a fraude e abuso na fixação de preços. Na jurisprudência: TJDFT: "1. Se os depoimentos prestados pelas testemunhas são corroborados pelo conjunto probatório dos autos, não há se falar em insuficiência de provas para amparar a condenação. 2. O crime previsto no artigo 272, *caput*, § 1.º-A e § 1.º, do Código Penal, configura delito de perigo concreto, sendo imprescindível para sua caracterização que fique positivada a redução do valor nutricional do produto ou sua efetiva nocividade à saúde. A ausência de prova técnica sobre a qualidade do produto, mas constatada a mudança da embalagem, configura a conduta tipificada no artigo 7.º, inciso IV, alínea *a*, da Lei n.º 8.137/90. 3. A fraude de preço da mercadoria consistente na adulteração de sinal decorrência natural do delito contra o consumidor descrita no artigo 7.º, inciso IV, alínea *a*, da Lei n.º 8.137/90, portanto, tais fundamentos não são aptos a exasperar a pena-base. 4. Recursos conhecidos e desprovidos" (APR 20151310010499, 3.ª T., rel. Sandoval Oliveira, j. 09.02.2017, v.u.).

135. Separação de bens ou serviços: um bem oferecido, normalmente, com dois componentes, é separado, para que cada um desses elementos seja vendido à parte. É lógico que, assim ocorrendo, há fraude no preço, pois o empresário ganha duas vezes, pelo mesmo produto. O mesmo se dá com um serviço, habitualmente, prestado em conjunto, que, separado, permite a cobrança dupla (ex.: quem leva o carro a um posto especializado na lavagem de veículos, espera ter o seu automóvel lavado e secado pelo preço X. Fraude ocorrerá se o comerciante dividir o serviço, cobrando pela lavagem e pela secagem, logo X + Y). O termo *habitualmente* constitui elemento normativo do tipo, merecendo interpretação conforme os costumes de cada região.

136. Reunião imprópria de bens ou serviços: nesta alínea, diversamente da anterior, dá-se o caminho inverso. O empresário, que, normalmente, vende algum produto ou presta algum serviço em separado, cobrando por eles de maneira individual, resolve uni-los provocando uma venda acoplada ou uma prestação de serviço conjugada. A meta nessa junção é fraudar preços, vale dizer, cobrar mais caro por aquilo que, em separado, gerava menor lucro. Imagine-se o dono de restaurante que sempre ofereceu ao cliente a entrada, o prato principal e a sobremesa separadamente. Subitamente, passa a montar pacotes obrigatórios de refeições (entrada + prato principal + sobremesa). Para checar se houve fraude, basta comparar os preços da entrada, do prato principal e da sobremesa separadamente. Se, unidos, formarem um conjunto de custo mais elevado, está-se fraudando o consumidor. Normalmente, restaurantes mantém essas refeições *casadas*, mas o preço é promocional e, consequentemente inferior à compra dos produtos em separado. O termo *comumente* é elemento normativo do tipo, devendo ser analisado conforme os costumes da região onde a prática se realiza. Nesta situação, prevista no art. 7.º, IV, *c*, o intuito do empresário é elevar o lucro em prejuízo do consumidor.

137. Aviso indevido: *insumo* é um elemento que serve para a composição de algum bem. Se o empresário anuncia a inclusão de um insumo inexistente, com o intuito de cobrar mais pelo produto, é natural haver fraude na fixação do preço. Cobra-se mais pelo que não se fornece ao consumidor. Difere da figura prevista no inciso II, pois nesta a embalagem contém dado incorreto, mas não há alteração de preço.

138. Análise do núcleo do tipo: *elevar* (aumentar) o valor (o que é equivalente a dinheiro em relação a algo) cobrado em vendas a prazo (alienações feitas mediante o pagamento de preço dividido em prestações sucessivas durante período dilatado) de bens ou serviços, se houver a inserção de *comissão* (gratificação paga ao intermediário) ou *taxa de juros* (índice relativo a importância incidente para a remuneração de um capital empregado) ilegais. O empresário pode vender um produto, por exemplo, concordando em receber o preço parceladamente, desde que obtenha alguma compensação, que, como regra, advém da cobrança de juros. Estes, no entanto, precisam respeitar os índices fixados por lei. Não havendo norma específica, cobra o empresário a quantia que quiser. Portanto, cuida-se de norma penal em branco, a depender de consulta à legislação específica.

139. Sujeitos ativo e passivo: o sujeito ativo é o empresário fornecedor do bem ou serviço. O sujeito passivo é o consumidor.

140. Elemento subjetivo: é o dolo. Não há elemento subjetivo específico, nem se pune a forma culposa.

141. Objetos material e jurídico: o objeto material é a comissão ou a taxa de juros. O objeto jurídico é a proteção às relações de consumo.

142. Classificação: é crime próprio (somente pode ser praticado pelo empresário fornecedor de bens e serviços); material (depende da ocorrência de efetivo prejuízo ao consumidor, que paga comissão ou juros indevidos); de forma livre (pode ser cometido por qualquer meio); comissivo (o verbo indica ação); instantâneo (a consumação ocorre em momento definido); de dano (o consumidor é lesado ao pagar quantia superior à efetivamente devida); unissubjetivo (pode ser cometido por uma só pessoa); unissubsistente (cometido por um ato) ou plurissubsistente (cometido em vários atos), conforme o meio eleito pelo agente. Admite tentativa na forma plurissubsistente.

143. Análise do núcleo do tipo: *sonegar* (ocultar) insumos (elementos que servem para a composição de algum bem) ou bens (coisas comerciáveis), recusando-se (não aceitando) a vendê-los (alienação por determinado preço) de acordo com as condições publicamente ofertadas. Essa primeira parte caracteriza a atitude do empresário que, após anunciar de maneira notória, a oferta (oferecimento para venda) de um insumo ou um bem, buscando atrair clientela, refuta a venda, por qualquer razão. Geralmente, tal situação ocorre quando o comerciante verifica que as condições por ele criadas foram exageradamente benéficas ao consumidor ou quando assim atua apenas para atrair ao seu estabelecimento o potencial comprador, mas para "empurrar-lhe" outros bens ou insumos. A segunda parte do tipo prevê a possibilidade de sonegação de insumos e bens, com recusa na venda, para especulação, vale dizer, para que faltem no mercado, proporcionando oscilações a maior do seu preço, ocasião em que volta a aliená-los, por valor superior ao real, em detrimento do consumidor. Em confronto com o disposto no art. 2.º, I, segunda parte, da Lei 1.521/51, houve revogação desta última. Na jurisprudência: STJ: "3. Embora se admita a dificuldade de descrição pormenorizada das condutas, por ocasião da denúncia, nos crimes de autoria coletiva, na hipótese, não há, na denúncia, narrativa suficiente para autorizar a conclusão de que os pacientes estavam subjetivamente cientes e de acordo com os fatos delituosos imputados – propaganda supostamente enganosa em uma das unidades comerciais do grupo empresarial. 4. O simples fato de exercerem – dada a magnitude e capilaridade do grupo empresarial – a condição de administradores da empresa não permite extrair o dolo inerente à conduta, por ausente a descrição de circunstância que pudesse levar à responsabilização penal, que, ao contrário de civil ou administrativa, é subjetiva e demanda comprovação (RHC 86.292 – MG, 6.ª T., rel. Rogerio Schietti Cruz, 09.04.2019, v.u.).

144. Sujeitos ativo e passivo: o sujeito ativo é o empresário fornecedor de insumos e bens. O sujeito passivo é o consumidor.

145. Elemento subjetivo: é o dolo. Na segunda figura (reter os insumos ou bens) existe a finalidade específica de especulação. A primeira parte não demanda a finalidade de especular, pois há vários outros fatores envolvidos na sonegação ou recusa, inclusive o fato de ter sido anunciado um valor de produto abaixo do preço real, provocando perda para o empresário, mas que não pode prejudicar a boa-fé do consumidor. Não há a forma culposa.

146. Objetos material e jurídico: o objeto material é o insumo ou bem. O objeto jurídico é a proteção às relações de consumo.

147. Classificação: é crime próprio (somente pode ser praticado pelo empresário fornecedor de insumos ou bens); formal (não depende da ocorrência de efetivo prejuízo ao consumidor); de forma livre (pode ser cometido por qualquer meio); comissivo (os verbos indicam ações); instantâneo (a consumação ocorre em momento definido), na forma *recusar*, mas permanente (a consumação se arrasta no tempo) na modalidade *reter*; unissubjetivo (pode ser cometido por uma só pessoa); unissubsistente (cometido por um ato) ou plurissubsistente (cometido em vários atos), conforme o meio eleito pelo agente. Admite tentativa na forma plurissubsistente.

148. Análise do núcleo do tipo: *induzir* (inspirar ou incutir alguma ideia em alguém) o consumidor (pessoa que adquire bens ou serviços) ou usuário (aquele que se utiliza de algo, o que já está embutido no termo *consumidor*) a erro (falsa percepção da realidade). Não se menciona no tipo a consequência dessa indução, vale dizer, se é preciso que o consumidor realmente adquira algo desvalioso. Por isso, tem-se que apenas a indução (inspiração) já é suficiente, punindo-se a conduta e não o resultado. O método é a *indicação* (enunciado, demonstração) ou *afirmação* (dizer com firmeza) falsa (não autêntica, irreal) ou enganosa (diversa da realidade), quanto à natureza (essência de algo) ou qualidade (atributo positivo de algo ou alguém) de bem ou serviço. O meio para tanto é aberto, valendo, inclusive, a veiculação (difusão, propagação) ou divulgação (tornar público) publicitária (propaganda em meios de comunicação). Este dispositivo derroga os arts. 66, 67 e 68 da Lei 8.078/90, para os quais remetemos o leitor. Na jurisprudência: TJRS: "Não há elementos indicando que a ação do réu induziu em erro os consumidores sobre a natureza e a qualidade do produto, na medida em que a venda foi de álcool combustível, conforme solicitado pelos clientes e a qualidade do produto foi a mesma, não trazendo qualquer prejuízo aos adquirentes, o que impende concluir pela atipicidade da conduta, levando à sua absolvição" (Ap. 70075095984, 4.ª Câmara Criminal, rel. Rogerio Gesta Leal, j. 19.10.2017).

149. Sujeitos ativo e passivo: o sujeito ativo é o empresário de bens e serviços. O sujeito passivo é o consumidor.

150. Elemento subjetivo: é o dolo. Não há elemento subjetivo específico, nem se pune a forma culposa.

151. Natureza: embora signifique a essência de algo, deve envolver, também, a quantidade. Se o agente induz o consumidor em erro, alegando possuir mais bens do que realmente tem consigo, fazendo-o comprar por um lote de mercadorias ou celebrar outro tipo de contratação, que não poderá atender, configura-se o delito.

152. Objetos material e jurídico: o objeto material é a afirmação falsa ou enganosa. O objeto jurídico é a proteção das relações de consumo.

153. Classificação: é crime próprio (somente pode ser praticado pelo empresário de bens ou serviços); formal (não depende da ocorrência de efetivo prejuízo ao consumidor); de forma livre (pode ser cometido por qualquer meio); comissivo (os verbos indicam ações); instantâneo (a consumação ocorre em momento definido); de perigo abstrato (há potencialidade de dano para o consumidor, presumida no tipo); unissubjetivo (pode ser cometido por uma só pessoa); plurissubsistente (cometido em vários atos). Admite tentativa.

154. Análise do núcleo do tipo: *destruir* (arruinar, extinguir), *inutilizar* (tornar inútil ou sem valia) ou *danificar* (estragar, deteriorar) matéria-prima (substância em estado bruto, utilizada para a fabricação de algo) ou mercadoria (bem comerciável) são as condutas puníveis, desde que associadas à finalidade de provocar elevação de preço, em detrimento do consumidor. Nesta situação do art. 7.º, VIII, o agente quer aumentar sua margem de lucro, prejudicando o consumidor e não a concorrência ou a economia. Este tipo implicou a revogação do disposto no art. 3.º, I, da Lei 1.521/51.

155. Sujeitos ativo e passivo: o sujeito ativo é o empresário detentor da matéria-prima ou da mercadoria. O sujeito passivo é o consumidor.

156. Elemento subjetivo: é o dolo. Há elemento subjetivo específico, consistente na vontade de provocar a alta de preço, cumulada à obtenção de proveito próprio ou alheio. Não se pune a forma culposa.

157. Objetos material e jurídico: o objeto material é a matéria-prima ou a mercadoria. O objeto jurídico é a proteção às relações de consumo.

158. Classificação: é crime próprio (somente pode ser praticado pelo empresário detentor de matéria-prima ou mercadoria); formal (não depende da ocorrência de efetivo prejuízo ao consumidor, havendo alta de preço e provocando o gasto indevido do comprador); de forma livre (pode ser cometido por qualquer meio); comissivo (os verbos indicam ações); instantâneo (a consumação ocorre em momento definido); de perigo abstrato (há potencialidade de dano para o consumidor, presumida no tipo); unissubjetivo (pode ser cometido por uma só pessoa); plurissubsistente (cometido em vários atos). Admite tentativa.

159. Análise do núcleo do tipo: *vender* (alienar por determinado preço), *ter em depósito para vender* (manter algo estocado para alienação), *expor à venda* (apresentar algo para alienação por determinado preço) ou *entregar* (passar às mãos de terceiros) matéria--prima (substância em estado bruto, utilizada para a fabricação de algo) ou mercadoria (bem comerciável), caso estejam em condições impróprias (inadequadas), ao consumo (utilização para satisfazer necessidades). Na jurisprudência: STJ: "1. A materialidade do crime do art. 7.º, inciso IX, da Lei n. 8.137/1990 demanda a realização de exame pericial, a fim de atestar se as mercadorias são impróprias para o consumo, inclusive em relação aos produtos com prazo de validade vencido. Precedentes. 2. O relatório elaborado por fiscais agropecuários, 'com base na avaliação do estabelecimento, das condições de manipulação do produto e do produto 'in loco'', não tem o condão de dispensar a prova técnica no objeto apreendido para atestar, de fato, se ele é nocivo ao consumo. Assim, está configurada a hipótese excepcional de falta de justa causa para a ação penal" (AgRg no RHC 146.246 – RS, 6.ª T., rel. Antonio Saldanha Palheiro, 17.04.2023, v.u.); "1. O STJ julga ser imprescindível, para caracterização do crime do art. 7.º, IX, da Lei n. 8.137/1990, laudo pericial para se constatar efetiva impropriedade do produto ao consumo humano e, dessa forma, comprovar a materialidade delitiva" (AgRg nos EDcl no AREsp 1.755.690 – MS, 6.ª T., rel. Rogerio Schietti Cruz, 26.04.2022, v.u.).

160. Sujeitos ativo e passivo: o sujeito ativo é o empresário detentor de matéria--prima ou mercadoria. Não há necessidade de ser o próprio fabricante do produto. O sujeito passivo é o consumidor. TJPR: "1. A despeito de o tipo descrito no art. 7.º, inciso IX, da Lei n.º 8.137/1990 – complementado pelo art. 18, § 6.º, da Lei n.º 8.078/1990 – ser crime formal, para cuja configuração bastaria apenas a realização de qualquer das condutas previstas no primeiro dispositivo, jurisprudência e doutrina já se pronunciaram pela necessidade de comprovação, através de laudo pericial, capaz de atestar a efetiva nocividade do produto. 2. A Tabela da OAB possui caráter meramente referencial de valores e não vincula o magistrado, que arbitra os honorários advocatícios diante das peculiaridades do caso concreto, notadamente pelo trabalho desempenhado, a complexidade do caso e o tempo despendido, dentre outros fatores" (AC 1433013-7 – PR, 2.ª Câmara Criminal, rel. José Mauricio Pinto de Almeida, 10.03.2016, v.u.).

161. Elemento subjetivo: é o dolo. Não há elemento subjetivo específico, como regra. Na figura *ter em depósito*, exige-se o objetivo *para vender*. Pune-se a forma culposa (art. 7.º, parágrafo único).

162. Formação do corpo de delito: ter matéria-prima ou mercadoria em *condições impróprias ao consumo* é situação que, logicamente, deixa vestígio material, preenchendo o disposto no art. 158 do Código de Processo Penal: "Quando a infração deixar vestígios, será indispensável o exame de corpo de delito, direto ou indireto, não podendo supri-lo a confissão do acusado". Por isso, cremos indispensável a realização de exame pericial para atestar que a mercadoria ou a matéria-prima, realmente, pela avaliação de especialistas, é *imprópria* para consumo. Não pode essa questão ficar restrita à avaliação do juiz, que se serviria de testemunhas e outras provas subjetivas para chegar a uma conclusão. Na jurisprudência: STJ: "O Tribunal de Justiça concluiu pela dispensabilidade da realização de perícia para comprovação da materialidade do crime do art. 7, inciso IX, da Lei n. 8.137/90, mesmo havendo apreensão, no caso, dos produtos ditos impróprios para consumo pelo órgão da vigilância sanitária do ato de vistoria no estabelecimento comercial do ora recorrente. Entretanto, em casos inteiramente semelhantes, ambas as Turmas de Direito Criminal deste Superior Tribunal de Justiça, reiteradas vezes, entendem ser indispensável a realização de perícia técnica, para comprovar a materialidade delitiva do crime disposto no art. 7.º, IX, da Lei n. 8.137/1990. De rigor, portanto, a absolvição do acusado por ausência de materialidade delitiva. Precedentes" (AgRg no REsp 1.953.598 – SC, 5.ª T., rel. Joel Ilan Paciornik, 09.08.2022, v.u.); "2. O crime previsto no art. 7.º, inciso IX, da Lei n. 8.137/1990 (vender, ter em depósito para vender ou expor à venda ou, de qualquer forma, entregar matéria-prima ou mercadoria, em condições impróprias ao consumo) é não transeunte, sendo indispensável a realização de perícia para a sua comprovação, nos termos do artigo 158 do Código de Processo Penal, sob pena de se admitir responsabilização objetiva. 3. Neste caso, não foi realizada perícia para comprovar que a mercadoria apreendida era imprópria para o consumo, havendo apenas o relato de uma agente de fiscalização afirmando ter encontrado alguns produtos expostos na calçada, sob o sol, e que tais mercadorias dependiam de refrigeração. Diante desse quadro, a servidora parou para fiscalizar o estabelecimento, encontrando outros produtos armazenados em temperatura inadequada, além de outros, cujos prazos de validade estavam expirados. 4. Tais elementos não se mostram suficientes para autorizar a condenação, que, diante da falta de elementos mais sólidos que sustentem a materialidade delitiva, deve resultar na absolvição do acusado, nos termos do art. 386, inciso VII, do Código de Processo Penal. 5. *Habeas corpus* não conhecido. Ordem concedida de ofício para absolver o paciente do crime previsto no art. 7.º, inciso IX, da Lei n. 8.137/1990, objeto da Ação Penal n. 0000652-84.2016.8.26.0348" (HC 0373192-69.2019.3.00.0000 – SP, 5.ª T., rel. Reynaldo Soares da Fonseca, 04.02.2020, v.u.).

163. Norma penal em branco: há quem sustente ser esta norma dependente de complemento. Embora, creiamos ser elemento normativo a expressão "impróprias a consumo", passível de análise por perícia, há quem defenda ser norma em branco: TJRS: "O artigo 7.º, inciso IX, da Lei 8.137/90 configura norma penal em branco imprópria heteróloga, que depende de um complemento normativo. A norma complementar – Código de Defesa do Consumidor – afirma três possibilidades para que a mercadoria seja considerada imprópria para o uso e para o consumo, sendo a primeira vinculada a um critério puramente objetivo – prazo de validade vencido –, que dispensa, por critério finalístico, a necessidade de demonstração técnico-pericial. As hipóteses não vinculadas ao vencimento do produto, entretanto, dependem de concreta comprovação do risco à saúde que as classificam como impróprias para o consumo. A abstrata conclusão de que o produto era impróprio para o consumo por não possuir origem lícita aclarada e por não ter sido fiscalizado pelas entidades regulamentadoras não é suficiente para a formação da culpa em matéria penal. Apelo desprovido" (Apelação Crime 70072082878 – RS, 4.ª Câmara Criminal, rel. Sandro Luz Portal, j. 29.06.2017, v.u.).

164. Mercadoria clandestina: há posição admitindo a configuração do delito pelo simples fato de ser exposta à venda mercadoria de origem clandestina, sem controle estatal. Não nos parece seja esse o melhor caminho, pois o tipo penal incriminador é expresso ao citar mercadoria em *condições impróprias ao consumo*, o que não significa dizer produto não fiscalizado. Aliás, justamente para apurar a *impropriedade* ao consumo, voltamos a defender a necessidade da avaliação pericial, com a consequente apreensão do produto.

165. Objetos material e jurídico: o objeto material é a matéria-prima ou mercadoria imprópria a consumo. O objeto jurídico é a proteção às relações de consumo.

166. Classificação: é crime próprio (somente pode ser praticado pelo empresário detentor de matéria-prima ou mercadoria); formal (não depende da ocorrência de efetivo prejuízo ao consumidor, havendo qualquer lesão à sua saúde ou integridade física); unissubjetivo (pode ser cometido por uma só pessoa); plurissubsistente (cometido em vários atos). Admite tentativa.

167. Princípio da insignificância: depende do caso concreto, mas não se liga a eventual atipicidade ao número de amostras apreendidas. O importante é o alcance da conduta e não o meio de prova, como colher apenas um pouco da mercadoria para exame pericial.

168. Descabimento de transação e suspensão condicional do processo: ver a nota 92 ao art. 4.º.

169. Culpa: pune-se o comportamento culposo, desde que comprovada a imprudência, negligência ou imperícia do agente. Sobre o tema, consultar as notas 68 e 70 ao art. 18 do nosso *Código Penal comentado*.

170. Redução especial para a culpa: sem permitir variações, o legislador impôs uma diminuição fixa de um terço, para a pena privativa de liberdade, bem como de um quinto, no tocante à multa.

Capítulo III
DAS MULTAS

> **Art. 8.º** Nos crimes definidos nos arts. 1.º a 3.º desta Lei, a pena de multa será fixada entre 10 (dez) e 360 (trezentos e sessenta) dias-multa, conforme seja necessário e suficiente para reprovação e prevenção do crime.[171]
>
> **Parágrafo único.** O dia-multa será fixado pelo juiz em valor não inferior a 14 (quatorze) nem superior a 200 (duzentos) Bônus do Tesouro Nacional – BTN.[172]

171. Fixação da multa: o previsto no art. 8.º, *caput*, desta Lei, não apresenta nenhuma inovação em face do disposto no art. 49, *caput*, do Código Penal. Deve-se estabelecer o *quantum*, variando entre 10 e 360 dias-multa de acordo com o grau de censura merecido pelo delito (art. 59, CP).

172. Inovação: em lugar de se fixar o valor do dia-multa com referência ao salário mínimo, como prevê o Código Penal (art. 49, § 1.º), preferiu a Lei 8.137/90 estipular o montante em BTN, índice, a esta altura, revogado. Entretanto, houve a sua substituição por outra unidade monetária (UFIR), sendo possível calcular quais seriam, hoje, os valores mínimo e máximo do BTN. Como exemplo, checar os valores de fiança, fixados em BTN, no art. 325, § 2.º, CPP (consultar a nota 27 ao art. 325 do nosso *Código de Processo Penal comentado*).

> **Art. 9.º** A pena de detenção ou reclusão poderá ser convertida em multa de valor equivalente a:[173]
>
> I – 200.000 (duzentos mil) até 5.000.000 (cinco milhões) de BTN, nos crimes definidos no art. 4.º;
>
> II – 5.000 (cinco mil) até 200.000 (duzentos mil) BTN, nos crimes definidos nos arts. 5.º e 6.º;
>
> III – 50.000 (cinquenta mil) até 1.000.000 (um milhão) de BTN, nos crimes definidos no art. 7.º.

173. Multa alternativa de outros crimes: fugindo do cenário dos crimes contra a ordem tributária, cuja pena de multa é cumulativa à pena privativa de liberdade, resolveu o legislador estabelecer uma *tabela* diferenciada, no tocante aos crimes previstos nos arts. 4.º e 7.º, desta Lei. Utilizou, para tanto, o Bônus do Tesouro Nacional, hoje revogado e substituído pela UFIR. Cabe ao juiz verificar, no caso concreto, quais são as novas faixas para a fixação da pena de multa, se por ela optar.

> **Art. 10.** Caso o juiz, considerado o ganho ilícito e a situação econômica do réu, verifique a insuficiência ou excessiva onerosidade das penas pecuniárias previstas nesta Lei, poderá diminuí-las até a décima parte ou elevá-las ao décuplo.[174]

174. Aflição da pena pecuniária: respeitada a regra geral de que a pena de multa deve gerar um resultado aflitivo, mas, também, levando-se em consideração a capacidade econômica de cada réu, possibilitou este artigo a adaptação dos valores da pena pecuniária aos condenados pobres ou ricos. Se muito carente, ainda que estabelecida no mínimo, pode ser reduzida até a décima parte. Se muito rico, o juiz pode, ainda que tenha chegado ao máximo, decuplicá-la.

Capítulo IV
DAS DISPOSIÇÕES GERAIS

> **Art. 11.** Quem, de qualquer modo, inclusive por meio de pessoa jurídica, concorre para os crimes definidos nesta Lei, incide nas penas a estes cominadas, na medida de sua culpabilidade.[175]
>
> **Parágrafo único.** Quando a venda ao consumidor for efetuada por sistema de entrega ao consumo ou por intermédio de distribuidor ou revendedor, seja em regime de concessão comercial ou outro em que o preço ao consumidor é estabelecido ou sugerido pelo fabricante ou concedente, o ato por este praticado não alcança o distribuidor ou revendedor.[176]

175. Dispositivo inútil: repete o disposto no art. 29 do Código Penal, com a peculiaridade de destacar que o delito pode ser cometido por meio de pessoa jurídica. Ora, a imensa maioria dos crimes contra as ordens tributária e econômica e relações de consumo é praticada por intermédio de uma pessoa jurídica. O mais difícil é e sempre será encontrar a pessoa física responsável.

176. Outra inutilidade: em nossa visão, repete-se o óbvio. Se o preço de algum produto é fixado pelo fabricante ou concedente, aquele que somente distribui ou revende não pode responder por qualquer tipo de abuso contra a ordem econômica. Cuida-se de uma questão lógica: quem não faz, não responde pelo que outrem fez.

> **Art. 12.** São circunstâncias que podem agravar de 1/3 (um terço) até a metade[177] as penas previstas nos arts. 1.º, 2.º e 4.º a 7.º:
>
> I – ocasionar grave dano à coletividade;[178]
>
> II – ser o crime cometido por servidor público no exercício de suas funções;[179]
>
> III – ser o crime praticado em relação à prestação de serviços ou ao comércio de bens essenciais à vida ou à saúde.[180]
>
> **Art. 13.** *(Vetado).*
>
> **Art. 14.** *(Revogado pela Lei 8.383/1991).*

177. Causas de aumento: são circunstâncias do crime, vinculadas ao tipo penal incriminador, que obrigam o juiz a elevar a pena, na terceira fase da fixação, conforme prevê o art. 68 do Código Penal, em patamares variáveis de um terço até a metade.

178. Grave dano: nos crimes tributários especificados nos arts. 1.º e 2.º, bem como nos delitos contra a ordem econômica, estipulados nos arts. 4.º e 7.º, pode-se ponderar esta circunstância para aplicar a elevação da pena. Não podemos concordar, no entanto, com a inserção do art. 2.º desta Lei, pois são crimes formais, sem resultar, necessariamente, na supressão ou redução da arrecadação tributária, motivo pelo qual ficaria impossível causar "grave dano à coletividade". Na jurisprudência: STJ: "4. O grave dano causado à coletividade, evidenciado pelo valor total sonegado de 2.211.730,28, justifica a incidência da causa de aumento de pena prevista no art. 12, I, da Lei n. 8.137/90 (AgRg no AREsp n. 1.592.200/SC, Ministro Nefi Cordeiro, Sexta Turma, *DJe* 27/2/2020). 5. É incontroverso o inadimplemento de 20 parcelas, as quais correspondem, conforme disposto no combatido aresto, a uma dívida superior a R$ 2.000.000,00, o que justifica o reconhecimento do grave dano à coletividade, ensejador, por si só, da causa de aumento do art. 12, I, da Lei n. 8.137/1990. 6. A majorante do grave dano à coletividade, prevista pelo art. 12, I, da Lei 8.137/1990, restringe-se a situações de especialmente relevante dano, valendo, analogamente, adotar-se para tributos federais o critério já administrativamente aceito na definição de créditos prioritários, fixado em R$ 1.000.000,00 (um milhão de reais), do art. 14, *caput*, da Portaria 320/PGFN. (...) Em se tratando de tributos estaduais ou municipais, o critério deve ser, por equivalência, aquele definido como prioritário ou de destacados créditos (grandes devedores) para a Fazenda local. (...) Em Santa Catarina, a legislação de regência não prevê prioridade de créditos, mas define, como grande devedor, aquele sujeito passivo cuja soma dos débitos seja de valor igual ou superior a R$ 1.000.000,00, nos termos do art. 3.º da Portaria PGE/GAB n. 094/17, de 27/11/2017. (...) Fixada, assim, a tese de que o grave dano à coletividade é objetivamente aferível pela admissão na Fazenda local de crédito prioritário ou destacado (como grande devedor) – (REsp n. 1.849.120/SC, Ministro Nefi Cordeiro, Terceira Seção, *DJe* 25/3/2020)" (REsp 1.867.116 – SC, 6.ª T., rel. Sebastião Reis Junior, 22.09.2020, v.u.); "4. A descrição, na denúncia, do valor do crédito tributário sonegado é suficiente para que o juízo delibere sobre o grave dano à coletividade e, consequentemente, sobre a incidência da causa de aumento do art. 12, I, da Lei n. 8.137/1990. Precedentes do STJ" (AgRg no REsp 1.836.170 – SP, 5.ª T., rel. Ribeiro Dantas, 18.08.2020, v.u.).

179. Crime funcional: existe o art. 3.º desta Lei prevendo as condutas específicas do funcionário público, quanto a crimes contra a ordem tributária. Entretanto, pode o servidor público, de algum modo, cometer, ou colaborar para que seja praticado, algum outro delito contra a ordem tributária ou econômica, merecendo aumento de pena. Cremos ser questionável essa circunstância majorada, pois o funcionário deve guardar especial honorabilidade somente nesses tipos de crimes? Se matar uma pessoa não terá a pena aumentada por conta de sua qualificação profissional. Logo, há algum foco de desarmonia nessa causa de elevação da pena.

180. Bens e serviços essenciais: quanto aos delitos contra a ordem econômica, não temos dúvida de que a circunstância é justa. Porém, no campo dos delitos tributários, em função da destinação variada dos tributos, conforme critérios políticos, parece-nos estranha a aplicação dessa causa de aumento de pena. Na jurisprudência: TJSC: "1. 'Aplica-se a causa de aumento de pena prevista no art. 12, III, da Lei 8.137/90, porquanto medicamentos são passíveis da caracterização como bens essenciais à vida e à saúde. 2. Não há falar em negativa de vigência do referido dispositivo legal a pretexto de faltar taxatividade à expressão 'bens essenciais à vida e à saúde', na medida em que a amplitude propositalmente disposta na lei objetiva alcançar a multiplicidade de produtos e serviços existentes, cabendo ao julgador, caso a caso, fundamentar o recrudescimento da pena. 3. Recurso provido para determinar o retorno dos autos ao Tribunal de origem para que aplique a causa de aumento prevista no art. 12, III, da Lei 8.137/90, a fim de que, examinando as peculiaridades do caso concreto, redimensione a pena aplicada' (REsp n. 1.207.442/SC, *DJU* de 11/12/2015)" (Ap. 0000953-53.2006.8.24.0084 – SC, 3.ª Câmara Criminal, rel. Moacyr de Moraes Lima Filho, 01.03.2016, v.u.).

> **Art. 15.** Os crimes previstos nesta Lei são de ação penal pública, aplicando-se-lhes o disposto no art. 100 do Decreto-lei 2.848, de 7 de dezembro de 1940 – Código Penal.[181]

181. Crimes de ação pública: os delitos previstos nesta lei são de ação pública incondicionada. Outras referências são inúteis.

> **Art. 16.** Qualquer pessoa poderá provocar a iniciativa do Ministério Público nos crimes descritos nesta Lei, fornecendo-lhe por escrito informações sobre o fato e a autoria, bem como indicando o tempo, o lugar e os elementos de convicção.[182]
>
> **Parágrafo único.** Nos crimes previstos nesta Lei, cometidos em quadrilha ou coautoria, o coautor ou partícipe que através de confissão espontânea revelar à autoridade policial ou judicial toda a trama delituosa terá a sua pena reduzida de 1 (um) a 2/3 (dois terços).[183]

182. Inutilidade do dispositivo: a previsão feita no art. 16 desta Lei não tem qualquer serventia, por fazer referência ao óbvio. Qualquer pessoa do povo pode comunicar a ocorrência de crime de que caiba ação pública à autoridade policial (art. 5.º, § 3.º, CPP). Pode, evidentemente, fazer o mesmo ao membro do Ministério Público e pode, ainda, peticionar ao Juiz de Direito, comunicando a ocorrência de uma infração penal, bem como remetendo os documentos que possuir. A impressão que fica, em face do art. 16 ora em comento, é que, antes da sua edição, não haveria a possibilidade de se comunicar às autoridades competentes para investigar ou requisitar investigação policial, a prática de um crime financeiro, com a indicação da autoria. No mesmo sentido está a lição de Delmanto (*Leis penais especiais comentadas*, p. 378). Aliás, acrescentam os autores, com o que concordamos, não poder o Ministério Público investigar, no campo criminal, sozinho, sem requisitar a instauração de inquérito policial (*ob. cit.*, p. 378). Sobre a possibilidade de investigação criminal conduzida pelo MP, consultar a nota 11 ao art. 4.º do nosso *Código de Processo Penal comentado*.

183. Delação premiada: ver a nota 23 ao art. 13 da Lei 9.807/99.

> **Art. 17.** Compete ao Departamento Nacional de Abastecimento e Preços, quando e se necessário, providenciar a desapropriação de estoques, a fim de evitar crise no mercado ou colapso no abastecimento.
>
> **Art. 18.** *(Revogado pela Lei 8.176/1991).*
>
> **Art. 19.** O *caput* do art. 172 do Decreto-lei 2.848, de 7 de dezembro de 1940 – Código Penal, passa a ter a seguinte redação:
>
> "Art. 172. Emitir fatura, duplicata ou nota de venda que não corresponda à mercadoria vendida, em quantidade ou qualidade, ou ao serviço prestado.
>
> "Pena – detenção, de 2 (dois) a 4 (quatro) anos, e multa.
>
> "(...)"

Art. 20. O § 1.º do art. 316 do Decreto-lei 2.848, de 7 de dezembro de 1940 – Código Penal, passa a ter a seguinte redação:

"Art. 316. (...)

"§ 1.º Se o funcionário exige tributo ou contribuição social que sabe ou deveria saber indevido, ou, quando devido, emprega na cobrança meio vexatório ou gravoso, que a lei não autoriza;

"Pena – reclusão, de 3 (três) a 8 (oito) anos, e multa.

"(...)"

Art. 21. O art. 318 do Decreto-lei 2.848, de 7 de dezembro de 1940 – Código Penal, quanto à fixação da pena, passa a ter a seguinte redação:

"Art. 318. (...)

"Pena – reclusão, de 3 (três) a 8 (oito) anos, e multa."

Art. 22. Esta Lei entra em vigor na data de sua publicação.

Art. 23. Revogam-se as disposições em contrário e, em especial, o art. 279 do Decreto-lei 2.848, de 7 de dezembro de 1940 – Código Penal.

Brasília, em 27 de dezembro de 1990; 169.º da Independência e 102.º da República.

Fernando Collor

(*DOU* 28.12.1990)

Pessoa com Deficiência

Lei 7.853, de 24 de outubro de 1989

Dispõe sobre o apoio às pessoas portadoras de deficiência, sua integração social, sobre a Coordenadoria Nacional para Integração da Pessoa Portadora de Deficiência – Corde, institui a tutela jurisdicional de interesses coletivos ou difusos dessas pessoas, disciplina a atuação do Ministério Público, define crimes, e dá outras providências.

O Presidente da República:

Faço saber que o Congresso Nacional decreta e eu sanciono a seguinte Lei:

Art. 1.º Ficam estabelecidas normas gerais que asseguram o pleno exercício dos direitos individuais e sociais das pessoas portadoras de deficiências, e sua efetiva integração social, nos termos desta Lei.

§ 1.º Na aplicação e interpretação desta Lei, serão considerados os valores básicos da igualdade de tratamento e oportunidade, da justiça social, do respeito à dignidade da pessoa humana, do bem-estar, e outros, indicados na Constituição ou justificados pelos princípios gerais de direito.

§ 2.º As normas desta Lei visam garantir às pessoas portadoras de deficiência as ações governamentais necessárias ao seu cumprimento e das demais disposições constitucionais e legais que lhes concernem, afastadas as discriminações e os preconceitos de qualquer espécie, e entendida a matéria como obrigação nacional a cargo do Poder Público e da sociedade.

(...)

Art. 8.º Constitui crime punível com reclusão de 2 (dois) a 5 (cinco) anos e multa:[1]

I – recusar,[2-4] cobrar valores adicionais, suspender, procrastinar, cancelar ou fazer cessar inscrição de aluno em estabelecimento de ensino de qualquer curso ou grau, público ou privado, em razão de sua deficiência;[5-6]

II – obstar[7-9] inscrição em concurso público ou acesso de alguém a qualquer cargo ou emprego público, em razão de sua deficiência;[10-11]

III – negar[12-14] ou obstar emprego, trabalho ou promoção à pessoa em razão de sua deficiência;[15-16]

IV – recusar,[17-19] retardar ou dificultar internação ou deixar de prestar assistência médico-hospitalar e ambulatorial à pessoa com deficiência;[20-21]

V – deixar de cumprir,[22-24] retardar ou frustrar execução de ordem judicial expedida na ação civil a que alude esta Lei;[25-26]

VI – recusar,[27-29] retardar ou omitir dados técnicos indispensáveis à propositura da ação civil pública objeto desta Lei, quando requisitados.[30-31]

§ 1.º Se o crime for praticado contra pessoa com deficiência menor de 18 (dezoito) anos, a pena é agravada em 1/3 (um terço).[32]

§ 2.º A pena pela adoção deliberada de critérios subjetivos para indeferimento de inscrição, de aprovação e de cumprimento de estágio probatório em concursos públicos não exclui a responsabilidade patrimonial pessoal do administrador público pelos danos causados.[33]

§ 3.º Incorre nas mesmas penas quem impede ou dificulta o ingresso de pessoa com deficiência em planos privados de assistência à saúde, inclusive com cobrança de valores diferenciados.[34]

§ 4.º Se o crime for praticado em atendimento de urgência e emergência, a pena é agravada em 1/3 (um terço).[35]

1. Penalidades: em lugar de descrever a conduta típica e, depois, inserir, no preceito secundário, a pena, optou-se pela técnica de indicar, no início, haver crime, fixando a sanção aplicável e, na sequência, estipular os preceitos primários. A pena cominada ultrapassa os montantes para figurar como infração de menor potencial ofensivo e não cabe suspensão condicional do processo. Pode ser aplicável o acordo de não persecução penal. Em caso de condenação, fixada a pena em até 4 anos, pode-se substituí-la por restritivas de direitos. Do mesmo modo, até esse montante, cabe regime inicial aberto.

2. Análise do núcleo do tipo: *recusar* (não aceitar, negar), *cobrar valores adicionais* (exigir o pagamento de quantia superior à praxe), *suspender* (interromper, deixar pendente), *procrastinar* (atrasar), *cancelar* (anular, cassar) e *fazer cessar* (terminar, colocar um fim) são as condutas alternativas – a prática de um delas ou mais de uma, no mesmo contexto, gera um só crime –, cujo objeto é a *inscrição* (matrícula, registro) de aluno com deficiência em qualquer estabelecimento de ensino, não importando o curso ou o grau (se inicial, intermediário ou superior), sendo indiferente tratar-se de ensino público ou privado. As condutas são inspiradas pela discriminação de pessoa com deficiência física ou mental. Encontra tipo penal equivalente no art. 6.º da Lei 7.716/89 (discriminação racial).

3. Sujeitos ativo e passivo: o sujeito ativo só pode ser de pessoa com poder para permitir ou negar, de algum modo, o ingresso de pessoa com deficiência em estabelecimento de ensino. O sujeito passivo é a pessoa com deficiência que foi discriminada.

4. Elemento subjetivo do tipo específico: é o dolo, não havendo a forma culposa. Há elemento subjetivo do tipo específico consistente na vontade de excluir ou segregar pessoa por conta da sua deficiência física ou mental.

5. Objetos material e jurídico: o objeto material é a pessoa discriminada. O objeto jurídico é a preservação da igualdade dos seres humanos perante a lei.

6. Classificação: é crime próprio (somente pode ser praticado pelo dirigente do estabelecimento ou funcionário encarregado da inscrição ou admissão); formal (independe da ocorrência de qualquer efetivo prejuízo para a pessoa discriminada, embora seja possível que aconteça); de forma livre (pode ser cometido por qualquer meio eleito pelo agente); comissivo (os verbos indicam ações); instantâneo (a consumação ocorre em momento definido); unissubjetivo (pode ser cometido por uma só pessoa); unissubsistente (cometido num único ato) ou plurissubsistente (cometido por mais de um ato), conforme o meio eleito pelo agente. Admite tentativa na forma plurissubsistente.

7. Análise do núcleo do tipo: *obstar* (criar entrave, impedir, vedar) é a conduta típica, cujo objeto é a *inscrição* (registro, inclusão em lista) em *concurso público* (certame organizado para o provimento de cargos e empregos públicos, nos termos do art. 37, II, da Constituição Federal: "a investidura em cargo ou emprego público depende de aprovação prévia em concurso público de provas ou de provas e títulos, de acordo com a natureza e a complexidade do cargo ou emprego, na forma prevista em lei...") ou o *acesso* (ingresso, entrada) a cargo (posto na estrutura da administração pública) ou emprego público (posto criado por lei na estrutura hierárquica da Administração Pública, com denominação e padrão de vencimentos próprios, embora seja ocupado por servidor que possui vínculo contratual, sob a regência da CLT). O agente, assim, atua por discriminação ou preconceito à pessoa com deficiência física ou mental, valendo ressaltar que certas deficiências podem impedir, pela própria natureza, o desempenho em determinadas funções, a depender do caso concreto. Incluem-se tanto a inscrição no concurso público, que é a primeira fase para a admissão na atividade da administração, quanto a investidura no cargo ou emprego; portanto, o crime se aperfeiçoará se houver impedimento para prestar o concurso ou, depois de ter sido aprovado, não conseguir tomar posse.

8. Sujeitos ativo e passivo: o sujeito ativo é a pessoa que detém poder suficiente para impedir, de qualquer maneira, o concurso ou o ingresso em função pública. Exemplificando, pode ser o examinador de uma banca de concurso ou o encarregado da contratação. O sujeito passivo é a pessoa discriminada.

9. Elemento subjetivo do tipo: é o dolo. Exige-se o elemento subjetivo específico, que é a vontade de discriminar a pessoa. Não existe a forma culposa.

10. Objetos material e jurídico: o objeto material é a inscrição em concurso ou o ingresso em cargo ou emprego público. O objeto jurídico é a preservação da igualdade dos seres humanos perante a lei.

11. Classificação: é crime próprio (somente pode ser praticado pelo responsável pela inscrição ou admissão); formal (independe da ocorrência de qualquer efetivo prejuízo para a pessoa discriminada, embora seja possível que aconteça); de forma livre (pode ser cometido por qualquer meio eleito pelo agente); comissivo (o verbo indica ação); instantâneo (a consumação ocorre em momento definido); unissubjetivo (pode ser cometido por uma só pessoa); unissubsistente (cometido num único ato) ou plurissubsistente (cometido por mais de um ato), conforme o meio eleito pelo agente. Admite tentativa na forma plurissubsistente.

12. Análise do núcleo do tipo: negar (recusar) ou *obstar* (dificultar ou causar embaraço) são as condutas alternativas – a prática de uma ou duas, no mesmo contexto, gera somente um crime –, cujo objeto é o *emprego* (colocação ou lugar em empresa, exercendo-se uma atividade, com o fim de receber salário ou outra forma de remuneração), o *trabalho* (forma genérica de apontar uma atividade laborativa, com ou sem remuneração) ou a *promoção* (ascensão, melhoria) de pessoa com deficiência. Esse tipo é aplicável para todos os empregos, em sentido lato, fora da administração pública, envolvendo tanto o bloqueio ao ingresso quanto a melhoria de posto para quem já se encontra em serviço. O móvel da conduta do agente é a discriminação a pessoa com deficiência física ou mental.

13. Sujeitos ativo e passivo: o sujeito ativo é o proprietário da empresa ou a pessoa responsável pela contratação de pessoal e avalista da promoção. O sujeito passivo é a pessoa discriminada.

14. Elemento subjetivo do tipo: é o dolo. Exige-se o elemento subjetivo específico, que é a vontade de discriminar a pessoa. Não existe a forma culposa.

15. Objetos material e jurídico: o objeto material é o emprego, o trabalho ou a promoção. O objeto jurídico é a preservação da igualdade dos seres humanos perante a lei.

16. Classificação: é crime próprio (somente pode ser praticado pelo responsável pela contratação ou promoção); formal (independe da ocorrência de qualquer efetivo prejuízo para a pessoa discriminada, embora seja possível que aconteça); de forma livre (pode ser cometido por qualquer meio eleito pelo agente); comissivo (os verbos indicam ações); instantâneo (a consumação ocorre em momento definido); unissubjetivo (pode ser cometido por uma só pessoa); unissubsistente (cometido num único ato) ou plurissubsistente (cometido por mais de um ato), conforme o meio eleito pelo agente. Admite tentativa na forma plurissubsistente.

17. Análise do núcleo do tipo: *recusar* (negar, impedir), *retardar* (atrasar, tornar mais lento) e *dificultar* (tornar custoso, atravancar) são as condutas alternativas – a prática de uma ou duas, no mesmo contexto, gera um só crime –, cujo objeto é a internação de pessoa com deficiência em hospital ou estabelecimento similar. Outra possibilidade é a conduta omissiva de não prestar auxílio médico, hospitalar ou ambulatorial a pessoa com deficiência. Seria uma espécie de omissão de socorro por conta da discriminação.

18. Sujeitos ativo e passivo: o sujeito ativo é pessoa responsável por autorizar a internação ou quem tenha habilitação para fornecer prestação médica. O sujeito passivo é a pessoa discriminada.

19. Elemento subjetivo do tipo: é o dolo. Exige-se o elemento subjetivo específico, que é a vontade de discriminar a pessoa. Não existe a forma culposa.

20. Objetos material e jurídico: o objeto material é internação ou a assistência médico--hospitalar ou ambulatorial. O objeto jurídico é a preservação da igualdade dos seres humanos perante a lei.

21. Classificação: é crime próprio (somente pode ser praticado pelo responsável pela internação ou assistência médica); formal (independe da ocorrência de qualquer efetivo prejuízo para a pessoa discriminada, embora seja possível que aconteça); de forma livre (pode ser cometido por qualquer meio eleito pelo agente); comissivo (os verbos indicam ações); instantâneo (a consumação ocorre em momento definido); unissubjetivo (pode ser cometido por uma só pessoa); unissubsistente (cometido num único ato) ou plurissubsistente (cometido por mais de um ato), conforme o meio eleito pelo agente. Admite tentativa na forma plurissubsistente.

22. Análise do núcleo do tipo: *deixar de cumprir* (omitir-se no cumprimento de um comando), *retardar* (tornar lento, atrasar) e *frustrar* (fracassar, falhar) são as condutas alternativas – a prática de uma ou mais de uma, no mesmo contexto, gera um só crime –, cujo objeto é a "execução de ordem judicial expedida na ação civil a que alude esta Lei". Quanto à ação em prol da pessoa com deficiência, registre-se o disposto no art. 3.º desta Lei: "As medidas judiciais destinadas à proteção de interesses coletivos, difusos, individuais homogêneos e individuais indisponíveis da pessoa com deficiência poderão ser propostas pelo Ministério Público, pela Defensoria Pública, pela União, pelos Estados, pelos Municípios, pelo Distrito Federal, por associação constituída há mais de 1 (um) ano, nos termos da lei civil, por autarquia, por empresa pública e por fundação ou sociedade de economia mista que inclua, entre suas finalidades institucionais, a proteção dos interesses e a promoção de direitos da pessoa com deficiência". Um exemplo de busca de proteção: "Art. 2.º (...) II – na área da saúde: a) a promoção de ações preventivas, como as referentes ao planejamento familiar, ao aconselhamento genético, ao acompanhamento da gravidez, do parto e do puerpério, à nutrição da mulher e da criança, à identificação e ao controle da gestante e do feto de alto risco, à imunização, às doenças do metabolismo e seu diagnóstico e ao encaminhamento precoce de outras doenças causadoras de deficiência". Mesmo que pareça uma conduta associada à discriminação, nesse caso, a tutela penal se volta à administração da justiça. De maneira indireta, busca-se a proteção à pessoa com deficiência.

23. Sujeitos ativo e passivo: o sujeito ativo é pessoa que recebeu a ordem judicial. O sujeito passivo é o Estado. Indiretamente, a pessoa com deficiência.

24. Elemento subjetivo do tipo: é o dolo. Não se exige elemento subjetivo específico. Não existe a forma culposa.

25. Objetos material e jurídico: o objeto material é a ordem judicial recebida. O objeto jurídico é a administração da justiça, mas também o apoio à pessoa com deficiência.

26. Classificação: é crime próprio (somente pode ser praticado pelo receptor da ordem judicial); formal (independe da ocorrência de qualquer efetivo prejuízo para a administração da justiça ou para a pessoa com deficiência, embora seja possível que aconteça); de forma livre (pode ser cometido por qualquer meio eleito pelo agente); comissivo (os verbos *retardar* e *frustrar* indicam ações) ou omissivo (a forma *deixar de cumprir* indica inação); instantâneo (a consumação ocorre em momento definido); unissubjetivo (pode ser cometido por uma só pessoa); unissubsistente (cometido num único ato), em especial na forma *deixar de cumprir*, ou plurissubsistente (cometido por mais de um ato), conforme o meio eleito pelo agente. Admite tentativa na forma plurissubsistente.

27. Análise do núcleo do tipo: *recusar* (negar, rejeitar), *retardar* (tornar lento, atrasar) e *omitir* (não agir ou não fazer) são condutas alternativas – a prática de uma delas ou mais de uma, no mesmo contexto, gera um só crime –, cujo objeto são os *dados técnicos* (elementos advindos de conhecimento especializado) aptos a sustentar uma ação civil com base nesta Lei, desde que tenham sido *requisitados* (exigência legal). Nos mesmos termos do inciso anterior, funda-se esse delito em descumprimento de requisição, logo, desprestígio da justiça.

28. Sujeitos ativo e passivo: o sujeito ativo é pessoa que recebeu a requisição. O sujeito passivo é o Estado. Indiretamente, a pessoa com deficiência.

29. Elemento subjetivo do tipo: é o dolo. Não se exige elemento subjetivo específico. Não existe a forma culposa.

30. Objetos material e jurídico: o objeto material é a requisição recebida. O objeto jurídico é a administração da justiça, mas também o apoio à pessoa com deficiência.

31. Classificação: é crime próprio (somente pode ser praticado pelo receptor da requisição); formal (independe da ocorrência de qualquer efetivo prejuízo para a propositura da demanda ou para a pessoa com deficiência, embora seja possível que aconteça); de forma livre (pode ser cometido por qualquer meio eleito pelo agente); comissivo (os verbos *retardar* e *recusar* indicam ações) ou omissivo (a forma *omitir* indica inação); instantâneo (a consumação ocorre em momento definido); unissubjetivo (pode ser cometido por uma só pessoa); unissubsistente (cometido num único ato), em especial na forma *omitir*, ou plurissubsistente (cometido por mais de um ato), conforme o meio eleito pelo agente. Admite tentativa na forma plurissubsistente.

32. Causa de aumento de pena: eleva-se a sanção em 1/3, quando a vítima é criança ou adolescente. É a tendência do direito penal, buscando tutelar de maneira mais eficiente as lesões contra menores de 18 anos.

33. Responsabilidade pessoal: os critérios de ordem subjetiva (passíveis de interpretação, sem qualquer objetividade), quando forem utilizados pelo administrador público para lançar os requisitos de edital para concurso público, vedando, com isso, a inscrição e o acesso de pessoa com deficiência, independentemente da pena, na esfera criminal, permitem que haja reparação civil pelo dano provocado.

34. Figura típica por equiparação: todo o exposto nas figuras típicas anteriores pode ser aplicado nesse contexto quando o impedimento ou a dificuldade (inclusive cobrando valores diferenciados e mais caros) para ingresso de pessoa com deficiência se concretiza para evitar o uso de plano privado de assistência médica. Pode-se utilizar o parâmetro do art. 8.º, IV, desta Lei.

35. Causa de aumento: eleva-se um terço a pena, na terceira fase da individualização, quando a situação em que se insere o delito cometido nesta Lei é urgente (demandar solução rápida em face da gravidade) ou emergencial (geradora de perigo atual sob pena de lesão). Como regra, indica-se o disposto nos incisos IV, V e VI do art. 8.º.

> (...)
> **Art. 19.** Esta Lei entra em vigor na data de sua publicação.
> **Art. 20.** Revogam-se as disposições em contrário.
> Brasília, 24 de outubro de 1989; 168.º da Independência e 101.º da República.
> José Sarney
>
> (*DOU* 25.10.1989)

Lei 13.146, de 6 de julho de 2015

Institui a Lei Brasileira de Inclusão da Pessoa com Deficiência (Estatuto da Pessoa com Deficiência).

A Presidenta da República:

Faço saber que o Congresso Nacional decreta e eu sanciono a seguinte Lei:

(...)

TÍTULO II
DOS CRIMES E DAS INFRAÇÕES ADMINISTRATIVAS

> **Art. 88.** Praticar, induzir ou incitar[1-3] discriminação de pessoa[4] em razão de sua deficiência:[5-6]
> Pena – reclusão, de 1 (um) a 3 (três) anos, e multa.[7-7-A]

§ 1.º Aumenta-se a pena em 1/3 (um terço) se a vítima encontrar-se sob cuidado e responsabilidade do agente.[8]

§ 2.º Se qualquer dos crimes previstos no *caput* deste artigo é cometido por intermédio de meios de comunicação social ou de publicação de qualquer natureza:[9]

Pena – reclusão, de 2 (dois) a 5 (cinco) anos, e multa.[10]

§ 3.º Na hipótese do § 2.º deste artigo, o juiz poderá determinar, ouvido o Ministério Público ou a pedido deste, ainda antes do inquérito policial, sob pena de desobediência:[11]

I – recolhimento ou busca e apreensão dos exemplares do material discriminatório;

II – interdição das respectivas mensagens ou páginas de informação na internet.

§ 4.º Na hipótese do § 2.º deste artigo, constitui efeito da condenação, após o trânsito em julgado da decisão, a destruição do material apreendido.[12]

1. Análise do núcleo do tipo: *praticar* (exercitar, colocar em prática, efetuar), *induzir* (dar a ideia) e *incitar* (instigar, promover ideia já existente) são as condutas alternativas, cujo objeto é a *discriminação* (segregação por variados métodos) de pessoa por conta da sua deficiência. Se o agente cometer uma ou as três condutas, responde por crime único, a menos que haja um lapso temporal razoável entre as ações, mormente quando voltadas contra vítimas diferentes. Nesta última hipótese, aplica-se o concurso de crimes. Observa-se que o nascimento de mais uma lei, visando punir a *discriminação*, é a mais clara evidência do despreparo da humanidade para conviver em sociedade. O mais fraco, parte de uma minoria, em lugar de ser protegido pela maioria, que é mais forte, termina por sofrer agressões e ataques, dando ensejo à criação de leis e mais leis protetoras. Em verdade, bastaria uma só lei de discriminação das minorias para que os cidadãos pudessem se conscientizar dos males da segregação. Democracia autêntica não é o governo da maioria, simplesmente, mas o governo da maioria, *respeitando* a minoria.

2. Sujeitos ativo e passivo: o sujeito ativo pode ser qualquer pessoa. O sujeito passivo é a pessoa com deficiência (ver o conceito na nota *infra*).

3. Elemento subjetivo do tipo: é o dolo. Inexiste elemento subjetivo específico, assim como a forma culposa.

4. Pessoa com deficiência: dispõe o art. 2.º desta Lei: "Considera-se pessoa com deficiência aquela que tem impedimento de longo prazo de natureza física, mental, intelectual ou sensorial, o qual, em interação com uma ou mais barreiras, pode obstruir sua participação plena e efetiva na sociedade em igualdade de condições com as demais pessoas".

5. Objetos material e jurídico: o objeto material é a pessoa com deficiência. O objeto jurídico é a tutela da igualdade das pessoas perante a lei.

6. Classificação: comum (pode ser cometido por qualquer pessoa); formal (não exige resultado naturalístico para a consumação, consistente em efetivo prejuízo para a pessoa discriminada); de forma livre (pode ser cometido por qualquer meio eleito pelo agente); comissivo (os verbos indicam *ação*); instantâneo (a consumação se dá em momento determinado), como regra; porém, pode dar-se a forma permanente (a consumação se arrasta no tempo) se uma publicação discriminatória é feita, a título de exemplo, em rede social, permanecendo ativa e chamando cada vez mais adeptos; unissubjetivo (pode ser cometido por um só agente); plurissubsistente (cometido por intermédio de vários atos); admite tentativa.

7. Benefícios penais: a pena comporta a suspensão condicional do processo. Se houver condenação, não se tratando de delito violento, podem-se aplicar penas alternativas. Eventualmente, também comporta *sursis*.

7-A. Proteção processual penal: a mulher, sendo mãe ou não, responsável por pessoa com deficiência pode ter a sua prisão preventiva substituída pela prisão domiciliar, vale dizer, será presa cautelarmente em domicílio. Na jurisprudência: STJ: "3. O art. 318-A do Código de Processo Penal, introduzido pela Lei n. 13.769/2018, estabelece um poder-dever para o juiz substituir a prisão preventiva por domiciliar de gestante, mãe de criança menor de 12 anos e *mulher responsável por pessoa com deficiência*, sempre que apresentada prova idônea do requisito estabelecido na norma (art. 318, parágrafo único), ressalvadas as exceções legais. Todavia, naquilo que a lei não regulou, o precedente da Suprema Corte (HC n. 143.641/SP) deve continuar sendo aplicado, pois uma interpretação restritiva da norma pode representar, em determinados casos, efetivo risco direto e indireto à criança ou ao deficiente, cuja proteção deve ser integral e prioritária. Essa particular forma de parametrar a interpretação da lei (no caso, a prisão domiciliar) é a que mais se aproxima da Constituição Federal, que faz da cidadania e da dignidade da pessoa humana dois de seus fundamentos (incisos II e III do art. 3º). Mais: Constituição que tem por objetivos fundamentais erradicar a marginalização e construir uma sociedade livre, justa e solidária (incisos I e III do art. 3º). Tudo na perspectiva da construção do tipo ideal de sociedade que o preâmbulo de nossa Constituição caracteriza como 'fraterna' (HC 94.163, Relator Min. Carlos Britto, Primeira Turma do STF, julgado em 02/12/2008, *DJe*-200 divulg 22-10-2009 public 23-10-2009 ement vol-02379-04 PP-00851). Precedentes do STF e do STJ" (HC 516.040 – SP, 5.ª T., rel. Reynaldo Soares da Fonseca, j. 06.08.2019, v.u.).

8. Causa de aumento de pena: impõe-se o aumento de um terço para o caso de a vítima encontrar-se sob tutela protetora do próprio agente do crime, o que redunda em maior reprovabilidade da conduta.

9. Figura qualificada: qualifica-se o delito, elevando-se, concomitantemente, o mínimo e o máximo da pena, caso o seu cometimento se dê por meio de comunicação social (redes sociais da internet) ou outra publicação (como jornais, revistas etc.).

10. Benefícios penais: havendo condenação, não se cuidando de crime violento, pode-se aplicar pena alternativa. Conforme a situação, cabe, ainda, o *sursis*.

11. Providências cautelares: se a discriminação à pessoa com deficiência ocorrer por intermédio de meios de comunicação, atingindo várias pessoas, serão viáveis, de pronto, antes da formalização de qualquer medida criminal, o recolhimento do material (via busca e apreensão) e a interdição da divulgação das mensagens ou páginas da internet. É positiva tal previsão; porém, mais uma vez, o legislador confirma o poder judicial de atuar, de ofício, *antes mesmo de haver inquérito policial*. Não nos parece deva o magistrado agir em desconformidade com a sua imparcialidade, no caso de inexistir procedimento policial ou processo judicial. Há que se aguardar o requerimento do Ministério Público ou da vítima. É admissível, inclusive, o pleito formulado por entidade de defesa da pessoa com deficiência ou outro órgão governamental que cuide do tema. A determinação judicial segue com a advertência de responder por crime de desobediência quem receber a intimação. Para isso, é imprescindível seja feita intimação pessoal e em relação àquele com poder de interditar as mensagens ou páginas da internet. No tocante a busca e apreensão, havendo mandado judicial, o oficial de justiça pode achar e apreender o material ofensivo. Estará sujeito à desobediência quem impedir essa busca. Nesse caso, haverá prisão em flagrante, inexistindo razão para constar qualquer intimação no mandado.

12. Efeito da condenação: entre os efeitos gerais previstos no art. 91 do Código Penal, estabelece-se, neste parágrafo, a destruição do material apreendido. Por cautela, aponta-se a necessidade de haver o trânsito em julgado da decisão.

> **Art. 89.** Apropriar-se de ou desviar[13-15] bens, proventos, pensão, benefícios, remuneração ou qualquer outro rendimento de pessoa com deficiência:[16-17]
>
> Pena – reclusão, de 1 (um) a 4 (quatro) anos, e multa.[18]
>
> **Parágrafo único.** Aumenta-se a pena em 1/3 (um terço) se o crime é cometido:[19]
>
> I – por tutor, curador, síndico, liquidatário, inventariante, testamenteiro ou depositário judicial; ou
>
> II – por aquele que se apropriou em razão de ofício ou de profissão.

13. Análise do núcleo do tipo: *apropriar-se* significa tomar posse de coisa pertencente a outrem; apossar-se com ânimo de assenhoreamento; *desviar* significa dar destino diverso ao que seria natural ou lícito. O objeto dessas condutas alternativas são os bens (móveis ou imóveis), proventos (salário), pensão (remuneração do aposentado ou cônjuge remanescente), benefícios (quaisquer valores expressivos em moeda), remuneração (qualquer valor monetário) ou qualquer outro rendimento (é o residual, podendo ser o aluguel de bens imóveis, por exemplo) de pessoa com deficiência. Há norma similar no Estatuto da Pessoa Idosa (art. 102). É preciso uma interpretação em favor da pessoa com deficiência, vale dizer, protetora e não literal. Ilustrando, é possível que o tutor da pessoa com deficiência o coloque num pequeno cômodo de uma casa enorme (pertencente à pessoa com deficiência), ocupando o restante. Estaria havendo desvio da finalidade do imóvel. Caso o parente da pessoa com deficiência retire dinheiro deste para pagar contas de interesse diverso da vítima, constitui-se, igualmente, o delito. Naturalmente, a interpretação em favor da pessoa com deficiência não pode gerar ilogicidade. Se o parente ou responsável pela pessoa com deficiência, para levá-lo ao médico, usa dinheiro da vítima para pagar o táxi, por óbvio, não há desvio nem apossamento criminoso. Na jurisprudência: TJSP: "Apropriação indébita. Apelo defensivo pleiteando a absolvição por erro sobre a ilicitude do fato ou insuficiência probatória. Impossibilidade. Apropriação de R$ 32.000,00 (trinta e dois mil reais), que foram depositados na conta bancária da ré, indevidamente, pela vítima, deficiente mental (incapaz). Acusada que fez compras, efetuou saques e transferiu todo o dinheiro no mesmo dia do depósito. Dolo evidenciado. Apropriação caracterizada. Condenação acertada. Penas dosadas no piso legal. Apelo improvido" (Apelação Criminal 0003492-30.2014.8.26.0383, 16.ª Câmara, rel. Otávio de Almeida Toledo, j. 04.06.2020, v.u.).

14. Sujeitos ativo e passivo: o sujeito ativo pode ser qualquer pessoa. O sujeito passivo é a pessoa com deficiência.

15. Elemento subjetivo do tipo: é o dolo. Inexiste elemento subjetivo específico, assim como a forma culposa. Note-se que, diversamente do furto ou de outros delitos patrimoniais, o texto legal omitiu "para si ou para outrem", de modo que o agente pode apossar-se ou desviar para qualquer finalidade que não seja em benefício da própria pessoa com deficiência.

16. Objetos material e jurídico: o objeto material é o bem, provento, pensão, benefício, remuneração ou outro rendimento da pessoa com deficiência. O objeto jurídico é a tutela da igualdade das pessoas perante a lei, bem como o patrimônio das pessoas com deficiência.

17. Classificação: comum (pode ser cometido por qualquer pessoa); material (exige resultado naturalístico para a consumação, consistente em efetivo prejuízo para a pessoa deficiente); de forma livre (pode ser cometido por qualquer meio eleito pelo agente); comissivo (os verbos indicam *ação*); instantâneo (a consumação se dá em momento determinado), como regra; unissubjetivo (pode ser cometido por um só agente); plurissubsistente (cometido por intermédio de vários atos); admite tentativa.

18. Benefícios penais: cabe a suspensão condicional do processo (pena mínima igual a um ano). Em caso de condenação, é possível a substituição por penas restritivas de direitos. Eventualmente, caberá também *sursis*, quando a pena não ultrapassar 2 anos (art. 77, CP).

19. Causa de aumento de pena: a elevação de um terço na pena é obrigatória caso se verifique uma das circunstâncias previstas nos dois incisos. A razão do aumento guarda sintonia com a posição de garante ou responsável do patrimônio da pessoa com deficiência: tutor, curador, síndico (na realidade, administrador de massa falida), liquidatário, inventariante, testamenteiro, depositário judicial, pessoa que detém ofício ou profissão apta a cuidar dos bens da pessoa com deficiência (ex.: advogado).

> **Art. 90.** Abandonar[20-22] pessoa com deficiência em hospitais, casas de saúde, entidades de abrigamento ou congêneres:[23-24]
>
> Pena – reclusão, de 6 (seis) meses a 3 (três) anos, e multa.[25]
>
> **Parágrafo único.** Na mesma pena incorre quem não prover as necessidades básicas de pessoa com deficiência quando obrigado por lei ou mandado.[26]

20. Análise do núcleo do tipo: *abandonar* significa desamparar, desistir de algo ou alguém com ânimo definitivo. Volta-se a conduta à pessoa com deficiência sob responsabilidade do agente. Há figura similar no Estatuto da Pessoa Idosa (art. 98). É preciso cautela na interpretação desse tipo, pois o *abandono* é situação permanente, duradoura e definitiva. E mais, o agente precisa ter algum laço de parentesco que o obrigue a cuidar da pessoa com deficiência. Além disso, há que se analisar a espécie de deficiência e o que ela provoca em matéria de prejuízo direto ou colateral à família. Pode ser que a pessoa com deficiência fique mais bem instalada num local apropriado para lidar com a sua situação. Por outro lado, a família pode ser tão carente quanto a pessoa com deficiência, não podendo mantê-la, porque esta precisa de cuidados especiais diuturnamente. Sob outro aspecto, o Direito não se imiscui em aspectos exclusivamente amorosos ou fraternos, de modo que não há crime se o familiar faz o que está ao seu alcance pela pessoa com deficiência, embora não possua estreitos liames afetivos entre ambos. Tal delito não se aplica aos casos de internação decorrentes da lei penal. Conferir: TJRJ: "Inobstante a medida de segurança se traduza, inequivocamente, em uma espécie de sanção penal, porquanto permite ao Estado interferir na esfera de liberdade do indivíduo, guarda, como característica precípua, seu caráter curativo e terapêutico, no que se ressaltam a proporcionalidade e razoabilidade da medida determinada. Dessa forma, deve ficar o prazo da medida imposta umbilicalmente vinculado à cessação da periculosidade do apelante, devendo, outrossim, ante a melhora de seu quadro clínico, ser observada sua desinternação progressiva, com base no § 4.º do artigo 97 do Código Penal, interpretado *a contrario sensu*, conjugado com o princípio da proporcionalidade. Tratando-se de crime grave, onde a vida de uma pessoa foi ceifada, em consonância com a jurisprudência dos Tribunais Superiores no sentido de que a medida de segurança em casos tais como dos autos, isto é, em delito punido com reclusão deve ser a internação, deve tal a mesma ser mantida por se traduzir proporcional e adequada à conduta perpetrada. Registre-se que a salvaguarda dos direitos das pessoas com transtornos mentais e portadoras de necessidades especiais trazida pelas Leis n.º 10.216/01 e 13.146/15 não tem o condão de afastar a internação determinada. Considerando-se o quadro clínico-psiquiátrico do apelante à época do exame realizado, deve o prazo de reavaliação da medida, invocando-se, uma vez mais, os objetivos da mesma, ser fixado em seu mínimo, isto é, em um ano. Recurso conhecido e parcialmente provido" (Ap. 0035293-53.2016.8.19.0038 – RJ, 8.ª Câmara Criminal, rel. Suely Lopes Magalhães, j. 05.09.2017, v.u.).

21. Sujeitos ativo e passivo: o sujeito ativo é a pessoa obrigada por lei ou mandado judicial a tutelar e cuidar da pessoa com deficiência. O sujeito passivo é a pessoa com deficiência.

22. Elemento subjetivo do tipo: é o dolo. Inexiste elemento subjetivo específico, embora o verbo *abandonar* já traga uma forte valoração de permanência e definitividade. Não há a forma culposa.

23. Objetos material e jurídico: o objeto material é a pessoa com deficiência. O objeto jurídico é a proteção à pessoa com deficiência.

24. Classificação: próprio (só pode ser cometido por pessoa envolvida legalmente com a vítima); formal (não exige resultado naturalístico para a consumação, consistente em efetivo prejuízo para a pessoa com deficiência); de forma livre (pode ser cometido por qualquer meio eleito pelo agente); omissivo (o verbo indica *inação*); instantâneo (a consumação se dá em momento determinado), porém de efeitos permanentes; unissubjetivo (pode ser cometido por um só agente); unissubsistente (cometido por intermédio de um só ato); não admite tentativa, pois crime omissivo e unissubsistente.

25. Benefícios penais: cabe a suspensão condicional do processo (pena mínima inferior a um ano). Em caso de condenação, comporta a substituição da pena por restritivas de direito. Eventualmente, pode-se aplicar o *sursis* (art. 77, CP).

26. Figura de equiparação: a figura de equiparação, no art. 98 do Estatuto da Pessoa Idosa, encontra-se mesclada no tipo básico (*caput*), juntamente com o verbo *abandonar*. *Não prover* significa apenas uma espécie de abandono, porém mais vinculada às necessidades materiais. O correto seria a reunião do parágrafo único ao *caput*, pois o contexto é único. Aliás, neste parágrafo, consta o dever legal ou judicial de cuidar da pessoa com deficiência, o que está correto e vale igualmente para o abandono mencionado no *caput*. As necessidades básicas são representadas pelo mínimo indispensável à dignidade humana (alimentação, vestuário, moradia, lazer etc.).

> **Art. 91.** Reter ou utilizar[27-29] cartão magnético, qualquer meio eletrônico ou documento de pessoa com deficiência destinados ao recebimento de benefícios, proventos, pensões ou remuneração ou à realização de operações financeiras, com o fim de obter vantagem indevida para si ou para outrem:[30-31]
>
> Pena – detenção, de 6 (seis) meses a 2 (dois) anos, e multa.[32]
>
> **Parágrafo único.** Aumenta-se a pena em 1/3 (um terço) se o crime é cometido por tutor ou curador.[33]

27. Análise do núcleo do tipo: *reter* (guardar em seu poder o que pertence a outrem) e *utilizar* (fazer uso de algo) são as condutas alternativas, cujo objeto é o cartão magnético (cartão utilizado para saques e pagamentos) ou outro meio eletrônico (inserido, de modo inédito, neste artigo, em face do avanço da tecnologia, que pode substituir o cartão por outro material apto a fazer o mesmo serviço) ou, ainda, documento (base material de identificação de pessoa) pertencente a pessoa com deficiência. Tais instrumentos são voltados à percepção de valores monetários de origens diversas (proventos, pensões etc.) ou à realização de operação financeira, tudo com o objeto de auferir vantagem indevida, que, nessa situação, é de natureza econômica.

28. Sujeitos ativo e passivo: o sujeito ativo pode ser qualquer pessoa. O sujeito passivo é a pessoa com deficiência.

29. Elemento subjetivo do tipo: é o dolo. Há duplo elemento subjetivo específico consistente em *obter vantagem* indevida *para si ou para outrem*. Não há a forma culposa.

30. Objetos material e jurídico: o objeto material é o cartão, documento ou outro meio apto a saques e operações financeiras. O objeto jurídico é tutela patrimonial da pessoa com deficiência.

31. Classificação: comum (pode ser cometido por qualquer pessoa); material (exige resultado naturalístico para a consumação, consistente em efetivo prejuízo para a pessoa com deficiência); de forma livre (pode ser cometido por qualquer meio eleito pelo agente); comissivo (os verbos indicam *ação*); instantâneo (a consumação se dá em momento determinado), como regra, mas pode assumir o caráter permanente na modalidade *reter*; unissubjetivo (pode ser cometido por um só agente); unissubsistente (cometido num só ato) ou plurissubsistente (cometido por intermédio de vários atos); admite tentativa na forma plurissubsistente.

32. Benefícios penais: cabe a suspensão condicional do processo (pena mínima inferior a um ano). Em caso de condenação, comporta a substituição da pena por restritivas de direito. Eventualmente, pode-se aplicar o *sursis* (art. 77, CP).

33. Causa de aumento de pena: a elevação da pena se justifica quando o delito é cometido pela pessoa que está obrigada a proteger a pessoa com deficiência; logo, não tem cabimento prejudicá-lo. Entretanto, é preciso tomar cuidado pelo fato de o tutor ou curador manter consigo o cartão ou outro documento para que a pessoa com deficiência disponha de seus valores de maneira errônea e indiscriminada. Por isso, o elemento subjetivo específico (para si ou para outrem) precisa ser bem observado.

> (...)
> Brasília, 6 de julho de 2015; 194.º da Independência e 127.º da República.
> Dilma Roussef
>
> (*DOU* 07.07.2015)

Propriedade Industrial

Lei 9.279, de 14 de maio de 1996

Regula direitos e obrigações relativos à propriedade industrial.

O Presidente da República:

Faço saber que o Congresso Nacional decreta e eu sanciono a seguinte Lei:

(...)

TÍTULO V
DOS CRIMES CONTRA
A PROPRIEDADE INDUSTRIAL[1-2]

Capítulo I
DOS CRIMES CONTRA AS PATENTES

> **Art. 183.** Comete crime[3] contra[4] patente de invenção[5] ou de modelo de utilidade[6] quem:
> I – fabrica[7-9] produto que seja objeto de patente de invenção ou de modelo de utilidade, sem autorização do titular;[10-11] ou
> II – usa[12-14] meio ou processo que seja objeto de patente de invenção, sem autorização do titular.[15-17]
> Pena – detenção, de 3 (três) meses a 1 (um) ano, ou multa.[18]

1. Propriedade industrial: preceitua o art. 5.º, *caput*, da Constituição Federal que todos são iguais perante a lei, garantindo-se aos brasileiros e aos estrangeiros residentes no País a *inviolabilidade* do direito à *propriedade*, considerado, pois, um dos direitos humanos fundamentais. Por isso, o Código Penal tutela e protege o direito de propriedade, além de haver lei penal especial complementando o cenário. As formas de proteção à propriedade, nas leis penais, adquirem diversas conotações, valendo-se o legislador dos termos *patrimônio*, *propriedade imaterial* e *propriedade industrial*. Segundo nos parece, o patrimônio é o conjunto de bens materiais e imateriais, abrangendo objetos inanimados e semoventes, suscetível de apreciação econômica, ainda que realizada por meio indireto. São espécies de patrimônio: a) bens materiais (coisas e animais), tutelados pelos tipos penais incriminadores do Código Penal (arts. 155 a 180); b) propriedade imaterial, hoje consistente na proteção à propriedade intelectual, igualmente tutelada pelo Código Penal (art. 184); c) propriedade industrial, envolvendo o privilégio de invenção, as marcas de indústria e comércio e a concorrência desleal, tuteladas pela Lei 9.279/96. Atualmente, considerando-se estes dois últimos conceitos, pois relativos à criatividade humana, há duas áreas: "a criação estética é o objeto do direito de autor; a invenção técnica, da propriedade industrial" (Newton Silveira, *A propriedade intelectual e a nova lei de propriedade industrial*, p. 5). É preciso deixar claro o conceito de *indústria*, cuja primeira impressão pode remeter ao prédio da fábrica, cheia de maquinário, onde se constroem coisas para venda no comércio, é muito mais amplo, representando todas as atividades humanas para alcançar um objetivo; essas atividades podem ser criadoras ou executoras de um projeto, de uma tese, de uma marca, de uma obra escrita etc. Em suma, a *indústria* envolve tanto aquela atividade, produzida em fábrica, para transformar a matéria-prima em objeto de valor econômico, quanto a atividade criadora do ser humano, redundando em direito de autor (propriedade intelectual) e propriedade industrial (tutela do privilégio de invenção, das marcas de indústria e comércio e da concorrência desleal). A tutela à propriedade industrial torna-se mais efetiva em virtude da adesão de nosso país à Convenção da União de Paris, 1883, que instituiu e regulou internacionalmente o tema. Houve vários adendos e revisões com o passar dos anos. A última revisão, assinada pelo Brasil, advém de Estocolmo (1967). Como narra João da Gama Cerqueira, antes da adesão formal à Convenção de Paris, o Brasil já possuía leis protegendo o privilégio de invenção, embora ainda fossem atrasadas e imperfeitas (*Tratado da propriedade industrial*, p. 11).

2. Diferença entre direitos de autor e propriedade industrial: embora correlatos, pois ambos constituem o patrimônio imaterial de uma pessoa (física ou jurídica), diferem-se pelo seguinte aspecto: "enquanto as obras protegidas pelo direito de autor têm, como requisito, a originalidade, as criações no campo da propriedade industrial, tais como as invenções, modelos de utilidade e desenhos industriais, dependem do requisito da novidade, objetivamente considerado. A originalidade deve ser entendida em sentido subjetivo, em relação à esfera pessoal do autor. Já objetivamente nova é a criação ainda desconhecida como situação de fato" (Newton Silveira, *ob. cit.*, p. 9). O subjetivamente novo cuida-se de novidade para o próprio autor; o objetivamente novo é uma novidade para o autor e para a coletividade.

3. Fórmula anômala: a descrição realizada pelo tipo incriminador, nesta Lei, é anormal, pois, em lugar de simplesmente descrever uma conduta (ação/omissão mais objeto), fixando a pena (reclusão ou detenção), já indicativo de ser um crime, o legislador se valeu do modelo *constitui crime contra patente de invenção ou modelo de utilidade quem...*, inserindo nos incisos as condutas. No *caput*, reservou a especificação de *constituir crime*, que seria desnecessária, apontando, ainda, o objeto jurídico tutelado, no caso, *patente de invenção ou modelo de utilidade*.

4. Objeto jurídico: a lei tutela a patente de invenção ou modelo de utilidade. Como explicado na nota anterior, houve uma redação *invertida* desse tipo penal, iniciando-se pelo objeto jurídico protegido para depois descrever as condutas proibidas.

5. Patente de invenção: em linhas gerais, a *patente*, no âmbito jurídico do termo, representa um registro, realizado em órgão de acesso público, para garantir o direito de propriedade de alguma coisa a quem a criou. Os objetos da patente são as invenções, as marcas, as descobertas, nos termos expostos nesta Lei. No ensinamento de João da Gama Cerqueira, "entre os produtos do trabalho intelectual que se manifestam no campo das indústrias, destacam-se, pela sua importância, as *invenções*, que constituem objeto da tutela jurídica dispensada, de modo geral, aos *direitos de autor* e, de modo particular, à *propriedade industrial* (*Tratado da propriedade industrial*, v. 1, p. 129). O inventor possui dois direitos fundamentais, espelhados pelo *privilégio de invenção* (monopólio de comércio ou indústria do bem que foi criado) e pela *patente de invenção* (registro assegurador da propriedade da invenção). Esta última é registrada no Instituto Nacional da Propriedade Industrial (INPI), autarquia federal vinculada ao Ministério da Indústria, Comércio Exterior e Serviços. No magistério de Tinoco Soares, "*inventor* é aquele que através do trabalho do intelecto ou do acaso fez uma descoberta ou idealizou alguma coisa nova, suscetível de ser industrializada. A *invenção é o produto do seu trabalho, decorrendo daí que a patente* é o título hábil representativo da obtenção de um privilégio de uma invenção ou de um aperfeiçoamento" (*Lei de patentes, marcas e direitos conexos*, p. 29). Para ser patenteável, a invenção deve ser uma novidade, atividade inventiva e de aplicação industrial (art. 8.º desta Lei).

6. Modelo de utilidade: cuida-se da criação de uma nova forma de uso de algum produto já conhecido, aprimorando a sua *performance*. Na lição de Newton Silveira, "os modelos de utilidade visam a melhorar o uso ou utilidade dos produtos, dotando-os de maior eficiência ou comodidade na sua utilização, por meio de nova configuração" (*A propriedade intelectual...*, p. 7). Nos termos do art. 9.º desta Lei, o modelo de utilidade é "o objeto de uso prático, ou parte deste, suscetível de aplicação industrial, que apresente nova forma ou disposição, envolvendo ato inventivo, que resulte em melhoria funcional no seu uso ou em sua fabricação". Ainda Silveira, evidenciando a diferença entre *invenção* e *modelo de utilidade*: "enquanto decorre da invenção um novo resultado, do modelo de utilidade se obtêm maior comodidade e eficácia de emprego" (ob. cit., p. 7). "No direito brasileiro, vigora o princípio da novidade absoluta só sendo privilegiável a invenção, modelo ou desenho novo e não compreendido pelo estado da técnica" (P. R. Tavares Paes, *Propriedade industrial*, p. 77). Preceitua o art. 11, § 1.º, desta Lei constituir *estado de técnica* "tudo aquilo tornado acessível ao público antes da data de depósito do pedido de patente, por descrição escrita ou oral, por uso ou qualquer outro meio, no Brasil ou no exterior (...)".

7. Análise do núcleo do tipo: *fabricar* (construir algo a partir de materiais diversos; produzir; criar) é a conduta central, cujo objeto é a patente de invenção ou modelo de utilidade. Em nota anterior, verificou-se o conceito da patente, que é o registro feito no INPI, assegurando o monopólio de uso por parte do inventor ou do autor do modelo de utilidade. Aliás, bem por isso, o tipo penal encaixa um elemento normativo: *sem autorização do titular*, que seria desnecessário, pois decorrência lógica da situação. Noutros termos, se alguém utilizar invento ou modelo de utilidade patenteado, *com a autorização* do inventor ou autor, é evidente não constituir conduta ilícita. Porém, da forma como foi redigido o tipo do inciso I do art. 183, o fato se torna *atípico*, sempre que houver a referida autorização do titular. Observe-se que a lei se refere à *patente*, logo, o crime somente se aperfeiçoa *após* o registro. Durante o procedimento de apresentação da invenção ou modelo de utilidade ao INPI, o inventor ou autor tem apenas expectativa de direito. Assim também é o magistério de Douglas Gabriel Domingues: "a lei protege apenas as invenções e modelos de utilidade patenteados, cujo privilégio ainda não se haja extinto, inexistindo violação se a patente houver sido anulada ou declarada caduca" (*Comentários à lei da propriedade industrial*, p. 582). Valendo-se de interpretação extensiva, perfeitamente legítima neste caso, em que se lê *patente*, deve-se acrescer o *certificado de adição*, que serve para "proteger aperfeiçoamento ou desenvolvimento introduzido no objeto da invenção, mesmo que destituído de atividade inventiva, desde que a matéria se inclua no mesmo conceito inventivo" (art. 76 desta Lei). Afinal, nos termos do art. 77, "o certificado de adição é acessório da patente, tem a data final de vigência desta e acompanha-a para todos os efeitos legais". Indicamos em nota própria (*infra*) ser necessário o exame pericial para comprovar este delito. Por outro lado, assim como ocorre no universo das falsificações, a fabricação grosseira de um produto, demonstrando com nitidez a sua distância do autêntico, devidamente patenteado, é crime impossível (art. 17, CP). Por outro lado, concordamos com a lição de Pierangeli ao descrever que "haverá o delito ainda quando não estejam incluídos no produto os aparatos e equipamentos contidos na patente, isto é, mesmo que não exista uma completa identidade com o produto impugnado" (*Crimes contra a propriedade industrial*..., p. 190). Embora exista controvérsia doutrinária a respeito de quem *fabrica* o produto patenteado apenas com o intuito de estudá-lo ou aprimorá-lo, entendemos praticado o crime do mesmo jeito, pois trata-se de delito formal. Nesse prisma, igualmente, Douglas Gabriel Domingues (*Comentários à lei da propriedade industrial*, p. 584). Contrariamente, a lição de Bento de Faria, no sentido de não haver contrafação quando a fabricação se der para o fim de estudar o produto ou aperfeiçoá-lo (*Código Penal brasileiro comentado*, v. V, p. 247-248).

8. Sujeitos ativo e passivo: o sujeito ativo pode ser qualquer pessoa; o sujeito passivo é o titular da patente de invenção ou modelo de utilidade. Esse *titular* pode ser o próprio inventor ou o autor do modelo, como também qualquer outra pessoa (física ou jurídica) que tenha obtido a patente, por transmissão de quem inicialmente a consagrou. Vicente Sabino Jr. apresenta um ponto relevante: a pessoa jurídica não pode figurar como *inventora* (somente a pessoa física), restando-lhe o papel de quem adquire o *direito do inventor* para tornar-se sujeito passivo (*Direito penal*, v. 3, p. 816). Conferir, ainda, o conteúdo da nota 24 *infra*, cuidando deste tema nos comentários ao art. 184, I. Pode, também, figurar no polo passivo o Estado, quando a violação atingir interesse à defesa nacional (art. 75 desta Lei).

9. Elemento subjetivo: é o dolo. Não há elemento subjetivo específico, nem se pune a forma culposa.

10. Objetos material e jurídico: o objeto material é o produto fabricado pelo agente; o objeto jurídico é a patente de invenção ou modelo de utilidade, logo, a propriedade industrial.

11. Classificação: trata-se de crime comum (pode ser cometido por qualquer pessoa); formal (não exige resultado naturalístico para a consumação, consistente na efetiva lesão ao patrimônio da vítima); em outro sentido, afirmando cuidar-se de delito material: Pierangeli (*Crimes contra a propriedade industrial*, p. 192); de forma livre (pode ser cometido por qualquer meio eleito pelo agente); comissivo (o verbo indica ação); instantâneo (a consumação se dá em momento determinado); unissubjetivo (pode ser cometido por um só agente); plurissubsistente (cometido por intermédio de vários atos); admite tentativa.

12. Análise do núcleo do tipo: *usar* significa valer-se de algo para um fim útil; o objeto da conduta é o meio ou processo inédito, que foi objeto de patente de invenção ou modelo de utilidade. Noutros termos, se no inciso I pune-se a fabricação ilegal do produto, no inciso II almeja-se atingir quem utiliza um *método* ou *procedimento* passível de patente. Note-se que o *modelo de utilidade* se liga justamente à criação de uma fórmula para aprimorar o uso de produto já conhecido; este inciso encaixa-se com perfeição nesta hipótese.

13. Sujeitos ativo e passivo: o sujeito ativo pode ser qualquer pessoa; o sujeito passivo é o titular da patente ou modelo de utilidade. Esse *titular* pode ser o próprio inventor ou o autor do modelo, como também qualquer outra pessoa (física ou jurídica) que tenha obtido a patente, por transmissão de quem inicialmente a consagrou. Pode, também, figurar no polo passivo o Estado, quando a violação atingir interesse à defesa nacional (art. 75 desta Lei).

14. Elemento subjetivo: é o dolo. Não há elemento subjetivo específico, nem se pune a forma culposa.

15. Objetos material e jurídico: o objeto material é o meio ou processo usado pelo agente; o objeto jurídico é a patente de invenção ou modelo de utilidade, logo, a propriedade industrial.

16. Classificação: trata-se de crime comum (pode ser cometido por qualquer pessoa); formal (não exige resultado naturalístico para a consumação, consistente na efetiva lesão ao patrimônio da vítima); em outro sentido, afirmando cuidar-se de delito material: Pierangeli (*Dos crimes contra a propriedade industrial*, p. 192); de forma livre (pode ser cometido por qualquer meio eleito pelo agente); comissivo (o verbo indica ação); instantâneo (a consumação se dá em momento determinado) ou permanente (a consumação se arrasta no tempo), dependendo do caso concreto; unissubjetivo (pode ser cometido por um só agente); plurissubsistente (cometido por intermédio de vários atos); admite tentativa.

17. Exame de corpo de delito: o crime perfilhado neste artigo, no inciso I, representa uma contrafação, motivo pelo qual deixa rastro material e, nos termos do art. 158 do CPP, deve ser provado mediante exame pericial. Ademais, como o julgador formaria a sua convicção sem o apoio da prova técnica? Parece-nos impossível, por exemplo, somente com testemunhas, indicar a violação da patente, pois existem inúmeros detalhes técnicos indispensáveis para o fechamento do debate. No tocante ao inciso II, depende do caso concreto, podendo o juiz valer-se igualmente da perícia para formar seu convencimento quanto ao uso indevido de meio ou processo patenteado. Na jurisprudência: STJ: "Em relação aos crimes contra a propriedade imaterial que deixam vestígios, prevê o Código de Processo Penal a necessidade de realização de exame pericial dos objetos que constituam o corpo de delito e que o respectivo laudo deverá instruir a ação penal" (RHC 27.964 – RS, 5.ª T., rel. Laurita Vaz, j. 26.06.2012, v.u.).

18. Benefícios penais: trata-se de infração de menor potencial ofensivo, permitindo transação. Se esta não se realizar, a pena aplicável indica a possibilidade de substituição por restritiva de direitos, visto não se cuidar de crime violento contra a pessoa. Além disso, é cabível o *sursis*, se não utilizada a substituição mencionada. O regime de cumprimento, como regra, deve ser o aberto.

> **Art. 184.** Comete crime[19] contra[20] patente de invenção[21] ou de modelo de utilidade[22] quem:
>
> I – exporta, vende, expõe ou oferece à venda, tem em estoque, oculta ou recebe,[23-25] para utilização com fins econômicos, produto fabricado com violação de patente de invenção ou de modelo de utilidade, ou obtido por meio ou processo patenteado;[26-27] ou
>
> II – importa[28-30] produto que seja objeto de patente de invenção ou de modelo de utilidade ou obtido por meio ou processo patenteado no País, para os fins previstos no inciso anterior, e que não tenha sido colocado no mercado externo diretamente pelo titular da patente ou com seu consentimento.[31-32]
>
> Pena – detenção, de 1 (um) a 3 (três) meses, ou multa.[33]

19. Fórmula anômala: a descrição realizada pelo tipo incriminador, nesta Lei, é anormal, pois, em lugar de simplesmente descrever uma conduta (ação/omissão mais objeto), fixando a pena (reclusão ou detenção), já indicativo de ser um crime, o legislador se valeu do modelo *constitui crime contra patente de invenção ou modelo de utilidade quem...*, inserindo nos incisos as condutas. No *caput*, reservou a especificação de *constituir crime*, que seria desnecessária, apontando, ainda, o objeto jurídico tutelado, no caso, *patente de invenção ou modelo de utilidade*.

20. Objeto jurídico: a lei tutela a patente de invenção ou modelo de utilidade. Como explicado na nota anterior, houve uma redação *invertida* deste tipo penal, iniciando-se pelo objeto jurídico protegido para depois descrever as condutas proibidas.

21. Patente de invenção: ver a nota 5 *supra*.

22. Modelo de utilidade: ver a nota 6 *supra*.

23. Análise do núcleo do tipo: *exportar* (enviar alguma coisa do território nacional para o exterior); *vender* (alienar algo mediante certo preço), *expor à venda* (apresentar algo a terceiros para que seja alienado por certo preço); *oferecer à venda* (apresentar algo a alguém para que seja alienado por determinado preço); *ter em estoque* (possuir coisa armazenada para o fim de venda); *ocultar* (esconder, camuflar) e *receber* (aceitar algo que lhe for destinado) são os verbos demonstrando condutas *alternativas*, ou seja, para a configuração desta infração penal é preciso que o agente pratique ao menos uma delas; caso cometa mais de uma, no mesmo contexto, continua respondendo por crime único. O objeto dessas condutas é o produto fabricado (ver o crime do art. 183, I, desta Lei) com violação da patente (registro) da invenção ou do modelo de utilidade, ou obtido (ver o crime do art. 183, II, desta Lei) por meio ou processo patenteado, lembrando tratar-se estes dois últimos da combinação, do modo de empregar os agentes naturais ou artificiais, bem como das substâncias ou matérias conhecidas, na conceituação de Douglas Domingues (*Comentários à lei da propriedade industrial*, p. 585). Cuida-se de uma espécie de receptação do crime de violação de patente ou modelo de utilidade. Tinoco Soares apresenta uma questão que nos parece um falso problema: "o âmbito da patente, que, como merece ser realçado, é restrito aos limites do país. Qualquer proteção fora desse limite está sujeita às prerrogativas do outro país. Se algum produto for exportado do Brasil e no outro houver patente de terceiros, o crime de violação será caracterizado pelo que no particular dispuser a lei daquele outro" (*Lei de patentes, marcas e direitos conexos*, p. 276). Com ele, concorda José Henrique Pierangeli (*Crimes contra a propriedade industrial*, p. 196). Em nossa visão, quem exporta produto fabricado *com violação* da patente extraída no Brasil, segundo o princípio da territorialidade (art. 5.º, *caput*, do Código Penal), comete crime, pouco interessando se quem recebe a mercadoria, em outro país, tenha a patente estrangeira do bem. A bem da verdade, esta pessoa – o recebedor – estará livre do crime em seu país e o Brasil também não poderá pedir a extradição, seja porque a pena é diminuta, seja porque falta o requisito da dupla tipicidade (ser crime no Brasil e no exterior).

24. Sujeitos ativo e passivo: o sujeito ativo pode ser qualquer pessoa; o sujeito passivo é o titular da patente de invenção ou modelo de utilidade. Esse *titular* pode ser o próprio inventor ou o autor do modelo, como também qualquer outra pessoa (física ou jurídica) que tenha obtido a patente, por transmissão de quem inicialmente a consagrou. Sob outro aspecto, o agente que subtrai o produto *fabricado com violação de patente de invenção ou do modelo de utilidade*, conhecendo esta circunstância, para repassar a terceiro, pode responder como partícipe do crime do art. 183, I, ou do art. 184, I, dependendo do caso concreto. No entanto, quem subtrai um *produto fabricado sem licença*, sem disso ter noção, pode ser encaixado no art. 155 do Código Penal (furto), a depender do valor econômico que o referido produto possa representar (em sentido lato, a propriedade imaterial também compõe o patrimônio de seu titular). A vítima, na essência, não é quem *falsificou* o produto, mas o verdadeiro titular do bem patenteado. Pode-se argumentar que, sendo falso, não teria valor econômico; tal visão é um equívoco, pois os crimes mencionados são formais, bastando praticar a conduta para a sua consumação. Não são materiais, pois é dispensável um resultado naturalístico, comprovando real dano ao titular do bem patenteado. Se houver esse dano, atinge-se o exaurimento. Bem lembra Douglas Gabriel Domingues que, "como a lei pune o fato material da contrafação, o delito não depende da existência de prejuízo. A contrafação geralmente prejudica o titular da patente tanto pela concorrência desleal praticada quanto pelo descrédito do produto patenteado nos casos em que o produto contrafeito é de qualidade inferior" (*Comentários à lei da propriedade industrial*, p. 583). Aliás, mesmo quem *fabrique* um produto patenteado de qualidade *superior* ao registrado comete o delito do art. 183, I, pois violou a propriedade industrial. Pode, também, figurar no polo passivo o Estado, quando a violação atingir interesse à defesa nacional (art. 75 desta Lei).

25. Elemento subjetivo: é o dolo. Há finalidade específica consistente na "utilização para fins econômicos". Não se pune a forma culposa. É interessante registrar que, nesta modalidade de receptação, não se exige, como ocorre no art. 180, *caput*, do Código Penal, o dolo direto (o agente sabe que a coisa é produto de crime); logo, a receptação deste inciso I do art. 184 pode ser praticada com dolo direto ou eventual. Porém, conforme a situação concreta, quem receber, ilustrando, um produto fabricado sem autorização do titular da patente, *sem finalidade lucrativa*, poderia responder pela figura da receptação (art. 180, *caput*, CP), com o dolo direto nesta forma. No entanto, haveria nítida distorção do princípio da proporcionalidade, tendo em vista que a modalidade de receptação desta Lei (art. 184, I) possui pena de detenção, de um a três meses, ou multa, enquanto a receptação, prevista no art. 180, *caput*, do Código Penal, atinge o patamar de reclusão de um a quatro anos, e multa. Preferimos considerar fato atípico quem *não utilizar para fins econômicos* o produto falsificado. Diversamente, Douglas Domingues sustenta haver, sempre, crime, conforme previsto no art. 184, I e II, mesmo sem o intuito de lucro em prejuízo de outrem, pois a essência é tutelar a propriedade industrial e esta seria violada do mesmo jeito, com ou sem prejuízo para a vítima (*Comentários à lei da propriedade industrial*, p. 387). Concordamos que os tipos até agora estudados (arts. 183 e 184) são formais, consumando-se independentemente de prova do resultado naturalístico (prejuízo efetivo ao patrimônio da vítima). Entretanto, estamos diante de tipos *penais*, não cabendo interpretações livres, como a engendrada pelo referido autor. Há clareza nítida nos dois incisos do art. 184, exigindo, para a concretização dos delitos, a "finalidade de utilização para fins econômicos"; ora, isto representa ter lucro, ganho, vantagem, a menos que se altere – de maneira inexplicável – o significado do termo "econômico".

26. Objetos material e jurídico: o objeto material é o produto fabricado com violação da patente de invenção ou do modelo de utilidade, ou obtido por meio ou processo patenteado; o objeto jurídico é a patente de invenção ou modelo de utilidade, logo, a propriedade industrial.

27. Classificação: trata-se de crime comum (pode ser cometido por qualquer pessoa); formal (não exige resultado naturalístico para a consumação, consistente na efetiva lesão ao patrimônio da vítima); de forma livre (pode ser cometido por qualquer meio eleito pelo agente); comissivo (os verbos indicam *ação*); instantâneo (a consumação se dá em momento determinado) na maioria das formas, mas permanente (a consumação se arrasta no tempo) nos modelos *expor à venda*, *ter em estoque* e *ocultar*; não incluímos a forma *oferecer à venda*, pois nos parece uma conduta específica dirigida a alguém, logo, instantânea; aliás, é o que pode diferenciar esta figura da exposição à venda; unissubjetivo (pode ser cometido por um só agente); plurissubsistente (cometido por intermédio de vários atos); admite tentativa.

28. Análise do núcleo do tipo: *importar* (trazer alguma coisa do exterior para dentro das fronteiras nacionais) é a conduta única deste inciso II do art. 184, voltada ao produto objeto de patente (registro) de invenção ou modelo de utilidade (conceitos fornecidos em notas *supra*) ou obtido por meio ou processo patenteado no País (conceitos igualmente já esclarecidos) para fins econômicos. Acrescenta-se, ainda, uma condição: o produto não pode ter sido colocado no mercado externo diretamente pelo titular da patente ou com seu consentimento. Observa-se a conduta proibida concentrada na figura do importador, cuja atitude é trazer para o Brasil um produto contrafeito, visando ao lucro. O tipo não faz referência ao produto *fabricado com violação da patente*, mas somente que o produto é *patenteado*; no entanto, por outro lado, inserindo a cláusula final (não ter sido colocado no mercado externo pelo titular da patente ou com seu consentimento) visualiza-se que, para o crime configurar-se, sempre haverá a *violação* da patente. Leia-se: a importação gera lucro ao agente e prejuízo ao titular da patente, pois feita sem o seu consentimento. Fere o privilégio da invenção ou modelo de utilidade, enfim, a propriedade industrial.

29. Sujeitos ativo e passivo: o sujeito ativo pode ser qualquer pessoa; o sujeito passivo é o titular da patente de invenção ou modelo de utilidade. Esse *titular* pode ser o próprio inventor ou o autor do modelo, como também qualquer outra pessoa (física ou jurídica) que tenha obtido a patente, por transmissão de quem inicialmente a consagrou. Pode, também, figurar no polo passivo o Estado, quando a violação atingir interesse à defesa nacional (art. 75 desta Lei).

30. Elemento subjetivo: é o dolo. Há finalidade específica consistente na "utilização para fins econômicos"; afinal, no inciso II, lê-se: "para os fins previstos no inciso anterior". Não se pune a forma culposa. O importador também é um autêntico receptador, visto receber (importando) produto tutelado pela patente, ao arrepio do consentimento do seu titular. Logo, traz para o Brasil produto objeto de crime contra a propriedade industrial. A diferença é que foi falsificado no estrangeiro.

31. Objetos material e jurídico: o objeto material é o produto objeto da patente de invenção ou do modelo de utilidade, ou obtido por meio ou processo patenteado, sem consentimento direto ou indireto do seu titular; o objeto jurídico é a patente de invenção ou modelo de utilidade, logo, a propriedade industrial.

32. Classificação: trata-se de crime comum (pode ser cometido por qualquer pessoa); formal (não exige resultado naturalístico para a consumação, consistente na efetiva lesão ao patrimônio da vítima); de forma livre (pode ser cometido por qualquer meio eleito pelo agente); comissivo (o verbo indica *ação*); instantâneo (a consumação se dá em momento determinado); unissubjetivo (pode ser cometido por um só agente); plurissubsistente (cometido por intermédio de vários atos); admite tentativa.

33. Benefícios penais: trata-se de infração de menor potencial ofensivo, permitindo transação. Se esta não se realizar, a pena aplicável indica a possibilidade de substituição por restritiva de direitos, visto não se cuidar de crime violento contra a pessoa. Além disso, é cabível o *sursis*, se não utilizada a substituição mencionada. O regime de cumprimento, como regra, deve ser o aberto.

> **Art. 185.** Fornecer[34-36] componente de um produto patenteado, ou material ou equipamento para realizar um processo patenteado, desde que a aplicação final do componente, material ou equipamento induza, necessariamente, à exploração do objeto da patente.[37-38]
>
> Pena – detenção, de 1 (um) a 3 (três) meses, ou multa.[39]

34. Análise do núcleo do tipo: *fornecer* (entregar, suprir, dar, abastecer) é a conduta principal, tendo por objeto um componente (pedaço, elemento de outra coisa maior) de produto patenteado ou material (instrumento, petrecho) ou equipamento (conjunto de instrumentos ou petrechos para realizar uma atividade) para realizar processo patenteado. Cuida-se de punir, por cautela, a preparação do crime de fabricação do produto ou uso do meio ou processo patenteado (art. 183 desta Lei). Afinal, o fornecimento de elementos aptos à contrafação é o passo concreto para iniciar o *iter criminis* (percurso criminoso) da falsificação em si, ou da imitação do processo patenteado. O legislador impõe uma condição para o preparo ser considerado criminoso: a viabilidade de se visualizar, por indução (processo lógico pelo qual se extrai uma conclusão maior, baseada em vários dados menores), a exploração (utilização danosa ao direito de autor) do objeto da patente. Noutros termos, não se pretende punir quem forneça um elemento qualquer, apto à fabricação de um produto patenteado, *sem que o agente* assim pretenda fazer. Por isso, a colheita de informes suficientes para levar à indução de que a sua finalidade é, realmente, lesar o titular do bem patenteado.

35. Sujeitos ativo e passivo: o sujeito ativo pode ser qualquer pessoa; o sujeito passivo é o titular da patente de invenção ou modelo de utilidade. Esse *titular* pode ser o próprio inventor ou o autor do modelo como também qualquer outra pessoa (física ou jurídica) que tenha obtido a patente, por transmissão de quem inicialmente a consagrou. Pode, também, figurar no polo passivo o Estado, quando a violação atingir interesse à defesa nacional (art. 75 desta Lei).

36. Elemento subjetivo: é o dolo. Há finalidade específica consistente na "exploração do objeto da patente". Não se pune a forma culposa.

37. Objetos material e jurídico: o objeto material é o componente de um produto objeto da patente de invenção ou do modelo de utilidade, ou material ou equipamento obtido por meio ou processo patenteado, sem consentimento direto ou indireto do seu titular; o objeto jurídico é a patente de invenção ou modelo de utilidade, logo, a propriedade industrial.

38. Classificação: trata-se de crime comum (pode ser cometido por qualquer pessoa); formal (não exige resultado naturalístico para a consumação, consistente na efetiva lesão ao patrimônio da vítima); em contrário, afirmando ser material: Pierangeli (*Crimes contra a propriedade industrial*, p. 202); de forma livre (pode ser cometido por qualquer meio eleito pelo agente); comissivo (o verbo indica *ação*); instantâneo (a consumação se dá em momento determinado); unissubjetivo (pode ser cometido por um só agente); plurissubsistente (cometido por intermédio de vários atos); não admite tentativa, pois este tipo já consagra uma exceção à regra geral de que a preparação não é punida no direito brasileiro. Diante disso, argumentar com a figura tentada seria o mesmo que punir a preparação da preparação, o que é inverossímil, atingindo-se a mera idealização do crime.

39. Benefícios penais: trata-se de infração de menor potencial ofensivo, permitindo transação. Se esta não se realizar, a pena aplicável indica a possibilidade de substituição por restritiva de direitos, visto não se cuidar de crime violento contra a pessoa. Além disso, é cabível o *sursis*, se não utilizada a substituição mencionada. O regime de cumprimento, como regra, deve ser o aberto.

> **Art. 186.** Os crimes deste Capítulo caracterizam-se ainda que a violação não atinja todas as reivindicações da patente ou se restrinja à utilização de meios equivalentes ao objeto da patente.[40]

40. Norma explicativa: o disposto neste artigo é o conteúdo de uma norma esclarecedora, a compor, por extensão, quando houver dúvida, os tipos penais incriminadores anteriormente descritos (arts. 183, 184 e 185 desta Lei). Se não existisse, não prejudicaria o entendimento de que vários atos compõem o universo das patentes, razão pela qual a contrafação parcial possui potencialidade lesiva ao direito de propriedade industrial do mesmo modo. Aliás, a preocupação legislativa já ficou bem determinada no art. 185, punindo-se até mesmo a preparação do delito, cujas figuras vêm expostas nos arts. 183 e 184. Este art. 186 somente reforça o entendimento de que os tipos incriminadores são formais, não necessitando atingir um resultado naturalístico visível, consistente no prejuízo efetivo ao patrimônio da vítima (inventor ou autor) e fortalece a possibilidade de punição pela simples tentativa. Por isso, para a análise da conduta suspeita de violação de patente, torna-se importante verificar os documentos apresentados no procedimento de registro (memoriais, plantas, desenhos, gráficos etc.); daí se pode deduzir haver ou não a pretendida violação (ou o início executório de algum dos tipos incriminadores). Esclarece Douglas Domingues que "a interpretação do privilégio cifra-se nas reivindicações, tal como constam do processo, dos laudos técnicos e do despacho de concessão do privilégio. Destarte, *o crime é praticado especificamente contra as reivindicações*, alma da patente, *atingindo uma, algumas ou todas as reivindicações da patente*, caso em que ocorrerá a *contrafação parcial* da patente" (*Comentários à lei da propriedade industrial*, p. 588-589, grifos no original). Na mesma linha, Tinoco Soares demonstra que "a contrafação total, por assim o ser, é a que mais se realiza; contudo, e para evitar quaisquer dúvidas no que diz respeito à infração de um ou de alguns pontos característicos, a lei vigente delimita a infração a todas ou a uma ou a algumas reivindicações. A contrafação será, neste último caso, parcial, porém será preciso sempre, e para evitar dúvidas, examinar e constatar o alcance da invenção e isto deverá ser feito através do exame acurado de todos os seus pontos característicos" (*Lei de patentes, marcas e direitos conexos*, p. 186). Eis o motivo pelo qual temos sustentado a necessidade do exame pericial, pois o juiz terá ampla investigação e avaliação das provas constantes dos autos, podendo não ter conhecimento técnico suficiente para concluir pela contrafação – ou pela sua inexistência.

Capítulo II
DOS CRIMES CONTRA OS DESENHOS INDUSTRIAIS[41]

> **Art. 187.** Fabricar,[42-44] sem autorização do titular, produto que incorpore desenho industrial registrado, ou imitação substancial que possa induzir em erro ou confusão.[45-46]
>
> Pena – detenção, de 3 (três) meses a 1 (um) ano, ou multa.[47]

41. Desenhos industriais: nos termos do art. 95 desta Lei, o desenho industrial é "a forma plástica ornamental de um objeto ou o conjunto ornamental de linhas e cores que possa ser aplicado a um produto, proporcionando resultado visual novo e original na sua configuração externa e que possa servir de tipo de fabricação industrial". Na lembrança de Gama Cerqueira, "os desenhos e modelos industriais encontram suas mais remotas origens nos povos primitivos, cuja atividade criadora, exercida primordialmente na fabricação de suas armas e utensílios, manifestava-se também na ornamentação desses objetos, embora de modo rudimentar. (...) O objeto deve realizar a sua finalidade, mas deve igualmente agradar. É o mesmo princípio que domina as indústrias artísticas e a arte decorativa, cujo fim essencial é produzir objetos que agradem à vista. (...) não havia propriamente uma *indústria* desses objetos, no sentido que hoje damos a essa palavra, e a sua produção, pelo regime a que estava sujeita e pelas condições peculiares de cada época, era mais artística que industrial. Somente mais tarde as indústrias artísticas começam a aparecer com esse caráter, acentuando-se pouco a pouco a sua diferenciação da *arte* e estabelecendo-se distinção entre as *obras de arte* e os produtos das *artes industriais*, entre os quais se incluem os *desenhos* e *modelos*, os quais concretizam, de modo específico, a tendência do homem para adornar e embelezar os objetos de serventia prática e o ambiente em que vive, desde os instrumentos de trabalho até os utensílios de uso quotidiano, do vestuário até o mobiliário, dos adornos pessoais à ornamentação e decoração das habitações, associando, assim, a beleza e a utilidade" (*Tratado da propriedade industrial*, p. 199). Conforme dispõe o art. 98 desta Lei, "não se considera desenho industrial qualquer obra de caráter puramente artístico", motivo pelo qual é preciso separar o campo das artes e o cenário do desenho ou modelo industrial, que atribui um formato visivelmente agradável a determinados produtos, como regra, úteis a alguma atividade humana. No dizer de Newton Silveira, "os desenhos industriais se reduzem a objetos de caráter meramente ornamental, objetos de gosto, como se dizia no passado. A proteção, no caso, restringe-se à nova forma conferida ao produto, sem considerações de utilidade, podendo achar-se aplicada seja a um objeto útil ou não. Tal forma, entretanto, deve achar-se desvinculada da função técnica, isto é, não pode consistir em uma forma necessária para que o produto preencha a sua finalidade, hipótese em que seria o caso de um modelo de utilidade" (*A propriedade intelectual...*, p. 7). Ainda nesta obra, Silveira destaca que o legislador aboliu a distinção entre *desenho industrial* (bidimensional) e *modelo industrial* (tridimensional), unindo-os numa só espécie, sujeita a *simples registro*, não mais a patente (ob. cit., p. 56). Na jurisprudência: TJMS: "A propriedade do desenho industrial só se adquire pelo registro validamente expedido pelo Instituto Nacional da Propriedade Industrial – INPI, mas é certo que, após o depósito do pedido de registro, se terceiro venha se utilizar do produto, ainda que o processo esteja sendo analisado pelo INPI, o conhecimento pelo terceiro da existência do pedido acarretará a obrigação de indenizar, caso o desenho venha a ser deferido, incluindo-se no cálculo da indenização o período em que o pedido ainda estava sendo analisado pelo INPI (artigo 44, parágrafo 1.º, da Lei 9.279/96)" (Ap. 0810491-66.2013.8.12.0002 – MS, 4.ª Câmara Cível, rel. Dorival Renato Pavan, j. 29.06.2016, v.u.).

42. Análise do núcleo do tipo: *fabricar* (construir algo a partir de materiais diversos; produzir; criar) é a conduta central, cujo objeto é o produto que incorpore desenho industrial (forma plástica ornamental de objeto ou conjunto de linhas e cores de um produto) registrado (inscrito no INPI) ou imitação (falsificação, contrafação) substancial (relevante para gerar engano quando em comparação com o original) de forma a induzir em erro ou confusão (produzir engano, gerar a troca de um por outro). Nota-se que o objeto material é um produto que *contém* o desenho industrial protegido, que deveria ser explorado comercialmente apenas pelo seu autor. De outro lado, aponta-se o objeto falsificado, imitando o original registrado, desde que possa levar outrem a engano, preferindo a cópia ao real objeto protegido. Elimina-se, pela própria redação do tipo, a falsificação grosseira, considerada fato atípico. Outro dado importante é o apontamento indicando a conclusão do registro, para que surja o direito industrial tutelado, valendo tanto para o produto contendo o desenho industrial ali colocado, sem autorização do titular do direito, bem como para a imitação, dependente de um desenho igualmente registrado. A frase "sem autorização do titular" é um elemento normativo do tipo, demonstrativo do caráter ilícito da conduta. Não precisava constar, pois é óbvio que a exploração autorizada do desenho não seria delito; no entanto, existindo, caso se verifique a referida autorização, o fato é atípico. Observe-se que nem mesmo consta da segunda parte (imitação substancial), pois o legislador parte do pressuposto de que o autor do desenho não autorizaria a sua contrafação. Porém, por hipótese, se tal situação ocorrer, o fato, embora típico, será considerado lícito (consentimento do ofendido). De qualquer forma, não é crime. Na jurisprudência: TJSP: "Artigo 187 da Lei n.º 9.279/96. Fabricação, sem autorização do titular, de produto com desenho industrial registrado. Conduta de produzir ventiladores similares aos fabricados pela empresa querelante, da qual a querelada era funcionária. Incerteza quanto à configuração do crime. Colaboração financeira do representante da querelante para a instalação da empresa que viria fabricar os ventiladores. Autorização manifestada por atos incompatíveis com a vontade de impedir a atividade industrial da querelada. Desnecessidade, no que toca a esfera criminal, de autorização formal e escrita. Ausência de prova. Manutenção da sentença absolutória. Inteligência do artigo 386, IV, do CPP" (Ap. 0468806-76.2010.8.26.0000 – SP, 16.ª Câmara de Direito Criminal, rel. Otávio de Almeida Toledo, j. 29.01.2013, v.u.).

43. Sujeitos ativo e passivo: o sujeito ativo pode ser qualquer pessoa; o sujeito passivo é o titular da proteção conferida pelo registro do desenho industrial. Esse *titular* pode ser o próprio autor do desenho, como também qualquer outra pessoa (física ou jurídica) que tenha obtido a titularidade do registro, por transmissão de quem inicialmente a consagrou.

44. Elemento subjetivo: é o dolo. Parece-nos estar presente, embora oculto, o elemento subjetivo específico, ao menos na segunda parte, pois demostra-se que o imitador pretende *induzir em erro* ou *causar confusão*; questiona-se: em quem? A resposta parece nítida: no destinatário do desenho industrial, um potencial comprador ou consumidor. Não se faz imitação por fazer; há um fim de exploração econômica. Não se pune a forma culposa.

45. Objetos material e jurídico: o objeto material é o produto contendo desenho registrado ou o objeto-imitação do desenho registrado; o objeto jurídico é a titularidade do registro do desenho industrial, logo, a propriedade industrial.

46. Classificação: trata-se de crime comum (pode ser cometido por qualquer pessoa); formal (não exige resultado naturalístico para a consumação, consistente na efetiva lesão ao patrimônio da vítima); em contrário, afirmando ser material: Pierangeli (*Crimes contra a propriedade industrial*, p. 211); de forma livre (pode ser cometido por qualquer meio eleito pelo agente); comissivo (o verbo indica *ação*); instantâneo (a consumação se dá em momento determinado); unissubjetivo (pode ser cometido por um só agente); plurissubsistente (cometido por intermédio de vários atos); admite tentativa.

47. Benefícios penais: trata-se de infração de menor potencial ofensivo, permitindo transação. Se esta não se realizar, a pena aplicável indica a possibilidade de substituição por restritiva de direitos, visto não se cuidar de crime violento contra a pessoa. Além disso, é cabível o *sursis*, se não utilizada a substituição mencionada. O regime de cumprimento, como regra, deve ser o aberto.

> **Art. 188.** Comete crime[48] contra[49] registro de desenho industrial quem:
> I – exporta, vende, expõe ou oferece à venda, tem em estoque, oculta ou recebe,[50-52] para utilização com fins econômicos, objeto que incorpore ilicitamente desenho industrial registrado, ou imitação substancial que possa induzir em erro ou confusão;[53-54] ou
> II – importa[55-57] produto que incorpore desenho industrial registrado no País, ou imitação substancial que possa induzir em erro ou confusão, para os fins previstos no inciso anterior, e que não tenha sido colocado no mercado externo diretamente pelo titular ou com seu consentimento.[58-59]
> Pena – detenção, de 1 (um) a 3 (três) meses, ou multa.[60]

48. Fórmula anômala: a descrição realizada pelo tipo incriminador, nesta Lei, é anormal, pois, em lugar de simplesmente descrever uma conduta (ação/omissão mais objeto), fixando a pena (reclusão ou detenção), já indicativo de ser um crime, o legislador se valeu do modelo *constitui crime contra registro de desenho industrial quem...*, inserindo nos incisos as condutas. No *caput*, reservou a especificação de *constituir crime*, que seria desnecessária, apontando, ainda, o objeto jurídico tutelado, no caso, *a titularidade do registro de desenho industrial*.

49. Objeto jurídico: a lei tutela a titularidade do registro de desenho industrial. Como explicado na nota anterior, houve uma redação *invertida* deste tipo penal, iniciando-se pelo objeto jurídico protegido para depois descrever as condutas proibidas.

50. Análise do núcleo do tipo: *exportar* (enviar alguma coisa do território nacional para o exterior); *vender* (alienar algo mediante certo preço), *expor à venda* (apresentar algo a terceiros para que seja alienado por certo preço); *oferecer à venda* (apresentar algo a alguém para que seja alienado por determinado preço); *ter em estoque* (possuir coisa armazenada para o fim de venda); *ocultar* (esconder, camuflar) e *receber* (aceitar algo que lhe for destinado) são os verbos demonstrando condutas *alternativas*, ou seja, para a configuração desta infração penal é preciso que o agente pratique ao menos uma delas; caso cometa mais de uma, no mesmo contexto, continua respondendo por crime único. O objeto dessas condutas é o objeto que contenha desenho industrial registrado ou imitação substancial que possa gerar erro ou confusão. Anota-se, no tipo, na parte referente ao objeto contendo desenho industrial protegido, o termo *ilicitamente*. Seria desnecessário, pois o consentimento do titular, por óbvio, torna lícita a conduta. Porém, como consta do tipo, a autorização para as condutas ali previstas, dada pelo titular do registro do desenho, exclui a própria tipicidade. Na segundo figura, tratando-se de imitação, quer-se crer não tenha sido feita com consentimento da vítima. Então, se esta aquiescer, no momento da prática da conduta, opera o consentimento do ofendido, eliminando a ilicitude. Cuida-se de uma espécie de receptação do crime de violação de registro de desenho industrial.

51. Sujeitos ativo e passivo: o sujeito ativo pode ser qualquer pessoa; o sujeito passivo é o titular da proteção conferida pelo registro do desenho industrial. Esse *titular* pode ser o próprio autor do desenho, como também qualquer outra pessoa (física ou jurídica) que tenha obtido a titularidade do registro, por transmissão de quem inicialmente a consagrou. Pierangeli, nesta hipótese, considera ser o sujeito passivo principal a pessoa enganada pelo artifício; secundariamente, o titular do desenho registrado (*Crimes contra a propriedade industrial*, p. 213). Com a devida vênia, ocorre justamente o contrário. O sujeito passivo diretamente relacionado com este crime é o titular do registro do desenho industrial utilizado indevidamente. Nem vislumbramos a necessidade de apontar o consumidor lesado pela imitação, mesmo que o tipo refira-se a *causar erro* ou *confusão*, pois o objetivo desta Lei é a tutela da propriedade industrial, e não do patrimônio particular. Afinal, na maior parte dos casos, o próprio consumidor é também um violador da propriedade industrial, por ter perfeita noção de adquirir uma imitação (pelo local, pelo preço, pelas condições de quem oferta etc.).

52. Elemento subjetivo: é o dolo. Há elemento subjetivo específico, consistente na utilização para fins econômicos, logo, visando ao lucro. Não se pune a forma culposa.

53. Objetos material e jurídico: o objeto material das condutas é o objeto que incorpore o desenho industrial registrado ou a imitação substancial desse desenho. O objeto jurídico é a tutela do registro do desenho industrial, ou seja, a propriedade industrial.

54. Classificação: trata-se de crime comum (pode ser cometido por qualquer pessoa); formal (não exige resultado naturalístico para a consumação, consistente na efetiva lesão ao patrimônio da vítima); em contrário, afirmando ser material: Pierangeli (*Crimes contra a propriedade industrial*, p. 214); de forma livre (pode ser cometido por qualquer meio eleito pelo agente); comissivo (os verbos indicam *ação*); instantâneo (a consumação se dá em momento determinado), mas permanente (a consumação se arrasta no tempo) nos modelos *expor à venda*, *ter em estoque* e *ocultar*; não incluímos a forma *oferecer à venda*, pois nos parece uma conduta específica dirigida a alguém, logo, instantânea; aliás, é o que pode diferenciar esta figura da exposição à venda; unissubjetivo (pode ser cometido por um só agente); plurissubsistente (cometido por intermédio de vários atos); admite tentativa.

55. Análise do núcleo do tipo: *importar* (trazer alguma coisa do exterior para dentro das fronteiras nacionais) é a conduta única deste inciso II do art. 188, voltada ao produto que incorpore desenho industrial registrado no Brasil ou imitação substancial do mesmo, capaz de gerar erro ou confusão a terceiros. Acrescenta-se, ainda, uma condição: o objeto não pode ter sido colocado no mercado externo diretamente do titular do registro ou com seu consentimento. Observa-se a conduta proibida concentrada na figura do importador, cuja atitude é trazer para o País um produto não autorizado ou contrafeito, visando ao lucro. O tipo não faz referência à ilicitude (sem autorização do titular do bem), mas somente que o desenho é *registrado*; no entanto, por outro lado, inserindo a cláusula final (não ter sido colocado no mercado externo pelo titular do registro ou com seu consentimento), visualiza-se que, para o crime configurar-se, sempre haverá a *violação* da titularidade do registro. Leia-se: a importação gera lucro ao agente e prejuízo ao titular do registro do desenho, pois feita sem o seu consentimento. Fere a propriedade industrial.

56. Sujeitos ativo e passivo: o sujeito ativo pode ser qualquer pessoa; o sujeito passivo é o titular do registro do desenho industrial. Esse *titular* pode ser o próprio autor do desenho, como também qualquer outra pessoa (física ou jurídica) que tenha obtido a patente, por transmissão de quem inicialmente a consagrou.

57. Elemento subjetivo: é o dolo. Há elemento subjetivo específico, consistente na finalidade econômica. Não se pune a forma culposa.

58. Objetos material e jurídico: o objeto material das condutas é o objeto que incorpore o desenho industrial registrado ou a imitação substancial desse desenho. O objeto jurídico é a tutela do registro do desenho industrial, ou seja, a propriedade industrial.

59. Classificação: trata-se de crime comum (pode ser cometido por qualquer pessoa); formal (não exige resultado naturalístico para a consumação, consistente na efetiva lesão ao patrimônio da vítima); em contrário, afirmando ser material: Pierangeli (*Crimes contra a propriedade industrial*, p. 214); de forma livre (pode ser cometido por qualquer meio eleito pelo agente); comissivo (o verbo indica *ação*); instantâneo (a consumação se dá em momento determinado); unissubjetivo (pode ser cometido por um só agente); plurissubsistente (cometido por intermédio de vários atos); admite tentativa.

60. Benefícios penais: trata-se de infração de menor potencial ofensivo, permitindo transação. Se esta não se realizar, a pena aplicável indica a possibilidade de substituição por restritiva de direitos, visto não se cuidar de crime violento contra a pessoa. Além disso, é cabível o *sursis*, se não utilizada a substituição mencionada. O regime de cumprimento, como regra, deve ser o aberto.

Capítulo III
DOS CRIMES CONTRA AS MARCAS[61]

> **Art. 189.** Comete crime[62] contra[63] registro de marca quem:
> I – reproduz,[64-66] sem autorização do titular, no todo ou em parte, marca registrada, ou imita-a de modo que possa induzir confusão;[67-68] ou
> II – altera[69-71] marca registrada de outrem já aposta em produto colocado no mercado.[72-73]
> Pena – detenção, de 3 (três) meses a 1 (um) ano, ou multa.[74]

61. Marca: levando em consideração o disposto pelo art. 122 desta Lei, a marca é o sinal distintivo visualmente perceptível, não compreendido pela vedação legal. Esta proibição advém do art. 124, envolvendo os seguintes sinais: "I – brasão, armas, medalha, bandeira, emblema, distintivo e monumento oficiais, públicos, nacionais, estrangeiros ou internacionais, bem como a respectiva designação, figura ou imitação; II – letra, algarismo e data, isoladamente, salvo quando revestidos de suficiente forma distintiva; III – expressão, figura, desenho ou qualquer outro sinal contrário à moral e aos bons costumes ou que ofenda a honra ou imagem de pessoas ou atente contra liberdade de consciência, crença, culto religioso ou ideia e sentimento dignos de respeito e veneração; IV – designação ou sigla de entidade ou órgão público, quando não requerido o registro pela própria entidade ou órgão público; V – reprodução ou imitação de elemento característico ou diferenciador de título de estabelecimento ou nome de empresa de terceiros, suscetível de causar confusão ou associação com estes sinais distintivos; VI – sinal de caráter genérico, necessário, comum, vulgar ou simplesmente descritivo, quando tiver relação com o produto ou serviço a distinguir, ou aquele empregado comumente para designar uma característica do produto ou serviço, quanto à natureza, nacionalidade, peso, valor, qualidade e época de produção ou de prestação do serviço, salvo quando revestidos de suficiente forma distintiva; VII – sinal ou expressão empregada apenas como meio de propaganda; VIII – cores e suas denominações, salvo se dispostas ou combinadas de modo peculiar e distintivo; IX – indicação geográfica, sua imitação suscetível de causar confusão ou sinal que possa falsamente induzir indicação geográfica; X – sinal que induza a falsa indicação quanto à origem, procedência, natureza, qualidade ou utilidade do produto ou serviço a que a marca se destina; XI – reprodução ou imitação de cunho oficial, regularmente adotada para garantia de padrão de qualquer gênero ou natureza; XII – reprodução ou imitação de sinal que tenha sido registrado como marca coletiva ou de certificação por terceiro, observado o disposto no art. 154; XIII – nome, prêmio ou símbolo de evento esportivo, artístico, cultural, social, político, econômico ou técnico, oficial ou oficialmente reconhecido, bem como a imitação suscetível de criar confusão, salvo quando autorizados pela autoridade competente ou entidade promotora do evento; XIV – reprodução ou imitação de título, apólice, moeda e cédula da União, dos Estados, do Distrito Federal, dos Territórios, dos Municípios, ou de país; XV – nome civil ou sua assinatura, nome de família ou patronímico e imagem de terceiros, salvo com consentimento do titular, herdeiros ou sucessores; XVI – pseudônimo ou apelido notoriamente conhecidos, nome artístico singular ou coletivo, salvo com consentimento do titular, herdeiros ou sucessores; XVII – obra literária, artística ou científica, assim como os títulos que estejam protegidos pelo direito autoral e sejam suscetíveis de causar confusão ou associação, salvo com consentimento do autor ou titular; XVIII – termo técnico usado na indústria, na ciência e na arte, que tenha relação com o produto ou serviço a distinguir; XIX – reprodução ou imitação, no todo ou em parte, ainda que com acréscimo, de marca alheia registrada, para distinguir ou certificar produto ou serviço idêntico, semelhante ou afim, suscetível de causar confusão ou associação com marca alheia; XX – dualidade de marcas de um só titular para o mesmo produto ou serviço, salvo quando, no caso de marcas de mesma natureza, se revestirem de suficiente forma distintiva; XXI – a forma necessária, comum ou vulgar do produto ou de acondicionamento, ou, ainda, aquela que não possa ser dissociada de efeito técnico; XXII – objeto que estiver protegido por registro de desenho industrial de terceiro; e XXIII – sinal que imite ou reproduza, no todo ou em parte, marca que o requerente evidentemente não poderia desconhecer em razão de sua atividade, cujo titular seja sediado ou domiciliado em território nacional ou em país com o qual o Brasil mantenha acordo ou que assegure reciprocidade de tratamento, se a marca se destinar a distinguir produto ou serviço idêntico, semelhante ou afim, suscetível de causar confusão ou associação com aquela marca alheia". Nessa linha, Newton Silveira define marca como "todo nome ou sinal hábil para ser aposto a uma mercadoria ou produto ou a indicar determinada prestação de serviços e estabelecer entre o consumidor ou usuário e a mercadoria, produto ou serviço uma identificação" (*A propriedade intelectual...*, p. 16). Na lição de Gama Cerqueira, a marca de fábrica tem a sua origem na Idade Média, em que pese a controvérsia doutrinária a respeito. A sua regulamentação é mais moderna, cabendo a primazia à França. No Brasil, a primeira questão que a envolveu data de 1874, sendo a sua primeira regulamentação em 1875. Destina-se a marca a "individualizar os produtos e artigos a que se aplicam e a diferençá-los de outros idênticos ou semelhantes de origem diversa" (*Tratado da propriedade industrial*, p. 239-241). Ou, ainda, o "sinal visualmente perceptível, não vedado em lei, próprio para distinguir, individualizar, identificar ou certificar produtos e serviços" (Claudiney de Angelo, *Marcas*, p. 15). O art. 123 desta Lei enumera as seguintes marcas: "I – marca de produto ou serviço: aquela usada para distinguir produto ou serviço de outro idêntico, semelhante ou afim, de origem diversa; II – marca de certificação: aquela usada para atestar a conformidade de um produto ou serviço com determinadas normas ou especificações técnicas, notadamente quanto à qualidade, natureza, material utilizado e metodologia empregada; e III – marca coletiva: aquela usada para identificar produtos ou serviços provindos de membros de uma determinada entidade". Na referência à marca, costuma-se incluir a sua forma de proteção, na lembrança de Tinoco Soares, sendo a nominativa, a figurativa e a mista. "De uma forma geral, a primeira é representada por inscrições latinas (de uso ocidental), no sentido amplo do alfabeto romano, por algarismos arábicos e/ou romanos, compreendendo palavras, combinações de letras e/ou algarismos. A segunda é constituída por desenho, figura, imagem, emblema, símbolo ou forma fantasiosa de letra ou palavra (monograma ou logotipo) e de número, bem como por inscrição em caracteres não latinos, tais como: japonês, chinês e outros" (*Lei de patentes, marcas e direitos conexos*, p. 188). Debate-se, no campo penal, se, para auferir proteção, a marca precisa ser sempre aparente; alguns respondem afirmativamente; outros apontam que ela deve ser vista ao menos pelo consumidor, como sustenta Bento de Faria (*Código Penal brasileiro comentado*, p. 266). Parece-nos correta a visão de Vicente Sabino Jr., para quem a marca não precisa ser aparente para a tutela jurídico-penal (*Direito penal*, v. 3, p. 822), afinal, a proteção à marca independe de qualquer condição, como ser visível ou invisível a terceiros. Hungria, por sua vez, aponta a existência de *marcas de indústria* (usada por fabricante, industrial, agricultor ou artífice para assinalar seus produtos) e *marcas de comércio* (usada por comerciante para assinalar as mercadorias do seu negócio, fabricadas ou produzidas por outrem) (*Comentários ao Código Penal*, v. VII, p. 359). Noronha, por seu turno, aponta que "os caracteres da marca devem ser a *novidade* e a *veracidade*. Com o primeiro, não se impõe a ideia de *invenção*, mas tão somente que ela não tenha sido usada por outrem. Por *veracidade* quer dizer-se que, qualquer que seja a forma, não deve ser meio que leve a engano as pessoas, quanto à origem ou a natureza do produto ou da mercadoria" (*Direito penal*, v. 3, p. 22). Na jurisprudência: TJES: "1. É firme o entendimento de que a tutela ao uso das marcas tem dupla finalidade: (i) protegê-la contra usurpação para evitar o proveito econômico parasitário e o desvio desleal da clientela alheia e (ii) evitar que o consumidor seja confundido quanto à procedência do produto. Precedente do STJ" (Ap. 0006383-12.2008.8.08.0035 – ES, 3.ª Câmara Cível, rel. Telemaco Antunes de Abreu Filho, j. 01.03.2016, v.u.).

62. Fórmula anômala: a descrição realizada pelo tipo incriminador, nesta Lei, é anormal, pois, em lugar de simplesmente descrever uma conduta (ação/omissão mais objeto), fixando a pena (reclusão ou detenção), já indicativo de ser um crime, o legislador se valeu do modelo *constitui crime contra registro de marca quem...*, inserindo nos incisos as condutas. No *caput*, reservou a especificação de *constituir crime*, que seria desnecessária, apontando, ainda, o objeto jurídico tutelado, no caso, *a titularidade do registro de marca*.

63. Objeto jurídico: a lei tutela a titularidade do registro de marca. Como explicado na nota anterior, houve uma redação *invertida* deste tipo penal, iniciando-se pelo objeto jurídico protegido para depois descrever as condutas proibidas.

64. Análise do núcleo do tipo: *reproduzir* (produzir novamente, copiar) é a primeira conduta, tendo por objeto a *marca* (sinal ímpar apto a caracterizar mercadoria, produto ou serviço) *registrada* (reconhecida a titularidade de quem a criou no INPI). A segunda conduta é *imitar* (copiar algo simulando o original de maneira imperfeita), que não deixa de ser uma forma de reprodução, tendo por objeto a *marca registrada*, de modo a gerar confusão (engano, mistura entre objetos). Cuida-se de um formato específico de falsificação material. O tipo, na primeira parte, sugere que o agente reproduz (copia com fidelidade) a marca registrada, porém o faz *sem autorização do titular*, logo, de modo ilícito. Desse modo, havendo a autorização, o fato é atípico. Sob outro aspecto, aponta-se ainda, o que nem seria preciso, a punição do agente cuja reprodução da marca é *total* (integral) ou *parcial* (um pedaço do todo). Na segunda parte, valendo-se de verbo com conteúdo valorativo (imitar), não se preocupa em apontar a falta de autorização do titular, pois ínsita na descrição. No entanto, nesta hipótese, inclui um elemento subjetivo específico, que é a vontade de gerar erro ou confusão no comprador ou consumidor, fiel a certa marca. Corretamente, em nossa visão, Nelson Hungria expõe que "independe o crime de uso ulterior da marca contrafeita. Consuma-se ele a partir do momento em que a marca é materialmente reproduzida, isto é, desde que confeccionados os moldes, clichês, placas, etiquetas, carimbos etc., destinados à aplicação da marca. Basta o dano potencial" (*Comentários ao Código Penal*, v. VII, p. 361). Na jurisprudência: TJSP: "A marca consiste em sinal ímpar e visualmente perceptível, apto a individualizar e caracterizar mercadoria, produto ou serviço e recebe a tutela também do Direito Penal, consoante a Lei n.º 9.279/96, que trata da propriedade industrial. No caso dos autos, as querelantes ajuizaram queixa-crime e imputaram aos querelados (...) a prática do crime previsto no artigo 189, I, da Lei n.º 9.279/96, em concurso de agentes com os querelados (...) por terem, em tese, reproduzido, sem autorização do titular, marca registrada, ao promoverem a confecção de minibolas com a figura ilustrativa denominada swoosh, de titularidade das querelantes, com a finalidade de associar tal marca aos produtos dos querelados e, levando os consumidores a erro, obter indevida vantagem econômica. A dessemelhança entre a marca de propriedade das querelantes e a figura ilustrativa utilizada pelos querelados nas minibolas por eles confeccionadas, aliada ao acréscimo de outros sinais ilustrativos no material, com indicação expressa do nome da empresa gerenciada por parte dos querelados, afasta a possibilidade de associação da marca das querelantes ao produto produzido pelos querelados, tornando a conduta atípica. Ademais, há diversidade de segmento das sociedades empresárias gerenciadas pelas partes, o que, por si só, afasta a semelhança de desenho ilustrativo capaz de causar confusão ao consumidor. Precedente. Mantida a absolvição sumária dos querelados quanto ao crime previsto no art. 189, I, da Lei n.º 9.279/96, por manifesta atipicidade de suas condutas" (Apelação Criminal 0008842-10.2015.8.26.0562, 15.ª Câmara de Direito Criminal, rel. Gilda Alves Barbosa Diodatti, j. 06.06.2019, v.u.).

65. Sujeitos ativo e passivo: o sujeito ativo pode ser qualquer pessoa; o sujeito passivo é o titular do registro da marca. Esse *titular* pode ser o próprio autor da marca, como também qualquer outra pessoa (física ou jurídica) que tenha obtido a titularidade do registro, por transmissão de quem inicialmente a consagrou.

66. Elemento subjetivo: é o dolo. Há elemento subjetivo específico implícito no formato *imitar para induzir confusão*. Não se pune a forma culposa.

67. Objetos material e jurídico: o objeto material é a marca registrada; o objeto jurídico é a titularidade do registro da marca, ou seja, a propriedade industrial. Sobre a *marca*: TJRJ: "A marca é um sinal visualmente perceptível, com finalidade industrial própria de distinguir um produto ou serviço de outro idêntico, semelhante ou afim, de origem diversa, cuja propriedade e o direito de uso exclusivo em todo o território nacional são adquiridos mediante registro validamente expedido pelo INPI. Nesse contexto, evidenciado que as partes atuam em seguimentos diversos – produtos químicos e área odontológica –, inexistindo semelhança ou afinidade capaz de causar risco de confusão ou de indevida associação ao consumidor, não há que se falar em concorrência desleal ou aproveitamento parasitário" (Ap. 0474939-87.2014.8.19.0001 – RJ, 5.ª Câmara Cível, rel. Milton Fernandes de Souza, j. 29.03.2016, v.u.).

68. Classificação: trata-se de crime comum (pode ser cometido por qualquer pessoa); formal (não exige resultado naturalístico para a consumação, consistente na efetiva lesão ao patrimônio da vítima); de forma livre (pode ser cometido por qualquer meio eleito pelo agente); comissivo (os verbos indicam *ação*); instantâneo (a consumação se dá em momento determinado); unissubjetivo (pode ser cometido por um só agente); plurissubsistente (cometido por intermédio de vários atos); admite tentativa.

69. Análise do núcleo do tipo: *alterar* (modificar o estado original de alguma coisa) é a conduta do inciso II, cujo objeto é a marca registrada, cujo titular é outra pessoa física ou jurídica, já inserida no produto em circulação no mercado. Se no inciso I, está-se diante de uma falsificação total ou parcial, mas iniciando o agente o seu percurso do *zero*, no inciso II, aproveitando-se da marca existente, o autor do crime a transforma. É interessante observar que, nesta segunda hipótese, não se exige elemento subjetivo específico, embora devesse, pois a finalidade, como regra, será a exploração e o lucro indevido. O objetivo de alteração de marca existente é colocá-la em outro produto, gerando erro no comprador ou consumidor, que, fiel à marca original, compra uma coisa por outra. Não deixa de ser uma reprodução parcial da marca registrada, como narrado no inciso I.

70. Sujeitos ativo e passivo: o sujeito ativo pode ser qualquer pessoa; o sujeito passivo é o titular do registro da marca. Esse *titular* pode ser o próprio autor da marca, como também qualquer outra pessoa (física ou jurídica) que tenha obtido a titularidade da marca, por transmissão de quem inicialmente a consagrou.

71. Elemento subjetivo: é o dolo. Não há elemento subjetivo específico, embora devesse, como mencionado em nota anterior. Não se pune a forma culposa.

72. Objetos material e jurídico: o objeto material é a marca registrada; o objeto jurídico é a titularidade do registro da marca, ou seja, a propriedade industrial.

73. Classificação: trata-se de crime comum (pode ser cometido por qualquer pessoa); formal (não exige resultado naturalístico para a consumação, consistente na efetiva lesão ao patrimônio da vítima); de forma livre (pode ser cometido por qualquer meio eleito pelo agente); comissivo (o verbo indica *ação*); instantâneo (a consumação se dá em momento determinado); unissubjetivo (pode ser cometido por um só agente); plurissubsistente (cometido por intermédio de vários atos); admite tentativa.

74. Benefícios penais: trata-se de infração de menor potencial ofensivo, permitindo transação. Se esta não se realizar, a pena aplicável indica a possibilidade de substituição por restritiva de direitos, visto não se cuidar de crime violento contra a pessoa. Além disso, é cabível o *sursis*, se não utilizada a substituição mencionada. O regime de cumprimento, como regra, deve ser o aberto.

Art. 190

> **Art. 190.** Comete crime[75] contra registro de marca quem importa, exporta, vende, oferece ou expõe à venda, oculta ou tem em estoque:[76-78]
> I – produto assinalado com marca ilicitamente reproduzida ou imitada, de outrem, no todo ou em parte ou;
> II – produto de sua indústria ou comércio, contido em vasilhame, recipiente ou embalagem que contenha marca legítima de outrem.[79-80]
> Pena – detenção, de 1 (um) a 3 (três) meses, ou multa.[81]

75. Fórmula anômala: a descrição realizada pelo tipo incriminador, nesta Lei, é anormal, pois, em lugar de simplesmente descrever uma conduta (ação/omissão mais objeto), fixando a pena (reclusão ou detenção), já indicativo de ser um crime, o legislador se valeu do modelo *constitui crime contra registro de marca quem...*, inserindo nos incisos as condutas. No *caput*, reservou a especificação de *constituir crime*, que seria desnecessária, apontando, ainda, as condutas puníveis e, nos incisos, os objetos materiais diversos, além do objeto jurídico, *a titularidade do registro de marca*.

76. Análise do núcleo do tipo: *importar* (trazer alguma coisa do exterior para o território nacional); *exportar* (enviar alguma coisa do território nacional para o exterior); *vender* (alienar algo mediante certo preço); *expor à venda* (apresentar algo a terceiros para que seja alienado por certo preço); *oferecer à venda* (apresentar algo a alguém para que seja alienado por determinado preço); *ter em estoque* (possuir coisa armazenada para o fim de venda) e *ocultar* (esconder, camuflar) são os verbos demonstrando condutas *alternativas*, ou seja, para a configuração dessa infração penal, é preciso que o agente pratique ao menos uma delas; caso cometa mais de uma, no mesmo contexto, continua respondendo por crime único. O objeto dessas condutas pode ser o produto reproduzido ou imitado (inciso I) ou produto com marca legítima de outrem (inciso II). Embora existam dois incisos, a prática de uma conduta, envolvendo ambos (ex.: importar produto imitado e, também, produto que contenha marca legítima de outrem; imagine-se que ambos chegaram no mesmo carregamento; significa crime único, pois os verbos, descritos no *caput*, evidenciam *alternatividade*). O produto constante do inciso I traz sinalizada uma marca cuja titularidade pertence a outrem. Não há menção, como ocorreu noutros tipos, da necessidade de registro para configurar o crime, mas essa situação é indispensável, em nossa visão, pois, antes disso, há somente uma expectativa de direito. Além desses fatores, cuida-se de mencionar a *ilicitude* da aposição da marca no produto. Portanto, havendo autorização, o fato se torna atípico, antes mesmo de se discutir ilicitude. O objeto material do inciso I vem com marca *reproduzida* (copiada com maior identidade) ou *imitada* (copiada de modo imperfeito). Finalmente, o tipo revela ser indiferente à reprodução ou à imitação integral ou parcial, pois o delito se consuma do mesmo modo. Lembre-se: a reprodução ou a imitação parcial da marca, nesses casos, não configura tentativa, mas crime consumado. O produto do inciso II provém da indústria ou comércio do próprio agente, mas está inserido em vasilhame (vaso ou invólucro vítreo para guardar líquido), recipiente (vaso ou caixa para armazenar coisas sólidas) ou embalagem (proteção externa de um produto) com a marca *legítima* (aqui, tem o sentido de evidenciar não a licitude da conduta, mas o uso de marca verdadeira ou autêntica de modo indevido) pertencente a outra pessoa física ou jurídica. Na jurisprudência: TJRS: "Conforme a denúncia, a ré tinha em depósito e expunha à venda, em seu estabelecimento comercial, adesivos do Batman, do Ben 10, Hotwheels, Superman e bonecos do Ben 10, falsificados. A conduta não corresponde ao crime do art. 184, § 2.º, do CP, na medida em que os bens apreendidos não são obras intelectuais ou fonogramas reproduzidos com violação do direito de autor, do direito de artista intérprete ou executante ou do direito do produtor de fonograma; e sim crime contra a propriedade industrial, previsto no art. 190, inc. I, da Lei n.º 9.279/96, consistente em produto assinalado com marca ilicitamente reproduzida ou imitida" (Apelação Criminal 70084024926, 4.ª C., rel. Rogerio Gesta Leal, 30.07.2020, v.u.); "Apelação crime. Delito de violação de direito autoral (artigo 184, § 2.º, do Código Penal). Réu que, em tese, oculta e tem em estoque, oferece e expõe à venda itens que ostentam reprodução de marcas alheias, falsificados, comete o delito do art. 190, inciso I, da Lei n.º 9.279/96 (crime contra a propriedade industrial), e não o do artigo 184, § 2.º, do Código Penal. Inviável a correção do fato delituoso em sede recursal, conforme inteligência da Súmula n.º 453 do STF e do art. 617 do CPP. Absolvição mantida. Delito que se apura mediante queixa-crime, inexistente nos autos. Decadência do direito de queixa. Apelo ministerial improvido, e declarada extinta a punibilidade do réu, forte no artigo 107, inciso IV, do Código Penal" (Apelação Crime 70078228988, 4.ª Câmara Criminal, rel. Newton Brasil de Leão, 06.12.2018); "Réu que, em tese, oculta e tem em estoque, oferece e expõe à venda, pares de tênis das marcas Nike e Olympikus, falsificados, comete o delito do art. 190, inciso I, da Lei n.º 9.279/96 (crime contra a propriedade industrial), e não o do artigo 184, § 2.º, do Código Penal. Inviável a correção do fato delituoso em sede recursal, conforme inteligência da Súmula n.º 453 do STF, e do art. 617 do CPP. Absolvição mantida. Apelo ministerial provido em parte, e declarada extinta a punibilidade da ré, pela prescrição" (Apelação Crime 70076936244, 4.ª Câmara Criminal, rel. Des. Newton Brasil de Leão, 21.06.2018).

77. Sujeitos ativo e passivo: o sujeito ativo pode ser qualquer pessoa; o sujeito passivo é o titular do registro da marca. Esse *titular* pode ser o próprio autor da marca, como também qualquer outra pessoa (física ou jurídica) que tenha obtido a titularidade da marca, por transmissão de quem inicialmente a consagrou. Embora o inciso II faça referência à propriedade do produto ser relativa à própria indústria ou comércio do agente, inexiste qualidade ínsita ao ser humano para produzir ou comercializar coisas em geral. Qualquer um pode fazê-lo.

78. Elemento subjetivo: é o dolo. Não há elemento subjetivo específico, embora devesse, como mencionado em nota anterior. Não se pune a forma culposa.

79. Objetos material e jurídico: o objeto material é o produto assinalado indevidamente por marca ou inserido em embalagem do agente, com marca de outrem; o objeto jurídico é a titularidade do registro da marca, ou seja, a propriedade industrial.

80. Classificação: trata-se de crime comum (pode ser cometido por qualquer pessoa); formal (não exige resultado naturalístico para a consumação, consistente na efetiva lesão ao patrimônio da vítima); de forma livre (pode ser cometido por qualquer meio eleito pelo agente); comissivo (os verbos indicam *ação*); instantâneo (a consumação se dá em momento determinado) nas formas *importar, exportar, vender, oferecer*, mas permanente (a consumação se arrasta no tempo) nas modalidades *expor à venda, ocultar* ou *ter em depósito*; unissubjetivo (pode ser cometido por um só agente); plurissubsistente (cometido por intermédio de vários atos); admite tentativa.

81. Benefícios penais: trata-se de infração de menor potencial ofensivo, permitindo transação. Se esta não se realizar, a pena aplicável indica a possibilidade de substituição por restritiva de direitos, visto não se cuidar de crime violento contra a pessoa. Além disso, é cabível o *sursis*, se não utilizada a substituição mencionada. O regime de cumprimento, como regra, deve ser o aberto.

Capítulo IV
DOS CRIMES COMETIDOS POR MEIO DE MARCA, TÍTULO DE ESTABELECIMENTO[82] E SINAL DE PROPAGANDA[83]

> **Art. 191.** Reproduzir ou imitar,[84-86] de modo que possa induzir em erro ou confusão, armas, brasões ou distintivos oficiais nacionais, estrangeiros ou internacionais, sem a necessária autorização, no todo ou em parte, em marca, título de estabelecimento, nome comercial, insígnia ou sinal de propaganda, ou usar essas reproduções ou imitações com fins econômicos.[87-88]
>
> Pena – detenção, de 1 (um) a 3 (três) meses, ou multa.[89]
>
> **Parágrafo único.** Incorre na mesma pena quem vende ou expõe ou oferece à venda produtos assinalados com essas marcas.[90]

82. Título de estabelecimento: trata-se do emblema ou qualquer outro sinal para distinguir o estabelecimento comercial, industrial ou agrícola, bem como relativo a qualquer atividade lícita, incluindo-se empresas prestadoras de serviços (Douglas Domingues, *Comentários à lei da propriedade industrial*, p. 600).

83. Sinal de propaganda: cuida-se da legenda, anúncio, reclame, frase, combinação de desenhos, gravura, originais e característicos, cuja finalidade seja o emprego de meio para recomendar as atividades comerciais, industriais ou agrícolas, realçar a qualidade de certos produtos, atraindo a atenção dos consumidores (Douglas Domingues, *Comentários à lei da propriedade industrial*, p. 600).

84. Análise do núcleo do tipo: *reproduzir* (produzir novamente, imitar, copiar de maneira mais próxima ao real) é a primeira conduta e *imitar* (copiar algo simulando o original, de maneira imperfeita), a segunda. São alternativas, significando que a prática de uma ou das duas, no mesmo contexto, gera um só delito. O objeto é composto por armas (sinais constantes de escudos ou brasões), brasão (distintivos ou sinais que representam famílias, estados, cidades etc.) ou distintivo oficial (símbolo de instituição, empresa, corporação etc.), nacional (brasileiro), estrangeiro (pertencente a outro país) ou internacional (cabente à instituição de atuação em todo o mundo). Tais emblemas não devem ser usados na atividade comercial, explorando o lucro, sem a devida autorização, o que indica o próprio tipo ("sem a necessária autorização"), pois representam instituições importantes, muitas vezes como o Estado ou seus Poderes, que não servem aos propósitos individuais de um comerciante ou industrial. A utilização vedada insere-se no cenário das marcas, títulos de estabelecimento, nome comercial, insígnia ou sinal de propaganda (todos são elementos comerciais, aptos a produzir lucro). O tipo ainda generaliza para envolver a regra geral: "usar essas reproduções ou imitações com fins econômicos"). Outro elemento do tipo, que precisa ser levado em conta, diz respeito ao modo de execução do delito (reprodução ou imitação): causar induzimento em erro ou confusão. Logo, não é qualquer cópia a atingir a concretização deste delito, mas aquela apta a gerar engano no comprador ou consumidor. Na jurisprudência: TRF-4: "A oferta para comercialização de acessórios onde usados de maneira indevida símbolos públicos (carteiras com adorno do brasão de armas nacionais ou símbolos representativos das forças armadas) subsume-se, em tese, ao tipo penal do art. 191 da Lei 9.279/96" (RCCR 50076199320194047205, 8.ª T., rel. Leandro Paulsen, 19.02.2020, v.u.).

85. Sujeitos ativo e passivo: o sujeito ativo pode ser qualquer pessoa; o sujeito passivo é o titular dos emblemas mencionados (armas, brasão e distintivo oficial), em muitos casos, o próprio Estado.

86. Elemento subjetivo: é o dolo. Há elemento subjetivo específico, consistente na finalidade econômica, ou seja, ganho ou lucro. Não se pune a forma culposa.

87. Objetos material e jurídico: o objeto material é composto por armas, brasão ou distintivo oficial. O objeto jurídico é a proteção a símbolos importantes, merecedores de ficar fora da atividade comercial. Tutela-se, então, a administração pública e o direito do consumidor.

88. Classificação: trata-se de crime comum (pode ser cometido por qualquer pessoa); formal (não exige resultado naturalístico para a consumação, consistente na efetiva lesão ao patrimônio da vítima); de forma livre (pode ser cometido por qualquer meio eleito pelo agente); comissivo (os verbos indicam *ação*); instantâneo (a consumação se dá em momento determinado) nas formas *importar*, *exportar*, *vender*, *oferecer*, mas permanente (a consumação se arrasta no tempo) nas modalidades *expor à venda*, *ocultar* ou *ter em depósito*; unissubjetivo (pode ser cometido por um só agente); plurissubsistente (cometido por intermédio de vários atos); admite tentativa.

89. Benefícios penais: trata-se de infração de menor potencial ofensivo, permitindo transação. Se esta não se realizar, a pena aplicável indica a possibilidade de substituição por restritiva de direitos, visto não se cuidar de crime violento contra a pessoa. Além disso, é cabível o *sursis*, se não utilizada a substituição mencionada. O regime de cumprimento, como regra, deve ser o aberto.

90. Figura equiparada: inclui-se no tipo, como figura similar, a conduta de quem *vende* (aliena por certo preço) ou *expõe à venda* (apresenta genericamente a terceiros para alienação por determinado preço) ou, ainda, *oferece à venda* (apresenta a alguém para alienação por preço certo) os produtos sinalizados com essas marcas, vale dizer, aquelas que contêm, indevidamente, armas, brasões ou distintivos oficiais. O tipo também é misto alternativo, significando que a prática de uma só conduta ou de mais de uma, no mesmo contexto, gera somente um delito.

Capítulo V
DOS CRIMES CONTRA INDICAÇÕES GEOGRÁFICAS[91]
E DEMAIS INDICAÇÕES

> **Art. 192.** Fabricar, importar, exportar, vender, expor ou oferecer à venda ou ter em estoque[92-94] produto que apresente falsa indicação geográfica.[95-96]
> Pena – detenção, de 1 (um) a 3 (três) meses, ou multa.[97]

91. Indicações geográficas: segundo dispõe o art. 176 desta Lei, constituem "a indicação de procedência ou a denominação de origem". Vislumbra-se no art. 177: "considera-se indicação de procedência o nome geográfico de país, cidade, região ou localidade de seu território, que se tenha tornado conhecido como centro de extração, produção ou fabricação de determinado produto ou de prestação de determinado serviço". No art. 178: "considera-se denominação de origem o nome geográfico de país, cidade, região ou localidade de seu território, que designe produto ou serviço cujas qualidades ou características se devam exclusiva ou essencialmente ao meio geográfico, incluídos fatores naturais e humanos". Exemplos disso são mencionados por Douglas Gabriel Domingues: não se pode utilizar o nome "conhaque", a não ser para os produtos vindos da região de Cognac, na França; não se pode usar o nome "vinho verde", a não ser pelos produtos vindos dessa região de Portugal (*Comentários à lei de propriedade industrial*, p. 604).

92. Análise do núcleo do tipo: *fabricar* (construir algo a partir de materiais diversos; produzir; criar); *importar* (trazer alguma coisa do exterior para o território nacional); *exportar* (enviar alguma coisa do território nacional para o exterior); *vender* (alienar algo mediante certo preço); *expor à venda* (apresentar algo a terceiros para que seja alienado por certo preço); *oferecer à venda* (apresentar algo a alguém para que seja alienado por determinado preço) e *ter em estoque* (possuir coisa armazenada para o fim de venda) são os verbos demonstrativos de condutas *alternativas*, ou seja, para a configuração desta infração penal é preciso que o agente pratique ao menos uma delas; caso cometa mais de uma, no mesmo contexto, continua respondendo por crime único. O objeto dessas condutas é o produto representativo de *falsa indicação geográfica*, vale dizer, insere-se a origem não autêntica da região de onde provém. Dizer que se trata de *conhaque*, está-se referindo à região francesa de *Cognac*; se não tem origem nesse local, não pode ser assim mencionado na comercialização do produto.

93. Sujeitos ativo e passivo: o sujeito ativo pode ser qualquer pessoa; o sujeito passivo é o produtor da região falsamente indicada, bem como o consumidor.

94. Elemento subjetivo: é o dolo. Não há, no tipo, elemento subjetivo específico, embora, como regra, seja o ganho ou lucro. Não se pune a forma culposa.

95. Objetos material e jurídico: o objeto material é o produto comercializado com falsa indicação geográfica; o objeto jurídico é a tutela dos interesses do produtor da região afetada pela indicação falsa, assim também como o consumidor.

96. Classificação: trata-se de crime comum (pode ser cometido por qualquer pessoa); formal (não exige resultado naturalístico para a consumação, consistente na efetiva lesão ao patrimônio da vítima); de forma livre (pode ser cometido por qualquer meio eleito pelo agente); comissivo (os verbos indicam *ação*); instantâneo (a consumação se dá em momento determinado) nas formas *fabricar*, *importar*, *exportar*, *vender*, *oferecer*, mas permanente (a consumação se arrasta no tempo) nas modalidades *expor à venda* ou *ter em depósito*; unissubjetivo (pode ser cometido por um só agente); plurissubsistente (cometido por intermédio de vários atos); admite tentativa.

97. Benefícios penais: trata-se de infração de menor potencial ofensivo, permitindo transação. Se esta não se realizar, a pena aplicável indica a possibilidade de substituição por restritiva de direitos, visto não se cuidar de crime violento contra a pessoa. Além disso, é cabível o *sursis*, se não utilizada a substituição mencionada. O regime de cumprimento, como regra, deve ser o aberto.

> **Art. 193.** Usar,[98-100] em produto, recipiente, invólucro, cinta, rótulo, fatura, circular, cartaz ou em outro meio de divulgação ou propaganda, termos retificativos, tais como "tipo", "espécie", "gênero", "sistema", "semelhante", "sucedâneo", "idêntico", ou equivalente, não ressalvando a verdadeira procedência do produto.[101-102]
>
> Pena – detenção, de 1 (um) a 3 (três) meses, ou multa.[103]

98. Análise do núcleo do tipo: *usar* (empregar com habitualidade, valer-se de algo para atingir uma meta) é a conduta típica, cujo objeto se concentra no produto (resultado de uma fabricação), recipiente (local apropriado para guardar coisas), invólucro (qualquer material que reveste coisa), cinta (faixa sólida que envolve um produto), rótulo (impresso indicativo de conteúdo), fatura (relação de mercadorias), circular (carta dirigida a várias pessoas), cartaz (comunicado impresso destinado a várias pessoas) ou outro meio de divulgação ou propaganda, elementos esses que contenham termos retificativos (apontadores de similitude) como: tipo (algo que serve de modelo a outro), espécie (coisas possuidoras da mesma essência), gênero (grupo de objetos ou coisas similares), sistema (conjunto de elementos semelhantes), semelhante (similar, parecido), sucedâneo (aquilo que herda as características, algo que substitui), idêntico (exatamente igual) ou equivalente (valor igual). Ao inserir tais nominações no produto, não ressalva o agente a autêntica origem do produto. É o que se denomina de *termos retificativos* (Vicente Sabino Jr., *Direito penal*, v. 3, p. 828).

99. Sujeitos ativo e passivo: o sujeito ativo pode ser qualquer pessoa; o sujeito passivo é o produtor original do produto, bem como o consumidor.

100. Elemento subjetivo: é o dolo. Não há, no tipo, elemento subjetivo específico, embora, como regra, seja o ganho ou lucro. Não se pune a forma culposa.

101. Objetos material e jurídico: o objeto material é composto por produto, recipiente, invólucro, cinta, rótulo, fatura, circular, cartaz ou outro meio de divulgação ou propaganda. O objeto jurídico é a propriedade industrial de quem possui o produto original, bem como as relações de consumo.

102. Classificação: trata-se de crime comum (pode ser cometido por qualquer pessoa); formal (não exige resultado naturalístico para a consumação, consistente na efetiva lesão ao patrimônio da vítima); de forma livre (pode ser cometido por qualquer meio eleito pelo agente); comissivo (os verbos indicam *ação*); instantâneo (a consumação se dá em momento determinado) ou permanente (a consumação se arrasta no tempo), dependendo do caso concreto; unissubjetivo (pode ser cometido por um só agente); plurissubsistente (cometido por intermédio de vários atos); admite tentativa.

103. Benefícios penais: trata-se de infração de menor potencial ofensivo, permitindo transação. Se esta não se realizar, a pena aplicável indica a possibilidade de substituição por restritiva de direitos, visto não se cuidar de crime violento contra a pessoa. Além disso, é cabível o *sursis*, se não utilizada a substituição mencionada. O regime de cumprimento, como regra, deve ser o aberto.

> **Art. 194.** Usar[104-106] marca, nome comercial, título de estabelecimento, insígnia, expressão ou sinal de propaganda ou qualquer outra forma que indique procedência que não a verdadeira, ou vender ou expor à venda produto com esses sinais.[107-108]
>
> Pena – detenção, de 1 (um) a 3 (três) meses, ou multa.[109]

104. Análise do núcleo do tipo: *usar* (empregar com habitualidade, valer-se de algo para atingir uma meta) é a conduta típica, cujo objeto é a marca (sinal distintivo de produtos), nome comercial (título utilizado para o comércio), título de estabelecimento (emblema ou qualquer outro sinal para distinguir o estabelecimento comercial, industrial ou agrícola), insígnia (sinal alusivo a posto de comando), expressão (frase) ou sinal de propaganda (anúncio, reclame) ou outra forma de indicar a procedência *não autêntica*. Ainda, no mesmo tipo, consta *vender* (alienar por certo preço) ou *expor à venda* (apresentar genericamente a terceiros para a alienação por preço determinado) o produto com os sinais mencionados. Hungria adverte para a peculiar situação de coincidência entre nome comercial ou título de estabelecimento e o nome de quem os adota; nessa hipótese, torna-se frequente o caso de homonímia, gerando um conflito de interesses entre os portadores de nomes iguais e exercentes do comércio ou indústria. A prevalência do uso cabe a quem primeiro o estabeleceu; ao outro compete acrescer qualquer dado para promover a diferenciação. Além disso, denomina-se *abuso de homonímia* quando se dá o aproveitamento desta para gerar confusão no público (*Comentários ao Código Penal*, v. VII, p. 372).

105. Sujeitos ativo e passivo: o sujeito ativo pode ser qualquer pessoa; o sujeito passivo é o detentor legítimo da marca, nome comercial, título de estabelecimento, insígnia, expressão ou sinal de propaganda, bem como o consumidor.

106. Elemento subjetivo: é o dolo. Não há, no tipo, elemento subjetivo específico, embora, como regra, seja o ganho ou lucro. Não se pune a forma culposa.

107. Objetos material e jurídico: o objeto material é a marca, nome comercial, título de estabelecimento, insígnia, expressão, sinal de propaganda ou outra forma indicativa de procedência não autêntica de um produto; o objeto jurídico é a tutela da propriedade industrial e, também, as relações de consumo.

108. Classificação: trata-se de crime comum (pode ser cometido por qualquer pessoa); formal (não exige resultado naturalístico para a consumação, consistente na efetiva lesão ao patrimônio da vítima); de forma livre (pode ser cometido por qualquer meio eleito pelo agente); comissivo (os verbos indicam *ação*); instantâneo (a consumação se dá em momento determinado) ou permanente (a consumação se arrasta no tempo), dependendo do caso concreto; unissubjetivo (pode ser cometido por um só agente); plurissubsistente (cometido por intermédio de vários atos); admite tentativa.

109. Benefícios penais: trata-se de infração de menor potencial ofensivo, permitindo transação. Se esta não se realizar, a pena aplicável indica a possibilidade de substituição por restritiva de direitos, visto não se cuidar de crime violento contra a pessoa. Além disso, é cabível o *sursis*, se não utilizada a substituição mencionada. O regime de cumprimento, como regra, deve ser o aberto.

Capítulo VI
DOS CRIMES DE CONCORRÊNCIA DESLEAL[110]

Art. 195. Comete crime[111] de concorrência desleal quem:

I – publica,[112-114] por qualquer meio, falsa afirmação, em detrimento de concorrente, com o fim de obter vantagem;[115-116]

II – presta ou divulga,[117-119] acerca de concorrente, falsa informação, com o fim de obter vantagem;[120-121]

III – emprega[122-124] meio fraudulento, para desviar, em proveito próprio ou alheio, clientela de outrem;[125-126]

IV – usa[127-129] expressão ou sinal de propaganda alheios, ou os imita, de modo a criar confusão entre os produtos ou estabelecimentos;[130-131]

V – usa,[132-134] indevidamente, nome comercial, título de estabelecimento ou insígnia alheios ou vende, expõe ou oferece à venda ou tem em estoque produto com essas referências;[135-136]

VI – substitui,[137-139] pelo seu próprio nome ou razão social, em produto de outrem, o nome ou razão social deste, sem o seu consentimento;[140-141]

VII – atribui-se,[142-144] como meio de propaganda, recompensa ou distinção que não obteve;[145-146]

VIII – vende ou expõe ou oferece à venda,[147-149] em recipiente ou invólucro de outrem, produto adulterado ou falsificado, ou dele se utiliza para negociar com produto da mesma espécie, embora não adulterado ou falsificado,[150-151] se o fato não constitui crime mais grave;[152]

IX – dá ou promete[153-155] dinheiro ou outra utilidade a empregado de concorrente, para que o empregado, faltando ao dever do emprego, lhe proporcione vantagem;[156-157]

X – recebe dinheiro ou outra utilidade, ou aceita[158-160] promessa de paga ou recompensa, para, faltando ao dever de empregado, proporcionar vantagem a concorrente do empregador;[161-162]

XI – divulga, explora ou utiliza-se,[163-165] sem autorização, de conhecimentos, informações ou dados confidenciais, utilizáveis na indústria, comércio ou prestação de serviços, excluídos aqueles que sejam de conhecimento público ou que sejam evidentes para um técnico no assunto, a que teve acesso mediante relação contratual ou empregatícia, mesmo após o término do contrato;[166-167]

XII – divulga, explora ou utiliza-se,[168-170] sem autorização, de conhecimentos ou informações a que se refere o inciso anterior, obtidos por meios ilícitos ou a que teve acesso mediante fraude;[171-172] ou

XIII – vende, expõe ou oferece à venda produto,[173-175] declarando ser objeto de patente depositada, ou concedida, ou de desenho industrial registrado, que não o seja, ou menciona-o, em anúncio ou papel comercial, como depositado ou patenteado, ou registrado, sem o ser;[176-177]

XIV – divulga, explora ou utiliza-se,[178-180] sem autorização, de resultados de testes ou outros dados não divulgados, cuja elaboração envolva esforço considerável e que tenham sido apresentados a entidades governamentais como condição para aprovar a comercialização de produtos.[181-182]

Pena – detenção, de 3 (três) meses a 1 (um) ano, ou multa.[183]

§ 1.º Inclui-se nas hipóteses a que se referem os incisos XI e XII o empregador, sócio ou administrador da empresa, que incorrer nas tipificações estabelecidas nos mencionados dispositivos.[184]

§ 2.º O disposto no inciso XIV não se aplica quanto à divulgação por órgão governamental competente para autorizar a comercialização de produto, quando necessário para proteger o público.[185]

110. Concorrência desleal: *concorrer* significa competir, disputar ou participar de um concurso. Normalmente, é o que acontece na atividade comercial, quando um empresário *ganha* de outro, vendendo mais ou fechando contratos mais lucrativos. *Desleal* significa traição ou falsidade. Diante disso, a concorrência desleal representa uma competição injusta, pois uma das partes se vale de instrumentos ilegítimos. Celso Delmanto a define de maneira simples e objetiva: cuida-se da "competição que *não deve ser feita*, num conceito que é certo, mas que deixa de dar à pergunta o devido esclarecimento e alcance". E continua o autor: "havendo luta – e luta pela conquista – não é surpresa que algum rival tente lançar mão de golpes baixos para ganhar deslealmente a corrida: mesmo em competições atléticas, e até de amadores, isso às vezes acontece. (...) Para garantir a normalidade da competição e evitar aquelas deslealdades, precisam ser aplicadas algumas normas à concorrência: as *regras do jogo*" (*Crimes de concorrência desleal*, p. 10-11). Segundo Hermano Duval, a "primeira repressão à concorrência desleal ocorreu na Inglaterra, em 1410, na base da *common law*, mas a primeira lei, sistematizadora do instituto, foi a alemã, de 27 de maio de 1896, seguida pela de Portugal, de 15 de dezembro de 1894. (...) Concorrência desleal é a agressão à atividade do concorrente em violação aos preceitos éticos da correção profissional" (*Concorrência desleal*, p. 124-126). Na ótica de

Carlos Alberto Bittar, constitui "toda ação de concorrente que se aproveita indevidamente de criação ou de elemento integrante do aviamento alheio, para captar, sem esforço próprio, a respectiva clientela" (*Teoria e prática da concorrência desleal*, p. 37). Há que se mencionar a existência da autarquia federal, vinculada ao Ministério da Justiça, denominada Conselho Administrativo de Defesa Econômica (CADE), cuja função é prevenir e reprimir as infrações administrativas contra a ordem econômica, a livre concorrência, a liberdade de iniciativa, cabendo-lhe lutar contra o abuso do poder econômico. Desenvolve projetos, igualmente, para a defesa do consumidor e a função social da propriedade. Isto significa, na prática, a fuga da Justiça comum, sempre lenta e custosa, para resolver inúmeros problemas das empresas concorrentes em nível administrativo. Portanto, decisões tomadas pelo CADE, inclusive para regular a concorrência leal, têm sido mais efetivas do que qualquer intervenção do Poder Judiciário, em particular na área penal. As infrações descritas nesta Lei, de âmbito criminal, praticamente inexistem. Outro fator colaborador para essa escassez de processos criminais é a *imunidade* da pessoa jurídica para responder por esse tipo de delito; somente a pessoa física é apta a tanto. Ora, a maior parte das condutas proibidas é realizada pela pessoa jurídica, embora valendo-se, para a concretização, da pessoa física. No entanto, não se descobre qual indivíduo fez o que exatamente, razão pela qual o crime resta impunido. Vicente Sabino Jr. divide os fatos aptos a gerar a concorrência desleal em cinco: "1) os que se destinam a provocar confusão entre os grandes estabelecimentos, como a usurpação de nome comercial, de denominação ou emblema; 2) os que objetivam a depreciação do estabelecimento, como o açambarcamento, a boicotagem, a difamação, o descrédito, a violação de segredos etc.; 3) os que visam a estabelecer confusão entre os produtos, como são a imitação de marcas, de forma e de cor de produtos etc.; 4) os que resultem da violação de compromissos, e que dizem com os fornecedores, os concorrentes e os clientes; 5) finalmente, os que têm por fim atrair abusivamente a clientela, resultantes da usurpação de qualidades, de recompensas industriais, falsos títulos, vantagens fictícias etc." (*Direito penal*, v. 3, p. 825-826). Hungria acrescenta a violação de segredos, com abuso de confiança e a falsa propaganda, atribuindo-se qualidade não verdadeira (*Comentários ao Código Penal*, v. VII, p. 380). Vale mencionar a colocação apropriada de Bento de Faria, acerca de concorrência comercial: a liberdade do comércio não tem extensão para permitir operações com indiferença à lei. (...) "Infelizmente, práticas desonestas de concorrência comercial sempre existiram, desde a mais remota antiguidade até hoje, apesar de continuamente reprimidas através dos séculos, com penas de extrema gravidade, entre as quais o enforcamento e o decepamento de uma das mãos e do regime de opressão imposto pelos regulamentos draconianos das corporações medievais" (*Código Penal brasileiro comentado*, v. V, p. 299-300). Por derradeiro, ressalte-se, como faz Galdino Siqueira, ser indiferente a má-fé ou a ilicitude, pois ambas representam a concorrência desleal para os fins penais (*Tratado de direito penal*, v. 4, p. 398).

111. Figura anômala: a descrição realizada pelo tipo incriminador, nesta Lei, é anormal, pois, em lugar de simplesmente descrever uma conduta (ação/omissão mais objeto), fixando a pena (reclusão ou detenção), já indicativo de ser um crime, o legislador se valeu do modelo *constitui crime de concorrência desleal quem...*, inserindo nos incisos as condutas. No *caput*, reservou a especificação de *constituir crime*, que seria desnecessária, apontando nos diferentes incisos as condutas puníveis.

112. Análise do núcleo do tipo: *publicar* (levar alguma coisa ao conhecimento público) é a conduta proibida, cujo objeto é a falsa afirmação (mentira, alegação inverídica). Deveria ter sido colocado um destino mais específico, vale dizer, onde é inserida a *falsa afirmação*. Na sua falta, pode-se utilizar a publicação em qualquer seara, aliás, o que o tipo indica: "por qualquer meio"; entretanto, a abertura demasiada do tipo incriminador não é o ideal, em

Art. 195

face do princípio da taxatividade. De toda forma, a referida alegação mentirosa precisa ser realizada *em detrimento de concorrente* (com a potencialidade de prejudicar o competidor) e com a finalidade de *obter vantagem* (qualquer espécie de lucro). Essa publicação "nada mais é que uma falsa alegação efetuada no exercício do comércio, suscetível de desacreditar o estabelecimento, os produtos ou a atividade industrial ou comercial de um concorrente, atividade proibida pelo art. 10.º *bis* da Convenção de Paris, Revisão de Estocolmo (1967) a que o Brasil aderiu" (Douglas Gabriel Domingues, *Comentários à lei da propriedade industrial*, p. 611). Lembra, ainda, com pertinência, Noronha que a denigração pode voltar-se contra a pessoa do empresário ou contra produto ou estabelecimento seu (*Direito penal*, v. 3, p. 41). Na jurisprudência: STJ: "Independentemente do registro da marca conter o radical comum, os atos dos concorrentes sempre poderão ser avaliados à luz das regras sobre concorrência desleal, pois o princípio da liberdade de concorrência – pedra angular do impulso e desenvolvimento do mercado – encontra baliza na lealdade negocial, dever decantado da boa-fé objetiva e que deve nortear o agir das empresas no âmbito comercial. Com esteio no art. 195 da Lei de Propriedade Industrial (Lei n.º 9.279/96), configura-se a concorrência desleal diante de imitação de marca passível de despertar confusão no consumidor, na medida em que a similitude visual de produtos/serviços, por meio da justaposição de cores e estilização coincidente, conjugada com a identidade de público-alvo, promove inquestionável tumulto por promover no consumidor a falsa ideia de estar adquirindo produto/serviço outro. O cenário fático-jurídico de concorrência desleal reclama o desenho de um comportamento – patrocinado por um operador econômico e diagnosticado no terreno negocial de certo produto ou serviço – que contrarie a conduta--dever que necessita ser observada no duelo pela clientela, via expedientes que desafiem sua idoneidade no mercado e, efetivamente, ou em potência, causem danos ao concorrente, uma vez que a caracterização da concorrência desleal/aproveitamento parasitário, que tem por base a noção de enriquecimento sem causa prevista no artigo 884 do Código Civil, é fundada nos elementos probatórios, devendo ser avaliada diante de cada caso concreto. Não se afigura adequada a utilização do óbice da Súmula 7/STJ, pois, além de a autora deter tão somente o direito exclusivo de uso da marca mista 'Curitiba Multimarcas', que nenhum silogismo guarda com o nome comercial 'Auto Shopping Curitiba', semântica ou figurativamente, haja vista a diferenciação clara entre os seus logotipos – o que afasta de plano o alegado uso indevido de marca alheia –, o próprio Tribunal de origem afirmou, categoricamente, ter a parte autora se descurado do *munus* processual de comprovar o fato constitutivo de seu direito (art. 333, I, do CPC) no que tange aos eventuais prejuízos decorrentes da utilização do mesmo vocábulo 'Curitiba' pela ré (confusão do público e proveito econômico). O Tribunal *a quo* afirmou não ter restado provado o fato constitutivo do direito do autor relativamente à real existência de elementos fático-jurídicos caracterizadores de proveito parasitário que evidenciassem ter a empresa ré, por meio fraudulento, criado confusão entre serviços no mercado com o objetivo de desviar a clientela de outrem em proveito próprio ou alheio. Face a aplicação da legislação correlata (incisos XIX e XXIII do art. 124, e incisos III e IV do art. 195 da Lei 9.279/96), em não tendo sido verificado, na presente hipótese, a existência de provas quanto à reprodução/ imitação, no todo ou em parte, de marca alheia registrada, 'suscetível de causar confusão ou associação com aquela marca alheia', inviável a manutenção do acórdão recorrido. Recurso especial provido para reformar o acórdão recorrido e julgar improcedente a demanda" (REsp 1.237.752 – PR, 4.ª T., rel. Marco Buzzi, j. 05.03.2015, m.v.).

113. Sujeitos ativo e passivo: o sujeito ativo deve ser um concorrente no comércio; o sujeito passivo, igualmente, é um competidor no comércio.

114. Elemento subjetivo: é o dolo. Há elemento subjetivo específico, consistente no "fim de obter vantagem". Não se pune a forma culposa.

115. Objetos material e jurídico: o objeto material é a falsa afirmação; o objeto jurídico é a tutela da propriedade imaterial, consistente no comércio exercido de maneira leal, o que alguns preferem denominar de *liberdade de competir*; secundariamente, protege as relações de consumo.

116. Classificação: trata-se de crime próprio (só pode ser cometido por pessoa em atividade comercial); formal (não exige resultado naturalístico para a consumação, consistente na efetiva lesão ao patrimônio da vítima); de forma livre (pode ser cometido por qualquer meio eleito pelo agente); comissivo (o verbo indica *ação*); instantâneo (a consumação se dá em momento determinado); unissubjetivo (pode ser cometido por um só agente); plurissubsistente (cometido por intermédio de vários atos); admite tentativa.

117. Análise de núcleo do tipo: *prestar* (dar algo a alguém; realizar) e *divulgar* (tornar público; difundir) são as condutas alternativas (o agente pode praticar ambas, num só contexto, para cometer única infração penal) cujo objeto é a falsa (mentirosa, não autêntica) informação (conjunto de dados ou de conhecimentos) a respeito de seu concorrente (outro industrial ou comerciante). A sua finalidade é *obter vantagem* (lucro, ganho); como regra, essa vantagem tem natureza econômica, mas pode ser qualquer outra conquista. Aliás, esta é a típica *concorrência desleal*, pois mancha a reputação alheia, de modo traiçoeiro e vil. Vale ressaltar que, mesmo sendo informe (fato) verdadeiro, mas negativo, capaz de ferir a reputação de outrem (pessoa física ou jurídica), temos sustentado o cabimento do crime de difamação (art. 139 do Código Penal). No cenário dessa figura típica, Celso Delmanto bem esclarece não ser necessário que a informação seja prestada voluntariamente pelo agente; pode ter sido provocada por terceiro. Nem mesmo se exige que esse informe atinja mais de uma pessoa. E argumenta: "o concorrente pode ser *procurado* por alguém que lhe pergunte a respeito do competidor, dos produtos que este faz, dos serviços que presta. Ou que lhe indague, por exemplo, a propósito da comparação entre seus próprios artigos e os similares do rival. Poderá dar a resposta que acredite certa, mesmo que sua opinião esteja longe de corresponder à realidade. Isso vai por conta dos chamados 'costumes' da concorrência, que todos compreendem; seria, aliás, isto sim, incomum, responder ele que as coisas do concorrente são melhores que as suas. Mas o que o contendor *não* pode é dar uma informação *mentirosa* a respeito do seu rival, produtos ou serviços. Isso a lei pune" (*Crimes de concorrência desleal*, p. 63). Lembremos, ainda, que a segunda forma criminosa (divulgar) admite qualquer meio; hoje, levando-se em conta a Internet, com extrema facilidade um concorrente pode espalhar fatos inverídicos acerca de outro, não sendo necessário nem computar quantos acessaram aquele informe, pois, inserido em rede, presume-se *divulgado*. O anonimato também não exige o agente de punição, dependendo, é lógico, de ser descoberto e haver provas suficientes da materialidade e da autoria.

118. Sujeitos ativo e passivo: o sujeito ativo deve ser um concorrente no comércio; o sujeito passivo, igualmente, é um competidor no comércio.

119. Elemento subjetivo: é o dolo. Há elemento subjetivo específico, consistente no "fim de obter vantagem". Não se pune a forma culposa.

120. Objetos material e jurídico: o objeto material é a falsa afirmação; o objeto jurídico é a tutela da propriedade imaterial, consistente no comércio exercido de maneira leal, o que alguns preferem denominar de *liberdade de competir*; secundariamente, protege as relações de consumo.

121. Classificação: trata-se de crime próprio (só pode ser cometido por pessoa em atividade comercial); formal (não exige resultado naturalístico para a consumação, consistente na efetiva lesão ao patrimônio da vítima); de forma livre (pode ser cometido por qualquer meio eleito pelo agente); comissivo (os verbos indicam *ação*); instantâneo (a consumação se dá em momento determinado); unissubjetivo (pode ser cometido por um só agente); plurissubsistente (cometido por intermédio de vários atos); admite tentativa.

122. Análise de núcleo do tipo: *empregar* (utilizar; fazer uso de algo) é a conduta central, cujo objeto é o *meio fraudulento* (instrumento adequado para gerar engano ou logro), voltado a dupla finalidade: *desviar* (tirar da rota original, inserindo-a em outra) a clientela (são os consumidores de um produto que o fazem habitualmente em certo estabelecimento) de outro concorrente associado ao objetivo de obter *proveito* (ganho, lucro) para si ou para outrem. "Clientela ou freguesia são expressões que se correspondem. Podem também significar certo número de pessoas que se valham, com frequência, dos serviços de um determinado profissional" (Vicente Sabino Jr., *Direito penal*, v. 3, p. 827). É preciso destacar que o termo *freguesia* é ultrapassado, pois aponta para uma clientela de baixa renda ou a comerciantes de produtos simples, como se vê em feiras livres. Os estabelecimentos comerciais já não utilizam esse termo, valendo-se somente de *clientela*. Bem anota Carlos Alberto Bittar constituir a figura da confusão (situação complicada, quando se torna difícil discernir e separar determinadas coisas), pois gera o desvio de clientela (*Teoria e prática da concorrência desleal*, p. 49). Consiste em deslealdade da atividade competitiva, pois o que retira o cliente de um determinado comerciante, passando-o ao concorrente, que se vale de meio fraudulento, é a dúvida instalada no espírito do consumidor. Assim ocorrendo, o cliente prefere arriscar no lugar que lhe parece mais seguro, justamente o que se perde em mecanismos enganadores para denegrir a concorrência. Lembremos que o singelo *desvio de clientela*, fundado em outros elementos, como a propaganda ou a exaltação do próprio produto, é lícita. Cuida-se do denominado *animus disputandi*, que, se aliado à fraude, produz *golpes baixos* (Hungria, *Comentários ao Código Penal*, v. VII, p. 383). Na jurisprudência: TJSP: "Crime contra a Propriedade Industrial. Artigo 195, III, da Lei n.º 9.279/96. Concorrência desleal. Conduta de empregar, na qualidade de funcionária da empresa titular do registro do desenho industrial, meio fraudulento para desviar, em proveito próprio, clientela da querelante. Não configuração. Ausência de descrição de atos específicos que importem a captação irregular de clientela. Prova testemunhal reveladora da inocorrência de queda no faturamento e perda de clientes. Manutenção da sentença absolutória. Inteligência do artigo 386, IV, do CPP. Apelo da empresa querelante desprovido" (Ap. 0468806-76.2010.8.26.0000 – SP, 16.ª Câmara de Direito Criminal, rel. Otávio de Almeida Toledo, j. 29.01.2013, v.u.).

123. Sujeitos ativo e passivo: o sujeito ativo deve ser um concorrente no comércio; o sujeito passivo, igualmente, é um competidor no comércio.

124. Elemento subjetivo: é o dolo. Há duplo elemento subjetivo específico, consistente no "desvio de clientela" e "em proveito próprio ou alheio". Ademais, como bem assinala Magalhães Noronha, seria muito raro quem fizesse concorrência desleal em benefício de terceiro (*Direito penal*, v. 3, p. 42). Não se pune a forma culposa.

125. Objetos material e jurídico: o objeto material é o meio fraudulento utilizado; o objeto jurídico é a tutela da propriedade imaterial, consistente no comércio exercido de maneira leal, o que alguns preferem denominar de *liberdade de competir*; secundariamente, protege as relações de consumo.

126. Classificação: trata-se de crime próprio (só pode ser cometido por pessoa em atividade comercial); formal (não exige resultado naturalístico para a consumação, consistente na efetiva lesão ao patrimônio da vítima); de forma livre (pode ser cometido por qualquer meio eleito pelo agente); comissivo (o verbo indica *ação*); instantâneo (a consumação se dá em momento determinado); unissubjetivo (pode ser cometido por um só agente); plurissubsistente (cometido por intermédio de vários atos); admite tentativa.

127. Análise de núcleo do tipo: *usar* (utilizar; valer-se de algo para alguma coisa) é a primeira conduta, tendo por objeto a *expressão* (frase) ou *sinal* de propaganda (reclame, anúncio); a segunda conduta é *imitar* (copiar; reproduzir sem exatidão) a referida expressão ou sinal de propaganda, provocando, neste último caso, confusão entre os produtos e os estabelecimentos. As duas condutas são alternativas, significando que o agente pode praticar ambas, no mesmo contexto, e responderá por delito único. Esta infração penal se volta a coibir quem copia comerciais (anúncios em geral) do concorrente, especialmente os que fazem sucesso, bem como as *frases de efeito*, que marcam um produto. O objetivo é nítido: gerar dúvida no consumidor, que termina por adquirir produto da concorrência. Tivemos a oportunidade de citar a lição de Tinoco Soares, no campo das marcas, a respeito das formas básicas de apresentação. Valendo-nos, agora, do ensinamento de Douglas Domingues, também as expressões ou sinais possuem três modelos básicos: a) "propaganda nominativa é representada por palavras ou combinações de palavras e compreende frases, expressões ou legendas, isoladas ou contidas em reclames"; b) "propaganda figurativa é constituída pela combinação de palavras com figuras ou imagens compreendendo gravuras, cartazes, estampas, anúncios, reclames, rótulos ou etiquetas"; c) "propaganda mista consiste na combinação de elementos nominativos e figurativos, ou então é constituída somente de elementos nominativos apresentados de forma não datilográfica" (*Comentários à lei da propriedade industrial*, p. 615).

128. Sujeitos ativo e passivo: o sujeito ativo deve ser um concorrente no comércio; o sujeito passivo, igualmente, é um competidor no comércio.

129. Elemento subjetivo: é o dolo. Há elemento subjetivo específico implícito, consistente no "fim de obter vantagem". Embora não conste expressamente na figura típica, esse é o real objetivo do concorrente. Afinal, provocar confusão entre produtos e estabelecimentos não se dá à toa, mas por visível concorrência desleal. No mesmo sentido: Pierangeli (*Crimes contra a propriedade industrial*, p. 308). Não se pune a forma culposa.

130. Objetos material e jurídico: o objeto material é a expressão ou sinal de propaganda; o objeto jurídico é a tutela da propriedade imaterial, consistente no comércio exercido de maneira leal, o que alguns preferem denominar de *liberdade de competir*; secundariamente, protege as relações de consumo.

131. Classificação: trata-se de crime próprio (só pode ser cometido por pessoa em atividade comercial); formal (não exige resultado naturalístico para a consumação, consistente na efetiva lesão ao patrimônio da vítima); de forma livre (pode ser cometido por qualquer meio eleito pelo agente); comissivo (os verbos indicam *ação*); instantâneo (a consumação se dá em momento determinado); unissubjetivo (pode ser cometido por um só agente); plurissubsistente (cometido por intermédio de vários atos); admite tentativa.

132. Análise de núcleo do tipo: *usar* (utilizar; valer-se de algo para algum fim) é a primeira conduta proibida, tendo por objeto o nome comercial (nome utilizado para o exercício do comércio, razão social, firma, todos em sentido lato), o título de estabelecimento (nome inserido para distinguir o local de comércio de outro) ou insígnia (símbolo ou emblema utilizado para distinguir um local de comércio de outro) de terceiro. Pressupõe-se, pela inserção do termo *indevidamente* (leia-se: ilicitamente, sem autorização do titular), que o simples uso irregular desses fatores já é uma espécie de concorrência desleal. No mais, têm-se, ainda, as condutas *vender* (alienar por certo preço), *expor à venda* (apresentar genericamente à alienação por determinado preço); *oferecer à venda* (apresentar a alguém para alienação por certo preço) e *ter em estoque* (manter armazenado em qualquer local), cujo objeto é um produto comercializável, contendo exatamente os termos usurpados de um concorrente (nome comercial, título de estabelecimento ou insígnia). Valendo-se da fama conquistada por seu concorrente, o agente obtém lucro, confundindo o consumidor. Essas figuras são alternativas (o agente, no mesmo contexto, pode praticar mais de uma, respondendo por crime único). Embora não se faça referência expressa, o fim é a obtenção de vantagem, praticando uma forma de concorrência desleal. Este tipo penal foge à regra de utilizar a expressão *ter em depósito*, substituindo-a por *ter em estoque*. Embora, para nós, signifique a mesma coisa, Douglas Gabriel Domingues busca explicar o motivo do uso da segunda expressão. "A alteração efetuada no inciso V citado *supra* consistiu basicamente em substituir a expressão 'tem em depósito' por 'tem em estoque', ampliando o campo de proteção legal, pois a expressão 'tem em estoque' abrange tanto os produtos que se acham guardados em um 'depósito' quanto aqueles que não estando à venda ou em exposição acham-se guardados ou armazenados (estocados) em outro lugar qualquer que não um depósito" (*Comentários à lei da propriedade industrial*, p. 615). Não vemos nenhum sentido nisso, pois é da tradição da linguagem jurídica valer-se sempre (ou quase sempre) da expressão "ter em depósito", pouco interessando o nome do lugar onde as coisas estão armazenadas. Idêntico argumento é utilizado por Pierangeli, pois a origem da palavra "estoque" vem do inglês "stock" – não sendo da nossa tradição (*Crimes contra a propriedade industrial...*, p. 315).

133. Sujeitos ativo e passivo: o sujeito ativo deve ser um concorrente no comércio; o sujeito passivo, igualmente, é um competidor no comércio.

134. Elemento subjetivo: é o dolo. Há elemento subjetivo específico implícito, consistente no "fim de obter vantagem". Embora não conste expressamente na figura típica, esse é o real objetivo do concorrente. Não se pune a forma culposa.

135. Objetos material e jurídico: o objeto material é o nome comercial, o título do estabelecimento ou insígnia, na primeira figura, bem como o produto com tais referências nas demais; o objeto jurídico é a tutela da propriedade imaterial, consistente no comércio exercido de maneira leal, o que alguns preferem denominar de *liberdade de competir*; secundariamente, protege as relações de consumo.

136. Classificação: trata-se de crime próprio (só pode ser cometido por pessoa em atividade comercial); formal (não exige resultado naturalístico para a consumação, consistente na efetiva lesão ao patrimônio da vítima); de forma livre (pode ser cometido por qualquer meio eleito pelo agente); comissivo (os verbos indicam *ação*); instantâneo (a consumação se dá em momento determinado) nas formas *usar*, *vender* e *oferecer à venda*, mas permanente (a consumação se arrasta no tempo) nas modalidades *expor à venda* e *ter em estoque*; unissubjetivo (pode ser cometido por um só agente); plurissubsistente (cometido por intermédio de vários atos); admite tentativa.

137. Análise de núcleo do tipo: *substituir* (trocar uma coisa por outra) é a conduta proibida, cujo objeto é o *nome ou razão social* (nome comercial, firma) de um concorrente, sendo este afastado para dar lugar ao *nome ou razão social* do agente do crime, inserido em produto de outrem (coisa pertencente a terceiro). Noutros termos, configura-se o delito quando determinado comerciante se apodera de produto alheio, colocando o seu nome comercial para então ser repassado, dando-lhe lucro. O objeto de outrem, que carregava o nome ou a razão social A, passa a expor a razão social B (do agente do delito). No tocante ao produto, pouco importa se o autor do crime é também fabricante de similar; basta que o comercialize. O motivo para o surgimento dessa infração penal é evidente e bem explicada por Celso Delmanto: "são notórios os benefícios – próximos ou futuros – que ao concorrente costumam advir em razão da superioridade de sua mercadoria: a pesquisa, o esmero, o cuidado na escolha da matéria-prima e o zelo na fabricação são habitualmente notados pelo público consumidor, que passa a dar preferência não só a esse artigo, como também a outros que levem o nome do mesmo produtor" (*Crimes de concorrência desleal*, p. 139). Vale ressaltar a desnecessidade de ter sido colocada, no tipo penal, a expressão *sem o seu consentimento*, pois, por questão de lógica, havendo autorização, nenhum ilícito se daria. Porém, existindo a referida expressão, quando for dado consentimento, o fato se torna imediatamente atípico.

138. Sujeitos ativo e passivo: o sujeito ativo deve ser um concorrente no comércio; o sujeito passivo, igualmente, é um competidor no comércio.

139. Elemento subjetivo: é o dolo. Há elemento subjetivo específico implícito, consistente no "fim de obter vantagem". Embora não conste expressamente na figura típica, esse é o real objetivo do concorrente. Não se pune a forma culposa.

140. Objetos material e jurídico: o objeto material é o nome ou razão social do concorrente, inserido em produto deste; o objeto jurídico é a tutela da propriedade imaterial, consistente no comércio exercido de maneira leal, o que alguns preferem denominar de *liberdade de competir*; secundariamente, protege as relações de consumo.

141. Classificação: trata-se de crime próprio (só pode ser cometido por pessoa em atividade comercial); formal (não exige resultado naturalístico para a consumação, consistente na efetiva lesão ao patrimônio da vítima); de forma livre (pode ser cometido por qualquer meio eleito pelo agente); comissivo (o verbo indica *ação*); instantâneo (a consumação se dá em momento determinado); unissubjetivo (pode ser cometido por um só agente); plurissubsistente (cometido por intermédio de vários atos); admite tentativa.

142. Análise de núcleo do tipo: *atribuir-se* (conceder algo a alguém; na forma reflexiva significa dar a si mesmo algo) é a conduta proibida, cujo objeto é a *recompensa* (prêmio, medalha) ou *distinção* (sinal ou característica ímpar, para destacar algo ou alguém, como a menção honrosa), ambas não verdadeiras. O concorrente assim age para fazer *propaganda* (anúncio, reclame, *marketing*) de seu produto. Essa conduta é muito comum, visualizando-se em vários setores a autoatribuição de valores especiais, que dariam nobreza e destaque a certos produtos. No entanto, o que se vê, na verdade, nem é a recompensa ou distinção *formalmente* falsa; observa-se o prêmio *materialmente* não autêntico. Noutros termos, em lugar de se criar o ganho de recompensa ou distinção falsa, inventa-se um prêmio pífio, de modo que a atribuição se torna "verdadeira", no sentido de *existir*, porém, na essência, é fajutagem. O produto é comum e de pouco valor; cria-se uma recompensa ou distinção, ofertada, por exemplo, por uma revista (manipulada pelo concorrente) e esse veículo de comunicação concede o prêmio de "melhor produto do ano" ao concorrente desleal. Não se pode punir tal conduta, pois atípica. Sem dúvida, trata-se de concorrência desleal, pois tem a aptidão de desviar a clientela, cujo norte é a qualidade superior do que pretende adquirir. Como bem analisa Delmanto, "o competidor que, falsamente, emprega tais indicações não só engana o público consumidor, como disputa desonestamente". E prossegue o autor indicando as maneiras de execução deste crime: "inculca a si próprio uma honraria que a outrem pertence; atribui-se uma distinção que não é de ninguém; ou um prêmio fictício, inexistente; ou, ainda, abusa do que realmente recebeu, aditando ou desvirtuando o seu verdadeiro sentido" (*Crimes de concorrência desleal*, p. 150).

143. Sujeitos ativo e passivo: o sujeito ativo deve ser um concorrente no comércio; o sujeito passivo, igualmente, é um competidor no comércio.

144. Elemento subjetivo: é o dolo. Há elemento subjetivo específico implícito, consistente no "fim de obter vantagem". Embora não conste expressamente na figura típica, esse é o real objetivo do concorrente. Não se pune a forma culposa.

145. Objetos material e jurídico: o objeto material é a recompensa ou distinção; o objeto jurídico é a tutela da propriedade imaterial, consistente no comércio exercido de maneira leal, o que alguns preferem denominar de *liberdade de competir*; secundariamente, protege as relações de consumo.

146. Classificação: trata-se de crime próprio (só pode ser cometido por pessoa em atividade comercial); formal (não exige resultado naturalístico para a consumação, consistente na efetiva lesão ao patrimônio da vítima); de forma livre (pode ser cometido por qualquer meio eleito pelo agente); comissivo (o verbo indica *ação*); instantâneo (a consumação se dá em momento determinado); unissubjetivo (pode ser cometido por um só agente); plurissubsistente (cometido por intermédio de vários atos); admite tentativa.

147. Análise do núcleo do tipo: *vender* (alienar por preço determinado) e *oferecer à venda* (apresentar a alguém para alienação por certo preço) são as condutas alternativas (praticar uma delas ou ambas, no mesmo contexto, gera um só delito), tendo por objeto um produto adulterado (modificado) ou falsificado (não autêntico), inserido em *recipiente* (local preparado a guardar coisas) ou *invólucro* (revestimento usado para proteger coisas) de terceiro. Na essência, o comerciante infrator coloca produto seu em objeto preparado por outro concorrente, por óbvio, com a intenção de obter vantagem, na exata medida que o consumidor irá procurar o referido produto conforme a sua apresentação. Não se espera de um comprador a checagem do conteúdo em pleno supermercado, por exemplo. Adquire-se o que o revestimento exibe, buscando-se a marca preferida. Cuida-se de uma modalidade de estelionato no cenário da propriedade industrial. Outra conduta vedada é *utilizar* (fazer uso de algo) o recipiente ou invólucro de concorrente para *negociar* (comprar ou vender em troca de ganho) um produto seu, da mesma espécie (coisas que partilham as mesmas características), embora não modificado ou não autêntico. Em realidade, o concorrente usa produto de sua fabricação, sem *imitar* o outro comerciante, mas se vale de revestimento com a identificação de outrem. O crime é subsidiário (chamado *tipo de reserva*), somente utilizado quando não houver delito mais grave. Aliás, é justamente o caso do estelionato, cuja pena é de reclusão, de um a cinco anos. Segundo Delmanto, a finalidade do agente não conta, pois ele pode atuar apenas para desmoralizar o oponente (*Crimes de concorrência desleal*, p. 163); no entanto, há sempre, nessas atividades, o intuito de obter vantagem indevida, sob pena de admitirmos que não existe a concorrência desleal. Noutros termos, um comerciante executaria esta figura típica sem qualquer obtenção de ganho. Seria o *fazer por fazer*, algo fora de propósito no cenário da concorrência.

148. Sujeitos ativo e passivo: o sujeito ativo deve ser um concorrente no comércio; o sujeito passivo, igualmente, é um competidor no comércio.

149. Elemento subjetivo: é o dolo. Há elemento subjetivo específico implícito, consistente no "fim de obter vantagem". Embora não conste expressamente na figura típica, esse é o real objetivo do concorrente. Não se pune a forma culposa.

150. Objetos material e jurídico: o objeto material é produto adulterado ou falsificado ou produto da mesma espécie a ser negociado; o objeto jurídico é a tutela da propriedade imaterial, consistente no comércio exercido de maneira leal, o que alguns preferem denominar de *liberdade de competir*; secundariamente, protege as relações de consumo.

151. Classificação: trata-se de crime próprio (só pode ser cometido por pessoa em atividade comercial); formal (não exige resultado naturalístico para a consumação, consistente na efetiva lesão ao patrimônio da vítima); de forma livre (pode ser cometido por qualquer meio eleito pelo agente); comissivo (os verbos indicam *ação*); instantâneo (a consumação se dá em momento determinado); unissubjetivo (pode ser cometido por um só agente); plurissubsistente (cometido por intermédio de vários atos); admite tentativa.

152. Tipo subsidiário: somente pune-se o agente, pelo delito previsto neste tipo, caso outras condutas mais graves sejam eliminadas, como o estelionato.

153. Análise do núcleo do tipo: *dar* (entregar algo a alguém) e *prometer* (afirmar algo para ser executado posteriormente) são as condutas alternativas (praticar uma ou ambas, no mesmo contexto, implica um só delito) cujo objeto é dinheiro (moeda em curso, nacional ou estrangeira) ou outra utilidade (qualquer coisa mensurável economicamente). O destino do dinheiro ou outro valor é o empregado (funcionário contratado explícita ou implicitamente) do concorrente, a fim de que este proporcione algum ganho ao agente, concorrente desleal. Por óbvio, incita-se o empregado a faltar ao seu dever advindo do emprego, entre os quais a lealdade ao patrão. É uma forma de suborno de empregado alheio. Trata-se da *espionagem econômica*, em formato de corrupção ativa, como bem coloca Celso Delmanto (*Crimes de concorrência desleal*, p. 178). Um dos pontos peculiares dessa conduta é a obtenção, pelo concorrente criminoso, da lista de clientes da vítima, para que possa exercitar a sua influência negativa nos consumidores ou fornecedores.

154. Sujeitos ativo e passivo: o sujeito ativo deve ser um concorrente no comércio; o sujeito passivo, igualmente, é um competidor no comércio.

155. Elemento subjetivo: é o dolo. Há elemento subjetivo específico, consistente no "fim de obter vantagem". O tipo penal menciona "lhe proporcione vantagem". Não se pune a forma culposa.

156. Objetos material e jurídico: o objeto material é dinheiro ou utilidade similar; o objeto jurídico é a tutela da propriedade imaterial, consistente no comércio exercido de maneira leal, o que alguns preferem denominar de *liberdade de competir*; secundariamente, protege as relações de consumo.

157. Classificação: trata-se de crime próprio (só pode ser cometido por pessoa em atividade comercial); formal (não exige resultado naturalístico para a consumação, consistente na efetiva lesão ao patrimônio da vítima); de forma livre (pode ser cometido por qualquer meio eleito pelo agente); comissivo (os verbos indicam *ação*); instantâneo (a consumação se dá em momento determinado); unissubjetivo (pode ser cometido por um só agente); plurissubsistente (cometido por intermédio de vários atos); admite tentativa.

158. Análise do núcleo do tipo: *receber* (aceitar ou obter alguma coisa) tem por objeto *dinheiro* (moeda em curso no país ou no estrangeiro) ou *outra utilidade* (qualquer coisa similar ao dinheiro, ou seja, que possua valor econômico); a segunda conduta diz respeito a *aceitar* (concordar com algo) a promessa (entrega futura de algo) de paga (recepção de dinheiro) ou recompensa (qualquer valor similar, com conteúdo econômico). Essa é uma forma de *corrupção passiva* (confrontar com o art. 317 do Código Penal). Visa-se com isso induzir o empregado (autor do crime) a trair a confiança de seu patrão, levando qualquer vantagem ao concorrente. Geralmente, a referida *vantagem* é a descoberta de segredo empresarial ou industrial.

159. Sujeitos ativo e passivo: o sujeito ativo deve ser um empregado de concorrente no comércio; o sujeito passivo, igualmente, é o empregador, competidor no comércio.

160. Elemento subjetivo: é o dolo. Há elemento subjetivo específico, consistente no "fim de obter vantagem". O tipo penal menciona "proporcionar vantagem a concorrente do empregador", porém, ao receber algum valor indevido, o fim específico do agente é dúplice: obter vantagem para si *e* para outrem. Não se pune a forma culposa.

161. Objetos material e jurídico: o objeto material é dinheiro, utilidade ou promessa de paga ou recompensa; o objeto jurídico é a tutela da propriedade imaterial, consistente no comércio exercido de maneira leal, o que alguns preferem denominar de *liberdade de competir*; secundariamente, protege as relações de consumo.

162. Classificação: trata-se de crime próprio (só pode ser cometido por pessoa empregada no meio comercial ou industrial); formal (não exige resultado naturalístico para a consumação, consistente na efetiva lesão ao patrimônio da vítima); de forma livre (pode ser cometido por qualquer meio eleito pelo agente); comissivo (os verbos indicam *ação*); instantâneo (a consumação se dá em momento determinado); unissubjetivo (pode ser cometido por um só agente); plurissubsistente (cometido por intermédio de vários atos); admite tentativa.

163. Análise do núcleo do tipo: *divulgar* (tornar público; tornar conhecido de várias pessoas), *explorar* (tirar vantagem por meio ilícito) ou utilizar (usar; valer-se de algo para atingir objetivo) são as condutas alternativas (praticar uma ou mais, no mesmo cenário, gera um só delito), cujo objeto é o conhecimento (informação específica sobre alguma coisa), informação (dados acerca de alguém ou algo) ou dado (elemento ou resultado de pesquisa ou investigação) confidencial (secreto). Tais fatores dizem respeito à atividade industrial, comercial ou prestadora de serviços; é o que se denomina de *espionagem industrial*. O tipo faz a exclusão – algo evidente – de todos os elementos de conhecimento já expostos ao público ou de nítido acesso a um técnico (um dado ou informe que chega ao alcance de outrem pela própria profissão ou formação). Além disso, menciona-se que o acesso do agente se deu por meio de relação contratual (contrato de prestação de serviços, como obtido pela empresa *terceirizada* para a fabricação de um produto) ou empregatícia (relação laboral), ainda quando terminado o contrato. Lembremos do brocardo *o segredo é a alma do negócio*, justamente o interesse rompido pela prática da figura delitiva prevista neste inciso XI. Douglas Gabriel Domingues, tocando no mesmo assunto, demonstra que a Lei de Sociedades Anônimas (Lei 6.404/76) prevê, no art. 157, § 5.º, o sigilo do próprio administrador, nos seguintes termos: "§ 5.º Os administradores poderão recusar-se a prestar a informação (§ 1.º alínea *e*), ou deixar de divulgá-la (§ 4.º), se entenderem que sua revelação porá em risco interesse legítimo da companhia, cabendo à Comissão de Valores Mobiliários, a pedido dos administradores, de qualquer acionista, ou por iniciativa própria, decidir sobre a prestação de informação e responsabilizar os administradores, se for o caso". São os *segredos da empresa*, igualmente tutelados por este tipo penal (*Comentários à lei da propriedade industrial*, p. 623). Na anterior lei da propriedade industrial, denominava-se expressamente no tipo a tutela do *segredo de fábrica*, inserido no contexto da *espionagem econômica*. Lembra Celso Delmanto que "alguns desses meios ou métodos [de fabricação] não são sequer patenteáveis, por falta de requisitos que a lei industrial exige. Outros, embora registráveis, não o são por seus descobridores, pois, como visto em hipótese anterior, a simples entrega deles para depósito já permitiria aos rivais seu conhecimento e emprego – difícil de ser constatado ou proibido – além de limitar ao prazo legal de duração dos privilégios oficiais a sua efetiva exclusividade por quem os mantém em reserva. Encontrados através de pesquisa, ou obra do acaso e sorte (como várias vezes também acontece), seus titulares procuram conservá-los ocultos pelo maior tempo possível; ou seja, até quando outro concorrente, por sua vez, os descubra, com o que cessarão seus benefícios exclusivos e está extinto o próprio sigilo" (*Crimes de concorrência desleal*, p. 211). Na jurisprudência: TJPR: "Com efeito, o réu, para angariar mais clientes, contratou pessoa que, sabidamente, em decorrência de parceria anterior, possuía informações confidenciais da empresa vítima, vez que era quem encaminhava os boletos de todos os clientes, contendo seus dados pessoais e os valores dos serviços contratos. Nessa esteira, é razoável pensar que, em posse da carteira de clientes conquistada pela empresa concorrente, o crescimento da empresa do réu tenda a ser mais rápida e fácil, o que evidencia o dolo do delito de concorrência desleal" (Rec. 00018774120228160047, 4.ª T. Recursal, rel. Leo Henrique Furtado Araujo, 14.08.2023, v.u.).

164. Sujeitos ativo e passivo: o sujeito ativo deve ser um empregado ou terceirizado de concorrente no comércio ou pessoa por este licenciada para o comércio, indústria ou prestação de serviço; o sujeito passivo é um competidor no comércio.

165. Elemento subjetivo: é o dolo. Não há elemento subjetivo específico. Embora a conduta seja típica de quem pretende obter alguma vantagem, o tipo penal não faz qualquer referência a isso. Não se pune a forma culposa.

166. Objetos material e jurídico: o objeto material é conhecimento, informe ou dados confidenciais; o objeto jurídico é a tutela da propriedade imaterial, consistente no comércio exercido de maneira leal, o que alguns preferem denominar de *liberdade de competir*; secundariamente, protege as relações de consumo.

167. Classificação: trata-se de crime próprio (só pode ser cometido por pessoa empregada ou licenciada pela vítima); formal (não exige resultado naturalístico para a consumação, consistente na efetiva lesão ao patrimônio da vítima); de forma livre (pode ser cometido por qualquer meio eleito pelo agente); comissivo (os verbos indicam *ação*); instantâneo (a consumação se dá em momento determinado); unissubjetivo (pode ser cometido por um só agente); plurissubsistente (cometido por intermédio de vários atos); admite tentativa.

168. Análise do núcleo do tipo: *divulgar* (tornar conhecido por várias pessoas), *explorar* (tirar vantagem de algo ou alguém) e *utilizar-se* (valer-se de algo para auferir ganho) são as condutas alternativas (realizar mais de uma, no mesmo contexto, gera a prática de delito único), tendo por objeto o conhecimento (informação específica sobre alguma coisa), informação (dados acerca de alguém ou algo), referidos no inciso XI (utilizáveis na indústria, comércio ou prestação de serviços), nesta hipótese obtidos por *meio ilícito* (qualquer instrumento, mecanismo ou método considerado atentatório à lei; note-se: não precisa ser lei penal, mas qualquer outra também) ou teve acesso mediante *fraude* (esta consistente em mecanismo enganoso, que ludibria a vigilância de terceiros, porém faz parte do meio ilícito). O conhecimento ou informe, por óbvio, é sigiloso e não foi atingido com a autorização de seu titular (foi incluída, no tipo, a expressão "sem autorização"); diante disso, o fato se torna atípico caso autorizada a divulgação, exploração ou utilização. A diferença do mecanismo de obtenção do conhecimento específico de algo sigiloso, neste caso do inciso XII, ocorre pelo emprego de meio *ilícito* (contrário ao ordenamento jurídico em qualquer aspecto). No inciso anterior, o acesso ao informe secreto foi *lícito* (por meio de um contrato de prestação de serviço ou laboral). No entanto, valer-se disso, sem autorização, é crime. Tinoco Soares afirma existir em grandes empresas um *olheiro* ali colocado pela concorrência, justamente para captar esses dados sigilosos e repassar (*Lei de patentes...*, p. 301). É preciso distinguir entre o *olheiro* empregado (cairia no inciso XI) e aquele que invade a empresa por meios ilícitos ou mediante fraude (incidiria no inciso XII).

169. Sujeitos ativo e passivo: o sujeito ativo pode ser qualquer pessoa; o sujeito passivo é um competidor no comércio, titular do segredo de indústria.

170. Elemento subjetivo: é o dolo. Não há elemento subjetivo específico. Embora a conduta seja típica de quem pretende obter alguma vantagem, o tipo penal não faz qualquer referência a isso. Não se pune a forma culposa.

171. Objetos material e jurídico: o objeto material é conhecimento ou informe confidencial; o objeto jurídico é a tutela da propriedade imaterial, consistente no comércio exercido de maneira leal, o que alguns preferem denominar de *liberdade de competir*; secundariamente, protege as relações de consumo.

172. Classificação: trata-se de crime comum (pode ser cometido por qualquer pessoa); formal (não exige resultado naturalístico para a consumação, consistente na efetiva lesão ao patrimônio da vítima); de forma livre (pode ser cometido por qualquer meio eleito pelo agente); comissivo (os verbos indicam *ação*); instantâneo (a consumação se dá em momento determinado); unissubjetivo (pode ser cometido por um só agente); plurissubsistente (cometido por intermédio de vários atos); admite tentativa.

173. Análise do núcleo do tipo: *vender* (alienar por certo preço), *expor à venda* (apresentar genericamente algo para ser alienado), *oferecer à venda* (apresentar a alguém alguma coisa a ser alienada) são as condutas alternativas (a prática de mais de uma gera um só delito, se no mesmo contexto) cujo objeto é um produto (bem produzido em fábrica, com valor econômico); para a concretização do delito, demanda-se outra conduta, vinculada a qualquer das três primeiras, consistente em *declarar* (revelar algo; anunciar; afirmar solenemente) ser o referido produto objeto de *patente depositada* (pedido de patente – registro – em andamento), quando se trata de inverdade, ou *patenteado* (registro concedido), sem o ser; ou, ainda, objeto de desenho industrial registrado, sendo situação falsa. Na segunda modalidade, figura a conduta *mencionar* (fazer referência a algo ou alguém) em *anúncio ou papel comercial* (propaganda, *marketing*, reclame) um produto qualquer, como se fosse depositado para patente ou já patenteado, ou ainda registrado, sem que tais situações confiram com a realidade. Cuida-se de uma forma de *estelionato* para ludibriar os compradores do produto (potenciais ou efetivos), mas, sobretudo, lesa a livre concorrência, exibindo um produto falsamente patenteado ou registrado. Cuida-se de figura nova na atual Lei, não constante da legislação revogada. Segundo Douglas Domingues, "a posição é inovadora porque o pedido de patente ou registro depositado, ainda em andamento, pendente de decisão, constitui mera expectativa de direito (...), pois, a partir do depósito do pedido até a concessão da patente, o depositante tem apenas uma probabilidade ou possibilidade de ter seu pedido deferido, adquirir ou ter concedido o privilégio. Portanto, trata-se não de um direito adquirido, mas de mera *expectativa de direito*, que somente passará a ser do expectante quando e se realizadas certas condições determinadas e expressas em lei, como necessárias e indispensáveis a sua concessão" (*Comentários à lei da propriedade industrial*, p. 634).

174. Sujeitos ativo e passivo: o sujeito ativo é qualquer pessoa, embora, na maior parte das vezes, seja empresário, atuando no comércio, na indústria ou na prestação de serviços. O sujeito passivo é um competidor no comércio; secundariamente, o consumidor de produto com falsa patente ou registro.

175. Elemento subjetivo: é o dolo. Não há elemento subjetivo específico, embora, na maior parte das vezes, seja o intuito de obter vantagem. Não há a forma culposa.

176. Objetos material e jurídico: o objeto material é o produto de falsa patente ou registro; o objeto jurídico é a liberdade de concorrência; secundariamente, as relações de consumo.

177. Classificação: trata-se de crime comum (pode ser cometido por qualquer pessoa); formal (não exige resultado naturalístico para a consumação, consistente na efetiva lesão ao patrimônio da vítima); de forma livre (pode ser cometido por qualquer meio eleito pelo agente); comissivo (os verbos indicam *ação*); instantâneo (a consumação se dá em momento determinado), exceto na forma *expor à venda*, que é permanente (a consumação se arrasta no tempo); unissubjetivo (pode ser cometido por um só agente); plurissubsistente (cometido por intermédio de vários atos); admite tentativa.

178. Análise do núcleo do tipo: *divulgar* (tornar conhecido por várias pessoas), *explorar* (tirar vantagem de algo ou alguém) e *utilizar-se* (valer-se de algo para auferir ganho) são as condutas alternativas (realizar mais de uma, no mesmo contexto, gera a prática de delito único), tendo por objeto *resultado de testes* (conclusões advindas de experiência com produtos para atestar sua qualidade) ou *outros dados* (quaisquer informes caracterizadores de um produto) não *divulgados* (não tornados públicos ainda). Está-se tutelando a concorrência livre, evitando-se a falta de lisura do competidor que busca prejudicar o outro, mas o tipo penal tornou-se muito amplo e distante da propriedade industrial. Note-se a ausência de menção a qualquer patente ou registro. Esses testes devem envolver *esforço considerável* (expressão desnecessária, segundo nos parece, pois o quanto se demanda de pessoas ou material para isso é irrelevante) e apresentação a entidades governamentais *como condição para aprovar a sua comercialização*. Observa-se, agora, a preocupação de tutelar o interesse público para não permitir a comercialização de produto abaixo dos requisitos impostos pelo governo para obtenção da licença. Insere-se a expressão *sem autorização* (elemento vinculado à ilicitude da conduta), gerando, pois, a atipicidade se houver a licença do titular para divulgar, explorar ou utilizar o referido resultado de testes (ou outro dado).

179. Sujeitos ativo e passivo: o sujeito ativo pode ser qualquer pessoa; para Pierangeli somente o competidor desleal (*Crimes contra a propriedade industrial...*, p. 387). Assim não visualizamos, em face da abertura demasiada da conduta típica. Qualquer pessoa, empresário ou não, pode fazer a divulgação dos resultados ou outros dados sigilosos, nos termos mencionados no tipo (ter envolvido esforço considerável e ter sido apresentado à entidade governamental).

180. Elemento subjetivo: é o dolo. Não há elemento subjetivo específico, embora, na maior parte das vezes, seja o intuito de obter vantagem. Não há a forma culposa.

181. Objetos material e jurídico: o objeto material é o resultado de testes ou outros dados de produto; o objeto jurídico é a liberdade de concorrência; secundariamente, as relações de consumo.

182. Classificação: trata-se de crime comum (pode ser cometido por qualquer pessoa); formal (não exige resultado naturalístico para a consumação, consistente na efetiva lesão ao patrimônio da vítima); de forma livre (pode ser cometido por qualquer meio eleito pelo agente); comissivo (os verbos indicam *ação*); instantâneo (a consumação se dá em momento determinado); unissubjetivo (pode ser cometido por um só agente); plurissubsistente (cometido por intermédio de vários atos); admite tentativa.

183. Benefícios penais: trata-se de infração de menor potencial ofensivo, permitindo transação. Se esta não se realizar, a pena aplicável indica a possibilidade de substituição por restritiva de direitos, visto não se cuidar de crime violento contra a pessoa. Além disso, é cabível o *sursis*, se não utilizada a substituição mencionada. O regime de cumprimento, como regra, deve ser o aberto.

184. Extensão do tipo incriminador: o inciso XI indica, como sujeito ativo, o contratado ou empregado do concorrente, razão pela qual tem sentido a precaução tomada pelo § 1.º, isto é, respondem pelo delito, também, o empregador, sócio ou administrador da empresa. Na segunda figura, prevista no inciso XII, qualquer pessoa pode praticá-la, motivo pelo qual se inclui o empregador, sócio ou administrador da empresa (o tipo fala em meio ilícito ou fraudulento). Usa-se a regra geral do concurso de pessoas. Entretanto, há que se cuidar do elemento *empregador*, pois, sendo único, majoritário ou detentor da palavra final na empresa, se ele divulgar, explorar ou utilizar-se de informes confidenciais, estará permitindo que a situação se realize (lembre-se que o tipo menciona: *sem autorização*). Noutros termos, pode ser fato atípico. O mesmo se dá quanto ao sócio, que possua essa prerrogativa, ou mesmo no tocante ao administrador. É preciso consultar o estatuto da empresa para chegar a uma conclusão, tipificando ou não a infração penal.

185. Excludente de tipicidade: torna-se o funcionário do órgão governamental encarregado de autorizar o comércio do produto imune ao tipo penal previsto pelo inciso XIV, tendo em vista o interesse público para que o faça. Noutros termos, para prevenir males maiores dos consumidores, torna-se até mesmo seu dever divulgar os resultados ou outros dados para não permitir a comercialização de produto perigoso. Há quem diga que o concorrente poderá responder por esta figura típica, caso se aproveite da divulgação feita pelo órgão governamental para explorar o fato em seu benefício (Douglas Gabriel Domingues, *Comentários à lei da* *propriedade industrial*, p. 637). Depende do caso concreto. Se a divulgação for ampla, qualquer um dela pode fazer uso; se a divulgação for restrita a alguns setores, o fato de se aproveitar disso pode caracterizar a concorrência desleal.

Capítulo VII
DAS DISPOSIÇÕES GERAIS

> **Art. 196.** As penas de detenção previstas nos Capítulos I, II e III deste Título serão aumentadas de um terço à metade se:[186]
>
> I – o agente é ou foi representante, mandatário, preposto, sócio ou empregado do titular da patente ou do registro, ou, ainda, do seu licenciado;[187] ou
>
> II – a marca alterada, reproduzida ou imitada for de alto renome, notoriamente conhecida, de certificação ou coletiva.[188]

186. Causa de aumento de pena: cuida-se de circunstância legal (expressamente constante em lei) para produzir elevação da pena na terceira fase da aplicação (após o juiz ter mensurado a pena-base e ponderado todas as agravantes e atenuantes cabíveis). Se a pena já estiver no máximo, a causa de aumento será aplicada do mesmo modo, rompendo o teto. Na prática, diante das diminutas penas cominadas aos crimes previstos nesta Lei, as causas de aumento dos incisos I e II do art. 196 não produzem nenhum efeito prático.

187. Aumento em relação ao agente: reputa-se de maior gravidade a conduta da pessoa que, de algum modo, integrou a pessoa jurídica detentora da patente ou registro, ou licenciado a usar aquela patente ou registro. O dever de lealdade, no cenário das relações de trabalho e decorrentes de contratos, é a marca ética desta causa de aumento, que enfoca o representante, o mandatário (procurador), preposto, sócio ou empregado atual ou passado.

188. Aumento em relação à marca: para determinadas espécies de *marcas* a lei confere particular proteção, razão pela qual, havendo crime que as envolva, torna-se natural prever um aumento de pena. Dispõe o art. 125 desta Lei que "à marca registrada no Brasil considerada de alto renome será assegurada proteção especial, em todos os ramos de atividade". Não houve definição de *marca de alto renome*, cabendo ao INPI delimitar o seu alcance. Porém, a doutrina aponta ser a marca conhecida em termos nacionais e internacionais por várias camadas sociais de consumo, tal como "Coca-Cola". O art. 126 desta Lei dispõe: "a marca notoriamente conhecida em seu ramo de atividade nos termos do art. 6.º *bis* (I), da Convenção da União de Paris para Proteção da Propriedade Industrial, goza de proteção especial, independentemente de estar previamente depositada ou registrada no Brasil". A *marca notoriamente conhecida* diz respeito ao conhecimento que ela produz no ramo de sua atividade comercial, como o exemplo de *Rolex*, no universo dos relógios de pulso. Na jurisprudência (hipótese semelhante): STJ: "1. Cinge-se a controvérsia a analisar se a marca da recorrente enquadra-se na categoria normativa denominada de marca de alto renome, conforme amparada pelo artigo 125 da Lei n.º 9.279/1996. 2. Na hipótese, os seguintes fatos são incontroversos: é notório o prestígio da marca Omega na fabricação mundial de relógios e a empresa recorrida situa-se no ramo local de móveis, não havendo risco de causar confusão ou associação com marca recorrente. 3. A instância ordinária concluiu: a) que a recorrente não faz jus à proteção marcária em todos os ramos de atividade; b) que o signo Omega não pode ser considerado uma exceção ao princípio da especialidade a ponto de impedir que terceiros façam uso dele; e c) que o signo em análise é uma marca fraca, insuscetível da deferência legal insculpida no artigo 125 da Lei n.º 9.279/1996. 4. O Poder Judiciário não pode substituir o Instituto Nacional da Propriedade

Industrial – INPI na sua função administrativa típica de avaliar o atendimento aos critérios normativos essenciais à caracterização do alto renome de uma marca, haja vista o princípio da separação dos poderes. Precedentes do STJ. 5. No caso concreto, o INPI indeferiu a qualificação jurídica de alto renome (artigo 125 da Lei n.º 9.279/1996) à marca Omega. 6. Recurso especial não provido" (REsp 1.124.613 – RJ, 3.ª T., rel. Ricardo Villas Bôas Cueva, j. 01.09.2015, v.u.). Nos termos do art. 123, II, *marca de certificação* é "aquela usada para atestar a conformidade de um produto ou serviço com determinadas normas ou especificações técnicas, notadamente quanto à qualidade, natureza, material utilizado e metodologia empregada". Dispõe o art. 123, III, que a *marca coletiva* é "aquela usada para identificar produtos ou serviços provindos de membros de uma determinada entidade". Na lição de Gama Cerqueira, "são as pertencentes a sindicatos, corporações e outras associações de produtores ou comerciantes, destinando-se a assinalar os produtos da indústria ou comércio de seus associados" (*Tratado da propriedade industrial*, p. 268). Assim sendo, falsificar (alterar, reproduzir ou imitar) a marca de alto renome, notoriamente conhecida, de certificação ou coletiva indica maior reprovação ao seu autor, logo, pena mais elevada.

> **Art. 197.** As penas de multa previstas neste Título serão fixadas, no mínimo, em 10 (dez) e, no máximo, em 360 (trezentos e sessenta) dias-multa, de acordo com a sistemática do Código Penal.[189]
>
> **Parágrafo único.** A multa poderá ser aumentada ou reduzida, em até 10 (dez) vezes, em face das condições pessoais do agente e da magnitude da vantagem auferida, independentemente da norma estabelecida no artigo anterior.[190]

189. Pena pecuniária: segue a regra prevista pelo art. 49 do Código Penal. O *quantum* da multa, em primeira fase de fixação, corresponde ao montante de 10 dias-multa até 360 dias-multa. Deve-se concretizar o número de dias-multa, conforme o grau de culpabilidade do autor do crime, vale dizer, o nível de reprovação que ele merece. Para tanto, o julgador se vale dos elementos do art. 59 do Código Penal (antecedentes, conduta social, personalidade, motivos, circunstâncias e consequências do crime e comportamento da vítima). Após, o magistrado deve escolher o valor de cada dia-multa, dentro dos seguintes: de um trigésimo do salário mínimo até cinco vezes o salário. Esse valor precisa respeitar a capacidade econômica do agente.

190. Causa de aumento ou diminuição da multa: em várias leis, quando há a imposição da pena de multa, o legislador abre uma brecha para superar o valor máximo (para os muito ricos) ou ficar aquém do mínimo (para os muito pobres). Nesta hipótese, considera-se o aumento ou a redução de até dez vezes, apontando para as condições pessoais do agente (segundo cremos, a situação econômica) e a magnitude da vantagem auferida (estabelecer um equilíbrio entre a punição pecuniária e o ganho obtido, respeitando-se o princípio da proporcionalidade).

> **Art. 198.** Poderão ser apreendidos, de ofício ou a requerimento do interessado, pelas autoridades alfandegárias, no ato de conferência, os produtos assinalados com marcas falsificadas, alteradas ou imitadas ou que apresentem falsa indicação de procedência.[191]

191. Apreensão do objeto material: o conteúdo deste dispositivo é uma decorrência das normas regentes do assunto existentes no Código de Processo Penal; logo, mesmo que não existisse, a apreensão seria viável, praticada de ofício pela autoridade competente. No específico caso do art. 198 desta Lei, vislumbra-se, em face da menção a autoridades alfandegárias, tratar-se de *importação* de produtos falsificados total ou parcialmente. O auto de apreensão fornece elementos para a composição da materialidade do delito. Noutros casos de falsificação, não havendo a prisão em flagrante, pode-se utilizar o sequestro para retirar coisas adulteradas das mãos de alguém, seja o receptador ou o agente da contrafação.

> **Art. 199.** Nos crimes previstos neste Título somente se procede mediante queixa, salvo quanto ao crime do art. 191, em que a ação penal será pública.[192-193]

192. Critério para a ação penal: na maior parte dos delitos, previstos nesta Lei, está-se diante de interesse nitidamente individual, envolvendo, na essência, direitos patrimoniais, motivo pelo qual a ação é privada, ou seja, a vítima deve contratar advogado e, colhendo elementos suficientes, por meio de inquérito policial ou outros fatores, ingressar com a queixa-crime. Tem seis meses para fazê-lo, a partir do momento em que toma conhecimento de quem é o autor do crime. Excepciona-se a figura típica do art. 191: "reproduzir ou imitar, de modo que possa induzir em erro ou confusão, armas, brasões ou distintivos oficiais nacionais, estrangeiros ou internacionais, sem a necessária autorização, no todo ou em parte, em marca, título de estabelecimento, nome comercial, insígnia ou sinal de propaganda, ou usar essas reproduções ou imitações com fins econômicos". Nesta hipótese, por envolver armas, brasões ou distintos oficiais, há interesse público, justificando a ação ser pública, vale dizer, movida pelo Ministério Público, sem necessidade da obtenção de qualquer tipo de autorização.

193. Recurso: tendo em vista que a maioria dos crimes desta Lei segue o critério da ação penal privada, é preciso lembrar da necessidade de pagamento de custas e preparo para o recurso. Na jurisprudência: TJMG: "Tratando-se de ação intentada mediante queixa é imprescindível que seja realizado o prévio preparo do recurso com o pagamento das custas, nos termos do art. 806, § 2.º, CPP, sob pena de se caracterizar a deserção" (RSE 1.0024.14.191739-3/001 – MG, 6.ª Câmara Criminal, rel. Jaubert Carneiro Jaques, 08.03.2016).

> **Art. 200.** A ação penal e as diligências preliminares de busca e apreensão, nos crimes contra a propriedade industrial, regulam-se pelo disposto no Código de Processo Penal, com as modificações constantes dos artigos deste Capítulo.[194]

194. Referência ao CPP: os artigos reguladores da apuração de crime contra a propriedade imaterial, em que se encaixam as figuras delitivas contra a propriedade industrial e contra a concorrência, são os seguintes: "art. 524. No processo e julgamento dos crimes contra a propriedade imaterial, observar-se-á o disposto nos Capítulos I e III do Título I deste Livro, com as modificações constantes dos artigos seguintes. Art. 525. No caso de haver o crime deixado vestígio, a queixa ou a denúncia não será recebida se não for instruída com o exame pericial dos objetos que constituam o corpo de delito. Art. 526. Sem a prova de direito à ação, não será recebida a queixa, nem ordenada qualquer diligência preliminarmente requerida pelo ofendido. Art. 527. A diligência de busca ou de apreensão será realizada por dois peritos nomeados pelo juiz, que verificarão a existência de fundamento para a apreensão, e quer esta se realize, quer não, o laudo pericial será apresentado dentro de 3 (três) dias após o encerramento da diligência. Parágrafo único. O requerente da diligência poderá impugnar o laudo contrário à apreensão, e o juiz ordenará que esta se efetue, se reconhecer a improcedência das razões aduzidas pelos peritos. Art. 528. Encerradas as diligências, os autos serão conclusos ao juiz para homologação do laudo. Art. 529. Nos crimes de ação privativa do ofendido, não será admitida queixa com fundamento em apreensão e em perícia, se decorrido o prazo de 30 dias, após a homologação do laudo. Parágrafo único. Será dada vista ao Ministério Público dos autos de busca e apreensão requeridas pelo ofendido, se o crime for de ação pública e não tiver sido oferecida queixa no prazo fixado neste artigo. Art. 530. Se ocorrer prisão em flagrante e o réu não for posto em liberdade, o prazo a que se refere o artigo anterior será de 8 (oito) dias". Respeita-se, portanto, o conteúdo dos dispositivos supramencionados, exceto quando esta Lei os contrariar de algum modo. É o que ocorre na hipótese do art. 527 do CPP, conforme expomos na próxima nota.

> **Art. 201.** Na diligência de busca e apreensão, em crime contra patente que tenha por objeto a invenção de processo, o oficial do juízo será acompanhado por perito, que verificará, preliminarmente, a existência do ilícito, podendo o juiz ordenar a apreensão de produtos obtidos pelo contrafator com o emprego do processo patenteado.[195]

195. Busca e apreensão: a diligência de busca e apreensão, autorizada por juiz, é fundamental para a formação da materialidade de vários crimes, que deixam rastros, como os que envolvem falsificações em geral. Poder-se-ia utilizar o art. 527 do CPP, mas ele é contrariado pelo art. 201 desta Lei, em determinado ponto. Para a realização da busca e apreensão, o oficial de justiça será acompanhado por apenas *um perito* (e não dois, como o referido art. 527 menciona). No mais, ambos os dispositivos são similares. A ida do perito, desde o instante da apreensão, feita pelo oficial do juízo, deve-se à necessidade de se *atestar preliminarmente* a existência de coisas falsificadas – algo que exige conhecimento técnico. Se o oficial fosse sozinho ou com a polícia, poderia apreender, erroneamente, produtos autênticos ou até produtos diversos, não correspondentes a qualquer falsificação. Aliás, pode-se fazer um paralelo com os crimes de tráfico de drogas, quando também se exige um laudo preliminar, para atestar que se está apreendendo entorpecente ilícito.

> **Art. 202.** Além das diligências preliminares de busca e apreensão, o interessado poderá requerer:[196]
> I – apreensão de marca falsificada, alterada ou imitada onde for preparada ou onde quer que seja encontrada, antes de utilizada para fins criminosos; ou
> II – destruição de marca falsificada nos volumes ou produtos que a contiverem, antes de serem distribuídos, ainda que fiquem destruídos os envoltórios ou os próprios produtos.

196. Outras finalidades da apreensão: além de constituir fundamental suporte à prova da existência do crime, é igualmente importante para *retirar* os produtos contrafeitos do mercado consumidor. Portanto, o juiz pode determinar a apreensão do produto falsificado onde quer que se encontre (inciso I), não necessariamente no local onde foi (ou é) fabricado. Pode, ainda, a pedido do ofendido, determinar a destruição de tudo, pois o volume pode ser muito grande para se armazenar até o final do processo criminal (inciso II). Ademais, guarda-se um tanto para eventual realização de contraprova pelo assistente técnico do acusado ou por outro interessado. Nesse ponto, esta Lei está em harmonia com o destino a ser tomado no tocante aos produtos ofensivos à propriedade intelectual (art. 184, CP). Na jurisprudência: TRF-3: "3. O dispositivo legal em questão não deixa dúvidas de que o titular da marca tem direito a requerer a destruição de marca falsificada, sem conferir essa prerrogativa às hipóteses em que o produto seja autêntico, mas tenha sido importado sem sua autorização" (Ap. Cível 0010989-30.2010.4.03.6100, 4.ª T., rel. Wilson Zauhy Filho, 07.03.2024, v.u.).

> **Art. 203.** Tratando-se de estabelecimentos industriais ou comerciais legalmente organizados e que estejam funcionando publicamente, as diligências preliminares limitar-se-ão à vistoria e apreensão dos produtos, quando ordenadas pelo juiz, não podendo ser paralisada a sua atividade licitamente exercida.[197]

197. Inviabilidade de interdição: o mandado judicial para a apreensão de bens falsificados não pode envolver a *interdição* do estabelecimento comercial ou industrial (leia-se, por questão de coerência, valendo-se da interpretação extensiva, o estabelecimento prestador de serviços), quando licitamente constituídos. No entanto, essa interdição pode ser feita administrativamente, pela Municipalidade, em caso de irregularidade no funcionamento. Na jurisprudência: TJSP: "Correição parcial. Crime contra a propriedade imaterial. Suposta violação de direito autoral e de marca contra a empresa DC Comics em razão da comercialização de um boneco com características semelhantes ao personagem 'Superman'. Pedido de realização de diligência de busca e apreensão para a comprovação da existência de corpo de delito. Condição de procedibilidade para o exercício da ação penal privada. Indeferimento pelo juízo 'a quo'. Cabimento de correição parcial. Comprovação de indícios de violação a direito autoral e de marca, levando em conta os documentos acostados aos autos. Possibilidade de deferimento parcial do pleito para busca e apreensão de apenas um exemplar do referido produto, nos termos do art. 527 do CPP, a fim de evitar qualquer prejuízo econômico e às atividades regulares da empresa. Inteligência do art. 203 da Lei n.º 9.279/96. Recurso parcialmente provido" (Correição Parcial Criminal 2000890-41.2019.8.26.0000, 16.ª Câmara, rel. Guilherme de Souza Nucci, j. 26.11.2019, v.u.). TJMG: "É necessário suspender a eficácia da decisão que deferiu a busca e apreensão das fôrmas lingoteiras do aparelho para desmoldagem automática de ferro-gusa, se a medida implicar a paralisação das atividades lícitas da empresa, o que é vedado pelo artigo 203 da Lei 9.279/96 e torna patente a violação ao direito líquido e certo da impetrante" (MS 1.0000.15.054041-7/000 – MG, 1.ª Câmara Criminal, rel. Flávio Leite, j. 01.03.2016).

> **Art. 204.** Realizada a diligência de busca e apreensão, responderá por perdas e danos a parte que a tiver requerido de má-fé, por espírito de emulação, mero capricho ou erro grosseiro.[198]

198. Reparação de danos: este dispositivo era desnecessário, pois o seu conteúdo faz parte do princípio geral da reparação civil (material e moral) dos danos. Quem agir com má-fé, espírito de emulação (maldade), mero capricho (vaidade ou teimosia) ou erro grosseiro (equívoco nítido) fica obrigado a indenizar o prejudicado. Não somente neste cenário (propriedade industrial), mas em qualquer outro.

> **Art. 205.** Poderá constituir matéria de defesa na ação penal a alegação de nulidade da patente ou registro em que a ação se fundar. A absolvição do réu, entretanto, não importará a nulidade da patente ou do registro, que só poderá ser demandada pela ação competente.[199]

199. Questão prejudicial: outro dispositivo desnecessário, cujo conteúdo já integra a legislação processual penal ordinária. Se a ação penal envolve a acusação de violação de patente ou registro, caso o réu alegue, em sua defesa prévia, a *nulidade* da própria patente ou registro, está invocando uma questão prejudicial heterogênea (art. 93, CPP). Por causa disso, o magistrado *pode* suspender o curso da ação penal até que essa matéria seja resolvida na esfera civil. Se o fizer, a suspensão da prescrição também ocorre. A segunda parte do art. 205 contém um fator importante de estabilidade para o campo das patentes e registros: se o juiz criminal não suspender o feito (é facultativo), resolvendo decidir se houve, ou não, quebra da patente, mesmo que, considerando inocente o acusado, porque, na sua visão, a referida patente ou registro é nula, essa medida produzirá efeito apenas na esfera criminal. Quem de direito (interessado legítimo) deve propor ação própria no âmbito civil para atingir a efetiva nulidade da patente ou registro. Há que se destacar, por conta disso, a *necessidade* de o juiz deferir a suspensão do processo criminal, quando o réu alegar *nulidade* da patente ou registro, até a justiça civil resolver acerca disso, evitando-se decisões contraditórias (uma, na órbita penal; outra, no campo civil).

> **Art. 206.** Na hipótese de serem reveladas, em juízo, para a defesa dos interesses de qualquer das partes, informações que se caracterizem como confidenciais, sejam segredo de indústria ou de comércio, deverá o juiz determinar que o processo prossiga em segredo de justiça, vedado o uso de tais informações também à outra parte para outras finalidades.[200]

200. Segredo de justiça: o disposto pelo art. 206 desta Lei é relevante para resguardar elementos confidenciais, considerados *segredos de indústria*, levando o juiz a decretar *segredo de justiça* nos processos criminais envolvendo esses fatores. O CPP prevê a possibilidade de decisão judicial proclamando o sigilo do processo, mas só em razão da preservação da intimidade de alguém ou por interesse público. Diante disso, a norma do art. 206 é favorável aos interesses individuais do detentor de segredo de indústria. Assim sendo, parece-nos *deva* o magistrado afirmar o segredo de justiça, não lhe sendo apenas facultativo esse ato, a menos, por óbvio, perceba alguma fraude na alegação de elemento confidencial.

> **Art. 207.** Independentemente da ação criminal, o prejudicado poderá intentar as ações cíveis que considerar cabíveis na forma do Código de Processo Civil.[201]

201. Acesso à esfera civil: norma de conteúdo supérfluo, o art. 207 proclama o óbvio, ou seja, o processo-crime contra alguém, pelo cometimento de infração penal, não afasta o acesso ao juízo cível para debater outras questões.

> **Art. 208.** A indenização será determinada pelos benefícios que o prejudicado teria auferido se a violação não tivesse ocorrido.[202]

202. Lucros cessantes: consideram-se presentes, no cenário da indenização, tanto os danos materiais (prejuízos) e morais (compensação) como os lucros cessantes (o que a vítima deixou de ganhar). Cuida-se de dispositivo a reiterar posicionamento tranquilo na esfera civil. Na jurisprudência: TJDFT: "O art. 208 da Lei 9.279/96 estabelece que a indenização será determinada pelos benefícios que o prejudicado teria auferido se a violação não tivesse ocorrido. Para a fixação do dano moral, deve-se avaliar e sopesar a violação psíquica do ofendido, proporcionando-lhe adequado conforto material, como forma de atenuar seu sofrimento, sem se olvidar, contudo, das condições econômicas das partes; a natureza do dano e a sua extensão etc. Incabível a condenação à reparação dos danos decorrentes do uso de marca, se não evidenciada a utilização do sinal distintivo no produto copiado. VI – Negou-se provimento aos recursos" (APC 20130910022198 – DFT, 6.ª Turma Cível, rel. José Divino de Oliveira, j. 07.05.2014, v.u.).

> **Art. 209.** Fica ressalvado ao prejudicado o direito de haver perdas e danos em ressarcimento de prejuízos causados por atos de violação de direitos de propriedade industrial e atos de concorrência desleal não previstos nesta Lei, tendentes a prejudicar a reputação ou os negócios alheios, a criar confusão entre estabelecimentos comerciais, industriais ou prestadores de serviço, ou entre os produtos e serviços postos no comércio.[203]
>
> § 1.º Poderá o juiz, nos autos da própria ação, para evitar dano irreparável ou de difícil reparação, determinar liminarmente a sustação da violação ou de ato que a enseje, antes da citação do réu, mediante, caso julgue necessário, caução em dinheiro ou garantia fidejussória.[204]
>
> § 2.º Nos casos de reprodução ou de imitação flagrante de marca registrada, o juiz poderá determinar a apreensão de todas as mercadorias, produtos, objetos, embalagens, etiquetas e outros que contenham a marca falsificada ou imitada.[205]

203. Perdas e danos: a indenização é a mais segura forma de reparação de danos, em face da violação da propriedade industrial. Na jurisprudência: TJGO: "1. Segundo a legislação de regência (Lei n.º 9.279/96), o elemento necessário à caracterização da concorrência desleal é a prática de meios inidôneos, com o objetivo de capitar clientela, em prejuízo à concorrência, no mesmo ramo de atividade empresarial. 2. Segundo o artigo 209 da Lei n.º 9.279/96 (Lei da Propriedade Industrial) e precedentes desta Corte e do Superior Tribunal de Justiça, a reparação pelos danos advindos do ato de concorrência desleal, que importa em desvio de clientela, não está condicionada à prova do efetivo prejuízo. 3. Recurso conhecido e desprovido. Sentença confirmada" (Ap. Cív. 25409-0.2010.8.09.0137 – GO, 5.ª Câmara Cível, rel. Geraldo Goncalves da Costa, j. 16.02.2012, v.u.).

204. Caução ou garantia: impõe-se a caução em dinheiro ou garantia fidejussória quando o magistrado, na esfera criminal, determinar a apreensão de bens e a cessação da pretensa violação ou de ato que a provoque, a pedido de eventual vítima, desde que se vislumbre a grandiosidade dessa medida. Noutros termos, se for muito ampla a apreensão ou envolver muitas empresas, entre outros fatores similares, a indicar, quando concretizada a intervenção judicial, um dano irreparável ou difícil de ser indenizado, melhor a caução ou garantia inicial, antes de o ato ser concretizado. Na jurisprudência: STJ: "Dessarte, como o artigo 209, § 1.º, da Lei 9.279/96 expressamente prevê a possibilidade de o juiz, em casos de violação de direitos de propriedade industrial ou prática de atos de concorrência desleal, 'nos autos da própria ação, para evitar dano irreparável ou de difícil reparação, determinar liminarmente a sustação da violação ou de ato que a enseje', a revisão da decisão recorrida encontra óbice intransponível na Súmula 7/STJ. 4. Ademais, '[e]sta Corte, em sintonia com o disposto na Súmula 735 do STF (Não cabe recurso extraordinário contra acórdão que defere medida liminar), entende que, via de regra, não é cabível recurso especial para reexaminar decisão que defere ou indefere liminar ou antecipação de tutela, em razão da natureza precária da decisão, sujeita à modificação a qualquer tempo, devendo ser confirmada ou revogada pela sentença de mérito. Apenas violação direta ao dispositivo legal que disciplina o deferimento da medida autorizaria o cabimento do recurso especial, no qual não é possível decidir a respeito da interpretação dos preceitos legais que dizem respeito ao mérito da causa' (AgRg no Ag 658.931/SC, Rel. Ministra Maria Isabel Gallotti, Quarta Turma, julgado em 23/08/2011, DJe 31/08/2011). 5. Recurso especial não conhecido" (REsp 1.306.690 – SP, 4.ª T., rel. Luis Felipe Salomão, j. 10.04.2012, v.u.).

205. Apreensão extensa: o art. 209, § 2.º, desta Lei apenas autoriza uma medida de cautela, tomada de ofício pelo juiz, independentemente de pedido da parte ofendida, no sentido de mandar apreender todo o produto da falsificação, quando a considerar evidente. Estende-se o poder jurisdicional para que aja de ofício em nome da tutela da propriedade industrial.

> **Art. 210.** Os lucros cessantes serão determinados pelo critério mais favorável ao prejudicado, dentre os seguintes:[206]
>
> I – os benefícios que o prejudicado teria auferido se a violação não tivesse ocorrido; ou
>
> II – os benefícios que foram auferidos pelo autor da violação do direito; ou
>
> III – a remuneração que o autor da violação teria pago ao titular do direito violado pela concessão de uma licença que lhe permitisse legalmente explorar o bem.

206. Critérios dos lucros cessantes: referente ao disposto pelo art. 210, *caput*, o estabelecimento do *quantum* dos lucros cessantes deve observar a posição mais favorável à vítima, o que vem exposto nos incisos I e II. O julgador pode levar em conta o montante que o ofendido *deixou de ganhar* em razão da falsificação cometida pelo réu, mas pode ainda considerar o lucro auferido pelo acusado, que violou o direito a patente ou registro. Optará, sempre, pela faixa maior no tocante ao interesse da vítima. Enfim, a ratificação de um princípio geral de direito justo. Na jurisprudência: TJDF: "2. A Lei n. 9.279/1996, ao dispor a respeito de direitos e obrigações relativos à propriedade industrial, em seu artigo 208, prevê que, em caso de violação da proteção assegurada ao titular, [A] indenização será determinada pelos benefícios que o prejudicado teria auferido se a violação não tivesse ocorrido. 2.1. De acordo com reiterado entendimento jurisprudencial, em caso de violação de direitos de propriedade industrial, o prejuízo decorrente de lucros cessantes é presumido, seja em virtude da não percepção dos valores correspondentes à cessão dos direitos de uso da marca ou criação industrial, seja em virtude da redução dos lucros que seriam auferidos em caso de venda, de forma direta, dos produtos objetos da contrafação. 2.2. Em conformidade com o *caput* do artigo 210 da Lei n. 9.279/1996, os lucros cessantes, em caso de violação de propriedade industrial, serão determinados pelo critério mais favorável ao prejudicado, dentre os quais, a remuneração que o autor da violação teria pagado ao titular do direito violado pela concessão de uma licença que lhe permitisse legalmente explorar o bem (inciso III). 2.3. No caso concreto, a utilização do critério previsto no inciso III do artigo 210 da Lei n. 9.279/1996 se afigura o mais adequado para o fim de ressarcir os prejuízos experimentados pela empresa autora, diante da impossibilidade de apuração da real extensão dos prejuízos experimentados com a exposição e comercialização indevidas de produtos com reprodução não autorizada de imagens protegidas por direitos de propriedade industrial" (Rec. 07215004320228070001, 8.ª T. Cível, rel. Carmen Bittencourt, 30.05.2023, v.u.).

(...)
Brasília, 14 de maio de 1996; 175.º da Independência e 108.º da República.
Fernando Henrique Cardoso
Nelson A. Jobim
Sebastião do Rego Barros Neto
Pedro Malan
Francisco Dornelles
José Israel Vargas

(*DOU* 15.05.1996)

Proteção a Vítimas e Testemunhas
(Delação Premiada)

Lei 9.807, de 13 de julho de 1999

Estabelece normas para a organização e a manutenção de programas especiais de proteção a vítimas e a testemunhas ameaçadas, institui o Programa Federal de Assistência a Vítimas e a Testemunhas Ameaçadas e dispõe sobre a proteção de acusados ou condenados que tenham voluntariamente prestado efetiva colaboração à investigação policial e ao processo criminal.

O Presidente da República:

Faço saber que o Congresso Nacional decreta e eu sanciono a seguinte Lei:

Capítulo I
DA PROTEÇÃO ESPECIAL
A VÍTIMAS E A TESTEMUNHAS

Art. 1.º As medidas de proteção requeridas por vítimas[1] ou por testemunhas[2] de crimes que estejam coagidas ou expostas a grave ameaça[3] em razão de colaborarem[4] com a investigação ou processo criminal serão prestadas pela União, pelos Estados e pelo Distrito Federal, no âmbito das respectivas competências,[5] na forma de programas especiais organizados com base nas disposições desta Lei.

§ 1.º A União, os Estados e o Distrito Federal poderão celebrar convênios, acordos, ajustes ou termos de parceria entre si ou com entidades não governamentais objetivando a realização dos programas.[6]

§ 2.º A supervisão e a fiscalização dos convênios, acordos, ajustes e termos de parceria de interesse da União ficarão a cargo do órgão do Ministério da Justiça com atribuições para a execução da política de direitos humanos.

1. Conceito de vítima: é o sujeito passivo do crime, ou seja, a pessoa que teve o interesse ou bem jurídico protegido diretamente violado pela prática da infração penal. Denomina-se, também, ofendido. Deve ser ouvido, sempre que possível, durante a instrução, a fim de colaborar com a apuração da verdade real, valendo a oportunidade, inclusive, para indicar provas e mencionar quem presuma ser o autor do delito (art. 201, CPP).

2. Conceito de testemunha: é a pessoa que declara, sob o compromisso de dizer a verdade, ter tomado conhecimento de algum fato relevante ao processo, narrando-o à autoridade competente. Toda pessoa pode ser testemunha (art. 202, CPP). Entendemos que, sem o referido compromisso (art. 203, CPP), o depoente torna-se mero informante (art. 208, CPP). Entretanto, as declarações prestadas por um informante podem ser relevantes para a apuração da verdade, motivo pelo qual também ele pode sofrer coação ou ficar exposto a grave ameaça. Merece, por uma questão de lógica, idêntica proteção, como se fosse autêntica testemunha.

3. Coação no curso do processo: usar de violência ou grave ameaça, com a finalidade de favorecer interesse próprio ou alheio, contra testemunha ou vítima, em processo judicial, procedimento policial ou administrativo ou em juízo arbitral constitui crime, cuja pena é de reclusão, de um a quatro anos, e multa, além da pena correspondente à violência (art. 344, CP).

4. Colaboração obrigatória: o verbo *colaborar* dá a impressão de ato voluntário de auxílio, quando, na realidade, quem é testemunha está obrigado a depor, ajudando à descoberta da verdade dos fatos apurados em um processo, especialmente na órbita criminal. A recusa da testemunha em comparecer pode dar margem à condução coercitiva, determinada pelo juiz, bem como, no contexto do processo-crime, à responsabilização por delito de desobediência (arts. 218 e 219, CPP). Além disso, comparecendo diante da autoridade competente para colher o depoimento, não poderá mentir ou calar a verdade, sob pena de responder por falso testemunho (art. 342, CP). A vítima também pode ser conduzida coercitivamente à presença da autoridade (art. 201, § 1.º, CPP), embora não possa responder por crime de falso testemunho, se mentir ou ficar silente, pois não está sob compromisso de dizer a verdade. Em face disso, não é preciso destacar a importância da Lei de Proteção a Vítimas e Testemunhas, pois, se *devem* colaborar com o Estado na apuração de infrações penais, é justo que obtenham abrigo, quando estejam sob ameaça ou coação.

5. Competência para promover a proteção: depende, basicamente, da competência para a apuração do crime cometido. Se da esfera federal, cabe à União incluir a testemunha ou vítima no programa especial de proteção; se da esfera estadual, cabe ao Estado ou ao Distrito Federal fazê-lo.

6. Medidas específicas no âmbito administrativo do Poder Judiciário: em 2000, a Corregedoria-Geral da Justiça do Estado de São Paulo, inspirada na Lei 9.807/99, editou o Provimento 32/2000, buscando colaborar com a proteção a vítimas e a testemunhas, sem ferir, naturalmente, o direito à ampla defesa e ao contraditório. O Provimento estabelece que, quando vítimas ou testemunhas reclamarem de coação ou se sentirem sob ameaça, em função de depoimentos que devam prestar ou já prestados, na fase policial ou judicial, as autoridades policiais e os magistrados estão autorizados a omitir do inquérito ou do processo os seus endereços e dados de qualificação, que permitam a sua fácil localização. Esses elementos ficam arquivados em pasta própria, no cartório, em poder do escrivão-diretor, com acesso exclusivo ao juiz, ao órgão acusatório e ao defensor constituído ou dativo do acusado. Após o depoimento, quando será a vítima e/ou a testemunha ameaçada devidamente qualificada, seu endereço não será lançado aos autos, mas continuará registrado em pasta própria no ofício judicial ou na repartição policial, de modo a se estabelecer um controle de quem acessa esses dados, fazendo-se constar dia e hora. Os crimes que dão ensejo a tais medidas são os descritos na Lei 7.960/89, isto é, os mais graves, que autorizam a decretação de prisão temporária. O Provimento tem sido aplicado, com êxito, no âmbito judiciário do Estado de São Paulo, mas, naturalmente, não tem a pretensão de substituir o programa de proteção a vítimas e a testemunhas, que é muito mais amplo e seguro. Seu objetivo é, apenas, assegurar que dados simples, como o endereço residencial ou profissional, seja manipulado e conhecido por aqueles que, efetivamente, têm interesse, isto é, as partes. Nem todos os processos tramitam sob segredo de justiça, razão pela qual qualquer pessoa tem acesso aos autos no balcão do cartório. Portanto, um amigo ou parente do acusado, ainda que distante da orientação deste ou de seu defensor, pode, por sua conta, ameaçar a vítima ou a testemunha, desde que conheça o seu paradeiro e qualificação. É medida simples, mas que pode evitar situações constrangedoras e desnecessárias, sem que se fira o direito do réu de obter todos os dados necessários para garantir a sua ampla defesa. Na jurisprudência: STJ: "Nos termos do inciso IV do art. 7.º da Lei n.º 9.807/1999, é aplicável à pessoa protegida pelo programa de proteção à testemunha, segundo a gravidade e as circunstâncias de cada caso, dentre outras, a medida de preservação da identidade, imagem e dados pessoais. Portanto, tratando-se de regra especial, esta deve prevalecer diante da aplicação da norma geral, prevista no art. 187 do Código de Processo Penal. A alegação de nulidade decorrente da supressão do nome da testemunha realizada com base na Lei n.º 9.807/1999 e no Provimento n.º 32 da Corregedoria-Geral de Justiça do Estado de São Paulo, não compromete o direito constitucional de ampla defesa, tampouco configura descumprimento das normas processuais penais, não havendo, por isso, como reconhecer qualquer nulidade no processo" (HC 229.910 – SP, 5.ª T., rel. Marco Aurélio Bellizze, 16.05.2013, v.u.); "1. Da leitura do Provimento 32/2000 do Tribunal de Justiça do Estado de São Paulo, observa-se que ele não tolhe as garantias do devido processo legal, da ampla defesa, do contraditório, da publicidade dos atos processuais e da legalidade, tampouco impõe o segredo do processo, uma vez que há expressa previsão de acesso de ambas as partes, acusação e defesa, aos dados sigilosos das pessoas coagidas ou submetidas à ameaça. 2. Ademais, é imperioso assinalar que tanto o paciente quanto o seu defensor estiveram presentes à audiência de instrução em que ouvidas as testemunhas protegidas, podendo inquiri-las, circunstância que afasta, por completo, a arguição de nulidade do feito. 3. A impetração não trouxe à colação cópia integral do inquérito policial, razão pela qual não há como se aferir se de fato as testemunhas não manifestaram temor quanto ao acusado na fase informativa a demonstrar a desnecessidade da proteção" (HC 205.921 – SP, 5.ª T., rel. Jorge Mussi, 01.12.2011, v.u.). Consultar, também, a nota 20-A *infra*.

Art. 2.º A proteção concedida pelos programas e as medidas dela decorrentes levarão em conta a gravidade da coação ou da ameaça à integridade física ou psicológica, a dificuldade de preveni-las ou reprimi-las pelos meios convencionais[7] e a sua importância para a produção da prova.[8]

§ 1.º A proteção poderá ser dirigida ou estendida ao cônjuge ou companheiro,[9] ascendentes, descendentes e dependentes que tenham convivência habitual[10] com a vítima ou testemunha, conforme o especificamente necessário em cada caso.

§ 2.º Estão excluídos da proteção os indivíduos cuja personalidade[11] ou conduta seja incompatível[12] com as restrições de comportamento exigidas pelo programa, os condenados que estejam cumprindo pena e os indiciados ou acusados sob prisão cautelar em qualquer de suas modalidades.[13] Tal exclusão não trará prejuízo a eventual prestação de medidas de preservação da integridade física desses indivíduos por parte dos órgãos de segurança pública.

§ 3.º O ingresso no programa, as restrições de segurança e demais medidas por ele adotadas terão sempre a anuência[14] da pessoa protegida, ou de seu representante legal.[15]

> § 4.º Após ingressar no programa, o protegido ficará obrigado ao cumprimento das normas por ele prescritas.[16]
>
> § 5.º As medidas e providências relacionadas com os programas serão adotadas, executadas e mantidas em sigilo pelos protegidos e pelos agentes envolvidos em sua execução.

7. Meios convencionais: a cessação do constrangimento pode ser decorrência da decretação de prisão preventiva, por conveniência da instrução criminal (art. 312, CPP), do réu ou indiciado, bem como, quando proveniente de outra pessoa, esta pode ser indiciada, processada e, dependendo da situação, até mesmo presa preventivamente, pela prática do crime de coação no curso do processo (art. 344, CP), associado a outra forma delituosa violenta qualquer (como, por exemplo, lesão corporal ou tentativa de homicídio).

8. Importância do depoimento para o contexto probatório: é razoável que o Estado leve em consideração, para o fornecimento da proteção, a relevância das declarações da vítima ou de qualquer testemunha para a produção da prova no processo criminal. Pessoas arroladas para depor sobre fatos desinteressantes ou menos importantes para a busca da verdade real não precisam, na realidade, de proteção estatal. Se, porventura, sofrerem algum tipo de coação ou ameaça, é preferível que sejam dispensadas de depor em lugar de se movimentar a máquina estatal para lhes garantir proteção.

9. Cônjuge ou companheiro: seguindo tendência constitucional de tutela da família, a extensão da proteção deve dirigir-se não somente ao cônjuge, mas também ao companheiro(a), conforme previsão feita no art. 226, § 3.º, da Constituição Federal.

10. Dependentes com convivência habitual: se o objetivo da lei é proteger a testemunha e a vítima, além de guarnecer seus parentes próximos, é fundamental estender a guarida àqueles que vivam sob dependência do depoente. É sabido, por exemplo, que tios podem cuidar de seus sobrinhos, irmãos mais velhos tomem conta dos mais novos, enfim, que a testemunha ou vítima mantenha sob sua dependência, com convívio regular, outra pessoa, que não seja cônjuge (companheiro), ascendente ou descendente, mas também merecedora de proteção, sob pena de se inviabilizar a colaboração na produção da prova.

11. Personalidade: é o conjunto dos caracteres exclusivos de uma pessoa, parte herdada, parte adquirida. A personalidade distingue um ser humano do outro. Portanto, o modo de agir de alguém diz respeito, fundamentalmente, às suas características pessoais. O programa de proteção à testemunha e à vítima exige disciplina, pois há várias regras a cumprir, sob pena de inviabilizar a guarida estatal, colocando em risco a incolumidade de terceiros. Logo, pessoa de personalidade antissocial, por exemplo, avessa ao cumprimento de regramentos, incapaz de receber ordens e manifestamente individualista pode ser um entrave à inserção no sistema protetor do Estado.

12. Conduta incompatível: não se trata, nesse caso, de personalidade, mas de comportamento. Ilustrando: uma prostituta que, inserida no programa de proteção, insista em manter sua atividade habitual de captação de clientela na via pública, exposta e acessível a qualquer pessoa, não se encaixa no perfil restritivo do mencionado programa.

13. Presos: condenados a penas privativas de liberdade e pessoas presas cautelarmente já se encontram sob tutela estatal, razão pela qual espera-se que existam mecanismos suficientes para mantê-los resguardados e separados dos demais detentos, assegurando-lhes a integridade física e psicológica. Aliás, esse é o motivo da afirmativa feita na parte final deste artigo, indicando que medidas de proteção devem ser tomadas no interior do cárcere onde se encontrem. Na jurisprudência: STJ: "3. De acordo com o § 2.º do art. 2.º da Lei n. 9.807/1999, estão excluídos de programas especiais de proteção a vítimas e testemunhas ameaçadas os acusados sob prisão cautelar em qualquer de suas modalidades, sendo que tal exclusão não trará prejuízo a eventual prestação de medidas de preservação da integridade física desses indivíduos por parte dos órgãos de segurança pública. 4. Na hipótese, a recorrente se encontra presa por força de um decreto de prisão preventiva, estando, portanto, sob a tutela do Estado, que deve assegurar a sua integridade física. Assim, eventual risco de morte decorrente de ameaças de outros envolvidos vinculados à organização criminosa PCC, uma vez noticiado pelas autoridades responsáveis pela segurança da custodiada, pode ensejar nova análise pelo Juízo de primeiro grau. 5. Acerca da alegação de excesso de prazo, não houve manifestação por parte do Tribunal Regional, circunstância que veda a análise direta por esta Corte, por configurar indevida supressão de instância. 6. Recurso ordinário em *habeas corpus* parcialmente conhecido e, nessa extensão, desprovido" (RHC 92.913, 5.ª T., rel. Reynaldo Soares da Fonseca, 08.02.2018).

14. Voluntariedade da busca de proteção: não teria sentido obrigar alguém a se submeter a um programa de proteção, que significa uma proposta estatal de auxílio para quem dela necessite. A testemunha tem o dever de prestar depoimento, mas não a obrigação de ver a sua liberdade restringida pelo Estado, ainda que esteja sob ameaça de terceiros. A proteção é um benefício e não uma penalidade.

15. Representante legal: menciona-se o representante legal, pois toda pessoa, com mais de quatorze anos pode ser testemunha compromissada (art. 208, CPP), razão pela qual, possuindo menos de dezoito anos, ainda tem representante legal. A este cabe dar o consentimento para o ingresso no programa de proteção, que possui cerceamento à liberdade, como uma das bases para sua eficiente aplicação. Diga-se o mesmo se uma pessoa com deficiência intelectual for ouvida como informante e, em razão disso, sofrer ameaça ou coação. Seu representante legal deve anuir ao programa de proteção.

16. Normas do programa: consultar o Decreto 3.518, de 20 de junho de 2000, no âmbito federal. No Estado de São Paulo, editou-se a Lei 10.354, de 25 de agosto de 1999, regulamentada pelo Decreto 44.214, de 30 de agosto de 1999.

> **Art. 3.º** Toda admissão no programa ou exclusão dele será precedida de consulta ao Ministério Público[17] sobre o disposto no art. 2.º e deverá ser subsequentemente comunicada à autoridade policial ou ao juiz competente.

17. Consulta exclusiva ao Ministério Público: parece-nos incompreensível que somente o Ministério Público seja consultado sobre a viabilidade de inclusão da vítima ou da testemunha no programa de proteção, analisando a gravidade da coação ou da ameaça, bem como a dificuldade de preveni-las ou reprimi-las e, ainda, a sua importância para a produção da prova. Imagina-se, também, que a intenção da norma é a obtenção de manifestação do Ministério Público quanto ao comportamento da vítima ou da testemunha (art. 2.º, § 2.º). Ora, a autoridade policial e o juiz do processo poderiam (e deveriam) ser consultados, antes da admissão, pois a busca da verdade real não é atribuição exclusiva do órgão acusatório oficial. Pela redação do art. 3.º, as autoridades policial e judiciária serão apenas comunicadas da inclusão. Lembremos que cada programa será dirigido por um conselho deliberativo em cuja composição já existe um membro do Ministério Público, do Judiciário e de outros setores ligados à segurança pública e à defesa dos direitos humanos (art. 4.º). Logo, o Ministério Público seria ouvido *antes* da admissão da vítima ou da testemunha no programa, além de estar representado por outro membro da instituição no conselho deliberativo do referido programa. Um autêntico *bis in idem*.

Art. 4.º Cada programa será dirigido por um conselho deliberativo em cuja composição haverá representantes do Ministério Público, do Poder Judiciário e de órgãos públicos e privados relacionados com a segurança pública e a defesa dos direitos humanos.

§ 1.º A execução das atividades necessárias ao programa ficará a cargo de um dos órgãos representados no conselho deliberativo, devendo os agentes dela incumbidos ter formação e capacitação profissional compatíveis com suas tarefas.

§ 2.º Os órgãos policiais prestarão a colaboração e o apoio necessários à execução de cada programa.

Art. 5.º A solicitação objetivando ingresso no programa poderá ser encaminhada ao órgão executor:

I – pelo interessado;

II – por representante do Ministério Público;

III – pela autoridade policial que conduz a investigação criminal;

IV – pelo juiz competente para a instrução do processo criminal;

V – por órgãos públicos e entidades com atribuições de defesa dos direitos humanos.

§ 1.º A solicitação será instruída com a qualificação da pessoa a ser protegida e com informações sobre a sua vida pregressa, o fato delituoso e a coação ou ameaça que a motiva.

§ 2.º Para fins de instrução do pedido, o órgão executor poderá solicitar, com a aquiescência do interessado:

I – documentos ou informações comprobatórios de sua identidade, estado civil, situação profissional, patrimônio e grau de instrução, e da pendência de obrigações civis, administrativas, fiscais, financeiras ou penais;

II – exames ou pareceres técnicos sobre a sua personalidade, estado físico ou psicológico.

§ 3.º Em caso de urgência e levando em consideração a procedência, gravidade e a iminência da coação ou ameaça, a vítima ou testemunha poderá ser colocada provisoriamente sob a custódia de órgão policial, pelo órgão executor, no aguardo de decisão do conselho deliberativo, com comunicação imediata a seus membros e ao Ministério Público.[18]

18. Inclusão cautelar: embora positiva a previsão de admissão cautelar no programa de proteção, até que se apure a gravidade da coação ou ameaça e a situação pessoal da vítima ou da testemunha, novamente não se compreende a razão de somente o Ministério Público ser comunicado dessa decisão. Assim, o órgão executor coloca a pessoa sob proteção de órgão policial, aguardando deliberação do conselho, comunicando os membros desse conselho e o Ministério Público, mas não a autoridade policial ou o juiz, autoridades que efetivamente conduzem a investigação ou o processo.

Art. 6.º O conselho deliberativo decidirá sobre:

I – o ingresso do protegido no programa ou a sua exclusão;

II – as providências necessárias ao cumprimento do programa.

Parágrafo único. As deliberações do conselho serão tomadas por maioria absoluta de seus membros[19] e sua execução ficará sujeita à disponibilidade orçamentária.[20]

19. Quórum qualificado: inexiste razão para esse quórum. O ideal seria a maioria simples dos conselheiros presentes à reunião. A decisão de proteger alguém deve ser rápida e eficiente, motivo pelo qual atingir a maioria *absoluta* (metade mais um) do conselho é inexplicável.

20. Disponibilidade orçamentária: esta é outra disposição inconcebível. Uma pessoa ameaçada, dentro de um sistema que se pretenda sério e eficiente, não pode estar sujeita a disponibilidade orçamentária. Assim sendo, pode-se supor que, ainda que ameaçada seriamente, cuidando-se de crime grave, a testemunha fique ao desamparo – embora vigente a Lei 9.807/99 editada para garantir sua proteção – por falta de verba. Seria um arremedo de legislação.

Art. 7.º Os programas compreendem, dentre outras, as seguintes medidas, aplicáveis isolada ou cumulativamente em benefício da pessoa protegida, segundo a gravidade e as circunstâncias de cada caso:

I – segurança na residência, incluindo o controle de telecomunicações;

II – escolta e segurança nos deslocamentos da residência, inclusive para fins de trabalho ou para a prestação de depoimentos;

III – transferência de residência ou acomodação provisória em local compatível com a proteção;

IV – preservação da identidade, imagem e dados pessoais;[20-A]

V – ajuda financeira mensal para prover as despesas necessárias à subsistência individual ou familiar, no caso de a pessoa protegida estar impossibilitada de desenvolver trabalho regular ou de inexistência de qualquer fonte de renda;

VI – suspensão temporária das atividades funcionais, sem prejuízo dos respectivos vencimentos ou vantagens, quando servidor público ou militar;

VII – apoio e assistência social, médica e psicológica;

VIII – sigilo em relação aos atos praticados em virtude da proteção concedida;

IX – apoio do órgão executor do programa para o cumprimento de obrigações civis e administrativas que exijam o comparecimento pessoal.

Parágrafo único. A ajuda financeira mensal terá um teto fixado pelo conselho deliberativo no início de cada exercício financeiro.

Art. 8.º Quando entender necessário, poderá o conselho deliberativo solicitar ao Ministério Público que requeira ao juiz a concessão de medidas cautelares direta ou indiretamente relacionadas com a eficácia da proteção.

Art. 9.º Em casos excepcionais e considerando as características e gravidade da coação ou ameaça, poderá o conselho deliberativo encaminhar requerimento da pessoa protegida ao juiz competente para registros públicos[21] objetivando a alteração de nome completo.

§ 1.º A alteração de nome completo poderá estender-se às pessoas mencionadas no § 1.º do art. 2.º desta Lei, inclusive aos filhos menores, e será precedida das providências necessárias ao resguardo de direitos de terceiros.

§ 2.º O requerimento será sempre fundamentado e o juiz ouvirá previamente o Ministério Público, determinando, em seguida, que o procedimento tenha rito sumaríssimo e corra em segredo de justiça.

§ 3.º Concedida a alteração pretendida, o juiz determinará na sentença, observando o sigilo indispensável à proteção do interessado:

I – a averbação no registro original de nascimento da menção de que houve alteração de nome completo em conformidade com o estabelecido nesta Lei,

> com expressa referência à sentença autorizatória e ao juiz que a exarou e sem a aposição do nome alterado;
> II – a determinação aos órgãos competentes para o fornecimento dos documentos decorrentes da alteração;
> III – a remessa da sentença ao órgão nacional competente para o registro único de identificação civil, cujo procedimento obedecerá às necessárias restrições de sigilo.
> § 4.º O conselho deliberativo, resguardado o sigilo das informações, manterá controle sobre a localização do protegido cujo nome tenha sido alterado.
> § 5.º Cessada a coação ou ameaça que deu causa à alteração, ficará facultado ao protegido solicitar ao juiz competente o retorno à situação anterior, com a alteração para o nome original, em petição que será encaminhada pelo conselho deliberativo e terá manifestação prévia do Ministério Público.

20-A. Sobre a preservação da identidade da testemunha: se não houver prejuízo à ampla defesa e ao contraditório, inexiste qualquer razão para deixar de se proteger a identidade da testemunha protegida. Na jurisprudência: STJ: "III – O desconhecimento do nome e da qualificação da testemunha sob sigilo justificado não impede o pleno acesso da defesa ao seu depoimento, contra o qual poderá exercer o contraditório. A jurisprudência desta Corte é firme no sentido de que 'Não há falar em cerceamento de defesa, em razão da vedação de acesso ao dados da testemunha protegida, sobretudo porque o mencionado provimento estadual se coaduna com disposto no inciso IV do art. 7.º da Lei n. 9.807/1.999, o qual é aplicável à pessoa amparada pelo programa de proteção à testemunha, segundo a gravidade e as circunstâncias de cada caso, entre tantas outras, a medida de preservação da identidade, da imagem e dos dados pessoais' (RHC n. 110.216/CE, Sexta Turma, Rel. Min. Sebastião Reis Júnior, *DJe* de 12/5/2020)" (AgRg no RHC 171.410 – ES, 5.ª T., rel. Messod Azulay Neto, 08.08.2023, v.u.); "1. Nos termos do art. 7.º, inciso IV da Lei n.º 9.807/99, é assegurada às pessoas protegidas, segundo a gravidade e as circunstâncias de cada caso, a preservação da sua identidade, imagem e dados pessoais. Assim, diante do caso concreto – suposta atuação de grupo de extermínio formado por policiais no Estado do Ceará –, justificável a preservação da identidade e dos dados pessoais da testemunha sigilosa. Nesse sentido: (AgRg no HC n. 618.939/CE, relator Ministro João Otávio de Noronha, Quinta Turma, julgado em 3/11/2020, *DJe* de 18/11/2020 e RHC 110.216/CE, Rel. Ministro Sebastião Reis Júnior, Sexta Turma, julgado em 05/05/2020, *DJe* 12/05/2020)" (AgRg no HC 765.766 – CE, 5.ª T., rel. Reynaldo Soares da Fonseca, 06.06.2023, v.u.).

21. Lei dos Registros Públicos: consultar a Lei 6.015/73, arts. 57, § 7.º, e 58.

> **Art. 10.** A exclusão da pessoa protegida de programa de proteção a vítimas e a testemunhas poderá ocorrer a qualquer tempo:
> I – por solicitação do próprio interessado;
> II – por decisão do conselho deliberativo, em consequência de:
> *a)* cessação dos motivos que ensejaram a proteção;
> *b)* conduta incompatível do protegido.
>
> **Art. 11.** A proteção oferecida pelo programa terá a duração máxima de 2 (dois) anos.[22]
>
> **Parágrafo único.** Em circunstâncias excepcionais, perdurando os motivos que autorizam a admissão, a permanência poderá ser prorrogada.

22. Tempo máximo de duração: um programa sério de proteção a testemunha e a vítima não pode ter teto para expirar. Tudo está a depender da ameaça sofrida e do grau de sua duração, que pode ser imponderável. Logo, inexiste razão lógica para o disposto neste artigo.

> **Art. 12.** Fica instituído, no âmbito do órgão do Ministério da Justiça com atribuições para a execução da política de direitos humanos, o Programa Federal de Assistência a Vítimas e a Testemunhas Ameaçadas, a ser regulamentado por decreto do Poder Executivo.

Capítulo II
DA PROTEÇÃO AOS RÉUS COLABORADORES[23]

> **Art. 13.** Poderá o juiz, de ofício ou a requerimento das partes, conceder o perdão judicial[24] e a consequente extinção da punibilidade ao acusado que, sendo primário,[25] tenha colaborado efetiva[26] e voluntariamente[27] com a investigação e o processo criminal,[28] desde que dessa colaboração tenha resultado:[29]
> I – a identificação dos demais coautores ou partícipes da ação criminosa;[30]
> II – a localização da vítima[31] com a sua integridade física preservada;
> III – a recuperação total ou parcial do produto do crime.
> **Parágrafo único.** A concessão do perdão judicial levará em conta a personalidade do beneficiado e a natureza, circunstâncias, gravidade e repercussão social do fato criminoso.[32]

23. Delação premiada: *delatar* significa acusar ou denunciar alguém, no sentido processual, utilizando o termo quando um acusado, admitindo a prática criminosa, revela que outra pessoa também o ajudou de qualquer forma. O valor da delação, como meio de prova, é difícil de ser apurado com precisão. Por outro lado, é valioso destacar que há, atualmente, várias normas (ver a nota 35 ao art. 14 desta Lei) dispondo sobre a *delação premiada*, isto é, sobre a denúncia, que tem como objeto narrar às autoridades o cometimento do delito e, quando existente, os coautores e partícipes, com ou sem resultado concreto, conforme o caso, recebendo, em troca, do Estado, um benefício qualquer, consistente em diminuição de pena ou, até mesmo, em perdão judicial. Seria válida essa forma de incentivo legal à prática da delação? Existem inúmeros aspectos a considerar. São *pontos negativos* da delação premiada: a) oficializa-se, por lei, a traição, forma antiética de comportamento social; b) pode ferir a proporcionalidade da aplicação da pena, pois o delator receberia pena menor do que os delatados, cúmplices que fizeram tanto ou até menos que ele; c) a traição, em regra, serve para agravar ou qualificar a prática de crimes, motivo pelo qual não deveria ser útil para reduzir a pena; d) não se pode trabalhar com a ideia de que os fins justificam os meios, na medida em que estes podem ser imorais ou antiéticos; e) a existente delação premiada não serviu até o momento para incentivar a criminalidade organizada a quebrar a *lei do silêncio*, que, no universo do delito, fala mais alto; f) o Estado não pode aquiescer em barganhar com a criminalidade; g) há um estímulo a delações falsas e um incremento a vinganças pessoais. São *pontos positivos* da delação premiada: a) no universo criminoso, não se pode falar em ética ou em valores moralmente elevados, dada a própria natureza da prática de condutas que rompem com as normas vigentes, ferindo bens jurídicos protegidos pelo Estado; b) não há lesão à proporcionalidade na aplicação da pena, pois esta é regida, basicamente, pela culpabilidade (juízo de reprovação social), que é flexível. Réus mais culpáveis devem receber penas mais severas. O delator, ao colaborar com o Estado, demonstra menor culpabilidade, portanto, pode receber sanção menos grave; c) o crime praticado por traição é grave, justamente porque o objetivo almejado é a lesão a um bem jurídico protegido; a delação seria a *traição de bons propósitos*, agindo *contra* o delito e em favor do Estado Democrático de Direito; d) os fins podem ser justificados pelos meios, quando estes forem legalizados e inseridos, portanto, no universo jurídico; e) a ineficiência atual da delação premiada condiz com o elevado índice de impunidade reinante no mundo do crime, bem como ocorre em face da falta de agilidade do Estado em dar efetiva proteção ao réu colaborador; f) o Estado já está barganhando com o autor de infração penal, como se pode constatar pela transação, prevista na Lei 9.099/95. A delação premiada é, apenas, outro nível de transação; g) o benefício instituído por lei para que um criminoso delate o esquema no qual está inserido, bem como os cúmplices, pode servir de incentivo ao arrependimento sincero, com forte tendência à regeneração interior, o que seria um dos fundamentos da própria aplicação da pena; h) a falsa delação, embora possa existir, deve ser severamente punida; i) a ética é juízo de valor variável, conforme a época e os bens em conflito, razão pela qual não pode ser empecilho para a delação premiada, cujo fim é combater, em primeiro plano, a criminalidade organizada. Do exposto, parece-nos que a delação premiada é um *mal necessário*, pois o bem maior a ser tutelado é o Estado Democrático de Direito. Não é preciso ressaltar que o crime organizado tem ampla penetração nas entranhas estatais e possui condições de desestabilizar qualquer democracia, sem que se possa combatê-lo, com eficiência, desprezando-se a colaboração daqueles que conhecem o esquema e dispõem-se a denunciar coautores e partícipes. No universo dos seres humanos de bem, sem dúvida, a traição é desventurada, mas não cremos que se possa dizer o mesmo ao transferirmos nossa análise para o âmbito do crime, por si só, desregrado, avesso à legalidade, contrário ao monopólio estatal de resolução de conflitos, regido por *leis* esdrúxulas e extremamente severas, totalmente distantes dos valores regentes dos direitos humanos fundamentais. A rejeição à ideia da delação premiada constituiria um autêntico *prêmio* ao crime organizado e aos delinquentes em geral, que, sem a menor ética, ofendem bens jurídicos alheios, mas o Estado não lhes poderia semear a cizânia ou a desunião, pois não seria *moralmente* aceitável. Se os criminosos atuam com leis próprias, pouco ligando para a ética, parece-nos viável provocar-lhes a cisão, fomentando a delação premiada. A *lei do silêncio*, no universo criminoso, ainda é mais forte, pois o Estado não cumpriu sua parte, que é diminuir a impunidade, atuando, ainda, para impedir que réus colaboradores pereçam em mãos dos delatados. Ademais, como exposto nos fatores positivos da delação, o arrependimento pode surgir, dando margem à confissão espontânea e, consequentemente, à delação. O prêmio deve emergir em lugar da pena, afinal, a regeneração do ser humano torna-se elemento fundamental, antes mesmo de se pensar no *castigo* merecido pela prática da infração penal. Cenas teatrais, barganhas misteriosas, delações falsas e todos os atos de vingança, sem qualquer utilidade efetiva, devem ser punidos com rigor. Em suma, pensamos ser a delação premiada um instrumento útil, aliás, como tantos outros já utilizados, legalmente, pelo Estado, como, por exemplo, a interceptação telefônica, que fere a intimidade, em nome do combate ao crime.

24. Perdão judicial e delação premiada: o perdão judicial é hipótese de clemência concedida pelo Poder Judiciário, dentro de parâmetros estipulados pela lei, redundando em extinção da punibilidade. A Lei 9.807/99 atingiu um estágio mais avançado do que suas predecessoras, permitindo o perdão quando o agente colaborar com a Justiça Criminal, delatando comparsas, permitindo a localização da vítima ou a recuperação total ou parcial do produto do crime. Na jurisprudência: STJ: "3. A Corte de origem entendeu que as informações prestadas pelo recorrente não seriam suficientes para ensejar o perdão judicial em razão da falta de preenchimento dos demais requisitos exigidos. No entanto, reconheceu como caracterizada a causa de redução de pena pela sua colaboração, com base no art. 13, parágrafo único, da Lei

n. 9.807/1999. A modificação dessa premissa implicaria necessidade de revolvimento fático-probatório dos autos, procedimento vedado, em recurso especial, pelo disposto na Súmula n. 7 desta Corte" (AgRg no AREsp 1.156.870 – SP, 6.ª T., rel. Rogerio Schietti Cruz, 05.04.2022, v.u.).

25. Primariedade: trata-se de uma exigência não constante de outras normas relativas à delação premiada, o que reduz o seu alcance. Primário é, por exclusão, o não reincidente (quem, já tendo sido condenado anteriormente por crime, comete outro delito no período de cinco anos, computados a partir da extinção da pena anterior, conforme dispõe o art. 64, I, CP). Na jurisprudência: TJMT: "Não se aplica o perdão judicial nos termos do art. 13 da Lei n.º 9.807/99, se restar evidenciado que o réu é reincidente e não colaborou efetiva e voluntariamente com a investigação do processo criminal, requisitos indispensáveis para a concessão do benefício" (Ap. 171.641/2015 – MT, 3.ª Câmara Criminal, rel. Juvenal Pereira da Silva, 16.03.2016).

26. Colaboração efetiva: trata-se de um requisito imponderável (ou mesmo inútil), pois o importante é atingir os objetivos descritos nos incisos I, II ou III.

27. Voluntariedade: é a ação ou omissão empreendida *livre de qualquer coação* física ou moral. Difere da espontaneidade, que, em Direito Penal, significa a conduta *sinceramente desejada*, fruto da aspiração íntima de alguém. No caso do artigo 13, exige-se apenas a voluntariamente, pouco importando se o agente atua com espontaneidade. Embora cuidando da delação premiada no contexto do art. 159, § 4.º, do Código Penal, conferir: TRF-4: "2. A pretensa colaboração não logrou alcançar a utilidade que se pretende com o instituto da *colaboração espontânea*, de modo a ensejar a concessão, na hipótese, de perdão judicial, ou de redução da pena previstos nos arts. 13 e 14 da Lei n.º 9.807/99" (Ap. 5050107-29.2015.4.04.7100, 8.ª T., rel. Leandro Paulsen, 27.06.2018; grifamos).

28. Colaboração dúplice: pela redação legal, entende-se que a colaboração deve dar-se tanto na fase policial como na judicial. No mínimo, a delação deve ocorrer no âmbito do processo criminal. Se acontecer na fase policial, havendo retratação ou mesmo retração durante o processo, não se pode acolhê-la para o fim de, concedendo o perdão judicial, julgar extinta a punibilidade.

29. Resultado alternativo ou cumulativo: a lei não é clara, a respeito da alternatividade ou da cumulatividade dos requisitos enumerados nos incisos do art. 13. Acolhendo-se a tese da cumulatividade, a lei perde o seu significado e reduz-se à aplicação ao crime de extorsão mediante sequestro, pois é o único que permite a identificação de comparsas + a localização da vítima + a recuperação do produto do crime (valor do resgate). Não é lógica essa posição, uma vez que não teria sentido editar uma lei de proteção a vítimas e testemunhas voltada, unicamente, ao delito previsto no art. 159 do Código Penal. Portanto, parece-nos natural concluir pela alternatividade dos requisitos. Para a obtenção dos benefícios da delação premiada, é preciso que o agente permita a identificação dos demais coautores ou partícipes *ou* favoreça a localização da vítima com sua integridade física preservada *ou* proporcione a recuperação total ou parcial do produto do delito. Entretanto, há quem sustente a cumulatividade, justamente porque a lei não foi clara a respeito. Na jurisprudência: TJDFT: "Não se aplica a redução de pena prevista no art. 14 da Lei 9.807/99 quando a contribuição da ré não é efetiva para identificar o coautor, sendo também ineficaz para a recuperação da *res furtiva*. Negou-se provimento ao apelo defensivo e deu-se provimento ao recurso do Ministério Público" (APR 20110110883147 – DFT, 2.ª Turma Criminal, rel. Roberval Casemiro Belinati, 15.12.2016, v.u.). TJMT: "4. Para que os apenados façam jus ao benefício da delação premiada, é necessário que preencham, cumulativamente, os requisitos elencados no art. 14 da Lei n. 9.807/99. Assim, constatado que a contribuição deles não foi efetiva para o deslinde dos fatos revela-se impossível a aplicação da referida benesse (Ap. 27789/2017-MT, 3.ª Câmara Criminal, rel. Luiz Ferreira da Silva, 09.08.2017, v.u.).

30. Número de comparsas: indica o inciso I que o delator precisaria permitir a identificação dos demais coautores ou partícipes da ação criminosa, vale dizer, seria preciso, pelo menos, três pessoas, para que o agente possa identificar os outros (mínimo de dois). Essa é uma interpretação literal, incompatível com as finalidades da lei. É natural que a identificação de qualquer coautor ou partícipe, desde que sejam apenas dois (o delator e mais um) é suficiente para a aplicação do benefício.

31. Vítima: a lei cuida do ofendido no singular, isto é, como se houvesse somente um. E se outros existirem? Parece-nos que, atuando o agente para a localização de uma ou mais vítimas, desde que haja sucesso, pode merecer o benefício. Tudo depende do caso concreto. Se houver mais de um ofendido e o delator indica o paradeiro de um deles, mas omite outro(s) apenas para continuar a exigir resgate (por exemplo), é óbvio que não tem direito ao perdão. Porém, se duas forem as vítimas, indicando o paradeiro daquela que conhece, permitindo seu resgate, com a integridade física preservada, ainda que a outra, desconhecida do delator, não se salve, é possível aplicar o perdão.

32. Requisitos de análise subjetiva: a personalidade (conjunto de caracteres exclusivo de uma pessoa, parte herdada, parte adquirida), assim como a natureza, as circunstâncias, a gravidade e a repercussão social do crime constituem requisitos de análise subjetiva, a ser realizada pelo magistrado. Tememos por essa avaliação, na medida em que o juiz, em regra, no Brasil, não está habituado – embora devesse – a analisar tais requisitos nem mesmo no momento de aplicar a pena (art. 59, CP). Logo, como se valerá dessa avaliação em instante tão importante como é o da delação premiada? Seria cabível o delator se submeter ao risco de morrer por conta da colaboração e, ainda assim, o juiz lhe negar o benefício? Entendemos que o disposto neste artigo, pelo grau de envolvimento atingido pelo delator, não deveria ficar ao critério subjetivo do magistrado. Por isso, o ideal seria revogar o disposto no parágrafo único do art. 13 da Lei 9.807/99. Enquanto tal não for feito, o juiz deve ter o máximo de cautela para não frustrar aquele que colaborou, efetiva e voluntariamente, para atingir um dos objetivos descritos nos incisos, embora possa não ter a melhor personalidade ou o crime possa ser considerado grave.

> **Art. 14.** O indiciado ou acusado[33] que colaborar voluntariamente com a investigação policial e o processo criminal na identificação dos demais coautores ou partícipes do crime, na localização da vítima com vida e na recuperação total ou parcial do produto do crime, no caso de condenação, terá pena reduzida de 1/3 (um terço) a 2/3 (dois terços).[34-35]

33. Hipótese de redução de pena: não se concederá perdão, mas apenas redução de pena, àquele que colaborar, porém sem preencher todos os requisitos do artigo 13. Pode o indiciado (fase policial) ou acusado (fase judicial), voluntariamente, colaborar para a identificação dos demais coautores ou partícipes (vide, quanto ao número, o comentário feito no artigo anterior), para a localização da vítima com vida (logo, pode estar ferida) *ou* (a alternatividade é a melhor exegese do artigo) para a recuperação total ou parcial do produto do crime. Nesse caso, não sendo primário ou não apresentando (favoráveis) os requisitos do parágrafo único do art. 13, pode ter, somente, a redução da pena. Na jurisprudência: TRF-4: "1. Para que opere concessão do benefício da colaboração processual premiada, prevista na Lei de Proteção à Testemunha, com a redução da pena, as informações prestadas devem ser eficazes, contribuindo para a identificação de comparsas e/ou da trama delituosa" (Ap. 5037479-42.2014.4.04.7100, 8.ª T., rel. Leandro Paulsen, 25.04.2018). TJMG: "2. Não se aplica o benefício contido da delação premiada (art. 14 da Lei n.º 9.807/99) ao agente cuja confissão judicial da autoria, embora voluntária, não elucida por completo os fatos e sequer identifica os coautores que também tiveram efetiva e valiosa participação no delito" (Ap. 10471120139707001, 2.ª Câmara Criminal, rel. Nelson Missias de Morais, 06.02.2017).

34. Critério para a redução: deve acompanhar a medida da culpabilidade, isto é, o grau de censura merecido, levando-se em conta o agente, como pessoa, bem como o crime, como fato. Constituiu causa pessoal de redução de pena, não passível de extensão aos coautores ou partícipes. Na jurisprudência: STJ: "1. A fixação da fração de redução – de 1/3 a 2/3 – pela incidência da delação premiada, descrita no art. 14 da Lei n. 9.807/1999, encontra-se dentro do juízo de discricionariedade do órgão julgador. 2. Tendo a Corte de origem justificado a redução da reprimenda do ora agravante no patamar mínimo possível, levando-se em consideração, notadamente, que a colaboração não contribuiu para a recuperação do restante dos bens roubados, fica devidamente motivado o grau redutor escolhido em 1/3" (AgRg no REsp 1.728.847 – SP, 6.ª T., rel. Sebastião Reis Júnior, 26.02.2019, v.u.). TJDFT: "(...) Se o réu colaborou de forma espontânea com as investigações policiais, sendo suas declarações importantes para identificação do coautor e para recuperação do produto do crime patrimonial, é de se manter o reconhecimento do benefício da delação premiada, na forma do artigo 14, Lei n. 9.807/99, em seu percentual mínimo, vez que a equipe policial já tinha ciência de que um comparsa fornecia cobertura à ação criminosa a bordo de veículo (...)" (APR 20160710024240 – DFT, 3.ª Turma Criminal, rel. Jesuino Rissato, 26.01.2017, v.u.).

35. Confronto com outras normas: existem vários dispositivos cuidando de delação premiada, formando um quadro assistemático e confuso. Pensamos que as normas podem coexistir, devendo-se aproveitar, sempre, a que for mais favorável ao réu colaborador. São elas: I) art. 159, § 4.º, do Código Penal: "Se o crime é cometido em concurso, o concorrente que o denunciar à autoridade, facilitando a libertação do sequestrado, terá sua pena reduzida de um a dois terços". Em confronto com o art. 13 da Lei 9.807/99, vislumbra-se ser mais favorável a aplicação do art. 159, § 4.º, pois este não exige requisitos subjetivos específicos para o agente (primariedade, fatores ligados a personalidade, natureza e circunstâncias do crime, nem análise de repercussão social ou gravidade do fato). Aliás, nem mesmo demanda voluntariedade. Se alguém colaborar, porque se sentiu constrangido, física ou moralmente, por outrem, pode receber a redução da pena. Quanto à comparação com o art. 14 da Lei 9.807/99, o mesmo se pode dizer quanto à voluntariedade. Este artigo exige seja a colaboração voluntária, enquanto o art. 159, § 4.º, não. Mais um aspecto diz respeito ao concurso de pessoas. O dispositivo do Código Penal menciona somente a existência de concurso, mas não especifica o número de agentes. Os artigos 13 e 14 da Lei 9.807/99 dão a entender, conforme defendido por alguns, que o número mínimo é de três pessoas. Ademais, o dispositivo do Código Penal não exige a identificação dos comparsas, bastando a libertação da vítima. Confirmando a vigência da delação premiada prevista no art. 159, § 4.º, do Código Penal, mesmo após a edição da Lei 9.807/99: STJ: "A libertação da vítima de sequestro por corréu, antes do recebimento do resgate, é causa de diminuição de pena, conforme previsto no art. 159, § 4.º, do Código Penal, com a redação dada pela Lei 9.269/96, que trata da delação premiada" (HC 40.633 – SP, 5.ª T., rel. Arnaldo Esteves Lima, 01.09.2005, v.u., embora antigo, é também raro); II) art. 25, § 2.º, da Lei 7.492/86, e art. 16, parágrafo único, da Lei 8.137/90: "Nos crimes previstos nesta Lei, cometidos em quadrilha [associação criminosa] ou coautoria, o coautor ou partícipe que através de confissão espontânea revelar à autoridade policial ou judicial toda a trama delituosa terá a sua pena reduzida de 1 (um) a 2/3 (dois terços)". Confrontando com o art. 13 da Lei 9.807/99, percebe-se ser este mais exigente, pois demanda primariedade do agente, dentre outros requisitos específicos, previstos no parágrafo único. Os arts. 25, § 2.º, e 16, parágrafo único, permitem o benefício ao reincidente, pouco importando a personalidade e outros fatores ligados à prática do crime. Entretanto, em formato impreciso, menciona o cometimento da infração penal "em quadrilha [associação criminosa] ou coautoria". Ora, bastaria falar em coautoria, muito mais abrangente do que a existência de uma associação criminosa. Porém, os referidos dispositivos das Leis 7.492/86 e 8.137/90 exigem "confissão espontânea" do agente, significando, pois, admissão da prática do crime de maneira sincera, com o real espírito de colaboração (ver a nota 86 ao art. 65 do nosso *Código Penal comentado*). A Lei 9.807/99 menciona somente *voluntariedade*, que é diferente de *espontaneidade*. Por outro lado, as Leis 7.492/86 e 8.137/90 demandam que o colaborador revele a *trama delituosa*, pouco importando quem sejam os coautores ou partícipes, nem será relevante a recuperação do produto do crime. Por fim, essas leis pedem que a colaboração se dê à autoridade policial *ou* judicial, enquanto a Lei 9.807/99 refere-se às fases de investigação e judicial; III) o art. 8.º, parágrafo único, da Lei 8.072/90 é o seguinte: "O participante e o associado que denunciar à autoridade o bando ou quadrilha [associação criminosa], possibilitando seu desmantelamento, terá a pena reduzida de 1 (um) a 2/3 (dois terços)". Em confronto com a Lei 9.807/99, nota-se que o referido art. 8.º, parágrafo único, não exige primariedade, nem análise subjetiva da personalidade do agente e outros dados ligados ao fato criminoso. Demanda, por outro lado, o *desmantelamento* da associação criminosa, mas não fala em recuperação do produto do crime, nem mesmo em atuação *voluntária*. Sob tais aspectos, é mais favorável; IV) o art. 1.º, § 5.º, da Lei 9.613/98, prevê: "A pena poderá ser reduzida de um a dois terços e ser cumprida em regime aberto ou semiaberto, facultando-se ao juiz deixar de aplicá-la ou substituí-la, a qualquer tempo, por pena restritiva de direitos, se o autor, coautor ou partícipe colaborar espontaneamente com as autoridades, prestando esclarecimentos que conduzam à apuração das infrações penais, à identificação dos autores, coautores e partícipes, ou à localização dos bens, direitos ou valores objeto do crime.". O magistrado tem várias opções: reduzir a pena e conceder regime aberto ou semiaberto; substituir a privativa de liberdade por restritiva de direitos ou mesmo aplicar o perdão judicial. Exige colaboração *espontânea*, enquanto a Lei 9.807/99 refere-se somente à *voluntariedade*. O texto do mencionado art. 1.º, § 5.º, menciona a colaboração do autor, isto é, não há necessidade de haver coautoria, o que difere de todas as demais leis. Por outro lado, expressa a possibilidade de alguém denunciar os crimes alheios – e não o seu próprio – bem como apenas a localização de bens, direitos ou valores objeto do crime de lavagem de dinheiro, sem precisar entregar comparsas ou qualquer outro dado significativo. Aliás, confrontando com a Lei 9.807/99, também não exige primariedade, nem outros dados subjetivos (personalidade, gravidade do crime etc.); V) a previsão formulada no art. 41 da Lei 11.343/2006 possui redação muito superior à anterior hipótese de delação premiada, feita no art. 32, §§ 2.º e 3.º, da Lei 10.409/2002, ora revogada. São requisitos para a sua concessão, que implica somente redução da pena, mas não perdão judicial: a) haver um inquérito, com indiciamento, e/ou um processo contra o autor da delação; b) prestação de colaboração *voluntária* (livre de qualquer coação física ou moral), mas sem necessidade de se buscar espontaneidade (arrependimento sincero ou desejo íntimo de contribuir com a Justiça). Em outras palavras, a delação pode ter por fundamento, exclusivamente, o intuito de obter o benefício previsto no mencionado art. 41, ainda que o agente não esteja arrependido do que fez, valendo, inclusive, quando houver o aconselhamento do defensor para que assim aja; c) concurso de pessoas em qualquer dos delitos previstos na Lei 11.343/2006. Não é viável falar-se em delação premiada, com base no art. 41 desta Lei, se o coautor ou partícipe do delito de tráfico ilícito de entorpecentes presta depoimento, narrando as condutas e permitindo a identificação de seus comparsas em crimes outros, não ligados a tóxicos. Se assim ocorrer, deve-se buscar, quando possível, o permissivo legal em outras leis para a obtenção de algum benefício. Portanto, é preciso que o indiciado ou réu delate seus companheiros do crime ao qual responde, com base na Lei 11.343/2006; d) recuperação total ou parcial do produto do crime. Este é a droga e não o lucro ou vantagem que a sua inserção no mercado acarreta. Menciona a norma do art. 41 o *produto* do delito e não o proveito. Logo, é a substância entorpecente, que necessita ser recuperada, total ou parcialmente. Não deixa de ser uma previsão positiva, pois confere maior credibilidade ao delator, afinal, ele indica os comparsas, mas também onde pode ser encontrada a droga. Os requisitos são, obviamente, cumulativos. A lei estabelece a necessidade de condenação, pois é na sentença que será concedida a redução da pena de um a dois terços. Portanto, não é cabível qualquer *redução em tese*, vale dizer, antes da condenação, para qualquer fim, inclusive para eventual aplicação de benefícios, como os previstos na Lei 9.099/95 (exemplo: no caso do art. 39, *caput*, tomando-se a pena máxima e reduzindo-se de um terço, haveria a possibilidade de considerar a infração como de menor potencial ofensivo). O magistrado deve utilizar o benefício da delação premiada como causa de diminuição da pena, a ser aplicada, portanto, na terceira fase da fixação da pena, nos termos do art. 68, *caput*, do Código Penal. O grau de redução – de um terço a dois terços – deve variar, conforme o nível de colaboração do delator. Cremos que o julgador deve ponderar o seguinte: a) se, além de voluntária, a delação for também espontânea (fruto do arrependimento sincero); b) se todos os coautores e partícipes delatados foram encontrados e processados; c) se a recuperação do produto do crime foi total ou parcial. Em suma, se houve delação voluntária e espontânea, todos os concorrentes foram detectados e processados pelo Estado, além de ter sido encontrado todo o produto do crime, parece-nos aplicável a diminuição de dois terços. Menos que tal quadro, deve o julgador mensurar a diminuição para atingir, quando for o caso, apenas um terço. Não nos parece cabível lidar com personalidade, antecedentes, primariedade e outros fatores de ordem pessoal para que tal diminuição se dê, pois são elementos totalmente alheios à descrição feita na norma do art. 41 desta Lei. Cremos ser aplicável esta nova lei, em detrimento do disposto na Lei 9.807/99, por ser especial – cuida particularmente dos tóxicos – além de ser mais recente; VI) a mais abrangente vem descrita na Lei 12.850/2013, que tem sido largamente utilizada. Dispõe o art. 4.º: "o juiz poderá, a requerimento das partes, conceder o perdão judicial, reduzir em até 2/3 (dois terços) a pena privativa de liberdade ou substituí-la por restritiva de direitos daquele que tenha colaborado efetiva e voluntariamente com a investigação e com o processo criminal, desde que dessa colaboração advenha um ou mais dos seguintes resultados: I – a identificação dos demais coautores e partícipes da organização criminosa e das infrações penais por eles praticadas; II – a revelação da estrutura hierárquica e da divisão de tarefas da organização criminosa; III – a prevenção de infrações penais decorrentes das atividades da organização criminosa; IV – a recuperação total ou parcial do produto ou do proveito das infrações penais praticadas pela organização criminosa; V – a localização de eventual vítima com a sua integridade física preservada. § 1.º Em qualquer caso, a concessão do benefício levará em conta a personalidade do colaborador, a natureza, as circunstâncias, a gravidade e a repercussão social do fato criminoso e a eficácia da colaboração. § 2.º Considerando a relevância da colaboração prestada, o Ministério Público, a qualquer tempo, e o delegado de polícia, nos autos do inquérito policial, com a manifestação do Ministério Público, poderão requerer ou representar ao juiz pela concessão de perdão judicial ao colaborador, ainda que esse benefício não tenha sido previsto na proposta inicial, aplicando--se, no que couber, o art. 28 do Decreto-Lei n.º 3.689, de 3 de outubro de 1941 (Código de Processo Penal). § 3.º O prazo para oferecimento de denúncia ou o processo, relativos ao colaborador, poderá ser suspenso por até 6 (seis) meses, prorrogáveis por igual período, até que sejam cumpridas as medidas de colaboração, suspendendo-se o respectivo prazo prescricional. § 4.º Nas mesmas hipóteses do *caput* deste artigo, o Ministério Público poderá deixar de oferecer denúncia se a proposta de acordo de colaboração referir-se a infração de cuja existência não tenha prévio conhecimento e o colaborador: I – não for o líder da organização criminosa; II – for o primeiro a prestar efetiva colaboração nos termos deste artigo. § 4.º-A. Considera-se existente o conhecimento prévio da infração quando o Ministério Público ou a autoridade policial competente tenha instaurado inquérito ou procedimento investigatório para apuração dos fatos apresentados pelo colaborador. § 5.º Se a colaboração for posterior à sentença, a pena poderá ser reduzida até a metade ou será admitida a progressão de regime ainda que ausentes os requisitos objetivos. § 6.º O juiz não participará das negociações realizadas entre as partes para a formalização do acordo de colaboração, que ocorrerá entre o delegado de polícia, o investigado e o defensor, com a manifestação do Ministério Público, ou, conforme o caso, entre o Ministério Público e o investigado ou acusado e seu defensor. § 7.º Realizado o acordo na forma do § 6.º deste artigo, serão remetidos ao juiz, para análise, o respectivo termo, as declarações do colaborador e cópia da investigação, devendo o juiz ouvir sigilosamente o colaborador, acompanhado de seu defensor, oportunidade em que analisará os seguintes aspectos na homologação: I – regularidade e legalidade; II – adequação dos benefícios pactuados àqueles previstos no *caput* e nos §§ 4.º e 5.º deste artigo, sendo nulas as cláusulas que violem o critério de definição do regime inicial de cumprimento de pena do art. 33 do Decreto-Lei n.º 2.848, de 7 de dezembro de 1940 (Código Penal), as regras de cada um dos regimes previstos no Código Penal e na Lei n.º 7.210, de 11 de julho de 1984 (Lei de Execução Penal) e os requisitos de progressão de regime não abrangidos pelo § 5.º deste artigo; III – adequação dos resultados da colaboração aos resultados mínimos exigidos nos incisos I, II, III, IV e V do *caput* deste artigo; IV – voluntariedade da manifestação de vontade, especialmente nos casos em que o colaborador está ou esteve sob efeito de medidas cautelares. § 7.º-A. O juiz ou o tribunal deve proceder à análise fundamentada do mérito da denúncia, do perdão judicial e das primeiras etapas de aplicação da pena, nos termos do Decreto-Lei n.º 2.848, de 7 de dezembro de 1940 (Código Penal) e do Decreto-Lei n.º 3.689, de 3 de outubro de 1941 (Código de Processo Penal), antes de conceder os benefícios pactuados, exceto quando o acordo prever o não oferecimento da denúncia na forma dos §§ 4.º e 4.º-A deste artigo ou já tiver sido proferida sentença. § 7.º-B. São nulas de pleno direito as previsões de renúncia ao direito de impugnar a decisão homologatória. § 8.º O juiz poderá recusar a homologação da proposta que não atender aos requisitos legais, devolvendo-a às partes para as adequações necessárias. § 9.º Depois de homologado o acordo, o colaborador poderá, sempre acompanhado pelo seu defensor, ser ouvido pelo membro do Ministério Público ou pelo delegado de polícia responsável pelas investigações. § 10. As partes podem retratar-se da proposta, caso em que as provas autoincriminatórias produzidas pelo colaborador não poderão ser utilizadas exclusivamente em seu desfavor. § 10-A. Em todas as fases do processo, deve-se garantir ao réu delatado a oportunidade de manifestar-se após o decurso do prazo concedido ao réu que o delatou. § 11. A sentença apreciará os termos do acordo homologado e sua eficácia. § 12. Ainda que beneficiado por perdão judicial ou não denunciado, o colaborador poderá ser ouvido em juízo a requerimento das partes ou por iniciativa da autoridade judicial. § 13. O registro das tratativas e dos atos de colaboração deverá ser feito pelos meios ou recursos de gravação magnética, estenotipia, digital ou técnica similar, inclusive audiovisual, destinados a obter maior fidelidade das informações, garantindo-se a disponibilização de cópia do material ao colaborador. § 14. Nos depoimentos que prestar, o colaborador renunciará, na presença de seu defensor, ao direito ao silêncio e estará sujeito ao compromisso legal de dizer a verdade. § 15. Em todos os atos de negociação, confirmação e execução da colaboração, o colaborador deverá estar assistido por defensor. § 16. Nenhuma das seguintes medidas será decretada ou proferida com fundamento apenas nas declarações do colaborador: I – medidas cautelares reais ou pessoais; II – recebimento de denúncia ou queixa-crime; III – sentença condenatória. § 17. O acordo homologado poderá ser rescindido em caso de omissão dolosa sobre os fatos objeto da colaboração. § 18. O acordo de colaboração premiada pressupõe que o colaborador cesse o envolvimento em conduta ilícita relacionada ao objeto da colaboração, sob pena de rescisão".

Art. 15. Serão aplicadas em benefício do colaborador, na prisão ou fora dela, medidas especiais de segurança e proteção a sua integridade física, considerando ameaça ou coação eventual ou efetiva.[36]

§ 1.º Estando sob prisão temporária, preventiva ou em decorrência de flagrante delito, o colaborador será custodiado em dependência separada dos demais presos.

§ 2.º Durante a instrução criminal, poderá o juiz competente determinar em favor do colaborador qualquer das medidas previstas no art. 8.º desta Lei.

§ 3.º No caso de cumprimento da pena em regime fechado, poderá o juiz criminal determinar medidas especiais que proporcionem a segurança do colaborador em relação aos demais apenados.

36. Separação do delator: trata-se de medida adotada, há muitos anos, pelas autoridades responsáveis pela administração dos presídios. Não se pode misturar o preso que delata o companheiro ou o esquema criminoso aos demais. Pela "lei da marginalidade", que impõe o *silêncio*, será, consequentemente, morto.

DISPOSIÇÕES GERAIS

Art. 16. O art. 57 da Lei 6.015, de 31 de dezembro de 1973, fica acrescido do seguinte § 7.º:

"§ 7.º Quando a alteração de nome for concedida em razão de fundada coação ou ameaça decorrente de colaboração com a apuração de crime, o juiz competente determinará que haja a averbação no registro de origem de menção da existência de sentença concessiva da alteração, sem a averbação do nome alterado, que somente poderá ser procedida mediante determinação posterior, que levará em consideração a cessação da coação ou ameaça que deu causa à alteração."

Art. 17. O parágrafo único do art. 58 da Lei 6.015, de 31 de dezembro de 1973, com a redação dada pela Lei 9.708, de 18 de novembro de 1998, passa a ter a seguinte redação:

"Art. 58. (...)

"Parágrafo único. A substituição do prenome será ainda admitida em razão de fundada coação ou ameaça decorrente da colaboração com a apuração de crime, por determinação, em sentença, de juiz competente, ouvido o Ministério Público."

Art. 18. O art. 18 da Lei 6.015, de 31 de dezembro de 1973, passa a ter a seguinte redação:

"Art. 18. Ressalvado o disposto nos arts. 45, 57, § 7.º, e 95, parágrafo único, a certidão será lavrada independentemente de despacho judicial, devendo mencionar o livro de registro ou o documento arquivado no cartório."

Art. 19. A União poderá utilizar estabelecimentos especialmente destinados ao cumprimento de pena de condenados que tenham prévia e voluntariamente prestado a colaboração de que trata esta Lei.

Parágrafo único. Para fins de utilização desses estabelecimentos, poderá a União celebrar convênios com os Estados e o Distrito Federal.

Art. 19-A

> **Art. 19-A.** Terão prioridade na tramitação o inquérito e o processo criminal em que figure indiciado, acusado, vítima ou réu colaboradores, vítima ou testemunha protegidas pelos programas de que trata esta Lei.[37]
>
> **Parágrafo único.** Qualquer que seja o rito processual criminal, o juiz, após a citação, tomará antecipadamente o depoimento das pessoas incluídas nos programas de proteção previstos nesta Lei, devendo justificar a eventual impossibilidade de fazê-lo no caso concreto ou o possível prejuízo que a oitiva antecipada traria para a instrução criminal.[38]

37. Trâmite prioritário: estabelece-se, corretamente, a prioridade de tramitação dos processos que envolvem pessoas protegidas, afinal, o desgaste é intenso em todos os prismas: emocional, para os protegidos, financeiros, para o Estado. Ademais, quanto mais rápido for o feito concluído menor a chance de haver a intromissão indevida de terceiros, voltada contra a pessoa tutelada pelo Estado. Nesse prisma, em face do disposto nesta Lei, não importa se o réu está preso ou solto, o processo deverá ter andamento acelerado.

38. Colheita imediata dos depoimentos: essa previsão, na realidade, é inócua, pois o rito procedimental da maioria dos casos prevê, após a citação, a designação de audiência única, onde se deve ouvir todas as testemunhas e vítima(s), bem como o réu. Portanto, não nos parece cabível cuidar de antecipação de depoimento. Sob outro aspecto, havendo mais de uma audiência, quer-se a oitiva prioritária das pessoas protegidas, o que é salutar, desde que não acarrete prejuízo à busca da verdade real e, principalmente, à ampla defesa e ao contraditório. A inversão da produção da prova pode ser negativa a qualquer das partes; o prejudicado deve pleitear ao magistrado a fiel observância do rito legal. Assim sendo, o juiz, fundamentadamente, justificará, nos autos, a inviabilidade da colheita prioritária. O mesmo se diga quando houver qualquer outro motivo de força maior, como, por exemplo, greve no fórum, pauta repleta de feitos etc.

> **Art. 20.** As despesas decorrentes da aplicação desta Lei, pela União, correrão à conta de dotação consignada no orçamento.
>
> **Art. 21.** Esta Lei entra em vigor na data de sua publicação.
>
> Brasília, 13 de julho de 1999; 178.º da Independência e 111.º da República.
>
> Fernando Henrique Cardoso
>
> *(DOU 14.07.1999)*

Sigilo Financeiro

Lei Complementar 105, de 10 de janeiro de 2001

Dispõe sobre o sigilo das operações de instituições financeiras e dá outras providências.

O Presidente da República:

Faço saber que o Congresso Nacional decreta e eu sanciono a seguinte Lei Complementar:

> (...)
> **Art. 10.** A quebra de sigilo,[1-2] fora das hipóteses autorizadas[3-8] nesta Lei Complementar,[9] constitui crime[10] e sujeita os responsáveis[11-14] à pena de reclusão, de 1 (um) a 4 (quatro) anos, e multa,[15-17] aplicando-se, no que couber, o Código Penal, sem prejuízo de outras sanções cabíveis.[18-19]
>
> **Parágrafo único.** Incorre[20-22] nas mesmas penas quem omitir, retardar injustificadamente ou prestar falsamente as informações requeridas nos termos desta Lei Complementar.[23-24]

1. Fundamento constitucional: o sigilo das operações financeiras da pessoa física ou jurídica advém do direito constitucional à intimidade e à vida privada (art. 5.º, X, CF), bem como do sigilo de dados em geral, arquivados em organismos públicos ou que tenham função pública (art. 5.º, XII, CF). Devassar um simples extrato bancário de alguém pode revelar seus hábitos, seu comportamento, suas preferências, enfim, pode servir de exposição de sua intimidade e de sua vida privada. É exatamente isso que o Estado pretende evitar não somente pela edição da Lei Complementar 105/2001, mas também pelo disposto na Constituição Federal.

2. Instituições financeiras: preceitua o art. 1.º desta Lei que "as instituições financeiras conservarão sigilo em suas operações ativas e passivas e serviços prestados", considerando-se como *instituições financeiras* as seguintes: bancos de qualquer espécie; distribuidoras de valores mobiliários; corretoras de câmbio e de valores mobiliários; sociedades de crédito, financiamento e investimentos; sociedades de crédito imobiliário; administradoras de cartões de crédito; sociedades de arrendamento mercantil; administradoras de mercado de balcão organizado; cooperativas de crédito; associações de poupança e empréstimo; bolsas de valores e de mercadorias e futuros; entidades de liquidação e compensação; outras sociedades que, em razão da natureza de suas operações, assim venham a ser consideradas pelo Conselho Monetário Nacional e as empresas de fomento comercial ou *factoring*, para os efeitos desta Lei Complementar (art. 1.º, §§ 1.º e 2.º).

3. **Hipóteses autorizadoras da quebra do sigilo:** estabelece o § 3.º do art. 1.º não constituir violação do dever de sigilo as seguintes situações: a) a troca de informações entre instituições financeiras, para fins cadastrais, inclusive por intermédio de centrais de risco, observadas as normas baixadas pelo Conselho Monetário Nacional e pelo Banco Central do Brasil (inciso I); b) o fornecimento de informações constantes de cadastro de emitentes de cheques sem provisão de fundos e de devedores inadimplentes, a entidades de proteção ao crédito, observadas as normas baixadas pelo Conselho Monetário Nacional e pelo Banco Central do Brasil (inciso II); c) o fornecimento das informações de que trata o § 2.º do art. 11 da Lei 9.311, de 24 de outubro de 1996 ["as instituições responsáveis pela retenção e pelo recolhimento da contribuição prestarão à Secretaria da Receita Federal as informações necessárias à identificação dos contribuintes e os valores globais das respectivas operações, nos termos, nas condições e nos prazos que vierem a ser estabelecidos pelo Ministro de Estado da Fazenda"] (inciso III); d) a comunicação, às autoridades competentes, da prática de ilícitos penais ou administrativos, abrangendo o fornecimento de informações sobre operações que envolvam recursos provenientes de qualquer prática criminosa (inciso IV); e) a revelação de informações sigilosas com o consentimento expresso dos interessados (inciso V); f) a prestação de informações nos termos e condições estabelecidos nos arts. 2.º, 3.º, 4.º, 5.º, 6.º, 7.º e 9.º desta Lei Complementar [são, em síntese, os informes prestados ao Banco Central e à Comissão de Valores Mobiliários, bem como ao Conselho de Controle de Atividades Financeiras para controle geral das atividades financeiras praticadas no Brasil; envolvem os informes requisitados pelo Poder Judiciário para a instrução de investigações e processos; abrangem as informações passadas ao Poder Legislativo Federal em atividade investigatória; abarcam a transmissão de dados ao Ministério Público pelo Banco Central e pela Comissão de Valores Mobiliários, quando verificarem a ocorrência de crime de ação pública] (inciso VI); g) o fornecimento de dados financeiros e de pagamentos, relativos a operações de crédito e obrigações de pagamento adimplidas ou em andamento de pessoas naturais ou jurídicas, a gestores de bancos de dados, para formação de histórico de crédito, nos termos de lei específica (inciso VII).

4. **Hipóteses de quebra de sigilo:** enquanto no § 3.º deste artigo enumerados estão os casos em que *não constitui violação do dever de sigilo*, vale dizer, são atividades naturais e habituais dos órgãos ali mencionados, o § 4.º estipula regra específica, autorizando, em caráter excepcional, a violação do sigilo, quando for necessária para a apuração da prática de qualquer infração (penal, como regra, mas também extrapenal), enumerando alguns crimes como exemplos. Algumas considerações são necessárias: a) a decretação da quebra de sigilo, embora não mencionada expressamente, somente pode ser feita, para a apuração de ilícitos, pelo Poder Judiciário. Trata-se de consequência lógica do disposto no art. 5.º, XII, da Constituição Federal ("por ordem judicial"), bem como do preceituado no inciso XXXV do mesmo artigo ("a lei não excluirá da apreciação do Poder Judiciário lesão ou ameaça de direito"). Excepcionalmente, pode ser decretada a quebra do sigilo por Comissão Parlamentar de Inquérito, quando originária de decisão fundamentada (art. 58, § 3.º, CF). Nesse caso, não há *reserva de jurisdição*, isto é, quando somente o Judiciário pode determinar a medida constritiva, como, por exemplo, a prisão ou a invasão domiciliar; b) menciona-se a apuração da prática de qualquer *ilícito*, dando a entender que podem ser infrações não penais. Em contrário, entendendo

envolver apenas o universo dos ilícitos penais, está a posição de Juliana Garcia Belloque (*Sigilo bancário*, p. 94). Tal raciocínio é, no fundo, o estabelecimento da regra geral. Não se vai quebrar sigilo bancário para apurar, por exemplo, uma singela infração de trânsito. Porém, há ilícitos graves, como os previstos na Lei de Improbidade Administrativa (Lei 8.429/92), que também comportam a quebra do sigilo. A finalização do § 4.º, do art. 1.º, da Lei 105/2001, ao se referir à "fase do inquérito ou do processo judicial" e elaborar um rol de crimes especiais, demonstra a importância dos fatos investigados para se violar o sigilo de alguém; c) o art. 9.º, mencionado no inciso VI do § 3.º, do art. 1.º, estabelece que o Banco Central e a CVM podem enviar peças ao Ministério Público, quando constatarem a ocorrência de crime. Note-se, pois, que eles não estavam investigando crimes por sua própria conta, razão pela qual não se valeram da *quebra do sigilo* decretada por juiz; ao contrário, porque são órgãos com poder fiscalizatório sobre as operações financeiras em geral, detectaram a ocorrência de delito de ação pública, motivo pelo qual enviaram os informes ao MP. Assim, queremos expressar a diferença entre *não constituir violação do dever de sigilo* e *decretação da quebra de sigilo*. A primeira decorre da natural fiscalização dos órgãos legalmente instituídos para tanto; a segunda é fruto de determinação judicial para apurar ilícito penal já percebido por outro órgão competente, normalmente, a polícia ou o Ministério Público; d) a menção a inquérito deve ser lida como *policial*, por via de regra, pois cabe à polícia judiciária a investigação de infrações penais, mas também pode ser o inquérito civil do Ministério Público, ao cuidar de improbidade administrativa; a referência a processo judicial deve ser entendida por *criminal*, igualmente como regra, pois é neste feito que se apura a prática de delitos; eventualmente, lida-se com o processo civil, em casos de improbidade administrativa; e) outra anotação importante deve-se à listagem dos crimes feitas nos incisos I a IX do § 4.º. Foi feita, na essência, de maneira desnecessária. Menciona-se que a violação do sigilo pode ser decretada para a apuração de *qualquer* ilícito. Em seguida, insere-se: "especialmente nos seguintes crimes", o que serviria somente como ênfase, mas não para constituir um rol taxativo. Concorda Juliana Garcia Belloque que o referido rol é exemplificativo, mas defende devesse ele ser taxativo, justamente por envolver a "compressão do sigilo financeiro" (*Sigilo bancário*, p. 95). Em conclusão, a lista específica cuida dos seguintes delitos: a) terrorismo (discute-se se está ou não tipificado em lei; sobre o tema, consultar a nota 24 ao art. 2.º da Lei 8.072/90, nesta obra); b) tráfico ilícito de substâncias entorpecentes ou drogas afins (consultar os arts. 33 a 37 da Lei 11.343/2006); c) contrabando ou tráfico de armas, munições ou material destinado a sua produção (verificar o art. 18 da Lei 10.826/2003); d) extorsão mediante sequestro (checar o art. 159, CP); e) contra o sistema financeiro nacional (são os previstos na Lei 7.492/86, encontrados no vol. II desta obra); f) contra a Administração Pública (são os crimes dos arts. 312 a 359-H do Código Penal); g) contra a ordem tributária e a previdência social (verificar os delitos dos arts. 168-A e 337-A do Código Penal e os enumerados na Lei 8.137/90, comentados nesta obra); h) lavagem de dinheiro ou ocultação de bens, direitos e valores (consultar a previsão feita na Lei 9.613/98, constante desta obra); i) praticado por organização criminosa (checar o disposto na Lei 9.034/95, também inserida no vol. II desta obra).

5. Quebra do sigilo como atividade complementar: não se pode acolher a *prática*, por vezes comum, mas errônea, de se iniciar uma investigação, mormente criminal, por intermédio da *quebra do sigilo* bancário ou fiscal de alguém. Essa deve ser uma atitude drástica, tomada pelo Poder Judiciário, quando já existem indícios suficientes de autoria e prova da materialidade de um delito ligado a operações financeiras, assim como nos casos de interceptações telefônicas. Não fosse assim e estaríamos reduzindo, sem causa justa, o conteúdo do direito à intimidade, constitucionalmente assegurado. A regra é a inviolabilidade à intimidade e à vida privada, bem como a garantia ao sigilo dos dados do cidadão. A exceção será a sua violação, com finalidade de investigação de um ilícito grave, cujos alicerces já existem, faltando somente erguer a finalização do conjunto probatório. Como leciona Maurício Zanoide de Moraes, "o cidadão tem relações jurídicas distintas com o Fisco e com as Instituições Financeiras e o sigilo inerente a cada uma dessas atividades deve ser mantido no seu respectivo âmbito, pois, caso contrário, o dever de sigilo está quebrado e as relações jurídicas e de confiança, em consequência, estariam rompidas. Necessário frisar que o vínculo de confiança imprescindível a essas relações jurídicas estará rompido sempre que um terceiro a essa relação venha a tomar conhecimento de quaisquer informações a ela inerentes. Pouco importa que esse terceiro seja um ente público também detentor do respectivo dever de sigilo" (*Legislação complementar interpretada*, v. 2, p. 2980).

6. Quebra do sigilo e motivação: como já mencionamos nas notas anteriores, a violação do sigilo financeiro, para fins de investigação, é uma exceção. Precisa estar calcada em elementos probatórios outros, minimamente sólidos, exigindo, portanto, do juiz uma clara e detalhada fundamentação. Não se pode admitir a decretação da quebra do sigilo sem motivação ou em termos lacônicos e vazios de conteúdo (ex.: "conforme representação formulada pela autoridade policial, decreto a quebra..."), afinal, todas as decisões do Poder Judiciário serão fundamentadas (art. 93, IX, CF), em especial, aquelas que lidam com os direitos e garantias humanas fundamentais, causando arranhões, por vezes necessários.

7. Recurso contra a decretação de quebra do sigilo financeiro: parece-nos que o único instrumento rápido e adequado é a utilização da ação de mandado de segurança, ajuizada contra a autoridade que decretou a violação, podendo, pois, se dar tanto na esfera criminal como na cível. Entretanto, como a quebra do sigilo é de ser realizada por juiz, receberá o mandado de segurança o Tribunal ao qual estiver ligada a autoridade judiciária (ex.: se for um juiz criminal estadual, o Tribunal de Justiça do Estado [Câmara ou Turma Criminal]; se for o juiz civil federal, o Tribunal Regional Federal da sua Região [Câmara ou Turma Civil]). Se a decisão advier de desembargador estadual ou federal, pode caber agravo regimental, dirigido à sua própria Corte. Decidindo-se pela mantença da quebra, cabe ajuizamento de mandado de segurança ao Órgão Especial, se houver previsão feita no Regimento Interno. A partir daí, segue-se ao STJ e desta Corte, ainda negado o pedido, ao STF. O mais importante é não poder o prejudicado ficar desamparado pela indevida quebra do sigilo. Em matéria criminal, tem-se admitido, igualmente, a utilização do *habeas corpus*, impetrando-o junto ao órgão jurisdicional competente.

8. Recurso contra o indeferimento da quebra do sigilo: não há. Seria situação equivalente ao indeferimento da produção de uma prova qualquer, seja durante o inquérito, quando depender do magistrado (ex.: quebra do sigilo bancário, fiscal ou de outros dados, mandado de busca e apreensão etc.), seja durante o desenrolar do processo (ex.: indeferimento da oitiva de uma testemunha). A parte, no futuro, poderia alegar cerceamento e buscar anular o feito (ao menos, o processo). Excepcionalmente, poder-se-ia aventar a interposição de correição parcial ou mesmo de mandado de segurança, quando o erro do juiz for grosseiro, implicando séria perda para o órgão acusatório, em nível de investigação ou de processo. Ainda assim, quem deve tomar a providência é o Ministério Público. A autoridade policial não tem legitimidade para tanto.

9. Lei Complementar criando tipo penal incriminador: ao cuidarmos das fontes formais do Direito Penal, isto é, os meios pelos quais a norma penal se exterioriza, é praticamente pacífica a posição ideal: deve ser por lei ordinária, editada pelo Congresso Nacional (a União é a fonte material natural, ou seja, de criação do Direito Penal, conforme art. 22, I, CF). Debate-se, doutrinariamente, no entanto, se outras normas emanadas do Congresso Nacional também poderiam dar margem à criação e servir de fonte de expressão do Direito Penal. Nesse cenário, incluem-se as medidas provisórias, as emendas à Constituição, as leis complementares e as leis delegadas. As primeiras foram expressamente excluídas do contexto penal, como se pode observar pela atual redação do art. 62, § 1.º, I, *b*, da Constituição Federal. As últimas (leis delegadas) também não podem ser admitidas, visto que é inviável a delegação em matéria de direitos individuais (art. 68, § 1.º, II, CF), além do que, em última análise, quem estaria *criando* a lei penal incriminadora seria o Presidente da República, o que foge ao conceito material de *lei*, ferindo o princípio da legalidade (não há crime sem *lei* que o defina, nem pena sem *lei* que a comine). Restam dois pontos de atrito: emenda à Constituição e lei complementar. Parcela da doutrina entende serem esses dois meios incabíveis para a criação e expressão de norma penal, uma vez que cuidam de matéria exclusivamente constitucional, algo alheio ao cenário de Direito Penal, mormente na parte concernente aos tipos incriminadores. Com isso, em tese, não podemos discordar. Porém, devemos sustentar que tanto a Emenda quanto a Lei Complementar possuem *quorum* qualificado, são normas emanadas do Congresso Nacional e, consequentemente, nascem da vontade popular. Por isso, elas *podem* criar lei penal, inclusive incriminadora, mas não *devem*. Desenvolvemos em maiores detalhes esse assunto na nota 11 ao art. 1.º do nosso *Código Penal comentado*. Em suma, como defendemos a possibilidade de criação de tipo penal incriminador por lei complementar, acolhemos como legítima a inserção do art. 10 na Lei Complementar 105/2001.

10. Redação defeituosa do tipo: em lugar de inserir a expressão "constitui crime", o correto seria, simplesmente, descrever, exatamente, a conduta típica incriminadora. Exemplo: "Quebrar sigilo, fora das hipóteses autorizadas nesta Lei Complementar" (logicamente, o tipo poderia e deveria conter mais detalhes). Após: "Pena: reclusão, de 1 (um) a 4 (quatro) anos, e multa". É desnecessária a menção à aplicação, "no que couber, dos dispositivos do Código Penal", pois mais que óbvio.

11. Análise do núcleo do tipo: *quebrar sigilo* (violar ou transgredir segredo, vale dizer, informação que deve permanecer oculta e não pode ser revelada a terceiros) é o núcleo do tipo, trazendo como complemento elementos normativos inseridos na expressão *fora das hipóteses autorizadas nesta Lei Complementar*. Portanto, por se tratar de referência à própria lei onde está constando o art. 10 (tipo incriminador), não nos soa constituir uma norma penal em branco, mas somente um tipo remissivo, que, para ser completamente inteligível, demanda o conhecimento dos outros artigos da Lei Complementar 105/2001. Na jurisprudência: STJ: "1. O Supremo Tribunal Federal, no julgamento do RE n.º 1.055.941-SP, sob a sistemática da repercussão geral, compreendeu ser possível, sem autorização prévia do Poder Judiciário, o compartilhamento com o Ministério Público, para fins penais, dos dados bancários e fiscais do contribuinte, obtidos pela Receita Federal no legítimo exercício de seu dever de fiscalizar (Tema n. 990). Ademais, desde o julgamento do RE 601.314-SP (Tema n.º 225), o Plenário daquela Corte já havia firmado a tese de que 'o art. 6.º da Lei Complementar 105/01 não ofende o direito ao sigilo bancário, pois realiza a igualdade em relação aos cidadãos, por meio do princípio da capacidade contributiva, bem como estabelece requisitos objetivos e o translado do dever de sigilo da esfera bancária para a fiscal'. 2. O acesso à movimentação financeira diretamente pelo Fisco, portanto, não implica violação dos direitos e garantias fundamentais. E o envio desses dados, quando houver suspeita de crimes, ao Ministério Público, mais do que uma possibilidade, representa-se um dever das autoridades administrativas-fiscais. 3. Ao contrário da interpretação que se busca dar à decisão do Supremo Tribunal Federal, no Recurso Extraordinário n. 601.314-SP, não se condiciona o acesso das informações bancárias pelo Fisco à prévia notificação do contribuinte, o que é exigido somente quando instaurado eventual processo administrativo. 4. Alegação de inépcia da denúncia afastada, diante da regularidade da peça acusatória, que atende aos requisitos do art. 41 do CPP" (AgRg no AgRg na TutPrv no RHC 80.076 – SP, 5.ª T., rel. Ribeiro Dantas, 21.09.2021, v.u.); "Relativamente ao tema, adveio a Lei Complementar n. 105, de 10/01/2001 – que dispõe sobre o sigilo das operações de instituições financeiras –, estabelecendo que, a despeito do dever de conservação do sigilo pela instituição financeira das 'suas operações ativas e passivas e serviços prestados' (art. 1.º), esse sigilo pode ser afastado, excepcionalmente, para a apuração de qualquer ilícito criminal (art. 1.º, § 4.º), bem como de determinadas infrações administrativas (art. 7.º) e condutas que ensejem a abertura e/ou instrução de procedimento administrativo fiscal (art. 6.º). Não se destinando a nenhuma dessas finalidades, contudo, a violação ao dever de sigilo bancário, ainda que decorrente de decisão judicial, pode configurar o crime de que trata o art. 10 da LC n. 105/2001, assim redigido: (...) Como se pode observar, essa medida drástica constante do art. 10 da LC n. 105/2001, decorre da tutela constitucional conferida, implicitamente, ao dever de sigilo dos dados bancários, que é uma espécie de direito da personalidade (proveniente da inviolabilidade à intimidade, à vida privada e ao dever de sigilo de dados), de forma que a sua flexibilização se revela possível apenas quando destinar-se à salvaguarda do interesse público" (REsp 1.951.176 – SP 2021/0235295-1, 3.ª T., rel. Marco Aurélio Bellizze, 19.10.2021, v.u.).

12. Sujeitos ativo e passivo: o sujeito ativo só pode ser pessoa, funcionário público ou não, detentora, legalmente, das informações sigilosas (ex.: o gerente de um banco privado ou um servidor público da Receita Federal). O sujeito passivo é a pessoa diretamente prejudicada pela violação do sigilo, mas também o Estado, que tem interesse em demandar das instituições financeiras que, afinal, fiscaliza o cumprimento das determinações legais.

13. Coautoria e participação: não é demais lembrar o conteúdo do art. 29, *caput*, do Código Penal: "quem de qualquer modo concorre para o crime incide nas penas a este cominadas, na medida da sua culpabilidade". Portanto, violadores do sigilo financeiro podem surgir em variadas áreas e agir de inúmeras formas. Em primeiro plano, como já destacamos na nota anterior, estão os funcionários de instituições financeiras, que possuem acesso aos dados das operações ativas e passivas e serviços prestados a terceiros. Porém, é viável supor a existência de um técnico de informática que, ao promover a manutenção dos equipamentos de informática de uma unidade de instituição financeira, tome contato com tais dados, divulgando-os a outras pessoas, embora saiba de sua característica sigilosa. Registremos o disposto no art. 327, § 1.º, segunda parte, do Código Penal ("(...) quem trabalha para empresa prestadora de serviço contratada ou conveniada para a execução de atividade típica da Administração Pública"). Pode-se aventar a hipótese do agente instigador, ou seja, aquele que induz, incentiva ou até mesmo fornece algum tipo de auxílio material para que a violação ocorra. Essa pessoa pode ser um particular, completamente desvinculado dos quadros da instituição financeira encarregada de preservar o sigilo financeiro. Ex.: dois funcionários, em coautoria, podem quebrar o sigilo, como ocorreria se o gerente determinasse ao subalterno que fizesse um levantamento da movimentação da conta corrente de determinado cliente, para o fim de entregar a pessoa não autorizada a recebê-lo; ambos devem responder, como coautores, com base na figura do art. 10 desta Lei, desde que haja dolo.

14. Elemento subjetivo: é o dolo. Não se pune a forma culposa, nem se exige elemento subjetivo do tipo específico.

15. Objetos material e jurídico: o objeto material é a operação ativa ou passiva e os serviços prestados pelas instituições financeiras, que devem permanecer em sigilo. O objeto jurídico é o direito à intimidade e à preservação dos dados sigilosos.

16. Classificação: é crime próprio (só pode ser cometido pela pessoa detentora dos dados sigilosos); formal (independe da ocorrência de resultado naturalístico, consistente na efetiva lesão ao interessado em manter o sigilo); de forma livre (pode ser cometido por qualquer meio eleito pelo agente); comissivo (o verbo implica ação); instantâneo (a consumação se dá em momento determinado); de perigo abstrato (presume-se prejuízo ao direito à intimidade, caso a conduta do tipo seja praticada); unissubjetivo (pode ser cometido por uma só pessoa); plurissubsistente (praticada em vários atos); admite tentativa.

17. Benefícios penais: o crime não é de menor potencial ofensivo, pois a pena máxima em abstrato fixada ultrapassa os dois anos, porém dá ensejo à aplicação da suspensão condicional do processo, visto ser a pena mínima de um ano. Em caso de condenação, não se tratando de delito violento ou com grave ameaça contra a pessoa, torna viável a substituição da pena privativa de liberdade por restritiva de direitos, se preenchidos os requisitos legais (art. 44, CP). Aliás, neste contexto, uma pena alternativa ideal seria a perda de bens e valores (art. 45, § 3.º, CP), pois tem vinculação com o cenário de delitos financeiros. Pode-se aplicar, também, conforme o caso, a suspensão condicional da pena. Se não forem possíveis esses benefícios, pelo montante da pena, caberia regime aberto. Em suma, raramente, alguém iria preso pela prática deste delito, inserido em regime fechado ou semiaberto.

18. Outras sanções cabíveis: além da punição na esfera penal, pode o violador do sigilo financeiro ficar sujeito às sanções administrativas (cuidando-se de funcionário público pode ser demitido ou sofrer outra penalidade qualquer) e à reparação civil (material e moral do dano provocado), seja funcionário público ou não.

19. Formação de prova ilícita: não há dúvida de que a quebra do sigilo financeiro, constituindo crime previsto no art. 10 desta Lei, estrutura o que se denomina de prova ilícita, na espécie *ilegal* (caracterizadora de infração penal), segundo a nomenclatura que adotamos (ver a nota 34 ao art. 157 do nosso *Código de Processo Penal comentado*). Seguindo-se o disposto no art. 5.º, LVI, da Constituição Federal ("são inadmissíveis, no processo, as provas obtidas por meios ilícitos"), devem elas ser desentranhadas do processo e não poderão, em hipótese alguma, auxiliar na formação do convencimento do magistrado. Evidentemente, o que se quer dizer é que não poderá o julgador, ainda que já tenha delas tomado conhecimento, valer-se de qualquer de seus ângulos na fundamentação da sentença. Devem ser consideradas inexistentes no mundo jurídico.

20. Análise do núcleo do tipo: *omitir* (deixar de fazer algo), *retardar* (atrasar) e *prestar falsamente* (transmitir de modo não autêntico ou irreal) são as condutas alternativas, cujo objeto é a informação requerida nos termos desta Lei. Logo, vislumbra-se, desde logo, que o agente do delito não informa, atrasa ou presta informe irreal acerca de dado *permitido*, pois inserido em norma autorizadora da Lei Complementar 105/2001. Exemplo: o diretor de uma instituição financeira deixa de informar ao juiz, quando recebe a requisição, os dados relativos à movimentação bancária de um cliente. É legalmente prevista a hipótese de *quebra do sigilo bancário*, quando houver ordem judicial a tanto. Por isso, a omissão se torna penalmente relevante. Lembremos que se inseriu no tipo penal o elemento normativo pertinente à ilicitude, que é *injustificadamente*. Logo, se a omissão ou retardamento for legal (leia-se, não é caso de divulgação), logo, é justificado o ato. Por outro lado, também se pode analisar sob outros ângulos, como, por exemplo, do excesso de pedidos de informações, havendo um atraso não provocado deliberadamente pelo funcionário encarregado de prestar o informe. De toda forma, se houver *justa causa*, torna-se atípica a conduta.

21. Sujeitos ativo e passivo: o sujeito ativo somente pode ser a pessoa detentora dos informes sigilosos relativos a operações ativas e passivas e serviços prestados por instituições financeiras. O sujeito passivo é o Estado. Secundariamente, a pessoa prejudicada com a prática de qualquer das condutas previstas no tipo.

22. Elemento subjetivo: é o dolo. Não se exige elemento subjetivo do tipo específico, nem se pune a forma culposa.

23. Objetos material e jurídico: o objeto material é a informação requerida nos termos da Lei Complementar 105/2001. O objeto jurídico é a Administração Pública, interessada em conhecer os dados financeiros a respeito de alguma pessoa física ou jurídica, bem como tê-los mantidos pelas instituições financeiras de maneira confiável.

24. Classificação: é crime próprio (só pode ser cometido pela pessoa detentora dos dados sigilosos, com o dever de prestar a informação); formal (independe da ocorrência de resultado naturalístico, consistente na efetiva lesão ao interesse da Administração, por qualquer de seus órgãos, em obter o informe); de forma livre (pode ser cometido por qualquer meio eleito pelo agente); omissivo (os verbos implicam abstenções), nas formas *omitir* e *retardar*, porém comissivo (o verbo representa ação) na modalidade *prestar*; instantâneo (a consumação se dá em momento determinado); de perigo abstrato (presume-se prejuízo ao direito de informação dos órgãos da Administração legitimados a tanto); unissubjetivo (pode ser cometido por uma só pessoa); unissubsistente (cometido em um único ato) ou plurissubsistente (praticada em vários atos), conforme o caso; admite tentativa na forma plurissubsistente.

> **Art. 11.** O servidor público que utilizar ou viabilizar a utilização de qualquer informação obtida em decorrência da quebra de sigilo de que trata esta Lei Complementar responde pessoal e diretamente[25] pelos danos decorrentes, sem prejuízo da responsabilidade objetiva da entidade pública, quando comprovado que o servidor agiu de acordo com orientação oficial.

25. Responsabilidade pessoal e direta: na maioria das vezes, o servidor público é o agente divulgador do dado sigiloso. Assim, a especificação do art. 11 parece-nos desnecessária. Em matéria penal, não poderia ser diferente: a responsabilidade é pessoal e individual, não se transmitindo a terceiros. Ressalve-se o concurso de agentes (art. 29, CP), que, no entanto, também consagra a responsabilidade pessoal, na medida da culpabilidade de cada um. No tocante à responsabilidade administrativa, o punido deverá ser justamente o servidor que violou seu dever funcional. Finalmente, em relação à responsabilidade civil, parece-nos que o Estado (ou a instituição financeira) não se exime de responder, perante o terceiro prejudicado pela indevida divulgação, caso se prove a culpa do servidor na violação. Entendemos que não há necessidade alguma de se demonstrar que o servidor agiu "de acordo com orientação oficial". Basta que o funcionário quebre o sigilo, comprovada a sua conduta ilegal, fica responsável civilmente a pessoa jurídica para a qual trabalhe, independentemente de se demonstrar a culpa desta, conforme dispõe o art. 37, § 6.º, da Constituição Federal: "As pessoas jurídicas de direito público e as de direito privado prestadoras de serviços públicos responderão pelos danos que seus agentes, nessa qualidade, causarem a terceiros, assegurado o direito de regresso contra o responsável nos casos de dolo ou culpa".

> **Art. 12.** Esta Lei Complementar entra em vigor na data de sua publicação.
> **Art. 13.** Revoga-se o art. 38 da Lei 4.595, de 31 de dezembro de 1964.
>
> Brasília, 10 de janeiro de 2001; 180.º da Independência e 113.º da República.
>
> Fernando Henrique Cardoso
>
> (*DOU* 11.01.2001)

Terrorismo

Lei 13.260, de 16 de março de 2016

Regulamenta o disposto no inciso XLIII do art. 5.º da Constituição Federal, disciplinando o terrorismo, tratando de disposições investigatórias e processuais e reformulando o conceito de organização terrorista; e altera as Leis n.ºs 7.960, de 21 de dezembro de 1989, e 12.850, de 2 de agosto de 2013.

A Presidenta da República:

Faço saber que o Congresso Nacional decreta e eu sanciono a seguinte Lei:

> **Art. 1.º** Esta Lei regulamenta o disposto no inciso XLIII do art. 5.º da Constituição Federal, disciplinando o terrorismo, tratando de disposições investigatórias e processuais e reformulando o conceito de organização terrorista.[1-1-A]

1. Norma explicativa: é peculiar a existência de uma *norma de introdução* a determinada lei, esclarecendo seus objetivos. Bastaria disciplinar os institutos almejados, nos cenários desejados (penal, processo penal, leis específicas etc.), para que o operador do direito a aplicasse corretamente. Entretanto, ao fazer expressa referência ao art. 5.º, XLIII, da Constituição Federal, *olvidando* o disposto pelo inciso seguinte (XLIV), compreende-se o motivo de existência do art. 1.º. Quer-se deixar bem claro que esta Lei disciplina o conteúdo dos atos de terrorismo para todos os fins, *exceto político*. Observe-se o teor dos incisos do art. 5.º da Constituição Federal: "XLIII – a lei considerará crimes inafiançáveis e insuscetíveis de graça ou anistia a prática da tortura, o tráfico ilícito de entorpecentes e drogas afins, o terrorismo e os definidos como crimes hediondos, por eles respondendo os mandantes, os executores e os que, podendo evitá-los, se omitirem" (este é o objetivo da presente Lei); "XLIV – constitui crime inafiançável e imprescritível a ação de grupos armados, civis ou militares, contra a ordem constitucional e o Estado Democrático" (não é o objetivo desta Lei; serve ao propósito dos arts. 359-I e 359-R do Código Penal). Consultar, ainda, a Lei 13.810/2019, que "dispõe sobre o cumprimento de sanções impostas por resoluções do Conselho de Segurança das Nações Unidas, incluída a indisponibilidade de ativos de pessoas naturais e jurídicas e de entidades, e a designação nacional de pessoas investigadas ou acusadas de terrorismo, de seu financiamento ou de atos a ele correlacionados" (art. 1.º).

1-A. Primeira condenação por terrorismo no Brasil: adveio de fatos constatados em época anterior às Olimpíadas de 2016, realizadas no País. Houve a acusação de formação de organização terrorista e recrutamento de indivíduos contra diversos indivíduos para a prática terrorista (arts. 3.º e 5.º, § 1.º, I, da Lei 13.260/2016). Um dos acusados assumiu uma posição de liderança, conforme material coletado das postagens em redes sociais e outros diálogos, áudios, vídeos e imagens. Promoveu *juramento de fidelidade* e estimulou várias pessoas a aderir à causa terrorista promovida pela ISIS ou ISIL (*Estado Islâmico do Iraque e do Levante (EILL) ou Estado Islâmico do Iraque e da Síria*). Houve a promoção de recolhimento de recursos para aquisição de armas. Foi condenado com base nos dois artigos supramencionados. Do julgado de segundo grau, desse caso, extrai-se o seguinte: TRF-4: "3. A comunidade internacional, assim como o Conselho de Segurança das Nações Unidas, por suas Resoluções obrigatórias aos Estados membros da Organização, manifestam perspectivas abrangentes, tanto para a prevenção quanto para a punição do terrorismo, reconhecendo-se, entre outros fatores, que o incitamento, a promoção, enaltecimento dos atos de terrorismo motivados pelo extremismo e intolerância, ensejam um sério e crescente perigo ao exercício dos Direitos Humanos e ameaça o desenvolvimento social e econômico dos Estados, devendo ser corrigido urgente e proativamente pelas Nações Unidas e Estados-Membros. 4. Essas preocupações são contempladas pela Constituição Brasileira, quando determina ao legislador a previsão do terrorismo como crime hediondo. 5. A existência de legislação específica criminalizando os atos de terrorismo e condutas a eles assemelhadas faz parte da estratégia de contraterrorismo em nível mundial, evitando a inadequada resposta estatal, como a não consideração da motivação, dos fins buscados, do risco potencial, assim como de punição excessiva ou insatisfatória, e a necessidade do estabelecimento de ferramentas legais adequadas à prevenção, investigação e punição de atos terroristas. É nesse contexto maior e preventivo que o tipo penal da Lei 13.260/2016 deve ser visto, quando criminaliza a promoção de organização terrorista, tipo penal que não exige dano concreto, tampouco a comprovação de habilidades individuais, e existência ou não de reservas mentais, dado que a contribuição para validação das compreensões do grupo pode ser suficiente para que um ou mais acusados, isoladamente, coloquem em prática o ideário construído coletivamente. 6. No caso presente, a violência estabelecida na propaganda de organização reconhecida como terrorista por Resoluções do Conselho de Segurança da ONU congregou os acusados em um movimento de glorificação das atrocidades, fazendo com que focassem seus interesses e atenções à causa da referida organização criminosa, passando os réus a repercutir os valores próprios da organização terrorista, fundados na radicalização religiosa, com desumanização das potenciais e reais vítimas daquela organização, e mediante a aceitação da justificação do uso da violência como ferramenta de atuação. 7. As condutas perpetradas pelos réus ultrapassaram as meras postagens de ações da propaganda e da ideologia terrorista, pois exigiram juramentos de fidelidade a pessoas consideradas líderes terroristas e comprometimento com a causa terrorista, mediante cobrança de que os diversos participantes dos grupos manifestassem aquiescência em relação ao cometimento de atos concretos de violência coletiva e terror. 8. Relevância penal das manifestações, dado o contexto dos Jogos Olímpicos na Cidade do Rio de Janeiro e a existência de declarado comprometimento para com a futura prática de ações concretas. 9. Hipótese em que as ações foram além do discurso de ódio, para o qual a Corte Europeia de Direitos Humanos reconhece que 'os Estados não podem ser obrigados a esperar a efetivação de um desastre para só então intervirem'. Manifestações não protegidas pela liberdade de expressão ou religiosa, notadamente quando os acusados rejeitam as autoridades religiosas nacionais que professam a fé pacificamente e em ambiente de pluralismo religioso. Existência de dever de atuação dos Estados para coibirem as condutas de notório risco potencial à segurança e a vida em sociedades democráticas, o fazendo com ampla margem de atuação e discricionariedade, conforme reconhecido pelas Cortes Interamericana e Europeia de Direitos Humanos. 10. A Declaração Universal dos Direitos Humanos, a Convenção Interamericana de Direitos Humanos e o Pacto Internacional Sobre Direito Civis e Políticos asseguram a interferência ou a imposição de limites à liberdade de manifestação em prol da segurança pública e dos direitos e liberdades das demais pessoas. Expressa menção no Pacto de Direitos Civis e Políticos, aprovado pelo Decreto 592/92, de proibição de qualquer apologia ao ódio nacional, racial ou religioso, que constitua incitamento à discriminação, à hostilidade ou a violência. 11. Análise de precedentes da Corte Europeia de Direitos Humanos repelindo manifestações que se constituam em suporte ativo ou passivo de organizações criminosas, que se constituam em glorificação do terrorismo, ou que avaliem como justificável o uso da violência extrema, desdenhando a dignidade e incolumidade de vítimas, ou que promovam o ódio religioso" (ACR 5046863-67.2016.4.04.7000, 7.ª T., rel. Márcio Antônio Rocha, juntado aos autos em 10.08.2018, v.u.).

> **Art. 2.º** O terrorismo[2] consiste na prática por um ou mais indivíduos[3] dos atos previstos neste artigo, por razões[4] de xenofobia, discriminação ou preconceito de raça, cor, etnia e religião, quando cometidos com a finalidade de provocar terror social ou generalizado, expondo[5] a perigo pessoa, patrimônio, a paz pública ou a incolumidade pública.
>
> § 1.º São atos de terrorismo:[6]
>
> I – usar ou ameaçar usar, transportar, guardar, portar ou trazer consigo[7-9] explosivos, gases tóxicos, venenos, conteúdos biológicos, químicos, nucleares ou outros meios[10] capazes de causar danos ou promover destruição em massa;[11-12]
>
> II – (Vetado);[13]
>
> III – (Vetado);[14]
>
> IV – sabotar o funcionamento ou apoderar-se,[15-17] com violência, grave ameaça a pessoa ou servindo-se de mecanismos cibernéticos, do controle total ou parcial, ainda que de modo temporário, de meio de comunicação ou de transporte, de portos, aeroportos, estações ferroviárias ou rodoviárias, hospitais, casas de saúde, escolas, estádios esportivos, instalações públicas ou locais onde funcionem serviços públicos essenciais, instalações de geração ou transmissão de energia, instalações militares, instalações de exploração, refino e processamento de petróleo e gás e instituições bancárias e sua rede de atendimento;[18-19]
>
> V – atentar[20] contra a vida[21-23] ou a integridade física de pessoa:[24-25]
>
> Pena – reclusão, de doze a trinta anos, além das sanções correspondentes à ameaça ou à violência.[26]
>
> § 2.º O disposto neste artigo não se aplica à conduta individual ou coletiva de pessoas em manifestações políticas, movimentos sociais, sindicais, religiosos, de classe ou de categoria profissional, direcionados por propósitos sociais ou reivindicatórios, visando a contestar, criticar, protestar ou apoiar, com o objetivo de defender direitos, garantias e liberdades constitucionais, sem prejuízo da tipificação penal contida em lei.[27]

2. Terrorismo: cuida-se de um método organizado de provocar o medo em sociedade (discurso do terror), praticando a violência generalizada, como forma de buscar o consentimento em torno de um objetivo qualquer ou o comprometimento da liberdade de ação ou opinião em torno de outros fatores, gerando o consenso explícito ou implícito, porém fomentado pelo temor de represálias, consistentes de agressões físicas ou psíquicas. "Historicamente, a palavra terror apareceu em 1335 na França, como *terreur*, derivada do latim *terrere*, que designava um 'medo ou uma ansiedade extrema correspondendo, com mais frequência, a uma ameaça vagamente percebida, pouco familiar e largamente imprevisível. Já na Revolução Francesa, o termo 'terror' adquiriu feição mais próxima da atual caracterização de terrorismo de Estado e por esse termo foi designado o período despótico do governo revolucionário, que ocorreu de maio de 1793 a julho de 1794 (conhecido como o período do Terror, sob domínio de Robespierre). Esse período foi marcado por truculência política e barbáries na perseguição de opositores ao regime político que então se formava" (Elisa Maluf, *Terrorismo e prisão cautelar*: eficiência e garantismo, p. 19). Segundo José Carlos Gomes, "a palavra *terrorismo* remonta à Revolução Francesa, ao terror dos jacobinos e de suas guilhotinas. Na acepção atual, é um fenômeno que começou no final do século XIX, quando os anarquistas começaram a jogar bombas, segundo a cartilha de Peter Kropotkin. Tornou-se um instrumento corriqueiro depois da II Guerra Mundial, visando obter resultados políticos pela criação de situações de pânico coletivo. (...) Há tipos de terrorismo: político, cultural, religioso, cyberterrorismo, bioterrorismo e químico" (José Carlos Gomes, O Estado democrático de direito e o terrorismo, *in* TOLEDO *et al. Repressão penal e crime organizado*, p. 336). Nesse ponto, prossegue João Paulo Duarte: "o terror dos jacobinos era justificado como um *mal necessário* não só por ser um ato de autodefesa, mas, principalmente, por ser um recurso de defesa do Estado perante as ações contrarrevolucionárias, sejam elas advindas dos revides da monarquia ou do espanto da alta burguesia. Desse modo, a ideia jacobina era eliminar qualquer resquício da antiga sociedade francesa, matando todos os seus representantes e simpatizantes para solidificar os ideais revolucionários, moldando o *novo* e *verdadeiro* cidadão francês apenas com as virtudes republicanas" (*Terrorismo*, p. 26). A partir daí vários outros períodos congregaram atos terroristas (terror nacionalista, terror comunista, terror fundamentalista etc.). O terrorista, considerado o *autor dos atos de terrorismo*, pode ser o autor-executor (quem pratica diretamente os elementos do tipo incriminador, especialmente as condutas proibidas), o mandante (quem determina que outrem execute os elementos previstos no tipo incriminador; para uns, deve ser considerado também autor-executor – teoria do domínio do fato –, mas, para nós, é um partícipe *qualificado* no cometimento do delito, merecendo pena mais elevada) ou o simples partícipe (induz, instiga ou auxilia o executor a praticar os elementos do tipo penal) dos projetos violentos contra a comunidade escolhida para ser alvo de seus métodos agressivos. Uma das modalidades mais comuns do terrorismo é a violência no cenário político: pretende-se alterar o governo por métodos agressivos, distantes do sufrágio e da democracia, livre das amarras legais e sem prestar atenção à Constituição Federal. Bem por isso, o art. 5.º, XLIV ("constitui crime inafiançável e imprescritível a ação de grupos armados, civis ou militares, contra a ordem constitucional e o Estado Democrático"), preocupa-se em considerar essa conduta um delito inafiançável e imprescritível. Os tipos penais referentes aos crimes políticos estão previstos nos arts. 359-I a 359-R do Código Penal. Entretanto, essa lei dos delitos de terrorismo optou por inserir outras condutas como tal, vale dizer, critérios não políticos.

3. Número de agentes: em tese, se a prática do crime pode contar com um ou mais indivíduos, nem precisaria ser assim especificado. Ilustrando, o art. 121, *caput*, do Código Penal prevê: "matar alguém", sem detalhar quantos agentes são necessários para tanto. Por uma questão de lógica, uma pessoa pode cometer homicídio e vários sujeitos unidos também podem praticá-lo. Seria o mesmo no cenário dos atos de terrorismo; no entanto, poderia sempre surgir uma voz dissonante, pretendendo afirmar que o terrorismo *sempre* é praticado em grupo, sob o manto de organização criminosa, motivo pelo qual o cometimento por um só indivíduo seria atípico quanto a esta Lei. Então, inserindo o óbvio no texto legal, chega-se ao consenso por via da simples leitura do tipo: não importa o número de agentes. Note-se a ilustração do debate: "a discussão a respeito da possibilidade de caracterização de um ato individual como terrorista não encontra voz pacífica na doutrina. (...) não se deve esquecer que o crime de terrorismo, especialmente nos moldes modernos, por natureza, refere-se a um fenômeno social de extensão sem igual em seus efeitos, consequência de sua extraordinária capacidade comunicacional. Disso decorre a dificuldade em se enxergar, no ato cometido por agente individual, a natureza terrorista. (...) Tratando-se de ato que necessariamente seja capaz de instituir um ambiente de terror generalizado na população, a estrutura organizacional é tomada aqui como uma necessidade para o alcance desse objetivo do terrorismo, podendo-se entender o 'terrorismo individual' como crime impossível, nos termos do artigo 17 do Código Penal" (André Luís Callegari *et al. O crime de terrorismo*, p. 39-40 e 94). Eis o motivo pelo qual o legislador brasileiro inseriu o número de agentes: "um ou mais indivíduos". Não visualizamos o crime impossível somente pelo fato de haver um terrorista atuando. É bem possível, nos tempos atuais, quando impera o universo tecnológico, que uma pessoa possa causar o pânico, incidindo em qualquer figura típica desta Lei.

4. Elemento subjetivo do tipo específico: a redação da presente Lei já esboça, no *caput* do art. 2.º, os dois fins especiais do agente, para que possa responder por terrorismo. Em primeiro lugar, deve agir *motivado* (um dos objetivos) por razões de xenofobia (aversão a pessoas estrangeiras), discriminação (ato de segregação ou isolamento de alguém ou alguns) ou preconceito (juízo negativo formulado teoricamente denotando aversão a alguém ou alguns) de raça (um grupo de pessoas que comunga de ideais ou comportamentos comuns, ajuntando-se para defendê-los, sem que, necessariamente, constituam um homogêneo conjunto de pessoas fisicamente parecidas: definição que adotamos na nota 8 ao art. 1.º da Lei 7.716/89 para onde remetemos o leitor), cor (termo equívoco, que deve ser eliminado das descrições legais, pois inaplicável às pessoas humanas, visto que cada pele tem uma pigmentação própria, distante da tabela vulgar de cores: branco, preto, azul, amarelo, verde etc.); etnia (grupo de pessoas que apresentam homogeneidade cultural ou linguística, algo raro num país como o Brasil, formado justamente da miscigenação de sua população) e religião (é a crença em uma existência sobrenatural ou em uma força divina, que rege o Universo e as relações humanas em geral, embora de um ponto de vista metafísico, com manifestações por meio de rituais ou cultos). Ex.: explodir uma igreja para matar as pessoas que ali se encontram, por serem da religião católica. Em segundo lugar, encontra-se o objetivo de *provocar terror social ou generalizado*, justamente o medo espalhado pelos integrantes de determinada comunidade, gerando caos e/ou confusão em vários setores de uso coletivo, como transportes, escolas, hospitais, teatros etc. Quem toma conhecimento, valendo-se do exemplo supraexposto, da explosão da igreja pode transferir a imagem das vítimas para o seu local de culto ou crença, deixando de fazê-lo. Se a explosão se liga a uma escola, por razão de xenofobia, outros alunos, que não foram atingidos, projetam o seu temor quando deixam de ir às aulas. O terrorista almeja desgastar o tecido social, provocando essa perturbação generalizada de ânimos. Pois bem. Na realidade, qual seria o seu *efetivo* plano? Explodir a igreja *para* matar católicos e *provocar terror generalizado*. O que mais? No mundo atual, na maior parte dos casos concretos de atos de terrorismo, inexiste uma finalidade lógica a ser atingida. O terrorismo vem agindo a esmo, perturbando coletividades em certos países, que consideram *inimigos* de outro(s) ou que adotam um sistema econômico divergente dos que o grupo terrorista entende correto e assim por diante. Nunca chegará, verdadeiramente, ao fim. O chamado *discurso de terror* é uma consequência da modernidade tecnológica e da divulgação desencadeada pelos mais diversos meios de comunicação. Callegari e outros narram, com precisão, haver "uma relação de quase cumplicidade entre a mídia e o terrorismo. Por ser a estratégia do grupo mais débil, de efeitos predominantemente psicológicos, a natureza comunicacional do terrorismo depende da disposição dos meios de comunicação para o alcance de seus *status* e de seus objetivos. (...) Nunca se deve esquecer que o terrorismo é ato de amplitude de efeitos, que necessariamente deve se apresentar capaz de instaurar um clima de terror generalizado" (*O crime de terrorismo*, p. 34 e 37). Na mesma trilha, José Carlos Gomes demonstra que o terrorismo, hoje, precisa do *apoio popular* e, para isso, vale-se da "utilização de ataques em maior escala com enorme número de vítimas fatais, escolha de alvos simbólicos, não possui nacionalidade, é diversificado e globalizado, tem origem na frustração de pequenos grupos e muitas vezes de alguns indivíduos, é virtual, pois não há uma base fixa de localização" (O Estado democrático de direito e o terrorismo, *in*: TOLEDO et al. *Repressão penal e crime organizado*, p. 338). Assim também é a visão de Tatiana Cardoso, ao mencionar que "o medo é o elemento principal do terrorismo – isso porque é uma das grandes armas que o terrorismo hodierno tem ao seu lado, senão a principal" (Tatiana Cardoso, A midialização do terrorismo, *in*: BORGES et al. *Direitos humanos e terrorismo*, p. 129). Na jurisprudência: STJ: "1. A expressão 'por razões de', constante do art. 2.º, *caput*, da Lei n. 13.260/2016, indica uma elementar relativa à motivação, de modo que, inexistindo indícios concretos de que a ameaça perpetrada pelo investigado tenha sido motivada por xenofobia, discriminação ou preconceito de raça, cor, etnia e religião, não há falar na prática do crime referido e, por conseguinte, de competência da Justiça Federal com base na previsão contida no art. 11 da referida lei. 2. No caso, no atual estágio da investigação, não há indícios concretos de que o investigado tenha agido motivado pelas especiais razões de xenofobia, discriminação ou preconceito de raça, cor, etnia e religião, exigidos pelo art. 2.º, *caput*, da Lei n. 13.260/2016, circunstância também não aventada na representação subscrita pela autoridade policial. 3. Considerando que os elementos de informação colhidos, até o momento, indicam a prática de ameaça (art. 147 do CP) e de apologia de crime ou de criminoso (art. 287 do CP), compete ao Juízo estadual processar a representação formulada. 4. Conflito conhecido para declarar a competência do Juízo de Direito da 23.ª Vara Criminal do Rio de Janeiro/RJ, o suscitado" (CC 196.566 – RJ, 3.ª Seção, rel. Sebastião Reis Júnior, 14.06.2023, v.u.).

5. Resultado dos atos de terrorismo: limita-se o art. 2.º a indicar a exposição a perigo no tocante a pessoa, patrimônio, paz pública ou incolumidade pública. Noutros termos, já seria suficiente a ocorrência de um perigo concreto a tais bens jurídicos para que o crime de terrorismo estivesse concretizado. Entretanto, muitas das condutas proibidas implicam, nitidamente, um resultado naturalístico danoso. A cautela legislativa valeu-se da geração de perigo, até pelo fato de se utilizar, no contexto do crime de terrorismo, previsto no art. 2.º, o sistema da acumulação material (o agente responde por terrorismo e pelas sanções correspondentes à ameaça ou à violência, por exemplo, por homicídio, se matar alguém).

6. Princípio da proporcionalidade: este princípio indica que aos crimes mais graves *devem* ser aplicadas penas igualmente graves; aos de menor potencial, penas mais brandas. Enfim, deve existir coerência entre a escalada da gravidade do crime em comparação com o grau de severidade da sanção. Aliás, justamente por conta desse descompasso, o Superior Tribunal de Justiça, por sua Corte Especial, considerou inconstitucional a pena cominada a um crime de perigo (art. 273, CP), por ferir o princípio da proporcionalidade. Eis outro campo no qual certas penas, a depender da conduta criminosa, incidem em lesão à proporcionalidade. Exemplificando: o indivíduo ameaça usar determinado produto químico em uma grande represa, provocando, em tese, centenas ou milhares de contaminações, aptas a gerar muitas mortes. Sendo detido nessa fase (ameaça), responderá pelo crime previsto no art. 2.º, § 1.º, I, mais a infração de menor potencial ofensivo (ameaça, art. 147, CP)? Assim sendo, receberia reclusão de doze anos e detenção de um mês, no mínimo. Pode-se até tentar compreender a grave pena pela ameaça de ato terrorista, mas a cumulação com o crime de ameaça é insustentável, sob o prisma da lógica. Callegari e outros argumentam ferir o princípio da consunção ou absorção, pois a ameaça, tomando-a como exemplo, seria o crime-meio e o terrorismo, o fim (*O crime de terrorismo*, p. 92). Com a devida vênia, enganam-se, pois há vários tipos penais que se valem do sistema da acumulação material, vale dizer, pune-se certa conduta e também aquela que foi meio para chegar no fim. Cuida-se de política criminal, como ocorre com o art. 344 do Código Penal (coação no curso do processo). Desse modo, a lesão dirige-se ao princípio da proporcionalidade – e não da consunção, muito menos do *bis in idem* (dupla punição pelo mesmo fato).

7. Análise do núcleo do tipo: *usar* (valer-se de algo para atingir uma finalidade, utilizar); *ameaçar usar* (prometer utilizar; anunciar a utilização de algo); *transportar* (levar algo de um lugar a outro); *guardar* (manter algo sob vigilância); *portar* (carregar consigo, não necessariamente junto ao corpo); *trazer consigo* (carregar junto ao corpo) são as condutas alternativas (a prática de mais de uma, no mesmo contexto, gera crime único), cujo objeto pode ser *explosivo* (substância inflamável, capaz de provocar explosão – abalo seguido de forte ruído causado pelo surgimento de uma energia física ou expansão de gás), *gás tóxico* (fluido compressível que envenena); *veneno* (substância causadora da interrupção de manifestações vitais no organismo humano); *conteúdo biológico* (no sentido deste tipo, é uma arma que emprega microrganismos patogênicos, substâncias tóxicas de origem bacteriana ou virótica); *conteúdo químico* (igualmente, é uma arma que carrega substâncias tóxicas irritantes ao organismo humano ou ácidos capazes de contaminar o meio ambiente); *conteúdo nuclear* (idem, é uma arma que transporta elementos radioativos, aptos a liberar energia suficiente para destruir coisas e pessoas). Todos os meios enumerados neste parágrafo dizem respeito à sua finalização: "capazes de causar danos ou promover destruição em massa" (lesões ao organismo humano e rompimento de estruturas de imóveis e móveis, aptas a provocar um número indefinido de desgraças particulares ou coletivas). O crime é de perigo concreto, devendo-se provar a conduta e a sua potencialidade lesiva, em cada situação fática, sem haver a presunção de que o instrumento encontrado com certa pessoa é, por si só, arma de destruição em massa.

8. Sujeitos ativo e passivo: o sujeito ativo pode ser qualquer pessoa; o sujeito passivo é a sociedade; secundariamente, toda pessoa vitimada, de per si. Nesta hipótese de infração penal, um número indeterminado de pessoas pode ser atingido.

9. Elemento subjetivo: é o dolo. Há o elemento subjetivo específico, que é o fim de provocar danos individuais e coletivos e destruição em massa, movido por razões de xenofobia, raça, cor, etnia e religião (ver nota 4 *supra*).

10. Interpretação analógica: trata-se de uma forma de interpretação, utilizada comumente em tipos penais, que se utiliza da ampliação da figura incriminadora, quando o operador do direito se vale do juízo de comparação. Nesta hipótese, exemplificaram-se os vários instrumentos ou armas de grande capacidade para produzir danos ou destruição, até que houve a generalização: "outros meios" – semelhantes aos primeiros – capazes de danificar e destruir em massa. Exemplo seria o uso de *gás asfixiante* (produto químico que provoca sufocação no organismo).

11. Objetos material e jurídico: o objeto material é o explosivo, gás tóxico, veneno, conteúdo biológico, químico ou nuclear; ou outros meios para gerar dano ou destruição em massa; o objeto jurídico é a incolumidade pública e a paz pública.

12. Classificação: trata-se de crime comum (pode ser cometido por qualquer pessoa); formal (não exige para a sua consumação a ocorrência de um dano efetivo a alguém, como a morte ou a lesão corporal); de forma livre (pode ser executado por qualquer meio eleito pelo agente); comissivo (os verbos indicam *ação*); instantâneo (o resultado se dá de maneira determinada na linha do tempo) nas formas *usar, ameaçar usar*, mas permanente (o resultado se arrasta no tempo) nos modos *transportar, guardar, portar ou trazer consigo*; de perigo concreto (é preciso demonstrar a aptidão para causar dano extenso e destruição em massa); unissubjetivo (pode ser cometido por uma só pessoa); plurissubsistente (como regra, depende da execução de vários atos, componentes da ação); admite tentativa, embora de difícil configuração.

13. Razões do veto: dizia o inciso II: "incendiar, depredar, saquear, destruir ou explodir meios de transporte ou qualquer bem público ou privado". Expõe o veto (aos incisos II e III): "Os dispositivos apresentam definições excessivamente amplas e imprecisas, com diferentes potenciais ofensivos, cominando, contudo, em penas idênticas, em violação ao princípio da proporcionalidade e da taxatividade. Além disso, os demais incisos do parágrafo já garantem a previsão das condutas graves que devem ser consideradas 'ato de terrorismo'". Em nossa visão, a justificativa para o veto é totalmente infundada. Na realidade, aprovar o texto do inciso II *poderia* gerar a aplicação desta Lei para grupos nacionais, que, usando máscaras, ingressam em manifestações populares para, justamente, incendiar, depredar, saquear, destruir ou explodir meios de transporte e outros bens públicos ou privados (vide as agências bancárias e lojas de todo tipo). Evitando ser a figura do Poder Executivo *marcada* por sancionar uma lei, que pudesse ser utilizada contra determinados movimentos políticos violentos, vetou-se. Se, realmente, houvesse apego ao princípio da proporcionalidade, não se permitiria a pena de *ameaçar usar* um explosivo (por exemplo) chegar a um *mínimo* de doze anos de reclusão, sem prejuízo do crime de ameaça.

14. Razões do veto: dizia o inciso III: "interferir, sabotar ou danificar sistemas de informática ou bancos de dados". Eis outro veto (os motivos constam da nota anterior) inexplicável, pois não se encontra em sintonia com a sanção a outros incisos deste parágrafo. Exemplo disso é o vigente inciso IV (atentado contra a vida ou integridade de pessoa), que simboliza uma mera tentativa e pode dar-se contra uma só pessoa, sendo que o diferencial entre este delito de terrorismo e uma comum tentativa de homicídio se concentra no duplo elemento subjetivo específico: as razões (xenofobia, racismo, religião) são provocar terror social ou generalizado. Diante disso, seria compreensível o delito previsto no inciso III.

15. Análise do núcleo do tipo: *sabotar* (danificar de modo deliberado instalações comerciais, industriais ou militares com a finalidade de estragar o local, paralisando atividades) ou *apoderar-se* (tomar conta de algo; apossar-se; ter sob domínio) são as condutas alternativas (a prática de ambas, no mesmo contexto, gera um só delito), cujo objeto é múltiplo: meio de comunicação (televisão, telefonia, rádio – valendo considerar os locais de produção desses meios de comunicação); meio de transporte (ônibus, metrô, táxi, trem – igualmente, valendo considerar o veículo em si e o lugar onde se encontra para servir às pessoas); porto (local destinado ao atracamento de embarcações, podendo dar-se em mar, rio ou lago); aeroporto (local destinado ao pouso e decolagem de aeronaves, com local preparado também para embarque e desembarque de passageiros); estação ferroviária (local destinado à parada de trens para o embarque e desembarque de passageiros e/ou transporte de coisas); estação rodoviária (local de parada de ônibus para o fim de embarque e desembarque de passageiros); hospital (local destinado a internação ou passagem de pessoas enfermas para cuidar da saúde); casa de saúde (local essencialmente destinado a pessoas tratarem da saúde, pagando pelos serviços); escola (lugar público ou privado destinado ao ensino coletivo); estádio esportivo (lugar destinado a competições desportivas contendo arquibancada para o público), instalação pública ou local onde funcione serviço público essencial (qualquer prédio destinado a proporcionar serviço estatal à população, como se dá, precisamente, nos fóruns e tribunais, exemplificando); instalação de geração ou transmissão de energia (local voltado à produção de energia elétrica, termoelétrica ou similar, para depois transmitir à coletividade); instalação militar (lugar que abriga militares e armamentos para proteção externa ou interna do país, conforme o caso); instalação de exploração, refino e processamento de petróleo e gás (locais voltados à captação de petróleo e gás, preparo e distribuição de combustível para transportes em geral); instituição bancária e rede de atendimento (locais de captação de dinheiro para aplicação, promoção de empréstimo, realização de cobranças etc.). O tipo penal une a conduta (sabotar ou apoderar--se) aos lugares descritos, com a exigência de método violento ou com grave ameaça a pessoa (primeira parte) ou valendo-se de mecanismos cibernéticos (sistemas avançados de controle automático). Esta segunda parte tornou-se vital, tendo em vista a informatização de inúmeros núcleos de atividade estatal e empresarial, de modo que o controle do seu funcionamento se faz automaticamente, por programas pré-instalados. Além disso, demanda-se, para a concretização integral da figura típica, o controle *total ou parcial* dessas atividades, bem como de modo *duradouro ou temporário*. Torna, portanto, muito rara a figura da tentativa. O inciso IV é um dos principais instrumentos para o combate ao terrorismo, mormente quando o ataque visa a grandes eventos, como ocorreu na época das Olimpíadas ou na Copa do Mundo.

16. Sujeitos ativo e passivo: o sujeito ativo pode ser qualquer pessoa; o sujeito passivo é a sociedade; secundariamente, toda pessoa, física ou jurídica, lesada pela sabotagem.

17. Elemento subjetivo: é o dolo. Há o elemento subjetivo específico, que é o fim de provocar danos individuais e coletivos e destruição em massa, movido por razões de xenofobia, raça, cor, etnia e religião (ver nota 4 *supra*).

18. Objetos material e jurídico: o objeto material pode ser meio de comunicação ou de transporte, portos, aeroportos, estações ferroviárias ou rodoviárias, hospitais, casas de saúde, escolas, estádios esportivos, instalações públicas ou locais onde funcionem serviços públicos essenciais, instalações de geração ou transmissão de energia, instalações militares, instalações de exploração, refino e processamento de petróleo e gás e instituições bancárias e sua rede de atendimento; o objeto jurídico é a incolumidade pública, a segurança dos meios de comunicação, transporte e outros serviços públicos e paz pública.

19. Classificação: trata-se de crime comum (pode ser cometido por qualquer pessoa); formal (não exige para a sua consumação a ocorrência de um dano efetivo a alguém, até porque o tipo permite a sabotagem ou o apossamento parcial e temporário); de forma livre (pode ser executado por qualquer meio eleito pelo agente); comissivo (os verbos indicam *ação*); instantâneo (o resultado se dá de maneira determinada na linha do tempo) na forma sabotar, mas permanente (o resultado se arrasta no tempo) no modo *apoderar-se*; de perigo concreto (é preciso demonstrar a aptidão para causar dano extenso e destruição em massa, pois o tipo evidencia essa possibilidade no *caput*); unissubjetivo (pode ser cometido por uma só pessoa); plurissubsistente (como regra, depende da execução de vários atos, componentes da ação); admite tentativa, embora de difícil configuração (a ocupação parcial já seria delito consumado).

20. Análise do núcleo do tipo: *atentar* (colocar em execução alguma coisa; no sentido deste tipo, qualquer ato de execução visando a lesionar a vida ou a integridade física de pessoa humana) é o núcleo configurador de um delito de atentado, vale dizer, reputa-se consumado, mesmo não atingido o resultado danoso efetivo. Cuida-se de um tipo incriminador de duvidosa constitucionalidade, pois é capaz de gerar algumas situações teratológicas. Imagine-se quem tenta lesionar uma pessoa dolosamente, inspirado por motivos xenófobos e visando a espalhar, com sua atitude, o temor na coletividade. Responderia por terrorismo consumado (art. 2.º, § 1.º, V, desta Lei), além de tentativa de lesão corporal leve (art. 129, *caput*, do CP), a uma pena de reclusão de 12 anos (terrorismo) e três meses de detenção (lesão leve). Seria penalidade visivelmente desproporcional. Daí por que nos parece acertado avaliar o caráter e a potencial extensão do atentado com a vida ou a integridade física *de uma pessoa*, analisando com cuidado o elemento subjetivo específico do terrorismo e, acima de tudo, detectando se há planejamento e estrutura suficientes para atingir a coletividade, gerando terror social ou generalizado. Noutros termos, apesar de ser uma lesão individual, o seu agente pode demonstrar a potencialidade de atingir várias outras pessoas, além do desejo de assim proceder, constituindo então o crime de terrorismo. Não pode ser enquadrado neste tipo penal se a lesão for individual e quem a cometeu não tem – embora desejasse ter – a menor possibilidade concreta de gerar temor coletivo.

21. Terrorismo e Tribunal do Júri: atentados contra a vida constituem tentativas de homicídio doloso, razão pela qual devem ser julgados pelo Tribunal do Júri, cumprindo-se a determinação contida no art. 5.º, XXXVIII, *d*, da Constituição Federal. Será constituído um júri federal, nos termos do disposto pelo art. 11 desta Lei. Se o homicídio se consumar, o júri atrairá a competência para julgar o conexo delito de terrorismo; vale dizer, matar uma pessoa, por razões racistas, com o fim de gerar terror generalizado produz o crime de homicídio e o delito de terrorismo, cumulativamente.

22. Sujeitos ativo e passivo: o sujeito ativo pode ser qualquer pessoa; o sujeito passivo é a sociedade, pois o crime de terrorismo possui a ideia de geração de terror social ou generalizado; secundariamente, a pessoa que sofreu o atentado. Não fosse assim, seria um comum delito contra a pessoa, já tipificado no Código Penal.

23. Elemento subjetivo: é o dolo. Há o elemento subjetivo específico, que é o fim de provocar danos individuais e coletivos e destruição em massa, movido por razões de xenofobia, raça, cor, etnia e religião (ver nota 4 *supra*).

24. Objetos material e jurídico: o objeto material é a vida ou a integridade física da pessoa; o objeto jurídico é a incolumidade física, a incolumidade pública e a paz pública, em face da geração potencial de terror social ou generalizado.

25. Classificação: trata-se de crime comum (pode ser cometido por qualquer pessoa); formal (não exige para a sua consumação a ocorrência de um dano efetivo a alguém, até porque o tipo permite a simples tentativa – qualquer ato executório); de forma livre (pode ser executado por qualquer meio eleito pelo agente); comissivo (o verbo indica *ação*); instantâneo (o resultado se dá de maneira determinada na linha do tempo); de perigo concreto (é preciso demonstrar a aptidão para causar dano extenso e destruição em massa, pois o tipo evidencia essa possibilidade no *caput*); unissubjetivo (pode ser cometido por uma só pessoa); plurissubsistente (como regra, depende da execução de vários atos, componentes da ação); não admite tentativa, pois é crime de atentado (o singelo início da fase executória já provoca a consumação do delito).

26. Sistema da acumulação material: significa que a prática de uma das condutas tipificadas permite a concretização do delito de terrorismo, com pena de reclusão de 12 a 30 anos, além de se tornar viável a punição pela violência em si (ex.: havendo a morte de alguém, o agente responde por terrorismo e homicídio) ou ameaça. Esta última situação pode gerar situação ilógica, pois o crime de ameaça é de menor potencial ofensivo, sendo ínfima a sua capacidade lesiva e até punitiva.

27. Excludente de tipicidade: a edição desta Lei, por certo, provocou o temor de ser ela utilizada contra os denominados *movimentos sociais*, que saem às ruas para reivindicações de variada ordem. Entretanto, as manifestações autenticamente políticas de movimentos sociais, sindicais, religiosos, de classe ou categoria profissional, com todos os bons propósitos mencionados neste artigo, *não destroem, depredam, saqueiam* lugares, *nem ferem* pessoas. São pacíficos. De outra sorte, este dispositivo pode ser totalmente inútil, pois o terrorista pretende exercer seu ódio xenófobo, racista ou religioso, além de provocar terror social ou generalizado, expondo a perigo pessoa, patrimônio, paz pública ou incolumidade pública. O agente que se encaixa no perfil desta Lei é completamente diferente da descrição formulada no § 2.º do art. 2.º. Quem pretende somente contestar, criticar, protestar ou apoiar causas, com o objetivo de defender direitos, garantias e liberdades constitucionais, é, antes, um cidadão consciente e patriótico. Quem sair às ruas para expor um discurso de ódio, visando à produção de terror social ou generalizado, colocando pessoas em risco, não passa de um terrorista. Em suma, o disposto por este § 2.º é mera formalidade, sem aplicação prática.

> **Art. 3.º** Promover, constituir, integrar ou prestar auxílio,[28-30] pessoalmente ou por interposta pessoa, a organização terrorista:[31-32]
> Pena – reclusão, de cinco a oito anos, e multa.[33]
> § 1.º (Vetado).[34]
> § 2.º (Vetado).[35]
> **Art. 4.º** (Vetado).[36]

28. Análise do núcleo do tipo: *promover* (dar impulso ou realizar, conforme o caso concreto); *constituir* (formar, estabelecer, surgir); *integrar* (fazer parte de algo; incorporar-se); *prestar auxílio* (fornecer ajuda ou apoio) são as condutas alternativas (a prática de mais de uma, no mesmo contexto, gera um só delito), cujo objeto é a *organização terrorista*. Este conceito deve ser extraído da Lei 12.850/2013, substituindo a parte relativa a qualquer crime pelo delito de terrorismo. Dispõe o art. 1.º, § 1.º, da referida Lei: "considera-se organização criminosa a associação de 4 (quatro) ou mais pessoas estruturalmente ordenada e caracterizada pela divisão de tarefas, ainda que informalmente, com objetivo de obter, direta ou indiretamente, vantagem de qualquer natureza, mediante a prática de infrações penais cujas penas máximas sejam superiores a 4 (quatro) anos, ou que sejam de caráter transnacional". Segundo nos parece, preservando-se os laços da legalidade e da taxatividade, assim deve ser definida a organização terrorista. Modifica-se, apenas, a parte final, substituindo "prática de infrações penais cujas penas máximas sejam superiores a 4 (quatro) anos ou que sejam de caráter transnacional" por "crimes de terrorismo previstos na Lei 13.260/2016". Determina-se, facilitando a sua concretização, que as condutas típicas podem ser atingidas direta ou indiretamente pelo autor. Callegari e outros defendem a ideia de que o crime previsto no art. 3.º desta Lei é fruto do denominado "direito penal do autor", logo, "desapegado do paradigma da punição pela prática de um fato e cada vez mais preocupado com a punição de simples *status* do sujeito, como o pertencimento a um grupo determinado" (*O crime de terrorismo...*, p. 98). Não compreendemos essa colocação, pois o indivíduo, para preencher o tipo penal do art. 3.º, promove ou constitui, integra ou presta auxílio a uma *organização criminosa terrorista*. É um componente do crime organizado para a prática do terror. Se esse raciocínio fosse levado à risca, o crime de associação criminosa (art. 288, CP) e as figuras delitivas de organização criminosa da Lei 12.850/2013, igualmente, seriam componentes do *direito penal do autor*. Ora, o bem jurídico *paz pública*, no mínimo, é lesado por tais organizações, de modo que inexiste qualquer ranço de punição ao agente *pelo que ele é*; ao contrário, ele é punido pelo *que faz*. Na jurisprudência: TRF-4: "3. A comunidade internacional, assim como o Conselho de Segurança das Nações Unidas, por suas Resoluções obrigatórias aos Estados-Membros da Organização, manifestam perspectivas abrangentes, tanto para a prevenção quanto para a punição do terrorismo, reconhecendo-se, entre outros fatores, que o incitamento, a promoção, enaltecimento dos atos de terrorismo motivados pelo extremismo e intolerância, ensejam um sério e crescente perigo ao exercício dos Direitos Humanos e ameaça o desenvolvimento social e econômico dos Estados, devendo ser corrigido urgente e proativamente pelas Nações Unidas e Estados-Membros. 4. Essas preocupações são contempladas pela Constituição brasileira, quando determina ao legislador a previsão do terrorismo como crime hediondo. 5. A existência de legislação específica criminalizando os atos de terrorismo e condutas a eles assemelhadas faz parte da estratégia de contraterrorismo em nível mundial, evitando a inadequada resposta estatal, como a não consideração da motivação, dos fins buscados, do risco potencial, assim como de punição excessiva ou insatisfatória, e a necessidade do estabelecimento de ferramentas legais adequadas à prevenção, investigação e punição de atos terroristas. É nesse contexto maior e preventivo que o tipo penal da Lei 13.260/2016 deve ser visto, quando criminaliza a promoção de organização terrorista, tipo penal que não exige dano concreto, tampouco a comprovação de habilidades individuais, e existência ou não de reservas mentais, dado que a contribuição para validação das compreensões do grupo pode ser suficiente para que um ou mais acusados, isoladamente, coloquem em prática o ideário construído coletivamente. 6. No caso presente, a violência estabelecida na propaganda de organização reconhecida como terrorista por Resoluções do Conselho de Segurança da ONU congregou os acusados em um movimento de glorificação das atrocidades, fazendo com que focassem seus interesses e atenções à causa da referida organização criminosa, passando os réus a repercutir os valores próprios da organização terrorista, fundados na radicalização religiosa, com desumanização das potenciais e reais vítimas daquela organização, e mediante a aceitação da justificação do uso da violência como ferramenta de atuação. 7. As condutas perpetradas pelos réus ultrapassaram as meras postagens de ações da propaganda e da ideologia terrorista, pois exigiram juramentos de fidelidade a pessoas consideradas líderes terroristas e comprometimento com a causa terrorista, mediante cobrança de que os diversos participantes dos grupos manifestassem aquiescência em relação ao cometimento de atos concretos de violência coletiva e terror. 8. Relevância penal das manifestações, dado o contexto dos Jogos Olímpicos na Cidade do Rio de Janeiro e a existência de declarado comprometimento para com a futura prática de ações concretas. 9. Hipótese em que as ações foram além do discurso de ódio, para o qual a Corte Europeia de Direitos Humanos reconhece que 'os Estados não podem ser obrigados a esperar a efetivação de um desastre para só então intervirem'. Manifestações não protegidas pela liberdade de expressão ou religiosa, notadamente quando os acusados rejeitam as autoridades religiosas nacionais que professam a fé pacificamente e em ambiente de pluralismo religioso. Existência de dever de atuação dos Estados para coibirem as condutas de notório risco potencial à segurança e a vida em sociedades democráticas, o fazendo com ampla margem de atuação e discricionariedade, conforme reconhecido pelas Cortes Interamericana e Europeia de Direitos Humanos. 10. A Declaração Universal dos Direitos Humanos, a Convenção Interamericana de Direitos Humanos e o Pacto Internacional sobre Direitos Civis e Políticos asseguram a interferência ou a imposição de limites à liberdade de manifestação em prol da segurança pública e dos direitos e liberdades das demais pessoas. Expressa menção no Pacto de Direitos Civis e Políticos, aprovado pelo Decreto 592/92, de proibição de qualquer apologia ao ódio nacional, racial ou religioso, que constitua incitamento à discriminação, à hostilidade ou à violência. 11. Análise de precedentes da Corte Europeia de Direitos Humanos repelindo manifestações que se constituam em suporte ativo ou passivo de organizações criminosas, que se constituam em glorificação do terrorismo, ou que avaliem como justificável o uso da violência extrema, desdenhando a dignidade e incolumidade de vítimas, ou que promovam o ódio religioso" (ACR 5046863-67.2016.4.04.7000, 7.ª T., rel. Márcio Antônio Rocha, j. 19.06.2018, m.v.).

29. Sujeitos ativo e passivo: o sujeito ativo pode ser qualquer pessoa; o sujeito passivo é a sociedade.

30. Elemento subjetivo: é o dolo. Não há elemento subjetivo específico expresso no tipo, mas se deve buscar o implícito, que é o de fomentar o discurso do terror, justamente o elemento diferenciar dessa espécie de organização criminosa de outras e também da mera associação criminosa. Não se pune a forma culposa.

31. Objetos material e jurídico: o objeto material é a organização terrorista; o objeto jurídico é a paz pública.

32. Classificação: trata-se de crime comum (pode ser cometido por qualquer pessoa); formal (não exige para a sua consumação a ocorrência de um dano efetivo a alguém); de forma livre (pode ser executado por qualquer meio eleito pelo agente); comissivo (os verbos indicam *ação*); permanente (a consumação se arrasta no tempo); de perigo abstrato (não é preciso demonstrar a aptidão para causar dano extenso e destruição em massa, pois o tipo evidencia essa possibilidade implícita); plurissubjetivo (somente pode ser cometido por mais de uma pessoa); plurissubsistente (como regra, depende da execução de vários atos, componentes da ação). Não admite tentativa, pois o delito é condicionado à existência de estabilidade e durabilidade para se configurar. Portanto, enquanto não se vislumbrarem tais elementos, cuida-se de irrelevante penal ou pode configurar outro crime, como a associação criminosa (art. 288, CP). De outra sorte, detectadas a estabilidade e a durabilidade, por meio da estrutura ordenada e divisão de tarefas, o crime está consumado.

33. Benefícios penais: a pena, se fixada no mínimo legal, somente admite a imposição de regime semiaberto. Não há como substituir por penas alternativas à privativa de liberdade, nem se pode conceder *sursis*.

34. Razões do veto: avaliando o veto aos §§ 1.º e 2.º, expõe-se: "os dispositivos ampliam o conceito de auxílio, já criminalizado no *caput* do artigo, tratando de forma imprecisa a situação na qual o tipo penal se aplicaria e não determinando com clareza quais atos seriam subsumidos à norma, gerando insegurança jurídica incompatível com os princípios norteadores do Direito Penal. Além disso, as condutas descritas já estão previstas no Código Penal". O § 1.º preceituava: "nas mesmas penas incorre aquele que dá abrigo ou guarida a pessoa de quem saiba que tenha praticado ou esteja por praticar crime de terrorismo". Cuida-se de um formato de favorecimento pessoal, de modo que nada existe de incompreensível. Pode-se, no máximo, alegar desproporcionalidade. No entanto, pensamos que nem mesmo isso é viável. Quem protege terrorista é igualmente perigoso à paz pública.

35. Razões do veto: conforme consta da nota anterior, avaliou-se inexistir segurança jurídica para este dispositivo. O § 2.º é assim descrito: "na hipótese do § 1.º, não haverá pena se o agente for ascendente ou descendente em primeiro grau, cônjuge, companheiro estável ou irmão da pessoa abrigada ou recebida; essa escusa não alcança os partícipes que não ostentem idêntica condição". O veto se deu por conta do § 1.º, na exata medida em que este § 2.º somente alivia a punição para quem é parente do autor do crime.

36. Razões do veto: são as seguintes: "o dispositivo busca penalizar ato a partir de um conceito muito amplo e com pena alta, ferindo o princípio da proporcionalidade e gerando insegurança jurídica. Além disso, da forma como previsto, não ficam estabelecidos parâmetros precisos capazes de garantir o exercício do direito à liberdade de expressão". Callegari e outros ensinam que "o art. 4.º da Lei foi salutarmente vetado quando da sanção da Lei. Esse dispositivo estipulava figura criminal delicada, ao se considerar a consagrada garantia de um Estado de Direito de preservação da liberdade de expressão, tipificando a conduta de apologia ao terrorismo" (*O crime de terrorismo...*, p. 98). Não visualizamos nenhuma razão plausível ao referido veto. Eis o texto original: "fazer, publicamente, apologia de fato tipificado como crime nesta Lei ou de seu autor: pena – reclusão, de quatro a oito anos, e multa. § 1.º Nas mesmas penas incorre quem incitar a prática de fato tipificado como crime nesta Lei. § 2.º Aumenta-se de um sexto a dois terços se o crime é praticado pela rede mundial de computadores ou por qualquer meio de comunicação social". Ora, o crime de apologia ao crime ou ao criminoso existe no Código Penal (art. 287), razão pela qual não se pode simplesmente considerar o tipo penal uma "ofensa à liberdade de expressão". Quem quiser pode expor seu pensamento a respeito de tudo, mas não pode, licitamente, pregar o lado positivo do crime ou do criminoso, como forma de incentivo à prática da infração penal, pois ofende a paz pública. Com maior razão, no cenário do terrorismo, a apologia é condenável.

> **Art. 5.º** Realizar[37-39] atos preparatórios de terrorismo com o propósito inequívoco de consumar tal delito:[40-41]
>
> Pena – a correspondente ao delito consumado, diminuída de um quarto até a metade.[42]
>
> § 1.º Incorre nas mesmas penas o agente que, com o propósito de praticar atos de terrorismo:
>
> I – recrutar, organizar, transportar ou municiar[43-45] indivíduos que viajem para país distinto daquele de sua residência ou nacionalidade;[46-47] ou
>
> II – fornecer ou receber[48-50] treinamento em país distinto daquele de sua residência ou nacionalidade.[51-52]
>
> § 2.º Nas hipóteses do § 1.º, quando a conduta não envolver treinamento ou viagem para país distinto daquele de sua residência ou nacionalidade, a pena será a correspondente ao delito consumado, diminuída de metade a dois terços.[53]

37. Análise do núcleo do tipo: *realizar* (tornar algo concreto; colocar em ação) é a conduta principal, cujo objeto é o conjunto de *atos preparatórios* do crime de terrorismo, com o nítido propósito de consumar o delito. Está-se diante de tipo penal peculiar, cuja finalidade é flexibilizar a teoria objetiva (somente são puníveis os atos executórios), que fundamenta a punição da tentativa de crime comum, no Código Penal, passando a acolher, para fins de terrorismo, a teoria subjetiva, que também pune atos preparatórios, pois está de acordo com a intenção do agente. Em resumo, adota-se, para fins punitivos, a seguinte fórmula referente ao *iter criminis* (percurso criminoso): o agente possui três fases interiores, sem expor, por meio de atos, a sua intenção criminosa. São elas: ideação (ter a ideia de cometer o crime); ponderação (debate internamente os prós e os contras); resolução (decide praticar o delito). Até aqui, nenhuma punição pode haver, pois não se pune *pensamento criminoso*. Inicia-se, então, o percurso exterior, composto de atos visíveis: manifestação (o agente exterioriza por palavras a sua intenção); preparação (atos exteriores, demonstrativos da meta do agente, mas ainda incapazes de gerar o resultado); execução (atos exteriores, demonstrativos do objetivo do agente, mas já são aptos a gerar o resultado); consumação (momento em que se atinge o bem jurídico almejado). A lei penal, como regra, somente dá relevo aos atos executórios, que, se interrompidos por terceiros, gera a figura da tentativa. Por vezes, quando acha que a preparação do crime é muito relevante, tipifica-a à parte, como é o caso do art. 253 do Código Penal ("fabricar, fornecer, adquirir, possuir ou transportar, sem licença da autoridade, substância ou engenho explosivo, gás tóxico ou asfixiante, ou material destinado à sua fabricação"), consistente na preparação para o crime de explosão (art. 251), uso de gás tóxico ou asfixiante (art. 252). Portanto, não é novidade do sistema jurídico-penal brasileiro a punição da fase preparatória do crime. Neste art. 5.º, abrange-se, justamente, o campo da preparação, valendo-se, ainda, para consolidar a certeza da intenção do agente, da prova inequívoca de seu desiderato. A pena, como na tentativa, deve ser estabelecida tomando-se por base a do crime consumado, diminuída de um quarto até a metade (redução menor do que a prevista para tentativa comum: um terço a dois terços). O grau de diminuição deve obedecer ao *iter criminis* percorrido: quanto mais próximo estiver o agente de ingressar nos atos executórios, menor a diminuição; quanto mais distante, maior a diminuição. Na jurisprudência: STJ: "1. O tipo penal exerce uma imprescindível função de garantia. Decorrente do princípio da legalidade, a estrutura semântica da lei incriminadora deve ser rigorosamente observada e suas elementares devem encontrar adequação fática para que o comando secundário seja aplicado. 2. O uso da expressão 'por razões de' indica uma elementar relativa à motivação. A construção sociológica do ato de terrorismo conjuga motivação e finalidade qualificadas, compreensão essa englobada na tipificação penal brasileira. 3. O delito do art. 5.º funciona como soldado de reserva em relação ao delito de terrorismo, art. 2.º, ambos da Lei n. 13.260/2016. Trata-se de criminalização dos atos preparatórios do delito de terrorismo, expressão que remete ao dispositivo anterior, exigindo a interpretação sistemática. A tipificação da conduta descrita no art. 5.º exige a motivação por razões de xenofobia, discriminação ou preconceito de raça, cor, etnia e religião, expostas no art. 2.º da Lei Antiterrorismo. 4. O Tribunal local, ao dispensar a motivação constante do dispositivo legal, terminou por admitir a configuração do delito sem a clara definição da motivação. Trata-se de operação indevida, visto que admite a perpetração de (ato infracional análogo a) crime, sem que estejam devidamente configuradas todas as suas elementares. 5. Ordem concedida para cassar o acórdão impugnado, afastando a capitulação da conduta como ato infracional análogo ao crime descrito no art. 5.º, c/c o art. 2.º, § 1.º, I e V, da Lei n. 13.260/2016, e determinar o rejulgamento da causa pelo Tribunal local, como se entender de direito" (HC 537.118 – RJ, 6.ª T., rel. Sebastião Reis Júnior, 05.12.2019, v.u.).

38. Sujeitos ativo e passivo: o sujeito pode ser qualquer pessoa; o sujeito passivo é a sociedade; secundariamente quem for atingido pelo ato terrorista.

39. Elemento subjetivo: é o dolo. Há elemento subjetivo específico implícito no tipo, consistente na atitude de fomentar o discurso do terror. Esse é justamente o elemento diferenciador dessa espécie de conduta de outros delitos comuns. Não se pune a forma culposa. Observe-se que a expressão *com o propósito inequívoco de consumar tal delito* não é o fim específico, mas o elemento caracterizador de que o ato preparatório, excepcionalmente punido, deve ser considerado para fins de tipificação, pois ficou evidenciada a vontade do agente de adentrar na fase executória para, depois, chegar à consumação do delito escolhido – que pode ser qualquer um desta Lei.

40. Objetos material e jurídico: o objeto material é o ato preparatório (depende do crime idealizado pelo agente); o objeto jurídico é a paz pública, podendo haver outros interesses correlatos como a incolumidade pública, a integridade física etc.

41. Classificação: trata-se de crime comum (pode ser cometido por qualquer pessoa); formal (não exige para a sua consumação a ocorrência de um dano efetivo a alguém); de forma livre (pode ser executado por qualquer meio eleito pelo agente); comissivo (os verbos indicam *ação*); como regra, instantâneo (consuma-se em determinado momento da linha do tempo); pode ser permanente (consumação se arrasta no tempo), caso o delito almejado pelo agente comporte condutas dessa natureza; de perigo abstrato ou concreto (se é ou não preciso demonstrar a aptidão para causar dano extenso e destruição em massa depende do tipo visado pelo agente); plurissubjetivo (somente pode ser cometido por mais de uma pessoa); plurissubsistente (como regra, depende da execução de vários atos, componentes da ação). Não admite tentativa, pois o delito já configura uma autêntica exceção à regra geral de que somente se pode punir o agente que ingressou em atos executórios. Portanto, prever a tipificação da preparação é o máximo a fazer, não sendo lógico defender uma *tentativa de tentativa*, voltando a fases anteriores à própria preparação, fases essas que dariam ensejo a *punir pensamentos*, algo irracional.

42. Benefícios penais: concede a lei uma diminuição da pena aplicada ao crime consumado, variando de um quarto até a metade. Logo, para verificar qualquer benefício penal seria preciso discernir qual é o crime almejado pelo agente.

43. Análise do núcleo do tipo: *recrutar* (arregimentar pessoas para uma finalidade); *organizar* (reunir pessoas, por conta de um objetivo); *transportar* (levar algo ou alguém de um lugar a outro); *municiar* (abastecer com munição, lendo-se, também, armas) são as condutas alternativas (a prática de uma ou mais de uma, no mesmo contexto, gera um só delito), cujo objeto é o indivíduo que viaje para outro país, diverso da sua nacionalidade ou residência. Vê-se, nitidamente, a preocupação legislativa em criminalizar o agente recrutador, cuja finalidade é enviar *mão de obra* para o terrorismo internacional. Serve para captar brasileiros e enviá-los a grupos extremistas em outro país.

44. Sujeitos ativo e passivo: o sujeito pode ser qualquer pessoa; o sujeito passivo é a sociedade; secundariamente quem for atingido pelo ato terrorista.

45. Elemento subjetivo: é o dolo. Há elemento subjetivo específico implícito, consistente na promoção do discurso de terror. Não há a forma culposa.

46. Objetos material e jurídico: o objeto material é o indivíduo recrutado para ir ao exterior; o objeto jurídico primordial é a paz pública.

47. Classificação: trata-se de crime comum (pode ser cometido por qualquer pessoa); formal (não exige para a sua consumação a ocorrência de um dano efetivo a alguém); de forma livre (pode ser executado por qualquer meio eleito pelo agente); comissivo (os verbos indicam *ação*); instantâneo (consuma-se em determinado momento da linha do tempo); de perigo abstrato (não é preciso demonstrar a aptidão para causar dano extenso e destruição em massa); unissubjetivo (pode ser cometido por uma pessoa); plurissubsistente (como regra, depende da execução de vários atos, componentes da ação); admite tentativa.

48. Análise do núcleo do tipo: *fornecer* (dar algo; gerar alguma coisa); *receber* (aceitar alguma coisa) são as condutas alternativas (pode cometer as duas, no mesmo contexto, para responder por um só crime), cujo objeto é o treinamento (submissão a exercício específico, geralmente militar), quando realizado em país diverso do Brasil, portanto no exterior. O inciso I atinge o recrutador; o inciso II persegue quem fornece o treinamento para o indivíduo se tornar um *terrorista*.

49. Sujeitos ativo e passivo: o sujeito ativo é qualquer pessoa; o sujeito passivo é a sociedade.

50. Elemento subjetivo: é o dolo. Há sempre o elemento subjetivo específico consistente em fomentar o discurso do terror. Não há a forma culposa.

51. Objetos material e jurídico: o objeto material é o treinamento fornecido ou recebido; o objeto jurídico é a paz pública.

52. Classificação: trata-se de crime comum (pode ser cometido por qualquer pessoa); formal (não exige para a sua consumação a ocorrência de um dano efetivo a alguém); de forma livre (pode ser executado por qualquer meio eleito pelo agente); comissivo (os verbos indicam *ação*); instantâneo (consuma-se em determinado momento da linha do tempo); de perigo abstrato (não é preciso demonstrar a aptidão para causar dano extenso e destruição em massa); unissubjetivo (pode ser cometido por uma pessoa); plurissubsistente (como regra, depende da execução de vários atos, componentes da ação); admite tentativa.

53. Causa de diminuição da pena: figurando como se fosse uma tentativa, entretanto, mais benéfica, o disposto no § 2.º estabelece uma redução de pena de metade a dois terços para a situação envolvendo treinamento ou recrutamento ocorrido apenas no Brasil (e não no exterior), sem nenhuma viagem. O objetivo desta redução de pena é incentivar o(s) agente(s) a não *deixar* o território nacional para agregar-se a autênticos grupos terroristas conhecidos em outros pontos do mundo. O *quantum* de diminuição deve variar justamente no grau de viabilidade para o recrutado seguir ao exterior (quanto mais próximo, menor a redução; quanto mais distante; maior a diminuição).

> **Art. 6.º** Receber, prover, oferecer, obter, guardar, manter em depósito, solicitar, investir,[54-56] de qualquer modo, direta ou indiretamente, recursos, ativos, bens, direitos, valores ou serviços de qualquer natureza, para o planejamento, a preparação ou a execução dos crimes previstos nesta Lei:[57-58]
>
> Pena – reclusão, de quinze a trinta anos.[59]
>
> **Parágrafo único.** Incorre na mesma pena quem oferecer[60-62] ou receber, obtiver, guardar, mantiver em depósito, solicitar, investir ou de qualquer modo contribuir para a obtenção de ativo, bem ou recurso financeiro, com a finalidade de financiar, total ou parcialmente, pessoa, grupo de pessoas, associação, entidade, organização criminosa que tenha como atividade principal ou secundária, mesmo em caráter eventual, a prática dos crimes previstos nesta Lei.[63-64]

54. Análise do núcleo do tipo: *receber* (acolher; aceitar), *prover* (abastecer, dotar alguém de algo), *oferecer* (apresentar algo para a aceitação de outrem), *obter* (alcançar algo, ganhar), *guardar* (manter sob vigilância ou proteção), *manter em depósito* (armazenar em local determinado), *solicitar* (pedir, pleitear algo), *investir* (aplicar dinheiro ou outro valor em alguma coisa) são os verbos, traduzindo condutas alternativas (a prática de mais de uma, no mesmo contexto, responde por um só crime), cujo objeto é o *recurso* (montante pecuniário), *ativo* (tipo de aplicação financeira), *bem* (coisa ou interesse de valor econômico), *direito* (prerrogativa legal sobre alguma coisa), *valor* (qualquer preço ou poder aquisitivo) e *serviço* (prestação de mão de obra). A conjugação da conduta e seu objeto serve para o *planejamento* (elaboração de um projeto para ser executado no futuro), a *preparação* (atos exteriores consistentes em captar elementos hábeis para a execução), a *execução* (atos exteriores, capazes de desencadear um fim ou objetivo) dos crimes previstos nesta Lei. É o financiador do terrorismo. O tipo ainda menciona que as formas de custeio do crime de terrorismo podem se dar de maneira direta (o investidor entrega o montante nas mãos do executor) ou de modo indireto (há uma terceira pessoa – podendo ser um "laranja", que nem sabe o que faz – para a entrega do montante). Se este tipo penal não existisse, o agente seria partícipe do delito de terrorismo executado. No entanto, o legislador preparou um cenário mais severo para quem *banca* o terrorismo, impingindo uma penalidade mais elevada: reclusão de quinze a trinta anos.

55. Sujeitos ativo e passivo: o sujeito ativo pode ser qualquer pessoa; o sujeito passivo é a sociedade.

56. Elemento subjetivo: é o dolo. Há elemento subjetivo específico implícito, consistente na promoção do discurso de terror. Não há a forma culposa.

57. Objetos material e jurídico: o objeto material é o recurso, ativo, bem, direito, valor ou serviço voltado ao planejamento, preparo e execução de crime de terrorismo; o objeto jurídico primordial é a paz pública.

58. Classificação: trata-se de crime comum (pode ser cometido por qualquer pessoa); formal (não exige para a sua consumação a ocorrência de um dano efetivo a alguém); de forma livre (pode ser executado por qualquer meio eleito pelo agente); comissivo (os verbos indicam *ação*); como regra, instantâneo (consuma-se em determinado momento da linha do tempo); pode ser permanente (consumação se arrasta no tempo), nas formas *prover* e *manter em depósito*; de perigo abstrato (não é preciso demonstrar a aptidão para causar dano extenso e destruição em massa); unissubjetivo (pode ser cometido por uma pessoa); plurissubsistente (como regra, depende da execução de vários atos, componentes da ação), admite tentativa.

59. Benefícios penais: a pena é elevada o suficiente para não haver benefício algum. O regime inicial deve ser o fechado e, a partir, disso, somente se pode atingir melhor condição por meio da progressão de regimes.

60. Análise do núcleo do tipo: *oferecer* (apresentar algo a alguém para acolhimento); *receber* (acolher algo); *obtiver* (alcançar algo); *guardar* (manter sob vigilância); *manter em depósito* (ter em determinado lugar alguma coisa sob vigilância); *solicitar* (pleitear, pedir); *investir* (colocar certa quantia para fomentar algo); *contribuir de qualquer modo* (dar auxílio genérico) são as condutas alternativas (a prática de um ou mais de uma, no mesmo contexto, gera um só delito), cujo objeto é ativo (tipo de aplicação financeira), bem (coisa ou interesse de valor econômico) ou recurso financeiro (montante pecuniário). O destino disso, total ou parcial, volta-se a pessoa, grupo de pessoas, associação, entidade, organização criminosa que tenha por atividade principal ou secundária, mesmo eventualmente, a prática de crimes de terrorismo. Enquanto na figura do *caput* o recurso financeiro segue o planejamento, preparo ou execução de terrorismo, o disposto no parágrafo único é o patrocínio de pessoas ou entidades, *lato sensu*, cuja finalidade seja o suporte ao terrorismo. A primeira conduta favorece diretamente o terrorismo; a segunda favorece indiretamente o terrorismo.

61. Sujeitos ativo e passivo: o sujeito ativo pode ser qualquer pessoa. O sujeito passivo é a sociedade.

62. Elemento subjetivo: é o dolo. Há elemento subjetivo específico consistente em "financiar, total ou parcialmente, pessoas para o terrorismo. Há, ainda, o elemento subjetivo do tipo específico implícito, consistente na promoção do discurso de terror. Não se pune a forma culposa.

63. Objetos material e jurídico: o objeto material é ativo, bem, recurso financeiro para o terrorismo; o objeto jurídico é a paz pública.

64. Classificação: trata-se de crime comum (pode ser cometido por qualquer pessoa); formal (não exige para a sua consumação a ocorrência de um dano efetivo a alguém); de forma livre (pode ser executado por qualquer meio eleito pelo agente); comissivo (os verbos indicam *ação*); como regra, instantâneo (consuma-se em determinado momento da linha do tempo); pode ser permanente (consumação se arrasta no tempo), nas formas *guardar* e *manter em depósito*; de perigo abstrato (não é preciso demonstrar a aptidão para causar dano extenso e destruição em massa); unissubjetivo (pode ser cometido por uma pessoa); plurissubsistente (como regra, depende da execução de vários atos, componentes da ação), admite tentativa.

> **Art. 7.º** Salvo quando for elementar da prática de qualquer crime previsto nesta Lei, se de algum deles resultar lesão corporal grave, aumenta-se a pena de um terço, se resultar morte, aumenta-se a pena da metade.[65]

65. Norma de complexa aplicação: se a lesão integra o tipo, exclui-se a aplicação deste artigo. Portanto, nas figuras delitivas de lesão direta, não se pode aplicar esta causa de aumento. Exemplificando: "atentado contra vida de alguém" (art. 2.º, I, desta Lei) não se aplica este aumento. Noutro sentido: "recrutar pessoas para o terrorismo" (art. 5.º, I) pode-se aplicar este aumento.

> **Art. 8.º** (*Vetado*).[66]

66. Razões do veto: o conteúdo do art. 8.º (vetado) era o seguinte: "se da prática de qualquer crime previsto nesta Lei resultar dano ambiental, aumenta-se a pena de um terço". Foi vetado pelas seguintes razões: "o dispositivo não estaria em conformidade com o princípio da proporcionalidade, já que eventual resultado mais gravoso já pode ser considerado na dosimetria da pena. Além disso, o bem jurídico tutelado pelo artigo já conta com legislação específica". O veto é injustificável. Pretendeu o legislador estipular uma elevação da pena, quando se atingir dano ambiental, na exata medida em que o terrorismo pode detonar, por exemplo, bombas, suficientes para estragar o meio ambiente. A justificativa para o veto é ingênua, para dizer o mínimo. É óbvio que todas as lesões ao meio ambiente estão previstas na Lei 9.605/98; por outro lado, há *evidente* proporcionalidade na previsão de coibir o terrorismo quando atinja o meio ambiente de maneira danosa, aumentando-se a pena.

> **Art. 9.º** (*Vetado*).[67]

67. Razões do veto: preceituava o art. 9.º: "os condenados a regime fechado cumprirão pena em estabelecimento penal de segurança máxima". Os motivos do veto são: "o dispositivo violaria o princípio da individualização da pena pois, ao determinar o estabelecimento penal de seu cumprimento, impediria que a mesma considerasse as condições pessoais do apenado, como o grau de culpabilidade, os antecedentes, a conduta social, a personalidade e os fatores subjetivos concernentes à prática delituosa". O *cuidado* exposto neste veto não tem lógica, pois o legislador não modifica absolutamente nada em matéria penal, mas adentra o âmbito da execução penal. Se o condenado é terrorista, nada mais útil do que cumprir sua pena, quando no regime fechado, em presídio de segurança máxima. Consultar a nota 70 ao art. 12.

> **Art. 10.** Mesmo antes de iniciada a execução do crime de terrorismo, na hipótese do art. 5.º desta Lei, aplicam-se as disposições do art. 15 do Decreto-lei n.º 2.848, de 7 de dezembro de 1940 – Código Penal.[68]

68. Desistência voluntária ou arrependimento eficaz: foram especificamente autorizados pela atual Lei. Caso o agente desista de prosseguir na execução, responderá somente pelo que já cometeu. Caso o agente, findo o procedimento executório, conseguir reverter o quadro da consumação, também poderá haver o benefício do arrependimento eficaz. É o disposto pelo art. 15 do Código Penal. A observação feita no início do art. 10 ("mesmo antes de iniciada a execução") é correta, pois, nesta Lei, já se permite punir os atos preparatórios (art. 5.º); logo, a desistência voluntária tem aplicação para momentos anteriores ao início da execução.

> **Art. 11.** Para todos os efeitos legais, considera-se que os crimes previstos nesta Lei são praticados contra o interesse da União, cabendo à Polícia Federal a investigação criminal, em sede de inquérito policial, e à Justiça Federal o seu processamento e julgamento, nos termos do inciso IV do art. 109 da Constituição Federal.[69]
> **Parágrafo único.** (*Vetado*).

69. Competência da Justiça Federal: em nosso entendimento, o disposto neste artigo é correto, pois o terrorismo guarda, sempre, um conteúdo político, mesmo que esta Lei tente *amenizar* esse relevante detalhe, argumentando com motivações xenófobas, racistas ou religiosas. Como bem ressaltam André Luís Callegari e outros, "o terrorismo possui uma especial motivação, para a qual servem de instrumentos seus demais elementos. A mensagem final do terrorismo, por isso, é direcionada não às pessoas atingidas em um primeiro plano pelo discurso do terror, mas preponderantemente ao Estado. (...) A apontada finalidade política do terrorismo, reconhecida majoritariamente pelos tratados internacionais sobre o terrorismo, serve como elemento diferenciador desse tipo de infração de, por exemplo, uma organização criminosa apenas destinada ao narcotráfico ou a atividades mafiosas de qualquer tipo" (*O crime de terrorismo*, p. 45-46). Perturbar gravemente a paz pública, conforme se vê das diversas condutas criminalmente tipificadas nesta Lei, termina por atingir o Estado, chamado a resolver todos os problemas gerados pelo atentado terrorista. Basicamente, cabe à União conferir um tratamento igualitário a toda a população, administrando a crise gerada pelo terrorismo. Ademais, possuindo um fundo político, cabe justamente aos juízes federais a competência para processar e, quando for o caso, punir. Aliás, preceitua o art. 109, IV (indicado neste artigo), caber à Justiça Federal: "IV – os crimes políticos e as infrações penais praticadas em detrimento de bens, serviços ou interesse da União ou de suas entidades autárquicas ou empresas públicas, excluídas as contravenções e ressalvada a competência da Justiça Militar e da Justiça Eleitoral". Pode-se dizer que se vislumbrou a segunda parte do inciso, em que estariam envolvidos interesses da União, muito embora um ataque terrorista possa atingir somente bens e interesses de uma localidade (nível municipal). Parece-nos cabível, isto sim, apontar o terrorismo encaixado no universo dos crimes políticos (primeira parte do inciso). O julgamento de qualquer terrorista deve ser enfrentado de maneira rigorosa, mas dentro dos exatos limites legais, sem qualquer aproximação do chamado *direito penal do inimigo*. Afinal, se direito penal fosse, não seria aplicável ao inimigo do Estado; o verdadeiro inimigo advém da guerra, quando, para ilustrar, outro Estado patrocina o terrorismo e enfrenta as consequências disso. Na autêntica guerra entre Estados não se aplica o direito penal de um lado, nem do outro. Desse modo, não cabe ao Estado, quando vitimado pelo terrorismo, invocar a guerra para combatê-lo, afastando os preceitos legais atinentes a um crime, embora político. A doutrina do direito penal do inimigo é equivocada até pela enumeração dos delinquentes, já que o seu autor primário, Jakobs, equipara a inimigo tanto o terrorista quanto o predador sexual. Cuidando-se de delito da esfera federal, em virtude do interesse da União na preservação da segurança e da integridade nacional, quando for imposto regime fechado, parece-nos relevante determinar o cumprimento em presídio federal, de segurança máxima. Na jurisprudência: STJ: "1. A alegação de ter sido a permanência do ora Agravante no Presídio Federal embasada apenas na gravidade abstrata do crime de terrorismo e no perigo de disseminação de ideias terroristas no presídio estadual não corresponde à realidade dos autos, pois as instâncias ordinárias foram explícitas ao mencionar a grande periculosidade daquele, que possui perfil de liderança em relevante organização criminosa tendente a formar célula do Estado Islâmico no Brasil, além da natureza gravíssima dos delitos sob investigação, fundamentos que se apresentam concretos e distintos da gravidade abstrata do delito de terrorismo. 2. Rever os concretos fundamentos declinados pelas instâncias federais, com o intuito de transferir o Reeducando para o sistema penitenciário estadual, demandaria, sem sombra de dúvida, o reexame de matéria fático-probatória, providência descabida em recurso especial, nos termos da Súmula n. 7 do STJ" (AgRg no AREsp 1.732.841 – PR, 6.ª T., rel. Laurita Vaz, 6.ª T., 09.11.2021, v.u.).

Art. 12. O juiz, de ofício, a requerimento do Ministério Público ou mediante representação do delegado de polícia, ouvido o Ministério Público em vinte e quatro horas, havendo indícios suficientes de crime previsto nesta Lei, poderá decretar, no curso da investigação ou da ação penal, medidas assecuratórias de bens, direitos ou valores do investigado ou acusado, ou existentes em nome de interpostas pessoas, que sejam instrumento, produto ou proveito dos crimes previstos nesta Lei.[70]

§ 1.º Proceder-se-á à alienação antecipada para preservação do valor dos bens sempre que estiverem sujeitos a qualquer grau de deterioração ou depreciação, ou quando houver dificuldade para sua manutenção.[71]

§ 2.º O juiz determinará a liberação, total ou parcial, dos bens, direitos e valores quando comprovada a licitude de sua origem e destinação, mantendo-se a constrição dos bens, direitos e valores necessários e suficientes à reparação dos danos e ao pagamento de prestações pecuniárias, multas e custas decorrentes da infração penal.[72]

§ 3.º Nenhum pedido de liberação será conhecido sem o comparecimento pessoal do acusado ou de interposta pessoa a que se refere o *caput* deste artigo, podendo o juiz determinar a prática de atos necessários à conservação de bens, direitos ou valores, sem prejuízo do disposto no § 1.º.[73]

§ 4.º Poderão ser decretadas medidas assecuratórias sobre bens, direitos ou valores para reparação do dano decorrente da infração penal antecedente ou da prevista nesta Lei ou para pagamento de prestação pecuniária, multa e custas.[74]

70. Apreensão e sequestro: as medidas assecuratórias têm por finalidade retirar da alçada do autor do crime (indiciado ou acusado) todos os bens, direitos e valores por ele amealhados, incluindo os instrumentos usados para a prática do delito, o produto (vantagem direta obtida) ou o proveito (vantagem indireta auferida) da infração. A norma em comento refere-se a *investigado ou acusado*, mas nos parece essencial que ele tenha, pelo menos, sido indiciado – apontado formalmente pela autoridade policial como o autor da infração penal. A mera suspeita sobre alguém não permite medidas constritivas à sua liberdade ou à sua propriedade, em face do princípio da presunção de inocência. Exige-se, para tanto, a prova, mesmo por indícios, da origem ilícita dos bens em geral: *indícios suficientes de crime previsto nesta Lei*, logo indícios suficientes da materialidade de infração penal vinculada ao terrorismo. O Código de Processo Penal, igualmente, cuida dos instrumentos do crime no cenário da *apreensão* feita pela autoridade competente, reservando o *sequestro* para os produtos e proveitos de qualquer crime, demandando, em outras palavras, a prova de *indícios veementes da procedência ilícita dos bens* (art. 126). Deve-se aproveitar a norma do CPP para, juntando-se à descrita neste artigo 12, apontar para a materialidade do crime de terrorismo (mesmo formada por indícios nesta fase inicial da investigação ou do processo) associada à origem ilícita dos objetos apreendidos ou sequestrados (igualmente valendo os indícios).

71. Alienação antecipada: tem sido uma tendência de leis atuais, evitando-se a perda total ou parcial de bens sujeitos à deterioração, quando tenham sido judicialmente retirados de quem os detinha. A Lei 12.694/2012, cuidando do julgamento em primeiro grau de crimes praticados por organização criminosa, provocou a inserção do art. 144-A no Código de Processo Penal, seguindo a mesma linha desta Lei: "o juiz determinará a alienação antecipada para preservação do valor dos bens sempre que estiverem sujeitos a qualquer grau de deterioração ou depreciação, ou quando houver dificuldade para sua manutenção". Há três hipóteses para a alienação antecipada: a) deterioração (o bem pode dissipar-se ou arruinar-se); b) depreciação (perde-se muito de seu valor); ou c) dificuldade de manutenção (torna-se complexo para o Estado conservá-lo, sem produzir muitos gastos). Enfim, a medida parece drástica, mas, na essência, protege o interesse do próprio indiciado ou acusado.

72. Embargos de terceiro e impugnação do indiciado ou réu: há, basicamente, duas formas de enfrentar a apreensão ou sequestro. Conforme dispõe o art. 130 do Código de Processo Penal, há a impugnação ofertada pelo acusado, no inciso I (impropriamente chamada de embargos) e os embargos de terceiro de boa-fé, no inciso II. A primeira delas é uma nítida contestação ao ato judicial, devendo ser autuada à parte, como um incidente procedimental, instruída e julgada. Por óbvio, o seu julgamento pode restar sobrestado até a finalização do processo-crime principal, que cuida do delito de terrorismo. As provas podem ser as mesmas, motivo pelo qual torna-se difícil ao juiz liberar bens, quando o feito se encontra em desenvolvimento. De qualquer modo, se houver absolvição, os bens devem ser liberados de pronto. Havendo condenação, o juiz deve explicitar quais bens seguem bloqueados e quais podem ser liberados. A segunda forma – embargos de terceiro de boa-fé – precisa ser conhecida e julgada pelo magistrado tão logo esteja instruída no apenso, em incidente procedimental. As provas são diferentes, pois cabe ao terceiro demonstrar ao juízo *nada ter a ver* com o acusado ou suas ações. Portanto, merece ter os seus bens restituídos de pronto. Sob outro prisma, o terceiro de má-fé, ajuizando embargos, sofrerá a mesma privação que o acusado, devendo aguardar o fim da instrução principal. Considera-se de má-fé o terceiro que obteve o bem diretamente do acusado, por transação fictícia, valor ínfimo ou doação. Além disso, cuidando-se de terceiro de boa-fé, não pode haver a retenção de nenhum valor, sob pretexto de servir a outras finalidades (reparação dos danos, pagamento de multa etc.). Quanto ao acusado, sendo absolvido, nada será retido. Somente quando o réu for condenado ou os embargos do terceiro de má-fé forem julgados improcedentes, faz-se a retenção de quantia para pagamento de prestação pecuniária (pena restritiva de direitos), multas (pena pecuniária) e custas do processo. No tocante à reparação de danos para a(s) vítima(s), é preciso haver pedido expresso, formulado no próprio processo-crime, uma vez que permitido pela atual legislação processual penal. O juiz não teria como mensurar e agir de ofício para indenizar uma ou mais vítimas, sem o interesse destas na reparação. Além disso, o acusado tem o direito de impugnar a soma e valer-se do contraditório e da ampla defesa também nessa questão.

73. Comparecimento pessoal: trata-se de uma maneira de conhecer o paradeiro do acusado, podendo haver processo-crime, com garantia de contraditório e ampla defesa. Alguns indiciados ou réus fogem e seu único interesse é o desbloqueio de bens; para tanto, envia procurador, pretendendo obter a liberação. Essa norma já foi introduzida na Lei de Lavagem de Dinheiro, no art. 4.º, § 3.º: "nenhum pedido de liberação será conhecido sem o comparecimento pessoal do acusado ou de interposta pessoa a que se refere o *caput* deste artigo, podendo o juiz determinar a prática de atos necessários à conservação de bens, direitos ou valores, sem prejuízo do disposto no § 1.º". Não deixa de ser medida peculiar, pois as pessoas acusadas da prática de um delito não são obrigadas a acompanhar a instrução do seu processo; possuem o *direito* de audiência, inclusive pelo fato de deterem o direito ao silêncio. Logo, esse dispositivo, criando uma condição de procedibilidade, é de questionável constitucionalidade.

74. Medidas assecuratórias: existem as medidas de cautela incidentes sobre o patrimônio lícito do indiciado ou acusado, que possuem a finalidade de torná-lo indisponível não porque adveio da prática do delito, mas porque servirá de base para a reparação civil do dano. São elas: a) especialização de hipoteca legal (arts. 134 e 135, CPP), voltada aos bens imóveis; b) arresto (arts. 136 e 137, CPP) no tocante a bens móveis. Denomina-se *especialização* porque, cometido o crime, pressupõe-se, por força de lei, estarem sujeito a hipoteca os bens imóveis de seu autor, justamente para garantir eventual indenização ao ofendido. Resta, então, *especializar* quais imóveis ficarão retidos ou indisponíveis e quais os que permanecerão livres para negócio. Calcula-se, aproximadamente, um *quantum* indenizatório e promove-se a especialização de hipoteca legal, retendo-se parcela do patrimônio imobiliário do acusado. O arresto é a medida constritiva para tornar indisponível o conjunto de bens móveis (carro, barco, dinheiro, joia etc.). A referência feita nesta norma quanto ao crime *antecedente* ou previsto nesta Lei decorre de simples cópia das mesmas alterações feitas na Lei de Lavagem de Capitais; nesta hipótese, existem crimes antecedentes, que dão origem ao patrimônio ilícito, a ser *lavado* para se tornar dinheiro limpo. No caso desta Lei, cuida-se apenas do terrorismo, sem exigir nenhum crime antecedente.

> **Art. 13.** Quando as circunstâncias o aconselharem, o juiz, ouvido o Ministério Público, nomeará pessoa física ou jurídica qualificada para a administração dos bens, direitos ou valores sujeitos a medidas assecuratórias, mediante termo de compromisso.[75]

75. Administração dos bens: na maior parte dos casos, cabe a nomeação de um administrador dos bens retidos, pois o juiz não tem a função de cuidar do patrimônio alheio, aplicando o dinheiro, conservando o imóvel, protegendo o móvel etc. Se não houver uma administração correta, a indisponibilidade tornar-se-á perversa, pois provocará a dissipação de tudo. Eis por que o magistrado deve nomear administrador ou provocar a alienação antecipada. Note-se que esse patrimônio pode retornar ao réu; quando absolvido, pode significar a reparação do dano para a(s) vítima(s) e também pode ingressar nos cofres públicos, se houver o perdimento.

> **Art. 14.** A pessoa responsável pela administração dos bens:[76]
> I – fará jus a uma remuneração, fixada pelo juiz, que será satisfeita preferencialmente com o produto dos bens objeto da administração;[77]
> II – prestará, por determinação judicial, informações periódicas da situação dos bens sob sua administração, bem como explicações e detalhamentos sobre investimentos e reinvestimentos realizados.[78]
> **Parágrafo único.** Os atos relativos à administração dos bens serão levados ao conhecimento do Ministério Público, que requererá o que entender cabível.[79]

76. Remuneração do administrador: dispositivo similar consta da Lei de Lavagem de Dinheiro (art. 6.º), constituindo norma acertada, pois exercer essa atividade, *sem remuneração*, seria um convite à corrupção e/ou desleixo. Poucos se dariam ao trabalho de promover uma administração eficiente, tomando grande parte de seu tempo, apenas por *dedicação à Justiça*.

77. Sustento do administrador: indica-se, neste inciso, deva sair a remuneração do administrador do produto advindo dos bens bloqueados; em suma, do produto ou proveito do crime. Quer-se crer que os terroristas sejam pessoas abonadas, pois, do contrário, não haverá nada para dar lastro a essa remuneração, situação bem diversa do que ocorre no cenário da lavagem de capitais, onde o acusado, como regra, possui condições econômico-financeiras acima da média. Na hipótese de inexistir suporte material por parte do criminoso, o Estado deverá arcar com a remuneração do administrador, em quantia arbitrada pelo magistrado.

78. Responsabilidades do administrador: pode ser pessoa física ou jurídica e deve passar às mãos do juiz, responsável pela decisão de indisponibilidade dos bens, relatórios detalhados sobre os investimentos e reinvestimentos. Observa-se ser indispensável uma remuneração, mormente quando houver muitos bens, nos termos do inciso I deste artigo.

79. Atuação como fiscal: o membro do Ministério Público deve atuar como *fiscal* do administrador, tanto para que não haja perda patrimonial quanto para que não exista nenhuma forma de desvio de bens. Além disso, qualquer bem, antes de liberado pelo juiz, contará com o parecer do MP.

> **Art. 15.** O juiz determinará, na hipótese de existência de tratado ou convenção internacional e por solicitação de autoridade estrangeira competente, medidas assecuratórias sobre bens, direitos ou valores oriundos de crimes descritos nesta Lei praticados no estrangeiro.[80]
>
> § 1.º Aplica-se o disposto neste artigo, independentemente de tratado ou convenção internacional, quando houver reciprocidade do governo do país da autoridade solicitante.[81]
>
> § 2.º Na falta de tratado ou convenção, os bens, direitos ou valores sujeitos a medidas assecuratórias por solicitação de autoridade estrangeira competente ou os recursos provenientes da sua alienação serão repartidos entre o Estado requerente e o Brasil, na proporção de metade, ressalvado o direito do lesado ou de terceiro de boa-fé.[82]

80. Colaboração internacional: havendo tratado ou convenção (como há, por exemplo, em relação aos delitos de tráfico ilícito de entorpecentes), o juiz brasileiro pode colaborar com autoridade estrangeira competente (conforme as leis vigentes no seu país de origem) para a apreensão ou sequestro de bens, direitos ou valores. Para isso, há necessidade de carta rogatória, que contará com o *exequatur* do Presidente do Superior Tribunal de Justiça e será cumprida pelo juiz federal da região onde se encontra o bem.

81. Reciprocidade: em virtude da soberania dos países, não existem *favores* internacionais, feitos de modo unilateral. Assim, a reciprocidade é o mesmo tratamento utilizado para a extradição. Quando o Brasil não possui tratado com algum país estrangeiro, pode conceder a extradição de alguém, desde que haja a oferta de reciprocidade, vale dizer, no futuro, o Brasil teria um crédito com o país solicitante. Dá-se o mesmo nesse contexto. Se não houver tratado, poderá o juiz brasileiro colaborar com o estrangeiro, desde que o governo alienígena prometa reciprocidade.

82. Repartição dos bens e homologação da sentença estrangeira: havendo a decretação da indisponibilidade dos bens no Brasil, em virtude de pedido de autoridade estrangeira, para a perda total (confisco), cremos fundamental que o Superior Tribunal de Justiça homologue a sentença estrangeira condenatória, confirmando, pois, que tais bens têm origem ilícita. Assim ocorrendo, haverá a repartição deles entre o Estado requerente e o Brasil, que colaborou na diligência. Tal medida será desnecessária havendo tratado ou convenção, assimilada pelo Brasil, já dispondo acerca do destino dos bens.

> **Art. 16.** Aplicam-se as disposições da Lei n.º 12.850, de 2 agosto de 2013, para a investigação, processo e julgamento dos crimes previstos nesta Lei.[83]

83. Lei da organização criminosa: além da legislação ordinária (Código de Processo Penal), aplicável a todas as leis especiais, que não disponham de modo contrário, o crime de terrorismo contará com todos os meios de prova previstos no art. 3.º da Lei 12.850/2013: "em qualquer fase da persecução penal, serão permitidos, sem prejuízo de outros já previstos em lei, os seguintes meios de obtenção da prova: I – colaboração premiada; II – captação ambiental de sinais eletromagnéticos, ópticos ou acústicos; III – ação controlada; IV – acesso a registros de ligações telefônicas e telemáticas, a dados cadastrais constantes de bancos de dados públicos ou privados e a informações eleitorais ou comerciais; V – interceptação de comunicações telefônicas e telemáticas, nos termos da legislação específica; VI – afastamento dos sigilos financeiro, bancário e fiscal, nos termos da legislação específica; VII – infiltração, por policiais, em atividade de investigação, na forma do art. 11; VIII – cooperação entre instituições e órgãos federais, distritais, estaduais e municipais na busca de provas e informações de interesse da investigação ou da instrução criminal".

> **Art. 17.** Aplicam-se as disposições da Lei n.º 8.072, de 25 de julho de 1990, aos crimes previstos nesta Lei.[84]

84. **Crime equiparado a hediondo:** nos termos deste artigo e, também, do art. 2.º da Lei 8.072/90, o terrorismo é delito equiparado a hediondo, tal como o tráfico ilícito de drogas e tortura. Portanto, é insuscetível de anistia, graça e indulto, além de ser considerado inafiançável. Por outro lado, da forma como descrito nesta Lei não é imprescritível, pois somente o é o crime praticado por grupos armados contra a ordem constitucional e o Estado Democrático, vale dizer, delito político. A prisão temporária pode ser decretada por 30 dias, prorrogáveis por outros 30, se necessário. O benefício do livramento condicional somente pode ser obtido após o cumprimento de 2/3 da pena, salvo se reincidente. Devem os sentenciados cumprir pena em presídio federal, de preferência. Na jurisprudência: STF: "I – No julgamento da ADI 2.795-MC, de relatoria do Ministro Maurício Corrêa, o Plenário deste Supremo Tribunal assentou revelar-se '(...) inconstitucional a possibilidade de que o indulto seja concedido aos condenados por crimes hediondos, de tortura, terrorismo ou tráfico ilícito de entorpecentes e drogas afins, independentemente do lapso temporal da condenação'" (RHC 176.673 AgR, 2.ª T., rel. Ricardo Lewandowski, 14.02.2020, v.u.).

> **Art. 18.** O inciso III do art. 1.º da Lei n.º 7.960, de 21 de dezembro de 1989, passa a vigorar acrescido da seguinte alínea *p*:[85]
> "Art. 1.º (...)
> III – (...)
> p) crimes previstos na Lei de Terrorismo." (NR)

85. **Prisão temporária:** para incidir essa modalidade de prisão cautelar, era indispensável figurar o crime de terrorismo no rol do art. 1.º da Lei 7.960/89. Assim foi feito, incluindo a alínea *p*.

> **Art. 19.** O art. 1.º da Lei n.º 12.850, de 2 de agosto de 2013, passa a vigorar com a seguinte alteração:[86]
> "Art. 1.º (...)
> § 2.º (...)
> II – às organizações terroristas, entendidas como aquelas voltadas para a prática dos atos de terrorismo legalmente definidos." (NR)

86. Organização terrorista: a Lei 12.850/2013, no seu art. 1.º, § 2.º, II, dizia ser aplicável "às organizações terroristas internacionais, reconhecidas segundo as normas de direito internacional, por foro do qual o Brasil faça parte, cujos atos de suporte ao terrorismo, bem como os atos preparatórios ou de execução de atos terroristas, ocorram ou possam ocorrer em território nacional". Não havia o crime de terrorismo claramente definido na legislação brasileira. A partir da edição desta Lei, substituiu-se o referido inciso II (mais aberto) pelo seguinte: "às organizações terroristas, entendidas como aquelas voltadas para a prática dos atos de terrorismo legalmente definidos" (mais fechado).

> **Art. 20.** Esta Lei entra em vigor na data de sua publicação.
> Brasília, 16 de março de 2016; 195.º da Independência e 128.º da República.
> DILMA ROUSSEFF
> Wellington César Lima e Silva
> Nelson Barbosa
> Nilma Lino Gomes
>
> (*DOU* 17.03.2016 – Ed. extra; ret. em 18.03.2016)

Transplantes

Lei 9.434, de 4 de fevereiro de 1997

Dispõe sobre a remoção de órgãos, tecidos e partes do corpo humano para fins de transplante e tratamento e dá outras providências.[1-5]

O Presidente da República:

Faço saber que o Congresso Nacional decreta e eu sanciono a seguinte Lei:

1. Fundamento constitucional: dispõe o art. 199, § 4.º, da Constituição Federal: "A lei disporá sobre as condições e os requisitos que facilitem a remoção de órgãos, tecidos e substâncias humanas para fins de transplante, pesquisa e tratamento, bem como a coleta, processamento e transfusão de sangue e seus derivados, sendo vedado todo tipo de comercialização". Nota-se, pois, a preocupação do constituinte com o tema relativo à remoção de órgãos, tecidos e partes do corpo para fins de transplante, pesquisa e tratamento. Por tal motivo, *deve* a lei dispor a respeito, buscando *facilitar* essa prática e jamais impedi-la ou conturbá-la. Sob tal prisma, cremos que a primeira versão da Lei 9.434/97 era mais adequada e harmônica à norma constitucional mencionada. O advento da Lei 10.211/2001 tornou mais difícil a remoção, razão pela qual arranha o propósito da Magna Carta de incentivar o transplante para fins terapêuticos. Consultar a nota 9 ao art. 14.

2. Disponibilidade de partes do corpo humano e consentimento do ofendido: em épocas passadas, o disposto na Lei 9.434/97 seria considerado inconstitucional e o Direito Penal seria o braço do Estado para coibir a lesão *consentida* pela vítima, quando se tratasse de pessoa viva. A integridade física era considerada intangível, quase imaculada ou equiparada à vida, de modo que não se poderia conceber a retirada de um órgão, como um dos rins, por exemplo, de pessoa viva para transferência a outra pessoa. Houve momento em que se punia até mesmo a cirurgia de mudança de sexo, ainda que fosse o caminho mais adequado para a estabilização emocional e o equilíbrio psíquico de alguém. Sem dúvida, os costumes se alteraram, inclusive o que se denomina de *bons costumes*, para acolher a modificação comportamental do ser humano, muito embora o Direito Penal, estampado no Código Penal vigente, continue com ranço vetusto em vários de seus dispositivos. Surgem novos maneirismos e a sociedade adaptou-se a quase todas as novidades. A integridade corporal passou a ter valor relativo e a autolesão tomou forma de *adequação social*, em inúmeros segmentos. Ilustrando, a prática do *piercing* e da tatuagem, ainda que extensas e dolorosas, não mais têm sido importunadas pelas autoridades encarregadas de zelar pela segurança pública. Constituem, por certo, lesões corporais, por vezes, graves, mas passam ao largo da tutela penal. A cirurgia de alteração de sexo já conta com o aval do Conselho Federal de Medicina, restando à lei disciplinar o assunto com maior rigor e detalhamento. O consentimento do ofendido ganha adeptos na doutrina e na jurisprudência, na categoria de causa supralegal de exclusão da ilicitude. Em nosso entendimento, há muito, já deveria ter sido incorporada, no Código Penal, dentre as causas legais de exclusão da ilicitude, previstas no art. 23. Assim não ocorrendo, resta à doutrina e à jurisprudência propagar a sua utilização, nos casos concretos, de modo a se realizar a justa composição dos conflitos no cenário penal. Por isso, tem-se admitido maior liberdade na disposição do corpo humano, por variados fatores, incluindo vaidade ou prazer sexual. Aceita-se que o ser humano possua maior controle sobre a sua honra, ingressando o consentimento do ofendido no contexto da calúnia, da difamação e da injúria, permitindo o afastamento da ilicitude da conduta do pretenso agressor. No cenário do patrimônio, sem dúvida, há muito o consentimento da vítima pode delinear, até mesmo, a exclusão da própria tipicidade. Outros bens jurídicos comportam a assimilação da liberdade de querer da vítima, dispondo do que seria penalmente tutelado. É preciso salientar, sempre, o caráter subsidiário do Direito Penal. A intervenção mínima é um predicado desejável do ordenamento jurídico-penal. Eis por que se deve prestigiar o consentimento do ofendido – e não o desprezar ou o ignorar, como se fossem todos os seres humanos infantis e ingênuos. No contexto da vida já se discute, no Brasil e no exterior, o direito à prática da eutanásia ou, pelo menos, da ortotanásia. Até que ponto a vida humana deve ser penalmente tutelada? Em que medida pode haver a disposição da vida por aquele que está doente e desenganado? São questões de difícil resposta, ao menos quando se busca o consenso. Projetos existem, visando à legalização de certas modalidades de eutanásia. Noutros países, a sua prática é uma realidade. Porém, há o forte sentimento religioso a impedir o aprofundamento dessa questão e a liberação desse ato de disposição da vida. Independentemente disso, não é demais salientar que, aos poucos, caminha-se no sentido de assegurar ao indivíduo um controle maior sobre seu corpo e sua vida. Esse é o cenário no qual emerge a Lei 9.434/97, prevendo no art. 1.º o seguinte: "A disposição gratuita de tecidos, órgãos e partes do corpo humano, em vida ou *post mortem*, para fins de transplante e tratamento, é permitida na forma desta Lei". É a consagração legal do consentimento do ofendido, permitindo ao ser humano dispor de parte de seu corpo, em vida. O futuro deverá significar uma ampliação dessa liberdade individual para outras esferas, respeitando-se a alteração de comportamento e as atuais posições ideológicas, frutos da inexorável modernidade.

3. Morte encefálica: trata-se da cessação das atividades do encéfalo, que abrange o cérebro, o cerebelo, os pedúnculos, a protuberância anular e o bulbo raquiano (verbete Dicionário Aurélio), podendo-se manter, artificialmente, a atividade cardiopulmonar. A morte encefálica é irreversível, por ora, sendo inútil, portanto, manter a referida atividade cardiopulmonar por mecanismos artificiais, sustentados por modernos e avançados aparelhos. A falência do encéfalo leva, necessariamente, ao término dos batimentos cardíacos e da respiração. Por isso, o conceito atual de morte não é tão diverso do antigo (cessão das atividades vitais do ser humano: coração, pulmão e cérebro). Afinal, antigamente, aguardava-se a parada total dessas três funções, enquanto, hoje, pode-se constatar apenas a cessação da atividade encefálica para se saber que as duas outras funções irão parar a qualquer momento. Logo, está morta a pessoa. Autoriza-se a remoção de órgãos, logo após a constatação da morte encefálica, justamente para o maior aproveitamento dos órgãos visados, ainda irrigados pelo sangue, evitando-se a necrose e, consequentemente, a inutilidade para transplante.

4. Formalidades para a constatação da morte encefálica: exige a lei que o diagnóstico de *morte encefálica* seja realizado por dois médicos não participantes da equipe encarregada da remoção dos órgãos, valendo-se de critérios clínicos e tecnológicos definidos por Resolução do Conselho Federal de Medicina. A Resolução 2.173/2017, regente do assunto, foi editada em novembro de 2017. Naturalmente, o propósito de se exigir a participação de médicos desvinculados da equipe responsável pela remoção e pelo transplante faz sentido, na medida em que os referidos profissionais não teriam nenhum interesse na retirada dos órgãos, nem se ligariam a qualquer pessoa receptora das partes do corpo humano de quem faleceu. Confere-se maior imparcialidade e idoneidade na constatação da morte encefálica, diante da ausência de interesse imediato no tocante ao corpo do morto.

5. Resolução 2.173/2017: torna-se essencial conhecer o conteúdo da referida Resolução, editada pelo Conselho Federal de Medicina, ligando-se à Lei 9.434/97 e aos crimes nela previstos. Eis o seu teor: Art. 1.º Os procedimentos para determinação de morte encefálica (ME) devem ser iniciados em todos os pacientes que apresentem coma não perceptivo, ausência de reatividade supraespinhal e apneia persistente, e que atendam a todos os seguintes pré-requisitos: a) presença de lesão encefálica de causa conhecida, irreversível e capaz de causar morte encefálica; b) ausência de fatores tratáveis que possam confundir o diagnóstico de morte encefálica; c) tratamento e observação em hospital pelo período mínimo de seis horas. Quando a causa primária do quadro for encefalopatia hipóxico-isquêmica, esse período de tratamento e observação deverá ser de, no mínimo, 24 horas; d) temperatura corporal (esofagiana, vesical ou retal) superior a 35ºC, saturação arterial de oxigênio acima de 94% e pressão arterial sistólica maior ou igual a 100 mmHg ou pressão arterial média maior ou igual a 65 mmHg para adultos (...). Art. 2.º É obrigatória a realização mínima dos seguintes procedimentos para determinação da morte encefálica: a) dois exames clínicos que confirmem coma não perceptivo e ausência de função do tronco encefálico; b) teste de apneia que confirme ausência de movimentos respiratórios após estimulação máxima dos centros respiratórios; c) exame complementar que comprove ausência de atividade encefálica. Art. 3.º O exame clínico deve demonstrar de forma inequívoca a existência das seguintes condições: a) coma não perceptivo; b) ausência de reatividade supraespinhal manifestada pela ausência dos reflexos fotomotor, córneo-palpebral, oculocefálico, vestíbulo-calórico e de tosse. § 1.º Serão realizados dois exames clínicos, cada um deles por um médico diferente, especificamente capacitado a realizar esses procedimentos para a determinação de morte encefálica. § 2.º Serão considerados especificamente capacitados médicos com no mínimo um ano de experiência no atendimento de pacientes em coma e que tenham acompanhado ou realizado pelo menos dez determinações de ME ou curso de capacitação para determinação em ME, conforme anexo III desta Resolução. § 3.º Um dos médicos especificamente capacitados deverá ser especialista em uma das seguintes especialidades: medicina intensiva, medicina intensiva pediátrica, neurologia, neurologia pediátrica, neurocirurgia ou medicina de emergência. Na indisponibilidade de qualquer um dos especialistas anteriormente citados, o procedimento deverá ser concluído por outro médico especificamente capacitado. § 4.º Em crianças com menos de 2 (dois) anos o intervalo mínimo de tempo entre os dois exames clínicos variará conforme a faixa etária: dos sete dias completos (recém-nato a termo) até dois meses incompletos será de 24 horas; de dois a 24 meses incompletos será de doze horas. Acima de 2 (dois) anos de idade o intervalo mínimo será de 1 (uma) hora. Art. 4.º O teste de apneia deverá ser realizado uma única vez por um dos médicos responsáveis pelo exame clínico e deverá comprovar ausência de movimentos respiratórios na presença de hipercapnia ($PaCO^2$ superior a 55mmHg). Parágrafo único. Nas situações clínicas que cursam com ausência de movimentos respiratórios de causas extracranianas ou farmacológicas é vedada a realização do teste de apneia, até a reversão da situação. Art. 5.º O exame complementar deve comprovar de forma inequívoca uma das condições: a) ausência de perfusão sanguínea encefálica ou b) ausência de atividade metabólica encefálica ou c) ausência de atividade elétrica encefálica. § 1.º A escolha do exame complementar levará em consideração situação clínica e disponibilidades locais. § 2.º Na realização do exame complementar escolhido deverá ser utilizada a metodologia específica para determinação de morte encefálica. § 3.º O laudo do exame complementar deverá ser elaborado e assinado por médico especialista no método em situações de morte encefálica. Art. 6.º Na presença de alterações morfológicas ou orgânicas, congênitas ou adquiridas, que impossibilitam a avaliação bilateral dos reflexos fotomotor, córneo-palpebral, oculocefálico ou vestíbulo-calórico, sendo possível o exame em um dos lados e constatada ausência de reflexos do lado sem alterações morfológicas, orgânicas, congênitas ou adquiridas, dar-se-á prosseguimento às demais etapas para determinação de morte encefálica. Parágrafo único. A causa dessa impossibilidade deverá ser fundamentada no prontuário. Art. 7.º As conclusões do exame clínico e o resultado do exame complementar deverão ser registrados pelos médicos examinadores no Termo de Declaração de Morte Encefálica (Anexo II) e no prontuário do paciente ao final de cada etapa. Art. 8.º O médico assistente do paciente ou seu substituto deverá esclarecer aos familiares do paciente sobre o processo de diagnóstico de ME e os resultados de cada etapa, registrando no prontuário do paciente essas comunicações. Art. 9.º Os médicos que determinaram o diagnóstico de ME ou médicos assistentes ou seus substitutos deverão preencher a DECLARAÇÃO DE ÓBITO definindo como data e hora da morte aquela que corresponde ao momento da conclusão do último procedimento para determinação da ME. Parágrafo único. Nos casos de morte por causas externas a DECLARAÇÃO DE ÓBITO será de responsabilidade do médico-legista, que deverá receber o relatório de encaminhamento médico e uma cópia do TERMO DE DECLARAÇÃO DE MORTE ENCEFÁLICA. Art. 10. A direção técnica do hospital onde ocorrerá a determinação de ME deverá indicar os médicos especificamente capacitados para realização dos exames clínicos e complementares. § 1.º Nenhum desses médicos poderá participar de equipe de remoção e transplante, conforme estabelecido no art. 3.º da Lei n.º 9.434/1997 e no Código de Ética Médica. § 2.º Essas indicações e suas atualizações deverão ser encaminhadas para a Central Estadual de Transplantes (CET)".

(...)

Capítulo V
DAS SANÇÕES PENAIS E ADMINISTRATIVAS

Seção I
Dos Crimes

Art. 14. Remover[6-8] tecidos, órgãos ou partes do corpo de pessoa ou cadáver,[9-10] em desacordo[11] com as disposições[12-14] desta Lei:[15-17]

Pena – reclusão, de dois a seis anos, e multa, de 100 a 360 dias-multa.[18]

§ 1.º Se o crime é cometido mediante paga ou promessa de recompensa ou por outro motivo torpe:[19-20]

Pena – reclusão, de três a oito anos, e multa, de 100 a 150 dias-multa.[21]

§ 2.º Se o crime é praticado em pessoa viva, e resulta para o ofendido:[22]

I – incapacidade para as ocupações habituais, por mais de 30 (trinta) dias;[23]

II – perigo de vida;[24]

III – debilidade permanente de membro, sentido ou função;[25]

IV – aceleração de parto:[26]

> Pena – reclusão, de três a dez anos, e multa, de 100 a 200 dias-multa.[27]
> § 3.º Se o crime é praticado em pessoa viva e resulta para o ofendido:[28]
> I – Incapacidade para o trabalho;[29]
> II – enfermidade incurável;[30-31]
> III – perda ou inutilização de membro, sentido ou função;[32]
> IV – deformidade permanente;[33]
> V – aborto:[34]
> Pena – reclusão, de quatro a doze anos, e multa, de 150 a 300 dias-multa.[35]
> § 4.º Se o crime é praticado em pessoa viva e resulta morte:[36]
> Pena – reclusão, de oito a vinte anos, e multa de 200 a 360 dias-multa.[37]

6. Análise do núcleo do tipo: *remover* significa, no contexto desta Lei, mudar algo de um lugar para outro. Logo, quer dizer retirar tecidos, órgãos ou partes do corpo humano para transplantar em outra pessoa. Insere-se no tipo a parte remissiva a outros artigos da própria Lei 9.434/97: *em desacordo com as disposições desta Lei*.

7. Sujeitos ativo e passivo: o sujeito ativo pode ser qualquer pessoa, embora se volte, basicamente, ao médico, profissional habilitado a proceder à remoção. O sujeito passivo é a pessoa viva da qual se extrai tecido, órgão ou parte do corpo. Pode ser ainda a sociedade, quando se tratar de pessoa morta, pois, nessa situação, tutela-se o respeito aos mortos, bem jurídico de interesse geral. Sem dúvida, secundariamente, pode-se incluir a família do morto.

8. Elemento subjetivo do tipo: é o dolo. Não existe elemento subjetivo específico, nem se pune a forma culposa.

9. Bem jurídico tutelado e inadequação da lei: a anterior redação da Lei 9.434/97, embora criticada por muitos, era, em nosso entendimento, mais adequada à realidade e às necessidades da medicina e da solidariedade no campo da saúde. Dispunha-se: "salvo manifestação de vontade em contrário, nos termos desta Lei, presume-se autorizada a doação de tecidos, órgãos ou partes do corpo humano, para finalidade de transplantes ou terapêutica *post mortem*" (art. 4.º). Na redação atual: "A retirada de tecidos, órgãos e partes do corpo de pessoas falecidas para transplantes ou outra finalidade terapêutica, dependerá da autorização do cônjuge ou parente, maior de idade, obedecida a linha sucessória, reta ou colateral, até o segundo grau, inclusive, firmada em documento subscrito por duas testemunhas presentes à verificação da morte". Permitia-se, antes, que qualquer pessoa fosse doadora nata, bastando silenciar, sem inscrever em seu documento de identidade a expressão "não doador de órgãos e tecidos". Em nossa opinião, se a morte é o término da personalidade jurídica e não mais se considera ser humano o cadáver, que deve ser sepultado, logo, perdido, não há sentido algum em se preservar o corpo do morto, com o fim de cremá-lo ou enterrá-lo, vale dizer, destruí-lo. Pensamos que todos deveriam ser doadores universais, sem qualquer restrição. Dispõe-se do próprio corpo até a morte. A partir daí, o que se faz com o cadáver depende dos costumes, da tradição e dos interesses da sociedade em geral. Por isso, parece-nos mais solidário, atual e relevante *salvar vidas*, removendo-se os órgãos para transplante do que respeitar outros interesses, sejam eles religiosos ou egoísticos, preferindo destruir o cadáver a ter algumas de suas partes removidas. A lei, na sua anterior redação, adotava o meio-termo. Permitia à pessoa declarar-se "não doadora", mas, não o fazendo, tornava a remoção dos órgãos, tecidos e partes do corpo humano obrigatória, desde que útil. Sabe-se que a referida lei "não pegou", como, lamentavelmente, se costuma dizer no Brasil. As famílias de vários mortos impediam os médicos de encaminhar o cadáver ao cenário do transplante. Choros e crises levavam os profissionais da saúde a ignorar o disposto em lei, respeitando a vontade da família, cuja finalidade era o "sepultamento digno" ou a "cremação digna". A bem da verdade, significava a destruição do cadáver, sem que pudesse ser beneficiado qualquer outro ser humano doente e necessitado. Parece-nos a consagração do egoísmo e do culto ao cadáver, como se fazia na Antiguidade, em determinadas nações. Lembremos que, havendo a remoção de órgãos e tecidos, o cadáver será recomposto condignamente para ser velado, enterrado ou cremado. Logo, inexiste desrespeito à memória dos mortos no caso de transplante de partes do corpo. Ademais, muitas pessoas morrem em acidentes trágicos, devendo o cadáver ser totalmente reconstituído somente para que possa ser velado. Outras, a depender do tipo de acidente, são enterradas sem que se autorize a abertura do caixão. Enfim, suprimir a remoção de órgãos, tecidos e partes do corpo não tem sentido, sob o prisma da solidariedade humana. Em sentido contrário, sustentando a inviabilidade da doação compulsória, confira-se o magistério de Rita de Cássia Curvo Leite: *Transplantes de órgãos e tecidos e direitos da personalidade*, p. 185. Tendo em vista que a antiga redação do art. 4.º não era aplicada, adaptou-se a uma nova disposição. Atualmente, segundo o disposto na Lei 9.434/97, nem mesmo o "titular" do corpo, quando em vida, poderia dizer-se doador. Afinal, quando morresse, sua vontade de nada valeria, visto que somente seria consultado o cônjuge ou o parente. Se eles não quisessem a remoção, esta não se concretizaria. Concordamos, no entanto, com a lição de Jurandir Sebastião, quanto ao consentimento dado pelo doador potencial, antes de sua morte: "Apesar dessa nova redação nada dispor sobre a 'vontade' do morto, ainda em vida, a família não poderá impedir a remoção de órgãos se o falecido, em vida, tiver feito disposição de 'última vontade', por meio de testamento ou de declaração pública, já que o art. 14 do CC/2002 estabelece que 'é válida, com objetivo científico, ou altruístico, a disposição gratuita do próprio corpo, no todo ou em parte, para depois da morte'. Respaldando essa previsão legal, o mesmo CC/2002, no § 2.º do art. 1.857, estabelece que é válida a disposição de última vontade 'de caráter não patrimonial', mesmo que formalizada somente para este fim. Nesta hipótese, a vontade do falecido há de prevalecer sobre eventual discordância da família. E a extração de órgãos tanto poderá se destinar a *transplante* como para *pesquisa científica*, nos termos desejados pelo falecido, em vida" (*Responsabilidade médica...*, p. 137). Surge, ainda, a delicada questão vinculada ao bem jurídico tutelado atualmente pela Lei 9.434/97. Não se pode dizer que se trata do respeito à memória dos mortos, simplesmente. Os crimes previstos nos arts. 210, 211 e 212 do Código Penal tutelam o respeito à memória dos mortos, mas não se admite que a família diga o contrário. Em outros termos, destruir, subtrair ou ocultar cadáver é crime (art. 211) e o sujeito ativo pode ser qualquer pessoa, inclusive um familiar. No caso da remoção de órgãos, já que a única palavra a ser considerada seria a do cônjuge ou parente, tornar-se-ia inconsistente sustentar o respeito aos mortos como bem jurídico tutelado. Vê-se, então, nascer outra tutela penal, voltada ao luto, que é o sentimento de pesar e dor em razão da morte de ente querido. Pune-se a remoção de parte do corpo de pessoas falecidas, se não houver autorização da família, buscando-se preservar o luto. No mais, quando se tratar de um cadáver não identificado, sem família, portanto, busca-se preservar a memória do morto, seja ele quem for.

10. Autorizações duplas, comércio clandestino, pessoa sem família e morte suspeita: a morte de pessoas juridicamente capazes fomenta a concordância, para a remoção das partes do corpo, do cônjuge, se existente, podendo-se, naturalmente, estender ao companheiro(a) em união estável, já que se trata de família, constitucionalmente reconhecida. Não havendo cônjuge ou companheiro(a), busca um parente próximo. Não há necessidade de consenso, o que tornará um dilema, não solucionado pela lei, quando dois filhos, maiores e capazes, entrarem em choque. Um deles autoriza a remoção e o outro nega. Pensamos que outra solução não poderá haver, infelizmente, senão negar a remoção. Em igualdade de condições, deve prevalecer a voz de quem não deseja a remoção, visto ser o luto o bem jurídico tutelado.

Não pode decidir o juiz, pois o sentimento de perda não lhe cabe julgar. Entretanto, quando se tratar de pessoa juridicamente incapaz, como o menor de 18 anos, a autorização deve ser concedida por ambos os pais. É a autorização dupla, justamente para evitar disputas e contendas judiciais. Se um dos pais não autorizar, não se faz a remoção. O comércio clandestino é nocivo e ofensivo à memória do morto. Por isso, o cadáver não identificado deve ser sepultado, sem a remoção dos órgãos, tecidos e outras partes, visando-se, com isso, evitar qualquer forma de comercialização ou vulgarização, voltando-se, por evidente, aos indigentes e demais mortos em situações trágicas. Resta como lacuna o cadáver de quem não tinha família, mas é pessoa conhecida e identificada. Parece-nos que, havendo disposição de última vontade pela doação dos órgãos e tecidos, deve-se respeitar. Afinal, não se fere o luto (inexiste familiar conhecido), nem a memória do morto, que, em vida, consentiu. Porém, não havendo autorização, com a modificação introduzida na Lei 9.434/97, pela Lei 10.211/2001, não se pode presumir o consentimento, ficando vedada a remoção. A ocorrência de morte sem causa definida, portanto suspeita, devendo ser investigada, bloqueia a remoção dos órgãos e tecidos (mesmo com autorização da família), até que o patologista responsável pela investigação forneça a autorização (art. 8.º). Nesses casos, considerando-se a situação real e caótica dos Institutos Médicos Legais das grandes cidades, com serviço acumulado e demora além da conta, a remoção para transplante ficará prejudicada.

11. **Natureza do complemento do tipo:** em primeira análise, parece tratar-se de uma norma penal em branco, por excelência, na medida em que não se conhece a amplitude da tipicidade incriminadora sem a análise de outras normas. Porém, cuida-se de uma premissa equivocada. O tipo penal representa um misto de tipicidade remetida e norma penal em branco. A remoção de tecidos, órgãos ou parte do corpo de pessoa ou cadáver pode ser realizada, *desde que* em consonância ao preceituado pela *mesma* Lei, que prevê o tipo penal incriminador. Não se pode denominar tal norma como sendo *em branco*, uma vez que faz remissão ao próprio corpo legislativo sobre o qual o leitor se debruça. Nesse aspecto, mostra-se um tipo com remissão a outra norma, ambos situados em idêntica Lei. O tipo remetido não deve pressupor, unicamente, a referência a outro tipo penal. Pode-se cuidar de tipo remetido envolvendo outra norma, existente na mesma Lei. Entretanto, consultando-se as normas existentes na Lei 9.434/97, percebe-se existir a remissão a uma resolução do Conselho Federal de Medicina (art. 3.º). Ora, nesse caso, indiscutivelmente, trata-se de um *branco*, a ser composto por norma de natureza administrativa do Conselho Federal de Medicina, hierarquicamente abaixo da Lei 9.434/97, editada pelo Congresso Nacional. O complemento tem origem tipicamente diversa da norma à qual tem por fim preencher. Em suma, exemplificando, para se saber se a remoção de órgãos de determinado cadáver realizou-se de acordo com a disposição da Lei 9.434/97, deve-se consultar as demais normas (arts. 2.º, 3.º, 4.º, 5.º, 6.º, 7.º, parágrafo único), bem como a Resolução 2.173/2017 do CFM. Além disso, como ocorre com as leis dependentes de regulamentação por parte do Poder Executivo, no caso presente, deve-se, igualmente, recorrer ao disposto no Decreto 9.175/2017.

12. **Formalidades para a disposição de tecidos, órgãos e partes do corpo humano após a morte:** devem ser preenchidos os seguintes requisitos (art. 3.º, *caput*, c.c. art. 4.º, *caput*): a) constatação da morte encefálica (ver as notas 3, 4 e 5 *supra*); b) verificação e registro realizado por dois médicos não participantes das equipes de remoção e transplante (ver a nota 4 *supra*); c) uso de critérios clínicos e tecnológicos definidos por Resolução do Conselho Federal de Medicina (ver a nota 5 *supra*); d) autorização do cônjuge ou parente, maior de idade, obedecida a linha sucessória, reta ou colateral, até o segundo grau inclusive; e) autorização dada por documento subscrito por duas testemunhas presentes à verificação da morte. As duas testemunhas não podem ser os médicos que atestaram a morte, sob pena de se tergiversar em relação à cautela

dispensada ao caso pelo legislador. A ausência de qualquer uma dessas condições, que são cumulativas, pode gerar os crimes previstos pelos artigos 14, 16 e 17 desta Lei.

13. Formalidades para a disposição de tecidos, órgãos e partes do corpo humano vivo: são as seguintes condições (art. 9.º e 10): a) consentimento da vítima, sujeita à retirada do tecido, órgão ou outra parte; b) capacidade de consentimento (maior de idade); c) disposição gratuita; d) finalidade terapêutica *comprovada* ou para transplantes *indispensáveis* ao receptor. Este requisito, quando a doação ocorrer entre pessoas estranhas, deve ser submetido à apreciação do Poder Judiciário, pois é necessário o alvará, autorizando o transplante. Por isso, se a finalidade terapêutica for duvidosa, como no caso de incompatibilidade entre doador e receptor, nega-se a autorização; e) destinatário cônjuge ou parentes consanguíneos até o quarto grau inclusive; f) autorização dada preferencialmente por escrito, diante de pelo menos duas testemunhas, especificando o tecido, órgão ou parte do corpo a ser retirada; g) destinatário constituído por qualquer pessoa estranha, desde que haja autorização judicial (desnecessária esta em se tratando de medula óssea); h) disposição de órgão que se constituir em duplicidade (ex.: rins) ou partes do corpo humano que não impliquem em cessação da atividade orgânica do doador, nem lhe acarrete prejuízo para a vida sem risco à integridade ou comprometimento da saúde mental. No caso de parte do fígado, embora se trate de órgão único, tem-se entendido haver possibilidade, pois não haveria prejuízo para o doador. Nesse prisma: TJSP: "A vedação contida na norma do art. 9.º, § 3.º, Lei 9.434/97, não se aplica ao presente caso, haja vista tratar-se de doação de parte de órgão cuja retirada não impede o organismo do doador de continuar vivendo sem risco para a sua integridade ou para a plena aptidão de suas funções vitais" (Ap. 509.823-4/1, 9.ª Câmara, rel. Piva Rodrigues, j. 24.06.2008, v. u.); i) retirada da parte do corpo humano sem causar mutilação (decepamento de qualquer membro) ou deformação inaceitável. Neste último caso, a deformidade gerada deve ser compatível com a moralidade média e os bons costumes. Confira-se o disposto pelo art. 13 do Código Civil: "Salvo por exigência médica, é defeso o ato de disposição do próprio corpo, quando importar diminuição permanente da integridade física, ou contrariar os bons costumes". Em outros termos, conforme as regras e costumes da sociedade, à época da remoção ou transplante, o resultado gerado deve harmonizar-se com o senso comum, não podendo constituir algo monstruoso ou causador de repulsa. Cuida-se, naturalmente, de elemento de valoração cultural, a ser realizado conforme o caso concreto; j) consentimento expresso do receptor, com inscrição em lista de espera. Se o receptor for juridicamente incapaz (menor de 18, por exemplo), um de seus pais ou responsável legal pode suprir o consentimento. Em caso de menor de 18 anos, atuando como doador, torna-se indispensável a autorização de ambos os pais ou responsáveis legais, além da autorização judicial, desde que para transplante de medula óssea (art. 9.º, § 6.º, desta Lei).

14. Autorização judicial: quando a doação ocorrer entre cônjuges e parentes, incluindo-se no cenário dos cônjuges os companheiros, com comprovada vivência em união estável, dispensa-se a intervenção judicial. Porém, havendo doação entre pessoas estranhas, como forma de evitar a comercialização, considerada criminosa, bem como garantir a utilidade do transplante ou enxerto, demanda a lei a interferência do Judiciário. Conferir: TJSP: "Vale lembrar que o alvará judicial não é um mandado, sim uma autorização para a prática de determinado ato, sem obrigar o interessado a fazer uso da permissão obtida. Na espécie, o alvará requerido é necessário, uma vez que o transplante de órgãos entre vivos só é permitido, nos termos da lei antes mencionada, depois de obtida a autorização judicial. Inexiste determinação judicial para realização do ato médico-hospitalar, mas, repita-se, mera autorização" (Ap. 464.554-4/7, 1.ª Câmara, rel. Guimarães e Souza, j. 10.10.2006, v.u.; embora antigo, o julgado é mantido por ser raro).

15. Objetos material e jurídico: o objeto material é o tecido, órgão ou parte do corpo, visados pela remoção. Os objetos jurídicos podem ser a vida, a integridade física e a saúde, cuidando-se de vítima viva; trata-se do luto, quando há familiares envolvidos, no caso do morto; é o respeito à memória do morto, quando este não tiver ninguém a zelar por ele. Além disso, em qualquer situação, cuida-se da preservação da ética no cenário da extração de órgãos, tecidos e outras partes do corpo humano. Ver a nota 10 *supra*.

16. Classificação: é crime comum (pode ser cometido por qualquer pessoa); material (exige o resultado naturalístico, consistente na efetiva remoção do tecido, órgão ou parte do corpo, mesmo que não haja tempo ou condições para o seu efetivo aproveitamento); de forma livre (pode ser cometido por qualquer meio eleito pelo agente); comissivo (a conduta *remover* implica ação); instantâneo (o crime se consuma em determinado momento, não se prolongando no tempo); de dano (exige a efetiva lesão ao bem jurídico tutelado); unissubjetivo (pode ser cometido por um só agente); plurissubsistente (como regra, é praticado por meio de vários atos); admite tentativa.

17. Competência: trata-se, como regra, de competência da Justiça Estadual, sem qualquer especialização, vale dizer, cuida-se de Vara Cível e não de Vara privativa da Fazenda Pública. Os bens jurídicos tutelados (ética e a moralidade no contexto da doação de tecidos, órgãos ou partes do corpo humano; preservação da integridade física e da vida das pessoas; respeito à memória dos mortos) não dizem respeito, diretamente, à União ou às entidades autárquicas ou empresas públicas federais, nos termos do art. 109, I, da Constituição Federal. O fato de haver uma fila de espera, organizada pelo Sistema Nacional de Transplantes, não faz nascer nenhum interesse direto da União, autarquias ou empresas públicas federais. Na realidade, cuida-se de interesse geral da coletividade a mantença do padrão ético e da avaliação médica da necessidade na captação e distribuição de órgãos para transplante.

18. Benefícios penais: não admite transação, nem suspensão condicional do processo. Em caso de condenação, aplicando-se a pena mínima de dois anos, pode-se conceder a suspensão condicional da pena (art. 77, CP). Quanto à substituição por penas restritivas de direitos, tratando-se de pessoa viva, o crime tem o formato de violento contra a pessoa, razão pela qual não se pode aplicar a substituição (art. 44, CP). Cuidando-se de pessoa morta, inexiste violência contra pessoa, mas contra coisa, logo, pode-se aplicar a substituição, desde que condenação não ultrapasse quatro anos.

19. Qualificadora: o § 1.º espelha a mesma hipótese de qualificação existente para o homicídio (art. 121, § 2.º, I). Considera-se a paga (pagamento efetuado após o delito) ou a promessa de recompensa (pagamento a ser efetivado após o cometimento do crime) elementos de uma infração penal *mercenária*. São os casos de delinquentes que atuam motivados pela ganância, visando a obtenção de bens materiais. Alguns chegam a ser *profissionais*, ou seja, vivem e se sustentam disso. O motivo torpe é apenas o gênero, do qual emergem as espécies já mencionadas (paga ou promessa de recompensa), significando uma motivação vil, repugnante, nojenta, asquerosa, sob o padrão dos bons costumes e da ética.

20. Confronto de qualificadoras: é possível que o agente se volte contra pessoa viva, deixando-a incapaz para as ocupações habituais por mais de 30 dias, atestando-se deformidade permanente e comprovando-se ter sido motivo do crime a promessa de recompensa. Em realidade, são três qualificadoras existentes no mesmo cenário. O caminho correto é optar pela mais grave delas (deformidade permanente), elegendo, então, a faixa de aplicação da pena. No exemplo dado, deve-se escolher a faixa do § 3.º, ou seja, reclusão, de quatro a doze anos, e multa de 150 a 300 dias-multa. As duas outras circunstâncias, logicamente, devem ser ponderadas pelo magistrado, seja como agravante (quando houver correspondência), seja como circunstância judicial do art. 59 (atuando residualmente).

21. Benefícios penais: não há transação, nem suspensão condicional do processo. O *sursis*, como regra, também é inaplicável. Resta a substituição da pena privativa de liberdade por restritiva de direitos, caso não se ultrapasse o *quantum* de quatro anos. Além disso, somente se pode aplicar o benefício, quando o objeto material for retirado de cadáver, pois inexistiria violência contra a pessoa.

22. Qualificadora: liga-se o conteúdo desta qualificadora ao preceituado pelo art. 129, § 1.º, CP. O crime de remoção de tecidos, órgãos ou partes do corpo humano não deixa de ser similar à lesão corporal. Afinal, nesta última, o agente quer apenas ferir a vítima, sem buscar nenhum outro tipo de vantagem ou objetivo. Naquele, a lesão tem uma finalidade diversa, significando a retirada de algo, com objetivo mais amplo que simplesmente ferir a integridade corporal. Entretanto, justamente por existir uma finalidade maior, igualmente contestável, vez que contrária à vontade do ofendido, a pena sofre elevação, se comparada ao art. 129, § 1.º, do Código Penal.

23. Incapacidade para as ocupações habituais: essas ocupações são genéricas e não dizem respeito, unicamente, à atividade profissional do ofendido. Quer-se sancionar mais severamente a lesão, quando a vítima permanece impedida de fazer a sua atividade cotidiana, seja trabalhar ou exercitar algum esporte ou hobby. Naturalmente, leva-se em conta somente a ocupação habitual lícita. Assim que for ultrapassado o prazo de 30 dias, deve a vítima submeter-se a exame pericial complementar, para ser atestada a incapacitação por tal período.

24. Perigo de vida: é a situação em que a vítima, em virtude da lesão sofrida, quase faleceu ou havia potencialidade para provocar a morte. Cuidando-se de análise médica, não se pode prescindir da perícia, atestando exatamente o que pede o tipo penal, vale dizer, se o ofendido, em razão da remoção do tecido, órgão ou parte do corpo, correu o risco de morrer.

25. Debilidade permanente: a debilidade caracteriza-se por fraqueza ou frouxidão; a sua duração, estampada pelo termo *permanente* indica algo contínuo, de cessação indefinida. Volta-se a membro (coxas, pernas, pés, braços, antebraços, mãos e pênis), sentido (audição, visão, olfato, paladar e tato) ou função (renal, reprodutora, digestiva etc.). Naturalmente, extirpando-se um dedo, haverá debilidade permanente da mão, configurando-se a qualificadora. É preciso haver exame pericial. A constatação deve realizar-se durante a colheita da prova, na instrução, de acordo com as condições gerais, onde estão inseridos agente e vítima.

26. Aceleração de parto: a gestação possui um prazo normal para findar, além do que o acompanhamento médico é capaz de indicar a proximidade do parto. Portanto, a alteração nessa naturalidade, em razão da remoção de tecido, órgão ou parte do corpo, provocando o nascimento prematuro da criança, configura a qualificadora. Lembremos que é preciso o nascimento com vida, pois, do contrário, pode configurar-se o aborto, que é componente da qualificadora prevista no § 3.º, V.

27. Benefícios penais: não há transação, nem suspensão condicional do processo. O *sursis*, como regra, também é inaplicável. Resta a substituição da pena privativa de liberdade por restritiva de direitos, caso não se ultrapasse o *quantum* de quatro anos. Além disso, somente se pode aplicar o benefício, quando o objeto material for retirado de cadáver, pois inexistiria violência contra a pessoa.

28. Qualificadora: vincula-se o estudo desta qualificadora ao disposto pelo art. 129, § 2.º, do Código Penal, denominado de lesão corporal gravíssima. Portanto, a extração de tecido, órgão ou parte do corpo humano pode gerar situações mais graves que as já apontadas no parágrafo anterior. Diante disso, a pena se agrava. É importante observar que a pena de quatro a doze anos assemelha-se à prevista para a lesão corporal seguida de morte (art. 129, § 3.º, CP). Entende-se a aparente contradição. O crime de remoção de órgão, tecido ou parte do corpo é mais grave que a lesão corporal, mesmo ambos sendo dolosos. O envolvimento de interesses, muitas vezes mercenários, o descontrole para o governo, em relação às listas únicas de espera, o sistema de saúde abarrotado de casos graves, necessitando de transplantes, enfim, o quadro é mais específico e gera maior ofensividade do que a simples lesão de um particular contra outro. Desse modo, a inserção de qualificadoras acompanhou a pena do tipo básico, que, no caso do art. 14 desta Lei, já começou em patamar elevado (reclusão, de dois a seis anos e multa). Esse montante é quase o mesmo que o previsto para a lesão corporal gravíssima (art. 129, § 2.º, CP). Entretanto, a lesão simples (art. 129, caput, CP) tem pena bem menor (detenção, de três meses a um ano).

29. Incapacidade para o trabalho: nesta hipótese, não se foca a ocupação habitual, mas a efetiva atividade laboral da vítima. Pouco importa qual seja o tipo de trabalho desenvolvido; o objetivo é que, em virtude da lesão sofrida pela remoção de tecido, órgão ou parte do corpo, o ofendido torna-se *incapaz* de exercitar seu trabalho. A incapacidade pode ser absoluta ou relativa, pois o tipo penal não especificou. Cremos que deve ser apurada no decorrer da instrução, vale dizer, ainda que, tempos depois, a vítima consiga retornar à atividade laboral primitiva, não se pode pensar em revisão criminal em favor do réu. Cuida-se de situação fortuita, incapaz de gerar segurança jurídica. Outro enfoque a ser analisado é a espécie de trabalho. É verdade que a lesão causada pode prejudicar um tipo de trabalho, mas não outro. Pouco importa. Se o ofendido se vir privado da atividade laboral que exerce antes da lesão, incide a qualificadora. Ex.: a vítima é jogadora de futebol; perde o pé e não mais pode jogar; ainda que comece a trabalhar em outra atividade qualquer, deve incidir a qualificadora. Fere a dignidade da pessoa humana obrigá-la a mudar de profissão, sem que o agente seja mais gravemente apenado por isso.

30. Enfermidade incurável: trata-se da existência de doença sem qualquer perspectiva de cura no momento em que a vítima sofre a lesão. Naturalmente, não se pode considerar, para a aplicação da qualificadora, a possibilidade de restabelecimento da saúde no futuro, sob o prisma de evolução da medicina. Fosse assim, o dispositivo penal seria, sempre, inaplicável. O importante é a verificação da impossibilidade de cura até o momento da sentença de primeira instância, quando o julgador forma o seu convencimento e pode avaliar a gravidade da lesão provocada. Outro ponto relevante diz respeito à viabilidade de tratamento para que a enfermidade possa ser controlada. Em primeiro lugar, deve-se respeitar a dignidade da pessoa humana, no caso a vítima, não se podendo obrigá-la a realizar um tratamento temerário e experimental, passível de levá-la a resultados mais graves, inclusive a morte. Em segundo plano, não se pode aceitar a singela recusa do ofendido em realizar um determinado tratamento, calcado em motivos frágeis, como medo de cirurgia ou respeito a preceitos religiosos. Nesta hipótese, o réu não dever ser prejudicado, merecendo o caso o afastamento da qualificadora. Portanto, existindo tratamento razoável, deve a vítima se submeter ao mesmo. Não havendo tratamento usual, não se pode exigir do ofendido a missão de *cobaia* ou *herói* em testes experimentais. Finalmente, se, aplicada a pena, consolidado do trânsito em julgado da decisão condenatória, advier a cura para a doença da vítima (gerada pela agressão causada pelo réu), não se deve aceitar a propositura de revisão criminal. Afinal, a enfermidade era incurável à época dos fatos e da decisão condenatória. O avanço da medicina não tem o condão de desfazer a situação fática, efetivamente existente no instante da lesão e, também, no momento da avaliação pelo Poder Judiciário.

31. AIDS: cuidava-se de enfermidade letal, quando se descobriu a ação do vírus HIV no organismo humano, situação ocorrida há cerca de 25 anos. Não havia, à época, nenhuma perspectiva de cura ou de prorrogação, por tempo indeterminado, da vida humana. Entretanto, nos dias de hoje, cada vez mais a medicina avança nessa área de pesquisa, descobrindo remédios componentes de um *coquetel*, cuja ingestão pode acarretar uma sobrevida de muitos anos. Estamos em fase de transformação de uma doença letal em enfermidade crônica. Se assim for considerada a AIDS, certamente, a transmissão do vírus HIV não poderá configurar uma tentativa de homicídio, mas somente uma lesão corporal de natureza gravíssima. No entanto, se ainda não se puder desse modo denominá-la, persistindo o seu aspecto mortífero, a adequação típica se daria no cenário da tentativa de homicídio. No caso da remoção e transplante de órgãos, seria possível a transmissão do vírus, por conta dessa ação (quando considerada criminosa), imaginando-se a necessidade de uma transfusão, realizada com sangue contaminado. Temos sustentado que, por ora, a enfermidade mantém seu caráter fatal, logo, a transmissão dolosa viabilizaria o enquadramento em tentativa de homicídio ou homicídio (se a vítima morrer). Em suma, o ideal seria a produção de prova técnica, ouvindo-se médicos especialistas, para melhor adequar o caso concreto à tipicidade incriminadora. Conferir as notas 38-A ao art. 121 e 16 ao art. 130 do nosso *Código Penal comentado*.

32. Perda ou inutilização de membro, sentido ou função: *perda* implica ausência de movimentação ou de domínio sobre algo, tratando-se de partes do corpo humano; *inutilização* significa destruição ou dano. Portanto, a lesão provocada na vítima pode gerar a perda da movimentação de um braço, embora este continue ligado ao tronco, como pode causar a inutilização do braço, podendo-se supor ter sido o membro desconectado do tronco. Membro é um apêndice do tronco humano. Há dois superiores, consistentes em braço, antebraço e mão, bem como dois inferiores, formados por coxa, perna e pé. Além desses, no caso masculino, existe ainda o membro genital (pênis). Os sentidos são os órgãos do corpo humano capazes de recepcionar as sensações, vale dizer, a visão, a audição, o paladar, o tato e o olfato. As funções do organismo humano são as atividades inatas e naturais dos órgãos, como as funções digestiva, respiratória, reprodutora, dentre outras. Demanda-se prova pericial, visando à efetiva comprovação da ausência de movimentação ou destruição do membro, sentido ou função. Quando houver relativa perda ou inutilização, desclassifica-se a infração para a forma mais branda, consistente em debilidade permanente de membro, sentido ou função (§ 2.º, III, art. 14, desta Lei). Lembremos, ainda, o disposto pelo art. 9.º, § 3.º, desta Lei, vedando a disposição de partes do corpo humano capaz de gerar mutilação (decepamento de qualquer membro).

33. Deformidade permanente: cuida-se de defeito físico de duração indeterminada. Qualquer anormalidade provocada no corpo da vítima, desde que permanente, pode gerar a qualificadora. Deve-se interpretar esta situação em harmonia com o disposto no art. 9.º, § 3.º, desta Lei, mencionando ser vedada a doação de tecidos, órgãos ou partes do corpo humano, quando gerar deformação inaceitável. Logicamente, não há interpretação certa e única a respeito desse resultado. Porém, deve-se analisar o caso concreto à luz dos costumes e tradições da sociedade, à época da sua ocorrência. Se, no passado, a colocação de tatuagens ou *piercings* era considerada atividade repulsiva, hoje não se pode mais acolher tal sentimento. Por isso, a deformidade precisa ser verificada concretamente, embora, desde logo, fixemos a posição de que se trata de qualquer tipo de deformação do corpo humano. Não há que se ligar o quadro de anormalidade apenas à parte estética, ou seja, se a lesão for causada no rosto da vítima, pode-se falar em deformidade; caso seja provocada na barriga, oculta, geralmente, pela roupa, não. Ora, em nome da dignidade da pessoa humana, nenhuma deformidade no corpo humano, quando permanente e derivada da lesão causada pelo agente, pode ser desconsiderada. Outro fator a ser analisado diz respeito à condição econômico-social da vítima. Em nosso entendimento, não se pode aplicar desigualmente esta qualificadora, levando-se em conta ser o ofendido pobre ou rico. Sob tal pretexto, algumas vozes sustentam que a lesão provocada na pessoa rica, frequentadora de altas rodas, pode ser muito mais incômoda do que aquela gerada na pessoa pobre, cujo ambiente social não favorece a comparações e questionamentos estéticos. Trata-se de puro preconceito, a ser eliminado pela aplicação justa do Direito. Não importa o sexo, a condição social, a profissão ou qualquer outro elemento similar para a composição da deformidade permanente. Há que se relevar, também, o avanço e os recursos da medicina para avaliar a deformação causada pela lesão. Para tanto, cumpre avaliar o que está à disposição da vítima no momento da sua recuperação em virtude da agressão sofrida. Se há recursos para contornar a deformação, devem ser utilizados. A negativa injustificada do ofendido em se submeter ao tratamento pode dar margem ao afastamento da qualificadora pelo julgador. Porém, se o tratamento for experimental e gerador de risco maior à integridade ou à vida da vítima, por óbvio, não se pode exigir que lhe seja aplicado. Nesse caso, persistindo a deformidade, mantém-se, igualmente, a qualificadora. Por derradeiro, qualquer deformação de caráter duradouro é capaz de acarretar a aplicação do aumento de pena, seja estética ou não, seja visível ou não.

34. Aborto: cuida-se da interrupção da gravidez, gerando a morte do feto ou embrião. O estado da vítima precisa ser do conhecimento do agente, sob pena de se consagrar uma indevida responsabilidade penal objetiva. Sobre o elemento subjetivo em relação ao aborto, consulte-se a nota 36 *infra*.

35. Benefícios penais: não se admite transação, nem suspensão condicional do processo. Como regra, não cabe suspensão condicional da pena, nem penas alternativas. Neste último caso, trata-se de crime praticado com violência contra a pessoa. Caso a pena seja fixada no mínimo legal, pode-se aplicar o regime inicial aberto.

36. Crime qualificado pelo resultado: é o delito que possui um fato-base, definido e sancionado como crime (remoção de tecido, órgão ou parte do corpo humano, sem autorização legal), embora seja capaz de gerar, ainda, um outro resultado, objetivamente mais grave, produzindo a elevação da pena. O evento qualificador vincula-se ao gerador. Por isso, aplica-se o art. 19 do Código Penal: "pelo resultado que agrava especialmente a pena, só responde o agente que o houver causado ao menos culposamente". Tal disposição significa que o elemento subjetivo do agente, quanto ao resultado qualificador, pode ser o dolo ou a culpa. Assim, cuidando-se de crime doloso o fato-base (remoção de tecido, órgão ou parte do corpo humano), qualquer evento qualificador (incapacidade para as ocupações habituais por mais de 30 dias; perigo de vida; debilidade permanente de membro, sentido ou função; aceleração de parto; incapacidade para o trabalho; enfermidade incurável; perda ou inutilização de membro, sentido ou função; deformidade permanente; aborto; morte) pode ser produzido com dolo ou culpa. Não se está diante de delito denominado de preterdoloso, aquele que somente pode ser cometido com dolo na conduta antecedente (fato-base) e culpa na conduta subsequente (lesão grave ou morte). Para que houvesse crime preterdoloso, deveria o legislador fixar tal premissa no tipo penal, como efeito do princípio da legalidade, tal como realizado no tocante ao art. 129, § 3.º, do Código Penal, cujo resultado qualificador não pode abranger dolo direto ou eventual. Portanto, o evento qualificador (morte) só pode ocorrer com culpa. Não é o caso do delito previsto no art. 14 desta Lei. Em momento algum se encontra a vedação da ocorrência do resultado qualificador gerado com dolo. Não cabe ao intérprete, por qualquer motivo, inovar onde a lei não o faz, especialmente com nítido prejuízo ao réu. Da mesma forma que, havendo um roubo seguido de morte, com dolo ou culpa no tocante ao evento *morte*, cuida-se de latrocínio (art. 157, § 3.º, CP), ocorrendo um transplante ilegal, com resultado mais grave, inclusive a morte, pode-se falar em crime qualificado pelo resultado e não em dois delitos (transplante ilegal + homicídio), em concurso de crimes. Por óbvio, se o agente *quer* matar a vítima e, aproveitando-

-se disso, extrai-lhe algum tecido, órgão ou parte do corpo, cuida-se de homicídio qualificado. Note-se, entretanto, o cuidado de analisar o elemento subjetivo inicial: realizar transplante, podendo-se até assumir o risco de morte da vítima ou matar o ofendido, aproveitando-se para a retirada de parte do corpo. São situações diferentes, com ânimos diversificados, merecendo a correta adequação típica. Finalmente, não se pode olvidar a pena cominada, que é o dobro (em relação ao mínimo) da pena prevista para a lesão corporal seguida de morte (esta, sim, com resultado *morte* gerado apenas com culpa). Eis outra prova de que o delito é qualificado pelo resultado na sua forma ampla e jamais preterdoloso. Seguindo o nosso entendimento, na jurisprudência: STF: "Recurso extraordinário. Constitucional. Direito Penal e Processual Penal. Crime previsto no § 4.º do art. 14 da Lei n.º 9.434/97 (remoção de tecidos, órgãos ou partes do corpo de pessoa viva, para fins de transplante e tratamento, em desacordo com as disposições legais e regulamentares, com resultado morte). Objeto jurídico: ética e moralidade no contexto da doação de tecidos, órgãos e partes do corpo humano, preservação da integridade física e da vida das pessoas e respeito à memória dos mortos. Delito qualificado pelo resultado. Competência do juízo criminal singular. Afastamento da competência do tribunal do júri (CF, art. 5.º, inciso XXXVIII, alínea *d*). Recurso do qual se conhece e ao qual se dá provimento, sem fixação de tese de repercussão geral. (...) Vê-se, desse modo, que a proteção da vida apresenta-se como objeto de tutela do tipo penal de forma mediata, não se podendo estabelecer que se cuida de crime doloso contra a vida a fixar a competência do júri, tal como posto no art. 5.º, XXXVIII, d, da Constituição Federal. Ademais, trata-se de crime qualificado pelo resultado morte, que abarca as condutas em que o evento morte decorre seja de dolo ou seja de culpa, e não apenas de crime preterdoloso, como consignou o Relator do voto condutor do acórdão recorrido" (RE 1.313.494 – MG, 1.ª T., rel. Dias Toffoli, 14.09.2021, m.v.).

37. Benefícios penais: praticamente inexistem. A pena mínima (oito anos) não comporta suspensão condicional da pena, nem penas alternativas. O regime inicial pode ser o semiaberto. Como regra, portanto, o agente começará o cumprimento da pena em regime de privação da liberdade.

> **Art. 15.** Comprar ou vender[38-40] tecidos, órgãos ou partes do corpo humano:[41-42]
>
> Pena – reclusão, de três a oito anos, e multa, de 200 a 360 dias-multa.[43]
>
> **Parágrafo único.** Incorre na mesma pena quem promove, intermedeia, facilita ou aufere qualquer vantagem com a transação.[44-45]

38. Análise do núcleo do tipo: *comprar* significa adquirir mediante o pagamento de determinado preço ou valor; *vender* quer dizer entregar ou ceder mediante o pagamento de certo preço ou valor. Cuida-se, portanto, de um negócio, visando-se lucro, o que confere um indevido caráter mercantilista a uma ação idealmente vista como solidária e fraterna. O objeto da compra e venda são tecidos (conjuntos de células conjuntamente dispostas com o fito de realizar determinadas funções no organismo humano, tal como o tecido adiposo, que armazena gordura), órgãos (formações orgânicas constituídas por tecidos, com particular função no corpo humano, tal como o coração) e partes do corpo humano (trata-se de conceito residual, aplicando-se para todas as parcelas do corpo, não abrangidas pelos tecidos ou órgãos). Lembremos, ainda, que o art. 1.º, parágrafo único, exclui, para os fins legais, do âmbito dos tecidos, o sangue, o esperma e o óvulo. Naturalmente, a exclusão tem seu fundamento no fato de serem líquidos ou corpúsculos repostos pelo organismo automaticamente, quando eliminados. Por isso, pode haver a doação de sangue, esperma e óvulo sem a intervenção do Estado.

39. Sujeitos ativo e passivo: o sujeito ativo pode ser qualquer pessoa. O sujeito passivo é a sociedade, pois se está zelando pela ética e pela moralidade no trato com a doação de tecidos, órgãos e partes do corpo humano. Sem dúvida, em caráter secundário, inclui-se, diretamente, a pessoa que teve o tecido, órgão ou parte do corpo objeto de remoção para comércio. No caso do morto, em segundo plano, está, ainda, a sociedade, para garantir o respeito à memória do falecido.

40. Elemento subjetivo do tipo: é o dolo. Não há elemento subjetivo específico, nem se pune a forma culposa.

41. Objetos material e jurídico: o objeto material é composto pelos tecidos, órgãos ou partes do corpo humano. O objeto jurídico é a ética e a moralidade no contexto da doação de tecidos, órgãos ou partes do corpo humano, bem como a preservação da integridade física e da vida das pessoas. O controle estatal em relação aos transplantes em geral, cuidando de organizar uma fila para a recepção das doações, realizadas de modo gratuito, impõe respeito à dignidade da pessoa humana, proibindo-se o comércio de partes do corpo humano, algo naturalmente degradante. Não se poderia pensar em civilidade, ética e bons costumes, caso fosse permitido o mercantilismo nesse cenário tão delicado, envolvendo, diretamente, a vida humana.

42. Classificação: é crime comum (pode ser cometido por qualquer pessoa); material (exige o resultado naturalístico, consistente na efetiva compra ou venda do tecido, órgão ou parte do corpo, mesmo que não haja tempo ou condições para a sua retirada ou aproveitamento); de forma livre (pode ser cometido por qualquer meio eleito pelo agente); comissivo (as condutas implicam ações); instantâneo (o crime se consuma em determinado momento, não se prolongando no tempo); de dano (exige a efetiva lesão ao bem jurídico tutelado); unissubjetivo (pode ser cometido por um só agente); plurissubsistente (como regra, é praticado por meio de vários atos); admite tentativa.

43. Benefícios penais: não há transação, nem suspensão condicional do processo. O *sursis*, como regra, também é inaplicável. Resta a substituição da pena privativa de liberdade por restritiva de direitos, caso não se ultrapasse o *quantum* de quatro anos. Além disso, somente se pode aplicar o benefício, quando o objeto material for retirado de cadáver, pois inexistiria violência contra a pessoa. Do mesmo modo, quando a compra e venda realizar-se sem a remoção do tecido, órgão ou parte do corpo humano de pessoa viva.

44. Participação relevante: em geral, a colaboração dos partícipes, em qualquer delito, é regulada pela fórmula geral, constante do art. 29 do Código Penal: "quem, de qualquer modo, concorre para o crime incide nas penas a este cominadas, na medida de sua culpabilidade". Nesse caso, a pena pode variar conforme o grau de reprovação merecido, valendo a aplicação, quando necessário, da diminuição de pena prevista no art. 29, § 1.º: "se a participação for de menor importância, a pena pode ser diminuída de 1/6 (um sexto) a 1/3 (um terço)". Entretanto, por vezes, o legislador entende serem os partícipes tão relevantes quanto os autores, criando uma figura específica, no tipo incriminador, de modo a igualar a sua atividade à de quem deu ensejo aos atos executórios. Esta é a situação do parágrafo único do art. 15 desta Lei. Aquele que *promover* (favorecer o avanço de algo; trabalhar em prol de alguma coisa), *intermediar* (servir de contato entre duas partes para promover algo), *facilitar* (tornar algo mais fácil, menos custoso ou árduo) ou *auferir vantagem* (obter qualquer benefício ou lucro), em relação à transação (compra e venda de tecido, órgão ou parte do corpo humano), deve ser apenado como se autor fosse ("incorre na mesma pena..."). Logo, para esse tipo de participação, jamais se poderá considerá-la de *menor importância*. Na jurisprudência: STJ: "1. O Tribunal de origem, após minuciosa análise dos fatos e provas dos autos, concluiu de forma clara e fundamentada que o réu, com vontade livre e consciente, praticou a conduta tipificada no art. 15, parágrafo único, da Lei n.º 9.434/97, com o intuito de obter vantagem pecuniária, o que, por si só, é suficiente para afastar a tese de que tenha praticado os referidos atos no exercício regular do direito. Desse modo, mostra-se totalmente improcedente a alegada existência de omissão no aresto impugnado" (AgRg no AREsp 781.965 – MG, 5.ª T., rel. Ribeiro Dantas, 03.10.2017, v.u.).

45. Competência: como já mencionado, como regra, cuida-se de competência da Justiça Estadual. Porém, tratando-se de comércio *internacional* de órgãos, naturalmente, ingressa-se no contexto da Justiça Federal (art. 109, V, CF).

> **Art. 16.** Realizar[46-48] transplante ou enxerto utilizando tecidos, órgãos ou partes do corpo humano de que se tem ciência terem sido obtidos em desacordo com os dispositivos desta Lei:[49-50]
> Pena – reclusão, de um a seis anos, e multa, de 150 a 300 dias-multa.[51]

46. Análise do núcleo do tipo: *realizar* (tornar algo efetivo; concretizar) é a conduta principal, cujo objeto é o transplante (transferência de tecido, órgão ou outra parte do corpo humano de um corpo, vivo ou morto, para outro corpo humano vivo) ou enxerto (implantação de um tecido ou órgão em outro organismo, que, normalmente, não mais tem condições de regeneração própria). Ingressa no tipo incriminador, para dar-lhe o sentido exato, a ciência do agente de que o tecido, órgão ou parte do corpo humano foi obtida *em desacordo com os dispositivos desta Lei*. Logo, temos o mesmo critério exposto no art. 14, remetendo, pois, o leitor à nota 11 *supra*. Em suma, o transplante e o enxerto não são atividades proibidas, mas somente devem ser realizados em consonância com a previsão feita por esta Lei e pelos Regulamentos do Conselho Federal de Medicina. Não se admite a comercialização, bem como qualquer prejuízo para o ser humano, em relação à sua saúde mental e às suas aptidões vitais. Cumpre ressaltar, ainda, serem viáveis o autotransplante e o autoenxerto, retirando-se tecido ou outra parte do corpo humano para utilização no próprio doador. Regula-se, então, pelo disposto no art. 9.º, § 8.º, desta Lei: "o autotransplante depende apenas do consentimento do próprio indivíduo, registrado em seu prontuário médico ou, se ele for juridicamente incapaz, de um de seus pais ou responsáveis legais".

47. Sujeitos ativo e passivo: o sujeito ativo pode ser qualquer pessoa. Como regra, cabe ao médico realizar transplantes e enxertos. Entretanto, o tipo penal não exige, exclusivamente, esse profissional, podendo ocupar o lugar dele qualquer habilitado ou experimentado no assunto. O sujeito passivo é, primordialmente, a sociedade, diante do interesse geral em tutelar tal atividade. Porém, secundariamente, pode-se incluir, ainda, o doador, quando vivo.

48. Elemento subjetivo do tipo: é o dolo, exclusivamente na modalidade *direta*. Não se configura o crime com dolo eventual. A expressa menção *de que se tem ciência* indica a clara intenção do agente em realizar o transplante ou enxerto infringindo as regras legais. Não há elemento subjetivo específico. Inexiste a forma culposa.

49. Objetos material e jurídico: o objeto material é o tecido, órgão ou parte do corpo humano transplantado ou enxertado. O objeto jurídico é a ética e a moralidade no contexto da doação de tecidos, órgãos ou partes do corpo humano, bem como a preservação da integridade física e da vida das pessoas.

50. Classificação: é crime comum (pode ser cometido por qualquer pessoa); material (exige o resultado naturalístico, consistente na efetiva realização do transplante ou enxerto de tecido, órgão ou parte do corpo); de forma livre (pode ser cometido por qualquer meio eleito pelo agente); comissivo (a conduta implica ação); instantâneo (o crime se consuma em determinado momento, não se prolongando no tempo); de dano (exige a efetiva lesão ao bem jurídico tutelado); unissubjetivo (pode ser cometido por um só agente); plurissubsistente (como regra, é praticado por meio de vários atos); admite tentativa.

51. Benefícios penais: admite suspensão condicional do processo, tendo em vista ser a pena mínima fixada no patamar de um ano. Em caso de condenação, admite, ainda, a suspensão condicional da pena (art. 77, CP), bem como a substituição da pena privativa de liberdade por restritiva de direitos (art. 44, CP), conforme o patamar aplicado. Neste último caso, é preciso que não tenha havido violência contra a pessoa, vale dizer, a retirada de tecido, órgão ou parte do corpo humano do doador à força, contra a sua vontade.

> **Art. 17.** Recolher, transportar, guardar ou distribuir[52-54] partes do corpo humano de que se tem ciência terem sido obtidos em desacordo com os dispositivos desta Lei:[55-56]
>
> Pena – reclusão, de seis meses a dois anos, e multa, de 100 a 250 dias-multa.[57]

52. Análise do núcleo do tipo: *recolher* (juntar, reunir, trazer a si), *transportar* (levar de um lugar a outro), *guardar* (manter em algum lugar, conservar) e *distribuir* (entregar a outros, repartindo) são as condutas alternativas previstas no tipo. A prática de mais de uma ação implica a realização de um único delito, desde que no mesmo contexto. O objeto das condutas são as partes do corpo humano obtidas em desacordo com esta Lei, vale dizer, removidas de corpo humano vivo ou morto. Busca-se punir a atividade secundária à retirada de tecido, órgão ou parte do corpo humano, consistente no apoio logístico para tanto. Por isso, além do profissional que remove tais partes, bem como aquele que irá reimplantá-las, torna-se essencial punir o agente de suporte. Este apoio humano visa ao ajuntamento das partes do corpo humano, quando retiradas, levando-as para o local de reimplante, além de mantê-las esfriadas e em condições durante o tempo necessário, finalizando com a entrega. Sobre a expressão de complementação do tipo penal consistente em *desacordo com os dispositivos desta Lei*, consultar a nota 11 ao art. 14.

53. Sujeitos ativo e passivo: o sujeito ativo pode ser qualquer pessoa. O sujeito passivo é, primariamente, a sociedade. Secundariamente, a pessoa doadora, especialmente, quando a remoção se der contra a sua vontade.

54. Elemento subjetivo do tipo: é o dolo. Não se aceita o dolo eventual, mas somente o direto. Reconhece-se a sua existência pela expressão *de que se tem ciência*. Logo, não há chance para assumir riscos, devendo-se buscar a certeza do agente. Inexiste elemento subjetivo específico. Não se pune a forma culposa.

55. Objetos material e jurídico: o objeto material é a parte do corpo humano removida. O objeto jurídico é a ética e a moralidade no contexto da doação de tecidos, órgãos ou partes do corpo humano, bem como a preservação da integridade física e da vida das pessoas.

56. Classificação: é crime comum (pode ser cometido por qualquer pessoa); material (exige o resultado naturalístico, consistente na efetiva realização de qualquer das condutas previstas no tipo); de forma livre (pode ser cometido por qualquer meio eleito pelo agente); comissivo (as condutas implicam ações); instantâneo (o crime se consuma em determinado momento, não se prolongando no tempo), embora se possa caracterizar a forma permanente (há consumação prolongada no tempo) nas formas *transportar* e *guardar*; de dano (exige a efetiva lesão ao bem jurídico tutelado); unissubjetivo (pode ser cometido por um só agente); plurissubsistente (como regra, é praticado por meio de vários atos); admite tentativa.

57. Benefícios penais: admite transação e suspensão condicional do processo pena, tendo em vista tratar-se de infração de menor potencial ofensivo. Em caso de condenação, admite, ainda, a suspensão condicional da pena (art. 77, CP), bem como a substituição da pena privativa de liberdade por restritiva de direitos (art. 44, CP).

> **Art. 18.** Realizar[58-61] transplante ou enxerto em desacordo com o disposto no art. 10 desta Lei e seu parágrafo único:[62-64]
> Pena – detenção, de seis meses a dois anos.[65]

58. Análise do núcleo do tipo: *realizar* (tornar algo efetivo; concretizar) é a conduta principal, cujo objeto é o transplante (transferência de tecido, órgão ou outra parte do corpo humano de um corpo, vivo ou morto, para outro corpo humano vivo) ou enxerto (implantação de um tecido ou órgão em outro organismo, que, normalmente, não mais tem condições de regeneração própria). O complemento para a exata compreensão da ilicitude é dado pela expressão *em desacordo com o disposto no art. 10 desta Lei e seu parágrafo único*. Em primeiro lugar, vale destacar que a modificação introduzida pela Lei 10.211/2001, em lugar de parágrafo único, passou o art. 10 a contar com dois parágrafos. Ainda assim, o art. 18 é superfetação, consequentemente desnecessário. A existência do anterior art. 16 supre, perfeitamente, todo e qualquer transplante ou enxerto em desacordo com a Lei 9.434/97. Entretanto, o que se buscou diferenciar consistiu no seguinte aspecto: enquanto o art. 16 cuidou de prever a remoção de partes do corpo humano em caráter geral, o art. 18 focou, basicamente, o problema da lista de espera. Portanto, o referido art. 18 não passa de uma figura privilegiada quando contraposto ao art. 16. A atividade de remoção de tecido, órgão ou parte do corpo humano irregular deve ser punida, primariamente, como incursa no art. 16, com pena de reclusão de um a seis anos e multa. Entretanto, "furar" a lista de espera, organizada oficialmente pelos órgãos de saúde, acarreta um delito menor, com punição consistente em detenção, de seis meses a dois anos, sem multa. Poderia ter sido inserido o conteúdo do art. 18 como parágrafo do art. 16 e, tecnicamente, ter-se-ia um tipo penal mais adequado.

59. Sistema Nacional de Transplante: cuida-se de organismo composto pelo Ministério da Saúde, Secretarias de Saúde dos Estados e do Distrito Federal; Secretarias de Saúde dos Municípios; Centrais Estaduais de Transplantes; Central Nacional de Transplantes; as estruturas especializadas integrantes da rede de procura e doação de órgãos, tecidos, células e partes do corpo humano para transplantes; as estruturas especializadas no processamento para preservação *ex situ* de órgãos, tecidos, células e partes do corpo humano para transplantes; os estabelecimentos de saúde transplantadores e as equipes especializadas; a rede de serviços auxiliares específicos para a realização de transplantes (art. 3.º, Decreto 9.175/2017).

60. Sujeitos ativo e passivo: o sujeito ativo pode ser qualquer pessoa, muito embora o médico seja o profissional mais adequado para realizar transplantes e enxertos. O sujeito passivo é a sociedade, levando-se em conta o bem jurídico tutelado. Secundariamente, pode-se incluir o receptor, que experimentou prejuízo diante da alteração da preferência na lista de espera ou cuja ação se deu sem o seu consentimento expresso.

61. Elemento subjetivo do tipo: é o dolo. Neste caso, tanto faz o direto como o eventual. Não há elemento subjetivo do tipo, nem se pune a forma culposa.

62. Objetos material e jurídico: o objeto material é a parte do corpo humano removida. O objeto jurídico é a ética e a moralidade no contexto da doação de tecidos, órgãos ou partes do corpo humano, bem como a preservação da integridade física e da vida das pessoas.

63. Classificação: é crime comum (pode ser cometido por qualquer pessoa); material (exige o resultado naturalístico, consistente na efetiva realização do transplante ou enxerto); de forma livre (pode ser cometido por qualquer meio eleito pelo agente); comissivo (a conduta implica ação); instantâneo (o crime se consuma em determinado momento, não se prolongando no tempo), de dano (exige a efetiva lesão ao bem jurídico tutelado); unissubjetivo (pode ser cometido por um só agente); plurissubsistente (como regra, é praticado por meio de vários atos); admite tentativa.

64. Intervenção do Judiciário: cabe ressaltar que a doação de tecido, órgão ou outra parte do corpo humano, quando realizada entre pessoas vivas e estranhas, necessita de autorização judicial. Analisa-se, basicamente, a indispensabilidade do transplante e sua potencial eficácia. Porém, não se imiscui o juiz nos critérios do Sistema Nacional de Transplantes para priorizar determinada cirurgia em detrimento de outra, ou seja, o controle da *fila de espera* não diz respeito ao Poder Judiciário.

65. Benefícios penais: admite transação e suspensão condicional do processo, tendo em vista tratar-se de infração de menor potencial ofensivo. Em caso de condenação, admite, ainda, a suspensão condicional da pena (art. 77, CP), bem como a substituição da pena privativa de liberdade por restritiva de direitos (art. 44, CP). Neste último caso, desde que a realização do transplante ou enxerto ocorra com concordância do doador e do receptor. Afinal, outra forma equivaleria à utilização de violência contra a pessoa.

> **Art. 19.** Deixar[66-68] de recompor cadáver, devolvendo-lhe aspecto condigno, para sepultamento ou deixar de entregar ou retardar sua entrega aos familiares ou interessados:[69-70]
> Pena – detenção, de seis meses a dois anos.[71]

66. Análise do núcleo do tipo: *deixar de recompor* significa omitir-se no restabelecimento ou na recuperação de algo; *deixar de entregar* quer dizer a omissão de efetuar a devida restituição de algo a quem de direito; *retardar a entrega* significa o atraso na devida restituição de algo a quem de direito. As condutas são mistas alternativas, ou seja, a realização de uma delas ou de mais de uma implica o cometimento de um único crime. O objeto de todas é o cadáver (corpo da pessoa morta). Tutela-se o respeito à memória dos mortos, razão pela qual, realizado um transplante ou enxerto, em particular, removendo-se partes do cadáver, há justiça em se exigir a sua recomposição para que se apresente com *aspecto condigno* (aparência normal ou merecida). Trata-se, logicamente, de elemento normativo do tipo, de valoração cultural. Não se pode demandar uma recuperação do morto com requinte de técnica, valendo-se de maquiagem ou outros instrumentos para conferir ao cadáver uma aparência tão natural quanto a de um corpo humano em mero sono físico. Porém, é de se cobrar de quem procedeu à remoção das partes necessárias o retorno do cadáver a um aspecto normal, vale dizer, algo que não cause repulsa. Não se poderia admitir, por exemplo, que a remoção das córneas implicasse a retirada dos olhos, deixando no rosto dois buracos, sem o menor cuidado em recompor as pálpebras, colocando-as fechadas, tal como se espera encontrar um cadáver no caixão, seja no velório ou no enterro. Por outro lado, é possível que, mesmo recomposto, ocorra a demora injustificada em encaminhá-lo aos familiares ou quem de direito, para o sepultamento digno. O retardo ou a omissão na entrega, certamente, provocará ansiedade e desespero, situação inaceitável para o momento de dor e pesar.

67. Sujeitos ativo e passivo: o sujeito ativo pode ser qualquer pessoa. O tipo penal não demanda, expressamente, um sujeito qualificado. Entretanto, na prática, somente se poderá adequar a conduta de alguém diretamente vinculado à remoção do tecido, órgão ou parte do corpo humano ou outra pessoa, por profissão ou contrato, ligada ao preparo do cadáver para sepultamento. O sujeito passivo é a sociedade. Secundariamente, pode-se incluir a família ou parte relacionada ao morto.

68. Elemento subjetivo do tipo: é o dolo. Não há elemento subjetivo específico, nem se pune a forma culposa.

69. Objetos material e jurídico: o objeto material é o cadáver. O objeto jurídico é o respeito à memória dos mortos.

70. Classificação: é crime comum (pode ser cometido por qualquer pessoa); formal (não exige o resultado naturalístico, consistente na efetiva indignação de terceiros); de forma livre (pode ser cometido por qualquer meio eleito pelo agente); omissivo (a conduta implica não fazer) nas formas *deixar de recompor* e *deixar de entregar*, podendo ser comissivo (a conduta implica ação) na forma *retardar*. Neste caso, torna-se imperioso verificar qual o *modus operandi* do agente. Se o atraso for fruto da inação, houve omissão. Porém, se o atraso advier de ações de procrastinação, está-se diante da forma ativa; instantâneo (o crime se consuma em determinado momento, não se prolongando no tempo), unissubjetivo (pode ser cometido por um só agente); unissubsistente (praticado por um só ato) nas modalidades omissivas, mas plurissubsistente (praticado por meio de vários atos) na forma comissiva; admite tentativa somente se apurada a modalidade comissiva, embora da rara configuração.

71. Benefícios penais: admite transação e suspensão condicional do processo, tendo em vista tratar-se de infração de menor potencial ofensivo. Em caso de condenação, admite, ainda, a suspensão condicional da pena (art. 77, CP), bem como a substituição da pena privativa de liberdade por restritiva de direitos (art. 44, CP).

> **Art. 20.** Publicar[72-75] anúncio ou apelo público em desacordo com o disposto no art. 11:[76-77]
> Pena – multa, de 100 a 200 dias-multa.[78]

72. Análise do núcleo do tipo: *publicar* significa tornar público, divulgar, propagar algo. O objeto da conduta pode ser um anúncio (notícia ou mensagem, normalmente veiculada em órgãos de imprensa ou em atividade publicitária) ou um apelo público (chamamento coletivo para a busca de algo, como regra, veiculado em veículos de comunicação de massa). Quer-se, justamente, evitar a mercantilização do contexto da doação de tecidos, órgãos e partes do corpo humano. Afinal, publicando-se um pedido para a referida doação em jornais, revistas ou intervalos comerciais de rádio e TV, dificilmente, consegue-se a ação caridosa de alguém. Pessoas estranhas podem interessar-se, com o fito de comercializar o órgão ou tecido. Por outro lado, o anúncio ou apelo público trará prejuízo à lista de espera, visto que familiares ou amigos de receptor rico poderão veicular muitas notícias e mensagens, enquanto de os de receptor pobre pouco poderão fazer. Ora, na exata medida em há uma *lista de espera* oficial, se propagando houver, deverá ser patrocinada e realizada por órgãos públicos, sob pena de se pregar a invasão e tergiversação da ordem na fila. Preceitua o art. 11, mencionado no tipo: "é proibida a veiculação, através de qualquer meio de comunicação social de anúncio que configure: a) publicidade de estabelecimentos autorizados a realizar transplantes e enxertos, relativa a estas atividades; b) apelo público no sentido da doação de tecido, órgão ou parte do corpo humano para pessoa determinada identificada ou não, ressalvado o disposto no parágrafo único; c) apelo público para a arrecadação de fundos para o financiamento de transplante ou enxerto em benefício de particulares. Parágrafo único. Os órgãos de gestão nacional, regional e local do Sistema Único de Saúde realizarão periodicamente, através dos meios adequados de comunicação social, campanhas de esclarecimento público dos benefícios esperados a partir da vigência desta Lei e de estímulo à doação de órgãos".

73. Desafios da mercantilização de órgãos e tecidos: o tipo penal encontra-se harmonizado com o interesse coletivo de impedir a comercialização de partes do corpo humano, pois, nas palavras de Maria Helena Diniz, cuida-se de atividade "perigosa, antiética e ilícita". É capaz de gerar: "a) manipulação financeira do campo da alocação de órgãos, menosprezando os indispensáveis fatores genéticos, médicos, psicossociais etc.; b) desestimulação de doações altruísticas; c) estabelecimento de uma 'tabela de preços' por órgão ou tecido; d) classificação do doador conforme a possível duração de sua vida, por exemplo, os órgãos e tecidos de um entregador de mercadorias que anda dia e noite num trânsito caótico, sobre uma motocicleta, teriam uma cotação maior do que os de um pacato professor, que não vive perigosamente e tem menor probabilidade de vir a falecer num acidente; e) introdução de incentivos financeiros para a doação de órgãos e tecidos; f) transformação das guerras num proveitoso negócio, pois, ante o grande número de cadáveres, ter-se-ia uma imensidão de órgãos disponíveis a serem transplantados; g) alcoólatras com fígados em mísero estado poderiam dosar a quantidade de álcool a ser consumida diariamente, de comum acordo com algum médico sem escrúpulos e com uma agência vendedora de órgãos, até um novo órgão ser adquirido de algum defunto; h) contratação por certas agências de matadores profissionais (*killers*), especialmente treinados para eliminar prováveis doadores, para extração de seus órgãos e tecidos para fins de transplante" (*O estado atual do biodireito*, p. 352). Ainda que possam existir certos exageros nessa relação de possíveis acontecimentos diante da mercantilização de partes do corpo humano, a verdade inexorável é de que tal situação seria contrária à dignidade da pessoa humana, um dos baluartes do Estado Democrático de Direito. Torna-se incompatível acolher a ideia de compra e venda de tecidos, órgãos e outras partes do corpo humano, ao mesmo tempo em que se busca preservar a ética e a moralidade no seio social, ensinando às crianças e aos jovens, adultos de amanhã, os valores considerados relevantes à vida em comum, tais como solidariedade, fraternidade, resignação, tolerância, abnegação, dentre tantos outros.

74. Sujeitos ativo e passivo: o sujeito ativo pode ser qualquer pessoa. O sujeito passivo é a sociedade, interessada em manter a ética e a fila de espera no contexto da doação de partes do corpo humano.

75. Elemento subjetivo do tipo: é o dolo. Não há elemento subjetivo específico, nem se pune a forma culposa.

76. Objetos material e jurídico: o objeto material é o anúncio ou apelo público. O objeto jurídico é o respeito à gestão nacional da fila de espera e a ética no trato com a doação de órgãos.

77. Classificação: é crime comum (pode ser cometido por qualquer pessoa); formal (não exige o resultado naturalístico, consistente na efetiva realização de inversão da fila de espera); de forma livre (pode ser cometido por qualquer meio eleito pelo agente); comissivo (a conduta implica ação); instantâneo (o crime se consuma em determinado momento, não se prolongando no tempo), unissubjetivo (pode ser cometido por um só agente); plurissubsistente (como regra, é praticado por meio de vários atos); admite tentativa.

78. Contravenção penal: a punição da infração penal somente a título de multa indica tratar-se de contravenção penal (art. 1.º da Lei de Introdução ao Código Penal). Portanto, é infração penal de menor potencial ofensivo.

> (...)
> Brasília, 4 de fevereiro de 1997; 176.º da Independência e 109.º da República.
> Fernando Henrique Cardoso
> *Nelson A. Jobim*
> *Carlos César de Albuquerque*
>
> (*DOU* 05.02.1997)

Violência Doméstica

Lei 11.340, de 7 de agosto de 2006

Cria mecanismos para coibir a violência doméstica e familiar contra a mulher, nos termos do § 8.º do art. 226 da Constituição Federal, da Convenção sobre a Eliminação de Todas as Formas de Discriminação contra as Mulheres e da Convenção Interamericana para Prevenir, Punir e Erradicar a Violência contra a Mulher; dispõe sobre a criação dos Juizados de Violência Doméstica e Familiar contra a Mulher; altera o Código de Processo Penal, o Código Penal e a Lei de Execução Penal; e dá outras providências.

O Presidente da República:

Faço saber que o Congresso Nacional decreta e eu sanciono a seguinte Lei:

TÍTULO I
DISPOSIÇÕES PRELIMINARES

Art. 1.º Esta Lei cria mecanismos para coibir e prevenir a violência doméstica e familiar[1-1-A] contra a mulher, nos termos do § 8.º do art. 226 da Constituição Federal, da Convenção sobre a Eliminação de Todas as Formas de Violência contra a Mulher,[2] da Convenção Interamericana para Prevenir, Punir e Erradicar a Violência contra a Mulher[3] e de outros tratados internacionais ratificados pela República Federativa do Brasil; dispõe sobre a criação dos Juizados de Violência Doméstica e Familiar contra a Mulher; e estabelece medidas de assistência e proteção às mulheres em situação de violência doméstica e familiar.

1. Violência doméstica e familiar: *violência* significa, em linhas gerais, qualquer forma de constrangimento ou força, que pode ser física ou moral. Entretanto, em termos penais, padronizou-se o entendimento de que o termo, quando lançado nos tipos penais incriminadores, tem o condão de representar apenas a violência física. Esta é a razão pela qual vários

Art. 1.º

tipos trazem, além da palavra *violência*, a expressão *grave ameaça*. Exemplificando, para se cometer um roubo é preciso subtrair coisa móvel alheia, para si ou para outrem, mediante grave ameaça ou violência a pessoa (art. 157, CP). Portanto, no âmbito da Lei 11.340/2006 não deveria ser diferente, mas é, bastando checar o disposto no art. 5.º, *caput*, desta Lei. Volta-se o novo texto normativo ao enfoque da violência em sentido lato (constrangimento físico ou moral) contra a mulher. Por outro lado, lamentavelmente, vale-se o legislador ora da expressão *violência doméstica* (este é o título dado à figura típica do art. 129, §§ 9.º e 10, do Código Penal, não alterado pela edição da Lei 11.340/2006), ora dos termos *violência* e *família* (compondo a violência familiar), como se pode constatar no art. 226, § 8.º, da Constituição Federal ("o Estado assegurará a assistência à família na pessoa de cada um dos que a integram, criando mecanismos para coibir a violência no âmbito de suas relações"), mas também parte para novas expressões, como a adotada nesta Lei: *violência doméstica e familiar*. A expressão já é, em si mesma, dúbia, afinal, há casos em que a violência contra a mulher ocorre no cenário das relações domésticas, sem contexto familiar (ex.: determinada pessoa agride mulher com quem coabita em uma pensão) bem como há situações em que se dá no contexto familiar, mas não em relações domésticas (ex.: o pai agride a filha, que já não vive com ele há muito tempo). Dever-se-ia considerar, portanto, a alternatividade, mencionando-se *violência doméstica ou familiar*. Para buscar esgotar as situações, desdobrou-se o legislador em novas definições, muitas das quais contraditórias, equívocas e, em grande parte, abrangendo situações estranhas aos propósitos de proteger a mulher no âmbito do seu lar. Veremos tais situações nas notas aos demais artigos. De todo modo, o relevante, no cenário da violência doméstica, é coibir a opressão da mulher, em particular quando se encontra em seu lar, ambiente íntimo e privado, asilo inviolável do indivíduo.

1-A. Diferença entre violência doméstica e violência de gênero: a primeira ocorre no âmbito do lar, onde convive um núcleo familiar; a segunda acontece, dentro ou fora do lar, mas se levando em conta a vulnerabilidade apresentada pela mulher. Na jurisprudência: STJ: "Ameaça. Agressor irmão da vítima. Lei 11.340/2006. Não Incidência. Competência da Vara Criminal Comum. Precedentes do STJ. Agravo não provido. 1. No que se refere à incidência da Lei Maria da Penha 'a jurisprudência da Terceira Seção deste Superior Tribunal de Justiça consolidou-se no sentido de que, para a aplicação da Lei 11.340/2006, não é suficiente que a violência seja praticada contra a mulher e numa relação familiar, doméstica ou de afetividade, mas também há necessidade de demonstração da sua situação de vulnerabilidade ou hipossuficiência, numa perspectiva de gênero' (AgRg no REsp 1.430.724/RJ, Rel. Ministra Maria Thereza de Assis Moura, Sexta Turma, julgado em 17/3/2015, *DJe* 24/3/2015). 2. No caso dos autos, observa-se que, embora o crime esteja sendo praticado no âmbito das relações domésticas e familiares, verifica-se que, em momento algum, restou demonstrado que teria sido motivado por questões de gênero, ou mesmo que a vítima estaria em situação de vulnerabilidade por ser do sexo feminino. Com base em tal premissa, o Tribunal de origem concluiu não haver violência que atraísse a incidência da Lei Maria da Penha, assim justificando o declínio da competência para Juizado Especial Comum. 3. Agravo regimental não provido" (AgRg no AREsp 1.700.032 – GO, 5.ª T., rel. Ribeiro Dantas, 09.12.2020, v.u.).

2. Convenção sobre a eliminação de todas as formas de discriminação contra a mulher: esta convenção, promulgada pelo Decreto 4.377/2002, cuida de tema muito mais amplo que a violência doméstica ou familiar. Na realidade, trata da *discriminação* contra a mulher, em todos os setores possíveis: no lar, no mercado de trabalho, na escola, nos lugares públicos e privados etc. Em vários trechos da Convenção, destaca-se, expressamente, que o objetivo não é privilegiar a mulher diante do homem, mas buscar a igualdade entre os sexos.

Relembra que a discriminação contra a mulher viola os princípios de igualdade de direitos e a própria dignidade humana. Manifestam os Estados-partes a preocupação com o "fato de que, em situações de pobreza, a mulher tem um acesso mínimo à alimentação, à saúde, à educação, à capacitação e às oportunidades de emprego, assim como à satisfação de outras necessidades". Expressam, ainda, o convencimento de que "a participação máxima da mulher, em igualdade de condições com o homem, em todos os campos, é indispensável para o desenvolvimento pleno e completo de um país, o bem-estar do mundo e a causa da paz". Elencando várias medidas de reequilíbrio nas relações entre homem e mulher, estabelece no art. 15, 1 o seguinte: "Os Estados-partes reconhecerão à mulher a igualdade com o homem perante a lei". A Constituição Federal de 1988, na esteira dessa Convenção, datada de 1979, já fez a sua parte e inseriu vários dispositivos deixando bem clara a igualdade entre os seres humanos de sexos diferentes. Basta, naturalmente, o Governo executar, com efetividade, o disposto na Carta Magna. Portanto, a edição da Lei 11.340/2006 continua a mesma tarefa de normas anteriores, mas também não solucionará eventual mantença da discriminação contra a mulher. O trabalho estatal, na essência, não se dá no plano das leis, existentes em excesso, mas da educação e da conscientização dos valores humanos. Espera-se que não seja esta mais uma lei a permanecer no plano abstrato.

3. Convenção interamericana para prevenir, punir e erradicar a violência contra a mulher: esta Convenção (denominada "Convenção de Belém do Pará", datada de 1994), promulgada pelo Decreto 1.973/96, cuida particularmente da violência "em que vivem muitas mulheres da América", por se tratar de uma "situação generalizada". Manifestam os Estados-partes a preocupação de que "a violência contra a mulher é uma ofensa à dignidade humana e uma manifestação de relações de poder historicamente desiguais entre mulheres e homens". Portanto, busca instigar os Estados a editar normas de proteção contra a violência generalizada contra a mulher, dentro ou fora do lar. Não é exclusivamente voltada à violência doméstica e familiar.

> **Art. 2.º** Toda mulher, independentemente de classe, raça, etnia, orientação sexual, renda, cultura, nível educacional, idade e religião, goza dos direitos fundamentais inerentes à pessoa humana, sendo-lhe asseguradas as oportunidades e facilidades para viver sem violência, preservar sua saúde física e mental e seu aperfeiçoamento moral, intelectual e social.[4]

4. Mulheres e direitos humanos fundamentais: estabelece o art. 2.º que toda mulher goza dos direitos fundamentais inerentes à pessoa humana. Parece-nos óbvia a situação, pelo simples fato de que a mulher é um ser humano. Os direitos humanos fundamentais são voltados a qualquer pessoa e não somente às do *sexo feminino*. Assim estabelece, claramente, a Constituição Federal: "homens e mulheres são iguais em direitos e obrigações, nos termos desta Constituição" (art. 5.º, I). Além disso, há o disposto no art. 3.º, IV: "Constituem objetivos fundamentais da República Federativa do Brasil: (...) promover o bem de todos, sem preconceitos de origem, raça, *sexo*, cor, idade e quaisquer outras formas de discriminação" (grifamos). Portanto, a Constituição Federal já fez o seu papel, igualando os brasileiros perante a lei (art. 5.º, *caput*) e os homens e mulheres em direitos e obrigações (art. 5.º, I), bem como o homem e a mulher na relação conjugal (art. 226, § 5.º). O mais, inserido no art. 2.º da Lei 11.340/2006, é pura demagogia, pretendendo solucionar problemas de ordem basicamente social com a edição de leis e mais leis, que, na prática, não saem do papel, jamais atingindo a realidade. Aliás, as mulheres vêm lutando, há anos, pela plena igualdade com os homens, o que é muito justo, não sendo cabível, portanto, afirmações dessa natureza: *toda mulher* *goza dos direitos humanos fundamentais*. O óbvio não precisa constar em lei, ainda mais se está dito, em termos mais adequados, pelo texto constitucional de maneira expressa e, identicamente, em Convenções Internacionais, ratificadas pelo Brasil, em plena vigência. De outra sorte, o extenso rol de classificações realizado é, também, pueril, pois, quanto mais se busca descrever, sem generalizar, há o perigo de olvidar algum termo, dando brecha a falsas interpretações. Inseriu-se: "independentemente de classe, raça, etnia, orientação sexual, renda, cultura, nível educacional, idade e religião". Omitiu o legislador, por exemplo, os termos "cor" e "origem" (existentes no art. 3.º, IV, CF) e a expressão "procedência nacional" (art. 1.º, *caput*, Lei 7.716/89). Por acaso as mulheres de "cores" diversas gozam de direitos humanos fundamentais diversificados? Embora não achemos correto o termo "cor" (como já expusemos em nossos comentários à Lei 7.716/89, para a qual remetemos o leitor), estamos destacando a omissão somente para ilustrar a desnecessidade de se estabelecer toda essa lista de "independentemente de...". Bastaria ter sido mencionado (embora pensemos ser inútil) o termo "mulher" – e seria, naturalmente, qualquer uma, de qualquer classe, raça, etnia, orientação sexual etc. Finda o art. 2.º, relembrando que as mulheres devem ter asseguradas as oportunidades e facilidades para viver longe da violência, com a preservação da saúde física e mental e seu aperfeiçoamento moral, intelectual e social. Outra obviedade, pois todos os seres humanos merecem as mesmas garantias, oportunidades e facilidades. Se todos são iguais perante a lei, sem *qualquer distinção de sexo*, soa-nos despropositada a disposição encontrada nesta norma. É preciso findar, de vez, o mau vezo de se editar leis que contêm palavras inúteis. A legislação brasileira mereceria uma *limpeza*, em homenagem, no mínimo, à lógica e à harmonia normativa.

> **Art. 3.º** Serão asseguradas às mulheres as condições para o exercício efetivo dos direitos à vida, à segurança, à saúde, à alimentação, à educação, à cultura, à moradia, ao acesso à justiça, ao esporte, ao lazer, ao trabalho, à cidadania, à liberdade, à dignidade, ao respeito e à convivência familiar e comunitária.[5]
>
> § 1.º O poder público desenvolverá políticas que visem garantir os direitos humanos das mulheres no âmbito das relações domésticas e familiares no sentido de resguardá-las de toda forma de negligência, discriminação, exploração, violência, crueldade e opressão.
>
> § 2.º Cabe à família, à sociedade e ao poder público criar as condições necessárias para o efetivo exercício dos direitos enunciados no *caput*.

5. Mulheres e direitos de todos: somente se pode reputar a outro deslize demagógico o estabelecimento do art. 3.º, merecedor das mesmas críticas feitas ao art. 2.º (nota *supra*). *Todos* os brasileiros devem ter asseguradas as condições para o exercício desse rol de direitos elencados pelo art. 3.º. Se muitas mulheres brasileiras, independentemente da igualdade estabelecida por norma constitucional, continuam a sofrer, caladas, a violência que lhes é imposta pelos seus maridos e companheiros, especialmente as de baixa renda, deve-se punir, com maior severidade, o agressor, sem nenhuma dúvida. No entanto, não adianta editar uma lei para "assegurar" direitos inerentes à pessoa humana em geral (como a vida, a saúde, a segurança, a alimentação etc.). Além disso, a temática proposta pela Lei 11.340/2006 é buscar métodos coercitivos à violência doméstica e familiar contra a mulher, nada tendo a ver com outras situações socioculturais. O mais grave é que, na parte penal, aquela que realmente traria alguma diferença à situação da mulher vítima do homem agressor, houve, uma vez mais, insuficiência nítida e contradições lamentáveis, como iremos expor nas notas aos artigos apropriados.

> **Art. 4.º** Na interpretação desta Lei, serão considerados os fins sociais a que ela se destina e, especialmente, as condições peculiares das mulheres em situação de violência doméstica e familiar.[5-A]

5-A. Parâmetro de interpretação: seguindo-se o disposto neste preceito, o foco deveria ser a tutela da mulher em situação de violência doméstica ou familiar, sem maior ampliação. Entretanto, o legislador vem alargando a tutela penal de crimes cometidos contra a mulher, mesmo fora desse contexto, como ocorreu com a criação do *feminicídio* – qualificadora do delito de homicídio –, nos seguintes termos: "VI – contra a mulher por razões da *condição de sexo feminino*; (...) § 2.º-A. Considera-se que há razões de condição de sexo feminino quando o crime envolve: I – violência doméstica e familiar; II – *menosprezo ou discriminação à condição de mulher* (art. 121, § 2.º, CP, grifamos). A justificativa existe e é razoável, pois a agressão contra mulheres, em variados cenários, tem aumentado consideravelmente e precisa da tutela penal para estancar um imenso universo de violência extrafamiliar ou doméstica. Na jurisprudência: STJ: "1. Nos termos do art. 4.º da Lei Maria da Penha, ao se interpretar a referida norma, deve-se levar em conta os fins sociais buscados pelo legislador, conferindo à norma um significado que a insira no contexto em que foi concebida. Esta Corte possui entendimento jurisprudencial no sentido de que a Lei n. 11.340/2006, denominada Lei Maria da Penha, objetiva proteger a mulher da violência doméstica e familiar que lhe cause morte, lesão, sofrimento físico, sexual ou psicológico, e dano moral ou patrimonial, desde que o crime seja cometido no âmbito da unidade doméstica, da família ou em qualquer relação íntima de afeto (AgRg no REsp n. 1.427.927/RJ, Rel. Ministro Moura Ribeiro, Quinta Turma, julgado em 20/3/2014, *DJe* 28/3/2014). 2. Nesse contexto, é de se ter claro que a própria Lei n. 11.340/2006, ao criar mecanismos específicos para coibir e prevenir a violência doméstica praticada contra a mulher, buscando a igualdade substantiva entre os gêneros, fundou-se justamente na indiscutível desproporcionalidade física existente entre os gêneros, no histórico discriminatório e na cultura vigente. Ou seja, a fragilidade da mulher, sua hipossuficiência ou vulnerabilidade, na verdade, são os fundamentos que levaram o legislador a conferir proteção especial à mulher. 3. A jurisprudência desta Corte Superior orienta-se no sentido de que, para que a competência dos Juizados Especiais de Violência Doméstica seja firmada, não basta que o crime seja praticado contra mulher no âmbito doméstico ou familiar, exigindo-se que a motivação do acusado seja de gênero, ou que a vulnerabilidade da ofendida seja decorrente da sua condição de mulher. Na hipótese dos autos, entretanto, a Corte de origem asseverou que a lesão praticada contra a vítima, pelo ora recorrido, não se encontra abrangida pelo artigo 5.º da Lei Maria da Penha, uma vez que a agressão originou-se em razão de uma discussão relacionada ao fato da motocicleta do namorado da vítima estar na garagem da residência do acusado e pelo fato do autor não aprovar o relacionamento amoroso da ofendida. E acrescentou, ainda, que, *in casu*, verifica-se que a prática do crime de lesão corporal não decorre da existência de uma relação de domínio/subordinação do acusado para com a vítima no ambiente familiar, condição *sine qua non* para aplicação da citada norma. Mas, sim, pelo fato do acusado não aceitar o relacionamento da vítima com a testemunha Givanildo. 4. Dessarte, após a análise do material fático-probatório dos autos, as instâncias de origem entenderam pela inaplicabilidade da Lei Maria da Penha à espécie, considerando a ausência da relação de hipossuficiência ou de inferioridade prevista pela legislação a acarretar o subjugo relacionado ao gênero. A desconstituição de tal entendimento demandaria revolvimento de matéria fático-probatória, providência que é vedada na via eleita por atrair o óbice ao enunciado n. 7 da Súmula do STJ" (AgRg no AREsp 1.700.026 – GO, 5.ª T., rel. Reynaldo Soares da Fonseca, 03.11.2020, v.u.).

Art. 5.º

TÍTULO II
DA VIOLÊNCIA DOMÉSTICA E FAMILIAR CONTRA A MULHER

Capítulo I
DISPOSIÇÕES GERAIS

> **Art. 5.º** Para os efeitos desta Lei, configura violência doméstica e familiar contra a mulher qualquer ação ou omissão baseada no gênero que lhe cause morte, lesão, sofrimento físico, sexual ou psicológico e dano moral ou patrimonial:[6-6-8]
>
> I – no âmbito da unidade doméstica, compreendida como o espaço de convívio permanente de pessoas, com ou sem vínculo familiar, inclusive as esporadicamente agregadas;[7]
>
> II – no âmbito da família, compreendida como a comunidade formada por indivíduos que são ou se consideram aparentados, unidos por laços naturais, por afinidade ou por vontade expressa;[8]
>
> III – em qualquer relação íntima de afeto, na qual o agressor conviva ou tenha convivido com a ofendida, independentemente de coabitação.[9]
>
> **Parágrafo único.** As relações pessoais enunciadas neste artigo independem de orientação sexual.[10]

6. Conceito legal de violência doméstica e familiar: é a ação (fazer algo) ou omissão (não fazer alguma coisa) baseada no gênero (este termo, utilizado no art. 5.º, *caput*, desta Lei, é ininteligível para o contexto e totalmente inapropriado) que lhe cause morte, lesão, sofrimento físico, sexual ou psicológico e dano moral ou patrimonial. O conceito é lamentável, pois mal redigida a norma e extremamente aberta. Pela interpretação literal do texto, seria violência doméstica e familiar praticar qualquer crime contra a mulher, pois certamente isto lhe causaria, no mínimo, um sofrimento psicológico. Aliás, qualquer vítima de infração penal deve passar por igual situação. Ocorre que o legislador inseriu no art. 61, II, *f*, do Código Penal (agravante) a expressão: "com violência contra a mulher na forma da lei específica". Por esse motivo, há de ser interpretar, restritivamente, a definição de *violência doméstica e familiar*, sob pena de se pretender a aplicação da referida agravante a um número exagerado de infrações penais, somente pelo fato de ter sido cometida contra a mulher. Aliás, o simples fato de a pessoa ser *mulher* não pode torná-la passível de proteção penal especial, pois violaria o princípio constitucional da igualdade dos sexos. Não é qualquer espécie de crime que ingressa no cenário da *violência doméstica e familiar*, nem mesmo no campo da discriminação da mulher. Um roubo, por exemplo, pode ser cometido contra homens e mulheres, em qualquer lugar, não sendo cabível punir o agressor desconhecido, mais gravemente, somente porque foi cometido contra mulher, no interior da sua residência. Seria crime particularmente grave se o companheiro, mediante violência ou grave ameaça, subtraísse bens da companheira, inserindo-se, então, na violência doméstica. Logo, há de se ter prudência na análise da expressão *violência doméstica e familiar*, verificando-se a situação do agente do crime e da vítima e seus vínculos domésticos ou familiares. Na jurisprudência: STJ: "I – Segundo precedentes desta Corte, a fragilidade, a hipossuficiência e vulnerabilidade das mulheres se presumem para os fins de aplicação do sistema protetivo da Lei Maria da Penha, sendo desnecessária a demonstração específica da subjugação feminina. II – Na hipótese dos autos, as ameaças do agravante foram motivadas pelo vínculo familiar, em que há evidente desigualdade estrutural na relação entre os envolvidos, com situação de subjugação da vítima, em especial por se tratar de pessoa idosa, de 84 anos, cardíaca, com estresse e depressão" (AgRg no AREsp 2.213.278 – GO, 5.ª T., rel. Messod Azulay Neto, 12.03.2024, v.u.).

6-A. Princípio da insignificância: não é aplicável para os crimes cometidos no âmbito desta Lei. Isto porque a violência doméstica e familiar pode dar-se de diversos modos, inclusive nas formas mais leves de violência, como as *vias de fato* (contravenção penal), ou na modalidade de ameaça. Assim sendo, não há como compatibilizar a ideia de *bagatela* no cenário da agressão contra a mulher. Sobre o tema, ver a Súmula 589 do STJ: É inaplicável o princípio da insignificância nos crimes ou contravenções penais praticados contra a mulher no âmbito das relações domésticas. Na jurisprudência: STJ: "1. 'A jurisprudência desta Corte não admite a aplicação do princípio da bagatela imprópria em casos de violência doméstica e familiar contra mulher, dado o bem jurídico tutelado. Precedentes' (AgRg no AgRg no AREsp 1.798.337/SE, Rel. Ministro Joel Ilan Paciornik, Quinta Turma, julgado em 04/05/2021, *DJe* 07/05/2021). 2. Por outro lado, 'seja caso de lesão corporal leve, seja de vias de fato, se praticado em contexto de violência doméstica ou familiar, não há falar em necessidade de representação da vítima para a persecução penal' (AgRg no AREsp 703.829/MG, Relator Ministro Sebastião Reis Júnior, Sexta Turma, julgado em 27/10/2015, *DJe* 16/11/2015)" (AgRg no HC 713.415 – SC, 5.ª T., rel. Reynaldo Soares da Fonseca, 22.02.2022, v.u.).

6-B. Violência de gênero em relação a uma vítima *transgênero*: atualmente, tem-se progredido na identificação de gênero, respeitando-se a individualidade e reconhecendo-se as pessoas que não se identificam com o gênero atribuído ao nascer, resultante em registro documental discordante. Seria o caso de quem nasce com órgão reprodutor feminino, mas se sente do gênero masculino, assim como quem nasce com órgão reprodutor masculino, embora se sinta do gênero feminino. Entende-se que a transgeneridade é um aspecto natural da vida, devendo-se acolher e considerar a escolha de cada pessoa. Por isso, quem se reputa *mulher* desse modo deve ser considerada e, por via de consequência, deve-se aplicar a Lei Maria da Penha quando se tornar vítima de agressão, justamente por condição de gênero feminino. Na jurisprudência: STJ: "1. A aplicação da Lei Maria da Penha não reclama considerações sobre a motivação da conduta do agressor, mas tão somente que a vítima seja mulher e que a violência seja cometida em ambiente doméstico, familiar ou em relação de intimidade ou afeto entre agressor e agredida. 2. É descabida a preponderância, tal qual se deu no acórdão impugnado, de um fator meramente biológico sobre o que realmente importa para a incidência da Lei Maria da Penha, cujo arcabouço protetivo se volta a julgar autores de crimes perpetrados em situação de violência doméstica, familiar ou afetiva contra mulheres. Efetivamente, conquanto o acórdão recorrido reconheça diversos direitos relativos à própria existência de pessoas trans, limita à condição de mulher biológica o direito à proteção conferida pela Lei Maria da Penha. 3. A vulnerabilidade de uma categoria de seres humanos não pode ser resumida tão somente à objetividade de uma ciência exata. As existências e as relações humanas são complexas e o Direito não se deve alicerçar em argumentos simplistas e reducionistas. 4. Para alicerçar a discussão referente à aplicação do art. 5.º da Lei Maria da Penha à espécie, necessária é a diferenciação entre os conceitos de gênero e sexo, assim como breves noções de termos transexuais, transgêneros, cisgêneros e travestis, com a compreensão voltada para a inclusão dessas categorias no abrigo da Lei em comento, tendo em vista a relação dessas minorias com a lógica da violência doméstica contra a mulher. 5. A balizada doutrina sobre o tema leva à conclusão de que as relações de gênero podem ser estudadas com base nas identidades feminina e masculina. *Gênero é questão cultural, social, e significa interações entre homens e mulheres*. Uma análise de gênero pode se limitar a descrever essas dinâmicas. O feminismo vai além, ao mostrar que essas relações são de poder e que produzem injustiça no contexto do patriarcado. Por outro lado, sexo refere-se às características biológicas dos aparelhos reprodutores feminino e masculino, bem como ao seu funcionamento, de modo que o conceito de sexo, como visto, não define a identidade de gênero. *Em uma perspectiva não meramente biológica, portanto, mulher trans mulher é.* 6. Na espécie, não apenas a agressão se deu em ambiente doméstico, mas também familiar e afetivo, entre pai e filha, eliminando qualquer dúvida quanto à incidência do subsistema da Lei n. 11.340/2006, inclusive no que diz respeito ao órgão jurisdicional competente – especializado – para processar e julgar a ação penal. 7. As condutas descritas nos autos são tipicamente influenciadas pela *relação patriarcal e misógina que o pai estabeleceu com a filha.* O *modus operandi* das agressões – segurar pelos pulsos, causando lesões visíveis, arremessar diversas vezes contra a parede, tentar agredir com pedaço de pau e perseguir a vítima – são elementos próprios da estrutura de violência contra pessoas do sexo feminino. Isso significa que o modo de agir do agressor revela o caráter especialíssimo do delito e a necessidade de imposição de medidas protetivas. 8. Recurso especial provido, a fim de reconhecer a violação do art. 5.º da Lei n. 11.340/2006 e cassar o acórdão de origem para determinar a imposição das medidas protetivas requeridas pela vítima L. E. S. F. contra o ora recorrido" (REsp 1.977.124/SP, 6.ª T., rel. Rogerio Schietti Cruz, 05.04.2022, v.u., grifamos). TJDF: "2. A autoidentificação da vítima como mulher é condição suficiente para sua inserção no gênero protegido pela Lei n. 11.340/2006, especialmente porque não é feita distinção entre mulheres cisgênero e mulheres transgênero, referindo-se o artigo 5.º apenas genericamente ao termo mais abrangente mulher, bem como utilizando, propositadamente, o termo gênero ao esclarecer a violência doméstica e familiar contra a mulher (configura violência doméstica e familiar contra a mulher qualquer ação ou omissão baseada no gênero que lhe cause morte, lesão, sofrimento físico, sexual ou psicológico e dano moral ou patrimonial). 3. Não há que falar em analogia *in malan partem* na aplicação da Lei Maria da Penha a mulheres transgênero, uma vez que não se trata de mulher por analogia, mas simplesmente de mulher, que dessa forma se identifica, ainda que possua características biológicas masculinas. 4. Uma vez que a ofendida se identifica como mulher e, por isso, performa com base na expectativa social para o gênero feminino, dessa maneira sendo percebida inclusive perante seu círculo social e pelo suposto agressor, a alteração de seus registros civis representa apenas mais um mecanismo para a expressão e exercício pleno do gênero mulher com o qual se identifica, não podendo ser um empecilho para o exercício de direitos e garantias que lhes são legal e constitucionalmente previstos. 5. Conflito conhecido para declarar competente o Juízo suscitado (2.º Juizado Especial de Violência Doméstica e Familiar Contra a Mulher de Ceilândia/DF)" (Rec. 07020317720228079000, Câm. Criminal, rel. Silvanio Barbosa dos Santos, 08.02.2023, v.u.).

7. Unidade doméstica: é o local onde há o convívio permanente de pessoas, em típico *ambiente* familiar, vale dizer, como se família fosse, embora não haja necessidade de existência de vínculo familiar, natural ou civil. Esse é, na essência, o conceito da expressão *relações domésticas*, já constante no art. 61, II, *f*, do Código Penal. Torna-se fundamental interpretar esse dispositivo, para evitar reflexos indevidos no campo penal, de modo restritivo. A mulher agredida no âmbito da unidade doméstica deve fazer parte dessa relação doméstica. Não seria lógico que qualquer mulher, bastando estar na casa de alguém, onde há relação doméstica entre terceiros, se agredida fosse, gerasse a aplicação da agravante mencionada. Exemplo: uma mulher, fazendo uma entrega de encomenda na casa de determinada família, agredida por alguém, nesse espaço, não pode provocar o surgimento da agravante. O que se tem em vista é a mulher, integrante das relações domésticas, ser agredida pelo marido, em outro exemplo. Na jurisprudência: STJ: "1. Hipótese de violência de gênero, a teor do inciso I do artigo 5.º da Lei n. 11.340/2006, por se tratar de agressões e ameaças praticadas no âmbito da unidade doméstica, o que torna competente o Juizado de Violência Doméstica e Familiar contra a Mulher, bem como demonstra, de forma latente, o interesse processual da vítima, com fulcro no artigo 14 do mesmo diploma legal. 2. Para os efeitos de incidência da Lei Maria da Penha, o legislador preconizou, no art. 5.º, que o âmbito da unidade doméstica engloba todo espaço de convívio de pessoas, com ou sem vínculo familiar, ainda que esporadicamente agregadas. Ressaltou, também, que a família é considerada a união desses indivíduos, que são ou se consideram aparentados, por laços naturais, afinidade ou vontade expressa, e que o âmbito doméstico e familiar é caracterizado por toda relação íntima de afeto, na qual o agressor conviva ou haja convivido com a ofendida, independentemente de coabitação. 3. Ausentes fatos novos ou teses jurídicas diversas que permitam a análise do caso sob outro enfoque, deve ser mantida a decisão agravada" (AgRg no AREsp 1.486.059 – GO, 6.ª T., rel. Rogerio Schietti Cruz, 15.09.2020, v.u.).

8. Âmbito da família: segundo esta Lei, considera-se família a "comunidade formada por indivíduos que são ou se consideram aparentados, unidos por laços naturais, por afinidade ou por vontade expressa". Este é outro ponto da Lei 11.340/2006 que merece interpretação restritiva, ao menos para fins penais, sob pena de ofensa ao princípio da taxatividade e, consequentemente, da legalidade. A família é formada por parentes, naturais ou civis, mas não se pode admitir, em hipótese alguma, a situação de quem "se *considera* aparentado". Qualquer um, por qualquer razão, pode se achar "aparentado" (vinculado por laços familiares) com outra(s) pessoa(s), embora o Direito não lhe reconheça tal *status*. Para ingressar no contexto da família, é preciso algo mais do que "se considerar" como tal. Por outro lado, o termo *afinidade*, igualmente previsto no inciso II do art. 5.º, não merece crédito em âmbito penal, se desvinculado de norma estabelecida pelo Código Civil. Finalmente, deve-se interpretar a expressão *vontade expressa*, ao final do referido inciso II, como sendo o parentesco civil (ex.: adoção). Mesmo sem convivência, o laço familiar e a condição da vítima prevalecem: STJ: "1. A imputação de agressão do irmão à irmã incide na hipótese de violência no âmbito da família, que prescinde de convivência, nos termos art. 5.º, II, da Lei n.º 11.340/06. 2. Tratando-se de proteção legal em razão da condição de mulher em relação familiar, de afeto ou de coabitação, dispensável é na Lei n.º 11.340/06 a constatação concreta de vulnerabilidade (física, financeira ou social) da vítima ante o agressor" (AgRg nos EDcl no REsp 1.720.536 – SP, 6.ª T., rel. Nefi Cordeiro, 04.09.2018, *DJe* 12.09.2018, v.u.). Excluindo *filha-mãe*: TJPB: "Para configurar a violência doméstica, prevista pela Lei Maria da Penha, necessário que ação ou omissão tenha motivação de gênero, o que inviabiliza sua aplicação, quando o crime é praticado entre filha e mãe, por serem do mesmo sexo" (CJ 00001084520178150000 – PB, Câmara Especializada Criminal, rel. Carlos Martins Beltrão Filho, 18.07.2017, v.u.). *Excluindo sogra-nora*: TJCE: "1. O vínculo familiar existente entre as partes, por si só, não atrai a incidência da Lei 11.340/06, pois, a teor do que dispõe o artigo 5.º da referida norma, a violência doméstica e familiar contra mulher amparada é somente aquela baseada no gênero, decorrente de uma condição de hipossuficiência e/ou vulnerabilidade da ofendida em relação ao ofensor. 2. Da análise dos autos, verifica-se não haver dúvidas de que a conduta da autora do fato, consistente em injuriar sua nora (ofensas contra a honra da vítima, no que diz respeito a sua vida sexual, em razão de sua proximidade com o filho da investigada, então seu ex-companheiro), não se amolda às hipóteses da Lei Maria da Penha, não havendo que se falar em competência do juizado especializado para o processamento e julgamento do feito. 3. Esclareça-se, ainda, que o crime de injúria real (artigo 140, § 2.º, do Código Penal), como bem asseverou o douto magistrado suscitante, bem como os três ilustres representantes do Ministério Público em seus pareceres de fls. 31/35, 44/45 e 59/64, também não deve ser processado em uma Vara Criminal comum, eis que a quantidade de pena máxima (um ano) não ultrapassa dois anos, sendo, portanto, de competência do JECrim. 4. Conflito de competência conhecido para declarar competente o Juízo do Juizado Especial Criminal da Comarca de Juazeiro do Norte, Ceará, para processar e julgar o feito, tendo em vista tratar-se de delito de menor potencial ofensivo" (CJ 0000484-80.2017.8.06.0000 – CE, 3.ª Câmara Criminal, rel. Antônio Pádua

Silva, 12.09.2017, v.u.). *Excluindo madrasta-enteada*: TJMT: "O crime envolvendo madrasta em face de enteada do sexo feminino não é capaz, por si só, de atrair a incidência da Lei n. 11.340/06, porquanto para aplicação das regras da Lei Maria da Penha, além da condição de vítima mulher, faz-se necessário que o(a) agressor(a) prevaleça-se da relação íntima de afeto ou da que resulte do convívio doméstico ou familiar que possui com a ofendida, conforme dicção do *caput* do art. 5.º da Lei 11.340/06. *In casu*, a madrasta e a enteada foram taxativas ao afirmarem que não convivem, nunca tiveram qualquer tipo de relação de afeto e, muito embora a apelante seja mulher do pai da vítima, esse fato nunca gerou qualquer tipo de convívio ou aproximação entre ambas" (Ap. 58605/2017 – MT, 3.ª Câmara Criminal, rel. Luiz Ferreira da Silva, j. 09.08.2017, v.u.). *Excluindo relação entre vizinhos*: TJMG: "01. As medidas protetivas de urgência previstas no art. 11.340/2006 aplicam-se aos casos de violência, praticada contra mulher, no contexto do convívio familiar ou afetivo. 02. As contendas envolvendo vizinhos não se subsomem aos requisitos para a fixação das medidas protetivas previstas na Lei Maria da Penha" (Rec em Sentido Estrito 10183210043513001, 3.ª Câmara Criminal, rel. Fortuna Grion, 05.09.2022, v.u.).

9. Relação íntima de afeto: é o relacionamento estreito entre duas pessoas, fundamentado em amizade, amor, simpatia, dentre outros sentimentos de aproximação. Havíamos apontado um excesso nessa previsão, que seria por demais aberta. No entanto, temos acompanhado o incremento da violência praticada por pessoas que, justamente após um relacionamento íntimo de afeto, se julgam *senhoras e possuidoras* da outra, impondo uma submissão inaceitável e gerando hipóteses de crimes graves. Esse direito penal de *máxima efetividade* tem o propósito de conter o cometimento de perseguição inaceitável e violência física e psicológica contra vítimas vulneráveis. Na jurisprudência: Súmula 600 do STJ: "Para a configuração da violência doméstica e familiar prevista no artigo 5.º da Lei 11.340/2006 (Lei Maria da Penha) não se exige a coabitação entre autor e vítima". Ainda STJ: "1. Nos termos do art. 5.º, inciso III, da Lei n. 11.340/06, é irrelevante o lapso temporal decorrido desde a dissolução do matrimônio ou união estável para se firmar a competência dos Juizados Especiais de Violência Doméstica e Familiar contra a Mulher, sendo necessário apenas que a conduta delitiva imputada esteja vinculada à relação íntima de afeto mantida entre as partes. 2. As instâncias ordinárias esclareceram que, embora o relacionamento entre o Paciente e a Vítima tenha se encerrado, os fatos ensejadores das supostas agressões verbais decorrem da relação íntima de afeto anteriormente mantida, estando presente, ao menos em uma análise inicial, a motivação de gênero na violência moral/psicológica perpetrada e a tentativa de depreciação da Vítima em razão de sua condição de mulher. 3. O acolhimento da tese defensiva de falta de motivação de gênero no caso concreto, em sentido contrário ao decidido pelas instâncias ordinárias, exigiria amplo reexame de fatos e provas, o que não é possível nos estreitos limites cognitivos do *habeas corpus*. 4. As medidas protetivas de urgência adotadas – proibição de aproximação e contato com a Vítima – possuem fundamentação idônea e são adequadas ao caso concreto, pois as instâncias ordinárias destacaram a sua necessidade para impedir o prosseguimento das práticas delitivas, em especial os atos de perturbação da tranquilidade contra a Vítima" (AgRg no HC 567.753 – DF, 6.ª T., rel. Laurita Vaz, 08.09.2020, v.u.).

10. Orientação sexual: foi salutar a previsão feita neste dispositivo, porém apenas no sentido de se demonstrar a intenção estatal de não haver qualquer discriminação entre pessoas, independentemente da orientação sexual seguida. Na jurisprudência: STJ: "1. De acordo com reiteradas decisões desta Corte Superior, as prisões cautelares são medidas de índole excepcional, somente podendo ser decretadas ou mantidas caso demonstrada, com base em elementos concretos dos autos, a efetiva imprescindibilidade de restrição ao direito constitucional à liberdade de locomoção. 2. Verifica-se a real necessidade da custódia cautelar da paciente para a garantia da ordem pública, uma vez que, segundo consta dos autos, a paciente descumpriu, por mais de uma vez, medida protetiva anteriormente imposta, tendo invadido a casa das vítimas, ameaçando-as de morte e quebrando os móveis, circunstâncias que demonstram sua periculosidade, a justificar a não concessão da pretendida liberdade provisória. 3. A regra insculpida no art. 313 do Código de Processo Penal, nas hipóteses de violência doméstica e familiar contra a mulher, caberá a prisão preventiva para assegurar a eficácia das medidas protetivas de urgência, quando essas, em si, se revelarem ineficazes para a sua tutela" (HC 564.149 – SP, 6.ª T., rel. Sebastião Reis Júnior, 19.05.2020, v.u.).

> **Art. 6.º** A violência doméstica e familiar contra a mulher constitui uma das formas de violação dos direitos humanos.[11]

11. Inutilidade do dispositivo: qualquer agressão violenta a um ser humano (homem ou mulher) viola direito fundamental, pois pode atingir a vida, a liberdade, a integridade física, dentre outros direitos individuais, merecendo igual repúdio. Logo, inserir tal previsão no art. 6.º não tem qualquer eficiência no mundo jurídico, nem se pode considerar norma inovadora. Cremos que não foi o propósito legislativo transferir para a Justiça Federal a apuração e punição dos agressores de mulheres, nos moldes previstos no art. 109, V-A, da Constituição Federal (cabe aos juízes federais julgar as causas relativas a direitos humanos, dependendo de provocação do Procurador-Geral da República e autorização do Superior Tribunal de Justiça). Se assim fosse, os juízes federais passariam a processar e julgar conflitos domésticos comezinhos, sem relação com crimes envolvendo questões de amplitude nacional, tal como é estabelecido pelo art. 109 em seus vários incisos. Assim não nos parece, logo, é desnecessário o disposto neste artigo. Na jurisprudência: STF: "6. Na exata dicção do art. 6.º da Lei Maria da Penha, 'a violência doméstica e familiar contra a mulher constitui uma das formas de violação dos direitos humanos', não mais admitida leitura sob a ótica das infrações penais de menor potencial ofensivo. 7. Ínsita a violência nos atos de agressão perpetrados contra a mulher no ambiente doméstico e familiar, cumpre estender a vedação contida no art. 44, I, do Código Penal à infração prevista no art. 21 do Decreto-Lei n.º 3.688/1941. (...) 9. O art. 226, § 8.º, da Carta Política consagra vetor hermenêutico de proteção da mulher – dever constitucional de agir, por parte do Estado, ante a adoção de mecanismos para coibir toda e qualquer violência nos âmbitos doméstico e familiar. 10. Ordem de *habeas corpus* denegada" (HC 137.888, 1.ª T., rel. Rosa Weber, j. 31.10.2017, m.v.).

Capítulo II
DAS FORMAS DE VIOLÊNCIA DOMÉSTICA E FAMILIAR CONTRA A MULHER

> **Art. 7.º** São formas de violência doméstica e familiar contra a mulher, entre outras:[12]
>
> I – a violência física, entendida como qualquer conduta que ofenda sua integridade ou saúde corporal;[13]
>
> II – a violência psicológica, entendida como qualquer conduta que lhe cause dano emocional e diminuição da autoestima ou que lhe prejudique e perturbe o pleno desenvolvimento ou que vise degradar ou controlar suas ações, comportamentos, crenças e decisões, mediante ameaça, cons-

trangimento, humilhação, manipulação, isolamento, vigilância constante, perseguição contumaz, insulto, chantagem, violação de sua intimidade, ridicularização, exploração e limitação do direito de ir e vir ou qualquer outro meio que lhe cause prejuízo à saúde psicológica e à autodeterminação;[14]

III – a violência sexual, entendida como qualquer conduta que a constranja a presenciar, a manter ou a participar de relação sexual não desejada, mediante intimidação, ameaça, coação ou uso da força; que a induza a comercializar ou a utilizar, de qualquer modo, a sua sexualidade, que a impeça de usar qualquer método contraceptivo ou que a force ao matrimônio, à gravidez, ao aborto ou à prostituição, mediante coação, chantagem, suborno ou manipulação; ou que limite ou anule o exercício de seus direitos sexuais e reprodutivos;[15]

IV – a violência patrimonial, entendida como qualquer conduta que configure retenção, subtração, destruição parcial ou total de seus objetos, instrumentos de trabalho, documentos pessoais, bens, valores e direitos ou recursos econômicos, incluindo os destinados a satisfazer suas necessidades;[16]

V – a violência moral, entendida como qualquer conduta que configure calúnia, difamação ou injúria.[17]

12. Formas de violência doméstica e familiar contra a mulher: fosse aplicada esta Lei exclusivamente para fins de política estatal de proteção à mulher oprimida ou para efeitos civis, ainda que possamos considerar exageradas as previsões feitas (muitas delas, demagógicas), temos o lamentável reflexo penal. A agravante do art. 61, II, *f*, do Código Penal prevê que a pena deve ser aumentada, quando o crime for cometido "com violência contra a mulher *na forma da lei específica*" (grifo nosso). Ora, se incluirmos, nas modalidades de violência, todos os incisos previstos no art. 7.º desta Lei, não temos dúvida de que haverá lesão a vários princípios penais, dentre os quais o da taxatividade e da legalidade, da proporcionalidade e da intervenção mínima. Verifiquemos nas notas abaixo.

13. Violência física: é a lesão corporal praticada contra a mulher no âmbito doméstico ou familiar. Neste caso, já existe o tipo penal incriminador próprio (art. 129, §§ 9.º e 10, do Código Penal), razão pela qual não se pode aplicar a agravante, sob pena de *bis in idem* (dupla punição pelo mesmo fato), o que é vedado em Direito Penal. Por outro lado, se a violência levar à morte da vítima, há as agravantes, igualmente já previstas, de crime contra ascendente, descendente, irmão ou cônjuge (art. 61, II, *e*, CP), de crime com abuso de autoridade ou prevalecendo-se das relações domésticas, de coabitação ou de hospitalidade (art. 61, II, *f*, CP). A única hipótese que estaria fora do anterior contexto do art. 61, II, do Código Penal, seria o crime cometido contra a mulher em qualquer relação íntima de afeto, na qual o agressor conviva ou tenha convivido com a ofendida, independentemente de coabitação. Porém, esta é a situação do inciso III do art. 5.º *supra*, que entendemos não se aplicar ao contexto de *violência doméstica ou familiar*, além de se tratar de descrição extremamente vaga, lesiva à taxatividade exigida pelas normas penais, mormente as que agravam a pena do réu. Na jurisprudência: STJ: "O art. 61, II, 'f', do CP, por sua vez, objetiva agravar a sanção, na segunda etapa da individualização da pena, em razão da maior gravidade do ato delituoso praticado nesse contexto. Assim, não há *bis in idem* na aplicação concomitante da referida legislação e da agravante, porque as previsões contidas na Lei Maria da Penha – entre elas, a vedação de fixação de multa isoladamente –, embora recrudesçam a resposta penal do Estado a delitos praticados em contexto de violência doméstica, não importam em aumento da sanção" (AgRg no HC 593.063 – SC, 6.ª T., rel. Rogerio Schietti Cruz, 01.09.2020, v.u.).

14. Violência psicológica: deve ser analisada com cautela essa modalidade de violência, para fins penais, pois o legislador estendeu-se demais nas hipóteses que a retratam, chegando a considerar *violência psicológica* qualquer dano emocional, humilhação ou ridicularização, como exemplos. Com o advento da Lei 13.772/2018, acrescentou-se, ainda, nesse inciso, a violação da intimidade. Ora, em tese, todo e qualquer crime é capaz de gerar dano emocional à vítima, seja ela mulher, seja homem. Por isso, não se pode ter uma agravante *excessivamente aberta*, vale dizer, sempre que a pessoa ofendida for mulher aplicar-se-ia a agravante de crime cometido "com violência contra a mulher na forma da lei específica" (nova redação do art. 61, II, *f*, do Código Penal). Relembremos: a finalidade da Lei 11.340/2006 é reprimir a violência doméstica e familiar. O desiderato de ambas as Convenções Internacionais ratificadas pelo Brasil é tutelar a discriminação contra a mulher e a violência no âmbito doméstico ou familiar. Reservemos a aplicação da nova agravante aos delitos que, realmente, ingressem no contexto da discriminação contra a mulher, no âmbito doméstico ou familiar.

15. Violência sexual: a definição estabelecida neste inciso é ampla, envolvendo desde o constrangimento físico (coação ou uso de força) até a indução ao comércio da sexualidade, dentre outras formas. Muitas delas já estão previstas no Código Penal como agravantes (crime praticado contra ascendente, descendente, irmão ou cônjuge; art. 61, II, *e*) ou como causas de aumento de pena (crime cometido por ascendente, padrasto ou madrasta, tio, irmão, cônjuge, companheiro, tutor, curador, preceptor ou empregador da vítima ou por qualquer outro título tenha autoridade sobre ela; art. 226, II). Entretanto, no caso dos delitos previstos no Capítulo V do Título VI da Parte Especial (lenocínio), conforme a relação mantida pelo rufião com a mulher prostituída (por exemplo, vivem sob o mesmo teto, em relação doméstica), pode-se aplicar a agravante do art. 61, II, *f*, do CP, parte final. Neste caso, torna-se mais adequada a elevação da pena, pois a potencial e comum vítima desses delitos é a mulher, motivo pelo qual existe uma razão peculiar a cuidar do caso com maior severidade. Aplica-se o princípio da isonomia (tratar desigualmente os desiguais). No mais, a descrição feita no inciso III de *violência sexual* pode atingir situações nem mesmo tipificadas pela lei penal (ex.: o pai impede que a filha saia com o namorado para manter relação sexual, constituindo uma limitação ao exercício do seu direito sexual. Ora, não configurando constrangimento ilegal ou sequestro, inexiste tipo penal apropriado). Na jurisprudência: STJ: "5. A Lei n. 11.340/2006 nada mais objetiva do que proteger vítimas em situação como a da ofendida, contra quem os abusos aconteceram no ambiente doméstico e decorreram da distorção sobre a relação familiar decorrente do pátrio poder, em que se pressupõe intimidade e afeto, além do fator essencial de ela ser mulher, elementos suficientes para atrair a competência da vara especializada em violência doméstica. 6. A ideia de vulnerabilidade da vítima que passou a compor o nome do delito do art. 217-A do Código Penal tem o escopo de afastar relativizações da violência sexual contra vítimas nessas condições, entre elas as de idade inferior a 14 anos de idade, não se exigindo igual conceito para fins de atração do complexo normativo da Lei Maria da Penha. 7. Conquanto seja decretada a incompetência do Juízo da 2.ª Vara da Comarca de Barra do Piraí-RJ, o reconhecimento da incompetência do juízo que se entendeu inicialmente competente não enseja – haja vista a teoria do juízo aparente, amplamente reconhecida pela jurisprudência desta Corte – a nulidade dos atos processuais já praticados no processo, os quais podem ser ratificados ou não no juízo que vier a ser reconhecido como competente. 8. Recurso parcialmente provido, para determinar a remessa dos autos ao Juizado Adjunto Criminal e de Violência Doméstica Contra a Mulher da Comarca de Barra do Piraí – RJ" (RHC 121.813 – RJ, 6.ª T., rel. Rogerio Schietti Cruz, j. 20.10.2020, v.u.).

16. Violência patrimonial: neste caso, não vemos grande utilidade no contexto penal. Lembremos que há as imunidades (absoluta ou relativa), fixadas pelos arts. 181 e 182 do

Código Penal, nos casos de delitos patrimoniais não violentos no âmbito familiar. Segundo nos parece, tais imunidades continuam vigorando, pois foram criadas para evitar que o Estado se intrometa no cenário familiar, *sem qualquer necessidade*, ou seja, quando o cerne da questão se circunscrever a mero patrimônio. Ademais, a menção feita neste inciso IV é clara ao indicar *violência* (coação física ou moral) patrimonial, algo que não se encaixa nos tipos penais do furto, apropriação indébita, estelionato, entre outros. Fora desse contexto, sob diverso aspecto, havendo crime patrimonial, já existem as agravantes pertinentes (art. 61, II, *e*, ou *f*, CP, neste último caso, sem a atual redação: "violência contra a mulher na forma da lei específica"). Difícil é sustentar que o furto cometido pelo namorado contra a namorada, calcado no art. 5.º, III, desta Lei, seria agravado e o contrário não se daria. A lesão ao princípio da igualdade seria evidente, pois não há razão plausível para o estabelecimento da diferença de tratamento.

17. Violência moral: no contexto dos crimes contra a honra, parece-nos igualmente difícil qualquer reflexo no campo penal, se utilizado o disposto no art. 5.º, III, desta Lei, pelas mesmas razões enumeradas nas notas anteriores. Haveria uma desigualdade artificialmente provocada pelo legislador. Ex.: se o amigo calunia a amiga, aplicar-se-ia a agravante; se a amiga difama o amigo, não se aplicaria. Inexistindo peculiaridade a fundar o rompimento da igualdade entre as pessoas, parece-nos inconstitucional o tratamento desequilibrado. Restaria o crime contra a honra nas relações domésticas e familiares, o que já era previsto pelo Código Penal, com agravantes. Vide as notas anteriores.

TÍTULO III
DA ASSISTÊNCIA À MULHER EM SITUAÇÃO DE VIOLÊNCIA DOMÉSTICA E FAMILIAR

Capítulo I
DAS MEDIDAS INTEGRADAS DE PREVENÇÃO

Art. 8.º A política pública que visa coibir a violência doméstica e familiar contra a mulher far-se-á por meio de um conjunto articulado de ações da União, dos Estados, do Distrito Federal e dos Municípios e de ações não governamentais, tendo por diretrizes:

I – a integração operacional do Poder Judiciário, do Ministério Público e da Defensoria Pública com as áreas de segurança pública, assistência social, saúde, educação, trabalho e habitação;

II – a promoção de estudos e pesquisas, estatísticas e outras informações relevantes, com a perspectiva de gênero e de raça ou etnia, concernentes às causas, às consequências e à frequência da violência doméstica e familiar contra a mulher, para a sistematização de dados, a serem unificados nacionalmente, e a avaliação periódica dos resultados das medidas adotadas;

III – o respeito, nos meios de comunicação social, dos valores éticos e sociais da pessoa e da família, de forma a coibir os papéis estereotipados que legitimem ou exacerbem a violência doméstica e familiar, de acordo com o estabelecido no inciso III do art. 1.º, no inciso IV do art. 3.º e no inciso IV do art. 221 da Constituição Federal;

IV – a implementação de atendimento policial especializado para as mulheres, em particular nas Delegacias de Atendimento à Mulher;

V – a promoção e a realização de campanhas educativas de prevenção da violência doméstica e familiar contra a mulher, voltadas ao público escolar e à sociedade em geral, e a difusão desta Lei e dos instrumentos de proteção aos direitos humanos das mulheres;

VI – a celebração de convênios, protocolos, ajustes, termos ou outros instrumentos de promoção de parceria entre órgãos governamentais ou entre estes e entidades não governamentais, tendo por objetivo a implementação de programas de erradicação da violência doméstica e familiar contra a mulher;

VII – a capacitação permanente das Polícias Civil e Militar, da Guarda Municipal, do Corpo de Bombeiros e dos profissionais pertencentes aos órgãos e às áreas enunciados no inciso I quanto às questões de gênero e de raça ou etnia;

VIII – a promoção de programas educacionais que disseminem valores éticos de irrestrito respeito à dignidade da pessoa humana com a perspectiva de gênero e de raça ou etnia;

IX – o destaque, nos currículos escolares de todos os níveis de ensino, para os conteúdos relativos aos direitos humanos, à equidade de gênero e de raça ou etnia e ao problema da violência doméstica e familiar contra a mulher.

Capítulo II
DA ASSISTÊNCIA À MULHER EM SITUAÇÃO DE VIOLÊNCIA DOMÉSTICA E FAMILIAR

Art. 9.º A assistência à mulher em situação de violência doméstica e familiar será prestada em caráter prioritário no Sistema Único de Saúde (SUS) e no Sistema Único de Segurança Pública (Susp), de forma articulada e conforme os princípios e as diretrizes previstos na Lei 8.742, de 7 de dezembro de 1993 (Lei Orgânica da Assistência Social), e em outras normas e políticas públicas de proteção, e emergencialmente, quando for o caso.

§ 1.º O juiz determinará, por prazo certo, a inclusão da mulher em situação de violência doméstica e familiar no cadastro de programas assistenciais do governo federal, estadual e municipal.

§ 2.º O juiz assegurará à mulher em situação de violência doméstica e familiar, para preservar sua integridade física e psicológica:

I – acesso prioritário à remoção quando servidora pública, integrante da administração direta ou indireta;

II – manutenção do vínculo trabalhista, quando necessário o afastamento do local de trabalho, por até seis meses.

III – encaminhamento à assistência judiciária, quando for o caso, inclusive para eventual ajuizamento da ação de separação judicial, de divórcio, de anulação de casamento ou de dissolução de união estável perante o juízo competente.

§ 3.º A assistência à mulher em situação de violência doméstica e familiar compreenderá o acesso aos benefícios decorrentes do desenvolvimento científico e tecnológico, incluindo os serviços de contracepção de emergência, a profilaxia das Doenças Sexualmente Transmissíveis (DST) e da Síndrome da Imunodeficiência Adquirida (AIDS) e outros procedimentos médicos necessários e cabíveis nos casos de violência sexual.

§ 4.º Aquele que, por ação ou omissão, causar lesão, violência física, sexual ou psicológica e dano moral ou patrimonial a mulher fica obrigado a ressarcir todos os danos causados, inclusive ressarcir ao Sistema Único de Saúde (SUS), de acordo com a tabela SUS, os custos relativos aos serviços de saúde prestados para o total tratamento das vítimas em situação de violência doméstica e familiar, recolhidos os recursos assim arrecadados ao Fundo de Saúde do ente federado responsável pelas unidades de saúde que prestarem os serviços.[17-A]

§ 5.º Os dispositivos de segurança destinados ao uso em caso de perigo iminente e disponibilizados para o monitoramento das vítimas de violência doméstica ou familiar amparadas por medidas protetivas terão seus custos ressarcidos pelo agressor.

§ 6.º O ressarcimento de que tratam os §§ 4.º e 5.º deste artigo não poderá importar ônus de qualquer natureza ao patrimônio da mulher e dos seus dependentes, nem configurar atenuante ou ensejar possibilidade de substituição da pena aplicada.

§ 7.º A mulher em situação de violência doméstica e familiar tem prioridade para matricular seus dependentes em instituição de educação básica mais próxima de seu domicílio, ou transferi-los para essa instituição, mediante a apresentação dos documentos comprobatórios do registro da ocorrência policial ou do processo de violência doméstica e familiar em curso.[17-B]

§ 8.º Serão sigilosos os dados da ofendida e de seus dependentes matriculados ou transferidos conforme o disposto no § 7.º deste artigo, e o acesso às informações será reservado ao juiz, ao Ministério Público e aos órgãos competentes do poder público.

17-A. Ressarcimento dos danos: a indenização da vítima, efetuada pelo autor do crime, é prevista no Código Penal e não haveria de ser novamente inserida nesta Lei. No entanto, inclui-se, neste ponto, o ressarcimento ao Sistema Único de Saúde, conforme a tabela SUS, e todos os demais custos. Além de justo, era necessária a previsão legal. O mesmo será feito quanto ao uso dos dispositivos de segurança usados para controlar o acesso do agressor à vítima (ex.: tornozeleira eletrônica).

17-B. Prioridade na escola e sigilo: regula-se algo importante, pois a mulher ameaçada pode ser levada a mudar de domicílio, para se proteger de um ex-marido (companheiro ou namorado), devendo, com isso, ter a possibilidade de matricular seus filhos em unidade escolar com *prioridade*. Isso tudo será feito em sigilo. Trata-se de norma extrapenal, mas vinculada, de algum modo, aos delitos de violência doméstica ou familiar.

Capítulo III
DO ATENDIMENTO PELA AUTORIDADE POLICIAL

Art. 10. Na hipótese da iminência ou da prática de violência doméstica e familiar contra a mulher, a autoridade policial que tomar conhecimento da ocorrência adotará, de imediato, as providências legais cabíveis.[18]

Parágrafo único. Aplica-se o disposto no *caput* deste artigo ao descumprimento de medida protetiva de urgência deferida.

18. Inutilidade do dispositivo: não há necessidade de constar em lei que a autoridade policial, tomando conhecimento de um caso de violência doméstica e familiar contra a mulher, deve agir, conforme determinação legal. Tal situação é óbvia. Cada operador do Direito cumpre a sua função, tal como previsto em inúmeras leis, inclusive as que regem cada carreira. Basta enumerar o que compete à autoridade policial fazer e não criar uma norma para dizer que o delegado deve cumprir a lei.

> **Art. 10-A.** É direito da mulher em situação de violência doméstica e familiar o atendimento policial e pericial especializado, ininterrupto e prestado por servidores – preferencialmente do sexo feminino – previamente capacitados.[18-A]
>
> § 1.º A inquirição de mulher em situação de violência doméstica e familiar ou de testemunha de violência doméstica, quando se tratar de crime contra a mulher, obedecerá às seguintes diretrizes:[18-B]
>
> I – salvaguarda da integridade física, psíquica e emocional da depoente, considerada a sua condição peculiar de pessoa em situação de violência doméstica e familiar;
>
> II – garantia de que, em nenhuma hipótese, a mulher em situação de violência doméstica e familiar, familiares e testemunhas terão contato direto com investigados ou suspeitos e pessoas a eles relacionadas;
>
> III – não revitimização da depoente, evitando sucessivas inquirições sobre o mesmo fato nos âmbitos criminal, cível e administrativo, bem como questionamentos sobre a vida privada.[18-C]
>
> § 2.º Na inquirição de mulher em situação de violência doméstica e familiar ou de testemunha de delitos de que trata esta Lei, adotar-se-á, preferencialmente, o seguinte procedimento:[18-D]
>
> I – a inquirição será feita em recinto especialmente projetado para esse fim, o qual conterá os equipamentos próprios e adequados à idade da mulher em situação de violência doméstica e familiar ou testemunha e ao tipo e à gravidade da violência sofrida;
>
> II – quando for o caso, a inquirição será intermediada por profissional especializado em violência doméstica e familiar designado pela autoridade judiciária ou policial;
>
> III – o depoimento será registrado em meio eletrônico ou magnético, devendo a degravação e a mídia integrar o inquérito.

18-A. Medidas de proteção e assistência: desde o momento da agressão, a mulher encontra-se em situação de opressão e constrangimento. Por isso, impõe-se um atendimento prioritário a partir do instante em que o Estado toma conhecimento, podendo – e devendo – agir para dar a devida proteção de forma contínua, além de prestar assistência psicológica. Quando se menciona *atendimento pericial*, aponta-se tanto para a referida assistência psicológica quanto para a realização de exame de corpo de delito, permitindo a prova da existência da infração penal, quando esta deixa vestígios. Buscando um atendimento mais célere à mulher agredida, a Lei 13.721/2018 acrescentou o parágrafo único ao art. 158 do Código de Processo Penal. *In verbis*: "Art. 158. Quando a infração deixar vestígios, será indispensável o exame de corpo de delito, direto ou indireto, não podendo supri-lo a confissão do acusado. Parágrafo único. Dar-se-á prioridade à realização do exame de corpo de delito quando se tratar de crime que envolva: I – violência doméstica e familiar contra mulher; II – violência contra criança, adolescente, idoso ou pessoa com deficiência".

18-B. Regras de inquirição de vítima e testemunhas: as normas instituídas pela Lei 13.505/2017 têm por fim assegurar à mulher-vítima a maior proteção possível, embora os incisos I e II constituam repetições de outros termos desta Lei e, também, de dispositivos do Código de Processo Penal. Preservar a integridade da depoente e a separação entre agressor e vítima (e testemunhas) é cabível em qualquer delito, impondo-se como necessária nas situações de violência doméstica.

18-C. Revitimização: evitar sucessivas inquirições da vítima pode confrontar princípios constitucionais relevantes, como a ampla defesa e o contraditório, merecendo particular cautela por parte dos operadores do Direito, em especial o juiz condutor do processo-crime contra o agressor. Como regra, ouve-se a vítima na fase policial (âmbito administrativo-criminal), para, após, inquiri-la sob o crivo do contraditório, garantindo-se a ampla defesa, em juízo criminal. Não se pode impedir, ainda, que a questão seja levada à esfera cível para qualquer providência, como discussão de guarda de filhos, indenização por conta de ato ilícito, entre outros fatores. Quanto a *evitar* questionamentos sobre a vida privada da vítima, mais uma vez não se pode vedar, por completo, tal situação, caso a defesa do acusado deseje colher informes acerca disso. O respeito à ampla defesa precisa ser bem equilibrado em face da dignidade da vítima.

18-D. Procedimento de inquirição da mulher: é inquestionável o dever do Estado de preservar a mulher, em vários prismas, quando for vítima de violência doméstica. Por isso, especifica-se um recinto projetado para essa finalidade, condizente com a idade da vítima, tal como uma sala com decoração infantojuvenil, se a oitiva se dirigir a uma menina ou jovem vitimizada. Vale o mesmo para a testemunha do sexo feminino. Justifica-se a intermediação de um psicólogo ou assistente social, quando se tratar de pessoa particularmente fechada, tímida, ameaçada ou mesmo criança. Não se trata de criar uma regra geral, mas voltada para casos específicos. Finalmente, a indicação de um depoimento registrado em meio eletrônico já é uma realidade em vários fóruns, devendo ser estendida para distritos policiais. Há um retrocesso ao exigir a *degravação* na fase do inquérito. Se em juízo já não se impõe a degravação, inexiste razão para essa determinação quando a colheita for realizada na fase policial. Ademais, é justamente a polícia judiciária que mais carece de recursos para conduzir os inquéritos e as investigações em geral. Assim sendo, o disposto neste artigo pode cair no vazio. Por derradeiro, vale ressaltar que essas normas não possuem qualquer sanção, caso descumpridas.

Art. 11. No atendimento à mulher em situação de violência doméstica e familiar, a autoridade policial deverá, entre outras providências:[19]

I – garantir proteção policial, quando necessário, comunicando de imediato ao Ministério Público e ao Poder Judiciário;

II – encaminhar a ofendida ao hospital ou posto de saúde e ao Instituto Médico Legal;

III – fornecer transporte para a ofendida e seus dependentes para abrigo ou local seguro, quando houver risco de vida;

IV – se necessário, acompanhar a ofendida para assegurar a retirada de seus pertences do local da ocorrência ou do domicílio familiar;

V – informar à ofendida os direitos a ela conferidos nesta Lei e os serviços disponíveis, inclusive os de assistência judiciária para o eventual ajuizamento perante o juízo competente da ação de separação judicial, de divórcio, de anulação de casamento ou de dissolução de união estável.

19. Atribuições da autoridade policial: não há dúvida de que o rol exposto nos incisos I a V do art. 11 desta Lei é positivo e tem por finalidade alcançar a melhor proteção possível à mulher vítima da violência doméstica ou familiar. Porém, em determinadas situações, vislumbramos mais uma lei editada somente para servir de modelo do que seria o ideal, embora fique, na prática, distante do plano da realidade. Essa sensação de ruptura entre lei e fato concreto gera, lamentavelmente, o sentimento comum a muitos brasileiros de que leis não servem para nada. Desse contexto, brota a incômoda sensação de impunidade, fomentadora, muitas vezes, da prática de crimes. Deve a autoridade policial, quando necessário – e muitas vezes tal situação se dá – garantir *proteção policial* à mulher vítima de violência doméstica ou familiar. Ora, sabe-se que nem mesmo a lei de proteção às vítimas e testemunhas (Lei 9.807/99) vem sendo, eficientemente, aplicada, por falta de estrutura do Estado em sustentar os programas de proteção. Portanto, como se pretende garantir à mulher vítima de violência uma proteção policial eficiente, pessoal, direta e contínua? Não há agentes policiais suficientes nem mesmo para o patrulhamento de ruas, para a escolta de presos, para a proteção de prédios públicos ou de autoridades ameaçadas. Enfim, a tendência é nada ser feito nessa área, descumprindo-se o disposto no art. 11, I, da Lei 11.340/2006. O encaminhamento da ofendida ao hospital, posto de saúde e IML já é praxe (inciso II do art. 11). Logo, repete-se o evidente. Quanto ao fornecimento de transporte e abrigo, depende-se, novamente, de estrutura. A autoridade policial não pode *criar* um lugar para inserir a família vitimizada. O Estado, que nem mesmo cuida de criar e sustentar Casas do Albergado, para condenados em regime aberto, disponibilizará verbas para esse programa? Só nos resta esperar que sim. O acompanhamento policial da ofendida para a retirada de seus pertences do local da ocorrência ou do domicílio familiar é correto e, embora pareça, pelo texto legal, ser obrigação pessoal da autoridade policial, é naturalmente delegável aos agentes de polícia (investigadores, detetives e até mesmo, havendo possibilidade, aos policiais militares). Finalmente, a informação à ofendida de seus direitos conferidos por esta Lei é salutar e não depende de verba orçamentária, logo, deve ser implementado sem qualquer empecilho.

> **Art. 12.** Em todos os casos de violência doméstica e familiar contra a mulher, feito o registro da ocorrência, deverá a autoridade policial adotar, de imediato, os seguintes procedimentos, sem prejuízo daqueles previstos no Código de Processo Penal:[20]
>
> I – ouvir a ofendida, lavrar o boletim de ocorrência e tomar a representação a termo, se apresentada;[20-A-20-B]
>
> II – colher todas as provas que servirem para o esclarecimento do fato e de suas circunstâncias;
>
> III – remeter, no prazo de 48 (quarenta e oito) horas, expediente apartado ao juiz com o pedido da ofendida, para a concessão de medidas protetivas de urgência;
>
> IV – determinar que se proceda ao exame de corpo de delito da ofendida e requisitar outros exames periciais necessários;[20-C]
>
> V – ouvir o agressor e as testemunhas;
>
> VI – ordenar a identificação do agressor e fazer juntar aos autos sua folha de antecedentes criminais, indicando a existência de mandado de prisão ou registro de outras ocorrências policiais contra ele;
>
> VI-A – verificar se o agressor possui registro de porte ou posse de arma de fogo e, na hipótese de existência, juntar aos autos essa informação, bem como notificar a ocorrência à instituição responsável pela concessão do registro ou

> da emissão do porte, nos termos da Lei n.º 10.826, de 22 de dezembro de 2003 (Estatuto do Desarmamento);[20-D]
>
> VII – remeter, no prazo legal, os autos do inquérito policial ao juiz e ao Ministério Público.
>
> § 1.º O pedido da ofendida será tomado a termo pela autoridade policial e deverá conter:
>
> I – qualificação da ofendida e do agressor;
>
> II – nome e idade dos dependentes;
>
> III – descrição sucinta do fato e das medidas protetivas solicitadas pela ofendida.
>
> IV – informação sobre a condição de a ofendida ser pessoa com deficiência e se da violência sofrida resultou deficiência ou agravamento de deficiência preexistente.[20-E]
>
> § 2.º A autoridade policial deverá anexar ao documento referido no § 1.º o boletim de ocorrência e cópia de todos os documentos disponíveis em posse da ofendida.
>
> § 3.º Serão admitidos como meios de prova os laudos ou prontuários médicos fornecidos por hospitais e postos de saúde.[21]

20. Inquérito policial: o art. 12, seguindo a já consagrada tendência de incluir em novas leis preceitos repetidos de outras, o que não é boa técnica legislativa, somente contém uma novidade: o disposto no inciso III. As demais providências (incisos I, II, IV, V, VI e VII) são repetências do Código de Processo Penal, há muito praticadas pelas autoridades policiais. Quanto à remessa, em 48 horas, de expediente apartado ao juiz, contendo pedido da ofendida, para a concessão de medidas protetivas de urgência, de fato, é inovação positiva. A partir disso, segue-se o disposto no art. 18 desta Lei, para o qual remetemos o leitor.

20-A. Lesão corporal prescinde de representação: temos sustentado, desde o advento do art. 129, § 9.º, do Código Penal (lesão corporal em caso de violência doméstica), ser a ação pública incondicionada, por razões variadas, mas, em especial, por se tratar de figura típica qualificada, que não se confunde com a lesão simples do *caput*, esta sim condicionada à representação da vítima. Por meio da ADin 4.424, o Supremo Tribunal Federal, em julgamento realizado pelo Pleno, no dia 9 de fevereiro de 2012, considerou a ação pública incondicionada para qualquer tipo de lesão corporal praticada em cenário de violência doméstica. Na jurisprudência: STF: "1. O Plenário desta Suprema Corte assentou que, em crime de lesão corporal no contexto de violência doméstica, a natureza da ação penal é pública incondicionada. Precedentes. 2. Inviável o exame de teses defensivas não analisadas pelo Superior Tribunal de Justiça, sob pena de indevida supressão de instância. Precedentes. 3. Agravo regimental conhecido e não provido" (HC 212.506 AgR, 1.ª T., rel. Rosa Weber, j. 11.04.2022, v.u.). STJ: "O Supremo Tribunal Federal, no julgamento da ADI 4.424/DF, em 09/02/2012, conferiu interpretação conforme à Constituição ao art. 41 da Lei 11.340/06, para assentar a natureza incondicionada da ação penal em caso de crime de lesão corporal praticado mediante violência doméstica e familiar contra a mulher" (AgRg no REsp 1.406.625 – RJ, 6.ª T., rel. Maria Thereza de Assis Moura, *DJ* 10.12.2013, v.u.). Após, o STJ editou a Súmula 542: "A ação penal relativa ao crime de lesão corporal resultante de violência doméstica contra a mulher é pública incondicionada".

20-B. Valor probatório da palavra da vítima: o fato de ser a mulher vítima de agressão, no contexto desta Lei de Violência Doméstica, não torna a sua versão dos fatos inatacável, de modo a subverter as regras de processo. Em primeiro lugar, deve-se dar sentido ao princípio constitucional da presunção de inocência; em caso de dúvida, absolve-se o réu. Em segundo, toda e qualquer vítima é parte interessada no feito em que se apura a agressão por ela sofrida, tanto que não é testemunha, nem se submete ao compromisso de dizer a verdade. Em terceiro, a palavra da vítima deve ser sopesada como qualquer outra e ser confrontada com as demais provas do processo. Em suma, tem valor, mas não é absoluto. Na jurisprudência: STJ: "1- Notícia crime oferecida por S. P. M. C. e M. T. P. M. C. contra J. D. P. M. C., Desembargador do Tribunal de Justiça do Estado de São Paulo, e A. C., Procurador de Justiça do Ministério Público de São Paulo, atualmente aposentado, narrando que, conforme ocorrência policial, compareceram à Delegacia da Mulher para comunicar que foram vítimas de agressões físicas e psicológicas praticadas pelos requeridos. 2- O propósito recursal consiste em dizer se é hígida a decisão que deferiu, em desfavor dos requeridos, a aplicação de medidas protetivas de urgência, com lastro nas agressões físicas e psicológicas narradas na notícia crime. 3- É possível aferir a competência desta Corte Superior para analisar a presente demanda, máxime porque, como é competente para apreciar as medidas protetivas postuladas contra J. D. P. M. C., detentor de foro por prerrogativa de função, tal atribuição se estende, por conexão, ao agravante. 4- A Lei n. 11.340/2006 criou a possibilidade de que mulheres, sob violência doméstica de gênero, pudessem valer-se de medidas protetivas de urgência, as quais decorrem, em grande medida, do direito personalíssimo de autodeterminação existencial e do princípio de dignidade humana. 5- Na hipótese dos autos, depreende-se o *fumus boni iuri* do contexto inserido na notícia crime, em que as requerentes relacionam inúmeras agressões por elas sofridas, de cunho físico e moral, praticadas pelos requeridos, com a colação de documentos indiciários de prova. 6- Revela-se, ainda, a existência do *periculum in mora*, em virtude de a situação emergencial envolver a tutela da integridade física e mental, além de outros direitos da personalidade de superlativa importância, como o próprio direito à vida, cuja violação é perpetrada por pessoas que integram a unidade familiar. 7- O afastamento do lar, bem como a proibição de aproximação e de contato com as requerentes são medidas adequadas para assegurar a preservação dos respectivos direitos, somando-se a isso o fato de a requerente M. T. P. M. C. ser idosa, de modo que tal condição, acrescida da suposta existência de agressões físicas e verbais praticadas pelo requerido A. C. contra ela, justificam a manutenção do provimento cautelar. 8- Presume-se a necessidade de fixação de alimentos provisórios em favor da requerente M. T. P. M. C., em razão de sua avançada idade (90 anos), e as possibilidades financeiras de seu cônjuge, A. C., procurador de justiça aposentado. Nessas circunstâncias, até que as partes encaminhem os aspectos cíveis de seu divórcio e alimentos, é razoável manter-se a referida medida protetiva de urgência, nos termos do art. 22, V, da Lei 11.340/2006. 9- O Superior Tribunal de Justiça entende ser presumida, pela Lei n. 11.340/2006, a hipossuficiência e a vulnerabilidade da mulher em contexto de violência doméstica e familiar. É desnecessária, portanto, a demonstração específica da subjugação feminina para que seja aplicado o sistema protetivo da Lei Maria da Penha, pois a organização social brasileira ainda é fundada em um sistema hierárquico de poder baseado no gênero, situação que o referido diploma legal busca coibir. 10- Para a incidência da Lei Maria da Penha, é necessário que a violência doméstica e familiar contra a mulher decorra: a) de ação ou omissão baseada no gênero; b) no âmbito da unidade doméstica, familiar ou relação de afeto; tendo como consequência: c) morte, lesão, sofrimento físico, sexual ou psicológico, dano moral ou patrimonial. Precedentes. 11- Na hipótese dos autos, não apenas a agressão ocorreu em ambiente doméstico, mas também familiar e afetivo, entre pais e filhos, marido e mulher e entre irmãos, eliminando qualquer dúvida quanto à incidência do subsistema da Lei 11.340/2006. 12- As condutas descritas nos autos – a) bater a cabeça da vítima várias vezes contra a escada; b) xingar e agredir fisicamente a vítima após a descoberta de traição ao longo dos últimos 30 anos – são elementos próprios da estrutura de violência contra pessoas do sexo feminino. Demonstram, ainda, potencialmente, o *modus operandi* das agressões de gênero, a revelar o caráter especialíssimo do delito e a necessidade de imposição de medidas protetivas. 13- Junta-se a isso o argumento de os requeridos se utilizarem das funções para exercer domínio sobre as requerentes, que não conseguem, sequer, registrar um boletim de ocorrência na autoridade policial competente, com a narrativa completa dos fatos elencados. 14- A palavra da vítima, em harmonia com os demais elementos presentes nos autos, possui relevante valor probatório, especialmente em crimes que envolvem violência doméstica e familiar contra a mulher. Precedente. 15- Agravo regimental e pedido de reconsideração não providos" (AgRg na MPUMP 6 – DF, Corte Especial, rel. Nancy Andrighi, 18.05.2022, v.u.).

20-C. Alteração legislativa no CPP: buscando um atendimento mais célere à mulher agredida, a Lei 13.721/2018 acrescentou o parágrafo único ao art. 158 do Código de Processo Penal. *In verbis*: "Art. 158. Quando a infração deixar vestígios, será indispensável o exame de corpo de delito, direto ou indireto, não podendo supri-lo a confissão do acusado. Parágrafo único. Dar-se-á prioridade à realização do exame de corpo de delito quando se tratar de crime que envolva: I – violência doméstica e familiar contra mulher; II – violência contra criança, adolescente, idoso ou pessoa com deficiência".

20-D. Verificar o registro de arma de fogo: na hipótese de ser constatada essa realidade, é fundamental comunicar o juízo para que este possa suspender esse direito (porte ou posse), como medida de cautela.

20-E. Averiguar se a vítima é pessoa com deficiência: prevê-se que essa informação possa auxiliar o juiz a decidir pelas medidas de garantia à vítima.

21. Meios de prova: em primeira leitura, tem-se a impressão de que o § 3.º também estipulou outra obviedade. Possivelmente, tenha sido essa a tendência legislativa. Mas, pode-se extrair algo de útil dessa determinação legal. Laudos e prontuários médicos sempre foram possíveis de ser juntados em processos criminais, até mesmo para a formação, quando necessário, do exame de corpo de delito indireto (ver a nota 2 ao art. 158 em nosso *Código de Processo Penal comentado*). Entretanto, alguns médicos, sob o pretexto de estarem protegendo o *sigilo* das informações pertinentes ao paciente, negam o encaminhamento do prontuário de atendimento da vítima, realizado no hospital. Sempre defendemos que, uma vez requisitados por juiz de direito, não há sigilo que se possa invocar para servir de obstáculo ao atendimento da determinação legal. Se houver recusa, pode o médico ser processado por crime de desobediência (ver a nota 33 ao art. 330 do nosso *Código Penal comentado*). Logicamente, cuidando-se de prova da materialidade de um crime, não pode o profissional da medicina invocar proteção ao sigilo dos dados colhidos. O mencionado *sigilo médico* envolve somente dados pessoais, como, por exemplo, os problemas psicológicos enfrentados por alguém, consultando-se com um psiquiatra. No mais, havendo um delito, como aborto, em outro exemplo, não tem sentido recusar-se o médico a fornecer cópia do prontuário de atendimento, com todas as fichas e diagnósticos, pois, se assim fizer, será impossível formar o exame de corpo de delito, ainda que indireto. O disposto no art. 12, § 3.º, da Lei 11.340/2006 serve para demonstrar a obrigatoriedade dos hospitais, postos de saúde e, logicamente, dos médicos de remeter, quando houver requisição, os documentos necessários à apuração de crime contra a mulher. Por extensão natural, igualmente assim devem agir para a apuração de todo e qualquer crime, no tocante à formação da materialidade. Na jurisprudência: STJ: "5. Nos crimes de violência doméstica, mitiga-se a indispensabilidade do exame de corpo de delito direto, prevista no art. 158 do CPP, a teor do art. 12, § 3.º, da Lei n. 11.340/2006, que admite como meio de prova os laudos ou prontuários médicos fornecidos por hospitais e postos de saúde. 6. Desta forma, restou demonstrada a materialidade delitiva, visto que a palavra da vítima foi corroborada por atestado médico confeccionado na data do fato. Outrossim, a despeito de o réu ter alegado que as agressões foram desferidas em um contexto de legítima defesa, confirmou-as. 7. *Habeas corpus* não conhecido" (HC 295.979 – RS, 6.ª T., rel. Nefi Cordeiro, j. 14.06.2016, v.u.).

> **Art. 12-A.** Os Estados e o Distrito Federal, na formulação de suas políticas e planos de atendimento à mulher em situação de violência doméstica e familiar, darão prioridade, no âmbito da Polícia Civil, à criação de Delegacias Especializadas de Atendimento à Mulher (Deams), de Núcleos Investigativos de Feminicídio e de equipes especializadas para o atendimento e a investigação das violências graves contra a mulher.[21-A]

21-A. Suporte material: não são poucas as leis que preveem amplo apoio do Estado para inúmeros pontos relacionados às atividades persecutórias policiais e judiciais, como execução penal, infância e juventude, agora violência doméstica, entre outros. No entanto, a carência material é visível, como se nota, por exemplo, no campo da superlotação de presídios e casas de internação de menores infratores, além de falta de assistência suficiente no cenário infantojuvenil. Somente o tempo demonstrará se este artigo se transformará em realidade ou constituirá mais uma norma inócua.

> **Art. 12-B.** (*Vetado*).
> § 1.º (*Vetado*).
> § 2.º (*Vetado*).
> § 3.º A autoridade policial poderá requisitar os serviços públicos necessários à defesa da mulher em situação de violência doméstica e familiar e de seus dependentes.

> **Art. 12-C.** Verificada a existência de risco atual ou iminente à vida ou à integridade física ou psicológica da mulher em situação de violência doméstica e familiar, ou de seus dependentes, o agressor será imediatamente afastado do lar, domicílio ou local de convivência com a ofendida:[21-B]
> I – pela autoridade judicial;
> II – pelo delegado de polícia, quando o Município não for sede de comarca; ou
> III – pelo policial, quando o Município não for sede de comarca e não houver delegado disponível no momento da denúncia.
> § 1.º Nas hipóteses dos incisos II e III do *caput* deste artigo, o juiz será comunicado no prazo máximo de 24 (vinte e quatro) horas e decidirá, em igual prazo, sobre a manutenção ou a revogação da medida aplicada, devendo dar ciência ao Ministério Público concomitantemente.
> § 2.º Nos casos de risco à integridade física da ofendida ou à efetividade da medida protetiva de urgência, não será concedida liberdade provisória ao preso.

21-B. Afastamento do agressor do lar comum: já houve projeto de lei para que a autoridade policial, *de maneira independente*, pudesse *decretar* o afastamento do agressor da mulher do lar comum. Mas isso é reserva jurisdicional, pois implica restrição a direito fundamental. Então, criou-se um meio-termo. A autoridade policial (quando o Município não for sede de Comarca, ou seja, não tiver juiz) ou o policial que atenda a ocorrência (onde não é sede de Comarca nem tem delegado) pode impor o afastamento do agressor do seu lar comum. Porém, cuida-se de decisão precária, que precisa ser confirmada pelo juiz, no prazo máximo de 24 horas. A autoridade judiciária decidirá se mantém ou não o referido afastamento. Prevê-se, com direcionamento à autoridade judiciária, que, havendo risco à integridade física da vítima ou à concretização da medida de urgência, não deve o juiz conceder liberdade provisória ao agressor. Mas é preciso *marcar* a posição de que as penas pelos crimes eventualmente cometidos são muito curtas, não podendo segurar o agressor muito tempo (ex.: ameaça, cuja pena é de detenção de um mês a seis meses ou multa, art. 147, CP). Tivemos a oportunidade de expressar a constitucionalidade deste artigo em publicação intitulada "Alterações na Lei Maria da Penha trazem resultado positivo", nos seguintes termos: "Teve a referida lei a cautela de prever a comunicação da medida ao juiz, no prazo máximo de 24 horas, decidindo em igual prazo, para manter ou revogar a medida, cientificando o Ministério Público. Nota-se a ideia de preservar a *reserva de jurisdição*, conferindo à autoridade judicial a última palavra, tal como se faz quando o magistrado avalia o auto de prisão em flagrante (lavrado pelo delegado de polícia). Construiu-se, por meio de lei, uma hipótese administrativa de concessão de medida protetiva – tal como se fez com a lavratura do auto de prisão em flagrante (e quanto ao relaxamento do flagrante pelo delegado). Não se retira do juiz a palavra final. Antecipa-se medida provisória de urgência (como se faz no caso do flagrante: qualquer um pode prender quem esteja cometendo um crime). Em seguida, menciona-se, inclusive, a viabilidade de qualquer policial, civil ou militar, de fazer o mesmo, quando no local não existir nem juiz nem delegado. Ora, policiais *devem* prender em flagrante quem estiver cometendo crime; depois o delegado avaliará e, finalmente, o juiz dará a última palavra. Não se fugiu desse contexto. Não visualizamos nenhuma inconstitucionalidade nem usurpação de jurisdição. Ao contrário, privilegia-se o mais importante: a dignidade da pessoa humana. A mulher não pode apanhar e ser submetida ao agressor, sem chance de escapar, somente porque naquela localidade inexiste um juiz (ou mesmo um delegado). O policial que atender a ocorrência tem a obrigação de afastar o agressor. Depois, verifica-se, com cautela, a situação concretizada. Argumentar com *reserva de jurisdição* em um país continental como o Brasil significaria, na prática, entregar várias mulheres à opressão dos seus agressores, por falta da presença estatal (judicial ou do delegado). O princípio constitucional da dignidade da pessoa humana encontra-se acima de todos os demais princípios e é perfeitamente o caso de se aplicar nesta hipótese. Afaste-se o agressor e, após, debata-se a viabilidade ou inviabilidade da medida. O delegado ou policial não está prendendo o autor da agressão, mas somente 'separando' compulsoriamente a vítima e seu agressor. Uma medida de proteção necessária e objetiva" (disponível em: <https://www.conjur.com.br/2019-mai-18/nucci-alteracoes-maria-penha--trazem-resultado-positivo>. Acesso em: 13.02.2023). O Supremo Tribunal Federal consolidou o entendimento de que este artigo 12-C é constitucional: "1. A autorização excepcional para que delegados de polícia e policiais procedam na forma do art. 12-C II e III, E § 1.º, da Lei n.º 11.340/2006 (Lei Maria da Penha), com as alterações incluídas pela Lei n.º 13.827/2019, é resposta legislativa adequada e necessária ao rompimento do ciclo de violência doméstica em suas fases mais agudas, amplamente justificável em razão da eventual impossibilidade de obtenção da tutela jurisdicional em tempo hábil. 2. Independentemente de ordem judicial ou prévio consentimento do seu morador, o artigo 5.º, inciso XI, da Constituição Federal admite que qualquer do povo, e, com maior razão, os integrantes de carreira policial, ingressem em domicílio alheio nas hipóteses de flagrante delito ou para prestar socorro, incluída a hipótese de excepcional urgência identificada em um contexto de risco atual ou iminente à vida ou à integridade física ou psicológica da mulher em situação de violência doméstica e familiar, ou de seus dependentes. 3. Constitucionalidade na concessão excepcional de medida protetiva de afastamento imediato do agressor do local de convivência com a ofendida sob efeito de condição resolutiva. 4. A antecipação administrativa de medida protetiva de urgência para impedir que mulheres vítimas de violência doméstica e familiar permaneçam expostas às agressões e hostilidades ocorridas na privacidade do lar não subtrai a última palavra do Poder Judiciário, a quem se resguarda a prerrogativa de decidir sobre sua manutenção ou revogação, bem como sobre a supressão e reparação de eventuais excessos ou abusos. 4. Ação Direta de Inconstitucionalidade julgada improcedente" (ADI 6.138 – DF, Plenário, rel. Alexandre de Moraes, 23.03.2022, v.u.).

TÍTULO IV
DOS PROCEDIMENTOS

Capítulo I
DISPOSIÇÕES GERAIS

> **Art. 13.** Ao processo, ao julgamento e à execução das causas cíveis e criminais decorrentes da prática de violência doméstica e familiar contra a mulher aplicar-se-ão as normas dos Códigos de Processo Penal e Processo Civil e da legislação específica relativa à criança, ao adolescente e ao idoso que não conflitarem com o estabelecido nesta Lei.[22]

22. Dispositivo incompleto: a Lei 11.340/2006 é especial em relação à legislação ordinária, como o Código de Processo Penal e Código de Processo Civil; porém, contém falhas e lacunas, razão pela qual este artigo apontou o suplemento dessas outras leis. Depois de aplicar o previsto nesta Lei, na prática, como magistrado, notamos a indispensabilidade de se usar o complemento do CPP ou do CPC, em particular no cenário dos recursos, que poderia ter sido mais bem explorado. Em verdade, para a decretação de medidas, no cenário criminal, contra o indiciado ou acusado, pode-se utilizar o *habeas corpus* – ação de natureza constitucional para qualquer constrangimento, direto ou indireto, à liberdade de locomoção. Mesmo assim, é viável agravo, recurso em sentido estrito ou apelação, conforme a situação concreta. É justamente o caso de decisões judiciais contra os interesses da vítima, como, por exemplo, o indeferimento de medidas protetivas, visto que, nesta Lei, não há previsão expressa de recurso. Torna-se inviável deixar esse relevante campo desabrigado, pois se cuida de legislação editada para a maior tutela da mulher em variados aspectos, razão pela qual se deve adotar formas adequadas de recurso. A indefinição permite, em nosso entendimento, o uso tanto do agravo quanto do recurso em sentido estrito, conforme a situação, durante o andamento do processo, bem como da apelação para se contrapor a sentença, justamente para não prejudicar a pessoa ofendida. Na jurisprudência: TJSP: "Processo penal. Agravo de instrumento. Violência doméstica e familiar contra a mulher. Pretensão de revogação das medidas protetivas. Possibilidade. Ausência de demonstração de permanência da situação de risco. Medidas protetivas de urgência deferidas há seis meses. Inexistência de procedimento criminal em andamento. Modificação do panorama conjugal. Impossibilidade de manutenção indefinida da restrição à liberdade de ir e vir do apelado sem a demonstração da necessidade da medida. Recurso provido" (Agravo de Instrumento 2218907-10.2020.8.26.0000, 16.ª Câmara, rel. Leme Garcia, j. 26.01.2021, v.u.).

Art. 14. Os Juizados de Violência Doméstica e Familiar contra a Mulher, órgãos da Justiça Ordinária com competência cível e criminal, poderão ser criados pela União, no Distrito Federal e nos Territórios, e pelos Estados, para o processo, o julgamento e a execução das causas decorrentes da prática de violência doméstica e familiar contra a mulher.[23-23-C]

Parágrafo único. Os atos processuais poderão realizar-se em horário noturno, conforme dispuserem as normas de organização judiciária.

23. Juizados específicos: cuida-se de norma correta e positiva. Criam-se os Juizados de Violência Doméstica e Familiar contra a Mulher, órgãos integrantes da Justiça comum, naturalmente estadual, em decorrência da matéria, com competência cumulativa cível e criminal. Esta última parte é a principal. Evitando-se a dissociação da Justiça, obrigando-se a mulher agredida a percorrer tanto o juízo criminal como o juízo cível, para resolver, definitivamente, seu problema com o agressor, unem-se as competências e um só magistrado está apto a tanto. No mesmo processo, torna-se viável punir o agressor, na órbita criminal, tomando-se medidas de natureza civil, como a separação judicial. Na jurisprudência: STJ: "4. Justamente para se ter um tratamento uniforme e célere nas situações de violência doméstica e familiar contra a mulher, é que o legislador previu a cumulação de competências (cível e criminal) aos Juizados de Violência Doméstica e Familiar contra a Mulher, quando instalados (art. 14), e às Varas Criminais, enquanto ainda não estruturados os respectivos Juizados (art. 33)" (REsp 2.042.286 – BA, 3.ª T., rel. Marco Aurélio Bellizze, 08.08.2023, v.u.).

23-A. Conflito entre Juizado de Violência Doméstica e Familiar contra a Mulher e JECRIM: cabe ao Tribunal de Justiça dirimir, conforme dispuser seu Regimento Interno. Tanto um, quanto outro, constituem órgãos da Justiça Ordinária, logo, vinculados ao Tribunal de Justiça do Estado ou do Distrito Federal. Conferir: STJ: "Compete ao Tribunal de Justiça, e não à Turma Recursal, dirimir conflito de competência entre juizado especial criminal e juizado de violência doméstica e familiar contra a mulher" (CC 110.609 – RJ, 3.ª S., rel. Maria Thereza de Assis Moura, j. 14.04.2010, v.u.). De todo modo, feitos criminais envolvendo violência doméstica não seguem para o JECRIM.

23-B. Ausência de Juizado de Violência Doméstica e Familiar contra a Mulher: processa-se o feito em Vara Criminal comum. Consultar a nota 23 supra.

23-C. Homicídio doloso contra a mulher: deve-se respeitar a competência constitucional do Tribunal do Júri em detrimento do Juizado da Violência Doméstica e Familiar contra a Mulher, previsto em lei ordinária.

Art. 14-A. A ofendida tem a opção de propor ação de divórcio ou de dissolução de união estável no Juizado de Violência Doméstica e Familiar contra a Mulher.

§ 1.º Exclui-se da competência dos Juizados de Violência Doméstica e Familiar contra a Mulher a pretensão relacionada à partilha de bens.

§ 2.º Iniciada a situação de violência doméstica e familiar após o ajuizamento da ação de divórcio ou de dissolução de união estável, a ação terá preferência no juízo onde estiver.

Art. 15. É competente, por opção da ofendida, para os processos cíveis regidos por esta Lei, o Juizado:

I – do seu domicílio ou de sua residência;

II – do lugar do fato em que se baseou a demanda;

III – do domicílio do agressor.

Art. 16. Nas ações penais públicas condicionadas à representação da ofendida de que trata esta Lei, só será admitida a renúncia à representação perante o juiz, em audiência especialmente designada com tal finalidade, antes do recebimento da denúncia e ouvido o Ministério Público.[24-25]

24. Formalidade essencial e ação penal pública incondicionada: não é incomum que algumas mulheres, quando o crime depende de representação (ex.: ameaça), registrem ocorrência na delegacia de polícia, apresentem representação e, depois, reconciliadas com seus companheiros ou maridos, busquem a retratação da representação, que, alguns autores denominam de *renúncia*, evitando-se, com isso, o ajuizamento da ação penal ou o seguimento para a transação, quando viável. Por outro lado, a autêntica *renúncia* seria a vítima manifestar, claramente, a sua intenção em não representar. De toda forma, o art. 16 da Lei 11.340/2006 procura dificultar essa renúncia ou retratação da representação, determinando que somente será aceita se for realizada em audiência especialmente designada *pelo juiz*, para essa finalidade, com prévia oitiva do Ministério Público. Ocorrerá no Juizado de Violência Doméstica e Familiar. Na sua falta, deve seguir à Vara Criminal comum. O encaminhamento do pedido de desistência pode ser feito pela autoridade policial, que, provavelmente, será procurada pela mulher-vítima, podendo esta comparecer diretamente ao fórum, solicitando que seja designada data para tanto. Portanto, o que se pretende, em verdade, é atingir um maior grau de solenidade e formalidade para o ato, portanto, busca-se alcançar maior grau de conscientização da retratação da mulher, que afastará a punição do agressor. Na audiência, o magistrado deve tornar bem claro à desistente as consequências do seu ato, advertindo-a novamente dos benefícios e medidas de proteção trazidas por esta Lei. A oitiva prévia do Ministério Público, embora estabelecida em lei, parece-nos infrutífera, já que o promotor não poderá impedir o ato. Melhor seria fixar a obrigatoriedade de sua presença nessa audiência, para, também, colaborar no procedimento de esclarecimento da mulher agredida. Por derradeiro, convém registrar o nosso entendimento de que a lesão corporal, ocorrida no cenário da violência doméstica, é de ação pública incondicionada. O Plenário do STF, na ADIN 4.424, em 9 de fevereiro de 2012, decidiu no mesmo sentido; logo, qualquer crime de lesão corporal em cenário de violência doméstica é de ação pública incondicionada. De qualquer forma, trata-se de lesão corporal qualificada, exigindo ação pública incondicionada. Na jurisprudência: STF: ADI 7.267: "*O Tribunal, por unanimidade, julgou parcialmente* procedente a presente ação direta, para dar interpretação conforme à Constituição ao artigo 16 da Lei 11.340, de 2006, de modo a reconhecer a inconstitucionalidade da designação, de ofício, da audiência nele prevista, assim como da inconstitucionalidade do reconhecimento de que eventual não comparecimento da vítima de violência doméstica implique 'retratação tácita' ou 'renúncia tácita ao direito de representação', nos termos do voto do Relator. Plenário, Sessão Virtual de 11.8.2023 a 21.8.2023". STJ: "3. TESE: 'A audiência prevista no art. 16 da Lei 11.340/2006 tem por objetivo confirmar a retratação, não a representação, e não pode ser designada de ofício pelo juiz. Sua realização somente é necessária caso haja manifestação do desejo da vítima de se retratar trazida aos autos antes do recebimento da denúncia'. 4. Nos termos do art. 16 da Lei 11.340/2006, 'nas ações penais públicas condicionadas à representação da ofendida de que trata esta lei, só será admitida a renúncia à representação perante o juiz, em audiência especialmente designada com tal finalidade, antes do recebimento da denúncia e ouvido o Ministério Público'. 5. É imperativo que a vítima, *sponte propria*, revogue sua declaração anterior e leve tal revogação ao conhecimento do magistrado para que se possa cogitar da necessidade de designação da audiência específica prevista no art. 16 da Lei Maria da Penha. Pode-se mesmo afirmar que a intenção do legislador, ao criar tal audiência, foi a de evitar ou pelo menos minimizar a possibilidade de oferecimento de retratação pela vítima em virtude de ameaças ou pressões externas, garantindo a higidez e autonomia de sua nova manifestação de vontade em relação à persecução penal do agressor. 6. Não há como se interpretar a regra contida no art. 16 da Lei n. 11.340/2006 como uma audiência destinada à confirmação do interesse da vítima em representar contra seu agressor, pois a letra da lei deixa claro que tal audiência se destina à confirmação da retratação. (...) 8. Caso concreto: situação em que o Tribunal a quo anulou, de ofício, a partir da decisão de recebimento da denúncia, ação penal na qual o réu fora condenado pelo delito do art. 147 do Código Penal, por reputar obrigatória a realização da audiência do art. 16 da Lei 11.340/2006, mesmo tendo a vítima ratificado, em juízo, sua intenção de ver o réu processado pelas ameaças de morte a si dirigidas" (REsp 1.964.293 – MG, 3.ª Seção, rel. Reynaldo Soares da Fonseca, 08.03.2023, v.u.).

25. A questão da ampla defesa: se o agressor já estiver indiciado e, especialmente, se possuir advogado constituído, não nos parece correto que a audiência seja designada sem a sua intimação (tanto do agressor, quanto do defensor). Fere-se o princípio constitucional da ampla defesa. O ato de retratação da representação pode implicar a extinção da punibilidade, logo, de interesse do agente do delito. Por outro lado, tornou-se formal, devendo ser aplicado em audiência. Ingressa, pois, a indispensável participação, para acompanhamento, não para interferência, do indiciado. Se assim não ocorrer, nada impede que a mulher possa ser constrangida pelo juiz, por exemplo, a não se retratar e o objetivo do ato solene não é esse. A fiscalização pela parte interessada compõe o quadro do processo justo, em suma, do devido processo legal. Se o agente não tiver condições de contratar advogado, uma vez intimado, comparecendo, a ele deve ser nomeado um defensor *ad hoc* (para acompanhar aquela audiência).

> **Art. 17.** É vedada a aplicação, nos casos de violência doméstica e familiar contra a mulher, de penas de cesta básica[26] ou outras de prestação pecuniária,[26-A-27] bem como a substituição de pena que implique o pagamento isolado de multa.[28]

26. Penas de cesta básica: entende-se o objetivo do legislador, porém, lamenta-se não somente a redação da norma, mas, sobretudo, a técnica. Não existem *penas de cesta básica*. Aliás, não há possibilidade, legalmente prevista, de ser aplicada, em transação penal no JECRIM, como punição a qualquer agente de crime, da conhecida *doação de cestas básicas a instituições de caridade*. Inexiste essa pena restritiva de direitos em lei. Não pode o juiz criar penas como bem entender, pois fere o princípio constitucional da legalidade. Essa questão já foi por nós abordada nos comentários à Lei 9.099/95. A transação deve implicar a imposição de multa ou pena restritiva de direitos, devidamente prevista em lei. O que se tem feito é a má utilização, porque errônea, do disposto no art. 45, § 2.º, do Código Penal. Esta norma prevê que "no caso do parágrafo anterior, se houver aceitação do beneficiário, a prestação pecuniária pode consistir em prestação de outra natureza". Esse dispositivo é subsidiário. O juiz deve fixar prestação pecuniária para a vítima ou seus dependentes. Na falta, dirige-se a prestação pecuniária a entidade pública ou privada de caráter assistencial. Somente quando o réu não puder pagar, situação a ser verificada pelo juiz das execuções penais, pode-se converter a pena de prestação pecuniária em prestação de outra natureza, *se houver concordância do beneficiário*. Logo, este já existe, pois foi indicado na sentença e será consultado. O que se faz, na prática, possivelmente, para facilitar o trabalho e liquidar brevemente a transação ou a sentença, é saltar a pena de prestação pecuniária, determinando-se, *sem consultar o beneficiário* – que, em primeiro lugar, é a vítima e não a entidade beneficente – a doação de cesta básica a orfanatos, creches etc. Aliás, sem nem mesmo ouvir essas entidades, que não participam da audiência onde a transação se realizou. É pena ilegal. E mais, já que a prestação de outra natureza deve ser dirigida, prioritariamente, à vítima, dever-se-ia doar cesta básica à própria mulher que apanhou. Se ela, tolamente, aceitasse, iria terminar alimentando o próprio agressor, em casa, com os produtos recebidos. O absurdo da prática forense de muitos magistrados leva, agora, o legislador a inserir na lei a proibição de uma pena ilegal. Este é o panorama do sistema judiciário brasileiro, casando-se com o processo legislativo. Enquanto um, em nome da *celeridade*, cria penas inexistentes, o outro Poder, tentando fazer cessar tal conduta, proíbe o que não existe juridicamente. Porém, somente para argumentar, ainda que se admita a possibilidade de doação de cestas básicas como fruto de interpretação extensiva do disposto no art. 45, § 2.º, do Código Penal, bastaria o legislador estipular que é vedada a aplicação de penas de prestação pecuniária ou de outra natureza que as substitua. Ou, então, poderia indicar, expressamente, quais seriam as penas alternativas cabíveis ao agressor de mulheres. Entende-se o bom propósito de coibir a ilegalidade da fixação da *pena de cesta básica*, mas não se pautou o legislador pela boa técnica. Na jurisprudência: STJ: "1. A vedação constante do art. 17 da Lei n. 11.340/2006 consubstancia vontade clara do legislador de maximizar a função de prevenção geral das penas decorrentes de crimes perpetrados no contexto de violência doméstica e familiar contra a mulher, de modo a evidenciar à coletividade que a prática de agressão contra a mulher traz sérias consequências ao agente ativo, que vão além da esfera patrimonial, interpretação essa que implica a compreensão de que a proibição também abrange à hipótese em que a multa é prevista como pena autônoma no preceito secundário do tipo penal imputado" (REsp 2.049.327 – RJ, 3.ª Seção, rel. Sebastião Reis Júnior, 14.06.2023, v.u.).

26-A. Penas restritivas de direito: são cabíveis, desde que preencham os requisitos previstos no art. 44 do Código Penal. Neste art. 17, excluem-se as penas pecuniárias e as que foram ilegalmente criadas pela jurisprudência, conforme descrito no item anterior. No entanto, conforme o grau de violência, como ocorre nos casos de lesão corporal, não é recomendável a fixação de penas alternativas, pois muito brandas. Melhor será o estabelecimento da suspensão condicional da pena, quando legalmente possível. Na jurisprudência: Súmula 588 do STJ: "A prática de crime ou contravenção penal contra a mulher com violência ou grave ameaça no ambiente doméstico impossibilita a substituição da pena privativa de liberdade por restritiva de direitos". STJ: "5. A Lei Maria da Penha veda a aplicação de prestação pecuniária e a substituição da pena corporal por multa isoladamente. Por consequência, ainda que o crime pelo qual o réu tenha sido condenado tenha previsão alternativa de pena de multa, como na hipótese, não é cabível a aplicação exclusiva de tal reprimenda em caso de violência ou grave ameaça contra mulher" (HC 590.301 – SC, 5.ª T., rel. Ribeiro Dantas, j. 18.08.2020, v.u.).

27. Prestação pecuniária: é a pena restritiva de direito prevista no art. 45, § 1.º, do Código Penal. Consiste em pagar uma quantia em dinheiro à vítima ou seus dependentes, ou, na falta, a entidades assistenciais, variável de 1 a 360 salários mínimos. Está vedada – e corretamente – a fixação desse tipo de pena, quando houver agressão à mulher. Não se pode estimular o pagamento em dinheiro em troca de agressões de toda ordem contra a mulher em casos de violência doméstica ou familiar.

28. Multa: é a pena prevista no art. 49 do Código Penal. Consiste no pagamento ao Fundo Penitenciário de uma quantia em dinheiro, variável de 10 a 360 dias-multa, calculado cada dia de 1/30 a 5 salários mínimos. Uma pena fixada em menos de seis meses de prisão poderia ser convertida em multa (art. 60, § 2.º, CP, para o qual remetemos o leitor, particularmente para a nota 26 a esse dispositivo legal do nosso *Código Penal comentado*). O legislador vedou, em casos de agressão contra a mulher, qualquer espécie de pena pecuniária, no que andou bem, como já comentamos na nota anterior.

> **Art. 17-A.** O nome da ofendida ficará sob sigilo nos processos em que se apuram crimes praticados no contexto de violência doméstica e familiar contra a mulher.[28-A]
>
> **Parágrafo único.** O sigilo referido no *caput* deste artigo não abrange o nome do autor do fato, tampouco os demais dados do processo.

28-A. Sigilo processual: a Lei 14.857/2024 introduziu este artigo na Lei 11.340/2006 com o objetivo de resguardar os dados da vítima, nos processos que apuram delitos no cenário de violência doméstica e familiar contra a mulher, na linha da tutela especial consolidada, também, no art. 201, § 6.º, do Código de Processo Penal, protegendo a intimidade, a vida privada, a honra e a imagem da pessoa ofendida. De maneira correta, observa-se, no parágrafo único, a exclusão do sigilo no que se refere ao agressor, pois o processo criminal, como regra, é público e inexiste fundamento para impor segredo de justiça, genericamente, a todos os feitos, na parte tocante ao réu.

Capítulo II
DAS MEDIDAS PROTETIVAS DE URGÊNCIA

Seção I
Disposições gerais

> **Art. 18.** Recebido o expediente com o pedido da ofendida, caberá ao juiz, no prazo de 48 (quarenta e oito) horas:[29]
>
> I – conhecer do expediente e do pedido e decidir sobre as medidas protetivas de urgência;
>
> II – determinar o encaminhamento da ofendida ao órgão de assistência judiciária, quando for o caso, inclusive para o ajuizamento da ação de separação judicial, de divórcio, de anulação de casamento ou de dissolução de união estável perante o juízo competente;
>
> III – comunicar ao Ministério Público para que adote as providências cabíveis.
>
> IV – determinar a apreensão imediata de arma de fogo sob a posse do agressor.

29. Providências judiciais: não há nenhuma novidade. Especifica-se quase o óbvio. O magistrado, em 48 horas (prazo impróprio, ou seja, sem a previsão de sanção), faz o que lhe compete: conhece do expediente, decide sobre o pedido, toma as medidas legais previstas, em suma, atua como em qualquer outro feito. Inclui-se, nisso, a apreensão imediata de arma de fogo de posse do agressor. Bastaria prever quais novas medidas pode o juiz tomar, como constam nos arts. 22, 23 e 24 da Lei 11.340/2006. Na jurisprudência: STJ: "As medidas protetivas de urgência, disciplinadas pelos arts. 18 e seguintes da Lei n. 11.340/2006, destinam-se a impedir ou coibir a prática de violência física ou moral, doméstica ou familiar contra a mulher. Na hipótese de sua inobservância, sujeita-se o agressor à prisão cautelar. Precedentes. Na espécie, está suficientemente fundamentada a decisão que decretou a custódia cautelar para garantia da ordem pública, porquanto o recorrente descumpriu medida protetiva anteriormente aplicada e continuou assediando a vítima com ameaças. A certidão de antecedentes do recorrente, que registra a presença de vários procedimentos criminais ligados à violência doméstica, indica também a necessidade de manutenção da custódia cautelar para resguardar a integridade física e psicológica da ofendida. Recurso em *habeas corpus* improvido" (RHC 66.222 – RS, 6.ª T., rel. Sebastião Reis Júnior, j. 17.03.2016, v.u.).

> **Art. 19.** As medidas protetivas de urgência poderão ser concedidas pelo juiz, a requerimento do Ministério Público ou a pedido da ofendida.[30-30-A]
>
> § 1.º As medidas protetivas de urgência poderão ser concedidas de imediato, independentemente de audiência das partes e de manifestação do Ministério Público, devendo este ser prontamente comunicado.[31]
>
> § 2.º As medidas protetivas de urgência serão aplicadas isolada ou cumulativamente, e poderão ser substituídas a qualquer tempo por outras de maior eficácia, sempre que os direitos reconhecidos nesta Lei forem ameaçados ou violados.[32]
>
> § 3.º Poderá o juiz, a requerimento do Ministério Público ou a pedido da ofendida, conceder novas medidas protetivas de urgência ou rever aquelas já concedidas, se entender necessário à proteção da ofendida, de seus familiares e de seu patrimônio, ouvido o Ministério Público.[33]
>
> § 4.º As medidas protetivas de urgência serão concedidas em juízo de cognição sumária a partir do depoimento da ofendida perante a autoridade policial ou da apresentação de suas alegações escritas e poderão ser indeferidas no caso de avaliação pela autoridade de inexistência de risco à integridade física, psicológica, sexual, patrimonial ou moral da ofendida ou de seus dependentes.[33-A]
>
> § 5.º As medidas protetivas de urgência serão concedidas independentemente da tipificação penal da violência, do ajuizamento de ação penal ou cível, da existência de inquérito policial ou do registro de boletim de ocorrência.[33-B]
>
> § 6.º As medidas protetivas de urgência vigorarão enquanto persistir risco à integridade física, psicológica, sexual, patrimonial ou moral da ofendida ou de seus dependentes.[33-C]

30. Medidas de urgência mediante requerimento: a nova Lei, que busca avanço e celeridade na solução dos problemas da mulher agredida, olvidou que o magistrado possa decretar medidas de urgência de ofício, conforme o caso e de acordo com a finalidade da proteção. Cremos que tal situação pode ser sanada pelo poder geral de cautela do juiz, contornando-se a omissão legislativa. Em outras palavras, conforme a situação concreta, parece-nos viável a decretação de medidas de urgência pertinentes de ofício.

30-A. Momento de decretação das medidas protetivas: pode dar-se a qualquer tempo, desde que no interesse da mulher oprimida. Durante a investigação policial, por representação da autoridade policial ao juiz responsável pelo inquérito. Durante o processo, de ofício pelo juiz ou a requerimento das partes. Antes mesmo da investigação, torna-se viável o oferecimento de pedido, formulado pela vítima, ao delegado, que o encaminhará ao magistrado, ou diretamente a este, em procedimento incidente. O mais relevante é conferir *tutela protetiva* à mulher, pouco importando o momento (pré-procedimento ou durante o procedimento extrajudicial ou judicial).

31. Concessão de medidas sem audiência das partes: no § 1.º do art. 19, prevê-se situação um tanto contraditória com o disposto no *caput*. O juiz pode deferir, *de imediato*, sem audiência das partes (mulher-vítima e agressor) e de prévia oitiva do Ministério Público, comunicando-se depois. Para que tal se dê, poderíamos, inclusive, imaginar a hipótese de decretação de medida de urgência de ofício. Fora desse contexto, a hipótese seria de requerimento da vítima, exemplificando, sem a oitiva prévia do agressor e do MP, com posterior ciência.

32. Substituição das medidas de urgência: a previsão é correta, uma vez que as mais brandas podem não surtir efeito, valendo, então, o deferimento de outras, mais severas, inclusive cumulativamente. Analisando-se o disposto no § 2.º, verifica-se que ele se compõe com o § 3.º, indicando que a referida substituição dependeria de requerimento do Ministério Público ou da ofendida. Pensamos, como já comentado anteriormente, ser viável a atuação de ofício do magistrado, inclusive para substituir medidas de urgência ineficazes, sempre com a ciência das partes envolvidas. E mais, deve-se admitir que o agressor proponha, por seu advogado, a revisão das medidas tomadas, demonstrando não serem mais necessárias. A lei não pode servir de desequilíbrio à ampla defesa, protegendo-se somente a vítima (que, antes da decisão final, nem mesmo certeza se tem a esse respeito). O réu tem seus direitos constitucionais assegurados, que não podem ser desprezados.

33. Descumprimento das medidas de proteção: conforme a situação concreta, é cabível processar o transgressor pelo delito do art. 24-A desta Lei, criado especialmente para esse cenário pela Lei 13.641/2018. Por outro lado, conforme a gravidade da situação, é viável, ainda, a decretação da prisão preventiva. Aliás, em qualquer situação emergencial, há autorização legal para isso (art. 313, III, CPP). Na jurisprudência: STJ: "Prisão Preventiva. Ameaça. Injúria. Vias de Fato. Violência Doméstica. (...) 2. Apresentada fundamentação concreta, evidenciada em rotineiras ameaças de morte contra a vítima e seus familiares e idas até a casa, sob o efeito de substâncias entorpecentes, ocorrendo confronto com policiais em uma dessas ocasiões, sendo necessária a medida extrema para resguardar a integridade física e psicológica da vítima, não há ilegalidade no decreto prisional. 3. Havendo a indicação de fundamentos concretos para justificar a custódia cautelar, não se revela cabível a aplicação de medidas cautelares alternativas à prisão, visto que insuficientes para resguardar a ordem pública. 4. Não havendo manifesta ilegalidade apta a autorizar a mitigação da Súmula 691 do STF, o *writ* deve ser indeferido liminarmente" (AgRg no HC 624.470 – SP, 6.ª T., rel. Nefi Cordeiro, j. 07.12.2020, v.u.). Consultar a nota 34 *infra*.

33-A. Cognição sumária: a celeridade para conhecer e deferir medidas protetivas em favor da mulher, vítima de agressão, é fundamental para impedir a continuidade do fato, que pode tornar-se mais grave se for reiterado. Contudo, abre-se a oportunidade para o juiz indeferir as referidas medidas – logo, não são automáticas, como decorrência do pedido – se vislumbrar a inexistência de *periculum in mora* (perigo na demora) ou se não perceber o *fumus boni juris* (fumaça do bom direito). Noutros termos, independentemente de analisar o mérito da afirmação feita pela vítima, pode o magistrado entender não haver *risco imediato* para justificar a medida protetiva. Essa medida de indeferimento deve ser excepcional para não frustrar as finalidades desta Lei, pois há determinações que são relevantes para a ofendida e não tão gravosas ao apontado como agressor, como, por exemplo, manter-se afastado da vítima por "x" metros ou não entrar em contato de qualquer forma. De outra sorte, a prisão preventiva deve ser decretada em último caso, quando efetivamente houver comprovação de lesão e risco iminente de continuidade.

33-B. Caráter multidisciplinar da proteção: corretamente, indica-se neste parágrafo a natureza desta Lei, que é híbrida, vale dizer, civil e criminal. Assim sendo, para a imposição de medida protetiva à vítima, dispensa-se a tipificação de qualquer espécie de agressão, física ou moral, como crime. Fosse lei especificamente penal, por óbvio, a tipificação seria essencial, assim como a existência de inquérito – investigação preliminar – ou ação penal em andamento. Todavia, não é o objetivo da Lei voltar-se apenas ao cenário penal, razão pela qual o mais importante é proteger a vítima de pronto, embora, na maioria dos casos, a agressão seja fato típico.

33-C. Duração da medida protetiva: dispõe este parágrafo ser indeterminado o seu término, contornando a imposição de prazo específico. De fato, impor um período certo para vigorar a medida de urgência pode transformá-la em instrumento ineficaz, tendo em vista a complexidade dos fatos que envolvem o cenário de violência doméstica e familiar. O risco à integridade da pessoa ofendida é o mais relevante e, considerando-se a natureza híbrida da lei, deve-se manter a proteção até quando seja necessário. Por isso, os juízos e tribunais têm mantido essa tutela mesmo quando se arquiva um inquérito policial ou ocorre absolvição em processo criminal, desde que a vítima se manifeste pelo prosseguimento. Convém ouvir a ofendida a respeito e extrair a mais adequada providência; havendo dúvida, nada impede que o juízo determine a produção de outras provas. Isso não significa a perpetuidade das medidas protetivas, mas a cautela de não as revogar *antes do momento propício*, sem haver vínculo com qualquer procedimento criminal. Naturalmente, parece-nos curial ouvir, também, o acusado da agressão, visto ser importante assegurar a ampla defesa e o contraditório, com ou sem o andamento de feito criminal. Em suma, quando o pedido de revogação das medidas acontece, geralmente, é solicitado pelo interessado em cancelá-las, de forma que a vítima deve ser chamada a se manifestar. Com os dados em mãos, o juiz pode tomar a devida decisão, mantendo ou revogando a medida protetiva.

> **Art. 20.** Em qualquer fase do inquérito policial ou da instrução criminal, caberá a prisão preventiva do agressor, decretada pelo juiz, de ofício, a requerimento do Ministério Público ou mediante representação da autoridade policial.[34-34-A]
>
> **Parágrafo único.** O juiz poderá revogar a prisão preventiva se, no curso do processo, verificar a falta de motivo para que subsista, bem como de novo decretá-la, se sobrevierem razões que a justifiquem.

34. Decretação de prisão preventiva: embora essa modalidade de prisão cautelar encontre-se regida, no Código de Processo Penal, basicamente, pelo art. 312, onde se encontram seus requisitos, a lei especial terminou por ampliar a possibilidade de prisão preventiva para os casos de violência doméstica. A reforma implementada pela Lei 12.403/2011, conferindo nova redação ao art. 313, III, do CPP, permite a decretação da preventiva nas situações envolventes de violência doméstica contra a mulher, criança, adolescente, idoso, enfermo ou pessoa com deficiência, para garantir a execução das medidas protetivas de urgência. O ideal seria a presença dos requisitos do art. 312 do CPP para a decretação da preventiva, mas somente se ela se destinasse a durar toda a instrução. Quando não for o caso, voltada apenas para o período em que se executa uma medida protetiva de urgência (como a separação de corpos), dispensam-se os elementos formais do art. 312 do CPP. Entretanto, finda tal execução, *deve-se liberar o indiciado ou réu*. Por outro lado, mesmo se estiverem presentes os requisitos do art. 312 do CPP, a duração da prisão cautelar precisa ser cuidadosamente acompanhada pelo magistrado, visto existirem delitos cuja pena é de pouca monta. Ilustrando: a ameaça possui pena de detenção de dois meses a um ano. Cuida-se de infração penal que, fora do cenário da violência doméstica e familiar, não comportaria a prisão preventiva (art. 313, I, CPP). Se a segregação provisória durar muito tempo, poderá abranger todo o período de pena máxima. Não haveria como reparar esse mal. Lamentavelmente, não é uma hipótese apenas. Em nossa atividade no Tribunal de Justiça, tanto como relator quanto como integrante da turma julgadora, deparamo-nos com *habeas corpus* para soltar autor de ameaça preso há mais tempo do que a pena máxima – e mais de uma vez. Desse modo, é fundamental que o magistrado, decretando a prisão preventiva, como aliás exige o art. 316, parágrafo único, do CPP, controle o tempo da segregação, analisando a proporcionalidade e a razoabilidade do caso. Na jurisprudência: STJ: "2. Consoante disposto no art. 20 da Lei n. 11.340/2006 (a Lei Maria da Penha), 'em qualquer fase do inquérito policial ou da instrução criminal, caberá a prisão preventiva do agressor, decretada pelo juiz, de ofício, a requerimento do Ministério Público ou mediante representação da autoridade policial'. 3. Conforme o art. 313, III, do CPP, se o crime envolver violência doméstica e familiar contra a mulher, criança, adolescente, idoso, enfermo ou pessoa com deficiência, será admitida a decretação da prisão preventiva 'para garantir a execução das medidas protetivas de urgência'. 4. *In casu*, a custódia cautelar está suficientemente fundamentada na necessidade de garantia da ordem pública, ante o evidente risco à integridade física da vítima, uma vez que, o agravante teria descumprido, reiteradamente, a medida protetiva de urgência anteriormente imposta a ele consistente em proibição de aproximação da ofendida, vindo a agredi-la fisicamente, além de a ameaçar. Ademais, a vítima teria relatado que ele, reiteradamente, a perseguia, inclusive na casa da sua genitora. 5. Não há falar em ausência de contemporaneidade dos fatos que justificaram a imposição da prisão preventiva, visto que, entre a data em que o agravante foi posto em liberdade e a data em que o Tribunal de origem, ao julgar o recurso em sentido estrito, decretou a segregação cautelar, transcorreram seis meses e meio, prazo insuficiente para afastar o argumento relativo à atualidade do *periculum libertatis*" (AgRg no HC 681.443 – GO, 5.ª T., rel. Ribeiro Dantas, 14.06.2022, v.u.).

34-A. Decretação da prisão preventiva de ofício pelo juiz: cuida-se de previsão específica do art. 20, *caput*, desta Lei. No entanto, com a reforma introduzida pela Lei 13.964/2019 no Código de Processo Penal, veda-se a decretação de prisão preventiva de ofício pelo magistrado (assim como medidas cautelares alternativas). Somente pode a autoridade judiciária determinar a prisão cautelar havendo requerimento do Ministério Público, do assistente de acusação ou representação da autoridade policial. No entanto, a Lei 11.340/2006 é especial em relação ao CPP, de modo que, em tese, poderia o juiz decretar de ofício a prisão cautelar. Com isso, não se pode aquiescer, baseado em decisão anterior do STF, no sentido de que, se uma norma geral, prevista no Código de Processo Penal, for favorável ao acusado – e mais recente – do que legislação especial, deve prevalecer. Isso se deu no tocante ao interrogatório do acusado após a inquirição de todas as testemunhas, embora a Lei de Drogas, por exemplo, preveja a sua realização como primeiro ato de instrução (HC 127.900 – AM, Pleno, rel. Dias Toffoli, 03.03.2016, m.v.). Parece-nos que se deve seguir nessa linha, respeitando-se a atual disposição do CPP, para o fim de se decretar a prisão preventiva apenas em caso de provocação do interessado.

> **Art. 21.** A ofendida deverá ser notificada dos atos processuais relativos ao agressor, especialmente dos pertinentes ao ingresso e à saída da prisão, sem prejuízo da intimação do advogado constituído ou do defensor público.[35]
>
> **Parágrafo único.** A ofendida não poderá entregar intimação ou notificação ao agressor.[36]

35. Intimação da vítima: o termo *notificação* é equivocado. O correto é *intimação*, pois dá-se ciência à ofendida de que o agressor foi preso ou que saiu do cárcere. A medida não deixa de ser positiva, afinal, quem se sente perseguida deve ter noção de onde anda o agressor.

36. Ato do Estado e não da vítima: a entrega de qualquer comunicação policial ou judicial é, no Brasil, ato estatal, como regra. Logo, essa hipótese nem precisaria constar em lei, não fosse o mau hábito de se buscar auxílio da ofendida para cumprir papel que não deveria, em hipótese alguma, ser seu.

Seção II
Das medidas protetivas de urgência que obrigam o agressor

Art. 22. Constatada a prática de violência doméstica e familiar contra a mulher, nos termos desta Lei, o juiz poderá aplicar, de imediato, ao agressor, em conjunto ou separadamente, as seguintes medidas protetivas de urgência, entre outras:[37]

I – suspensão da posse ou restrição do porte de armas, com comunicação ao órgão competente, nos termos da Lei 10.826, de 22 de dezembro de 2003;[37-A]

II – afastamento do lar, domicílio ou local de convivência com a ofendida;[37-B]

III – proibição de determinadas condutas, entre as quais:[37-C]

a) aproximação da ofendida, de seus familiares e das testemunhas, fixando o limite mínimo de distância entre estes e o agressor;

b) contato com a ofendida, seus familiares e testemunhas por qualquer meio de comunicação;

c) frequentação de determinados lugares a fim de preservar a integridade física e psicológica da ofendida;

IV – restrição ou suspensão de visitas aos dependentes menores, ouvida a equipe de atendimento multidisciplinar ou serviço similar;

V – prestação de alimentos provisionais ou provisórios;

VI – comparecimento do agressor a programas de recuperação e reeducação; e

VII – acompanhamento psicossocial do agressor, por meio de atendimento individual e/ou em grupo de apoio.

§ 1.º As medidas referidas neste artigo não impedem a aplicação de outras previstas na legislação em vigor, sempre que a segurança da ofendida ou as circunstâncias o exigirem, devendo a providência ser comunicada ao Ministério Público.[37-D]

§ 2.º Na hipótese de aplicação do inciso I, encontrando-se o agressor nas condições mencionadas no *caput* e incisos do art. 6.º da Lei 10.826, de 22 de dezembro de 2003, o juiz comunicará ao respectivo órgão, corporação ou instituição as medidas protetivas de urgência concedidas e determinará a restrição do porte de armas, ficando o superior imediato do agressor responsável pelo cumprimento da determinação judicial, sob pena de incorrer nos crimes de prevaricação ou de desobediência, conforme o caso.[38]

§ 3.º Para garantir a efetividade das medidas protetivas de urgência, poderá o juiz requisitar, a qualquer momento, auxílio da força policial.[39]

§ 4.º Aplica-se às hipóteses previstas neste artigo, no que couber, o disposto no *caput* e nos §§ 5.º e 6.º do art. 461 da Lei 5.869, de 11 de janeiro de 1973 (Código de Processo Civil).[40]

§ 5.º Nos casos previstos neste artigo, a medida protetiva de urgência poderá ser cumulada com a sujeição do agressor a monitoração eletrônica, disponibilizando-se à vítima dispositivo de segurança que alerte sobre sua eventual aproximação. [40-A]

37. Medidas de urgência relativas ao agressor: são previstas nesta Lei medidas inéditas, que, em nosso entendimento, são positivas e mereceriam, inclusive, extensão ao processo penal comum, cuja vítima não fosse somente a mulher. A suspensão da posse ou porte de arma de fogo é válida, pois se pode evitar tragédia maior. Se o marido agride a esposa, causando-lhe lesão corporal, possuindo arma de fogo, é possível que, no futuro, progrida para o homicídio. O afastamento do lar é, igualmente, salutar. Seria uma medida de separação de corpos decorrente de crime e não de outras questões de natureza exclusivamente civil. A proibição de aproximação soa-nos, identicamente, correta, embora devesse a lei ter previsto, exatamente, o limite mínimo de distância, evitando-se discussões acirradas nos processos. Igualmente, a proibição de contato, que se pode dar por meio de diversas formas (e-mail, telefone, carta etc.), foi positiva. Quanto à frequentação de determinados lugares, não vemos nenhum óbice. Finalmente, as medidas de caráter civil, restringindo ou suspendendo o direito de visitas aos filhos menores e a prestação de alimentos, só podem melhorar a eficiência da aplicação da lei, uma vez que, desde logo, o juiz criminal (com competência cumulativa) toma a decisão. Na jurisprudência: STJ: "4. As medidas protetivas de urgência são concedidas independentemente da tipificação penal da violência praticada, bem como do ajuizamento da respectiva ação penal, ou de inquérito policial e vigorarão enquanto persistir o risco à integridade física, psicológica, sexual, patrimonial ou moral da vítima, o que será avaliado pelo Juízo de origem, conforme determinado" (AgRg nos EDcl no RHC 184.081 – SP, 6.ª T., rel. Rogerio Schietti Cruz, 03.10.2023, v.u.).

37-A. Posse ou porte de armas: para se decretar essa medida protetiva, torna-se imprescindível demonstrar a necessidade de afastar esse direito do agressor; se a agressão cometida nada tem que ver com o emprego de arma de fogo, com ameaça de morte ou tentativa de homicídio, essa medida parece-nos indevida.

37-B. Direito de propriedade: afastar o agressor do lar é uma medida cautelar, baseada na tutela da integridade física e psicológica da vítima, logo, encontra-se acima do direito imediato de propriedade. Não significa que o agressor perca o que é seu, mas, provisoriamente, deve afastar-se, quando houver determinação judicial.

37-C. Utilização de medidas de afastamento: são as principais medidas no cenário da violência doméstica e familiar, aptas a evitar maiores confrontos e rusgas entre os envolvidos. Observa-se, na prática, a perturbação causada por alguns agressores em relação às vítimas, realizada por diversos meios (proximidade física, mensagens enviadas por celular, *e-mails*, presença nos locais frequentados pela ofendida, dentre outras). Por isso, terminam respondendo pelo crime previsto no art. 24-A desta Lei.

37-D. Duração da medida protetiva: deve perdurar, no mínimo, pelo tempo necessário para que medidas definitivas se consolidem, por exemplo, separação judicial do casal, afastamento do lar conjugal, reequilíbrio das relações familiares etc. Isso não significa que devam durar por período restrito e apenas para acompanhar outras medidas; o ideal é seguir o tempo necessário para garantir a segurança e a tranquilidade da vítima. Só não pode durar indefinidamente, pois seria uma *sanção* de caráter perpétuo, situação inconstitucional, ferindo os princípios da razoabilidade e da proporcionalidade. É justo equilibrar os direitos – ofensor e ofendida – para que algumas restrições alcancem o seu objetivo de conforto a quem sofreu agressão e quer evitar outra ofensa, ao mesmo tempo que se possa preservar o direito do agressor de recuperar o que lhe foi proibido. Por vezes, algumas acusações registradas pela mulher não prosperam, com inquéritos arquivados, sem qualquer outra providência tomada pela queixosa, nem tampouco há o trâmite de processo criminal ou cível. Essa Lei tem natureza híbrida, de modo que algumas medidas protetivas podem ganhar terreno e avançar, mesmo sem o acompanhamento concomitante do contexto penal; no entanto, há de se perquirir da própria pessoa que se diz prejudicada qual é a extensão presente do seu temor – se é que ainda perdura. Essa providência deve ser tomada pelo magistrado, a fim de decidir, com segurança, se mantém ou revoga certas medidas. Enfim, a tutela judicial precisa do binômio *necessidade* *e atualidade* para que atenda todos os lados da controvérsia. Uma das providências relevantes pode ser a designação de audiência, com intimação da vítima potencial, para que exponha as razões pelas quais precisa da continuidade das medidas protetivas. Naturalmente, concede-se ao acusado a ampla defesa, apresentando as provas que tiver a respeito da sua conduta e da conexão que ainda possua – ou não – com a queixosa. Na jurisprudência: STJ: "1. O Tribunal *a quo*, considerando as circunstâncias fáticas – vítima agredida e ameaça de morte quando estava grávida – entendeu pela preservação das medidas protetivas de urgência. 2. De se destacar que 'as medidas protetivas de urgência, previstas no art. 22 da Lei n. 11.340/2006, não se destinam à utilidade e efetividade de um processo específico. Sua configuração remete à tutela inibitória, visto que tem por escopo proteger a vítima, independentemente da existência de inquérito policial ou ação penal, não sendo necessária a realização do dano, mas, apenas, a probabilidade do ato ilícito' (RHC n. 74.395/MG, relator Ministro Rogerio Schietti Cruz, Sexta Turma, julgado em 18/2/2020, *DJe* de 21/2/2020). 3. A despeito do tempo transcorrido, não cabe a este Superior Tribunal de Justiça afastar as medidas impostas, uma vez que tal providência demanda a análise da necessidade e adequação das medidas protetivas à luz da subsistência do risco concreto à vítima, o que exigiria profundo revolvimento fático-probatório, inviável na via do *writ*. Precedentes" (AgRg no HC 778.923 – SE, 5.ª T., rel. Joel Ilan Paciornik, 04.03.2024, v.u.); "2. As duas Turmas de Direito Penal deste Superior Tribunal de Justiça vêm decidindo que, embora a lei penal/processual não preveja um prazo de duração da medida protetiva, tal fato não permite a eternização da restrição a direitos individuais, devendo a questão ser examinada à luz dos princípios da proporcionalidade e da adequação. 3. Na espécie, as medidas protetivas foram fixadas no ano de 2017 (proibição de aproximação e contato com a vítima). O recorrente foi processado, condenado e cumpriu integralmente a pena, inexistindo notícia de outro ato que justificasse a manutenção das medidas. Sendo assim, as medidas protetivas devem ser extintas, evitando-se a eternização de restrição a direitos individuais. 4. Recurso provido, para declarar a extinção das medidas protetivas" (RHC 120.880 – DF, 5.ª T., rel. Reynaldo Soares da Fonseca, 22.09.2020, v.u.).

38. Carreiras que utilizam armas de fogo: para vários servidores públicos, o porte de arma de fogo é uma necessidade, constituindo parte da rotina, como, por exemplo, os policiais em geral. Se o juiz decretar a medida de restrição do porte, em face de agressão à mulher, deve o superior hierárquico zelar para o efetivo cumprimento da ordem, sob pena de responsabilização criminal. Correta, pois, a previsão feita no art. 22, § 2.º, da Lei 11.340/2006.

39. Auxílio policial: quando as medidas de urgência não forem cumpridas pelo agressor, chegando ao conhecimento do juiz, este deve requisitar a participação de força policial, intervindo e buscando sanar a ocorrência. Não se pode excluir a configuração de crime de desobediência, por parte do agente agressor, se, por exemplo, insistir em se aproximar da vítima, fora do limite mínimo previsto pelo magistrado.

40. Hipóteses do Código de Processo Civil: dispõe o art. 497, *caput*: "Na ação que tenha por objeto a prestação de fazer ou de não fazer, o juiz, se procedente o pedido, concederá a tutela específica ou determinará providências que assegurem a obtenção de tutela pelo resultado prático equivalente. No art. 536, § 1.º, dispõe-se que: "Para atender ao disposto no *caput*, o juiz poderá determinar, entre outras medidas, a imposição de multa, a busca e apreensão, a remoção de pessoas e coisas, o desfazimento de obras e o impedimento de atividade nociva, podendo, caso necessário, requisitar o auxílio de força policial". No art. 537, § 1.º, encontra-se: "O juiz poderá, de ofício ou a requerimento, modificar o valor ou a periodicidade da multa vincenda ou excluí-la, caso verifique que: I – se tornou insuficiente ou excessiva; II – o obrigado demonstrou cumprimento parcial superveniente da obrigação ou justa causa para o descumprimento". Na jurisprudência: STJ: "De todo modo, o art. 22, § 4.º, da Lei n. 11.340/2006, prevê que, para garantir a eficácia de medidas protetivas de urgência, o juiz poderá impor multa ao réu, bem como determinar as providências que julgar necessárias (aplicando, no que couber, a redação atual do art. 497, do Código de Processo Civil, que substituiu a redação não mais em vigor dos §§ 5.º e 6.º, do art. 461, da Lei n. 5.869/1973)" (AgRg no HC 851.808 – GO, 5.ª T., rel. Reynaldo Soares da Fonseca, 16.10.2023, v.u.).

40-A. Monitoração eletrônica: a Lei 15.125/2025 introduziu este parágrafo com a finalidade de prever expressamente a viabilidade de imposição ao agressor da tornozeleira eletrônica, que, associada à medida de afastamento do lar e proibição de aproximação e contato com a vítima, pode exercer maior controle em relação a essa proteção. A par disso, pode-se entregar à ofendida um dispositivo que permita alertar as autoridades acerca da aproximação do ofensor. Entretanto, há duas anotações relevantes: a) a aplicação da monitoração eletrônica é *facultativa* e não obrigatória a todos os casos, de forma que a decisão do juiz há de ser motivada para essa finalidade. Aliás, todas as medidas protetivas previstas neste artigo dependem de avaliação e discricionariedade judicial, devendo-se analisar cada situação individualmente; b) parece-nos importante a inclusão deste parágrafo, embora a monitoração eletrônica já estivesse prevista no art. 319, IX, do CPP, desde a edição da Lei 12.403/2011. As normas desse Código são aplicáveis à legislação especial, a menos que haja previsão em sentido contrário, o que não acontecia com a monitoração eletrônica. Ademais, para a imposição de prisão preventiva ao agressor sempre se valeu o juiz do art. 312 do CPP, razão pela qual poderia substituir essa segregação cautelar pela medida de afastamento da vítima, com tornozeleira eletrônica. Contudo, esse debate perde o sentido, pois esta medida agora tem expressa previsão nesta Lei.

Seção III
Das medidas protetivas de urgência à ofendida

> **Art. 23.** Poderá o juiz, quando necessário, sem prejuízo de outras medidas:[41]
>
> I – encaminhar a ofendida e seus dependentes a programa oficial ou comunitário de proteção ou de atendimento;
>
> II – determinar a recondução da ofendida e a de seus dependentes ao respectivo domicílio, após afastamento do agressor;
>
> III – determinar o afastamento da ofendida do lar, sem prejuízo dos direitos relativos a bens, guarda dos filhos e alimentos;
>
> IV – determinar a separação de corpos;
>
> V – determinar a matrícula dos dependentes da ofendida em instituição de educação básica mais próxima do seu domicílio, ou a transferência deles para essa instituição, independentemente da existência de vaga;
>
> VI – conceder à ofendida auxílio-aluguel, com valor fixado em função de sua situação de vulnerabilidade social e econômica, por período não superior a 6 (seis) meses.

41. Medidas de urgência relativas à ofendida: mesclando-se atos criminais, próprios do magistrado que apura o cometimento do delito, com os civis, de competência do magistrado atuante na área do direito de família, dispõe o art. 23 desta Lei caber o encaminhamento da vítima e seus dependentes a programa oficial ou comunitário de proteção e atendimento (casas-abrigo, por exemplo). Esta medida, no entanto, depende da existência efetiva de investimentos estatais na área. Além disso, pode ocorrer a separação de corpos, o afastamento legalizado do lar e até mesmo a autorização ao retorno ao lar, depois que o agressor sair. Em suma, são medidas que o juiz cível poderia tomar, passando, agora, ao magistrado responsável pelo Juizado de Violência Doméstica e Familiar contra a Mulher. O mesmo se pode dizer do disposto no art. 24 desta Lei. Acrescentou-se o inciso V, de modo a ficar em harmonia com o art. 9.º, § 7.º, desta Lei.

> **Art. 24.** Para a proteção patrimonial dos bens da sociedade conjugal ou daqueles de propriedade particular da mulher, o juiz poderá determinar, liminarmente, as seguintes medidas, entre outras:
>
> I – restituição de bens indevidamente subtraídos pelo agressor à ofendida;
>
> II – proibição temporária para a celebração de atos e contratos de compra, venda e locação de propriedade em comum, salvo expressa autorização judicial;
>
> III – suspensão das procurações conferidas pela ofendida ao agressor;
>
> IV – prestação de caução provisória, mediante depósito judicial, por perdas e danos materiais decorrentes da prática de violência doméstica e familiar contra a ofendida.
>
> **Parágrafo único.** Deverá o juiz oficiar ao cartório competente para os fins previstos nos incisos II e III deste artigo.

Seção IV
Do Crime de Descumprimento de Medidas Protetivas de Urgência
Descumprimento de Medidas Protetivas de Urgência

> **Art. 24-A.** Descumprir[41-A-41-C] decisão judicial que defere medidas protetivas de urgência previstas nesta Lei:[41-D-41-E]
>
> Pena – reclusão, de 2 (dois) a 5 (cinco) anos, e multa.
>
> § 1.º A configuração do crime independe da competência civil ou criminal do juiz que deferiu as medidas.[41-F]
>
> § 2.º Na hipótese de prisão em flagrante, apenas a autoridade judicial poderá conceder fiança.[41-G]
>
> § 3.º O disposto neste artigo não exclui a aplicação de outras sanções cabíveis.[41-H-41-I]

41-A. Análise do núcleo do tipo: *descumprir* significa transgredir uma regra ou norma; guarda similitude com *desobedecer*, embora esta conduta firme mais o intento do agente de desrespeito e rebeldia. De toda forma, a conduta deste tipo incriminador se volta à decisão judicial, de qualquer fase (investigação ou processo), que defere medidas protetivas de urgência *previstas nesta lei*. Cuida-se, em verdade, de um crime de desobediência específico. Não se trata de norma penal em branco, pois o complemento é encontrado no texto da mesma lei que fixa o tipo incriminador. Confiram-se as medidas de urgência: "Art. 22. Constatada a prática de violência doméstica e familiar contra a mulher, nos termos desta Lei, o juiz poderá aplicar, de imediato, ao agressor, em conjunto ou separadamente, as seguintes medidas protetivas de urgência, entre outras: I – suspensão da posse ou restrição do porte de armas, com comunicação ao órgão competente, nos termos da Lei n.º 10.826, de 22 de dezembro de 2003; II – afastamento do lar, domicílio ou local de convivência com a ofendida; III – proibição de determinadas condutas, entre as quais: a) aproximação da ofendida, de seus familiares e das testemunhas, fixando o limite mínimo de distância entre estes e o agressor; b) contato com a ofendida, seus familiares e testemunhas por qualquer meio de comunicação; c) frequentação de determinados lugares a fim de preservar a integridade física e psicológica da ofendida; IV – restrição ou suspensão de visitas aos dependentes menores, ouvida a equipe de atendimento multidisciplinar ou serviço similar; V – prestação de alimentos provisionais ou provisórios; VI – comparecimento do agressor a programas de recuperação e reeducação; e VII – acompanhamento psicossocial do agressor, por meio de atendimento individual e/ou em grupo de apoio". Cumpre ressaltar, em interpretação literal, que descumprir ordem judicial é uma afronta direta à administração da justiça e, assim sendo, não seria aplicável o disposto no art. 41 desta Lei: "Aos crimes praticados com violência doméstica e familiar contra a mulher, independentemente da pena prevista, não se aplica a Lei n.º 9.099, de 26 de setembro de 1995". Tem-se observado, entretanto, o aumento da disposição dos tribunais em proteger a mulher, vítima de agressão por parte do atual ou ex-parceiro, em casamento, união estável ou outro relacionamento íntimo de afeto. Por isso, em contrapartida, o Legislativo, por meio da Lei 14.994/2024, aumentou a pena em abstrato desse delito para reclusão, de 2 a 5 anos, e multa. Com esse quadro modificado da sanção, torna-se mais viável a decretação da prisão preventiva, ainda que isso não signifique a sua imposição automática. É fundamental preencher os requisitos do art. 312 do CPP – garantia da ordem pública, conveniência da instrução e para assegurar a aplicação da lei penal, o que pode ficar claro quando o agente perturba a vítima de maneira intensa e significativa, descumprindo medida protetiva em favor da vítima. Seria decretada a segregação cautelar por conveniência da instrução, buscando-se contornar eventual temor da vítima em prestar declarações contra o acusado; além disso, teria o fim de preservar o isento depoimento de testemunhas. Repita-se, entretanto, que não deve o magistrado impor a prisão preventiva sempre que houver a prática do delito de descumprimento de decisão judicial acerca de medida protetiva desta Lei. Na jurisprudência: STJ: "1. Não prospera a alegação de que a hipótese – descumprimento de medida protetiva – é de crime contra a Administração da Justiça, e de que o artigo 41 da Lei 11.340/2006, que afasta a aplicação da Lei 9.099/95 e, consequentemente, todos os seus benefícios, não deveria ser observado no caso específico dessa infração penal, na tese de que não haveria violência doméstica contra a mulher. A realidade é que a mulher é a vítima da conduta, ficando absolutamente exposta com o descumprimento das ordens judiciais a ela pertinentes. 2. Ainda que tenha havido o descumprimento de ordem judicial, não se afasta o fato de ser a mulher, na qualidade de vítima, a beneficiária direita e imediata das disposições previstas na Lei n. 11.340/2006, diante da necessidade de se resguardar a integridade física da vítima da violência doméstica. 3. A jurisprudência deste Tribunal Superior entende que à 11.340/2006 não se aplicam os institutos despenalizadores da Lei n. 9.099/1995. O tema, inclusive, já está sumulado nesta Corte Superior, no enunciado 536, nessas letras: 'A suspensão condicional do processo e a transação penal não se aplicam na hipótese de delitos sujeitos ao rito da Lei Maria da Penha'. 4. A denúncia preenche os requisitos do art. 41 do CPP, uma vez que imputa claramente a conduta criminosa ao recorrente, descrevendo suficientemente os fatos e as circunstâncias que os envolvem, com a devida individualização da conduta. Não há falar em inépcia da denúncia que demonstrou a tipicidade e particularizou a conduta do recorrente em descumprir a decisão judicial que deferiu medidas protetivas de urgência previstas na Lei 11.340/06 em favor de sua sobrinha, menor de idade, ao se dirigir até sua residência, descumprindo a proibição de se aproximar da ofendida e de com ela manter qualquer tipo de contato" (AgRg no RHC 157.235 – SC, rel. Min. Olindo Menezes (Desembargador Convocado do TRF 1.ª Região), 6.ª T., j. 09.08.2022, *DJe* 15.08.2022). Outro ponto concerne ao não pagamento de prestação alimentícia, que, segundo nos parece, pode configurar o delito do art. 24-A desta Lei. Para haver a reiteração do delito, tornam-se essenciais novos atrasados e outros descumprimentos distintos.

41-B. Sujeitos ativo e passivo: o sujeito ativo é a pessoa indicada pela decisão judicial, sujeita às restrições impostas; o sujeito passivo é o Estado; secundariamente, a mulher protegida pela medida de urgência.

41-C. Elemento subjetivo: é o dolo. Não há elemento subjetivo específico, nem se pune a forma culposa.

41-D. Objetos material e jurídico: o objeto material é a medida protetiva de urgência aplicada pelo juiz. O objeto jurídico é a administração da justiça, embora, concomitantemente, concentre-se na proteção à mulher.

41-E. Classificação: o crime é próprio (somente pode ser praticado pela pessoa indicada na decisão judicial); aliás, de mão própria (só pode ser cometido diretamente pelo sujeito impedido de realizar alguma conduta ou forçado a prestar algo); formal (não depende de resultado naturalístico para a consumação, bastando o descumprimento da medida); de forma livre (pode ser cometido de qualquer maneira pelo agente); comissivo (praticado por meio de ação); instantâneo (a consumação se dá em momento determinado na linha do tempo); unissubjetivo (pode ser praticado por uma só pessoa); plurissubsistente (cometido em vários atos), como regra. Admite tentativa, embora de difícil configuração.

41-F. Origem da decisão judicial: cuidando-se de desrespeito a decisão judicial, proferida no cenário da violência doméstica, fez bem o legislador ao deixar bem claro que o delito se configura independentemente da origem da referida decisão. Afinal, a Lei Maria da Penha possui medidas cautelares passíveis de decretação tanto pelo juízo civil quanto pelo criminal.

41-G. Fiança judicial: esse dispositivo tem por finalidade estreitar o âmbito de concessão da fiança, alterando a regra geral, prevista no Código de Processo Penal ("Art. 322. A autoridade policial somente poderá conceder fiança nos casos de infração cuja pena privativa de liberdade máxima não seja superior a 4 (quatro) anos. Parágrafo único. Nos demais casos, a fiança será requerida ao juiz, que decidirá em 48 (quarenta e oito) horas. Torna-se preciso pleitear o benefício em juízo, quando, então, a autoridade judicial tem o poder de aplicar medidas cautelares para prevenir outras agressões. Todavia, é sempre relevante destacar que cabe liberdade provisória, *sem fiança*. Desse modo, réus pobres podem não ter condições de pagar a fiança e, com isso, a liberdade de aguardar o julgamento em liberdade não pode ser obstada por conta disso.

41-H. Amplitude da punição: prevê-se, nesse dispositivo, a viabilidade de se processar criminalmente o transgressor das medidas protetivas de urgência, além de se poder aplicar outras sanções de índole extrapenal que sejam pertinentes e previstas em leis diversas. O enfoque é permitir outras formas de punição sem que se alegue o *ne bis in idem* (vedação da dupla punição pelo mesmo fato).

41-I. Possibilidade de decretação de medidas cautelares para este crime: embora se trate de um delito específico para o caso de descumprimento de medidas protetivas de urgência, nada impede que o juiz aplique ao réu, igualmente, as medidas alternativas previstas no art. 319 do Código de Processo Penal.

Capítulo III
DA ATUAÇÃO DO MINISTÉRIO PÚBLICO

Art. 25. O Ministério Público intervirá, quando não for parte, nas causas cíveis e criminais decorrentes da violência doméstica e familiar contra a mulher.

Art. 26. Caberá ao Ministério Público, sem prejuízo de outras atribuições, nos casos de violência doméstica e familiar contra a mulher, quando necessário:

I – requisitar força policial e serviços públicos de saúde, de educação, de assistência social e de segurança, entre outros;

II – fiscalizar os estabelecimentos públicos e particulares de atendimento à mulher em situação de violência doméstica e familiar, e adotar, de imediato, as medidas administrativas ou judiciais cabíveis no tocante a quaisquer irregularidades constatadas;

III – cadastrar os casos de violência doméstica e familiar contra a mulher.

Capítulo IV
DA ASSISTÊNCIA JUDICIÁRIA

Art. 27. Em todos os atos processuais, cíveis e criminais, a mulher em situação de violência doméstica e familiar deverá estar acompanhada de advogado, ressalvado o previsto no art. 19 desta Lei.

Art. 28. É garantido a toda mulher em situação de violência doméstica e familiar o acesso aos serviços de Defensoria Pública ou de Assistência Judiciária Gratuita, nos termos da lei, em sede policial e judicial, mediante atendimento específico e humanizado.

TÍTULO V
DA EQUIPE DE ATENDIMENTO MULTIDISCIPLINAR

Art. 29. Os Juizados de Violência Doméstica e Familiar contra a Mulher que vierem a ser criados poderão contar com uma equipe de atendimento multidisciplinar, a ser integrada por profissionais especializados nas áreas psicossocial, jurídica e de saúde.

Art. 30. Compete à equipe de atendimento multidisciplinar, entre outras atribuições que lhe forem reservadas pela legislação local, fornecer subsídios por escrito ao juiz, ao Ministério Público e à Defensoria Pública, mediante laudos ou verbalmente em audiência, e desenvolver trabalhos de orientação, encaminhamento, prevenção e outras medidas, voltados para a ofendida, o agressor e os familiares, com especial atenção às crianças e aos adolescentes.

Art. 31. Quando a complexidade do caso exigir avaliação mais aprofundada, o juiz poderá determinar a manifestação de profissional especializado, mediante a indicação da equipe de atendimento multidisciplinar.

Art. 32. O Poder Judiciário, na elaboração de sua proposta orçamentária, poderá prever recursos para a criação e manutenção da equipe de atendimento multidisciplinar, nos termos da Lei de Diretrizes Orçamentárias.

TÍTULO VI
DISPOSIÇÕES TRANSITÓRIAS

> **Art. 33.** Enquanto não estruturados os Juizados de Violência Doméstica e Familiar contra a Mulher, as varas criminais acumularão as competências cível e criminal para conhecer e julgar as causas decorrentes da prática de violência doméstica e familiar contra a mulher, observadas as previsões do Título IV desta Lei, subsidiada pela legislação processual pertinente.[42]
> **Parágrafo único.** Será garantido o direito de preferência, nas varas criminais, para o processo e o julgamento das causas referidas no *caput*.

42. **Juizados Especiais:** certamente, levará um tempo até que os Tribunais de Justiça dos Estados possam organizar e instalar os Juizados de Violência Doméstica e Familiar contra a Mulher. Por isso, corretamente, em disposições transitórias, esta Lei prevê a possibilidade de os magistrados das Varas Criminais em geral, que se depararem com casos de violência contra a mulher, no contexto da Lei 11.340/2006, adotarem todas as medidas inéditas previstas.

TÍTULO VII
DISPOSIÇÕES FINAIS

> **Art. 34.** A instituição dos Juizados de Violência Doméstica e Familiar contra a Mulher poderá ser acompanhada pela implantação das curadorias necessárias e do serviço de assistência judiciária.
>
> **Art. 35.** A União, o Distrito Federal, os Estados e os Municípios poderão criar e promover, no limite das respectivas competências:
>
> I – centros de atendimento integral e multidisciplinar para mulheres e respectivos dependentes em situação de violência doméstica e familiar;
>
> II – casas-abrigos para mulheres e respectivos dependentes menores em situação de violência doméstica e familiar;
>
> III – delegacias, núcleos de defensoria pública, serviços de saúde e centros de perícia médico-legal especializados no atendimento à mulher em situação de violência doméstica e familiar;
>
> IV – programas e campanhas de enfrentamento da violência doméstica e familiar;
>
> V – centros de educação e de reabilitação para os agressores.
>
> **Art. 36.** A União, os Estados, o Distrito Federal e os Municípios promoverão a adaptação de seus órgãos e de seus programas às diretrizes e aos princípios desta Lei.
>
> **Art. 37.** A defesa dos interesses e direitos transindividuais previstos nesta Lei poderá ser exercida, concorrentemente, pelo Ministério Público e por associação de atuação na área, regularmente constituída há pelo menos 1 (um) ano, nos termos da legislação civil.
>
> **Parágrafo único.** O requisito da pré-constituição poderá ser dispensado pelo juiz quando entender que não há outra entidade com representatividade adequada para o ajuizamento da demanda coletiva.

> **Art. 38.** As estatísticas sobre a violência doméstica e familiar contra a mulher serão incluídas nas bases de dados dos órgãos oficiais do Sistema de Justiça e Segurança a fim de subsidiar o sistema nacional de dados e informações relativo às mulheres.
> **Parágrafo único.** As Secretarias de Segurança Pública dos Estados e do Distrito Federal poderão remeter suas informações criminais para a base de dados do Ministério da Justiça.
> **Art. 38-A.** O juiz competente providenciará o registro da medida protetiva de urgência.
> **Parágrafo único.** As medidas protetivas de urgência serão, após sua concessão, imediatamente registradas em banco de dados mantido e regulamentado pelo Conselho Nacional de Justiça, garantido o acesso instantâneo do Ministério Público, da Defensoria Pública e dos órgãos de segurança pública e de assistência social, com vistas à fiscalização e à efetividade das medidas protetivas.[42-A]

42-A. Registro da medida protetiva de urgência: quando o juiz determina o registro da medida protetiva de urgência em vigor, permite-se que outras autoridades tomem conhecimento e, com isso, a proteção será ainda mais ampla. Haverá um banco de dados no Conselho Nacional de Justiça.

> **Art. 39.** A União, os Estados, o Distrito Federal e os Municípios, no limite de suas competências e nos termos das respectivas leis de diretrizes orçamentárias, poderão estabelecer dotações orçamentárias específicas, em cada exercício financeiro, para a implementação das medidas estabelecidas nesta Lei.
> **Art. 40.** As obrigações previstas nesta Lei não excluem outras decorrentes dos princípios por ela adotados.
> **Art. 40-A.** Esta Lei será aplicada a todas as situações previstas no seu art. 5.º, independentemente da causa ou da motivação dos atos de violência e da condição do ofensor ou da ofendida.[42-B]

42-B. Natureza híbrida da lei: o art. 5.º expõe vários meios agressivos para atingir a vítima, alguns dos quais podem não ser tipificados como crime na lei penal, o que é irrelevante, pois há aspectos civis e criminais envolvendo a medida protetiva. Consultar as notas 33-B e 33-C *supra*.

> **Art. 41.** Aos crimes praticados com violência doméstica e familiar contra a mulher, independentemente da pena prevista, não se aplica a Lei 9.099, de 26 de setembro de 1995.[43-43-A]

43. Restrição aos benefícios da Lei 9.099/95: estabelece o art. 98, I, da Constituição Federal, que "a União, no Distrito Federal e nos Territórios, e os Estados criarão: I – juizados especiais, providos por juízes togados, ou togados e leigos, competentes para a conciliação, o julgamento e a execução de causas cíveis de menor complexidade e *infrações penais de menor* *potencial ofensivo*, mediante os procedimentos oral e sumaríssimo, permitidos, nas *hipóteses previstas em lei*, a transação e o julgamento de recursos por turmas de juízes de primeiro grau" (grifamos). O texto constitucional previu o abrandamento à regra geral de que crimes de ação penal pública, especialmente incondicionada, estariam sujeitos, necessariamente, à atuação do Ministério Público (obrigatoriedade da ação penal), visando à condenação, com a apresentação da denúncia, sem qualquer possibilidade de composição. Por outro lado, fixou-se foro específico para o processamento e eventual julgamento das infrações de menor potencial ofensivo, inclusive com o predomínio da oralidade e do procedimento sumaríssimo. Transferiu-se à lei ordinária a especificação de quais seriam as infrações de menor potencial ofensivo. Coube à Lei 9.099/95 (art. 61) elencar, em primeiro lugar, as infrações de menor potencial ofensivo: eram aquelas cuja pena máxima não ultrapassasse um ano ou as contravenções penais. Houve o advento da Lei 10.259/2001, que instituiu os Juizados Especiais Criminais Federais, alterando a definição das infrações de menor potencial ofensivo, fazendo incluir as que tivessem pena privativa de liberdade máxima de até dois anos, ou multa (art. 2.º, parágrafo único). Instalou-se o conflito entre ambas e os tribunais tendiam a padronizar, em homenagem ao princípio da igualdade, o conceito de infração de menor potencial ofensivo tal como posto pela Lei 10.259/2001. Adveio, então, a Lei 11.313/2006, que concentrou na Lei 9.099/95 a definição de infração de menor potencial ofensivo: são as contravenções penais e os delitos cuja pena máxima não for superior a dois anos, com ou sem multa. Todos estão sujeitos ao preceito constitucional, submetendo-se à competência do JECRIM, ao procedimento oral e sumaríssimo e à *possibilidade de transação*. Lembre-se que a Lei 9.503/97 (Código de Trânsito Brasileiro), no art. 291, parágrafo único (redação original), possibilitou a aplicação da transação para os crimes de lesão culposa, embriaguez ao volante e participação em competição não autorizada. Quando a Lei de Trânsito entrou em vigor, essas três infrações não eram de menor potencial ofensivo, pois a pena máxima da lesão e da participação em *racha* era de dois anos, e a da embriaguez, de três anos. Entendemos, à época, quando publicamos o nosso livro *Crimes de trânsito*, poder a lei ordinária alterar o conceito de infração de menor potencial ofensivo, para situações específicas, sem prejudicar o disposto na Lei 9.099/95. A jurisprudência terminou validando essa possibilidade e permitindo a aplicação da transação nessas situações. Atualmente, com a edição da Lei 11.705/2008, resta somente a lesão corporal culposa, como infração de menor potencial ofensivo, se não forem preenchidas as hipóteses do art. 291, § 1.º, incisos I a III, do Código de Trânsito Brasileiro. Por isso, o art. 41, da Lei 11.340/2006, pode estipular outra exceção, agora para restringir o alcance da Lei 9.099/95. Na realidade, com outras palavras, firmou o entendimento de que os crimes praticados com violência doméstica e familiar contra a mulher *não são de menor potencial ofensivo*, pouco importando o *quantum* da pena, motivo pelo qual não se submetem ao disposto na Lei 9.099/95, afastando, inclusive, o benefício da suspensão condicional do processo, previsto no art. 89 da referida Lei do JECRIM. Embora severa, a disposição do art. 41, em comento, é constitucional. Em primeiro plano, porque o art. 98, I, da Constituição Federal, delegou à lei a conceituação de infração de menor potencial ofensivo e as hipóteses em que se admite a transação. Em segundo lugar, pelo fato de se valer do princípio da isonomia e não da igualdade literal, ou seja, deve-se tratar desigualmente os desiguais. Na jurisprudência: STJ editou a Súmula 536: "A suspensão condicional do processo e a transação penal não se aplicam na hipótese de delitos sujeitos ao rito da Lei Maria da Penha". Conferir ainda: STJ: "6. O art. 41 da Lei n. 11.340/2006 exclui a possibilidade de aplicação da Lei n. 9.099/1995 aos crimes praticados com violência doméstica e familiar contra mulher, não sendo possível, nesse caso, deferir o benefício da suspensão do processo previsto no art. 89 da Lei dos Juizados Especiais" (HC 563.973 – DF, 5.ª T., rel. João Otávio de Noronha, 08.06.2021, v.u.).

43-A. Interpretação extensiva: onde se lê *crimes*, leia-se, em verdade, infração penal, o que permite abranger a contravenção penal. Ilustrando, se *vias de fato* (art. 21, Lei de Contravenções Penais) forem cometidas contra a mulher, no âmbito doméstico, cuida-se de contravenção penal não sujeita à Lei 9.099/95, pois esse é o escopo da Lei 11.340/2006.

> (...)
>
> **Art. 46.** Esta Lei entra em vigor 45 (quarenta e cinco) dias após sua publicação.
>
> Brasília, 7 de agosto de 2006; 185.º da Independência e 118.º da República.
>
> Luiz Inácio Lula da Silva
>
> (*DOU* 08.08.2006)

Referências Bibliográficas

Adorno, Sérgio. Sistema penitenciário no Brasil. Problemas e desafios. *Revista do Conselho Nacional de Política Criminal e Penitenciária*. vol. 1. n. 2. Brasília: Ministério da Justiça, 1993.

Albuquerque, Cândido; Rebouças, Sérgio. *Crimes contra o sistema financeiro nacional. Comentários à Lei 7.492/1986 e à Lei 6.385/1976*. São Paulo: Tirant lo Blanch, 2022.

Albuquerque, Xavier de. Sobre a criminalidade econômica: o enigmático crime funcional contra o sistema financeiro nacional (art. 23 da Lei 7.492/86). *Revista Forense*. vol. 86. n. 311. p. 75. São Paulo: jul.-set. 1990.

Alvim, Rui Carlos Machado. O direito de audiência na execução penal – Uma tentativa de sua apreensão. *Revista dos Tribunais*. vol. 636. p. 257. São Paulo: Ed. RT, out. 1988.

Alvim, Rui Carlos Machado. Execução penal: o direito à remição da pena. *Revista dos Tribunais*. vol. 606. p. 286. São Paulo: Ed. RT, abr. 1986.

Amaral, Augusto Jobim do; Pereira, Gustavo Oliveira de Lima Pereira; Borges, Rosa Maria Zaia (org.). *Direitos humanos e terrorismo*. Porto Alegre: EdiPUCRS, 2014.

Andrade, Vander Ferreira. *Legislação penal especial*. São Paulo: Pillares, 2005.

Angelo, Claudiney de. Marcas. *Anotações práticas e teóricas ao Código da Propriedade Industrial*. São Paulo: LEUD, 2000.

Aquino, José Carlos G. Xavier de. O cárcere e o juiz criminal. In: Lagrasta Neto, Caetano; Nalini, José Renato; Dip, Ricardo Henry Marques (coords.). *Execução penal – Visão do Tacrim*. São Paulo: Oliveira Mendes, 1998.

Araújo, Cláudio Th. Leotta de; Menezes, Marco Antônio. Em defesa do exame criminológico. *Boletim do IBCCrim*. n. 129. p. 3. São Paulo: ago. 2003.

Araújo, Marina Pinhão Coelho; Souza, Luciano Anderson (coord.). *Direito penal econômico. Leis penais especiais*. São Paulo: Ed. RT, 2019. vol. 1.

Arendt, Hannah. *Eichmann em Jerusalém: um relato sobre a banalidade do mal*. 28.ª reimpressão. Trad. José Rubens Siqueira. São Paulo: Companhia das Letras, 2021.

AVOLIO, Luiz Francisco Torquato. *Provas ilícitas – Interceptações telefônicas, ambientais e gravações clandestinas*. 3. ed. São Paulo: Ed. RT, 2003.

AZEVEDO, Tupinambá Pinto de. Crimes Hediondos e regime carcerário único: novos motivos de inconstitucionalidade. *Revista da Associação dos Juízes do Rio Grande do Sul – Ajuris*. n. 70. Porto Alegre, Ajuris, 1997.

BARBIERO, Louri Geraldo. Execução penal provisória: necessidade de sua implantação imediata. *Revista dos Tribunais*. vol. 764. p. 471-473. São Paulo: Ed. RT, jun. 1999.

BARROS, Antonio Milton. *A lei de proteção a vítimas e testemunhas*. Franca: Lemos & Cruz, 2003.

BARROS, Carmen Silvia de Moraes. *A individualização da pena na execução penal*. São Paulo: Ed. RT, 2001.

BARROS, Marco Antonio de. *Lavagem de dinheiro – Implicações penais, processuais e administrativas*. São Paulo: Juarez de Oliveira, 1998.

BELLOQUE, Juliana Garcia. *Sigilo bancário – Análise crítica da LC 105/2001*. São Paulo: Ed. RT, 2003.

BENETI, Sidnei Agostinho. *Execução penal*. São Paulo: Saraiva, 1996.

BENJAMIN, Antonio Herman; MARQUES, Claudia Lima; MIRAGEM, Bruno. *Comentários ao Código de Defesa do Consumidor*. 2. ed. São Paulo: Ed. RT, 2006.

BIANCHINI, Alice; GOMES, Luiz Flávio; CUNHA, Rogério Sanches; OLIVEIRA, William Terra de. *Nova Lei de Drogas comentada*. São Paulo: Ed. RT, 2006.

BIASOTTI, Carlos. Do excesso ou desvio de execução. In: LAGRASTA NETO, Caetano; NALINI, José Renato; DIP, Ricardo Henry Marques (coords.). *Execução penal – Visão do TACrimSP*. São Paulo: Oliveira Mendes, 1998.

BICUDO, Hélio. *Lei de segurança nacional. Leitura crítica*. São Paulo: Edições Paulinas, 1986.

BITENCOURT, Cezar Roberto. Competência para execução da pena de multa à luz da Lei 9.268. *Boletim IBCCrim*. n. 69. p. 17. São Paulo: ago. 1998.

BITENCOURT, Cezar Roberto. *Juizados Especiais Criminais Federais. Análise comparativa das Leis 9.099/95 e 10.259/2001*. São Paulo: Saraiva, 2003.

BITENCOURT, Cezar Roberto. Limitação de fim de semana: uma alternativa inviável no Brasil. *Revista dos Tribunais*. vol. 693. p. 297. São Paulo: Ed. RT, jul. 1993.

BITENCOURT, Cezar Roberto. Penas pecuniárias. *Revista dos Tribunais*. vol. 619. p. 414. São Paulo: Ed. RT, maio 1987.

BITENCOURT, Cezar Roberto. Princípios garantistas e a delinquência do colarinho branco. *Revista Brasileira de Ciências Criminais*. vol. 11. São Paulo: Ed. RT, 1995.

BITENCOURT, Cezar Roberto. Regimes penais e exame criminológico. *Revista dos Tribunais*. vol. 638. p. 260. São Paulo: Ed. RT, dez. 1988.

BITENCOURT, Cezar Roberto. A suspensão condicional da pena. *Revista da Associação dos Juízes do Rio Grande do Sul*. vol. 52. p. 118. Porto Alegre, jul. 1991.

BITENCOURT, Cezar Roberto; BREDA, Juliano. *Crimes contra o sistema financeiro nacional e contra o mercado de capitais*. 3. ed. São Paulo: Saraiva, 2014.

BITTAR, Carlos Alberto. *Teoria e prática da concorrência desleal*. São Paulo: Saraiva, 1989.

BORGES, Paulo César Corrêa. *O crime organizado*. São Paulo: Unesp, 2002.

BORGES, Rosa Maria Zaia; AMARAL, Augusto Jobim do; PEREIRA, Gustavo Oliveira de Lima Pereira (org.). *Direitos humanos e terrorismo*. Porto Alegre: EdiPUCRS, 2014.

BOSCHI, José Antonio Paganella. *Das penas e seus critérios de aplicação*. 2. ed. Porto Alegre: Livraria do Advogado, 2002.

BREDA, Juliano. *Gestão fraudulenta de instituição financeira e dispositivos processuais da Lei 7.492/86*. Rio de Janeiro/São Paulo: Renovar, 2002.

BREDA, Juliano; BITENCOURT, Cezar Roberto. *Crimes contra o sistema financeiro nacional e contra o mercado de capitais*. 3. ed. São Paulo: Saraiva, 2014.

CALLEGARI, André Luís; LIRA, Cláudio Rogério Sousa; REGHELIN, Elisangela Melo; MELIÁ, Manuel Cancio; LINHARES, Raul Marques. *O crime de terrorismo*. Reflexões críticas e comentários à Lei do Terrorismo. De acordo com a Lei n. 13.260/2016. Porto Alegre: Livraria do Advogado, 2016.

CAMARGO, Ruy Junqueira de Freitas. A execução das penas criminais e a atuação dos juízes corregedores. *Justitia*. vol. 84. p. 33.São Paulo: Ministério Público do Estado de São Paulo: 1.º trim. 1974.

CARDOSO, Tatiana. A midialização do terrorismo. In: BORGES et al. *Direitos humanos e terrorismo*. Porto Alegre: EdiPUCRS, 2014.

CARVALHO, França. Do livramento condicional. In: LAGRASTA NETO, Caetano; NALINI, José Renato; DIP, Ricardo Henry Marques (coords.). *Execução penal – Visão do TACrimSP*. São Paulo: Oliveira Mendes, 1998.

CARVALHO, Ivan Lira de. A atividade policial em face da lei de combate ao crime organizado. *Jurisprudência do Superior Tribunal de Justiça e Tribunais Regionais Federais*. vol. 10. n. 103. p. 9-18. São Paulo: Ed. Lex, 1998.

CARVALHO, L. G. Grandinetti Castanho de; PRADO, Geraldo. *Lei dos Juizados Especiais criminais comentada e anotada*. 4. ed. Rio de Janeiro: Lumen Juris, 2006.

CARVALHO, Paulo de Barros. *Curso de Direito Tributário*. 13. ed. São Paulo: Saraiva, 2000.

CARVALHO, Paulo Roberto Galvão de; MENDONÇA, Andrey Borges de. *Lei de Drogas comentada artigo por artigo*. São Paulo: Método, 2007.

CAVALI, Marcelo Costenaro. *Manipulação do mercado de capitais. Fundamentos e limites da repressão penal e administrativa*. São Paulo: Quartier Latin, 2018.

CERQUEIRA, João da Gama. *Tratado da propriedade industrial*. Atualizado por Newton Silveira e Denis Borges Barbosa. 3. ed. Rio de Janeiro: Lumen Juris, 2012.

CERVINI, Raúl; GOMES, Luiz Flávio. *Crime organizado*. 2. ed. São Paulo: Ed. RT, 1997.

CERVINI, Raúl; GOMES, Luiz Flávio. *Interceptação telefônica – Lei 9.296, de 24.07.96*. São Paulo: Ed. RT, 1997.

CERVINI, Raúl; GOMES, Luiz Flávio; OLIVEIRA, William Terra de. *Lei de Lavagem de Capitais*. São Paulo: Ed. RT, 1998.

CODORNIZ, Gabriela; PATELLA, Laura (coord.). *Comentários à Lei do Mercado de Capitais. Lei n. 6.385/1976*. São Paulo: Quartier Latin, 2015.

Cogan, Arthur. *Crimes contra a segurança nacional. Comentários, legislação, jurisprudência.* São Paulo: Ed. RT, 1976.

Comparato, Fábio Konder. Crime contra a ordem econômica. *Revista dos Tribunais.* vol. 734. p. 572. São Paulo: Ed. RT, 1996.

Comparato, Fábio Konder. Crime contra a ordem econômica. Interpretação do art. 17 da Lei 7.492/86. *Revista dos Tribunais.* vol. 749. p. 555. São Paulo: Ed. RT, 1998.

Costa Junior, Paulo José da. *Direito penal ecológico.* São Paulo: Forense Universitária, 1996.

Costa Junior, Paulo José da. *Direito penal das licitações. Comentários aos arts. 89 a 99 da Lei 8.666, de 21.6.1993.* 2. ed. São Paulo: Saraiva, 2004.

Costa Junior, Paulo José da; Queijo, M. Elizabeth; Machado, Charles M. *Crimes do colarinho branco.* 2. ed. São Paulo: Saraiva, 2002.

Costa Junior, Paulo José da; Milaré, Édis. *Direito Penal ambiental – Comentários a Lei 9.605/98.* Campinas: Millennium, 2002.

Costa Junior, Paulo José da; Pedrazzi, Cesare. *Direito Penal societário.* 3. ed. São Paulo: Ed. DPJ, 2005.

Costa Junior, Paulo José da; Denari, Zelmo. *Infrações tributárias e delitos fiscais.* 4. ed. São Paulo: Saraiva, 2000.

Cunha, Rogério Sanches; Bianchini, Alice; Gomes, Luiz Flávio; Oliveira, William Terra de. *Nova Lei de Drogas comentada.* São Paulo: Ed. RT, 2006.

David, Fernando Lopes. *Dos crimes contra o sistema financeiro nacional.* São Paulo: Iglu, 2003.

Delmanto, Celso. *Crimes de concorrência desleal.* São Paulo: José Bushatsky, 1975.

Delmanto, Fábio M. de Almeida; Delmanto, Roberto; Delmanto Júnior, Roberto. *Leis penais especiais comentadas.* Rio de Janeiro/São Paulo/Recife: Renovar, 2006.

Delmanto, Roberto; Delmanto Júnior, Roberto; Delmanto, Fábio M. de Almeida. *Leis penais especiais comentadas.* Rio de Janeiro/São Paulo/Recife: Renovar, 2006.

Delmanto Júnior, Roberto. *As modalidades de prisão provisória e seu prazo de duração.* 2. ed. Rio de Janeiro/São Paulo: Renovar, 2001.

Delmanto Júnior, Roberto; Delmanto, Roberto; Delmanto, Fábio M. de Almeida. *Leis penais especiais comentadas.* Rio de Janeiro/São Paulo/Recife: Renovar, 2006.

Denari, Zelmo; Costa Júnior, Paulo José da. *Infrações tributárias e delitos fiscais.* 4. ed. São Paulo: Saraiva, 2000.

Di Pietro, Maria Sylvia Zanella. *Direito Administrativo.* 11. ed. São Paulo: Atlas, 1999.

Diniz, Maria Helena. *O estado atual do biodireito.* 6. ed. São Paulo: Saraiva, 2009.

Dip, Ricardo Henry Marques. Competência para a execução da multa do art. 51, Código Penal: julgados do Tribunal de Alçada Criminal de São Paulo. In: Lagrasta Neto, Caetano; Nalini, José Renato; Dip, Ricardo Henry Marques (coords.). *Execução penal – Visão do TACrimSP.* São Paulo: Oliveira Mendes, 1998.

Dip, Ricardo Henry Marques. Execução jurídico-penal ou ético-penal. In: Lagrasta Neto, Caetano; Nalini, José Renato; Dip, Ricardo Henry Marques (coords.). *Execução penal – Visão do TACrimSP.* São Paulo: Oliveira Mendes, 1998.

DOMINGUES, Douglas Gabriel. *Comentários à lei da propriedade industrial*. Rio de Janeiro: Forense, 2009.

DOTTI, René Ariel. Crime contra o sistema financeiro nacional – Consórcio – Empresa administradora – Empréstimo em dinheiro para empresas do mesmo grupo – Caracterização. *Revista dos Tribunais*. vol. 718. p. 359. São Paulo: Ed. RT, 1995.

DOTTI, René Ariel. A crise da execução penal e o papel do Ministério Público. *Justitia*. vol. 129. São Paulo: Ministério Público do Estado de São Paulo, abr.-jun. 1985.

DOTTI, René Ariel. O Direito Penal econômico e a proteção do consumidor. *Revista de Direito Penal e Criminologia*. vol. 33. Rio de Janeiro: Forense, 1982.

DOTTI, René Ariel. A Lei de Execução Penal – perspectivas fundamentais. *Revista dos Tribunais*. vol. 598. p. 275. São Paulo: Ed. RT, ago. de 1985.

DOTTI, René Ariel. As novas linhas do livramento condicional e da reabilitação. *Revista dos Tribunais*. vol. 593. p. 295. São Paulo: Ed. RT, mar. 1985.

DOTTI, René Ariel. Problemas atuais da execução penal. *Revista dos Tribunais*. vol. 563. p. 279. São Paulo: Ed. RT, set. de 1982.

DUARTE, João Paulo. *Terrorismo*. Caos, controle e segurança. São Paulo: Desatino, 2014.

DUARTE, João Paulo. Processo penal executório. *Revista dos Tribunais*. vol. 576. p. 308. São Paulo: Ed. RT, out. de 1983.

DUVAL, Hermano. *Concorrência desleal*. São Paulo: Saraiva, 1976.

FARIA, Bento de. *Código Penal brasileiro comentado*. Rio de Janeiro: Record, 1961. vol. V.

FARIA, Bento de. *Repertório da Constituição Nacional. Lei de Segurança Nacional*. Rio de Janeiro: F. Briguiet & Cia Editores, 1935.

FERNANDES, Antonio Scarance. Crime organizado e legislação brasileira. In: PENTEADO, Jaques de Camargo (coord.). *Justiça Penal – Críticas e sugestões*. São Paulo: Ed. RT, 1995. vol. 3.

FERNANDES, Antonio Scarance. Execução penal – Questões diversas. *Justitia*. vol. 143. São Paulo: Ministério Público do Estado de São Paulo, jul.-set. 1988.

FERNANDES, Antonio Scarance. O Ministério Público na execução penal. In: GRINOVER, Ada Pellegrini; BUSANA, Dante (coords.). *Execução penal*. São Paulo: Max Limonad, 1987.

FERNANDES, Antonio Scarance; GOMES FILHO, Antonio Magalhães; GRINOVER, Ada Pellegrini; GOMES, Luiz Flávio. *Juizados Especiais Criminais. Comentários à Lei 9.099, de 26.09.1995*. 5. ed. São Paulo: Ed. RT, 2005.

FERRAZ, Devienne. Da pena de multa e sua execução. In: LAGRASTA NETO, Caetano; NALINI, José Renato; DIP, Ricardo Henry Marques (coords.). *Execução penal – Visão do TACrimSP*. São Paulo: Oliveira Mendes, 1998.

FERREIRA, Álvaro Érix. Penas restritivas de direito – Jurisprudência. In: LAGRASTA NETO, Caetano; NALINI, José Renato; DIP, Ricardo Henry Marques (coords.). *Execução penal – Visão do TACrimSP*. São Paulo: Oliveira Mendes, 1998.

FERREIRA, Ivette Senise. *Tutela penal do patrimônio cultural*. São Paulo: Ed. RT, 1995.

FERREIRA, Roberto dos Santos. *Crimes contra a ordem tributária (Comentários aos arts. 1.º a 3.º, 11, 12, 15 e 16 da Lei 8.137, de 27.12.1990, e 34 da Lei 9.249, de 26.12.1995)*. São Paulo: Malheiros, 1995.

FIGUEIRA JÚNIOR, Joel Dias; TOURINHO NETO, Fernando da Costa. *Juizados Especiais Federais cíveis e criminais. Comentários à Lei 10.259, de 10.07.2001*. São Paulo: Ed. RT, 2002.

FÖPPEL, Gamil; SANTANA, Rafael de Sá. *Crimes tributários*. Salvador: Podium, 2005.

FRAGOSO, Heleno Cláudio. *Lei de segurança nacional, uma experiência antidemocrática*. Porto Alegre: Sergio Antonio Fabris Editor, 1980.

FRANÇA, San Juan. Da revogação obrigatória. In: LAGRASTA NETO, Caetano; NALINI, José Renato; DIP, Ricardo Henry Marques (coords.). *Execução penal – Visão do TACrimSP*. São Paulo: Oliveira Mendes, 1998.

FRANCO, Alberto Silva. *Legislação complementar interpretada*. São Paulo: Ed. RT, 2001.

FRANCO, Alberto Silva; STOCO, Rui (coords.). *Leis penais especiais e sua interpretação jurisprudencial*. 7. ed. São Paulo: Ed. RT, 2001. vol. 1 e 2.

FREITAS, Gilberto Passos de; FREITAS, Vladimir Passos de. Abuso de autoridade. *Notas de legislação, doutrina e jurisprudência à Lei 4.898, de 09.12.1965*. 5. ed. São Paulo: Ed. RT, 1993.

FREITAS, Gilberto Passos de; FREITAS, Vladimir Passos de. *Crimes contra a natureza*. 8. ed. São Paulo: Ed. RT, 2006.

FREITAS, Vladimir Passos de (coord.). *Código Tributário Nacional comentado*. 2. ed. São Paulo: Ed. RT, 2004.

FREITAS, Vladimir Passos de. (coord.) *Comentários ao Estatuto do Estrangeiro e opção de nacionalidade*. Campinas: Millennium, 2006.

GAGLIARDI, Pedro. Dos incidentes da execução: a reclamação. In: LAGRASTA NETO, Caetano; NALINI, José Renato; DIP, Ricardo Henry Marques (coords.). *Execução penal – Visão do TACrimSP*. São Paulo: Oliveira Mendes, 1998.

GENOFRE, Fabiano; SILVA, José Geraldo da; LAVORENTI, Wilson. *Leis penais especiais anotadas*. 5. ed. Campinas: Millennium, 2004.

GENOFRE, Fabiano; GRINOVER, Ada Pellegrini; FERNANDES, Antonio Scarance; GOMES, Luiz Flávio. *Juizados Especiais Criminais. Comentários à Lei 9.099, de 26.09.1995*. 5. ed. São Paulo: Ed. RT, 2005.

GOMES, José Carlos. O Estado democrático de direito e o terrorismo. In: TOLEDO et al. *Repressão penal e crime organizado. Os novos rumos da política criminal após o 11 de setembro*. São Paulo: Quartier Latin, 2009.

GOMES, Luiz Flávio; CERVINI, Raúl. *Crime organizado*. 2. ed. São Paulo: Ed. RT, 1997.

GOMES, Luiz Flávio; CERVINI, Raúl. *Interceptação telefônica – Lei 9.296, de 24.07.96*. São Paulo: Ed. RT, 1997.

GOMES, Luiz Flávio; GOMES FILHO, Antonio Magalhães; GRINOVER, Ada Pellegrini; FERNANDES, Antonio Scarance. *Juizados Especiais Criminais. Comentários à Lei 9.099, de 26.09.1995*. 5. ed. São Paulo: Ed. RT, 2005.

GOMES, Luiz Flávio; OLIVEIRA, William Terra de; CERVINI, Raúl. *Lei das Armas de Fogo*. São Paulo: Ed. RT, 1998.

GOMES, Luiz Flávio; OLIVEIRA, William Terra de. *Lei de Lavagem de Capitais*. São Paulo: Ed. RT, 1998.

GOMES, Luiz Flávio; OLIVEIRA, William Terra de; BIANCHINI, Alice; CUNHA, Rogério Sanches. *Nova Lei de Drogas comentada*. São Paulo: Ed. RT, 2006.

GOMES, Suzana de Camargo. *Crimes eleitorais*. 4. ed. São Paulo: Ed. RT, 2010.

GOMES FILHO, Antonio Magalhães. A defesa do condenado na execução penal. In: GRINOVER, Ada Pellegrini; BUSANA, Dante (coords.). *Execução penal*. São Paulo: Max Limonad, 1987.

GONÇALVES, Luiz Carlos dos Santos. *Crimes eleitorais e processo penal eleitoral*. São Paulo: Atlas, 2012.

GOULART, José Eduardo; PIRES NETO, Antônio Luiz. O direito da execução penal. In: LAGRASTA NETO, Caetano; NALINI, José Renato; DIP, Ricardo Henry Marques (coords.). *Execução penal – Visão do TACrimSP*. São Paulo: Oliveira Mendes, 1998.

GRECO FILHO, Vicente. *Interceptação telefônica – Considerações sobre a Lei 9.296, de 24 de julho de 1996*. 2. ed. São Paulo: Saraiva, 2005.

GRECO FILHO, Vicente. *Tóxicos – Prevenção – Repressão*. 9. ed. São Paulo: Saraiva, 1993.

GRINOVER, Ada Pellegrini. Anotações sobre os aspectos processuais da Lei de Execução Penal. In: GRINOVER, Ada Pellegrini; BUSANA, Dante (coords.). *Execução penal*. São Paulo: Max Limonad, 1987.

GRINOVER, Ada Pellegrini. O crime organizado no sistema italiano. In: PENTEADO, Jaques de Camargo. *Justiça Penal – Críticas e sugestões*. São Paulo: Ed. RT, 1995. vol. 3.

GRINOVER, Ada Pellegrini. A legislação brasileira em face do crime organizado. *Revista de Processo*. vol. 87. p. 70. São Paulo: Ed. RT, 1997.

GRINOVER, Ada Pellegrini. Natureza jurídica da execução penal. In: GRINOVER, Ada Pellegrini; BUSANA, Dante (coords.). *Execução penal*. São Paulo: Max Limonad, 1987.

GRINOVER, Ada Pellegrini; GOMES FILHO, Antonio Magalhães; FERNANDES, Antonio Scarance; GOMES, Luiz Flávio. *Juizados Especiais Criminais. Comentários à Lei 9.099, de 26.09.1995*. 5. ed. São Paulo: Ed. RT, 2005.

GULLO, Roberto Santiago Ferreira. *Direito penal econômico*. 2. ed. Rio de Janeiro: Lumen Juris, 2005.

HAMMERSCHMIDT, Denise (coord.). *Crimes hediondos e assemelhados*. Curitiba: Juruá, 2020.

HORVATH, Estevão; OLIVEIRA, Régis Fernandes de. *Manual de direito financeiro*. 6. ed. São Paulo: Ed. RT, 2003.

HUNGRIA, Nelson. *Dos crimes contra a economia popular e das vendas a prestações com reserva de domínio*. Rio de Janeiro: Jacintho, 1939.

HUNGRIA, Nelson; Dotti, René Ariel. *Comentários ao Código Penal*. Rio de Janeiro: GZ Editora, 2016. vol. VII.

ISOLDI FILHO, Carlos Alberto da Silveira. Exame criminológico, parecer da CTC e a nova Lei 10.792/2003. *Informe – Boletim do Sindicato dos Promotores e Procuradores de Justiça do Estado de Minas Gerais*. n. 21. fev. 2004.

JESUS, Damásio Evangelista de. *Lei Antitóxicos anotada*. 8. ed. São Paulo: Saraiva, 2005.

JESUS, Damásio Evangelista de. *Leis das Contravenções Penais anotada*. 10. ed. São Paulo: Saraiva, 2004.

JUSTEN FILHO, Marçal. *Comentários à lei de licitações e contratos administrativos*. 11. ed. São Paulo: Dialética, 2005.

KARAM, Maria Lúcia. *Juizados Especiais Criminais – A concretização antecipada do poder de punir*. São Paulo: Ed. RT, 2004.

LAGOS, Daniel Ribeiro; MIGUEL, Alexandre. A execução penal: instrumentalização e competência. *Revista dos Tribunais*. vol. 690. p. 398. São Paulo: Ed. RT, abr. 1993.

LANFREDI, Luís Geraldo Sant'Ana; SOUZA, Luciano Anderson; SILVA, Luciano Nascimento; TOLEDO, Otávio Augusto de Almeida (coord.). *Repressão penal e crime organizado*. Os novos rumos da política criminal após o 11 de setembro. São Paulo: Quartier Latin, 2009.

LAVORENTI, Wilson; GENOFRE, Fabiano; SILVA, José Geraldo da. *Leis penais especiais anotadas*. 5. ed. Campinas: Millennium, 2004.

LEITE, Rita de Cássia Curvo. *Transplantes de órgãos e tecidos e direitos da personalidade*. São Paulo: Juarez de Oliveira, 2000.

LIMA, Paulo A. C. *Lei de segurança nacional. Crítica e exegese*. Rio de Janeiro: Edições Trabalhistas, 1979.

LINHARES, Marcello Jardim. *Contravenções penais: comentários ao Decreto-lei 3.688, de 03.10.1941, e às contravenções previstas em leis especiais*. São Paulo: Saraiva, 1980. vol. 1 e 2.

LINHARES, Raul Marques; CALLEGARI, André Luís; LIRA, Cláudio Rogério Sousa; REGHELIN, Elisangela Melo; MELIÁ, Manuel Cancio. *O crime de terrorismo*. Reflexões críticas e comentários à Lei do Terrorismo. De acordo com a Lei n. 13.260/2016. Porto Alegre: Livraria do Advogado, 2016.

LIRA, Cláudio Rogério Sousa; REGHELIN, Elisangela Melo; MELIÁ, Manuel Cancio; LINHARES, Raul Marques; CALLEGARI, André Luís. *O crime de terrorismo*. Reflexões críticas e comentários à Lei do Terrorismo. De acordo com a Lei n. 13.260/2016. Porto Alegre: Livraria do Advogado, 2016.

LUIS, Rafael Nobre; SANTOS, Christiano Jorge. "Competência para o julgamento dos crimes de racismo na internet". *In*: ÁVILA, André Pierobom de (coord.). *Acusações de racismo na capital da República*. Brasília: Editora MPDFT, Procuradoria Geral de Justiça, 2017 (p. 201-224).

LYRA, Roberto. *Crimes contra a economia popular*. Rio de Janeiro: Livraria Jacinto, 1940.

MACHADO, Charles M.; QUEIJO, M. Elizabeth; COSTA JUNIOR, Paulo José da. *Crimes do colarinho branco*. 2. ed. São Paulo: Saraiva, 2002.

MACHADO, Hugo de Brito. *Curso de direito tributário*. 20. ed. São Paulo: Malheiros, 2002.

MACHADO, Hugo de Brito. *Estudos de direito penal tributário*. São Paulo: Atlas, 2002.

MACIEL, Adhemar Ferreira. Observações sobre a lei de repressão ao crime organizado. *Revista Brasileira de Ciências Criminais*. vol. 12. p. 93. São Paulo: Ed. RT, 1995.

MAIA, Rodolfo Tigre. *Dos crimes contra o sistema financeiro nacional – Anotações à Lei Federal 7.492/86*. São Paulo: Malheiros, 1996.

MAIA, Rodolfo Tigre. *O Estado desorganizado contra o crime organizado – Anotações à Lei Federal 9.034/95 (organizações criminosas)*. Rio de Janeiro: Lumen Juris, 1997.

MAIA, Rodolfo Tigre. *Lavagem de dinheiro – Lavagem de ativos provenientes de crime – Anotações às disposições criminais da Lei 9.613/98*. São Paulo: Malheiros, 2004.

MAIEROVITCH, Walter Fanganiello. As associações criminosas transnacionais. In: PENTEADO, Jaques de Camargo. *Justiça Penal – Críticas e sugestões*. São Paulo: Ed. RT, 1995. vol. 3.

MAGALHÃES, Edgard Noronha. *Direito penal*. São Paulo: Saraiva, 2001. vol. 3.

MALUF, Elisa Leonesi. *Terrorismo e prisão cautelar*: eficiência e garantismo. São Paulo: LiberArs, 2016.

MANTECCA, Paschoal. *Crimes contra a economia popular e sua repressão*. São Paulo: Saraiva, 1985.

MARCÃO, Renato. A instrução criminal conforme a Lei 10.409/2002 (Lei Antitóxicos) na visão do Supremo Tribunal Federal. *Notícias Forenses*. abr. 2006.

MARCÃO, Renato. *Tóxicos. Leis 6.368/1976 e 10.409/2002 anotadas e interpretadas*. 3. ed. São Paulo: Saraiva, 2005.

MARTINS, Sérgio Mazina. Vadiagem – conceito. *Revista Brasileira de Ciências Criminais*. vol. 4. São Paulo: Ed. RT, 1993.

MÉDICI, Sérgio de Oliveira. *Contravenções penais (doutrina, prática, jurisprudência, legislação)*. 2. ed. Bauru: Jalovi, 1980.

MÉDICI, Sérgio de Oliveira. Processo de execução penal. *Revista Brasileira de Ciências Criminais*. vol. 2. p. 98. São Paulo: Ed. RT. abr.-jun. 1993.

MEIRELLES, Hely Lopes. *Direito administrativo brasileiro*. 29. ed. Atualização: Eurico de Andrade Azevedo, Délcio Balestero Aleixo e José Emmanuel Burle Filho. São Paulo: Malheiros, 2004.

MELIÁ, Manuel Cancio; LINHARES, Raul Marques; CALLEGARI, André Luís; LIRA, Cláudio Rogério Sousa; REGHELIN, Elisangela Melo. *O crime de terrorismo*. Reflexões críticas e comentários à Lei do Terrorismo. De acordo com a Lei n. 13.260/2016. Porto Alegre: Livraria do Advogado, 2016.

MENDONÇA, Andrey Borges de. Carvalho, Paulo Roberto Galvão de. *Lei de Drogas comentada artigo por artigo*. São Paulo: Método, 2007.

MENDRONI, Marcelo Batlouni. *Crime organizado. Aspectos gerais e mecanismos legais*. São Paulo: Juarez de Oliveira, 2002.

MENEZES, Marco Antônio; ARAÚJO, Cláudio Th. Leotta de. Em defesa do exame criminológico. *Boletim do IBCCrim*. vol. 129. p. 3. São Paulo: Ed. RT, ago. 2003.

MILARÉ, Édis; COSTA JUNIOR, Paulo José da. *Direito penal ambiental. Comentários a Lei 9.605/98*. Campinas: Millennium, 2002.

MIRABETE, Julio Fabbrini. *Execução penal*. 9. ed. São Paulo: Atlas, 2000.

MONIZ, Edmundo. *A lei de segurança nacional e a justiça militar*. Rio de Janeiro: Editora Codecri, 1984.

MONTEIRO, Antonio Lopes. *Crimes hediondos. Texto, comentários e aspectos polêmicos*. 7. ed. São Paulo: Saraiva, 2002.

MONTEIRO, Marisa Marcondes. A competência para a aplicação da lei nova mais benéfica. In: GRINOVER, Ada Pellegrini; BUSANA, Dante (coords.). *Execução penal*. São Paulo: Max Limonad, 1987.

MORAES, Maurício Zanoide de. O problema da tipicidade nos crimes contra as relações de consumo. In: SALOMÃO, Estellita Heloísa. *Direito penal empresarial*. São Paulo: Dialética, 2001.

MORAES, Maurício Zanoide de. *Sigilo financeiro*. In: STOCCO, Rui; Franco, Alberto Silva. *Leis penais especiais e sua interpretação jurisprudencial*. 7. ed. São Paulo: Ed. RT, 2001. vol. 2.

MUJALLI, Walter Brasil. *A propriedade industrial*. Nova lei de patentes. Lei 9.279, de 14 de maio de 1996. Leme: LED, 1997.

NABARRETE NETO, André. Extinção da punibilidade nos crimes contra a ordem tributária. *Revista Brasileira de Ciências Criminais*. vol. 17. p. 172. São Paulo: Ed. RT, 1997.

NALINI, José Renato. *Ética geral e profissional*. 3. ed. São Paulo: Ed. RT, 2001.

NALINI, José Renato. Pode o juiz melhorar a execução penal?. In: LAGRASTA NETO, Caetano; NALINI, José Renato; DIP, Ricardo Henry Marques (coords.). *Execução penal – Visão do TACrimSP*. São Paulo: Oliveira Mendes, 1998.

NANNI, Giovanni Ettore. A autonomia privada sobre o próprio corpo, o cadáver, os órgãos e tecidos diante da Lei Federal n. 9.434/97 e da Constituição Federal. In: LOTUFO, Renan. *Direito civil constitucional*. São Paulo: Max Limonad, 1999.

NOGUEIRA, Carlos Frederico Coelho. A Lei da "Caixa Preta". In: PENTEADO, Jaques de Camargo. *Justiça Penal – Críticas e sugestões*. São Paulo: Ed. RT, 1995. vol. 3.

NOGUEIRA, Paulo Lúcio. *Contravenções penais controvertidas*. 5. ed. São Paulo: LEUD, 1996.

NOSTRE, Guilherme Alfredo de Moraes. In: PITOMBO, Antonio Sérgio Altieri de Moraes; SOUZA JR., Francisco Satiro de (coords.). *Comentários à Lei de Recuperação de Empresas e Falência*. São Paulo: Ed. RT, 2007.

NUCCI, Guilherme de Souza. *Código de Processo Penal comentado*. 24. ed. Rio de Janeiro: Forense, 2025.

NUCCI, Guilherme de Souza. *Código Penal comentado*. 25. ed. Rio de Janeiro: Forense, 2025.

NUCCI, Guilherme de Souza. *Curso de direito processual penal*. 22. ed. Rio de Janeiro: Forense, 2025.

NUCCI, Guilherme de Souza. *Manual de direito penal*. 21. ed. Rio de Janeiro: Forense, 2025.

NUCCI, Guilherme de Souza. *Tribunal do Júri*. 10. ed. Rio de Janeiro: Forense, 2024.

NUCCI, Guilherme de Souza. *Individualização da pena*. 8. ed. Rio de Janeiro: Forense, 2022.

NUCCI, Guilherme de Souza. *Organização criminosa*. 5. ed. Rio de Janeiro: Forense, 2021.

Nucci, Guilherme de Souza. *Instituições de direito público e privado*. Rio de Janeiro: Forense, 2019.

Nucci, Guilherme de Souza. *Direitos Humanos versus Segurança Pública*. Rio de Janeiro: Forense, 2016.

Nucci, Guilherme de Souza. *Corrupção e anticorrupção*. Rio de Janeiro: Forense, 2015.

Nucci, Guilherme de Souza. *Princípios constitucionais penais e processuais penais*. 4. ed. Rio de Janeiro: Forense, 2015.

Nusdeo, Fábio. *Curso de economia*. 4. ed. São Paulo: Ed. RT, 2005.

Oliveira, Abreu. Incidentes da execução penal. In: Lagrasta Neto, Caetano; Nalini, José Renato; Dip, Ricardo Henry Marques (coords.). *Execução penal – Visão do TACrimSP*. São Paulo: Oliveira Mendes, 1998.

Oliveira, Antonio Cláudio Mariz de. *Reflexões sobre os crimes econômicos*. Revista Brasileira de Ciências Criminais. vol. 11. p. 949 São Paulo: Ed. RT, 1995.

Oliveira, Elias de. *Crimes contra a economia popular e o júri tradicional*. Rio de Janeiro: Livraria Freitas Bastos, 1952.

Oliveira, Régis Fernandes de; Horvath, Estevão. *Manual de direito financeiro*. 6. ed. São Paulo: Ed. RT, 2003.

Oliveira, Roberto Silva. In: Freitas, Vladimir Passos de. *Comentários ao Estatuto do Estrangeiro e opção de nacionalidade*. Campinas: Millennium, 2006.

Oliveira, William Terra de. O crime de lavagem de dinheiro. *Boletim IBCCrim*. n. 65. p. 9-10. São Paulo: ago. 1998.

Oliveira, William Terra de; Gomes, Luiz Flávio. *Lei das armas de fogo*. São Paulo: Ed. RT, 1998.

Oliveira, William Terra de; Gomes, Luiz Flávio; Cervini, Raúl. *Lei de Lavagem de Capitais*. São Paulo: Ed. RT, 1998.

Oliveira, William Terra de; Gomes, Luiz Flávio; Cunha, Rogério Sanches; Bianchini, Alice. *Nova Lei de drogas Comentada*. São Paulo: Ed. RT, 2006.

Oliveira Neto, Geraldo Honório de. *Manual de direito das marcas*. São Paulo: Pilares, 2007.

Osório, Fábio Medina; Schafer, Jairo Gilberto. Dos crimes de discriminação e preconceito – Anotações à Lei 8.081, de 21.9.90. *Revista dos Tribunais*. vol. 714. p. 329. São Paulo: Ed. RT, 1995.

Paes, P. R. Tavares. *Propriedade industrial*. São Paulo: Saraiva, 1982.

Patella, Laura (coord.); Codorniz, Gabriela. *Comentários à Lei do Mercado de Capitais. Lei n. 6.385/1976*. São Paulo: Quartier Latin, 2015.

Paulsen, Leandro. *Tratado de direito penal tributário brasileiro*. São Paulo: Saraiva, 2022.

Pedrazzi, Cesare; Costa Junior, Paulo José da. *Direito penal societário*. 3. ed. São Paulo: Ed. DPJ, 2005.

Pereira, Gustavo Oliveira de Lima Pereira; Borges, Rosa Maria Zaia; Amaral, Augusto Jobim do (org.). *Direitos humanos e terrorismo*. Porto Alegre: EdiPUCRS, 2014.

Pessoa, Mário. *Da aplicação da lei de segurança nacional*. São Paulo: Saraiva, 1978.

PIERANGELI, José Henrique. *Crimes contra a propriedade industrial e crimes de concorrência desleal*. São Paulo: Ed. RT, 2003.

PIMENTEL, Manoel Pedro. Aspectos penais do Código de Defesa do Consumidor. *Revista dos Tribunais*. vol. 661. p. 249. São Paulo: Ed. RT, 1990.

PIMENTEL, Manoel Pedro. *Crimes contra o sistema financeiro nacional (Comentários à Lei 7.492, de 16.6.86)*. São Paulo: Ed. RT, 1987.

PIRES NETO, Antônio Luiz; GOULART, José Eduardo. O direito da execução penal. In: LAGRASTA NETO, Caetano; NALINI, José Renato; DIP, Ricardo Henry Marques (coords.). *Execução penal – Visão do TACrimSP*. São Paulo: Oliveira Mendes, 1998.

PITOMBO, Antônio Sérgio A. de Moraes. *Comentários à Lei de Recuperação de Empresas e Falência*. São Paulo: Ed. RT, 2006.

PITOMBO, Antônio Sérgio A. de Moraes. Considerações sobre o crime de gestão temerária de instituição financeira. In: SALOMÃO, Heloísa Estellita. *Direito penal empresarial*. São Paulo: Dialética, 2001.

PITOMBO, Antônio Sérgio A. de Moraes. *Lavagem de dinheiro. A tipicidade do crime antecedente*. São Paulo: Ed. RT, 2003.

PITOMBO, Sérgio Marcos de Moraes. *Breves notas sobre a novíssima execução penal. Reforma penal*. São Paulo: Saraiva, 1985.

PITOMBO, Sérgio Marcos de Moraes. Emprego de algemas – Notas em prol de sua regulamentação. *Revista dos Tribunais*. vol. 592. p. 275. São Paulo: Ed. RT, fev. 1985.

PITOMBO, Sérgio Marcos de Moraes. Os regimes de cumprimento de pena e o exame criminológico. *Revista dos Tribunais*. vol. 583. p. 312. São Paulo: Ed. RT, maio 1984.

PODVAL, Roberto (org.). *Temas de Direito Penal econômico*. São Paulo: Ed. RT, 2001.

PONTE, Antonio Carlos da. *Crimes eleitorais*. São Paulo: Saraiva, 2008.

PRADO, Geraldo. *Elementos para uma análise crítica da transação penal*. Rio de Janeiro: Lumen Juris, 2003.

PRADO, Geraldo. *Limite às interceptações telefônicas e a jurisprudência do Superior Tribunal de Justiça*. 2. ed. Rio de Janeiro: Lumen Juris, 2006.

PRADO, Geraldo; CARVALHO, L. G. Grandinetti Castanho de. *Lei dos Juizados Especiais Criminais comentada e anotada*. 4. ed. Rio de Janeiro: Lumen Juris, 2006.

QUEIJO, M. Elizabeth; MACHADO, Charles M.; COSTA JUNIOR, Paulo José da. *Crimes do colarinho branco*. 2. ed. São Paulo: Saraiva, 2002.

QUEIROZ, Carlos Alberto Marchi de. *Crime organizado no Brasil*. São Paulo: Iglu Editora, 1998.

REALE JÚNIOR, Miguel. *Problemas penais concretos*. São Paulo: Malheiros, 1997.

REALE JÚNIOR, Miguel. Crime organizado e crime econômico. *Revista Brasileira de Ciências Criminais*. vol. 13. p. 183. São Paulo: Ed. RT, 1996.

REALE JÚNIOR, Miguel. A lei hedionda dos crimes ambientais. *Folha de S. Paulo*, Tendências e Debates, 06.04.1998.

REBOUÇAS, Sérgio; ALBUQUERQUE, Cândido. *Crimes contra o sistema financeiro nacional. Comentários à Lei 7.492/1986 e à Lei 6.385/1976*. São Paulo: Tirant lo Blanch, 2022.

REGHELIN, Elisangela Melo; MELIÁ, Manuel Cancio; LINHARES, Raul Marques; CALLEGARI, André Luís; LIRA, Cláudio Rogério Sousa. *O crime de terrorismo*. Reflexões críticas e comentários à Lei do Terrorismo. De acordo com a Lei n. 13.260/2016. Porto Alegre: Livraria do Advogado, 2016.

REZEK, J. F. *Direito internacional público – Curso elementar*. 6. ed. São Paulo: Saraiva, 1996.

RIBEIRO, Benedito Silvério. Penas alternativas. In: LAGRASTA NETO, Caetano; NALINI, José Renato; DIP, Ricardo Henry Marques (coords.). *Execução penal – Visão do TACrimSP*. São Paulo: Oliveira Mendes, 1998.

RIBEIRO, Djamila. *Pequeno manual antirracista*. 13.ª reimpressão. São Paulo: Companhia das Letras, 2021.

RIBEIRO, Zilma Aparecida da Silva. O recurso de agravo na Lei de Execução Penal. In: GRINOVER, Ada Pellegrini; BUSANA, Dante (coords.). *Execução penal*. São Paulo: Max Limonad, 1987.

RICUPERO, René. Livramento condicional. In: LAGRASTA NETO, Caetano; NALINI, José Renato; DIP, Ricardo Henry Marques (coords.). *Execução penal – Visão do TACrimSP*. São Paulo: Oliveira Mendes, 1998.

ROSA, Antonio José Miguel Feu. *Execução penal*. São Paulo: Ed. RT, 1998.

RULLI JÚNIOR, Antonio. Penas alternativas. In: LAGRASTA NETO, Caetano; NALINI, José Renato; DIP, Ricardo Henry Marques (coords.). *Execução penal – Visão do TACrimSP*. São Paulo: Oliveira Mendes, 1998.

SÁ, Maria de Fátima Freire de. *Biodireito e direito ao próprio corpo – Doação de órgãos, incluindo o estudo da Lei n. 9.434/97, com as alterações introduzidas pela Lei n. 10.211/01*. 2. ed. Belo Horizonte: Del Rey, 2003.

SABINO JR., Vicente. *Direito penal*. São Paulo: Sugestões litêrarias, 1967. vol. 3.

SALOMÃO, Heloisa Estellita (coord.). *Direito penal empresarial*. São Paulo: Dialética, 2001.

SAMUEL JÚNIOR; SANTOS, Evaristo dos. Remição – Perda dos dias decorrente de falta grave – Uma outra posição. In: LAGRASTA NETO, Caetano; NALINI, José Renato; DIP, Ricardo Henry Marques (coords.). *Execução penal – Visão do TACrimSP*. São Paulo: Oliveira Mendes, 1998.

SANTANA, Rafael de Sá; FÖPPEL, Gamil. *Crimes tributários*. Salvador: Podium, 2005.

SANTOS, Christiano Jorge. *Crimes de preconceito e de discriminação*. São Paulo: Saraiva, 2010.

SANTOS, Christiano Jorge; LUIS, Rafael Nobre. "Competência para o julgamento dos crimes de racismo na internet". *In*: ÁVILA, André Pierobom de (coord.). *Acusações de racismo na capital da República*. Brasília: Editora MPDFT, Procuradoria Geral de Justiça, 2017 (p. 201-224).

SANTOS, Evaristo dos; Samuel Júnior. Remição – Perda dos dias decorrente de falta grave – Uma outra posição. In: LAGRASTA NETO, Caetano; NALINI, José Renato; DIP, Ricardo Henry Marques (coords.). *Execução penal – Visão do TACrimSP*. São Paulo: Oliveira Mendes, 1998.

SCHAFER, Jairo Gilberto; OSÓRIO, Fábio Medina. Dos crimes de discriminação e preconceito – Anotações à Lei 8.081, de 21.09.90. *Revista dos Tribunais*. vol. 714. p. 329. São Paulo: Ed. RT, 1995.

SCUDELER, Marcelo Augusto. *Do direito das marcas e da propriedade industrial*. Campinas: Servanda Editora, 2013.

SEBASTIÃO, Jurandir. *Responsabilidade médica civil, criminal e ética (comentários, referências ao direito positivo aplicável, à doutrina e à jurisprudência)*. 3. ed. Belo Horizonte: Del Rey, 2003.

SHECAIRA, Sérgio Salomão et al. Racismo. *Escritos em homenagem a Alberto Silva Franco*. São Paulo: Ed. RT, 2003.

SHECAIRA, Sérgio Salomão et al. *Temas atuais de direito criminal* – Responsabilidade penal da pessoa jurídica e medidas provisórias. São Paulo: Ed. RT, 1999.

SILVA, Alberto Luís Camelier da. *Concorrência desleal*. Atos de confusão. 1. ed. 2.ª t. São Paulo: Saraiva, 2014.

SILVA, César Dario Mariano da. *Estatuto do desarmamento* – De acordo com a Lei 10.826/2003. Rio de Janeiro: Forense, 2005.

SILVA, José Geraldo da; LAVORENTI, Wilson; GENOFRE, Fabiano. *Leis penais especiais anotadas*. 5. ed. Campinas: Millennium, 2004.

SILVA, Luciano Nascimento; TOLEDO, Otávio Augusto de Almeida; LANFREDI, Luís Geraldo Sant'Ana; SOUZA, Luciano Anderson (coord.). *Repressão penal e crime organizado*. Os novos rumos da política criminal após o 11 de setembro. São Paulo: Quartier Latin, 2009.

SILVA, Valentim Alves da. A intervenção do juiz na execução da pena. *Revista dos Tribunais*. vol. 444. p. 257. São Paulo: Ed. RT, out. 1972.

SILVA JÚNIOR, Hédio. Direito penal em preto e branco. *Revista Brasileira de Ciências Criminais*. vol. 27. p. 327, São Paulo: Ed. RT, 1999.

SILVA JÚNIOR, Walter Nunes. Crime organizado: a nova lei. *Revista dos Tribunais*. vol. 721. p. 382. São Paulo: Ed. RT, 1995.

SILVEIRA, Newton. *A propriedade intelectual e a nova lei de propriedade industrial (Lei n. 9.279, de 14-5-1996)*. São Paulo: Saraiva: 1996.

SILVEIRA, Newton. *Curso de propriedade industrial*. São Paulo: Ed. RT, 1977.

SIQUEIRA, Galdino. *Código Penal brasileiro comentado*. vol. V.

SIQUEIRA FILHO, Élio Wanderley de. Quadrilha ou bando – Crimes praticados por organizações criminosas – Inovações da Lei 9.034/95. *Revista dos Tribunais*. vol. 716. p. 403. São Paulo: Ed. RT, 1995.

SIRVINSKAS, Luís Paulo. *Manual de direito ambiental*. 3. ed. São Paulo: Saraiva, 2005.

SIRVINSKAS, Luís Paulo. *Tutela penal do meio ambiente* – Considerações atinentes à Lei 9.605, de 12.2.1998. São Paulo: Saraiva, 1998.

SMANIO, Gianpaolo Poggio. *Criminologia e Juizado Especial Criminal*. Modernização do processo penal. *Controle social*. São Paulo: Atlas, 1997.

SOARES, José Carlos Tinoco. *Crimes contra a propriedade industrial e de concorrência desleal*. São Paulo: Ed. RT, 1980.

SOARES, José Carlos Tinoco. *Lei de patentes, marcas e direitos conexos*. Lei 9.279 – 14.05.1996. São Paulo: Ed. RT, 1997.

SOARES, José Carlos Tinoco. *Processo civil nos crimes contra a propriedade industrial*. São Paulo: Editora Jurídica Brasileira, 1998.

SOUZA, Luciano Anderson de; ARAÚJO, Marina Pinhão Coelho (coord.). *Direito penal econômico. Leis penais especiais*. São Paulo: Ed. RT, 2019. vol. 1.

SOUZA, Luciano Anderson de; SILVA, Luciano Nascimento; TOLEDO, Otávio Augusto de Almeida; LANFREDI, Luís Geraldo Sant'Ana (coord.). *Repressão penal e crime organizado*. Os novos rumos da política criminal após o 11 de setembro. São Paulo: Quartier Latin, 2009.

SOUZA, Osni de. Da remição – A perda dos dias remidos por falta grave. In: LAGRASTA NETO, Caetano; NALINI, José Renato; DIP, Ricardo Henry Marques (coords.). *Execução penal – Visão do TACrimSP*. São Paulo: Oliveira Mendes, 1998.

STOCO, Rui; FRANCO, Alberto Silva (coord.). *Leis penais especiais e sua interpretação jurisprudencial*. 7. ed. São Paulo: Ed. RT, 2001. vol. 1 e 2.

STOCO, Rui; STOCO, Leandro de Oliveira. *Legislação eleitoral interpretada* – doutrina e jurisprudência. 4. ed. São Paulo: Ed. RT, 2012.

SWENSSON, Walter. A competência do juízo da execução. In: LAGRASTA NETO, Caetano; NALINI, José Renato; DIP, Ricardo Henry Marques (coords.). *Execução penal – Visão do TACrimSP*. São Paulo: Oliveira Mendes, 1998.

SZKLAROWSKY, Leon Frejda. Crimes de racismo – Crimes resultantes de discriminação ou preconceito de raça, cor, etnia, religião ou procedência nacional. *Revista dos Tribunais*. vol. 743. p. 459. São Paulo: Ed. RT, 1997.

TEJO, Célia Maria Ramos. *Dos crimes de preconceito de raça ou de cor*. Comentários à Lei 7.716, de 5 de janeiro de 1989. Campina Grande: Universidade Estadual da Paraíba, 1998.

TOLEDO, Otávio Augusto de Almeida; LANFREDI, Luís Geraldo Sant'Ana; SOUZA, Luciano Anderson; SILVA, Luciano Nascimento (coord.). *Repressão penal e crime organizado*. Os novos rumos da política criminal após o 11 de setembro. São Paulo: Quartier Latin, 2009.

TORON, Alberto Zacharias. Aspectos penais da proteção ao consumidor. *Revista dos Tribunais*. vol. 671. p. 289. São Paulo: Ed. RT, 1991.

TOURINHO NETO, Fernando da Costa; FIGUEIRA JÚNIOR, Joel Dias. *Juizados Especiais Federais cíveis e criminais*. Comentários à Lei 10.259, de 10.07.2001. São Paulo: Ed. RT, 2002.

TUCCI, Rogério Lauria. Progressão na execução das penas privativas de liberdade. *Revista dos Tribunais*. vol. 630. p. 269. São Paulo: Ed. RT, abr. 1998.

TUGLIO, Vânia Maria. Responsabilidade penal da pessoa jurídica – Outras considerações. Manual prático da promotoria de justiça do meio ambiente. vol. 2. São Paulo: Ministério Público do Estado de São Paulo e Imprensa Oficial, 2005.

VERAS, Ryanna Pala. O racismo à luz do STF. *Boletim Científico ESMPU*. ano III. n. 11. Brasília: Ed. Escola Superior do Ministério Público da União, abr.-jun. 2004.

Índice Remissivo

A

ABUSO DE AUTORIDADE

Ação pública incondicionada: art. 3.º.

Agente público: nota 3, art. 1.º.

Antecipar atribuição de culpa: art. 38.

Conceito: nota 2, art. 1.º.

Constranger a depor, sob ameaça de prisão, pessoa que deva guardar segredo ou resguardar sigilo: art. 15.

Constranger o preso ou o detento, mediante violência, grave ameaça ou redução de sua capacidade de resistência: art. 13.

Constranger para tratamento pessoa cujo óbito já tenha ocorrido: art. 24.

Dar início à persecução penal sem justa causa fundamentada: art. 30.

Decretar condução coercitiva descabida ou sem prévia intimação: art. 10.

Decretar medida em desconformidade com as hipóteses legais: art. 9.º.

Decretar indisponibilidade de ativos financeiros em quantia que extrapole exacerbadamente o valor estimado: art. 36.

Deixar de identificar-se ou identificar-se falsamente ao preso quando deva fazê-lo: art. 16.

Deixar de comunicar prisão em flagrante à autoridade judiciária: art. 12.

Demorar demasiada e injustificadamente no exame de processo de que tenha requerido vista em órgão colegiado: art. 37.

Divergência de interpretação: nota 7, art. 1.º, § 2.º.

Divulgar gravação ou trecho de gravação sem relação com a prova que se pretenda produzir: art. 28.

Efeitos da condenação: art. 4.º.

Estender investigação em prejuízo do investigado: art. 31.

Exigir informação ou cumprimento de obrigação sem expresso amparo legal: art. 33

Impedir a entrevista pessoal e reservada do preso com seu advogado: art. 20

Impedir ou retardar o envio de pleito de preso à autoridade judiciária: art. 19.

Inabilitação para o exercício de cargo, mandato ou função pública: nota 21, art. 3.º, II.

Independência da sanção penal: art. 6.º.

Inovar artificiosamente o estado de lugar, de coisa ou de pessoa: art. 23.

Invadir imóvel alheio sem determinação judicial: art. 22

Manter presos de ambos os sexos na mesma cela: art. 21.

Negar acesso aos autos de investigação preliminar: art. 32.

Norma penal explicativa: nota 10, art. 2.º, parágrafo único.

Obrigação de reparar o dano: nota 18, art. 4.º, I.

Penas restritivas de direitos: art. 5.º.

Prazo para o ofendido ingressar com queixa: nota 16, art. 3.º, § 2.º.

Prestação de serviços à comunidade: nota 30, art. 5.º, I.

Prestar informação falsa com o fim de prejudicar interesse de investigado: art. 29.

Proceder à obtenção de prova por meio ilícito: art. 25.

Procedimento: art. 39.

Requisitar instauração de procedimento investigatório à falta de qualquer indício da prática de crime: art. 27.

Responsabilidades civil e administrativa independentes da criminal: nota 35, art. 7.º.

Submeter o preso a interrogatório policial durante o período de repouso noturno: art. 18.

Sujeitos do crime: art. 2.º.

Suspensão do exercício do cargo, função ou mandato: nota 31, art. 5.º, II.

Violar direito ou prerrogativa de advogado: art. 43.

Violência institucional: art. 15-A.

AÇÃO PENAL ORIGINÁRIA

Ação penal pública: nota 3, art. 1.º.

Acordo de não persecução penal: nota 8, art. 1.º, § 3.º.

Acusado preso: nota 7, art. 1.º, § 2.º.

Alegações finais: nota 25, art. 11.

Atribuições do relator: nota 12, art. 2.º, parágrafo único.

Carta de ordem: art. 9.º, § 1.º.

Cientificação por edital: nota 15, art. 4.º, § 2.º.

Custos legis: nota 17, art. 5.º, parágrafo único.

Decisão colegiada: nota 18, art. 6.º.

Decisões monocráticas do relator: art. 3.º.

Defesa prévia: art. 8.º.

Escolha do relator: nota 11, art. 2.º.

Inquirição de testemunhas: nota 24, art. 10.

Interrogatório: nota 18, art. 7.º.

Intimação por carta: nota 23, art. 9.º, § 2.º.

Julgamento colegiado: nota 29, art. 12.

Prazo comum: nota 26, art. 11, § 1.º.

Prazo para oferecimento de denúncia: nota 4, art. 1.º.

Prazo de resposta: art. 4.º.

Preservação do contraditório: nota 16, art. 5.º.

Procedimento comum: art. 9.º.

Relator supervisiona a investigação: nota 6, art. 1.º, § 1.º.

ATRIBUIÇÕES DA POLÍCIA FEDERAL

Competência: nota 6, art. 1.º.

Crime cometido por motivação política: nota 7, art. 1.º.

Crimes patrimoniais associados a associação criminosa: nota 11, art. 1.º.

Formação de cartel: nota 9, art. 1.º.

Função pública da vítima: nota 8, art. 1.º.

Fundamento constitucional: nota 1, art. 1.º.

Violação de direitos humanos: nota 10, art. 1.º.

B

BIOSSEGURANÇA

Células-tronco embrionárias: art. 24, nota 10.

Clonagem humana: art. 26.

Engenharia genética em célula germinal humana, zigoto humano ou embrião humano: art. 25.

Liberação ou descarte de OGM no meio ambiente: art. 27.

OGM (organismo geneticamente modificado) e seus derivados: art. 29.

Tecnologias genéticas de restrição do uso: art. 28.

Utilização de embrião humano para pesquisa: art. 24.

C

COMBUSTÍVEIS

Crime contra a ordem econômica: art. 1.º.

Crime contra o patrimônio: art. 2.º.

Monopólio da União: nota 1-A, art. 1.º.

COMPUTADOR

Ação privada: nota 16, art. 12.

Concurso de crimes: nota 15-A; art. 12, § 2.º.

Norma penal em branco: nota 4, art. 12.

Vistoria: nota 19, art. 13.

CONSUMIDOR

Afirmação falsa ou enganosa sobre produto ou serviço: art. 66.

Assistência da vítima no processo: art. 80.

Agravantes: art. 76.

Concurso de agentes: art. 75.

Direito penal do consumidor, conceito: nota 2, art. 61.

Emprego de peças usadas: art. 70.

Execução de serviço perigoso: art. 65.

Exposição do consumidor a ridículo no procedimento de cobrança de dívida: art. 71.

Fiança: art. 79.

Fundamento constitucional: nota 1, art. 61.

Multa: art. 77.

Obstar o acesso de consumidor às informações sobre seus dados: art. 72.

Omissão de comunicação à autoridade sobre a nocividade do produto: art. 64.

Omissão de correção de dados inexatos de consumidor em banco de dados: art. 73.

Omissão de dizeres ou sinais sobre a nocividade do produto: art. 63.

Omissão de entrega da garantia de produto: art. 74.

Omissão de informação relevante sobre aspectos do produto ou serviço: art. 66.

Omissão de organização de dados relativos à publicidade: art. 69.

Publicidade enganosa ou abusiva: art. 67.

Publicidade prejudicial ao consumidor: art. 68.

Restrição a direitos: art. 78.

Utilização de constrangimento para a cobrança de dívidas: art. 71.

CONTRAVENÇÕES PENAIS

Ação penal pública: art. 17.

Aeronave, direção não licenciada: art. 33.

Anúncio de meio abortivo: art. 20.

Arremesso de coisa: art. 37.

Associação secreta: art. 39.

Aviação, abuso: art. 35.

Bebidas alcoólicas: art. 63.

Conceito: nota 1, art. 1.º.

Crueldade contra animais: art. 64.

Desabamento de construção: art. 29.

Desabamento, perigo: art. 30.

Disparo de arma de fogo: art. 28.

Distribuição ou transporte de listas ou avisos: art. 56.

Intervenção mínima, princípio: nota 3, art. 1.º.

Elemento subjetivo: art. 3.º.

Embriaguez: art. 62.

Emissão de fumaça, vapor ou gás: art. 38.

Erro de proibição: art. 8.º.

Especialidade, princípio: nota 5, art. 1.º.

Exercício ilegal de profissão ou atividade: art. 47.

Exercício ilegal do comércio de coisas antigas e obras de arte: art. 48.

Exibição ou guarda de lista de sorteio: art. 54.

Exumação de cadáver: art. 67.

Fabrico, comércio e detenção de armas ou munição: art. 18.

Falso alarma: art. 41.

Habilitação, falta para dirigir veículo: art. 32.

Importunação ofensiva ao pudor: art. 61.

Impressão de bilhetes, listas ou anúncios: art. 55.

Indevida custódia de doente mental: art. 23.

Internação irregular em estabelecimento psiquiátrico: art. 22.

Inumação de cadáver: art. 67.

Jogos de azar: art. 50.

Jogo do bicho: art. 58.

Loteria estadual: art. 53.

Loteria estrangeira: art. 52.

Loteria não autorizada: art. 51.

Matrícula ou escrituração de indústria e profissão: art. 49.

Omissão de cautela na guarda ou condução de animais: art. 31.

Omissão de colocação de sinais de perigo: art. 36.

Omissão de comunicação de crime: art. 66.

Penas acessórias: art. 12.

Penas aplicáveis: art. 5.º.

Penas, limite: art. 10.

Periculosidade, presunção: art. 14.

Perturbação da tranquilidade: art. 65.

Perturbação do trabalho ou do sossego alheio: art. 42.

Porte de arma: art. 19.

Posse não justificada de instrumento empregado para furto: art. 25.

Prisão simples: art. 6.º.

Provocação de tumulto: art. 40.

Publicidade de sorteio: art. 57.

Medidas de segurança: art. 13.

Recusa de dados sobre a identidade ou qualificação: art. 68.

Recusa de moeda de curso legal: art. 43.

Reincidência: art. 7.º.

Simulação da qualidade de funcionário: art. 45.

Suspensão condicional da pena: art. 11.

Tentativa: art. 4.º.

Territorialidade: art. 2.º.

Uso ilegítimo de uniforme ou distintivo: art. 46.

Utilização de instrumento de emprego usual na prática de furto: art. 24.

Vias de fato: art. 21.

Violação de lugar ou objeto: art. 26.

CRIMES ELEITORAIS

Crimes em espécie: arts. 283 a 354, Lei 4.737/1965; art. 11, Lei 6.091/1974; art. 25, LC 64/1990; e arts. 33, 34, 35, 39, 40, 68, 72 e 87, Lei 9.504/1997.

Procedimento das infrações: arts. 355 a 364, Lei 4.737/1965.

DISCRIMINAÇÃO DE PORTADORES DE HIV

Portador e enfermo, distinção: art. 1.º, nota 4.

Tutela penal: art. 1.º, nota 1.

DISCRIMINAÇÃO DE GRAVIDEZ

Práticas discriminatórias: art. 2.º, nota 2.

DISCRIMINAÇÃO RACIAL

Causa de aumento de pena referente à zombaria: art. 20-A, nota 125.

Causa de aumento relacionada ao sujeito ativo: art. 20-B, nota 126.

Competência: art. 1.º, nota 15-A.

Conceito de discriminação: art. 1.º, nota 6.

Convenção Interamericana contra o Racismo, a Discriminação Racial e Formas Correlatas de Intolerância: nota 2-A.

Cor: art. 1.º, nota 10.

Efeito da condenação: art. 16.

Etnia: art. 1.º, nota 11.

Fundamento constitucional: nota 2.

Impedir acesso a cargo: art. 3.º.

Impedir acesso a entrada social em edifícios públicos ou residenciais e elevadores ou escadas: art. 11.

Impedir acesso a estabelecimento comercial: art. 5.º.

Impedir acesso a estabelecimento de ensino: art. 6.º.

Impedir acesso a estabelecimento esportivo, casa de diversão ou clube social, aberto ao público: art. 9.º.

Impedir acesso a restaurante, bar, confeitaria ou local aberto ao público: art. 8.º.

Impedir acesso a salão de cabeleireiro, barbearia, terma ou casa de massagem ou estabelecimento similar: art. 10.

Impedir acesso a serviço das forças armadas: art. 13.

Impedir acesso ou uso a transporte público: art. 12.

Impedir casamento ou convivência familiar: art. 14.

Impedir hospedagem em hotel, pensão, estalagem ou estabelecimento similar: art. 7.º.

Imprescritibilidade: nota 3.

Incitar discriminação ou preconceito de raça, cor, etnia, religião ou procedência nacional: art. 20.

Injúria racial: art. 2.º-A.

Insuficiência da descrição legal: nota 1.

Intolerância: art. 1.º, nota 9-C.

Liberdade provisória: nota 5.

Negativa ao holocausto: art. 20, nota 116-A.

Negativa de emprego: art. 4.º.

Negativa de ingresso em estabelecimento de ensino: art. 6.º.

Obstar acesso a cargo: art. 3.º.

Obstar acesso a serviço das Forças Armadas: art. 13.

Obstar casamento ou convivência familiar: art. 14.

Obstar emprego: art. 4.º.

Parâmetro de interpretação: art. 20-C, nota 127.

Praticar discriminação ou preconceito de raça, cor, etnia, religião ou procedência nacional: art. 20.

Preconceito: art. 1.º, nota 7.

Procedência nacional: art. 1.º, nota 13.

Qualificadora concernente a contexto particular de acesso público: art. 20, nota 122-A.

Qualificadora referente ao meio de divulgação: art. 20, nota 122.

Raça: art. 1.º, nota 8.

Racismo: art. 1.º, nota 9.

Racismo coativo contra exercício religioso: art. 20, nota 122-B.

Racismo por parte de integrante de minoria: art. 1.º, nota 9-E.

Racismo reverso: art. 1.º, nota 9-D.

Recusar acesso a estabelecimento comercial: art. 5.º.

Recusar acesso a restaurante, bar, confeitaria ou local aberto ao público: art. 8.º.

Recusar atendimento a estabelecimento esportivo, casa de diversão ou clube social, aberto ao público: art. 9.º.

Recusar atendimento a salão de cabeleireiro, barbearia, terma ou casa de massagem ou estabelecimento similar: art. 10.

Recusar hospedagem em hotel, pensão, estalagem ou estabelecimento similar: art. 7.º.

Recusar inscrição ou ingresso em estabelecimento de ensino: art. 6.º.

Religião: art. 1.º, nota 12.

Tutela jurídica ao hipossuficiente: art. 20-B, nota 128.

DROGAS

Apreensão de bens: notas 222 a 228, art. 60.

Anistia: nota 166, art. 44.

Aplicação da pena, critérios: notas 158 a 160, art. 42.

Consentimento do morador e as medidas de cautela dos agentes policiais: nota 47-C, art. 33, *caput*.

Crime impossível: nota 57, *l*, art. 33.

Crimes em espécie:
- Associação criminosa em tráfico ilícito de drogas: notas 101 a 109, art. 35.
- Causas de aumento de pena: notas 143 a 154, art. 40.
- Colaboração com o tráfico ilícito de drogas: notas 116 a 122, art. 37.
- Condução de embarcação ou aeronave sob efeito de drogas: notas 132 a 142, art. 39.
- Delação premiada: notas 155 a 157, art. 41.
- Financiamento ou custeio do tráfico ilícito de drogas: notas 110 a 115, art. 36.
- Prescrição ou aplicação culposa de drogas: notas 123 a 131, art. 38.
- Quadrilha em tráfico ilícito de drogas: notas 101 a 109, art. 35.
- Tráfico ilícito de drogas:
- Análise do tipo penal incriminador: notas 47 a 56; 60 a 65; 66 a 71; 72 a 78, art. 33, caput, § 1.º, I a III; 92 a 100, art. 34.
- Confissão do traficante como atenuante: nota 48-A, art. 33, caput.
- Figura privilegiada: nota 91, art. 33, § 4.º.
- Induzimento, instigação ou auxílio ao uso indevido de drogas: notas 79 a 84-A, art. 33, § 2.º.
- Oferecimento gratuito de droga: notas 85 a 90, art. 33, § 3.º.
- Questões controversas: nota 57, art. 33.
- Usuário de drogas:
- Análise do tipo penal incriminador: notas 10 a 17; 23 a 27, art. 28.
- Admoestação verbal: nota 35, art. 28.
- Advertência: nota 20, art. 28.
- Aplicação sucessiva das penas alternativas: nota 34, art. 28.
- Comparecimento a programa ou curso educativo: nota 22, art. 28.
- Crime de bagatela: nota 18 e 18-A, art. 28.
- Critérios para averiguação do consumo pessoal: nota 28, art. 28.
- Efeito retroativo da lei: nota 19, art. 28.
- Multa: nota 36, art. 28.
- Multa, critérios para a fixação: notas 38 e 39, art. 29.
- Prescrição: notas 41 e 42, art. 30.
- Prestação de serviços à comunidade: nota 21, art. 28.
- Recusa injustificada às penas alternativas: nota 33, art. 28.
- Reincidência: nota 30, art. 28.

Crime permanente: nota 47-B, art. 33, *caput*.

Descriminalização das drogas: nota 18-C, art. 28.

Fiança: nota 164, art. 44.

Graça: nota 166, art. 44.

Individualização da pena: nota 157-A, art. 42.

Indulto: nota 166, art. 44.

Infiltração de policiais: notas 201 a 205, art. 53.

Inimputabilidade: notas 170 a 174, art. 45.

Invasão de domicílio: nota 47-B, art. 33, *caput*.

Liberdade provisória: nota 167, art. 44.

Livramento condicional: nota 169, art. 44.

Ministério Público, atribuições: notas 206 a 210, art. 54.

Multa: notas 161 a 163, art. 43.

Norma penal em branco: nota 2, art. 1.º.

Perigo abstrato: nota 46, art. 33.

Plantações ilícitas: notas 44 e 45, art. 32.

Polícia judiciária: notas 196 a 200, art. 52.

Prazo para conclusão do inquérito policial: notas 194 e 195, art. 51.

Prisão cautelar: nota 108-A, art. 35.

Prisão em flagrante: notas 186 a 193, art. 50.

Procedimento processual: notas 178 a 184, art. 48.

Processo, rito: notas 210-A a 214, art. 55; 215 a 217, art. 56; 218, art. 57; 219 e 220, art. 58.

Progressão de regime: nota 57, *d*, art. 33.

Proibições em relação às drogas e confisco: notas 3 a 5, art. 2.º.

Quantidade de drogas como fator para o *quantum* da diminuição: nota 90-A, art. 33.

Recurso em liberdade: nota 221, art. 59.

Revista pessoal: nota 47-A, art. 33, *caput*.
Semi-imputabilidade: notas 175 e 176, art. 46.
SISNAD: nota 1, art. 1.º.
Suspensão condicional da pena: nota 165, art. 44.
Tratamento: nota 177, art. 47.
Usuário de drogas, critérios gerais para a punição: notas 7, 8 e 9, art. 27.
Usuário de drogas, inexistência de descriminalização: nota 7-A, art. 27.

E

ESTATUTO DA PESSOA IDOSA

Abandono da pessoa idosa em hospitais e congêneres: art. 98.
Apropriação ou desvio de bens: art. 102.
Coação de pessoa idosa a doar, contratar, testar ou obter procuração: art. 107.
Discriminação de pessoa idosa: art. 96.
Exibição ou veiculação de informes ou imagens depreciativas da pessoa idosa: art. 105.
Exposição a perigo da integridade e da saúde da pessoa idosa: art. 99.
Fundamento constitucional: nota 1, art. 1.º.
Impedimento de ato do representante do Ministério Público: art. 109.
Induzimento de pessoa idosa a outorgar procuração: art. 106.
Lavratura de ato notarial envolvendo pessoa idosa sem discernimento: art. 108.
Não cumprimento de ordem judicial: art. 100, IV.
Não cumprimento, retardamento ou frustração de ordem judicial: art. 101.
Negativa de acolhimento ou permanência da pessoa idosa como abrigado: art. 103.
Negativa de emprego ou trabalho: art. 100, II.
Obstar acesso a cargo público: art. 100, I.
Omissão de assistência à pessoa idosa: art. 97.
Procedimento previsto na Lei 9.099/95: nota 5, art. 94.
Recusa, retardamento ou dificuldade para atendimento: art. 100, III.
Recusa, retardamento ou omissão de atendimento: art. 100, V.
Retenção de cartão magnético de conta bancária: art. 104.

F

FALÊNCIA

Ação penal: notas 114 e 115, art. 184.
Causas de aumento de pena: nota 15, art. 168, § 1.º.
Causas de diminuição da pena ou aplicação de penas alternativas: nota 24.
Circunstâncias do crime do art. 168, *caput*: nota 16, art. 168, § 1.º.
Competência: nota 113, art. 183.
Concurso de pessoas: nota 23, art. 168, § 3.º.
Conflito entre a Lei 11.101/05 e o Decreto-lei 7.661/45: nota 1, Capítulo VII, Seção I.
Contabilidade paralela: nota 22, art. 168, § 2.º.
Crimes em espécie:
– Aquisição, recebimento ou uso ilegal de bens: notas 61 a 68, art. 174.
– Desvio, ocultação ou apropriação de bens: notas 54 a 60, art. 173.
– Divulgação de informações falsas: notas 35 a 40, art. 170.
– Exercício ilegal de atividade: notas 77 a 83, art. 176.
– Favorecimento de credores: notas 47 a 53, art. 172.
– Fraude a credores: notas 2 a 27, art. 168.
– Habilitação ilegal de crédito: notas 69 a 76, art. 175.
– Indução a erro: notas 41 a 46, art. 171.
– Omissão dos documentos contábeis obrigatórios: notas 92 a 99, art. 178.
– Violação de impedimento: notas 84 a 91, art. 177.
– Violação de sigilo empresarial: notas 28 a 34, art. 169.
Denúncia ou queixa, prazo para oferecimento: nota 123, art. 187, § 1.º.
Denúncia ou queixa, recebimento: nota 116, art. 185.
Efeitos da condenação: notas 102 a 109, art. 181.
Equiparação de sócios e outros ao falido: nota 100, art. 179.
Ministério Público, atuação: nota 122, art. 187.
Prescrição: notas 110 e 111, art. 182.
Relatório do administrador judicial: nota 120, art. 186.
Rito: nota 118, art. 185.
Sentença como condição objetiva de punibilidade: nota 101, art. 180.

G

GENOCÍDIO

Associação para o cometimento do crime: art. 2.º.
Causa de aumento de pena: art. 4.º.
Conceito: nota 1.
Competência para o julgamento: notas 2 e 3.
Genocídio e crime político: art. 6.º.
Incitação ao cometimento do crime: art. 3.º.
Tentativa: art. 5.º.

H

HEDIONDOS

Apelação: nota 33, art. 2.º.
Anistia: nota 26, art. 2.º.
Causas de aumento e ofensas à individualização da pena: nota 42, art. 9.º.
Comércio ilegal de armas de fogo: nota 21-B, art. 1.º, IX, parágrafo único, III.
Crime de organização criminosa, quando direcionado à prática de crime hediondo ou equiparado: nota 21-D, art. 1.º, IX, parágrafo único, V.
Critérios para a classificação como crime hediondo: nota 2, art. 1.º.
Fiança: nota 29, art. 2.º.
Fundamento constitucional: nota 1.
Furto qualificado pelo emprego de explosivo ou de artefato análogo que cause perigo comum: nota 19-B, art. 1.º, IX.
Graça: nota 27, art. 2.º.
Genocídio: nota 20, art. 1.º, IX, parágrafo único, I.
Hediondez nos casos de estupro e atentado violento ao pudor com violência presumida: nota 12, art. 1.º.
Hediondez nos casos de estupro e atentado violento ao pudor na forma simples: nota 13, art. 1.º.
Homicídio privilegiado-qualificado: nota 5, art. 1.º.
Homicídio qualificado: nota 4, art. 1.º.
Homicídio simples hediondo: nota 3, art. 1.º.
Indulto: nota 28, art. 2.º.
Indulto humanitário: nota 28-A, art. 2.º, I.
Liberdade provisória: nota 30, art. 2.º.
Posse ou porte ilegal de arma de fogo de uso proibido: nota 21-A, art. 1.º, II.

Prazos para a progressão de regime: nota 32-A, art. 2.º.
Presídios federais de segurança máxima: notas 35 e 35-A, art. 3.º.
Prisão temporária: nota 34, art. 2.º.
Regime de cumprimento de pena: notas 31 e 32, art. 2.º.
Rol dos crimes hediondos: art. 1.º.
Roubo: nota 6, art. 1.º, II.
Substituição por pena alternativa: nota 32, art. 2.º.
Tráfico internacional de arma de fogo, acessório ou munição: nota 21-C, art. 1.º, IX, parágrafo único, IV.

I

IDENTIFICAÇÃO CRIMINAL

Banco Nacional Multibiométrico e de Impressões Digitais: nota 21-C, art. 7.º-C.
Equiparação dos documentos militares: art. 2.º, parágrafo único.
Exclusão dos dados: nota 21-A, art. 7.º-A.
Hipóteses de identificação criminal (art. 3.º):
– O documento apresentar rasura ou tiver indício de falsificação (I).
– O documento apresentado for insuficiente para identificar cabalmente o indiciado (II).
– O indiciado portar documentos de identidade distintos, com informações conflitantes entre si (III).
– A identificação criminal for essencial às investigações policiais, segundo despacho da autoridade judiciária competente, que decidirá de ofício ou mediante representação da autoridade policial, do Ministério Público ou da defesa (IV).
– Constar de registros policiais o uso de outros nomes ou diferentes qualificações (V).
– O estado de conservação ou a distância temporal ou da localidade da expedição do documento apresentado impossibilite a completa identificação dos caracteres essenciais (VI).
Identificação civil – documentação (art. 2.º):
– Carteira de identidade (I).
– Carteira de trabalho (II).
– Carteira profissional (III).
– Passaporte (IV).
– Carteira de identificação funcional (V).

- Outro documento público que permita a identificação do indiciado (VI).
- Indispensabilidade do procedimento de coleta de material biológico: nota 19-B, art. 5.º.
- Não culpabilidade e retirada da identidade fotográfica: art. 7.º.
- Prisão preventiva para identificação do suspeito: nota 4-A, art. 3.º.
- Procedimentos identificatórios: nota 19-A, art. 5.º.
- Processo dactiloscópico e fotográfico: art. 5.º.
- Processos de identificação: nota 19, art. 5.º.
- Sigilo obrigatório: art. 6.º.

INTERCEPTAÇÃO TELEFÔNICA

- Acompanhamento da diligência pelo Ministério Público: nota 24, art. 6.º.
- Amplitude da captação ambiental: nota 35-C1, art. 8.º-A.
- Aplicação subsidiária: nota 35-G, art. 8.º-A, II, § 5.º.
- Autoridade da interceptação: nota 24-A, art.6.º.
- Autorização judicial: nota 35-A, art. 8.º-A.
- Captação ambiental: nota 35-C, art. 8.º-A.
- Captação ambiental por meio de câmeras portáteis da polícia: nota 47-B, art. 10-A.
- Causa de aumento de pena: nota 54, art. 10-A, § 2.º.
- Crime de interceptação não autorizada: notas 39 a 46, art. 10.
- Duração da interceptação telefônica: nota 22, art. 5.º.
- Fundamento constitucional: nota 1, art. 1.º.
- Escuta ambiental: nota 3, art. 1.º.
- Escuta telefônica: nota 3, art. 1.º.
- Formalidades do requerimento: nota 35-E, art. 8.º- A, II, § 1.º.
- Gravação clandestina: nota 4, art. 1.º.
- Gravação obrigatória da interceptação: nota 25, art. 6.º.
- Indeferimento pelo juiz: nota 13-A, art. 3.º.
- Interceptação, conceito: nota 2, art. 1.º.
- Inutilização da prova, incidente: notas 36 e 37, art. 9.º.
- Juntada aos autos do resultado da interceptação: notas 34 e 35, art. 8.º.
- Liberdade de imprensa: nota 5, art. 1.º.
- Prazo de duração: nota 35-F, art. 8.º-A, II, § 3.º.
- Prorrogação do prazo de interceptação telefônica: nota 23, art. 5.º.
- Prova emprestada para a esfera extrapenal: nota 32, art. 8.º.
- Realizar captação ambiental sem autorização judicial: art. 10-A.
- Requerimento do assistente de acusação: nota 15, art. 3.º.
- Requerimento da defesa: nota 14, art. 3.º.
- Requerimento e representação: nota 35-B, art. 8.º-A.
- Requerimento do querelante: nota 16, art. 3.º.
- Requerimento verbal: nota 18, art. 4.º.
- Requisitos para a captação ambiental: nota 35-D, art. 8.º-A, I.
- Requisitos para autorizar a interceptação telefônica: notas 8 a 11, art. 2.º.
- Respeito às formalidades: nota 32-B, art. 8.º.
- Senhas genéricas: nota 16-A, art. 3.º.
- Sigilo da interceptação e do seu resultado: nota 30, art. 8.º.
- Sistemas de informática e telemática: nota 6, art. 1.º.
- Suporte técnico para a interceptação telefônica: nota 29, art. 7.º.
- Transcrição da gravação da interceptação telefônica: nota 26, art. 6.º.
- Utilização do resultado da interceptação telefônica contra terceiros: nota 31, art. 8.º.

INVESTIGAÇÃO CRIMINAL CONDUZIDA POR DELEGADO DE POLÍCIA

- Delegado natural: nota 6, art. 2.º, § 5.º.
- Fundamentação: nota 8-A, art. 2.º.
- Inamovibilidade relativa do delegado: nota 7, art. 2.º, § 5.º.
- Indiciamento fundamentado: nota 8, art. 2.º, § 6.º.
- Requisição de provas: nota 5, art. 2.º, § 2.º.

L

LEI HENRY BOREL

- Atribuições do Ministério Público: nota 22, art. 22.
- Atuação da autoridade policial: nota 1, art. 11.
- Atuação do Conselho Tutelar: nota 5, art. 14.
- Atuação jurisdicional: nota 6, art. 14.
- Comunicação de atos processuais: nota 15, art. 18.
- Contraditório postergado: nota 10, art. 16.
- Crime de descumprimento de decisão judicial que defere medida protetiva de urgência: art. 25.
- Crime de não comunicação à autoridade pública da prática de violência, de tratamento cruel ou

degradante ou de formas violentas de educação, correção ou disciplina contra criança ou adolescente ou o abandono de incapaz: art. 26.

Critérios de fixação e alteração das medidas protetivas: nota 11, art. 16.

Depoimento especial: nota 2, art. 12.

Dever de comunicação: nota 24, art. 13.

Grau de risco: nota 4, art. 14.

Imunidade relativa do informante: nota 28, art. 24.

Medidas de proteção ao noticiante ou denunciante: nota 27, art. 24.

Medidas protetivas: nota 3, art. 13; nota 19, art. 20.

Medidas protetivas concernentes à vítima: nota 20, art. 21.

Medidas protetivas obrigatórias ao agressor: nota 17, art. 20.

Notícia ou denúncia direta a autoridade: nota 26, art. 24.

Noticiante e denunciante: nota 23.

Posse ou porte de arma: nota 18, art. 20.

Prazo impróprio: nota 8, art. 15.

Prisão preventiva: nota 13, art. 17.

Produção antecipada de provas: nota 21, art. 21.

Proteção ao informante: nota 29, art. 24.

Proteção e compensação: nota 25, art. 24.

Provocação ao juízo: nota 9, art. 16.

Registro das medidas protetivas: nota 16, art. 19.

Revogação e reiteração da preventiva: nota 14, art. 17.

Requerimento do interessado: nota 12, art. 16.

Vedação à liberdade provisória: nota 7, art. 14.

LOCAÇÃO DE IMÓVEIS URBANOS

Crimes em espécie:
- Cobrança antecipada do aluguel, salvo a hipótese do art. 42 e da locação para temporada:
  - Análise do núcleo do tipo: nota 16, art. 43, III.
  - Classificação: nota 20, art. 43, III.
  - Elemento subjetivo: nota 18, art. 43, III.
  - Objetos material e jurídico: nota 19, art. 43, III.
  - Sujeitos ativo e passivo: nota 17, art. 43, III.
- Deixar o retomante do imóvel, de usá-lo para o fim declarado ou, usando-o, não o fizer pelo prazo mínimo de um ano:
  - Análise do núcleo do tipo: nota 30, art. 44, II.
  - Classificação: nota 34, art. 44, II.
  - Elemento subjetivo: nota 32, art. 44, II.
  - Objetos material e jurídico: nota 33, art. 44, II.
  - Sujeitos ativo e passivo: nota 31, art. 44, II.
- Execução do despejo com inobservância do disposto no § 2.º do art. 65:
  - Análise do núcleo do tipo: nota 40, art. 44, IV.
  - Classificação: nota 44, art. 44, IV.
  - Elemento subjetivo: nota 42, art. 44, IV.
  - Objetos material e jurídico: nota 43, art. 44, IV.
  - Sujeitos ativo e passivo: nota 41, art. 44, IV.
- Exigência de mais de uma modalidade de garantia num mesmo contrato de locação:
  - Análise do núcleo do tipo: nota 11, art. 43, II.
  - Classificação: nota 15, art. 43, II.
  - Elemento subjetivo: nota 13, art. 43, II.
  - Objetos material e jurídico: nota 14, art. 43, II.
  - Sujeitos ativo e passivo: nota 12, art. 43, II.
- Exigência de quantia ou valor além do aluguel e encargo permitidos:
  - Análise do núcleo do tipo: nota 6, art. 43, I.
  - Beneficiário da multa e despenalização: nota 5, art. 43, I.
  - Classificação: nota 10, art. 43, I.
  - Elemento subjetivo: nota 8, art. 43, I.
  - Modelo típico inadequado: nota 6, art. 43, I.
  - Natureza jurídica da multa: nota 4, art. 43, I.
  - Objetos material e jurídico: nota 6, art. 43, I.
  - Prisão simples: nota 3, art. 43, I.
  - Sujeitos ativo e passivo: nota 7, art. 43, I.
- Não iniciar o proprietário a demolição ou a reparação do imóvel, dentro de sessenta dias contados de sua entrega:
  - Análise do núcleo do tipo: nota 35, art. 44, III.
  - Classificação: nota 39, art. 44, III.
  - Elemento subjetivo: nota 37, art. 44, III.
  - Objetos material e jurídico: nota 38, art. 44, III.
  - Sujeitos ativo e passivo: nota 36, art. 44, III.
- Recusa do locador ou sublocador a fornecer recibo discriminado do aluguel e encargos:
  - Ação pública: nota 22, art. 44, I.
  - Análise do núcleo do tipo: nota 25, art. 44, I.
  - Classificação: nota 29, art. 44, I.
  - Detenção: nota 23, art. 44, I.
  - Elemento subjetivo: nota 27, art. 44, I.
  - Modelo típico inadequado: nota 21, art. 44, I.
  - Objetos material e jurídico: nota 28, art. 44, I.
  - Prestação de serviços à comunidade: nota 24, art. 44, I.
  - Sujeitos ativo e passivo: nota 26, art. 44, I.

ORDEM TRIBUTÁRIA, ECONÔMICA E RELAÇÕES DE CONSUMO

Ação penal: nota 186, art. 15.

Causas de aumento de pena: notas 182 a 185, art. 12.

Compartilhamento de dados fiscais sigilosos: nota 2-A, Capítulo I – Dos crimes contra a ordem tributária.

Concurso de agentes: notas 180 e 181, art. 11.

Crimes contra a ordem econômica:
- Abuso do poder econômico: notas 94 a 102, art. 4.º, I.
- Elevação de preços de bens ou serviços Crimes contra a ordem tributária:
- Crimes cometidos por particulares:
- Supressão ou redução de tributos: notas 11 a 42, art. 1.º.
- Declarações falsas, omissões, não recolhimento de tributos e outras condutas: notas 43 a 68, art. 2.º.
- Crimes cometidos por funcionários públicos:
- Extravios de documentos em geral: notas 71 a 76, art. 3.º, I.
- Exigências indevidas: notas 77 a 81, art. 3.º, II.
- Patrocínio de interesse privado perante a Administração Pública: notas 83 a 86, art. 3.º, III.

Crimes contra as relações de consumo: notas 185 a 243, art. 7.º.

Multa: notas 244 e 245, art. 8.º.

Multa alternativa: nota 246, art. 9.º.

Multa, elevação: nota 247, art. 10.

Princípio da insignificância na esfera estadual: nota 15-B, art. 1.º, *caput*.

Princípio da insignificância na esfera federal: nota 15-A, art. 1.º, *caput*.

PESSOA COM DEFICIÊNCIA

Apoio a pessoas com deficiência (Lei 7.853/1989):
- Crimes: art. 8.º.
- Deixar de cumprir, retardar ou frustrar execução de ordem judicial expedida na ação civil a que alude esta Lei: notas 22 a 26, art. 8.º.
- Negar ou obstar emprego, trabalho ou promoção à pessoa em razão de sua deficiência: notas 12 a 16, art. 8.º.
- Obstar inscrição em concurso público ou acesso de alguém a qualquer cargo ou emprego público, em razão de sua deficiência: notas 7 a 11, art. 8.º.
- Recusar, cobrar valores adicionais, suspender, procrastinar, cancelar ou fazer cessar inscrição de aluno em estabelecimento de ensino de qualquer curso ou grau, público ou privado, em razão de sua deficiência: notas 2 a 6, art. 8.º.
- Recusar, retardar ou omitir dados técnicos indispensáveis à propositura da ação civil pública objeto desta Lei, quando requisitados: notas 27 a 31, art. 8.º.
- Recusar, retardar ou dificultar internação ou deixar de prestar assistência médico-hospitalar e ambulatorial à pessoa com deficiência: notas 17 a 21, art. 8.º.

Causa de aumento de pena:
- Crime praticado contra criança e adolescente: nota 32, art. 8.º.
- Figura típica por equiparação: nota 34, art. 8.º.
- Penalidades: nota 1, art. 8.º.
- Praticado em atendimento de urgência e emergência: nota 35, art. 8.º.
- Responsabilidade pessoal: nota 33, art. 8.º.

Estatuto da Pessoa com Deficiência (Lei 13.146/2015):
- Abandono de pessoa com deficiência: art. 90.
- Apropriação ou desvio de coisa pertencente à pessoa com deficiência: art. 89.
- Discriminação de pessoa com deficiência: art. 88.
- Retenção ou utilização de documentos destinados ao recebimento de benefícios: art. 91.

PROPRIEDADE INDUSTRIAL

Acesso à esfera civil: nota 201, art. 207.

Apreensão do objeto material: nota 191, art. 198.

Aumento de pena em relação à marca: nota 188, art. 196.

Aumento de pena em relação ao agente: nota 187, art. 196.

Busca e apreensão: nota 195, art. 201.

Caução ou garantia: nota 204, art. 209.

Causa de aumento da multa: nota 190, art. 197.

Causa de aumento de pena: nota 186, art. 196.

Causa de diminuição da multa: nota 190, art. 197.

Concorrência desleal: nota 110, art. 195.

Critério para a ação penal: nota 192, art. 199.

Desenhos industriais: nota 41, art. 187.
Diferença entre direitos de autor e propriedade industrial: nota 2, art. 183.
Indicações geográficas: nota 91, art. 192.
Marca: nota 61, art. 189.
Modelo de utilidade: nota 6, art. 183.
Pena pecuniária: nota 189, art. 197.
Propriedade industrial: nota 1, art. 183.
Referência ao CPP: nota 194, art. 200.
Segredo de justiça: nota 200, art. 206.
Sinal de propaganda: nota 83, art. 191.
Título de estabelecimento: nota 82, art. 191.

PROTEÇÃO A VÍTIMAS E TESTEMUNHAS – DELAÇÃO PREMIADA

Competência para a proteção: nota 5, art. 1.º.
Delação premiada, conceito: nota 23.
Delação premiada, confronto com outras leis: nota 35, art. 14.
Delação premiada, redução de pena: notas 33 a 35, art. 14.
Delação premiada, requisitos: notas 25 a 32, art. 13.
Exclusão do programa: notas 11 e 12, art. 2.º.
Extensão da proteção: notas 9 e 10, art. 2.º.
Inclusão cautelar: nota 18, art. 5.º.
Medidas administrativas para a proteção: nota 6, art. 1.º.
Ministério Público, parecer: nota 17, art. 3.º.
Normas do programa: nota 16, art. 2.º.
Perdão judicial e delação premiada: nota 24, art. 13.
Separação do delator: nota 36, art. 15.
Testemunha, conceito: nota 2, art. 1.º.
Vítima, conceito: nota 1, art. 1.º.

S

SIGILO FINANCEIRO

Análise do crime: notas 11 a 24, art. 10.
Fundamento constitucional: nota 1, art. 10.
Hipóteses autorizadoras da quebra do sigilo: nota 3, art. 10.
Lei complementar e tipo penal: nota 9, art. 10.
Recurso contra a quebra de sigilo: nota 7, art. 10.
Recurso contra o indeferimento da quebra de sigilo: nota 8, art. 10.

T

TERRORISMO

Colaboração internacional: nota 80, art. 15
Competência da Justiça Federal: nota 69, art. 11.
Conceito: nota 2, art. 2.º.
Crime equiparado a hediondo: nota 84, art. 17
Desistência voluntária ou arrependimento eficaz: nota 68, art. 10.
Lei da organização criminosa: nota 83, art. 16.
Número de agentes: nota 3, art. 2.º.
Organização terrorista: nota 86, art. 19.
Primeira condenação no Brasil: nota 1-A, art. 1.º.
Prisão temporária: nota 85, art. 18.
Terrorismo e Tribunal do Júri: nota 21, art. 2.º.

TRANSPLANTES

Crimes em espécie:
- Remover tecidos, órgãos ou partes do corpo de pessoa ou cadáver, em desacordo com as disposições da Lei: art. 14.
- Crime é cometido mediante paga ou promessa de recompensa ou por outro motivo torpe: art. 14, § 1.º.
- Crime praticado em pessoa viva, resultando para o ofendido: I – incapacidade para as ocupações habituais, por mais de 30 (trinta) dias; II – perigo de vida; III – debilidade permanente de membro, sentido ou função; IV – aceleração de parto: art. 14, § 2.º.
- Crime praticado em pessoa viva, resultando para o ofendido: I – Incapacidade para o trabalho; II – enfermidade incurável; III – perda ou inutilização de membro, sentido ou função; IV – deformidade permanente; V – aborto: 14. § 3.º.
- Crime praticado em pessoa viva resultando morte: art. 14, § 4.º.
- Comprar ou vender tecidos, órgãos ou partes do corpo humano: art. 15.
- Promover, intermediar, facilitar ou auferir qualquer vantagem com a transação: art. 15, par. ún.
- Realizar transplante ou enxerto utilizando tecidos, órgãos ou partes do corpo humano de que se tem ciência terem sido obtidos em desacordo com os dispositivos desta Lei: art. 16.
- Recolher, transportar, guardar ou distribuir partes do corpo humano de que se tem ciência terem sido obtidos em desacordo com os dispositivos desta Lei: art. 17.

- Realizar transplante ou enxerto em desacordo com o art. 10 desta Lei: art. 18.
- Deixar de recompor cadáver, devolvendo-lhe aspecto condigno, para sepultamento ou deixar de entregar ou retardar sua entrega aos familiares ou interessados: art. 19.
- Publicar anúncio ou apelo público em desacordo com o respeito à gestão nacional da fila de espera e a ética no trato com a doação de órgãos: art. 20.

V

VIOLÊNCIA DOMÉSTICA

Ação penal: notas 20 e 20-A, art. 12; nota 24, art. 16.

Âmbito familiar: nota 8, art. 5.º.

Atribuições da autoridade policial: nota 19, art. 11.

Cesta básica: nota 26, art. 17.

Convenção sobre a eliminação da discriminação contra a mulher: nota 2, art. 1.º.

Inquérito policial: nota 20, art. 12.

Juizados especializados: nota 23, art. 14.

Medidas de urgência: notas 30 e 30-A, art. 19; nota 37, art. 22; nota 41, art. 23.

Meios de prova: nota 21, art. 12.

Mulheres e direitos humanos fundamentais: nota 4, art. 2.º.

Multa: nota 28, art. 17.

Orientação sexual: nota 10, art. 5.º.

Possibilidade de decretação de medidas cautelares: nota 41-I, art. 24-A, § 3.º.

Prestação pecuniária: nota 27, art. 17.

Princípio da insignificância: nota 6-A, art. 5.º.

Prisão preventiva: nota 34, art. 20.

Relação íntima de afeto: nota 9, art. 5.º.

Restrição à Lei 9.099/95: nota 43, art. 41.

Violência doméstica e familiar, conceito: nota 1, art. 1.º; nota 6, art. 5.º.

Violência doméstica e familiar, formas: nota 12, art. 7.º.

Violência física: nota 13, art. 7.º.

Violência moral: nota 17, art. 7.º.

Violência patrimonial: nota 16, art. 7.º.

Violência psicológica: nota 14, art. 7.º.

Violência sexual: nota 15, art. 7.º.

Vítima transgênero: nota 6-B, art. 5.º.

Unidade doméstica: nota 7, art. 5.º.

Obras do Autor

Código de Processo Penal comentado. 24. ed. Rio de Janeiro: Forense, 2025.
Código Penal comentado. 25. ed. Rio de Janeiro: Forense, 2025.
Curso de Direito Penal. Parte geral. 9. ed. Rio de Janeiro: Forense, 2025. vol. 1.
Curso de Direito Penal. Parte especial. 9. ed. Rio de Janeiro: Forense, 2025. vol. 2.
Curso de Direito Penal. Parte especial. 9. ed. Rio de Janeiro: Forense, 2025. vol. 3.
Curso de Direito Processual Penal. 22. ed. Rio de Janeiro: Forense, 2025.
Curso de Execução Penal. 8. ed. Rio de Janeiro: Forense, 2025.
Drogas – De acordo com a Lei 11.343/2006. Rio de Janeiro: Forense, 2025.
Estatuto da Criança e do Adolescente Comentado. 6. ed. Rio de Janeiro: Forense, 2025.
Leis Penais e Processuais Penais Comentadas. 16. ed. Rio de Janeiro: Forense, 2025. vol. 1 e 2.
Manual de Direito Penal. Volume Único. 21. ed. Rio de Janeiro: Forense, 2025.
Manual de Processo Penal. Volume Único. 6. ed. Rio de Janeiro: Forense, 2025.
Código Penal Militar Comentado. 5. ed. Rio de Janeiro: Forense, 2024.
Direito Penal. Partes geral e especial. 9. ed. São Paulo: Método, 2024. Esquemas & Sistemas.
Prática Forense Penal. 15. ed. Rio de Janeiro: Forense, 2024.
Processo Penal e Execução Penal. 8. ed. São Paulo: Método, 2024. Esquemas & Sistemas.
Tribunal do Júri. 10. ed. Rio de Janeiro: Forense, 2024.
Habeas Corpus. 4. ed. Rio de Janeiro: Forense, 2022.
Individualização da pena. 8. ed. Rio de Janeiro: Forense, 2022.
Provas no Processo Penal. 5. ed. Rio de Janeiro: Forense, 2022.
Prisão, medidas cautelares e liberdade. 7. ed. Rio de Janeiro: Forense, 2022.
Tratado de Crimes Sexuais. Rio de Janeiro: Forense, 2022.
Código de Processo Penal Militar comentado. 4. ed. Rio de Janeiro: Forense, 2021.
Criminologia. Rio de Janeiro: Forense, 2021.
Organização Criminosa. 5. ed. Rio de Janeiro: Forense, 2021.
Pacote Anticrime Comentado. 2. ed. Rio de Janeiro: Forense, 2021.

Execução Penal no Brasil – Estudos e Reflexões. Rio de Janeiro: Forense, 2019 (coordenação e autoria).
Instituições de Direito Público e Privado. Rio de Janeiro: Forense, 2019.
Manual de Processo Penal e Execução Penal. 14. ed. Rio de Janeiro: Forense, 2017.
Direitos Humanos versus *Segurança Pública*. Rio de Janeiro: Forense, 2016.
Corrupção e Anticorrupção. Rio de Janeiro: Forense, 2015.
Prostituição, Lenocínio e Tráfico de Pessoas. 2. ed. Rio de Janeiro: Forense, 2015.
Princípios Constitucionais Penais e Processuais Penais. 4. ed. Rio de Janeiro: Forense, 2015.
Crimes contra a Dignidade Sexual. 5. ed. Rio de Janeiro: Forense, 2015.
Dicionário Jurídico. São Paulo: Ed. RT, 2013.
Código Penal Comentado – versão compacta. 2. ed. São Paulo: Ed. RT, 2013.
Tratado Jurisprudencial e Doutrinário. Direito Penal. 2. ed. São Paulo: Ed. RT, 2012. vol. I e II.
Tratado Jurisprudencial e Doutrinário. Direito Processual Penal. São Paulo: Ed. RT, 2012. vol. I e II.
Doutrinas Essenciais. Direito Processual Penal. Organizador, em conjunto com Maria Thereza Rocha de Assis Moura. São Paulo: Ed. RT, 2012. vol. I a VI.
Doutrinas Essenciais. Direito Penal. Organizador, em conjunto com Alberto Silva Franco. São Paulo: Ed. RT, 2011. vol. I a IX.
Crimes de Trânsito. São Paulo: Juarez de Oliveira, 1999.
Júri – Princípios Constitucionais. São Paulo: Juarez de Oliveira, 1999.
O Valor da Confissão como Meio de Prova no Processo Penal. Com comentários à Lei da Tortura. 2. ed. São Paulo: Ed. RT, 1999.
Tratado de Direito Penal. Frederico Marques. Atualizador, em conjunto com outros autores. Campinas: Millenium, 1999. vol. 3.
Tratado de Direito Penal. Frederico Marques. Atualizador, em conjunto com outros autores. Campinas: Millenium, 1999. vol. 4.
Tratado de Direito Penal. Frederico Marques. Atualizador, em conjunto com outros autores. Campinas: Bookseller, 1997. vol. 1.
Tratado de Direito Penal. Frederico Marques. Atualizador, em conjunto com outros autores. Campinas: Bookseller, 1997. vol. 2.
Roteiro Prático do Júri. São Paulo: Oliveira Mendes e Del Rey, 1997.